DAS NEUE LEXIKON DES HORRORFILMS

Ronald M. Hahn & Rolf Giesen

DAS NEUE LEXIKON DES HORRORFILMS

Alles über die dunkle Seite des Kinos:
Mehr als 1800 Horrorfilme mit
Inhaltsangaben, Filmografien und Kritiken.

Unter Mitarbeit von Volker Jansen

LEXIKON
LEXIKON IMPRINT VERLAG

EINLEITUNG

»Horror im Bereich des Phantastischen entsteht nur dann, wenn dieses Ungewohnte einen Schock beim Zuschauer auslöst; ein Spaziergang im Imaginären – sei dies auch noch so pittoresk – genügt noch nicht, um den Helden des Films – und den Zuschauer – in Angst und Schrecken zu versetzen.

Der Schock wird dadurch hervorgerufen, dass das Anormale mit dem Gewohnten gewalttätig zusammenstößt und das Gewohnte dabei den Charakter des Sicheren und Bekannten verliert. Der Schrecken im Horrorfilm wird bedingt durch die Destruktion und die Inversion der Normen, hervorgerufen von einer unerklärlichen, überlegenen und feindlichen Macht.«

Eberhard Baier / Burckhardt Heer

In einem Aufsatz über »Das Grauen im Film« (1940) zählte Siegfried Kracauer »Ereignisse, die Entsetzen wecken«, wie folgt auf: Eingebungen des Irrsinns nehmen Gestalt an; Mordaffären lösen sich in endloser Kette ab; Torturen werden peinlich genau beschrieben; furchtbar entstellte Gesichter erscheinen in Großaufnahme. Als »Signifikanten des Schreckens« definierte Norbert Grob (MEDIUM 8/1978): die Bedrohung, qualvoll verzögert; den Versuch, einen Menschen systematisch in den Wahnsinn zu treiben; den langsamen, jedoch steten Verfall in den Wahnsinn; die Obsession als Ausdruck einer überreizten Normalität; die Verwechslung; das düstere Haus. Vor allem war es, ursprünglich, ein Spiel mit (christlichen) Symbolen und Teufeleien aus der Malerwerkstatt eines Hieronymus Bosch. Die Schwarze Romantik zweifelte den (naturwissenschaftlichen) Fortschritt an und verdächtigte ihn der Magie, des Paktierens mit dem Bösen. Im Schauerroman, so Manfred Nagl, seien die materialistisch-wissenschaftliche Aufklärung mit einer Hervorhebung des Sentimental- und Pathologisch-Psychologischen, mit dämonischen Geheimkulten und Femegerichten kontrastiert, die politische Aufklärung und die Auflösung traditioneller Sozialbindungen mit Konspirationsphantasien und der Betonung – meist geheimnisvoller – Verwandtschaftsbeziehungen beantwortet worden. Das eben ist der Widerspruch, dass sich in der Aufklärung jede Menge Mystik konservierte. Es war, als prallten heiße und kalte Luftmassen gegeneinander. Aus den gotischen Schauerromanen entwickelte sich die Horror-Literatur, als deren bekannteste frühe Erzeugnisse in Europa die Romane »Frankenstein, or The Modern Prometheus« (1818) von Mary W. Shelley und »Dracula« (1897) von Abraham (Bram) Stoker, in Amerika Edgar Allan Poe und, in einem geringeren Maße, H. P. Lovecraft gelten.

Seit Bestehen des Kinos, seit 1898 eine Riesenfledermaus in Georges Méliès' *Le Manoir du Diable* flatterte und sich in Mephistopheles verwandelte, hat der Horrorfilm zahlreiche Metamorphosen durchgemacht. Sie alle sagen etwas über die Zeit aus, in der das jeweilige Produkt entstanden ist, und über den (Geistes-)Zustand der Zuschauer, der sich aus christlich verbrämter Mystik, unbefriedigten sexuellen Albträumen, postpubertären Gewissensbissen und einer ungesunden Portion Sadomasochismus zusammensetzt.

Im Expressionistischen Kino eines *Cabinet des Dr. Caligari* oder einer *Alraune* verband sich die mehr denn je gespaltene deutsche Seele mit den grauenhaften Eindrücken des Ersten Weltkriegs. Nach 1933 hatte man Horrorfilme in Deutschland freilich nicht mehr nötig. Jetzt liefen die Gruselfiguren in braunen und schwarzen Uniformen real auf der Straße herum und grüßten zackig mit deutschem Gruß.

Kurz vor seinem Tod sammelte der amerikanische Schauspieler Lon Chaney, *Glöckner von Notre-Dame* und *Phantom der Oper* in einem, alles ihm zugängliche Material über *Dracula.* Er wollte Bram Stokers Vampir auf der Leinwand verkörpern, wie es die Deutschen 1922 bereits in ihrem *Nosferatu* getan hatten. Der Kehlkopfkrebs machte ihm einen Strich durch die Rechnung. So wurde 1931 der Ungar Bela Lugosi der erste Tonfilm-Dracula. Danach sollte Lugosi, nach dem Willen der Manager der Universal City Studios, das Frankenstein-Monster spielen. Bela lehnte ab. Regisseur James Whale vergab den Part an Boris Karloff. Während sich das englische Publikum mehr für Geister interessierte, favorisierten die amerikanischen Zuschauer knallharte Monstren. Dabei hatten die Produzenten eine Zeit lang sogar Angst vor der eigenen Courage: Die Chefetage bei Universal befürchtete, das Publikum werde sich nicht aufs Morbide einlassen. Die Chefetage irrte. Der erste Horrorfilmzyklus – *Dr. Jekyll und Mr. Hyde* mit dem oscarprämierten Fredric March, *Graf Zaroff – Genie des Bösen, Die Mumie* mit Karloff – entstand unter dem Eindruck der großen Weltwirtschaftskrise, die richtige Kost also für Zuschauer, die gezwungen waren, sich in Fatalismus zu üben. Als aber die englische Zensur diese Art Horror ablehnte, geriet die Produktion weiteren Grusels ins Stocken. Erst kurz vor und im Zweiten Weltkrieg gab es eine Fortsetzung monströser (bei der Universal), aber auch psychologisch motivierter (bei RKO) Horrorfilme, die nach Kriegsende durch Science Fiction abgelöst wurden, mit gelegentlichen Ausnahmen (der *Schrecken vom Amazonas*).

Mitte der 1950er Jahre stieg einer der Science Fiction-Hersteller, die britische Hammer Film-Produktion, die häufig auf Rechnung amerikanischer Verleiher arbeitete, erneut auf Gothic-Horror um, diesmal jedoch in Farbe, besetzt mit Peter Cushing und Christopher Lee und, nach den bestialischen Grausamkeiten, die der Zweite Weltkrieg über die Menschheit gebracht hatte, mit mehr Blut: *Frankensteins Fluch* und *Dracula,* dem die FILMDIENST-Katholiken Nervenkitzel im KZ-Format unterstellten. (In diesem Zusammenhang wird von einem unbekannten SS-Mann aus dem Warschauer Ghetto berichtet, dem seine Opfer den Spitznamen »Frankenstein« gegeben hatten. Und Goebbels propagierte in seinen letzten Lebensmonaten zum Schrecken der Alliierten die [dann so gut wie kaum funktionierende] Partisanenorganisation »Werwolf«.) Etwas später schwamm auch American International Pictures auf dieser Welle mit, als sie Roger Cormans Edgar Allan Poe-Adaptionen mit Vincent Price finanzierte. American International hatte zuvor kleine Teenager-Horrorfilme im Doppelpack auf das Autokinopublikum losgelassen, das wiederum von der Ausstrahlung der alten Gruselschocker im amerikanischen Fernsehen fasziniert war: *Der Tod hat schwarze Krallen, I Was a Teenage Frankenstein.* Die schnell und billig gekurbelte Ware sorgte für Rekordkassen, und das bewog den stets auch an klingender Münze interessierten Alfred Hitchcock, 1960 American International auf diesem Felde der Ehre zu schlagen – mit seinem psychologischen Thriller *Psycho,* dem Urgroßvater aller späteren Schlitzerfilme. »Das Frankenstein-Monstrum der Vergangenheit ließ uns im ersten Augenblick erschauern, aber das Monstrum unserer Zeit kann unerkannt unter uns leben«, schrieb Siegfried Kracauer 1946. Er bezeichnete vorausschauend die Synthese aus Horrorfilm und psychologischem Thriller als »Greuelfilm«. Aus der Kombination von

Horror- und Psychothrill-Elementen entstand ein neuer Horrorfilmtypus. In ihm wird der Mensch-Täter zum Horror-Monster, der Albtraum des Opfers wird zur blutigen Realität. Im Gegensatz zum »klassischen« Horrorfilm fehlt den aktuellen Tätern jegliche äußere Faszination, Schönheit, Würde. So gibt es auch keine Stars mehr, die auch nur annähernd an den Ruhm vergangener Horror-Größen heranreichen. Allenfalls werden unter Fans die Rollennamen maskierter Schlächter gehandelt: Michael Myers, Jason Voorhees, Freddy Krueger, Lederfratze. Gerade die äußerliche Normalität, die sich erst im Blutrausch verzerrt, macht den Psycho-Killer und wahnsinnigen Schlitzer so extrem entsetzlich.

Die Schlitzerwelle war sicherlich nicht direkt eine Folge des Vietnamtraumas, aber dieses Trauma wurde in ihr verarbeitet. Leute wie George Romeros Spezialmaskenbildner Tom Savini haben die Leichenberge in Vietnam gesehen, bevor sie sie synthetisch auf die Leinwand häuften. Heute haben Schlitzerfilme nichts mehr mit Vietnam oder irgendetwas anderem dieser Art zu tun, allerhöchstens indirekt. Es scheint, als würden sie ausschließlich für die so genannte Schnittparade der Schlitzerfilmfans gedreht, die sich auf diese Weise als (von der Zensur resp. der BPS = Bundesprüfstelle) Verfolgte gerieren: »Nach dem Zwischenschnitt der herankommenden Achterbahn wird Lorens Kopf noch zweimal auf die Schienen gedroschen, bevor beim Befreiungsschlag die DF [deutsche Fassung] wieder einsetzt.« Oder: »Reggie bohrt dem Zombiecop den Gummiknüppel in die Brust. (...) In der schwarzweißen Föderationskriegstraumsequenz bohrt der Tall Man eine lange Sonde durch Mikes Nase in dessen Hirn (6 Einstellungen, 20 s).« Oder: »Der Zombiebulle röchelt mit dem Knüppel in der Brust.« Oder: »Als die Schwarze den Pfeil in den Hals bekommt, ist das Blutspritzen ein paar Einzelbilder kürzer, dann steht sie mit durchbohrtem Hals da (4 s).«

Geschmackssache oder paranoide Geschmacksverirrung? Die mittlerweile erwachsenen Kids, die derlei genüsslich goutieren – lagen sie nicht schon als *Rosemaries Babys* in der *Wiege des Bösen?* Das »Teenage Slasher Movie« etablierte sich 1978 als Subgenre mit John Carpenters *Halloween* und dem Schlitzer Michael Myers und erreichte einen neuen Höhepunkt mit Wes Cravens *Nightmare on Elm Street.* Auf den ersten Blick, schreibt Georg Seeßlen (FREITAG, 31.10.1997), erscheine dieses Subgenre als eine »einigermaßen unerquickliche Mischung aus Leinwand-Sadismus (oder vielleicht doch eher: Masochismus), psychischer Verzweiflung und puritanischer Moral. Aber etwas genauer betrachtet findet sich darin auch die Widerspiegelung von Ängsten und Erfahrungen einer Generation der Jugendlichen, die sich ganz und gar allein gelassen fühlen musste. Es waren die Kids, in deren Familien der Vietnamkrieg unheilbare Wunden geschlagen hatte, die Kinder des Mittelstands in den Vorstädten, die keine Sicherheit mehr boten gegen den sozialen Abstieg, gegen kaputte Eltern, gegen Gewalt. Und in Europa war es die erste Generation nach dem Krieg, die mit Begriffen wie ›Jugendarbeitslosigkeit‹ aufwuchs und die die Restauration der alten Mächte in der Schule, in der Fabrik, in den Wohnmaschinen erlebte. Slasher Movies – das war nicht nur der ultimative Kick der Angstlust, sondern auch das genaueste und gemeinste Bild, das auf dem Kinomarkt vom Leben junger Menschen im unteren weißen Mittelstand zu bekommen war.«

Gegen solche Bälger half nicht mal mehr der gute alte *Exorzist,* der Anfang der 1970er Jahre noch erfolgreich beschworene Kino-Teufel. Inzwischen stellten ja nur mehr Kids auch das Gros der Konsumenten. Video und DVD machen es möglich und tragen das Grauen in jedes Kinderzimmer. Und Kinder sind bekanntlich stets an vordergründiger Gewalt interessiert, reißen Insekten die Beinchen aus und was sonst noch Schlimmes. Phantasie ist da weniger gefragt. Hilflos sehen es die Pädagogen und Psychologen und informieren sich über einschlägige Theorien: die Katharsisthese beispielsweise (alles halb so schlimm); die Stimulationsthese (ganz schön enthemmend, das Zeug, das mobilisiert den inneren Schweinehund); die Inhibitionsthese (gewaltdämpfend); die Habitualisierungsthese (Indifferenz). Rechnen muss man auf jeden Fall mit einer gesellschaftlich bedingten Gewaltbereitschaft (die es auch ohne die Filme gäbe) und mental reichlich abgestumpften Tätern. Immer mehr, spätestens seit Wes Cravens *Scream,* lebt das Medium vom eigenen Zitat und aus der Wiederholung, ähnlich den immergleich analen Variationen von McDonald's und Burger King. Trash für Gruftis, die von einer »frivolen« Hochzeitsreise nach Transsylvanien träumen, noch bevor die ersten Sackhaare sprießen. »Horror- und Gewalt-Filme bieten in den USA seit jeher die beste Möglichkeit, knapp geschürzte Schönheiten außerhalb von Sexfilmen auch für Jugendliche abzufilmen. Der Schrecken überdeckt das Sexuelle und stellt süße Mädchen in einen scheinbar sexfremden Kontext. Statt gefilmter, von der Zensur bedrohter Geschlechtsakte gibt es Gewaltdarstellungen, Quäl- und Foltermomente mit Teenagern, die man anschauen darf, ohne gleich als Sittenstrolch zu gelten. Die Teenager-Horrorfilme bieten von Mordhandlungen erzeugte Coitus interrupti. Die Frau darf nicht lustvoll stöhnen, sondern lediglich angstverstört schreien. (...) Mit Äxten, Messern und Fleischerhaken geht eine neue Generation von postmodernen Schlitzern auf die Barbie-Generation los, um grausam Rache zu nehmen.« (Rüdiger Dirk/Claudius Sowa, TEEN SCREAM)

Aber spätestens seit den tragisch-fatalen Terroranschlägen in New York und Washington am 11. September 2001 sehen wir Gewalt und Verrohung auch im Kino nicht mehr ganz so geduldig. Diejenigen schreien oft am lautesten nach Militär und innerer Sicherheit, die früher für »untauglich« befunden wurden, wie der ultrarechte Thriller-Autor Tom Clancy. Können wir am Ende auch hinter eingefleischten Slasher-Fans und anal gehemmten Gore-Apologeten verhaltensgestörte Videokids vermuten, die (Gott sei Dank!) nicht den Mut zur Tat haben (mit seltenen Ausnahmen, zu denen auch das Massaker von Erfurt gehört)? So oder so, das Genre steckt in einer Sackgasse.

Die Herausgeber, Sommer 2002

HINWEIS ZUR BENUTZUNG

Alle Filme, die sich in erster Linie mit dem Themenbereich der Fantasy bzw. der Science Fiction befassen, wurden *trotz ihrer möglichen Horror-Elemente* in diesem Lexikon nicht berücksichtigt. Darunter fallen zum Beispiel jene Streifen, in denen außerirdische Lebewesen Angst und Schrecken verbreiten oder in denen das Grauen eine primär wissenschaftliche Auslegung findet. Erfasst wurden lediglich die in Deutschland im Kino, Fernsehen oder auf Video/DVD erschienenen Filme des Genres.

ABKÜRZUNGEN

AIDT	*Ab in die Tonne*	Ma:	*Maske*
R:	*Regie*	M:	*Musik*
B:	*Buch*	D:	*Darsteller (in Klammern: Rolle)*
St:	*Story*	F:	*Farbe*
V:	*Vorlage*	SW:	*Schwarzweiß*
K:	*Kamera*	[V]	*Video*
SpE:	*Spezialeffekte*		

A

AASGEIER

(MANFISH). USA 1956. **R:** *W. Lee Wilder.* **B:** *Joel Murcott, Myles Wilder.* **V:** *Erzählungen »Das verräterische Herz« und »Der Goldkäfer« von Edgar Allan Poe.* **K:** *Charles Scotty Welbourne.* **M:** *Albert Elms.* **D:** *John Bromfield (Brannigan), Lon Chaney jr. (Schwede), Victor Jory (Professor), Barbara Nichols (Mimi), Tessa Pendergast (Elita), Eric Coverley (Chavez), Vincent Chang (Domingo), Jack Lewis (Warren), Theodore Purcell (Big Boy), Vere Johns (Bianco), Arnold Shanks (Lieppo), Clyde Hoyte (Calypso). F 76 Min.*

Zwei Abenteurer tauchen nach einem Piratenschatz und geraten sich über die Beute in die Haare. Es kommt zu einem Unterwassermord in schön grusliger Umgebung. – »Unangenehm primitives Gruselstück.« (FILMDIENST)

AB IN DIE EWIGKEIT

(HAPPY BIRTHDAY TO ME). Kanada 1980. **R:** *J. Lee Thompson.* **B:** *John Saxton, Peter Jobin, Timothy Bond.* **K:** *Miklos Lente.* **M:** *Bo Harwood, Lance Rubin.* **D:** *Melissa Sue Anderson (Virginia), Glenn Ford (Dr. Faraday), Lawrence Dane (Hal Wainwright), Tracy Bregman (Ann Thomerson), Matt Craven (Steve), Jack Blum (Alfred), Leonore Zann (Maggie), David Eiser (Rudi), Lisa Langlois (Amelia), Sharon Acker (Estelle), Frances Hyland (Mrs. Patterson), Michel Rene Labelle (Etienne), Richard Rebiers (Greg), Lesley Donaldson (Bernadette), Earl Pennington (Lt. Tracy). F 111 Min.*

An einem kanadischen College treibt eine Studentengruppe namens »Top Ten« mit Entsetzen Scherz. Plötzlich jedoch werden die einzelnen Mitglieder dieser Gruppe auf grausame und blutige Weise umgebracht. Wer ist der Täter? Der von allen verhöhnte Stubenhocker Alfred? Oder die an einem Kindheitstrauma leidende Virginia, die außerdem eine (scheinbar missglückte) Gehirnoperation hinter sich hat? Als die Toten sich auf einer gespenstischen Geburtstagsfeier versammeln, bahnt sich des Rätsels Lösung an ... »Hitchcock und de Palma lassen grüßen. Freunde des Horrorfilms mögen ihren Spaß daran finden, wenn sie auf eine rationale Erklärung verzichten können ...« (Peter Hasenberg, FILMDIENST). – »Thompsons Streifen ist handfester Horror, der zwar an Leichen, aufgeschlitzten Gurgeln und Blut nicht spart, den Zuschauer aber vor besonders unansehnlichen Geschmacklosigkeiten verschont, wie sie Horrorfilme der unappetitlichen Sorte bieten.« (zh, VIDEO)

ABBOTT UND COSTELLO ALS MUMIENRÄUBER

(ABBOTT AND COSTELLO MEET THE MUMMY). USA 1955. **R:** *Charles Lamont.* **B:** *John Grant.* **St:** *Lee Loeb.* **K:** *George Robinson.* **SpE:** *Clifford Stine. Ma: Bud Westmore.* **M:** *Joseph Gershenson.* **D:** *Bud Abbott (Bud), Lou Costello (Lou), Marie Windsor (Madame Rontru), Eddie Parker (Kharis, die Mumie), Michael Ansara (Charlie), Dan Seymor (Josef), Kurt Katch (Dr. Gustav Zoomer), Richard Karlan (Hetsut), Richard Deacon (Semu), Mel Welles (Iben), George Khoury (Habid). SW 79 Min.*

Abbott und Costello, ein amerikanisches Komikerduo, hatten sich am Broadway und im Rundfunk einen Namen gemacht, bevor sie in der Zeit von 1940 bis 1955 zahlreiche zumeist sehr drastische Filmspäße drehten, in denen sie beliebte Filmgenres wie Western, Kriegsfilme und Horror, aber auch die Filmbranche selbst kräftig auf die Schippe nahmen. Ihre ersten Erfolge feierten sie mit mehreren Militärklamotten, die dem amerikanischen Unterhaltungsbedürfnis in Kriegs- und Krisenzeiten zu entsprechen schienen. Durch konsequente Ausbeutung bewährter Komödiensituationen erlangten sie absoluten Starruhm, obwohl ihr Humor lange nicht den Standard der Marx-Brothers oder Laurel und Hardys erreichte. Mehrfach gelang es Abbott und Costello in den 1940er Jahren, in die Liste der zehn erfolgreichsten Filmstars vorzudringen. Als der Erfolg der beiden etwas nachließ, verulkten sie die alten Horrorfilme der Universal, deren Hauskomiker sie waren. Höhepunkt dieser Schaffensphase war gleich der erste Film dieser Art, *Abbott und Costello treffen Frankenstein.* Sieben Jahre später bildete *Abbott und Costello als Mumienräuber* den unrühmlichen Abgesang des Komikerpaares. – Abbott und Costello im Kairo der bunten Cafés, der unterirdischen Tempeltänze, der fluchbeladenen Mumienschätze. Eine dieser Mumien, die seit 4000 Jahren lebt und gefüttert wird, hütet einen sagenhaften Schatz, hinter dem Archäologen, eine mohammedanische Sekte und ein räuberisches Weibsstück her sind. In diese Jagd verirren sich auch die beiden Komiker. Im folgenden Pappkulissenklamauk verdient es nur eine Szene, erwähnt zu werden: Um sich Mut zu machen, bespricht Abbott, vor Angst schlotternd, ein Tonband mit fürchterlichen Drohungen, spielt es sich selbst vor und fühlt sich bestätigt. – »In jeder Hinsicht fürchterlich; mit Gags, die älter als die Mumie selbst sind.« (Alan Frank, HORROR FILM HANDBOOK)

ABBOTT UND COSTELLO AUF SHERLOCK HOLMES' SPUREN

(ABBOTT AND COSTELLO MEET THE INVISIBLE MAN). USA 1950. R: Charles Lamont. B: Frederick L. Rinaldo, John Grant, Robert Lees. V: Hugh Wedlock jr., Howard Snyder. K: George Robinson. SpE: David S. Horsley, Jerry Ash. M: Joseph Gershenson. D: Bud Abbott (Bud Alexander), Lou Costello (Lou Francis), Nancy Guild (Helen Grey), Arthur Franz (Tommy Nelson), Adele Jergens (Boots Marsden), Sheldon Leonard (Morgan), William Frawley (Detective Roberts), Gavin Muir (Dr. Philip Gray), Paul Maxey (Dr. C. Turner). SW 82 Min.

Abbott und Costello haben mit Ach und Krach ihr Detektivexamen bestanden, da stellt sich auch schon ihr erster »Fall« ein. Ein Boxer ist fälschlicherweise des Mordes angeklagt, was die beiden aber erst einmal beweisen müssen, indem sie den wahren Übeltäter überführen. Eine gewichtige Rolle bei der Jagd spielt ein Mittelchen, mit dem sie den Boxer unsichtbar machen. Und da all dies im Boxmilieu spielt, gehört auch ein zünftiger Fight dazu: Lou Costello gegen den Meisterboxer; mit im Ring der »Unsichtbare«. So kommen am Ende alle (bis auf einen Gangster) mit einem blauen Auge davon. Der deutsche Titel ist *unzulänglich*. Den Amerikanern kam es eher darauf an, mit Trickeffekten, die übrigens in der Fachpresse hohes Lob ernteten, den Unsichtbaren glaubwürdig zu machen, als besonderen Wert auf die sowieso unsinnige Detektivgeschichte zu legen.

ABBOTT UND COSTELLO GEGEN DR. JEKYLL UND MR. HYDE

(ABBOTT AND COSTELLO MEET DR. JEKYLL AND MR. HYDE). USA 1953. **R:** *Charles Lamont.* **B:** *Leo Loeb, John Grant.* **St:** *Sidney Fields, Grant Garrett.* **K:** *George Robinson.* **SpE:** *David S. Horsley.* **Ma:** *Bud Westmore, Jack Kevan.* **M:** *Joseph Gershenson.* **D:** *Bud Abbott (Slim), Lou Costello (Tubby), Boris Karloff (Dr. Jekyll/Mr. Hyde), Eddie Parker (Mr. Hyde-Stunts), Craig Stevens (Bruce Adams), Helen Westcott (Vicky Edward), Reginald Denny (Inspektor), John Dierkes. SW 76 Min.*

Anfang des 20. Jahrhunderts studieren zwei beknackte amerikanische Polizisten britische Polizeimethoden und werden in London in das Geschehen um Dr. Jekyll und Mr. Hyde verwickelt. – Überdurchschnittlicher Abbott und Costello-Klamaukfilm, dank des »sehenswerten Boris Karloff, der seine Mitspieler in den Schatten stellt.« (MONTHLY FILM BULLETIN)

ABBOTT UND COSTELLO TREFFEN FRANKENSTEIN

(ABBOTT AND COSTELLO MEET FRANKENSTEIN). USA 1948. **R:** *Charles T. Barton.* **B:** *John Grant, Frederic I. Rinaldo, Robert Lees.* **K:** *Charles Van Enger.* **SpE:** *David S. Horsley, Jerome H. Ash.* **Ma:** *Bud Westmore, Jack Kevan.* **M:** *Frank Skinner.* **D:** *Bud Abbott (Chick Young), Lou Costello (Wilbur Gray), Lon Chaney jr. (Lawrence Talbot), Bela Lugosi (Dracula), Glenn Strange (Monster), Lenore Aubert (Sandra Mornay), Jane Randolph (Joan Raymond), Frank Ferguson (McDougal), Charles Bradstreet (Dr. Stevens), Howard Negley (Har-*

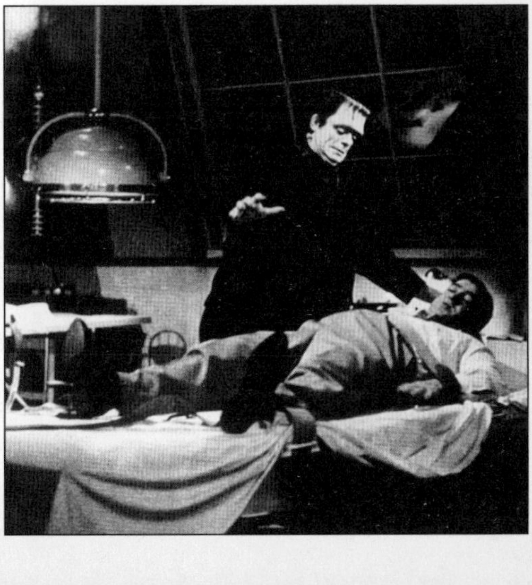

Abbott und Costello treffen Frankenstein

ris), Vincent Price (OF: Stimme des Unsichtbaren). SW 92 Min.

Die Transportarbeiter Wilbur und Chick sollen Graf Dracula und Frankensteins Monster, fein säuberlich in zwei Kisten verpackt, an ein Gruselkabinett liefern. Die angeblich toten Horror-Gestalten erheben sich aus den Kisten und machen sich auf und davon. Wilbur, Chick und die hübsche Versicherungsagentin Joan nehmen die Verfolgung auf. Dazu gesellt sich der hilfreiche Mr. Talbot, der sich in Vollmondnächten in den berüchtigten Werwolf verwandelt. Seine Absichten sind ansonsten honorig, jagt er doch schon seit Europa hinter Dracula her, um ihn zu hindern, Frankensteins Monster ein neues Gehirn zu verschaffen. Wilburs Gehirn scheint attraktiv genug dafür. Die anderen können nicht verhindern, dass er auf eine einsame Insel verschleppt wird, wo in einem alten Schloss schon alles zur Operation vorbereitet ist. Im letzten Augenblick kann die Operation verhindert werden. Graf Dracula droht zu entkommen, doch der Zufall will es, dass gerade der Vollmond am Himmel erscheint. Talbot verwandelt sich in den blutgierigen Wolfsmenschen und rast hinter Dracula her. Draußen brandet das Meer, Draculas und seine Pläne fallen buchstäblich ins Wasser, und auch Werwolf Talbot segnet in den Fluten das Zeitliche. Verfolgt von Frankensteins Monster retten Chick und Wilbur sich im letzten Moment auf ein Boot. – Eine für damalige Verhältnisse hochkarätige Besetzung, hervorragende Trickspezialisten und ein routinierter Regisseur sollten den Erfolg der mit immerhin 800.000 Dollar veranschlagten Produktion garantieren. Bela Lugosi, mit einer Wochengage von 1500 Dollar und einer Zehn-Wochen-Garantie ausgestattet, wollte seine Starrolle richtig ausspielen. Er versuchte stets, die Szene zu beherrschen, was insbesondere im Zusammenspiel mit Abbott und Costello zu Spannungen führte. Doch gerade diese Szenen wurden zu den witzigsten des besten aller Abbott-Costello-Filme. – »Eine verrückte, schwindelige Show, die Spannung, Grusel und Lachen vereint. Abbott und Costello zogen hier alle Register ihres Könnens und entfachten einen wirkungsvollen Horror-Wirbel.« (FRANKFURTER RUNDSCHAU)

ABSURD – AUSGEBURT DER HÖLLE

(ROSSO SANGUE/ANTHROPOPHAGUS II). Italien 1981. **R:** *Peter Newton [Aristide Massaccesi].* **B:** *John Franklin.* **K:** *Richard Cohn.* **M:** *Carlo Maria Cordio.* **D:** *George Eastman, Edmond Purdom, Annie Belle, Ian Danby, Ted Rusoff, Katja Berger, Anja Kochansky, Charles Borromell, Kasimir Berger, John Cart. F 90 Min.*

Irgendwo in England: Da sich die Zellen seines Körpers auf Kosten seiner Gehirnzellen regenerieren (zuständig dafür ist radioaktive Verseuchung), wird der Grieche Nikos zum gnadenlosen Killer, bis ein Mädchen ihn mit einer Axt von dieser Welt in die nächste befördert. – Ein brutaler Schundfetzer. Die »Fortsetzung« des Kotzfilms *Man Eater (Der Menschenfresser)* entpuppt sich als das übliche Schlachtfest, das Menschen mit Bandsägen, Äxten und anderen Instrumenten vom Leben zum Tode befördert. AIDT [V]

ADDAMS FAMILY

(THE ADDAMS FAMILY). USA 1991. **R:** *Barry Sonnenfeld.* **B:** *Caroline Thompson, Larry Wilson.* **V:** *Comicstrips von Charles Addams.* **K:** *Owen Roizman.* **SpE:** *Chuck Gaspar.* **M:** *Marc Shaiman.* **D:** *Anjelica Houston (Morticia Addams), Raul Julia (Gomez Addams), Christopher Lloyd (Fester Addams), Christina Ricci (Wednesday Addams), Jimmy Workman (Pugsley Addams), Dan Hedaya (Anwalt), Elibath Wilson (Abigail Craven), Carel Struycken (Lurch), Judith Malina, Dana Ivey, Paul Benedict. F 99 Min.*

Um sich das Vermögen einer »Monster«-Familie unter den Nagel zu reißen, schickt eine Betrügerin ihren debilen Sprössling in deren Spukhaus, wo er sich als vor 25 Jahren im Bermuda-Dreieck verschollener Onkel ausgibt. Horror-Ulk nach dem Vorbild amerikanischer TV-Konserven-Lach-Komödien, bei dem der Witz aber keine Sekunde zündet, da die ahnungslosen Synchron-Übersetzer die Gags kaum verstanden haben. [V]

ADDAMS FAMILY – IN VERRÜCKTER TRADITION

(ADDAMS FAMILY VALUES). USA 1993. **R:** *Barry Sonnenfeld.* **B:** *Paul Rudnick.* **V:** *Comicstrips von Charles Addams.* **K:** *Don Peterman, Keith Peterman.* **SpE:** *Kenneth D. Pepiot.* **M:** *Marc Shaiman, D. Brent Nelson, Julie Andrews, Brady Bunch.* **D:** *Anjelica Huston (Morticia Addams), Raul Julia (Gomez Addams), Christoper Lloyd (Fester Addams), Christina Ricci (Wednesday Addams), Jimmy Workman (Pugsley Addams), Joan Cusack (Deb-*

bie Jelinsky), Carel Struycken (Lurch), Carol Kane, David Krumholtz, Christine Baranski. F 100 (94) Min.
Vorgeschichte: *Addams Family.* – Nachdem Morticia Addams einem neuen Erdenbürger das Leben geschenkt hat (der Knabe kommt stilgerecht mit einem Schnäuzer auf die Welt), soll sich das Kindermädchen Debbie um ihn kümmern. Doch diese hat nicht nur die Teppichratte im Auge, sondern auch den debilen Onkel Fester, den sie gern ehelichen möchte, um ihn zu beerben. Die Addams-Kinder kommen ihr auf die Schliche, werden aber im Ferienlager kaltgestellt, so dass es vorwiegend dem Hausmonster »Eiskaltes Händchen« und dem Babylein selbst überlassen bleibt, Debbie zu entlarven. Klamaukfilm über eine aus Monstern bestehende Familie, dessen Typen allemal interessanter sind als seine läppische Geschichte.

DIE ADDAMS FAMILY UND DIE LIEBEN VERWANDTEN

(ADDAMS FAMILY REUNION). USA 1998. **R:** *Dave Payne.* **B:** *Bob Kerchner, Scott Samdin. K: Christian Sebaldt.* **M:** *Amotz Plessner.* **D:** *Tim Curry (Gomez Addams), Daryl Hannah (Morticia Addams), Ray Walston, Ed Begley jr., Kevin McCarthy, Carel Struycken, Estelle Harris. F 88 Min.*
Vorgeschichte: *Addams Family.* – Gomez und Morticia Addams nehmen Oma und Opa, die an der Waltzheimer-Krankheit leiden, zur Aufheiterung auf ein zünftiges Addams-Familientreffen mit nach Los Angeles, doch leider kommen aufgrund eines Computerfehlers nicht die lieben Verwandten, sondern stinknormale Spießbürger. – Saban Entertainment auf Video. [V]

THE ADDICTION

(THE ADDICTION). USA 1994. **R:** *Abel Ferrara.* **B:** *Nicholas St. John.* **K:** *Ken Kelsch.* **M:** *Joe Delia.* **D:** *Lili Taylor (Kathleen), Christopher Walken (Peina), Annabella Sciorra (Casanova), Eddie Falco (Jean), Paul Caldaron (der Professor), Fredro Starr (Black), Kathryn Erbe, Nicky O, Michael Imperioli, Jamel Simmons. F 84 Min.*
Von einer Vampirin gebissen, mutiert die Philosophiestudentin Kathleen selbst zur Blutsaugerin. Auf ihrer Promotionsfete kommt es folgerichtig zu vampirischen Exzessen, worauf sie sich suizidbereit dem Sonnenlicht aussetzt. – Abel Ferraras Werk sei »verheerend«, meint der

Addams Family

Kritiker von IL MANIFESTO (22.1.1995) anerkennend und verweist auf das Massaker von My Lai, die Needles, Nietzsche und Kierkegaard, Christopher Walken, die Studenten, die Obdachlosen auf dem Washington Square und die, die an der Nadel hängen: »Das hier ist das Anti-*Interview With the Vampire* par excellence. Keine Kostüme, dekadenter Glamour, goldene Lichter, reiche Budgets.

Die Faszination am Horror ist brutal, direkt, ohne Maske, so wie in einer Kombination aus Fassbinder und Bresson. In nur wenigen Wochen in den Straßen des Village zusammengeklaubt, aufgenommen in entwaffnendem Schwarzweiß, ist *The Addiction* ein neuer Beweis dafür, dass Abel Ferrara die visionärste und anarchistischste Kraft im kommerziellen amerikanischen Kino ist. Dramaturgisch dicht und doch unvorhersagbar, überrascht er uns immer wieder und verwischt die Grenzen des Systems. (...) Apokalyptisch und schizophren, ist *The Addiction* ... ein seltsam strahlender Film.«

DER AFFE IM MENSCHEN

(MONKEY SHINES: AN EXPERIMENT IN FEAR). USA 1988. **R:** *George A. Romero.* **B:** *George A. Romero.* **V:** *»Der Affe im Menschen« von Michael Stewart.* **K:** *James A. Contner.* **M:** *David Shire.* **D:** *Jason Beghe (Allan Mann), John Pankow (Geoffrey Fisher), Kate McNeil (Melanie Parker), Joyce Van Patten (Dorothy Mann), Christine Forrest (Maryann Hodges), Stephen Root (Dean Burbage), Stanley Tucci (Dr. John Wiseman), Janine Turner (Linda Aikman), William Newman (Doc Williams), Tudi Wiggins (Esther Fry), Tom Quinn (Charlie Cunningham). F 113 (108) Min.*

»See no evil, hear no evil, speak no evil ... Once there was a man whose prison was a chair. The man had a monkey, they made the strangest pair. The monkey ruled the man, it climbed inside his head. And now as fate would have it, one of them is dead.« – Behinderter Student der Rechte wird von einer mit einem Intelligenz-Serum behandelten Äffin versorgt, doch das Tierchen übernimmt bald die Leitung des Experiments und schreckt auch vor Mord nicht zurück. Spannend. [V]

DER ALCHIMIST

(THE ALCHEMIST). USA 1980. **R:** *James Amante [Charles Band].* **B:** *Alan J. Adler.* **K:** *Ted Nicolaou.* **Ma:** *Rick Stratton.* **M:** *Richard H. Band.* **D:** *Robert Ginty (Aaron McCallum), Lucinda Dooling (Lenora), Vida Kate Simpson (Esther), Robert Glaudini (Del Gatto), John Sanderford. F 82 Min.*

Aaron erwischt seine Frau in den Armen des geheimnisvollen Alchimisten Delgado. Als er ihn umbringen will, lenken die Geisteskräfte Delgados seine Klinge ab. Anna stirbt. Delgado verwandelt Aaron in eine unsterbliche schnaubende Bestie. Achtzig Jahre später kehrt Anna zurück. Die Hölle öffnet ihre Pforten, der Bösewicht kriegt, was ihm gebührt. Ein zielloser Low Budget-Grusler, 1980 gedreht, aber erst 1984 uraufgeführt. »Wer die höllischen Gummidämonen gesehen hat, kennt den Grund.« (Michael J. Weldon, THE PSYCHOTRONIC VIDEO GUIDE). »Regisseur Charles Band ... liefert mit *Der Alchimist* einen weiteren Beweis seines nicht vorhandenen Talents.« (Frank Trebbin, DIE ANGST SITZT NEBEN DIR) [V]

ALPTRÄUME

(NIGHTMARES). USA 1981. **R:** *Joseph Sargent.* **B:** *Christopher Crowe, Jeffrey Bloom.* **K:** *Gerald Perry Finnerman, Mario Di Leo.* **M:** *Craig Safan.* **D:** *Christina Raines (Lisa), Joe Lambie (Phillip), Emilio Estevez (J. J.), Mariclare Costello (Mme. Cooney), Lance Henriksen (MacLeod), Richard Masur (Steven Houston), Veronica Cartwright (Claire Houston). F 100 Min.*

Episodenfilm: 1. »Terror in Topanga«: Entwichener Irrer schlitzt sich durch eine Stadt. – 2. »The Bishop of Battle«: Spielhallen-Champion erreicht die höchste Stufe des Könnens, wird von der Maschinerie in eine Schlacht auf Leben und Tod verwickelt und wird eins mit ihr. – 3. »The Benediction«: Zweifelnder Priester wird mit dem Satan in Gestalt eines Lastwagens konfrontiert. – 4. »Night of the Rat«: Kuhgroße Ratte terrorisiert amerikanischen Vorstadt-Haushalt. Die Storys sind von unterschiedlicher Qualität und Spannung. [V]

DAS ALTE FINSTERE HAUS

(THE OLD DARK HOUSE). USA 1932. **R:** *James Whale.* **B:** *Benn W. Levy.* **V:** *»Von der Nacht überrascht« von J. B. Priestley.* **K:** *Arthur Edeson.* **Ma:** *Jack Pierce.* **D:** *Boris Karloff (Morgan), Melvyn Douglas (Roger Pendrel), Charles Laughton (Sir William Porterhouse), Gloria Stuart (Margaret Waverton), Lilian Bond (Gladys DuCane), Ernest Thesiger (Horace Femm), Eva Moore (Rebecca Femm), Raymond Massey (Philip Waverton), Brember Wills*

(Saul Femm), John Dudgeon (Sir Roderick Femm). SW 75 Min.
Ein Unwetter in den Waliser Bergen zwingt Philip Waverton, seine Frau Margaret und Roger Pendrel eine Unterkunft für die Nacht zu suchen. Sie betreten ein altes ehrwürdiges Gemäuer und sehen sich merkwürdigen Bewohnern ausgeliefert. Da sind der rund sechzigjährige Horace Femm, ein exzentrischer Atheist, und sein Gegenpart, seine Schwester Rebecca, eine religiöse Fanatikerin, eine hässliche alte Hexe, die immer den Zorn Gottes heraufbeschwört. Der Butler des Hauses, Morgan, ein stummer, plumper Brutalinski, ist immer dann gefährlich, wenn er getrunken hat – also immer! Schon diese drei Gestalten reichen aus, eine ungemütliche Nacht zu prophezeien, ganz zu schweigen von zwei weiteren Familienmitgliedern, die sich später noch zeigen werden. Und um ein ausgeglichenes Personenverhältnis zu haben, stoßen zwei andere Reisende, Sir William Porterhouse und Gladys DuCane, dazu. Der Sturm hält an. Morgan betrinkt sich, attackiert Margaret, wird von Ehemann Philip bewusstlos geschlagen und zunächst außer Gefecht gesetzt. Unterdessen vergnügen sich Pendrel und Gladys miteinander. Margaret und Philip Waverton entdecken in einem Seitenflügel des Hauses den Patriarchen der Femm-Family, Sir Roderick, einen Greis von über 100 Jahren. Von ihm erfahren sie, dass sein anderer Sohn Saul, ein notorischer Brandstifter, von Morgan gefangen gehalten wird, um Schlimmstes zu verhüten. Doch gerade Morgan sinnt auf Rache. Geisteskrank vor Hass, befreit er Saul, der sich sofort seiner Aufgabe besinnt und das Haus in Brand setzen will. Pendrel stellt sich ihm entgegen und geht nach einem mörderischen Kampf als Sieger hervor. Saul ist tot, die Reisenden verlassen Kampfstätte und Haus – für immer! – Der Film, der ohne übernatürlichen Grusel auskommt, lebt von seinen bizarren Gestalten und herrlich sarkastischen Dialogen. Fünf Hausbewohner werden fünf Gästen gegenübergestellt, jeder bekommt seinen entsprechenden Gegenpart, und in der Nacht des Schreckens zeigt sich jeder auf seine Weise von der »besten« Seite. Die Handlung ist nur Ausgangssituation und hat mit den eigentlichen Höhepunkten des Films nicht das Geringste zu tun. Eine Art Horror-Kammerspiel und schwarze Komödie, mit einer unschlagbaren Besetzung! Als literarische Vorlage diente John Boynton Priestleys erster Roman »Benighted« (1927). Priestley, geb. 1894, einer der Großen der englischen Literatur des 20. Jahrhunderts, dessen bekanntes sozialkritisches Drama »Ein Inspektor kommt« als Schullektüre mittlerweile zum Standard-Repertoire in aller Welt gehört, steht in der Erzähltradition von Fielding und vor allem Dickens. Schon »Benighted« zeichnet sich durch seinen Humor und den Reichtum an scharf gezeichneten Gestalten und die Art der Charakterisierung durch Betonen eines Einzelzuges oder einer Eigenart aus. Dem trägt das Drehbuch Benn W. Levys trotz des geänderten Schlusses hervorragend Rechnung: Priestley lässt seinen Helden Pendrel sterben.

DAS ALTE FINSTERE HAUS

(THE OLD DARK HOUSE). USA/GB 1963. **R:** *William Castle.* **B:** *Robert Dillon.* **V:** *»Von der Nacht überrascht« von J. B. Priestley.* **K:** *Arthur Grant.* **M:** *Benjamin Frankel.* **D:** *Tom Poston (Tom Penderel), Robert Morley (Roderick Femm), Janette Scott (Cecily Femm), Joyce Grenfell (Agatha Femm), Mervyn Johns (Potiphar Femm), Fenella Fielding (Mor-*

Das alte finstere Haus

Das alte finstere Haus (1932)

gana Femm), Peter Bull (Casper/Jasper Harvey). F 90 Min.

Ein junger amerikanischer Autoverkäufer bringt seinem Freund, der in einem alten englischen Schloss lebt, ein neues Auto. Er gerät in ein recht ungewöhnliches Milieu mit eigenartigen, seltsamen Personen, die alle zur Verwandtschaft des Freundes zählen. Dass sich hier so viele Verwandte aufhalten, ist leicht zu erklären: Das Testament eines Vorfahren, der als Seeräuber am Galgen endete, bestimmt, dass sich kein Nachfahre länger als einen Tag vom Hause entfernen darf, wenn er nicht enterbt werden will. Diese Verfügung, vom Ahnherrn als Vorbeugung vor ähnlichen Schicksalen gedacht, lastet noch immer wie ein Fluch auf dem Hause Femm und hat den einen oder anderen der Familie schon beizeiten in den Wahnsinn getrieben. Tom Penderel, besagter Amerikaner, erfährt, dass sein exzentrischer Kunde bereits tot ist. Wegen eines furchtbaren Unwetters fordern ihn jedoch die jungen Nichten des Verstorbenen, Cecily und Morgana, auf, im Schloss zu übernachten. In dieser schaurig-schönen Nacht erlebt Tom einige bemerkenswerte Slapstick-Morde, für die sich später durchaus rationale Erklärungen finden lassen. Cecily will den Besitz für sich, will alles oder nichts. Tom erkennt rechtzeitig, dass sie niedliche kleine Bomben in allen Uhren des Hauses versteckt hat. Ein Wettlauf mit der Zeit, ein krampfhaftes Bemühen um jedes Bömbchen, sieht dann doch Tom als Sieger, dessen letztes aus dem Fenster geworfenes Mordinstrument zu Füßen von Cecily explodiert. – »Keine Gänsehaut, kein Schauder, kein Gelächter!« so Alan Franks Kommentar (HORROR FILM HANDBOOK); HALLIWELL'S FILMGUIDE erwähnt den Film nur als Fußnote zur Erstverfilmung des Stoffes: »Hammers Remake von 1963 ist bestens vergessen.« Auch VARIETY meint: » ... weder zufrieden stellender Horror, noch hinreichend amüsanter Ulk ...« Anderer Auffassung sind deutsche Kritiker: »Effektvoll zieht der in Gruselfilmen erfahrene Regisseur William Castle zahlreiche Register seiner Kunst, um dem Besucher im Film und auch dem Betrachter Schauer über den Rücken zu jagen. Doch liegt in der Anhäufung schon eine komödiantische Übertreibung ... Der Zuschauer kann des Öfteren befreiend lachen ... So ist ein gescheit gemachter unterhaltsamer Film entstanden, der für Freunde des Gruselfilms ... ein Vergnügen ist.« (FILMBEOBACHTER) »Für Gruselfreunde eine schaurig-amüsante Unterhaltung« (FILM-DIENST)

AMERICAN GOTHIC

(AMERICAN GOTHIC/DARK PARADISE). GB 1987. **R:** *John Hough.* **B:** *John Hough, Michael Vines, Terry Lens.* **K:** *Harvey Harrison. Alan Parker.* **D:** *Rod Steiger (Pa), Yvonne De Carlo (Ma), Sarah Torgov (Cynthia), Terry Kelly, Michael J. Pollard, Fiona Hutchinson, William Hootkins, Mark Ericksen, Caroline Barclay, Mark Lindsey Chapman. F 90 Min.*

Urlauber, mit Wasserflugzeug unterwegs, werden auf eine Pazifikinsel verschlagen, die von einem religiös-fanatischen Ehepaar und dessen matschhirnigen, nekrophil veranlagten Kindern bewohnt wird. Letztere sind zwar erwachsen, führen sich aber auf wie debile Halbwüchsige. Bis auf Cynthia, die nach einem traumatischen

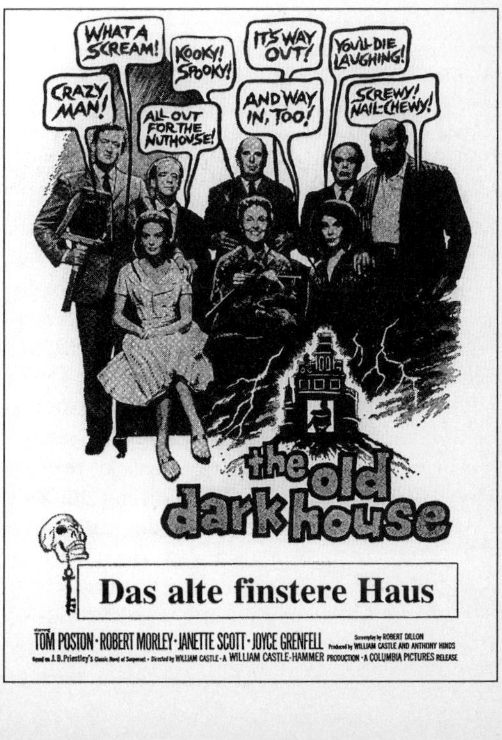

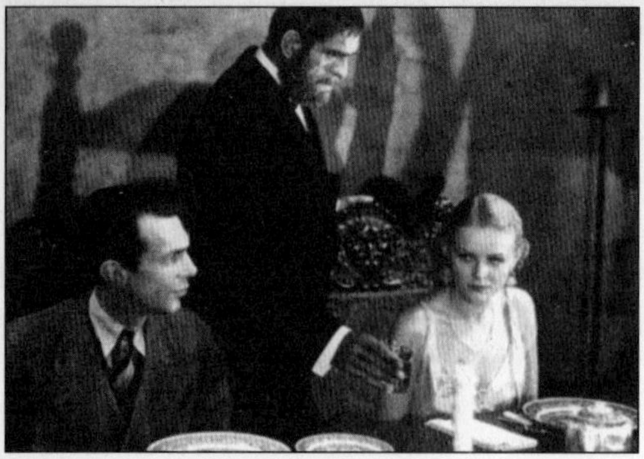

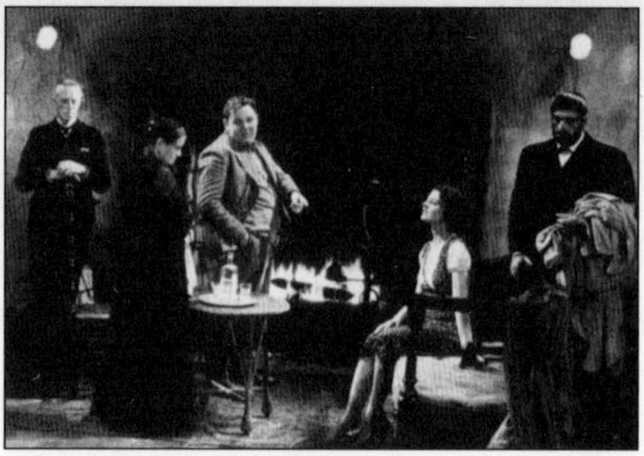

Erlebnis in psychiatrischer Behandlung war, werden alle umgebracht, da sie das typische Schlitzerfilm-Kanonenfutter sind. Man nimmt Cynthia in die sonderbare Sippschaft auf, sie verliert jeden Bezug zur Realität und entwickelt sich zur mörderischen Irren. [V]

AMERICAN KILLING

(THE KILLING HOUR/THE CLAIRVOYANT). USA 1982. **R:** *Armand Mastroianni.* **B:** *R. Jonathan Ringkamp.* **K:** *Larry Pizer. M: Alexander Peskanov.* **D:** *Perry King, Norman Parker, Elizabeth Kemp, Kenneth McMillan, Joe Morton. F 90 Min.*
Eine Kunststudentin mit hellseherischen Kräften träumt die Morde eines irren Killers voraus und kommt ihm auf die Schliche. Leicht vergessbarer Schlitzerfilm aus der Schundkiste. AIDT [V]

THE AMERICAN NIGHTMARE

(THE AMERICAN NIGHTMARE). USA/GB 2000. **R:** *Adam Simon.* **B:** *Adam Simon.* **K:** *Immo Horn.* **D:** *Wes Craven, George A. Romero, John Carpenter, John Landis, Tobe Hooper, Tom Savini, David Cronenberg. F 73 Min.*
Genre-Dokumentation, die auch die Zusammenhänge von Vietnam und Splatter thematisiert: »Chronisch traumatisiert durch einen nicht zu gewinnenden Krieg, auf Studenten schießende Soldaten, Lynchmobs nackenwülstiger Südstaaten-Sheriffs und Attentate auf die nationalen Hoffnungsträger, aber beflügelt durch die Bürgerrechtsbewegungen und die sexuelle Revolution machte der Horrorfilm einen Quantensprung vom dramaturgisch braven Spannungsstreifen zum rundum bewusstseinserschütternden Anarchie-Schocker. So wird mit verstandsbetäubenden Splatter-Banketten in den schönen neuen Konsumwelten westlicher Einkaufspassagen das Vietnamtrauma beackert und gleichzeitig die dort gewonnenen Zerstückelungs-Impressionen eindrucksvoll zur Geltung gebracht.« (FANTASY FILMFEST 2001)

AMERICAN PSYCHO

(AMERICAN PSYCHO). USA 2000. **R:** *Mary Harron.* **B:** *Mary Harron, Guinevere Turner.* **V:** *»American Psycho« von Bret Easton Ellis.* **K:** *Andrzej Sekula.* **M:** *John Cale.* **D:** *Christian Bale (Patrick Bateman), William Dafoe (Donald Kimball), Jared Leto (Paul Allen), Reese Witherspoon (Evelyn Williams), Samantha Mathis (Courtney Rawlinson), Chloe Sevigny (Jean), Justin Theroux (Timothy Bryce), Matt Ross (Luis Carruthers). F 102 Min.*
Patrick Bateman, ein New Yorker Yuppie-Börsenmakler, ist *completely mad.* Im Laufe der Filmhandlung ermordet er ungefähr zwanzig Menschen (Kollegen, Mannequins, Obdachlose, Freunde). Die Gründe für seine Taten, so ist zu vermuten, sind in den finsteren Untiefen seines kranken Köpfchens verborgen. Sympathie empfindet er nur für seine Sekretärin Jean, doch ihr gegenüber entwickelt er schließlich mörderische Gefühle. » ... in der Verfilmung des wohl größten Romans über die 80er zu sitzen ist in etwa so ein Gefühl, als wenn man als gläubiger Katholik zum ersten Mal Cecil B. DeMilles *Die zehn Gebote* guckt. Irgendwie will man es schon sehen, aber irgendwie schmeckt das Ganze auch nach Blasphemie. (...) Völlig im Gegensatz zum Buch erspart [Mary] Harron dem Zuschauer allzu ausufernde Gewaltexzesse. Rein darauf reduziert betrachtet präsentiert sich *American Psycho* als in etwa so hart wie *The Texas Chainsaw Massacre* (der einmal sehr deutlich zitiert und ausschnittweise auch gezeigt wird). Wir sehen also, was kommt, und dabei wird auch nichts verharmlost, die letztendliche Ausführung der Morde bekommt man dann aber nur noch in Ansätzen gezeigt. Meiner Meinung nach ging das schon in Ordnung, da der Ton des Films den des Buches nicht versucht herunterzuspielen.« (S. Selig, SPLATTING IMAGE 41/März 2000) [DVD

AMERICAN WEREWOLF

(AN AMERICAN WEREWOLF IN LONDON). USA 1981. **R:** *John Landis.* **B:** *John Landis.* **K:** *Robert Paynter.* **SpE:** *Rick Baker.* **M:** *Elmer Bernstein.* **D:** *David Naughton (David Kessler), Jenny Agutter (Alex Price), Griffin Dunn (Jack Goodman), John Woodvine (Dr. Hirsch), Lila Kaye (Barfrau), Paul Kimber (Sgt. McManus), David Schofield (Dart-Spieler), Brian Glover (Schachspieler), Don McKillop (Inspektor Villiers), Frank Oz (Collins), Nina Carter (Nina), Christopher Scoular (Sean), Mary Tempest (Seans Frau), Joe Belcher (Lkw-Fahrer), Anne Marie Davies (Gallagher). F 97 Min.*
Großbritannien, Ende des 20. Jahrhunderts: Die amerikanischen Globetrotter David und Jack wollen ein paar Monate in Europa verbringen. Zuerst nehmen sie sich den Norden Großbritanniens vor. Sie trampen durch das Land und

John Landis,
Regisseur von American Werewolf

betreten eine düstere Dorfkneipe, in der man sie wenig höflich behandelt. Als sie sich nach der Bedeutung eines magischen Symbols erkundigen, das jemand an die Wand gemalt hat, werden sie an die Luft gesetzt – freilich mit der Warnung, sich nicht im Moor zu verlaufen. Es kommt jedoch, wie es kommen muss: Unsere Helden verlaufen sich, und in der schaurigen Umgebung geschieht dann das Entsetzliche ... Als David drei Wochen später in einem Krankenhaus zu sich kommt, ist Jack tot; zerrissen, heißt es, von einem Wolf. Der tote Jack erscheint David in einem Albtraum. Er ist entsetzlich zugerichtet und behauptet, erst dann ins Reich der Toten eingehen zu können, wenn der letzte Werwolf vernichtet ist. Der letzte Werwolf soll David sein. Ob er sich, bitteschön, noch vor dem nächsten Vollmond umbringen könne? Natürlich glaubt David, dass er unter Halluzinationen leidet. Er freundet sich mit der ansehnlichen Krankenschwester Alex an, und unter ihrer Fürsorge glaubt er schließlich, dass Werwölfe nur in Filmen vorkommen. Beim nächsten Vollmond jedoch geht Ungeheuerliches mit ihm vor. David durchläuft eine Metamorphose: Sein ganzer Körper wird von entsetzlichen Zuckungen heimgesucht – er verwandelt sich tatsächlich in ein Wolfsungeheuer, das London in Angst und Schrecken versetzt. Pudelnackt kommt er später im Londoner Zoo zu sich. Aus einer Zeitung erfährt er, was er angerichtet hat. Nun glaubt er dem toten Jack, aber zum Selbstmord ist es zu spät. Als er Jack in einem Kino wieder sieht, verwandelt er sich zum letzten Mal. Man schließt ihn ein, aber als er ausbricht und auf dem Piccadilly Circus ein Chaos verursacht, greift die Polizei ein und tötet ihn.

John Landis, der schon mit Filmen wie *Kentucky Fried Movie* (1977) und *The Blues Brothers* (1980) erfolgreiche Attentate auf die Lachmuskeln des Publikums in Szene setzte, ist mit dieser Horror-Parodie erneut ein großer Wurf gelungen. Die Lässigkeit, mit der er die absurde Story zweier sorgloser Tramper erzählt, die von einem Mythos »heimgesucht« werden, an den sie schon deswegen nicht glauben können, weil sie wissen, dass Werwölfe nichts anderes sind aus Ausgeburten der finsteren Phantasie drittklassiger Drehbuchschreiber, ist famos und überzeugt vor allem deswegen, weil sie gänzlich ohne die Versatzstücke (knarrende Türen, klirrende Ketten, dunkle Grüfte) des Horrorfilms auskommt. Die Szenen, in denen sich David in einen Werwolf verwandelt, wurden von Rick Baker perfekt getrickst und sogar mit einem Oscar gewürdigt. – »Landis spielt in diesem Film geschickt mit den Konventionen des Horror-Genres. Er trägt ihnen Rechnung und nützt sie als Ausgangspunkt für radikalen schwarzen Humor, der seine Geschichte ergänzt, ohne sie lächerlich zu machen.« (Wolfgang J. Fuchs, FILMBEOBACHTER) – »Landis inszeniert über weite Strecken mit einer undramatischen Beiläufigkeit, die ihm Raum lässt für Anspielungen auf den englischen Alltag, in dem mannigfache latente Bedrohungen des Menschen zu finden sind.« (Horst Peter Koll, FILM-DIENST) – »Die Reaktionen aller Beteiligten

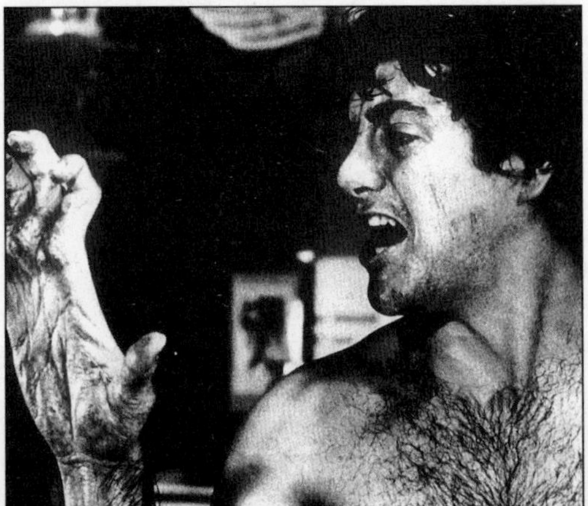

American Werewolf

sind wirklichkeitsgetreu. Das Märchen wird mit Mitteln moderner Erzähltechnik dargeboten, bei Musik wie ›Blue Moon‹, Rock oder passender Filmuntermalung von Elmer Bernstein, aber nicht mit den gewohnten Greuel-Klischee-Tonsätzen. Keine knarrenden Türen und derlei, sondern glaubhafte, normale Umwelt.« (BLICKPUNKT: FILM) – »Der Film ist, wie John Landis versprach, sowohl lustig als auch Schreck einjagend. Und darüber hinaus ist er auch noch eine glänzende Satire auf das Leben im gegenwärtigen England, gesehen durch die Augen eines Amerikaners.« (John Brosnan, STARBURST) [V]

AMERICAN WEREWOLF IN PARIS

(AN AMERICAN WEREWOLF IN PARIS). GB/USA 1997. **R:** *Anthony Waller.* **B:** *Anthony Waller.* **K:** *Egon Werdin.* **SpE:** *Peter Lloyd, Matthias Kammermeier, Harold Ruediger, Santa Barbara Studios.* **M:** *Wilbert Hirsch und Bush.* **D:** *Julie Delpy (Serafine), Tom Everett Scott (Andy), Julie Bowen (Amy), Vince Vieluf (Brad), Pierre Cosso, Tom Novembre, Tierry Lhermitte, Maria Machado. F 98 Min.*

»Was machen männliche amerikanische Collegeabsolventen nach bestandenem Examen? Karriere vielleicht. Heiraten. Und sich dann in irgendeinem Vorort niederlassen. Aber erst mal gibt es eine anständige Sause. Wohin sonst sollte sie führen als nach Paris, der Stadt, wo komische Europäer stinkige Milchprodukte für Kultur halten und sich mit schwarzem Kraut die Lungen vollblasen – und auch sonst die Sitten und die Frauen so abgründig sind, dass es eine gesunde Männerseele zwar lockt, aber schon bald nur so graust?« (Silvia Hallensleben, TAGESSPIEGEL, 15.1.1998) Drei Teenager aus Amerika kommen nach Paris. Andy, ein Collegestudent, braucht den ultimativen Kick und will unbedingt mit einem Bungee-Seil vom Eiffelturm jumpen. Bei dieser Gelegenheit rettet er die Französin Serafine, die in selbiger Nacht springen will, freilich als Selbstmordkandidatin. Kaum gerettet, ist die Kleine auch schon verschwunden. Alsdann machen sich Andy und seine beiden Kumpels auf die Suche nach Serafine. Wie der Prinz aus »Aschenbrödel« hat er nichts weiter als einen Schuh der Angebeteten in Händen. Die Suche endet bei einer Sippschaft von Werwölfen: »Kaum wieder aufgetaucht, entpuppt sich das suizidgefährdete Aschenputtel als unglücklicher Werwolf – ein Schicksal, das auch

American Werewolf in Paris

ihr Retter nach einem charmanten Biss teilen darf. Überhaupt gibt es ein ganzes Rudel dieser Spezies zwischen Technodisco und Friedhof. Während alberne Computeranimationen ihr Unwesen treiben, darf das Liebespaar indes noch hoffen: Ein Serum, von Vater Werwolf gebraut, verspricht Rettung von den Untoten.« (Daniel Kothenschulte, BERLINER ZEITUNG, 15.1.1998) – » ... Anthony Waller musste bei seiner Fortsetzung von John Landis' Grusel-Klassiker sparen. Weshalb man seine Werwölfe meist nur schlecht animiert und im Halbdunkel sieht. Schade, denn ansonsten weiß der Jung-Regisseur mit den Klischees der Monsterfilme umzugehen und serviert eine pfiffige Parodie, die mehr Klamauk als der Londoner Werwolf bietet.« (Markus Tschiedert, BERLINER MORGENPOST, 15.1.1998)

AMITYVILLE: A NEW GENERATION

(AMITYVILLE: A NEW GENERATION). USA 1993. **R:** *John Murlowski.* **B:** *Christopher DeFaria, Antonio M. Toro.* **K:** *Wally Pfister.* **Ma:** *Elizabeth Barczewska.* **SpE:** *Cruse & Company.* **M:** *Daniel Licht.* **D:** *Ross Partridge (Keyes), Lala Sloatman (Lanie), Terry O'Quinn (Detective Clark), Julia*

Nickson-Soul (Suki), David Naughton (Dick Cutler), Barbara Howard (Janet Cutler), Richard Roundtree (Pauli), Roobert Rusler (Ray), Lin Shaye (Schwester Turner), Karl Johnson (Cafébesitzer), Ralph Ahn (Kim). F 88 Min.
Künstlerin zieht in altes Fabrikgebäude ein, deren Bewohner ihren Tod in einem Spiegel sehen, der aus einem Spukhaus in Amityville stammt. Die Spur führt, wie nicht anders zu erwarten, in eine Nervenklinik. [V]

AMITYVILLE – DAS BÖSE STIRBT NIE

(AMITYVILLE DOLLHOUSE). USA 1996. **R:** *Steve White.* **B:** *Joshua Michael Stern.* **K:** *Thomas L. Callaway.* **M:** *Ray Colcord.* **D:** *Robin Thomas (Bill), Starr Adreff (Claire), Lenore Kasdorf (Marla), Allen Cutler (Todd), Jarrett Lennon (Jimmy), Rachel Duncan (Jessica). F 92 Min.*
Einmal mehr spukt es in Amityville, obwohl das Projekt inzwischen aus dem neuenglischen Amityville der ersten Filme in eine Architektenvilla nach Arizona verlegt wurde, wo ein geschiedener Bauingenieur mit seinen beiden Kindern neu anzufangen gedenkt. Aber denkste: Im restaurierten Kamin befindet sich das Tor zur Hölle. Darum auch nur auf Video. [V]

THE AMITYVILLE CURSE

(THE AMITYVILLE CURSE). USA 1990. **R:** *Tom Berry.* **B:** *Norvell Rose, Michael Krueger.* **V:** *»The Amityville Curse« (1981) von Hans Holzer.* **K:** *Rodney Gibbons.* **M:** *Milan Kymlicka.* **D:** *Kim Coates (Frank), Helen Hughes (Mrs. Moriarty), Dawna Wightman (Debbie), Anthony Dean Rubes (Bill), Cassandra Gava (Abigail), David Stein (Marvin), Jan Rubes (Priester), Ted Bohus (Ghoul), Norris Domingue (Detective), Mark Camacho (Krabel), Scott Howard (Junge), Ali Giron (Kellnerin), Tyrone Benskin (Techniker), Griffith Brewer. F (91) 87 Min.*
TV-Film. Vorgeschichte: *Amityville Horror.* – Obwohl alle Welt sie davor warnt, kauft eine fünfköpfige Freundesclique ein seit Jahren unbewohntes Haus, in dem das Böse nistet. Horror-Schocker von der Stange. [V]

AMITYVILLE: FACE OF TERROR

(AMITYVILLE V: IT'S ABOUT TIME). USA 1992. **R:** *Tony Randel.* **B:** *Christopher de Faria, Antonio Toro.* **V:** *»Amityville – The Devil Escapes« von John G. Jones. K: Christopher Taylor.* **M:** *Daniel Licht.* **D:** *Stephen Macht (Jacob), Shawn Weatherly (Andrea), Megan Ward (Lisa), Damon Martin (Rusty), Jonathan Penner (Leonard), Nita Talbot (Mrs. Wheeler), Dean Cochran (Andy), Terrie Snell (Mrs. Tetman), Kevin Bourland, Margarita Franco. F 91 Min.*
Antike Uhr, einst im Besitz eines adeligen Menschenfressers, wird zum Auslöser unerklärlicher Unfälle und schrecklicher Veränderungen in der Psyche diverser Menschen. [V]

AMITYVILLE HORROR

(THE AMITYVILLE HORROR). BRD (= Abschreibungsgelder)/USA 1978. **R:** *Stuart Rosenberg.* **B:** *Sandor Stern.* **V:** *»The Amityville Horror« (1977) von Jay Anson.* **K:** *Fred J. Koenekamp.* **M:** *Lalo Schifrin.* **D:** *James Brolin (George Lutz), Margot Kidder (Kathleen Lutz), Rod Steiger (Rev. Delaney), Don Stroud (Rev. Bolen), Murray Hamilton (Rev. Ryan), John Larch (Rev. Nuncio), Natasha Ryan (Amy), K. C. Martel (Greg), Meeno Peluce (Matt), Michael Sacks (Jeff), Helen Shaver (Carolyn), Amy Wright (Jackie), Val Avery (Sgt. Gionfriddo), Irene Dailey (Tante Helena), Marc Vahanian (Jimmy), Elsa Raven (Mrs. Townsend), Eddie Barth (Agucci), Ellen Saland (Braut). F 101 Min.*
1975, Amityville, Long Island: Der Landvermesser George Lutz zieht mit Frau und Kindern in ein Haus, in dem es zuvor zu einem abscheulichen Blutbad gekommen ist. Als der Ortspfarrer das Haus einsegnen will, häufen sich unerklärliche, Schrecken erregende Vorfälle, die andeuten, dass hier das Böse höchstpersönlich am Werke ist: Aus den Toiletten quellen stinkende Flüssigkeiten, überall erklingen unheimliche Geräusche, Tante Helena klagt über ein entsetzliches Unwohlsein, rot glühende Augen zeigen sich überall. Sogar der Hund der Lutzens versteckt sich winselnd im Keller. Die einst so schaffensfrohe Familie verfällt zusehends, und auch die Geistlichkeit ist ratlos. George Lutz vernachlässigt seinen Job und sich selbst. Und eines Tages ist es dann soweit: Eine solide Tür fliegt wie unter einem mächtigen Druck aus den Angeln und im ganzen Haus breitet sich eine unerträgliche Hitze aus. Die Wände scheinen Blut zu schwitzen. Die Familie verlässt das Haus in Panik, und wie in jedem schlechten Film bemerkt man sozusagen erst in letzter Sekunde, dass man den treuen Wauwau Harry vergessen hat. Aller Geister und Dämonen dieser Welt zum Trotz kehrt George Lutz in das verfluchte Gebäude zurück. Im Keller, stellt er fest, hat sich

buchstäblich ein Tor zur Hölle aufgetan – und in selbigem erblickt er eine teuflische Vision seines eigenen Ichs. Es ist also kein Zufall, dass er in den letzten Tagen immer mehr das Aussehen jenes Mannes angenommen hat, der in seinem Haus einst auf bestialische Art sechs Menschen umbrachte? – *Amityville Horror,* so will uns die clevere Werbung einreden, beruhe auf einer wahren Begebenheit, die Mr. George Lutz himself dem vortrefflichen Romanautor Jay Anson erzählt hat. Es ist jedoch wahrscheinlicher, dass Mr. Lutz H. P. Lovecraft kennt: Der hat Storys dieser Art schon in den 1930er Jahren zu Dutzenden verfasst. – »Die Handlung des sich steigernden Schreckens ... ist mit Sinn für Rhythmus und ohne brutale Entgleisungen entwickelt, versteigt sich jedoch zum Schluss hin zu einer etwas platten Materialschlacht, die die atmosphärische Kraft des Spannungsbogens stört.« (H. H., FILMDIENST)

AMITYVILLE II: DER BESESSENE

(AMITYVILLE II: THE POSSESSION). USA 1982. **R:** *Damiano Damiani.* **B:** *Tommy Lee Wallace.* **V:** *»Murder in Amityville« von Hans Holzer.* **K:** *Franco Di Giacomo.* **M:** *Lalo Schifrin.* **D:** *Burt Young (Anthony Montelli), Rutanya Alda (Deloris Montelli), Jack Magner (Sonny Montelli), Diane Franklin (Patricia Montelli), James Olson (Pater Adamski), Ted Ross, George Lloyd. F 102 Min.*

Vater und Mutter Montelli beziehen mit Sohnemann Sonny und Tochter Patricia ein verfluchtes Haus in dem kleinen Örtchen Amityville. Vater ist ein Grobian, Mutter eine Betschwester, Sonny ein Neurotiker. Kein Wunder, bei *den* Eltern! Als es in ihrem Heim zu spuken anfängt, fängt Sonny an zu spinnen. Er hört Geisterstimmen (aus dem Kassettenrecorder) und stellt seiner Schwester nach. Schließlich murkst er seine ganze Sippschaft ab, weil die Stimmen des Bösen es ihm befehlen. Während im Keller des Hauses im wahrsten Sinne des Wortes ganze Unratberge dampfen, die Möbel durch die Bude fliegen und diverse Pinsel Sprüche an die Wände schreiben, ruft Patricia Pater Adamski an und bittet um Hilfe. Ihr Brüderlein mutiert derweil zu einem unglaublichen Matschkopfmonster. Als der brave Pater zur Aktion schreitet, um den Besessenen zu exorzieren, ist er selbst der Gelackmeierte. Fortan muss er sich persönlich mit dem Gehörnten herumschlagen. Ein Gag, den man auch schon aus einem anderen Film kennt.

AMITYVILLE III

(AMITYVILLE III: THE DEMON). USA 1983. **R:** *Richard Fleischer.* **B:** *William Wales.* **K:** *Fred Schuler.* **M:** *Howard Blake.* **D:** *Tony Roberts (John Baxter), Robert Joy (Elliot West), Candy Clark (Melanie), Tess Harper (Nancy Baxter), John Beal (Harold Caswell), Leona Dana (Emma Caswell), Lori Laughlin (Susan Baxter), Meg Ryan (Lisa), John Harkins (Clifford Sanders), Neill Barry (Jeff), Peter Kowanko (Roger), Rikke Borge (Elliots Assistent), Carlos Romano (David Cohler), Josephine Echanove (Dolores), Jorge Zepeda (Fahrer), Raquel Pankowsky (Frau), Paco Pharres (Monteur). F 105 (88) Min.*

Ein Journalist und seine Frau ziehen trotz aller Warnungen in ein Spukhaus ein, ohne zu ahnen, dass im Keller desselben das Böse nur darauf wartet, ihnen (aber nicht dem Zuschauer) eine Gänsehaut zu verschaffen. AIDT [V]

AMITYVILLE HORROR IV: DIE POLTERGEISTER SIND WIEDER DA

(AMITYVILLE HORROR – THE EVIL ESCAPES). USA 1988. **R:** *Sandor Stern.* **B:** *Sandor Stern.* **V:** *John G. Jones.* **K:** *Tom Richmond.* **M:** *Rick Conrad.* **D:** *Janet Wyatt (Alice Leacock), Patty Duke (Nancy Evans), Norman Lloyd (Pater Manfred), Fredric Lehne (Pater Kibbler), Lou Hancock (Peggy), Brandy Gold (Jessica Evans), Geri Betzler (Amanda Evans), Aron Eisenberg (Brian Evans), Robert Alan Browne (Donald McTear). F 96 Min.*

TV-Film. Böse Kräfte aus dem Jenseits terrorisieren eine Familie in einem kalifornischen Örtchen. Ein junger Priester löst den Fall. Das einzig Originelle an dieser Schauermär ist der Fakt, dass sich das Böse in Gestalt einer Stehlampe(!) manifestiert. [V]

AMOK

(SCHIZO). GB 1976. **R:** *Peter Walker.* **B:** *David McGillivray.* **K:** *Peter Jessop.* **M:** *Stanley Myers.* **D:** *Lynne Frederick (Samantha Gray), John Leyton (Alan Falconer), Stephanie Beacham (Beth), John Fraser (Leonard), Jack Watson (Haskin), Queenie Watts (Mrs. Wallace), Paul Alexander (Peter), Colin Jeavons (Commissioner), Thrisa Mortimer (Joy), Victoria Allum (Samantha als Kind), John McEnery (Stephens), Raymond Bowers (Manager), Terry*

Amok

Duggan (Redakteur), Diane King (Mrs. Falconer), Robert Mill (Kellner), Victor Winding (Sergeant), Pearl Hackney (Dame bei der Séance), Wendy Gilmore (Mrs. Gray), Prime Townsend (Sekretär). F 109 Min.

Im Alter von sieben Jahren beobachtet Samantha Gray, dass ein Mann namens Haskin ihre Mutter umbringt. Haskin verschwindet im Zuchthaus. Als Samantha als Erwachsene den Industriellen Alan Falconer heiratet, entdeckt sie Haskin unter ihren Hochzeitsgästen. Von nun an fühlt sie sich von unheimlichen Schatten, Stimmen und Geräuschen bedroht. Sie glaubt, dass Haskin sich an ihr rächen will. Sie findet Zuflucht bei ihrer Freundin Beth, die Haskin aufsucht, von diesem überrascht wird und in Panik mit einem Messer auf ihn losgeht. Auch eine spiritistische Sitzung kann Samantha nicht weiterhelfen. Erst als mehrere ihrer Bekannten auf geheimnisvolle Weise ums Leben kommen und sie sich an den Rand des Wahnsinns getrieben sieht, durchschaut man das Spiel: Nicht Haskin ist der Mörder, Samantha leidet an akuter Schizophrenie. – »Zu einem Psycho-Thriller großen Stils reicht es trotz der interessanten Geschichte nicht: Walker baut zu sehr auf die genüsslich ausgemalten Mordszenen und kann auch seine Schauspieler nicht glaubhaft genug einsetzen.« (rrh, FILMDIENST)

AMOK TRAIN – FAHRT INS NICHTS

(AMOK TRAIN/BEYOND THE DOOR III). USA/Italien 1989. **R:** *Jeff Kwitny.* **B:** *Sheila Goldberg.* **K:** *Adolfo Bartoli.* **SpE:** *Angelo Mattei.* **M:** *Carlo Maria Cordio.* **D:** *Mary Kohnert (Beverly), Bo Svenson (Professor Andramelek), Victoria Zinny (Beverlys Mutter), Savina Gersak (Sava), Sarah Conway Ciminera (Christie), William Geiger (Kevin), Renée Rancourt (Melanie), Alex Vitale (Angel), Jeremy Sanchez (Richard), Ron Williams (Larry). F 90 Min.*

Auf einer Bildungsreise durch Jugoslawien verkündet Luzifer, dass er heftigen Gefallen an der amerikanischen Studentin Beverly gefunden hat, die serbischer Abstammung ist und ein Mal am Körper trägt, mit dem er sie schon bei ihrer Geburt gezeichnet hat. Ein gespenstischer Vorfall auf der ersten Station der Reise veranlasst die Studenten, mit einem Zug das Weite zu suchen. Doch sie kommen vom Regen in die Traufe: Luzifer murkst das Zugpersonal ab, übernimmt die Gewalt über das Fahrzeug, das alsbald führerlos durch eine winterliche Landschaft braust und lässt nichts Ekliges ungetan, um das Mädchen zu seiner Braut zu machen. Beverly hält jedoch wenig davon, neben dem Fürsten der Finsternis auf dem Thron zu sitzen. Deswegen müssen alle Studenten auf abscheuliche Weise ins Gras beißen, bevor die holde Jungfer ihren warzigen Bräutigam mit Hilfe eines Heiligen aus dem 11. Jahrhundert auf gerissene Weise foppen kann. – Das alles ist spannend gemacht, von kompetenter Hand fotografiert, rasant geschnitten und von stimmiger Musik unterlegt, doch reduziert man die Geschichte auf ihren Plot, erweist sich schnell, dass sie auf einem Bierfilz Platz hätte. Dass der Teufel, dessen Kräfte immerhin ausreichen, Tonnen von Stahl zu lenken, sich von einer lumpigen Dynamitladung stoppen und von einem offenbar zeitreisenden Mönch reinlegen lässt, müsste man – vorausgesetzt, es gäbe ihn wirklich – ebenso ins Reich der Mythen verweisen. [V]

AMOR – TODESSPIEL AUS LIEBE

BRD 1998. **R:** *Holger Bartel.* **B:** *Helmut de Berger.* **K:** *Christian Reitz.* **M:** *Joe Mubare.* **D:** *Katja Weitzenböck (Daniela Mauriac), Rainer Friedrichsen (Heinz Rohkamp), August Schmölzer (Harald Beck), Klaus Grünberg (Dr. Martin Weitzer), Gerald Alexander Held (Peter Bohlmann), Dietrich Hollinderbäumer (Stern), Timo Dierkes (Bieler), Iris Junik (Melanie), Claus Peter Seifert (Schwarz). F 95 Min.*

TV-Film. Die Spur eines Serienkillers führt die junge Staatsanwältin Daniela Mauriac in einen Bogenschützen-Club. »Amor« jagt seinen weiblichen Opfern nämlich Pfeile durchs Herz und drapiert die Leichen zu Gekreuzigten. Dilettantismus pur. Darum: AIDT

AMULETT DES BÖSEN

(L'OCCHIO DEL MALO/MANHATTAN BABY). Italien 1982. **R:** *Lucio Fulci.* **B:** *Elisa Livia Briganite, Dardano Sacchetti.* **K:** *Guglielmo Mancori.* **Ma:** *Maurizio Trani.* **M:** *Fabio Frizzi.* **D:** *Christopher Connelly (Professor George Hacker), Martha Taylor, Laura Lenzi, Brigitta Bruccoli, Giovanni Frezza, Cinzia de Ponti, Laurence Welles, Andrea Bosic, Carlo De Mejo, Vincenzo Bellanich, Mario Moretti, Lucio Fulci, Antonio Pulci. F 91 Min.*

Ein vom Bösen beherrschtes Amulett wirkt auf die Tochter des Ägyptologen Hacker ein, der in die Grabkammer eines Pharaos eingedrungen ist. Nach der Rückkehr in die USA zieht die Tochter im Auftrag finsterer Mächte zum Meucheln aus. [V]

ANACONDA

(ANACONDA). USA 1997. **R:** *Luis Llosa.* **B:** *Hans Bauer, Jim Cash, Jack Epps jr.* **K:** *Bill Butler.* **SpE:** *Walt Conti.* **M:** *Randy Edelman.* **D:** *Jon Voight (Paul Sarone), Jennifer Lopez (Terri Flores), Ice Cube (Danny Rich), Eric Stoltz (Dr. Steven Cale), Jonathan Hyde (Warren Westridge), Owen Wilson (Gary Dixon), Kari Wuhrer (Denise Kahlberg), Vincent Castellanos (Mateo), Danny Trejo. F 89 Min.*

Verspäteter Schlangenhorror auf der Fährte von *Stanley* (1971), *Sssssnake* (1973) und *King Kobra* (1980). Eine bunt zusammengewürfelte Truppe, die eine Dokumentation über einen sich nur selten zeigenden Indianerstamm drehen will, stößt am Amazonas (wo sonst?) auf eine monströse Anaconda, die von den Eingeborenen als Gottheit verehrt wird. Mr. Paul Sarone, den man während eines Unwetters aufliest, möchte die

Anaconda

Schlange gern lebend fangen und für eine Million Dollar (an wen auch immer) verscherbeln, weswegen er sich allen Versuchen der Filmemacher, das bedrohliche Vieh zu töten, mit Mord und Gewalt entgegenstellt. Dass Sarone ein schräger Otto ist, zeigt sein pausenloses Grimassieren, das aber auch nicht echter wirkt als das von Peter Maffay, wenn er den Rocker mimt. Leider sind unsere Helden keine echten Menschen, sondern Typen, die ein Drehbuch schuf – deswegen brauchen sie ganz schön lange, bis sie erkennen, wen sie sich aufs Boot geschleppt haben. Dafür, dass der Film nichts Neues bietet, sind seine Tricks leidlich gut gemacht. Auch die eher unfreiwillig komischen Akzente sind perfekt in die dünne Handlung integriert. [V]

ANATOMIE

BRD 1999. **R:** *Stefan Ruzowitzky.* **B:** *Stefan Ruzowsky.* **K:** *Peter von Haller.* **Ma:** *Birger Laube.* **M:** *Marius Ruhland.* **D:** *Franka Potente (Paula), Holger Speckhahn (Philipp), Benno Fürmann, Anna Loos, Sebastian Blomberg, Traugott Buhre (Professor Gromberg), Rüdiger Vogler (Paulas Vater). F 103 Min.*

In Heidelberg kommt die strebsame Medizinstudentin Paula der Verschwörung einer okkulten Gemeinschaft »im Dienste der Forschung« auf die Spur. »Grelles Neonlicht, sterile Stahlbahnen, gekachelte Wände. Die aggressive Sauberkeit der Umgebung schreit geradezu nach dem Dreck des Verbrechens, nach Angstschweiß und Mordblut, und es ist schön, wie diese Geschichte aus dem Widerspruch zu den Gegebenheiten ihres Schauplatzes entsteht. Als Paula auf dem Seziertisch einen Jungen vorfindet, den sie am Vortag kennen gelernt hat, wird aus der Medizinerin eine Detektivin. Allmählich tut sich hinter den sauberen, hellen Oberflächen der Anatomie der dunkle Abgrund eines Geheimbundes auf.« (Anke Sterneborg, SÜDDEUTSCHE ZEITUNG) – »Was [Stefan] Ruzowsky vorgeschwebt haben mag, ist eine deutsche Form des in den USA erfolgreichen Highschool-Slasher-Genres. Tatsächlich fließen so viele Liter Kunstblut, wie man es in deutschen Filmen lange nicht gesehen hatte. Aber das ist dann auch schon die einzige Parallele zu *Scream* oder *The Faculty*. Um hier wirklich mitzuhalten, ist *Anatomie* viel zu lahm und einfallslos inszeniert. Bei allem Bemühen um Originalität und dem lobenswerten Verzicht auf manch gewohntes Klischee deutscher Filme – ohne Suspense und Überraschungseffekte kann es nichts werden.« (Rüdiger Suchsland, FRANKFURTER RUNDSCHAU, 9.2.2000) – »Sex auf dem Seziertisch, Indiziensuche in der Kühlkammer. Verfolgungsjagden im Leichenschauhaus – solche Szenen, ein großes Budget, Franka Potente und viel Plastilin als Grundlage für einen Horror-Thriller, das bedeutet für einen jungen splatterlustigen Regisseur eigentlich die Lizenz zum Loslegen. (...) Als erstes Projekt der neu gegründeten Deutschen Columbia Pictures Produktion ist *Anatomie* ein merkwürdiger Hybrid aus amerikanischen Standards, deren misslungener Veralberung und dem spürbaren Unbehagen eines Regisseurs, der sich irgendwo dazwischen verloren hat. Dabei liegt die Idee eines Wissenschaftsthrillers, der den autokratischen Forscherwahn auf die Spitze treibt, durchaus in der Luft. Die kritische Stoßrichtung verliert sich hier allerdings in der Konstruktion einer mysteriösen Loge der Anti-Hippokraten, die mit Kerzen, Roben, Runen verschwörerische Sitzungen abhält und sich neben nebulösen Codices auf den Wissenschaftsbegriff der Nazis beruft. Als ob sich die heutige Medizin nicht längst einen ganz eigenen modernistischen Zynismus erarbeitet hätte. Da hätten sich ein paar Seitenhiebe gegen die pharmazeutische Industrie oder den Organspendenhandel besser gemacht als eine Bande grau melierteur Professoren, die bei Kerzenschein im Keller kungelt.« (Katja Nicodemus, TAZ, 3.2.2000)

AND SOON THE DARKNESS

(AND SOON THE DARKNESS). GB 1970. **R:** *Robert Fuest.* **B:** *Brian Clemens, Terry Nation.* **St:** *Brian Clemens, Terry Nation.* **K:** *Ian Wilson.* **M:** *Laurie Johnson.* **D:** *Pamela Franklin (Jane), Michelle Dotrice (Cathy), Sandor Eles (Paul), John Nettleton (Gendarm), Clare Kelly (Lehrerin), Hana-Maria Pravda (Mme. Lassal), John Franklyn (Alter Mann), Claude Bertrand (Lassal), Jean Cramet (Regnier). F 98 Min.*

Cathy und Jane, zwei britische Krankenschwestern, radeln durch Frankreich. Nachdem Cathy von einem geplanten Rendezvous mit einem Motorradfahrer nicht zurückkehrt und Jane außer einer Kamera und einem Höschen nichts mehr von ihrer Freundin findet, macht sie sich Sorgen. Sie trifft jedoch den Motorradfahrer Paul. Er behauptet, Polizist zu sein, doch Jane misstraut ihm und hält ihn, nachdem sie erfahren hat, dass hier ein Frauenmörder sein Unwesen treibt, für den gesuchten Unhold. Sie bittet einen Gendarm um Hilfe, aber als dieser aus dem Hause ist, taucht Paul wieder auf. In völliger Panik ergreift Jane die Flucht. Als sie endlich auf den Gendarmen trifft und ihm um den Hals fällt, ändert sich das Verhalten des Mannes: Entsetzt erkennt sie, dass sie dem wirklichen Frauenmörder in die Hände gefallen ist ... – »Die Suche der hübschen englischen Krankenschwester ... wird zu einem Albtraum. Jeder, der ihr begegnet, macht einen bedrohlichen Eindruck.« (Kathleen, Carroll, NEW YORK DAILY NEWS) [V]

DER ANDERE

Deutschland 1913. **R:** *Max Mack.* **B:** *Paul Lindau.* **V:** *Theaterstück von Paul Lindau.* **K:** *Hermann Böttger.* **M:** *Altmann-Nemo.* **D:** *Albert Bassermann (Dr. Hallers), Hanni Weisse (Amalie), Leon Resemann (Dickert), Emmerich Hanus (Arnoldy), Rely Ridon (Agnes), Otto Collot (Dr. Feldmann), Paul Passarge (Kleinchen), C. Lengling (Weigert). SW 64 Min. (Stummfilm).*

Vorbild für Paul Lindaus gleichnamiges Bühnenstück war Stevensons Erzählung »Der seltsame Fall des Dr. Jekyll und Mr. Hyde«. Paul Lindau (1839–1919), Schriftsteller, Essayist, Theaterleiter, variierte den Stoff und versetzte ihn in eine, wie Siegfried Kracauer schrieb, »bedrückend bürgerliche Atmosphäre«. Während einer Gesellschaft, die Rechtsanwalt Arnoldy und seine Schwester Agnes geben, kommt es zu einer heftigen Diskussion über eine These des berühmten französischen Philosophen Hippolyte Taine: »Infolge eines Sturzes, einer schweren Krankheit, infolge von Überanstrengung kann sich im Menschen ein Doppelwesen bilden, neben dem gesunden ein krankhaftes. Das eine weiß nichts vom anderen. Das Krankhafte kann in einer Art Dämmerzustand Handlungen begehen, von denen das Gesunde nicht das geringste Bewusstsein hat.« (zit. n. Ilona Brennicke/Joe Hembus, KLASSIKER DES DEUTSCHEN STUMMFILMS). Staatsanwalt Dr. Hallers, Arnoldys Freund, verhöhnt diese These: Schizophrenie als mildernder Umstand, das wäre ja gelacht! Während eines morgendlichen Ausrittes stürzt Dr. Hallers vom Pferd. Von seinen äußeren Verletzungen erholt er sich schnell, doch seine wiederholt einsetzenden trancehaften Ermüdungserscheinungen beunruhigen ihn. In solchem Zustand ist er verwirrt, unsicher und begeht zwanghafte Handlungen. Eines Abends zieht er sich die Kontorjacke seines Sekretärs an und trottet in geistiger Umnachtung los. In einer verrufenen Kneipe wird er von einem Berufsverbrecher zum Einbruch in eine Villa überredet. Dr. Hallers merkt nicht, dass es sein eigenes Haus ist. Erst als er, auf frischer Tat ertappt, von der Polizei verhört wird, wacht er aus seinem tranceähnlichen Zustand auf. Unter der Last der Schuld, die sein anderes Ich auf sich geladen hat, bricht er zusammen. Er ist nun selbst darauf angewiesen, dass man ihm seine Persönlichkeitsspaltung zugute hält. Im Gegensatz zu Jekyll/Hyde wird er bald geheilt. Hallers' Verstörung erscheint als heilbare Krankheit; und weit davon entfernt, tragisch zu enden, kehrt er in den friedlichen Hafen normalen Lebens wieder ein. Siegfried Kracauer (VON CALIGARI ZU HITLER) nennt das den banalen Standpunkt des Mittelschichts-Optimismus: »Von diesem Optimismus angesteckt, vertuscht die Story das herrschende Unbehagen und symbolisiert es folglich durch einen beiläufigen Zufall, der das Vertrauen in ungebrochene Sicherheit nicht zu erschüttern vermag.« Damit gelingt es dem Autor Lindau, aus einem klassischen Horror-Thema ein Anti-Horror-Stück zu machen. – Bedeutung erlangte der Film durch seinen Hauptdarsteller Albert Bassermann, einen der wichtigsten deutschen Schauspieler, der bis dahin als besonders engagierter Gegner des neuen Mediums Film galt. Durch seine Mitwirkung lockte er zahlreiche Kritiker zur Uraufführung, so dass diese die Geburtsstunde der deutschen Filmkritik wurde. Und Bassermann zieht sich hervorragend aus der Affäre. Seine Verkörperung des verschreckten, menschlichen Wracks hat dann doch etwas Phantastisches an sich: »Eingezwängt in die ihm zu kleine Bürogehilfen-Jacke, wirkt er mit seiner Gestalt wie ein hilflos-verzweifelter Koloss, dem jede Bewegung und jede unverhoffte Konfrontation einen scharfen Schmerz verursachen: er hat schon etwas von Karloffs klassischem Frankenstein-Monster.« (Ilona Brennicke/Joe Hembus, KLASSIKER DES DEUTSCHEN STUMMFILMS)

DER ANDERE

Deutschland 1930. **R:** *Robert Wiene.* **B:** *Johannes Brandt.* **V:** *Theaterstück von Paul Lindau.* **K:** *Nikolaus Farkas.* **M:** *Friedrich Hollaender, Will Meise, Artur Guttmann.* **D:** *Fritz Kortner (Dr. Hallers), Käthe von Nagy (Amalie), Heinrich George (Dickert), Hermine Sterler (Agnes), Eduard von Winterstein (Arnoldy), Oskar Sima (Kleinchen), Julius Falkenstein (Weigert), Paul Bildt (Dr. Feldmann), Ursula von Diemen, Otto Stössel, Hans Ahrens. SW 104 Min.*

Remake des Stummfilms von 1913. »[Paul Lindaus Stück] ... gehört zu jener Erbmasse einst wirksamer Theaterstücke, die, wie ich fürchte, alle noch einmal ihre Auferstehung erleben, obwohl sie längst vermodert sind. Robert Wiene hat das wurmstichige Zeug nicht ohne Geschmack renoviert und lackiert, ohne dass daraus das geworden wäre, was man früher einen guten Film nannte. Man ist also gezwungen, von den Schauspielern zu sprechen und möchte beinahe um Heinrich Georges Willen dem Film noch ein gutes Wort gönnen. George: ein dicker Einbrecher, der so urtümlich, waschecht und liebenswürdig geraten ist, als sei er ein Original aus der Gegend des Alexanderplatzes. Kortner als Staatsanwalt treibt praktische Charakteranalyse, bei der man eiskalt bleibt. Aber kann sich auch einer im Verkehr mit Gespenstern erwärmen?« (Siegfried Kracauer, FRANKFURTER ZEITUNG)

ANDY WARHOLS DRACULA

(DRACULA VUOLE VIVERE: CERCA SANGUE DI VERGINE). Italien 1973. **R:** *Paul Morrissey.* **B:** *Paul Morrissey.* **K:** *Luigi Kuveiller.* **M:** *Claudio Gizzi.* **D:**

Joe Dallessandro (Mario), Udo Kier (Graf Dracula), Maxime de la Falaise (Gräfin Di Fiori), Vittorio de Sica (Graf Di Fiori), Arno Juerging (Anton), Dominique Barel (Saphiria), Stefanie Casini (Rubinia), Silvia Dioniso (Perla), Milena Vukotic (Esmeralda), Eleonora Zani (Draculas Schwester), Giorgio Dolfin (1. Kunde), Stefano Oppelisano (2. Kunde), Roman Polanski (Gast). F 102 Min.

Andy Warhols Dracula

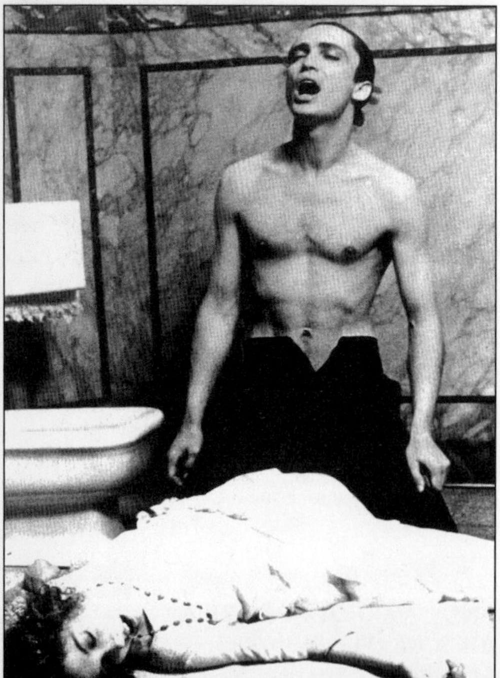

Kleine Sprücheauswahl aus der Verleihwerbung: »Dracula hat's wirklich schwer,/er findet/keine Jungfrau mehr,/was um ihn nun/so kreucht und fleucht,/ist sexuell/für ihn verseucht./Dracula/ist schwer in Not,/er braucht das Blut/als täglich Brot,/doch Joe stößt,/was bei Warhol klar,/die Mädchen schnell/aus der Gefahr ...« – Nach dem Ableben seiner Schwester, die an akutem Blutmangel eingegangen ist, verlässt Graf Dracula seine transsylvanische Heimat und lässt sich in Italien nieder, wo es, so die Legende, noch von Jungfrauen wimmeln soll: Der adlige Blutsauger benötigt nämlich Jungfernblut. Sein Weg führt ihn in den Palazzo des Grafen Di Fiori, dessen vier Töchter streng katholisch erzogen wurden und auf den ersten Freier warten. Dracula bietet sich an, aber obwohl man ihm höchste Sympathien entgegenbringt, muss der alte Lutscher bei einem Auftankversuch frustriert erkennen, dass wenigstens zwei der vermeintlich frommen Di Fiori-Töchter es faustdick hinter den Ohren haben: Die »Jungfrauen« treiben es nämlich schon seit langem mit dem Hausknecht Mario, und der misstraut dem lüsternen Vampir, da er die Wirkung dieses »Schocks« auf den gräflichen Magen mitbekommen hat: das Blut reifer Frauen kann Dracula nämlich nicht vertragen. Und damit der gierige Rumäne ihm nicht auch noch beim letzten Töchterlein zuvorkommt, fasst Mario den Plan, den Widersacher zu meucheln. Und das tut er dann auch – mit einem Holzpflock. – »Der Graf kann das Blut der Ex-Jungfrauen nicht vertragen und erbricht sich in wahrhaftigen Kotzorgien ... über der Badewanne und seinen nackten Oberkörper ... Hier packt einen der Ekel über dermaßen viel unverhohlene unmotiviert provokative Unästhetik. Zitterkrämpfe, eigenhändiges Kreuzentfernen und Lebendigkeit am Tage ... sind weitere ungewöhnliche Attribute und Tätigkeiten dieser eigenwilligen, nicht einmal komisch wirkenden Dracula-Adaption.« (Wolfgang Kühn, VAMPIR) [V]

ANDY WARHOLS FRANKENSTEIN

(CARNE PER FRANKENSTEIN). Italien/ Frankreich 1973. **R:** *Paul Morrissey.* **B:** *Paul Morrissey.* **K:** *Luigi Kuveiller.* **SpE:** *Carlo Rambaldi.* **Ma:** *Mario Di Salvio.* **M:** *Claudio Gizzi.* **D:** *Joe Dallessandro (Nicholas), Udo Kier (Baron Frankenstein),*

Monique van Vooren (Katrin Frankenstein), Arno Juerging (Otto), Fiorella Masselli, Imelde Marani, Rosita Torosh (Prostituierte), Lio Bosisio (Olga), Aleksic Miomir, Dalila Dewart (Zombies), Nicoletta Elmi (Monica), Marco Liofredi (Erik), Carla Mancini, Srdjan Zelenovic (Monster). F (3 D) 94 Min.

Der Film spielt tatsächlich im 19. Jahrhundert, wenn auch die Unterwäsche, falls solche getragen wird, und einige technische Spitzfindigkeiten dagegen sprechen. Ansonsten ist dieses Werk als Vorläufer der Gattung Film zu werten, die von Kannibalismus- und Zombie-gehärteten Filmguckern bevorzugt wird. Mit allem, was schneidet oder sticht, werden die schlimmsten Verstümmelungen angerichtet, Operationen durchgeführt, und das Blut sprudelt in hohen Fontänen. Mary Shelley, die Schöpferin des Frankenstein-Romans, würde sich im Grab umdrehen, wüsste sie, wie ihre Titelfigur durch Filme*macher* vergewaltigt wird. Dies ist kein Horror mehr, dies ist eine bloße Blut- und Sexorgie. – Baron Frankenstein träumt vom idealen Paar, künstlich hergestellt versteht sich, von großer Intelligenz und klassischer Schönheit, das ihm ein reinrassiges neues Menschengeschlecht zeugen soll. In seinem Labor auf Schloss Frankenstein prüft er alle Leichenteile auf ihr Idealmaß, ehe er sie mit seinem trotteligen Gehilfen Otto zu neuen Menschenkörpern zusammennäht. Seine Monster-Eva, die sich von einer Normalsterblichen nur durch breite Nähte unterscheidet, ist bereits unter der Chirurgenhand so zur vollen Weiblichkeit erblüht, dass sich der Baron noch auf dem Operationstisch an ihr vergeht, was aber nicht verwundert, weil im Hause Frankenstein sowieso groteske Dinge auf der Tagesordnung stehen: Die Kinder des Barons spielen mit Leichenteilen, wenn sie nicht gerade Puppen guillotinieren; seine Frau, die auch seine Schwester ist, veranstaltet vor seinen Augen Sexorgien mit dem Diener Nicholas. Frankensteins Hauptaugenmerk konzentriert sich auf den Kopf seines männlichen Monsters, der noch fehlt. Doch mittels gekonnten Halsschnitts verschafft sich der Meister seinen Traum-Kopf. Als die zusammengenähten Kunstwesen endlich leben, erwecken sie in ihrer Nacktheit die Begierde der Baronin und des Gehilfen Frankensteins. Doch das männliche Exemplar drückt die Frau seines Schöpfers zu Tode. Umgekehrt sind die Attacken von Assistent Otto so heftig, dass sich die Monsterbraut in ihre Bestandteile auflöst. Dann geht es Schlag auf Schlag: Frankenstein erwürgt seinen Gehilfen, das Monster ersticht Frankenstein, reißt sich selbst den zusammengesetzten Körper auf und fällt vor den Augen des gefesselten Dieners Nicholas in sich zusammen. Doch da kommen die Kinderchen zur Tür herein. Sie greifen zum Skalpell. Nicholas lebt ja noch. – »Sogar im Rahmen der Welle von viehischer Brutalität, die seit einigen Jahren über die Kinoleinwände fegt, haben es Andy Warhol [der Produzent] und Paul Morrissey geschafft, einen Markstein zu setzen.« (SCIENCE FICTION TIMES) – »Ernst nehmen kann man dieses greuliche Spektakel beim besten Willen nicht.« (FILMDIENST) [V]

Andy Warhols Frankenstein

ANGEL HEART

(ANGEL HEART). USA 1987. **R:** *Alan Parker.* **V:** *»Angel Heart« von William Hjortsberg.* **B:** *Alan Parker.* **K:** *Michael Seresin.* **SpE:** *J. C. Brotherhood, Russell Berg.* **M:** *Trevor Jones.* **D:** *Mickey Rourke (Harry Angel), Lisa Bonet (Epiphany Proudfoot), Robert De Niro (Louis Cyphre), Charlotte Rampling (Margaret Krusemark), Stocker Fontelieu (Ethan Krusemark), Elizabeth Whitcraft (Connie), Michael Higgins (Dr. Fowler), Brownie McGhee (Toots Sweet), Dann Florek (Herman Winesap), Leonard Termo (Siley), George Buck (Izzy), Judith Drake (Izzys Frau), Charles Gordon (Spider Simpson), Jerome David Reddick (Willie), Michael Du-*

netz (Mann in Arkade), Gerald L. Orange (Pastor John), Birdie M. Hale (Celeste), Oakland Dalton (Big Jacket), Elliot Keener (Sterne), Pruitt Vince (Deimos). F 113 Min.

New York, 1955: Der schmierige Privatdetektiv Harry Angel wird von Mr. Cyphre (in Wahrheit: der Fürst der Finsternis) beauftragt, den Sänger Johnny zu suchen, mit dem er noch eine Rechnung offen hat. Johnny (zuvor Patient einer Kriegsversehrten-Klapse) wurde zwölf Jahre zuvor gegen ein Bestechungssümmchen entlassen und ist spurlos verschwunden. Harrys Informant wird umgelegt, und auch alle anderen, die ihm Hinweise geben. Harry hat merkwürdige Visionen. Er reist nach New Orleans, wo es von Voodoo-Praktikanten wimmelt. Alte Freunde Johnnys, die Harry aufstöbert, werden rituell abgemurkst – und alle Indizien weisen darauf hin, dass Harry sie getötet hat. Es stellt sich heraus, dass Johnny dem Satan seine Seele verkauft hat, um als Sänger Karriere zu machen. Um den Teufel zu foppen, hat er seine Seele jedoch in einen jungen Mann transferiert, der im Krieg verwundet wurde und das Gedächtnis verloren hat. Freunde haben ihn aus der Klinik befreit. Harry bringt in Erfahrung, dass er selbst der Mann ist, den er in Cyphres Auftrag sucht – und auch der Mörder der Menschen, die ihm geholfen haben, seine Spur zu finden. Seiner Höllenfahrt steht nichts mehr im Wege. [V]

ANGEL OF THE NIGHT

(NATTENS ENGEL). Dänemark 1998. **R:** *Shaky González.* **B:** *Shaky González.* **K:** *Jacob Kusk.* **M:** *Sören Hyldgaard.* **D:** *Maria Karlsen (Rebecca), Tomas Villum Jensen (Mads), Mette Louise Holland (Charlotte), Svend Johansen (Biskoppen), Claus Flygare (Minister), Hans Henrik Voetmann (Bürgermeister), Ole Hvidman (Smeden), Karin Rörbeck (Marie). F 98 Min.*

Dänischer Trash-Vampirfilm mit Anleihen bei John Woo und Sergio Leone. Mit ein paar Tropfen ihres Blutes erweckt Rebecca, auf Besuch im Landhaus der Englunds, einen ihrer Vorfahren, den Vampir-Priester Rikard, zu neuem Leben.

ANGRIFF AUS DEM JENSEITS

(APPOINTMENT WITH FEAR). USA 1986. **R:** *Ramzi Thomas.* **B:** *Gideon Davis, Bruce Meade.* **K:** *Nicholas v. Sternberg.* **M:** *Andrea Saparoff.* **D:** *Michele Little (Carol), Michael Wyle (Bobby), Kerry Remsen (Heather), Douglas Rowe (Detective Kowalski) Garrick Dowhen (Attis), Deborah Vorhees (Ruth), Pamela Bach (Samantha), Vincent Barbour (Cowboy), Mike Gomez (Little Joe), Danny Dayton (Norman), James Avery (Connors), Sergia Simone (Frau), Charlotte Speer (Mrs. Pierce), Hugo L. Stanger (Alter Mann), Gertrude M. Clement (Alte Frau), Ilanga (Mime), R. Morgan Morrow (Schwester), Matthew Schultz (Baby), Peter Griffin (George), Mark Royston (Arzt), Anson Downes (Polizist), Steven Alexander (Kind), Brioni Farrel (Mrs. Sorensen), Nick Conti (Detective), Kathy Gibbs (Cleo), Erica Jordan, Mark Lawrence, Nela P. Fry, Rebekah Rae Gormish, Nell Alano, James Ho (Tänzer). F 91 Min.*

Ein in der Klapsmühle einsitzender Irrer mit paranormalen Geisteskräften, die ihn zur Astralprojektion befähigen, bringt kalifornische Studentinnen um, bis sich die gewiefte Carol und ein Cop mit Nase aufmachen, ihm das Handwerk zu legen. [V]

ANGST

(BLOODY BIRTHDAY). USA 1984. **R:** *Ed Hunt.* **B:** *Barry Pearson, Ed Hunt.* **K:** *Stephen Posey.* **M:** *Arlon Ober.* **D:** *Susan Strasberg (Mrs. Davis), José Ferrer (Arzt), Lori Lethin (Joyce Russell), Melinda Cordell (Mrs. Brody), Julie Brown (Beverly Brody), Joe Penny (Harding), Bert Kramer (Sheriff Brody), K. C. Martel (Timmy Russell), Elizabeth Hoy (Debbie Brody), Billy Jacoby (Curtis), Andy Freeman (Steven Seaton), Ben Marley (Duke), Erica Hope (Annie), Cyril O'Reilly (Paul), Shane Butterworth (Jimmy Phillips), Michael Dudikoff (Willard), Daniel Currie (Deputy Duncan), Norman Rice (Seaton), Georgie Paul (Miss Lawrence), Bill Boyett (Russell), Ellen Geer (Mrs. Seaton), Ward Costello (Opa Curtis), Ruth Silveira (Schwester). F 85 Min.*

Weil ihre Geburt unter keinem guten Stern stand (es herrschte gerade eine totale Sonnenfinsternis), entwickeln sich drei US-Teens zu bösartigen Killern und dezimieren mit Hilfe von Baseballschlägern, Schießeisen sowie Pfeil und Bogen die Einwohner ihrer Heimatstadt, wobei bevorzugt solche Menschen dran glauben müssen, die ein sündiges Leben führen. Deswegen muss auch 'n bisschen Sparsex im Film mit drin sein, damit die Täter sich ordentlich empören können. AIDT [V]

ANGST DER VERLORENEN

(FIEND). USA 1980. **R:** *Don Dohler.* **B:** *Don Dohler.* **K:** *Don Dohler, Richard Geiwitz.* **M:** *Paul Woznicki.* **D:** *Don Leifert (Eric Longfellow), Rich-*

ard Nelson (Gary Kender), Elaine White (Marsha Kender), George Stover (Dennis Frye), Greg Dohler (Scotty), Kim Dohler (Kristy Michaels), Anne Fritch (Katie), Pam Merenda (Jane Clayton), Steve Vertlieb (Sprecher), Debbie Vogel (Helen Weiss), Richard Geiwitz (Fred), Steve Frith, Denise Grzybowski, Lydia Vuynovitch, Tom Griffith, Barbara Shuman, Anna Dorbert, Phil DeFlavis, Danielle DeFlavis. F 89 Min.
Eine satanische Kraft fährt in den Körper eines Toten ein, der daraufhin pausenlos zum Morden gezwungen ist, um nicht erneut zu zerfallen. Ein todlangweiliger Schrottfilm. AIDT [V]

ANKERS, EVELYN
(1918–1985). Kam in Valparaiso/Chile zur Welt. Filmdebüt 1933 in England, dann nach Hollywood. »Scream Queen« bei der Universal. 1941: *The Wolf Man (Der Wolfsmensch)*; 1942: *The Ghost of Frankenstein*; 1943: *Captive Wild Woman; The Mad Ghoul; Son of Dracula*; 1944: *Jungle Woman*. Zog sich nach der Heirat mit Richard Denning aus dem Filmgeschäft zurück und lebte auf Hawaii.

ANKLAGE AUS DEM JENSEITS
(DEATH DREAMS). USA 1991. **R:** *Martin Donovan.* **B:** *Robert Glass.* **V:** *William Katz.* **K:** *James Chressanthis.* **M:** *Gerald Gouriet.* **D:** *Christopher Reeve (George Westfield), Marg Helgenberger (Crista), Fionnula Flanagan (Dr. Neuberger), Taylor Fry (Jennie Westfield), George Dickerson (Dr. Drake). F 90 Min.*
Mittels übersinnlicher Kräfte wird der Tod der kleinen Jennie als Mord aufgedeckt. – »Immer wenn heftiges Flügelflattern der steinreichen Mama den Besuch ihrer ertrunkenen Tochter ankündigte, wurde ordentlich Wind gemacht, um dem bösen Stiefpapa den Mord am unbotmäßigen Kind nachzuweisen. Und justament, nachdem er vom Gericht freigesprochen wurde, treibt ihn der flügelflatternde Geist der Ermordeten an den Wasser-Tatort und erledigt ihn mit den Ängsten des schlechten Gewissens.« (Ponkie, AZ, 8.11.1997) [V]

ANTHONY II – DIE BESTIE KEHRT ZURÜCK
(THE CELLAR). USA 1988. **R:** *Kevin S. Tenney.* **B:** *John Woodward, Darryl Wimberley.* **V:** *Erzählung »The Thing in the Cellar« (1932) von David H. Keller.* **K:** *Thomas Jewett.* **M:** *Josh Kaplan, Michel Rubini, Donovan Stark, Dave Borden, Pat Rettig.* **D:** *Patrick Kilpatrick, Chris Miller, Suzanne Savoy, Michael Wren, Lou Perry, Ford Rainey. F 85 Min.*
Ein Junge stellt sich einem von Komantschen-Medizinmännern erschaffenen Dämon, der in einem Erdloch im Keller eines Farmhauses vor sich hinblubbert und es darauf anlegt, seine Familie zu vernichten. Diese Spukgeschichte betreibt durch ihren bewusst irreführenden Titel Etikettenschwindel: In dem Science Fiction-Film *Anthony* (USA 1986; Regie: Jeffrey Obrow, Stephen Carpenter), auf den sie sich beruft, geht es um in einem Labor erzeugte Monstren. [V]

ANTHONY III
(THE RUNESTONE). USA 1991. **R:** *Willard Carroll.* **B:** *Willard Carroll.* **V:** *Mark E. Rogers.* **K:** *Misha Suslow.* **SpE:** *Lance Anderson.* **M:** *David Newman.* **D:** *Peter Riegert (Banducci), Alexander Godunow (Sigvaldson), Joan Severance (Marla Stewart), Tim Ryan (Sam Stewart), William Hickey (Lars Hagström), Mitchell Laurance (Martin Almquist), Lawrence Tierney (Chief Richardson), Dawan Scott (Fenrier), Chris Young (Jacob), Alexander Godunov (Uhrmacher). F 98 Min.*
Pennsylvania, USA: Grubenarbeiter buddeln einen Runenstein aus, der angeblich von Wikingern stammt. In dem Stein ist das Monster Fenrir eingeschlossen, das, von einem Archäologen befreit, nichts Besseres zu tun hat, als Menschen zu töten, darunter auch Angehörige einer sich Wachmänner nennenden Organisation, die sein Geheimnis seit Jahrhunderten hüten. Erst durch den mysteriösen »Uhrmacher« findet Fenrir das Ende. Ödnis, bei der es sogar der Sau graust. Kein Zusammenhang mit *Anthony I* oder *II*. [V]

ANTHROPOPHAGUS
Anderer Titel für MAN EATER (DER MENSCHENFRESSER)

ANTHROPOPHAGUS II
Anderer Titel für ABSURD

DER ANTI-CHRIST
(L'ANTICHRISTO). Italien 1974. **R:** *Sergio de Martino.* **B:** *Gianfranco Clerici, Sergio de Martino, Vincenzo Mannino.* **K:** *Aristide Massaccesi.* **M:** *Ennio Morricone, Bruno Nicolai.* **D:** *Carla Gravina (Ippolita Oderisi), Mel Ferrer (Massimo Oderisi), Arthur Kennedy (Kardinal Ascanio Oderisi), Geonge Coulouris (Mittner), Alida Valli (Irene), Anita*

Der Anti-Christ

Strindberg (Greta), Umberto Orsini (Psychiater), Mario Scaccia. F 112 Min.

Rom, Gegenwart: Ippolita, die Tochter des Aristokraten Massimo Oderisi, ist nach einem von ihrem Vater verschuldeten Autounfall, bei dem ihre Mutter das Leben verlor, an einen Rollstuhl gefesselt. Während Massimos Leben weitergeht und er sich eine hübsche Geliebte hält, leidet Ippolita an Einsamkeit. Nach einer psychiatrischen Hypnosebehandlung erkennt sie, dass sie vor vierhundert Jahren schon einmal gelebt hat – als Hexe, die dem Satan geweiht wurde und auf dem Scheiterhaufen der Inquisition endete. Erneut kommt es aus Hass- und Rachegefühlen zu einer Verbindung Ippolitas mit den höllischen Mächten. Sie wird zu einer sich abscheulich gebärdenden Besessenen, die auch ihr Onkel, ein Kardinal, nicht retten kann. Befreit wird sie schließlich von einem wagemutigen Mönch, der einen Exorzismus vornimmt. – »Sicher, auch Maskenbildner, Kameramann, Regisseur und Trickspezialist ... können nur ein geiferndes, Ekel erregendes und sich rasend gebärdendes Monstrum aufbieten, aber dies und die technischen Begleiterscheinungen werden in allerhöchster Vollendung vorgeführt. Ippolita schwebt horizontal durchs Fenster und zurück, würgt einen Quacksalber mit einer Hand, lässt Möbel durch die Luft fliegen und stranguliert ihren Vater mit dessen eigenem Halstuch bis zur Ohnmacht ... Alles in allem wird der brutale, perverse Akt der Dämonie mehr herausgekehrt als in den Vorläufer-Filmen, etwa in dem Ritus des Satanspakts oder im bewusst obszönen Verhalten der Besessenen. Vieles wirkt schockierend und bewegt sich hart an der Grenze zur Geschmacklosigkeit, doch macht die glänzende Gesamtkomposition ... manche Einzelheit wett.« (Wolfgang Kühn, VAMPIR). – »Im Vergleich zu Dialog und Bild erscheint das musikalische Arrangement überaus seriös und kultiviert.« (Leo Schönecker, FILMDIENST) – »Bemerkenswert die dominierende schauspielerische Leistung von Carla Gravina. Sie spielt das vom Teufel besessene Mädchen wirklich verteufelt gut.« (Hans D. Furrer, VAMPIR)

APOKAL

BRD 1970. **R:** *Paul Anczykowski.* **B:** *Paul Anczykowski.* **V:** *Edgar Allan Poe.* **K:** *Leander Loosen.* **M:** *Peter Janssens.* **D:** *Heinrich Clasing, Christof Nel, Dorit Amman, Rothraud de Neve, Inken Sommer, Cornelia Niemann, Tilo Prückner, Heinrich Giskes, Manfred Günther, Ernst Kottenstedt. F 86 Min.*

»Dieser Film spielt auf drei Realitätsebenen: der realen und realistisch vorgestellten Welt des 20. Jahrhunderts, der expressiven und in expressionistischer Farbigkeit gestalteten Welt Edgar Allan Poes und der modellhaft mythischen Welt der apokalyptischen Reiter Dürers. Er erzählt die Geschichte einer jungen Frau, die mit einem alternden Maler verheiratet ist, der von teuflischer Dämonie und mythischem Wahnsinn bedrängt wird. Seine Krise ist die Krise eines Menschen und die Krise der Kunst zugleich. Die Begegnung mit einem mephistophelischen Mann zerstört das Leben der jungen Frau.« (H. W. Jurgan, FILMBIBLIOGRAPHISCHES JAHRBUCH 1970)

AQUARIUS – THEATER DES TODES

(DELIRIA/STAGE FRIGHT: AQUARIUS). Italien 1987. **R:** *Michael Soavi [Michele Soavi].* **B:** *Lew Cooper [Luigi Montefiori].* **K:** *Renato Tafuri, Joe d'Amato.* **SpE:** *Dan Maklansky, Robert Gould, Roland Park, Alan Slogane.* **M:** *Simon Boswell.* **D:** *David Brandon (Peter), Barbara Cupisti (Alicia),*

Robert Gligorov (Danny), Martin Philips (Mark), Ulrike Schwerk (Betty), Mary Sellers (Laurel), Joanna Smith (Sybil), Richard Barkeley (Dr. Porter), Domenico Fiore (Polizeichef), Giovanni Lombardo Radice (Brett), Clain Parker (Irving Wallace), Loredana Parella (Corinne), James E. R. Sampson (Willy), Piero Vida (Ferrari). F 85 Min.

Der Ex-Schauspieler und Massenmörder Irving Wallace (!) entspringt aus einer Nervenklinik und eilt in ein nahes Theater, in das sich ein Regisseur mit seinem Ensemble zurückgezogen hat, um ein Stück zu proben, das ihnen Ruhm und Geld einbringen soll. Ein schreckliches Katz-und-Maus-Spiel beginnt, als der verkleidete Killer den Akteuren findungsreich mit einem aus Messern, Bohrern und einer Kettensäge bestehenden Waffenarsenal auf die Pelle rückt. Die Szene unter der Dusche fehlt auch nicht. Brutaler Schocker in klaustrophobischer Enge, mit einem Ende, das man aber leider aus allzu vielen Schlitzerfilmen kennt. [V]

ARACHNOPHOBIA

(ARACHNOPHOBIA). USA 1990. **R:** *Frank Marshall.* **B:** *Al Williams, Wesley Strick.* **St:** *Don Jacoby, Frank Marshall.* **K:** *Mikael Salomon.* **M:** *Trevor Jones.* **D:** *Jeff Daniels (Ross Jennings), Harley Jane Kozak (Molly Jennings), John Goodman (Delbert McClintock), Julian Sands (Dr. James Atherton), Stuart Pankin (Sheriff Parsons), Brian McNamara (Chris Collins), Mark L. Taylor (Jerry Manley), Peter Jason (Henry Beechwood), James Handy (Milton Briggs), Roy Brocksmith (Irv Kendall), Kathy Kinney (Blaire Kendall), Mary Carver (Margaret Hollins). F 105 Min.*

Der an einer Spinnenphobie leidende Arzt Ross Jennings, der gerade eine neue Stellung angetreten hat, untersucht mysteriöse Todesfälle in einem amerikanischen Dorf und kommt tödlichen südamerikanischen Spinnen auf die Spur. Aus Gründen der »political correctness« weist die Produktion darauf hin, dass während der Dreharbeiten »keine Spinnen misshandelt wurden oder zu Tode kamen«. Trotzdem unterhaltsam. Produziert von Steven Spielberg. [V]

ARGENTO, DARIO

(*1940). Sohn des Produzenten Salvatore Argento. »König des italienischen Giallo« (Christian Kessler). Zeichnete als Mitproduzent und Kokomponist der Filmmusik von George A. Romeros *Dawn of the Dead (Zombie)*: »Lag in der US-Fassung das Schwergewicht auf einer zeitweise bedrückenden Apokalypsenstimmung, so betonte Argento die optische Knalligkeit des Geschehens: Von der Musik der Rockgruppe ›Goblin‹ gestützt, ist hier der angedeutete Untergang der Menschheit eine Art bizarrer Totentanz, ein skurriles Spiel mit dem Unsagbaren.« (DAS WILDE AUGE) – »Argento sagt, dass die Angst irgendwo in der Kindheit ihren Ausgang nahm; er selber sei als Kind oft allein im Haus umhergezogen und habe dabei unheimliche Beobachtungen gemacht. (...) Argento sagt, er komme immer wieder auf den deutschen Expressionismus zurück, auf Fritz Lang vor allem (aus dessen Film er sogar die Schauspieler übernimmt), weil es darum gehe, die Dinge aufzumachen, und er schaue die Dinge so lange an, bis aus ihnen das Unheimliche hervorbricht; das Unheimliche ist eine Wendung des Blicks. Es ist, als schaue man nicht in die Welt hinaus, sondern als sei – und deshalb will man trotzdem zu sehen fortfahren – etwas hervorgegangen mit den Organen, die offen gelegt werden, mit den Flüssigkeiten, die austreten, was einen Zugang zu einem dennoch Unsichtbaren verspricht. (...) Argento, der selbst Musiker ist, erfindet Rhythmen, die physiologische Extreme ausmessen, systolisch, diastolisch – zusammenziehend und erweiternd. (...) Nach dem Besuch von Argentos Filmen entdeckt man an sich eine Idiosynkrasie der Sinne; die Außenwelt dringt ungeschützter ein.« (Lars Henrik Gass, NEUE ZÜRCHER ZEITUNG, 20.1.1994) – 1969: *L'Uccelle dalle Piume di Cristallo (Das Geheimnis der schwarzen Handschuhe)*; 1970: *Il Gatto a Nove Code (Die neunschwänzige Katze)*; 1975: *Profondo Rosso (Deep Red)*; 1977: *Inferno (Horror Infernal)*; 1982: *Tenebrae*; 1985: *Demoni*; 1986: *Demoni II*; 1988: *La Chiesa (The Church)*; 1990: *La Setta (The Sect)*; 1992: *Aura*; 1998: *Il Fantasma dell'Opera (Das Phantom der Oper)*.

ARKOFF, SAMUEL Z.

(1918–2001). Gründete in den 1950er Jahren gemeinsam mit seinem Partner James H. Nicholson die anfangs primär auf Autokinos spezialisierten American International Pictures. AIP vertrieb 1957 Herman Cohens *I Was a Teenage Werewolf* und ab 1960 Roger Cormans Edgar Allan Poe-Verfilmungen. Erfolgreich im Programm waren auch *The Amityville Horror*

(1979) und *Dressed to Kill* (1980). Arkoff verließ sein Unternehmen, das in die Filmways mutierte, 1980. Seine Erinnerungen erschienen 1993 unter dem Titel »Flying Through Hollywood by the Seat of My Pants«.

ARMEE DER FINSTERNIS

(ARMY OF DARKNESS/EVIL DEAD III: ARMY OF DARKNESS). USA 1992. **R:** *Sam Raimi.* **B:** *Ivan Raimi, Sam Raimi.* **K:** *Bill Pope.* **M:** *Joseph Lo Duca.* **D:** *Bruce Campbell (Ash), Embeth Davidtz (Sheila), Marcus Gilbert (Arthur), Ian Abercrombie (Wiseman), Bridget Fonda (Linda). F 88 Min.*

Vorgeschichte: *Tanz der Teufel* und *Tanz der Teufel II: Jetzt wird noch mehr getanzt.* Vom Tanzen kann in diesem banalen Schlockfilm kaum die Rede sein; es galt nur, den in gewissen Kreisen großen kommerziellen Erfolg der ersten Teile zu wiederholen: Ash, unser junger Held, normalerweise in einem Kaufhaus tätig, wird durch ein »Zeitloch« ins Mittelalter versetzt und tritt die Suche nach einem Zauberbuch an, das ihn in seine relative Gegenwart zurückbringen kann. Die Kräfte des Bösen sind aber dagegen, da er, wie die meisten Amerikaner, Probleme mit Fremdsprachen hat. Deswegen fallen die von ihm geäußerten magischen Worte »Klaatu barada nikto« (!) ziemlich knubbelig aus, und so erweckt er die übliche Horde Untoter zum Leben – eben die Armee der Finsternis –, mit denen er sich anschließend dreschen muss. Dabei leistet ihm eine Kettensäge gute Dienste. Im Gegensatz zu den ersten Teilen der Trilogie findet man hier auch schrägen Humor. [V]

ARMY OF ZOMBIES

(KADUNLAKAISIJAT). Finnland 1990. **R:** *Olli Soinio.* **B:** *Ernst Soinio.* **K:** *Kari Sohlberg.* **M:** *Antti Hytti.* **D:** *Mikko Kivinen (Sulo Kyyrölä), Kari Sorvali (Arvo Kyyrölä), Soli Labbart (Ölti Kyyrölä), Erkki Pajala (Isä Kyyrölä). F 81 Min.*

Eine finnische Familie wird in Zombieform wieder belebt und marschiert mit einer aus Untoten bestehenden »Roten Garde« nach Helsinki, um einen abtrünnigen Angehörigen zu finden und der proletarischen Revolution zum Sieg zu verhelfen. Ausgeflippt ist das einzige Wort, mit dem man diesen schrägen Streifen beschreiben kann. [V]

ARNOLD

(ARNOLD). USA 1973. **R:** *George Fenady.* **B:** *Jameson Brewer, John Fenton Murray.* **K:** *William Jurgenson.* **M:** *George Duning.* **D:** *Stella Stevens (Karen Llewellyn), Roddy McDowall (Robert), Elsa Lanchester (Hester), Farley Granger (Evan Lyons), Shani Wallis (Jocelyn), Patric Knowles (Douglas Whitehead), Bernard Fox (Hooks), Victor Buono (Minister), John McGiver (Gouverneur), Ben Wright (Jonesy), James Farr (Dybbi), Norman Stuart (Arnold), Wanda Bailey (Flo), Steven Marlo, Leslie Thompson (Dart-Spieler). F 95 Min.*

Nach dem Tod ihres Gatten Arnold legt es jemand darauf an, in einem finsteren Landhaus die Verwandtschaft der Witwe Karen zu dezimieren. – Eine schwarze Komödie mit Horror-Effekten. [V]

ARSEN UND SPITZENHÄUBCHEN

(ARSENIC AND OLD LACE). USA 1944. **R:** *Frank Capra.* **B:** *Julius J. Epstein, Philip G. Epstein.* **V:** *Theaterstück von Joseph Kesselring.* **K:** *Sol Polito.* **SpE:** *Byron Haskin, Robert Burks.* **M:** *Max Steiner.* **D:** *Cary Grant (Mortimer Brewster), Priscilla Lane (Elaine Harper), Raymond Massey (Jonathan Brewster), Jack Carson (O'Hara), Edward Everett Horton (Witherspoon), Peter Lorre (Dr. Einstein), James Gleason (Lt. Rooney), Josephine Hull (Abby Brewster), Jean Adair (Martha Brewster), John Alexander (Teddy Brewster), Grant Mitchell (Rev. Harper), Edward McNamara (Brophy), Garry Owen (Taxifahrer), John Ridgeley (Saunders), Vaughan Glaser (Richter Cullmann), Chester Clute (Dr. Gilchrist), Charles Lane (Reporter), Edward McWade (Gibbs), Leo White, Spencer Charteris, Hank Mann, Lee Phelps. SW 114 Min.*

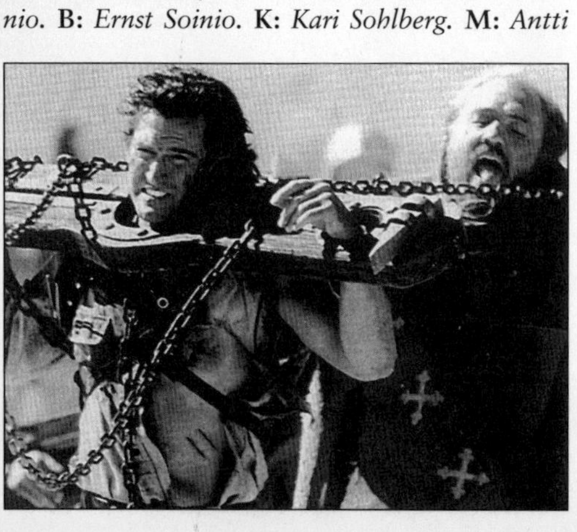

Armee der Finsternis

Brooklyn, New York. Theaterkritiker Mortimer Brewster, Verfasser des Standardwerks »Die Ehe, ein Betrug und eine Falle«, verübt Verrat an seinen heiligen Grundsätzen und will heimlich seine alte Jugendliebe Elaine heiraten. Sein Abschiedsbesuch gilt seinen beiden reizenden alten Tanten Abby und Martha, die zusammen mit seinem spleenigen Vetter Teddy ein hübsches kleines Haus direkt neben dem Friedhof bewohnen. Zu seinem Entsetzen entdeckt Mortimer in einer Fenstertruhe eine Leiche, und von nun an muss er noch einige seiner heiligen Grundsätze aufgeben, um die schreckliche Wahrheit vor seiner Angetrauten und der übrigen Welt zu verbergen. Sein Verdacht fällt auf Vetter Teddy, der sich für Präsident Roosevelt hält, hin und wieder mit einer Trompete zur Attacke bläst, gelegentlich aber auch im heimischen Keller verschwindet, um dort »Schleusen für den Panamakanal« auszuheben. Doch die Tanten wissen Mortimers Verdacht zu entkräften: Sie selbst hätten mittels ausgezeichnetem arsenversetzten Holunderbeerwein insgesamt 13 ältere, allein stehende Männer erlöst, die Teddy pflichtbewusst als vermeintliche Opfer des »gelben Fiebers« verscharrt habe. Mortimer setzt alles daran, seine lieben Verwandten möglichst ohne Aufsehen in eine Nervenklinik einweisen zu lassen, was sich jedoch als unmöglich erweist, da ein zweiter Vetter auf der Bildfläche erscheint: Jonathan, wegen abscheulicher Verbrechen gesucht, aufgrund einer misslungenen Gesichtsoperation so schön wie Frankenstein, wird begleitet von dem versoffenen und überaus ängstlichen Dr. Einstein und einer Leiche, die es zu verstecken gilt. Als Jonathan dahinter kommt, dass die Tanten erfolgreicher waren als er, sucht er – von Neidkomplexen geplagt – nach neuen Opfern. Das turbulente Durcheinander steigert sich durch Streifenpolizist O'Hara ins absolute Chaos, da dieser in Mortimer den Theaterkritiker erkennt und ihm unbedingt sein todlangweiliges, dafür selbst geschriebenes Theaterstück erzählen will. Es grenzt fast an ein Wunder, dass die Polizei dann doch aus der verworrenen Lage halbwegs schlüssige Ergebnisse erzielen kann, denn in der Schluss-Sequenz, die an Wahnsinn alles übertrifft, was die Welt je gesehen hat – nun weiß keiner mehr, wer die Ärzte und die Irren, die Mörder und die Unschuldigen sind –, wird Jonathan dingfest gemacht. Als er die Beamten auf die »Kellerleichen« aufmerksam macht, gelingt Mortimer ein Ablenkungsmanöver: Er kann die begriffsstutzigen Cops überzeugen, dass nicht nur Teddy, sondern auch die Tanten reif für die Nervenklinik sind. Tante Abby und Tante Martha sind begeistert: Dann hat ja Teddy jemanden um sich, den er kennt ... – Boris Karloff machte Joseph Kesselrings makabre Bühnenkomödie zum Broadway-Hit der frühen 1940er Jahre. Für die Filmversion, die bereits 1941 fertig gestellt wurde, wegen des anhaltenden Bühnenerfolgs aber erst 1944 uraufgeführt werden durfte, stand er nicht zur Verfügung. Sein »Ersatz« Raymond Massey zeigt sich jedoch als Idealbesetzung. Es ist eine wahre Wonne mitzuerleben, wie er als Jonathan grunzt und die Zähne fletscht, sobald jemand andeutet, er käme ihm *bekannt* vor, ob er ihn vielleicht schon (im Kino?) gesehen hätte. Masseys Frankensteinverschnitt und Peter Lorres *mad scientist*-Karikatur geben der Kriminalgroteske den nötigen Horrordrive, um sie zur besten Gruselkomödie der Filmgeschichte zu machen.

ARZT UND DÄMON

(DR. JEKYLL AND MR. HYDE). USA 1941. **R:** *Victor Fleming.* **B:** *John Lee Mahin.* **V:** *»Der seltsame Fall des Dr. Jekyll und Mr. Hyde« von Robert Louis Stevenson.* **K:** *Joseph Ruttenberg.* **SpE:** *Warren Newcombe, Peter Ballbusch.* **Ma:** *Jack Dawn.* **M:** *Franz Waxmann.* **D:** *Spencer Tracy (Dr. Harry Jekyll/Mr. Edward Hyde), Ingrid Bergman (Ivy Peterson), Lana Turner (Beatrix Emery), Donald Crisp (Sir Charles Emery), Jan Hunter (Dr. John Lanyon), Barton MacLane (Sam Higgins), C. Aubrey Smith*

Arsen und Spitzenhäubchen

(Bischof), Peter Godfrey (Poole), Sara Allgood (Mrs. Higgins), Frederick Worlock (Dr. Heath), William Tannen (Fenwick), Frances Robinson (Marcia), Dennis Green (Freddie), Billy Bevan (Weiler), Forester Harvey, Lumsden Hane, Lawrence Grant, John Barcley. SW 127 Min.

London, Ende des 19. Jahrhunderts: Der junge Arzt Dr. Harry Jekyll jagt wie besessen einer Theorie nach, die es zu beweisen gilt. Er glaubt, dass jedem Menschen ein gutes und ein böses Ich innewohnen. Auf chemisch-biologischer Basis will er ein Mittel herstellen, mit dessen Hilfe er die gegensätzlichen Eigenschaften trennen will. Solch wissenschaftlicher Hokuspokus ist seinem Schwiegervater in spe nicht ganz geheuer. Um Jekyll seine Tochter Beatrix zu entfremden, geht er mit ihr auf eine ausgedehnte Reise. Eines Abends rettet Jekyll das Barmädchen Ivy Peterson vor einem allzu zudringlichen Unhold. Ivy will sich bei Jekyll in üblicher Form bedanken, nimmt ihn mit in ihre Wohnung, doch Jekylls Charakter ist noch stark genug, sich mit Rücksicht auf seine Verlobte dem Angebot zu widersetzen. Die Situation bestärkt ihn, sein seit langem vorbereitetes Experiment endlich an sich selbst auszuprobieren. Mittels Drogenelixier verwandelt er sich in einer Schrecken erregenden Szene in die Karikatur eines Menschen, den bösartigen, skrupellosen und hinterhältigen »Mr. Hyde«. Später erinnert er sich an Ivy. Als Hyde knüpft er neue Beziehungen zu ihr, besorgt ihr eine luxuriöse Wohnung. Dort lebt Ivy von nun an in ständiger Angst vor Hyde, der ihr verboten hat, das Haus zu verlassen. Er misshandelt und quält sie, bis Ivy Hilfe bei dem gutherzigen Dr. Jekyll sucht. Sie hat nicht die geringste Ahnung, dass die beiden ein und dieselbe Person sind. Jekyll verspricht Abhilfe, doch stellt er kurz danach fest, dass er keine Kontrolle mehr über sich hat. Ohne es zu wollen, verwandelt er sich immer wieder in Hyde. Beatrix ist inzwischen nach London zurückgekehrt. Ihr Vater ist bereit, die Hochzeit bekannt zu geben. Auf dem Weg zu ihr verwandelt sich Jekyll in Hyde. Er kehrt um. Als Hyde geht er in die Wohnung Ivys, und in einem Wutanfall ermordet er sie. Der Polizei kann er entkommen. Er findet die Tür zu seinem Labor, die er als Hyde benutzt hat, verschlossen vor. Der Diener, der in ihm nicht seinen Herrn erkennt, verweigert ihm den Zutritt zur Wohnung. In seiner Verzweiflung wendet er sich an seinen Freund Lanyon. Da er ihn in seinem Haus nicht antrifft, bittet er in einem Brief, die entsprechenden Chemikalien aus seinem Labor holen zu lassen. Die Rückverwandlung vollzieht sich vor den Augen Lanyons, und als Jekyll seinem Freund den wahren Sachverhalt beichtet, fordert dieser ihn auf, seiner Braut die Wahrheit zu gestehen und sie freizugeben. Während des Gesprächs mit Beatrix verwandelt sich Jekyll erneut in Hyde. Entsetzt schreit sie um Hilfe. Ihr Vater stellt sich dem Monster in den Weg. Hyde tötet Sir Charles und flieht. Lanyon alarmiert die Polizei und führt sie zu Jekylls Labor. Als sie ankommen, ist Jekyll dort. Doch die Angst, als Mörder verhaftet zu werden, verwandelt ihn plötzlich in Hyde. Er stürzt sich auf seinen Freund, um auch ihn umzubringen. Lanyon wehrt sich erbittert und tötet Hyde. Sterbend erlangt Hyde die Gesichtszüge Jekylls.

Der deutsche Titel *Arzt und Dämon* ist nicht treffend, hätte allenfalls seine Berechtigung für Stevensons literarische Vorlage. Denn wie schon in der Verfilmung von Rouben Mamoulian *(Dr. Jekyll und Mr Hyde,* USA 1932) verlagert sich in Flemings Bearbeitung der Akzent von der Dämonie des Ungeheuers auf seine Wollust. Aus-

Arzt und Dämon

schlaggebend für den Selbstversuch Dr. Jekylls ist letztendlich nicht die wissenschaftliche Neugier, sondern der Trieb, sich in einem anderen Ich sexuelle Befriedigung zu verschaffen, ohne nach außen hin seinen guten bürgerlichen Ruf aufs Spiel zu setzen. Diese sexuelle Komponente wird jedoch nur zart angedeutet. So konnte Flemings Film trotz Starbesetzung und durchaus schlüssiger Inszenierung das Vorbild, das die Produktionsgesellschaft MGM in weiser Voraussicht zuvor aufgekauft und eingemottet hatte, nicht erreichen, geschweige denn übertreffen. Das lag zum großen Teil an der Fehlbesetzung des Titelhelden mit Spencer Tracy, »der nach Meinung vieler Kritiker einfach ungeeignet für die Rolle war. Als Henry Jekyll, anders als vor ihm Barrymore (1920) und March (1931), war Tracy nicht ansehnlich genug; und als Hyde war sein Make-up, obwohl es ihn ziemlich verfremdete, gerade in den Schlüsselszenen am Ende des Films nicht genügend bizarr.« (Donald F. Glut, CLASSIC MOVIE MONSTERS) Einzig Ingrid Bergman, die zunächst, ihrem Image entsprechend, die Rolle der Verlobten Beatrix spielen sollte, dann aber auf persönlichen Wunsch die Rolle mit Lana Turner tauschen durfte, verdiente sich gute Noten und spielte alle anderen an die Wand: » ... die junge schwedische Schauspielerin beweist wieder einmal ihr strahlendes Talent, das auch über ganz unmöglich geschriebene Rollen triumphiert.« (NEW YORK TIMES) – »In der unendlich langen Galerie amerikanischer Jungfrauen, denen permanent die Schändung droht, ist [Ingrid Bergman als] Ivy eine der überzeugendsten Variationen.« (Franz Schöler, FILM)

DER ARZT UND DIE TEUFEL

(THE FLESH AND THE FIENDS). GB 1959. **R:** *John Gilling.* **B:** *John Gilling, Leon Griffiths.* **K:** *Monty Berman.* **M:** *Stanley Black.* **D:** *Peter Cushing (Dr. Robert Knox), June Laverick (Martha), Donald Pleasence (William Hare), Dermot Walsh (Dr. Mitchell), Renee Houston (Helen Burke), George Rose (William Burke), Billie Whitelaw (Mary Patterson), John Cairney (Chris Jackson), Melvyn Hayes (Daft Jamie), June Powell (Maggie O'Hara), Geoffrey Tyrrell (Davey), Beckett Bould (Angus), George Bishop (Blinder), Philip Leaver (Dr. Elliot), George Woodbridge (Dr. Ferguson), John Rae (Rev. Lincoln), Andrew Foulds (Inspektor McCulloch), Esma Cannon (Aggie), Raf de la Torre (Baxter), Michael Balfour (Matrose), George Street (Barkeeper), Michael Mulcastle (Totengräber), Jack McNaughton (Stallbesitzer). F 84 Min.*

Edinburgh, 1820: Der Arzt Dr. Knox ist der Meinung, dass das Gesetz, laut dem er nur mit Leichen gehenkter Krimineller experimentieren darf, den Bestrebungen der Wissenschaft im Wege steht. Er verbündet sich mit zwei lichtscheuen Iren namens Burke und Hare, die sich als Leichendiebe betätigen und ihn mit »Forschungsmaterial« versorgen. Für Burke und Hare wird die Sache zu einem guten Geschäft, doch dann fangen sie an, allein stehende Trunkenbolde zu ermorden. Man legt ihnen das Handwerk, nachdem sie die Prostituierte Mary und den Studenten Chris getötet haben. Es kommt zu einem Skandal. Hare stellt sich als Kronzeuge zur Verfügung, um nicht am Galgen zu enden. Als er aus dem Gefängnis entlassen wird, erwartet ihn eine wütende Menge, die ihm die Augen ausbrennt. Knox sieht ein, dass seine Ansicht, der Zweck heilige die Mittel, falsch ist. Obwohl ihm die Bevölkerung der Stadt mit Ablehnung begegnet, kommt er als Wissenschaftler weiter voran. – Der Fall basiert auf einer authentischen Geschichte; eine frühere Verfilmung des gleichen Themas war Robert Wises *Der Leichendieb*

Der Arzt und die Teufel

Der Arzt und die Teufel

(1945). »Der vorliegende Gruselfilm«, urteilte seinerzeit der FILMDIENST, »stellt ein Gemisch von ehrlich gemeinten und gekonnt gemachten Passagen dar, und anderen, in denen die Spekulation auf den Nervenkitzel unverkennbar ist.« Etwas positiver äußerte sich VARIETY: »Diese neueste Version der Geschichte von Dr. Knox und Burke und Hare hat uns zwar nichts sonderlich Neues anzubieten, ist jedoch kompetent verfilmt worden ... Peter Cushing, der den Knox spielt, ist Experte für Rollen dieser Art. Da er weiß, dass sich jede Übertreibung fatal auswirkt, spielt er seinen Part mit so viel ehrlichem Ernst und so viel Würde und Autorität, wie er sie auch als Hamlet anwenden wurde. Das Ergebnis ist eine äußerst effektive Studie in Sachen aufrichtiger Lauterkeit, die aus dem Film ein bewundernswertes Ganzes macht.«

ASHTON, ROY

(1909–1995). In Australien geborener Maskenbildner. Assistierte Phil Leakey bei *Dracula* und schuf danach die meisten Masken für Hammer Films. 1959: *The Mummy (Die Rache der Pharaonen)*; 1960: *The Brides of Dracula (Dracula und seine Bräute)*; *The Curse of the Werewolf (Der Fluch von Siniestro)*; *The Two Faces of Dr. Jekyll (Schlag 12 in London)*; 1962: *The Phantom of the Opera (Das Rätsel der unheimlichen Maske)*; *The Kiss of the Vampire (Der Kuss des Vampirs)*; 1964: *The Evil of Frankenstein (Frankensteins Ungeheuer)*; *The Gorgon (Die brennenden Augen von Schloss Bartimore)*; *The Curse of the Mummy's Tomb (Die Rache des Pharao)*; 1965: *Dracula Prince of Darkness (Blut für Dracula)*; *The Devil Rides Out*; 1966: *The Plague of the Zombies (Nächte des Grauens)*; *The Reptile (Das schwarze Reptil)*; 1972: *Asylum (Asylum)*; *The Creeping Flesh (Nachts, wenn das Skelett erwacht)*; 1973: *Vault of Horror*; 1974: *The Ghoul (Der Ghul)*; *Legend of the Werewolf*; 1980: *The Monster Club*.

ASTRAL FACTOR

(976 EVIL II). USA 1991. **R:** *Jim Wynorski.* **B:** *Eric Anjou.* **K:** *Zoran Hochstätter.* **M:** *Chuck Cirino.* **D:** *Patrick O'Bryan (Spike), René Assa (Grubeck), Paul Coufos (Stone), Leslie Ryan (Paula), Debbie James (Robin), Phil McKeon (Taylor), Rod McCary (Dr. Jamieson), Karen Mayo-Chandler (Laurie), Buck Flowers (Turrell), Sigal Diamant (Bardame), Christopher Garr (Skeech), David Rogge (Keith), Chucl Montalbano (Gross), Ace Mask (Lemisch), Monique Gabrielle (Lawlor), Brigitte Nielsen (Agnes). F 87 Min.*

Hochschuldekan Grubeck ist ein irrer Schlitzer mit einem heißen Draht zur Hölle. Wenn er die Nummer 976 Evil wählt, gibt ihm der Teufel höchstpersönlich kluge Ratschläge für sein schändliches Tun. Als man Mr. Grubeck in den Knast steckt, ermöglicht ihm die Nummer, seinen Astralkörper auf Reisen zu schicken, und da er ein Auge auf die schöne Robin geworfen hat, geht der Terror weiter. Doch das bringt den Herumtreiber Spike ins Spiel, der schon ausreichend Erfahrung mit der Höllennummer sammeln konnte. Unter Einsatz seines Lebens zeigt er der Brut des Satans ihre Grenzen. – Schundige Fortsetzung eines drittklassigen Horror-Fetzers, sollte man meinen, doch Jim Wynorski verarscht das Genre, dass es eine Freude ist. Von der obligaten Mädchenduschszene am Anfang bis zum bösen Schluss fliegen die Genrezitate durch das eher dümmliche Telefonspiel, dass man ihnen kaum noch folgen kann. Sei es ein Plakat, das »Faust 1« unter der Regie von Joe Bob Briggs ankündigt (einem der witzigsten Schundfilmrezensenten Amerikas) oder die Szene, in der Motorradfahrer Spike zu den Klängen der mehr als nur nachempfundenen Hintergrundmusik aus *Terminator* von einem Truck verfolgt wird: Wynorski setzt immer wieder noch eins drauf. [V]

ASYLUM

(ASYLUM). GB 1972. **R:** *Roy Ward Baker.* **B:** *Robert Bloch.* **K:** *Denys Coop.* **Ma:** *Roy Ashton.* **M:** *Douglas Gamley.* **D:** *Patrick Magee (Dr. Rutherford), Peter Cushing (Smith), Herbert Lom (Byron), Britt Ekland (Lucy), Charlotte Rampling (Barbara), Richard Todd (Walter), Barbara Parkins (Bonnie), Robert Powell (Dr. Martin), Sylvia Sims (Ruth), Barry Morse (Bruno), James Villiers (George), Geoffrey Bayldon (Max), Megs Jenkins (Miss Higgins), Frank Forsyth (Portier). F 78 Min.*

Eine Nervenheilanstalt in einem herrlich gelegenen englischen Park. Der junge Arzt Dr. Martin will hier als Facharzt seine ersten Sporen verdienen. Seltsam sind nicht nur die Patienten dieses Asyls, seltsam sind auch das Hausfaktotum und der Anstaltsleiter, die den Betrieb des Hauses organisieren. Um seine fachliche Qualifikation unter Beweis zu stellen, soll Dr. Martin auf Veranlassung des gegenwärtigen Leiters Dr. Rutherford unter den Insassen den früheren, eigentlichen Anstaltsleiter finden, der in einem Anfall von Besessenheit zu seinen eigenen Patienten gesperrt werden musste. Vier Patienten stellt Dr. Rutherford zur Verfügung, jeder soll seine Geschichte erzählen. Im ersten Raum trifft Dr. Martin eine junge Frau, die mit ihrem Geliebten den Mord an dessen scheidungsunwilliger Ehefrau plante. Doch diese war vertraut mit afrikanischen Voodookulten, und über ihren Tod hinaus kann die zerstückelte und eingefrorene Leiche an ihrem Ehemann Rache nehmen, ihn töten und die Rivalin zu Selbstverstümmelung und in den Wahnsinn treiben. Die zweite Geschichte erzählt ein armer Schneider: Er sollte nach einem bestimmten, merkwürdigen Zeitplan einem geheimnisvollen Besucher einen Anzug schneidern. Als er die Ware überbringt, entdeckt er zufällig das Geheimnis dieses Kleidungsstücks, das einen Toten wieder zum Leben erwecken kann. Doch der Fremde will das Geheimnis nicht teilen, es kommt zum Handgemenge, und der Schneider tötet seinen Kunden. Als er den Anzug später einer Schaufensterpuppe überzieht, erwacht diese zum Leben. Im dritten Zimmer sitzt wiederum eine Frau, die im Spiegel mit ihrem zweiten Ich spricht. Sie, das heißt ihr böses Alter Ego, hatte ihren Bruder umgebracht. Im vierten Raum stößt Dr. Martin auf einen verkannten Wissenschaftler, der Figuren schnitzt, deren Gesichter er nach lebenden Vorbildern gestaltet und denen er seinen Willen einimpfen will. Diese Miniatur-Doppelgänger können sich bewegen und sogar bestimmte Befehle ausführen. Beim Abschlussgespräch zwischen dem jungen Arzt und Dr. Rutherford überschlagen sich die Ereignisse. Der verkannte Wissenschaftler, natürlich der ehemalige Anstaltschef, sendet einen Miniatur-Roboter aus, der Dr. Rutherford tötet. Dr. Martin springt auf und zertritt die Figur. Aus ihrem kleinen Brustkorb quillt Menschenblut. Im ersten Stock findet Dr. Martin endlich den Erfinder, mit eingedrücktem Leib! Zu spät erkennt er die Zusammenhänge, als er im Zimmer des Krankenwärters eine Leiche findet, die mit einem Tuch verdeckt ist. Er schlägt das Tuch zurück und sieht ... sich selbst, stranguliert! – Ein Episodenfilm mit knapper Rahmenhandlung, in der durch Rückblenden mehrere Geschichten erzählt werden, die sich sorgsam und organisch ineinander fügen, so dass der Film nicht in Einzelteile zerfällt. Treffliche Charakterdarsteller, ein hervorragend stimmiges Drehbuch des *Psycho-Autors* Robert Bloch lehren den Zuschauer, sich auf altmodische, aber wohlige Art zu gruseln. Ein geistreiches, brillantes Spiel mit skurrilem Witz aus guter englischer Horror-Küche. [V]

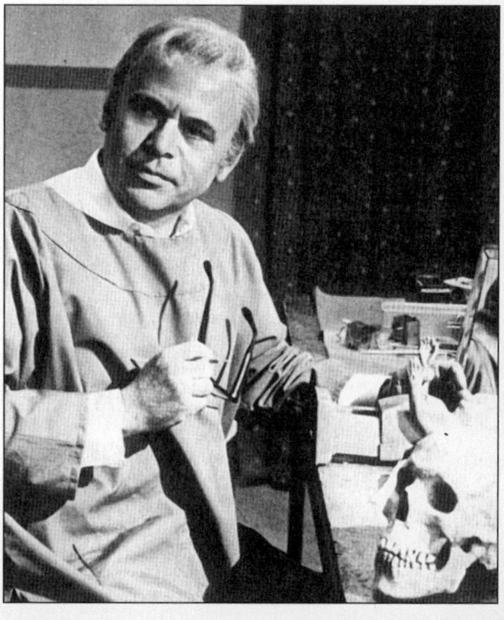

Asylum

ATWILL, LIONEL

(1885–1946). Englischer Charakterdarsteller, der seit 1904 auf der Bühne stand, ab 1915 auch in New York. 1932: *Mystery of the Wax Museum (Das Geheimnis des Wachsmuseums); Dr. X;* 1933: *The Vampire Bat;* 1935: *Mark of the Vampire (Das Zeichen des Vampirs);* 1939: *Son of Frankenstein (Frankensteins Sohn); The Hound of the Baskervilles (Der Hund von Baskerville);* 1941: *Man Made Monster; The Mad Doctor of Market Street;* 1942: *The Ghost of Frankenstein; Frankenstein Meets the Wolf Man;* 1944: *House of Frankenstein;* 1945: *Fog Island; House of Dracula.*

AUDREY ROSE – DAS MÄDCHEN AUS DEM JENSEITS

(AUDREY ROSE). USA 1977. **R:** *Robert Wise.* **B:** *Frank de Felitta.* **V:** *»Audrey Rose« (1975) von Frank de Felitta.* **K:** *Victor J. Kemper.* **M:** *Michael Small.* **D:** *Marsha Mason (Janice Templeton), Anthony Hopkins (Elliot Hoover), John Beck (Bill Templeton), Susan Swift (Ivy Templeton), Norman Lloyd (Dr. Steven Lipscomb), John Hillerman (Scott Velie), Robert Walden (Brice Mack), Philip Sterling (Richter Langley), Ivy Jones (Mary Lou), Stephen Perlman (Russ Rothman), Aly Wassil (Maharishi Gupta Pradesh), Mary Jackson (Veronica), Richard Lawson, David Wilson (Polizisten), Tony Brandon (Kripobeamter Fallon), Elizabeth Farley (Carole Rothman), Ruth Manning (Kundin), Stanley Brock (Kassierer), David Fresco (Dominick), Pat Corley (Dr. Webster), Eunice Christopher (Mrs. Carbone), Karen Anders (Maria). F 113 Min.*

Die Templetons beobachten mit Unbehagen, dass ein bärtiger Mann ihrer kleinen Tochter Ivy nachstellt. Die Behörden haben keine Befugnis, gegen den Unbekannten vorzugehen, solange er kein Verbrechen begangen hat. Bill Templeton arrangiert also ein Treffen mit dem Mann. Er heißt Hoover und ist der festen Überzeugung, Ivy sei seine wieder geborene Tochter Audrey Rose, die zwölf Jahre zuvor bei einem Autounfall umgekommen ist. Bill Templeton hält Hoover für einen Irren; seine Frau Janice wird nachdenklich. Es zeigt sich, dass Ivy von schweren Albträumen geplagt wird, als sich ihr zwölfter Geburtstag nähert, in denen sie – wie die tote Audrey Rose, einen schlimmen Autounfall erlebt. Janice Templeton holt Hoover schließlich zu Hilfe; sie ist offenbar bereit, die Geschichte des Mannes zu glauben. Als es zu einer handgreiflichen Auseinandersetzung zwischen ihrem Gatten und Hoover kommt, schaltet sich die Polizei ein. Bei einem nachfolgenden Gerichtsverfahren stellt sich Janice auf die Seite Hoovers und bricht mit Bill; dieser verlangt daraufhin eine psychiatrische Untersuchung. Als Ivy in Tiefenhypnose versetzt wird, offenbart sich, dass ihr Körper tatsächlich die Seele Audrey Roses beherbergt. Aber Ivy stirbt, sie kann ihre Identität nicht zurückerlangen. – Robert Wise drehte diesen Film nach einem Bestseller von Frank de Felitta, der eigenen Aussagen zufolge während der Recherchen zu seinem Buch vom Thema Reinkarnation dermaßen fasziniert wurde, dass er schließlich daran glaubte. Pech für ihn, dass die Kritik in seiner haarsträubenden Story im besten Falle »einen niemanden überzeugenden Hokuspokus« sah und die von ihm kreierten Rollen für »dermaßen jämmerlich« hielt, dass sie »möglicherweise unspielbar« seien. (William Wolf, CUE). Der Streifen war auch sonst ein Flop und wurde größtenteils verrissen. »Es ist deprimierend, wenn man sieht, wie für ein solch geschwätziges und phantasieloses Produkt das Geld und der Grips aus dem Fenster geworfen werden«, meinte Vincent Canby in der NEW YORK TIMES. »Mr. Wise tut nichts, um etwas davon umzusetzen. Stattdessen begegnet er jedem Drehbuchklischee mit einem eigenen, und er bringt es sogar fertig, einer entscheidenden Szene vor Gericht jegliche Spannung zu nehmen.« – »Immerhin gibt sich der Film ... seriös, vermeidet jegliche plumpen Effekte, wenn er auch durchaus mit sensationellen Spannungsmomenten arbeitet.« (Elfriede Hennemann, FILMECHO/FILMWOCHE)

AUF TODESRÄDERN

(WHEELS OF TERROR). USA 1989. **R:** *Christopher Cain.* **B:** *Alan B. McElroy.* **K:** *Richard Bowen.* **M:** *Jay Gruska.* **D:** *Joanna Cassidy (Laura MacKenzie), Marcie Leeds (Stephanie MacKenzie), Carlos Cervantes (Luis), Henry Max Kendrick, Arlen Dean Snyder (Detective Drummond), Sharon Thomas (Amy Donaldson), Kimberly Duncan (Kimberly Donaldson), Jacob Kenner (Brad), Mindy Spence (Stacy Harrison). F 82 Min.*

Eine aus einem kleinen Wüstenkaff stammende Schulbusfahrerin nimmt den Kampf mit einem alten schwarzen Auto auf, dessen Fahrer (er hat ihre dreizehnjährige Tochter entführt) sich nie zeigt. [V]

DAS AUGE DES BÖSEN

(CASA D'APPUNTAMENTO). BRD/Italien 1972. **R:** *F. L. Morris [Fernando Merighi].* **B:** *Marius Mattei, Ferdinando Meriggi, Paolo Daniele, Ramiro Oliveros.* **K:** *Mario Mancini, Günter Otto.* **M:** *Bruno Nicolai.* **D:** *Anita Ekberg, Barbara Bouchet, Howard Vernon, Rosalba Neri, Peter Martell, Rolf Eden, Robert Sacchi, Eveline Kraft, Eva Astor, William Alexander, Piera Viotti, Alessandro Perella, Ada Pometti. F 83 Min.*

Psycho-Killer betätigt sich als Nuttenmörder. Der Mann mit Bogarts Gesicht (Robert Sacchi) ist mit von der Partie. Unglaublich: Die fette Anita Ekberg als Reizwäschen-Oberhure. Angeblich nach Edgar Allan Poes »The Evil Eye«. Eddie hätte die Story nur schreiben müssen; wäre sicher interessant geworden. AIDT [V]

DAS AUGE DES KILLERS

(WHITE OF THE EYE). USA 1986. **R:** *Donald Cammell.* **B:** *China Cammell, Donald Cammell.* **V:** *»Mrs. White« von Margaret Tracy.* **K:** *Larry McConkey.* **M:** *Nick Mason, Rick Fenn.* **D:** *David Keith (Paul White), Cathy Moriarty (Joan White), Art Evans (Detective Charles Mendoza), Alan Rosenberg (Mike Desantos), Marc Hayashi (Stu). F 106 Min.*

Der übliche irrsinnige/abartige Frauenmörder führt so lange ein normales Eheleben, bis seine Gattin ihm auf die Schliche kommt und ihn um die Ecke bringt. Der übliche Schwachsinn mit Sexeinlagen, der auch in Sachen Handwerk jede Kompetenz vermissen lässt. [V]

AUGEN DER ANGST

(PEEPING TOM). GB 1959. **R:** *Michael Powell.* **B:** *Leo Marks.* **K:** *Otto Heller.* **M:** *Brian Easdale.* **D:** *Karlheinz Böhm (Mark Lewis), Moira Shearer (Vivian), Anna Massey (Helen), Maxine Audley (Mrs. Stephens), Esmond Knight (Arthur Baden), Bartlett Mullins (Peters), Shirley Ann Field (Diane Ashley), Michael Goodliffe (Don Jarvis), Brenda Bruce (Dora), Martin Miller (Dr. Rosan), Pamela Green (Milly), Jack Watson (Inspektor Gregg), Nigel Davenport (Sgt. Miller), Brian Wallace (Tony), Susan Travers (Lorraine), Maurice Durant (Pressechef), Brian Worth (Regieassistent), Veronica Hurst (Miss Simpson), Miles Malleson (Alter Herr), Alan Rolfe (Hausdetektiv), Michael Powell. F 103 Min.*

Der Begriff »Peeping Tom« geht auf die alte Sage um Lady Godiva zurück. Leofric, Gemahl Lady Godivas, hatte im 11. Jahrhundert den Einwohnern Coventrys für ein schweres Verbrechen eine hohe Geldbuße auferlegt und weigerte sich trotz inständigen Bittens seiner Gemahlin, die Buße zu erlassen. Er wolle den Einwohnern von Coventry nur verzeihen, wenn Godiva völlig nackt durch die Stadt ritte. Diesen Scherz nahm Godiva wörtlich; nur mit ihren langen Haaren bekleidet, ritt sie durch die Stadt. Den Einwohnern war es bei Todesstrafe verboten, sich auf der Straße oder an den Fenstern zu zeigen. Nach einer Ballade aus dem 17. Jahrhundert soll sich ein Schneider oder Bäcker namens *Tom* diesem Verbot widersetzt und das Schauspiel beobachtet haben, was prompt zu seiner Hinrichtung führte. Ein »Peeping Tom« ist daher in allen englischsprachigen Ländern ein heimlicher Späher. »Diese Bezeichnung ist weniger hart und kritisch als das Wort *voyeur*, mit dem die Franzosen solche Personen kennzeichnen, die ohne selbst gesehen zu werden, schlüpfrigen Szenen beizuwohnen lieben.« (Joseph Lo Duca, DIE EROTIK IM FILM). – Der Film mit dem irreführenden deutschen Titel *Augen der Angst* ist nicht der einzige, der Jahrzehnte nach

Augen der Angst

seiner Entstehung eine andere Wertung erfuhr als zur Uraufführung. Einige Filme waren ihrer Zeit voraus und haben späte Anerkennung gefunden. *Peeping Tom* ist darunter ein Sonderfall: Die vernichtende Kritik zerstörte nicht nur die internationale Karriere des Regisseurs Michael Powell, der bis dahin immerhin rund 45 Filme gedreht hatte, sondern auch die von Karlheinz Böhm, der unter dem Namen Carl Boehm endlich sein *Sissi*-Image ablegen wollte. Böhm in einem Interview, das er dem WDR 1980 gab: »Meine Hoffnung, aufgrund dieses Films eine internationale Karriere zu machen, war nicht nur groß, sondern voller Illusion. Ich dachte also, das ist der absolute Sprung in den großen Weltmarkt und zu großen Regisseuren ... Powell sagte aber damals schon, dass der Film von seiner Zeit nicht verstanden werden wird. Allerdings das Desaster, den totalen Reinfall ... hat er, glaube ich, nicht vorausgesehen, genauso wenig wie ich es vorausgesehen hatte ... Eine so angesehene Zeitung wie die TIME hat dann geschrieben, der Film sei ein solcher Dreckhaufen, dass selbst, wenn man ihn in die Toilette würfe, noch ein Fleck in der Toilette zurückbleiben würde und solche Scherze!« – Von der ersten Einstellung an enthält der Film eine Warnung: vor der maßlosen Sucht nach dem Blick durch die Kamera. Denn immer dann, wenn der Sucher einer 16-mm-Bell & Howell-Kamera zu sehen ist, läuft vor den Augen des Betrachters ein mörderisches Geschehen in allen Einzelheiten ab: die harmlose Spielerei des Modells, das Aufmerken, das erstaunte Fragen, die zur Gewissheit werdende Bedrohung, das blanke Entsetzen, der ekstatische Todesschrei. Mark Lewis ist der heimliche Beobachter. Tagsüber arbeitet er als Kameraassistent in einem Londoner Filmstudio, in seiner Freizeit betätigt er oben erwähnte Kamera. An ihrem Stativ ist ein ausfahrbares Messer angebracht. Ihn fasziniert der Gedanke, den Ausdruck größtmöglicher Angst einzufangen und auf Zelluloid zu bannen, eine Angst, die er nur im Augenblick des Todes glaubt entdecken zu können. – Mark lebt im oberen Stockwerk seines vom Vater geerbten Hauses. Seine Wohnung besteht aus einer Dunkelkammer und einem zu einem Projektionsraum umfunktionierten Wohnzimmer. Hier sieht er sich seine Filmaufnahmen an, nicht nur den Mord an einer Prostituierten, sondern auch das Eintreffen der Polizei und den Abtransport, den er ebenfalls gefilmt hat; hier lebt aber auch seine Vergangenheit, seine Kindheit, in der sein Vater, ein Wissenschaftler, ihn für Experimente über äußerste Angst missbraucht und dies wie selbstverständlich archiviert hat: Mark am Totenbett seiner Mutter; Marks Stiefmutter, eine junge, fröhliche Frau, lachend aus dem Meer steigend; Mark, vor einer Eidechse zurückschreckend, die sein Vater dem Schlafenden ins Bett gesetzt hatte; Mark von einem grellen Scheinwerfer geblendet. – Diese auf Film gebannten traumatischen Kindheitserlebnisse verdichten sich später zu Zwangsvorstellungen. Mark, der als kleiner Junge nie unbeobachtet und ungestört vom Vater war (im Haus sind überall Abhöranlagen installiert), erreicht seinerseits nur Macht und Stärke, indem er selbst beobachtet, mit der Kamera als Instrument der Gewalt. Nach außen hin führt er ein unauffälliges Leben. Die Untermieterin Helen, die zusammen mit ihrer blinden und alkoholkranken Mutter in Marks Haus wohnt, interessiert sich für ihn und wird durch Zufall Zeuge seiner »Kindheitserlebnisse«. Mit der neugierigen Witterung einer Frau für die seltsame Aura von Unauffälligkeit und Besonderheit, die ihren Vermieter umgibt, baut sie langsam ein Vertrauensverhältnis auf. So wird Helen für Mark ein unantastbares Wesen, was im Übrigen auch für die blinde Mutter gilt, denn sie hat »tote Augen«, bietet also keinen Ansatz für einen Kameramord. Marks nächstes Opfer ist die attraktive Statistin Vivian, die wie er im Filmstudio arbeitet. Unter dem Vorwand von Probeaufnahmen trifft er sie abends im leeren Studio, filmt und tötet sie. Bei den Ermittlungen sprechen die Indizien für sich: Der Mord wurde, wie die vorherigen, mit demselben Messer ausgeführt. Ein Psychiater, den die Polizei zu Rate gezogen hat, lenkt den Verdacht auf Mark, den Sohn des weltberühmten Psychologen und »Angst«-Forschers Lewis. Unterdessen ist Helen in Marks unverschlossene Wohnung gegangen, um auf ihn zu warten. Sie stellt den Filmprojektor an und sieht Marks Film über Vivians Tod. Verstört flieht sie aus der Wohnung in die Arme von Mark. Der enthüllt Helen sein Geheimnis, zeigt ihr sein Mordinstrument und die Abhöranlagen. In der Ferne hört man eine Polizeisirene. Mark befestigt seine Kamera an der Wand, stellt eine ganze Batterie von Tonbandgeräten mit seinen kindlichen Schreien an und unter den Blitzen von angeschlossenen Fotoapparaten stürzt er sich in das Messer des Kamerastativs. – »Die Stärke des Films liegt in seiner Unausweichlichkeit. Er ist schockierend, tabuverletzend, intensiv und verstörend. Er hält nicht die gewohnte Distanz zum Zuschauer, sondern zwingt zum Hinsehen, zum Mitleiden und Mitleben. Eine psychologische Studie über einen Mörder, den man nicht hassen kann – und über uns als Beobachter.« (Martina Borger, FILM-BEOBACHTER) – »*Peeping Tom* ist aber auch ein Film, der durch den Schauspieler Karlheinz Böhm eine zusätzliche Dimension erhält. Das Scheue und das Verletzbare, das Besessene, aber auch die Kraft zur Bestimmtheit am Schluss, von dem das Spiel des Schauspielers als etwas Gespieltes spricht, schlägt durch die Inszenierung hindurch, geht über sie hinaus und bringt gerade dadurch die Illusion der dargestellten Ereignisse zu einer dichten Vollendung.« (Norbert Grob, FILME).

AURA

(TRAUMA). USA 1992. **R:** *Dario Argento.* **B:** *T. E. D. Klein.* **St:** *Franco Ferrini.* **K:** *Raffaele Mertes.* **M:** *Pino Donaggio.* **D:** *Christopher Rydell (David Parson), Asia Argento (Aura Petrescu), Piper Laurie (Adriana Petrescu), Frederic Forrest (Dr. Judd), Brad Dourif (Dr. Lloyd), James Russo, Laura Johnson. F (105) 102 Min.*

Der Grafiker David Parson und die aus einer psychiatrischen Klinik entwichene Aura (16) entlarven die spiritistisch aktive Mutter der Letzteren als rachsüchtige Mörderin, die ihren Opfern mit einem Skalpell den Kopf abtrennt. Grund ihrer Untaten ist der Tod ihres Bruders, der bei der Geburt versehentlich enthauptet wurde. – Der ideenlose Meister des Italo-Horrors zeigt sich von seiner altbekannten Seite: Er legt, wie immer, bedeutend mehr Wert auf Ausstattung und unheimliche Atmosphäre als auf die Ausarbeitung origineller Geschichten. [V]

DIE AUGEN EINES FREMDEN

(EYES OF A STRANGER). USA 1980. **R:** *Ken Wiederhorn.* **B:** *Mark Jackson, Eric L. Bloom.* **K:** *Mini Rojas.* **M:** *Richard Einhorn.* **D:** *Lauren Tewes (Jane), John DiSanti (Stanley Herbert), Jennifer J. Leigh (Tracy), Peter DuPre (David), Kitty Lunn (Annette), Gwen Lewis (Debbie), Timothy Hawkins (Jeff), Ted Richert (Roger England), Bob Small (Dr. Bob), Toni Crabtree (Mons), Stella Rivera (Tänzerin), Dan Fitzgerald (Barkeeper), José Behamande (Jimmy), Luke Halpin (Tontechniker), Rhonda Flynn, Tony Federico, Amy Krug, Tabbetha Tracey, Jillian Lindig, Sarah Hutcheson, George DeVries, Melvin Pape, Alan Lee, Robert Goodman, Herb Goldstein, Sonis Zomina, Joe Friedman, Kathy Suerglu, Pat Warren, Richard Allen, Madeline Curtis, Michael de Silva. F 85 Min.*

Die TV-Reporterin Jane ist einem Frauenmörder auf der Spur, der auch ihre Schwester Tracey vergewaltigt hat. Tracey ist seitdem blind und taubstumm. Als sie die Wohnung des Mannes ausfindig und einen befreundeten Staatsanwalt auf ihn aufmerksam macht, will dieser von ihren illegal beschafften Beweisen nichts wissen. Nun fängt Jane an, den Mörder zu provozieren. Sie terrorisiert ihn am Telefon, verrät sich jedoch, als sie in einer TV-Sendung ähnliche Worte benutzt. Der Killer dringt in Janes Wohnung ein und bedroht die hilflose Tracey. Jane kann ihn im letzten Moment töten. Tracey findet durch dieses nochmalige Schockerlebnis Sprache, Gehör und Augenlicht wieder. Die Identität des verrückten Killers wird sehr früh gelüftet, darin besteht der Hauptunterschied, der den Wiederhorn'schen Themenklau von John Carpenters TV-Film *Das unsichtbare Auge* trennt. Seine Spannung bezieht dieser Streifen jedoch vor allem aus den parallel laufenden Handlungssträngen, die einmal die Erlebnisse Janes und zum anderen Mal die des Mörders zeigen. Der Einsatz der subjektiven Kamera in jenen Passagen, in denen der Killer seine Opfer in die Enge treibt, machen den Zuschauer jedoch nicht nur zum Voyeur, sondern lassen ihn auch auf widerwärtige Weise die Rolle des Protagonisten einnehmen.

AUS DEM REICH DER TOTEN

(VERTIGO). USA 1958. **R:** *Alfred Hitchcock.* **B:** *Alex Coppel, Samuel Taylor.* **V:** *«Aus dem Reich der Toten« von Pierre Boileau, Thomas Narcejac.* **K:** *Robert Burks.* **M:** *Bernard Herrmann.* **D:** *James Stewart (John »Scottie« Ferguson), Kim Novak (Madeleine Elster/Judy Barton), Barbara Bel Geddes (Midge), Tom Helmore (Gavin Elster), Henry Jones (Leichenbeschauer), Raymond Bailey (Arzt), Ellen Corby (Geschäftsführerin), Konstantin Shayne (Pop Leibel), Lee Patrick (Nachbar). F 123 Min.*

Nächtliches Panorama von San Francisco. Schüsse fallen, ein Mann flieht über die Dächer, verfolgt von Polizeidetektiv John »Scottie« Ferguson. Der Detektiv rutscht ab, kann sich gerade noch an der Dachrinne festhalten. Ein Kollege, der ihm zu Hilfe kommt, stürzt ab. Ferguson schaut in die Tiefe. Einige Zeit später. Ferguson hat den Polizeidienst quittiert. Seit dem tödlichen Unfall, an dem er sich mitschuldig fühlt, leidet er an Akrophobie, Höhenangst. Ein erneuter Schock könnte ihn heilen – oder auch nicht. Gavin Elster, ein ehemaliger Schulfreund, bittet Ferguson, seine Gattin Madeleine zu überwachen. Madeleine sei eine Selbstmordkandidatin, ist von der Vorstellung besessen, in ihr sei der Geist ihrer Urgroßmutter, die sich vor Jahrzehnten in geistiger Umnachtung das Leben nahm, wieder lebendig geworden. Ferguson folgt Madeleine durch San Francisco, zu einem Friedhof, zu einem Museum und zu einem alten Haus. Diese Orte haben alle etwas mit Carlotta Valdez, der Urgroßmutter, zu tun. Doch das Schicksal der Valdez, einer stadtbekannten Maitresse, ist Madeleine verschwiegen worden. Woher weiß sie von dieser Frau? Ein anderer Tag. Ferguson folgt Madeleines ziellosen Wegen. Unter der Golden Gate Bridge springt sie in die Fluten – genau wie damals die Urgroßmutter. Ferguson kann sie retten, verliebt sich hoffnungslos in sie. Später fahren sie zusammen zum Kloster San Batista. Madeleine habe nachts von diesem Bauwerk geträumt. Auf dem Klostergelände reißt sie sich plötzlich los und steigt schnell eine steile Treppe zur Kirchturmplattform empor. Fergusons Höhenangst hindert ihn, ihr zu folgen. Da hört er einen Schrei. Die Frau stürzt in die Tiefe und bleibt zerschmettert auf dem Vordach liegen. Erneut fühlt sich Ferguson schuldig. Er begibt sich in eine Heilanstalt. Es hilft nichts: Er liebt die Tote noch immer. Die Wege noch einmal gehen. Er sieht sie – eine Frau, die Madeleine zum Verwechseln ähnlich sieht, jedoch dunkelhaarig. Er muss sie ansprechen, muss wissen, wer sie ist. Sie zeigt ihm den Führerschein: Judy Barton, Verkäuferin, lebt seit einigen Jahren hier. Sie treffen sich. Jedes Mal versucht Ferguson, an ihr eine Veränderung vorzunehmen. Hat er einen schrecklichen Verdacht? Die Frisur, die Kleider, wie Madeleine sie trug. Gedankenlos legt sie endlich den Schmuck Madeleines an. Fergusons Blick fällt auf die Halskette. Jetzt weiß er alles. Oben auf dem Turm hat Gavin Elster mit der Leiche seiner Frau gewartet. Judy spielte die Rolle der Madeleine für Ferguson, der sich als Augenzeuge des Unfalls wähnen sollte, ein raffiniert eingefädeltes Komplott! Ferguson will sie zu einem Geständnis bringen; er fährt mit Madeleine/Judy noch einmal zum Kloster. Er treibt sie die Treppe im Turm hoch. Er will, er muss diesmal die Treppe schaffen. Er schafft sie. Zu Judy sagt er: »Ich habe dich so geliebt, Madeleine!« Doch nichts kann diese Madeleine lebendig machen. Judy verliert das Gleichgewicht, stürzt in die Tiefe.

»*Vertigo* ist wie *Romeo und Julia* oder *Tristan und Isolde* eine der großen Liebesgeschichten der Welt, doch unter veränderten Vorzeichen, da der Protagonist dieses traumhaft verlangsamten metaphysischen Thrillers, der die Wucht, elementare Kraft und Klarheit einer griechischen Tragödie besitzt, der Liebe Schwindelanfälle ausgesetzt ist. Stewart liebt nicht nur Kim

Aus dem Reich der Toten

Novak, sondern in ihr auch das Urbild der geheimnisvollen, nie zu enträtselnden Frau, doch da sie als (missbrauchtes) Double eine andere spielt, verliert er sie zwangsläufig, was durch seine Höhenangst und die Schwindelanfälle in dem (zweitrangigen) kriminalistischen Plot erleichtert wird – sie stürzt von einem Glockenturm. Als er, handlungsunfähig und im freudschen Sinne impotent, der Toten in anderer Gestalt wiederbegegnet, liebt er abermals nicht nur sie, sondern das Bild der anderen, das er mit allen Mitteln rekonstruiert. Dieser Fetischismus – Kim Novak 2 muss wie Kim Novak 1 aussehen – führt zum Tode; sie stürzt abermals endgültig ab. Die Bedeutungsebenen realisieren sich als Tod der echten Liebe, als Mörder seiner Geliebten und als Beginn des Wahnsinns, der sich farbdramaturgisch in den Signalfarben Grün als Manifestation der Wiederauferstehung der Toten und Rot als Liebes- und Todessymbol ankündigte und kameratechnisch in Fahrtaufnahmen und Zooms umgesetzt wurde, die beim Zuschauer Schwindelgefühle entstehen lassen. Selten ist es Hitchcock so wie hier gelungen, die Leinwand ›mit Emotionen aufzuladen‹, die menschlich, wahrhaft und in ihrer Auflösung tragisch sind.« (Hans Gerhold, FILMDIENST)

Hitchcocks Thema ist nicht der Kriminalfall. Er vergewaltigt geradezu die literarische Vorlage von Boileau und Narcejac, die den Roman mit der gängigen Schlusspointe geschrieben hatten, indem er den Mord an Elsters Frau durch den Inhalt eines Briefes bereits in der Mitte des Films aufklärt und den Zuschauer so sehr früh zum Komplizen macht. Hitchcocks psychologische Thriller befassen sich in erster Linie mit »Verlusten«. In *Immer Ärger mit Harry* ist das »nur« der Verlust des guten Rufs in einem puritanischen Städtchen New Englands; in *Der Mann, der zu viel wusste* ist es der Verlust der familiären Sicherheit; in *Der falsche Mann* ist es der Verlust der Unschuld und des Familienzusammenhalts. Hauptthema seiner Trilogie *Aus dem Reich der Toten, Der unsichtbare Dritte* und *Psycho* ist der Verlust der Identität, der zur Existenzbedrohung führt. Wie in einem Albtraum ist der Held nicht mehr in der Lage, Handlungszusammenhänge zu überschauen, gar zu verstehen. Erst die Identifikation des Zuschauers mit dem Helden, das Mitfühlen, Mitwissen, Miterleben, erzeugt die eigentliche Spannung. [V] [DVD]

AUSFLUG IN DAS GRAUEN

(DON'T GO IN THE WOODS ALONE). USA 1979. **R:** *James Bryan.* **B:** *Garth Eliasson.* **K:** *Hank Zinman.* **M:** *H. Kingsley Thurber.* **D:** *Buck Carradine, Jack McClelland (Peter), James P. Hayden (Craig), Mary Gail Artz (Ingrid), Angie Brown (Joanie), Ken Carter (Sheriff), David Barth (Deputy Benson), Tom Drury (Maniak), Laura Trefts (Dr. Maggie), Carolyn Braza (Cherry), Frank Clitus Muller (Dick), Larry Roupe, Amy Martell, McCormick Dalten, Cecilia Fannon. F (88) 78 Min.*

Der übliche Mörder, diesmal als Wikinger verkleidet, schlachtet die üblichen arglosen Teenies im Nationalpark ab. Ein neuer Tiefpunkt des Grauens auf der nach unten offenen Horror-Skala. AIDT [V]

DIE AUSGEKOCHTEN

(MANIAC). GB 1963. **R:** *Michael Carreras.* **B:** *Jimmy Sangster.* **K:** *Wilkie Cooper.* **M:** *Stanley Black.* **D:** *Kerwin Mathews (Geoff Farrell), Nadia Gray (Eve Beynat), Donald Houston (Georges Beynat), Georges Pastell (Inspektor Etienne), Liliane Brousse (Annette Beynat), Jerold Wells (Giles), Justine Lord (Grace), Arnold Diamond (Janiello), Norman Bird (Salón), Leon Peers (Blanchard). SW 85 Min.*

Die fünfzehnjährige Annette Beynat wird überfallen und vergewaltigt. In einem Anfall geistiger Umnachtung tötet ihr Vater den Täter auf grausame Weise mit einem Schweißbrenner. Er landet in einer geschlossenen Anstalt für kriminelle Geisteskranke. Jahre später lernt der amerikanische Künstler Farrell Beynats attraktive Frau Eve kennen. Eve verführt Farrell und überredet ihn, an der Befreiung ihres – inzwischen wieder gesunden – Gatten mitzuwirken. Ein Pfleger hat sich überdies bereit erklärt, dabei zu assistieren. Beynat will verschwinden; er hat nichts dagegen, dass Eve und Farrell heiraten. Als die beiden ihm eines Abends über die Klinikmauer helfen wollen, taucht er nicht auf. Als sie zu ihrem Lieferwagen zurückkehren, ist er bereits dort. Nachdem Farrell Beynat im Hafen abgesetzt hat, findet er auf der Ladefläche seines Wagens eine Leiche, die er für die des hilfreichen Pflegers hält. Farrell geht nun davon aus, dass Beynat keineswegs genesen ist. Am nächsten Tag wird er von dem Befreiten niedergeschlagen und gefesselt. Beynat hat vor, ihn und die Leiche bis zur Unkenntlichkeit zu verbrennen, denn die Polizei soll annehmen, er und der Pfleger seien umgekommen. Farrell kann sich in letzter Sekunde mit Hilfe eines Fährmanns retten. Zusammen mit Inspektor Etienne klärt er den Fall: Der Tote ist in Wirklichkeit Beynat. Eve steckt mit dem Pfleger unter einer Decke ... und ist gerade dabei, den Tod ihrer Tochter Annette zu inszenieren. – »Der Film freut sich, den Kinobesucher zunächst auf falsche Fährten zu leiten und nach Aufdecken des Planes ihn dennoch durch verstärkte Gruseleffekte bei Spannung zu halten.« (Bet, FILMDIENST) – »Ein anspruchsloses, aber ganz gut geschriebenes Spannungsdrama ... Die Regie von Michael Carreras ist in Ordnung, wenn es auch hin und wieder zu Längen kommt. Die Darstellung von Nadia Gray, Donald Houston und Kerwin Mathews ist auch nicht ohne.« (Robert Salmaggi, THE NEW YORK HERALD TRIBUNE)

AUSGELIEFERT

(SAVAGE ABDUCTION/NUMBERED DAYS/ CYCLE PSYCHO). USA 1975. **R:** *John Lawrence.* **B:** *John Lawrence.* **K:** *N.N.* **M:** *N.N.* **D:** *Joe Turkel (Harry), Tom Drake (Dick), Sean Kenney, Amy Thomsen, Jack Brooks, Stephen Oliver, Stafford Repp. F 81 Min.*
Ein Rechtsanwalt heuert einen nekrophilen Irren an, um seine Frau aus dem Weg zu räumen, und wird anschließend von selbigem erpresst. Um ihn sich vom Hals zu schaffen, denkt er sich gemeine Dinge aus. Eine übersehenswerte Amateur-Mistproduktion, die sich als Softcore-Exploitation-Film tarnt. AIDT [V]

AUSSERGEWÖHNLICHE GESCHICHTEN

(HISTOIRES EXTRAORDINAIRES/TRE PASSI NEL DELIRIO). Frankreich/Italien 1968. **R:** *Federico Fellini, Louis Malle, Roger Vadim.* **B:** *Daniel Boulanger, Federico Fellini, Pascal Cousin, Louis Malle, Roger Vadim, Clement Biddle Wood, Bernardino Zapponi.* **V:** Erzählungen *»Toby Dammit«, »William Wilson«, »Metzengerstein« von Edgar Allan Poe.* **K:** *Tonino Delli Colli, Claude Renoir, Giuseppe Rotunno.* **M:** *Diego Masson, Jean Prodromides, Heinz Roemheld, Nino Rota.* **D:** *Brigitte Bardot (Giuseppina), Alain Delon (William Wilson), Jane Fonda (Contessa Frederica), Terence Stamp (Toby Dammit), James Robertson Justice (Berater der Contessa), Salvo Randone (Priester), Françoise Prevost (Freundin der Contessa), Peter Fonda (Baron Wilhelm), Georges Douking (Du Lassier), Philippe Lemaire (Philippe), Carla Marlier (Claude), Serge Marquand (Hugues), Umberto d'Orsi (Hans), Renzo Palmer (Priester), Katia Christine (Mädchen). F 121 Min.*
Episodenfilm. – 1. »Metzengerstein«: Geliebte eines Barons zündet aus Wut dessen Pferdestall an, ohne zu ahnen, dass ihr Galan in den Flammen umkommt. – 2. »William Wilson«: Ein Offizier glaubt, er werde von einem Doppelgänger verfolgt und ermordet ihn. – 3. »Du sollst niemals mit dem Teufel um deinen Kopf wetten«: Drogensüchtiger Popstar stirbt bei Dreharbeiten in Rom.

AUTOPSY

(AUTOPSIA). Spanien 1974. **R:** *Juan Logar.* **B:** *Juan Logar.* **St:** *Juan Logar.* **K:** *Rafael Pacheco.* **SpE:** *Miguel Baquero.* **M:** *Ennio Morricone.* **D:** *Emiliano Redondo, Maria José Cantudo, Juan Luis Galiardo, José Luis Andrés Segura, Hilario Camacho, Maria José Cantudo, José Angel de Juanes, Montserrat Julio, Eva Léon, Angel Nieto, Sebastian Palomo Linares, José Maria Pemán, Félix Rodriguez de la Fuente, Emilio Romero, Batsabé Ruiz, Loli Tovar, Ernesto Vanes, Maria Vidar, Jack Taylor. F 95 Min.*
Ein Kriegsberichterstatter in Vietnam fasst den Beschluss, einer Leichenbeschau von Anfang bis Ende beizuwohnen, weil er überzeugt ist, auf diese Weise zu sich selbst zurückzufinden. – Prätentiöses Geschwafel [V]

AVANAIDA – DER TODESBISS DER SATANSVIPER

(DEATH BITE/SPASMS). Kanada 1982. **R:** *William Fruet.* **B:** *Don Enright.* **V:** *»Death Bite« von Michael Maryk, Brent Monahan.* **K:** *Mark Irwin.* **Ma:** *Dick Smith.* **M:** *Eric Robertson.* **D:** *Peter Fonda (Dr. Tom Brasilian), Oliver Reed (Jason Kincaid), Marylin Lightstone (Dr. Claire Rothman), Miguel Fernandez (Mendes), George Bloomfield (Rev. Thomas), Angus MacInnes (Duncan), Kerry Keane (Susanne), Al Waxman (Crowley), Laurie Brown (Allison), Gerard Parkes (Captain Noveck). F 90 Min.*
Amerikanisches Forscherteam kämpft gegen eine horrible Riesenschlange, die alle sieben Jahre ihr schuppiges Haupt erhebt, um sich die Seelen der Toten einzuverleiben. Sie wird gefangen und entwischt, woraufhin Lützows wilde verwegene Jagd beginnt. Mr. Kincaid, der den wackeren Dr. Brasilian bei der Suche unterstützt, wurde einst von der dämonischen Schlange gebissen und verfügt nun über die Fähigkeit, »durch ihre Augen« zu sehen. Dutzendware.

AXOLUTION – TÖDLICHE BEGEGNUNG
(AL FILO DE HACHA/AXOLUTION/EDGE OF THE AXE). USA 1988. **R:** *Joseph Braunstein [José R. Larraz].* **B:** *Joaquin Amichatis, Javier Elorrieta, José Frade.* **K:** *Bill Clarke.* **M:** *N.N.* **D:** *Barton Faulks (Gerald), Page Mosley (Lillian), Christina Marie Lane, Fred Hollyday, May Heatherly. F (90) 85 Min.*

Schizophrener Killer mit Gipsmaske köpft reihenweise Frauen, die in einer Nervenklinik gearbeitet haben. Der Sheriff ist ratlos. (Die Nasen, die diesen Film produziert haben, nicht weniger). Gerald und Lillian haben den irren Vetter der Letzteren in Verdacht und wollen ihn mittels Computer finden. AIDT [V]

B

BABY BLOOD – AUSGEBURT DES BÖSEN

(BABY BLOOD). Frankreich 1989. **R:** *Alain Robak.* **B:** *Alain Robak, Serge Cukier.* **K:** *Bernard Déchet.* **M:** *Carlos Acciari.* **D:** *Emmanuelle Escourrou (Yanka), Jean François Gallotte (Richard), Thierry De Portier (Dompteur), Françoise Frapier, Christian Sinniger (Lohman). F 83 Min.*

Eine böse Macht schwängert die Gattin eines Zirkusdirektors, und da das schon im Mutterleib redende Ungeborene nach Blut lechzt, muss Mama töten, um es zu ernähren. »Unappetitliches« Horror-Produkt, das in Strömen von Blut watet und als einzigen Lichtblick die ansehnliche Oberweite seiner Heldin zu bieten hat. [V]

BABYLON – IM BETT MIT DEM TEUFEL

BRD 1991. **R:** *Ralf Huettner.* **B:** *Andy T. Hoetzel, Ralf Huettner.* **K:** *Diethard Prengel.* **M:** *Joe Mubare, One Tongue.* **D:** *Dominic Raacke (Lothar), Natja Brunkhorst (Maria), Michael Greiling (Dr. Tilmann), Ditte Schupp (Bibi), Veronica Ferres (Apothekerin), Ina Siefert (Blinde). F 88 Min.*

Eine schmierige Vertretertype namens Lothar, die die Macht des Bösen repräsentiert, schwängert eine Frau, die ein Ungeheuer austragen soll, und betreibt sadomasochistische Spielchen mit einer anderen. Schwachbrüstiges S/M-Horror-Spektakel mit dämlichen Dialogen. AIDT

DER BABYSITTERMÖRDER

(TWISTED). USA 1986. **R:** *Adam Holender.* **B:** *Bruce Graham, Glenn Kershaw.* **V:** *»Children! Children!« von Bruce Horrigan.* **K:** *Alexander Gruszinski.* **M:** *Michael Bacon.* **D:** *Lois Smith (Helen Giles), Christian Slater (Mark Collins), Dina Merrill (Nell Kempler), Tandy Cronyn (Evelyn Collins), Dan Ziskie (Philip Collins), Brooke Tracy (Susan Collins), John Cunningham (Jim Kempler), Edward Marshall (Karl Yaeger), Laurie Kennedy (Peg Yaeger), J. C. Quinn (Sheriff), Ralph Buckley (Deputy), Karl Taylor (Williams), Noelle Parker (Jeanette). F 85 Min.*

Psycho-Thriller. Halbstarker terrorisiert mit modernen Abhöranlagen seine kleine Schwester, quält Tiere, spielt Nazimusik und bringt einen Babysitter zu Tode. Sein nächstes Opfer soll die psychisch labile Helen werden.

BACK FROM HELL

Anderer Titel für UNTIL DEATH

BACKSTABBED – SPIEL DER ANGST

(MØRKELEG). Dänemark 1996. **R:** *Martin Schmidt.* **B:** *Viggo Bentzon.* **K:** *Peter Roos.* **M:** *Alan Howarth.* **D:** *Line Kruse (Tine), Mari-Anne Jespersen (Alexandra), Christian Cronvall (Tim), Karl Bille (Jonas), Walter Lund (Dick Kaysö), Peter Rygaard (Mogens Ebbesen), Waage Sandö (Niels Willumsen), Birthe Neumann (Else Willumsen), Robert Reinhold (Sjokke), Claus Strandberg (Ludvigsen), Rikke Louise Anderson (Aia). F (90) 81 Min.*

Splatter Marke Dänemark. Während Tine, Tim, Alexandra und Jonas in einem leer stehenden Haus das Mörderspiel »Backstage« probieren, wartet draußen bereits ein echter Killer. Regisseur Martin Schmidt (*1961) hat sich schon 1992 mit dem auf einem Stephen King-Roman basierenden Videofilm *Snake Eyes,* den er auch schrieb und produzierte, als Phantastik-Interessent geoutet.

BAD MOON

(BAD MOON). Kanada/USA 1996. **R:** *Eric Red.* **B:** *Eric Red.* **V:** *»Thor« von Wayne Smith.* **K:** *Jan Kiesser.* **Ma:** *Steve Johnson.* **M:** *Daniel Licht, Loek Dikker.* **D:** *Mariel Hemingway (Janet), Michael Paré (Ted Harris), Mason Gamble (Brett), Johanna Marlowe Lebovitz (Marjorie), Hrothgar Mathews (Flopsy), Ken Pogue (Sheriff Jenson), Ken Kirzinger (Werwolf), Gavin Buhr. F 79 Min.*

Der Naturfotograf Ted nagelt nach Erledigung eines Auftrags im nepalesischen Dschungel gerade seine Freundin Marjorie, als eine behaarte Bestie sein Zelt zerfetzt. Marjorie muss ins Urwaldgras beißen. Ted wird gebissen, pustet aber dem Eindringling mit einer Schrotflinte die Rübe weg. Szenenwechsel. Anywhere, USA: Teds ledige, in einem schicken Haus am Waldesrand lebende Anwalt-Schwester Janet, ihr Sohnemann Brett und der treue Schäferhund Thor entlarven den Trickbetrüger Flopsy. Ted ruft an. Er lebt seit drei Monaten an einem See im tiefen Forst in einem Wohnwagen. Janet, Brett & Thor besuchen ihn. Janet meint, ihr Bruder sei von Schwermut geplagt (angeblich hat Marjorie ihn verlassen). Brett findet im Wohnwagen ein Buch über Werwölfe. Der herumschnüffelnde Hund Thor stößt im Wald auf einen zerfetzten Waldarbeiter. Janet & Anhang kehren nach Hause zurück. Tage später taucht Ted samt Wohnwagen bei ihnen auf: Dass die Polizei im Wald am See fünf zerfetzte Leichen gefunden hat und einen Mörder-Grizzly verdächtigt, behält er für sich. Thor, dessen Nase mehr riecht als die der Menschen, schwant, dass mit Ted etwas nicht stimmt. Als er ihm in den Wald folgt, entdeckt er eine geifernde haarige Gestalt, die mit Handschellen an einen Baum gefesselt ist. Wie der gewitzte Zuschauer längst erkannt hat (und Janet bald aus Teds Tagebuch erfährt), hat der Biss der nepalesischen Bestie Ted zum Werwolf gemacht, der jedoch nicht nur bei Vollmond zum reißenden Untier wird, sondern in jeder Nacht. Um Untaten zu verhindern, fesselt sich Ted, sobald die Metamorphose naht, an einen Baum. Dem schrägen Flopsy, der sich nächtens am treuen Thor rächen will, bekommt die Begegnung mit dem Werwolf schlecht. Der Sheriff, der seine Leiche findet, verdächtigt Thor, zumal dieser sich mit dem Werwolf gerauft und Verletzungen hat. Thor lässt Ted nicht mehr aus den Augen, was dazu führt, dass dieser ihn zum Zubeißen provoziert: Schon kommen die Hundefänger und schleifen Thor unter seinem und Bretts traurigem Gewinsel ins Tierheim. Janets Neugier verführt sie dazu, ihrem angeblich dem Joggen frönenden Bruder in den Wald zu folgen, wo dieser sich in eine sabbernde Bestie verwandelt. KREISCH! Die wenigen Dutzend Meter zum Haus, in dem der Revolver liegt, fallen für die entsetzte Anwältin viel länger aus als die Strecke, die Brett und der von ihm befreite Thor zurücklegen müssen, um den Werwolf zu erlegen, der seine Mutter zerreißen will.

Jan Kiesser kann relativ gut mit der Kamera umgehen. Daniel Licht hat eine nette, zur Atmosphäre passende Musik komponiert. Eric Red, der das Drehbuch verfasst hat, hätte sich freilich fragen sollen, wie ein Mensch, der sich mit Handschellen an einen Baum fesselt, diese nach überstandener Metamorphose wieder abkriegt und wieso Ted, der weiß, dass ein *Virus* seine Verwandlung bewirkt, auf die Idee kommt, »die Liebe seiner Familie« könne ihn heilen. Mariel Hemingway gibt als Schauspielerin ihr Bestes (was nicht gerade sehr viel ist). Hrothgar Matthews (Flopsy) chargiert, als spiele er in einer Werwolf-Parodie mit. Der Schäferhund Thor spielt lässig alle an die Wand – besonders seinen werwölfischen Gegner Michael Paré, dessen desinteressierte Einheitsmiene Hanna Schygulla-Qualitäten erreicht. Der Film hat aber auch eine witzige Szene: Als Thor weiß, dass der Wohnwagen einem Werwolf gehört, schifft er ihn an, um sein Revier zu markieren. Nachdem Ted sich Thor vom Hals geschafft hat, strullt er schmierig grinsend an dessen Hütte, um zu dokumentieren, dass die Dinge nun anders liegen. [V]

BAKER, RICK

(*1950). Amerikanischer Spezialmaskenbildner. Mehrfacher Oscar-Preisträger. 1973 assistierte er Dick Smith bei *The Exorcist (Der Exorzist)*. 1980: *The Howling (Das Tier);* 1981: *An American Werewolf in London;* 1983: Michael Jacksons *Thriller*-Video; 1994: *Ed Wood* mit Martin Landau als Bela Lugosi; *Wolf* mit Jack Nicholson; 1998: *Modern Vampires.*

BAND, CHARLES

(*1951). Großproduzent billiger Horror-Genrefilme, die unter dem Full Moon Entertainment-Label erscheinen. – 1976: *Crash (Draculas Todesrennen);* 1979: *Tourist Trap;* 1984: *The Alchemist (Der Alchimist);* 1985: *Re-Animator;* 1986: *Troll;* 1988: *Ghost Town;* 1990: *The Pit and the Pendulum;* 1991: *Subspecies;* 1992: *Doctor Mordrid (Rexosaurus); Demonic Toys;* 1993: *Catacombs;* 1997: *Vampire Journals; The Creeps (Evil Creatures – Die unglaublichen Toten);* 1998: *Werewolf Reborn;* 1999: *Blooddolls; Witchhouse;* 2001: *Demonicus.* Mehrere *Puppet Masters.* Tätig auch als Gelegenheitsregisseur.

DIE BANDE DES CAPTAIN CLEGG

(CAPTAIN CLEGG). GB 1962. **R:** *Peter Graham Scott.* **B:** *John Elder, Barbara S. Harper.* **K:** *Arthur Grant.* **M:** *Don Banks.* **D:** *Peter Cushing (Dr. Arne Blyss), Yvonne Romain (Imogene), Patrick Allen (Captain Collier), Oliver Reed (Harry Crabtree), Michael Ripper (Mipps), Martin Benson (Rash), David Lodge (Bosun), Derek Francis (Squire), Daphne*

Anderson (Mrs. Rash), Milton Reid (Mulatte), Rupert Osborn (Gerry), Terry Scully (Tate), Peter Halliday (Pott), Sydney Bromley (Tom Ketch), Bob Head (Holzbein), Gordon Rollings (Wurzel). F 81 Min.

Im 18. Jahrhundert: Captain Collier und seine Männer sind beauftragt, eine Bande von Alkoholschmugglern auszuheben, die in einem englischen Küstenort ihr Unwesen treibt. Die Soldaten finden im Ort nur Ungastlichkeit, das Grab eines gehängten Piraten namens Clegg und einige Moorgespenster vor, die allnächtlich durch den Nebel reiten und die Bevölkerung in Angst und Schrecken versetzen. Da Collier klug, weise und misstrauisch ist, kann er seine Männer vor einem Hinterhalt der Schmuggler bewahren. Schon bald kommt er dahinter, dass der ehrwürdig scheinende Vikar des Ortes im Hauptberuf Anführer einer Bande ist, die den Gruselzauber veranstaltet. Die Mitglieder verstecken sich in Vogelscheuchen, maskieren sich mit schwarzen Mänteln, auf die Totengerippe gemalt sind und transportieren ihre Schmuggelware in Särgen auf Leichenwagen. Ein zungenloser Mulatte, der mit dem gehängten Captain Clegg noch eine alte Rechnung zu begleichen hat, erkennt die wahren Zusammenhänge. Der Vikar ist niemand anders als der Pirat Clegg selber, der zum Schein jahrelang ein leeres Grab als seine letzte Ruhestätte gepflegt hat. Der Mulatte nimmt grässliche Rache und beendet mittels Harpune nicht nur den Lebensweg Captain Cleggs. Ein Hammer-Abenteuerfilm mit Gruseleffekten. »Wieder einer dieser stimmungsbeladenen, einfallsreichen Kostümschinken, wie ihn nur die Briten so fix herzustellen verstehen. Wirklichkeitsfremd zwar ... aber hinreichend fesselnd. Die schauspielerische Leistung ist zufrieden stellend, hervorzuheben ist dabei Peter Cushing; die Regie Scotts ist intelligent.« (VARIETY)

Die Bande des Captain Clegg

BARBARAS BABY – OMEN III

(THE FINAL CONFLICT). USA 1980. **R:** *Graham Baker.* **B:** *Andrew Birkin.* **K:** *Robert Paynter, Phil Meheux.* **M:** *Jerry Goldsmith.* **D:** *Sam Neill (Damien Thorn), Lisa Harrow (Kate Reynolds), Don Gordon (Dean), Rossano Brazzi (Pater De Carlo), Barnaby Holm (Peter), Mason Adams (Präsident der USA), Leueen Willoughby (Barbara), Robert Arden (US-Botschafter), Tommy Duggan (Matteus), Louis Mahoney (Paulo), Marc Boyle (Benito), Richard Oldfield (Simeon), Milos Kirek (Martin), Tony Vogel (Antonio), Arnold Diamond (Astronom), Norman Bird (Dr. Philmore), Arwen Holm (Carol), Hugh Moxey (Butler), William Fox, John Bascomb (Diplomaten), Richard Williams (Vikar), Eric Richard (Techniker), Marc Smith (Presseoffizier), Stephen Turner (Stigwell), Al Matthews (Arbeiter), Larry Martyn, Harry Littlewood, Frank Coda, Hazel Court. F 108 Min.*

Vorgeschichte: *Das Omen* und *Omen II.* – Damien Thorn, inzwischen 33 Jahre alt, herrscht über ein gewaltiges Industrie-Imperium, das ihm sein weltlicher Vater hinterlassen hat. Als er erfährt, dass die Wiedergeburt Christi bevorsteht (sie soll in England erfolgen), räumt er den US-Botschafter in London aus dem Weg und lässt sich vom Präsidenten der USA dessen Job vermitteln: Als leibhaftiger Sohn des Satans will er um jeden Preis verhindern, dass das Gute erneut die Herrschaft über die Erde antritt. Sieben Mönche, die bestens über das im Bilde sind, was der teuflische Damien verkörpert, reisen nach England, um ihn dort mit den »sieben heiligen Dolchen von Meggido« eigenhändig zu entleiben. Einer nach dem anderen verliert dabei auf grausigste Weise das Leben, denn Damiens Teufelskräfte sind überall am Werk. Pater De Carlo, der letzte Überlebende der mönchischen Attentäter, kann schließlich die attraktive Fernsehreporterin Lisa Harrow von der Gefährlichkeit des Satansbratens überzeugen. Sie nimmt es auf sich, ihm in einem Duell auf Leben und Tod

Barbaras Baby – Omen III

entgegenzutreten ... – »Der dritte *Omen*-Film spricht zwar die Probleme unserer Zeit an, aber er benutzt sie nun, um mit realen und religiösen Themen zu spielen. Das Resultat ist ein mittelprächtiger Horrorfilm mit Bezügen zum Vampirfilm und mit einigen harten Szenen ...« (Wolfgang J. Fuchs, FILMBEOBACHTER) [V]

BARKER, CLIVE

(*1952). In Liverpool geborener Horror-Autor und Regisseur. Schon sehr früh schrieb und inszenierte Barker Theaterstücke. Studium der Englischen Literatur und Philosophie. Gründung der Theatergruppe »The Dog Company«, die Stücke im Stil des Grand Guignol aufführte. Als Maler beeinflusst von Bosch, Goya und Blake, von Salvador Dalí und Max Ernst. Angeregt von den Undergroundfilmen Kenneth Angers entstehen zwei Kurzfilme: *Salome* nach Oscar Wilde und *The Forbidden*. 1984 erschienen die Splatterpunk-«Books of Blood«. *Hellraiser*, sein erster Kinofilm, basierte auf seiner Novelle »The Hellbound Heart«. Weitere Filme: 1988: *Hellbound – Hellraiser II*; 1989: *Nightbreed (Cabal – Brut der Nacht*, Regie); 1992: *Candyman (Candyman's Fluch)*; 1998: *Gods and Monsters* (Co-executive Producer).

BARON BLOOD

(GLI ORRORI DEL CASTELLO DI NORIMBERGA). Italien 1972. **R:** *Mario Bava.* **B:** *Vincent Fotre.* **St:** *Vincent Fotre.* **K:** *Mario Bava.* **SpE:** *Franco Tocci.* **M:** *Stelvio Cipriani.* **D:** *Joseph Cotten (Baron Otto von Kleist), Elke Sommer (Eva Arnold), Massimo Girotti (Dr. Karl Hummel), Rada Rassimov (Christina Hoffmann), Antonio Cantafora (Peter Kleist), Umberto Raho (Inspektor), Luciano Pigozzi (Fritz), Dieter Tressler (Bürgermeister Dortmundt), Nicoletta Elmi (Gretchen Hummel), Valeria Sabel (Martha Hummel), Rolf Halwich. F 98 Min.*

Nachfahre eines üblen österreichischen Adeligen erweckt einen blutrünstigen Ahn mittels Zauberformel zu einem neuen Leben. Ins deutsche Kino hat es dieser Film nie geschafft, aber RTL war so freundlich, ihn auszugraben. – »Dieser Film adelt seine Hauptdarsteller nicht.« (TV-MOVIE)

BASKET CASE – DER UNHEIMLICHE ZWILLING

(BASKET CASE). USA 1982. **R:** *Frank Henenlotter.* **B:** *Frank Henenlotter.* **K:** *Bruce Torbet.* **M:** *Gus Russo.* **D:** *Kevin van Hentenryck (Duane Bradley), Terri Susan Smith (Sharon), Beverly Bonner (Casey), Lloyd Pace (Dr. Harold Needleman), Diana Browne (Dr. Judith Kutter), Robert Vogel (Hotelmanager), Bill Freeman (Dr. Julius Lifflander), Joe Clarke (Brian »Mickey« O'Donovan), Dorothy Strongin (Josephine), Ruth Neuman (Tante), Richard Pierce (Bradley), Kenny Ruff (Polizist). F 89 Min.*

Der junge Duane Bradley kommt nach New York und nimmt sich ein Zimmer in einer fünftklassigen Absteige. Bei sich hat er einen Weidenkorb, und in diesem sitzt ein abscheuliches Ungeheuer – sein Bruder Belial. Die beiden kamen als siamesische Zwillinge zur Welt und wurden im Alter von 14 Jahren operativ getrennt. Man hat Belial für tot gehalten, aber Duane hat ihn versteckt und für ihn gesorgt. Jetzt, nachdem sie ihren Vater umgebracht haben, sind sie nach New York gekommen, um sich an den Ärzten zu rächen, die sie getrennt haben. Ihr erstes Opfer ist Dr. Lifflander. Als Duane Dr. Needleman aufsucht, verknallt er sich in dessen Hilfe Sharon. Einem Dieb, der den Weidenkorb stiehlt, wird das Gesicht zerfetzt, als er ihn öffnet. Dann ist Dr. Needleman an der Reihe: Belial ist tödlich in seiner Rache, und er besteht fast nur aus Kopf, Klauen und Zähnen. Als er sieht, dass Duane und Sharon zärtlich werden, wird er eifersüchtig. Als ein heruntergekommener Säufer ihr Barvermögen stiehlt, bringt er ihn um. Und schließlich muss auch die Ärztin Dr. Kutter daran glauben: Belial erledigt sie mit einer Hand voller Skalpelle. Aber erst als das kleine Monster Sharon vergewaltigt, geht es für Duane einen Schritt zu weit: Es kommt zu einer Auseinandersetzung, in deren Verlauf die beiden ungleichen Brüder aus dem Fenster stürzen. Belial versucht Duane zu retten, aber ohne Erfolg. Beide fallen in den Tod.

Über Geschmack lässt sich bekanntlich streiten, über schlechten aber wohl kaum. Was in den USA und England in gewissen Kreisen ein großes – nicht mal immer negatives – Presseecho fand (Danny Peary sieht in *Basket Case* gar einen Kultfilm und widmet ihm in seinem Buch CULT MOVIES 2 ein Kapitel), ist in unseren Breitengraden lediglich eine Abscheulichkeit, aller »brüderlichen Liebe« zum Trotz. Die Kaltschnäuzigkeit, mit der das Publikum mit den grausigsten Morden konfrontiert wird, sucht wahrlich ihresgleichen, und die begeisterten Jubelrufe, mit der zahlreiche anglo-amerikanische Rezensenten diesen Ausbund an niederträchtiger Geschäftemacherei begrüßt haben (»Die Terror-Kult-Sensation des Jahres!«, FANGORIA), trägt nur zu der Erkenntnis bei, dass das Sein das Bewusstsein bestimmt (und natürlich umgekehrt). Aber was will man auch von einem Regisseur verlangen, der sein Werk ausdrücklich einem Mann namens Herschell Gordon Lewis widmet? – »Ein Horror-Streifen von rechtschaffener Scheußlichkeit, bei dem man sich schon früh entscheiden muss, ob man das Monster zum Ekeln oder zum Lachen finden soll. Was an gelegentlicher Spannung aufkommt, bleibt äußerlich und wird von den ständigen Bluttaten eher aufgehoben als verstärkt.« (Otto Kuhn, FILM-BEOBACHTER) – »Der Film ist wie *E.T.*, aber geschrieben und inszeniert von einem Psychopathen.« (Diane Haithman, DETROIT FREE PRESS)

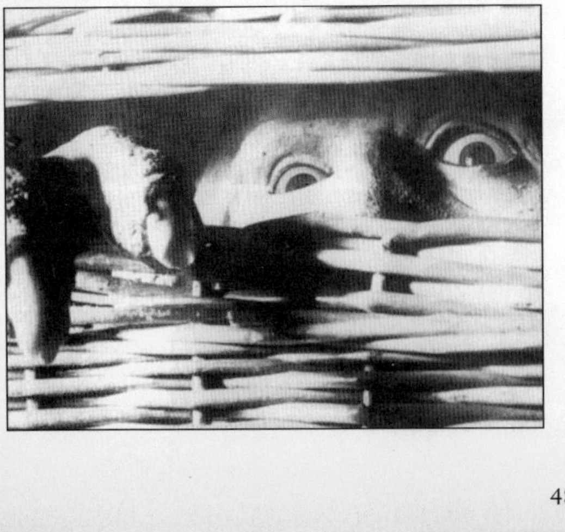

Basket Case – Der unheimliche Zwilling

BASKET CASE II

(BASKET CASE II). USA 1989. **R:** *Frank Henenlotter.* **B:** *Frank Henenlotter.* **K:** *Robert M. Baldwin jr.* **Ma:** *Gabe Bartalos.* **M:** *Joe Renzetti.* **D:** *Kevin van Hentenryck (Duane Bradley), Annie Ross (Granny Ruth), Kathryn Meisle (Marcie Elliott), Ted Sorel (Phil), Heather Rattray (Susan), Jason Evers (Lou), Matt Mitler (Artie). F 86 Min.*

Vorgeschichte: *Basket Case.* – Die siamesischen Zwillinge Duane und Belial überleben den Sturz aus dem Fenster ihres Hotelzimmers und schlüpfen bei »Oma« Ruth unter, in deren Haus sich allerlei missgestaltete Menschen tummeln. Die Journalistin Marcie, die der Unterschlupf aus beruflichen Gründen interessiert, fällt Duanes unterleiblosem Bruder ebenso zum Opfer wie ein Detektiv. Ein müder Nachzieher des ersten Teils. [V]

BASKET CASE III

(BASKET CASE III). USA 1991. **R:** *Frank Henenlotter* **B:** *Frank Henenlotter, Robert Martin.* **K:** *Bob Paone.* **SpE:** *Gabe Bartalos, David Kindlon.* **M:** *Joe Renzetti.* **D:** *Kevin Van Hentenryck (Duane), Annie Ross (Granny Ruth), Gil Roper (Sheriff), Dan Biggers (Onkel Hal), Jim O'Doherty (Little Hal), Jackson Faw (Bailey), Jim Grimshaw (Buster). F 90 Min.*

Vorgeschichte: *Basket Case* und *Basket Case II.* – Der Freak Belial erwartet Nachwuchs. Also fährt »Oma« Ruth mit seiner hochschwangeren Frau (die dem unförmigen Fleischklumpen aufs Haar gleicht), aufs Land zu Onkel Hal, der sich in medizinischen Dingen auskennt. Mit von der Partie sind eine Horde Freaks, die bei Oma hausen, und Duane, der sich von dem Nervenzusammenbruch in *Basket Case II* (er wollte sich seinen siamesischen Zwilling wieder annähen) leidlich erholt hat. Duane versteht nur nicht, warum Belial, der noch immer in seinem Korb haust, ihm böse ist. Und darum stiftet er, von der Zwangsjacke befreit, nur Unheil: Seine Dummheit hetzt allen die Polizei auf den Hals, die nichts Besseres zu tun hat, als mit Schrotflinten auf die friedlichen Freaks loszugehen. Belials Freundin wird getötet, sein Baby-Dutzend ins Polizeirevier verschleppt, damit die fröhliche Metzelei beginnen kann. – Regisseur und Drehbuchautor Henenlotters Maskenbildner haben sich Mühe gegeben, die Freaks abscheulich aussehen zu lassen, und auch sonst auf jede genetische Ekelszene noch einen draufzusetzen. Das tötet aber leider die schwachen parodistischen Ansätze, mit denen Henenlotter versucht, hinlänglich bekannte Genreklischees zu persiflieren. Es ist ganz witzig, wenn sich die angeblich brave Sheriffstochter Opal als Peitschendomina entpuppt, die Daddys Häftlinge in der Zelle drangsaliert. Doch allen vorgeblichen Bemühungen zum Trotz, anhand grober Übertreibungen für die Freaks und damit für Außenseiter zu werben, unterliegt der gesamten Handlung (wenn man sie als solche bezeichnen will) eine mehr als unterschwellige Perfidie. Wenn die Freaks eine Talkshow stürmen und verkünden, die Welt habe ab sofort mit ihnen zu rechnen, fragt sich der Zuschauer dann doch, ob sie nicht besser hinter dicken Mauern aufgehoben wären. *Basket Case III* schlägt mit seinen widerlichen Szenen viele Splatterfilme um Längen. Man braucht tatsächlich einen starken Magen.

BAT PEOPLE – DIE BLUTSAUGER

(BAT PEOPLE). USA 1974. **R:** *Jerry Jameson.* **B:** *Lou Shaw.* **K:** *Matthew Leonetti.* **M:** *Artie Kane.* **D:** *Stewart Moss (Dr. John Beck), Marianne McAndrew (Kathy Beck), Michael Pataki (Sgt. Ward), Paul Carr (Dr. Kipling), Arthur Space (Trunkenbold). F 90 Min.*

Bei einer Höhlenexpedition wird Dr. Beck, in Sachen Tollwutforschung unterwegs, von einer Fledermaus an der Stirn verletzt und verwandelt sich nach und nach in ein Monstrum mit Flughäuten, das nächtens, von finsterer Gier getrieben, ins Freie eilt und Opfer schlägt. Sergeant Ward, der ihn verdächtigt und ihm deswegen stur an den Fersen klebt, muss ins Gras beißen. Gattin Kathy hält zu ihrem Mann. Dutzendware. [V]

BATES MOTEL

(BATES MOTEL). USA 1987. **R:** *Richard Rothstein.* **B:** *Richard Rothstein.* **K:** *Bill Butler.* **M:** *Peter Robinson.* **D:** *Bud Cort (Alex), Lori Petty (Willie), Gregg Henry (Tom Fuller), Moses Gunn (Henry Watson), Khrystyne Haje (Freundin), Jason Bateman (Tony Scott), Kerrie Keane (Barbara Peters), Robert Picardo (Dr. Goodman), Andy Albin, Dolores Albin, Kelly Ames, Robert Axelrod, Nat Bernstein, Peter Dobson, Timothy Fall, Carmen Filpi, George Buck Flower, Pedro Gonzales-Gonzales, Paula Irvine, Chad Jones, Jack Ross Obney, Hardy Rawls. F 91 Min.*

TV-Film. Nach diversen Gruselabenteuern (Geister hindern eine Selbstmörderin daran, sich aus der Welt zu stehlen) gelingt es einem Mann, der 27 Jahre in einer Nervenklinik zugebracht hat, aus Bates' Motel (= *Psycho)* ein profitables Unternehmen zu machen. Pilotfilm einer nicht realisierten Fernsehserie.

BATS – FLIEGENDE TEUFEL

(BATS). USA 1999. **R:** *Louis Morneau.* **B:** *John Logan.* **K:** *George Mooradian.* **M:** *Graeme Revell.* **D:** *Lou Diamond Phillips (Sheriff Emmett Kimsey), Dina Meyer (Dr. Sheila Casper), Bob Gunton (Dr. Alexander McCabe), León (Jimmy Sands), Carlos Jacott (Dr. Tobe Hodge), David McConnell (Deputy Hunn). F 91 Min.*

Aus einer für gewöhnlich umgänglichen Fledermausart züchtet ein Wissenschaftler eine Killermeute, die Menschenfleisch favorisiert. Eine junge Fledermauswissenschaftlerin (Batiologin?) muss ihre Ausbreitung über die gesamten USA stoppen. [V]

BAVA, MARIO

(1914–1980). Sohn eines specialeffects-kundigen Stummfilm-Alchimisten. Kameraassistent, Operateur, Director of Photography in italienischen Studios. Arbeitete mit Regisseuren wie Roberto Rossellini, Steno und Mario Monicelli, mit Pietro Francisci, dem Regisseur der ersten Herkules-Filme mit Steve Reeves, sowie Riccardo Freda, für den er *I Vampiri (Der Vampir von Notre-Dame)* und *Caltiki, Il Mostro Immortale (Caltiki, Rätsel des Grauens)* fotografierte. 1960 offizielles Regiedebüt mit *La Maschera del Demonio (Die Stunde, wenn Dracula kommt)*, eine inzestuös-morbide Doppelgängergeschichte sehr frei nach Gogols »Der Wij«: Barbara Steele spielte die von der russischen Inquisition als

Hexe hingerichtete Asa, die – zweihundert Jahre später zu neuem Leben erweckt – das Blut ihrer Nachfahrin Katja *(Steele again)* begehrt. In *Ercole al Centro della Terra (Vampire gegen Herakles;* 1961) verband er das Genre des Sandalen-, *in Terrore Nello Spazio (Planet der Vampire;* 1965), einem Vorläufer von *Alien,* das des Science-Fiction-Films mit Vampirsujets. 1963: *I Tre Volti della Paura (Die drei Gesichter der Furcht)* mit Boris Karloff; *La Frusta e il Corpo (Der Dämon und die Jungfrau);* 1966: *Operazione Paura (Die toten Augen des Dr. Dracula);* 1972: *Gli Orrori del Castello di Norimberga (Baron Blood).* 1979 fungierte er bei Dario Argentos *Inferno (Horror Infernal)* noch als Berater für Spezialeffekte. Vater des gleichfalls genrebeschlagenen Lamberto Bava.

BEAST – DER SCHRECKEN DER TIEFE

(THE BEAST). USA 1996. **R:** *Jeff Bleckner.* **B:** *J. B. White.* **V:** *Peter Benchley.* **K:** *Geoff Burton.* **M:** *Don Davis.* **D:** *William L. Petersen (Whip Dalton), Karen Sillas (Lt. Kathryn Marcus), Charles Martin Smith (Schuyler Graves), Ronald Guttman (Dr. Herbert Talley), Missy Crider (Dana Dalton), Sterling Macer jr. (Mike Nowcombe), Denis Arndt (Osborne Manning), Adrienne-Joi Johnson (Nell Newcombe), Larry Drake (Lucas Coven), Murray Bartlett (Christopher Lane), Laura Vasquez (Hadley), Robert Mammone (Raines), David Webb (Jameson), Marshall Napier (Commander Wallingford), Les Hill (Spike), Andrew Hill (Chowder), David Field (Scranton). F 83 Min.*

Vor der Küste des Fischerdörfchens Graves (!) Point treibt ein blutrünstiger Tintenfisch sein Unwesen. Nach *Der weiße Hai* (USA 1974, Regie: Steven Spielberg) wollte Bestsellerautor Peter Benchley es wohl wissen: Krieg ich die Leute noch mal dazu, mir 'ne Fischgeschichte abzukaufen?

BEAST YOU

(BITCHIN' SORORITY BABES IN THE SLIMEBALL BOWL-O-RAMA/THE IMP). USA 1987. **R:** *David DeCoteau.* **B:** *Sergei Hasenecz.* **K:** *Stephen Ashley Blake.* **M:** *Guy Moon.* **D:** *Linnea Quigley (Spider), Brinke Stevens (Taffy), Robin Rochelle (Babs), Andreas Jones (Calvin), Michelle McClellan (Lisa). F 78 (76) Min.*

Um in eine Studentenverbindung (amerikanischer Machart) aufgenommen zu werden, müssen diverse Pappnasen ein Ding drehen: Beim Einbruch in eine Bowlingbahn erbeuten sie eine Trophäe, die einen Geist freisetzt. Er gewährt ihnen einige Wünsche, die sich alsbald gegen sie selbst richten. »Die Handlung wird stereotyp abgespult, und die Zeichnung der US-Jugend ist dabei wieder mal sehr treffend. Die Teenies sind sexgierig und dumm wie Stulle.« (Frank Trebbin, DIE ANGST SITZT NEBEN DIR) [V]

BEGIERDE

(THE HUNGER). USA 1982. **R:** *Tony Scott.* **B:** *Ivan Davis, Michael Thomas.* **V:** *»Der Kuss des Todes« von Whitley Strieber.* **K:** *Stephen Goldblatt.* **M:** *Michel Rubin, Denny Jaeger.* **D:** *Catherine Deneuve (Miriam), David Bowie (John), Susan Sarandon (Dr. Sarah Roberts), Cliff de Young (Tom Haven), Beth Ehlers (Alice Cavender), Rufus Collins (Charlie Humphries), Dan Hedaya (Allegrezza). F 98 Min.*

Miriam und John sind ein seltsames Paar: Sie ist mehrere Tausend Jahre alt, ein ägyptischer Vampir, er ist ein gut aussehender britischer Aristokrat – auch wenn er schon zweihundert Jahre auf dem Buckel hat. Miriam lässt nämlich ihren jeweiligen Geliebten an ihrer Lebensenergie teilhaben. Ernähren tun sich die beiden vom Blut junger Schönheiten, die sie in ihren New Yorker Palazzo entführen. Als John sein Ende nahen fühlt, soll die Gerontologie-Forscherin Susan ihn retten. Während er rapide altert, wird die Ärztin jedoch zur Geliebten seiner Geliebten und übernimmt schlussendlich auch deren Rolle. Am Ende kommt es zu einem Aufstand der Ex-Geliebten Miriams, die sie in Särgen auf ihrem Dachboden aufbewahrt. – »Der englische Regisseur Tony Scott setzt in seinem Spielfilm-Debüt fort, womit er früher sein Geld verdiente. Scott hat hauptsächlich Werbespots gedreht, und nun verteilt er gehackte Commercial-Bilder auf die längere Distanz. Die Sorgfalt, die er aufs Arrangieren von Farben und Formen verwendete, ließ ihm offenbar jeden Gedanken an seine Horror-Geschichte abhanden kommen. Was bleibt, ist schick, leer und sterbenslangweilig.« (Arnd Schirmer, DER SPIEGEL). – »Eine gedehnte, umständlich erzählte Geschichte, in ein die Umrisse verwischendes Gegenlicht getaucht und von wallenden weißen Tüchern unaufhörlich durchweht. Der dekorative Ästhetizismus der Inszenierung entpuppt sich da schlicht als Kitsch.« (vis, FRANKFURTER RUNDSCHAU) [V]

BEI ANRUF MORD

(DIAL M FOR MURDER). USA 1954. **R:** *Alfred Hitchcock.* **B:** *Frederick Knott.* **V:** *»Dial M For Murder« (1953) von Frederick Knott.* **K:** *Robert Burks.* **M:** *Dimitri Tiomkin.* **D:** *Ray Milland (Tony Wendice), Grace Kelly (Margot Wendice), Robert Cummings (Mark Halliday), John Williams (Chefinspektor Hubbard), Anthony Dawson (Captain Swan Lesgate), Leo Britt (Sprecher), Patrick Allen (Pearson), George Leigh (William), George Alderson (Detektiv), Robin Hughes (Sergeant), Martin Milner (Polizist). F (3 D) 105 Min.*

Tony Wendice, ein Ex-Tennis-Crack, will seine wohlhabende Frau Margot umbringen, da sie sich zu dem Schriftsteller Mark Halliday hingezogen fühlt. Um sie beerben zu können, bevor sie sich von ihm scheiden lässt, erpresst Tony seinen in Schwierigkeiten steckenden Bekannten Lesgate, der den Mord ausführen soll. Während Tony sich ein hieb- und stichfestes Alibi bastelt (er besucht zusammen mit Halliday einen Herrenabend), schleicht Lesgate sich in das Haus ein, in dem Margot allein ist. Um 23.00 Uhr klingelt wie geplant Margots Telefon. Am Apparat ist Tony, der Lesgate so ein Zeichen gibt, die Tat auszuführen. Als Lesgate Margot erwürgen will, bekommt diese zufällig eine herumliegende Schere in die Hand. Mit letzter Kraft und voller Verzweiflung stößt sie sie dem Meuchler in den Rücken. Nun, da Tonys Plan geplatzt ist, stellt er Margots Notwehrhandlung als geplanten Mord hin: Lesgate habe von ihrem Verhältnis zu Halliday gewusst. Außerdem gibt es noch andere (von Tony arrangierte) »Beweise« ihrer ehelichen Untreue. Die Indizien reichen aus, um Margot wegen Mordes anzuklagen, aber Halliday und Inspektor Hubbard (dem Tonys übereifrige Kooperationsbereitschaft nicht ganz geheuer ist) stellen dem Drahtzieher eine Falle. – *Bei Anruf Mord* ist zwar kein Horrorfilm im klassischen Sinne, enthält aber mehrere Minuten einer dermaßen entnervenden Spannung, dass sich beim Zuschauer spontan die Gänsehaut einstellt. Die Szene, in der Grace Kelly den Telefonhörer abnimmt und der verzweifelte Lesgate hinter ihr auf eine günstige Gelegenheit wartet, um ihr an die Kehle zu fahren, weist einen *suspense* auf, der einem Großteil der von vornherein auf Shock & Thrill angelegten Schauerdramen völlig das Wasser abgräbt. Alfred Hitchcock hat, so scheint's, von diesem Film jedoch nicht sonderlich viel gehalten: Es war eine reine Auftragsarbeit, die er aus vertraglichen Gründen realisieren musste. *Bei Anruf Mord,* nach einem erfolgreichen Broadway-Stück gedreht, wurde in nur 36 Tagen und fast ohne Außenaufnahmen fertig gestellt. [V]

BEI VOLLMOND MORD

(LYCANTHROPUS). Italien 1961. **R:** *Richard Benson.* **B:** *Julian Berry.* **K:** *George Patrick.* **M:** *Francis Berman.* **D:** *Barbara Lass (Margaret), Carl Schell (Julian Olcott), Curt Lowens (Swift), Maurice Marsac (Alfred Whitman), Maureen O'Connor (Leonore McDonald), Anni Steinert (Sheena Whitman), Mary Neeran (Mary Smith), Grace Neame (Sandy), Alan Collins (Walter). SW 82 Min.*

Eine Besserungsanstalt für schwer erziehbare Mädchen, irgendwo in Schottland. Ein Werwolf geht um. In Verdacht gerät zunächst der neue Schullehrer, Julian Olcott. Als dieser jedoch bemerkt, dass sämtliche Hunde panische Angst vor Mr. Swift, dem Schuldirektor, haben, lässt er ihn nicht mehr aus den Augen. Als der geheimnisvolle Werwolf die hübsche Brunhilde anfällt, ist Olcott zur Stelle und bringt ihn mit drei Silberkugeln zur Strecke. – Ein echter Stinker!

BEISS MICH, LIEBLING

BRD 1970. **R:** *Helmut Förnbacher.* **B:** *Martin Roda Becher, Helmut Förnbacher, W. H. Riedl.* **K:** *Igor Luther.* **M:** *Charly Nissen.* **D:** *Eva Renzi (Sabrina*

Bei Anruf Mord

von der Wies), Patrick Jordan (Hartlieb von der Wies), Amadeus August (Peter Busch), Brigitte Skay (Dr. Stein), Ralf Wolter (Christian Wagner), Frederick Pressel (Priester), Herbert Fux (Engelmann), Barbara Valentin (Rosi), Wera Frydtberg (Frau Brenner), Hansi Linder (Christine), Rainer Basedow (Totengräber), Dieter Augustin (Verkäufer), Toni Treutler (Witwe Noelte), Gudrun Herms (Bernadette), Franz Esser (Brenner), Folker Bohnet, Toni Netzle, Peter W. Engelmeier. F 85 Min.

Vampirischer Lebens- und Sexualberater, dessen Klientel hauptsächlich so genannte Grüne Witwen sind, bangt um den Bestand seiner Praxis, als der gut aussehende Postbote Peter Busch (zufällig auch Gatte seiner Nichte) die Probleme dieser Damen auf seine Weise löst. Ein Giftanschlag auf den agilen Postboten schlägt fehl und trifft ihn selbst. Der Vampir »stirbt«, aber es sieht so aus, als hätte Herr Busch nicht nur seine Praxis geerbt. – »Wie schnell doch Jungregisseure für Opas Kino heranaltern.« (FILMDIENST)

BEN

(BEN). USA 1971. **R:** *Phil Karlson.* **B:** *Gilbert A. Ralston.* **K:** *Russell Metty.* **SpE:** *Bud David.* **M:** *Walter Scharf.* **D:** *Lee Harcourt Montgomery (Danny Garrison). Joseph Campanella (Cliff Kirtland), Meredith Baxter Birney (Eve Garrison), Arthur O'Connell (Billy Hatfield), Rosemary Murphy (Beth Garrison), Kaz Garas (Joe Greer), Paul Carr (Kelly), Kenneth Tobey (Techniker), James Luisi (Ed), Richard van Vleet (Reade), Lee Paul (Carney), Arlen Stuart (Mrs. Gray), Scott Garrett (Henry Gray), Richard Drasin (George), Norman Alden (Polizist). F 92 Min.*

Vorgeschichte: *Willard.* – Ein viertausendköpfiges Rattenheer terrorisiert unter der Führung des mutierten Rattenmännchens Ben einen Vorort von Los Angeles. Ben ist zudem mit dem herzkranken Jungen Danny »befreundet«, der seine vierbeinigen Kumpels in einem anderen Licht sieht als die kreischenden Hausfrauen, denen sie über den Weg laufen: Er lässt sie sogar in seiner elektrischen Eisenbahn fahren. Als den Bewohnern der Stadt die Rattenplage zu sehr auf die Nerven geht, stellt man einen Vernichtungstrupp auf die Beine, der mit Flammenwerfern ins Abwassersystem einsteigt. Am Ende überlebt der kluge Ben das Gemetzel als Einziger. Er schleicht sich zu Danny, der ihn wieder gesund pflegt – wahrscheinlich um einer Fortsetzung willen, die aber dann doch nie in die Kinos kam. – »Die Leitratte Ben erträgt all diesen menschlichen Unfug mit geduldig schnupperndem Näschen und toleriert sogar die Zuneigung eines dämlichen kleinen Jungen.« (Ed Naha, HORRORS FROM SCREEN TO SCREAM)

BERSERKER

(BERSERKER – THE NORDIC CURSE). USA 1988. **R:** *Jeff Richard.* **B:** *Jeff Richard.* **K:** *Henning Schellerup.* **M:** *Chuck Francour, Gary Griffin.* **D:** *Joseph Alan Johnson (Mike), Valerie Sheldon (Kathy), Greg Dawson (Josh), Beth Toussaint (Shelly), George Buck Flower (Pappa Nyquist). F 81 Min.*

Geile Teenies campen in einem abgelegenen Tal, in dem vor Jahrhunderten Wikinger heimisch waren. Ein reinkarnierter Berserker, der sich hinter einer Bärenmaske versteckt, macht sich über sie her und bringt sie der Reihe nach zur Strecke, bis ein echter Petz und der Sheriff ihm seine Grenzen zeigen. Zwischendurch sieht man einige Titten, simulierten Geschlechtsverkehr und die üblichen Schwachsinnsszenen, in denen doofe Drehbuch-Charaktere in dunkler Nacht kilometerweit durch den Busch strolchen, weil sie mal Pipi müssen – und dem bösen Unmenschen Gelegenheit geben, sie zu killen. Eine Horror-Geschichte mit hohem Langeweile-Faktor und einem Plot, den zu repetieren man sich kaum noch traut. [V]

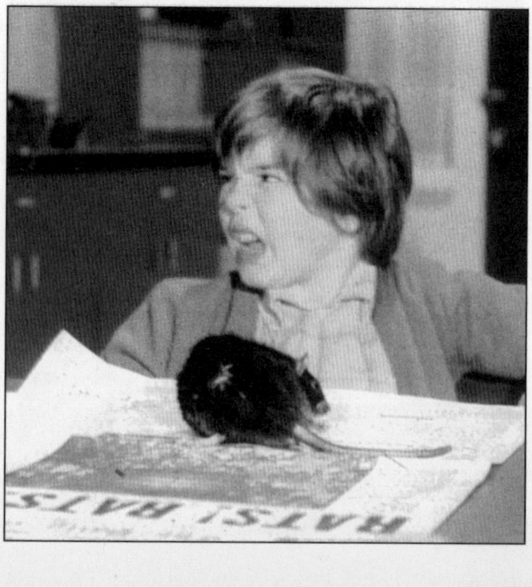

Ben

BERÜCHTIGT

(NOTORIUS). USA 1946. **R:** *Alfred Hitchcock.* **B:** *Ben Hecht.* **St:** *Alfred Hitchcock.* **K:** *Ted Tezlaff.* **M:** *Roy Webb.* **D:** *Ingrid Bergman (Alicia Huberman), Cary Grant (Devlin), Claude Rains (Alexander Sebastian), Leopoldine Konstantin (Mrs. Sebastian), Louis Calhern (Paul Prescott), Reinhold Schünzel (Dr. Anderson), Moroni Olsen (Walter Beardsley), Ivan Triesault (Eric Mathis), Alex Minotis (Joseph), Wally Brown (Hopkins), Gavin Gordon (Ernest Weylin), Sir Charles Mendl (Commodore), Ricardo Costa (Dr. Barbosa), Fay Baker (Ethel), Eberhardt Krumschmidt (Hupka). SW 102 Min.*

Nach Kriegsende wandert ein Nazispion hinter Zuchthausmauern. Seine Tochter Alicia will den unerfreulichen Prozess vergessen. Sie gibt eine Party, auf der ein ungebetener Gast erscheint. Der Regierungsagent Devlin schlägt ihr schon bald eine heikle Mission vor. Obwohl sie von Spitzeleien nichts mehr hören will, willigt sie ein. Devlin soll in Rio de Janeiro ein Agentennetz ehemaliger Nazis ausheben, das zu Alicias Vater Kontakt unterhielt. Zu diesem Zweck soll Alicia Verbindung zu Alexander Sebastian aufnehmen, dessen großes Haus Anlaufstelle flüchtiger Naziagenten in Südamerika ist. Da sie Sebastian von früher her kennt, fällt es ihr nicht schwer, Zutritt zu der Villa zu bekommen. Sie wird von Sebastian mit offenen Armen empfangen, und schon bald macht er ihr einen Heiratsantrag. Alicia könnte ablehnen, zumal sie sich in Devlin verliebt hat. Doch sie akzeptiert den Antrag, um Devlin aus der Reserve zu locken – in der Hoffnung, er würde sie daran hindern. Die Hoffnung trügt, und Alicia wird die Hausherrin, sehr zum Ärger ihrer Furcht erregenden Schwiegermutter. Bei einem Empfang, den Sebastian zu Ehren seiner jungen Frau gibt, kann Alicia Devlin mit Hilfe eines Schlüssels, den sie im Auftrag der Amerikaner ihrem Mann entwenden sollte, in den geheimnisvollen Keller des Hauses führen. Sie finden in Weinflaschen verstecktes Uran. Sebastian überrascht die beiden im Keller. Alicia und Devlin spielen ihm eine Liebesszene von, doch Sebastian lässt sich nicht täuschen. Er erkennt, dass er eine amerikanische Spionin geheiratet hat. Er muss sie beseitigen, ohne dass es den im Haus verkehrenden Nazi-Agenten auffällt. Mit Hilfe seiner Mutter beginnt er, Alicia langsam und unauffällig zu vergiften. Devlin hört lange nichts mehr von Alicia. Seine Unruhe wächst. Dann entschließt er sich zu handeln. Er dringt in das Haus ein, findet die dahinsiechende Alicia im Bett. Er gesteht ihr seine Liebe und führt sie vor den Augen Sebastians aus dem Haus. Der muss ohnmächtig zuschauen, weil er vor den anderen Agenten nichts sagen oder tun kann. Doch sie werden sich ihr Teil denken können und Rechenschaft von ihm verlangen.

Als der Film 1951 in die deutschen Kinos kam, war der Gedanke, Südamerika sei zwischenzeitlich zum Sammelbecken ehemaliger Nazi-Größen und -Agenten geworden, für deutsche Verleiher unfassbar. Sie ließen durch plumpe Synchronisationsakrobatik aus den Nazi-Schergen kosmopolitische Rauschgifthändler machen – daher der ursprünglische Titel *Weißes Gift*. Dass dabei die Spannungsinhalte der Dreierbeziehung völlig abhanden kamen, versteht sich von selbst. Erst die Fernsehfassung (1969) wurde Hitchcocks Original gerecht: »Die Geschichte von *Notorius* ist der alte Konflikt zwischen Liebe und Pflicht. Cary Grants Aufgabe ist es, Ingrid Bergman zu Claude Rains ins Bett zu treiben. Wirklich eine Situation voller Ironie, und Cary Grant ist dann auch die ganze Geschichte hindurch von Bitterkeit erfüllt. Claude Rains ist sympathisch, er ist ein Opfer seines Vertrauens geworden, und er liebt auch Ingrid Berg-

Berüchtigt

man, tiefer als Cary Grant es tut. Eine ganze Folge von Elementen psychologischer Dramatik, übertragen in eine Agentengeschichte.« (Alfred Hitchcock in François Truffaut, MR. HITCHCOCK, WIE HABEN SIE DAS GEMACHT?)

BESCHWÖRUNG

(THE HOUSE OF THE SEVEN CORPSES). USA 1974. **R:** *Paul Harrison.* **B:** *Paul Harrison, Thomas J. Kelly.* **K:** *Don Jones.* **M:** *N.N.* **D:** *John Ireland (Eric Hartmann), John Carradine (Price), Faith Domergue (Gayle), Charles Macauley (Christopher), Carole Wells (Anne), Jerry Strickler (Dave), Larry Record (Tommy), Ron Foreman (Ron), Marty Hornstein (Danny), Charles Bail (J. A. Beal/Theodore Beal), Jeff Alexander (Russell Beal), Jo Anne Mower (Alison Beal), Lucy Doheny (Suzanne Beal), Ron Garcia (Charles Beal), Wells Bond (Ghoul). F 90 Min.*

Eine Gruppe von Filmemachern fällt in einem Haus des Schreckens teuflischen Mächten zum Opfer. Mit Schlusspointe. [V]

DIE BESCHWÖRUNG DES TEUFELS

Anderer Titel für DIE REBELLION DER LEBENDEN LEICHEN

BESESSEN

(DERANGED). Kanada/USA 1974. **R:** *Bob Clark, Jeff Gillen, Alan Ormsby.* **B:** *Alan Ormsby.* **K:** *Jack McGowan.* **M:** *Carl Zittrer.* **D:** *Roberts Blossom (Ezra Cobb), Cosette Lee (Ma Cobb), Leslie Carlson (Tom Sims), Robert Warner (Harlon Kootz), Marcia Diamond (Jenny Kootz), Brian Smeagle (Brad Kootz), Arlene Gillen (Miss Johnson), Robert McHeady (Sheriff), Marian Waldman (Maureen Selby), Jack Mather (Trunkenbold), Micki Moore (Mary), Pat Orr (Sally). F 78 Min.*

Depperter Bauernsohn, von der Mami stets vor den bösen und habgierigen Weibern gewarnt, ist nach deren Tod dermaßen auf sich allein gestellt, dass er ihre Leiche raubt, sie präpariert und ihr »Gesellschaft« vom Friedhof und anderswo besorgt. – Halbdokumentarischer Film über den Massenmörder Ed Gein aus Wisconsin, der in den fünfziger Jahren für viele Schlagzeilen sorgte. Geins Lebensgeschichte wurde auch in den Filmen *Psycho* (USA 1960; Regie: Alfred Hitchcock) und *Henry* (USA 1986, Regie: John McNaughton) aufgearbeitet.

BESESSEN

(THE POSSESSED). USA 1977. **R:** *Jerry Thorpe.* **B:** *John S. Young.* **K:** *Charles G. Arnold.* **M:** *Leonard Rosenman.* **D:** *James Farentino (Kevin Leahy), Joan Hackett (Louise Gelson), Claudette Nevins (Ellen Sumner), Eugene Roche (Sgt. Taplinger), Harrison Ford (Paul Winjam), Ann Dusenberry (Weezie Sumner), Diana Scarwid (Lane), P. J. Soles (Marty), Dinah Manoff (Celia), Carol Jones (Alex), Ethelinn Block (Barry), James R. Parkes, Susan Walden, Catherine Cunneff. F 90 Min.*

TV-Film. Zweifelnder Gottesmann erhält Chance zum zweiten Leben, um das Böse zu bekämpfen, das er in einem amerikanischen Mädcheninternat auch aufspürt.

BESESSEN

(BESAT). Dänemark/Norwegen 1999. **R:** *Anders Rønnow-Klarlund.* **B:** *Anders Rønnow-Klarlund.* **K:** *Eigil Bryld.* **SpE:** *Lars Andersen, Flemming Mundt.* **M:** *Martin Rönnow-Klarlund.* **D:** *Ole Lemmeke (Dr. Sören), Kirsti Eline Torhaug (Sarah), Udo Kier (Vincent Monreau), Ole Ernst (Bentsson), Niels Anders Thorn (Jensen), Jesper Langberg (Lyntfeltd), Marlene Christian (Lotte), Preben Friis (Tom), Nikolaj Lie Kaas (Morten), Claus Flygare (Laege), Claus Strandberg (Iversen), Iben Hjejle (Berit), Michelle Björn-Andersen (Merete), Cristina Deleanu (Ärztin). F 92 Min.*

Dänische Satansfabel mit einem Schuss Lars van Trier *[Geister]:* Ein unbekannter Flugpassagier aus Rumänien, der tot im Airport-Parkhaus aufgefunden wird, so glaubt der Virologe Sören, hat eine Ebola-ähnliche Krankheit eingeschleppt. Sein Chef lässt die Leiche nach einer unergiebigen Blutprobe nach Rumänien zurückschicken. Da der Leichnam voller mysteriöser Bisswunden ist und aus Rumänien ein ähnlicher Fall gemeldet wird (dort musste ein Junge dran glauben), macht Sören sich auf in die Kälte, um zu ermitteln. Bukarest ist aber nicht nur ein kalter Ort, wie wir wissen, sondern auch finster und unheimlich, und die Menschen dort geben nicht gern Auskunft. Der Leichnam ist, wie sich erweist, längst verbrannt; die Leiche des ebenfalls verstorbenen Jungen will dessen Vater nicht freigeben. Da jedoch auch der Junge merkwürdige Bisswunden hatte, wie Fotos zeigen, gräbt Sören ihn in dunkler Nacht aus und entnimmt ihm Rückenmark. In Kopenhagen zeigt sich, dass es nicht von einem Menschen, sondern von einem Tier stammt (666 – Die Zahl des Tiers –

gerafft?). Der aus uns nicht bekannten Gründen von der Polizei gesuchte deutsche Priester Vincent Monreau (in Wahrheit ein Astrologe, der die Geburt des Antichristen prophezeit) klärt Sören auf: Satan hat vor kurzem eine Wiedergeburt erlebt, treibt sich in menschlicher Gestalt auf Erden rum und wechselt – die Gründe erfahrt ihr später – alle naselang den Körper, wobei er (aus Gründen, die uns ebenfalls nicht erläutert werden) stets einen Stromausfall verursacht. Jetzt kommt's: Nur Hunde können Satan wittern – deswegen waren die Toten auch immer *angebissen*. Deswegen rastet auch eine angebundene Bulldogge aus, als sie Sörens Freundin Sarah erblickt. »Er muss brennen«, ist das Letzte, was Monreau dem wackeren Doktor sagen kann: Bald zeigt das Böse sein Gesicht, und der Virologe muss seine Geliebte mit Flammen töten. – Die Vorstellung, dass Luzifer die Welt beherrschen könnte, wenn der beste Freund des Menschen nicht wäre, ist in etwa so witzig (doch nicht witzig gemeint) wie die Mär vom Vampir, der keine Wasseradern überqueren kann, ohne in Flammen aufzugehen. In heutiger Zeit, so scheint's, haben Satansbraten es nicht leicht.

BESESSEN BIS ZUM TOD

(SOULMATES). Australien 1992. **R:** *Thunder Levin.* **B:** *James Hankins, Adam Winston, Matt Devlen.* **D:** *Tristan Rogers (Richard Wayborn), Leslie Sachs (Rachels Stimme), Arabella Holzbog (Sara Foster), Paul Bartel (Professor), Sonja Curtis (Jill), David Presko (Off, Jack Kenyon), Griffin O'Neal (Brian). F 100 Min.*

Horror-Autor erweckt seine verstorbene Frau für kurze Zeit zum Leben, indem er junge Mädchen tötet und deren Körper der Seele seiner Angetrauten zur Verfügung stellt. Klingt wie die Synopsis eines Monodram-Films mit Bela Lugosi. – Derlei läuft bei uns natürlich nur auf RTL, dem Sender für Schwachköpfe.

BESESSEN VON DÄMONEN

(GHOSTS THAT STILL WALK). USA 1977. **R:** *James T. Flocker.* **B:** *James T. Flocker.* **K:** *Holger Kasper.* **M:** *Ronald Stein.* **D:** *Ann Nelson (Alice Douglas), Matt Boston (Mark Douglas), Jerry Jensen (Harold Douglas), Caroline Howe (Ruth Douglas), Rita Crafts (Dr. Wills), Lee James (Dr. Philip Stamely), David Kane (Techniker), Janice Ramey (Radiologin), Phil Catalli (Fremdenführer). F 95 Min.*

TV-Film. Mark, der Neffe von Alice Douglas, wird von einer geheimnisvollen Macht beherrscht. Die Parapsychologin Dr. Sills stellt bei einer hypnotischen Behandlung fest, dass die Ursache seiner Krankheit in der Vergangenheit der Familie liegt. Seine Mama, Archäologin, hat die Mumie eines bösen indianischen Zauberers in einer Höhle entdeckt, mit nach Hause genommen und beschworen. Seither beeinflusst die Mumie Oma und Opa, die mit einem Wohnmobil durch die Wüste fahren, von rollenden Steinen angegriffen werden und anschließend das Gedächtnis verlieren. Ein wirrer, unergiebiger Geisterfilm. AIDT

DIE BESTIE AUS DEM TOTENREICH

Anderer Titel für DER TOTENCHOR DER KNOCHENMÄNNER

BESTIE IN SCHWARZ

(BLACKOUT). USA 1985. **R:** *Douglas Hickox.* **B:** *David Ambrose.* **St:** *David Ambrose.* **K:** *Tak Fujimoto.* **M:** *Laurence Rosenthal.* **D:** *Keith Carradine (Allen Devlin/Ed Vinson), Kathleen Quinlain (Chris Graham), Richard Widmark (Joe Steiner), Michael Beck (Mike Patterson), John Davey (Paul Drake), Martina Deignan (Pauline), Gerald Hiken (Theo Grant), Don Hood (Phil Murphy), Kenneth Kimmins (Dr. Kay), Pierre Lamille (Paul), Lawrence Lott (Dr. Van Buren), Don McKay (Zahnarzt), Walter Marsh (Dr. Sidney), Jason Michas (Mark), Sheila Moore (Dr. Alcott). F 100 Min.*

TV-Film. Psycho-Thriller. Mit einer S/M-Maske verkleideter Schlitzer schlachtet die Familie Edward Vinsons ab. Der Polizist Steiner, der den Fall aufklären soll, verdächtigt den überlebenden Familienvater, den er für geistesgestört hält, doch seine Ermittlungen verlaufen im Sande. Jahre später, Steiner ist pensioniert, ergibt sich eine neue Spur: Es gibt einen Mann in Ohio, der dem verdächtigen Vinson sehr ähnlich sieht ...

DIE BESTIE MIT DEM SKALPELL

(CORRUPTION). GB 1967. **R:** *Robert Hartford-Davis.* **B:** *Donald Ford, Derek Ford.* **K:** *Peter Newbrook.* **M:** *Bill McGuffie.* **D:** *Peter Cushing (Sir John Rowan), Sue Lloyd (Lynn Nolan), David Lodge (Groper), Anthony Booth (Mike Orme), Noel Trevarthen (Steve Harris), Kate O'Mara (Val Nolan), Wendy Varnals (Terry), Billy Murray (Rik), Vanessa Howard (Kate), Jan Waters (Mädchen), Philip Ma-*

nikum (Georgie), Alexandra Dane (Sandy), Valerie van Ost (Mädchen im Zug), Diana Ashley (Claire), Victor Baring, Shirley Stelfox. F 91 Min.

Der bekannte Chirurg Sir John Rowan will das Fotomodell Lynn Nolan heiraten. Als sie an einer Studioparty teilnehmen, erweckt die attraktive Lynn das Interesse des Fotografen Orme. Zwischen Rowan und Orme kommt es zu einer Auseinandersetzung, wobei ein Studioscheinwerfer umkippt und Lynn böse das Gesicht verbrennt. Rowan nimmt eine Hauttransplantation vor. Die Haut beschafft er sich von einer Leiche. Lynn ist wieder wie neu, aber das Glück ist nur von kurzer Dauer. Rowan sieht ein, dass er die Haut von Menschen braucht, die noch nicht allzu lange tot sind. Er wird zum Killer und bringt mehrere Frauen um. Als er sich an die halbwüchsige Terry heranmacht, gerät er an die Falsche. Sie ist mit einer Halbstarkenbande befreundet, die in Rowans Haus eindringt. Rowans Hautoperationsinstrument – ein Laserstrahlgerät – gerät außer Kontrolle und richtet unter sämtlichen Akteuren ein Blutbad an. Und dann wacht Sir John aus einem Albtraum auf und schickt sich erleichtert an, auf eine Studioparty zu gehen, wo er sich mit seiner Verlobten Lynn Nolan treffen will. Alsbald kommt es zu einem Handgemenge ... – »Ein redlicher Horrorfilm ... der jedoch an einem schwachen Drehbuch und der oftmals schlampigen Regie leidet. Zwei Hauptfehler machen aus ihm weniger, als er sein konnte: erstens der von Sue Lloyd verkörperte Charakter, der nicht weiß, ob er nun von sich aus egoistisch oder nur aufgrund des Unfalls so niederträchtig geworden ist, und zweitens die ungeschickte Verwandlung des berühmten Chirurgen in einen Mörder. Das Resultat: Man empfindet für beide Figuren nie echte Sympathie ... Als Cushing beispielsweise entdeckt, dass er lebendige Opfer braucht, hat man den Eindruck, er ginge hinaus, um sich eine Scheibe Brot abzuschneiden.« (VARIETY) – »Formal hebt sich der Film durch eine gute Kameraführung von sonstigen Gruselstreifen ab. Das soll nun aber nicht Lob bedeuten. Es macht den Film erst recht bedenklich, weil er ... nicht mehr im Bereich der bei aller Abartigkeit doch märchenhaften Horror-Unterhaltung bleibt.« (Lbv., FILMBEOBACHTER)

Die Bestie mit den fünf Fingern

DIE BESTIE MIT DEN FÜNF FINGERN

(THE BEAST WITH FIVE FINGERS). USA 1946. **R:** *Robert Florey.* **B:** *Curt Siodmak.* **V:** *»Die Bestie mit den fünf Fingern« von W. Fryer Harvey.* **K:** *Wesley Anderson.* **SpE:** *William McGann, Hans F. Koenekamp.* **M:** *Max Steiner.* **D:** *Peter Lorre (Hilary Cummins), Robert Alda (Conrad Ryler), Andrea King (Julie Holden), J. Carrol Naish (Ovidio Castanio), Victor Francen (Francis Ingram), Belle Mitchell (Savanna), Charles Dingle (Raymond Arlington), Pedro de Cordoba. SW 80 Min.*

Zeit: Ende des 19. Jahrhunderts. Ort: Das italienische Dorf San Stefano. Der junge Amerikaner Bruce Conrad neppt Touristen mit gefälschten Antiquitäten. Er verkehrt im Hause des ehemaligen Pianisten Ingram, der, an Beinen und rechtem Arm gelähmt, nur noch mit der linken Hand spielen kann. Weitere Hausbewohner sind die hübsche Krankenschwester Julie, in die Bruce verknallt ist, und Ingrams Privatsekretär Hilary, der in der reichhaltigen Bibliothek okkulte Studien betreibt. Bruce will, dass Julie San Stefano mit ihm verlässt. Hilary fürchtet um seine Position, wenn Julie nicht mehr im Haus ist. In einer nächtlichen Horror-Szene stürzt Ingram mit dem Rollstuhl die Treppe hinunter und bleibt tot liegen. Zur Testamentseröffnung erscheinen die Erben aus England. Sie beabsichtigen, Haus, Bücher und Antiquitäten zu verscherbeln. Hiergegen wendet sich Hilary, der seine Studien am Ort fortführen will. Doch laut Testament erbt Julie, in die Ingram offensichtlich verliebt war, den ganzen Reichtum. Die Erben wollen mit Hilfe von Ingrams Rechtsanwalt – gegen Gewinnbeteiligung versteht sich – das Testament anfechten. Noch in der Nacht wird der Rechtsanwalt ermordet, wobei ohne ersichtlichen Grund der Flügel Ingrams ertönt – ein Motiv von Johann Sebastian Bach, mit der linken Hand zu spielen. Der Sarg Ingrams wird geöffnet. Es stellt sich heraus, dass Ingrams linke Hand abgeschnitten ist. Die Hand verunsichert von nun an Klavier spielend, würgend und mordend die Bewohner des Hauses. Doch in Wirklichkeit ist Hilary für alles verantwortlich. Nur in seinen Wahnvorstellungen bewegt sich die Hand, die er abgeschnitten hat. – Der Film erhielt bemerkenswert schlechte Kritiken: »Ein äußerst dümmlicher Thriller.« (PICTUREGOER). »In diesem Streifen erschienen die Szenen, in denen die unheimliche Hand durch das Haus geistert ... gleichermaßen erschreckend und seltsam lachhaft.« (Robert Moss, DER KLASSISCHE HORRORFILM). – »Ein Horror-Thriller, der eine exzellente literarische Vorlage verhunzt; außergewöhnliche schauspielerische Leistungen und bemerkenswerte Trick-Effekte können das schwerfällige, langweilige Skript nicht wettmachen.« (HALLIWELL'S FILMGUIDE). Peter Lorre glänzt erneut in einer Horror-Rolle, obwohl ihm solche Einsätze ziemlich zuwider waren. Mit diesem Film beendete er seine Tätigkeit für die Warner Brothers, für die er in Riesenerfolgen wie *Der Malteserfalke, Casablanca* und *Arsen und Spitzenhäubchen* gespielt hatte.

DIE BESTIE VON PARIS

(LES MYSTERES DE PARIS). Frankreich/Italien 1957. **R:** *Fernando Cerchio.* **B:** *Damiano Damiani, Bey Bourg, Claude Labbé.* **K:** *Sergio Pesce.* **M:** *Enzio Carabella.* **D:** *Frank Villard (Rodolphe von Gerolstein), Yvette Lebon (Sarah), Jaques Castelot (Ferrand), Lonella de Luca (Maria), Giulio Battiferri (Georges), Matteo Spinola (Germain), Ghana Ristoli (Schleiereule), John Kitzmiller (Schlächter-Johnny), Elena Zareschi (Mathilde), Renato Montalbano (Murphy), Arturo Bragaglia (Pipelet). F 94 Min.*

Paris im 19. Jahrhundert: Prinz Rodolphe von Gerolstein sucht im Auftrag seiner Ex-Geliebten Sarah in der Unterwelt von Paris nach deren verschwundenem Sohn, überführt dabei einen Rechtsanwalt als Haupt einer Verbrecherbande, findet seine Tochter wieder und bringt einen schaurig anzusehenden narbigen Würger zur Strecke. »Wie der Titel, so ist auch der ganze Film, wüst und unappetitlich ... Mit Hilfe von entstellten Gesichtern, markerschütternden Schreien Gefolterter und ähnlichen Requisiten aus dem Repertoire des Gruselkintopps soll Spannung erzeugt werden ... Und wenn sich am Schluss die beiden ›Bestien‹ zehn Minuten lang gegenseitig umbringen ... erreicht dieses Schauerdrama seinen zweifelhaften Höhepunkt.« (A. W., FILMBEOBACHTER)

DIE BESTIE VON SCHLOSS MONTE CHRISTO

(METEMPSYCHOSE). Italien 1963. **R:** *Anthony Kristye [Antonio Boccacci].* **B:** *Antonio Boccacci, Giorgio Simonelli.* **K:** *William Grace.* **M:** *Armando Sciascia.* **D:** *Annie Alberti (Anna Gilbert), Mark Marian (George), Thony Maky (Ramaschandra), Elizabeth Queen (Elizabeth), William Gray, Bernand Blay, Emy Elco, Terry Thompson, Fred Pizzot. SW 87 Min.*

In den Gewölben von Schloss Monte Christo haust ein menschliches Ungeheuer. Es steht unter der Fuchtel der Schlossherrin Elizabeth, die noch immer hofft, den Schmuck ihrer vor fünfzehn Jahren ermordeten Schwester Irene zu finden. Der Inder Ramaschandra versucht im Verein mit dem Wissenschaftler Dr. Gilbert und dessen Tochter Anna, den Mord aufzuklären. Anna ist ihnen dabei eine große Hilfe, denn es sieht so aus, als sei der Geist der toten Irene in sie gefahren: Wenn Anna der spiritistische Rappel

Die Bestie von Schloss Monte Christo

überkommt, erlebt sie den Mord an Irene durch deren Augen mit. Das mordende Ungeheuer, so stellt sich heraus, ist Irenes ehemaliger Diener Bartholomä, dem ein Schlag auf den Kopf den Verstand geraubt hat. Als Elizabeth Anna aus dem Weg räumen will, glaubt Bartholomä in ihrem Opfer seine tote Herrin zu erkennen und nimmt Partei für die Gefesselte. Elizabeth wird Opfer ihrer eigenen Gier; Bartholomä fällt einem Unfall zum Opfer. Die Story kennen wir wohl, es fehlt uns nur an der erforderlichen Naivität, sie ernst zu nehmen. – »Stöhnen, Schreien und Kettengerassel, verborgene unterirdische Gewölbe, Wände, die sich öffnen und schließen, Falltüren, Särge ... Da werden naturalistische Prügel- und Folterszenen gezeigt, Ratten knabbern an einem skelettierten Arm, die schwesterliche Bestie verbirgt sich in einer Ritter-Rüstung und mordet mittels Armbrust – wie man sieht, ein fleißiger Streifzug durch die Abfalleimer von Ritter- und Schauerdrama, Jahrmarkt, Grand Guignol.« (Sch., FILMBEOBACHTER)

BESUCH AUS DEM JENSEITS

(THE HAUNTING OF M). USA 1979. **R:** *Anna Thomas.* **B:** *Anna Thomas.* **K:** *Gregory Nava.* **M:** *Frederic Chopin, Gustav Mahler, Leos Janacek.* **D:** *Sheelagh Gilbey (Marianna), Nini Pitt (Halina), Jo Scott Matthews (Tante Theresa), Peter Austin (Stefan), William Bryan (Marian), Alan Hay (Karol), Evie Garratt (Daria), Ernest Bale (Staho), Varvara Pepper (Inka), Peter Stenson (Arzt), Isolde Cazelet (Yola). F 97 Min.*

Schottland, 1906. Aufgrund eines Fotos, das auf einem schottischen Herrensitz aufgenommen wurde, gerät die junge Marianna in den Bann eines gespenstischen jungen Mannes und verändert sich zusehends. Ihre Schwester Halina versucht der Sache auf den Grund zu gehen. Es stellt sich heraus, dass der mysteriöse junge Mann der Geliebte einer Vorfahrin der beiden war ... – »Ausgezeichnete Kameraführung.« (Donald C. Willis, HORROR AND SCIENCE FICTION FILMS). – »Ein viel versprechendes Regiedebüt.« (Steven H. Scheuer, MOVIES ON TV)

BESUCHER AUS DEM JENSEITS – SIE KOMMEN BEI NACHT

(HOUSE OF FRANKENSTEIN). USA 1997. **R:** *Peter Werner.* **B:** *J. B. White.* **K:** *Neil Roach.* **SpE:** *Greg Cannom, Edward French.* **M:** *Don Davis.* **D:** *Adrian Pasdar (Detective Vernon Coyle), Greg Wise (Crispian Grimes), Teri Polo (Grace Dawkins), Peter Crombie (Frankensteins Kreatur), C. C. H. Pounder (Dr. Shauna Kendall), Miguel Sandoval (Coyles Assistent), Richard Libertini (Armando), Jorja Fox (Felicity), Karen Austin (Karen). F 165 Min.*

TV-Film. Auf der Suche nach dem wolfsähnlichen »Mitternachtsmörder« *[The Midnight Raptor]* gerät Detective Vernon Coyle von der Mordkommission Los Angeles an einen Industriellen, der anlässlich einer Nordpol-Expedition die Frankenstein-Kreatur aus dem ewigen Eis befreit hat, um sie – jetzt kommt es! – in seinem Nachtclub »The House of Frankenstein« einzusetzen. Mit von der Gruselpartie sind ein Vampir und Klaus, sein Werwolf-Assistent. – TV-Film der Universal Television Entertainment und NBC-TV nach einem überreich mit Klischees beladenen Drehbuch, besetzt mit dürftigen Darstellern.

LA BÊTE

(LA BETE). Frankreich 1975. **R:** *Walerian Borowczyk.* **B:** *Walerian Borowczyk.* **K:** *Bernhard Daillencourt, Marcel Grignon.* **D:** *Sirpa Lane (Romilda de l'Esperance), Lisbeth Hummel (Lucy Broadhurst), Elisabeth Kaza (Virginia Broadhurst), Pierre Benedetti (Mathuri de l'Esperance), Guy Trejan (Pierre de l'Esperance), Marcel Dalio (Duc Rommondelo de Balo), Roland Armontel (Priester), Pascale Rivault (Clarisse de l'Esperance), Jean Martinelli (Kardinal Joseph de Balo), Robert Capia (Roberto Capia). F 94 Min.*

Der Marquis Pierre de l'Esperance hofft, dass der Fortbestand seiner Familie dadurch gewährleistet wird, dass sein Sohn Mathurin die junge amerikanische Erbin Lucy Broadhurst heiratet. Laut einer Testamentsklausel von Lucys Vater soll die Trauung von Kardinal Joseph de Balo, dem Onkel des Marquis, vorgenommen wenden. Als der Vater des Marquis den Kardinal überreden will, die Trauung nicht vorzunehmen, zieht er sich zwar den Zorn seines Sohnes zu, aber nicht den Mathurins, der ohnehin mehr Interesse am Paarungsverhalten der Rösser zeigt, die er züchtet. Als Lucy auf dem französischen Landsitz erscheint, ist sie von den herrschenden Verhältnissen gleichermaßen abgestoßen und fasziniert. Sie erfährt, dass sich zweihundert Jahre zuvor eine Ahnin der de l'Esperances, die schöne Romilda, im nahen Wald mit einer Bestie gepaart haben soll. Als Lucy sich zurückzieht, träumt sie von Romilda und nimmt dabei deren Rolle ein: Als sie nach einem Lämmchen sucht, das sich im Wald verlaufen hat, begegnet sie einem lüsternen, haarigen Ungetüm, das sie verfolgt, zu Boden wirft und sich erregt über sie ergießt. Als sie erwacht und ihren Bräutigam in spe aufsucht, ist dieser in tiefen Schlaf versunken, aus dem sie ihn nicht wecken kann. (Mathurins Vater, der Marquis, schlitzt derweil seinem Erzeuger die Kehle auf.) Lucy kehrt in ihr Zimmer zurück und träumt weiter: Romilda wird von der Bestie vergewaltigt, was sie jedoch so erregt, dass sie die Initiative ergreift. Lucy erwacht erneut, aber auch diesmal lässt Mathurin sich nicht wecken. Als sie zum dritten Mal in die Traumwelt entflieht, zwingt die inzwischen unersättlich gewordene Romilda die Bestie zu fortwährenden Orgasmen – so lange, bis selbige ihren Geist aushaucht. Als Lucy Mathurins Zimmer erneut aufsucht, liegt ihr Bräutigam tot auf dem Boden. Mathurin wird aufgebahrt. Seine Tante Virginia befreit ihn von den Beinkleidern und entdeckt, dass er halb Tier, halb Mensch ist. Entsetzt flieht sie mit Lucy aus dem Schloss, während der Marquis sich umbringt. In der Sicherheit des davonrasenden Wagens beginnt Lucy wiederum zu träumen: Sie sieht, wie Romilda die Bestie im Wald verscharrt und zum Sitz ihrer Vorfahren zurückkehrt: In sich trägt sie die Saat ihrer Begierde.

»Walerian Borowczyks *La Bête* versucht die Kluft zwischen Allegorie und Pornographie mit äußerst bruchstückhaften Metaphern zu überbrücken«, schrieb Andrew Sarris von der VILLAGE VOICE. »Die Darstellung ist jedoch plump und halbherzig, und von schauspielerischer Leistung kann keine Rede sein. Wer sich leicht schockieren lässt, wird seinen Schock auch leicht erfahren. Dennoch behandelt der Regisseur seinen sensationellen Stoff ziemlich oft dermaßen manieriert, dass er einen Anflug von Aufrichtigkeit erhält. Nach seinen *Unmoralischen Geschichten* (Frankreich 1973) verdient er gewiss unsere Aufmerksamkeit, aber *La Bête* lässt jeden formalen oder thematischen Zusammenhang vermissen ... Ich habe das Gefühl, dass der Rest des Films um die ... lyrisch-bestialische Traumsequenz ... herum mit Stroh gefüllt wurde.« Wo Andrew Sarris noch relativ sachlich blieb, leerte ein Großteil der Kritik über Borowczyks Phantasmagorie von der Jungfrau und dem Ungeheuer gleich die Schmutzkübel aus: »Eine schmutzige Panscherei aus Märchen, Freudianischer Torheit und einer Eight Avenue-Peepshow«, fand Guy Flatley von der NEW YORK TIMES. Und Gary Arnold in der WASHINGTON POST, der in *La Bête* vorrangig eine »haarige Pornofabel« sah: »Wenn Sie der Meinung sind, eine Pornoversion von *King Kong* wäre spaßig, wird *La Bête* Sie möglicherweise eines Besseren belehren.« Der deutsche FILM-DIENST, der zwar anerkannte, dass es Borowczyk gelungen war, »eine in sich geschlossene, bedrohliche Horror-Szene« zu komponieren, kam ebenfalls zu dem Schluss, dass sein Produkt einer gewissen Ärgerlichkeit und Zwiespältigkeit nicht entbehrt: »Das Thema ist nicht mit der Kühle und Distanz des Chirurgen seziert ... sondern [wird] aus der Sicht des Voyeurs behandelt. So bleibt der Film ein unausgeglichenes Gemisch aus überdurchschnittlichem Horrorfilm ... und aufdringlichem Softporno mit gelegentlichem Hardcore-Einschlag.« *La Bête* konnte erst fünf Jahre nach der Entstehung in der BRD aufgeführt werden, und was Andrew Sarris' Vermutung angeht, der Regisseur habe »die lyrisch-bestialische Traumsequenz« vorab gedreht und um diese Szene herum später eine Geschichte gesponnen, trifft zu: Nachzulesen in Leo Phelix/Rolf Thissen, PIONIERE UND PROMINENTE DES MODERNEN SEXFILMS.

La Bête

BEVERLY HILLS VAMP

(BEVERLY HILLS VAMP). USA 1988. **R:** *Fred Olen Ray.* **B:** *Ernest Farino.* **K:** *Stephen Ashley Blake.* **SpE:** *Bart Mixon.* **M:** *Chuck Cirino.* **D:** *Britt Ekland (Madam Cassandra), Eddie Deezen (Kyle Carpenter), Tim Conway jr. (Brock), Tom Shell (Russel), Jay Richardson (Aaron Pendleton, Michelle Bauer (Kristina), Debra Lamb (Jessica), Jillian Kesner (Claudia), Ralph Lucas (Balthazar) Brigitte Bordine (Molly). F 86 Min.*

Drei angehende Drehbuchautoren lernen in einem Edelpuff in Hollywood drei attraktive Huren kennen, die sich als Vampire entpuppen. Einer der Herren kann ihnen zwar entwischen und die notwendigen Schritte einleiten, um sie unschädlich zu machen, doch für die anderen kommt jede Hilfe zu spät. Ein fader Klamauk mit dämlichem Plot, voller hirnrissigem Geschwafel. AIDT [V]

BEWEGLICHE ZIELE

(TARGETS). USA 1968. **R:** *Peter Bogdanovich.* **B:** *Peter Bogdanovich.* **St:** *Polly Platt, Peter Bogdanovich.* **K:** *Laszlo Kovacs.* **D:** *Boris Karloff (Byron Orlok), Tim O'Kelly (Bobby Thompson), Nancy Hsueh (Jeany), James Brown (Robert Thompson), Sandy Baron (Kip Larkin), Arthur Peterson (Ed Loughlin), Mary Jackson (Charlotte Thompson), Tanya Morgan (Ilene Thompson), Monty Landis (Marshall Smith), Peter Bogdanovich (Sammy Michaels), Paul Condylis, Mark Dennis, Stafford Morgan, Daniel Ades, Tim Burns, Warren White, Geraldine Baron, Gary Kent, Ellie Wood Walker, Frank Marshall, Byron Betz, Mike Farrell, Carol Samuels, Jay Daniels, James Morris. F 90 Min.*

Byron Orlok, Hollywoods großer Horror-Altstar, will sich aus dem Filmgeschäft zurückziehen. Seine Auffassung von Horror hat sich überlebt, ist längst von der Wirklichkeit eingeholt worden. Orlok geht zu seinem Wagen. Für einen kurzen Augenblick ist er im Fadenkreuz eines Zielfernrohrs zu sehen. Bobby Thompson prüft die Zieleinrichtung seines neuen Gewehrs. Bobby ist leidenschaftlicher Waffensammler und über das Stadium des bloßen Zielens fast hinaus. Orlok, in sein Hotelzimmer zurückgekehrt, wird von Jungregisseur Sammy Michaels aufgesucht. Dieser will ihn zur Fortsetzung seiner Arbeit überreden. Orlok weigert sich nach wie vor und will nur noch der Premiere seines letzten Films beiwohnen. Bobby Thompson lebt mit seiner Ehefrau Ilene und seinen Eltern in einem kleinen Haus am Rande der Stadt. Als seine Frau am nächsten Morgen vom Nachtdienst nach Hause kommt, knallt er sie ohne Vorwarnung ab. Dann erschießt er seine Mutter und den Service-Boten eines Supermarkts. Er will auf alles schießen, was ihm in die Quere kommt. Von einem Gastank aus feuert er mit eiskalter Präzision auf vorbeifahrende Autos. Als Polizeisirenen aufheulen, packt er sein Waffenarsenal zusammen und läuft zu seinem Wagen zurück. Die wilde Flucht endet am Autokino, in dem die Uraufführung von Orloks letztem Film *The Terror* stattfinden soll. Thompson versteckt sich hinter der Leinwand und schießt bei Filmbeginn durch ein kleines Loch wahllos auf die Zuschauer, trifft unter anderem den Vorführer. Panik bricht aus. Einige Zuschauer holen eigene Schusswaffen aus dem Kofferraum und feuern zurück. Thompson rennt vor die Leinwand, blindwütig um sich schießend. Orlok ist längst eingetroffen. Seine Sekretärin wird von einer Kugel getroffen. Wutentbrannt geht Orlok auf Thompson los. Zur gleichen Zeit nähert sich in der Filmszene auf der Leinwand die Filmfigur Orlok seinem Opfer. Völlig verwirrt ballert Thompson auf die Spielfilm-Szene. Die konfuse Situation nutzt der wirkliche Orlok. Thompson kann überwältigt werden.

Bewegliche Ziele ist zunächst eine geschickt verpackte Hommage auf Boris Karloff und die Glanzzeiten des Hollywood der 1930er bis Ende der 1950er Jahre. »Die indirekt eingearbeiteten Filmzitate aus *The Criminal Code,* Karloffs frühem Erfolg noch vor *Frankenstein,* und *The*

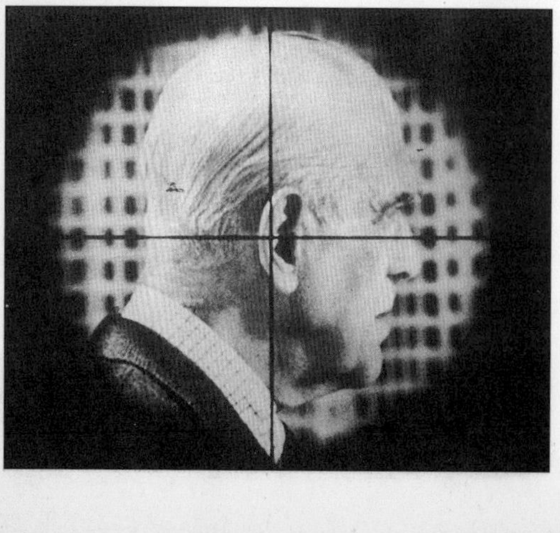

Bewegliche Ziele

Terror, der einen typischen ›späten‹ Karloff zeigt, bilden die Klammern im Leben des Stars und die Anhaltspunkte für Erinnerungen, die sich im Kopf des Betrachters einstellen.« (KULTFILME). Orlok/Karloff ist die Personifizierung des »alten« Horrorfilms. Doch diese Zeiten sind endgültig vorbei, Regisseur Peter Bogdanovich konfrontiert den alten Horror-Star mit der neuen Gewalt. Waren im klassischen Horrorfilm die Beziehungen zwischen Gut und Böse, zwischen dem Magischen bzw. Animalischen auf der einen Seite und dem Zivilisierten auf der anderen Seite ausgesprochen vielfältig (klare Rollenverteilung, konkrete erotische Erscheinungsform, das Element der Erlösung), so reduziert sich die Gewalt im »neuen« Horrorfilm auf die einfache Täter-Opfer-Verbindung. Der Horrorfilm hat sich seine neuen Tabus gesucht, die es zu zerstören gilt. Nur so ist die Flut von Mord- und Metzelfilmen erklärbar. Bogdanovichs *Bewegliche Ziele* verdeutlicht die Weichenstellung. Unmotivierte Gewalt ist der neue Horror. Bogdanovichs erster Film wurde von Roger Corman mit ca. $ 130 000 und der Auflage produziert, zwei Drehtage, die Boris Karloff ihm noch aus vergangener Zeit schuldete, auszunutzen und Szenen aus Cormans Film *The Terror* mit Karloff zu verarbeiten.

THE BEYOND
Anderer Titel für ÜBER DEM JENSEITS

DAS BIEST
(THE BAT). USA 1959. **R:** *Crane Wilbur.* **B:** *Crane Wilbur.* **V:** *Theaterstück »The Bat« (1926) von Mary Roberts Rinehart und Avery Hopwood.* **K:** *Joseph Biroc.* **M:** *Louis Forbes.* **D:** *Vincent Price (Dr. Malcolm Wells), Agnes Moorehead (Cornelia van Gorder), Gavin Gordon (Lt. Anderson), John Sutton (Warner), Lenita Lane (Lizzie Allen), Elaine Edwards (Dale Bailey), Darla Hood (Judy Hollender), John Byrant (Mark Fleming), Harvey Stephens (Carter Fleming), Riza Royce (Mrs. Patterson), Robert B. Williams (Detektiv), Mike Steele (Jack Bailey). SW 80 Min.*
In der Stadt Zenith treibt ein grausamer Mörder – das »Biest« genannt – sein blutiges Unwesen. Zu Milieustudien mietet sich die Kriminalschriftstellerin Cornelia van Gorder in der abseits gelegenen und verrufenen Villa Eichengrund ein, die dem Bankdirektor Fleming gehört. Just in dem Augenblick, als Fleming seinen verdienten Urlaub antritt, fehlen in seiner Bank nicht weniger als eine Million Dollar. Fleming gesteht Dr. Wells, der ihn in seine Jagdhütte begleitet hat, dass er das Geld genommen und in der Villa Eichengrund versteckt hat. Da kommt Dr. Wells gerade ein Waldbrand zur rechten Zeit. Er erschießt Fleming und tarnt den Mord als Brandunfall. Kurze Zeit später mehren sich in direkter Nachbarschaft der Villa üble Anzeichen: tollwütige Fledermäuse und ein maskierter Mann, der fledermausähnliche Krallenhandschuhe trägt. Jeder, der in der Villa zu tun hat oder wohnt, gerät in Verdacht. Der Kreis der Verdächtigen wird durch Mord reduziert, selbst Dr. Wells scheint zu den Opfern zu gehören. Cornelia van Gorder sieht sich schon als nächstes Opfer, da gelingt ihr mit Hilfe des Butlers die Lösung des Falles. Kriminalfilm mit Gruseleffekten. Ärmliche Verfilmung eines erfolgreichen Theaterstücks, das schon zu Stummfilmzeiten (USA 1926, Regie: Roland West) auf die Leinwand kam.

DAS BILDNIS DER DORIANA GRAY
Anderer Titel für DIE MARQUISE VON SADE

BIS DAS BLUT GEFRIERT
(THE HAUNTING). GB/USA 1963. **R:** *Robert Wise.* **B:** *Nelson Gidding.* **V:** *»Spuk in Hill House« von Shirley Jackson.* **K:** *David Boulton.* **SpE:** *Tom Howard, John Jarvis.* **M:** *Humphrey Searle.* **D:** *Julie Harris (Eleanor Vance), Claire Bloom (Theodora), Richard Johnson (Dr. Markway), Russ Tamblyn (Luke Sanderson), Lois Maxwell (Grace), Rosalie Crutchley (Mrs. Dudley), Fay Compton (Mrs. Sanderson), Valentine Dyall (Dudley), Ronald Adam (Eldridge Harper), Freda Knorr (2. Mrs. Crain), Diane Clare (Connie Fredericks), Janet Mansell (Abigail als Kind), Pamela Buckley (1. Mrs. Crain), Howard Lang (Hugh Crain), Verina Greenlaw (Dora), Paul Maxwell (Bud), Mavis Villiers, Claude Jones, Susan Richards, Amy Dalby, Rosemary Dorken. SW 111 Min.*
Seit fast hundert Jahren genießt die Villa Hill House einen höchst zweifelhaften Ruf: Ein böser Geist soll hier sein Unwesen treiben. Dass irgendetwas nicht stimmen kann, beweist die Tatsache, dass alle bisherigen Besitzer auf unnatürliche Weise ums Leben gekommen sind. Dr. Markway, Professor für Anthropologie, hat sich, »fasziniert von der Möglichkeit des Übernatürlichen«, parapsychologischen Studien zuge-

wandt und sieht in der Villa und seinen Bewohnern ein willkommenes Studienobjekt. Dr. Markway zieht, trotz ablehnender Haltung der gegenwärtigen Besitzerin Mrs. Sanderson, mit seinem Stab in das Haus. Zu seinen Mitarbeitern gehören zwei »vorbelastete« Frauen, Theodora, die über ein besonders feinsinniges Empfinden für übernatürliche Kräfte verfügt, und Eleanor, die, wie die Unterlagen eines Forschungsinstituts verlauten lassen, im Alter von zehn Jahren von Erscheinungen heimgesucht wurde. Gerade Eleanor fühlt sich in besonderem Maße von der unheimlichen Atmosphäre des Hauses angezogen. Vierter im Bunde ist der zukünftige Erbe des Hauses, Luke Sanderson. Immer wieder sieht sich das Quartett unerklärbaren Phänomenen wie polterndem Stampfen und scheußlichem Pfeifen ausgesetzt. Eleanor glaubt, das Haus rufe nach ihr. Sie sieht es als etwas Lebendiges. Als Dr. Markways Ehefrau Grace auftaucht, um ihren Mann von seinem Forschungsvorhaben abzubringen, dreht Eleanor, die sich in den Professor verliebt hat, durch und verliert den Bezug zur Wirklichkeit. Zu ihrer eigenen Sicherheit, so entscheiden die Beteiligten, müsse sie sofort die Villa verlassen. Als sie abfährt, hat sie ein Gefühl, als laste eine übernatürliche Kraft auf dem Lenkrad ihres Wagens. Plötzlich taucht Grace auf der Straße auf. Eleanor reißt das Steuer herum, um ihr auszuweichen. Der Wagen gerät ins Schleudern und rast gegen einen Baum. Eleanor ist tot. Am selben Baum war einst das erste Opfer von Hill House umgekommen. Eiligst verlassen die anderen das Haus, ohne eine Erklärung gefunden zu haben.

»Der am besten durchdachte und anspruchsvollste von allen Gespensterfilmen« (William K. Everson, KLASSIKER DES HORRORFILMS) zeigt denn doch deutliche Schwächen gegenüber Horrorfilmen mit klassischen Themen. Nichts gegen die Bauten, die Kameraarbeit, die Spezialeffekte, sie sind auf unheimliche Weise überzeugend. Aber richtige Angst erzeugt der Film nie, weit aufgerissene Augen der Beteiligten ersetzen einfach nicht den Anblick des konkreten Horror-Monsters. So haben es Gespensterfilme in der Regel besonders schwer, eine Horror-Atmosphäre auch für den Zuschauer zu schaffen. Der Zuschauer kann sich nicht mit den handelnden Personen identifizieren, er ist sich stets bewusst, dass es sich ja doch nur um Filmaufnahmen handelt. Daher ist erklärbar, warum *Bis das Blut gefriert* auf so unterschiedliche Resonanz bei der Kritik stieß: Die Liebhaber des Genres lobten den Film als ein äußerst gelungenes Beispiel für Gänsehautgrusel, die Etablierten, die alle Filme mit gleicher Eile messen wollen und nur das Meisterwerk gelten lassen, verrissen ihn in Bausch und Bogen: »Immer wenn der gewöhnliche kommerzielle Geist erscheint, beginnen die Violinen im Soundtrack zu wimmern; die Türen öffnen und schließen sich von selbst, die Personen reißen vor Entsetzen ihre Augen auf und quieken: ›Das Haus, es lebt.‹ Der Film: er ist tödlich.« (TIME).

Bis das Blut gefriert

BIS DIE GÄNSEHAUT ERSTARRT

(WICKED, WICKED). USA 1973. **R:** *Richard L. Bare.* **B:** *Richard L. Bare.* **K:** *Frederick Gately.* **M:** *Philip Springer.* **D:** *David Bailey (Rick Stewart), Tiffany Bolling (Lisa James), Randolph Roberts (Jason Gant), Scott Brady (Sgt. Ramsey), Edd Byrnes (Hank Lassiter), Diane McBain (Dolores Hamilton), Roger Bowen (Hotel-Manager), Madeleine Sherwood (Lenore Karadyne), Indira Danks*

(Jenny), Arthur O'Connell (Mechaniker), Jack Knight (Bill Broderick), Patsy Garnett (Zimmermädchen), Robert Nichols (Empfangschef), Kirk Bates (Owen Williams), Mary Esther Denver (Organistin), »Leaves of Grass« (Band). F 95 Min.
Ein maskierter Killer, der nicht alle auf der Pfanne hat, geht in einem abgelegenen Hotel um. Wer hier absteigt, wird sein Opfer, und besonders hat er es auf Blondinen abgesehen, die reichlich Gelegenheit erhalten, sich allein in finsteren Gängen herumzutreiben. Ein Psycho-Thriller, in dem niemand unverdächtig bleibt.

DER BISS

BRD 1984. **R:** *Marianne Enzensberger.* **B:** *Marianne Enzensberger.* **K:** *Jeff Preiss, Klemens Becker.* **M:** *N.N.* **D:** *Marianne Enzensberger (Sylvana), Marianne Rosenberg (Sara), Ulrike Buschbauer, Michael Shepard, Jörg Pfennigwerth, David Peel. F 84 Min.*
Sylvana wird in New York von einem lüsternen Vampir gebissen, doch als sie nach Berlin zurückkehrt, um auch ihren Freunden neue Dimensionen zu eröffnen, zeigen diese sich wenig interessiert. In der Sängerin Sara findet sie eine geistige Verwandte, die sie in ein schlossartiges »Sanatorium für gescheiterte Vampire« einlädt. »Ist auch der Einfluss von Rosa von Praunheim und Roger Corman nicht zu übersehen, so ist doch ein völlig eigenständiger Film entstanden. Ein amüsantes, sehenswertes Erstlingswerk.« (Michael Sommer, FILMECHO/FILMWOCHE).

DER BISS

Anderer Titel für AVANAIDA – DER TODESBISS DER SATANSVIPER

Der Biss der Schlangenfrau

DER BISS DER SCHLANGENFRAU

(THE LAIR OF THE WHITE WORM). GB 1988. **R:** *Ken Russell.* **B:** *Ken Russell.* **V:** *»Das Schloß der Schlange« von Bram Stoker.* **K:** *Dick Bush.* **SpE:** *Geoff Portass, Simon Sayce, Bob Harman.* **M:** *Stanislas Syrewicz.* **D:** *Amanda Donohoe (Lady Sylvia Marsh), Hugh Grant (Lord James D'Amton), Catherine Oxenberg (Eve Trent), Peter Capaldi (Angus Flint), Sammi Davis (Mary Trent), Starford Johns (Peters), Paul Brooke (Constabler Erny), Imogen Claire (Dorothy Trent), Chris Pitt (Kevin), Gina McKee (Schwester Gladwell). F 93 Min.*
Flint, ein Archäologe, erforscht in England alte römische Bauwerke. Als er auf der Farm der Schwestern Eve und Mary Trent Ausgrabungen vornimmt, entdeckt er den Schädel eines der Wissenschaft unbekannten prähistorischen Lebewesens. Sein Fund führt dazu, dass auch Silvia Marsh, eine ehemalige Nachbarin der Trent-Schwestern, nach langer Abwesenheit wieder in ihr Landhaus einzieht. Das Interesse der adeligen Lady an dem Schädel hat handfeste Gründe: Sie ist nämlich eine unsterbliche Schlangenfrau und möchte ihre jungfräuliche Nachbarin einem seit Jahrhunderten in einer Höhle eingesperrten weißen Monstrum opfern. – Handwerklich gut gemachte Verfilmung eines Romans des *Dracula*-Schöpfers Bram Stoker, von Ken Russell auf ironische Weise in Szene gesetzt. Sehenswert! [V]

BIZARRE MORDE

(NO WAY TO TREAT A LADY). USA 1968. **R:** *Jack Smight.* **B:** *John Gay.* **V:** *»No Way to Treat a Lady« (1964) von Harry Longbaugh [William Goldman].* **K:** *Jack Priestley.* **M:** *Stanley Myers.* **D:** *Rod Steiger (Christopher Gill), Lee Remick (Kate Palmer), George Segal (Morris Brummel), Eileen Heckart (Mrs. Brummel), Murray Hamilton (Inspektor Haines), Michael Dunn (Kuppermann), Martine Bartlett (Alma Mulloy), Barbara Baxley (Belle Poppie), Irene Dailey (Mrs. Fitts), Doris Roberts (Sylvia Poppie), Ruth White (Mrs. Himmel), Val Bisoglio (Monaghan), David Doyle (Lt. Dawson), Kim August (Sadie), Tom Ahearne (Priester), Glenn Kezer (Polizist), Vincent Sardi (Sardi). F 105 Min.*
Christopher Gill ist Theaterbesitzer. Er leidet unter einem Mutterkomplex. Seine Mutter war

eine große Tragödin, er selbst ist als Schauspieler auf der Bühne des Theaters eine große Niete. Dafür versucht er auf der Bühne des Lebens Meisterleistungen zu vollbringen. Seine Vorliebe gilt allein stehenden mittelalterlichen Damen. Er mordet sie, doch mit persönlichem Stil! Vorher erschwindelt er sich, jeweils in einer anderen trefflichen Verkleidung, das Vertrauen seiner Opfer (als Pfarrer, Installateur, Frisör, Kriminalinspektor und Oberkellner), nachher versieht er sie mit einem blutroten Mund, den er ihnen auf die Stirn malt. Um den mit seinem Fall betrauten Polizeidetektiv zu narren, ruft er ihn gleich nach jeder Tat an und informiert ihn über die Mordtat, natürlich mit der zu seiner jeweiligen Verkleidung passenden Stimme. Das Telefonduell sieht den Detektiv offenkundig auf der Verliererstraße, doch durch geschickte Provokation wendet sich das Blatt. Gill bezahlt so seine Tollkühnheit mit dem Leben. Der Plot hätte durchaus für einen blutrünstigen Horrorfilm gereicht. Was macht Jack Smight daraus? Eine noch bessere Kriminalgroteske, ein sehenswertes Katz-und-Maus Spiel mit wechselnden Vorzeichen, in dem die Gegenspieler Rod Steiger und George Segal zur absoluten schauspielerischen Hochform auflaufen.

BLACK MAGIC

Anderer Titel für DAS OMEN DES BÖSEN

BLACK MAGIC WOMAN

(BLACK MAGIC WOMAN). USA 1990. **R:** *Deryn Warren.* **B:** *Deryn Warren, Gerry Daly, Marc Springer.* **K:** *Levie Isaacs.* **SpE:** *Ken Tarallo.* **M:** *Randy Miller.* **D:** *Mark Hamill (Brad Travis), Marilyn Pitzer (Mora Turi), Gwen Wilson (Frances Reed), Stella Pacific (Ida Cosgan), Phyllis Flax (Muriel Ashton), Amanda Wyss (Diane Abbot), Elizabeth Robinson (E. Yepes), Jacqueline Coon (Alice Trey), Apollonia (Cassandra Perry), Abida Viera (Carlita), Larry Hakin (Hank Watfield), Thomas Meurer (Prediger), Bonnie Ebsen (Suzanne), Michael Helpin (Andrew Court). F 87 Min.*

Der verheiratete Galerist Brad gerät in den Bann der erotischen Hexe Cassandra, die ihn, als er das das Verhältnis mit ihr beendet, mit einem Fluch belegt, so dass er impotent wird und ein kopfloses Huhn in seiner Heia findet. Voodoo-Horror mit geilen und übersinnlichen Einlagen, abgekupfert bei *Eine verhängnisvolle Affäre* (USA 1987; Regie: Adrian Lyne). Ansonsten zum Einschlafen. [V]

BLACK PAST

BRD 1989. **R:** *Olaf Ittenbach.* **SpE:** *Olaf Ittenbach.* **M:** *A.G. Striedl.* **D:** *Olaf Ittenbach, Ande Stryi, Anette Arbter. F 85 Min.*

»Der Leibhaftige hockt in einem Spiegel auf einem Dachboden in Oberbayern und beginnt einen Oberschüler zu terrorisieren. Oberblöder Oberschund des berüchtigten Trash & Splatter-Amateurs aus Fürstenfeldbruck, der (zu Recht) über zehn Jahre auf seine überflüssige Veröffentlichung warten musste.« [FILM-JAHRBUCH 2001] AIDT

BLACK RAINBOW – SCHWARZER REGENBOGEN

(BLACK RAINBOW). USA 1990. **R:** *Mike Hodges.* **B:** *Mike Hodges.* **K:** *Gerry Fisher.* **M:** *John Scott.* **D:** *Rosanna Arquette (Martha Travis), Jason Robards (Walter Travis), Tom Hulce (Gary Wallace), Mark Joy (Lloyd Harley), Ron Rosenthal (Irving Weinberg), John Bennes (Ted Silas), Linda Pierce (Mary Kuron), Olek Krupa (Tom Kuron), Marty Terry (Mrs. Adams), Ed Grady (Geoff McBain), Jon Thompson (Jack Callow), Helen Baldwin (Eva Callow), Darla N. Warner (Shirley Harley), William Brown (Hal Faber). F 95 Min.*

Martha, die als »Medium« mit ihrem schrägen Vater Walter durch die amerikanische Provinz tingelt, um spiritistische Shows zu veranstalten, sagt versehentlich den Tod eines ortsansässigen Ingenieurs voraus. Der Mann wird kurz darauf erschossen. Hinter dem Killer steht der zynische Inhaber mehrerer Chemiefabriken, der seinen unbequemen Mitarbeiter mundtot machen wollte, da dieser wusste, dass er aus Habgier gegen die Sicherheitsbestimmungen verstößt. Da Martha in der Öffentlichkeit ausgeplaudert hat, sie kenne auch den Namen des Killers, schwebt sie nun in Gefahr. Der Journalist Gary steht ihr zur Seite. Sehenswert an diesem Okkult-Thriller ist vorrangig die scharfe Wäsche, in der Frau Arquette auftritt.

BLACK ZOMBIES

(DEMONI III). Italien 1991. **R:** *Umberto Lenzi.* **B:** *Umberto Lenzi, Olga Pehar.* **K:** *Maurizo Dell'Orco.* **Ma:** *Franco Casagni, Hugo Cerrera.* **M:** *Franco Micalizzi.* **D:** *Joe Balogh (Kevin), Keith van Hoven (Dick), Sonia Curtis (Jessica), Maria Alves, Philip*

Murray (José), Juliana Texeira (Sonia), Justo Silva, Cleo Simoes, Rita Monteiro, Felix Lorival, Tony Martins, Gleis J. Pereira, Sergio Costa, Louis Karlson. F 84 Min.

Drei Amerikaner, die im brasilianischen Dschungel seltene Samba-Rhythmen aufzeichnen wollen, beobachten in den Slums von Rio eine Macumba-Beschwörung. Am nächsten Tag trägt einer von ihnen ein schlangenförmiges Amulett. Kurz darauf wälzt sich das übliche Grauen in Gestalt untoter Sklaven heran, die irgendwelchen Rachegelüsten frönen. – Ex-Anwalt Lenzi gehört zu den Veteranen des italienischen Schundkinos. Seine Filmografie umfasst nicht weniger als 55 Filme aller erdenklichen Unterhaltungsgenres, und er selbst gilt neben Ruggero Deodato als Erfinder des Kannibalenfilms. Trotz des großen Fleißes, den Herr Lenzi (gelegentlich auch unter dem *nom de plume* Humphrey Humbert) an den Tag legt, kann man von seinem Werk bedauerlicherweise nicht sagen, es sei der Edukation der Menschheit dienlich gewesen. Das Gleiche gilt auch für *Black Zombies,* der trotz der langen Karriere seines Machers eine amateurhafte Hand verrät und in einer Tonne gut aufgehoben wäre (Negativ inklusive). AIDT

BLADE

(BLADE). USA 1998. **R:** *Stephen Norrington.* **B:** *David S. Goyer.* **V:** *Marvel-Comic von Marv Wolfman und Gene Coon.* **K:** *Theo Van de Sande.* **SpE:** *Greg Cannom.* **M:** *Mark Isham, Dana Sano.* **D:** *Wesley Snipes (Blade), Stephen Dorff (Deacon Frost, Vampir), Kris Kristofferson (Abraham Whistler), N'Bushe Wright (Dr. Karen Jansen), Udo Kier (Vampir), Arly Jover, Traci Lords. F 116 Min.*

»The power of an immortal. The soul of a human. The heart of a hero.« Zusammen mit seinem Lehrmeister und Mentor Abraham (!) Whistler macht der vampirisierte Blade, dessen Mutter kurz nach der Entbindung einem Vampirbiss zum Opfer fiel, Jagd auf deren Mörder. Schließlich plant »The Council of Vampires« eine Apokalypse der Untoten (mit dabei: Udo Kier!). – Blutsaugercomic unter der Schirmherrschaft von Stan Lee. (Die Fortsetzung, Blade 2, 2002 gestartet, ist nur mehr ein Schlachtfest.)

A BLADE IN THE DARK

(LA CASA CON LA SCALA NEL BUIO). Italien 1985. **R:** *Lamberto Bava.* **B:** *Dardano Sacchetti, Elisa Briganti.* **K:** *Gianlorenzo Battaglia.* **SpE:** *Giovanni Corridori.* **Ma:** *Giovanni Amadei.* **M:** *Guido & Maurizio De Angelis.* **D:** *Andrea Occhipanti (Bruno), Lara Naszinski, Anny Papa, Fabiola Toledo, Michele Soavi, Valeria Cavalli, Stanko Molnar. F 96 Min.*

Filmkomponist Bruno schreibt die Musik zum Horrorfilm einer Regisseurin und zieht sich deswegen in eine gemietete Villa zurück. Seltsame Ereignisse, deren Zeuge er wird, stehen im Zusammenhang mit seiner Vormieterin Linda, die ein finsteres Geheimnis hütet und darüber wacht, dass es nicht ans Licht kommt. Zwei junge Frauen, die Linda kannten, verschwinden. Bruno findet Beweise, die ihn zu dem Schluss führen, dass Linda sie ermordet hat. Nicht nur kennt die Regisseurin die mysteriöse Linda – ihr geplanter Film soll auch ihr Leben beschreiben. Linda vernichtet den Teil des Films, der ihr Geheimnis enthüllt. Diverse Untaten später findet Bruno die Leichen der verschwundenen Mädchen. Auch die Regisseurin und Brunos Geliebte beißen ins Gras. Nachdem Bruno Linda entlarvt hat, stürzt diese in ihr eigenes Messer – und entpuppt sich als Villenbesitzer Tony. Bei der Restauration des Films erklärt Bruno die Motive Tonys so, dass die Frauenmorde dazu dienen sollten, sein ihm verhasstes weibliches Ich zu töten. Horror von der Stange. [V]

BLAIR WITCH PROJECT

(THE BLAIR WITCH PROJECT). USA 1999. **R:** *Daniel Myrick, Eduardo Sanchez.* **B:** *Daniel Myrick, Eduardo Sanchez.* **K:** *Neal Fredericks.* **M:** *Tony Cora.* **D:** *Heather Donahue (Heather Donahue),*

Blade

Michael Williams (Michael Williams), Joshua Leonard (Joshua Leonard), Bob Griffith, Jim King, Sandra Sanchez, Ed Swanson, Patricia Decou. F/SW 87 Min.

»Dies ist also sozusagen ein Horrorfilm, der so tut, als sei er live aufgezeichnet. Das gnadenlose Videokameraauge verbirgt mehr, als es zeigt, und zeugt von der Lust des Kinos, dem Schrecken ins Gesicht zu schauen, obwohl man fast nichts zu sehen bekommt. Das Abenteuer findet im Kopf des Zuschauers statt.« (SÜDDEUTSCHE ZEITUNG) – Am 21. Oktober 1994 begeben sich drei Filmstudenten in den Black Hills Forest in Maryland, um einen Dokumentarfilm über eine Spukgestalt und regionale Legende von Burkittsville zu drehen, die so genannte Hexe von Blair. Joshua Leonard hat eine 16-mm-Kamera bei sich, Michael Williams macht den Ton, Heather Donahue kommentiert aus dem Off. Man hört zwar nie wieder etwas von den dreien, aber ein Jahr später, am 16. Oktober 1995, entdecken Studenten vom Anthropology Department der University of Maryland einen Seesack mit Filmmaterial, vergraben unter den Grundmauern einer alten Hütte: DAT-Bänder, Videocassetten, Heathers Tagebuch und eine CP-16-Filmkamera. Nach Untersuchung der Fundstücke gibt Ron Cravens, der Sheriff von Burkittsville, bekannt, dass die 11 Rollen Schwarzweißfilm und die 10 Hi-8-Videotapes aus dem Besitz der verschollenen Heather Donahue und ihrer Crew stammen. Das Material dokumentiert wie in einer schlecht gemachten TV-Reportage das Ende der jungen Leute: Ihre quälende fünftägige Wanderung durch den undurchdringlichen Wald, die grauenvollen Vorgänge, die zu ihrem Verschwinden führen. Die Aufnahmen zeigen den wachsenden Konflikt unter den Beteiligten und ihre Ahnung, dass eine tödliche Bedrohung auf sie wartet. Am 16. Oktober 1997 wird das Material den Angehörigen übergeben. Angie Donahue beauftragt die Firma Haxan Film, das Material zu untersuchen und daraus die Vorgänge zwischen dem 20. und 24. Oktober 1994 zu rekonstruieren. – Auf dem Sundance Film Festival entpuppte sich das *Blair Witch Project* als Renner (und fand in Artisan Entertainment einen rührigen Verleiher, der 1,1 Millionen Dollar hinblätterte). Zwei Regie-Newcomer haben aus der Not eine Tugend gemacht: Sie hatten nicht mehr als 60.000 Dollar (für den Betrag kaufe der Hollywood-Manager seiner Ehefrau normalerweise einen Zweit-Jeep, an einen Kinofilm würde er dabei nicht mal im Traum denken, schrieb die FRANKFURTER RUNDSCHAU) und haben aus den Trümmern, die sie dafür liefern konnten, eine Methode gemacht. (Schnarchfilmförderung wie in Deutschland gibt es bekanntlich in Amerika nicht. Daniel Myrick über die Finanzierung: »Wir haben alles gemacht, von Arbeiten in einer Bar bis hin zu kleinen Hilfsjobs im Filmbereich, ich war Cutter, Kameramann, genau wie im alten Klischee vom Tellerwäscher.«) *Blair Witch Project* lief in den USA zuerst nur in 31 Kinos an und war bald schon in 1000 Lichtspieltheatern zu sehen. Die Einnahmen spotteten jeder Beschreibung. Bis Ende 1999 waren, einschließlich England, 160 Millionen Dollar eingespielt. »Das Rätselhafte am Erfolg des Hexenfilms: er bietet weder Stars, noch gab es die sonst für einen Kinoerfolg so wichtige Fernsehwerbung. Schlimmer noch: der Film ist fast komplett auf wackliger Videokamera gedreht, teilweise sogar in Schwarzweiß. Zudem präsentiert er lediglich drei Helden, die vorzugsweise wandern, reden und Angst haben. (...) Bereits beim Festival in Cannes avancierte das originelle Werk schnell zum Geheimtipp. Selbst abgebrühte Medienhändler glaubten dort, dass es sich bei der vorgeblichen Dokumentation um eine wahre Geschichte handelte. Natürlich ist alles frei erfunden, doch so geschickt eingefädelt und inszeniert, dass ein Horrorfilm der psychologischen Spitzenklasse daraus entstand. Gänzlich unblutig, dafür mit garantierter Gänsehaut.« (Dieter Osswald)

Die Vortäuschung einer Dokumentation war so perfekt gemacht, dass der Rezensent von ROLLING STONE befand: »Macht höllisch Angst!« – »Vor allem« – darauf wies die SÜDDEUTSCHE ZEITUNG in einem Bericht über die 52. Filmfestspiele in Cannes hin – »ist dieser Film eben auch auf Video gedreht und lässt ahnen, dass die kleinen digitalen Kameras für das Kino eine ähnliche Revolution bedeuten werden wie zuletzt die Nouvelle Vague.« Der »Geheimtipp« war sorgfältig, geradezu meisterhaft wie ein großer Coup vorbereitet worden: Noch vor dem US-Kinostart machte das *Blair Witch Project* im Internet Furore. Bereits im Juni 1998 hatten die Filmemacher eine Website [*www.blairwitch.com*] ins Netz gestellt, die sich mit der Legende der Hexe von Blair und den grausigen Vorfällen beschäftigte. Der Mythos der Hexe beginnt in der Gemeinde Blair (später Burkittsville) und geht zurück auf das Jahr 1785, als mehrere Kinder von einer gewissen Elly Kedward in ihr Hexenhaus gelockt wurden, wo die Lady ihnen das Blut abzapfen wollte. »Der Buzz in Sundance war bestimmt aufgrund unserer Site stärker«, meint der in Kuba geborene Eduardo Sanchez, der als Spiritus Rector gilt. »Viele Leute erzählten uns, dass sie stundenlang mit der Erforschung der magischen Welt verbringen, die wir um und über die Hexe von Blair zusammengetragen haben. Sie finden nicht nur den Film klasse, sondern die ganze Legende.« Die Website hat sich für die Macher auf jeden Fall bezahlt gemacht. Die Erwartungshaltung wurde gesteigert. Außerdem gingen die Leute, als der Film herauskam, öfter ins Kino. »Sie wollen alle Details mitbekommen«, sagt Sanchez. »Also tun wir unseren Teil und erweitern die Mythologie, geben mehr Hinweise & Beweise.« Vor allem war die Website interaktiv. Es wurde ein *Blair Witch*-Forum eingerichtet, das auch durch ein wöchentliches Update von Gerüchten und Links zum Film selbst und seiner Entstehung immer wieder neuen Stoff für Spekulationen liefern sollte. Die Website wurde in vier Kategorien aufgeteilt: Forum, News, Kult und Links. In der ersten Kategorie konnten sich registrierte Community-Mitglieder zu Film und Homepage äußern, während nicht-registrierte Personen alle Einträge nur lesen konnten. Unter News fand man Infos zum Mythos der Hexe, Gerüchte, etwas über den Dreh der drei Studenten sowie »Beweismaterial«: Interviews mit Zeitzeugen und persönlichen Background der Filmstudenten. In der Kult-Sektion gab es die Kinotrailer als Download usw. Das Material wurde zum Filmstart weiter aktualisiert.

»Das Cybermarketing für *The Blair Witch Project* ist die passgenaue Ergänzung zur rohen, amateurhaften Machart des Films. Die Website des Verleihs schürte den Schrecken, indem sie den Mythos von der wahren Geschichte kultivierte«, stellt »pek« in der FRANKFURTER RUNDSCHAU [4.8.1999] fest und folgert, wie den dänischen Dogma-Unterzeichnern sei den »Hexern von Florida« das Vorgefundene der wirksamste Spezialeffekt: »Die Hexerei liegt im Kontrast: Wo die digitalen Zaubereien die Rechner erhitzen und alles Grauen graphisch deutlich wird, ist die *Minimalart* die aufregendste Nische, ganz in der Tradition beispielsweise eines Jacques Tourneur, der seinen *I Walked With a Zombie* (1943) auf nichts als Andeutungen bestehen ließ.« – Visuell wirke der Film genau so dürftig, wie man sich eine Anfänger-Produktion von ehrgeizigen Film-Enthusiasten vorstelle: »Die Schauspieler, deren Klarnamen für den Film nicht einmal verändert wurden, agieren in jeder Situation absolut spontan (am Ende der acht Drehtage auch geschwächt durch echten Nahrungsentzug). Entscheidend aber: *Blair Witch Project*, der wie jeder Film abbildet, lebt vom Nichtabgebildeten. Der oder die Auslöser des Schreckens: unsichtbar. Das psychische Echo: eine Detonation. *Blair Witch Project* setzt frech auf das, was Kino oft vernachlässigt: Fantasie. Die Fantasie der Macher und der Zuschauer gegen das – übliche – Bild. Nicht *action*, sondern pure Reaktion. 87 Minuten lang spiegelt der Film, was wir nicht sehen – so souverän, dass wir den Spiegel für das Tatsächliche nehmen. So wirkt die Angst zum Beweis der Realität, die sie auslöst; ja, sie wird mit ihr identisch, sie *ist* Realität. Und schon meinen wir zu sehen, was wir gar nicht sehen können. Natürlich ist auch das ein Taschen(schau-)spielertrick: Aber darauf muss man erst mal kommen.« (Jan Schulz-Ojala, TAGESSPIEGEL, 24.11.1999) – »*Blair Witch Project* ist der *Evil Dead* der Neunzigerjahre, die längste Nase, die der Horror seiner Gesellschaft und seinen Fans drehen kann. Auf eine ganz ähnliche Prämisse reagiert der Film jedoch anders: Statt in Gore-Slapstick umzuschlagen, sieht man so realistisch als möglich die fundamentalen Dinge der Angst: die Dunkelheit, die Einsamkeit, das nicht lesbare Zeichen, die gestaltlose Bedrohung, der unerfüllte Mythos. Bei *Blair Witch* wird einem nicht schlecht von dem, was man sieht, sondern von dem, was man nicht sieht; und nicht von dem, was sich vor der Kamera bewegt, sondern davon, wie sich die Kamera selbst bewegt. Und *Blair Witch Project* erzeugt jenen Moment, von dem andere Horrorfilme nur erzählen, nämlich den, an dem ein Spiel mit dem Schrecken zum wirklichen Schrecken wird.« (Georg Seeßlen, TAZ, 25.11.1999) [DVD]

BLAIR WITCH II

(BOOK OF SHADOWS: BLAIR WITCH II). USA 2000. **R:** *Joe Berlinger.* **B:** *Dick Beebe, Joe Berlinger.* **K:** *Nancy Schreiber.* **M:** *Carter Burwell.* **D:** *Kim*

Director (Kim), Tristen Skylar (Tristen), Stephen Barker Turner (Stephen), Jeffrey Donovan (Jeff), Erica Leerhsen (Erica), Kurt Loder, Chuck Scarborough. F 95 Min.
Vorgeschichte: *Blair Witch Project.* – Jeff Patterson organisiert Ausflüge ausgerechnet zu dem verwunschenen Ort, wo 1994 angeblich die Videobänder der im Zusammenhang mit der Hexe von Burkittsville verschwundenen Filmstudenten aufgefunden wurden. Kim, Tristen, Stephen und Erica wollen mitmachen, doch was wie ein Schulausflug beginnt, endet im bekannten Grauen. Alsbald findet der Sheriff die Leichen der schaulustigen Blair Witch-Touristen. – Die Kuh wird gemolken, solange sie noch Milch gibt. [DVD]

BLAUBART

(BARBABLU/BARBE-BLEUE). BRD/Italien/ Frankreich 1972. **R:** *Edward Dmytryk.* **B:** *Edward Dmytryk, Ennio de Concini, Maria Pia Fusco.* **K:** *Gabor Pogany.* **M:** *Ennio Morricone.* **D:** *Richard Burton (Baron Kurt von Seppen), Raquel Welch (Magdalena), Virna Lisi (Elga), Natalie Delon (Erika), Marilu Tolo (Brigitte), Karin Schubert (Greta), Sybil Danning (Prostituierte), Agostina Belli (Caroline), Joey Heatherton (Anne), Edward Meeks (Sergio), Jean Lefebvre (Gretas Vater), Mathieu Carrière (Violinist), Karl Otto Alberty, Martin Urtel, Thomas Fischer, Meg Avril, Kurt Großkurth, Erika Schramm. F 124 Min.*
1929: Der zurückgezogen in seinem Schloss lebende österreichische Baron Kurt von Sepper ist ein hochdekoriertes Jagdflieger-Ass. Leider ist er nebenbei nicht nur impotent, sondern auch ein Krypto-Faschist, der an Hitlers Machtübernahme mitarbeitet. Als er sich die amerikanische Tänzerin Anne ins Haus holt, entdeckt diese in einem Kühlraum diverse Frauenleichen. Von Sepper erzählt ihr, dass er alle seine Gattinnen umgebracht hat, um seine Impotenz zu verheimlichen. Später sperrt er Anne zu den Leichen. Er wird von einem Attentäter umgebracht. Anne ist verloren. – »Ein Spinnweben-Spukschloss mit spinnerter Kinderfrau und mumifizierter Blaubart-Mutter, mit elektrischem Stuhl, Fallbeileinrichtung, griffbereit herumstehenden Särgen und Tiefkühlverlies für die verblichenen Verflossenen fügen sich weder mit einer Hakenkreuzler-Feuernacht im jüdischen Armengässchen noch mit undurchsichtigen Verschwörergesprächen im kapitalistisch-feudalen Ballgewoge zu einem tragfähigen und deutbaren Milieu zusammen ... Die Grundstory hat in sich reichlich dramaturgische und filmische Effekte, die zugunsten der pseudopolitischen Accessoires leider ungenützt blieben. Auch ein Darsteller vom Format Richard Burtons konnte diese von Grund auf verquaste Geschichte nicht retten.« (Eva Kröhnke-Zimmermann, FILMECHO/ FILMWOCHE)

DIE BLAUE HAND

BRD 1967. **R:** *Alfred Vohrer* **B:** *Alex Berg [Herbert Reinecker].* **V:** *»Die blaue Hand« von Edgar Wallace.* **K:** *Ernst W. Kalinke.* **M:** *Martin Böttcher.* **D:** *Klaus Kinski (David/Richard Emerson). Harald Leipnitz (Inspektor Craig), Diana Körner (Myrna Emerson), Carl Lange (Dr. Mangrove), Hermann Lenschau (Douglas), Siegfried Schürenberg (Sir John), Ilse Steppat (Lady Emerson), Albert Bessler (Anthony), Ilse Pagé (Miss Finlay), Richard Haller (Amery), Gudrun Genest (Schwester Harris), Fred Haltiner (Reynolds), Peter Parten (Robert Emerson), Thomas Danneberg (Charles Emerson), Harry Riebauer (Snobbits), Heinz Spitzner (Richter), Otto Czarski (Duck), Karin Kenklies (Schwester Dairen), Helga Lander (Virginia). F 87 Min.*
Der junge David Emerson wird wegen eines Mordes, den er nicht begangen hat, verurteilt und verschwindet in der Nervenklinik des sadistischen Dr. Mangrove. Ihm gelingt jedoch die Flucht, und er verbirgt sich in der Identität seines Zwillingsbruders auf dem Landsitz seiner Familie. Dort bemüht sich inzwischen ein unheimlicher Mörder mit einer messerklingenbewehrten Metallhand, die gesamte Emerson-Sippe abzuschlachten. Mit Hilfe des Scotland Yard-Beamten Craig kann David den Mörder überführen: Es ist der Mann, den er angeblich umgebracht hat – ein willenloses Werkzeug des dämonischen Meisterhypnotiseurs Mangrove, der die Emersons beerben will.

BLOCH, ROBERT [ALBERT]

(1917–1994). Amerikanischer Schriftsteller und Drehbuchautor deutscher Abstammung, geboren in Chicago. Veröffentlichte seine erste Geschichte im Alter von 17 Jahren. 1959 erschien sein Roman »Psycho«, der von Alfred Hitchcock verfilmt wurde. Kam darauf nach Hollywood und schrieb neben Romanen und Kurzgeschichten auch jede Menge Drehbücher. *1960: The Cabinet of Dr. Caligari (Das Kabinett des Dr. Caligari); 1963: Strait-Jacket (Die Zwangsjacke); 1964: The Night Walker (Er kam nur nachts); 1965: The Skull (Der Schädel des Marquis de Sade); 1966: The Deadly Bees (Die tödlichen Bienen); 1967: Torture Garden (Der Foltergarten des Dr. Diabolo); 1970: The House That Dripped Blood (Totentanz der Vampire); 1972: Asylum (Asylum); 1983: The Horror of It All.* Blochs witzige und lesenswerte Autobiographie: »Once Around the Bloch«, New York 1993.

BLOOD & DONUTS

(BLOOD & DONUTS). Kanada 1995. **R:** *Holly Dale.* **D:** *Gordon Currie (Boya Zsekely), Justin Louis (Taxifahrer), Helene Clarkson (Molly), Fiona Reid (Verlobte), David Cronenberg (Gangsterboss), Frank Moore. F 84 Min.*

Low Budget-Spielfilmdebüt der Dokumentarfilmerin Holly Dale: Boya Zsekely, ein Vampir, macht die nächtlichen Straßen von Toronto unsicher. Er hilft einem Taxifahrer, der Knatsch mit der Mafia hat, und verkuppelt ihn mit der Donut-Verkäuferin Molly. Zum Schluss schreitet der gute Vampir freiwillig in den Sonnenaufgang. – Kann nur als Komödie gemeint gewesen sein.

BLOOD BASTARDS

Anderer Titel für MESSIAS DES BÖSEN

BLOOD BEACH – HORROR AM STRAND

(BLOOD BEACH). USA 1981. **R:** *Jeffrey Bloom.* **B:** *Jeffrey Bloom.* **K:** *John Koester* **M:** *Group IV.* **D:** *David Huffman (Harry Caulder), Mariana Hill (Catherine), John Saxon (Pearson), Otis Young (Piantadosi), Stefan Gierasch (Dimitrios), Burt Young (Royko), Darrell Fetty (Hoagy), Lynne Marta (Jo), Eleanor Zee (Mrs. Selden), Pamela McMyler (Mrs. Hench), Harriet Medin (Ruth), Lena Pausette (Marie), Mickey Fox (Moose), Charles R. Rook (Todd Bell), J. J. Thomas (Mark), Julie Dolan (Karen), Sandra Friebel (Sue), Christopher Franklin (David), Mary Jo Catlett (Harriet Crabbe), James Ogg (Alan Hench), Robert Newirth (Bleeker), Laura Burkett, Marleta Giles, Jaqueline Randall, Read Morgan, Judy Walker. F 85 Min.*

Ein absolut abscheuliches Krakenmonster, das in einem Labyrinth unter dem Strand eines südkalifornischen Örtchens haust, organisiert sich sein Futter, indem es mit seinen Tentakeln nach den Beinen hübscher Mädchen angelt. – »Ohne große Ambitionen handwerklich sauber heruntergekurbelt.« (FILMDIENST) – »Was an BLOOD BEACH gut war, war die Kameraführung. Der Film hat auch gute Darsteller ... aber was er nicht hatte, war ein gutes Drehbuch.« (Richard Meyers, FOR ONE WEEK ONLY)

BLOOD BEAT – PULSSCHLAG DES SCHRECKENS

(BLOOD BEAT). USA/Kanada 1982. **R:** *Fabrice A. Zaphiratos.* **B:** *Fabrice A. Zaphiratos.* **K:** *Wladimir Maule.* **M:** *N.N.* **D:** *Helen Benton (Cathy), Terry Brown (Gary), Claudia Peyton (Sarah), James Fitzgibbons (Ted), Dana Day (Dolly), Peter Spelson (Pete), Frank Miley (Paul), Carol Wagner (Christa), Andrea Cauchon (Mädchen), Charlie White (Sheriff). F 90 Min.*

In der Umgebung des Hauses der Malerin Cathy treibt der Geist eines Samurai sein mörderisches Unwesen. Blut! Nackte Weiber! Magische Kräfte! Traumsequenzen! Kunstgewerbe! [V]

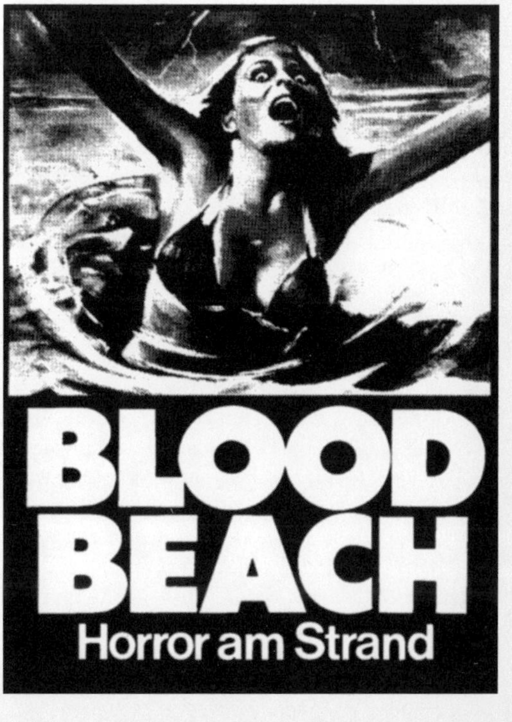

Blood Beach – Horror am Strand

BLOOD DINER

(BLOOD DINER). USA 1987. **R:** *Jackie Kong.* **B:** *Michael Sonye.* **K:** *Jürg Walther.* **SpE:** *Bruce Zahlava.* **M:** *Dan Preston.* **D:** *Rick Burks (Michael Tutman), Carl Crew (George Tutman), Roger Dauer (Mark Shepard), Sheba Jackson (LaNette LaFrance), Lisa Guggenheim (Connie Stanton). F 84 Min.*
Zwei Brüder wollen eine uralte Göttin zu neuem Leben erwecken, wozu es nötig ist, Teile diverser Leichen zu einem Ganzen zusammenzufügen. Was sie nicht verwenden, verfüttern sie in ihrem vegetarischen (!) Restaurant. Geleitet werden sie vom Hirn ihres toten Onkels, das sie in einem Einmachglas aufbewahren. Eine hübsche Idee ... AIDT [V]

BLOOD HUNTER

Anderer Titel für **NIGHT HUNTER**

BLOOD LINK – BLUTSPUR

(EXTRASENSORIAL). Italien 1985. **R:** *Alberto de Martino.* **B:** *Alberto de Martino, Theodore Apstein.* **St:** *Alberto De Martino, Theodore Apstein.* **K:** *Romano Albani.* **M:** *Ennio Morricone.* **D:** *Michael Moriarty (Craig/Keith Manning), Penelope Milford (Julie Warren), Sarah Langenfeld (Christine Webb), Cameron Mitchell (Bud Walso), Geraldine Fitzgerald (Mrs. Thomason), Martha Smith (Hedwig), Virginia McKenna (Frau im Ballsaal), Vonne Sherman (Millie), Henriette Connerman (Touristin), Robert K. Olszewski (Inspektor Hessinger), Alec Diakuun (Dr. Aams). F 98 Min.*
Es ist mal wieder ein Frauenmörder unterwegs. In Verdacht gerät ein Psychiater, der in der Kindheit Eltern und Bruder bei einem Brand verlor (glaubt er jedenfalls). Psi-Thriller über ein Zwillingspaar, das telepathisch miteinander verbunden ist. Einer ist ein Psychokiller. AIDT [V]

BLOOD MOON

(MOON IN SCORPIO). USA 1987. **R:** *Gary Graver.* **B:** *Gary Graver, Robert S. Aiken.* **K:** *Gary Graver.* **Ma:** *Nina Kraft.* **M:** *Robert Rayland.* **D:** *Britt Ekland (Linda), John Philip Law (Alan), William Smith (Burt), Lewis van Bergen (Mark), April Wayne (Isabel), Robert Quarry (Dr. Khorda), James Booth (Dr. Torrence), Donna Kei Benz, Jillian Kesner (Claire), Bruno Marcotulli (Fahrer), Ken Smolka (Polizist), Thomas Bloom (Soldat), Donna Kei Benz (Schwester Mitchell), Don Scribner (Richard Vargas), Carl D. Parker (Fischer). F 84 Min.*
Drei Vietnam-Veteranen machen mit ihren Bräuten eine Segeltour, die nicht ganz nach ihren Vorstellungen verläuft – die Opfer eines Massakers gehen ihnen auf *übernatürliche* Weise an die Kehle. Wirres Produkt, möglicherweise aus zwei nicht beendeten Filmen zusammengestückelt. Dafür gibt's jede Menge Gewalt, Fleischbeschau und Sex – vorausgesetzt, man bleibt bei dem Schneckentempo, in dem dieser kleine Schunder gedreht wurde, lange genug bei der Stange. AIDT [V]

BLOOD NASTY

(BLOOD NASTY). USA 1989. **R:** *Richard Gabai, Robert Ian Strauss.* **B:** *Buford Hauser, Robert Ian Strauss.* **K:** *Howard Wexler.* **M:** *Larry Berliner, Michael Morrell.* **D:** *Todd McCammon (Roy Flowers), Allison Barron (Sis Flowers), Linnea Quigley (Wanda Dance), Catherine McGuinnes (Mom Flowers), Richard Gabai (Danny), Shannon Absher (Schwester Sylvia), Troy Donahue (Barry Hefna), Jamie James (Felipe), Karen Russell (Mona), Richard Rifkin (Luis Orlando). F 75 Min.*
Der Ring eines irren Massenmörders macht einen von seinem Auftraggeber gelinkten und ermordeten Gangster zum Untoten, der zur tödlichen Gefahr für seine eigene Familie wird. Horror-Dutzendware mit schrägem Humor. [V]

BLOOD PUZZLE

(SKULLDUGGERY/BLOOD PUZZLE). Kanada 1983. **R:** *Ota Richter.* **B:** *Ota Richter.* **K:** *Robert New.* **M:** *Eugene Illin.* **D:** *Thom Haverstock (Adam), Wendy Crewson (Barbara/Dorigen), David Calderisi (Hexer/Dr. Evel), David Main (Chuck), Clark Johnson, Sharolyn Sparrow, Patricia Nember, Diane Lasko Reis, Amanda Hancox. F 95 Min.*
Junger Mann, dessen Ahnen Jahrhunderte zuvor den Fluch von Satanisten auf sich gezogen haben, meuchelt sich durch eine Stadt. Mit humoristischen Ansätzen. Gut gemeint, aber in die Hose gegangen. AIDT [V]

BLOOD SACRIFICE

(PANGA/CURSE III: BLOOD SACRIFICE). Südafrika 1990. **R:** *Sean Barton.* **B:** *John Hunt.* **K:** *Philip Grosvenor.* **M:** *Julian Laxton, Patric van Blerk.* **D:** *Jenilee Harrison (Elizabeth Armstrong), Christopher Lee (Dr. Pearson), Chris Wallas (Ungeheuer), Jenifer Stein (Cindy), Henry Cele, André Jacobs, Olivia Deyer, Gavin Wood, Pepsy Mabezola, John Madiala, Max Mkwanzi, Gowrie Naidoo, Zanelle Negide. F (91) 87 Min.*

Schwangere Amerikanerin wird 1950 in Südafrika von einem Hexenmeister verflucht, da sie sich in eine Opferzeremonie einmischt. Ihr Schwager und dessen Braut fallen dem Fluch als Erste zum Opfer. In Südafrika lief der Film unter dem Titel *Panga,* doch als er in die USA (und später in die BRD) kam, machte man ihn ohne jeden Bezug zur Realität zum Bestandteil einer Serie. »Wie das Ding auch heißt, es taugt nichts.« (Michael J. Weldon, THE PSYCHOTRONIC VIDEO GUIDE).

BLOOD SIMPLE – EINE MÖRDERISCHE NACHT

(BLOOD SIMPLE). USA 1984. **R:** *Joel Coen.* **B:** *Ethan Coen, Joel Coen.* **K:** *Barry Sonenfeld.* **SpE:** *Loren Bivens.* **M:** *Carter Burwell.* **D:** *M. Emmett Walsh (Visser), John Getz (Ray), Frances McDormand (Abby), Dan Hedaya (Julian Marty), Sam Art Williams (Maurice), Deborah Neumann (Debra), Raquel Gavia (Gutsherrin), Van Brooks (Mann aus Lubbock), Senor Marco (Garcia), William Creamer (Alter Zausel), Shannon Sedwick (Stripperin), Loren Bivens, Bob McAdams, Nancy Ginger. F 99 Min.*
Texas, Gegenwart: Der schäbige Detektiv Visser soll im Auftrag des Barbesitzers Julian den Geliebten seiner Frau Abby umbringen. Da nach Murphys Gesetz alles schief gehen wird, was schief gehen kann, kommt es zu unvorhergesehenen Problemen: Visser ist nämlich kein Angehöriger der Klasse der Streber. Aber Geld hat er schon ganz gern. So legt er Julian mit manipulierten Fotos rein, nimmt ihm die Gage ab (immerhin $ 10.000) und knallt ihn über den Haufen. Ray, Abbys Geliebter, findet den vermeintlich toten Julian, hält Abby für die Täterin und will die »Leiche« verschwinden lassen (die sich, als sie schon im hastig gegrabenen Loch liegt, heftig wehrt). Abby hält Ray für den Mörder Julians. Visser hingegen merkt, dass er Ray und Abby nun auch umlegen muss, was sich bei Ray als relativ einfach, bei Abby aber umso schwerer erweist: Sein Endkampf gegen die Frau ist so bizarr wie nichts zuvor und so schwarzhumorig, dass man nicht weiß, ob man lachen oder weinen soll. »Aus diesem klassischen Nichts an Story haben die Brüder Ethan und Joel Cohen das verblüffendste, seit Jahren erfolgreichste US-Debut gemacht, eine krude Mixtur der unerwarteten Wendungen und tragischen Missverständnisse, der Lügen, falschen Beschuldigungen und schrecklichen Zufälle, ein virtuoses Spiel mit üblichen Erwartungen, Genre-Varianten und stilistischen Pirouetten.« (Wolf Donner, TIP). Ein sehr spannender, atmosphärisch dichter Thriller, dessen unheimliche Sequenzen einem die Haare zu Berge stehen lassen. Hergestellt für eine lumpige Million Dollar von zwei Brüdern, die auch mit anderen Filmen gezeigt haben, dass sie etwas auf dem Kasten haben: *Raising Arizona* (1987), *Miller's Crossing* (1990), *Barton Fink* (1991) und *Fargo* (1996). [V]

BLOOD SUCKERS

Anderer Titel für DIE TOLLWÜTIGEN

BLOOD SUCKING FREAKS

(BLOOD SUCKING FREAKS/THE INCREDIBLE TORTURE SHOW). USA 1978. **R:** *Joel M. Reed.* **B:** *Joel M. Reed.* **K:** *Gerry Toll.* **M:** *Michael Sahl.* **D:** *Seamus O'Brien (Master Sardu), Vju Krem (Natasha D'Natalie), Niles McMaster (Tom Maverick), Dan Fauci (Sgt. John Tucci), Alan Dellay (Creasy Silo), Ernie Pysher (Doktor), Luis DeJesus (Ralphie). F 90 Min.*
Belangloses Slasherfilmchen, das in Deutschland 21 Jahre auf eine Videoveröffentlichung harren musste. – »Ein kranker Kleinkunstbühnenintendant und sein zwergwüchsiger Afroamerikaner-Igor foltern und vernichten von morgens bis abends nackte, junge Frauen. (...) einer von vielleicht zehn Filmen weltweit, mit denen man Feministinnen töten kann wie mit einer Axt.« [hoolio, SPLATTING IMAGE, 38/ Juni 1999] AIDT

BLOOD THEATRE

(MEATEATER). USA 1979. **R:** *Derek Savage.* **B:** *Derek Savage.* **K:** *N.N.* **Ma:** *Steve Neill.* **M:** *N.N.* **D:** *Joe Marmo (Lt. Wombat), Lenny Tune (Detective Mulligan), Peter Spitzer (Mitford Webster), Gary Dean (Ricky Webster), Frank Montiforte (Frankie), Joe Goosen (Floyd Thaxton), Richard Nathan (Raymond), Irving Wasserman (Pa), Arch Joboulian, Emily Spindler, Debbie Alsbury, Dorothy Bartlett, Dorothy Francavilla, Scott McGinnis, Ted Paulson, Bob DeJournette. F 84 Min.*
Ein von Brandnarben entstellter, rattenfressender Irrer versteckt sich im Projektorraum eines renovierten Kinos in Texas und meuchelt Menschen, die dort arbeiten oder kommen, um sich einen Film anzusehen. Der Bodensatz des Horrors. AIDT [V]

Blood Theatre

Bloody Marie – Eine Frau mit Biss

BLOOD TIDE

(BLOOD TIDE). GB/Griechenland 1981. **R:** *Nicos Mastorakis.* **B:** *Nicos Mastorakis, Richard Jeffries, Donald Langdon.* **K:** *Ari Stavrou.* **M:** *Jerry Mosely.* **D:** *James Earl Jones (Frye), José Ferrer (Nereus), Mary-Louise Weller (Sherry), Deborah Shelton (Madeline), Marin Kore (Neil), Lydia Cornell (Barbara). F 83 Min.*

Ein griechisches Monster, das schon im 16. Jahrhundert aktiv war, wird durch Unterwassersprengungen eines Schatzsuchers befreit und geht seinem Gewerbe nach: dem Aufspüren und Verzehren von Jungfrauen. Hübsche Aufnahmen von hübschen Landschaften und hübschen Körpern, doch ohne die geringste Spannung: Die Besetzung ist zwar willig, doch das Drehbuch schwach. AIDT

BLOODY MARIE – EINE FRAU MIT BISS

(INNOCENT BLOOD). USA 1992. **R:** *John Landis.* **B:** *Michael Wolk.* **K:** *Mac Ahlberg.* **Ma:** *Steve Johnson.* **M:** *Ira Newborn.* **D:** *Anne Parillaud (Marie), Robert Loggia (Salvatore Macelli), Anthony La Paglia (Joe Gennaro), Don Rickles (Manny Bergmann), David Proval (Lenny), Rocco Sisto (Gilly), Chazz Palminteri (Tony), Tony Sirico (Jacko), Tony Lip (Frank), Kim Coates (Ray), Marshall Bell. F 112 Min.*

Die Vampirin Marie steht in Pittsburgh einem Detective zur Seite und legt sich mit menschlichen Blutsaugern an – der örtlichen Mafia, deren Chef längst auf die Seite der Vampire gewechselt ist. Das leibhaftige Grauen begegnet uns in dieser unterhaltsamen Komödie jedoch nur selten, so dass es einen eigentlich nie gruselt: »Landis' lupenreine Blutästhetik lässt den eigentlichen Reiz des Dracula-Mythos, jene schaurig-schöne Mischung aus Lust und Pfählerei, bereits im Keim ersticken.« (TIP) [V]

BLOODY WEEKEND

(LOADED). GB/Neuseeland 1994. **R:** *Anna Campion.* **K:** *Alan Almond.* **M:** *Simon Fisher Turner.* **D:** *Oliver Milburn (Neil), Nick Patrick (Giles), Catherine McCormack (Rose), Thandie Newton (Zita), Matthew Eggleton (Lionel), Danny Cunnigham (Lance), Biddy Hodson (Charlotte). F 90 Min.*

Sieben Schüler nutzen das Wochenende, das sie in einem abgelegenen Landhaus verbringen, um ein Horror-Video zu drehen.

BLUE SHUNSHINE

(BLUE SUNSHINE). USA 1977. **R:** *Jeff Lieberman.* **B:** *Jeff Lieberman.* **K:** *Don Knight.* **M:** *Charles Gross.* **D:** *Zalman King (Jerry Zipkin), Deborah Winters (Alicia Sweeny), Mark Goddard (Edward Flemming), Robert Walden (David Blume), Charles Siebert (Clay), Ann Cooper (Wendy Flemming), Ray Young (Wayne Mulligan), Alice Ghostley (Nachbarin), Stefan Gierasch (Lt. Jennings), Richard Crystal (Frannie Scott), Bill Adler (Ralphie), Barbara Quinn (Stephanie), Adriana Shaw (Barbara O'Malley), Bill Sorrells (Ritchie Grazzo), Meegan King (Waffenhändler), Argentina Brunetti (Mrs. Roselha), Laura Booker (Samantha), David Schwartz (Jason), Steve Tannen (Joe), Brion James (Tony), Jim Storm (Tommy), Sandy Robertson (Margaret), Mary Moon (Francine), Deete Adams (Tina), Bill Cameron (John O'Malley). F 95 Min.*

Um sein Studium zu finanzieren, bringt Edward Fleming 1967 einige hundert Dosen »Blue Sunshine«, einen LSD-Ableger mit Spätzeitfolgen, an den Mann respektive die Frau. Zehn Jahre später ist Fleming, der ehemalige Stanford-Student, dabei, seine politische Karriere durch eine Werbekampagne zu forcieren. In diese Zeit fällt eine ausgelassene Fete, auf der sich alte Stanford-Kommilitonen treffen. Frannie Scott versucht sich als Sinatra-Parodist. Plötzlich verliert er seinen Haarschopf, und wie auf ein Zeichen bekommt er Stielaugen und rennt mit entsetzlichem Gebrüll aus dem Haus. Das hält natürlich auch die stärkste Party nicht aus: Die Teilnehmer verlassen das Fest, bis auf drei Frauen. Jerry Zipkin, der dem Amokläufer gefolgt ist, kehrt unverrichteter Dinge zurück. Er findet die Überreste der drei Frauen und den wahnsinnigen Mörder, der auf ihn lauert. Jerry kann sich nur retten, indem er Frannie Scott gegen einen LKW schleudert. Der Mordverdacht fällt naturgemäß auf Jerry. Seine Freundin Alicia kann ihn verstecken. Mittlerweile häufen sich ähnliche Vorgänge. Die Täter verlieren ihre Haare und laufen Amok. Jerry stellt eigene Nachforschungen an. Gemeinsam ist den Tätern, dass sie alle 1967 in Stanford studiert und Verbindungen zu Fleming hatten, von dem sie Blue Sunshine bezogen. Die Droge wirkt offenbar langfristig, mit schleichenden Veränderungen der Chromosomen. Nächstes Opfer könnte Wayne Mulligan sein, Football-Star und Wahlkampfmanager Flemings. Jerry Zipkin kann Mulligan mit Beruhigungsgeschossen noch rechtzeitig kaltstellen. Flemings Karriere dürfte zum Stillstand kommen, doch noch immer sind 255 Dosen der Droge im Umlauf. Sollten sich also unter Ihren Nachbarn ehemalige Stanfordstudenten befinden, lohnt es sich, diesen in die Haare zu fahren – auf dass sich der Wahnsinn endlich zu erkennen gebe! – »Ohne langatmige und sachte Einstimmung wird in den ersten Minuten nicht mit Spannung, Schock oder Schrecken gespart, was einen dann den ganzen Film über in dauernder Anspannung hält. Dabei sind die ersten Morde im Detail gar nicht auf der Leinwand zu sehen, sondern nur raffiniert angedeutet, so dass der Zuschauer das Grausen zu Ende denkt. Der Film ist packend wie kaum ein anderer Horrorfilm der gleichen Produktionskategorie, und wer starke Nerven und ein gutes Durchstehvermögen hat und sich ohne Schaden auf den Zauber des Regisseurs einlassen kann, wird sicherlich einige Beschäftigung mit dem Film haben.« (Jörg Bockow, FILMBEOBACHTER) [V]

BLUE VELVET

(BLUE VELVET). USA 1986. **R:** *David Lynch.* **B:** *David Lynch.* **K:** *Frederick Elmes.* **SpE:** *Greg Hull, George Hill.* **M:** *David Lynch, Angelo Badalamenti, Lee Morris, Bernie Wayne, Victor Young, Edward Heyman, Roy Orbison, Shep Shepherd, Clifford Scott, Bill Doggett, Billy Butler.* **D:** *Kyle McLachlan (Jeffrey Beaumont), Isabella Rossellini (Dorothy Vallens), Dennis Hopper (Frank Booth), Laura Dern (Sandy Williams), Hope Lange (Mrs. Williams), Dean Stockwell (Ben), George Dickerson (Detective Williams), Priscilla Pointer (Mrs. Beaumont), Ken Stovitz (Mike), Brad Dourif (Raymond), Jack Nance (Paul), J. Michael Hunter (Hunter), Dick Green (Don Vallens). F 120 Min.*

Ein biederer junger Mann, Jeffrey Beaumont, ist in das Städtchen Lumberton zurückgekehrt, um den Familienbetrieb zu führen, solange sein Vater im Krankenhaus liegt. Eines Tages weckt der geheimnisvolle Fund eines abgeschnittenen, faulenden menschlichen Ohrs in ihm kriminalistische Neugier. Zusammen mit einer scheuen blonden Polizistentochter unternimmt er eine Reise »unter die Oberfläche der amerikanischen Provinz« und gerät an die anrüchige dunkelhaarige Nachtclubsängerin Dorothy – und über sie wiederum an den perversen und psychopathischen Gangster Frank, einen Mörder, Erpresser, Vergewaltiger, »Fuck!«-Sager und was

Blue Velvet

sonst noch alles. – »In Amerika und Italien hat *Blue Velvet* öffentliches Ärgernis erregt. Es gibt brutale und beschämende Szenen. Es wimmelt von getarnten Phalli, und überall tun sich dunkle Löcher auf, aber Symbole sind selten gefährlich. David Lynch jedoch pumpt seine Symbole mit Bedeutung auf – bis sie platzen. Die Splitter treffen direkt ins Auge des Zuschauers. Lynch bläst zum Sturm auf die gewohnten Kinozeichen und überrennt dabei alle unsere Abwehrstellungen.« (Claudius Seidl, SÜDDEUTSCHE ZEITUNG, 13.2.1987) [V]

BLUMEN DER NACHT

(FLOWERS IN THE ATTIC). USA 1987. **R:** *Jeffrey Bloom.* **B:** *Jeffrey Bloom.* **V:** *»Blumen der Nacht« von V. C. Andrews.* **K:** *Frank Byers, Gil Hubbs.* **SpE:** *A & A Dick Albain.* **M:** *Christopher Young.* **D:** *Victoria Tennant (Mutter), Kristy Swanson (Cathy), Louise Fletcher (Oma), Jeb Stuart Adams (Chris), Ben Ganger (Cory), Lindsay Parker (Carrie), Marshall Colt (Vater), Nathan Davis (Opa), Brooke Fries (Mädchen), Alex Koba (John Hall), Leonard Mann (Bart Winslow), Bruce Neckels (Pastor), Gus Peters (Aufseher). F 95 Min.*

Eine Mutter von vier Kindern, die ein inzestuöses Verhältnis mit ihrem Onkel verband, bringt nach dem Tod desselben die ihrer Verbindung enstammende »Teufelsbrut« auf dem Dachboden des Elternhauses unter, um a) bei ihren wohlhabenden, gottesfürchtigen Erzeugern Abbitte zu leisten und b) sich einen reichen Mann zu angeln. Ein Kind geht an Einsamkeit und Lieblosigkeit zugrunde. Das Projekt sollte ursprünglich von Wes Craven inszeniert werden. V. C. Andrews, die 1986 verstorbene Autorin der Romanvorlage, hat einen Gastauftritt. [V]

BLUT AN DEN LIPPEN

(LE ROUGE AUX LEVRES). BRD/Belgien/Frankreich 1970. **R:** *Harry Kümel.* **B:** *Harry Kümel, Pierre Drouot, J. J. Amiel.* **K:** *Edward van der Enden.* **M:** *François de Roubaix.* **D:** *Delphine Seyrig (Gräfin Elisabeth Bathory), Danielle Ouimet (Valérie), John Karlen (Stefan), Andrea Rau (Ilona Harczy), Paul Esser (Portier), Georges Jamin (Mann), Joris Collet (Butler), Fons Rademakers (Mutter). F 89 Min.*

Stefan und Valérie haben in der Schweiz gerade ihre Flitterwochen verbracht. Weil sie auf der Rückreise nach England ihr Schiff verpasst haben, quartieren sie sich in einem vorsintflutlichen Hotelpalast am menschenleeren Strand von Ostende ein. Zunächst sind sie die einzigen Gäste, bis die Comtesse Elisabeth Bathory mit ihrer Begleiterin Ilona Harczy eintrifft. Der Hotelportier glaubt, die geheimnisvolle Dame in Schwarz vor 40 Jahren schon mal in diesem Hotel gesehen zu haben. Er ist über ihr unverändert jugendliches Aussehen höchst erstaunt. Lächelnd gibt die Comtesse zu verstehen, dass es sich um einen Irrtum handeln müsse. Für die Außenwelt ist sie eine jener adeligen Damen der Gesellschaft, die je nach Lust und Laune durch die halbe Welt ziehen, von Spielkasino zu Spielkasino. Doch erfährt der Zuschauer aus einzelnen Bemerkungen und kleinen Randbegebenheiten, dass Comtesse Elisabeth in Wirklichkeit ein Vampir sein muss. Ihr Mädchen Ilona hat sie mit der den Vampiren eigenen Macht unter Kontrolle. Ihr nächstes Opfer soll Valérie sein. Beim Abendessen sitzen die Comtesse und das junge Paar zusammen. Sie erzählt den beiden von ihrer berüchtigten Großmutter, der »blutigen Gräfin«, die zur Erhaltung ihrer Schönheit 800 Jungfrauen töten ließ, um in deren Blut zu baden. Valérie ist von der Erzählung so verstört, dass sie ihren Mann auffordert, sofort nach London weiterzufahren. Doch Stefan, den der sadistische Bericht sichtlich erregt hat, ist scharf auf seine Frau. Vom Verhalten ihres Gatten schokkiert, sucht Valerie das Weite, kehrt jedoch unter dem hypnotischen Einfluss der Comtesse ins Hotel zurück. Inzwischen ist, um Stefan von seiner jungen Frau abzuhalten, Ilona zu ihm ins Zimmer geschlüpft und hat ihn verführt. Das macht ihm Spaß. Mit einem Rasiermesser will er sie zu einem gemeinsamen Bad zwingen, doch durch widrige Umstände verletzt er sie tödlich. Die Comtesse zwingt Stefan, Ilonas Leiche am Strand zu vergraben. Längst hat sie sich mit lesbischem Vergnügen an Valérie vergangen und sie vampirisiert. Die beiden weiblichen Vampire stürzen sich auf Stefan, bringen ihn um und wälzen sich in seinem Blut. Anschließend werfen sie den Leichnam ins Meer. Kurz vor Morgengrauen verlassen sie das Hotel. Doch die Morgendämmerung birgt Gefahren, speziell für Vampire. So treibt die Comtesse Valérie zu schnellerem Fahren an. Als der erste Sonnenstrahl durch die Wolken dringt, wird Valérie geblendet und kommt von der Straße ab. Die Comtesse wird aus dem Wagen geschleudert, und ein Ast, der sie aufspießt, macht ihrem Vampirleben ein Ende. Valérie trägt das blutige Erbe der Comtesse Elisabeth weiter in die Welt. Sie ist gerade dabei, sich mit einem jung verheirateten Pärchen anzufreunden.

» ... das alles ist geistig wie formal zu weit unter der Niveaugrenze, dass sich eine Beschäftigung mit diesem Filmchen nicht lohnt«, schloss die Filmkritikerin e.h. eine der kürzesten Kritiken des FILMDIENST. Das Gutachten der Filmkommission schloss sich dem an: »Undeutlicher Vampir-Horror, Sex und Sadismus in einem billigen, unzulänglichen, von Unglaubwürdigkeiten strotzenden Schundfilmchen. Wir raten ab.« Wie hätte die Kommission auch ahnen können, dass sich der Film als anerkannter Kultfilm in den Kinos halten würde, eine Tatsache, die allerdings nicht unbedingt etwas über die Qualität eines Films aussagt. Doch hatte Filmkritiker Hans D. Furrer im Fachorgan VAMPIR andere Töne angeschlagen: »Kümels Film ist von den Aufnahmen her ein Genuss. Ob er den leeren Sandstrand, die Fassade des Hotels, das flackernde Licht einer Kerze oder halb geöffnete Lippen in Großaufnahme ins Bild bringt, immer stimmt die Beleuchtung, immer sind Farben und Hintergründe aufeinander abgestimmt. Trotz kleiner Mängel hat Harry Kümel mit seinem Erstling ... bewiesen, dass man auch mit subtileren Mitteln einen Horrorfilm drehen kann – ganz im Gegensatz zu vielen modernen Gruselstreifchen, in denen das Grauen allzu oft mit offensichtlicher Maskerade erzeugt werden soll und dabei meist lächerlich wirkt.« In Nordamerika wurde der Film ein herausragender Erfolg. Jede Zeitung, die etwas auf sich hielt, diskutierte den Film, widmete ihm oft seitenlange Besprechungen, hin und wieder ablehnend, doch meist von geradezu euphorischer Zustimmung: »Einer der elegantesten Horrorfilme, die je gedreht wurden, ein höchst kultivierter, risikoreicher Triumph in Machart und Stimmung, unaussprechlich pikant.« (LOS ANGELES TIMES). – »Dieser kluge, eindrucksvolle, atemberaubend farbige und feinfühlig inszenierte Film ist seit langem der kunstvollste Vampir-Schocker überhaupt.« (NEW YORK TIMES). Besonders lobenswert fanden die Kritiker neben der exzellenten Regiearbeit die Leistung der Hauptdarstellerin Delphine Seyrig, deren großer Erfolg *Letztes Jahr in Marienbad* über zehn Jahre zurück lag: »Man sollte schon in den Film gehen, nur um Delphine Seyrig zu sehen.« (WASHINGTON POST). Sie trägt in erheblichem Maße dazu bei, dass der Film wirklich einer der besten seiner Gattung ist, aber »er ist sicher auch den perverseste ... *Blut an den Lippen* ist sicher ein schlimmer Film, wie einige Kritiken behaupten, und er ist auch kein Prachtstück, aber er ist sexy, phantasievoll, amüsant und macht unbestreitbar Spaß. Er ist ein bemerkenswertes Etwas, das Filmgänger, die immer auf der Suche nach dem letzten Trend im Horrorfilm sind, nicht auslassen sollten.« (Danny Peary, CULT MOVIES 2)

BLUT FÜR DRACULA

(DRACULA, PRINCE OF DARKNESS). GB 1965. **R:** *Terence Fisher.* **B:** *John Sansom.* **K:** *Michael Reed.* **M:** *James Bernard.* **D:** *Christopher Lee (Dracula), Barbara Shelley (Helen Kent), Andrew Keir (Shandor), Francis Matthews (Charles Kent), Suzan Farmer (Diana Kent), Charles Tingwell (Alan Kent), Thorley Walters (Ludwig), Philip Latham (Gabor), Walter Brown (Mark), George Woodbridge (Wirt), Jack Lambert (Peter), Philip Ray (Priester), Joyce Hemson (Mutter), John Maxin (Kutscher). F 90 Min.*

Böhmen, im 19. Jahrhundert: Während einer Reise übernachten die Brüder Charles und Alan Kent mit ihren Frauen Diana und Helen auf dem

Schloss des »verstorbenen« Grafen Dracula. Alan wird vom unheimlich wirkenden Schlossverwalter umgebracht – sein Blut dient dazu, den Grafen wieder lebendig zu machen. Dann stillt der adelige Vampir seinen Durst am Blute der rassigen Helen. Charles und Diana fliehen in das Kloster des Abtes Shandor, aber Draculas Blutdurst ist so groß, dass er ihnen nachsetzt. Und zu allem Übel hat er überall seine Lakaien. Natürlich muss er am Ende dran glauben; ein Abt hat schließlich eine Direktleitung zur nächsthöheren Instanz. Diese lahme Fortsetzung von *Dracula* (GB 1958; Regie: Terence Fisher) weist eine außerordentlich schlappe Story auf und konnte niemanden wirklich begeistern. Christopher Lee als vampirischer Graf spricht in diesem Streifen kein einziges Wort. »Höhepunkt der Gruseleffekte ist wohl der Mord an dem Engländer, aus dessen mit dem Kopf nach unten hängenden abgestochenen Körper das Blut in den Dracula-Sarkophag abgelassen wird. Wer bis dahin das Gruseln nicht lernte, den schaudert's dann.« (MN., FILMDIENST)

DAS BLUT VON DRACULA

Anderer Titel für WIE SCHMECKT DAS BLUT VON DRACULA?

BLUTBAD DES SCHRECKENS

(SCREAM BLOODY MURDER). USA 1972. **R:** *Marc B. Ray.* **B:** *Robert J. Emery, Larry Alexander.* **K:** *Stephen Burum.* **D:** *Paul Vincent, Marlena Lustik, Nick Kleinholz III., Paul Ecenta, Nancy Whetmore, Fred Holbert, Leigh Mitchell, Robert Knox. F 93 Min.*

Ein Psychopath mit einer Stahlhand wird aus der Heilanstalt entlassen und unter Einwirkung eines Albtraums zum gnadenlosen Massenmörder. »Sehr harter Horror-Thriller, dessen blutige Realistik auf die Sensationslust des Publikums spekuliert.« (FILMDIENST)

BLUTDURST

(THIRST). Australien 1979. **R:** *Rod Hardy.* **B:** *John Pinkney.* **K:** *Vincent Monton.* **M:** *Brian May.* **D:** *Chantal Contouri (Kate Davis), David Hemmings (Dr. Fraser), Henry Silva (Dr. Gauss), Max Phipps (Hodge), Rod Mullinar (Derek), Shirley Cameron (Mrs. Barker), Robert Thompson (Sean), Walter Pym (Dichter), Rosie Sturgess (Lori), Amanda Muggleton (Martha), Lulu Pinkus (Krankenschwester). F 90 Min.*

Kate Davis entstammt einer blaublütigen Familie. Sie gerät in die Fänge eines internationalen Vampir-Syndikats, das sich durch die adelige Jung-Frau verstärkt sehen will. Diese Organisation der Blutsauger unterhält sog. Menschenfarmen, in denen ihre Opfer wie Tiere gehalten und alle zwei Tage zu »Blutspenden« aufgerufen werden. Modernste Apparaturen saugen die Opfer bis zur physischen Erschöpfung aus und pumpen das Blut hektoliterweise in riesige Tanks. Keimfrei verpackt steht es dann den aktiven Mitgliedern der Vampirsekte zur Verfügung. Kate Davis setzt sich zur Wehr, wird mit Gehirnwäsche und Psychodrogen gefügig gemacht und als Neu-Vampir in die Konzernspitze aufgenommen. – Man kann es kaum für möglich halten, aber die US-Kritik ist durchweg positiv. Michael Weldon spricht von einer »frischen Unterhaltungsproduktion«, VARIETY lobt die schauspielerischen Leistungen vor allem der internationalen Stars Hemmings und Silva, darüber hinaus die Spezial-Effekte, die atmosphärisch gelungenen Sets und die bemerkenswerte Musik Brian Mays. »Der Film«, schließt VARIETYs Lobeshymne, »sollte sich besonders gut für Freilicht-Kinos eignen.« Für zarte Gemüter sicher von Vorteil, an der frischen Luft zu sein, obwohl der Film mit relativ wenigen Schockszenen auskommt. Im Übrigen haben obige Kritiker bei aller technischen Perfektion des Films wohl übersehen, dass *Blutdurst* nur mäßige Spannung verbreitet, ein Vampirgemäßes Gruseln sich beim Zuschauer nicht einstellt und einige »Witzchen« unter Blutarmut leiden. [V]

DAS BLUTGERICHT DER GEQUÄLTEN FRAUEN

(LA MALDICION DE FRANKENSTEIN/LA MALEDICTION DE FRANKENSTEIN). Spanien/Frankreich 1972. **R:** *Clifford Brown [Jess Franco].* **B:** *Jess Franco.* **K:** *Raoul Artigot.* **M:** *Daniel White. D: Howard Vernon (Cagliostro), Dennis Price (Dr. Frankenstein), Britt Nicholls (Madame Orloff), Jess Franco (Morpho), Fernando Bilbao (Monster), Anne Libert (Melissa), Luis Barboo (Caronte), Britt Nichols (Frankensteins Tochter), Alberto Dalbes (Dr. Seward), Lina Romay (Esmeralda), Beatriz Savon (Vera Frankenstein), Doris Tom (Abigail), Daniel J. White (Inspektor Tanner). F 84 Min.*

Der sinistre Graf Cagliostro beauftragt seine Assistentin Melissa, in Frankensteins Schloss ein-

Das Blutgericht der reitenden Leichen

zudringen und dessen Monster zu klauen, das er benötigt, um es zum Stammvater einer neuen Rasse zu machen (STÖHN!). Während der Entführungsaktion muss Frankenstein leider den Löffel abgeben. Um der mageren Geschichte eine Wendung zu verleihen, baut unser wackerer Autor flugs eine gewisse Vera Frankenstein (des Monstermachers Tochter) und einen Dr. Seward in die Handlung ein, die sich heftig bemühen, den prominenten Akademiker wieder zum Leben zu erwecken. Da keine Frau mit Grips freiwillig bereit wäre, bei Cagliostros hirnrissigem Plan eine »tragende« Rolle zu spielen, kidnappt das Monster derweil allerorten zu Züchtungszwecken knackige Weiber (an denen im Bekanntenkreis des Regisseurs – wie wir neidvoll vermelden müssen – offenbar kein Mangel herrscht). Vera F. gerät in Gefangenschaft, aus der sie erst freikommt, als das Monster Anstalten macht, sich mit einer Dame zu paaren. Nebenher geistern ein paar monströse Gestalten und halbnackte Frauen durch die Story, bei deren Auftauchen man sich unweigerlich fragt, aus welchen unbeendeten Billigfilmen sie wohl stammen mögen. – Das hanebüchene Drehbuch (von Jess Franco bei einem Eimer Sangria am Tresen auf einen Bierdeckel niedergeschrieben) wurde vermutlich in zwei Tagen auf Zelluloid gebannt, und zwar in den Kulissen eines Schundfetzers, den er drei Tage zuvor inszeniert hat. Schade nur, dass er seine ausufernden Phantasien visuell noch nie so umsetzen konnte, dass das Resultat Unterhaltungswert gehabt hätte. AIDT

DAS BLUTGERICHT DER REITENDEN LEICHEN

(LA NOCHE DE LAS GAVIOTAS). Spanien 1975. **R:** *Amando Ossori.* **B:** *Amando Ossori.* **K:** *Francisco Sanchez.* **M:** *Anton Garcia Abril.* **D:** *Victor Petit (Dr. Henry Stein), Maria Kosti (Joan Stein), Sandra Mazanosky (Lucy), Julie James (Tilda Flannagan), José Antonio Calvo (Teddy), Susana Estrada, Oscar Phens, Javier de Rivera, Julia Saly, Pilar Vela, Maria Vidal, Fernando Villena. F 89 Min.*

Henry, ein junger Arzt, übernimmt von einem Kollegen eine Praxis in einem spanischen Küstendorf, dessen Bewohner ihn und seine Frau jedoch schneiden. Schließlich erfahren sie von einer Untoten-Sekte, die periodisch am Strand auftaucht und Menschenopfer fordert. Obwohl Henry und Joan die Legende für Unsinn halten, werden sie bald eines Besseren belehrt: Das Mädchen Lucy sucht Schutz bei ihnen; dann sehen sie die skelettartigen Gestalten selbst. Gehetzt von der Furcht erregenden Horde flüchten sie in einen alten Tempel. Aber ausgerechnet dort treiben die Untoten ihr Unwesen. Ein Nachzieher des Schauerdramas *Die Nacht der reitenden Leichen,* mit etwas Sex angereichert. Eine selten blöde Story, die jedoch wenigstens handwerklich nicht so schludrig gemacht ist wie andere Streifen, die sich dieses Themas annahmen.

BLUTGERICHT IN TEXAS

(THE TEXAS CHAINSAW MASSACRE). USA 1974. **R:** *Tobe Hooper.* **B:** *Kim Henkel, Tobe Hooper.* **K:** *Daniel Pearl.* **M:** *Tobe Hooper, Wayne Bell.* **D:** *Marilyn Burns (Sally), Allen Danziger (Jerry), Paul A. Pertain (Franklyn), William Vail (Kirk), Teri McMinn (Pam), Edwin Neal (Anhalter), Jim Siedow (Alter Mann), Gunnar Hansen (Ledergesicht), John Dugan (Großvater), Jerry Lorenz (Lkw-Fah-*

Das Blutgericht der reitenden Leichen

rer), Joe Bill Hogan (Säufer), Robert Corten (Fensterputzer). F 87 Min.

Sally und ihr an den Rollstuhl gefesselter Bruder Franklyn besuchen mit ihren Freunden Pam, Kirk und Jerry das leer stehende Haus ihrer Eltern irgendwo in einer abgelegenen Gegend von Texas. Da ihnen das Benzin ausgeht, suchen sie nacheinander ein Nachbargebäude auf. Dieses entpuppt sich jedoch als Unterschlupf einer Familie blutgieriger Irrer, die alle Fremden (vorzugsweise mit einer knatternden Motorsäge) umbringen und sich von Menschenfleisch ernähren. Die arglosen jungen Leute werden viehisch abgeschlachtet; nur Sally gelingt die Flucht. Dieser ekelhafte Kotzbrocken, den auch abgebrühte Zuschauer nur schwer verkraften können, ist zum Kultfilm geworden. Wie die anderen Ekelfilme Hoopers – z.B. *Blutrausch* (USA 1976) und *Kabinett des Schreckens* (USA 1980) – ist auch dieser billig (155 000 $) hergestellte Streifen eine perfide Schlächterorgie, die von der ersten Minute an eine bedrohliche, düstere Atmosphäre ausstrahlt: Die Bösewichter sind nicht nur geistig, sondern auch körperlich deformiert – allein ihre Anwesenheit und ihr wirres Gerede jagen einem maßlosen Schrecken ein. Aber dies hat natürlich einen Grund: So manifestiert sich ihre Abscheulichkeit gleich auf zwei Ebenen und liefert Hooper ein bequemes Alibi für die Zurschaustellung seiner niederträchtigen Phantasie. Wie skrupellos er zu Werke geht und mit welcher Dreistigkeit er unterstellt, jedermann müsse seines Geistes Kind sein, dürfte schon die Impertinenz belegen, dass er in seinen Filmen immer wieder derangierte Geister aufführt, um den Zuschauer das »Gruseln« zu lehren. Da gibt es keinen subtilen Horror mehr wie etwa bei Alfred Hitchcock oder Brian De Palma: Bei Hooper muss man ständig damit rechnen, dass ein irrsinniger Schlitzer ins Bild stürzt, der seine greulichen Untaten blitzschnell und blutig durchführt. Da gibt es kein verhaltenes Frösteln mehr – hier reagiert nur noch das blanke Entsetzen, der Schock. Hooper nach den Vorführung seines Films in Cannes: »Bei der ersten Vorführung gab es eine Bombendrohung, und wir mussten das Theater räumen. Ich sprach zweimal, und beide Male sprang ein Typ auf, nannte mich ein Faschistenschwein und rannte aus dem Kino.« (LEXIKON DES PHANTASTISCHEN FILMS) [V]

BLUTHUNDE

(DEATH WEEKEND/THE HOUSE BY THE LAKE). Kanada 1976. **R:** *William Fruet.* **B:** *William Fruet.* **K:** *Robert Saad.* **M:** *Ivan Reitman.* **D:** *Brenda Vaccaro (Diane), Don Stroud (Lep), Chuck Shamata (Harry Blatt), Richard Ayres (Runt), Kyle Edwards (Frankie), Don Granberry (Stan), Ed McNamara (Spragg), Michael Kirby (Ralph), Richard Donat (Polizist), Denver Mattson (Smokey), Al Bernardo (Doobie), Roselle Stone (Mrs. Doobie), Elaine Yarish (Mädchen). F 94 (89) Min.*

Vier Lumpen terrorisieren ein Pärchen, das in einem einsamen Landhaus das Wochenende verbringen will, und fallen, nachdem sie den Hausherrn getötet haben, dessen Freundin zum Opfer. – Ein harter Schocker, der auch unter den Titeln *Party des Schreckens, Die Vergewaltigung* und *Inferno im Moor* gelaufen ist. Überzeugende Darsteller, speziell Brenda Vaccaro und Don Stroud, der den Anführer der Taugenichtse spielt. [V]

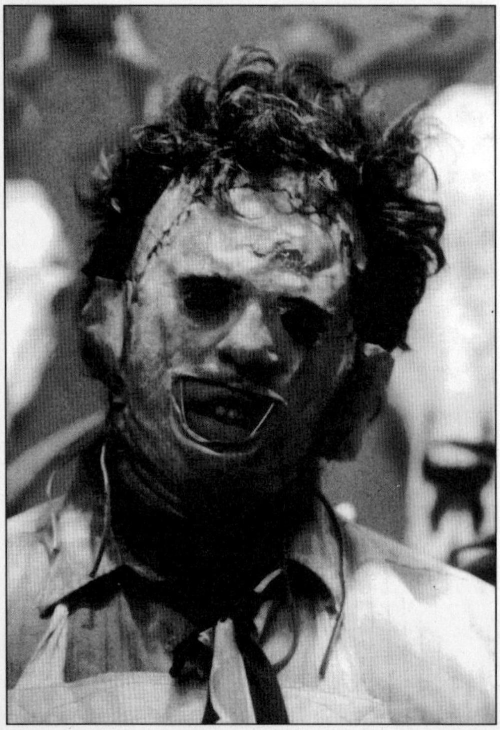

Blutgericht in Texas

BLUTIGE MAGIE

(EROTICOFOLLIA). Italien/Spanien 1974. **R:** *Mario Siciliano.* **B:** *Federico de Urrutia, Julio Buchs, Mario Siciliano.* **K:** *Vicente Minaya.* **SpE:** *Paolo Ricci.* **M:** *Stelvio Cipriano.* **D** *Anthony Steffen (Lt. Ranieri), Richard Conte (Dr. Stone), Pilar Velasquez (Yvonne Chevrel), Eduardo Fajardo (Basev), Daniela Giordano (Taga), Luis La Torre (Robert), Lone Fleming (Martha), Luciano Pigozzi (William Stevens), Eva Vanicek (Dr. Turner), Jorge Rivera, Flora Marrone. F 90 Min.*

Playboy Peter Cray träumt alp von abscheulichen Morden, und da selbige Taten auch in der Realität geschehen, fragt er sich, ob er etwa ein Mörder ist, der von seinen Untaten nichts weiß. [V]

BLUTIGE SCHATTEN

(SOLAMENTE NERO). Italien 1978. **R:** *Antonio Bido, Marisa Andalo.* **B:** *Antonio Bido, Marisa Andalo, Domenico Malan.* **K:** *Mario Vulpiani.* **M:** *I Goblin, Stelvio Cipriani.* **D:** *Lino Capoliccio (Stefano D'Arcangeli), Craig Hill (Don Paolo), Massimo Serrato (Graf), Sandra Sellani (Stefania), Stefania Casini, Juliette Mayniel, Laura Nucci, Attilio Duse, Gianfranco Bullo, Luigi Casellato, Alfredo Zammi, Alina Simoni, Emilio Delle Piane, Sonia Viviani, Sergio Mioni. F 109 Min.*

Der Student Stefano kehrt in sein kleinstädtisches Zuhause auf der Insel Murano (bei Venedig) zurück, um Bruder und Vater, den Geistlichen Don Pablo, zu besuchen. Letzterer ist besorgt über eine Einheimische, die in ihrem Haus Séancen abhält, denen die verhasstesten Bewohner der Stadt beiwohnen – ein reicher Pädophiler, ein spielsüchtiger Arzt und eine Hebamme, die illegale Abtreibungen vornimmt. Während eines nächtlichen Unwetters wird die Veranstalterin der Séancen auf dem Marktplatz erdrosselt – wie schon Jahre zuvor eine Schülerin. Stefano hat plötzlich die Vision eines ängstlich schreienden kleinen Jungen – eines Mordzeugen? Don Pablo erhält anonyme Briefe, die verkünden, er sei als Nächster dran, falls er es wagen sollte, über die gesichtete Bluttat zu reden. Bald zeigt sich, dass der geheimnisvolle Mörder es auf sämtliche Séancen-Teilnehmer abgesehen hat. – Eine atmosphärisch dichte, sich oftmals an Dario Argento anlehnende Mordgeschichte mit einigen überraschenden Wendungen, in eine unheimliche Winterlandschaft gesetzt, die morbiden Reiz ausstrahlt. [V]

DAS BLUTIGE SCHLOSS DER LEBENDEN LEICHEN

Anderer Titel für DIE GESCHÄNDETE ROSE

BLUTIGE SEIDE

(SEI DONNE PER UN ASSASSINO). Italien/Frankreich/Monaco 1964. **R:** *Mario Bava.* **B:** *Mario Bava, Marcello Fondato, Giuseppe Barilla.* **K:** *Ubaldo Terzano.* **M:** *Carlo Rustichelli.* **D:** *Cameron Mitchell (Massimo Morlacchi), Eva Bartok (Contessa Christiana), Thomas Reiner (Inspektor Silvestri), Giuliana Raffaeli (Ass. Insp. Zanchin), Dante di Paolo (Franco Seala), Mary Arden (Peggy), Arianna Gorini (Nicole), Claude Dantes (Greta), Franco Ressel (Riccardo), Massimo Righi (Marco), Luciano Pigozzi (Cesare Lazzarini), Harriet While Medin (Isabella), Enzo Cerusico, Nadia Anty, Lea Drugher. F 87 Min.*

Irrer Schlitzer meuchelt und metzelt sich durch ein Modehaus, wobei ihm zahlreiche Mannequins in die Hände fallen. Einer der vielen geschmacklosen Killerfilme Cameron Mitchells.

BLUTIGE VERSCHWÖRUNG

(LEGACY OF BLOOD). USA 1972. **R:** *Carl Monson.* **B:** *Eric Norden.* **St:** *Carl Monson.* **K:** *Jack Beckett, Ben Rambout.* **M:** *Jaime Mendoza-Nava.* **D:** *Rodolfo Acosta (Dan Garcia), Merry Anders (Laura Dean), Ivy Bethune (Elga), John Carradine (Christopher Dean), Richard Davalos (Johnny Dean), Faith Domergue (Victoria Dean), John Smith (Carl Isenburg), Norman Bartold (Tom Drake), Jeff Morrow (Gregory Dean), Buck Kartalian (Igor), John Russell (Frank Mantee), Brooke Mills (Leslie Dean). F 86 Min.*

Christopher Dean hinterlässt der Verwandtschaft und den Dienstboten sein Vermögen unter der Bedingung, dass sie eine Woche in seiner Villa wohnen. Sollte einer der Erben in dieser Zeit sterben, wird sein Anteil auf die anderen umgelegt. Natürlich kommt es unter diesen Umständen zu Mord und Totschlag. Zu echter Spannung jedoch weniger. [V]

BLUTIGER SOMMER – CAMP DES GRAUENS

(SLEEPAWAY CAMP/NIGHTMARE VACATION). USA 1983. **R:** *Robert Hiltzik.* **B:** *Robert Hiltzik.* **K:** *Benjamin Davis.* **M:** *Edward Bilous.* **D:** *Mike Kellin (Mel), Felissa Rose (Angela), Jonathan Tierston*

(Ricky), Karen Fields (Judy), Christopher Collet (Paul). F 81 Min.
Der übliche Schlitzer geht im üblichen amerikanischen Ferienlager um, tötet die üblichen Knallchargen und entpuppt sich als üblicher (weiblicher) Schizo. Der übliche Unfug, hergestellt von den üblichen Verdächtigen. AIDT [V]

BLUTIGER VALENTINSTAG

(MY BLOODY VALENTINE). USA 1981. **R:** *George Mihalka.* **B:** *John Beaird.* **St:** *Stephen Miller.* **K:** *Rodney Gibbons.* **M:** *Paul Zaza.* **D:** *Paul Kelman (T. J.), Lori Hallier (Sarah), Neil Affleck (Axel), Keith Night (Hollis), Alf Humphreys (Howard), Cynthia Dale (Patty), Helene Udy (Sylvia), Tom Kovacs (Mike), Don Francks (Polizeichef Newby), Larry Reynolds (Bürgermeister Hanninger). F 91 Min.*
Zwanzig Jahre ist es her, seit es am Valentinstag zu einer furchtbaren Bergwerkskatastrophe kam, weil zwei Bergleute wegen des Festes ihren Dienst vernachlässigten. Der einzig Überlebende musste in geistiger Umnachtung in eine Nervenklinik eingeliefert werden, konnte entwischen, sich an den Schuldigen rächen und ward nie mehr gesehen. Jetzt, nach zwanzig Jahren, erhält der Bürgermeister der Bergwerksstadt zum Valentinstag in einer Bonbonniere ein blutiges Herz menschlicher Herkunft zugesandt, mit der Empfehlung, die Feste der verliebten Herzen sofort abzusagen. Solch drastisches Argument zieht. Doch einige junge Bergleute nebst Freundinnen wollen auf ihr Vergnügen nicht verzichten. Sie feten sinnigerweise in der Mine, was – wie könnte es anders sein – bestialische Morde nach sich zieht. Der Unhold will übrigens »nur« den Mord an seinem Vater rächen. Um diesen schwachsinnigen *Halloween*-Abklatsch zu rechtfertigen, zitierte das Presseheft des Filmverleihs Amerikas Horror-Altmeister William Castle: »Der Schauder muss dem Zuschauer Vergnügen machen, das Makabre prickelnden Nervenkitzel produzieren. Das Schönste bei einer jeden solchen Story ist die befreiende Rückkehr in die Wirklichkeit.« Recht hat er! Der Zuschauer will sich vergnügen und nicht nachher seine Kleidung in die Reinigung bringen, weil ihm beim Besuch des Films das Essen aus dem Gesicht gefallen ist.

BLUTIGES VERLANGEN

(DEAD OF NIGHT). USA 1997. **R:** *Kristoffer Tabouri.* **B:** *Karen Kelly.* **K:** *N.N.* **SpE:** *Eric Vrba.* **M:** *Deeji Mincey, Boris Zelkin.* **D:** *John Enos (Woods), Kathleen Kinmont (Katherine), Diana Frank (Nina), Robert Knepper (Christian), Alex Rocco (Bukowski), Paul Winfield (Vernon), Scott Kraft (Eric), Shelley Hursey (Hillary), Larry Poindexter (Keane), Jennifer Burton (Carmen), Anya Longwell (Amy), Griffin Drew (Zanza), Tanya Newbould (Carry), Heather Stephens (Ruby Dell), Louis Ramos (Raleigh). F 92 Min.*
Nachdem Christian das Blut seiner verblichenen Geliebten getrunken hat, ist er zum Vampir geworden und streift durch die Clubs von Los Angeles, auf der Suche nach Opfern für seine »Herrin«, die ihn seinerzeit zum Bluttrinken angestiftet hat. Dabei verliebt er sich in das nächste Opfer, eine Krankenschwester. – Erotik-Thriller der »Playboy Entertainment Group«. AIDT

BLUTKULT

(THE MYSTERIOUS DEATH OF NINA CHEREAU). USA/Frankreich 1987. **R:** *Dennis Berry.* **B:** *Dennis Berry, Claude Harz.* **St:** *Claude Harz, Steven Bawol.* **K:** *Roland Dantigny.* **M:** *Stephane Vilar.* **D:** *Maud Adams (Ariel Dubois), Alexandra Stewart (Suzanne Dubois), Françoise Brion (Dr. Dumont), Laszlo Szabo (Inspektor Marais), Dominique Pinon (Albert), Charles Frank (Gregor), Beatrice Conrad (Krankenschwester), Isabelle Kloucowski (Marie), Gilles Fiddeau (Reverdy), Luce Bekistan, Isabelle Marloz (Prostituierte). F 100 (90?) Min.*
TV-Film. Junge Frau, wegen Mordes in eine Anstalt eingewiesen, entlarvt während der psy-

Blutiger Valentinstag

chiatrischen Behandlung ihre Mutter als Reinkarnation der ungarischen Gräfin Elisabeth Bathory (1560–1614), die der reichlich verschrobenen Ansicht frönte, sie könne die ewige Jugend erlangen, wenn sie im Blute ermordeter Mädchen badet. [V]

BLUTMESSE DER ZOMBIES

Anderer Titel für BLUTMESSE FÜR DEN TEUFEL

BLUTMESSE FÜR DEN TEUFEL

(ES ESPANTO SURGE DE LA TUMBA). Spanien 1972. **R:** *Carios Aured.* **B:** *Jacinto Molina.* **K:** *Manuel Merino.* **M:** *Carmelo A. Bernaola.* **D:** *Paul Naschy (Ulric du Marnac/Hugo du Marnac/Armand du Marnac), Vic Winner [Victor Alcazar] (Maurice Roland/André Roland), Emma Cohen, Helga Liné, Maria José Cantudo, Juan Cazalilla, Ramon Centenero, Christina Suriana, Luis Ciges, Montserrat Julio, Francisco Llinas, Francisco Nieto, Julio Pena, Betsebé Ruiz, Elsa Zabala. F 86 Min.*

Ein Ritter, Angehöriger des Ordens der Templer, wird im Mittelalter der Hexerei bezichtigt und geköpft. Vorher jedoch schwört er seinem Henker blutige Rache. Einer seiner Nachkommen trifft in der Gegenwart auf einen Abkömmling des Henkers. Als die beiden eine Reise nach Frankreich antreten, um Ahnenforschung zu betreiben, schickt sich der Nachfahre an, Vorfahrs schreckliche Drohung wahr zu machen. – Jacinto Molina, der als Paul Naschy in Carlos Aureds erstem Film die Hauptrolle spielt, über die Entstehung des Drehbuches: »Ich lernte einen spanischen Produzenten kennen, der mir das Angebot machte, in einer ganzen Reihe von Filmen seiner Firma mitzuspielen, vorausgesetzt, wir brächten einen erfolgreichen Erstling mit winzigem Budget zustande. Diese Unterhaltung fand in einem Café statt, und um vier Uhr nachmittags fragte er mich, ob ich ein Drehbuch auf Lager hätte. Meine negative Antwort einfach ignorierend sagte er, ohne dabei rot zu werden, ich solle am nächsten Morgen eins bereithalten, damit er seine Bosse dazu bringen könne, mich sofort unter Vertrag zu nehmen. Auf dem Nachhauseweg überlegte ich mir ein Thema. Mir fiel ein Geköpfter ein, der plötzlich zu neuem Leben erwacht. Ich warf ein paar Pillen ein, um wach zu bleiben, und arbeitete die ganze Nacht durch. Am nächsten Morgen kam Carlos Aured vorbei und nahm das Drehbuch mit ... Der Film

Blutmesse für den Teufel

Blutmesse für den Teufel

wurde größtenteils in meinem Haus aufgenommen, um Kosten zu senken.«

BLUTNACHT DES TEUFELS

(WEREWOLVES ON WHEELS). USA 1971. **R:** *Michael Levesque.* **B:** *David M. Kaufman, Michael Levesque.* **K:** *Isadore Mankovsky.* **M:** *Donald Gere.* **D:** *Stephen Oliver (Adam), Severn Darden (Hohepriester), Donna Anderson (Helen), Deuce Berry (Tarot), William Gray (Bill), Gray Johnson (Movie), Barry McGuire (Scarf), Owen Orr (Mouse), Anna Lynn Brown (Shirley), Leonard Rogel (Tankwart), Dan Kopp, Ingrid Grunewald, N. A. Palmisano, John Hull, Cani Lee, Tex Hall, Keith Guthrie, Marilyn Munger, Bart Smith. F 81 Min.*

Eine Rockerbande, die sich »Des Teufels Advokaten« nennt, gerät in Berührung mit Angehörigen einer Satanssekte. Helen, die Braut des Rockerführers Adam, nimmt an einer Schwarzen Messe teil und wird Satan geweiht. Brutale Morde folgen. Als die Rocker erkennen, dass von Helen etwas abgrundtief Böses ausgeht, wollen sie ihr ans Leder. Aber Helen verwandelt sich ebenso wie Adam, den sie gebissen hat – in einen Werwolf. Die Rocker töten die beiden mit Feuer. Als sie bei der Satanssekte »aufräumen« wollen, müssen sie feststellen, dass sie diesen Leuten nicht gewachsen sind. Die Rocker werden zu willenlosen Satansjüngern gemacht. – Ein blutiger und gewalttätiger Schundfilm, und »eine unsäglich dumme, verworrene und widerliche Mischung aus Rocker-Thematik, Teufelskult, schwarzer Messe, Dämonie und Lykanthropie.« (FILMDIENST)

DIE BLUTORGIE DER SATANSTÖCHTER

(BLOOD ORGY OF THE SHE-DEVILS). USA 1972. **R:** *Ted V. Mikels.* **B:** *Ted V. Mikels.* **K:** *Anthony Salinas.* **M:** *Carl Zittrer.* **D:** *Lila Zaborin (Mara), Tom Pace (Mark), Leslie McRae (Lorraine), Victor Izay (Dr. Helsford), Ray Myles (Rodannus), Paul Wilmoth (Barth), Kebrine Kincade (Sharon), Curt Matson (Dr. Paxton), Linn Henson (Roberta), John Nicolai (Dr. Everest), John Ricco (Royce Littleton), Vincent Barbi (Häuptling), Annik Borell (Hexe), Sherri Vernon (Hexe), Erica Campbell, Chris Capen. F 75 Min.*

Ein aus üppigen Weibern in offenherziger Kleidung zusammengesetzter Hexentrupp schaltet im Auftrag des Agenten Rodannus den UN-Gesandten eines fremden Landes mit Hilfe von Schwarzer Magie aus, doch da Rodannus nach getaner Tat der hirnrissigen Idee aufsitzt, die Oberhexe Mara könne sich nun gegen ihn wenden, will er sie umbringen lassen. Er erlebt sein blaues Wunder. – Ein filmischer Schnellschuss aus der Schundfabrik von Ted V. Mikels, der sich zeit seines Lebens bemüht hat, Roger Corman Konkurrenz zu machen, ohne es je zu schaffen. – »Mara, Queen of the Black Witches and her Wolf Pack of Voluptuous Virgins invade Satan's tortured Realm of the Unknown!« (Werbespruch) [V]

BLUTRAUSCH

(DEATH TRAP/EATEN ALIVE/SLAUGHTER HOTEL). USA 1976. **R:** *Tobe Hooper.* **B:** *Tobe Hooper.* **K:** *Mardy Rustam.* **SpE:** *A & A Effects.* **M:** *Tobe Hooper, Wayne Bell.* **D:** *Neville Brand (Judd), Mel Ferrer (Harvey Wood), Carolyn Jones (Hattie),*

Blutnacht des Teufels

Die Blutorgie der Satanstöchter

Stuart Whitman (Sheriff Martin), William Finley (Roy), Marilyn Burns (Faye), Roberta Collins (Clara Wood), Janis Lynn, Crystin Sinclaire (Libby Wood), Robert Englund (Buck), Kyle Richards (Angie), Janus Blyth (Lynette), Betty Cole (Ruby), Sig Sakowicz (Deputy Girth), Ronald W. Davis (Country Boy), Christine Schneider (Kellnerin), David Hayward (Cowboy), David Carson (Marlo). F 88 Min.

Geisteskranker Mörder lebt in halb verfallenem Hotel und bringt seine Gäste mit einer Sense um, wenn er gerade mal wieder seine tollen fünf Minuten hat – und die hat er regelmäßig, und zwar viermal pro Viertelstunde. Manchmal wirft er seine Opfer auch seinem Alligator zum Fraße vor, den er in einem Teich hinter dem Haus hält. Garniert sind die Szenen mit Lichteffekten, knarrenden Geräuschen, Nebelschwaden und hysterisch kreischenden Mädchen. Regisseur Hooper, ein Ferkelskopf par excellence, der in seinem Schlächterfilm *Blutgericht in Texas* (USA 1974) die Motorsäge als Mordinstrument entdeckte, versucht sich hier an klassischen Vorbildern. Heraus kommt dabei nur eine miese Blutorgie, die 1978 auf dem 7. Festival des Phantastischen und Science Fiction-Films in Paris auch noch mit dem Güldenen Einhorn ausgezeichnet wurde. Entsetzlich! – »Trotz der einschlägigen Kulissenwahl hat dieser Film mit Hitchcocks *Psycho* ungefähr so viel gemein wie Tomaten-Ketchup mit Sauce Cumberland.« (CINEMA) [V]

BLUTRAUSCH DER ZOMBIES

Anderer Titel für DIE REBELLION DER LEBENDEN LEICHEN

BLUTSPUR INS TOTENREICH

(LA CASA DE LAS SOMBRAS/HOUSE OF SHADOWS). Argentinien/Spanien/USA 1981. **R:** *Richard Wulicher [Ricardo Wullicher].* **B:** *Enrique Torres Tudela.* **K:** *Anibal di Salvo.* **M:** *W. Joseph.* **D:** *Yvonne De Carlo, John Gavin, Ricardo Castro Rios, Nora Cuyen, Leonor Manso, Arnold Meyle, Iris Morenza, Walter Soubrie, Mecha Ortiz, Robert Airaldi, Susan Oliver, German Krauss. F 100 Min.*

Eine vor 23 Jahren ermordete Frau nimmt aus dem Jenseits Kontakt mit einer anderen auf, die daraufhin in ihrer Sache ermittelt – was den Mörder von damals wieder aktiv werden lässt. Billig-Thriller mit Rückblenden. [V]

BLUTWEIHE

(THE INITIATION). USA 1984. **R:** *Larry Stewart.* **B:** *Charles A. Pratt jr.* **K:** *George Tirl.* **M:** *Gabriel Black.* **D:** *Vera Miles (Frances Fairchild), Clu Gulager (Dwight Fairchild), Daphne Zuniga (Kelly Terry), James Read (Peter), Marilyn Kagan (Marcia), Patti Heider (Krankenschwester), Robert Dowdell (Jason Randall), Frances Peterson (Megan), Deborah Morehart (Alison), Robert Stroud (Ralph), Peter Malof (Andy), Christopher Bradley (Chad), Joy Jones (Heidi), Mary Davis Duncan (Gwen), Rusty Meyers (Nachtwächter). F 92 Min.*

Ein Killer tobt durch ein College. Eine junge Dame leidet an schrecklichen Albträumen (in ihrer Kindheit ist nämlich etwas Erschröckliches passiert), die ein Dozent zu analysieren versucht. Das übliche Dutzend-Schlachtfest, in dem die rote Suppe spritzt und Teenies kreischend um ihr Leben rennen. AIDT [V]

BODY COUNT – DIE MATHEMATIK DES SCHRECKENS

(CAMPING DELLA MORTE/CAMPING DEL TERRORE/BODY COUNT). USA 1987. **R:** *Ruggero Deodato.* **B:** *Alex Capone, Luca D'Alisera.* **K:** *Emilio Loffredo.* **M:** *Joel Goldsmith.* **D:** *Mimsy Farmer (Julia Ritchie), Bruce Penhall (Dave Calloway), David Hess (Robert Ritchie), Luisa Maneri (Carol), Andrew J. Lederer (Sidney), Nicola Farron (Ben Ritchie), Cynthia Thompson (Cisdy), John Steiner (Dr. Olsen), Stefano Madia (Tony), Nancy Brilli (Tracy), Charles Napier (Sheriff Charlie), Valentina Forte (Pamela Hicks), Ivan Rassimov (Deputy Ted), Elena Pompei (Sharon), Sven Kruger (Scott), Clelia Fradella (Rose Olsen). F 90 Min.*

Robert und Julia, den Besitzern eines abgelegenen Feriencamps in Colorado, wird das Geschäft versaut: Der »Schamane«, eine Bestie in Menschengestalt, zerfleischt die Touristen schneller, als sie Pap sagen können. Und als eine Wagenladung sorgloser Teenies zum Kurzurlaub aufkreuzt, geht alles Weitere nach dem Prinzip der Zehn kleinen Negerlein. – Ein Film, der ganz sicher denen Freude macht, die nicht mal nach der 52. Folge von *Freitag der 13.* bemerkt haben, dass sie sich immer wieder den gleichen doofen Film anschauen. – Ruggero Deodato: »Ich hasse diesen Film. Zu der Zeit, als ich [ihn] drehen musste, war es sehr schwierig für mich geworden, ein neues interessantes Projekt zu finden. Ich habe noch immer Probleme und einen schlechten Ruf wegen *Cannibal*

Holocaust (Nackt und zerfleischt). Die Produzenten von *Cannibal Holocaust* haben eine Menge Geld an den Kinokassen gemacht, ich jedoch saß ohne einen einzigen Pfennig da. Nach einer Weile hatte ich gar keine andere Wahl, als alles zu akzeptieren, was mir angeboten wurde.« [V]

BODY PARTS

(BODY PARTS). USA 1991. **R:** *Eric Red.* **B:** *Eric Red, Norman Snider.* **V:** *Pierre Boileau, Thomas Narcejac.* **K:** *Theo Van de Sande.* **SpE:** *FX Smith.* **M:** *Loek Dikker.* **D:** *Jeff Fahey (Bill Chrushank), Lindsey Duncan (Dr. Agatha Webb), Zakes Mokae (Detectiv Sawchuck), Kim Delaney (Karen Chrushank), Peter Mumik (Mark Draper), Paul Benvictor (Ray Olberg), Brad Dourif (Remo Ladey), Lindsay Merrithew (Roger), John Walsh (Charles Fletcher). F 88 Min.*

Bill Chrushank geht's gut. Er hat eine nette Familie und einen guten Job als Psychologe. Nichts kann sein Glück trüben. Doch dann wird ihm bei einem Autounfall der rechte Arm abgetrennt. Die ehrgeizige Ärztin Agatha Webb setzt ihn als Versuchskaninchen ein und transplantiert ihm einen Spenderarm. Die Operation glückt: Chrushank ist so gut wie neu, Dr. Webb wird mit akademischen Ehren überhäuft. Doch bald hat Chrushank den Eindruck, dass sein neuer Arm Gewalt über ihn gewinnt. Er reagiert zunehmend jähzorniger, und öfters rutscht ihm auch die Hand aus. Die Idee, dass sein Arm daran Schuld hat, wird zur Besessenheit. Er forscht nach und erfährt, dass der Arm dem Massenmörder Charles Fletcher gehörte, der die »Wahl« hatte, auf dem elektrischen Stuhl oder als Versuchskaninchen zu enden. Also stellte er sich als Gliedmaßenspender zur Verfügung. Chrushank dreht durch. Er will den Arm loswerden, doch Dr. Webb entpuppt sich als eiskalte Karrieristin, die ihn kurzerhand rausschmeißt. Fletcher hat noch zwei weiteren Männern als Spender gedient: dem Maler Remo und dem Arbeiter Ray. Auch sie werden von den neuen Gliedmaßen beeinflusst, doch Remo, inzwischen aufgrund der düsteren Bilder aus Fletchers Gedankenwelt erfolgreich geworden, ist begeistert. Chrushank verlässt seine Familie, da er Angst hat, er könne ihr etwas antun. Da geschieht der erste Mord: Jemand reißt Ray die transplantierten Beine aus. Remo ist als Zweiter dran. Chrushank erkennt den Mörder: Es ist Fletcher, den Dr. Webb am Leben erhielt und der seine Gliedmaßen zurückhaben will. Die Ärztin ist völlig dem Wahnsinn verfallen. In einem Kampf auf Leben und Tod kann Chrushank sich erfolgreich gegen das Paar zur Wehr setzen. – Neu ist die Idee der transplantierten Gliedmaßen nicht. Bereits 1935 erzählte Karl Freund in *Mad Love* eine ähnliche Geschichte, in der einem Pianisten die Hände eines Mörders transplantiert wurden. Doch in den ersten zwei Dritteln des Films gelingt es Regisseur/Drehbuchautor Eric Red, dem Thema durchaus etwas Neues abzugewinnen. Die bedrohliche Atmosphäre wird langsam gesteigert, und man weiß wirklich nicht, ob Chrushank paranoid ist oder seine Ängste eine reale Grundlage haben. Dies wird spannend aufbereitet und einfühlsam gespielt, bis die Geschichte in wenigen Minuten völlig auseinander fällt: Die Ärztin Webb verwandelt sich im Nu von der brillanten und fürsorglichen Wissenschaftlerin in eine Irre, ohne dass geklärt wird, warum sie Fletcher am Leben erhalten hat und unterstützt. Jegliche Psychologie und Atmosphäre wird durchschnittlichen Action-Szenen geopfert, und übrig bleibt ein vom Ansatz her interessanter Film, dem im letzten Drittel völlig die Luft ausgeht. [V]

BODY PUZZLE – MIT BLUTIGEN GRÜSSEN

(BODY PUZZLE/LA VENDETTA). Brasilien 1991. **R:** *Lamberto Bava.* **B:** *Bruce Martin, Teodore Agrimi, Domenico Paollella.* **St:** *Tododore Agrimi, Domenico Paolella.* **K:** *Luigi Kuveiller.* **M:** *Carlo Maria Cordio.* **D:** *Joanna Pacula (Tracy Grant), Thomas Arana (Kommissar Livet), François Montagut (Abe Grant), Gianni Garko (Polizeichef), Matteo Gazzolo (Gigli), Erica Blanc, Susanna Javicoli. F 95 Min.*

Ein Serienkiller schickt Leichenteile an die hübsche Witwe Tracy. Kommissar Livet bringt in Erfahrung, dass die Organe alle von der gleichen Leiche stammen. »Effekthascherisch bis zum Anschlag.« (FILMJAHRBUCH 1994) [V]

BONE DADDY

(BONE DADDY). Kanada 1998. **R:** *Mario Azzopardi.* **B:** *Tom Szollosi.* **K:** *Danny Nowak.* **M:** *Christophe Beck.* **D:** *Rutger Hauer (William Palmer), Barbara Williams (Sharon), R. H. Thomson (Stone), Robin Gammell (Cobb), Joseph Kell (Peter), Blu Mankuma (Trent), Mimi Kuzyk (Kim), Wayne Best*

(Rodman), Daniel Kash (Rocky), Peter Keleghan (Texowicz), Kirsten Bishop (Leslie), Kyra Azzopardi (Cindy), Marc Donato (Mark sen.), Panou (Bellman), Yank Azman (McDougall), Diego Matamoros (Baxter). F 87 Min.

Gerichtsmediziner im Ruhestand schreibt ein Buch über den Fall »Bone Daddy«, der seinen Opfern die Knochen bei lebendigem Leib zu entnehmen pflegte, um diese an städtische Behörden zu verschicken. Das im Buch gezogene Fazit gefällt diesem ganz und gar nicht ... [V]

BONEYARD

(THE BONEYARD). USA 1990. **R:** *James Cummins.* **B:** *James Cummins.* **K:** *Irl Dixon.* **SpE:** *James Cummins.* **M:** *John Lee Whitener, Katherine Anne Porter.* **D:** *Ed Nelson (Jersey Callum), Deborah Rose (Alley Oates), Norman Fell (Shepard), James Easterman (Gordon Mullin), Denise Young (Dana), Willie Stratford jr. (Marty), Phyllis Diller (Miss Poopinplatz). F 90 Min.*

Die Leichen dreier chinesischer Kinder werden im Leichenschauhaus wieder lebendig, tun sich am Fleisch der Toten gütlich und fallen Lebende an, die sich in einem Keller verschanzen. Ekliger, hanebüchener Schundfilm. AIDT [V]

BOOGEY MAN

(THE BOOGEY MAN). USA 1979. **R:** *Ulli Lommel.* **B:** *Ulli Lommel, Suzanna Love, David Herschel.* **K:** *David Sperling, Jochen Breitenstein.* **M:** *Tim Krog, Jeff Severson.* **D:** *Suzanna Love (Lacey), Ron James (Jake), John Carradine (Dr. Warren), Nicholas Love (Willy), Raymond Boyden (Kevin), Felicite Morgan (Helen), Bill Rayburn (Onkel Ernest), Llewellyn Thomas (Pater Reilly), Natasha Schiano (Lacey als Kind), Jay Wright (Willy als Kind), Gillian Gordon (Mutter), Howard Grant (Liebhaber), Lucinda Ziesing (Susan), Jane Pratt (Jane), David Sim (Timmy), Catherine Tambini (Kathy), Katie Casey, Emest Meier, Stony Richards, Claudia Porcelli (Teenager). F 82 Min.*

Lacey und Willy, ein Geschwisterpärchen, werden vom Liebhaber ihrer Mutter jedes Mal zu Tode erschreckt, wenn er ein Schäferstundchen abhalten will. Der Mann maskiert sich und ängstigt sie in der Rolle des schwarzen Mannes. Nachdem er den kleinen Willy einmal besonders gemein malträtiert hat, ersticht dieser ihn, während er mit seiner Mutter im Bett liegt. Lacey beobachtet den Mord im Spiegel. Zwanzig Jahre später ist sie verheiratet. Willy hat durch den Schock seiner Tat die Sprache verloren; Lacey wird von Albträumen gequält. Auf Anraten eines Psychiaters kehrt sie an den Ort des Geschehens zurück. Der Spiegel ist noch immer da: In ihm wird das Vergangene plötzlich auf erschreckende Weise wieder lebendig. Nachdem Lacey den Spiegel in ihrer Not zerschlagen hat, kommt ihr Mann Jake für den Schaden auf, nimmt ihn mit und setzt ihn zu Hause in mühseliger Kleinarbeit wieder zusammen. Aber durch die Zerschlagung ist der racheschnaubende Geist des Ermordeten befreit worden: Er geht um und versetzt die Umgebung in Angst und Schrecken. Erst nach vielen Toten kann ein mutiger Exorzist den »Boogey Man« (jedenfalls vorläufig) aus dem Verkehr ziehen.

Ulli Lommel hat sich nach eigener Aussage eines schönen Tages mit seinem filmischen Gesamtwerk befasst und festgestellt, dass seine aufregendsten und stärksten Produkte jene waren, in denen das Entsetzen regiert. Und dann hat er wohl gemerkt, dass er im Grunde der geborene Schundfilm-Regisseur ist. »Deshalb machte ich den *Boogey Man.* Ich bekomme jedes Mal eine richtige Ladung Energie, wenn das Publikum aufschreit.« Wie *schön.* Diesseits des Atlantiks war man allerdings mit dem ersten US-Produkt des einstigen Fassbinder-Epigonen weniger zufrieden: »Ulli Lommels Film ist in jeder Hinsicht eine Zumutung«, fand HPK im FILMDIENST. Und: »In dieser ausgesprochen langweiligen und unambitioniert inszenierten Mär ist nie eine eigene Handschrift des Machers zu spüren, und die blutigen Mordszenen wirken in ihrer Gefühlskälte nicht beklemmend, sondern geradezu lachhaft.« Otto Kuhn sah es im FILMBEOBACHTER etwas positiver: »Seine Mittel, Spannung zu erzeugen, bleiben primitiv, äußerlich, doch gelingt es ihm durchaus, dem auf Streifen dieser Gattung eingeschworenen Zuschauer die begehrte Gänsehaut zu verschaffen.« Womit er hoffentlich nur einen bestimmten Teil der Schocker-Gemeinde gemeint hat.

BOOK OF EVIL II

(BOOK OF EVIL II). USA 1986. **R:** *Frank de Palma, John Strysik, Allen Coulter, Bill Travis, Richard Blackburn.* **B:** *Edithe Swensen, John Strysik, John Sutherland, Nancy Doyne, Richard Blackburn.* **K:** *Robert Draper.* **M:** *Pat Irwin.* **D:** *Renee Taylor, Sharon Madden, Larry Gelman, Nile Lanning, Eric Ja-*

son, Craig Wasson, Tandy Cronyn, Sofia Landon. F 102 Min.
Kompilation von fünf Episoden aus George A. Romeros Horror-Manufaktur: »A Serpent's Tooth«, »Love Hungry«, »Hush«, The Geezenstacks« und »Miss May Dusa«. [V]

BORDELLO OF BLOOD

(BORDELLO OF BLOOD). USA 1996. **R:** *Gilbert Adler.* **B:** *A. L. Katz, Gilbert Adler.* **St:** *Bob Gale, Robert Zemeckis.* **V:** *Comicstrips von William M. Gaines.* **K:** *Tom Priestley.* **M:** *Chris Boardman, Danny Eldman.* **D:** *Dennis Miller (Rafe Guttman), Erika Eleniak (Katherine Verdoux), Angie Everhart (Lillith), Chris Sarandon (Rev. Current), Corey Feldman (Caleb Verdoux), Aubrey Morris (McCutcheon), Phil Fondacaro (Vincent Prather), William Sadler (Mumie), Kiara Hunter (Tamara), Leslie Ann Phillips (Patrice), Juliet Reagh (Tallullah), Eli Gabai (Miguel), Matt Hill (Reggie), Eric Keenleyside (Noonan), Kim Kondrashoff (Jenkins). F (87) 82 Min.*
Vampirische Huren unter der Leitung ihrer Herrin Lilith saugen in einem als Krematorium getarnten Bordell naive Kunden aus. Ein blondes Baby, dem der Bruder abhanden gekommen ist, beauftragt einen Privatdetektiv, selbigen zu finden. Wohin führt die Spur? Mit wem muss unser wackerer Held sich alsbald raufen? Ein heftig geschnittener Film, von dem allenfalls noch der schwarze Humor übrig geblieben ist. [V]

DAS BÖSE

(PHANTASM). USA 1978. **R:** *Don Coscarelli.* **B:** *Don Coscarelli.* **K:** *Don Coscarelli.* **SpE:** *Paul Pepperman.* **M:** *Fred Myrow, Malcolm Seagrave.* **D:** *Michael Baldwin (Mike), Bill Thornbury (Jody), Reggie Bannister (Reggie), Kathy Lester (Dame in Lavendel), Terrie Kalbus (Enkelin der Wahrsagerin), Ken Jones (Hausmeister), Susan Harper (Freundin), Lynn Eastman (Sally), David Arntzen (Toby), Ralph Richmond (Barkeeper), Bill Cone (Tommy), Laura Mann (Doppelgängerin), Mary Ellen Shaw (Wahrsagerin), Myrtle Scotton (Dienstmädchen), Angus Scrimm (Tall Man). F 88 Min.*
Mick und Jody haben ihre Eltern verloren. Mick, der in der ständigen Angst lebt, sein älterer Bruder könne ihn verlassen, folgt ihm deshalb überallhin. Bei einem seiner Streifzüge erlebt er schreckliche Dinge auf dem Friedhof Morningside: In einem Mausoleum sieht er kapuzentragende Zwerge, einen von Geisterhand getragenen Kleinsatelliten und zwei leuchtende Pfeiler: ein Tor zu einem anderen Universum. Zudem stößt er auf einen vermeintlichen Riesen, der ihn in Angst versetzt. Jody hält Micks Gerede zwar für Spinnerei, spürt ihm aber nach. Bei dem Versuch, dem Geheimnis des Mausoleums auf die Spur zu kommen, stoßen sie auf eine fremde, höllische Dimension, deren Herrscher Einfluss auf die Toten nimmt, sie zu Zwergen macht und Fronarbeit machen läßt. – »Coscarellis Film ist gespickt mit völlig überraschenden Szenenwechseln, experimentierfreudigen, fast schon surrealen Effekten. Es gibt in *Das Böse* ... plötzlich auftauchende schwarze Zauberkästchen, gelbes Blut, durch die Gänge des Mausoleums rasende Kugeln, geheimnisvolle Silberpfosten, abgeschnittene Finger, die sich bewegen, und etliches andere mehr. Neben dem sicheren Instinkt, das Publikum immer wieder dann mit einem neuen gezielten Schock zu überfallen, wenn es sich längst in Sicherheit glaubt, schreckt Coscarelli nicht einmal davor zurück, plötzlich die Horror-Story in Science Fiction umkippen zu lassen.« (SF-BAUSTELLE) – » ... ein intelligentes Spiel mit Phantasmagorien und literarisch-filmischen Verweisen, die von H. P. Lovecraft bis Don Siegel reichen ... von jener überbordend-ungeordneten, wechselvollen Fantasie, die den speziellen Reiz eines ›Kultfilms‹ ausmacht.« (DIE ZEIT) [V]

DAS BÖSE II

(PHANTASM II). USA 1988. **R:** *Don Coscarelli.* **B:** *Don Coscarelli.* **K:** *Daryn Okada.* **SpE:** *Dream Quest, Wayne Beauchamp, Justin Klarenbeck.* **Ma:**

Bordello Of Blood

Melanie A. Kay, Mark Shostrom. **M:** *Fred Myrow, Christopher L. Stone.* **D:** *James Le Gros (Mike), Angus Scrimm (Tall Man), Reggie Bannister (Reggie), Paula Irvine, Samantha Phillips, Kenneth Tigar, Stacy Travis, Ruth C. Engel, Mark Anthony Major, Rubin Kushner. F 95 Min.*
Vorgeschichte: *Das Böse.* – Der mysteriöse Herrscher einer fremden Dimension manifestiert sich mit seinem Gefolge erneut auf einem finsteren Friedhof in Oregon. Mike, einer der Helden des ersten Teils, der die Zwischenzeit in einer Nervenklinik verbracht hat, macht sich zusammen mit seinem Freund Reggie auf, ein Mädchen zu retten. Keine Frage, dass sie die Schlacht gegen das Böse gewinnen. – Der Film ist weniger eine Fortsetzung als ein Remake von *Das Böse.* – »Eine Anhäufung teurer Special Effects, hinter denen sich Story, Drehbuch und Regie in tumber Einfalt verkriechen.« (FISCHER FILM ALMANACH 1990). [V]

Das Böse III

DAS BÖSE III

(PHANTASM III). USA 1993. **R:** *Don Coscarelli.* **B:** *Don Coscarelli.* **K:** *Cris Chomyn.* **M:** *Frederic Myrow.* **D:** *Reggie Bannister (Reggie), A. Michael Baldwin (Mike), Angus Scrimm (Tall Man), Gloria Lynne Henry (Rocky), Kevin Conners (Tim), Bill Thornbury (Jody), Cindy Ambuehl (Edna), John David Chandler (Henry), Brooks Gardner (Rufus), Robert Beecher. F 87 Min.*
Vorgeschichte: *Das Böse.* – Eine böse Macht aus einer anderen Dimension unter Führung des Tall Man stiehlt Leichen, um sie zur Fronarbeit zu verwenden. Reggie hat die Gefahr erkannt und folgt den Übeltätern. Er erhält Verstärkung durch den wehrhaften Waisen Tim und die farbige Streetgang-Amazone Rocky. In einem alten Mausoleum kann das Trio den Tall Man stellen und nimmt den Kampf gegen seine Heerscharen auf. – Nur selten gelingt es einem Genrefilm, eine so buntgemischte Anhängerschar hinter sich zu vereinen wie *Das Böse*. Auch der dritte Teil der Serie hält das Niveau der vorherigen. Nach wie vor versteht es der 1954 in Libyen geborene Kalifornier, eine klaustrophobische Atmosphäre zu schaffen, die zwar nicht mehr ganz so albtraumhaft und bizarr-apokalyptisch wirkt, doch den meisten Produkten des Genres noch immer die Butter vom Brot zu nehmen versteht. Coscarelli, der stolz darauf ist, daß sich seine ureigene Schreckensfigur im Gegensatz zu anderen Horror-Helden nicht als Komödienkasper prostituiert, sieht im Tall Man inzwischen eine die Handlung bestimmende zentrale Figur. [V]

DAS BÖSE IST WIEDER DA

(AFTER DEATH/ZOMBIE IV). Italien 1988. **R:** *Clyde Anderson [Claudio Fragasso].* **B:** *Rossella Drudi.* **St:** *Rossella Drudi.* **K:** *Luigi Ciccarese.* **SpE:** *Rodolfo Torrente.* **M:** *Al Festa.* **D:** *Chuck Peyton (Chuck), Candice Daly (Jenny), James Gaines (Dan), Alex McBride (David), Don Wilson (Tom-*

Das Böse II

my), Adrianne Joseph (Louise), Jim Moss (Max), Nick Nicholson (Rod). F 72 Min.
Jugendliche Reisende werden auf einer entlegenen südamerikanischen Insel von einer Untoten-Horde dezimiert, die einst einem schiefgegangenen medizinischen Experiment zum Opfer fiel und sich nun von Menschenfleisch ernährt. Eine von einem Amulett geschützte Frau und ein Höhlenforscher, dessen Freund die Untoten auf dem Gewissen haben, stellen sich den Bestien. Billiger Horror-Schocker, der um ca. 10 Prozent gekürzt wurde, darunter Szenen wie diese: »Die besessene Zombienutte faucht, rennt auf zwei Herumballernde zu und beißt in lederähnliches Fleisch.« (SPLATTING IMAGE). [V]

BRAIN SCAN

(BRAIN SCAN). USA 1994. **R:** *John Flynn.* **B:** *Andrew Kevin Walker.* **St:** *Brian Owens.* **K:** *François Protat.* **SpE:** *Renee Daalder.* **M:** *George S. Clinton.* **D:** *Edward Furlong (Michael), T. Ryder Smith (Trickster), Frank Langella (Detective Hayden), Amy Hargreaves (Kimberly), Jamie Marsh (Kyle). F 95 Min.*
Michael bestellt eine »interaktive« CD-ROM, legt sie in seinen PC ein und findet sich als Killer in einem grausigen Mörderspiel wieder, in dem er – von einem dämonischen Wesen namens Trickster gezwungen – eine abscheuliche Bluttat begehen muss. Als er zu sich kommt, stellt sich heraus, dass sein Opfer tatsächlich tot ist – sein Fuß liegt in Michaels Kühlschrank. Schließlich wird unser Held gar auf das Mädchen angesetzt, in das er vernarrt ist. All das ist so wenig durchdacht, dass man schreien könnte. [V]

BRAINDEAD

(BRAINDEAD). Neuseeland 1992. **R:** *Peter Jackson.* **B:** *Peter Jackson, Stephen Sinclair, Frances Welsh.* **K:** *Murray Milne.* **SpE:** *Richard Taylor, Robert McCarren.* **M:** *Peter Dasent.* **D:** *Timothy Balme (Lionel Cosgrove), Diana Penalver (Paquita), Elizabeth Moody (Lionels Mutter), Elizabeth Brimilcombe (Mutter als Zombie), Ian Watkin (Onkel). F 96 Min.*
Der schüchterne Lionel verliebt sich in die heißblütige Paquita, doch seine dominante Mama wird von einem »Rattenaffen« gebissen, verwandelt sich in einen Zombie und gibt den Virus weiter, indem sie alles beißt, was nicht schnell genug auf den Bäumen ist. Lionel hat keine andere Wahl, als all denen, die wie Mama zum Monster werden, in seinem Haus Unterschlupf zu gewähren ... bis sein böser Onkel ihn erpresst. – Schwarze Horror-Komödie von Peter Jackson, der auch den Science Fiction-Film *Bad Taste* (1987) und *Meet the Feebles* (1989) machte. Saulustig. Ungefähr so: »Der Zuschauer watet förmlich in einem Meer aus Körperflüssigkeit, das sich unermüdlich 99 Minuten lang von der Leinewand ergießt.« (Frank Trebbin, DIE ANGST SITZT NEBEN DIR)

BRAM STOKER'S DRACULA

(BRAM STOKER'S DRACULA). USA 1992. **R:** *Francis Ford Coppola.* **B:** *James V. Hart.* **V:** *»Dracula« von Bram Stoker.* **K:** *Michael Ballhaus.* **Second Unit:** *Roman Coppola.* **M:** *Wojciech Kilar.* **D:** *Gary Oldman (Dracula), Winona Ryder (Mina Murray/Elisabeta), Anthony Hopkins (Van Helsing), Keanu Reeves (Jonathan Harker), Tom Waits (R. N. Renfield), Richard E. Grant (Dr. Jack Seward), Cary Elwes (Lord Arthur Holmwood), Bill Campbell (Quincey P. Morris), Sadie Frost (Lucy), Monica Belluci, Michaela Bercu, Florina Kendrick (Draculas Bräute), Jay Robinson (Hawkins), I. M. Hobson (Hobbs), Robert Getz (Priester), Dagmar Stanec (Schwester Agatha), Schwester Sylva Eniko Oss, Octavian Cadia (Dekan), Laurie Franks (Lucys Zofe). F 130 Min.*
Nachdem der rumänische Ritter Vlad Dracul den Osmanen 1462 eine vernichtende Niederlage beigebracht hat, spielen diese seiner Gattin Elisabeta tückisch die Nachricht zu, er sei ums Leben gekommen. Elisabeta springt aus Gram ins Wasser. Dracul, vom Schmerz über ihren Tod gepeinigt, entsagt Gott, wechselt auf die Seite des Bösen und lebt fortan von Menschenblut.

Brain Scan

1897 begegnet der Londoner Immobilienmakler Jonathan Harker ihm in einer schaurigen Nacht auf seiner Burg in den Karpaten – einem totenbleichen, weißhaarigen Alten, der sich einerseits freundlich gibt, andererseits aber keinen Widerspruch duldet und sich in geheimnisvollen Andeutungen über seine Vergangenheit ergeht. Ein Bild seiner Braut Mina, das Harker mit sich führt, erweckt Draculas Interesse (sie sieht Elisabeta ähnlich!) und Harkers Argwohn. Ständiges Wolfsgeheul, die unheimliche Umgebung und das sonderbare Verhalten seines Gastgebers machen Harker bald klar, dass er ein Gefangener ist. Drei lüsterne Frauen, die unter Draculas Dach leben, umgarnen ihn und zapfen ihm Blut ab. Derweil reist der Graf nach London und labt sich am Blut der reichen, geilen Lucy, der besten Freundin Minas – was ihn schnell in einen jungen Mann verwandelt. Schließlich nimmt er Kontakt zu Lucy auf, denn in ihr vermutet er seine reinkarnierte Gattin. Lucy empfindet ähnlich und glaubt, dem Mann, der sich Prinz Vlad nennt, schon mal begegnet zu sein. Inzwischen muss Dr. Seward die kurz vor der Eheschließung stehende Lucy aufgrund ihres auffällig frivolen Verhaltens behandeln. Da er ihr nicht helfen kann, ruft er Professor Van Helsing zu Hilfe, der schnell erkennt, dass man nicht irgendeine Krankheit bekämpft, sondern »eine Bestie, ein Monster«, das sich an Lucys Blut gütlich tut. Jonathan gelingt die Flucht aus Draculas Burg. Er rettet sich in ein Nonnenkloster und lässt Mina mitteilen, dass sie in höchster Gefahr schwebt. Lucy wird trotz aller Bemühungen Van Helsings zum Vampir. Mina gibt Dracula den Laufpass, obwohl sie sich ihm verbunden fühlt, und eilt zu Jonathan. Dracula verzweifelt und altert rapide. Mina und Jonathan heiraten in Rumänien. Dracula fällt in Wolfsgestalt über Lucy her, die alsbald tot in einem gläsernen Sarg liegt. Mina und Jonathan kehren nach London zurück. Van Helsing, Seward und Lucys Verlobter, der Texaner Morris, öffnen Lucys Sarg, um sie zu pfählen, doch sie ist verschwunden. Als sie als Untote wieder auftaucht, wird sie gepfählt und geköpft. Der plötzlich mit Skrupeln behaftete Dracula macht die bereitwillige Mina zur untoten Blutsaugerin. Van Helsing und seine Mitstreiter dringen in die alte Abtei vor, die er durch Harkers Vermittlung gekauft hat. Als sie ihn stellen, regnet es Ratten; Dracula verwandelt sich in eine menschengroße Fledermaus und entwischt. Unter Hypnose erweist sich, dass Mina mit Dracula in geistiger Verbindung steht: Sie weiß, wohin er fliehen will. Die Gruppe reist nach Rumänien, um ihn zu töten. Van Helsing köpft Draculas Gespielinnen im Schlaf in der Burg. Als Dracula, von ihm ergebenen Zigeunern begleitet, im Sarg zu Hause anreist, wird Mina zur Elisabeta. Van Helsing, Harker, Seward und Morris werden in eine wilde Schlacht verwickelt. Morris' letztes Stündlein schlägt. Dracula wird ausgerechnet von Mina von dem auf ihm lastenden Fluch befreit. – Francis Ford Coppola hat in diesem an Aufwand reichen Remake an nichts gespart und – man höre und staune – die Schauspieler sogar dazu gebracht, sich vor der Inangriffnahme der Filmarbeit Bram Stokers Roman von der ersten bis zur letzten Seite vorlesen (!) zu lassen. Michael Ballhaus hat an der Kamera ordentliche Arbeit geleistet, und das gleiche kann man auch von den Darstellern sagen, die sich bemühen zu zeigen, dass die ganze Blutsaugerei nichts anderes ist als eine

Bram Stoker's Dracula

Umschreibung für Oralsex. – »Star-Kino und Millionenbudgets sind aber das sichere Ende vom wahren Grauen. So entpuppt sich auch *Dracula* als prall gefülltes Bonbon, das ganz nett schmeckt, aber nach dem Lutschen in Sekundenschnelle wieder vergessen sein wird. Eine opulente Ausstattung, Teenie-Stars und eine schnulzige Story sind genau das Richtige für Leute, die normalerweise Angst haben, in einen Horrorfilm zu gehen, sich nun bei *Dracula* aber wirklich trauen dürfen.« (Jörg Petersen, ANDROMEDA-NACHRICHTEN) [V]

BRAM STOKER'S LEGEND OF THE MUMMY

(BRAM STOKER'S LEGEND OF THE MUMMY). USA 1997. **R:** *Jeffrey Obrow.* **B:** *Jeffrey Obrow, Lars Hauglie, John Penney.* **K:** *Antonio Soriano.* **M:** *Rick Cox.* **D:** *Louis Gossett jr. (John Corbeck), Amy Locane, Eric Lutes. F 90 Min.*

Archäologe will mitsamt einem Kollegen die wiedererstandene Mumie der pharaonischen Hohepriesterin Tera ausschalten. – Der FISCHER FILM ALMANACH 1999 empfand dieses Videorelease als »mächtig angestaubt«. [V]

BRANDZEICHEN DER HÖLLE

(DEMONSTONE). USA/Philippinen 1989. **R:** *Andrew J. Prowse.* **B:** *John Trayne, David Philips, Frederick Bailey.* **K:** *Kevan Lind.* **M:** *Gary Stockdale.* **D:** *Jan-Michael Vincent (Andy Buck), Nancy Everhard (Sharon Gale), Jonee Gamboa (Belfardo), Pat Skipper (Tony McKee), R. Lee Ermey (Haines), Peter Brown (Admiral), Noel Colet (Esteban Belfardo), Symon Soler (R. J. Belfardo), Joe Avellana (Han Chin), Rolando Tinio (Professor Olmeda), Marilyn Bautista (Julie), Crispin Medina (General), Rey Malte-Cruz (Roberto), Rina Reyes (Madeleine), Monsour del Rosario (Pablo). F 88 Min.*

Journalistin (Opfer eines philippinischen Fluchs) ritualmordet, nachdem der böse Geist eines in seiner Grabesruhe gestörten Shaolin auf sie übergegangen ist, Angehörige eines gemeingefährlichen Senators. Ein Ex-Captain und ein dieser Untaten verdächtigter Sergeant legen ihr das Handwerk. Die Leichen türmen sich, die Darsteller quatschen sich tot. »Das Kameradenmilieu des Militärs wird glorifizierend überzeichnet und ist das einzige richtige Ärgernis in einem Film, der sogar Kurzkommentare aus dem Off für nötig hält, damit auch dem dümmsten Zuschauer die Einfallslosigkeit der Handlung auffällt.« (Frank Trebbin, DIE ANGST SITZT NEBEN DIR) AIDT [V]

DIE BRAUT DES GORILLA

(BRIDE OF THE GORILLA). USA 1951. **R:** *Curt Siodmak.* **B:** *Curt Siodmak.* **K:** *Charles van Enger.* **M:** *Raoul Kraushaar.* **D:** *Barbara Payton (Dina van Gelder), Paul Cavanagh (Klaas van Gelder), Lon Chaney jr. (Taró), Raymond Burr (Barney Chavez), Ray »Crash« Corrigan (Affe), Tom Conway (Dr. Veit), Giselle Werbisek (Al Long), Woody Strode (Polizist), Martin Garralaga (Eingeborener), Carol Varga (Larina), Paul Maxey (Van Heussen), Moyna McGill (Mrs. Van Heussen), Felippa Rock (Tochter). SW 65 Min.*

Auf einer Pflanzung am Amazonas: Barney Chavez, ein ziemlich schräger Otto, bringt einen Plantagenbesitzer um, damit er dessen bessere Hälfte für sich gewinnen kann. Daraufhin vergiftet ihn eine dem Verblichenen treu ergebene giftmischende alte Eingeborene langsam mit einem pflanzlichen Gebräu. Chavez verwandelt sich in einen grunzenden Gorilla, tobt durch den Urwald, greift seine Gattin an und endet schließlich in einem Kugelhagel. – Diesen Unfug hat leider Curt Siodmak geschrieben, den wir ansonsten schon immer für einen guten Typen gehalten haben. Erstaunlich jedoch, dass es tatsächlich einem seiner Nebendarsteller gelungen ist, so etwas wie eine Weltkarriere zu machen: Woody Strode, der hier einen einfachen Cop gibt, hat es immerhin geschafft, gewichtige Rollen in John Ford- und Sergio Leone-Filmen zu spielen.

DIE BRAUT DES SATANS

(TO THE DEVIL A DAUGHTER). BRD/GB 1976. **R:** *Peter Sykes.* **B:** *Chris Wicking, John Peacock.* **V:** *»Der schwarze Pfad« von Dennis Wheatley.* **K:** *David Watkin.* **SpE:** *Les Bowie.* **M:** *T.B.N.* **D:** *Richard Widmark (John Verney), Christopher Lee (Pater Michael), Nastassja Kinski (Catherine Beddoes), Eva-Maria Meineke (Eveline de Grass), Honor Blackman (Anna Fountain), Denholm Elliot (Henry Beddoes), Anthony Valentine (David), Michael Goodliffe (George de Grass), Derek Francis (Bischof), Isabella Telezynska (Margaret), Constantin de Goguel (Kollde), Anna Bentinck (Isabel), Ed Devereaux (Diener), Irene Prador (Oberschwester), Petra Peters (Schwester Helle), William Ridoutt, Brian Wilde, Howand Goorney, Zoe Henry, Lindy*

Die Braut des Satans

Benson, Jo Peters, Bobby Sparrow, Frances de la Tour. F 91 Min.
John Verney, ein in London lebender US-Autor, der sich mit okkulten Phänomenen befasst, wird von dem aufgeregten Mr. Beddoes aufgesucht, der ihn um Hilfe bittet. Beddoes hat zwanzig Jahre zuvor einem Pakt zugestimmt, der seine hübsche Tochter Catherine an einen in Deutschland und England beheimateten Satanskult bindet. Der Anführer dieser Schweinepriester-Organisation ist der exkommunizierte Pater Michael, der mit Satan in bester Beziehung steht und dessen Wiedergeburt inzwischen eingeleitet hat. Seinem teuflischen Plan zufolge soll Catherine die Braut dieses Scheusals abgeben. Verney fängt das inzwischen nach London gereiste Mädchen ab und lässt es in der Obhut zweier zu sorgloser Freunde, die daraufhin auf schaurige Weise ums Leben kommen. Die Mitglieder des Teufelskults können Catherine lokalisieren und setzen ihr so lange mit telepathischen Befehlen zu, bis sie Verneys Haus verlässt. Verney nimmt die Spur der Verschwundenen auf, und während Catherines Vater allmählich dem Wahnsinn anheim fällt, überrascht er die Satanisten an ihrer geheimen Kultstätte. Catherine paart sich gerade mit einer abscheulich anzusehenden embryoartigen Kreatur, dem Satansbraten Astaroth. Pater Michael bietet sämtliche Kräfte der Hölle gegen den Eindringling auf, aber Verneys Wissen um das Okkulte ist auch nicht ohne. Es kommt zu einem infernalischen Ende. – Dieser Streifen ist ein Quickie, wie die meisten seiner Art. Die Kameraführung ist einfallslos, die Regie nicht minder. Höhepunkte gibt es kaum, es sei denn, man sieht ebensolche in den beiden widerlichsten Szenen: Wie Christopher Lee sich mit seinem wirklich diabolisch-gemeinen Grinsen über die Satanistin beugt, die gerade im Begriff ist, Astaroth zur Welt zu bringen oder wie die jungfräuliche Kinski von ihrem bluttriefenden Mini-Monster beschlafen wird. Sensationell ist an diesem Schundprodukt jedoch eines: Lee lässt tatsächlich während einer Orgienszene die Hosen runter!

DIE BRAUT DES TEUFELS

(THE DEVIL RIDES OUT). GB 1968. **R:** *Terence Fisher.* **B:** *Richard Matheson.* **V:** *»Diener der Finsternis« von Dennis Wheatley.* **K:** *Arthur Grant.* **SpE:** *Michael Stainer-Hutchins.* **M:** *James Bernard.* **D:** *Christopher Lee (Duc de Richleau), Charles Gray (Mocata), Nike Arrighi (Tanith), Leon Green (Rex von Ryn), Sarah Lawson (Marie Eaton), Patrick Mower (Simon Aron), Paul Eddington (Richard Eaton), Rosalyn Landor (Peggy Eaton), Gwen Francon-Davies (Gräfin d'Urfe), Russell Waters (Malin), Rosa-*

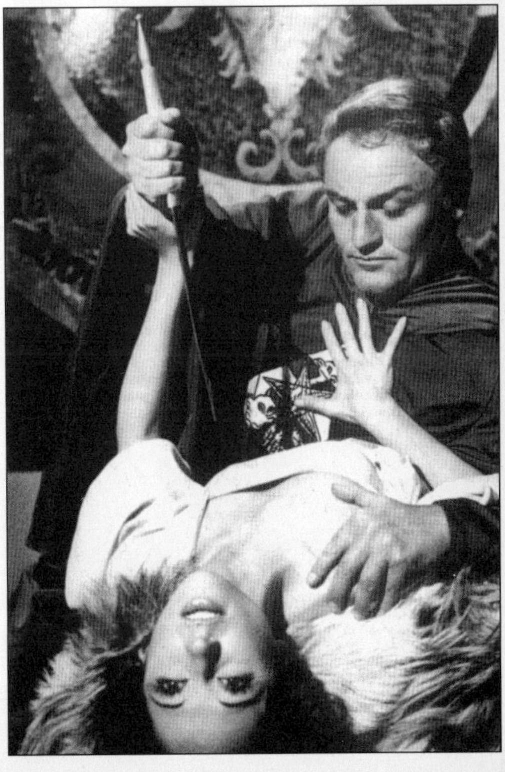

Die Braut des Teufels

lyn Landor (Peggy), Mohan Singh, Keith Pyott, John Brown. F 95 Min.
Duc de Richleau, ein Okkultismus-Kenner, stellt fest, dass sein Freund Simon sich der Schwarzen Magie verschrieben hat und in die Hände einer Satanistengruppe geraten ist, die ein gewisser Mocata anführt. Der Duc ist nicht erfreut über diese Angelegenheit, also schlägt er Simon nieder und entführt ihn zusammen mit seinem Assistenten Rex auf sein Anwesen. Doch der finstere Mocata gibt nicht klein bei: Seine Jünger entführen Tanith, die Tochter ihres Widersachers, um sie dem Todesengel zu opfern. Dieser ist alsbald zur Stelle, kriegt jedoch vom Duc in einem Kampf auf Leben und Tod schwer was auf die Mütze. Der Film versteht es, eine unheimliche Atmosphäre zu erzeugen, und ist besser, als seine Inhaltsangabe vermuten lässt.

BRENNEN MUSS SALEM

(SALEM'S LOT). USA 1979. **R:** *Tobe Hooper.* **B:** *Paul Monash.* **V:** *»Brennen muss Salem« von Stephen King* **K:** *Jules Brenner.* **Ma:** *Jack Young.* **M:** *Harry Sukman.* **D:** *David Soul (Ben Mears), James Mason (Straker), Lance Kerwin (Mark Petrie), Bonnie Bedelia (Susan Norton), Ed Flanders (Dr. Norton), Lew Ayres (Jason Burke), Reggie Nalder (Barlow), Barbara Babcock (June Petrie), Geoffrey Lewis (Mike Ryerson), Kenneth McMillan (Constable), Bonnie Bartlett (Ann Norton), Marie Windsor (Eva), Elisha Cook jr. (Weasel), Robert Lussier (Nolly Gardner), Jukie Cobb (Bonnie Sawyer), Fred Willard (Larry Crockett), George Dzundza (Cully Sawyer), Brad Savage (Danny Glick), Ronnie Scribner (Ralphie Glick), Josh Bryant (Ted Petrie), Ernie Phillips (Royal Snow), James Gallery (Pater Callahan), Ned Wilson (Henry Glick), Barney McFadden (Ned Tebbets), Joe Brooks (Wächter). F 106 Min.*
TV-Film. Der amerikanische Schriftsteller Ben Mears spürt in einem kleinen Städtchen in Maine verschwundenen Personen nach und stößt im Zuge seiner Ermittlungen auf den Vampir Barlow. [V]

Brennen muss Salem

DIE BRENNENDEN AUGEN VON SCHLOSS BARTIMORE

(THE GORGON). GB 1963. **R:** *Terence Fisher.* **B:** *John Gilling.* **St:** *Llewellyn Devine.* **K:** *Michael Reed.* **Ma:** *Roy Ashton.* **M:** *James Bernard.* **D:** *Peter Cushing (Professor Namaroff), Christopher Lee (Professor Meister), Michael Goodliffe (Professor Heitz), Barbara Shelley (Carla Hoffmann), Richard Pasco (Paul Heitz), Toni Gilpin (Sascha), Patrick Troughton (Inspektor Kanof), Prudence Hyman (Gorgone), Joseph O'Conor (Leichenbeschauer), Joyce Hemson (Martha), Remond Philips (Hans). F 83 Min.*
Vom Fluch der Medusa befallene junge Frau verwandelt sich in Vollmondnächten in ein schlangenhäuptiges Ungeheuer und lässt jene, die sie in dieser Gestalt erblicken, zu Stein erstarren. Mutige Wissenschaftler, die (im Gegensatz zu den abergläubischen Bauern) nicht an Schwarze Magie glauben, lösen das Rätsel mittels Hypnose. – »Fishers Film besticht durch das stimmungsvolle Dekor und die atmosphärische Dichte der gut aufgebauten, mit passenden Dialogen versehenen Story mit tragischem, unkonventionellem Schluss.« (Robert Schneider, VAMPIR) [V]

BRIAN – DIE HÖLLENFAHRT EINES BESESSENEN

(DEMON MURDER CASE). USA 1979. **R:** *Billy Hale.* **B:** *William Kelley.* **K:** *John Lindley.* **M:** *George Aliceson Tipton.* **D:** *Kevin Bacon (Brian), Beverly McKinsey (Joan Greenway), Eddie Albert (Pater Dietrich), Charlie Fields (Brian), Andy Griffith*

(Dämonologe), Joyce Van Patten, Cloris Leachman, Richard Masur. F 97 Min.
TV-Film. Der zehnjährige Brian ist von einem Dämon besessen, doch die Experten und Exorzisten sind nicht weit: Nach der Austreibung wechselt das Böse in seinen Bruder Ken über, der unter teuflischem Einfluss einen Mord begeht und sich vor einem ungläubigen Gericht verantworten muss. Dutzendware auf TV-Niveau. [V]

BRIGADE DES SCHRECKENS

(ZOMBIE BRIGADE). Australien 1988. **R:** *Carmelo Musca, Barrie Pattison.* **B:** *Carmelo Musca, Barrie Pattison.* **K:** *Alex McPhee.* **M:** *John Charles, Todd Hunter.* **D:** *John Moore (Jimmy), Khym Lam (Yoshie), Geoff Gibbs (Bürgermeister), Adam A. Wong (Kinoshita), Maggie Wilde (Rita), Bob Fagetter (Wild), Leslie Wright (Constable Jackson), Michael Fuller (Onkel Charlie). F 95 Min.*
Untote Vietnam-Veteranen erheben sich aus ihren Gräbern, als ein zu ihren Ehren errichtetes Denkmal einem Vergnügungspark weichen soll. [V]

THE BROTHERHOOD OF SATAN

(THE BROTHERHOOD OF SATAN). USA 1971. **R:** *Bernard McEveety.* **B:** *William Welch.* **St:** *Sean McGregor.* **K:** *John Arthur Morrill.* **M:** *Jaime Mendoza-Nava.* **D:** *Strother Martin (Doc Duncan), L. Q. Jones (Sheriff), Charles Bateman (Ben), Ahna Capri (Nicky), Charles Robinson (Geistlicher), Alvy Moore (Tobey), Geri Reischl (Kiti), Helene Winston (Alice), Joyce Easton (Mildred Meadows), Debi Storm (Billy Jo), Jeff Williams (Stuart), Judy McConnell (Phyllis), Robert Ward (Mike), John Barclay, Anthony Jochim, Patrick Sullivan Burke. F 92 Min.*
Irgendwo im Süden der USA: Ben, seine Tochter Kiti und seine Freundin Nicky müssen sich, als ihr Wagen einen Motorschaden hat, in einem kleinen Ort aufhalten, in dem gerade einige grauenhafte Morde und Kindesentführungen passiert sind. Von einem Priester, der bald darauf dem Wahnsinn verfällt, erfahren sie, dass in der Umgebung ein Satanskult sein Unwesen treibt, der die Kinder entführt hat, um in ihren Körpern ein neues Leben zu beginnen. Die Vermutungen des Geistlichen erweisen sich als zutreffend: Haupt der Kultisten ist ein Arzt. Nachdem Bens Tochter und einige weitere Kinder auf mysteriöse Weise verschwunden sind, entdeckt man das Nest der Satanisten. Aber zu spät: Die Kinder sind bereits vom bösen Geist ihrer Entführer besessen. – L. Q. Jones, der Produzent und einer der Hauptdarsteller dieses C-Quality-Gruslers, ist ein Schauspieler, der seine bei anderen Produzenten verdienten Gagen meist dazu verwendet, eigene Stoffe zu verfilmen, die ausnahmslos Action- oder SF/Horror-orientiert sind. Dass sie meist nur in Bahnhofs- und Autokinos laufen, stört ihn dabei wenig, und tatsächlich ist es ihm hin und wieder auch gelungen, einen echten Kassenknüller einzufahren. – »*The Brotherhood of Satan* ist einer der unbeholfensten Horrorfilme aller Zeiten. Er erklärt die bedeutungslose Handlung in keiner Weise und lässt das Publikum nicht nur verwirrt, sondern auch stinksauer zurück. Wenn der Drehbuchautor überhaupt eine Idee hatte, hat er sie im Schlaf wieder verloren ... Zwar geben die Darsteller ihr Bestes, können aber mit diesem sinnlosen Material einwandfrei nichts anfangen.« (VARIETY). [V]

BROWNING, TOD

(1882–1962). Auch als »Edgar Allan Poe des Films« bekannter amerikanischer Regisseur. Riss mit sechzehn Jahren von zu Hause aus und schloss sich einem Wanderzirkus an, war Akrobat, Clown, Schlangenmensch. Es folgten Tourneen mit verschiedenen Vaudeville-Truppen, bis Browning 1914 in Hollywood landete, in kurzen Lustspielen und als Assistent von David Wark Griffith *(Intolerance)*. Erste eigene Filmregie 1917: *Jim Bludso*. 1919 *(The Wicked Darling)* und 1921 *(Outside the Law)* drehte er zum ersten Mal mit Lon Chaney, dessen bevorzugter Regisseur er ab 1925 bei Metro-Goldwyn-Mayer wurde: *The Unholy Three; The Blackbird; The Road to Mandalay; The Unknown; London After Midnight; West of Zanzibar; The Big City; Where East Is East*. Browning: »Ich bin sehr glücklich, einen Künstler wie Chaney zu haben mit seinen grotesken Masken und Verkleidungen. Er wird alles tun und fast alles erlauben, wenn es nur dem Wohl eines Filmes dient.« Wenn er einen Film für Chaney vorbereite, so Browning, denke er erst mal nicht über den Plot nach: »Der ergibt sich ganz von selbst aus der Figur. Am Anfang von *The Unknown* stand nur ein armloser Mann. Dann fragte ich mich, was wohl die schrecklichste Situation wäre, in die man einen solchen Krüppel stoßen könnte. Aus meinen Überlegungen entstand die Geschichte eines Zirkusakteurs, der seine Füße als Hände benutzt, der ein Mädchen liebt und es wieder verliert und schließlich mit seinen Zehen ein entsetzliches Verbrechen versucht. Das Gleiche gilt für *The Road to Mandalay*. Ursprünglich war nur die Idee von einem Mann, der so abstoßend hässlich war, dass er sich schämte, sich seiner Tochter zu zeigen. Daraus kann man jede erdenkliche Geschichte konstruieren.« Nach dem Tod von Chaney, im frühen Tonfilm, filmte Browning mehrmals mit Bela Lugosi. 1929: *The Thirtheenth Chair;* 1931: *Dracula;* 1935: *Mark of the Vampire (Das Zeichen des Vampirs)*. 1932, nach dem Erfolg des sehr theatralischen *Dracula,* fasste er noch einmal seine ganz persönlichen Zirkus-Erfahrungen mit der Verfilmung einer Kurzgeschichte von Tod Robbins zusammen: *Freaks*. Die Bosse von MGM waren entsetzt. Browning, Trinker und als altmodisch verschrien, geriet immer mehr ins Abseits, bis er endgültig kaltgestellt wurde.

DIE BRÜCKE ÜBER DEN EULENFLUSS

(LA RIVIERE DU HIBOU). Frankreich 1961. **R:** *Robert Enrico.* **B:** *Robert Enrico.* **V:** *Erzählung »Zwischenfall auf der Eulenfluss-Brücke« von Ambrose Bierce.* **K:** *Jean Boffety.* **M:** *Henri Lanoe.* **D:** *Roger Jacquet, Anne Cornaly, Anker Larsen. SW 26 Min.*

TV-Film. Im amerikanischen Bürgerkrieg: Ein Mann wird ohne Gerichtsverfahren von einem militärischen Kommando auf der Eulenflussbrücke gehängt. Der Strick reißt jedoch. Er fällt ins Wasser; im Kugelhagel gelingt ihm die Flucht. Er rennt durch einen gespenstischen Wald und gelangt zu einem Haus, vor dem seine Frau ihn erwartet. Als er sie in die Arme schließen will, bricht sein Genick; er baumelt am Galgen: Die Flucht hat nur in seiner Vorstellung stattgefunden. Dieser sehr spannende Kurzfilm wurde 1964 mit einem Oscar ausgezeichnet.

BRUTALE BISSE

Anderer Titel für DRACULA – NÄCHTE DES ENTSETZENS

DER BUCKLIGE VOM HORROR-KABINETT

(TERROR IN THE WAX MUSEUM). USA 1973. **R:** *George Fenady.* **B:** *Jameson Brewer.* **St:** *A. J. Fenady.* **K:** *William Jurgensen.* **M:** *George Duning.* **D:** *Ray Milland (Harry Flexner), Broderick Crawford (Amos Burns), Elsa Lanchester (Julia Hawthorn), Maurice Evans (Inspektor Daniels), Shani Wallis (Laurie Mell), John Carradine (Claude Dupree), Louis Hayward (Tom Fowley), Patrick Knowles (Southcott), Mark W. Edwards (Sgt. Michael Hawks), Lisa Lu (Madame Yang), Steven Marlo (Karkoff), Ben Wright (Polizist), Mathilda Calnan, Peggy Stewart (Putzfrauen), Leslie Thompson (Parker), Nicole Shelby (Peg). F 94 Min.*

Ein alter Knabe namens Dupree, der in London ein Wachsfigurenkabinett leitet, zu dessen »Insassen« auch der berüchtigte Hurenmörder Jack the Ripper gehört, will seinen Laden an den wohlhabenden Amerikaner Burns verkaufen. Bevor es jedoch dazu kommt, schickt der Ripper ihn mit seinem Katzendolch ins Jenseits. Oho! Der Verdacht der (wie immer völlig depperten) Polizisten fällt auf das bucklige Faktotum Karkoff, denn Bösewichter erkennt das gewiefte Auge ja daran, dass solche Leute missgestaltet sind. Um so überraschender kommt dann die Pointe (STÖHN!), dass es ein gaaaanz anderer war! Und wenn Sie gute Augen haben und reaktionsschnell sind, werden Sie ihn auch noch kurz zu sehen bekommen, bevor der Nachspann läuft. – »Zu lange braucht der Regisseur, um seine Geschichte in Gang zu bringen, um ihr halbwegs das abzugewinnen, was den Reiz dieser spätviktorianischen Gruselszene ausmachen könnte. Die Story wird zerdehnt und breitge-

Der Bucklige vom Horror-Kabinett

treten.« (Joe Hill, FILMDIENST) – »Das ganze Gebräu will einem nicht schmecken. Auch das Spiel der Darsteller, darunter bekannte Namen wie Ray Milland und Broderick Crawford, bleibt recht farblos.« (VAMPIR)

DER BUCKLIGE VON SOHO

BRD 1966. **R:** *Alfred Vohrer.* **B:** *Herbert Reinecker.* **K:** *Karl Löb.* **M:** *Peter Thomas.* **D:** *Günther Stoll (Inspektor Hopkins), Pinkas Braun (Allan Davies), Eddi Arent (Reverend), Siegfried Schürenberg (Sir John), Monika Peitsch (Wanda Merville), Agnes Windeck (Lady Perkins), Hubert von Meyerinck (Gen. Perkins), Gisela Uhlen (Mrs. Tyndal), Uta Levka (Gladys), Richard Haller (Buckliger), Joachim Teege (Stone), Albert Bessler (Anthony), Hilde Sessak (Oberin), Kurt Waitzmann (Sergeant), Suzanne Roquette (Laura), Ilse Pagé (Jane), Biggi Freyer (Amalie), Susanne Hsiao (Viola), Tilo von Berlepsch (Polizeiarzt). F 89 Min.*

Buckliger Killer meuchelt im Auftrag einer nach außen hin als mildtätige Organisation firmierenden Gangsterbande allerlei Figuren, die a) aus dem Schmuddelgeschäft aussteigen wollen oder b) deren Hintermännern auf die Schliche gekommen sind. – Dieser Streifen weist zwar nur wenig Horror auf, brilliert aber mit sämtlichen unheimlichen Versatzstücken, die die Edgar Wallace-Filme in den sechziger Jahre populär gemacht haben, obwohl ihm überhaupt kein Roman des britischen Vielschreibers zugrunde liegt. – »Selten war ein Wallace-Krimi so abwechslungsreich«, schreibt Florian Pauer in DIE EDGAR WALLACE-FILME: »Auf perfekt inszenierte Actionszenen folgen die humoresken Einlagen des eitlen Sir John, auf Einstellungen, in denen sich das Auge der Kamera mit sadistischer Freude an den Leiden gefolterter Mädchen weidet, folgen Rededuelle der Akteure, die mit selten gesehener Bösartigkeit ihre Kontroversen austragen. Gisela Uhlen, Hilde Sessak, Pinkas Braun, Richard Haller als ›Buckliger‹, sie alle stehen auf der Seite des Verbrechens, dass man fragen muss, ob da noch Platz für einen Haupttäter ist, der hinter allem steht ... Nicht viel edler ist genau genommen Günther Stoll als Inspektor Hopkins. Mit einer aus Tausenden erkennbaren Stimme, die Arroganz, Zynismus, Abgebrühtheit und Besessenheit verrät, ist er nicht nur seinem Chef Sir John gegenüber kaltschnäuzig, sondern zeigt auch der holden Weiblichkeit gegenüber keine tieferen Emotionen. Seinen Widersachern liefert er nicht nur Schieß-, sondern auch Rededuelle, dass es nur so kracht.«

BUFFY, DER VAMPIR-KILLER

(BUFFY THE VAMPIRE SLAYER). USA 1992. **R:** *Fran Rubel Kuzui.* **B:** *Joss Whedon.* **K:** *James Hayman.* **M:** *Ralph Sall, Carter Burwell.* **D:** *Kristy Swanson (Buffy), Donald Sutherland (Merrek), Paul Reubens (Amylyn), Rutger Hauer (Lothos), Luke Perry (Pike). F 82 Min.*

Eigentlich ist das Mädchen Buffy als Cheerleader an der High School ganz zufrieden. Doch bald träumt sie von Vampiren, und eine heruntergekommene Gestalt namens Merrick teilt ihr mit, nur sie könne eine Vampir-Invasion verhindern. Merrick bereitet sie auf ihre Aufgabe vor; statt Aerobic zu tanzen, belegt Buffy Kickbox-Stunden und legt reihenweise Blutsauger um. Freund und Freundinnen wenden sich von ihr ab. Zusammen mit Pike, ihrem anfangs ungeliebten Mitstreiter, besiegt sie eine Horde tanzwütiger Vampire sowie deren blutarmen König Lothos. – Verpackt in eine mit Heavy Metal-Musik (u.a. Ozzy Osbourne, The Cult) unterlegte Groteske präsentiert die Ex-Underground-Filmerin Fran Rubel Kuzui ein buntes Teenie-Filmchen und verbindet eine sentimentale Komödie mit komischen Horror-Elementen, wobei sie sorgsam darauf achtet, dass sich keine Logik in die Story einschleicht. Neben Kristy Swanson – »eine Plastikblondine mit Barbie-Puppen-Charme und einer Stimme wie die Ente im Ost-Sandmännchen« (Sven Berndt, SPLATTING IMAGE) – ziehen Donald Sutherland und Rutger Hauer ihre Rollen eher ab, als sie zu spielen, und hin und wieder glaubt man sie sogar zwinkern zu sehen. [V]

BUFFY – IM BANN DER DÄMONEN: DAS ZENTRUM DES BÖSEN

(BUFFY THE VAMPIR SLAYER). USA 1996. **R:** *Charles Martin Smith, John T. Kretchmer.* **B:** *Joss Whedon.* **M:** *Walter Murphy.* **D:** *Sarah Michelle Gellar (Buffy Summers), Anthony Stewart Head (Rupert Giles), Alyson Hannigan (Xander Harris), Nicholas Brendon (Willow Rosenberg), Mark Metcalf (Meister), Charisma Carpenter, Julie Benz, Brian Thompson, Eric Balfour, Kristine Sutherland. F 100 (88) Min.*

Buffy (16) ist eine von höheren Mächten »auserwählte« Vampirkillerin, die es 1992 erstmals nicht nur auf der High School, sondern auch auf den Bildschirmen trieb. Die vorliegende, 1996 entstandene Folge ist eine direkte Fortsetzung und gleichzeitig Pilotfilm einer Serie. Die Vampirjägerin im Kampf gegen den Meister, eine Nosferatu-ähnliche Kreatur, dessen Verein das Höllenmaul öffnen und die Weltherrschaft antreten will.

BUNNY LAKE IST VERSCHWUNDEN
(BUNNY LAKE IS MISSING). GB 1965. **R:** *Otto Preminger.* **B:** *John und Penelope Mortimer.* **V:** *»Wer weiß etwas von Bunny Lake?« von Evelyn Piper.* **K:** *Denys Coop.* **M:** *Paul Glass.* **D:** *Keir Dullea (Steven), Carol Lynley (Ann), Lucie Mannheim (Köchin), Noel Coward (Wilson), Adrienne Corri (Dorothy), Ann Massey (Elvira Smollet), Martita Hunt (Ada Ford), Laurence Olivier (Newhouse), Clive Revill (Sgt. Andrews), Damaris Hayman (Daphne), Michael Wynne (Rogers), Victor Maddern (Taxifahrer), David Oxley (Arzt), Megs Jenkins (Krankenschwester), Suki Appleby (Bunny), Kika Markham (Krankenschwester), Delphi Lawrence, Suzanne Neve, Jill Melford, Patrick Jordan, Jane Evers, John Sharp, Geoffrey Frederick, Percy Herbert, Bull Maxam, Tim Brinton, Fred Emney, Finlay Currie, Richard Wattis, John Forbes-Robertson, The Zombies. SW 107 Min.*

Am Morgen hat Ann ihre vierjährige uneheliche Tochter Bunny im Kindergarten abgegeben. Kurz vorher waren sie zusammen aus Amerika in London eingetroffen, um Bruder Steven zu besuchen, den seine journalistische Tätigkeit hierhin verschlagen hat. Als Ann Bunny um die Mittagszeit wieder abholen will, ist die Kleine verschwunden, wie vom Erdboden verschluckt, als ob sie niemals existiert hätte; ihre Kleider, ihre Spielsachen, ihre Papiere sind nicht aufzufinden. Der Kommissar steht vor einem Rätsel. Ist Bunny Opfer einer raffinierten Entführung oder nur ein Hirngespinst einer hysterischen jungen Frau? Schon einmal, so gesteht Bruder Steven widerwillig, habe Ann sich in ihrer Kindheit in der Fantasie eine Freundin geschaffen und ihr den Namen Bunny gegeben. In ihrer Verzweiflung sucht Ann den rettenden Strohhalm, um die Existenz Bunnys zu beweisen. Sie findet einen Reparaturschein für eine beschädigte Puppe. Sie sucht das entsprechende Geschäft auf. Steven folgt ihr, zerstört die Puppe, schlägt Ann bewusstlos und liefert sie in diesem Zustand im Krankenhaus ab. Dann kehrt er nach Hause zurück, um die kleine Bunny umzubringen, die er die ganze Zeit über im Kofferraum seines Wagens eingesperrt hielt. Er will die Liebe seiner Schwester nicht mit Bunny teilen. Ann flieht aus dem Krankenhaus und verfolgt ihn, doch kann sie ihm Bunny nicht entreißen. Sie versucht ihn abzulenken. Es vergeht eine halbe Ewigkeit, bis endlich die Polizei eintrifft. – Das Drehbuch sah zunächst vor, dass eine ziemlich finstere Gestalt, die ehemalige Leiterin des Kindergartens, Bunny entführen sollte. Regisseur Preminger fand das wenig reizvoll. Erst die Idee, Bunny sei nur in der Vorstellung Anns vorhanden, da diese sich immer Kinder gewünscht und nie bekommen hatte, die Steven dem Kommissar suggeriert, lieferte den nötigen Schuss Suspense. Preminger und seine Leute bauten das Drehbuch um. Heraus kam – sieht man einmal von dem etwas vermurksten Schluss ab – ein bis ins letzte Detail glaubwürdiger Psycho-Thriller, der Hitchcock alle Ehre gemacht hätte.

Bunny Lake ist verschwunden

BURIED ALIVE – LEBENDIG BEGRABEN

(BURIED ALIVE). USA 1990. **R:** *Frank Darabont.* **B:** *Mark Patrick Carducci.* **V:** *Erzählung »Lebendig begraben« von Edgar Allan Poe.* **K:** *Jacques Haitkin.* **M:** *Michel Colombier.* **D:** *Tim Matheson (Clint Goodman), Jennifer Jason Leigh (Joanna Goodman), William Atherton (Cortland van Owen), Hoyt Axton (Sheriff Eberly), Jay Gerber (Quintan), Wayne Grace (Bill Scorby), Donald Hotton (Reynolds), Brian Libby (Earl), Peg Shirley (Helen Eberly). F 87 Min.*

TV-Film. Remake des Films *Lebendig begraben* (USA 1962; Regie: Roger Corman). Architekt wird von seiner betrügerischen Gattin und einem karrieregeilen Arzt mit asiatischem Gift ausgeschaltet. Die Dosis reicht jedoch nicht aus: Er kommt im Sarg zu sich und nimmt furchtbare Rache. »Bis zur letzten Minute ein menschenverachtendes Machwerk voller vordergründiger Effekte, das in widerlichen Gewalttaten schwelgt.« (FILMDIENST) [V]

BURIED ALIVE – LEBENDIG BEGRABEN II

(BURIED ALIVE II). USA 1996. **R:** *Tim Matheson.* **B:** *Walter Klenhard.* **K:** *Jacques Haitkin.* **M:** *Michel Colombier.* **D:** *Tim Matheson (Clint Goodman), Stephen Caffrey (Randy Riskin), Tracey Needham (Roxanne), Ally Sheedy (Laura Riskin). F 88 Min.*

Nachdem der Mordanschlag des Gatten auf seine Frau misslungen ist, revanchiert sich diese umso erfolgreicher. – »Ziemlich vorhersehbarer Thriller, dessen Gruselpotential in eine Streichholzschachtel passt.« [Joe Hill, FILMDIENST, 23/97] [V]

THE BURNING MOON

BRD 1992. **R:** *Olaf Ittenbach.* **B:** *Olaf Ittenbach.* **K:** *Michael Müller.* **SpE:** *Olaf Ittenbach.* **D:** *Beate Neumeyer, Olaf Ittenbach, Bernd Muggenthaler, Rudolf Höß, Andre Stryi. F 85 Min.*

Amateurhaftes deutsches Splattervideo, in dem ein Junkie seiner Schwester zwei bluttriefende Geschichten erzählt, die wir dann zu sehen kriegen: 1. »Julias's Love«: Der übliche irre Massenmörder bricht aus der üblichen Klapse aus und mordet die Familie eines Mädchens, das sich nicht von ihm an die Wäsche gehen lassen will. 2. »The Purity«: Ein dem Satan verfallener Pfaffe landet nach diversen Morden, für die der Dorftrottel gelyncht wird, in der Hölle. Und als wäre das noch nicht genug, hat Regisseur Ittenbach es auch mit den Apostrophen. AIDT [V]

BURNING SENSATION

(SENSATION). USA 1994. **R:** *Brian Grant.* **B:** *Doug Wallace.* **K:** *Ross Berryman.* **M:** *Joseph Haydn, Arthur Krempel, Jeff Rona.* **D:** *Eric Roberts (Dr. Ian Burton), Kari Wuhrer (Lila Reed), Ron Perlman (Detective Pantella), Paul Le Mat (Mitch Snyder), Claire Stansfield (Paula), Tracey Needham (Maryann), Kieran Mulroney (Denny Sando), Ed Bergley jr. (Earl Strauber), Alisa Diane (Carrie Reiner), Jason Ross-Azikiwe (Detective Holmes), John Morrisey, Jack Zito. F 102 Min.*

Psycho-Thriller. Kunststudentin hat während einer Sitzung beim Parapsychologen Mordvisionen, die darauf hindeuten, dass der Seelenklempner nicht ganz astrein arbeitet.

C

CABAL – BRUT DER NACHT

(NIGHTBREED). USA 1990. **R:** *Clive Barker.* **B:** *Clive Barker.* **V:** *Erzählung »Cabal« (1988) von Clive Barker.* **K:** *Robin Vidgeon.* **SpE:** *VCE/Peter Kuran.* **M:** *Danny Elfman.* **D:** *Craig Sheffer (Boone), Anne-Marie Bobby (Lori), David Cronenberg (Dr. Philip Decker), Charles Haid (Captain Eigerman), Hugh Quarshie (Detective Joyce), Hugh Ross (Narcisse), Doug Bradley (Lylesberg), Catherine Chevalier (Rachel), Malcolm Smith (Ashberry), Bob Sessions (Pettine), Oliver Parker (Peloquin). F 103 (99) Min.*

Da man Boone für einen Mörder hält, flieht er aus der Großstadt auf den einsam gelegenen Friedhof Midian. Hier leben Scharen bizarrer Lebewesen, die zwar äußerlich wie missgestaltete Ungeheuer wirken, doch etwas völlig anderes sind. Der Psychiater Decker und der Polizist Eigerman, die dem jungen Mann auf der Spur sind, gefährden die Balance des mysteriösen Refugiums, das sich in einem unterirdischen Labyrinth ausbreitet: Unter Boones Anleitung wendet sich die »Brut der Nacht« gegen die Polizei, die in ihr Reich vordringt, um es zu vernichten. »Clive Barker feiert das Monströse, das Bizarre ... Brutal wirkende Männer mit Halbmondköpfen leben in der Friedhofsstadt, fette Typen mit Schlangenarmen – und Frauen, verführerisch schön und mit gefährlichen Giftstacheln. Sie alle gehören zum Geschlecht der Gestaltwandler. Es sind Figuren der Postmoderne, Figuren, die an Grenzen kratzen, den Grenzen zwischen Mann und Frau, Gut und Böse, Traum und Realität: Freaks, Punks, Sadomasochisten, Tätowierte, Transsexuelle, all die Flower Power Kids der Nacht.« (Hans Schifferle, DIE 100 BESTEN HORRORFILME). Ansehnlich, die Ausstattung und visuellen Effekte, weniger schön: die stellenweise haarsträubend dämlichen Dialoge. [V]

CABARET DER ZOMBIES

(THE INCREDIBLY STRANGE CREATURES WHO STOPPED LIVING AND BECAME CRAZY MIXED-UP ZOMBIES). USA 1963. **R:** *Ray Dennis Steckler.* **B:** *Gene Pollock, Robert Silliphant.* **K:** *Joseph Mascelli.* **M:** *Libby Quinn.* **D:** *Cash Flagg (Jerry), Brett O'Hara (Estrella), Carolyn Brandt (Marge), Atlas King (Harold), Sharon Walsh (Angie), Erina Enyo (Carmelita), Madison Clarke (Madison), Jack Brady (Ortega), Toni Carmel (Stella), Gene Pollock, Joan Howard, James Bowie, Neil Stillman, Bill Ward, Titus Moede, Whitey Robinson, Son Hooker. F 77 Min.*

Die Rummelplatz-Wahrsagerin Estrella, ein künstlich gebräunter Mutti-Typ mit angeklebten Wimpern und 'ner dicken Warze auf der Wange, manipuliert mittels Hypnose Besucher eines Jahrmarkts, damit diese ihre schweinischen Mordpläne ausführen. Anschließend verwandelt sie ihre Opfer mit Säure in monströse Geschöpfe, die sie wegschließen muss, weil sie zu eklig aussehen. Ihr zum Opfer fällt auch der mausgesichtige Taugenichts Jerry (gespielt vom Regisseur unter Pseudonym), der gegen den Wunsch seiner Freundin Angie die Rummelplatz-Strip Show besucht und alsbald als kapuzentragender Schlitzer Randfiguren absticht, die

Cabaret der Zombies

so farblos sind, dass ihr Schicksal kein Schwein interessiert. (Estrellas Motiv? Wüssten wir auch gern. Vermutlich ist sie wegen der dicken Warze neidisch auf Frauen, die keine solche im Gesicht haben.) Am Ende brechen Estrellas Zombies aus und gehen auf den Rummel – zum Würgen. – Reicht eine so dünne (und dumme) Geschichte aus, um sie in einen Film umzusetzen? Mitnichten – es sei denn, man polstert sie mit zahllosen Jahrmarktnummern und Twist-Einlagen aus, die so grauenhaft langweilig sind, dass einem die Haarwurzeln einschlafen! Eine Billigproduktion, vermutlich gedreht von »unglaublich merkwürdigen Geschöpfen, die zu leben aufhörten und völlig durchgedrehte Zombies wurden« (so der Originaltitel). [V]

DAS CABINET DES DR. CALIGARI

Deutschland 1919–20. **R:** *Robert Wiene.* **B:** *Hans Janowitz, Carl Mayer.* **K:** *Willy Hameister.* **M:**(Atlas-Fassung) *Peter Schirmann.* **D:** *Werner Krauss (Dr. Caligari), Conrad Veidt (Cesare), Friedrich Fehér (Francis), Lil Dagover (Jane), Hans Heinrich von Twardowski (Alan), Rudolf Lettinger (Olfers), Ludwig Rex, Elsa Wagner, Henri Peter Arnolds, Hans Lanser-Ludolff. SW 83 Min. (Stummfilm).*
Wie beschreibt man den Inhalt eines Films, von dem es heißt, er sei »ein Werk, dem in der Geschichte der Filmkunst ein eigenes Kapitel gebührt« (Bela Balázs), von dem René Clair gesagt hat, er sei »ein Triumph des Intellekts«, der »immer und immer gespielt werden [wird], bis die Kopien zerschlissen sind«? – Vielleicht so: 1830 stellt Dr. Caligari in dem norddeutschen Kleinstädtchen Holstenwall einen Somnambulen (Schlafwandler) namens Cesare aus, der den Leuten auf Jahrmärkten die Zukunft weissagt und dem Studenten Alan auf die Frage, wie lange er noch zu leben habe, antwortet: »Bis zum Morgengrauen.« Alan wird tatsächlich zu diesem Zeitpunkt ermordet. Sein Freund Francis verdächtigt Caligari als Täter, aber dem kann man nichts nachweisen. Daraufhin wird Francis bzw. seine Verlobte Jane zum Objekt von Caligaris Rache. Cesare soll Jane töten; stattdessen entführt er sie, wird entdeckt und zu Tode gehetzt. Caligari flüchtet in ein Irrenhaus, aber Francis folgt ihm. Es stellt sich heraus, dass Caligari der Direktor des Irrenhauses, Francis jedoch wahnsinnig ist. – Oder macht vielleicht der Stil die passende Musik? Rudolf Kurth 1926 in EXPRESSIONISMUS UND FILM: »Ein kleines norddeutsches Städtchen, verwittert, winklig und schon wie eine Legende geworden. Mit dem starren Mechanismus von Uhren läuft das Leben ab, pulst aus von der gewichtigen Stadtschreiberei, pulst zurück von der Peripherie wohlhabender Patrizierhäuser, durch kleine Handwerkerhütten – zurück zur Wohllöblichkeit des Stadthauses. Da schreit es nachts auf: Mord! Da rinnt es durch die Straßen: Mord! Wie ein sinnlos drohendes Phantom in dieser respektablen sauberen Welt, düster und blutig: Mord! Ein Stich mit einem langen dünnen Instrument, blitzschnell in die Halsschlagader gebohrt – sehen Sie! wenig Blut, eine kleine Öffnung. – Wie Blutgerinnsel verdichtet sich das Gemurmel. Ein Mund voll frischer Luft, draußen vor der Stadt, auf dem Jahrmarkt, wo verbogene Architekturen die Luft zerreißen, in schräger Fläche sich ein Karussell dreht, unheimlich, windgebauscht wie eine Bude: Das Kabinett des Dr. Caligari. Gebückt, von weitem Radmantel umflossen, durch dunklen Zylinder erhöht, die stechenden, abgründigen Augen entgegenkommend verhangen, steht der alte Caligari und verheißt die Wunder seines Somnambulen. In geheimnisvollen Schlaf versunken, ein schlankes, weitäugiges, schwarzes Phantom, in eng anliegendem Trikot in eine schmale Kiste gezwängt, richtet sich Cesare wie vom Magnet angezogen auf, und aus dem Munde fallen schwer und umnebelt Worte des Traums, Worte aus der Ferne, Worte der Zukunft. Von zwei

Das Cabinet des Dr. Caligari

Freunden, die das gleiche anmutige Mädel lieben, hört der eine auf seine Frage, dass er in vierundzwanzig Stunden sterben wird. Hohnlachen, aus dem Bangigkeit quillt, Überlegenheit, die schon zerbricht, ist die Antwort. Und am nächsten Morgen liegt der Jüngling blass auf seinem Bett, verblutet, ein spitzes Löchlein an der Halsschlagader. Und das sanfte Mädel verschwindet, geraubt von einem dunklen Phantom, über dürre, hochragende Mauern verschleppt, an spitzen, abfallenden Dächern vorbei. Mord ist überall. Mord glänzt aus fiebrigen, weit offenen Augen. Mord fegt seinen dunklen, purpurnen Mantel über die Dächer der kleinen Stadt. – Nur einer, der Freund, ahnt tief im Herzen etwas von der Blutgier des schwarzen Phantoms, von dem Blutrausch des alten, weißhaarigen, undurchdringlich lächelnden Caligari. Und nachts, während alle wissen, Blutgier ist los, schleicht er zu der Kiste, die den Dämon verschließt. Halb schlafend scheinbar, sphinxgleich, sitzt der alte Caligari daneben. Der Freund öffnet die Kiste: die wunden, gespenstischen Augen geschlossen, ruht Cesare in dem hölzernen Gefängnis. – Und da, heranrollend wie ein Gewoge, ein Schreien: Mord! Mord! Und der Mörder ist da, der Mörder ist gepackt: das dunkle Gespenst auf der Bude des Dr. Caligari. Betäubt stürzt der Freund auf die Kiste zu, reißt das Phantom empor – eine dürre, leblose, fade Puppe! Wo ist Caligari? Die Welt kreist, Häuser neigen sich, die Wolken hängen auf der Erde, Bäume schlagen flammengleich zum Himmel: Wo ist Caligari? – Ein großes, steinernes Haus! Dort ist Caligari! Wie Blitze zucken Spruchbänder über den Horizont: Caligari! Caligari! Rausch ist das Karussell der Stadt, Rausch ist Mord und Blut, tobendes Gekreise, die Menschheit mit hohen Hüten und flatternden Mänteln – ein schwarzer, dunkler Punkt – Caligari – da ist er, von Menschen umgeben – Caligari – von Menschen ahnungslos betreut, und als der Freund zu sich kommt, ist die Zwangsjacke um ihn gezogen. Sachlich, nicht ohne Güte, neigt sich der Professor über ihn, den Gelehrtenkopf ernst gebeugt. Assistenzärzte um ihn. Das Irrenhaus. Sein Gesicht trägt die Züge des Dr. Caligari.«

Das entsetzliche Geschehen, dessen Zeuge der junge Francis geworden ist (die Morde an einem arroganten Stadtschreiber und seinem Freund Alan), hat sich nur in seinem Kopf abgespielt, denn in Wahrheit ist er der Wahnsinnige: als Insasse einer Klinik für Geistesgestörte, deren Leiter ein gütiger Psychiater ist, hat er seine Ängste auf andere projiziert: Wie jeder »Verrückte« hält Francis sich für normal – also müssen die anderen die Verrückten sein, die nicht erkennen können, was er »ganz klar« erkannt hat. Wie so oft im Showbiz, wenn sich ein genialer Drehbuchautor (in diesem Fall zwei) was Ansprechendes ausgedacht haben, schlugen auch hier die Produzenten schon vorab zu und kehrten die eigentliche Aussage des Projekts frech um: Hans Janowitz und Carl Mayer, die an sich eine ätzende Kritik am preußischen Autoritarismus geplant hatten (in ihrem Skript ist Francis mitnichten verrückt, sondern kann Caligari als Wahnsinnigen entlarven, der eine Doppelexistenz führt), wehrten sich zwar mit Händen und Füßen gegen den aufgesetzten Schluss, konnten sich jedoch nicht durchsetzen. Ihr Produzent Erich Pommer war nämlich nicht auf Experimente aus, sondern auf einen Kassenknüller, und dazu erschien ihm die selbst ausgedachte »Schlusspointe« gerade recht. Wie kamen die beiden Drehbuchautoren auf die Idee?

»Janowitz bewegte die Vorstellung, in der Hamburger Holstenwall-Anlage Zeuge eines nächtlichen Sexualmordes gewesen zu sein ... Mayer plagte fortwährend die Erinnerung an einen ihm verhassten Militärarzt, der ihn ... mehrmals auf seinen Geisteszustand untersucht hatte. Als die [beiden] Jünglinge eines Abends auf einem Berliner Rummelplatz einen Athleten bestaunten, der – offenbar in Hypnose – unglaubliche Kraftakte vollführte und dabei Satzfetzen hervorstieß, die wie düstere Prophezeiungen klangen, war die Filmidee komplett. Noch in der Nacht entwarfen [sie] die Geschichte eines dämonischen Irrenarztes, der mit einer Schaubude über die Jahrmärkte zieht und sein Medium Cesare durch Hypnose beauftragt, Greuel zu begehen.« (DER SPIEGEL). Der Film war ein Welterfolg, und das nicht zuletzt auch aufgrund der expressionistischen Dekors, die die Künstler Hermann Warm, Walter Reimann und Walter Röhrig entwarfen. »Wie Blitze schlängeln sich Linien, werfen quellende Schatten, schräge Gassen fuhren ins Imaginäre, sich neigende Kubenhäuser und drohende Zimmer strahlen eine dynamische Kraft aus, die den Menschen behexen und ihn zu einem Gefangenen machen, der in den Krallen eines Kerkers hockt.« (ÜBER-

BLICK). Dies wusste auch die Wiesbadener Filmbewertungsstelle zu würdigen, die *Das Cabinet des Dr. Caligari* anlässlich seiner Wiederaufführung nach dem Krieg (1964) mit dem höchsten Prädikat (»Besonders wertvoll«) versah: »Gerade heute, da wir uns von derartigen Versuchen einer künstlerischen Stilisierung im Film weit entfernt haben, kann ... *Das Cabinet des Dr. Caligari* als ein besonders interessantes Beispiel dafür angesehen werden, dass auch im Film die Künstlichkeit der Kunst sehr eindrucksvoll angewendet werden kann. In keiner einzigen Bildfolge hat man versucht, das Atelier zu vertuschen, ganz im Gegenteil: das gesamte Dekor ist bewusst und stets sichtbar auf das Atelier abgestellt. Es gibt in diesem Film keine reale Welt. So gewannen hier vor allem die Bauten eine Bedeutung, die ihnen im gegenwärtigen Film kaum noch zufällt. Es sind die Bauten, die den Stil des Films bestimmen. Das Interieur der Irrenanstalt, um nur ein einziges Beispiel anzuführen, ist in seiner suggestiven Kraft nahezu unentrinnbar. Seither steht der Begriff ›Caligarismus‹ für eine finstere, dämonische Kraft, die im Geheimen zur Macht strebt und dabei vor keiner Greueltat zurückschreckt: »Caligari verkörpert jene schrankenlosen, die Macht um ihrer selbst willen vergötternden Gewalten, die sich zur Befriedigung ihrer Herrschgelüste über alle menschlichen Rechte und Werte rücksichtslos hinwegsetzen.« (Siegfried Kracauer, VON CALIGARI ZU HITLER). Die braunen Herren, die in Deutschland 1933 an die Macht kamen, schienen dies auch erkannt zu haben. Sie ließen den Film nicht nur flugs verbieten, sondern machten ihn 1937 auch zu einem Bestandteil ihrer perfiden Ausstellung über »entartete Kunst«. [V]

THE CALLING

BRD 2000. **R:** *Richard Caesar. B: John Rice, Rudy Gaines, überarbeitet von Richard Caesar.* **K:** *Joachim Berc.* **M:** *Christopher Franke.* **D:** *Laura Harris (Kristie St. Clair), Richard Lintern (Marc St. Clair), Francis Magee (Cormac), Alex Roe-Brown (Dylan St. Clair), Alice Krige (Elizabeth Plummer), John Standing (Jack Plummer), Peter Waddington (Pater Mullin), Nick Brimble (Polizeiinspektor Morton). F 91 Min.*

Okkult-Thriller eines Absolventen der HFF München: Mama macht sich ganz zu Recht Sorgen, denn im Körper ihrer Brut nistet Beelzebub, bereit, die Herrschaft über die Welt anzutreten. Trotz rituellen Mordanschlags erhebt sich der Bengel zum Schluss aus dem Sarg und verkündet das neue (böse) Zeitalter live über CNN.

CAMERON – DER DÄMON AUS DER HÖLLE

(CAMERON'S CLOSET). USA 1989. **R:** *Armand Mastroianni.* **B:** *Gary Brandner.* **K:** *Russell Carpenter.* **M:** *Harry Manfredini.* **D:** *Scott Curtis (Cameron Lansing), Cotter Smith (Sgt. Sam Taliaferro), Mel Harris (Dr. Nora Haley), Tab Hunter (Owen Landing), Leigh McCloskey (Detective Pete Groom), Chuck McCann (Ben Majors), Kim Lankford (Dory Landing). F 83 Min.*

Parapsychologisches Experiment erweckt Maya-Dämon, der sich daraufhin im Wandschrank eines Jungen einnistet und dessen Vater meuchelt.

CAMP DES GRAUENS II

(SLEEPAWAY CAMP II: UNHAPPY CAMPERS). USA 1988. **R:** *Michael A. Simpson.* **B:** *Fritz Gordon.* **K:** *Bill Mills.* **Ma:** *Bill Johnson.* **M:** *James Olivero.* **D:** *Pamela Springsteen (Angela), Brian Patrick Clarke (T.C.), Renee Estevez (Molly), Anthony Higgins (Sean), Valerie Hartman (Allie), Walter Gotell (Onkel John), Susan Marie Snyder (Mare), Terry Hobbs (Rob), Kendall Bean (Demi), Julie Murphy (Lea), Carol Chambers (Brooke), Amy Fields (Jodie), Benjy Wilhoite (Anthony), Walter Franks (Judd), Justin Nowell (Charlie), Heather Binion (Phoebe), Jason Ehrlich (Emilio), Carol Martin Vines (Diane), Tricia Grant, Jill Jane Clements. F 73 Min.*

In einem US-Ferienlager treibt das sattsam bekannte Schlitzerhirn sein Unwesen und murkst rotzfreche und verdorbene Teenies ab. Der Täter ist ein Transsexueller. Der Autor hat keine Ideen. AIDT [V]

CAMP DES GRAUENS III

(SLEEPAWAY CAMP III: TEENAGE WASTELAND). USA 1989. **R:** *Michael A. Simpson.* **B:** *Fritz Gordon.* **K:** *Bill Mills.* **M:** *James Oliverio.* **D:** *Pamela Springsteen (Angela/Maria), Tracy Griffith (Marcia Holland), Michael J. Pollard (Herman Miranda), Mark Oliver (Tony), Sandra Dorsey (Lily Miranda), Kim Wall (Cindy Hammersmith), Daryl Wilcher (Riff), Rashina Kessler (Maria Delgado), Kyle Holman (Snoboy), Cliff Brand (Barney), Sonya

Maddox (Anita Bitcham), Jill Tershita (Araberin). F 90 Min.
Die übliche Mordserie, bei der in einem amerikanischen Ferienlager Teenies und ihre Betreuer auf »originelle« Weise von einer Irren um Kopf & Leben gebracht werden. Geschmackloses Fortsetzungsfilmchen, das sich heftig an die *Freitag der 13.*-Serie anlehnt. Titten-Einlagen inklusive. AIDT [V]

CAMPFIRE TALES

(CAMPFIRE TALES). USA 1996. **R:** *David Semel, Martin Kunert, Matt Cooper.* **B:** *Matt Cooper.* **K:** *John Peters.* **M:** *Andrew Rose.* **D:** *Jay R. Ferguson (Cliff), Christine Taylor (Lauren), Suzanne Goddard (Mutter), Hawthorne James (Cole), Alex McKenna (Amanda), Glenn Quinn (Scott), Michael Dempsey (Vater), Jacinda Barrett (Heather Wallace). F 90 Min.*
Vier Gruselgeschichten in der Soße einer einfallslosen Rahmenhandlung. AIDT [V]

CANDYMAN III – DER TAG DER TOTEN

(CANDYMAN III: DAY OF THE DEAD). USA 1999. **R:** *Turi Meyer.* **B:** *Al Septien, Turi Meyer.* **V:** *Erzählung von Clive Barker.* **K:** *Michael G. Wojclechowski.* **M:** *Adam Gorgoni.* **D:** *Tony Todd (Robitaille/Candyman), Donna D'Errico (Caroline McKeever), Nick Corri (David de la Paz), Wade Andrew Williams (Detective Samuel Kraft), Alexia Robinson (Tamara), Leonardo Guerra, Rena Riffel, Elizabeth Guber, Ernie Hudson jr., Chris Van Dahl, Lara Mazur. F 89 Min.*
Candyman, eine Horror-Figur von Clive Barkers Gnaden, mordet sich einfallsloser, dafür aber umso blutiger durch den dritten Teil. – Auf Video letterboxed. [V]

CANDYMAN II – DIE BLUTRACHE

(CANDYMAN: FAREWELL TO THE FLESH). USA 1995. **R:** *Bill Condon.* **B:** *Rand Ravich, Mark Krueger.* **St:** *Clive Barker.* **K:** *Tobias A. Schiessler.* **M:** *Philip Glass.* **D:** *Tony Todd (Candyman), Kelly Rowan (Annie Tarrant), William O'Leary (Ethan Tarrant), Bill Nunn (Reverend Ellis), Matt Clark (Thibideaux), Timothy Carhart, Veronica Cartwright. F 91 Min.*
Da Annies Bruder für eine Untat, die ein anderer begangen hat, die Rübe hinhalten soll, macht Annie sich auf die Suche nach dem wahren Täter – dem Candyman. [V]

CANDYMAN'S FLUCH

(CANDYMAN). USA 1992. **R:** *Bernard Rose.* **B:** *Bernard Rose.* **V:** *Erzählung »The Forbidden« von Clive Barker.* **K:** *Anthony B. Richmond.* **M:** *Philip Glass.* **D:** *Virginia Madsen (Helen Lyle), Tony Todd (Candyman), Xander Berkeley (Trevor Lyle), Kasi Lemmons (Bernadette Walsh), Vanessa Williams (Anne-Marie McCoy), Dejuan Guy (Jake), Stanley DeSantis (Dr. Burke), Gilbert Lewis (Detective Frank Valento), Marianna Eliott (Clara), Ted Raimi (Billy), Carolyn Lowry (Stacey). F 99 Min.*
Der Geist eines vor 100 Jahren ermordeten Sklaven, der sich erfrecht hat, den Blick auf eine weiße Frau zu richten (man lässt ihn daraufhin von Bienen zu Tode stechen), erwacht als »Candyman« in einem schwarzen Maler zu neuem Leben und tötet mit einem Haken, der seine Hand ersetzt, mehrere Menschen. Die rührige Doktorandin Helen, die den Fall recherchiert, weil sie sich für urbane Mythen interessiert, wird darin verwickelt und gerät unter Mordverdacht. Routinierter, ordentlich besetzter Schocker, der den Horror des täglichen Lebens spannend abbildet, aber auch ganz schön vorhersehbar ist. Längen hat er leider auch. [V]

CANNIBAL GIRLS

(CANNIBAL GIRLS). Kanada 1973. **R:** *Ivan Reitman.* **B:** *Robert Sandler.* **K:** *Robert Saad.* **M:** *Doug Riley.* **D:** *Eugene Levy (Clifford Sturges), Ronald Ulrich (Reverend Alex St. John), Andrea Martin (Gloria Welleby), Randall Carpenter (Anthea), Bonnie Neison (Clarissa), Mira Pawluk (Leona), Bob McHeady (Sheriff), May Jarvis (Mrs. Wainwright),*

Cannibal Girls

Alan Gordon, Allan Price, Earl Pomerantz (Opfer). F 82 Min.
In dem amerikanischen Kaff Farnhamville scheinen ausnahmslos Kannibalen zu leben, die sich von durchreisenden Touristen ernähren. Sogar der Sheriff steckt mit dem mörderischen Trio Anthea, Clarissa und Leona unter einer Decke. Als das Pärchen Gloria und Cliff ein Landhaus betreten, das sie irrtümlicherweise für ein Feinschmecker-Restaurant halten, ahnen sie noch nicht, dass man sie auserkoren hat, den Speisezettel der Dörfler zu bereichern ... Ivan Reitman hat offenbar erkannt, wo die Grenzen der Geschmacklosigkeit liegen. Er hat sich seither auf Komödien verlegt und mit *Ghostbusters* die erfolgreichste Parodie des Horror-Genres geschaffen.

CANNIBAL MAN

(LA SEMANA DEL ASESINO) Spanien 1972. **R:** *Eloy de la Iglesia.* **B:** *Antonio Fos, Eloy de la Iglesia.* **K:** *Paul Artigot.* **M:** *Fernando G. Morcillo.* **D:** *Vicente Parra (Marcos), Emma Cohen (Paula), Eusebio Poncela (Nestor). Vicky Lagos (Rosa), Ismael Merlo (Jefe), Fernando Sanchez Polack (Ambrosio), Charlie Bravo (Esteban), Rafael Hernandez (Agustin), Goyo Lebrero (Taxifahrer), Valentin Tornos (Arbeiter), José Franco (Ladenbesitzer), Lola Herrera (Carmen). F 97 Min.*
Der in einer Konservenfabrik arbeitende Marcos erschlägt in Notwehr einen Taxifahrer, und als seine Braut Paula ihn drängt, sich der Polizei zu stellen, wird sie sein nächstes Opfer. Aus Zufall kommen immer mehr Menschen hinter Marcos' Geheimnis, und er tötet sie alle, bis die unter seinem Bett liegenden Leichen die Fliegen anziehen. Als Marcos schließlich erpresst wird, bereitet er sich auf seinen letzten Mord vor ... – »Der Film wirkt geistig und formal unausgegoren. Er hat einige starke Szenen, ist aber in Anlage und Darstellung eher schwach.« (FILM-DIENST)

CANNIBAL! THE MUSICAL

(CANNIBAL! THE MUSICAL/ALFRED PACKER: THE MUSICAL). USA 1993. **R:** *Trey Parker.* **B:** *Trey Parker.* **K:** *Chris Graves, Robert Muratore.* **M:** *Trey Parker, Rich Sanders.* **D:** *Juan Schwartz [Trey Parker] (Alfred Packer), Toddy Walters (Polly Pry), Ian Hardin (Shannon Wilson Bell), Jason McHugh (Frank Miller), Matt Stone (James Humphrey), Jon Hegel (Israel Swan), Dian Bachar (George Noon), Robert Muratore (Frenchy Cabazon), Andrew Kemler (Pretson Nutter). F 97 Min.*
»Western-Horror-Comedy-Splatter-Musical«, sprich: Trash pur. Der angeblich wahre Fall eines Mannes, der im 19. Jahrhundert in den Vereinigten Staaten wegen Kannibalismus verurteilt wurde.

THE CARPENTER

(THE CARPENTER). USA 1989. **R:** *David Wellington.* **B:** *Doug Taylor.* **K:** *David Franco.* **M:** *Pierre Bundock.* **D:** *Wings Hauser (Ed), Lynne Adams (Alice), Pierre Lenoire (Martin), Barbara Jones (Rachel). F 85 Min.*
Die Pädagogengattin Alice erleidet einen Nervenzusammenbruch und landet in der Nervenklinik. Ihr Mann bringt sie in ihr Haus, das renoviert wird. Alice träumt und hat Halluzinationen. Der altmodische Ansichten pflegende Schreiner Ed, der sogar nachts seinem Beruf nachgeht und möglicherweise vom Geist eines irren Mörders besessen ist, beschützt sie mit allen zur Verfügung stehenden Mitteln (und Werkzeugen) auf drastische Weise vor den Unbilden des Lebens und einem Mann, der sie vergewaltigen will. Der im kanadischen Quebec entstandene Horror-Schocker ist David Wellingtons Erstling. [V]

CARPENTER, JOHN

(*1948). Sohn eines Musiklehrers. »Mein Wunsch, Regisseur zu werden, geht auf ein Erlebnis zurück, das ich im Alter von fünf Jahren hatte. Das war 1953. Damals sah ich einen Film mit dem Titel *It Came from Outer Space (Gefahr aus dem Weltall)*. In 3 D. Sie erinnern sich an diese Filme ... mit den Brillen und allem Drum und Dran. Die erste Sequenz zeigte, wie ein Meteor vom Himmel fiel. Ein Feuerball, der direkt von der Leinwand auf einen zuzufliegen schien und explodierte. *Explodierte!* Ich sprang auf, schrie und lief den Seitengang hinauf. Aber auf einmal merkte ich, dass ich keine richtige Angst hatte. Ich war richtig aufgewühlt und erregt und sagte mir: Das möchte ich auch mit den Leuten machen. Ich will genauso was Erregendes schaffen. Ich ging also an meinen Platz zurück, setzte mich und sah mir den Rest des Films an. Von da an wollte ich Filmregisseur werden. Ich wollte Filme machen, die die Leute von den Sitzen reißen ...« Auf 8mm filmte Carpenter *Revenge of the Colossal Beasts, Gorgo vs. Godzilla, Ter-*

ror from Space. Später wurden seine Schmalfilme ambitionierter: *Warrior and the Demon; Gorgon, the Space Monster.* Und ihm wurde bewusst, dass er nicht allein war: »Andere Leute im ganzen Land machten ähnliche Sachen. Ich las darüber in den Fanzines – damals waren Fanzines das große Ding. Buchstäblich jedermann schien sein eigenes Fan-Magazin herauszugeben, und ich machte es genauso. Ich veröffentlichte *Fantastic Films Illustrated.* In den Fanzines erschienen auch Bilder aus den eigenen Filmen. Es gab da einen Typen, der in dieser Richtung wirklich ungeheuer. produktiv war. Sein Name war Don Glut. Er drehte unglaubliche Filme und spielte auch immer die Hauptrolle – Captain Marvel-Filme, verschiedene Monster-Geschichten – er war der King. Zu der Zeit wollte ich so sein wie er. Technisch war ich nicht so meisterhaft. Ich schaffte nichts, was ebenso gut war. Ich war auch nicht ganz so besessen. Ich nahm das Filmen mehr als ein Spiel.« 1968 besuchte Carpenter die Filmklasse der University of Southern California. Dort entstanden *The Resurrection of Bronco Billy* und *Dark Star,* aus dem der Produzent Jack Harris einen Kinofilm machte. Nach *Dark Star* schrieb Carpenter drei Drehbücher, von denen aber nur eines realisiert wurde: *The Eyes of Laura Mars (Die Augen der Laura Mars* – 1977). Auf sich aufmerksam machte er 1976 mit einer filmischen Variation auf Howard Hawks' *Rio Bravo: Assault on Precinct 13 (Assault – Anschlag bei Nacht)* und vor allem 1978 mit dem ersten *Halloween (Halloween – Die Nacht des Grauens).* 1980: *The Fog (The Fog – Nebel des Grauens);* 1982: *The Thing (Das Ding aus einer anderen Welt);* 1983: *Christine;* 1986: *Big Trouble in Little China;* 1987: *Prince of Darkness (Die Fürsten der Dunkelheit);* 1988: *They Live (Sie leben);* 1991: *Memoirs of an Invisible Man (Jagd auf einen Unsichtbaren);* 1993: *Body Bags [TV];* 1995: *In the Mouth of Madness (Die Mächte des Wahnsinns); Village of the Damned (Das Dorf der Verdammten);* 1996: *Escape from L.A. (Flucht aus L.A.);* 1998: *Vampires.*

CARRIE – DES SATANS JÜNGSTE TOCHTER

(CARRIE). USA 1976. **R:** *Brian De Palma.* **B:** *Lawrence D. Cohen.* **V:** *»Carrie – Des Satans jüngste Tochter« von Stephen King.* **K:** *Marie Tesi.* **M:** *Pino Donaggio.* **D:** *Sissy Spacek (Carrie White), John Travolta (Billy Nolan), Piper Laurie (Margaret White), Amy Irving (Sue Snell), William Katt (Tommy Ross), Nancy Allen (Chris Hargenson), Betty Buckley (Miss Collins), P. J. Soles (Norma Watson), Sydney Lassick (Fromm), Stefan Gierasch (Morton), Priscilla Pointer (Mrs. Snell), Michael Talbot (Freddy), Harry Gold (George), Noelle North (Frieda), Cindy Daly (Cora), Deirdre Berthrong (Rhonda), Anson Downes (Ernest), Rory Stevens (Kenny), Edie McGlurg (Helen), Cameron de Palma, Doug Cox. F 98 Min.*

Carrie White ist weder die jüngste noch *überhaupt* eine Tochter des Satans. Sie ist vielmehr ein amerikanisches Mädchen, dessen Geschlechtsreife ein wenig spät einsetzt. Und da sie eine Mutter hat, die vor religiösem Fanatismus beinahe irre ist, hat Carrie noch nie in ihrem Leben gehört, dass mit dem Beginn der Geschlechtsreife die Monatsblutung einsetzt. Als ihr dies zum ersten Mal widerfährt, in der Schule, nach der Sportstunde, unter der Dusche, reagiert sie mit Entsetzen. Sofort wird sie zum Angelpunkt der kollektiven Häme ihrer »aufgeklärteren« Klassenkameradinnen. Zu Hause er-

Carrie – Des Satans jüngste Tochter

fährt Carrie auch keine Hilfe, denn ihre Mutter bestraft sie mit Zwangsgebeten wider »die Sünden des Fleisches«, da sie in der Sexualität nur Schmutz sieht. Die Klasse, die ob ihres bösen Spiels mit Carrie hat nachsitzen müssen, sinnt derweil auf Rache. Nur eine Schülerin, Sue Snell, wird von Gewissensbissen geplagt und überredet Tommy Ross, den Klassenschwarm, Carrie zum Schulfest einzuladen. Mrs. White jedoch hat allerhand dagegen, dass ihre Tochter an einem Tanzvergnügen teilnimmt. Als sie Carrie deswegen eine Szene macht, erkennt das Mädchen, dass es über telekinetische Fähigkeiten verfügt: Sobald es sich erregt, kann es mit Geisteskraft Gegenstände in Bewegung versetzen. Carrie besucht das Schulfest. Sie und Tommy werden sogar (jedoch mit Vorbedacht) zum »Paar des Abends« gewählt, aber als sie auf die Bühne gehen, um sich beklatschen zu lassen, geschieht das Unfassbare: Ein Eimer Schweineblut wird auf Carrie hinabgestürzt. In einem unkontrollierten Wutanfall entlädt sich Carries telekinetische Kraft über das Schulgebäude und die Anwesenden. Aus dem Nichts entsteht ein Flammenmeer, das lediglich Sue und Carrie überleben. Zu Hause wird Carrie von ihrer Mutter mit einem Messer empfangen. Sie muss sich anhören, sie sei eine Hexe. Zum letzten Mal setzt Carrie sich zur Wehr; sie lässt ihrer Gabe freien Lauf, bis das Haus brennend im Erdboden versinkt ...

Carrie ist natürlich, wie jeder zugeben wird, der Augen hat zu sehen, eher ein parapsychologischer Thriller (und mithin eher dem SF-Genre zugehörig) als ein klassischer Horrorfilm; dass die Gänsehaut dennoch nicht ausbleibt, liegt an Stephen King, jenem amerikanischen Wunderkind der »mysteriösen« Literatur, dessen Bücher in aller Welt Großauflagen erreichen und sich nur selten entscheiden können, welchem Genre sie nun eigentlich angehören. Religiöser Wahn, übersinnliche Kräfte und der Hass der Angepassten auf den Außenseiter verschmelzen hier zu einem Thriller, der es in sich hat: »Aus jedem Eckchen des Films leuchtet Hexenwahn« (Günter Knorr, FILMBEOBACHTER), »sofern Brian De Palma nicht mittelalterlichen Aberwitzen zum Opfer gefallen ist, was wir nicht hoffen mögen, offenbart er sich hier als glänzender, wenn auch demagogischer Regisseur. Weniger die Frage, ob er die Existenz telekinetischer Kräfte leugnet oder bejaht, steht zur Debatte, sondern die Tatsache, dass religiöse Wahnvorstellungen der Mutter Carries sich bestätigen und De Palma uns eine Antwort schuldig bleibt, wieso die (hübsche) Carrie eigentlich so verachtet dahinvegetiert.« – »Horrorfilme von einer hastig dahingedudelten Ex-und-hopp-Dynamik gibt es zuhauf. Zumindest ein Gutes bewirken sie: Je höher nämlich der Stapel kaum nennenswerter Produktionen, desto genussreicher ist das Aufstöbern eines durch und durch gelungenen Werks. Die Tragödie um das mit übersinnlichen Kräften versehene Mädchen Carrie ist so ein Treffer, dessen psychologische Widerhaken über das vordergründige Gruseln hinaus nachdenklich machen.« (maj, VIDEOTHEK) [V]

CARRIE II – DIE RACHE

(THE RAGE: CARRIE II). USA 1999. **R:** *Katt Shea.* **B:** *Rafael Moreu.* **V:** *Motive von Stephen King.* **K:** *Donald M. Morgan.* **M:** *Danny P. Harvey.* **D:** *Emily Bergl (Rachel Lang), Jason London (Jesse Ryan), Dylan Bruno (Mark), J. Smith-Cameron (Barbara Lang), Amy Irving (Susan Snell), Zachery Ty Bryan (Eric), John Doe (Boyd), Gordon Clapp (Mr. Stark), Mena Suvari (Lisa). F 104 Min.*
Vorgeschichte: *Carrie – Des Satans jüngste Tochter.* – Sue Snell, die als einzige Carries Abschlussball-Inferno überlebt hat, begegnet in ihrer Praxis als High School-Psychologin der Ersatz-Carrie Rachel, die unter Aufbietung teuflischer Kräfte Selbstjustiz an einer Footballmannschaft übt, um den durch ein zynisches Sexspiel forcierten Selbstmord ihrer Freundin Lisa zu rächen. – »Wo [Brian] de Palma eindringliche sexuelle und tiefenpsychologische Metaphern präsentierte, gibt sich [Katt] Shea mit einem hohlen Abklatsch zufrieden, der mit plakativen Beigaben von Tätowierungen, Videokameras und größerer sexueller Freizügigkeit auf einen modernen Stand gebracht wird. So sind die Spezialeffekte bei Rachels telekinetischem Amoklauf 1999 denn auch ordentlich, ohne allerdings besonders aufzufallen.« (BLICKPUNKT FILM 16/99)

CASSANDRA – OMEN DES TODES

(CASSANDRA). Australien 1986. **R:** *Colin Eggleston.* **B:** *Colin Eggleston, Christopher Fitchett, John Fitchett, John Ruane.* **K:** *Garry Wapshott.* **M:** *Trevor Lucas, Ian Mason.* **D:** *Tessa Humphries (Cassandra), Tegan Charles (Cassandra als Kind), Lee*

James (Robert/Warren), Dylan O'Neill (Warren als Kid), Briony Behets (Helen), Natalie McCurry (Helen), Shane Briant (Stephen), Tim Burns (Graham), Susan Barling (Libby), Jeff Watson (Bob), Gary Traill (Stone), Kit Taylor (Harrison), Jeff Truman (Devlin), Kate Carruthers (Janice), John Ley (Barman). F 94 Min.
Psycho-Thriller. Mörderische Albträume einer jungen Frau entpuppen sich als verschüttetes Kindheitserlebnis: Ihr Zwillingsbruder, der ihre Mutter abgeschlachtet hat und seither in einer Nervenklinik lebt, wird entlassen und nimmt unangenehmen Kontakt mit der Familie auf.

CASTLE FREAK

(CASTLE FREAK). USA/Italien 1995. **R:** *Stuart Gordon.* **B:** *Dennis Paoli.* **V:** *»Der Außenseiter« von H. P. Lovecraft.* **K:** *Mario Vulpiani.* **Ma:** *Optic Nerve.* **M:** *Richard Band.* **D:** *Jeffrey Combs (John Reilly), Barbara Crampton (Susan Reilly), Jonathan Fuller (Giorgio), Jessica Dollarhide (Rebecca Reilly), Massimo Sarchielli (Giannetti), Elisabeth Kaza (Agnese), Luca Zingaretti (Forte), Raffaela Offidani (Sylvana), Alessandro Sebastian Satta (JJ), Helen Stirling (Herzogin D'Orsino) Rolando Cortegiani (Tonio), Marco Stefanelli (Benedetti). F 91 Min.*
Die amerikanische Familie Reilly – John ist Alkoholiker, seine Frau verachtet ihn, da sie ihm die Schuld am Tod des Sohnes und der Blindheit der Tochter gibt – erbt ein italienisches Schloss und besichtigt es, um es zu verkaufen. Keiner ahnt, dass die verstorbene Vorbesitzerin ihren Sohn ein Leben lang im Keller gefangen gehalten und gequält hat, damit er für seinen Vater büßt, der sie einst verlassen hat. Giorgio sieht wie ein deformiertes Ungeheuer aus. Nun, da er frei ist, pirscht er nach oben und sieht, dass das Schloss neue Bewohner hat. Weil er in seinem Leben jedoch nur Qual und Unterdrückung erfahren hat, kann er nichts anderes weitergeben ... [V]

Castle Freak

CATACLYSM – DER UNENDLICHE ALPTRAUM

(CATACLYSM/THE NIGHTMARE NEVER ENDS/SATAN'S SUPPER). USA 1979. **R:** *Tom McGowan, Greg Tallas, Philip Marshak.* **B:** *Philip Yordan.* **K:** *N.N.* **M:** *Steve Yeaman.* **D:** *Cameron Mitchell (Lt. Stern), Marc Lawrence (Dieter/Abraham Weiss), Maurice Grandmaison (Papini), Faith Clift (Claire Hansen), Charles Moll (Professor James Hansen), Robert Bristol (Olivier), Elizabeth Martin (Ann), Klint Stevenson (Jim), Christie Wagner (Mrs. Roget), Robyn Russell (Mrs. Ziegler), George Geerling (Kellnerin), T. J. Savage (Friedhofsbesucher), Phil Yordan jr. (Kellner), Richard Bulik (Nazi). F 92 Min.*
Herr Oliver, eine dekadente Nazitype, hängt in schicken Diskotheken rum und ist in Wahrheit ein Emissär des Satans (oder gar Satan persönlich?). Dieter, in Wahrheit ein Nazi-Jäger, ist ihm auf der Spur und bemüht sich, den Polizisten Stern von seinem Verdacht zu überzeugen. Claire, die Gattin von Professor James Hansen (Nobelpreisträger und Autor des Buches »Gott ist tot«), leidet derweil an Albträumen, die Olivers Schandtaten dokumentieren und gehört zu denen, die berufen sind, ihm das Handwerk zu legen. So interessant die Geschichte klingt, so schlecht wurde sie umgesetzt, was man von einem Film, den gleich drei Regisseure inszeniert haben und der laufend seinen Titel ändert, nur erwarten kann. Ein Produkt der auch sonst nicht

mit Grips geschlagenen Macher des Horror-Pornos *Liebling, du beißt so gut* (1977). [V]

CATHYS FLUCH

(CATHY'S CURSE/CAUCHEMARS). Kanada 1976. **R:** *Eddy Matalon.* **B:** *Eddy Matalon, Alain Sens-Cazenave, Myra Clément.* **K:** *Jean-Jacques Tarbþs.* **M:** *Didier Vasseur.* **D:** *Alan Scarfe (George Gimble), Randi Allen (Cathy Gimble), Beverly Murray (Vivian Gimble), Hubert Noel (Arzt), Roy Whitman (Paul), Doroty Davis (Mary), Mary Morter (Medium), Renee Girard (Mrs. Burton), Sonny Forbes (Polizist), Linda Koot (Laura), Bob Gerolami (Tierarzt), Peter McNeil, Bryce Allen, Lisa Nickelt. F 86 Min.*

Bei einem Autounfall ums Leben gekommene Tante reinkarniert in ihrer kleinen Nichte und lässt, wie schon des Öfteren gehabt, die Sau raus. »Langweiliger Horrorfilm im Fahrwasser des *Exorzisten*, voll von blutigen Mutationen, käsigem Make-up und schlechten Spezialeffekten.« (FILMDIENST)

THE CELL

(THE CELL). USA 2000. **R:** *Tarsem Singh.* **B:** *Mark Protosevich.* **K:** *Paul Laufer.* **SpE:** *Clay Pinney, Kevin Tod Haugh, BUF Compagnie, BUF, Inc.; Command Post Toybox.* **M:** *Howard Shore.* **D:** *Jennifer Lopez (Catherine Deane), Vince Vaughn (Peter Novak), Vincent D'Onofrio (Carl Stargher), Marianne Jean-Baptiste (Dr. Miriam Kent), Jake Weber (Gordon Ramsey), Dylan Baker (Henry West), James Gammon (Teddy Lee), Patrick Bauchau (Lucien Baines), Tara Subkoff (Julia Hickson), Catherine Sutherland (Anne Marie Vicksey), Jake Thomas (Junger Carl). F 109 Min.*

Die Psychotherapeutin Catherine ist an der Entwicklung einer revolutionären Behandlungsmethode beteiligt, die es erlaubt, »körperlich« in den Geist ihrer Patienten einzudringen. Das FBI benötigt dringend ihre Mitarbeit, hat es doch gerade einen gefährlichen Serienmörder erwischt, der sein letztes Opfer an einem unbekannten Ort versteckt hat, an dem es in Kürze ertrinken wird. Dummerweise liegt der Täter im Koma, so dass er keine Auskunft über den Aufenthaltsort des Opfers geben kann. Catherine muss in seinen Geist eindringen, um nach den nötigen Hinweisen zu suchen, doch das verdrehte Hirn des Patientenböslings hält allerlei Gefahren für sie bereit. – »Was er [Drehbuchautor Mark Protosevich] an Plattheiten und Gemeinplätzen einzuflechten vermochte, bringt ihn gefährlich nahe an den Vorwurf der Leistungsverweigerung. Nun könnte man sagen, die Rahmenhandlung um eine entführte junge Frau, die in einer Zelle dem Ertrinkungstod entgegendämmert, und deren komatösem Entführer man ihren Aufenthaltsort zu entlocken versucht, sei lediglich ein Vehikel, um in die phantastischen Bilderwelten des Regisseurs einzutauchen. Doch auch diese enttäuschen. Die Traumwelten, durch die Jennifer Lopez und der blasse Vince Vaughn wandeln, sehen aus wie eine Mischung aus einem Jean Paul Gaultier Parfum-Werbespot und einem Video von REM.« (PRANKE 3–4/2000) [V]

CELLAR DWELLER

(CELLAR DWELLER/UNDERGROUND WEREWOLF). USA 1986. **R:** *John Carl Buechler.* **B:** *Kit DuBois.* **K:** *Sergio Salvati.* **SpE:** *John Carl Buechler.* **M:** *Carl Dante.* **D:** *Jeffrey Coombs (Colin Childress), Debrah Farentino (Whitney Taylor), Pamela Bellwood (Amanda), Yvonne de Carlo (Mrs.

The Cell

Briggs), Vince Edwards (Norman Meshelski), Cheryl Ann Wilson (Lisa), Floyd Levine (Taxifahrer), Michael Deak (Cellar Dweller). F 77 Min.
In den fünfziger Jahren denkt sich ein Comic-Zeichner den Charakter »Cellar Dweller« (Kellerbewohner) aus und füllt die dazugehörigen Sprechblasen mit okkultem Text. Sein Geschöpf erwacht zum Leben; die Kacke ist am Dampfen. 1986 zieht eine junge Zeichnerin in seine Wohnung ein, um sich von der Umgebung inspirieren zu lassen, in der ihr großes Vorbild seiner Kunst nachgegangen ist. Da ihr ein nervensägender Kollege keine Ruhe lässt, zeichnet sie eine Geschichte, in der er vom Cellar Dweller aufgefressen wird. Der alte Schleimbeutel erwacht zu neuem Leben und zieht die übliche Horror-Show ab ...

THE CHAIR

(THE CHAIR). USA 1988. **R:** *Waldemar Korenioswky.* **B:** *Carolyn Swartz.* **K:** *Steven Ross.* **M:** *Eddie Reyes.* **D:** *James Coco (Dr. Harold Langer), Trini Alvarado (Lisa Titus), Paul Benedict (Eddie Dwyer), Gary McCleary (Rick), Stephen Geoffreys (Roach), Ron Taylor, Calin Levels, Brad Greenquist, Jihmi Kennedy, John Bentley (Joseph Callahan). F 90 Min.*
Böser Geist eines Gefängnisdirektors, der bei einem Gefangenenaufstand auf dem elektrischen Stuhl verbrutzelte, kehrt zurück und wendet sich gegen seinen Nachfolger, der fortschrittliche Ideen in die Tat umsetzen will. [V]

CHANEY, LON [ALONZO]

(1883–1930). Amerikanischer Schauspieler und Maskenspezialist, der »Mann mit den 1000 Gesichtern«. Da seine Eltern taubstumm waren, war Lon von klein auf gezwungen, sich mimisch auszudrücken. Seine Mutter inszenierte im Kindergarten und in der Schule kleine Pantomimen mit ihm. Er musste die Schule aber schon sehr früh verlassen, um nach einer schweren Erkrankung seiner Mutter für die kleine Schwester und den jüngeren Bruder zu sorgen. Als er 12 war, vermittelte ihm sein älterer Bruder John einen Job beim Theater in Colorado Springs, wo die Chaneys lebten. Danach war er eine Zeit lang als Dekorateur in Denver tätig, bis ihn John zur Bühne zurückholte. Ehe mit der Chorsängerin Cleva Creighton, aus der ein Sohn hervorging: der als Lon Chaney jr. bekannt gewordene Creighton Tull Chaney. Die Ehe wurde geschieden, nachdem Cleva zur Alkoholikerin geworden und sich mit Gift ihre Stimmbänder ruiniert hatte. Chaney heiratete in zweiter Ehe seine Freundin Hazel Hastings.

Ab 1912 erste Filmrollen auf Vermittlung seines Bekannten Lee Moran. Hier wurde es für Chaney eine finanzielle Notwendigkeit, so schnell wie möglich Maske zu machen. Sein Sohn erinnert sich: »Gewöhnlich hockte er im Umkleideraum bei der Universal (...) und wenn ein Regieassistent reinkam und fragte: ›Jemand hier, der einen Collegeboy spielen kann?‹, antwortete Dad: ›Ja, hier, ich kann einen Collegeboy spielen.‹ Ein andermal lautete die Frage: ›Kann hier jemand einen Chinesen spielen?‹ Das ging ein paar Mal so, aber es war niemand da, der ihren Wunsch erfüllen konnte. Da nahm mein Dad, der der geborene Künstler im wahrsten Sinne des Wortes war, seine Schminke, kramte seine Siebensachen zusammen und ging damit zur Universal. Wenn jetzt einer fragte: ›Jemand hier, der einen Chinesen spielen kann?‹, kam seine Antwort wie aus der Pistole geschossen: ›Ja, *ich* kann einen Chinesen spielen.‹ Er schminkte sich chinesisch, ging für zehn Minu-

Lon Chaney

ten arbeiten, kam zurück, dann ging er wieder [in anderer Maske] und spielte einen Griechen. Auf diese Weise spielte er in 3–4 Filmen täglich.«

1919 besetzte ihn Regisseur George Loane Tucker als *The Miracle Man*, als betrügerischer Krüppel Frog: »Eigentlich wollte mich Tucker gar nicht für die Rolle des Krüppels. An sich wollte er einen professionellen Schlangenmenschen nehmen, aber die fünf, mit denen er geprobt hatte, konnten die Rolle nicht spielen. Tucker erläuterte mir, die erste Szene, die vor die Kamera käme, sei die, in der der falsche Krüppel vor den Augen seiner Kumpane zurückverwandelt würde. Wenn ich das fertig brächte, würde ich den Job bekommen. Ich ging heim, um es zu versuchen. Natürlich bin ich kein Schlangenmensch. Ich hätte es einfacher in meiner Karriere gehabt, wäre ich einer gewesen. Wie ich so da saß und über die Rolle nachdachte, wiederholte ich unbewusst einen Trick, den ich schon seit meiner Kindheit beherrschte. Ich kreuzte meine Beine, kreuzte sie noch einmal, schlang meinen linken Fuß um den rechten Knöchel. Als ich ins Studio kam, um den Test zu machen, war Tucker schon hinter der Kamera. Er warf mir einen kurzen Blick zu und befahl: ›Kamera!‹ Ich plumpste hin, mit zuckendem Gesicht und die Beine enger und enger umeinander geschlungen. Tucker sagte kein Wort. Schweiß rann über meine Stirn. Endlich hörte ich ein Wort flüstern. ›Gott‹, sagte Tucker. Ich wollte dasselbe sagen, aber aus einem anderen Grund.«

1920 drehte Chaney seinen ersten Horrorfilm und rächt sich als Inhaber eines Wachsfigurenkabinetts an einem jungen Mann, indem er diesen zur Wachsfigur macht: *The Glory of Love* wurde jedoch drei Jahre zurückgehalten und kam schließlich als *While Paris Sleeps* heraus. In *A Blind Bargain* (1923) will er als verrückter Wissenschaftler die Evolutionstheorie untermauern, indem er aus Menschen Affen macht, aber eines seiner Opfer, ein Affenmensch (den er auch spielt), bringt ihn um. Seine bekanntesten Rollen bei der Universal waren Quasimodo in *The Hunchback of Notre-Dame* und Erik in *The Phantom of the Opera*. Um sich auf seinen (geradezu masochistischen) Part als Buckliger vorzubereiten, benötigte Chaney täglich viereinhalb Stunden. Auf seinem Rücken lastete ein 72 Pfund schwerer Gummiberg. Gehalten wurde die Konstruktion von einem Korsett. Chaney

Lon Chaney

hatte sich in einen fleischfarbenen Gummianzug gezwängt, der mit Tierhaar verklebt war. Eine mörderische Vorrichtung in seinem Mund sollte verhindern, dass er ihn schloss. Als Phantom, dessen Demaskierung eine der Sternstunden des Horrorfilms ist, hatte sich Chaney einen unglaublichen Totenschädel geschminkt. Er erweiterte seine Nasenlöcher, hob die Nasenspitze an, zog mit scharfen Klammern, die wie Angelhaken gepiekt haben müssen, die Mundwinkel herunter.

Als er in *The Phantom* vor der Kamera stand, war er längst nicht mehr bei der Universal, er musste für teures Geld bei Metro-Goldwyn-Mayer ausgeliehen werden. Für diese Gesellschaft drehte er u.a. 1925: *The Unholy Three;* 1926: *The Black Bird;* 1927: *The Unknown; Mr. Wu; London After Midnight;* 1928: *West of Zanzibar;* 1929: *Where East Is East;* 1930: ein Tonfilm-Remake der *Unholy Three*. Er hatte ernstlich vor, für seinen nächsten Tonfilm als Dracula zur Universal zurückzukehren, aber am 26. August 1930 starb er im Alter von 44 Jahren an Kehlkopfkrebs.

CHANEY JR., LON

(1906–1973). Der tragische Sohn eines großen Vaters. Creighton Tull Chaney, wie er eigentlich hieß, war bei seiner Geburt ein schwächliches Kind, nur zweieinhalb Pfund leicht. Der Arzt sah keine andere Möglichkeit, ihn am Leben zu halten, als ihn ins eiskalte Wasser des Belle Isle Sees am Rand von Oklahoma City zu tauchen. Einschneidende Erlebnisse in Creightons Leben waren die Trennung des Vaters von der Mutter und seine Jahre mit den taubstummen Großeltern. Der Vater hat ihn oft misshandelt, mit der Peitsche gezüchtigt, wie er seinem Freund Curt Siodmak erzählte: »Dad wollte nicht, dass ich Schauspieler werde und machte mir den Beruf niemals schmackhaft. Aber ich konnte Dad zu Hause zusehen, wie er seine Maskeraden vorbereitete. Auf diese Weise war ich irgendwie von Anfang an mit drin im Geschäft.«

Nach dem Tod des Vaters übernahm er kleinere Filmrollen und wurde 1939–40 mit zwei Parts in den Hal Roach Studios bekannt: Lennie in *Of Mice and Men (Von Mäusen und Menschen)* und Akhoba, Oberhaupt einer Steinzeitsippe, in *One Million B.C. (Tumak, der Herr des Urwaldes)*. Danach trat er bei der Universal in die maskenreichen Fußstapfen seines Vaters und war in Rollen zu sehen, die seine Vorgänger Karloff und Lugosi bekannt gemacht hatten: 1942 als Monster in *Ghost of Frankenstein;* 1943 als *Son of Dracula;* 1942 in *The Mummy's Tomb,* 1944 als *The Mummy's Ghost* und 1945 in *The Mummy's Curse.* Legendär wurde er als Werwolf Larry Talbot 1941 in *The Wolf Man (Der Wolfmensch).* 1941: *Man Made Monster;* 1943: *Frankenstein Meets the Wolf Man;* 1943: *Calling Dr. Death;* 1944: *Weird Woman;* 1944: *House of Frankenstein; Dead Man's Eyes;* 1945: *The Frozen Ghost; House of Dracula;* 1948: *Abbott and Costello Meet Frankenstein (Abbott und Costello treffen Frankenstein/Mein Gott, Frankenstein).* Danach, neben Ausflügen in *High Noon (Zwölf Uhr mittags)* und *The Defiant Ones (Flucht in Ketten),* überwiegend in Low Budget-Filmen: 1951: *Bride of the Gorilla (Die Braut des Gorilla);* 1952: *The Black Castle (Das schwarze Schloß);* 1956: *The Indestructible Man (Der Würger von Sing-Sing); The Black Sleep (Die Schreckenskammer des Dr. Thosti); Manfish (Aasgeier);* 1957: *The Cyclops;* 1959: *The Alligator People;* 1960: *La Casa del Terror (Da lacht die Gänsehaut);* 1963: *The Haunted Palace (Die Folterkammer des Hexenjägers);* 1964: *Witchcraft;* 1965: *House of the Black Death;* 1966: *Dr. Terror's Gallery of Horrors;* 1967: *Hillbillys in a Haunted House;* 1969: *Dracula Vs. Frankenstein (Draculas Bluthochzeit mit Frankenstein).*

Lon jr., ein starker Alkoholiker, war oft nach dem Mittagessen, das er flüssig zu sich nahm, so gut wie arbeitsunfähig. Zum Schluss wurde es so schlimm, dass Fruchtfliegen – wie sein Kollege Henry Brandon beobachtete – um seinen Kopf kreisten. Wie sein Vater starb auch Chaney jr. an Kehlkopfkrebs.

THE CHANGELING

Anderer Titel für **DAS GRAUEN**

CHERRY FALLS

(CHERRY FALLS). USA 1999. **R:** *Geoffrey Wright.* **B:** *Ken Selden.* **K:** *Anthony B. Richmond.* **SpE:** *KNB EFX Group.* **M:** *Walter Werzowa.* **D:** *Michael Biehn (Sheriff Brent Marken), Gabriel Mann, Jesse Bradford, Douglas Spain, Natalie Ramsey, Keram Malicki-Sanchez, Brittany Murphy, Jay Mohr, Candy Clark, Caroline Perveyclear. F 91 Min*

Cherry Falls ist ein Nest irgendwo in der Provinz, damit die Herstellung dieses Films keinesfalls zu teuer komme. Dort, auf der High School, geht ein Mörder mit der Sichel seinem Tag- bzw. Nachtwerk nach und ermordet allerlei Teenies.

CHILDREN OF THE NIGHT

(CHILDREN OF THE NIGHT). USA 1991. **R:** *Tony Randel.* **B:** *Nicolas Falacci.* **K:** *Richard Michalak.* **M:** *Daniel Licht.* **D:** *Karen Black (Karen Thompson), Peter DeLuise (Marc Gardener), Ami Dolenz (Lucy Barret), Evan Mackenzie (Cindy Thompson), Maya McLauglin (Frank Aldin). F 87 Min.*

Der smarte Religionslehrer Mark erfährt, dass im Nachbarstädtchen Allburg eine »Vampir-Seuche« ausgebrochen ist. Auch sein Freund, der katholische Priester Frank, hält zwei Blutsauger auf dem Dachboden gefangen. Mit Hilfe der kleinen Lucy stößt Mark auf den Vampirfürsten Czakyr, der seine Macht über die Welt ausdehnen will und jeden in einen Vampir verwandelt, der nicht schnell genug das Weite sucht. Bald ist der ganze Ort infiziert. Mark spießt Czakyr fachmännisch auf das Kühlerkreuz eines ambulanten Gottesdienst-Wagens. Der Höllendämon reicht den Abschied ein ... – »Vergessen ist am Schluss die zweite Hauptfigur, ein lüstern-feiger Pfarrer, dessen Liebe zu seiner Schwägerin das ganze Unheil auslöste. Wo allerdings ein Pfarrer Vampire mit Blutegeln füttert, sollte man keine ausgefeilte Story erwarten. Sie dient nur als Basis für gruselige und ekelige Effekte, ordinäres und ohrenbetäubendes Geheule sowie blutigbrutale Sequenzen vom Abstechen der Vampire. Einige parodistische Sequenzen, letztlich aber auch die ganze abstruse Story und ihre – abgesehen von der Kameraarbeit – drittklassige Umsetzung mildern die Härte dieses Gruselfilms, ändern aber nichts an seiner Vernichtungsideologie und seiner auffällig abfälligen Darstellung alles Kirchlichen.« (FILMDIENST) [V]

CHILLERS

(CHILLERS). USA 1987. **R:** *Daniel Boyd.* **B:** *Daniel Boyd.* **K:** *Bill Hogan.* **M:** *Michael Lipton.* **D:** *Jesse Emery (Mason), Tom McGee (Schwimmlehrer), Kimberley Harbour (Ixpe), Bradford Boll (Nelson), Marjorie Fitzsimmons, Laurie Pennington, Jonathan Wolf, David Wohl. F 88 Min.*

TV-Film. Fünf Personen erzählen sich ihre gruseligsten Träume, was den Machern die Möglichkeit einräumt, auf Logik weitgehend zu verzichten: Es geht um ein Mädchen, das auf ersoffene Untote trifft; Kinder, die im Wald vom irren Schlitzer gejagt werden; einen vampirischen TV-Moderator; einen Menschen, der Tote zum Leben erweckt und einen Zauberspruch, der eine Studentin zur Mörderin macht. [V]

CHRISTINE

(CHRISTINE). USA 1983. **R:** *John Carpenter.* **B:** *Bill Phillips.* **V:** *»Christine« von Stephen King.* **K:** *Donald M. Morgan.* **SpE:** *Roy Arbogast.* **M:** *John Carpenter.* **D:** *Keith Gordon (Arnie Cunningham), John Stockwell (Dennis), Alexandra Paul (Leigh), Robert Prosky (Will Darnell), Harry Dean Stanton (Junkins), Christine Belford (Regina Cunningham), Roberts Blossom (Le Bay), William Ostrander (Buddy), David Spielberg (Casey), Malcolm Danare (Moochie), Steven Tash (Rich), Stuart Charno (Vandenberg), Kelly Preston (Roseanne), Marc Poppel (Chuck), Robert Darnell (Michael Cunningham), Richard Collier (Pepper Boyd), Bruce French (Smith), Douglas Warhit (Bemis), Keri Montgomery (Ellie), Jan Burrell (Bibliothekarin), Charles Steak (Shoppie). F 110 Min.*

1958: »Christine«, ein chromblitzender Plymouth Fury, weißrot lackiert, rollt vom Fließband. Ein Arbeiter lässt achtlos Zigarrenasche auf den Sitz fallen. Christine fordert ihr erstes Menschenopfer. 1978: Arnie Cunningham, Verlierertyp, verliebt sich auf Anhieb in Christine, die bei einem Gebrauchtwagenhändler als Rostbeule in der Landschaft steht. Da hilft auch nicht die Warnung, der letzte Besitzer hätte sich in dem Auto das Leben genommen. Arnie ist begeistert, möbelt Christine auf, bringt sie wieder in fabrikneue Form. Gleichzeitig wächst sein Selbstvertrauen ins Überhebliche. Christines Seele, rabenschwarz wie ihr Motor, färbt eben ab! Als Arnie endlich mal ein Mädchen aufreißen will, weiß Christine es zu verhindern. Brutal schlägt das Auto zurück, als Arnies Schulkameraden das Fahrzeug mit Stöcken demolieren. Der Schrotthaufen Christine verwandelt sich aus eigener Kraft in seinen ursprünglichen Zustand zurück (eine bemerkenswerte Tricksequenz!) und rächt sich an den Attentätern: Keiner kommt mit dem Leben davon. Um dem Spuk ein Ende zu setzen, gehen die beiden besten Freunde Arnies mit einem Raupenschlepper gegen das Geisterauto vor, was optisch so präsentiert wird, als würde der brutale Raupenschlepper die zierliche Christine besteigen. Das, was von Christine nach diesem Kraftakt übrig bleibt, wird von einer Schrottpresse auf handliches Format gequetscht. Da dröhnt plötzlich ein Rock'n' Roll-Song aus dem Eisenklumpen. Fortsetzung folgt?

Das Vergnügen, das der Film offenkundig Jugendlichen nicht nur wegen der fetzigen Musik bereitet, geht einher mit dem Missvergnügen vieler Kritiker: »Vorhersehbarkeit und Langeweile geben sich wieder einmal die Hand.« (Detlef Wulke, MARABO) »Dass das Buch von Stephen King filmisch sehr schwer umzusetzen ist, wusste John Carpenter wahrscheinlich schon vorher, doch dass er derart scheiterte, hätte sich wohl keiner träumen lassen.« (Max Wermeyer, BLITZ) »Die Geschichte ... wirkt über weite

Christine

Strecken eben nur albern, da John Carpenter die gesamte menschliche Seite, die dem Roman die Tiefenwirkung gab, völlig vernachlässigt.« (Norbert Stresau, RETRO). Bei so viel Ablehnung grenzt es fast an ein Wunder, dass sich eine wohlwollende Stimme erhebt, um auf treffliche Weise zur Ehrenrettung des Geistervehikels beizutragen: »Besonders überzeugend an diesem Film – wenn man sich überhaupt mit seinem grundsätzlichen dramaturgischen Einfall anfreunden mag – ist die für einen Horrorfilm erstaunlich gelungene psychologische Motivierung der ›Titelfigur‹. Wenn Christine, gequält und verletzt, krank vor Eifersucht und Hass mit qualmenden Reifen und ohne Rücksicht auf ihre, freilich regenerationsfähige, Hochglanzlackierung um und für ihren Geliebten kämpft, dann stellt sich entfernt etwas Ähnliches ein, wie wir es vom Anblick des gepeinigten Boris Karloff als tragisch unliebenswürdiges und doch liebebedürftiges Monster kennen.« (Martin Rabius, EPD FILM). Bleibt zu erwähnen, dass Special-Effect-Designer Roy Arbogast immerhin 32 detailgetreue Nachbildungen des 1958er Plymouth Fury zertrümmern durfte, um der Liebesgeschichte den notwendigen Schwung zu geben. [V]

CHUCKY – DIE MÖRDERPUPPE

(CHILD'S PLAY). USA 1988. **R:** *Tom Holland.* **B:** *Don Mancini, John Lafia, Tom Holland.* **K:** *Bill Butler.* **SpE:** *Kevin Yagher.* **M:** *Joe Renzetti.* **D:** *Catherine Hicks (Karen Barclay), Chris Sarandon (Mike Norris), Alex Vincent (Andy Barclay), Brad Dourif (Carles Lee Ray), Dinah Manoff (Maggie Peterson), Tommy Swerdlow (Jack Santos), Jack Colvin (Dr. Ardmore), Neil Giuntoli (Eddie Caputo), Juan Ramirez (Verkäufer), Alan Wilder (Criswell). F 87 (84) Min.*

Der Mörder Charles Lee Ray wird von der Polizei in einem Spielzeuggeschäft gestellt und angeschossen. Bevor er stirbt, versetzt er seinen Geist in eine der beliebten Chucky-Puppen. Selbige wird am nächsten Tag von der allein stehenden Karen Barclay für ihren Sohn Andy gekauft. Ray geht sofort dazu über, Andys Körper mit einem zweiten Ritual zu übernehmen. Niemand glaubt dem Jungen, dass die Puppe lebendig ist und scheußliche Morde begeht. Der Polizist Norris, der Ray zur Strecke gebracht hat, wird stutzig und versucht Chucky zusammen mit Karen zu vernichten. – Ein erfolgreicher Film, was weniger am Drehbuch als an den ausgeklügelten Spezialeffekten lag. Chucky ist auch ohne Killergeist ein widerwärtiges Spielzeug, und ihre Untaten werden beeindruckend in Szene gesetzt. [V]

CHUCKY II – DIE MÖRDERPUPPE IST WIEDER DA

(CHILD'S PLAY II). USA 1991. **R:** *John Lafia.* **B:** *Don Mancini.* **K:** *Stefan Czapsky.* **M:** *Graeme Revell.* **D:** *Alex Vincent (Andy Barclay), Jenny Agutter (Joanne Simpson), Gerrit Graham (Phil Simpson), Christine Elise (Kyle), Grace Zabriskie (Grace). F 80 Min.*

Vorgeschichte: *Chucky – Die Mörderpuppe.* – Der Geist eines Massenmörders ist in eine Killerpuppe geschlüpft und möchte sich in den Körper des kleinen Andy versetzen, um ein neues Leben zu erlangen. Doch auch diesmal geht's schief: der »Körper« des Killergeistes wird in Einzelteile zerlegt. Langweilig, vorhersehbar, abgrundtief dumm. [V]

CHUCKY III

(CHILD'S PLAY III). USA 1991. **R:** *Jack Bender.* **B:** *Don Mancini.* **K:** *John R. Leonetti.* **M:** *Cory Lerios, John D'Andrea.* **D:** *Justin Whalin (Andy Barclay), Perrey Reeves (Christine De Silva), Jeremy Sylvers (Ronald Tyler), Travis Fine (Shelton), Dean Jacobson (Whitehurst), Peter Haskell (Sullivan), Dakin Matthews (Colonel Cochrane), Andrew Ro-*

Chucky – Die Mörderpuppe

binson (Sgt. Botnick), Burke Byrnes (Sgt. Clark). F 86 Min.

Vorgeschichte: *Chucky – Die Mörderpuppe* und *Chucky II – Die Mörderpuppe ist wieder da.* – Der Geist eines irren Massenmörders, den die Polizei in einem Spielzeugladen erschossen hat, lebt im Körper einer Puppe weiter und will sich an deren früherem Besitzer rächen, der inzwischen Kadett an einer Militärakademie ist. Eine schräge, gruselige, stellenweise humorvolle Abfolge abgefeimter Verbrechen. [V]

CHUCKY UND SEINE BRAUT

(BRIDE OF CHUCKY). USA 1998. **R:** *Ronny Yu.* **B:** *Don Mancini.* **K:** *Peter Pau.* **SpE:** *Barb Benoit.* **M:** *Graeme Revell. Titelsong: Rob Zombie.* **D:** *Jennifer Tilly (Tiffany), Katherine Heigl (Jade), Nick Stabile (Jesse), Alexis Arquette (Damien Baylock), John Ritter (Warren Kincaid), Gordon Michael Woolvett (David), Lawrence Dane (Lt. Preston), Michael Johnson (Norton), Brad Dourif (OF: Chuckys Stimme). F 89 Min.*

Vierter Aufguss der *Child's Play*-Saga um die Mörderpuppe Chucky. 1998 wird sie von einem Polizisten aus der Asservatenkammer gestohlen. Die Auftraggeberin des Diebstahls, eine gewisse Tilly, rammt ihm zum Dank eine Nagelfeile durch den Kehlkopf. Sodann erweckt sie die geflickte Puppe mit Hilfe von Fachliteratur (»Voodoo for Dummys«) zum Leben, um wieder mit ihrem Geliebten vereint zu sein: dem Killer Charles Lee Ray, dessen Geist bekanntlich in der Puppe haust. Aber das Wiedersehen verläuft anders als erwartet. Wütend sperrt Tilly ihren Ex zusammen mit einer Brautpuppe in einen Käfig, um wenig später in der Badewanne zu enden, worauf ihr Geist in die Brautpuppe fährt. Um aus den Puppenkörpern herauszukommen, benötigen sie ein magisches Amulett, das Charles Lee Ray beim Tod um den Hals getragen hat und mit dem seine Leiche offensichtlich beigesetzt wurde. – »Der Film beherrscht die Balance zwischen Komik und Horror perfekt. Spannung kommt so gut wie gar keine auf, aber dafür werden einige nette Splattereinlagen geboten, die mit einer gehörigen Prise schwarzen Humors und einem gesunden [sic!] Maß an Sadismus angereichert sind.« (PRANKE 3/1999] [DVD]

THE CHURCH

(LA CHIESA). Italien 1989. **R:** *Michele Soavi.* **B:** *Dario Argento, Franco Ferrini.* **K:** *Michele Soavi, Renato Tafuri.* **M:** *Keith Emerson.* **D:** *Hugh Quarshie (Pater Cross), Thomas Arana (Evald), Feodor Chaliapin jr. (Domherr), Barbara Cupisti (Lisa), Antonella Vitale (Model), Asia Argento, Alina De Simone, Gianfranco De Grassi, Claire Harwich, Micaela Pignatelli, Lars Butin Jorgensen, Giovanno Lombardo Radice, Roberto Corbiletto, John Richardson. F 110 (98) Min.*

Kreuzritter richten in einem von satanischen Mächten besessenen Dorf ein Blutbad an und verscharren die Toten in einem Massengrab. Über ihnen wird eine Kirche gebaut. Ein unvorsichtiger Bibliothekar erweckt die Seelen der Getöteten in der Gegenwart zu neuem Leben, und die Besucher des Gotteshauses sehen sich mit der Macht des Bösen konfrontiert. [V]

CIRCUS DER VAMPIRE

(VAMPIRE CIRCUS). GB 1971. **R:** *Robert Young.* **B:** *Judson Kinberg.* **St:** *George Baxt, Wilbur Stark.* **K:** *Moray Grant.* **M:** *David Whittaker.* **D:** *Adrienne Corri (Zigeunerin), Laurence Payne (Professor Müller), Thorley Walters (Bürgermeister), John Moulder-Brown (Anton), Lynne Frederick (Dora Müller), Elizabeth Seal (Gerta Hauser), Anthony Corlan (Emil), Richard Owens (Dr. Kersh), Domini Blythe (Anna Müller), Robin Hunter (Hauser), Robert Tayman (Graf Mitterhaus), Mary Wimbush (Elvira), Lalla Ward (Helga), Robin Sachs (Heinrich), David Prowse (Der Starke), Roderock Shaw (Jon Hauser), Barnaby Shaw (Gustav Hauser),*

Circus der Vampire

Christina Paul (Rosa), Jane Darby (Jenny), Skip Martin (Michael), Serena & Milovan (Die Webbers), John Brown (Schilt), Sybilla Kay (Frau Schilt), Dorothy Frere (Oma Schilt). F 87 Min.

In einem serbischen Dorf um 1810 saugt Vampir-Graf Mitterhaus ein Dorfmädchen aus. Aber er gibt sich auch menschlichen Freuden hin und vernascht Anna, die Frau des Dorf-Professors Müller. Das alles geht naturgemäß zu weit, und die Dorfbewohner unter Führung Prof. Müllers und des Bürgermeisters stürmen das gräfliche Domizil. Müller stößt dem Grafen einen Pfahl ins Herz. Bevor dieser das Zeitliche segnet, stößt er einen Fluch aus und droht dem Dorf Vergeltung durch seinen Vetter Emil. Anna, nicht ganz unschuldig an der Zweierbeziehung, macht sich auf und davon. 15 Jahre später taucht Vetter Emil in dem Dorf auf, das gerade von einer furchtbaren Seuche heimgesucht wird. Emil ist Direktor einer Zirkustruppe, die es in sich hat: Fledermäuse flattern am Abendhimmel und landen als Akrobaten auf dem Boden, ein Panther springt durch einen Reifen und steht als Menschwesen vor den verblüfften Zuschauern. In einem Spiegellabyrinth verschwinden die beiden Söhne eines Dorfbewohners und werden in der Schlossruine tot aufgefunden, was wiederum die Dörfler dazu verleitet, an den Tieren der Zirkusleute Rache zu nehmen. Wer wen im folgenden heillosen Durcheinander aufspießt, erschlägt, köpft oder auf sonstige Weise umbringt, ist Nebensache. Hauptsache, es wird schön gemetzelt. Rührend ist, dass Professor Müller und seine Anna, die sich als Zigeunerin verkleidet hat, nach Jahren der Trennung zueinander ins gemeinsame Grab finden. Zum Schluss gehen die Vampirleichen in Flammen auf. Zufrieden können nur die Lieferanten von roter Farbe und Blutpaste sein.

CITY OF BLOOD

(CITY OF BLOOD). Südafrika 1987. **R:** *Darrell Roodt.* **B:** *Mary Ann Lindenstadt, Darrell Roodt.* **K:** *Paul White.* **M:** *Lloyd Ross.* **D:** *Joe Stewardson (Joe Henderson), Ian Yule (Inspektor Max Wharton), Liz Dick (Abigail), Gys de Villiers (Stoltz), Greg Latter (Sgt. Philipps), John Carson (Premierminister), Liz Dick (Claire Henderson), Susan Coetzer, Ken Gampu. F 95 Min.*

Mediziner untersucht eine Mordserie an Prostituierten, deren Leichen die »Schnittmuster« eines angeblich 20 000 Jahre alten afrikanischen Kultes aufweisen. »Prissy, pretentious claptrap.« (Chas Balun, THE DEEP RED HORROR HANDBOOK) AIDT

CLOWNHOUSE

(CLOWNHOUSE). USA 1988. **R:** *Victor Salva.* **B:** *Victor Salva.* **K:** *Robin Mortarotti.* **M:** *Michael Becker, Thomas Richardson.* **D:** *Nathan Forrest Winters (Casey), Brian McHugh (Geoffrey), Sam Rockwell (Randy), Tree (Cheezo), Byron Weible, David C. Reindecker, Timothy Enos, Frank Diamanti. F 78 Min.*

Drei aus einer Klinik ausgebrochene Irre ermorden die Clowns eines kleinen Wanderzirkus und ziehen, angetan mit deren Kostümen, mordend durch die Gegend. Sie bedrohen das Leben von drei in einem abgelegenen Haus lebenden Brüdern, deren jüngster, Casey, sich schon immer vor Spaßmachern gefürchtet hat. Nachdem die Killerclowns Caseys ersten Bruder getötet haben, ergreift er mit dem zweiten zwar die Flucht, doch schließlich können sie die böse Schar gemeinsam erledigen. Ein spannender, finsterer Schocker, ohne deutlich zur Schau gestellte Schlitzereien. Ansprechende Musik. Produzent war Roman Coppola. [V]

THE CLUB

(THE CLUB). Kanada 1994. **R:** *Brenton Spencer.* **B:** *Robert Cooper.* **K:** *Curtis Petersen.* **Ma:** *François Dagenais.* **M:** *Peter Breiner, Paul Zaza.* **D:** *Joel Wyner (John Rothman), Matthew Ferguson (Darren Spenser), Andrea Roth (Amy), Rino Romano (Evan), Zack Ward (Kyle), Kelli Taylor (Laura), Paul Popowich (Greg), Nicole Stoffman (Sandra), Colin D. Simpson (M.C.), Hillary Goldharr (Lisa). F 90 Min.*

Dämonischer Selbstmörder, seit seinem Tod Mitglied eines Clubs, der ausschließlich aus seinesgleichen besteht, fordert vier Teenies, die nach einer Schulfeier in eine Art Zeitfalle geraten sind, auf, sich ihm anzuschließen. Dazu müssen sie nur ihr Leben wegwerfen ...

COCKTAIL FÜR EINE LEICHE

(ROPE). USA 1948. **R:** *Alfred Hitchcock.* **B:** *Arthur Laurents, Hume Cronyn.* **V:** *»Rope« (1929) von Patrick Hamilton.* **K:** *Joseph Valentine, William V. Skall.* **M:** *Leo F. Forbstein, Francis Poulenc.* **D:** *James Stewart (Professor Rupert Cadell), Farley Granger (Philip), John Dall (Shaw Brandon), Joan Chandler (Janet Walker), Sir Cedric Hardwicke (Kentley), Constance Collier (Mrs. Atwater), Edith*

Evanson (Mrs. Wilson), Douglas Dick (Kenneth Lawrence), Dick Hogan (David Kentley). F 81 Min.
Vom Balkon einer Wohnung aus zeigt die Kamera eine verlassene Straße. Schwenk auf die durch Vorhänge verschlossene Fensterfront eines Wohnzimmers. Der Zuschauer hört einen markerschütternden Schrei. Schnitt! Großaufnahme: Gesicht und Hals des Strangulierten. Der Zuschauer ist dabei und wird bis zum bitteren Ende den Raum nicht mehr verlassen. Hier wird der junge Harvard-Student David Kentley von seinem Kommilitonen Philip mit einem Seil erdrosselt, während Brandon, Philips intimer Freund und Planer des Mordes, kaltblütig zuschaut. Motiv der beiden: Erfahrungssuche; Beweisführung des perfekten Mordes. Sie verstauen Davids Leiche in einer Büchertruhe. In wenigen Minuten erwarten sie die Gäste, die der Ermordete noch zu Lebzeiten in seine Wohnung geladen hatte. Auf der Truhe tischen Brandon und Philip die leckersten Happen auf. Die Gäste treffen ein: der Vater des Ermordeten, seine Verlobte, die Tante, dazu zwei Freunde und der Professor der Philosophie Rupert Cadell. Geschickt überspielen Brandon und Philip die ersten Fragen nach dem Ausbleiben des Gastgebers. Die Unterhaltung wendet sich anderen Dingen zu, doch allmählich wird die Atmosphäre im Raum immer gespannter. Da wirft Brandon die Frage auf, ob Mord an einer »minderwertigen« Person gerechtfertigt sei, worauf sich eine heftige Diskussion entwickelt. Philip wird dieses grausame Spiel langsam zuwider, er fängt an zu zittern, während Brandon kaltblütig jede heikle Situation brillant überspielt. Der Professor bemerkt das auffällige Benehmen seiner Studenten. Als er sich – mehr durch Zufall – an der Truhe zu schaffen macht, beobachtet er, dass sich Philips Nervosität ins Grenzenlose steigert.

Nach einer Stunde bricht die Gesellschaft auf. Brandon triumphiert, Philip ist am Ende. Der Abtransport der Leiche soll ebenso perfekt wie der Mord erfolgen. Doch da ertönt die Türklingel. In Windeseile vertuschen die beiden die Spuren ihres Tuns. Der Professor kehrt zurück. Er habe sein Feuerzeug vergessen. Das nervöse Gebaren der beiden Studenten bestätigt seinen Verdacht, dass etwas nicht stimmen kann. Mit einem Ruck öffnet er die Truhe. Brandon geht mit der Pistole auf den Professor los. Der ist schneller und entreißt ihm die Waffe. Dann öffnet er das Fenster und feuert die Waffe ab, um Aufmerksamkeit zu erregen. Langsam kommt die Sirene eines Streifenwagens näher. Rupert Cadell muss sich von seinen Studenten anhören, dass sie seine Abhandlungen über Nietzsches Theorien in die Praxis hätten umsetzen wollen. Danach habe der Maßstab für Gut und Böse, von Recht und Unrecht für Intellektuelle keine Gültigkeit, so dass der Mord als Privileg der Wenigen an »minderwertigen« Menschen wegen ihrer »Nutzlosigkeit« gerechtfertigt sei.

Ein makabres Gruselvergnügen ohne vordergründige Gruseleffekte, dessen Thema, so unglaublich es klingt, nicht erfunden ist: 1924 ermordeten zwei achtzehn bzw. neunzehn Jahre alte Chicagoer Studenten ohne jedes erkennbare Motiv einen dreizehnjährigen Jungen. Die beiden hoch begabten Studenten, beide aus Millionärsfamilien, wollten im Sinne Nietzsches die »reine Handlung eines absolut freien Wesens, eines Übermenschen« vollbringen. Sie wollten ein intellektuelles Abenteuer erleben, mit dem sie sich selbst beweisen wollten, dass sie über Gesetz, Moral und Gewissen stünden. Das Bühnenstück von Patrick Hamilton und Hitchcocks Film fügen nun in der Gestalt des Professors die Problematik der Verantwortlichkeit des geistigen Vermittlers hinzu. Hitchcocks Film gilt heute als ein Meisterwerk und als eines der absonderlichsten Experimente der Filmgeschichte. Denn Hitchcock drehte mit Ausnahme des anfangs beschriebenen »Balkonschwenks« die ganze Handlung in einer einzigen ununterbrochenen Kamera-Einstellung. Weil damals die

Cocktail für eine Leiche

Filmrollenkapazität einer Kamera etwa bei zehn Minuten lag, arbeitete Hitchcock mit »Ten Minute Takes« (üblich sind Einstellungen von fünf bis fünfzehn Sekunden), deren Übergänge er durch geschicktes Gruppieren der Schauspieler für den Zuschauer fast unsichtbar machte. Das erforderte äußerste Arbeitsdisziplin bei Schauspielern und Technikern. Die Kamera sollte den handelnden Personen »auf dem Fuße« folgen, jede ihrer Bewegungen genau beobachten. Da die Spieldauer des Films dem Zeitablauf innerhalb der Handlung entspricht, hat der Zuschauer den Eindruck, dem gegenwärtigen, kontinuierlich fortschreitenden Geschehen völlig ausgeliefert zu sein. »Der Zuschauer als Komplice« – für keinen Film trifft dies mehr zu als für Hitchcocks *Cocktail für eine Leiche!* [V] [DVD]

COMMITTED

(COMMITTED). USA 1987. **R:** *William A. Levey.* **B:** *Simon Last, Paul Mason.* **V:** *Susan Claudia.* **K:** *Hans Kuhle jr.* **M:** *Fima Noveck.* **D:** *Jennifer O'Neill (Susan Manning), Robert Forster (Desmond), William Windom (Dr. Quilly), Ron Palillo (Ronnie), Sydney Lassick (Gow). F 88 Min.*

In einer auf Schizophrenie spezialisierten Nervenklinik hat ein sich weltmännisch gebender Psychopath die Leitung an sich gerissen und setzt seine zweifelhaften Neigungen um, indem er Arbeit suchende Krankenschwestern in seine Gewalt bringt. Die junge Krankenschwester Susan erfährt am eigenen Leibe, dass sie in einer Mördergrube gelandet ist. [V]

COMMUNION – MESSE DES GRAUENS

(COMMUNION/ALICE, SWEET ALICE/HOLY TERROR). USA 1976. **R:** *Alfred Sole.* **B:** *Rosemary Ritvo, Alfred Sole.* **K:** *Alfred Sole, John Friberg, Chuck Hall.* **M:** *Stephen Lawrence.* **D:** *Linda Miller (Catherine Spages), Mildred Clinton (Mrs. Tredoni), Paula Sheppard (Alice Spages), Niles McMaster (Daniel Spages), Rudolph Willrich (Pater Tom), Jane Lowry (Tante Annie), Alphonse De Noble (Alphonso), Brooke Shields (Karen Spages), Kathy Rich (Angela Delorenze), Tom Signorelli (Brennan), Michael Hardstark (Spina), Gary Allen (Jim Delorenze), Lillian Roth (Pathologin), Louisa Horton (Dr. Whitman), Patrick Gorman (Pater Pat), Ted Tinling (Cranston), Mary Boylan (Oberin), Peter Bosche (Monsignore), Joseph Rossi (Pater Joe), Marco Quazzo (Robert Delorenze). F 105 Min.*

1961. Eine mit Friesennerz und Maske verkleidete Killerin wütet im amerikanischen Städtchen Paterson, New Jersey. Die brave Karen Spages, die Nichte des wie Heintje aussehenden Pastors Tom, fällt ihr ausgerechnet am Erstkommunionstag in einem Seitengang der Kirche zum Opfer. Als Hauptverdächtige gilt schon bald Karens nur wenig ältere Schwester Alice, ein »schwieriges« Kind, das in Frömmigkeit nur Heuchelei sieht. Auch Tante Annie, die Alice nicht ausstehen kann, wird von der Vermummten im Hausflur mit einem Messer angegriffen. Annie landet im Krankenhaus und ist ebenso fest wie der verfressene Hauswirt Alphonso davon überzeugt, Alice sei die Täterin gewesen. Alice wird einem Lügendetektortest unterzogen und behauptet, die tote Karen sei die Böse. Aufgrund dieser Aussage und ihrer Bockigkeit zur mutmaßlichen Psychopathin abgestempelt, verfrachtet man sie zur Beobachtung in ein Heim. Kurz darauf steht Alices Vater Daniel, von Mama Catherine geschieden und von einem geheimnisvollen Anruf in eine alte Fabrik gelockt, der Schlitzerin gegenüber: Es ist Mrs. Tredoni, die Haushälterin Pastor Toms, die an einem religiösen Rappel leidet. Sie glaubt, Daniel hätte den Pastor »entehrt«, denn er hat Catherine erst geheiratet, als sie schon mit Karen schwanger war. (Ihr selbst hat der Herr vor Jahren die unter ähnlichen Umständen geborene Tochter am Erstkommunionstag genommen.) Deshalb musste Karen dran glauben. Aus dem gleichen Grund sollen auch Daniel und die Sünderin Catherine ins Gras beißen. Vorher muss – eher aus Versehen – noch Alphonso dran glauben, der die verkleidete Mörderin für Alice hält. Pastor Tom, der meint, er könne leicht mit ihr fertig werden, lehnt die Hilfe der Polizei ab, die Mrs. Tredoni bald aufs Korn nimmt. Pech für ihn ... Dann kommt der unvermeidliche Schlussgag, der andeutet, dass die liebe Alice offenbar doch nicht so gesund ist, wie sie zu sein vorgibt. – Die weitgehend unbekannten Darsteller liefern solide Arbeit ab. Auch handwerklich ist diese mit guten Charakterzeichnungen sowie Detail- und Einfallsreichtum umgesetzte Produktion recht gelungen. Nicht zu verwechseln mit dem Science Fiction-Film *Communion* (USA 1989; Regie: Philippe Mora). [V]

COMTESSE DES GRAUENS

(COUNTESS DRACULA). GB 1970. **R:** *Peter Sasdy.* **B:** *Alexander Paal, Peter Sasdy, Gabriel Ronay.*

K: *Ken Talbot.* **M:** *Harry Robinson.* **D:** *Ingrid Pitt (Gräfin Elisabeth Narasdy/Bathory), Nigel Green (Major Doby), Sandor Eles (Imre Tott), Patience Collier (Julie), Maurice Denham (Fabio), Lesley Ann Down (Ilona), Jessie Evans (Sisa), Peter Jeffrey (Barlog), Marianne Stone (Magd), Ian Trigger (Clown), Joan Haythorne (Köchin), Susan Brodrick (Teri), Peter May (Janko), John Moore (Priester), Sally Adcock (Bertha), Charles Farrell, Anne Stallybrass, Andrea Lawrence, Paddy Ryan, Michael Cadman, Hulya Babus, Leslie Anderson, Diana Sawday, Bippy Hearne, Gary Rich, Andrew Burleigh, Ismed Hassan, Albert Wilkinson. F 90 Min.*

Ungarn, im 17. Jahrhundert: Die Gräfin Elisabeth Narasdy erbt nach dem Tod ihres Gatten dessen Ländereien und Besitz nur zur Hälfte: Die andere gehört ihrer im Ausland lebenden Tochter Ilona. Imre Tott, ein junger Freund des Verstorbenen, wird mit einem Gestüt bedacht. Elisabeth verliebt sich in Imre, aber erst nachdem sie entdeckt hat, dass das Blut junger Frauen sie rapide verjüngt, wagt sie es, ihm Avancen zu machen. Sich als ihre eigene Tochter ausgebend (die echte hat sie von einem Lakaien beiseite schaffen lassen), umgarnt sie Imre, der sie heiraten will. Doch in Ungarn werden die Jungfrauen allmählich knapp: Elisabeth verwandelt sich in eine verschrumpelte alte Schnepfe, die wutschäumend ihre eigene Tochter erstechen will. Imre kann die Tat verhindern; die Gräfin und ihr Helfershelfer Doby wandern hinter schwedische Gardinen. – Wie die Legende der »blutigen Gräfin« Elizabeth Bathory, der man zahllose Morde an jungen Mädchen nachsagt, da sie glaubte, ihr wäre das ewige Leben beschieden, würde sie in deren Blut baden, hier aufbereitet wurde, riss wirklich niemanden vom Stuhl: Auch der FILMDIENST bescheinigte diesem biederen Produkt der Firma Hammer einen »weitgehenden Verzicht auf Horror- und Sex-Schock« und meinte, »auch die unappetitlichen Prozeduren sind ›gräflich‹ verpackt.« – »Erfreulich bei so viel Langatmigkeit ... sind lediglich die dezenten, die dominierenden Orchesterchöre im Hintergrund sowie die perfekte Innen- und Außenarchitektur der Dekorationen. Die Inszenierung bleibt dagegen in routinierten Ansätzen stecken, der – große – Rest ist dünnes Beiwerk.« (Wolfgang Kühn, VAMPIR)

Comtesse des Grauens

CONTAGION

(CONTAGION/WEST COAST HORROR). Australien 1988. **R:** *Karl Zwicky.* **B:** *Ken Methold.* **K:** *John Stokes.* **M:** *Frank Strangio.* **D:** *John Doyle (Mark), Nicola Bartlett (Cheryl), Ray Barrett (Bael), Pamela Hawkesford (Helen), Jacqueline Brennan (Trish), Donna Jan Newby (Anhalterin). F 90 Min.*

Ein Makler, der über Nacht in einem Landhaus festsitzt, wird von dessen Besitzer, einem Kultisten, den er halluziniert, Reichtum und Unsterblichkeit angeboten, wenn er in einen Mord begeht.

CORMAN, ROGER

(*1926). Amerikanischer Produzent und Regisseur. Geboren in Detroit. Begann seine Karriere als Billigfilmer. In den Anfangsjahren war er bekannt (und berüchtigt) als »The Sultan of Trash«, »The Doge of the Dreadful«, »The Lord of Film Litter« oder »The Robin Hood of Rubbish«. Anerkennung verschafften ihm erst seine etwas aufwendigeren Edgar Allan Poe-Filme für American International Pictures, die meist recht frei von Richard Matheson adaptiert wurden und mit Vincent Price in der Hauptrolle entstanden. 1960: *House of Usher (Die Verfluchten/Der Untergang des Hauses Usher)*; 1961: *The Pit and the Pendulum (Das Pendel des Todes)*; 1962: *The Premature Burial (Lebendig begraben)* mit Ray Milland; *Tales of Terror (Der grauenvolle Mr. X/Schwarze Geschichten)*; 1963: *The Raven (Der Rabe)*; 1964: *The Haunted Palace (Die Folterkammer des Hexenjägers)* nach einer Vorlage von H. P. Lovecraft; *The Masque of the Red Death (Satanas – das Schloß der blutigen Bestie/Die Maske des roten Todes)*; 1965: *The Tomb of Ligeia (Das Grab der Lygeia).*

CRAVEN, WES

(*1939). Amerikanischer Regisseur. Geboren in Cleveland. »Horrorfilme sind Komödien für eine Generation, die einen sehr rauen Humor hat. Das hat vor allem mit dem augenblicklichen Zustand unserer Welt zu tun. Die Jugend, die jetzt aufwächst, ist die erste Generation, die im Bewusstsein lebt, dass dieser Planet von ökologischen und nuklearen Katastrophen bedroht ist. Der Untergang der Welt ist eine reale Möglichkeit geworden, in wenigen Jahren könnte die Erde durch die Vernichtung oder das Absterben der Natur unbewohnbar sein. Diese nicht mehr zu überbietenden Gefahren geben der nachwachsenden Generation ein Gefühl ständiger existentieller Bedrohung. Dieses Angstgefühl kann man betäuben, durch Drogen, Fernsehen, Anhäufung von Besitztümern, Liebesaffären, was auch immer. Ein Großteil unserer populären Kultur ist narkotisierend. Die andere Möglichkeit besteht darin, sich mit Dingen zu beschäftigen, die Leben und Tod auf eine sehr elementare Weise behandeln. Und das tun Horrorfilme. (...) Horrorfilme sind Training-Camps für die Psyche. Sie schicken die Psyche durch einen Parcours geformter Bedrohungen, aus der sie gestärkt hervorgeht.« – Der Mann, bemerkte Helmut Ziegler (DIE WOCHE, 31.10.1997), verfüge über alle Insignien des gediegenen Lebens: »Seine Umgangsformen sind vollendet, der Vollbart ist sorgfältig gestutzt, und in seiner Freizeit spielt er klassische Gitarre, liest moderne Romane oder schaut sich Filme von Truffaut und Fellini an. Da der Mann zudem eine streng religiöse Erziehung und einen Universitätsabschluss in Philosophie vorweisen kann, wäre es kaum verwunderlich, wenn er heute als Sozialkundelehrer arbeiten würde. Diese Tätigkeit hat der Mann allerdings schon im Alter von 29 Jahren aufgegeben: Er wollte etwas Sinnvolleres machen. Seither dreht Wes Craven Horrorfilme. ›Das ist ein ehrenwerter Beruf, wenn man ihn nur ernst nimmt.‹ Und Wes Craven nimmt ihn ernst. Er weiß, dass das Genre seine Entstehung den Idealen der Aufklärung verdankt, dass mit Mary Shelleys Roman ›Frankenstein‹ schon 1818 drastisch gezeigt wurde, was passiert, wenn sich der Mensch zum Schöpfer erhebt. Er weiß auch, dass im Horrorfilm immer reale Themen behandelt werden – ob es nun das schlechte Gewissen über das Abschlachten der Indianer ist wie in Kubricks *Shining,* die vergebliche Suche nach dem Glück im Konsum wie in Romeros *Zombie* oder – wie in Wes Cravens eigenem *Nightmare on Elm Street* – die erwachende Körperlichkeit in der Pubertät. Vor allem weiß er, wie man Grauen inszeniert: schnell und mit viel Hämoglobin.« Während der maskierte Meuchelmörder Freddy Krueger ab 1984 zum Star der *Nightmare*-Welle avancierte, geistert durch Cravens *Scream*-Trilogie (1996–1999) ein Messermörder mit Edvard Munch-Maske. 1972: *Last House on the Left (Mondo Brutale/Das letzte Haus links);* 1978: *A Stranger in Our House (TV; Night Kill – Eine tödliche Bedrohung); The Hills Have Eyes (Hügel der blutigen Augen);* 1981: *Deadly Blessing (Tödlicher Segen/Gesichter des Teufels);* 1982: *Swamp Thing (Das Ding aus dem Sumpf);* 1983: *The Hills Have Eyes II (Im Todestal der Wölfe);* 1985: *Chiller (TV);* 1986: *Deadly Friend (Der tödliche Freund);* 1988: *The Serpent and the Rainbow (Die Schlange im Regenbogen);* 1989: *Shocker (Shocker);* 1990: *Night Visions (TV);* 1992: *The People Under the Stairs (Das Haus der Vergessenen);* 1995: *Vampire in Brooklyn (Vampire in Brooklyn);* *1998: Fifty Violins.*

CREATURE – TOD AUS DER TIEFE

(PETER BENCHLEY'S CREATURE). USA 1998. **R:** *Stuart Gillard.* **B:** *Rockne S. O'Bannon.* **V:** *»Die Rückkehr des weißen Hais« von Peter Benchley* **K:** *John Van Tongeren.* **M:** *John Van Tongeren.* **D:** *Craig T. Nelson (Simon Chase), Kim Catrall (Amancia Macy), Giancarlo Esposito (Thomas Peniston/Werwolf), Colm Feore (Adm. Aaron Richland), Cress Williams (Tall Man), Michael Reilly Burke (Puckett), Michael Michele (Tauna), Toi Svane (Krystyn), Matthew Carey (Max), Megyln Echikunwoke (Elizabeth), Blu Mankuma (Rollie Gibson), John Aylward (Ben Madiera), Giancarlo Esposito (Thomas Peniston), Peter Benchley (Fischer). F 89 Min.*

TV-Film. Aus Experimenten der US-Navy geht ein Hybrid aus Hai und Mensch hervor. – Peter Benchley, der Autor der Vorlage, hat mit den Gefahren aus der Tiefe einschlägige Erfahrung. Von ihm stammt der Roman »Der weiße Hai«.

CREEPSHOW II – KLEINE HORRORGESCHICHTEN

(CREEPSHOW II). USA 1987. **R:** *Michael Gornick.* **B:** *George A. Romero.* **K:** *Dick Hart, Tom Hurwitz.* **M:** *Les Reed, Rick Wakeman.* **D:** *Domenick John*

(Billy), Tom Savini (Creep), George Kennedy (Ray Spruce), Philip Doré (Curly), Dorothy Lamour (Martha Spruce), Frank S. Salsedo (Ben Whitemoon), Holt McCallany (Sam Whitemoon), David Holbrook (Fatso Gribbens), Don Harvey (Andy Cavanaugh), Shirley Sonderegger (Mrs. Cavanaugh), Dan Kamin (Wood'nhead), Deane Smith (Cavanaugh), Paul Satterfield (Deke), Jeremy Green (LaVerne), Daniel Beer (Randy), Page Hannah (Randy), Lois Chiles (Annie Lansing), David Beecroft (Annies Geliebter), Tom Wright (Tramper), Richard Parks (George Lansing), Stephen King (Trucker). F 92 Min.

Episodenfilm: 1. »Old Chief Wood'nhead«: Hölzerner Indianer, der als Blickfang vor einem kleinen Laden steht, nimmt Rache an den Mördern des Inhabers und dessen Gattin. – 2. »The Raft«: Mysteriöser Ölteppich auf einem Baggersee verschlingt vier Teenies beim Baden. – 3. »The Hitch-Hiker«: Frau überfährt nach einem Schäferstündchen mit ihrem Liebhaber einen Anhalter, begeht Fahrerflucht und wird vom Opfer, das als Untoter zurückkehrt, zur Strecke gebracht.

CRESCENDO – DIE HANDSCHRIFT DES SATANS

(CRESCENDO). GB 1969. **R:** *Alan Gibson.* **B:** *Jimmy Sangster, Alfred Shaughnessy.* **St:** *Alfred Shaughnessy.* **K:** *Paul Beeson.* **M:** *Malcolm Williamson.* **D:** *Stefanie Powers (Susan Roberts), James Olson (Georges Ryman/Jaques), Margaretta Scott (Danielle Ryman), Jane Lapotaire (Lilliane), Joss Ackland (Carter), Kirsten Betts (Catherine). F 95 Min.*

Die amerikanische Musikhistorikerin Susan Roberts begibt sich nach Südfrankreich in das Schloss der Komponistenwitwe Danielle Ryman, um für eine Biographie den Nachlass ihres verstorbenen Gatten zu sichten. Alsbald gerät sie in einen Strudel aus Mord und Intrigen hinein, in den nicht nur die Hausherrin, sondern auch deren angeblich gelähmter heroinabhängiger Sohn Georges und das Personal verwickelt zu sein scheinen. – Psycho-Thriller der Güteklasse B, stellenweise nervenzerfetzend spannend. – »Albträume, undurchschaubare Zusammenhänge ... Lähmung und Wahnsinn in verschiedener Form, Sucht und Sadismus spielen ... eine größere Rolle als die ... üblichen Gruselrequisiten ... Für Freunde der Gattung ... eine akzeptable Unterhaltung.« (O., FILMDIENST)

CROCODILE

(CROCODILE). USA 2000. **R:** *Tobe Hooper.* **B:** *Adam Gierasch, Michael Weiss, Jace Anderson.* **St:** *Trevor Short.* **SpE:** *KNB EFX Group/Blur.* **K:** *Eliot Rockett.* **M:** *Serge Colbert.* **D:** *Rhett Jordan (Foster), Sommer Knight (Sunny), Mark McLaughlin (Brady Turner), Caitlin Martin (Claire), Julie Mintz (Annabelle), D. W. Reiser (Kit), Chris Solari (Duncan McKay), Greg Wayne (Hubs), Harrison Young (Sheriff Bowman), Terrence Evans (Shurkin), Vern Crofoot (Harvey), Larry Udy (Arnold), Adam Gierasch (Lester). F (93) 90 Min.*

Kalifornien: Acht junge Leute machen eine Bootsfahrt auf einem See, stöbern ein auf Menschenfleisch versessenes Krokodilmonster auf und verbringen den Rest der Geschichte damit, sich der mörderischen Attacken der Bestie zu erwehren. Wie gehabt: Das Monster der Woche. – » ... ultra-reaktionäres Trash-Kino aus der untersten Schublade, bei dem man gut und gerne ein paar Dosen Bier killt, den Popcornvorrat leerräubert und fieberhaft auf den Abspann wartet.« (Frank Trebbin, SPLATTING IMAGE, 44/Dezember 2000) – Krokodildame »Flat Dog« ist ein Prachtexemplar von acht Metern Länge und beißt sich nach Lust & Laune durch den Trash-Sumpf am Lake Sobek.

Crescendo – Die Handschrift des Satans

CRONENBERG, DAVID

(*1943). Kanadischer Regisseur. Seine Mutter war Pianistin, der Vater Kolumnist und Autor (sowie Texter einiger Comics, die im Zweiten Weltkrieg erschienen). 1961 schrieb sich Cronenberg an der Universität seiner Heimatstadt Toronto ein, um Biochemie und Biologie zu studieren, aber dafür fehlte ihm dann doch die Antenne. So wechselte er – nachdem er für eine Kurzgeschichte den Epstein-Preis erhalten hatte – in Seminare für Englisch und Literatur, bereiste Europa, schrieb viel und schloss 1967 sein Studium ab: »Erst mit 22 oder 23 wurde mir bewusst, dass ich einen Film machen könnte. Aber ich glaubte, keinen Zugang zu den benötigten Hilfsmitteln zu haben, bis ich einen Film sah, der von Studenten meiner Schule gemacht worden war: *Winter Kept Us Warm.* Der Titel ist ein Zitat aus T .S. Eliots ›The Waste Land‹. In dem Film waren eine Menge Leute, mit denen ich befreundet war. Ich kann den Schock und das Amüsement nicht in Worte fassen, einen Film von Leuten zu sehen, die ich kannte. Ich war ganz aufgeregt. Für mich war das eine unglaubliche Offenbarung.« Da an der Uni damals keine Filmkurse angeboten wurden, studierte Cronenberg den AMERICAN CINEMATOGRAPHER und beobachtete Kameraleute bei der Arbeit: »Als ich genug über die Technik wusste, ging ich und machte meinen ersten Film.« Der Film, ein surrealistisches Experiment, dauerte sieben Minuten und entstand in 16 mm: *Transfer.* Es gab sogar ein wenig Stop Motion darin: »Als Kind liebte ich Filme wie *The 7th Voyage of Sinbad.«* Cronenbergs erster Spielfilm, *The Parasite Murders (Parasiten-Mörder),* entstand 1974 für eine einschlägig bekannte Sexfilmfirma namens Cinepix und hatte den Arbeitstitel *Orgy of the Blood Parasites.* Keine andere Firma mochte in Kanada einen so schlimmen Sex-Horror-Stoff anpacken. Zwei Jahre lang musste Cinepix-Chef John Dunning die Canadian Film Development Corporation beknien, bis die Finanzierung gesichert war. Es ging um einen Arzt, der an seiner Geliebten ein selbst gebrautes Aphrodisiakum testet, welches einen wurmähnlichen Parasiten entwickelt. In *Rabid (Rabid – Der brüllende Tod,* 1977) zaubert eine Hauttransplantation unter die Achselhöhle einer jungen Frau einen bösartigen Vampir, der Männer beißt und in tollwütige Amokläufer verwandelt. 1979: *The Brood (Die Brut);* 1980: *Scanners (Scanners – Ihre Gedanken können töten);* 1983: *Videodrome;* 1984: *The Dead Zone (Dead Zone)* nach einer Vorlage von Stephen King; 1986: *The Fly (Die Fliege);* 1987: *Friday the 13th* (Episoden einer TV-Serie); 1999: *eXistenZ;* 2002: *Spider.*

David Cronenberg (l.)

THE CROW – DIE KRÄHE

(THE CROW). USA 1994. R: Alex Proyas. B: David J. Schow, John Shirley. V: Comics von James O'-Barr. K: Dariusz Wolski. M: Graeme Revell. D: Brandon Lee (Eric Draven), Ernie Hudson (Sgt. Albrecht), Michael Wincott (Top Dollar), David Patrick Kelly (T-Bird), Rochelle Davis (Sarah) Bai Ling (Myca), Laurence Mason (Tin Tin), Michael Massee (Funboy), Bill Raymond (Mickey), Marco Rodriguez (Torres), Sofia Shinas (Shelly Webster), Anna Levine (Darla), Tony Todd (Grange), Jon Polito (Gideon). F 98 Min.

Der Rockmusiker Eric und seine Verlobte Shelly werden von einer asozialen Gang ermordet. Erics Seele kehrt mit Hilfe einer mysteriösen Krähe in seinen Körper zurück. Gepeinigt von den Bildern von Shellys Tod, geht er auf einen Rachefeldzug, durchstreift in Begleitung der Krähe die nächtlichen Straßen einer finsteren Schrottmetropole und legt ein Bandenmitglied nach dem anderen um. – Eine grandiose Idee, in der Filmgeschichte gewiss einmalig! Noch besser ist freilich die handwerkliche Machart, die aber auch nicht darüber hinwegtäuscht, dass hier ein Ideenfurz auf (ursprünglich) 101 Minuten aufgeblasen wurde. »Acht Tage nach Drehschluss wurde Bruce Lees Sohn Brandon am Set erschossen. Die Waffe, die in einer Sze-

The Crow – Die Krähe

ne auf ihn abgefeuert wurde, war statt mit Platzpatronen mit echten Geschossen geladen. Der Film wurde dennoch fertig gestellt. Die noch fehlenden Szenen mit Lee wurden mit einem Double und Computer-Animation nachgestellt.« (TV MOVIE) [V]

CRY OF THE WEREWOLF

(CRY OF THE WEREWOLF/DAUGHTER OF THE WEREWOLF). USA 1944. **R:** *Henry Levin.* **B:** *Charles O'Neal.* **St:** *Griffin Jay.* **K:** *L. William O'Connell.* **M:** *George Antheil, Mischa Bakalainikoff, George Parrish, Mario Castelnuovo-Tedesco, Victor Schertzinger.* **D:** *Nina Foch (Prinzessin Celeste La Tour), Stephen Crane (Bob Morris), Osa Massen (Elsa Chauvet), Barton MacLane (Lt. Barry Lane), Blanche Yurka (Yonka), Ivan Triesault (Jan Spavero), John Abbott (Peter Althius), Fritz Leiber (Dr. Charles Norris), Fred Graff (Pinkie), Milton Parsons (Adamson), Robert Williams (Max). SW 63 Min.*

Die Zigeunerprinzessin Celeste ist die Tochter einer auf mysteriöse Weise verschwundenen Schönheit aus New Orleans. Da niemand weiß, dass ihre Mama sich in Vollmondnächten in einen Werwolf zu verwandeln pflegte, ist es Celeste recht lieb, wenn niemand von dem Geheimnis erfährt, das ihre Familie umgibt. Deshalb darf auch niemand wissen, wo Mama die ewige Ruhe gefunden hat: in ihrem inzwischen zum Museum umgebauten Heim. Wer Mamas Grab zu nahe kommt, wird auf wölfische Weise ins Jenseits überführt: Als Erster ist der allzu neugierige Museumsdirektor dran. Bob, dessen Sohn, entwickelt Interesse an dem Fall. Geht so.

CRYING CHILD – SCHREI AUS DEM JENSEITS

(THE CRYING CHILD). USA 1996. **R:** *Robert Lewis, Barry Weitz.* **B:** *Rob Gilmer.* **V:** *Barbara Michaels.* **K:** *Charles Schnerr.* **D:** *Mariel Hemingway (Madeline Jeffreys), George Del Hoyo (Ran Jeffreys), Finola Hughes (Jo), Kim Shriner (Will Chapman). F 89 (92) Min.*

Junges Paar zieht in Spukhaus. Barbara Michaels (*1927), die Autorin dieser Gruselmär, hat zahlreiche Kriminalromane und Schauerromane verfasst, die sich in erster Linie an ein weibliches Publikum wenden. [V]

CTHULHU MANSION

(CTHULHU MANSION). Spanien 1991. **R:** *Juan Piquer Simon.* **B:** *Juan Piquer Simon.* **K:** *Julio Bragado.* **M:** *Tim Souster.* **D:** *Frank Finlay (Chandu), Marcia Layton (Lenore/Lisa), Brad Fisher (Hawk), Melanie Shatner (Eva), Paul Birchard (Billy), Luis Fernando Alves, Kaethe Cherney, Frank Brana. F 88 Min.*

Als eine gemischte Drogenhändlerbande ins abgelegene Haus des Bühnenzauberers Chandu und dessen Tochter Lenore eindringt und sie zwingt, einen verletzten Komplizen zu verarzten, wird sie von einem Dämonen dezimiert, mit dem der Magier nach dem Tod seiner während einer Vorstellung verbrannten Frau einen Pakt geschlossen hat. Solide erzählter Horrorfilm, bei dem hin und wieder Mikrofone von der Decke hängen. [V]

CUJO

(CUJO). USA 1982. **R:** *Lewis Teague.* **B:** *Don Carlos Dunaway, Lauren Currier.* **V:** *»Cujo« von Stephen King.* **K:** *Jan de Bont.* **SpE:** *Peter Knowlton.*

Cujo

M: *Charles Bernstein.* D: *Dee Wallace (Donna Trenton), Danny Pintauro (Tad Trenton), Daniel Hugh-Kelly (Vic Trenton), Christopher Stone (Steve Kemp), Ed Lauter (Joe Camber), Kaiulani Lee (Charity Camber). F 91 Min.*
Cujo ist ein freundlicher Bernhardiner, der sich von allen Menschen streicheln lässt und höchstens mal einem Häschen hinterherläuft. Als ihn eine (offenbar an Tollwut leidende) Fledermaus beißt, verwandelt er sich jedoch in ein blutrünstiges, sabberndes Ungeheuer, das der hübschen Donna Trenton und ihrem kleinen Sohnemann Tad mächtig auf die Nerven geht: Die beiden sitzen nämlich in einem kaputten Auto auf dem Gelände einer menschenleeren Farm und Cujo grollt, grunzt & geifert. Drei Tage lang belagert er das Auto. – »Doch leider wirkt die Geschichte ... die auf diesen Höhepunkt hinzielt, reichlich konstruiert ... Nie ... stellt sich jene dichte, beklemmende Atmosphäre ein, die alle besseren Horrorfilme auszeichnet.« (Norbert Grob, DIE ZEIT). – »Zwar verzichtet [der Film] ... nicht auf die genreübliche Brutalität, doch hebt sich der sparsame Einsatz von den sonstigen Gepflogenheiten im Horror-Genre ab.« (Joe Hill, FILMDIENST) [V]

CULT OF THE DEAD
Anderer Titel für TODESKULT

THE CURSE
(THE CURSE/THE FARM). USA 1987. **R:** *David Keith.* **B:** *David Chaskin.* **V:** *»Die Farbe aus dem All« von H. P. Lovecraft.* **K:** *Robert D. Forges.* **SpE:** *Kevin Erham.* **M:** *John Debney.* **D:** *Whil Weaton (Zachary), Claude Akins (Nathan), Malcolm Danare (Cyrus), Cooper Huckabee (Dr. Forbes), John Schneider (Carl Willis), Amy Wheaton (Alice Hayes), Steve Carlisle (Charley Davidson), Kathleen Jordan Gregory (Frances), Steve Davis (Mike). F 83 Min.*
Ein Meteorit stürzt auf den Besitz einer Bauernfamilie in Tennessee und vergiftet das Trinkwasser. Dies führt dazu, dass der Bauernmama dicke Warzen im Gesicht wachsen (was aber niemanden stört) und sich ihre Angehörigen zu einer blutrünstigen Mördersippe entwickeln. [V]

CURSE OF THE PUPPET MASTER
(CURSE OF THE PUPPET MASTER). USA 1998. **R:** *Victoria Sloan [David DeCoteau].* **B:** *Benjamin Carr.* **K:** *Howard Wexler.* **M:** *Richard Band.* **D:** *George Peck (Dr. Magrew), Emily Harrison (Jane Magrew), Josh Green (Robert »Tank« Winsley), Michael Guerin (Joey Carp), Marc Newburger (Art Clooney), Jason Dean Bocher (Pogo). F 77 Min.*
Vorgeschichte: *Puppet Master* und Fortsetzungen. – Sechster Teil einer Serie aus Richard Bands Full Moon-Produktion: Toulons Puppenkabinett in den Händen eines zweifelhaften Forschers und seiner halbwüchsigen Tochter.

CURUCU, DIE BESTIE VOM AMAZONAS
(CURUCU, BEAST OF THE AMAZON). USA 1956. **R:** *Curt Siodmak.* **B:** *Curt Siodmak.* **K:** *Rudolf Icsey.* **M:** *Raoul Kraushaar.* **D:** *John Bromfield (Rock Dean), Beverly Garland (Dr. Andrea Romar), Tom Payne (Tupanico), Harvey Chalk (Pater Flaviano), Wilson Viana (Tico), Larri Thomas (Tänzerin). F 70 Min.*
Der Pflanzer Rock Dean und die amerikanische Ärztin Andrea Romar jagen in den brasilianischen Urwäldern ein geheimnisvolles Untier, das zahlreiche Eingeborene auf dem Gewissen hat. Ein knallbunter Abenteuerfilm, dessen Horror-Effekte den dünnen Plot aber auch nicht mehr retten können.

CUSHING, PETER
(1913–1994). Britischer Schauspieler, geboren in Kenley, Grafschaft Surrey. Als Kind ging Cushing oft und gern in den Kintopp, sah Chaplin, Keaton, William S. Hart oder Tom Mix und träumte davon, eines Tages selbst ein Filmstar zu sein. Als Mitarbeiter der Bauaufsicht im heimatlichen Purley zog es ihn abends immer wieder zum Theater – bis er seine Stellung aufgab und sich der Worthing Repertory Company anschloss.

Vier Jahre später war er, mit einem One Way-Ticket, das sein Vater ihm gekauft hatte, in Hollywood, wo er sich in einer Nebenrolle durch einen Mantel-und-Degen-Film von James Whale focht: *The Man in the Iron Mask.* Nach ein paar weiteren Filmen kehrte Cushing, noch während des Kriegs, nach England zurück und machte Truppenbetreuung. Dort lernte er seine künftige Frau Helen Beck, kennen: »Ich wurde 1913 geboren; 1941, als ich Helen traf, begann ich zu leben, und 1971, als sie starb, starb auch ich.« 1948 spielte Cushing den Osric in Laurence Oliviers *Hamlet*-Film und ging mit dem Mimen auf Tournee durch Australien. 1951 prophezeite ihm Helen, seine Zukunft läge beim Fernsehen. In dem neuen Medium machte Cushing Furore in einer TV-Adaption von George Orwells *1984*. Auf der Mattscheibe fiel er dann James Carreras auf, dem Chef von Hammer Films, der ihm 1956 die Hauptrolle in seinem ersten farbigen Horrorfilm *The Curse of Frankenstein (Frankensteins Fluch)* anbot. Danach arbeitete Cushing regelmäßig für Hammer und zeitweilig auch für die Konkurrenzfirma Amicus. 1958: *Dracula; The Revenge of Frankenstein (Frankensteins Rache/Ich bin Frankenstein);* 1959: *The Mummy (Die Rache der Pharaonen);* 1960: *The Brides of Dracula (Dracula und seine Bräute);* 1964: *The Evil of Frankenstein (Frankensteins Ungeheuer); The Gorgon (Die brennenden Augen von Schloß Bartimore);* 1965: *Dr. Terror's House of Horrors (Die Todeskarten des Dr. Schreck); The Skull (Der Schädel des Marquis de Sade);* 1966: *Island of Terror (Insel des Schreckens/Todesmonster greifen an);* 1967: *Frankenstein Created Woman (Frankenstein schuf ein Weib); The Torture Garden (Der*

Peter »Frankenstein« Cushing

Peter Cushing in Das Blutbiest

Foltergarten des Dr. Diabolo); Night of the Big Heat; 1968: *Corruption (Die Bestie mit dem Skalpell); The Blood Beast Terror (Das Blutbiest);* 1969: *Frankenstein Must Be Destroyed (Frankenstein sucht ein neues Opfer/Frankenstein muss sterben);* 1970: *Scream and Scream Again (Die lebenden Leichen des Dr. Mabuse); The House That Dripped Blood (Totentanz der Vampire); The Vampire Lovers (Gruft der Vampire);* 1971: *I, Monster; Twins of Evil (Draculas Hexenjagd);* 1972: *Dr. Phibes Rides Again; Dracula A.D. 1972 (Dracula jagt Mini-Mädchen); Tales from the Crypt (Geschichten aus der Gruft); Panico en el Transiberiano (Horror-Express); Asylum (Asylum); The Creeping Flesh (Nachts, wenn das Skelett erwacht);* 1973: *Frankenstein and the Monster from Hell; The Satanic Rites of Dracula (Dracula braucht frisches Blut); And Now the Screaming Starts; From Beyond the Grave; Mad House/The Revenge of Dr. Death (Das Schreckenshaus des Dr. Death);* 1974: *The Ghoul (Der Ghul); The Legend of the 7 Golden Vampires (Die sieben goldenen Vampire);* 1976: *Shock Waves (Shock Waves – Die aus der Tiefe kamen);* 1983: *House of the Long Shadows (Das Haus der langen Schatten).* George Lucas gab ihm eine Hauptrolle in seiner ersten *Star Wars*-Produktion.

D

DA LACHT DIE GÄNSEHAUT

(LA CASA DEL TERROR). Mexiko 1960. **R:** *Gilberto Martinez Solares.* **B:** *Gilberto Martinez Solares, Juan Garcia, Fernando de Fuentes.* **K:** *Raul Martinez Solares.* **SpE:** *Jorge Benavides.* **M:** *Luis Hernandez Breton.* **D:** *Yerye Beirute (Professor), Lon Chaney jr. (Mumie/Werwolf), German ›Tin Tan‹ Valdes (Casamiro), Yolanda Varela (Paquita), José Luis Aguirre, Alfredo Wally Barron, Rafael Estrada, Oscar Ortiz de Pinedo, Agustin Fernandez, Dacia Gonzalez, Consuelo Guerrero de Luna, Jesus Gomez, Oscar Ortiz de Pinedo, Mario Sevilla, José Silva. SW 79 Min.*

Ein Anwärter auf das Prädikat »Schlechtester Horrorfilm aller Zeiten«. Trotzdem eine Rarität: Lon Chaney muss gleich zwei alte Bekannte in einer Person spielen. Ein offensichtlich geistesgestörter Professor bastelt an Mumien. Nach einer ausgiebigen Karussellfahrt in der Isotopenschleuder (!), bei der die Gänsehaut einen Schreikrampf kriegen müsste, wacht eine Mumie auf. Doch siehe da: Sie entblättert sich und ist ein Werwolf, weil gerade Mondschein ist. Lon Chaney sieht aus wie ein Plüschteddybär und ist wohl der Einzige, der Vergnügen an dem Film findet. Er darf sich mit spärlich bekleideten Damen raufen.

DADDY'S GIRL

(DADDY'S GIRL). USA 1996. **R:** *Martin Kitrosser.* **B:** *Steve Pesle.* **K:** *David Mullen.* **M:** *Parmer Fuller.* **D:** *William Katt (Don Mitchell), Michelle Greene (Barbara Mitchell), Roxana Zal (Karen Conners), Mimi Craven (Rachel Landers), Peggy McCay (Großmutter), Gabrielle Boni. F 91 Min.*

Psychothriller um Jody, eine Zehnjährige, die auf ihren Vater fixiert ist und an der Zerrüttung der Ehe leidet. Sie wird zur Mörderin. Sobald etwas die Beziehung zu ihrem Vater zu stören scheint, räumt sie das Hindernis brutal aus dem Weg. Als auch die Großeltern dran glauben müssen, erkennt der Vater, was für eine Brut da unter seinem Dach hockt ...

DAMIEN – OMEN II

(DAMIEN: OMEN II). USA 1977. **R:** *Don Taylor.* **B:** *Stanley Mann, Michael Hodges.* **St:** *Harvey Bernhard, David Seltzer.* **K:** *Bill Butler, Al Giddings, Stanley Cortez.* **SpE:** *Ira Anderson.* **M:** *Jerry Goldsmith.* **D:** *William Holden (Richard Thorn), Lee Grant (Ann Thorn), Jonathan Scott-Taylor (Damien Thorn), Robert Foxworth (Paul Buher), Nicholas Pryor (Charles Warren), Lew Ayres (Bill Atherton), Sylvia Sidney (Tante Marion), Lance Henriksen (Sgt. Neff), Elizabeth Shepherd (Joan Hart), Lucas Donat (Mark Thorn). F 107 Min.*

Vorgeschichte: *Das Omen.* – Damien Thorn, der Sohn des Teufels, ist nun 13 Jahre alt. Er besucht eine Kadettenschule, wo er erstmals erkennt, worin seine Bestimmung liegt: Er soll recht bald das Erbe seines Onkels/Pflegevaters Richard Thorn antreten. Mit einem »bösen Blick« entledigt er sich seines Cousins, aber es gibt Leute, die ihm auf der Spur sind. Ihnen allen ist ein

Damien – Omen II

grausames Schicksal beschieden: Ein Arzt, der herausfindet, dass Damiens Zellstruktur nicht menschlich ist, wird von einem aus großer Höhe herabfallenden Stahlkabel zerrissen, ein Freund Richard Thorns ertrinkt in einem vereisten See, und eine Journalistin, die ebenfalls auf der richtigen Fährte ist, stirbt einen furchtbaren Tod, als sie auf offener Landstraße von einem geheimnisvollen schwarzen Raubvogel angefallen und zerhackt wird (»noch *schöner* [!] als in Hitchcocks *Die Vögel*«, fand geschmackloserweise Patrick Cummings in CINEMA). – Wer Damien erkennt, so geht der Plot, muss sterben, und zwar so »originell« wie möglich. Dieser Film ist ein müder Abklatsch seines Vorgängers, nicht mehr. [V]

DER DÄMON

(THE MAGICIAN). USA 1926. **R:** *Rex Ingram.* **B:** *Rex Ingram.* **V:** *»Der Magier« von W. Somerset Maugham.* **K:** *John F. Seitz.* **D:** *Paul Wegener (Dr. Haddo), Ivan Petrovich (Dr. Burdon), Ruth Terry (Margaret Dauncy), Michael Powell, Gladys Hamer, Firmin Gemier, Henry Wilson. SW 83 Min. (Stummfilm).*

Der Hexenmeister Dr. Haddo hat in alten Aufzeichnungen eine Möglichkeit gefunden, künstliches Leben zu erschaffen. Um seinen Plan in die Tat umzusetzen, benötigt er jedoch das »Herzblut« einer Jungfrau, die auch noch allerlei andere Attribute aufweisen muss. Die hübsche Margaret Dauncy scheint seinen Zwecken am besten zu entsprechen. Haddo entführt sie ins Laboratorium seines finsteren Schlosses. Bevor er jedoch mit seinem Experiment beginnen kann, taucht sein Widersacher Dr. Burdon auf, um Margaret nach einer wüsten Prügelei, während der Haddos Schlupfwinkel in Flammen aufgeht, zu befreien. – »*Der Dämon* basiert auf dem ›Wirken‹ des berühmt-berüchtigten Aleister Crowley, der auch zwei der interessantesten Horror-Tonfilme – *Die schwarze Katze* (mit Boris Karloff in der Rolle eines Pseudo-Crowley) und *Der Fluch des Dämonen* (worin Niall McGinnis die gleiche Ehre zukommt) – inspiriert hat. Da der Horrorfilm (ausgenommen Chaney) während der zwanziger Jahre noch kein eigenständiges Genre war, wurde er von der Kritik nicht nur verächtlich behandelt, sondern auch als ›überflüssig‹ und schädlich für Kinder bezeichnet. Sie nannte den *Dämon* dann auch geschmacklos, entsetzlich und ›nicht unterhaltsam‹ – ungeachtet seiner Zurückhaltung. Somerset Maugham konnte Ingrams Adaption, die in ihren Einzelheiten stellenweise mit Vorbedacht so ungenau war, dass man die Originalgeschichte nochmals nachlesen musste, seinen Segen ebenfalls nicht geben.« (William K. Everson, CLASSICS OF THE HORROR FILM)

DÄMON DER FRAUEN

(CAST A DARK SHADOW). GB 1955. **R:** *Lewis Gilbert.* **B:** *John Cresswell.* **V:** *»Murder Mistaken« (1953) von Janet Green.* **K:** *Jack Asher.* **M:** *Anthony Hopkins.* **D:** *Dirk Bogarde (Edward Bare), Margaret Lockwood (Vera Hopkins), Kay Walsh (Charlotte Young), Robert Flemyng (Philipp Mortimer), Walter Hudd (Richter), Myrtle Reed (Kellnerin), Kathleen Harrison (Emmie), Mona Washbourne (Melanie Bare), Philipp Stainton (Charlie Mann). SW 82 Min.*

Die alte Geschichte: Gut aussehender junger Mann heiratet reiche ältere Dame, macht sie zunächst zur Alkoholikerin und handelt, als er erfährt, dass sie am nächsten Tag ihr Testament ändern will. Geschickt versteht er den Mord als Unglücksfall zu tarnen, muss jedoch nach Eröffnung des Testaments einen harten Schicksalsschlag einstecken: Das Testament sollte erst zu seinen Gunsten geändert werden. Seine Schwägerin erbt das Vermögen, er bekommt nur das

Der Dämon

Haus. Doch bald lernt Edward Bare, wie unser Mörder heißt, ein neues Zielobjekt kennen, die reiche Gastwirtswitwe Vera Hopkins. Unter dem Vorwand, sein Haus verkaufen zu wollen, lädt er sie zur Besichtigung ein. Vera verliebt sich in Haus und Herrn. Sie heiraten. Das junge Glück wird getrübt, als eine elegante Dame die Bildfläche betritt. Sie gibt sich als Charlotte Young aus, ist aber in Wirklichkeit Bares Schwägerin aus erster Ehe. Bare kommt schnell dahinter und stellt sie zur Rede. In der festen Überzeugung, dass die Manipulationen am Auto seiner Ex-Schwägerin später ihre Wirkung zeigen werden, bekennt er sich mit zynischer Offenheit zu seinem Mord. Charlotte verlässt eiligst das Haus. Vera, Bares Frau, ist durch Zufall Zeugin der erregten Auseinandersetzung geworden. Ihr Entsetzen steigert sich, als Edward ihr mitteilt, dass er nichts zu befürchten habe, weil er erstens die Luftdruckbremsen an Charlottes Wagen gelöst hätte und die kurvenreiche Strecke ihr Übriges tun würde – und zweitens eine negative Aussage Veras vom Gericht nicht anerkannt würde, da sie ja mit ihm verheiratet sei. Doch Edwards Rechnung geht nicht auf: Charlottes Wagen wird rechtzeitig aufgehalten. Da hilft nur noch Flucht. Dass er dazu ausgerechnet Charlottes Wagen benutzt, ist zwar Selbstmord, verleiht dem Film aber eine aufregende Zugabe. – Ein unterhaltsamer Psychothriller! – »Das ist englische Kriminalphantasie, wie sie im Buche steht, apart-gruselig, mit ausführlichem Dialog, skurrilen Darstellern, bizarren fotografischen Einfällen.« (FILMDIENST)

DÄMON DES GRAUENS

(CRAZE). GB 1973. **R:** *Freddie Francis.* **B:** *Aben Kandel, Herman Cohen.* **V:** *»Infernal Idol« (1967) von Henry Seymour.* **K:** *John Wilcox.* **M:** *John Scott.* **D:** *Jack Palance (Neil Mottram), Diana Dors (Dolly Newman), Julie Ege (Helena), Edith Evans (Tante Louise), Trevor Howard (Superintendant Bellamy), Hugh Griffith (Anwalt), Michael Jayston (Detective Sergeant Wall), Suzy Kendall (Sally), Kathleen Byron (Muriel Sharp), Martin Potter (Ronnie), Percy Herbert (Detective Russet), David Warbeck (Detective Wilson). F 95 Min.*

Neil Mottram betreibt zusammen mit seinem Assistenten Ronnie ein Antiquitätengeschäft in London. Der Keller seines Hauses birgt ein Geheimnis. Dort steht eine alte wertvolle afrikanische Kultfigur, die den Gott Chuku, den Herrn über die Finsternis, darstellt. Im Kreis Gleichgesinnter hält Neil schwarze Messen zu Ehren der Gottheit ab. Eine frühere Anhängerin des Kultes will dem Spuk ein Ende machen und die Figur stehlen, doch Neil kommt rechtzeitig: Er bedrängt die Diebin, sie stürzt in den Dreizack der Figur und verblutet. Tags darauf entdeckt Neil in seinem Verkaufsraum in einem anderen Sekretär ein Geheimfach, das bis oben hin gefüllt ist mit Goldmünzen. Ein Wink des Gottes? Der Dank für das Blutopfer? Ein zweiter Mord folgt, der dritte – das Opfer ist seine Tante Louise – bringt ihm, dank sei Chuku, reiche Belohnung. Die Tante hinterlässt ihm ihr ganzes Vermögen. Scotland Yard ist Neil Mottram auf den Fersen, allein, es fehlt der endgültige Beweis. Juniorpartner Ronnie ist derweil nicht entgangen, dass sich sein Freund zum psychopathischen Massenmörder entwickelt hat. Als Neil Ronnies Bekannte Sally, ein stadtbekanntes Callgirl, umbringt, hält es Ronnie nicht mehr. Wutentbrannt geht er auf die Götzenstatue los. Er will sie zerstören, um Neil die Triebkraft seines mörderischen Handelns zu nehmen. Neil überrascht ihn, nimmt ihn sich gehörig zur Brust und schleudert ihn durch die Schaufensterscheibe des Antiquitätengeschäfts. Das ist das Zeichen: Scotland Yard greift ein. Neil wird angeschossen. Stilgerecht stürzt er in Chukus Dreizack. – Die Filmwerbung ist niedlich: »Wer behauptet, in diesem Film keine Angst gehabt zu haben, der lügt!« Dazu gibt es dann auf dem Werbeplakat das fast schon obligatorische Hackebeilchen, als sei dies ein Zeichen für Spannung und Atmos-

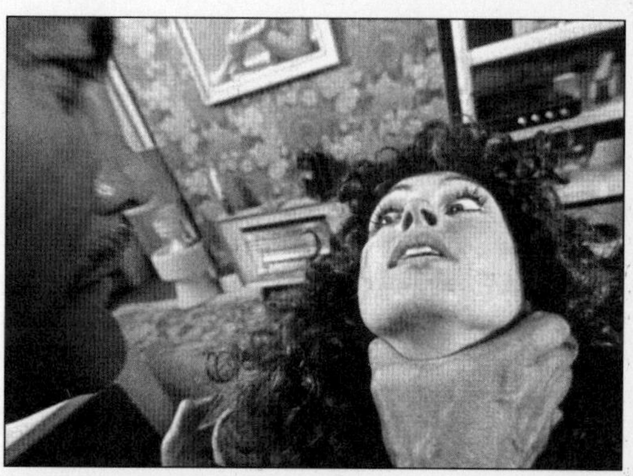

Dämon des Grauens

phäre. Ein lächerlich-abstruses Spektakel, in einem jedoch bemerkenswert: Wohl selten sind gute Schauspieler so verheizt worden!

DÄMON DES TODES

(THE DEAD OF NIGHT/MIRROR OF DEATH). USA 1987. **R:** *Deryn Warren.* **B:** *Gerry Daly.* **K:** *Ronn Schmidt.* **M:** *David Frank.* **D:** *Julie Merrill (Sara), Kuri Browne (April), John Reno (Bobby), J. K. Dumont (Richard), Bob Kipp (John Smith), Isaac Allen (David), Aarin Teich (Charles), Jordan Brown (Mensa), Jak Castro (Napoleon Whitehead), Abigail Rains, Stanla Shirley, Michael McGuire, F. Thom Spadaro, Bobby Bird. F (95) 84 Min.*

Die amerikanische College-Schnepfe Sarah wird mit Hilfe von Zaubersprüchen aus einem magischen Buch zu einem mordenden Vamp (dahinter steckt der böse Geist einer altägyptischen Königin), bis ihre Schwester Wind von der Sache kriegt und sich zum Eingreifen veranlasst sieht. »So spannend wie die Mainzelmännchen.« (SCIENCE FICTION MEDIA) [V]

DER DÄMON MIT DEN BLUTIGEN HÄNDEN

(BLOOD OF THE VAMPIRE). GB 1958. **R:** *Henry Cass.* **B:** *Jimmy Sangster.* **K:** *Monty Berman.* **Ma:** *Jimmy Evans.* **M:** *Stanley Black.* **D:** *Donald Wolfit (Dr. Callistratus), Vincent Ball (Dr. John Pierre), Barbara Shelley (Madeleine), Victor Maddern (Carl), William Devlin (Kurt Urach), Andrew Faulds (Wetzler), Bryan Coleman (Auron), John Le Mesurier (Richter), John Stuart (Madeleines Onkel), Bernard Bresslaw (Dieb), George Murcell (Wächter), Henry Vidon (Meinster), Yvonne Buckingham (Serviererin), Cameron Hall (Betrunkener Arzt), Milton Reid. F 86 Min.*

1874 in der mitteleuropäischen Ortschaft Karlstadt: Dr. Callistratus ist Leiter eines finsteren, von Bluthunden bewachten Gefängnisses für kriminelle Geisteskranke. Er selbst ist jedoch auch nicht ganz ohne, denn in seinem geheimen Labor gehen unheimliche Dinge vor sich. Mit Hilfe seines buckligen Dieners Carl will Callistratus eine Blutgruppe finden, die ihn am Leben erhält, denn sein eigener Lebenssaft zersetzt sich permanent. Die Gefangenen, über die er selbstherrlich und grausam gebietet, sind seine unfreiwilligen Blutlieferanten. Der Arzt Dr. Pierre, der aufgrund eines Justizirrtums in dieses Versuchskaninchengehege eingeliefert wird, kommt dem mörderischen Dunkelmann schließlich auf die Spur: Er entdeckt, dass Callistratus bereits einmal tot war und Carl ihn mit einer speziell entwickelten »Blutkur« wieder zum Leben erweckt hat. Wie man sieht, nicht ganz ohne Nebenwirkungen: Callistratus ist weniger ein »klassischer« Vampir als ein »medizinischer«; ihn *gelüstet* es nicht nach Blut, sondern er benötigt es, um am Leben zu bleiben. »Fast alles in *Der Dämon mit den blutigen Händen*, von den lärmenden Wirtshausszenen und der Dickensschen Gefängnisanstalt bis zum gefährdeten Dekolleté Barbara Shelleys, ist für Jimmy Sangsters viktorianische Unterwelt typisch und entspricht genau der Atmosphäre seiner ersten Frankensteinfilme für die [Produktionsgesellschaft] Hammer. Obwohl die Handlung 1874 in Transsylvanien spielt, ist Callistratus kaum ein Vampir der Gruselromantik ... Der Film ist ein Kuriosum, da es nur selten geschah, dass man sich in einem britischen Gruselfilm angestrengt um die Verschmelzung verschiedener Genres (hier: SF und Horror) bemühte.« (David Pirie, VAMPIR FILMKULT)

DÄMON – TRAU KEINER SEELE

(FALLEN). USA 1997. **R:** *Gregory Hoblit.* **B:** *Nicholas Kazan.* **K:** *Newton Thomas Sigel.* **SpE:** *Jim Fredburg.* **M:** *Tan Dun. Songs: The Rolling Stones, Bill Withers, John King.* **D:** *Denzel Washington (John Hobbes), John Goodman (Jonesy), Donald Sutherland (Lieutenant Stanton), Embeth Davidtz (Gretta Milano), James Gandolfini (Lou), Elias Koteas (Edgar Reese), Gabriel Casseus (Art), Michael J. Pagan (Sam), Robert Joy (Charles), Frank Medrano (Charles' Mörder). F 124 Min.*

Bei Ermittlungen, die einen Kriminellen belasten, der bereits in der Gaskammer »abgeurteilt« ist, stößt der Polizist John Hobbes nicht nur auf allerlei Indizien, sondern auch auf einen Dämon. – »Der übernatürliche Gegner spielt mit dem unglücklichen Polizisten nach bestialischen, verwirrenden Regeln, die, in ausdrucksstarke Kameraperspektiven umgesetzt, auch den Zuschauer in den Zweikampf hineinziehen.« (FISCHER FILM ALMANACH 1999)

DER DÄMON UND DIE JUNGFRAU

(LA FRUSTA E IL CORPO). Italien/Frankreich 1963. **R:** *John M. Old [Mario Bava].* **B:** *Julian Berry, Robert Hugo, Martin Hardy, John M. Old.* **K:** *Da-*

vid Hamilton. **M:** *Carlo Rustichelli.* **D:** *Daliah Lavi (Nevenka), Christopher Lee (Kurt Menliff), Tony Kendall (Christian), Isli Oberon (Katia), Harriet White (Giorgia), Dean Ardow (Graf Wladimir), Allan Collins (Diener), Jacques Herlin (Priester). F 84 Min.*

Vor Jahren hat Kurt Menliff Tania, die Tochter der Dienstmagd Giorgia, verführt und im Stich gelassen. Tania hat sich erdolcht ob solcher Schmach, und ihre Mutter hat blutige Rache geschworen. Kurts Vater, Graf Vladimir, hat daraufhin seinen Sohn verstoßen. Nach Jahren der Abwesenheit kehrt Kurt auf das Schloss seiner Familie zurück, doch gebessert hat sich der Lüstling nicht. Getreu dem Wahlspruch »Gehst du zum Weib, vergiss die Peitsche nicht« macht er sich erst mal Nevenka, die Ehefrau seines Bruders Christian, gefügig und lässt sie ohnmächtig am Strand zurück. Nevenka schleppt sich zum Schloss zurück und wird von Albträumen und Wahnideen befallen. Kurt leugnet den Vorfall, entschließt sich zur Abreise. Als er seine Siebensachen packt, wird er von einer geheimnisvollen Hand erdolcht. Es ist derselbe Dolch, mit dem sich Tania einst den Tod gab. Nevenkas Zustand bleibt unverändert. In fürchterlichen Wahnbildern glaubt sie Kurt zu erkennen. Am nächsten Morgen liegt auch der alte Vladimir erdolcht im Bett. Nevenka behauptet, Kurt sei ihr erschienen und habe sie zu dieser Tat gezwungen. Christian will Klarheit: Er öffnet das Grab und zündet die vom Zersetzungsprozess unkenntliche Leiche an. Da ertönt in der Krypta das Gelächter Kurts. Christian läuft entschlossen in die Richtung des Schalles und sieht, dass Nevenka den Dolch gegen sich zückt. Sie stößt zu. Ihre letzten Worte klären den Mordfall: Sie ist schizophren. Seit der Begegnung mit der Peitsche am Strand glaubt sie Kurt zu sein. Warum sie zuerst Kurt, anschließend ihren Schwiegervater und endlich sich selbst umgebracht hat, weiß vielleicht Altmeister Hitchcock! – »Regisseur John M. Old gab sich rechtschaffen Mühe, unter Verwendung aller gattungsüblichen Schocker-Effekte (Blitz und Donner, knarrende Türen, gekrümmte Würgerhände, weitaufgerissene Schreckensaugen) seine Zuschauer das Gruseln zu lehren. Da er aber des Guten zu viel tut und Schreckensmomente zu oft als harmlos entlarvt, entlockt er dem Kinobesucher nur zunehmendes Gähnen.« (FILMDIENST) Mario Bava (1914–1980), ursprünglich Kameramann, gehört zu den profiliertesten Vertretern des europäischen Horrorfilms. Dass er mit diesem Film doch nicht so ganz glücklich war, beweist die Tatsache, dass er als Regisseur das Pseudonym John M. Old wählte. Auch Daliah Lavis aufgerissene Augen sind nicht mehr als eine Jugendsünde.

DÄMONEN

(DEMONI). Italien 1985. **R:** *Lamberto Bava.* **B:** *Lamberto Bava, Dario Argento, Dardano Sacchetti, Franco Ferrini.* **St:** *Dardano Sacchetti.* **K:** *Gianlorenzo Battaglia.* **SpE:** *Sergio Stivaletti, Angelo Mattei.* **M:** *Claudio Simonetti.* **D:** *Urbano Barberini (George), Natasha Hovey (Cheryl), Karl Zinny, Fiore Argento, Paolo Cozzi, Fabiola Toledo, Nicoletta Elmi, Stelio Condelli, Nicole Tessier, Geretta Giancarlo, Bobby Rhodes, Guido Baldi, Bettina Ciampolini, Giuseppe Cruciano, Sally Day, Eliana Hoppe, Jasmine Maimone, Marcello Modugno, Peter Pitsch, Pasqualino Semme, Enrica Maria Scrivano, Alex Serra, Michele Soavi, Claudio Spadaro. F 93 Min.*

Während einer Filmvorführung verwandeln sich diverse Kinogänger (unter ihnen Teens, Nutten und Zuhälter) unter dem Einfluss einer mysteriösen Maske in blutrünstige Dämonen. Das panische Publikum kann das Gebäude nicht verlassen. Das Ende kommt mit einer Pointe, die niemanden überrascht, der Roman Polankis *Tanz der Vampire* (GB/USA 1966) gesehen hat, und wer die brüllende Filmmusik überlebt, dürfte zumindest einen Gehörschaden haben. Schrott. AIDT

DÄMONEN

(DEMONI II – L'INCUBO RITORNA). Italien 1986. **R:** *Lamberto Bava.* **B:** *Lamberto Bava, Dario Argento, Dardano Sacchetti, Franco Ferrini.* **K:** *Gianlorenzo Battaglia.* **SpE:** *Sergio Stivaletti.* **M:** *Simon Boswell.* **D:** *David Knight, Bobby Rhodes, Asia Argento, Virginia Bryant, Nancy Brilli, Coralina Cataldi Tassoni, Anita Bartolucci, Antonio Cantafora, Luisa Passega, Davide Marotta, Marco Vivio, Michele Mirabella, Lorenzo Gioielli, Lino Salemme, Maria Chiara Sasso, Dario Casalini, Andrea Garinei, Luca de Nardo, Angela Frondaroli, Caroline Christina Lund, Karen Gennaro, Marina Loi, Silvia Rosa, Monica Umena, Lorenzo Flaherty. F 94 (82) Min.*

Bei einer Geburtstagsfeier entsteigt einem Fernsehapparat ein Ungeheuer und greift eine Zuschauerin an, die sich in einen Dämonen verwandelt und ihrerseits auf Menschenjagd geht. Wer ihr zum Opfer fällt, ist kurz darauf ein blutrünstiger Untoter und gibt den »Virus« weiter. Binnen kurzem tobt eine dämonische Meute durch das in einer deutschen Großstadt stehende Hochhaus (während die Handlungsträger typisch deutsche Namen wie »Sally« und »George« haben). Trotz der vielen Dutzend Menschen, die in diesem Film mitspielen, gibt es leider keine Figur, an deren Schicksal man Anteil nähme: Die Charaktere sind völlig gesichtslos. AIDT [V]

DÄMONEN DER SEELE

(DEMONS OF THE MIND). GB 1971. **R:** *Peter Sykes.* **B:** *Christopher Wicking.* **St:** *Frank Godwin, Christopher Wicking.* **K:** *Arthur Grant.* **M:** *Harry Robinson.* **D:** *Robert Hardy (Graf Friedrich v. Zorn), Patrick Magee (Dr. Falkenberg), Gillian Hills (Elisabeth v. Zorn), Shane Briant (Emil v. Zorn), Kenneth J. Warren (Klaus), Yvonne Mitchell (Tante Hilde), Paul Jones (Carl Richter), Virginia Wetherell (Inge), Robert Brown (Fischinger), Michael Hordern (Priester). F 89 Min.*

1830: Graf Friedrich von Zorn ist von dem Wahn besessen, seine Familie stünde aufgrund des Lebenswandels seiner Ahnen (denen Inzest und Inzucht nichts Fremdes waren) unter einem Fluch. Deswegen hat er sich eine Gattin aus dem Bauernstand genommen, die sich aber nach der Geburt der Kinder Emil und Elisabeth das Leben nahm. Der Tod der Mutter hat dazu geführt, dass die Kinder ein enges Verhältnis haben, worin der Graf nur eine sich ankündigende Inzest-Gefahr sieht. Mit Unterstützung Hildes (Emils und Elisabeths Tante) und des Dieners Klaus hält er die Geschwister getrennt und verbietet ihnen den Umgang mit anderen Menschen. Der Psychiater Falkenberg, einer der ersten seiner Zunft, nimmt sich des merkwürdigen Falles an, nachdem Elisabeth dem Grafen entwischt ist, um bei Dr. Richter Unterschlupf zu suchen. Es obliegt ihm herauszufinden, wer irre ist und wer nicht; dazu bedient er sich des gerade in Mode gekommenen »Mesmerismus« (Hypnose), und wer Augen hat zu sehen, erkennt bald, dass mit Ausnahme Dr. Richters alle an diesem Psycho-Drama Beteiligten einen Schatten haben. – Heftig geschmälert wird der filmische Abstieg in die Tiefen der menschlichen Seele durch das Unvermögen der Pfeifen, die diesen für die Produktionsfirma Hammer äußerst ungewöhnlichen (und sehenswerten) Film synchronisiert haben: Obwohl die Geschichte in Österreich spielt, werden die Namen der Charaktere permanent Englisch ausgesprochen.

DÄMONIA

(AENIGMA). Italien 1987. **R:** *Lucio Fulci.* **B:** *Giorgio Mariuzzo, Lucio Fulci.* **K:** *Luigi Ciccarese.* **SpE:** *Lucio Fulci.* **Ma:** *Giuseppe Ferranti.* **M:** *Stelvio Cipriano.* **D:** *Jared Martin, Lara Naszinski, Ulrich Reinthaler, Sophie d'Aulan, Jennifer Naud, Kathi Wise, Caitlin O'Heaney, Susan Kendall, Riccardo Acerbi, Mijlijana Zirovec, Dragan Ejelogrlij, Lijlijana Blagojevic, Franciska Spahic, Dusica Zegarac, Zorica Lesic, Zoran Lesic, Rade Colovic. F 84 Min.*

Im Internat wird Kathy von ihren Mitschülerinnen auf böse Weise erniedrigt und nach einem schweren Unfall in eine Klinik eingeliefert, wo sie – im Koma liegend – aus der Ferne geistigen Einfluss auf die nymphomane Eva nimmt, ihren Geist verdrängt und für das Ableben sämtlicher Schnepfen sorgt, die für ihren komatösen Zustand verantwortlich sind: Eine wird von einem Schneckenheer, eine andere von einer Statue umgebracht. Eva selbst landet in der Nervenklinik. Kathy verliebt sich in ihren Arzt Robert, doch als der Ahnungslose mit Jennifer rummacht, muss Eva Katy neuerlich als Racheengel dienen. Der übliche, Langeweile verbreitende Rächer-Scheiß.

DAS DÄMONISCHE ICH

(WANTED FOR MURDER). GB 1946. **R:** *Lawrence Huntington.* **B:** *Emeric Pressburger, Rodney Ackland, Maurice Cowan.* **K:** *Max Greene.* **M:** *Mischa Spoliansky.* **D:** *Eric Portman (Victor Colebrooke), Dulcie Gray (Anne Fielding), Derek Farr (Jack Williams), Roland Culver (Inspektor Conway), Stanley Holloway (Sgt. Sullivan), Barbara Everest (Mrs. Colebrooke), Kathleen Harrison (Florrie), Jenny Laird (Jeannie McLaren), Bill Shane (Ellis), Bonar Colleano (Mappolo), John Salew (Walters), Moira Lister (Miss Willis), Viola Lyel (Mrs. Cooper), John Ruddock (Tramp). SW 104 Min.*

Psycho-Thriller alter Schule: Victor Colebroke, Sohn eines Scharfrichters, leidet unter dem Zwang, junge Frauen töten zu müssen. Er verliebt sich in die hübsche Anne, stellt aber fest, dass er auch bei ihr seine mörderischen Impulse nicht kontrollieren kann.

DANCE OF DEATH

Anderer Titel für TOTENTANZ IM SCHREKKENSSCHLOSS

DANCE OF THE DAMNED

(DANCE OF THE DAMNED). USA 1991. **R:** *Katt Shea Ruben* **B:** *Andy Ruben, Katt Shea Ruben.* **K:** *Phedon Papamichael.* **M:** *Gary Stockdale.* **D:** *Cyril O'Reilly (Vampir), Starr Andreeff (Jodie), Deborah Ann Nassar (La Donna), Maria Ford (Treska), Tom Ruben (Caddy). F 90 Min.*

Jodie hat schon bessere Zeiten gesehen. Sie arbeitet in einem heruntergekommenen Schuppen als Stripperin, darf aufgrund einer richterlichen Verfügung nicht in die Nähe ihres Sohnes, der beim Vater aufwächst, und ist völlig pleite. Sie spielt mit Selbstmordgedanken. Da wird sie eines Abends von einem geheimnisvollen Fremden abgeschleppt, der mit Geld um sich wirft. Sie folgt ihm in sein Haus, wo sehr schnell klar wird, dass er ein Vampir ist, der sie als Opfer will. Doch aus dem Katz-und- Maus-Spiel wird ein Psychoduell unter Ebenbürtigen. Der Vampir geht an seiner Einsamkeit zugrunde, da er aufgrund eines Verbrechens von seinen Artgenossen getrennt leben muss. Er bombardiert Jodie mit Fragen: Wie das Leben am Tag so ist, wie Sonnenlicht sich anfühlt, was Liebe ist. Schließlich tanzt Jodie nur für ihn, simuliert am Strand für ihn mit Scheinwerfern einen Sonnentag und gibt sich ihm hin. Als der Sonnenaufgang naht, hat sie neuen Lebensmut gefunden und macht einen Versuch, ihre Existenz zu retten. – »Roger Corman rief freitags an und sagte: Ich brauche sofort einen Film. Da steht diese Hauskulisse herum, also lasst euch was einfallen«, erzählt Regisseurin und Drehbuchautorin Katt Shea Ruben. »Meinem Mann und mir kam diese Idee von einem Vampir, der die Nacht mit einer selbstmordgefährdeten Kellnerin verbringt. Natürlich gefiel Roger das mit der Kellnerin nicht, also machte er aus ihr eine Stripperin.« So entstehen Filme, und das noch nicht mal schlecht. Natürlich ist *Dance of the Damned* ein typischer B-Film, doch er ist in vielerlei Hinsicht spannender und ideenreicher als mancher A-Film mit hohem Budget und Tricks bis zum Abwinken. Der Film konzentriert sich auf atmosphärische Bilder und das intensive und überraschend gute Spiel der Hauptdarsteller. Deswegen verzeiht man ihm sogar das vorhersehbare Ende. [V]

DANDY DUST

(DANDY DUST). Ukraine/Österreich 1998. **R:** *Hans Scheirl.* **B:** *Hans Scheirl.* **K:** *Jana Cipriani.* **SpE:** *Nigel Reed.* **M:** *Jewels Barker, Yosarrian, Emma EJ Doubel, Bent Amory Peart.* **D:** *Hans Scheirl, Suzie Krueger, Leonora Rogers-Wright, The Tempeperilli, Svar Simpson. F 112 Min.*

»Im Film *Dandy Dust* spritzt es vor Körperflüssigkeiten, gähnen riesige Vulvas, wird Gewalt nicht angedeutet, sondern explizit breitgetreten. Inzest mit drehenden Kegelpenissen und Raumschiffen neben Mull, High Heels, Dildos und Operationstischen. (...) Hans Scheirls Arbeit ist eine skurrile, hypertrophe Anreicherung verschiedenster Genres zu einem Splatter-Horror-Queerfilm.« (MULTIMEDIA)

DARK AUGUST – DÜSTERES OMEN

(DARK AUGUST). USA 1975. **R:** *Martin Goldman.* **B:** *Martin Goldman, Carole Shelyne.* **K:** *Richard E. Brooks.* **M:** *William S. Fisher.* **D:** *J. J. Barry (Sal DeVito), Carole Shelyne (Jackie), Kim Hunter (Adrianna Putnam), Kenneth W. Libby (Sheriff), Stan Shefler, Kenneth Kaplan (Deputies), Kate McKeown (Leslie), Randie Wilder, Karen Lewis, Frank Bongiorno, Richard Allan Fay, Martin Harvey Friedberg. F 85 Min.*

Unheimliche Kräfte toben sich in einer amerikanischen Kleinstadt aus. [V]

DARK CITY

(DARK CITY). Australien 1997. **R:** *Alex Proyas.* **B:** *Alex Proyas, Lem Dobbs, David S. Goyer.* **K:** *Dariusz Wolski.* **SpE:** *Tad Pride.* **M:** *Trevor Jones.* **D:** *Rufus Sewell (John Murdoch), William Hurt (Inspektor Frank Bumstead), Kiefer Sutherland (Dr. Daniel Schreber), Jennifer Connelly (Emma Murdoch), Richard O'Brien (Mr. Hand), Ian Richardson, Bruce Spence, Colin Friels, John Bluthal, Mitchell Butel. F 100 Min.*

Dubiose »Unterweltler«, bei denen es sich um eine im Aussterben begriffene außerirdische Rasse handelt, die wie Schöpfungen von Clive Barker aussehen, lassen die Identität von Menschen mitgehen und stattdessen nur synthetische Erinnerungen bei ihren Opfern zurück – bis einer, ein gewisser John Murdoch, sich dem vampirgleichen Treiben widersetzt.

DARK NIGHT – SIE GREIFEN NACH DEN LEBENDEN

(ONE DARK NIGHT). USA 1983. **R:** *Tom McLoug-*

hlin. **B:** *Tom McLoughlin, Michael Hawes.* **K:** *Hal Trussel.* **SpE:** *Tom Burman.* **M:** *Bob Summers.* **D:** *Robin Evans (Carol), Robin Evans (Carol), Leslie Speights (Kitty), Adam West (Allan), Meg Tilly (Julie), Elizabeth Daily (Leslie), David Mason Daniels (Steve), Melissa Newman (Olivia), Donald Hotton (Dockstader), Albert Cirimele (Journalist), Leo Gorcey jr. (Barlow), Kevin Peter Hall (Eddie), Nancy Mott (Lucy), Rhio H. Blair (Pathologe), Larry Carroll, Katee McClure, Theodore Lehmann. F (89) 86 Min.*
Junges Mädchen verbringt als Mutprobe eine Nacht in einem Mausoleum, das den Leichnam eines Mediums beherbergt, das Tote (und auch sich selbst) zum Leben erweckt. [V]

DARK PARADISE

Anderer Titel für AMERICAN GOTHIC

DARK SOCIETY

(SOCIETY). USA 1989. **R:** *Brian Yuzna.* **B:** *Woody Keith, Rick Fry.* **K:** *Rick Fichter.* **SpE:** *Screaming Mad George.* **M:** *Mark Ryder, Phil Davies.* **D:** *Billy Warlock (Bill Whitney), Evan Richards (Milo), Devin De Vasquez (Clarissa Carlyn), Ben Meyerson (Ferguson), Charles Lucia (Jim), Connie Danese (Nan), Patrice Jennings (Jenny), Ben Slack (Dr. Cleveland), Tim Bartell (Blanchard), Heidi Kozak (Shauna), Brian Bremer (Petrie), Maria Claire (Sally), Conan Yuzna (Jason), David Wiley (Judge Carter), Pamela Matheson (Mrs. Carlyn), Jason Williams (Jasons Freund). F 95 Min.*
Ein hochneurotischer Schüler der High Society in Beverly Hills, dem unerklärliche Ereignisse heftig zusetzen, muss erkennen, dass seine Eltern und seine Schwester einer perversen Gesellschaft angehören, die auf Sexorgien ihre Opfer aussaugen. [V]

DARK WORLD

(SHADOW BUILDER). USA/Kanada 1997. **R:** *Jamie Dixon.* **B:** *Michael Stokes.* **V:** *Bram Stoker.* **K:** *David Pelletier.* **SpE:** *Paul Jones, Thad Beier, Nordin Rahhali.* **M:** *Eckart Seeber.* **D:** *Michael Rooker (Jacob Vassey), Leslie Hope (Jennifer), Shawn Thompson (Sheriff Sam Logan), Tony Todd (Covey), Andrew Jackson (Schattenmacher), Kevin Zegers (Chris Hatcher), Hardee T. Lineham (Nestor Tibbot), Catherine Bruhier (Maggie MacKinnon), Gordon Woolvett (Larry Eggers), James B. Douglas (Dr. Cole), Richard McMillan (Pater Finler). F 97 Min.*
Pünktlich zur Jahrtausendwende geht der »Schattenmacher« um, ein Dämon, der als Schatten in die Menschen eindringt, sie bekloppt macht oder kurzerhand tötet. Er findet seinen Meister in einem Priester, der mit dem Schießgerät genauso gut umzugehen weiß wie mit der Exorzismusfibel.

DARKROOM

(DARKROOM). USA 1988. **R:** *Terrence O'Hara.* **B:** *Brian Herksowitz.* **K:** *David A. Makin.* **M:** *Jerry J. Grant.* **D:** *Aarin Teich (Perry), Jill Pierce (Janet), Jeffrey Alan Arbaugh (Steve), Sarah Lee Wade (Cindy), Stella Kastner (Nora), Allen Lieberman (Mark), John O'Connor (Hodge Forrest), Jo Samon (Denton), Timothy Hicks (George Campbell), Shannon B. Absher (Alice), Helen Hunt. F 81 Min.*
Irrer Killer mit inzestuöser Vergangenheit metzelt sich mit einer Axt durch die nähere Umgebung eines Landhauses und dezimiert eine Großfamilie. AIDT [V]

DEAD AND BURIED

Anderer Titel für TOT UND BEGRABEN

DEAD EYES

(DE PROFUNDIS). Italien 1989. **R:** *Lewis Coates [Luigi Cozzi].* **B:** *Luigi Cozzi.* **K:** *Pasquale Rachini.* **M:** *Vince Tempera.* **D:** *Caroline Munro (Nora), Brett Halsey (Produzent), Florence Guerin (Ann), Karina Huff, Antonio Marsina, Michele Soavi, Urbano Barberini, Maurizio Fardo. F 90 (84) Min.*
Schauspielerin gerät in den Bann der Hexe Levana, die nach und nach eine Filmcrew dezimiert, da sie nicht an der Verfilmung ihrer Lebensgeschichte interessiert ist. Okkultschocker mit vielen Ekeleffekten. [V]

DEAD HEAT

(DEAD HEAT). USA 1988. **R:** *Mark Goldblatt.* **B:** *Terry Black.* **K:** *Robert D. Yeoman.* **SpE:** *Patrick Read Johnson.* **Ma** *Steve Johnson.* **M:** *Ernest Troost.* **D:** *Treat Williams (Roger Mortis), Joe Piscopo (Doug Bigelow), Lindsay Frost (Randi James), Darren McGavin (Dr. Ernest McNab), Vincent Price (Arthur P. Loudermilk), Clare Kirkconnell (Rebecca Smythers), Keye Luke (Thule), Ben Mittleman (Bob), Peter Kent (Smitty). F 86 Min.*
Untoter Polizist sucht untote Juwelenräuber. Lahme Horror-«Komödie« eines Regisseurs, der hauptsächlich Werbefilme dreht. – »Ja, ich sollte wählerischer sein. Ich hab 'ne Menge Schund gedreht. Meine Frau [Coral Browne] hat fünf

Jahre auf das richtige Drehbuch gewartet – aber es hat ihr den British Academy Award eingebracht. Dann hat sie wieder drei Jahre auf das nächste richtige Drehbuch gewartet. Und irgendjemand muss die Miete ja zahlen.« (Vincent Price) – »An diesem Film ist vieles tot, der schwachsinnige Plot inklusive.« (Chas. Balun, THE DEEP RED HORROR HANDBOOK). [V]

DEAD MEN DON'T DIE

(DEAD MEN DON'T DIE). USA 1990. **R:** *Malcolm Marmorstein.* **B:** *Malcolm Marmorstein.* **K:** *Tom Fraser.* **M:** *David Williams.* **D:** *Elliot Gould (Barry Barron), Melissa Anderson (Dulcie Niles), Mabel King (Chafuka), Mark Moses (Jordan Penrose), Philip Bruns (Nolan), Jack Betts (Cavanaugh), Robert Dyer (Mungo), Robert Covarrubias (Carlos), Phil Shipko (Frank), Jerome Guardino (Neal). F 94 Min.*

Unsäglicher Klamaukfilm über einen TV-Reporter, der sich als Schnüffler versucht, dabei das Leben verliert und von einer Putzfrau, die Voodoo-Magie beherrscht, wieder zum Leben erweckt wird. [V]

DEAD PIT

(THE DEAD PIT). USA 1990. **R:** *Brett Leonard.* **B:** *Brett Leonard.* **K:** *Marty Collins.* **SpE:** *Guy Conrad.* **M:** *Dan Wyman.* **D:** *Jeremy Slate (Dr. Gerald Swan), Steffen Gregory Foster (Christian Myers), Danny Gochnauer (Dr. Colin Ramzi), Cheryl Lawson (Jane Doe), Geha Getz (Schwester Clair), Joan Bechtel (Schwester Kygar), Michael Jacobs (Budd Higgins), Mara Everett (Schwester Robbins), Randy Fontana (Jimmy), Jack Sunseri (Jensen). F 92 Min.*

Eine Frau, die die Erinnerung verloren hat und Jane Doe genannt wird, landet in einer Nervenheilanstalt und erweckt während einer Hypnosetherapie den Geist des ehemaligen Direktors (ihres Vaters) zu neuem Leben. Nachdem dieser zwanzig Jahre zuvor Patienten für üble Experimente missbraucht hat, wurde er von seinem Nachfolger lebendig eingemauert. Zwar kann man die Macht des irren Geistes und seiner aus Ex-Patienten bestehenden Zombie-Heerscharen mit Weihwassermassen bannen, doch Jane setzt sein Werk fort. [V]

DEAD TIME

Anderer Titel für WER HAT TANTE RUTH ANGEZÜNDET?

DEADLY INTRUDER

Anderer Titel für DER TÖDLICHE FEIND

DEATH BY MAGIC – DÄMONISCHE BEDROHUNG

(DEATH BY MAGIC). USA 2000. **R:** *Lorraine Senna.* **B:** *Bennett Cohen.* **K:** *David Foreman.* **M:** *Jay Ferguson.* **D:** *Charlie O'Connell (Michael), Peter Firth (Simon), Gabrielle Fitzpatrick (Kiley), Sam Healy (Molly), Marin Mimica (Shroud), Nicholas Bell (Reverend). F 85 Min.*

Die Mächte des Guten und des Bösen buhlen um einen Illusionisten und Zauberkünstler. – » ... blitzende und fauchende ›Special Effects‹ nach Jahrmarktbuden-Manier, pathetische Sprüche um die Bedrohung der Welt durch die Finsternis, eine leidlich erregende Sexszene sowie des Helden Zwiespalt der Gefühle, deren Darstellung den Protagonisten freilich hoffnungslos überfordert.« (Rainer Dick, FILM-DIENST 08/2001] [V]

DEATH DOLL – KILLERPUPPE

(DEATH DOLL). USA 1989. **R:** *William Mims.* **B:** *Sidney Mims.* **K:** *William Pope.* **M:** *N.N.* **D:** *Andrea Walters, William Dance, Jennifer Davis. F 82 Min.*

Hellseherin warnt junges Ehepaar vor Unheil, das eintreten soll, sobald das erste Kind da ist. Der Ehemann wird ermordet. Nach der nächsten Bluttat weist einiges darauf hin, dass die Bedrohung von einer Porzellanpuppensammlung ausgeht. [V]

DEATH HOUSE

(SORORITY HOUSE MASSACRE). USA 1986. **R:** *Carol Frank.* **B:** *Carol Frank.* **K:** *Marc Reshovsky.* **Ma:** *Dennis Curcio.* **M:** *Michael Wetherwax.* **D:** *Angela O'Neill (Beth), Wendy Martel (Linda), Pamela Ross (Sara), Nicole Rio (Tracy), John C. Russell (Bobby), Marcus Vaughter (Andy), Vincent Bilancio (John), Joe Nassi (Craig), Mary Anne (Mrs. Lawrence), Gillian Frank (Dr. Lindsey), Joseph Mansier (Techniker), Axel Ronerts (Larry), Fitzhugh Houston (Detective Gilbert), Maureen Hawkes (Professorin), Phyllis Frank (Lehrerin), Thomas R. Mustin (Steve), Susan Bollman (Cindy). F 74 Min.*

Teenie Beth besucht ihre in einem Studentenwohnheim lebenden Freundinnen. Bald leidet sie an Albträumen, in denen ein irrer Schlitzer eine Familie ermordet und auf ein kleines Mädchen losgeht. In der benachbarten Nervenklinik braut sich derweil Unheil zusammen: Auch der dort seit langem beheimatete Russell wird von Messerstecherträumen geplagt. Dann bricht er aus – und niemand errät, wo er hingeht! Beth erfährt, dass es vor vielen Jahren im Wohnheim zu einem abscheulichen Massaker kam: Ein durchgedrehter Junge hat seine Familie abgeschlachtet! Nur *ein* Mädchen ist ihm entkommen! Wer das wohl war??? Russell murkst Studentinnen und Studenten ab. Beth, die inzwischen weiß, was Hinz, Kunz und ihre Kinder längst wissen (dass *sie* nämlich das kleine Mädchen aus ihren Albträumen und Russell ihr Balla-Balla-Bruder ist), entgeht dem Schlitzer nur knapp, der nach vielen Versuchen draufgeht, als eine Messerklinge in seiner Kehle steckt. Schwer zu glauben, dass es *noch* jemand wagt, der Öffentlichkeit einen solchen Stink-Käse vorzusetzen. AIDT [V]

DEATH SHIP

(DEATH SHIP). Kanada/GB 1980. **R:** *Alvin Rakoff.* **B:** *Jack Hill, David P. Lewis, John Robins.* **K:** *René Verzier, Peter Benison.* **SpE:** *Mike Albrechtsen, Peter Hughes.* **M:** *Ivor Slaney.* **D:** *George Kennedy (Captain Ashland), Richard Crenna (Trevor Marshall), Kate Reid (Sylvia), Sally Ann Howes (Margaret Marshall), Nick Mancuso (Nick), Jennifer McKinney (Robin), Danny Higham (Ben Marshall), Saul Rubinek (Jackie), Victoria Burgoyne (Lori), Lee Murray (Parsons), Doug Smith, Tony Sherwood (Seeleute). F 82 Min.*

Das im Titel angesprochene »Totenschiff« ist ein rostiger alter Frachter in der Art des Fliegenden Holländers. Es ist seit Jahrzehnten auf den Weltmeeren unterwegs, doch bewohnt vom ultrabösen Geist derjenigen, die auf seinen metallenen Planken einst ihr Unwesen getrieben haben: Als das Schiff einen Kreuzer rammt, kann sich nur eine Hand voll Menschen retten, darunter Captain Ashland (ein Mann, der seine letzte Reise macht) und Trevor Marshall, der ihn demnächst ablösen soll. Man hat keine andere Wahl, als sich auf das Totenschiff zu retten, und dann geht es auch schon los: Während der böse Geist, der den alten Kahn beherrscht, die Schiffbrüchigen auf Trab hält (und gelegentlich auch in den Orkus wirbelt), hat Ashland schicksalsträchtige Begegnungen mit einer inneren Stimme, die ihn auffordert, das Kommando zu übernehmen. Während die Duschkabinen Blut verspritzen und die Passagiere in den Laderäumen auf die Skelette unzähliger Toter stoßen, erkennen sie, dass sie in die Hände einer teuflischen Macht geraten sind. Und diese Macht – allem Anschein nach der Geist längst toter Nazi-Barbaren – hat Ashland inzwischen völlig vereinnahmt, so dass mit ihm nicht mehr zu reden ist. Es kommt zu einer Meuterei. Ashland stirbt; die letzten Überlebenden machen sich mit einem Schlauchboot davon. – »Nach Sinn und Unsinn dieses effektvollen Gruselfilms zu fragen, scheint müßig; er verschließt sich jeder rationalen Deutung, spielt vielmehr mit den unklaren Gegebenheiten, um Spannung und Horror zu erzeugen. Dies gelingt weitgehend, wobei er durch ausgefallene Kameraperspektiven und eine suggestive Musik das Eigenleben des Schiffes zur albtraumhaften Begegnung mit Urängsten ausnutzt.« (HPK, FILMDIENST) – »Am besten erfreut man sich einfach an den riesigen Löchern, die der Plot aufweist, an der Zurückhaltung der Schauspieler und den geringen Anforderungen, die die Autoren an sie gestellt haben. Kate Reids Schicksal ist das beste: Nachdem sie ein paar Bonbons gegessen hat, entwickelt sie die schleimigsten Furunkel, die die Clearasil-Welt je gesehen hat. Ihr gesamtes Gesicht sieht aus wie eine Reliefkarte des Himalaya.« (Richard Meyers, FOR ONE WEEK ONLY) [V]

DEATH TRAP – DIE NACHT DER BESTIE

Anderer Titel für **BLUTRAUSCH**

DEE SNIDER'S STRANGELAND

(DEE SNIDER'S STRANGELAND). USA 1998. **R:** *John Pieplow.* **B:** *Dee Snider.* **D:** *Dee Snider (Carleton Hendricks alias Captain Howdy), Kevin Ga-*

Death Ship

ge (Mike Gage), Amal Rhoe (Tiana), Elizabeth Pena (Mrs. Gage), Robert Englund (Mr. Roth, Anführer der Bürgerwehr), Xanthe Cook (Kelly Roth), Brett Harrelson, Linda Cardellini, Ivonne Coll. F 91 Min.

Captain Howdy geht mit der Zeit. Per Internet-Chat lockt er Teens in seinen Folterkeller. – Autor, Koproduzent und Hauptdarsteller Dee Snider war Sänger der Heavy Metal-Band Twisted Sister.

DEEP BLUE SEA

(DEEP BLUE SEA). USA 1999. **R:** *Renny Harlin.* **B:** *Duncan Keenedy, Donna Powers, Wayne Powers.* **K:** *Stephen Windon.* **M:** *Trevor Rabin.* **D:** *Saffron Burrows (Dr. Susan McAlester), Thomas Jane (Carter Blake), LL Cool J (Prediger), Jacqueline McKenzie (Janice Higgins), Samuel L. Jackson (Russell Franklin), Aida Turturro, Ronny Cox. F 105 Min.*

Per Genmanipulation wird die Hirnmasse von Haien vergrößert, die dann während eines Sturms über das auf hoher See gelegene Labor der Forscher herfallen, die doch nichts weiter wollten, als eine Therapie gegen Alzheimer zu entwickeln. Die *Alien*-Nummer wird hier mit Haien durchgezogen, um zu den Ursprüngen von Steven Spielbergs *Jaws (Der weiße Hai)* zurückzukehren.

DEEP DEATH – BIS DASS DER TOD SIE SCHEIDET

Anderer Titel für DIE RE-INKARNATION DES PETER PROUD

DEEP RED

(PROFONDO ROSSO). Italien 1975. **R:** *Dario Argento.* **B:** *Giuseppe Bassan.* **St:** *Dario Argento, Bernardo Zapponi.* **K:** *Luigi Kuveiller.* **M:** *Giorgio Gaslini, I Goblin.* **D:** *David Hemmings (Marcus Daly), Daria Nicolodi (Gianna Brazzi), Gabriele Lavida (Carlo), Macha Meril (Dr. Helga Ullmann), Glauco Mauri (Professor Giordani), Clara Calamai (Carlos Mutter), Giuliana Calandra (Amanda Righetti), Eros Pagni (Dr. Calcabrini), Nicoletta Elmi (Olga). F 98 Min.*

»Mein erster Job war der eines Filmkritikers für die römische Zeitung *Paesa Sera;* aber ich war ein ziemlich kritisierter Kritiker, deswegen fing ich an, Drehbücher zu schreiben.« (Regisseur Dario Argento in der britischen Zeitschrift HALLS OF HORROR). In diesem Film, dessen Idee ebenfalls von Argento stammt, geht es (wie in italienischen Horror *flicks* offenbar gar nicht anders möglich) um eine irre Schlitzerin, auf deren Wahnsinn man ausgerechnet auf einem Parapsychologen-Kongress aufmerksam wird: Eine telepathisch begabte Tagungsteilnehmerin spürt die Anwesenheit einer psychisch gestörten und mordwütigen Person, aber bevor sie ihren Kollegen genauere Hinweise geben kann, wird sie umgebracht. Der Musiklehrer Daly, ihr Nachbar, beginnt sich für den Fall zu interessieren und tut sich mit Professor Giordani, dem Telepathen Barti und der Journalistin Gianna zusammen, um den Fall aufzuklären. Seine Nachforschungen, die ihn u.a. auch in das Archiv einer Schule führen, sind schließlich von Erfolg gekrönt, aber der Preis für die Lösung des Rätsels ist hoch: Eine Frau, die ihm weiterhelfen könnte, wird in kochend heißem Wasser ersäuft, und Gianna endet mit einem Messer im Bauch. Der Killer scheint der Maler Carlo zu sein, ein alter Freund Dalys – der Mann, der ihn gewarnt hat, sich allzu sehr um den Mordfall Ullmann zu kümmern. Es stellt sich jedoch heraus, dass Carlo mitnichten der Mörder ist: Seine Mutter ist die Schuldige – schon Jahre zuvor ist sie mit einem Messer auf ihren Gatten losgegangen, der gedroht hatte, sie in eine Nervenklinik zu bringen. Als die Verrückte auf Daly einsticht, rettet ihm ein Lift das Leben: Die Halskette der Mörderin verklemmt sich in der Aufzugtür. Die Frau wird förmlich enthauptet. – »Argento, der gewiss kein Hitchcock ist, erzeugt *Suspense* mit überladener Kameraarbeit, lauten Geräuschen und stampfender Musik. Und dann wird all das mit Unmengen an Blut befrachtet. Die Glaubwürdigkeit, die eh erst an zweiter Stelle kommt, bleibt dabei auf der Strecke. In diesem Fall wird der gesamte Prozess noch durch eine armselige Synchronisation beschleunigt. Nichts passt genau – besonders nicht der kühle Hemmings zwischen die übereifrig agierenden Italiener.« (Ann Guarino, NEW YORK DAILY NEWS) [V]

DEF BY TEMPTATION

(DEF BY TEMPTATION). USA 1990. **R:** *James Bond III.* **B:** *James Bond III.* **K:** *Ernest Dickerson.* **M:** *Paul Laurence.* **D:** *James Bond III (Joel), Cynthia Bond (Temtpress), Bill Nunn (Dougy), Kadeem Hardison (K), Samuel L. Jackson (Garth), Minnie Gentry (Oma), Rony Clanton, Stephen Van Cleef, Najee. F 95 Min.*

Def By Temptation

Joel, Theologie-Student vom Lande und Sohn eines Pastors, verguckt sich in eine mörderische schwarze Vampirin, die in New Yorker Bars Männer aufgabelt und um die Ecke bringt. Ansprechend fotografierte sozialkritische Horror-Komödie mit schwarzen Darstellern, deren deutsche Fassung oft im Synchronesischen versandet. »Das Ganze ist mit geradlinigen F/X, heißer Rap-Musik und einigen coolen Dialogen unterlegt, so dass hier nicht nur gegruselt, sondern auch gelacht werden darf.« (Frank Trebbin, DIE ANGST SITZT NEBEN DIR) [V]

DELLAMORTE DELLAMORE

(DELLAMORTE DELLAMORE). Italien/Frankreich/BRD 1996. **R:** *Michele Soavi.* **B:** *Gianni Romoli.* **V:** *»Dellamorte Dellamore« von Tiziano Sciavi.* **K:** *Mauro Marchetti.* **M:** *Manuel De Sica.* **D:** *Rupert Everett (Francesco Dellamorte), François Hdji-Lazaro (Gnaghi), Anna Falchi (She), Stefano Masciarelli (Bürgermeister), Mickey Knox (Marshall Straniero), Clive Riche (Doktor), Fabiana Formica (Valentina). F 100 Min.*

Wer auf Francesco Dellamortes Friedhof bestattet wird, kehrt unter Garantie als Untoter zurück, so dass man nur noch die bewährte Kopfschuss-Methode anwenden kann. Schräge Splatter-Komödie aus der Medienfabrik von Silvio Berlusconi, von Insidern empfohlen. [V]

DEM TODE GEWEIHT

Anderer Titel für TÖDLICHER SEGEN

DEMENTIA 13

(DEMENTIA 13). USA 1963. **R:** *Francis Ford Coppola.* **B:** *Francis Ford Coppola* **K:** *Charles Hannawalt.* **M:** *Ronald Stein.* **D:** *William Campbell (Richard Haloran), Luana Anders (Louise Haloran), Bart Patton (Billy Haloran), Mary Mitchell (Kane), Patrick Magee (Dr. Justin Caleb), Ethel Dunn (Lady Haloran), Peter Read (John Haloran), Karl Schanzer (Simon), Ron Perry (Arthur), Derry O'Donovan (Lilian), Barbara Dowling (Kathleen). SW 81 Min.*

Während einer Ruderpartie streiten John und Louise Haloran sich über die Verwendung des zu erwartenden Erbes von Johns halbirrer Mutter. John bekommt einen Herzschlag und fällt tot um. Die habgierige Louise lässt seine Leiche im See verschwinden, da sie glaubt, das Bekanntwerden seines Todes würde sie von der Erbfolge ausschließen. Da sie Johns Ableben jedoch nicht allzu lange geheim halten kann, beschließt sie, Lady Haloran schnellstens auszuschalten. Während ihrer Vorbereitungen wird sie auf bestialische Weise von einem Axtmörder niedergemetzelt. Dr. Caleb, der Hausarzt der Halorans, versucht den Fall aufzuklären. Ihm ist zwar jeder verdächtig, aber er erkennt auch, dass der Mörder ein Wahnsinniger sein muss. Nach einem zweiten Axtmord stellt er dem Killer eine Falle: Es ist Billy Haloran, der jüngste Sohn der Familie, ein Psychopath, der Jahre zuvor seine kleine Schwester umgebracht hat. – Stets dann, wenn der geniale Schnell- und Billigfilmer Roger Corman der Meinung war, jemand sei ihm bei der Realisierung seiner Projekte hilfreich zur Hand gegangen, verteilte er »Belohnungen« besonderer Art: Er ließ die hilfreiche Hand einen eigenen Film machen. Francis Ford Coppola (damals 24 Jahre alt) traf das Glück, einen eigenen Streifen drehen zu dürfen, den Corman produzierte. Was dabei herauskam, war (natürlich) ein B-Film, der mit geringem Budget in ein paar Tagen fertig gestellt wurde: ein kleiner und finsterer Thriller, dem man jedoch Spannung nicht absprechen kann, wenn er auch die Fachpresse seinerzeit nicht eben vom Hocker riss: »Fragen Sie mich nicht, was *Dementia 13* bedeutet«, schrieb Howard Thompson in der NEW YORK TIMES, »oder was mit den ersten zwölf Dementiae geschehen ist. Eins ist auch genug ... Unter der schwerfälligen Regie Francis Coppolas ... verbreitet der Film sowieso mehr geronnenes Blut als Atmosphäre.«

DEMON NIGHT

(DEMON HOUSE). Kanada 1996. **R:** *Jim Kaufman.* **B:** *Kevin S. Tenney.* **K:** *Walter Bal.* **M:** *Ray-*

mond C. Fabi. **D:** *Gregory Calpakis (Nick), Kris Holdenreid (Vince), Tara Slone (Lois), Joel Gordon (Reggie), Stephanie Bauder (Holly), Patricia Rodriguez (Abbie), Christian Tessier (Orson), Larry Day (Larry). F 82 Min.*
Jugendliche enden auf der Flucht vor den Bullen in einer richtigen Zombie-Villa – und auf Video. [V]

DEMONIC TOYS

(DEMONIC TOYS). USA 1991. **R:** *Peter Manoogian.* **B:** *David S. Goyer.* **K:** *Adolfo Bartoli.* **M:** *Richard Band.* **D:** *Tracy Scoggins (Judith), Bentley Mitchum (Mark), Michael Russo (Lincoln), Daniel Cerny (Kid), Ellen Dunning (Anne). F 84 Min.*
Nach einer Schießerei mit der Polizei verbarrikadieren sich einige Gangster in einem Spielwaren-Lagerhaus. Die Spielwaren erwachen zum Leben und metzeln fast alle Beteiligten nieder: Die Ursache ist ein dämonischer Knabe mit einer grässlichen Stimme, dessen Geisteskräfte Halluzinationen hervorrufen, das menschliche Bewusstsein beeinflussen und das Spielzeug steuern. Ein blutiger Schocker. [V]

THE DENTIST

(THE DENTIST). USA 1996. **R:** *Brian Yuzna.* **B:** *Dennis Paoli, Stuart Gordon, Charles Finch.* **K:** *Levie Isaacks.* **M:** *Alan Howarth.* **D:** *Corbin Bernsen (Dr. Finestone), Linda Hoffman (Brooke), Michael Stadvec (Matt), Ken Foree (Detective Gibbs), Tony Noakes (Detective Sunshine), Molly Hagan (Jessica), Patty Toy (Karen), Jan Hoag (Candy), Virginya Keehne (Sarah), Earl Boen (Marvin Goldblum), Christa Sauls (April Reign), Mark Ruffalo (Steve Landers), Lise Simms (Paula Roberts), Brian McLaughlin (Jody). F 87 Min.*
Irrsinniger Zahnarzt quält seine Patienten mit Bohrern und Zangen. Ein Film für Masochisten, denen *Kleiner Laden voller Schrecken* (USA 1960; Regie: Roger Corman) nicht weit genug geht! [V]

THE DENTIST II – ZAHNARZT DES SCHRECKENS

(THE DENTIST II). USA 1998. **R:** *Brian Yuzna.* **B:** *Richard Dana Smith.* **K:** *Jürgen Baum.* **M:** *Alan Howarth.* **D:** *Corbin Bernsen (Dr. Lawrence Caine), Julain McWhirter (Jamie Devers), Jim Antonio (Doc Burns), Wendie Robie (Bernice), Linda Hoffman (Brooke Sullivan), Jeff Doucette, Clint Howard. F 93 Min.*
Videorelease um einen aus der Klapsmühle entfleuchten Zahnklempner, der in der Provinz die Praxis eines gemordeten Kollegen übernimmt. Mutti, Mutti – er hat doch gebohrt ... [V]

DERANGED – VOM WAHNSINN BESESSEN

(DERANGED/BEYOND DERANGED). USA 1987. **R:** *Chuck Vincent.* **B:** *Craig Horall.* **K:** *Larry Revene [Chuck Vincent].* **M:** *Bill Heller.* **D:** *Jane Hamilton [Veronica Hart] (Joyce), Jennifer Delora (Mary Ann), Jerry Butler (Frank), Jamie Gillis (Vater), Jill Cumer (Mutter), Bob Fitzpatrick (Diener), Gary Goldman (Nick), Nancy Groff (Lehrerin), Jessica Rose, Harvey Siegel. F 80 Min.*
Eine schwangere Frau wird in ihrer Wohnung von einem Einbrecher überfallen, tötet ihn und erlebt eine Frühgeburt. Sie tut, als sei nichts passiert, versteckt die Leiche, schiebt sich ein Kissen unters Kleid und gibt weiterhin vor, bald Mutter zu werden. Sie erhält Besuch von existierenden und halluzinierten Freunden, und ihr Papa, der Selbstmord begangen hat, taucht gelegentlich im Badezimmer auf. Eine ungenießbare Mischung aus *Rosemaries Baby* (USA 1967) und *Ekel* (GB 1965), inszeniert von einem Porno- und Sexfilm-Regisseur, der mal wissen wollte, wie die Welt reagiert, wenn man »Kunst macht«. (Wir wissen ja: Kunst ist, wenn man nicht versteht, wovon ein Film handelt). Die Welt, so hat's den Anschein, hat überhaupt nicht reagiert. [V]

DAS DEUTSCHE KETTENSÄGENMASSAKER

BRD 1990. **R:** *Christoph Schlingensief.* **B:** *Christoph Schlingensief.* **K:** *Christoph Schlingensief, Voxi Bärenklau.* **SpE:** *Thomas Göttemann.* **M:** *Jacques Arr.* **D:** *Karina Fallenstein (Clara), Susanne Bredehöft (Margit), Volker Spengler (Hank), Alfred Edel (Alfred), Brigitte Kausch (Brigitte), Arthur Albrecht (Claras Liebhaber), Dietrich Kuhlbrodt (Dietrich), Udo Kier (Jonny), Irm Hermann, Eva-Maria Kurz, Ingrid Raguschke, Arthur Albrecht. F 63 Min.*
Clara flüchtet aus der DDR in die BRD und gerät in die Krallen einer Metzgerfamilie, die Ossis mit Motorsägen zerlegt, um sie zu Wurst zu verarbeiten. Natürlich wollte Schwafelkopf Schlingensief keinen Horrorfilm drehen (so was kann man von einem Künschtler nicht erwarten), sondern einen politischen Kommentar der Einverleibung des Ostens durch den Westen abgeben. AIDT [V]

DEVIL DOLL

(DEVIL DOLL). USA 1963. **R:** *Lindsay Shonteff.* **B:** *Lance Z. Hargreaves, George Barclay.* **St:** *Frederick E. Smith.* **K:** *Gerald Gibbs.* **D:** *Bryant Halliday (Der Große Vorelli), William Sylvester (Mark English), Sandra Dorne (Magda), Yvonne Romain (Marianne), Karel Stepanek (Dr. Haller), Francis De Wolff (Dr. Keisling), Philip Ray (Onkel Walter), Nora Nicholson (Tante Eva), Alan Gifford (Bob Garrett), Heidi Erich (Ihre Gnaden), Trixie Dallas (Miss Penton), Margaret Durnell (Gräfin), Guy Deghy (Hans), David Charlesworth (Hugo Novik), Lorenza Coalville (Mercedes), Ella Trecey (Louisa), Pamela Law (Garrets Freundin), Anthony Baird (Soldat), Jackie Ramsden (Krankenschwester), Ray Landor (Twisttänzer). SW 80 Min.*

Ein hypnotisch begabter Bauchredner übt eine geheimnisvolle Macht über seine Handpuppe aus. Alles deutet darauf hin, dass sein »Bühnenpartner« über ein eigenes Bewusstsein verfügt. – »Ein bescheidener, aber wirklich schauriger kleiner Thriller.« (GUIDE TO MOVIES ON TELEVISION). – »Ein passabler Thriller, der einen bei der Stange hält.« (Steven H. Scheuer, MOVIES ON TV)

DEVIL 666 – SATAN'S RETURN

(666 MO GUI FU HUO/DEVIL 666: SATAN'S RETURN). Hongkong 1996. **R:** *Ah Lun.* **B:** *N.N.* **K:** *N.N.* **M:** *N.N.* **D:** *Spencer Lam (Geistlicher), Francis Ng (Judas), Chi Wah Wong (Kai Ming), Chingmy Yau (Shou-Ching Chan), Donnie Yen (Mo Ti Yam), King Tan Yuen (Rose), Yen Chi-ten. F (100) 84 Min.*

Horror-Krimi um eine brutale Frauenmordserie in Hongkong. – Hongkong-Neon-Thriller. [V]

DEVIL'S HOUSE – WENN MAUERN TÖTEN

Anderer Titel für DAS HAUS DER TAUSEND AUGEN

THE DEVIL'S NIGHTMARE

(AU SERVICE DU DIABLE/LA NOTTE PIU LUNGA DEL DIAVOLO). Belgien/Italien 1971. **R:** *Jean Brismee.* **B:** *Jean Brismee, André Hunebelle, Patrice Rhomm.* **K:** *André Goeffers.* **SpE:** *Paul De Fru.* **M:** *Alessandro Alessandroni.* **D:** *Erica Blanc (Lita Muller), Jean Servais (Baron von Rhoneberg), Daniel Emilfork (Satan), Shirley Corrigan, Jacques Monseau, Ivana Novak, Lorenzo Terzon, Colette Emmanuelle, Christian Maillet, Lucien Raimbourg, Frederique Hender, Maurice de Groot, Yvonne Garden. F 95 Min.*

Sieben Touristen, die in einer abgelegenen Gegend in Europa unterwegs sind, stoßen in einer finsteren Villa auf eine seltsame Frau, der offenbar die Mächte der Hölle dienstbar sind. Ein wahrhaft teuflisch aussehender Dämon, der sich als Satan höchstpersönlich entpuppt, geht ihr dabei zur Hand, die Gäste auf möglichst »originelle« Weise aus dem Wege zu räumen. Sogar der Herr Pastor ist mehrmals versucht, vom Glauben abzufallen. – »Eine lächerliche Verschwendung guter Ideen.« (Jeff Frentzen, CINEFANTASTIQUE) [V]

DEVIL'S TOWER – DER SCHRECKENSTURM DER ZOMBIES

Anderer Titel für DER TURM DER LEBENDEN LEICHEN

DIABOLISCH

(NIGHT HAIR CHILD). GB 1971. **R:** *James Kelly.* **B:** *Trevor Preston.* **K:** *Harry Waxman, Luis Cuadrado.* **M:** *Stelvio Cipriani.* **D:** *Mark Lester (Marcus Bezant), Britt Ekland (Elise Bezant), Hardy Krüger (Paul Bezant), Lilli Palmer (Dr. Viorne), Harry Andrews (Direktor Kessle), Conchita Montez (Sophie), Colette Jack (Sarah). F 89 Min.*

Die Frau eines erfolgreichen Schriftstellers wird tot in der Badewanne aufgefunden. Nur ein Unglücksfall? Die junge zweite Frau des Schriftstellers hat da so ihre Zweifel. Ihr zwölfjähriger Stiefsohn Marcus, ein Kind mit zartem Engelsgesicht und eiskalten Augen, natürlich überintelligent, fällt nicht nur durch Tierquälerei auf, er scheint auch sonst von Grund auf böse zu sein

Diabolisch

und macht ihr das Leben auf jede erdenkliche Art zur Hölle. Sie stellt Marcus zur Rede und – was haben Filmemacher doch für eine schmutzige Phantasie! – der ist bereit, Stück für Stück seine Geheimnisse preiszugeben, wenn seine Stiefmutter sich dabei – ebenfalls Stück für Stück – ihrer Kleidung entledigt. So erfährt sie, dass Marcus damals einen Heizkörper an den Wasserhahn im Bad seiner Mutter angeschlossen hat, ein Verfahren, das dann auch die erhoffte Wirkung gezeigt hatte. Nach dem Strip ist die Handlung vollends konfus. Keiner glaubt der jungen Frau. In einem Klinikaufenthalt kann sie ihre Angstvisionen auskurieren. Nach der Entlassung aus der Nervenklinik geht sie mit Hund und Stiefsohn spazieren. Er will jetzt auch seinen Vater loswerden, denn der habe ihm seine Taten ja nicht geglaubt. Ob sie mitmachen wolle? Sie willigt ein (zum Schein), wirft einen Ball über die Straße. Der Hund hinterher – Marcus will Hund und Ball retten. Ein heranrasendes Auto besorgt den Rest. Toll diabolisch!

DIAL: HELP

(MINACCIA D'AMORE/RAGNO GELIDO). Italien 1988. **R:** *Ruggero Deodato.* **B:** *Joseph Caravani, Mary Caravani, Ruggero Deodato, Franco Ferrini, Ruggero Deodato.* **K:** *Renato Tafuri.* **M:** *Claudio Simonetti.* **D:** *Charlotte Lewis (Jennie Cooper), William Berger (Professor Klein), Marcello Modugno, Mattia Sbragia, Carola Stagnaro, Victor Cavallo, Carlo Monni. F 94 Min.*

Jennie, britisches Fotomodell in Rom, wählt versehentlich die Nummer eines dämonischen Telefondienstes und wird bald Ziel mehrerer Mordanschläge. Wer ihr helfen will, beißt – auf möglichst originelle Weise – ins Gras, damit dem Zuschauer der magere Plot nicht ganz so deutlich ins Auge springt. Ansehnlicher als die von den Autoren erdachte Story ist freilich die Reizwäsche der drallen Hauptdarstellerin, die kein bisschen britisch wirkt. Möglicherweise sind ihre Dessous überhaupt der Grund für die Entstehung dieses Films. [V]

DICH KRIEGEN WIR AUCH NOCH

(DISTURBING BEHAVIOR). USA/Kanada/Australien 1998. **R:** *David Nutter.* **B:** *Scott Rosenberg.* **K:** *John S. Bartley.* **M:** *Mark Snow.* **D:** *James Marsden (Steve Clark), Katie Holmes (Rachel Wagner), Nick Stahl (Gavin Strick), Paul Sorvino (Johannson), Steve Railsback (Officer Cox), Bruce Greenwood (Dr. Caldicott), William Sadler (Dorian Newberry), Natassia Malthe (Mary Jo Capeland). F 83 Min.*

»Der ultimative Trashfilm: Die Geschichte um den Kampf zweier Jugendlicher gegen einen Schulpsychologen, der seine Schäfchen zu Musterschülern mit kleinen Fehlern umprogrammiert, ist derart grottenschlecht konstruiert, dass man auch den Drehbuchautor unter den Opfern einer Gehirnwäsche wähnt.« [TIP 12/99] AIDT

DIENER DES BÖSEN

(SUBSPECIES). USA/Rumänien 1990. **R:** *Ted Nicolaou.* **B:** *Jackson Barr, David Pabian.* **K:** *Vlad Paunescu.* **M:** *Richard Rosinski, Michael Portis.* **D:** *Michael Watson (Stefan), Laura Tate (Michelle), Anders Hove (Radu), Michelle McBride (Lillian), Irinia Movila (Mara), Ivan J. Rado (Ion), Angus Scrimm (König Vladislav). F 81 Min.*

Die Studentinnen Mara, Michelle und Lillian reisen nach Transsylvanien zur Festung Prejmer, um ihre Examensarbeiten zu vervollständigen. Begeistert sind sie von der halb verfallenen Burg Vladislav. Doch dort leben noch einige Vampire, bei denen gerade der Haussegen schief hängt: Radu bringt seinen Vater um, weil der ihm den Blutstein nicht überlassen will, ein uraltes Artefakt, das als Ersatz für Menschenblut dient. Außerdem kündigt Radu den Bauern den seit Jahrhunderten bestehenden Waffenstillstand auf und will den Amerikanerinnen das Blut aussaugen. Doch da gibt es noch seinen Vampirstiefbruder Frank, der ganz nach dem Vater geschlagen ist und sich obendrein in Michelle verliebt. So triumphiert am Ende der gute über den bösen Vampir. – In Rumänien an Originalschauplätzen gedrehter Film mit einigen hübschen Tricks, etlichen Längen und viel Tomatenketchup. [V]

DINNER WITH THE VAMPIRE

(A CENA CON IL VAMPIRO). Italien 1988. **R:** *Lamberto Bava.* **B:** *Dardano Sacchetti, Lamberto Bava.* **K:** *Gianfranco Transuto.* **M:** *Simon Boswell, Mario Tagliaferri.* **D:** *George Hilton, Isabel Russinova, Patrizia Pellegrino, Riccardo Rossi, Valerio Milillo, Yvonne Sozo. F 90 Min.*

TV-Film. Vier Schauspieler-Eleven, die so mies chargieren, dass sie beim Vorsprechen durchfallen, werden auf das Schloss eines Regisseurs eingeladen. Dort entpuppt sich derselbige als lebensmüder Vampir, der seinen Gästen die Chance bietet, ihn von dem auf ihm lastenden Fluch zu erlösen. – »Für einen Fernsehfilm ist der Blutgehalt recht drastisch: Herzen werden nicht nur gebrochen, sondern gleich herausgerissen.« (Christian Kessler, DAS WILDE AUGE) [V]

DISTANT COUSINS

(DISTANT COUSINS). USA 1992. **R:** *Andrew Lane.* **B:** *C. Courtney Joyner.* **K:** *Phil Parmet.* **M:** *Parmer Fuller.* **D:** *David Keith (Harry), Mel Harris (Kate Sullivan), William Katt (Richard Sulivan), Marg Helgenberger (Connie), Brain Bonsell (Alex Sulivan). F 88 Min.*

Zusammen mit seiner von Psychopharmaka abhängigen Freundin Connie flieht Harry aus der Nervenklinik und nistet sich bei seinem Vetter Richard ein, der ihn zwanzig Jahre nicht gesehen hat. Richard nimmt die beiden nach anfänglichem Zögern auf; Söhnchen Alex freundet sich mit ihnen an. Richards Frau Kate hingegen bemerkt bald, dass Harry und Connie einen an der Waffel haben. Doch dass ihre Gäste für den Spießertraum von Familie, Eigenheim, Reichtum und Drogen auch bereit sind, über Leichen zu gehen, kriegt sie erst raus, als die Psychopathen die Macht im Haus übernehmen. Um die heile Welt der amerikanischen Familie wieder gerade zu rücken, müssen Kate und Richard den Spieß umdrehen. Und das machen sie gar nicht mal so schlecht. [V]

THE DOG

(EL PERRO). Spanien 1979. **R:** *Antonio Isasi.* **B:** *Juan Antonio Porto, Antonio Isasi.* **V:** *Alberto Vazques Figueroa.* **K:** *Juan Gelpi.* **M:** *Anton Garcia Abril.* **D:** *Jason Miller (Aristides Ungria), Lea Massari (Muriel), Marisa Paredes (Aurelia), Aldo Sambrell, Juan Antonio Bardem. F 104 Min.*

Ein totalitärer Staat in Lateinamerika: Nachdem sich ein Kampfgenosse in den Tod stürzte, um nicht unter der Folter die Namen seiner Mitkämpfer preisgeben zu müssen, gibt es für den Wissenschaftler und politischen Gefangenen Ungria nur einen Ausweg – die Flucht. Sie gelingt. Doch schon bald wird er von einem Aufseher und dessen Hund, einem wahren Raubtier, aufgespürt. Ungria kann seinen Verfolger überwältigen, doch sterbend hetzt dieser seinen treuen Hund auf den Geflüchteten. Der kann zunächst entkommen. Aber wohin er sich auch wendet, immer wieder taucht der Hund auf. – Unerwartete Attacken und harte Action-Szenen bilden den Vordergrund der Handlung. Der Hund ist eine Symbolfigur, die das Bösartige der Diktatur verkörpert, den überall präsenten täglichen Horror. Das wird besonders deutlich in der Schluss-Sequenz, in der die Erschießung des Hundes und des Diktators in Parallelmontage gleichgesetzt werden.

DR. GIGGLES

(DR. GIGGLES). USA/Japan 1992. **R:** *Manny Coto.* **B:** *Manny Coto, Graeme Whiffler.* **K:** *Robert Draper.* **M:** *Brian May.* **D:** *Larry Drake (Dr. Evan Rendell), Holly Marie Combs (Jennifer Campbell), Cliff De Young (Tom Campbell), Glenn Quinn (Max Anderson), Keith Diamond (Joe Reitz), Richard Bradford (Hank Magruder), Michelle Johnson (Tamara), John Vickery (Dr. Chamberlain), Nancy Fish (Elaine Henderson), Sara Melson (Coreen), Zoe Trilling (Normi), Darin Heames (Stu), Deborah Tucker (Dianne), Doug E. Doug (Trotter), Denis Barnes (Leigh), Patrick Cronin (Sheriff Harper), Joshua Nielsen (Danny Atchley). F 95 Min.*

Geistig umnachteter Sohn eines blutrünstigen Arztes flieht aus der Nervenklinik und nistet sich in seinem verfallenen Elternhaus ein. »Spielt mit den Ängsten vor der weißen Zunft, bedient sich skrupellos aus der Altkleiderkammer des Psycho-Genres, schockt aber leider nur mäßig.« (TV MOVIE) [V]

DR. HACKENSTEIN

(DR. HACKENSTEIN). USA 1988. **R:** *Richard Clark.* **B:** *Richard Clark.* **K:** *Jens Sturup.* **M:** *Randy Miller.* **D:** *David Muir (Dr. Elliot Hackenstein), Stacey Travis (Melanie Victor), Catherine Davis Cox (Leslie), Dyanne DiRosario (Wendy), John Alexis (Alex), Catherine Cahn (Yolanda), William Schreiner, Sylvia Lee Baker, Jeff Rector. F 88 Min.*

Da der brave Dr. Hackenstein es nicht verwinden kann, dass seine Gattin das Zeitliche gesegnet hat, bemüht er sich, sie zu neuem Leben zu erwecken, indem er sich die dazu nötigen Körperteile bei anderen Frauen besorgt. – Ein Plot, dessen Originalität auch dem strengsten Kritiker den Atem nimmt.

DR. HECKYL UND MR. HYPE

(DR. HECKYL AND MR. HYPE). USA 1980. **R:** *Charles B. Griffith.* **B:** *Charles B. Griffith.* **K:** *Robert Carras.* **M:** *Richard Band.* **D:** *Oliver Reed (Dr. Heckyl/Mr. Hype), Sunny Johnson (Coral Careen), Maia Danziger (Miss Finebum), Mel Welles (Dr.*

Hinkle), Virgil Frye (Lt. MacDuck/El Topo), Cedrick Wolfe (Dr. Lew Hoo), Jackie Coogan (Sgt. Fleacollar), Corinne Calvet. F 99 Min.

Grauer Warzenkopf und Karottennase sind die besonderen Merkmale des Fußspezialisten Dr. Heckle (= Hechel). Was Wunder, dass seine Chancen bei den Frauen sehr schlecht stehen. Kollege Dr. Hinkle weiß Rat und empfiehlt sein Abspeckungspräparat. Dr. Heckle schluckt gleich den Inhalt einer ganzen Ampulle in der Hoffnung, dass ihn die »300 Millionen wilder Proteine« vollkommen auffressen. Sie verformen ihn jedoch zu Kraft und Schönheit. Als Mr. Hype (= Aufschneider) versucht er endlich, seine Unschuld zu verlieren. Doch die Objekte seiner Begierde wollen immer noch nicht so, wie er es sich erhofft. Ewig finden sie ein Haar in der Suppe. So landet denn eine Frauenleiche nach der anderen im Müllcontainer, was der Polizei auf Dauer nicht verborgen bleiben kann. Lieutenant McDuck bereitet dem Spuk ein Ende. – »Bei all diesen nebelumwaberten Geschehnissen, deren detaillierte Wiedergabe jeglichen Rahmen sprengen würde, haben die Farben eine derartige Knalligkeit, dass man sich fast in einem Corman-Film wähnt. Des Rätsels Lösung liegt natürlich in der Person des Regisseur-Autors: Wie schon in seinem Skript für *Kleiner Laden voller Schrecken,* jenem Kultfilm über eine sprechende Pflanze, mixt Charles B. Griffith auch hier Witziges und Witzig-sein-Sollendes, Irrelevantes und völlig Abwegiges zu einem eigentümlichen Humorbrei zusammen, der sicher nicht jedem schmecken wird. Im Gegensatz zum Dracula-Mythos ... bietet das Jekyll/Hyde-Schema aber bei weitem nicht so viel parodiegeeignete Grundschemata. So schleicht sich zwischendrin eben beharrlich Leerlauf ein, der dann prompt durch eine witzige Situation oder Dialoggags wieder wettgemacht wird.« (Norbert Stresau, FILMBEOBACHTER) – Erwähnenswert ist, dass Jackie Coogan (1914–1984) in diesem Film als Sergeant Fleacollar (= Flohhalsband) eine seiner letzten Rollen spielt. Coogan wurde durch Chaplins *The Kid* bereits 1920 zum Kinderstar. Es folgten zahlreiche Stumm- und Tonfilme, bis er 1937 seine Mutter und seinen Stiefvater auf Herausgabe seiner Einkünfte als Kinderstar verklagte. Dies führte den Gesetzgeber dazu, Honorare von Kinderstars unter besonderen Schutz zu stellen. Coogan hatte später noch einmal beträchtlichen Erfolg in der amerikanischen TV-Horror-Serie *The Addams Family* (1964/65).

DR. JEKYLL UND MR. HYDE

Vorbemerkungen zum Mythos des in seiner Persönlichkeit gespaltenen verrückten Wissenschaftlers

Die Kernszenen der Erzählung *The Strange Case of Dr. Jekyll and Mr Hyde* von Robert Louis Stevenson (1850–1894), erschienen 1886, gehen auf einen Traum des Autors zurück. Als seine Frau an dem ersten Entwurf das Fehlen einer »Moral« bemängelte, verbrannte er ihn und schrieb in nur drei Tagen einen neuen, der mit immerhin 40 000 Exemplaren innerhalb von sechs Monaten zu seinem ersten Publikumserfolg wurde. Stevensons Erzählung steht, literaturhistorisch betrachtet, in der Tradition des Schauerromans des ausgehenden 18. Jahrhunderts und der Romantik, zu dessen Motiven und Klischees halbwissenschaftliche Experimentierfreude, Doppelgängertum und Persönlichkeitsspaltung sowie die Vorliebe für nächtlich-düstere Szenerien gehören. Das Doppelgängermotiv war von jeher eins der bedeutendsten Themen der Phantastischen Literatur (z.B. bei E. T. A. Hoffmann, Edgar Allan Poe, Oscar Wilde). Daraus entwickelt sich das dualistische Weltbild, das alle Erscheinungen der Wirklichkeit in seine gute und böse, männliche und weibliche, körperliche und seine geistige Seite teilt. Den Gedanken, gut und böse in einer Person zu trennen, ist bei Stevenson die Folge eines wissenschaftlichen Versuchs mit einer Droge. Die Abspaltung des bösen, unberechenbaren, tierischen Mr. Hyde ist auf den Forscherdrang des guten Dr. Jekyll zurückzuführen, der jedoch die Kontrolle über seinen Selbstversuch verliert. Neben *Frankenstein* verkörpert Jekyll/Hyde das klassische Motiv des verrückten Wissenschaftlers, des *mad scientist.* Wie *Frankenstein* von Mary W. Shelley ist auch die Erzählung Stevensons ein Vorläufer der Science Fiction. Stevensons Erzählung ist mit Abstand die meistverfilmte literarische Vorlage. Nur Filmfiguren wie Sherlock Holmes oder Dracula haben es auf der Grundlage verschiedener Bücher und Episoden zu höheren »Stückzahlen« gebracht. Walt Lee nennt bis 1974 53 verschiedene Jekyll-Verfilmungen. Es dürften inzwischen erheblich mehr sein, rechnet man auch die vielen Motivanleihen hinzu (z.B. Oskar Roehlers *Suck My Dick*).

Stevensons Erzählung ist wie ein Kriminalfall aufgebaut. In einer straffen und spannungsbetonten Handlungsführung geht die schrittweise Aufklärung des Rätsels mit einer zunehmenden Verringerung der Erzähldistanz einher. Zunächst berichtet der Erzähler von den gemischten Gefühlen, den unguten Vorahnungen, die den Notar Utterson und seinen sonntäglichen Begleiter Enfield bei ihren Begegnungen mit dem zwergenhaft-unheimlich wirkenden Mr. Hyde befallen. Diese Erzählweise tritt in den letzten beiden Kapiteln zurück. Der Brief eines Dr. Lanyon, eines langjährigen Vertrauten Dr. Jekylls, erreicht den Notar und enthüllt die ungeheuerliche Wahrheit. Dr. Lanyon ist mittlerweile gestorben. Letzte Gewissheit erhält Utterson durch die nachgelassenen Aufzeichnungen Dr. Jekylls, mit denen die Erzählung schließt. Dieser »Rückblick« dient den meisten Verfilmungen als Vorlage, so dass der Zuschauer die äußerliche Verwandlung miterleben kann, die gerade trick- und schminktechnisch von besonderem Reiz ist.

DR. JEKYLL UND MR. HYDE

Stummfilme

Thomas Russel Sullivan dramatisierte Stevensons Erzählung bereits 1887. Eine Bühnenfassung soll um die Jahrhundertwende »abgefilmt« worden sein. Kopien existieren nicht mehr, doch bilden Erzählung und Bühnenfassung die Grundlage für eine ganze Reihe von Stummfilmen. Die erste geht auf das Jahr 1908 zurück und wurde von William N. Selig für seine Selig Polyscope Co. produziert. Der Film dauerte immerhin 16 Minuten. Seine Besetzung ist unbekannt, doch beschrieb die MOVING PICTURE WORLD vom 7.3.1908 den Schauspieler, der die Doppelrolle spielte, als so überzeugend, dass man sich kaum eine bessere Interpretation durch einen anderen Schauspieler vorstellen könne. Ein Jahr später kam vom Produzenten Selig ein 8-Minuten-Streifen mit dem Titel *A Modern Dr. Jekyll* heraus, der als Komödie angepriesen wurde. Ob es sich dabei nur um eine »Bearbeitung« des ersten Films handelt, ist nicht mehr feststellbar. Im gleichen Jahr versuchten sich auch erstmals die Europäer an dem Stoff. In Großbritannien kam *The Duality of Man* heraus, von dem nur bekannt ist, dass er 9 Minuten lang war und zur Vorlage ein Theaterstück von H. B. Irving hatte. Die dänische Verfilmung bietet, was den Inhalt und die Credits betrifft, erheblich mehr.

DEN SKAEBNESV ANGRE OPFINDELSE

Dänemark 1909. Regie: Viggo Larsen. Drehbuch: August Blom. Kamera: Axel Graatkjaer. Darsteller: Alwin Neuss, Oda Alstrup, August Blom, Heiner Zangenberg, Viggo Larsen, Emilie Sannon. 17 Min.

Jekyll, ein junger reicher Wissenschaftler und Student der Geheimwissenschaften, will seinen Freunden auf einer Party sein neues Wundermittelchen vorführen, das ihn körperlich, geistig und moralisch ändern soll. Er fällt jedoch in tiefen Schlaf und träumt die Geschichte von Jekyll und Hyde. Als sich Jekyll in Hyde verwandelt, wacht der Schläfer vor Schreck auf und schließt seine Freundin Maud in die Arme.

1912 folgte eine erneute US-Verfilmung: Unter der Regie von Lucius Henderson spielte James Cruze den würdigen, weißhaarigen Dr. Jekyll und Harry Benham die Rolle des Mr. Hyde, ausstaffiert mit Krallenhänden und zerzausten dunklen Haaren. Der 15 Minuten lange Film zeichnete sich durch eine für die damalige Zeit eindrucksvolle Überblendtechnik von einem Charakter auf den anderen aus.

1913 produzierte Carl Laemmle die erste Star-Verfilmung. Unter der Regie von Herbert Brenon, der auch das Drehbuch verfasste, spielte neben Jane Gail, Matt Snyder, Horace Crampton und William Sorrel der Top-Star King Baggott den Part des Jekyll/Hyde. Die Kritiken überschlugen sich: »Es ist schon sehr selten, dass ein Mann einen Film absolut beherrscht. Baggott [...] übertrifft sich selbst. Eine kraftvolle Interpretation.« (MOVING PICTURE WORLD)

Bemerkenswert ist eine englische Produktion aus demselben Jahr, die in den amerikanischen Studios von Charles Urbans Kinemacolor Co. hergestellt wurde. Dieser erste farbig gefilmte Horror-Streifen konnte nicht (wie damals üblich) verkauft werden, weil es an Projektoren mit speziellen Rot-Grün-Filtern fehlte.

1913 und 1920 entstanden zwei deutsche Produktionen, die sich des Themas annahmen: *Der Andere* und *Der Januskopf*. Beide Filme werden an entsprechender Stelle in diesem Lexikon gewürdigt.

Das Jahr 1920 bringt gleich drei US-Versionen. Eine kurze Komödie mit Hank Mann in der Hauptrolle; eine Louis B. Mayer-Produktion mit den Darstellern Sheldon Lewis, Alexander

Shannon, Dora Mills Adams, Gladys Fields, Harold Forshay und Leslie Austin, die aus urheberrechtlichen Gründen stark verändert war und in New York spielte, aber so schnell und lieblos zusammengestückelt wurde, dass der Regisseur sich weigerte, seinen Namen für die Credits herzugeben; die dritte ist die berühmteste Stummfilmfassung überhaupt, produziert von Adolph Zukor, mit John Barrymore in der Titelrolle.

DR. JEKYLL UND MR. HYDE

(DR. JEKYLL AND MR. HYDE). USA 1920. **R:** *John S. Robertson.* **B:** *Clara S. Beranger.* **K:** *Karl Struss, Roy Overbough.* **D:** *John Barrymore (Jekyll/Hyde), Martha Mansfield (Millicent Carew), Nita Naldi (Gina), Brandon Hurst (Sir George Carew), Charles Lane (Dr. Richard Lanyon), Louis Wolheim (Varieté-Besitzer), J. Malcolm Dunn (John Utterson), Cecil Clovelly (Edward Enfield), George Stevens (Poole). SW 70 Min.*

Einer der wenigen großen Horror-Stummfilme, gleichzusetzen mit denen von Lon Chaney! Der Film von Regisseur Robertson wird der literarischen Vorlage trotz einiger gravierenden Abweichungen durchaus gerecht. Die Änderungen sind wirkungsvoll und treffend. So übernimmt das Filmskript die Figur des Lord Henry aus Oscar Wildes *Das Bildnis des Dorian Gray,* was wegen des Doppelgängermotivs beider Stoffe durchaus nahe liegt. Verführt in Oscar Wildes Roman der geistreich-zynische Lord Henry den unverdorbenen und faszinierend schönen Dorian Gray zum rücksichtslosen Ausleben seiner Jugend, so treibt der ähnlich veranlagte Sir George Carew den attraktiven jungen Wissenschaftler Dr. Jekyll zu immer neuen biochemischen Versuchen an. John Barrymore, einer der beliebtesten und besten Schauspieler seiner Zeit, spielt diesen Dr. Jekyll. Er überzeugt vollends in der Darstellung des physisch und psychisch abnormen Charakters Hyde. Er spielt ihn als einen degenerierten Mann mit hässlicher Fratze, verfaulten Zähnen, tief liegenden Augen und bizarr geformtem Schädel. Barrymores Hyde ist daher nicht mehr die kleine verkrüppelte Gestalt der literarischen Vorlage, sondern eine »menschliche Spinne, die ihre Opfer grinsend hinterlistig umgarnt« (Donald F. Glut, CLASSIC MOVIE MONSTERS). Die Verwandlung vom angesehenen Wissenschaftler in eine grausame Bestie gelingt Barrymore fast ohne jedes Makeup, nur mit den artistischen Verzerrungen seiner Gesichtszüge und durch Veränderung seiner Haarpracht, die die Tricktechnik fast überflüssig macht. Das absolut Neue an dem Film war jedoch das Herausarbeiten der erotischen Komponente. Zwei neue Charaktere wurden von nun an fester Bestandteil jeder weiteren Verfilmung: die junge Dame aus dem Hochadel, mit der Jekyll verlobt ist, auf der guten Seite, das Arbeitermädchen als Opfer Hydes auf der schlechten Seite des Lebens. Die Bewusstseinsspaltung wird endgültig ausgelöst durch die erotischen Reize des »Schlechten« und setzt das von der bürgerlichen Fassade verborgene Triebleben frei, so dass Jekyll/Hyde eher ein Fall von Schizophrenie als das Ergebnis naturwissenschaftlicher Experimente ist. – Die Kritiken zu dem Film mit Barrymore überschlugen sich. Immer wieder wird ein unbekannter Rezensent zitiert, der nach dem Besuch der Uraufführung der Filmkunst bescheinigte, nur sie weise den Weg in ein neues Zeitalter. Das mag übertrieben sein. Einen Rekord jedenfalls stellte der Film auf: Er hat möglicherweise die wortreichsten Dialoge der Stummfilmgeschichte, die alle fein säuberlich auf Zwischentafeln erscheinen.

DR. JEKYLL UND MR. HYDE

(DR. JEKYLL AND MR. HYDE). USA 1931. **R:** *Rouben Mamoulian.* **B:** *Samuel Hoffenstein, Percy Heath.* **V:** *»Der seltsame Fall des Dr. Jekyll und Mr.*

Oscar-Preisträger
Fredric March als Dr. Jekyll

Hyde« von Robert Louis Stevenson, **K:** *Karl Struss.* **Ma:** *Wally Westmore.* **M:** *Robert Schumann.* **D:** *Fredric March (Jekyll/Hyde), Miriam Hopkins (Ivy Pierson), Rose Hobart (Muriel Carey), Holmes Herbert (Dr. Lanyon), Edgar Norton (Poole), Halliwell Hobbes (General Carew), Arnold Lucy (Utterson), Tempe Piggot (Mrs. Hawkins), Colonel McDonnell (Hobson). SW 90 Min.*

Die bisherigen Verfilmungen hatten sich in erster Linie darauf beschränkt, die Geschichte von Dr. Jekyll und Mr. Hyde nachzuerzählen. Mamoulians Version blieb es vorbehalten, den Stoff der Erzählung nicht einfach nur ins Medium Film zu übertragen, sondern auch zu interpretieren und seine psychologischen und kulturellen Beziehungen deutlich zu machen. Was die erotischen Implikationen betraf, so hatte die Barrymore-Verfilmung (1920) darin »vorgearbeitet«, dass sie die Figur des Jekyll/Hyde mit den Reizen zweier Frauenfiguren konfrontierte. Diesen Gedanken baute Mamoulian aus, so dass »Jekyll zu einem etwas zivilisierten Kong wurde, der sich um die Erfüllung seiner sexuellen Wünsche geprellt sieht und sie erst als der deformierte Hyde befriedigen kann« (Franz Schöler, FILM). – Dr. Jekyll will seine Verlobte Muriel so schnell wie möglich heiraten. Sie zögert. Ihr Vater, General Carew, besteht auf Verschiebung der Hochzeit um einige Monate. Noch am selben Abend begegnet der frustrierte Jekyll in einer finsteren Gegend Londons der Prostituierten Ivy. Diese verführt ihn nach allen Regeln der Kunst und hätte ihn auch beinahe auf ihr Lager gezerrt, wäre nicht im letzten Moment Jekylls Freund Dr. Lanyon aufgetaucht, der ihm ins Gewissen redet und für saubere Verhältnisse sorgt. Jekyll muss erkennen, dass seine puritanische Welt den Umgang mit leichten Mädchen nicht zulässt. Von da an dienen seine wissenschaftlichen Versuche einzig und allein dem Zweck, ihm einen Weg zu eröffnen, auf dem er seine geheimen erotischen, besser gesagt sexuellen Wünsche ohne bürgerliche Konventionen ungehemmt austoben kann. Nachdem er sein Spaltungselixier in einem ersten Selbstversuch ausprobiert hat und das Experiment offensichtlich geglückt ist, kann er befreit aufjubeln: »Frei! Endlich frei! Lanyon! Carew! Ihr Heuchler, die ihr das Leben leugnet! Wenn ihr mich jetzt sehen könntet!« Als Hyde fällt er über Ivy her und tyrannisiert sie, was ihn nach der Rückverwandlung furchtbar konsterniert. Er will die Droge nicht mehr gebrauchen, bietet als Jekyll Ivy seine Unterstützung an, ein fruchtloses Angebot, weil sie in ihm nicht Mr. Hyde erkennt. Doch die Wirkung der Droge erneuert sich von selbst, und so verwandelt sich Jekyll wieder in den unberechenbaren Affenmenschen, der Ivy in einem Wutanfall erwürgt. Der Mord bleibt unaufgeklärt, doch ist Jekyll deswegen dem Wahnsinn nahe. Er will seine Verlobung lösen. Diese Neuigkeit verkraftet seine Braut nicht. Sie bricht zusammen. Er will ihr zu Hilfe kommen, doch im selben Augenblick verwandelt er sich endgültig in Mr. Hyde. In der allgemeinen Verwirrung wird er nicht erkannt. Der General stellt sich dem Monster entgegen. Hyde tötet ihn und flieht. Die Polizei ist ihm dicht auf den Fersen und schießt ihn nieder. Hyde liegt am Boden. Im Sterben verwandelt er sich langsam in Dr. Jekyll zurück. – Die Leistung des Hauptdarstellers Fredric Manch, die ausgefeilte Technik, die einige Neuerungen brachte, und der wiederholte Einsatz der subjektiven Kamera machen den Film zum unvergessenen Meisterwerk. Fredric March erhielt für seine Rolle den Oscar, musste ihn sich aber – was einmalig in der Geschichte der Oscar-Wahl ist – mit Wallace Beery (für *The*

Dr. Jekyll und Mr. Hyde

Champ) teilen. Die Technik der Verwandlungsszenen ist verblüffend: Um Überblendungen und Schnitte zu vermeiden, trug man zunächst die Schminke in mehreren verschiedenfarbigen Schichten auf. Mit Hilfe von Spezialfarbfiltern und Infraroteinstrahlung konnten diese Schichten einzeln sichtbar werden. Seine Suggestionskraft verdankt der Film besonders seiner außergewöhnlichen subjektiven Kameraführung. Zu Anfang etwa übernimmt die Kamera die Position der Hauptfigur, fährt in einer Kutsche, steigt vor dem Universitätsgebäude aus, begibt sich ins Gebäude. Begrüßung einiger Studenten, Abgabe der Garderobe. Die Tür zum Auditorium öffnet sich. Voll besetzt. Vorne einige Studenten: »Hoffentlich ist Jekyll heute in Form ...« Der Dozent beginnt seine Vorlesung, die Studenten schauen auf ihn, Großaufnahme Dr. Jekyll. Erst jetzt sieht der Zuschauer die Hauptfigur. Nur in wenigen Filmen wird der Zuschauer auf solch präzise wirkungsvolle Weise mit der Titelfigur bekannt gemacht. Ein weiteres Beispiel: Um das Schwindelgefühl der Hauptperson bei der ersten Verwandlungsszene zu verdeutlichen, vollführte die Kamera einen 360-Grad-Schwenk, den ersten der Filmgeschichte. Als weiteres Novum unterlegte man dieser Szene das Dröhnen eines Herzschlages, verstärkt durch gongähnliche Schwingungen, ein von da an beliebtes Mittel in meist billigen Horrorfilmen, um die Spannung zu erhöhen. Doch dem Ersteinsatz solch stilistischer Mittel gebührt der Ruhm, und so wurde diese Szene einer der größten Horror-Momente in der Geschichte des Films. Zehn Jahre später war der Ruhm, der immer noch von der Mamoulian-Verfilmung ausging, noch nicht verblasst. Grund genug für die MGM, die ihre Neuverfilmung *Arzt und Dämon* mit Spencer Tracy in der Hauptrolle schützen wollte, den Film von der Paramount zu kaufen und einzumotten. Erst Anfang der siebziger Jahre gelangte er wieder zur Aufführung, leider in der um acht Minuten gekürzten Version, die Ende der dreißiger Jahre wegen verschärfter Zensurbestimmungen angefertigt wurde.

DR. JEKYLL UND MR. HYDE

(DR. JEKYLL AND MR. HYDE). USA 1973. **R:** *David Winters.* **B:** *Sherman Yellen.* **V:** *»Die seltsame Geschichte des Dr. Jekyll und Mr. Hyde« von Robert Louis Stevenson.* **K:** *N.N.* **M:** *Lionel Bart, Irwin Kostal.* **D:** *Kirk Douglas (Dr. Jekyll/Mr. Hyde), Susan George (Annie), Susan Hampshire (Isabel), Stanley Holloway (Poole), Donald Pleasence (Smudge), Michael Redgrave (Danvers), Geoffrey Chater (Lanyon), Judy Bowker (Tupenny), Nicholas Smith (Hastings). F 76 Min.*

TV-Film. Die Musicalfassung der berühmten Geschichte des Londoner Arztes, der mittels einer selbst entwickelten Droge die dunkle Seite seiner Seele »befreit« und seine Triebe auslebt.

DR. JEKYLL UND MS. HYDE

(DR. JEKYLL AND MISS HYDE). USA 1995. **R:** *David F. Price.* **B:** *Tim John, Oliver Butcher, William Davies, William Osborne.* **St:** *David F. Price.* **V:** *«Die seltsame Geschichte des Dr. Jekyll und Mr. Hyde« von Robert Louis Stevenson.* **K:** *Tom Priestley.* **M:** *Mark McKenzie.* **D:** *Sean Young (Helen Hyde), Tim Daly (Dr. Richard Jacks), Lysette Anthony (Sarah Carver), Harvey Fierstein (Yves DuBois), Stephen Tobolowsky (Oliver Mintz), Polly Bergen (Mrs. Unterveldt), Stephen Shellen (Larry), Thea Vidale (Valerie), Sheena Larkin (Mrs. Mintz). F 89 Min.*

Komödienfassung der alten Mär vom Wissenschaftler, der eine Metamorphose durchläuft, nachdem er einen Selbstversuch mit einer Droge unternommen hat – diesmal wird er zu einer Frau, deren Lebenseinstellung der seinen heftig zuwiderläuft. [V]

DR. JEKYLL UND SISTER HYDE

(DR. JEKYLL AND SISTER HYDE). GB 1971. **R:** *Roy Ward Baker.* **B:** *Brian Clemens.* **V:** *»Der seltsame Fall des Dr. Jekyll und Mr. Hyde« von Robert Louis Stevenson.* **K:** *Norman Warwick.* **Ma:** *John Wilcox.* **M:** *David Whitaker.* **D:** *Ralph Bates (Dr. Henry Jekyll), Martine Beswick (Schwester Hyde), Gerald Sim (Professor Robertson), Lewis Fiander (Howard), Susan Brodrick (Susan), Dorothy Alison (Mrs. Spencer), Ivor Dean (Burke), Paul Whitsun-Jones (Sergeant Danvers), Philip Madoc (Byker), Tony Calvin (Hare), Dan Meaden (Stadtschreiber), Virginia Wetherell (Betsy), Julia Wright (Straßensängerin), Geoffrey Kenion (Polizist), Irene Bradshaw (Yvonne), Anna Brett (Julie), Jackie Poole (Margie), Rosemary Lord (Marie), Petula Portell (Petra), Pat Brackenbury (Helen), Liz Romanoff (Emma), Will Stampe (Minenwirt), Roy Evans (Messerschleifer), Derek Steen, John Lyons (Matrosen), Jeannette Wild (Jill), Bobby Parr (Lehrling). F 94 Min.*

Dr. Henry Jekyll will ein Verjüngungsmittel herstellen. Frischzellen und Hormone entnimmt er

Dr. Jekyll und Sister Hyde

den Organen verstorbener Patientinnen. Bei der Erprobung seines »Jungbrunnens« verwandelt sich sein eigener Körper zu seiner Überraschung in den einer hinreißend schönen Frau. Seinen Freunden gegenüber gibt er diese als seine Schwester Hyde aus. Da er für seine weiteren Experimente frische Organe braucht, ermordet er im nächtlichen London reihenweise Prostituierte (siehe obige Besetzungsliste). Scotland Yard kann er sich wiederholt durch Verwandlung entziehen. Doch langsam gewinnt der weibliche Teil größeren Einfluss auf seinen Geist. Scotland Yard gelingt es endlich, den Fall zu klären. Die Verfolgungsjagd über den Dächern von London endet mit dem Todessturz Dr. Jekylls. Zurück bleibt seine Leiche, eine grässliche Mischung zwischen Mann und Frau. – »Verworrenes Gruselgemengsel ... Die Jekyllsche Verwandlung ins Feminine erfolgt unter Schielblick auf das derzeitige Sex-Kino ausschließlich zum Zweck ›pikanter‹ Zurschaustellung.« (FILMDIENST) – »*Dr. Jekyll und Sister Hyde* ... besitzt das Flair und den Scharfsinn, der der Kühnheit der Grundidee voll gerecht wird. Der Film ist ... einer der amüsantesten Horrorfilme seiner Zeit.« (Ivan Butler, HORROR IN THE CINEMA)

DR. JEKYLLS UNHEIMLICHER HORRORTRIP

(DR. JEKYLL E GENTILE SIGNORA). Italien 1980. **R:** *Steno.* **B:** *Leonardo Benvenuti, Piero De Bernardi, Giovanni Manganelli, Steno.* **K:** *Ennio Guarnieri.* **M:** *Armando Travaioli.* **D:** *Paolo Villaggio (Dr. Jekyll/Mr. Hyde), Edwige Fenech (Barbara Wimpley), Gordon Mitchell (Pretorius), Gianrico Tedeschi (Reeves), Paolo Paoloni, Guerrino Crivello, Eolo Capritti, Francesco Anniballi, Walter Wright Williams, Clemente Ukmar, Geoffrey Copleston, Paola Arduini. F 98 Min.*

London, Gegenwart. Des Chemie-Multis PANTAC Düngemittel FP1 erweist sich als untauglich. Um die drohende Pleite abzuwenden, soll Konzern-Wissenschaftler Dr. Jekyll das Zeug als Kaugummi unter die Leute bringen, um das Böse in der Welt zu verbreiten. Wie Assistentin Barbara richtig erkennt, würde die Verbreitung des Kaugummis zu totalem Zahnausfall bei Millionen Menschen führen. Das Geschäft des Jahrhunderts. Auch die Queen, die bekanntlich gern zur Kaumasse greift, sei erpressbar. Als Nächstes plant Dr. Jekyll, den Buckingham-Palast zu überfallen, um die Leibgarde der Königin mit eigenen Leuten zu ersetzen. Doch dafür hat Jekylls im Keller versteckter Großvater Hyde, der sinnigerweise das Gute verkörpert, wenig Verständnis. Er verwandelt seinen Enkel in einen gutherzigen Buben, der die Aktion abbläst. Doch sieht Jekyll im Verwandlungsserum erneut das große Geschäft. Mit Spraydosen und mittels Versprühen aus Flugzeugen verbreitet er das Gute in der ganzen Welt zugunsten der Kasse des Konzerns PANTAC. Als überall Frieden auf der Welt herrscht, demonstrieren die Werktätigen der Welt für weniger Urlaub und Freizeit und mehr Arbeit. Eine Parodie, die jede Menge Horror-Klischees aufs Korn nimmt. Es darf gelacht werden (allerdings auch über die deutsche Verleih-Werbung, die Regisseur Steno als den größten Lustspielregisseur der Welt feiert, was sich nur auf die Körpergröße beziehen kann).

DOLLS

(DOLLS). USA 1986. **R:** *Stuart Gordon.* **B:** *Ed Naha.* **K:** *Mac Ahlberg.* **SpE:** *Celeste Battistelli.* **Ma:** *Giancarlo Del Brocco.* **M:** *Fuzzbee Morse, Victor Spiegel, Richard Band.* **D:** *Carrie Lorraine (Judy Bower), Stephen Lee (Ralph Morris), Guy Rolfe (Gabriel Hartwicke), Hilary Mason (Hilary Hartwicke), Ian Patrick Williams (David Bower), Carolyn Purdy-Gordon (Rosemary Bower), Cassie Stuart (Enid), Bunty Bailey (Isabel). F 74 Min.*

Der alte Puppenmacher Mr. Hartwicke und seine hexenhafte Frau locken einige rotzige Teenager und ein abscheuliches Ehepaar auf ihren

Landsitz bei London und lassen sie von lebenden Spielzeugpuppen kaltmachen, um die Opfer anschließend selbst in solche zu verwandeln. [V]

DOLLY DEAREST

(DOLLY DEAREST). USA 1991. **R:** *Maria Lease.* **B:** *Maria Lease.* **K:** *Eric Andersen.* **SpE:** *Michael Burnett.* **M:** *Mark Snow.* **D:** *Denise Crosby (Marilyn Read), Sam Bottoms (Elliott Read), Chris Demetrail (Jimmy Read), Candy Hutson (Jessica Read), Lupe Ontirveros (Camilla), Rip Torn (Karl Resnick). F 94 Min.*

Ein Maya-Geist fährt in Puppen ein und terrorisiert die Familie des Direktors einer Spielzeugfabrik, bis man ihn mit Dynamit ins Jenseits zurückbefördert. – Langweiliger und betulicher Horrorfilm, der sich mehr als nur ein bisserl bei *Chucky* bedient. Denise Crosby, der man nicht nachsagen kann, sie sei eine begnadete Akteuse, glotzt von der ersten Einstellung an so finster um sich, als könne sie ihrem Agenten noch immer nicht verzeihen. [V]

DRACULA

Vorbemerkungen zum Mythos vom klassischen Vampir

Vampirähnliche Gestalten spielen bereits in der griechischen und römischen Mythologie eine Rolle. Da sind zunächst die Lamien zu nennen, menschenverschlingende Gespensterwesen, dann die Harpyen, Sturmdämonen in der Gestalt von hässlichen vogelartigen Menschwesen, und endlich die Strigen, kreischende, gierige, hässliche Vögel, die kleine Kinder aus der Wiege rauben, um ihnen das Blut auszusaugen. Auch die leichenfressenden Ghoule aus orientalischen Überlieferungen erscheinen als die Vorfahren der Vampire des neuzeitlichen europäischen Aberglaubens. In der europäischen Literatur erscheinen die ersten Vampire um die Wende zum 19. Jahrhundert. Bereits Goethe greift in seinem 1797 verfassten Gedicht *Die Braut von Corinth* den Vampirmythos auf und beweist damit indirekt, dass zu jener Zeit dieses »Horror«-Motiv schon literaturfähig geworden war. Nur war der Vampir noch nicht mit den charakteristischen Zügen späterer Zeiten ausgestattet. Man beschränkte sich auf verschleierte Andeutungen, konzentrierte sich eher auf die »Opfer«.

Ein Epoche machendes Ereignis ist in der Begegnung Percy Shelleys, Mary W. Shelleys, Lord Byrons und dessen Leibarztes William Polidori im Sommer 1816 in der Villa Diodati am Genfer See zu sehen. Ob dieses Treffen, wie es etwa im Prolog des James Whale-Films *Frankensteins Braut* so anschaulich mythologisiert wurde, tatsächlich dem einer fröhlichen Sommergesellschaft nahe kam, bei der die Gäste wegen des Regenwetters eine Art Wettbewerb im Erzählen von Gespenstergeschichten abhielten, mag dahingestellt bleiben. Tatsache ist, dass intensive Gespräche Mary W. Shelley zu ihrem *Frankenstein* anregten und Lord Byrons unvollendete Vampirerzählung aus dieser Zeit seinen Begleiter Polidori zu der Novelle *The Vampire* animierte, die 1819 erschien und vom Herausgeber irrtümlich Lord Byron zugeschrieben wurde (Goethe lobte die Novelle übrigens als das Beste, was Lord Byron je geschrieben habe!). Die Erzählung errang in ganz Europa einen triumphalen Erfolg und wurde zum Vorbild für eine Welle von Vampirnovellen und -dramen. Polidori führte die bis dahin in anderen volkstümlichen Romanen benutzte literarische Figur des *fatal man,* des Mannes, auf dem ein verhängnisvolles Schicksal lastet, in den Vampirstoff ein und verzichtete zum ersten Mal auf das Image vom rasenden Unhold. Sein Lord Ruthwens (hagere Erscheinung, stechende Augen, ein verführerischer Antiheld) ist ein dekadenter Aristokrat, der das Blut junger Mädchen stiehlt. Über fünfzig Jahre später veröffentlichte J. Sheridan Le Fanu eines der wenigen Meisterwerke dieser Gattung, *Carmilla,* das zum Vorbild für den lesbischen Zweig des Genres wurde. Den berühmtesten Vampir-Roman schrieb ein Landsmann Le Fanus, der Ire Bram Stoker. In *Dracula,* erschienen 1897 in London, fasste Stoker mehrere literarische Vorlagen, Motive und abergläubische Überlieferungen zusammen. In ganz Europa, vornehmlich aber in Serbien, erzählte man sich von »Untoten«, die nachts aus ihren Gräbern kämen, ihren Opfern mittels Bisses in den Hals das Blut aussaugten und sie dazu verdammten, es ihnen nach dem Tode gleichzutun. Diese Folklore verknüpfte Stoker mit den sagenhaften, ebenfalls auf dem Balkan verbreiteten Geschichten um den historisch verbürgten Vojwoden Vlad, genannt »Der Pfähler«, im ungarischen »Dracole« geheißen. Die schauerlichen Legenden, die sich um diesen in der zweiten Hälfte des 15. Jahrhunderts in der Walachei lebenden Tyrannen ranken, sind auf ihren historischen Wahrheitsgehalt überprüft worden. Vlad war nicht blutrünstiger als seine Zeitgenossen in ähnlichen Positionen, vampirische Umtriebe gar ließen sich nicht nachweisen. Dass eine andere historische Vampirgestalt, die »blutige Gräfin« Elisabeth Bathory, Bram Stoker beeinflusst hat, ist anzunehmen, zu sehr drängen sich Parallelen auf. Elisabeth Bathory lebte Ende des 16. Jahrhunderts. Ihr Mann überließ sie fast ausschließlich der von ihr bevorzugten Zurückgezogenheit in seinen zahlreichen Schlössern. Hier errichtete sie Folterkammern mit allen traditionellen Scheußlichkeiten. Ihr Dienstpersonal war angewiesen, alle geeigneten jungen weiblichen Opfer der Gegend aufzuspüren und sie ihrem Schicksal in der Folterkammer zu überlassen. Drohte eine »Quelle« zu versiegen, nahm sie einen Ortswechsel vor. Auf diese Weise starben innerhalb von 15 Jahren rund 600 Mädchen einen grausamen Tod. Die Bathory wurde, als ihre Schandtaten publik wurden, bei lebendigem Leib eingemauert. »Die Gräfin erinnert an das Urbild Draculas auf vielfache Weise. Tatsächlich scheint sie für die buchstäbliche Ausrottung der Bauernfamilien in der Nähe ihres Schlosses verantwortlich gewesen zu sein, obwohl sie sich nur mit jungen Mädchen abgab ... Wie ein echter Vampir sah sich die Bathory durch ihren Blutdurst häufig zum Aufsuchen neuer Jagdgründe getrieben. Außerdem scheint sie daran geglaubt zu haben, dass das Blut ihrer Opfer ihre Haut zart und ihren Körper gesund erhalten würde.« (David Pirie, VAMPIR FILMKULT)

Bram Stokers *Dracula* wurde so populär, dass man den Namen des Titelhelden in Zukunft mit dem Wort »Vampir« gleichsetzte. So sind auch die vielen Filmtitel zu verstehen, die mit Stokers Figur nur noch wenig gemein haben. Stoker wendet eine spezifische Erzähltechnik an, die dem Buch einen tatsachenberichtsähnlichen Charakter verleiht: Der Leser erfährt das ganze Geschehen aus zahlreichen Tagebucheintragungen und Briefen, die von den Beteiligten regelmäßig und jeweils kurz nach den neuesten Ereignissen geschrieben worden sind, die sich daher durch spannungsreiche Tatnähe auszeichnen. Graf Dracula darf seit vierhundert Jahren als »Untoter« seinen Sarg nur zwischen Sonnenuntergang und Sonnenaufgang verlassen. »Untote« sind daran zu erkennen, dass sie kein Spiegelbild und keinen Schatten haben. Dracula möchte ein Grundstück in England erwerben. Zu diesem Zweck lädt er den jungen Londoner Rechtsanwalt Jonathan Harker nach Transsylvanien ein, um mit ihm über geeignete Maßnahmen zu sprechen. Harker sieht sich in dem düsteren Karpatenschloss bald als Gefangener Draculas. Mit wachsendem Entsetzen beobachtet er die unheimlichen Vorfälle, die sich hier abspielen. Dracula verlässt nachts das Schloss, manchmal einer Eidechse, manchmal einer Fledermaus ähnlich. Der Anblick von Blut versetzt ihn in Raserei; er scheint mit den Naturgewalten im Bunde und Herr über ein Wolfsrudel zu sein. Harker ist dem Wahnsinn nahe, scheint jedoch vor dem männlichen Vampir relativ sicher zu sein, bis er von drei weiblichen Vampiren aufgespürt wird. Harker flieht, kann das Geheimnis der »Untoten« enträtseln, ohne seinen weiblichen Verfolgern zum Opfer zu fallen. Bevor Harker jedoch nach England zurückkehren kann, ist Graf Dracula längst in seinem Sarg auf dem Schiffsweg dort eingetroffen. Dracula sucht im Bekanntenkreis Harkers neue Opfer. Harkers Freund Dr. Seward fallen drei Opfer auf, deren Symptome durch die Wissenschaft nicht erklärbar sind. Da er von der Existenz Draculas in London noch nichts weiß, Lucy Westenraas, eine Freundin von Harkers Braut, an der eigenartigen Krankheit zu sterben droht, handelt Dr. Seward schnell und zieht seinen alten Lehrer, den niederländischen Professor Van Helsing, zu Rate. Dieser Super-Wissenschaftler, versiert in allen medizinischen und okkulten Bereichen, fordert den Super-Dämonen heraus. Trotz diverser Abwehrmaßnahmen wie Kreuzen und Knoblauchgirlanden gelingt es Dracula, sich Lucy Westenraas' endgültig zu bemächtigen. Doch Van Helsing, unterstützt vom inzwischen heimgekehrten Harker, Dr. Seward und zwei weiteren Gentlemen, setzt zum Gegenangriff an und treibt Dracula in die Enge. Zunächst gilt es, Lucy, die Blut saugend bereits den Londoner Norden unsicher macht, zu erlösen. Sie treiben ihrer Leiche einen Pfahl ins Herz, schneiden ihr den Kopf ab und füllen den Mund mit Knoblauch. Lucys Seele ist vor der ewigen Verdammnis gerettet. Als nächste Maßnahme legen die Vampirjäger Hostien in die Särge, die Dracula gewöhnlich benutzt, weil sie mit transsylvanischer Erde gefüllt sind. Inzwischen hat Dracula Mina, Harkers junge Ehefrau, angefallen, muss aber sein Vorhaben abbrechen und sich mit dem letzten ihm zur Verfügung stehenden Sarg mit transsylvanischer Erde in Richtung Heimat einschiffen. Mina ist soeben davongekommen. In der Nähe des Karpatenschlosses wird Dracula von den Verfolgern gestellt. Es entbrennt ein harter Kampf mit den sargbegleitenden Zigeunern, doch am Ende siegt die zivilisierte Menschheit. Die Verfolger treiben Dracula den erlösenden Pfahl ins Herz.

DRACULA

Die Stummfilme

Eine Vielzahl von Kurzfilmen, die im Titel das Wort »Vampir« führen, haben weder etwas mit Blutsaugern zu tun, noch weisen sie überhaupt irgendwelche übersinnlichen Inhalte auf: z.B. *Vampires of the Coast* (1909); *The Vampire* (1911); *The Vampire's Clutch* (1914); *Vampires of the Night* (1914); *Tracked by a Vampire* (1916); *A Village Vampire* (1916). Meist wurde die Bezeichnung »Vampir« als Variante für Vamp gebraucht. Möglicherweise ist der erste Kurzfilm, dem das Thema variiert, der britische *The Vampire* (1913). Darin tötet in Indien eine Vampirfrau zwei Männer, die sich aber nicht in Fledermäuse, sondern in Schlangen verwandeln.

Die ersten Filme, die die Bezeichnung »Vampirfilm« verdienten, drehten die Ungarn und F. W. Murnau mit der unautorisierten Adaption von Stokers »Dracula« unter dem Titel *Nosferatu – Eine Symphonie des Grauens* (die an entsprechender Stelle besprochen wird). Dieser Film erschien, bevor eine Theaterversion von Hamilton Deane für Furore sorgte und Stokers Roman zu neuer Popularität verhalf. Das Theaterstück, das im Gegensatz zu *Nosferatu* mit Einwilligung von Stokers Witwe Florence geschrieben wurde, bildete die Grundlage für Tod Brownings ersten Tonfilm-Dracula aus dem Jahre 1930. Bis dahin wurde das Thema nur am Rande behandelt, was auf die hehren moralischen Grundsätze der amerikanischen Stummfilmindustrie zurückzuführen ist. »Menschliche Unholde waren durchaus akzeptabel, ebenso Monstren. Wo sich jedoch die beiden Kategorien vereinten, wie in so vielen Filmen Lon Chaneys, herrscht immer ein gewisses Maß an Tragik und Pathos. Theoretisch mag der Vampir eine tragische Gestalt sein, jedoch ist er erbarmungslos und verabscheut das Mitleid der anderen. Nur selten wird vom Publikum verlangt, seinen Leiden Anteilnahme entgegenzubringen. Von Quasimodo und dem Phantom der Oper ist es ein sehr weiter Weg zum Grafen Dracula.« (David Pirie, VAMPIR FILMKULT). Lon Chaney, die Verkörperung des Horrors der Stummfilmzeit, spielte dann auch 1927 – im wohl berühmtesten aller verschollenen Filme *Um Mitternacht (London After Midnight)* – nur einen »verkleideten« Vampir, der eine Verbrecherbande ausheben will.

DRACULA

(DRACULA). USA 1930. **R:** *Tod Browning.* **B:** *Garrett Fort.* **V:** *»Dracula« von Bram Stoker.* **K:** *Karl Freund.* **M:** *Peter Tschaikowskij, Richard Wagner* **D:** *Bela Lugosi (Graf Dracula). David Manners (Jonathan Harker), Helen Chandler (Mina Seward), Dwight Frye (Renfield), Edward Van Sloan (Professor Van Helsing), Herbert Bunston (Dr. Seward), Frances Dade (Lucy Weston), Charles Gerard (Martin), Moon Carroll (Briggs), Josephine Velez (Kindermädchen), Michael Visaroff (Wirt), Donald Murphy (Mann in der Kutsche), Daisy Belmore (Frau in der Kutsche), Carla Laemmle. SW 75 Min.*

Bela Lugosi als Dracula auf der Bühne

Dieser erste Vampir-Film in der Geschichte des Tonfilms wird nur in seinem ersten Teil der literarischen Vorlage Bram Stokers gerecht. Der Rest basiert auf einem Theaterstück von Hamilton Deane, der von der Witwe Stokers als Freund des Hauses die ausdrückliche Genehmigung zur Dramatisierung des Stoffes bekommen hatte. Dieses mit riesigem Erfolg in London aufgeführte Stück wurde für den amerikanischen Markt von John L. Balderstone bearbeitet und 1927 in New York mit Bela Lugosi in der Hauptrolle herausgebracht. Dieser muss in der Titelrolle, wie Zeitgenossen berichten, eine ungeheure sexuelle Anziehungskraft ausgestrahlt haben, was möglicherweise den anhaltenden Erfolg trotz miserabler Kritiken erklärt. Trotzdem stand er zunächst nicht auf der Liste der Schauspieler, die die Produktionsfirma Universal und ihr Chef Carl Laemmle in Erwägung zogen, obwohl sich Lugosi bereits persönlich für den Film stark gemacht hatte: »Die Bram Stoker-Erben forderten 200 000 Dollar für die Filmrechte, aber so viel wollte Universal nicht zahlen. Man fragte mich, ob ich nicht Mrs. Stoker, der Witwe, schreiben könnte, damit sie es etwas billiger macht. Ich schreibe und schreibe, bis ich Krämpfe kriege, und nach ungefähr zwei Monaten sagt Mrs. Stoker: Okay, wir können es für 40 000 Dollar haben. Wie aber erwidert Universal die Gefälligkeit? In ihrer Dankbarkeit beginnt sie kurzerhand zwei Dutzend Burschen für *Dracula* zu testen, nur mich nicht! Und wer wurde getestet? Die Vettern und Schwäger der Laemmles, all ihre Lieblinge und die Lieblinge ihrer Lieblinge! Bis dann nach einer Weile der alte Laemmle sagt: ›In der Familie haben wir niemand, der es spielen kann, warum versuchen wir es nicht mit einem Schauspieler?‹« (Bela Lugosi, zit. n. LEXIKON DES PHANTASTISCHEN FILMS). Lugosi bekam seine Traumrolle und drückte ihr seinen persönlichen Stempel auf. Als gebürtiger Ungar konnte er die Figur des transsylvanischen Grafen mit pathetisch fremd klingendem Akzent sprechen. Der Film lebt in erster Linie von der von da an typischen Gestik Lugosis, die er allerdings schon für die Bühnenversion entwickelt hatte.

Der Film beginnt mit einer »beziehungslosen Geschmacklosigkeit« (Franz Schöler, FILM), einigen Takten aus Tschaikowskijs »Schwanensee«. Renfield kommt in ein abgelegenes transsylvanisches Dorf, in dem die Bewohner mit Entsetzen auf die Bemerkung reagieren, er erwarte eine Kutsche, die ihn über den Borgo-Pass zu Graf Dracula bringen solle. Die Kutsche erscheint; in wilder, überstürzter Fahrt geht es über gefährliche Bergstraßen auf und davon. Renfield will dem Kutscher etwas zurufen. Er sieht jedoch über der Kutsche nur die schwebende Gestalt einer Fledermaus. Plötzlich tauchen die Türme von Schloss Dracula auf einer hohen Bergspitze auf. Renfield findet Einlass und schreitet durch knarrende Türen. Am oberen Ende einer Treppe steht plötzlich eine drohende Gestalt in schwarzem Cape, in der Hand einen Kandelaber: Graf Dracula. Der Graf bittet seinen Gast mit Furcht einflößender Stimme heraufzukommen. Renfield versucht sofort, das Geschäftliche hinter sich zu bringen. Die Gegend scheint ihm nicht ganz geheuer. Als er sich zufällig in den Finger schneidet, will ihn der Graf anfallen, wird jedoch vom Kruzifix, das Renfield auf der Brust trägt, im letzten Augenblick zurückgehalten. Renfield trinkt den ihm angebotenen Wein. Das darin enthaltene Betäubungsmittel wirkt schnell: Renfield sinkt zu Boden. Drei Bräute Draculas stürzen ins Zimmer. In aller Eile tritt Dracula die Reise nach England an. Renfield verfällt dem Wahnsinn. Dieser erste Teil des Films, mit relativ wenig Dialogen, dafür ausdrucksstarken Bildern, ist in erster Linie das Werk des Kameramannes Karl Freund, der sich schon im expressionistischen deutschen Film der zwanziger Jahre bewährt hatte. »Die Kamera, fast selbst wie ein Gespenst, schwebt gemächlich und ohne Hast durch die Gruft von Schloss Dracula. Die stimmungsvollen Bauten, die Beweglichkeit der Kamera, die Kunstfertigkeit der Spiegeltrick-Aufnahmen ..., und die Gestaltung einzelner Einstellungen (wie etwa, als Draculas drei weiß gekleidete Frauen hereinschweben, um ein Opfer zu verlangen) sind alle charakteristischer für Freunds Arbeit als für [Regisseur] Brownings.« (William K. Everson, KLASSIKER DES HORRORFILMS). Diese Freund'sche Qualität verschwand völlig, als die Handlung mit Dracula Transsylvanien verlässt und als eine Art Kammerspiel in London fortgesetzt wird. Mit diesem Ortswechsel verlagern sich auch im Verhältnis zu Stokers Roman die Gewichtungen der handelnden Personen, was im Übrigen von einiger Bedeutung für spätere Dracula-Verfilmungen ist. Jonathan Harker ist nicht mehr wie im Roman der eigentliche Gegenspieler Draculas. Das deutet bereits der erste Teil des Films an, in der ein Anderer, nämlich Renfield, das transsylvanische Abenteuer zu bestehen hat. Die Beziehungen Harkers zu seiner Freundin Mina Seward sind die eines banalen Liebespaares. Der Einzige, der Dracula gefährlich werden kann, ist jetzt Professor Van Helsing, gespielt vom großartigen Edward Van Sloan. Seine »Begegnungen« mit Dracula führen den Film noch einmal zu sehenswerten Höhepunkten. Im Übrigen hielt sich Drehbuchautor Garret Fort eher an das Theaterstück und verschenkte eine Unzahl visueller Möglichkeiten. So ist es fast ärgerlich, wenn über Höhepunkte, die das Buch zu bieten hat, im Film nur mittels Dialog gesprochen wird. Ford hatte offenbar den Auftrag, auf Zensurbestimmungen Rücksicht zu nehmen und zweifelhafte Ereignisse außerhalb des Blickfelds der Kamera zu legen. So erlebt der Zuschauer die Sterbeszene des Grafen nur aus zweiter Hand. Der Film endet in der Originalfassung (anders als in der deutschen) mit einem typischen Theatereffekt. Professor Van Helsing, der Sieger, tritt vor eine auf der Leinwand erscheinende Kinoleinwand und wendet sich an sein Publikum: »Ich versichere Ihnen, dass alles, was Sie hier gesehen haben, wahr ist.«

DRACULA

(HORROR OF DRACULA). GB 1958. **R:** *Terence Fisher.* **B:** *Jimmy Sangster.* **V:** *»Dracula« von Bram Stoker.* **K:** *Jack Asher.* **M:** *James Bernard.* **D:** *Peter Cushing (Van Helsing), Michael Gough (Arthur Holmwood), Melissa Stribling (Mina Holmwood), Christopher Lee (Graf Dracula), Carol Marsh (Lucy Holmwood), John van Eyssen (Jonathan Harker), Miles Malleson (Marx, Leichenbestatter), Valerie Gaunt (Vampirin). F 81 Min.*

Die Bedeutung (nicht die Qualität) dieser Hammer-Produktion für den Vampirfilm ist in etwa mit der von Kubricks *2001* für den Science Fiction-Film zu vergleichen: dem Aufbruch zu neuen Ufern! »Bis zu diesem Punkt der Filmgeschichte besaß das Publikum nur eine äußerst vage Vorstellung von den Nicht-Toten, jedoch ließ die Bestimmtheit, mit der die Hammer ihre Identifizierung vornahm, ein klar abgegrenztes Genre mit eigenen Regeln und Variationen entstehen ... [Drehbuchautor] Sangsters konsequente Strukturierung des Vampirmaterials im *Dracula* der Hammer legte mehr oder weniger die Regeln des Genres fest, die von den Filmmachern der nächsten beiden Jahrzehnte befolgt werden sollten ... Ende der sechziger Jahre konnten die Filmmacher dann mit der Fähigkeit des Publikums, den Kode zu entschlüsseln, ihr Spiel treiben, indem sie die Handlungsstruktur änderten oder die Zuschauer in ihren Erwartungen täuschten. Vor der Zeit der Hammer-Filme wäre dies sinnlos gewesen.« (David Pirie, VAMPIR FILMKULT). Die Figur des Grafen Dracula war seit Tod Brownings Verfilmung aus dem Jahr 1930 in der Vorstellung des Publikums fest verknüpft mit der Person des Hauptdarstellers Bela Lugosi. Browning zeigt einen Dracula, wie ihn sich überhebliche Amerikaner vorzustellen haben. Lugosi beutet mit theatralischem Pathos das literarische Vorbild aus. Sein Dracula ist immer der Schurke. In typischer Schwarz-Weiß-Malerei braucht er nur den Mund zu öffnen, sofort verrät er seine finstere Brutalität und gibt eine »bösartige Karikatur des romantischen Liebhabers europäischer Herkunft« ab, hinter dessen »Noblesse sich ein Abgrund sexueller Lust und Perversion [verbirgt]«. (Hans Scheugl, SEXUALITÄT UND NEUROSE IM FILM). Als Karikatur im amerikanischen Sinne wollte Bram Stoker seinen Dracula gewiss nicht verstanden wissen, ganz im Gegenteil: Gerade weil Graf Dracula im Roman ein wirklich charmanter, faszinierender, dazu intelligenter Gastgeber ist, stellt er für die Menschen, deren Vernichtung er betreibt, eine echte existenzielle Gefahr dar. Christopher Lee kreierte einen neuen Typus des aristokratischen Vampirs, der in der Folge Bela Lugosi aus der Vorstellung des Publikums ver-

Dracula

drängen sollte. Lees Dracula, ein athletischer, charismatischer Verführer, kam der ungewöhnlichen Konzeption der literarischen Vorlage sehr nahe. Christopher Lee meinte jedoch, nicht nahe genug, wie er in einem Gespräch mit Rolf Giesen betonte: »Das Einzige, was ich stets bedauert habe, war, dass ich den Grafen nie so darstellen konnte, wie ihn Bram Stoker beschrieben hat. Das lag an den dürftigen Drehbüchern und dem fehlenden Einfallsreichtum von Leuten, die nie das ganze Potential der Geschichte begriffen haben.« (LEXIKON DES PHANTASTISCHEN FILMS).

Dieser Vorwurf ist durchaus bei späteren Dracula-Variationen angebracht, doch gerade der erste Hammer-Dracula sprüht vom Tatendrang des Hauptdarstellers, des Regisseurs und des Drehbuchautors, endlich die starre Auslegung der amerikanischen Vorbilder zu überwinden und sämtliche Höhepunkte des Romans in eine neue Filmsprache zu übersetzen, die nicht nur aufgrund des Farbmaterials farbiger und beweglicher ist. Jonathan Harker, seines Zeichens Vampir-Forscher und -Jäger, fährt nach Schloss Dracula, um dort die ausgeschriebene Stelle eines Bibliothekars anzutreten. Schloss und Bewohner zeigen sich zunächst von der freundlichen Seite: Ein üppig gedeckter Tisch ist zu Ehren des Neuankömmlings hergerichtet. Der Graf lässt sich höflichst entschuldigen, und als er am Abend eintrifft, zeigt er sich als Aristokrat von lebhaftem Charme. Später wird Harker von einer Frau getäuscht und empfängt in seiner Sorglosigkeit von ihr den ersten Vampirbiss. Nur weil Dracula mit Vehemenz dazwischenfährt, scheint Schlimmeres vorerst verhütet. Trotzdem verliert Harker das Bewusstsein. Als er zu sich kommt, ist er allein. Er durchsucht das Schloss und findet in einer Art Mausoleum zwei Särge, in denen die Frau, die ihn angefallen hat, und Dracula der wohlverdienten Ruhe frönen. Harker will die Frau retten: Er jagt ihr einen hölzernen Pflock ins Herz. Da fällt die Tür des Mausoleums zu. Dracula rächt sich auf grausame Weise. Draculas Gegenspieler wird von da an der Arzt Van Helsing. Im Mystischen bewandert, nimmt er den Kampf mit wissenschaftlichen Mitteln auf. Er hat den Vampirismus intensiv studiert und vertraut seinem primitiven Aufnahmegerät (man schreibt immerhin das Jahr 1885!) seine Forschungsergebnisse an: »Es steht fest, dass die Opfer des Vampirismus ihr Leiden verabscheuen. Jedoch sind sie nicht imstande, von ihrem Treiben zu lassen, ähnlich wie bei der Rauschgiftsucht.« Im Mittelpunkt der Beziehung zwischen Vampir und Opfer steht damit die körperliche Erregung (ein Aspekt, der in vielen Variationen in Zukunft immer neue Blüten trieb, bis die Pornowelle für klare Verhältnisse sorgte). So erkennt Van Helsing sofort, dass mit Harkers Braut Lucy, der er die Unglücksbotschaft bringen muss, etwas nicht stimmt. Dracula scheint sich auch an ihr rächen zu wollen. Dafür sprechen die beiden winzigen Male an ihrem Hals. Trotz eingeleiteter Gegenmaßnahmen ist sie nicht zu retten. Sie wird zum Vampir. Van Helsing greift zum Pflock. Dracula sucht sich ein neues Opfer und bleibt in der Familie: Mina, Lucys Schwägerin, kann mittels Bluttransfusion vor dem Schlimmsten bewahrt werden. In der Überzeugung, dass Dracula zurückkehren wird, legen sich Minas Ehemann Holmwood und Van Helsing vor dem Haus auf die Lauer. Doch Dracula ist längst im Haus. Mit sei-

Dracula

nem Opfer gelingt ihm die Flucht. Erst im Schloss stehen sich Dracula und Van Helsing gegenüber. Der Arzt reißt den schweren Vorhang beiseite. Das Sonnenlicht flutet in den dunklen Raum, mit einem Kreuz aus Eisen treibt er den Vampir in die Lichtstrahlen. Dracula zerfällt zu Staub.

Drehbuchautor Jimmy Sangster übernahm Draculas Todeskampf mit den Lichtstrahlen aus dem Murnau-Film *Nosferatu*. Im Roman konnte das Sonnenlicht den Vampir nur schwächen, nicht töten. Sangster erweiterte daher das bisherige Arsenal der traditionellen Vampir-Gegenmittel Knoblauch, Kruzifix und fließendes Wasser endgültig um das Sonnenlicht (französische Werbewitzbolde wollten der Menschheit rund zwei Jahrzehnte später weismachen, auch ein bestimmter Magenbitter helfe gegen Vampire, was die Filmproduzenten jedoch ignorierten). Aus Kostengründen musste der Vampir bei Sangster auf die Fähigkeit verzichten, sich in einen Wolf oder eine Fledermaus zu verwandeln. Charakteristisch für den Hammer-Stil wurde die leicht übertrieben wirkende viktorianische Ausstattung Bernard Robinsons. Hammers Vampir-Filme brachten eine Lawine ins Rollen, die sich ihren Weg rund 15 Jahre lang durch die Filmlandschaft bahnte. Dass das Spielen mit den gesellschaftlichen Tabus Religion, Sexualität, Blut und Tod gerade die konfessionellen Wächter der öffentlichen Moral auf den Plan rief, verwundert nicht. Der katholische FILMDIENST zum Beispiel, dessen Filmbesprechungen sich heute durch Qualität und Objektivität auszeichnen, legte sich damals im Hinblick auf Vampir-Filme ein bemerkenswertes Vokabular zu: »Abwegiger Unfug, pervers, Ekel erregend, widerlich, sadistisch, barbarische Wollust, bemitleidenswert primitiv, abstoßend, ungezügelte Spekulation, letzter Dreck usw., usw.« Getreu dem Motto »Wehret den Anfängen!« verschossen die Kritiker ihre Munition auf ein Phantömchen, das mit den Tabus anfänglich wirklich nur *spielte*. Vampir-Filme waren als Kinder ihrer Zeit Spiele und Märchen für Erwachsene. »Heute würde man den ersten *Dracula* wahrscheinlich nicht mal mehr in einer Kindervorstellung zu zeigen wagen. Wir sind inzwischen stärkeren Tobak gewöhnt. Aber ohne Hammers Fangzahn-*Dracula* hätte es diesen Tobak vermutlich nie gegeben.« (LEXIKON DES PHANTASTISCHEN FILMS) [V]

DRACULA

(DRACULA). USA 1974. **R:** *Dan Curtis.* **B:** *Richard Matheson.* **V:** *»Dracula« von Bram Stoker.* **K:** *Oswald Morris.* **M:** *Robert Cobert.* **D:** *Jack Palance (Graf Dracula), Nigel Davenport (Van Helsing), Simon Ward (Arthur Holmwood), Fiona Lewis (Lucy Westenra), Penelope Horner (Mina Murray), Murray Brown (Jonathan Harker), Pamela Brown (Mrs. Westenra), George Pravda (Wirt), Roy Spencer (Barkeeper), Hanna-Maria Pravda (Wirtin), Virginia Wetherell, Sarah Douglas, Barbara Lindley (Draculas Frauen), John Challis (Angestellter), Sandra Camon (Kellnerin), Reg Lye (Zoowärter), Nigel Gregory (Angestellter), Gitta Denise (Mada Kirstoff), John Pennington (Angestellter), Fred Stone (Priester), Martin Read (Küstenwache). F 100 Min.*

Ähnlich wie ein Jahr zuvor die TV-Verfilmung *Frankenstein, wie er wirklich war* die literarische Vorlage fernsehgerecht, d.h. ohne grobe Brutalitäten, den Zuschauern präsentierte, so folgt auch diese Dracula-Fernsehproduktion im Wesentlichen der Romanvorlage. Der Schwerpunkt liegt in seiner sorgfältigen farbenprächtigen Ausstattung im Nostalgie-Look. Drehbuchautor Richard Matheson, der sich in SF-Kreisen durch seinen Roman *Die unglaubliche Geschichte des Mr. C* hohes Ansehen erschrieb, fügte das eine oder andere Detail hinzu, ohne Stokers Roman zu verfälschen. Die Fahrt des Grafen mit seinen Kisten voll heimatlicher Erde per Schiff nach England ist wie bei Murnaus *Nosferatu* Bestandteil des Films. Durchaus im Sinne des Romans verwandelt sich Dracula in Lucys Schlafgemach in einen Wolf. Die »wilde« Verfolgungsjagd im Stil der alten Zeit führt per Dampfeisenbahn, Schiff und Kutsche zum Schloss Draculas in Transsylvanien. Während die Kamera über ein Kolossalgemälde fährt, das Dracula als siegreichen Feldherren längst vergangener Zeiten zeigt, stirbt der Vampir den heroischsten Tod in der Geschichte des Genres. – »Jack Palance ist ein sehenswerter Dracula, wenn auch von anderer Art als Christopher Lee. Er wirkt vielleicht weniger dämonisch und weniger selbstsicher, und wenn er in Rückblenden von seiner glorreichen Vergangenheit träumt, gar etwas sentimental ... Dass diese ›unblutige‹ (und auch nicht mit Sex-Szenen gepfefferte) Dracula-Verfilmung ... als altmodisch bezeichnet wurde, ist ein Zeichen der Zeit. Man will heutzutage sehen, wie sich der Pfahl ins Herz bohrt. Man will miterleben, wie der Vampir zu Staub zerfällt. Dabei geht gerade damit verloren, was in alten Filmen der Phantasie der Zuschauer überlassen blieb und diese anregte. Das Altmodische wirkt im *Dracula* von Dan Curtis nur positiv.« (Hans D. Furrer, VAMPIR)

DRACULA

(DRACULA). USA 1979. **R:** *John Badham.* **B:** *W. D. Richter.* **V:** *Hamilton Deane, John L. Balderston.* **K:** *Gilbert Taylor.* **SpE:** *Albert Whitlock.* **M:** *John Williams.* **D:** *Frank Langella (Graf Dracula), Laurence Olivier (Van Helsing), Donald Pleasence (Dr. Seward), Kate Nelligan (Lucy Seward), Trevor Eve (Jonathan Harker), Jan Francis (Mina van Helsing), Tony Haygarth (Renfield), Duvitski (Annie), Teddy Turner (Swales), Ted Carroll (Matrose), Kristine Howarth (Mrs. Galloway), Joe Belcher (Tom Hindley), Frank Birch (Hafenmeister), Peter Wallis (Priester), Gabor Vernon (Kapitän), Frank Henson (Matrose). F 110 Min.*

Badham hat Stokers Vorbild in weiten Passagen radikal gekürzt und völlig umgearbeitet. So fehlt die in Transsylvanien spielende Vorgeschichte (Badham setzt die Kenntnisse des Zuschauers – mit Recht – voraus), die Schauplätze sind sämtlich nach England verlegt, selbst das gotische Schloss des Grafen befindet sich auf der Insel. Auch Personen und Charaktere sind teilweise stark verändert. Trotzdem hält sich der Regisseur an die Regeln der Gattung und erfüllt die genrespezifischen Erwartungen. Sein Dracula ist ein einsamer, verstörter Monarch mit Sinn für Humor und einem einzigartigen gesellschaftlichen Problem: Um nachts seinen Lebensstil entfalten zu können, braucht er Blut. Er lechzt danach, aus seinem Sarg zu kommen und unter Menschen zu sein. Er ist charmant, sexy, humorvoll. Und er mag Frauen. Doch er attackiert sie nicht. Um an ihr begehrtes Blut zu kommen, setzt er seine Verführungskünste ein. Gewissermaßen als Ausrutscher findet sein Mund den Weg von der Dame Lippen zu der Dame Hals. Da auch nie die berühmten Vampir-Zähne sichtbar werden, sprach der FILMDIENST sogar von einer gewissen »Appetitlosigkeit«, die sich auch in der gesamten Inszenierung breit mache, und reihte sich in die insgesamt negativen Stimmen zum Film ein. Bodo Fründt (STERN) fand, dass der Film allenfalls »amerikanischem Hausfrauenpublikum die Knie weich machen« könnte, als Love-Story wohlgemerkt. J. M. Thie (FILMBEOBACHTER) bescheinigte Regisseur Badham »routinierte Mittelmäßigkeit«: Innovatorisches, wie etwa die Transponierung der Zeitebene in das England des »Fin de Siècle«, sei nur vordergründig und dramaturgisch ohne Belang. Zudem wirkten die Schauspieler lustlos und deplatziert, und gerade Hauptdarsteller Frank Langella agiere eher als vampiresker John Travolta denn als sardonischer Graf. Völlig anderer Meinung der TIP: »Frank Langella ... besitzt enorme Ausstrahlung ...« TIP resümiert dann auch geradezu euphorisch: »Frühere Streifen waren bisweilen saftiger, kraftvoller und auch erlebnisreicher – aber so schön waren sie nie. Der Film ist etwas für Ästheten, die Bilder von Kameramann Gilbert Taylor erinnern in dieser atmosphärischen Größenordnung schon an Kubrick *(Barry Lyndon)*, Scott *(Die Duellisten)* oder Herzog *(Nosferatu).«* Amerikanische Hausfrauen und Filmästheten – die Grenzziehung zwischen Kitsch und Kunst wird immer schwieriger! [V]

Dracula

DRACULA BRAUCHT FRISCHES BLUT

(THE SATANIC RITES OF DRACULA). GB 1973. **R:** *Alan Gibson.* **B:** *Don Houghton.* **K:** *Brian Probyn.* **M:** *John Cacavas.* **D:** *Christopher Lee (Graf Dracula), Peter Cushing (Professor Van Helsing), Barbara Yu-Ling (Chin Yang), Patrick Barr (Lord Carradine), Lockwood West (Gen. Freeborne), Freddie Jones (Professor Keeley), Michael Coles (Inspektor Murray), Joanna Lumley (Jessica Van Helsing), William Franklyn (Torrence), Richard Vernon (Matthews), Richard Matthews (Porter), Valerie van Ost (Jane), Peter Adair (Arzt), Maurice O'Connell (Hanson), Marc Zuber (Mod C), Maggie Fitzgerald, Mia Martin, Pauline Heart, Finuala O'Shannon (Vampire). F 87 Min.*

London 1973. Graf Dracula lebt noch immer. In seinem schlossähnlichen Haus in Hampstead finden nächtens Blutorgien und schwarze Messen unter Beteiligung öffentlicher Prominenz statt, darunter ein General, ein Unterhausabgeordneter, ein Lord, der Wissenschaftler Keeley und der Industriemagnat D. D. Denham. Diese illustre Schar soll auf Draculas Geheiß mittels Bazillen die Menschheit vernichten. Denham entpuppt sich im Verlauf der Ereignisse als Dracula (sein Konzernverwaltungssitz befindet sich natürlich genau an der Stelle, wo einst die Särge Draculas standen). Ein Sonderdezernat der Polizei macht sich an die Arbeit, die Vampir-Bande, zu der mittlerweile eine ganze Schar »aufregender« Mädchen gehört, auszuschalten. Einige Mitglieder werden vampirisiert. Und gäbe es da nicht einen gewissen Professor Van Helsing, dessen Existenz genauso zäh ist wie die Draculas und der sich noch immer mit Vampir-Riten befasst, sähe die Menschheit heute anders aus. Denn Dracula hat sich im Überschwang seiner Herrschsucht sogar mit dem Bazillus infiziert, hat sich durch einen kühnen Sprung aus seinem brennenden Haus gerettet und ist auf dem besten Weg, der Welt den Garaus zu machen, da stößt ihm in bewährter Geistesgegenwart Professor Van Helsing eine Zaunlatte in den Körper. Und wie vor vielen Jahrzehnten zerfällt Dracula in Rauch und Asche – was die Filmindustrie auch in Zukunft nicht davon abhalten wird, mit noch dümmeren Vampir-Plots Blutschande zu treiben.

DRACULA IM SCHLOSS DES SCHRECKENS

(NELLA STRETTA MORSA DEL RAGNO/PRISONNIER DE L'ARAIGNEE). BRD/Italien/Frankreich 1971. **R:** *Anthony Dawson [Antonio Marg-*

Dracula braucht frisches Blut

Dracula jagt Mini-Mädchen

heriti]. **B:** *Giovanni Adessi, Antonio Margheriti.* **K:** *Silvano Spagnoli.* **M:** *Riz Ortolani.* **D:** *Anthony Franciosa (Alan Forster), Michèle Mercier (Elisabeth), Karin Field (Julia), Raf Baldassarre (Herbert), Peter Carsten (Dr. Carmus), Silvano Tranquili (William), Irina Malewa (Elsie), Marco Bonetti (Maurice), Heinz Ostermann (Lord Thomas Blackwood), Klaus Kinski (Edgar Allan Poe). F 97 Min.*
Die literarische Vorlage für dieses Horror-Sammelsurium soll eine Erzählung Edgar Allan Poes sein. Man kann zwar fast alle Horror-Motive irgendwie auf Poe zurechtbiegen, doch hilft es hier auch nicht, den Meister persönlich auftreten zu lassen. Als klassisches Muster für die Rahmenhandlung – eine Wette und ihre Folgen – dürfte vor allem die Erzählung »Die Totenwache« von Ambrose Bierce zu nennen sein. – In einem englischen Pub des 19. Jahrhunderts berichtet Edgar Allan Poe seinen Tischgenossen Lord Blackwood und Alan Forster von übersinnlichen Erscheinungen. Forster, Journalist und absoluter Realist, bestreitet jegliche Glaubwürdigkeit solcher Berichte. So kommt es zwischen ihm und Poe zu einer seltsamen Wette: Der Journalist soll eine bestimmte Nacht in der Villa Providence, die sich im Besitz von Lord Blackwood befindet, verbringen. In dem Schloss solle es nur so von Geistern wimmeln, und noch niemand hätte seine Mauern lebend verlassen. Das Schloss erweist sich tatsächlich als Herberge blutrünstiger Bewohner. Einer davon, der Gelehrte Dr. Carmus, der angeblich vom Geiste Draculas beherrscht wird, klärt den Neuankömmling auf: Die Insassen der Villa Providence seien alle unvorbereitet gestorben und müssten ihr schreckliches Ende immer wieder den Besuchern des Schlosses vorspielen. Forsters Sinne verwirren sich mehr und mehr, schließlich kann er nicht mehr unterscheiden, ob die schauerlichen Liebes- und Todesrituale, deren Zeuge er wird, Ausgeburten seiner Einbildungskraft sind oder Wirklichkeit. Am nächsten Morgen finden ihn Dichter und Graf aufgespießt am Gitterzaun. Ein Filmchen, das es gar nicht nötig hätte, auf der Dracula-Welle zu reiten, zumal der Graf in persona gar nicht auftritt. Für Freunde des Genres durchaus unterhaltend, manchmal unfreiwillig komisch; vor allem die Schlussszene mit den Geisterstimmen ist unerträglich.

DRACULA JAGT MINI-MÄDCHEN

(DRACULA A.D. 1972). GB 1971. **R:** *Alan Gibson.* **B:** *Don Houghton.* **K:** *Dick Bush.* **SpE:** *Les Bowie.* **M:** *Michael Vickers.* **D:** *Christopher Lee (Graf Dracula), Peter Cushing (Professor Van Helsing), Stephanie Beacham (Jessica Alucard), Michael Coles (Inspektor Murray), Marsha Hunt (Gaynor), Christopher Neame (Jonny Alucard), William Ellis (Joe Mitchum), Philip Miller (Bib), Michael Kitchen (Greg), David Andrews (Sgt. Pearson), Caroline Munro (Laura), Janet Key (Anna), Lally Bowers (Matrone), The Stoneground (Rockband). F 96 Min.*
Die verfallene Kirche von St. Bartolph ist Schauplatz einer Juxorgie junger Leute. Um Mitternacht wollen sie alte Geister beschwören, darunter Dracula, der eigentlich schon über hundert Jahre tot sein müsste. Zu diesem Zweck leert ein gewisser Jonny Alucard einen mit »Blut« gefüllten Becher über der hübschen Laura aus. Das ist auch für die Jugend von heute zu viel; in panischem Entsetzen spritzen sie auseinander. Am nächsten Morgen ist Laura tot, ihr Körper blutleer. Der Anthropologe Professor Van Helsing, Großvater eines Orgienbesuchers, nimmt sich des Falles an, als er auf der Teilnehmerliste den Namen Alucard – rückwärts gelesen: Dracula – erspäht. Um seine Enkelin Jessica vor möglichen Angriffen des wiedererstark-

Dracula im Schloss des Schreckens

Dracula jagt Mini-Mädchen

ten Unholds zu bewahren, hängt er ihr erst einmal ein Kruzifix um. Johnny, seit kurzem selbst Vampir, kann Jessica überwältigen und seinem Meister überbringen. Van Helsing spürt Johnny auf und vernichtet ihn. In St. Bartolph findet er Jessica in absolutem Trancezustand. In der Gruft stellt er angespitzte Holzkreuze auf. Da naht auch schon Graf Dracula. Van Helsing schüttet ihm eine Phiole Weihwasser ins Gesicht. Das hält der stärkste Vampir nicht aus. Dracula stürzt in die mit Hölzern gespickte Gruft und stirbt mit markerschütterndem Schrei, worauf Jessica aus ihrer Trance erwacht.

Rund dreizehn Jahre, nachdem Hammers Dracula-Erstling von der konfessionellen Filmkritik, insbesondere vom FILMDIENST, mit wütenden Schimpfkanonaden begrüßt worden war, zeigt sich bei dieser x-ten Fortsetzung im besonderen Maße der Wandel der Zeitschrift vom blindwütigen Kirchenblättchen zum objektiveren Diskussionsforum: »Bei den Horrorfilmen der Hammerproduktion kann man immer sicher sein, dass sie handwerklich einwandfrei und sorgfältig gemacht sind, wie gut oder schlecht auch immer der einzelne ausfallen mag. Zudem stehen in der Regel routinierte Horror-Darsteller zur Verfügung, wie hier Peter Cushing und Christopher Lee, Experten auf ihrem Gebiet. Da ist es dann nicht gar so schlimm, wenn der ziemlich unsichere Regisseur Alan Gibson mit dem unsinnigen Drehbuch nicht zurechtkommt ... Recht krampfhaft fallen die Versuche aus, den Horror zu aktualisieren oder auch nur irgendetwas zu inszenieren, das man nicht schon oft genug gesehen hätte. Mit Pop-Kulissen, Langhaarigen und Rauschgift allein lässt sich noch kein modernisierter Horrorfilm schaffen. So sind dann genau jene Szenen des Films die besten, die sich auf die Traditionen des Genres und der Firma Hammer stützen ... Trotz schwachem Drehbuch dank sorgfältiger Machart und guter Darstellung für Horror-Freunde ganz vergnüglich.« (Hans Günther Pflaum, FILMDIENST) Anzumerken ist, dass es sich bei den im Titel erwähnten »Mini-Mädchen« nicht um Zwergenbräute handelt, sondern kurzberockte Teenager. [V]

DRACULA – NÄCHTE DES ENTSETZENS

(SCARS OF DRACULA). GB 1970. **R:** *Roy Ward Baker.* **B:** *John Elder.* **K:** *Moray Grant.* **SpE:** *Roger Dicken.* **M:** *James Bernard.* **D:** *Christopher Lee (Graf Dracula), Dennis Waterman (Simon), Jenny Hanley (Sarah Framsen), Christopher Matthews (Paul), Patrick Troughton (Klove), Michael Gwynn (Priester), Wendy Hamilton (Julie), Anouska Hempel (Tania), Delia Lindsay (Alice), Bob Todd (Bürgermeister), Toke Townley (Älterer Fuhrmann), Michael Ripper (Wirt), David Lealand (1. Offizier), Richard Durden (2. Offizier), Morris Bush (Farmer), Margot Boht, Clive Barrie. F 95 Min.*

Blitze haben es in sich bei diesem Film. In einer ebenso albernen wie unverständlichen Eröffnungssequenz wird Graf Dracula wieder belebt,

Dracula – Nächte des Entsetzens

als ein Blitz in seinen Sarg einschlägt. Zu dem anderen Blitz kommen wir später. – Die fröhliche Geburtstagsfeier Sarah Framsens findet ein jähes Ende, als zwei Diener des Bürgermeisters erscheinen, die Sarahs Freund Paul bezichtigen, des Bürgermeisters Tochter belästigt zu haben. Paul entweicht durchs Fenster und landet geradewegs in einer Kutsche. Die aufgescheuchten Pferde gehen durch und galoppieren in die Nacht hinaus. Nach einem Wechsel in eine geheimnisvolle schwarze Kutsche erreicht Paul eine finstere, bedrohliche Burg. Ein bildschönes Mädchen namens Tania verleitet ihn dazu, die Burg zu betreten. Wenige Minuten später steht er dem Besitzer der Burg gegenüber: Graf Dracula! Dieser bietet Paul Unterkunft für eine Nacht an. Des Grafen verkrüppelter Diener Klove zeigt Paul das Zimmer, und schon ein paar Minuten später erscheint Tania, um Zimmer und Bett mit Paul zu teilen. Tania setzt mit aufgerissenem Mund zum Liebestrank an ... Kurz vor Morgengrauen muss Paul mit ansehen, dass der Graf das Mädchen erdolcht. Unterdessen haben Sarah und Pauls Bruder Simon in Sorge um Paul die Verfolgung aufgenommen. Nach einigen Mühen erreichen sie die Burg, wo sie Graf Dracula antreffen. Dieser leugnet, Paul je gesehen zu haben, besteht aber darauf, dass die beiden die Nacht in der Burg verbringen. Als Sarah schläft, schleicht Dracula in ihr Zimmer, wird jedoch von einem Kruzifix an ihrem Hals an der Ausführung seines Vorhabens gehindert. Klove, in Liebe zu Sarah entbrannt, weigert sich, das Kruzifix zu entfernen. Dass er am nächsten Tag Sarah und Simon zur Flucht verhilft, ist zu viel für Dracula: Eigenhändig peitscht er seinen Diener aus. In den Ort zurückgekehrt, holt Simon sich Rat beim Pfarrer. Durch genaue Instruktionen gestärkt, lässt Simon Sarah und den Pfarrer in der Kirche zurück und begibt sich erneut zur Burg. Schon kurz darauf dringen Fledermäuse in das Gotteshaus ein und hacken auf dem Pfarrer herum, der dieses Attentat nicht überlebt. Sarah kann entkommen und flüchtet sich in Draculas Schloss. Simon hat inzwischen im Schlosskerker die schrecklich zugerichtete Leiche seines Bruders Paul entdeckt. Simon versagt bei dem Versuch, Dracula zu pfählen. Dieser erhebt sich aus dem Sarg und schickt sich an, Sarahs Blut zu saugen. Klove stellt sich dem Meister in den Weg. Er bezahlt seine Dreistigkeit mit dem Sturz von den Zinnen. Aber als Dracula mit einem Pfahl auf Simon zugeht, macht ein Blitz (!) seinem Leben ein Ende. In Flammen gehüllt, stürzt er dekorativ vom Schlossturm. – Trotz einiger Innovationen (Dracula als brutaler Mörder; Draculas Kletterkünste; Draculas Wiedererweckung und Tod durch Blitzschlag), trotz Sex und Sadismus in bis dahin unbekanntem Hammer-Ausmaß, war der Film einer der ersten Flops in der Filmehe Hammer-Dracula. Schon bald zeigte es sich, dass es – um Sex und Brutalitäten zu zeigen – nicht mehr des Umwegs über klassische Horror-Themen bedurfte. [V]

Dracula – tot, aber glücklich

DRACULA '79

Anderer Titel für **DRACULA (JOHN BADHAM, 1978)**

DRACULA – TOT, ABER GLÜCKLICH

(DRACULA – DEAD, BUT LOVING IT). USA 1995. **R:** *Mel Brooks.* **B:** *Mel Brooks, Rudy De Luca, Steve Haberman.* **V:** *»Dracula« von Bram Stoker.* **St:** *Rudy De Luca, Steve Haberman.* **K:** *Michael D. O'Shea.* **M:** *Hummie Mann.* **D:** *Leslie Nielsen (Dracula), Peter MacNicol (Renfield), Steven Weber (Jonathan Harker), Amy Yasbeck (Mina), Lysette Anthony (Lucy), Harvey Korman (Dr. Seward), Mel Brooks (Professor Abraham Van Helsing), Mark Blankfield (Martin), Megan Cavanagh (Essie), Clive Revill (Sykes). F 91 Min.*

Der wackere Dr. Abraham Van Helsing beschützt Jungfern vor dem Biss des Vampirs Graf Dracula und wartet auf den optimalen Augenblick, um ihm den tödlichen Holzpflock ins Herz zu stoßen. – Niemand, der Herr seiner Sinne ist, wird vom kleinen Lachsack Melvin Kaminsky alias Mel Brooks einen Dracula-Film erwarten, bei dem er sich gruselt. Brooks ist bekannt dafür, dass er populäre Filme verarscht. Dies versucht er auch in dieser parodistisch angelegten Geschichte, zu der ihn viele Blutsaugerfilme inspiriert haben. Leider ist sie ihm nicht *ganz* so gut gelungen. [V]

DRACULA UND SEINE BRÄUTE

(THE BRIDES OF DRACULA). GB 1960. **R:** *Terence Fisher.* **B:** *Jimmy Sangster, Peter Byran, Edward Percy.* **K:** *Jack Asher.* **M:** *Malcolm Williamson.* **D:** *Peter Cushing (Dr. Van Helsing), David Peel (Baron Meinster), Martita Hunt (Baronin Meinster), Yvonne Monlaur (Marianne), Freda Jackson (Greta), Miles Malleson (Dr. Tobler), Henry Oscar (Lang), Mona Washbourne (Frau Lang), Andree Melly (Gina), Victor Brooks (Hans), Fred Johnson (Cure), Michael Ripper (Kutscher), Norman Pierce (Gastwirt), Vera Cook (Wirtin), Marie Devereaux (Dorfmädchen), Harold Scott (Severin). F 85 Min.*

Fast drei Jahre vergingen, ehe Hammer-Film nach *Dracula* diesen zweiten Vampir-Film produzierte. Dabei beging man nicht den Fehler, Dracula einfach wieder auferstehen zu lassen, sondern bastelte eine völlig neue Story zusammen, in der nur Dr. Van Helsing als bewährter Gegenspieler des Bösen seinen festen Platz behielt. Dass es dabei erhebliche Drehbuchprobleme gab, beweist die Tatsache, dass im Vorspann des Films gleich drei Namen als Autoren erscheinen. Die Drehbuchschwierigkeiten veranlassten Produzent Anthony Hinds, es in Zukunft selbst zu versuchen. Unter dem Namen John Elder begann er, eigene Manuskripte zu schreiben. Auf Jahre hinaus prägte er so die meisten Gruselfilme der Hammer.

Auf der Reise nach Badstein, wo die junge Lehrerin Marianne eine Stelle antreten soll, nächtigt sie auf Schloss Meinster. Die alte Baronin lebt dort zurückgezogen mit einer ebenso betagten Dienerin und ihrem jungen hübschen Sohn, den sie aber, weil er angeblich geistesgestört ist, in einem Trakt des Schlosses gefangen hält. Diese wenigen Angaben erwecken die Neugierde Mariannes. Sie besucht den jungen Baron Meinster und entdeckt zu ihrem Entsetzen, dass man ihn an eine lange Silberkette gefesselt hat, die ihm jede Bewegungsfreiheit nimmt. Von Mitleid überwältigt, stiehlt Marianne den Schlüssel und befreit den Baron. Spät in der Nacht wird sie durch den gellenden Schrei der Baronin geweckt. Sie findet sie tot in ihrem Lehnstuhl. Von ihrer Kehle tropft Blut. Vor Panik und Entsetzen flieht Marianne in den Wald. Der Arzt Van Helsing, der das Schloss wegen mysteriöser Vorkommnisse beobachtet, findet Marianne ohnmächtig im Wald. Da Badstein nicht weit ist, bringt er sie dorthin. Kurze Zeit später wird ein hübsches junges Mädchen aus dem Dorf leblos aufgefunden. Van Helsing, der sich als Mediziner mit übersinnlichen Vorgängen beschäftigt, erkennt beim Anblick winziger Bisswunden die Todesursache: Vampire. Van Helsing eilt zum Schloss, wo er den oder die Unholde vermutet, doch er findet es verlassen. Der junge Baron besucht unterdessen Marianne und macht ihr einen Heiratsantrag. Da sie in der Dienerin der Baronin die Mörderin sieht, nimmt sie den Antrag ahnungslos an. Am nächsten Morgen findet man ein zweites Opfer: Gina, eine Kollegin Mariannes. Van Helsing ordnet an, den Sarg im Geschirrraum der Stallungen zu isolieren und rund um die Uhr abwechselnd zu bewachen. Als Marianne an der Reihe ist, öffnet sich plötzlich der Sarg. Gina entsteigt mit einem unheimlichen Lächeln und fletscht ihre langen spitzen Zähne. Van Helsing naht als Retter und verscheucht Gina mit einem Kruzifix. Er klärt Marianne über ihren Verlobten auf; sie verrät daraufhin das Versteck des Barons. Van Helsing trifft gerade bei der alten Windmühle ein, als sich dort der junge Baron mit seinen Todesbräuten versammelt. Der Baron stürzt sich auf Van Helsing, beißt ihn und entkommt. Van Helsing kann in einem Augenblick ungeheurer masochistischer Stärke seine Wunde mit einem

Dracula und seine Bräute

glühenden Eisen reinigen. Baron Meinster kehrt mit Marianne zur Mühle zurück. Van Helsing sprenkelt ihm Weihwasser ins Gesicht. Unter furchtbaren Qualen erblindet der Baron. In seinem Schmerz schleudert er eine Pfanne mit glühenden Kohlen in den Raum. Die Mühle fängt Feuer und steht bald in hellen Flammen. Van Helsing und Marianne können sich retten. Während die Flügel der brennenden Mühle ein feuriges Kreuz an den Himmel zeichnen, stirbt der Leidensgenosse Draculas. – Nach *Dracula* einer der besten Terence Fisher-Filme, »voll von gotischen Einfällen, prachtvoller Atmosphäre und für seine Zeit bemerkenswert offen.« (Alan Frank, HORROR FILM HANDBOOK)

DRACULA UND SEINE OPFER

(BLOOD OF DRACULA'S CASTLE). USA 1968. **R:** *Al Adamson.* **B:** *Rex Carlton.* **K:** *Leslie Kovacs.* **M:** *Lincoln Mayorage.* **D:** *John Carradine (George), Paula Raymond (Gräfin Townsend), Alex d'Arcy (Graf Townsend), Robert Dix (Johnny), Gene O'Shane (Glen Cannon), Barbara Bishop (Liz Arden), Vicki Vilante (Ann), Ray Young (Mango), John Cardos, Ken Osborne. F 80 Min.*

Ein gräfliches Ehe- und Vampir-Paar treibt sein Unwesen auf einem einsamen Schloss, das es von dem eben verstorbenen Besitzer schon vor langer Zeit gemietet hat. Ein verunstalteter Hausdiener holt den beiden regelmäßig junge Mädchen aus dem Keller, die dort angekettet wie Weinflaschen lagern. Die Vampire zapfen ihnen mittels eines spritzenähnlichen Ungetüms das Blut ab und opfern es ihrer Gottheit, um ihr Leben zu verlängern. Weitere liebenswerte Bewohner sind ein ebenso unsterblicher Butler und der Sohn des Hauses, der gerade dem Irrenhaus entsprungen ist und bei Vollmond die Kontrolle über sich verliert und zum Monster wird. Erst als ein junger Fotograf, der das alte Gemäuer geerbt hat, mit seiner Braut hier Urlaub machen will, ändert sich der Tagesablauf. Ein verzweifelter Kampf beendet das blutrünstige Treiben, Graf und Gräfin entschwinden als Fledermäuse. – Der Einfall, das Blut junger Mädchen, frisch gezapft, aus Cocktailgläsern zu trinken, hätte das Zeug zur Vampirgroteske gehabt. Doch auch wenn der Plot so klingt, als würden sich die Filmmacher über das Genre lustig machen, so meinen sie es doch tatsächlich ernst, was große Zweifel an ihrer Zurechnungsfähigkeit aufkommen lässt.

Dracula und seine Opfer

DRACULAS BLUTRAUSCH

Anderer Titel für DRACULA – NÄCHTE DES ENTSETZENS

DRACULAS ENDE

(LAST RITES). USA 1980. **R:** *Dominic Paris.* **B:** *Dominic Paris, Ben Donnelly.* **K:** *Dominic Paris.* **M:** *Paul Jost, George Small.* **D:** *Patricia Lee Hammond (Marie), Gerald Fielding, Victor Jorge, Michael Lally, Mimi Weddell. F 81 Min.*

Das lustige Treiben eines amerikanischen Dorfes voller Vampire, deren Anführer ein Leichenbestatter namens Lucard ist. Lucard (= Dracul) pflegt die Sitte, die ihm anvertrauten Leichen auszusaugen, bevor er sie in die Kiste legt. Doch bei seiner letzten Klientin, der guten Mrs. Bradley, geht etwas schief: Kaum hat er sich an ihr vergangen und sie zur Mit-Vampirin gemacht, möchten ihre Kinder sie nach Hause holen. Es klingt witziger als es ist: Um eine wirklich gute Parodie abzuliefern, fehlt es Dominic Paris und seinen Spießgesellen leider an den handwerklichen Fähigkeiten. [V]

DRACULAS EROTISCHE ABENTEUER

Anderer Titel für UNSICHTBARE DÄMONEN

DRACULAS HEXENJAGD

(TWINS OF EVIL). GB 1971. **R:** *John Hough.* **B:** *Tudor Gates.* **K:** *Dick Bush.* **M:** *Harry Robinson.* **D:** *Peter Cushing (Gustav Weil), Madeleine Collinson (Marie Gellhorn), Mary Collinson (Maria Gellhorn), Kathleen Byron (Katy Weil), Dennis Price (Dietrich), Harvey Hall (Franz), Isobel Black (Ingrid Hoffer), Damien Thomas (Graf Karnstein), David Warbeck (Anton Hoffer), Alex Scott (Hermann), Katya Keith (Gräfin Mircalla), Roy Stewart (Joachim), Maggie Wright (Mädchen am Grab), Luana Peters (Gerta), Inigo Jackson (Waldarbeiter), Judy Matheson (Tochter des Waldarbeiters), Sheelah Wilcox (Dame in der Kutsche), Kirsten Lindholm (Mädchen am Pfahl), Peter Thompson (Kerkermeister). F 87 Min.*

Gustav Weil, Leiter einer fanatischen Hexenjäger-Bruderschaft, lebt auf Schloss Karnstein. Seine verwaisten Zwillingsnichten werden zu ihm gebracht. Die eine ist brav und sittsam, die andere ein kleines Luder, das sich schnellstens in die Arme des Grafen von Karnstein wirft. Der Graf ist Vampir und tut seine Pflicht. Schon bald mausert sich auch das Mädchen zum Vampir und schickt sich an, des Onkels Bundesbrüder zu beißen. Sie wird ertappt. Der Scheiterhaufen wartet. Um den Film zu strecken, bietet sich eine Verwechslung mit der guten Schwester förmlich an. Doch zum Schluss klärt sich der Irrtum auf, und auch Graf Karnstein wird fachgerecht mit Kreuz und Holzpfahl unschädlich gemacht. – Deutsche Titelschmiede, die oft keine Ahnung von literarischen Vorlagen haben, wollten es hier besonders gut machen. Sie verknüpften zwei Horror-Motive miteinander, das Dracula- und das Hexenjäger-Motiv. Beide waren in dieser Zeit gerade »in«, und so schien der Erfolg gesichert, der dann prompt nicht eintrat. Ob er allerdings eingetreten wäre, wenn sie gewusst hätten, dass es sich hier um eine Literaturverfilmung in typischer Hammer-Qualität handelte, die J. Sheridan Le Fanus berühmte Erzählung »Carmilla« zum Vorbild hatte, ist zu bezweifeln. Denn der Drehbuchautor beging den Fehler, die Figuren Le Fanus zu vergewaltigen und die Story total auf den Kopf zu stellen, so dass zum Schluss ein Nichts übrig blieb. *Gruft der Vampire* und *Nur Vampire küssen blutig*, die beiden ersten Hammer-Produktionen, die sich des Carmilla-Karnstein-Motivs bedienten, hatten das literarische Vorbild des weiblichen (lesbischen) Vampirs bereits wie eine Zitrone bis auf den letzten Tropfen ausgepresst.

Draculas Hexenjagd

DRACULAS LÜSTERNE VAMPIRE

(GUESS WHAT HAPPENED TO COUNT DRACULA). USA 1970. **R:** *Laurence Merrick.* **B:** *Laurence Merrick.* **K:** *Bob Caramico.* **M:** *Des Roberts.* **D:** *Des Roberts (Graf Dracula), Claudia Barron (Angelica), John Landon (Guy), Robert Branche (Dr. Hamm), Frank Donato (Kobold), Sharon Beverly (Vamp), Damu King (Buckel), Jim Settler (Zwerg), Jeff Cady (Larry), John King III (Gil), James Young-El (Macumba-Geweihter), Angela Carnon (Krankenschwester), Yvonne Gaudry (Zigeunerin). F 76 Min.*

Dracula hat in Hollywood ein Nachtlokal aufgemacht. Da ihm Vamp, seine derzeitige Geliebte, zum Hals heraushängt, verspricht er der kleinen Knallcharge Guy, ihn zum Superstar zu machen – vorausgesetzt, er darf es mit dessen Freundin Angelica treiben. Und das tut er dann auch, wie's so die Art der Vampire ist. Angelica

Draculas lüsterne Vampire

will jedoch nicht zur Vampirin werden. Guy entschließt sich im letzten Augenblick, ihr beizustehen, aber zu spät: Er fällt seiner eigenen Ex-Geliebten zum Opfer, die nun willens ist, sich mit ihrem Grafen auf das ewige Leben vorzubereiten. – »Da die Hersteller aber offensichtlich der Meinung waren, das reiche zur Aufrechterhaltung des Zuschauerinteresses nicht, mixten sie Gruppensex- und ähnliche Szenen mit unter«, entdeckte der FILMDIENST. Und der FILMBEOBACHTER argwöhnte: »Die Fabrikation dieses Filmwerks kann man sich ... so vorstellen: Da wurde ein fünftklassiger amerikanischer Vampirfilm eingekauft und ... mit in Europa nachgestellten Szenen mit Sex-Gerangel versetzt, was natürlich einige Brüche mit sich bringt, in Farbe oder Darstellung.« – Und genau so war es! Verantwortlich für das amerikanisch-schweizerische Endprodukt war Mario d'Alcala, der mit Hilfe des Kameramannes Hans Jura dem eh schon etwas langweiligen Stoff noch ein paar nackerte Madln & Buam hinzufügte, die sich Ula Kopa, Ika Häußler, Eten Keresztes, Alon d'Armand, Claudia Barron, Hansi Lohme, Mico Novak und Anne de Vos nennen.

DRACULAS RÜCKKEHR

(DRACULA HAS RISEN FROM THE GRAVE). GB 1968. **R:** *Freddie Francis.* **B:** *John Elder.* **K:** *Arthur Grant.* **M:** *James Bernard.* **D:** *Christopher Lee (Graf Dracula), Rupert Davies (Monsignore), Veronica Carlson (Maria), Barbara Ewing (Zena), Barry Andrews (Paul), Ewan Hooper (Priester), Michael Ripper (Max), George A. Cooper (Gastwirt), Marion Mathie (Anna), John D. Collins (Student), Chris Cunningham (Farmer), Norman Bacon (Junge), Carrie Baker (Erstes Opfer). F 92 Min.*

»Pater Brown gegen Vampire« wäre der treffendere Titel! Graf Dracula treibt wieder einmal sein Unwesen. Nur ein Monsignore wagt es, sich ihm entgegenzustellen. Doch Gottvertrauen hilft erst recht nicht, wenn sich andere Gottesmänner um Dracula scharen. Vor Entsetzen segnet Monsignore das Zeitliche. Sein atheistisch veranlagter Widersacher, der scharf auf seine Nichte Maria ist, führt den Kampf fort, findet aber, als er Dracula den Holzpflock durchs Herz jagen will, nicht die rechten lateinischen Ausdrücke, so dass Dracula wieder entkommen kann. Der Verfolger kann seinen satanischen Gegner endlich in den Abgrund stürzen. Dabei spießt Dracula sich auf einem Kruzifix auf, so dass er bis zum nächsten Film unschädlich ist. – »Dracula ist auferstanden aus dem Grab, aber der vornehme alte Vampir sollte in Zukunft lieber in Frieden bei der Hammer-Gesellschaft ruhen, wenn diese sich nicht einen besseren Film einfallen lässt als diesen lauen Langweiler.« (LOS ANGELES TIMES). »›Lieber Gott‹, sagt einer der Charaktere, »›wann werden wir endlich von diesem Teufel befreit?‹ Wann endlich, in der Tat?« (DAILY EXPRESS) [V]

Draculas Rückkehr

Draculas Todesrennen

DRACULAS TODESRENNEN

(CRASH). USA 1976. **R:** *Charles Band.* **B:** *Marc Marais.* **K:** *Tom Cecato.* **M:** *Andrew Balling.* **D:** *José Ferrer (Marc Denne), Sue Lyon (Kim Denne), John Ericson (Dr. Greg Martin), Leslie Parrish (Krankenschwester Kathy), John Carradine (Dr. Edwards), Jerome Guardino (Lt. Pegler). F 86 Min.*

Marc will sich an seiner Frau rächen, da sie ihn zum Krüppel gefahren hat. Deshalb wirft er sie aus dem Haus. Sie nimmt eines seiner okkulten Amulette mit, das dann auch sofort eine Reihe mysteriöser Zwischenfälle auslöst. Zunächst wird Kim vom bisher treuen Dobermann angefallen und übel zugerichtet. Im Krankenhaus bemühen sich Arzt und Krankenschwester, hinter das Geheimnis der unbekannten bewusstlosen Frau und des eigenartigen Amuletts zu kommen. Unterdessen braust ihr Sportwagen führerlos durch die Stadt, fährt rund 50 Straßenkreuzer in Rekordzeit zu dekorativem Schrott und lässt unzählige Tote, Schwerverletzte, Panik und Angst zurück. Kein Wunder, dass das todbringende Geisterauto von der Polizei den Spitznamen »Dracula« verpasst bekommt. Nach einigem pseudowissenschaftlichen Schwachsinn, ausgetragen zwischen einem Anthropologen und einem Okkultisten, erkennt nicht nur der Zuschauer, dass das Amulett daran schuld ist. Marc versucht ein zweites Mal, seine Frau umzubringen. Als dies misslingt, sie wieder einigermaßen o. k. ist, lädt er sie ins gemeinsame Haus ein, um das Geheimnis zu lüften. Die Gelegenheit nutzend, sperrt er sie in die Sauna, um sie zu dünsten. Dagegen hat selbstverständlich der Sportwagen etwas einzuwenden. Angelockt durch das Amulett fährt der rasende Sportwagen den Krüppel kurz und klein. Der Krankenhausarzt befreit Kim aus der Sauna und happyendet mit ihr. Das Prädikat »Lohnt nicht« wäre schon eine Auszeichnung.

DRACULAS WITWE

(DRACULA'S WIDOW). USA 1988. **R:** *Christopher Coppola.* **B:** *Kathryn Ann Thomas, Christopher Coppola.* **K:** *Giuseppe Macari.* **M:** *James Campbell.* **D:** *Sylvia Kristel (Vanessa), Josef Sommer (Lt. Lannon), Lenny von Dohlen (Raymond Everett), Marc*

Draculas Witwe

Coppola (Brad), Stefan Schnabel (Van Helsing), Rachel Jones (Jenny), Trevor Burns (Citrano), Rick Warner (Caulfield), Duke Ernsberger (Bart), Patricia Guinan (Rose), Lucius Houghton (Willie), Candice Sims (Opfer). F 82 Min.
Die in einem Wachsfigurenkabinett in Hollywood zu neuem Leben erwachende Witwe Graf Draculas übt unheilvollen Einfluss auf den Besitzer des Unternehmens aus, der in blutrünstigen Morden gipfelt. Der Enkel des berühmten Vampirjägers Van Helsing nimmt sich der Sache an: Zwar kann er das böse Weib zur Strecke bringen, doch wird er dabei selbst zum Untoten. In die Gegenwart verlegte Vampirgeschichte, die sich redlich bemüht, den Humor nicht zu kurz kommen zu lassen. [V]

DRACULIN

(EL POBRECITO DRACULIN). Spanien 1976. **R:** *Juan Fortuny.* **B:** *Juan Fortuny.* **K:** *J. F. Marine.* **M:** *Southern Library.* **D:** *Joe Rigoli (Draculin), Josele Roman (Ludgarda), Victor Israel (Vladimir), Pipper (Ivan), Ricardo Palmerola (Laurenz), Juan Borras (Zacharias), Fernando Rubio (Petronio), Lita Claver (Agatha), Yungla Amaya (Myriam), Dianick Poliakow (Erna), Carlos Otero (Bibinsky). F 90 Min.*
Entnervende Diskothekenmusik reißt Draculin, den letzten Spross der berüchtigten Grafenfamilie, derer von und zu Dracula, aus seinem Jahrhunderte langen Schlaf. Über seiner Gruft hat ein Tanzlokal seine Pforten geöffnet. Trotz einiger Mühen lassen die weiblichen Besucher den Westentaschen-Dracula nicht zu Halse kommen. Als er dann auch noch an der abgasverseuchten Luft der Großstadt fast zugrunde geht, können ihn nur eine Bluttransfusion im Krankenhaus und der Gedanke retten, sich zu den Wurzeln der Familie nach Transsylvanien zu begeben. Dort bekommt er es mit einem Diamantenschmugglerring, liebestollen Frauen und einem Homosexuellen zu tun, reichlich Bissgelegenheiten, die er jedoch nicht auszunutzen vermag. Ersatzbefriedigung bieten da die Tauben, die von der Bande zum Schmuggel abgerichtet worden sind. Als er endlich eine Frau anzapfen kann, ist diese total betrunken, so dass Draculin in einen Rauschschlaf fällt, aus dem er hoffentlich erst in Hunderten von Jahren aufwachen wird. – »Man hätte diese drittklassige Produktion besser bei ihrem matten Titelhelden im Sarg gelassen, als sich damit ein auf kurzweilige Unterhaltung eingestimmtes Publikum zu vergraulen.« (FILMDIENST)

DREAM DEMON – TRAUMDÄMON

(DREAM DEMON). GB 1988. **R:** *Harley Cokliss.* **B:** *Christopher Wicking, Harley Cokliss.* **K:** *Ian Wilson.* **SpE:** *Daniel Parker.* **M:** *Bill Nelson.* **D:** *Kathleen Wildhoite (Jenny Hoffman), Jemma Redgrave (Diana), Tim Spall (Peck), Jimmy Nail (Paul), Mark Greenstreet (Oliver), Susan Fleetwood (Deborah), Annabelle Lanyon (Jenny als Kind), Nickolas Grace (Hoffman), Patrick O'Connell (Detective), Andrew Jones (Designer), Richard Warner (Pastor). F 88 Min.*
Psycho-Thriller. Diana steht kurz vor der Hochzeit, doch sie leidet an schrecklichen Albträumen. Nur die zu Besuch in England weilende Amerikanerin Jenny, die adoptiert wurde und ihre wirklichen Eltern sucht, schenkt ihr Interesse. Bald beziehen Dianas Träume Jenny und andere mit ein. Vision und Wirklichkeit überlappen sich und sind kaum noch voneinander zu unterscheiden. Die Ursache der Halluzinationen liegen in Dianas Kindheit verborgen ... Sehr komplizierte Handlungsstränge, aber mörderisch spannend und höchst mysteriös. [V]

DREAM EVIL

(DREAM A LITTLE EVIL). USA 1992. **R:** *Royce Mathew.* **B:** *Royce Mathew.* **K:** *Howerd Wexler.* **M:** *Robert Duran.* **D:** *Richard Sebastian (George), Ducan Rouleau (Billy), Tom Alexander (Mark), Kathy Smith (Veronica), Michele Gaudreau (Angie). F 85 Min.*

Draculin

George, ein Underdog aus dem Bilderbuch, erfindet im heimischen Kinderzimmer eine Maschine, die Wünsche Wirklichkeit werden lässt. Sein debiler Kumpel Billy, der sie testet, wünscht sich eine Halloween-Hexe herbei (STÖHN!), die prompt erscheint und alle weiteren Versuche im Keim erstickt. Von nun an ist der Teufel los. Georges Mucki-Mann-Bruder Mark ist wenig begeistert; der zufällig anwesende Besuch schlicht überwältigt, und aus den Tiefen des Raumes naht ein sackartiges Monster mit viel Appetit auf Menschenfleisch. – »Ein kleines Wohnhaus, ein paar pubertierende Laiendarsteller und eine bunte Lichtorgel als Gruselbeleuchtung reichen aus für dieses unbeholfene Filmchen, das einen gewissen Unterhaltungswert hat, der so aber sicher nicht beabsichtigt war.« (FILMDIENST) [V]

DREAM NO EVIL

(DREAM NO EVIL). USA 1975. **R:** *John Hayes.* **B:** *John Hayes.* **K:** *Ron Johnson.* **M:** *N.N.* **D:** *Edmond O'Brien (Timothy McDonald), Brooke Mills (Grace McDonald), Marc Lawrence (Leichenbestatter), Michael Pataki (Jesse Bundy), Paul Prokop (Patrick Bundy), D. J. Anderson, Nadyne Turney, Vickie Schreck, Mary Carver. F 84 Min.*

Psycho-Horror. Medizinstudent entlarvt den mörderischen, scheinbar aus dem Jenseits zurückgekehrten Zombie-Vater einer verwirrten jungen Frau, der jeden umbringt, der ihr zu nahe kommt, als Vision einer Schizophrenen. [V]

DREAM SCREAM

(OUT OF THE BODY). Australien 1989. **R:** *Brian Trenchard-Smith, Charles Hannah.* **B:** *Kenneth Ross.* **K:** *Kevan Lind.* **M:** *Peter Westheimer.* **D:** *Mark Hembrow (David Gaze), Tessa Humphries (Neva St. Clair), Linda Newton (Carla Duprey), Margi Gerard (Maggie Jarrott) John Clayton (Sergeant Whittaker), John Ley (Detective Delgarno), Carrie Zivetz (Dr. Langton), Helen O'Connor (Barbara Sloan), David Hannay (Henry), Sally Hudson (Stephanie Parker). F 88 Min.*

Australischer Musiker träumt von einem schrecklichen Killer, der attraktiven Karrierefrauen die Augen rausreißt. Da natürlich wieder mal keine Sau seinen Warnungen glaubt, ist er, als der nächste Mord geschieht, der Hauptverdächtige. Blutiger Psycho-Thriller über einen »Astral-Vampir«. [V]

DIE DREI GESICHTER DER FURCHT

(I TRE VOLTI DELLA PAURA). Italien/Frankreich 1963. **R:** *Mario Bava.* **B:** *Marcello Tondato, Alberto Bevilacqua, Mario Bava.* **V:** *Alexej K. Tolstoj, Anton Tschechow, Howard Snyder (nach Guy de Maupassant).* **K:** *Ubaldo Terzano.* **M:** *Roberto Nicolosi.* **D:** *Boris Karloff (Greis/Erzähler), Susy Andersen (Sdenka), Mark Damon (Vladimir D'Urfe), Glauco Onorato (Giorgio), Rika Dialina (seine Frau), Massimo Righi (Pietro); Jacqueline Pierreux (Helen), Milly Monti (Madame Perkins' Magd); Michele Mercier (Rosy), Lydia Alfonsi (Mary). F 96 Min.*

Episodenfilm. – 1. »Wurdalak«: Vladimir, ein junger Adliger, reitet durch die Wälder Bessarabiens. Am Ufer eines Baches entdeckt er die kopflose Leiche eines Mannes. In einem nahe gelegenen Gehöft bittet er, die Nacht verbringen zu dürfen. Die Bewohner sind in heller Aufregung. Sie warten auf die Rückkehr des Ältesten, der ausgeritten ist, um den Verbrecher Alibek zur Strecke zu bringen. Doch hatte der Alte vor seinem Aufbruch prophezeit, wenn er nicht innerhalb von fünf Tagen zurückkehre, sei er in einen Wurdalaken verwandelt worden. Ein Wurdalak, eine Art menschlicher Vampir, hat den Drang, sich am Blut seiner liebsten Mitmenschen zu sättigen. Vladimir bleibt auf dem Gehöft. Er verliebt sich in die junge Sdenka. Am fünften Tag kehrt der Greis zurück, in den Händen trägt er den Kopf des Verbrechers und Blutsaugers Alibek. Doch wer einen Wurdalaken tötet, wird selbst zu einem vampirähnlichen Wesen, und so bleibt es nicht aus, dass der Greis

Die drei Gesichter der Furcht

nacheinander alle Familienangehörigen niedermacht, um sie seinem Reich einzuverleiben. Nur Vladimir (der nicht zur Familie gehört) und Sdenka können fliehen. Der Greis findet das letzte Familienmitglied und tötet Sdenka. Auch sie wird zum Wurdalaken und tötet ihrerseits ihr Liebstes: Vladimir. – 2. »Das Telefon«: Rosy, ein attraktives Callgirl, wird durch wiederholte Telefonanrufe beunruhigt. Eine Stimme teilt ihr mit, sie werde bald sterben. In ihrer furchtbaren Angst bittet Rosy ihre beste Freundin Mary, ihr während der Nacht Gesellschaft zu leisten. Diese stimmt zu. Rosy äußert den Verdacht, dass es sich bei dem Anrufer um ihren ehemaligen Geliebten handelt, der durch ihre Anzeige für einige Zeit hinter Gitter wandern musste. Tatsächlich ist dieser aus dem Zuchthaus entkommen und dringt spät in der Nacht in Rosys Wohnung ein, um sich zu rächen. Er verwechselt die Frauen und erdrosselt Mary. Rosy stürzt sich auf ihn und ersticht ihn. Das Telefon klingelt: Der Tote informiert sie, er werde sie von nun an bis in Ewigkeit peinigen. – 3. »Der Wassertropfen«: Die Krankenschwester Helen, die nebenberuflich als Totenpflegerin arbeitet, wird ins Haus der gerade verstorbenen Madame Perkins gerufen. In fast leeren Sälen, in denen aufgeschlitzte Puppen herumliegen, wachen fauchende Katzen bei ihrer toten Herrin. Während Helen die ziemlich entstellte Leiche umkleidet, entwendet sie der Toten einen kostbaren Ring. Ein Raunen geht durch das Zimmer. In ihre Wohnung zurückgekehrt, wird Helen immer wieder vom nervenzermürbenden Geräusch eines tropfenden Wassers aufgeschreckt. Die Beleuchtung versagt. Ein Ächzen und Stöhnen aus der Richtung ihres Schlafzimmers! Der Panik nah, öffnet Helen im Schein der Kerze die Tür. Die Mächte des Jenseits, das Phantom der Madame Perkins. Ein jäher Schrei des Entsetzens, Helen bricht zusammen. Am nächsten Tag untersucht die Polizei Helens Leiche. Ein Finger ist verfärbt, als hätte jemand mit Gewalt einen Ring entfernen wollen. – »Einer der besten Bava-Filme. Eine exzellente dreiteilige Horror-Story!« (Michael Weldon). – »Angst in ihrem Rohzustand.« (LEXIKON DES PHANTASTISCHEN FILMS). Bavas »Lieblingsfilm« macht Spaß (trotz gegenteiliger Auffassung der »etablierten« Kritik), ist in einigen Schockszenen sicher seiner Zeit voraus, doch in dieser Beziehung für heutige Verhältnisse relativ harmlos. In den USA hieß der Film *Black Sabbath,* um die Assoziation zu Bavas Kultklassiger *Black Sunday (Die Stunde, wenn Dracula kommt)* herzustellen, außerdem versah man ihn mit einer neuen Filmmusik (Komponist Lex Baxter). Boris Karloff sprach einleitende Worte zu jeder Episode. Da er in *Wurdalak* die Hauptrolle spielte, wurde diese Episode an den Schluss gestellt. [V]

DREI UNGLAUBLICHE GESCHICHTEN

(AMAZING STORIES BOOK THREE). USA 1985/1986. **R:** *Joe Dante, Robert Stevens, Tom Holland.* **B:** *Mick Garris, Frank Kerr, Michael McDowell.* **K:** *Robert Stevens, Vincent Martinelli, Charles Minsky.* **M:** *John Addison, David Shire, Phil Marshall.* **D:** *Hayley Mills, Dick Miller, Justin Mooney, Stephen Geoffreys, Dennis Lipscomb, Mary Ellen Trainor, John Cryer, Joanne Willette, Jeffrey Jay Cohen. F 68 Min.*

TV-Episodenfilm. 1. »The Greibble«: Comic-Heftchen-Monster wird real. – 2. »Moving Day«: Junge erfährt, dass er ein Alien ist und zu seinem Heimatplaneten zurückkehren muss. – 3. »Miscalculation«: Mann will mit chemischen Tricks eine Traumfrau zum Leben erwecken. [V]

Die drei Gesichter der Furcht

DREI WEGE IN DEN TOD

(TWO-FISTED TALES). USA 1991. **R:** *Richard Donner, Tom Holland, Robert Zemeckis.* **B:** *Frank Darabont.* **K:** *Hiro Narita, Gary B. Kibbe, Don Burgess.* **M:** *Michael Kamen, Warren Zevon, Alan Silvestri.* **D:** *Raymond J. Barry (Garrett), Steve Boyum (King), Michelle Bronson (Carrie), Roderick Cook (Cornelius Bosch), Kirk Douglas (General), Eric Douglas (Generalssohn), Anthony Gallo (Corporal), Dominick Morra (Priester), Steve Picerni (Jonas), Brad Pitt (Billy), Dan Aykroyd, Neil Giuntoli, Lance Henriksen, David Morse. F 86 Min.*

TV-Episodenfilm. 1. »Showdown«: Der von Albträumen gequälte Revolvermann Billy findet sein verdientes Ende. – 2. »King of the Road«: Waghalsiger Rennfahrer fordert einen Ex-Champion mit Gewalt zu einem riskanten Rennen heraus. – 3. »Yellow«: Ein General bringt seinen labilen Sohn vors Kriegsgericht.

13 GEISTER

(THIRTEEN GHOSTS). USA 2001. **R:** *Steve Beck.* **B:** *Neal Stevens, Richard D'Oridio.* **St:** *(Original-Drehbuch): Robb White.* **K:** *Gale Tattersall.* **Ma:** *Howard Berger. M: John Frizzell.* **D:** *Tony Shalboub (Arthur Kriticos), Embeth Davidtz (Kalina), Matthew Lillard (Dennis Rafkin), Elizabeth Shannon (Kathy Kriticos), Alec Roberts (Bobby Kriticos), Rah Digga (Maggie), F. Murray Abraham (Cryus Kriticos), Matthew Harrison (Damon). F ca. 90 Min.*

Seinen Erben hinterlässt der steinreiche Cryus Kriticos nicht nur Haus und Vermögen, sondern auch einen Stall voller Gespenster. Neuverfilmung des Uralt-Gruslers *Das unheimliche Erbe* (USA 1960) von William Castle.

DIE 13 OPFER DES DR. DESMOND

(THE HYPNOTIC EYE). USA 1959. **R:** *George Blair.* **B:** *Gitta Woodfield, William Read Woodfield.* **K:** *Archie Dalzell.* **M:** *Marlin Skiles.* **D:** *Jacques Bergerac (Der Große Desmond), Allison Hayes (Justine), Marcia Henderson (Marcia Blane), Merry Anders (Dodie Wilson), Guy Prescott (Dr. Philip Hect), Joe Patridge (Dave Kennedy), Carol Thurston (Doris Scott), Phyllis Colo (Mrs. McNeae), Mary Foran (June Mayes), Holly Harris (Mrs. Stevens), James Lydon, Fred Demara, Eric Nord, Lawrence Lipton. SW 77 Min.*

Bei einer Serie geheimnisvoller Unfälle werden die Opfer (allesamt junge Frauen) mit verstümmelten Gesichtern gefunden. Inspektor Zufall entdeckt einen Hypnotiseur, einen großen Meister seines Fachs. Da dessen Assistentin ein entstelltes Gesicht hat, was sie durch eine Maske zu verbergen versteht, will sie, dass auch andere Frauen in den Genuss dieses Nachteils kommen: Sie manipuliert die Opfer mit Hypnose und befiehlt ihnen Selbstverstümmelung. – »Ein Schund-Klassiker! Ein wahrhaft doofer Film.« (Michael Weldon).

DREIZEHN STUFEN ZUM TERROR

(THE ATTIC). USA 1980. **R:** *George Edwards.* **B:** *Tony Crechales.* **K:** *Gary Graver.* **M:** *Hod David Schudson.* **D:** *Ray Milland (Wendell Elmore), Carrie Snodgress (Louise Elmore), Ruth Cox (Emily), Marjorie Eaton (Mrs. Fowler), Rosemary Murphy (Mrs. Perkins), Fern Barry (Mrs. Mooney), Francis Ray (Bibliothekar), Angel (Dickey), Patrick Brennan (David Perkins), Phil Speary (Angestellter), Michael Rhodes (Matrose), Mark Andrews (Gärtner), Dick Welsbacher (Beamter). F 85 Min.*

Die Kleinstadtbibliothekarin Louise Elmore lebt, seit ihr Bräutigam sie (am Hochzeitstag!) »verlassen« hat, allein mit ihrem an einen Rollstuhl gefesselten tyrannischen Vater in einem alten Haus. Louise vermutet, dass ihr Vater den jungen Mann vergrault hat, deshalb hasst sie ihn und will ihn töten. Als sie feststellt, dass er gar nicht gelähmt ist (er verstellt sich, damit sie ihn nicht verlässt), stößt sie ihn in blinder Wut von einer Klippe. Doch als sie ins Haus zurückkehrt, um in der Dachkammer Papas verstecktes Vermögen zu suchen, macht sie eine grauenhafte Entdeckung: Ihr verschwundener Bräutigam wartet dort auf sie – ein Skelett, angetan mit Sonntagskleidern. Zur Trauung bereit. Daddy hat wirklich alles getan, damit sie bei ihm bleibt. Als ein starker Windstoß die Tür zuschlägt, sind auch für Louise die Würfel gefallen. – »[Carrie Snodgress] macht aus ihrer Rolle (von dem Orson Welles-Schüler Gary Graver bestens fotografiert) eine dichte, psychologische Studie. Schlussendlich aber verkauft sie sich doch unter ihrem Wert.« (Tony Crawley, STARBURST). [V]

DIE DREIZEHNTE LEGENDE

(THE FEAR II: HALLOWEEN NIGHT). USA/Kanada 1999. **R:** *Chris Angel.* **B:** *Kevin Richards.* **St:** *Greg H. Sims, Kevin Richards.* **D:** *Gordon Currie (Mike Hawthorne), Brendan Beiser (Ned), Stacy Grant (Peg), Philip Rhys (Mitch Maldive), Myc Agnew (Chris), Emmanuelle Vaugier (Jennifer), Ra-*

chel Hayward (Trish), Betsy Palmer (Mams), Kelly Benson (Lisa Ann), Byron-Chief Moon (Crow), Garvin Cross (Stephen). F 87 Min.
»Ein Kindheitstrauma: Vattern erschlug Muttern mit Beil und entleibte sich anschließend. Therapie: Schock. Fazit: Debil-Horror zum Grausen, nicht zum Gruseln.« (FILM JAHRBUCH 2000] – Daher auch nur auf Video. [V]

DRESSED TO KILL

(DRESSED TO KILL). USA 1980. **R:** *Brian De Palma.* **B:** *Brian De Palma.* **K:** *Ralf Bode.* **M:** *Pino Donaggio.* **D:** *Michael Caine (Dr. Robert Elliott), Angie Dickinson (Kate Miller), Nancy Allen (Liz Blake), Keith Gordon (Peter Miller), Dennis Franz (Merino), David Margulies (Dr. Levy), Brandon Maggart (Cleveland Sam), Fred Weber (Mike Miller), Susannah Clemm (Bobbi), Ken Baker (Warren Lockman), Robert Lee Rush (Ganove), Bill Randolph, Sean O'Rinn (Taxifahrer), Mary Davenport (Frau im Coffeeshop). F 90 Min.*
Kate, eine attraktive Frau um die vierzig, ist mit ihrem Dasein nicht zufrieden. Deswegen sucht sie regelmäßig den verständnisvollen Psychiater Dr. Elliot auf. Die sexuell frustrierte Frau lässt sich nach einer neuen »Sprechstunde« auf ein Abenteuer mit einem Unbekannten ein, aber als sie nach Hause zurückkehren will, wird sie im Aufzug von einer Unbekannten mit einem Rasiermesser angefallen und bestialisch getötet. Die Prostituierte Liz findet nicht nur Kates Leiche, sondern sieht die Täterin auch entwischen. Dummerweise nimmt Liz die Mordwaffe in die Hand (was kein normaler Mensch tun würde – immerhin haben wir alle genügend Kriminalfilme gesehen). Sofort ist sie die Hauptverdächtige. Kates Sohn, ein wortkarger Intellektueller, ist es schließlich, der auf die Idee kommt, jemand müsse seiner Mutter vom Psychiater-Besuch gefolgt sein. Er entwickelt einen Plan, in dem Liz eine nicht unmaßgebliche Rolle spielt – denn der unbekannten Mörderin muss daran gelegen sein, sich dieser Zeugin zu entledigen. – Wer ein paar Brocken Englisch versteht, müsste eigentlich schon beim Filmtitel aufhorchen: »Angezogen zum Töten«?[1] Verkleidet sich hier jemand? Genau das ist des Pudels Kern: Der Täter ist mitnichten eine Frau, sondern ein Transsexueller, der es vor seiner Neigung dermaßen graut, dass seine Persönlichkeit sich gespalten hat – ein Mann, dessen unterdrücktes Triebleben sich stets dann in bestialischer Aktivität entlädt, wenn ihn eine Frau sexuell erregt. Die Spannung des Täters löst sich erst, nachdem er (stellvertretend für sich selbst) jemanden hat sterben lassen. »Wie Hitchcocks *Psycho* funktioniert auch De Palmas Film überwiegend durch so genannte ›stumme Szenen‹, also nur durch Bilder und deren Komposition. So werden Gefühle im Film selbst nicht gezeigt, aber beim Zuschauer erzeugt. Angespielt wird dabei auf Ängste etwa vor geschlossenen Räumen, vor Verstümmelung, Schmerz, Kastration, Vergewaltigung, Persönlichkeitsverlust, Liebesentzug.« (Ulrich Hetscher, UNSERE ZEIT). – »De Palma hat zahlreiche Genrezitate, vor allem Hitchcock betreffend, eingebaut: das reicht von der berühmten ›Dusch‹-Szene aus *Psycho* bis hin zur ganz ähnlichen Typenwahl. Und zum Schluss, in der irreführenden Traumszene, zitiert (oder plagiiert) er seine eigene Schreckdramaturgie aus *Carrie*. Handwerklich ist dieser Film trotz der ziemlich unoriginellen Grundidee ganz bemerkenswert.« (Hubert Haslberger, FILMDIENST) – »*Dressed to Kill* ist zwar auf vielerlei Weise die momentan offensichtlichste Hitchcock-Nachahmung, beweist aber gleichzeitig, dass De Palma ein höchst eigenständiger Filmemacher ist. Er benutzt eingestandenermaßen Hitchcock zwar als Ausgangsbasis, geht aber dann völlig andere Wege. Trotz aller Ähnlichkeiten im Aufbau trennen Hitchcock und De Palmas Filme stilistisch und erscheinungsmäßig Welten. Hitchcocks Stil war sehr kalt und klinisch, und auch wenn seine Filme sich oft mit sexueller Thematik beschäftigten, blieb die reine Sexualität doch immer unter der Oberfläche. Bei De Palma ist sie äußerst offensichtlich. Sein Stil ist sehr sinnlich – langsam, matt und warm –, und manchmal hat man beim Betrachten seiner Filme das Gefühl, man beobachte die erotischen Träume eines anderen.« (John Brosnan, STARBURST) [V]

DRILLER KILLER

(DRILLER KILLER). USA 1979. **R:** *Abel Ferrara.* **B:** *Nicholas St. John.* **K:** *Ken Kelsch.* **M:** *Joseph Della.* **D:** *Jimmy Laine [Abel Ferrara] (Reno Miller), Carolyn Marz (Carolyn), Baybi Day (Pamela),*

[1] *Wer Englisch als Muttersprache spricht, assoziiert »Dressed to kill« freilich mit »aufgedonnert«*

Harry Schultz (Dalton Briggs), Alan Wynroth (Vermieter), Maria Helhoski (Nonne), Richard Howorth (Carols Mann), James O'Hara, Louis Mascolo, Tommy Santora, Janet Dailey, Joyce Finney. F 99 Min.

Von sozialem Abstieg bedroht, rastet der Maler Reno aus und tötet seinen Vermieter sowie einige Obdachlose aus seinem Wohnviertel mit einer Bohrmaschine. Von diesem Film haben sich offenbar ein paar in ähnlicher Lage befindliche bundesdeutsche Schwachmaten inspirieren lassen, die mit einem Hammer operierten, so dass sich die Frage stellt, ob der reale Horror den fiktiven nicht längst überholt hat. Eine ähnliche Story verbrät *Der Killer mit der Bohrmaschine* (USA 1978; Regie: Dennis Donnelly).

DAS DRITTE AUGE

(IL TERZO OCCHIO). Italien 1965. **R:** *James Warren [Giacomo Guerrini].* **B:** *Dean Craig, Giacomo Guerrini.* **St:** *Gilles de Reys, Phil Young.* **K:** *Alessandro D'Eva.* **M:** *Frank Mason [Francesco de Masi].* **D:** *Franco Nero (Mino), Gioila Pascal (Marta), Erica Blanc (Laura/Daniela), Olga Solbelli (Minos Mutter), Richard Hillock (Arzt), Diana Sullivan, Marina Morgan. SW (98) 87 Min.*

Ein düsteres Schloss mit dunklen Fluren, ein geheimnisvolles Laboratorium mit ausgestopften Tieren, verschlossene Türen, Käuzchenschreie, wehende Gardinen, blanke Küchenmesser, würgende Hände, dekorative Frauenleichen! Der Schlossherr ist total wahnsinnig. Schuld daran ist eine Zofe, die seine Mutter und seine Braut ins Jenseits befördert hat und ihn jetzt, wie vormals die Mutter, völlig beherrscht. Des Grafen Lebensziel ist es nur noch, leichte Mädchen delikat zu erwürgen. Die Schwester der ermordeten Braut taucht auf. Die Zofe will auch sie beseitigen. Doch der Graf, wegen der Ähnlichkeit von der fixen Idee besessen, seine Braut sei zurückgekehrt, massakriert die Zofe. Dann wendet er sich gegen die falsche Braut. Gut, dass es eine schlagkräftige Polizei gibt. – »Die Gruseleffekte verursachen herzliches Lachen.« (FILMBEOBACHTER) – »Mit der Rolle des wahnsinnigen Grafen weiß Franco Nero (sonst als Westernheld *Django* glänzend) rein gar nichts anzufangen. Vom Regisseur offensichtlich im Stich gelassen, beschränkt er sich darauf, den Irren mit verdrehten Augen oder starrem Blick zu mimen.« (FILMDIENST)

DRIVEN – VOM BÖSEN GETRIEBEN

(DRIVEN). GB 1998. **R:** *Simon Cox.* **B:** *Simon Cox.* **K:** *Gordon Hickie.* **M:** *Dave Cooke.* **D:** *Grant Masters (Martin Harris), Sharon Small (Caroline Hall), Gary Beadle (Phil Hatton), Francis Magee (Dr. McRyer), Paul Copley (Brian Chapel), Doug Bradley (Eric Myers), Kate Debenham Taylor (Terri), Erin Geraghty (Anne Braithwaite), Jonathan Kydd (Sam Gilbert), Sally McCormack (Schwester), Tony McHale (Mickey Hart), Nigel Pegram (Pater Bridgeley), Patrick Robinson (Tony Torrance), Ben Shockley (Andrew Harris), Laura Shore (Anna). F 87 Min.*

Ein Massenmörder wiederholt nach hundert Jahren die Untaten eines Killers, und der Bestsellerautor Harris, der einen Roman über die vergangenen Ereignisse schreibt, fragt sich, ob seine finsteren Phantasien den Geist des Bösen erneut beschworen haben. Ein schwarzer Thriller.

D-TOX – IM AUGE DER ANGST

(EYE SEE YOU). USA/Kanada 2002. **R:** *Jim Gillespie.* **B:** *Ron L. Brinkerhoff.* **V:** *Howard Swindle.* **K:** *Dean Semler.* **M:** *John Powell, James McKee Smith, Geoff Zanelli.* **D:** *Sylvester Stallone (Jake Malloy), Tom Berenger (Hank), Charles S. Dutton (Hendricks), Kris Kristofferson (Doc), Polly Walker (Jenny), Sean Patrick Flanery (Connor), Christopher Fulford (Frank Slater), Dina Meyer (Mary), Robert Patrick (Pete Noah), Robert Prosky (McKenzie), Courtney B. Vance (Willie Jones), Jeffrey Wright (Lenny Jaworski). F ca. 90 Min.*

Deutsche Anlegergelder machen es möglich: Irrer Serienmörder, der Jake Malloys Freundin auf dem Gewissen und was gegen Cops hat, treibt sein Unwesen in der eisigen Wildnis Wyomings, wo ein Ex-Polizeiarzt eine Anlaufstation für gestrauchelte Bullen leitet. Unter ihnen, unerkannt, auch der Killer und der FBI-Agent Jake, der den Bösen zum Schluss regelrecht aufs Nagelbrett bringt.

DUELL

(DUEL). USA 1972. **R:** *Steven Spielberg.* **B:** *Richard Matheson.* **St:** *Richard Matheson.* **K:** *Jack A. Marta.* **M:** *Billy Goldenberg.* **D:** *Dennis Weaver (David Mann), Jacqueline Scott (Mrs. Mann), Eddie Firestone (Chuck), Lou Frizzell (Busfahrer), Gene Dynarski (Mann im Café), Lucille Benson (Schlangenzüchterin), Tim Herbert (Tankwart), Charles Seel (Alter Mann), Shirley O'Hara (Kellne-*

rin), Alexander Lockwood, Amy Douglas (Ehepaar im Auto), Cary Loftin (Tankwagenfahrer), Dale Van Sickel (Autofahrer). F 90 Min.

David Mann, ein Handelsvertreter, ist unterwegs. Während er auf der Landstraße dem stumpfsinnigen Rundfunkprogramm zuhört, holt er einen schmutzigen Tankwagen ein, dessen Auspuffgase seinen Schleimhäuten nicht gerade zuträglich sind. David überholt. Kurz darauf jagt der Tankwagen mit schrillem Gehupe an ihm vorbei und setzt sich wieder vor ihn. David will erneut überholen. Der Trucker winkt ihn vorbei. Aber auf der Gegenfahrbahn rast ein Auto heran, dem David gerade noch ausweichen kann. Von nun an hat der Spaß für ihn ein Ende: Er trickst den Tankwagenfahrer aus, aber das hätte er besser nicht tun sollen, denn der Mann ist überaus nachtragend. Von nun an jagt er David mit einem halsbrecherischen Tempo eine nicht eben verkehrssicher ausgebaute Straße hinab. David zweifelt zuerst am Verstand seines »Gegners«, dann an seinem eigenen. Als er fast einen schweren Unfall baut und in eine Raststätte geht, um sich zu beruhigen, hält man ihn für nicht ganz normal. Dann steht der Tankwagen plötzlich vor der Tür. Einer der Gäste muss der geheimnisvolle Fahrer sein. David spricht einen Unbekannten an und bezieht, als er sich hysterisch aufführt, Prügel. Er fährt weiter. Der Tanker ist weg. Aber er lauert ihm auf, in einem Tunnel. David gerät immer mehr in Panik: Der Fremde will ihn umbringen. Aber warum? Hat er es mit einem Irren zu tun? Andere Autofahrer, denen er sich anvertraut, zeigen kein Verständnis für seine Probleme. Als David telefonisch Hilfe rufen will, walzt der Tanker die Telefonzelle nieder. Dann versucht er, Davids Fahrzeug in einen vorbeirasenden Eisenbahnzug zu schieben. Davids Versuche, sich dem unheimlichen Duellanten durch Flucht zu entziehen, bleiben in jeder Beziehung fruchtlos. Der Fahrer, der sich nie zeigt, hat es tatsächlich auf ihn abgesehen. David bleibt keine andere Wahl, als sich zum Kampf zu stellen. Er lockt den Verfolger in eine tödliche Falle ...

Ein Film über zwei Autofahrer? Horror? Und ob! Obwohl dieser erste größere Film (eine TV-Produktion) Steven Spielbergs gänzlich ohne Vampire, Werwölfe und Untote auskommt, ist er ein Horror-Streifen reinsten Wassers, in dem ein schmutziger Tankwagen das Monster symbolisiert: den brüllenden und fauchenden Moloch, der mit urwelthaften Geräuschen einem kleinen Menschlein folgt, um es zu vernichten. Ungewöhnlich ist nicht nur die »Heldengestalt« David, ein Durchschnittsbürger, der zu Hause wenig zu sagen hat und von dessen Gattin wir erfahren, dass er im Leben nicht gern Stellung bezieht, sondern auch die Szenerie, vor der die dramatischen Ereignisse ablaufen: eine staubige Landstraße, auf der ein Duell auf Leben und Tod ausgefochten wird, ohne dass der Protagonist je erfährt, *warum* es ihm an den Kragen gehen soll. Was hat er verbrochen? Ist es vorstellbar, dass der Unbekannte ihn aus dem Wege räumen will, weil er es gewagt hat, einen »König der Landstraße« zu überholen? Die Bedrohlichkeit der Situation wird noch erhöht durch das feige und verständnislose Verhalten jener Leute, die David um Hilfe bittet: Alle schalten ab, möchten in nichts hineingezogen werden, haben ihre eigenen Probleme. Umso erleichterter reagiert man nach der Schlussszene: Als es David gelungen ist, sich seines Widersachers zu entledigen, springt er hysterisch lachend von einem Bein aufs andere: Endlich frei! Endlich wieder frei!

»Der Film ist auf mannigfache Art zu verstehen, etwa als die Ohnmacht des Einzelnen gegen die Bedrohung durch eine feindliche Umwelt oder als Furcht vor einer Gefahr, vor der man davonzulaufen versucht.« (Georg Herzberg, FILMECHO/FILMWOCHE). – »Für den Vertreter, der sich auf einer normalen Geschäftsreise befindet, ist der Lastzug eine anonyme, metahumane Bedrohung, die unvermutet und grundlos über ihn hereinbricht ... der Lkw selbst ist sozusagen die Gefahr, die daher auch in ihrem Wesen und ihrer Motivation unverständlich bleibt.« (Wilfried Günther, MEDIUM). – »Spielberg ... hat gewiss genau gewusst, wie er den Film haben wollte ... undurchsichtig. Abgesehen davon, dass er es eilig hat und am Abend zuvor eine noch nicht beigelegte Auseinandersetzung mit seiner Frau hatte, erfahren wir wenig über Weaver. Steht er als Symbol für die amerikanische Mittelschicht, die von einem anonymen Feind einer Prüfung unterzogen wird, die sie nur mit Glück und Wagemut bestehen kann? Der spielerische Hinweis einer amerikanischen Zeitung, dass Nixon der Tanker und McGovern den Pkw sei, kann, glaube ich, rasch außer Acht gelassen werden; dennoch ist der Film so voller Obertöne und Echos (die geistlosen Sprecher im Radio, der Unwillen der Menschen, in das hineingezogen zu werden, was Weaver widerfährt), dass man sich des Eindrucks nicht erwehren kann, wir sollten ihn – zumindest streckenweise – als Allegorie auf die Selbstzufriedenen und Schwachen ansehen, die von den Starken angegriffen werden.« (John Gillett, FOCUS ON FILM). – *Duell* ist in den USA als TV-Film konzipiert worden, seine ursprüngliche Länge betrug 73 Minuten.

DIE DUNKLE SEITE DES BÖSEN – POLTERGEIST III

(POLTERGEIST III). USA 1988. **R:** *Gary Sherman.* **B:** *Gary Sherman, Brian Taggert.* **K:** *Alex Nepomniaschy.* **SpE:** *Dick Smith, Gary Sherman.* **M:** *Joe Renzetti.* **D:** *Tom Skerritt (Bruce Gardner), Nancy Allen (Patricia Gardner), Heather O'Rourke (Carol Anne Freeling), Zelda Rubinstein (Tangina Barrons), Lara Flynn Boyle (Donna Gardner), Kip Wentz (Scott), Richard Fire (Dr. Seaton), Nathan Davis (Reverend Kane), Roger May (Burt), Paul Graham (Martin). F 98 Min.*

Vorgeschichte: *Poltergeist II.* – Carol Ann (12) zieht zu ihrer Tante, die in Chicago in einem Hochhaus lebt, doch ein finsterer Prediger aus dem Jenseits folgt ihr dorthin und macht ihr das Leben zur Hölle. – Ein paar neue Ideen hätten diesem Film ganz gut getan.

DUST DEVIL

(DUST DEVIL). GB 1992. **R:** *Richard Stanley.* **B:** *Richard Stanley.* **K:** *Steven Chivers.* **SpE:** *The Dream Machine.* **M:** *Simon Boswell.* **D:** *Robert Burke (Texas), Chelsea Field (Wendy Robinson), Zakes Mokae (Ben Mukurob), Rufus Swart (Mark Robinson), John Makshikiza (Joe Niemand), William Hootkins (Captain Beyman), Marianne Sägebrecht (Dr. Leidzinger), Terri Norton (Baarthjie Haarhoff), Russell Copley (Captain Dutoit), André Odendaal (Captain Botes), Luke Cornell, Philip Henn, Robert Stevenson, Peter Haller, Stephen Earhart, Isaac Mavimbela, Crystal Dobson. F 87 Min.*

Auf der Flucht vor ihrem nicht sehr zärtlichen Gatten nimmt die suizidgefährdete Wendy einen gut aussehenden Fremden in ihrem Wagen mit, der sie zugleich fasziniert und abstößt. Nachdem sie sich ihm leidenschaftlich hingegeben hat, deckt sie sein schreckliches Geheimnis auf: Er sieht zwar aus wie ein Mensch, aber er ist keiner. In Wirklichkeit ist er ein (vermutlich seit undenklichen Zeiten) auf Erden wandelnder Dämon, der sich diesmal im von einer Dürre heimgesuchten Namibia aufhält, die Seelen einsamer und verlassener Menschen sammelt und sie dann auf rituelle Weise abschlachtet. (Seine Untaten haben auch schon den Polizisten Ben auf seine Spur gelockt.) Die entsetzte Wendy schlägt ihn nieder und setzt sich mit ihrem Wagen in die Wüste ab. Doch der Dämon heftet sich an ihre Fersen, und in einer verlassenen Stadt muss sie sich dem Bösen stellen. »*Dust Devil* ist gleichermaßen eine Hommage an Sergio Leone, Dario Argento und Mario Bava. Außerdem will ich Themen wie Rassismus und die Geschichte vom Ende der Welt in die Köpfe der Menschen hämmern!« (Richard Stanley). »Perfekt inszeniert und von einem beunruhigenden Soundtrack noch in seiner Wirkung verstärkt, ist der Film für Freunde des Genres durchaus sehenswert.« (FILMDIENST) [V]

DAS DÜSTERE HAUS

(FANATIC/DIE! DIE! MY DARLING). GB/USA 1964. **R:** *Silvio Narizzano.* **B:** *Richard Matheson.* **V:** *»Mit Blut geschrieben« von Anne Blaisdell.* **K:** *Arthur Ibbetson.* **M:** *Wilfred Josephs.* **D:** *Tallullah Bankhead (Mrs. Trefoile), Stefanie Powers (Patricia Carroll), Peter Vaughan (Harry), Donald Sutherland (Joseph), Maurice Kaufman (Alan Glentower), Yootha Joyce (Anna), Robert Dorning (Orsby),*

Das düstere Haus

Gwendolyn Watts (Gloria), Philip Gilbert (Oscar), Winifred Dennis (Ladenbesitzerin), Diane King (Geschwätzige Frau). F 96 Min.
Bei einem Besuch in London macht die Amerikanerin Pat einen Abstecher zum einsam gelegenen Landhaus Mrs. Trefoiles, mit deren Sohn sie einst verlobt war. Der Sohn lebt nicht mehr, ist angeblich bei einem Autounfall umgekommen. Pat fühlt sich nicht wohl in dem gruseligen alten Gemäuer, auch die Dienerschaft der Gastgeberin flößt ihr Angst ein. Sie erkennt, dass Mrs. Trefoile einem obskuren pseudoreligiösen Wahn verfallen ist: Sie möchte Pat mit ihrem toten Sohn im Paradies vereinigen. Ehe Pat Konsequenzen ziehen kann, befindet sie sich in der Gewalt der alten Dame. Man sperrt sie ein, aber ihre Hilferufe fruchten nichts: Die Dienstboten sind entweder ebenfalls religiöse Fanatiker oder schwachsinnig. Als der Gärtner Harry sich an Pat heranmacht, bringt Mrs. Trefoile ihn um. Harrys Frau Anna zerreißt derweil Pats »sündige« Unterwäsche. Pat landet dort, wo sich Harry schon befindet: in einem finsteren Kellerraum. Mrs. Trefoile macht ihr klar, dass sie schon bald mit der Seele ihres verstorbenen Sohnes vereint sein wird. Als Retter in letzter Sekunde erscheint Alan Glentower, Pats derzeitiger Freund, der sich wundert, wieso sie zu einer Verabredung nicht erscheint. Als die verrückte Alte mit einem langen Messer auf Pat losgeht, um sie »ins Paradies« zu schicken, findet Pat in der Magd Anna (die inzwischen weiß, dass ihr Mann Harry tot ist) eine Verbündete ... »Der amerikanische Titel weckt kaum besonders hoch gestellte Erwartungen, um so größer ist dafür die Überraschung, wenn man feststellt, dass der Film vergleichsweise spannend und unterhaltend ist. Zum nicht unwesentlichen Teil ist das ein Verdienst der hervorragenden Regiearbeit Silvio Narizzanos. Unter seiner Anleitung erscheint die Wandlung der Bankhead von verschrobener Exzentrik über Bitterkeit zum mörderischen Racheengel durchaus glaubwürdig. Diese Wandlung erleben wir mit aus dem Blickwinkel des ahnungslosen Mädchens, das gleichfalls eine Wandlung durchmacht – von naiver Zuneigung zu nagender Furcht und namenlosem Schrecken.« (Robert Moss, DER KLASSISCHE HORRORFILM). – »Ungeachtet der einwandfreien Regiearbeit Silvio Narizzanos bleibt *Das düstere Haus* eine der wirkungsvollsten Schauergeschichten, die man bei Hammer je zustande gebracht hat, und man sieht, welch wichtigen Part notwendigerweise das Drehbuch bei der Erschaffung eines psychologischen Thrillers spielt (eine Kategorie, in die dieser Film ganz klar gehört). In einem Genre, in dem es so viel auf die Zurschaustellung komplexer menschlicher Interaktion ankommt, kann im Grunde nicht einmal der brillanteste Regisseur eine schwache Vorlage entsprechend umsetzen.« (David Pirie, A HERITAGE OF HORROR)

Düstere Legenden

DÜSTERE LEGENDEN

(URBAN LEGEND). USA 1998. **R:** *Jamie Blanks.* **B:** *Silvio Horta.* **K:** *James Chressantis.* **M:** *Christopher Young.* **D:** *Alicia Witt (Natalie Simon), Robert Englund (Professor Wexler), Rebecca Gayheart (Brenda Bates), Jared Leto (Paul Gardener), Loreta Devine (Reece), Tara Reid (Sasha Thomas), Joshua Jackson (Damon Brooks), Michael Rosenbaum (Parker Riley), Natasha Gregson Wagner (Michelle Mancini), Danielle Harris (Tosh Guaneri), John Neville (Dekan Adams), Julian Richings*

(Hausmeister), Gord Martineau (David McAree), Kay Hawtrey (Bibliothekarin), Brad Dourif (Michael McDowell). F 99 Min.
»Die Frage, ob ein Horrorfilm gut oder schlecht war, klärt man am besten mit dem Rücksitztest. Wer nach dem Kino entspannt, routiniert und ohne Schulterblick ins Auto steigt, hatte wohl Pech mit der Filmauswahl. Wer dagegen den Rücksitz inspiziert, vielleicht noch im Kofferraum nachschaut und bei jedem ungewohnten Geräusch dem Infarkt ein Stückchen näher kommt – der ist in den Genuss wahrer Angstlust gekommen. (...) *Düstere Legenden*, das Regiedebüt des Australiers Jamie Banks, will kein Film zum Schmunzeln sein. Er lebt von der Vorstellung, dass unsere schlimmsten Albträume *wirklich* wahr werden könnten. Er sehnt sich nach echtem Entsetzen und ungefilterter Panik. Und er setzt auf die klassischen, seit John Carpenters *Halloween* bekannten Stilmittel. Das bedeutet Kargheit und Minimalismus: Eine dunkle Gestalt mit Messer oder Axt, mehr braucht es nicht. Denn was auf der Welt könnte bedrohlicher sein als eine dunkle Gestalt mit einer Axt?« Im vorliegenden Fall handelt es sich um eine Pelzkapuzenträgerin im anonymen Einheitsanorak, die reihenweise Studenten und Lehrpersonal mit der Axt erledigt und auf diese Weise den Ruf der »sichersten Uni Amerikas« versaut. Grund für ihren Amoklauf ist ein zwei Jahre zurück liegender Studentenulk, bei dem ihr Geliebter ins Gras beißen musste. Beim Rücksitztest werde der Film insgesamt gut abschneiden, resümiert Ralf Schlüter in der BERLINER ZEITUNG (4.2.1999). – Anders sieht es Dirk Schönlebe im TAGESSPIEGEL (4.2.1999): »Das Spiel mit Neugier, Voyeurismus, Schadenfreude, Lust an der Angst und den Abgründen der menschlichen Seele könnte einen sehenswerten Horrorfilm ergeben. Aber aus dem anfänglich angenehmen Gruseln wird ein großes Gähnen. Zu oft rennen sich Menschen überraschend und mit dramatischer Musikuntermalung über den Haufen. Irgendwann wird aus dem legendenhaften Morden primitives Töten. Und die Auflösung des Schlachtens ist zum einen sehr enttäuschend und macht den Film zum anderen im Nachhinein passagenweise unlogisch.« – »Die Produzenten der Neoslasherfilme scheinen zu glauben, dass die Generation, die *Halloween, Nightmare on Elm Street, Freitag der* blah blah, usw., nicht sehen konnte, weil sie damals noch als Spermatogonien im Schlabber rumhing (okay, zumindest die Grundschule besuchte), unendlich gleichmütig den immergleichen Film vorgesetzt bekommen will und den dann auch noch wahnsinnig spannend und neu findet.« (Heiko Hanel, SPLATTING IMAGE 6/Dezember 1998)

DÜSTERE LEGENDEN II

(URBAN LEGENDS: FINAL CUT). USA/Kanada 2000. **R:** *John Ottman.* **B:** *Paul Harris Boardman, Scott Derrickson (und Silvio Horta).* **K:** *Brian Pearson.* **M:** *John Ottman.* **D:** *Jennifer Morrison (Amy Mayfield), Matthew Davis (Travis/Trevor), Hart Bochner (Professor Solomon), Loretta Devine (Reese), Joseph »Joey« Lawrence (Graham), Anson Mount (Toby), Eva Mendes (Vanessa), Marco Hofschneider. F 93 (103) Min.*
»Ist Film wichtiger als das Leben?«, fragt der Lehrer seine Filmklasse mit einem Truffaut-Zitat. Die Antwort fällt blutig aus. Hier verlasse man sich hauptsächlich auf jenen Trick, der unter anderem bei *Scream 3* so gut funktionierte, bemerkt Doris Kuhn in der SÜDDEUTSCHEN ZEITUNG [5.1.2001): »Man thematisiert die Entstehung von Horrorfilmen. Dazu wird der Plot an eine Filmhochschule verlegt, an der kleine Horrorfilme für einen Horrorfilm-Wettbewerb gedreht werden. ›Hitchcock-Award‹ heißt der Preis, um den die jungen Talente buhlen, und schon tun sich Möglichkeiten auf, auch die Filmgeschichte zu verwursten. Trotzdem versuchen die Filmhochschüler redlich, Ironie und Zitat in ihre Werke zu bringen – sie benehmen sich aber zugleich so, als hätten die Neunziger nie stattgefunden und als habe es *Scream* nie gegeben. Von Horrorfilmen haben sie keinen Schimmer, und so ist es nur gerecht, dass sie alle nacheinander leichte Beute für einen umgehenden Hochschulkiller werden.« – »Auf die andauernde Vermengung von Sein und Schein ist der Film so stolz, als habe noch nie in der Filmgeschichte eine vermeintliche Leiche ihr Haupt zu neuen Taten gereckt. Mit der Einführung des Selbstreferenziellen verleiht man sich schließlich den Nimbus eines Durchblickers – da spielt kaum noch eine Rolle, wie schlampig alle übrigen Aspekte der Produktion ausgeführt sein mögen. Ein Wasserfall von Zitaten aus allen Filmepochen (von Turmszenen à la Hitchcock bis zum *Blair Witch Project)*, von Splatterszenen und linkisch inszenierten Verfolgungsjagden geht auf

das ungerührte Publikum nieder. Es fliegt zum Beispiel eine menschliche Niere durch die Luft, um vor der Schnauze eines hungrigen Haustiers zu landen. Die prinzipielle Unentschiedenheit des Films, ob er nämlich angesichts der schieren Masse seiner Schocks noch erschrecken oder vielleicht doch nur amüsieren will, offenbart sich in dieser Szene.« (Daniela Pogade, BERLINER ZEITUNG, 4.1.2001) – »... der Film bildet sich was ein auf seine Cleverness, spielt herum mit Realität und Fiktion und fällt doch immer wieder zurück auf eine Standardsituation des Genres: junge Frau läuft durch die Nacht und Schlitzer läuft ihr hinterher.« [RKo, STUTTGARTER ZEITUNG, 4.1.2001) – »Betrachtet man die monomanische Reihe der amerikanischen Teenie-Horror-Produktionen, könnte man meinen, es gäbe nichts Gruseligeres auf dieser Welt, als jung zu sein. (...) Die Auflösung ist so Mitleid erregend wie der Versuch, das Spiel von filmischer Wirklichkeit, Film-im-Film-Produktion und blutig quer schießenden ›Tatsachen‹ zur Schreckensspirale hochzuschrauben. Gewunden der ganze Film, der am infantilen Ende für die Unbedenklichkeit seiner Bilder plädiert.« (Heike Kühn, FRANKFURTER RUNDSCHAU, 3.1.2001) – »Es mag schon sein, dass Regisseur John Ottman tatsächlich versucht hat, eine ›hinreißend clevere Variation des Originals‹ zu drehen, wie es im Presseheft behauptet wird. Trotzdem ist er gescheitert, wie man es besser kaum hinkriegen kann. Die Schauspieler, allesamt junge Nachwuchskräfte, geben sicherlich ihr Bestes. Aber es ist einfach nicht genug, wenn es um Mord und Totschlag geht und nicht um eine Parodie. Es wird geschauspielert, dass sich die Klischeebalken biegen, es wird gemimt, wie es die Eleven während ihrer Ausbildung gelernt haben. Zu einem halbwegs persönlichen Ausdruck reicht es nie. Immer das Gleiche, alles schon tausend Mal gesehen.« (Thomas Eckert, TAGESSPIEGEL 4.1.2001)

DYNASTIE DRACULA

(LA DINASTIA DE DRACULA). Mexiko 1978. **R:** *Alfredo B. Crevenna.* **B:** *N.N* **K:** *N.N.* **M:** *N.N.* **D:** *Fabian Aranza (Dracula), Silvia Manriquez, Magda Guzman, Robert Nelson, Erika Carlson, Victor Alcocer, José Najera, Kleomenes Stomatiades, Arturo Fernandez, Alvaro Tarcisio, Roberto Spriu, Roy De la Serna, Martha de Castro, Armando Madrigal, José Manuel Moreno, Baltazar Ramos. F 85 Min.*

»Nach 300 Jahren ist Graf Orloff, den die Inquisition der Heiligen Kirche töten ließ, von den Toten auferstanden. Nachts streift er, auf der Suche nach Blut, durch's Land. Pater Juan und Dr. Ramiro bekämpfen mit Knoblauch, Weihwasser und Kruzifix den bluthungrigen Grafen.« (Verleihwerbung) [V]

E

ECHOS – STIMMEN AUS DER ZWISCHENWELT

(STIR OF ECHOES). USA 1999. **R:** *David Koepp.* **B:** *David Koepp.* **V:** *»A Stir of Echoes« von Richard Matheson.* **K:** *Fred Murphy.* **M:** *James Howard Newton.* **D:** *Kevin Bacon (Tom Witzky), Illeana Douglas (Lisa), Kathryn Erbe (Maggie), Kevin Dunn (Frank McCarthy), Loza Weil (Debbie), Connor O'Farrell (Harry Damon), Jennifer Morrison (Samantha), Zachary David Cope (Jake Witzky). F 99 Min.*

Grauenhafte Visionen plagen einen Familienvater, nachdem er sich aus Spaß hat hypnotisieren lassen: Er sieht den Geist einer jungen Frau durch das Haus spuken, das er mit seiner Familie frisch bezogen hat. – »Der Drehbuchautor von *Jurassic Park* liefert mit seiner Adaption einer Story Richard Mathesons *(I Am Legend)* einen überaus effektiven und spannenden Thriller, wie er im mainstreamorientierten Kino Hollywoods selten geworden ist. Endlich gibt es wieder einen Horrorfilm, der sich und seine Charaktere ernst nimmt und ohne publikumsbesänftigenden Humor und hippe Backfischgesichter auskommt, deren Tod man ohnehin eher wünscht als befürchtet [sic!].« (Jörg Stodolka, SPLATTING IMAGE 39/September 1999) – »Kevin Bacon stürzt sich mit ganzer Kraft in die Rolle und füllt sie grandios aus. Der fünfzig Jahre alte Roman ›A Stir of Echoes‹ von Richard Matheson ist die Vorlage für David Koepps intelligentes Drehbuch. Daraus macht er einen Film, in dem ›Zwischenwelt‹ und Realität mit unendlich viel Genauigkeit und Fantasie gestaltet wird.« (Anja-Rosa Thöming, FAZ, 7.2.2000)

ED WOOD

(ED WOOD). USA 1994. **R:** *Tim Burton.* **B:** *Scott Alexander, Larry Karaszewski.* **V:** *»Nightmare of Ecstasy: The Life and Art of Edward D. Wood Jr.« von Rudolph Grey.* **K:** *Stefan Czapsky.* **Ma:** *Rick Baker.* **M:** *Howard Shore.* **D:** *Johnny Depp (Edward D. Wood jr.), Martin Landau (Bela Lugosi), Sarah Jessica Parker (Dolores Fuller), Patricia Arquette (Kathy Wood geb. O'Hara), Bill Murray (Bunny Breckinridge), Vincent d'Onofrio (Orson Welles), G. D. Spradlin (Reverend Lemon), Lisa Marie (Vampira), Jeffrey Jones (Criswell), George »The Animal« Steele [Jim Myers] (Tor Johnson), Conrad Brooks (Barmann), Mike Starr. SW 126 Min.*

Tim Burton zeigt einen Ausschnitt aus dem Leben des »Triumph des Willens über das Talent«-Regisseurs Edward D. Wood jr. und porträtiert jene Jahre, in denen »the Worst Director of All Time« den gealterten, morphinabhängigen, todgeweihten Ex-Dracula Bela Lugosi (superb gespielt von Martin Landau) traf. – »Johnny Depp ist so mechanisch wie nie, wenn er Wood bei der Arbeit markiert, mit aufgerissenen Augen und leicht gefletschten Zähnen verfolgt er hingerissen die Arbeit seiner Darsteller. Johnny Depps Wood ist auffallend flach und passiv, kein Charakter, eher eine rätselhafte Hohlform, so als hätte der genialische Kinophantast Tim Burton verwandte Empfindungen hineinprojizieren wollen, seine Nähe zum gescheiterten Naiven Wood. Und die verstärkt er mit Eigenverweisen: die gotische Friedhofsszenerie aus *Beetlejuice* taucht gleich als Eröffnungsbild auf, und Martin Landau als Bela Lugosi, Mr. Dracula, ist ausgerechnet in einer harmlosen Bilderbuchsiedlung, Marke *Edward Scissorhands,* zuhaus. Mit den Wood-Filmen, Fastfood im TV-Nachtprogramm, ist Burton aufgewachsen, wie er sagt. Die Fähigkeit zur rückhaltlosen Hingabe an die trivialen Phantasien ist ihm geblieben, er kennt die Chemie ihrer Wirkungen wie kein anderer. Und so funktioniert denn auch das Kunststück der Wiederbelebung von Woods Welt, als sei es ein Taschenspielertrick. Zum perfekten Pastiche hat Tim Burton Woods Figur und den Kosmos seiner Filme samt seiner Filmfamilie verwoben, wobei man die Filme nicht im Ausschnitt, sondern vorwiegend während der Entstehung vor der Kamera sieht.« (Brigitte Desalm, KÖLNER STADT-ANZEIGER, 15.7.1995) – »Aufgemalte Modellbauten, Ufos an sichtbaren Nylonfäden, eine Lichtsetzung mit gleich dreifachem Schattenwurf – alles genauso wie das Original. Ed Wood verstand wirklich nichts von Handwerk oder Schauspielführung. Das eben machte seinen Stil aus. Steife Aktricen sprechen alberne Dialoge, mitten in einer Szene wechselt Wood von Tag zu Nacht.« (Helmut Merschmann, SONNTAGSBLATT, 14.7.1995)

THE 18TH ANGEL

(THE EIGHTEENTH ANGEL). USA 1997. **R:** *William Bindley.* **B:** *David Seltzer.* **K:** *Thomas E. Ackerman.* **M:** *Simon Boswell.* **D:** *Christopher McDonald (Hugh Stanton), Rachael Leigh Cook (Lucy Stanton), Stanley Tucci (Todd Stanton), Wendy Crewson (Norah Stanton), Maximilian Schell (Pater Simeon), Cosimo Fusco (Florian), Ted Rusoff. F 85 Min.*

Mönche entführen achtzehn Mädchen als Begrüßungskomitee für die Rückkehr des Teufels auf die Erde. – »David Seltzer, der uns vor zwanzig Jahren schon bei *Das Omen* mit okkultem Mummenschanz schreckte, bietet auch hier wieder soliden satanischen Schrecken, komplett mit naiven Amerikanern, europäischen Klostergemäuern, wallenden Mönchskutten, etruskischen Prophezeiungen und ein wenig aus dem Ruder gelaufener Gentechnik.« (Gerald Jung, ZITTY 17/1998) [V]

EIN EIMER VOLL BLUT

Anderer Titel für DAS VERMÄCHTNIS DES PROFESSOR BONDI

EINMAL BEISSEN, BITTE

(ONCE BITTEN). USA 1985. **R:** *Howard Storm.* **B:** *David Hines, Jeffrey Hause, Jon Roberts.* **St:** *Dimitri Villard.* **K:** *Adam Greenberg.* **Ma:** *Richard Arrington.* **M:** *John Du Prez.* **D:** *Lauren Hutton (Gräfin), Jim Carrey (Mark Kendall), Karen Hopkins (Robin Pierce), Cleavon Little (Sebastian), Thomas Ballatore (Jamie), Skip Lackey (Russ), Jeb Adams (Vampir), Joseph Brutsman (Konföderierter Vampir), Stuart Charno (Schiffsjungen-Vampir), Robin Klein (Hippie-Vampir), Glen Mauro, Gary Mauro (Zwillingsvampire), Carey Moore (Moll Flanders-Vampir), Richard Schaal (Kendall), Peggy Pope (Mrs. Kendall), Anna Mathias (Daphne), Kate Zendall (Tanya), Laure Urstein (Darlene), Peter Elbling (Buchhändler). F 90 Min.*

Der US-Teenager Mark gerät in einem Nachtclub an eine 400 Jahre alte Lady, die sich als Vampir entpuppt und um ihre Unsterblichkeit zu erhalten, männliche Jungfrauen aussaugen muss. Die Beißorgien der Liebestollen verändern auch Mark, und irgendwann verspürt er wahnsinnigen Hunger auf rohe (Würg!) Hamburger ... Die Story ist weniger horribel als komödiantisch. Nichts für derangierte Geister, die gern sabbernde Irre in Eingeweiden wühlen sehen. [V]

EKEL

(REPULSION). GB 1965. **R:** *Roman Polanski.* **B:** *Roman Polanski, Gérard Brach, David Stone.* **K:** *Gilbert Taylor.* **M:** *Chico Hamilton.* **D:** *Catherine Deneuve (Carol), Yvonne Furneaux (Hélène), John Fraser (Colin), Ian Hendry (Michael), Patrick Wymark (Hauswirt), Valerie Taylor (Madame Denise), Helen Fraser (Bridget), James Villiers (John), Hugh Futcher (Reggie), Renée Houston (Miss Balch), Mike Pratt (Arbeiter), Monica Merlin (Mrs. Rendlesham), Imogen Graham (Maniküre). SW 104 Min.*

Die belgischen Geschwister Carol und Hélène Ledoux leben in einer Wohnung im Londoner West End. Die jüngere Carol (18) arbeitet als Maniküre in Madame Denises Schönheitssalon. Ihre Mittagspause verbringt sie eines Tages mit ihrem Verehrer Colin in einem billigen Restaurant bei Fish 'n' Chips. Colin versucht, sich mit ihr am Abend zum Dinner zu verabreden. Carols Haltung ist merkwürdig abwesend und gleichgültig, doch nicht verletzend oder gar abweisend. Ihre Entschuldigungen sind wirr und fahrig und kehren immer wieder zu der Ausrede zurück, keine Zeit zu haben. Am Abend erwartet Hélène ihren Liebhaber Michael. Für das Essen hat sie ein Kaninchen vorbereitet, das er besorgt hat. Michael ist verheiratet, hat sich jedoch bei den Schwestern häuslich eingenistet, seine Besuche über Nacht bringen es mit sich, dass seine Wäsche und Toilettenartikel sich wie selbstverständlich im Badezimmer breit machen. Carol stört dieses Eindringen in ihre und Hélènes Privatsphäre. Angewidert schiebt sie sein Rasierzeug und seine Zahnbürste beiseite und hört dem nächtlichen Liebesstöhnen der beiden angeekelt und zugleich fasziniert zu. Obwohl Carol ihre Schwester inständig bittet, sie nicht allein zu lassen, fährt Hélène mit ihrem Geliebten für zehn Tage nach Italien. Carols Zustand verschlechtert sich daraufhin so offensichtlich, dass sie von ihrer Chefin nach Hause geschickt wird. Von nun an hält sich Carol vorwiegend in ihrer Wohnung auf, die zum Schauplatz ihrer Schreckensvisionen und Angstzustände wird. Der Zuschauer, bis dahin objektiver Beobachter ihrer Veränderungen, erlebt und sieht die grausamen Halluzinationen aus Carols

Blickwinkel. Als Carol nach drei Tagen wieder zur Arbeit geht, ist Madame Denise entsetzt über das Aussehen ihrer Mitarbeiterin. Sie schickt Carol endgültig nach Hause, nachdem sie (mit Absicht) einer Kundin mittels Nagelschere eine blutende Verletzung beigebracht hat. Colin versucht in der Folgezeit, Carol anzurufen. Sie antwortet nicht und legt den Hörer sofort wieder auf. Angestachelt durch seine Freunde, aber auch in Sorge wegen ihres merkwürdigen Verhaltens, verschafft Colin sich schließlich gewaltsam Zutritt zu Carols Wohnung. In die Enge getrieben durch die offensichtliche Gewalt, mit der Colin in die Wohnung eindringt und aus Furcht, er werde sie missbrauchen, greift sie zum Kerzenleuchter und erschlägt ihn. Mit geradezu übermenschlicher Kraft schleppt sie die Leiche ins Badezimmer und legt sie in die bis zum Überlaufen gefüllte Badewanne. Einige Tage später will der Vermieter die ausstehende Miete kassieren. Er zeigt sich nicht nur überrascht von der inzwischen heruntergekommenen Wohnung, sondern auch von Carol, die ihn in ihrer naiven, unschuldigen Art herauszufordern scheint. Er bietet ihr an, auf die Miete zu verzichten, wenn sie »nett« zu ihm ist. Beim zweiten Versuch, sich ihr körperlich zu nähern, legt sie ihre Arme um seine Schultern und mit einer raschen Handbewegung schneidet sie ihm mit einem Rasiermesser tief in den Nacken. Um die Leiche zu verstecken, kippt sie einfach das Sofa darüber. Einige Tage verbringt sie allein in der Wohnung, gepeinigt von Wahnvorstellungen und Albträumen. Schutz suchend verkriecht sie sich unter Hélènes Bett, wo sie völlig apathisch von den Zurückkehrenden gefunden wird. Michael hebt sie behutsam auf und trägt sie fort.

Roman Polanski: »Der Plot von *Ekel* war einfach: Ein junges Mädchen, mordgierig, schizophren, läuft in der verlassenen Londoner Wohnung ihrer Schwester Amok. Zu den ›Zutaten‹ gehörten blutrünstige Szenen, welche hart an Horrorfilmklischees grenzten. Originalität würde sich nur durch die Erzählweise der Geschichte erzielen lassen, bei der wir größtmögliche Realitätstreue und psychologische Glaubwürdigkeit anstrebten ... Über die Art des Schreckens, den *Ekel* ausdrücken sollte, waren wir uns ziemlich klar, und wir suchten Inspiration in uns vertrauten Situationen ... Eine vergessene Neuanordnung von Möbelstücken, ein Knarren des Fußbodens, ein von der Wand fallendes Bild – vielerlei kann dieses Gefühl auslösen ... Was die Atmosphäre in *Ekel* betraf, so hing alles von der Wohnung ab, in der sich die Handlung hauptsächlich abspielen würde ... Meine Absicht war es, Carols Halluzinationen durch das Auge der Kamera zu zeigen und ihre bedrohliche Wirkung durch den Einsatz immer extremerer Weitwinkelobjektive mehr und mehr zu verstärken ... Ich wollte außerdem die tatsächlichen Dimensionen der Wohnung nach Wunsch verändern können – um die Räumlichkeiten zu erweitern und die Wände gleichsam zurückzudrängen, damit die Zuschauer Carols verzerrten Blick in voller Wirkung miterleben konnten. Entsprechend entwarfen wir Wände, die sich nach außen bewegen und durch Zusatzflächen verlängern ließen. Auf diese Weise konnte man beispielsweise den engen Gang zum Badezimmer so sehr ›strecken‹, dass er albtraumhafte Proportionen annahm ... Eines meiner akuten Probleme mit [den Produzenten] Klinger und Tenser bestand darin, sie vom Rhythmus im Anfangsteil des Films zu überzeugen. Die ersten fünfzehn Minuten von *Ekel* waren bewusst so angelegt, dass sie als eine Art Vorspiel für jene Schrecksekunde dienten, als Carol ihre erste Halluzination erlebt – als, im Spiegel der zuschwingenden Schranktür reflektiert, in einer Ecke des Zimmers eine drohende Männergestalt erscheint. Dieser Schockeffekt, der die Kinobesucher von ihren Sitzen aufspringen ließ, erforderte eine bewusst gedämpfte Vorbereitung. Klinger wollte, dass ich jene Szenen kürzte, in denen Carols tristes Alltagsleben geschildert wurde, doch da ließ ich nicht mit mir handeln. Das Publikum, so erklärte ich ihm, musste fast bis zur Langeweile eingelullt und dann, urplötzlich, aufgeschreckt werden.« (Roman Polanski, ROMAN POLANSKI) [V]

ELEONORE

(LEONOR). Frankreich/Spanien/Italien 1974. **R:** *Juan Buñuel.* **B:** *Juan Buñuel, Michel Nuridzani, Pierre Mantaigneux.* **K:** *Luciano Tovoli.* **M:** *Ennio Morricone.* **D:** *Michel Piccoli (Richard), Liv Ullman (Eleonore), Ornella Muti (Catherine), Antonio Ferrandis (Thomas), Carlos Coque (Grégoire), José Luis Romera (Mathieu), Maria Caffarel (Dr. José), Angel del Pozo (Kaplan), José Maria Prada (Fremder). F 98 Min.*

Frankreich, irgendwann im Mittelalter: Der Schlossherr Richard liebt seine Frau Eleonore

Eleonore

abgöttisch. Als sie tödlich verunglückt, zerbricht er innerlich. Zwar heiratet er erneut, findet in dieser Ehe aber keinen Frieden, sondern schwankt zwischen wochenlangen Depressionen und plötzlichen Aggressionsausbrüchen. Viele Jahre nach Eleonores Tod – seine zweite Frau Catherine hat ihm inzwischen zwei Söhne geboren – verlässt er seine Familie, um fortan in der Gruft seiner ersten Frau zu leben. Seine Sehnsucht nach Eleonore (die von einem geheimnisvollen Fremden unterstützt wird, der möglicherweise der Teufel in Menschengestalt ist) lässt die Tote wieder in die Welt der Lebenden zurückkehren. Doch um überleben zu können, muss sie das Blut anderer Menschen trinken. Aus der Umgebung von Richards Schloss verschwinden immer mehr Kinder – meist junge Mädchen –, bis sich die aufgebrachten Bauern zusammentun, um den Vampir zu jagen. Richard muss schließlich erkennen, dass er durch seinen Pakt mit den Mächten der Finsternis ein Ungeheuer auf die Welt gebracht hat. Zusammen mit Eleonore stürzt er sich in eine tiefe Schlucht. – Trotz hervorragender Schauspieler wie Michel Piccoli und Liv Ullman gelingt es Regisseur Juan Buñuel nicht, mehr als eine Aneinanderreihung wunderschöner Bilder zu liefern. Die Geschichte selbst bleibt konfus, die Motivationen und Reaktionen der Figuren sind nicht nachvollziehbar, der Zuschauer bleibt völlig distanziert.

DIE ELIXIERE DES TEUFELS

DDR/ČSSR 1972. **R:** *Ralf Kirsten.* **B:** *Ralf Kirsten, Brigitte Kirsten.* **V:** *»Die Elixiere des Teufels« von E. T. A. Hoffmann.* **K:** *Claus Neumann.* **M:** *André Asriel.* **D:** *Benjamin Besson (Franziskus), Jaroslava Schallerova (Aurelie), Andrzej Kopiczynski (Victorin), Milena Dvorská, Maja Komorowska, Fred Düren, Norbert Christian. F 106 Min.*

Mönch kostet von den Elixieren des Teufels und muss sich im Folgenden gegen einen bösartigen Doppelgänger zur Wehr setzen. Frei nach E. T. A. Hoffmann. – »Film mit antikirchlichen Tendenzen.« (FILME IN DER DDR). Nähere Angaben über den Inhalt siehe *Die Exlixiere des Teufels* (BRD 1976). [V]

DIE ELIXIERE DES TEUFELS

BRD 1976. **R:** *Manfred Purzer.* **B:** *Manfred Purzer.* **V:** *»Die Elixiere des Teufels« von E. T. A. Hoffmann.* **K:** *Charly Steinberger.* **M:** *Hans-Martin Majewski.* **D:** *Dieter Laser (Medardus), Sylvia Manas (Aurelie), Christine Buchegger (Euphemie), Peter Broglé (Peter Schönfeld), Rudolf Fernau (Prior Leonardus), Karl Maria Schley (Cyrill), Martin Rosen (Spiridion), Horst Frank (Dominikaner), Michael Kröcher (Der Violette), Henning Schlüter (Baron), Christof Wackernagel (Hermogen), Walter Ullrich (Kriminalrichter), Peter Kuiper (Kerkermeister), Heinrich Schweiger (Papst). F 113 Min.*

Die Elixiere des Teufels

Der junge Kapuzinermönch Medardus entdeckt, kurz nachdem ihn sein Prior zum Verwalter der Reliquienkammer eingesetzt hat, eine uralte Weinflasche aus dem Nachlass des heiligen Antonius: Sie soll angeblich die »Elixiere des Teufels« enthalten. Obwohl der junge Mönch der Versuchung zu widerstehen versucht, kann er sich der Verlockung nicht entziehen. Mit Hilfe der Elixiere, so glaubt er, werde ein großer Prediger aus ihm werden. Das Experiment gelingt, aber der Prior schickt Medardus nach Rom, wo er seinem zweiten Ich begegnet, einem Doppelgänger, den die Elixiere offenbar »erschaffen« haben, und der alles tut, um Medardus ins Zwielicht zu rücken. Bald werden dem Mönch die schrecklichsten Verbrechen zur Last gelegt. Medardus hat keine andere Wahl, als sein Aussehen mit Hilfe eines Barbiers ständig zu verändern. Dennoch kann er seinem Schicksal nicht entrinnen. Die Verbrechen, die sein Doppelgänger begangen hat, werden in seinem Bewusstsein zu seinen eigenen. Obwohl er alles tut, um sich selbst zu kasteien, beschließt sein Orden, ihn vor ein geistliches Gericht zu stellen. Vor dem Altar der Klosterkirche wird er in einer dramatischen und mystischen Szene von dem auf ihm lastenden Teufelsfluch erlöst. – »Die Verfilmung reduziert den gleichnamigen Roman von E. T. A. Hoffmann auf die wichtigsten Stationen der Story«, fand der FILMDIENST, »bleibt aber oberflächlich und eindimensional und lässt in keinem Augenblick die Kühnheit der vielschichtigen Vorlage erkennen.« – Bemerkenswert ist, dass der Film (auch wenn er an der Kasse floppte) von Luggi Waldleitner produziert wurde, der uns auch so Gänsehaut erzeugende Streifen wie *Das gelbe Haus am Pinnasberg* (1969; Regie: Alfred Vohrer), *Der scharfe Heinrich* (1970; Regie: Rolf Thiele) und den »Schüler-Report« *Junge, Junge, was die Mädchen alles von uns wollen* (1971; Regie: Eberhard Schroeder) sowie diverse Simmel-Verfilmungen bescherte.

ELMER

(BRAIN DAMAGE). USA 1988. **R:** *Frank Henenlotter.* **B:** *Frank Henenlotter.* **K:** *Bruce Torbet.* **M:** *Gus Russo, Clutch Reiser.* **SpE:** *Al Magliocchetti.* **D:** *Rick Herbst (Brian), Gordon MacDonald (Mike), Jennifer Lowry (Barbara), Theo Barnes (Morris Ackerman), Lucille Saint Peter (Martha Ackerman), Vicki Darnell (Blondine), Joe Gonzales (Duscher), Bradlee Rhodes (Nachtwächter), Michael Bishop (Toilettenopfer), Beverly Bonner (Nachbarin), Art Roussimoff (Motorradfahrer), Michael Rubinstein (Penner), Angel Figueroa (Junkie), John Reichert, Dan Henenlotter (Polizisten), Kenneth Packard, Artemis Pizarro, Sam Wedgehouse, Kevin van Hentenryck. F 85 Min.*

Ein unterarmlanger, zynisch-eloquenter Parasit in Gestalt eines Wurms büxt aus der Wohnung eines ältlichen Ehepaars aus und nistet sich bei Nachbar Brian ein, dem er durch den Nacken eine Flüssigkeit injiziert, die ihn euphorisch werden und halluzinieren lässt. Der Parasit, Elmer mit Namen, wandelt offenbar schon seit Äonen über die Erde, lebt in Badewannen und ernährt sich von menschlichen Hirnen, die der anfangs ahnungslose Brian ihm bei Stadtausflügen zuführt. Nachbar Morris will Elmer zurückhaben, und so ergibt sich bald ein verrücktes Hin und Her, bei dem allerlei Randfiguren ins Gras beißen müssen. – *Brain Damage* (so der Originaltitel) heißt »Hirnschaden«, aber einen solchen kann man dem listigen Frank Henenlotter schwerlich attestieren. Seine abgefahrene, blutige Geschichte strotzt nämlich auch von Gags, die sich freilich nur dem Zuschauer erschließen, dem der filmische Horror und seine Topoi allgegenwärtig sind. [V]

ELVIRA – HERRSCHERIN DER DUNKELHEIT

(ELVIRA: MISTRESS OF THE DARK). USA 1988. **R:** *James Signorelli.* **B:** *Sam Egan, John Paragon, Cassandra Peterson.* **K:** *Hanania Baer.* **M:** *James Campbell.* **D:** *Cassandra Peterson (Elvira), W. Morgan Sheppard (Vincent Talbot), Daniel Greene (Bob Redding), Susan Kellerman (Patty), Jeff Conway (Travis), Edie McClurg (Chastity Pariah), Kurt Fuller (Glotter), Pat Crawford Brown (Mrs. Meeker), Lee McLaughlin (Earl Hooter), Frank Collison (Billy). F 96 (92) Min.*

Die knackige Elvira (rein äußerlich eine jener Frauen, die man sich gern anschaut, aber nicht unbedingt *haben* möchte) stellt im Fernsehen alte Horrorfilme vor. Zwar verliert sie ihren Arbeitsplatz, aber dafür erbt sie das Spukhaus ihrer Tante und ein magisches Rezeptbuch, mit dem man Monster erschaffen kann. Der Plot ist so knapp bemessen wie die Kostüme von Frau Peterson. – »Hexenwahnsinn mit hohem Blödelfaktor.« (TV-MOVIE). [V]

EMBRACED – CLAN DER VAMPIRE

(KINDRED: THE EMBRACED). USA 1996. **R:** *Peter Medak.* **V:** *»Vampire: The Masquerade«, Buch und Rollenspiel.* **K:** *Ernest Holzman.* **M:** *J. Peter Robinson.* **D:** *C. Thomas Howell (Frank Kohanek), Kelly Rutherford (Caitlin Byrne), Stacy Haiduk (Lily Langtry), Mark Frankel (Julian Luna), Brian Thompson (Eddie Fiori), Jeff Kober (Daedalus), Erik King, Patrick Bauchau, Channon Roe. F 110 Min.*

TV-Pilotfilm einer amerikanischen Horror & Crime-Serie, die nach nur acht Folgen abgesetzt wurde: Auf der Suche nach einem Serienkiller muss Detective Frank Kohanek schaudernd erkennen, dass die Unterwelt von San Francisco von Vampirclans bevölkert ist. Er verbündet sich, um den Teufel mit Beelzebub auszutreiben, mit Julian Luna, Prince of the City, gegen Eddie Fiori, den Chef des teuflischen Brujah Clans. [V]

EMBRYO DES BÖSEN

(AND NOW THE SCREAMING STARTS!). GB 1973. **R:** *Roy Ward Baker.* **B:** *Roger Marshall.* **V:** *»Der entfesselte Dämon« von David Case.* **K:** *Denys Coop.* **M:** *Douglas Gamley.* **D:** *Peter Cushing (Dr. Pope), Herbert Lom (Henry Fengriffen), Patrick Magee (Charles Fengriffen), Stephanie Beacham (Catherine Fengriffen), Guy Rolfe (Maithand), Geoffrey Whitehead (Silas jun./Silas sen.), Rosalie Crutchley (Mrs. Luke), Janet Key (Bridget), Gillian Lind (Tante Edith), Sally Harrison (Sarah), Lloyd Lamble (Sir John Westchiffe), Norman Mitchel (Polizist), Frank Forsyth (Diener). F 90 Min.*

England um 1790. Catherine betritt zum ersten Male das Stammschloss ihres Bräutigams Charles. Bei der Besichtigung des Schlosses verharrt sie vor dem Porträt, das den Großvater ihres Mannes, Henry Fengriffen, zeigt. Irritiert und beunruhigt fährt sie zusammen. Ihr ist, als spränge ihr eine abgeschlagene bluttriefende Hand aus dem Bild entgegen. Schreiend läuft sie weg, und auch die Tatsache, dass die Bildleinwand unverletzt ist, kann ihr Entsetzen nicht verringern. Charles ist aufs Höchste beunruhigt, als sie ihm von einem furchtbaren Traum erzählt, in dem sie von einem Einarmigen vergewaltigt worden sei, dessen Gesichtszüge große Ähnlichkeit mit denen des Bauern Silas gehabt hätten. Charles zieht den Psycho-Arzt Dr. Pope zu Rate, und dieser empfiehlt ihm dringend, den Fluch, der auf seiner Familie lastet, seiner Frau preiszugeben. Nur mit großem Widerwillen erzählt Charles von den Ausschweifungen seines Großvaters Henry vor ungefähr fünfzig Jahren. Eines Nachts vergewaligte er die unberührte Braut des Bauern Silas, eines Vorfahren des eben Genannten. Als Silas sen. sich an ihm rächen will, schlägt Henry ihm mit einer Axt die Hand ab. Wutentbrannt und schmerzverzerrt stößt Silas einen Fluch aus: Die nächste unberührt keusche Braut, die in den Hausstand der Fengriffens aufgenommen würde, solle dasselbe Schicksal erleiden wie seine besudelte Braut, und jeder, der das zu verhindern versuche, solle ermordet werden. Diesen Fluch hatte Charles nicht ernst genommen, als er seine junge Braut in sein Haus aufnahm. Selbst als zwei Hausbedienstete, die seiner jungen Frau nahe standen, auf mysteriöse Weise umkommen, beunruhigt ihn das noch nicht. Das ganze Entsetzen trifft ihn erst, als seine Frau einem Jungen das Leben schenkt: Seine Ähnlichkeit mit Silas ist unverkennbar; was jedoch noch viel mehr ins Gewicht fällt, ihm fehlt die rechte Hand. Wahnsinnig vor Schmerz schießt Charles Silas' Nachfahren in die Augen. Er lässt die Überreste seines Großvaters exhumieren und zerschmettert das Skelett in tausend Stücke. – »Mit atmosphärisch stimmigen Bildern, angesiedelt zwischen romantischer Verklärung und Unheil verkündender Dunkelheit, entfaltet Roy Baker (er drehte ein Jahn zuvor mit demselben Team *Asylum*) eine hintergründige Gruselmär in der Tradition englischer Gothic Novels. Dabei verzichtet er auf die Ausbeutung der durchaus vorhandenen Schockeffekte ... Abgebrühte Anhänger heutiger Horror-Brutalitäten wird der Film langweilen, Freunde des sanften Kino-Gruselns dürfte er angenehm unterhalten.« (H. P. Koll, FILMDIENST)

END OF DAYS – NACHT OHNE MORGEN

(END OF DAYS). USA 1999. **R:** *Peter Hyams.* **B:** *Andrew Marlowe.* **K:** *Peter Hyams.* **SpE:** *Stan Winston.* **M:** *John Debney.* **D:** *Arnold Schwarzenegger (Jericho Cane), Gabriel Byrne (»Der Mann«), Robin Tunney (Christine), Udo Kier (Dr. Donald Abel), Linda Pine (Evie Abel), Renee Olstead (Amy), Kevin Pollack (Chicago), Rod Steiger. F 122 Min.*

In der Silvesternacht 1999/2000 wäre es wieder einmal so weit: Wieder einmal muss sich der Teufel – Rosemary's Baby-würdig – in einer Menschenfrau fortpflanzen, die das Zeichen Satans trägt. Christine heißt sie. »Und schon ist es so weit, schon fährt der Teufel aus dem New Yorker Untergrund auf, und zwar – man kennt das ja von Wilhelm Busch – aus einem Kanaldeckel. Bloß sieht dieser neue Teufel recht formlos aus, irgendwie quallig, glibbrig, transparent. Gerade fragt man sich, wie der Teufel in dieser Gestalt eigentlich einen erfolgreichen Beischlaf hinkriegen will, da fährt dieses Ding auch schon in den Körper von Gabriel Byrne. Und zwar auf dem Klo eines Luxusrestaurants. Byrne grinst auch gleich satanisch, geht an einen Tisch, greift sich eine fremde Frau, küsst sie wild, holt ihr eine Brust aus der Bluse und verlässt dann den Ort der Tat, weil der ja eh gleich in die Luft fliegt.« (Rupert Koppold, STUTTGARTER ZEITUNG, 2.12.1999) – Der Einzige, der das teuflische Treiben aufhalten kann, ist Arnold Schwarzenegger, der den versoffenen Ex-Bullen Jericho Cane spielt. Der hat nach dem Tod von Kind & Kegel den rechten Glauben verloren und muss im Kampf mit dem Teufel auf den Pfad der Gerechten zurückgeführt werden. – *End of Days* benutze schamlos ein religiöses Konzept, um einen Aufhänger für Millenniums-Weltuntergangsängste zu finden und möglichst viel Geballere, Explosionen und blutige Kreuzigungsszenen aneinander zu reihen, findet Jutta Lehmer-Conti (DIE WELT, 30.11.1999): »Selbst der Papst glaubt daran, dass der Teufel durch den Beischlaf mit der Auserwählten sein Ziel erreichen kann. Immerhin ist er friedliebend und empfiehlt Glauben statt Taten. Arnold sieht das zunächst anders. Er will den Teufel lieber mit Maschinengewehren und Revolvern bekämpfen. In der letzten Minute des Films schmeißt auch Arnold die Waffen weg, versucht es mit Glauben und widersteht der teuflischen Versuchung, selbst das Mädchen zu schwängern.« Da steht dann also der Arnold in einem römisch-katholischen Gotteshaus vor dem Altar, erhebt das Gesicht zum Kreuz und trennt sich von der einst heiß geliebten Knarre. – »In *Nacht ohne Morgen* ist nichts wirklich unwitzig. Es funktioniert nur nicht. Der Film überlegt zwei Stunden, was er nun sein könnte – Action, Bibelschinken, Komödie, Slapstick, Splatter. Er ist nichts von all dem, und das killt auch die Akteure. Das Genre Schwarzenegger scheint im Moment nicht nur in der Hölle schlechte Karten zu haben.« (Jürgen Kiontke, FREITAG, 3.12.1999) – »Die Filmcrew soll ja unter chronischem Termindruck gelitten haben. Da der Showdown schließlich in der Sylvesternacht '99 spielen sollte, musste *End of the Days* noch rechtzeitig in den Kinos anlaufen. Vielleicht ist das die Ursache für die Unmenge logischer Mängel gewesen.« (PRANKE 47/1999] Aber wer fragt beim Teufel schon nach Logik ...

ENGEL DER FINSTERNIS

Anderer Titel für ANGEL OF THE NIGHT

DAS ENGELSGESICHT – DREI NÄCHTE DES GRAUENS

(THE BEAST WITHIN). USA 1981. **R:** *Philippe Mora.* **B:** *Tom Holland.* **K:** *Jack L. Richards.* **Ma:** *Thomas R. Burman.* **M:** *Les Baxter.* **D:** *Ronny Cox (Eli McCleary), Bibi Besch (Caroline MacCleary), Paul Clemens (Michael MacCleary), Don Gordon (Richter Curwin), R. G. Armstrong (Doc), L. Q. Jones (Sheriff Pool), Kitty Moffat (Amanda Platt). F 98 Min.*

Seltsames geschieht in Nioba, einem verschlafenen Nest im amerikanischen Süden. Ein Mörder nimmt blutige Rache an den Angehörigen einer angesehenen Familie, von denen einer vor Jahren einen gewissen Bill Connors in seinem Keller wie ein reißendes Tier gefangen hielt. Dieser Connors hatte einige Ausbruchsversuche hinter sich, bevor er das Zeitliche segnete. Ebenfalls vor Jahren wird in dieser Gegend die junge Caroline MacCleary auf der Rückfahrt von ihrer Hochzeitsreise bei einer nächtlichen Autopanne in Abwesenheit ihres Mannes brutal vergewaltigt. Als Folge davon kommt ein Junge namens Michael zur Welt, der siebzehn Jahre später von einer seltsamen, unheilbaren seelischen Krankheit befallen wird. Und richtig: Michael ist der Übeltäter, der als gespaltene Persönlichkeit im furchtbaren Kampf gegen sein anderes böses Ich nicht nur seine äußere Schönheit verliert, sondern auch zeitweilig zum Monster wird, das sich an den Menschen rächt, die schuld am ererbten Schicksal sind. »Kannibalismus, Vergewaltigung und Leichenschänderei. Blutig ausgeschmückt soll das erschrecken, dem sensiblen Betrachter den letzten Nerv rauben, doch die Dümmlichkeit der Handlung entlockt allenfalls ein Gähnen ... Der Aufwand, der dabei getrieben wird, macht traurig über die Verschwendung von Zeit und Material.« (FILM-DIENST)

ENTFESSELTE BEGIERDE

(LA COMTESSE NOIRE). Frankreich/Belgien 1974. **R:** *J. P. Johnson [Jess Franco].* **B:** *Jess Franco.* **K:** *Joan Vincent.* **M:** *Daniel White.* **D:** *Lina Romay (Irina von Karlstein), Jack Taylor (Baron von Rathony), Alice Arno (Irinas Dienerin), Monica Swinn (Prinzessin Rochefort), Jess Franco (Dr. Roberts), Luis Barboo (Stummer Diener), Jean Pierre Bouyxou (Dr. Orloff). F 92 Min.*

Eine Reihe ungewöhnlicher Mädchenmorde sucht die Stadt Madeira heim: Die Opfer sind nicht nur ausnahmslos hübsch, sondern auch blutleer und alles deutet darauf hin, dass der hier sein Unwesen treibende Vampir eine seltsame Form des Cunnilingus schätzt. Dr. Roberts, der sich um den Fall kümmert, gelangt auf die Spur der vampirischen Gräfin Irina von Karlstein, die sich vom Blut junger Frauen ernährt, »ehe sie in der Badewanne im Blut ihres letzten Opfers ertrinkt.« (FILMDIENST) – »Franco verstand es, hier ein erotisches Klima zu schaffen, wohl das letzte Mal in seiner Karriere ... Auch einige wunderbare Szenen im Nebel zeugen von der Sorgfalt, mit der Franco in diesem Fall zu Werke ging.« (Leo Phelix/Rolf Thissen, PIONIERE UND PROMINENTE DES MODERNEN SEXFILMS)

ENTITY – ES GIBT KEIN ENTRINNEN VOR DEM UNSICHTBAREN, DAS UNS VERFOLGT

(THE ENTITY). USA 1981. **R:** *Sidney J. Furie.* **B:** *Frank De Felitta.* **V:** *Frank De Felitta.* **K:** *Stephen H. Burum.* **SpE:** *Joe Lombardi.* **M:** *Charles Bernstein.* **D:** *Barbara Hershey (Carla Moran), Ron Silver (Dr. Phil Sneiderman), David Labiosa (Billy Moran), George Coe (Dr. Weber), Margaret Blye (Cindy Nash), Jacqueline Brookes (Dr. Elisabeth Cooley), Richard Brestoff (Gene Kraft), Michael Alldredge (George Nash). F 125 Min.*

Der Inhalt des Films ist so lang und langweilig wie der deutsche Titel und wird unter Kinobesitzern als der »Tittenfilm« gehandelt. Eine Frau wird wiederholt von einem unsicht-, dafür aber riech- und hörbaren Wesen vergewaltigt. Die Wissenschaft glaubt trotz deutlicher Spuren an ihrem Körper an Halluzinationen, auch andere konkrete Beweise verursachen nur Kopfschütteln. Parapsychologen nehmen sich des Falls an. Sie wollen den Geist mit Hilfe von flüssigem Helium, der kältesten denkbaren Substanz, einfrieren. Dass die Frau dabei fast draufgeht, interessiert nur am Rande, denn im Innern des Eisblocks sieht man deutlich einen grünlichen Glanz. Doch der Geist ist stärker. Der Eisberg explodiert in tausend Stücke. Der Frau bleibt nur übrig, Reißaus zu nehmen und sich dort zu verstecken, wo niemand sie findet. Zu hoffen bleibt, dass sich die Macher dieses Filmes daran ein Beispiel nehmen. [V]

EQUINOX

(EQUINOX). USA 1971. **R:** *Jack Woods.* **B:** *Jack Woods.* **St:** *Mark Thomas McGee.* **K:** *Mike Hoover.* **SpE:** *Dennis Muren, David Allen, Jim Danforth.* **M:** *John Caper.* **D:** *Edward Connell (Dave), Barbara Hewitt (Susan), Frank Boers (Jim), Robin Christopher (Vicki), Jack Woods (Asmodeus), Jim Phillips (Reporter), Fritz Leiber (Dr. Waterman), Patrick Burke (Branston), Jim Duran (Bursche). F 80 Min.*

Der bekannte Archäologe Waterman verschwindet; seine Berghütte wird verwüstet vorgefunden. Dave, Susan, Jim und Vicki, die bei ihm studieren, begeben sich mit Unterstützung des Försters Asmodeus auf die Suche. In einer Berghöhle stoßen sie auf einen alten Mann, der ihnen ein tausend Jahre altes Buch über Satanismus gibt, aber als sie es studieren wollen, taucht Waterman überraschend auf, entreißt es ihnen und flieht. Kurz darauf, nachdem Susan Vicki auf vampirische Weise angefallen hat, sehen sich die Sucher einem fast zehn Meter großen menschenähnlichen Ungeheuer gegenüber. Die Studenten können es außer Gefecht setzen, aber nun offenbart sich Asmodeus als der Leibhaftige: Wenn man ihm den alten Wälzer

Entity – Es gibt kein Entrinnen vor dem Unsichtbaren, das uns verfolgt

nicht überlässt, werde er sämtliche Dämonen der Hölle zu Hilfe rufen. Ein blauer Riese, der aus dem Nichts auftaucht, verhindert jedoch die Übergabe des Teufelsbuches. Durch eine unsichtbare Barriere verschwindet er. Dave folgt ihm in eine geheimnisvolle, übernatürliche Welt, während Asmodeus seine Freunde tötet. Dave gelingt die Rückkehr in die Realwelt, aber er wird von einem fahrerlosen Auto angefahren. Als er im Hospital einem Reporter von seinen Erlebnissen erzählt, betritt die tote Susan sein Zimmer ... – *Equinox* wurde von einer Amateurfilmer-Gruppe hergestellt, die das Glück hatte, dass ihr der Produzent Jack H. Harris über den Weg lief. Harris stieg in das Projekt ein und brachte es in den Verleih. »Der Film ist zwar kein Meisterwerk, das verhinderte schon das kleine Budget, aber er liegt ein bisschen über dem Niveau jenes Marktes, den die japanische Toho Corporation und Englands Hammer Films regelmäßig abgrasen. Die Spezialeffekte sind zufrieden stellend, die Darsteller adäquat, und darüber hinaus bietet der Film uneingeschränkte Unterhaltung für die ganze Familie.« (Kevin Thomas, LOS ANGELES TIMES). Ein kleiner Gag am Rande: Die Rolle des Dr. Waterman wird von dem bekannten Fantasy-Autor Fritz Leiber gespielt, dessen Vater (1883–1949) schon während der Stummfilmzeit ein bedeutender Theater- und Filmmime war und in mehreren phantastischen Streifen aufgetreten ist.

ER KAM NUR NACHTS

(THE NIGHT WALKER). USA 1964. **R:** *William Castle.* **B:** *Robert Bloch.* **V:** *Erzählung »Nacht der Schrecken« von Robert Bloch.* **K:** *Harold Stein.* **M:** *Vic Mizzy.* **D:** *Robert Taylor (Barry Morland), Barbara Stanwyck (Irene Trent), Judith Meredith (Joyce), Hayden Rorke (Howard), Rochelle Hudson (Hilda), Marjorie Bennett (Portiersfrau), Jess Barker (Malone), Tetsu Komai (Gärtner), Lloyd Bochner (Traummann), Ted Durant. SW 84 Min.*
Millionärsgattin, deren Träume die Eifersucht ihres blinden Mannes hervorrufen, fühlt sich nach dessen gewaltsamem Tod (durch eine Explosion) von selbigem bedroht und glaubt, dass er noch lebt. Mysteriöse Dinge bestimmen von nun an ihr Dasein; sogar der Mann, der ihr in ihren Träumen erscheint, nimmt konkrete Gestalt an. Der einzige Mensch jedoch, dem sie sich in ihrer Angst anvertraut, ist ausgerechnet derjenige, der sie mit eiskalter Berechnung in den Wahnsinn treiben will. – Einer der besseren Psycho-Thriller des Vielfilmers William Castle. Barbara Stanwyck kreischt sich diverse Male die Lunge aus dem Leib.

Er kam nur nachts

ERBSCHAFT UM MITTERNACHT

(THE CAT AND THE CANARY). USA 1939. **R:** *Elliot Nugent.* **B:** *Walter de Leon, Lynn Starling.* **V:** *»The Cat and the Canary« (1927) von John Willard.* **K:** *Charles Lang.* **M:** *Ernst Toch.* **D:** *Bob Hope (Wally Hampton), Paulette Goddard (Annabelle), Gale Sondergaard (Miss Lu), John Beal (Fred Blythe), Douglas Montgomery (Jack Wilder), Elizabeth Patterson (Tante Susan), Nydia Westman (Cecily), George Zucco (Anwalt Crosby), Willard Robertson (Hendricks), Charles Lane, John Wray, George Regas. SW 73 Min.*
Die Verwandten eines exzentrischen Millionärs versammeln sich nach dessen Tod in seinem spukigen Haus. Um Mitternacht wird enthüllt, dass die hübsche Annabelle seine Alleinerbin werden soll: Vorausgesetzt, sie ist nicht wahnsinnig. Allerdings geschieht in den folgenden Stunden dermaßen viel Entsetzliches, dass Annabelle bald drauf und dran ist, tatsächlich den Verstand zu verlieren. Eine Horror-Parodie, die es in sich hat: »Wände weichen zurück, Schlüssel fallen aus dem Schloss, verborgene Gongs hallen durch das Spukhaus, das Licht flackert, Leute verschwinden, Tote purzeln aus der Wand, ein Irrer reckt die Hände über Schlafende.« (R.H., FILMDIENST) Natürlich ist all dies eine gemeine Verschwörung, um Annabel-

le um ihr Erbe zu bringen. Ein clever gemachtes Schauerdrama aus einer Zeit, in der man sogar noch über Bob Hopes Witze lachen konnte.

ERINNERUNGEN AN DIE VERGANGENHEIT

Anderer Titel für BESESSEN VON DÄMONEN

EROTIK IN DER FOLTERKAMMER

(SOLO UN ATAUD). Spanien 1966. **R:** *Walter Alcox [Santos Alcocer].* **B:** *Santos Alcocer.* **K:** *Emilio Fonescot* **M:** *Ramon Femeria.* **D:** *Howard Vernon (Dr. Orloff), Danielle Godet (Judith), Maria Saavedra, Adolfo Aries, Tota Alba, José Bastida. SW 91 Min.*

Schurkischer Burgherr bestellt seine Verwandtschaft zu sich, um sie mit Stumpf & Stiel auszurotten, da er nämlich vorhat, ihr keinen roten Heller zu hinterlassen. Damit der Verdacht nicht auf ihn fällt, »stirbt« er als erster und schlägt dann aus dem Dunkel heraus zu. Und damit das Filmchen seinem (deutschen) Titel gerecht wird, sieht man zwischendurch noch völlig zusammenhanglos einen geilen Fettsack mit Kapuze, der in seinem Folterkeller Mädchen peitscht und umbringt. Ein selten dummdreistes Produkt. – »Das in Richtung Sadismus und Flagellantismus gestimmte Publikum wurde wieder einmal kräftig düpiert«, meinte ein (besser ungenannt bleibender) Rezensent, »allerdings in einer Unverfrorenheit, die selbst auf dem deutschen Filmmarkt ihresgleichen sucht und an Betrug grenzt.« An diesen Rezensenten muss H. G. Wells gedacht haben, als er sagte: »Moralische Entrüstung ist Eifersucht mit einem Heiligenschein.«

EROTIKILL – LADY DRACULA II

Anderer Titel für ENTFESSELTE BEGIERDE

DAS ERWACHEN DER SPHINX

(THE AWAKENING). GB/USA 1980. **R:** *Mike Newell.* **B:** *Allan Scott, Chris Bryant, Clive Exton.* **V:** *»Die sieben Finger des Todes« von Bram Stoker.* **K:** *Jack Cardiff.* **SpE:** *John Stears.* **Ma:** *George Frost.* **M:** *Claude Bolling.* **D:** *Charlton Heston (Matthew Corbeck), Susannah York (Jane Turner), Jill Townsend (Anne Corbeck), Stephanie Zimbalist (Margaret Corbeck), Patrick Drury (Paul Whittier), Bruce Myers (Dr. Khalid), Nadim Sawalha (Dr. El Sadek), Ian McDiarmid (Dr. Richter), Ahmed Osman (Yussef), Miriam Margolyes (Dr. Kadura), Leonard Maguire (John Matthews). F 105 Min.*

Bram Stokers Roman »The Jewel of the Seven Stars« entstand 1903 und inspirierte eine Vielzahl von Filmemachern zu »Mumienfilmen«, angefangen mit Karl Freunds *Die Mumie* (USA 1932), in dem Boris Karloff die Titelfigur spielte. Der Roman selbst wurde 1971 von Hammer Films unter dem Titel *Blood From the Mummy's Tomb* (TV: *Das Grab der blutigen Mumie)* zum ersten Mal verfilmt. Der Film kam nicht in deutsche Kinos, es fehlte wohl eine zugkräftige Besetzung. Die jedenfalls bot die Neuverfilmung *Das Erwachen der Sphinx* mit Charlton Heston und Susannah York. – Die ägyptische Königin Kara führte vor fast 4 000 Jahren eine solch grausame Feudalherrschaft, dass ihr Name nach ihrem Tod aus allen Inschriften getilgt wurde. Das Grab mit unvorstellbaren Schätzen wurde nie gefunden. Hartnäckig hielt sich die Überlieferung, dass Kara die Macht hätte, aus dem Reich der Toten zurückzukehren, und das Volk fürchtete sie wie zu Lebzeiten. Den alten Auf-

Das Erwachen der Sphinx

zeichnungen eines Holländers folgend, sucht Matt Corbeck 1952 in Ägypten ein noch unentdecktes Pharaonengrab. Seine Frau Anne begleitet ihn. Sie ist im siebten Monat schwanger und eifersüchtig auf Matts Assistentin Jane, die im Gegensatz zu ihr bei der Suche vor Ort dabei sein kann. Als Corbeck und seine Assistentin zufällig die Grabstätte finden, missachten sie die Warnung einer Hieroglyphentafel, die begrabene »Namenlose« ruhen zu lassen. Jeder Schlag, mit der sie die Steinplatte aufstemmen, trifft im kilometerweit entfernten Camp Anne Corbeck wie ein Keulenschlag. Sie wird ins Krankenhaus gebracht. Als Corbeck in das Grab eindringt, erleidet seine Frau eine Fehlgeburt; das Baby ist tot. Corbeck öffnet den Sarkophag, er berührt die Binden der Mumie. Da bewegen sich ihre Finger und betasten ihn. Gleichzeitig beginnt das tot geborene Kind der Corbecks zu leben. Versierte Genre-Kenner vermuten richtig: Nicht die Mumie selbst wird wieder belebt, sondern ihr Geist wird eines Tages Corbecks unter so seltsamen Umständen geborene Tochter Margaret heimsuchen. Bis es so weit ist, räumt die finstere Macht der toten Kara sämtliche Widersacher aus dem Weg, zuletzt auch Corbeck selbst. Mit 18 Jahren ist Margaret die Reinkarnation Karas, die Reinkarnation des absoluten Bösen. – »Dieser Horrorfilm [ist] äußerst engmaschig, dicht und atmosphärisch inszeniert. Musik und Geräuscheffekte tragen neben der Kameraführung wesentlich dazu bei, dass der Film konsequent Spannung aufbauen kann.« (Wolfgang J. Fuchs, FILMBEOBACHTER)

ES

(IT). USA 1990. **R:** *Tommy Lee Wallace.* **B:** *Lawrence D. Cohen, Tommy Lee Wallace.* **V:** *»Es« von Stephen King.* **K:** *Richard Leiterman.* **SpE:** *Fantasy II, Gene Warren jr.* **M:** *Richard Bellis.* **D:** *John Ritter (Ben Hanscom), Richard Thomas (Bill Denbrough), Tim Curry (Pennywise), Harry Anderson (Richie Tozier), Dennis Christopher (Eddie Kaspbrack), Richard Masur (Stan Uris), Annette O'Toole (Beverly Marsh), Tim Reid (Mike Hanlon), Jonathan Brandis, Brandon Clarke, Adam Faraizl, Seth Green, Ben Heller, Emily Perkins. F 180 Min.*
TV-Film. Mehrere Erwachsene, die schon als Kinder gegen das in Gestalt eines Clowns auftretende Böse gekämpft haben, treffen sich nach Jahren in der Fremde in der Heimatstadt wieder, um zum letzten Schlag gegen die erneut aufgetauchte kindermordende Bestie auszuholen, die sich ihnen in allerlei horriblen Gestalten (Werwolf, Mumie, Spinne) präsentiert. Der bis dahin mit $ 10,5 Mio. teuerste Fernsehfilm ist ein gerissen gemachter Horror-Schocker, aber nicht ohne Längen. [V]

ES GESCHAH UM 8 UHR 30

(I SAW WHAT YOU DID). USA 1964. **R:** *William Castle.* **B:** *William P. McGivern.* **V:** *»Der Spielverderber« von Ursula Curtiss.* **K:** *Joseph Biroc.* **M:** *Van Alexander.* **D:** *Joan Crawford (Amy), John Ireland (Steve Marak), Andi Garrett (Libby), Sarah Lane (Kit Austin), Sharyl Locke (Tess), Leif Erickson (David Mannering), Pat Breslin (Ellie Mannering), John Archer (John Austin), Joyce Meadows (Judith Marak), Douglas Evans (Tom Ward), Barbara Wilkins (Mary Ward), John Crawford (Trooper). SW 82 Min.*
Drei Mädchen, die allein zu Hause sind und sich ein Späßchen daraus machen, wildfremde Menschen anzurufen und zu erschrecken (»Ich habe gesehen, was Sie getan haben, und ich weiß, wer Sie sind«), geraten unverhofft an einen Mann namens Marak, der kurz zuvor seine Frau umgebracht hat. Von seiner »interessanten« Stimme verlockt, unternehmen sie den Versuch, ihn zu sehen. Maraks Geliebte Amy jedoch glaubt

Es

plötzlich, er habe noch andere Freundinnen. Als sie Marak erpressen will, bezahlt sie dies mit dem Leben. Marak schafft es, die Wohnung der Mädchen zu finden, aber eine der drei ist bereits abwesend. Als Marak die beiden anderen umbringen will, erscheint in letzter Sekunde die Polizei auf dem Plan. – Wie immer bei den Horror-Thrillern von William Castle ist auch hier Spannung angesagt: Marak ist nämlich mitnichten ein »normaler« Mörder, sondern ein Psychotiker. Dass jemand behauptet, er habe ihn bei seiner Bluttat beobachtet, lässt ihn in Panik geraten und unberechenbar werden. Joseph Birocs Kameraführung verdient besondere Erwähnung; Joan Crawford jedoch verkauft sich hier unter Wert.

ETERNAL EVIL – DAS EWIGE BÖSE

(ETERNAL EVIL/BLUE MAN). Kanada 1985. **R:** *George Mihalka.* **B:** *Robert Geoffrion.* **K:** *Paul van der Linden.* **SpE:** *Jacques Godbout.* **M:** *Marvin Dolgay.* **D:** *Winston Rekert (Paul Sharpe), Karen Black (Janus), Andrew Bednarsky (Matthew), John Novak (Detective Kauffman), Patty Talbot (Jennifer Sharpe), Lois Maxwell (Monica), Vlasta Varna (Scott), Walter Massey (John Westmore), Bronwen Booth (Iris), Joanne Cote (Helen). F (87) 85 Min.*

Wirrer TV-Film über einen von Astralreisen besessenen Fernsehproduzenten, der glaubt, dass sein Schwiegervater und sein Hausarzt aufgrund seiner im Schlaf erlebten Abenteuer ums Leben gekommen sind. Die wahren Unholde sind ein Pärchen aus uralten Zeiten. Ein Polizist kommt ihm kurz vor dem Höhepunkt-Showdown auf die Schliche. AIDT [V]

EVIL ALTAR

(EVIL ALTAR/HAVING IT ALL). USA 1987. **R:** *Jim Winburn.* **B:** *Bent Friedman.* **K:** *Peter Wolf.* **M:** *Bruce Lowe, George L. Briggs.* **D:** *William Smith (Reed Weller), Pepper Martin (Sammlerin), Robert Z'Dar (Sheriff O'Connell), Teresa Cooney (Teri Connors), John Powers (Harry Ballard), Jack Vogel (Josh Connors), Connie Lolan (Lisa Ballard), David Campbell (Stu Connors), Lee Night (Jamie), Marcus Cong (Troy Long), Patrick Fahey (Warren Garrett), Norman Shore (Frank), Greg Dietrich (Sammler), David Winburn (Andy Ballard), Jeanne Jenkins. F 90 Min.*

Satansanbeter in einer amerikanischen Kleinstadt entführen ahnungslose Menschen, um sie zu opfern. Der Sheriff steckt mit ihnen unter einer Decke. Ein junges Mädchen legt der Bande das Handwerk. Bodensatz. AIDT [V]

EVIL BELOW

(THE EVIL BELOW). USA 1980. **R:** *Jean-Claude Dubois.* **B:** *Art Payne.* **K:** *Keith Dunkley.* **M:** *Julian Laxton.* **D:** *Wayne Crawford (Max Cash), June Chadwick (Sarah Livingston), Sheri Able (Tracy), Graham Clarke (Ray Caloon), Ted Le Platt (Adrian Barlow). F 88 Min.*

Die Kunstlehrerin Sarah und der Jachtbesitzer Max sprengen ein dreihundert Jahre altes Schiffswrack mit geraubten Schätzen in die Luft, um sich eines tödlichen Fluchs zu erwehren. Dutzendware. [V]

EVIL CLUTCH

(IL BOSCO/CLUTCH – PRESSA TENACE/NOTTE NEL BOSCO). Italien 1988. **R:** *Andrea Marfori.* **B:** *Andrea Marfori.* **K:** *Nieto Totalo.* **M:** *Adriano Vitali.* **D:** *Diego Ribon (Tony), Coralina Cataldi Cassoni (Cindy), Elena Cantarone (Arva), Luciano Crovato (Algernon), Stefano Molinari (Fango). F 85 (79) Min.*

Urlauberpärchen stößt auf ein verlassenes Dorf, lauscht dem üblichen Warngebrabbel zweier ihm begegnender Gestalten und stößt auf eine Zombiehorde. – »Semi-professionelle Produktion mit viel Blutgerotze ... Das Resultat macht ... den Eindruck, als handele es sich um die Evil Dead-Version eines mäßig begabten und überdies debilen Fünfzehnjährigen.« (Christian Kessler, DAS WILDE AUGE)

EVIL CREATURES – DIE UNGLAUBLICHEN TOTEN

(THE CREEPS). USA 1997. **R:** *Charles Band.* **B:** *Benjamin Carr.* **K:** *Adolfo Bartoli.* **SpE:** *Atlantic West Effects, Gabe Bartalos.* **M:** *Carl Dante.* **D:** *Rhonda Griffin (Miss Quirls), Phil Fondacaro (Dracula), Thomas Wellington (Frankenstein), Jon Simanton (Werwolf), Joe Smith (Mumie), Bill Moynihan (Verrückter Arzt). F 72 Min.*

Charles Band und Full Moon Pictures haben wieder zugeschlagen: Rhonda, eine junge Bibliothekarin, und ein Privatdetektiv kommen einem verrückten Wissenschaftler auf die Spur, der Originalmanuskripte von Bram Stoker und Mary W. Shelley entwendet hat, um ihre literarischen Horror-Gestalten zu realem Leben zu erwecken und mit ihrer Hilfe an die Weltherrschaft (was sonst?) zu gelangen. – Aufgenommen in 3 D, aber auf Video nur so flach zu haben, wie die ganze Story ist. [V]

EVIL DATE – VERABREDUNG MIT DEM TEUFEL

(THE GRANNY). USA 1995. **R:** *Luca Bercovici.* **B:** *Luca Bercovici.* **St:** *Sam Bernard, Luca Bercovici.* **K:** *Wally Pfister.* **M:** *Kendall Smith.* **D:** *Stella Stevens (Granny), Shannon Whirry (Kelly), Luca Bercovici (Namon Ami), Brant von Hoffman (David), Sandy Helberg (Albert), Patricia Sturges (Andrea), Heather Elizabeth Parkhurst (Antoinette), Ryan Bollman (Junior), Samantha Hendricks (Amy), Joseph Bernard (Sadler), Theresa Ganzel (Leanne), Dan Woren (Lenny), Kedrick Wolf (Dr. Hardy), Anthony Hickox (Frederick), Lynn Tufeld (Franny), Patrick Kilpatrick (Vater), Esther Richman (Mutter), Janelle Paradee (Maggie), Don Freeman (Detective). F 85 Min.*

TV-Film. Nach Unsterblichkeit strebende steinreiche Oma, bei den Erben deswegen nicht sehr beliebt, segnet das Zeitliche, als sie die Wirkung eines Zaubertranks falsch interpretiert, und kehrt als Monstrum zurück, um sich an den schleimigen Verwandten zu rächen. Da fliegen die Fetzen! Da spritzt das Blut! [V]

EVIL DEAD – DIE SAAT DES BÖSEN

(THE RESURRECTED). Kanada 1991. **R:** *Dan O'-Bannon.* **B:** *Brent V. Friedman.* **V:** *»Der Fall Charles Dexter Ward« von H. P. Lovecraft.* **K:** *Irv Goodnoff.* **M:** *Richard Band.* **D:** *John Terry (John March), Jane Sibbett (Claire Ward), Chris Sarandon (Charles Dexter Ward), Richard Romanus (Lonnie Peck), Laura Briscoe (Holly Tender), Ken Cameroux, Patrick Pon, Bernard Cuffling, Charles Kristian, Megan Leitch. F 102 Min.*

Mit Hilfe eines Gebräus, das sein Vorfahr im 18. Jahrhundert zusammengemixt hat, erweckt Charles Dexter Ward diesen wieder zum Leben, so dass er sein unheilvolles Treiben fortsetzen kann. Bald muss man sich der im Keller des Hauses rumorenden experimentellen »Fehlversuche« erwehren. Verschachtelt erzählte Geschichte mit Rückblenden innerhalb von Rückblenden und schauerlich aus der Wäsche glotzenden Ungeheuern. [V]

EVIL ED

(EVIL ED). Schweden 1995. **R:** *Anders Jacobsson.* **B:** *Anders Jacobsson, Göran Lundström, Christer Ohlsson.* **K:** *Anders Jacobsson.* **M:** *Henrikson & Lindh.* **D:** *Johan Rudebeck (Eddie), Per Löfberg (Nick), Olof Rhodin (Sam Campell), Camela Leierth (Mel). F 85 Min.*

Endlich drehen auch die Macher von Splatterfilmen, in diesem Fall ein Cutter, durch. Kein Wunder angesichts der Blutorgien, die sie schneiden müssen ...

EVIL LAUGH

(EVIL LAUGH). USA 1986. **R:** *Dominick Brascia.* **B:** *Steven Baio, Dominick Brascia.* **K:** *Stephen Slaly.* **M:** *David Shapiro.* **D:** *Kim McKamy (Connie), Steven Baio (Johnny), Tony Griffin (Sammy), Myles O'Brien (Mark), Howard Weiss (Burns), Karyn O'Bryan (Betty), Susan Grant (Sadie), Gary Hays (Jerry), Hal Shafer (Chief Cash), Johnny Venocur (Freddy), Tom Shell (Lieferant), Jody Gibson (Tina), Jerrold Pearson (Barney). F 85 Min.*

Studenten der Medizin, die ein altes Waisenhaus renovieren, um es einem sozialen Zweck zuzuführen, fallen einer irren Schlitzerin zum Opfer, die schon als Kind in dem Gemäuer aktiv tätig war und angeblich bei einer Feuersbrunst ums Leben kam. Zwischendurch vögeln die untalentierten Darsteller, dass die Schwarte kracht, und äußern Laute (als Dialoge mag man sie kaum bezeichnen), die unter dem Niveau der Gäste jeder Flipperbude sind. [V]

EVIL NIGHTMARE

(DEATH BY DIALOGUE). USA 1988. **R:** *Tom Dewier.* **B:** *Tom Dewier.* **K:** *N.N.* **SpE:** *Damon Charles.* **M:** *N.N.* **D:** *Ken Sagoes (Lenny), Jude Gerard (Gene), Mark Ginther (Böser Geist), Lenny Delduca (Cary), Judy Gord (Miss Camden), Theodore Lehman (Onkel Ive), R. J. Walker (Thorn), Laqura Albert (Linda). F 90 Min.*

Teenies stoßen auf ein altes Filmdrehbuch, das nicht produziert wurde, da seine Macher der Reihe nach ins Gras bissen. Unsere Helden schmieren ebenfalls ab, und zwar so, wie im Fund beschrieben. Bis sie auf die Idee kommen, das Drehbuch umzuschreiben. Die Tücke, so vermutet der gewitzte Zuschauer bald, steckt eben nicht nur im Kleingedruckten. Ein rechter Schwachsinn, garniert mit einer Prise Sparsex, dem eine Überarbeitung der Dialoge ganz gut zu Gesicht gestanden hätte. AIDT [V]

EVIL SCREAM

Anderer Titel für EVIL LAUGH

EVIL TOONS – FLOTTE GIRLS IM GEISTERHAUS

(EVIL TOONS). USA 1990. **R:** *Fred Olen Ray.* **B:** *Sherman Scott [Fred Olen Ray].* **K:** *Gary Graver.* **M:** *Chuck Cirino.* **D:** *David Carradine (Gideon Fisk), Arte Johnson (Hinchlow), Dick Miller (Burt), Monique Gabrielle (Megan), Suzanne Ager (Terry), Madison Stone (Roxanne), Stacy Nix (Jan), Don Dowe (Biff), Michelle Bauer (Mrs. Burt). F 85 Min.*
Vier hübsche Mädchen renovieren ein abgelegenes Landhaus und erwecken ein Monster aus einem Comic-Heft zum Leben. Wenig Horror, jede Menge Nuditäten.

EVIL TRAIN

Anderer Titel für AMOK TRAIN – FAHRT INS NICHTS

DAS EWIGE BÖSE

Anderer Titel für ETERNAL EVIL – DAS EWIGE BÖSE

EXIT – AUSGANG INS NICHTS

(INVITATION TO HELL). USA 1985. **R:** *Wes Craven.* **B:** *Richard Rothstein.* **K:** *Dean Cundey.* **M:** *Sylvester Levay.* **D:** *Robert Urich (Matt Winslow), Joanna Cassidy (Pat Winslow), Susan Lucci (Jessica Jones), Joe Regalbuto (Tom Peterson), Kevin McCarthy (Thompson), Nicholas Worth (Sheriff), Bill Erwin (Matt Henderson), Soleil Moon Frye (Chrissy Winslow), Patty McCormack (Tracy Peterson), Barret Oliver (Robbie Winslow), Virginia Vincent (Grace Henderson), Greg Monaghan (Pete), Lois Hamilton (Miss Winter), Michael Berryman (Diener). F 91 Min.*
TV-Film. Ahnungsloses Yuppie-Ehepaar zieht in ein spießiges US-Kaff und stellt fest, dass der dortige Country Club einen direkten Zugang zur Hölle bietet. Die geile Besitzerin (eine Inkarnation Luzifers) hat schon sämtliche Nachbarn und Arbeitskollegen der Winslows in den perversen Krallen, doch der brave Held weigert sich, ihren körperlichen Reizen zu verfallen und seine Gattin zu betrügen. Deswegen kriegt er die geballte Macht der Hölle zu spüren, von der sich aber ein aufrechter Amerikaner nicht vom rechten Weg abbringen lässt: Er wird nach seinem Gang durch die Spezialeffekte-Hölle mit ehelicher Liebe reich belohnt. [V]

DER EXORZIST

(THE EXORCIST). USA 1973. **R:** *William Friedkin.* **B:** *William Peter Blatty.* **V:** *»Der Exorzist« von William Peter Blatty.* **K:** *Owen Roizman, Billy Williams.* **SpE:** *Marcel Vercoutere.* **M:** *Hans Werner Henze, Jack Nitzsche.* **D:** *Ellen Burstyn (Chris MacNeil), Max von Sydow (Pater Merrin), Lee J. Cobb (Lt. Kinderman), Kitty Wynn (Sharon), Jack McGowran (Burke Dennings), Jason Miller (Pater Karras), William O'Malley (Pater Dyer), Barton Heyman (Dr. Klein), Peter Masterson (Klinikchef), Rudolf Schündler (Karl), Gina Petrushka (Willie), Robert Symonds (Dr. Tanney), Arthur Storch (Psychiater), T. Bermingham (Universitätspräsident), Vasiliki Maliaros (Karras' Mutter), Titos Vandis (Karras' Onkel), Wallace Rooney (Bischof), Ron Faber (Regieassistent), Linda Blair (Regan MacNeil), Donna Mitchell (Mary Jo Perrin), Roy Cooper (Dean), Robert Gerringer (Senator), Joanna Dusseau (Senatorenfrau), Richard Callinan (Astronaut), John Mahon (Linguist), Yvonne M. Jones (Krankenschwester), Beatrice Hunter (Frau), John Nicola (Priester), Vincent Russell (Ganove in U-Bahn), Mary Boylan (Patientin), Bob Dahdah (Internist). F 115 Min.*
USA, 20. Jahrhundert, Anfang der siebziger Jahre: Die zwölfjährige Regan macht plötzlich unheimliche Veränderungen durch – sie führt obszöne Reden, spricht mit tiefer Stimme, auf ihrer Haut erscheinen hässliche, eiternde Wunden, und Gegenstände und Möbel in ihrer Umgebung entwickeln ein Eigenleben. Ärzte und Psychiater, die sich des Kindes annehmen, sind ratlos. Erst zwei Jesuitenpatres stellen die richtige Diagnose: Regan ist von einem Dämon be-

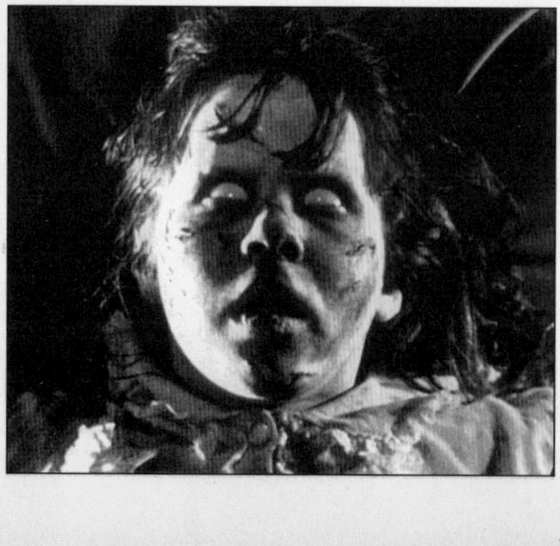

Der Exorzist

sessen. Nur ein Exorzismus kann Abhilfe schaffen. Pater Merrin, ein erfahrener Exorzist, macht sich an die Arbeit, stirbt jedoch an einem Herzanfall, bevor er seine Aufgabe vollenden kann. Sein junger Kollege Karras, der dem Exorzismusritual bislang eher skeptisch gegenüberstand, nimmt seine Stelle ein und überredet den Dämonen, Regan in Frieden zu lassen und stattdessen in seinen Körper zu wechseln. Der Dämon nimmt das Angebot an, doch im gleichen Moment stürzt sich Pater Karras in den Tod. – *Der Exorzist* ist einer jener Filme, die vorzugsweise für ein Publikum gemacht werden, das nicht zu den regelmäßigen Kinobesuchern zählt. Filme dieser Art werden nicht nur mit einem immensen Werbeaufwand gestartet, sie verbinden auch stets konventionelle Topoi mit außergewöhnlichen Effekten. In diesem Fall ist es vor allem die Tonspur, die mit äußerster Sorgfalt gestaltet wurde. Wenn Regan grünlichen Brei herauswürgt, sind die begleitenden Kotzgeräusche wahrhaft superb, und die finale Auseinandersetzung zwischen Pater Karras und dem Dämonen wird von einem dunklen Bassdröhnen begleitet, das pikanterweise auf eine jahrhundertealte Tradition der katholischen Kirche zurückgeht – die so genannte »Demutspfeife« der Orgel, deren Ton direkt auf das Zwerchfell einwirkt und ein Gefühl nervöser Unruhe hervorruft. Ansonsten bietet der Film wenig, was man nicht auch schon anderswo gesehen hatte. Gefahr droht immer dann, wenn Vorhänge geheimnisvoll wehen und die Gesichter der Akteure von unten ausgeleuchtet werden. Und auch der Schüler, der die Lehren seines Mentors zunächst skeptisch betrachtet, dann aber an dessen Stelle tritt und mutig die Strafe für seinen früheren Unglauben auf sich nimmt, ist eine altbekannte Kinofigur, die wir schon aus Western- und Kriegsfilmen kennen. Dass *Der Exorzist* ein weltweiter Erfolg wurde, ist neben der Werbekampagne, derzufolge die Zuschauer reihenweise in Ohnmacht gefallen sein sollen, vor allem darauf zurückzuführen, dass er zu einem Zeitpunkt entstand, als das Unbehagen an moderner Wissenschaft und Technik auf breitere Bevölkerungskreise übergriff. In diesem Moment kam eine Geschichte, die einen Rückgriff auf Mythen und magische Rituale bot, gerade recht – eine Tendenz, von der später auch SF- und Fantasy-Filme wie *Krieg der Sterne* (USA 1976, Regie: George Lucas) und *Conan, der Barbar* (USA 1981; Regie: John Milius) profitierten. [V]

EXORZIST II: DER KETZER

(EXORCIST II: THE HERETIC). USA 1976. **R:** *John Boorman.* **B:** *William Goodhart.* **K:** *William A. Fraker.* **SpE:** *Albert Whitlock, Van der Veer.* **M:** *Ennio Morricone.* **D:** *Linda Blair (Regan MacNeil), Richard Burton (Pater Lamont), Louise Fletcher (Dr. Gene Truskin), Max von Sydow (Pater Merrin), Kitty Wynn (Sharon), Paul Henreid (Kardinal), James Earl Jones (Kokumo), Belinda Beatty (Liz), Barbara Carson (Mrs. Rhalor), Joey Green (Kokumo jun.), Ned Beatty (Edwards), Rose Portillo (Span. Mädchen), Tiffany Kinney (Taubes Mädchen), Fisaha Dimetros (Mönch), Hank Garrett (Kontrolleur), Bill Grant (Taxifahrer), Larry Goldman (Unfallopfer). F 118 Min.*

Vorgeschichte: *Der Exorzist.* – Regan, ein ehemals vom Teufel besessenes Mädchen, ist zu einem speckigen Teenager herangewachsen, und der Dämon Pazuzu, »der Herr der Heuschrecken«, rührt sich wieder. Glücklicherweise erhält just in diesem Moment Pater Lamont den Auftrag, die früheren Ereignisse einer erneuten Untersuchung zu unterziehen. Durch Traumbilder, die ihm mit Hilfe einer »psychiatrischen Maschine« von Regan übermittelt werden, auf die richtige Spur gebracht, reist er nach Afrika, wo ihm von einem Stammeszauberer wenig erhellende Auskünfte gegeben werden. Nach New York zurückgekehrt, schafft er es gerade noch rechtzeitig, den Dämon daran zu hindern, Regan abermals zu übernehmen. Natürlich muss er, wie schon sein Vorgänger Karras, diese Heldentat mit dem eigenen Leben bezahlen. – Regisseur Boorman verheddert sich hoffnungslos in einem konfusen Drehbuch, Richard Burton als Pater Lamont schaut ständig besorgt drein, als ahne er schon, wie der fertige Film aussehen wird; Linda Blair als Regan beweist nachdrücklich, dass sie dringend Schauspielunterricht benötigt, und dem Komponisten Ennio Morricone ist auch nichts eingefallen, was den Film noch ein wenig hätte verbessern können. – »Wirtschaftskrise, Arbeitslosigkeit und eine unsichere Zukunft – was zählt das schon im Vergleich mit solch irrationalen Gefahren, die sich ein Hollywood-Autor aus den Fingern gesaugt hat und deren Darstellung der kirchlichen Reaktion alle Ehre gemacht hätte ... Der Rezensent hat in der letzten Zeit im Kino selten so etwas Widerliches und Abstruses gesehen wie diesen Technicolor-Schinken.« (VAMPIR) [V]

DER EXORZIST III

(THE EXORCIST III). USA 1989. **R:** *William Peter Blatty.* **B:** *William Peter Blatty.* **K:** *Gerry Fisher.* **SpE:** *Bill Purcell, Dream Quest Images.* **M:** *Barry DeVorzon.* **D:** *George C. Scott (Lt. Kinderman), Ed Flanders (Pater Dyer), Brad Dourif (Gemini-Killer), Jason Miller (Patient X), Nicol Williamson (Pater Morning), Scott Wilson (Dr. Temple), Nancy Fish (Allerton), George DiCenzo (Stedman), Don Gordon (Ryan), Lee Richardson (Dekan), Grat L. Bush (Sgt. Atkins), Mary Tracy Thorne (Schwester Keating), Mary Jackson (Mrs. Clelia), Viveca Lindfors (Schwester X), Ken Lerner (Dr. Friedman), Barbara Baxley (Shirley), Zohra Lampert (Mary Kinderman), Harry Carey jr. (Pater Kanavan), Sherrie Wills (Julie Kinderman), Edward Lynch (Patient A), Clifford David (Dr. Bruno). F 110 Min.*

Ein Polizist, der an der Aufklärung einer rätselhaften Mordserie arbeitet, stößt in einer psychiatrischen Klinik auf einen totgeglaubten Exorzisten, in den der Geist des »Gemini-Killers« (eines hingerichteten Massenmörders) eingefahren ist, welcher ihn und andere Insassen zu wüsten Morden anstiftet. Trotz des Titels, der auf das Wirken höllischer Mächte hinweist, handelt es sich nicht um eine Fortsetzung des Kassenknüllers *Der Exorzist:* Man hat lediglich den Bekanntheitsgrad des Vorgängers ausgebeutet, dessen literarische Vorlage aus der Feder des Regisseurs William Peter Blatty stammt. Trotz alledem ist dieser Schocker von kundiger Hand gemacht und bietet spannende Unterhaltung. [V]

Der Exorzist und die Kindhexe

DER EXORZIST UND DIE KINDHEXE

(EL PODER DE LAS TINIEBLAS/LA ENDEMONIADA). Spanien 1976. **R:** *Amando Ossorio.* **B:** *Amando Ossorio.* **K:** *Vincente Minaya.* **SpE:** *Pablo Perez.* **M:** *N.N.* **D:** *Kali Hansa (Hexe), Julian Mateos, Marian Salgado (Susan), Tota Alba, Roberto Camardiel, Fernando Hilbeck, Maria Kosti, La Pocha, Daniel Martin, Julian Mateos, Lone Fleming, Fernando Sancho, Angel del Pozo, Montserrat Prous, Lucy Tiller, Paquita Trench, Maria Vidal, Beatriz Villasante, Ernesto Yanez. F 90 Min.*

Eine längst in die Grube gewanderte Satanistin ergreift Besitz vom Körper eines jungen Mädchens, verwandelt dessen Gesicht in ein Monsterface und versetzt die Bewohner einer Kleinstadt in Angst & Schrecken. »Dieser Film ist in die Reihe der Kunstwerke einzuordnen, die mit dem EXORZIST 1 und 2 und dem Film *Das Omen* weltweit Aufsehen erregten«, trompetet der Verleih. Wir bestreiten dies: Wer seine fünf Sinne beisammen hat, möge das Weite suchen, wann immer ihm dieser billig zusammengeschusterte Streifen über den Weg flimmert! [V]

EXPERIMENT IN TERROR

(EXPERIMENT PERILOUS). USA 1944. **R:** *Jacques Tourneur.* **B:** *Warren Duff.* **V:** *»Experiment Perilous« (1943) von Margaret Carpenter.* **K:** *Tony Gaudio.* **M:** *Roy Webb, Constantin Bakalainikoff.* **D:** *Hedy Lamarr (Allida Bedereaux), George Brent (Dr. Huntington Bailey), Paul Lukas (Nick Bedereaux), Albert Dekker (Claghorne), Carl Esmond (Maitland), Olive Blakeney (Cissie Bedereaux), George N. Neise (Alec), Margaret Wycherly (Maggie), Stephanie Bachelor (Elaine), Mary Servoss (Miss Wilson), Julia Dean (Deria), William Post jr. (Staatsanwalt), Billy Ward (Alec als Kind). SW 91 Min.*

Ähnlich wie in *Das Haus der Lady Alquist* (USA 1944; Regie: George Cukor) geht es auch in dieser Story um einen Ehemann (Paul Lukas), der seine Frau (Hedy Lamarr) aus dem Dunkel heraus terrorisiert, um sie in den Wahnsinn zu treiben. Dank der Hilfe eines Psychiaters (George Brent), der sich schließlich auch in seine Patientin verliebt, kann sie dem heimlichen Verschwörer das Handwerk legen. – «Warren Duffs Drehbuch ... war zwar über Gebühr geschwätzig und wurde unnötigerweise durch zu viele Rückblenden verkompliziert, aber die überragende Darstellung von Lukas und Lamarr und die gefällige, sondierende Regieleistung Jacques Tourneurs brachten einen psychologischen Thriller von mitreißender Qualität zustande.« (Richard B. Jewell/Vernon Habbin, THE RKO STORY).

DIE EXPERIMENTE DES DR. S

(STRANGE BEHAVIOUR/DEAD KIDS/HUMAN EXPERIMENTS). Australien/Neuseeland 1981. **R:** *Michael Laughlin.* **B:** *Michael Laughlin, William Condon.* **K:** *Louis Horvath.* **M:** *Tangerine Dream.* **D:** *Michael Murphy (John Brady), Louise Fletcher (Barbara Moorhead), Arthur Dignam (Dr. LaSange), Fiona Lewis (Gwen Parkinson), Marc McClure (Oliver), Scott Brady (Shea), Dey Young (Caroline), Charles Lane (Donovan), Jim Boelsen (Waldo), Beryl Te Viata (Mrs. Haskell), William Hayward (Robinson), Elizabeth Cheshire (Lucy Brown), Billy Al Bengston (Felix Rowe), Jack Haines (Randy Morgan), William Condon (Bryan Morgan), Nicole Anderson (Nonne), Cortenay Leigh (Paula). F 95 Min.*

In einem kleinen Kaff im amerikanischen Mittelwesten geht er um: der Schlitzer mit dem Katzendolch. »Ansonsten hält sich der Film an Hausgemachtes aus dem Horror-Kochbuch: Die Opfer fliehen grundsätzlich in einen dunklen Wald, um dann zu stolpern und vom Täter überwältigt zu werden. Wenn Todesaspiranten telefonisch um Hilfe rufen, schauen sie immer an die Wand – der Mörder kommt dann unerkannt, aber eben nicht unerwartet.« (VIDEO) [V]

F

THE FACULTY – TRAU KEINEM LEHRER!

(THE FACULTY). USA 1998. **R:** *Robert Rodriguez.* **B:** *Kevin Williamson.* **St:** *David Wechter, Bruce Kimmel.* **K:** *Enrique Chediak.* **SpE:** *KNB EFX Group.* **M:** *Marco Beltrami.* **D:** *Jordana Brewster (Delilah Proffit), Clea DuVall (Stokely, eine Lesbe), Laura Harris (Marybeth), Bebe Neuwirth (Rektorin Drake), Josh Hartnett (Zeke), Elijah Wood (Casey), Salma Hayek (Schwester Harper), Famke Janssen (Miss Burke), Shawn Hatosy (Stan), Piper Laurie (Mrs. Olson). F 104 Min.*

Das Lehrerkollegium einer High School ist besessen vom Körperfresser-Syndrom, aber nur sechsen der Schüler fällt die Veränderung auf, deren Ursache Außerirdische sind. – »Statt Freddy-Imitatoren und wilder Schlitzer-Party nun also Körperfresser und *Alien Invasion.* Das scheint nur eine kleine Akzentverschiebung, da Williamson nicht mit den üblichen Ingredienzen knausert. Da gibt's mal wieder den Horror auf dem College-Campus, die *Teen Angst* à la *The Breakfast Club* (die Williamson in *Dawson's Creek* perfekt zur autobiographischen Soap verarbeitet hat), das Schwelgen in Pop-Referenzen und diesen großen Gestus des absoluten Film-Geek. Auch in *The Faculty* wird zitiert und zerlegt, verwiesen, variiert und verwurschtet, sprich: dekonstruiert, dass die Schwarte kracht.« (Annette Kilzer, SPLATTING IMAGE, 37/März 1999] – » ... blutleer und fad.« (ZOOM 4/99)

FADE TO BLACK – DIE SCHÖNEN MORDE DES ERIC BINFORD

(FADE TO BLACK). USA 1980. **R:** *Vernon Zimmermann.* **B:** *Vernon Zimmermann.* **St:** *Irving Yablans.* **K:** *Alex Philips jr.* **M:** *Craig Safan.* **D:** *Dennis Christopher (Eric Binford), Linda Kerridge (Marilyn O'Connor), Tim Thomerson (Dr. Moriarty), Morgan Paull (Gary Bailly), Hennen Chambers (Bart), Marya Small (Doreen), Eve Brent Ashe (Stella Binford), Bob Drew (Rev. Shick), Gwynne Gilford (Anne), John Steadman (Sam), Mickey Rourke (Richie), Bruce Reed (Franco), Melinda Fee (Talkmasterin), Jane K. Wiley (Gaffer), Al Tafoya (Rundfunksprecher), Peter Horton (Joey Madona), Norman Burton (Morty Berger), James Luisi (Captain Gallagher), Anita Converse (Dee Dee), Marcie Barkin (Stacy), G.L. Kahn (Verkäufer), Teddi Siddall (Jill), Sharon Schlaerth (Postbotin), Joseph Daniels (Wärter), Marilyn Staley (Starlet), Clyde Primm (Buchhändler), Sharon McCreedy (Zuschauerin), Bill Stack (SWAT-Anführer), Gregory Sage (Peter). F 100 Min.*

Der junge Eric Binford, einer der wenigen absoluten Film-Freaks unserer Zeit, lebt in Los Angeles. Er arbeitet als Filmrollen-Auslieferer, und dem Kino (speziell dem der dreißiger und frühen vierziger Jahre) gehört seine ganze Leidenschaft. Von der an einen Rollstuhl gefesselten Tante (die in Wahrheit seine Mutter ist) und der übrigen Welt terrorisiert, verknallt er sich in die Sexbombe Marilyn, ein Modell, das seinem Idol Marilyn Monroe ähnlich sieht. Die Blondine schmettert ihn jedoch ab. Für Eric bricht die Welt zusammen. Fortan verwechselt er Realität und Phantasie: Er nimmt die Identitäten der von ihm am meisten bewunderten Filmheroen an

Fade to Black – Die schönen Morde des Eric Binford

(Hopalong Cassidy, Graf Dracula, die Mumie) und rächt sich an der schnöden Umwelt: Er stürzt die Tante die Treppe hinunter, hetzt die Girls von Hollywood als Dracula in den Tod, verpasst seinem ekligen Chef im Gewand der Mumie einen Herzschlag und legt in der Maske des Westernhelden Hopalong Cassidy einen missgünstigen Kollegen um. Als ihm Polizei und Psychiater auf die Spur kommen, kidnappt er Marilyn und schleppt sie – wie weiland Freund King Kong – auf das Dach des legendären Grauman's Chinese Theatre. Die Cops sind jedoch nicht ohne, sie nieten Eric um. Als er in die Tiefe stürzt, nimmt er – jedoch nur verbal – seine letzte Identität an: die des neurotischen, mutterfixierten Cody Jarrett, den James Cagney in *White Heat* (USA 1949; Regie: Raoul Walsh, dt. *Maschinenpistolen*) spielte. Sein letzter Schrei: »Ich hab's endlich geschafft, Ma; jetzt bin ich ganz oben!« – »Vernon Zimmermann ... hat hiermit einen spannenden und amüsanten Film gemacht, voll gestopft mit ebenso viel liebenswürdigem Spott über das Filmgeschäft in Hollywood wie mit offener Verehrung für dessen Produktionen aus den dreißiger und vierziger Jahren. An deren Genregewohnheiten orientiert sich auch Zimmermann, ohne jedoch durch allzu gewissenhaftes Kopieren völlig den eigenen, auch distanzierten Stil zu verlieren. Die Besetzung ist ausgezeichnet.« (DER TAGESSPIEGEL). – »Genre-Kino als Selbstparodie«. (TIP)

FAHRT INS GRAUEN

(MR. WRONG). Neuseeland 1985. **R:** *Gaylene Preston.* **B:** *Gaylene Preston, Graham Tatley, Geoff Murphy.* **St:** *Elizabeth Jane Howard.* **K:** *Thom Burstyn.* **M:** *Jonathan Crayford.* **D:** *Heather Bolton (Meg), David Letch (Mr. Wrong), Perry Piercy (Mary Carmichael), Suzanne Lee (Val), Gary Stalker (Bruce), Margaret Umbers (Samantha), Danny Mulheron (Wayne), Philip Gordon (Clive), Michael Haigh (Whitehorn), Kate Harcourt (Mrs. Alexander). F 91 Min.*

Psycho-Thriller. Die junge Meg ersteht einen Jaguar. Sie nimmt eine Anhalterin mit, die plötzlich einen Gefährten hat. Die Dame verschwindet während der Fahrt. Nachdem Meg den Gefährten an einer Tankstelle auszusteigen bittet, ist sie die Einzige, die ihn je gesehen hat. Meg erfährt, dass die Vorbesitzerin des Jaguars von einem Anhalter ermordet wurde. Beherrscht ihr rachsüchtiger Geist nun das Fahrzeug? Drei Männer heften sich unabhängig voneinander an Megs Fersen. Sie gelangt zu der Überzeugung, dass einer von ihnen der Mörder ist. Wird sie sein nächstes Opfer sein? [V]

DER FÄNGER

(THE COLLECTOR). USA/GB 1965. **R:** *William Wyler, Robert Swink.* **B:** *Stanley Mann, John Kohn.* **V:** *»The Collector« (1963) von John Fowles.* **K:** *Robert Surtees, Robert Krasker.* **M:** *Maurice Jarré. D Terence Stamp (Freddy Clegg), Samantha Eggar (Miranda Grey), Mona Washbourne (Tante Annie), Maurice Dallimore (Nachbar), William Beckley (Crutchley), Gordon Barclay, David Haviland (Angestellte). F 119 Min.*

Freddie Clegg, ein neurotischer Bankangestellter und Schmetterlingssammler aus London, gewinnt im Fußballtoto. Nun, da er finanziell abgesichert ist, kündigt er seinen Job und kauft ein Landhaus in Sussex. Nachdem er es möbliert hat, entführt er die Kunststudentin Miranda Grey. Da Freddie »ganz sicher« ist, dass sie ihn eines Tages lieben wird, sperrt er sie in eine Wohnung im Keller seines Besitzes. Miranda, die keine Ahnung hat, wie sie sich verhalten soll, versucht Freddie zunächst zu schmeicheln, dann ihn zu verführen – jedoch erfolglos. Schließlich schlägt sie ihn in ihrer Verzweiflung mit einem Spaten zusammen. Freddie sperrt Miranda erneut ein und begibt sich in ärztliche Behandlung. Als er einige Tage später zurückkehrt, liegt seine Gefangene in den letzten Zügen, da während seiner Abwesenheit die Kellerheizung erloschen ist. Freddie begräbt Miranda und macht sich auf die Suche nach einem Ersatz: Er beschließt, dass eine Krankenschwester ganz ausgezeichnet in seine »Sammlung« passen würde. – Dies ist einer der letzten und schwächsten Filme des Regie-Altmeisters und dreifachen Oscar-Preisträgers William Wyler. Trotz gelegentlich auftretender Spannung wirkt die Story seltsam kühl. Die schauspielerische Leistung der beiden Hauptdarsteller ist jedoch ausgezeichnet.

DER FALL DES DEXTER WARD

Anderer Titel für DIE FOLTERKAMMER DES HEXENJÄGERS

FATAL FRAMES

(FOTOGRAMMI MORTALI). Italien 1996. **R:** *Al Festa.* **B:** *Alessandro Monese, Al Festa.* **K:** *Giuseppe Berardini.* **SpE:** *Steve Johnson.* **M:** *Al Festa.* **D:**

Stefania Stella (Stefania), Rick Gianasi (Alex), Donald Pleasence (Professor Robinson), Alida Valli (Comtessa Mirafori), Linnea Quigley (Wendy Williams), Rossano Brazzi (Dr. Lucidi), David Warbeck (Bonelli), Leo Daniel (Daniel Antonucci), Angus Scrimm, Ugo Pagliai, Geoffrey Copleston, Massimo Piratello, Marcel Malcoun, Andrea Festa, Giorgio Albertazzi, Ciccio Ingrassia, Nina Soldano. F 98 Min.

Italienischer Horrorfilm auf den Spuren von Dario Argento: Ein als »Videokiller« geführter Serienmörder bringt die Ehefrau des Videoregisseurs Alex Ritt um und schickt ihm die Aufnahmen der Tat portofrei ins Haus. Als er in Italien ein Video mit der Tänzerin Stefania Stella dreht, setzt sich die Mordserie fort. Die Konstruktion erinnert entfernt an Michael Powells *Peeping Tom*. – Billigproduktion.

FEAR – TODESANGST

(FEAR). USA 1989. **R:** *Rockne S. O'Bannon.* **B:** *Rockne S. O'Bannon.* **K:** *Robert Stevens.* **M:** *Henry Mancini.* **D:** *Ally Sheedy (Cayce Bridges), Lauren Hutton (Jessica Moreau), Michael O'Keefe (Jack Hays), Pruitt Taylor Vince (Schattenmann), Stan Shaw (Thomas Weber), Dina Merrill (Catherine Tarr), Dean Goodman (William Tarr), Keone Young (William Wu), Jonathan Prince, John Agar, Helen Brown. F 92 Min.*

TV-Film. Parapsycho-Thriller. Eine Frau mit der Gabe des »Zweiten Gesichts«, die der Polizei bei der Aufklärung unerklärlicher Fälle hilft, empfängt die telepathischen Botschaften eines psychopathischen Mörders, der ein ungesundes Interesse an ihr und ihren Fähigkeiten zeigt. [V]

DAS FENSTER ZUM HOF

(REAR WINDOW). USA 1954. **R:** *Alfred Hitchcock.* **B:** *John Michael Hayes.* **St:** *Cornell Woolrich.* **K:** *Robert Burks.* **SpE:** *John P. Fulton.* **M:** *Franz Waxman.* **D:** *James Stewart (L. B. »Jeff« Jeffries), Grace Kelly (Lisa Fremont), Wendell Corey (Thomas J. Doyle), Thelma Ritter (Stella), Raymond Burr (Lars Thorwald), Judith Evelyn (Miss Lonely Hearts), Ross Bagdasarian (Komponist), Georgine Darcy (Miss Torso), Sara Berner, Frank Cady (Ehepaar mit Hund), Jesslyn Fax (Bildhauerin), Rand Harper, Havis Davenport (Junges Ehepaar), Irene Winston (Mrs. Thorwald), Maria English, Kathryn Grandstaff (Party-Girls), Alan Lee (Wirt), Anthony Warde (Detektiv), Benny Bartlett (Miss Torsos Freund), Harry Landers (Junger Mann), Iphigenie Castiglioni (Vogel-Frau), Dick Simmons, Fred Graham, Edwin Parker, Len Hendry, Mike Mahoney, Bess Flowers. F 112 Min.*

Fotoreporter Jeffries, Jeff genannt, ist wegen eines komplizierten Beinbruchs an den Rollstuhl gefesselt: Zur Untätigkeit verdammt, beobachtet er aus Langeweile das Verhalten der Nachbarn auf der anderen Seite des Hofes. Zwar hat er die vielen Menschen nie näher kennen gelernt, deren Leben wie auf der Bühne vor ihm abrollt, doch werden sie für ihn in ihren Gewohnheiten immer vertrauter; ja, er prägt für alle treffende Namen: die junge Balletttänzerin »Miss Torso«, die »Flitterwöchner«, »Fräulein Einsames Herz«, »das Ehepaar mit dem Terrier.« Jeffs Masseuse Stella mokiert sich über das »Hobby« ihres Patienten, zumal dieser zur Befriedigung seiner Neugier oft sogar zum Feldstecher greift. Bei ihren täglichen Besuchen erkennt sie jedoch bald, dass sich Jeffs Interesse in erster Linie auf einen bestimmten Mieter konzentriert, der das gegenüberliegende Appartement mit seiner kranken Frau bewohnt. Viele kleine Anzeichen sprechen für ungewöhnliche Vorkommnisse. Die Frau, offenbar eine rechte Nervensäge, ist nach einer heftigen Auseinandersetzung plötzlich verschwunden. Warum verlässt nun der Mann von gegenüber, dessen Name Thorwald ist, in der Nacht mehrmals mit einem Musterkoffer in der Hand die Wohnung, um kurze Zeit später mit dem Koffer zurückzukehren? Am nächsten Tag verwandelt sich Jeffs Neugierde in einen konkreten Verdacht, als er sieht, dass sein Nachbar eine Säge und ein Fleischermesser in Zeitungspapier wickelt. Weitere

Das Fenster zum Hof

Indizien härten den Verdacht. Stella und Jeffs Verlobte Lisa lassen sich nur schwer überzeugen. Auch sein Kriegskamerad Doyle (!), Inspektor bei der New Yorker Kriminalpolizei, winkt nach einigen Nachforschungen ab und warnt Jeff, seine Neugier nicht zu weit zu treiben. Jeff bleibt hartnäckig. Er weicht auch in den folgenden Tagen und Nächten nicht von seinem dunklen Fensterplatz. Die Verdachtsmomente häufen sich, so dass jetzt auch die beiden Frauen überzeugt sind, dass ein Mord geschehen ist. Mit einem fingierten Telefonanruf lockt Jeff Thorwald aus seiner Wohnung. Während seiner Abwesenheit schleicht Lisa nach gegenüber, um Indizien zu suchen. Sie findet den Ehering der Frau. Dann überschlagen sich die Ereignisse: Thorwald überrascht Lisa in seiner Wohnung. Er attackiert sie, doch die Polizei, von Jeff alarmiert, trifft rechtzeitig ein und verhaftet Lisa. Thorwald ist gewarnt; er erkennt, dass er beobachtet wird. Blind vor Wut dringt er in Jeffs Wohnung ein, stürzt sich auf Jeff und zerrt ihn aus seinem Rollstuhl. Jeffs einzige Gegenwehr sind blendende Blitze aus seinem Blitzlichtgerät, eine zu schwache Waffe. Thorwald schleppt ihn zum Fenster und stößt ihn über die Brüstung. Als Jeff aufschlägt, treffen Doyle und einige Polizisten ein, die Thorwald, der den Mord gesteht, festnehmen. Jeff hat sich durch den Sturz nur eine Verletzung zugezogen: komplizierter Bruch des zweiten Beines. – Hitchcock konzentriert sich stets auf wenige handelnde Personen, wenige Schauplätze und einen überschaubaren zeitlichen Rahmen. In seinen besten Filmen hat er durch suggestiven Einsatz der Technik versucht, den Zuschauer zum unbewussten, heimlichen Zeugen der Vorgänge zu machen. Das klassische Beispiel dieses »Peeping Tom«-Effekts (Franz Everschor, FILMDIENST) ist *Das Fenster zum Hof*, in dem Hitchcock seinem Helden und damit dem Zuschauer ein eigenes kleines Welttheater präsentiert, eine Wohnwelt, in der die alten Ordnungen und Sicherheiten nicht mehr vorhanden sind. Keiner schottet sich mehr mit zugezogenen Gardinen vor neugierigen Blicken ab; im Gegenteil: geöffnete Fenster, hell erleuchtete Zimmer, Hektik, Ausgelassenheit, schrulliges Verhalten. »Für Jeffries, der mal amüsiert dahinein und mal neugierig dorthinein guckt, bietet sich diese Szenerie allerdings als Realität dar. Er, der Voyeur von Beruf wie aus Neigung, sieht nicht mehr als das, was ihm die Fenster als Ausschnitt des Alltagslebens freigeben. Er sieht keine zusammenhängenden Geschichten, nur deren Fragmente. Die Löcher, die diese zufälligen Handlungspartikel wegen ihres Mangels an räumlicher und zeitlicher Kontinuität hinterlassen, muss er mit seiner Phantasie füllen. Das ist Hitchcocks genialer dramaturgischer Trick: Realität ohne Phantasie hat keinen Sinn.« (Peter Buchka, SÜDDEUTSCHE ZEITUNG) Hitchcock kennt die verborgenen Phantasien der Zuschauer, unsere uneingestandenen Perversionen und Gelüste. Er zwingt uns in die Perspektive des Voyeurs. Der wohlige Schauder steigert die Neugier. Schön, wenn jetzt etwas Ungewöhnliches passiert! Sehen, was und wie es die anderen treiben. Bis es dann einer von gegenüber zu weit treibt. Der Konflikt ist da: die Mordwaffe, das Messer, gegen den Feldstecher, das Teleobjektiv. Beide Gegenstände haben etwas gemeinsam und machen dadurch ihre Benutzer vergleichbar: »Beide symbolisieren Ersatzbefriedigungen, Perversionen; beide dringen in etwas Verbotenes ein, verletzen Tabus.« (Peter Buchka). Und so verblüffend es ist, beide – Voyeur und Mörder – treibt die Frustration der sexuellen Störung: Der Mörder will, kann oder mag mit seiner zänkischen Frau nicht mehr schlafen, der Voyeur ist durch seinen Gips unterhalb der Gürtellinie lahm gelegt. Eine treffliche Ausgangsposition, um die Schuld des Schuldigen, aber auch die des Unschuldigen zu beweisen. [V] [DVD]

FEUERTANZ

Anderer Titel für HORROR INFERNAL

FINAL ATTACK

(FINAL ATTACK: HOWLING VI). USA 1990. **R:** *Hope Perello.* **B:** *Kevin Rock.* **K:** *Edward Pei.* **SpE:** *Todd Masters.* **M:** *Patrick Gleeson.* **D:** *Brendan Hughes (Ian), Michele Matheson (Elizabeth), Sean Gregory Sullivan (Bellamy), Bruce Martin Payne (Harker), Antonio Fargas (Bellamy), Carlos Cervantes (Sheriff Fuller), Carol Lynley (Miss Edington), Jered Barclay (Dewey). F 90 Min.*

Das öde amerikanische Nest Canton Bluff ist so gut wie erledigt: Das Weideland ist versteppt, nur einige Unbeirrte harren aus. Da kommt der Tramp Ian in die Stadt. Er ist Engländer, hat schon bessere Tage gesehen und findet Arbeit beim Geistlichen, der mit seiner Tochter allen Umständen zum Trotz die Kirche renoviert.

Doch Ian ist aus einem bestimmten Grund nach Canton Bluff gekommen, denn einige Tage später stattet Harkers Freakshow der Stadt einen Besuch ab. Ian ist ein Werwolf, und der geheimnisvolle Harker, der die Zirkusfreaks wie Sklaven behandelt, ist schuld an dem Zustand. Denn Harker ist in Wirklichkeit ein Magier und Vampir. Zuerst erweist sich Harker als der Stärkere und stellt Ian als Bestie im Käfig aus, doch dann kommt es zur großen Abrechnung, der letztendlich beide Monster zum Opfer fallen. – Der Film beginnt durchaus spannend und voller Atmosphäre, aber nach 20 Minuten ist die Luft raus. Sämtliche Elemente für eine originelle Handlung sind da: das fast zur Geisterstadt gewordene Prärienest; die unheimliche Freakshow und der geheimnisvolle Fremde. Leider ist die Regie nicht imstande, daraus ein Ganzes zu formen, und so schleicht sich gähnende Langeweile ein, die bis zum Schluss dieses zähen Gruselschinkens nicht weichen will. [V]

FINAL INSTINCT – DEN WAHNSINN IM NACKEN

(SCISSORS). USA 1991. **R:** *Frank de Felitta.* **B:** *Frank de Felitta.* **K:** *Anthony B. Richmond.* **M:** *Alfi Kabiljo.* **D:** *Sharon Stone (Angie), Steve Railsback (Alex Morgan/Cole Morgan), Ronny Cox (Dr. Carter), Michelle Phillips (Ann), Vicki Frederick (Nancy). F 100 Min.*

Psycho-Thriller. Die steinalte Geschichte von der labilen und einsamen Frau (heute: Angie), die ein schweres Kindheitstrauma hinter sich hat, weswegen sie ständig albträumt, mit Stofftieren konferiert, Vögel schwafeln hört und am Ende erkennen muss, dass man sie in den Irrsinn treiben will: Hinter allem steckt der schweinische Psychiater Dr. Carter, der den Geliebten seiner Frau um die Ecke gebracht hat und nun jemanden braucht, dem er die Tat in die Schuhe schieben kann. [V]

FINAL PULSE

(CONDITION: CRITICAL/FINAL PULSE). USA 1992. **R:** *Jerrold Freedman.* **B:** *Michael Braverman.* **K:** *Francis Kenny.* **M:** *Sylvester Levay.* **D:** *Denis Arndt (Dr. Austin DeGroose), Mark Blum (Dr. Howard Zuckerman), Suzanne Douglass (Dr. Bailey Wallace), Christina Haag (Dr. Shauna Fratangelo), Kevin Sorbo (Dr. Thaddeus Kocinski), Mike Nussbaum (Dr. Burton Langhern), Joanna Pacula (Dr. Lena Poole), Steven Eckholdt (Tommy Cox), Elizabeth Daily (Myra), Juanita Jennings (Janine), Lisa Zebro (Barbara), Carol Wade (Toby Yarkovich), Myra Turley (Veronica Neuhouse), Leanne Griffin (Debbi). F 88 Min.*

TV-Film. Junges Krankenhaus-Ärzteteam entdeckt ein Virus, das normale Menschen zu Amokläufern macht, und sieht sich bald mit der mörderischen Eitelkeit eines hochrangigen Mediziners konfrontiert, der es erschaffen hat, um die von ihm herbeigeführte Epidemie zu »besiegen« und als Held gefeiert zu werden. – An durchgedrehten Wissenschaftlern herrscht im phantastischen Film vermutlich ebenso wenig Mangel wie im wirklichen Leben. Wer die Feuerwehrmänner zählt, die Häuser abfackeln, um anschließend als Erster an der Brandstelle zu sein, wird kaum bezweifeln, dass auch in den Reihen der Medici Entdecker-Eitelkeit herrscht. Der Film ist handwerklich kompetent in Szene gesetzt, aber weit entfernt davon, neu zu sein (was die Analphabeten des deutschen Privatfernsehens freilich nicht daran gehindert hat, die Geschichte nachzuempfinden). [V]

FISHER, TERENCE

(1904–1980). Englischer Regisseur, geboren in London. Einzelkind. Sein Vater starb, als Terence vier war. Mit 16 verließ er die Schule und ging zur Handelsmarine. Wieder an Land, war er im kaufmännischen Bereich tätig. Damals begann er sich für Kino zu begeistern, besonders für die Filme von Frank Borzage. Mit 28 wurde er in den Shepherd's Bush Studios »ältester Klappenjunge der Branche«. 1934 Schnittassistent, 1936 Chefcutter, 1946 Regieanwärter in Ranks Highbury Studio. Sein erster Film als Regisseur war die Gespenstergeschichte *Colonel Bogey* (1947). Ab Mitte der 1950er Jahre inszenierte er die bekanntesten Hammer-Filme mit Peter Cushing, Christopher Lee und anderen. 1957: *The Curse of Frankenstein (Frankensteins Fluch)*; 1958: *Dracula; The Revenge of Frankenstein (Frankensteins Rache/Ich bin Frankenstein)*; 1959: *The Man Who Could Cheat Death (Den Tod überlistet); The Mummy (Die Rache der Pharaonen)*; 1960: *The Two Faces of Dr. Jekyll (Schlag 12 in London); The Brides of Dracula (Dracula und seine Bräute); The Curse of the Werewolf (Der Fluch von Siniestro)*; 1962: *The Phantom of the Opera (Das Rätsel der unheimlichen Maske)*; 1964: *The Horror of It All; The Gorgon (Die brennenden Augen von Schloß*

Bartimore); The Earth Dies Screaming; 1966: Dracula, Prince of Darkness (Blut für Dracula); Island of Terror (Insel des Schreckens/Todesmonster greifen an); 1967: Frankenstein Created Woman (Frankenstein schuf ein Weib); Night of the Big Heat; 1968: The Devil Rides Out; 1969: Frankenstein Must Be Destroyed (Frankenstein sucht ein neues Opfer/Frankenstein muss sterben); 1973: Frankenstein and the Monster from Hell.

FLASHBACK – MÖRDERISCHE FERIEN

BRD 2000. **R:** *Michael Karen.* **B:** *Natalie Scharf.* **St:** *Jimmy Sangster.* **K:** *Peter-Joachim Krause.* **Ma:** *Eddy und Katharina Erfmann.* **M:** *Siggi Müller.* **D:** *Valerie Niehaus (Jeanette Fielmann), Xaver Hutter (Leon Schroeder), Alexandra Neldel (Melissa Schroeder), Simone Hanselmann (Lissy Schroeder), Elke Sommer (Frau Lust), Detlev Buck (Lissys Psychiater). F 95 Min.*

Deutscher Slasher-Streifen um eine traumatisierte junge Frau, deren Eltern, als sie noch ein Kind war, von einem Sichelmörder zerstückelt wurden. Nachdem sie 13 Jahre in einer Nervenheilanstalt verbracht hat, erteilt sie drei Sprösslingen aus wohlhabendem Haus Französischunterricht. Die Kids wollen sie mit vorgetäuschten Morden auf Touren bringen, aber da geht auch noch ein echter Sichelmörder um. – Von Michael Myers bis Jason Voorhees werden alle einschlägig bekannten Versatzstücke des Genres an den Haaren herbeigezerrt. – »Das größte Vorbild für die Verantwortlichen war sicher *Scream – Schrei!*, nämlich einen Serienkiller mit profitablem Kalkül in Szene zu setzen, indem man jugendliche Darsteller aus einschlägigen Vorabendserien vor die Kamera und die Mordinstrumente holt.« (PRANKE 1/2000)

DAS FLEISCH DER ORCHIDEE

(LA CHAIR DE L'ORCHIDEE). BRD/Frankreich/Italien 1974. **R:** *Patrice Chéreau.* **B:** *Jean-Claude Carrière, Patrice Chéreau.* **V:** *»Ein Grab voll roter Orchideen« von James Hadley Chase.* **K:** *Pierre Lhomme.* **M:** *Fiorenzo Carpi.* **D:** *Charlotte Rampling (Claire), Bruno Cremer (Louis), Edwige Feuillere (Tante), Simone Signoret (Lady Vamos), Hughes Quester (Sohn), Alida Valli (Frau), Hans Christian Blech (Gyula), François Simon (Josef). F 115 Min.*

Eine Millionenerbin, die von ihrer Tante in den Wahnsinn getrieben werden soll, landet in einer Nervenklinik, wo sie sich den sexuellen Attacken eines ältlichen Arbeiters ausgesetzt sieht. Sie bricht aus und gerät an einen jungen Mann mit nicht ganz astreiner Vergangenheit: Ihm sind diverse Berufskiller auf den Fersen. »Schließlich befinden sich alle in einem großen Haus, wo einer ums Leben kommt und die Rampling verwundet wird. Ein Killer besucht sie im Krankenhaus, aber er verletzt sich bei einem Sturz, bringt eine Frau um, die der Rampling zur Flucht verhilft, und geht selber drauf. Die Rampling erwacht und nimmt die zu ihren Füßen liegenden Leichen nicht einmal wahr, als sie sich anschickt, ihr Finanzimperium zu übernehmen.« (VARIETY). – »Spannung bezieht diese Geschichte aus ihrem elliptischen Erzählstil. Die Sequenzen brechen meist kurz vor dem erwarteten Ende ab, und erst die nächste ... enthüllt, wie die vorige ausging. Chéreau setzt die grausige Mär mit sichtlichem Vergnügen an geballten Effekten in Szene. Da fällt manch unmotivierte Kamerabewegung auf; da passen die Schnitte selten aneinander; da toben die Elemente; da ertönt Gebrüll wie auf dem Schlachthof.« (Vinzenz B. Burg, FILMDIENST)

FLIEGENDE KILLER – PIRANHA II

(PIRANHA II: FLYING KILLERS). Niederlande 1981. **R:** *James Cameron.* **B:** *H. A. Milton.* **K:** *Roberto d'Ettore Piazzoli.* **M:** *Steve Powder.* **D:** *Tricia O'Neil (Anne Kimbrough), Steve Marachuk (Tyler Sherman), Lance Henriksen (Steve Kimbrough), Ricky G. Paull (Chris Kimbrough), Ted Richard (Raoul), Leslie Graves (Allison Dumont), Carole Davis (Jai). F 94 Min.*

Von militärischen Kreisen gezüchtete Piranha-Schwärme haben sich vor der Küste einer Touristenhochburg in Jamaica in einem alten Schiffswrack eingenistet. Es kommt, wie es kommen muss: Sie terrorisieren (und fressen) einsame Taucher und begeben sich schließlich sogar in die Lüfte, um die Gäste einer Grillparty zu massakrieren. Das Barbecue schlägt zurück! – Ein Film, der von einer niederländischen Abschreibungsgesellschaft produziert wurde, um den Kassenerfolg von Joe Dantes *Piranhas* (USA 1978) zu wiederholen. Ein anderes Plagiat des Dante-Originals ist *Piranhas II – Die Rache der Killerfische* (USA/Brasilien/Frankreich 1980) von Anthony M. Dawson. Aber warum soll man sich die Nachzieher antun, wenn einem das Original schon sämtliche Zähne gezogen hat?

FLOTTE JUNGS AUF ZOMBIEJAGD

(BEVERLY HILLS BODY SNATCHERS). USA 1989. **R:** *Jonathan Mostow.* **B:** *Jonathan Mostow.* **St:** *Jonathan Mostow, P. K. Simonds.* **K:** *Zoran Hochstätter.* **M:** *Arthur Barron.* **D:** *Vic Tayback (Lou), Frank Gorshin (Doc), Art Metrano (Vic), Rodney Eastman (Freddie), Warren Selko (Vincent), Keone Young (Don Ho), Brooke Bundy (Mona), Allison Barron (Julie), Linda Carol (Heather), Steven Field (Nunz), Christian Hoff (Stu), Seth Jaffe (Don Carlo). F 85 Min.*

Freddie und Vincent stehlen im Auftrag eines verrückten Wissenschaftlers Leichen in Beverly Hills.

DER FLUCH DER GRÜNEN AUGEN

BRD/Jugoslawien 1963. **R:** *Akos von Rathony.* **B:** *C.V. Rock [Kurt Roecken].* **St:** *Akos von Rathony.* **K:** *Saric Hrvoj.* **M:** *Herbert Jarczyk.* **D:** *Adrian Haven (Inspektor Doren), Erika Remberg (Maria), Carl Möhner (Arzt), Wolfgang Preiss (Professor Adelsberg), Karin Field (Karin), Emmerich Schrenk (Thomas), John Kitzmiller (John), Vida Juvan, Stane Sever, Danilo Turk, Laci Cigoy. SW 89 Min.*

Interpol-Inspektor Doren wird in ein abgelegenes Kaff geschickt, um sieben rätselhafte Mädchenmorde aufzuklären. Professor Adelsberg, der in einem unheimlichen alten Gemäuer geheimnisvollen Experimenten nachgeht, entpuppt sich als blutsaufender Obervampir, gegen den nur der altbekannte Holzpflock (ins Herz) hilft. Dies war der erste deutsche Vampirfilm nach dem Krieg; dass er schnell in Vergessenheit geriet, liegt zweifelsohne an seiner lumpigen Machart, die erfolglos versucht, einen modernen Krimi (der Film spielt in der Zeit seiner Entstehung) mit einem Thema zu koppeln, das man schon in einem anderen Jahrhundert ansiedeln muss, wenn es nur ansatzweise glaubhaft wirken soll.

Der Fluch der grünen Augen

DER FLUCH DER MUMIE

(THE MUMMY'S SHROUD). GB 1966. **R:** *John Gilling.* **B:** *John Gilling.* **St:** *John Elder.* **K:** *Arthur Grant.* **M:** *Don Banks.* **D:** *André Morell (Sir Basil Walden), John Philips (Stanley Preston), David Buck (Paul Preston), Elizabeth Sellars (Barbara Preston), Maggie Kimberley (Claire), Michael Ripper (Langbarrow), Tim Barrett (Harry), Richard Warner (Inspektor Barrani), Dickie Owen (Prem), Bruno Barnabe (Pharao), Toni Gilpin (Pharaos Frau), Roger Delgado (Hasmid Ali), Catherine Lacey (Haiti), Toolsie Persaud (Kah-to-Bey), Eddie Powell (Mumie), Andreas Malandrinos (Kurator). F 90 Min.*

2000 Jahre v. Chr.: Zusammen mit seinem treuen Diener Prem flieht der Pharaonensohn Kah-to-Bey vor einer Usurpatorenbande in die Wüste. Er kommt ums Leben; Prem bestattet ihn und wacht fortan über den Seelenfrieden seines Herrn. 1920 sucht eine britische Expedition das Pharaonengrab. Hasmid Ali, ein Nachfahre Prems, will die Engländer daran hindern, die Ruhe der Toten zu stören. Aber trotz seiner Warnungen gräbt man erst einmal den mumifizierten Leichnam Prems aus. Dann wirkt sich ein Fluch auf die Expeditionsteilnehmer aus: Sir Basil Walden wird von einer Schlange gebissen. Dann plagen ihn dermaßen tiefe Depressionen, dass er in eine Irrenanstalt eingewiesen wird. Zwar gelingt ihm von dort die Flucht, aber plötzlich wird er von einer riesenhaften Mumie angefallen und getötet. Es handelt sich um Prem, den seit 2000 Jahren toten Pharaonendiener, den geheimnisvolle Zauberformeln seines Nachfahren zum Laben erweckt haben. Und weiter geht das lustige Morden der Mumie. Die Einzigen, die mit dem Leben davonkommen, sind unsere jungen, sympathischen Helden Barbara und Paul, die natürlich erkennen, dass man den schrecklichen Bandagen-Killer nur mit einem flott gemurmelten Abrakadabra wieder ins

Reich der Schatten wirbeln kann. Gesagt, getan: Die Mumie löst sich, nachdem sie Barbara ein bisschen am Halse gewürgt hat, in ein Staubhäufchen auf. So närrisch wie sich die Geschichte anhört, ist sie auch: Wer nach Dutzenden von Mumienfilmen (und besonders nach *Abbott & Costello als Mumienräuber*, in dem der ganze Quark gehörig veralbert wird) noch der Meinung ist, es gäbe jemanden, der sich beim x-ten Aufwasch dieser Art noch gruselt, ist schief gewickelt. Dennoch ist Gillings Film kein Langweiler. Der Streifen ist handwerklich recht gut gemacht und weist auch keine nennenswerten Längen auf. Im Grunde zu gleichen Teilen Abenteuer- und Horrorfilm, »brachte er auf diese Weise eine dank sorgfältiger Inszenierung und genauer Kameraleistung spannende und durchaus akzeptable Unterhaltung zustande, wobei die Hauptrolle nicht dem etwas komisch wirkenden Mumienwesen, sondern der geschickt erfassten Atmosphäre einer unheimlichen und ständig gegenwärtigen Bedrohung zufällt.« (Ho., FILMBEOBACHTER)

DER FLUCH DER SCHWARZEN HEXEN

Anderer Titel für DER FLUCH DER SCHWARZEN SCHWESTERN

DER FLUCH DER SCHWARZEN SCHWESTERN

Schweiz 1973. **R:** *Joseph W. Sarno.* **B:** *Joseph W. Sarno.* **K:** *Steve Silverman.* **M:** *Rolf Hans Müller.* **D:** *Nadia Henkowa (Wanda), Anke Syring (Julia), Maria Forsa (Helga), Ulrike Butz, Nico Wolf, Natascha Michowna, Alon d'Armand, Irian Kant, Eric Mancy, Christa Jaeger, Flavia Keyt, Heidrun Hankammer. F 102 Min.*

Eine Baronesse, die 400 Jahre zuvor wegen vampirischer Neigungen verbrannt wurde, wird von ihren Anhängerinnen zu neuem Leben erweckt, damit sie an den Nachfahren ihrer einstigen Richter Rache nehmen kann. »Im Banne okkulter Riten und sexueller Ekstase« geschehe dies alles, will uns die Verleihwerbung glauben machen. Sexfilm mit aufgesetzten Horror-Motiven, der seinerzeit nur in den einschlägigen Bahnhofskinos gelaufen ist.

Der Fluch der Mumie

Der Fluch der schwarzen Schwestern

DER FLUCH DER SPHINX

(SPHINX). USA 1980. **R:** *Franklin J. Schaffner.* **B:** *John Byrum.* **V:** *»Der Fluch der Sphinx« von Robin Cook.* **K:** *Ernest Day.* **M:** *Michael J. Lewis.* **D:** *Lesley-Ann Down (Erica Baron), Frank Langella (Ahmed Khazzan), Maurice Ronet (Yvon), Sir John Gielgud (Abdu Hamdi), Vic Tablian (Khalifa), Martin Benson (Mohammed), John Rhys-Davies (Stephanos Markoulis). F 118 Min.*

Die Ägyptologin Erica Baron wird bei der Suche nach einem Pharaonengrab in eine blutige Auseinandersetzung zwischen rivalisierenden Grabräuberbanden hineingezogen. Obwohl zahlreiche Anschläge auf ihr Leben erfolgen, gibt sie nicht auf. Erst als sie in einer mit Mumien gefüllten Grabkammer eingeschlossen wird, fragt sie sich, ob die ihr widerfahrenen Gemeinheiten auf einen bösen Fluch zurückzuführen sind. – Die Produktionsgesellschaft weiß natürlich wieder zu berichten, dass sogar das Aufnahmeteam den »Fluch der Sphinx« zu spüren bekam: »So fielen Kameras plötzlich aus, und die Ersatzkameras, die aus London eingeflogen werden mussten, wurden durch Nebel aufgehalten und verzögerten die Dreharbeiten ... Einer aus der Filmcrew wurde von einem herabstürzenden Kronleuchter im Hotel nur um Zentimeter verfehlt. Eine Tragödie wurde von vielen dem Fluch zugeschrieben: Der ägyptische Schauspieler Mohamed Sobeih, der einen der Grabräuber spielen sollte, erschien nie von der Kamera: Er wurde bei einem Autounfall auf den Straßen von Luxor getötet.« (Verleih-Presseheft)

DER FLUCH DES BLUTIGEN SCHATZES

(SCALPS). USA 1982. **R:** *Fred Olen Ray.* **B:** *Fred Olen Ray.* **K:** *Brett Webster, Larry van Loon.* **M:** *Drew Naumann, Eric Rasmussen.* **D:** *Kirk Alyn (Dr. Howard Machen), Carroll Borland (Dr. Reynolds), Jo Ann Robinson (D.J.), Roger Maycock (Kershaw), Richard Hench (Randy), Barbara Magnusson (Ellen), Frank McDonald (Ben), Carol Sue Flockhrt (Louise), George Randall (Billy Iron Wing), Forrest J Ackerman (Professor Treatwood). F 82 Min.*

Angebliche Ärchäologiestudenten auf Schatzsuche missachten das Gemurmel eines alten Indianers, der sie vor einem verfluchten Friedhof warnt, und treffen dortselbst auf einen Skalps sammelnden Dämonen, der im Dunkel der Nacht seine Opfer schlägt. Klingt spannender als es ist; der Film ist eine an Langeweile kaum zu überbietende Gurke. Regisseur Fred Olen Ray: »Das war 'n wirklich billiges Ding. Mein Bruder John hat sich die Geschichte auf 'ner Busfahrt ausgedacht. Wir glaubten, es würde der billigste Film aller Zeiten werden – sechs Halbwüchsige, ein Kombiwagen, ein Zelt. Ich glaube, wir haben nicht mehr als $ 15.000 dafür ausgegeben.« AIDT [V]

DER FLUCH DES DÄMONEN

(THE NIGHT OF THE DEMON). GB 1958. **R:** *Jacques Tourneur.* **B:** *Charles Bennett, Hal E. Chester.* **V:** *Erzählung »Casting the Runes« (1911) von M.R. James.* **K:** *Ted Scaife.* **SpE:** *S.D. Onions, Wally Veevers, George Blackwell.* **M:** *Clifton Parker.* **D:** *Dana Andrews (John Holden), Peggy Cummings (Joanne Harrington), Niall McGinnis (Dr. Karswell), Maurice Denham (Professor Henry Harrington), Reginald Beckwith (Meek), Athene Seyler (Mrs. Karswell), Liam Redmond (Mark O'Brian), Ewan Roberts (Lloyd Williamson), John Salew (Bibliothekar), Peter Elliott (Kumar), Rosamund Greenwood (Mrs. Meek), Brian Wilde (Brant Hobart), Richard Leech (Inspektor Mottram), Lloyd Gamble (Simmons), Peter Hobbes (Superintendent), Charles Lloyd Pack (Chemiker), Janet Barrow (Mrs. Herbert), Percy Herbert (Farmer), Lynn Tracy (Stewardess). SW 95 Min.*

Der englische Professor Harrington ist einem Mann auf die Spur gekommen, der mit den Mächten der Finsternis in Kontakt steht und mit Hilfe magischer Runenschriften fürchterliche Dämonen beschwören kann. Bevor er jedoch seinem amerikanischen Kollegen Holden näheres verraten kann, hetzt ihm der Satanist – ein gewisser Dr. Karswell – ein höllisches Ungeheuer auf den Hals. Harrington kommt um. Als Holden den Fall recherchiert und mit Karswell in Kontakt kommt, hält er den Mann für einen etwas abnormen Spinner. Karswell rät ihm, sich nicht in Dinge einzumischen, von denen er nichts verstehe, und zum Beweis, dass er tatsächlich mit teuflischen Mächten im Bunde ist, gibt er dem Amerikaner gleich eine Kostprobe seines Könnens: An einem herrlichen Sonnentag verfinstert sich plötzlich der Himmel und ein eiskalter, dämonischer Wind kommt auf, der auch Holden nachdenklich macht. Dennoch will er den Mann öffentlich bloßstellen. Karswell, der dies verhindern will, steckt Holden ein mit magischen Runen beschriftetes Pergament zu: Es ruft die Dämonen an und verrät ihnen den Aufenthalt des nächsten Opfers. Es gelingt Holden, Karswell das Pergament unbemerkt zurückzugeben. Zu spät erkennt der Satanist, dass er ausgespielt hat: Er sucht in panischem Entsetzen das Weite, doch der Dämon spürt ihn auf und stößt ihn vor einen fahrenden Zug. – Ein bemerkenswerter Beitrag zum Horror-Kino: Ohne dass die Geschichte von monströsen Abscheulichkeiten wimmelt, ist die Atmosphäre finster und bedrohlich. Das Ungeheuer (es bleibt offen, ob es sich um ein echtes Geschöpf der Hölle oder um ein Wesen aus einer anderen Dimension handelt), ist nur zweimal kurz im Bild zu sehen. Beide Male erweckt es den Eindruck, es käme wie im Zeitlupentempo geradewegs aus dem Nichts: Es gleitet mit aufgerissenem Maul und eine Schwefelwolke ausstoßend auf seine Opfer zu und wirkt in jeder Phase wie das personifizierte Böse. Jacques Tourneur, der wenig Wert darauf legte, die Phantasie des Zuschauers abzutöten, indem er ihm Monster vorsetzte, hatte die Dämonengestalt gar nicht eingeplant. Sein Produzenten Hal Chester sah den Fall jedoch anders: In einem Horrorfilm müsse auch ein Monster zu sehen sein, argumentierte er und ließ gegen Tourneurs Willen die beiden Szenen nachdrehen. – »Es ist eine der Hauptschwächen des Films, dass man das Grauen zu sehen bekommt, statt seine Gegenwart nur anzudeuten.« (VARIETY)

DER FLUCH DES MAGIERS

(SEDUCED BY EVIL). USA 1994. **R:** *Tony Wharmby.* **B:** *Bill Svanoe.* **V:** *»Brujo« von Jann Arrington Wolcott.* **K:** *Joao Fernandez.* **M:** *George S. Clinton.* **D:** *Suzanne Somers (Lee Lindsay), James B. Sikking (Nick Lindsay), John Vargas (Cerio), Rick San Nicolas (Carlos), Julie Carmen (Rayna), Mindy Spence. F 85 Min.*

TV-Film. Bei einer Reportage über einen Wunderheiler gerät eine junge Journalistin in den Bann des Mannes, der in ihr die reinkarnierte Geliebte sieht, die ihn einst verließ, weil er sich dem Bösen zuwandte. Als ihr klar wird, dass er seine Krallen (dies sogar in Gestalt eines Raben) nach ihr ausstreckt, muss sie sich zur Wehr setzen – und entdeckt ihre eigenen magischen Kräfte, als sie sich in einen Werwolf verwandelt. »So flach und glatt wie ein Werbespot.« (MOVIESTAR). AIDT [V]

DER FLUCH DES PHARAO

(IL SEPOLCRO DEI RE). Italien/Frankreich 1960. **R:** *Fernando Cerchio.* **B:** *Damiano Damiani, Fernando Cerchio.* **K:** *Anchise Brizzi.* **M:** *Giovanni Fusco.* **D:** *Debra Paget (Sheila), Ettore Manni (Dr. Reti), Corrado Pani (Pharao Nemorat), Andreina Rossi (Tegi), Erno Crisa (Krefren), Yvette Lebon (Taja), Ivano Staccioli (Mana), Renato Mambor (Tabor), Robert Aldo (Inuni). F 100 Min.*

Die junge Pharaonengattin Sheila, die heimlich den Arzt Reti liebt, wird nach einem Umsturz fälschlich des Gattenmordes bezichtigt und in den Kerker geworfen. Reti versetzt sie mittels einer Droge in den Zustand des Scheintods. Sheila wird mit ihrem toten Gatten in einem mit zahlreichen Todesfallen ausgestatteten Grabgewölbe bestattet. Reti verbindet sich mit einer Bande von Grabräubern, und mit Hilfe des Baumeisters Inuni gelingt es ihm, die lebendig eingemauerte Sheila zu retten, bevor das Gewölbe einstürzt und die ganze Plündererbande unter sich begräbt. Der Film verarbeitet mehr Abenteuer- als Horror-Spannung. Roger Corman hat das Motiv des Lebendig-Begrabenseins in seinem Quickie *Lebendig begraben* (USA 1961) wesentlich spannender bearbeitet.

DER FLUCH DES SCARABÄUS

(ESCARABAJOS ASESINOS/SCARAB). Spanien/USA 1982. **R:** *Steven Charles Jaffe.* **B:** *Alvaro Forqué, Robert Jaffe.* **K:** *Fernando Arribas.* **M:** *Miguel Morales.* **D:** *Rip Torn (Khepera), Robert Ginty (Murphy), Christina Sanchéz Pascual (Elena), Isabel Garcia Lorca (Shelley), Mayrata O'Wisiedo (Saturna), Donald Pickering (Harrington), Sam Chew jr. (Raleigh), Héctor Alterio (Premierminister), José Luis de Villalonga (Franz. Präsident), José Lifante (Okkultist), Alfredo Cembreros (Max), Ramón Pons (Randall), Anders Ahlberg (Holquist), Catherine Basseti (Holquists Freundin), Oscar San Juan (Kriegsminister). F 85 Min.*

Die böse altägyptische Gottheit Kephera reinkarniert in einem Wissenschaftler, der zum Führer einer Sekte killwütiger Fanatiker aufsteigt und darauf spekuliert, die Herrschaft über die Welt zu erringen, indem er die Mächtigen der Erde umbringt. Der Journalist Murphy erfährt, dass man bei sämtlichen Ermordeten ein skarabäusförmiges Amulett gefunden hat, und recherchiert den Fall. Wenig genießbare Mischung aus Abenteuer- und Gruselfilm, in dem allenfalls eine Horde halb nackter Dämchen ins Auge fällt, die in billigen Pappdeckelkulissen rituelle Tänze aufführen. [V]

DER FLUCH DES TUT-ENCH-AMUN

(THE CURSE OF KING TUT'S TOMB). USA 1980. **R:** *Philip Leacock.* **B:** *Herb Meadow.* **K:** *Bob Edwards.* **M:** *Gil Melle.* **D:** *Eva-Marie Saint (Sarah Morrissey), Raymond Burr (Sebastian), Robin Ellis (Howard Carter), Harry Andrews (Lord Carnavon), Wendy Hiller (Prinzessin Velma), Tom Baker (Daoud), Barbara Murray (Giovanna), John Palmer (Ködermann), Rupert Frazer (Collins), Darien Angadi (Nahas), Rex Holsworth (Arzt), Alfred Hoffmann (Stallholder), Andy Pentelidou (Leutnant), Angaharad Rees, Faith Brook, Patricia Routledge). F 93 Min.*

TV-Film. Entdecker eines ägyptischen Königsgrabs werden von einem Fluch verfolgt und sterben reihenweise durch ekelhafte Tiere.

DER FLUCH DES VERBORGENEN SCHATZES

Anderer Titel für DER FLUCH DES BLUTIGEN SCHATZES

DER FLUCH VON SINIESTRO

(THE CURSE OF THE WEREWOLF). GB 1961. **R:** *Terence Fisher.* **B:** *John Elder.* **V:** *»Der Werwolf von Paris« von Guy Endore.* **K:** *Arthur Grant.* **Ma:** *Roy Ashton.* **M:** *Benjamin Frankel.* **D:** *Clifford Evans (Alfredo Carido), Oliver Reed (Leon), Yvonne Romain (Kellnerin), Catherine Feller (Christina), Anthony Dawson (Graf von Siniestro), Josephine Llewellyn (Marquesa), Richard Wordsworth (Bettler), Hira Talfrey (Teresa), John Gabriel (Priester), Warren Mitchell (Pepe Valiente), Anne Blake (Rosa Valiente), George Woodbridge (Dominique), Michael Ripper (Alter Säufer), Ewen Solon (Don Fernando), Peter Salis (Don Enrique), Martin Matthews (José), David Concille (Rico Gomez), Denis Shaw (Gefängniswärter), Charles Lamb (Koch), Serafina di Leo (Senora Zumara), Joy Webster (Isabel), Sheila Brennan (Vera), Renny Lister (Yvonne), Justin Walters (Leon als Kind). F 90 Min.*

Spanien im 18. Jahrhundert: Als sich ein taubstummes Serviermädchen in seine Gemächer verirrt und sich seiner Zudringlichkeiten widersetzt, lässt Graf Siniestro sie in ein finsteres Verlies sperren, in dem bereits ein scheinbar irrer, stark behaarter Landstreicher sitzt. Der Gefangene vergewaltigt das hilflose Mädchen, das später entkommt, den sadistischen Edelmann umbringt und nach einem fehlgeschlagenen Selbstmordversuch von dem Arzt Carido aufgenommen wird. Als sie einem Knaben das Leben schenkt, stirbt sie. Der Knabe wird auf den Namen Leon getauft. Als Leon erwachsen wird, zeigt sich, dass er unmenschliche Neigungen hat: Bei Vollmond verwandelt er sich in ein gefährliches, haariges Ungetüm – in einen Werwolf, der blindwütig Menschen tötet. Leon weiß anfangs nichts von seinen nächtlichen Streifzügen, doch dann dämmert ihm die Wahrheit. Er bittet seinen Adoptivvater, ihn bei nächster Gelegenheit zu töten. Carido jedoch lässt Leon zu seiner eigenen Sicherheit in ein Kloster bringen und in Eisen legen. Leon entkommt. Die Polizei fängt ihn ein und bringt ihn in eine Gefängniszelle, wo er sich beim nächsten Vollmond in eine Bestie verwandelt und über die Dächer der Stadt Siniestro tobt. Das Volk ist ihm auf den Fersen und treibt ihn mit brennenden Fackeln in die Enge. Dr. Carido erschießt seinen Pflegesohn mit einer Silberkugel, um zu verhindern, dass er dem Mob in die Hände fällt und in Stücke gerissen wird. – Werwölfe haben's im englischen Horror-Kino stets leichter gehabt als Vampire: Während Letztere nicht nur vom Bösen beses-

Der Fluch von Siniestro

sen sind, sondern ihrer blutsaugerischen Tätigkeit auch mit Freuden nachgehen, sind die heulenden Bestien der Nacht meist tragische Figuren, die unter einem Fluch leiden. So auch hier: Leon ist ein Opfer, kein Täter im klassischen Sinn. Er ist ein integrer junger Mann, der in aufrichtiger Liebe zu einem netten Mädchen entbrennt und von den Neigungen seines Unterbewusstseins ehrlich entsetzt ist: Die Macht, die ihn beherrscht und zum nächtlichen Wüten treibt, hat er nicht gerufen. »Das Niveau der Darstellung ist für einen Film dieses Charakters außergewöhnlich«, fand VARIETY. »Besonders überzeugende Figuren verkörpern Oliver Reed ... Clifford Evans, Anthony Dawson[2], Richard Wordsworth und Martin Matthews. Vor allem ist der Film ein Triumph sämtlicher beteiligter Handwerker. Unter Regisseur Terence Fishers unverkennbar kluger Leitung haben diese Spezialisten eine stimmungsvolle Produktion auf die Beine gestellt, die rein visuell zum Besten gehört, was der Horrorfilm aufzuweisen hat.« – Ganz anderer Meinung war (1961) der FILM-DIENST, weil diese »absurde Geschichte ... nicht nur die gottgegebene Einheit von Leib und Seele zugunsten unappetitlicher Gruselunterhaltung in Frage [stellt]«, sondern sich »auch in einer deutlichen Beanspruchung des Euthanasie-Gedankens [gefällt].« Von Letzterem vermochte die protestantische Konkurrenz FILM-BEOBACHTER weniger zu entdecken: Für sie war *Der Fluch von Siniestro* nichts anderes als »Grusel-Konfektion wie gehabt.«

DER FLUSS DER MÖRDERKROKODILE

Anderer Titel für DIE HEILIGE BESTIE DER KUMAS

THE FOG – NEBEL DES GRAUENS

(THE FOG). USA 1979. **R:** *John Carpenter.* **B:** *John Carpenter, Debra Hill.* **K:** *Dean Cundey.* **M:** *John Carpenter.* **D:** *Adrienne Barbeau (Stevie Wayne), Jamie Lee Curtis (Elizabeth Solley), John Houseman (Machen), Janet Leigh (Kathy Williams), Hal Holbrook (Pater Malone), Charles Cyphers (Dan O' Bannon), Nancy Loomis (Sandy Fadel), Tommy Atkins (Nick Castle), Ty Mitchell (Andy Wayne), John Goff (Al Williams), Jim Jacobus (Bürgermeister), George B. Flower (Tommy Wallace), John Vick (Sheriff Sims), Regina Waldon (Mrs. Kobritz), Jim Canning (Dick Baxter), Farrow Igus (Mel Sloan), Jim Haynie (Hank Jones), Darwin Joston (Dr. Phibes), Fred Franklyn (Ashcroft), Bull Taylor (Barkeeper), Rob Bottin (Blake), Lee Sacks, Rick Moreno (Gespenster), John Strobel (Verkäufer), Laurie Arent, Lindsey Arent, Shari Jacoby, Christopher Cundey (Kinder). F 90 Min.*

Hundert Jahre zuvor wurde die Saat gelegt: Da ist vor der Küste von Antonio Bay ein Schiff gesunken, das im Nebel wegen eines bewusst falsch gesetzten Positionslichts auf ein Riff lief. Sechs Männer waren dafür verantwortlich, denn sie wollten die Ladung der »Elizabeth Dane«: Gold! Nun jedoch ist der Tag der Rache gekommen: Am Vorabend der Hundertjahrfeier des Örtchens geschehen unheimliche Dinge. Undurchdringlicher Nebel breitet sich aus. Scheiben zerspringen. Eine seltsame Vibration lässt die Waren in den Regalen eines Supermarktes tanzen. Telefone klingeln von selbst. An einer Tankstelle fließt Benzin aus. Autos hupen, ohne dass jemand in ihnen sitzt. Ein Toter erwacht wieder zum Leben. Und die hübsche Stevie, die in einer öden Gegend in einem Leuchtturm sitzt, nimmt Phänomene wahr, die sie an ihrer geistigen Gesundheit zweifeln lassen. Pastor Malone wird zum Zeugen eines seltsamen Geschehens: Ein Stück Kirchenwand löst sich. In dem dahinter liegenden Hohlraum findet er alte Aufzeichnungen, die Licht ins Dunkel bringen. Er erkennt, dass man mit der Hundertjahrfeier sechs Mörder ehren wird. Und als ein plötzlich vom Meer her kommender undurchdringlicher Nebel Antonio Bay einhüllt, kommen sie an Land: die (ziemlich stofflichen) »Geister« der ertrunkenen Seeleute, die blutige Rache nehmen wollen für das, was man ihnen vor hundert Jahren angetan hat. Ein paar Leute suchen Zuflucht in der Kirche, wo Malone ihnen alles erklärt und die dämonischen Kräfte erfolglos mit einem Kreuz zu bannen versucht: Sechs Leichen, so sagen die Aufzeichnungen, werden die Rächer verlangen – je einen Nachfahren der einstigen Mörder. Pastor Malone ist der sechste. – »Handwerklich perfekt und unter virtuosem Einsatz der einschlägigen filmischen Mittel ist es John Carpenter gelungen, eine Atmosphäre erst der Beunruhigung, dann der Angst und schließlich des Schreckens zu erzeugen. Der Film lebt von Stimmungen: verlassene Straßen, der einsame

---

[2] *Nicht identisch mit dem italienischen Filmregisseur Anthony M. Dawson (alias Antonio Margheriti)*

Leuchtturm, die fahl glänzende See, der in unheimliches Licht getauchte Nachthimmel und der schleichende Nebel, zweifellos der Star des Films, der sich unheildrohend vom Meer in die Ortschaft wälzt. Bis fast zum Schluss bleibt der Schrecken imaginär, die Gewalt irrational. Die Auflösung interessiert Carpenter wenig, sie erfolgt denn auch fast nebenbei und wenig effektvoll. Ihm ging es mehr um die Darstellung der Reaktionen auf das schleichende Grauen, um das Verhalten gegenüber der absoluten Bedrohung. Der Nebel erscheint wie ein Symbol des kollektiven schlechten Gewissens, das sich im Unterbewusstsein aller einnistet.« (Franz Ulrich, FILMDIENST) – Die von allen Seiten heranschleichende Gefahr und ein Häuflein ahnungsloser Menschen, die unverhofft in ihren Bann geschlagen werden: Wenn das kein klassischer Gruselstoff ist! Aber er ist nicht nur klassisch, sondern auch abgestanden, ganz im Gegensatz zu den flotten (wenn auch unzutreffenden) Werbesprüchen, die sich der Verleih ausgedacht hat: »Es schnürt die Kehle zu und treibt den kalten Schweiß auf die Stirn. Der Atem geht langsam, das Herz schlägt schnell ... Das nackte, namenlose Grauen. Es kommt zu jedem ... Wenn der kalte Nebel sein Geheimnis preisgibt, weiß man, was HORROR wirklich ist!«

John Carpenter: »Botschaften haben in meinen Filmen keinen Platz. Meine Vorstellung vom Kino ist einzig dessen Unterhaltungswert.« Na schön, aber hat »Unterhaltungswert« nicht auch etwas mit Originalität und innerer Logik zu tun? Der alte Heuler von der isolierten Gruppe, die sich gegen eine an die Mauern ihrer Burg (in diesem Fall: Kirche) pochende Gefahr zur Wehr setzen muss, ist doch wohl ein Klischee des Gruselkintopps. Aber Carpenter legt Wert auf altbewährte Formeln: Hier haben wir die Helden, dort ist die Bedrohung. Und nun verrammelt die Türen, denn draußen herrscht der Nebel, und durch den kommen monströse, racheschnaubende Gespenster, die euch an den Kragen wollen! – »Komplizierte Geschichten waren ja nie Carpenters Stärke, und in diesem Fall reicht der uneinheitliche (wenn nicht gar widersprüchliche) Plot nicht mal aus, um die Klischee-Charaktere mit dem Leben zu erfüllen, das als Klammer hätte dienen können, um die Horror-Sequenzen zu verbinden. Der Pastor weist an einer Stelle darauf hin, dass die Geister nicht nur nach Antonio Bay zurückgekehrt seien, um ihr Gold zu verlangen ... sie wollen auch sechs Nachfahren der einstigen Verschwörer töten. Dies scheint man während der Aufnahmen völlig vergessen zu haben, da die Morde wahllos vorgenommen werden.« (David Bartholomew, CINEFANTASTIQUE) [V]

DER FOLTERGARTEN DES DR. DIABOLO

(TORTURE GARDEN). GB 1968. **R:** *Freddie Francis.* **B:** *Robert Bloch.* **St:** *Robert Bloch.* **K:** *Norman Warwick.* **M:** *Don Banks, James Bernard.* **D:** *Jack Palance (Ronald Wyatt), Burgess Meredith (Dr. Diabolo), Beverly Adams (Carla Hayes), Peter Cushing (Lancelot Canning), Barbara Ewing (Dorothy Endicott), Michael Bryant (Colin Williams), Maurice Denham (Colins Onkel), John Standing (Leo Winston), Robert Hutton (Bruce Benton), John Philips (Eddie Storm), Michael Ripper (Gordon Roberts), Bernard Kay (Dr. Helm), Catherine Finn (Miss Parker), Ursula Howells (Miss Chambers), Niall McGinnis (Arzt), Timothy Bateson (Ausrufer), David Bauer (Mike Charles), Nicole Shelby (Millie), Clytie Jessop (Göttin des Schicksals), Michael Hawkins (Polizist), Hedger Wallace (Edgar Allan Poe). F 87 Min.*

Fünf Menschen besuchen die Schaubude eines Rummelplatz-Zauberers, der ihnen einen Blick in die Zukunft verspricht. Der erste Kunde sieht sich, wie er aus Geldgier seinen Onkel ermordet, unter den Einfluss eines Katers gerät und schließlich selbst das Leben verliert. Ein ehrgeiziges Starlet entdeckt das Geheimnis der ewigen Jugend diverser Hollywood-Stars: Sie existieren nur noch als Gehirn in künstlichen Roboterkörpern. Ein junges Mädchen, das in einen berühmten Pianisten verliebt ist, wird von dessen eifersüchtigem Klavier in den Tod getrieben. Ein fanatischer Anhänger der Werke Edgar Allan Poes tötet aus Habgier einen Sammlerkollegen, um an dessen größten Schatz heranzukommen: den Meister des gotischen Horrors persönlich, der, zu ewigem Leben und Schreiben verflucht, in einem finsteren Kellerverlies dahinvegetiert. Der fünfte Besucher verzichtet auf einen Blick in seine Zukunft und tötet in einem Handgemenge den Zauberer Dr. Diabolo, woraufhin die anderen in Panik fliehen. Der »Mord« erweist sich im Nachhinein als zur Show gehöriger Schlussgag. Der Film ist außerordentlich ambivalent. Den teilweise hervorragenden schauspielerischen Leistungen (hier wäre besonders Jack Palance als halbwahnsinniger

Poe-Fan zu nennen) und den liebevoll arrangierten Dekors stehen das mit manchmal recht altbackenen Ideen arbeitende Drehbuch von Robert Bloch und ein Schnitt gegenüber, der einzelne Episoden grell und primitiv wirken lässt. Da Freddie Francis sowohl als Regisseur wie auch als Kameramann oft genug bewiesen hat, dass er zu besseren Leistungen fähig ist, liegt die Vermutung nahe, dass der krude Gesamteindruck des Films auf ein zu geringes Budget zurückzuführen ist.

DAS FOLTERHAUS DER LADY MORGAN

(LA VENDETTA DI LADY MORGAN). Italien 1966. **R:** *Max Hunter [Massimo Pupillo].* **B:** *Edward Duncan, Jean Grimaud [Gianni Grimaldi].* **K:** *Dean Troy [Oberdan Troiani].* **Ma:** *Max Justice.* **M:** *Peter O'Milian [Piero Umiliani].* **D:** *Gordon Mitchell, Erica Blanc, Paul Muller, Barbara Nelly, Michel Forain, Carlo Kechler, Edith McGovern. SW 79 Min.*

Junge Schlossherrin ehelicht geldgierigen Halunken, nachdem dieser ihren Bräutigam mit einem fingierten Unfall eine Weile aus dem Verkehr gezogen hat. Zusammen mit zwei unheimlichen Dienstboten (Hausdame und Butler) leitet er alles Erdenkliche in die Wege, um seine Gemahlin in den Irrsinn zu treiben: Die Gattin findet eine Schlange im Bett und wird von Geisterstimmen gepeinigt. Schließlich springt sie in einem Anfall von geistiger Umnachtung in den Tod – um als Gespenst wiederzukehren und die verbrecherische Clique heimzusuchen. Ihre Peiniger bringen sich schließlich gegenseitig um und spuken ebenfalls als Gespenster. Als der genesene Traumpartner der Lady auftaucht, fällt auch er den mörderischen Geistern zum Opfer. – »Das Folterhaus der Lady Morgan heißt dieser Film zu Recht, denn er setzt in der Tat der Langmut des Zuschauers grausam zu.« (FILM-BEOBACHTER)

DIE FOLTERKAMMER

Anderer Titel für DIE FOLTERKAMMER DES HEXENJÄGERS

DIE FOLTERKAMMER DES HEXENJÄGERS

(THE HAUNTED PALACE). USA 1963. **R:** *Roger Corman.* **B:** *Charles Beaumont.* **V:** *»Der Fall Charles Dexter Ward« von H. P. Lovecraft.* **K:** *Floyd Crosby.* **M:** *Ronald Stein.* **D:** *Vincent Price (Charles Dexter Ward/Joseph Curwen), Debra Paget (Ann Ward), Lon Chaney jr. (Simon Orne), Frank Maxwell (Dr. Marinus Willet), Leo Gordon (Edgar Weeden), Elisha Cook jr. (Peter Smith), John Dierkes (Jacob West), Milton Parsons (Jabez Hutchinson), Cathy Merchant (Hester Tillinghast), Guy Wilkerson (Leach), Harry Ellerbee (Geistlicher), I. Stanford Jolley (Kapitän), Darlene Lucht (Frau), Barboura Morris (Mrs. Weedon), Bruno De Sota (Barkeeper). F 87 Min.*

1765, Arkham, New England, USA: Misstrauisch beäugen die Einwohner des kleinen Städtchens das feudale Herrenhaus des mysteriösen Mr. Curwen. Niemand weiß, was sich hinter dessen dicken Mauern abspielt, aber man munkelt, dass der Hausherr ein Hexenmeister sei, dessen hypnotische Kräfte Menschen Dinge tun lassen, die sie unter gewöhnlichen Umständen niemals tun würden ... Als ein junges Mädchen sich wie in Trance Curwens Besitz nähert, schreitet man im Wirtshaus zur Tat: Man will dem Teufelsspuk ein Ende machen. Curwen

Die Folterkammer des Hexenjägers

und seine Frau Hester werden von der hysterischen Menge aus dem Haus gezerrt. Curwen landet bei lebendigem Leibe auf einem rasch errichteten Scheiterhaufen – bevor er jedoch stirbt, verflucht er sämtliche Einwohner Arkhams und deren Nachkommen. Er schwört, eines fernen Tages wiederzukehren und fürchterliche Rache an ihnen zu nehmen. – 110 Jahre später taucht in Arkham ein Mr. Ward auf, der Curwen wie aus dem Gesicht geschnitten ist. Er ist ein Nachfahre der Curwens und hat deren alten Besitz geerbt. Die Leute gehen ihm und seiner Frau Ann aus dem Weg, denn man hat den alten Fluch nicht vergessen. Nur Dr. Willet, der als gebildeter Mann keinen Aberglauben kennt, zeigt sich den Wards gegenüber einigermaßen freundlich. Der Fluch Curwens, so stellt sich heraus, hat sich übrigens bereits auf schreckliche Weise bewahrheitet: Die Bewohner von Arkham bringen fast nur noch Missgeburten – augen- und ohrenlose Gestalten – zur Welt, und manche von ihnen sind offenbar so schrecklich anzusehen, dass man sie in geschlossenen Räumen verwahrt und mit rohem Fleisch füttern muss. Mr. Ward, der als ganz naiver Erbe auf seinen Besitz kommt, fängt jedoch schon bald an, sich (innerlich) zu verwandeln. Ein Ölgemälde seines toten Ahnen übt eine magische, ja, dämonische Anziehungskraft auf ihn aus, und allmählich manifestiert sich in seinem Inneren der Geist des toten Hexenmeisters, der es geschafft hat, die Zeit zu überdauern. Nach und nach ergreift er Besitz vom Leibe seines unwissenden Nachkommen ... und ohne dessen Wissen begeht er an den Dörflern die schrecklichsten Verbrechen. Sein Rachedurst ist ungestillt. Ann, die sich die entsetzliche Veränderung ihres Gatten nicht erklären kann, ist ratlos. Als Ward/Curwen sogar den Leichnam seiner Ahnin/Gattin Hester ausgräbt und auf Kosten von Anns Leben wieder erwecken will, kommt es zum blutigen Aufstand der Dörfler. Sie setzen das verfluchte Haus in Brand. Während Willet Ann retten und Ward die Terrorherrschaft seines Vorfahren abschütteln kann, brennt es nieder. Aber als der Arzt schon glaubt, die Persönlichkeit Curwens sei endgültig vernichtet, richtet Ward den Blick auf uns und grinst bösartig-dämonisch in die Kamera ...

Nach den Edgar Allan-Poe-Verfilmungen *Die Verfluchten* (1960), *Das Pendel des Todes* (1961), *Lebendig begraben* (1962), *Der grauenvolle Mr. X/Schwarze Geschichten* (1962) und *Der Rabe – Duell der Zauberer* (1963) wagte sich der für seine spannenden und billig erstellten Schnellschüsse bekannte Roger Comman erstmals an eine Erzählung des amerikanischen Horror-Schreibers H. P. Lovecraft (1890–1937) heran, dessen Erzählung »Der Fall Charles Dexter Ward« (1941 posthum veröffentlicht) er zur Ausgangsbasis seines Films machte, obwohl dessen Originaltitel – »The Haunted Palace« – eindeutig von einem Gedicht von Poe stammt. Corman, damals noch kein unabhängiger Produzent, setzte sich erfolglos gegen den Titel zur Wehr. Die Kritik war natürlich blind: Da Corman zuvor mehrere Poe-Adaptionen gemacht hatte, musste dieser Film (zumal er, sparsam wie er war, erneut ein paar bekannte Dekorationen verwendete) ebenfalls eine solche sein. Vincent Price brillierte wie schon zuvor in den von Poe inspirierten Streifen in der Rolle des (zwiegespaltenen) Helden; in einer seiner letzten Rollen gibt's Lon Chaney jr. als Curwens Diener Simon Orme zu sehen, der irgendwie (geklärt wird's nie so richtig) die 110 Jahre bis zur Reinkarnation seines Meisters überdauert hat. Trotz des völlig daneben zielenden deutschen Titels (der »Hexenjäger« ist ein Hexenmeister), ist der Film einer der wenigen B-Pictures, die man sich ansehen kann, ohne Bauchschmerzen zu bekommen. [V]

Die Folterkammer des Hexenjägers

FOLTERMÜHLE DER GEFANGENEN FRAUEN

(LES RAISINS DE LA MORT). Frankreich 1978. **K:** *Jean Rollin.* **B:** *Jean Rollin, Jean-Pierre Bouyxou.* **K:** *Claude Bécognée.* **M:** *Philippe Sissman.* **D:** *Marie-Georges Pascal (Claudine), Serge Marquand, Félix Marten, Mirella Rancelot, Paul Bisciglia, Patrice Valota, Patricia Carlier, Michel Herval, Brigitte Lahaie, Olivier Rollin, François Pascal, Evelyne Thomas, Jean-Pierre Bouyxou, Jean Rollin. F 85 Min.*

Auf dem Plakat grinsen einem drei gespenstisch aussehende Totenschädel entgegen, die mit grünen Gesichtern und gelblich funkelnden Augen auf einen Baumstumpf starren, an den drei panische, halb nackte Mädchen angekettet sind. Ein kahlköpfiger alter Lüstling geht hämisch grinsend auf sie zu, und über all dem steht: »Zombie GmbH. & Co. in Action«. Und der dazu passende Werbespruch lautet: »Besessen von irrsinnigen Vorstellungen verwandeln sich friedliche Menschen in reißende, blutgierige Bestien.« Und (KREISCH!): »Heute noch eine Fiktion – morgen schon schreckliche Wirklichkeit.« Was wirklich in diesem Film passiert, wird einem nach dem gewerbsmäßigen Lärm der Verkaufsstrategen kaum noch jemand glauben: Die hübsche Claudine ist unterwegs zu ihrem Freund Michel, dem irgendwo in der französischen Provinz ein Weingut gehört. Was sie jedoch nicht weiß, als sie dort ankommt: Ein neues Insektenschutzmittel hat dazu geführt, dass in der Umgebung des Gutes eine Seuche ausgebrochen ist. Die Befallenen leiden unter abscheulichem Hautausschlag, werden auch apathisch und verlieren schließlich den Verstand. Die so Infizierten wandeln umher wie Untote: Claudine ist vom Entsetzen gepackt. Zwei junge Weinbauern, Pierre und Paul, die scheinbar immun gegen die Seuche sind, stehen ihr bei und begleiten sie zum Haus ihres Freundes – der jedoch von der Krankheit nicht verschont geblieben ist. Michel stirbt; Claudine lässt sich freiwillig von ihm anstecken. Auch ihr ist der Tod gewiss. – Jean Rollin, der neben einigen Pornofilmen auch mehrere Horror-Streifen aus dem »Sexvampir«-Milieu gedreht hat, hat mit »Die Trauben des Todes« (so eine etwas genauere Übersetzung dieses grausigen Titels) einen akzeptablen B-Film gemacht. *Die Foltermühle der gefangenen Frauen* (in dem es weder eine »Foltermühle« noch gefangene Frauen zu sehen gibt) ist ein Öko-Thriller, der eigentlich zum Science Fiction-Genre gerechnet werden müsste (Grundlage des grauenhaften Geschehens ist ein Pestizid, also ein »wissenschaftlicher« McGuffin). Wer Zombies erwartet, die hübsche Mädchen foltern, ist im falschen Film.

FORCED ENTRY – ES GIBT KEIN ENTRINNEN

(FORCED ENTRY/THE LAST VICTIM/THE NIGHT KILLER). USA 1984. **R:** *Jim Sotos.* **B:** *Henry Scarpelli.* **K:** *Aaron Kleinman.* **M:** *Tommy Vig.* **D:** *Ron Max (Carl), Tanya Roberts, Nancy Allen, Robin Leslie, Michelle Miles. F 83 Min.*

Durchgedrehter Mechaniker ermordet mit Hilfe seines Werkzeugkastens und anderer Dinge Frauen, die sich ihm gegenüber abweisend verhalten und fällt schließlich dem Fleischermesser einer Dame zum Opfer. [V]

THE FORGOTTEN ONE

(THE FORGOTTEN ONE). USA 1989. **R:** *Phillip Badger.* **B:** *Phillip Badger.* **K:** *James Mathers.* **M:** *Kevin Hedges.* **D:** *Terry O'Quinn (Bob Andersen), Kristy McNichol (Barbara), Blair Parker (Evelyn), Elisabeth Brooks (Carla). F 94 Min.*

Schriftsteller mietet nach dem Unfalltod seiner Frau ein Haus am See, schreibt einen Roman und wird von Albträumen, unheimlichen Vorgängen im Keller und dem Tagebuch der Verstorbenen geplagt, das ihm ungeheuerliche Dinge über seine Vergangenheit offenbart, bis er ihr per Suizid ins Reich der Untoten folgt. [V]

THE FORSAKEN

(THE FORSAKEN). USA 2001. **R:** *J. S. Cardone.* **B:** *J. S. Cardone.* **K:** *Steven Bernstein.* **SpE:** *Michael Burnett.* **M:** *Johnny Lee Schell, Tim Jones.* **D:** *Kerr Smith (Sean), Brendan Fehr (Nick, ein Vampirjäger), Jonathon Schaech (Anführer der Untoten), Simon Rex, Izabella Miko, Phina Oruche, Carrie Snodgress, Jonathan Schaech, Alexis Thorpe, Ryan Shuck. F 87 Min.*

Ähnlich wie in *Die Mumie kehrt zurück* lassen sich auf einem blutdurchtränkten Schlachtfeld, wo französische Krieger gegen ein türkisches Heer kämpften, acht der letzten neun Überlebenden mit dem Fürsten der Hölle ein, indem sie den Pakt mit dem Blut des Neunten besiegeln. Fortan geistern sie, wie die *Reitenden Leichen,* als Untote durch die Weltgeschichte, bis in die Gegenwart.

THE 4TH FLOOR

(THE 4TH FLOOR). USA 2000. **R:** *Josh Klausner.* **B:** *Josh Klausner.* **K:** *Michael Slovis.* **M:** *Brian Tyler.* **D:** *Juliette Lewis (Jane Emelin), William Hurt (Greg Harrison), Shelley Duvall (Martha Stewart), Austin Pendleton (Mr. Collins), Tobin Bell (Schlosser). F 90 Min.*

Thriller mit Gruselelementen, der streckenweise an Polanskis *Der Mieter* erinnert.

FRANCO, JESS

(*1930). Spanischer Regisseur, Produzent, Drehbuchautor, Kameramann, Komponist und Gelegenheitsschauspieler. Geboren als Jesus Franco Manera in Madrid. Studierte Philosophie, Literatur und Jura und besuchte ein Konservatorium und eine Filmhochschule. Der möglicherweise produktivste Regisseur der Welt ist u.a. auch als Frank Hollmann, Clifford Brown, Jess Frank, Franco Manera, J. P. Johnson, Jack Griffin, J. A. Lazer, David Khunne, David Kuhne, Roland Marceignac, John O'Hara und Jess Franck aktiv. Sein Werk erkennt man an sich wiederholenden Plots, ewig gleichen Darstellern und Kulissen, Synchronkosten sparenden Off-Dialogen, einmontierten Tourismus-Filmchen, die Drehzeit sparen, haarsträubender Schnitttechnik und Alfred Hitchcock nachempfundenen Kurzauftritten. Franco begann 1957 als Regie- und Produktionsassistent bei Juan Antonio Bardem, Luis Garcia Berlanga, Leon Klimovsky und anderen; als Co-Drehbuchautor arbeitete er auch mit Tulio Demicheli, Joaquin Hernandez, Alfonso Paso und Luis De Diegi zusammen. Nach einigen Filmmusiken und Kurzfilmen drehte er ab den 1960er Jahren in ganz Europa Dutzende von Kriminal-, Sex-, Horror-, Knast-, Abenteuer-, Kannibalen- und Pornofilmen, in denen seine Lebensgefährtin Lina Romay tragende Rollen spielte. In den 1970er Jahren gründete er zusammen mit dem spanischen Schauspieler Antonio Mayans (alias Robert Forster) die Manacoa-Produktion. Fast alle filmischen Schnellschuss-Schlampereien Francos sind auf niedrigstem Niveau angesiedelt, doch was ihn einmalig macht, ist sein Talent, immer wieder Produzenten aufzutun, die seine abenteuerlichen Unternehmen finanzieren, die nicht selten aus dem kreativen Zusammenkleben von Schnittabfall bestehen. Auf diese Weise entstand unter seiner Federführung ein Wust von Filmen, deren Anzahl niemand genau kennt, da sie in verschiedenen Ländern in verschiedenen Fassungen herauskamen. Es dürfte aber realistisch sein, von 150–200 Franco-Werken auszugehen. Horrorfilme: 1961: *Gritos en la Noche (Der schreckliche Dr. Orloff)*; 1963: *Le Mano de un Hombre Muerte;* 1964: *El Secreto del Doctor Orloff;* 1965: *Miss Muerte (Das Geheimnis des Dr. Z);* 1967: *Rote Lippen – Sadisterotica/Der Wolf – Horror pervers); Necronomicon – Geträumte Sünden;* 1968: *Justine ovvera La Disaventura della vertu (Marquis de Sade: Justine);* 1969: *El Proceso de las Brujas (Der Hexentöter von Blackmoor); El Conde Dracula (Nachts, wenn Dracula erwacht); La Isla de la Muerte (Die Wildkatze/Die Jungfrau und die Peitsche);* 1970: *Mrs. Hyde (Sie tötete in Ekstase); El Signo del Vampiro (Vampyros Lebos – Die Erbin des Dracula); Eugenie (Eugenie de Sade);* 1971: *Christina, Princesse de l'Erotisme (Eine Jungfrau in den Krallen von Zombies); Dracula contro del Doctor Frankenstein (Die Nacht der offenen Särge);* 1972: *Los Demonios (Die Nonnen von Clichy); La Maldicion de Frankenstein (Das Blutgericht der gequälten Frauen); La Fille de Dracula;* 1973: *La Noche de los Asesinos (Im Schatten des Mörders); La Comtesse Noire (Entfesselte Begierde); Los Ojos siniestros de Doctor Orloff;* 1974: *Lorna, l'Exorciste;* 1976: *Jack the Ripper – Der Dirnenmörder von London; Das Bildnis der Doriana Gray;* 1977: *Die teuflischen Schwestern; Der Ruf der blonden Göttin;* 1979: *Cannibales (Mondo Cannibale III – Die blonde Göttin der Kannibalen); El Canibale/Il Cacciatore de Uomoni (Jungfrau unter Kannibalen); El Escarabajo de Oro;* 1980: *Sadomania (Sadomania – Hölle der Lust); El Lago de los Muertos Vivientes (Zombie Lake);* 1981: *Die Säge des Todes; Le Abime des Morts-Vivants (Oase der Zombies);* 1982: *El Hundimiento de la Casa Usher (Neurosis – Die Rache des Hauses Usher); El siniestro Dr. Orloff.*

FRANKENHOOKER

(FRANKENHOOKER). USA 1989. **R:** *Frank Henenlotter.* **B:** *Robert Martin, Frank Henenlotter.* **K:** *Robert M. Baldwin jr.* **Ma:** *Gabe Bartalos.* **M:** *Joe Renzetti.* **D:** *James Lorinz (Jeffrey Franken), Patty Mullen (Elizabeth/Monster), Charlotte Helmkamp (Honey), Shirley Stoler (Spike), Joseph Gonzales (Zorro), Louise Lasser (Jeffreys Mutter), Lia Chang (Crystal), Jennifer Delora (Angel), Vicki Darnell (Sugar), Kimberley Taylor (Amber). F 75 Min.*

Nachdem er den Tod seiner Freundin verschuldet hat, flickt sich der Hobbychirurg Franken aus Leichen von Prostituierten eine neue Gefährtin zusammen und versieht sie mit dem Kopf der Verstorbenen, die nicht nur ein auffallendes Interesse für den New Yorker Rotlichtbezirk zeigt, sondern ihre Freier auch beim Menscheln mit tödlichen Stromstößen umbringt. Plakativ auf Humor getrimmter Horrorfilm von schwachem Niveau. [V]

FRANKENSTEIN

Anmerkungen zum Mythos des künstlich geschaffenen Ungeheuers

In England erschienen zwischen 1790 und 1820 mehr als 300 Gothic Novels, Schauerromane, meist Schlossgeschichten, Gespenstergeschichten, Mönchs- und Klosterromane, oft als *German Horror* mit faustischem Hintergrund. Zu den Hauptwerken der Schauerromantik gehört Mary Wollstonecraft Shelleys Roman *Frankenstein oder Der moderne Prometheus,* der in seiner endgültigen Fassung 1818 in drei Bänden herauskam. Mary W. Shelley (1797–1851) war erblich vorbelastet: Beide Elternteile waren Schriftsteller. In jungen Jahren brannte sie wiederholt mit dem Dichter Percy Bysshe Shelley durch. Sie schlugen ihr Domizil am Genfer See auf. Zu ihnen gesellten sich der Geliebte ihrer Stiefschwester, Lord Byron, und dessen Arzt William Polidori. Gegenseitig las man sich Schauergeschichten vor und diskutierte darüber. Lord Byron machte den Vorschlag, jeder von ihnen solle eine solche Geschichte schreiben. Byron begann ein Vampir-Thema zu bearbeiten. Die Geschichte blieb Fragment, wurde trotzdem 1819 veröffentlicht. Polidori schrieb über eine Frau mit einem Totenkopf, ein Vorhaben, das genauso scheiterte wie Shelleys Beitrag. Auch Mary Shelley empfand, wie sie später schrieb, »blanke Einfallslosigkeit«, doch lenkten Gespräche zwischen Byron und Shelley (in denen es um »Wiederbelebungs«-Experimente an zerhackten Würmern ging, die damals von Erasmus Darwin, dem Großvater von Charles Darwin, durchgeführt worden waren), ihre Gedanken auf die Frage nach Prinzip und Aufbau des Lebens. So schrieb die gerade 19 Jahre alte Frau innerhalb von vier Wochen die erste Fassung von *Frankenstein.* Der Roman enthält im Wesentlichen folgende romantische Motive: den Willen des Menschen, die Schöpferrolle Gottes zu übernehmen, um so die eigenen Grenzen zu sprengen; die gescheiterte Revolte eines aufgeklärten »Wissen«schaftlers; das Faustmotiv; die Rache des unzulänglichen und frustrierten Geschöpfs, die sich gegen eine feindlich gesonnene Umwelt richtet; die Verfolgung und Bestrafung des eigenen Schöpfers. Mary Shelley führt damit als neuen Aspekt das technische, naturwissenschaftliche Bewusstsein in die Schwarze Romantik ein. Das Element des Erklärbaren löst das Element des Übersinnlichen ab. Frankenstein gilt daher als Vorläufer des Science Fiction-Genres, das später noch viele Horror-Motive übernehmen sollte. Weil sie sich in erster Linie mit technisch-naturwissenschaftlichen Experimenten und ihren Folgen beschäftigen, sind Frankenstein-Filme dem Science Fiction-Film zuzurechnen. Um dem Horror-Charakter Rechnung zu tragen, werden in diesem Lexikon die Frankenstein-Filme besprochen, die in Inhalt und/oder Form auf die Grundkonstellation des Romans von Mary W. Shelley zurückgehen (eine vollständige Übersicht und Besprechung der Filme mit Frankenstein-Motiven wie das des *mad scientist,* des »verrückten Wissenschaftlers«, oder das des Amoklaufs des wissenschaftlich herangezüchteten Ungeheuers findet sich in Ronald M. Hahn/Volker Jansen, LEXIKON DES SCIENCE FICTION-FILMS).

In Briefen und Tagebuchaufzeichnungen eines Polarforschers mit Namen Robert Walton enthüllt sich die Lebensgeschichte Victor Frankensteins. Victor, ein junger, begabter Wissenschaftler, in der Schweiz geboren, arbeitet mit großem Erfolg an der Universität Ingolstadt. Er ist besessen von der Idee, das »Elixier des Lebens« zu finden. Aus Menschenknochen, die er aus Beinhäusern zusammengetragen hat, setzt er ein riesiges Skelett zusammen und formt einen menschenähnlichen Körper. Es gelingt ihm, dank seines überragenden Forschergeistes, dem künstlichen Körper Leben zu verleihen, doch: »Nein! Kein Sterblicher konnte das Entsetzen ertragen, welches von solchen Zügen ausging! Nicht einmal eine zu neuem Leben erweckte Mumie hätte so grässlich aussehen können.« Victors Frevel rächt sich auf furchtbare Weise. Das Monstrum, das der moderne Prometheus Frankenstein bedenkenlos in die Welt gesetzt hat, begibt sich auf die Suche nach anderen Menschen, denn es sehnt sich nach Gesellschaft und Liebe. Wegen seines Äußeren erregt es jedoch überall Abscheu. Weil es nicht lieben darf, tötet es. Victors Vater und sein kleiner Bruder fallen ihm zum Opfer. Blankes Entsetzen, aber auch Mitleid lassen in Victor den Plan entstehen, eine Gefährtin für das Monster zu schaffen, doch letztendlich schreckt ihn der Gedanke zurück, dass dies die Vermehrung des Ungeheuers nach sich ziehen könne. Aus Wut und Enttäuschung betreibt das Monstrum von nun an systematisch den Untergang seines Schöpfers. Es mordet den besten Freund und die junge Frau Frankensteins und hetzt seinen Schöpfer, der es in verzweifeltem Hass zerstören will, jahrelang durch viele Länder. Im hohen Norden, in der Eiswüste, endet der Kampf: Walton sieht das Ungeheuer, als es sich traurig über Frankenstein beugt. Frankenstein stirbt, der künstliche Mensch steht dem Kapitän Rede und Antwort. Dann schwingt er sich auf sein Floß aus Eis und wird von den Wogen weggetragen, verschluckt von Dunkel und Ferne.

FRANKENSTEIN
Die Stummfilme
Die erste Verfilmung des Frankenstein-Stoffes geht auf das Jahr 1910 zurück. Unter der Regie von J. Searle Dawley produzierte die (Thomas Alva) Edison-Company den ersten US-Horrorfilm überhaupt, Spieldauer etwa 15 Minuten. Frankenstein verabschiedet sich von seinem Vater und seiner Braut, um in sein Labor zu gehen. Hier will er sich mit den Geheimnissen des Lebens und des Todes vertraut machen, er will den perfekten Menschen von absoluter Schönheit und höchster Intelligenz schaffen. Doch das Experiment misslingt. Vor den Augen seines Schöpfers entsteht ein abscheuliches Monster, eine Glanzleistung des Darstellers Charles Ogle, der für sein Aussehen selbst verantwortlich war und sein Monster mit halbverwesten Gliedmaßen, zerfurchtem Gesicht mit wirren langen Haaren und stieren Augen, bekleidet mit Lumpen, zusammengehalten mit Seilen, ausstattete. Frankenstein nimmt Reißaus. Als gebrochener Mensch kehrt er heim, erholt sich aber schnell unter der liebevollen Pflege seiner Braut. Das Monster ist unfähig, ohne seinen Schöpfer und dessen Zuneigung zu leben. In der Nacht vor Frankensteins Hochzeit betritt das Monster die Kammer der Braut. Frankenstein hört im Nebenzimmer einen Schrei. Die Tür wird aufgerissen, das Mädchen stürzt herein, dicht gefolgt von dem Ungeheuer. Das Monster überwältigt Frankenstein und löst sich in Luft auf. Die Begründung dieses überraschenden Schlusses liest sich im Werbematerial zum Film wie folgt: »Die Schlussszene macht deutlich, dass allein die absolute, ernsthafte Liebe Frankensteins zu seiner Braut letztendlich bewirkt, dass das Monster nicht existieren kann.« (zit. n. Denis Gifford, A PICTORIAL HISTORY OF THE HORROR MOVIES). – Trotz der deprimierenden Kritiken (»geschmacklos«, »gotteslästerlich«), die naturgemäß den Erfolg schmälerten, nahm man sich bereits fünf Jahre später erneut des Stoffes an: *Life Without Soul.* Regie: Joseph W. Smiley. Darsteller: Percy Darrel Standing (Das Monster). Um sich nicht ähnlichen Kritiken wie bei der Erstverfilmung aussetzen zu müssen, verlegte man die Erschaffung und Vernichtung des Monsters in die Traumebene, eines von da an sehr beliebten Tricks, um direkte oder indirekte Zensur zu umgehen. *IL MOSTRO DI FRANKENSTEIN* war der erste und für lange Zeit einzige europäische Versuch einer Frankenstein-Verfilmung (Italien 1920). Unter der Regie von Eugenio Testa spielte Umberto Guarracino das

Boris Karloff als Frankensteins Kreatur

Monster. Ein Stummfilm mit dem Titel *FRANKENSTEIN'S TRESTLE* aus dem Jahre 1899 hat mit Mary Shelleys Roman nichts zu tun.

FRANKENSTEIN

(FRANKENSTEIN). USA 1931. **R:** *James Whale.* **B:** *Robert Florey, Francis Edward Faragoh, Garrett Fort.* **V:** *»Frankenstein oder Der moderne Prometheus« von Mary W. Shelley, Theaterstück von Peggy Webling.* **St:** *Robert Florey.* **K:** *Arthur Edeson.* **SpE:** *John P. Fulton, Kenneth Strickfaden.* **Ma:** *Jack P. Pierce.* **M:** *David Broekman.* **D:** *Colin Clive (Herbert von Frankenstein), Mae Clarke (Elisabeth), Boris Karloff (Monster), John Boles (Victor), Edward Van Sloan (Dr. Waldmann), Frederick Kerr (Baron Frankenstein), Dwight Frye (Fritz), Lionel Belmore (Bürgermeister Vogel), Marilyn Harris (Maria), Michael Mark (Ludwig), Arletta Duncan, Pauline Moore (Brautjungfern), Francis Ford (Verletzter Dorfbewohner). SW 69 Min.*

Whales' Verfilmungen *Frankenstein* und *Frankensteins Braut* sind die ersten Tonfilm-Adaptionen von Mary Shelleys Roman. Die Stummfilme konnten, da sie nur noch in Bruchstücken erhalten waren, keinen direkten Einfluss auf Whales Arbeiten haben. Seine beiden Filme begründen daher den Filmmythos von Frankenstein, sie sind gleichzeitig Ausgangspunkt, Höhepunkt und Vorbild. Trotzdem sind sie keine Literaturverfilmungen im eigentlichen Sinne. Whale benutzt im Wesentlichen nur die handelnden Personen und einige Motive des Romans, der Handlungsablauf ist anders, sogar konträr zur literarischen Vorlage. Dazu einige Beispiele: Im Roman ergeben sich die Untaten des Monsters als Folge von Missverständnissen zu seiner Umwelt; der Film bescheinigt dem Monster bereits vor seiner Erschaffung eine kriminelle Zukunft (das Gehirn eines Abnormalen wird entwendet). Der Roman verschweigt den biologisch-technischen Schaffungsprozess des Geschöpfs, der Film schwelgt geradezu in Bildern mit technischer Apparatur, was sicherlich auf die unterschiedlichen Entstehungszeiten von Buch und Film zurückzuführen ist. Im Roman endet das Monstrum im ewigen Eis, im Film zunächst in einer brennenden Mühle *(Frankenstein)* bzw. durch die Explosion *(Frankensteins Braut)*. Grundlage der Filmstory des ersten Teils ist das 1927 mit großem Erfolg erstaufgeführte Theaterstück von Peggy Webling: Für *Frankensteins Braut* blieben nur die

Frankenstein

Idee, für das Monster eine Gefährtin zu schaffen und die handelnden Personen übrig. Die romantischen Motive, die den Roman auszeichnen, werden im Film auf zwei Grundpositionen gestutzt: Die Erschaffung künstlicher, menschenähnlicher Geschöpfe (ein Science Fiction-Element!) und die Vernichtung der nicht anpassungsfähigen, für die Umwelt daher untragbaren Lebewesen (ein Horror-Element!). Diese Konstellation zieht sich durch sämtliche Frankenstein-Ableger und -Plagiate.

In seinem Laboratorium will der junge Wissenschaftler Herbert von Frankenstein aus toter Materie ein lebendes Wesen schaffen. Er setzt Leichenteile zusammen, die er gemeinsam mit seinem buckligen Assistenten Fritz aus Friedhofsgräbern gestohlen hat. So entsteht unter seinen Händen ein Geschöpf von enormer Größe und Hässlichkeit. Was fehlt, ist das Gehirn. Fritz soll es aus der medizinischen Fakultät der Universität »besorgen«. Fritzens Nerven versagen. Vor Aufregung verwechselt er die Behälter mit frischen Gehirnen und stibitzt das Gehirn eines Anormalen. Der leblose, zusammengenähte Körper wird starken elektrischen Ladungen ausgesetzt. Unter dem hysterischen Triumphgeschrei Frankensteins beginnt sich das Monster zu regen; es bewegt sich träge, es lebt! Das Monster wird in einem Verlies unter dem Labor gefangen gehalten. Als Fritz es mit einer brennenden Fackel quälen will, macht es kurzen Prozess: Es erwürgt seinen Bewacher. Nur durch ein starkes Beruhigungsmittel kann Dr. Waldmann, der väterliche Freund Frankensteins, weitere Untaten zunächst verhindern. Frankenstein ist entsetzt. Er erholt sich erst, als Waldmann sich bereiterklärt, das Monstrum schmerzlos zu töten. Ausgerechnet an seinem Hochzeitstag muss Frankenstein erfahren, dass Waldmann erdrosselt im Laborturm aufgefunden worden ist. Vom Monster fehlt jede Spur. An einem idyllischen Seeufer spielt die kleine Maria mit einem neuen Spielkameraden, dem Monster. Sie pflücken Blumen, werfen sie ins Wasser und schauen vergnügt zu, wie sie langsam wegtreiben ... dann trägt ein unglücklicher Vater sein lebloses Kind auf den Armen ins Dorf. Ist das Monster zum bestialischen Kindsmörder geworden? Nach weiteren Anschlägen gehen die Dorfbewohner unter Leitung Frankensteins gemeinsam gegen das Monster vor. Frankenstein wird von den anderen getrennt und steht plötzlich seinem Geschöpf gegenüber. Das Monstrum schlägt ihn nieder und schleppt den Bewusstlosen in eine nahe Windmühle, in deren oberem Teil es sich verschanzt. Frankenstein kommt zu sich. Ein heftiger Kampf entbrennt. Das Monster schleudert seinen Schöpfer aus dem Mühlenturm. Die Dörfler zünden die Mühle an. In dem riesigen Scheiterhaufen kommt das Monstrum um, so glauben es jedenfalls alle.

Für die wichtigste Rolle des Films, die Verkörperung des Monsters, war Bela Lugosi vorgesehen, doch lehnte er nach den Probeaufnahmen mit der Begründung ab, das schwere Make-up würde seine charakteristischen Gesichtszüge unkenntlich machen. Außerdem habe die Kreatur keinen Text zu sprechen; die Rolle sei allenfalls etwas für einen Statisten. So wurde Boris Karloffs Interpretation des Monsters zum unverkennbaren Gütesiegel. Seine ungeheuere Popularität verdankte Karloff jedoch in erster Linie der Kunst des Maskenbildners Jack P. Pierce, der auch die Masken zu *Dracula, Der Wolfsmensch, Der Wehrwolf von London* und *The Mad Ghoul* lieferte. Pierce schuf besondere Masken, die die Mimik des Schauspielers nicht verdeckten. Innere Gefühlsregungen, Zärtlichkeit, Freude oder Enttäuschung, Trauer, Qual könnten so durch den Schauspieler verdeutlicht werden. Voraussetzung aber war, dass der Akteur gewillt war, mit Pierce zu kooperieren. Ein solcher Glücksfall war Boris Karloff. Mit ungeheurer Geduld ließ er die täglich vierstündige Schmink- und Ausstattungsprozedur über sich ergehen und beteiligte sich auch aktiv an der Gestaltung des Monsters. Auf Pierces (und Whales) Ideen beruhten die fast rechteckige Gesichtsform, die Narben am Rand des Gesichts, die mit Metallklammern verstärkt waren (um ein Aufreißen zu verhindern), ferner die berühmten groben Elektroden am Hals des Ungeheuers und die mit Nähten zerstochenen zerfurchten Hände. Die klobigen Riesenschuhe, von denen jeder 6 Kilo wog, verliehen dem Monster einen eckigen Gang. Das i-Tüpfelchen der Maske lieferte jedoch Karloff, als er vorschlug, dem Monstrum eine Art Todesblick zu verleihen. Zu diesem Zweck wurde die untere Stirnhälfte direkt über den Augen so verstärkt, dass die Augenhöhlen außergewöhnlich tief lagen. Das Monster erhielt so den gewünschten unmenschlichen Blick. Kenneth Strickfaden besorgte Ausstattung und Effekte bei der Erschaffungsszene im Laboratorium. Er wiederholte diese Effekte, zum größten Teil sogar mit den originalen Instrumenten, 44 Jahre später in Mel Brooks' Frankenstein-Parodie *Frankenstein Junior.*

Whales Frankenstein-Inszenierung war eine spezifisch barocke Form des amerikanischen Expressionismus, die ihr Vorbild, die phantastischen deutschen Filme wie *Das Cabinet des Dr.*

Frankenstein

Caligari oder *Der Golem*, nicht verleugnen kann. Der Film ist fast in der Form eines Kammerspiels gedreht. Whale war eben in erster Linie Theaterregisseur. Er konnte zwei entscheidende Kürzungen nicht verhindern, die die Aussagekraft des Films stark beeinträchtigt und ihm inhaltlich eine andere Richtung gegeben haben: Gegen den Ausruf Frankensteins nach Erschaffung des Monsters »Jetzt weiß ich, was es heißt, sich wie Gott zu fühlen« hätte sicher die Kirche Bedenken angemeldet. Die Szene wurde geschnitten. Ein weiterer Schnitt ist gravierender: In der Szene am See pflücken Maria und das Monster Blumen und werfen sie in den See. Als keine Blumen mehr da sind, wirft das Monster Maria ins Wasser – in dem naiven Irrglauben, auch sie werde, wie die Blumen, schwimmen. Die Szene sollte verdeutlichen, dass das Monstrum in seiner unschuldigen Art nicht zwischen gut und böse zu unterscheiden gelernt hatte. Es fehlte ihm jegliche Erfahrung, sich gesellschaftskonform zu verhalten, so dass hierin ein Entschuldigungsgrund für seine Tat gelegen hätte. Doch solch juristische Spitzfindigkeiten verwirren nur das Publikum, und so entschloss sich die Produktionsgesellschaft, die Szene zu schneiden. Von nun an war Frankensteins Monster ein bestialischer Kindermörder aus Veranlagung. Das rechtfertigte auch eher die in den USA beliebte Lynchjustiz, die, von den Dorfbewohnern ausgeübt, ja auch zum Ziel geführt hätte, hätte die Produktion zwecks finanzieller Sanierung nicht den Mythos Frankenstein reaktivieren müssen. Denn ein Geschäft unerhörten Ausmaßes schien sich anzubahnen, war das relativ bescheidene Budget des ersten Frankenstein-Films, rund $ 250.000, bereits nach wenigen Wochen ausgeglichen (Einspielergebnis bis 1955 mehr als $ 12 Mill.). Ein zweiter Teil musste her, egal wie. Und was ganz selten bei einer Fortsetzung der Fall ist, geschah: *Frankensteins Braut* wurde noch besser als *Frankenstein*.

FRANKENSTEIN

(FRANKENSTEIN). USA 1973. **R:** *Glenn Jordan.* **B:** *Dan Curtis, Sam Hall, Richard Landau.* **K:** *Ben Colman.* **SpE:** *Roger George.* **Ma:** *Mike Westmore.* **M:** *Robert Cobert.* **D:** *Robert Foxworth (Victor Frankenstein), Susan Strasberg (Elisabeth Clerval), Bo Svenson (Monster), John Karlen (Otto Roget), Robert Gentry (Henry Clerval), William Hansen (Professor Waldman), Heidi Vaughn, Philip Bourneuf. F 125 Min.*

Amerikanischer Fernsehfilm der Gattung Literaturverfilmung, um Romantreue bemüht, an Qualität seinen Vorgängern deutlich unterlegen. Bei dem Versuch, Leichenteile vom Friedhof zu stehlen, wird ein Gefährte Victor Frankensteins schwer verletzt. Sterbend stellt er sich für das Experiment zur Verfügung. Das Monster, das Frankenstein zum Leben erweckt, ist eine sensible Kreatur, die unter den Schrecken, die es verursacht, sehr leidet und daran zugrunde geht.

FRANKENSTEIN '80

(FRANKENSTEIN '80). Italien 1973. **R:** *Mario Mancini.* **B:** *Fernando Di Leo, Mario Mancini.* **K:** *Alfio Quattrini.* **Ma:** *Carlo Rambaldi.* **M:** *Daniele Patucchi.* **D:** *John Richardson (Karl Schein), Renato Romano (Inspektor Schneider), Gordon Mitchell (Dr. Otto Frankenstein), Xiro Papas (Mosaik), Dalila Parker (Sonia), Bob Fiz (Professor Schwarz), Dada Gallotti (Metzger), Maria Traversi (Prostituierte), Lemmy Carson, Marco Mariani, Gigi Bonos, Enrico Rossi, Fulvio Mingozzi, Umberto Amambrini, Luigi Guerra. F 88 Min.*

Frankensteins fehlerhaftes Monstrum muss ständig mit frischen Organen versorgt werden. Klamauk!

DIE FRANKENSTEIN-FAMILIE

Anderer Titel für GESPENSTERPARTY

FRANKENSTEIN JUNIOR

(YOUNG FRANKENSTEIN). USA 1974. **R:** *Mel Brooks.* **B:** *Gene Wilder, Mel Brooks.* **K:** *Gerald Hirschfeld.* **SpE:** *Hal Millar, Henry Miller jr., Kenneth Strickfaden.* **Ma:** *William Tuttle.* **M:** *John Morris.* **D:** *Gene Wilder (Dr. Frederick Frankenstein), Peter Boyle (Monster), Madeline Kahn (Elisabeth), Cloris Leachman (Frau Blücher), Marty Feldman (Igor), Terri Garr (Inga), Kenneth Mars (Inspektor Kemp), Gene Hackman (Blinder Einsiedler), Richard Haydn (Falkstein), Liam Dunn (Hilltop), Leon Askin (Waldmann), Oscar Beregi (Gefängniswärter), Anne Beesley (Mädchen), Monte Landis, Rusty Blitz (Totengräber). F/SW 108 Min.*

Als Persiflage will Regisseur Mel Brooks, Spezialist für skurrile Genre-Parodien, diese Horror-Komödie nicht verstanden wissen, vielmehr als Huldigung an die Vergangenheit, eine Liebeserklärung an die unsterblichen Horrorfilme der 30er Jahre. Und so präsentiert er nahezu

Frankenstein Junior

sämtliche Schlüsselszenen der berühmten Whale-Verfilmungen, bedient sich darüber hinaus markanter Sequenzen aus *Dracula* und *King Kong,* zitiert somit alle einschlägigen Horror-Klischees, setzt sie jedoch nie in ihre eigentliche typische Genre-Bedeutung um. Stilgerecht lässt er es zwar donnern, blitzen, schlurfen und knarren, doch dichter Nebel zum Beispiel, der im Horrorfilm als Vorbote des Unheimlichen gilt, ist bei Brooks nur ein sichthindernder Wetterzustand, der seinen Darstellern zu grotesken, tapsigen Auftritten verhilft. Brooks' Monster, ein nettes Ungetüm, das sich durch reges Liebesleben auszeichnet, liest das Wall Street Journal und zieht vor Wissenschaftlern routiniert eine reife Varieté-Nummer ab.

Das Gag-Material ist einzigartig vielschichtig. So erinnert eine Szene an Chaplins genüsslich zelebrierten Stiefelverzehr aus *Goldrausch,* das Labor befindet sich wie selbstverständlich in Transsylvanien, das Faktotum Igor trägt seinen Buckel mal auf der rechten, mal auf der linken Seite. Gespickt mit Anspielungen und Verfremdungen, ist der zum Teil in den alten Dekorationen der 1930er Jahre gedrehte Streifen im Original ein absolutes Filmvergnügen. Viele Gags der Originalversion leiden jedoch unter der kalauernden, miserablen Eindeutschung der Dialoge. – Chirurg Frankenstein, etablierter Bürger einer amerikanischen Kleinstadt, kann seine Abstammung nicht verleugnen. Ein alter Mann sucht ihn auf, um das Erbe seines Großvaters Frankenstein zu überbringen. Anfangs zögert der Enkel, das Erbe anzutreten, doch dann reist er mit seiner Assistentin und Verlobten Elisabeth nach Transsylvanien zum Stammschloss der Frankensteins. Hier entdeckt er ein dick verstaubtes, aber noch voll funktionsfähiges Labor, was ihn dazu verleitet, die Familientradition wieder aufzunehmen. Das bucklige Faktotum Igor, direkter Nachfahre des von Bela Lugosi verkörperten Ygor aus *Frankensteins Sohn,* soll sich um das Gehirn kümmern, versagt aber in üblicher Form. Im Gegensatz zu seinem Vorbild entwickelt das Monster enormen sexuellen Appetit. Ein Fluchtversuch, eher ein Reißausnehmen, endet bei Geigenmusik. Als das Monster offiziell in die Gesellschaft eingeführt werden soll, platzt während des Auftritts eine

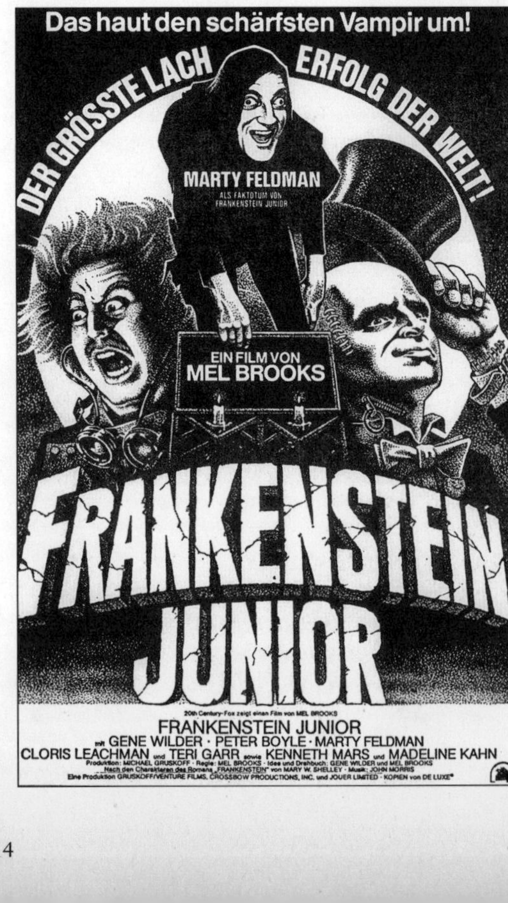

Frankenstein Junior

Glühbirne und das Geschöpf dreht durch (Ähnliches kennt man aus *King Kong!*). Zum Schluss kommt Frankenstein Junior auf eine glänzende Idee: Er tauscht Teile seines eigenen Gehirns mit denen des »abnormalen« des Monsters. Das Ergebnis ist beeindruckend: Das Monster versteht genauso gut Stepp zu tanzen wie die Zeitung zu lesen. [V]

FRANKENSTEIN MUSS STERBEN

(FRANKENSTEIN MUST BE DESTROYED). GB 1969. **R:** *Terence Fisher.* **B:** *Bert Batt, Anthony Nelson-Keys.* **St:** *Anthony Nelson-Keys.* **K:** *Arthur Grant.* **Ma:** *Eddie Knight.* **M:** *James Bernard.* **D:** *Peter Cushing (Baron Frankenstein), Veronica Carlson (Anna Spengler), Freddie Johns (Professor Richter), Simon Ward (Karl Holst), Thorley Walters (Inspektor Frisch), Maxine Audley (Ella Brandt), George Pravda (Dr. Brandt), Geoffrey Bayldon (Arzt), Harold Goodwin (Einbrecher). F 97 Min.*
Dr. Brandt ist es unter der Assistenz Baron Frankensteins gelungen, den Weg zur Gehirntransplantation zu ebnen. Sein Wissen raubt ihm den Verstand. Er wird in eine geschlossene Anstalt bei Altenberg eingeliefert. Frankenstein, der nicht in alle Geheimnisse eingeweiht worden ist, will sich endgültig Klarheit verschaffen. Er will Dr. Brandt von seiner Geisteskrankheit heilen, doch Brandt ist todkrank. Aber Frankenstein weiß sich zu helfen. Er pflanzt das kranke Gehirn Brandts dem verhassten Anstaltsleiter Professor Richter ein. Der Patient wendet sich nach überstandener Operation allerdings gegen Frankenstein, lockt ihn in eine Falle. Beide kommen in einem brennenden Haus elendig um. – Fünfter Frankenstein-Film aus der Hammer-Werkstatt mit nur wenigen Gruselüberraschungen, die an die Nieren gehen. [V]

FRANKENSTEIN SCHUF EIN WEIB

(FRANKENSTEIN CREATED WOMAN). GB 1966. **R:** *Terence Fisher.* **B:** *John Elder [Anthony Hinds]. K: Arthur Grand.* **SpE:** *Les Bowie.* **Ma:** *George Partleton.* **M:** *James Bernard.* **D:** *Peter Cushing (Baron Frankenstein), Susan Denberg (Christina), Thorley Walters (Dr. Hertz), Robert Morris (Hans), Duncan Lamont (Gefangener), Peter Blythe (Anton), Barry Warren (Karl), Derek Fowlds (Johann), Alan MacNaughton (Kleve), Peter Madden (Polizeichef), Philip Ray (Bürgermeister). F 86 Min.*
Hans, der Sohn eines Mörders, liebt Christina, die von schweren Körperschäden entstellte Tochter eines Schankwirts. Dieser ist gegen die Verbindung. Als er von drei stadtbekannten Taugenichtsen ermordet wird, fällt der Verdacht auf den Freier. Alle Indizien sprechen gegen ihn, er wird zum Tode verurteilt. Nach der Hinrichtung geht seine Geliebte ins Wasser. Baron Frankenstein, Spezialist für obskure Experimente (er hat gerade einen Tiefkühlselbstversuch blendend überstanden), kommen die Leichen gerade recht. Assistiert von dem ihm ängstlich ergebenen Dr. Hertz, gelingt es ihm, aus der Leiche Christinas ein Weib von makelloser Schönheit (im Bikini!) zu erschaffen, versehen mit dem Geist des unschuldig hingerichteten Hans. Körper und Geist locken nun die wahren Mörder aus der Reserve und töten einen nach dem anderen. Nach vollendeter Rache begeht die vollendete Schönheit Selbstmord. – Terence Fisher versteht es in seiner vierten Frankenstein-Hammer-Produktion wieder erfolgreich, auf dem Grad zwischen Horror und Nonsens zu balan-

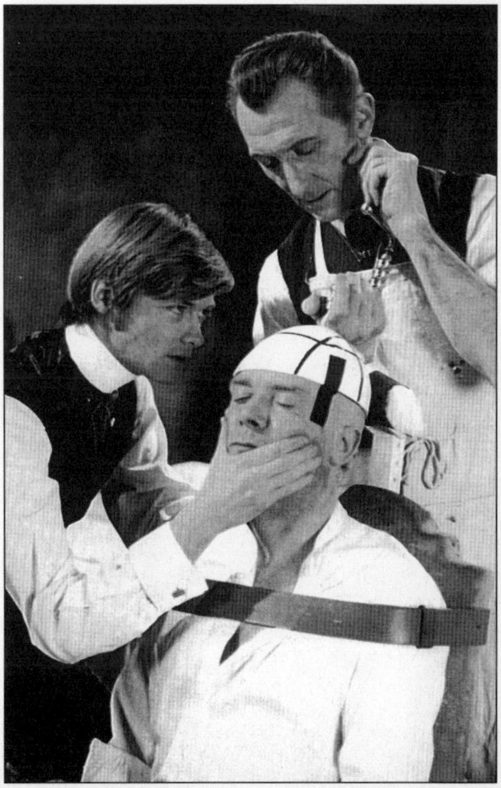

Frankenstein muss sterben

cieren, ohne in den absoluten Schwachsinn abzustürzen. Aus einer Art Sozialdrama (Vorgeschichte inkl. Mordprozess) gestaltet er ein Gruselmärchen, dessen Schockeffekte zwar plüschig, aber doch so dicht gesetzt sind, dass Freunde der Gattung sicherlich auf ihre Kosten kommen.

FRANKENSTEIN SUCHT EIN NEUES OPFER

Anderer Titel für FRANKENSTEIN MUSS STERBEN

FRANKENSTEINS BRAUT

(THE BRIDE OF FRANKENSTEIN). USA 1935. **R:** *James Whale.* **B:** *John L. Balderston, William Hurlbut.* **K:** *John D. Mescall.* **SpE:** *John P. Fulton, Kenneth Strickfaden.* **Ma:** *Jack P. Pierce.* **M:** *Franz Waxman.* **D:** *Boris Karloff (Monster), Colin Clive (Herbert von Frankenstein), Valerie Hobson (Elisabeth), Elsa Lanchester (Mary W. Shelley/Monsterbraut), Ernest Thesiger (Dr. Praetorius), O. P. Heggie (Blinder Einsiedler), Una O'Connor (Minnie), Gavin Gordon (Lord Byron), Douglas Walton (Percy Shelley), E. E. Clive (Bürgermeister). Lucien Prival (Otto), Dwight Frye (Karl), John Carradine (Jäger). SW 69 Min.*

Vorgeschichte: *Frankenstein* (USA 1931). – Im behaglichem Kaminzimmer eines schlossähnlichen Anwesens sitzen drei englische Kulturgrößen: Lord Byron, Percy Shelley und seine Ehefrau Mary unterhalten sich über Marys Roman »Frankenstein«. Übereinstimmend stellen die Männer fest, dass eine solch hinreißende Figur wie Frankensteins Monster nicht einfach so zu Grabe getragen werden darf. Sie drängen die Schriftstellerin, eine Fortsetzung zu schreiben. Sie weigert sich zunächst, doch in ihrem Kopf entwickeln sich schon die ersten Ansätze: » ... und keinem kam der Gedanke, das Geschöpf könne das Feuer überlebt haben ...« Die Mühle steht in hellen Flammen. In arger Bedrängnis rettet sich das Monstrum in den halb unter Wasser stehenden Keller. Hier kann es überleben. Es entkommt, wird gefangen gesetzt, kann wieder entkommen. Bei einem blinden Einsiedler wird es vorurteilsfrei aufgenommen, was beweist, dass nicht die Liste seiner Taten, sondern sein Aussehen verantwortlich ist für die negative Einstellung der Umwelt. Das Monstrum findet hier zum ersten Mal Geborgenheit. Es bekommt Essen und Trinken, hört den Klängen einer Geige zu und empfindet großes Vergnügen bei dem Versuch, eine Zigarre zu rauchen. Doch als zwei Fremde bei dem Blinden auftauchen und ihn über seinen Gast aufklären, muss das Monstrum die Flucht fortsetzen. – Inzwischen versucht der *mad scientist* Dr. Praetorius, der bereits künstliche Menschen in der Größe von Marmeladengläsern geschaffen hat, Frankenstein davon zu überzeugen, nur ein entsprechendes weibliches Wesen könne das Monstrum bändigen. Dr. Praetorius und Frankenstein basteln eine Braut aus künstlichen Körperteilen zusammen. Zur Belebung des weiblichen Körpers werden ungeheure Mengen an Elektrizität benötigt. Um diese beim nächsten Großgewitter zu gewinnen,

Frankensteins Braut

lassen sie vom Turm des Laboratoriums große Metalldrachen aufsteigen. Mit der Kraft des Himmels gelingt der Schöpfungsakt (der absolute Höhepunkt des Films!). Doch die füreinander bestimmten Monstren passen nicht zusammen: Die Weiblichkeit bricht beim bloßen Anblick des männlichen Monstrums in Schreikrämpfe aus, was bei ihm, obwohl er sie anhimmelt, zu der Einsicht führt, dass er wegen seines Aussehens auf Ablehnung stößt. Von der Sinnlosigkeit seiner Existenz überzeugt, sprengt das Monstrum sich und das Labor inkl. Braut und Dr. Praetorius in die Luft. Nur sein Schöpfer Frankenstein wird verschont (im Originalskript sollte auch Frankenstein ins Jenseits befördert werden).

Frankensteins Braut ist eine der großen Ausnahmen der Filmgeschichte, in der eine aus kommerziellen Erwägungen produzierte Filmfortsetzung die Qualität des Vorgängers übertrifft. Die Kritiken überschlugen sich: »*Frankensteins Braut* ist ohne Einschränkung der größte aller Universal Horrorfilme.« (CLASSIC FILM COLLECTOR) »Karloff ist jedenfalls auf der Höhe seines Könnens als Monstrum, wieder in derselben bizarren Maske wie in seinem ersten Frankenstein-Film. Trotzdem gelingt es ihm, in die Figur solche Feinheiten der Gefühlsregung zu legen, dass es erstaunlich echt und rührend wirkt ... Kameramann John Mescall gelingen eine ganze Anzahl ungewöhnlicher Einstellungen und richtungsweisender Aufnahmen, die dem Film zu seiner aufregenden Stimmung verhelfen. Die exzellente Kameraarbeit wird unterstützt von der gespenstischen, aber nachhaltigen Begleitmusik von Franz Waxman ... die dem größten Teil des Films erst den wirklichen Horror verleiht.« (VARIETY). Der Soundtrack erhielt immerhin eine Oscar-Nominierung. Trotz ihres kurzen Auftritts stiehlt Elsa Lanchester mit ihrer Darstellung der Braut allen anderen die Show. Sie ist das Markenzeichen des zweiten Frankenstein-Films. Emotionsgeladen wie ein brodelnder Vulkan, geschüttelt von Furcht, Hass, Aggressionen und Hilflosigkeit, dann der Ausbruch, die Explosion der Gefühle – das muss man einfach gesehen haben – es ist atemberaubend. Hatte der erste Teil neben dem Roman vorrangig das Theaterstück von Peggy Webling zur Vorlage, so schuf James Whale mit *Frankensteins Braut* einen völlig eigenständigen Film, der sich nur noch weniger Motive und der

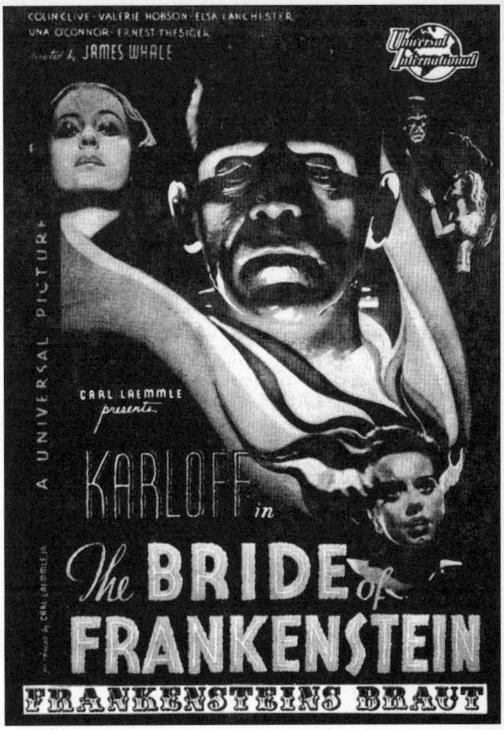

Frankensteins Braut

handelnden Personen des Romans bediente, in Ausstattung und Stimmung trotzdem konsequent auf dem ersten aufbaute. Darüber hinaus ließ Whale »alle Elemente, alle Motive des Horrorfilms Revue passieren, und zwar mit einem derartigen Augenzwinkern, dass zum Schluss ein Meisterstück schwarzen Humors herauskam.« (LEXIKON DES PHANTASTISCHEN FILMS)

FRANKENSTEINS FLUCH

(THE CURSE OF FRANKENSTEIN). GB 1957. **R:** *Terence Fisher.* **B:** *Jimmy Sangster.* **V:** *Motive von Mary W. Shelley.* **K:** *Jack Asher.* **Ma:** *Phil Leakey, Roy Ashton.* **M:** *James Bernard.* **D:** *Peter Cushing (Baron Victor Frankenstein), Christopher Lee (Monster), Hazel Court (Elisabeth), Robert Urquhart (Paul Krempe), Valerie Gaunt (Justine), Noel Hood (Tante Sophia), Marjorie Hume (Mutter), Melvyn Hayes (Victor als Kind), Paul Hardtmuth (Professor Bernstein), Fred Johnson (Großvater). F 83 Min.*

Baron Frankenstein will aus Teilen mehrerer Leichen mit physikalischer und chemischer Hilfe den vollkommenen Menschen herstellen. So entsteht unter seinen Händen aus dem Körper eines Gehenkten, den Händen eines Bildhauers und dem Gehirn eines Gelehrten ein Grauen erregendes Monster, das sich als krimineller Unhold entpuppt. Versuche, dem Monster die kriminellen Eigenschaften durch chirurgische Eingriffe auszutreiben, misslingen. Das Monstrum kann aus Frankensteins Laboratorium entfliehen und zieht mordend umher. Erst bei einem Anschlag auf Frankensteins Braut Elisabeth kann der Wissenschaftler den Unhold vernichten, so dass nichts mehr von ihm übrig bleibt. Unterdessen werden die Opfer des Monsters gefunden. Der Verdacht fällt auf Frankenstein. Da es ihm nicht gelingt, den Beweis für die Existenz des Monstrums zu führen, wird er angeklagt, schuldig gesprochen und zum Tode verurteilt. Die Guillotine wartet (vergeblich, wie die Fortsetzung *Frankensteins Rache* zeigen wird).

Die englische Produktionsgesellschaft Hammer Films begründete mit diesem Streifen ihren Ruf als Spezialist für Horrorfilme. Die Firma hatte Anfang der 50er Jahre mit einigem Science Fiction-Schwachsinn, in dem es hauptsächlich um Wesen außerirdischen Zuschnitts ging, leidlich Geld gemacht. Die Hammer-Leute erkannten den Zeitgeist: Außerirdische Monster kamen beim Publikum an. Auf der Suche nach neuen Ungeheuern entdeckten sie zwei filmhistorische Phänomene. Zum einen hatte es seit rund 15 Jahren keine klassische Horror-Verfilmung mehr gegeben, zum anderen waren alle bisherigen nur schwarzweiß gefilmt worden. Eine Steigerung der Gruseleffekte auf der Grundlage von Licht und Schatten schien nicht mehr möglich, also musste Farbe her. So lautete dann auch der treffende Werbetext zu *Frankensteins Fluch:* »In shocking color!« Von Anfang an zeichneten sich die Hammer-Horror-Produktionen durch ihren eigenen Naturalismus aus, für besonders horrorgerecht hielt man das viktorianische Zeitalter, das in der Regel den zeitlichen Hintergrund abgab. Mit dieser Detailgenauigkeit lenkte man die Aufmerksamkeit auf die Ausstattung (Bernard Robinson) und die Person des verrückten Wissenschaftlers, weniger auf das Monstrum. Aus rechtlichen Gründen traute Hammer sich nicht, dem Monster das Karloffsche Antlitz zu verpassen. Die Story selbst war gemeinfrei, doch hatte die amerikanische Universal-Produktion durch ein ausgeklügeltes System von Copyright-Bestimmungen das Erscheinungsbild ihrer Horror-Kreationen Frankenstein, Dracula, Werwolf usw. schützen lassen. Das bezog sich nicht nur auf das Make-up oder die Ausstattung, sondern sogar auf bestimmte Gesten. So mussten Hammer und Regisseur Terence Fisher nicht nur einen neuen Stil, sondern auch neue Masken für ihre Horrorfilme finden. Das neue Monster hatte daher ein Gesicht aus einem »Klumpen Fettschminke und verkohltem und vernarbtem Muskelgewebe« (Carlos Clarens, AN ILLUSTRATED HISTORY OF THE HORROR FILM), was der literarischen Vorlage eher entspricht als Karloffs Monster. Da auch Christopher Lee, der Darsteller des Monsters, damals so gut wie unbekannt war, man aber eines Darstellers bedurfte, der durch seinen Bekanntheitsgrad für Zugkraft sorgen sollte, konzentrierte sich Hammer – im Gegensatz zu den alten Universal-Filmen – auf Frankenstein selbst und seinen Darsteller Peter Cushing. [V]

FRANKENSTEINS MONSTER
Anderer Titel für FRANKENSTEINS SCHREKKEN

Frankensteins Fluch

Frankensteins Monster-Party

FRANKENSTEINS MONSTER-PARTY

(MAD MONSTER PARTY). USA 1967. **R:** *Jules Bass.* **B:** *Len Korobkin, Harvey Kurtzman.* **St:** *Arthur Rankin jr.* **K:** *Tad Mochinaga.* **M:** *Maury Laws, Jules Bass.* **D:** *(Puppen): Frankensteins Monster, Dracula, der Werwolf, der Schrecken vom Amazonas, Dr. Jekyll und Mr. Hyde, die Mumie, der Glöckner von Notre-Dame, Baron von Frankenstein, der Unsichtbare (Gosh! Wow! Boyoboy!), King Kong. F 80 Min.*

Wie man der Besetzungsliste entnehmen kann, spielen in diesem Film keine Menschen, sondern Puppen die Hauptrolle: »Dr. Frankenstein beruft alle bekannten Monster auf sein Inselschloss, um ihnen mitzuteilen, dass er den Vorsitz der Zunft an seinen Neffen abtreten will. Graf Dracula und ein weibliches Monster beschließen, den ungeliebten Nachfolger umzubringen ... eine originelle Persiflage auf die Horrorfilm-Gattung, streckenweise recht witzig, durch viele Längen jedoch zunehmend ermüdend.« (FILMDIENST) In der Originalfassung dieses amerikanischen Fernsehfilms für Kinder lieh der Horror-Mime Boris Karloff der Gestalt des Baron Frankenstein seine Stimme.

FRANKENSTEINS RACHE

(THE REVENGE OF FRANKENSTEIN). GB 1958. **R:** *Terence Fisher.* **B:** *Jimmy Sangster.* **K:** *Jack Asher.* **Ma:** *Phil Leakey.* **M:** *Leonard Salzedo.* **D:** *Peter Cushing (Dr. Victor Stein/Frankenstein), Francis Matthews (Dr. Hans Kleve), Eunice Gayson (Margaret), Michael Gwynn (Karl/Monster), John Welsh (Bergmann), Lionel Jeffries (Fritz), Oscar Quitak (Zwerg), Richard Wordsworth (Patient), Charles Lloyd Pack (Präsident), John Stuart (Inspektor), Arnold Diamond (Molke), Margery Cresley (Gräfin Barscynska), Anna Walmsley (Vera Barscynska), George Woodbridge (Pförtner), Michael Ripper (Kurt), Ian Whittaker, Avril Leslie. F 89 Min.*

Aufgrund des außerordentlichen Erfolgs von *Frankensteins Fluch* produzierte Hammer-Film den zweiten Film dieser Serie erneut mit Terence Fisher als Regisseur und wieder im Stil der bewährten Vorlage. Wir erinnern uns: Baron Frankenstein sollte hingerichtet werden. Durch einen Trick wird jedoch statt seiner der bei der Hinrichtung anwesende Priester geköpft. Frankenstein flieht nach Paris und macht dort unter dem Pseudonym Dr. Stein eine Praxis auf. Gemeinsam mit seinem verkrüppelten Retter bastelt er wieder an Leichenteilen. Sein Assistent stellt sein Gehirn zur Verfügung – mit dem festen Willen, endlich in Schönheit leben zu können. Nach gelungener Operation führen äußere Einflüsse (ein Stuhl zerbricht auf des Mons-

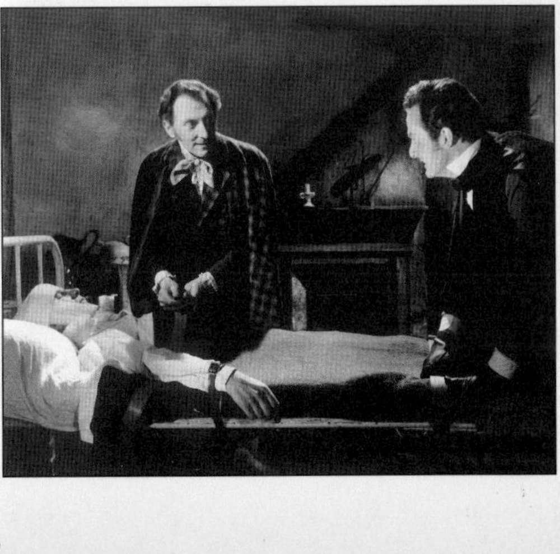

Frankensteins Rache

ters Schädel) zum Hirnschaden. Das Ungeheuer treibt alsbald mordend sein Unwesen, was die Enttarnung Frankensteins zur Folge hat. Der Baron wird gelyncht, sein Gehirn von einem Mitarbeiter in ein zuvor zufällig präpariertes Neugetüm eingepflanzt. Der Geist Baron Frankensteins nimmt von seinem neuen Körper Besitz. Als Dr. Frank kehrt er nach London zurück. [V]

FRANKENSTEINS SCHRECKEN

(THE HORROR OF FRANKENSTEIN). GB 1970. **R:** *Jimmy Sangster.* **B:** *Jimmy Sangster, Jeremy Burnham.* **K:** *Morey Grant.* **Ma:** *Tom Smith.* **M:** *James Bernard.* **D:** *Ralph Bates (Victor Frankenstein), Kate O'Mara (Alys), Graham James (Wilhelm), Veronica Carlson (Elisabeth), Bernard Archard (ihr Vater), Dennis Price (Räuber), David Prowse (Monster). F 95 Min.*

Victor Frankenstein, Medizinstudent, experimentiert aus Leidenschaft. Nachdem er eine tote Schildkröte zum Leben erweckt hat, plant er Größeres. Er beauftragt einen Schwerverbrecher, Leichen zu besorgen. Da er sehr wählerisch ist, nimmt er sich von Dutzenden von Leichen passende Einzelteile. Der Gehirnspender wird kurzerhand vergiftet. Bei der Operation läuft das Gehirn leider etwas aus, so dass es nicht verwundert, dass das Monster, ein athletischer Muskelprotz mit genieteter Schädeldecke, sich erst mal an seinem Mörder rächen will. Nach zwei bizarren Morden endet das Monster im schon berühmten Säurebad (vgl. *Frankensteins Sohn*). – Regisseur Jimmy Sangster ist ein Eigengewächs der Firma Hammer-Film. Der 1935 geborene Autodidakt begann seine Karriere bei Hammer als Klappenboy, war mit 19 Jahren bereits Regieassistent, schrieb eine ganze Reihe von Drehbüchern und gilt als anerkannter Horrorspezialist. In *Frankensteins Schrecken* hält er sich, was den Inhalt betrifft, an berühmte Vorbilder und macht durch absurde Übertreibungen eine makabre, tiefschwarze Horrorkomödie. [V]

Frankensteins Schrecken

FRANKENSTEINS SOHN

(SON OF FRANKENSTEIN). USA 1939. **R:** *Rowland V. Lee.* **B:** *Willis Cooper.* **K:** *George Robinson.* **Ma:** *Jack Pierce.* **M:** *Frank Skinner.* **D:** *Boris Karloff (Monstrum), Basil Rathbone (Baron Wolf von Frankenstein), Bela Lugosi (Ygor), Lionel Atwill (Inspektor Krogh), Josephine Hutchinson (Elsa von Frankenstein), Donnie Dunagan (Peter von Frankenstein), Emma Dunn (Amelia), Edgar Norton (Benson), Perry Ivins (Fritz), Lawrence Grant (Bürgermeister), Lionel Belmore (Lang), Michael Mark, Cariline Cook, Lorimer Johnson, Gustav von Seyffertitz, Jack Harris, Edward Cassidy, Ward Bond, Harry Cordiny. SW 95 Min.*

25 Jahre nach dem Tod des Vaters kehrt Baron Wolf von Frankenstein mit seiner Familie an den Stammsitz seiner Vorfahren zurück. Inspektor Krogh befürchtet große Gefahren und bietet der

Frankensteins Schrecken

Familie seine Unterstützung an. Die Gefahr scheint nicht ganz unbegründet: Sechs unbescholtene Bürger aus der unmittelbaren Umgebung der Frankenstein'schen Ländereien sind auf mysteriöse und unerklärliche Weise umgebracht worden. Bei der Besichtigung des väterlichen Laboratoriums begegnet der Baron dem verkrüppelten Schäfer Ygor, einem Schwerverbrecher, der einst auf wundersame Weise seine Hinrichtung am Galgen überlebt hat. Dieser zeigt ihm die geheime Familiengruft, in der das Monster aus vergangenen Tagen aufgebahrt in tiefer Bewusstlosigkeit liegt. Frankenstein hält die Familientradition aufrecht und erweckt das Monstrum zu neuem Leben. Doch irgendetwas ist faul. Der Baron muss erkennen, dass das Monstrum unter dem Einfluss Ygors bereits die Geschworenen, die einst das Urteil gegen den Schäfer gesprochen hatten, getötet hat. Der Baron versucht, das Monstrum zu vernichten. Ygor stellt sich ihm in den Weg, zieht aber den Kürzeren. Der Tod Ygors erweckt bei dem Monstrum tiefe Trauer (eine schauspielerische Glanzleistung Boris Karloffs), aber auch Rachegedanken. Es entführt Frankensteins Sohn Peter, doch im letzten Augenblick kann der Baron seinen Sohn retten. Er stößt das Ungeheuer in Schwefelsäure. Solche Behandlung hält auch das stärkste Monster nicht aus. Es ist endgültig (?) hinüber. Baron Frankenstein und seine Familie verlassen den Ort des Grauens.

1938 wurde die Wiederaufführung von *Frankenstein* (in einem Programm mit Dracula) noch einmal ein großer finanzieller Erfolg. Das veranlasste die Produktionsfirma Universal, einen dritten Frankenstein-Film zu produzieren. Nicht zuletzt die Starbesetzung Karloff, Lugosi, Rathbone und Atwill (vielleicht die beste, die je für einen Horrorfilm vor der Kamera stand), aber auch die gleich bleibende Atmosphäre der Bedrohung und die stark stilisierten, an den deutschen expressionistischen Film erinnernden Dekors verhalfen dem Film zu seinem außergewöhnlichen Erfolg (Jung/Weil/Seeßlen, DER HORRORFILM). *Frankensteins Sohn* war für damalige Verhältnisse äußerst grausam. Beispiele hierfür sind die Szenen, in der das Monster dem Polizeiinspektor den Arm ausreißt (in Mel Brooks' *Frankenstein Junior* auf originelle Weise parodiert) und in der es im Schwefelbad den Tod findet. Trotz durchweg guter schauspielerischer Leistungen aller Hauptakteure stahl Bela Lugosi durch seine Interpretation des Ygor allen die Schau. Man wollte den Film zunächst in Technicolor drehen. Testaufnahmen ergaben, dass Boris Karloffs Maske nicht wirklichkeitsnah und stilecht mit dem neuen Verfahren wiedergegeben werden konnte. So wurden die Farbaufnahmen ausrangiert, der Film in Schwarzweiß gedreht.

FRANKENSTEINS SPUKSCHLOSS

(CRIME AND PASSION). BRD/USA 1975. **R:** *Ivan Passer.* **B:** *Jesse Lasky jr.* **V:** *»Noch ein As im Ärmel« von James Hadley Chase.* **K:** *Denis C. Lewiston.* **M:** *Vangelis Papathanassiou.* **D:** *Omar Sharif (André Ferron), Karen Black (Susan Winters), Joseph Bottoms (Larry), Bernhard Wicki (Hermann Rolf), Heinz Ehrenfreund (Henkel), Elma Karlowa (Masseuse), Volker Prechtel (Gastwirt), Erich Padalewski (Autoverkäufer), Robert Abrams (Blatt), Franz Muxeneder (Priester), Margarete Soper (Sylvia). F 99 Min.*

Der gerissene Vermögensverwalter André hat seine Geliebte Susan an den Multimillionär Hermann Rolf verschachert, weil er davon ausgeht, dies könne seiner Karriere dienlich sein. Als er in Rolfs Schloss auftaucht, sieht er sich bald einer erklecklichen Anzahl von Mordanschlägen ausgesetzt. Abgesehen davon, dass dies kein Horrorfilm ist (ein altes Gemäuer, wehende Gardinen und klappernde Ritterrüstungen ma-

Frankensteins Sohn

Frankensteins Spukschloss

chen noch keinen Grusel-, wohl aber einen Abschreibungsfilm), hätten die Hersteller ihr Geld gleich aus dem Fenster werfen können. Ein absoluter Schuss in den Ofen, in dem Omar Sharif wahrscheinlich nur aufgetreten ist, um seine Spielschulden zu begleichen.

FRANKENSTEINS TOCHTER

(FRANKENSTEIN'S DAUGHTER). USA 1958. **R:** *Richard E. Cunha.* **B:** *H. E. Barrie.* **K:** *Meredith Nicholson.* **SpE:** *Ira Anderson.* **Ma:** *Harry Thomas.* **M:** *Nicholas Carras.* **D:** *John Ashley (Johnny Bruder), Sandra Knight (Trudy Morton), Donald Murphy (Oliver Frank), Sally Todd (Suzie/Weibliches Monster), Harold Lloyd jr. (Don), Felix Locher (Carter Morton), Wolfe Barzell (Elsu), George Barrows (Mack), Harry Wilson (Monster), John Zaremba (Lieutenant Boyle). SW 85 Min.*

Ein Nachwuchs-Frankenstein namens Oliver Frank mixt Giftcocktails, unter deren Einfluss die Tochter seines Chefs mit grässlich entstelltem Gesicht nachts durch London geistert. Dann transplantiert er den Kopf seiner soeben ermordeten Freundin auf einen bulligen Männerkörper. Nach einigen Morden wird das Monster zu Tode gebracht und Enkel Frankenstein mittels Säuredusche ins Jenseits befördert. – Amerikas klägliche Antwort auf die Hammer-Produktion. Absoluter Schwachsinn, der den Namen Frankenstein böse verunglimpft.

FRANKENSTEINS UNGEHEUER

(THE EVIL OF FRANKENSTEIN). GB 1964. **R:** *Freddie Francis.* **B:** *John Elder [Anthony Hinds].* **K:** *John Wilcox.* **SpE:** *Les Bowie.* **Ma:** *Roy Ashton.* **M:** *Don Banks.* **D:** *Peter Cushing (Baron Frankenstein), Peter Woodthorpe (Zoltan), Sandor Eles (Hans), Duncan Lamont (Polizeichef), Kiwi Kingston (Monstrum), Katy Wild (Bettlerin), David Hutcheson (Bürgermeister), Caron Gardner (seine Frau), Tony Arpino (Leichendieb), Timothy Bateson (Hypnotiseur), James Maxwell (Priester). F 84 Min.*

Nach Experimenten mit Leichenteilen, die ihn in der Fremde ins Gefängnis brachten, kehrt Baron Frankenstein nach Karlstaad an seinen romantischen Stammsitz zurück, den er seinerzeit wegen seiner Forschungsarbeiten fluchtartig verlassen musste. Sein synthetisches Monster hatte sich damals selbstständig gemacht und für Aufregung gesorgt. Es war in die Berge geflohen. In einem nahe gelegenen Berggletscher zum Eisblock gefroren, findet Frankenstein sein Machwerk. Er taut es in seinem Laboratorium auf. Der Hypnotiseur Zoltan soll den Geistesfunken ins erstarrte Hirn des Monsters senden. Er will jedoch die Gunst der Stunde nutzen, das künstliche Wesen für seine eigenen Zwecke zu missbrauchen: Er schickt es auf Raubzug in die Stadt. Doch später wendet sich das Monstrum gegen seinen geistigen Vater Zoltan und tötet ihn. Selbst wird es mit Säure umgebracht, und auch Frankenstein scheint eine gewaltige Explosion nicht überlebt zu haben. – Im Gegensatz zu den anglo-amerikanischen Vorläufern zeigt Regisseur Francis seinen Frankenstein als einen von seiner Idee überzeugten, ernsthaft forschenden Wissenschaftler. Nicht Frankenstein ist verrückt, sondern diejenigen, die seine Forschungsergebnisse ausnutzen wollen. Der Film gilt – sicher auch wegen der überzeugenden schauspielerischen Leistung Peter Cushings – als

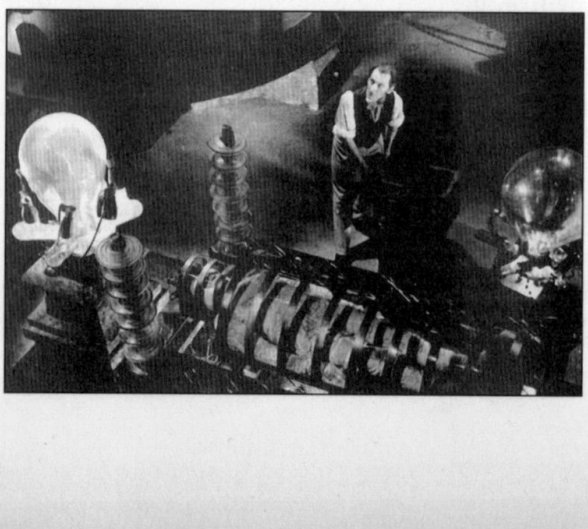

Frankensteins Ungeheuer

der beste der englischen Frankenstein-Serie. Drehbuchautor John Elder ist mit Hammer-Chef Anthony Hinds identisch.

FRANKENSTEIN, WIE ER WIRKLICH WAR

(FRANKENSTEIN: THE TRUE STORY). GB/USA 1973. **R:** *Jack Smight.* **B:** *Christopher Isherwood, Don Bachardy.* **V:** *»Frankenstein oder Der moderne Prometheus« von Mary W. Shelley.* **K:** *Arthur Ibbetson.* **SpE:** *Roy Whybrow.* **Ma:** *Roy Ashton.* **M:** *Gil Melle.* **D:** *James Mason (Dr. Polidori), Leonard Whiting (Victor Frankenstein), David McCallum (Henry Clerval), Jane Seymour (Agatha/Prima), Nicola Paget (Elisabeth Fanshawe), Michael Sarrazin (Monster), Agnes Moorehead (Mrs. Blair), Ralph Richardson (Lacey), John Gielgud (Polizeichef). F 195 Min.*

TV-Film, zwei Teile. – Der Tod des geliebten Bruders ist für Victor Frankenstein ein Schock. Immer wieder stellt er sich die Frage, ob es möglich ist, Leben aus dem Tod zu schaffen. Er lernt zufällig Dr. Henry Clerval kennen, einen Schüler des berühmt-berüchtigten Dr. Polidori. In seinem Laboratorium entwickelt Clerval unter Zuhilfenahme von Sonnenenergie allerlei Lebendiges. Gemeinsam wollen die beiden den perfekten Menschen erschaffen. Doch Clerval stirbt, ehe der Versuch seinen Abschluss gefunden hat. Der Kreatur fehlt noch das Gehirn. Victor transplantiert dem Geschöpf das Gehirn Clervals ein und setzt es unter Elektrizität. Trotz schwankender Sonnenenergie gelingt der Versuch. Das Wesen – ein Ausbund an Schönheit und Intelligenz – lebt, doch Victor verliert zusehends die Kontrolle. Es macht sich selbständig. Merkwürdig ist, dass sich die Kreatur langsam in ein hässliches Monster verwandelt. Im Wald begegnet es einem blinden Einsiedler, bei dem es zunächst einmal bleiben kann. Das Geschöpf verliebt sich in Agatha, die Tochter des Einsiedlers. Als Agatha von einer Kutsche überfahren wird, bringt das Monster ihre Leiche zu Dr. Polidori. Dieser will zwar daraus das weibliche Wesen Prima erschaffen, was ihm auch mit Hilfe von Victor Frankenstein gelingt; gleichzeitig scheitert aber sein Versuch, das Monster mit Feuer umzubringen. Die Rache des Monsters ist fürchterlich. Als Prima während eines Balles der Gesellschaft vorgestellt werden soll, zerstört das Monster das weibliche Pendant. Später tötet es Polidori, dann, aus Eifersucht, Frankensteins Frau Elisabeth. Schließlich gewinnt es die absolute Macht über Victor: »Du bist mein Schöpfer, doch ich bin dein Herr!« Willig folgt Victor seinem Geschöpf ins ewige Eis.

Fast alle Frankensteinverfilmungen folgen nur der Grundidee der literarischen Vorlage. Diese Verfilmung von Jack Smight versucht, dem Romanwerk in seinen wesentlichen Zügen zu folgen, was jedoch aus dramaturgischen Gründen nicht immer gelingt. »Dabei entstand weniger ein Horrorspektakel – obschon mit entsprechenden Zutaten beileibe nicht gespart wurde –, sondern mehr ein kulinarisch inszeniertes Melodram, das Stimmung und Texten von Mary W. Shelley nahe kommt«, heißt es im Pressedienst des ZDF. Wie dieses »Nahekommen« aussieht, mag dahingestellt bleiben, fest steht, dass der Inhalt des Films schon sehr weit vom Inhalt des Romans von Mary Shelley abweicht, so dass man nicht gerade von einer Literaturverfilmung im eigentlichen Sinne sprechen kann. So ist der Roman wieder einmal nur Motivlieferant für einen Film, der den klassischen Universal-Interpretationen von James Whale, aber auch einigen Hammer-Produktionen hoffnungslos unterlegen ist: »Ein schwerfälliger, trockener Film, der sich in irgendeinem Nirgendwo ohne Fluidum abspielt.« (THE SUNDAY TIMES)

DIE FRATZE

(FRIGHT). GB 1971. **R:** *Peter Collinson.* **B:** *Tudor Gates.* **K:** *Ian Wilson.* **M:** *Harry Robinson.* **D:** *Susan George (Amanda), Honor Blackman (Helen), Ian Bannen (Dr. Brian Cordell), George Cole (Jim), Dennis Waterman (Chris), Tara Collinson (Tara),*

Die Fratze

Maurice Kaufman (Inspektor), Roger Lloyd Pack (Polizist), Michael Brennan (Sergeant). F 87 Min.
Die Fratze, die abends am Fenster erscheint und die Babysitterin Amanda zu Tode erschreckt, gehört Brian, einem gefährlichen Psychopathen, der an sich in einer Nervenklinik sitzen müsste. Früher einmal war er mit Helen verheiratet, die nun einen anderen Mann hat und bei Freunden zum Essen eingeladen ist. Chris, Amandas Freund, hat sie gewarnt, doch nun ist es zu spät: Er ist Brian bereits in die Arme gelaufen und hat die Begegnung mit dem Leben bezahlt. Brian verschafft sich Einlass in das einsame Haus: Er hält Amanda für seine Ex-Frau, und Amanda, die nicht nur um ihr eigenes Leben fürchtet, sondern auch um das der kleinen Tara, hat keine andere Wahl, als das Spiel mitzuspielen. Sie kann auch nichts dagegen unternehmen, dass Brian einen »Liebesdienst« von ihr verlangt. Der Arzt Cordell erfährt schließlich vom Direktor der Nervenklinik, dass Brian ausgebrochen ist. Er alarmiert Helen, deren neuen Gatten und die Polizei, aber als alle an dem abgelegenen Haus eintreffen, entscheidet Amanda das nervenzerfetzende Spiel für sich und tötet Brian, der sie und das Kind mit einer meterlangen Glasscherbe bedroht. – Peter Collinson versteht es durchaus, eine unheimliche Atmosphäre zu erschaffen: Schon vor der Ankunft des irren Killers lebt Amanda in einer permanent bedrohlichen Situation – das leere Haus und die Geräusche, die es produziert, stellen sie auf eine harte Probe: Dass im Fernsehen ein Gruselfilm läuft und die Beleuchtung unheimliche Schatten gegen die Wände wirft, verunsichert sie ebenso wie die rätselhaften Bemerkungen, die Helen und ihr Gatte von sich geben, bevor sie das Haus verlassen. – »Ian Bannen [in der Rolle des Brian] gibt gewiss alles, was er kann, um den Psychopathen überzeugend darzustellen, aber der Charakter wird schlussendlich doch aufgrund des Drehbuches und der Regie zu einem steifen, gestikulierenden Monstrum, dessen Vergangenheit und Motivation nur selten zur Sprache gebracht, geschweige denn entwickelt wird.« (David Pirie, ANATOMY OF THE MOVIES)

FRAUEN, DIE DEM SATAN DIENEN

(L'AFFAIRE DES POISONS). Frankreich 1955. **R:** *Henri Decoin.* **B:** *Georges Neveux, Henri Decoin, Albert Valentin.* **V:** *Victorien Sardou.* **K:** *Pierre Montazel.* **M:** *René Cloerec.* **D:** *Danielle Darrieux (Mme. de Montespan), Viviane Romance (La Voisin), Paul Meurisse (Abbé Guibourg), Anne Vernon (Mlle. Desoeillets), Maurice Teynac (De la Reynie), Pierre Mondy (Desgrez), Christine Carére (Mlle. Fontanges), Rolando Lupi (Lesage), Renaud Mary (Marquis de Montespan), Albert Remy (Scharfrichter), Raymond Jerome (Ludwig XIV.). F 108 Min.*
Paris, Anno Domini 1676: Lust, Leidenschaften und Laster beherrschen die französische Hauptstadt. Der Abbé Guilbourg, ein von der Kirche abgefallener Geistlicher, hat sich dem Satan untertan gemacht und feiert mit seinen Jüngern orgiastische Teufelsmessen, an denen auch Madame De Montespan teilnimmt, die Maitresse des Königs: Sie lässt sich pudelnackt in einer gotteslästerlichen Zeremonie dem Fürsten der Finsternis weihen. Denn ihr Stern ist im Sinken begriffen, und sie glaubt, die neue Favoritin des Königs nur mit einem Hexengebräu aus der Welt schaffen zu können. Dies gelingt ihr auch, und sie schafft es sogar, an ihrer Stelle eine andere auf den Scheiterhaufen zu bringen. Der Film enthält freilich nur wenige Elemente, die man unter dem Stichwort »Horror« subsumieren könnte.

DER FRAUENMÖRDER VON BOSTON

(THE BOSTON STRANGLER). USA 1968. **R:** *Richard Fleischer.* **B:** *Edward Anhalt.* **V:** *»The Boston Strangler« von Gerold Frank.* **K:** *Richard H. Kline.* **SpE:** *L. B. Abbott.* **M:** *Lionel Newman.* **D:** *Tony Curtis (Albert De Salvo), Henry Fonda (John S. Bottomly), George Kennedy (Detective Phil DiNatale), Mike Kellin (Julian Soshnick), Hurd Hatfield (Terence Huntley), Murray Hamilton (Frank MacAfee), Jeff Corey (John Asgeirsson), Sally Kellermann (Dianne Cluny), William Marshall (Edward W. Brooke), George Voskovec (Peter Hurkos), Leora Dana (Mary Bottomly), Carolyn Conwell (Irmgard De Salvo), Jeanne Cooper (Cloe), Austin Willis (Dr. Nagy), Lana Lindsay (Bobbie Eden), George Furth (Lyonel Brumley), William Hickey (Eugene T. Rourke), Eve Collyer (Ellen Ridgeway), Gwyda Downhoe (Alice Oakville), Alex Dreier (Nachrichtensprecher), John Cameron Swayze (TV-Kommenator), Shelley Burton, Elizabeth Baur, James Brolin, George Tyne, Dana Elcar, William Traylor, Isabella Hoops, Tom Aldredge, Marie Thomas, Gina Harding, Nancy Phillips, Enid Markey. F 116 Min.*
Der Film behandelt die Lebensgeschichte des schizophrenen Klempners Albert De Salvo, der

nach eigenem Eingeständnis zwischen Juni 1962 und Januar 1964 im Großraum Boston/Massachusetts zwölf Frauen vergewaltigt und erwürgt hat und dessen Untaten nach seiner Ergreifung wochenlang die Schlagzeilen der internationalen Revolverblätter in Beschlag nahmen. De Salvo, der als »Würger von Boston« in die amerikanische Kriminalgeschichte einging, erwies sich als gespaltene Persönlichkeit und wusste nichts von den Mordtaten seines anderen Ichs. Er wurde in eine Nervenklinik eingewiesen und versuchte mit juristischen Mitteln, die Aufführung dieses semi-dokumentarischen Spielfilms zu verhindern, da er ihn als »bösartigen und verdorbenen Menschen« porträtiere und »sich fahrlässig über die Wahrheit hinwegsetze«. (1973 wurde er von einem Mithäftling umgebracht.) – »Tony Curtis ist in der Rolle des geistesgestörten De Salvo überzeugend, und Henry Fonda – mit Schnauzbart – trägt zur Glaubwürdigkeit der klaren, halbdokumentarischen Regiearbeit des Regisseurs Richard Fleischer bei.« (Steven H. Scheuer, MOVIES ON TV)

FREAKS

(FREAKS), USA 1932. **R:** *Tod Browning.* **B:** *Willis Goldbeck, Leon Gordon, Edgar Allan Woolff, Al Boasberg.* **V:** *Erzählung »Spurs« von Clarence Aaron »Tod« Robbins.* **K:** *Merritt B. Gerstad, David S. Horsley.* **M:** *Gavin Barns.* **D:** *Wallace Ford (Phroso), Leila Hyams (Venus), Olga Baclanova (Cleopatra), Roscoe Ates (Roscoe), Henry Victor (Hercules), Harry Earles (Hans), Daisy Earles (Frieda), Rose Dione (Mme. Tetrallini), Daisy Hilton, Violet Hilton (Siamesische Zwillinge), Edward Brophy, Matt McHugh (Gebrüder Rollo), Olga Roderick (Bärtige Dame), Johnny Eck (Mann ohne Unterleib), Rardion (Torso), Schlitzie, Elvira, Jennie Lee Snow (Nadelköpfe), Pete Robinson (Skelett), Koo Koo (Vogelmädchen), Josephine/Joseph (Hermaphrodit), Frances O'Connor (Armloses Mädchen), Martha Morris (Schildkröten-Mädchen), Angelo Rossitto (Angeleno), Elizabeth Green (Vogelmädchen), Albert Conti (Inhaber), Michael Visaroff (Jean), Ernie S. Adams (Kirmesbesucher), Louise Beavers (Mädchen). SW 64 Min.*

Auf dem zu einem Zirkus gehörenden Rummelplatz erzählt ein Schaubudenbesitzer dem staunenden Publikum folgende Geschichte: »Hans und Frieda, die beiden Liliputaner des Zirkus Tetrallini, sind ineinander verliebt. Hans bewundert jedoch die schöne Trapezkünstlerin Cleopatra und bemüht sich stets, ihre Aufmerksamkeit zu erregen. Cleopatra findet die Bemühungen des Zwerges wohl sehr lächerlich, lässt sie sich aber nicht nur gefallen, sondern stachelt den Kleinen, schon um Frieda zu ärgern, immer wieder dazu auf, ihr den Hof zu machen. Hansens Kollegen, die übrigen Abnormitäten der Truppe, beobachten Cleopatras Spiel mit Empörung, umso mehr, da sie alle, außer dem verblendeten Hans, wissen, dass die Trapezkünstlerin die Geliebte von Hercules ist. Der Kraftmensch ist den Missgeburten ohnedies verhasst, da er sie stets verspottet. Auch Venus, die Seiltänzerin, und Phroso, der Clown, stehen auf Seiten der Liliputaner: » ... doch sind alle Bemühungen, Hans zur Vernunft zu bringen, vergeblich. Da er Cleopatra stets wertvolle Geschenke macht, ermuntert sie ihn immer mehr, um sich in seiner Abwesenheit heimlich mit Hercules über ihn lustig zu machen. Als jedoch Cleo eines Tages erfährt, dass Hans eine große Erbschaft gemacht hat, ändert sie ihr Verhalten ihm gegenüber. Sie beschließt, ihn zu heiraten und ihn dann, mit Hilfe von Hercules, aus dem Wege zu räumen, um ihn als seine Witwe zu beerben. Hans ist überglücklich, dass Cleopatra ihn

Freaks

heiraten will: die arme Frieda ist vergessen. Die Hochzeit findet statt, doch nun muss Cleopatra mit Entsetzen erkennen, dass die Abnormitäten sie jetzt, da sie die Frau des Liliputaners ist, als eine der ihren anerkennen. Sie hat Hans Gift in den Wein geschüttet, und nun, in ihrer Erregung und im Entsetzen über diese unerwartete Wendung, verrät sie sich Hans gegenüber. Hans erkrankt schwer, wird aber noch gerettet, und Cleopatra versucht nun ihn von ihren guten Absichten zu überzeugen. Sie pflegt ihn anscheinend aufopfernd, und Hans tut, als ob er nichts bemerkt hätte, doch in Wirklichkeit nimmt er sich vor ihr in acht, schüttet die Medizin weg, welche sie ihm reicht, und ruft seine Freunde zu Hilfe. Und die Missgeburten, diese Ausgestoßenen der menschlichen Gesellschaft, die zusammenhalten wie eine große Familie, kommen, um einem der ihren zu helfen und Rache zu nehmen für ihn. Hercules, welcher erfahren hat, dass Venus die Wahrheit ahnt und die Anzeige machen will, will das Mädchen gewaltsam zum Schweigen bringen; doch sein Plan misslingt. Die Abnormitäten greifen ein, retten Venus und greifen die beiden Verbrecher an. Hercules stirbt, und auch Cleopatra verfällt der Rache, die furchtbarer ist als der Tod. Der treuen Liebe Friedas gelingt es schließlich, Hans seine furchtbare Enttäuschung über Cleopatra vergessen zu machen, und auch Venus und Phroso finden ein gemeinsames Glück.« (nach einem alten Filmprogramm). Und dann zeigt der Schaubudenbesitzer seinem Publikum, was aus der bildschönen Cleopatra geworden ist: Sie ist nun selbst ein »Freak«, eine Abnormität: »Glauben Sie's oder nicht. Hier ist sie!« – Ein gackerndes Wesen, halb Frau, halb Huhn, präsentiert sich den entsetzten Blicken der Zuschauer. Wie sie zu dem geworden ist, was sie nun darstellt, bleibt im Dunkeln: Ob die Freaks mit okkulten Mächten im Bunde sind oder sich auf ihre Art an Cleopatra gerächt haben, bleibt dahingestellt.

Tod Browning, der eminente Schwierigkeiten hatte, der Öffentlichkeit seinen Film in einer ungekürzten Fassung vorzustellen (*Freaks* geriet immer wieder mit den Zensurbehörden aneinander, und die im Umlauf befindlichen Kopien sind größtenteils geschnitten), hat in dieser Produktion hauptsächlich mit Menschen aus dem Zirkus- und Rummelplatzmilieu zusammengearbeitet: »In der Gemeinschaft dieser Abnormen geht es zu wie in jeder menschlichen Gemeinschaft, so menschlich, dass die Zirkusschöne und Herkules mit ihren Heucheleien und ihren Mordanschlägen auf den Liliputaner Hans sehr schnell zu den eigentlichen Monstrositäten werden. Im Kontrast zu wirklicher physischer Monstrosität werden die eigentlichen Monstrositäten wie Dummheit und Arroganz aufgedeckt. Die liebevollen Umarmungen und Gesten der Zuneigung unter den Freaks transzendieren dabei den Rahmen dessen, was man in dieser Hinsicht sonst aus Hollywood kennt; es sind schon Anklänge an Murnau und Dreyer. Die Verachtung und Demütigung, die den Freaks widerfährt, indem sie zu Monstern gestempelt werden, macht sie zu einer verschworenen Gemeinschaft. Bei der Hochzeitsfeier von Hans und Cleopatra singen sie: ›We accept her, one of us, one of us, loving couple, loving couple, Gugengabel, Gugengabel ...‹ Für die Abnormen ist der Normale der Outsider; diese Variation des Outsiderthemas entbehrt nicht der Pikanterie. Als die Mordanschläge entdeckt werden, wenden sich die Abnormen gegen das Monster Cleopatra, die Rache der Abnormen am Terror der Normalen.« (André Gerely, FILM- UND TON-MAGAZIN). – »*Freaks* ist ein gegen sich selbst gerichteter provokativer Titel, dessen Programm sich gegen die Dummheit und Inhumanität richtet. Die Schwachen, die Unterdrückten vermögen sich selbst durch eine Solidarisierung zu helfen. Ihnen gehört unsere Sympathie.« (Werner Nekes, FILMKRITIK)

FREAKS

(FREAKED). USA 1993. **R:** *Tom Stern, Alex Winter.* **B:** *Tim Burns, Tom Stern.* **K:** *Jamie Thompson.* **M:** *Kevin Kiner.* **D:** *Alex Winter (Ricky Coogin), Megan Randy (Julie), Michael Stoyanov (Ernie), Randy Quaid (Elijah C. Skuggs), William Sadler (Dick Brian), Mr. T (bärtige Dame), Brooke Shields (Skye Daley), Alex Zuckerman (Stuey Gluck). F 81 Min.*
Mit Tod Browning hat diese Komödie eher den Titel gemein: Direktor einer »Freak-Show« verwandelt amerikanischen TV-Star in ein Ungeheuer und geht mit ihm auf Tournee. [V]

FREAKSHOW – DER SOUND AUS DEM JENSEITS

(FREAKSHOW/BLACK ROSES). USA 1988. **R:** *John Fasano.* **B:** *Cindy Sorell.* **K:** *Paul Mitchnik.* **M:** *Masi & Eliot Solomon.* **D:** *John Martin (Matthew Moorhouse), Ken Swofford (Bürgermeister), Car-*

mine Appice (Vinny Apache), Sal Viviano (Damian), Frank Dietz (Johnny), Anthony C. Bua (Tony Ames), Karen Planden (Julie), David Crichton, Jesse D'Angelo. F 80 Min.
Die satanischen Klänge der Heavy Metal-Band »Black Roses« (bei der auch Carmine Appice von Vanilla Fudge mitspielt!), die einen Pakt mit dem Teufel geschlossen hat, verwandeln die Jugend eines amerikanischen Provinznests in eklige Zombiegestalten, die ausziehen, um ihre Eltern zu ermorden.

FREDA, RICCARDO

(*1909–1999). In Alexandria/Ägypten geboren. Begann als Kunstkritiker und Bildhauer. Erste Drehbücher in den 1930er Jahren. Filmregie ab 1942. 1957 lieferte er mit *I Vampiri (Der Vampir von Notre-Dame)* eine an den Fall der »Blutgräfin« Erzsebeth Bathory angelehnte Gruselfilmgeschichte ab. 1969: *A Doppia Faccia (Das Gesicht im Dunkeln).*

FREDDYS FINALE – NIGHTMARE ON ELM STREET VI

(FREDDY'S DEAD – THE FINAL NIGHTMARE VI). USA 1991. **R:** *Rachel Talalay.* **B:** *Michael De Luca.* **K:** *Declan Quinn.* **M:** *Brian May.* **D:** *Robert Englund (Freddy), Lisa Zane (Maggie), Shon Greenblatt (John), Breckin Meyer (Spencer), Leslie Deane (Tracey), Yaphet Kotto (Doc), Roseanne Barr (Große Frau), Alice Cooper (Stiefvater), Ricky Dean Logan, Leslie Deane, Tom Arnold. F 96 (88) Min.*
Vorgeschichte: *Nightmare – Mörderische Träume.* – Ein von Albträumen geplagter Jugendlicher landet in einem Heim und lernt eine Psychologin kennen, deren Träume den seinen erschreckend ähneln. In einem Kaff namens Springwood werden beide mit dem Traummörder Freddy Krueger konfrontiert. Einfältiger Horrorfilm, der auch in der sechsten Inkarnation die gleiche Geschichte erzählt. [V]

FREEZE – ALBTRAUM NACHTWACHE

(NIGHTWATCH). Dänemark 1998. **R:** *Ole Bornedal.* **B:** *Ole Bornedal, Steven Soderbergh.* **K:** *Dan Laustsen.* **M:** *Marco Beltrami, Joachim Holbek.* **D:** *Nick Nolte (Inspektor Cray), Ewan McGregor (Martin Bells), Patricia Arquette (Katherine), Josh Brolin (James Christian Gallman), Lauren Graham (Marie), Alix Koromzay (Joyce), Brad Dourif (Arzt),*

Freddys Finale – Nightmare on Elm Street VI

Freeze – Albtraum Nachtwache

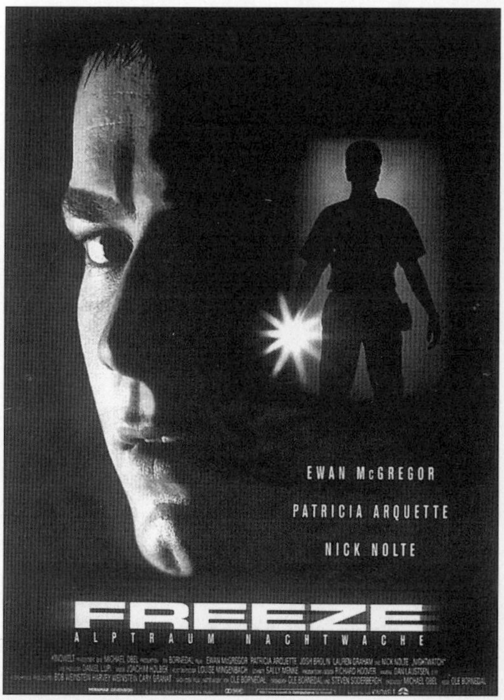

Michelle Csitos (Leanne Singer), Erich Anderson, Lonny Chapman, Scott Burkholder, Michael Matthys. F 101 Min.
Jurastudent, der als Nachtwächter in der Pathologie eines Krankenhauses jobbt, wird verdächtigt, nächtens Leichen zu schänden. Tatsächlich aber geht ein Serienmörder um. – Auf Einladung der Weinstein Brothers (Miramax) hat der Däne Ole Bornedal seinen Independent-Thriller (Nattevagten) aus dem Jahr 1994 mit Starbesetzung noch einmal neu gedreht, aber der Zusammenarbeit mit Hollywood war nur wenig Glück beschieden.

FREITAG DER 13.

(FRIDAY THE 13TH). USA 1979. **R:** *Sean S. Cunningham.* **B:** *Victor Miller.* **K:** *Barry Abrams.* **SpE:** *Tom Savini.* **M:** *Harry Manfredini.* **D:** *Betsy Palmer (Mrs. Voorhees), Adrienne King (Alice), Harry Crosby (Bill), Laurie Bartram (Brenda), Mark Nelson (Ned), Jeannie Taylor (Marcie), Robbie Morgan (Annie), Kevin Bacon (Jack), Ari Lehman (Jason Voorhees), Peter Brouwer (Steve Christy), Walt Gorney (Ralph), Ron Milkie (Dolf), Ron Carroll (Sgt. Tierney), Debra S. Hayes (Claudette), Sally Anne Golden (Sandy), Dorothy Kobs (Trudy), Willie Adams (Barry), Rex Everhart (Lkw-Fahrer), Ken L. Parker (Arzt), Mary Rocco (Operator). F 95 Min.*
In einer idyllischen Landschaft an einem malerischen See wollen sieben junge Leute ein altes Ferienlager renovieren, das vor zwanzig Jahren Schauplatz eines nie geklärten Mordes war. Trotz einer mysteriösen Warnung lassen sie sich den Mut nicht nehmen. Auch als eine seltsame Nachbarin auftaucht, schöpft niemand Verdacht. Ha! Ha! Wir jedoch, die gerissenen Kinogänger, wissen, dass im dunklen Tann das blanke Entsetzen haust, der namenlose Schrecken sozusagen; das Böse in seiner abscheulichsten Form! Und *Aaargh!* schlägt er zu, der wahnsinnige Irre, der blutdurstige Schweinehund, der keine größere Freude kennt, als junge Mädchen und junge Jungen abzuschlachten, die sich wider besseres Wissen von der Gruppe trennen, um draußen, wo nur eins gewiss ist (nämlich dass der Tod dort lauert), irgendwelchen dummen und überflüssigen Tätigkeiten nachzugehen. Alle müssen daran glauben, und zwar auf bestialische Weise! – Tom Savini, der für die Blut-Effekte dieses Schweinefilms zuständig war, ist nur ein lohnabhängiger Maskenbildner, der nicht lange danach fragen kann, welcher charakterlose Produzent seine Kunst ausbeutet; Victor Miller allerdings, der sich diese menschenverachtende Geschichte ausgedacht hat, verdient einen Sonder-Oscar in der Kategorie »Kotzübelstes Machwerk«, denn niemand hat ihn gezwungen, es sich auszudenken. Der Film hat Unsummen eingespielt; aufgebracht wurden sie von einem Publikum, dessen Sehgewohnheiten, so ist zu befürchten, von einer gewissen(losen) Filmindustrie erst programmiert wurden. – »Die Handlungsfüllsel zwischen den Mordszenen [sind] an Dümmlichkeit kaum zu überbieten.« (Robert Fischer, FILMBEOBACHTER) AIDT [V]

FREITAG DER 13. – JASON KEHRT ZURÜCK

(FRIDAY THE 13TH, PART II). USA 1981. **R:** *Steve Miner.* **B:** *Ron Kurz.* **K:** *Peter Stein.* **M:** *Harry Manfredini.* **D:** *Amy Steel (Ginny), John Furey (Paul), Adrienne King (Alice), Kirsten Baker (Terry), Stu Charno (Ted), Warrington Gillette (Jason Voorhees), Walt Gorney (Ralph), Marta Kober (Sandra), Tom McBride (Mark), Bill Randolph (Jeff), Lauren-Marie Taylor (Vickie), Russell Todd (Scott), Betsy Palmer (Mrs. Voorhees), Cliff Cudney (Max), Jack Marks (Cop), Steve Daskawisz, Jerry Wallace, David Brand, China Chen, Carolyn Loudon, Jaime Perry, Tom Shea, Jill Voight. F 87 Min.*
Vorgeschichte: *Freitag der 13.* – Wieder mal urlauben einige Teenager am einsam gelegenen See in New Jersey, und wieder taucht der maskierte Killer auf und schlachtet sie mit einer Axt und allerlei anderen originellen Mordwerkzeugen ab. Der dritte Teil: *Und wieder ist Freitag der 13.* AIDT [V]

FREITAG DER 13. – DAS LETZTE KAPITEL

(FRIDAY THE 13TH: THE FINAL CHAPTER). USA 1983. **R:** *Joseph Zito.* **B:** *Barney Cohen.* **St:** *Bruce Hidemi Sakow.* **K:** *Joao Fernandez.* **SpE:** *Martin Becker.* **Ma:** *Tom Savini.* **M:** *Harry Manfredini.* **D:** *E. Erich Anderson (Rob), Judie Aronson (Samantha), Peter Barton (Doug), Kimberly Beck (Trish), Corey Feldman (Tommy), Joan Freeman (Mrs. Jarvis), Lisa Freeman (Schwester Morgan), Crispin Glover (Jimmy), Alan Hayes (Paul), Barbara Howard (Sara), Bruce Mahler (Axel), Lawrence Monoson (Ted), Camilla Moore (Tina), Carey Moore (Terri), Wayne Grace (Jamieson), William Irby (Pilot), Anthony Ponzini (Vincent), Gene Ross*

Freitag der 13. – Das letzte Kapitel

(Cop), Arnie Moore, Robert Perrault (Sanitäter), Bonnie Hellman (Anhalterin), Frankie Hill (Lainie). F 91 Min.
Vorgeschichte: *Und wieder ist Freitag der 13.* – Der irre Killer Jason ist mitnichten tot. Als er zusammen mit den Leichen seiner Opfer in die Pathologie gebracht wird, murkst er zwei dort tätige Menschen ab und kehrt an den Ort seiner Untaten zurück. Mrs. Rush und ihre Kinder, die in einem Häuschen am Crystal Lake wohnen, wissen ebenso wenig wie ein paar arglose Teenager, wer bald darauf die Gegend unsicher macht. – Nachzieher erreichen nur selten die Qualitäten des Originals, doch in diesem Fall ist das Produkt tatsächlich ebenso minderwertig wie die blutrünstigen Spektakel, auf denen es aufbaut. AIDT [V]

FREITAG DER 13. – EIN NEUER ANFANG
(FRIDAY THE 13TH, PART V: A NEW BEGINNING). USA 1985. **R:** *Danny Steinman.* **B:** *Martin Kitrosser, David Cohen, Danny Steinman.* **K:** *Stephen L. Posey.* **M:** *Harry Manfredini.* **D:** *John Shepard (Tommy Jarvis), Melanie Kinnaman (Pam), Shavar Ross (Reggie), Richard Young (Dr. Matthew Peters), Marco St. John (Sheriff Tucker), Juliete Cummins (Robin), Carol Lacatell (Ethel Hubbard), Vernon Washington (George), John Robert Dixon (Eddie), Jerry Pavlon (Jake), Caskey Swaim (Duke), Mark Venturini (Victor), Anthony Barrile (Vinnie), Dominic Brascia (Joey), Tiffany Helm (Violet), Richard Lineback (Deputy Dodd). F 88 Min.*
Vorgeschichte: *Freitag der 13. – Das letzte Kapitel.* – Nachdem der brave Tommy den irren Schlitzer Jason erledigt hat, der alljährlich das Ferienlager am Crystal Lake heimsucht, leidet er unter Wahnvorstellungen und landet in einer Nervenklinik, in der sich gleich darauf eine anonyme Kraft die Hockeymaske des Massenmörders aufsetzt und sein blutiges Erbe antritt. Die Killerei geht von vorn los, und obwohl alle Indizien auf Tommy hinweisen, ist ein Anderer der Täter. Als dieser nach zähem Ringen entlarvt wird und den Löffel abgibt, setzt Tommy Jasons Maske auf und springt durchs Fenster. Denn merke: Es gibt immer wieder einen 13., der auf einen Freitag fällt, und Filmproduzenten lassen sich keine Gelegenheit entgehen, mit der gleichen Geschichte noch mal Kohle zu scheffeln. AIDT [V]

FREITAG DER 13. VI – JASON LEBT
(FRIDAY THE 13TH, PART VI: JASON LIVES). USA 1986. **R:** *Tom McLoughlin.* **B:** *Tom McLoughlin.* **K:** *Jon R. Kranhouse.* **M:** *Harry Manfredini.* **D:** *Thomas Mathews (Tommy), Jennifer Cooke (Maggie), David Kagen (Sheriff Garris), Renee Jones (Sissy), Kerry Noonan (Paula), Darcy Demoss (Nikki), Tom Fridley (Cort), C.J. Graham (Jason), Vincent Guastaferro (Deputy Rick Cologne), Tony Goldwyn (Darren), Nancy McLoughlin, Ron Palillo. F (87) 83 Min.*
Vorgeschichte: *Freitag der 13.* – Ein paar unbedarfte Teenies öffnen das Grab des irren Massenmörders Jason, weil sie rauskriegen wollen, ob er wirklich drin liegt. Zweifelt jemand daran? Es folgen: Alle fünf Minuten eine Leiche, jede Menge darstellerisches Unvermögen und diverse Pfund Logik, die auf der Strecke bleiben. AIDT [V]

FREITAG DER 13. VII:
JASON IM BLUTRAUSCH
(FRIDAY THE 13TH, PART VII: THE NEW BLOOD). USA 1988. **R:** *John Carl Buechler.* **B:** *Daryl Haney, Manuel Fidello.* **K:** *Paul Elliot.* **M:**

Harry Manfredini. **D:** *Kane Hodder (Jason), Jennifer Banko (Tina als Kind), John Otrin (Shepard), Susan Blu (Mrs. Shepard), Lar Park Lincoln (Tina), Terry Kiser (Dr. Crews), Kevin Blair (Nick), Susan Jennifer Sullivan (Melissa), Heidi Kozak (Sandra), William Butler. F (90) 85 Min.*
Vorgeschichte: *Freitag der 13.* – Jason, der Killer mit der Hockeymaske, im vorherigen Teil unschädlich gemacht, kehrt, nachdem Teenie Tina ihn versehentlich mit parapsychischen Kräften aus seinem nassen Grab befreit hat, erneut an den Ort seiner Untaten zurück und erlegt diverse Dummbeutel im Dutzend. AIDT [V]

FREITAG DER 13. – TODESFALLE MANHATTAN

(FRIDAY 13TH, PART VIII: JASON TAKES MANHATTAN). USA 1989. **R:** *Rob Hedden.* **B:** *Rob Hedden.* **K:** *Bryan England.* **SpE:** *Martin Becker.* **M:** *Fred Mollin.* **D:** *Kane Hodder (Jason), V. C. Dupree (Julius Gaw), Barbara Bingham (Colleen Van Deusen), Jensen Daggett (Rennie Wickham), Scott Reeves (Sean Robertson), Peter Mark Richman (Charles McCulloch), Barbara Bingham (Colleen Van Deusen), Sharlene Martin (Tamara Mason), Martin Cummins (Wayne Webber), Timothy Burr Mirkovich (Jason als Kind), Amber Pawlick (Rennie als Kind). F 100 (87) Min.*
Der unsterbliche Mörder-Psychopath Jason fährt mit einer ahnungslosen (und untalentierten) High School-Klasse auf einem Ausflugsschiff nach Manhattan, dezimiert die Schüler an Bord im Dutzend und mordet in New York weiter, wo er sich in der Kanalisation verbirgt. Fortsetzungen: *Jason Goes to Hell – Die Endabrechnung* (1993) und *Jason X – Freitag der 13. X* (2001). AIDT [V]

FREITAG, DER 713.

(PANDEMONIUM/THURSDAY THE 12TH). USA 1982. **R:** *Alfred Sole.* **B:** *Richard Whitley, Jaime Klein.* **K:** *Michel Hugo.* **M:** *Dana Kaproff.* **D:** *Judge Reinhold (Glen Dandy), Carol Kane (Candy), Teri Landrum (Mandy), Debralee Scott (Sandy), Miles Chapin (Andy), Marc McClure (Randy), Candy Azzara (Bambi), Tom Smothers (Cooper), Paul Reuben (Johnson), Tab Hunter, Eve Arden, Donald O'Connor, Jim Boeke, Richard Romanus. F 92 Min.*
Mord & Murkserei aller Art, diesmal auf dem Cheerleader-Campus! *Agraaah!* – Dieser Film, der alle Klischees parodiert, die der Schlitzerfilm je hervorgebracht hat, ist aber trotzdem »ein Blindgänger«. (FILMDIENST) [V]

DER FREMDE IM ZUG

(STRANGERS ON A TRAIN). USA 1951. **R:** *Alfred Hitchcock.* **B:** *Raymond Chandler, Czenzi Ormonde, Whitfield Cook.* **V:** *»Alibi für zwei« bzw. »Der Fremde im Zug« von Patricia Highsmith.* **K:** *Robert Burks.* **SpE:** *H. F. Koenekamp.* **M:** *Dimitri Tiomkin.* **D:** *Farley Granger (Guy Haines), Ruth Roman (Anne Morton), Robert Walker (Bruno Anthony), Leo G. Carroll (Senator Morton), Patricia Hitchcock (Barbara Morton), Laura Elliot (Miriam Haines), Marion Lorne (Mrs. Anthony), Jonathan Hale (Anthony), Howard St. John (Captain Turley), John Brown (Professor Collins), Norma Varden (Mrs. Cunningham), Robert Gist (Hennessy), John Doucette (Hammond), Charles Meredith, Murray Alpen, Robert B. Williams, Roy Engel, Jack Cushingham. SW 101 Min.*
Im Nordexpress von Washington nach New York spricht Bruno Anthony, ein verwöhnter Junggeselle, den berühmten Tennis-Champion Guy Haines an. Bruno weiß alles über das Sport-Idol und schlägt ihm vor, jeder von ihnen solle für den anderen einen Mord begehen. Bruno will Guys Frau umbringen, da sie sich nicht von ihrem Mann scheiden lassen will; im Gegenzug soll Guy Brunos strengen Vater töten. Der perfekte Doppelmord: Der Verdacht könne weder auf Guy noch auf Bruno fallen, weil die Polizei keinerlei Motive für die Taten finden könne. Guy lehnt mit einem nervösen Lächeln ab und verlässt den Fremden, vergisst jedoch sein Feu-

Der Fremde im Zug

erzeug. Bruno führt den ersten Teil des Plans aus. Auf einer kleinen Insel im See eines Vergnügungsparks erwürgt er Guys Frau. Da Guy mit der Tochter eines Senators liiert ist, fällt der Verdacht auf ihn. Sein Alibi ist äußerst dünn. Von nun an wird er von der Polizei diskret beschattet. Bruno meldet sich und besteht auf der Einhaltung der »Abmachung«. Als Guy Bruno hereinlegen will, beschließt Bruno, ihm einen Strick zu drehen. Er will das Feuerzeug, das er im Zug an sich genommen hatte, am Tatort verstecken und der Polizei einen entsprechenden Hinweis zukommen lassen. Guy hat wenig Zeit. Er muss so schnell wie möglich ein Tennis-Match absolvieren, um dem Mörder und Erpresser zuvorzukommen. Von der Polizei verfolgt, trifft Guy endlich im Vergnügungspark ein. Bruno ist schon da und wartet auf die Dämmerung, um unerkannt das Feuerzeug an den Tatort zu legen. Als er Guy und die Polizisten sieht, springt er auf ein fahrendes Karussell. Guy setzt nach. Durch den erbitterten Kampf wird der Antriebsregler verstellt, so dass sich das Karussell in atemberaubender Geschwindigkeit immer schneller dreht und dann in sich zusammenfällt. Wie ein Wunder ist Guy mit heiler Haut davongekommen. Bruno liegt tödlich verletzt in den Trümmern. Noch im Todeskampf weigert Bruno sich, mit der Wahrheit herauszurücken. Als er tot ist, öffnet sich seine Hand, die Guys Feuerzeug umklammert hält. Ein Schausteller identifiziert den Toten als den Mann, der zuvor Guys Frau auf die Insel gefolgt ist. Guy ist entlastet.

»Es ist leicht zu verstehen, was Hitchcock an dieser Geschichte zweier Männer gefiel, die sich zufällig begegnen und deren Schicksale sich miteinander verknüpfen«, schreibt Hitchcock-Biograph Donald Spoto. »Hitchcock fiel die Möglichkeit auf, eines seiner Lieblingsthemen weiterzuentwickeln: den Austausch von Schuld (den er bereits erforscht hatte in *Im Schatten des Zweifels, Berüchtigt, Cocktail für eine Leiche* und *Die rote Lola*); außerdem konnte er die Koexistenz von Gut und Böse innerhalb einer einzigen Beziehung und in den sich ähnelnden Persönlichkeiten der beiden Fremden untersuchen. Noch mehr reizte ihn, diese Idee in der Form des Films dramatisch wiederzugeben – als eine Serie von Doppelungen oder Paaren, wie acht Jahre zuvor in *Im Schatten des Zweifels.*« Die Rechte an Patricia Highsmiths erstem Roman kosteten Hitchcock nur läppische 7500 Dollar, die Erarbeitung des Drehbuchs durch Raymond Chandler bei 2500 Dollar Wochengage schon erheblich mehr. Chandler, der sich mit den großen Kriminalromanen *Der tiefe Schlaf, Die Tote im See* und *Lebwohl, mein Liebling* (allesamt verfilmt) seinen Marktwert erschrieben hatte, kam weder menschlich (Chandler über Hitchcock: »Dieses fette Schwein«) noch fachlich mit Hitchcock zurecht, da Hitchcock hartnäckig darauf bestand, das Drehbuch müsse sich an seine visuellen Anforderungen halten. Hitchcock ließ Chandlers zweite Drehbuchfassung von anderen Mitarbeitern überarbeiten und in die endgültige Form bringen. [V]

FRENZY

(FRENZY). GB 1972. **R:** *Alfred Hitchcock.* **B:** *Anthony Shaffer.* **V:** *»Frenzy« von Arthur La Bern.* **K:** *Gil Taylor.* **SpE:** *Albert Whitlock.* **M:** *Ron Goodwin.* **D:** *Jon Finch (Richard Blaney), Alec McCowen (Chefinspektor Oxford), Barry Foster (Bob Rusk), Anna Massey (Babs Milligan), Barbara Leight Hunt (Brenda Blaney), Bernard Cribbins (Felix Forsythe), Billie Whitelaw (Hetty Porter), Clive Swift (Johnny Porter), Vivien Merchant (Mrs. Oxford), Michael Bates (Sgt. Spearman), Jean Marsh (Monica Barling), Rita Webb (Mrs. Rusk), Jimmy Gardner (Portier), Madge Ryan (Mrs. Davison), George Tovey (Salt), Noel Johnson, Gerald Sim (Barbesucher), June Ellis (Bardame), John Boxer (Sir George), Bunny May (Barkeeper), Robert Keegan (Patient). F 116 Min.*

Am Ufer der Themse findet eine Kundgebung statt. Ein Redner spricht vom Sieg im Kampf gegen die Umweltverschmutzung, vom paradiesischen Naturzustand eines künftigen London: »Kein Fremdkörper wird mehr in der Themse schwimmen!« Da – ein Entsetzensschrei! Eine Frauenleiche treibt im Fluss daher, bekleidet nur mit der Krawatte, mit der sie erdrosselt wurde. Der Krawattenmörder, der seit einiger Zeit sein Unwesen treibt, hat ein neues Opfer gefunden.

Dem Ex-RAF-Piloten Richard Blaney geht es ziemlich dreckig. Er gibt seinen Job als Barkellner auf, da sein Chef ihm vorwirft, er habe Drinks unterschlagen. Wütend spricht er sich bei seinem Freund Bob Rusk aus, einem Obst- und Gemüsehändler nobler Art. Anschließend schaut er bei seiner Ex-Frau Brenda vorbei, die eine Heiratsvermittlung betreibt. Wie so oft kommt es erneut zum Krach. Am nächsten Tag erscheint Bob Rusk in Brendas Agentur. Brenda schlägt ihm vor, die Agentur zu wechseln, da man seine »besonderen Wünsche« in Bezug auf Frauen nicht erfüllen könne. Rusk fällt über sie her, vergewaltigt sie und erwürgt sie mit einer Krawatte.

Blaney ist in der Nähe des Tatorts gesehen worden, er wird von der Polizei als mutmaßlicher Mörder gesucht. Blaney wird davon durch Dabs Milligan unterrichtet, die mit ihm in der Bar gearbeitet hat. Er findet zunächst Unterschlupf bei einem ehemaligen Mit-Soldaten. Inzwischen wird Babs von Rusk nach bewährter Methode ermordet und in einen Kartoffelsack gesteckt, der mit einer Lebensmittelladung per Lastwagen abtransportiert wird. Rusk merkt zu spät, dass er im Verlauf des Kampfes mit Babs seine Krawattennadel verloren hat. Er fährt dem Lastwagen nach, der Zufall verhilft ihm unbemerkt zum richtigen Sack; die Tote hält die Nadel mit der Hand umklammert. Rusk bricht ihr die Finger. Blaney bittet in seiner Verzweiflung Rusk um Hilfe. Rusk nutzt die Gelegenheit, um ihn der Polizei auszuliefern. Blaney wird der Prozess gemacht. Noch im Gerichtssaal schreit er auf, er werde sich an Rusk rächen.

Dieser Aufschrei irritiert Chefinspektor Oxford, der mit dem Fall betraut war. Seine Frau, die ihn mit schier ungenießbaren exotischen »Leckerbissen« sehr zu seinem Leidwesen verwöhnt, setzt auf weiblichen Instinkt und ist von der Unschuld des Verurteilten überzeugt. Oxford lässt heimlich Fotos von Rusk machen. Tatzeugen glauben ihn zu erkennen.

Wegen einer vorgetäuschten Sturzverletzung kommt Blaney ins Gefängniskrankenhaus, von wo er fliehen kann. Er schleicht in Rusks Wohnung und schlägt auf einen Körper im Bett ein. Das Betttuch verrutscht. Darunter liegt eine Frau mit Krawatte: Rusks letztes Opfer. Oxford betritt das Zimmer, bedeutet Blaney, er solle sich ruhig verhalten. Aus dem Treppenhaus sind dumpfe Geräusche zu hören. Rusk schleppt einen schweren Schrankkoffer ins Zimmer hinein.

»Das Wichtigste ist für mich nicht der Inhalt, sondern der Stil, die Erzählweise, mit der man beim Zuschauer Emotionen erzeugt«, erklärte Alfred Hitchcock in einem Gespräch über seinen neuen Film. So sollte man *Frenzy* sehen: Nicht als »Botschaft«, sondern zunächst und vor allem als filmisches Meisterstück. Bedeutungen, Erfahrungen oder Emotionen stellen sich dann von selber ein: Irritationen, Angst, Lächeln, Unsicherheit – das Wiedererkennen einer gefährdeten, unheilen Welt. Wenn Hitchcock dann seine Horror-Effekte makaber überzieht, mit genüsslicher Ironie, ist das Schock und Befreiung zugleich. Die Darstellung des Schreckens, ins Unwahrscheinliche, aber Mögliche übersteigert, hat mit dem Ritual des Bannens durch Abbilden zu tun; es liegt am Zuschauer, die Ironie dieser Szenen zu durchschauen ... Hitchcock zeigt seine Alltäglichkeiten aus anderen Perspektiven, als man sie von der Realität gewohnt ist, oder irritiert den Zuschauer, indem er einfach die ›natürlichen‹ Geräusche wegnimmt ... *Frenzy* ist in der Darstellung von Sexualität und physischer Gewalt weitaus direkter als Hitchcocks frühere Filme, er hat das mit dem Milieu der Geschichte begründet. *Frenzy* ist auch ein Film über die schwer wahrnehmbare psychische ›Umweltverschmutzung‹ und ihre Folgen, über den alltäglichen Horror: Die angedeutete krankhafte Mutterbindung des Mörders gehört ebenso dazu wie das schauerliche französische Essen, das dem Polizei-Inspektor nahezu kannibalische Fähigkeiten abverlangt.« (Hans Günther Pflaum, FILMDIENST) [V] [DVD]

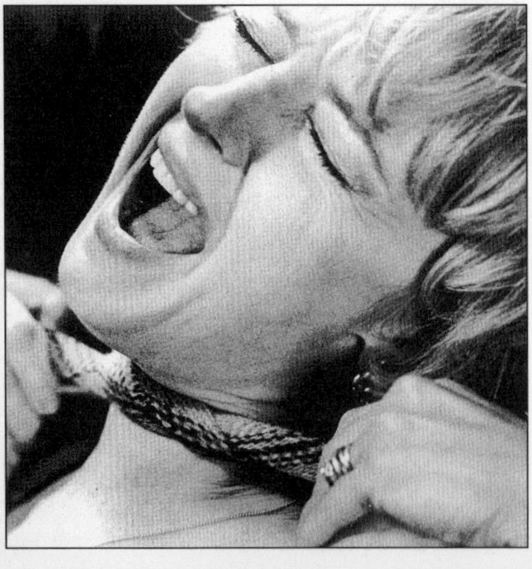

Frenzy

FREUND, KARL

(1890–1969). In Tschechien geborener, ebenso erfindungsreicher wie geschäftstüchtiger Kameramann, der von Deutschland über England nach Amerika ging. 1920: *Der Golem, wie er in die Welt kam; Der Januskopf;* 1926: *Metropolis;* 1931: *Dracula* und 1932: *Murders in the Rue Morgue* mit Bela Lugosi. Als Regisseur zeichnete er für zwei weitere Horrorfilme verantwortlich: 1932 *The Mummy (Die Mumie)* mit Boris Karloff und 1935 *Mad Love* mit Peter Lorre.

FRIEDHOF DER KUSCHELTIERE

(PET SEMATARY). USA 1989. **R:** *Mary Lambert.* **B:** *Stephen King.* **V:** *»Friedhof der Kuscheltiere« von Stephen King.* **K:** *Peter Stein.* **SpE:** *Gene Warren jr., Peter M. Chesney.* **Ma:** *Lance Andersen.* **M:** *Elliot Goldenthal.* **D:** *Dale Midkiff (Dr. Louis Creed), Fred Gwynne (Jud Crandall), Denise Crosby (Rachel Creed), Brad Greenquist (Victor Pascow), Michael Lombard (Irwin Goldman), Miko Hughes (Gage Creed), Blaze Berdahl (Ellie Creed), Susan Blommaert (Missy Dandridge), Kavi Raz (Steve Masterton), Mary Louise Wilson (Dory Goldman), Andrew Hubatsek (Zelda). F 103 Min.*

Dr. Creed zieht mit Frau und Kindern in das Nest Ludlow in Maine, freundet sich mit seinem leicht sonderlichen Nachbarn Jud an und erfährt von einem alten Indianerfriedhof, der dem Anschein nach magische Kräfte hat: Wer dort begraben wird, kehrt von den Toten zurück. Als die Katze von Creeds Tochter stirbt, legt man sie in die Erde dieses Friedhofes, und am nächsten Tag ist sie wieder da – zwar stinkt sie nach Aas, aber immerhin ist sie lebendig. Als Creeds kleiner Sohn von einem Auto überfahren wird, raubt der verzweifelte Vater ihn aus seinem Grab und bestattet auch ihn auf dem magischen Friedhof. Der Junge kehrt zwar zurück, hat sich aber in einen bösen Untoten verwandelt. Dem Rest von Creeds Familie, die nach und nach den Löffel abgibt, ergeht es nicht anders, so dass der Onkel Doktor keine andere Wahl hat, als sie restlos und endgültig auszurotten. – Wie die meisten auf Vorlagen von Stephen King basierenden Filme ist auch dieser eine dröge dahinplätschernde Enttäuschung, deren Darsteller ebenso wenig überzeugen wie der vorhersehbare Handlungsverlauf. AIDT [V]

FRIEDHOF DER KUSCHELTIERE II

(PET SEMATARY II). USA 1991. **R:** *Mary Lambert.* **B:** *Richard Outten.* **V:** *Motive von Stephen King.* **K:** *Russell Carpenter.* **SpE:** *Steve Johnson.* **M:** *Mark Governor.* **D:** *Anthony Edwards (Chase Matthews), Edward Furlong (Geoff Matthews), Jared Rushton (Clyde), Jason McGuire (Drew Gilbert), Clancy Brown (Sheriff Gus Gilbert), Darlanne Fluegel (René Hallow), Jim Peck (Dr. Yolander), Lisa Waltz (Amanda Gilbert), Sarah Trigger (Marjorie Hargrove). F 101 Min.*

Vorgeschichte: *Friedhof der Kuscheltiere.* – Tierarzt Chase Matthews und Sohn Geoff lassen sich in der Kleinstadt Ludlow nieder. Geoff kriegt in der neuen Heimat keinen Anschluss und trauert um seine verstorbene Mutter. Als er seinen verstorbenen Hund auf einem alten Indianerfriedhof begräbt, passiert das, was wir schon im ersten Teil gesehen haben: Die Toten kehren zurück, die Leichen häufen sich. Der Film ist noch schwachsinniger, konfuser, langweiliger und überflüssiger als sein Vorläufer. Der einzige Grund, ihn zu machen, war dieser: Man sah eine Möglichkeit, darauf hinzuweisen, er habe »irgendwas« mit dem berühmten Horrorschreiber Stephen King zu tun. [V]

FRIEDHOF DES SATANS

(CEMETERIO DEL TERROR). Mexiko 1984. **R:** *Ruben Galindo jr.* **B:** *Ruben Galindo jr., Carlos Valdemar.* **K:** *Rosalio Solano.* **Ma:** *Ken Diaz.* **M:**

Friedhof der Kuscheltiere II

Chucho Sarsoza. **D:** *Hugo Stiglitz (Dr. Cardan), Usi Velasco, Erika Buenfil, Edna Bolkan, Maria Rebeca, Eduardo Capetillo, Cesar Velasco, Servando Manzetti, Andres Garcia jr., René Cardona III, Jacqueline Castro. F 88 Min.*
Dr. Cardan träumt von der Auferstehung der Toten und nimmt an, dass hinter diesen schrecklichen Visionen der Übles im Schilde führende Satan steht. Um dessen Pläne zu durchkreuzen, überredet er die Behörden, eine Leiche in seine Obhut zu geben, damit er sie studieren kann. Gleichzeitig finden sechs junge Leute in einem verlassenen Haus in Friedhofsnähe ein Buch mit satanischen Formeln und zelebrieren eine schwarze Messe. Dazu benötigt man bekanntlich eine Leiche. Sie stehlen die Leiche Dr. Cardans, doch nicht nur sie erwacht zum Leben, sondern auch die Toten auf dem Friedhof, die jeden umbringen, der ihren Weg kreuzt. Dr. Cardan stellt sich ihnen entgegen. Erst als das Zauberbuch im Feuer landet, hat der Spuk ein Ende. [V]

FRIGHTMARE – DER ALPTRAUM

(FRIGHTMARE). GB 1975. **R:** *Peter Walker.* **B:** *David McGillivray.* **K:** *Peter Jessop.* **M:** *Stanley Myers.* **D:** *Rupert Davies (Edmund), Sheila Keith (Dorothy), Deborah Fairfax (Jackie), Paul Greenwood (Graham), Leo Genn (Dr. Lytell), Kim Butcher (Debbie), Fiona Curzon (Merle), John Yule (Robin), Pamela Farbrother (Delia), Tricia Mortimer (Lilian), Edward Kalinski (Alec), Victor Winding (Inspektor), Noel Johnson (Richter), Anthony hennessy (Sergeant), Michael Sharvell-Martin (Barmann), Tommy Wright (Nightclub-Manager), Nicholas John (Pete), Andrew Sachs (Barry), Gerald Flood (Matthews), John Dagmar (Alter Mann). F 86 Min.*
Nach fünfzehnjährigem Aufenthalt in einer Nervenklinik geht ein mörderisches Ehepaar erneut seiner alten Profession nach: Es killt und verspeist seine Opfer. [V]

FRÖHLICHE WEIHNACHT

(DON'T OPEN 'TIL CHRISTMAS). GB 1984. **R:** *Edmund Purdom.* **B:** *Derek Ford, Al McGoohan.* **K:** *Alan Pudney.* **SpE:** *Coast to Coast Ltd.* **M:** *Des Dolan.* **D:** *Edmund Purdom (Inspektor Harris), Alan Lake (Giles), Belinda Mayne (Kate), Gerry Sundquist (Cliff), Mark Jones (Sgt. Powell), Caroline Munro (Sägerin), Kevin Lloyd (Gerry), Wendy Danvers (Haushälterin), Nicholas Donnelly (Dr. Bride), Lawrence Harrington (Kates Vater), Ken Halliwell (Kellner), Ray Marioni (Maitre d'Hotel), Kelly Baker (Experience), Pat Astley (Sharon), Des Dolan (Polizist), Wilfred Corlett, Rick Kennedy, Sid Wragg, George Pierce, Ashley Dransfield, Derek Ford (Weihnachtsmänner). F 86 Min.*
Irrer Mörder, der als Kind zusehen musste, wie jemand in der Maske des Heiligen Nikolaus seine Mutter umbrachte, versetzt London in Angst und Schrecken, als er in der Weihnachtszeit einem ähnlichen Hobby frönt: Er bringt Weihnachtsmänner um. Zu den Hauptverdächtigen dieses preiswerten Films gehört auch der Inspektor, der sich (erfolglos) bemüht, den Killer zu schnappen. »Lustlos tischt das Drehbuch ... eine Unmenge von Hinweisen, Zeugen und Verdächtigen auf, ohne sich im weiteren Verlauf noch um sie zu kümmern. Bezüge zwischen der ausgiebig gezeigten Halbwelt Londons gibt es nicht, die psychologische Erklärung wirkt so lächerlich wie aufgesetzt.« (Norbert Stresau, ENZYKLOPÄDIE DES PHANTASTISCHEN FILMS). [V]

FROM DUSK TILL DAWN

(FROM DUSK TILL DAWN). USA 1996. **R:** *Robert Rodriguez.* **B:** *Quentin Tarantino.* **St:** *Robert Kurtzman.* **K:** *Guillermo Navarro.* **SpE:** *KNB EFX Group.* **M:** *Graeme Revell.* **D:** *Harvey Keitel (Jacob Fuller), George Clooney (Seth Gecko), Quentin Tarantino (Richard Gecko), Juliette Lewis (Kate Fuller), Ernest Liu (Scott Fuller), Cheech Marin (Grenzbeamter/Chet Pussy/Carlos), Danny Trejor (Razor Charlie), Tom Savini (Sex Machine), Fred Williamson (Frost), Selma Hayek (Santanico Pandemonium), Marc Lawrence (Oldtimer), Michael Parks (Texas Ranger), Kelly Preston (Kelly Houge), Brenda Hillhouse (Gloria), John Saxon (Stanley Chase). F 108 (87) Min.*
Was wie ein ultrabrutaler Gangsterfilm anfängt, wird nach der Hälfte zu einem absurden Horror-Garn, in dem die Fetzen im wahrsten Sinn des Wortes fliegen: Die Gecko-Brüder, zwei schießfreudige Lumpen auf der Flucht vor dem Gesetz, wollen sich nach Mexiko absetzen und nehmen zu diesem Zweck die in einem Wohnmobil durch die Lande reisende Familie des vom Glauben abgefallenen Geistlichen Jacob Fuller als Geiseln. Die Wüstenkaschemme »Titty Twister«, in der sie einen Hehler treffen wollen, entpuppt sich jedoch unverhofft als Heimstatt blutgieriger Vampire, die vom Blut durchreisender

Trucker leben und die man in einer rasanten Spezialeffekte-Schlacht erledigen muss. – Das turbulent abgespulte Nichts kommt mit allerlei witzigen Dialogen daher, doch leider muss vermeldet werden, dass die Synchronfassung von jener legendären Übersetzer-Null stammt, die es auch nach Jahrzehnten beruflicher Tätigkeit noch nicht gerafft hat, dass das hier reichlich gebrauchte Wort *fucking* seine Entsprechung in »beschissen« hat und nicht in dem selbst erfundenen, sinnleeren Adjektiv »verfickt«. [V]

FROM DUSK TILL DAWN II: TEXAS BLOOD MONEY

(FROM DUSK TILL DAWN II: TEXAS BLOOD MONEY). Südafrika/USA 1999. **R:** *Scott Spiegel.* **B:** *Scott Spiegel, Quentin Tarantino, Duane Whitaker, Boaz Yakin.* **K:** *Philip Lee.* **SpE:** *KNB EFX Group.* **D:** *Bo Hopkins (Sheriff Otis Lawson), Danny Trejo (Razor Eddie), Raymond Cruz (Jesus), Duane Whitaker (Luther), Brett Harrelson (Ray Bob), Robert Patrick, Muse Watson, Bruce Campbell, Tiffany Amber-Thiesen, Maria Checa, Scott Spiegel (Porno-Regisseur). F 88 Min.*

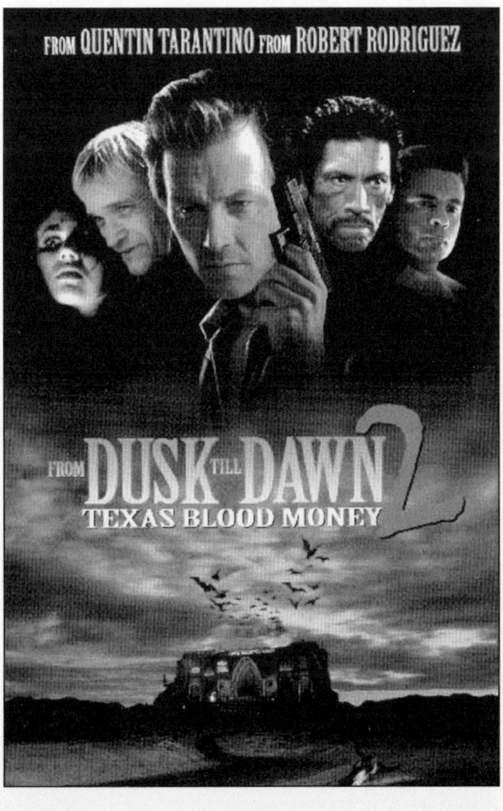

From Dusk Till Dawn II: Texas Blood Money

Direct-to-video-Fortsetzung des Originals von 1996: »Eine Bank an der Grenze zu Mexiko soll überfallen werden, und die üblichen Verdächtigen werden hierfür ein Team bilden. Da ist der psychotische Anführer, dessen spektakuläre Raubmordserie im Fernsehen bereits breites Echo findet, sein etwas trotteliger Kumpel aus dem Knast, der ganz gut mit Safes kann und im Grunde kein schlechter Kerl ist (...), das mexikanische ›Heißblut‹, das Kampfhunde züchtet und ganz gut mit dem Messer ist, der Nerd, der seiner Frau vormacht, er würde auf 'nen Angelausflug fahren, und außerdem noch ein paar obligatorische alte Hasen, allesamt urtypische texanische Cowboys bzw. Rednecks. Der unvermeidliche Kurzbesuch im ›Titty Twister‹ (...) lässt den psychotischen Bandenchef die Seite wechseln und natürlich ist damit die gesamte Verbrechensplanung zum Teufel, respektive Vampir, wenn einer nach dem anderen von den Gangstern nun von ihm den Blutsaugerkuss erhält. So richtig in Gang kommt der Film dabei allerdings nicht, was vor allem am recht vorhersehbaren Drehbuch und dem extrem niedrigen Budget liegt. Wen die Effekte bei Mel Brooks' *Dracula – Tot, aber glücklich* beeindruckt haben, kommt hier vielleicht noch auf seine Kosten, wenn ständig irgendwelche Gummifledermäuse durchs Bild flattern bzw. das Latex im Gesicht der per Rauchwolke zum Vampir Mutierten dekorative Falten wirft.« (S. Selig, SPLATTING IMAGE 38/Juni 1999) – Koproduziert von Quentin Tarantino und Robert Rodriguez.

DER FROSCH

(PSYCHOMANIA). GB 1971. **R:** *Don Sharp.* **B:** *Arnaud d'Usseau.* **K:** *Pat Moore.* **M:** *David Whittaker.* **D:** *George Sanders (Shadwell), Nicky Henson (Tom Latham), Beryl Reid (Mrs. Latham), Mary Larkin (Abby), Anne Michelle (Jane Pettibone), Roy Holder (Bertram), Robert Hardy (Chefinspektor Hesseltine), Patrick Holt (Sergeant), Denis Gilmore (Hatchet), Miles Greenwood (Chopped Meat), Rocky Taylor (Hinley), Peter Whitting (Exesh), Jakkie Webb (Mutter), David Millett (Vater), Linda Gray (Oma), Andrew Laurence (Opa), Alan Bennion, John Levene (Polizisten), Roy Evans, Stanley Stewart, Seretta Wilson, Lane Meddick, June*

Brown, Denis Carey, Martin Boddey, Ann Murray, Fiona Kendall, Ernest C. Jennings, Heather Wright, Penny Leatherbarrow. F 91 Min.

Tom, der etwas verblödete Sohn einer fetten Wachtel, die sich mit den Kräften des Bösen eingelassen hat, erfährt zu seiner großen Freude, dass ihm die Unsterblichkeit winkt: Voraussetzung ist, dass er sich vorher das Leben nimmt. Hirni, der er ist, rast er mit seinem Feuerstuhl gegen eine Mauer und kehrt als Untoter zu seinen belämmerten Rockerfreunden zurück, die daraufhin nichts Eiligeres zu tun haben, als mit ihm gleichzuziehen. Einer springt von der Brücke, einer ersäuft sich, einer verlässt ein Flugzeug ohne Fallschirm, einer springt vom Hochhaus. Bald darauf machen sie unten dem Namen »Die lebenden Toten« Stadt und Land unsicher & killen & murksen & meucheln. Bis Toms fetter Mama das Treiben der Halunken zu bunt wird und sie ihren Pakt mit dem so genannten »Frosch« (wahrscheinlich The Devil in Disguise) aufkündigt – was der nun gar nicht gern sieht. Das ganze Lumpenpack verwandelt sich darob in Hinkelstein. Von Motivation keine Spur. Ein lausiges Stück Pseudo-Horror, das Don Sharp wahrscheinlich in einem Anfall akuten Pleiteseins heruntergekurbelt hat. George Sanders, der in diesem Streifen einen Abgesandten der Hölle spielt, hat sich übrigens kurz darauf mit Schlaftabletten umgebracht, »hauptsächlich aus Langeweile«, wie er in einem hinterlassenen Brief bekundete. Wer hätte das nach diesem Film nicht getan? [V]: *Psychomania.*

Der Frosch

DER FROSCH MIT DER MASKE

(FRØEN). BRD/Dänemark 1959. **R:** *Harald Reinl.* **B:** *Trygve Larsen, J. Joachim Bartsch.* **V:** *»Der Frosch mit der Maske« von Edgar Wallace.* **K:** *Ernst W. Kalinke.* **M:** *Willy Mattes.* **D:** *Siegfried Lowitz (Inspektor Elk), Joachim Fuchsberger (Richard Gordon), Jochen Brockmann (Philo Johnson), Carl Lange (John Bennett), Eva Anthes (Ella Bennett), Walter Wilz (Ray Bennett), Dieter Eppler (Joshua Broad), Erwin Strahl (Sgt. Balder), Eva Pflug (Lolita), Fritz Rasp (Ezra Maitland), Reinhard Kolldehoff (Lew Brady), Ulrich Beiger (Everett), Eddi Arent (James), Holger Munk (Sgt. Rubby), Michael Hildesheim (Mills), Ernst Fritz Fürbringer (Sir Archibald). SW 89 Min.*

Eine geheimnisvolle Gangsterbande, deren Anführer ein Mann ist, der sich hinter einer froschähnlichen Maske versteckt, versetzt London mit spektakulären Aktionen in Angst und Schrekken. Scotland Yard tappt völlig im Dunkeln, bis

Der Frosch mit der Maske

der Polizist Richard Gordon einen Job in einer Kneipe annimmt und feststellt, dass er im HQ der Bande gelandet ist. – Wie immer bei Edgar Wallace wird auch hier der Verdacht geschickt auf eine Reihe von Beteiligten gelenkt, bis sich herausstellt, dass die wahre Bestie ein eher blasser Vertreter der Spezies Mensch ist. – »Dem Film ist eine schwer zu beschreibende Düsternis eigen, eine latente Depressivität, die ihren Grund vielleicht in der Rolle des Henkers John Bennett hat, der seinen Beruf nicht mit der Schablone des korrekten Familienvaters in Einklang bringen kann; überdies werden abstoßende Brutalismen präsentiert, die für den Gesamteindruck der Serie eher untypisch waren.« (Florian Pauer, DIE EDGAR WALLACE-FILME)

FULCI, LUCIO

(1927–1996). »... einstmals Journalist und Filmkritiker, machte sich einen Namen mit einer gänzlich anderen Art von Film als der, mit der man ihn heute verbindet: Nach zahlreichen Drehbüchern begab er sich 1959 auf eine lange Reise durch das Gebiet der ›Commedia all'italiana‹, des Öfteren mit Italiens Starkomödiant Totò. (...) Über eine lange Kette von Komödien, Western, Krimis und Thrillern gelangte Fulci durch *Zombi II* gänzlich unerwartet zum Horrorfilm. Obwohl frühere Filme gelegentlich krasse Gewalt benutzten, war das Phantastische ein Bestandteil, der dem Œuvre Fulcis weitgehend unbekannt war. Was Fulci bei den vielen Schockern, die er an den großen Erfolg von *Zombi II* anknüpfte, sicherlich zugute kam, war seine Neigung zu auffallender Optik. Zooms, schräge Kamerawinkel und experimentelle Spielereien sind bereits in seinen Frühwerken feststellbar.« (Christian Kessler, DAS WILDE AUGE)

1980: *Paura Nella Città die Morti Viventi (Ein Zombie hing am Glockenseil/Die Stadt der lebenden Toten)*; 1981: *L'Aldilà (Über dem Jenseits/The Beyond)*. 1988, nach einer Anzahl kommerzieller Flops, nahm er das Angebot an, *Zombi III* zu drehen, konnte das Projekt aber aufgrund einer schweren Krankheit nicht selbst beenden und musste es an den Sleaze-Spezialisten Bruno Mattei abtreten.

FULL MOON

Anderer Titel für IM JENSEITS IST DIE HÖLLE LOS

FÜNF UNHEIMLICHE GESCHICHTEN

Anderer Titel für UNHEIMLICHE GESCHICHTEN

FURCHT IN DER NACHT

(FEAR IN THE NIGHT). GB 1972. **R:** *Jimmy Sangster.* **B:** *Jimmy Sangster, Michael Syson.* **K:** *Arthur Grant.* **M:** *John McCabe.* **D:** *Judy Geeson (Peggy Heller), Joan Collins (Molly Carmichael), Ralph Bates (Robert Heller), Peter Cushing (Michael Carmichael), Gillian Lind (Mrs. Beamish), John Brown, Brian Grellis (Polizisten). F 85 Min.*

Peggy Heller, gerade von einem Nervenzusammenbruch genesen, wartet auf ihren Gatten Robert, als sie von einer geheimnisvollen Gestalt mit einer Armprothese angegriffen wird. Als sie Robert zu seinem Arbeitsplatz in ein Internat begleitet, stellt sie fest, dass dessen Rektor, ein Mr. Carmichael, mit einem künstlichen Arm versehen ist. Auch nach einem erneuten Angriff schenkt Robert ihrer Geschichte keinen Glauben. Außerdem fühlt sie sich aufgrund der feindlichen Arroganz von Mrs. Molly Carmichael zutiefst verunsichert. Robert muss über Nacht verreisen und lässt Peggy ein Schießeisen da. In der Nacht dringt Carmichael in ihr Landhaus ein. Peggy erschießt ihn. Als Robert zurückkehrt, findet Peggy heraus, dass sie einer Verschwörung zum Opfer gefallen ist: Molly Carmichael und ihr eigener Ehemann sind Verbündete in einem Komplott, dessen Ziel darin bestand, Mollys Gatten aus dem Weg zu räumen, ohne dass man ihnen persönlich etwas anhaben kann. Robert erklärt, das Internat, in dem er »arbeite«, sei lediglich eine Fassade, um Carmichael »ruhig zu stellen«, der vor einigen Jahren nach dem Ausbrennen einer Schule den Verstand verloren habe. Peggy verschweigt ihrem Gatten, dass sie Carmichael erschossen hat, außerdem ist seine Leiche nirgendwo zu finden. In der Schule hört sie durch das Interkomsystem, dass ihre Waffe nur mit Platzpatronen geladen war: Carmichael lebt. Im nachfolgenden Durcheinander erschießt Robert versehentlich Molly. Carmichael tötet Robert. Peggy – nun völlig geistesgestört – geht hinaus. In den Klassenzimmern erklingen Morgengebete, aber sie werden von einem Tonband abgespielt. – Der Plot (ausgefuchstes Pärchen treibt junge Frau allmählich in den Wahnsinn) ist zwar nicht brandneu, aber für Jimmy Sangster, dessen Name bis dahin hauptsächlich auf Drehbüchern stand, eine

Chance, alle Register seines Könnens als Regisseur (dies war seine dritte Inszenierung) zu zeigen. Die Idee einer Phantom-Schule, in der sich niemand aufhält und deren Routineklänge vom Tonband kommen, ist nicht ohne makabren Reiz. Des Weiteren hat er in der Auswahl seiner Charaktere eine Nase bewiesen, die man nach den vielen Schema-F-Produktionen, an denen er zuvor beteiligt war, nicht eben vermutet hätte: »Eine geeignetere Darstellerin [für die Rolle der Peggy] als Judy Geeson hätte Sangster kaum finden können. Sie ist schon von ihrer Physiognomie her geradezu prädestiniert für die Rolle des passiven Opferlamms ... [Ralph] Bates versteht es, seine Rolle als Gatte ambivalent zu gestalten, indem er sein Gesicht gewissermaßen ›leer‹ hält, so dass man bis zum Schluss ... nicht erahnen kann, auf welcher Seite er steht ... Peter Cushing schließlich [spielt] eine sehr anspruchsvolle Rolle, die er auch glänzend zu meistern versteht ... Joan Collins endlich ... dominiert als enigmatische Amazone in jeder ihrer wenigen Szenen so gekonnt, dass der Zuschauer früh zu ahnen beginnt, dass von ihr das Unheil kommen könnte.« (Herbert J. Pabst, VAMPIR). – »Ein aufregender psychologischer Thriller!« (Steven H. Scheuer, MOVIES ON TV)

DIE FÜRSTEN DER DUNKELHEIT

(PRINCE OF DARKNESS). USA 1987. **R:** *John Carpenter.* **B:** *Martin Quatermass [John Carpenter].* **K:** *Gary B. Kibbe.* **Ma:** *Frank Carriosa.* **M:** *John Carpenter, Alan Howarth.* **D:** *Jameson Parker (Brian), Lisa Blount (Catherine), Donald Pleasence (Pater Loomis), Susan Blanchard (Kelly), Victor Wong (Professor Howard Birack), Dennis Dun (Walter), Susan Blanchard (Kelly), Anne Howard (Susan Cabot), Ken Wright (Lomax), Dirk Blocker (Mullins), Ann Yen (Lisa), Jessie Lawrence Ferguson (Calder), Peter Jason (Dr. Paul Leahy), Robert Grasmere (Wyndham), Thom Bray (Etchinson), Joanna Merlin (Obdachlose), Alice Cooper (Street Schizo), Betty Ramey (Nonne). F 101 Min.*

Pater Loomis entdeckt im Gewölbe einer verlassenen Kirche in Los Angeles ein Gefäß mit einer eigenartig leuchtenden Substanz und beauf-

Die Fürsten der Dunkelheit

tragt den Wissenschaftler Birack und sein Team, selbige mittels modernster Untersuchungsmethoden und Gerätschaften zu analysieren. Die Substanz, eine Hinterlassenschaft der »Bruderschaft der Schläfer«, ist sieben Millionen Jahre alt, kann Gedanken übertragen und verfügt über psychokinetische Fähigkeiten. Wie sich zeigt, ist sie nichts anderes als der gebannte »Prinz der Finsternis«: Bald fängt er blutig an zu wirken, denn er verwandelt nicht nur den Abschaum der Straße, sondern auch die Wissenschaftler mit beeindruckendem Tempo in Untote. Steht Gott den Bedrängten bei? Oh, nein: Er erweist sich als reine Erfindung. – »Das handwerkliche Können John Carpenters ist unbestreitbar: In einer klaustrophobischen Atmosphäre zitiert er die gesammelten Ikonen des Horrorfilms ... schafft in der ersten Hälfte des Films mit eher subtilen Mitteln einen routiniert entwickelten Spannungsbogen, kreiert ein Klima aus apokalyptischen Zeichen und liturgischen Symbolen. Doch dann wählt er den direkten Zugriff auf das Nervenkostüm des Zuschauers, ein Wirbel aus Schockszenen und Effekten steigert sich zum schrillen Höhepunkt, effektiv unterlegt durch einen auf ständige Beunruhigung ausgerichteten Soundtrack. Die albtraumhafte Geisterbahnfahrt verkehrt nahezu beiläufig christliche Symbole in ihr Gegenteil, ›entlarvt‹ christliche Heilsbotschaften als korrupte Lüge, die die Wahrheit des Bösen zu verschleiern trachtet, und läuft Amok gegen ein modernes Bewusstsein ... Er will nichts anderes als den Effekt.« (K. E. Hagmann, FILMDIENST) [V]

G

GALERIE DES GRAUENS

(DR. TERROR'S GALLERY OF HORRORS/RETURN FROM THE PAST/THE BLOOD SUCKERS). USA 1967. **R:** *David L. Hewitt.* **B:** *David Prentiss, Gary R. Peacock, Russ Jones.* **St:** *Russ Jones.* **K:** *Austin McKinney.* **Ma:** *Jean Lister.* **D:** *John Carradine (Tristram Halbin), Roger Gentry (Bob Farrell/Anführer des Mobs/Dr. Seward/Jonathan Harker), Karen Joy (Julie Farrell/Medina), Vic McGee (Dr. Finchley/Desmond/Amos Duncan/Bürgermeister), Ron Doyle (Brenner/Dr. Spalding/Dr. Cushing), Ron Brogan (Marsh), Margaret Moore (Mrs. O'Shea), Rochelle Hudson (Helen Spalding) Lon Chaney jr. (Dr. Mendell), Joey Benson (Dr. Sedgewick), Mitch Evans (Graf Alucard), Gray Daniels (Kutscher). F 79 Min.*

Episodenfilm. – 1. »The Witch's Clock«: John Carradine führt in die Abgründe der Magie ein. – 2. »King Vampire«: Ein Blutsauger versetzt London im 19. Jahrhundert in Angst und Schrecken. – 3. »Monster Raid«: Ein Mann kehrt aus dem Grabe zurück. – 4. »The Spark of Life«: Elektrizität erweckt die Toten zum Leben. – 5. »Count Alucard«: Dracula kämpft gegen einen Werwolf.

Galerie des Grauens

GÄNSEHAUT

(THE HAUNTED HOUSE OF HORROR). GB 1969. **R:** *Michael Armstrong.* **B:** *Michael Armstrong, Peter Marcus.* **K:** *Jack Atcheler.* **M:** *Reg Tilsley.* **D:** *Frankie Avalon (Chris), Jill Haworth (Sheila), Dennis Price (Inspektor), Mark Wynter (Gary), Julian Barnes (Richard). Richard O'Sullivan (Peter), Gina Warwick (Sylvia), Robin Stewart (Henry), Carol Dilworth (Dorothy), Veronica Doran (Madge), Clifford Earl (Polizist), Jan Holden (Peggy), Robert Raglan (Chefinspektor), Freddie Lees (Dave), George Sewell (Kellett) F 86 Min.*

Chris, der Anführer einer Gruppe junger Leute aus Swinging London, will einer langweiligen Party die fehlende Würze geben und schlägt vor, eine alte Schlossruine aufzusuchen, die er von Kinderzeiten her noch kennt. Dort soll sich ein wahnsinniges Gespenst herumtreiben, das immerhin schon sechs Opfer auf dem Gewissen hat. Auf zur Gruselfete! Die Atmosphäre, die das alte Gemäuer ausstrahlt, ist schaurig-schön. Nach einer spiritistischen Sitzung soll jeder für sich das Haus durchsuchen. Der erste Dolchstoß kommt unerwartet und brutal. Gary wird aus dem Dunkeln heraus ermordet. Da Chris ein kluges Köpfchen hat, folgert er aus den Umständen, dass ein Psychopath unter ihnen ist. Er regt an, die Leiche erst mal verschwinden zu lassen, womit die anderen einverstanden sind. Als die Polizei am nächsten Tag Nachforschungen über den vermissten Gary anstellt, beschließen die Fetenteilnehmer, zum Schloss zu fahren, um durch eine Rekonstruktion der Ereignisse den Mörder aus ihrer Mitte zu überführen, ein zunächst aussichtsloses Unterfangen. Als Chris, wie der Zufall so spielt, einen kurzen Augenblick mit Freund Richard allein ist, beichtet dieser ihm seine Albträume, mit lächelndem Gesicht. Chris hat ein kluges Köpfchen. Aber dass er dieses Zwiegespräch nicht überleben wird, merkt er zu spät. Da hilft auch keine Polizei. – Unerfreulich bis in die kleinste Einzelheit. »Dieses Geisterhaus verführt eher zum Einschlafen als zur Gänsehaut.« (MONTHLY FILM BULLETIN)

GATE – DIE UNTERIRDISCHEN

(THE GATE). Kanada 1986. **R:** *Tibor Takacs.* **B:** *Michael Nankin.* **K:** *Thomas Vamos.* **SpE:** *Craig Reardon, Randall Cook.* **M:** *Michael Hoenig.* **D:** *Stephen Dorff (Glen), Christa Denton (Al), Louis Tripp (Terry), Kelly Rowan (Lori Lee), Jennifer Ir-*

win (Linda Lee), Scott Denton (Dad), Deborah Grover (Mom), Ingrid Veniger (Paula), Sean Fagan (Eric), Linda Goranson (Terrys Mutter), Carl Kraines (Arbeiter), Andrew Gunn (Brad). F 86 Min.
Dämonen steigen aus einem Loch im Garten eines einsam gelegenen Landhauses und suchen Opfer, die sie in einigen Kindern zu finden hoffen. Hübsche Spezialeffekte-Orgie, wenig Motivation. [V]

GATE II – DAS TOR ZUR HÖLLE

(GATE II: TRESPASSERS). USA 1989. **R:** *Tibor Takacs.* **B:** *Michael Nankin.* **K:** *Bryan England.* **M:** *George Blondheim.* **D:** *Louis Tripp (Terry), Simon Reynolds (Moe), James Villemaire (John), Pamela Segall (Liz), Neil Munro (Art), Layne Coleman (Priester). F 93 Min.*
Zwei männliche und zwei weibliche Teenies beschwören einen kleinen Dämon, den sie in einem Käfig gefangen halten, damit er ihre Wünsche erfüllt. Er ergreift Besitz vom Geist der Jungen, doch um den Preis eines Lebens gelingt es, die teuflische Kraft zu bannen und das »Tor zur Hölle« wieder zu verschließen. Horror für die Kleinen. [V]

GATE OF DARKNESS

(DON'T BE AFRAID OF THE DARK). USA 1973. **R:** *John Newland.* **B:** *Nigel McKeand.* **K:** *Andrew Jackson.* **M:** *Billy Goldberg.* **D:** *Kim Darby (Sally Farnum), Jim Hutton (Alex Farnum), Barbara Anderson (Joan), William Demarest (Harris), Pedro Armendariz jun. (Francisco Perez), William Sylvester (Tom), Lesley Woods (Ethel), Don Mallon (Bob), J.H. Lawrence (George), Robert Cleaves (Arzt), Sterling Swanson (Polizist), Felix Silla (Monster), Patty Mahoney, Tamara De Treaux. F 71 Min.*
TV-Film. Das übliche junge Paar erbt das übliche alte Haus, das von den üblichen Dämonen bewohnt wird, die, wie üblich, fest entschlossen sind, die Ehefrau zu einer der ihren zu machen. Dazu braucht sie bloß die übliche versiegelte Tür zu öffnen und die üblichen dahinter eingesperrten Geister zu befreien. AIDT [V]

GATES OF HELL

(LE PORTE DELL'INFERNO). Italien 1989. **R:** *Humphrey Humbert [Umberto Lenzi].* **B:** *Olga Pehar Lenzi, Umberto Lenzi.* **K:** *Sandro Mancori.* **SpE:** *Giovanni Corridori.* **Ma:** *Gabriella Trani.* **M:** *Piero Montanari.* **D:** *Giacomo Rossi Stuart (Dr. Jones), Barbara Cupisti (Erna), Peter Gherardi (Paul), Lorenz Majon (Manfred), Paul Muller (Mönch), Gaetano Russo, Andrea Damiano, Mario Luzzi. F 89 Min.*
Höhlenforscher, die in finsteren Grüften unter einer verfluchten Kirche einen verschollenen Kollegen suchen, begegnen untoten Mönchen, die dringend sieben Opfer brauchen, um endlich Ruhe zu finden. Schauerlich synchronisierte Ansammlung von Klischees, hölzern agierenden »Schauspielern«, zum Himmel schreienden Dialogen und Logik-Löchern, durch die man eine ganze Flugzeugträgerflotte schieben könnte. AIDT [V]

GEBISSEN WIRD NUR NACHTS – HAPPENING DER VAMPIRE

BRD 1970. **R:** *Freddie Francis.* **B:** *August Rieger.* **St:** *K.H. Hummel.* **K:** *Gerard Vandenberg.* **M:** *Jerry van Rooyen.* **D:** *Pia Degermark (Betty Williams/Clarimonde), Thomas Hunter (Jens Larsen), Ivor Murillo (Josef) Ingrid van Bergen (Miss Niessen), Joachim Kemmer (Martin), Oskar Wegrostek (Abt), Lyvia Bauer (Gabrielle), Daria Damar (Kirsten), Ferdy Mayne (Dracula), Michael Kanisch, Toni Wagner, Raoul Retzer, Kay Williams. F 102 Min.*
Hollywood-Star Betty erbt von ihrer vampirischen Großmutter ein altes Schloss in Europa. Oma ist jedoch mitnichten tot: Sie steigt jung und schön wie immer nächtens aus dem Sarg in der Familiengruft, um an einem internationalen Blutsaugertreffen teilzunehmen, bei dem auch Graf Dracula anwesend ist. Doch der heraufziehende Morgen bereitet dem Vampirklüngel den Garaus. Dracula rettet sich mit einem Hubschrauber; Oma geht nach Hollywood. »Da schlummert das Draculagewürm nicht so im Verborgenen ... sondern es wird eifrig um sich gebissen, die Schar der Nachtmahre ständig vergrößert – und es werden leichtsinnig und offen Feste gefeiert, die nicht mehr zu vergleichen sind mit dem Mumienreigen von Polanski. Da werden pralle Vampirbrüste gezeigt, und die Zähne an den Gebissecken der Gesellschaft sind spitz und lang wie nie zuvor. Ein geiler Mönch wird entsprechend zu einem geilen Vampir, und der Fürst der Finsternis höchstpersönlich kommt aus der Großindustrie.« (Dieter Steinseifer, VAMPIR) Ein alberner Schwank, der da und dort, was den Humor angeht, Roman Polanskis *Tanz der Vampire* zu kopieren versucht, der Vorlage jedoch nicht mal ansatzweise nahe kommt.

Freddie Francis' erster und einziger deutscher Film ist auch sein schlechtester.

GEBURT DER HEXE

BRD/Schweiz 1980. **R:** *Wilfried Minks.* **B:** *Wilfried Minks.* **K:** *Jochen Richter.* **M:** *Klaus Banzer.* **D:** *Ulla Berkewitz (Frau), Friedrich Karl Praetorius (Mann), Edgar M. Böhlke (Pfarrer), Anja Silja (Burgherrin), G. Pabel (Burgherr), Lisa Pitsos (Braut), Gonzalo Abril Vega (Bräutigam), Pilar San José Garcia (Schwachsinnige), Fabian Conde, M. del Carmen Vilches (Pagen), Eloisa Ruiz (Mutter), Ricardo Palacios, José Moreno, Luis Barboo, Adolfo Thous (Reiter), Fernando Villena (Weinender). F 95 Min.*

Irgendwo im deutschsprachigen Raum, im ausgehenden Mittelalter: Ein Burgherr schindet und erniedrigt seine Untertanen so lange, bis sich eine Bauersfrau mit dem Teufel verbündet, zur »Hexe« wird und Widerstand leistet. Als der Burgherr sie tötet, wenden sich die Bauern gegen ihn und die seinen und machen ihm den Garaus. – Weniger ein Horrorfilm als ein Stimmungsbild aus mittelalterlichen Zeiten.

GEFANGENE DER BESTIEN

(SAVAGE HARVEST). USA 1980. **R:** *Robert Collins.* **B:** *Robert Blees, Robert Collins.* **St:** *Ralph Helfer, Ken Noyle.* **K:** *Ronny Taylor.* **M:** *Robert Folk.* **D:** *Tom Skerritt (Casey), Michelle Phillips (Maggie), Shawn Stevens (Jon), Anne Marie Martin (Wendy), Derek Partridge (Derek), Arthur Malet (Dr. MacGruder), Tana Helfer (Kristle). F 88 Min.*

Eine große Dürre in Kenia führt dazu, dass ein Löwenrudel in den Lebensbereich der Menschen eindringt und ein Farmhaus belagert, in dem es – nicht zu Unrecht – ein paar besonders saftige Happen vermutet. Der Safari-Führer Casey nimmt sich der eingeschlossenen Familien an und rettet die Überlebenden mit einem simplen Trick vor dem Verzehrtwerden. Kaum mehr als Dutzendware.

DAS GEHEIMNIS DER SCHWARZEN HANDSCHUHE

(L'UCCELLE DALLE PIUME DI CRISTALLO). BRD/Italien 1969. **R:** *Dario Argento.* **B:** *Dario Argento.* **St:** *Bryan Edgar Wallace.* **K:** *Vittorio Storaro.* **M:** *Ennio Morricone.* **D:** *Tony Musante (Sam Delmas), Suzy Kendall (Julia), Eva Renzi (Monica Ranieri), Werner Peters (Antiquitätenhändler), Mario Adorf (Berto), Umberto Raho (Ranieri), Renato Romano (Dover). F 94 Min.*

Der US-Autor Sam Delmas hat in Rom eine rasche Auftragsarbeit heruntergeschrieben. Am Vorabend seiner Heimreise wird er Zeuge eines Mordversuchs an einer rothaarigen Galeristin. Der Killer hat Sam bemerkt und ist nun auch ihm auf den Fersen, der das Land vorerst nicht verlassen darf. Da die italienische Polizei mit dem Fall nicht weiterkommt und zu befürchten steht, dass der Messerkiller ein Psychopath ist (er hat bereits mehrere junge Frauen auf dem Gewissen), schaltet Sam sich notgedrungen selbst in die Ermittlungen ein. Ein milde irrer Maler (ganz köstlich: Mario Adorf), dessen Hauptmahlzeiten offenbar aus Katzenfleisch bestehen, kann Sam schließlich den entscheidenden Hinweis liefern. Die Auflösung bemüht mal wieder Papa Freud, ist jedoch völlig konfus und an den Haaren herbeigezogen. Regisseur Argento versucht in seinem Erstling grundsätzlich alle Akteure verdächtig erscheinen zu lassen, was ihm aber nur bedingt gelingt. Unangenehm fallen auf: Werner Peters in der fehlbesetzten Rolle des homosexuellen Antiquitätenhändlers und der gewollt »flotte« Sprachstil Tony Musantes, der verdächtig nach Rainer Brand riecht. Der deutsche Filmtitel ergibt ebenso wenig Sinn wie der italienische (»Der Vogel mit dem Kristallgefieder«): In der ganzen Geschichte kommt lediglich ein Handschuh vor, und dass ihn ein »Geheimnis« umgäbe (außer dem, dass er eventuell dem Schlitzer gehört, was jedoch nicht der Fall ist), muss ins Reich der Mythen verwiesen wenden. Die Kameraarbeit Vittorio Storaros ist annehmbar. Die literarische Vorlage stammt angeblich von Bryan Edgar Wallace: Wahrscheinlich hat er sie auf einem Bierfilz niedergeschrieben; ein Buch dieses Titels existiert jedenfalls nicht. [V]

DAS GEHEIMNIS DER WENDELTREPPE

(THE SPIRAL STAIRCASE). GB 1974. **R:** *Peter Collinson.* **B:** *Andrew Meredith, Mel Dinelli.* **V:** *»Some Must Watch« (1933) bzw. »The Spiral Staircase« (1946) von Ethel Lina White.* **K:** *Ken Hodges.* **M:** *David Lindup.* **D:** *Jacqueline Bisset (Helen Mallory), Christopher Plummer (Dr. Sherman), John Philip Law (Steven), Sam Wanamaker (Lt. Fields), Mildred Dunnock (Mrs. Sherman), Gayle Hunnicutt (Blanche), Elaine Stritch (Krankenschwester), John Ronane (Dr. Rawley), Sheila Brennan (Mrs. Oates), Heather Lowe (Blindes Mädchen), Christopher Malcolm (Polizist). F 89 Min.*

Eine stumme, attraktiv-moderne Frau, mit einem Arzt verlobt, der sie zur Spezialistenbehandlung überreden möchte, weil er fest an Heilung glaubt, besucht eine Tante in einer Kleinstadt, in der seit geraumer Zeit körperlich gebrechliche Frauen ermordet werden. Nach dem sechsten Mord wird sie von ihrer Tante mit dem eigenartigen Hinweis auf deren beide Söhne zur Abreise gedrängt. Sie willigt ein, das Haus am nächsten Tag zu verlassen. Aber die Nacht wird zur Ewigkeit. Als sich die Frau im Haus nicht mehr sicher fühlt, sucht sie Hilfe, doch sie findet ihre Tante schlafmittelverseucht, die Köchin betrunken, dann sogar die Leichen einer Sekretärin und des Hausmeisters. In ihrer Angst sperrt sie den einen Vetter ein und liefert sich dem anderen aus, der unterdessen die schwarzen Handschuhe überstreift. – Remake des Siodmak-Klassikers *Die Wendeltreppe* (USA 1945), das sich inhaltlich ziemlich an das Vorbild anlehnt. Remakes großer Filme fordern Erinnerungen heraus, nicht selten auch Erwartungen. Die Schwierigkeit der Neuverfilmung eines Thriller-Klassikers ist in erster Linie die Schwierigkeit, dessen Atmosphäre nicht imitierend, sondern in bewusster Verwendung phototechnischer Neuerungen wieder- oder neuzuschaffen. Siodmaks *Wendeltreppe* ist ein Beispiel für einen ausgesprochen dichten Film mit sorgfältigen Interieurs, konstrastierenden Geräuschen, mit spielerischem Einsatz von Hell und Dunkel, mit einer treffenden Musikunterlage. 1974 wagte Regisseur Peter Collinson die Neuverfilmung, und überall wurde ihm bestätigt, dass sein Film das beste Beispiel dafür sei, wie man es nicht machen soll. »Das fade Gebräu, das Peter Collinson uns jetzt anzubieten sich erdreistet, entbehrt in seinem hilflosen Dilettantismus selbst noch des Charmes unfreiwilliger Komik ... Ohne Gefühl für Atmosphäre und Rhythmus ist das heruntergekurbelt; immerzu wird herumgezoomt, als wäre die Kamera ein Rührlöffel; die dominant eingesetzten Froschperspektiven sollen wohl Thriller und Horror bedeuten; durchgängig große Brennweiten verschmieren jede Tiefenperspektive, zumal ein offensichtlich betrunkener Schärfenzieher ständig am Objektiv herumfummeln durfte. Unheimlich ist in diesem Haus mit seinen einfältig chargierenden Bewohnern absolut nichts; wo expressives Licht und flackernde Schatten bei Siodmak eine Hölle markierten, laden die gesofteten Technicolorbilder bei Collinson allenfalls zur smarten candle-light-party ein.« (Andreas Meyer, MEDIUM)

Das Geheimnis der Wendeltreppe

DAS GEHEIMNIS DES DR. MIRAKEL

(MURDERS IN THE RUE MORGUE). USA 1932. **R:** *Robert Florey.* **B:** *Tom Reed, Dale Van Avery, John Huston.* **V:** *Erzählung »Der Doppelmord in der Rue Morgue« von Edgar Allan Poe.* **K:** *Karl Freund.* **SpE:** *John P. Fulton.* **D:** *Bela Lugosi (Dr. Mirakel), Leon Ames (Pierre Dupin), Sidney Fox (Camille L'Espanaye), Bert Roach (Paul), Noble Johnson (Janos), Brandon Hurst (Polizeipräfekt), Arlene Francis (Monette), Betsy Ross Clarke (Mutter), D'Arcy Corrigan (Friedhofswärter), Charlie Gemora, Joe Bonomo (Affe), Herman Bing. SW 62 Min.*

Rätselhafte Morde an Frauen im Paris des 19. Jahrhunderts bringen die Behörden auf die Spur des Dr. Mirakel, der Erik, »den Gorilla mit dem menschlichen Gehirn«, ausstellt und diversen Damen Affenblut injiziert. Antiquierter, von Poe inspirierter Thriller mit Bela »Dracula« Lugosi.

Das Geheimnis des Dr. Mirakel

DAS GEHEIMNIS DES GELBEN GRABES

(L'ETRUSCO UCCIDE ANCORA). BRD/Italien/Jugoslawien 1971. **R:** *Armando Crispino.* **B:** *Lucio Battistrada, Armando Crispino, Lutz Elsholtz.* **St:** *Bryan Edgar Wallace.* **K:** *Enrico Menczer.* **M:** *Riz Ortolani.* **D:** *Alex Cord (Jason), Samantha Eggar (Myra), John Marley (Nikos), Horst Frank (Stephen), Enzo Tarascio (Giuranna), Enzo Cerusico (Alberto), Carlo de Mejo (Igor), Daniela Surina (Irene), Christiane von Blanc (Velia), Vladen Milasinovic (Othello), Mario Maranzana (Vitanza), Pier Luigi d'Orazio (Minelli), Nadja Tiller. F 99 Min.*

Jugendlicher Archäologie-Professor stößt bei Forschungen in Italien auf ein unentdecktes Etruskergrab. Mittels Spezialsonden fotografiert er die Skulpturen und Wandmalereien, darunter auch eine Bildfolge über den etruskischen Gott Tuchulcha, der seinerzeit für den Tod »zuständig« war und dem Menschenopfer zuteil wurden. Diese Tradition scheint wieder aufzuleben durch eine Serie von Morden, bei denen am Tatort Ballettschuhe (!) zurückgelassen werden. Die Zahl der Verdächtigen ist unübersehbar und im Wesentlichen mit der Besetzungsliste identisch. Alles scheint auf einen Stardirigenten hinzudeuten, der natürlich so aussieht wie Herbert von Karajan, doch auch er überlebt das Ende des Films nicht. Sein Selbstmord soll den geliebten wahren Täter schützen. – »Die Lösung des Rätsels ist so unglaubwürdig wie die ganze Geschichte; logische Entwicklungen gibt es nicht. Der Film ist ein Sammelsurium von Unwahrscheinlichkeiten.« (FILMDIENST)

DAS GEHEIMNIS DES GRABMALS AM NIL

(THE TOMB). USA 1986. **R:** *Fred Olen Ray.* **B:** *Kenneth J. Hall.* **K:** *Paul Elliott.* **SpE:** *Brett Mixon.* **Ma:** *Makeup & Effects Lab.* **M:** *Drew Neuman.* **D:** *Cameron Mitchell (Dr. Howard Phillips), Sybil Danning (Jade), John Carradine (Androheb), Susan Stokey (Helen), Richard Alan Hench (David Manners), Michelle Bauer (Nefratus), David Pearson (John Banning), George Hoth (Dr. Stewart), Stu Weltman (Detective Sullivan), Frank McDonald (Ullman), Victor von Wright (Detective), Jack Frankel (Dr. Manners), Peter Conway, Brad Arrington (Zöllner), Emmanuel Shipov (Jussuf). F 81 Min.*

Grabräuber stehlen Artefakte aus einem altägyptischen Grab und schmieren auf eklige Weise ab, da einer zu neuem Leben erwachten Prinzessinnen-Mumie lange Zähne wachsen, auf dass sie Rache nehmen kann. Regisseur Fred Olen Ray: »Wir haben in den Tempelkulissen des Indiana Jones-Blue Jeans-Werbefilms gedreht. Wir haben Flugzeuge in die Luft gejagt, Autos sich überschlagen lassen und Menschen in Brand gesteckt. Wir hatten Rotoscope-Animationseffekte und haben uns einen Käfer ausgedacht, der sich in die Haut eingräbt und menschliche Herzen attackiert. Als wir das Ding gedreht haben, war's 'ne echte Komödie, aber dann hat der Verleih jeden Ulk rausgeschnitten.« Was aber nicht viel brachte, da die Produktionsgesellschaft kurz darauf Konkurs machte und der »Mumien-Mumpitz« (MOVIESTAR) als Videokassette endete. AIDT [V]

DAS GEHEIMNIS DES SCHREIENDEN SCHÄDELS

(THE SCREAMING SKULL). USA 1958. **R:** *Alex Nicol.* **B:** *John Kneubuhl.* **K:** *Frank Cosley.* **M:** *Ernest Gold.* **D:** *John Hudson (Eric Wilson), Peggy Webber (Jenny Wilson), Toni Johnson (Mrs. Snow), Russ Conway (Pastor Snow), Alex Nicol (Mickey). SW 66 Min.*

Eric Wilson ist durch den geheimnisvollen Unfalltod seiner ersten Frau zu Geld und Wohlstand gekommen. Sein abgelegenes Landhaus soll auch Heimstätte für seine zweite Ehe werden. Seine junge Frau Jenny, die schon Erfahrungen mit Nervenheilanstalten gemacht hat, fühlt sich noch am Tag des gemeinsamen Einzugs auf Äußerste bedroht, zunächst, wie sich das für gruselige Streifen ziemt, vom schwachsinnigen Gärtner, dann in der Nacht von schrillen Schreien und anderen undefinierbaren Geräuschen. Auch die lieben Nachbarn sind allzu nett. In Abwesenheit ihres Mannes kommt es dann zur Begegnung der zweiten Art: Ein schreiender Schädel setzt ihr arg zu und macht sie halb irrsinnig. Die Schädelvisionen entpuppen sich bald als Werk ihres Mannes, der sie in den Selbstmord treiben will, um sein Vermögen aufzustocken. Doch er fällt rechtzeitig dem eigenen Spuk zum Opfer.

Der Film wurde 1958 in den USA produziert. Wie dieser Schwachsinn vier Jahre später in die deutschen Kinos gelangte, gehört zu den unlösbaren Rätseln deutscher Verleihertradition. Die damalige Kritik des FILMBEOBACHTER hört sich heute etwas antiquiert an, trifft jedoch den Nagel auf den Kopf: »Wenn auch keinesfalls im Einfall neu, so hätte der Stoff doch einen logisch durchdachten Gruselfilm mit kriminellem Einschlag abgeben können. Wir hätten ihn dann auch wegen der geschmacklosen Handlung kaum befürwortet, doch es wäre auf diese Weise wenigstens ehrlicher Mist gewesen. Was sich dagegen Alex Nicol mit seinem Erstlingswerk geleistet hat, ist bei aller Abartigkeit auch noch handwerklich Pfuscherei. Und der Verleih besitzt tatsächlich die Dreistigkeit, diesen Stümper der Regie als ernsthaften Konkurrenten für Alfred Hitchcock (!) herauszustellen. Nicol schlägt diesen Altmeister nur auf einem Gebiet: Während sich ›Sir Alfred‹ in seinen Filmen stets mit einer winzigen Statistenrolle begnügt, hampelt Klein-Alex als schlecht frisierter Gärtner durch sein ganzes Filmchen von gerade 66 Minuten Dauer.«

DAS GEHEIMNIS DES WACHSFIGURENKABINETTS

(MYSTERY OF THE WAX MUSEUM). USA 1933. **R:** *Michael Curtiz.* **B:** *Don Mullay, Carl Erickson.* **V:** *Theaterstück von Charles S. Belden.* **K:** *Ray Rennahan.* **D:** *Lionel Atwill (Ivan Igor), Fay Wray (Charlotte Duncan), Glenda Farrell (Florence Dempsey), Allen Vincent (Ralph Burton), Gavin Gordon (Harold Winton), Edwin Maxwell (Joe North), Holmes Herbert (Dr. Rasmussen), Arthur E. Carewe (Sparrow), Thomas Jackson (Detective), Frank McHugh (Jim), Monica Bannister (Joan Gale), Matthew Betz (Hugo), DeWitt Jennings (Polizeichef), Bull Anderson (Hausmeister). F 75 Min.*
Irrer Bildhauer überzieht menschliche Körper mit Wachs, um ein Wachsfigurenkabinett mit Statuen zu bevölkern, die sein Kompagnon verbrannt hat.

DAS GEHEIMNIS VON SCHLOSS MONTE CHRISTO

(IL CASTELLO DALLA PORTA DI FUOCO/IVANNA). Italien/Spanien 1970. **R:** *José Luis Merino.* **B:** *Enrico Colombo, José Luis Merino, Maria del Carmen Martinez Roman.* **St:** *Enrico Colombo, José Luis Merino, Maria del Carmen Martinez Roman.* **K:** *Emanuele di Cola.* **M:** *Luigi Malatesta.* **D:** *Charles Quiney (Baron Janos Delmar), Erna Schürer (Ivanna Rakowsky), Enzo Sancrotti, Agostina Belli, Antonio G. Escribano, Christina Pathe, Mariano Vidal Molina, Christiana Galloni, Franco Moraldi, Renato Paracchi, Javier Rivera, Enzo Fisichella. F 93 Min.*
Mitteleuropa, um die Jahrhundertwende: Die Biochemikerin Ivanna tritt in die Dienste des Barons Janos Dalmar, der seinen Bruder Igor (das entstellte Opfer einer Brandkatastrophe) vor der Öffentlichkeit versteckt. Ivanna verliebt sich in den Baron und heiratet ihn. Gleichzeitig werden in der Umgebung ihres Schlosses mehrere scheußliche Morde an jungen Mädchen begangen. Der unheimliche Mörder ist, wie sich herausstellt, der missgestaltete Igor, der sich mit Zellexperimenten beschäftigt, um seinen verbrannten Leib zu regenerieren. Als er sich Ivanna nähert, kommt es zu einem Kampf, bei dem er versehentlich das ganze Schloss in Brand setzt. Diesmal kommt er in den Flammen um. Und so weiter.

DAS GEHEIMNIS VON SEACLIFF INN

(THE HAUNTING OF SEACLIFF INN). USA 1994. **R:** *Walter Klenhard.* **B:** *Walter Klenhard, Tom Walla.* **K:** *Ronn Schmidt.* **M:** *Shirley Walker.* **D:** *Ally Sheedy (Susan Enright), William R. Moses (Mark Enright), Louise Fletcher (Dorothy O'Hara), Lucinda Weist (Sara Warner), Tom McCleister (John), Maxine Stuart (Lorraine Adler), Shannon Cochran (Sheriff Tomizack), Jay W. MacIntosh (Caroline), James Horan (Jeremiah Hastings), Mary Weaver (Georgia), Frederick Dai, Wallace E. Smith, Ashley Buccille, Virginia Morris, Time Winters. F 91 Min.*
Gestresstes Yuppie-Ehepaar will einen Neuanfang wagen. Fern vom Getriebe der Großstadt wollen die beiden ein idyllisches altes Haus an der Pazifikküste zum Hotel garni umfunktionieren, doch das okkulte Geheimnis, das das Gemäuer umgibt, macht ihnen, wie vielen Paaren in ähnlichen Filmen, einen Strich durch die Rechnung: »Die alte Story vom Verbrechen aus Leidenschaft, das seine Spukfinger bis in die Ge-

genwart streckt, als eine Doppelgängerin des Mordopfers ihre zarten Füße über die Schwelle des verwunschenen Hauses setzt, wird hier solide, aber ohne jeden originellen Einfall aufbereitet.« (MOVIESTAR) [V]

GEISSEL DER LUST

(POSSESSED BY THE NIGHT). USA 1994. **R:** *Fred Olen Ray.* **B:** *Mark Thomas McGee.* **St:** *Fred Olen Ray.* **K:** *Gary Graver.* **M:** *Chuck Cirino.* **D:** *Shannon Tweed (Carol McKay), Ted Prior (Howard Hansen), Sandahl Bergman (Peggy Hansen), Chad McQueen (Gus), Frank Sivero (Murray Dunlap), Turhan Bey (Calvin), Henry Silva (Scott Lindsey), Sigal Diamant (Empfangschef), Joe Kuroda (Wong), Byron Man (Fok Ping Wong), Melissa Brasselle (Trina), Fred Olen Ray (Kellner), Amy Rochelle (Bikini-Frau), Alan Amiel (Detective), Elana Shoshan (Sheila), Peter Spellos (Big Ed), Kimberly O'Brien (Jill). F 84 Min.*

Ein von einer Schreibblockade gehemmter Horrorschreiber ersteht in einem chinesischen Laden eine in Spiritus eingelegte Schleimkreatur, unter deren Einfluss seine Sekretärin zu einem mordlüsternen Sexmonster wird. Komödie.

DER GEIST VON FLUG 401

(THE GHOST OF FLIGHT 401). USA 1978. **R:** *Stephen Hilliard Stern.* **B:** *Robert M. Young.* **St:** *John G. Fuller.* **K:** *Howard Schwartz.* **M:** *David Raksin.* **D:** *Ernest Borgnine (Don Cimoli), Gary Lockwood (Jordan Evanhower), Carol Rossen (Maria Cimoli), Robert F. Lyons (Bill Bowdish), Eugene Roche (Matt Andrews), Alan Oppenheimer (Barton), Tina Chen (Val), Kim Basinger (Prissy Frazier), Beverly Todd (Dana), Allan Miller (Les Garrick), Howard Hesseman (Bert Stockwell), Russell Johnson (Loft), John Quade (Marshall), Mark L. Taylor (Ron Smith), Tom Clancy (Dutch), Angela Clarke (Mrs. Collura), Byron Morrow (Bailey), Lynn Wood, Anna Mathias, Luis Avalos, Meeno Peluce, Tony Mattlanga, Deborah Harmon. F 90 Min.*

Der menschenfreundliche Pilot Don Cimoli kommt bei einem Absturz ums Leben. Fortan erscheint er seinen Kollegen während ihrer Flüge jedes Mal, wenn ein Defekt an den Maschinen oder Instrumenten zu einer Katastrophe zu führen droht. Fernsehfilm, der behauptet, auf einer tatsächlichen Begebenheit zu beruhen.

GEISTERFIEBER

Anderer Titel für DIE WILDE ZOMBIEPARTY

DAS GEISTERGESICHT DER ROTEN DSCHUNKE

(THE GHOSTLY FACE). Hongkong 1972. **R:** *Yang Chee Ching.* **B:** *N.N.* **M:** *N.N.* **D:** *Chang Lang Fung, Lenin Marlina, Deteso Tomo. F 77 Min.*

Junger Supermann bekämpft – angetan mit einer grausigen Horrormaske – die blutgierigen »Roten Piraten«, die sich mittels einer Nachahmung derselbigen zusammentun, um das »Geistergesicht« in Misskredit zu bringen. Eine Prinzessin, deren Vater den Piraten zum Opfer fiel, greift in die Auseinandersetzung ein. »Es gibt zu sehen: Blut, sadistisches Töten und vor allem wundersame Riesensprünge, Karate, gewaltige Kräfte (ganze Hundertschaften werden von den Einzelkämpfern besiegt), wobei das Mädchen dem ›Ghostly Face‹ noch überlegen ist.« (SCIENCE FICTION TIMES).

DAS GEISTERHAUS

(THE HOUSE THAT WOULDN'T DIE). USA 1970. **R:** *John Llewellyn Moxey.* **B:** *Henry Farrell.* **V:** *»Ammie, Come Home« (1968) von Barbara Michaels.* **K:** *Fleet Southcott.* **M:** *Laurence Rosenthal.* **D:** *Barbara Stanwyck (Ruth Bennett), Richard Egan (Pat McDougal), Michael Anderson (Stan Whitman), Katherine Winn (Sara Dunning), Doreen Lang (Sylvia Wall), Mabel Albertson (Mrs. McDougal). F 75 Min.*

Ruth Bennett und ihre Nichte Sara haben in der Stadt Gettysburg ein altes Haus geerbt. Die Nachbarn sind sicher, dass es dort spukt: Geister treiben ihr Unwesen. Unheimliche Geräusche, die niemand rational zu erklären vermag, versetzen die beiden Frauen in Angst. Während Ruth das Haus schnell wieder verlassen möchte, stößt Sara auf ein altes Tagebuch aus dem Jahr 1780, das ihr Aufschluss über die Vergangenheit des alten Gemäuers gibt. Man entschließt sich zu einer Séance, um die Geister derjenigen zu beschwören, die einst hier zu Hause waren. – Durchschnittlicher amerikanischer Spukfilm, produziert für das Fernsehen. »Natürlich gelingt es den Bewohnern, das Geheimnis des ruhelosen Geistes zu entschlüsseln, bevor sie das Gebäude einem ›Exorzismus‹ unterziehen.« (Gary Gerani/Paul H. Shulman, FANTASTIC TELEVISION)

GEISTERJÄGER JOHN SINCLAIR: DIE DÄMONENHOCHZEIT

BRD 1997. **R:** *Klaus Knoesel.* **B:** *Christoph Gottwald.* **V:** *Heftromanserie von Jason Dark [Helmut Rellergerd].* **K:** *Ekkehart Pollack.* **D:** *Florian Fitz (John Sinclair), Jophie Ries (Bill Conelly), Peter Fitz (Pater Ignatius), Holger Petzold (Sir Powell), Utz Krause (Willi Mallmann), Thierry van Werveke (Viktor Gonsoir), Tabea Tiesler (Kerstin Müller), Nicole Belstler-Boettcher (Glenda), Ania Rudy, Konstanze Proebster. F 90 Min.*

Londoner Geisterjäger untersucht in Köln den Tod dreier Frauen, begegnet im Völkerkundemuseum einem Voodoo praktizierenden Bibliothekar und erfährt von einem Dämonen, der die Fürstin der Finsternis erwecken will, um mit ihr die Herrschaft über die Welt anzutreten. Eigentlich hätte Jason Dark, der Verfasser von weit über 1000 Heftromanen über den Geisterjäger John Sinclair, es lieber gesehen, Steven Spielberg hätte seine Geisterjägergeschichten verfilmt, aber nach jahrelangem Bemühen ist nur ein müder Pilotfilm bei RTL herausgekommen, der für eine Serie »zu schade« war.

GEISTERKOMÖDIE

(BLITHE SPIRIT). GB 1945. **R:** *David Lean.* **B:** *Noel Coward.* **V:** *Theaterstück »Blithe Spirit« von Noel Coward.* **K:** *Ronald Neame.* **M:** *Richard Addinsell.* **D:** *Rex Harrison (Charles Condomine), Constance Cummings (Ruth Condomine), Kay Hammond (Elvira Condomine), Margaret Rutherford (Madame Arcati), Hugh Wakefield (Georg Bradman), Joyce Carey (Violet Bradman), Jacqueline Clark (Edith). SW 102 Min.*

Der Schriftsteller Charles Condomine lädt ein bekanntes Spiritistenmedium ein, um Material für ein Buch gegen den Aberglauben zu beschaffen. Als die Dame jedoch ihre Fähigkeiten unter Beweis stellt, sieht sich Charles dem Geist seiner ersten Frau Elvira gegenüber, die es schließlich sogar schafft, sich ihrer Nachfolgerin zu entledigen. Auch Charles sieht schließlich ein, dass er im Jenseits besser aufgehoben wäre. Eine geschickt gemachte Verulkung des Spiritismus, nach einem erfolgreichen Bühnenstück von Noel Coward. Für anspruchsvolle »Geister«.

DAS GEISTERSCHIFF DER SCHWIMMENDEN LEICHEN

(EL BUQUE MALDITO). Spanien 1974. **R:** *Amando Ossori.* **B:** *Amando Ossori.* **K:** *Miguel F. Mila.* **M:** *Anton Garcia Abril.* **D:** *Maria Perschy (Lilian), Jack Taylor (Howard Tucker), Carlos Lemos (Professor Gruber), Barbara Rey (Noemi), Manuel de Blas (Sergio), Blanca Estrada, Margarita Merino. F 89 Min.*

Die Masche der reitenden Leichen war gerade zu Tode geritten worden, da besann sich der spanische Regisseur und Drehbuch-Verbrecher Ossori auf heimische Traditionen und ließ seine Leichen nicht, wie der Titel es versprach, schwimmen, sondern auf einem heruntergekommenen Segler umherstapfen. Dass die Leichen dann doch noch mit dem nassen Element Bekanntschaft schließen, dient der Vorbereitung des abenteuerlichen Schlussgags, bei dem zwar die übrig gebliebenen Lebenden endlich ins Gras bzw. in den Sand beißen, das Filmteam aber verschont wird. – Bootskonstrukteur Tucker hat sich einen tollen PR-Knüller für sein neues hochseetüchtiges Kleinstboot ausgedacht: Mit zwei attraktiven Fotomodellen bestückt, lässt er es in der Nähe Grönlands auf der Nordatlantikroute treiben – in der Hoffnung, dass die beiden von einem großen Schiff »gerettet« werden. Die zu erwartenden Schlagzeilen sollen die Aufmerksamkeit auf das kleine Boot lenken, an dem sich alle Beteiligten goldene Nasen verdienen wollten. Doch die beiden Treibenden melden über Funk steigende Temperaturen und schwarzen Nebel. Noch während des Funkkontakts stößt das Boot gegen einen uralten, heruntergekommenen Segler. Ein unheimlicher, angstvoller Schrei beendet die Vorgeschichte. Tucker und sein Team, eine Mischung aus In- und Pseudokompetenz, machen sich auf, die Mädchen zu

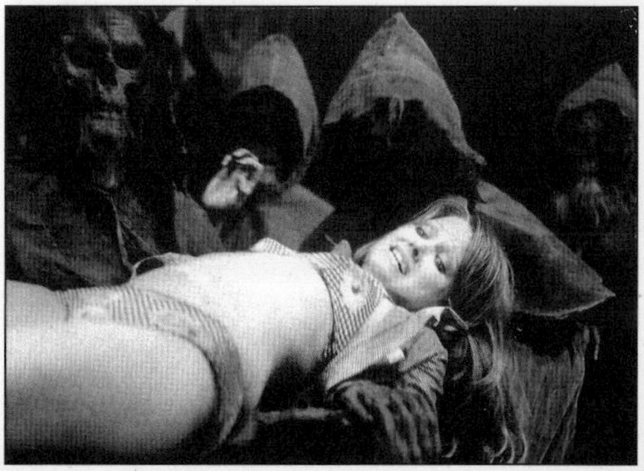

Das Geisterschiff der schwimmenden Leichen

suchen. Wie es der Zufall will, geraten sie auch in den schwarzen Nebel. Die Außentemperatur wird entgegen jeder Logik immer höher, und endlich sichten sie das Schiff. Es wirkt ziemlich verlassen und leer, nicht gerade einladend. Trotzdem wird das Schiff geentert, um die Suche nach den Mädchen aufzunehmen. Den wahren Sachzusammenhang aufzuklären, gibt sich das Pressematerial des Verleihs alle Mühe: »Und jetzt beginnt eine Nacht des Horrors, der Angst und der Verzweiflung. Sie befinden sich auf dem Schiff der Templer, das vor Jahrhunderten mit den Leichen der ermordeten Ritter ohne Besatzung der See übergeben wurde. Seitdem treibt es durch die Weltmeere – ein drohendes, geisterhaftes Mahnmal den Rache.« Klar, dass die Templer einen so leichten Totenschlaf haben, dass schon der Hall der Schritte der Neuankömmlinge ausreicht, um sie zu neuem Leben zu erwecken. Klar auch, dass ihre vermoderten Gerippe nach dem Blut der Lebenden gieren. Tuckers Crew wird arg dezimiert. Doch auch tote lebende Templer müssen ausruhen, und so nutzt Tucker ihr »Mittagsschläfchen« aus, um sie samt und sonders nebst Särgen im Meer zu versenken. Mit letzter Kraft erreichen Tucker und seine übrig gebliebene Freundin nicht per Boot, sondern im Stil von Inselwitzen (per Planke) ein nahe gelegenes Ufer. Erschöpft fallen sie in den Sand und werden vom Schlaf übermannt. Das ist auch gut für sie, denn sonst müssten sie, wie die Zuschauer, den Anblick blutlüsterner Leichen ertragen, die plötzlich aus dem Meer auftauchen und an Land tapsen ...

DAS GEISTERSCHLOSS

(THE HAUNTING). USA 1999. **R:** *Jan de Bont.* **B:** *David Self.* **V:** *»Spuk in Hill House« von Shirley Jackson.* **K:** *Karl Walter Lindenlaub.* **SpE:** *Industrial Light & Magic/Tippett Studio.* **Animatronics:** *KNB EFX Group.* **M:** *Jerry Goldsmith.* **D:** *Lili Taylor (Nell), Liam Neeson (Dr. David Marrow), Catherine Zeta-Jones (Theo), Owen Wilson (Luke Sanderson), Bruce Dern (Mister Dudley), Marian Seldes (Miss Dudley), Alix Koromzay (Mary Lambetta), Todd Field (Todd Hackett), Virginia Madsen (Jane), Michael Cavanaugh (Malcolm Keogh), Tom Irwin (Lou). F 113 Min.*

Wanted: Drei Kandidaten, die unter chronischer Schlaflosigkeit leiden und bereit sind, gegen Bezahlung einige Tage in einem alten Gemäuer zu verbringen. Der Neurologe Marrow will an Nell und zwei weiteren Probanden die Reaktionen auf Angstzustände in einem zyklopischen Schloss testen, das an Xanadu erinnert. Dass es dort spukt, versteht sich am Rande. Hier geht der Geist des in die Hölle abgetauchten Hugh Crain um, der zu Lebzeiten Fabrikkinder gemeuchelt hat. – Effektreiche Neuverfilmung von *Bis das Blut gefriert.* »Mit der Mischung von Wirklichem, Halbwirklichem und Übernatürlichem strapaziert *The Haunting* einigermaßen Verstand und Sinne seines Publikums. Vorm Spiegel verwandelt sich Nell in die Zweitfrau des Hauspatrons und zurück. Dieser lässt in einem Wutanfall Knochen seiner Opfer durch den Raum stieben. Am Schluss stirbt Nell in Märtyrerinnenpose, und es kommt zu einem hochkitschigen kurzen Ballett der in ihr Recht gesetzten Kinder. Spannung, oder was man dafür hält, wird einem immer wieder eingetrichtert mit den aufdringlichen, trommelfellmarternden Geräuscheffekten von Sounddesigner Gary Rydstrom.« (Torbjörn Bergflödt, NEUE ZÜRCHER ZEITUNG, 15.10.1999) – »Der Film tut so, als konzentriere er sich auf die Atmosphäre, aber dann wird doch fast die gesamte Zeit über dumm rumgequatscht«, bedauert Milan Pavlovic im KÖLNER STADT-ANZEIGER [16.10. 1999). »Es ist eine jener Geschichten, bei denen die Zuschauer, die (zu) oft ins Kino gehen, einen viel zu großen Vorsprung haben: Wir wissen, dass das Haus in irgendeiner Weise aktiv werden wird. Die Hausmeister (u.a. Bruce Dern) werfen allen schrecklich warnende Blicke zu, und der Film arbeitet mit all diesen altbackenen (visuellen) Andeutungen, dass es gleich losgehen wird. Tut es aber nicht. Und deshalb sitzt man da und langweilt sich über all das Psycho-Geblubber, das schlecht geschrieben ist und nicht viel besser interpretiert wird. Was nützen die stärksten Dekors und effektvollsten Ausleuchtungen, wenn einen die Menschen nicht interessieren, die leiden müssen?«

GEISTERSTUNDE

BRD 1987. **R:** *Volker Morlock, Susanne Aernecke, Pascal Hoffman, Dirk Eickhoff.* **B:** *Volker Morlock, Susanne Aernecke, Dirk Eickhoff.* **K:** *Justus Pankau, Jo Heim, Cornelius Glatzl, Carsten Lippstock, Karl W. Lindenlaub, Peter Glaube.* **M:** *Gert Grund, Michael Diekmann, Stephan Massimo, Carl Hänggi.* **D:** *Angelika Bender, Isabell Emminger, Klaus Ringer, Stella Adorf, Judith Rossmaier, Nabike Aqi-*

qui, Erich Tiebel, Marietta Meade, Alison Welles, Joa van Overstraaten. F 93 Min.

Episodenfilm: 1. »Malum« (**R:** Volker Morlok): Von afrikanischer Gottheit besessene Katze greift ihre Herrin an. – 2: »Julia« (**R:** Susanne Aernecke): Doppelgängerin übernimmt Existenz einer jungen Frau. Haben wir das nicht schon mal bei Ray Bradbury gelesen? – 3. »Kristalltod« (**R:** Pascal Hoffmann): Zwei Jungdiebinnen werden in ein teuflisches Spiel verstrickt und ziehen die Aufmerksamkeit eines geheimnisvollen Killers auf sich. – 4. »Bis dass der Tod uns scheidet« (**R:** Dirk Eickhoff): Ehefrau wird von ihrem ermordeten Gatten bedroht. – Horrorpoduktiönchen von Jungregisseuren der Hochschule für Film und Fernsehen, die auf spannende Unterhaltung kacken, weil sie Künstler sind. Irgendwann drehen sie bestimmt tolle Werbespots für Ariel und Milka. [V]

GEISTERSTUNDE

BRD 1996. R: Rainer Matsutani, Sebastian Niemann. B: Rainer Matsutani, Sebastian Niemann. K: N.N. M: N.N. D: Thomas Heinze (Philip Hacker), Nina Kronjäger (Vanessa), Rolf Hoppe (Frank), Laura Tonke, Anica Dobra, Jan Niklas, Corinna Harfouch, Christoph M. Orth, Horst Buchholz. F 90 Min.

TV-Episodenfilm. Ein TV-Produzent und seine Assistentin bleiben im Aufzug stecken und lassen sich von einem geschwätzigen Hausmeister drei Horrorgeschichten erzählen, deren Biederkeit auf den Friedhöfen, auf denen die Heerscharen der Pulp-Autoren der dreißiger Jahre liegen, zu Rotationsphänomenen führten: 1. »Die Schlafwandlerin«: Begegnet im Traum einem Mordopfer. – 2. »Der Haustyrann«: Malerin legt sich mit einem üblen Burschen an, der »nicht von dieser Welt« ist. – 3. »Das Spiegelbild«: Verhilft einem Zeichner zum beruflichen, aber nicht zu privatem Erfolg.

DIE GELIEBTE DES VAMPIRS

(L'AMANTE DEL VAMPIRO). Italien 1960. **R:** *Renato Polselli.* **B:** *Giuseppe Pellegrini, Ernesto Gastaldi, Renato Polselli.* **K:** *Angelo Basitrocci.* **M:** *Aldo Piga.* **D:** *Helene Remy (Luisa), Walter Brandi (Luca), Maria Luisa Rolando (Gräfin), Tina Gloriana (Francesca), John Turner (Giorgio), Ugo Gragnani (Profesor), Brigitte Castor, Lut Maryk, Ombretetta Ostenda, Marisa Quattrini, Stefania Sabatini, Bara Sonni. SW 86 Min.*

Ein Vampir-Pärchen treibt seit 400 Jahren in einem halb verfallenen Schloss sein Unwesen. Ausflüge in die nähere Umgebung sorgen für Blutnachschub. Ein Schloss, in dem angehende Ballettratten Trainingsräume haben, ist ihr jüngstes Operationsgebiet. Zwei beherzten Männern, offenbar von einer Herkules-Verfilmung ausgeliehen, gelingt es schließlich, die Vampire mit vorgehaltenem Kreuzzeichen ins Licht der aufgehenden Sonne zu treiben, was Vampire bekanntlich wie Butter schmelzen lässt. – Das einzig Bemerkenswerte an diesem Film ist das vergebliche Bemühen des Regisseurs, sein Machwerk durch Filmzitate aufzumöbeln. So sind zwar ganze Sequenzen Theodor Dreyers berühmtem *Vampyr* (1932) haargenau nachgebaut, doch ein Meisterwerk besteht nicht nur aus einzelnen Sequenzen; seine Atmosphäre muss stimmen. *Die Geliebte des Vampirs* hat die Atmosphäre des Müllabladeplatzes des Blutsaugergewerbes.

GELLAR, SARAH MICHELLE

(*1977). Amerikanische Schauspielerin. Seit 1996 bekannt durch ihre Fernsehrolle *Buffy – The Vampire Slayer (Buffy – Im Bann der Dämonen).* 1997: *I Know What You Did Last Summer (Ich weiß, was du letzten Sommer getan hast); Scream II.*

DIE GESCHÄNDETE ROSE

(LA ROSE ECORCHEE). Frankreich 1969. **R:** *Claude Mulot.* **B:** *Claude Mulot, Jean Larriage, Edgar Oppenheimer.* **K:** *Roger Fellous.* **M:** *Jean Pierre Dorcay.* **D:** *Philippe Lemaime (Frederic Lansac), Annie Duperey (Anne Lansac), Howard Vernon (Professor Rohmer), Elisabeth Teissier (Barbara), Olivia Robin, Michèle Perello, Valerie Boisgel, Gérard Huart, Johnny Cacao. F 83 Min.*

Der bekannte Porträtmaler Frederic Lansac verliebt sich in die bildhübsche Anne, heiratet sie und erlebt mit ihr auf seinem Schloss glückliche Wochen. Als Anne von einer eifersüchtigen Verehrerin ihres Mannes ins Feuer gestoßen und schrecklich entstellt wird, hält Frederic sie in seinem Heim verborgen. Der vorbestrafte Wissenschaftler Rohmer, ein Gesichtschirurg, könnte ihm helfen, aber da er für Hauttransplantationen dieser Art »lebendes« Gewebe benötigt, verweigert er seine Zustimmung. Frederic erpresst ihn, lockt einige hübsche Kundinnen in sein Haus und bringt sie unter grausigen Umständen zu Tode. Anna geht sogar so weit, das Leben ihrer Schwester Barbara zu fordern, doch diese kann entkommen. Rohmer bringt sich um; Frederic sieht ein, dass seine Frau zur Bestie geworden ist. Seine beiden Diener, zwei taubstumme Kretins, bringen sie in seinem Auftrag um. Aber auch Frederic entkommt dem Chaos nicht unverletzt ... Wem der Plot dieses Heulers nicht bekannt vorkommt, sei gebeten, zu Robert Hartford-Davis' *Die Bestie mit dem Skalpell* (GB 1967) zurückzuschlagen. Ansonsten gilt, was der FILMDIENST zu Claude Mulots Mörder-Banale gesagt hat: »Die Gruseleinlagen wirken eher lächerlich denn erschreckend, und bei der ›Opfer-Auslese‹ schleicht sich billigster Voyeurismus ein. Selbst die Darsteller outrieren bis zur Peinlichkeit.« – Der vorwiegend in der Fleischbeschaubranche tätige Claude Mulot war auch unter dem Pseudonym »Frederic Lansac« einschlägig aktiv.

GESCHICHTEN AUS DER GRUFT

(TALES FROM THE CRYPT). GB 1972. **R:** *Freddie Francis.* **B:** *Milton Subotsky.* **K:** *Norman Warwick.* **Ma:** *Roy Ashton.* **M:** *Douglas Gambley.* **D:** *Ralph Richardson (Mönch), Joan Collins (Joanne Clayton), Chloe Franks (Carol Clayton), Oliver McGreely (Weihnachtsmann), Martin Boddey (Richard Clayton), Ian Hendry (Carl Maitland), Susan Denny (Mrs. Maitland), Frank Forsyth (Tramp), Angie Grant (Susan), Paul Clere (Maitland jr.), Sharon Clere (Tochter), Nigel Patrick (William Rogers), Patrick Magee (George Carter), Tony Wall (Kunde), Harry Locke (Koch), George Herbert (Blinder), John Barard, Ernest C. Jennings, Hugo de Vernier, Carl Bernard, Chris Cannon, Louis Mansl (Blinde), Peter Cushing (Arthur Grimsdyke), Robin Phillips (James Elliot), David Markham (Edward Elliot), Ann Sears (Mrs. Carter), Robert Hutton (Baker), Edward Evans (Ramsay), Kay Adrian (Mrs. Davies), Irene Gawne (Mrs. Phelps), Clifford Earl (Polizist), Manning Wilson (Vikar), Dan Caulfield (Briefträger), Melinda Clancy (Carters Tochter), Carlos Baker (Davies jr.), Stafford Medhurse (Phelps jr.), Richand Greene (Ralph Jason), Roy Dotrice (Charles Gregory), Barbara Murray (Enid Jason), Hedger Wallace (Detektiv), Peter Thomas (Leichenträger). F 95 Min.*

Fünf Personen sehen sich bei der Besichtigung einer Schlossgruft plötzlich von den anderen Besuchern abgeschnitten und stehen einem fremden Mann gegenüber, der mit einer Mönchskutte bekleidet ist. Dieser will ihnen Geschichten erzählen, Geschichten, die ihnen die Augen öffnen sollen. Er beginnt mit Joanne Clayton, die zu Weihnachten kaltblütig ihren Mann umbringt. Ihre kleine Tochter möchte gern wissen, ob es wirklich einen Weihnachtsmann gibt. Gleichzeitig hört man im Radio die Stimme des Nachrichtensprechers, der gerade meldet, aus der nahen Heilanstalt sei ein gewalttätiger Irrer im Kostüm eines Weihnachtsmanns entflohen. Joanne verschließt Türen und Fenster. Doch vertrauensvoll lässt die kleine Tochter den Weihnachtsmann herein.

Carl Maitland hat seine Familie verlassen. Mit seiner Freundin im Auto unterwegs, sieht er plötzlich zwei riesige Scheinwerfer auf sich zurasen. Nachdem er das Bewusstsein wiedererlangt hat, will er – da er allein ist – ein nahendes Auto anhalten. Der Fahrer stutzt, gibt Gas und rauscht an ihm vorbei. Zu Hause wundert Maitland sich, dass ein fremder Name an seiner Haustür steht. Seine Frau knallt ihm mit einem Wahnsinnsschrei die Tür vor der Nase zu. Er geht zu seiner Freundin. Sie weicht nicht vor ihm

Geschichten aus der Gruft

zurück: Sie ist blind, als Folge des Unfalls, der Maitland vor zwei Jahren das Leben kostete. Als er in den Spiegel schaut, sieht er die Bescherung: Sein Totenschädel grinst ihm entgegen ... James Elliot tyrannisiert seinen Nachbarn Grimsdyke, einen freundlichen alten Mann. Er möchte ihn zum Verkauf seines Hauses bewegen. Elliot hetzt alle Nachbarn auf: Sie sollen dem alten Mann zum Valentinstag beleidigende Grußkarten schicken. Grimsdyke nimmt sich das Leben. Elliot triumphiert. Als er ein Jahr später wieder Karten zum Valentinstag schreibt, steht Grimsdykes Geist im Zimmer und nimmt grausam Rache ... Ralph Jason ist pleite. Auf Anraten seines Freundes will er alle seine Schätze versilbern. Er findet eine mystische Statue, der er vorher keine sonderliche Beachtung geschenkt hatte, die ihm jetzt jedoch ermöglicht, drei Wünsche auszusprechen, die unwiderruflich in Erfüllung gehen werden. Seine Frau ist voreilig und wünscht sich ein Vermögen. Das bekommt sie, als Jason bei einem Autounfall ums Leben kommt und die Versicherungssumme ausgezahlt wird. Ihr zweiter Wunsch ist der, dass ihr Mann in dem Zustand, in dem er sich vor dem Unfall befand, zu ihr zurückkehren soll. Man liefert ihr die Leiche, denn kurz vor dem Unfall starb Jason an einer Herzattacke. Ohne groß nachzudenken, wünscht sie als Drittes ihren Mann lebendig. Für den Rest seiner Tage, also für die Ewigkeit, vegetiert Jason an den Folgen seiner Herzattacke dahin ... William Rogers leitet eine Blindenanstalt. Er beutet die Insassen schonungslos aus. Mit seinem Bluthund schüchtert er die Hilflosen so lange ein, bis sie revoltieren und ihn einsperren. Als Rache haben sie sich etwas besonders Delikates ausgedacht: Durch Essensentzug machen sie den Bluthund rasend und lassen ihn laufen. In panischer Angst flieht Rogers durch die Korridore. Die Flucht endet vor einem nicht ganz mannsbreiten Gang. Dieser ist zu beiden Seiten mit abertausenden von Rasierklingen bestückt, die aus dem Mauerwerk herausragen ... Die Geschichten sind zu Ende. Geschichten, die die Wahrheit offen legen, die davon zeugen, dass alle aus Rache für vorhergegangene Untaten bestraft worden sind, dass alle keine Anstrengungen unternommen haben, ihr Leben menschlicher zu gestalten. Der Kuttenträger öffnet eine Tür und überantwortet alle fünf der Hölle. Denn längst ist klar geworden, dass die vermeintliche Gruft die Unterwelt ist, in der sie als Tote vor dem Richter stehen. Dieses »erfrischende Gruselvergnügen« (HALLIWELL'S FILMGUIDE) mit »ansehnlichen schauspielerischen Leistungen« (Alan Frank, HORROR FILMS), in dem vor allem Peter Cushing in der Maske des auferstandenen Grimsdyke unvergessen ist, wurde einer der größten Erfolge der Produktionsgesellschaft Amicus, die ähnlich wie Hammer Films auf schnell abgedrehte, billige Unterhaltungshorrorware spezialisiert war. Milton Subotsky, Mitgesellschafter der Amicus, schrieb das Drehbuch nach einer Comic-Serie von William M. Gaines.

GESCHICHTEN AUS DER SCHATTENWELT

(TALES FROM THE DARKSIDE: THE MOVIE). USA 1990. **R:** *John Harrison.* **B:** *Michael McDowell, George A. Romero.* **V:** *Arthur Conan Doyle, Stephen King, Michael McDowell.* **K:** *Robert Draper.* **SpE:** *Ernest Farino.* **M:** *Donald Rubinstein, Jim Manzie, Pat Regan, Chaz Jankel, John Harrison.* **D:** *Deborah Harry (Betty), Christian Slater (Andy), William Hickey (Drogan), Rae Dawn Chong (Carola), James Remar (Preston), David Johansen (Halston), Matthew Lawrence (Timmy), Robert Sledgwick (Lee), Steve Buscemi (Bellingham), Robert Klein (Wyatt), Julianne Moore. F 93 Min.*

Episodenfilm. In einer Rahmenhandlung entführt eine Frau einen kleinen Jungen, der ihr als Festbraten dienen soll. Um sie von ihrem schrecklichen Plan abzulenken, erzählt er ihr Geschichten. – 1. »Lot 249«: Archäologiestudent erweckt eine Mumie zu neuem Leben. – 2. »Die Höllenkatze«: Profi-Killer fällt einer teuflischen Katze zum Opfer. – 3. »Der Schwur der Liebenden«: Sensibler New Yorker Künstler erkennt in seiner neuen Liebe ein Ungeheuer. Mit ordentlichen Ekeleffekten inszenierte Geschichten, die problemlos auch in einer TV-Reihe untergebracht werden können. [V]

GESCHICHTEN, DIE ZUM WAHNSINN FÜHREN

(TALES THAT WITNESS MADNESS). GB 1973. **R:** *Freddie Francis.* **B:** *Jennifer Jayne [Jay Fairbank].* **K:** *Norman Warwick.* **M:** *Bernard Ebbinghouse.* **D:** *Jack Hawkins (Nicholas), Donald Pleasence (Dr. Tremayne), Georgia Brown (Fay Patterson), Donald Houston (Sam Patterson), Russell Lewis (Paul Patterson), David Wood (Tutor), Suzy Kendall (Ann/Beatrice), Peter McEnery (Timothy Patrick),*

Frank Forsyth (Onkel Albert), Beth Morris (Polly), Joan Collins (Bella Thompson), Michael Jayston (Brian Thompson), Kim Novak (Auriol Pageant), Michael Petrovich (Kimo), Mary Tamm (Ginny Pageant), Lesley Nunnerley (Vera), Leon Kissek (Keoki), Zohra Segal (Malia), Neil Kennedy, Richard Connaught. F 90 Min.

Episodenfilm: Vier Patienten einer Nervenklinik erzählen einander, aus welchem Grund sie sich in Behandlung begeben haben: Jeder hat eine Erfahrung hinter sich, die ihn zum Psychiater getrieben hat. [V]

GESCHÖPF DES SCHRECKENS

(SHE-CREATURE). USA 1956. **R:** *Edward L. Cahn.* **B:** *Lou Rusoff.* **St:** *Lou Rusoff.* **K:** *Frederick E. West.* **Ma:** *Jack Dusick.* **M:** *Ronald Stein.* **D:** *Chester Morris (Dr. Carlo Lombardi), Tom Conway (Timothy Chappel), Cathy Downs (Dorothy Chappel), Lance Fuller (Dr. Ted Erickson), Ron Randell (Lt. Ed James), Frieda Inescort (Mrs. Chappel), Marla English (Andrea), Frank Jenks (Detective Sgt.), El Brendel (Olaf), William Hudson (Bob), Paul Dubov (Johnny), Flo Bert (Marta), Jeanne Evans (Mrs. Brown), Kenneth MacDonald (Professor Anderson), Jack Mulhall (Anwalt), Paul Blaisdell (Geschöpf), Luana Anders. SW 77 Min.*

Der Hypnotiseur Lombardi versetzt seine Assistentin Andrea in Trance, um ein Ungeheuer zu beschwören, das seit prähistorischen Zeiten im Meer lebt. Dieses reinkarniert in ihr und begeht schreckliche Untaten. Chappel, Lombardis Manager, sieht eine Möglichkeit, Geld zu verdienen, indem Lombardi die Untaten des monströsen Geschöpfs »prophezeit«. Dr. Ted Erickson, der sich für Andrea interessiert, kommt den Böslingen auf die Schliche. Irgendwann kann Andrea ihr zweites Ich steuern und hetzt es auf ihre Peiniger. – Ein Film, der nur langsam zur Sache kommt, doch ungeachtet der Klischeehandlung eine finstere Atmosphäre verbreitet.

Geschöpf des Schreckens

DAS GESICHT IM DUNKELN

(A DOPPIA FACCIA). BRD/Italien 1969. **R:** *Riccardo Freda.* **B:** *Riccardo Freda, Paul Hengge.* **V:** *»Das Gesicht im Dunkeln« von Edgar Wallace.* **K:** *Gabor Pagoni.* **M:** *Joan Christian.* **D:** *Klaus Kinski (John), Margaret Lee (Helen), Christiane Krüger (Christine), Günther Stoll (Inspektor Stevens), Sidney Chaplin (Brown), Annabella Incontrera (Liz), Barbara Nelli, Gastone Persucci, Claudia Trifoni, Luciano Spadoni, Marcolino Carba, Ignazio Dolci. SW 81 Min.*

Witwer wird beinahe zum Opfer eines teuflischen Komplotts, das darauf abzielt, ihm einzureden, dass seine verstorbene Frau noch lebt und in pornographischen Filmen auftritt. – Dieser angeblich auf dem Edgar Wallace-Roman »THE FACE IN THE NIGHT« (1924) basierende Film wurde als »Psycho-Thriller von internationalem Format« angepriesen, entpuppte sich jedoch als Rohrkrepierer: »Sogar Klaus Kinski war in der Rolle des John fehlbesetzt, und die zweitklassigen italienischen Darsteller gaben dem Film den Rest.« (Florian Pauer, DIE EDGAR WALLACE-FILME). – »*Das Gesicht im Dunkeln* ... ist eine Mischung aus Erotik und Horror ... Mehr lohnt sich nicht darüber zu sagen.« (Philippe Setbon, KLAUS KINSKI)

DIE GESICHTER DES TEUFELS

Anderer Titel für TÖDLICHER SEGEN

GESPENST AUF REISEN

Anderer Titel für EIN GESPENST GEHT NACH AMERIKA

EIN GESPENST GEHT NACH AMERIKA

(THE GHOST GOES WEST). GB 1935. **R:** *René Clair.* **B:** *Robert E. Sherwood.* **St:** *Eric Keown.* **K:** *Hal Rosson.* **M:** *Mischa Spolianski.* **D:** *Robert Donat (Murdoch/Donald Glourie), Jean Parker (Peggy Martin), Eugene Pallette (Martin), Elsa Lanchester (Lady Shepperton), Ralph Bunker (Bigelow), Ever-*

ly Gregg (Mrs. Morton), Morton Selten (Glourie), Hay Petrie (McLaggeren), Herbert Lomas (Fergus), Patricia Hillary (Schäferin), Quentin McPherson (Gläubiger), Elliot Mason. SW 85 Min.

Während einer wüsten Auseinandersetzung zwischen zwei schottischen Clans fliegt der junge Murdoch Glourie, der gerade mit einer hübschen Schäferin schäkert, bei einer Explosion unrühmlich in die Luft. Sein Vater verflucht ihn daraufhin, so lange im familieneigenen Schloss als Geist herumzuspuken, bis er sich an den gegnerischen McLaggerens gerächt hat. Jahrhunderte später spukt Murdoch noch immer; indessen geht es seinem Nachfahren Donald so schlecht, dass er den Familienbesitz an den steinreichen Amerikaner Martin verhökern muss. Dieser lässt das Kastell Stein für Stein abbauen und inklusive Schlossgespenst nach Amerika versetzen. Hier endlich bietet sich Murdoch eine Chance, sich an den McLaggerens zu rächen: Der schärfste Konkurrent Martins entpuppt sich als letzter Nachfahre seiner einstigen Feinde. – »Die Unterhaltsamkeit dieser alten Komödie, die amerikanisches Managertum und britischen Traditionskult aufs satirische Korn nimmt, ist von liebevollem Charme geleitet und deshalb nie bösartig. Die köstlichen Hauptfiguren und eine Fülle hübscher Regieeinfälle wetteifern miteinander.« (ÖJ., FILMDIENST) – »Robert Donat spielt eine dankbare Doppelrolle, das Gespenst im schottischen Kilt und den modernen jungen Schlossherrn, und er macht mit seinem unaufdringlichen, lyrischen Charme eine gute Figur.« (P., FILMBEOBACHTER)

DAS GESPENST VON CANTERVILLE

(THE CANTERVILLE GHOST). USA 1944. **R:** *Jules Dassin.* **B:** *Edwin Harvey Blum.* **V:** *»Das Gespenst von Canterville« von Oscar Wilde.* **K:** *Robert Plank.* **M:** *George Bassman.* **D:** *Charles Laughton (Sir Simon de Canterville), Robert Young (Cuffy Williams), Margaret O'Brien (Lady Jessica de Canterville), William Gargan (Sgt. Benson), Reginald Owen (Lord Canterville), Peter Lawford (Anthony de Canterville), Marc Cramer, Frank Reicher, Lumsden Hare, Rags Ragland, Donald Stuart, Elisabeth Risdon, Una O'Connor, Frank Faylen, Mike Mazurki, Tor Johnson. SW 95 Min.*

Sir Simon de Canterville, vor Jahrhunderten in einem geheimen Raum seines Schlosses lebendig eingemauert, ist dazu verdammt, als Gespenst umzugehen. 1944, während der Invasionsvorbereitungen, werden amerikanische Soldaten in seinem Schloss einquartiert, darunter ein Nachfahre Sir Simons, ein gewisser Cuffy Williams, der nicht müde wird, darauf hinzuweisen, dass sich auch in den USA der Adel erhalten hat: Schließlich leben dort Nat »King« Cole und »Duke« Ellington. Die Amerikaner nehmen das Gespenst, das sie konsequent als »Rebellen aus den Kolonien« bezeichnet, zunächst nicht ernst – z.B. bieten sie ihm Öl für seine rasselnden Ketten an –, empfinden später jedoch Mitleid für den unglücklichen Geist und sorgen letztlich für die Überwindung des Fluches. – Selbst eine Gespensterkomödie bedarf einer gewissen Atmosphäre, um den Zuschauer zu fesseln. Eine solche kann aber kaum entstehen, wenn die Darsteller, Charles Laughton als Gespenst eingeschlossen, so nassforsch und fröhlich agieren wie in amerikanischen TV-Familienserien (in denen sich Robert Young, der den Cuffy spielt, den größten Teil seiner Sporen verdient hat: Er mimte tragende Rollen in *Vater ist der Beste* und *Dr. Marcus Welby*). Insbesondere ist der Stimmungsumschwung von Veralberung zu Mitleid alles andere als glaubwürdig. Man muss dem Film jedoch zugute halten, dass auch Oscar Wilde in seiner Originalstory diesen Übergang nicht sehr überzeugend dargestellt hat.

GESPENSTERPARTY

(MUNSTER, GO HOME!). USA 1966. **R:** *Earl Bellamy.* **B:** *George Tibbles, Joe Connelly, Bob Mosher.* **K:** *Benny Kline.* **M:** *Jack Marshall.* **D:** *Fred Gwynne (Herman Munster), Yvonne De Carlo (Lily Munster), Al Lewis (Opa), Butch Patrick (Eddie Munster), Debbie Watson (Marilyn Munster), Terry-Thomas (Freddie Munster), Hermione Gingold (Lady Effigie Munster), Jeanne Arnold (Grace Munster), Robert Pine (Roger Moresby), Maria Leonard (Millie), Arthur Malet (Alfie), Richand Dawson (Joey), John Carradine (Cruickshank), Bernard Fox (Lester Moresby), Diane Chesney (Mrs. Moresby), Ben Wright (Hennessy), Jack Dodson (Schiffsoffizier). F 96 Min.*

Der amerikanische Zweig der Familie Munster unter Leitung des Zwei-Etagen-Egg-Head Herman reist zu Verwandten nach England, um eine Erbschaft anzutreten. Beide Familien, der US- wie der englische Stamm, setzen sich aus einer ausgewählten Sammlung von Horrortraditionen zusammen: Frankenstein'schen Monsterverschnitten, Vampiren, Werwolfähnlichem, verrückten Wissenschaftlern und anderem Blut saugenden Gesindel. Beide Familien wollen sich natürlich gegenseitig an die Gurgel, und jeder ist bestrebt, sich und den anderen größtmögliche Schwierigkeiten zu bereiten. Als dem Grotesk-Klamauk um die grüngesichtigen Munsters gegen Ende die Luft ausgeht, besinnt man sich der guten alten Kintopp-Zeit und veranstaltet ein Autorennen.

DIE GEZEICHNETEN

Anderer Titel für FREAKS

DIE GEZEITEN DES BLUTES

Anderer Titel für BLOOD TIDE

GHOSTBUSTERS – DIE GEISTERJÄGER

(GHOSTBUSTERS). USA 1984. **R:** *Ivan Reitman.* **B:** *Dan Aykroyd, Harold Ramis.* **K:** *Laszlo Kovacs.* **SpE:** *Richard Edlund.* **M:** *Ray Parker.* **D:** *Bill Murray (Dr. Peter Venkman), Dan Aykroyd (Dr. Raymond Stantz), Sigourney Weaver (Dana Barrett), Harold Ramis (Dr. Egon Spengler), Rick Moranis (Louis Tully), Annie Potts (Janine Melnitz), William Atherton (Walter Peck). F 105 Min.*

Die amerikanischen Parapsychologen Venkman, Stantz und Spengler schieben in ihrem Beruf eine ruhige Kugel. Als vom Staat besoldete Wissenschaftler gehen sie an der Universität eher halbherzig ihren Forschungen nach, bis eines Tages zwei Dinge gleichzeitig geschehen: In einer Bibliothek finden sie ein »leibhaftiges« Gespenst – und ausgerechnet jetzt wirft sie der Dekan wegen mangelnder Arbeitsleistung vom Campus. Kurzentschlossen gründen sie eine Firma zur schnellen und diskreten Beseitigung von Geistern aller Art. Schon bald haben sie alle Hände voll zu tun, denn New York erlebt eine regelrechte Gespensterinvasion. Schließlich finden sie heraus, dass diese Geister nur die Vorhut der sumerischen Gottheit Gozer sind, die die Herrschaft über die Erde antreten will. Keine Frage, dass die Geisterjäger da noch ein Wörtchen mitreden wollen. In einem gewaltigen Showdown, in dessen Verlauf ein ganzer Wolkenkratzer (!) demoliert wird, jagen sie den antiken Gott in seine höllischen Gefilde zurück. – Vom Start weg erwies sich *Ghostbusters – Die Geisterjäger* als einer der größten Renner der Filmgeschichte – mit Einspielergebnissen, die man bislang nur von Regisseuren wie George Lucas und Steven Spielberg gewohnt war. Den Grund für diesen Erfolg lediglich in den aufwendigen Trickaufnahmen zu suchen (was beispielsweise auf *Krieg der Sterne* – USA 1976; Regie: George Lucas – zuträfe), wäre zu einfach. Immerhin war Spielbergs Anarcho-Komödie *1941 – Wo, bitte, geht's nach Hollywood* (USA 1978) ähnlich aufwändig und John Landis' *Blues Brothers* (USA 1979) erheblich witziger. Die SCIENCE FICTION TIMES machte für den Erfolg des Streifens den glücklich gewählten Zeitpunkt seiner Entstehung verantwortlich: »Der Erfolg eines solchen Films ... ist symptomatisch für die Lage der Nation: die Situation in God's own Country hat sich stabilisiert; man kann es sich, im Gegensatz zum Klima der Carter-Ära, wieder leisten, darüber zu lachen.« – Erheblich weniger zu lachen haben die deutschen Zuschauer. Was die Synchronisation aus den zahlreichen sprachlichen Gags des Films gemacht hat, spottet jeder Beschreibung und erscheint dem in dieser Hinsicht ohnedies nicht verwöhnten Kinogänger schlichtweg als Zumutung. – Ein Buch zum Film: Jason Dark: *Ghostbusters*, Bergisch Gladbach 1985 [V]

GHOSTBUSTERS II

(GHOSTBUSTERS II). USA 1989. **R:** *Ivan Reitman.* **B:** *Harold Ramis, Dan Aykroyd.* **K:** *Michael Chapman.* **SpE:** *Dennis Muren (ILM).* **M:** *Randy*

Ghostbusters – Die Geisterjäger

Edelman. **D:** *Bill Murray (Dr. Peter Venkman), Dan Aykroyd (Dr. Raymond Stantz), Sigourney Weaver (Dana Barrett), Harold Ramis (Dr. Egon Spengler), Rick Moranis (Louis Tully), Ernie Hudson (Winston Zeddemore), Annie Potts (Janinie Melnitz), Peter MacNicol (Janosz Poha), David Margulies (Bürgermeister), Wilhelm von Homburg (Vigo), Harris Yulin, Kurt Fuller. F 108 Min.*
Vorgeschichte: *Ghostbusters – Die Geisterjäger.* – Drei ausgeflippte »Wissenschaftler« ziehen gegen einen Ritter in die Schlacht, der keinen Bock mehr hat, in ein Gemälde gebannt zu sein; sie kämpfen gegen den üblichen Höllendreck und setzen die Freiheitsstatue mit »positiv geladenem Ektoschleim« in Bewegung, um den Geist eines Karpatenfürsten zu bannen, der um Mitternacht in einem unschuldigen Säugling reinkarnieren will. So lustig all dies auch sein mag: Ständige Wiederholung macht es nicht besser. [V]

GHOSTHOUSE

(LA CASA III). Italien 1987. **R:** *Humphrey Humbert [Umberto Lenzi].* **B:** *Cynthia McGavin.* **K:** *Franco delli Colli.* **SpE:** *Dan Maklansky, Robert Gould, Roland Park.* **M:** *Ian Fisher [Piero Montanari].* **D:** *Lara Wendel (Martha), Greg Scott (Paul), Ron Houck (Mark), Mary Sellers (Susan), Donald O'Brian (Valkos), Kate Silver (Tina), Martin Jay (Jim), Kristen Fougerousse (Henrietta), William M. Moon (Pepe), Susan Muller (Henriettas Mutter), Alain Smith (Henriettas Vater), William J. Devaney (Lieutenant), Raklh Morse (Pathologe), Robert Champagne (Bestatter), Ernest McKimnoro (Friedhofwärter). F 91 Min.*
Unerklärliche Signale locken den Hobbyfunker Paul und seine Freundin in ein einsames Landhaus in Massachusetts, in dem zwanzig Jahre zuvor ein Doppelmord geschah. Sie stoßen auf einige Jugendliche, die das Geheimnis des Spukhauses ergründen wollen, den Geist des toten Kindes der Mordopfer, einen irrsinnigen ehemaligen Hausverwalter und eine dämonische Clown-Puppe, die dafür sorgt, dass sich die Leichen alsbald häufen. Ein Spukhausfilm mit üblichen Zutaten: Türen, die sich im geeigneten Moment von selbst verschließen, gespenstisch wehende Vorhänge, zerplatzende Glühbirnen, etc. pp. Dazu eine Bande von Schauspielern, die so hölzern agieren, dass man körperliche Schmerzen empfindet. [V]

GHOSTHOUSE II

(LA CASA DELL'ORCO). Italien 1988. **R:** *Lamberto Bava.* **B:** *Dardano Sacchetti, Lamberto Bava.* **St:** *Dardano Sacchetti.* **K:** *Gianfranco Transunto.* **SpE:** *Angelo Mattei.* **Ma:** *Fabrizio Sforza.* **M:** *Simon Boswell.* **D:** *Virginia Bryant (Sheryl), Paolo Malco (Tom), Patrizio Vinci (Bobby), Sabrina Ferilli, Stefania Montorsi, Alice De Giuseppe, Davide Flosi, Alex Serra. F 92 Min.*
TV-Film. Sheryl, Autorin von Horrorromanen, verbringt den Urlaub mit Ehemann Tom und Sohn Bobby in einer italienischen Villa. Dort wird sie von morbiden Albträumen gequält, in denen sie wieder Kind ist. Im Gewölbe der Villa, das sie aus dem Traum kennt, stößt sie auf ihren Teddybär aus Kindertagen. Von Tom nicht ernst genommen, schließt sie Bekanntschaft mit der »Hexe« Anna, die eine Nase fürs Übernatürliche hat. Sheryls Visionen, in denen sie monströse Dinge sieht, bringen Tom gegen sie auf; er hält das böse Ungeheuer, das sie verfolgt, für eine Ausgeburt ihrer Phantasie. Als die Gefahr bedrohlicher wird, muss Sheryl sich der bösen Macht stellen – und erledigt sie auf ungewöhnliche Weise. [V]

GHOSTKEEPER

(GHOST KEEPER). Kanada 1989. **R:** *James Makichuk.* **B:** *James Makichuk, Doug McLeod.* **K:** *John Holbrook.* **M:** *Paul Zaza.* **D:** *Riva Spier (Jenny), George Collins (Ghostkeeper), Murray Ord (Marty), Sheri McFadden (Chrissy), Les Kimber (Kaufmann). F 89 Min.*
In einem abgelegenen Berghotel, das Besuch von Touristen mit Schneemobilen erhält, leben eine alte Schrulle, ihr schlitzender Sohn und ein mörderischer Geist, der nichts auslässt, um die Ankömmlinge zu dezimieren. [V]

GHOULIES

(GHOULIES). USA 1985. **R:** *Luca Bercovici.* **B:** *Luca Bercovici, Jeffrey Levy.* **K:** *Mac Ahlberg.* **SpE:** *John Carl Buechler.* **M:** *Richard Band, Shirley Walker.* **D:** *Peter Liapis (Jonathan Graves), Lisa Pelikan (Rebecca), Michael Des Barres (Malcolm Graves), Jack Nance (Wolfgang), Peter Risch (Grizzel), Tamara De Treaux (Gridigutt), Scott Thomson (Mike), Ralph Seymour (Mark), Mariska Hargiaty (Donna), Keith Joe Dick (Dick), David Dayan (Eddie), Victoria Catlin (Anastasia), Charene Cathleen (Robin), Bobbie Breese. F 78 Min.*
Im Keller einer alten Hollywood-Villa führen

Satanisten unter Beobachtung abscheulicher Höllenwesen eine schwarze Messe durch. Als der Sektenchef seinen Sohn dem Satan opfern will, bewahrt seine Frau das Kind vor dem schaurigen Schicksal und muss dafür ins Gras beißen. Nach dem Tod des Vaters erbt der anderswo aufgewachsene und ahnungslose Jonathan die Villa, zieht mit seiner Freundin Rebecca ein und durchstöbert den Besitz. Er findet dämonologische Aufzeichnungen, vermutet Schlimmes, beschwört Wesen aus der Unterwelt, die ihm bei den Nachforschungen über seinen Vater helfen sollen, und lädt unter einem Vorwand Freunde zu einer Veranstaltung ein, die sich als schwarze Messe entpuppt: Die jedoch geht aus dem Rahmen. Bald wimmeln im Haus haarige Höllenmonster herum, die seine Gäste angreifen. Auch der Satanisten-Papa entsteigt dem Grabe. AIDT [V]

GHOULIES II

(GHOULIES II). USA 1987. **R:** *Albert Band.* **B:** *Dennis Paoli, Charlie Dolan.* **K:** *Sergio Salvati.* **SpE:** *David Allen.* **Ma:** *John Carl Buechler.* **M:** *Fuzzbee Morse.* **D:** *Damon Martin (Larry), Royal Dano (Onkel Ned), Phil Fondacaro (Sir Nigel), J. Downing (P. Hardin), Kerry Remsen (Nicole), Dale Wyatt, John Maynard Pennell, Sasha Jenson, Starr Andreeff. F 90 Min.*
Die Ghoulies, fresslustige bepelzte Monster, sollen eigentlich die neueste Attraktion eines kleinen Wanderzirkus sein, doch als sie sich gegen die Besucher wenden, beschwören der Besitzer und sein Neffe einen riesigen Dämonen, der sich ihrer annimmt. AIDT [V]

GHOULIES III

(GHOULIES GO TO COLLEGE). USA 1990. **R:** *John Carl Buechler.* **B:** *Brent Olson.* **K:** *Ronn Schmidt.* **SpE:** *John Carl Buechler.* **M:** *Michael Lloyd, Reg Powell.* **D:** *Kevin McCarthy (Professor Ragnar), Evan Mackenzie (Skip Carter), Eva La Rue (Erin Riddie), Patrick Labyorteaux (Mooky), John Johnston (Jeremy), Griffin O'Neal. F 91 Min.*
Infantile Angehörige zweier verfeindeter College-Verbindungen lassen nichts aus, um sich gegenseitig auszustechen. Bei ihren lustigen Streichen werden ein paar wollige, drollige Schmatzmonster wieder belebt. AIDT

GHOULIES IV

(GHOULIES IV). USA 1993. **R:** *Jim Wynorski.* **B:** *Mark Seri.* **K:** *J. E. Bash.* **M:** *Chuck Cirino.* **D:** *Peter Liapis (Jonathan Graves/Faust), Barbara Alyn Woods (Kate), Stacie Randall (Alexandra), Raquell Krelle (Jeanine), Bobby di Cicco (Scott Mancuso(Scotty). F 78 Min.*
In schwarzes Leder gekleidete Satanisten-Tussi bringt einem mysteriösen Dämon Menschenopfer dar. Der Polizist Jonathan Graves bemüht sich, ihr auf die Schliche zu kommen. Eine wirre, brutale und auf Sparsex angelegte Geschichte, nach deren logischem Gehalt man gar nicht erst zu fragen wagt. »It's pretty bad.« (Michael J. Weldon, THE PSYCHOTRONIC VIDEO GUIDE). AIDT [V]

DER GHUL

(THE GHOUL). GB 1974. **R:** *Freddie Francis.* **B:** *John Elder.* **K:** *John Wilcox.* **M:** *Harry Robinson.* **D:** *Peter Cushing (Dr. Lawrence), John Hurt (Tom Lawrence), Alexandra Bastedo (Angela), Gwen Watford (Ayah), Veronica Carlson (Daphne), Don Henderson (Ghul), Stewart Bevan (Billy), Ian McCulloch (Geoffrey), John D. Collins, Dan Meaden. F 84 Min.*
Irgendwo in England, während der wilden Zwanziger: Auf einer ausgelassenen Party wird spontan der Beschluss gefasst, ein Autorennen zu veranstalten. Vergnügt donnert man durch die Nacht. Die hübsche Daphne und ihr Galan haben jedoch Pech: In einer finsteren Moorlandschaft geht ihnen zuerst der Sprit aus und dann die Lust flöten. Der Galan irrt auf der Suche nach Hilfe durch die nebelverhangene Nacht; Daphne macht indes unfreiwillig die Bekanntschaft eines Unbekannten, der möglicherweise mehr will als ihr an die Wäsche gehen. Sie

Der Ghul

flüchtet in das einsame Landhaus des Ex-Missionars Dr. Lawrence, der dort mit einem indischen Diener haust. Aber wie es mit geheimnisvollen und finsteren Landhäusern ist, die mitten im Moor stehen, birgt auch dieses ein makabres Geheimnis: In den Grüften desselben haust ein lebender Toter, Dr. Lawrences Sohn, und der ernährt sich am liebsten von saftigem Menschenfleisch ... – «Leider ist *Der Ghul* mehr ein nostalgischer Rückblick in die goldenen Zwanziger Jahre als ein Horrorfilm.« (Hans D. Furrer, VAMPIR) [V]

GIER NACH BLUT

(MACUMBA LOVE). USA 1960. **R:** *Douglas Fowley.* **B:** *Douglas Fowley.* **K:** *Rudolfo Icsey.* **M:** *Enrico Simonetti, Norman Graham, Carlton S. Riggs, H. C. Donaldson.* **D:** *Walter Reed (Weils), Ziva Rodann (Venus de Viasa), June Wilkinson (Sarah), William Wellmann jr. (Ehemann), Ruth de Sousa (Mama Rataby). F 85 Min.*

Eine wohlhabende Dame, die auf einer südamerikanischen Insel lebt, fällt in die Hände eines blutgierigen Voodoo-Kultes und wird beinahe dazu getrieben, deren magische Mordspielchen mitzumachen. Ein Schriftsteller namens Wells, der sich in sie verliebt, kann dem Spuk ein Ende bereiten. – »Eine minderwertige Horrorstory ... Wenn man den 85 Minuten der sinnlosen Gewalt und den neandertalerhaften Dialogen überhaupt eine Moral entnehmen kann, dann die, dass nette Mädchen nicht mit Puppen und vergifteten Hutnadeln spielen sollten.« (Joseph Morgenstern, THE NEW YORK HERALD TRIBUNE)

THE GIFT

(THE GIFT). USA 2000. **R:** *Sam Raimi.* **B:** *Billy Bob Thornton, Tom Epperson.* **K:** *Jamie Anderson.* **M:** *Christopher Young.* **D:** *Cate Blanchett (Annie), Keanu Reeves (Redneck), Katie Holmes (Vermisste), Giovanni Ribisi, Greg Kinnear, Hilary Swank. F 111 Min.*

Thriller von Sam Raimi: Annie, eine junge Witwe, die im reaktionären Süden der Vereinigten Staaten lebt, geriert sich als zauberhafte White Trash-Fee, die in die Zukunft blicken kann und den Behörden helfen soll, den Fall einer Vermissten aufzuklären.

DAS GIFT DES BÖSEN

(NATHANIEL HAWTHORNE'S TWICE-TOLD TALES). USA 1963. **R:** *Sidney Salkow.* **B:** *Robert E. Kent.* **V:** *Erzählungen »Dr. Heideggers Experiment«, »Dr. Rappacinis Tochter«, Roman »Das Haus mit den sieben Giebeln« von Nathaniel Hawthorne.* **K:** *Ellis W. Carter.* **SpE:** *Milton Olsen.* **M:** *Richard LaSalle.* **D:** *Vincent Price (Alex Medbourne/Dr. Rappacini/Gerald Pyncheon), Sebastian Cabot (Dr. Heidegger), Mari Blanchard (Sylvia Ward), Brett Halsey (Giovanni Guastconti), Abraham Sofaer (Professor Pietro Baglioni), Joyce Taylor (Beatrice Rappacini), Edith Evanson (Lisabetta), Beverly Garland (Alice Pyncheon), Richard Denning (Jonathan Maulle), Jacqueline De Wit (Hannah), Floyd Simmons (Mathew), Gene Roth (Taxifahrer). F 116 Min.*

Episodenfilm. 1. »Dr. Heideggers Experiment«: Während der Feier zu Dr. Heideggers 79. Geburtstag öffnet ein Blitz die Gruft seiner Braut Sylvia, die vor 38 Jahren, am Abend vor ihrer Hochzeit, verstarb. Heidegger und sein Freund Alex erkennen, dass eine Flüssigkeit, die von der Decke der Gruft tropft, Sylvia vollständig erhalten hat. Sie trinken davon, werden wieder jung und erwecken Sylvia mit dem Zeug zum Leben. Heidegger belauscht zufällig ein Gespräch zwischen Sylvia und Alex und erfährt zu seinem Entsetzen, dass die beiden früher etwas

Das Gift des Bösen

miteinander hatten: Sylvia hat Heidegger nur heiraten wollen, weil Alex sich geweigert hat, dies zu tun. Außerdem hat Alex Sylvia vergiftet, um ihre Ehe zu verhindern. Bei der folgenden Auseinandersetzung kommt Heidegger ums Leben und altert dabei auf der Stelle. Auch Alex geht es nicht besser. Als er sich Sylvia zuwendet, ist sie nur noch ein Skelett im Hochzeitskleid. Die jung machende Flüssigkeit in der Gruft ist versiegt. – 2. »Rappacinis Tochter«: Aus Wut darüber, dass seine Gattin ihn nach der Geburt der Tochter Beatrice verlassen hat, hat Dr. Rappacini sein Kind mit Pflanzengiften in ein Geschöpf verwandelt, dessen Atem tötet. Im Alter von 18 Jahren verliebt Beatrice sich in den Studenten Giovanni. Da sie weiß, dass sie ihn nicht berühren kann, ohne ihn zu töten, unternimmt sie einen Selbstmordversuch. Rappacini rettet sie und macht auch Giovanni zu einem Geschöpf ihrer Art. Giovanni setzt sich in den Besitz eines Gegenmittels, das ihn und Beatrice von dem Fluch befreien soll – doch sie sind von den giftigen Substanzen abhängig und kommen um. Rappacini begeht Selbstmord. – 3. »Das Haus mit den sieben Giebeln«: Da es Gerald Pyncheon finanziell schlecht geht, kehrt er mit seiner Gattin Alice auf den Sitz seiner Ahnen zurück. Er glaubt, dort sei ein Schatz vergraben. Auf seiner Familie lastet jedoch ein Fluch. Diesen hat Matthew Maulle ausgesprochen, den ein Vorfahr Geralds 1861 wegen Hexerei zu Tode brachte. Maulles Geist spukt im Haus herum. Jonathan, ein Nachfahre Maulles, verliebt sich in Alice. Sie erfährt von dem Geist, dass sie eine Nachfahrin seiner Geliebten ist. Der Geist möchte, dass seine Liebe Erfüllung findet, indem Alice seinen Nachfahren Jonathan ehelicht. Gerald erfährt von einem geheimen Gewölbe im Haus und tötet seine Schwester, damit er den Schatz nicht zu teilen braucht. Eine Skeletthand erdrosselt ihn. Mit dem Tod des letzten Pyncheon erlischt auch der Fluch. Das Haus löst sich auf. Jonathan und Alice können heiraten.

GIPFEL DES TERRORS

(THE FACE OF FEAR). USA 1990. **R:** *Farhad Mann.* **B:** *Dean R. Koontz, Alan Jay Glueckman.* **V:** *»Nackte Angst« von Dean R. Koontz.* **K:** *Peter Mackay.* **M:** *John Debney.* **D:** *Pam Dawber (Connie Weaver), Lee Horsley (Graham Harris), Kevin Conroy (Frank Bollinger), Walter Allison (Schiller), William Sadler (Anthony Prine), Bob Balaban (Ira Preduski), Donna Theodore (Edna Mowry), Vance Davis, David A. Kimball, Charles Noland, R. Leo Schreiber, Rudolph Willrich. F 90 Min.*

TV-Film. Zwei sich für Übermenschen haltende Kryptofaschisten morden aus Lust und Laune im Duett hübsche Frauen, bis ihnen ein Mann, der über die Kraft des Zweiten Gesichts verfügt, auf die Schliche kommt. Die Finsterlinge wollen ihm und seiner Kollegin in einem verschlossenen Hochhaus den Garaus machen. Farhad Mann hat einen nervenzerfetzenden Thriller des Autors Dean R. Koontz gnadenlos in den Sand gesetzt. [V]

DER GLÄSERNE TOD

Anderer Titel für ELEONORE

DER GLÖCKNER VON NOTRE-DAME

»Notre-Dame de Paris, 1482« (Originaltitel) erschien 1831 und gilt als Hauptwerk Victor Hugos. In der Beliebtheitsskala großer französischer Unterhaltungsromane ist er nur mit Alexandre Dumas' »Die drei Musketiere« und »Der Graf von Monte Christo« zu vergleichen. Was die literarische Qualität betrifft, so ist er diesen bei weitem überlegen. Hugo hatte sich von vornherein zur Aufgabe gemacht, mit diesem Roman sein Idealbild eines Romankunstwerks zu verwirklichen. Das Ergebnis ist der wohl bedeutendste historische Roman der Romantik überhaupt. Das Werk gliedert sich in elf Bücher. Die beiden ersten zeigen das spätmittelalterliche Paris mit seinem bunten Treiben am 6. Januar, dem Tag des Narrenfestes. Im Palais de Justice fällt der Dichter Pierre Gringoire mit seinem Mysterienspiel durch. Zur gleichen Zeit wird Quasimodo, der missgestaltete Glöckner der Kathedrale Notre-Dame, zum Narrenpapst gewählt. Auf der Suche nach einem Nachtquartier sieht Gringoire die Zigeunerin Esmeralda, die durch ihren anmutigen Tanz die Zuschauer immer aufs Neue begeistert, aber auch den ständigen Nachstellungen durch den finsteren Dompropst Frollo ausgesetzt ist. Gringoire folgt der Zigeunerin durch das nächtliche Paris und wird Zeuge, als Quasimodo plötzlich auf Esmeralda zustürzt und sie zu entführen versucht. Eine Streife königlicher Bogenschützen kann das Vorhaben vereiteln. Gringoire gerät schließlich in die berühmt-berüchtigte *cour des miracles,* das Zentrum der Pariser Unterwelt, zieht einiges Misstrauen auf sich und kann nur durch das energische Auftreten Esmeraldas vor dem Galgen bewahrt werden. – Das dritte Buch beschreibt in glühenden Farben das Paris des 15. Jahrhunderts und den Mittelpunkt des Romans, die Kathedrale Notre-Dame. – Das vierte Buch enthüllt die Beziehung Frollos zu Quasimodo. Der Dompropst steht im Ruf eines Hexenmeisters. Er hat das Findelkind Quasimodo aufgezogen und zum Glöckner gemacht. Seltsame Dinge gehen in Notre-Dame vor. Frollo unterweist unter anderem König Ludwig XI. auf dem Gebiet der Alchimie. Erst im sechsten Buch wird der Handlungsfaden wieder aufgenommen. Quasimodo wird für den Entführungsversuch öffentlich bestraft. Vom siebten Buch bis zum Ende rückt das eigentliche melodramatische Geschehen in den Mittelpunkt der Handlung. Da Dompropst Frollo keine Chance sieht, sich Esmeraldas zu bemächtigen, liefert er sie der Inquisition aus. Als Hexe und Mörderin soll sie hingerichtet werden. Trotzdem lehnt sie das Angebot Frollos ab, mit ihm zu fliehen. Kurz vor der angesetzten Hinrichtung rettet Quasimodo Esmeralda und bringt sie in die Kathedrale, wo sie Asyl genießt. Ein Parlamentsurteil, auf Betreiben Frollos verabschiedet, hebt das Asylrecht auf. Die *Truands,* Mitglieder der Unterwelt, stürmen die Kathedrale, um Esmeralda zu retten. König Ludwig sieht in dem Aufruhr einen Anschlag auf die königliche Gerichtsbarkeit und lässt ihn brutal niederschlagen. Esmeralda wird als Hexe gehenkt. Quasimodo erkennt die Machenschaften seines Herrn und sinnt auf Rache. Er stürzt Frollo von der Turmgalerie der Kathedrale. Dann sucht er das Grab Esmeraldas auf und stirbt. Victor Hugos Roman ist ein pralles Historiengemälde. Daher werden die Verfilmungen meist als Kostümfilm bezeichnet. Gleichzeitig werden sie in sämtlichen Horrorfilm-Listen aufgeführt. Dies ist in erster Linie auf die phantasievolle Arbeit der Maskenbildner zurückzuführen, die aus der tragischen Gestalt Quasimodo ein Sinnbild realen Horrors machten.

DER GLÖCKNER VON NOTRE-DAME

Die Stummfilme

Victor Hugos Roman lieferte Motive für eine ganze Reihe von Stummfilmen. Der erste wurde 1905 in Frankreich unter dem Titel *Esmeralda* gedreht (Regie: V. Jasset, A. Guy Blanche, Darsteller: Denise Becker, Henry Vorins). Es folgten: *The Hunchback* (USA 1909); *Hugo the Hunchback* (USA 1910); *The Lover of a Hunchback* (GB 1910); *Notre-Dame de Paris* (Frankreich 1911; Regie: A. Capellani, Darsteller: Henry Krauss, Stacia Napierkovska); *Notre-Dame* (Italien 1913, Regie: E. Pasquali). Der 1916 in den USA produzierte Film *Darling of Paris* (Regie: J. Gordon Edwards) konnte mit einem frisch gebackenen Star aufwarten: Theda Bara, einer der ersten Kinovamps, spielte die Esmeralda, ihr Partner Glen White den Quasimodo (allerdings ohne die hässlichen äußeren Attribute). 1922 kam aus Großbritannien *Esmeralda* mit den Darstellern Booth Conway, Sybil Thorndike, Arthur Kingsley und Anneley Healy. Ein Jahr später dann der große Stummfilm *The Hunchback of Notre-Dame* mit Lon Chaney in der Hauptrolle. Selbst Japan produzierte einen Stummfilm Glöckner: *Ennei-in No Semushi* (1925). Später gab es noch drei weitere »Exoten«, diesmal aus Indien: *Dhanwan* (1937), *Nav Jawan* (1937) und *Badshah Dampati* (1953), alle »inspiriert« vom Roman Victor Hugos. Auch die Japaner versuchten sich noch einmal an dem Stoff: *Nanbanji No Semushui-Otoko* (1957, Regie: Torajiro Sato). Dabei ging es nur um einen »Quasimodo-Charakter.« In einigen amerikanischen Listen wird auch F. W. Murnaus Film *Der Bucklige und die Tänzerin* (1920) aufgeführt. Obwohl Murnau sich einen Namen machte, was »Plagiate« anging *(Nosferatu/Dracula* und *Der Januskopf/Dr. Jekyll),* hat weder der Bucklige etwas mit Quasimodo noch die Tänzerin etwas mit Esmeralda zu tun. Hier geht es vielmehr um ein geheimnisvolles Schönheitselixier, das ein weit gereister Buckliger aus der Ferne mitbringt.

DER GLÖCKNER VON NOTRE-DAME

(THE HUNCHBACK OF NOTRE-DAME). USA 1923. **R:** *Wallace Worsley.* **B:** *Edward T. Lowe jr., Perley Poore Sheehan.* **V:** *»Der Glöckner von Notre-Dame« von Victor Hugo.* **K:** *Robert Newhard, Tony Korman.* **D:** *Lon Chaney (Quasimodo), Patsy Ruth Miller (Esmeralda), Ernest Torrence (Clopin). Raymond Hatton (Gringoire), Norman Kerry (Phoebus), Kate Lester (Mme. de Gondelaurier), Winifred Bryson (Fleur de Lys), Nigel de Brulier (Dom Claude Frollo), Tully Marshall (König Ludwig XI.), Harry von Meter (Neufchatel), Brandon Hurst (Jehan), Joe Bonomo. SW 120 Min. (Stummfilm).*

Dieser Film, der den Bekanntheitsgrad Lon Chaneys zum absoluten Weltruhm steigerte, war eins der Großprojekte der Stummfilmzeit. Über ein Jahr dauerten die Vorbereitungen; das Paris des Mittelalters wurde detailgetreu nachgebaut. Tausende Kostüme für nahezu 4000 Statisten wurden geschneidert. Vier Monate wurde gedreht, der Film verschlang 1,25 Mill. Dollar. Zu den hohen Kosten trug im besonderen Maße auch Hauptdarsteller Lon Chaney bei. Chaney, ein Schauspieler mit Star-Status, verlangte $ 1 500 pro Woche. Das war der Produktionsgesellschaft Universal zu viel. Sie suchte einen anderen Schauspieler, fand aber keinen besseren. Man wollte einwilligen, doch Chaney verlangte nun $ 2000. Von neuem ging das Spielchen los. Wieder musste die Firma zu Kreuze kriechen, und Chaney pokerte erneut: $ 2500 pro Woche wollte er haben. Sofort billigte die Universal die Forderung. Und Chaney, der »Mann mit den tausend Gesichtern«, bot eine Meisterleistung für sein Geld. Sein Quasimodo bleibt ein Erlebnis, eine pantomimische Glanzleistung, aber auch die erste Großtat der Maskenbildnerzunft: Chaney benötigte täglich rund viereinhalb Stunden, um sich in den buckligen Quasimodo zu verwandeln. Der Gummiberg, den seinen Buckel darstellte, brachte es auf ein Gewicht von 36 kg. Ein fleischfarbenes Gummitrikot mit Tierhaaren und ein Korsett, das alles zusammenhielt, vervollständigte die Ausrüstung. Damit die Furcht erregenden Zähne zur Geltung kamen, trug Chaney eine Vorrichtung im Mund, die verhinderte, dass seine Lippen sich schlossen. Bei aller Phantastik bestand Chaney stets darauf, seine Auftritte so realistisch wie möglich zu gestalten. Er wählte für die »Bestrafungsszene« seinen Auspeitscher selbst aus und trieb ihn an, kräftig zuzuschlagen, um größtmögliche Realität zu erreichen. Der Film wurde als Meisterwerk gefeiert und spielte innerhalb kurzer Zeit seine Produktionskosten ein. Übrigens verdiente sich bei der Inszenierung der Massenszenen der gerade 20jährige William Wyler seine ersten Sporen, der später einer der großen Regisseure Hollywoods wurde (*Die kleinen Füchse* [1941], *Die besten Jahre unseres Lebens* [1946], *Ben Hur* [1959]).

DER GLÖCKNER VON NOTRE-DAME

(THE HUNCHBACK OF NOTRE-DAME). USA 1939. **R:** *William Dieterle.* **B:** *Sonya Levien, Bruno Frank.* **V:** *»Der Glöckner von Notre-Dame« von Victor Hugo.* **K:** *Joseph A. August.* **SpE:** *Vernon L. Walker, Chesley Bonestell.* **Ma:** *Perc Westmore.* **M:** *Alfred Newman.* **D:** *Charles Laughton (Quasimodo), Cedric Hardwicke (Frollo), Thomas Mitchell (Clopin), Maureen O'Hara (Esmeralda), Edmond O'Brien (Gringoire), Alan Marshal (Phoebus), Walter Hampden (Erzbischof), Harry Davenport (König Ludwig XI.), Helene Whitney (Fleur), Katherine Alexander (Fleurs Mutter), George Zucco (Prokurator), Fritz Leiber (Edelmann), Etienne Girardot (Arzt), Minna Gombell (Bettlerkönigin), Arthur Hohl (Olivier), George Tobias (Bettler), Rod La Rocque (Philippo), Spencer Charters (Schreiber), Curt Bois (Student), Charlie Hall. SW 117 Min.*

Der Inhalt des Films hält sich in großen Zügen an die literarische Vorlage; einige Motive, vor allem aber der Schluss, sind geändert: Esmeralda kann das Leben des jungen Dichters Gringoire nur retten, indem sie ihn heiratet. Doch gesteht sie dem Überglücklichen sofort, dass ihr Herz Hauptmann Phoebus gehört, der sie aus den Fängen Quasimodos befreit hat. Als Phoebus auf einem Gartenfest, auf dem Esmeralda getanzt hatte, ermordet wird, fällt der Verdacht auf die Zigeunerin. Sie wird zum Tode verurteilt. Sie steht schon unter dem Galgen, da schwingt plötzlich der Glöckner an einem Tau vom Turm der Kathedrale, ergreift das Mädchen und gelangt auf demselben Weg wieder in sein Turmverlies zurück. Die Bettler von Paris jedoch fürchten, dass ihrem Schützling Esmeralda von Quasimodo Gewalt angetan wird. Sie wollen die Kathedrale stürmen. Mit Steinen, Balken und siedendem Blei weiß sich den Glöckner zu helfen, dennoch ist es nur eine Frage der Zeit, wann er aufgeben wird. »Oberrichter« Frollo, getrieben von Leidenschaft und bösem Gewissen, setzt alles daran, Esmeralda zu töten. Er will sie mit niemandem teilen. Auf geheimen Wegen hat er sich in die Kirche geschlichen. Da packt ihn Quasimodo und stürzt ihn von der Höhe des Kirchturms in die Tiefe. Inzwischen hat der König erfahren, dass hinter dem Mord an Phoebus Frollo steckt. Er begnadigt Esmeralda, und unter dem Jubel der Pariser Bevölkerung traut der Erzbischof Esmeralda und den jungen Dichter. Zurück bleibt die tragische Gestalt des Glöckners. – Der Film steht und fällt mit der Darstellung des Quasimodo. Ohne diese Figur bliebe ein biederer Kostümschinken mit großem Hollywoodaufgebot, der allenfalls durch seine Dekorationen überzeugt. Charles Laughton macht den Film zum Erlebnis. Seine Maske mit dem herabhängenden Auge und dem schiefen Mund, dem ungeheuren, bei der Auspeitschung entblößten Buckel, seine halb hüpfende, halb schleifende Beweglichkeit fasziniert und bleibt unübertroffen. Ein weiterer Höhepunkt sei nicht unterschlagen: Expressive Lichteffekte in der Tradition des deutschen Stummfilms verwandeln Notre-Dame in ein gespenstisch drohendes Monstrum.

DER GLÖCKNER VON NOTRE-DAME

(NOTRE-DAME DE PARIS). Frankreich 1956. **R:** *Jean Delannoy.* **B:** *Jean Aurenche, Jacques Prevent.* **V:** *»Der Glöckner von Notre-Dame« von Victor Hugo.* **K:** *Michel Kelber.* **M:** *Georges Auric.* **D:** *Gina Lollobrigida (Esmeralda), Anthony Quinn (Quasimodo), Jean Danet (Phoebus), Alain Cuny (Claude Frollo), Maurice Sarfati (Jean Frollo), Philippe Clay (Clopin), Robert Hirsch (Gringoire), Danièle Dumont (Fleur de Lys), Valentine Tessier (Aloise de Lys), Roger Blin (Hunyady), Marianne Oswald (La Falourdel), Pierre Pieral (Zwerg), Jean Tissier (Ludwig XI.), Camille Guérini (Gerichtspräsident), Jacques Hilling (Inquisitor), Roland Bailly (Henker). F 90 Min.*

Kostümfilm, der die Qualitäten seiner Vorgänger bei weitem nicht erreicht, obwohl er sich enger an die literarische Vorlage hält und auf das Happy End des Dieterle-Films von 1939 verzichtet. Doch nicht das Schicksal des ausgestoßenen Glöckners steht im Mittelpunkt des Geschehens, sondern das der Zigeunerin Esmeralda. Und so mimt denn Anthony Quinn eher einen zwar tauben, dafür kraftstrotzenden, brutalen Glöckner mit relativ leichten äußerlichen Mängeln. Dass man, was Brutalitäten betrifft, in den rund zwanzig Jahren seit dem letzten Glöckner-Film dazugelernt hat, versteht sich von selbst, und auch die Farbe steuert dazu bei. Die Massenszenen waren für damalige Verhältnisse recht ordentlich. Insgesamt aber nur ein enttäuschender Langweiler.

GODS AND MONSTERS

(GODS AND MONSTERS). USA 1998. **R:** *Bill Condon.* **B:** *Christopher Bram, Bill Condon.* **V:** *»Father of Frankenstein« (1995) von Christopher Bram.* **D:** *Ian McKellen (James Whale), Brendan Fraser (Clayton Boone), Lynn Redgrave (Hannah), Lolita Davidovich, Kevin J. O'Connor, David Dukes, Rosalind Ayres (Elsa Lanchester), Jack Betts (Boris Karloff), Arthur Dignam (Ernest Thesiger), Matt McKenzie (Colin Clive), Amir Aboulela (das Monster). F 105 Min.*

Herausragende Rekonstruktion der letzten Tage des homosexuellen *Frankenstein*-Regisseurs James Whale, der 1957 in seinem Swimmingpool ertrank (nach einem Schwulenroman von Christopher Bram). Seinem muskulösen Gärtner, dem (heterosexuellen) Ex-Marine Clay Boone, mit dem ihn eine intensive Männerfreundschaft verbindet, erzählt er Stationen aus seinem Leben. Auf einer Gartenparty erscheint auch das »Liebespaar« aus *Frankensteins Braut:* Boris Karloff und Elsa Lanchester (und eine Einstellung aus diesem Film wird sogar in einer Rückblende rekonstruiert). – Clive Barker war Co-Executive Producer.

GOD'S ARMY

(GOD'S ARMY). USA 1995. **R:** *Gregory Widen.* **B:** *Gregory Widen.* **K:** *Bruce Douglas Johnson, Richard Clabaugh.* **SpE:** *Bruce Douglas Johnson, Ken Burton, Jim Danforth.* **M:** *David C. Williams.* **D:** *Christopher Walken (Gabriel), Elias Koteas (Thomas Dagget), Virginia Madsen (Katherine), Eric Stolz (Simon), Viggo Mortensen (Luzifer), Amanda Plummer (Rachael), Moriah Snyder (Mary), Adam Goldberg (Jerry). F 94 Min.*

Gefallene Engel in menschlicher Gestalt sind der Meinung, Gott widme den Menschen, die für sie Affen sind, zu viel Beachtung und schmieden ein Komplott, um ihre Stellung im Himmel zurückzuerobern. Anführer der Brigade ist Gabriel, der glaubt, das mörderische Fachwissen eines grausamen verstorbenen Generals könne ihnen strategisch weiterhelfen. Deswegen will er dessen Wissen in sich aufnehmen. Sein braver Widersacher Simon kommt ihm zuvor, geht an der Bosheit militärischer Tücke jedoch zugrunde und gibt sie an eine kleine Indianerin weiter, die fortan zusammen mit einer Lehrerin und einem bibelfesten Bullen vor Gabriel flüchten muss. [V]

GOD'S ARMY II

(PROPHECY II: ASHTOWN). USA 1997. **R:** *Greg Spence.* **B:** *Matt Greenberg, Greg Spence.* **K:** *Richard Clabaugh.* **M:** *David Williams.* **D:** *Christopher Walken (Gabriel), Russell Wong (Danyael), Jennifer Beals (Valerie Rosales), Brittany Murphy (Izzy), Eric Roberts (Michael), Glenn Danzig (Samayel), Steve Hytner (Joseph), Bruce Abbott (Thomas Daggett), William Prael (Rafayel), Renee Victor (Nana),*

Elizabeth Dennehy (Kathy Kimball), John Hertzler (Pater William), Nicki Micheaux (Detective Kriebel), Tom Towles (Deterive Waltrip), Danny Strong (Julian). F 87 Min.
Das Gute steigt in menschlichem Körper vom Himmel herab und schwängert die brave Valerie. Das Böse hat etwas dagegen und manifestiert sich, um die Geburt eines neuen Gottessohnes zu vereiteln. Hintergrund ist der Kampf zweier Fraktionen von Engeln: Eine revoltiert gegen Gottes Hinwendung zu den Menschen, die andere hält ihm die Stange. [V]

DIE GOLDENE SPHINX

(LA SFINGE D'ORO/LA ESFINGE DE CRISTAL). Italien/Spanien 1967. **R:** *Luigi Scattini.* **B:** *Adalberto Albertini, Camas Gil, José A. Cascales.* **K:** *Felix Martinez Miran.* **M:** *Roberto Pregadio.* **D:** *Robert Taylor (Professor Karl Nichols), Anita Ekberg (Paulette), Gianni Serra (Jenny), Giacomo Rossi Stuart (Ray), Angel Del Pozo (Alex), José Truchado (Theo), Remo De Angelis (Mirko), Emad Hamdy (Fuad), Ahmed Khamis (Shoukry). F 91 Min.*
Der Archäologe Karl Nichols sucht nach einer gläsernen Sphinx, die einen Zaubertrank enthalten soll; auch diverse Agenten aus fremden Ländern sind hinter dem Tränklein her. [V]

DER GOLEM

Deutschland 1914. **R:** *Henrik Galeen.* **B:** *Paul Wegener, Henrik Galeen.* **K:** *Guido Seeber.* **D:** *Paul Wegener (Golem), Lyda Salmonova (Jessica), Carl Ebert (Trödler), Henrik Galeen (Graf), Rudolf Blümner (Gelehrter), Jacob Tiedtke. SW ca. 90 Min. (Stummfilm).*
Kurz nach der Wende zum 20. Jahrhundert: Bei Ausgrabungsarbeiten auf dem Gelände einer Synagoge stoßen Arbeiter auf eine aus Lehm geformte Statue, die ein jüdischer Trödler erwirbt und mit Hilfe eines magischen Amuletts zum Leben erweckt. Da der Trödler seine Tochter Jessica verdächtigt, ein heimliches Verhältnis mit einem Grafen zu haben, erteilt er der Statue – dem Golem – den Auftrag, über ihre Sittsamkeit zu wachen. Der Golem verliebt sich in das Mädchen, das jedoch in ihm ein abscheuliches Monstrum sieht. Als Jessica zu einem Stelldichein mit ihrem Grafen geht, folgt der Golem ihr bis in dessen Schloss. Obwohl man ihn mit Hieb und Schusswaffen aufzuhalten versucht, kann nichts ihn bremsen. Erst als Jessica ihm das magische Amulett vom Halse reißt, wird er wieder zu einer bewegungslosen Lehmstatue und stürzt von einem Turm. – Die Geschichte des Golem basiert auf einer jüdischen Legende aus dem 16. Jahrhundert, laut der ein Rabbi namens Löw dieses Wesen aus Lehm erschaffen und ihm Leben eingehaucht hat, auf dass es die Juden vor der Verfolgung durch die Christen beschütze. Der Film gilt als verschollen; alles, was von ihm noch existiert, sind schriftliche Unterlagen, ein kurzer Ausschnitt und einige Standfotos.

DER GOLEM

(LE GOLEM). Frankreich/ČSSR 1936. **R:** *Julien Duvivier.* **B:** *André Paul Antoine, Julien Duvivier.* **K:** *Jan Stallich, Vaclav Vich.* **M:** *Josef Kumok.* **D:** *Harry Baur (Rudolf II.), Ferdinand Hart (Golem), Charles Dorat (Rabbi Jacob), Germaine Aussey (Rudolfs Geliebte), Raymond Aimos, Roger Karl, Jany Holt. Gaston Jacquet, George Voskovec, Tania Doll, Roger Duchesne, Marcel Dalio. SW 83 Min.*
Das jüdische Getto im Prag des 16. Jahrhunderts: Kaiser Rudolf II. will sich den Golem, eine aus Lehm geformte, zum Leben erweckte Kreatur, die sich im Besitz des Rabbi Jacob befindet, vom Halse schaffen, da sie für ihn eine Bedrohung darstellt. Zwar gelingt es ihm, das Geschöpf, das die Juden beschützen soll, vorübergehend auszuschalten, aber als seine Geliebte ihn in den Armen zweier anderer Kurtisanen sieht, lässt sie den Golem los und erlaubt ihm die Vernichtung des Palastes und all seiner Bewohner. »Aber es geht hier weniger um das Verhältnis zwischen dem Golem und seinem Schöpfer ... als um die realen zwischenmenschlichen, sozialen Beziehungen. Der Golem selbst, so dramatisch-sensationell sein endliches Auftreten auch wirkt, ist während des größten Teils von Duviviers Film nur die von den einen hoffnungsvoll erwartete, von den anderen latent gefürchtete Kraft im Hintergrund. Das Geschehen des Films erhält dadurch von Anfang an eine unheimlich lastende, niemals nachlassende Spannung, die sich erst am Ende entlädt.« (D. Sch., FILMBEOBACHTER)

DER GOLEM, WIE ER IN DIE WELT KAM

Deutschland 1920. **R:** *Paul Wegener, Carl Boese.* **B:** *Paul Wegener, Henrik Galeen.* **K:** *Karl Freund.* **D:** *Paul Wegener (Golem), Albert Steinrück (Rabbi Löw), Lyda Salmonova (Miriam), Ernst Deutsch (Famulus), Hanns Sturm (Alter Rabbi), Otto Ge-*

bühr (Kaiser), Lothar Müthel (Junker Florian), Loni Nest (Kind), Max Kronert, Dora Paetzold, Greta Schröder. SW 84 Min. (Stummfilm).
Im 16. Jahrhundert, im jüdischen Getto von Prag: Rabbi Löw erkennt an der Konstellation der Gestirne, dass den Angehörigen seiner Glaubensgemeinschaft Unheil droht. Recht bald erscheint ein Vertreten des Kaisers bei ihm und fordert die Juden auf, Prag zu verlassen. Während Löw und sein Famulus aus Lehm eine menschliche Gestalt formen, die sie Golem nennen, macht der fesche Junker Florian der Tochter des Rabbis ungeniert den Hof. Nachdem Löw den Golem mit einem magischen Amulett zum Leben erweckt hat, damit er die Juden mit seinen übermenschlichen Körperkräften beschützt, führt er ihn bei Hofe vor. Der Golem gibt sich zwar alle Mühe, für die Juden Sympathiewerbung zu betreiben, erntet aber nur Spott und Hohngelächter. Dies bringt ihn so in Rage, dass geheimnisvolle Kräfte die Grundfesten des Palastes zum Erbeben bringen. Der Golem rettet den Kaiser, der daraufhin dankbar den Ausweisungsbefehl widerruft. Kurz darauf (auch dies liegt an der Konstellation der Sterne) ändert der Golem jedoch seinen gutmütigen Charakter und wird zum Fiesling: Er tötet den Famulus des Rabbis und zündet das Getto an. Ein kleines Mädchen kann sich ihm schließlich nähern und ihm das magische Amulett entreißen, das für sein Leben notwendig ist. Der Golem erstarrt wieder zu einer leblosen Lehmstatue. *»Der Golem* ist das erste wirkliche Beispiel eines Kinos, in dem schauspielerische Leistung, Dekoration, Fotografie und Regie zu einer vollständigen Einheit werden, und kündigt den Beginn einer Ära an, in der man nicht länger an die Bühne gebunden oder fast ausschließlich auf den Schnitt angewiesen ist, um narrative und dramatische Effekte zu erzielen. Den Anstoß für diesen neuen Stil entlehnte man ironischerweise den Bühnenexperimenten Max Reinhardts (Wegeners Mentor), Wsewolod Meyerholds und anderen und kombinierte ihn mit dem kinematographischen Lyrizismus und dem atmosphärischen Stil des frühen skandinavischen Kinos, das vor dem Aufstieg der deutschen Filmkunst in der Welt führend war.« (Phil Hardy, THE AURUM FILM ENCYCLOPEDIA: SCIENCE FICTION)

Der Golem, wie er in die Welt kam

Golem à la Paul Wegener

GORDON, STUART

(*1947). Amerikanischer Horrorfilmregisseur mit Theatererfahrung. Mitgründer und langjähriger künstlerischer Leiter von Chicagos Organic Theatre. Arbeitete mit Charles Band und Brian Yuzna. 1985: *Re-Animator;* 1986: *From Beyond;* 1987: *Dolls;* 1990: *The Pit and the Pendulum;* 1995: *Castle Freak.* Eine Krankheit hinderte ihn daran, das von ihm vorbereitete Script für *Honey, I Shrunk the Kids (Liebling, ich habe die Kinder geschrumpft)* 1989 selbst zu inszenieren. Arbeitete an einer Drehbuchfassung eines *Invasion of the Body Snatchers*-Remakes, aus dem 1992 Abel Ferraras *Body Snatchers* wurde.

DER GORILLA VON SOHO

BRD 1968. **R:** *Alfred Vohrer.* **B:** *Alfred Gregor.* **V:** *Motive von Edgar Wallace.* **K:** *Karl Löb.* **M:** *Peter Thomas.* **D:** *Horst Tappert (Inspektor Perkins), Uschi Glas (Susan McPherson), Uwe Friedrichsen (Sgt. Jim Pepper), Albert Lieven (Henry Parker), Herbert Fux (Sugar), Inge Langen (Oberin), Hubert von Meyerinck (Sir Arthur), Beate Hasenau (Cora Watson), Ilse Pagé (Miss Finley), Hilde Sessak (Schwester Elizabeth), Ralf Schermuly (Edgar Bird), Claus Holm (Dr. Jeckyll), Maria Litto (Glona), Franz Otto Krüger (Polizeiarzt), Catana Cayetano (Dorothy Smith), Heidrun Hankammer. F 94 Min.*

Im nächtlichen London treibt ein mysteriöser Gorilla sein Unwesen: Mit Leidenschaft murkst er die Angehörigen höherer Stände ab, deren Vermögen regelmäßig einer ominösen Wohltätigkeitsorganisation zufließt, die sich »Liebe und Frieden« nennt. Inspektor Perkins von Scotland Yard kommt recht bald auf die richtige Spur: Die Organisation wird von einem Verbrecher betrieben, der das Ziel verfolgt, die reichen Knöppe der britischen Hauptstadt zu beerben. Hilfreich zur Hand geht ihm dabei ein Killer im Affenkostüm. – Der Film ist nicht nur ein drittklassiges Remake diverser hundert Scotland Yard-Mysteries, sondern basiert auf zwei anderen Edgar Wallace-Verfilmungen: *Der Würger* (GB 1939; Regie: Walten Summers) und *Die toten Augen von London* (BRD 1961; Regie: Alfred Vohrer). – »Es war die Phase ... in der nur mehr vage Elemente aus den Wallace-Romanen ausgewertet wurden und sich die Drehbuchautoren meist eigene Geschichten ausdachten ... Der Film war eine Katastrophe.« (Florian Pauer, DIE EDGAR WALLACE-FILME). Bleibt zu erwähnen, dass der »Gorilla« weniger gruselig als lächerlich wirkt.

GOTHIC

(GOTHIC). GB 1986. **R:** *Ken Russell.* **B:** *Stephen Volk.* **K:** *Mike Southon.* **M:** *Thomas Dolby.* **D:** *Gabriel Byrne (Lord Byron), Julian Sands (Percy Bysshe Shelley), Natasha Richardson (Mary Goodwin), Myriam Cyr (Claire), Timothy Spall (Dr. John Polidori), Alec Mango (Murray), Andreas Wisniewski (Fletcher), Dexter Fletcher (Ruxton), Pascal King (Justine), Tom Hickey (Fremdenführer), Linda Coggin (Puppe), Kristine Landon-Smith (Puppe am Cembalo), Chris Chappell (Mann in Waffen), Mark Pickard (Young William), Kiran Shah (Monster), Christine Newby, Kim Tillesley (Shelley-Fans). F 87 Min.*

Diverse Personen, die 1816 im Haus des Dichters Lord Byron am Genfer See vor einem Unwetter Zuflucht suchen (unter ihnen: die spätere Schriftstellerin Mary W. Shelley, die den Frankenstein-Mythos erschaffen hat), erleben, nachdem sie sich über gespenstische Abscheulichkeiten unterhalten und sich ein paar Drogen ein-

Gothic

gepfiffen haben, eine grauenvolle Nacht, in der die persönlichen Ängste eines jeden Gestalt annehmen. – »Dass Albträume, Ängste, erotische Fantasien als Nachtabstürze genauso intensiv ›Realität‹ sind wie das sichtbare Tagesleben, das explodiert hier im entrückten Wachtraum zu Sadoorgien bestrafter Sünde. Diese Bilder-Trance verliert sich ins Bodenlose – hat aber trotz ausschweifender Längen Kraft genug, den Zuschauer mit Haut und Haar zu verschlingen.« (Ponkie, AZ) [V]

DAS GRAB AM SEE

(PEOPLE ACROSS THE LAKE). USA 1988. **R:** *Arthur Allan Seidelman.* **B:** *Darlene Young, Bill McCutchen.* **K:** *Richard Leiterman.* **M:** *Dana Kaproff.* **D:** *Valerie Harper (Rachel Yoman), Gerald McRaney (Chuck Yoman), Barry Corbin (Malcolm Bryce), Tammy Lauren (Lisa Yoman), Daryl Anderson (Henry Link), Dorothy Lyman (Ruth Mortimer), Tammy Lauren (Lisa Yoman), Gregory Togel (Stevie Yoman), Jeff Kizer (John Bryce), Gary Bisig (Duane Mortimer). F 95 Min.*

TV-Film. Ein Börsenmakler zieht mit seiner Familie an einen idyllisch gelegenen See auf dem Land, stößt auf eine Leiche nach der anderen und sieht sich von einem durchgedrehten Nachbarn und dessen Sohn verfolgt. Handwerklich routiniert inszenierter, gesetzter Psycho-Thriller, der an einem nicht immer logischen Drehbuch krankt. [V]

DAS GRAB DER BLUTIGEN MUMIE

(BLOOD FROM THE MUMMY'S TOMB). GB 1971. **R:** *Seth Holt, Michael Carreras.* **B:** *Christopher Wicking.* **V:** *»Die sieben Finger des Todes« von Bram Stoker.* **K:** *Arthur Grant.* **M:** *Tristram Cary.* **D:** *Andrew Keir (Professor Julian Fuchs), Valerie Leon (Margaret Fuchs/Tera), James Villiers (Professor Corbeck), Hugh Burden (Dandridge), George Coulouris (Berrigan), David Markham (Dr. Burgess), Tamara Ustinov (Veronica), Rosalie Crutchley (Helen Dickerson), Mark Edwards (Tod Browning), Aubrey Morris (Dr. Putnam), Joan Young (Mrs. Caporal), David Jackson (Pfleger), James Cossins (Pfleger), Graham Jones (Arthur), Jonathan Burns (Dickersons Gefährte), Penelope Holt (Krankenschwester), Tex Fuller, Angela Ginders, Madina Luis, Abdul Kader, Oscar Charles, Saad Ghazi, Omar Ammodi, Ahmed Osman, Soltan Lalani. F 94 Min.*

Eine Gruppe englischer Archäologen gräbt in Äygpten die Grabkammer der von Legenden umwobenen Prinzessin Tera aus und bringt ihre mumifizierte Leiche und einige andere Antiquitäten nach London. Von nun an geschehen die üblichen unerklärlichen Dinge, die unsere wackeren Forscher, allen voran Expeditionsleiter Fuchs, in Schrecken versetzen. Des Rätsels Lösung: Prinzessin Tera hat beschlossen, sich an den Frevlern zu rächen, und ist im Leib der Fuchs-Tochter Margaret reinkarniert. Ihre blutige Rache folgt auf dem Fuße. Ein Hammer-Film, der nicht gerade ein Hammer ist, was vielleicht damit zu tun hat, dass Regisseur Holt während der Dreharbeiten verstarb. Remake: *Das Erwachen der Sphinx* (GB/USA 1980; Regie: Mike Newell).

DAS GRAB DER LEBENDEN PUPPEN

(DARK PLACES). GB 1973. **R:** *Don Sharp.* **B:** *Ed Brennan, Joseph van Winkle.* **K:** *Ernest Steward.* **M:** *Wilfred Josephs.* **D:** *Christopher Lee (Dr. Mandeville), Robert Hardy (Edward Foster/Andrew Mart), Joan Collins (Sarah Mandeville), Jean Marsh (Victoria Marr), Michael McVey (Francis Marr), Jane Binkin (Alta), Charleton Hobbs (Alter Marr), Jennifer Thanisch (Jessica Marr), Martin Boddey (Sgt. Riley), Roy Evans (Baxter), John Glyn Jones (Bank-Manager), John Levene (Arzt), Barry Lineham (Torwächter), Earl Rhodes, Lysandre DeLahaye (Kinder), Linda Gray (Frau auf dem Hügel). F 91 Min.*

Edward Foster wird aus der psychiatrischen Klinik entlassen. Kurz vorher hat ihm ein alter Mitpatient sein Haus und das dort hinter einer Wand verborgene Riesenvermögen mit der Auflage vermacht, es bis zur Rückkehr der beiden Kinder zu verwalten. Zwei enge Vertraute des

Das Grab der blutigen Mumie

Alten, der Arzt Dr. Mandeville und der Rechtsanwalt Prescott, wissen um das Vermögen, haben es bisher jedoch nicht finden können. Das Geheimnis um das Versteck nimmt der Alte mit ins Grab. Edward Foster will sich in dem alten Haus einquartieren, sieht sich jedoch zunächst gezwungen, erst einmal gründlich aufzuräumen. Das Haus ist ziemlich unheimlich. Er stößt auf Puppen mit brutal zerschlagenen Gesichtern. Kindergelächter dröhnt aus leeren Zimmern. Langsam durchdringt die Innenwelt des Hauses die Außenwelt von Edward Foster. Er spürt eine Macht, die von ihm Besitz ergreift, doch er merkt schon nicht mehr, dass er nicht nur das Haus, sondern auch die Geisteskrankheit des Alten geerbt hat. Er durchlebt die Konflikte des Alten erneut, dessen Liebe zum Kindermädchen, die zu Eifersuchtsszenen und schließlich zum Mord an der Ehefrau und den beiden Kindern führte. Edward Foster lebt in zwei Welten. Er erschlägt den Arzt, der die Gelegenheit nutzen will, an das Geld zu kommen, mit einer Spitzhacke. Der Anwalt benachrichtigt daraufhin die Polizei, will diese von dem offenkundig gewordenen Versteck des Geldes ablenken, was ihm jedoch misslingt. – »Träge, fade, erfindungsarm, phantasielos.« (THE TIMES). – »Horrorfilm in traditioneller Manier; mit einigem Gespür für Gruselelemente.« (FILMDIENST)

Das Grab der lebenden Puppen

DAS GRAB DER LYGEIA

(THE TOMB OF LIGEIA). USA/GB 1964. **R:** *Roger Corman.* **B:** *Robert Towne.* **V:** *Erzählung »Ligeia« von Edgar Allan Poe.* **K:** *Arthur Grant.* **M:** *Kenneth V. Jones.* **D:** *Vincent Price (Verden Fell), Elizabeth Shepherd (Lygeia/Rowena Trevanion), John Westbrook (Christopher Gough), Oliver Johnston (Kenrick), Derek Francis (Lord Trevanion), Ronald Adam (Pfarrer), Frank Thornton (Peperel), Denis Gilmore (Junge), Penelope Lee. F 79 Min. (O.m.U.)*
Poes Erzählung »Ligeia« (1838) handelt von dem melancholischen Aristokraten Verden Fell, der einst mit einer schwarzhaarigen Schönheit verheiratet war, die auf mysteriöse Weise mit dem Jenseits in Verbindung stand. Nach ihrem Tod flüchtet er sich in die Einsamkeit und den Opiumrausch und heiratet Rowena, die Tochter Lord Trevanions. – »Auch sie erkrankt und behauptet, im düster-pompösen Schlafgemach seltsame Geräusche und Bewegungen wahrzunehmen. Der Gatte glaubt an Fieberträume, bis er eines Tages einen Schatten durchs Zimmer huschen und gleich darauf eine rubinrote Flüssigkeit in Lady Rowenas Weinglas tropfen sieht. Wie gelähmt lässt er zu, dass die Kranke den Wein trinkt. Drei Tage später stirbt sie. Während der nächtlichen Totenwache wird der vom Opium Berauschte heftiger als je von der Erinnerung an Ligeia heimgesucht. Plötzlich vernimmt er einen leisen Seufzer und sieht, wie die Wangen des Leichnams sich zu röten beginnen. Aber alle Wiederbelebungsversuche sind umsonst: Nach kurzer Zeit tritt die Leichenstarre wieder ein. Dieser Vorgang wiederholt sich mehrmals, bis gegen Morgen die Tote sich schwankend erhebt und durchs Zimmer wandelt. In ungläubigem Entsetzen wirft sich der Mann ihr zu Füßen – da lösen sich die Leichentücher und hernieder wallt das rabenschwarze Haar Ligeias.« (KINDLERS LITERATURLEXIKON). Ist Ligeia in Poes Erzählung eine mysteriöse Gestalt, die im Körper einer anderen aus dem Jenseits zurückkehrt, da eine außergewöhnliche Liebe sie an ihren Mann bindet, so verhält sie (bzw. ihr Geist) sich in Roger Cormans Filmversion schon etwas unbändiger, was möglicherweise damit zu tun hat, dass sie, ohne Christin zu sein, in »geheiligtem Boden« bestattet wurde. Zudem ist ihr Tod nicht registriert worden, weswegen sie vor

dem Gesetz noch zu den Lebenden zählt. Als Verden Fell, der sich für »Mesmerismus« (Hypnose) interessiert, seine neue Frau spielerisch unter seine Kräfte zwingt, spricht sie mit Ligeias Stimme zu ihm, und eine geheimnisvolle schwarze Katze, die um Ligeias Grab herumstreicht, erweist sich Rowena gegenüber äußerst unfreundlich. Fells Freund Christopher, dem die unheimlichen Ereignisse zu denken geben, geht so weit, dass er Ligeias Grab öffnet und zu seinem Entsetzen eine Wachspuppe darin findet. Rowenas Verstand wird vom Geist der angeblich Toten fortwährend unter Druck gesetzt: Die schwarze Katze will sie in den Tod locken, und einmal, als Rowena in den Spiegel schaut, blickt Ligeias Antlitz ihr entgegen. In einer finsteren Gruft stößt sie zu nächtlicher Stunde auf Fell, der neben dem einbalsamierten, unversehrten Leichnam seiner ersten Frau sitzt. Er steht unter einem hypnotischen Befehl Ligeias, die ihn auf dem Totenbett angewiesen hat, sie aufzubahren und bis zu ihrer Wiederkehr jede Nacht zu besuchen. Rowena sieht nur einen Weg, ihren Gatten von diesem Bann zu befreien – sie gibt sich als die wiedergekehrte Ligeia aus – mit dem Resultat, dass Fell sie würgt und nur der rasch eingreifende Christopher sie vor dem Tod bewahren kann. Als die Gruft während des Kampfes Feuer fängt und die schwarze Katze wieder auftaucht, erkennt Fell, dass sie Ligeia ist (oder von ihrem dämonischen Geist beherrscht wird), und tötet sie. Nur Rowena gelingt die Flucht aus dem um sich greifenden Flammenmeer. Oder ist es Lygeia, die sich eines fremden Körpers bedient?

»Der Film bietet eine interessante Interpretation der Kurzgeschichte Egdar Allan Poes, aus dem einzelne Passagen fast wortwörtlich im Film verwendet werden. Während aber die Erzählung die Geschichte rein aus der Ich-Perspektive darstellte, liefert der Film zusätzlich eine teils mystische, teils psychoanalytische Deutung mit.« (Wolfgang J. Fuchs, FILMBEOBACHTER) Roger Corman über seine letzte Edgar Allan Poe-Adaption: »Ich hörte damit auf, weil ich sie allmählich leid wurde. Aber ich wollte diesen Film so machen, dass er sich so weit wie möglich von seinen Vorläufern unterschied ... Es war der erste, den ich draußen aufnahm, außerhalb der üblichen Studios. Er zeigte die wirkliche Welt, nicht die klaustrophobische Inselwelt der älteren Filme. Zum allerersten Mal wurde eine Arbeit Poes von der Sonne beschienen.« (zit. n. Ed Naha, THE FILMS OF ROGER CORMAN) Die einzige Schwäche des Streifens sieht Robert Moss (DER KLASSISCHE HORRORFILM) in der Besetzung der Hauptrolle: »Prices weibische Art lässt es völlig unglaubwürdig erscheinen, dass er das Objekt leidenschaftlicher Liebe von gleich zwei Frauen sein soll. Positiv ist ... die Kulisse, ein altes Kloster in Norfolk, das im Film als Prices Heim dient, und wie immer sind die Kameraführung und die Bilder von hervorragender Qualität.«

Das Grab der Lygeia

DAS GRAB DES DR. CALIGARI

(MISTERIOS DE LA MAGIA NEGRA). Mexiko 1958. **R:** *Miguel M. Delgado.* **B:** *Ulises Petit de Murat.* **K:** *Victor Herrera.* **SpE:** *Juan Muneoz Ravelo.* **M:** *José de la Vega.* **D:** *Aldo Monti, Carlos Riguelme, Lourdes Parga, Angeline Fernandez, Nadia Haro Olivia, Carlos Ancira, Reynaldo Rivera, Gerardo del Castillo, Francisco Reiguera, Ada Carrasco, Elodia Hernandez, Diana Ochoa, Elvira LodiArmando Gutierez. SW 80 Min.*

Ein Altertumsforscher meint in einer Zauberin, die er während einer Vorstellung auf der Bühne sieht, eine historische Persönlichkeit wieder zu erkennen. Er wälzt seine Akten und findet den gesuchten Folianten: ein Bericht über den Prozess gegen Dr. Urbano-Galli (der in der Eindeutschung sinnigerweise Dr. Caligari heißt) und dessen Assistentin aus dem Jahr 1494. Wegen Hexerei und Zauberei zum Tode verurteilt, waren beide nie hingerichtet worden. Seine Entdeckung bezahlt der Forscher mit dem Leben, denn die Magierin ist immer noch Assistentin des »Herrn und Gebieters des schwarzen Sabbats«, der im Verlauf der Jahrhunderte durch die Pest arg mitgenommen und entstellt ist, so dass er im Verborgenen haust. Die Tochter des Altertumsforschers verkauft die väterliche Sammlung just an die Magierin, die – weiß Gott, warum – der Tochter an den Kragen will. Doch deren Verlobter kann sich rechtzeitig aus der geistigen Umklammerung der Magierin lösen und besinnt sich seiner Tugenden als Kriminalbeamter. Das ist den Zauberwesen Dr. U. und Assistentin noch nie passiert. Deshalb zerfallen sie zu Staub. – Die Steigerung eines solchen Schwachsinns ist kaum noch möglich, doch man weiß ja nie!

GRADUATION DAY

(GRADUATION DAY). USA 1981. **R:** *Herb Freed.* **B:** *Herb Freed, Anne Marisse.* **K:** *Daniel Yarussi.* **M:** *N.N.* **D:** *Christopher George (George Michaels), Patch McKenzie (Anne Ramshead), Michael Pataki (Guglione), E. Danny Murphy (Kevin), E. J. Peaker (Blondie), Virgil Frye (McGregor), Carmen Argenziano (Halliday), Denise Cheshire (Sally), Linnea Quigley (Dolores), Hal Bokar (Ronald Corliss), Beverly Dixon (Elaine Ramshead), Richard Balin (Roberts), Karen Abbott (Joanna), Bill Hufsey (Tony), Carl Rey (Ralph), Vanna White (Doris), Erica Hop (Diane), Ruth Ann Llorens (Laura Ramshead), Tom Hintnaus (Pete), Aaron Butler (Fotograf), Viola Kate Simpson (Mrs. Badger), Patrick White (Lkw-Fahrer), Grant Loud (Sänger). F 85 Min.*

Ausgerasteter Psycho-Killer macht eine Kleinstadt unsicher und lässt sich bei jedem Verbrechen eine originelle Methode einfallen. Erschwert wird die Klärung der Mordserie dadurch, dass so gut wie jeder Verdächtige über die drei Gegenstände verfügt, von denen man weiß, dass der Schlitzer sie besitzt: ein Messer, schwarze Handschuhe und eine Stoppuhr. [V]

GRÄFIN FRANKENSTEINS LIEBESTEMPEL

(HOUSE ON BARE MOUNTAIN). USA 1962. **R:** *Robert L. Frost.* **B:** *Denver Scott.* **K:** *Greg Sandor.* **M:** *Pierre Mortel.* **D:** *Bob Cresse (Granny Good), Laura Eden (Prudence), Hugh Cannon (Krakow), Warren Ames (Frankensteins Monster), Jeffrey Smithers (Dracula), Angela Webster, Ann Meyers. F 62 Min.*

Granny Good betreibt ein Internat für Mädchen, in dessen Kellern jedoch auch illegaler Schnaps gebrannt wird. Prudence Bumgartner schleicht sich als Polizeispitzel in das Internat ein. Während eines Kostümballs für die Mädchen tauchen auch drei Monster auf: Dracula, der Werwolf und das Frankenstein-Monster. Außerdem gibt's noch ein Nackttänzchen. Die Monster stellen sich als maskierte Assistenten der Granny Good heraus. Diese Billigproduktion ist weniger ein Horror- als ein Nuditätenfilm.

GRAF CAGLIOSTRO

(BLACK MAGIC). USA 1949. **R:** *Gregory Ratoff.* **B:** *Charles Bennett, Richard L. Schayer.* **V:** *»Joseph Balsamo – Memoiren eines Arztes« von Alexandre Dumas.* **K:** *Ubaldo Arata, Anchise Brizzi.* **M:** *Paul Sawtell.* **D:** *Orson Welles (Giuseppe Balsamo/Cagliostro), Nancy Guild (Marie Antoinette/Lorenza), Akim Tamiroff (Gitano), Frank Latimore (Gilbert), Valentina Cortesa (Zoraida), Margot Grahame (Mme. Dubarry), Stephen Bekassy (De Montagne), Barry Kroeger (Alexandre Dumas sen.), Gregory Gay (Chambord), Raymond Burr (Alexandre Dumas jr.), Charles Golden (Dr. Mesmer), Lee Kresel (Ludwig XIV.), Robert Atkins (Ludwig XV.), Nicholas Bruce (De Remy), Franco Corsaro (Chico), Aniello Melé (Cagliostro als Kind), Ronald Adam (Richter), Alexander Danaroff (Dr. Duval), Leo Lenior (Gaston), Tamara Shayne (Maria Balsamo), Giovanni van Hulzen (Justizminister), Peter Trent (Dr. Mesmers Freund), Guiseppe Varni (Boehmer), Tatiana Pavlova (Mutter). SW 94 Min.*

Eine Episode aus dem Leben des bekannten Alchimisten und Geisterbeschwörers Giuseppe Balsamo, genannt Cagliostro: Nachdem er im Paris des 18. Jahrhunderts einige Wunderdinge vollbracht hat (u.a. erweckt er eine Tote zum Leben), erkennt Cagliostro in dem Edelmann De Montagne den Mörder seiner Eltern wieder und versucht ihn öffentlich zu diskreditieren, wobei ihm die Beherrschung der Schwarzen Magie sehr dienlich ist. Am Ende jedoch erweist sich, dass man auch als zaubernder Einzelkämpfer auf verlorenem Posten steht, wenn man vorhat, sich mit den Herrschenden anzulegen: »Dieser Gruselfilm, gespickt mit Regie-Mätzchen, macht aus der ›Schwarzen Magie‹ ein so dürftiges Filmgeschehen und ist so unglaubwürdig und verworren, dass man Erwachsenen und der Jugend nur abraten kann, Zeit, Geld und den Rest von Gutgläubigkeit an derart Nutzloses zu verschwenden.« (Z., FILMBEOBACHTER)

GRAF DRACULA (BEISST JETZT) IN OBERBAYERN

BRD 1979. **R:** *Carlo Ombra.* **B:** *Grünbach, Rosenthal.* **K:** *Heinz Hölscher.* **M:** *Gerhard Heinz.* **D:** *Gianni Garko (Graf Stanislaus Dracula), Betty Verges (Lady Dracula), Bea Fiedler (Mausi), Ralf Wolter (Kastellan), Rosl Mayr (Dörflerin), Christiane Gianna [Dolly Dollar], Margit Geissler (Hotelgäste), Ellen Umlauf (Lehrerin), Werner Röglin (Dörfler), Anita Reisstetter (Disco-Mieze), Tobias Meister (Sohn des Burgherrn), Linda Grondier, Alexander Grill, Herta Worell, Herbert Stiny, Dan van Husen. F 91 Min.*

Graf Dracula und seine Gattin werden eines schönen Tages von brüllender Disco-Musik geweckt. Verantwortlich dafür ist ihr Ururenkel, ein moderner Unternehmer, der aus der Burg seiner Ahnen Kapital schlagen will. Graf und Gräfin gehen um, werden aber von ihren Opfern wenig ernst genommen. Als der Vampir-Nachfahre aus der Burg auch noch ein Hotel macht und mit der Meldung wirbt, hier werde man von leibhaftigen Vampiren gebissen, strömen die Gäste zuhauf nach Oberbayern. Dracula saugt und sabbert, aber irgendwann werden ihm die Touristenscharen zu viel. Samt seiner Gattin reicht er den Abschied ein. Das soll eine Parodie sein.

GRAF ZAROFF – GENIE DES BÖSEN

(THE MOST DANGEROUS GAME). USA 1932. **R:** *Ernest B. Schoedsack, Irving Pichel.* **B:** *James A. Creelman.* **V:** *Richard Connell.* **K:** *Henry Gerrard.* **M:** *Max Steiner, Carmen Lombardo.* **D:** *Joel McCrea (Bob Rainsford), Fay Wray (Eve Trowbrigde), Robert Armstrong (Martin Trowbrigde), Leslie Banks (Graf Zaroff), Hale Hamilton (Bill Woodman), Noble Johnson (Ivan), Steve Clemento (Tartar), Dutch Hendrian (Narbengesicht), William B. Davidson (Captain), Landers Stevens (Doc), James Flavin (1. Offizier). SW 63 Min.*

Dem »allergefährlichsten Spiel« geht der russische Graf Zaroff auf seiner Privatinsel nach, die er, von der Außenwelt völlig abgeschnitten, nur mit ein paar Bediensteten und einem Bluthundrudel bewohnt: Er frönt der Jagd. Und seine bevorzugte Beute ist der Mensch. Diese Erfahrung muss der Großwildjäger und Reiseschriftsteller Bob Rainsford machen, nachdem er als Einziger den Untergang eines Schiffes überlebt hat, das vor Zaroffs Insel auf ein Riff gelaufen ist. Zwar gibt sich der Graf als kultivierter Weltmann, der interessant zu plaudern versteht, doch trachten seine Sinne, auch wenn er den Bildungsbürger herauskehrt, nach rein »sinnlichen« Genüssen: Wer auf seine Insel kommt, muss sterben – auch wenn er seinen Opfern eine Chance gibt: ein Messer und mehrere Stunden Vorsprung. Bob Rainsford ist entsetzt, als er das Seelenleben seines Gastgebers durchschaut. Und voller Ekel wendet er sich ab, als Zaroff ihm, dem Weitgereisten und berühmten Jäger, anbietet, gemeinsam eine Jagdpartie zu machen. Da will Rainsford doch lieber das Opfer sein. Zusammen mit der ebenfalls gestrandeten Engländerin Eve Trowbrigde macht er sich auf in den von Fallen wimmelnden Dschungel, der Zaroffs Kastell umgibt. Die Bedingungen sind klar: Überleben sie die Nacht, sind sie frei. Stirbt Rainsford vor Ablauf der Frist, wird der Graf sich der hübschen Eve bemächtigen. Denn: »Erst wenn der Mensch getötet hat, kennt er die wahre Ekstase der Liebe!« Aber der Graf freut sich zu früh. Obwohl alles so aussieht, als würden die Flüchtlinge sich in seinem eng gespannten Netz verfangen, schlagen sie ihm ein Schnippchen. Ein Schuss, der Rainsford treffen soll, trifft nur einen Bluthund. Der Graf geht befriedigt auf sein

Graf Zaroff – Genie des Bösen

Schloss zurück, um sich der »Beute« zu widmen, doch Rainsford lauert in der Höhle des Löwen auf ihn. Zaroffs letzter Versuch, Rainsford zu töten, kehrt sich gegen ihn: Er stürzt aus dem Fenster und wird von den eigenen Bluthunden zerfetzt.

Dieser kleine Dschungel-Thriller ist nicht nur ein Meisterwerk in Sachen Horror ohne Übersinnliches, er war nicht mal geplant: Ernest B. Schoedsack und Produzent Merian C. Cooper nutzten eine Drehpause zu *King Kong und die weiße Frau* (USA 1932) um »irgendetwas« mit den ungenutzt herumstehenden Kulissen anzufangen. »Zaroff ist der De Sadesche Held par excellence, ein Sadomasochist, der die Angst vor dem Tod auskostet, weil erst sie seine sexuellen Gelüste richtig stimuliert. Die Langeweile an der Jagd auf Tiere, derentwegen er sein neues ›Wild‹ – den Menschen – finden musste, entspricht der Impotenz eines Lüstlings, der erst dann erregt ist, wenn er die Lust des Tötens erlebt hat. Äußerlich ist dieses Ungeheuer eine äußerst kultivierte Erscheinung. Zaroff raucht lange Papyrossi, spielt selbstkomponierte Walzer mit spätromantischer Melancholie, versteht charmant zu plaudern und bietet seinen Besuchern nur die exquisitesten Speisen und Getränke an. Sein ›rationaler Wahnsinn‹ besteht darin, dass er die Philosophie des Jagens konsequent bis zum Ende praktiziert. Für ihn als begeisterten Sportsmann macht es keinen Unterschied, ob er Tiere oder Menschen jagt. Alle Unterscheidungen, die ihm der weltberühmte Jäger Rainsford entgegenhält, tut er als nebulöse Sophismen und humanistisches Geschwafel der Vergangenheit ab. Für ihn zählt nur das Höchstmaß an Lust und Sinnlichkeit. Da der Mensch das einzige vernunftbegabte Tier ist, bringt die Jagd auf ihn das spannendste und lustvollste Pläsier.« (Franz Schöler, FILM). – »Aufschlussreich für die Kenner des Genres ist der sich in dieser Arbeit dokumentierende Stilwandel des Horrorfilms. Die Statik des epigonalen Spätexpressionismus erscheint durch atemberaubende Bewegungskaskaden aufgebrochen; realistische Kompositionen der Dokumentaristen Schoedsack/Cooper, durchaus noch experimental damals, wirken retrospektiv betrachtet genial, angemessen der Rationalität des Wahnsinns, deren Exekution wir beiwohnen. Im Erscheinungsjahr (sic!) kommt Hitler an die Macht.« (Andreas Meyer, MEDIUM)

Graf Zaroff – Genie des Bösen

GRAMPIRE – MEIN GROSSVATER IST EIN VAMPIR

(GRAMPIRE/MY GRANDFATHER IS A VAMPIRE/MY GRANDPA IS A VAMPIRE). Neuseeland 1991. **R:** *David Blyth.* **B:** *Michael Heath.* **K:** *Kevin Hayward.* **M:** *Jim Manzie.* **D:** *Al Lewis (Vernon Cooger), Justin Gocke (Lonny), Milan Borich (Kanziora), Pat Evison (Leah), Noel Appleby (Ernie), David Weatherley (Sgt. Ticker), Sean Duffy (Derek), Sylvia Sands (Cheryl), Phoebe Falconer (Tammy), Chris McNair (Ben), Ian Watkin (Pater Vincent). F 94 Min.*

Kinderfilm. Lonny (12) aus Los Angeles verbringt die Sommerferien in Neuseeland. Im Haus seiner Tante Leah wohnt auch sein Opa Cooger, ein komischer Kauz, der auf Fotos nicht sichtbar ist und gern Leute in der Geisterbahn erschreckt. Opa ist ein Jahrhunderte alter, inzwischen in den Ruhestand getretener Vampir, den Lonnys Tante und ihr Geliebter Ernie ein für alle Mal ins Jenseits abschieben wollen.

GRANDMOTHER'S HOUSE

(GRANDMOTHER'S HOUSE). USA 1989. **R:** *Peter Rader.* **B:** *Peter Jensen.* **St:** *Gayle Jensen.* **K:** *Peter Jensen.* **M:** *Nigel Holton, Clive Wright.* **D:** *Eric Foster (David), Kim Valentine (Lynn), Brinke Stevens (Frau), Ida Lee (Oma), Len Lesser (Opa), David Donham (Sackett), Michael Robinson (Kenny), Craig Yerman (Raymond), Joan-Carol Bensen (Mrs. Sackett), Angela O'Neill (Darlene), R. J. Walker (Sheriff), Furley Lumpkin (Deputy), Jeannette/*

Anitra Jamron (Zwillinge), David Algeier (Pastor). F 89 Min.
»Seltsame Ereignisse bestärken ein nach dem Tode ihres Vaters bei den Großeltern wohnendes Geschwisterpaar in der Vermutung, dass Oma und Opa in Wahrheit psychopathische Mörder sind.« (Norbert Stresau, SCIENCE FICTION JAHR 1990). Mama ist zum Glück nicht weit, denn sie hat sich im Irrenhaus frei genommen. Eine konfuse, von Schwachmaten zusammengestümperte Geschichte. AIDT

DAS GRAUEN

(THE CHANGELING). Kanada 1979. **R:** *Peter Medak.* **B:** *William Gray, Diana Maddox.* **St:** *Russell Hunter.* **K:** *John Coquillon.* **SpE:** *Gene Grigg.* **M:** *Rick Wilkins, Howard Blake.* **D:** *George C. Scott (John Russell), Trish Van Devere (Claire Norman), Melvyn Douglas (Sen. Joseph Carmichael), John Colicos (DeWitt), Jean Marsh (Joanna Russell), Barry Morse (Dr. Pemberton), Bernard Behrens (Robert Lingstrom), Roberta Maxwell (Eva Lingstrom), Chris Gampel (Tuttle), Madeline Thornton-Sherwood (Mrs. Norman), James B. Douglas (Eugene Carmichael), Ruth Springford (Minnie Huxley), Helen Burns (Leah Harmon), Eric Christmas (Albert Harmon), Frances Hyland (Elizabeth Grey), Jane Mortil, Louis Zorich. F 107 Min.*
Was kann jemanden bewegen, in ein abgelegenes Landhaus einzuziehen, dessen Umgebung so aussieht, als gäben sich die ruhelosen Geister heimtückisch ermordeter Menschen hier gegenseitig die Klinke in die Hand? Zum Beispiel ein Drama: Im Winter 1978 verliert der Komponist und Musikdozent John Russell in New York bei einem Verkehrsunfall Frau und Kind. Um auf andere Gedanken zu kommen, nimmt er einen Lehrstuhl in Seattle an und bezieht das Haus, von dem wir alle wissen, dass er in seinen Wänden keinen Frieden finden wird. Und richtig! Auf dem alten viktorianischen Kasten liegt ein Fluch! Russell hört unheimliche Geräusche und Gestöhn. Geisterhände drehen Wasserhähne auf. Wie jeder aufgeklärte Mensch glaubt auch der Musikus, seine angegriffene Seele beschwindle ihn mit Halluzinationen. Russell findet einen alten Rollstuhl, eine Spieldose und ein Schulheft mit den Initialen CSB. Zusammen mit seiner Bekannten Claire erforscht er die Vergangenheit des Hauses. Dabei erweist sich eine Séance als nützlich: Der Geist eines Kindes, das vor Jahren in dem unheimlichen Haus ums Leben kam, meldet sich und verlangt nach Sühne. Russell erfährt einen Namen und kommt einer schockierenden Familientragödie auf die Spur, in der Erbschleicherei eine tragende Rolle gespielt hat. – Die gespenstische Atmosphäre garantiert ein haarsträubendes Erlebnis. [V]

DAS GRAUEN

Anderer Titel für **HOLLOW GATE – DAS TOR ZUR HÖLLE**

DAS GRAUEN AUF BLACK TORMENT

(THE BLACK TORMENT). GB 1964. **R:** *Robert Hartford-Davis.* **B:** *Donald Ford, Derek Ford.* **K:** *Peter Newbrook.* **M:** *Robert Richards.* **D:** *John Turner (Sir Richard Fordyke), Heather Sears (Lady Elizabeth), Ann Lynn (Diane), Norman Bird (Harris), Raymond Huntley (Colonel Wentworth), Peter Arne (Seymour), Joseph Tomelty (Sir Giles), Francis de Wolff (Black John), Roger Croucher (Lehrling), Annette Whiteley (Mary), Patrick Troughton (Ostler), Derek Newark (Kutscher), Charles Houston (Jenkins), Edina Ronay (Lucy Judd), Cathy McDonald (Kate). F 85 Min.*
England, 1780: Nach dem Tod seiner Frau, die sich aus dem Fenster gestürzt hat, kehrt Sir Richard Fordyke mit seiner neuen Braut Elizabeth zum Landsitz seiner Familie zurück. Man begegnet ihm mit Misstrauen, da das Mädchen Lucy, das während seiner Abwesenheit vergewaltigt und ermordet worden ist, als Letztes seinen Namen ausgesprochen hat. Zudem halten sich hartnäckige Gerüchte, dass Richard am Tod seiner ersten Frau nicht unschuldig war. Es heißt sogar, man habe ihn nächtens in wilder Panik durch die Wälder reiten sehen, verfolgt von einer weißen Dame, die ihm das Wort »Mörder!« nachgerufen hat. Nachdem das Zimmermädchen Mary umgekommen ist und man Sir Giles, Richards Vater, erhängt an einem Leuchter gefunden hat, kommt man dem Rätsel auf die Spur: Diane, die Schwester von Richards erster Frau, und der Verwalter Seymour benutzen den wahnsinnigen, angeblich toten Zwillingsbruder Richards, um die Familie Fordyke auszurotten. Wer den Braten nach einer halben Stunde noch nicht riecht, muss an Verstopfung leiden. Ansonsten weist der Film alle Versatzstücke eines Gruslers auf: wehende Vorhänge, baumelnde Leichen, quietschende Türen, knarrende Fußböden und sogar eine (wenn auch »gefälschte«) weiße Lady.

DAS GRAUEN HAT VIELE GESICHTER

(WES CRAVEN'S NIGHT VISIONS/NIGHT VISIONS/CHAMELEON BLUE). USA 1990. **R:** *Wes Craven.* **B:** *Wes Craven, Thomas Baum.* **K:** *Peter Stein.* **M:** *Brad Fiedel.* **D:** *James Remar (Tom Mackey), Lori Locklin (Dr. Sally Powers), Penny Johnson (Luanne), Jon Tenney (Martin), Francis X. McCarthy (Commissioner Nathan Dowd), Mitch Pileggi (Captain Keller), Bruce MacVittie (Starks), Angela Alvarado (Aura), Daniel Beer (Rocker), Kristen Corbett (Junge Sally), Ron Howard George (Killergeist), John Benjamin Martin (Higgins), Timothy Leary (»Geistlicher«), Roxanna Michaels (Alene), Eric Rosser (Ray Burgess). F 92 Min.*

TV-Film. Sergeant Tom Mackey tut sich mit der über hellseherische Kräfte verfügenden Polizeipsychologin Sally zusammen, um in Los Angeles einen »Adler« genannten Serienmörder zu entlarven. Pilotfilm einer Fernsehserie.

DAS GRAUEN KOMMT UM 10

(WHEN A STRANGER CALLS). USA 1978. **R:** *Fred Walton.* **B:** *Steve Feke, Fred Walton.* **K:** *Don Peterman.* **M:** *Dana Kaproff.* **D:** *Carol Kane (Jill Johnson), Rutanya Alda (Mrs. Mandrakis), Carmen Argenziano (Dr. Mandrakis), Rachel Roberts (Dr. Monk), Tony Beckley (Curt Duncan), Colleen Dewhurst (Tracy), Wally Taylor (Cheater), Charles Durning (Clifford), Lenora May (Sharon), Richard Bail (Stevell), Ron O'Neal (Garber), Bill Boyett (Sgt. Sacker). Michael Champion (Bill), Joe Beale (Barkeeper), Ed Wright (Rentner), Louise Wright (Rentnerin), Carol O'Neal (Mrs. Garber), Dennis McMullen (Klempner), Richard Ball (Stevie Lockhart), Sarah Damman (Bianea Lockhart), Steven Anderson (Stephen Lockhart). F 97 Min.*

Babysitter Jill Johnson soll auf die beiden Kinder des Ehepaars Mandrakis aufpassen. Mehrmals klingelt das Telefon. Zunächst ist es nur ihr Freund, doch dann fragt eine anonyme Stimme mit drohendem Tonfall: »Haben Sie schon nach den Kindern gesehen?« Die herbeigerufene Polizei legt eine Fangschaltung; der nächste Anruf kommt bestimmt. Der Anrufer will Blut. Entsetzt wirft Jill den Hörer auf die Gabel. Da schrillt das Telefon erneut. Die Polizei fordert Jill auf, das Haus sofort zu verlassen: Der Anruf käme von einem anderen Apparat im Haus. Jill gerät in Panik. Ein Schatten zeigt sich an der Treppe. Der Psychopath stürzt hinter ihr her. Im letzten Augenblick trifft die Polizei ein. Die Kinder sind nicht mehr zu retten. Curt Duncan, der Killer, wird festgenommen. Sieben Jahre später bricht er aus der Nervenheilanstalt aus. Privatdetektiv Clifford, seinerzeit als Kommissar mit dem Fall betraut, setzt sich auf Duncans Spur. Jill, inzwischen verheiratet und Mutter zweier Kinder, hat diese am Abend unter der Obhut eines Babysitters zu Hause gelassen, um mit ihrem Mann in einem Restaurant zu feiern. Sie wird ans Telefon gerufen und nimmt den Hörer ab: »Haben Sie nach den Kindern gesehen?« Hysterisch vor Angst, rasen Jill und ihr Mann nach Hause – die Kinder schlafen friedlich. Eine Hausdurchsuchung ergibt nichts. Doch Duncan ist da und schlägt ein letztes Mal zu. Auch Detektiv Clifford entpuppt sich als krankhafter Killer. »Kehrt hier der Schluss wieder zum Ausgangspunkt des Films zurück, indem er einen dramatischen Spannungsbogen schlägt, der einen Großteil eingefahrener Horrorelemente enthält, so verblüfft der verbindende mittlere Teil, eine sozialkritische Fallstudie über das ›Ugly America‹, das schäbige Gesicht Amerikas ... Es ist dies die reale Tristesse eines nächtlichen Niemandslandes, eingekeilt zwischen überquellenden Mülltonnen, schäbigen Abrisshäusern, miesen Absteigen und schmutzigen Bars ... Nicht die nervenstrapazierenden Sequenzen sind es, aus denen der Film seine Stärke bezieht, vielmehr ist es die Zeichnung jener monströsen Umwelt, die aus Menschen Monster macht.« (J. M. Thie, FILMBEOBACHTER) [V]

GRAUEN UM JESSICA

(LET'S SCARE JESSICA TO DEATH). USA 1971. R: John Hancock. B: Norman Jonas [Lee Kalchheim], Ralph Rose. K: Robert M. Baldwin. M: Orville Stoeber. D: Zohra Lampert (Jessica), Barton Heyman (Duncan), Kevin O'Connor (Woody), Alan Manson (Dorker), Mariclare Costello (Emily), Gretchen Corbett (Mädchen). F 89 Min.

Die geistig instabile Jessica zieht nach einem Aufenthalt im Sanatorium mit ihrem Gatten Duncan und dessen Freund Woody in das übliche abgelegene Landhaus: Dort begegnet ihr die junge Emily, die sich ohne Erlaubnis in dem leeren Kasten eingenistet hat. Jessica hört geheimnisvolle Geschichten, sieht im nahen See eine Wasserleiche und stößt auf das Bild einer Ertrunkenen, die ihr merkwürdig ähnlich sieht. Bald geht das Grauen um: Die Bewohner des nahen Dorfes erweisen sich als Untote, und Emily steckt mit ihnen unter einer Decke ... Nicht sonderlich bemerkenswert.

DER GRAUENVOLLE MR. X

(TALES OF TERROR). USA 1962. **R:** *Roger Corman.* **B:** *Richard Matheson.* **V:** *Edgar Allan Poe.* **K:** *Floyd Crosby.* **M:** *Les Baxter.* **D:** *(Episode »Morella«): Vincent Price (Locke), Maggie Pierce (Lenora), Leona Gage (Morella). – (Episode »Die schwarze Katze«): Peter Lorre (Montresor), Vincent Price (Fortunato), Joyce Jameson (Annabel), Lennie Weinrib (Polizist), Wally Campo (Wirt), Alan De Witt (Richter), John Hackett (Polizist). – (Episode »Der Fall Valdemar«): Vincent Price (Valdemar), Basil Rathbone (Carmichael), Debra Paget (Helene), David Frankham (Dr. Elliot James), Scott Brown (Butler). F 88 Min.*

Vorab: In diesem Episodenfilm taucht kein »grauenvoller Mister X« auf, aber auch der Originaltitel (»Entsetzliche Geschichten«) gibt den Filminhalt nur teilweise wieder. – In der Episode »Morella« geht es um den seit 26 Jahren in seinem Haus dahindämmernden Mr. Locke, der den Tod seiner schönen Gattin Morella nicht verwinden kann, die im Kindbett gestorben ist. Plötzlich erhält er Besuch von seiner seit diesem Tag außer Haus lebenden Tochter Lenore, die er für sein Unglück verantwortlich macht. Lenore entdeckt zu ihrem Entsetzen im Schlafzimmer Lockes den mumifizierten Leichnam ihrer Mutter. Noch in derselben Nacht fährt der Geist der Verstorbenen in den Leib ihrer Tochter ein, um sich an ihrem Gatten zu rächen, da sie ihn für ihren Tod verantwortlich macht. Locke ist, als Lenore die Züge Morellas annimmt, dermaßen entsetzt, dass er einen Kerzenständer umwirft und das Haus in Flammen aufgeht.

In »Die schwarze Katze« geht es um den starrköpfigen Suffkopf Montresor, der sich lieber in Kneipen herumtreibt und das Haushaltsgeld vertrinkt, statt sich um seine junge Frau Annabel zu kümmern. Als diese daraufhin ein Verhältnis mit dem wohlhabenden Stutzer Fortunato anfängt, betäubt Montresor die beiden und mauert sie bei lebendigem Leib in einer Kellernische ein. Dummerweise hat er jedoch auch Annabels Katze mit eingemauert, die sich so lange von den Leichen ernährt, bis die Polizei, die Montresors Keller durchsucht, vom kläglichen Miauen der Bestie auf die richtige Spur gebracht wird. – Im »Fall Valdemar« gestattet es der gleichnamige Großbürger einem zwielichtigen Hypnotiseur, ihn kurz vor seinem Tod in Trance zu versetzen: Valdemar stirbt zwar, steht aber noch immer unter dem geistigen Einfluss des Herrn Carmichael, so dass er keinen inneren Frieden finden kann. Der Hypnotiseur nutzt seine Macht über den Untoten aus: Erst wenn Valdemars Tochter Helene ihn heiratet, will er ihn erlösen. Als Helene sich ihrem Vater zuliebe auf die Erpressung einlässt, erhebt sich Valdemar vom Totenbett und wankt auf Carmichael, der vor Angst stirbt. Nun, da der Bann gebrochen ist, kann Valdemar sterben. Da er bereits seit Wochen körperlich tot ist, zerfließt er auf der Stelle zu einer ekelhaften, kotbraunen Masse.

Immer wenn sich ein B-Filmer erdreistet, das Werk literarischer Größen auszuwerten (in diesem Fall das einer solchen, die zu Lebzeiten so wenig Ansehen genoss, dass sie ihre Texte für das sprichwörtliche Butterbrot und 20 Belegexemplare hergeben musste), tritt die hehre Kulturkritik auf den Plan, die das Ergebnis an der literarischen Vorlage und der (heutigen) Reputation des Verfassers misst. So war es auch kein Wunder, dass jene, die sich noch heute weigern

Der grauenvolle Mr. X

Der grauenvolle Mr. X

würden, »Gruselgeschichten« zu lesen, wäre Poe inzwischen nicht Schullektüre, plötzlich vor dem Dilemma standen, zwei Angehörige des gleichen »Stalls« (nämlich dem derjenigen, die keine Kultur, sondern Geld machen wollen) miteinander vergleichen zu müssen. Da Poe jedoch mittlerweile ein anerkannter Dichter ist und Corman ein Kommerzfilmer, fand sein Produkt keine Gnade vor den gestrengen Augen der humanistisch gebildeten Kritik: »Drei phantastische Erzählungen Edgar Allan Poes werden zu billig schaurigen, mit Scheußlichkeiten garnierten Illusionsstücken verflacht«, hieß es (1964) im FILMDIENST. Und: »Einige pathetisch kommentierende Sätze möchten den Ton des Dichters treffen, ziehen aber die Filmchen ungewollt ins Lächerliche.« Der FILMBEOBACHTER sah gar nur »Verfälschungen« und meinte: »Das ist alles so unsagbar primitiv inszeniert und mit billigen Scheußlichkeiten garniert – die deutsche Synchronisation hält brav mit – dass sich das Publikum vor Lachkrämpfen windet[3].« – Nichts davon entspricht jedoch dem wahren Wert oder Unwert dieses feinen kleinen Episodenfilms: Er gibt Poe größtenteils akkurat wieder und versteht es auch, atmosphärisch auf den Betrachter zu wirken. Floyd Crosbys Fotografie ist – wie immer – exzellent, und die Bauten sowie einzelne Darsteller (besonders Peter Lorre als Süffel Montresor) sind eine wahre Augenweide. – »Anhänger des Makabren und Unheimlichen – oder wie Poe es ausdrücken würde, des ›Grotesken‹ und ›Arabesken‹ – können ohne Bedenken losziehen, um sich [den Film] zu Gemüte zu führen.« (Paul V. Beckley, THE NEW YORK HERALD TRIBUNE) [V]: *Schwarze Geschichten.*

GRAVEYARD SHIFT II

(GRAVEYARD SHIFT II: THE UNDERSTUDY). USA 1989. **R:** *Gérard Ciccoritti.* **B:** *Gérard Ciccoritti.* **K:** *Barry Stone.* **M:** *Philip Stern.* **D:** *Wendy Gazelle (Camilla), Mark Soper (Matthew), Silvio Olivero (Vampir Baisez), Ilse von Glatz (Ash), Tim Kelleher (Duke), Leslie Kelly (Martina). F 89 Min.*
Camilla spielt die Hauptrolle in einem Horrorfilm über einen billardspielenden Vampir. Da ergreift der Geist des Vampirs Stephens von ihr Besitz, der einen Körper braucht. Dem Blutsauger völlig verfallen, gibt sich Camilla ihm hin. Fortan ist sie bei Tag Camilla die Frau und in der Nacht Stephen der Blutsauger. Einige Mitglieder des Filmteams verschwinden, und der Cutter Matt, der Camilla heiraten will, schöpft Verdacht. Dann übernimmt Stephen sogar die Hauptrolle, und Matt, der den Kampf gegen den Vampir aufnimmt, muss erkennen, dass mit seinem Tod auch Camilla sterben muss. – War *Nachtschicht (Graveyard Shift)* noch ein leidlicher Vampirfilm mit streckenweise recht dichter Atmosphäre, gelang es Regisseur Ciccorritti nicht annähernd, die Ideen des Drehbuchautors Ciccorritti umzusetzen. Der Film ist handwerklich so schlecht, dass man Mühe hat, der sich träge dahinschleppenden Handlung zu folgen. [V]

GRAVEYARD STORY

(THE GRAVEYARD STORY). Kanada 1989. **R:** *B. D. Benedict.* **B:** *B. D. Benedict.* **K:** *George Hosek.* **M:** *Robin Hare, Mark McLay.* **D:** *John Ireland (Dr. McGregor), Adrian Paul (Hunt), Keith Vinsonhaler (Bruce), Gayle Chernin (Miss Bloor), Gerry Tucker (Vic Morieta). F 96 Min.*
TV-Film. Privatdetektiv forscht im Auftrag eines Psychoanalytikers nach dessen angeblich verstorbener unehelicher Tochter, die ihm als

[3] *Das deutsche Kinopublikum von 1964 hatte Poe nämlich längst im Original gelesen ...*

Geist erscheint. Es zeigt sich, dass die Kleine Opfer einer Entführung wurde. Schlaffer Krimi mit Phantastik-Elementen. [V]

DER GREUEL VON FRANKENSTEIN

Anderer Titel für FRANKENSTEINS SCHREKKEN

DER GRIFF AUS DEM DUNKEL

(NIGHT MUST FALL). GB 1964. **R:** *Karel Reisz.* **B:** *Clive Exton.* **V:** *Theaterstück »Night Must Fall« (1935) von Emlyn Williams.* **K:** *Freddie Francis.* **M:** *Ron Grainer.* **D:** *Albert Finney (Danny), Mona Washbourne (Mrs. Bramson), Susan Hampshire (Olivia), Sheila Hancock (Dora), Michael Medwin (Derek), Joe Gladwin (Dodge), Martin Wyldeck (Inspektor Willet), John Gill (Foster). SW 93 Min.*

Danny wird in das abgelegte Waldhaus der alten Mrs. Bramson gerufen. Diese will ihm die Leviten lesen, denn er hat ihr Dienstmädchen geschwängert. Äußerlich ist Danny ein sympathischer, froher, wenn auch leichtfertiger junger Mann, der die Herzen vieler Frauen im Sturm erobert. Doch der Zuschauer weiß mehr: Danny will stets Mittelpunkt des Interesses sein. Fühlt er sich übergangen, bevormundet oder gedemütigt, schlägt er auf persönliche Weise zu, mittels einer Axt. Zu seinen Utensilien gehört eine Hutschachtel, in der er den abgetrennten Kopf einer Dame aufbewahrt, deren Leiche er eingangs in einem nahen Waldsee versenkt hat. Von all dem nichts ahnend, verhätschelt Mrs. Bramson Danny schon bald wie ihren eigenen Sohn. Danny ist Herr und Knecht, Geliebter und Kind, ausgelassener Spielgefährte, im Inneren jedoch bleibt er der Dämon. Und als Mrs. Bramson eines Tages nicht so will wie er, greift er erneut zur Axt. – Das Theaterstück »Night Must Fall« von Emlyn Williams wurde bereits 1936 unter dem Originaltitel in den USA verfilmt (Regie: Richard Thorpe) und gilt trotz mäßiger Kritiken (Graham Greene: »Aus dem gefälligen kleinen Mörderspiel ist ein langer, matter Film geworden«) als Klassiker, eben wegen der großartigen schauspielerischen Leistung Robert Montgomerys, dem man bis dahin die Verkörperung eines wahnsinnigen Mörders nicht zugetraut hatte und der für den Film eine Oscar-Nominierung erhielt. Das Original kam im Gegensatz zum Remake von Karel Reisz nie ins deutsche Kino. Aus dem Thriller von 1936 wird bei Reisz die klinische Studie eines Psychopathen. »Die psychologisch genau umrissenen Charaktere der Frauen, der im Interesse der Spannung gebotene Verzicht auf das Ausspielen der Szenen, die psychisch hervorragende Studie des Albert Finney schließlich, über den gegen allen inneren Widerstand doch die Nacht des Wahns fällt und der sich dem Griff aus dem Dunkel seines verwüsteten Unterbewusstseins nicht zu entziehen vermag, ergeben einen Psycho-Schocker von Rang.« (FILMBEOBACHTER)

GRIZZLY

(GRIZZLY). USA 1976. **R:** *William Girdler.* **B:** *Harvey Flaxman, David Sheldon.* **K:** *W. Asman.* **M:** *Robert O. Ragland.* **D:** *Christopher George (Kelly), Andrew Prine (Don), Richard Jaeckel (Scott), Joan McCall (Alison), Joe Dorsey (Kittridge), Charles Kissinger (Arzt), Kermit Echols (Cowin), Maryann Hearn (1. Opfer). F 90 Min.*

Überdimensionaler Grizzly-Bär wütet in einem amerikanischen Nationalpark. »Seine todbringende Tatze schwingt er dabei gerne, während seine Opfer Intimes tun: Das erste Mädchen, ein kregler Wandervogel, hat sich gerade zwecks Darmerleichterung in die Büsche geschlagen, als ihr der böse Bär recht unsanft über den Hintern wischt; Opfer Nummer zwei, ein Bikiniblondchen, fischt er sich aus dem Wildbach, und eine andere, schon etwas angegilbtere Dame, die sich in ihrem Zelt gerade zur Liebe schön macht, erlebt statt des erhofften Schäferstündchens nur ein paar kurze Bärensekündchen.« (Wolfgang Limmer, DER SPIEGEL)

DIE GROSSE HORROR-SHOW

(THE HORROR SHOW). USA 1979. **R:** *Richard Schickel.* **B:** *Richard Schickel.* **K:** *Frank Thackery.* **M:** *Fred Prior.* **D:** *Anthony Perkins, Boris Karloff, Charles Laughton, Claude Rains, Lon Chaney sen., Lon Chaney jr., Vincent Price, Christopher Lee, John Barrymore, Janet Leigh, Robert Shaw, Richard Dreyfuss, Roy Scheider. SW 87 Min.*

That's Entertainment hieß eine MGM-Produktion aus dem Jahr 1974, in der Stars wie Fred Astaire, Gene Kelly, Elizabeth Taylor, James Stewart und andere locker durch die Geschichte des MGM-Unterhaltungskinos führten. Ein Feuerwerk schmissiger Tanzeinlagen und zündender Songs. Der Erfolg dieses Potpourris mag die Firma Universal dazu verleitet haben, als erste treibende Kraft in der Geschichte des Horrorfilms einen entsprechenden Querschnitt herzustellen. Über 100 mehr oder wenige lange Szenen aus 52 Horrorproduktionen werden vorgestellt und von Anthony Perkins, einer Schlüsselfigur des Horrorfilms, moderiert. Doch Tanzszenen und Songs sprechen in den Regel für sich; sie können dem Publikum Spaß bereiten, ohne dass es Inhalte oder Hintergründe kennt. Nicht so beim Horrorfilm! Will man nicht in reines Gag-Theater verfallen, müssen die überleitenden Texte die Filme werten und ihre Bedeutung herausstellen. Wirkungsweisen und geschichtliche Zusammenhänge bedürfen eines gezielten Kommentars. Von all dem spürt man in der Universal-Show leider nichts. Da werden fast ohne Anmerkungen lange Szenen aus hinlänglich bekannten neueren Filmen wie *Die Vögel* und *Der weiße Hai* gezeigt, filmhistorisch interessante, da rare Filme – etwa die Stummfilme Lon Chaneys – nur in Schnipseln angedeutet. Da hat man die seltene Gelegenheit, Boris Karloff, Bela Lugosi, Christopher Lee und Peter Cushing in ihren Frankenstein- und Dracula-Darstellungen zu erleben, den Universal- mit dem Hammer-Stil unmittelbar zu vergleichen, da versäumen es die Universal-Dokumentaristen doch tatsächlich, die Unterschiede in der Darstellungs- und Inszenierungsweise erkennbar zu machen. Eine Riesen-Chance wurde vertan.

DER GROSSSTADTVAMPIR

(VAMPIRE). USA 1979. **R:** *E. W. Swackhamer.* **B:** *Steven Bochco, Michael Kozoll.* **K:** N.N. **M:** *Fred Karlin.* **D:** *Jason Miller (John Rawlins), Richard Lynch (Prinz Anton Vojtek), E. G. Marshall (Harry Kilcoyne), Kathryn Harrold (Leslie Rawlins), Barrie Youngfellow (Andrea Parker), Michael Tucker (Christopher Bell), Jonelle Allen (Brandy), Jessica Walter (Nicole De Camp), Adam Starr (Tommy), Wendy Cutler (Iris), Scott Paulin (Pater Henley), David Hooks (Verkäufer), Brendan T. Dillon (Pater Devlin), Joe Spinell (Captain Desher), Byron Webster (Selby), Nicholas Gunn (Tanzlehrer), Herbie Braha (Felon), Tony Perez (Cop). F (100) 86 Min.*
TV-Film. Ein pensionierter Polizist und ein Architekt spüren im San Francisco der Gegenwart einen Vampir auf, der über die revolutionäre Gabe verfügt, auch am helllichten Tage seiner blutsaugerischen Profession nachzugehen.

DAS GRÖSSTE RINDVIEH ALLER ZEITEN

Anderer Titel für VORSICHT, GESPENSTER!

DIE GROTTE DER VERGESSENEN LEICHEN

(LA NOTTE CHE EVELYN USCI DALLA TOMBA). Italien 1971. **R:** *Emilio P. Miraglia.* **B:** *Fabio Pittorru, Massimo Felisatti, Emilio P. Miraglia.* **K:** *Gastone di Giovanni.* **M:** *Bruno Nicolai.* **D:** *Anthony Steffen (Lord Alan Cunningham), Marina Malfatti (Gladys), Erica Blanc (Susan), Rod Murdock (George), Giocomo Rossi Stuart, Umberto Raho, Joan C. Davis, Roberto Maldera. F 96 Min.*
Lord Alan Cunningham hat sich nach dem Tod seiner Frau Evelyn einer psychiatrischen Behandlung unterzogen. Eine neue Ehe soll sein psychisches Gleichgewicht wieder herstellen, doch er kommt vom Regen in die Traufe: Zusammen mit einigen Komplizen versucht seine neue Gattin Gladys, ihn in den Wahnsinn zu treiben, um ihn zu beerben: Gespenstische Frauengestalten tauchen in Cunninghams Umgebung auf, und alles deutet darauf hin, dass Evelyn ihrem Grab entstiegen ist. – Ein müder Psycho-Thriller, dessen Dramaturgie man schon bald durchschaut. – »Dass keiner der Darsteller, geschweige denn die Landschaft im Entferntesten an den Handlungsort England erinnert, sei noch am Rande erwähnt.« (FILMDIENST)

DIE GRUBE DES GRAUENS

(THE PIT/TEDDY). Kanada 1980. **R:** *Lew Lehman.* **B:** *Ian A. Stuart.* **K:** *Fred Guthe.* **M:** *Victor Davies.* **D:** *Sammy Snyders (Jamie Benjamin), Jeannie Elias (Sandra), Laura Hollingsworth (Marge Livingstone), Sonja Smits (Mrs. Lynde), Laura Press (Mrs. Benjamin), Andrea Swartz (Abigail). F 93 Min.*
Jamie, ein zwölfjähriger Underdog, der mit Gleichaltrigen nicht zurechtkommt, heimlich

Die Grotte der vergessenen Leichen

schweinische Heftchen liest und keine Gelegenheit auslässt, sich was anzukucken, wenn's wo was zu sehen gibt, steht unter dem geistigen Einfluss seines Teddybären und lockt Menschen, die böse zu ihm waren, in eine Grube, wo sie von vier haarigen Ungetümen verspeist werden. [V]

DIE GRUFT

(DENTRO IL CIMITERO). Italien 1987. **R:** *Lamberto Bava.* **B:** *Dardano Sacchetti, Lamberto Bava.* **K:** *Gianlorenzo Battaglia.* **SpE:** *Angelo Mattei.* **Ma:** *Fabrizio Sforza.* **M:** *Simon Boswell.* **D:** *Gregory Lech Thaddeus, Lea Martino, Beatrice Ring, Gianmarco Tognazzi, Karl Zinny, Gianmarco Tognazzi, Lino Salemme, Gianpaolo Saccarola. F 88 Min.*
Fünf Taugenichtse, die im Supermarkt klauen, stranden auf der Flucht vor dem Gesetz mit ihrem Wagen im Wald, stoßen auf eine Schlossruine und eine Kneipe und gehen mit dem unheimlichen Wirt die Wette ein, dass sie es schaffen, eine Nacht im Gewölbe des Schlosses zu verbringen (wonach ihnen ein toller Schatz zur Belohnung winkt). Dortselbst begegnen ihnen einige Effekte aus der Gruselkiste des Tricksers Angelo Mattei und zombiehafte Gestalten – bis die Bullen auftauchen und sie einkassieren. – »Shit on toast, yeah!« (Chas. Balun, THE DEEP RED HORROR HANDBOOK)

DIE GRUFT DER LEBENDEN LEICHEN

Anderer Titel für DAS SCHLOSSDES GRAUENS

DIE GRUFT DER TOTEN FRAUEN

(DEVILS OF DARKNESS). GB 1964. **R:** *Lance Comfort.* **B:** *Lynn Fairhurst.* **K:** *Reg Wyer.* **M:** *Bertie Fenton.* **D:** *Hubert Noel (Graf Sinistre), William Sylvester (Paul Baxter), Tracy Reed (Karen), Carole Gray (Tania), Diana Decker (Madeleine Brown), Rona Anderson (Anne Forest), Peter Illing (Inspektor Martin), Brian Oulton (Colonel), Marianne Stone (Herzogin), Victor Brooks (Inspektor Hardwick), Gerard Heinz (Bouvier), Avril Angers (Midge), Rod MacLennan (Dave), Burnell Tucker (Derek), Frank Forsyth (Tarbuk), Geoffrey Kenyon (Keith Forest), Marie Burke (Zigeunerin). F 87 Min.*
1588 hat man den französischen Grafen Sinistre (!), »der, zumindest, was seine Physiognomie angeht, seinem Namen alle Ehren macht« (FILMDIENST), aufgrund perverser Vorlieben den Garaus gemacht. Nun geht er wieder um, denn zum Überleben benötigt der blaublütige Edelmann in gewissen Abständen das Blut von Jungfrauen. Seine per Biss zu Blutsaugern gemachten Anhängerinnen, die ihn »den Herrn der Auferstandenen, dem die Seelen gehorchen« nennen (etwa ein Dutzend an der Zahl), schleichen nächtens durch die Wälder, murmeln Blasphemien und bemühen sich um Nachwuchs für ihre Reihen. Scotland Yard ist superdoof, aber dem englischen Schriftsteller Paul Baxter gelingt es ohne Probleme, Hochwürden dorthin zu befördern, wo er hingehört: ins Jenseits. – »Gegen diesen hirnverbrannten Quatsch muten die Comicstrips und die Fotoroman-Schmachtfetzen wie literarische Klassiker an.« (tho., FILMBEOBACHTER)

GRUFT DER VAMPIRE

(THE VAMPIRE LOVERS). GB 1970. **R:** *Roy Ward Baker.* **B:** *Tudor Gates.* **V:** *Erzählung »Carmilla, der weibliche Vampir« von J. Sheridan Le Fanu.* **K:** *Moray Grant.* **M:** *Harry Robinson.* **D:** *Ingrid Pitt (Mircalla/Marcilla/Carmilla), Pippa Steele (Laura Spieldorf), Madeleine Smith (Emma Morton), Peter Cushing (Gen. Spielsdorf), George Cole (Roger Morton), Dawn Addams (Gräfin), Kate O'Mara (Mme. Perrodot), Douglas Wilmer (Baron Hartog), John Finch (Carl Ebbhardt), Kirsten Betts (Vampir), Harvey Hall (Renton), Janet Key (Gretchen), Charles Farrell (Wirt), Ferdy Mayne (Arzt), John Forbes-Robertson (Mann in Schwarz). F 91 Min.*
Nachdem die Vampirsippe der Karnsteins sich Baron Hartogs Schwester geholt hat, rückt der Baron aus, um ihrem Terror ein Ende zu bereiten. Er öffnet die Särge der Blutsauger und pfählt sie. Nur die junge Mircalla entkommt seiner Rache. Jahre später taucht sie unter dem Namen Marcilla bei General Spielsdorf auf und freundet sich mit dessen Tochter Laura an. Die beiden entwickeln ein lesbisches Verhältnis, das Lauras Gesundheit abträglich ist: Eines Tages wird sie völlig blutleer aufgefunden; Mircalla hingegen hat das Weite gesucht. Unter dem Namen Carmilla schleicht sie sich bei Lauras bester Freundin Emma Morton ein, deren Vertrauen sie ebenso zu gewinnen versteht wie das ihres Vaters. Als Mr. Morton eine Geschäftsreise macht, verführt Carmilla auch Emma, die zusehends Kraft verliert und von erotischen Albträumen geplagt wird. Carmilla kann zwar auch Emmas Gouvernante und den Butler Renton in ihren vampirischen Bann schlagen, aber Letzte-

rer kann Morton vom allmählichen Dahinsiechen Emmas informieren. Als Morton Emma blutleer vorfindet, tut er sich mit dem Vampirjäger Hartog und Lauras Ex-Bräutigam Carl zusammen. Während er und der Baron Carmillas Sarg aufstöbern, läuft Carl der Vampirin höchstpersönlich über den Weg – als sie Emma verschleppen will. Carmilla löst sich auf und rematerialisiert in ihrem Sarg, wo Hartog die Letzte derer von Karnstein pfählt und enthauptet.

J. Sheridan Le Fanus Erzählung »Carmilla«, die schon 1960 Roger Vadim zu seinem Film *... und vor Lust zu sterben* anregte und später mit Jimmy Sangsters *Nur Vampire küssen blutig* (GB 1970) und John Houghs *Draculas Hexenjagd* (GB 1971) erneut auf die Leinwand kam, erfährt in diesem Film ihre offenste Version: »Baker behandelt die ersten heimlichen Liebesbeziehungen zwischen den beiden Mädchen mit einem Minimum an Zurückhaltung, und ihre Nacktheit erscheint ganz natürlich. Wenn der Film zuweilen in den aufgeregt flüsternden Ton der Liebesgeschichte eines Frauenmagazins verfällt, so kann man gegen Le Fanu mehr oder weniger den gleichen Vorwurf erheben. Als Carmilla später ihrer wahren Identität verdächtigt wird, bleibt ihr nichts anderes übrig, als die Gouvernante, den ... Arzt und den Butler aus reinem Selbsterhaltungstrieb ... zu Vampiren zu machen. Unterdessen hat sie sich zu einem triumphierenden Sukkubus gemausert, der auf Männer wie auf Frauen eine viel ausschließlichere sexuelle Wirkung ausübt als dies selbst bei Dracula der Fall war.« (David Pirie, VAMPIR FILMKULT). Vampirismus mit lesbischem Einschlag – und doch wieder die gleiche alte Geschichte. [V]

DIE GRUFT DES GRAUENS

(LA TUMBA DEL VAMPIRO). Spanien/Italien 1972. **R:** *Leon Klimovsky.* **B:** *David Chase.* **K:** *Paul Hipp* **M:** *N.N.* **D:** *William Smith (James Eastman), Mike Pataki (Charles Croydon/Prof. Lockwood), Lynn Peters (Anne Arthur), Jay Scott (Paul), Kitty Vallacher (Leslie), Jay Adler (Zack), Lieux Dressler (Olga), Diane Holden (Anita Jacoby), Carmen Argenziano (Sam), William Guhl (Duffy), Abby Henderson (Carol), Eric Mason (Panzer), Inga Neilsen (Tex), Margaret Fairchild (Miss Fenwick), Frank Whiteman (Brian), Lindus Guinness (Koch). F 89 Min.*

Der Bostoner Mythologie-Dozent Professor Lockwood ist ein Vampir, der vor dreißig Jahren die hübsche Leslie überfallen und vergewaltigt hat. Deren Sohn James macht sich als Erwachsener auf die Suche nach seinem Vater. Auch ihn treiben vampirische Gelüste, die ihm, obwohl er ihnen nachgibt, nicht ganz geheuer sind. Es gelingt ihm, Lockwood zu töten, aber auch sein Schicksal ist damit besiegelt: An der Leiche seines alten Herrn wachsen ihm lange Hauer. Trotz einiger horribler Schauereffekte blass und schwachbrüstig.

DIE GRUFT IN DEN SÜMPFEN

(THE GRAVE). USA 1996. **R:** *Jonas Pate.* **B:** *Jonas Pate, Josh Pate, Peter Glatzer, Michael Wexler.* **K:** *Frank Prinzi.* **M:** *Alex Wurman.* **D:** *Craig Sheffer (King), Gabrielle Anwar (Jordan), Josh Charles (Tyn), Donal Logue (Cletus), Keith David (Priester), John Diehl (J. C. Cole), Giovanni Ribisi (Wex), Anthony Michael Hall (Travis). F 90 Min.*

Zwei Gestalten vertreiben sich die endlose Zeit in einem Knast irgendwo in den Südstaaten, indem sie Gruselgeschichten vertellen ...

DIE GRUFT MIT DEM RÄTSELSCHLOSS

BRD 1964. **R:** *F. J. Gottlieb.* **B:** *Robert A. Stemmle, F. J. Gottlieb.* **V:** *»Der Safe mit dem Rätselschloß« von Edgar Wallace.* **K:** *Richard Angst.* **M:** *Peter Thomas.* **D:** *Judith Dornys (Kathleen Kent), Harald Leipnitz (Jimmy Flynn), Rudolf Forster (Real), Werner Peters (William Spedding), Siegfried Schürenberg (Sir John), Ernst Fritz Fürbringer (Connor), Vera Tschechowa (Feder-Lissy), Harry Meyen (Inspektor Angel), Ilse Steppat (Margaret), Harry Wüstenha-*

Gruft der Vampire

gen (Goyle), Kurd Pieritz (Cyrill), Klaus Kinski (George), Eddi Arent (Ferry Westlake). SW 90 Min.
Schurkischer Spielhöllenbesitzer, der sich im Laufe seines Lebens mit manipulierbaren Roulettetischen Millionen ergaunert hat, wird im hohen Alter von Reue gepackt und macht die Tochter eines ehedem betrogenen Zockers zur Universalerbin. Seine nicht weniger schurkischen Mitarbeiter wollen sich die Knete jedoch selbst unter den Nagel reißen. Zum Glück (und ihrem Pech) hat der Oberhalunke seinen Safe in einer finsteren Gruft untergebracht, wo komplizierte Fallen jedem den Garaus machen, der nicht aufpasst, wohin er seine Füßchen setzt. – Ein Gruselkrimi, wie er im Buche (des Dämons der Langeweile) steht und in dem die knarrenden Treppenstufen vom Geschnarche des Publikums übertönt werden.

GRÜNE AUGEN IN DER NACHT

(EYE OF THE CAT). USA 1969. **R:** *David Lowell Rich.* **B:** *Joseph Stefano.* **K:** *Russell Metty, Ellsworth Fredericks.* **M:** *Lalo Schifrin.* **D:** *Michael Sarrazin (Wylie), Gayle Hunnicutt (Kassia Lancaster), Eleanor Parker (Tante Danny), Tim Henry (Luke), Laurence Naismith (Dr. Mills), Linden Chiles (Bendetto), Mark Herron (Bellemondo), Jennifer Leak, Annabelle Garth. F 101 Min.*
Schwerreiche und schwer kranke Millionärin, die auf ihrem Besitz Hunderte von Katzen hält, will selbigen ihr Vermögen hinterlassen. Die Kosmetikerin Kassia Lancaster erfährt davon, sucht Wylie, den Neffen der Millionärin auf und überredet ihn, zu Tantchen zurückzukehren. Selbige enterbt die Katzen und begünstigt Wylie in ihrem Testament. Aber auch dessen Bruder Luke ist hinter dem Erbe her. Als Kassia und Wylie die Tante umbringen wollen, lässt Luke das hungrige Katzenrudel auf die beiden los. Kassia kommt um, die Tante überlebt, Wylie geht leer aus. – »Immer dann, wenn die Katzen in Aktion treten, kommt es zu dramaturgischen Höhepunkten, die faszinieren. Auch ansonsten ist der Film flüssig und ohne Längen gedreht. Besonderes Lob der Farbfotografie, die krimigenussvoll Räume oder auch nur grüne Blätterwände abtastet, um dann wieder eine Katze zu entdecken. Doch wehe, der Regisseur versucht, menschliche Reaktionen mit der Kamera einzufangen, das Ergebnis ist ein Mischmasch aus gekünstelten Dialogen und verklemmter Mimik.« (Albrecht Stuby, SCIENCE FICTION TIMES)

DER GRÜNE BOGENSCHÜTZE

BRD 1960. **R:** *Jürgen Roland.* **B:** *Wolfgang Menge, Wolfgang Schnitzler.* **V:** *»Der grüne Bogenschütze« von Edgar Wallace.* **K:** *Heinz Hölscher.* **M:** *Heinz Funk.* **D:** *Gert Fröbe (Abel Bellamy), Karin Dor (Valerie Howlett), Klausjürgen Wussow (James Featherstone), Eddi Arent (Spike Holland), Harry Wüstenhagen (Savini), Wolfgang Völz (Sgt. Higgins), Charles Pallent (Sgt. Bannister), Heinz Weiß (John Bellamy), Stanislav Ledinek (Coldharbour Smith), Hans Epskamp (Howlett), Edith Teichmann (Fay), Georg Lehn (Lacy). SW 95 Min.*
Wohlhabender amerikanischer Ex-Gangster (verkörpert von Gert Fröbe) erwirbt ein finsteres Schloss in der Nähe von London, dessen Hausgespenst eine Gestalt ist, die man »den grü-

Grüne Augen in der Nacht

nen Bogenschützen« nennt. Selbiger ist auch bald fleißig am Werk – aber er spukt nicht nur herum, sondern erledigt mit Pfeil und Bogen allerlei Gelichter, das sich auf dem Schlossgrundstück herumtreibt. Die junge Valerie Howlett, die davon überzeugt ist, dass ihr Onkel, der Schlossbesitzer Bellamy, ihre angeblich gestorbene Mutter in den Gewölben seines Besitzes gefangen hält, betätigt sich als Detektivin. Der grüne Bogenschütze ist, wie sich herausstellt, ein Mann, den Valerie kennt: Bellamy hat ihn einst unschuldig ins Gefängnis gebracht, dafür soll er nun zahlen ... Mehr Krimi als Horror, aber ab und an schon »gruslig«. Der Film vermag vielleicht Zwölfjährige noch zu beeindrucken.

GUN'S EYE – IM VISIER DES TODES

(GUN'S EYE). USA 1990. **R:** *Jerry Koch.* **B:** *Jerry Koch.* **K:** *Joe Bauer.* **M:** *Jim Kellett.* **D:** *Jerry Koch (Vic), Terese Wingerter (Michelle), Scott Heminger (Larry), Brigitte Baker (Keller), Chris Knox (Chris). F 96 Min.*

Eine mit Eigenleben ausgestattete Naziwaffe beherrscht ihren Besitzer und lässt ihn zum Mörder werden, bis sie (wie weiland in David Cronenbergs *Videodrom*) mit seiner Hand verschmilzt, so dass seiner Freundin nichts anderes übrig bleibt, als ihn von diesem Gliedmaß zu befreien. Wirrer Blut-und-Schund-Thriller, offenbar von blutigen Amateuren hergestellt. AIDT [V]

H

Schlitzerfilm. Rüde Töne, Blut und Nuditäten ohne Ende. AIDT [V]

HALLOWEEN – DIE NACHT DES GRAUENS

(HALLOWEEN). USA 1978. **R:** *John Carpenter.* **B:** *John Carpenter, Debra Hill.* **K:** *Dean Cundey.* **M:** *John Carpenter.* **D:** *Donald Pleasence (Dr. Sam Loomis), Jamie Lee Curtis (Laurie Strode), Nancy Loomis (Annie Bracken), P .J. Soles (Lynda), Charles Cyphers (Sheriff Leigh Brackett), Brian Andrews (Tommy), Kyle Richards (Lindsey), Nancy Stephens (Marion), John Michael Graham (Bob), Mickey Yablans (Richie), Adam Hollander (Keith), Brent La Page (Lonnie), Robert Phalen (Dr. Wynn), Arthur Malet (Friedhofswächter), Will Sanden (Bill als Kind), Tony Moran (Michael mit 23), Sandy Johnson (Judith), David Kyle (Freund), Peter Griffith (Lauries Vater), Nick Castle (Schatten). F 91 Min.*
Halloween Day ist in den USA der Vorabend von Allerheiligen. Dann ziehen Kinder, gruselig maskiert, in den Abendstunden von Haus zu Haus und erschrecken die Erwachsenen. An einem solchen Abend im Jahr 1963 ersticht Michael Myers (6) in Haddonfield, Illinois, völlig unmotiviert seine halbwüchsige Schwester. Als *completely mad* eingestuft lebt er fünfzehn Jahre in völligem Schweigen in einer geschlossenen Anstalt – unter der Aufsicht von Dr. Loomis, der

HALL, CHARLES D. [DANNY]

(1899–1968). Geboren in Norwich, England. War Ausstatter in der bekannten Comedytruppe von Fred Karno, für den auch Charles Chaplin und Stan Laurel spielten. Als Art Director bei der Universal zeichnete er für viele der besten Horrorfilme verantwortlich. 1925: *The Phantom of the Opera (Das Phantom der Oper);* 1927: *The Cat and the Canary (Spuk im Schloss);* 1928: *The Man Who Laughs (Der Mann, der lacht);* 1929: *The Chinese Parrot;* 1931: *Dracula; Frankenstein;* 1932: *The Old Dark House;* 1933: *The Invisible Man (Der Unsichtbare);* 1934: *The Black Cat (Die schwarze Katze);* 1935: *The Bride of Frankenstein (Frankensteins Braut).* Später wechselte er in die Hal Roach Studios, wo er auch als Neben- und Kleindarsteller in Komödien mit Charley Chase und insbesondere Laurel & Hardy zu sehen gewesen war: 1940: *One Million B. C. (Tumak, der Herr des Urwaldes);* 1942: *The Devil With Hitler.* Hatte auch einen kurzen Auftritt in Charles Laughtons *The Hunchback of Notre-Dame (Der Glöckner von Notre-Dame).* Letzter Genre-Credit 1957: *The Unearthly.*

HALL OF DEATH

(MORTUARY). USA 1981. **R:** *Howard Avedis.* **B:** *Marlene Schmidt.* **K:** *Gary Graver.* **M:** *John Cavacas.* **D:** *Mary McDonough (Christie), David Wallace (Greg Stevens), Lynda Day George (Eva Parsons), Christopher George (Dr. Hank Andrews), Bill Paxton (Paul Andreas), Beth Schaffel, Curt Ayres. F 91 Min.*
Irrsinniger Sohn eines Bestattungsunternehmers murkst sich durch die Landschaft. Ein übler

Halloween – Die Nacht des Grauens

um keinen Preis will, dass er je wieder in die Freiheit entlassen wird. Im Alter von 23 Jahren, ein erneuter Halloween-Tag steht vor der Tür, bricht Michael aus und kehrt nach Haddonfield zurück, um sein blutiges Handwerk fortzusetzen. Er nistet sich in seinem leeren Elternhaus ein, schleicht durch das Städtchen und heftet sich an die Fersen dreier Babysitter im Teenie-Alter. Annie erledigt er, mit einer Gummimaske verkleidet, nach der aus der Steinzeit des Kintopps stammenden Methode »Der Irre auf dem Rücksitz, den das Opfer beim Einsteigen nicht sieht.« Lynda und ihr Freund Bob, die sich im Bett verlustieren, fallen seinem ellenlangen Dolch und einem Telefonkabel zum Opfer. Laurie, das dürre Mauerblümchen, sitzt derweil mit den Kindern, auf die sie aufpassen soll, vorm Fernseher und schaut sich *Das Ding aus einer anderen Welt* und andere SF-Filme an. Dr. Loomis, der Sheriff Leigh Brackett (!) von der Gefährlichkeit Michaels überzeugt hat, pirscht durch die Nacht und hält die Augen auf (was dem Zuschauer, der darauf wartet, dass der Film endlich in die Gänge kommt, inzwischen mehr als schwer fällt). Laurie entdeckt die Leichen ihrer Freunde: Kreisch! Kreisch! Schon ist der böse Mann da und schwingt sein Messer! Noch mal: Kreisch! Kreisch! Und: »Hilfe! Helft mir!«(Aber wie immer, wenn der irre Schlitzer in dunkler Nacht zugange ist, liegt die Vorstadt natürlich wie ausgestorben da). Dr. Loomis erledigt Michael mit sechs gut gezielten Schüssen. Doch seine Leiche verschwindet – er hinterlässt nicht mal 'ne Blutspur! Ist der Psychopath etwa mit dem Gehörnten im Bunde? (I wo! Er wurde noch für eine Fortsetzung gebraucht.) – Wenn man sieht, wie der Killer mit bloßer Faust ein Loch in eine Tür schlägt; wenn man sieht, wie er wartet, dass Laurie erst eine Tür hinter sich verschlossen hat, bevor er sich in Bewegung setzt; wenn man sieht, wie lange er an der Lattentür eines läppischen Kleiderschranks herumfuhrwerkt, bevor er sie endlich aufkriegt, kann man sich nur noch stöhnend an den Kopf fassen. Abgesehen von der Frage, wie ein Mensch, der sein Leben lang eingekerkert war, problemlos ein Auto lenken kann, bewegt uns noch eine andere: Wo, bei allen irren Schlitzern dieses und sämtlicher anderen Universen, ist hier die Geschichte? Vielleicht erklärt's das Buch zum Film: Curtis Richards, *Halloween,* München 1985 [V]

HALLOWEEN II – DAS GRAUEN KEHRT ZURÜCK

(HALLOWEEN II). USA 1981. **R:** *Rick Rosenthal.* **B:** *John Carpenter, Debra Hill.* **K:** *Dean Cundey.* **M:** *John Carpenter.* **D:** *Donald Pleasence (Dr. Sam Loomis), Jamie Lee Curtis (Laurie Strode), Pamela Susan Shoop (Karen), Charles Cyphers (Leigh Brackett), Ana Alicia (Janet), Jeffrey Kramer (Graham), Cliff Emmich (Garrett), Lance Guest (Jimmy), Gloria Gifford (Mrs. Alves), Nancy Stephens (Marion), John Zenda (Marshall), Ford Rainer (Dr. Mixter), Hunter von Leer (Gary Hunt), Leo Rossi (Budd), Tony Moyer (Jill), Lucille Bensen (Mrs. Elrod), Dick Warlock (Schatten), Alan Haufrect, Catherine Bergstrom. Howard Culver, Bill Warlock, Jonathan Prince, Dana Carvey, Leigh French, Ty Mitchell, Ken Smolka, Roger Hampton, Pamela McMyler, Dennis Holahan. F 92 Min.*

Vorgeschichte: *Halloween – Die Nacht des Grauens.* – Während ein schwer verletztes Opfer des geisteskranken Schlitzers Michael Myers ins Hospital gebracht wird, sucht der Nervenarzt Dr. Loomis die verschwundene Leiche des scheinbar Getöteten. Myers hat nicht nur überlebt, sondern macht sich auf die Socken, um fröhlich weiterzumetzeln. Dazu hat er sich das übliche abgelegene Krankenhaus ausgesucht. Fetz! Fetz! Fetz! Alle müssen dran glauben – ob sie nun mit einem Hammer erschlagen, in kochend heißem Wasser ersäuft oder mit einer Injektionsnadel (durchs Auge) erstochen werden. Selbst das Wissen, dass im Dunkel ein irrer Mörder finstere Pläne wälzt, hindert keinen Akteur daran, sorglos-doof in dunkle Räume zu treten. Wie auch im Krankenhaus überall gerade so viele Lämpchen brennen, dass der Killer sich gut verstecken kann. Ach, und wie es in diesem Tempel der Medizin von Menschen wimmelt: Ein ganzes Dutzend hält sich da auf, und sogar ein *Patient!* Bezweifelt jemand, dass der mutige Dr. Loomis, seinem hippokratischen Eid folgend, genau das tut, was man von ihm erwartet? Er lässt die Bombe platzen und sprengt Michael in die Luft. Wie auch wir konnte sich kein Mensch mit dieser konzeptionslosen Schlächterorgie, die zum reinen Selbstzweck geriet, anfreunden. Phil Edwards, der eine Pressevorführung sah, resümierte in STARBURST: »Ein lausiger Drecksfilm! Hätte ich dafür bezahlen müssen, hätte ich mir mein Eintrittsgeld an der Kasse zurückerstatten lassen.« – Das Verleih-Presseheft jubelt: »Die Fortsetzung des Welterfolgs. Noch spannender. Noch erregender.« Und noch viel abscheulicher! Das Buch zum Film: Jack Martin: *Halloween II*, München 1983 [V]

HALLOWEEN III

(HALLOWEEN III: SEASON OF THE WITCH). USA 1985. **R:** *Tommy Lee Wallace.* **B:** *Tommy Lee Wallace.* **K:** *Dean Cundey.* **SpE:** *Jon G. Belyeu.* **M:** *John Carpenter.* **D:** *Tom Atkins (Dr. Daniel Challis), Stacey Nelkin (Ellie Grimbridge), Dan O'Herlihy (Conal Cochran), Ralph Strait (Buddy Kupfer), Michael Currie (Rafferty), Jadeen Barbor (Betty Kupfer), Bradley Schachter (Little Buddy), Garn Stephens (Marge), Nancy Kyes (Linda Challis), John Terry (Starker), Patrick Pankhurst (Techniker), Al Berry (Harry Grimbridge), Wendy Wessberg (Teddy Bryant), Dick Warlock (Attentäter), Norman Merrill (Red), Joshua Miller (Willie Challis). F 96 (92) Min.*

Vorgeschichte: *Halloween – Die Nacht des Grauens.* – Irrsinniger Hersteller von Halloween-Masken will mit Hilfe eines magischen Steins aus Stonehenge die amerikanische Jugend in eine Bande von Buhmännern verwandeln. – Stupide inszeniert und miserabel gespielt. Produziert von John Carpenter, der den ersten *Halloween*-Film inszeniert und geschrieben hat. – »Tommy Lee Wallace ist voll verantwortlich für den Film, zusammen mit Debra Hill und John Carpenter, vorausgesetzt natürlich, dass diese an dieser Verantwortlichkeit überhaupt Interesse haben.« (VARIETY, zit. n. Willy Loderhose, JOHN CARPENTER). [V]

HALLOWEEN IV

(HALLOWEEN IV: THE RETURN OF MICHAEL MYERS). USA 1988. **R:** *Dwight H. Little.* **B:** *Alan B. McElroy.* **K:** *Peter Lyons Collister.* **SpE:** *Larry Fioritto.* **M:** *Alan Howarth.* **D:** *Donald Pleasence (Dr. Loomis), Ellie Cornell (Rachel), Danielle Harris (Jamie), George P. Wilbur (Michael Myers), Michael Pataki (Dr. Hoffman), Beau Starr (Sheriff Meeker), Kathleen Kinmont (Kelly), Sasha Jenson (Brady), Gene Ross (Earl), Carmen Filpi (Jack Sayer). F 85 Min.*

Vorgeschichte: *Halloween – Die Nacht des Grauens.* – Der irrsinnige Mörder Michael Myers kehrt nach Haddonfield zurück, um seine sieben Jahre alte Nichte Jamie zu töten. Dr. Loomis bemüht sich, ihn daran zu hindern. [V]

HALLOWEEN V: DIE RACHE DES MICHAEL MYERS

(HALLOWEEN V: THE REVENGE OF MICHAEL MYERS). USA 1989. **R:** *Dominique Othenin-Girard.* **B:** *Michael Jacobs, Dominique Othenin-Girard, Shem Bitterman.* **K:** *Robert Draper.* **M:** *Alan Howarth.* **D:** *Donald Pleasence (Dr. Loomis), Danielle Harris (Jamie), Wendy Kaplan (Tina), Ellie Cornell (Rachel), Donald L. Shanks (Michael Myers), Jeffrey Landman (Billy), Beau Starr (Sheriff Meeker), Betty Carvalho (Schwester Patsey). F 96 Min.*

Vorgeschichte: *Halloween – Die Nacht des Grauens.* – Der irrsinnige Mörder Michael Myers jagt weiterhin seine inzwischen neun Jahre alte Nichte Jamie, die aufgrund der telepathischen Verbindung, die sie zu ihm hat, jedes Mal körperlich reagiert, wenn er eine Untat begeht. Dr. Loomis setzt die Kleine ein, um ihm eine Falle zu stellen. Handwerklich annehmbare, wenig originelle Wiederholung einer Asbach-Uralt-Geschichte. [V]

HALLOWEEN VI – DER FLUCH DES MICHAEL MYERS

(HALLOWEEN VI). USA 1995. **R:** *Joe Chappelle.* **B:** *Daniel Farrands.* **K:** *Billy Dickson.* **M:** *Alan Howarth, John Carpenter.* **D:** *Donald Pleasence (Dr. Sam Loomis), Paul Rudd (Tommy Doyle), Marianne Hagan (Kara Strode), Devin Gardner (Danny Strode), J. C. Brandy (Jamie Lloyd), Mitchell Ryan (Dr. Wynn), Mariah O'Brien (Beth), Keith Bogart (Tim), Susan Swift (Mary), Bradford English (John Strode). F (92) 84 Min.*

Vorgeschichte: *Halloween – Die Nacht des Grauens.* – Der irre Mörder Michael Myers mordet wieder. – »Joe Chappelle verpasst dem mörderischen Michael ein bisschen keltischmystisches Ambiente und schickt ihn durch anderthalb Stunden dumpfe Langeweile.« (FISCHER FILM ALMANACH 1997) [V]

HALLOWEEN H20 – 20 JAHRE SPÄTER

(HALLOWEEN H20 – TWENTY YEARS LATER). USA 1998. **R:** *Steve Miner.* **B:** *Robert Zappia, Matt Greenberg.* **St:** *Entwurf von Kevin Williamson nach Charakteren von John Carpenter und Debra Hill.* **D:** *Jamie Lee Curtis (Keri Tate/Laurie Strode), Josh Hartnett (John), Michelle Williams (Molly), Janet Leigh (Lauries Mutter), Chris Durand (Michael Myers), Adam Arkin, LL Cool J. F 86 Min.*

Vorgeschichte: *Halloween – Die Nacht des Grauens*. – Zwanzig Jahre nach dem Fall Michael Myers ist Laurie Strode alias Jamie Lee Curtis als Internatsdirektorin Keri Tate irgendwo in Kalifornien untergetaucht. Zu Halloween trifft sie einen alten Bekannten. – »Der siebte Teil der Myers-Saga knüpft da an, wo der erste *Halloween*-Film aufgehört hatte, und das ist sein Problem. *H20* (...) tut so, als habe es die fünf Fortsetzungen nie gegeben. Zwar ist Carpenters eindringliche Musik zu hören, und *Scream*-Autor Kevin Williamson hat die Grundidee zur Story geliefert, aber das alles kann nicht darüber hinwegtäuschen, dass filmisch oft nicht einmal TV-Niveau erreicht wird. Jeder Freitagskrimi ist spannender.« (Dirk/Sowa, TEEN SCREAM)

HALLOWEEN – BESUCH AUS DEM JENSEITS

(THE MIDNIGHT HOUR/IN THE MIDNIGHT HOUR). USA 1985. **R:** *Jack Bender.* **B:** *William Bleich.* **K:** *Rexford L. Metz.* **Ma:** *Rick Stratten.* **M:** *Brad Fiedel.* **D:** *Jonelle Allen (Lucinda Cavender), Shari Belafonte (Melissa Cavender), LeVar Burton (Vinnie Davis), Peter DeLuise (Mitch Crandall), Jonna Lee (Sandy Matthews), Kevin McCarthy (Crandall), Lee Montgomery (Phil Grenville), Cindy Morgan (Vicky Jensen), Dedee Pfeiffer (Mary Masterson), Dick Van Patten (Martin Grenville), Hank Garrett (Sgt. Thompson), Sheila Larken (Janet Grenville), Mark Blankfield (Ghoul), Dennis Redfield (Lester Mitchell), Kurtwood Smith (Captain Warren Jensen). F 97 Min.*

TV-Film. Die üblichen strohdoofen US-College-Teenies feiern eine Party, schauen sich einen Gruselfilm an, sprechen »zum Spaß« einen alten Zauberspruch und rufen einen echten Geist herbei. Mann, ist das lustig!

DAS HALLOWEEN-MONSTER

(PUMPKINHEAD). USA 1988. **R:** *Stan Winston.* **B:** *Patrick Carducci, Gary Gerani.* **K:** *Bojan Bazelli.* **M:** *Richard Stone.* **D:** *Lance Henrikson (Ed Harley), Jeff East (Chris), John Di Aquino (Joel), Kimberly Ross (Kim), Joel Hoffmann (Steve), Cynthia Bain (Tracy), Florence Schauffler (Haggiee), Kerry Remsen (Maggie), Brian Bremer (Bunt), Buck Flower (Wallace), Tom Woodruff jr. (Pumpkinhead) F 86 (80) Min.*

Aus Rache für den Unfalltod seines Sohnes, den herumrasende Jugendliche mit Motorrädern bewirkt haben, beschwört der auf dem Lande wohnende Ed mit Hilfe eines Zauberspruchs, den er sich von einer weisen Frau besorgt, ein Ungeheuer herauf, das die Bösewichter auf brutale Weise dezimiert. Koautor Carducci hat sich später, als er nach Hollywood kam, umgebracht. [V]

HALLOWEEN NIGHT – SATAN LEBT!

(HALLOWEEN NIGHT/DEATH MASK). USA 1987. **R:** *Jag Mundhra.* **B:** *Carla Robinson.* **K:** *Stephen Ashley Blake.* **M:** *Gregory Haggard.* **D:** *Hy Pyke, Greg C. Scott, Katina Garner, Carla Baron, Patricia Christie, Jeff Brown, Larry Coven, Michael Potts. F 84 Min.*

Mörderischer Großvater, der seine Umgebung am Halloween-Tag mit Kürbissen versorgt, treibt sein Unwesen. Seine Neffen (ein junger Polizist und ein Mucki-Mann) und seine Nichte haben keine Ahnung! Es treten jede Menge Musiker und nackte Tussis auf, die abgemurkst werden, und damit hat es sich. [V]

HALLOWEENTOWN – MEINE OMA IST 'NE HEXE

(HALLOWEENTOWN). USA 1998. **R:** *Duwayne Dunham.* **B:** *Paul Bernbaum, Jon Cooksey.* **D:** *Debbie Reynolds (Aggie Cromwell), Judith Hoag (Gwen Piper), Kimberly J. Brown (Marnie Piper), Joey Zimmerman (Dylan Piper), Phillip Van Dyke (Luke), Emily Roeske (Sophie »Soapy« Piper), Robin Thomas (Calabar), Nurmi Husa (Frankenstein). F 81 Min.*

Disney-Quark um eine Hexe, die von ihrer zauberwilligen Enkelin besucht wird.

DIE HAND

(THE HAND). USA 1981. **R:** *Oliver Stone.* **B:** *Oliver Stone.* **K:** *King Baggot.* **M:** *James Horner.* **D:** *Michael Caine (Jon Lansdale), Andrea Marcovicci (Anne Lansdale), Charles Fleischer (David Maddow), Annie McEnroe (Stella Roche), Bruce McGill (Brian Ferguson), Viveca Lindfors (Ärztin), Rosemary Murphy (Karen Wagner), Mara Hobel (Lizzie Lansdale), Pat Corley (Sheriff), Nicholas Hormann (Bill Richman), Ed Marshall (Arzt), John Stinson (Therapeut), Sparky Watt (Sergeant), Richard Altman (Hammond), Tracey Walter (Cop), Oliver Stone (Penner). F 104 Min.*

Psycho-Thriller. Karikaturist ist der Meinung, dass die Hand, die er bei einem Autounfall verloren hat, auf seine mörderischen Geistesimpulse reagiert, denn sie folgt ihm von einem Ort zum anderen und ist verantwortlich für eine Reihe mörderischer Untaten. [V]

DIE HAND AN DER WIEGE

(THE HAND THAT ROCKS THE CRADLE). USA 1991. **R:** *Curtis Hanson.* **B:** *Amanda Silver.* **K:** *Robert Elswit.* **M:** *Graeme Revell.* **D:** *Annabella Sciorra (Claire), Rebecca De Mornay (Peyton), Matt McCoy (Michael), Ernie Hudson (Solomon), Julianne Moore (Marlene), Madeline Zima (Emma), John De Lancie (Dr. Mott), Kevin Skousen (Marty), Mitchell Laurance (Anwalt), Justin Zaremby. F 110 Min.*

Ein Gynäkologe, der die schwangere Claire dienstlich auf eine Weise befingert, die ihr nicht ganz koscher erscheint, sieht seine Zukunft plötzlich nicht mehr sehr rosig, als diese sich an die Behörden wendet. Nach dem Selbstmord des Mediziners hat dessen ebenfalls Nachwuchs erwartende Gattin Peyton eine Fehlgeburt und schwört Rache: Sie schleicht sich als Kindermädchen bei Claire ein, der sie die Schuld am Tode ihres Mannes gibt, und lässt nichts aus, um ihr Glück zu vernichten. Der ohne übernatürliche Elemente auskommende Film entfaltet zumindest bei jungen Müttern seine Wirkung.

HÄNDE VOLLER BLUT

(HANDS OF THE RIPPER). GB 1971. **R:** *Peter Sasdy.* **B:** *L.W. Davidson.* **St:** *Edward Spencer Shaw.* **K:** *Kenneth Talbot.* **M:** *Christopher Gunning.* **D:** *Eric Porter (Dr. John Pritchard), Angharad Rees (Anna), Jane Merrow (Laura), Derek Godfrey (Dysart), Keith Bell (Michael), Dora Bryan (Mrs. Golding), Marjorie Rhodes (Mrs. Bryant), Lynda Baron (Liz), Marjie Lawrence (Dolly), Norman Bird (Inspektor), Margaret Rawlings (Mrs. Bulland), Elizabeth MacLennan (Mrs. Wilson), A. J. Brown (Pfarrer Anderson), Barry Lowe (Mr. Wilson), April Wilding (Catherina), David Frankham (Sanford), Severn Darden (Simon Baud), Anne Clune, Vicki Woolf, Katya Wyeth, Beulah Hughes, Tallah Miller (Huren), Peter Munt (Leasants), Molly Weir (Magd), Philip Ryan (Polizist), Charles Lamb (Wächter). F 85 Min.*

London, kurz nach der Wende zum 20. Jahrhundert: Anna, die illegitime Tochter des spurlos verschwundenen und unter dem Namen Jack the Ripper bekannten Frauenmörders, schlägt sich durchs Leben, indem sie dem spiritistischen Medium Mrs. Golding als »Geist aus dem Jenseits« die Stimme zur Verfügung stellt. Als sie

Hände voller Blut

Dysart, einen Bekannten des Psychiaters Dr. Pritchard, mit einem Schürhaken ersticht, als dieser sie küssen will, nimmt Pritchard sie, schon um einen Skandal zu vertuschen, unter seine Fittiche und will nach der noch in den Kinderschuhen steckenden freudschen Methode in ihr Unterbewusstsein vordringen. Umsonst. Anna ermordet zuerst das Hausmädchen Dolly und dann die Prostituierte Liz. Erst als das Medium Madame Bullard sich ihres Falls annimmt, gewinnt Pritchard Klarheit: Nachdem Jack the Ripper Annas Mutter erstochen hat, hat er das kleine Mädchen geküsst. Nun meuchelt Anna aus »erklärlichen« Gründen jeden/jede, der/die sich ihr in eindeutiger Absicht nähert. Pritchard versucht Anna zu küssen, um ihre Reaktion zu testen – und sie rammt ihm ein Schwert in die Seite. Obwohl der Psychiater dem Tode geweiht ist, kann er die nun unheilbar Wahnsinnige im letzten Augenblick daran hindern, auch seine blinde Schwiegertochter Laura zu erwürgen. – Dieses späte Produkt aus der britischen Horrorfabrik Hammer besticht zwar durch ein ansprechendes Dekor und passende Farbgebung (von einigen effektvollen Schocksequenzen ganz zu schweigen), trivialisiert jedoch im Inhalt die Psychoanalyse über Gebühr. Dennoch ist der Film einer der besseren und spannungsgeladeneren Schocker.

HANNIBAL

(HANNIBAL). USA 2000. **R:** *Ridley Scott.* **B:** *David Mamet, Steven Zaillian.* **V:** *»Hannibal« von Thomas Harris.* **K:** *John Mathieson.* **SpE:** *Daniel*

Acon. **Ma:** *Keith Vanderlaan, Greg Cannom, Wes Wofford.* **M:** *Hans Zimmer.* **D:** *Anthony Hopkins (Dr. Hannibal Lecter), Julianna Moore (Clarice Starling), Gary Oldman (Mason Verger), Ray Liotta (Paul Krendler), Giancarlo Giannini (Rinaldo Pazzi), Francesca Neri (Allegra Pazzi), Ivano Marescotti (Carlo), David Andrews (FBI-Agent Pearsall), Zeljko Ivanek (Dr. Cordell Doemling), Frankie R. Faison (Barney), Hazelle Goodman (Evelda Drumgo), Alex Corrado (Piero), Marco Greco (Tommaso), Diane Baker (Ruth Martin), Spike Jonze (Donnie Barber), Boyd Kestner (Mendéz), Ivano Marescotti (Carlo Deogracias), Sam Wells (Fernsehsprecher). F 132 Min.*
Zehn Jahre sind seit dem *Schweigen der Lämmer* vergangen, seit die FBI-Agentin Clarice Starling im Hochsicherheitstrakt eines Gefängnisses für geistesgestörte Schwerverbrecher jene schicksalhafte Begegnung mit dem diabolischen Kannibalen Dr. Hannibal Lecter hatte, einem ebenso distinguierten wie perversen Serienmörder. Der auf der Flucht befindliche Lecter ist inzwischen in Italien untergekrochen. Wieder ist ihm Clarice auf der Spur – wie auch eins von Hannibals Opfern: Mason Vergers Gesicht ist auf abscheuliche Weise entstellt. Als Erbe eines beträchtlichen Familienvermögens investiert er sein Geld in die Rache an Lecter. Clarice soll ihm als Köder für Lecter dienen. – Teilweise unfreiwillig komische Fortsetzung aus der Genrefabrik des berüchtigten Dino De Laurentiis. [V]

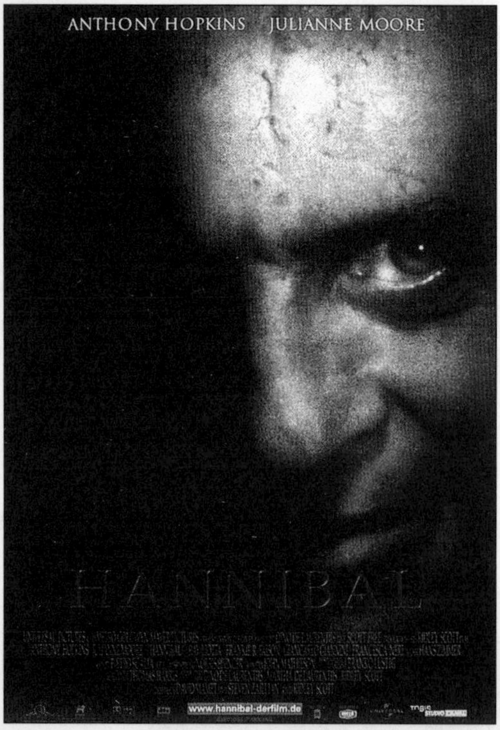

Hannibal

HAPPY HELL NIGHT – VERFLUCHT IN ALLE EWIGKEIT

(HAPPY HELL NIGHT/WAXWORK II). Kanada/USA 1991. **R:** *Brian Owens.* **B:** *Brian Owens, Ron Peterson, Michael Fitzpatrick.* **K:** *Sol Negrin, Curtis Peterson.* **M:** *Nenad Bach.* **D:** *Darren McGavin (Henry Collins), Nick Gregory (Eric), Franke Hughes (Sonny), Laura Carney (Liz), Charles Cragin (Malius), Ted Clark (Ned Bara). F 83 Min.*
Studenten, die eine Jahrzehnte zurückliegende Mordserie aufklären wollen, schleichen sich in eine Nervenklinik ein, um den letzten Augenzeugen zu fotografieren. Damit werden sie zum Auslöser einer neuen Serie böser Untaten. Nicht eben durch Originalität glänzender Horrorschocker, der sich im Abfilmen blutiger Metzeleien gefällt. [V]

HARD ROCK ZOMBIES

(HARD ROCK ZOMBIES). USA 1984. **R:** *Krishna Shah.* **B:** *Krishna Shah, David Ball.* **K:** *Tom Richmond.* **M:** *Paul Sabu.* **D:** *Lisa Toothman (Cassie), Jennifer Coe (Elsa), Ted Wells (Ron), E. J. Curcio (Jesse), Geno (Tommy), Sam Mann (Robby), Nick McMains (Chuck). F 89 Min.*
In Zombies verwandelte Musiker bekämpfen Adolf Hitler und seine nicht weniger unappetitlichen Helfer. [V]

HARDCOVER – RÜCKKEHR AUS DEM REICH DER SCHATTEN

(HARDCOVER – I, MADMAN). USA 1989. **R:** *Tibor Takacs.* **B:** *David Chaskin.* **K:** *Bryan England.* **SpE:** *Randall William Cook.* **M:** *Michael Hoenig.* **D:** *Jenny Wright (Virginia/Anna), Clayton Rohner (Richard), Randall William Cook (Malcolm), Steven Memel (Lenny), Stephanie Hodge (Mona), Bruce Wagner (Pianist), Michelle Jordan. F 89 Min.*
Aaargh! Der irrsinnige Rasiermessermörder geht wieder um, doch niemand will der Jungmimin Virginia, der er nach der Lektüre eines Horror-Schundromans erschienen ist, glauben, dass er existiert! Durchschnitt. [V]

HARLEQUIN

(HARLEQUIN). Australien 1980. **R:** *Simon Wincer.* **B:** *Everett De Roche, Jon George.* **K:** *Gary Hansen.* **M:** *Brian May.* **D:** *Robert Powell (Gregory Wolfe), Carmen Duncan (Sandra Rast), David Hemmings (Nick Rast), Broderick Crawford (Dr. Wheelan), Gus Mercurio (Bergier), Allan Cassell (Porter), Mark Spain (Alex Rast), Sean Myers (Benny Lucas), Bevan Lee (Robinson), Neville Teede (Dr. Bathelemy), John Fawley (Dr. Lovelock), Mary Mackay (Edith Twist), Alyson Best (Alice), Nita Pannell (Mabel Wheelan), Murray Ogden (Gefängniswärter), Klaus Schultz (Arthur), Peter West (Godfrey), David Hough (Jepson), Mary Simpson (Zoe Cayce), Jack Ferrari (Eli Steele), Julia Moody (Journalistin), Leslie Wright (Bürgermeister), Adele Cohen (seine Frau), Ramsay McLean (TV-Sprecher). F 87 Min.*

Der Wunderheiler und Magier Wolfe heilt den an Leukämie erkrankten Sohn des Senators Nick Rast und gewinnt, wie weiland der mysteriöse Mönch Rasputin, geheimnisvollen Einfluss auf dessen Frau. Als Nicks politische Freunde Wolfe kaltstellen lassen, weil sie befürchten, er könne auch Nick beeinflussen, ist der Wunderheiler bald auf ungeklärte Weise wieder auf freiem Fuß und öffnet Nick die Augen: Er sei nicht nur eine Marionette seiner Parteifreunde, sondern diese hätten auch seinen Vorgänger aus dem Weg geschafft, um einen umgänglicheren Charakter an dessen Stelle zu setzen. – *Harlequin* ist zwar weder ein »klassischer« noch ein »neuer« Horrorfilm (d.h. er kommt ohne Spuk und rasiermesserschwingende Mörder aus), gewinnt aber durch die Gestalt des mit rätselhaften Kräften begabten Wolfe phantastische Dimensionen. Außerdem gibt es einen Hinweis, dass Wolfe nicht sein erstes Leben führt.

HARRY POTTER UND DER STEIN DER WEISEN

(HARRY POTTER AND THE PHILOSOPHER'S STONE). GB 2001. **R:** *Chris Columbus.* **B:** *Steve Kloves.* **V:** *»Harry Potter und der Stein der Weisen« von J. K. Rowling.* **K:** *John Searle.* **SpE:** *Rob Legato.* **M:** *John Williams.* **D:** *Daniel Radcliffe (Harry Potter), Emma Watson (Hermine Granger), Rupert Grint (Ron Weasley), John Cleese (der fast kopflose Nick), Robbie Coltrane (Rubeus Hagrid), Warwick Davis (Professor Flitwick), Richard Griffiths (Vernon Dursley), Richard Harris (Professor Dumbledore), Ian Hart (Professor Quirrell), John Hurt (Mr. Ollivander), Alan Rickman (Professor Snape), Fiona Shaw (Petunia Dursley), Maggie Smith (Professorin McGonagall), Julie Walters (Mrs. Weasley), Zoe Wanamaker (Madame Hooch), Tom Felton (Draco Malfoy), Harry Melling (Dudley Dursley), David Bradley (Mr. Filch). F 142 Min.*

Die Fantasy-Abenteuer des bestsellerschweren Zauberknaben Harry Potter auf der Hexerakademie Hogwarts beinhalten zur Freude der Jüngsten im Kinoparkett jede Menge Horrormotive, denn noch ist geisterhaft der Schwarzmagier aktiv, der Harrys Eltern auf dem Gewissen hat, konserviert im Hinterkopf eines unverdächtig stotternden Hexers. – »Blendende Spezialeffekte und luxuriöse Ausstattung von einer Großartigkeit, die einem die Augen übergehen lässt (...) An die 300 Millionen DM soll Warner Brothers in den Film gesteckt haben. Doch die Investition dürfte sich schnell bezahlt machen. Schon arbeitet man am nächsten Film. Von nun an soll es mit den Potter-Filmen Schlag auf Schlag gehen.« (Matthias Thibaut, TAGESSPIEGEL, 5.11.2001)

HAUNTED CASTLE

(HAUNTED CASTLE). USA/Belgien 2001. **R:** *Ben Stassen.* **B:** *Kurt Frey, Ben Stassen.* **K:** *N.N.* **M:** *Arid Lunascape.* **D:** *Jasper Steverlinck (Johnny), Kyoko Baertsoen (Mutter). F 38 Min.*

Effektreiches Imax-Horrormusikspektakel in 3D: »Zurückgezogen und völlig isoliert lebt Johnnys Mutter, eine ehemalige Rocksängerin, auf Haunted Castle. Nach ihrem schnellen Tod entdeckt der ebenfalls rockmusizierende Sohn Johnny (Jasper Steverlinck, Leadsänger der belgischen Rockband ›Arid‹), dass es im Schloss des Grauens spukt. Geister führen ihn zu Mephisto, welcher wiederum der Kumpel von Mr. D. ist, dem wahren dämonischen Herrscher dieser Branche. Dieser bietet Johnny Ruhm, Erfolg und Groupies im Tausch gegen seine Seele – einen Deal, auf den sich die Mama dummerweise schon vor 20 Jahren eingelassen hatte.« (BERLINER ZEITUNG, 5.4.2001) Zum Schluss kommt es zu einem bombastischen Showdown zwischen Johnny und den Opernsängern, welche Mr. D. am meisten hasst.

HAUNTED – HAUS DER GEISTER

(HAUNTED). GB 1995. **R:** *Lewis Gilbert.* **B:** *Tim Prager, Robert Kellet, Lewis Gilbert.* **V:** *»Besessen« von James Herbert.* **K:** *Tony Pierce Roberts.* **M:**

Debbie Wiseman. **D:** *Aidan Quinn (David Ash), Kate Beckinsale (Christine), Anthony Andrews (Robert), Alex Lowe (Simon), Anna Massay (Tess), John Gielgud (Dr. Doyle), Geraldine Somerville (Kate), Victoria Shalet (Juliet), Peter England (David als Kind), Liz Smith (Wahrsagerin). F 108 Min.*
Der skeptische Parapsychologie-Experte Ash wird 1925 in ein englisches Schloss gerufen, dessen Haushälterin sich von Geistern verfolgt fühlt. Er lernt die Hausherren kennen – zwei exzentrische Brüder und ihre unkonventionelle und gut aussehende Schwester. Einer der mysteriösen Brüder hat ein inzestuöses Verhältnis mit der Schwester, die sich wiederum alle Mühe gibt, Ash zu verführen. Der Parapsychologe hat unerklärliche Halluzinationen, begegnet seiner verstorbenen Schwester und erkennt schrittweise, dass die Angst der Haushälterin keineswegs auf Hirngespinsten basiert: Nichts ist das, was es zu sein scheint. Handwerklich gut gemachter Horrorfilm, der ohne Metzeleien auskommt und es versteht, eine spannende Atmosphäre zu erzeugen. [V]

HAUNTED HILL

(HOUSE ON HAUNTED HILL). USA 1999. **R:** *William Malone.* **B:** *Dick Beebe.* **V:** *Original-Drehbuch von Robb White.* **K:** *Rick Bota.* **M:** *Don Davis.* **D:** *Geoffrey Rush (Steven Price), Famke Janssen (Evelyn Price), Taye Diggs (Eddie), Ali Larter (Sara Wolfe), Bridgette Wilson (Melissa Marr), Peter Gallagher (Dr. Blackburn), Chris Kattan (Pritchett), Max Perlich (Schecter). F 93 Min.*
Remake eines Vincent Price-Films (*Das Haus auf dem Geisterhügel*, USA 1958) aus der Ära des Gimmick-Maestro William Castle: Vergnügungspark-Tycoon veranstaltet Geburtstagsparty für seine verhasste Frau in einem Spukhaus. – »Regisseur William Malone lässt viel Theaterblut in die Kulissen kippen, während sich seine Untoten vergleichsweise modern verhalten. Mit hohem tricktechnischen Aufwand huschen sie durchs Bild, mitunter nutzen sie gar die Möglichkeiten des Internets. Dennoch ist ein weniger zeitgemäßer Gruselfilm als *Haunted Hill* kaum denkbar.« (Harald Peters, BERLINER ZEITUNG, 27.4.2000)

HAUNTING – QUÄLENDE ANGST

(HAUNTING FEAR). USA 1993. **R:** *Fred Olen Ray.* **B:** *Sherman Scott [Fred Olen Ray].* **V:** *Erzählung »Lebendig begraben« von Edgar Allan Poe.* **K:** *Gary Graver.* **M:** *Chuck Cirino.* **D:** *Brinke Stevens (Victoria), Jay Richardson (Terry), Delia Sheppard (Lisa), Jan-Michael Vincent (James Trent), Karen Black (Dr. Julia Harcourt), Robert Clarke (Dr. Carlton), Robert Quarry (Visconti), Michael Berryman (Bestatter), Sherri Graham (Viscontis Freundin), Hoke Howell, Mark Thomas McGee, Jeff Yesko. F 85 Min.*
Seit dem tragischen und mysteriösen Ableben ihres Vaters leidet Victoria unter der Vorstellung, lebendig begraben zu werden. Ihr Gatte Terry hat Spielschulden und wird von einem Gläubiger durch den korrupten Bullen Trent unter Druck gesetzt. Obwohl Victoria über genügend Kapital verfügt, um ihn aus der Misere rauszuholen, verzichtet Terry auf klärende Gespräche und schmiedet stattdessen mit seiner geldgierigen Sekretärin ein Mordkomplott, um seine Gattin zu beerben. Doch Victoria überlebt, erwacht lebendig begraben im Sarg und kriegt

Haunted – Haus der Geister

den *Rappel.* Sie kann sich befreien und nimmt blutige Rache an Terry und seiner Geliebten. – Der mit minimalem handwerklichen Aufwand hergestellte Film wirbt schamlos mit dem Namen Edgar Allan Poes, obwohl er sich nur eines lumpigen Motivs aus dessen Feder bedient. Als Eigenleistung fügt der einschlägig bekannte Regisseur Ray seinem Produkt ein paar Sexeinlagen hinzu, die arbeitslosen Akteusen zu kurzfristigem »Filmruhm« verhelfen. Von Originalität keine Spur. [V]

HAUNTING PASSION

(HAUNTING PASSION). USA 1983. **R:** *John Korty.* **B:** *Michael Berk, Douglas Schwartz.* **K:** *Hiro Narita.* **M:** *Paul Chihara.* **D:** *Jane Seymour (Julia Evans), Gerald McRaney (Dan Evans), Paul Rossilli (Jonathan Kane), Millie Perkins (Lois O'Connor), Ruth Nelson (Judith Granville), Ivan Bonar (Thorne Abbott), Lisa Britt (Karen), Ocean Hellman (Tracy), Terry David Mulligan (Steve Roye), Ted Stidder (Dr. Corsay), Tom Heaton (TV-Direktor), Bill Reiter (Detective Alden), Paul Savath (Dr. Mosher). F 93 Min.*

TV-Film. Nachdem Julie und Dan in ihr Traumhaus eingezogen sind, begegnet Julie einem leidenschaftlichen Liebhaber aus dem Jenseits, der nichts unversucht lässt, um sie in den Selbstmord zu treiben, damit er für immer mit ihr zusammen sein kann. Spannender Spukfilm, aber nicht unbedingt bedeutend. [V]

DAS HAUS AN DER FRIEDHOFSMAUER

(QUELLA VILLA ACCONTO AL CIMITERO). Italien 1981. **R:** *Lucio Fulci.* **B:** *Dardano Sacchetti, Georgio Mariuzzo, Lucio Fulci.* **St:** *Elisa Livia Briganti.* **K:** *Sergio Salvati.* **M:** *Walter Rizzati.* **D:** *Catherine McColl (Lucy Boyle), Paolo Malco (Norman Boyle), Giovanni Frezza (Bob Boyle), Anja Pieroni (Ann), Dagman Lassander (Mrs. Gittelson), Giovanni de Nari (Dr. Freudstein). F 78 Min.*

Dr. Freudstein (STÖHN!), ein über hundert Jahre altes Regenerationswunder, verhackstückt im Keller eines alten Hauses, das sich laut Filmtitel an einer Friedhofsmauer befindet, vorzugsweise junge schöne Menschen, ohne die seine Frischzellentherapie nicht klappen würde. Und da Regisseur Fulci grundsätzlich alte Kamellen liebt, baut er sie in seine Filme ein und lässt eine Familie in das Haus einziehen: Vater, Mutter, Sohn. Auf ins Gemetzel. Frisch abrasierte Köpfe im Halbdunkel sind noch das Mindeste. Nur der Sohn überlebt die Angriffe des Oldies und wird von einem kleinen Mädchen und dessen Mutter, möglicherweise Frau Freudstein, in eine andere Welt entführt. Zu hoffen bleibt, dass Regisseur und Autorenteam dasselbe Schicksal ereilt.

DAS HAUS AUF DEM GEISTERHÜGEL

(HOUSE ON HAUNTED HILL). USA 1958. **R:** *William Castle.* **B:** *Robb White.* **K:** *Carl E. Guthrie.* **M:** *Von Dexter.* **D:** *Vincent Price (Frederick Loren), Carol Ohmart (Annabelle Loren), Richard Long (Lance Schroeder), Alan Marshal (Dr. David Trent), Carolyn Craig (Nora Manning), Elisha Cook jr. (Watson Pritchard), Julie Mitchum (Ruth Brigdes), Leona Anderson (Mrs. Slykes), Howard Hoffman (Jonas). SW 75 Min.*

Das Ehepaar Loren gibt in seinem alten Haus auf dem Geisterhügel eine Gespensterparty. Sie haben fünf einander völlig unbekannte Teilnehmer eingeladen und ihnen für ein zwölfstündiges Ausharren in dem Geisterhaus jeweils $ 10.000 in Aussicht gestellt. Doch einer der Gäste, Dr. David Trent, ist der heimliche Liebhaber der Gastgeberin Annabelle Loren. Beide

Das Haus an der Friedhofsmauer

wollen in dieser Nacht Frederick Loren ins Jenseits befördern, indem sie den perfekten Mord begehen. Nur ahnt Frederick etwas und ergreift Gegenmaßnahmen. Die Nacht beginnt stilgerecht. Ein großer Kristall-Lüster fällt herunter, Blut tropft von der Decke, im Handköfferchen liegt ein abgeschnittener Kopf, Türen schließen und öffnen sich von selbst, im Keller steht ein dekorativer Säurebottich, dessen Inhalt Leichen binnen Sekunden in saubere Gerippe verwandeln kann. Und dann hängt plötzlich die Gastgeberin mit einem Seil um den Hals hoch oben im Treppenhaus. Der Verdacht fällt auf den Ehemann. In blankem Entsetzen geht die junge Nora Manning auf ihn los und knallt ihn ab. Frederick fällt in den Säurebottich. Das glauben jedenfalls alle, da sie nicht wissen, dass Frederick in weiser Voraussicht Noras Revolver mit Platzpatronen geladen hat. So kann er den Spieß umdrehen, und Dr. Trent nimmt sein letztes Bad. Der unerwartete Anblick ihres lebenden Gatten lässt Annabelle, deren Hängeakt nur ein Seiltrick war, in Ohnmacht und rückwärts in den Bottich fallen. Endlich können sich ihre Knochen mit denen Dr. Trents vereinigen. – Um den Film in Originalfassung aufführen zu können, bedarf es einiger Vorbereitung im Kinosaal. Als Frederick ins Säurebad fällt, steigt sogleich ein Gerippe heraus und jagt (an zwei Drähten befestigt) durch den Zuschauerraum. Sodann erscheint Frederick auf der Leinwand und dreht an einer Rolle das entwichene Skelett ins Bild zurück. Spätestens mit diesem Gimmick ist aller Ernst über Bord geworfen und das Gelächter steigert sich zu brüllenden Lachsalven, vorausgesetzt das Publikum ist in der richtigen Stimmung.

Das Haus auf dem Geisterhügel

DAS HAUS DER BLAUEN SCHATTEN

(CASA DEL BUON RITORNO). Italien 1986. **R:** *Giuseppina Marotta.* **B:** *Silvana Fantino.* **V:** *Beppe Cino.* **K:** *Antonio Munitolo.* **M:** *Carlo Siliotto.* **D:** *Stefano Gabrini (Luca), Amanda Sandrelli (Margit), Fiammetta Carena (Ayesha), Lola Ledda (Lola), Francesco Costa (Bruno), Stanis Leda (Luca als Kind), Fabrizio Capuani (Bruno als Kind), Eleonora Salvadori (Lucas Mutter), Elvira Castellano (Brunos Mutter), Eloisa Cino (Pianistin). F 87 Min.*

Der junge Luca kehrt an den Ort seiner Kindheit zurück, an dem seine Freundin ermordet wurde, und begegnet einer rätselhaften Frau, die offenbar gekommen ist, um ihren Tod zu rächen. Gleichzeitig glaubt er, die tote Freundin überall zu sehen. Psycho-Thriller ohne Thrill. [V]

DAS HAUS DER BLUTIGEN HÄNDE

(THE MAD ROOM). USA 1968. **R:** *Bernard Girard.* **B:** *Bernard Girard, A. Z. Martin.* **St:** *Garrett Fort, Reginald Denham, Edward Percy.* **K:** *Harry Stradling jr.* **M:** *David Grusin.* **D:** *Stella Stevens (Ellen Hardy), Shelley Winters (Mrs. Armstrong), Skip Ward (Sam Aller), Carol Cole (Chris), Severn Darden (Nate), Beverly Garland (Mrs. Racine), Michael Burns (George Hardy), Barbara Sammeth (Mandy Hardy), Jennifer Bishop (Mrs. Ericson), Gloria Manon (Edna), Lloyd Haynes (Dr. Marion Kincaid), Lou Kane (Armand Racine). F 92 Min.*

Auf dem weitläufigen Besitz der Generalswitwe Mrs. Armstrong an der kanadischen Pazifikküste lebt Ellen Hardy als Gesellschafterin und Sekretärin. Sie soll ihre jüngeren, aus einer Nervenheilanstalt entlassenen Geschwister bei sich aufnehmen. Seit die Eltern auf bestialische Weise ermordet wurden und der Verdacht auf Bruder George und Schwester Mandy fiel, sind die beiden zur Beobachtung in der Anstalt gewesen. Ellen verschweigt ihrer Arbeitgeberin zunächst die wahren Hintergründe, doch als durch einen Zufall die Wahrheit ans Tageslicht kommt, sieht sich Mrs. Armstrong außer Stande, die Geschwister weiter zu beherbergen. Wenig später liegt sie zerstückelt in einem Dachzimmer. Ellen, die die Tote angeblich gefunden hat, täuscht mit Hilfe des Bruders einen Sturz von den Klippen vor, doch sie hat die Rechnung ohne den Hund gemacht. Der hat sich nämlich eine abgetrennte Hand der Toten geschnappt und läuft damit durch das Anwesen. Das ist zu viel für Ellen. Mit dem Säbel, mit dem sie auch die Generalswitwe tranchiert hatte, geht sie auf den Hund los. Remake des Broadway-Erfolgs »Ladies in Retirement« (1940), der 1941 unter gleichem Titel verfilmt wurde (Regie: Charles Vidor) und eine Oscar-Nominierung und gute Kritiken erhielt. Das Remake *The Mad Room* verdankt seinen Titel der Tatsache, dass im Film die Geschwister George und Mandy einen Raum fordern, in dem sie ihre Aggressionen abreagieren können. Diese unsinnige Titelfindung wird allerdings durch die deutsche um ein Vielfaches übertroffen. *Das Haus der blutigen Hände* ist ein Machwerk minderer Qualität. Was früher nur in Dialogen beschrieben wurde, dafür aber die Spannung steigerte, wird dem Zuschauer nun real präsentiert. Die Spannung ist damit hin, die Schockeffekte überwiegen. Die Anhäufung solcher Elemente lässt den Zuschauer abstumpfen, so dass er am Ende nur ein Gähnen für den Film übrig hat.

DAS HAUS DER LADY ALQUIST

(GASLIGHT). USA 1944. **R:** *George Cukor.* **B:** *John van Druten, Walter Reisch, John L. Balderston.* **V:** *Theaterstück von Patrick Hamilton.* **K:** *Joseph Ruttenberg.* **M:** *Bronislau Kaper.* **D:** *Charles Boyer (Gregory Anton), Ingrid Bergman (Paula Alquist), Joseph Cotten (Brian Cameron), Angela Lansbury (Nancy Oliver), May Whitty (Miss Thwaites), Barbara Everest (Elizabeth Tompkins), Emile Rameau (Mario Guardi), Eustace Wyatt (Budge), Edmund Breon (General Huddleston), Halliwell Hobbes (Muffin), Tom Stevenson (Williams), Heather Thatcher (Lady Dalroy), Lawrence Grossmith (Lord Dalroy), Jakob Gimpel (Pianist). SW 114 Min.*

Der charmante Pianist Gregory Anton heiratet die viel jüngere Paula Alquist und zieht mit ihr in das alte Haus, das Paula von ihrer Tante, einer bekannten Sängerin, geerbt hat. Da selbige Tante vor Jahren einem grauenhaften Mord zum Opfer fiel (der Täter wurde nie gefasst), hat Paula natürlich ungute Erinnerungen an das Gebäude: Gregory, ganz Kavalier, sorgt dafür, dass sämtliche Möbel der Toten auf den Dachboden gebracht und dort eingeschlossen werden. Aber bald spielen sich unter dem Dach Furcht erregende Dinge ab. Vom Dachboden her erklingen Schritte, dann und wann flackert das Gaslicht. Und nur Paula nimmt all diese Erscheinungen wahr. Als sie Gregory von ihren Ängsten berichtet, reagiert dieser auf eine seltsame Weise: Er redet ihr ein, dass sie krank sei, sehr krank. Durch den Polizeibeamten Cameron erfährt Paula schließlich, dass der Mord an ihrer Tante wahrscheinlich ein (erfolgloser) Raubmord war; dass sich der wertvolle Schmuck der Toten möglicherweise immer noch im Haus befindet. Und dass jemand nachts heimlich danach sucht ... Dieser spätviktorianische Psycho-Thriller (ein Remake des von Thorold Dickinson 1940 in Großbritannien produzierten Films gleichen Titels) war ursprünglich ein erfolgreiches Bühnenstück mit Vincent Price, das es allein in London auf über 1300 Aufführungen brachte. Das Thema des geldgierigen Ehemanns, der seine Frau allmählich in den Wahnsinn treibt, um sie zu beerben, hat seitdem zahllose Neuauflagen erfahren. – »Wenn man den Film gesehen hat, ist es fast unmöglich, sich andere Schauspieler in den Rollen vorzustellen, die von Ingrid Bergman und Charles Boyer gespielt werden. Er, der am Anfang noch verbindlich und fürsorglich ist, wird allmählich dämonisch und schließlich kriecherisch und verachtungswürdig. Sie, die am Anfang noch zaghafter, zitternd und verwundbar ist, beginnt allmählich an ihrem Geisteszustand zu zweifeln und kehrt schließlich triumphierend den Spieß gegen den Mann um, der sie vernichten will.« (Curtis F. Brown, INGRID BERGMAN). Ingrid Bergman wurde für die Rolle der Paula Alquist mit einem Oscar ausgezeichnet.

DAS HAUS DER LANGEN SCHATTEN

(HOUSE OF THE LONG SHADOWS). GB 1982. **R:** *Peter Walker.* **B:** *Michael Armstrong.* **K:** *Norman Langley.* **M:** *Richard Harvey.* **D:** *Vincent Price (Lionel Grisbane), Christopher Lee (Corrigan/Roderick Grisbane), Peter Cushing (Sebastian Grisbane), Desi Arnaz jr. (Kenneth Magee), John Carradine (Lord Grisbane), Sheila Keith (Victoria), Julie Peasgood (Mary Norton), Richard Todd (Sam Allison), Louise English (Diana), Richard Hunter (Andrew), Norman Rossington. F 97 Min.*

Der junge amerikanische Schriftsteller Kenneth Magee lässt sich mit seinem Verleger Sam Allison auf eine Wette ein: Er könne innerhalb von 24 Stunden einen Kriminalroman schreiben. Er will dies in einem halb verfallenen alten Landhaus tun, das irgendwo in einer finsteren Gegend von Wales liegt. Und dort kommt es dann zu einem seltsamen Familientreffen, an dem allerlei bizarre Gestalten teilnehmen. Besonders vier ältere Herren scheint ein Geheimnis aneinander zu binden. Vierzig Jahre zuvor hat sich in der Familie ein Drama abgespielt, das man noch immer zu verbergen trachtet, aber nun ist jemand gekommen, um sie alle zur Rechenschaft zu ziehen. – Damit es im Haus der langen Schatten auch schön gruselig wird, hat man auf kein einschlägiges Klischee verzichtet: Da knarren die Dielen, wehen die Vorhänge, da donnert es und blitzt, und selbst die geheimnisvolle schwarze Katze huscht dann und wann durchs Blickfeld. – »Mehr als die attraktive Idee, vier der berühmtesten Darsteller aus unzähligen trivialen Horror- und Gruselfilmen ... in einem Spielfilm zu vereinen, hat dieser Film kaum zu bieten ... Spaß und Vergnügen stellen sich ... erst gegen Ende ein, als die Handlung auf verschiedenen Ebenen als illusionär zu erkennen gegeben wird.« (HPK, FILMDIENST) – »Der Film ist atmosphärisch dicht, wenn das Drehbuch auch kein einschlägiges Klischee auslässt.« (VARIETY) [V]

DAS HAUS DER LEBENDEN LEICHEN

(DON'T GO IN THE HOUSE). USA 1979. **R:** *Joseph Ellison.* **B:** *Joseph Ellison, Ellen Hammill, Joseph R. Masefield.* **K:** *Oliver Wood.* **M:** *Richard Einhorn.* **D:** *Dan Grimaldi (Donny Kohler), Robert Osth (Bobby), Ruth Dardick (Mrs. Kohler), Bill Ricci (Vito), Charlie Bonet (Ben), Dennis M. Hunter, Johanna Brushay, John Hedberg, Darcy Shean, Jim Donnegan, Denise Woods, Colin McInness, Joey Peschi, Mary Ann Chin, Claudia Folts, Pat Williams, Ralph D. Bowman, Connie Oaks, Jean Manning, Tom Brumberger, Kim Roberts, Gloria Szymkovicz, O'Mara Leary, Eileen Dunn, David McComb, Ken Kelsch, Nikki Collins, Louise Grimaldi, David Brody, Gail Turner, Christian Isodore. F 82 Min.*

Mrs. Kohler hat ihrem Sohnemann Donny »das Böse« ausgebrannt, indem sie seine Hände bei jedem Verstoß gegen ihre Moralgesetze über eine Gasflamme hielt. Nun ist sie tot. Und Donny hat eine Macke. Immer wenn er lasziv wirkende Mädchen sieht, befehlen ihm innere Stimmen, ihnen das »Böse« auszutreiben. Und das tut er dann auch – mit Hilfe eines Flammenwerfers. Die Leichen steckt er in die Kleider seiner Alten. Bis er eines Tages der eigenen Waffe zum Opfer fällt. – Ein billiger Schundfilm mit fragwürdiger Philosophie. Von »lebenden Leichen« kann keine Rede sein: Die Menschen, die Donny umbringt, sind toter als tot.

HAUS DER LEBENDEN TOTEN

(THE HAUNTED). USA 1991. **R:** *Robert Mandel.* **B:** *Robert Mandel.* *V: Jack und Janet Smurl.* **K:** *Michael Margulies.* **M:** *Richard Bellis.* **D:** *Sally Kirkland (Janet Smurl), Jeffrey De Munn (Jack Smurl), George D. Wallace (John Smurl), Louise Latham, Joyce Van Patten, Diane Baker, William O'Connell, Stephen Markle, Cassie Yates, Allison Barron. F 88 Min.*

Amerikanische Durchschnittsfamilie, die ein neues Haus bezieht, wird von Grunzgeistern geplagt und sucht Hilfe bei Experten. All das haben Jack & Janet Smurl wirklich erlebt, und ein Buch haben sie 1988 auch schon darüber geschrieben! Wird Zeit, dass man diese Tölpel endlich abholt! [V]

DAS HAUS DER PEITSCHEN

(HOUSE OF WHIPCORD). GB 1974. **R:** *Peter Walker.* **B:** *David McGillivray.* **K:** *Peter Jessop.* **M:** *Stanley Myers.* **D:** *Barbara Markham (Mrs. Wakehurst), Anne Michelle (Julia), Penny Irving (Ann-Marie De Verney), Patrick Barr (Justice Bailey), Ray Brooks (Tony), Sheila Keith (Walker), Dorothy Gordon (Bates), Ivor Salter (Jack), Robert Tayman (Mark E. Dessart), Judy Robinson (Claire), Karen David (Karen), Jane Hayward (Estelle), Celia Quicke (Denise), Celia Imrie (Barbara), David McGillivray (Caven), Ron Smerczak (Ted), Barry Martin (Al), Tony Sympson (Henry), Rose Hill (Henrys Frau), Dave Butler, Denis Tinsley, Pete Walker. F 102 Min.*

Geistig undichtes Ehepaar bestraft »böse Mädchen« in einem zum Privatknast umgebauten Landhaus: Unter ihnen auch das französische Aktmodell Anne-Marie. »Die Handlung pendelt nicht ungeschickt zwischen Krimi und Grusel hin und her, wobei die Horror-Elemente nicht unbedingt klassisches Repertoire berühren.« (Frank Trebbin, DIE ANGST SITZT NEBEN DIR) [V]

DAS HAUS DER SCHATTEN

(THE NIGHT DIGGER/THE ROAD BUILDER). GB 1971. **R:** *Alasdair Reid.* **B:** *Roald Dahl.* **V:** *»Nest in a Falling Tree« von Joy Cowley.* **K:** *Alex Thom-*

son. **M:** *Bernard Herrmann.* **D:** *Patricia Neal (Maura Prince), Pamela Brown (Mutter), Nicholas Clay (Billy), Jean Anderson (Mrs. McMurtrey), Graham Crowden (Bolton), Yootha Joyce (Mrs. Palafox), Peter Sallis (Reverend Palafox), Brigit Forsyth (Gemeindeschwester), Sebastian Breaks (Dr. Robinson), Diane Patrick (Mary Wingate). F 110 Min.*
Psycho-Thriller. Junge Frau, die sich im abgelegenen Landhaus um ihre blinde Mutter kümmert, stellt streunenden Jungmann als Hilfskraft ein. Kurz darauf verschwinden in der Umgebung diverse junge Frauen. Und der Jungmann benimmt sich höchst verdächtig.

HAUS DER SCHATTEN

(13 GANTRY ROW). Australien 1998. **R:** *Catherine Millar [Catherine Miller].* **B:** *Tony Morphett.* **K:** *N.N.* **M:** *N.N.* **D:** *Rebecca Gibney (Julie Carter), John Adam (Peter Cater), Doris Younane (Penny), Nicholas Hammond (Russell), Mark Gerber (Klaus), Erik Thomson (Kieron), Marshall Napier (Blake), Michael Caton (Hobb), Tony Lewellyn-Jones (Dr. Harper), Syd Conabere (Fred Lang), Julie Herbert (Merle Lang), Nathony Phelan (Detective). F 90 Min.*
TV-Film. Der Bankangestellte Peter und seine Frau Julie kaufen bei ihrer Makler-Freundin Penny eine alte Villa im Hafengebiet von Sydney. Zuvor hat dort eine verschrobene 105 Jahre alte Dame gelebt. Mit Freundeshilfe bringen sie den neuen Besitz auf Vordermann und stoßen bei der Renovierung im Wohnzimmer auf eine mit Eisenplatten verschalte Wand. Man reißt sie ab und verkauft sie an den mysteriösen Schrotthändler Hobb. Auf der frisch tapezierten Wand bilden sich grüne Flecke, die dem Schatten eines Menschen ähneln. Man glaubt an Feuchtigkeit oder Pilze und tapeziert neu, doch die Flecken kommen zurück. Peter findet ein altes Rasiermesser, mit dem er sich fortan den Bart schabt. Bald träumt er von einem maskierten Schnauzbartträger, der nachts mit einem Rasiermesser in der Umgebung des Hauses Menschen schlachtet. Der Arzt vermutet Stress. Im Schlafzimmer manifestiert sich eine ächzende Gestalt, die den Eindruck erweckt, sie sei in der Wand gefangen. Als Peter einen Geldtransport begleitet, überkommen ihn heftige Kopfschmerzen. Danach ist er ein anderer: Er schneidet seinem Fahrer mit dem Rasiermesser die Kehle durch, stiehlt den Geldkoffer und behauptet, er sei beraubt worden. Den Verdacht lenkt er auf einen Kollegen, der bald tot aufgefunden wird. Peter und Julie entdecken im Wohnzimmer des Hauses eine vernagelte Falltür. In einem darunter liegenden Raum stoßen sie auf verrottete Möbel, ein Skelett und eine Zeitung aus dem Jahr 1898: Sie berichtet von einem Massenmörder, der in ihrem Viertel gewütet und den die Polizei bis zu ihrem Haus verfolgt hat, ohne ihn zu finden. Julie zieht einen Schluss: Seine Familie hat ihn entlarvt, aus Scham in den Keller gesperrt und verhungern lassen. Eine gute Erklärung für das eigenartige Verhalten der hundertfünfjährigen Vorbesitzerin, die das Haus nie verlassen hat. Julie ahnt nicht, das ihre Theorie stimmt: Der Geist des Mörders ist inzwischen in Peter eingefahren und will sie mit dem Rasiermesser zum Schweigen bringen. Julie wehrt ihn ab, tötet ihn und stellt sein Ableben als Unfall hin. – Die Frage, welche Rolle der Schrotthändler spielt, dessen Miene keinen Zweifel lässt, dass er weiß, was in alter Zeit in der Spukvilla vorgegangen ist, hat Catherine Millar in ihrem blutleeren Schauerdrama leider zu beantworten vergessen.

DAS HAUS DER TAUSEND AUGEN

(THIS HOUSE POSSESSED). USA 1981. **R:** *William Wiard.* **B:** *David Levinson.* **K:** *Thomas Del Ruth.* **M:** *Billy Goldenberg.* **D:** *Parker Stevenson (Gary Strayhorn), Lisa Eilbacher (Sheila Moore), Slim Pickens (Keene), Shelley Smith (Tanya), David Paymer (Pasternak), Joan Bennett (Pennerin), K. Callan (Lucille), Bill Morey (Robbins), Jan Shutan (Helen), Mandy Wyss (Holly), Ivy Bethune (Martha), Jack Garner (Feeny), Doug Johnson, John Dukakis, Philip Baker Hall. F 93 Min.*
TV-Film. Der Popstar Gary kommt nach einem Zusammenbruch im Krankenhaus wieder zu sich. Er engagiert die Krankenschwester Sheila und kauft in Kalifornien eine komfortable Luxusvilla: ein automatisches Haus. Als seine Freundin Tanya aufkreuzt und Sheila ins Hintertreffen gerät, zeigt sich, dass das Haus »intelligent« ist, d.h. alles steuert, was an Geräten in ihm ist. Eine Obdachlose äußert Sheila gegenüber mysteriöse Warnungen. Bald zeigt sich, dass das Mädchen, das sich an seine Vergangenheit nicht mehr erinnern kann, in diesem Haus geboren wurde – und vom »Hausgeist« geliebt wird. [V]

DAS HAUS DER TAUSEND SCHREIE

(THE TELL-TALE HEART). GB 1960. **R:** *Ernest Morris.* **B:** *Brian Clemens, Elden Howard.* **V:** *»Das verräterische Herz« von Edgar Allan Poe.* **K:** *Jimmy Wilson.* **M:** *Tony Crombie.* **D:** *Laurence Payne (Edgar Marsh), Adrienne Corri (Betty Clare), Dermot Walsh (Carl Loomis), Selma Var Diaz (Mrs. Vine), John Scott (Inspektor), Annette Carrell (Carls Wirtin), David Lander (Juwelier), Rosemary Rotheray (Jackie), Suzanne Fuller (Dorothy), Yvonne Buckingham (Mina), Richard Bennett (Mike), Elizabeth Paget (Elsie), Frank Thornton (Barkeeper), Joan Pearl (Straßenmädchen), Nada Beall (Greisin), Graham Ashley (Neston), Pamela Plant (Managerin), Patsy Smart (Mrs. Marlow), Brian Cobby (Mann), Madeline Leon (Mädchen). SW 75 Min.*

Edgar Allan Poe schildert in seiner stimmungsvollen kleinen Gruselmär »Das verräterische Herz« den Mord an einem alten Mann, der dadurch entdeckt und gesühnt wird, dass dem Täter der Herzschlag des Toten unablässig in den Ohren dröhnt und er in seinem Verzweiflungskampf die Tat gesteht. Das lesenswerte Kleinod Poes bringt es auf gerade sieben Seiten, die filmische Vergewaltigung des Stoffes ist 75 Minuten zu lang. Edgar (!) Marsh, als Krüppel gezeichnet, blitzt mehrmals bei seiner heimlichen Liebe ab. Sein bester Freund Carl landet bei ihr auf Anhieb. Der Eifersüchtige murkst seinen Freund ab und »beerdigt« ihn unter den Fußbodenplanken seines Arbeitszimmers. Das Herz des Toten schlägt hörbar und sichtbar (!) weiter. In seiner Verzweiflung reißt Edgar den Fußboden auf und schneidet der Leiche das Herz heraus. Er vergräbt es im Garten. Doch das hilft nichts. Unaufhörlich blubbert es. Nach nächtelangem Terror öffnet Edgar erneut den Fußboden. Das Herz ist wieder am rechten Fleck, die Schnitte sind vernarbt. Seine Angebetete hat inzwischen ihren Verdacht bezüglich des Verschwindens ihres Freundes Carl der Polizei mitgeteilt. Edgar kommt bei der Verfolgungsjagd grausam zu Tode. Um den Film zu entschärfen und auf die Sitten und Gebräuche seiner Zeit (1960) zu trimmen, erklärten die Filmemacher, alles sei nur der Traum eines kranken Mannes mit überreizten Nerven gewesen. Damit konnten sie die tempolahme Handlung auch nicht mehr retten.

Das Haus der tausend Schreie

DAS HAUS DER VERDAMMTEN

(THE HOUSE WHERE EVIL DWELLS). USA 1982. **R:** *Kevin Connor.* **B:** *Robert A. Suhosky.* **V:** *James Hardiman.* **K:** *Jacques Haitkin.* **M:** *Ken Thorne.* **D:** *Edward Albert (Ted), Susan George (Laura), Doug McClure (Alex), Amy Barrett (Amy), Mako Hattori (Ofami), Toshiyuki Sasaki (Sugoro), Toshima Maruyama (Masanori), Tsuyako Okajima (Majyo-Hexe), Henry Mitowa (Zen-Mönch), Mayuma Umeda (Noriko), Hiroko Tanako (Wakako), Jiro Shirai (Tadashi), Gentaro Mori (Yoshio), Kazuo Yoshida (Redakteur), Tomoko Shimizu (Aiko), Hideo Shimado (Polizist), Shuren Sakurai, Shoji Ohara (Maskenmacher). F 85 Min.*

Japan, 1840: Ein Samurai ermordet seine Gattin und ihren Liebhaber und bringt sich um. Gegenwart: Eine amerikanische Familie zieht in sein Haus ein und hat prompt die Geister der Toten auf dem Hals. [V]

DAS HAUS DER VERFLUCHTEN

(LA CASA MALEDETTA). Italien 1985. **R:** *Alberto de Martino.* **B:** *Vincenzo Mannino, Alberto de*

Martino. **K:** *Gianlorenzo Battaglia.* **M:** *Francesco de Masi.* **D:** *Christina Nagy (Joanna), David Warbeck (Craig), Carol Blumenberg (Ruth), Rossano Brazzi (Dr. Sernich). F 84 Min.*
Gelähmte Erbin sieht sich dem Terror eines Mitgiftjägers ausgesetzt. [V]

DAS HAUS DER VERGESSENEN

(PEOPLE UNDER THE STAIRS). USA 1991. **R:** *Wes Craven.* **B:** *Wes Craven.* **K:** *Sandi Sissel.* **SpE:** *KNB EFX Group.* **M:** *Don Peake.* **D:** *Brandon Adams (Fool Poindexter), Everett McGill (Mann), Wendy Robie (Frau), A. J. Langer (Alice), Ving Rhames (LeRoy), Sean Whalen (Roach), Bill Cobbs (Opa Booker), Kelly Jo Minter (Ruby), Jeremy Roberts (Spenser), Connie Marie Brazelton (Mary). F 102 Min.*
Da seine Mutter krebskrank ist und Fool (13) ihr eine Operation finanzieren möchte, bricht er mit zwei älteren Burschen in ein Haus ein, in dem er jede Menge Kohle vermutet. Die Bewohner des verschachtelten Gebäudes jedoch sind ein irres Paar, das in den Kellerräumen Kinder und Erwachsene gefangen hält und perversen Neigungen frönt, zu denen auch Folter und Mord gehören. Als unser kleiner Held die Leichen seiner Gefährten findet, wird ihm klar, dass er Grips braucht, um aus dem tödlichen Labyrinth zu entkommen. Ein haarsträubendes Erlebnis! [V]

DAS HAUS DES BÖSEN

(SOMETHING EVIL). USA 1971. **R:** *Steven Spielberg.* **B:** *Robert Clouse.* **K:** *Bill Butler.* **M:** *Wladimir Selinsky.* **D:** *Sandy Dennis (Marjorie Warden), Darren McGavin (Paul Warden), Johnnie Whittaker (Stevie Warden), Sandy & Debbie Lempert (Laurie Warden), Ralph Bellamy (Harry Lincoln), Jeff Corey (Gehrmann), John Rubinstein (Ernest), David Knapp (John), Margaret Avery (Irene), Laurie Hagan (Beth), Norman Barthold (Hackett), Lois Battle (Mrs. Farady), Herb Armstrong (Schiller), Sheila Barthold (Mrs. Hackett), Bella Bruck (Mrs. Gehrmann), Lynn Cartwirght (Sekretärin). F 73 Min.*
TV-Film. Amerikanische Familie kauft ein altes Landhaus in Pennsylvania, ohne zu ahnen, dass in ihm das Böse in Gestalt eines Geistes lauert.

DAS HAUS DES GRAUENS

Anderer Titel für DAS ALTE FINSTERE HAUS

DAS HAUS DES GRAUENS

(PARANOIAC). GB 1962. **R:** *Freddie Francis.* **B:** *Jimmy Sangster.* **K:** *Arthur Grant.* **M:** *Elizabeth Lutyens.* **D:** *Janette Scott (Eleanor Ashby), Oliver Reed (Simon Ashby), Liliane Brousse (Françoise), Alexander Davion (Tony), Sheila Burnett (Harriet), Maurice Denham (John Kosset), John Bonney (Keith Kosset), John Stuart (Williams), Colin Tapley (Vikar), Harold Lang (RAF-Mann), Laurie Leigh, Marianne Stone (Frauen), Sydney Bromley (Tramp), Jack Taylor (Matrose). SW 79 Min.*
Die junge Erbin Eleanor soll von ihrem Bruder Simon und ihrer Tante Harriet in den Wahnsinn getrieben werden, wird jedoch von einem Hochstapler gerettet, der sich als ihr verschollener Bruder Tony ausgibt, um an ihr Vermögen heranzukommen. Es stellt sich heraus, dass Simon ein paranoider Mörder ist, der auch schon den echten Tony auf dem Gewissen hat. – »Oliver Reed wirkt wie eine Kreuzung aus Buster Brown und einem Pithecanthropus erectus ... Sheila Burnett rollt ihre übergroßen Augen so, wie's böse Tanten nun mal tun; Liliane Brousse wirkt so aufreizend wie alle französischen Dienstmädchen, die gar keine Dienstmädchen sind;

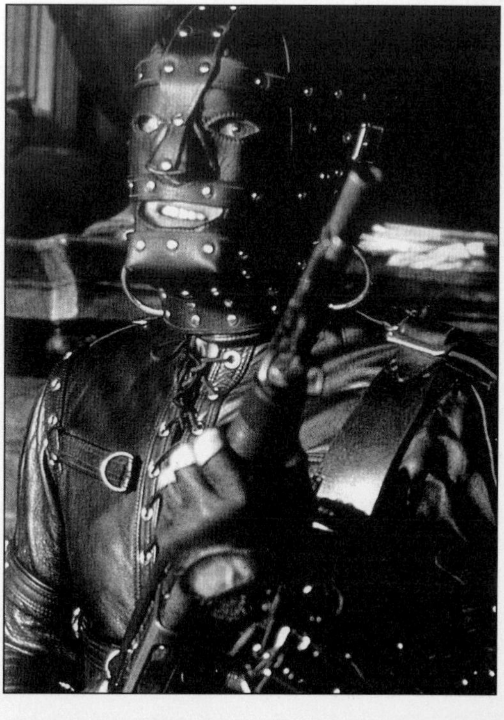

Das Haus der Vergessenen

Das Haus des Grauens

Alexander Davion ist so gelassen, wie man es von einem Heiden erwartet, und Janette Scott wirkt so frischgesichtig und süß, wie es Heldinnen und kleinen Schwestern zu Eigen ist. Wenn man sie, den Nebel und den finsteren alten Landsitz zusammenfügt, wird man auf treffliche Weise daran erinnert, dass immer noch Horrorfilme ohne Anleitung durch Poe, Karloff, Lorre oder den gesunden Menschenverstand gemacht werden.« (Judith Christ, THE NEW YORK HERALD TRIBUNE)

HAUS DES SCHRECKENS

(THE THEATRE OF DEATH). GB 1966. **R:** *Samuel Gallu.* **B:** *Ellis Kadison, Roger Marshall.* **K:** *Gilbert Taylor.* **M:** *Elizabeth Lutyens.* **D:** *Christopher Lee (Philippe Darvas), Lelia Goldoni (Dani Gireaux), Jenny Till (Nicole Chapelle), Julian Glover (Charles Marquis), Ivor Dean (Inspektor Micheaud), Evelyn Laye (Angéle), Joseph Furst (Karl Schiller), Lita Scott (Tänzerin). F 89 Min.*
Im unheimlichen Pariser »Theater des Todes« präsentiert der exzentrische Regisseur und Horror-Spezialist Darvas einem staunenden Publikum als abendliche Attraktion Menschen im Blutrausch. Höhepunkt ist eine Hinrichtungsszene, bei der eine Blondine enthauptet wird. Ein solcher Trick spricht sich schnell herum, und das Theater ist regelmäßig ausverkauft. Darvas verbreitet auch als Privatmann – meist durch Hypnose – Angst und Schrecken, so dass er bald in Zusammenhang mit einigen Morden gebracht wird. Sechs Opfer wurden jeweils mit einem Theaterdolch zur Strecke gebracht. Besonders auffallend ist, dass die Leichen keinen Tropfen Blut aufweisen: Vampirismus? Doch Darvas kann es nicht sein: seine Leiche wird eines Tages aus der Seine gefischt. Die Verbrecher aber gehen weiter. Nach langwierigen Beobachtungen können die Schauspielerin Dani und ihr Freund Dr. Marquis die Mörderin entlarven. Durch Blutmanipulation ist die Schauspielerin Nicole in frühester Kindheit zum Vampir geworden. Ihr Ende ist theatralisch: Durch den Bühnenboden wird sie von einem Speer aufgespießt. – »Eine gute Gruselmischung mit tadelloser Milieuzeichnung, viel falschem Blut und ebensolchen Mördern.« (Michael Weldon, THE PSYCHOTRONIC ENCYCLOPEDIA OF FILM)

HAUS DES SCHRECKENS – BLUTNACHT

(SILENT NIGHT, BLOODY NIGHT). USA 1973. **R:** *Theodore Gershuny.* **B:** *Theodore Gershuny, Jeffrey Konvitz.* **K:** *Adam Giffard.* **M:** *Gershon Kingsley.* **D:** *Patrick O'Neal (Carter), Mary Woronov (Diane), John Carradine (Towman), Walter Abel (Bürgermeister), James Patterson, Astrid Hereen, Walter Klavun, Philip Burns, Fran Stevens, Candy Darling, Ondine, Tally Brown. F 88 Min.*
Insassen eines Sanatoriums rächen sich auf blutige Weise an denen, die sie gefangen halten. [V]

DAS HAUS MIT DEM FOLTERKELLER

(MANSION OF THE DOOMED). USA 1975. **R:** *Michael Pataki.* **B:** *Frank Ray Perilli.* **K:** *Andrew Davis.* **M:** *Robert O. Ragland.* **D:** *Richard Basehart (Dr. Leonard Chaney), Gloria Grahame (Katherine), Trish Stewart (Nancy), Lance Henriksen (Dan), Al Ferrara (Al), Jojo d'Amore (Georgio), Donna Andersen (Sylvia), Marilyn Joi (Miss Matthews), Katherine Fitzpatrick, Katherine Stewart, Vic Tayback, Simmy Bow. F 86 Min.*
Die Tochter des berühmten Augenarztes Dr. L. Chaney (!) verliert bei einem Verkehrsunfall ihr Augenlicht. Der Vater will ihre Sehkraft wiederherstellen, indem er die Augen lebenden

Menschen überträgt. Zu seinem Leidwesen misslingt ihm eine Operation nach der anderen. So ist sein Bedarf an Spendern recht groß. Und da niemand sein Augenlicht freiwillig hergeben will, hilft er gewaltsam nach und sperrt die Augenlosen in seinen Keller. Als seine Tochter endlich sehen kann, lässt sie die Insassen des »Folterkellers« frei, die sich auf ihre Weise bei Dr. Chaney bedanken.

HEART OF MIDNIGHT – IM HERZEN DER NACHT

(HEART OF MIDNIGHT). USA 1988. **R:** *Matthew Chapman.* **B:** *Matthew Chapman.* **K:** *Ray Rivas.* **M:** *Yanni.* **D:** *Jennifer Jason Leigh (Carol Rivers), Peter Coyote (Sharpe/Larry), Gale Mayron (Sonny), Sam Schacht (Onkel Fletcher), Denise Dumont (Mariana), Frank Stallone (Ledray), Brenda Vaccaro (Betty Rivers), James Rebhorn (Richard), Steve Buscemi (Eddy), Jack Hallet (Anwalt), Nicholas Love (Tom), Tico Wells (Henry). F 97 Min.*

Die labile Carol erbt den heruntergekommenen Nachtclub ihres an Aids verblichenen Onkels, fühlt sich in dessen Räumen jedoch zusehends schlechter und auf eigentümliche Weise belauert. Wie sich zeigt, hat der mit Geheimgängen und eigenartigen Lustkammern durchsetzte Schuppen zuvor gewissen Kreisen als S/M-Paradies gedient. Ein Mann, den Carol für einen Polizisten hält, zeigt großes Interesse an ihr. »Der vermeintliche Geisterspuk in einem leer stehenden Nachtclub erweist sich als das Werk eines Wahnsinnigen, der die hochneurotische Besitzerin zu abartigen Sexspielen missbrauchen möchte.« (Norbert Stresau, SCIENCE FICTION JAHR 1990)

DIE HEILIGE BESTIE DER KUMAS

(IL FIUME DEL GRANDE CAIMANO). Italien 1979. **R:** *Sergio Martino.* **B:** *Maria Chiaretta, Cesare Frugoni, Ernesto Gastaldi, Sergio Martino.* **K:** *Giancarlo Fernando.* **M:** *Stelvio Cipriani.* **D:** *Barbara Bach (Alice Brand), Mel Ferrer (Joshua), Richard Harrison (Jonathan), Chaudio Cassinelli (Daniel Nessel), Romano Puppo (Peter), Fabrizia Castagnoli (Minou), Enzio Fisichella (Geliebter von Minous Mutter), Lory del Santo (Jane), Clara Colosimo (Touristin), Anny Papa, Bobby Rhodes, Peter Boom, Giulia d'Angelo, Marco Mastantuono, Piero Jossa, Marco Giannoni. F 89 Min.*

Ein Riesenkrododil, das vom Eingeborenenstamm der Kumas mit Menschenopfern im Zaum gehalten wird, terrorisiert Gäste und Angestellte eines Urwaldhotels. Der Abenteurer Daniel macht der Bestie schließlich den Garaus.

Das Haus mit dem Folterkeller

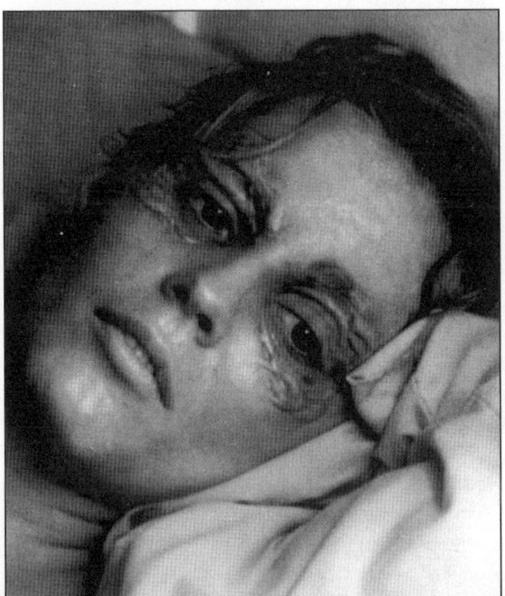

Die heilige Bestie der Kumas

Wenn Sie sich ohnehin keine Spielfilme ansehen, können Sie auch diesen ruhig verpassen.

HELL NIGHT – DER TOD KAM ZUR PARTY

(HELL NIGHT). USA 1981. **R:** *Tom De Simone.* **B:** *Randolph Feldman.* **K:** *Mac Ahlberg, Randy Wolen.* **SpE:** *Ken Horn, Tom Schwartz.* **M:** *Dan Wyman.* **D:** *Linda Blair (Marti Gaines), Vincent Van Patten (Seth Davis), Peter Barton (Jeff Red), Jenny Neumann (May), Suki Goodwin (Denise Dunsmore), Jimmy Sturtevant (Scott), Kevin Brophy (Peter). F 100 Min.*

Vier College-Studenten, die in eine Verbindung aufgenommen werden wollen, müssen eine Nacht in einem alten Landhaus verbringen (STÖHN!), in dem zwölf Jahre zuvor eine ganze Familie abgeschlachtet wurde. Der Vorsitzende des Vereins und seine Helfer stehen heimlich bereit, um den Ahnungslosen eine Nacht des Grauens zu servieren. Doch niemand weiß von dem durchgedrehten Killer, der den Grund dafür geliefert hat, dass in diesem Haus niemand wohnen will. Und der schlägt nun wieder (Gähn) zu. [V]

HELLBLOCK 13

(HELLBLOCK 13). USA 1997. **R:** *Paul Talbot.* **B:** *Jeffrey Miller, Michael R. Smith, Paul Talbot.* **D:** *Gunnar Hansen (Henker), Debbie Rochon (Tara), Amy R. Swaim (Mutter), Jennifer Peluso (Heidi Mark), David C. Holland (Joe Mark), J. J. North (Rhonda). F 89 Min.*

Delinquentin erzählt ihrem Henker (gespielt von »Lederfratze« Gunnar Hansen) vor der Hinrichtung drei Gruselgeschichten: »Waterly Grave«, »White Trash« und »Big Rhonda«.

HELLBOUND

(HELLBOUND). USA/Kanada/Israel 1993. **R:** *Aaron Norris.* **B:** *Brent Friedman, Donald C. Thompson.* **K:** *Joao Fernandez.* **M:** *George S. Clinton. D: Chuck Norris (Shatter), Christopher Neame (Prosatanos), Calvin Levels (Jackson), Sheree J. Wilson (Leslie), David Rob (Richard Löwenherz), Cherie Franklin (Captain Hull). F 91 Min.*

1951: Grabräuber öffnen eine von Richard Löwenherz und seinen Kreuzrittern angelegte Gruft, in der der Dämon Prosatanos in seinem Sarg lagert. Dieser nimmt sofort die Aufgabe in Angriff, sein in neun Stücke zerschlagenes und an ebenso viele Orte verstreutes Zepter, das »Instrument der Macht«, zusammenzusetzen, um den Teufel auf die Erde zu holen.

Zwei in Sachen Kloppen erfahrene und gelegentlich auch mit drögem Humor agierende Polizisten aus Chicago nehmen Prosatanos' Spur auf und jagen ihn durch Israel. – Jeder hat halt seinen eigenen Geschmack: »Gute Effekte wie eklige Gesichter, herausgerissene Herzen und andere Herzlichkeiten sorgen genau wie die obligatorische Autoraserei und die immer schönen Prügeleien für Unterhaltung.« (MOVIESTAR) [V]

HELLDANCE

(BLOODSTONE: SUBSPECIES II). USA 1993. **R:** *Ted Nicolaou.* **B:** *Ted Nicolaou.* **St:** *Charles Band.* **K:** *Vlad Paunescu.* **SpE:** *David Allen, Alchemyfx.* **M:** *Rick Garlington.* **D:** *Anders Hove (Radu), Denice Duff, Kevin Blair, Melanie Shatner, Michael Dewish, Pamela Gordon, Michael Dellafemina, Jon Haiduc, Kevin Blair. F 85 Min.*

Vorgeschichte: *Diener des Bösen.* – Der böse Vampir Radu schafft sich seinen braven und verliebten Bruder wie weiland Van Helsing vom Hals, doch als er dessen Braut für sich gewinnen will, macht ihm die aufgehende Sonne einen Strich durch die Rechnung: Das hübsche Kind, gerade erst zum Vampir geworden, büxt nach Budapest aus, so dass Radu sich an ihre Fersen heften muss. [V]

HELLRAISER – DAS TOR ZUR HÖLLE

(HELLRAISER). GB 1987. **R:** *Clive Barker.* **B:** *»Das Tor zur Hölle« von Clive Barker.* **K:** *Robin Vidgeon.* **M:** *Christopher Young.* **D:** *Andrew Robinson (Larry Cotton), Clare Higgins (Julia Cotton), Sean Chapman (Frank Cotton), Ashley Laurence, Oliver Smith (Frank als Monster), Robert Hines (Steve), Anthony Allen, Leon Davis, Michael Cassidy (Opfer), Frank Baker (Penner), Kenneth Nelson (Bill), Gay Barnes (Evelyn), Niall Buggy (Gast beim Abendessen), Dave Atkins, Oliver Parker (Spediteure), Pamela Sholto (Kundin), Doug Bradley (Zenobiten-Anführer), Nicholas Vance (Zenobit), Simon Bamford (Butterball), Grace Kirby (Zenobitin), Sharon Brower (Krankenschwester), Raul Newney (Arzt). F 94 (89) Min.*

Mit Hilfe einer magischen Schachtel wechselt Frank ins (über/unter/nebenirdische) Reich der monströsen Zenobiten über, wobei sein Leib in Fetzen geht. Seine Geliebte & Schwägerin Julia schleppt Männer ab und saugt sie aus, um Frank – nun ein abscheulich anzusehendes Knochenmonstrum – in fremden Körpern die Rückkehr in die wahre Welt möglich zu machen. Doch damit ermöglicht sie auch den Zenobiten den Zugang zur Welt der Menschen. In der Originalfassung ein Lehrfilm für angehende Henkersknechte. [V]

HELLRAISER II – HELLBOUND

(HELLRAISER II: HELLBOUND). GB 1988. **R:** *Tony Randel.* **B:** *Peter Atkins.* **K:** *Robin Vidgeon.* **M:** *Christopher Young.* **D:** *Ashley Laurence (Kirsty), Clare Higgins (Julia), Kenneth Cranham (Channard), Imogen Boorman (Tiffany), Sean Chapman (Frank), William Hope (Kyle), Doug Bradley (Pinhead), Barbie Wilde (Zenobitin), Simon Bamford (Butterball), Nicholas Vince (Zähneklapperer). F 95 Min.*

Vorgeschichte: *Hellraiser – Das Tor zur Hölle.* – »Um den Geist der Stiefmutter zu bannen, die durch die Machenschaften eines wahnsinnigen Professors erneut blutrünstige Gestalt angenommen hat, macht sich ihre Tochter mit Hilfe einer Autistin und des Zauberwürfels auf den Weg ins Zentrum der Hölle.« (Norbert Stresau, SCIENCE FICTION JAHR 1990) Die wirre Geschichte hat nur den Zweck, dem Zuschauer eine Ansammlung grotesker Monster vorzuführen. [V]

HELLRAISER III: HELL ON EARTH

(HELLRAISER III: HELL ON EARTH). USA 1991. **R:** *Anthony Hickox.* **B:** *Peter Atkins.* **St:** *Peter Atkins, Tony Randel.* **K:** *Gary Lively.* **SpE:** *Bob Keen.* **M:** *Randy Miller, Christopher Young.* **D:** *Terry Farrell (Joey Summerskill), Doug Bradley (Pinhead/Elliot Spencer), Paula Marshall (Terri), Kevin Bernhardt (J. P. Monroe), Ken Carpenter (Doc), Peter Boynton, Aimee Leigh, Lawrence Mortorff. F 86 Min.*

Die TV-Journalistin Joey wird in einem Krankenhaus Zeugin eines Mordes. Sie möchte den Fall aufklären und hängt sich an Terri, die Freundin des Toten. Diese bringt sie in einem Manhattaner Neonglitzer-Clübchen auf die Spur J. P. Monroes, dem eine mysteriöse Statue gehört, in der der auf Blut versessene Dämon Pinhead gefangen sitzt. Monroe schenkt ihm versehentlich die Freiheit, so dass er seinem blutigen Tagwerk nachgehen kann. [V]

Hellraiser – Das Tor zur Hölle

HELLRAISER IV – BLOODLINE

(HELLRAISER IV: BLOODLINE). USA 1996. **R:** *Alan Smithee [Kevin Yagher, Joe Chapelle].* **B:** *Peter Atkins.* **V:** *Motive von Clive Barker.* **K:** *Gary Lively.* **SpE:** *Richard Kerrigan.* **Ma:** *Gary J. Tunicliffe.* **M:** *Daniel Licht.* **D:** *Bruce Ramsay (Philippe Le Marchand, John Merchant, Paul Merchant), Valentina Vargas (Angélique), Doug Bradley (Pinhead), Charlotte Chatton (Geniviéve), Kim Myers (Bobbi), Christine Harnos (Rimmer), Mickey Cotrell (Duc De L'Isle), Adam Scott (Jacques), Louis Turenne (Auguste), Courtland Mead (Jack), Louis Mustillo (Sharpe), Paul Perri (Edwards), Pat Skipper (Carducci), Tom Dugan (Chamberlain), Jody St. Michaels, Michael Polish, Mark Polish, Jimmy Schuelke, David Schuelke. F 87 Min.*

Vorgeschichte: *Hellraiser – Das Tor zur Hölle* (und Fortsetzungen). – Im Jahr 2127 arbeitet der Wissenschaftler Dr. Merchant an Bord einer Raumstation daran, das Böse aus der Welt auszuschließen, das sein Ahnherr, der begabte Spielzeugmacher Philippe, im 18. Jahrhundert im Auftrag des Duc de Isle durch die Schaffung eines mysteriösen Kästchens auf sie losgelassen hat. Seither dringen unheimliche Entitäten aus einem anderen Universum in die Dimension der Menschen vor. Die unsterbliche Dämonin Angélique, eine Angehörige dieser Spezies, und die ihren müssen naturgemäß etwas gegen seine Pläne haben. Eine eigentümliche Mischung aus Science Fiction, Fantasy und Horror, die sich exakter Kategorisierung entzieht. »Alan Smithee« ist ein Sammelpseudonym, dessen sich Regisseure bedienen, die der Meinung sind, die Endfassung ihres Werks sei a) misslungen, b) von den Produzenten anderweitig vergewaltigt worden. [V]

HELLRAISER V: INFERNO

(HELLRAISER V: INFERNO). USA 2000. **R:** *Scott Derrickson.* **B:** *Paul Harris Boardman.* **V:** *»The Hellbound Heart« von Clive Barker.* **K:** *Nathan Hope.* **M:** *Walter Werzowa.* **D:** *Craig Sheffer (Joseph Thorne), James Remar (Dr. Paul Gregory), Nicholas Sadler (Bernie), Nicholas Turturro (Tony Nenonen), Doug Bradley (Pinhead), Carmen Argenziano (Captain), Sasha Barrese (Daphne), Noelle Evans (Melanie), Matt George (Leon). F 100 Min.*

TV-Film. Fünfter Teil der Barker'schen Mythologie: Schäbiger Detektiv ermittelt in einem Massaker, in dessen Mittelpunkt die mit seiner Person verbundene Box steht, und gerät albtraumhaft auf die Spur des Crimelord »The Engineer«. [V]

HEMOGLOBIN

(HEMOGLOBIN/BLEEDERS/THE DESCENDANT). USA 1996. **R:** *Peter Svatek.* **B:** *Charles Adair, Dan O'Bannon, Ronald Shusett.* **K:** *Barry Grevelle.* **M:** *Alan Reeves.* **D:** *Roy Dupuis (John Strauss), Kristin Lehman (Kathleen), Rutger Hauer (Dr. Marlowe), Jackie Burroughs (Lexie), Michelle Brunet (Ramona), David Deveau (Ben), Joanna Noyes (Byrde), John Dunn-Hill (Hank), Spencer Evans (Squeakie), Carmen Ferland (Mrs. Shea), Gillian Ferrabee (Eva van Daam), Pascal Gruselle (Vermeer), Lisa Bronwyn Moore (Toot), Felicia Schulman (Yolanda), Janine Theriault (Alice). F 89 Min.*

Ein an einer geheimnisvollen Blutkrankheit leidender junger Mann und seine Braut besuchen ein Inselchen vor der Küste New Englands, auf dem seine Verwandten ansässig sind: Er hofft, dort Heilung zu finden. Die Bewohner des Eilands sind der Meinung, dass die Leute, die er sucht, inzwischen samt und sonders ins Gras gebissen haben, doch dies ist ein folgenschwerer Irrtum. Die Nachfahren der Van Daams erweisen sich nämlich als unterirdisch lebende, schauerlich anzusehende Inzucht-Produkte mit fragwürdigen Tischmanieren. Die Antworten, die

Hellraiser – Bloodline

Hemoglobin

unser Held sucht, »entpuppen sich natürlich als alles andere als erfreulich, aber das ist dann auch schon egal, weil a) erneut fürchterlicher Sturm aufzieht und b) schreckliche Monster anfangen, kleine Kinder (und später auch größere) an den Füßen zu packen, um sie in dunkle Tunnels zu schleifen, weil sie hungrig sind.« (S. Selig, SPLATTING IMAGE 30/Juni 1997) [V]

DER HENKER DER APOKALYPSE – AMPUTIERT

(THE SEVERED ARM). USA 1973. **R:** *Thomas S. Alderman.* **B:** *Darrell Presnell, Larry Alexander, Marc B. Rand, Thomas Alderman.* **K:** *Bob Maxwell.* **M:** *Phillan Bishop.* **D:** *Marvin Kaplan (Herman), John Crawford, Vincent Martorano, Deborah Walley, Paul Carr, David G. Cannon, Roy Dennis, Bob Guthrie, George Dann. F 89 Min.*

Mehrere Leute, die in einer Höhle verschüttet werden, warten auf die Retter und ziehen Lose: Einer von ihnen muss einen Arm opfern, damit sie nicht verhungern. Der Fall von »überlebenswichtigem« Kannibalismus resultiert in einer wüsten Mordgeschichte, in der eine Axt eine nicht unwichtige Rolle spielt. [V]

DER HENKER VON LONDON

(TOWER OF LONDON). USA 1939. **R:** *Rowland V. Lee.* **B:** *Robert N. Lee.* **V:** *Frei nach William Shakespeare.* **K:** *George Robinson.* **SpE:** *George Teague.* **Ma:** *Jack Pierce.* **M:** *Charles Previn.* **D:** *Basil Rathbone (Richard III.), Boris Karloff (Mord), John Rodion (Lord De Vere), Ian Hunter (Edward IV.), John Sutton (John Wyatt), Miles Mander (Henry VI.), Rose Hobart (Anne Neville), Vincent Price (George Clarence), Ronald Sinclair (Prinz Edward), Barbara O'Neil (Elizabeth), Nan Grey (Alice Barton), Ralph Forbes (Henry Tudor). SW 83 Min.*

England, Mitte des 15. Jahrhunderts: Richard von Gloucester entledigt sich mit Hilfe des sadistischen, ihm hündisch ergebenen Henkers Mord (!) sämtlicher adeliger Konkurrenten, die seinen Anspruch auf die Königskrone vereiteln könnten. Dieser alte Historienfilm ist weniger ein Horror- als ein Gruselstreifen mit politischem Hintergrund. Die Atmosphäre, die im Tower von London herrscht, dem »Wirkungskreis« des Scharfrichters Mord, ist jedoch dazu angetan, einen das Fürchten zu lehren. Vincent Price, in seinem dritten Film als Opfer Clarence zu sehen, spielte in dem von Roger Corman inszenierten Remake des gleichen Stoffes, das unter dem Titel *Der Massenmörder von London* (USA 1963) lief, die Rolle des Erzschurken Richard.

HENRY – PORTRAIT OF A SERIAL KILLER

(HENRY. PORTRAIT OF A SERIAL KILLER). USA 1986. **R:** *John McNaughton.* **B:** *Richard Fire, John McNaughton.* **K:** *Charlie Lieberman.* **M:** *Robert McNaughton, Ken Hale, Steven A. Jones.* **D:** *Michael Rooker (Henry), Tracy Arnold (Becky), Tom Towles (Otis), Ray Atherton (Hehler), David Katz (Henrys Chef), Eric Young (Bewährungshelfer), Rick Paul (Autofahrer). F 80 Min. (O.m.U.)*

Für die Produktion stand der Fall des amerikanischen Mutter- und Massenmörders Henry Lee Lucas Pate: Der gefühllose und analphabetische Henry, ein pathologischer Lügner, lebt nach der Maxime »Entweder ich oder die anderen« und geht seiner Mordlust nach, wobei er sich, in dem Glauben, niemand könne ihn erwischen, immer neue Methoden ausdenkt. Seine Opfer sind meist Frauen. Seine Freunde, der fernsehsüchtige Drogendealer Otis und dessen behämmerte Schwester, finden an seinem Tun nichts Besonderes. – »Brutalität und Gewalt werden zwar nicht als spektakulärer Nervenkitzel eingesetzt, sondern als ein in Großstädten übliches, ebenso unverständliches wie beklemmendes Geschehen beschrieben, doch werden Ursachen und Zusammenhänge allenfalls angedeutet.« (FILMDIENST) [V]

DIE HERREN DRACULA

(DRACULA PERE ET FILS). Frankreich 1976. **R:** *Edouard Molinaro.* **B:** *Alain Godard, Jean Marie Poiré, Edouard Molinaro.* **V:** *»Der Vampir von Pa-*

Der Henker von London

Henry – Portrait of a Serial Killer

ris« von Claude Klotz. **K:** *Alain Levent.* **M:** *Vladimir Kosma.* **D:** *Christopher Lee (Dracula), Bernard Menez (Dracula jr.), Marie-Helene Breillat (Nicole), Catherine Breillat (Frau), Anna Gael (Frau), Jean Claude Dauphin (Junger Mann), Robert Dalban, Anna Prucnal. F 110 Min.*
1784: Gäste auf Schloss Dracula. Der Graf ist besonders scharf auf Hermine. Da kann auch der junge Gelehrte nicht mehr helfen, der seine Kenntnisse über Vampirismus aus dem Buch von Christian Polanski (!) erworben hat. Graf Dracula saugt sich so sehr an Hermine fest, dass daraus ein kleiner Ferdinand wird. Die Geburt überlebt die Mutter nur kurz. Dann fällt sie einem Sonnenstrahl zum Opfer. – 1965: Ferdinand ist völlig aus der Art geschlagen. Immer noch wird er mit Blut aus der Saugflasche ernährt. Die Zeiten sind anders, das Schloss zur Kulturstätte von Ceaucescus Gnaden geworden. Abgeschiedenheit und Ruhe sind hin. Die Herren Dracula beschließen auszuwandern, in Särgen versteht sich. Doch gehen beide Särge über Bord, so dass es Dracula sen. an die englische, sein Sohn an die französische Küste verschlägt. Ferdinand nimmt in Paris einen Nachtwächterjob an, vernascht ab und zu eine Katze, stillt seinen Bluthunger in der Leichenhalle oder der Blutbank des Krankenhauses. Der Vater wird Filmstar und schlägt fortan seine Särge in ganz Europa auf. In Paris treffen sie sich wieder. Ihr gemeinsames Interesse gilt Nicole, die den Senior für einen Reklamespot engagieren will. Dieser begehrt sie zu beißen, da sie Hermine so ähnlich sieht. Ferdinand weiß dies zu verhindern. Mit Sonnenstrahlen beseitigt er das Problem. Fünf Jahre später führen Nicole und Draculas Sohn ein glückliches Familienleben, das bei Ferdinand zur völligen Heilung vom Vampirismus geführt hat. Nur sein kleiner Sohn zeigt ein auffallendes Interesse für den Hals seiner Schwester. – Vampirfilm-Parodie, die an die Hintergründigkeit und Klasse von Polanskis *Tanz der Vampire* nicht heranreicht. Trotzdem kann sich der mit leichteleganter Hand inszenierte Spaß sehen lassen.

HERRSCHER DER HÖLLE

(THE DUNGEON MASTER/RAGE WAR). USA 1985. **R:** *Rosemary Turko, John Carl Buechler, Charles Band, David Allen, Steve Ford, Peter Manoogian, Ted Nicolaou.* **B:** *Allen Actor.* **K:** *Mac Ahlberg.* **M:** *Richard Band, Shirley Walker.* **D:** *Jeffrey Byron (Paul Bradford), Richard Moll (Mestema), Leslie Wing (Gwen Rogers), Gina Calabrese (Traumfrau), Daniel Dion, Bill Bestolarides, Scott Campbell, Ed Dorini (Monster im Traum), R. J. Miller (Cahane), Don Moses (Don), Alanna Roth (Blumenmädchen), Kim Connell, Janet Welsh, Carol Solomon, Jackie Cross, Barbara Mueller, Nina Baker (Tänzerinnen). F 75 Min.*
Der Herrscher der Hölle zwingt den Computerexperten Paul Bradford zu Bewährungsproben mit diversen Monstern, bis er am Ende vor ihm steht. Dafür waren 7 (!) Regisseure nötig. »Modestly schlocky.« (VARIETY) [V]

HERRSCHERIN DES BÖSEN

(QUEEN OF EVIL/SEIZURE). Kanada 1974. **R:** *Oliver Stone.* **B:** *Oliver Stone, Edward Mann.* **K:** *R. Racine.* **M:** *Lee Gagnon.* **D:** *Jonathan Frid (Edmund Blackstone), Martine Beswick (Herrscherin), Herve Villechaize (Spinne), Henry Baker (Schakal), Christina Pickles (Nicole Blackstone), Mary Woronov (Mikki), Joe Sirola (Charlie), Troy Donahue (Mark), Roger De Koven (Serge), Anne Meacham (Eunice), Tomothy Ousey (Jason). F 94 Min.*
Von Albträumen geplagter Horror-Schreiber stirbt an Herzversagen, als drei seiner morbiden Phantasie entsprungene Gestalten sich in sein Leben einmischen und seine Freunde in den Tod treiben. [V]

HEX – DIMENSIONEN DER FURCHT

(HEX/THE SHRIEKING). USA 1973. **R:** *Leo Garen.* **B:** *Leo Garen, Steve Katz.* **St:** *William Cannon, Vernon Zimmermann.* **K:** *Charles Rosher jr.* **M:**

Charles Bernstein. **D:** *Tina Herazo [Christina Raines] (Oriole), Hilary Thompson (Acacia), Keith Carradine (Whizzer), Mike Combs (Golly), Scott Glenn (Jimbang), Gary Busey (Giblets), Robert Walker jr. (Chupo), John Carradine (Alter Revolvermann), Dan Haggerty (Billy), Mike Combs (Golly), Iggie Wolfington (Duzak), Patricia Ann Parker (Elma), Hilary Thompson (Acacia), Doria Cook (China), Tom Jones (Elston). F 99 Min.*

Zwei Schwestern, die in der Einsamkeit von Nebraska leben, erhalten 1919 Besuch von einer Horde böser Männer auf Motorrädern, die aber nicht ahnen, dass ihre Opfer wackere Nachfahren eines indianischen Zauberers sind und über okkulte Kräfte gebieten.

HEXE DER LIEBE

(LA STREGA IN AMORE) Italien 1966. **R:** *Damiano Damiani.* **B:** *Ugo Liberatore, Damiano Damiani.* **V:** *Carlos Fuentes.* **K:** *Leonida Barboni.* **M:** *Luis E. Bacalov.* **D:** *Rosanna Schiaffino (Aura), Richard Johnson (Sergio), Sarah Ferrsti (Consuela), Gian Maria Volonté (Fabrizio), Margherita Guzzinati (Lorna), Vittorio Venturoli. SW 98 Min.*

Sergio, ein gut aussehender junger Mann, wird von einer älteren Dame in ihren Palazzo gelockt, um ihre Bibliothek zu ordnen. Er ist wenig angetan von diesem Job, bis er die hübsche Aura kennen lernt, die angeblich die Tochter der feinen Lady ist. Aura wickelt Sergio ein. Sie will Fabrizio, dessen Vorgänger, ihren Ex-Geliebten, aus dem Weg räumen. Nachdem dies geschehen ist, findet Sergio heraus, dass Mutter und Tochter identisch sind. Die alte Lady ist eine Hexe. Und bald droht ihm das gleiche Schicksal wie Fabrizio. Ein eher erotischer als Schrecken erregender Horrorstreifen.

HEXEN BIS AUFS BLUT GEQUÄLT

BRD 1969. **K:** *Michael Armstrong.* **B:** *Sergio Casstner [Michael Armstrong], Percy Parker [Adrian Hoven].* **V:** *Soldan Henne.* **K:** *Ernst W. Kalinke.* **M:** *Michael Holm.* **D:** *Herbert Lom (Lord Cumberland), Olivera Vuco (Vanessa), Udo Kier (Christian De Meron), Herbert Fux (Jeff Wilkens), Michael Maien (Baron Daume), Ingeborg Schöner (Johanna), Johannes Buzalski (Advokat), Gaby Fuchs (Deirdre), Günter Clemens (Friedrich), Reginald Nalder (Albino), Doris von Danwitz (Elisabeth), Dorothea Carrera, Adrian Hoven. F 97 Min.*

Der Hexenjäger Albino wütet so lange unter den Bewohnern eines europäischen Phantasiestaates, dessen Bürger sowohl deutsche als auch englische Namen tragen, bis er vom Landesherrn abberufen und durch Lord Cumberland ersetzt wird. Dieser entpuppt sich jedoch zum Entsetzen des jungen Adeligen Christian, der den Part seines »Lehrlings« spielt, als ebensolche Bestie. Als Christian sich in das Bauernmädchen Vanessa verliebt, klagt Cumberland sie der Hexerei an. Was Christian zu weit geht: Er holt das Mädchen aus dem Kerker. Vanessa wiegelt das Volk gegen Cumberland auf. Nun landet Christian im Verlies. Als die Bauern das fürstliche Kastell stürmen, fällt Christian der Lynchjustiz zum Opfer. Cumberland hingegen kann entkommen. – Was uns hier von der Verleihwerbung als authentischer Fall vorgesetzt wird, ist nur ein gewöhnlicher Nachzieher zu Michael Reeves' thematisch ähnlich gelagertem Welterfolg *Der Hexenjäger* (GB 1968), in rasender Eile abgedreht und in die Kinos gebracht, um eine schnelle Mark zu machen. Der Film enthält weniger Grusel- als Greueleffekte; eine genüsslich ausgemalte Folterszene wechselt sich mit der anderen ab. – »Sadistisch veranlagt muss der Zuschauer sein, der sich von diesem Film eine gute Unter-

Hexen bis aufs Blut gequält

haltung verspricht und auch findet«, resümierte der FILMBEOBACHTER, »eine durchgängig erzählbare Handlung findet man nicht. Kommen und Abgang von Personen bilden die Aufhänger für die zahllosen Brutalitäten, deren Darstellung man keinerlei humanistische Absicht unterschieben soll.« Darüber hinaus scheint uns Udo Kier als Frauenliebling eine krasse Fehlbesetzung zu sein; einen passenderen Part spielt Herbert Fux – als zangenbewehrter Folterknecht.

HEXEN – GESCHÄNDET UND ZU TODE GEQUÄLT

BRD 1972. **R:** *Adrian Hoven.* **B:** *Adrian Hoven, Fred Denger.* **K:** *Ernst W. Kalinke.* **M:** *Sonoton.* **D:** *Erica Blanc (Elisabeth v. Salmenau), Anton Diffring (Bahthasar v. Ross), Percy Hoven (Alexander v. Salmenau jr.). Adrian Hoven (Alexander v. Salmenau sen.), Rosemarie Heinikel (Quacksalberin), Astrid Kilian (Nonne) Karl Ferth (Folterknecht), Reggie Nalder (Scherge), Lukas Ammann, Jean Pierre Zola, Ellen Umlauf, Harry Hardt, Dietrich Kerky, Johannes Buzalski. F 88 Min.*

1780, irgendwo in deutschen Landen: Der kaiserliche Hexenjäger Balthasar von Ross nutzt seine privilegierte Stellung aus, um sich a) persönlich zu bereichern und b) sich hübsche Frauen sexuell gefügig zu machen. Wer nicht nach seiner Pfeife tanzt, landet im Kerker und anschließend auf dem Scheiterhaufen. Er begeht jedoch einen nicht wieder gutzumachenden Fehler, als er, eher aus Versehen, den beliebten Edelmann Alexander von Salmenau ermorden lässt. Um diesen Fauxpas zu vertuschen, erklärt er den Toten posthum zum Hexenmeister, seine Gattin Elisabeth zur Hexe und beider Sohn Alexander zum Satansbraten. Ein mitleidiger Folterknecht (!) verhilft Mutter und Kind zur Flucht. Und als die Hexenverbrennungen und Greueltaten von Rossens Überhand nehmen, fegt ein Volksaufstand sein Terrorregime hinweg. – Nach *Hexen bis aufs Blut gequält* (BRD 1969; Regie: Michael Anderson) versuchte sich der Produzent, Regisseur, Drehbuchautor und Darsteller Adrian Hoven diesmal persönlich an der Realisation des Plagiats eines Plagiats. Vergebens, denn das (kommerziell recht erfolgreiche) Gebräu aus seiner Hexen-Schnellküche ist nicht besser genießbar, dafür aber noch abscheulicher, einfallsloser und exploitativer angelegt. – »Gerade die *selbstzweckhafte* Darstellung des Sadismus, der in seiner Intensität wahrscheinlich viel stärker war als der Film vermutet, macht das Produkt unerquicklich.« (VAMPIR)

DIE HEXEN VON BAY COVE

(BAY COVE). USA 1987. **R:** *Carl Schenkel.* **B:** *Timothy Kring.* **K:** *Jack Steyn.* **M:** *Shuki Levy.* **D:** *Pamela Sue Martin (Linda Lebon), Tim Matheson (Jerry Lebon), Jeff Conway (Slater), Woody Harrelson (Josh), Susan Ruttan (Debbie), Barbara Bingsley (Beatrice), James Sikking, Inga Svenson, John Dee. F 95 Min.*

Ein Ehepaar, das sich auf der Insel Bay Cove ein Haus kauft, muss erkennen, dass die dort lebenden Menschen dreihundert Jahre zuvor einen Pakt mit dem Leibhaftigen geschlossen haben, der kurz vor der Erneuerung steht. [V]

DIE HEXEN VON SALEM

(LES SORCIERES DE SALEM). Frankreich/ DDR 1957. **R:** *Raymond Rouleau.* **B:** *Jean Paul Sartre.* **V:** *»Hexenjagd« von Arthur Miller.* **K:** *Claude Renoir.* **M:** *Hanns Eisler.* **D:** *Simone Signoret (Elizabeth Proctor), Yves Montand (John Proctor), Mylene Demengeot (Abigail Williams), Pascale Petit (Mary Warren), Sabine Thalbach (Kitty), Ursula Körbs (Wolitt), Jean Debucourt (Parrish), Alfred Adam (Thomas Putnam), Françoise Lugagne (Jane Putnam), Darling Legitimus (Tituba), Pierre Larquey (Francis Nurse), Aribert Grimmer (Gilles Corey), Jean Fusin-Gir (Martha Corey), Hans Klering (Field) Gerd Michael Henneberg (Herrick), Chantal Gozzi (Francy Proctor), Alexandre Rignault (Willard), Jean Gaven (Peter Corey), Yves Brainville (Hale). SW 134 Min.*

1862, Salem/Massachusetts: Eine Gruppe junger Frauen. die sich bemühen, von der Sklavin Tituba die Hexenkunst zu erlernen, werden bei ihren geheimen Zusammenkünften von den Dörflern beobachtet. Aus Angst vor Strafe beschuldigen sie einige ältere Frauen, sie hätten sie verhext. Aus Angst vor der ewigen Verdammnis und in dem Glauben, der Teufel habe sich in ihrem Dorf eingenistet, werden die Beschuldigten eingekerkert und der Hexerei bezichtigt. Der Erfolg dieser Beschuldigungen lässt einige Mädchen so weit gehen, dass sie die Gelegenheit nutzen, sich an allen zu rächen, die ihnen einst übel mitgespielt haben. Der Hexenwahn erfasst alle: Auch die respektiertesten Bürger des Ortes bleiben von Anklagen nicht verschont. Die Magd Abigail Williams, die ihre Stellung verlor, weil sie mit ihrem Arbeitgeber, dem Farmer John Proctor, geschlafen hat, sieht eine Möglichkeit, dessen Frau aus dem Weg zu räumen. – «Des Mädchens Rechnung geht indes nicht auf. Denn das Hauptgewicht der Anschuldigung fällt schließlich auf John Proctor selbst. Auch die Offenbarung des tatsächlichen Sachverhalts vermag nichts rückgängig zu machen. Die Entwicklung geht weiter. Die Kirche, vertreten durch den Eiferer Parrish, sowie der Staat, vertreten durch Richter Danford, sind an einer gerechten Klärung des Falles keineswegs interessiert. Beide brauchen den Prozess, um ihre Politik zu rechtfertigen, um die Kolonisten in der alten blinden Glaubensfurcht weiter niederhalten zu können. Sie brauchen die Hinrichtung der Angeklagten oder – noch besser – Geständnisse. Da jedoch kein wirkliches Vergehen einzugestehen ist, können die Angeklagten nur durch Lüge ihr Leben retten. Sie bleiben standhaft, auch John Proctor. Sie weigern sich, ihr Gewissen aufzugeben und ihre Mitbürger zu belügen. Sie weigern sich, den Unterdrückern die willkommenen Argumente zu geben. Proctors Frau, die ein Kind trägt, kann nicht hingerichtet werden. John Proctor aber und andere werden auf dem Gefängnishof ermordet, heimlich und vor dem angesetzten Hinrichtungstermin.« (Horst Beseler, PROGRESS FILMPROGRAMM) – »Es ist offensichtlich, dass dieser Film nicht als naturalistische oder gar historische, sondern als eine Art sozialistische Parabel verstanden wenden will.« (Paul V. Beckley, THE NEW YORK HERALD TRIBUNE)

HEXENBRUT

(WITCHCRAFT). USA 1988. **R:** *Robert Spera.* **B:** *Jody Savin.* **K:** *Jens Sturup.* **M:** *Randy Miller.* **D:** *Deborah Scott (Linda), Alexander Curewood (Priester), Anat Topol-Barzilai (Grace), Gary Sloan (John), Lee Kisman (Ellsworth), Mary Shelley, Alexander Kirkwood, Edward Ross, Charles Grant, Lilian Kane, Karen Michaels, Cynthi Bell, Victoria Ressurection, Ofelia Montano, Steve Decker. F 80 Min.*

Satanistenpaar wird von gottesfürchtigen Menschen verbrannt, ist Jahrhunderte später wieder aktiv und missbraucht eine junge Frau als Leihmutter. Wer Roman Polanskis *Rosemaries Baby* kennt, kann sich dieses langweilige Gebräu ersparen. Eine Direct-to-Video-Produktion, die diverse Fortsetzungen nach sich zog. Siehe auch *Witchcraft II.* AIDT [V]

DER HEXENCLUB

(THE CRAFT). USA 1996. **R:** *Andrew Fleming.* **B:** *Peter Filardi, Andrew Fleming.* **K:** *Alexander Gruszynski.* **M:** *Graeme Revell, John Lennon, Paul McCartney, Sponge, Jewel, Tripping Daisy.* **D:** *Robin Tunney (Sarah), Fairuza Balk (Nancy), Neve Campbell (Bonnie), Rachel True (Rochelle), Skeet Ulrich (Chris), Christine Taylor (Laura Lizzie), Breckin Meyer (Mitt), Nathaniel Marston (Trey), Assumpta Serna (Lirio), Cliff De Young. F 100 Min.*

Vier katholische College-Girls gründen einen Hexenzirkel, um mit Hilfe magischer Kräfte ihre Probleme zu lösen. Sie terrorisieren die Konkurrenz, bis sich ihre Hexerei gegen sie selbst richtet. Banale Horrorkomödie, die von Spezialeffekt-Hokuspokus lebt. [V]

HEXENHAUS: BLUT FÜR DIE ZOMBIES

(DEAD DUDES IN THE HOUSE/THE DEAD COME HOME). USA 1991. **R:** *James Riffel.* **B:** *James Riffel.* **K:** *N.N.* **SpE:** *Ed French.* **M:** *N.N.* **D:** *Mark Zobian (Ron), Victor Verhaeghe (Bob), Sarah Newhouse (Jamie), Eugene Sautner (Joey), Naomi Kooker (Linda), James Griffith (Ricky), John Dayton Cerna (Steve), Douglas F. Gibson (Mark), Mark Zobian (Ron), Rob Moretti (S), Albert Wingate, Leighann Belair (Mädchen). F 94 Min.*

Jugendliche, die eine alte Villa renovieren wollen, sterben durch die Tücke des Objekts bzw.

Die Hexen von Salem

die Machenschaften einer alten Schrulle, kehren als Untote zurück und erledigen den Rest ihrer Freunde. Eine jener für den Videomarkt gedrehten Schwachmatenstorys, von denen dreizehn auf ein Dutzend gehen. AIDT [DVD]

HEXENJAGD

Anderer Titel für DIE HEXEN VON SALEM

DIE HEXENJAGD

(KLADIVO NA CARODEJNICE). ČSSR 1969. **R:** *Otakar Vávra.* **B:** *Otakar Vávra.* **V:** *Václav Kaplicky.* **K:** *Josef Illik.* **M:** *Jiři Srnka, Antonio Vivaldi.* **D:** *Vladimir Smeral, Elo Romancik, Lola Skrbková, Eduard Cupák, Marie Nademlejnská. F 165 Min.*

Böhmen, Ende des 17. Jahrhunderts: Eine Gräfin und ein Pfarrer lassen einen Inquisitor kommen, um das »Hexenwesen« zu bekämpfen. Der Inquisitor geht gnadenlos gegen alle Verdächtigen vor. Schließlich wendet er sich sogar gegen die Leute, die ihn gerufen haben. Horroreffekte gleich Null, dem Regisseur geht es mehr um die Schilderung tatsächlicher Vorkommnisse.

HEXENJAGD

(THE CRUCIBLE). USA 1996. **R:** *Nicholas Hytner.* **B:** *Arthur Miller.* **V:** *Theaterstück »Hexenjagd« von Arthur Miller.* **K:** *Andrew Dunn.* **M:** *George Fenton.* **D:** *Daniel Day-Lewis (John Proctor), Winona Ryder (Abigail Williams), Paul Scofield (Richter Danforth), Joan Allen (Elizabeth Proctor), Bruce Davison (Reverend Parris), Rob Campbell (Reverend Hale), Jeffrey Jones (Thomas Putnam), Peter Vaughan (Giles Corey). F 123 Min.*

Neuverfilmung von Arthur Millers Dramatisierung der Salem-Hexenprozesse von 1692 *(Die Hexen von Salem).* – »Millers Melodram wirkt so altbacken wie ein vier Jahrzehnte alter Streberaufsatz. Hytners aufgeregte Verfilmung setzt dagegen auf Schmierentheater-Leidenschaft: blitzende Augen, geschwollene Adern, zitternde Stimme.« (DER SPIEGEL, 17.2.1997)

HEXENJAGD IN L.A.

(CAST A DEADLY SPELL) USA 1991. **R:** *Martin Campbell.* **B:** *Joseph Dougherty.* **K:** *Alexander Gruszynski.* **SpE:** *4-Ward Studio.* **M:** *Curt Sobel.* **D:** *Fred Ward (H. P. Lovecraft), David Warner (Amos Hackshaw), Julianne Moore (Connie Stone), Clancy Brown (Harry Bordon), Alexandra Powers (Olivia Hackshaw). F 93 Min.*

TV-Film. Los Angeles, 1948. Jedermann übt sich in Magie; Mord mittels Voodoo-Puppen hat das altmodische Schießeisen längst verdrängt. Die Gangster teilen sich die Straßen mit Hexen, Werwölfen und Vampiren; Zombies kriegt man im Sechserpack für $ 30. Nur der Privatdetektiv H. P. Lovecraft hält nichts von dem neumodischen Kram. Er ist der hartgesottene Schnüffler geblieben, der im Büro schläft und die Whiskyflasche im Aktenschrank verwahrt. Da erhält er von dem reichen Amos Hackshaw den Auftrag, ein Zauberbuch namens »Necronomicon« wiederzubeschaffen, das der Chauffeur mitgehen ließ. Hackshaw, der mit seiner jungfräulichen Tochter Olivia zusammen lebt, muss das Buch bis Mitternacht des nächsten Tages haben. Lovecraft nimmt die Ermittlungen auf, die ihn zu seinem früheren Partner Bordon führen, der jetzt einen Nachtclub leitet und nebenbei zum Gangsterboss aufgestiegen ist. Und da ist auch noch Lovecrafts frühere Freundin Connie, die für Bordon als Sängerin arbeitet und ihre Finger im Intrigenspiel hat. Der unbestechliche Detektiv findet das Buch, doch zu spät erkennt er, dass er mitgeholfen hat, das Ende der Welt einzuläuten: Hackshaw braucht es, um den Dämon Cthulhu zu beschwören, damit dieser ihn zu einem Gott macht. Seine jungfräuliche Tochter Olivia soll als Opfer dienen. Die Beschwörung gelingt, doch dummerweise hat es das Töchterchen mit dem Polizisten getrieben, der sie nur beschatten sollte. Der erzürnte Chtulhu verschlingt den Beschwörer und zieht sich zurück – die Welt ist gerettet. Die Idee, den amerikanischen Autor H. P. Lovecraft auf der Jagd nach dem »Necronomicon« als Privatdetektiv durch

Hexenjagd in L.A

ein magieverseuchtes L.A. zu jagen, ist so übel nicht. Drehbuchautor Dougherty hat sich alle Mühe gegeben, Elemente des klassischen Privatdetektivfilms und des Pulp-Horrors so zu verschmelzen, dass sie einen Sinn ergeben. Doch der Film bleibt farblos, was nicht zuletzt an dem entsetzlich betulichen Tempo und der hölzernen Regie liegt. Die allseits bekannten Krimiklischees werden ohne den Hauch jeglicher Ironie stur abgehakt und die vielen witzigen Situationen und Dialoge, die sich durch die alltägliche Magie ergeben, entwickeln sich fast alle zu Rohrkrepierern. Von der umwerfenden Idee, die Beschwörung des Obergottes Chtulhu an der entjungferten Tochter scheitern zu lassen, ganz zu schweigen. Ein langatmiger Film mit hölzernen Akteuren, der seine Möglichkeiten verschenkt. [V]

DER HEXENJÄGER

(WITCHFINDER GENERAL). GB 1968. **R:** *Michael Reeves.* **B:** *Michael Reeves, Tom Baker.* **V:** *»Witchfinder General« (o.J.) von Ronald Bassett.* **K:** *Johnny Coquillon.* **M:** *Paul Ferris.* **D:** *Vincent Price (Matthew Hopkins), Ian Ogilvy (Richard Marshall), Hilary Dwyer (Sarah), Rupert Davies (John Lowes), Robert Russell (John Stearne), Patrick Wymark (Oliver Cromwell), Wilfrid Brambell (Master Coach), Michael Beint (Captain Gordon), Nicky Henson (Swallow), John Trenaman (Hancourt), William Maxwell (Gifford), Tony Selby (Salter), Beaufoy Milton (Priester), John Kidd, Peter Kidd, Peter Haigh (Magistrat), Hira Talfrey, Ann Tirard (Alte Frauen), Peter Thomas (Farrier), Edward Palmer (Schäfer), David Webb (Aufseher), Godfrey James (Webb), Paul Dawkins (Bauer), Jack Lynn, Martin Terry (Wirte), Lee Peters (Sergeant), David Lyell (Soldat), Toby Lennon (Greis), Maggie Kimberley (Elizabeth Clark), Bernard Kay (Fischer). F 86 Min.*

England, 1645: Matthew Hopkins ist als Öffentlicher Hexenjäger eingesetzt worden. Zusammen mit seinem sadistischen Helfershelfer Stearne zieht er von Ort zu Ort, um »Besessene« ausfindig zu machen, und kassiert für jede erfolgte Exekution ein hübsches Sümmchen vom jeweiligen Magistrat. In der Ortschaft Brandiston gehört der ältliche Pastor Lowes zu seinen Opfern. Ein paar Dörfler haben ihn der Hexerei bezichtigt. Als Hopkins und Stearne den alten Mann brutal foltern, um sein »Geständnis« zu erpressen, bietet sich dessen Tochter Sara dem Hexenjäger als Ersatz an. Hopkins nimmt die Gelegenheit wahr: Lowes wird eingekerkert; er jedoch sucht Sara jede Nacht auf, um sein Vergnügen mit ihr zu haben. Nachdem Stearne sich dieses »Vergnügen« ebenfalls (mit Gewalt) genommen hat, lässt Hopkins' Interesse nach: Er lässt Lowes hinrichten. Saras Verlobter Richard, ein Soldat in Oliver Cromwells Diensten, kommt nach Brandiston und erfährt, was geschehen ist. Er schwört Hopkins und seinem Vasallen blutige Rache. Als man ihn auf eine militärische Sondermission schickt, die ihn in die Nähe des Hexenjägers führt, ist seine Stunde gekommen. Hopkins hat jedoch indessen erfahren, dass man ihm auf den Fersen ist. Er stellt Richard und Sara eine Falle und klagt sie wegen Hexerei an. Als Richard gefesselt ansehen muss, wie Stearne Sara foltert, versucht Hopkins ihn zu einem »Geständnis« zu bewegen. Richard kann sich mit übermenschlicher Kraft befreien. Er setzt Stearne außer Gefecht, packt eine Axt und hackt auf Hopkins ein. Seine Freunde von der Armee, die den Folterkeller in diesem Moment stürmen, geben dem Hexenjäger den Gnadenschuss. Und während Richard außer sich vor Zorn brüllt: »Ihr habt ihn mir genommen!«, verfällt Sara, aufgrund der plötzlichen Verwandlung ihres Verlobten, in einen endlosen Schreikrampf.

Werner Kließ (1969) in FILM: »Die Schlussszene ist gewiss eine der brutalsten, die es je im Kino gab. In jedem Italo-Western fließt mehr Blut, in jedem Sado-Film gibt es erlesenere Martern. Die starke sinnliche Wirkung dieser Schlächterei kommt aus der Überraschung und

Der Hexenjäger

daraus, dass in diesem Moment ein Guter die ganze Widerwärtigkeit der Folterknechte in sich aufnimmt. In der Sekunde der gerechten Empörung wird der Gute zu einer rasenden Bestie. Die kühne Umkehrung funktioniert so überzeugend, weil Regisseur Michael Reeves von der Gattung Historienfilm zwar das Schema der Schwarz-Weiß-Zeichnung übernimmt, aber eben nur das Schema, nicht den Ballast antiquierter Moralvorstellungen, mit denen der Trivialfilm gewöhnlich das Gutsein zu belegen versucht. Das Mädchen Sara z.B. kommt relativ schnell auf die Idee, sich mit dem Hexenjäger einzulassen. Sie handelt taktisch richtig. Moralische Skrupel werden nicht gezeigt; auch nachher wird ihr Opfer nicht im Geringsten sentimental ausgebeutet. Die Guten sind durch ihren Stellenwert in der Geschichte hinreichend definiert, ihre edlen Beweggründe müssen nicht noch lange vorgetragen werden.« – Danny Peary, CULT MOVIES: »Es steht fest, dass in der gesamten Filmgeschichte kein Regisseur dermaßen konsequent eine solch niederdrückende und zornige Weltsicht zur Schau gestellt hat wie Reeves. Aus diesem Grund haben politisch ›progressive‹ Filmkritiker auch meist Schwierigkeiten, mit seinem Werk fertigzuwerden – besonders mit *Der Hexenjäger,* den Reeves-Kultisten für seinen besten und ambitioniertesten Film halten. Während sein Talent außer Frage und seine wiederholte Ablehnung jener, die dem Machtmissbrauch huldigen, feststeht, ist es schwer, ihm ganz und gar beizupflichten, weil seine Ansichten, die sich in negativen Ausgängen zeigen, so negativ, ja, sogar defätistisch sind. Seine Helden und Heldinnen, die als nette Menschen voller Liebe und Zärtlichkeit eingeführt werden, unterwerfen sich schließlich dem Bösen, von dem Reeves annimmt, dass es in der Person eines jeden Menschen dominiert.« Die Verleihwerbung beutete Reeves' baldigen Schlaftablettentod entsprechend aus. [V]

HEXENSABBAT

(THE SENTINEL). USA 1976. **R:** *Michael Winner.* **B:** *Michael Winner, Jeffrey Konvitz.* **V:** *»Alisons Haus« von Jeffrey Konvitz.* **K:** *Dick Kratina.* **M:** *Gil Melle* **D:** *Chris Sarandon (Michael Lerman), Christina Raines (Alison Parker), Martin Balsam (Professor Ruzinsky), José Ferrer (Mann in der Robe), Ava Gardner (Miss Logan), Arthur Kennedy (Monsignore Franchino), Burgess Meredith (Charles Chazen), Deborah Raffin (Jennifer), Eli Wallach (Gatz), Christopher Walken (Rizzo), Jenry Orbach (Regisseur), Beverly d'Angelo (Sandra), Hank Garrett (Brenner), Robert Gerringer (Hart), William Hickey (Perry), Gary Allen (Malcolm Stinnett), Teresa Hughes (Rebecca), Kate Harrington (Mrs. Clark), Jane Hoffman (Lilian Clotkin), Elaine Shore (Emma Clotkin), Sam Gray (Aureton), Reid Shelton (Priester), John Carradine (Halliran). F 92 Min.*

Das finstere Backsteingebäude, in das die junge Alison Parker in New York einzieht, entpuppt sich als Eingang zur Hölle, aber bis sie dies herausfindet, sind allerlei haarsträubende Dinge geschehen: Sie wird von unheimlich und bizarr wirkenden Nachbarn belästigt, deren Existenz in höchstem Maße zweifelhaft ist: aufdringlichen, dämonisch wirkenden Lesbierinnen, verschrobenen Gestalten, deren Gesichter auf jeden Steckbrief passen, und einem seltsamen alten Herrn, der von allerlei Viehzeug umgeben ist. Als Alison in Erfahrung bringt, dass sie außer dem blinden Geistlichen Halliran die einzige Hausbewohnerin ist, zweifelt sie nicht nur an ihrem ohnehin schon angegriffenen Verstand, sondern will dem Rätsel auf die Spur kommen.

Hexensabbat

Dabei tötet sie in einem Anfall von Panik einen Mann, der die Züge ihres verstorbenen Vaters trägt. Alisons Ex-Freund Michael erfährt, dass eine groß angelegte Verschwörung im Gange ist, die über das zukünftige Schicksal der jungen Frau bestimmt (involviert ist sowohl die Hölle als auch die Kirche): Die »Mieter«, die Alison gesehen hat, sind längst tote Mörder und Abnorme. Als Michael im Haus eine Inschrift entdeckt, die lautet »Lasst alle Hoffnung fahren, ihr, die ihr hier eintretet«, will er Halliran zum Reden zwingen, wird aber von einem anderen Kirchenmann getötet. Alisons Bestimmung besteht darin, Halliran als Wächter am Eingang der Hölle abzulösen. Um dies zu verhindern, wollen die Mächte der Finsternis sie zum Selbstmord treiben. Und das tun sie dann bei einem letzten Versuch, an dem auch Michael teilnimmt – als Toter, denn er hat, wie sich herausstellt, das Leben seiner ersten Frau auf dem Gewissen. – *Hexensabbat* wird Ihnen die Fußnägel hochklappen, nicht nur weil Michael Winners Horror-Schocker schamlos bei Roman Polanskis *Rosemaries Baby* (USA 1967) abkupfert, sondern auch wegen einiger Szenen, die man gemeinhin eher in Sexfilmen der mieseren Machart zu sehen bekommt: eine eifrig masturbierende (und äußerst unsympathisch gezeichnete) Lesbierin etwa oder einen ältlichen Herrn, der sich auf seinem Lotterbett einen wollüstigen Fight mit zwei drallen Huren liefert. Aber all dies ist noch harmlos im Vergleich mit den gewaltverarbeitenden Horrorsequenzen: »Hexensabbat gehört zum Bodensatz. Der Film ist eine schundige Version von *Das Omen,* der statt echtem Frösteln mit Schamhaar und Brustwarzen aufwartet.« (Joseph Germis, NEWSDAY) [V]

DER HEXENTÖTER VON BLACKMOOR

(IL TRONO DI FUOCO/EL PROCESO DE LAS BRUJAS). BRD/Italien/Spanien 1969. **R:** *Jess Franco.* **B:** *Anthony Scott Veith, Michael Haller, Jess Franco, Enrico Colombo.* **K:** *Manuel Merino.* **M:** *Bruno Nicolai.* **D:** *Christopher Lee (George Jeffreys), Maria Schell (Rosa), Hans Hass jr. (Harry Sefton), Maria Rohm (Mary Grey), Werner Abrolat (Fähnrich Matt), Margaret Lee (Alicia), Howard Vernon (Jack Ketch), Leo Genn (Earl of Wessex), Peter Martell (Barnaby), John Thompson (Dickson), Diana Lorys (Sally), José M. Blanco (Truto), Milo Queseda (Satchel), José M. Prada (Palafox). F 82 Min.*

England, 1865: George Jeffreys, ein sadistischen Richter im Solde des unbeliebten Königs James II., tobt sich während eines bürgerkriegsähnlichen Zustandes an den politischen Gegnern seines Herrn dahingegend aus, dass er stets, wenn die Beweise für eine Verurteilung nicht reichen, auf Aberglauben setzt: Er beschuldigt die Angeklagten kurzerhand der Hexerei und lässt sie aus dem Weg räumen. – »Es wird kräftig gepeinigt, Blutfarbe fließt in Strömen, Hände werden abgehackt, Frauen gepeitscht und vergewaltigt, und zwischen diesen sadistisch-brutalen Szenen ist etwas mühsam ein blutrotes Handlungsfädchen gespannt.« (gg., FILMBEOBACHTER) – Nach diesem Streifen folgte aus der Schnellschuss-Factory Jess Francos der durchaus erwähnenswerte Horrorstreifen *Nachts, wenn Dracula erwacht.* Dann begann der Abstieg eines Talents, das später nur noch Porno- und Kannibalenfilme inszenierte.

DIE HEXE VON ROM

Anderer Titel für DER ANTICHRIST

HIDE AND SEEK

(HIDE AND SEEK/CORD). Kanada 2000. **R:** *Sidney J. Furie.* **B:** *Yus Takata, Joel Hladecek.* **K:** *Curtis J. Petersen.* **M:** *Robert Carli.* **D:** *Daryl Hannah (Anne), Jennifer Tilly (Helen), Vincent Gallo (Frank), Bruce Greenwood. F 100 Min.*

Der Hexentöter von Blackmoor

Die bis zur Unfruchtbarkeit getestete Ehefrau eines Mediziners muss jetzt sehen, wie sie anderweitig an ein Baby herankommt. Sie kidnappt eine andere, die, ohne es zu wissen, mit ihrem künstlich befruchteten Ovulum schwanger gegangen ist, und setzt sie in einem abgelegenen Farmhauskeller fest. Nach Ablauf der Brutschrankfunktion darf sie »hoffen«, dem biologischen Recyclingsystem zugeführt zu werden.

HIDEAWAY – DAS VERSTECKSPIEL

(HIDEAWAY). USA 1995. USA 1995. **R:** *Brett Leonard.* **B:** *Andrew Kevin Walker, Neal Jimenez.* **V:** *»Das Versteck« von Dean R. Koontz.* **K:** *Dale Tattersall.* **SpE:** *Mike Vezina.* **M:** *Trevor Jones.* **D:** *Jeff Goldblum (Hatch Harrison), Christine Lahti (Lindsey Harrison), Alicia Silverstone (Regina), Jeremy Sisto (Vassago), Alfred Molina (Jonas), Rae Dawn Chong (Rose Orwetto), Kenneth Walsh (Detective Breech), Suzy Joachim (Dr. Kari Dovell), Shirley Broderick (Miss Dockridge), Tom McBeath (Morton Redlow), Joely Collins (Linda), Roger R. Cross (Harry), Don S. Davis (Dr. Martin). F 111 Min.*
Nach dem klinischen Tod dank der Kunst der Medizin zu einem neuen Leben erweckt, hat der von Albträumen geplagte Antiquitätenhändler Hatch Harrison immer mehr das Gefühl, er sei nicht allein aus dem Jenseits zurückgekehrt. Und in der Tat: In ihm nistet die Seele eines selbstmörderischen Psycho-Killers mit Kontakten zu Satanistenkreisen, die aufzuspüren für unseren Helden lebenswichtig wird. [V]

HIGHWAY ZUR HÖLLE

(HIGHWAY TO HELL). USA 1990. **R:** *Ate de Jong.* **B:** *Brian Helgeland.* **K:** *Robin Vidgeon.* **SpE:** *Steve Johnson.* **M:** *Hidden Faces* **D:** *Patrick Bergin (Beezle), Adam Storke (Royce), Chad Lowe (Charlie Sykes), Kristy Swanson (Rachel Clark), Pamela Gidley (Clara), Jarett Lennon (Adam), C. J. Graham (Sgt. Bedlam), Richard Farnsworth (Sam). F 91 Min.*
Charlie und Rachel wollen nach Las Vegas durchbrennen und heiraten. Schließlich sind beide verantwortungsvolle junge Menschen, die sich für die Ehe aufgespart haben. Doch Charlie verfährt sich in der Wüste, missachtet den Rat des wunderlichen Tankstellenbesitzers Sam und benutzt eine verwunschene Straße, auf der der Höllenbulle Bedlam aus dem Nichts auftaucht und Rachel in die Hölle verschleppt. Wie sich zeigt, ist Sam in seiner Jugend genau dasselbe passiert, nur dass er sich nie so recht traute, seiner Verlobten Clara nachzujagen. Doch er hat sich ein Spezialauto gebastelt, das er Charlie zusammen mit vielen Tipps überlässt. Und tatsächlich schafft es der Junge zusammen mit seinem treuen Hund, in die Hölle überzuwechseln, die wie die Wüste von Nevada aussieht. Charlie trifft viele seltsame Menschen, wird vom Höllenbullen erschossen und vom geheimnisvollen Automechaniker Beezle wieder zum Leben erweckt. Er verspricht Beezles Adoptivsohn Adam, ihn auf dem Rückweg mit nach oben zu nehmen, und steht schließlich Rachel gegenüber, die den Verführungen des Satans fast erlegen ist. Doch da beide reinen Herzens und mutig sind, kann Charlie Satan eine Wette vorschlagen: Wenn es ihm und Rachel gelingt, den Höllenbullen beim Autorennen zu schlagen, dürfen sie und Adam die Hölle verlassen. Es kommt zu einem heißen Rennen in der Hölle, das Charlie für sich entscheidet. – *Highway zur Hölle* ist ein origineller Film, der von den vielen Einfällen und Zitaten fast schon erschlagen wird. Da gibt es den Fluss Styx einschließlich Zerberus, einen Highway-Imbiss namens Hoffa, in dem Hitler, Kleopatra und Dschingis Khan an einem Tisch sitzen und sich beschimpfen, während der Portier Idi Amin ausruft. Da steht in Satans Schloss ein angebissener Apfel unter einer Glasglocke, und eine Motorradbande macht den Highway unsicher. Drehbuchautor Helgeland klaut schamlos aus Pop-Mythologie, und auch die Spezialeffekte rangieren vom primitivsten Splatter bis zu komisch-genialen Monstren. So bleibt die geradlinige Geschichte manchmal doch auf der Strecke, und es schleichen sich Längen ein, da die Witzchen sich in den Vordergrund drängen. Trotzdem bietet diese Fantasy/Horror-Mischung vergnügliche Unterhaltung. [V]

HINDS, ANTHONY

(*1922). Sohn von William Hinds (alias Will Hammer), dem Mitgründer von Hammer Films. Als Produzent und unter dem Nom de Plume John Elder gelegentlich auch Autor der bekanntesten Hammer-Filme. 1957: *The Curse of Frankenstein (Frankensteins Fluch)*; 1958: *Dracula; The Revenge of Frankenstein (Frankensteins Rache)*; 1959: *The Man Who Could Cheat Death (Den Tod überlistet)*; 1960: *The Curse of the Werewolf (Der Fluch von Siniestro); The Brides of Dracula (Dracula und seine Bräute)*; 1962:

The Kiss of the Vampire (Der Kuß des Vampirs); The Phantom of the Opera (Das Rätsel der unheimlichen Maske); 1964: *Evil of Frankenstein (Frankensteins Ungeheuer)*; 1965: *Dracula Prince of Darkness (Blut für Dracula)*; 1969: *Taste the Blood of Dracula (Wie schmeckt das Blut von Dracula?/Das Blut von Dracula)*; 1970: *Scars of Dracula (Dracula – Nächte des Entsetzens)*; 1973: *Frankenstein and the Monster from Hell.*

HINTER DEN MAUERN DES GRAUENS

(THE STRANGE DOOR). USA 1951. **R:** *Joseph Pevney.* **B:** *Jerry Sackheim.* **V:** *»The Sire de Maletroit's Door« von Robert Louis Stevenson.* **K:** *Irvin Glassberg.* **M:** *Joseph Gershenson.* **D:** *Charles Laughton (Alan de Maletroit), Boris Karloff (Voltan), Sally Forrest (Blanche de Maletroit), Richard Staphey (Denis de Beaulieu), Michael Pate (Talon), Paul Cavanagh (Edmond de Maletroit), Alan Napier (Graf Gransin), Morgan Farley (Renville), Charles Horvath (Turec), Edwin Parker (Moret), William Cottrell (Corbeau). SW 81 Min.*

Der krankhaft rachsüchtige Schlossherr Alan de Maletroit hält seinen Bruder Edmond seit zwanzig Jahren in einem finsteren Gewölbe gefangen, da dieser ihm einst die Braut ausgespannt hat. Selbige ist bei der Geburt ihrer Tochter Blanche, die bei ihrem Onkel Alan aufwächst, gestorben. Blanche hat keine Ahnung, dass ihr Vater noch lebt. Um seine Rache zu vollenden, will Alan Blanche mit dem stutzerhaften Taugenichts Denis de Beaulieu verheiraten. Unvorhergesehenerweise verlieben die beiden sich jedoch ineinander, so dass Alan sie ebenfalls einkerkert und durch einen geheimnisvollen Mechanismus, der die Verlieswände in Bewegung setzt, zerquetschen will. Voltan, de Beaulieus Diener, kann den teuflischen Plan in letzter Sekunde vereiteln. – »Charles Laughton leiht dem Bösewicht sein schauspielerisches Genie und gibt eine Charakterstudie von erschütternder Einmaligkeit ... Dank einer Fotografie von dramatischer Intensität geriet der Streifen zu einem überaus eindrucksvollen Filmwerk, das freilich noch mehr zu loben wäre, wenn man den Spannungsbogen nicht an einigen Stellen zu sehr überspannt hätte.« (Kh.V., FILMBEOBACHTER) – »Laughton ist als Erzschurke eine Bombenbesetzung ... Karloff porträtiert kompetent den getreuen Diener.« (VARIETY)

HITCHER – DER HIGHWAY-KILLER

(THE HITCHER). USA 1986. **R:** *Robert Harmon.* **B:** *Eric Red.* **K:** *John Seele.* **M:** *Mark Isham.* **D:** *Rutger Hauer (John Ryder), C. Thomas Howell (Jim Halsey), Jennifer Jason Leigh (Nash), Jeffrey DeMunn (Captain Esteridge), John Jackson (Sgt. Starr), Billy Green Bush (Donner), Henry Darrow (Hancock), Jack Tibeau (Preston), Eugene Tibeau (Dodge), Tony Eppers (Connor), Tom Spradley, Colin Campbell. F 97 Min.*

Jim Halsey überführt einen Cadillac von Chicago nach San Diego. In Texas nimmt er einen Anhalter mit, der sich bald als Psychopath entpuppt: Er gibt unumwunden zu, er habe gerade die Leute abgeschlachtet, deren Fahrgast er zuvor war. Auch Jim wird er töten, es sei denn, Jim tötet *ihn*. Jim kann sich des unheimlichen Anhalters entledigen, doch dies führt dazu, dass er sich den Hass des Mannes zuzieht. Bald wird Jims Fahrt zu einem rasanten Katz-und-Maus-Spiel, das immer albtraumhaftere Züge annimmt ... – »Robert Harmons beeindruckendes Regiedebüt mit Rutger Hauer als erschreckend glaubhafte Verkörperung der Legende des Trampers, den man nie hätte mitnehmen sollen: ein furios und technisch exzellent inszenierter Albtraum, *cinema pur* ohne allegorisch verpackte Botschaften oder psychologische Erklärungen über den Doppelgänger des Killers in uns allen, das selbst gelegentliche Ungereimtheiten des Drehbuchs vergessen lässt.« (Peter Gaschler, DAS SCIENCE FICTION JAHR 1988) [V]

HOCHHAUS DES SCHRECKENS

(DARK TOWER). Spanien 1987. **R:** *Ken Barnett [Freddie Francis, Ken Wiederhorn].* **B:** *Robert J. Averech, Ken Blackwell, Ken Wiederhorn.* **K:** *Gordon Hayman.* **M:** *Stacy Widelitz.* **D:** *Michael Moriarty (Dennis Randall), Jenny Agutter (Carolyn Page), Carol Lynley (Tilly Ambrose), Theodore Bikel (Dr. Max Gold), Anne Lockhart (Elaine), Kevin McCarthy (Sergie), Ricardo Azulay (Charlie), Patch Mackenzie (Maria). F 91 Min.*

Irgendeine übersinnliche Kraft bringt in einem fast fertig gestellten Hochhaus in Barcelona zahlreiche Menschen zu Tode. Der Verdacht eines hinzugezogenen Parapsychologen konzentriert sich bald auf die Architektin Carolyn Page, die ein finsteres Geheimnis hütet. Die einzige Bedrohung, die von dieser Geschichte ausgeht, ist tödliche Langeweile. AIDT

HOCHZEIT DES GRAUENS

(HONEYMOON HORROR). USA 1981. **R:** *Harry Preston.* **B:** *Deanne Kelly.* **St:** *L. L. Carney.* **K:** *David Pinkston.* **SpE:** *Brian Owen.* **M:** *Ron Di Lulio.* **D:** *Cheryl Black (Elaine), Paul Iwanski (Jeff), Bob Wagner (Vic), Philip Thompson (Dwayne), James Caskey (Gary), Bill Pecchi (Sheriff), Jerry Meagher (Deputy), Margi Curry (Kay), Mary Lou Whitma (Marlo), Leslie McKinley (Linda), Megan Ready (Emily), Jillian Raye (Jill), Kari Addington (Sue), Michael Wycoff (Crazy Joe), William Clarke, Kathy Johnson (Touristen). F 90 Min.*

Drei frisch verheiratete Ehepaare verbringen ihre Flitterwochen auf einer für Leute wie sie speziell hergerichteten Insel, doch was als lüsternes Wochenende anfängt, wandelt sich bald zum üblichen Schrecken ohne Ende, da ein Killerhirn um die rustikale Hütte schleicht. »Honeymoon Island, where newlyweds joined in holy matrimony spend their wedding night screaming in terror!« Allein, diese Geschichte um eine betrogene Braut haben wir schon zu oft – und besser inszeniert – gesehen.

HOCHZEITSNACHT IM GEISTERSCHLOSS

(HAUNTED HONEYMOON). USA 1986. **R:** *Gene Wilder.* **B:** *Gene Wilder, Terence Marsh.* **K:** *Fred Schuler.* **M:** *John Morris.* **D:** *Gene Wilder (Larry Abbott), Gilda Radner (Vicky Pearle), Dom DeLuise (Tante Kate), Jonathan Pryce (Charles), Paul L. Smith (Dr. Paul Abbott), Peter Vaughan (Francis sen.), Bryan Pringle (Pfister), Roger Ashton-Griffiths (Francis jr.), Jim Carter (Montego), Eve Ferret (Sylvia), Julann Griffin (Nora Abbott), Jo Ross (Susan), Ann Way (Rachel), Will Keaton (Werwolf), Don Fellows (Produzent), Lou Hirsch (Sponsor), Christopher Muncke, Bill Bailey, David Healy, Howard Swinson. F 84 Min.*

Larry Abbott, amerikanischer Hörspielstar in den dreißiger Jahren des 20. Jahrhunderts, hat ständig Sprachstörungen, wenn er in Situationen gerät, die ihn erschrecken. Mit dem Ziel, ihn mit einer Schocktherapie zu heilen, verschwört sich seine Verwandtschaft, um ihn auf der Hochzeitsreise, die ihn und seine Gattin Vickie ins Schloss von Erbtante Kate führt, gewaltig auf den Arm zu nehmen. – Auch wenn manche der Gags älter sind als das Spukschloss, ist die Geschichte zumindest ulkiger als ihre Pointe.

HOCUS POCUS

(HOCUS POCUS). USA 1993. **R:** *Kenny Ortega.* **B:** *Mick Garris, Neil Cuthbert.* **St:** *David Kirschner, Mick Garris.* **K:** *Hiro Narita.* **M:** *John Debney.* **D:** *Bette Midler (Winifred), Sarah Jessica Parker (Sarah), Kathy Najimy (Mary), Omri Katz (Max), Thora Birch (Dani), Vinessa Shaw (Allison), Sean Murray (Thackery), Larry Bagby III. (Ernie), Tobias Jelinek (Jay), Stephanie Faracy (Jenny). F 93 Min.*

Banaler Kinderfilm aus der Disney-Werkstatt: Dreihundert Jahre nach ihrer Hinrichtung erwachen im Örtchen Salem drei Hexen zu neuem Leben und setzen einen bösen Plan in die Tat um: Um auch weiterhin leben zu können, wollen sie Kindern den Lebensodem entringen. Drei kleine Teppichratten kommen den bösen Frauen ausgerechnet am Halloween-Abend auf die Schliche.

THE HOLE

(THE HOLE). GB 2001. **R:** *Nick Hamm.* **B:** *Ben Court, Caroline Ip.* **V:** *»After the Hole« von Guy Burt.* **K:** *Denis Crossan.* **SpE:** *Graham Longhurst/Hypnosis VFX.* **M:** *Clint Mansell.* **D:** *Thora Birch (Liz Dunn), Desmond Harrington (Mike Steel), Keira Knightley (Frankie Smith), Embeth Davidtz (Dr. Philippa Horwood), Steven Waddington (Howard), Emma Griffiths Malin (Daisy), Gemma Powell (Minnie), Gemma Craven (Mrs. Dunn), Anastasia Hille (Gillian), Kelly Hunter (Chapman), Maria Pastel (Polizistin), Celia Monta-*

Hochzeitsnacht im Geisterschloss

gue (Anwältin), Kevin Traynor (Schüler). F 104 Min.
Im »Loch«, einem hermetisch von der Außenwelt abgeriegelten Bunker, kommt es unter vier Teenagern, die eine mehrtägige Mutprobe bestehen wollen, zur Tragödie. Es gibt nur eine Überlebende.

DER HÖLLENHUND

(DEVIL DOG: THE HOUND OF HELL). USA 1978. **R:** *Curtis Harrington.* **B:** *Stephen Karpf, Elinor Karpf.* **K:** *G. P. Finnerman.* **M:** *Artie Kane.* **D:** *Richard Crenna (Mike Barry), Yvette Mimieux (Betty Barry), Kim Richards (Bonnie Barry), Ike Eisenmann (Charlie Barry). F 90 Min.*
Ekuadorischer Dämonenhund beeinflusst Gattin, Kinder und Umgebung des Protagonisten, doch der Held ist zu blöd, um es zu erkennen. [V]

HÖLLISCHE FREUNDIN

(MY GIRLFRIEND FROM HELL). USA 1989. **R:** *Daniel M. Peterson.* **B:** *Daniel M. Peterson.* **K:** *Thomas L. Callaway.* **M:** *N.N.* **D:** *Dana Ashbrook (Chaser), Anthony Barrile (Carl), Liane Curtis (Maggie), Lezlie Deane (Diane), Ken Abraham (Rocco), James Daughton (David), Hilary Morse (Alice), James Karen (Carls Vater), Alba Francesca (Carls Mutter), Deborah Foreman, Anthony Hickox, Dafna Kastner. F 90 Min.*
Auf der Flucht vor einem Exorzisten fährt Satan in den Körper eines Mauerblümchens ein und verwandelt es in eine heiße Schnalle, der die Männer reihenweise zum Opfer fallen. Eine jener Teenie-Komödien, die sich phantastischer Elemente bedienen und so überflüssig sind wie ein Kropf. AIDT [V]

HOLLOW GATE – DAS TOR ZUR HÖLLE

(HOLLOWGATE). USA 1988. **R:** *Ray Di Zazzo.* **B:** *Ray Di Zazzo.* **K:** *Voya Mikulic.* **SpE:** *Judy Yonemoto, Don Power.* **M:** *John Gonzalez.* **D:** *Addison Randall (Mark), Katrina Alexy (Kim), Richard Dry (Allen), Patricia Jacques (Mandy), J. J. Miller (Billy), George Cole (Bill), Robert Gallo (John), Ted Buck (Dan), Biff Yeager (Andy), Charlie Ganies (Prince), Beth Toomey (Princess), Denise Dougherty (Mom), Richard London (Dad), Jody Lange (Mel), Craig Lechman (Pfleger), Batholomew Bottoms (Mark Young), Michelle Smith (Kassiererin, Vanessa Comersin (Mädchen). F (90) 85 Min.*
Der übliche Horrorfilm-Psychopath, als Kind vom versoffenen Vater böse gedemütigt, tötet aus Rache am Halloween-Abend seine Oma und vier Jugendliche, bis die Polizei ihn mit Kopfschüssen erledigt. Drastischer Metzelfilm, der die niedrigsten Instinkte ansprechen soll. AIDT [V]

HOLLYWOOD KILLS

(SPECIAL EFFECTS). USA 1984. **R:** *Larry Cohen.* **B:** *Larry Cohen.* **K:** *Paul Glickman.* **M:** *Michael Minard.* **D:** *Zoe Tamerlis (Andrea/Elaine), Eric Bogosian (Chris Neville), Brad Rijn (Keefe), Kevin O'-Connor (Detective Lt. Elroy), Bill Oland (Detective Vickers), Steven Pudenz (Wiesenthal), Heidi Bassett (Nevilles Assistentin), John Woehrle (Studio Executive), Kitty Summerall (Andreas Zimmergenossin), Kris Evans (Kosmetikerin), Richard Greene (Grushkin). F 101 Min.*
Psycho-Thriller. Der größenwahnsinnige Regisseur Neville, von Verschwörungstheorien besessen, ermordet nach einem Filmflop vor laufender Kamera eine Möchtegern-Akteuse und inszeniert anschließend mit einer ihr zum Verwechseln ähnlich sehenden Darstellerin einen Film über seine Tat – mit dem Ziel, den Gatten der Toten als Täter hinzustellen.

HOOPER, TOBE

(*1946). Seine Kindheit verbrachte der Regisseur des legendären Kettensägenmassakers überwiegend in Hotels, die seinem Vater gehörten, der auch ein Filmtheater besaß. Als er 9 oder 10 war, bekam Tobe eine Schmalfilmkamera geschenkt und vergriff sich gleich an Edgar Allan Poe. Später hat er mehrere Spielfilmprojekte auf 16 mm begonnen, ohne sie zu beenden. Dann Industriefilme, Fernsehspots, Lehrfilme für den öffentlichen Dienst. Es folgten ein Kurzfilm in Techniscope (»eine Komödie, die aber just zu einer Zeit fertig war, als Kurzfilme in den Kinos nicht mehr gefragt waren«), eine abendfüllende Dokumentation über eine Pop-Folk-Gruppe (Peter, Paul and Mary) und ein psychedelisch angehauchter Spielfilm als Reflexion über die Auflösung der Friedensbewegung gegen Ende des Vietnamkriegs: *Eggshells.* Das Drehbuch zu *The Texas Chainsaw Massacre (Blutgericht in Texas,* 1974), das er zusammen mit Kim Henkel schrieb und für 155 000 Dollar realisierte, soll auf einen wahren Fall zurückgehen, der sich 20 Jahre zuvor in Wisconsin ereignete. Dort, so geht die Mär, betrieb eine Schlachterfamilie eine kleine Fleischfabrik, in der Vieh geschlachtet und versandfertig abgepackt wurde. Nachdem die Firma in Konkurs gegangen war, wurde das Schlachthaus samt Inventar nicht etwa verscherbelt, sondern weiter betrieben, indem Touristen dorthin gelockt, überwältigt und geschlachtet wurden. Aus Kleintieren sowie menschlichen Leichenteilen wurde eine Art Sülze gekocht, die dann als hochwertiges Schweinefleisch auf den Markt gebracht wurde. Die Knochen wurden verbrannt oder als Bauteile für Lampen und andere Einrichtungsgegenstände benutzt. Die Bevölkerung war starr vor Entsetzen und hat, wie immer, von alldem natürlich nichts gewusst. 1976: *Death Trap/Eaten Alive (Blutrausch);* 1979: *Salem's Lot* [TV]; 1981: *The Funhouse (Kabinett des Schreckens);* 1982: *Poltergeist (Poltergeist);* 1984: *Space Vampire;* 1998: *Apartment Complex;* 2000: *Crocodile.*

HORROR AM MILL CREEK

(THE FINAL TERROR/BUMP IN THE NIGHT/ CAMPSITE MASSACRE/THE FOREST PRIMEVAL). USA 1983. **R:** *Andrew Davis.* **B:** *Ronald Shusett, Jon George.* **St:** *Jon George, Neil D. Hicks.* **K:** *A. Davidescu.* **M:** *Susan Justin.* **D:** *John Friedrich (Zorich), Adrian Zmed (Gerone), Ernest Harden jr. (Hines), Lewis Smith (Boone), Rachel Ward (Margaret), Daryl Hannah (Windy), Akosua Busia (Vanessa), Joe Pantoliano (Eggar), Mark Metcalf (Mike), Cindy Harrell (Melanie), Irene Sanders (Sammie), Richard Jacobs (Morgan), Donna Pinder (Mrs. Morgan), Jim Youngs (Jim), Lori Butler (Lori), Toni Maccaria (Eggars Mutter). F 82 Min.*

Ein Forstarbeiter und seine Freunde stoßen bei einem Ausflug in die Wildnis auf eine angebliche Verrückte und ihren Sohn, und bald müssen diverse ahnungslose Camper dran glauben.

HORROR ATTACK

(NECROMANCY). USA 1972. **R:** *Bert I. Gordon.* **B:** *Bert I. Gordon.* **K:** *Winton Hoch.* **SpE:** *William Vanderbyl.* **M:** *Fred Karger.* **D:** *Orson Welles (Cato), Pamela Franklin (Lori Brandon), Harvey Jason (Jay), Lee Purcell (Priscilla), Michael Ontkean (Frank Brandon), Lisa James (Georgette), Sue Bernard (Nancy), Terry Quinn (Catos Sohn). F (82) 77 Min.*

Lori zieht mit ihrem Mann Frank in ein kalifornisches Kaff, dessen heimlicher Herrscher, Mr. Cato, Voodoopüppchen herstellt, mit Hilfe Schwarzer Magie seinen Sohn zu neuem Leben erwecken und die Weltherrschaft erringen möchte. Auch Orson Welles konnte diese einfältige Katastrophenproduktion nicht retten. »Ein schreckliches Machwerk.« (Joseph McBride, ORSON WELLES).

HORROR BABY

(THE GODSEND). Australien 1980. **R:** *Gabrielle Beaumont.* **B:** *Olaf Pooley, Norman Warwick.* **K:** *Norman Warwick.* **M:** *Roger Webb.* **D:** *Cyd Hayman (Kate Marlowe), Angelica Pleasence (Fremde), Malcolm Stoddard (Alan Marlowe), Patrick Barr (Dr. Collins), Joanna Boorman (Bonnie), Wilhelmina Green, Lee Gregory. F (90) 82 Min.*

Teuflische kleine Blondine killt die vier leiblichen Kinder ihrer Adoptiveltern und gibt sich als Tochter des Leibhaftigen zu erkennen. [V]

HORROR COCKTAIL

(BLOOD BATH). USA 1976. **R:** *Joel M. Reed.* **B:** *Joel M. Reed.* **K:** *Robert M. Baldwin jr.* **M:** *Michael Sahl.* **D:** *Harvey Presnell (Regisseur Peter), Jack Somack (Lambert), Richard Niles (Conrad), Doris Roberts (Mrs. Lambert), Curt Dawson, Norman Bush, Neil Flanagan, Jerry Lacy, Sonny Landham, Deborah Loomis, Stefan Schnabel, Sharon Shayne, P. J. Soles. F 80 Min.*

Episodenfilm. Der Horrorfilmer Peter unterhält seine Gäste mit drei gruseligen Geschichten, die von einem glücklosen Attentäter, einem dislozierten Zeitreisenden und einem schrägen Kung Fu-Fighter handeln. Dem Zuschauer schlafen derweil die Füße ein. [V]

DAS HORROR-HOSPITAL

(VISITING HOURS). Kanada 1981. **R:** *Jean Claude Lord.* **B:** *Brian Taggart, Victor Solnicki.* **K:** *René Verzier.* **M:** *Jonathan Goldsmith.* **D:** *Michael Ironside (Colt Hawker), Lee Grant (Deborah Ballin), Linda Purl (Sheila Munroe), William Shatner (Gary Baylor), Lenore Zann (Lisa), Harvey Atkin (Vinnie Bradshaw), Helen Hughes (Louise Shepherd), Michael J. Reynolds (Porter Halstrom), Kirsten Bisopric (Denise), Debra Kirschenbaum (Connie Wexler), Elizabeth Leigh Milne (Patricia Ellis). F 105 Min.*

TV-Reporterin Deborah Ballin nimmt im Fernsehen engagiert Stellung zu einem Gattenmord. Colt Hawker ist das gar nicht recht. Solche Frauen sind ihm zu frech. Sein erster Angriff bringt Deborah ins Hospital. Eine Krankenschwester ist ihm ebenfalls im Weg. Er verletzt sie durch einen Messerstich. Nach einigen Patientenmorden hetzt der Wahnsinnige Deborah durch die Kellergeschosse des Krankenhauses. Und endlich schlägt die Verfolgte zurück. – »Gerechterweise muss man ... einräumen, dass die Flut der einschlägigen Filme wenig Raum für wirkliche Neuheiten lässt. So ist in der Relation doch positiv zu vermerken, dass *Das Horror-Hospital* nicht in die ekligen Niederungen effekthascherischer Eingeweideschlitzerei abgleitet, sondern trotz üblicher Mängel in der Handlungslogik ein akzeptables Maß an Spannung bietet.« (Norbert Stresau, FILMBEOBACHTER)

HORROR HOUSE

(LA DAMA ROSSA UCCIDE SETTE VOLTE/LA DAMA ROSA MATA SIECE VETES). Italien/Spanien/BRD 1972. **R:** *Emilio P. Miraglia.* **B:** *Emilio P. Miraglia, Fabio Pitorru.* **K:** *Alberto Spagnoli.* **M:** *N.N.* **D:** *Barbara Bouchet, Marina Malfatti, Ugo Pagliai, Marino Masé, Maria Pia Giancaro, Sybil Danning, Nino Korda, Fabrizio Moresco, Rudolf Schündler. F 98 Min.*

Mysteriöse Dame in Rot schleicht durch ein altes Schloss, um den Familienfluch zu erfüllen: Alle hundert Jahre muss eine Angehörige der Sippe sterben. [V]

HORROR HOUSE

(HOUSE III: THE HORROR SHOW). USA 1989. **R:** *James Isaac.* **B:** *Alan Smithee (!), Leslie Bohem.* **K:** *Mac Ahlberg.* **M:** *Harry Manfredini.* **D:** *Lance Henrikson (Lucas McCarthy), Brion James (Klaus Jenke), Thom Bray, Rita Taggert, Dedee Pfeifer, Aron Eisenberg F 82 Min.*

Polizist McCarthy hat den Serienmörder Lemke auf den elektrischen Stuhl gebracht. Doch die Verhaftung war so traumatisch, dass McCarthy viele Monate dienstunfähig war. Ihn plagen Albträume und Halluzinationen. Der Killer wird auf dem elektrischen Stuhl hingerichtet, doch sein Geist lässt sich in McCarthys Haus nieder und macht ihm und seiner Familie das Leben zur Hölle. Schließlich wird McCarthy zum Mordverdächtigen, seine Familie hält ihn für endgültig dem Wahnsinn verfallen, und Lemkes Geist triumphiert. Doch als er McCarthys Familie in seine Geisterwelt verschleppt, kann der Polizist ihn vernichten. – Der x-te Serienmörder-als-Rachegeist-Film; noch langweiliger inszeniert als der Rest. Hat thematisch nichts mit *Horror House* (1972) und *Horror House II* (1990) zu tun. [V]

HORROR HOUSE II

(LA CASA V). Italien 1990. **R:** *Clyde Anderson [Claudio Fragasso].* **B:** *Clyde Anderson [Claudio Fragasso], Sarah Asproon [Aristide Massaccesi].* **K:** *Larry J. Frazer [Aristide Massaccesi].* **SpE:** *James Ryder.* **Ma:** *Elle Holshouser.* **M:** *Carlo Maria Cordio.* **D:** *Gene Le Brock (Pater Peter), David Brandon (Pater George), Barbara Bingham, Michael Stephenson, Theresa F. Walzer, Stephen Brown. F 94 Min.*

Die Familie des Geistlichen Peter bezieht das übliche einsam gelegene Haus, in dem sich die üblichen gespenstischen Dinge ereignen (die wir aus Amityville und ähnlichen Filmen kennen). Als er sich mit einem vom Glauben abgefallen Kollegen bemüht, den Phänomenen auf die Spur zu kommen, begegnet ihm das Böse in Gestalt der in einer Kindermörderin reinkarnierten Hexe Ameth, die seinen Sohn in ihr Reich entführt, um ihn aus wenig altruistischen Gründen dem Satan zu opfern. Ein Etikettenschwindler, der weder etwas mit Horror House (Italien 1972, Regie: Emilio P. Miraglia) noch mit Horror House (USA 1989, Regie: James Isaac) zu tun hat. »Schauerliches Gruselstück.« (CINEMA) [V]

HORROR INFERNAL

(INFERNO). Italien 1977. **R:** *Dario Argento.* **B:** *Dario Argento.* **K:** *Romano Albani.* **M:** *Keith Emerson.* **D:** *Leigh McCloskey (Mark Elliott), Irene Miracle (Rose Elliott), Sacha Pitoeff (Kazanian), Daria Nicolodi (Elias), Eleonora Giorgi (Sara), Veronica Lazar (Krankenschwester), Alida Valli (Carol), Feodor Chaliapin (Dr. Arnold). F 106 Min.*

Eine Schriftstellerin bezieht in New York ein finsteres Haus, das von einem angeblich verstorbenen, an okkultistischen Dingen interessierten Architekten errichtet wurde, und entdeckt, dass es über ein »Eigenleben« verfügt. Als sie aus einem mysteriösen Buch, das der Architekt verfasst hat, erfährt, er habe das Haus einer »Mutter der Finsternis« gewidmet, bricht auch gleich das Chaos aus. Dämonische Mächte schlagen zu, und wer seine Nase zu tief in gewisse Angelegenheiten steckt, wird von einem gesichtslosen Killer ermordet oder von Katzen- und Rattenrudeln zerrissen. Der aus Rom herbeigeeilte Bruder der Autorin kann schließlich einen anderen Hausbewohner als den mit teuflischen Mächten kooperierenden Häuslebauer entlarven. In einem grandiosen Finale geht das Gebäude schließlich in Flammen auf. – »Dario Argentos Geschichte verwirrt zwar angesichts der zahlreichen Handlungsebenen, erinnert aber gerade in dieser Verwirrung an komplexe Verzweigungen albtraumhafter Visionen. So sind es mehr die raffiniert ausgetüftelten und in warmes Rot oder kaltes Blau getauchten Bilder als die Story selbst, die den Blick in eine okkulte Welt freigibt, in der selbst noch die harmlosesten Gegenstände etwas Bedrohendes annehmen und ... extrem große Tieraufnahmen zu surrealen Angstsymbolen werden.« (J. M. Thie, FILMBEOBACHTER) Argento, der gewiss zu den talentiertesten und am wenigsten blutrünstigen Regisseuren des italienischen Horror-Kinos gehört (wenn die Plots seiner Filme auch ebenso schal und platt wirken wie die seiner Zeitgenossen): »Ich inszeniere meine Filme wie große Feste ... Für mich spielt im Film alles mit: Dekorationen, Lichtkombinationen, psychedelische Effekte, künstliche Klänge ... Dies alles ergibt ein Gesamtkunstwerk, in dem sich eine Reinheit entwickelt, die wie ein Zuschauer nach dem Mysterium sucht.« (zit. n. CINEMA) Da fragt man sich, zu was er in der Lage wäre, würde ihm mal jemand ein ordentliches Drehbuch liefern. [V]

Horror Infernal

DAS HORROR-LYZEUM

(GIRL SCHOOL SCREAMERS). USA 1986. **R:** *John P. Finnegan.* **B:** *John P. Finnegan.* **K:** *Albert R. Jordan.* **M:** *John Hodian.* **D:** *Molly O'Mara (Jackie/Jennifer), Sharon Christopher (Liz), Mari Butler (Kate), Beth O'Malley (Karen), Vera Gallagher (Schwester Urban), Karen Krevitz (Susan), Monica Antonucci (Rosemary), Peter Cosimano (Paul). F 85 Min.*

Schülerinnen eines Lyzeums, die im Auftrag einer Ordensschwester in einem alten Landhaus Kunstwerke katalogisieren, fallen einem mysteriösen Meuchler zum Opfer. – Wenig origineller und langweiliger Schlitzerfilm, der in Abscheulichkeiten schwelgt.

THE HORROR OF PARTY BEACH

(THE HORROR OF PARTY BEACH). USA 1963. **R:** *Del Tenney.* **B:** *Richard L. Hilliard.* **K:** *Richard L. Hilliard.* **M:** *Bill Holmes.* **D:** *Allen Laurel (Dr. Gavin), Alice Lyon (Elaine Gavin), John Scott (Hank Green), Marilyn Clark (Tina), Augustin Meyer (Mike), Eulabelle Moore (Eulabelle), Damon Klebroyd (Lt. Wells), Carol Grubman, Emily Laurel, Dina Harris, Diane Prazio, Sharon Murphy, Ronny Linares, Bob Osborne, Garry Jones, John Becker. SW 72 Min.*

»Glaubst du, dass Küssen ungesund ist?« – »Ich weiß nicht. Ich bin noch nie ...« – »Du bist noch nie geküsst worden?« – »Nein – noch nie krank gewesen.« – Das ist das Niveau, auf dem sich dieser Heuler abspielt! Auf sehr mysteriöse Weise sind irgendwelche radioaktiven Abfälle ins Meer gelangt und haben herumliegende Gebeine toter Seeleute »infiziert«. Selbige Gebeine setzen nun fischiges Fleisch an, und bald darauf krabbeln die grauenhaftesten Monster aller Zeiten an den Strand, um sich der fröhlichen, sonnenbebrillten, herumtanzenden Teenies anzunehmen, die den »Party Beach« bevölkern (wenn sie nicht gerade »Oh, everybody do the zombie stomp!« singen). KREISCH! Bis ein genialer Wissenschaftler ein Mittel erfindet, mit dem man die Ungeheuer außer Gefecht setzen kann (es ist Natrium, und wenn Sie's nicht glauben, fragen Sie ihren Chemielehrer!), passiert allerlei in diesem haarsträubend doofen, amateurhaft gespielten und unfreiwillig komischen Billigfilmchen, das man gesehen haben muss, um es zu glauben! – Harry und Michael Medved berichten in ihrer elegant formulierten Streitschrift THE FIFTY WORST MOVIES OF ALL TIME, dass ein Werbegag der Kinobesitzer zu diesem Streifen darin bestand, dass die Zuschauer die Theaterleitung von jeglicher Schuld freisprechen mussten, sollte man während der Vorführung »vor Angst sterben«. Und sie meinten: »Dabei vergaß man zu erwähnen, dass ein Tod aus Langeweile viel wahrscheinlicher war.« [V]

DIE HORROR-PARTY

(APRIL FOOL'S DAY). USA 1986. **R:** *Fred Walton.* **B:** *Danilo Bach.* **K:** *Charles Minsky.* **M:** *Charles Bernstein.* **D:** *Jay Baker (Harvey), Pat Barlow (Clara), Deborah Foreman (Muffy/Buffy St. John), Deborah Goodrich (Nikki), Tom Heaton (Potter/Onkel Frank), Mike Nomad (Buck), Ken Olandt (Rob), Griffin O'Neal (Skip), Leah King Pinsent (Nan), Clayton Rohner (Chaz). F 88 Min.*

College-Studenten werden von der reichen Muffy in ein Landhaus eingeladen, das auf einer abgelegenen Insel steht. Man liest Milton, zitiert Boswell, spielt sich Streiche und wird der Reihe nach abgemurkst. Weniger Horror als ein Krimi nach dem Strickmuster der Zehn kleinen Negerlein. [V]

HORROR SEASON – DAS GRAUEN KENNT KEINE GRENZEN

(FORCE OF EVIL). USA 1977. **R:** *Richard Lang.* **B:** *Robert Malcolm Young.* **K:** *Paul Lohmann.* **M:** *John Elizalde.* **D:** *Lloyd Bridges (Dr. Yale Carrington), Pat Crowley (Teddy Jakes), Eve Plumb, William Watson, John Anderson, William Kirby Cullen. F 97 Min.*

Der in einer Kleinstadt lebende Psychiater Carrington, dessen Gutachten den Mörder Teddy Jakes hinter Gitter gebracht hat, sieht sich nach der Entlassung des Übeltäters rachsüchtigen und blutigen Terror-Aktionen ausgesetzt. [V]

HORROR STAR

(THE HORROR STAR). USA 1981. **R:** *Norman Thaddeus Vane.* **B:** *Norman Thaddeus Vane.* **K:** *Joel King.* **M:** *Jerry Moseley.* **D:** *Ferdy Mayne (Conrad Ragzoff), Luca Bercovici (Saint), Nita Talbot (Mrs. Rohmer), Leon Askin (Wolfgang), Jennifer Starrett (Meg), Barbara Pilavin (Etta Ragzoff), Charlene Olson (Eva), Scott Thomson (Bobo), Donna McDaniel (Donna), Jeffrey Combs (Stu), Peter Kastner (Stadtdirektor), Chuck Mitchell (Kripobeamter), Jesse Ehlich (Professor). F 86 Min.*

Mr. Ragzoff, ein Horrorstar alter Schule, ist dem Tode geweiht. Bevor es jedoch zu seinem Ableben kommt, rächt er sich an zwei Regisseuren, die ihm das Leben zur Hölle gemacht haben. Dann wird seine Leiche von diversen Filmfreaks gestohlen. Etta Ragzoff, die Witwe des Toten, nimmt mit ihrem Gatten durch das Medium Mrs. Rohmer Kontakt auf. Conrad dürstet im Jenseits nach Rache. Er erscheint den jugendlichen Leichendieben und sorgt dafür, dass sie dorthin kommen, wo er sich schon befindet ... Der Film soll ulkig sein, ist aber ebenso langweilig wie alle Flops, die unser Land nur per Videokassette erreichen. [V]

HORRORSEX IM NACHTEXPRESS

(LA RAGAZZA DEL VAGONE LETTO) Italien 1979. **R:** *Ferdinando Baldi.* **B:** *Luigi Montefiori.* **K:** *Guiseppe Aquari.* **M:** *Marcello Giombini.* **D:** *Silvia Dioniso (Julia), Werner Pochath (David), Zora Kerova, Carlo De Mejo, Gianluigi Chirizzi, Venantino Venantini, Fausto Lombardi, Roberto Caporali, Fiammetta Flamini, Giancarlo Maestri, Gianfranca Dionisi, Antonio Maimone, Gino Milli, Andrea Scotti, Rita Livesi, Gianfilippo Carcano, Cesare Galli. F 84 Min.*

Drei hundsgemeine Bürgersöhnchen terrorisieren während einer nächtlichen Zugfahrt Passagiere und Personal eines Schlafwagens und zwin-

Horror Star

gen eine junge Ehefrau, die anfangs nicht abgeneigt ist, auf der Toilette zum Sex zu dritt. Da David, der bewaffnete Anführer des Trios, es ausgerechnet mit der reisenden Hure Julia treiben will, diese sich aber weigert, ihn an die Wäsche zu lassen, soll Elena (18) dran glauben müssen, die wiederum vom eigenen Vater sexuell begehrt wird. Um das brave Kind zu schützen, gibt Julia sich David und einem seiner Kumpane hin – nicht zuletzt unter dem Druck der Mitreisenden, die ihre Profession erahnen. Die Kerle setzen einen an Bord befindlichen Kommissar matt und befreien den politischen Häftling Pierre. Dieser aber hält wenig von kriminellen Elementen. Zudem hat er sich auf den ersten Blick in Julia verliebt, weswegen die bösen Wichte, die nach diversen Schandtaten um die unschuldige Elena würfeln (die, man glaubt es kaum, für den Gewinner willig die Beine breitmacht) von ihm heftig was aufs Hirn kriegen. – Dass Lumpen dieser Art ausgerechnet bei Julia darauf verzichten, sich mit Gewalt zu nehmen, was sie begehren, kann nur glauben, wer das Licht mit dem Hammer ausmacht. Die »perfekte Mischung von Sex und Gewalt«, die die Produktion verspricht, entpuppt sich als nur die niedrigsten Instinkte ansprechender Film.

DAS HOTEL IM TODESMOOR

Anderer Titel für **SISTER, SISTER**

HOTEL ZUR HÖLLE

(MOTEL HELL). USA 1980. **R:** *Kevin Connor.* **B:** *Robert Jaffe, Steven Charles Jaffe.* **K:** *Thomas del Ruth.* **M:** *Lance Rubin.* **D:** *Rory Calhoun (Vincent Smith), Paul Linke (Bruce Smith), Nancy Parsons (Ida Smith), Nina Axelrod (Terry), Wolfman Jack (Rev. Billy), Elaine Joyce (Edith Olson), Dick Curtis (Guy Robaire), Monique St. Pierre (Debbie), Rosanne Katon (Suzi), E. Hampton Beagle (Bob Anderson), Everett Creach (Bojo Tulinski), Michael Melvin (Ivan), Marc Silver, Gwil Richards, John Ratzenberger, Toni Gillman, Shayllin Hendrixson, Heather Hendrixson, Barbara Goodson, Margot Hope, Kim Fowler. F 101 Min.*

Das Hotel ist ein Motel, und sein Name lautet eigentlich »Hello«. Da jedoch der letzte Buchstabe der Neonreklame ständig flackert, wird es zu »Hell« (Hölle). Dass das vergammelte Unternehmen von zwei Teufeln in Menschengestalt betrieben wird, erfährt man kurz darauf, denn der irre Vincent und seine fette lesbische Schwester Ida bringen jeden um, der sich ihrem Lebensbereich nähert: Etwa indem sie nachts ein Drahtseil über die Straße spannen oder junge Leute mit einer Motorsäge in Scheiben schneiden. Die Leichen ihrer Opfer verfüttern sie an die (bekanntlich allesfressenden) Schweine, die sie halten. Weswegen ihre Räucherwurst auch so pikant schmeckt ... Wer sich bis jetzt jedoch noch nicht hat übergeben müssen, braucht auch im Weiteren nicht um das Wohlbefinden seines Magens zu fürchten: Natürlich geht die Wurstproduktion spätestens dann den Bach hinunter, als Hirni-Vincent die knackige Jungfer Terry verschont und sich sein Bruder, der den Part des örtlichen Sheriffs mimt, in sie verliebt. – »Zum Glück ist der Film vorbei, bevor einem endgültig speiübel wird.« (Otto Kuhn, FILMBEOBACHTER) Außerdem ist die Geschichte natürlich ein flink gemachtes Plagiat von Tobe Hoopers *Blutgericht in Texas* (USA 1973).

HOUSE

(HOUSE). USA 1986. **R:** *Steve Miner.* **B:** *Ethan Wiley, Fred Dekker.* **St:** *Fred Dekker.* **K:** *Mac Ahlberg.* **M:** *Harry Manfredini.* **D:** *William Katt (Roger Cobb), George Wendt (Harold Gorton), Richard Moll (Big Ben), Kay Lenz (Sandy), Mary Stavin (Tanya), Michael Ensign (Chet Parker), Erik Silver, Mark Silver (Jimmy), Susan French (Tante Elizabeth), Steve Susskind (Frank McGraw), Joey Green (Fitzsimmons), Stephen Nichols (Scott), Robert Joseph (Robert), Alan Autry, Steven Williams, Ronn Carroll (Polizisten), Jim Calvert, Mindy Sterling, Jayson Kane, Billy Peck, Bill McLean, John Young, Dwier Brown. F 91 Min.*

Der Horror-Autor Roger leidet aufgrund einer Scheidung an einer Schreibblockade. Der Horror hängt ihm zudem zum Halse raus, deswegen möchte er über seine Erlebnisse im Vietnamkrieg schreiben. Nach dem unerklärlichen Selbstmord seiner Tante zieht er, um Ruhe zu finden, in deren Villa ein, in der er aufgewachsen ist und auf deren Grundstück auch sein Sohn einst spurlos verschwand. Bald lassen merkwürdige Ereignisse und Visionen ihn glauben, er halluziniere, doch dann entdeckt er im Medizinschrank ein Tor in eine andere Dimension. Roger begegnet abscheulichen Ungeheuern, sichtet seinen Sohn, schließt Bekanntschaft mit den Freaks von drüben und begegnet seinem Kriegskameraden Big Ben. – »*House* kann zwar mit adäquaten Spezialeffekten, einer kompetenten Technik und einer mehr als fähigen Besetzung prahlen, aber eine grundlegende Komponente fehlt ihm: ein Drehbuch.« (THE PHANTOM'S ULTIMATE VIDEO GUIDE) – »Steve Miner inszeniert zu lehrbuchhaft, als dass die Story wirken könnte.« (SCIENCE FICTION TIMES) [V]

HOUSE II – DAS UNERWARTETE

(HOUSE II – THE SECOND STOREY). USA 1987. **R:** *Ethan Wiley.* **B:** *Ethan Wiley.* **K:** *Mac Ahlberg.* **M:** *Harry Manfredini.* **D:** *Ayre Gross (Jesse), Jonathan Stark (Charlie), Royal Dano (Opa), John Ratzenberger (Bill), Lar Park Lincoln (Kate), Amy Yasbeck (Lana), Devin Devasquez (Jungfrau), Gregory Walcott (Sheriff), Bill Maher (John), Dwier Brown, Lenora May. F 91 Min.*

Jesse zieht mit seinen Freunden in das Haus, das seit einigen Generationen im Familienbesitz ist und in dem seine Eltern unter mysteriösen Umständen ums Leben kamen. Bald stößt er auf das Geheimnis eines Kristallschädels, den sein Urgroßvater aus Südamerika mitbrachte und der über magische Kräfte verfügen soll. Jesse und Charlie graben Opa mitsamt Schädel aus, woraufhin der Gute wieder zum Leben erwacht und mitsamt dem Schädel allerlei Unruhe stiftet. Der Zombie-Opa war ein Revolvermann und hat noch einige alte Rechnungen zu begleichen. Die Aztekenmagie öffnet Türen in die Vergangenheit. Und so tummeln sich alsbald Saurierküken, aztekische Jungfrauen und Zombie-Revolvermänner im Haus und halten Opa, Jessie und Charlie auf Trab. Opa stirbt ein zweites Mal und wird im Wilden Westen beigesetzt – Charlie und Jesse bleiben gleich dort, da in der Gegenwart sowieso alles schief gelaufen ist. – *House II* setzt auf Humor und verrückte Einfälle. Ein humorvolles Gruselspektakel, das sich nicht ernst nimmt und für die ganze Familie taugt. [V]

HOUSE IV

(HOUSE IV: HOME, DEADLY HOME/HOUSE IV: THE REPOSSESSION). USA 1991. **R:** *Lewis Abernathy.* **B:** *Deirdre Higgins.* **St:** *Geof Miller.* **K:** *James Mathers.* **M:** *Harry Manfredini.* **D:** *Terry Treas (Kelly Cobb), William Katt (Roger Cobb), Scott Burkholder (Burke), Denny Dillon (Verna Klump), Melissa Clayton (Laurel Cobb), Ned Romero (Ezra), Dabbs Greer (Dad), Ned Bellamy (Lee), John Santucci (Charles), Mark Gash (Grosso), Paul Keith (Klempner), Annie O'Donnell (Pflegerin), Kevin Goetz (Pizzamann), Caroline Mignini, Steve Vinovich. F 93 Min.*

Nach dem Unfalltod ihres Gatten erweist sich das Haus, in das Mrs. Adams mit ihrer behinderten Tochter einzieht, als verwunschen: Es verursacht ihr fiese und blutige Albträume. Als ihr verbrecherischer Schwager sich ins Spiel mischt, ist ihr der Spuk freilich sehr willkommen. – »Mit den vorangegangen Filmen hat *House IV* natürlich nichts zu tun. Nicht einmal das Haus ist das gleiche.« (Sven Berndt, SPLATTING IMAGE) [V]

HOUSE OF PAIN

(DANCE MACABRE). USA 1991. **R:** *Greydon Clark.* **B:** *Greydon Clark.* **K:** *Nickolai Pokoptsev.* **SpE:** *David B. Miller.* **M:** *Dan Slider.* **D:** *Robert Englund (Anthony/Madam Svetlana), Michelle Zeitlin (Jessica), Mariana Moren (Ingrid), Julene Renee (Angela), Nina Goldman (Claudine), Irina Davidoff (Olga), Alexander Sergeyev (Alex). F 90 Min.*

Nachdem ein Autounfall die Karriere der russischen Tänzerin Svetlana beendet hat, führt sie eine Ballettschule in St. Petersburg. Ihr zur Seite steht der treue Choreograph Anthony, der für den Unfall verantwortlich war. Da wird die Amerikanerin Jessica in die Schule aufgenommen, und Madame glaubt, sich in dem talentierten Mädchen wiederzuerkennen. Um Jessica den Einstieg in ein Ensemble zu ermöglichen, bringt sie alle anderen begabten Schülerinnen um. Als nur noch Jessica übrig ist, entpuppt sich Madame als Anthony. In Wirklichkeit ist Svetlana bei dem Unfall gestorben; die Schuld hat den Choreographen so um den Verstand gebracht, dass er mit Frauenkleidern und Gummimaske meuchelnd durch die Korridore der Ballettschule schleicht. – Sieht man davon ab, dass die greuliche Mär bei *Phantom der Oper* und diversen Theaterhorrorfilmen Dario Argentos abkupfert, bemühen sich Drehbuch und Regie dermaßen krampfhaft (und erfolglos) um eine morbid-düstere Atmosphäre, dass es schon peinlich ist. Da bei Handlungsbeginn die Ballettschule der Madame schon einen internationalen Ruf hat, müssen alle Elevinnen und sonstigen Bewohner St. Petersburgs blind, taub und dumm sein, um nicht zu bemerken, dass ein Mann mit Frauenkleidern und Gummimaske im Rollstuhl sitzt. Robert Englund linst verschmitzt-bedrohlich durch die Gänge, kann er doch sicher sein, dass sein marginales schauspielerisches Talent dem Rest der Besetzung haushoch überlegen ist. So schleppt sich die Handlung schwerfällig und todlangweilig bis zum Ende, wo den meuchelnden Irren sein Schicksal ereilt. [V]

HOUSE OF THE CAT AND THE CANARY

Anderer Titel für DIE KATZE UND DER KANARIENVOGEL

THE HOUSE OF USHER

(THE FALL OF THE HOUSE OF USHER). USA 1988. **R:** *Alan Birkinshaw, Gérard Kikoine.* **B:** *Michael J. Durray.* **V:** *»Der Fall des Hauses Ascher« von Egar Allan Poe.* **K:** *Yossi Wein.* **M:** *Gary Chang, George S. Clinton.* **D:** *Oliver Reed (Roderick Usher), Donald Pleasence (Clive Derrick), Romy Windsor (Molly McNulty) Rufus Swart (Ryan Usher), Norman Coombes (Derrick), Anne Stradi (Mrs. Derrick), Philip Godawa (Dr. Bailey), Carole Farquhar (Gwen), Leonarah Inge, Jonathan Fairbairn (Kinder). F 88 Min.*

Frei bearbeitetes Remake von *Die Verfluchten* (USA 1960; Regie: Roger Corman). Roderick Usher, der letzte Spross eines angesehenen Geschlechts, lädt ein junges Paar auf sein Schloss ein, da er den Plan verfolgt, die junge Dame zu schwängern, um das Blut seiner degenerierten Sippschaft aufzufrischen. [V]

HOWLING

(HOWLING IV: THE ORIGINAL NIGHTMARE). USA 1988. **R:** *John Hough.* **B:** *Clive Turner, Freddie Rowe.* **V:** *Gary Brandner.* **K:** *Godfrey Godar.* **SpE:** *Steve Johnson.* **M:** *David George, Barry Guard.* **D:** *Romy Windsor (Marie), Michael T. Weiss (Richard), Anthony Hamilton (Tom), Susanne Severeid (Janice), Lamya Derval (Eleanor). F 88 Min.*

Schriftstellerin, die in einem kalifornischen Kleinstädtchen urlaubt, wird mit bei Vollmond stattfindenden Morden konfrontiert und entlarvt ihre Nachbarn als Werwölfe. Eine blutige Gruselmär mit ansehnlicher Tricktechnik. AIDT [V]

HOWLING V – DAS TIER KEHRT ZURÜCK

(HOWLING V: THE REBIRTH). USA 1989. **R:** *Neal Sundstrom.* **B:** *Clive Turner, Freddie Rowe.* **K:** *Arledge Armenaki.* **M:** *The Factory.* **D:** *Philip Davis (Graf), Victoria Catlin (Dr. Peake), Elizabeth Shé (Schauspielschülerin), Ben Cole (David), William Shockley (Richard), Mark Siversten, Stephanie Faulkner, William Shockley, Mary Stavin, Jill Pearson. F 93 Min.*

Ein mysteriöser ungarischer Graf lädt eine zwölfköpfige Touristengruppe in sein Schloss ein, um in Erfahrung zu bringen, wer der letzte Werwolf ist. Nach dem Prinzip der Zehn kleinen Negerlein verlieren die ahnungslosen Gäste nach und nach das Leben. Als auch der Graf, den alle für das Ungeheuer halten, den Abschied einreicht, gibt der wahre Werwolf sich zu erkennen. Man möchte wetten, dass Clive Turner und Freddie Rowe *Mondblut* (GB 1974; Regie: Paul Annett) gesehen haben. Oder auch *Ein Unbekannter rechnet ab* (GB/BRD/Italien/Frankreich 1974; Regie: Peter Collinson) [V]

HÜGEL DER BLUTIGEN AUGEN

(THE HILLS HAVE EYES). USA 1977. **R:** *Wes Craven.* **B:** *Wes Craven.* **K:** *Eric Saarinen.* **M:** *Don Peake.* **D:** *Virginia Vincent (Ethel Carter), Robert Houston (Bobby Carter), Susan Lanier (Brenda Carter), Martin Speer (Doug Wood), James Withworth (Jupiter), Russ Grieve (Bob Carter), Dee Wallace (Lynn Wood), Brenda Marinoff (Katie Wood), Cordy Clark (Mama), Janus Blythe (Ruby), Lance Gordon (Mars), Arthur King (Mercury), John Steadman (Fred), Michael Berryman (Pluto). F 89 Min.*

Ex-Cop Bob Carter reist mit der Familie nach Kalifornien. Irgendwo in der Wüste hört er, in der Umgebung sei vor fünf Jahren ein UFO ge-

The House of Usher

landet, deren Insassen das Militär nun jagt. Die sorglosen Carters dringen ins Sperrgebiet vor und werden bald von wüst aussehenden Gestalten attackiert. Carter wird bei lebendigem Leib verbrannt; die Angreifer töten seine Gattin Ethel und Tochter Lynn und vergewaltigen Brenda. Wie die Sache ausgeht, erfährt man nicht: Mitten im Kampfgetümmel bricht der Film ab. Die Originalfassung verbreitet weniger Schwachsinn: Dort sind die Bösen keine außerirdischen Invasoren, sondern radioaktiv Verseuchte, die sich an jenen rächen, denen sie ihren Hirnschaden verdanken. Radioaktive Verseuchung ist aber ein hochbrisantes, wenn nicht gar *politisches* Thema, und mit so was wollen wir den braven deutschen Kinogänger doch nicht belasten. [V]

HUMONGOUS

(HUMONGOUS). USA 1982. **R:** *Paul Lynch.* **B:** *William Gray.* **K:** *Brian Hebb.* **M:** *John Mills Cockell.* **D:** *Janet Julian (Sandy Rawlston), David Wallace (Eric Simmonds), Janet Baldwin (Donna Blake), John Wildman (Nick Simmonds), Joy Boushel (Carla Simmonds), Layne Coleman (Burt Defoe), Shay Garner (Ida Parsons), Ed McFadyen (Parsons). F 93 Min.*

Fünf Jugendliche stranden im Nebel mit ihrem Boot auf einer Insel, dessen einziger Bewohner ein entsetzlich aussehender irrer Mörder ist, der 35 Jahre zuvor nach einem Vergewaltigungsversuch an der Tochter einer wohlhabenden Familie eine schicksalsträchtige Begegnung mit deren Schäferhunden hatte. Alles geht nach Schema F. AIDT [V]

DER HUND VON BASKERVILLE

Deutschland 1936. **R:** *Carl Lamac.* **B:** *Carla von Stackelberg.* **V:** *»Der Hund von Baskerville« von A. Conan Doyle.* **K:** *Willy Winterstein.* **M:** *Paul Hühn.* **D:** *Bruno Guttner (Sherlock Holmes), Fritz Odemar (Dr. Watson), Peter Voss (Sir Henry Baskerville), Arthur Malkowski (Sir Hugo Baskerville), Fritz Rasp (Barrymore), Lilly Schönberg (Mrs. Barrymore), Ernst Rotmund (Dr. Mortimer), Erich Ponto (Stapleton), Anneliese Brand, Friedrich Kayssler. SW 82 Min.*

Der Meisterdetektiv Sherlock Holmes und sein loyaler Helfer Dr. Watson werden in die düstere Moorlandschaft von Devonshire gerufen. Dort leidet die adelige Familie derer von Baskerville unter dem grässlichen Fluch eines mysteriösen Hundes, einer schwarzen Bestie, bei deren Anblick auch die Mutigsten auf der Stelle vor Schreck und Angst tot umfallen. Rätselhafte Umstände, an denen jeweils der geheimnisvolle Hund beteiligt war, haben dazu geführt, dass seit den Tagen des gottlosen Sir Hugo Baskerville jede Menge Mitglieder der Familie ums Leben gekommen sind. Und tatsächlich deutet einiges darauf hin, dass das monströse Geschöpf nicht nur in der Phantasie der abergläubischen Dörfler und verschreckten Großbürger existiert: Dr. Watson hört den Köter nächtens heulen. Aber Sherlock Holmes wäre nicht Sherlock Holmes, könnte er den unheimlichen Fall nicht mit der ihm angebotenen Kombinationsgabe lösen: Seiner übernatürlichen Elemente entkleidet, entpuppen sich der Höllenhund als Hund und das Mysterium als geschickt eingefädelte Verschwörung eines illegitimen Verwandten derer von Baskerville. – »Aber das Beste an diesem Film ist eben nicht die Geschichte (und auch nicht Sherlock Holmes), sondern die Regie, die mit Geschmack und Geschick ihre Unheimlichkeiten arrangiert, das düstere englische Schloss, das schaumige, nebelverhangene Moor und der Geisterhund. Eine Gruselszenerie für Genießer des Absonderlichen, in der sich das treffliche Ensemble schrulligem Originaltypen recht wirkungsvoll umhertreiben kann.« (Fr., FILMBEOBACHTER)

DER HUND VON BASKERVILLE

(THE HOUND OF THE BASKERVILLES). USA 1939. **R:** *Sidney Lanfield.* **B:** *Ernest Pascal.* **V:** *»Der Hund von Baskerville« von A. Conan Doyle.* **K:** *Peverell Marley.* **M:** *Cyril J. Mockridge.* **D:** *Richard Greene (Sir Henry Baskerville), Basil Rathbone (Sherlock Holmes), Nigel Bruce (Dr. Watson), Lionel Atwill (Dr. James Mortimer), Wendy Barrie (Beryl Stapleton), John Carradine (Barryman), Barlowe Borland (Frankland), Beryl Mercer (Jennifer Mortimer), Morton Lowry (John Stapleton), Ralph Forbes (Sir Hugo Baskerville), E. E. Clive (Kutscher), Eily Maryon (Mrs. Barryman), Nigel de Brulier (Sträfling), Mary Gordon (Mrs. Hudson), Peter Willes (Roderick), Ivan Simpson (Schäfer), Ian McLaren (Sir Charles), John Burton (Bruce), Dennis Green (Jon), Evan Thomas (Edwin). SW 80 Min.*

Inhalt siehe *Der Hund von Baskerville* (GB 1959; Regie: Terence Fisher). Sidney Lanfield (1898–1972), ein ehemaliger Kabarettist und Jazzmusiker, hatte zuvor als Autor und Regisseur für leichtgewichtige Komödien gearbeitet. *Der Hund von Baskerville* machte ihn und seine Hauptdarsteller Basil Rathbone und Nigel Bruce populär. Der Film war kommerziell so erfolgreich, dass die Produktionsfirma Fox ihm mit *The Adventures of Sherlock Holmes* (1939; Regie: Alfred Werker) schnell eine Fortsetzung folgen ließ. 1942 wurde das Duo Rathbone/Bruce von der Universal übernommen, wo es bis 1946 unter wechselnden Regisseuren zwölf weitere Abenteuer des berühmten Detektivs ablieferte. Die erste Geschichte, in der Rathbone als Holmes und Bruce als Dr. Watson auftreten, ist makellos und mit Witz gespielt.

DER HUND VON BASKERVILLE

(THE HOUND OF THE BASKERVILLES). GB 1959. **R:** *Terence Fisher.* **B:** *Peter Bryan.* **V:** *»Der Hund von Baskerville« von A. Conan Doyle.* **K:** *Jack Asher.* **M:** *James Bernard.* **D:** *Peter Cushing (Sherlock Holmes), André Morell (Dr. Watson), Christopher Lee (Sir Henry Baskerville), Maria Landi (Cecile), David Oxley (Sir Hugo Baskerville), Miles Malleson (Bischof Frankland), Francis de Wolff (Dr. Mortimer), Ewen Solon (Stapleton), John Le Mesurier (Barrymore), Sam Kydd (Perkins), Judi Moyens (Servidererin), Helen Cross (Mrs. Barrymore), Dave Birks (Diener), Michael Hawkins (Lord Caphill), Ian Hewitson (Lord Kingsblood), Elizabeth Dodd (Mrs. Goodlippe), Michael Mulcaster (Selden). F 84 Min.*

England an der Wende zum 20. Jahrhundert: Auf der adeligen Familie Baskerville lastet ein dämonischer Fluch, seit Sir Hugo im 18. Jahrhundert mit einem Messer eine Maid entleibte, die ihm nicht zu Willen sein wollte. Seitdem geistert jedes Mal, bevor ein Baskerville das Zeitliche segnet, ein monströser heulender Hund durch das Moor, das den Sitz der Familie umgibt. Als Sir Charles Baskerville tot aufgefunden wird, und Sir Henry, der letzte Spross des Clans, um seine Existenz fürchten muss, schaltet sein Anwalt den Meisterdetektiv Sherlock Holmes ein. Holmes eruiert, dass sich im Moor ein ausgebrochener Sträfling und ein zwielichtiger Einheimischer namens Stapleton herumtreiben. Als auch der Sträfling dem schwarzen Hund zum Opfer fällt, spitzt sich die Lage zu: Holmes stößt auf eine stillgelegte Zinkgrube, in der er die Höhle des Löwen (resp. Hundes) vermutet.

Der Hund von Baskerville (1959)

Der Hund von Baskerville (1959)

Während er sie in Augenschein nimmt, begibt sich sein Schützling Sir Henry unwissentlich in die Gewalt der Tochter jenes schurkischen Elements, das seiner Familie (und zwar aus familieninternen Gründen) ans Leder will. Sir Henry kommt nur knapp mit dem Leben davon. – »Wenn das Blut wie glänzender Nagellack vom Heidekraut tropft, die Nebel wie der Qualm eines Kartoffelfeuers aufsteigen, dann muss man schon ein Filmheld sein, um klaren Sinn zu bewahren. Was hier geschieht, ist so unglaubhaft oder zumindest übertrieben, dass der Kriminalfilm zum reinen Gruselstreifen wird.« (FILM-BEOBACHTER) – »Wer immer die Entscheidung getroffen hat, den Hund von Baskerville in strahlendem Technicolor in einem bestens ausgeleuchteten Studio zu verfilmen, das nicht die geringste Ähnlichkeit mit den nebeligen englischen Mooren aufweist, hat völlig außer Acht gelassen, welcher Atmosphäre eine alte Mystery Story wie diese bedarf. Darüber hinaus wird die für den Film lebenswichtige Bedrohung durch den draußen im Moor heulenden Hund beinahe völlig vergessen. Abgesehen von dem einen oder anderen Hinweis auf die Existenz dieser Kreatur, sehen wir bis zum Ende nichts von ihr. Und als wir sie dann kurz erblicken, ist es eine Dogge, die so aussieht wie Nachbars Fifi.« (Bosley Crowther, THE NEW YORK TIMES)

DER HUND VON BASKERVILLE

(THE HOUND OF THE BASKERVILLES). USA 1972. R: Barry Crane. B: Robert E. Thompson. V: »Der Hund von Baskerville« von A. Conan Doyle. K: Harry Wolf. M: Hal Mooney. D: Stewart Granger (Sherlock Holmes), William Shatner (George Stapleton), Bernard Fox (Dr. Watson), Jane Merrow (Beryl Stapleton), John Williams (Arthur Frankland), Sally Ann Howes (Laura Frankland), Anthony Zerbe (Dr. John Mortimer), Ian Ireland (Sir Harry Baskerville), Brendan Dillon (John Barrymore). F 71 Min.

TV-Film. Remake der bekannten Geschichte um Sherlock Holmes und den monströsen Hund der Baskervilles. Inhalt siehe *Der Hund von Baskerville* (GB 1959; Regie Terence Fisher).

DER HUND VON BASKERVILLE

(THE HOUND OF THE BASKERVILLES). GB 1977. **R:** *Paul Morrissey.* **B:** *Paul Morrissey, Dudley Moore, Peter Cook.* **V:** *»Der Hund von Baskerville« von A. Conan Doyle.* **K:** *Dick Bush, John Wilcox.* **M:** *Dudley Moore.* **D:** *Peter Cook (Sherlock Holmes), Dudley Moore (Dr. Watson/Mr. Spigott/Mrs. Holmes), Joan Greenwood (Beryl Stapleton), Kenneth Williams (Sir Henry Baskerville), Denholm Elliott (Stapleton), Terry-Thomas (Dr. Mortimer), Hugh Griffith (Frankland), Max Wall (Barrymone), Irene Handl (Mrs. Barrymone), Spike Milligan (Polizist), Roy Kinnear (Seldon), Dana Gillespie (Mary), Prunella Scales (Glynis), Penelope Keith, Jessie Matthews. F 85 Min.*

Diese Verfilmung des gleichnamigen Romans von A. Conan Doyle ist eine – trotz der Mitwirkung solcher Vollblut-Komödianten wie Dudley Moore, Terry-Thomas und Spike Milligan – leider in die Hose gegangene Parodie auf sämtliche Vorläufer: »Natürlich ist das ein glänzender Stoff für eine Persiflage ... aber Paul Morrissey liefert ein so öde langweiliges Kinostück ab, dass der einzige originelle Einfall, die Geschichte in einer latent homoerotischen Atmosphäre anzusiedeln rasch seinen Reiz verliert und sich als bloße Masche totläuft.« (A.Pa., FILM-DIENST)

DER HUND VON BASKERVILLE

(THE HOUND OF THE BASKERVILLES). GB 1983. **R:** *Douglas Hickox.* **B:** *Charles Edward Pogue.* **V:** *»Der Hund von Baskerville« von A. Conan Doyle.* **K:** *Ronnie Taylor.* **M:** *Michael J. Lewis.* **D:** *Ian Richardson (Sherlock Holmes), Donald Churchill (Dr. Watson), Denholm Elliott (Dr. Mortimer), Nicholas Clay (Jack Stapleton), Martin*

Der Hund von Baskerville (1977)

Shaw (Sir Henry Baskerville), Glynis Barber (Beryl Stapleton), Ronald Lacey (Inspektor Lestrade). F 95 Min.
Remake des Sherlock Holmes-Abenteuers. Inhalt siehe *Der Hund von Baskerville* (GB 1959; Regie: Terence Fisher).

DER HUND VON BLACKWOOD CASTLE

BRD 1967. **R:** *Alfred Vohrer.* **B:** *Alex Berg [Herbert Reinecker].* **K:** *Karl Löb.* **M:** *Peter Thomas.* **D:** *Heinz Drache (Humphrey Connery), Karin Baal (Jane Wilson), Siegfried Schürenberg (Sir John), Agnes Windeck (Lady Agatha Beverton), Ilse Pagé (Miss Finlay), Mady Rahl (Catherine Wilson), Uta Levka (Dorothy Cornick), Horst Tappert (Douglas Fairbanks [!], Hans Söhnker (Robert Jackson), Otto Stern (Kapitän), Alexander Engels (Dr. Adams), Tilo von Berlepsch (Lord Henry Beverton), Harry Wüstenhagen (Ken Nelson), Kurt Pieritz (Edward Baldwin), Kurt Waitzmann (Dr. Sheppard), Arthur Binder (Grimsby), Rainer Brandt (Tom Hayes), Paul Berger (Jameson), Peter William Koch (Tucker). F 92 Min.*
Den Ex-Kapitän Wilson, der einst in einen heißen Juwelenraub verwickelt war und mittlerweile das spukige Schloss Blackwood Castle besitzt, stellt sich tot, um seine ehemaligen Komplizen, die alle hinter seinem Schatz her sind, aus dem Dunkel heraus zu ermorden. Trotz der Trotteligkeit der britischen Polizei (personifiziert in Siegfried Schürenberg) gelingt es dem Versicherungsagenten Connery, dem unheimlichen Mörder auf die Spur zu kommen und ihn zu entlarven.

Der Hund von Blackwood Castle

HUNK

(HUNK). USA 1987. **R:** *Lawrence Bassoff.* **B:** *Lawrence Bassoff.* **K:** *Bryan England.* **M:** *David Kurtz.* **D:** *John Allen Nelson (Hunk Golden), Steve Levitt (Bradley Brinkman), Rebecca Bush (Sunny), Deborah Shelton (O'Brian), Robert Morse (Garrison Gaylord), James Coco (Dr. D.), Avery Schreiber (Constantine Constapopolis). F 99 Min.*
Mickriger und beruflich frustrierter Computerfachmann verkauft einer drallen Hexe seine Seele, erhält dafür einen neuen strammen Körper und wird zum »Hunk« (Muckimann), dem alle scharfen Tussis hinterherlechzen. Irgendwann aber kommen ihm Zweifel an dem Pakt, und er weigert sich, seinen Teil des Vertrags zu erfüllen. [V]

HYPNO

(NIGHT OF THE EAGLE). GB 1961. **R:** *Sidney Hayers.* **B:** *Charles Beaumont, Richard Matheson, George Baxt.* **V:** *»Spielball der Hexen« von Fritz Leiber.* **K:** *Reginald Wyer.* **M:** *William Aywyn.* **D:** *Janet Blair (Tansy Taylor), Peter Wyngarde (Norman Taylor), Margaret Johnston (Flora Carr), Anthony Nicholls (Harvey Sawtelle), Colin Gordon (Professor Lindsay Carr), Kathleen Byron (Evelyn Sawtehle), Reginald Beckwith (Harold Gunnison), Jessica Dunning (Hilda Gunnison), Norman Bird (Arzt), Judith Stott (Margaret Abbott), Bill Mitchell (Fred Jennings), George Roubicek, Frank Singuineau, Gary Woolf. SW 85 Min.*
Natürlich glaubt er nicht an Magie, der aufgeklärte Psychologiedozent Norman Taylor. Daheim jedoch erkennt er mit Verblüffung, dass seine Frau Tansy Hexenkunst praktiziert: Ihre magischen Riten sollen angeblich seiner Karriere förderlich sein und ihn vor bösen Neidhammeln bewahren. Kurz entschlossen vernichtet Norman den »magischen« Firlefanz seiner Frau:

einen toten Frosch, einen Totenschädel, von einem Grabstein abgekratzte Erde. Kaum hat Tansy ihm erklärt, dass er den Kräften des Bösen nun völlig hilflos ausgeliefert ist, brechen sie schon über ihn herein: Eine Studentin behauptet, er habe sie vergewaltigt, deren Freund bedroht ihn, und schließlich fährt er auch noch seinen Wagen zu Schrott. Norman stellt fest, dass Tansy offenbar nicht die einzige Frau ist, die sich mit Schwarzer Magie abgibt: Flora Carr, ebenfalls Dozentin und Frau eines Kollegen, gegen den Norman wegen eines Abteilungsleiterpostens kandidiert, tut alles, um das berufliche Fortkommen ihres Gatten zu forcieren. Und sie hat die nun hilflose Tansy unter ihren dämonischen Einfluss gebracht. Normans Haus geht in Flammen auf, auf dem Campus wird plötzlich eine Adlerstatue lebendig und greift ihn an ... – »*Hypno* ist eine ausgesprochen gut umgesetzte Übung in Sachen Okkultismus. Der Plot besteht aus einer Serie von Ereignissen, die mehr Spannung in die Sache hineinbringen als andere Filme dieser Art – und zwar hauptsächlich deswegen, weil man sich sorgfältig bemüht hat, für alle Ereignisse auch eine rationale Erklärung bereitzuhalten.« (Paul V. Beckley, THE NEW YORK HERALD TRIBUNE). Das Magazin TIME witzelte: »*Hypno* bestätigt einige der schrecklichen Vorurteile, die Universitätsneulinge bezüglich gewisser Dozentinnen hegen ... Da sieht man, was einer Gemeinschaft widerfahren kann, die es nicht fertig bringt, ihren Akademikern ein ordentliches Salär zu bezahlen ...«

Hypno

I

ICED – DER TOD AUF SKIERN

(ICED). USA 1987. **R:** *Jeff Kwitny.* **B:** *Joseph Alan Johnson.* **K:** *Eugene Shlugleit.* **M:** *Dan Milner.* **D:** *Debra DeLiso (Tina), Doug Stevenson (Cory), Ron Kologie (Carl), Elizabeth Gorcey (Diane), John C. Cooke (John), Joseph Alan Johnson (Alex), Dan Smith (Jeff), Michael Picardi (Eddie), Lisa Loring (Jeanette), Sharon Bingham (Suzanne). F 85 Min.*

Drei Männer und drei Frauen auf Skiurlaub verbringen das Wochenende in einem schnieken Bungalow und sehen sich von einem mysteriösen Killer bedroht. Mit Sexeinlagen gespicktes Thrillerspektakel, das am Unvermögen der Akteure heftig krankt. AIDT

ICH BIN FRANKENSTEIN

Anderer Titel für FRANKENSTEINS RACHE

ICH, EIN MONSTER

(I, MONSTER). GB 1971. **R:** *Stephen Weeks.* **B:** *Milton Subotsky.* **V:** *»Der seltsame Fall des Dr. Jekyll und Mr. Hyde« von Robert Louis Stevenson.* **K:** *Moray Grant.* **M:** *Carl Davis.* **D:** *Christopher Lee (Dr. Marlowe/Mr. Blake), Peter Cushing (Utterson), Susan Jameson (Diane), Richard Hurndall (Lanyon), Mike Raven (Enfield), Kenneth J. Warren (Deane), Marjie Lawrence (Annie), George Merritt (Poole), Aimée Delamain (Wirtin), Michael Des Barres (Junge). F 75 Min.*

Der sanftmütige Arzt und Freudianer Marlowe kümmert sich nicht nur um die körperlichen Gebrechen seiner Patienten, sondern auch um ihren seelischen Zustand. Fasziniert von der Tatsache, dass der Mensch nicht nur gute, sondern auch böse Seiten hat, entwickelt er ein Serum, das es ihm ermöglichen soll, seinen Charakter zu ändern. Zuerst testet er es an einer gewöhnlichen Hauskatze (Resultat: Muschi wird zum reißenden Mini-Tiger), dann an einer Patientin (die sich ihm lüstern an den Hals wirft). Marlowe ist nun zu einem Selbstversuch bereit: Nach der Injektion verwandelt er sich in einen hämisch grinsenden Unmenschen und treibt sich in den übel beleumundeten Vierteln Londons umher, wo er die holde Weiblichkeit sämtlicher Altersstufen terrorisiert. Schlussendlich ereilt ihn das gleiche Ende wie weiland seinen prominenten Vorgänger Dr. Jekyll. – *Ich, ein Monster* ist die x-te Verfilmung des klassischen Dr. Jekyll und Mr. Hyde-Motivs, auch wenn der Protagonist nun Marlowe (und sein bösartiges Alter Ego Mr. Black) heißt. Leider wird die Filmerzählung weder der literarischen Vorlage gerecht, noch kann man sie guten Gewissens als kompetent gemachtes Remake der 1932/1941 (mit Fredric March resp. Spencer Tracy) entstandenen Produktionen bezeichnen: »Es fehlt an Spannung, die Handlung schleppt sich, mit vielen langfädigen Dialogen belastet, zäh dahin, und Mr. Blake ist nichts weniger als ›basically evil‹. Er wirkt eher wie ein heruntergekommener Leichenkutscher als wie einer, der besessen ist von jener Dämonie, die Edgar Allan Poe ›the spirit of perverseness‹ nannte: jene unwiderstehliche Lust, Böses zu tun, ›to do wrong for the wrong's sake only‹, wie die Droogs in Stanley Kubricks grimmigem Film *A Clockwork Orange,* die als vervielfachte Mr. Hydes hemmungslos dieser schrecklichen Devise nachleben.« (Herbert J. Pabst, VAMPIR).

ICH FOLGTE EINEM ZOMBIE

(I WALKED WITH A ZOMBIE). USA 1943. **R:** *Jacques Tourneur.* **B:** *Curt Siodmak, Ardel Wray.* **K:** *J. Roy Hunt.* **M:** *Roy Webb.* **D:** *James Ellison (Wesley Rand), Frances Dee (Betsy Connell), Tom Conway (Paul Holland), Edith Barrett (Mrs. Rand), Christine Hordon (Jessica), James Bell (Dr. Maxwell), Darby Jones (Carre Four), Teresa Harris (Alma), Sir Lancelot (Calypso-Sänger), Jeni Legon (Tänzerin). SW 70 Min.*

Die kanadische Krankenschwester Betsy Connell begibt sich auf eine Karibikinsel, um Jessica Holland zu pflegen, die Frau eines wohlhabenden Pflanzers. Ihre Patientin lebt in einem unerklärlichen Dämmerzustand, ist nicht ansprechbar, wirkt wie eine lebende Tote und geistert nachts wie ein Gespenst umher. Betsy, die glaubt, Jessica leide an einer Nervenkrankheit, findet heraus, dass sich die Eingeborenen heimlich mit Voodoo-Ritualen beschäftigen. Als sie zufällig eine ihrer Zeremonien miterlebt, gelangt sie zu der Ansicht, eine derartige »Schocktherapie« könne Jessica möglicherweise aus ihrem Dämmerzustand hervorlocken. Eines Nachts geht sie mit ihrer Patientin hinaus, aber der Behandlungsversuch schlägt fehl: Wie sich zeigt, ist Jessica gar nicht krank – sie ist ein Opfer des mysteriösen Kultes, von dem Betsy glaubt, er könne sie heilen. Verantwortlich für Jessicas Zustand ist ihre missgünstige Schwiegermutter: auf deren Betreiben hin hat man sie schon vor Jahren aus dem Verkehr gezogen. Bis an das Ende ihrer Tage wird sie eine Untote (ein Zombie) bleiben. Ihr Tod lässt jedoch nicht lange auf sich warten. – »In *Ich folgte einem Zombie* gibt es kaum einen belanglosen und langweiligen Moment«, schreibt Robert Moss in DER KLASSISCHE HORRORFILM. »Die Ereignisse im Leben der Beteiligten sowie das nur unzulänglich verhüllte Leid der Familie des Plantagenbesitzers fesseln uneingeschränkt das Interesse der Zuschauer. Das Grauen kommt, in fast allen Filmen [des Produzenten] Val Lewton, auf leisen Sohlen, sei es nun der Schatten eines Zombies, der auf der Wand hinter dem Bett der Krankenschwester auftaucht und sie zu erdrücken scheint, oder der Weg durch ein Zuckerrohrfeld zum Treffpunkt der Zombies, der von einer unheimlichen Geräuschkulisse begleitet wird, oder schließlich dem Anblick Jessicas, wie sie vom Voodoozauber besessen ins Meer schreitet.« – »Die meisten Regisseure kommen nicht ohne Dialoge aus – Jacques Tourneur aber sehr wohl. Offensichtlich hat er seine Lektionen von seinem Vater Maurice gelernt, der einer der größten Regisseure der Stummfilm-Ära war. Die lyrische Qualität der langen und stummen Passagen, die Schatten, die Beleuchtung, die Musik, die Dekorationen – alles, was in den Stummfilmen seines Vaters so wichtig war – das ist es, was auch *Ich folgte einem Zombie* so faszinierend macht und den Film vom typisch brutalen Horrorstreifen abhebt. Es kommt nicht überraschend, dass Tourneur auf *Ich folgte einem Zombie* am stolzesten war.« (Danny Peary, CULT MOVIES)

ICH KÄMPFE UM DICH

(SPELLBOUND) USA 1945. **R:** *Alfred Hitchcock.* **B:** *Ben Hecht, Angus McPhail.* **V:** *»The House of Dr. Edwardes« (1927) bzw. »Spellbound« (1945) von Francis Beeding.* **K:** *George Barnes.* **SpE:** *Jack Cosgrove, Traumsequenz: Salvador Dalí.* **M:** *Miklos Rozsa.* **D:** *Ingrid Bergman (Dr. Constance Peterson), Gregory Peck (John Ballantine), Jean Acker (Direktorin), Leo G. Carroll (Dr. Murchison), Michael Chekhov (Dr. Alex Brulov), Rhonda Fleming (Mary Carmichael), Donald Curtis (Harry), John Emery (Dr. Fleurot), Norman Lloyd (Garmes), Steven Geray, Paul Harvey, Erskine Sanford, Janet Scott, Victor Killian, Bill Goodwin, Art Baker, Wallace Ford, Regis Toomey, Teddy Infuhr, Addison Richards, Dave Willock, George Meader, Matt Moore, Harry Brown, Clarence Straight, Joel Davis, Edward Fielding, Richard Bartell. SW 111 Min.*

Die Ärztin Constance Peterson arbeitet in einer Nervenklinik. Ein neuer Direktor, Dr. Edwardes, soll die Stelle des ausscheidenden Dr. Murchison übernehmen. Doch schon bald nach dessen Ankunft erkennt sie, dass der Neue in Wirklichkeit ein Nervenkranker ist, der sich als Dr. Edwardes ausgibt. Auch die Polizei scheint sich für ihn zu interessieren. Als er verhaftet werden soll, bringt sie ihn zu ihrem früheren Lehrer, dem Psychoanalytiker Dr. Alex Brulov. Mit ihm zusammen will sie den Fall lösen, der sich immer mehr als ärztliche denn als kriminalistische Fragestellung entpuppt. Der Kranke

Ich folgte einem Zombie

scheint eine ungeheure Scheu vor Parallelen zu haben. Sie spricht ihn auf ein mögliches Ski-Erlebnis an, worauf er sich an Gabriel Valley erinnert. Bei einem gemeinsamen Skiausflug dorthin wirft er sich plötzlich vor sie und rettet sie dadurch vor dem sicheren Absturz in einen tiefen Abgrund. Unter dem Eindruck des Schreckens findet er sein Gedächtnis wieder. Beim letzten Mal, als er, John Ballantine, diesen Hang hinuntergefahren sei, habe Dr. Edwardes ihn begleitet, sei dabei aber zu Tode gekommen. Constance Peterson und Brulov dringen weiter auf ihren Schützling Ballantine ein. Sie erfahren, dass er den Tod seines Bruders verursacht habe. Als kleiner Junge sei er ein Mauergeländer hinuntergerutscht und habe ihm einen Stoß versetzt, so dass er in die Spitzen eines Zaunes gefallen sei. Dieser Schuldkomplex hatte sich beim Tod Dr. Edwardes' erneut verdichtet und zu der krankhaften Reaktion geführt. Inzwischen hat die Polizei die Leiche Dr. Edwardes' gefunden; der Arzt wurde erschossen. Ballantine wird verhaftet, doch Constances Verdacht richtet sich gegen den Chefarzt Dr. Murchison, der wiederholt in den Träumen Ballantines vorkam. Sie konfrontiert ihn mit ihrer Vermutung, er habe seinen Nachfolger umgebracht, um seine Stellung zu retten. Da richtet Dr. Murchison seine Waffe auf die Ärztin, dann gegen sich selbst und drückt ab.

Vergleicht man die literarische Vorlage »The House of Dr. Edwardes« von John Leslie Palmer und Hilary Aidan St. George Saunders, die den Roman 1927 unter dem Pseudonym Francis Beading veröffentlichten, mit Hitchcocks Endprodukt, so ist nicht viel davon übrig geblieben. Der Roman ist eine bizarre Geschichte über Hexerei, Satanskulte, Psychopathie, Mord und vertauschte Identitäten, angesiedelt in einer Schweizer Nervenklinik. Hitchcock dagegen wollte einen Film zum Thema Psychoanalyse drehen und engagierte Ben Hecht, der in dem Ruf stand, die berühmtesten Psychoanalytiker zu frequentieren. Für die Traumsequenzen wollte Hitchcock Salvador Dalí verpflichten. Hitchcock: »[Produzent] Selznick war einverstanden, aber ich bin sicher, er hat geglaubt, ich hätte das nur wegen der Reklame gemacht. Mein einziger Grund war, rein visuelle Träume zu bekommen, mit spitzen und scharfen Konturen, härter als die Bilder des eigentlichen Films. Ich wollte Dalí wegen der schneidenden Konturen seiner Bilder ... wegen der langen Schatten, der unendlichen Entfernungen, der Fluchtlinien, die sich im Unendlichen treffen, der formlosen Gesichter.« (Hitchcock in François Truffaut, MR. HITCHCOCK, WIE HABEN SIE DAS GEMACHT?) – Hitchcock schuf in *Ich kämpfe um dich* ein fiebriges Gefühl von Schuld und quälerischer Romantik, in dem sich die Erforschung der dunkleren Seite der menschlichen Natur fortsetzte, die er mit *Im Schatten des Zweifels* begonnen hatte. »*Ich kämpfe um dich* ist der erste Film, in dem er sich mit einem Schuldgefühl beschäftigte, das dem Verlangen nach Liebe im Weg stand; in jedem seiner kommenden Filme würde er diese wechselseitige, tragische Verbindung bekräftigen. In Hitchcocks langsam zum Vorschein kommender Welt können sich Liebender und Geliebte nie von den Fesseln ihrer Vergangenheit befreien, können sie sich nie von den Ketten ihres Grolls und ihrer Gewissensbisse freimachen. Mit jedem Film wurde seine Arbeit eine genauere seelische Autobiografie ... eine Autobiografie, die auf äußeren Erfahrungen be-

Ich kämpfe um dich

ruhte, die sich in quälende, schuldbeladene Fantasien verwandelten.« (Donald Spoto, ALFRED HITCHCOCK)

ICH SPUCK AUF DEIN GRAB

(I SPIT ON YOUR GRAVE/DAY OF THE WOMAN/ I HATE YOUR GUTS). USA 1978. **R:** *Meir Zarchi.* **B:** *Meir Zarchi.* **K:** *Yuri Haviv.* **D:** *Camille Keaton (Jennifer Hill), Anthony Nichols (Stanley), Richard Pace (Matthew), Eron Tabor (Johnny), Gunter Kleemann (Andy), Tracy Ferrante (Kellnerin), Bill Tarsgal (Porter), Isaac Agami (Metzger), Ronit Haviv, Alexis Magnotti, Tammy Zarchi, Terri Zarchi. F 101 Min.*
Vier Brutalinskis, von denen einer geistig zurückgeblieben ist, hetzen, verprügeln, erniedrigen und vergewaltigen die in einem einsamen Haus im Wald lebende Schriftstellerin Jennifer, die sich daraufhin ebenso blutig und gewalttätig an ihnen rächt. Ein an Niedertracht kaum zu überbietendes Machwerk. AIDT [V]

ICH WEISS NOCH IMMER, WAS DU LETZTEN SOMMER GETAN HAST

(I STILL KNOW WHAT YOU DID LAST SUMMER). USA 1998. **R:** *Danny Cannon.* **B:** *Trey Callaway.* **V:** *Motive aus »Bloody New Year« (1987) von Norman J. Warren.* **D:** *Jennifer Love Hewitt (Julie James), Freddie Prinze jr. (Ray Bronson), Brandy (Karla), Mekhi Phifer (Tyrell), Matthew Settle (Will), John Hawkes (Animateur), Bill Cobbs (Voodoo-Priester), Muse Watson. F 96 Min.*
Vorgeschichte: *Ich weiß, was du letzten Sommer getan hast.* – Julie James, die Protagonistin des ersten Teils, besucht inzwischen das College. Immer noch geht ihr das furchtbare Geschehen nicht aus dem Kopf. Daher ist der Ortswechsel höchst willkommen: Freundin Karla gewinnt ein Bahamas-Wochenende für vier Personen. Rechtzeitig ziehen dort schwere Stürme herauf, und auch der Fischer mit dem Haken treibt wieder sein Unwesen. – Viel erwarten darf man nicht. Regisseur Danny Cannon ist vorher nur mit *Judge Dredd* aufgefallen. Von FANGORIA-Lesern wurde sein Machwerk zum »schlechtesten Horrorfilm des Jahres« gewählt.

ICH WEISS, WAS DU LETZTEN SOMMER GETAN HAST

(I KNOW WHAT YOU DID LAST SUMMER). USA 1997. **R:** *Jim Gillespie.* **B:** *Kevin Williamson.* **V:** *»Sommer der Angst« von Lois Duncan.* **K:** *Denis Crossan.* **M:** *John Debney. Songs: The Band of H. M. Royal Marines, The Offspring, Adam Cohen.* **D:** *Jennifer Love Hewitt (Julie James), Sarah Michelle Gellar (Helen Shivers), Ryan Phillippe (Barry Cox), Freddie Prinze jr. (Ray Bronson), Johnny Galecki (Max), Bridgette Wilson, Anne Heche, Muse Watson, Stuart Greer, J. Don Ferguson. F 100 Min.*
An der Küste, am Abend des 4. Juli, überfahren vier alkoholisierte Teenager einen unvermittelt auftauchenden Fußgänger und werfen den leblosen Körper ins Meer. Sodann schwören sie einander, kein Wort über den Unfall zu verlieren, und begehen Fahrerflucht. Ein Jahr später erhalten sie anonyme Drohbriefe mit der Titelzeile des Films und werden von einem Unbekannten in fescher Fischerkluft, der sich mit einem Packhaken bewaffnet hat, terrorisiert. – »Es wird nicht viel mehr als durchschnittliche Horrorware daraus, mit zu wenig Raffinement und mit zu vielen Standardsituationen. Die besondere Pointe von *Ich weiß, was du letzten Sommer getan hast* liegt vielleicht gerade darin, dass [Autor Kevin] Williamson hier ernsthaft ein altbackenes Horrorkino pflegt, auf das er in anderen Filmen (eben *Scream 1, 2, 3*) ständig selbstironisch Bezug nimmt. Der kluge Filmindustrielle stellt auch den Nährboden selbst her, auf dem seine wirklichen Erfolgsprodukte wachsen.« (Robert Weixlbaumer, BERLINER ZEITUNG, 19.3.1998) – » ... es werden die oft er-

Ich weiss, was du letzten Sommer getan hast

probten Mittel eingesetzt, um den Zuschauerpuls in die Höhe zu treiben: der Mordbube, versteckt hinter Gerümpel, aufgepflanzt als falsche Kleiderpuppe oder vorbeihuschend als Silhouette hinter der transparenten Wand; die verdächtigen Geräusche oder wimmernden Hochtöne; die periodisch ausgesandten Scherz-und-Droh-Botschaften des Schlächters.« (Torbjörn Bergflödt, NEUE ZÜRCHER ZEITUNG, 13.3.1998)

ICH WERDE DICH TÖTEN, DARLING

(HOUSE OF TERROR). USA 1987. **R:** *Jeffrey S. Kruger [Sergei Goncharff].* **B:** *N.N.* **K:** *N.N.* **M:** *N.N. D: Jennifer Bishop, Jacquelyne Hyde, Mitchell Gregg, Arell Blanton. F 90 Min.*

Nach dem Tod der reichen Martha verbünden sich die Pflegerin Jennifer und ihr krimineller Freund Mark, um dem wohlhabenden Witwer Emmett das Vermögen abzuluchsen. Jennifer gewinnt Emmetts Herz und heiratet ihn. Bald darauf taucht eine Frau auf, die der verstorbenen Martha wie aus dem Gesicht geschnitten ist. AIDT [V]

IM AUGENBLICK DER ANGST

(ANGUSTIA). Spanien 1986. **R:** *Bigas Luna.* **B:** *Bigas Luna.* **K:** *Joseph Civit.* **M:** *J. M. Pagan.* **D:** *Zelda Rubinstein (Mutter), Michael Lerner (John), Talia Paul (Patty), Angel Jove (Killer), Clara Pastor (Linda), Isabel Garcia Lorca (Caroline), Edward Ledden (Arzt), Janet Porter (Laborschwester), Georgie Pinkley (Laura), Francesco Rabella (Don), Jean Paul Soto (Manny), Marc Auba (Jack), Elisa Crehvet (Ann), Gustavo Gili, Antonio Reguera, Joaquin Ribas (Studenten). F (98) 89 Min.*

Junger Mörder, von Mamas Hypnosetalent ferngesteuert, geht seinem Hobby nach. Es besteht darin, Augäpfel zu sammeln – u.a. auch in einem Kino. Derweil treibt in einem anderen Kino ein psychopathischer Mörder sein Unwesen. – »Lunas metaphorischer, metaphysischer, vielleicht sogar meta-hirngeschädigter [Film] ist weniger ein geradeaus gerichteter Horrorstreifen als eine Meditation über das Medium Film an sich.« (THE PHANTOM'S ULTIMATE VIDEO GUIDE) [V]

IM BANN DER PUPPE

(DEVIL'S HAND/DEVIL'S DOLL/THE NAKED GODDESS/LIVE TO LOVE). USA 1961. **R:** *William J. Hole.* **B:** *Jo Heims, Rex Carlton.* **K:** *Meredith M. Nicholson.* **Ma:** *Jack P. Pierce.* **D:** *Robert Alda (Rick), Linda Christian (Bianca), Neil Hamilton (Frank), Ariadne Welter (Donna), Gene Craft, Jeannie Carmen, Julie Scott, Diana Spears. SW 70 Min.*

Voodooisten auf der Jagd nach neuen Konvertiten umgarnen den jungen Rick, der in einem Zauberladen ein Püppchen erstanden hat, und schalten mit Schwarzer Magie seine Freundin aus. Fasziniert von der schnuckeligen Bianca, von der er weiß, dass sie sich an das Böse verkauft hat, macht er mit und zieht aus der Magie seinen Vorteil. Dann überkommen ihn die üblichen Bedenken; er löst sich aus dem Bann seiner neuen Freunde, die ihn mit Sex geködert haben. Ein schmutziger kleiner Exploitation-Film der Preisklasse B.

IM BANN DES TODES

(THE HAUNTING OF SARAH HARDY). USA 1989. **R:** *Jerry London.* **B:** *Thomas Baum, Jim Flanagan.* **V:** *Jim Flanagan.* **K:** *Bojan Bazelli.* **M:** *Michel Rubini.* **D:** *Sela Ward (Sarah Hardy), Michael Woods (Austin Hardy), Roscoe Born (Alan de Viheyn), Polly Bergen (Emily Stepford), Morgan Fairchild (Lucy), Charles Barnard (Neddy), Vana O'-Brian (Caroline), Mitzi Ellis (Nan Claiborne), Rod Polloud (Biff Claiborne). F 90 Min.*

TV-Film. Sarah, eine reiche Erbin, zieht nach der Hochzeit ins Haus ihrer Kindheit, das sie aufgrund des Selbstmordes ihrer Mutter lange gemieden hat. Bald passieren in ihrer Umgebung unerklärliche Dinge, und sie glaubt, wahnsinnig zu werden. Da sie noch nie einen Film gesehen hat, in dem gierige Erbschleicher labile reiche junge Frauen zum Opfer ihrer teuflischen Spiele machen, braucht sie (im Gegensatz zum abgebrühten Zuschauer) einige Zeit, bis sie rafft, dass ihr Gatte eine Geliebte hat und sie beerben will. [V]

IM BANN DES VOODOO-PRIESTERS

Anderer Titel für NÄCHTE DES GRAUENS

IM BANNE DES GRAUENS

(I'M DANGEROUS TONIGHT). USA 1990. **R:** *Tobe Hooper.* **B:** *Bruce Lansbury, Philip John Taylor.* **V:** *Cornell Woolrich.* **K:** *Levie Isaacks.* **M:** *Nicholas Pike.* **D:** *Anthony Perkins (Professor Buchanan), Corey Parker (Eddie), Mädchen Amick (Amy O'-Neill), William Berger, Daisy Hal (Gloria), R. Lee Ermey (Captain Aickman), Natalie Schafer (Gram),*

Mary Frann (Martha), Dee Wallace Stone (Wanda Thatcher), Corey Parker (Eddie), Jason Brooks (Mason). F 88 Min.
TV-Film. Das rote Gewand einer Mumie, die von Wissenschaftlern untersucht wird, macht aus jenen, die es berühren, blutgierige Bestien und aus Frauen geile Schlampen. Erst eine Schere kann die böse Gefahr bannen. [V]

IM BANNE DES UNHEIMLICHEN

BRD 1968. **R:** *Alfred Vohrer.* **B:** *Ladislas Fodor.* **V:** *»Im Banne des Unheimlichen« von Edgar Wallace.* **K:** *Karl Löb.* **M:** *Peter Thomas.* **D:** *Joachim Fuchsberger (Inspektor Higgins), Siv Mattson (Peggy Ward), Wolfgang Kieling (Sir Cecil Ramsey), Pinkas Braun (Fremder), Peter Mosbacher (Ramiro), Hubert von Meyerinck (Sir Arthur), Claude Farell (Adela), Hans Krull (Potter), Otto Stern (Merryl), Ilse Pagé (Miss Finley), Siegfried Rauch (Dr. Brand), Lil Lindfors (Sabrina), Ewa Strömberg (Bibliothekarin), Wolfgang Spier (Bannister), Jimmy Powell (Caspar), Renate Grosser, Edith Schneider, Thomas Danneberg, Max Wittmann, Michael Miller, Dietrich Behne. F 89 Min.*
»Wer ist die lachende Leiche?«, fragt uns das Plakat. Ihr Gelächter ertönt nämlich ganz unverhofft während der Totenmesse von Sir Oliver Ramsey, der gerade das Zeitliche gesegnet hat. Sir Cecil Ramsey ist felsenfest davon überzeugt, dass es sein toter Bruder war, dessen hämisches Gelächter geradewegs aus dem Sarg erklang. Und von nun an wird er von gespenstischen Erscheinungen geplagt: Ein Totenschädelgesicht am Fenster versetzt ihn in Panik, denn er glaubt, dass sein Bruder in Wirklichkeit gar nicht tot ist und ihm an den Kragen will. Tatsächlich kommt es in seinem Umfeld recht bald zu diversen spektakulären Morden: Eine schwarz gekleidete Gestalt mit Totenkopfmaske meuchelt nicht nur den Familienanwalt, sondern auch die Tänzerin Sabrina. Ein Steinmetz namens Ramiro, der aus der Karibik stammen will und auf dem nächtlichen Friedhof einen geheimnisvollen Schatten gesehen hat, ist überzeugt davon, dass hier ein Zombie sein Unwesen treibt, eine Kreatur, so behauptet er, die obwohl tot, nachts ihr Grab verlässt. Damit kann er vielleicht die Naivlinge von Scotland Yard (speziell den farblosen Inspektor Higgins) narren, doch nicht uns: Da Zombies mitnichten Tote sind, die aus ihren Gräbern steigen, sondern vielmehr Lebende, die per Voodoo-Zauber dazu gebracht werden, ihre Identität zu vergessen und ihren Willen zu verlieren (schließlich haben wir *Ich folgte einem Zombie* von Jacques Tourneur gesehen), kann Ramiro nur ein Schwindler sein! Und das ist er in der Tat, auch wenn seine Unwissenheit eher Ladislas Fodor und Edgar Wallace anzulasten ist, die für den Plot dieser Greuelmär verantwortlich zeichnen: Ramiro ist Sir Oliver, wie er leibt, lebt und killt. – »*Im Banne des Unheimlichen* ist ein Musterbeispiel dafür, wie man eine Serie zu Tode reiten kann«, fand (aus anderen Gründen) der FILMDIENST. »Wenn Lust- und Einfallslosigkeit schon unter den Ausführenden sich breit gemacht haben. Lediglich Hubert von Meyerinck spielt unbekümmert an Stoff und Buch vorbei und liefert eine runde, amüsante Selbstpersiflage ab, die in diesem trostlosen Zusammenhang zwar unpassend, aber erfrischend ist.«

IM BLUTRAUSCH DES SATANS

(L'ANTEFATTO/ECOLOGIA DEL DELITTO/ REAZIONE A CATENA). Italien 1971. **R:** *Mario Bava.* **B:** *Mario Bava, Dardano Sacchetti, Carlo Reali, Giuseppe Zaccariello, Filippo Ottoni.* **K:** *Mario Bava, Antonio Rinaldi.* **M:** *Stelvio Cipriani.* **D:** *Claudine Auger, Luigi Pistilli, Brigitte Skay, Claudio Volonté, Anna Maria Rosati, Chris Avram, Paolo Rubens, Leopoldo Trieste, Isa Miranda, Laura Betti, Guido Boccaccoini, Roberto Bonnani, Giovanni Nuvoletti, Renato Cestie, Nocoletta Elmi. F 90 Min.*
Eine Grafensippe setzt alles daran, einander auszurotten, um an ein Erbe zu gelangen. Auch einige geile Teens, die es wagen, in der malerischen Bucht zu campen, die zum Anwesen der Familie gehört, kommen auf »originelle« Weise (per Machete, Axt und Speer) ums Leben. Ironisch, unheimlich und mit für Filme dieser Art überdurchschnittlicher Kameraarbeit. [V]

IM JENSEITS IST DIE HÖLLE LOS

(MOONCHILD) USA 1972. **R:** *Alan Gadney.* **B:** *Alan Gadney.* **K:** *Emmett Alston.* **M:** *Pat Williams.* **D:** *Victor Buono (Maitre D'), John Carradine (Läufer), Mike Travis (Student), Pat Renella (Geschäftsführer), Frank Corsentino (Homunkulus), William Chalee (Alchimist), Janet Landgard (Mädchen), Marie Denn (Zofe). F 90 Min.*
TV-Film. Junger Kunstmaler entdeckt bei der Suche nach Motiven ein prächtiges Schloss und begegnet einer Gruppe von bizarr entstellten

Reinkarnierten, die ihr Leben alle 25 Jahre aufs Neue wiederholen müssen. [V]

IM NAMEN DES TEUFELS

(SLEEP WELL, PROFESSOR OLIVER). USA 1988. **R:** *John Patterson.* **B:** *John Patterson.* **St** *Aaron J. Elkins.* **K:** *Frank Prinzi.* **M:** *Arthur B. Rubinstein.* **D:** *Louis Gossett jr. (Professor Gideon Oliver), Shari Headley, Anthony LaPaglia, Michael Rooker, Cynthia Nixon, Jenny Wright, Tom Sizemore, Anthony LaPaglia, Donna Mitchell, Nicholas Kepros, Mary Fogarty. F 91 Min.*

TV-Film. Okkult-Thriller. Der Anthropologe Gideon recherchiert den Mord an der Mutter einer New Yorker Journalistin, kommt auf die Spur eines modernen Satanskults, der seine Untaten filmt und bringt ihn zur Strecke. [V]

IM RAMPENLICHT DES BÖSEN

(THE FLESH AND BLOOD SHOW). GB 1972. **R:** *Peter Walker.* **B:** *Alfred Shaughnessy.* **K:** *Peter Jessop.* **M:** *Cyril Ornadel.* **D:** *Jenny Hanley, Ray Brooks, Luan Peters, Patrick Barr, Robin Askwith, Judith Matheson. F 86 Min.*

Irrer lockt Schauspieler in ein verfallenes Theater, um sie dort umzubringen, da er sie nicht ausstehen kann. [V]

IM SCHATTEN DES MÖRDERS

(LA NOCHE DE LOS ASESINOS). Spanien 1973. **R:** *Jess Franco.* **B:** *James P. Johnson [Jess Franco].* **V:** *»The Cat and the Canary« von John Willard.* **K:** *Javier Perez Zofio.* **M:** *Carlos Savina.* **D:** *Alberto Dalbés (Major Oliver Brooks/Lord Archibald), Lina Romay (Rita Derian), Evelyne Scott (Marta Tobias), Vicente Boca (Inspektor Bore), Yelena Samarina (Deborah Potts), Luis Barboo (Rufus), William Berger, Maribel Hidalgo, Antonio Mayans, Swen Heinze, José Maria Palacios, P. Martinez, Eduardo Puceiro, Ricardo Vasquez, Jess Franco, Angel Melendez. F 80 Min.*

Nach dem spurlosen Verschwinden und mutmaßlichen Ableben Lord Archibalds werden dessen Verwandte zur Testamentseröffnung in sein düsteres Landhaus gebeten. Dort treibt ein unheimlicher Mörder sein Unwesen: Die Witwe des Lords, Mr. Jennings und eine Zofe kommen auf schauerliche Weise ums Leben. Inspektor Bore (in diesem Fall: Nomen est Omen) ermittelt. Wer die Vorlage kennt, die der Produktion zufolge von Edgar Allan Poe stammt, weiß, dass der teure Verblichene gar nicht bei den Würmern liegt, sondern seine Hand noch immer im Spiel hat. All dies wird ohne den kleinsten Anflug von Sarkasmus und, äußerst beschissen ausgeleuchtet, von einem Ensemble vorgetragen, dessen Talentlosigkeit dem Zuschauer Pickel verursacht. Die Kulissen sind so schauerlich wie der sie abfotografierende Kameramann. AIDT [V]

IM SCHLOSS DER BLUTIGEN BEGIERDE

BRD 1967. **R:** *Percy G. Parker.* **B:** *Eric Martin Schnitzler, Percy G. Parker.* **K:** *Jorge Herrero, Franz Hofer.* **M:** *Jerry van Rooyen.* **D:** *Janine Reynaud (Vera), Howard Vernon (Graf Saxon), Jan Hendriks (Georg von Kassel), Michel Lemoine (Baron Brack), Elvira Berndorff (Elena), Pier A. Caminnecci (Roger), Claudia Butenuth (Marion/Katharina), Vladimir Medar (Alecos). F 80 Min.*

Obwohl Baron Brack mit der ansehnlichen Marion liiert ist, treibt ihn seine sexuelle Begierde dazu, während einer in seinem Hause stattfindenden Party mit der schönen Elena das Weite zu suchen. In seiner Jagdhütte fällt er dermaßen ungestüm über sie her, dass Elena in panischer Angst in die Nacht hinaus flieht. Ihr Verlobter Roger, ihre Schwester Vera und Marion folgen Elenas Spur und finden sie im finsteren Schloss des exzentrischen Grafen Saxon wieder, der die jungen Leute zwingt, in mittelalterlicher Tracht an seiner Tafel Platz zu nehmen, und ihnen eine tragisch-unheimliche Geschichte erzählt: Im Dreißigjährigen Krieg wurde die Tochter eines seiner Ahnen von einer Bande roher Landsknechte geschändet und ermordet. Schuld daran war eine Maitresse, die aus Eifersucht das Mädchen aus dem Weg schaffen wollte. Der Vorfahr Graf Saxons tötete darauf seine Geliebte, um mit deren Blut seine Tochter wieder zum Leben zu erwecken. Nun hat sich die Geschichte wiederholt: Drei Tage zuvor wurde die Tochter des Grafen im Wald von einem Unhold überfallen und in sadistischer Weise zu Tode malträtiert. Graf Saxon, ein medizinisch gebildeter Mann, will sie wieder zum Leben erwecken: Dazu benötigt er das Herz einer jungen Frau. Marion, Baron Bracks Verlobte, fällt ihm zum Opfer. Während Elena, Vera und Roger in Panik verfallen und durch das unheimliche Gemäuer irren, dringt Brack blutüberströmt ins Schloss ein: Er ist von einem Bären angefallen worden. Nachdem Graf Saxon sein blutiges Experiment (eine Herzverpflanzung) beendet hat, erhebt sich seine Tochter Katharina wie eine wandelnde Tote. Als sie Brack sieht, erkennt sie in ihm ihren Peiniger. Graf Saxon richtet ihn mit einem Schwert – und tötet dabei auch versehentlich seine geliebte Tochter. – »Obwohl man ziemlich oft Shakespeare zitiert, der Kameramann sein Bestes leistet und auch das Schauspiel zum Teil überdurchschnittlich war, befriedigt der Film nicht. Ein Gruselfilm für gehobene Ansprüche, doch missglückt.« (Albrecht B. Stuby, ANDROMEDA). – Gerüchten zufolge soll Regisseur Percy G. Parker mit Jess Franco identisch sein (Kameramann, Filmkomponist und diverse Hauptdarsteller waren seinerzeit »Bestandteile« seiner *stock company)*. Franco hat dies jedoch bestritten. Es spricht einiges dafür, dass Adrian Hoven hier unter Pseudonym gearbeitet hat; darüber hinaus hat seine Firma Aquila den Film auch produziert.

IM TEUFELSSTURM

(THE LIGHTNING INCIDENT). USA 1991. **R:** *Michael Switzer.* **B:** *Michael Murray, Michael Switzer.* **K:** *Victor Goss.* **M:** *J. Peter Robinson.* **D:** *Nancy McKeon (Martha Townsend), Polly Bergen (Carol Eastman), Tantoo Cardinal (Vivian Dominguez), Tim Ryan (Matt Townsend), Elpidia Carrillo (Dolores Mutter), Miriam Colón (Dolores). F 90 Min.*

TV-Film. Martha, eine junge Künstlerin und Halbblut, erwartet ein Kind. Sie lebt mit ihrem Mann Matt in Mexiko. Martha hat seltsame Visionen, die sie in Kunst umsetzt. So hat sie u.a. ein riesiges Areal aus Stahlstangen geschaffen, die Blitze anlocken sollen. Die Visionen werden bedrohlicher; Martha nimmt widerwillig die Hilfe der Psychiaterin Vivian an. Die Visionen werden vom kläglichen Rest eines Indianerstammes gesteuert: Die Stammesoberste und ihre Tochter Dolores wollen Marthas Kind haben, denn mit seinem Tod soll sich eine uralte Prophezeihung erfüllen, die den Stamm von Unfruchtbarkeit befreit. Matt wird umgebracht, Säugling geraubt. Mit Vivians Hilfe kommt Martha einem alten Geheimnis auf die Spur: Ihre Mutter, die seit dem angeblichen Tod ihres Mannes bei einer Forschungsexpedition als einzige Überlebende in Sanatorien lebt, hat den Fluch der Indianer auf sich geladen. Das Forschungsteam sollte mit einem Malariaimpfstoff experimentieren, und die Indianer waren willige Versuchsobjekte. Doch der Impfstoff hat sie unfruchtbar gemacht. Marthas Mutter verliebte sich in den Stammeshäuptling und wurde schwanger. Als die Auswirkungen des Serums offenbar wurden, blendeten die Indianer ihren Führer und töteten die Expeditionsteilnehmer. Martha erkennt, dass sie über die magischen Kräfte des Stammes verfügt und reist den Indianern hinterher, um ihr Kind zu retten, was ihr mit Hilfe ihrer Macht über die Blitze und ihrem geblendeten Vater (der überraschenderweise doch noch lebt) auch gelingt. – Der Film erzählt seine Geschichte mit einfachen Bildern erstaunlich spannend und dicht. Flüche dienten natürlich schon zahllosen Zelluloidwerken als Grundlage, doch Regisseur/Autor Switzer ist es gelungen, dem abgegriffenen Stoff neue Wendungen zu verleihen. [V]

IM TODESGRIFF DER ROTEN MASKE

(THE OBLONG BOX). GB 1969. **R:** *Gordon Hessler.* **B:** *Lawrence Huntingdon, Christopher Wicking.* **V:** *»The Oblong Box« von Edgar Alla Poe.* **K:** *John Coquillon.* **M:** *Harry Robinson.* **D:** *Vincent Price (Julian Markham), Christopher Lee (Dr. Neuhartt), Rupert Davies (Joshua Kemp), Uta Levka (Heidi), Sally Geeson (Sally Baxter), Alastair Williamson (Sir Edward Markham), Hilary Dweyer (Elizabeth), Peter Arne (Samuel Trench), Harry Baird (N'Galo), Carl Rigg (Mark Norton), Maxwell Shaw (Tom Hackett), Michael Balfour (Ruddock), Godfrey James (Weller), Ivor Dean (Hawthorne). F 90 Min.*

Im Todesgriff der roten Maske

Englischer Edelmann, von afrikanischem Medizinmann fälschlich für einen Kindermörder gehalten, wird von selbigem grässlich verunstaltet und fristet sein Dasein fortan als maskierter Kinderschreck im Familienschloss, bis ihn ein schräger Anwalt Arzt in den Zustand des Scheintodes versetzt und zum Friedhof befördert. Ein irrer Skalpellschwinger, der aus beruflichen Gründen Leichen exhumiert und obduziert, gräbt ihn wieder aus, woraufhin der Edelmann auszieht und allerlei Untaten begeht, bevor er seinem Bruder vor die Flinte läuft. Dieser sieht am Ende jedoch kaum schöner aus als der, der für sein Verbrechen büßen musste. Eine wirre Geschichte mit zahlreichen Leichen, knarrenden Türen, schreienden Käuzchen, nicht vorhandener Spannung, und »gewiss kein Meisterwerk«. (John Brosnan, THE HORROR PEOPLE)

IM TODESTAL DER WÖLFE

(THE HILLS HAVE EYES II). USA 1984. **R:** *Wes Craven.* **B:** *Wes Craven.* **K:** *David Lewis.* **SpE:** *Richard Brownfield.* **Ma:** *Ken Horn.* **M:** *Harry Manfredini.* **D:** *Michael Berryman (Pluto), John Laughlin (Hulk), Tamara Stafford (Cass), Kevin Blair (Roy), John Bloom (Reaper), Janus Blythe (Rachel/Ruby), Peter Frechette (Harry), Robert Houston (Bobby), David Nichols (Psychiater), Willard Pugh (Foster), Colleen Riley (Jane), Penny Johnson (Sue), Brenda Marinoff (Kathy), Edith Fellows (Mrs. Wilson), Virginia Vincent (Ethel), James Withworth (Jupiter), Susan Lanier (Brenda), Lance Gordon (Mars), Martin Speer (Doug). F 90 Min.*

Vorgeschichte: *Hügel der blutigen Augen.* – Obwohl von brutalen Visionen geplagt, die man preiswert aus dem ersten Teil rausgeschnitten und in diesen reingeklebt hat, lässt Timothy acht Jahre nach der Wüstenmetzelei zu, dass seine Freundin Rachel (früher: Ruby) mit einigen Freunden in die Wüste fährt, weil sie a) an einer Rallye teilnehmen und b) einen neuen Supertreibstoff testen wollen. Es kommt, wie es kommen muss: Ein Leck im Tank ihres Busses zwingt die jungen Leute, in der Wildnis an einer stillgelegten Mine Halt zu machen, so dass die Überlebenden der Kannibalenfamilie Wood Gelegenheit haben, sie auf originelle Weise abzuschlachten. Sämtliche Charaktere benehmen sich, als hätten sie noch nie einen Horrorfilm gesehen, in dem genau das passiert, was ihnen widerfährt: Obwohl alle wissen, dass der Schlitzer im Dunkeln lauert, nehmen wir schnell 'ne Dusche im Freien bzw. laufen ausschließlich an den Orten herum, die am wenigsten einsehbar und am unheimlichsten sind. Es überleben: ein Motorradfahrer, seine blinde Freundin und ein Schäferhund. Die Bösen stürzen in den Abgrund. Ein Film, bei dem man laufend aufschreit, denn er tut wirklich weh. AIDT [V]

IM ZEICHEN DES RABEN

Anderer Titel für TERROR IN DER OPER

IMMER ÄRGER MIT HARRY

(THE TROUBLE WITH HARRY). USA 1955. **R:** *Alfred Hitchcock.* **B:** *John Michael Haves.* **V:** *»The Trouble with Harry« (1949) von Jack Trevor Story.* **K:** *Robert Burks.* **SpE:** *John P. Fulton.* **M:** *Bernard Herrmann.* **D:** *Edmund Gwenn (Captain Albert Wiles), John Forsythe (Sam Marlowe), Shirley MacLaine (Jennifer Rogers), Mildred Natwick (Miss Cravely), Jerry Mathers (Arnie Rogers), Mildred Dunnock (Mrs. Wiggs), Royal Dano (Sheriff Calvin Wiggs), Parker Fennelly (Millionär), Barry Macollum (Landstreicher), Dwight Marfield (Dr. Greenbow), Leslie Wolff (Kritiker), Ernest Curt Bach (Chauffeur), Philip Truex (Harry Worp). F 99 Min.*

An einem von Wärme durchfluteten Herbsttag fallen in einem Wald bei Vermont drei Schüsse. Kurz darauf findet der kleine Arnie die Leiche eines Mannes: Harry. Der Ärger mit Harry kann beginnen. Von Arnie herbeigeholt, stellt seine Mutter Jennifer entsetzt fest, dass es sich bei der Leiche um ihren Ex-Ehemann handelt. Ein schlechtes Gewissen beschleicht sie, hatte sie ihn doch beim letzten Besuch mit einer gefüllten Milchflasche beworfen. Doch andere plagen sich auch mit Schuldgefühlen. Der pensionierte Kapitän Wiles befürchtet, bei der Kaninchenjagd Kimme und Korn ein wenig verzogen und so den Spaziergänger erwischt zu haben. Auch den Maler Sam Marlowe plagen Gewissensbisse, und die alte Miss Gravely war zu Harrys offensichtlich sehr bewegten Lebzeiten mit einem Nagelschuh auf ihn losgegangen. Beliebt hat Harry sich jedenfalls nicht gemacht, so dass den vier potentiellen Tätern statt Trauer und Reue nur die Sorge bleibt, Harry so schnell wie möglich verschwinden zu lassen. Und so kommt es, dass die Leiche wiederholt fortgeschleppt, ein- und ausgegraben und in Badewannen deponiert werden muss. Der Sheriff hat mittlerweile bei einem Landstreicher Harrys Schuhe sichergestellt und sucht nach dem Eigentümer. In letzter Not schaffen die vier »Verantwortlichen« Harrys Leiche in Jennifers Haus und ziehen den Hausarzt zu Rate. Der stellt normales Herzversagen fest. Niemand hat Harry umgebracht. Wie im Triumph bugsieren Jennifer, Wiles, Marlowe und Miss Gravely Harry in den Wald zurück, wo er nun ganz offiziell von der Polizei gefunden werden darf. – »Diese Komödie verhält sich zu den großen spektakulären Hitchcock-Filmen *Das Fenster zum Hof* oder *Aus dem Reich der Toten* etwa so wie eine launige Aquarellskizze zu einem düsteren Ölbild – es ist ein witziges Capriccio, eine geistreiche Fingerübung in makabrem Humor, in Ironie und Understatement. Mit gemütvollem Schmunzeln verkauft Hitchcock, der sanfte Bourgeois mit der unverhohlenen Lust an der Grausamkeit, seine subversive Botschaft vom Gesetzesbrecher und Gewalttäter, der möglicherweise in jedem Menschen versteckt lauert ... Mit beeindruckendem Stilwillen hält Hitchcock die beschauliche und zugleich heitere Grundstimmung, die unterkühlte Schauspielerführung, die leise Dialogpointierung und den hinterhältig-aufklärerischen Humor durch. Er bringt Tod und Lebensfreude, Grauen und Komik, Grausamkeit und Unschuld gekonnt in die Schwebe.« (Hubert Haslberger, FILM-DIENST) [DVD]

IMMER BEI ANBRUCH DER NACHT

(THE VAMPIRE). USA 1957. **R:** *Paul Landes.* **B:** *Pat Fielder.* **K:** *Jack MacKenzie.* **M:** *Gerald Fried.* **D:** *John Beal (Dr. Paul Beecher), Coleen Gray (Carol Butler), Kenneth Tobey (Buck Donley), Lydia Reed (Betsy Beecher), Dabbs Green (Dr. Will Beaumont), Herb Vigrar (George Ryan), Paul Brinegar (Willie Warner), Ann Staunton (Marion Wilkins), James Griffith (Henry Winston), Wood Romoff (Dr. Matt Campbell). SW 77 Min.*

Dr. Paul Beecher nimmt aus Versehen eine Tablette, die sein kurz zuvor verstorbener Kollege Campbell entwickelt hat. Diese aus dem Extrakt von Fledermäusen hergestellte Medizin soll dazu dienen, die animalischen Instinkte des Menschen zu regenerieren und gleichzeitig sein Bewusstsein auszuschalten. Beecher verwandelt sich tatsächlich in einen Vampir und ermordet mehrere Menschen, ohne bewusst davon zu wissen. Als ihm dämmert, dass er der unheimliche Killer ist, der überall gesucht wird, will er sich das Leben nehmen. Das Schicksal meint es jedoch weniger gut mit ihm: Als er die letzte Metamorphose durchläuft und die Krankenschwester Carol anfällt, setzt Buck Donley, der Ortspolizist, ihn außer Gefecht. Im Tod nimmt die Vampirvisage wieder die Züge Beechers an. Wenn uns das Ende dieser Geschichte bekannt vorkommt, liegt es daran, dass wir a) zu viele Horrorfilme gesehen haben, b) die Einfallslosigkeit des Drehbuchautors wirklich größer ist, als sich sogar der Übelmeinendste vorstellen kann. *Dr. Jekyll und Mr. Hyde* lassen grüßen.

IMMER PUNKT 7

(THE COUCH). USA 1961. **R:** *Owen Crump.* **B:** *Robert Bloch.* **St:** *Blake Edwards, Owen Crump.* **K:** *Harold Stine.* **M:** *Frank Perkins.* **D:** *Grant Williams (Charles Campbell), Shirley Knight (Terry), Onslow Stevens (Dr. Janz), William Leslie (Lindsay), Anne Helm (Jean), Simon Scott (Lt. Kritzmann), Michael Bachus (Sgt. Bonner), John Alvin (Sloan), Harry Holcombe (Staatsanwalt), Hope Summers (Mrs. Quimby). SW 100 Min.*

Charles Campbell ist ein Psychopath, auch wenn er tagsüber den netten jungen Mann von nebenan mimt. Während er täglich brav zu seinem Psychiater Dr. Janz geht und dessen Nichte Terry den Hof macht, meldet er sich abends anonym telefonisch bei der Polizei von Los Angeles und kündigt an, dass Punkt sieben jemand sterben wird. Und so kommt es auch. Und noch einmal. Die Menschen, die Campbell wahllos tötet, sind nur ein »Test« für seinen großen Coup: Da er an einem starken Vaterkomplex leidet, will er sich des Psychiaters entledigen, der sich in väterlicher Weise seiner angenommen hat. – Ein Psycho-Thriller wie hundert andere, jedoch nicht ohne Spannung.

IN DEN FÄNGEN DER SCHWARZEN SPINNE

(THE SECRET OF MY SUCCESS). GB 1965. **R:** *Andrew L. Stone.* **B:** *Andrew L. Stone.* **K:** *David Boulton.* **M:** *Roland Shaw.* **D:** *Shirley Jones (Marigold Marado), Stella Stevens (Violet Lawson), Honor Blackman (Baroness von Lukenburg), James Booth (Arthur Tate), Lionel Jeffries (Inspektor Hobart/Baron von Lukenburg/Präsident Esteda/Graf von Aldershot), Amy Dolby (Mrs. Tate), Joan Hickson (Mrs. Pringle), Robert Barnete (Colonel Armandez), Nicolaus Breyner (Pallazzio). F 98 Min.*

Das Geheimnis von Arthur Tates Erfolg liegt darin, dass er ein Schoßkind des Glücks ist und eine Mutter hat, die ihm mit miesen Tricks den

Karriereweg ebnet. So versteht er es bestens, seine leicht trotteligen Vorgesetzten bei der Polizei immer schlechter dastehen zu lassen als sich selbst: Als er einen mysteriösen Mord auf dem Landsitz derer von Lukenburg aufzuklären hat, findet er zwar im Keller des Anwesens ein Rudel Riesenspinnen und unter dem Sofa einen toten Butler, verhaftet jedoch den Baron, denn dessen Gattin kann glaubhaft machen, dass er ein »verrückter Wissenschaftler« ist. Dennoch wird Arthur stets befördert – bis zum Verbindungsoffizier des Präsidenten von Guanduria, der jedoch kurz nach Arthurs Einreise sein Amt niederlegen muss, als eine revolutionäre Gruppe, als Filmteam verkleidet und mit einem Drehbuch arbeitend, dessen Revolutionsplot nur allzu ernst gemeint ist, zuschlägt. – Eine makabre englische Komödie, in der Lionel Jeffries in gleich vier Rollen brilliert. Geschliffene Dialoge und eine spritzige Atmosphäre verdrängen die Gruseleffekte jedoch fast zur Gänze.

IN DEN KRALLEN DES HEXENJÄGERS

(THE BLOOD ON SATAN'S CLAW). GB 1970. **R:** *Piers Haggard.* **B:** *Robert Wynne-Simmons, Piers Haggard.* **K:** *Dick Bush.* **M:** *Marc Wilkinson.* **D:** *Patrick Wymark (Richter), Linda Hayden (Angel Blake), Barry Andrews (Ralph Gower), Avice Landon (Isobel Banham), Simon Williams (Peter Edmonton), Tamara Ustinov (Rosalind), Anthony Ainley (Rev. Fallowfleld), Howard Goomey (Arzt), Robin Davies (Mark Vespers), James Hayter (Squire Middleton), Wendy Padbury (Cathy), Michele Dotrice (Margaret), Charlotte Mitchell (Ellen). F 88 Min.*

1670, in einer ländlichen Gegend in England: Der Knecht Ralph Gower gräbt die Überreste des Satans aus dem Boden: einen einäugigen Schädel und eine haarige Pranke. Entsetzt eilt er zum Heim seiner Herrin Isobel Banham, die gerade einen Richter zu Gast hat. Als dieser sich die Fundstelle ansieht, sind die Körperteile verschwunden. In der folgenden Nacht wird ein Mädchen wahnsinnig: Ihre Hand hat sich in eine haarige Klaue verwandelt. Als ihr Verlobter von einem ähnlichen Greifwerkzeug gepackt wird, stößt er mit dem Messer zu und muss feststellen, dass er sich selbst amputiert hat. Angel Blake, eine Schülerin, findet die Pranke des Satans und organisiert einen Teufelskult aus Halbwüchsigen, um Satan wieder zum Leben zu erwecken. Unter ihrer Anleitung bringt die Gruppe einen kleinen Jungen um, der Satan als Opfer dargebracht werden soll. Es kommt zu einer Orgie, in deren Verlauf Ralphs Freundin vergewaltigt und getötet wird. Als sich Ralphs Hand in eine abscheuliche Klaue verwandelt, wird ihm klar, dass er das nächste Opfer der Satanisten ist. Er bringt den Richter dazu, mit den Satanisten aufzuräumen. Als Angel und ihre Anhänger den Teufel in einer finsteren Grotte herbeirufen wollen, fallen der Richter und seine Leute über die Kultisten her. In einem blutigen Gemetzel verlieren Angel und die ihren das Leben. Satan zieht sich in die Unterwelt zurück.

»Englands historischer Roman-Bestseller«, kreischt die Verleihwerbung, »jetzt als großer sensationeller Farbfilm!« Erstens: Es gab keinen Roman-Bestseller dieses Titels, weder in Großbritannien noch anderswo. Zweitens: »Es ist praktisch unmöglich, Filme wie diesen vom ästhetischen Standpunkt aus zu beurteilen. Die grobe Dummheit der Vorgänge, die totale Abwesenheit irgendwelcher psychologischer Tiefe, die Unverständlichkeit vieler Einzelheiten ... verbieten es von vornherein.« (Corrado Marucci, FILMDIENST) Ein »Hexenjäger« spielt in diesem Film überhaupt keine Rolle: Stand im Hintergrund vielleicht der Gedanke, man kön-

In den Krallen des Hexenjägers

ne nach Kassenfüllern wie *Der Hexenjäger* (GB 1968; Regie: Michael Reeves) und *Hexen bis aufs Blut gequält* (BRD 1969; Regie: Michael Armstrong) noch mal kräftig absahnen – und sei es auch nur aufgrund eines viel versprechenden Titels? – »In dem Moment, [als] der jugendliche Held ... in den Bannkreis des Satans gezogen wird, gerät jedoch das Finale zu einem schaurig misslungenen Melodram: optisch will man mit der Zeitlupe, akustisch mit schrillen Musik-Dissonanzen und dramaturgisch mit Feuer und Schwert demonstrieren, wem die Siegeskrone gebührt. (Tücke des Objekts: die eingesetzten Mittel kommen sich gegenseitig ins Gehege und offenbaren die Schwäche des auf plumpe Wirkung angelegten Spektakels. Mit einem Dünnblech-Schwert, das infolge der Zeitlupe vibriert wie ein Flugzeugpropeller, dürfte selbst der ›Hexenjäger‹ dem Neunschwänzigen nur den Mantel geritzt haben).« (Wolfgang Kühn, VAMPIR) – »Das Ganze ist sehr verworren und dient nur dem Zweck, recht viele blutige Gruselschocks einzubauen, die allerdings in der ebenso stimmungs- wie spannungslosen Atmosphäre nur mäßig zur Wirkung kommen.« (Eva Kröhnke-Zimmermann, FILMECHO/FILMWOCHE)

IN DER GEWALT DER ZOMBIES

(LA NOTTE DEGLI ZOMBIES/LE NOTTI EROTICHE DEI MORTI VIVENTI). Italien 1980. **R:** *Joe d'Amato [Aristide Massaccesi].* **B:** *Tom Salina.* **K:** *Aristide Massaccesi.* **M:** *Pluto Kennedy.* **D:** *Laura Gemser (Luna), George Eastman (Larry), Dirce Funari (Fiona), Mark Shannon (Ross Wilson). F 88 Min.*

Im Auftrag einer multinationalen Hotelkette soll der Architekt John Wilson eine abgelegene Insel erforschen, auf der ein Ferienparadies entstehen soll. Zusammen mit dem Mädchen Fiona und dem Bootsverleiher Larry macht er sich auf. Das Eiland beherbergt zwei Menschen: die hübsche Eingeborene Luna und einen verwitterten alten Knaben, der über mysteriöse Kräfte gebietet. Man gibt den Besuchern zu verstehen, dass sie nichts unternehmen sollen, was den Frieden der Insel stören könnte. Um ganz sicherzugehen, dass die Zivilisation keinen Einzug hält, steigen in der Nacht die Toten eines verwilderten Friedhofs aus ihren Gräbern. Wilson fällt ihnen zum Opfer. Fiona und Larry nehmen die Beine in die Hand. Sie überstehen den folgenden Albtraum zwar körperlich, aber nicht geistig. – Sex und Horror, das ist die Masche, nach der Joe d'Amato Filmchen strickt. Zwar ist sein Star Laura Gemser hübsch anzusehen, aber die Streifen, in denen sie agiert – und dafür ist dieser ein Musterbeispiel – beleidigen jedes denkende Lebewesen.

IN EINER KLEINEN STADT

(NEEDFUL THINGS). USA 1993. **R:** *Fraser C. Heston.* **B:** *W. D. Richter.* **V:** *»In einer kleinen Stadt« von Stephen King.* **K:** *Tony Westman.* **SpE:** *Gary Paller.* **M:** *Patrick Doyle, Edvard Grieg, Franz Schubert.* **D:** *Max von Sydow (Leland Gaunt), Ed Harris (Sheriff Alan Pangborn), Bonnie Bedelia (Polly Chalmers), Amanda Plummer (Nettie Cobb), J. T. Walsh (Buster Keaton), Ray McKinnon (Deputy Ridgwick), Duncan Fraser (Hugh Priest), Valri Bromfield (Wilma Jerzyk), Shane Meier (Brian Rusk), William Morgan Sheppard (Pater Meehan), Don S. Davis (Reverend Rose), Campbell Lane (Frank Jewett), Eric Schneider (Henry Beaufort), Frank C. Turner (Pete Jerzyk), Gillian Barber (Myrtle Keeton), Deborah Wakeham (Myra), Tamsin Kelsey (Sheila Ratcliff), Lochlyn Munro (John LaPointe), Billy Croft (Andy Clutterbuck), Dee Jay Jackson (Eddie Warburton), Ann Warner Pegg (Ruth Roberts), Gary Paller (George Cobb). F 120 Min.*

Mr. Gaunt eröffnet in dem kleinen New England-Städtchen Castle Rock ein Antiquitätengeschäft, das für jeden Bürger einen Gegenstand bereithält, der ihm gefällt. Mr. Gaunt verlangt als Bezahlung nur »einen kleinen Gefallen«. Je-

In der Gewalt der Zombies

In einer kleinen Stadt

der Gefallen, den seine Kunden ihm erweisen, führt letztlich dazu, dass die ansonsten braven Bürger des Örtchens ihren Mitmenschen plötzlich gemeine Dinge antun, was böses Blut erzeugt und immer weiter eskaliert. Bald sind die Menschen einander nicht mehr grün, und die ersten greifen zur Waffe. Als der erste Tote zu beklagen ist, gelangt Sheriff Pangborn zu der Überzeugung, dass der bescheidene Mr. Gaunt die Menschen gegeneinander aufhetzt. Er irrt sich nicht: Der alte Herr ist der Teufel in Menschengestalt. Bald steht Castle Rock in Flammen. – Wie die meisten Romane Stephen Kings entpuppt sich auch dieser auf der Leinwand als Rohrkrepierer. Die Charakterisierungen der Romanvorlage kommen nicht zum Tragen; die Figuren sind Pappcharaktere, deren Motive einem haarsträubend doof erscheinen. Außerdem ist die Geschichte zerfasert; die Subplots sind Legion, und irgendwann interessiert einen der ganze Scheiß überhaupt nicht mehr, so sehr Max von Sydow und Ed Harris sich auch bemühen.

INCUBUS – MÖRDERISCHE TRÄUME

(THE INCUBUS). USA 1981. **R:** *John Hough.* **B:** *George Franklin.* **K:** *Albert J. Dunk.* **Ma:** *Maureen Sweeney.* **M:** *Stanley Myers.* **D:** *John Cassavetes (Dr. Sam Cordell), Kerrie Keane (Laura Kincaid), Helen Hughes (Agatha Galen), Erin Flannery (Jenny Cordell), Duncan McIntosh (Tim Galen), John Ireland (Hank Walden), Harvey Atkins (Joe Prescott), Harry Ditson (Lt. Drivas), Mitch Martin (Mandy Pullman), Matt Birman (Roy Seeley), Beverley Cooper (Pru Keaton), Brian Young (Charles Prescott), Barbara Franklin (Mrs. Pullman), Wee Lee (Pullman), Neil Dainard (Ernie Barnes), Jennifer Leak (Deena Ferrin). F 92 Min.*
Gestaltwandelnder geiler Dämon, aufgrund von Träumen materialisiert, macht ein Kaff in Wisconsin unsicher. Dr. Cordell ist äußerst beunruhigt; ebenso der junge Tim, denn die meisten, die der bösen Kraft zum Opfer fallen, waren seine Freundinnen. Das Gummikostüm des Incubus ist lachhaft; die Geschichte stellenweise wirr; der Film selbst ist ein reines Abschreibungsprojekt. [V]

INFERNO IM MOOR

Anderer Titel für BLUTHUNDE

INNOCENT PREY

(INNOCENT PREY). Australien 1988. **R:** *Colin Eggleston.* **B:** *Martin Balsam, Ron McLean.* **K:** *Vincent Monton.* **M:** *Brain May.* **D:** *P. J. Soles (Cathy), Kit Taylor (Joe), Martin Balsam (Sheriff), Grigor Taylor (Rick), John Warnock (Hotelier). F 87 Min.*
Die Hausfrau Cathy folgt ihrem Gatten Joe zwecks Überprüfung der ehelichen Treue zu einem Motel und sieht zu ihrem Schreck, dass er seiner Gespielin die Kehle durchschneidet. Die Polizei hält Joe für einen lange gesuchten Serienmörder und knastet ihn ein. Doch Joe entweicht aus der Haft. Cathy flieht zu Freunden nach Australien. Joe folgt ihr. Damit nicht genug: Auch Cathys Gastgeber ist ein Psychopath. Zwar erledigt er Joe, doch dann wird er zur tödlichen Bedrohung für Cathy und ihren neuen Geliebten. – Dieser Psychothriller hat neben seiner an den Haaren herbeigezogenen Geschichte zwar auch eine Pointe, kann aber nicht verhehlen, dass seine »Idee« der Groschenromankultur entstammt. [V]

INSECT

(INSECT/BLUE MONKEY/GREEN MONKEY). USA 1987. **R:** *William Fruet.* **B:** *George Goldsmith.* **K:** *Brenton Spencer.* **M:** *Patrick Coleman.* **D:** *Steve Railsback (Bishop), Gwynyth Walsh (Dr. Carson), Susan Anspach (Dr. Glass), John Vernon (Roger), Joe Flaherty (George Baker), Robin Duke (Sandra Baker), Don Lake (Elliot Jacobs), Sandy Webster (Fred Adams), Helen Hughes (Marwella), Joy Coghill (Dede Wilkens). F 98 Min.*
Ein raupenähnliches Monsterinsekt sucht ein Krankenhaus heim, in dem es von Kindern und besoffenen alten Schachteln wimmelt.

INSEL DES SCHRECKENS

(WHODUNIT?/SCARED ALIVE). USA 1982. **R:** *Bill Naud.* **B:** *Bill Naud.* **K:** *Thomas E. Spalding.* **M:** *Joel Goldsmith.* **D:** *Terry Goodman (Steve Faith), Roy Gardner (Franklin Phlem), Gary Phillips (Taylor), Rick Dean (Jim), Marie Alise (Donna), Jim Piper (John), Bari Suber (BJ) Richard Helm (Rick), Jeanine Marie (Lyn), Red McVay (Bert), Gary Phillips (Taylor), Jim Piper (John), Michael Stroka (Bürgermeister). F 78 Min.*

Techniker und Schauspieler einer auf einer abgelegenen Insel drehenden Filmgesellschaft werden von einem Killer dezimiert. Nach der Entlarvung des vermeintlichen Täters muss die einzige Überlebende erkennen, dass der Produzent die Morde in Auftrag gegeben hat, um sie in einem Snuff-Film zu verbraten. [V]

INSEL DES TERRORS

(ZOMBIE ISLAND MASSACRE). USA 1984. **R:** *John N. Carter.* **B:** *Logan O'Neill, William Stoddard.* **K:** *Bob Baldwin.* **Ma:** *Dennis Eger.* **M:** *Harry Manfredini.* **D:** *David Broadnax, Rita Jenrette, Tom Cantrell, Ian McMillan, Debbie Ewing, Tom Fitzsimmons. F 85 Min.*

Insassen eines Touristenbusses beobachten auf einer Karibikinsel eine Woodoo-Zeremonie und werden anschließend nacheinander niedergemetzelt, ohne dass man je einen der im Originaltitel erwähnten Zombies zu Gesicht kriegt. Unter Umständen wurde der Film aber von Zombies hergestellt. »Nach vielen ›Oh, my God's‹ stellt sich heraus, dass heroinsuchende Kolumbianer hinter den Morden stecken. Ein Fake, mit anderen Worten.« (SCIENCE FICTION TIMES) [V]

INSEMINATION – WIEGE DES GRAUENS

(MISBEGOTTEN). USA 1997. **R:** *Mark L. Lester.* **B:** *Larry Cohen.* **V:** *James Gabriel Berman.* **K:** *Mark Irwin.* **M:** *Paul J. Zaza.* **D:** *Kevin Dillon (Billy Crapshoot), Nick Mancusco (Paul Bourke), Lysette Anthony (Caitlin Bourke), Robert Lewis (Detective Cross). F 92 Min.*

Geschickt aufgebauter Psychohorror um einen impotenten Ehemann und seine Frau, denen in der Samenbank das Missgeschick unterläuft, dass sie zum Samen eines Serienmörders greifen.

INTERVIEW MIT EINEM VAMPIR

(INTERVIEW WITH THE VAMPIRE). USA 1994. **R:** *Neil Jordan.* **B:** *Neil Jordan.* **V:** *»Interview mit einem Vampir« von Anne Rice.* **K:** *Philippe Rousselot.* **SpE:** *Stan Winston, Yves De Bono.* **M:** *Elliot Goldenthal.* **D:** *Brad Pitt (Louis de Ponte du Lac), Tom Cruise (Lestate), Antonio Banderas (Armand), Christian Slater (Malloy), Virginia McCollam (Hure), John McConnell (Spieler), Mike Seeling (Zuhälter), Thandie Newton (Yvette), Lyla Hay Owen (Witwe St. Clair), Stephen Rea. F 122 Min.*

San Francisco, Gegenwart: Der Ex-Pflanzer und Sklavenhalter Louis de Ponte du Lac erzählt einem Journalisten sein Leben: Im 18. Jahrhundert sucht er nach dem Ableben seiner Frau in Louisiana den Sinn des Lebens. Er begegnet dem skrupellosen Vampir Lestat, der ihn saugt und zum Untoten macht. Lestat lebt seine Blutgier hemmungslos aus; Louis ekelt sich vor der Vorstellung, Menschen zu töten, um leben zu können: Er hält sich an Ratten. Doch irgendwann überkommt auch ihn der Rausch; er saugt die elfjährige Waise Claudia, die fortan ebenfalls ein Dasein als Vampir fristet. Lestat gliedert sie seinem Clan an. Zu dritt, fast wie eine Familie, flaniert man durch die schicken Orte dieser Welt (z.B. Paris) und frönt seinen Leidenschaften, bis die Gemeinschaft zerbricht und Louis und Claudia sich absetzen. Louis, der Verfluchte, reist nicht nur durch Länder, sondern auch durch die Zeiten. Je näher er der Gegenwart kommt, desto wunderlicher wird die Welt, und irgendwann erlebt er im Kino etwas, das er seit langem nicht mehr kennt: einen Sonnenaufgang in dem Film *Sunrise* (USA 1927, Regie: F. W. Murnau). Murnau ist es auch, der mit *Nosferatu* (1922) das Leben eines Vampirs auf die Leinwand bringt. – »Der Film ist ein Feuerwerk für die Sinne: Elegant und schwelgerisch, bombastisch, aber nicht ausufernd, voller Charme und Ironie. Ein überzeugender Neubeginn für eine Spielart des phantastischen Kinos.« (Jörg Krömer, ANDROMEDA-NACHRICHTEN) [V]

INVASION DER BLUTFARMER

Anderer Titel für INVASION DER TOLLWÜTIGEN

INVASION DER TOLLWÜTIGEN

(INVASION OF THE BLOOD FARMERS). USA 1971. **R:** *Ed Adlum.* **B:** *Ed Kelleher, Ed Adlum.* **K:** *Frederick Douglass.* **M:** *Beau Eurell, E. J. Smutt.* **D:** *Norman Kelly (Dr. Roy Anderson), Cynthia Fleming (Onhorrid), Tanna Hunter (Jenny Anderson),*

Bruce Detrick (Don Tucker), Paul Craig Jennings (Creton), Richard Erickson (Sontag), Frank Iovieno (Frank Spano), Jack Neubeck (Egon), Lucy Grant (Mrs. Greenman), Warren D'Oyly-Rhind (Ogmar), Tom Edwards, Joseph McDermott, Allan Charlet, John Stewart, Richard Kennedy, Arthur Pyle, Xanthe Ellis, David Scuccimarra, John Greenman, James Foley, Stanley Roseman, Edouard Dauphin, Pat Riarch. F 80 Min.

In einer ländlichen Gegend von New York sind als Bauern verkleidete Angehörige eines Druidenkults unterwegs. Sie halten nach Menschen mit einer seltenen Blutgruppe Ausschau, die sie benötigen, um ihre Königin Onhorrid wieder zum Leben zu erwecken. Jenny Anderson, die Tochter eines Pathologen, hat zufällig diese Blutgruppe. Die Druiden entführen sie auf ihre Farm, wo sie geopfert werden soll, damit Onhorrid leben kann. Jennys Verlobter Don stürmt die Farm der Kultisten mit einem Polizeiaufgebot. – »Aufgrund der Amateurhaftigkeit der Darstellung, der steinzeitlichen Regiearbeit und der jedem Anfänger als Bluff erkenntlichen ›Spezialeffekte‹ wurde diesem Streifen in Schundfilm-Expertenkreisen höchstes Lob zuteil. Man teilte ausnahmslos die Ansicht, dass die übertriebene, übelkeitserzeugende Geräuschkulisse, die jedes Mal dann aus den Lautsprechern ertönt, wenn den Opfern ihre Körperflüssigkeit entpumpt wird, ihr Gewicht in Katzengold wert sei.« (Richard Meyers, FOR ONE WEEK ONLY)

INVASION DER ZOMBIES

Anderer Titel für DAS LEICHENHAUS DER LEBENDEN TOTEN

INVESTIGATOR

(MASK OF MURDER). Kanada 1985. R: *Arne Mattson.* B: *Volodja Semitjov.* K: *Tom Pinter.* SpE: *Richard Roberts, Martin Whittaker.* M: *Björn Jason Lindh.* D: *Rod Taylor (Inspektor McLane), Christopher Lee (Rich), Valerie Perrine, Sam Cook, Frank Brannan. F 84 Min.*

Maskierter psychopathischer Schlitzer (diesmal ein Polizist) geht um und trachtet jungen Frauen nach dem Leben. Nach dem Tod eines Verdächtigen, der von der Polizei erschossen wird, geht das Morden weiter. [V]

IRON THUNDER

(I BOUGHT A VAMPIRE MOTORCYCLE). GB 1990. **R:** *Dirk Campbell.* **B:** *John Wolskel, Mycal Miller.* **K:** *Tom Ingle.* **M:** *Dean Friedman.* **D:** *Neil Morrissey (Noddy), Amanda Near (Kim), Michael Elphick (Inspector Cleaver), Anthony Daniels (Priester), Andrew Powell (Roach). 101 Min.*

Das Motorrad eines Satanisten im britischen Birmingham wird durch verschüttetes Blut zum Vampir und funktioniert deswegen nur noch bei Nacht. Der junge Noddy, der die Kiste ersteht, kann es nach allerlei Widrigkeiten schließlich auf einer Sonnenbank exorzieren. Ein schräger Film voller derber Geschmacklosigkeiten, wie ihn nur die Briten machen können. Dennoch: »Das Beste an dem Film ist sein Titel.« (VARIETY) [V]

DER IRRE VOM ZOMBIEHOF

BRD 1978. **R:** *Richard Jackson.* **B:** *Richard Jackson.* **K:** *Joe Stemmer.* **M:** *Joachim Ludwig.* **D:** *Peter Jacob (Vater), Lore Graf (Mutter), Herb Andress (Kurt), William Berger (Felix), Maria Beck (Annerl), Günter Geiermann, Claus Fuchs. F 82 Min.*

Was tut ein Filmproduzent, wenn sein Produkt an der Kasse unheimlich floppt? Verschwindet er bei Nacht und Nebel nach Südamerika? Geht er nach Poona, um sich erleuchten zu lassen? Er-

Der Irre vom Zombiehof

zählt er seiner Hausbank, er stünde mit Marsmenschen in Kontakt (in der Hoffnung, man werde ihm § 51 zubilligen und ihn fortan mit lächerlichen Ansinnen wie der Rückzahlung eines Kredits verschonen)? Schießt er sich gar eine Kugel in den Kopf? – Mitnichten! Er nutzt einfach einen Trend und titelt sein unverkäufliches Machwerk *um!* Wie in diesem Fall: Ursprünglich hieß der Film *Das Mädchen vom Hof* (Inhalt: Geistig behinderter Sohn eines Ödhofbauern tötet versehentlich Zigeunerin; aus Furcht vor Blutrache muss schließlich ihre ganze Sippe daran glauben). Eine wahrhaft schaurige Mär, wenn man von Hitchcock noch nie etwas gehört hat. Bloß: Wer geht heute noch in einen Film, der *Das Mädchen vom Hof* heißt? Also beschlossen unsere gerissenen Produzenten (Artur Brauner, Monika Teuber, Ernst Ritter von Theumer), den Titel dem anzugleichen, war sie für einen aktuellen Trend hielten! Hört sich *Die Totenschmecker* nicht wirklich horribel an? So hieß der Film dann auch in seinem zweiten Leben. Bloß floppte er an der Kasse noch immer, weil jeder, der ihn gesehen hatte, schleunigst nach Hause eilte, um Bekanntschaft und Verwandtschaft zu warnen. Tja, da war guter Rat teuer. Der Film wurde eingemottet, bis Gras über die Sache gewachsen war. In seinem dritten Leben wurde aus dem Bauerndrama »der neueste Zombie-Thriller« (Verleihwerbung): *Der Irre vom Zombiehof.* Ohne Zombies, versteht sich.

ISLE OF THE DEAD

(ISLE OF THE DEAD). USA 1945. **R:** *Mark Robson.* **B:** *Ardel Wray, Josef Michel, Val Lewton.* **K:** *Jack MacKenzie.* **M:** *Leigh Harline.* **D:** *Boris Karloff (Gen. Pherides), Marc Cramer (Oliver Davis), Jason Robards sen. (Albrecht), Helene Thimig (Kyra), Ellen Drew (Thea), Katherine Emery (Mrs. St. Aubyn), Alan Napier (St. Aubyn), Ernst Dorian [Ernst Deutsch] (Dr. Drossor), Skelton Knaggs, Sherry Hall. SW 69 Min.*

1912, im Balkan-Krieg: Der griechische General Pherides betritt eine kleine Insel, um das Grab seiner Frau zu besuchen. Dieses ist jedoch zu seinem Entsetzen von Grabräubern geschändet worden. Als er sich im Haus des Antiquitätensammlers Albrecht einmietet, erfährt er, dass auf der Insel eine Seuche ausgebrochen ist. Die Mitglieder des Albrecht-Haushalts sterben an der mysteriösen Krankheit wie die Fliegen. Eine alte Vettel namens Kyra führt die Todesfälle auf die hübsche Thea zurück – sie soll angeblich ein Vampir sein. Als ein weiblicher Gast des Hauses in einen starren Trancezustand verfällt, stellt man den nächsten Sarg bereit. Madame St. Aubyn ist jedoch nur scheintot; in der Nacht kommt sie wieder zu sich. Sie kommt gerade noch zur rechten Zeit, um Pherides, dessen Geist nicht nur von den Auswirkungen der Seuche, sondern auch von den abergläubischen Sprüchen Kyras in Mitleidenschaft gezogen wurde, daran zu hindern, Thea zu töten. – Nach *Der Leichendieb* (USA 1945; Regie: Robert Wise) war *Isle of the Dead* ein sehr schwacher Boris Karloff-Film, und auch Produzent Val Lewton, der u.a. für Erfolgsschocker wie *Cat People* (USA 1942; Regie: Jacques Tourneur) verantwortlich war, zählte ihn nicht gerade zu seinen besten. Dennoch kann man der Produktion einen gewissen Wert nicht absprechen: Die Atmosphäre ist unheimlich und die Kameraarbeit Jack MacKenzies streckenweise echt zum Fürchten. Weniger bedeutend die Darstellungskunst der Akteure: »Sie ist von überraschend jämmerlicher Qualität.« (Pauline Kael, 5001 NIGHTS AT THE MOVIES) [V]

IST JA IRRE – ALARM IM GRUSELSCHLOSS

(CARRY ON SCREAMING). GB 1966. **R:** *Gerald Thomas.* **B:** *Talbot Rothwell.* **K:** *Alan Hume.* **M:** *Eric Rogers.* **D:** *Kenneth Williams (Dr. Watt), Jim Dale (Albert), Angela Douglas (Doris Mann), Harry H. Corbett (Sergeant Blung), Peter Butterworth (Const. Slobotham), Fenella Fielding (Virula), Joan Sims (Emily Blung), John Pertwee (Fettle), Tom Clegg (Odbodd), Billy Cornelius (Odbodd jr.), Bernard Bresslaw (Socket), Jim Dale (Albert Potter), Dennis Blake (Rubbatiti), Charles Hawtrey (Dan Dann), Frank Thornton (Jones), Norman Mitchell (Cabby), Michael Ward (Vivian). F 93 Min.*

Geistig absolut undichte Beamte der britischen Polizei versuchen einen verrückten Wissenschaftler als bösen Buben zu entlarven. Zum Schreien komische Parodie auf Frankenstein-Filme.

J

JACK FROST – DER EISKALTE KILLER

(JACK FROST). USA 1996. **R:** *Michael Cooney.* **B:** *Michael Cooney.* **St:** *Michael Cooney, Jeremy Paige.* **D:** *Scott MacDonald (Jack Frost), Chris Allport (Sheriff Sam), Shannon Elizabeth (Jill), Darren Campbell (Tommy), Stephen Mendel, Eileen Sheeley. F 86 Min.*

Der Polizeiwagen, der den Serienmörder Jack Frost zum Hinrichtungsort befördern soll, stößt mit einem Lkw zusammen, welcher eine unheilvolle Chemikalie geladen hat, worauf Frost zum Schneemann mutiert: »Im Showdown blasen die Dorfsheriffs, ein FBI-Agent und der Erfinder der gefährlichen Chemikalie zum Schneeräumkommando. Nach einer erfolglosen Hausexplosion, mehreren Föhn-Attacken und der Verbrennung im Ofen kommt der Schneekiller schließlich ins Frostschutzmittelbad.« (Dirk/Sowa, TEEN SCREAM) – Liebe Eltern, bitte auf keinen Fall mit dem gleichnamigen Kinderfilm *Jack Frost* verwechseln, wie es bedauerlicherweise im »Neuen Lexikon des Fantasy-Films« geschah. [V]

JACK THE RIPPER

(JACK THE RIPPER). USA 1988. **R:** *David Wickes.* **B:** *Derek Marlowe, David Wickes.* **K:** *Alan Hume.* **M:** *John Cameron.* **D:** *Michael Caine (Inspector Frederick Abberline), Lewis Collins (George Godley), Jayne Seymour (Emma), Armand Assante (Richard Mansfield), Ray McAnally (Sir William Gull), Ken Bones (Robert James Lees), Susan George (Catherina Eddowes), Jane Seymour (Emma Prentiss), Roger Ashton-Griffiths (Rodman), Peter Armitage (Sgt. Kerby), Trevor Baxter (Lanyon), Ann Castle (Lady Gull), Deirdre Costello (Annie Chapman), Angela Crow (Liz Stride), Harry Andrews (Baxter), Lysette Anthony (Mary Jane Kelly), Kelly Cryer (Annette), Marc Culwick (Prinz Albert), John Dair (Isenschmidt), Sheridan Forbes, Roy Evans, John Fletcher. F 190 Min.*

TV-Film, 2 Teile. – 1888 werden im Londoner East End fünf Prostituierte brutal ermordet. Der mit der Lösung des Falles beauftragte Inspektor Abberline wird von der Presse, seinen Kollegen und einer Vigilantentruppe des Slumviertels heftig kritisiert. Zu den Hauptverdächtigen zählen ein Hellseher, ein amerikanischer Schauspieler, ein egozentrischer Aufrührer sowie diverse Ärzte. Abberline stellt dem Mörder eine Falle und entlarvt den Arzt der Königin als Täter. Doch sein Erfolg wird aus Gründen der Staatsraison vertuscht. Detail- und faktengetreue Rekonstruktion der tatsächlichen Ereignisse bei der Suche nach dem nie gefassten Prostituiertenmörder, der sich in hämischen Briefen an die Londoner Presse »Jack the Ripper« nannte. [V]

JACK THE RIPPER – DER DIRNENMÖRDER VON LONDON

BRD 1976. **R:** *Jess Franco.* **B:** *Jess Franco.* **K:** *Peter Baumgarten.* **M:** *Walter Baumgarten.* **D:** *Klaus Kinski (Dr. Denis Orloff), Josephine Chaplin (Cynthia), Andreas Mannkopff (Inspektor Selby), Peter Nuesch (Sgt. Ruppert), Olga Gebhard (Madame Baxter), Herbert Fux (Fischer-Charlie), Hans Gaugler (Blinder), Nicola Weisse (Frieda), Lina Romay (Marika), Francine Custer (Sally), Ursula von Wiese (Miss Higgins), Mike Lederer (Kutscher), Otto Dornbierer (Fischer), Esther Studer (Rosa). F 92 Min.*

1885, London: Dr. Denis Orloff, ein bescheidener Arzt, der seine Heilkunst hauptsächlich den Armen widmet und von jedermann geschätzt wird, verwandelt sich nachts in eine menschliche Bestie, die sich in sadistischer Manier an Prostituierte heranmacht, um sie in dunklen Ecken blutig auszuweiden. Inspektor Selby von Scotland Yard steht vor einem Rätsel, doch seine Braut Cynthia, die Orloff eines Tages zufällig begegnet, erkennt intuitiv, dass sie vor einem Mann steht, der ein entsetzliches Geheimnis mit sich herumträgt. Um Orloffs Spur wieder aufzunehmen, staffiert sie sich als Prostituierte aus und begibt sich in ein einschlägiges Lokal. Als Orloff ihren Weg kreuzt, lässt sie sich von ihm nach Hause einladen. Eine hastig geschriebene Nachricht soll Selby über ihren Aufenthaltsort informieren. Ein blinder Bettler kann Selby den entscheidenden Hinweis geben. Buchstäblich in letzter Minute kann er Cynthia aus den Krallen des Wahnsinnigen befreien. – Regisseur Jess Franco in einem Interview mit der

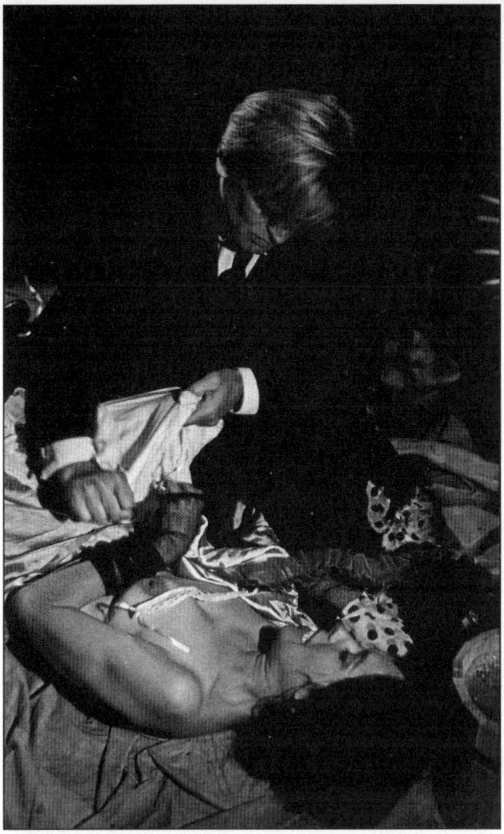

Jack the Ripper – Der Dirnenmörder von London

Zeitschrift VAMPIR: »Mein Film basiert auf der bekannten Geschichte von Jack the Ripper, von der im Wesentlichen zwei Versionen existieren. Die eine besagt, dass [er] ein Mitglied des englischen Königshauses war. Diese Version kommt wahrscheinlich der Wahrheit am nächsten, doch ich entschied mich für die zweite Möglichkeit. In diesem Fall war [er] ein argentinischer Arzt, der in einem Londoner Vorort lebte und ein sehr einfaches und solides Leben führte ... Eines ist bei beiden Versionen sicher: Der Mörder war Arzt und kannte die Anatomie sehr genau. Nachdem er seine Opfer getötet hatte, schnitt er sie in Stücke ... Für den Augenblick glaube ich, dass es mein bester Film wird. Ich hatte Gelegenheit, in passender Atmosphäre zu arbeiten, mit mehr Mitteln und Möglichkeiten als sonst. Und mit einem großartigen Schauspieler!« Gemeint ist Klaus Kinski. Francos bis dato »bester Film« unterschied sich nicht von den Flickschustereien, die er zuvor abgeliefert hatte: »Jess Franco ... verlässt sich hier ganz auf den Londoner Nebel, in dem Dramaturgie und Spannung beinahe spurlos verschwinden. Dazu gibt es billigen Sex ... und übel chargierende Darsteller.« (rrh, FILMDIENST) – »In nur wenigen Tagen hastig zusammengeschustert, dient dieser Film zu nichts anderem als zu beweisen, dass sich im Laufe der Jahre nichts an der Talentlosigkeit von Herrn Franco geändert hat ... Dieser hat sich vollends auf den Fähigkeiten seines Hauptdarstellers ausgeruht, dem es folglich allein obliegt, aus *Jack the Ripper* einen sehenswerten Film zu machen.« (Philippe Setbon, KLAUS KINSKI)

JACK THE RIPPER IN ARIZONA

(TERROR AT THE LONDON BRIDGE). USA 1986. **R:** *E. W. Swackhamer.* **B:** *William F. Nolan.* **K:** *Gil Gubbs.* **M:** *Lalo Schifrin.* **D:** *David Hasselhoff (Don Gregory), Stephanie Kramer (Angie Shepherd), Randolph Mantooth, Adrienne Barbeau, Lindsay Bloom, Lane Smith, Clu Gulager, Rose Marie. F 92 Min.*

TV-Film. Nachdem amerikanische Geschäftsleute die London Bridge in ein kleines Städtchen nach Arizona geholt haben, erwacht Jack the Ripper in einem Brückenpfeiler zu neuem Leben und geht seinem völlig unmotivierten Tagwerk nach, wie es sich für einen ordentlichen Schizo gehört. Detective Gregory, der Probleme hat, auf Menschen zu schießen, da ihm einst versehentlich ein Jung-Räuber vor die Flinte gelaufen ist, kann Jack im letzten Moment das Handwerk legen. – Ein typisches US-TV-Produkt: geschwätzig, unlogisch, lahm. Als [V] unter dem Titel *Terror at the London Bridge.*

DER JANUSKOPF – EINE TRAGÖDIE AM RAND DER WIRKLICHKEIT

Deutschland 1920. **R:** *Friedrich Wilhelm Murnau.* **B:** *Hans Janowitz.* **V:** *»Der seltsame Fall des Dr. Jekyll und Mr. Hyde« von Robert Louis Stevenson.* **K:** *Karl Freund, Carl Hoffmann.* **D:** *Conrad Veidt (Dr. Warren/Mr. O'Connor), Margarete Schlegel (Grace), Bela Lugosi, Willi Kaiser-Heyl, Gustav Botz, Margarete Kupfer, Jaro Fürth, Magnus Stifter, Marga Reuter, Lansa Ludolf, Danny Gürtler. SW 84 Min. (Stummfilm).*

Der Arzt Dr. Warren gerät unter den Einfluss einer Büste, die auf der einen Seite das Bildnis eines gütigen Gottes, auf der anderen Seite die Fratze eines Dämons zeigt. Diese unheimliche

Doppelgesichtigkeit prägt sein ganzes Verhalten. Er erfindet ein Elixier, das es ihm ermöglicht, das Gute und das Böse im Menschen zu trennen. Er kann sich beliebig vom guten Warren in sein böses Alter Ego O'Connor und zurück verwandeln. Als O'Connor treibt Warren ein verbrecherisches Spiel. Doch eines Tages fehlt ihm das Mittel zur Rückverwandlung. Er muss O'Connor bleiben. Er kann zwar sein Vermögen als Dr. Warren testamentarisch auf O'Connor übertragen, doch bald stellt sich die wahre Identität heraus. Von der Polizei gejagt, bringt er sich um. – Zunächst wollte Murnau den Stevenson-Stoff über Dr. Jekyll und Mr. Hyde ganz offiziell verfilmen. Er erhielt jedoch nicht die Rechte. So ließ er die Namen ändern, das Buch bearbeiten und drehte den Film trotzdem. Genauso verhielt er sich, als man ihm 1922 die Filmrechte zu *Dracula* verwehrte und er *Nosferatu* drehte. *Der Januskopf* zählt zu den vielen Stummfilmen, die verschollen sind und deren Qualität nur noch auf Grundlage von Rezensionen rekonstruiert werden kann. Danach steht Conrad Veidt, was die Verwandlungskunst betrifft, den drei anderen großen Jekyll/Hyde-Darstellern John Barrymore, Fredric March und Spencer Tracy in nichts nach: »Die ganz auf Sensation gestellte Handlung ist packend von Anfang bis Ende. Der Regisseur F. W. Murnau kam den stark phantastischen Ideen des Autors gut entgegen. Die, wenn man so sagen kann, bei offener Szene eintretenden Verwandlungen sind ein technisches Meisterstück von vollendeter Wirkung ... Conrad Veidt hat es in der Darstellung derartiger bizarrer Gestalten zu einer fabelhaften Virtuosität gebracht.« (DER KINEMATOGRAPH) Bela Lugosi, der gebürtige Ungar, der auf seinem Weg nach Hollywood für kurze Zeit in Berlin Halt machte, spielte hier zum ersten Mal in einem ausgesprochenen Horrorfilm mit.

JASON GOES TO HELL – DIE ENDABRECHNUNG

(FRIDAY THE 13TH, IX: JASON GOES TO HELL – THE FINAL FRIDAY). USA 1993. **R:** *Adam Marcus.* **B:** *Jay Huguely, Adam Marcus.* **St:** *Jay Huguely, Adam Marcus.* **K:** *William Dill.* **SpE:** *Al Magliochetti.* **M:** *Henry Manfredini.* **D:** *Kane Hodder (Jason), John D. Le May (Steven Freeman), Kari Keegan (Jessica Kimble), Steven Williams (Creighton Duke), Allison Smith (Vicki), Erin Gray (Diane Kimble), Steven Culp (Robert Campbell). F 84 Min.*

Vorgeschichte: *Freitag der 13.* – Ist der Körper des irren Schlitzers nicht mehr existent, erwecken wir ihn mittels einer Seelenwanderung: Zwar hat die Staatsmacht den Massenmörder Jason in Fetzen geschossen, doch seine Seele nistet sich in dem Pathologen ein, der selbige untersucht. Mit dem Dolch in der Hand bahnt er sich den Weg ins Freie und eilt an den einsamen See, um im Körper seiner Nichte Jessica zu reinkarnieren. Zwischendurch ist noch der eine oder andere Körpertausch nötig, damit die hanebüchene Geschichte Spielfilmlänge erreicht. [V]

JASON X – FREITAG DER 13., X

(JASON X: FRIDAY THE 13TH, X). USA 2001. **R:** *James Isaac.* **B:** *Todd Farmer, Sean S. Cunningham.* **K:** *Derick V. Underschultz.* **M:** *Henry Manfredini.* **D:** *Kane Hodder (Jason Voorhees), Lexa Doig (Rowan), Lisa Ryder (Kay-Em 14), Jonathan Potts (Professor Lowe), Melyssa Ade (Janessa), Todd Farmer (Dallas), Peter Mensah (Sgt. Brodski), Dov Tiefenbach (Azrael), Chuck Campbell (Tsunaron), David Cronenberg (Dr. Wimmer), Melody Johnson (Kinsa), Derwyn Jordan (Waylander), Kristi Angus (Adrienne), Boyd Banks (Lou), Amanda Brugel (Geko). F 93 Min.*

Zehnter Teil von *Freitag der 13.*: »*Jason X* ist nostalgisches Slasher-Vergnügen im hippen Outfit. Und diese Wiederkehr verschafft dem Schlächter in der Hockey-Maske ein rundes Jubiläum, das selbst namhaften Kollegen wie Michael Myers und Freddy Krueger bisher vergönnt geblieben ist.« (FANTASY FILMFEST 2001) – Im Jahr 2455 entdeckt eine Gruppe von Studenten auf der inzwischen verlassenen Erde zwei tiefgefrorene Leichen, die sie in ihrem Raumschiff mit modernster Bio-Technologie wieder zum Leben erwecken. Wie können sie auch wissen, dass es sich um Jason und sein letztes Opfer handelt?

JEDE NACHT UM NEUN

(OUR MOTHER'S HOUSE). GB 1967. **R:** *Jack Clayton.* **B:** *Jeremy Brooks, Haya Harareet.* **K:** *Larry Pizer.* **M:** *Georges Delerue.* **D:** *Dirk Bogarde (Charlie Hook), Margaret Brooks (Elsa), Pamela Franklin (Diana), Louis Sheldon Williams (Hubert), John Gugolka (Dunstan), Mark Lester (Jiminy), Sarah Nicholls (Gerty), Gustav Henry (Wil-*

ly), Parnum Wallace (Louis), Yootha Joyce (Mrs. Quayle), Claire Davidson (Miss Bailey), Anthony Nicholls (Halbert), Annette Carell (Mutter), Gerald Sim (Bankangestellter), Edina Ronay (Doreen), Garfield Morgan (Moley), Faith Kent, John Arnatt (Kunden), Jack Silk (Motorradfahrer). F 105 Min.
Als die an Tuberkulose leidende Mrs. Hook stirbt, hecken ihre sieben Kinder einen Plan aus, der verhindern soll, dass sie ins Waisenhaus kommen: Sie gaukeln der Nachbarschaft so lange vor, dass ihre Mutter noch lebt, bis ihr nichtsnutziger Vater Charlie auftaucht. Er, der sich seit Jahren nicht mehr um die Familie gekümmert hat, spielt nun den treu sorgenden Daddy. Aber die Kinder kommen schnell dahinter, dass er sie nur ausnutzen will: Er verprasst das Geld seiner toten Frau mit Huren und hat den Plan, das Haus zu verkaufen. Als die Kinder ihn zur Rede stellen, zeigt er sein wahres Gesicht: Mit einer Flut übelster Beschimpfungen zieht er über die Frau her, deren Andenken die Kinder für alle Zeit in Ehren halten wollten. Das Mädchen Diana erschlägt ihn mit einem Schürhaken. – »Dieser Film ist hauptsächlich ein Melodram mit all den hervorragend beobachteten Details und den sorgfältig entwickelten und durchgezeichneten Charakteren, für die [Regisseur] Clayton bekannt war. Außerdem gibt es eine Verbindung mit dem »Übernatürlichen«, und zwar durch den immer wieder geäußerten Glauben der Kinder, dass der Geist ihrer Mutter immer noch unter ihnen weilt, um sie zu leiten und zu beschützen. Eine Séance, in deren Verlauf die Kinder mit ihr Kontakt aufnehmen wollen, wirkt unerwartet unheimlich und beängstigend.« (Robert Moss, DER KLASSISCHE HORRORFILM)

JEEPERS CREEPERS

(JEEPERS CREEPERS). USA/BRD 2001. **R:** *Victor Salva.* **B:** *Victor Salva.* **K:** *Don E. Fauntleroy.* **M:** *Bennett Salvay.* **D:** *Gina Phillips (Patricia «Trish« Johnston), Justin Long (Darius «Darry« Jenner), Jonathan Breck (Creeper), Eileen Brennan (Cat Lady), Patricia Belcher (Jezelle Gay Hartman), Brandon Smith (David Tubbs). F 93 Min.*
»›Kennst du die Stelle in Horrorfilmen, in der jemand etwas unheimlich Dämliches macht und dafür von allen gehasst wird?‹ fragt Trish ihren Bruder Darry. ›Nun, das ist jetzt so eine Stelle!‹ Trotz dieser screamtorischen Erkenntnis stürzt Darry eine Dummheit später in das unterirdische Labyrinth einer gottverlassenen Ruine – und von dort schnurstracks in den Mahlstrom der Hölle.« (FANTASY FILMFEST 2001)

JEKYLL & HYDE

(JEKYLL & HYDE). GB 1989. **R:** *David Wickes.* **B:** *David Wickes.* **V:** *»Die seltsame Geschichte des Dr. Jekyll und Mr. Hyde« von Robert Louis Stevenson.* **K:** *Norman Langley.* **M:** *John Cameron.* **D:** *Michael Caine (Dr. Jekyll), Cheryl Ladd, Joss Ackland, Ronald Pickup, Kim Thomsen, Kevin McNally, David Schofield. F 120 Min.*
Britischer TV-Film, der erneut die Story vom kreuzbraven Mediziner auftischt, der mittels Genetikexperiment seine Persönlichkeit spaltet, um zu erfahren, ob Menschen »von Natur« aus gut oder böse sind.

JENNIFER

(JENNIFER). USA 1978. **R:** *Brice Mack.* **B:** *Kay C. Johnson.* **K:** *Irving Goodnoff.* **M:** *Jerry Styne.* **D:** *Lisa Pelikan (Jennifer Baylor), Bert Convey (Jeff Reed), Nina Foch (Mrs. Kelley), Amy Johnston (Sandra Tremayne), John Gavin (Sen. Tremayne), Jeff Corey (Luke Baylor), Wesley Eure (Pit Lassiter), Louise Hoven (Jane Delano), Georganne La Piere (Dee Dee Martin), Ray Underwood (Dayton Powell), Florida Friebus (Miss Tooker). F 90 Min.*
Psi-talentierte Schülerin, die mit Geisteskräften Schlangen beherrscht, rächt sich an ihren Feinden. [V]

JENSEITS DES BÖSEN

(BEYOND EVIL). USA 1980. **R:** *Herb Freed.* **B:** *Herb Freed, Paul Ross.* **K:** *Ken Plotin.* **M:** *Pino Donaggio.* **D:** *John Saxon (Larry), Linda Day George (Barbara), Michael Dante (Del), David Opatoshou (Dr. Solomon), Mario Milano (Albanos), Anne Marisse (Leia), Janice Lynde (Alma), Zitto Kazaan (Esteban). F 98 Min.*
Ein Ehepaar im Geisterhaus: Der 100 Jahre alte Geist einer Toten versucht, Kontrolle über den Gatten zu erlangen. [V]

JESSY – DIE TREPPE IN DEN TOD

(BLACK CHRISTMAS). Kanada 1974. **R:** *Bob Clark.* **B:** *Roy Moore.* **K:** *Reginald Morris.* **M:** *Carl Zittrer.* **D:** *Olivia Hussey (Jessy), Margot Kidder (Barb), Keir Dullea (Peter Smythe), John Saxon (Lt. Fuller), Andrea Martin (Phyl), Douglas McGrath (Sgt. Nash), Art Hindle (Chris), Marian Waldman (Mrs. Mac), James Edmond (Harrison), Lynne Griffin (Clare), Michael Rapport (Patrick). F 98 Min.*

»Stille Nacht, heilige Nacht, alles schläft, oh wie lacht ...« Lachen tut er nicht, der Madman, der sich an den beschaulichen Abenden der Vorweihnachtszeit damit vergnügt, die Studentinnen des Sigma Lambda Chi-Wohnheims mit einem Schwall obszöner Anrufe zu terrorisieren, die stets mit der Drohung enden, er werde sie alle umbringen. Und damit fängt er recht bald an. Als die Fangschaltung der Polizei ein Ergebnis bringt, ist das Entsetzen umso größer: Die Anrufe kommen nicht von außen, der Psychopath sitzt mit seinen Opfern unter einem Dach. Und als der Student Peter Smythe, der sich ohnehin schon verdächtig gemacht hat, nachts in verdächtiger Weise durchs Haus schleicht, fällt er ausgerechnet seiner Freundin Jessy zum Opfer, die ihn in panischer Angst erschlägt. Anschließend ist allgemeines Aufatmen angesagt. Doch zu früh gefreut! Denn der Killer ist immer noch da ... – »Clark beherrscht zwar, oberflächlich gesehen, sein Handwerk. Aber beim dramaturgisch logischen Aufbau und der Glaubwürdigkeit fehlt's noch. So ist aus dem Psychoschocker lediglich ein ›Knallbonbon‹ geworden.« (rrh., FILMDIENST)

JOHNSON, NOBLE

(1897–1978). Hünenhafter farbiger Filmschauspieler, der seit Stummfilmtagen (Douglas Fairbanks' *The Thief of Bagdad*) in einer Unzahl von Rollen zu sehen war. 1932: *Murders in the Rue Morgue; The Most Dangerous Game (Graf Zaroff – Genie des Bösen)*; 1933: *King Kong (King Kong und die weiße Frau); The Mummy (Die Mumie); The Son of Kong (Son of Kong)*; 1935: *She (Das Land des Grauens)*; 1940: *The Ghost Breakers.*

JOHNSON, TOR

(1903–1971). In Stockholm als Tor Johansson geborener Ringer und Catcher, der in Amerika als »Super Swedish Angel« auftrat. Kleine Filmrollen, später eine der bevorzugten Horrorgestalten von Ed Wood. 1944: *Ghost Catchers;* 1954: *Bride of the Monster (Die Rache des Würgers)*; 1956: *The Black Sleep (Die Schreckenskammer des Dr. Thosti)*; 1957: *The Unearthly;* 1959: *Plan 9 from Outer Space;* 1961: *The Beast of Yucca Flats.*

JONATHAN

BRD 1969. **R:** *Hans W. Geissendörfer.* **B:** *Hans W. Geissendörfer.* **K:** *Robert Müller.* **M:** *Roland Kovac.* **D:** *Paul Albert Krumm (Graf), Jürgen Jung (Jonathan), Ilse Künkele (Lenas Mutter), Oskar von Schab (Professor), Hans-Dieter Jendreyko (Joseph), Eleonore Schminke (Lena), Thomas Astan (Thomas), Hertha von Walter (Thomas' Mutter), Ilona Grübel (Eleonore), Sophie Strelow (Alte Frau), Alexander May (Portier), Winfried Klaus (Pfarrer), Henry Liposca (Gnom), Christine Ratej (Elisabeth), Otmar Engel (Gräflicher Begleiter), Hans-Dieter Kerky (Eberhard), Arthur Brauss (Adolph), Peter Heeg (Verfolger), Walter Feuchtenberg (Lenas Vater), Peter Bauer (Junger Mann), Ulrike Luderer (Gnommädchen). F 97 Min.*

Ein vampirischer Graf und seine sinistre Sippschaft haben im Verein mit zahlreichen ihnen ergebenen Lakaien einen Landstrich unter ihre Kontrolle gebracht. Während in den Kellern seines Schlosses die gefangenen Ländler darben und der adeligen Blutsauger-Familie als Nachschub dienen, tun sich irgendwo ein paar entschlossene Akademiker zusammen, um das Terrorregime zu stürzen. Ein Professor und seine Studenten beschließen, einen Kundschafter auszusenden, der die Lage im gräflichen Schloss ausspionieren soll: Jonathan. Doch die Versammlung der Verschwörer wird bespitzelt. Als Jonathan aufbricht, weiß man anderenorts längst über seine Ziele Bescheid. Untergebene des Grafen lauern ihm auf und berauben ihn aller Waffen, und Joseph, ein Lakai des Landesherrn, schließt sich Jonathan in der Maske eines Landstreichers an, um ihn bei erstbester Gelegenheit zu ermorden. Je näher Jonathan dem Schloss kommt, desto größer wird das Elend der ihm begegnenden Menschen. Statt sich gegen den Terror der Vampire aufzulehnen, empfängt man Jonathan mit Steinwürfen. In einer Ansiedlung haben sich die Einheimischen förmlich verschanzt, aber niemand denkt daran, dass Einigkeit gegen die von außen drohende Gefahr sie stark machen könnte. Man steckt den Kopf in den Sand und kompensiert seine Ohnmacht, indem man gegen sich selbst grausam ist: Die Schwachen terrorisieren die noch Schwächeren und zwingen ein junges Paar vor aller Augen zum Geschlechtsverkehr. Als Jonathan das gräfliche Schloss erreicht, muss er feststellen, dass der Herrscher seine Braut Lena hat entführen lassen und zu seiner Frau machen will. Außerdem bereitet man einen prunkvollen Ball vor. Jonathan wird als Gast akzeptiert, aber er und der Graf wissen, dass dies zum »Spiel« gehört. Vom dekadenten und verderbten Treiben der Schlossbewohner abgestoßen, will Jonathan die eingekerkerten Gefangenen befreien, deren Blut dem Hausherrn und den seinen als Nahrung dient, aber er wird überrascht. Als der Ball beginnt, stürmen seine Freunde und einige mutige Bauern das Anwesen und machen die Wachen nieder. Die Vampire flüchten mit schauerlichem Gekreisch ins nahe Meer, wo sie sich allmählich auflösen. – Ein Vampirfilm wie hundert andere? Keinesfalls: »Für Geissendörfer ist die Beschäftigung mit dem Vampir-Stoff mehr als nur ein Spiel mit dem Horror. Zum einen ist sein Film ästhetisch zur Filmkunst aufgewertet wie kein Horrorfilm jemals zuvor, zum anderen hat er versucht, gesellschaftskritische Aspekte einzubringen.« (Albrecht B. Stuby, SCIENCE FICTION TIMES) – »[Eine] andere Qualität dieses Films liegt in seinem politischen Gehalt. Eine kleine Oberschicht beutet die Masse des Volkes aus, benutzt sie zu beliebiger Lustbarkeit. Wer wüsste für dieses Verhältnis ein eindrucksvolleres Bild als das des Blut saugenden Vampirs?« (Gerd Maximovic, ebenda). – »Geissendörfer [will] ganz offensichtlich die Essenz seiner parabelhaften Fabel von den blutsaugerischen Vampiren und Unterdrückern, die schließlich von Jonathan und den Unterdrückten ins Meer getrieben werden, politisch verstanden wissen: als kunstvoll verkleidetes Gleichnis von der Gewalt der Mächtigen, gegen die nur die Gewalt hilft.« (STUTTGARTER ZEITUNG). – Ein Horrorfilm, in dem Vampire vorkommen, eine Dracula-Geschichte, kann politischen Gehalt aufweisen? Sie kann, in der Tat! Denn *Jonathan* war, obwohl der Film sämtliche Versatzstücke des traditionellen Gruselkinos (Särge, Ruinen, wehende Vorhänge, dunkle Gewölbe) aufwies, von Anfang an als politische Parabel gedacht. Da gibt es nicht nur ein selbstherrlich regierendes Regime, das über willige Lakaien verfügt, die (obwohl sie selbst nicht zur Blutsauger-Klasse gehören) allerlei üble Dinge tun, um das »System« stabil zu halten, sondern auch eine kleine (»akademisch« gebildete) Schicht von »Durchblickern«, die der Bevölkerung klarmachen will, dass sie sich nur dann vom Joch der Herrschenden befreien kann, wenn sie zusammenhält, also Solidarität praktiziert. Die ignorante Bevölkerung jedoch richtet sich in ihrer durch den Terror erzeugten Angst misstrauisch gegen die »Befreier« (in diesem Fall: Jonathan) und ihre auf Frustrationsgefühlen basierende Wut gegen sich selbst bzw. schwächere Angehörige ihrer eigenen Klasse (Beispiel: das zur Endlos-Kopulation gezwungene Liebespaar). – Dass *Jonathan* nicht die Action aufwies, die andere aus rein kommerziellen Gründen produzierte Horrorfilme auszeichnet, war denn auch der Grund, weswegen ihm ein größerer Erfolg versagt blieb. Dennoch gehört Hans W. Geissendörfers Debütfilm zu den besten Horrorstreifen, die je in diesem Lande produziert wurden, und ist auch für Cineasten eine Augenweide. – »Geissendörfer hat einen Film von oft suggestiver Schönheit gemacht. Die Kamera bleibt fast immer in der Totalen und geht nur ganz selten dicht an die schönen, grausigen Details: lange, ruhige Schwenks über malerische Arrangements evozieren opernhaftes Pathos und zeremonielle Schwere, aber der gleiche optische Duktus registriert auch mit lässiger Grausamkeit blutüberströmte Leichen, Terror und Verwüstung. Dazu eine Chormusik, die einmal festlich und dann hämisch klingt, mit harten rhythmischen Akzenten, die Spannung schaffen.« (Wolf Donner, DIE ZEIT)

JULIAS UNHEIMLICHE WIEDERKEHR

(THE HAUNTING OF JULIA/FULL CIRCLE). GB/Kanada 1976. **R:** *Richard Loncraine.* **B:** *H. B. Davenport, Dave Humphries.* **V:** *»Julia« von Peter Straub.* **K:** *Peter Hannan.* **M:** *Colin Towns.* **D:** *Mia Farrow (Julia), Keir Dullea (Magnus), Tom Conti (Mark), Jill Bennet (Lily), Cathleen Nesbitt (Mrs. Rudge), Peter Sallis (Branscombe), Pauline Jameson (Mrs. Branscombe), Robert Gammell (Swift), Anna Wing (Mrs. Flood), Samantha Gates (Olivia), Sophie Ward (Kate). F 97 Min.*

Junge Frau versucht nach dem Tode ihrer kleinen Tochter ein neues Leben anzufangen und zieht in ein Haus ein, das von einem frustrierten Gespenst bewohnt wird. Das Ding fängt vielversprechend an, bringt im weiteren Verlauf aber dann doch das Übliche. [V]

JUNGES BLUT FÜR DRACULA

(COUNT YORGA, VAMPIRE). USA 1970. **R:** *Bob Kelljan.* **B:** *George Macready.* **K:** *Arch Archimbaud.* **SpE:** *James Tannenbaum.* **M:** *William Marx.* **D:** *Robert Quarry (Graf Yorga alias Dracula), Roger*

Perry (Hayes), Michael Murphy (Paul), Michael Macready (Michael), Donna Anders (Donna), Judith Lang (Erica), Edward Walsh (Brudah), Julie Connors (Cleo), Paul Hansen (Peter), Sybil Scotford (Judy), Marsha Jordan (Donnas Mutter), Deborah Darnell (Vampir). F 90 Min.

»Was kann man über einen Vampirfilm sagen, dessen Höhepunkt eine Szene ist, in der ein hübsches Mädchen eine Katze frisst? Nur dies: Dass Bob Kelljan, dessen Reputation auf diesem Streifen und seiner Fortsetzung aufbaut, es schaffte, mit wenig Geld etwas auf die Beine zu stellen, was in gewisser Weise für eine Renaissance des Vampirfilms in den frühen siebziger Jahren sorgte. Donna Anders spielt eine süße Naive, die den Fehler begeht, eine Séance abzuhalten, um mit ihrer toten Mutter zu kommunizieren. Deren Leitung hat Graf Yorga. Die Séance erweist sich jedoch als Fehlschlag, a) weil der Graf kein Medium ist, sondern ein Vampir, und b) weil Donnas Mutter lebt, ebenfalls ein Vampir ist und in Yorgas Keller haust.« (Richard Meyers, FOR ONE WEEK ONLY) Als Donnas Freunde hinter das Geheimnis des blutdurstigen Edelmannes kommen, ist es für die meisten schon zu spät. Michael, unser beherzter Held, kann zwar zusammen mit dem Vampirismus-Experten Dr. Hayes ins gräfliche Gruselschloss eindringen, doch tun sie dies zu mitternächtlicher Stunde (wo doch jeder weiß, dass man Vampire am besten bei Tageslicht pfählt, wenn sie starr in ihren Särgen liegen): Dies bricht ihnen das Genick. Hayes fällt den blutlüsternen Konkubinen des Hausherrn zum Opfer. Zwar kann Michael den Obervampir mit einem abgebrochenen Besenstiel (!) pfählen, aber als er mit Donna das Schloss verlässt, zeigt sich, dass Drehbuchautor George Macready ein Roman Polanski-Fan ist: In der Schlussszene hat er, um es vornehm auszudrücken, dessen *Tanz der Vampire* treffend nachempfunden ... – »Epigonen haben es leicht, weil sie viele Vorbilder haben, aber auch schwer, weil sie an ihnen gemessen werden.« (FJW, FILMDIENST) Über Bob Kelljans Horror-Erstling wollen wir lieber das Mäntelchen des Schweigens breiten.

EINE JUNGFRAU IN DEN KRALLEN VON ZOMBIES

(CHRISTINA, PRINCESSE DE L'EROTISME/UNA VERGINE TRA I MORTI VIVENTI). Liechtenstein/Frankreich/Italien 1971. **R:** *Jess Frank [Jess Franco].* **B:** *Jess Franco, Peter Kernt, Henry Brald.* **K:** *Johan Vincent.* **M:** *Bruno Nicolai.* **D:** *Christina von Blanc (Christina Benton), Britt Nichols (Tante Abigail), Howard Vernon (Onkel Howard), Jess Franco (Diener), Anne Libert, Paul Muller. F 88 Min.*

Die Engländerin Christina erbt den Stammsitz ihrer Familie in Britisch-Honduras, begegnet dortselbst ihrem mysteriösen Onkel, einem verrückten und mörderischen Faktotum, beobachtet junge Frauen bei lesbischen Spielchen, in die man sie gern einbeziehen möchte, wird von Visionen ihres verstorbenen Vaters gequält und von aus den Gräbern steigenden Untoten verfolgt. Franco, der Meister der Schnittabfallverwertung, zeigt sich in diesem wirren und völlig handlungsarmen Gekröse von seiner altbekannten Seite. »Die Darsteller sind Schmierenkomödianten übelster Sorte ... Diese Orgie in Schwachsinn und Zuschauerverdummung gehört sicher zu den aussichtsreichsten Aspiranten auf den fiktiven Titel ›schlechtester Film aller Zeiten‹.« (Almut Oetjen, ENZYKLOPÄDIE DES PHANTASTISCHEN FILMS) AIDT [V]

DIE JUNGFRAU UND DIE PEITSCHE

Anderer Titel für DE SADE '70

JUNGFRAU UNTER KANNIBALEN

(EL CANIBALE). BRD/Spanien 1979. **R:** *Clifford Brown [Jess Franco].* **B:** *Julian Estéban Goméz.* **M:** *Pablo Villa [Jess Franco, Daniel J. White].* **D:** *Ursula Buchfellner (Laura), Al Cliver (Peter), Antonio de Cabo (Tomas), Gisela Hahn (Jane), Robert Foster (Jack), Werner Pochath (Criss). F 90 Min.*

Drei Gangster kidnappen das internationale Filmidol Laura, verstecken es auf einer einsamen Insel und wollen von einem Produzenten Lösegeld erpressen. Dummerweise wissen die Halunken aber nicht, dass auf dem Inselchen Kannibalen leben. Als der Detektiv Peter Lauras Versteck ausfindig macht, kommt es zu einigem Getümmel. Laura wird von den Kannibalen gekascht und soll einem blutrünstigen Götzen geopfert werden. Peter killt die Gangster, die die Kannibalen noch übrig gelassen haben, und rettet Laura. – »Besonders ärgerlich an diesem miesen Produkt ist seine Vorurteile bestärkende Zeichnung der Schwarzen und die unmotivierte Bezugnahme auf Vietnam.« (FILMDIENST)

Jungfrau unter Kannibalen

Dies sind so ziemlich die deppertsten neunzig Minuten, die Jess Franco je auf Zelluloid hat bannen lassen. AIDT

JUSTINE – LUSTSCHREIE HINTER KLOSTERMAUERN

(JUSTINE DE SADE). Frankreich/Italien/Kanada 1971. **R:** *Claude Pierson.* **B:** *Huguette Boisvert.* **V:** *»Justine und Juliette« von Marquis de Sade.* **K:** *Jean-Jacques Tarbes.* **M:** *Françoise Cotte, Roger Cotte.* **D:** *Alice Arno (Justine), Yves Arcanel, Georges Beauvillier, Christian Chevreuve, Franco Fantasia, Lida Ferro, Robert Lombard, Maurice Mirowski, Diana Lepvrier, Marco Perrin, André Rouver, Dominique Santarelli, France Verdier, Mauro Parenti. F 101 Min.*

Nach dem Tod ihres Vaters gehen die Schwestern Justine und Juliette getrennte Wege. Während Juliette sich skrupellos hochschläft und Karriere macht, fällt die keusche Justine in die Hände schurkischer Banditen, brutaler Edelmänner und geiler Mönche, die sie zwingen, an ruchlosen und sadistischen Sex-Orgien teilzunehmen. Als die Schwestern einander Jahre später wieder begegnen und die wohlhabende Juliette sich für Justine einsetzen will, wird die Leidgeprüfte auch noch vom Blitz erschlagen. – Brave Mädchen kommen in den Himmel, böse Mädchen kommen überall hin ... Von »Lustschreien« kann hier nicht die Rede sein, eher von albernem Gekicher und verhaltenem Gestöhn. Und trotz des reißerischen Titels reagiert das Publikum spätestens nach einer halben Stunde dieser Tortur mit einem fröhlichen Schnarchen.

K

DAS KABINETT DER BLUTIGEN HÄNDE

(PICTURE MOMMY DEAD). USA 1966. **R:** *Bert I. Gordon.* **B:** *Robert Sherman.* **K:** *Ellsworth Fredericks.* **M:** *Robert Drasnin.* **D:** *Don Ameche (Edward Shelley), Martha Hyer (Francene Shelley), Zsa Zsa Gabor (Jessica Shelley), Susan Gordon (Susan Shelley), Maxwell Reed (Anthony), Wendell Corey (Clayburn), Signe Hasso (Schwester Renee), Anna Lee (Elsie Kornwald), Kelly Corcoran (Sohn), Robert Sherman (Vater), Steffi Henderson, Paula Clark, Marlene Tracy (Frauen bei Auktion). F 83 Min.*

Drei Jahre nach einem fürchterlichen Brand, der ihrer Mutter das Leben gekostet hat, kehrt die junge Susan Shelley in ihr Elternhaus zurück. Edward Shelley, ihr Vater, hat inzwischen Susans Ex-Gouvernante, die habgierige Francene, geheiratet. Da seine verstorbene Frau ihm nur $100 000, Susan jedoch ihr gesamtes Vermögen hinterlassen hat, schmiedet Francene einen finsteren Plan: Sie will das Mädchen allmählich in den Wahnsinn treiben, damit Edward zum Verwalter der seiner Tochter zustehenden Millionen ernannt wird. Auf Susan bleibt die unheimliche Umgebung, in der sie nun zu Hause ist, nicht ohne Wirkung – sie fürchtet sich sogar vor ihrem finsteren und vernarbten Onkel Anthony, der Raubvögel züchtet wie andere Leute Kanarien. Bald leidet Susan an Albträumen, in denen sie sich als am Tod ihrer Mutter Schuldige sieht. Die eiskalte Francene tut alles, um das ohnehin angeschlagene Nervenkostüm ihrer Stieftochter noch mehr zu schwächen. Der Mordplan, den sie schlussendlich ausheckt, schlägt jedoch fehl. Als Anthony Shelley ihr auf die Schliche kommt, bringt sie ihn brutal um. Edward Shelley, der nun erkennt, dass Francene ihn nur des zu erwartenden Geldes wegen geheiratet hat, erwürgt seine Frau in einem Wutanfall – wie schon zuvor seine erste Gattin. Susan endet schließlich dort, wo Francene sie die ganze Zeit über wissen wollte: als Geisteskranke in einem Sanatorium. – Kabinett: ist nicht. Blutige Hände: höchstens symbolisch. Nervenkitzel: Tralala. – »Dieser Nonsens ist ebenso ungefällig wie sein [amerikanischer] Titel.« (Angela & Elkan Allan, GUIDE TO MOVIES ON TV)

DAS KABINETT DES DR. CALIGARI

(THE CABINET OF CALIGARI). USA 1961. **R:** *Roger Kay.* **B:** *Robert Bloch.* **K:** *John Russell.* **M:** *Gerald Fried.* **D:** *Dan O'Herlihy (Dr. Caligari/Paul), Glynis Johns (Jane Lindström), Dick Davalos (Mark), Lawrence Dobkin (David), Constance Ford (Christine), J. Pat O'Malley (Martin), Vicky Trickett (Jeannie), Estelle Winwood (Ruth), Doreen Lang (Vivian), Charles Fredericks (Bob), Phyllis Teagarden (Mädchen). SW 105 Min.*

Während einer abendlichen Fahrt über eine finstere Landstraße hat der Wagen Jane Lindströms eine Reifenpanne. Als sie in einem unheimlich wirkenden Landhaus um Hilfe nachsucht, wird

Das Kabinett der blutigen Hände

sie von einem gewissen Dr. Caligari hereingebeten, der ihr vorschlägt, die Nacht unter seinem Dach zu verbringen. Nachdem Jane einige seiner bizarren Gäste kennen gelernt hat, wird sie vom Herrn des Hauses immer seltsamer behandelt: Er stellt ihr »unsittliche« Fragen, zeigt ihr zweideutige Fotos und beobachtet sie durch ein kleines Dachfenster heimlich beim Baden. Als einer seiner weiblichen Gäste gewaltsam zu Tode gebracht wird, erkennt Jane, dass sie Caligaris Gefangene ist: Sämtliche Türen des Anwesens sind verschlossen. Der einzige Mensch, dem sie vertrauen kann, ist der sympathische Mark, der ihr aber nicht zur Flucht verhelfen will. Wie die anderen Gäste wird schließlich auch Jane einer schmerzhaften Folter unterzogen. Dann kümmert sich Dr. Paul um sie, ein freundlicher Arzt, der dem unheimlichen Caligari frappierend ähnlich sieht. Jane wird klar, dass sie von einer schweren Geisteskrankheit genesen ist: Das gruselige Haus des Dr. Caligari entpuppt sich als über alle Zweifel erhabenes Sanatorium, der Hausherr und Dr. Paul sind ein und dieselbe Person. Jane ist in Wirklichkeit eine an starken sexuellen Komplexen leidende Dame in den mittleren Jahren und Mark ihr sie liebevoll umsorgender Sohn: Er hat ihr nicht zur Flucht verholfen, weil er der Meinung ist, sie benötige dringend ärztliche Hilfe. Und so werden denn auch die bedrohlichen Situationen erklärbar, die Jane in ihrer »kranken Phase« erfahren hat: die »zweideutigen« Fotos waren Rorschach-Test-Bilder; die Folter, die sie erlebt hat, war ebenso wie der »Mord« an ihrer Mitgefangenen eine Elektroschockbehandlung. Sie habe, so Jane am Ende, in ihrem Wahn ein Ungeheuer namens Caligari erfunden, doch der Psychiater beruhigt sie: »Für die Patienten muss ein Psychiater wirklich ein Ungeheuer sein.« Die reale (»normale«) Welt, gesehen durch die Augen eines »Irren« ist das Thema dieses Films, der auf einem der wenigen wirklichen deutschen Klassiker basiert: In Robert Wienes *Das Cabinet des Dr. Caligari* (1920), der zu den besten Lichtspielen aller Zeiten gehört, ist der Protagonist jedoch männlichen Geschlechts und auch die Handlung – bis auf die Schlusspointe – eine andere. Dass man in der Neuverfilmung sämtliche Ereignisse einer Frau hat widerfahren lassen, mag daran liegen, dass man eine Möglichkeit sah, ein bisschen lauwarmen Sex (oder was immer man 1961 dafür hielt) in die Geschichte einzubauen: Glynis Johns ist einmal in der Badewanne, dann in einem schwarzen Höschen zu bewundern. Harmlosigkeiten heute – aber von der kirchlichen Filmkritik seinerzeit als »erhebliche Überdosis an Perversitäten ... spekulative Sex-Szenen« (FILMDIENST) und »starke Schlagseite zur Erotik« (FILMBEOBACHTER) gebrandmarkt. Arthur Knight bringt die Sache in der SATURDAY REVIEW auf den Punkt: »Sämtliche Ähnlichkeiten zwischen *Das Kabinett des Dr. Caligari* und dem verehrungswürdigen Klassiker, mit dem dieser Film verwandt zu sein behauptet, beschränken sich auf den Fakt, dass beide die Welt durch die Augen eines Wahnsinnigen (oder in diesem Fall: einer Wahnsinnigen) sehen. Roger Kays Psychiatrie mag zwar in Ordnung sein – wenn auch etwas simpel: seine Kur heilt die Patientin in nur zweieinhalb Tagen –, aber für den Betrachter ist dies eher belehrend als fesselnd, zumal die Welt, wie die unglückliche Glynis Johns sie sieht, ebenso verdächtig nach Studiodekoration riecht wie jedes x-beliebige andere Bühnenbild, das man auf dem Gelände der Twentieth Century Fox je errichtet hat.«

DAS KABINETT DES PROFESSOR BONDI

(HOUSE OF WAX). USA 1953. **R:** *André de Toth.* **B:** *Crane Wilbur.* **St:** *Charles Belden.* **K:** *Bert Glennon.* **M:** *David Buttolph.* **D:** *Vincent Price (Professor Henry Bondi; OF: Jarrod), Phyllis Kirk (Susie Allen), Frank Lovejoy (Inspektor Tom Brennan), Paul Picerni (Scott Andrews), Carolyn Jones (Cathy Gray), Paul Cavanagh (Sidney Wallace), Roy Roberts (Matthew Burke), Dabbs Greer (Sgt. Jim Shane), Charles Bronson (Igor), Angela Clarke (Mrs. Andrews), Ned Young (Leon Aberil), Richard Benjamin (Polizist), Frank Ferguson (Leichenbeschauer), Reggie Rymal (Barker). F (3 D) 88 Min.*

New York, 1902: Bondi & Burke betreiben ein historisches Wachsmuseum. Da der Umsatz jedoch gering ist, will Burke aus dem Unternehmen ein Gruselkabinett machen. Bondi, ein sensibler Künstler, ist nicht bereit, diesem reißerischen Plan zuzustimmen. Burke zündet das Kabinett an, um die hohe Versicherungssumme zu kassieren. Bondi, der sich zu dieser Zeit am Ort befindet, verbrennt scheinbar mit, doch nachdem Burke das Geld kassiert hat, taucht er furchtbar entstellt auf und erwürgt ihn. Burkes verbrecherische Tat hat Bondi jedoch geistigen Schaden nehmen lassen: Er ermordet auch Burkes Braut Cathy. Deren Zimmergefährtin Susie kann dem vermummten Bondi knapp entkommen. Die Leichen Burkes und eines Anwalts namens Patterson verschwinden auf mysteriöse Weise aus dem Leichenschauhaus. Bald eröffnet Bondi ein neues Wachsfigurenkabinett, in dessen Keller er ein geheimes Laboratorium betreibt. Da er angeblich gelähmt ist, führen zwei Assistenten seine Arbeit aus: der Säufer Leon und der taubstumme Kraftprotz Igor. Die Figuren, die sie schaffen, weisen keine Schönheit mehr auf; sie stellen nur Mörder und andere Galgenvögel dar. Als Bondi das Kabinett eröffnet, sind auch Susie Allen und ihr Freund Scott unter den Gästen. Schockiert stellt sie fest, dass eine weibliche Wachspuppe die Züge ihrer ermordeten Freundin Cathy trägt. Bondi erklärt, er habe das Gesicht irgendwann in der Zeitung gesehen. Aber eine andere Figur entsetzt Susie gleichermaßen: der Lincoln-Attentäter Edwin Booth ist dem Anwalt Patterson wie aus dem Gesicht geschnitten. Als Inspektor Brennan von der Polizei Pattersons Uhr im Besitz Leons findet, ist der Fall klar: Der verrückte Bondi benutzt als Vorlage seiner Wachsfiguren keine Bilder, sondern bringt Menschen um, die er anschließend mit flüssigem Wachs überzieht. Als Susie Gelegenheit hat, die Figur näher zu untersuchen, die Cathy ähnelt, wird sie von Bondi überrascht und fällt in Ohnmacht. Bondi erhebt sich aus seinem Rollstuhl und bringt das Mädchen in sein Labor, wo er es in einen Trog legt, um sie mit flüssigem Wachs zu überziehen. Die in letzter Sekunde eintreffende Polizei verhilft ihm zu genau dem Ende, das er seinem Opfer zugedacht hat.

Das Kabinett des Professor Bondi

Das Kabinett des Professor Bondi ist nicht nur ein Remake des 1933 von Michael Curtiz gedrehten *Mystery of the Wax Museum,* sondern auch einer der ersten 3 D-Filme, die man produzierte, um dem in den fünfziger Jahren seinen Siegeszug antretenden Fernsehen (erfolglos) das Wasser abzugraben. »[Der Film] zeichnet sich jedoch durch einen großen Anteil eigener spannender Momente aus, die im Vergleich mit der 1933er Version besser gemacht wirken. Die Szene, in der Susie den ghulähnlichen Bondi im Zimmer der toten Cathy entdeckt und anschließend von ihm durch die finsteren, leeren Straßen gejagt wird, ist ziemlich furchteinflößend. Ebenso die nächtliche Szene, in der Bondi sich mit Hilfe eines Seils in das Zimmer der schlafenden Susie schwingt; als sie wach wird und sich aufrecht hinsetzt, während sein Schatten an die hinter ihr befindliche Wand geworfen wird – das ist eine Aufnahme, die eines Curtiz würdig ist, der Schatten ebenso einsetzte wie jeder andere Regisseur. Der Höhepunkt des Films ist gewiss die am Anfang vorkommende Sequenz, in dem die Flammen durch Bondis Studio fegen und die Wachsfiguren schmelzen. Die Puppen im Feuer wirken gleichzeitig albtraumhaft und hypnotisch: als ihre Augen und Wangen anfangen zu zerfließen, hat man den Eindruck, als würden sie starke Schmerzen erleiden, obwohl sich ihr lächelnder Ausdruck keinesfalls verändert.« (Danny Peary, CULT MOVIES) In Deutschland kam der Horror-Klassiker weniger gut an, aber das lag am Geist der Zeit, der sich – wenn schon Grusel – lieber den Faust gewünscht hätte. [V]

DAS KABINETT DES SCHRECKENS

(THE FUNHOUSE). USA 1980. **R:** *Tobe Hooper.* **B:** *Larry Block.* **K:** *Andrew Laszlo.* **M:** *John Beal.* **D:** *Elizabeth Barridge (Amy), Silvia Miles (Madame Zena), Cooper Huckabee (Buzz), William Finley (Marco der Große), Wayne Doba (Der Maskierte). Largo Woodruff (Liz), Miles Chapin (Richie), Shawn Carson (Joey Harper), Jack McDermott (Harper), Jeanne Austin (Mrs. Harper), Ralph Marino (Lkw-Fahrer). David Carson (Grieche), Sofia Zomina (Obdachlose). F 91 Min.*

Spaßig ist es in dem Funhouse (Geisterbahn) überhaupt nicht, in das sich Amy, Buzz, Richie und Liz haben einschließen lassen, um eine gruselige Nacht zu erleben. Sie werden nämlich unverhofft Zeugen eines brutalen Mordes, als der stets hinter einer Frankenstein-Maske agierende Sohn des Geisterbahnbesitzers eine Frau erschlägt, die er vorher für einen »sexuellen Dienst« bezahlt hat. Während die vier entsetzten Teenager nach einem Ausgang suchen, den sie nicht finden, entpuppt sich der Mörder auch als unter der Maske schrecklich entstellt. Mit Hilfe seines Vaters, der kein Interesse daran hat, dass die Bluttat aufgedeckt wird, bläst er zur Jagd auf die Zeugen seiner Tat. Eingesperrt in ein Schauerkabinett, versuchen die vier jungen Leute, den beiden Männern zu entkommen. Aber ihre Anstrengungen bleiben fruchtlos – einer nach dem anderen kommt auf schreckliche Weise ums Leben, bis der Vater des Maskierten in eine Schwertklinge stürzt und der Missgestaltete sich in einem Kabelgewirr verfängt und von einem Zahnrad zerquetscht wird. Amy kann sich als Einzige retten. – Brutalität und Grausamkeit um ihrer selbst willen, das ist die simple Masche, nach der Hollywood-Achtgroschenjungen wie Tobe Hooper ihre niederträchtigen Machwerke stricken: Gefragt ist bei diesen Geldschefflern nicht der unter die Haut gehende Nervenkitzel, der aus dem Subtilen erwächst, sondern die plakativ in Szene gesetzte Schlächterei, bei der das Blut gleich literweise spritzt. Ob dies nun ein aus dem Wissen geborener Zynismus ist, dass ein Markt für derlei Abscheulichkeiten existiert, sei dahingestellt, fatal wirkt es sich jedoch aus, wenn wie in nahezu sämtlichen Filmen dieser Welle die Täter stets auch als körperlich »abnormal« hingestellt werden: »Ein entstellter Körper, so verstärkt der Film die kurzschlüssige Wahrnehmung, ist Indiz für eine entstellte Psyche.« (Bg., FILMDIENST) In dieser Hinsicht Behinderte werden sich freuen zu erfahren, was Hooper von ihnen hält. – »Den [subtilen Horror] ersetzt Hooper durch eine Serie blutiger, brutaler Schocks und beraubt sich damit endgültig der Chance, dem Aufhänger seiner Geschichte – nämlich am Schauplatz von fiktivem Horror den realen einbrechen zu lassen – spezielle Reize abzugewinnen.« (J. M. Thie, FILMBEOBACHTER) [V]

KALTBLÜTIGES SPIEL

Anderer Titel für LÜGEN – HORROR IN DER NERVENKLINIK

KAMMER DER SCHRECKEN

(THE BLACK ROOM). USA 1984. **R:** *Elly Kenner, Norman Thaddeus Vane.* **B:** *Norman Thaddeus Vane.* **K:** *Robert Harmon.* **M:** *Art Podell, James Achley.* **D:** *Stephen Knight (Jason), Cassandra Gaviola (Bridget), Jim Stathis (Larry), Clara Perryman (Robin), Jeanne Frank (Sandy), Charlie Young (Lisa), Christopher McDonald (Terry), Linnea Quigley (Milly). F 87 (84) Min.*

Geschwisterpaar (Brüderlein leidet an einer eigenartigen Blutkrankheit) in Los Angeles lockt per Zeitungsannoncen junge Paare ins »schwarze Zimmer« seines Hauses, delektiert sich heimlich an deren sexuellen Aktivitäten, tötet sie wegen ihres Blutes und verwandelt sich absurderweise in Zombies. Der voyeuristische und sich durch schludrige Kameraarbeit auszeichnende Film wurde gleich zum Zweck der Video-Auswertung gedreht. Schund. AIDT [V]

KÄPTEN BLACKBEARDS SPUKKASCHEMME

(BLACKBEARD'S GHOST). USA 1968. **R:** *Robert Stevenson.* **B:** *Bill Walshi, Don Da Gradi.* **V:** *»Blackbeards Ghost« von Ben Stahl.* **K:** *Edward Colman.* **SpE:** *Peter Ellenshaw, Eustace Lycett, Danny Lee.* **M:** *Robert F. Brunner.* **D:** *Peter Ustinov (Käpten Schwarzbart), Dean Jones (Steve Walker), Suzanne Pleshette (Jo Anne Baker), Elsa Lanchester (Emily Stowecroft), Joby Baker (Silky Seymour), Elliot Reid (Fernsehkommentator), Richard Deacon (Dean Wheaton), Norman Grabowski (Virgil), Kelly Thordsen (Motorradpolizist), Michael Conrad (Pinetop Purvis), Herbie Faye (Croupier), George Murdock (Beamter), Hank Jones (Gudger Larkin), Ned Glass (Kassierer), Gil Lamb (Barmann), Alan Carney (Charles), Ted Markland (Leon), Charlie Brill (Edward), Herb Vigran, Betty Bronson, Kathryn Minner, William Fawcett, Elsie Baker, Sara Taft. F 107 Min.*

Die Titel-Spukkaschemme wird von fünf ältlichen Damen geführt, die von sich behaupten, Nachfahren einer berüchtigten Piratenbande zu sein, deren Anführer Käpten Blackbeard von seiner Gattin verflucht wurde und erst in die ewigen Jagdgründe eingehen kann, wenn er eine gute Tat vollbracht hat. Steve Walker, neuer Sportlehrer an einem kleinen College, mietet sich bei den Damen ein und erfährt, dass sie einen Haufen Schulden haben. Können sie diese nicht in einer bestimmten Zeit abtragen, fällt ihr Besitz an den Ganoven Silky Seymour, der aus ihrer Taverne ein Spielkasino machen will. Als

Steve eine antike Wärmflasche ersteigert, die einst Blackbeards Gattin gehörte, entdeckt er darin eine Zauberformel, die den alten Haudegen (leider nur für ihn) sichtbar macht. Der um sein Seelenheil besorgte Blackbeard verbündet sich mit Steve und schreitet zur guten Tat: Mittels einer gewitzten Dieberei und einer gut platzierten Wette verhilft er dem leistungsschwachen College-Team bei einem Leichtathletik-Wettkampf zum Sieg und gewinnt genug Bargeld, damit seine Nachfahren ihre Schulden zahlen können. – Die Geister, die ich rief ... »Dieses Konsumprodukt entspricht ganz und gar der inszenatorischen Monotonie und biederen Unverbindlichkeit der Disneyschen Unterhaltungswelt – bis auf zwei Ausnahmen: den auch noch in unbedeutenden Rollen sehenswerten Peter Ustinov und einige wenige gelungene Gags.« (J. M. Thie, FILMBEOBACHTER) Ansonsten: Ein harmloser Gespensterfilm ohne Horroreffekte.

Boris Karloff (r.) in Corridors of Blood

KARLOFF, BORIS

(1887–1969). Schauspieler, geboren in Dulwich, England. William Henry Pratt war das schwarze Schaf einer ehrbaren englischen Familie, möglicherweise aus einem Seitensprung hervorgegangen, den sich sein Vater als Kolonialbeamter in Indien erlaubt hatte. Nach dem Tod seiner Eltern unter der Obhut seiner Brüder, brach er mit der Familie, ging nach Kanada und tingelte dort mit einer Schauspieltruppe. Später, nach reichlich Misserfolgen, landete er bei Wanderbühnen in den USA und endlich, als Statist und Kleindarsteller, in Hollywood. Wenn Rollenangebote rar waren, fuhr er Lkw (ohne Führerschein) und schleppte Zementsäcke. Der Durchbruch kam 1931 bei der Universal mit der Rolle des Monsters in James Whales *Frankenstein*-Film, die Bela Lugosi abgelehnt hatte. 1932: *The Old Dark House; The Mummy (Die Mumie); The Mask of Fu Manchu;* 1933: *The Ghoul;* 1934: *The Black Cat (Die schwarze Katze);* 1935: *The Bride of Frankenstein (Frankensteins Braut); The Raven (Der Rabe); The Black Room (Das schwarze Zimmer);* 1936: *The Invisible Ray; The Walking Dead; Juggernaut;* 1939: *Son of Frankenstein (Frankensteins Sohn); Tower of London (Der Henker von London);* 1940: *Black Friday (Schwarzer Freitag); The Ape;* 1941: *The Devil Commands;* 1942: *The Boogie Man Will Get You;* 1944: *The Climax; House of Frankenstein;* 1945: *The Body Snatcher (Der Leichendieb); Isle of the Dead;* 1946: *Bedlam;* 1951: *The Strange Door (Hinter den Mauern des Grauens);* 1952: *The Black Castle (Das schwarze Schloß);* 1953: *Abbott and Costello Meet Dr. Jekyll and Mr. Hyde; The Monster of the Island/Il Mostro dell'Isola;* 1957: *Voodoo Island;* 1958: *Frankenstein 1970 (Die Hexenküche des Dr. Rambow); The Haunted Strangler;* 1963: *The Raven (Der Rabe – Duell der Zauberer); The Terror; The Comedy of Terrors (»Ruhe Sanft« GmbH/Komödie des Grauens);* 1964: *I Tre Volti della Paura (Die drei Gesichter der Furcht);* 1965: *Die, Monster, Die!/Monster of Terror (Das Grauen auf Schloß Witley);* 1966: *The Ghost in*

Boris Karloff

the Invisible Bikini; 1967: *The Sorcerers (Im Banne des Dr. Monserrat).* 1968, in Peter Bogdanovichs *Targets (Bewegliche Ziele),* spielte er sich selbst: einen alternden Horrorstar. Karloff war einer der Gründer der Screen Actors Guild, gab mehrere Anthologien mit Gruselgeschichten heraus, feierte auf dem Broadway Triumphe mit *Arsenic and Old Lace* (»You look like Boris Karloff«) und präsentierte die NBC-Serie *Thriller*

DIE KATZE UND DER KANARIENVOGEL

(THE CAT AND THE CANARY). GB 1978. **R:** *Radley Metzger.* **B:** *Radley Metzger.* **V:** *»The Cat and the Canary« (1927) von John Willard.* **K:** *Alex Thompson.* **M:** *Steven Cagan.* **D:** *Honor Blackman (Susan Sillsby), Michael Callan (Paul Jones), Edward Fox (Hendricks), Wendy Hiller (Alison Crosby), Olivia Hussey (Cecily Young), Carol Lynley (Annabelle West), Peter McEnery (Charlie Wilder), Wilfrid Hyde-White (Cyrus West), Beatrix Lehmann (Mrs. Pleasant), Daniel Massey (Harry Blythe). F 98 Min.*

Inhalt siehe *Erbschaft um Mitternacht.* – »Britisches Remake der alten Gruselmär von der Testamentseröffnung und dem entsprungenen Geisteskranken, der sich durch die Erben meuchelt.« (Norbert Stresau, SCIENCE FICTION JAHR 1990) [V]

KATZEN TÖTEN LEISE

(CAT IN THE CAGE). USA 1978. **R:** *Tony Zarindast.* **B:** *Richard Vasquez, Tony Zarindast.* **K:** *Ali Zarindast.* **M:** *Jack Wheaton.* **D:** *Behrouz Vossoughi (Bruce Khan), Colleen Camp (Gilda Riener), Sybil Danning (Susan Khan), Mel Novak (Ralph Desmond), Frank De Kova (Rachid Khan), Tony Bova (Ali Khan), Paul Harper (Det. Hoffman), Aram Katcher (Det. Pino), Nathan Roth (Dr. Parrish), Paul Durazzo (Herman), Patrick Wright (Polizist), Frederick Lanklain (Milchmann), James Bacon (Captain), Ursaline Bryant-King. F 98 Min.*

Junger Mann kehrt aus der Nervenklinik auf den Landsitz seiner Familie zurück und stellt fest, dass sein Vater die Pflegerin seiner verstorbenen Mutter geheiratet hat. Und diese, man hält's kaum für möglich, plant im Verein mit ihrem Geliebten, dem Chauffeur des Hauses, Papas Tod, um an seine Millionen ranzukommen. Doch wer glaubt einem Menschen, von dem alle wissen, dass er einen an der Waffel hat? [V]

KATZENAUGE

(CAT'S EYE). USA 1985. **R:** *Lewis Teague.* **B:** *Stephen King.* **V:** *»Quitters, Inc.«, »The General«, »Der Mauervorsprung« von Stephen King.* **K:** *Jack Cardiff.* **SpE:** *Jeff Jarvis.* **M:** *Alan Silvestri.* **D:** *Drew Barrymore (Amanda), James Woods (Morrison), Alan King (Dr. Donati), Kenneth McMillan (Cressner), Robert Hays (Norris), Candy Clark (Sally Ann), James Naughton (Hugh), Curt Miller (McCann), Russell Horton (Milquetoast), Patricia Benson (Mrs. Milquetoast), Mary d'Arcy (Cindy), James Rebhorn (Betrunkener), Jack Dillon (Hausmeister), Susan Hawes (Mrs. McCann), Shelley Burch (Jerrilyn), Sal Richards (Westlake), Jesse Doran (Albert), Patricia Kalember (Marcia), Mike Starr (Ducky), Charles Dutton (Don). F 94 Min.*

Episodenfilm: 1. »Quitters, Inc.:« Der Raucher Mr. Morrison, der sein Laster gern aufgeben möchte, gerät in die Hände einer Firma, die rigorose Methoden einsetzt, um Leute wie ihn auf den Pfad der Tugend zu bringen. – 2. »The Ledge«: Millionär geht mit dem Liebhaber seiner Gattin eine Wette ein, die sich böse für ihn auszahlt. – 3. »The General«: Kleines Mädchen erkennt, dass ein grässlicher Troll im Gemäuer ihres Elternhauses lebt, und erhält in höchster Not

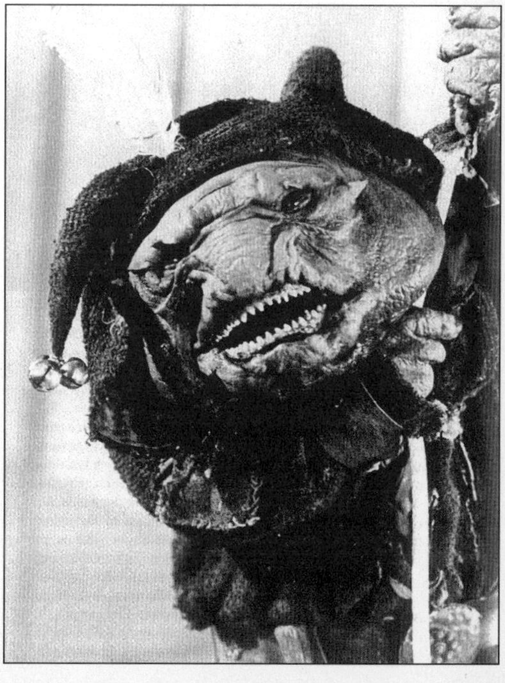

Katzenauge

Hilfe von einer Katze. – Nicht gerade umwerfende Adaption dreier Geschichten von Stephen King.

DIE KATZENGÖTTIN

(THE CAT CREATURE). USA 1973. **R:** *Curtis Harrington.* **B:** *Robert Bloch.* **St:** *Wilford Lloyd Baumes, Robert Bloch, Douglas S. Cramer.* **K:** *Charles Rosher jr.* **M:** *Leonard Rosenman.* **D:** *Meredith Baxter (Rena Carter), David Hedison (Professor Roger Edmonds), Gale Sondergaard (Hester Black), Stuart Whitman (Lt. Marco), Renee Jarrett (Sherry Hastings), Keye Luke (Joe Sung), Kent Smith (Frank Lucas), Milton Parsons (Pathologe), John Abbott (Dr. Reinhart), Peter Lorre jr. (Pfandleiher), Virgil Frye (Donovan), William Sims (Bert). F 72 Min.*

TV-Film. Der wackere Polizist Lieutenant Marco untersucht den merkwürdigen Tod eines Einbrechers, der das goldene Katzenamulett einer mumifizierten altägyptischen Prinzessin gestohlen hat und ums Leben gekommen ist. Alles deutet darauf hin, dass er von einer Katze getötet wurde.

KATZENMENSCHEN

(CAT PEOPLE). USA 1942. **R:** *Jacques Tourneur.* **B:** *De Witt Bodeen.* **K:** *Nicolas Musuraca.* **M:** *Roy Webb.* **D:** *Simone Simon (Irena Dubrovna), Kent Smith (Oliver Reed), Jane Randolph (Alice Moore), Tom Conway (Dr. Judd), Alan Napier (Carver), Jack Holt (Commodore), Elizabeth Russell (Barbara Farren), Alec Craig (Zoowärter), Bud Geary (Polizist), Mary Halsey (Blondie), Murdock McQuarne (Hausmeister), Elizabeth Dunne (Miss Plunkett), Theresa Harris (Minnie), George Ford (Cop), Steve Soldi (Metzger) Betty Roadmann (Mrs. Hansen), Donald Kerr (Taxifahrer), Dot Farley (Mrs. Agnew), Charles Jordan (Busfahrer), Henrietta Burnside (Frau), Connie Leon (Frau), Eddie Drew (Straßenpolizist), John Piffl (Cafébesitzer), Leda Nicova (Patientin). SW 75 Min.*

Die junge Irena Dubrovna verlässt ihre Heimat Serbien und begibt sich nach New York, wo sie als Modezeichnerin arbeitet und sich in ihren Kollegen Oliver Reed (!) verliebt. Die beiden heiraten, aber Irena bringt es nicht über sich, die Ehe zu »vollziehen«. Oliver glaubt, dass ihre Neurose auf einer serbischen Legende beruht, laut der sich Frauen, wenn sie sexuelle Regungen verspüren, in eine Raubkatze verwandeln und ihren Geliebten töten können. Der alte Fluch geht auf eine Zeit zurück, in der die Serben von den Mamelucken aus ihrer Heimat vertrieben wurden und angeblich in Katzengestalt in den Bergen ihr Unwesen trieben. Oliver versichert sich der Unterstützung des Psychiaters Dr. Judd, jedoch erfolglos. Der Seelendoktor hat für Irenas Obsession nur Häme übrig. Dass er sich darüber hinaus der Attraktivität seiner Patientin bewusst ist, kostet ihn das Leben – nach einem Annäherungsversuch bleibt er als blutige, zerfetzte Leiche am Schauplatz des Geschehens zurück. Oliver, der mit Irenas »Neurose« nicht fertig wird, wendet sich seiner alten Freundin Alice zu. Dies lässt Irenas Eifersucht erwachen. Als Alice eines Abends durch den Central Park geht, hat sie das unbestimmte Gefühl, von einer großen Katze verfolgt zu werden. Im letzten Augenblick kann sie in einen Bus springen. Später findet sie ihren Bademantel von scharfen Krallen zerfetzt vor. In ihrer Verzweiflung befreit Irena schließlich im New Yorker Zoo einen Panther aus seinem Käfig – die einzige Kreatur, der sie sich verbunden fühlt. Oliver und Alice finden ihre Leiche vor dem leeren Käfig.

Wie immer in den Filmen, die Jacques Tourneur und der Produzent Val Lewton machten, sollte auch in *Katzenmenschen* das »Monster« überhaupt nicht zu sehen sein. Aber die Studiobosse waren anderer Meinung: Ein Panther musste im Bild erscheinen, koste es, was es wolle. »Als sie den fertigen Streifen sahen, kam es zu einer Katastrophe. Geradeheraus gesagt: sie verabscheuten ihn. Eine Zeit lang gab es Gerüchte, man wolle ihn im Regal verschimmeln lassen und als Steuerabschreibungsmöglichkeit verwenden. Lewton und Tourneur wurden in die

Katzenmenschen (1942)

Wüste geschickt. Schließlich lief der Film in einem New Yorker Kino – geplant war eine Woche. Er war ein überwältigender Erfolg und lief schließlich drei Monate lang.« (STARBURST) *Katzenmenschen* gehört zu den unbestrittenen Klassikern des Horrorfilms und spielte bei einem Budget von $ 136 000 über vier Millonen ein. – »*Cat People* liefert die Studie einer sexuellen Verdrängung und ihrer Folgen. Irena motiviert ihre Furcht vor der Sexualität, indem sie die Wirklichkeit durch ein Märchen ersetzt. Die unerklärliche Angst, im Augenblick der Erregung den Geliebten zu töten, dient als willkommene Entschuldigung für ihre Frigidität. Als die Zudringlichkeit des Psychiaters ... Irenas Hirngespinst zu zerreißen droht, bringt sie ihn instinktiv um. Damit geht ihr ›Traum‹ in Erfüllung, ihr Trauma stirbt. Irenas körperlicher Tod lässt sich als filmisches Substitut für diesen unsichtbaren Vorgang deuten.« (Vinzenz B. Burg, FILMKORRESPONDENZ) – »Der Einfluss des Übernatürlichen ist in dem Film allgegenwärtig, doch wie in allen Arbeiten Lewtons gerät dieser Bereich niemals aus den Fugen und wird zum alles beherrschenden Motiv. Hinter jeder unheimlichen Erscheinung verbirgt sich eine im Grunde rationale und realistische Erklärung.« (Robert Moss, DER KLASSISCHE HORRORFILM) – Der Film *The Curse of the Cat People* (USA 1944; Regie Robert Wise), ebenfalls von Val Lewton produziert, hat ungeachtet seines Titels nichts mit *Katzenmenschen* zu tun, sondern ist eine Studie kindlicher Einsamkeit. Ein Remake des Tourneur/Lewton-Stoffes wurde unter gleichem Titel und unter Verwendung des Originaldrehbuches von De Witt Bodeen 1981 von Paul Schrader inszeniert.

KATZENMENSCHEN

(CAT PEOPLE). USA 1981. **R:** *Paul Schrader.* **B:** *Alan Ormsby (nach De Witt Bodeen).* **K:** *John Bailey.* **M:** *Giorgio Moroder.* **D:** *Nastassja Kinski (Irena Gallier), Malcolm McDowell (Paul Gallier), John Heard (Oliver Yates), Annette O'Toole (Alice Perrin), Ruby Lee (Frau), Ed Begley jr. (Joe Creigh), Scott Paulin (Bill Searle), Frankie Faison (Brandt), Ron Diamond (Ron Diamond), Lynn Lowry (Ruthie). F 118 Min.*

Irgendwann, irgendwo ist es zu einer sexuellen Vereinigung zwischen einem Panther und einer Menschenfrau gekommen, so suggeriert der Anfang dieses Remakes von Jacques Tourneurs gleichnamigem Klassiker von 1942. Aus der Vereinigung ist das Geschlecht der Katzenmenschen entstanden, die von ihrem Schicksal erst erfahren, wenn sie erste sexuelle Regungen spüren. Irena Gallier, die ihren älteren Bruder in New Orleans besucht, wird von diesem auf ihrer beider Abstammung hingewiesen: Paul hat bereits einschlägige Erfahrungen gemacht – wird er von einer menschlichen Frau sexuell erregt, verwandelt er sich gegen seinen Willen in eine reißende Bestie in Katzengestalt. Er macht Irena den Vorschlag, ein inzestuöses Verhältnis mit ihm einzugehen, denn Katzenmenschen können nur untereinander gefahrlos lieben. Irena ist nicht dazu bereit, und so nimmt ihr Schicksal seinen Lauf: Bei einem Tête-à-Tête mit dem Zoodirektor Oliver Yates, in den sie sich verliebt, macht sie eine Furcht erregende Metamorphose durch: Sie verwandelt sich in einen fauchenden schwarzen Panther, der Oliver zwar bedroht, dann jedoch die Flucht ergreift und seine Gier befriedigt, indem er in einem nächtlichen Park einen Hasen schlägt. Als Irena wieder menschliche Gestalt annimmt, ist sie entsetzt. Als Paul in Panthergestalt zu Tode gehetzt wird, akzeptiert sie endlich das ihr zugedachte Schicksal: Sie beschließt, ihr Leben in Katzengestalt zu verbringen – hinter den Gittern eines Zookäfigs. – Während sich Jacques Tourneur und sein Produzent 1942 noch mit Händen und Füßen dagegen wehrten, die Verwandlung eines Menschen in eine Raubkatze zu zeigen (was beim damaligen Stand der Tricktechnik ohnehin ein Reinfall geworden wäre), konnte die Neuproduktion auf dergleichen Schauspiele nicht verzichten: »Dass die Maskenbildner ... gerade bei der Verwandlung der hübschen Nastassja Kinski nicht nur viel Arbeit hatten, sondern auch ganze Arbeit geleistet haben, erhöht den Reiz dieses Films.« (Guntram Lenz, FILMBEOBACHTER) Auch wurde die erotische Komponente der Geschichte mehr ins Bild gerückt: Während im Tourneur-Original sich nur Frauen davor fürchten, ihre Sexualität auszuleben, ist hier auch der Mann von dem betroffen, was bei Tourneur noch ein »Fluch« war: die zwanghafte Verwandlung ist jetzt eine Folge »erbbiologischer« Ursachen. Wenn man auf der Prämisse aufbaut, es sei möglich, Menschen mit Katzen zu paaren, wie am Anfang unterstellt, führt sich der Film dann nicht selbst ad absurdum? Und: Musste aufgrund der erzwungenen (später erfolgten) Inzucht – Katzenmenschen können bekanntlich nur mit ihresgleichen – nicht eine baldige Degeneration eintreten? (Von Science Fiction-Autoren wird z.B. verlangt, dass sie auf einer unmöglichen Grundvoraussetzung logisch aufbauen). Die Kritik nahm die neue Version von *Katzenmenschen* – wenngleich eher aus formalästhetischen Gründen – zwiespältig auf, bezeichnete ihn jedoch auch als »perfektes Kino«. (Hans Gerhold, FILMDIENST) Guntram Lenz, FILMBEOBACHTER: »Dass Schrader ohne allzu großes publikumswirksames Blutvergießen auskommt und stattdessen auf die innere Dramatik des Handlungsablaufes und die überzeugenden Darstellerleistungen setzt, ist ein Konzept, das aufgeht.« – »*Katzenmenschen* ist sehenswert, vorausgesetzt, man ist nicht prüde oder überempfindlich. Der Film ist gewiss ein Fehlschlag – aber ein spannender.« (Phil Edwards, STARBURST) Ein Buch zum Film: Gary Brandner, *Katzenmenschen,* München 1983 [V]

DER KELLER

(THE BEAST IN THE CELLAR). GB 1971. **R:** *James Kelly.* **B:** *James Kelly.* **K:** *Harry Waxman, Desmond Dickinson.* **M:** *Tony Macauly.* **D:** *Beryl Reid (Ellie Ballantyne), Flora Robson (Joyce Ballantyne), John Hamill (Alan Marlow), Tessa Wyatt (Schwester Sutherland), T. P. McKenna (Paddick), John Kelland (Sgt. Young), David Dodimead (Dr. Spencer), Vernon Dobtcheff (Newsmith), Dafydd Havard (Stephen Ballantyne), Gail Lidstone (Junge Ellie), Elisabeth Choice (Junge Joyce), Marlin Viard (Junger Stephen), Anthony Heaton (Anderson), Christopher Chittell (Baker), Peter Craze (Roy), Annabel Littledale (Gloria), Howard Rawlinson (Soldat), Roberta Tovey (Mädchen), Robert Wilde (Soldat im Laden), Reg Lever (Sanitäter). F 78 Min.*

Ellie und Joyce Ballantyne, zwei ältliche Schwestern, die irgendwo in England auf dem Land leben, erfahren, dass in ihrer näheren Umgebung einige schreckliche Morde passiert sind – die Opfer sind ausnahmslos junge Soldaten, und nach dem, was von ihren Leichen übrig geblieben ist, schließt die Polizei, dass eine Raubkatze ihr Unwesen treibt. Ellie und Joyce jedoch haben einen anderen Verdacht: Seit dreißig Jahren haust im Keller ihres Hauses ihr geistesgestörter Bruder Stephen. Sie haben ihn eingeschlossen, als er sich nach dem Ausbruch des Zweiten Weltkriegs freiwillig zur Armee melden wollte. Stephen hat irgendwie eine Möglichkeit gefunden, den Keller heimlich zu verlassen. Als die Schwestern der Polizei ihren Verdacht mitteilen, ist Stephen verschwunden. In einer stürmischen Nacht, als Ellie und Joyce allein zu Hause sind, kehrt er zurück. Es bleibt einem Freund der Schwestern (einem Soldaten) überlassen, sich Stephen, der eher einem verwilderten Tier als einem Menschen gleicht, entgegenzustellen. – »Des Monsters Auftritte sind so recht dazu angetan, die diversen Fähigkeiten des Filmteams zu demonstrieren«, fand Wolfgang Kühn in VAMPIR. »Die Kamera wirbelt wie verrückt, der Regisseur ist peinlich bemüht, auch nicht den kleinsten Bildfetzen vom Ungeheuer sehen zu lassen ... und die Musik gibt gerade in dieser Szene drastische Beispiele für die unbestrittene Tatsache, dass schrille Missklänge bisweilen modern, dagegen jedoch keineswegs dazu angetan sind, fehlende Spannung zu ersetzen ... Wenn sich Orgelklang und Käuzchenschrei im diffusen Mondlicht vereinen, so wird durch diese akustische Kombination selbst noch die einzige wirklich spannende Szene ... verpatzt.« – »Ein britischer Horrorfilm, der sich zwar alle Mühe gibt, uns das Gruseln zu lehren, jedoch unsere Phantasie kaum anzuregen vermag.« (Ann Guarino, NEW YORK DAILY NEWS)

KILL, DADDY, KILL

(THE STEPFATHER). USA 1987. **R:** *Joseph Ruben.* **B:** *Donald E. Westlake.* **St:** *Donald E. Westlake, Carolyn Lefcourt, Brian Garfield.* **K:** *John Lindley.* **SpE:** *Bill Orr.* **M:** *Patrick Moraz.* **D:** *Terry O'Quinn (Henry Morrison, Jerry Blake, Bill Hodgkins), Jill Schoelen (Stephanie Maine), Shelley Hack (Susan Blake), Charles Lanyer (Dr. Bondurant), Stephen Shellen (Jim Ogilvie), Stephen E. Miller (Al Brennan), Robyn Stevan (Karen), Jeff Schultz (Paul Baker), Lindsey Bourne (Kunstlehrerin), Anna Hagan, Gillian Barber, Blu Mankuma, Jackson Davies, Sandra Head. F 85 Min.*

Psycho-Thriller. Jerry Blake scheint ein normaler Mann zu sein, der sich aufgrund einer schwierigen Kindheit nach einer normalen Familie und einem ebensolchen Familienleben sehnt. Allerdings entsprechen seine Vorstellungen in etwa dem »Realismus« von TV-Familien, die stets lieb zueinander sind. Passen sich Frau und Kinder seinen Vorstellungen nicht an, bringt er sie um und sucht sich eine neue Familie. So auch hier: Er heiratet die Witwe Susan, doch deren Tochter ahnt bald, dass mit dem Stiefvater etwas nicht stimmt. Was gar nicht gut für sie ist. Zwei Fortsetzungen, die es ebenso in sich haben: *Stepfather II* und *Stepfather III: Vatertag.* [V]: *Spur in den Tod II.*

KILLER HINTER DER MASKE

(THE KILLER BEHIND THE MASK/SAVAGE WEEKEND/THE UPSTATE MURDERS). USA 1976. **R:** *David Paulsen.* **B:** *David Paulsen.* **K:** *Zoli Vidor.* **M:** *N.N.* **D:** *Christopher Allport, James Doerr, Marilyn Hamlin, Kathleen Heaney, David Gale, Devin Goldenberg, Jeffrey David Pomerantz, William Sanderson, Yancy Victoria Butler, Adam Hirsch. F 88 Min.*

Ein maskierter Killer wütet u.a. mit einer Kettensäge unter zwei urlaubenden Familien, die sich für ein Wochenende in ein abgelegenes Landhaus zurückgezogen haben. 1976 gedreht, 1981 veröffentlicht. Und wie man an den vielen Originaltiteln sieht, auch nicht sehr erfolgreich. [V]

KILLER PARTY

(KILLER PARTY). USA 1986. **R:** *William Fruet.* **B:** *Barney Cohen.* **K:** *John Lindley.* **SpE:** *Gordon J. Smith.* **Ma:** *Susan Benoit.* **M:** *John Beal.* **D:** *Martin Hewitt (Blake), Sherry Willis-Burch (Vivia), Elaine Wilkes (Phoebe), Joanna Johnson (Jennifer), Ralph Seymour (Martin), Paul Bartel (Professor Zito), Alicia Fleer (Veronica), Woody Brown (Harrison), Joanna Johnson (Jennifer), Terri Hawkes (Melanie), Deborah Hancock (Pam), Laura Sherman (Sandy), Jeff Pustil (Virgil), Pat Hyatt (Mrs. Henshaw), Danielle Kracy (April), Scott Coopola (Stosh), Elisabeth Hanna (Stephanie), Denise Ferguson (Dr. Bain), Howard Buscang, Jason Warren, Cynthia Gillespie. F 88 Min.*

Studenten organisieren eine Geisterparty im seit zwanzig Jahren leer stehenden Gebäude einer Verbindung, in dem es zu einem Unfall kam, der einem Studenten buchstäblich den Kopf gekostet hat. Dessen nachtragender Geist ist noch aktiv, fährt in die Studentin Jennifer ein und metzelt sich auf blutige Weise durch den Rest der kreischenden Teilnehmer, was Barney Cohen, den Autor dieses Dramas, der Mühe enthoben hat, sich etwas Originelles auszudenken. »Sehr wirr, für Splatterfans wegen seines seltsamen Humors stellenweise jedoch nicht uninteressant.« (SCIENCE FICTION TIMES) AIDT [V]

KILLER-PHANTOM

Anderer Titel für SHERLOCK HOLMES' GRÖSSTER FALL

DER KILLER MIT DER BOHRMASCHINE

(THE TOOLBOX MURDERS). USA 1978. **R:** *Dennis Donnelly.* **B:** *Robert Easter, Ann N. Kindberg.* **St:** *Robert Easter, Ann N. Kindberg.* **K:** *Gary Graver.* **M:** *George Deaton.* **D:** *Cameron Mitchell (Kingsley), Pamelyn Ferdin (Laurie), Wesley Eure (Kent), Tim Donnelly (Detective), Aneta Corsaut (Joanne), Nicholas Beauvy (Joey), Evelyn Guerrero (Butch), Marcie Drake, Faith McSwain, Mariane Walter (Opfer). F 85 Min.*

Mr. Kingsley, der in Los Angeles ein großes Wohnhaus verwaltet, hat nicht nur eine Schraube locker, sondern auch eine merkwürdige Beziehung zu seiner Werkzeugkiste: Nachdem er die hübsche Laurie in seine Wohnung gelockt, mit den Kleidern seiner verstorbenen Tochter ausstaffiert und an ein Bett gebunden hat, massakriert er vier junge Frauen mit seiner Allzweck-Bohrmaschine, bis ihn sein Neffe, der auch nicht alle auf der Reihe hat, aus dieser Welt in die nächste befördert. – Ein schäbiges Machwerk, das seinesgleichen sucht und nicht mal erträglich ist, wenn man einen starken Magen hat.

KILLER TONGUE

(KILLER TONGUE). GB/Spanien 1996. **R:** *Alberto Sciamma.* **B:** *Alberto Sciamma.* **K:** *Denis Corssan.* **M:** *Fangoria, Big Toxic, Bazooka Nut.* **D:** *Melinda Clarke (Candy), Jason Durr (Johnny), Mapi Galan (Rita), Robert Englund (Chief Screw), Doug Bradley (Wig), Alicia Borathero (Reporter), Michael Cule (Frank), Danny Edwards (Loca). F 95 Min.*

Die unangenehmes Eigenleben entwickelnde Titelzunge des jungen Protagonisten ist auf einen Meteoritensplitter zurückzuführen ...

DER KILLER VON WIEN

(LO STRANO VIZIO DELLA SIGNORA WARDI/LA SENORA WARD). Italien/Spanien 1970. **R:** *Sergio Martino.* **B:** *Eduardo Maria Brochero, Ernesto Gastaldi.* **K:** *Emilio Foriscot.* **M:** *Nora Orlandi.* **D:** *Edwige Fenech (Julie), George Hilton (George), Christina Airoldi (Carol), Ivan Rassimov (Jean), Alberto de Mendoza (Neil), Manuel Gill, Carlo Alighiero, Miguel del Castillo. F 99 Min.*

Frustrierte, fremdgehende Wiener Ehefrau trifft Geliebten aus alten Zeiten, während in der Stadt gleichzeitig ein Dirnenmörder umgeht. Da sie sich zwischen ihrem momentanen und früheren Galan nicht entscheiden kann, wird sie in tiefste Gewissenskonflikte gestürzt, die in einem vorgeblichen Selbstmord enden. Die Polizei kommt jedoch einem Trio (bestehend aus Ehemann, Ex- und Momentan-Liebhaber) auf die Schliche, das die schöne Julie umgebracht hat, um eine astronomisch hohe Versicherungssumme zu kassieren. – »Sado-Masochismus, Promiskuität, Sex, Horror und Mord ... das schien Sergio Martino wohl eine Profit versprechende Mischung; Glaubwürdigkeit und eine einigermaßen übersichtliche Handlung waren offensichtlich nebensächlich ... Die zynische Haltung der Hersteller entlarvt am besten, dass sie dieser ganz auf Sex, Sadismus und Sensationsgier ausgerichteten Spekulation einen ernsthaften Anstrich durch ein vorangestelltes Zitat von Sigmund Freud zu geben versuchen.« (er, FILM-DIENST)

DIE KILLERHAND

(IDLE HANDS). USA 1999. **R:** *Rodman Flender.* **B:** *Terri Hughes, Ron Milbauer.* **K:** *Christopher Baffa.* **M:** *Graeme Revell.* **D:** *Devon Sawa (Anton), Seth Green (Mick), Elden Henson (Pnub), Jessica Alba (Molly), Christopher Hart (die Hand), Vivica A. Fox (Debi), Jack Noseworthy (Randy), Katie Wright (Tanya). F 92 Min.*

Pünktlich zu Halloween macht sich die rechte Teenager-Hand eines siebzehnjährigen Taugenichts, dessen Lebensinhalt aus Marihuana und Fernsehen besteht, selbständig und erst einmal die verhassten Eltern kalt, bevor sie den Freundeskreis heimsucht. »Dabei steht der stoische Gleichmut dieses jungen Mannes und seiner gleich gesinnten Freunde in krassem Kontrast zu den Grausamkeiten, die sich in recht drastischen Details um sie herum ausbreiten, wenn beispielsweise eine Hand in der Mikrowelle explodiert, wenn sich ein abgetrennter Kopf mit saugendem Schmatzen von der Tischplatte löst oder später mit zwei handwerklichen Griffen wieder am Rumpf befestigt wird: Es ist auf Dauer eben doch ein wenig unpraktisch, den eigenen Kopf ständig mit sich herumtragen und mit Chips füttern zu müssen.« (Anke Sterneborg, SÜDDEUTSCHE ZEITUNG, 31.8.1999) – »Teenie-Horrorfilme müssen dem Publikum genauso zum Halse heraushängen wie Beziehungskomödien, aber *Die Killerhand* ist eine rühmliche Ausnahme. Das Ärgerliche an den Erfolgen *Scream* und *Ich weiß noch immer, was du letzten Sommer getan hast* war ja ihr Mittelmaß, die Angst ihrer Macher vor Extremen. *Die Killerhand* zeichnet sich durch eine wunderbare Hemmungslosigkeit aus, was Horror und Humor angeht.« (F. N., TAGESSPIEGEL, 20.8. 1999) – Horror-Comedy für Kiffer und sonstige Durchgeknallte.

KILLERHAUS

(CRAWLSPACE). USA 1985. **R:** *David Schmoeller.* **B:** *David Schmoeller.* **K:** *Sergio Salvati.* **M:** *Pino Donaggio.* **D:** *Klaus Kinski (Dr. Karl Gunther), Talia Balsam (Lori Bancroft), Barbara Whinnery (Harriet Watkins), Sally Brown (Martha), Carol Francis (Jessica Marlowe), Tané (Sophie Fisher), Jack Heller (Alfred), Kenneth Robert Shippy (Joseph Steiner). F (82) 77 Min.*

Dr. Gunther, ein von mörderischen Vorstellungen geplagter Mediziner, betreibt eine Pension für hübsche junge Damen. Diese ist mit Kriechgängen versehen, die ihm die Möglichkeit bieten, seine Mieterinnen beim An- und Auskleiden zu begaffen, bevor er sie umbringt. (Musterstücke ihrer Organe bewahrt er in Einmachgläsern auf). Problematisch wird seine Lage, als ein Nazijäger in der Gegend herumschnüffelt (Gunthers Vater war nämlich ein KZ-Scherge) und seine Mieterin Lori Bancroft sich als zäher Brocken erweist. [V]

DIE KILLERMASCHINE

(CRASH). USA 1977. **R:** *Charles Band.* **B:** *Marc Marais.* **K:** *Tom Cecato.* **M:** *Andrew Belling.* **D:** *José Ferrer (Mark), Sue Lyon (Kim), John Ericson (Greg), John Caradine (Dr. Edwards), Leslie Parrish (Kathy), Jerome Guardino (Lt. Pegler), Paul Dubov (Dr. Cross), Reggie Nalder. F 86 Min.*

Eifersüchtiger Ehemann will seine Gattin mit Hilfe eines »besessenen« Autos aus dem Verkehr ziehen. [V]

KILLERMÖVEN GREIFEN AN

Anderer Titel für TERROR AUF DER TEUFELS-INSEL

KILLERPUPPEN SPIELEN NACHTS – ABSOLUT TÖDLICH

Anderer Titel für DOLLS

KILLER'S MOON

(KILLER'S MOON). GB 1978. **R:** *Alan Birkinshaw.*

B: *Alan Birkinshaw.* **K:** *Arthur Lavis.* **M:** *John Shakespeare, Derek Warner.* **D:** *Anthony Forrest (Pete), Tom Marshall (Mike), Georgina Kean (Agatha), Nigel Gregory (Smith), David Jackson (Trubshaw), Paul Rattee (Muldoon), Peter Spraggon (Jones), Jane Hayden (Julie), Alison Elliott (Sandy), Jane Good (Mary), Jayne Lester (Elizabeth), Lisa Vanderpump (Anne), Debbie Martyn (Deirdre), Christina Jones (Carol), Lynne Morgan (Sue), Jean Reeve (Mrs. Hargreaves), Elizabeth Counsell (Miss Lilac). F 90 Min.*
Vier Psychopathen entwischen aus einer Nervenklinik, brechen zu einer mörderischen Rundreise auf und töten zeltende Schulmädchen und ihre Freunde. Das übliche blutige Langweilerspektakel. AIDT [V]

KILLER-SCHLANGEN

Anderer Titel für UNTERNEHMEN KLAPPERSCHLANGE

KILLING BIRDS

(UCCELLI ASSASSINI/KILLING BIRDS/RAPTORS). USA/Italien 1988. **R:** *Claude Milliken [Claudio Lattanzi].* **B:** *Danielle Stroppa, Claudio Lattenzi, Sheila Goldberg.* **K:** *Fred S. Lonisco jr. [Aristide Massaccesi].* **SpE:** *Harry Harris III., Martin Schwerk, Robert Gould.* **Ma:** *Frank Moore, Don Gligor.* **M:** *Carlo Maria Cordio.* **D:** *Lara Wendel, Robert Vaughin, Timothy R. Wyatt, Leslie Cummins, James Villemaire, Sal Maggione jr., James Sutterfield, Lin Gathright, Ellis Paillet, Nona Paillet, John H. Green. F 90 Min.*
Bei der Begehung eines Spukhauses stößt eine Gruppe halbwüchsiger Besucher auf Untote. Die im Titel erwähnten »tötenden Vögel« sollen Deppen vermutlich an Hitchcock denken lassen, aber die im Film auftauchenden Flattermänner haben nur die Funktion, dumm rumzugucken. Produziert, teilweise inszeniert und fotografiert vom alten Horror- und Porno-Wüstling Joe d'Amato. [V]

KILLING HOUSE

(TERROR). GB 1978. **R:** *Norman J. Warren.* **B:** *David McGillivray.* **K:** *Les Young.* **M:** *Ivor Slaney.* **D:** *Michael Craze (Gary), John Nolan (James), Carolyn Courage (Ann), James Aubrey (Philip), Tricia Walsh (Viv), Rosie Collins (Diane), Sarah Keller (Suzie), Glynis Barber (Carol), L. E. Mack (Mad Dolly), Milton Reid, Peter Mayhew, Peter Craze, William Russell, Mike O'Malley, Colin Howells, Mary Maude, Michael Cameron, Peter Sproule, Peter Attard, Patti Love. F 87 Min.*
Vor dreihundert Jahren verbrannte Hexe nimmt in der Gegenwart Rache. Wenig aufregendes Horrorspektakel, auch wenn die Nachfahren der einstigen Scheiterhaufen-Fraktion übel eins auf die Mütze kriegen. [V]

KIND DES SATANS

(CHILD OF DARKNESS, CHILD OF LIGHT) USA 1991. **R:** *Marina Sargenti.* **B:** *Brian Taggart.* **V:** *James Patterson.* **K:** *Tobias Schliessler.* **M:** *Jay Cruska.* **D:** *Anthony John Denison (Pater Justin), Brad Davies (Father Rosetti), Viveca Lindfors (Ida Walsh), Sela Ward (Sister Anne), Claudette Nevins (Margaret), Kristin Datillo (Kathleen). F 90 Min.*
TV-Film. Im Vatikan herrscht Aufregung: Die Zeit ist gekommen, in der sich die Prophezeiung einer Heiligen erfüllt. Die unbefleckte Empfängnis soll sich wiederholen. Tatsächlich wird in Amerika das Arbeiterkind Margaret schwanger. Der Vatikan entsendet Pater Rosetti, um die Sache zu prüfen. Doch er erleidet einen mysteriösen Unfall, den er zwar überlebt, der ihn jedoch den Verstand kostet. Nun greift der Vatikan auf Pater Justin zurück. Tatsächlich scheint Margaret alle Voraussetzungen zu erfüllen, die nächste Gottesmutter zu werden. Wenn es nicht eine zweite Prophezeiung gäbe ... Gleichzeitig soll auch der Antichrist wieder geboren werden. Die Zeichen mehren sich. Katastrophen überziehen die Welt. Ein zweites Mädchen ist schwanger. Diesmal die aus reichem Hause kommende Kathleen. Wieder wird Justin ausgesandt, diesmal zusammen mit der Nonne Anne. Welches Kind ist der Heiland, welches der Antichrist? In der Umgebung beider Mädchen geschehen seltsame Morde. Ein gesichtloser Fremder verfolgt beide Mädchen. Anne fällt den Verlockungen des Satans zum Opfer. Der Zeitpunkt der Geburt nähert sich. Da entpuppt sich Justin als Abgesandter des Satans, der dafür sorgen soll, dass nur der Antichrist überlebt. Anne ist in Wirklichkeit seine Helferin. Doch Justin kann seinen bösen Plan nicht ausführen, denn der gesichtslose Fremde ist niemand anderes als Rosetti, der seinen Schüler Justin schon lange im Verdacht hatte. Er hat den Wahnsinn nur vorgetäuscht. Justin wird vom Blitz Gottes erschlagen, Rosetti kann Anne und den Antichristen vernichten. Doch ist Satans Sohn wirklich tot? – Ein Film mit einigen Längen und einem völlig

an den Haaren herbeigezogenen Höhepunkt, der die Möglichkeiten der originellen Story verschenkt. Da Justin nichts unternimmt, was den Argwohn erwecken könnte, er sei der Bösewicht, gerät der Filmhöhepunkt völlig daneben – ebenso gut hätte es der Milchmann sein können. [V]

KINDER DES TEUFELS

Anderer Titel für ANGST

KINDER DES ZORNS

(CHILDREN OF THE CORN). USA 1983. **R:** *Fritz Kiersch.* **B:** *George Goldsmith.* **V:** *Erzählung »Kinder des Mais« von Stephen King.* **K:** *Raoul Lomas.* **SpE:** *Max W. Anderson.* **M:** *Jonathan Elias.* **D:** *Peter Horton (Dr. Burt Stanton), Linda Hamilton (Vicky Baxter), R. G. Armstrong (Diehl), John Franklin (Isaac), Courtney Gains (Malachi), Robby Kiger (Hiob), Annemarie McEvoy (Sarah), Julie Maddalena (Rachel), Jonas Marlowe (Joseph), John Philbin (Amos), Dan Snook (Junge), David Cowan (Vater), Suzy Southam (Mutter), D. G. Johnson (Hansen), Patrick Boylan, Elmer Soderstrom, Teresa Toigo (Kunden). F 89 Min.*

Irgendwo im Mittelwesten dem USA, wo es jede Menge Kleinkaffs gibt, in denen nie ein Mensch aussteigt, wenn der Bus vorüberrauscht: Da hat sich eine Sekte breit gemacht, die es aus irgendeinem rätselhaften Grunde nicht für nötig hält, dass ein Mensch seinen 19. Geburtstag überlebt. Ob es daran liegt, dass die Erwachsenen ohnehin nur unnütze Dinge tun, sobald sie dem Kindesalter entwachsen sind? Wer die Tage der Kindheit hinter sich gebracht hat, so lautet die Philosophie dieser Sektierer, muss sterben – auf dass mit seinem Blute die Maisfelder gedüngt werden, die sich von Horizont zu Horizont spannen. Das Blut dient auch dazu, einen Dämon zu besänftigen, der in den Maisfeldern haust. Es obliegt Dr. Stanton und seiner Freundin, dem mörderisch-schaurigen Treiben der »Kinder des Korns« (so der Originaltitel) ein Ende zu bereiten: Die Maisfelder werden einem Exorzismus unterzogen. – »Was ein gewisser Fritz Kiersch hier ... vorlegt, ist nichts anderes als eine dramaturgisch völlig verquaste Blut- und Schlächterfabelei von primitiver Machart.« (Bas., FILMDIENST) [V]

KINDER DES ZORNS II

Siehe **TÖDLICHE ERNTE – KINDER DES ZORNS II**

KINDER DES ZORNS III – DAS CHICAGO-MASSAKER

(CHILDREN OF THE CORN III: URBAN HARVEST). USA 1994. **R:** *James D. Hickox.* **B:** *Dode B. Levenson.* **V:** *Motive von Stephen King.* **K:** *Gerry Lively.* **SpE:** *Screaming Mad George, Blair Martin.* **M:** *Daniel Licht.* **D:** *Ron Melendez (Joshua), Daniel Cerny (Eli), Michael Ensign (Pater Frank Nolan), Nancy Grahn (Amanda Porter), Jim Metzler (William Porter). F 79 Min.*

Eli und Joshua, zwei halbwüchsige Knaben, fliehen vor einem ständig besoffenen und prügelnden Vater, werden in Chicago aufgegriffen und in die Obhut des Ehepaars Porter gegeben, das sie auf eine katholische Schule schickt. Bald entpuppt sich Eli als fanatischer Jünger einer monströsen Maisgottheit: Er schart Gleichgesinnte um sich, kämpft gegen Erwachsene, die die Um-

Kinder des Zorns

Kinder des Zorns III - Das Chicago Massaker

welt verseuchen (Pestizide sind seinem Gott ein Dorn im Auge) und ist in der Wahl seiner Mittel so unzimperlich, dass seinem bösen Treiben irgendwann ein gewalttätiges Ende gesetzt werden muss. – Der dritte »Streich« einer Erzählung von Stephen King. [V]

KINDER DES ZORNS IV – MÖRDERISCHER KULT

(CHILDREN OF THE CORN IV: THE GATHERING). USA 1996. **R:** *Greg Spence.* **B:** *Stephen Berger, Greg Spence.* **V:** *Motive von Stephen King.* **K:** *Richard Clabaugh.* **M:** *David Williams.* **D:** *Naomi Watts (Grace Rhodes), Brent Jennings (Joshua), William Windom (Doc Larson), Karen Black (June Rhodes), Samaria Graham, Jamie Renee Smith. F 81 Min.*

June, die seit geraumer Zeit merkwürdige Albträume von einem Jungen hat, der mit blutender Hand aus den Maisfeldern in ihr Haus kommt und zu einem Monster mutiert, ruft ihre Tochter, eine Medizinstudentin, zu Hilfe. Daraufhin kommt alles, wie geträumt: Joshua, ein Jüngling in Priesterkleidung, stapft aus dem Mais, die Kinder der kleinen Ortschaft werden von hohem Fieber befallen. Nach der Erkrankung machen sich die infizierten Bestien über die Erwachsenen unter Joshuas Kommando her. – Ein ziemlich kläglicher Aufguss der King-Fabel. [V]

KINDER DES ZORNS V – FELD DES TERRORS

(CHILDREN OF THE CORN V: FIELDS OF TERROR). USA 1997. **R:** *Ethan Wiley.* **B:** *Ethan Wiley.* **V:** *Motive von Stephen King.* **D:** *Stacy Galina (Allison), Alexis Arquette (Greg), Adam Wylie, Greg Vaughan (Tyrus), Eva Mendez (Kir), Ahmet Zappa (Lazlo), David Carradine (Luke Enright), Fred Williamson (Sheriff), Gary Bullock (Farmer), Olivia Burnette (Lily), Dave Buzzotta (Jacob), Edward Edwards (Lilys Vater), Danny Goldring (O'Brien), Deborah Stang (Mrs. O'Brien), Kane Hodder (Barkellner), Season Hubley (Lilys Mutter), Aaron Jackson (Zane), Angela Jones (Charlotte). F 77 (83) Min.*

»Inhalt wie gehabt: Jugendliche spielen Schnitzeljagd in der amerikanischen Maisebene und finden bald wirkliche Schnitzel, zum Beispiel von kurz zuvor verschwundenen Kameraden. Zwar gelingt es der Anführerin, das Geheimnis der Kinder des Korns ein für alle Mal zu lüften, doch wird sie mit ihrem Wissen noch etwas anfangen können? Manche Einstellungen in diesem von Miramax einigermaßen aufwendig produzierten Quick-Cash-In verraten Liebe zum Genre, und wer an Horrorfilmen vor allem Stimmung und eine gewisse Charakterdichte schätzt, kommt hier trotz der abschreckenden 5 hinter einem kaum verlockenderen Titel ganz gut auf seine Kosten.« (hoolio, SPLATTING IMAGE 37/März 1999) [V]

KINDER DES ZORNS 666 – ISAACS RÜCKKEHR

(CHILDREN OF THE CORN 666: ISAAC'S RETURN). USA 1999. **R:** *Kari Skogland.* **B:** *John Franklin, Tim Sulka.* **K:** *Richard Clabaugh.* **D:** *Natalie Ramsey (Hannah), John Franklin (Isaak), Nancy Allen (Rachel Colgy), Paul Popowich (Gabriel), Stacy Keach (Dr. Michaels), Alix Koromzay (Cora), John Patrick White (Matt), Sydney Bennett (Morgan). F 90 Min.*

Hannah, eine junge Frau, ist von Teufelsanbetern auserwählt, Mutter einer neuen »Über-Rasse« zu werden. – »Unverschämt blöder Horror-Eintopf für Grusel-Vielfraße.« (FILM-JAHRBUCH 2001) – Wie gehabt: [V]

DAS KINDERMÄDCHEN

(THE GUARDIAN). USA 1989. **R:** *William Friedkin.* **B:** *Stephen Volk, Dan Greenburg, William Friedkin.* **V:** *»The Nanny« von Dan Greenburg.* **K:** *John A. Alonzo.* **M:** *Jack Hues.* **D:** *Jenny Seagrove (Camilla), Carey Lowell (Kate), Dwier Brown (Phil), Brad Hall (Ned Runcie), Miguel Ferrer (Ralph Hess), Natalia Nogulich (Molly Sheridan). F 93 Min.*

Das Kindermädchen Camilla, das in die Dienste des jungen Ehepaars Phil und Kate tritt, entpuppt sich als Inkarnation eines »Baumgeistes«, der ihr Baby dazu verwenden will, seine Lebenskraft aufzufrischen. – »Bemerkenswert ist, dass trotz eines recht banalen Handlungsmusters das Interesse des Zuschauers stets geweckt bleibt.« (Römo, SPLATTING IMAGE) [V]

KING KOBRA

(KING COBRA/JAWS OF SATAN). USA 1980. **R:** *Robert Claver.* **B:** *Gerry Holland.* **St:** *James Callaway.* **K:** *Dean Cundey.* **SpE:** *Eion Sprott.* **M:** *Roger Kellaway.* **D:** *Fritz Weaver (Pater Thomas Farrow), Gretchen Corbett (Dr. Maggie Sheridan), Jon Korkes (Dr. Paul Hendrix), Norman Lloyd (Monsigno-*

King Kobra

re), Diana Douglas (Evelyn), Bob Hannah (Matt), Nancy Priddy (Elizabeth), Christina Applegate (Kim), John McCurry (Sheriff), Jack Gordan (Bürgermeister). F 92 Min.

Satan fährt in den Leib einer giftigen Riesenschlange ein und terrorisiert mit Hilfe eines Klapperschlangenrudels eine amerikanische Kleinstadt – mit dem Ziel, den letzten Abkömmling einer Druidensippe zu finden, die den Mächten der Hölle in grauer Vorzeit eine Abfuhr erteilte. Der Gesuchte ist jedoch ein beherzter Gottesmann, der dem Schlangengezücht mit der Macht des Kreuzes entgegentritt und ihm zeigt, dass mit den Frommen nicht gut Kirschen essen ist.

KING KONG

Anmerkungen zum Mythos vom amoklaufenden Urwelt-Tiermonster

Neben Dracula und Frankenstein gilt King Kong als berühmtester Horror-Mythos der Filmgeschichte. Wie Frankenstein muss King Kong trotz seiner Horror-Motive dem Science Fiction-Genre zugerechnet werden. Frankensteins Monster deckt dabei die künstlichen, von Menschenhand geschaffenen Ungeheuer ab, King Kong ist der bekannteste Vertreter und das Vorbild »natürlicher« (Tier-) Monster aus ur- oder jetztzeitlichen Welten, die entweder durch Forschungsreisen oder technische Katastrophen mit der menschlichen Zivilisation in Berührung kommen und zur existenzbedrohenden Gefahr für die Menschheit werden. Ihre Vernichtung bedeutet zugleich die Rettung der Menschheit. Die Bedrohung einer relativ kleinen Gruppe durch ein einzelnes Tier (oder Gattung), die ohne wissenschaftlich erklärbaren Auslöser Amok läuft, zählt dagegen zum Horror-Genre, wobei die Grenzen allerdings häufig fließend sind. King Kong steht thematisch in der Reihe der großen amerikanischen Expeditionsfilme: »Der mutige weiße zivilisierte Mensch (sprich: Amerikaner) dringt in unerforschte, unheimliche, urweltliche, unzivilisierte Gebiete ein, die (neben ihrer Monster-Fauna) bestenfalls von dummen, infantilen Eingeborenen (sprich: Nigger) bevölkert sind, die sich nur mit Hilfe von Rumtata artikulieren können, deren Kleidungsstücke aus Lendenshorts und halben Kokosnüssen bestehen.« (KULTFILME) Da die Erforschung fiktiver Welten der Wissenschaft dient, ist *King Kong und die weiße Frau* einer der ersten großen Science Fiction-Filme der Filmgeschichte. Was ihn besonders reizvoll macht, sind die vielen Anspielungen und Interpretationsmöglichkeiten, die er bietet: politische, soziologische, rassisti-

King Kong

sche, philosophische, psychologische, logisch-amouröse, erotisch-phantastische und märchenhafte Anklänge.

Mit *King Kong und die weiße Frau* begann eine Reihe von Filmen über urzeitliche Monster. In *Panik in New* York (USA 1953) wird ein prähistorisches Ungeheuer durch Atomversuche am Nordpol aufgetaut. Technische Versuche und Katastrophen lassen Insekten und anderes Kriechgetier zu Großwesen mutieren, die nur mit äußerster Gegenwehr besiegt werden können: *Formicula* (1953), *Tarantula* (1956), Alarm für Sperrzone 7 (1957), *Die Rache der schwarzen Spinne* (1958, alle USA). Auf die Tradition von King Kong und den prähistorischen Monster-Touch griffen seit 1954 verstärkt die Japaner zurück. Godzilla war der erste Ishiro Honda-Film, dessen Titel-Ungeheuer – dem Urwelt-Tyrannosaurus nachempfunden – zusammen mit nachfolgenden zahlreichen Frankenstein- und King Kong-Ungeheuern die japanische Filmproduktion ankurbelte. Trotz ihrer im Vergleich zum amerikanischen Vorbild billigen, durchschaubaren Tricks (Eiji Tsuburaya) verschafften sich diese naiven Streifen in aller Welt Freunde und waren durchaus ein Exportschlager. »Zweifellos verkörpern diese Monster des japanischen Films die Atombombe, die Hiroshima zerstörte. Nicht selten wird ein solches Ungeheuer aus seinem jahrtausendelangen unterirdischen Tiefschlaf auf irgendeiner fernen Insel ausgerechnet durch eine Atomexplosion gerissen. Moderne Technik wird als Bedrohung erfahren, die augenscheinlich in den Vernichtungspotentialen nuklearer Waffen gipfelt.« (Seeßlen/Kling, UNTERHALTUNG)

All diese Monster-Filme in der Tradition von *King Kong und die weiße Frau* sind trotz ihrer Horror-Qualitäten Science Fiction-Filme.

KING KONG

(KING KONG). USA 1976. **R:** *John Guillermin.* **B:** *Lorenzo Semple jr.* **K:** *Richard H. Kline.* **SpE:** *Glen Robinson, Harold Wellman, Frank Van der Veer, Louis Lichtenfield.* **M:** *John Barn.* **D:** *Jessica Lange (Dwan), Jeff Bridges (Jack Prescott). Charles Grodin (Fred Wilson), John Randolph (Captain Ross), Rene Auberjonois (Bagley), Ed Lauter (Carnahan), Mario Gallo (Timmons), Jack O'Halloran (Joe Perko), Julius Harris (Boan), Dennis Fimple (Sunfish), John Agar (Bürgermeister), Jorge Moreno (Garcia), Mario Gallo (Timmons), Rick Baker (King Kong). F 113 Min.*

In der Nähe einer nebelverhangenen Insel Mikronesiens sucht die Mannschaft eines amerikanischen Forschungsschiffs unter der Leitung von Fred Wilson Öl. Nachdem man die hübsche Dwan, die einzige Überlebende eines Schiffsunglücks, an Bord genommen und einen blinden Passagier, den Zoologen Prescott, der einem prähistorischen Ungeheuer auf der Spur zu sein glaubt, entdeckt hat, wird man auf der Insel Zeuge einer Opferzeremonie. Als Dwan von Eingeborenen entführt wird, nimmt Prescott die Verfolgung auf und begegnet dem Riesenaffen King Kong, der seine Neuerwerbung Dwan gegen Angreifer zu verteidigen weiß. Wilson hat währenddessen eine Fallgrube ausheben lassen, die er mit Kanistern voll Chloroform füllen lässt. Kong geht in die Falle und wird nach New York gebracht. Der Rest der Handlung folgt im Wesentlichen dem Vorbild *King Kong und die weiße Frau* (1933), natürlich stark aufgemotzt und auf den neuesten Stand gebracht (Kong besteigt nicht das Empire State Building sondern das World Trade Center!). – »Der neue *King Kong* verändert die Geschichte nur geringfügig,

King Kong

das alte Motiv jedoch total. Schon die physische Erscheinung des Retters Jack ist aufschlussreich. Nichts mehr von der sanften Zierlichkeit des 30er-Jahre-Helden: stattdessen ein viriler Athlet, dessen gorillahafter Silhouette zwar durch ein mildes und durchaus unäffisches Gesicht widersprochen wird, an dessen sexueller Potenz und Neigung aber kein Zweifel besteht. Die Gestalt des Kong ist für ihn kein Komplement, sondern eher eine ins Monströse vergrößerte Verdoppelung. Dementsprechend verhält sich auch das Mädchen: Das Entsetzen ihrer Vorgängerin der 1930er Jahre ist auf ein Minimum reduziert, ein kurzer Ausbruch von Jähzorn (»Du blöder Affe«) weicht sehr schnell einer Art Wohlbehagen oder wohligem Gruseln, dieses wiederum vertraulichem Geschäker, das ganz ihrem Kommunikationsstil mit Jack entspricht.« (Christine Noll-Brinckmann, MEDIUM) Andere Kritiker machten sich gar nicht erst die Mühe, zum Vergleich das Vorbild heranzuziehen, so enttäuschend war das Remake. Nicht nur die Geschichte selbst erschien ihnen schlaff und nicht mehr in die Gegenwart passend, auch an der Inszenierung und der mit großem Werbeaufwand herausgestellten Rolle des Naturwunders King Kong ließ man kein gutes Haar. Doch was vermögen Kritiker auszusagen, wenn schon die Verleihmitteilung in ihrer Inhaltsangabe den Stil des Films trifft. Der Schlusssatz lautet: »[Kongs] Todessturz sieht eine weinende Dwan und einen verzweifelten Prescott, die erleben müssen, wie eine grausame Zivilisation ein Wesen von unverfälschter Natur zerstört.« Das hätte Hedwig Courths-Mahler auch nicht besser sagen können.

KING KONG UND DIE WEISSE FRAU

(KING KONG). USA 1933. **R:** *Merian C. Cooper, Ernest B. Schoedsack.* **B:** *James Creelman, Ruth Rose.* **St:** *Merian C. Cooper, Edgar Wallace.* **K:** *Eddie Linden, Vernon Walker, J. O. Taylor.* **SpE:** *Willis H. O'Brien, Marcel Delgado, Fred Reese, Mario Larrinaga, Byron L. Crabbe, E. B. Gibson.* **M:** *Max Steiner.* **D:** *Fay Wray (Ann Darrow), Robert Armstrong (Carl Denham), Bruce Cabot (John Driscoll), Frank Reicher (Captain Englehorn), Sam Hardy (Charles Weston), Noble Johnson (Häuptling), James Flavin (Briggs), Victor Wong (Charley), Steve Clemento (Medizinmann), Paul Porcasi (Socrates), Russ Powell (Wächter), Vera Lewis, LeRoy Mason (Theaterbesucher), Roscoe Ates (Pressefotograf), Tom Thorpe (Tänzer), Reginald Barlow (Maschinist), Merian C. Cooper (Flight Commander), Ernest B. Schoedsack (Chief Observer). SW (100) 96 Min.*

Filmregisseur Denham, Spezialist für Tier- und Urwaldfilme, chartert ein Expeditionsschiff. Reiseziel ist eine Insel in der Südsee, die von einem mächtigen Riesenaffen – Kong genannt – beherrscht werden soll. Denham will das Untier auf Zelluloid bannen und möglichst in eine Spielfilmhandlung einbauen. Nach wochenlanger Fahrt nähert sich das Schiff dem Ziel. Kapitän, Erster Steuermann und ein Teil der Mannschaft begleiten Denham und Ann Darrow, die den weiblichen Part im Expeditionsfilm spielen soll, an Land. Die Insel wird durch eine hohe Mauer in zwei Teile geteilt. Auf dem einen kleineren Landstück leben die Insulaner, die dem Herrscher des größeren Teils – Kong – regelmäßig Menschenopfer darbringen. Ann Darrow scheint den Eingeborenen ein geeignetes Opfer zu sein. Sie rauben das Mädchen und schleppen es zur Opferbank. Die weiße Zivilisation kommt zu spät, denn Kong hat das Opfer angenommen. Beherzt nehmen die Männer um Denham und Driscoll, den Ersten Steuermann, die Verfolgung auf, müssen aber ihren Mut im Urwald wegen vorsintflutlichen Getiers mit dem Leben bezahlen. Denham läuft zum Eingeborenendorf zurück, um Hilfe zu holen; Driscoll kann sich in eine Höhle flüchten und Kong später unbemerkt verfolgen. Das Ungetüm rauft sich zunächst mit seinem größten Feind, einem riesigen Tyrannosaurus, und meistert ihn, indem es

King Kong und die weiße Frau

ihm den Kiefer auseinander bricht. Den nächsten Gegner, einen schlangenähnlichen Elasmosaurus, zerschmettert Kong an einer Felswand. Dann endlich kann er behutsam das Mädchen auf eine Felsplattform bringen, die nach drei Seiten steil abfällt. Ein Flugsaurier lenkt Kong von seinem Liebesdienst ab, und Driscoll nutzt die Gunst der Minute, um Ann zu befreien. Sie erreichen die Trennmauer. Ein riesiger Balken wird vor die Torflügel der Mauer geschoben. Kong zerschmettert kurzerhand das Tor. Er zerstört zwar die Siedlung, wird aber mittels Gasbombe von Denham unschädlich gemacht. Mit starken Ketten gefesselt, tritt Kong die Schiffsreise nach New York an. Als »achtes Weltwunder« soll er dort vermarktet werden. Die Liebe zu Ann, die er unter den Zuschauern wieder erkennt, aber auch das Blitzlicht eines Pressefotografen, lassen Kong die Ketten sprengen. Kong greift sich das Mädchen und rast mit ihm durch die Straßen, Angst und Schrecken verbreitend. Dann klettert er mit Ann auf die Kuppel des Empire State Building und setzt sich mit drohenden Gebärden einer Armada heranstürmender Doppeldecker zur Wehr, deren Piloten ihn abschießen wollen. Mehrere Angreifer stürzen ab, bevor einer die tödliche Geschosssalve abfeuert. Mit letzter Kraft klammert sich Kong am Sims des Wolkenkratzers fest, dann stürzt er in die Tiefe. Ann ist mit dem Schreck davongekommen und happy endet mit Driscoll.

»*King Kong* ist ein Film, der permanent mit Freudschen Traumsymbolen arbeitet. Traum und Wirklichkeit vermischen sich, wenn z.B. der Regisseur seine Schauspielerin einen Schrei erproben lässt, der Wirklichkeit wird, wenn Ann den Riesenaffen zum ersten Mal sieht. Die Flucht durch den Dschungel, Ann und Driscoll, die von King Kong am Seil heraufgeholt werden, der Sprung in den Strudel – das alles sind Albträume, die plötzlich (filmische) Wirklichkeit werden. Schoedsack operiert hier geschickt mit den ›Ängsten‹ des Menschen, um eine Identifikation des Zuschauers mit den Helden zu erreichen. Gleichzeitig projiziert der Regisseur verloren gegangene Ideale auf King Kong: unermessliche Potenz und Kräfte, die ihn über alle Gefahren und Nebenbuhler triumphieren lassen und dem als Sieger das Weibchen gehört – auch hier werden Sehnsüchte im Unterbewussten des Menschen angesprochen.« (Eberhardt Baier in Baier/ Heer, HORRORFILM) – »Selten durfte sich eine Frau vor solcher Virilität fürchte, selten gelang Männern wieder ein solches Traumbild von sich selbst.« (Hans Scheugl, SEXUALITÄT UND NEUROSE IM FILM) – »Kong, der wütende Riese aus vergangenen Tagen, besteigt den unendlich größeren Riesen der modernen Zivilisation, das Empire State Building, gleichsam Monument eines wiedergewonnenen Optimismus unter einem neuen Präsidenten, Franklin Delano Roosevelt ... Roosevelts Politik des New Deal vertrieb die urgewaltigen Gespenster der Weltwirtschaftskrise von der Leinwand, ließ Kong ins Bodenlose stürzen.« (DER PHANTASTISCHE FILM)

Was an *King Kong und die weiße Frau* immer noch beeindruckt, ist die außergewöhnliche Tricktechnik, die ihrer Zeit um Jahrzehnte voraus war. Hauptverantwortlich dafür war Willis H. O'Brien (1886–1962). Bereits 1914 hatte O'Brien einen Vorfahren von King Kong in dem 5-Minuten-Filmchen *The Dinosaur and the Missing Link* kreiert. Nach weiteren Versuchen mit prähistorischen Themen, darunter der 17-Mi-

King Kong in der Ausstellung »Kino – Movie – Cinéma« (Martin Gropius Bau, Berlin)

nuten-Produktion *The Ghost of Slumber Mountain,* die bei $ 3000 Produktionskosten immerhin $ 100 000 einspielte, lieferte O'Brien 1925 sein erstes Meisterstück mit der Verfilmung von Arthur Conan Doyles Roman »The Lost World«, dem ersten großen »synthetischen« Film der Filmgeschichte. Dabei gelang es O'Brien, durch Hintergrundprojektion und den einfachen, aber sehr wirksamen Einsatz der Matte-Technik (Abdecken von Bildteilen und Doppelbelichtung) die Illusion zu wecken, Untier und Mensch bewegten sich gleichzeitig in derselben Szene. Der Film wurde ein Riesenerfolg, und O'Brien verfeinerte in der Folgezeit seine Verfahren. 1931 arbeitete er an einem Projekt mit dem Arbeitstitel *Creation,* zu dem allerlei prähistorische Ungeheuer entwickelt worden waren. Obwohl bereits über $ 120 000 dafür ausgegeben waren, zeichnete sich noch kein Ende der Arbeit ab. Die Produktion wurde eingestellt. O'Briens Kreationen dienten jedoch als Fundus für den *King Kong*-Film. O'Brien war mittlerweile in der Lage, während der Animationsarbeit die Darsteller einbildweise auf kleine Rückpro-Wände zu projizieren, die auf den Animationstischen zwischen Trickdekor und Trickpuppen aufgebaut waren. »Auf diese Weise war eine vollkommene Integration der Hauptdarsteller in das Trickgeschehen möglich geworden. Um den Trickbühnen die nötige Tiefe zu geben, ließ sie O'Brien ... durch Malereien (Bäume, Sträucher etc.) auf Spezialglas ergänzen, manchmal auf bis zu drei Scheiben. Die Atmosphäre des Ganzen war den Zeichnungen Gustave Dorés nachempfunden. Auf diesen Trickbühnen bewegten die Animatoren neben den Kong- eine ganze Reihe von Saurierpuppen: einen Stegosaurus, einen Brontosaurus, einen Elasmosaurus, einen Tyrannosaurus sowie einen Flugsaurier.« (SPECIAL EFFECTS) Ausgerechnet O'Briens Lieblingsszene, die den Horrorcharakter des Films aufs Eindringlichste herausgestellt hatte, wurde nach der ersten Testvorführung herausgenommen: Als Kong seine Verfolger von einem Baumstamm in die tiefe Schlucht hinunterschüttelt, werden sie dort von Großinsekten und Schlangen angefallen und auf höchst drastische Weise bei lebendigem Leib gefressen. Die Schreie auf der Leinwand setzten sich im Publikum fort. Viele Zuschauer verließen den Saal.

King Kong und die weiße Frau wurde ein überragender kommerzieller Erfolg und rettete die Produktionsfirma RKO vor dem sicheren Untergang. Später wurde er Opfer verschärfter Zensurbestimmungen, ist jedoch seit 1969 wieder in ursprünglicher Form zu sehen. Es wurde sogar eine Fortsetzung produziert: *Son of Kong* (USA 1933), wieder unter der Regie von Ernest B. Schoedsack, mit Robert Armstrong als Carl Denham: Denham flüchtet vor seinen Gläubigern zurück auf die Insel, findet mit Hilfe eines weißen Gorillas einen Schatz, entkommt mit knapper Not einer Sintflut und kehrt nach New York zurück, wo er endlich die Schulden bezahlen kann, die Kong verursacht hat. *Son of Kong* sollte das Vorbild an Aufwand und Technik noch übertreffen, allein das Budget wurde kräftig zusammengestrichen, und so kam nur ein Rumpf-Kong zustande, der mit dem Slogan »Laughs! Thrills! Pathos!« in den Kinos beworben wurde. Wenn sich das Publikum schon nicht gruseln konnte, sollte es wenigstens lachen. Andere Kong-Variationen sind *Panik um King Kong* (USA 1949) und *Konga* (GB 1961). Ein Buch zum Film: Delos W. Lovelace, *King Kong,* München 1968 [V]

KING, STEPHEN

(*1947). Amerikas erfolgreichster Horrorautor, geboren in Portland, Maine. Zahlreiche seiner Romane wurden für Kino und Fernsehen verfilmt: *Carrie* (sein Erstling); *The Shining; The Dead Zone; Cujo; Christine, Firestarter; Salem's Lot; It.* An manchen Filmen nahm King besonderen Anteil, sogar als Darsteller: *Creepshow (Die unheimlich verrückte Geisterstunde); Monkeybone.* Es wäre falsch zu denken, der Horror fiele einem in den Schoß, bemerkte King einmal. Nein, das Interesse am Horror müsse da sein von Kindesbeinen an. Mit dem Horror wachse man auf und trainiere ihn ständig, gegen alle Widerstände: »Ich wuchs im ländlichen Maine auf, wo mein Interesse für Horror und das Phantastische nicht unbedingt den Beifall meiner Umgebung fand. Ist das nicht der kleine Steve King, seine Nase in eine finstere Ausgabe von ›Tales from the Vault‹ gedrückt oder in ein noch finstereres Paperback oder sonst was Schlimmes? Ich war über Robert Bloch zu Frank Belknap Long gestoßen und über Long zum Rest des so genannten Lovecraft-Zirkels ... Ich müsste lügen, wenn ich nicht zugeben würde, dass ich mich manchmal allein fühlte, als einziger Fantasy-Horror-Fan in Durham, Maine, Einwohnerzahl: 989. Es war manchmal auch sehr deprimierend, den Erwachsenen zuzuhören, die behaupteten, die Lektüre würde meinen Verstand langsam in den Zustand der Fäulnis übergehen lassen, das sei doch nichts anderes als Schmutz und Schund und: Du wirst niemals reich werden, wenn du solchen Mist liest, Stevie. In Trash wie diesem liegt kein Geld.« King trat mit seinen Büchern den Gegenbeweis an: Bei ihm gab es »keine freudianischen Anspielungen mehr, die viktorianische Zeitgenossen noch erschauern ließen; keine karpathischen Verführer, die mit ihren Zähnen rituelle Sexualakte ausführen. Die Unschuld hat ihren Status als geheiligtes Gut schon seit längerem verloren, und die Schreckensvision der Achtziger (von Atomkrieg und Arbeitslosigkeit einmal abgesehen) hängt unmittelbar damit zusammen. Ihr auslösendes Moment war die Jugendrevolution, ihr Sinnbild der langhaarige, traditionsreiche Hippie: Die klassische Familie, das Herzstück mittelständischen Lebens, war plötzlich in Frage gestellt; eine Neurose war geboren, wie geschaffen für die Auswertung im Horrorgenre.« (Norbert Stresau, RETRO 23/1984)

KISS DADDY GOODBYE

(KISS DADDY GOODBYE/REVENGE OF THE ZOMBIES/THE VENGEFUL DEAD). USA 1981. **R:** *Patrick Regan.* **B:** *Ronald Abrams, Patrick Regan, Alain Silver, Mary Stuart.* **K:** *Peter C. Jensen, Vilis Lapenieks.* **M:** *David Spear.* **D:** *Fabian Forte (Deputy Blanchard), Marilyn Burns (Nora), Jon Cedar (Stanton), Marvin Miller (Bill Morris), Will Rand (Guy Nicholas), Nell Regan (Beth), Patrick Regan (Michael), Robert Dryer. F (92) 90 Min.*

Zwillingspärchen mit außergewöhnlichen Geisteskräften erweckt die Leiche seines Vaters wieder zum Leben, damit er sich an einer Rockerbande rächen kann, die für seinen Tod verantwortlich ist. Billiger kleiner Horror-Schocker. [V]

KISSED

(KISSED). Kanada 1996. **R:** *Lynne Stopkewich.* **B:** *Lynne Stopkewich, Angus Fraser.* **V:** *Erzählung »We So Seldom Look on Love« von Barbara Gowdy.* **K:** *Gregory Middleton.* **M:** *Don MacDonald, Kristy Lee Thinsk.* **D:** *Molly Parker (Sandra Larson), Peter Outerbridge (Matt), Jay Brazeau (Mr. Wallis), Natasha Morley (Junge Sandra), Jessie Winter Mudie (Carol), James Timmons. F 78 Min.*

»*Kissed* zeigt zwei erste Küsse: In der Geborgenheit einer Autowaschanlage öffnet Sandra den zu transportierenden Sarg und wagt die Lippenberührung mit dem Toten. Jeder tote junge Mann wird in *Kissed* zu einem Jüngling. Sandra ist zärtlich. Den anderen Kuss kriegt Matt. Er verrutscht Sandra zu einem Biss. Matt kann sich tot stellen, wie er will – das letzte Ziel von Sandra sind immer die echten Toten, und an die lässt sie auch den neugierigen Matt nicht ran. Nur einmal erntet Matt ein Streicheln, als er schläft, also auf Zeit tot ist. Doch er braucht einen Liebesbeweis Sandras. Er will ihre Liebe nicht mit anderen teilen, sondern sie ganz bekommen, und wenn er dafür sterben müsste. Matt bringt sich um, und Sandra berauscht sich an seiner Wesensänderung, an der unfordernden Stille ihres Freundes.« (Birgit Galle, BERLINER ZEITUNG, 20.11.1997) – Etwas für Nekrophile also (und Jörg Buttgereit, womit wir nicht gesagt haben wollen, dass »Butti« nekro ist): Schon als Kind begeistert sich Sandra für den Tod, begräbt mit einer Freundin Tierkadaver, beschmiert sich zum Beispiel mit dem Blut eines toten Maulwurfs. Später arbeitet sie als Fahrerin in einem Bestattungsinstitut und beginnt eine Ausbildung als Einbalsamiererin, in der sie am besten an die Leichen rankommt. – »Im Kino gibt es keine Tabuthemen mehr. Das Innerste des Menschen, seien es seelische Untiefen oder die Weichteile unter der Bauchdecke, ist längst von allen Seiten ausgeleuchtet worden. Vor allem aus den Abarten der Sexualität wussten Filmemacher in den letzten 30 Jahren Kapital zu schlagen. Inzest und Sodomie wurden mal lustvoll Ekel erregend in Szene gesetzt, mal dienten sie als Lachnummer, mal wurden sie mitfühlend dokumentiert. Auch die Nekrophilie ist dem Film nicht fremd. (...) Lynne Stopkewich weiß, dass nach dem Bruch der Tabus jeder Versuch, mit dem Thema Nekrophilie schockieren zu wollen, unweigerlich in der Geschmacklosigkeit endet. Sie hält Distanz zu dem Geschehen, genau wie Sandra Larson Distanz zu den sie umgebenden Leichen hält. Stopkewich sucht nicht nach dem Moment, der bei Sandra die Liebe zum Tode auslöste. Keine Misshandlungen im Elternhaus, auch der Verlust der einzigen Freundin muss nicht als billige Erklärung herhalten. Die Regisseurin und Drehbuchautorin akzeptiert ihre

Heldin und deren Leidenschaft, sie lässt Sandra als Liebhaberin des Todes und nicht als Besessene erscheinen. Eine radikale Position, mit der sie den Zuschauer wieder provozieren, verstören kann. Seltsam hermetisch und von einer kühlen Stille ist dieser Film, selbstversunken und unschuldig wie ein Baby, das an seinem Zeh nuckelt.« (Lennart Paul, TAGESSPIEGEL, 20.11.1997) – » ... dieser Film, der beständig auf dem Hochseil wandelt und doch nie fällt, bleibt frei von allem Voyeurismus. Was Sandra über den normalen Umgang mit den Toten lernt, die geschäftsmäßige Handhabung der Leichenverschönerung, scheint der eigentliche Missbrauch. Wenn Sandras Chef den Leichen den Mund zum Lächeln zutackert (›geht schneller als Nähen und sieht besser aus‹), stellt sich nicht mehr die Frage, was Sandra mit den Toten anstellt, sondern was ihnen widerfährt, wenn sie jemand anderen als Sandra in die Hände fallen. (...) *Kissed* stellt all unsere Werte auf den Kopf und erinnert daran, was Kino sein sollte: eine Reise ins Ungeheuerliche, eine Begegnung mit außergewöhnlichen Menschen und eine Initiation in fremde Intimität. Wobei dieser Film aber, da sollte man ihn nicht missverstehen, die Leidenschaft seiner Protagonistin gar nicht teilt. Ein starkes Licht sei um die Toten, schwärmt Sandra nämlich immer wieder fasziniert – aber in *Kissed* umhüllt dieses große Licht auch schon die Lebenden.« (Thomas Klingenmaier, STUTTGARTER ZEITUNG, 20.11.1997)

DER KLAN DER VAMPIRE

(BLOOD TIES). USA 1991. **R:** *Jim McBride.* **B:** *Richard Shapiro.* **K:** *N.N.* **SpE:** *Tim Donahue, John P. Mesa, William Mesa.* **M:** *Brad Fiedel, Paul Lacques, Richard Lawrence.* **D:** *Jason London (Cody Puckett), Patrick Bauchau (Eli), Harley Venton (Harry), Kim Johnston-Ulrich (Amy), Michelle Johnson (Celia), Bo Hopkins (Chief Hunter), Grace Zabriskie, Michael C. Gwynne. F 93 Min.*

TV-Film. Nachdem Cody Pucketts Eltern von Vampirjägern gepfählt und verbrannt worden sind, reist er aus Texas ins kalifornische Long Beach und hört von einer Motorradgang, die einer aus den Karpaten stammenden Blutsaugergruppe angehört. Die Vampire leben seit über hundert Jahren in den USA und möchten ein normales Leben führen. Nicht übermäßig spannender Pilotfilm einer nicht realisierten TV-Serie.

KLAUEN DES TODES

(THE OUTING/THE LAMP). USA 1987. **R:** *Tom Daley.* **B:** *Warren Chaney.* **K:** *Herbert Raditschnig.* **M:** *Joel Rosenbaum.* **D:** *Deborah Winters (Eve Farrell), James Huston (Dr. Al Wallace), Andra St. Ivanyi (Alex Wallace), Scott Bankston (Ted Pinson), Mark Mitchell (Mike Daley), André Chimene (Tony Greco), Damon Merrill (Babe), Barry Coffing (Ross). F 83 Min.*

Acht aufgeblasene Teenies lassen sich über Nacht in ein elektronisch versiegeltes texanisches Museum einschließen und erwecken versehentlich einen bösen irakischen (!) Lampengeist, der flugs von einem Girlie Besitz ergreift und sich durch den Rest der Anwesenden meuchelt. Schlock. [V] AIDT

DER KLEINE HORRORLADEN

(LITTLE SHOP OF HORRORS). USA 1986. **R:** *Frank Oz.* **B:** *Howard Ashman.* **K:** *Robert Paynter.* **M:** *Alan Menken.* **D:** *Rick Moranis (Seymour Krelborn), Ellen Greene (Audrey), Vincent Gardenia (Mushnik), Steve Martin (Orin Scrivello), Jim Belushi (Patrick Martin), John Candy (Wink Wilkinson), Bill Murray (Arthur Denton), Tichina Arnold (Crystal), Tisha Campbell (Chiffon), Michelle Weeks (Ronette). F 94 Min.*

Remake des Roger Corman-Films *Kleiner Laden voller Schrecken.* (USA 1960). Inhalt siehe dort. »Allein die Idee, einen modernen Big Budget-Film aus einem an zwei Tagen gedrehten Cheapie zu machen, ist verrückt.« (Peter Gaschler, DAS SCIENCE FICTION JAHR 1988) [V]

DER KLEINE VAMPIR

(THE LITTLE VAMPIRE). BRD/GB/Niederlande 2000. **R:** *Uli Edel.* **B:** *Karey Kirkpatrick, Larry Wilson.* **V:** *»Der kleine Vampir« von Angela Sommer-Bodenburg.* **K:** *Bernd Heinl.* **SpE:** *John Grower/Digital Renaissance/Santa Barbara Studios.* **Ma:** *Leendert van Nimwegen, Katja Reinert-Alexis.* **M:** *Nigel Clarke, Michael Csány-Wills.* **D:** *Richard E. Grant (Ludwig), Alice Krige (Hildegard), Rollo Weeks (Rüdiger), Anna Popplewell (Anna), Dean Cook (Lumpi), Jim Carter (Geiermeier), Ed Stoppard (Wenzel), Jonathan Lipnicki (Tony), Pamela Gidley (Helga), Tommy Hinkley (Bob), John Wood (Lord McAshton), Jake D'Arcy (Bauer), Iain De Caestecker (Nigel), Scott Fletcher (Flint), Johnny Meres (Lehrer), Georgie Glen (Babysitter Lorna), Elizabeth Berrington (Elisabeth), Harry Jones (Friedhofswärter). F 95 Min.*

Der neunjährige Tony zieht mit seinen Eltern in ein schottisches Dorf, wo Vater Bob für Lord McAshton ein Erholungszentrum plus Golfplatz aufbauen soll. Tony lebt sich nur schwer in die neue Umgebung ein, zumal er von Albträumen heimgesucht wird, in denen Vampire eine prominente Rolle spielen. Eines Nachts flattert ihm der Vampirjunge Rüdiger ins Schlafzimmer. Rüdigers Familie lebt seit Jahrhunderten hier in der Gegend und ernährt sich (ohne BSE-Gefahr) von Rinderblut (weswegen es in dieser Gegend auch fliegende Kühe gibt). Auf der Vampirsippe lastet ein alter Fluch: Erst die Kraft eines geheimnisvollen Amuletts vermag sie zu erlösen und wieder zu richtigen Menschen zu machen, und möglich ist das nur alle dreihundert Jahre, wenn nämlich der Komet Attamon am Mond vorbeizieht. Jetzt steht das Erscheinen des Kometen unmittelbar bevor. Tony hat das dazugehörige Amulett in seinen Träumen erkannt und hilft bei der Suche nach dem fehlenden Teilstück, aber da ist noch der Vampirjäger Geiermeier, der dem Vampir-Clan mit seinem grotesken Jagdmobil einschließlich tödlicher Holzpflock-Kanone auf den Fersen ist. Zum Schluss ist das Bruchstück gefunden, und die Zeremonie kann endlich auf einem Kliff stattfinden. – Der amüsante Kinderfilm basiert auf Jugendbüchern von Angela Sommer-Bodenburg, die schon 1986 und 1992 für das Fernsehen adaptiert wurden.

Der kleine Vampir

KLEINER LADEN VOLLER SCHRECKEN

(THE LITTLE SHOP OF HORRORS) USA 1960. **R:** *Roger Corman.* **B:** *Charles B. Griffith.* **K:** *Archie Dalzell.* **M:** *Fred Katz.* **D:** *Jonathan Haze (Seymour Krelboined), Jackie Joseph (Audrey), Mel Welles (Gravis Mushnik), Myrtle Vail (Winifred), Leola Wendorff (Mrs. Shiva), Dick Miller (Fouch), Jack Nicholson (Wilbur Force), Charles B. Griffith (Einbrecher), Lynn Storey, Tammy Windsor, Toby Michaels, Wally Campo, Jack Warford. SW 70 Min. (O.m.U.)*

Der junge Florist Seymour ist zu seinem Pech nicht nur mit dem abscheulichen Familiennamen »Krelboined« geschlagen, sondern auch mit einem garstigen und autoritären Chef. Dieser Herr – er heißt Gravis Mushnik – krebst ständig am Rande der Pleite entlang, denn in seinem Laden, der sozusagen am Arsch der Welt liegt, kehrt niemand ein, um Blumen zu kaufen. Als er Seymour vor die Tür setzen will, bittet dieser um eine letzte Chance, denn er liebt Pflanzen und Blumen nicht nur – sie lieben auch ihn. Besonders das kleine exotische Ding, das kurz vor dem Absterben ist, als Seymour sich zufällig in den Finger schneidet und sein Blut in den Blütenkelch tropft. Und siehe da! Das kleine Ding blüht und gedeiht. Seymour weiß sofort Bescheid: Die Pflanze benötigt Blut zum Leben. Aber da auch er von dem roten Lebenssaft nur eine begrenzte Menge zur Verfügung hat ... trifft es sich gut, dass er kurz darauf einen Mann verschwinden lassen muss, dessen Ableben er (ungewollt) provoziert hat. Der pflanzliche Exote frisst und gedeiht. Gravis Mushniks Laden wird zur Touristenattraktion. Das Biest entwickelt einen gesunden Appetit und versetzt den guten Seymour bald auch mit seinem Sprechtalent in Erstaunen: »Feed me! Feed me!«, blökt es unentwegt. Nachschub muss her. Ein von Seymour überraschter Einbrecher ist eher eine Zufallsspeise, doch bald registriert die Polizei das wundersame Verschwinden aller lichtscheuen Elemente (inkl. Zahnärzte) des Viertels und tippt auf einen Massenmörder. Als man Seymour auf die Schliche kommt, kann er nicht mehr anders: Er muss sich seinem inzwischen auf drei Meter

Höhe angewachsenen Schützling opfern. – Immer wenn Roger Corman eine ungenutzte Dekoration herumstehen sah, verfiel er dem Zwang, sie nutzen zu müssen: »Der ganze Film war ein Witz«, so Corman in Ed Nahas Buch THE FILMS OF ROGER CORMAN. »Ich wollte den Rekord im Filmemachen brechen. Ein Bursche im Studio zeigte mir die ungenutzte Vorderfront eines Geschäfts und fragte, ob ich sie brauchen könnte. Ich erwiderte, ich hätte zwar gerade kein Projekt in der Mache, aber wenn er es ein oder zwei Wochen lang stehen lassen könnte, würde mir schon was einfallen. Er glaubte mir nicht. Daraufhin sagte ich, ich könnte mir in dieser Zeit nicht nur einen Film ausdenken, sondern ihn auch noch in zwei Tagen drehen! Er nahm mich beim Wort. Also rief ich Chuck [Charles B.] Griffith an, der schon *Das Vermächtnis des Professor Bondi* (1959) geschrieben hatte. Wir hatten bei diesem Streifen eine Menge Spaß gehabt – und auch nur fünf Tage für seine Fertigstellung gebraucht. Ich war der Meinung, dass nur jemand wie Chuck etwas auf die Beine stellen konnte, das in zwei Tagen fertig war. Wir planten eine Nacht lang herum. Er schrieb das Drehbuch innerhalb einer Woche, und den Film machten wir dann in zwei Tagen und einer Nacht, an Ort und Stelle.« (Plus Außendreh mit Second Unit). – Was dabei herauskam, war eine Groteske, die die Welt noch nicht gesehen hatte und Roger Corman zum Kultfilm-Regisseur machte. Obwohl *Kleiner Laden voller Schrecken* so gut wie kein Budget hatte, brachten Corman und seine Freunde etwas zustande, das große Zuschauerkreise in Entzücken versetzte: Allein die Typen, die der Streifen präsentiert, sind ihr Gewicht in Gold wert. Jack Nicholson (damals 23 Jahre alt) brilliert in der Rolle eines Masochisten, der Befriedigung ausgerechnet beim Zahnarzt sucht, wo er sich »voller Freude auf dessen gefürchtetem Stuhl niederlässt und erwartungsvoll dem Zähneziehen entgegenfiebert, das natürlich – Spaß muss sein – ohne Narkose vor sich geht«. (Meinolf Zurhorst/Lothar Just, JACK NICHOLSON) Nach erfolgter Behandlung verlässt er freudestrahlend als Zahnlückenmonster den Ort des grässlichen Geschehens ... Seymour selbst ist der Tölpel vom Dienst, wie Jerry Lewis ihn in seinen früheren Filmen nicht besser hätte darstellen können, und Mushnik, sein Chef, eine zwiegespaltene Figur, die sich in einer Sekunde vom scheißfreundlichen Vatertyp in einen autoritären Choleriker verwandeln kann. Ein seltsamer »Kunde«, der sich in Mushniks Laden herumdrückt und Nelken verspeist (weshalb er auch einen Salzstreuer mit sich führt), ist als Typ auch nicht ohne. – Corman: »Interessanterweise hat mich dieser Film – langfristig gesehen – in Cineastenkreisen zu einer Underground-Legende gemacht. Trotzdem er kein nennenswertes Budget hatte, hat er mir mehr Fans und Freunde eingebracht als manche meiner größeren Filme. Auf der Straße begegnen mir manchmal Leute, die ganze Dialogpassagen auswendig können. Ich glaube, man kann sagen, der Film war die *Rocky Horror Picture Show* seiner Zeit.« [V]: *The Little Shop of Horrors.*

KLIMOVSKY, LEÓN

(1906–1996). Als Sohn russischer Eltern in Buenos Aires, Argentinien geboren. Arbeitete fünfzehn Jahre als Zahnarzt, danach kam er in Spanien als Regisseur von über 70 Filmen und mehreren Gruselschockern (u.a. des Genre«stars« Paul Naschy [Jacinto Molina]) zu zweifelhaften Ehren. 1971: *La Noche de Walpurgis (Nacht der Vampire);* 1972: *La Rebelion de las Muertas (Die Rebellion der lebenden Leichen); Saga de los Dracula; Dr. Jekyll y el Hombre Lobo (Die Nacht der blutigen Wölfe); La Tumba del Vampiro (Die Gruft des Grauens);* 1973: *Orgia Nocturna de los Vampiros;* 1974: *El Mariscal del Infierno;* 1976: *Gritos a Medianoche;* 1977: *Extrano Amor de los Vampiros (Macht des Blutes – Aufstand der verlorenen Seelen).*

KNB FX GROUP

Amerikanisches Special Make-up-Studio, 1989 von Robert Kurtzman, Greg Nicotero und Howard Berger gegründet, auf Splatter Jobs spezialisiert: 1989: *Halloween 5; Leatherface: Texas Chainsaw Massacre III;* 1990: *Bride of Re-Animator; Misery;* 1992: *Amityville 1992: It's About Time;* 1993: *Army of Darkness (Armee der Finsternis);* 1995: *Vampire in Brooklyn (Vampire in Brooklyn);* 1996: *The Relic (Das Relikt – Museum der Angst); The Eighteenth Angel.*

DER KNOCHENJÄGER

(THE BONE COLLECTOR). USA 1999. **R:** *Philip Noyce.* **B:** *Jeremy Iacone.* **V:** *Roman von Jeffrey Deaver.* **K:** *Dean Semler.* **M:** *Craig Armstrong.* **D:** *Denzel Washington (Lincoln Rhyme), Angelina Jolie*

(Amelia Donaghy), Queen Latifah (Thelma), Michael Rooker (Captain Howard Cheney), Mike McGlone (Detective Kenny Solomon), Luis Guzman (Eddie Ortiz), Leland Orser (Richard Thompson), John Benjamin Hickey (Dr. Barry Lehman). F 118 Min.
Serienmörder hinterlässt der Polizei verschlüsselte Indizien auf seine nächsten Tatorte. – »Beeinträchtigt wird dieser an sich schon unangenehme Plot vor allem durch die liebevolle Gestaltung, mit der die Regie die grässlichen Mordanschläge ausmalt – vom Verbrühen einer Gefesselten mittels Heizdampf bis zum Bei-lebendigem-Leib-von-Ratten-aufgefressen-werden eines jungen Mannes.« (ZITTY 2/2000)

KOCHENDES BLUT

(EL COLECCIONISTA DE CADAVERES/CAULDRON OF BLOOD). Mexiko/USA 1967. **R:** *Edward Mann [Santos Alcocer].* **B:** *John Melson, José Luis Bayonas, Santos Alcocer.* **K:** *Francisco Sempere.* **M:** *José Luis Navarro.* **D:** *Boris Karloff (Franz Badulescu), Jean Pierre Aumont (Claude Marchand), Viveca Lindfors (Tania Badulescu), Rosenda Monteros (Valerie), Milo Queseda (Shanghai), Dianik Zurakowska (Elga), Ruben Rojo (Pablo), Jacqui Speed. F 88 Min.*
Der Journalist Marchand soll in einer kleinen spanischen Künstlerkolonie den prominenten Bildhauer Franz Badulescu interviewen. Badulescu ist blind (schuld daran ist ein fehlgeschlagener Mordversuch seiner Frau Tania). Um seine Skulpturen zu fertigen, benötigt Badulescu menschliche Skelette als »Baugerüst«. Diese werden ihm von Tania und ihrem Geliebten Shanghai besorgt, die sich fleißig als Meuchelmörder betätigen und die Leichen ihrer Opfer in einem Säurebad auflösen. Marchand verliebt sich in das Mädchen Valerie, doch auch sie fällt eines Tages dem Killerpärchen in die Hände. Der Journalist kann sie im letzten Moment retten. Als Badulescu von den Greueltaten seiner Gattin erfährt, erwürgt er sie und stürzt sich ins Meer.

Boris Karloff war bei den Aufnahmen 80 Jahre alt und mehr tot als lebendig: Sein rechtes Bein wurde von einer Stahlschiene gestützt, ohne die er nicht mehr gehen konnte. Des Weiteren musste ihm ständig Sauerstoff zugeführt werden, er litt an einer schweren Arthritis und hatte nur noch eine halbe Lunge. *Kochendes Blut* wurde erst drei Jahre nach dem Tod des Hauptdarstellers aufgeführt. Obwohl die Produktion an einem Fast-Null-Budget krankte (und Santos Alcocer, dem Regisseur, kaum der Ruf vorauseilte, ein besonders begabter Filmemacher zu sein), fand der Film in den USA und speziell in Mexiko sein Publikum: »Es handelt sich um jene Art Stoff, den das Publikum ernst nehmen oder belächeln kann. Spaß werden beide Zuschauergruppen daran haben.« (BOX OFFICE) [V]

KOMÖDIE DES TERRORS

Anderer Titel für RUHE SANFT GMBH

KOMODO – THE LIVING TERROR

(KOMODO). USA 1999. **R:** *Michael Lantieri.* **B:** *Hans Bauer, Craig Mitchell.* **K:** *David Burr.* **SpE:** *Tippett Studio.* **M:** *John Debney.* **D:** *Jill Hennessy (Victoria), Billy Burke (Oates), Kevin Zegers (Patrick), Paul Gleeson (Danby), Nina Landis (Annie). F 86 Min.*
Schmuggler haben Komodo-Warane auf einer Insel vor den amerikanischen Südstaaten ausgesetzt, wo sie auf Menschenjagd gehen, nachdem ihnen eine Ölfirma die natürlichen Lebensgrundlagen entzogen hat. – Regisseur Michael Lantieri war als Trickmann vorher an Filmen wie *Jurassic Park* beteiligt.

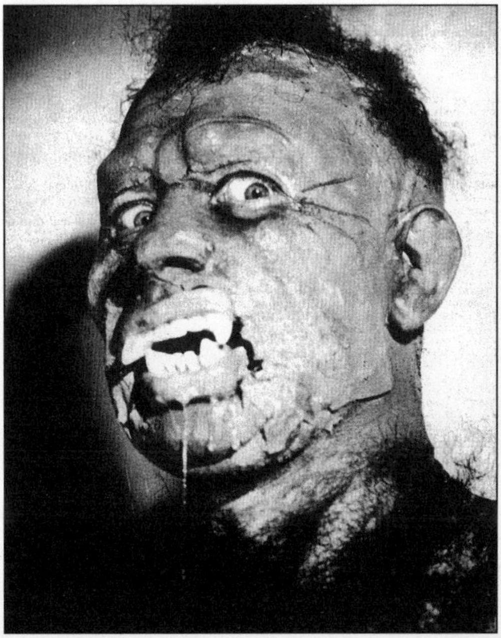

Kochendes Blut

KREUZFAHRT DES GRAUENS

(ORE DI TERRORE). Italien/BRD 1971. **R:** *Robert Bradley [Guido Leoni].* **B:** *Guido Leoni.* **K:** *Klaus von Rautenfeld.* **M:** *Gianluca Montani.* **D:** *Herbert Fux (Professor Martin), Karin Schubert (Vera), Ann Smyrner (Maria), Mario Novelli (Josef Daniels), Rainer Basedow (Roger Fritz Böllensteen), Paul Carter, John Barclay, Hansi Linder, Léa Nanni, Leontine May, Franco Marletta, Franco Chillemi, Gianni Milito. F 79 Min.*

Drei Schiffbrüchige, von einem Unternehmer an Bord seiner Luxusjacht geholt, entpuppen sich als aus einer Nervenklinik ausgebrochene Psychopathen. Recht bald werden die zu Sekt und Sex ausgelaufenen Schickimickis als Parasiten, Heuchler und Korrupte entlarvt. Ein echter Schundfilm, bei dem die Post abgeht und Herbert Fux sein Letztes gibt.

KURONEKO – DIE VAMPIRE

(YABU NO NAKA NO KURONEKO). Japan 1968. **R:** *Kaneto Shindo.* **B:** *Kaneto Shindo.* **K:** *Kiyomi Kuroda.* **M:** *Hukaru Hayashi.* **D:** *Kichiemon Nakamura (Gintoki), Nobuko Ouowa (Mutter), Kiwako Taichi (Schwiegertochter), Kei Sato (Reiko), Hideo Kanze (Mikado), Rokko Touma (Samurai), Taiji Tonoyama (Bauer). SW 99 Min.*

Japan, im 12. Jahrhundert: Zwei Frauen werden während einer kriegerischen Auseinandersetzung von marodierenden Samurai-Kriegern vergewaltigt und umgebracht, kehren als rachedurstige Geister in Katzengestalt zurück und fallen herumziehende Samurai an. Als der Mikado anordnet, die Ungeheuer unschädlich zu machen, erhält der junge Kriegsheld Gintoki den Auftrag, sich der Sache anzunehmen. Er hat eine Begegnung mit den Geistern, stellt jedoch fest, dass deren Ähnlichkeit mit seiner Mutter und seiner Frau kein Zufall ist. In der Nacht erfreut er sich unerwartet der Liebe seiner Frau, die später spurlos verschwindet. Vom Geist seiner Mutter erfährt Gintoki, dass dies der Preis für ihre kurzfristige Rückkehr ins Leben war. Der leidgeprüfte Gintoki kehrt zu seinem Anführer zurück, um zu melden, dass er eins der Ungeheuer vernichtet hat. Da die Ehre eines Samurai jedoch verlangt, dass er seinen Auftrag zur Gänze erledigt, kehrt er zurück. Es kommt zu einem schrecklichen Kampf zwischen ihm und dem Geist seiner Mutter, den Gintoki zu gewinnen scheint. Am nächsten Morgen jedoch liegt er tot neben einer schwarzen Katze im Schnee.

DER KUSS

(THE KISS). Kanada 1988. **R:** *Pen Densham.* **B:** *Stephen Volk, Tom Ropolewski.* **K:** *François Potat.* **SpE:** *Louis Craig, Les Products de l'Intrigue, Antonio Vidosa, Pierre Rivard, Jacques Langlois, Chris Walas.* **M:** *J. Peter Robinson.* **D:** *Nicholas Kilbertus (Jack), Joanna Pacula (Felice), Meredith Salenger (Amy), Mimi Kuzyk (Brenda), Jan Rubes (Gordin Tobin), Priscilla Mouzakiotis (Jüngere Felice). F 101 Min.*

1963 fährt Felice mit einem Zug durch Afrika, als ein dort ansässiger Kotz-Dämon von ihr Besitz ergreift. 25 Jahre später ist sie ein erfolgreiches Fotomodell, das sich nach dem Tod ihrer Schwester in New York an ihre Nichte Amy heranmacht: Der Dämon verlangt frische Seelen. Unappetitliche Mischung aus Standard-Horrorelementen, offenen Fragen und grauenhaften Spezialeffekten.

DER KUSS DER BESTIE

(MERIDIAN: KISS OF THE BEAST). USA 1989. **R:** *Charles Band.* **B:** *Dennis Paoli.* **K:** *Mac Ahlberg.* **M:** *Pino Donaggio.* **D:** *Sherilyn Fenn (Catherine), Malcolm Jamieson (Lawrence/Oliver), Hilary Mason (Martha), Phil Fondacaro (Zwerg), Alex Daniels (Ungeheuer), Vito Passeri (Adriano), Angelo DeBianchi. F 82 Min.*

Die künstlerisch interessierte Schlossbesitzerin Catherine verfällt einem dreihundert Jahre alten Untoten, vögelt, unter Drogen gesetzt, mit dessen Zwillingsbruder und wird von unheimlichen Visionen geplagt. Ihr Geliebter, so stellt sich heraus, ist ein Verfluchter, und nur Liebe kann sein Schicksal zum Besseren wenden. »Der verquast-romantische Gruselschinken wird durch ein paar Nebenstränge unnötig kompliziert und mit gelegentlichen Nacktszenen verlängert.« (FILMDIENST) [V]

DER KUSS DER TARANTEL

(KISS OF THE TARANTULA). USA 1972. **R:** *Chris Munger.* **B:** *Warren Hamilton.* **K:** *Henning Schellerup.* **M:** *Phillan Bishop.* **D:** *Suzanne Ling (Susan Bradley), Eric Mason (Walter Bradley), Herman Wallner (John Bradley), Patricia London (Nancy Drury), Beverly Eddins (Martha Bradley). F 85 Min.*

TV-Film. Junges Mädchen setzt seine Haustierchen als Waffe ein. [V]

DER KUSS DES VAMPIR

(KISS OF THE VAMPIRE). GB 1963. **R:** *Don Sharp.* **B:** *John Elder.* **K:** *Alan Hume.* **SpE:** *Les Bowie.* **M:**

James Bernard. **D:** *Clifford Evans (Professor Zimmer), Noel Willman (Dr. Ravna), Edward De Souza (Gerald Harcourt), Jennifer Daniel (Marianne Harcourt), Barry Warren (Carl Ravna), Jackie Wallis (Sabena Ravna), Isobel Black (Tania), Peter Madden (Bruno), Vera Cook (Anna), Noel Howlett (Pater Xavier), Brian Oulton (Jünger), John Harvey (Polizist), Stan Simmons (Diener), Olga Dickie (Frau auf Friedhof), Margaret Read, Elizabeth Valentine (Jüngerinnen). F 88 Min.*

1910, irgendwo in einer ländlichen Gegend von Bayern bzw. Österreich: Gerald Harcourt und seine junge Frau Marianne sind mit dem Wagen unterwegs, als ihnen das Benzin ausgeht. Während Gerald sich um Hilfe bemüht, lernt Marianne Professor Zimmer kennen, der sie mit der Nachricht ängstigt, ein in ihrer Nähe befindliches Schloss werde von Vampiren bevölkert. Die Harcourts finden Unterkunft in einem Gasthof und erhalten kurz darauf von Dr. Ravna, dem Schlossbesitzer, eine Einladung zum Essen. Sie nehmen an und lernen seine Familie kennen. Ravna stellt sich als Wissenschaftler vor, der sich nach einem »fehlgeschlagenen Experiment« in die Einsamkeit zurückziehen musste. Ravnas Klavierspiel übt hypnotische Wirkung auf Marianne aus. Am nächsten Tag wird das Ehepaar zu einem Maskenball aufs Schloss geladen. Während Gerald unter Drogeneinwirkung unfreiwillig einschläft, fällt Ravna mit gebleckten Vampirzähnen über Marianne her. Gerald erwacht erst am nächsten Tag. Entsetzt stellt er fest, dass die Schlossbewohner so tun, als hätten sie seine Gattin nie gesehen. Er wird ziemlich unsanft des Hauses verwiesen. Auch Geralds Wirtsleute behaupten, seine Frau nicht zu kennen: Mariannes Gepäck ist wie vom Erdboden verschluckt. Erst Professor Zimmer weiß Rat, denn er beschäftigt sich seit langem mit der wissenschaftlichen Erforschung des Vampirismus. Als sie in Ravnas Schloss eindringen, wird Gerald von Vampiren bedroht, die er vertreibt, indem er sich mit eigenem Blut ein Kreuz auf die Brust malt. Er findet Marianne und flieht mit ihr. Professor Zimmer schließt die Vampire in ihrem Schloss ein, indem er die Ausgänge mit Knoblauch verhängt. Ein von ihm ausgestoßener Zauberspruch führt dazu, dass sich Tausende von Fledermäusen auf die Blutsauger stürzen und sie töten. – Abgesehen von dem originellen Schlussgag (die Vampire mit Hilfe von Knoblauchzehen von der Außenwelt zu isolieren), bietet der Film solide und unterhaltsame Durchschnittskost. – »Die künstlerische und ordentlichste Reprise des Dracula-Themas seit Jahren.« (Howard Thompson, NEW YORK TIMES). – *Der Kuss des Vampir* diente Roman Polanskis *Tanz der Vampire* als Blaupause.

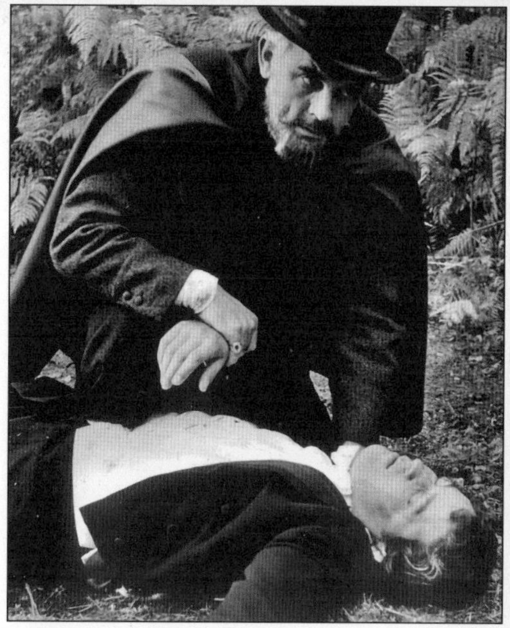

Der Kuss des Vampir

L

L IST NICHT NUR LIEBE

(WINDOWS). USA 1979. **R:** *Gordon Willis.* **B:** *Barry Siegel.* **K:** *Gordon Willis.* **M:** *Ennio Morricone.* **D:** *Talia Shire (Emily Hollander), Joseph Cortese (Bob Luffrono), Elizabeth Ashley (Andrea Glassen), Kay Medford (Ida Marx), Michael Gorrin (Sam Marx), Russell Horton (Steven Hollander), Michael Lipton (Dr. Martin), Rick Petrucelli (Obecny), Ron Ryan (Detective Swid), Linda Gillin (Polizistin), Tony Di Benedetto (Nick), Marty Greene (Ira), Gary Vichi (Ben), Ken Chapin, Bill Handy, Robert Hodge, Kyle Scott Jackson, Pat McNamara. F 93 Min.*

Die geschiedene Emily Hollander wird in ihrer Wohnung von einem finsteren Individuum überfallen und vergewaltigt. Da der Eindringling einen Kassettenrecorder mitgebracht hat, um die Entsetzensschreie seines Opfers aufzuzeichnen, vermutet die Polizei, dass sie es nicht mit einem »gewöhnlichen« Sex-Unhold zu tun hat. Der Mann, so stellt sich heraus, war nur ein Mietling, der im Auftrag einer seelisch gestörten voyeuristischen Lesbierin agiert, um Emily der Männerwelt zu entfremden. Als Emily zaghaften Kontakt zu dem den Fall untersuchenden Kripo-Mann Luffrono aufnimmt, beginnt für sie eine Phase eiskalten Terrors. – »Eine wenig plausible Story wenig überzeugend abgehandelt.« (FILMDIENST) Und: »Dies ist nicht der erste Film, der eine Krankheit oder Deformation zur kurzweiligen Horror-Unterhaltung ausplündert.« – David Denby in NEW YORK: »[Vorstellungen dieser Art] existieren nur in der perversen Phantasie von Männern, die Lesbierinnen so sehr hassen, dass sie, um ihnen zu schaden, zu jeder Idiotie bereit sind.« Das Fachblatt VARIETY hielt *L ist nicht nur Liebe* für einen »stimmungsvollen Thriller«.

L.A. RIPPER

(THE FINISHING TOUCH). USA 1991. **R:** *Fred Gallo.* **B:** *Anthony L. Greene.* **K:** *Mark Parry.* **M:** *Darryl Way.* **D:** *Michael Nader (Stone), Shelley Hack (Hannah), Arnold Vosloo (Mikael Gant), Art Evans (Lieutenant Morman), Clark Johnson (Detective Gilliam), Ted Raimi (Polizist). F 79 Min.*

Die Polizistin Hannah soll in Los Angeles zwei Frauenmorde aufklären und gerät in den Dunstkreis des hochnäsigen Video-Künstlers Grant, dessen Werke angeblich echte Morde zeigen. Um den Täter zu überführen, spielt sie den Lockvogel. Handwerklich gelungener Psycho-Thriller mit überraschenden Wendungen und jämmerlichen Dialogen. [V]

LABYRINTH DER ANGST

Anderer Titel für PHOBIA

LABYRINTH DER MONSTER

(MAZES AND MONSTERS). USA 1982. **R:** *Steven Hilliard Stern.* **B:** *Tom Lazarus.* **V:** *Roman von Rona Jaffe.* **K:** *Laszlo George.* **M:** *Hagood Hardy.* **D:** *Tom Hanks (Robbie Wheeling), Wendy Crewson (Kate Finch), David Wallace (Daniel), Chris Makepeace (Jay Jay Brockway), Lloyd Bochner (Hall), Peter Donat (Harold), Anne Francis (Ellie), Murray Hamilton (Lt. John Martini), Vera Miles (Cat), Louise Sorel (Julia), Susan Strasberg (Meg), Chris Wiggins (King), Clark Johnson (Perry), Tom Harvey (Hayden), James O'Regan (Paul), Kevin Fox, Angelo Rizacos (Punks), Eric Fink (Videotechniker), Kevin Peter Hall (Gorvil), Jim Bearden (Bewährungshelfer). F 96 Min.*

TV-Film. US-College-Teens spielen ein unheimliches Videospiel und können die Realität bald nicht mehr von der Wirklichkeit unterscheiden: Speziell Robbie fühlt sich von Ungeheuern gejagt. Vom Twist, hat man uns 1962 einreden wollen, kann man einen Herzschlag kriegen.

LADY DRACULA

BRD 1975. **R:** *F.J. Gottlieb.* **B:** *Redis Reda.* **St:** *Brad Harris.* **K:** *Ernst W. Kalinke.* **M:** *Horst Jankowski.* **D:** *Evelyne Kraft (Lady Dracula), Stephen Boyd (Vampir), Brad Harris (Inspektor). Theo Lingen, Eddi Arent, Walter Giller, Klaus Höhne, Roberto Blanco, Rinaldo Talamonti, Marion Kracht, Christine Buchegger, Heinz Reincke, Walter Ullrich. F 75 Min.*

Was geschieht, wenn sich ein normaler Sterblicher in eine von vampirischen Gelüsten getriebene Schöne verliebt? Ausgerechnet dies passiert nämlich einem alten Haudegen im Polizeidienst (Brad Harris): 1876 hat ein Vampir (Stephen Boyd) in einem Wiener Mädchenpensionat ein Girlie per Biss in eine Untote verwandelt (Aaarrggh!). Und nun, 1975, hat man den Sarg des blonden Dämchens gefunden, das nun allnächtlich, von frischem Blute sich ernährend, auf Jagd geht – u.a. in einem Hospital. – Die Tatsache, dass Theo Lingen und Eddi Arent in diesem Film mitspielen, lässt jedoch nur irrtümlich Humor vermuten. Trotz der »30 Liter Filmblut, drei Vampirgebisse, zehn Totenhemden, Kränze, Zinksarg, acht konventionellen Behältern für den ewigen Schlaf, einem Bestattungsinstitut und einer Sezierstation« (Erich Kocian, FILMECHO/FILMWOCHE), die man aufgewendet hat, um ein bodenständiges Horrorspektakel aus dem Boden zu stampfen, »[verschenkt] eine absolut stümperhafte Regie ... noch die letzten Chancen«, (FILMDIENST) Und: »Aber was kann man schon erwarten, wenn ein Autor ... der nicht einmal mittelmäßige Dialoge zustande bringt, in völliger Selbstüberschätzung ... versucht, witzig zu sein.« Man schloss mit der Bemerkung, dass der von einer Abschreibungsgesellschaft produzierte Film nicht einmal dem 100. Remake der ersten Dracula-Verfilmung das Wasser reichen könne: »Jedes todernst vorgetragene Remake ... ist unterhaltsamer, spannender und ... komischer als dieser Schmarrn.«

LADY TERMINATOR

(PEMBALASAN RATU PATAI SELATAN). Indonesien 1988. **R:** *Jalil Jackon [H. Tjut Djalil].* **B:** *Karr Kruinowz.* **K:** *N.N.* **M:** *Ricky Brothers.* **D:** *Barbara Ann Constable (Tania), Christopher J. Hart, Adam Stardust, Claudia Angelique Rademaker, Joseph P. McGlynn, Ikang Fawzi. F 82 Min.*

Anthropologin, die nach einer legendären Südseekönigin forscht, wird vom *bösen Geist* derselben besessen und macht 82 Minuten lang Peng Peng. Schauspielkunst: Null. Drehbuchwert: Null. Dialoge: Kotz.

LAKE PLACID

(LAKE PLACID). USA 1999. **R:** *Steve Miner.* **B:** *David E. Kelly.* **K:** *Daryn Okada.* **SpE:** *Stan Winston.* **M:** *John Ottman.* **D:** *Bill Pullman (Jack Wells), Bridget Fonda (Kelly Scott), Brendan Gleeson (Sheriff Hank Keough), Oliver Platt (Professor Hector Cyr), Betty White (Dolores Bickerman), Meridith Salenger, Mariska Hargitay. F 82 Min.*

Deep Blue Sea in Grün: Statt der Haie besorgt es hier ein zwölf Meter langes Riesenkrokodil, das aus dem fernen China irgendwie in einen Lake Placid genannten Fluss im nordöstlichen US-Bundesstaat Maine gelangt ist. – »Bei Hitchcock wäre jedem klar gewesen, dass das Vieh ein McGuffin ist, ein Aufhänger weniger für eine dramatische Jagd als für eine altmodische Vier-Personen-Komödie. Regisseur Steve Miner gewann dafür ein Quartett wundervoller, in Hollywood unterschätzter Schauspieler: Bridget Fonda spielt mit ihren herrlich beiläufigen Blicken und Gesten die New Yorker Paläontologin bei ihrem ersten Außendienst; Bill Pullman ist der sachliche Mann vom Forstamt, der ihre Macken mehr schätzt, als er zugeben würde; Brendan

Lady Dracula

Gleeson (der ›General‹ aus John Boormans Film) verkörpert den dicken Sheriff, der jegliche Ironie der Großstädter verabscheut; und Oliver Platt ist der exzentrische Millionär, der gerne mit Krokodilen schwimmt und fortwährend mit Gleeson streitet.« (KÖLNER STADT-ANZEIGER, 26.2.2000) – »Ein stimmungsvoller B-Film, der nicht direkt für den Videomarkt produziert wurde, ist ein seltener Fall. (...) In einem Pointenfeuerwerk wird kaum ein Thema zwischen Postfeminismus und New Age ausgespart, nur dass es diesmal eine gute Spur witziger zugeht, weil Regisseur Steve Miner die Campus-Dialoge deutlich älteren Semestern in den Mund legt. Währenddessen hinterlässt das eigentliche Objekt des wissenschaftlichen Eifers eine finstere Blutspur. Eine Bauersfrau, die einsam am See lebt und angeblich nichts über das Untier weiß, gibt der Geschichte jedoch eine abenteuerlich-surreale Wende. Vom diesmal mit einigem Grund unwirschen Sheriff lässt sie sich bei einem gespenstischen Opferritual à la *King Kong* beobachten. Da führt sie dem erstmals in voller Größe sichtbaren Riesenkrokodil eine arme Kuh zu. Zur Rede gestellt, gibt sie unwillig zu, dass dieses liebe Reptil schon seit den Zeiten ihres seligen Mannes Haustierstatus genieße. Bis dieser Selige dann selbst – offenbar durch ihre bescheidene Mithilfe – in die Nahrungskette einging.« (Daniel Kothenschulte, BERLINER ZEITUNG, 24.2.2000) – »Das Lachen fällt schwer, wenn sich der Witz auf einen abgebissenen Kopf bezieht.« (Frank Noack, TAGESSPIEGEL, 25.2.2000) – »Zweifellos, Steve Miner und David E. Kelley ist ein schönes amerikanisches B-Picture gelungen.« (hasch, SÜDDEUTSCHE ZEITUNG, 24.2.2000)

Lake Placid

LANDHAUS DER TOTEN SEELEN

(BURNT OFFERINGS). USA 1976. **R:** *Dan Curtis.* **B:** *William F. Nolan, Dan Curtis.* **V:** *»Burnt Offerings« (1973) von Robert Marasco.* **K:** *Jack Marquette.* **M:** *Robert Cobert.* **D:** *Karen Black (Marian Rolfe), Oliver Reed (Ben Rolfe), Burgess Meredith (Arnold Allerdyce), Eileen Heckart (Roz Allerdyce), Lee Montgomery (David Rolfe), Dub Taylor (Walker), Bette Davis (Tante Elizabeth), Anthony James (Chauffeur), Orin Cannon (Geistlicher), Todd Turquand (Klein-Ben), Joseph Riley (Bens Vater), James T. Mayers (Dr. Ross). F 116 Min.*

Für lumpige $ 900 mieten Ben und Marian Rolfe ein Haus für den ganzen Sommer und ziehen dort mit Söhnchen David und Tante Elizabeth ein. Die Sache hat nur einen (unbedeutenden) Haken: Sie müssen die alte Mrs. Allerdyce versorgen, die in einem Zimmerchen wohnt und das Haus nie verlässt. Es ist nur komisch, dass man die alte Lady nie zu Gesicht bekommt. Aber davon lassen wir uns doch die schönen Urlaubsmonate nicht verderben! Bis ... unheimliche Dinge geschehen: Ben träumt von einem diabolischen Chauffeur in einem Leichenwagen. David ertrinkt beinahe im Schwimmbecken. Marians Haar ergraut mit großer Schnelligkeit. Tante Elizabeth klagt über Unwohlsein, fühlt sich seltsam geschwächt ... und stirbt. Der Arzt, der sie untersucht und in einem Sarg fortschafft, sieht aus wie der Chauffeur aus Bens Albträumen ... Als der Gasofen leckt und der entsetzte Ben sieht, wie sich die morschen Bretter des alten Hauses von selbst erneuern, ergreift ihn der nackte Horror. Er pfeift auf die Ferien – er will das Haus verlassen, und zwar auf der Stelle. Doch Marian hat Skrupel: Haben sie den Vermietern nicht versprochen, sich um die alte Mrs.

Allerdyce zu kümmern? Sollte man ihr nicht wenigstens Bescheid geben, dass man das Haus verlässt? Marian geht zurück. Als Ben die Wartezeit zu lang wird, folgt er ihr ins Gemach der alten Lady. Aber es gibt keine Mrs. Allerdyce ... Die einzige Frau, die er – weißhaarig und verschrumpelt – am Fenster im Sessel sitzen sieht, ist Marian ... – »Das Spannungsverhältnis zwischen Menschen und Haus bleibt nicht auf der Ebene einfacher Bedrohung, wo den Menschen Flure, Wand- und Deckenverzierungen, gewölbeartige Treppen, Zimmerfluchten mit verwinkelten Türen, hohe und düstere Säle als fremd und unmenschlich erscheinen. Vielmehr ergibt sich als Zusatz die Lebendigkeit des Hauses, dessen Kraft, sich aus sich selbst heraus zu erneuern und den eigenen Fortbestand – auch auf Kosten von Menschenleben – zu sichern. Dies erhöht zwar das Grauen, aber es mindert den Schrecken. Und es nimmt einen Teil der Erlösung am Ende.« (MEDIUM)

THE LAST JAWS – DER WEISSE KILLER

(L'ULTIMO SQUALO). Italien 1980. **R:** *Enzo G. Castellari [Enzo Girolami].* **B:** *Vincenzo Mannino.* **K:** *Alberto Spagnoli.* **M:** *Guido de Angelis, Maurizio de Angelis.* **D:** *James Franciscus (Peter Benton), Vic Morrow (Ron Hamer), Micaela Pignatelli (Gloria Benton), Joshua Sinclair [Gianni Loffredo] (Bürgermeister), Timothy Brent [Giancarlo Prete] (Bob Martin), Stefania Girolami (Jenny Benton), Ennio Girolami (Rosen), Joyce Lee (Mrs. Benton), Massimo Vanni (Jimmy), Romano Puppo (Briley), Billy Fields, Don Devendorf, Gianluca Donnini, Bill Eudaly, Lance Hilliard. F 84 Min.*

Ein weißer Hai terrorisiert das an der kalifornischen Küste gelegene Städtchen South Bay, verspeist diverse Badegäste (darunter auch einen Politiker) und wird von einem beherzten Burschen mit einer Dynamitladung zur Strecke gebracht. – Die erste Hälfte des deutschen (ahem) Titels illustriert vortrefflich das Dilemma, in dem die armen Werbe-Würstchen stecken, die hierzulande noch den letzten Scheiß Cinecittàs verkaufen müssen. War da nicht mal ein Kassenhit namens *Der weiße Hai?* Und haben wir hier nicht auch ein spannendes Haifisch-Filmchen? Wenn wir ihn *Der weiße Hai II* nennen ... Aber das geht ja nicht, die Rechte an diesem Titel sind geschützt. Wie hieß dieser kassenfüllende *Weiße Hai* eigentlich in der Originalfassung? *JAWS.* Ho, hum, einige Kinogänger werden das wohl mitgekriegt haben. Was dagegen, wenn wir für dieses famose Plagiat auf den amerikanischen Originaltitel zurückgreifen? Okay, Boss, gemacht! – Und so kommt dann ein Titel zustande, der a) suggeriert, dass wir die Fortsetzung des amerikanischen Kassenfüllers vor uns haben und b) *L'Ultimo Squalo* mitnichten die Ausgeburt eines frechen Klaubruders ist. Dass man als deutschen Titel eine amerikanisch klingende Buchstabenkombination wählt (mehr ist »The Last Jaws« kaum), scheint immerhin ein Anzeichen dafür zu sein, dass es der deutschen Filmwirtschaft allmählich selbst mulmig wird, Kinobesucher ständig mit Nachzieherplagiaten füttern zu müssen. – »Im zum dritten Mal aufgewärmten Fischgericht sind gegenüber dem Original nur einige Nuancen anders ... Ansonsten bleiben die Figuren und der Hai platt wie Flundern.« (Wolfgang J. Fuchs, FILMBEOBACHTER)

THE LAUGHING DEAD

(THE LAUGHING DEAD). USA 1989. **R:** *S.P. Somtow [Somtow Sucharitkul].* **B:** *S. P. Somtow.* **K:** *David Boyd.* **Ma:** *Magical Media Industries, Inc. (John Carl Buechler).* **M:** *S. P. Somtow.* **D:** *Tim [Timothy Robert] Sullivan (Pater O'Sullivan), Wendy Webb (Tessie), Patrick Roskowick (Ivan), Premika Eaton (Laurie), Larry Kagen (Wilbur), Krista Keim (Clarisse), S. P. Somtow (Dr. Um-tzec), Arthur Bryan Cover, Tim Powers, William F. Wu (Zombies), Forrest J Ackerman, Bill Warren, Len Wein (Leichen), Gregory Frost, Edward Bryant, Raymond Ridenour. F 91 Min.*

The Last Jaws – Der weiße Killer

Maya-Totengott fährt in den Leib eines Pfarrers ein, der eine archäologische Reisegruppe durch mexikanische Ruinen geleitet. In einem unterirdischen Tempel stoßen die verängstigten Touristen auf Basketball spielende Zombies und den irren Dr. Um-tzec. – *Direct-to-video*-Debüt des in den USA lebenden thailändischen Autors und Komponisten Somtow Sucharitkul, der den Filmkram, den er so nebenher betreibt, natürlich in keiner Weise ernst meint.

LEATHERFACE – DIE NEUE DIMENSION DES GRAUENS

(LEATHERFACE: THE TEXAS CHAINSAW MASSACRE III). USA 1989. **R:** *Jeff Burr.* **B:** *David J. Schow.* **K:** *James L. Carter.* **M:** *Jim Manzie, Pat Regan.* **D:** *Kate Hodge (Michelle), William Butler (Ryan), Ken Foree (Benny), R. A. Mihailoff (Leatherface), Miriam Byrd-Nethery (Mama), Viggo Mortensen (Tex). F 91 Min.*

Vorgeschichte: *Blutgericht in Texas.* – Lederfresse, der gewalttätige Kannibale mit der Motorsäge, hat sich einem neuen Clan angeschlossen, der ebenfalls Menschenfleisch frisst. Gemeinsam rückt man einem jungen Ehepaar auf die Pelle, dem ein Überlebenskünstler zu Hilfe eilt. Nach *The Texas Chainsaw Massacre, Part II* ist dieser ironisch aufgezogene Film die zweite Fortsetzung des Schockers *Blutgericht in Texas.* [V]

DER LEBENDE TOTE

Anderer Titel für MEPHISTO-WALZER

LEBENDIG BEGRABEN

(THE PREMATURE BURIAL). USA 1962. **R:** *Roger Corman.* **B:** *Charles Beaumont, Ray Russell.* **V:** *Erzählung »Das vorzeitige Begräbnis« von Edgar Allan Poe.* **K:** *Floyd Crosby.* **M:** *Ronald Stein.* **D:** *Ray Milland (Guy Carrell), Hazel Court (Emily Gault), Richard Ney (Miles Archer), Heather Angel (Kate Carrell), Alan Napier (Dr. Gideon Gault), John Dierkes (Sweeney), Richard Miller (Mole), Brendan Dillon (Priester), Clive L. Halliday. F 81 Min.*

Panisches Entsetzen erfasst den Medizinstudenten Guy Cammell, als er auf einem abgelegenen Londoner Friedhof nachts einen Sarg aufbricht: Die Leiche, die ihm zu Studienzwecken dienen soll, ist offenbar lebendig begraben worden. Da Guy selbst an Katalepsie (einem krankhaften Spannungszustand der Muskeln) leidet und er fest überzeugt ist, man habe auch seinen Vater bei lebendigem Leibe beigesetzt, will er von der geplanten Hochzeit mit Emily Gault, der Tochter seines Lehrers, nichts mehr wissen. Emily überredet ihn jedoch, dass es besser für ihn wäre, wenn er sich nicht von der Welt abkapselt. Ihre Hochzeit hat kaum stattgefunden, als Guy, dessen Trauma es ist, in scheintotem Zustand eingesargt zu werden, hektische Aktivitäten entfaltet. Bald darauf überrascht er seine Frau mit einem eigens für ihn ausgetüftelten Spezialmausoleum: einer Grabkammer, die ihm, sollte ihm das Unaussprechliche je widerfahren, das Überleben so lange gewährleistet, bis Hilfe kommt. Emily ist von Guys Besessenheit entsetzt. Auch Miles Archer, ein enger Freund der Familie, äußert Bedenken: Er ist der Meinung, Guy könne sich von seiner Neurose befreien, wenn er das Mausoleum zerstört. Er ist es auch, der Guy ausreden will, sein Vater sei lebendig begraben worden. Als man dessen Sarg jedoch öffnet, wird Guy eines Besseren belehrt: Seine Theorie war richtig. Die Stellung, in der das Skelett seines Vaters daliegt, deutet darauf hin, dass er nur scheintot war und mit aller Kraft versucht hat, den Sargdeckel zu öffnen. Guy ist so entsetzt, dass er einen Anfall von Starrsucht erleidet und wie tot zu Boden fällt. Aber er lebt, kann sich nur nicht verständlich machen: In Panik hört er zu, wie Dr. Gault und Miles seinen »Tod« feststellen und Vorbereitungen zur Beerdigung treffen. Während Guy bestattet wird und mit dem Leben abschließt, tauchen zwei Grabräuber auf, die im Auftrag Dr. Gaults Leichen su-

Lebendig begraben

chen. Als sie den Sargdeckel geöffnet haben, springt Guy auf und erschlägt sie. In einem Wutrausch ohnegleichen tötet er Dr. Gault, dringt in Emilys Zimmer ein, schleift sie auf den Friedhof und begräbt sie bei lebendigem Leibe. Als Guy sich mit Miles schlägt, wird er von seiner Schwester Kate niedergeschossen, die gewusst hat, dass Emily nur darauf aus war, Guys Obsession auf die Spitze zu treiben, ihn loszuwerden und sein Vermögen zu erben. Kates Schuss fällt zu Guys eigenem Besten, denn die Heimtücke seiner Frau hat ihn tatsächlich wahnsinnig gemacht.

Nach *Die Verfluchten* (1960) und *Das Pendel des Todes* (1961) war dies Roger Cormans dritter Film nach Motiven von Edgar Allan Poe. Und wie die vorherigen wurde auch dieser ein passabler Erfolg, wenn er auch – aus vertraglichen Gründen – ohne den gewohnten Poe- »Hauptdarsteller« Vincent Price realisiert werden musste. Zwar fielen die Kritiken in Gottes eigenem Land diesmal etwas gemischter aus (VARIETY: »Cormans Phantasie scheint bei dieser dritten Reise an die literarische Urquelle etwas dünner geflossen zu sein«), und es gab sogar den einen oder anderen Verriss (Joseph Morgenstern, NEW YORK HERALD TRIBUNE: »Schwerfälliges Drehbuch ... unzureichende Charakterisation ... Übermaß an Nebel, Grüften, Geknarre, Spinnweben und Leichen«), doch im Mutterland des gotischen Schauerromans kam der Film an: Der FILMDIENST sah in *Lebendig begraben* ein Produkt, das sich seiner »literarischen Vorlage nicht ohne Geschick [bemächtigt] ... das übliche Niveau des Kinogrusels übersteigt«, und »auch im Bildlichen tut sich erstaunlicher Ehrgeiz kund.« Auch der FILMBEOBACHTER sparte nicht mit Lob, und das wollte 1963 bei einem Horrorfilm was heißen! – »Künstlerische Qualitäten sind dem Film ... nicht abzusprechen und heben ihn über den sonstigen Gruselfilm.« [V]

LEBENDIG GEFRESSEN

(MANGIATI VIVI/EATEN ALIVE FROM [SIC!] THE CANNIBALS). Italien 1980. **R:** *Humphrey Humbert [Umberto Lenzi].* **B:** *Umberto Lenzi.* **K:** *Federico Zanni.* **SpE:** *Paolo Ricci.* **M:** *Budy Maglione.* **D:** *Robert Kerman (Mark Butler), Janet Agren (Sheila Morris), Ivan Rassimov (Melvyn Jonas), Paola Senatore (Diana Morris), Meg Fleming (Anne), Me Me Lai, Franco Fantasia, Gianfranco Coduti, Alfred Joseph Berry, Michele Spiegel. F 88 Min.*

Lebendig begraben

Lebendig gefressen

Ein fanatischer Sektenführer hat sich mit seinen Anhängern in die Urwälder Neu-Guineas zurückgezogen. Sheila Morris macht sich mit Hilfe des Vietnam-Veteranen Mark auf die Suche nach ihrer ihm gefolgten Schwester und wird in die grausamen Riten der Sektierer einbezogen. Als ihr mitsamt der Schwester und einer eingeborenen Helferin die Flucht gelingt, tauchen Kannibalen auf, die Schwesterlein & Fluchthelferin lebendig verspeisen. Die für diesen Unfug zuständigen Nullen scheinen ihr Englisch zudem auf der Klippschule gelernt zu haben. Ein widerwärtiges Stück Schmuddelkino!

LEE, CHRISTOPHER

(*1922). Englischer Schauspieler, geboren in London. »Die Filme, die ich gemacht habe, waren *real fantasies*. Heute sind die Filme nur noch *real*. Grässlich im Detail. Alles wird gezeigt: wie Menschen gefressen werden, ihnen der Magen aufgerissen wird, wie Köpfe rollen und Augen ausgekratzt werden – *ekelhaft*!!! *BLOOD, BLOOD, BLOOD: ALL OVER THE SCREEN!* Am Anfang ist's noch was anderes, was Neues. Vielleicht sogar aufregend – nicht für mich, aber für die sehr jungen Leute. Wundervoll, auch die Kinokassen klingeln. Okay, sagen sich die Produzenten, wir machen mehr. Und auch das Publikum fordert: Gebt uns *MEHR, MEHR, MEHR!* Die Produzenten können sich selbstverständlich ausrechnen, dass ihnen das wiederum noch mehr Geld bringt. So machen sie weiter und weiter und weiter. Jahraus, jahrein die gleichen Filme. Nichts anderes. Eines Tages aber sagt das Publikum: *GENUG!* Es will nichts mehr von alldem sehen, und die Produzenten fragen verdutzt: Oh, ihr wollt nicht mehr? Wie können wir da mehr Geld machen? Da müssen wir uns ja was Neues einfallen lassen. Wir müssen *denken* – was Produzenten gar nicht gern tun und viele von ihnen auch gar nicht können. Was könnte das Publikum als Nächstes sehen wollen? Sie probieren verschiedene Sachen aus, und von zehn Filmen wird einer *zufällig* ein Erfolg. *AHA!* sagen sie sich, *das* ist es, was das Publikum sehen will. Und sie gehen hin und machen 200 oder 300 Filme der gleichen Art. Fünf Jahre später aber sagt das Publikum wieder: *GENUG!* Das ist alles, weil sie heute Filme nicht mehr machen wie früher. Früher, im goldenen Zeitalter, in den dreißiger, vierziger, fünfziger Jahren, da haben sie noch jedwede Art Film, Filme jeden Genres gemacht. Mit Schauspielern, die alles spielen konnten. Komödien, Western, historische Filme, Thriller, Horrorfilme, Abenteuerfilme – *alles*. Es gab eine ungeheure Vielfalt, unter der man auswählen konnte. Was aber macht man heute? Special-Effects-Filme und Filme für Fünfzehn- bis Zwanzigjährige. Auch die Darsteller sind zwischen 15 und 20. Das nennt sich dann Stars. Wie können solche Leute überhaupt Stars sein? Wie können sie in diesem Alter überhaupt schauspielern? (...) Die Produzenten von heute verstehen nichts vom Film, und sie haben auch kein Interesse am Filmemachen. Das Einzige, was sie wollen, ist ein Deal. Sie machen Deals, keine Filme. Und solange sich das nicht ändert, wird es im Filmgeschäft nicht besser. Früher gab es Harry Cohn von Columbia, Selznick, Goldwyn, Louis B. Mayer – sie waren *Ungeheuer*, wirklich. Aber sie wussten, wie man Filme macht, und sie hatten großen Respekt vor Menschen mit Talent. Sie wollten Filme machen für das große Publikum. Familienfilme, aufregende Filme, Filme, die unterhaltsam waren und Spaß machten. Heute dagegen sind mir Filmgewaltige über den Weg gelaufen, die allen Ernstes meinten: Wir haben Millionen von Dollar und stecken sie ins Filmgeschäft nur aus einem Grund – die Girls, die Girls. Das ist wahr.« Christopher Frank Carandini Lee, einst der distinguierteste (und pompöseste) Repräsentant des Nachkriegshorrorfilms, hat resigniert und arbeitet unermüdlich selbst nur noch des Geldes wegen. Seine Mutter entstammte dem italienischen Hochadel, sein Vater war Colonel der King's Royal Rifles: »Er war ein zäher Offizier, der Fechtchampion der Armee. Er war sprachlos, als ich ihm sagte, dass ich Schauspieler werden wolle.« Seine großartige Stimme befähigte Lee später sogar, in Opern aufzutreten. Zum Film kam er durch die Bemühungen seines Vetters Graf Niccolo Carandini, der in England italienischer Botschafter war. Er empfahl ihn an Filippo Del Giudice, den Chef der Two Cities-Filmgesellschaft, die mit der Rank Organisation zusammenarbeitete. Erste Filmrolle 1947 in Terence Youngs *Corridor of Mirrors.* 1957 war er in *The Curse of Frankenstein (Frankensteins Fluch)* an der Seite von Peter Cushing als Kreatur zu sehen, ein Jahr später als *Dracula,* einem weiteren Hit der von da an auf Horror abonnierten Hammer-Filmgesellschaft: »Ich habe stets versucht, wenn ich Dracula spielte, dem Publikum die Majestät und Würde dieses unsterblichen Charakters nahe zu bringen wie auch seine Barbarei, Wildheit und, über allem, große Traurigkeit. Eine wirklich heroische Gestalt; ein Mann – zum Führen befähigt; ein Mann mit Intellekt, mit einer enormen Anziehungskraft auf Frauen; ein Mann, dieser Qualitäten wegen von anderen Männern beneidet – und, nicht zuletzt, ein menschliches Wesen. Das Einzige, was ich stets bedauert habe, war, dass ich den Grafen nie so darstellen konnte, wie ihn Bram Stoker beschrieben hat. Das lag an den dürftigen Drehbüchern und dem fehlenden Einfallsreichtum von Leuten, die nie das ganze Potential der Geschichte begriffen haben.« 1958: *Corridors of Blood;* 1959: *The Man Who Could Cheat Death (Den Tod überlistet); The Mummy (Die Rache der Pharaonen);* 1960: *The City of the Dead (Stadt der Toten); The Two Faces of Dr. Jekyll (Schlag 12 in London); Le Mains d'Orlac/The Hands of Orlac (Die unheimlichen Hände des Dr. Orlak); Taste of Fear (Ein Toter spielt Klavier);* 1961: *Ercole al Centro della Terra (Vampire gegen Herakles);* 1963: *La Frustra e il Corpo (Der Dämon und die Jungfrau); La Vergine di Norimberga (Das Schloß des Grauens/Die Gruft der lebenden Leichen);* 1964: *Maledizione dei Karnstein/La maldicion de los Karnsteins (Ein Toter hing am Glockenseil); Il Castello die morti Vivi/Le Chateau des morts vivants/The Castle of the Living Dead; The Gorgon (Die brennenden Augen von Schloß Bartimore); Dr. Terror's House of Horrors (Die Todeskarten des Dr. Schreck);* 1965: *Dracula, Prince of Darkness (Blut für Dracula); The Skull (Der Schädel des Marquis de Sade);* 1966: *The Theatre of Death (Haus des Schreckens);* 1967: *Die Schlangengrube und das Pendel; The Devil Rides Out (Die Braut des Teufels);* 1968: *The Cruse of the Crimson Altar (Die Hexe des Grafen Dracula/schwarze Messe auf blutrotem Altar); Dracula Has Risen from the Grave (Draculas Rückkehr);* 1969: *The Oblong Box (Im Todesgriff der roten Maske);* 1970: *El Processo de las Brujas (Der Hexentöter von Blackmoor); Scream and Scream again (Die lebenden Leichen des Dr. Mabuse); Taste the Blood of Dracula (Wie schmeckt das Blut von Dracula?/Das Blut von Dracula); The House That Dripped Blood (Totentanz der Vampire); El conde Dracula/Il conte Dracula (Nachts, wenn Dracula erwacht); The Scars of Dracula (Dracula – Nächte des Entsetzens/Draculas Blutrausch);* 1971: *I, Monster (Ich, ein Monster);* 1972: *Dracula A.D. 1972 (Dracula jagt Mini-Mädchen); Panico en el Transiberiano (Horror Express); The Creeping Flesh (Nachts, wenn das Skelett erwacht); Death Line (Tunnel der lebenden Leichen);* 1973: *The Wicker Man;* 1974: *The Satanic Rites of Dracula (Dracula braucht frisches Blut);* 1975: *Diagnosis Murder (Der See der verstümmelten Leichen); To the Devil a Daughter (Die Braut des Satans);* 1976: *Dracula père et fils (Die Herren Dracula);* 1983: *House of the Long Shadows (Das Haus der langen Schatten);* 1985: *Howling II;* 1990: *Gremlins II: A New Batch;* 1998: *Tale of the Mummy;* 1999: *Sleepy Hollow.* Spielte unter der Regie von George Lucas eine Hauptrolle (Count Dooku/Darth Tyrannus) in *Star Wars Episode II* und war auch in Peter Jacksons *Lord of the Rings.*

DIE LEGENDE VOM WERWOLF

(THE LEGEND OF THE WEREWOLF). GB 1974. **R:** *Freddie Francis.* **B:** *John Elder.* **K:** *John Wilcox.* **M:** *Harry Robinson.* **D:** *Peter Cushing (Professor Paul Cantaflanque), Ron Moody (Zoowärter), Hugh Griffith (Maestro), Lynn Dalby (Christine), David Rintoul (Etoile), Roy Castle (Fotograf), Stefan Gryff (Inspektor Gerard), Renee Houston (Chou-Chou), Marjorie Yates (Madame), Norman Mitchell (Tiny), Mark Weavers (Etoile als Kind), David Baillie. F 90 Min.*

Der Pariser Polizeipathologe Cantaflanque jagt Monsieur Etoile, einen jungen, vom Schicksal arg gebeutelten Mann, der sich bei Vollmond in einen Werwolf verwandelt. Auch seine Liebe zur

Die Legende vom Werwolf

netten Mademoiselle Christine kann ihn leider nicht vor dem Tod bewahren. [V]

LEGION OF THE DEAD

BRD 2000. **R:** *Olaf Ittenbach.* **B:** *Olaf Ittenbach.* **K:** *Holger Diener.* **M:** *Ralf Wengenmayr, Jaro Messerschmidt.* **D:** *Michael Carr, Russel E. Friedenberg, Kimberly Liebe, Hank Stone, Matthias Hues. F 94 Min.*

»Jetzt zieht ein Münchener aus, um zu beweisen, dass in Sachen Tex-Mex die letzte Splatterfiesta noch nicht abgefeiert wurde. Gleich mehrere bluttriefende Handlungsstränge vom Rande der Zivilisation rasen dabei auf Kollisionskurs: Zum einen William und Luke, die beim Trampen durch die kalifornische Wüste von einem halbverfaulten Psycho gegeiselt werden. Ferner die dämonisierte Dorfschönheit Geena, die sich eifrig um Unruhe stiftende Highway-Gangster kümmert. Die fiesesten Säcke jedoch, Jeff und Nicolas, massenrekrutieren im Auftrag des ›Blond Man‹ für die LEGION OF THE DEAD.« (FANTASY FILMFEST 2001)

LEICHE AUF URLAUB

(WHAT A CARVE UP!). GB 1961. **R:** *Pat Jackson.* **B:** *John Mathieson.* **V:** *»The Ghoul« (1928) von Frank King, Leonard Hines.* **K:** *Monty Berman.* **M:** *Muir Mathieson.* **D:** *Kenneth Connor (Ernie Broughton), Sidney James (Syd Butler), Shirley Eaton (Linda Dickson), Donald Pleasence (Sloane), Esma Cannon (Tante Emily), Dennis Price (Guy), Michael Gough (Fiske), Michael Gwynn (Malcolm), Valerie Taylor (Janet), George Woodbridge (Dr. Edward Broughton), Philip O'Flynn (Arkwright), Timothy Bateson (Porter), Frederick Piper (Leichenwagenfahrer). SW 88 Min.*

Ernie Broughton, ein ziemlich furchtsamer Vertreter der Spezies Mensch, lebt davon, dass er für einen Schundverlag Horror-Romane redigiert. Als er erfährt, dass ein adeliger Verwandter ihn auserkoren hat, einen Teil seines Erbes anzutreten, begibt er sich in Begleitung seines Freundes Syd auf das Familienschloss, das in einem finsteren Moorgebiet in Yorkshire liegt. Nachdem ein klumpfüßiger Butler ihnen Einlass gewährt hat, lassen sie sich in Anwesenheit einiger sonderbarer Verwandter das Testament vorlesen. Zu Ernies und sämtlicher Anverwandten Enttäuschung besteht das Vermögen des verstorbenen Onkels Gabriel jedoch aus – nichts. Und während der Nacht, die die Familie in dem alten Gemäuer verbringen muss, geht dann nicht nur das lustige Spuken sondern auch das äußerst freche Morden los: Ein maskierter Killer meuchelt die Sippschaft, his nur noch Tante Edna und der furchtsame Ernie übrig sind. Schließlich kommt man auf die Idee, im Sarg des Verblichenen zu suchen. Und siehe da: Er hat sich verdünnisiert, zweifellos deswegen, um die Familie zu dezimieren, ohne dass man ihm auf die Schliche kommt. – Diese Geschichte, die der geschätzte Leser auf diesen Seiten gewiss noch ein Dutzend Mal lesen wird (wie man sieht, bereichert sich die Filmindustrie noch schamloser an anderer Leute Eigentum als das Finanzamt), ist aber dennoch etwas Besonderes. Hier wird nicht nur mit Entsetzen Scherz getrieben und mit einer köstlichen Ansammlung kauziger Typen brilliert, sondern auch mit gewitzten Dialogen und einer perfekten Situationskomik gearbeitet, die genüsslich alles veralbert, was andere Autoren in ähnlichen Filmen mit Bierernst verzapft haben.

DER LEICHENDIEB

(THE BODY SNATCHER). USA 1945. **R:** *Robert Wise.* **B:** *Philip MacDonald, Carlos Keith.* **V:** *»Der Leichendieb« von Robert Louis Stevenson.* **K:** *Robert De Grasse.* **M:** *Roy Webb.* **D:** *Boris Karloff (Gray), Bela Lugosi (Joseph), Henry Daniell (Dr. Toddy MacFarlane), Edith Atwater (Meg), Rita Corday (Mrs Marsh), Russell Wade (Fettes), Sharyn Moffet (Mary), Donna Lee (Straßensängerin), Robert Clarke. SW 75 Min.*

Edinburgh, Schottland, 1832. Der Arzt MacFarlane ist mit dem unheimlichen Kutscher Gray durch einen gespenstischen Pakt verbunden: MacFarlane benötigt zum Studium der menschlichen Anatomie frische Leichen. Gray, der wenig Skrupel hat, besorgt sie, indem er eben erst Beerdigte aus ihren Gräbern holt und sich so nebenbei Geld verdient. Die beiden waren einst Studienkollegen, die sich eines Verbrechens schuldig gemacht haben, für das Gray allein geradestand. Nun hat er MacFarlane, den er äußerst geringschätzig behandelt, in der Hand. MacFarlanes Problem besteht darin, dass Gray ihm mehr Leichen anschleppt, als er für seine Studien braucht. Als er herausfindet, dass nicht alle Toten, mit denen Gray ihn versorgt, vom Friedhof stammen, beschleicht ihn kalte Angst. Joseph, MacFarlanes Faktotum, kommt hinter die »Geschäftsverbindung« der beiden, aber als er den sinistren Gray erpressen will, landet auch er auf dem Seziertisch. MacFarlane, der gerade an einem komplizierten Fall arbeitet, in dem es um ein gelähmtes Mädchen geht, will sich von Gray trennen. Aber daraus wird nichts, denn der Kutscher genießt es über alle Maßen, dass er den vornehmen Herrn erniedrigen und ausnehmen kann. MacFarlane weiß schließlich nicht mehr weiter: Er erschlägt seinen Widersacher, was seinem Bewusstsein jedoch einen irreparablen Schaden zufügt – fortan fühlt er sich vom Geiste Grays überall verfolgt. Als MacFarlane mit seinem Schüler Fettes in einer stürmischen und regnerischen Nacht einen neuen Leichenraub inszeniert, verfällt er vollends dem Verfolgungswahn: Er glaubt, in dem Toten Gray zu erkennen. Die Pferde seiner Kutsche gehen durch. Fettes springt im letzten Moment ab, während MacFarlane sich das Genick bricht. – *Der Leichendieb* ist ein echter Horrorklassiker, der zweite, den Boris Karloff unter dem auf Low Budget-Streifen spezialisierten Produzenten Val Lewton machte: »Obwohl Lewton immer noch mit äußerst niedrigen Budgets arbeitete, gelang es ihm durch die feinfühlige Benutzung kleiner Details, den Eindruck historischer Authentizität zu schaffen. Kostüme, Kutschen, Läden und neblige Sträßchen wirken wie ein Gemälde vom Edinburgh jener Zeit, das plötzlich zum Leben erwacht.« (Robert Moss, DER KLASSISCHE HORRORFILM)

»Ungeachtet der Tatsache, dass das behandelte Thema mehr ›physischen‹ Horror andeutet als viele andere psychologisch motivierte Lewton-Filme, ist *Der Leichendieb* einer der literarischsten und zurückhaltendsten Horrorfilme. Gewiss enthält er sein Maß an unheimlichen Schock-Effekten (und ist so gut geschnitten, dass sie ihre Wirkung nicht verfehlen und immer noch Aufmerksamkeit auf sich ziehen, wenn man den Film wiederholt sieht) und einen Höhepunkt von reiner Albtraum-Qualität, aber seine größte Vollendung liegt in der Verkörperung der latenten Boshaftigkeit, die Karloff ... hervorruft. Als eine Art gesetzloser Uriah Heep, der freundlich zu Kindern und seinem Pferd ist und trotzdem einem im Grunde anständigen Mann zusetzt ... um sein Machtstreben zu erfüllen und daraus einen pervertierten Selbstrespekt zu ziehen, ist er einfach überragend.« (William K. Everson, CLASSICS OF THE HORROR FILM) Für Boris Karloff war *Der Leichendieb* ein weiterer Schritt auf seiner steil nach oben führenden Karriereleiter; Bela Lugosi hingegen, der auf den Filmplakaten mit der gleichen Buchstabengröße geehrt wurde, verschwand bald in der Versenkung: Durch Drogenmissbrauch und zu hohen Alkoholkonsum hatte er sich bereits so weit körperlich ruiniert, dass er nur noch in obskuren Filmchen mitspielen durfte; dies teilweise in Produktionen, deren Finanziers oft selbst kaum wussten, wie sie ihre Projekte über die Runden bringen sollten.

Der Leichendieb

Der Leichendieb

DAS LEICHENHAUS DER LEBENDEN TOTEN

(NO PROFANAR EL SUENO DE LOS MUERTOS/NON SI DEVE PROFANARE OL SONNO DEI MORTI). Spanien/Italien 1974. **R:** *George Grau [Jorge Grau].* **B:** *Sandro Continenza, Marcello Coscia.* **K:** *Francisco Sempere.* **SpE:** *Gianetto de Rossi, Luciano Bird.* **M:** *Ennio Morricone.* **D:** *Ray Lovelock (George), Arthur Kennedy (McCormick), Aldo Massasso (Kinsey), Giorgio Trestini (Craig), Roberto Posse (Benson), Gengher Gatti (Keith), Vera Drudi (Mary), Paco Sanz (Perkins), Paul Benson (Wood), Anita Colby (Schwester), Joaquin Hinjosa (Pathologe), Christine Galbo (Edna), Rita Howard (Kathy), John Blain (Dr. Duffield), Fernando Hilbeck (Guthrie), José Luis Lefante (Martin). F 92 Min.*

Ein Film, der zwar mit Untoten aufwartet, an sich jedoch eher dem Science Fiction-Genre zugerechnet werden müsste: Ähnlich wie in George A. Romeros *Die Nacht der lebenden Toten* (USA 1968) ist hier ein pseudo-wissenschaftlich erklärbarer Grund für das Auferstehen gerade Verstorbener verantwortlich: Eine Kommission des britischen Landwirtschaftsministeriums ist in einer ländlichen Gegend dabei, ein Gerät zu testen, dessen Strahlung Insekten vernichten soll. Diese Maschine hat jedoch den unerwünschten Nebeneffekt, dass ihre Strahlung alle Toten im Umkreis von fünf Meilen zu neuem Leben erweckt: So verlassen sie dann die nahe Leichenhalle, um sich bei den Lebenden mit Frischfleisch zu versorgen. Der sture Polizist McCormick, der solchen Unfug nicht glauben will, hetzt seine Leute hinter einem unschuldigen Motorradfahrer her, da er »Gammler« nicht ausstehen kann. Er killt den Verdächtigen schließlich persönlich – mit dem Resultat, dass dieser wiederaufersteht und blutige Rache nimmt. Dieser »harte Horrorfilm der neuen Welle« (Hans D. Furrer, VAMPIR), der auf einem Filmfestival in Sitges mit einem Preis ausgezeichnet wurde, gehört zu den Entgleisungen, die sich das italienisch-spanische Horrorkino in Massen leistete. Dass offenbar ein Bedürfnis für Splatter Movies dieser Art besteht, ist traurig genug, dass es aber auch Rezensenten gibt, die derartige Schundprodukte nur mit den Scheuklappen des Feuilletonisten sehen, sollte nachdenklich machen: In einem Artikel über »Zombie-Filme« in der ansonsten recht objektiven Filmzeitschrift VAMPIR reüssiert ein Mitarbeiter über leichenfressende Untote im Allgemeinen und *Das Leichenhaus der lebenden Toten* im Besonderen und vermag in diesem Machwerk »eine wirklich ernste Warnung vor Umweltverschmutzung und Umweltzerstörung« zu sehen und konstatiert: »Man ist hier versucht, die Austragung des Generationskonflikts auf Horrorfilmebene zu unterstellen, den der Kommissar (Vater) zunächst nur dadurch gewinnt, dass er Repräsentant der Herrschenden ist.« Folgerichtig ist die einzige Kritik, die man an diesem Film hat, die, dass »die Idee mit der Neutronenstrahlung der Insektenvernichtungsmaschine, die letztlich für das Auferstehen der Toten verantwortlich ist ... etwas weit hergeholt [erscheint].«

Das Leichenhaus der lebenden Toten

DIE LEICHENMÜHLE

Anderer Titel für DIE TOTENMÜHLE

DER LEICHENWAGEN

(THE HEARSE). USA 1980. **R:** *George Bowers.* **B:** *Bill Bleich.* **St:** *Mark Tenser.* **K:** *Mori Kawa.* **M:** *Webster Lewis.* **D:** *Trish van Devere (Jane Hardy) Joseph Cotten (Walter Pritchard), David Gautreaux (Tom Sullivan), Donald Hotton (Rev. Winston), Meg Flory, Perry Lang. F 95 Min.*

Jane Handy, gerade von einem Nervenzusammenbruch genesen, erbt von ihrer Tante ein

Kleinstadt-Haus. Sie zieht dort ein, doch niemand will etwas mit ihr zu tun haben, außer dem Gentleman Tom Sullivan, der ihr den Hof macht: Sullivan hat einen Pakt mit den Mächten des Bösen geschlossen und ist unsterblich geworden. Dazu braucht er eine passende Partnerin. – »Sämtliche Charaktere – und auch die Requisiten – verhalten sich so, als würden sie in einem Horrorfilm mitspielen.« (Donald C. Willis, HORROR AND SCIENCE FICTION FILMS) [V]

LET SLEEPING CORPSES LIE

Anderer Titel für DAS LEICHENHAUS DER LEBENDEN TOTEN

DAS LETZTE HAUS LINKS

Anderer Titel für MONDO BRUTALE

DER LETZTE VAMPIR

Anderer Titel für SHERLOCK HOLMES: DER VAMPIR VON LAMBERLEY

LEWTON, VAL

(1904–1951). Neffe des Stummfilmstars Alla Nazimova. Als Vladimir Ivan Leventon in Jalta geboren. Arbeitete als Story Editor unter anderen für David Selznick, bevor er für RKO Radio Pictures eine Serie berühmt gewordener, psychologisch motivierter Horrorfilme produzierte (und teilweise unter dem Pseudonym Carlos Keith auch schrieb). 1942: *Cat People (Katzenmenschen); I Walked With a Zombie (Ich folgte einem Zombie);* 1943: *The Curse of the Cat People; Ghost Ship; The Leopard Man; The Seventh Victim;* 1944: *The Body Snatcher (Der Leichendieb); The Isle of the Dead;* 1945: *Bedlam.* Lewton: »Wir haben die Horrorformel von Anfang an umgestoßen. Weg mit dem grässlichen Zeug. Keine maskenartigen, kaum menschenähnlichen Gesichter mit knirschenden Zähnen und gesträubten Haaren. Keine knarzenden physischen Manifestationen. Kein Horror, der auf Greulichkeiten aufbaut. Man kann keinen Horror aufrechterhalten, der ununterbrochen andauert. Das führt nur dazu, dass man darüber lacht.«

LIEBE AUF DEN ERSTEN BISS

(LOVE AT FIRST BITE). USA 1979. **R:** *Stan Dragoti.* **B:** *Robert Kaufman.* **St:** *Robert Kaufman, Mark Gindes.* **K:** *Edward Rosson.* **M:** *Charles Bernstein.* **D:** *George Hamilton (Graf Dracula), Susan Saint James (Cindy Sondheim), Richard Benjamin (Dr. Jeff Rosenberg), Dick Shawn (Lt. Ferguson), Art Johnson (Renfield), Sherman Helmsley (Rev. Mike), Isabel Sanford (Richter), Barry Gordon (Taschenlampenverkäufer), Ronnie Schell (Junge im Aufzug), Bob Basso (TV-Mechaniker), Bryan O'Byrne (Priester), Michael Pataki (Dieb), Beverly Sanders (Frau im Aufzug), Basil Hoffman (Angestellter), Stanley Brock (Taxifahrer). Denny Dayton (Billy), Robert Ellenstein (WV-Mann), David Ketchum (Zöllner). F 96 Min.*

Da die Kommunistische Partei Rumäniens aus Graf Draculas Schloss in Transsylvanien ein Trainingslager für Spitzensportler machen will, sieht sich der adlige Blutsauger gezwungen, mit seinem trotteligen Busenfreund Renfield in die USA zu emigrieren. Dies kommt ihm eigentlich nicht ungelegen, denn er hat sich unsterblich in das knackige Fotomodell Cindy verknallt, das zwischen Aufnahmeterminen hauptsächlich bei dem Psychiater Dr. Rosenberg anzutreffen ist. Dass Rosenberg auch in Cindy verknallt ist, erscheint dem Grafen nicht als das Schlimmste – viel mehr pikiert ihn, dass der rührige Seelenklempner ein Nachfahre des legendären Vampirjägers Van Helsing ist, der Dracula in der Vergangenheit (hauptsächlich in britischen Horrorfilmen) so manche Schlappe beigebracht hat. Obwohl Cindy den umhangbewehrten Edelmann zunächst für einen Kellner hält (und selbiger diverse Missgeschicke erleidet, ehe er Gelegenheit erhält, sich an die neurotische Schöne heranzumachen), gelingt es Dracula, seinen ersten Biss an die Frau zu bringen, was selbige mit

Liebe auf den ersten Biss

lüsternem Gestöhn quittiert. Er muss sie jedoch dreimal beißen, bevor sie selbst zum Vampir wird, und dieses Unterfangen ist nicht so problemlos zu bewerkstelligen, wie man meint. Denn Rosenberg ist auf der Hut (wenn er nicht gerade in der Klapsmühle sitzt). »*Liebe auf den ersten Biß* ist ein ungemein amüsanter, mit komödiantisch leichter Hand gemachter Film, der die Dracula-Filme parodiert, aber nicht, indem er Dracula zur Witzfigur macht, sondern indem er seinen Witz aus dem Kontrast zwischen dem 700 Jahre alten Grafen und der modernen Welt bezieht. Wenn hier etwas parodiert wird, dann die moderne Gesellschaft. (Während des Stromausfalls beginnen die Leute im Hotel eifrig, alles was nicht niet- und nagelfest ist, abzutransportieren. Selbst der Münzfernsprecher, von dem aus der Polizeileutnant gerade telefoniert, wird abmontiert.) So schafft der Film das Kunststück, Graf Dracula glaubhaft wirken zu lassen, obwohl dies eine Komödie ist. Ein Kunststück, das unter anderem damit bewerkstelligt wurde, dass dieser Dracula keine Spitzzähne hat.« (Wolfgang J. Fuchs, FILMBEOBACHTER) – »Regisseur Dragoti, der die Gags nur so aus dem Ärmel schüttelt, lässt die unheilige Allianz von Wissenschaft und Staatsgewalt (hier verkörpert von Dr. Rosenberg, der mit solch ›wissenschaftlichen‹ Methoden wie Knoblauch, Kreuzen, Silberkugeln und Holzpflöcken gegen das moderne Vampirunwesen zu Felde zieht, und dem schäbigen Cop Ferguson) vergnüglich ins Leere laufen. Und Cindy, zunächst noch skeptisch ... erliegt der schillernden Faszination des Unerwarteten ... Bloody Happy End: Zwei Fledermäuse fliegen in die Nacht. Und da sie nicht sterben, saugen sie heute noch.« (Bodo Fründt, STERN) [V]

LIEBLING, DU BEISST SO GUT

(DRACULA SUCKS). USA 1977. **R:** *Philip Marshak.* **B:** *Darryl A. Marshak, David J. Kern.* **K:** *Hanania Baer.* **M:** *Lionel Thomas.* **D:** *Jamie Gillis (Dracula), Annette Haven (Mina), Serena (Lucy Webster), John Leslie (Dr. Arthur Seward), Richard Bulik (Richard Renfield), John Holmes (Dr. John Stoker), Paul Thomas (Jonathan Harker), Kay Parker (Dr. Sybil Seward), Detlef van Berg (Dr. van Helsing), Bill Margold (Henry), Mike Ranger (Dr. Peter Bradley), Pat Manning (Irene Renfield), Seka (Dr. Betty Lawson), David Lee Bynum (Jarvis), Irene Best (Magd), George Lee (Cowboy), Kurt Sjöberg (Adolf Hitler), Martin L. Dorf (Martin), Renee Andre, Slavica, Nancy Hoffman, Ken Michaels, Mitch Morill. F 83 Min.*

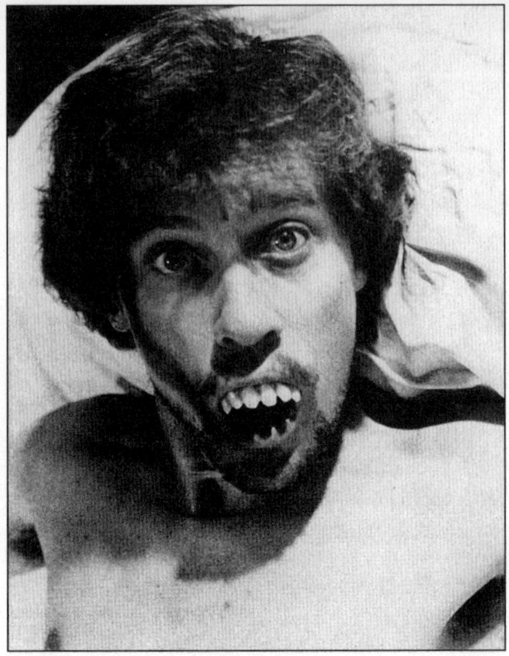

Liebling, du beißt so gut

Jamie Gillis, der von sich sagt, er sei »der größte Rammler im Erwachsenenfilm-Geschäft« (sprich: Pornobusiness) und »bekannt ist für seine sadistischen und tyrannischen Neigungen« (Kent Smith/Darrell W. Moore/Merl Reagle, ADULT MOVIES), und John Holmes, der als Schauspieler in Hunderten so genannter *blue movies* mitwirkte, bevor man ihn 1981 in einen Mordprozess verwickelte (Resultat: Freispruch) und 1982 wegen einer Beteiligung an einem Einbrecherring vor Gericht stellte, in einem Horrorfilm? Nun, gewiss nicht in einem Horrorfilm üblicher Machart – dafür sorgen schon die weiteren Akteure, die in dieser 83-Minuten-Plotte ihre (vorwiegend körperlichen) Talente zur Schau stellen: Annette Haven etwa, die 1978 für ihre Darstellungskunst in dem unvergesslichen Orgasmus-Heuler *A Coming of Angels* (Regie: Joel Scott) mit einem »Erotica Award« ausgezeichnet wurde und sich ansonsten in Filmen wie *Anna Obsessed* (1978; Regie: Martin & Martin) und *Wicked Sensations* (1981; Regie: Ron Chrones) einen Namen machte. Auch die

Künstlerin Serena, die so sehr von ihrem Talent überzeugt ist, dass sie sich ihren wirklichen Namen für ernsthafte Rollen aufhebt, hat sich mit Lichtspielen *Blonde in Black Silk* (1980; Regie: Phillip Drexler) und *Never so Deep* (1980; Regie: Gerard Damiano) um die Existenz der Bahnhofskinos in aller Welt verdient gemacht. John Leslie, in dessen Filmographie immerhin so schöne Titel wie *Insatiable* (1980; Regie: »Godfrey Daniels«; wohl ein Fan von W. C. Fields) und *V – The Hot One* (1978; Regie: Robert McCallum) auftauchen, verspricht keine Bestätigung der Erwartung, man hätte es in *Liebling, du beißt so gut* mit *straightforward* Horror zu tun. Hat man auch nicht! Denn Graf Dracula, der laut einer Pressemitteilung seines deutschen Verleihs Transsylvanien mittlerweile »leergesaugt« hat, landet diesmal aufgrund der Hirnrissigkeit seines meschuggenen Komplizen Renfield in einem zur Klapsmühle umfunktionierten Schloss, dessen weibliches Personal fortan zu seiner Haupt ... ähm ... nahrung wird. Als es immer mehr verfällt, ruft Seine Gnaden, der Direktor, den Vampirjäger Van Helsing zu Hilfe, der gleich beweist, dass guter Rat nicht teuer sein muss: Er setzt die knackige Mina auf den lüsternen Grafen an, bis dieser den Fehler macht, den seit Nosferatu alle geilen Vampire machen, wenn sie dem optimalen Opfer beiwohnen: Er bleibt bei ihr, bis die Sonne aufgeht. – Und passend zum (Gähn) Plot noch ein schaurig-schöner Werbespruch: »Wenn nachts der Mann am Halse saugt, es selten dann der Jungfrau graut.« Der US-Originaltitel, ein Wortspiel, kann als »Dracula lutscht« bzw. »Dracula bringt nix« übersetzt werden.

DER LEICHENGIESSER

(CRUCIBLE OF TERROR). GB 1971. **R:** *Ted Hooker.* **B:** *Ted Hooker, Tom Parkinson.* **K:** *Peter Newbrook.* **M:** *Paris Rutherford.* **D:** *James Brolin (John Davis), Ronald Lacey (Michael Clare), Mike Raven (Victor Clare), John Arnatt (Bill Cartwright), Beth Morris (Jane), Melissa Stribling (Joanna Brent), Betty Alberge (Dorothy Clare), Kenneth Keeling (George Brent), Judy Matheson (Marcia), Me Me Lay (Chi San). F 90 Min.*

Bildhauer produziert Statuen aus Bronze, die lebensecht wirken, da die Frauen, die ihm Modell gestanden haben, alle auf geheimnisvolle Weise verschwunden sind. [V]

LEPRECHAUN

(LEPRECHAUN). USA 1992. **R:** *Mark Jones.* **B:** *Mark Jones.* **K:** *Levie Isaacks.* **M:** *Kevin Kiner.* **D:** *Warwick Davis (Leprechaun), Jennifer Aniston (Tory), Ken Olandt (Nathan), Mark Holton (Ozzie), Robert Gorman (Alex), John Sanderford (J. D.), Shay Duffin (Dan O'Grady), Pamela Mant, John Volstad. F 86 Min.*

Ein Farmer, der mit seiner Tochter ein altes Haus bezieht, stößt in dessen Keller auf einen von seinem Vorgänger eingekastelten geldgierigen Kobold, der von einem arglosen Arbeiter befreit wird und sich unter wüsten Drohungen und Gewalttaten auf die Suche nach seinem Goldschatz macht. [V]

LEPRECHAUN II

(LEPRECHAUN II). USA 1994. **R:** *Rodman Flender.* **B:** *Turi Meyer, Al Septien.* **K:** *Jane Castle.* **M:** *Jonathan Elies.* **D:** *Warwick Davis (Leprechaun), Charlie Heath (Cody), Shevonne Durkin (Bridget), Adam Biesk (Ian), James Lancaster (William O'Day), Clint Howard (Tourist), Kimmy Robertson, Arturo Gil, Sandy Baron. F 81 Min.*

Da ein Kobold tausend Jahre vor Beginn der Handlung im heimischen Irland nicht an die menschliche »Braut« herankam, die er sich ausgesucht hat, erscheint er in den USA der Gegenwart, um deren Nachfahrin Bridget zu holen. Mit Brutalität und magischen Fähigkeiten, die ihn befähigen, den Menschen allerlei vorzugaukeln, geht er gegen die Familie vor. Bridgets Freund nimmt den Kampf auf und kann den Kobold schließlich töten. – Wenn dem US-Produzenten nix mehr einfällt, tut es noch immer eine Fortsetzung. Die keltische Sagenwelt ist ja so reich an plünderbaren Mythen. [V]

LEPRECHAUN – TÖDLICHES SPIEL IN LAS VEGAS

(LEPRECHAUN III). USA 1995. **R:** *Brian Trenchard-Smith.* **B:** *David Dubos.* **K:** *David Lewis.* **M:** *Dennis Michael Tenney.* **D:** *Warwick Davis (Leprechaun), John Gatins (Scott), Lee Armstrong (Tammy), John DeMita (Fazio), Michael Callan (Mitch). F 89 Min.*

Vom Glanz des Goldes besessener irischer Kobold mit magischen Kräften verfolgt den Kurs einer ihm von einem Pfandleiher entwendeten Münze durch die Spielerstadt Las Vegas und heftet sich an die Fersen all jener, die sie in den Griffeln hatten. [V]

DER LETZTE ZUG

(EXPERIMENT IN TERROR). USA 1961. **R:** *Blake Edwards.* **B:** *Mildred Gordon, Gordon Gordon.* **V:** *»Der letzte Zug« von The Gordons [Mildred Gordon, Gordon Gordon].* **K:** *Philip Lathrop.* **M:** *Henry Mancini.* **D:** *Glenn Ford (John Ripley), Lee Remick (Kelly Sherwood), Stefanie Powers (Toby Sherwood), Ross Martin (Red Lynch), Roy Poole (Brad), Ned Glass (Popcorn), Anita Loos (Lisa Soong), Gilbert Green (FBI-Agent), Patricia Houston (Nancy Ashton), Clifford James (Captain Moreno). SW 123 Min.*

Der asthmatische Ex-Zuchthäusler Red Lynch bedroht telefonisch die Bankangestellte Kelly Sherwood: Wenn sie nicht $ 100 000 für ihn stiehlt, will er sie und ihre kleine Schwester Toby umbringen. Um seiner Forderung Nachdruck zu verleihen, nimmt er Toby als Geisel. Aber am Ende kriegt er trotzdem sein Fett, denn die clevere Kelly arbeitet natürlich mit der Polizei zusammen, die jeden ihrer Schritte überwacht. – Ein solide gemachter Thriller, in dem es zwar von »Standard-Schockeffekten nur so wimmelt« (Bosley Crowther, THE NEW YORK TIMES), der aber dennoch einen sauberen Spannungsbogen aufweist. – »Ross Martin [in der Rolle des Red Lynch] ist ein beängstigend realistischer Psychopath.« (VARIETY)

LIEBE MIT BISS

(I WAS A TEENAGE VAMPIRE). USA 1987. **R:** *Jimmy Huston.* **B:** *Tab Murphy.* **K:** *James Bartle.* **M:** *Steve Dorff.* **D:** *Robert Sean Leonard (Jeremy), Cheryl Pollak (Darla Blake), Cecilia Peck (Nora), René Auberjonois (Modoc), David Warner (Professor McCarthy), Paul Wilson (Grimsdyke), Kenneth Kimmins (Capello), Fannie Flagg (Mrs. Capello), Evan Mirand (Ralph), Erica Zeitlin (Gloria). F 89 Min.*

Junger Mann wird beim Rendezvous mit einer Schönen vom Vampir gebissen und wundert sich über seine plötzliche Lust auf Blut. Die Vampirjäger sind nicht weit. – Parodie auf einschlägige Fangzahn-Filmchen. [V]

LINK, DER BUTLER

(LINK). GB 1986. **R:** *Richard Franklin.* **B:** *Everett De Roche, Tom Ackermann.* **St:** *Tom Ackermann, Lee David Zlotoff.* **K:** *Mike Molloy.* **SpE:** *Lyle Conway, John Grant.* **M:** *Jerry Goldsmith.* **D:** *Elizabeth Shue (Jane Chase), Terence Stamp (Dr. Steven Philip), Steven Pinner (David), Richard Garnett (Dennis), David O'Hara (Tom), Kevin Lloyd (Bailey), Joe Belcher (Taxifahrer), Daisy Beevers (Becky), Geoffrey Beevers (Miller), Caroline John (Mrs. Miller). F 99 Min.*

Zum Butler abgerichteter Orang-Utan und zwei Schimpansen nehmen im Haus des Zoologen Dr. Philip eine Studentin als Geisel und geben sich alle Mühe, ihr zu beweisen, dass sie dem Menschen überlegen sind. Eine für 99 Minuten reichlich magere Geschichte. [V]

LITTLE DEVILS

(LITTLE DEVILS: THE BIRTH). USA 1993. **R:** *George Pavlou.* **B:** *Elliot Stein.* **K:** *Jens Sturup.* **Ma:** *Tracy Loader.* **M:** *N.N.* **D:** *Marc Price (Ed Reid), Stella Stevens (Clara Madison), Nancy Valen (Lynn), Russ Tamblyn (Doc Clapton), Wayne McNamara (Lionel), Vanessa Walton Bern (Gwendy), David Camobell (Chin), Sean P. Carroll (Rick), Jerry Levitan (George), Cliff Makinson (Stan), Donald Saunders (Joe Madison). F 93 Min.*

Archäologe formt aus dem Schlamm einer Friedhofsgruft monströse Skulpturen, die zum Leben erwachen und seine Gegner umbringen. [V]

LITTLE MONSTERS

(LITTLE MONSTERS). USA 1989. **R:** *Alan Greenberg.* **B:** *Terry Rossio, Ted Elliott.* **K:** *Dick Bush.* **M:** *David Newman.* **D:** *Fred Savage (Brian), Howie Mandel (Maurice), Daniel Stern (Glen Stevenson), Margaret Whitton (Holly Stevenson), Rick Ducommun (Snik), Frank Whaley (Boy), Ben Savage (Eric), William Murray Weiss (Todd), Deven Ratray (Ronnie), Amber Barretto (Kirsten). F 97 Min.*

Der Junge Brian lebt mit seinen Eltern in einem alten Bauernhaus. Am Halloween-Abend entdeckt er unter seinem Bett das kleine blaue Monster Maurice und streift mit ihm durch die Nachbarschaft, um Schabernack zu treiben. Dabei lernt er allerlei andere Ungeheuer kennen. Eins entführt sein Brüderchen, das nun gerettet werden muss. Annehmbare Unterhaltung für Leute, die Motorsägen-Massakern nichts abgewinnen können. [V]

LITTLE WITCHES – WÄCHTER DES TEUFELS

(LITTLE WITCHES). USA 1996. **R:** *Jane Simpson.* **B:** *Brian Di Muccio, Dino Vendeni.* **K:** *Ron Turowski.* **M:** *Nicholás Rivera.* **D:** *Mimi Reichmeister (Faith), Sheri Rappaport (Jamie), Jennifer Rubin (Schwester Sherilyn), Jack Nance (Pater Michael),*

Zelda Rubinstein (Mutter Clodagh), Tommy Stork (Daniel), Eric Pierpoint (Sheriff Gordon), Zoe Alexander (Nicole), Melissa Taub (Erica), Clea DuVall (Kelsey), Lalaneya Hamilton (Gina), Landon Hall (Maskiertes Mädchen), Constance Crossen, Erica Doering, Valerie Roberts, Cheri Rae Russell, Robin South (Illuminati). F 90 Min.

Nachdem Bauarbeiter hinter einer Internatswand eine Grabkammer des Geheimbundes der Illuminaten entdeckt haben, schleichen sich vier Schülerinnen in der Nacht an ebendiesen Ort, um den Gott der Sektierer aus Ulk anzubeten. Mit ungeahntem Ergebnis ...

LIVING NIGHTMARE

(TOBE HOOPER'S LIVING NIGHTMARE/I AM YOUR NIGHTMARE/NIGHT TERRORS). USA 1993. **R:** *Tobe Hooper.* **B:** *Rom Globus, Daniel Matmor.* **K:** *Amnon Salomon.* **M:** *Dov Seltzer, Gregory King, Rob Nokes, David Trevis.* **D:** *Robert Englund (Paul Chevalier/Marquis De Sade), Zoe Thrilling (Eugenie Matheson), William Finlay (Dr. Matteson), Alona Kimhi (Sabina), Irit Sheleg (Fatima), Niv Cohen (Chuck), Doron Barbi (Ali), Howard Ripp (Harry), Joseph Shiloah (Pardy Hardy), Chandra West (Beth), Zachi Noy (Chucks Vater), Uri Gavriel (Jussuf), Dimitri Phillips (Duval), Shmuel Omani, Dov Ben (Folterknechte). F 90 Min.*

Archäologentochter besucht das ägyptische Alexandria, lernt eine mysteriöse Frau namens Sabina kennen, die sie in einen Sadokreis einführt, und schließt Bekanntschaft mit einem Adeligen, der sich für die Reinkarnation des Marquis de Sade hält: Er führt ein exzessives und mörderisches Leben, von dem er glaubt, es hätte den Original-Marquis entzückt. Nichts jedoch kann ferner von der Wahrheit sein. »Tobe Hooper bedient die gängigen Schemata von Erotik, Exotik, Horror und Gewalt in einer infamen Mischung.« (FISCHER FILM ALMANACH 1994) [V]

LONDON UM MITTERNACHT

Anderer Titel für UM MITTERNACHT

LONE WOLF

Anderer Titel für DER MÖRDER IST EIN WERWOLF

DAS LOCH IN DER TÜR

(THE NIGHTCOMERS). GB 1971. **B:** *Michael Winner.* **B:** *Michael Hastings.* **V:** *»Die Drehung der Schraube« von Henry James.* **K:** *Robert Paynter.* **M:** *Jerry Fielding.* **D:** *Marlon Brando (Peter Quint), Stephanie Beacham (Miss Jessel), Thora Hird (Mrs. Grose), Harry Andrews (Verwalter), Verna Harvey (Flora), Christopher Ellis (Miles), Anna Palk (Gouvernante). F 97 Min.*

England, an der Wende zum 20. Jahrhundert: Der Gärtner Quint, ein »amoralischer« Mann aus dem Volk, gewinnt mehr und mehr Einfluss auf die minderjährigen Kinder seiner verstorbenen Herrschaft und bringt es auch fertig, deren Erzieherin Miss Jessel zum Spielball seiner düsteren Triebe zu machen. Miss Jessel, eine kultivierte Dame, weiß schließlich selbst nicht mehr, ob sie die sadistischen Spielchen des Mannes genießt oder verabscheut, der nachts über sie herfällt. Als sie sich endlich dazu durchringt, den Landsitz mit den Kindern zu verlassen, sind diese dem dämonischen Einfluss Quints bereits dermaßen verfallen, dass sie zu Mördern werden: Sie wollen nicht, dass ihre Welt, deren Existenz sie ihren beiden Betreuern zu verdanken glauben, auseinander bricht. – Ein unheimlicher, kleiner Thriller, der in der viktorianischen Ära spielt. – »Mit Sinn für dekorative Wirkungen und ... Trivialmuster inszeniert, hervorragend dargestellt.« (FILMDIENST)

LOKIS

(LOKIS). Polen 1970. **R:** *Janusz Majewski.* **B:** *Janusz Majewski.* **V:** *»Lokis« (1869) von Prosper Merimée.* **K:** *Stefan Matyjaszkiewicz.* **M:** *Wojciech Kilar.* **D:** *Jozef Duriasz (Graf Michal Szemiot), Edmund Fetting (Pastor Wittembach), Gustaw Lutkiewicz (Dr. Froeber), Malgorzata Braunek (Julia Dowgiatta), Zofia Mrozowska (Michals Mutter), Hanna Stankowna (Pamela Lee), Wiesława Kwainiewska (Frau Wieliaminow), Witold Kisowski (Danilka), Tadeusz Oreyg (Gen. Wieliaminow). Wiesława Mazurkievicz (Julias Mutter), Pawel Unrug (Lakai), S. Milski, Z. Zarychta, D. Wodynska, A. Mularczvk, K. Pieracki. R. Pietruski, A. Rausz, J. Rosinski, A. Szafranek, W. Dewoyno, W. Holtz, I. Horecka, A Hrydzewicz, A. Jaraczwna, A. Krasicki, J. Kuryluk, E. Kuziar. F 95 Min.*

Litauen, irgendwann im 19 Jahrhundert: »Ein merkwürdiges Land ... undurchdringliche Wälder, Sümpfe, Moore und Paläste, voll gestopft mit Kunstschätzen: Adlige, deren Kinder von englischen Gouvernanten erzogen werden, deren Frauen Kleider aus Paris beziehen, und Menschen, die in primitiven Hütten hausen, weder lesen noch schreiben können und an Teufelsspuk und Hexerei glauben. Mode und Tradition stoßen hier auf engstem Raum zusammen. Legende und Wirklichkeit werden ständig miteinander verwoben.« (Ilse Jung, Text zum Filmprogramm FILM FÜR SIE) In diese Gegend kommt der Sprachforscher Pastor Wittembach, um Studien zu betreiben. Durch eine Empfehlung besucht er das Schloss des Grafen Szemiot. Doch hier spielen sich umheimliche Dinge ab: Gellende Schreie stören des Gottesmannes Nachtruhe; der junge Graf benimmt sich seltsam – er fängt Raubvögel mit der bloßen Hand und wird von Albtraumen geplagt. Die Gräfinmutter, so erfährt der erstaunte Wittembach, dämmert seit zwei Jahrzehnten im Zustand geistiger Umnachtung dahin: Sie ist als junges Mädchen im Wald von einem Bären überrascht und offenbar auch vergewaltigt worden. Die Frucht ihrer Lenden, der junge Herr des Hauses, so glaubt sie, ist halb Mensch, halb Tier. Dr. Froeber, der Hausarzt der Szemiots, ist davon überzeugt, dass eine Heirat mit der ansehnlichen Julia den Grafen von seiner Melancholie heilen werde, aber einen Tag nach der Hochzeit findet man die Braut mit zerbissener Kehle auf. Der Graf jedoch ist verschwunden. Und die einzigen Fußspuren, die vom Schloss wegführen, sind die eines Bären. – »Majewski hält sich ziemlich genau an den Aufbau der (seinem Film zugrunde liegenden) Erzählung, übernimmt auch den Ausgangspunkt Merimées, das Geschehen im Schloss mit den Augen des Pastors und Sprachgelehrten Professor Wittembach zu betrachten. Dieser Kunstgriff unterstreicht die Zweideutigkeit und Ironie des Textes. Wittembach ist der Zeuge: er berichtet über das Merkwürdige, das sich um ihn ereignet. Er gibt es wieder als Kind seiner Zeit, gleichfalls in hohem Maße anfällig für mystisch-unheimliche Vorstellungen. Er weist den Verdacht nicht von sich, nur den Mystifikationen des ›dämonischen‹ Doktors Froeber erlegen zu sein. Aber er ist nur zu gerne bereit, die Lösung der Vernunft aufzugeben, um die Schauer des Übersinnlichen zu spüren.« (Fred Gehler, SCIENCE FICTION TIMES)

LORD OF ILLUSIONS

(LORD OF ILLUSIONS). USA 1995. **R:** *Clive Barker.* **B:** *Clive Barker.* **K:** *Ronn Schmidt.* **SpE:** *KNB EFX Group.* **M:** *Simon Boswell.* **D:** *Scott Bakula (Harry D'Amour), Kevin J. O'Connor (Philip Swann), Daniel van Bergen (Nix), Famke Janssen (Dorothea Swann), Joel Swetlow (Valentin), Barry Del Sherman (Butterfield), Sheila Tousey (Jennifer Desiderio), Joseph Latimore (Caspar Quaid), Susan Taylor (Maureen Pimm), Vincent Schiavelli (Vinovich). F 117 Min.*

1982 dringt der junge Mr. Swann mit einigen bewaffneten Getreuen, über die wir nichts Weiteres erfahren, in ein altes Gemäuer in der Mojave-Wüste ein und rettet aus Gründen, über die wir nichts wissen, ein Mädchen vor einem ungewissen Schicksal: Es ist in die Hände merkwürdiger Kultisten gefallen (über die man uns nichts sagt). Bei der Befreiungsaktion kommt der Kultistenhäuptling Nix durch Bleikugeln um. Swann setzt Nix eine phantasievoll gestaltete eiserne Maske auf, die sich wie von magischer Hand an seinem Kopf festschraubt und verscharrt den Leichnam in der Wüste. Jahre später wird der New Yorker Privatdetektiv Harry D'Amour, der im Versicherungsauftrag einen Mann in Los Angeles beschattet, in der Wohnung eines Wahrsagers Zeuge einer bizarren Mordtat, die er trotz eifrigen Bemühens nicht verhindern kann. Er gerät in die Schlagzeilen. Von Dorothea, Swanns Gattin (sie ist das aus den Kultistenhänden befreite Mädchen; Swann ist inzwischen zum prominenten Bühnenzauberer avanciert) beauftragt, nimmt er die Suche nach den Mördern des Wahrsagers auf, der offenbar bei ihrer Befreiung geholfen hat. Swann kommt bei einer Vorstellung auf grausige Weise ums Leben, als einer seiner Tricks in die Hose geht. Harrys erneuter Zusammenstoß mit den Mördern bringt ihn auf die Spur eines Bühnenzaubererclubs, in dessen Archiv er eine Schwarte mit mysteriösen Zeichnungen findet, die die Geschichte aber auch nicht weiterbringen. Mysteriöse übersinnliche Attacken auf Dorotheas Haus und Aussagen ihres Sekretärs Valentin bringen zu Tage, dass Swann mitnichten tot ist, sondern sein Ableben inszeniert hat, um vor den Sektierern sicher zu sein, die Nix' Tod rächen und ihren Meister wiedererwecken wollen. Swann kehrt zurück; Valentin und Dorothea werden entführt. Harry und Swann folgen dem Entführer in die Mojave-Wüste, wo dieser seinen Meister von Valentin ausgraben lässt. Von der eisernen Maske befreit, erwacht Nix mit grässlich entstellter Fratze zu neuem Leben, wirkt ein paar Wunder und opfert seine Jünger den Mächten des Jenseits. (Der Grund dafür ist fadenscheinig; er dient nur dazu, ein paar beeindruckende Spezialeffekte aufzufahren.) Swann und Harry greifen ein. Die mit magischen Kräften ausgetragene Schlacht gegen den mächtigen Nix kostet Swann diesmal wirklich das Leben. Aber auch der Böse kriegt sein Fett, als er in einen selbst erschaffenen Schacht segelt, der geradewegs im glutflüssigen Erdkern endet. – »Perfekt sind die Ausstattung und die Masken, eine schier grenzenlose Phantasie.« (FISCHER FILM ALMANACH 1997). Fürwahr, man kann es nicht bestreiten. Doch wie steht es um den Plot, den man leicht auf den Satz »Böser Mann rächt sich an gutem Mann« reduzieren kann? Da haben wir einen Sektenführer, der nicht mit billigen Taschenspielertricks arbeitet, sondern über reale dämonische Kräfte gebietet. Wo er sie herhat, verschweigt uns des Autors Höflichkeit. Wofür aber nutzt er sie? Er nutzt sie, um ins Hirn seiner Gegner einzudringen und ihnen zu zeigen, dass die Menschen aus »Gelee und Scheiße« (Zitat) bestehen. Ansonsten schwebt er ein bisserl vor Freund und Feind herum und jongliert mit Feuerbällchen. Was sind die Ziele seines bösen Geistes? Zwar nennt er sie, doch er vergisst, sie zu erklären: Er will »die Welt zerstören« (denn »vernichten« ist ein Terminus, der 99 von 100 deutschen Filmübersetzern nicht mal im Traum einfiele), um anschließend allein »in der Leere« zu existieren. Was ist daran so erstrebenswert? Auch dies verschweigt uns des Autors Griffel. Welchem Zweck die wie Debile agierenden Jünger des Großen Meisters dienen und wieso sie sein Vorhaben so frenetisch bejubeln (da es sie doch immerhin Glatzkopf und Kragen kosten würde) und wieso sie auf einem Schrottplatz hausen, wo es Nix maximal ein Fingerschnippen kosten würde, um den Dreck aus ihrer Hütte zu fegen, wagt man da schon gar nicht mehr zu fragen. (Ist ja auch nur 'n Film). [V]

LORRE, PETER

(1904–1964). Als Laszlo Löwenstein, Sohn tschechischer Eltern, in Rosenberg, Ungarn, geboren. Bis 1932 stand er in Zürich, Wien und Berlin auf der Bühne. Bekannt wurde er 1931 durch seine Rolle als Kindermörder in Fritz Langs *M*. Emigrierte 1933 und kam über Frankreich und England nach Amerika, wo er häufig als kleiner, schmieriger Gauner und Psychopath sowie in Horrorfilmen besetzt wurde. 1935: *Mad Love;* 1942: *Invisible Agent (Der unsichtbare Agent);* 1944: *Arsenic and Old Lace (Arsen und Spitzenhäubchen);* 1946: *The Beast With Five Fingers (Bestie mit fünf Fingern);* 1961: *Tales of Terror (Der grauenvolle Mr. X);* 1963: *The Raven (Der Rabe – Duell der Zauberer); The Comedy of Terrors (»Ruhe Sanft« GmbH).*

LOST BOYS

(THE LOST BOYS). USA 1987. **R:** *Joel Schumacher.* **B:** *Janice Fischer, James Jeremias, Jeffrey Boam.* **K:** *Michael Chapman.* **SpE:** *Matt Sweeney.* **M:** *Thomas Newman.* **D:** *Jason Patric (Michael Emerson), Corey Haim (Sam Emerson), Dianne Wiest (Lucy Emerson), Barnard Hughes (Opa), Edward Herrmann (Max), Kiefer Sutherland (David), Jamie Gertz (Star), Corey Feldman (Edgar Frog), Jamison Newlander (Alan Frog), Brooke McCarter (Paul), Billy Wirth (Dwayne), Alexander Winter (Marko), Chance Michael Corbitt (Laddie), Alexander Bacon Chapman (Greg), Nori Morgan (Shelley), J. Dinan Myrtetus (Wächter), Kelly Jo Minter (Maria), Timmy Cappello (Sänger). F 97 Min.*

Nach einer finanziell unbefriedigend für sie ausgegangen Scheidung zieht Lucy mit ihren Söhnen aus der Großstadt Phoenix in den kalifornischen Küstenort Santa Clara, dem äußeren Anschein nach ein Urlaubsparadies. Die Söhne Michael und Sam sind wenig begeistert, denn Opa, ein schrulliger alter Knabe, hat keinen Fernseher: »Ich lese nur gern das Fernsehprogramm. Wenn du das gelesen hast, brauchst du keinen Fernseher mehr.« Bei einem Konzert fällt Michaels Blick auf ein ansehnliches Mädchen namens Star. Es entpuppt sich als Angehörige einer Rockerbande, deren restliche Mitglieder männlich, gut aussehend und schick gestylt sind und sich ohne Unterlass in einer grell-bunten Konsumwelt vergnügen. Die Rocker sind rotzfrech, treten provozierend auf und haben fast überall Hausverbot, was niemanden wundert, denn ihr Gebaren ist psychopathisch und machohaft. Auf dem Rummelplatz macht Star sich an Michael heran. David, der blond gefärbte Rocker-Chef, lädt ihn zu einer Party ein, die im Hauptquartier der Bande stattfindet – in einer Grotte am Strand. Während der bizarren Fete hat Michael eklige Halluzinationen und trinkt aus einer Flasche, die angeblich Blut enthält. Außerdem zeigt sich, dass seine neuen Freunde offenbar fliegen können. Als Michael zu Hause im Bett zu sich kommt, ist er lichtempfindlich und erlebt eine beängstigende Metamorphose, die ihn fast dazu bringt, sein Brüderchen Sam anzufallen, was nur die Anwesenheit des Familienhundes verhindert. Michael levitiert im Schlaf. Sam, eifriger Comic-Konsument, erkennt zwar sofort, dass er ein Vampir ist, lässt sich aber überreden, dies Mama vorläufig zu verschweigen, die gerade die Bekanntschaft des netten Max gemacht hat. Wie Michael von Star erfährt, ist er nur ein Halbvampir – zum unsterblichen Blutsauger wird er erst, wenn er sein erstes Opfer schlägt (wie übrigens auch sie und ihr Brüderchen Laddie). Die Demaskierung der Vampire erfolgt in Anwesenheit Michaels bei einem Massaker an den arglos ein Feuer umtanzenden Teilnehmern einer Strandparty (bei dem sich Draculas Nachfahren erstaunlicherweise nicht mit dem kleinsten Blutstropfen bespritzen). Sam und die jungen Comic-Verkäufer Edgar und Alan dringen tagsüber in die Höhle der Vampire ein, um sie zu pfählen. Diese erwachen jedoch nach dem ersten Opfer und stürmen am gleichen Abend das Haus, in dem sich Michael, Sam, Star, Laddie und die beiden Jung-Van Helsings mit Hilfe von Knoblauch, Pfeil und Bogen und einer Weihwasser-Spritzpistole wacker und mit viel Geschrei gegen sie verteidigen. Eine mörderische Schlacht entbrennt. Am Ende entpuppt sich – eine Pointe muss noch her – ausgerechnet der über jeden Verdacht erhabene Max als Obervampir, der seine Sippe, um mehr Macht zu gewinnen, mit Lucys Familie vergrößern wollte: Die endgültig in die Gruft gefahrenen Vampir-Rocker sind seine Söhne. Ist Max über ihren Tod erbost? Aber nein! Warum nicht? Keine Ahnung. Wenn die Vampir-Rocker Michael unbedingt zu einem der ihren machen wollen, warum behandeln sie ihn dann laufend wie den letzten Arsch? Keine Ahnung. Wieso wirkt Michael für einen Schüler ziemlich alt? Keine Ahnung. Dies zu korrigieren, ist es ohnehin zu spät, doch ein bisschen Nachhilfeunterricht für Filmübersetzer kann vielleicht ganz hilfreich sein: *comic books* als Bücher zu übersetzen, ist abenteuerlich; im deutschen Sprachraum heißen diese Dinger nun mal Hefte. Der Satz »Du warst süß zu ihnen« (den Lucy an Max richtet, nachdem Sam und die Frog Brothers selbigen sämtlichen Vampirtests unterzogen haben) ist etwas zu wörtlich übersetzt; *sweet* dürfte in diesem Zusammenhang die Bedeutung von lieb haben. Dass Opas *root beer* zu Wurzelbier mutiert, ist hingegen schon mehr als ein Verbrechen, nämlich ein Fehler: Gemeint ist Malzbier.

Lost Boys

LOST GIRLS

(BURIED ALIVE). Südafrika 1988. **R:** *Gérard Kikoine.* **B:** *Jake Clesi, Stuart Lee.* **K:** *Gérard Loubeau.* **M:** *Frederic Talgorn.* **D:** *Robert Vaughn (Gary), Donald Pleasence (Dr. Schaeffer), Karen Witter (Janet), John Carradine (Jacob), Ginger Lynn Allen (Debby), Nia Long, Arnold Vosloo. F 87 Min.*

In der Ravencroft Reform School (früher hieß dergleichen »Besserungsanstalt«) für Mädchen verschwinden spurlos Insassen. Die Lehrerin Janet, die den Fall aufklären will, findet eine Spur: Ein wahnsinniger Mörder geht um, der seine Opfer lebendig einmauert. Regisseur und Kameramann waren in den 1970er Jahren im französisch/deutschen Porno-Milieu in gleicher Funktion tätig; Produzent Harry Alan Towers hat sein Leben lang Frauenfleisch verkauft. Mitspielerin Ginger Lynn Allen (in der Rolle der Debby) war in zahllosen Stöhn-Machwerken die Matratze vom Dienst. Trotz dieser bizarren Truppe fällt der Film aber recht milde aus: Die Mädels tragen sogar unter der Dusche Schlüpfer! [V]

LOST SOULS – VERLORENE SEELEN

(LOST SOULS). USA 2000. **R:** *Janusz Kaminski.* **B:** *Pierce Gardner, Betsy Stahl.* **K:** *Mauro Fiore.* **M:** *Jan A. P. Kaczmarek.* **D:** *Winona Ryder (Maya Larkin), Ben Chaplin (Peter Kelson), Philip Baker Hall (Pater James), Elias Koteas (John Townshend), Sarah Wynter (Claire Van Owen), John Hurt (Pater Lareaux), John Diehl (Henry Birdson), Victor Slezak (Pater Thomas), John Beasley (Mike Smythe), Brian Reddy (Pater Frank). F 98 Min.*

Ein vom Verleih so genannter »Angst-Schweiß-Schocker«: Maya Larkin, eine junge Katholikin, wirkt auf Wunsch von Pater Lareaux an einem Exorzismus bei einem mehrfachen Mörder mit. Dabei lässt sie ein paar vom Mörder vollgekritzelte Blätter mitgehen und dekodiert einen Namen: Peter Kelson. Selbiger Kelson, ein höchst ungläubiger True Crime-Autor, soll an seinem 33. Geburtstag vom leibhaftigen Bösen in Besitz genommen werden, um in seiner Gestalt die Herrschaft über die Welt oder was auch immer anzutreten. – Inszeniert vom langjährigen Spielberg-Kameramann Janusz Kaminski *(Schindlers Liste; Der Soldat James Ryan).* »Die Geschehnisse in *Lost Souls* werden gezeigt mit dunklen, immer leicht braun- bis schwarzstichigen Bildern, die eine morbide Gothic Horror-Atmosphäre heraufbeschwören und gleichzeitig durch viele sublime Effekte in Kombination mit einem exquisiten, streng durchkomponierten Design surreale bis expressionistische Einflüsse vermitteln.« (Martin Beck, SPLATTING IMAGE 40/Dezember 1999) [V]

LOTTERIE DES SCHRECKENS

(THE LOTTERY). USA 1996. **R:** *Daniel Sackheim.* **B:** *Anthony Spinner.* **V:** *»Die Teufelsbraut« von Shirley Jackson.* **K:** *Rick Maguire.* **M:** *David Michael Frank.* **D:** *Dan Cortese (Jason Smith), Keri Russell (Felice), Veronica Cartwright (Mrs. Dunbar), Stephen Root (Dr. Dunbar), M. Emmett Walsh (Sheriff), William Daniels (Rev. Hutchinson), Sean Murray (Henry Watkins), Jon Huffman (Dr. Wasserman), Jeff Corey (Albert Smith), Amy Parrish (Kelly Malone), Alex Van (Craig Lloyd), David Lenthall (Postbeamter), Joanne Pankow (Hester Shaver), Mark Jeffrey Miller (John Adams), J. Michael Hunter (Walt Bigelow). F 90 Min.*

TV-Film. Der Automechaniker Jason Smith verspricht seinem im Sterben liegenden Vater, in die Geburtsstadt seiner Mutter zu fahren, um Asche auf ihr Grab zu streuen: Angeblich ist sie einem Ritus zum Opfer gefallen, dem die Bewohner der Stadt seit mehr als zweihundert Jahren frönen. Jason stellt bald fest, dass in dem mysteriösen Kaff einiges nicht mit rechten Dingen zugeht ...

LOVE TO KILL

(THE LAST HORROR FILM/THE FANATIC). USA 1981. **R:** *David Winters.* **B:** *David Winters, Judd Hamilton, Tom Klassen.* **K:** *Tom de Nova.* **M:** *Jesse Frederick, Jeff Koz.* **D:** *Caroline Munro (Jane Bates), Joe Spinell (Vinny Durand), Judd Hamilton (Alan Cunningham), Devin Goldenberg (Marty Bernstein), David Winters (Stanley Kline), Susanne Benton (Susan Archer), Mary Spinell (Vinnys Mutter), Glenn Jacobson (Bret Bates), Sean Casey (Jonathan), Don Talley (Cowboy), June Chadwick (Journalistin), J'len Winters, Sharon Hughes. F 81 Min.*

Wahrend der Filmfestspiele in Cannes versucht der New Yorker Taxifahrer Vinny Kontakt mit »seinem« Star Jane Bates aufzunehmen. In seinem Matschhirn hat sich nämlich der Plan eingenistet, die Königin des Horrorkinos, die hier mit einem Preis für ihre überragende Darstellungskunst ausgezeichnet werden soll, könne nur in einem von ihm inszenierten Streifen voll

Love to Kill

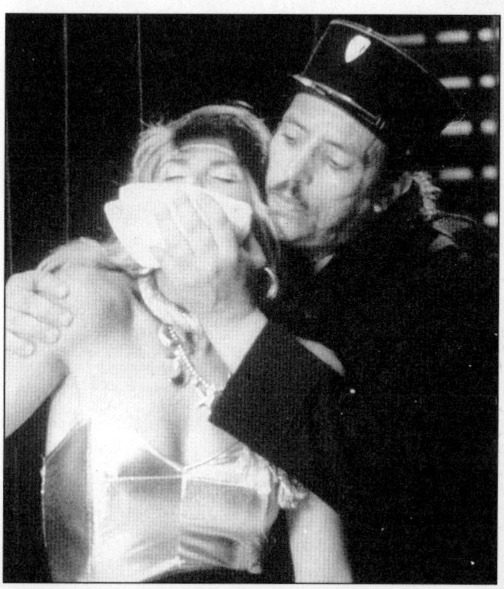

zur Geltung kommen. Jane hat jedoch ganz andere Sorgen: Sie stößt auf die übel zugerichtete Leiche ihres Ex-Gatten Bret (eines Filmproduzenten) und hat fortan allen Grund zu der Annahme, dass der unbekannte Killer auch ihr ans hübsche Hälschen will. Nach mehreren (abscheulichen) Killereien an anderen Produzenten, Regisseuren und Filmagenten entführt der leicht irre Vinny Jane in ein Schloss, um dort auf die Schnelle ein Remake des Remakes des Remakes von *Dracula* zu drehen. Woraufhin sich der Killer (dass er irre ist, ist klar) aufmacht, um es der Schönen endgültig zu geben. – Dieses in nur wenigen Tagen heruntergekurbelte B-Filmchen, mit einem Winz-Budget während der Filmfestspiele in Cannes (1981) gedreht, bedient sich sämtlicher Versatzstücke der gegen Ende der siebziger Jahre in gewissenlosen Filmemacherkreisen in Mode gekommenen Splatter Movies: Da sprudelt das Blut wie aus Fontänen, da werden Gliedmaßen abgehackt, und der geisteskranke Killer endet gepfählt auf einer spitzen Eisenstange, die als Filmrequisit dienen soll. Unfreiwillig sind auch Stars wie Kris Kristoffersen, Karen Black und Marcello Mastroianni in diesem Film zu sehen.

LÜGEN – HORROR IN DER NERVENKLINIK

(LIES). USA 1983. **R:** *Jim Wheat, Ken Wheat.* **B:** *Jim Wheat, Ken Wheat.* **K:** *Robert Ebinger.* **M:** *Marc Donahue.* **D:** *Ann Dusenberry (Robyn Wallace), Gail Strickland (Jessica Brenner), Bruce Davison (Stuart Russell), Clu Gulager (Dr. Bartlett), Terence Knox (Eric Macklin), Bert Remsen (Murray Haliday), Stacy Keach sen. (Onkel Charles), Douglas Leonard (Dr. Whitmyer), Patience Cleveland (Tante Louise), Julie Philips (Elizabeth), Tony Miller (Elizabeths Vater), Jean Howell (Elizabeths Mutter), Ann Gibbs, Dick Miller, Walter Wood, Jerry Vaughn, Guy Remsen. F 100 Min.*

Psycho-Thriller. Die arbeitslose Schauspielerin Robyn (sie wurde gefeuert, weil sie in einem Zombie-Film ihre Titten nicht zeigen wollte) wird von mysteriösen Herrschaften engagiert, um in einem Film, der in einer Nervenklinik gedreht wird, eine verrückte Millionenerbin zu spielen. Robyn ahnt jedoch nicht, dass hinter dem Projekt der perfide Plan steht, eine Frau um ihr Vermögen zu bringen. Fängt viel versprechend an, wird aber zunehmend vorhersehbarer und langweiliger.

LUGOSI, BELA

(1882–1956). Als Béla Ferenc Dezsö Blasko im ungarischen Lugos geboren, das heute zu Rumänien gehört: »Aus Publicitygründen, um zu vereinfachen, habe ich es stets für besser erachtet, eine Lüge über die frühen Jahre meines Lebens zu verbreiten. Ich habe immer erzählt, ich sei auf die übliche Weise zu Ungarns Royal National *[sic!]* Theater gestoßen. Ich habe immer erzählt, ich hätte die höhere Schule, Universitäten, die Akademie der Theaterkünste, das Gymnasium in Budapest besucht. Mit Lügen zu prahlen ist vielleicht die Tollheit junger Menschen, denen die geistige Reife fehlt zu erkennen, dass es manchmal achtbarer ist, die Wahrheit zu sagen.« Im ersten Jahrzehnt des 20. Jahrhunderts tingelte Béla mit Wanderbühnen, gab längere Gastspiele in Orten wie Kolozsvar (heute Cluj, Rumänien), Temesvar (heute Timisoara, Rumänien) und Sibiu, unweit des echten Schlosses Dracula. Im Herbst 1908 wurde er an die Bühne von Debrecen eingeladen und ein Jahr später, als Nachfolger von Mihály Kertész, dem späteren Michael Curtiz, nach Szeged. Über das Königlich-Ungarische Theater *(Magyar Szinház)* kam er endlich nach Budapest. Ungeduldig wechselte er alsbald an das renommiertere Nationaltheater *(Nemzeti Shinház)*. Bei Ausbruch des Ersten Weltkriegs meldete er sich freiwillig an die Front. Dreimal verwundet, schützte er Geisteskrankheit vor und wurde im März 1916 als Hauptmann aus dem Armeedienst entlassen. Bevor er nach Budapest zurückkehrte, gastierte er in Debrecen als Jesus von Nazareth in der Passionsgeschichte. Ab 1917 übernahm er auch Filmrollen. Zwei Jahre später, 1919, musste er Ungarn für immer verlassen, nachdem er sich für die Räterepublik unter Béla Kun engagiert hatte. Über Wien kam er nach Berlin und drehte dort mehrere Filme: In *Sklaven fremden Willens* spielte er einen Hypnotiseur. An der Seite von Conrad Veidt war er in F. W. Murnaus Jekyll/Hyde-Verfilmung *Der Januskopf.* Er wirkte in zwei Karl May-Filmen mit und als Chingachgook in einer zweiteiligen *Lederstrumpf*-Verfilmung. 1921 schiffte er sich nach Amerika ein, arrangierte in New York zuerst Aufführungen für die ungarische Gemeinde, dann lernte er phonetisch seinen Dialog, um auch in englischsprachigen Stücken auftreten zu können. Den ungarischen Akzent behielt er sein Leben lang bei, und als er am 5. Oktober 1927 zum ersten Mal im Fulton Theatre in New York City als Dracula auf der Bühne stand, war das künftige Typecasting, dem er kaum noch zu entrinnen vermochte, perfekt. 1930 drehte er bei Universal unter der Regie von Tod Browning die Filmversion des Bühnenstücks (es war sein 16. amerikanischer Film) und lehnte im Jahr darauf die Rolle des Frankenstein-Monsters ab. 1932: *Murders in the Rue Morgue; White Zombie; Chandu the Magician;* 1933: *Island of Lost Souls;* 1934: *The Black Cat (Die schwarze Katze);* 1935: *Mark of the Vampire (Das Zeichen des Vampirs); The Raven (Der Rabe);* 1936: *The Invisible Ray;* 1939: *Son of Frankenstein (Frankensteins Sohn); Dark Eyes of London (Der Würger);* 1940: *Black Friday (Schwarzer Freitag);* 1941: *The Devil Bat; The Black Cat; The Invisible Ghost; Spooks Run Wild; The Wolf Man (Der Wolfsmensch);* 1942: *The Ghost of Frankenstein; Black Dragons; The Corpse Vanishes; Bowery at Midnight;* 1943: *Frankenstein Meets the Wolf Man; The Ape Man; Ghost on the Loose;* 1944: *The Return of the Vampire; Voodoo Man; Return of the Ape Man;* 1945: *The Body Snatcher (Der Leichendieb); Zombies on Broadway;* 1948: *Abbott and Costello Meet Frankenstein (Abbott und Costello treffen Frankenstein/Mein Gott, Frankenstein);* 1951: *Old Mother Riley Meets the Vampire;* 1952: *Bela Lugosi Meets a Brooklyn Gorilla.* Zum Schluss war er nur noch gut genug für Edward D. Wood jr.: 1953: *Glen or Glenda?;* 1955: *Bride of the Monster (Die Rache des Würgers);* 1959: *Plan 9 from Outer Space. Plan 9* kam posthum heraus. Als sich Lillian Lugosi 1953 von dem herrischen und eifersüchtigen Béla hatte scheiden lassen und ihr der Sohn Béla jr. zugesprochen worden war, spielte der gebrochene Horrorstar seine letzte große Rolle, allerdings nicht auf der Leinwand. Am 21. April 1955, dem Geburtstag seiner geschiedenen Frau, bekannte er öffentlich, dass er seit zwei Jahrzehnten Drogen konsumierte. (Tatsächlich hatte ihm ein Arzt erst 1943 Morphin verschrieben, um ein Geschwür zu kurieren, und zum hundertprozentigen Morphinisten war Lugosi erst nach der Scheidung geworden, als es rapide mit ihm bergab ging.) Am 5. August 1955 wurde Béla entlassen und heiratete die 39 Jahre alte Hope Lininger, die ihn schon seit Jahren mit Fanbriefen verfolgte. Am 16. August 1956 fand die neue Mrs. Lugosi ihren Gatten tot im Bett. Martin Landau wurde für seine Darstellung des alten Lugosi in Tim Burtons *Ed Wood* mit einem Oscar geehrt, eine Auszeichnung, die dem echten Lugosi zeitlebens verwehrt blieb.

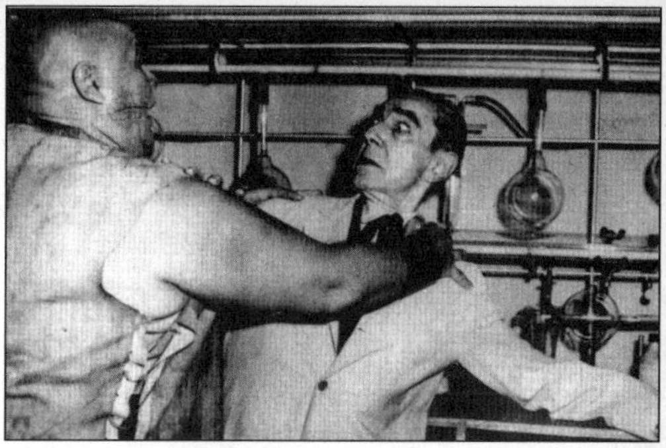

Bela Lugosi in Die Rache des Würgers

Bela Lugosi (rechts)

LUNATICS – DUELL DER ALPTRÄUME

(LUNATICS: A LOVE STORY). USA 1990. **R:** *Josh Becker.* **B:** *Josh Becker.* **K:** *Jeffrey Dougherty.* **M:** *Joseph Lo Duca.* **D:** *Theodore Raimi (Hank), Deborah Foreman (Nancy), Bruce Campbell (Ray). F 84 Min.*

Hank, ein paranoider junger Mann, der Gedichte schreibt und seiner geistigen Stabilität wegen Psychopharmaka einnehmen muss, leidet in seiner Wohnung in Los Angeles an bösen Halluzinationen. Als er das Haus verlässt, lernt er Nancy kennen, die auch einen leichten Schatten hat. Er verliebt sich in sie, beschützt sie vor bö-

Bela Lugosi

sen Buben und kann sich, als ein Nebenbuhler auftaucht, zum ersten Mal behaupten. Wer auf Horror wartet, wartet hier vergeblich, aber Hanks Visionen sind nicht von Pappe. [V]

DAS LUSTSCHLOSS DER GRAUSAMEN FRAUEN

Anderer Titel für DIE NACKTEN VAMPIRE

LUZIFER

(FEAR NO EVIL). USA 1981. **R:** *Frank LaLoggia.* **B:** *Frank LaLoggia.* **K:** *Fred Goodich.* **M:** *Frank LaLoggia, David Spear.* **D:** *Stefan Arngrim (Andrew), Elizabeth Hoffman (Mikhail/Margaret Buchanan), Kathleen Rowe McAllen (Gabrielle/Hulie), Frank Birney (Pater Daly), Daniel Eden (Tony), Jack Holland (Rafael/Pater Damon), Barry Cooper (Williams), Alice Sachs (Mrs. Williams), Paul Haber (Mark), Roslyn Gugino (Marie), Richard Jay Silverthorn (Luzifer). F 90 (87) Min.*
Drei Erzengel geben es Luzifer und seinen untoten Heerscharen, um zu verhindern, dass der Fürst der Finsternis eine Widergeburt erlebt. Gute Kameraarbeit. Gute darstellerische Leistungen. Ansehbar. [V]

M

M – EINE STADT SUCHT EINEN MÖRDER

Deutschland 1931. **R:** *Fritz Lang.* **B:** *Thea von Harbou, Paul Falkenberg, Adolf Jansen, Karl Vash, Horst von Harbou, Emil Hasler, Fritz Lang, Gustav Rathje, Karl Vollbrecht, Fritz Arno Wagner.* **K:** *Fritz Arno Wagner.* **M:** *Edvard Grieg.* **D:** *Peter Lorre (Franz Becker), Otto Wernicke (Inspektor Lohmann), Ellen Widmann (Frau Beckmann), Inge Landgut (Elsi), Gustaf Gründgens (Schränker), Theodor Loos (Groeber), Fritz Gnass (Einbrecher), Fritz Odemar (Kartenhai), Paul Kemp (Taschendieb), Theo Lingen (Trickbetrüger), Ernst Stahl-Nachbaur (Polizeichef), Franz Stein (Minister), Georg John (Blinder). SW 98 Min.*

Ein Kindermörder geht um. Die Polizei unter Leitung von Inspektor Lohmann versucht verzweifelt seiner habhaft zu werden und setzt alle verfügbaren kriminaltechnischen Mittel ein. Dauernde Razzien verunsichern aber auch die Berufsverbrecher-Organisation, so dass der »Schränker«, einer der führenden Ganoven der Stadt, beschließt, die Vereinigungen der Unterwelt einzusetzen, um den Mörder unschädlich zu machen. Während die Polizei den Täter identifizieren kann, erhält das Verbrechersyndikat einen heißen Tip: Ein blinder Bettler hat den Mörder erkannt. Er wurde mit einem »M« aus Kreide gezeichnet. Wenig später wird er gestellt und kommt vor ein Unterwelttribunal, vor dem er sich zu rechtfertigen versucht. »Du hast da was von Recht gesprochen«, herrscht der Schränker ihn an. »Dir soll dein Recht werden! Hier sitzen lauter Sachverständige in Rechtsfragen – von sechs Wochen Tegel bis fünfzehn Jahre Brandenburg. Sie werden schon dafür sorgen, dass dir dein Recht wird; bekommst sogar einen Verteidiger – geht alles nach Recht und Ordnung.« Gegen Ende des »Prozesses« wollen die Unterweltler ihn lynchen. Da trifft die Polizei ein.

»Hier ist Film in seiner reinsten Prägung. Das Thema ist dem Alltag genommen, eine damals aktuelle Kriminalaffäre, die Geschichte des Düsseldorfer Lustmörders Haarmann [sic! Peter Kürten] bildet den Stoff. Aber der Film steigert das Thema zu einer aufwühlenden Atmosphäre des Grauens. Der Zuschauer spürt, wie das Entsetzen über die einzelnen Mordtaten über die ganze Stadt kriecht. Zwei ganz kurze, nur aus dem Bildschnitt verständliche Szenen schildern die Mordtaten. Der Zuschauer sieht Peter Lorre, der den Mörder verkörpert, durch die Stadt gehen, einen harmlosen Bürger, bis auf die Augenblicke, wo er, einen leisen Pfiff ausstoßend, vom Mordtrieb übermannt wird und sich an sein Opfer heftet. Er erlebt, wie dieser Mensch gejagt wird, vom Fahndungsapparat der Polizei – oft in exakten Reportagen eingefügt – und schließlich auch von der gesamten Verbrecherwelt der Stadt, die sich durch die aufgestachelte Aktivität der Polizei schwer bedroht fühlt. Ein blinder Bettler findet zuerst die Spur des Mörders, er hört einen leisen Pfiff, den er ausstößt, wenn ihn sein Trieb überkommt. Das nervenaufwühlende Grauen in diesem Film ist immer verbunden mit der Spannung der Verfolgung, die durch die Gleichzeitigkeit der Aktionen der Polizei und der Jagden der Verbrecherwelt keinen Stillstand zulässt. Alles ist einem unaufhaltsamen, zum Ziele drängenden Rhythmus untergeordnet.« (Ludwig Gesek, GESTALTER DER FILMKUNST).

»Selbstverständlich bedingt die künstlerische Reproduktion eines solchen Mordfalles nicht

M – Eine Stadt sucht einen Mörder

nur die Gedrängtheit der Ereignisse, sondern auch das Herausschälen von typischen Dingen und die Typisierung des Mörders. Darum soll der Film stellenweise wie ein wandernder Scheinwerfer wirken, der das am deutlichsten zeigt, worauf er im Augenblick seinen Lichtkegel gerichtet hält: die Grotesken des von der Mordpsychose befallenen Publikums auf der einen Seite und die grauenhafte Einfalt, mit der ein unbekannter Mörder durch ein paar Süßigkeiten, einen Apfel, ein Spielzeug, jedem Kind auf der Straße, das sich außerhalb des Schutzes von Familie und Behörde befindet, zum Verhängnis werden kann.« (Fritz Lang, FILMWOCHE 21/1931). Neuverfilmung 1951 von Joseph Losey. [V]

MACABRA – DIE HAND DES TEUFELS

(MACABRA). USA 1979. **R:** *Alfred Zacharias.* **B:** *David Lee Fein, Alfred Zacharias, E. Amos Powell.* **St:** *Alfred Zacharias* **K:** *Alex Phillips.* **M:** *Richard Gillis.* **D:** *Samantha Eggar (Jennifer Baines), Stuart Whitman (Pater Cunningham), Roy Cameron Jenson (Mark Barnes), Narciso Busquets (Dr. Julian Rivkin), Erika Carlson (Schwester Morgan), Lew Saunders (Sgt. Leo Matson). F 90 Min.*

Das Ehepaar Baines erbt eine mexikanische Silbermine, hat jedoch Schwierigkeiten mit den Arbeitern. In den Tiefen ihres neuen Besitzes entdeckt das Paar eine ehemalige Kultstätte und eine Schatulle, die nur Staub enthält. Dieser verwandelt sich auf geheimnisvolle Weise in eine von bösartigem Leben erfüllte Hand. Die Hand »verschmilzt« mit diversen Akteuren, die nun, vom Bösen befallen, zu schlimmen Untaten getrieben werden. Ein Priester, der die Hand mit einem Bann belegen will, gerät selbst unter ihren Einfluss. Schließlich gelingt es ihm, sie zu Asche zu verbrennen. Woraufhin sich selbige erneut zu einer Hand zusammenfügt. Ein einfallsloses Billigprodukt, das zwar reich an Schockeffekten ist, aber auch nur das wiederkäut, worüber man sich schon 1969 nicht mehr gruseln konnte.

MACABRE

(MACABRE). USA 1958. **R:** *William Castle.* **B:** *Robb White.* **V:** *»The Marble Forest« (1951) von Theo Durrant (Gemeinschaftspseudonym für Terry Adler, Anthony Boucher, Eunice Mays Boyd, Florence Ostern Faulkner, Allan Hymson, Cary Lucas, Dana Lyon, Lenore Glen Offord, Virginia Rath, Richard Shattuck, Darwin L. Teilhet, Wilham Worley).* **K:** *Carl E. Guthrie.* **M:** *Les Baxter.* **D:** *William Prince (Dr. Rodney Barrett), Jim Backus (Sheriff Jim Tylor), Jacqueline Scott (Polly Baron), Philip Tonge (Jode Wetherby), Ellen Corby (Miss Kushins), Susan Morrow (Sylvia Stevenson), Christine White (Nancy Wetherby). Linda Guderman (Marge), Jonathan Kidd (Ed Quigley), Dorothy Morris (Alice Barrett) Howard Hoffman (Hummel), Voltaire Perkins (Geistlicher). SW 73 Min.*

Die Gattin von Dr. Rodney Barrett bringt ihre Tochter Marge zur Welt und stirbt. Kurz darauf verscheidet auch ihre blinde Schwester. Die Bewohner der kleinen Ortschaft, in der Barrett lebt, werden misstrauisch und beschuldigen ihn der unterlassenen Hilfeleistung. Am Tag der Beerdigung seiner Schwägerin erhält Barrett einen rätselhaften Telefonanruf. Man hat seine Tochter entführt und wahrscheinlich lebendig begraben. In Begleitung seiner Helferin Polly sucht er den örtlichen Friedhof ab. Als sich die Verwandten und Bekannten um das Grab seiner Schwägerin scharen, gräbt Barrett einen Kindersarg aus. Dies ist zu viel für seinen reichen Schwiegervater Jode Wetherby, der vor Entsetzen tot zusammenbricht. Barrett wird von einem Totengräber niedergeschossen, der schließlich gesteht, dass die beiden die Entführung der kleinen Marge nur vorgetäuscht haben, um Wetherby zu Tode zu erschrecken, damit sein Reichtum Marge (und somit Barrett) zufällt. Die angeblich Entführte schläft seelenruhig im Büro ihres Vaters. – William Castle, der in den vierziger, fünfziger und frühen sechziger Jahren eine ganze Reihe billiger, aber auch spannender Schwarz-Weiß-Schocker gedreht hat, bevor er sich darauf konzentrierte, seine Brötchen als Produzent zu verdienen, war als Werbefritze weitaus erfolgreicher denn als Regisseur. »Jeder Besucher ist während der Vorführung des Films *Macabre* mit 1000 Dollar versichert!« trompetete seine Ideenfabrik in diesem Fall (damit sich niemand darüber zu sorgen brauchte, wer nach seinem Ableben im Kino für die Begräbniskosten aufkam). Castle hatte sich jedoch, was die Zugkraft seines Werbeslogans betraf, mächtig geirrt, denn die Presse verwies seinen übertriebenen Hype-Versuch ins Reich des Absurden. VARIETY gab zwar der Überzeugung Ausdruck, der Streifen werde »sein Geld gewiss wieder einspielen«, sei aber andererseits »einfach nicht gruselig genug, um mehr als ein verhaltenes Frösteln zu erzeugen.« – »Der größte Teil der

Logik«, so die NEW YORK HERALD TRIBUNE, »bleibt hinter einer Nebelbank verborgen.« Die NEW YORK TIMES schrieb, dass der »finstere, jedoch lauwarme Schocker, zwar eine Gänsehaut erzeugt, auf alle Fälle aber eher zwiespältig als Furcht einflößend ist. – All dies kann man sich getrost ansehen – auch ohne dass ein Arzt im Publikum anwesend ist.«

MACABRO – DIE KÜSSE DER JANE BAXTER

(MACABRO). Italien 1980. **R:** *Lamberto Bava.* **B:** *Antonio Avati, Pupi Avati, Lamberto Bava, Roberto Gandus.* **K:** *Franco Delli Colli.* **Ma:** *Alfonso Cioffi.* **M:** *Ubaldo Continiello.* **D:** *Bernice Stegers (Jane Baxter), Veronica Zinny (Lucy Baxter), Stanko Molnar (Robert Duval), Roberto Posse (Fred Kellerman), Ferdinando Orlandi (Wells), Elisa Kadigia Bove. F 90 Min.*

Jane Baxter führt ein Doppelleben. Obwohl sie Mann und Kinder hat, trifft sie sich heimlich mit einem Mann namens Fred. Als ihre Tochter Lucy dahinter kommt, ertränkt sie in einem Anfall von Eifersucht ihren Bruder. Jane und Fred werden in einen Autounfall verwickelt, bei dem Fred im wahrsten Sinne des Wortes den Kopf verliert. Jane landet in einer Nervenklinik. Später, entlassen, bringt sie Freds Kopf in ihr Liebesnest und nimmt eine morbide erotische Beziehung zu ihm auf. (Wie sie an den Kopf gekommen ist, wollen wir lieber nicht fragen). Als ein blinder Hausbewohner ihr auf die Schliche kommt, endet es in einem Blutbad. – »Der Psycho-Thriller, der alles Bisherige in den Schatten stellt!« (Verleihwerbung) Zumindest an Abscheulichkeit.

MACHT DES BLUTES – AUFSTAND DER VERLORENEN SEELEN

(EL EXTRANO AMOR DE LOS VAMPIROS) Spanien 1977. **R:** *Léon Klimovsky.* **B:** *Juan José Daza.* **St:** *Juan José Daza.* **K:** *Miguel Fernandez Mila.* **M:** *Maximo Barratas.* **D:** *Roberto Camardiel, Tota Alba, Bernabe Barta Barri, Carmen Carro, Amparo Climent, Emma Cohen, Carmen Contreras, Baringo Jordan, José Lifante, Viky Lussón, Angel Menéndez, Manuel Pereiro, Mary Paz Pondal, Lorenzo Robledo, José Luis Zalde, José Luis de Diego. F 90 Min.*

Eine Frau verliebt sich in einen Vampir aus aristokratischen Kreisen, doch ihrer Liebe ist kein Glück beschieden, da sich die von den Blutsaugern geknechtete Bevölkerung gegen ihn und die seinen erhebt. [V]

DIE MÄCHTE DES WAHNSINNS

(IN THE MOUTH OF MADNESS). USA 1995. **R:** *John Carpenter.* **B:** *Michael De Luca.* **K:** *Gary B. Kibbe.* **M:** *John Carpenter, Dave Davies.* **D:** *Sam Neill (John Trent), Jürgen Prochnow (Sutter Cane), Charlton Heston (Jackson Harglow), Julie Carmen (Linda Styles), David Warner (Dr. Wrenn), Bernie Casey (Robinson), John Glover (Saperstein), Peter Jason (Paul), Frances Bay (Mrs. Pickman), Conrad Bergschneider (Axt-Maniak), Marvin Scott (Journalist). F 92 Min.*

Der Versicherungsdetektiv Trent (er erzählt die hinter ihm liegenden Erlebnisse als Insasse einer Nervenklinik) soll nach dem Verbleib des spurlos verschwundenen Horror-Autors Cane forschen, dessen neues Buch immerhin schon einen Lektor in den Wahnsinn getrieben hat. Cane hält sich in dem auf keiner Landkarte verzeichneten Örtchen Hobb's End auf, das in seinen Romanen stets eine tragende Rolle spielt. Trent und seine Begleiterin, die Lektorin Linda, reisen bald dort an. Doch Hobb's End ist in keiner Weise so verschlafen, wie der erste Eindruck suggeriert: Das Städtchen wird von Gestalten bevölkert, die auch Trent bald klarmachen, dass Canes Phantasien einen realen Ursprung haben. – John Carpenter, dem man nicht nachsagen kann, dass er im Laufe seiner Karriere nur filmisches Gold produziert hat, ist hier ein überraschend unterhaltsamer und spannender Film von fast Lovecraft'schen Dimensionen gelungen.

Die Mächte des Wahnsinns

MACISTES GRÖSSTES ABENTEUER

(MACISTE CONTRO IL VAMPIRO). Italien 1961. **R:** *Giacomo Gentilomo.* **B:** *Sergio Corbucci, Duccio Tessari.* **K:** *Alvaro Moncori.* **M:** *A. F. Lavagnino.* **D:** *Gordon Scott (Maciste), Gianna Maria Canale (Astra), Jacques Sernas (Kurtik), Leonora Ruffo (Giulia), Anabella Incontrera (Magda), Mario Feliciani, Van Aikens, Rocco Vitolazzi, Guido Celano, Renato Terra-Caiazzi. F 92 Min.*

Irgendwann vor Christi Geburt, vermutlich an einem Mittwoch: Der Muskelprotz Maciste kehrt nach einem Kampf mit einem Seeungeheuer in die heimatlichen Gefilde zurück und entdeckt, dass gemeine Lumpenhunde seine Geliebte Giulia geraubt haben. Er nimmt ihre Spur auf, erledigt diverse Erzschurken und besiegt einen mit übernatürlichen Kräften ausgestatteten Vampir. Schön doof, und gewiss mehr Fantasy als Horror, aber immer wieder eine wahre Freude zum Ansehen.

MAD COP

(PSYCHO COP). USA 1989. **R:** *Wallace Potts.* **B:** *Wallace Potts.* **K:** *Mark Walton.* **M:** *Alex Parker.* **D:** *Bobby Ray Shafer (Joe Vickers), Jeff Qualle (Doug), Palmer Lee Todd (Laura), Dan Campbell (Eric), Cynthia Guyer (Julie), Linda West (Sarah), Greg Joujon-Roche (Zack), Denise Hartman (Barbara), David L. Zeisler (Greg), Bruce Melena, Glenn Steelman (Polizisten), Julie Araskog (Leiche). F 86 Min.*

Zuerst war ein Film namens *Maniac Cop.* Da hatte Mr. Wallace Potts eine Idee und dachte sich, der Titel lässt sich auch abwandeln und noch mal an die Massen verscherbeln. In seinem Machwerk geht es um einen entsprungenen Psychopathen, der sich mit einer falschen Identität in die Reihen der Polizei einschleicht und drei Teeniepärchen nachstellt, die ein Wochenende in einem Landhaus verbringen. Schauerlich synchronisierter Schema-F-Schlitzerfilm. AIDT [V]

MAD JAKE

(MAD JAKE). USA 1990. **R:** *Tucker Johnston.* **B:** *Tucker Johnston, Ken C. Sanders.* **K:** *Michael Karp.* **Ma:** *Bill Johnson.* **M:** *Tim Temple.* **D:** *Lori Birdsong (April Evans), Danny Nelson (Jake Pruitt), Christian Hesler (Hiram), Ralph Pruitt Vaughn (Roy), John Saxon (Cliff Evans), Ray Walston (Stone), Ralph Vaughn (Roy Pruitt), Laura Whyte (Pat Evans), Andy Greenway (Bobby Evans), Evander Holyfield (Boxer). F 98 Min.*

Nach einer Autopanne fällt eine Familie in die Hände dreier debiler Rednecks, die schwunghaften Handel mit den Organen ihrer Opfer treiben. Nur eine an den Rollstuhl gefesselte junge Frau kann sich vor dem Oberlumpen und seinen Söhnen retten. Von untalentierten Darstellern gespielter Gruselschocker für jene, denen es vor gar nichts graut. [V]

MAD KILLER

(THE MARK OF CAIN). USA 1985. **R:** *Bruce Pittman.* **B:** *Peter Colley, John Sheppard.* **K:** *John Herzog.* **M:** *Bruce Ley.* **D:** *Robin Ward (Sean O'Neill), Wendy Crewson (Dale O'Neill), Anthony Parr (Dr. Clifford), Deborah Grober (Molly), August Schellenberg (Otto). F 1985.*

TV-Film. Mörderischer Psychopath bricht aus einem Sanatorium aus und begibt sich an den Ort seiner Verbrechen, ein Haus auf dem Lande, wo er alsbald der Gattin seines Zwillingsbruders nachstellt. [V]

DAS MÄDCHEN AM ENDE DER STRASSE

(LA PETITE FILLE AU BOUT DU CHEMIN/THE LITTLE GIRL WHO LIVES DOWN THE LANE). USA/Kanada/Frankreich 1977. **R:** *Nicholas Gessner.* **B:** *Laird Koenig, Nicholas Gessner.* **V:** *»Das Mädchen am Ende der Straße« von Laird Koenig.* **K:** *Rene Verzier.* **M:** *Christian Gaubert.* **D:** *Jodie Foster (Rynn Jacobs), Martin Sheen (Frank Hallet), Alexis Smith (Mrs. Hallet), Mort Shuman (Miglioriti), Scott Jacoby (Mario Podesta), Dorothy Davis (Angestellte), Clesson Goodhue (Bank-Manager), Hubert Noel (Bankangestellter), Jacques Farmery (Bankangestellter), Mary Morter, Judie Wildman (Kassiererinnen). F 94 Min.*

Rynn Jacobs (13) lebt mit ihrem schriftstellernden Vater in einem kleinen Ort an der Küste von New England. Da sie nicht zur Schule geht und niemand ihren Vater seit Monaten zu Gesicht bekommen hat, verdichten sich die Gerüchte, dass im Haus »am Ende der Straße« etwas nicht stimmt. Während Frank Hallet, der Sohn der Maklerin, von denen die Jacobs' ihr Haus gemietet haben, Rynn offen sexuelle Avancen macht, bemüht sich seine Mutter auf andere Weise, das Geheimnis des Mädchens auszuspitzeln. Als sie sich unter einem Vorwand Eintritt in Rynns Heim verschafft, um angeblich im Keller Einmachgläser zu suchen, entdeckt sie unter einer Falltür etwas, das sie einen Entsetzensschrei ausstoßen lässt. Aber zu spät: Kurz darauf ist sie im Jenseits. Der junge, körperbehinderte Amateurzauberer Mario freundet sich mit Rynn an, als sie versucht, sich Mrs. Hallets Wagen zu entledigen. Ohne Fragen zu stellen, geht er ihr zur Hand und schafft es, seinen hartnäckig nach Rynns Vater fragenden Onkel, den Ortspolizisten, mittels einer genialen Verkleidung davon zu überzeugen, dass das Mädchen keinesfalls unbeaufsichtigt ist. Als Frank erneut auftaucht und Rynns Hamster tötet, vertreibt er ihn. Rynn zieht Mario schließlich ins Vertrauen: Ihr Vater hat, nachdem er für ihre finanzielle Unabhängigkeit gesorgt hat, Selbstmord begangen. Rynn, selbständig und selbstbewusst, möchte nicht in einem Heim leben, denn geistig ist sie eine Erwachsene. Die Leiche, die Mrs. Hallet im Keller entdeckt hat, ist Rynns Mutter, die irgendwann aus England aufgetaucht ist, um Kontrolle über das Leben ihrer Tochter auszuüben. Mario und Rynn verlieben sich ineinander. Als sie die Leichen der Frauen verschwinden lassen, zieht Mario sich eine Lungenentzündung zu und muss ins Krankenhaus. Diese Situation nutzt Frank aus: Er dringt während Rynns Abwesenheit ins Haus ein und findet einige Hinweise: Wenn Rynn ihm sexuell zu Willen ist, will er schweigen. Rynn täuscht Interesse vor und reicht ihm eine Tasse mit vergiftetem Tee. Dann schaut sie zu, wie Hallet sich allmählich zu Tode hustet. – Obwohl die amerikanische Kritik sich weitgehend darin einig war, dass *Das Mädchen am Ende der Straße* seine Qualitäten hauptsächlich Jodie Foster verdankt, ging man mit dem Film als Ganzem eher kritisch zu Gericht: »Der Film sieht aus, als hätte man ihn an einem langen Wochenende an Ort und Stelle gedreht«, fand Christopher Potterfield in TIME. »Es ist jene Art Schnellschuss, in der man die Sonne hell strahlen sieht, wenn man über das Wirkungsfeld der Regenmaschine hinausblickt.« Charles Champlin, LOS ANGELES TIMES: »*Das Mädchen am Ende der Straße* ist das exakte Film-Äquivalent jener dünnen, flotten Romane, die man an verregneten Sonntagen, am späten Abend oder im Urlaub liest – weil sie unwichtig und unterhaltsam sind. Das Leben dieses Films begann dann auch als Buch dieses Typs – als schicker, verzwickter Suspense-Thriller von Laird Koenig, der auch das Drehbuch geschrieben hat ... Es handelt sich um einen kleinen Genre-Thriller, jedoch mit handwerklichem Geschick gemacht. Der Film ist tatsächlich unwichtig, aber er ist auch erfindungsreich, ergreifend und unterhaltsam.« – Ähnlich reagierte die deutsche Kritik: »Auch in seinem fünften Spielfilm bewährt sich Nicolas Gessner als gewandter, einfallsreicher Regisseur, wenn auch keineswegs als eigenständiger, unverwechselbarer Filmautor. [Sein Film] ist ein handwerklich routinierter Unterhaltungsfilm, etwas oberflächlich und unverbindlich, aber immerhin geschickt in Szene gesetzt, mit gut geführten Schauspielern.« (Franz Ulrich, FILMDIENST) – »Gegenüber Psycho-Thrillern, die ihre Effekte vornehmlich aus Veräußerlichungen gewinnen [*Carrie* beispielsweise], muss man diesen beinahe stillen Film allemal als ein kleines Juwel rühmen.« (Norbert Grob, MEDIUM) [V]

MÄDCHEN IN DEN KRALLEN TEUFLISCHER BESTIEN

(L'ULTIMO TRENO DE LA NOTTE). Italien 1974. **R:** *Aldo Lado.* **B:** *Ettore Sanzo, Aldo Lado.* **K:** *Gabor Pogany.* **M:** *Ennio Morricone.* **D:** *Flavio Bucci, Macha Meril, Gianfranco de Grossi, Marina Berti, Dalila di Lazzaro, Enrico Maria Salerno, Irene Miracle, Franco Fabrizi. F 88 Min.*

Zwei Rowdys, die sich auf dem Münchner Weihnachtsmarkt wie Vandalen aufführen, besteigen nach einem Raub einen nach Italien auslaufenden Nachtzug und terrorisieren ihre Mitreisenden, darunter auch zwei Mädchen, die sie vergewaltigen und aus dem Fenster werfen. Der anständige Teil der Passagiere, obwohl empört über die Rotzigkeit der jungen Generation, zieht es vor, kollektiv dem Maulheldentum zu frönen. Auch der sich vordergründig liberal gebärdende Vater eines Mordopfers, Arzt von Beruf, zeigt, als er von den Untaten der Rowdys erfährt, dass ihm das Hemd näher ist als die Jacke. – Regisseur Aldo Lado führt die Gesellschaft der braven Bürger ebenso vor wie das Pack, das sie in die Welt setzt, obwohl es ihr lästig ist. Dennoch ist sein Film weit davon entfernt, Biertisch-Dämlacken die Augen zu öffnen: Dazu wird der Sadismus zu genüsslich ausgebreitet. Wie der reißerische Titel suggeriert: Das sind doch keine Menschen mehr. Die Lösung kann nur »Kopf ab« heißen. [V]

DER MAFU-KÄFIG

(THE MAFU CAGE). USA 1979. **R:** *Karen Arthur.* **B:** *Don Chastain.* **V:** *Eric Westphal.* **K:** *John Bailey.* **M:** *Roger Kellaway.* **D:** *Lee Grant (Ellen), Carol*

Kane (Cissy), Will Geer (Zom), James Olson (David), Budar (Mafu). F 108 Min.
Beverly Hills, Hollywood: Cissy, die psychisch schwer gestörte Tochter eines verstorbenen Afrika-Forschers, lebt zusammen mit ihrer Schwester Ellen, einer Astronomin, in einer Villa. Ihr Reich ist hergerichtet wie die Welt ihrer Vergangenheit: Ein Dschungel breitet sich dort aus, wo sie lebt; afrikanische Kultgegenstände und ein Menschenaffe namens Mafu vervollständigen die tropische Enklave, in die sie sich auch geistig zurückgezogen hat. Als Ellen sich in einen Kollegen verliebt, wird Cissys Stimmung finster. Sie entkleidet sich ihrer Sanftheit und tötet: erst den Affen Mafu, dann den Geliebten ihrer Schwester, dann Ellen selbst, die – in einen Käfig eingesperrt – die Nahrungsaufnahme verweigert. – »Ein Kammerspiel von größter Intensität, das den Zuschauer verstört und fesselt zugleich, das ihn 108 Minuten lang in seinen Bann schlägt.« (Anne Frederiksen, FILMBEOBACHTER) – »Cissys Welt ist wunderschön, und man versteht schon, dass sie sie mit allen Mitteln verteidigen muss. Wir einigen uns darauf, dass Cissy krank ist, entsetzlich krank. Wir müssen ja leben, irgendwie.« (MEDIUM)

MAGDALENA – VOM TEUFEL BESESSEN

BRD 1974. **R:** *Michael Walter.* **B:** *August Rieger.* **K:** *Ernst W. Kalinke.* **M:** *Hans Martin Majewski.* **D:** *Dagmar Hedrich (Magdalena), Werner Bruhns (Professor Dr. Falk), Rudolf Schündler (Pfarrer Conrad), Michael Hinz (Dr. Scholz), Peter Martin Urtel (Dr. Berger), Elisabeth Volkmann (Frau Stolz), Eva Kinski (Hilde Preis), Karl Walter Diess (Henschel), Günter Clemens (Ruef), Petra Peters (Martha Maurer), Ursula Reit (Frau Baumer), Helen Rosenkranz (Frau Murath), Toni Treutler (Frau Wikowski), Sascha Hehn, Kurt Bulau, Anton Feichtner, Rudolf Sandmayr, Peter Böhlke, Claus Tinney, Achim Neumann, Puppa Armbruster. F 83 Min.*
Magdalena, ursprünglich ein netter Anstaltszögling, wird unfreiwillig zum Wirtskörper eines Dämons und übt fortan bösen Einfluss auf ihre Umwelt aus: Sie treibt mit Gemeinheiten und Obszönitäten nicht nur ihre »Vorgesetzten« an den Rand des Nervenzusammenbruchs, sondern verhilft auch diversem Sperrmüll zur Rotation aus scheinbar eigener Kraft. Ein Psychiater, der den Fall untersucht, kommt beinahe ums Leben, ein Autofahrer landet völlig zusammengeschlagen im Spital. Als die Wissenschaft das Handtuch wirft, kommt ihr die Geistlichkeit zu Hilfe: Unter Hypnose offenbart sich alles. Der auf die Besessene angewandte hypnotische Befehl, ein Gebet zu sprechen, führt dazu, dass die tobsüchtige Patientin eine (Würg!) schwarze Schlange erbricht, die der Herr Doktor zertritt, bevor sie das Weite suchen und anderswo ihr Unwesen treiben kann. – »Es wird dick aufgetragen, oftmals zu dick, bei der Sichtbarmachung des Dämonischen; schwingende Lampen, schwarzer Kater, Fliegengesumm als Indiz der Satanspräsenz, ein an der Wohnungstür gekreuzigter (!) Teufelsdiener und Magdalenas zeitweilig gellende Grabesstimme sind Requisiten einer Schablonen-Welt, aber einer abstoßenden, distanzverschaffenden, aufrüttelnden – und welchen Sinn hätte ein solcher Film (außer der vordergründigen Spekulationsgier der Leute, von der wir absehen wollen), wenn nicht den, eine private Stellungnahme zu negativen Aspekten diabolischer ›Tätigkeit‹ zu provozieren?« (Wolfgang Kühn, VAMPIR). – Der Film wurde parallel zu William Friedkins Gruselschocker *Der Exorzist* (1973) gedreht, um von dessen Popularität zu profitieren (in beiden spielt Rudolf

Magdalena – Vom Teufel besessen

Schündler eine Nebenrolle). Er war aber trotzdem ein Schuss in den Ofen.

MAGIC – DIE PUPPE DES GRAUENS
Anderer Titel für MAGIC – EINE UNHEIMLICHE LIEBESGESCHICHTE

MAGIC – EINE UNHEIMLICHE LIEBESGESCHICHTE
(MAGIC). USA 1978. **R:** *Richard Attenborough.* **B:** *William Goldman.* **V:** *»Die Puppe« von William Goldman.* **K:** *Victor J. Kempner.* **M:** *Jerry Goldsmith.* **D:** *Anthony Hopkins (Corky), Ann-Margret (Peggy Ann Snow), Burgess Meredith (Ben Greene), Ed Lauter (Duke), E. J. Andre (Merlin), Jerry Häuser (Taxifahrer), David Ogden Stiers (Todson), Lillian Randolph (Sadie), Joe Lowry (Zeremonienmeister), Beverly Sanders (Lady), Stephen Hart (Captain), Patrick McCullogh (Rausschmeißer). I. W. Klein (Hotel-Manager), Brad Beesley (Corky als Junge), Mary Munday (Mutter), Scott Garrett (Bruder), Bob Hackman (Vater), Michael Harte (Geistlicher). F 107 Min.*
Corky ist ein mieser kleiner Taschenspieler, der das Interesse seines gelangweilten Publikums erst einfängt, als er die Puppe Fats in sein Programm aufnimmt: Sie spielt in seiner Show den Part des »Stänkerers«, der an allem, was Corky tut, etwas auszusetzen hat. Fats nimmt kein Blatt vor den Mund. Er sagt frei heraus, was er (bzw. Corky) denkt, und so kann Corky endlich seine geistigen Bauchschmerzen artikulieren, ohne sich für manchen Ausfall verantwortlich zu fühlen. Ohne dass er es merkt, überträgt er einen Teil seiner Persönlichkeit auf die Puppe, die er mit seinen bauchrednerischen Talenten sprechen lässt, und so kommt es dann, dass Fats schließlich »selbständig« (ohne dass Corky ihm den Mund verbieten kann) zu denken und zu argumentieren anfängt. Als Corky vom Fernsehen entdeckt wird, scheint eine große Karriere bevorzustehen. Doch eine routinemäßig anberaumte ärztliche Untersuchung (schließlich muss sich das Fernsehen absichern, ehe es Verträge über längerfristige Shows unterzeichnet) versetzt Corky in Panik. Obwohl er nicht weiß, was der Arzt über ihn herausfinden konnte, sucht er mit Fats das Weite: Er geht aufs Land, um sich im Häuschen seiner (mit dem eifersüchtigen Säufer Duke verheirateten) Jugendliebe Peggy Ann Snow über seine Ziele klar zu werden. Corky und Peggy Ann verlieben sich erneut – doch Fats ist immer dabei. Und Fats ist es auch, der Corky klar macht, dass er sich der Leute entledigen muss, die so hartnäckig darauf bestehen, dass er sich untersuchen lässt. Corky schreitet zur Tat: Als erster muss ein Fernsehmann dran glauben, der ihn ausfindig gemacht hat. – »Ein Film der verschenkten Möglichkeiten ... Ungenügend verdeutlicht [er] die gesellschaftlichen Ursachen von Corkys Lebensangst; den psychosozialen Stress, der ihn schließlich der Isolation und Krankheit verfallen lässt ... In platter Gegenständlichkeit tut der Film vielmehr so, als führe die Puppe Fats ein Mordbefehle gebendes Eigenleben, während sich auf ihre armselige Stofflichkeit doch nur das Unterbewusstsein Corkys projiziert.« (Günther Bastian, FILMDIENST) [V]

Magic – Eine unheimliche Liebesgeschichte

MAGISCHE KRÄFTE DES BÖSEN
(SORCERESS II). USA 1995. **R:** *Richard Styles.* **D:** *Julie Strain, Greg Wrangler, Sandahl Bergman, Julie K. Smith, Jenny Bair, Lynn Daly, Christian Noble, Jay Richardson. F 85 Min.*
Die neue Chefin eines von Familie und Beruf gestressten jungen Mannes wird zur Erfüllung seiner schlimmsten Träume.

MAKO, DER KILLERHAI
Anderer Titel für **MAKO, DIE BESTIE**

MAKO, DIE BESTIE
(MAKO: THE JAWS OF DEATH). USA 1976. **R:** *William Grefé.* **B:** *William Grefé, Robert Madaris.*

K: *Julio C. Chávez.* **M:** *N.N.* **D:** *Richard Jaeckel (Sonny Stein), Jennifer Bishop (Karen), Harold Sakata (Pete), John Chandler (Charlie), Buffy Dee (Barney), Ben Krikek (Whitney), Milton Smith (Butter), Paul Preston, Robert Gordon, Luke Halpin, Harry Albert, Marcie Knight. F 79 Min.*
Ein junger Spunt namens Sonny Stein, zufällig Besitzer eines magischen Hai-Amuletts, beginnt mit Hilfe dieser lieblichen Tierchen einen Rachefeldzug gegen diverse böse Buben. [V]

MALASTRANA

(LA CORTA NOTTE DELLE BAMBOLE DI VERTO/MALASTRANA). BRD/ Italien/Jugoslawien 1971. **R:** *Aldo Lado.* **B:** *Aldo Lado, Rüdiger von Spies.* **K:** *Giuseppe Ruzzolini.* **Ma:** *Franco Schioppa.* **M:** *Ennio Morricone.* **D:** *Jean Sorel (Gregory), Ingrid Thulin (Jessica), Barbara Bouchet (Mira), Mario Adorf (Jacques), Piero Vida (Kierkowa), Relja Basic, Giuseppe Quaglio, Fabina Sovagovic, Luciano Catenacci, Vjenceslav Kapural, Jürgen Drews (!), Michaela Martin, Sven Lasta, Daniele Dublino, Sernka Sokolovic, Sergio Serafini, Franca Sciutto. F 90 Min.*
Der amerikanische Korrespondent Gregory lebt in einem ungenannten sozialistischen Land und lernt auf einer Party ein Mädchen kennen, das kurz darauf auf mysteriöse Weise verschwindet. Gregory forscht ihr nach und stößt auf einen geheimnisvollen Club, dessen Mitglieder seriöse ältere Herren sind. Doch in Wirklichkeit sind die Herren alles andere als seriös: Sie leben von der Lebensenergie anderer Menschen, die sie verschwinden lassen.

MALEDICTION – FLUCH DES DÄMON

(SATAN'S PRINCESS/MALEDICTION). USA 1989. **R:** *Bert I. Gordon.* **B:** *Stephen Katz.* **K:** *Thomas F. Denove.* **Ma:** *David B. Miller.* **M:** *Norman H. Mamey.* **D:** *Robert Forster (Lon Cherney), Lydie Denier (Nicole St. James), Caren Kaye (Leah), Phillip Glasser (Joey), M. K. Harris (Dorian), Ellen Geer (Mary), Jack Carter (Priester). F 88 Min.*
Privatdetektiv stößt bei einem vordergründigen Routinefall auf die übersinnlich begabte Chefin einer Modellagentur, die seit Jahrhunderten lebt und von einem Dämon besessen ist, dessen Ziel die Ausrottung der Männer ist. Unser Held zieht mit schweren Waffen gegen ihn zu Felde, doch als er ihn besiegt hat, streckt er die Klauen nach seinem geistig behinderten Sohn aus. [V]

MAMBA

(MAMBA). Italien 1988. **R:** *Mario Orfini.* **B:** *Lidia Ravera, Mario Orfini.* **St:** *Mario Orfini.* **K:** *Dante Spinotti.* **SpE:** *Alan Best.* **Ma:** *Nilo Jacoponi.* **M:** *Giorgio Moroder.* **D:** *Trudy Styler (Eva), Gregg Henry (Gene), Bill Moseley (Frank). F 75 Min.*
Von seiner Künstlergattin verlassener Ehemann lässt aus Rache in deren Atelier eine Mamba frei, verriegelt die Tür und kappt die Telefonleitung. – Horror-Kammerspiel mit außergewöhnlichen Kamera- und Toneffekten. AIDT [V]

MAN EATER (DER MENSCHENFRESSER)

(ANTHROPOPHAGUS). Italien 1979. **R:** *Joe d'Amato [Aristide Massaccesi].* **B:** *Luigi Montefiori, Aristide Massaccesi.* **K:** *Enrico Biribicchi.* **M:** *Marcello Giombini.* **D:** *Tisa Farrow (Julie), Saverio Vallone (Andy), Vanessa Steiger (Mary), Margaret Donnelly (Henriette), Mark Bodin (Daniel), Bob Larson (Arnold), Rubina Rey (Dame in Schwarz), Simone Baker (Touristin), Mark Logan (Tourist), Zora Kerova (Carol), George Eastman (Nikos Karamanlis). F 85 Min.*
Wahnsinniger Millionär, der nach einem Schiffbruch Frau und Kind verspeist hat, um zu überleben, geht auf einsamer Insel in der Ägäis um und schlachtet sorglose Touristen ab, bis er, von einem Axthieb tödlich verletzt, im allerletzten Wahn die eigenen Gedärme frisst. – »Der Film *Man Eater (Der Menschenfresser)* enthält extrem starke und nervenbelastende Szenen, die bei sensiblen Zuschauern zu gesundheitlichen Belastungen führen können. Wir bitten deshalb nachstehend genannte Personen unbedingt auf den Besuch des Filmes zu verzichten: Herzkranke, Kreislaufschwache, Magenkranke, Schwangere sowie Personen, die unter Schlaflosigkeit leiden, und Jugendliche unter 18 Jahren. Dies ist kein Werbegag, sondern eine sehr ernst gemeinte WARNUNG, die Sie nach dem Besuch des Filmes bestätigen werden! Der Film *Man Eater (Der Menschenfresser)* ist so entsetzlich, dass Sie ihn in Ihrem Leben nicht mehr vergessen werden!« (Verleihwerbung) Joe d'Amatos widerwärtige, sich genüsslich im Blute suhlende Schlächter-Orgie ist tatsächlich eine dermaßen perfide Attacke auf Magen und Geist, dass es einem schwer fällt, seiner Empörung Ausdruck zu verleihen, ohne in Gossenjargon zu verfallen: Spätestens mit diesem Machwerk ist das Horror-Genre zu einem Spielplatz derjenigen ver-

kommen, die mit starrem Blick aufs Geld nur noch zur Befriedigung der atavistischen Triebe moderner Neandertaler produzieren. Womit man den echten Neandertalern schweres Unrecht zufügt.

THE MAN WHO HAUNTED HIMSELF

Anderer Titel für EIN MANN JAGT SICH SELBST

THE MAN WITH THE SYNTHETIC BRAIN

(BLOOD OF GHASTLY HORROR/THE MAN WITH THE SYNTHETIC BRAIN). USA 1970. **R:** *Al Adamson.* **B:** *Al Adamson, Dick Poston, Christ Martino.* **K:** *Lee Horvath, William Zsigmond.* **M:** *Jimmy Roosa, Don McGinnis.* **D:** *John Carradine (Dr. Vanard), Tommy Kirk (Lt. Cross), Regina Carro (Susan Vanard), Kent Taylor (Elton Corey), Roy Morton (Joe Corey), Rich Smedley (Al), Arne Warde (Sgt. Grimaldi), Tracey Robbins (Linda Clarke), Kirk Duncan (David Clarke), Tanya Maree (Nicky), John Armond (Nick), Lyle Felice (Vito), Barney Gelfen (Detektiv), John Talbert (Curtis), Joey Benson (Lt. Ward). F 87 Min.*

Aus Wut darüber, dass ein anderer Mediziner seinen Sohn hat umkommen lassen, erweckt ein Arzt eine Leiche zu zombiehaftem Leben und lässt sie auf die Allgemeinheit los. Ein Heuler aus Schublade Nr. 17a. [V]

MANCHMAL KOMMEN SIE WIEDER

(SOMETIMES THEY COME BACK). USA 1991. **R:** *Tom McLoughlin.* **B:** *Lawrence Konner, Mark Rosenthal.* **V:** *Stephen King.* **K:** *Bryan England.* **M:** *Terry Plumeri.* **D:** *Tim Matheson (Jim Norman), Brooke Adams (Sally Norman), Robert Rusler (Lawson), Nicholas Sadler (Vinnie), Chris Demetral (Wayne), William Sanderson (Mueller), Robert Hy Gorman (Scott Norman), Bentley Mitchum (North). F 94 Min.*

Zwanzig Jahre nachdem sein Bruder Wayne in einem Tunnel von Lawson und seinen Kumpanen erstochen und diese von einer Lok überfahren wurden, kehrt Jim Norman als Lehrer in die Schule seiner Heimatstadt zurück. Doch die toten Rüpel sind ebenfalls wieder da und spielen ein böses Spiel mit ihm. Kitsch. [V]

MANCHMAL KOMMEN SIE WIEDER II

(SOMETIMES THEY COME BACK ... AGAIN). USA 1995. **R:** *Adam Grossman.* **B:** *Guy Ridel, Adam Grossman.* **K:** *Christopher Baffa.* **M:** *Peter Manning Robinson.* **D:** *Michael Gross (Jon Porter), Alexis Arquette (Tony Reno), Hilary Swank (Michelle Porter), W. Morgen Sheppard (Pater Roberts), Jennifer Elise Cox (Jules Martin). F 94 Min.*

An Okkultem interessiertes Mörderlumpenpack, vom beherzten Psychologen Jon Porter einst um die Ecke gebracht, steht von den Toten auf und bedroht nach dessen Rückkehr in sein Heimatstädtchen seine Tochter. [V]

MANCHMAL KOMMEN SIE WIEDER III

(SOMETIMES THEY COME BACK... FOR MORE/ FROZEN/ICE STATION EREBUS). USA 1998. **R:** *Daniel Zelik Berk.* **B:** *Adam Grossman, Darryl Sollerh.* **K:** *Christopher Walling.* **M:** *Barry Langsbard.* **D:** *Clayton Rohner (Captain Sam Cage), Faith Ford (Dr. Jennifer Wells), Max Perlich (Lt. Brian Shebanski), Chase Masterson (Major Callie O'Grady), Damian Chapa (Dr. Carl Schilling), Jennifer O'Dell (Mary), Michael Stadvec (Captain Robert Reynolds), Stephen Hart (Major Frank Whittaker), Douglas Stoup (Lt. Baines), Frank Ceglia (Soldat). F 89 Min.*

»... hat mit seinen nominellen Vorgängern haargenau gar nichts zu tun und überrascht den geneigten (?) Konsumenten mit einer höhepunktresistenten Verfolgungsjagdnacht im eisigen Ambiente des *Ding aus einer anderen Welt.* Zwei Army-Wichtigtuer beiderlei Geschlechts werden per Notruf zu einer arktischen Forschungsstation (der vielzitierte Heizungskeller) gebeten, wo dann hinter jedem Pappkarton ein *upcoming* Zombie den allzu kurzen Schlaf der Gerechten hält.« [hoolio, SPLATTING IMAGE 38/Juni 1999] [V]

THE MANGLER

(THE MANGLER). USA 1994. **R:** *Tobe Hooper.* **B:** *Tobe Hooper, Stephen Brooks, Peter Welbeck.* **V:** *»Der Wäschemangler« von Stephen King.* **K:** *Amnon Salomon.* **SpE:** *Stephen Brooks.* **Ma:** *Scott Wheeler.* **M:** *Barrington Pheloung.* **D:** *Robert Englund (Bill Gartley), Ted Levine (John Hunton), Daniel Matmor (Mark Jackson), Jeremy Crutchley (Bildermacher), Vanessa Pike (Sherry Ouelette), Demetre Phillips (Stanner), Lisa Morris (Lin Su), Vera Blacker (Mrs. Frawley), Ashley Hayden (Annette). F 101 Min.*

Hanebüchener Horror-Quatsch: Wäschereibesitzer in einer Kleinstadt im amerikanischen New England schließt mit einer dämonischen Heißmangel einen Pakt, die zum Ausgleich Menschenopfer fordert. Sich häufende »Betriebsunfälle« rufen John Hunton von der Polizei auf den Plan. AIDT

MANHATTAN BABY

Anderer Titel für AMULETT DES BÖSEN

MANIA – AMERICAN TALES OF TERROR

(MANIA). Kanada 1987. **R:** *Peter Simpson, John Sheppard, David M. Robertson, Paul Lynch.* **B:** *Peter Simpson.* **K:** *N.N.* **M:** *N.N.* **D:** *Lenore Zann, Wayne Robson, Angela Bilawey, Deborah Crover, Stephen B. Hunter, Bill Croft. F 87 Min.*

Episodenfilm. 1. »See No Evil« (**R:** John Sheppard): Mordzeuge sieht sich vom Täter verfolgt. – 2. »The Intruder« (**R:** David M. Robertson): Ein Mann, der sich vor einem Wachhund fürchtet, vergiftet diesen und wird von einem Einbrecher umgebracht. – 3. »Have a Nice Day« (**R:** Paul Lynch): Eine Mutter, der eine Kindesentführung vorgetäuscht wird, fällt auf einen Erpresser herein. – 4. »The Good Samaritan« (**R:** Paul Lynch): Ein Mann, der eine Frau vor einer Vergewaltigung bewahrt, wird zum Dank beinahe umgebracht. – Konventionelle Thriller-Ware. [V]

MANIAC

(MANIAC). USA 1980. **R:** *William Lustig.* **B:** *Joe Spinell.* **K:** *Robert Lindsay.* **Ma:** *Tom Savini.* **M:** *Jay Chattaway.* **D:** *Joe Spinell (Frank Zito), Caroline Munro (Anna d'Antoni), Gail Lawrence (Rita), Rita Montone, Tracie Evans (Prostituierte), Tom Savini, Hyla Marrow (Disco-Pärchen), James Brewster, Linda Lee Walter (Paar am Strand), Kelly Piper, Sharon Mitchell (Schwestern), Nella Bacmeister (Carmen Zito), Denise Spagnuolo (Denise) Billy Spagnuolo (Billy), Frank Pesce (TV-Reporter). F 88 Min.*

Psychopathischer, an einem Mutterkomplex leidender halluzinierender Killer metzelt in New York nach altbekanntem Muster reihenweise Menschen nieder und kommt am Ende offenbar ungeschoren davon. – Was für Hauptdarsteller und Drehbuchautor Spinell »der beste Horrortrip auf der größten Achterbahn« und für (Ex-Porno-) Regisseur Lustig »pure Kinounterhaltung« ist, ist für Joe Hill vom FILMDIENST »ein Gruselprodukt primitiven Zuschnitts, das vorwiegend auf die Erzeugung von Ekelgefühl setzt«. – Robert Fischer, FILMBEOBACHTER: »*Maniac* ... bietet detaillierte Gewalt und Ekel erregende Brutalität ... Als Unterhaltungsfilm untragbar.«

MANIAC COP

(MANIAC COP). USA 1988. **R:** *William Lustig.* **B:** *Larry Cohen.* **K:** *Vincent J. Rabe.* **Ma:** *John Naulin.* **M:** *Jay Chattaway.* **D:** *Tom Atkins (Detective McCrae), Bruce Campbell (Jack Forrest), Laurene Landon (Teresa Mallory), Richard Roundtree (Commissioner Pike), William Smith (Captain Ripley), Sheree North (Sally Noland), Robert Z'Dar (Matt Cordell). F 92 Min.*

Ein Irrer pirscht durch die Straßen der Großstadt und tötet Menschen. Da er eine Polizeiuniform trägt, führt dies zu Misstrauen unter den Ordnungshütern und der Bevölkerung. Wer kann den Bullen noch trauen? Der Bösmann ist der Geist des toten Ex-Polizisten Cordell, der, aufgrund falscher Anschuldigungen aus dem Polizeidienst entfernt, in Sing Sing von Mithäftlingen ums Leben gebracht wurde. Nun rächt er sich für das, was der Bürgermeister und seine Kollegen ihm angetan haben. [V]

MANIAC COP II

(MANIAC COP II). USA 1990. **R:** *William Lustig.* **B:** *Larry Cohen.* **K:** *James Lemmo.* **Ma:** *Dean Gates.* **M:** *Jay Chattaway.* **D:** *Robert Davi (Sean McKinney), Claudia Christian (Susan Riley), Michael Lerner (Edward Doyle), Bruce Campbell (Jack Forrest), Robert Z'Dar (Matt Cordell), Leo Rossi (Turkell), Laurene Landon (Teresa Mallory), Paula Tricky (Stripperin), Clarence Williams III. (Blum), Charles Napier, Claude Earl Jones. F 87 Min.*

Vorgeschichte: *Maniac Cop.* – Der untote Ex-Polizist Cordell zieht in Begleitung eines Serienmörders, den er aus dem Knast befreit hat, durch New York, um sich an einer Reihe brutaler Knastologen zu rächen, die ihn ins Jenseits befördert haben, als er unschuldig hinter Gittern saß. Der Bulle McKinney und die Psychologin Susan sind ihm hart auf den Fersen. Mag die Story noch so dünn sein: Die Fetzen fliegen, die Gewalttaten sind nicht ohne Humor inszeniert. [V]

MANIAC COP III

(MANIAC COP 3: BADGE OF SILENCE). USA 1991. **R:** *William Lustig.* **B:** *Larry Cohen.* **K:** *Jacques Haitkin.* **M:** *Joel Goldsmith.* **D:** *Robert Davi (Sean McKinney), Gretchen Becker (Kate Sullivan),*

Caitlin Dulany (Dr. Susan Fowler), Robert Z'Dar (Matt Cordell), Paul Gleason (Hank Conney), Gretchen Becker (Kate), Caitlin Dulaney (Krankenschwester), Julia Harris, Robert Forster, Jackie Earl Haley, Bobby DiCicco. F 81 Min.
TV-Film. Vorgeschichte: *Maniac Cop.* – Zum dritten Mal rächt sich der untote New Yorker Polizist Matt Cordell blutig für das ihm zugefügte Unrecht und hilft seiner Kollegin Kate, die eine sensationsgeile TV-Presse zur eiskalten Killerin abstempelt. Die Story wiederholt sich, die Spannung fehlt. [V]

MANIACS – DIE HORRORBANDE

(NEON MANIACS). USA 1986. **R:** *Joseph Mangine.* **B:** *Mark Patrick Carducci.* **K:** *Joseph Mangine, Oliver Wood.* **M:** *Kendall Schmidt.* **D:** *Leilani Sarelle (Nathalie), Alan Hayes (Stephen), Donna Locke (Paula), Victor Elliot Brandt (Devin). F 87 Min.*
Ein Zombie-Trupp lädt sich, sehr zum Leidwesen der übrigen Gäste, ungebeten zu einer Geburtstagsfeier ein. [V]

DER MANITOU

(THE MANITOU). USA 1977. **R:** *William Girdler.* **B:** *William Girdler, John Cedar, Thomas Pape.* **V:** *»Der Manitou« von Graham Masterton.* **K:** *Michel Hugo.* **M:** *Lalo Schifrin.* **D:** *Tony Curtis (Harry Erskine), Michael Ansara (Singing Rock), Susan Strasberg (Karen Tandy), Stella Stevens (Amelia Crusoe), Jon Cedar (Dr. Jack Hughes), Ann Sothern (Mrs. Karmann), Jeanette Nolan (Mrs. Winconis), Burgess Meredith (Dr. Ernest Snow), Paul Mantee (Dr. Robert McEvoy), Joe Gibb (Misquamacus), Ann Mantee (Krankenschwester), Lurene Tuttle (Mrs. Hertz), Hugh Corcoran (MacArthur), Tenaya (Singing Rocks Frau), Jan Heininger (Wolf), Carole Hemingway (Prostituierte), Beverly Kushida (Krankenschwester), Michael Laren (Michael). F 94 Min.*
Karen Tandy entdeckt auf ihrem Rücken eine wachsende Geschwulst. Ihr Freund Harry, der als Kartenleger wohlhabende alte Damen ausnimmt, bringt sie ins Krankenhaus. Doch auch die Ärzte stehen vor einem Rätsel. Als sie die Geschwulst röntgen, mutiert sie bzw. das, was sie enthält; als man das Ding operativ entfernen will, wird man von unbekannten Kräften daran gehindert: Einer der Operateure schneidet sich in die Hand, dann spielt der chirurgische Laser verrückt. Harry erkennt, dass man Karen falsch behandelt. Zusammen mit Amelia Crusoe und Mrs. Karmann organisiert er eine spiritistische Sitzung, auf der sich ihm der Geist des vor 400 Jahren verstorbenen indianischen Medizinmannes Misquamacus zu erkennen gibt: Sein (abscheulich anzusehender) Kopf wächst geradewegs aus der Tischplatte. Harry bittet einen »modernen« Medizinmann um Rat. Dieser weiß, dass Misquamacus' böser Geist in Karens Leib reinkarnieren wird, um die Welt zu beherrschen. Man ergreift Maßnahmen, um dies zu verhindern, aber es scheint, dass niemand gegen Misquamacus' dämonische Kräfte etwas aufzuwenden hat. Das Krankenhaus verwandelt sich in eine arktische Landschaft. Harry setzt einen Computer als Energiequelle und die »Kraft der Liebe« als Leiter ein. Stromstöße, die aus Karens Händen schießen, schleudern Misquamacus ins Nichts zurück. – »Die beste Szene ist die schrittweise erfolgende Geburt des zwergenhaften Ungeheuers in der großen Blase auf Strasbergs Rücken. Von dieser Stelle an kämpft der Mensch gegen eine Kreatur, die mit magischen Kräften eine Krankenstation aus der arktischen

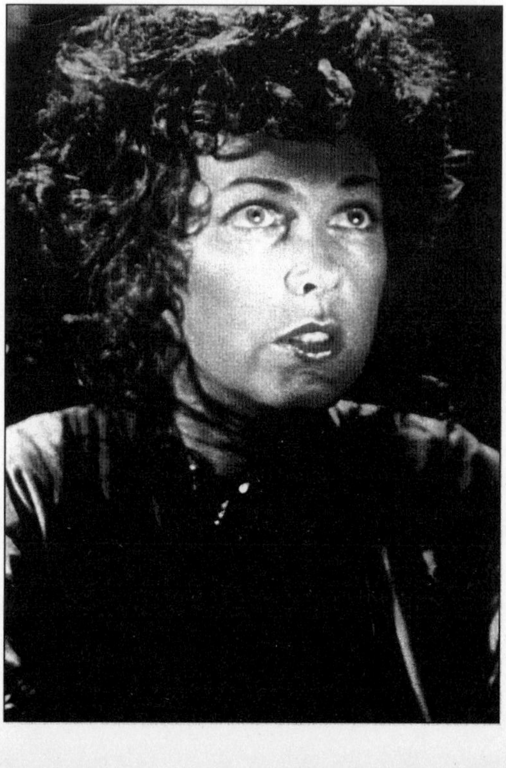

Der Manitou

Einöde auf eine Ebene transformiert, die sich im Kosmos befindet. Erst als der Eindruck entsteht, dass das Monster triumphieren wird, wird Erskine klar, dass alle Dinge einen ›Geist‹ haben – oder wie es die Indianer ausdrücken, einen ›Manitou‹.« (Richard Meyers, FOR ONE WEEK ONLY) – »Auf den ersten Blick ist das eine nicht gerade sonderlich originelle Horror-Version, Nachschub für ein nach immer neuem Grusel und Abartigkeiten verlangendes Publikum. Beim zweiten Hinsehen entpuppt sich der Film als eine reaktionäre Parabel auf die heutigen Indianer, deren authentische Situation in wenigen Sequenzen durchaus anklingt, um dann durch sensationslüsterne, ausbeuterische Beschwörung alter Mythen in ihr Gegenteil verkehrt zu werden.« (A. P., FILMDIENST)

DER MANN, DER PETER KÜRTEN HIESS

(LE VAMPIRE DE DUSSELDORF/EL ASESINO DE DÜSSELDORF). Frankreich/Italien/Spanien 1965. **R:** *Robert Hossein.* **B:** *Robert Hossein, Claude Desilly, G. Tabet, A. Tabet.* **K:** *Emmanuel Machuel.* **M:** *André Hossein.* **D:** *Robert Hossein (Peter Kürten), Marie-France Pisier (Anne), Paloma Valdes, Annie Andersson, Yves Bureau, Roberto Camardiel, Anne Carrère, Michel Dacquin, Norma Dugo, Roger Dutoit, Yves Elliot, Robert Le Beal, Tanya Lopert, Danik Patisson, Paul Pavel, Pierre Roussel, Colette Règis, Tony Soler. SW 83 Min.*

Sechs Tage aus dem Leben des Massenmörders Peter Kürten, der Anfang der 1930er Jahre – am Vorabend des heraufziehenden Faschismus – seine blutigen Untaten begeht. – »Der Film argumentiert aus [Kürtens] Perspektive und versucht sein Handeln als Funktion einer aus den Fugen geratenen Ordnung zu begreifen. Chaos wird beschworen. Allgemeines Elend, unwürdige Arbeitsbedingungen. NS-Terror auf den Straßen und gewaltsames Vorgehen gegen randalierende Arbeitslose stellen den Hintergrund [seiner] Mordzüge.« (Hannsheiner Merkamp, FILM) – »Hosseins symbolbefrachteter Kürten ist ein Klein-Moritz-Abbild des spießbürgerlichen Deutschen und ein geheimnisvoll umdüstertes pathologisches Ereignis. Die Nazis aber waren gerade keine im Dunkeln agierenden Geheimbündler, sondern viel eher bedrohlich nach der Macht um jeden Preis greifende Mabuses, wenn man bei einem Filmvergleich bleiben will. Davon hat Hossein nichts begriffen.« (Ev., FILMDIENST)

DER MANN NEBENAN

BRD 1994. **R:** *Petra Haffter.* **B:** *Petra Haffter.* **V:** *»Dämon hinter Spitzenstores« von Ruth Rendell.* **K:** *Frank Brühne.* **M:** *Pino Donaggio.* **D:** *Anthony Perkins (Arthur Johnson), Uwe Bohm (Anthony Johnson), Sophie Ward (Helen Schweizer), Stratford Johns (Stanley Caspian), Brian Bovell (Winston Mervin), Deborah Lacey (Lintheo), James Aubrey (Brian Kotosky), Carole Hayman (Vaesta Kotosky), Michael Simpkins (Jonathan Dean), Hans Peter Hallwachs (Roger Schweizer), Charmian May (Tante Gracie), Nick Dawney (Little Arthur), Leon Black (Leroy), Simon Bright (Steve), Rocky Samrai (David), Terrence Hardiman (Inspektor), Tilly Blackwood (Beryl), Sam Smart (Barry), Sally Rogers (Maureen Cowan). F 110 Min.*

Arthur Johnson lebt zurückgezogen in einem heruntergekommenen Londoner Mietshaus und liebt aus Gründen, die man in seiner Kindheit suchen muss, eine Schaufensterpuppe, die er in seidene Dessous kleidet. Hat Arthurs eigenartiges Verhalten etwas damit zu tun, dass er bei einer Tante aufwuchs, die Spaß daran hatte, ihn wie ein Mädchen zu kleiden? Ist dies möglicherweise der Grund, weshalb er zwanzig Frauen abgemurkst hat? Als Arthurs Püppchen Feuer fängt, lässt er die Maske fallen.

EIN MANN JAGT SICH SELBST

(THE MAN WHO HAUNTED HIMSELF). USA/GB 1970. **R:** *Basil Dearden.* **B:** *Basil Dearden, Michael Relph.* **V:** *»The Strange Case of Mr. Pelham« (1957) von Anthony Armstrong.* **K:** *Tony Spratling.* **M:** *Michael J. Lewis.* **D:** *Roger Moore (Pelham), Hildegard Neil (Eve), Thorley Walters (Bellamy), Anton Rodgers (Alexander), Olga Georges-Picot (Julie), John Welsh (Freeman), Freddie Jones (Psychiater), Edward Chapman (Barton), Hugh Mackenzie (Michael), Kevork Malikyan (Luigi), John Carson, Charles Lloyd Pack. F 94 Min.*

Nach einem Autounfall landet Mr. Pelham auf dem Operationstisch einer Ärztegruppe: Im Augenblick eines kurzfristigen »klinischen Todes« verlässt sein Ego seinen Leib und geistert in der Welt umher. – Rätselhafter Film, aufgrund der »Seelenwanderungsthematik« aber wohl einer Erwähnung wert. [V]

DER MANN MIT DEM KATZENKÄFIG

(DADDY'S GONE A-HUNTING). USA 1969. **R:** *Mark Robson.* **B:** *Larry Cohen, Lorenzo Semple jr.*

K: *Ernest Laszlo.* **M:** *John Williams.* **D:** *Carol White (Cathy Palmer), Paul Burke (Jack Byrnes), Scott Hylands (Kenneth Daly), Mala Powers (Meg Stone), Rachel Ames (Sprechstundenhilfe), Barry Cahill (Crosley), Matilda Calnan (Ilsa), Andrea King (Brenda Frazier), Gene Lyons (Dr. Blanker), Ron Masak (Paul Fanning), Dennis Patrick (Dr. Parkington), James Sikking (Manchell), Harry Holcombe (Inspektor Dixon). F 108 Min.*

Cathy wird von Kenneth geschwängert, lässt aber eine Abtreibung vornehmen, als sie merkt, dass ihr Freund psychisch labil ist. Kenneth schäumt vor Wut. Man trennt sich. Cathy heiratet den Anwalt Jack, wird erneut schwanger. Sie wird plötzlich von Kenneth verfolgt, der sich in ihr Leben drängt, ohne dass sie sich traut, Jack von ihrer früheren Verbindung zu berichten. Als sie ein Kind bekommt, verlangt Kenneth allen Ernstes, sie solle es umbringen – als »Ausgleich« für das seine, das sie abgetrieben hat. Cathy ist entsetzt. Kenneth gibt nicht nach. Schließlich entführt er, nachdem er bereits den Arzt umgebracht hat, der die Abtreibung seinerzeit vornahm, Cathys Baby in einem Katzenkäfig und steigt auf das Dach eines Hotel-Hochhauses. Cathy und das FBI folgen ihm. Cathy redet mit Kenneth. Er will ihr das Baby nur zu dem Zweck geben, dass sie es persönlich in die Tiefe wirft. Cathy geht zum Schein auf Kenneth ein. Als es zwischen ihnen zum Kampf kommt, stürzt Kenneth in die Tiefe. – Abgesehen von der Geschmacklosigkeit des amerikanischen Originaltitels (»Papa geht auf Jagd«) und des Themas im Allgemeinen ist dieser Streifen ein Psycho-Thriller, bei dem sich einem die Haare sträuben. – In den USA hagelte es Verrisse. Eine Stimme als Beispiel: »Die Widerlichkeit dieses Schockers ist bestürzend; man fragt sich unweigerlich, was aus der Unterhaltungsindustrie geworden ist. Die Geschichte ›lebt‹ davon, dass man sich fragt, ob man eine Frau dazu bringen kann, ihr Baby umzubringen ... Ja, dieser Art ist die Spannung, die einen manipuliert. Aber jeder, der seine fünf Sinne beisammen hat, sollte sich dagegen wehren, aus keinem anderen Grund außer dem der bloßen Gänsehauterzeugung auf eine solche Weise manipuliert zu werden.« (William Wolf, CUE)

DER MANN MIT DEN 1000 GESICHTERN

(MAN OF A THOUSAND FACES). USA 1957. **R:** *Joseph Pevney.* **B:** *R. Wright Campbell, Ivan Goff, Ben Roberts.* **St:** *Ralph Wheelwright.* **K:** *Russell Metty.* **Ma:** *Jack Keran.* **M:** *Frank Skinner.* **D:** *James Cagney (Lon Chaney sen.), Jane Greer (Hazel Bennet), Dorothy Malone (Cleva Creighton Chaney), Marjorie Rambeau (Gert), Jim Backus (Clarence Logan), Jack Albertson (Dr. J. Winston Shields), Jeanne Cagney (Carrie Chaney), Robert Evans (Irving Thalberg), Celia Lovsky (Mrs. Chaney), Nolan Leary (Pa Chaney), Danny Beck (Max Dill), Simon Scott (Carl Hastings), Clarence Kolb. SW 122 Min.*

Dies ist weder ein Horrorfilm noch ein psychologischer Thriller. Der Film behandelt die Lebensgeschichte von Lon Chaney (1883–1930), dem König des stummen Horrorfilms (u.a. *Der Glöckner von Notre-Dame, Phantom der Oper, Um Mitternacht*). »Er war kein Gespenst der englischen Tradition, er war stets ganz amerikanisch – das Monster mit der verabscheuungswürdigen Fratze. Bela Lugosi, Boris Karloff, Christopher Lee – ihre Karriere wäre undenkbar ohne Lon Chaney.« (LEXIKON DES PHANTASTISCHEN FILMS) Als Chaney 1930 an Kehlkopfkrebs starb, hatte er an rund 150 Filmen mitgewirkt und war ein gefeierter Star. 1957 verfilmte Hollywood sein Leben mit James Cagney in der Titelrolle – in der Tradition der Traumfabrik: viel Spekulation, wenig Tatsachen. James Cagney mit seiner hervorragenden schauspielerischen Leistung machte den Film durchaus sehenswert. Weil es für Cagney eine völlig untypische Rolle war, gab es den erhofften Presserummel und den entsprechenden kommerziellen Erfolg. Besonders erwähnenswert sind die Masken, in die er als Chaney schlüpfen musste; einzigartig dabei die des Glöckners von Notre-Dame.

MAN'S BEST FRIEND

Anderer Titel für DER TOD KOMMT AUF VIER PFOTEN

MARABUNTA – KILLERAMEISEN GREIFEN AN

(LEGION OF FIRE – KILLER ANTS!). USA 1997. **R:** *Jim Charleston.* **D:** *Eric Lutes (Dr. Jim Conrad), Julia Campbell (Laura Stills), Mitch Pileggi (Sheriff Steve Croy), Jeremy Foley, Bill Osborn. F 85 Min.*

Raubzug der Killerameisen. – »Video-Schrott für die Klischee-Deponie.« (FILM-JAHRBUCH 2001)

MARNIE

(MARNIE). USA 1964. **R:** *Alfred Hitchcock.* **B:** *Jay Presson Allen.* **V:** *»Marnie« von Winston Graham.* **K:** *Robert Burks.* **SpE:** *Albert Whitlock.* **M:** *Bernard Herrmann.* **D:** *Tippi Hedren (Marnie Edgar), Sean Connery (Mark Rutland), Diane Baker (Lil Mainwaring), Martin Gabel (Sidney Strutt), Louise Latham (Bernice Edgar), Bob Sweeney (Bob), Alan Napier (Rutland), S. John Launer (Sam Ward), Mariette Hartley (Susan Glabon), Bruce Dern (Matrose), Henry Beckman (Detektiv), Edith Evanson (Rita), Meg Wyllie (Mrs. Turpin). F 130 Min.*

Nach jedem gelungenen Diebstahl legt Marnie sich einen neuen Namen zu, wechselt den Wohnort und sucht eine neue Stelle. Ihre »persönliche Handschrift« ist immer gleich: Sie lässt sich als Sekretärin einstellen, bewährt sich als tüchtige und ehrliche Kraft und leert im geeigneten Augenblick den Firmensafe. Mark Rutland, Inhaber eines Verlages, hat sie wieder erkannt, lässt sich jedoch nichts anmerken und stellt sie ein. Er macht ihr den Hof, sie reagiert zunächst nicht, dann auf übliche Weise: Sie lässt den Inhalt des Safes mitgehen. Mark entdeckt den Diebstahl, ersetzt das Geld und nimmt die Verfolgung auf. Statt Marnie der Polizei zu übergeben, bringt er sie zurück nach Philadelphia und zwingt sie, seine Frau zu werden. Die Hochzeitsreise, die sie auf einem Schiff machen, wird zur persönlichen Katastrophe. Marnie ist frigide. Nachdem Mark sie mit Gewalt genommen hat, versucht sie sich umzubringen. Sie leidet unter furchtbaren Albträumen und Schreckenszuständen, ihre Kleptomanie war eine Kompensation ihrer Frigidität. Mark erfährt, dass Marnie noch eine Mutter hat. Er lässt sie suchen, um hinter das Geheimnis von Marnies Neurose zu kommen. Als er die Mutter – eine Ex-Prostituierte – in Baltimore findet, bringt er sie dazu, das Geheimnis zu lüften: Marnie war fünf Jahre alt, als sie mit einem Schürhaken einen Matrosen erschlagen hat, als der sich ihr im Suff näherte. Der Mann starb in seinem Blut unter Donnergrollen, daher die entsprechenden Phobien. Nachdem die Wahrheit heraus ist, gehen Marnie und Mark einer positiven Zukunft entgegen.

»*Marnie* ist ein Film, der noch mehr Defekte hat als seine Heldin, ein schauriger Tiefpunkt des Hitchcockschen Œuvres.« (Harris/Lasky, ALFRED HITCHCOCK UND SEINE FILME) Trotz solcher und anderer durchweg miserabler Kritiken grenzt es fast an ein Wunder, dass *Marnie* heute in den USA vor allem bei Feministinnen als eine Art Kultfilm gilt, was allerdings eher auf soziologisch-psychologische als auf cineastische Hintergründe zurückzuführen ist. *Marnie* ist und bleibt ein technisch schlampiger Film, etwas, was man bei Hitchcock sonst nicht kennt. Donald Spoto hat in seiner Hitchcock-Biographie die Hintergründe eingehend aufgedeckt: Gegen Ende der Dreharbeiten habe Hitchcock gegenüber seiner Hauptdarstellerin Tippi Hedren jeden Rest an Zurückhaltung und Würde aufgegeben und sie in ihrem Wohnwagen drangsaliert. Da sie seinen »Antrag« trotz Drohungen abgelehnt habe, hätte er sich von Stund an für alle Zeiten geweigert, Tippi Hedren je wieder persönlich anzusprechen. Darüber hinaus schien Hitchcock *Marnie* bewusst zu einem Misserfolg machen zu wollen. »(Hitchcock) kümmerte sich nicht mehr um die technischen Details, die Spezialeffekte, den sorgfältigen Einsatz der Rückprojektion und der künstlichen Dekorationen, die nach langem Zögern für größere Szenen entworfen worden waren. Er

Marnie

wies die Ratschläge von Designern und Assistenten zurück, man solle Alternativen zu diesen minderwertigen, fast notbehelfsmäßigen Kintoppmethoden suchen. Er hörte auf, sich für irgendetwas um ihn herum zu interessieren. Jahrelang weigerte er sich, über die auffallend groben technischen Fehler des Films zu sprechen ... Jahrelang heckte eine Truppe von Hitchcock-Bewunderern verdrehte Argumente aus, die man mehr aufgrund ihres Erfindungsreichtums als ihres Zusammenhangs mit Tatsachen bewundern muss: Um einen Grund für die schlampige Technik des Films zu finden, mussten Rationalisierungen hergeholt werden, die beweisen sollten, diese Abweichungen seien von Hitchcock beabsichtigt gewesen, eine bewusste Umkehrung eines expressionistischen Stils, dessen Künstlichkeit die kranke Psyche symbolisieren sollte. Der wahre Grund aber war einfacher ...: Diese Momente in *Marnie* verstören nicht emotional, sondern sind schlicht visuelle Misstöne; sie sind keine Anzeichen für eine absichtliche Verwendung unkonventioneller Methoden, sondern sind nur unerfreuliche Beispiele für das hochmütige Desinteresse des Regisseurs am endgültigen Produkt.« (Donald Spoto, ALFRED HITCHCOCK) [DVD]

MARQUIS DE SADE: JUSTINE

(JUSTINE OVVERO LE DISAVENTURA DELLA VIRTU/LES INFORTUNES DE LA VERTU). BRD/Italien/Frankreich 1968. **R:** *Jess Franco.* **B:** *Arpad de Riso, Erich Kröhnke.* **V:** *»Justine und Juliette« von Marquis de Sade.* **K:** *Manuel Merino.* **M:** *Bruno Nicolai.* **D:** *Klaus Kinski (Marquis de Sade), Romina Power (Justine), Maria Rohm (Juliette), Horst Frank, Sylvia Koscina, Mercedes McCambridge, Harald Leipnitz, Howard Vernon, Jack Palance, Akim Tamiroff, Rosemary Dexter. F 90 Min.*
1787: Donatien Alphonse François Marquis de Sade sitzt in der Bastille im Kerker und bringt seine Phantasien über das Gute und Böse zu Papier: In seiner Geschichte über die Waisenmädchen Justine und Juliette zeigt sich schnell, dass nur derjenige es zu etwas bringt, der skrupellos durchs Leben und notfalls über Leichen geht. Während Juliette es über die Station des Freudenmädchens immerhin zur Freundin eines Ministers bringt, in Adelskreise einzieht und durch blutige Verbrechen zu Macht, Einfluss und Reichtum gelangt, fällt die ehrbare Justine, die sich bemüht, ein gottgerechtes Leben zu führen, dem Bösen in die Hände: In den perversen Klauen der Angehörigen der »Gesellschaft der Freunde des Verbrechens«, wo man sie missbraucht und erniedrigt, bis Juliette ihr zu Hilfe eilt und einem Manne zuführt, der ihrer bedarf. – »Ein Publikum, das erwartet, bei einer De Sade-Verfilmung würden nun wirklich alle zur Verfügung stehenden Register gezogen, wird in der Tat enttäuscht sein. Nur gelten die Bedenken vor der letzten Radikalität eben nicht allein im Blick auf die ›sadistischen‹ Details der Vorlage, sondern auch im Blick auf die Konsequenz: einem möglichst breiten Zuschauerkreis zuliebe, hat man die Details gemildert, die Konsequenz verwässert.« (Lbv., FILMBEOBACHTER) – »Franco ist offen gesagt ein sehr schlechter Regisseur, und *Justine* ... ist dementsprechend kein bisschen besser als seine bisherigen Filme. Zu loben wäre höchstens Kinskis schauspielerische Leistung.« (Philippe Setbon, KLAUS KINSKI)

DIE MARQUISE VON SADE

BRD/Italien/Liechtenstein 1976. **R:** *Clifford Brown [Jess Franco].* **B:** *Jess Franco.* **K:** *Peter Baumgartner, Jess Franco.* **M:** *Walter Baumgartner.* **D:** *Lina Romay (Doriana Gray), Monica Swinn, Raymond Hardy, Peggy Markoff, Renato Romano, Stewart Black, Pamela Stanford, Olivier Mathot. F 68 Min.*
Die Produktionsunterlagen behaupten, Lady Doriana Gray lebe einsam in einem großen Kastell, dass die Männer und Frauen, mit denen sie es treibt, unter mysteriösen Umständen sterben und ihre in einer psychiatrischen Anstalt lebende Zwillingsschwester von ihrem Liebesleben telepathisch gequält wird. Man muss schon sehr

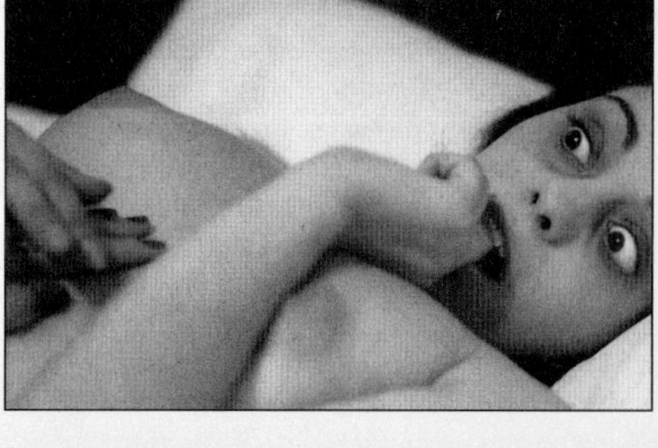

Die Marquise von Sade

viel Phantasie mitbringen, um diese Story zu erkennen, denn der Film hat überhaupt keine erkennbare Handlung: Falls Lady Doriana nicht gerade im roten Negligé ihr finsteres Schloss durchwandert und Besucher/Besucherinnen empfängt, mit denen sie oralen Sex betreibt, hält die Kamera auf den Unterleib ihrer irren, fingerfertigen Zwillingsschwester, deren Synchronstimme nach Helga Anders klingt. Die Produktion verwendet Kulissen (sowie Szenen) aus dem Franco-Film *Die Sklavinnen* (Schweiz 1976), in dem, bevor die pummelige Lady ernstlich zur Sache schreitet, jeweils abgeblendet wird. [V]

MARTIN

(MARTIN). USA 1978. **R:** *George A. Romero.* **B:** *George A. Romero.* **K:** *Michael Gornick.* **SpE:** *Tom Savini.* **M:** *Donald Rubinstein.* **D:** *John Amplas (Martin), Lincoln Maazel (Tati Cuda), Christine Forrest (Christina), Elayne Nadeau (Mrs. Santini), Sarah Venable (Hausfrau), Tom Savini (Arthur), Al Levitsky (Lewis), Fran Middleton (Frau im Zug), George A. Romero (Pater Howard). F 95 Min.*

Martin lebt bei seinem älteren Vetter in Pittsburgh. Und er hat einen komischen Drang: Er ist – wie ein Vampir – versessen auf Blut. Er betäubt seine (weiblichen) Opfer mit Chloroform, schneidet ihnen die Pulsader auf und saugt sie aus. Während um ihn herum die Welt zu verfallen scheint, lebt er in seiner vampirischen Phantasie ein ewiges Leben. Obwohl er in keiner Weise ein »klassischer«, von übernatürlichen Kräften geleiteter Vampir ist, sondern nur ein Kranker, gelangt sein Vetter Tati immer mehr zu der Ansicht, es in Martin mit einem Nachfahren Draculas zu tun zu haben. Als Martin eine einsame geschiedene Frau kennen lernt, die sich freiwillig für ihn die Pulsader aufschneidet, ist sein Spiel aus: Sein Vetter bringt ihn um wie einen Filmvampir, indem er ihn mit einem Holzpflock pfählt. – George A. Romero, der durch *Die Nacht der lebenden Toten* (USA 1968) und *Zombie* (USA 1979) weltweit Aufsehen erregte, präsentiert mit *Martin* einen urbanen »Vampir«, der äußerlich nichts anderes ist als »der liebe nette Junge von nebenan, dem niemand etwas Böses zutraut«. (LEXIKON DES PHANTASTISCHEN FILMS) Von einem inneren Drang getrieben, ist er das enthumanisierte Produkt einer hoch industrialisierten Welt, in der der Einzelne (wenn überhaupt) höchstens das sprichwörtliche Rädchen im Getriebe einer gewaltigen Maschinerie ist. Martin treibt sich nicht in den finsteren Wäldern Transsylvaniens umher, sondern in der desolat und halb fertig wirkenden Stadtlandschaft der von Schloten überzogenen Metropole Pittsburgh: Wie auch in Romeros (mit zahlreichen Horror-Effekten ausgestatteten) Science Fiction-Streifen *Crazies* (USA 1973) erwächst das Grauen, das dieser Film auf die Leinwand bannt, nicht aus dem heimlichen Wirken sinistrer Mächte, sondern aus dem, was die Zivilisation hervorbringt. Der Film, im Grunde eine deprimierende Studie, kam beim Massenpublikum so wenig an, dass er in den USA nur zu später Stunde im Fernsehen zu sehen war. [V]

MARY LOU

(THE HAUNTING OF HAMILTON HIGH/HELLO MARY LOU: PROM NIGHT II). Kanada 1987. **R:** *Bruce Pittman.* **B:** *Ron Oliver.* **K:** *John Herzog.* **M:** *Paul Zaza.* **D:** *Michael Ironside (Rektor Bill), Wendy Lyon (Vicki Carpenter), Justin Louis (Bill jr.), Richard Monette (Vater), Lisa Schrage (Mary Lou Maloney). F 93 Min.*

Die ruhelose Seele einer High School-Absolventin, die 1957 beim Abschlussball vor den Augen ihrer Mitschüler verbrannte, kehrt dreißig Jahre später zurück und fährt in eine Schülerin ein, um sich an jenen zu rächen, die ihr seinerzeit nicht geholfen haben. Teenie-Horror von der Stange. [V]

MARY REILLY

(MARY REILLY). GB 1995. **R:** *Stephen Frears.* **B:** *Christopher Hampton.* **V:** *»Mary Reilly« von Valerie Martin.* **K:** *Philippe Rousselot.* **M:** *George Fenton.* **D:** *Julia Roberts (Mary Reilly), John Malkovich (Dr. Jekyll/Mr. Hyde), Glenn Close (Mrs. Farraday), Michael Gambon (Marys Vater), George Cole (Mr. Poole), Kathy Staff (Mrs. Kent), Michael Sheen (Bradshaw), Bronagh Callagher (Annie), Linda Bassett (Marys Mutter), Henry Goodman (Hoffinger). F 108 Min.*

1990 veröffentlichte die amerikanische Autorin Valerie Martin die »Tagebücher« von Dr. Jekylls Hausmädchen »Mary Reilly«. Der Brite Stephen Frears hat ihre Version einer alten Gruselgeschichte 1995 verfilmt (vor ihm vorgesehen waren Roman Polanski und Tim Burton). Lust am Morbiden bestimme die Dramaturgie des Films, schreibt Gerhart Waeger in der NEUEN ZÜR-

CHER ZEITUNG (26.4.1996): »Wie schon andere vor ihm versucht Frears die Jekyll-Hyde-Geschichte aus dem Genre des Gruselfilms zu lösen und auf ein psychologisches Niveau zu heben. Bei diesem Unterfangen bleibt er allerdings auf halbem Wege stehen. Die Lust an der optischen Beschwörung von unheimlichen Stimmungen und blutrünstigen Schockeffekten muss stärker gewesen sein. Das fahle Licht der alten Gaslaternen im Nebel der nächtlichen Straßen, das weiträumige Laboratorium Jekylls, das dem Schnürboden eines vergammelten Theaters gleicht, und nicht zuletzt das Etablissement von Mrs. Farraday (Glenn Close), in dem Hyde die meisten seiner schrecklichen Taten begeht – all dies kostet Frears mit kunstvollen Kamerafahrten so liebevoll aus, dass die Beschwörung der zwielichtigen Atmosphäre immer wieder zum ästhetischen Selbstzweck wird.« – »Die entscheidende Inspiration für *Mary Reilly,* sagt Frears, sei aus der Öffentlichkeit Edinburghs gekommen, der Heimatstadt Stevensons mit ihren grau massiven Steinhäusern unter Dauernebel, die gespalten ist, ganz wie der Doktor Jekyll selbst, in die neustädtische Adrettheit und eine, ehemals, verrufene Altstadt. Der Geist Edinburghs spukt für Frears durch die in London angesiedelte Erzählung, und spukhaft wirkt auch der enorm große Studioset, in dem der Film, bis auf wenige kurze Straßenszenen, gedreht worden ist. Was das fatalistisch Abgeschlossene der Geschichte betont, die Atmosphäre zum Greifen konzentriert. *Mary Reilly* ist romantische Schauergeschichte und Liebesmelodram in einem. Das Zimmermädchen, aus dessen Perspektive wir allmählich Jekylls Geheimnis entschlüsseln, und ihr Dienstherr entdecken eine Gemeinsamkeit als Ursache ihrer gegenseitigen Faszination. Auch Mary hat Bekanntschaft mit dem Bösen gemacht. Als kleines Kind wurde sie von ihrem Vater, einem Trinker, sadistisch gequält, erzählt eine Rückblende im Dickens-Stil. Die Narben möchte Jekyll berühren, als er sie sieht, aber Mary verwehrt es ihm wie einen Gunstbeweis. So wenig sie ihren Vater hassen kann, kann sie den ›dunklen Fleck‹ verleugnen, den er ihr hinterließ, es sei ein Stück von ihr geworden, sagt sie Jekyll. Und immer noch bringt er es nicht über sich, sie zu berühren, sondern exorziert mit seiner Droge seinen Doppelgänger Hyde, um ihr näher zu kommen. Wieder einmal also: die Schöne und das Biest. Julia Roberts' strahlend schönes Gesicht scheint wie ein Schwamm alles Dunkle in den Bildern aufzusaugen und zu sublimieren.« (Brigitte Desalm, KÖLNER STADT-ANZEIGER, 27.4.1996) – Aber: »Was eine grandiose Geschichte um Eros, Abgrund und Selbsterkenntnis hätte werden können, scheitert. Nicht der Hauch eines Funkens zwischen Roberts und einem sich permanent selbst zitierenden Doppel-Malkovich, der kaum zu seinem Auftrag ›Dämonie‹ findet. Nur Glenn Close als Bordellmutter brilliert. Dafür bevorzugt Frears, dessen Regieführung seltsam ratlos wirkt, konsequent die Unterbelichtung, die dramaturgische Retardierung und eine statuarische Schauspielerführung. Der opfert Julia Roberts, bleich im Nachthemd durch dunkle Gänge rasend, ihre einmalige Fähigkeit, vor der Kamera zu verglühen. Weshalb sie jetzt unisono zur ›ernsthaften Schauspielerin‹ totgelobt wird.« [sim, TAGESSPIEGEL, 25.4.1996) [V]

MARY SHELLEYS FRANKENSTEIN

(MARY SHELLEY'S FRANKENSTEIN). USA 1994. **R:** *Kenneth Branagh.* **B:** *Frank Darabont, Stephen Lady.* **V:** *»Frankenstein oder Der moderne Prometheus« von Mary W. Shelley.* **K:** *Roger Pratt.* **SpE:** *Daniel Parker, Richard Conway.* **M:** *Patrick Doyle.* **D:** *Robert DeNiro (Kreatur), Kenneth Branagh (Victor Frankenstein), Helena Bonham-Carter (Elizabeth), Tom Hulce (Henry), Aidan Quinn (Walton), Richard Briers (Großvater), John Cleese (Prof. Waldmann), Robert Hardy (Prof. Krempe), Cherie*

Mary Shelleys Frankenstein

Lunghi (Victors Mutter), Ian Holm, Celia Imrie, Trevyn McDowell. F 123 Min.

Obwohl man die Verfilmungen des 1918 erschienenen Romans von Mary Shelley (laut Meinung vieler Experten der erste *echte* SF-Roman) kaum noch zählen kann, haben sich nur die wenigsten Filme, in denen *Frankenstein* im Titel auftaucht, an ihre Vorlage gehalten. Es gab nur einen Versuch, den Roman adäquat zu verfilmen: *Frankenstein, wie er wirklich war* (TV-Film, USA/GB 1973; Regie: Jack Smight). Die zweite Version, deren Titel vorgibt, sich an den Roman zu halten, hat aber weniger mit ihm zu tun, sondern lotet eher Victor Frankenstein und seinen Plan aus, dem Tod ein Schnippchen zu schlagen. Kenneth Branagh, offenbar mehr daran interessiert, was den Wissenschaftler antreibt, aus Leichenteilen ein Lebewesen zu erschaffen, zollt seiner Schöpfung nur wenig Beachtung. Zwar ist DeNiro als Frankensteins Kreatur so gut, daß der Film rasanter wird, sobald er auftaucht, doch hat ihr Schmerz weniger mit Einsamkeit als damit zu tun, dass sie ein Ungeheuer ist. Die Atmosphäre ist dicht und gibt einiges her. – »Branagh spielt Dr. Frankenstein als psychisch gequälten Vater. Robert DeNiro stellt das Geschöpf ohne das übliche Monster-Make-up dar, doch mit schauerlich vernähtem Körper, wie ein ängstlicher Sohn.« (John Clute, SCIENCE FICTION: THE ILLUSTRATED ENCYCLOPEDIA) [V]

MASK OF MURDER II

(DOPPELGANGER). USA 1992. **R:** *Avi Nesher.* **B:** *Avi Nesher.* **K:** *Sven Kristen.* **M:** *Jan A. P. Kaczmarek.* **D:** *Drew Barrymore (Holly Goodis), George Newborn (Patrick Highsmith), Dennis Christopher (Dr. Heller), Leslie Hope (Elizabeth), Dan Shor, Sally Kellerman, George Maharis, Nicole Hansen, Luana Anders. F 100 Min.*

TV-Film. Der Autor Patrick Highsmith (!) sucht einen Untermieter für seine Wohnung in Los Angeles. Die dralle Holly Goodis zieht bei ihm ein. Bald vögelt sie mit ihm. Später streitet sie ab, mit ihm im Bett gewesen zu sein. Patrick erkennt, dass mit Holly irgendwas nicht stimmt. Holly hingegen glaubt sich von einer Doppelgängerin verfolgt. Es deutet sich an, dass sie in New York ihre Mutter umgebracht hat. Ist Holly eine Nachfahrin von Dr. Jekyll? Sobald ihre Doppelgängerin geil ist oder mordend um die Häuser zieht, hat Holly ein Alibi. Tatsächlich gibt es da jemanden, nach dem die Polizei und ein falscher FBI-Mann fahnden. Patrick ermittelt privat; schließlich heißt er Highsmith. Der wahre Täter ist ein Meister der Maske und begnadeter Stimmenimitator. Schrille Lichteffekte stimmen den Zuschauer auf die Pointe ein. Der deutsche Filmtitel schwindelt vor, er sei eine Fortsetzung von *Investigator* (Originaltitel: MASK OF MURDER). [V]

MASKE DES GRAUENS

(LA CORRUPCION DE CHRIS MILLER). Spanien 1972. **R:** *Juan Antonio Bardem.* **B:** *Santiago Moncada.* **K:** *Juan Gelpi.* **M:** *Waldo de los Rios.* **D:** *Jean Seberg (Mrs. Miller), Marisol (Chris Miller), Barry Stokes (Barney), Perla Cristal, Rudy Gaebel, Gerard Tichy, Antonio Vidal Molina, Juan Bardem, Gustavo Re, Antonio Parra. F 108 Min.*

Die junge Christine Miller, die an den Folgen einer Vergewaltigung leidet, fürchtet sich vor dem Tramper Barney, den ihre Mutter bei sich aufgenommen hat – denn im Radio hört man von einem irren Killer, der Dutzende von Menschen umgebracht hat. Ist er's oder ist er's nicht? [V]

MASKE DES ROTEN TODES

(EDGAR ALLAN POE'S MASQUE OF THE RED DEATH/THE MASQUE OF THE RED DEATH). USA 1989. **R:** *Larry Brand.* **B:** *Daryl Haney, Larry Brand.* **V:** *Erzählung »Die Maske des Roten Todes« von Edgar Allan Poe.* **K:** *Edward Pei.* **M:** *Mark Governor.* **D:** *Adrian Paul (Prospero), Patrick MacNee (Machiavelli), Clare Hoak (Julietta), Jeffrey Oster-*

Mask Of Murder II

hage (Claudio), Tracy Reiner (Lucrecia). F (85) 79 Min.
Remake des Films *Satanas – Das Schloß der blutigen Bestie* (USA/GB 1964: Regie: Roger Corman). – Der sadistische Prinz Prospero hat sich in seiner Burg gegen die Pest hermetisch abgeschlossen und wähnt sich in Sicherheit. Während seine Gäste einen ausgelassenen Maskenball feiern, verliebt er sich in das Bauernmädchen Julietta, doch der »Rote Tod«, der das Land entvölkert, ist nicht fern. [V]

DIE MASKE DES ROTEN TODES

Anderer Titel für SATANAS – DAS SCHLOSS DER BLUTIGEN BESTIE

DER MASSENMÖRDER VON LONDON

(TOWER OF LONDON). USA 1963. **R:** *Roger Corman.* **B:** *Leo V. Gordon, Amos Powell, James B. Gordon.* **K:** *Floyd Crosby.* **M:** *Michael Anderson.* **D:** *Vincent Price (Richard von Gloucester), Michael Pate (Sir Ratcliffe), Joan Freeman (Margaret), Robert Brown (Sir Justin), Justice Watson (Edward IV.), Sara Selby (Königin), Richard McCauley (Clarence), Eugene Martin (Edward V.), Sandra Knight (Miss Shore), Richard Hale (Tyrus), Donald Losby (Richard), Joan Camden (Anne). SW 80 Min.*
England, 1483: Nach dem Tod Edwards IV. werden dessen minderjährige Söhne der Obhut von Edwards Bruder Clarence unterstellt. Richard von Gloucester, sein zweiter Bruder, der nach der Krone strebt, inszeniert daraufhin ein Mordkomplott ohnegleichen, um sich sämtlicher Rivalen zu entledigen. Nachdem er nahezu die ganze Verwandtschaft ausgerottet hat, verfällt er dem Wahnsinn: Von Albträumen geplagt, in denen ihn die Geister seiner Opfer jagen, bringt er sogar seine Frau um. Als seine Truppen auf dem Schlachtfeld dahingemetzelt werden, hat er eine letzte, gespenstische Vision: Die Toten fordern Rechenschaft von ihm. Richard taumelt und stürzt in das Schwert eines toten Soldaten. – Roger Corman inszenierte diesen Film innerhalb von 15 Tagen mit einem Minimalbudget. Als Vorlage diente ihm Rowland V. Lees *Der Henker von London* (USA 1939), in dem Basil Rathbone die Hauptrolle spielte. Der Film wurde weitgehend von der Presse ignoriert, und wenn er überhaupt besprochen wurde, hagelte es Verrisse oder man empfahl das fertige Produkt nur ausgesprochenen Corman-Enthusiasten. – »Königsdrama à la Räuberpistole oder Shakespeare für Analphabeten«, meinte der FILMDIENST. – »Das Ganze mit ekligen Ausgeburten einer in mittelalterlichen Foltermethoden ausgefuchsten Vielschreiber-Phantasie und gelegentlich gerade soweit ironisch, dass man nicht dahinter kommen kann, ob die Ironie beabsichtigt oder unfreiwillig ist.« (???) Roger Corman: »Zu meiner großen Überraschung fand ich [kurz vom den Dreharbeiten] heraus, dass ich den Film in Schwarzweiß machen sollte. Irgendwie hatte kein Mensch daran gedacht, mir etwas davon zu erzählen. Ich war platt. Immerhin lebten wir ja im Jahr 1963. Ich hab den Film zwar gemacht, aber ich glaube, sein Manko war die fehlende Farbe ... Er hatte nicht die Durchschlagskraft, die er hätte haben können.« (zit. n. Ed Naha, THE FILMS OF ROGER CORMAN)

Der Massenmörder von London

MATHESON, RICHARD [BURTON]

(*1926). Amerikanischer Autor, geboren in Allendale, New Jersey. Studium des Journalismus an der University of Missouri. Matheson debütierte in Science Fiction-Magazinen, hat sich aber in allen phantastischen Genres umgetan und ist bekannt für seine unnachahmliche Art, Science Fiction und (Psycho-)Horror zu verquicken. Auch sein (verfilmter) SF-Roman »Ich, der letzte Mensch« bzw. »Ich bin Legende« (1954) handelt eigentlich von Vampiren. Seine Tätigkeit als Autor für Film und Fernsehen hat seinen literarischen Ausstoß beträchtlich verringert. Neben Episoden für phantastische TV-Serien wie *The Twilight Zone* (1959) und *Amazing Stories* (1985) sowie das Science Fiction/ Fantasy-Kino hat er auch eine ganze Reihe von Horror-Drehbüchern für Film und Fernsehen geschrieben. 1960: *House of Usher (Die Verfluchten)*; 1961: *The Pit And the Pendulum (Das Pendel des Todes)*; 1962: *Night of the Eagle (Hypno)*; *Tales of Terror (Der grauenvolle Mr. X)*; 1963: *The Raven (Der Rabe)*; *The Comedy of Terrors (Ruhe Sanft GmbH)*; 1964: *L'Ultimo Uomo de la Terra*; 1965: *Die! Die! My Darling (Das düstere Haus)*; 1968: *The Devil Rides Out (Die Braut des Teufels)*; 1971: *Omega Man (Der Omega-Mann)*; 1972: *The Night Stalker*; *Ghost Story (Zurück bleibt die Angst)*; *The Legend of Hell House (Tanz der Totenköpfe)*; *Duel (Duell)*; 1973: *The Night Strangler*; *Dracula (Dracula)*; 1974: *Scream of the Wolf*; 1975: *Trilogy of Terror (Trilogy of Terror)*; 1977: *Dead of Night*; 1983: *Twilight Zone: The Movie (Unheimliche Schattenlichter)*; *Jaws 3-D (Der weiße Hai 3-D)*; 1999: *Twilight Zone: Rod Serlings Lost Classics (Schrecken aus dem Jenseits)*; *Stir of Echoes (Echos - Stimmen aus der Zwischenwelt)*.

MAUSOLEUM

(MAUSOLEUM). USA 1981. **R:** *Michael Dugan.* **B:** *Robert Madero, Robert Barich.* **St:** *Katherine Rosenwink.* **K:** *Robert Barich.* **M:** *Jaime Mendoza-Nava.* **D:** *Marjoe Gortner (Oliver Farrell), Bobbie Bresee (Susan Farrell), Norman Burton (Dr. Simon Andrews), Maurice Sherbanee (Ben), La Wanda Page (Elsie), Laura Hippe (Tante Cora), Sheri Mann (Dr. Roni Logan), Julie Christy Murray (Susan als Kind). F 96 Min.*

Nachdem Susan Farrell als Zehnjährige einen Ausflug ins Mausoleum ihrer Familie unternommen hat, steckt der Teufel in Form eines Fluchs in ihr. Als ihr Gatte Oliver dahinter kommt, ist es fast schon zu spät – Susan hat sich in eine blutrünstige Mordbestie verwandelt. Hilfe kommt jedoch von Dr. Andrews, einem cleveren Psychiater, der den Dämon besiegen kann. – Für einen Film, dessen Budget ungefähr bei $ 25 lag, kommen die horriblen Schauereffekte ganz passabel rüber, aber die Fälle von dämonischer Besessenheit nehmen allmählich dermaßen überhand, dass es an der Zeit wäre, eine Kampagne gegen sie zu starten.

MAYA

(MAYA). Italien 1989. **R:** *Marcello Avallone.* **B:** *Marcello Avallone, Andrea Purgatori, Maurizio Tedesco.* **V:** *»At School With the Warlock« von Fernando Lopez.* **K:** *Silvano Ippoliti.* **SpE:** *Rosario Prestopini, Franco Casagni.* **M:** *Gabriele Ducros.* **D:** *Mariella Valentini (Lisa), Peter Phelps (Peter), Cyrus Elias (Francisco), William Berger (Slivak), Mariangelica Ayala (Jahaira), Mirella D'Angelo, Erich Wilpret, Tullio Cavalli, Antonella Fassari, Mirella d'Angelo, Antonella Angelucci, Vilma Ramia, Enrique Soto. F 82 Min.*

Amerikanischer Geisterforscher in Yucatan beschwört einen gefürchteten Maya-Dämon, so dass ihn sein Schicksal bald ereilt. Seine Tochter stößt auf einen blutrünstigen Kult. Stümperhafter Sex-Horrorstreifen, der endloses Blech über das Übernatürliche schwafelt und sich um Logik wenig schert. [V]

MAYNE, FERDY

(1916–1998). Als Ferdinand Mayer-Boerckel in Mainz geboren, wo ihn die Fasnacht inspirierte, Schauspieler zu werden. Verließ Deutschland und fand kleinere Rollenangebote im britischen Kino. Als Roman Polanski ihn bei einer Gelegenheit übernächtigt mit blutunterlaufenen Augen sah, bekam Mayne 1966 den Part des Grafen Krolock in *Dance of the Vampires (Tanz der Vampire)*. 1970: *The Vampire Lovers (Gruft der Vampire)*; 1971: *Vampire Happening – Gebissen wird nur nachts*; 1981: *The Horror Star*; 1990: *My Lovely Monster*; 1992: *Howling II Stirba – Werewolf Bitch*. 1986 als Graf Dracula in der TV-Serie *Frankenstein's Auntie*.

MEIN BRUDER KAIN

(RAISING CAIN). USA 1991. **R:** *Brian De Palma.* **B:** *Brian De Palma.* **K:** *Stephen H. Burum.* **M:** *Pino Donaggio.* **D:** *John Lithgow (Carter/Kain/Dr.*

Ferdy Mayne

Nix/Josh/Margo), Lolita Davidovich (Jenny), Steven Bauer (Jack), Frances Sternhagen (Dr. Waldheim), Gregg Henry (Lt. Terri), Mel Harris (Sarah), Teri Austin, Barton Hayman, Gabrielle Charteris. F 92 Min.
Psycho-Thriller. Kinderpsychologe (Spezialgebiet: Schizophrenie), der selbst schwer einen an der Waffel hat, lässt von seinen beknackten Söhnen Kinder entführen, um sie als Studienobjekte zu nutzen und deren Mütter kurzerhand um die Ecke bringen. – Eine rasant geschnittene, parodistische Geschmacklosigkeit mit brillanter Kameraarbeit. [V]

MEIN FREUND, DER ZOMBIE

(MY BOYFRIEND'S BACK). USA 1993. **R:** *Bob Balaban.* **B:** *Dean Lorey.* **K:** *Mac Ahlberg.* **M:** *Harry Manfredini.* **D:** *Andrew Lowery (Johnny Dingle), Traci Lind (Missy McCloud), Austin Pendleton (Dr. Bronson), Cloris Leachman (Maggie, Zombie-Expertin), Danny Zorn, Edward Herrmann, Mary Beth Hurt, Matthew Fox, Jay O. Sanders, Libby Villari, Paul Dooley, Ed Neal. F 81 Min.*
Teenie-Horror-Klamotte (Arbeitstitel: *Johnny Zombie):* Beim Versuch, einer Kleinen seiner Wahl zu imponieren, wird der junge Johnny Dingle erschossen, steigt aber umgehend aus dem Grab, um das Mädel zum Schulball zu begleiten. Zwischendurch muss er natürlich Menschenfleisch konsumieren, um nicht vorher zu verwesen.

MEIN GOTT, FRANKENSTEIN

Anderer Titel für ABBOTT UND COSTELLO TREFFEN FRANKENSTEIN

MEIN NACHBAR, DER VAMPIR

(FRIGHT NIGHT II). USA 1988. **R:** *Tommy Lee Wallace.* **B:** *Miguel Tejada Flores, Tim Metcalfe, Tommy Lee Jones.* **K:** *Tom Holland.* **SpE:** *Gene Warren jr.* **M:** *Mark Irwin.* **D:** *Roddy McDowall (Peter Vincent), William Ragsdale (Charley Brewster), Traci Lin (Alex), Russell Clark (Belle), Julie Carmen (Regine), Jonathan Gries (Louie), Brian Thompson (Bozworth), Merrit Butrick (Richie), Ernie Sabella (Dr. Harrison), Matt Landers (Mel), Josh Richman (Fritzy), Karen Andrews (Mrs. Stern), Rochelle Ashana (Kunststudentin), Blair Tefkin (Beatrice), Alexander Folk (Sergeant). F 104 Min.*
Vorgeschichte: *Die rabenschwarze Nacht.* – Charley Brewster (der im vorherigen Teil seinen Nachbarn als Vampir entlarvt hat) und der Van Helsing-Verschnitt Vincent sind erneut auf Blutsauger-Jagd, wobei ihnen u.a. ein schwuler Jünger Draculas ins Netz geht. Charley wird zum Vampir gebissen, doch sein Versuch, die teuflische Nachbarin zu entlarven, endet mit der Einlieferung in eine Nervenklinik. Dennoch ist Hilfe nicht fern: Mit Unterstützung seiner Freundin Alex kann er die böse Vampirin einem Sonnenstrahl aussetzen und vernichten. [V]

MEIN TEUFLISCHER LIEBHABER

(MY DEMON LOVER). USA 1987. **R:** *Charles Loventhal.* **B:** *Leslie Ray.* **K:** *Jacques Haitkin.* **SpE:** *Craig Newman.* **Ma:** *Carl Fullerton, John Gaglione.* **M:** *David Newman.* **D:** *Scott Valentine (Kaz), Michelle Little (Denny), Robert Trebor (Charlie), Gina Gallego (Sonia Valdez), Alan Fudge (Phil Janus), Calvert De Forest (Kunde), Arnold Johnson (Fixer), Donovan Baker (Polizist), Teresa Bowman (Frau in U-Bahn), Dan Patrick Brady (Chip). F 86 Min.*
»Wer den Teufel liebt, darf keine Angst vor Hörnern haben.« Sobald Kaz 'ne Latte kriegt, verwandelt er sich in ein Ungeheuer, denn er steht unter dem Fluch einer Rumänin, deren Tochter er einst verführen wollte. Er kann ihm nur entrinnen, wenn er eine edle Tat begeht. Dies wächst sich nicht gerade zum Vorteil für seine

Beziehung zu der bescheidenen Denny aus, die sich nach mehreren in die Hose gegangenen Verhältnissen gerade in ihn verliebt – zumal in der Stadt gerade jemand unterwegs ist, der Frauen mordet. Ein Komödchen. [V]

MEINE MUTTER IST EIN WERWOLF

(MY MOM'S A WEREWOLF). USA 1989. **R:** *Michael Fischa.* **B:** *Mark Pirro.* **K:** *Bryan England.* **M:** *Barry Fasman.* **D:** *Susan Blakely, John Saxon, Katrina Caspary, John Schuck, Ruth Buzzi, Marcia Wallace, Marilyn McCoo, Forrest J (ohne Punkt) Ackerman. F 84 Min.*

Junge Frau wird vom Inhaber einer Tierhandlung bei der Mäusejagd in den dicken Zeh gebissen und erkennt, dass er eine besondere Art von Werwolf ist. Dass dies nicht ernst gemeint ist, war von den Machern beabsichtigt.

MEISTER DES GRAUENS

(THE PIT AND THE PENDULUM). USA 1990. **R:** *Stuart Gordon.* **B:** *Dennis Paoli. LV Edgar Allan Poe.* **K:** *Adolfo Bartoli.* **M:** *Richard Band.* **D:** *Lance Henrikson (Torquemada), Jonathon Fuller (Antonio), Rona de Ricci (Maria), Oliver Reed (Cardinal), Frances Bay (Esmeralda), Mark Margolis (Mendoca), Jeffrey Combs (Francisco), William Norris (Dr. Huesos). F 92 Min.*

Großinquisitor Torquemada verfällt beim Anblick Marias in Fleischeslust, erweist sich als impotent und schneidet ihr die Zunge raus. Gatte Antonio kann die vermeintlich Tote befreien, die fortan telepathisch mit ihm kommuniziert. Torquemada wird irre und endet in der Grube. Von Atmosphäre keine Spur, von der Phantasie des Originals erst recht nicht, und mit Poe hat die Geschichte ohnehin wenig zu tun. [V]

MEMORIAL DAY

(MEMORIAL DAY/MEMORIAL VALLEY MASSACRE). USA 1989. **R:** *Robert C. Hughes.* **B:** *Robert C. Hughes, Ford Frances Skrow.* **K:** *James Mathers.* **M:** *Jed Feuer.* **D:** *William Smith (General Mintz), Cameron Mitchell (Alan Sangster), John Kerry (George Webster), John Caso (Einsiedler), Eddie D. (Eddie), Charles Douglas (Mario), Dan S. Fambeau (Leon), Livingston Holmes (Sara), Dusty Woods (Emily), Christina Sullivan (Flo), Zig Roberts (Tom), Michael Inglese (Rick), Erin O'Leary (Wendy), David S. Perry (Walter), Michael Spenard (Chuck). F 92 Min.*

Irrer Schlitzer meuchelt auf einem Campingplatz und wird vom Sohn des Betreibers und einem Ex-Soldaten zur Strecke gebracht. Klischeehafter Primitiv-Horror. [V]

MEMORIAL VALLEY MASSACRE

Anderer Titel für MEMORIAL DAY

MEPHISTO-WALZER

(THE MEPHISTO WALTZ). USA 1971. **R:** *Paul Wendkos.* **B:** *Ben Maddow.* **V:** *»Mephisto-Walzer« von Fred Mustard Stewart.* **K:** *William W. Spencer.* **SpE:** *Howard A. Anderson.* **M:** *Jerry Goldsmith.* **D:** *Alan Alda (Myles Clarkson), Jacqueline Bisset (Paula Clarkson), Barbara Parkins (Roxanne), Bradford Dillman (Bill Delancey), William Windom (Dr. West), Kathleen Widdoes (Maggie West), Pamelyn Ferdin (Abby Clarkson), Curt Lowens (Agenturchef), Gregory Morton (Kontrolleur), Janee Michelle (Freundin des Agenturchefs), Lilyan Chauvin (Autorin), Khigh Diegh (Zanc Theun), Alberto Morin (Bennett), Berry Kroeger (Raymont), Terence Scammell (Richard), Curd Jürgens (Duncan Ely). F 108 Min.*

Der erfolglose Pianist Clarkson hat beruflich umgesattelt und verdient sich seine Brötchen als Musikpublizist. Als er die musikalische Größe Duncan Ely interviewen darf, lernt er einen netten älteren Herrn kennen, der an Leukämie leidet und nicht mehr lange zu leben hat. Bevor Ely stirbt, macht er seinem Gast klar, dass er genau die richtigen Hände hat, um Rachmaninoff

Meine Mutter ist ein Werwolf

zu spielen. Auch Elys hübsche Tochter Roxanne übt einen anziehenden Einfluss auf Clarkson aus. Paula, die Gattin des Publizisten, beobachtet mit unangenehmen Gefühlen, wie sich ihr Mann von den Elys vereinnahmen lässt. Als sie während einer makabren Silvesterparty im Haus der Elys ein Buch über Satanismus findet, ist sie erschreckt. Als Ely das Zeitliche segnet, erbt Clarkson nach einer von Roxanne ausgeführten mysteriösen Zeremonie nicht nur dessen Geld, sondern auch das musikalische Talent des begnadeten Pianisten und dessen aggressive Sexbesessenheit. Dann hat Paula einen Albtraum, in dem der tote Duncan Ely ihre Tochter Abby verhext. Tatsächlich stirbt die Kleine binnen weniger Tage. Während Clarkson Elys Konzerttournee übernimmt und mit Roxanne ein intimes Verhältnis anfängt, sucht Paula Roxannes Ex-Mann auf. Von diesem erfährt sie, dass Roxanne ein inzestuöses Verhältnis mit ihrem Vater unterhalten und vor Jahren ein aus dieser Verbindung stammendes Ungeheuer geboren habe. Außerdem sei Elys Ehefrau vor 15 Jahren unter seltsamen Umständen gestorben. Der Mann kommt kurz darauf ebenfalls ums Leben, Paula selbst stirbt beinahe bei einem Zusammenstoß. Als sie im Hospital liegt, wird ihr klar, dass ihr Mann nur äußerlich ihr Mann ist: Duncan Ely ist zurückgekehrt, um in Clarksons Körper das blutschänderische Verhältnis mit Roxanne weiterzuführen. Paula merkt, dass auch sie bald sterben muss. In ihrer Verzweiflung geht auch sie einen Pakt mit dem Teufel ein: Sie begeht Selbstmord und reinkarniert im Leibe Roxannes ... – »Dem Film liegt das literarisch vorgeprägte Motiv des Teufelspaktes zugrunde, der geniale Musiker hat sich mit dem Teufel verbündet. Aus diesem Motiv lässt sich durchaus etwas machen, wie es Thomas Mann in seinem Roman ›Dr. Faustus‹ bewiesen hat. Die Filmstory dagegen ›glänzt‹ nur durch eine haarsträubende Trivialität, so dass sie eher angetan ist, dem Betrachter das kalte Grausen beizubringen als die üblichen Requisiten des Geisterbahn-Horrors, mit denen Wendkos seine Geschichte herausputzt.« (Peter Hasenberg, FILM-DIENST) – »Auf den ersten Blick (und sogar noch auf den zweiten) sieht *Mephisto-Walzer* [Roman Polanskis] *Rosemaries Baby* frappierend ähnlich: Auch hier haben wir den ehrgeizigen Ehemann, eine geplagte Ehefrau, heimtückische neue Bekannte, sympathische alte Freunde, ins Perverse abzielende Intimitäten und – schlussendlich – die Bestätigung der Existenz des Diabolischen.« (Jay Cocks, TIME) – »Abgesehen vom Inzestmotiv und ein paar kurzen Nacktszenen könnte man *Mephisto-Walzer* leicht für einen jener Schnellschüsse halten, die fürs Fernsehen produziert werden ... Trotz des ›teuflischen‹ Themas mangelt es diesem Produkt an ausreichendem Schock-Appeal. Was hauptsächlich an dem ermüdenden Drehbuch liegt, das voller sprachlicher Klippen und lächerlicher Sprüche ist: Die Akteure spucken sie mit einer Verve aus, als gelte es, den Kopf um jeden Preis über Wasser zu halten.« (VARIETY)

Mephisto-Walzer

DIE MERKWÜRDIGEN ABENTEUER DES MR. TOPPER

(TOPPER RETURNS). USA 1941. **R:** *Roy del Ruth.* **B:** *Jonathan Latimer, Gordon Douglas.* **K:** *Norbert Brodine.* **SpE:** *Roy Seawright.* **M:** *Werner R. Heymann.* **D:** *Roland Young (Cosmo Topper), Joan Blondell (Gail Richards), Billie Burke (Mrs. Topper), Dennis O'Keefe (Bob), Carol Landis (Ann Carrington), Eddie Anderson (Eddie), H. W. Warner (Car-*

rington), George Zucco (Dr. Jeris), Rafaela Ottiana (Lillian), Trevor Bardette (Rama), Patsy Kelly (Emily), Donald MacBride (Sgt. Roberts). SW 89 Min.
Mr. Cosmo Topper, der angesehene Präsident einer amerikanischen Bank, der leider mit Mut nicht sonderlich gesegnet ist (deswegen steht er auch unter dem Pantoffel seiner zänkischen und autoritären Ehefrau), wird auf einem finsteren Gruselschloss in eine wüste Mordgeschichte verwickelt. Da er jedoch seit seinem Abenteuer *Topper geht auf Reisen* (USA 1938; Regie: Norman Z. McLeod) einen – wenn auch unfreiwilligen – Draht in die Zwischenwelt hat und sich die Geister der Ermordeten zeitweilig für ihn sichtbar machen, gelingt es ihm, die Täter zu entlarven. – Eine pointierte und schlagkräftige Satire auf die haarsträubenden Gruselgeschichten den 1930er Jahre, voll köstlichen Humors und zahlreicher Slapstick-Einlagen. Absolut sehenswert! (Obwohl drei Filme mit Mr. Topper existieren, hat Thorne Smith nur zwei Bücher über diesen Charakter geschrieben. Dieser Film hat keine »echte« literarische Vorlage; es wurde lediglich nach Smith-Motiven gearbeitet.

MESSIAS DES BÖSEN

(DEAD PEOPLE/MESSIAH OF EVIL). USA 1975. **R:** *Willard Huyck, Gloria Katz.* **B:** *Willard Huyck, Gloria Katz.* **K:** *Stephen M. Katz.* **M:** *Phillan Bishop.* **D:** *Michael Greer (Tom), Marianna Hill (Arletty), Joy Bang (Toni), Anita Ford (Laura), Elisha Cook jr. (Charley), Royal Dano (Joseph Long). F 85 Min.*
Eine junge Frau landet auf der Suche nach ihrem Vater in einem amerikanischen Küstenort, dessen Bewohner einem teuflischen Kannibalenorden anhängen und insgeheim die Weltherrschaft anstreben. Die Freunde der Heldin kommen ums Leben, sie selbst landet im Irrenhaus.

DIE MEUTE

(THE PACK). USA 1977. **R:** *Robert Clouse.* **B:** *Robert Clouse.* **V:** *David Fisher.* **K:** *Ralph Woolsey.* **M:** *Lee Holdridge.* **D:** *Joe Don Baker (Jerry), Hope Alexander-Willis (Millie), Richard B. Shull (Hardiman), R. G. Armstrong (Cobb), Ned Wertimer (Walker), Bibi Besch (Marge), Delos V. Smith (McMinnimee), Richard O'Brien (Dodge), Sherry Miles (Lois), Paul Wilson (Tommy), Eric Knight (Guy), Steve Lytle (Paul), Rob Narke, Peggy Price (Ehepaar), Steve Butts (Bobby). F 99 Min.*
Tollwütige Köter terrorisieren zwei Familien, die auf einer kleinen Insel leben. Preiswert produzierte Durchschnittsware, aber durchaus spannend. [V]

MIDNIGHT COP

(NICK KNIGHT). USA 1989. **R:** *Farhad Mann.* **B:** *James D. Parriott.* **K:** *Frank Beascoechea.* **M:** *Joseph Conlan.* **D:** *Rick Springfield (Nick Knight), John Kapelos (Don Schanke), Robert Harper (Dr. Brittington), Richard Fancy (Captain Brunetti), Laura Johnson (Alyce Hunter), Michael Nader (Lacroix), Cec Verrell (Janette), Craig Richard (Fenner), Al Fann (Dedrick). F 88 Min.*
TV-Film. Ein Polizist, von dem niemand ahnt, dass er ein moderner Vampir ist, ermittelt zusammen mit einer Archäologin in einer Mordserie, deren Opfer blutleer sind, und begegnet einem Wesen seiner Art. Lahmer Pilotfilm einer nicht weniger lahmen Fernsehserie. [V]

MIDNIGHT KILLER

(MORIRAI A MEZZANOTTE). Italien 1986. **R:** *John Old jr. [Lamberto Bava].* **B:** *John Old jr. [Lamberto Bava], Dardano Sacchetti.* **K:** *Gianlorenzo Battaglia.* **M:** *Claudio Simonetti.* **D:** *Valeria d'Obici, Leonardo Treviglio, Paolo Malco, Lea Martino, Eliana Hoppe, Lara Wendel, Loredana Romiti, Massimo Baratta, Barbara Scoppa. F 85 Min.*
Der irre Killer, den wir alle kennen, mordet wieder. Diese Brüder und die Autoren, die derlei für originell halten, sind offenbar nicht totzukriegen. [V]

Die merkwürdigen Abenteuer des Mr. Topper

MIDNIGHT KISS

(MIDNIGHT KISS). USA 1992. **R:** *Joel Bender.* **B:** *John Weidner, Ken Lamplugh.* **K:** *Alan Caso.* **SpE:** *S.O.T.A. FX.* **M:** *Emilio Kauderer, Rolfe Kent.* **D:** *Michelle Owens (Carrie Blass), Gregory A. Greer (Vampir), Michael McMillen (Dennis Blass), Robert Miano (Captain Nicoletti), B. J. Gates (Willis), Michael Shawn (Ross), Darla Grant (Carol), Celeste Yarnell (Sheila). F 81 Min.*

Ein gestaltwandelnder Blutsauger, der seine Opfer in der nächtlichen Großstadt sucht, wird von der Polizei anfangs für einen Triebtäter gehalten. Die Polizistin Carrie, die sich als Bordsteinschwalbe tarnt, um ihn anzulocken, wird jedoch, nachdem er sie gebissen hat, eines Besseren belehrt: Fortan hat sie eine merkwürdige Aversion gegen Sonnenlicht und verfügt über eigenartige neue Kräfte. – »Genre-Kino vom Feinsten.« (MOVIESTAR) [V]

DER MIETER

(LE LOCATAIRE/THE TENANT). Frankreich/USA 1976. **R:** *Roman Polanski.* **B:** *Gerard Brach, Roman Polanski.* **V:** *»Der Mieter« von Roland Topor.* **K:** *Sven Nykvist.* **M:** *Philippe Sande.* **D:** *Roman Polanski (Trelkovsky), Isabelle Adjani (Stella), Shelley Winters (Concierge), Melvyn Douglas (Zy), Jo van Fleet (Madame Dioz), Lila Kedrova (Mme. Gaderian), Bernard Fresson (Scob), Rufus (Badar), Claude Pieplu (Nachbar), Jacques Monod (Cafébesitzer), Patrice Alexandre (Robert), Josiane Balasko (Viviane), Jean Pierre Bagot (Polizist), Michel Blanc (Scobs Nachbar), Jacky Cohen (Stellas Freundin), Florence Blot (Mme. Zy), Claude Dauphin (Mann beim Unfall), Bernard Donnadieu (Kellner), Alain Frerot (Bettler), Gerard Jugnot (Büroangestellter), Raoul Guylad (Priester), Helena Manson (Oberschwester), Arlette Reinerg (Anhalterin), Eva Ionesco (Mme. Gaderians Tochter), Gerard Pereira (Säufer), Maite Nahyr (Lucille), André Penvern (Kellner), Dominique Poulange (Simone Choule), Serge Spira (Philippe), Jaques Rosny (Jean-Claude), Vanessa Vaylord (Martine), François Viaur (Polizist). F 126 Min.*

Der schüchterne, einsame Junggeselle Trelkovsky sucht eine einfache, kleine Wohnung. Trelkovsky, ein von Natur aus furchtsamer und sensibler Angestellter, wird von seinen Mitmenschen kaum akzeptiert und als Mensch zweiter Klasse behandelt, nur weil er anderer Herkunft ist. Er lebt, ohne die anderen zu stören, ist immer bereit, Rücksicht zu nehmen, fast selbstzerstörerisch rücksichtsvoll und leise zu sein. Trelkovsky hat von einem möglicherweise frei werdenden Appartement gehört. Die Vormieterin Simone Choule hat sich vor ein paar Tagen aus dem Fenster gestürzt; sie liegt schwer verletzt im Krankenhaus. Sensationslüstern zeigt die Concierge Trelkovsky nicht nur die Wohnung und den Fensterblick, sondern auch die Stelle, an der die Vormieterin das Glasdach durchschlagen hat, versichert ihm aber zynisch, dass Simone den Sturz sicher nicht überleben werde. Bevor Simone stirbt, besucht Trelkovsky sie aus Mitgefühl im Krankenhaus. An ihrem Bett lernt er deren Freundin Stella kennen. In den nächsten Tagen sieht er sich wiederholt Beschwerden seiner Nachbarn ausgesetzt. Er mache zu viel Lärm. Er entschuldigt sich, verspricht Abhilfe. Er lädt keine Freunde mehr ein, läuft in Pantoffeln herum, kehrt abends wiederholt nicht mehr heim. Langsam wird die Atmosphäre im Haus immer ungemütlicher. Neue, unbegründete Vorwürfe treffen ihn. Er fühlt sich beobachtet und verfolgt. Allmählich ergreift ihn Panikstimmung, er glaubt sich bedroht. Seit Trelkovsky das Appartement bewohnt, lässt er immer mehr von seinen Gewohnheiten ab und nimmt die Gewohnheiten seiner Vormieterin an. Er lebt nicht nur in ihren Möbeln, er mischt sich in ihre Vergangenheit ein, liest ihre Briefe, sucht ihre Freunde, nimmt im nahen Café ihren Stammplatz ein. In der Wohnung fühlt er sich nicht mehr sicher. Er glaubt, die anderen Bewohner hätten sich miteinander gegen ihn verschworen, um ihn zu zwingen, ebenfalls aus dem Fenster zu springen. Fieberkrämpfe, Unwohlsein, Halluzinationen, Wahnvorstellungen! Trelkovsky wird Simone Choule. Er schminkt sich, legt sich eine Langhaarperücke, hochhackige Schuhe zu, zieht Kleider von Simone an. Albträume, Klopfen in der Wand, Schritte vor der Tür! Er schiebt Möbel vor Tür und Fenster. Seine letzte Rettung, so glaubt er, ist Stella. Doch auch bei ihr fühlt er sich verfolgt und kehrt enttäuscht zurück. Wieder in der Wohnung, gibt er den Widerstand auf. Er will endlich Ruhe finden. Er zieht sich wie Simone an und springt durch das Fenster in den Hof. Da er nicht sofort tot ist, schleppt er sich die Treppen hinauf, verschmiert dabei mit Absicht sein Blut im Treppenhaus; dann springt er erneut. Im Krankenhaus wacht er aus dem Koma auf. Durch den Augenschlitz seiner Kopfbandagen sieht er sich selbst an seinem Bett stehen, genau so wie er am Anfang vor Simone stand. – Ein Höhepunkt gleich zu Beginn: eine mit Hitchcock *(Das Fenster zum Hof)* zu vergleichende kreisförmig aufsteigende Kranfahrt, die den Betrachter mit der hässlichen Hinterhoffassade eines größeren Mietshauses vertraut macht – blinde Fenster, dahinter schattenhaft undeutliche Gestalten, Todesengel. Zahlreich sind die bewusst oder unbewusst gemachten Anleihen bei Buñuel, Cocteau, Lang, Clouzot, Hitchcock und Polanski (!). Polanski verfügt, wie *Ekel* und *Rosemaries Baby* zeigen, über ein nahezu virtuoses Können, um ein Klima der Einsamkeit, Furcht und Angst, des Verfolgungswahns, der Albträume und Halluzinationen zu erzeugen. *Der Mieter* wirkt dagegen über weite Strecken zu oberflächlich, zu verspielt, nicht konzentriert genug. »Auch wenn seine Formen oft nur noch Formeln sind, macht Polanski ... dank vorzüglicher Akteure und einer erstklassigen Crew am Set ... noch formidables Kino.« (MEDIUM) – »Ein leiser Horrorfilm über banale Schrecknisse.« (DIE ZEIT). Den Wirt des Cafés spielt übrigens der Biochemiker und Physiologe Jacques Monod (»Zufall oder Notwendigkeit«), Nobelpreisträger für Medizin 1965, ein guter Freund Polanskis, der kurz nach den Dreharbeiten starb. [V]

MIMIC

(MIMIC). USA 1997. **R:** *Guillermo Del Toro.* **B:** *Del Joro, Matt Greenberg, Matthew Robbins.* **V:** *Erzählung »Mimic« von Donald A. Wollheim.* **K:** *Dan Laustsen.* **M:** *Marco Beltrami.* **D:** *Mira Sorvino (Susan Tyler), Jeremy Northam (Peter Mann), Josh Brolin (Josh), Giancarlo Giannini (Manny), Charles Dutton (Leonard), Alexander Goodwin (Chuy), Alix Koromzay (Remy), F. Murray Abraham (Dr. Gates), James Costa (Ricky), Javon Barnwell (Davis), Norman Reedus (Jeremy). F 106 Min.*

Empfehlenswerter Insektenhorror: Eine Wissenschaftlerin bekämpft in Manhattan eine Kakerlakenseuche, der bereits mehrere Kinder zum Opfer gefallen sind, ausgerechnet mit einem zur Mutation fähigen Insekt, das später für Grauen in klaustrophobischen U-Bahnschächten sorgt. – »Wenn die mutierten Riesenviecher nicht im Bild sind, hat der Film auch seine stärksten Momente. Gerade die Szenen, die die Einsamkeit und Abgeschlossenheit der Schauspieler vom Rest der Welt schildern, sind sehr beklemmend und von einer hervorragenden Kameraarbeit eingefangen.« (Jörg Krömer, ANDROMEDA-NACHRICHTEN)

MIRROR, MIRROR

(MIRROR, MIRROR). USA 1990. **R:** *Marina Sargenti.* **B:** *Annette Cascone, Gina Gasconne, Yuri Zeltser, Marina Sargenti.* **K:** *Robert Brinkann.* **M:** *Jimmy Lifton.* **D:** *Karen Black (Mrs. Gordon), Rainbow Harvest (Megan Gordon), Kristin Dattlio (Nikki Chandler), Ricky Paull Goldin (Ron), Charlie (Charleen Kane), Yvonne de Carlo (Emelin), William Sanderson (Mr. Veze). F 104 Min.*

Die nach dem Tode ihres Mannes leicht überspannte Mrs. Gordon zieht mit ihrer schüchternen und introvertierten Tochter Megan ins Haus der Geschwister Weatherworth. Eine der Schwestern öffnete durch einen Spiegel das Tor ins Dämonenreich und wurde von ihrer Schwester getötet, damit der Horror ein Ende nahm. Der Spiegel beeinflusst nun Megan, die in ihrem Neo-Punk-Look von ihren neuen Schulkameradinnen abgelehnt und verspottet wird. Nur die hübsche Nikki freundet sich mit ihr an. Nach und nach räumt das Mädchen durch den Spiegel alle aus dem Weg, die ihr was wollen – Mutter eingeschlossen. Schließlich bleibt nur Nikki übrig, die das Geheimnis des Spiegels gelüftet hat. Doch der Versuch, ihn zu vernichten, scheitert. Am Ende findet sich Nikki, nachdem sie die inbrünstige Bitte an den Spiegel gerichtet hat, alles ungeschehen zu machen, in der Vergangenheit wieder. Sie und Megan haben sich in die Geschwister Weatherworth verwandelt, und Nikki kniet mit dem blutigen Messer über der Leiche Megans, ihrer Schwester. – Ein B-Film, der rein gar nichts Neues bietet. AIDT [V]

MISERY

(MISERY). USA 1990. **R:** *Rob Reiner.* **B:** *William Goldman.* **V:** *»Sie« von Stephen King.* **K:** *Barry Sonnenfeld.* **M:** *Marc Shaiman.* **D:** *James Caan (Paul Sheldon), Kathy Bates (Annie Wilkes), Richard Farnsworth (Buster), Frances Sternhagen (Virginia), Lauren Bacall (Marcia Sindell). F 108 Min.*

Der Schriftsteller Paul Sheldon wird nach einem Autounfall von der pummeligen Krankenschwester Annie gefunden, die in einem abgelegenen Haus lebt – ohne freilich jemandem etwas von seinem Schicksal zu berichten. Sheldon erkennt, dass sie eine begeisterte Leserin seiner

Misery

Romane und eine durchgedrehte Psychopathin ist, die nicht daran denkt, ihn wieder freizulassen. Annie zwingt den Hilflosen mit rüden Methoden, einen neuen Roman zu verfassen und eine Figur wieder zum Leben zu erwecken, in die sie vernarrt ist. Trotz der ihn behindernden Verletzungen lässt Sheldon nichts unversucht, um der Irren zu entfliehen. – In den Niederungen des Trivialen tätige Autoren können ein Lied davon singen: Niemand wird mehr belästigt als der gemeine Schreiber von Unterhaltungsware – Stephen King inklusive. Nachdem bereits ein durchgedrehter Fan in sein Haus eindrang, ist die Vorstellung, solchen Leuten in die Krallen zu geraten, offenbar sein Albtraum. Der Film setzt seine Vision flott, spannend und mit schrägem Humor um und gehört zu den besseren Produktionen, die auf seinem Werk basieren. [V]

MIT MOTORSÄGEN SPASST MAN NICHT

(HOLLYWOOD CHAINSAW HOOKERS). USA 1987. **R:** *Fred Olen Ray.* **B:** *Fred Olen Ray, T. L. Lankford.* **K:** *Scott Ressler.* **M:** *Michael Perilstein.* **D:** *Gunnar Hansen (Kultführer), Linnea Quigley (Samantha Kelso), Jay Richardson (Jack Chandler), Michelle Bauer (Mercedes), Dawn Wildsmith (Laurie), Dennis Mooney, Jerry Fox, Esther Alyse, Tricia Burns, Michael D. Sonye. F 82 (74) Min.*

Der Privatdetektiv Chandler, der sich seine Brötchen mit dem Aufspüren vermisster Personen verdient, stößt bei der Suche nach einer gewissen Samantha auf die sektiererischen Tempeldienerinnen der altägyptischen Gottheit »Hilti« (Bru-haha!), die ihre Blutopfer vorwiegend in den Reihen draller Mädchen suchen. Wie ulkig. [V]

DER MITTAGSMÖRDER

Anderer Titel für TODESANGST

DER MÖNCH MIT DER PEITSCHE

BRD 1967. **R:** *Alfred Vohrer.* **B:** *Alex Berg [Herbert Reinecker].* **V:** *»Der unheimliche Mönch« von Edgar Wallace.* **K:** *Karl Löb.* **M:** *Martin Böttcher.* **D:** *Joachim Fuchsberger (Inspektor Higgins), Uschi Glas (Ann Portland), Grit Böttcher (Betty Falks), Siegfried Schürenberg (Sir John), Konrad Georg (Keyston), Harry Riebauer (Mark Denver), Tilly Lauenstein (Harriet Foster), Ilse Pagé (Miss Finley), Siegfried Rauch (Frank Keeney), Claus Holm (Glenn Powers), Günter Meisner (Greaves), Hans Epskamp (Bannister), Heinz Spitzner (Harrison), Jan Hendriks (Brent), Rudolf Schündler (Sgt. Hanfield), Kurt Waitzmann (Carrington), Tilo von Berlepsch (Dr. Shinewood), Susanne Hsiao (June Ball), Ewa Strömberg (Pam Walsbury), Suzanne Roquette (Mary Houston), Narziss Sokatcheff (Chris Bantling), Kurt Buecheler (Robson). SW 88 Min.*

Erbschleicherischer Onkel einer Millionenerbin, die in einem gruseligen Schlossinternat aufwächst, verdingt sich dortselbst in Verkleidung als trotteliger Hausmeister und lässt durch eine ihm hörige weibliche Kreatur (die bei Tageslicht seine Chefin mimt) diverse Girls aus dem Weg räumen: In Gestalt des mysteriösen »Mönchs mit der Peitsche« soll sie viele hübsche Mädchen umbringen, damit Scotland Yard nicht vermutet, dass jemand es auf eine bestimmte junge Dame abgesehen hat. Schlau, was? Bloß hat er die Rechnung ohne Blacky Fuchsberger gemacht. – »Alfred Vohrer inszenierte den Film total auf Effekt, für den die Logik auf der Strecke bleiben musste ... Jedoch: die Spannung goutieren und die Unlogik ignorieren, war immer die Devise des Publikums der Wallace-Filme.« (Florian Pauer, DIE EDGAR WALLACE-FILME)

DER MÖRDER HINTER DER TÜR

(QUELQUE UN DERRIERE LA PORTE/ QUALCUNO DIETRO LA PORTA). Frankreich/Italien 1970. **R:** *Nicolas Gessner.* **B:** *Marc Behm, Jaques Robert, Nicolas Gessner.* **V:** *Jaques Robert.* **K:** *Pierre Lhomme.* **M:** *Georges Gavarentz.* **D:** *Anthony Perkins (Laurence Jeffries), Jill Ireland (Frances Jeffries), Charles Bronson (Unbekannter), Henri Garcin (Paul), Adriano Magistretti (Andrew), Agathe Natanson (Lucy), Viviane Everly (Junge Frau), André Penvern (Assistenzarzt), Carl J. Studer, Colin Mann, Denise Peronne, Isabelle del Rio, Silvana Blasi, Yves Elliot. F 95 Min.*

Der Arzt Laurence Jeffries hat Schwierigkeiten mit seiner Gattin Frances: Sie hat sich einen Liebhaber zugelegt, den er aus dem Weg räumen möchte, ohne dafür belangt zu werden. Ein Unbekannter, den er behandelt, da dieser an Gedächtnisschwund leidet, wird zu seiner Waffe. Jeffries redet dem Mann so lange eine fiktive Vergangenheit ein, bis er Frances' Liebhaber zu hassen beginnt und ihn tötet. Schwerfälliger Psycho-Krimi, in dem die Motivation der Akteure nie klar erkennbar wird.

DER MÖRDER MIT DER GARTENSCHERE

(SHOCK TREATMENT). USA 1964. **R:** *Denis Sanders.* **B:** *Sidney Boehm.* **V:** *»Der Mann mit der Gartenschere« von Winfred Van Atta.* **K:** *Sam Leavitt.* **SpE:** *L. B. Abbott.* **M:** *Jerry Goldsmith.* **D:** *Stuart Whitman (Dale Nelson), Carol Lynley (Cynthia), Roddy McDowall (Martin Ashley), Lauren Bacall (Dr. Edwina Beighley), Olive Deering (Mrs. Mellon), Ossie Davis (Capshaw), Donald Buka (Psychologe), Pauline Myers (Dr. Walden), Evadne Baker (Internistin), Robert Silke (Newton), Bert Freed (Josephson), Judith Dellart (Matrone), Judson Laire (Harley Manning), Lili Clark (Alice), Douglas Dumbrille (Richter). SW 93 Min.*

Der Gärtner Ashley murkst seine Brötchengeberin mit einer Gartenschere ab, lässt sich in eine Heilanstalt einliefern und behauptet, das Vermögen der Verblichenen (immerhin das erkleckliche Sümmchen von $ 1 Mio.) verbrannt zu haben. Da man sowohl seinem Wahnsinn als auch seiner Behauptung misstraut, wird der Schauspieler Dale Nelson als Spitzel in die Klinik eingeschleust. Die geldgierige Assistenzärztin Edwina Beighley, die ebenfalls gern wissen möchte, ob Ashley die Knete verbuddelt hat, kann Nelson jedoch enttarnen und unter Drogen setzen, damit er ihr nicht zuvorkommt. Dem Schauspieler gelingt die Flucht. Ashley kommt um, die Beighley landet – diesmal als Patientin – dort, wo sie hergekommen ist. Tja, da sieht man wieder, dass Verbrechen sich nicht lohnen!

DER MÖRDER WARTET SCHON

(I'VE BEEN WAITING FOR YOU). USA 1997. **R:** *Christopher Leitch.* **B:** *Duane Poole.* **V:** *Erzählung »Gallows Hills« von Lois Duncan.* **K:** *Jon Joffin.* **M:** *Starr Parodi, Jeff Eden Fair.* **D:** *Sarah Chalke (Sarah Zoltanne), Markie Post (Rosemary Zoltanne), Soleil Moon Frye (Kyra Thompson), Christian Campbell (Eric Garrett), Ben Foster (Charlie Gorman), Tom Dugan (Ted Rankin), Maggie Lawson (Debbie Murdock), Chad Cox (Kevin Lane). F 84 Min.*

»Wieder mal eine Geisterhausgeschichte mit verbrannten Hexen und mordenden Wiedergeburten.« (FILM-JAHRBUCH 2001)

MÖRDERISCH

(HOMICIDAL). USA 1961. **R:** *William Castle.* **B:** *Robb White.* **K:** *Burnett Guffey.* **M:** *Hugo Friedhofer.* **D:** *Glenn Corbett (Karl), Patricia Breslin (Miriam Webster), Jean Arless (Emily/Warren), Eugenie Leontovich (Helga), Alan Bunce (Dr. Jonas), Richard Rust (Jim Nesbitt), James Westerfield (Adrims), Gilbert Green (Lt. Miller), Wolfe Barzell (Olie), Hope Summers (Mrs. Adrims), Teri Brooks (Mrs. Forest), Ralph Moody, Joe Forte (Angestellte), William Castle (Erzähler). SW 87 Min.*

Miriam Webster und ihr Halbbruder Warren wurden während der Kindheit von einem Kindermädchen namens Helga betreut. Nun ist die alte Frau taubstumm und gelähmt. Sie lebt mit Warrens Frau Emily in einem alten Landhaus. Helga weiß, dass Emily wahnsinnig ist und den örtlichen Friedensrichter abgeschlachtet hat, aber sie ist unfähig, jemandem an ihrem Wissen teilhaben zu lassen. Miriam und ihr Freund Karl sind jedoch aufgrund des seltsamen Verhaltens Emilys beunruhigt. Sie sprechen mit Warren darüber. Karl will die Polizei informieren. Miriam und Warren gehen zum Landhaus, das Warren allein betritt. Als er nicht zurückkommt, folgt Miriam ihm und entdeckt Helgas Leiche. Plötzlich steht Emily mit einem langen Messer vor ihr. Sie muss entsetzt mit ansehen, wie sie ihre blonde Perücke abnimmt: Sie und Warren sind die gleiche Person. Emily will Miriam umbringen, aber der zufällig des Weges kommende Dr. Jonas greift ein und kann den Mord verhindern. Emily wird im allgemeinen Kampfgetümmel erschossen. – »Eine mörderisch veranlagte Frau, die sich als Mann verkleidet, bringt ihre Mitwisserin um. Schauerfilmchen auf Hitchcock-Spuren. Seine krause Scheußlichkeit geht bis zum Perversen«, fand der FILMDIENST (1961) und war damit einem schrägen Versuch der deutschen Synchronisateure aufgesessen, William Castles Killer-Thriller zu verfälschen: Der Mörder ist mitnichten eine Frau, die (wie die deutsche Fassung behauptet) als Kind gezwungen wurde, sich wie ein Junge zu kleiden und darüber den Verstand verlor, sondern ein homosexueller bzw. transsexueller Mann. Aber Transvestiten und Homosexualität waren damals kein Thema des deutschen Kinos. Obwohl man, sieht man genau hin, irgendwann in der Mitte ahnt, dass Emily und Warren ein und dieselbe Person sind, kommt die Enthüllung trotzdem wie ein Schock. Jean Arless spielt die Emily jedoch besser als Warren, was wohl damit zu tun hat, dass sie eine Frau ist. Ein stellenweise wirklich mörderisch spannender Film.

DIE MÖRDERKLINIK

(LA LAMA NEL CORPO/LES NUITS DE L'EPOUVANTE). Italien/Frankreich 1966. **R:** *Michael Hamilton [Elio Scardamaglia].* **B:** *Julian Berry [Ernesto Gastaldi], Martin Hardy [Sergio Martino].* **K:** *Marc Lane [Marcello Masciocchi].* **M:** *Frank Mason [Francesco de Masi].* **D:** *William Berger (Dr. Robert Vance), Françoise Prevost (Claudine), Mary Young (Lizabeth), Barbara Wilson (Mary), Delphi Maurin (Laura), Max Dean (Fred), Harriet White (Sheena), Phillippe Hersent, Ann Sherman, William Gold, Grant Laramy, Patricia Carr, Anne Field. F 87 Min.*

Im England der siebziger Jahre des 19. Jahrhunderts betreibt Dr. Vance eine Nervenklinik (» ... kein modernes mit Apparaturen und Hygiene, in dem vernünftige Leute Kranke heilen, sondern ein Kino-Irrenhaus, allein im Wald stehend«, FILMBEOBACHTER) Unter dessen Dach kommt es fortgesetzt zu grauenhaften Rasiermesser-Morden an den Patientinnen und dem Personal. Die Hauptverdächtigen sind a) Dr. Vance, der einst beschuldigt wurde, seine Schwägerin Laura beseitigt haben zu wollen, b) Laura, die seit diesem Tag so furchtbar entstellt ist, dass sie nur verschleiert herumläuft, c) ein Wärter, dem beim Liebesspiel ein Rasiermesser aus der Tasche rutscht, und d) Elizabeth Vance, die kränkliche, nörgelnde Gattin des Hausherrn, die sehr eifersüchtig ist (besonders auf die neue Krankenschwester Mary). Eine Erpresserin, die Vance nachts beim Vergraben einer Leiche beobachtet hat und dem rasenden Rasiermesser-Killer zum Opfer fiel, ist die Letzte, die in der Mörderklinik ihr Leben aushaucht. Als die vermummte Gestalt Mary an den Kragen will, steht ihr unerwartet jemand bei ... Gemein wie wir sind, verraten wir nix weiter, auch wenn der Film zu einem guten Grusler im gleichen Verhältnis steht wie »Der Bauchaufschlitzer und seine sieben sabbernden Höllenhunde« zu *Das Cabinet des Dr. Caligari*. – »Regie und Drehbuch liegen auf einem unübersehbaren Anfängerniveau, und die wenigen Versuche, ›Grauen‹ zu erzeugen, indem man Nahaufnahmen von Delphi Maurins von Säure entstelltem Gesicht zeigt, fallen schwerfällig aus.« (VARIETY)

MOM

(MOM). USA 1989. **R:** *Patrick Rand.* **B:** *Patrick Rand.* **K:** *David Sperling.* **M:** *Ernest Troost.* **D:** *Mark Thomas Miller (Clay Dwyer), Jeanne Bates (»Mom« Emily Dwyer), Mary McDonough (Alice), Art Evans (Lt. Hendrix), Brion James (Nestor Duvalier), Stella Stevens (Hure), Claudia Christian. F 92 Min.*

Eine merkwürdige Gestalt namens Nestor nagt in den Hinterhöfen von Los Angeles Jungfrauen an, was der Polizei nicht gefällt, die den Fall aber auch nicht klären kann. Eines Tages steht das Grauen vor der Tür der Rentnerin Emily, saugt sie aus und erwählt sich ihr Heim als neues Hauptquartier. Emilys Sohn, dem TV-Journalisten Clay, behagt die Wandlung seiner sich plötzlich auf vampirische Weise ernährenden Mama wenig, zumal sie auch noch zu einem eher männlich wirkenden Wesen mutiert. Es gibt keine andere Lösung: Mama muss sterben ... »Horrorfilm der blutigeren Sorte, der in den ersten 45 Minuten schwungvoll und witzig daherschnurrt, um sich dann langsam, aber sicher, in der zweiten Filmhälfte zu einem melodramatischen Kammerspiel zwischen Sohn und Mutter zu entwickeln.« (VIDEOWOCHE). Ein Film, der nicht so recht weiß, was er sein will: Blutiges Horrorspektakel oder Persiflage. [V]

DER MÖNCH UND DIE FRAUEN
(LE MOINE). Frankreich/Italien 1972. **R:** *Ado Kyrou.* **B:** *Luis Buñuel, Jean-Claude Carrière.* **V:** *»Der Mönch und die Frauen« von Matthew Gregory Lewis.* **K:** *Sacha Vierny.* **M:** *Piero Piccioni.* **D:** *Franco Nero (Ambrosio), Nathalie Delon (Mathilde), Nicol Williamson (Herzog), Nadja Tiller (Mutter), Eliana de Santis (Antonia), Elisabeth Wiener (Nonne), Denis Manuel, Agnes Capri, Maria Machado. F 98 Min.*
Mittelalterlicher Mönch verfällt einer Gesandten des Satans und verscherbelt demselben seine Seele, um ordentlich die Gelüste des Fleisches genießen zu können. – Der (katholische) FILMDIENST war dagegen.

MONDBLUT
(THE BEAST MUST DIE/BLACK WEREWOLF). GB 1974. **R:** *Paul Annett.* **B:** *Michael Binder.* **St:** *James Blish.* **K:** *Jack Hildyard.* **SpE:** *Ted Samuels.* **Ma:** *Paul Rabiger, Bobbie Smith.* **M:** *Douglas Gamley.* **D:** *Calvin Lockhart (Tom Newcliffe), Peter Cushing (Dr. Christopher Lundgren), Marlene Clark (Caroline Newcliffe), Anton Diffring (Pavel), Charles Gray (Arthur Bennington), Ciaran Madden (Davina Gilmore), Tom Chadbon (Paul Foote), Michael Gambon (Jan Jarmokowski), Sam Mansary (Butler), Andrew Lodge (Pilot), Eric Carte, Carl Bohen (Jäger). F 93 Min*
Der exzentrische schwarze Millionär Tom Newcliffe, der mit seiner Gattin in einem elektronisch gesicherten Haus lebt, lädt übers Wochenende Gäste ein, denn er ist überzeugt, dass sich einer von ihnen bei Vollmond in einen Werwolf verwandeln wird. Schon in der ersten Nacht wird der Mann, der das Sicherheitssystem bedient, tot aufgefunden. – Ein schöner, altmodischer Film, in dem uns die Frage »Wer ist der Täter?« tatsächlich interessiert. Außerdem bestens besetzt und eigentlich mehr Krimi als Horror.

MONDO BRUTALE
(THE LAST HOUSE ON THE LEFT/KRUG AND COMPANY/SEX CRIME OF THE CENTURY). USA 1972. **R:** *Wes Craven.* **B:** *Wes Craven.* **K:** *Victor Hurwitz.* **M:** *Steve Chapin, David Hess.* **D:** *David Hess (Krug), Lucy Grantham (Phyllis), Sandra Cassel (Mari Collingwood), Marc Scheffler (Junior), Jeramie Rain (Sadie), Fred Lincoln (Weasel), Gaylord St. James (Dr. Collingwood), Cynthia Starr (Mrs. Collingwood), Ada Washington (Ada). F 91 (80) Min.*
Ein psychopathisches mörderisches Quartett (drei Kerle, eine junge Frau) entführt, schändet und ermordet zwei Mädchen, die zu einem Konzert unterwegs sind. Später schleichen sie sich unter dem Vorwand einer Autopanne bei den Bewohnern eines abgelegenen Landhauses ein. Der freundliche Dr. Collingwood und seine Gattin sind jedoch die Eltern eines ihrer Opfer. Als sie zufällig erfahren, was die Ankömmlinge mit ihrer Tochter gemacht haben, bricht ihre bürgerliche Fassade zusammen und sie starten einen Rachefeldzug, der sie als ebenso kaltblütig zeigt wie ihre Gäste. – Das ist alles ziemlich sadistisch und primitiv gemacht und dürfte auch in der deutschen Fassung der Tiefpunkt in der Karriere Wes Cravens sein. AIDT [V]

MONDO CANNIBALE II: DER VOGELMENSCH
(ULTIMO MONDO CANNIBALE). Italien 1976. R: Ruggero Deodato. B: Tito Carpi, Gianfranco Clerici, Renzo Genta, Giancarlo Rossi. K: Marcello Masciocchi. SpE: Paolo Ricci. M: Ubaldo Continello. D: Massimo Foschi (Robert Harper), Me Me Lai, Ivan Rassimov, Sheik Razak Shirkur, Judy Rosly, Suleiman Shamsi. F 92 Min.
Mr. Harper, auf der Suche nach einem vermissten Ölsucher, bruchlandet mit einigen Begleitern auf der philippinischen Insel Mindanao, wird von einem Kannibalenvolk in den Urwald verschleppt und wie ein Vogel in einem Käfig gehalten. Er wird Zeuge unappetitlicher Tischmanieren, entflieht in Begleitung einer Einheimischen und wird von dem blutdurstigen Stamm verfolgt.

Mondblut

MONDO CANNIBALE III: DIE BLONDE GÖTTIN DER KANNIBALEN

(MONDO CANNIBALE/CANNIBALES). Frankreich/Spanien 1979. **R:** *Jess Franco.* **B:** *A. L. Marioux.* **K:** *Luis Columbo.* **M:** *Roberto Pregadio.* **D:** *Al Cliver (Johnny Taylor), Anne Marie Rosier (Barbara), Candy Coster [Lina Romay] (Anna), Jerome Foulon (Jerome), Anthony Mayans (Yacare), Annouka (Lena als Kind), Sabrina Siani (Lena als Erwachsene), Olivier Mathot (Oliver), Pamela Stanford (Elisabeth). F 90 Min.*

Ein Trupp junger Leute wird im Urwald von Borneo von einem Kannibalenstamm aufgerieben. – »Ein Inferno aus Wollust und Grausamkeit«, verheißt die Werbung. Leider werden die nötigen Kotztüten nicht mitgeliefert. AIDT

THE MONK

(THE MONK). Spanien/GB 1990. **R:** *Paco Lara.* **B:** *Paco Lara.* **V:** *»Der Mönch« von Matthew Gregory Lewis.* **K:** *Angel Luis Fernandez.* **M:** *Anton Garcia Abril.* **D:** *Paul McGann (Pater Lorenzo), Sophie Ward (Juan/Matilde), Isla Blair (Mutter Agueda), Freda Dowie (Schwester Ursula), Aitana Sánchez-Gijon (Schwester Ines), Laura Davenport (Dona Elvira), Suzanne Bertish (Schwester Mariana), Mark Elstob (Ramon), Manuel de Blas, Luis Hostalot. F 103 Min.*

Pater Lorenzo wird von einer Truppe, die sich nicht schämt, sich »Heilige Inquisition« zu nennen, auf dem Scheiterhaufen verbrannt, weil er einer Frau verfallen ist und deswegen einen Pakt mit dem Teufel geschlossen hat. Remake von *Der Mönch und die Frauen* (Frankreich 1972; Regie: Ado Kyrou) [V]

DIE MONSTER AG

(MONSTERS, INC.). USA 2001. **R:** *Pete Docter, Dave Silverman, Lee Unkrich.* **B:** *Jill Culton, Pete Docter, Dan Gerson, Ralph Eggleston, Jeff Pidgeon, Rhett Reese, Andrew Stanton.* **M:** *Randy Newman.* **Spr:** *Ilja Richter (Mike Wazowski), Reinhard Brock (James P. »Sulley« Sullivan), Martin Semmelrogge (Randall Boggs), Sissi Perlinger. F 85 Min. (Trickfilm).*

Das kleine Mädchen Buh bringt die kinderscheuen Monster von Monstropolis ganz schön auf Trab. Der schleimige Randall Boggs will die Kleine unbedingt ausschalten, um seinen Rivalen eins auszuwischen, aber das haarige Monster Sulley und sein glubschäugiger Kumpel Mike, die bei Kindern jede Menge Albträume bewirken (so dass deren Kreischen den Energiebedarf von Monstropolis sichert) entdecken irgendwann ihr Herz für sie. (Zuvor haben auch die Monster Angst vor den Blagen [Wer hätte das nicht angesichts dessen, was heute so an minderjährigen Delinquenten auf der Straße rumläuft?]), und so ist das Entsetzen groß, als Sulley und Mike Buh versehentlich von einem ihrer Schreckenstrips mit in die Monster-Welt bringen. Ganz zum Schluss kommt man auf die Lösung, dass man Energie nicht nur aus Schrecken, sondern auch aus dem Lachen der Kleinen beziehen kann (eine gute Idee: Es geht also auch ohne Atomstrom!). Jetzt ist Mikes Stunde gekommen ... Exzellente Animation, so toll, dass man schon nicht mehr wahrnimmt, dass sie aus dem Computer stammt. Der Plot geht auf *King Kong* und *Mighty Joe Young* zurück, darum essen die Monster auch mit Vorliebe bei Harryhausen's (ein Insider-Joke: Name einer Sushi-Bar).

DAS MONSTER AUF SCHLOSS MOORLEY

Anderer Titel für DIE MÖRDERKLINIK

Die Monster AG

MONSTER BUSTERS

(THE MONSTER SQUAD). USA 1987. **R:** *Fred Dekker.* **B:** *Shane Black, Fred Dekker.* **K:** *Bradford May.* **SpE:** *Richard Edlund.* **M:** *Bruce Broughton.* **D:** *Andre Gower (Sean Crenshaw), Robby Kriger (Patrick), Stephen Macht (Del Crenshaw), Duncan Regehr (Dracula), Tom Noonan (Ungeheuer), Brent Chalem (Horace), Ryan Lambert (Rudy), Ashley Bank (Phoebe), Michael Faustino (Eugene), Mary Ellen Trainor (Emily). F 79 Min.*

Sean und Patrick, die sich für ihr Leben gern mit Schundfilmen und entsprechender Lektüre beschäftigen, weswegen sie sich als Experten sehen, begegnen einigen prominenten Kino-Ungeheuern (Frankensteins Monster, Dracula und dem Werwolf), die scharf darauf sind, das Tagebuch des berühmten Vampirjägers Van Helsings in die Krallen zu kriegen, um auch weiterhin ewig zu leben. – Ein Filmspäßchen für die Kleinen, sofern sie in den USA aufgewachsen sind. [V]

MONSTER IM NACHTEXPRESS

(TERROR TRAIN). Kanada 1980. **R:** *Roger Spottiswoode.* **B:** *T. J. Drake.* **K:** *John Alcott, René Verzier, Peter Benison, Al Smith.* **M:** *John Mills-Cockell.* **D:** *Ben Johnson (Carne), Jamie Lee Curtis (Alana), Hart Bochner (Doc Manley), David Copperfield (Zauberkünstler), Derek MacKinnon (Kenny Hampson), Sandee Currie (Mitchy), Timothy Webber (Mo), Anthony Sherwood (Jackson), Howard Busgang (Ed), Steve Michaels (Charlie), D. D. Winters (Merry), Joy Boushel (Pet), Greg Swanson, Victor Knight. F 97 Min.*

Stell dir vor: Du bist ein schüchterner junger Studiosus, und an einem lustigen Silvesterabend sagt jemand (der für seine hinterhältigen Streiche bekannt ist): »He, Typ! In deiner Heia liegt gerade die knackige Alana; du weißt schon, die, mit der die ganze Uni mal ... möchte. Sie hat sich in dein Bettchen gelegt und wartet auf dich!« Genau das passiert unserem verklemmten Helden Kenny, der eiligst seine Gemächer aufsucht und sabbernd in sein Bett stürzt. *Aber was ist das?* KREISCH! OH, GOTTTT ... Man hat ihm eine betagte Leiche aus der Anatomie unter die Decke gelegt! Sensibel wie Kenny ist, sagt er der schnöden Welt Ade und zieht sich (gezwungenermaßen) in eine Gummizelle zurück. – Drei Jahre später feiern seine Kommilitonen ihr Examen mit einer nächtlichen Eisenbahnfahrt: Da wird geknutscht & gesoffen, dass die Schwarte kracht, und der Kurzweil wegen hat man auch einen Zauberkünstler engagiert. (1980 waren Studentinnen noch zu schüchtern, um für ihre Kommilitonen zu strippen). Doch schon bald wird die feine, zum Maskenball umfunktionierte Abschlussfete zu einer Party des – wie man so schön sagt – »namenlosen Grauens«, denn der irre Kenny hat seiner Gummizelle inzwischen auf illegale Weise *Farewell* gesagt und sich in einer – ha, ha! – genialen Verkleidung unter seine Peiniger gemischt, die er (Ordnung muss sein, Spannung auch) der Reihe nach meuchelt. Und erst als nur noch eine gewisse Alana übrig ist (man erinnert sich: die, mit der die ganze Uni mal ... hätte mögen), demaskiert er sich: »Und was ihn schließlich umwirft, ist ein Kuss von Jamie Lee (Alana). Ja, richtig gelesen! Er verlangt, dass sie ihn küsst, was sie auch tut, und gleich darauf erinnert er sich wieder an die Nacht, in der die Leiche in seinem Bett gelegen hat, woraufhin er sich in eine herumliegende Zeltplane wickelt. Was immer das über Jamie Lees Kusstechnik aussagt, wage ich mir gar nicht vorzustellen, aber nun taucht plötzlich Ben Johnson [der Zugführer] auf ... und haut dem zeltplanenbedeckten Killer eine Schaufel auf den Kopf.« (John Brosnan, STARBURST). Womit das Drama ein Ende und die arme Seele endlich Ruh' hat. – »Die Qualitäten dieses Films liegen eher in seinem Drehbuch«, meint Frank Arnold im FILMDIENST, »das das Spiel mit Masken und Illusionen zelebriert. So wird der Tod von Ed und Mo für einen gelungenen Scherz gehalten[4], während andererseits der totgeglaubte Jackson scheinbar nur betrunken war und den Zugschaffner zum Narren hielt; zweien der Opfer wird zum Verhängnis, dass sie hinter der Karnevalsmaske nicht den Mörder vermuten, sondern ihren Freund, und schließlich werden die Studenten, die am Anfang mit abgetrennten Händen und Fingern makabre Scherze treiben, später selbst zerstückelt. Letzteres hört sich in der Nacherzählung schlimmer an, als es im Film dargestellt wird.« – »Schauspielkunst ist in diesem Genre ja sowieso das am wenigsten wichtige Element; die hier angeheuerten jungen Leu-

---

[4] *Für Medizinstudenten kurz vor dem Examen haben die Akteure wirklich eine tolle Beobachtungsgabe: In Eds Bauch steckt nämlich ein Schwert.*

te sind hauptsächlich *Blah*. Ben Johnson spielt wie gewohnt seine Rolle als Zugführer solide. Es ist amüsant, ihm dabei zuzusehen, wie er die Ordnung aufrechtzuerhalten versucht, während sämtliche Passagiere immer mehr die Nerven verlieren, als der Killer seine grausige Arbeit tut.« (VARIETY) [V]

DAS MONSTER MIT DER TEUFELSKLAUE

(DISCIPLE OF DEATH). GB 1972. **R:** *Tom Parkinson.* **B:** *Tom Parkinson, Churton Fairman.* **K:** *William Brayne.* **M:** *Frank Turner.* **D:** *Mike Raven (Stranger), Ronnie Lacey (Parson), Stephen Bradley (Ralph), Marguerite Hardiman (Julia), Virginia Wetherell (Ruth), George Belbin (Squire), Betty Alberge (Seine Frau), Rusty Goff (Zwerg), Nicholas Amar (Melchisedech), Louise Jameson (Betty). F 83 Min.*

England, 18. Jahrhundert: Ein Pärchen, das seinen Liebesschwur unwissentlich am Grab eines Gehenkten mit Blut besiegelt, erweckt einen Dämon der Hölle, der sich aufmacht, Tod und Verderben über das Land zu bringen. – Der Bodensatz des Horror-Kinos, mit Schauspielern, die an einer Provinzbühne nicht mal den Beleuchtern das Frühstück machen dürften. Jedoch voller unfreiwilligem Humor.

MONSTER-CLUB

(THE MONSTER CLUB). GB 1980. **R:** *Roy Ward Baker.* **B:** *Edward Abraham, Valerie Abraham.* *V: »Der Monster-Club« von R. Chetwynd-Hayes.* **K:** *Peter Jessop.* **M:** *Douglas Gamley.* **D:** *Vincent Price (Erasmus), Donald Pleasence (Pickering), John Carradine (Ronald Chetwynd-Hayes), Stuart Whitman (Sam), Warren Saire (Lintom), Richard Johnson (Lintom sen.), Britt Ekland (Mrs. Lintom), Barbara Kellermann (Angela), Simon Ward (George), James Laurenson (Raven), Anthony Valentine (Mooney), Neil McCarthy (Watson), Anthony Steel (Busotsky), Lesley Dunlop (Luna), Patrick Magee (Wirt). F 97 Min.*

Episodenfilm. Ronnie Chetwynd-Hayes, ein Horrorschreiber alter Schule, wird von einem Satansbraten in den Monster-Club geführt, wo diverse Gentlemen einander gruselige Geschichten erzählen: 1. Vom dämonischen Pfeifer, der sich von einem betrügerischen Pärchen nicht den Safe leeren lassen will. – 2. Vom Produzenten, der gerade einen Film über seine Kindheit als Vampir gedreht hat, ohne zu ahnen, dass er damit diverse Vampirjäger zu seinem Papa führt, der tagsüber im Keller in einem Sarg schläft. – 3. Vom Drehorte suchenden Regisseur, der in einem Nest auf ein Rudel böser Ghule stößt und nach erfolgter Rettung durch eine Dame von einem Polizisten seinem Schicksal unverhofft ein zweites Mal zugeführt wird. – Billigprogramm, produziert von Milton Subotsky. Einziger Höhepunkt: eine Stripperin, die sich bis aufs Skelett auszieht. Und: »Kein Club, dem man angehören möchte.« (VARIETY) [V]

MONSTER DOG

(LOS PERROS DE LA MUERTE). Spanien 1986. **R:** *Clyde Anderson [Claudio Fragasso].* **B:** *Clyde Anderson [Claudio Fragasso].* **K:** *José Garcia Galisteo.* **SpE:** *Carlo De Marchis.* **M:** *Grupo Dichotomy.* **D:** *Alice Cooper (Vincent Raven), Vicroria Vera (Sandra), Carlos Sanurio (Frank), Pepita James (Angela), Emilio Linder (Jordan), Jose Sarsa (Marilou), Luis Maluenda (Deputy), Ricardo Palacios (Sheriff), B. Barta Barri (Alter Mann). F 84 Min.*

Rockstar Vincent möchte im Haus seiner Ahnen ein Musikvideo drehen und fällt einem knurrenden Werwölfchen zum Opfer. Ein lächerli-

Das Monster mit der Teufelsklaue

cher Versuch, von der Prominenz eines einst bekannten Musikers zu zehren. »Normalerweise gibt es einen sehr guten Grund, warum manche Filme nie ins Kino kommen, sondern gleich als Videokassette enden – sie taugen nichts.« (THE MOTION PICTURE GUIDE) AIDT [V]

DER MONSTER-HAI

(SHARK ROSSO NELL'OCEANO). Italien/Frankreich 1984. **R:** *John Old jr. [Lamberto Bava].* **B:** *Gianfranco Clerici, Lewis Coates [Luigi Cozzi], Martin Dolman [Sergio Martino], Hervé Piccini, Dardano Sacchetti.* **K:** *Giancarlo Ferrando.* **M:** *Anthony Barrymore. D: Michael Sopkiw (Peter), Valentine Monnier (Stella), William Berger (Dr. West), Ennio Brizzolari (Fischer), Gianni Garko (Sheriff Gordon), Dagmar Lassander (Sonja West), Iris Peynado (Sandra), Goffredo Unger (Amputierter). F 89 Min.*

Ein mutierter Riesenhai macht die Karibik unsicher. Einer von mehreren billigen Nachziehern des Kinohits *Der weiße Hai* (USA 1974, Regie: Steven Spielberg), die dem Original jedoch allesamt nicht das Wasser reichen.

DIE MONSTERBRAUT

(BRIDE OF BOOGEDY). USA 1987. **R:** *Oz Scott.* **B:** *Michael Janover.* **K:** *King Baggot.* **M:** *John Addison.* **D:** *Richard Masur (Carlton Davis), Mimi Kennedy (Eloise Davis), Leonard Frey (Neil Witherspoon), Howard Witt (Boogedy), Eugene Levy (Tom Lynch), Tammy Lauren (Jennifer Davis), David Faustino (Corwin Davis), Joshua Rudoy (Aurie Davis), Howard Witt (William Hanover/Boogedy), Eugene Levy (Tom Lynch), Ray Girardin (Elmer), Alice Hirson (Mrs. Hooter), Karen Kondazian (Madeleinska), Vincent Schiavelli (Lazarus), Michael Bartholomew (Jonathan), Kristen Clayton (Linda). F 89 Min.*

TV-Film. Der Geist des vor dreihundert Jahren verstorbenen Mr. Boogedy spukt auf der Suche nach seinem magischen Umhang und seiner Braut durch ein amerikanisches Kaff und eine Familie, die nicht weniger merkwürdig ist als er selbst. Gespensterfilm aus der Disney-Küche.

DAS MONSTRUM – TOMMYKNOCKERS

(TOMMYKNOCKERS). USA 1993. **R:** *John Power.* **B:** *Lawrence D. Cohen.* **K:** *Dan Burstall, David Eggby.* **V:** *»Das Monstrum« von Stephen King.* **M:** *Christopher Franke.* **D:** *Jimmy Smiths (Jim Gardner), Marg Helgenberger (Bobbi Anderson), John Ashton (Butch Duggan), Joanna Cassidy (Sheriff Ruth), E. G. Marshall (Ev Hillman), Traci Lords (Nancy Voss), Cliff De Young (Joe Paulson), Robert Carradine (Bryant Brown), Chuck Henry (Chaz Stewart), Leon Woods (Hilly Brown), Paul McIver (Davey Brown), Yvonne Lawley (Mabel Noyes), Bill Johnson (Elt Barker), John Steemson (Barney Applegate), Rick Leckinger (Jingles), Peter Rowley (Benton Rhodes), Allyce Beasley (Becky Paulsen). F 179/171 Min.*

TV-Film, zwei Teile: Als die Schriftstellerin Bobbi auf einen im Wald vergrabenen grünlich schillernden Monolithen stößt, ahnt sie nicht, dass die Existenz des Dorfes Haven auf dem Spiel steht. Unerbittlich ergreift eine mysteriöse Macht Besitz von ihr und ihren Mitmenschen und macht sie zu willenlosen Marionetten, die eine geheimnisvolle Mission erfüllen müssen. Ihrem Freund Jim, einem dem Trunke ergebenen Dichter, kann die Macht als Einzigem nichts anhaben, denn in seinem Kopf befindet sich eine metallene Schädelplatte. Anfangs scheint die Macht im Wald den Menschen Glück zu versprechen, doch bald häuft sich die Gewalt, und Mord und Totschlag sind an der Tagesordnung.

Das Monstrum – Tommyknockers

Es bleibt Jim überlassen, die Übernommenen zu retten. Als Ursache des Übels erweist sich ein unter der Erde verstecktes außerirdisches Raumschiff. – Stephen Kings »Variante« des Klassikers *Die Dämonischen* ist unglaublich langweilig, da es den Machern ums Verrecken nicht gelingt, den Kopfinhalt ihrer Figuren darzustellen und die Plots des Meisters leider ausnahmslos einen Rauschebart haben. Kings Kopf-Geschichten machen das Grauen seiner Werke aus, nicht die vordergründige Gruselhandlung, die der Regisseurs-Analphabet sieht. *Das Monstrum* kommt nie richtig in die Gänge und vermittelt weder die Spannung noch die Dramatik des Romans. So endet der Film in einer Aufwaschdramaturgie, in der sich die Ereignisse überschlagen. AIDT [V]

MONTCLARE – ERBE DES GRAUENS

(NEXT OF KIN). Australien 1982. **R:** *Tony Williams.* **B:** *Tony Williams, Michael Heath.* **K:** *Gary Hansen.* **SpE:** *Chris Murray.* **M:** *Klaus Schulze.* **D:** *Jackie Kerin (Linda), John Jarrett (Barney), Bernadette Gibson (Rita/Mrs. Ryan), Gerda Nicolson (Connie), Alex Scott (Dr. Barton), Charles McCallum (Lance), Robert Ratti (Kelvin), Tommy Dysart (Harry), Debra Lawrence (Carol), Simon Thorpe (CFA-Sprecher), Isobel Harley (Paula), David Allshoru, Alan Rowe, Matt Burns, Daphne Miller, Irene Hewitt, Myrtle Woods, Vic Gordon, Peter Lord, Ernest Wilson, John Strahan, Bill Marr, John Bishop, Mitchell Faircloth, Nora Toohey, Sid Krasey. F 86 Min.*

Irre Schlitzerin meuchelt Bewohner eines Altenheims. [V]

MORD AN DER THEMSE

(MURDER BY DECREE). USA 1979. **R:** *Rob Clark.* **B:** *John Hopkins.* **V:** *»The Ripper File« (1975) von John Lloyd, Elwyn Jones.* **K:** *Reginald Morris.* **M:** *Carl Zittrer.* **D:** *Christopher Plummer (Sherlock Holmes), James Mason (Dr. Watson), David Hemmings (Inspektor Foxborough), Anthony Quayle (Sir Charles Warren), Genivième Bujold (Annie Crook), Frank Finlay (Inspektor Lestrade), Sir John Gielgud (Premierminister), Susan Oliver (Mary Kelly), Donald Sutherland (Robert Lees), Roy Lansford (Sir Thomas Smiley), Peter Fonfield (William Slade), Teddi Moore (Mrs. Lees), Catherine Kessler (Carrie), Ron Pember (Makins), Ken Jones (Hafenwache). F 112 Min.*

London, 1888: Ein geheimnisvoller Mörder, der sich im Nebel an Prostituierte heranmacht und sie auf entsetzliche Weise verstümmelt, versetzt die Stadt in Angst. Die Behörden sind machtlos. Schließlich wird der prominente Privatdetektiv Sherlock Holmes mit der Lösung des Falles beauftragt. Zusammen mit seinem Freund Dr. Watson heftet er sich an die Fersen des Killers, der sich Jack the Ripper nennt. Holmes' Nachforschungen fördern ein unglaubliches Ergebnis zu Tage: Höchste Kreise der britischen Aristokratie sind in den Fall (bzw. dessen Verschleierung) verwickelt. Der Grund für die bestialischen Morde ist ein Verhältnis des englischen Kronprinzen Edward zu einer Bürgerlichen. Damit nichts über diese unstandesgemäße Verbindung an die Öffentlichkeit gelangt, kommt es zu *murder by decree* (Mord per Erlass). Alle unbequemen Mitwisserinnen sollen aus dem Weg geräumt werden: Jack the Ripper ist das Produkt einer Verschwörung der britischen Regierung. – »Bob Clark hat einen Film voll nebeldichter Atmosphäre gedreht, welche die da und dort fehlende Spannung wieder wettmacht ... Allerdings wird [Sherlock Holmes] in diesem Film von Dr. Watson ... an die Wand gespielt ... Wer stilvolle Filme aus dem viktorianischen England mag, kommt mit *Mord an der Themse* bestimmt auf seine Rechnung.« (Hans D. Furrer, VAMPIR)

MORD IN DER RUE MORGUE

(MURDER IN THE RUE MORGUE). USA 1986. **R:** *Jeannot Szwarc.* **B:** *David Epstein.* **V:** *Erzählung »Der Doppelmord in der Rue Morgue« von Edgar Allan Poe.* **K:** *Bruno De Keyser.* **M:** *Charles Gross.*

Mord an der Themse

D: *George C. Scott (Auguste Dupin), Rebecca De Mornay (Claire), Val Kilmer, Maurice Mailfort, Patrick Floersheim, Roger Lumont. F 92 Min.*
Remake von *Murders in the Rue Morgue* (USA 1971, Regie: Gordon Hessler). Paris: In der Rue Morgue werden zwei alte Damen auf bestialische Weise ermordet. Da Türen und Fenster ihrer Wohnung verschlossen sind, steht die Kriminalpolizei vor dem berühmten Rätsel. Doch der scheußliche Fall, der die Bürger in Angst versetzt, muss gelöst werden. Als man einen jungen Mann namens Adolphe verhaftet, erweist sich der Fakt, dass seine Braut Claire die Tochter des Meisterdetektivs Auguste Dupin ist, als sein Glück – denn der Schwiegervater in spe setzt sich im Verein mit seinem Zögling Philippe für ihn ein und löst den Fall.

MORD NACH ART DES HAUSES

(MUMSY, NANNY, SONNY & GIRLY). GB 1969. **R:** *Freddie Francis.* **B:** *Brian Comfort.* **K:** *Moray Grant.* **M:** *Bernard Ebbinghouse.* **D:** *Vanessa Howard (Girly), Ursula Howells (Mumsy), Patricia Heywood (Nanny), Howard Trevor (Sonny), Michael Bryant (Neuer Freund), Imogen Hassall (Freundin), Hugh Armstrong (Freund), Michael Ripper (Zoobesucher), Robert Swan (Soldat). F 101 Min.*
Mörderspielchen in einem spukigen englischen Landhaus.

MORD OHNE MÖRDER

(THREE CASES OF MURDER). GB 1954. **R:** *Wendy Toye, David Eady, G. More O'Ferrall.* **B:** *Ian Dalrymple, Donald Wilson, Sidney Carroll.* **V:** *Erzählungen »In the Picture« von Roderick Wilkinson; »You Killed Elizabeth« von Brett Halliday; »Lord Mountdrago« von W. Somerset Maugham,* **K:** *Georges Perinal.* **M:** *Doreen Carwithen.* **D:** *Alan Badel (Mr. X/Owen), Hugh Pryse (Jarvis), Leueen Mc Grath (Die Frau), Eddie Byrne (Snyder), Elizabeth Sellars (Elizabeth), John Gregson (Curtain), Emrys Jones (George Wheeler), Jack Lambert (Acheson), Alan Badel (Harry), Orson Welles (Lord Mountdrago), Helen Cherry (Lady Mountdrago), André Morell (Dr. Audlin), Patrick Macnee, Arthur Wontner, Zena Marshall. SW 95 Min.*
Episodenfilm: 1. »In the Picture«: Mysteriöses Gemälde in einem Museum zieht Betrachter an, bis sie in selbigem verschwinden. – 2. »You Killed Elizabeth«: Die Frau eines an Gedächtnisstörungen leidenden Mannes wird umgebracht. – 3. »Lord Mountdrago«: Ein neurotisch auf einen Opponenten fixierter Politiker wird zum Opfer seiner Albträume, nachdem er dessen Laufbahn ruiniert hat.

DER MÖRDER IST EIN WERWOLF

(LONE WOLF). USA 1988. **R:** *John Callas.* **B:** *Michael Krueger.* **K:** *David Lewis.* **M:** *Jon Kull.* **D:** *Dyann Brown, Jamie Newcomb, Kevin Hart, Shelley Beattie, Ann Douglas, Jeff Harms, Luciano Saber. F 97 Min.*
Ein Computerexperte und seine Assistentin klären Morde an Studenten einer amerikanischen Kleinstadt auf. Der Titel sagt den Rest. [V]

DER MÖRDER VON SCHLOSS MENLIFF

Anderer Titel für DER DÄMON UND DIE JUNGFRAU

DIE MÖRDERBESTIEN

(LA MORTE HA SORISSO ALL'ASSASSINO). Italien 1973. **R:** *Aristide Massaccesi.* **B:** *Aristide Massaccesi, Romano Scandariato, Claudio Bernabei.* **St:** *Aristide Massaccesi.* **K:** *Aristide Massaccesi.* **M:** *Berto Pisani.* **D:** *Klaus Kinski (Dr. Sturges), Ewa Aulin (Greta), Angela Bo (Eva), Luciano Rossi (Franz von Holstein), Sergio Doria, Attilio Dottesio, Marco Mariani, Giacomo Rossi Stuart. F 87 Min.*
Der irre Wissenschaftler Dr. Sturges sucht eine Formel, die das ewige Leben ermöglichen soll. Parallel dazu weckt ein in inzestuöser Liebe zu seiner Schwester entbrannter Mann selbige von den Toten auf und kommt während einer Autofahrt ums Leben. Die Schwester landet bei Dr. Sturges, der entdeckt, dass sie eine Untote ist, verführt eine junge Frau und hetzt sie gegen deren Liebhaber auf. Sie wird erneut ins Jenseits verschlagen, wo sie aber nicht lange bleibt. Der einzige Film, den Schlüpferstürmer Joe d'Amato je unter seinem wirklichen Namen abgeliefert hat. AIDT [V]

MÖRDERHAIE GREIFEN AN

(SHARK'S TREASURE). USA 1974. **R:** *Cornel Wilde.* **B:** *Cornel Wilde.* **K:** *Jack Atcheler, Al Giddings.* **M:** *Robert O. Ragland.* **D:** *Cornel Wilde (Jim), Yaphet Kotto (Ben), John Neilson (Ron), Cliff Osmond (Lobo), David Canary (Larry), David Gilliam (Johnny). F 93 Min.*
Schatzsucher kriegen es mit (siehe Titel) und einer Bande entfleuchter Knastologen zu tun, die dringend ein Boot brauchen. – Ohne über-

natürliche Elemente, aber sonst in jeder Beziehung ein grauenhafter Film.

MORTY

(THE FEAR). USA 1994. **R:** *Vincent Robert.* **B:** *Ron Ford.* **K:** *Bernd Heinl.* **M:** *Robert O. Ragland. D: Richard Eddie (Bowz), Leland Hayward (Vance), Darin Heams (Troy), Anna Kari (Tanya), Monique Mannon (Mindy), Heather Madway (Ashley), Eric Weiss (Morty), Vince Edwards (Onkel Peter), Wes Craven (Dr. Arnold), Antonio Todd. F 98 Min.*

Bei einem Therapiewochenende, das ein Psychologiestudent in der einsam gelegenen Hütte seiner Eltern veranstaltet, stoßen er und seine Freunde auf die Holzpuppe Morty. Die Anwesenden sollen Morty ihre heimlichen Ängste anvertrauen, doch dieser entwickelt ein mörderisches Eigenleben. [V]

MOSQUITO – DER SCHÄNDER

BRD 1976. **R:** *Marijan Vajda.* **B:** *Mario d'Alcala.* **K:** *Norbert Friedländer, David Khan.* **M:** *David Llewellyn.* **D:** *Werner Pochath (Schänder), Ellen Umlauf (Nachbarin), Birgit Zamulo (Junges Mädchen), Gerhard Ruhnke, Fred Benhoff, Peter Hamm, Roswitha Geuther, Charly Hiltl, Mary Olsbauer, Karl Yblagger, Sonja Costa, Marion Messner, Jony Soster. F 90 Min.*

Ein taubstummer Buchhalter, von Kindheit an psychisch gestört, lebt in einer Altbauwohnung voller Puppen. Er ist völlig vereinsamt, niemand ist wild darauf, mit ihm Kontakt zu haben. Da die Lebenden sich ihm verweigern, versucht er es bei den Toten: Er dringt in Leichenhallen ein und vergeht sich an kurz zuvor verstorbenen Frauen, denen er auch Blut abzapft. Schließlich überfällt er ein Liebespaar, tötet den Mann und vergewaltigt und erwürgt die Frau.

Mosquito – Der Schänder

DIE MÜHLE DER VERSTEINERTEN FRAUEN

(IL MULINO DELLE DONNE PIETRA/LE MOULIN AUX FEMMES DE PIETRE). Italien/Frankreich 1960. **R:** *Giorgio Ferroni.* **B:** *Remigio del Grosso, Ugo Liberatore, Giorgio Stegani, Giorgio Ferroni.* **V:** *Pieter van Weigen.* **K:** *Pierludovico Pavoni.* **M:** *Carlo Innocenzi.* **D:** *Pierre Brice (Hans van Harnim), Scilla Gabel (Elfi Wahl), Dany Carrel (Liselotte), Herbert A. E. Böhme (Professor Gregorius Wahl), Wolfgang Preiss (Dr. Bohlem), Liana Orfei (Hannelore), Marco Guglielmi (Raab), Olga Solbelli (Shelma). F 94 Min.*

Der Architekturstudent Hans van Harnim will eine Arbeit über ein Anfang des 19. Jahrhunderts bei Amsterdam erbautes Figurenkabinett schreiben, dessen historische Frauenstatuen (in Todesposen) von den Schaufelrädern einer alten Windmühle über eine Bühne bewegt werden. Die Mühle befindet sich im Besitz des Bildhauers Professor Wahl, eines Nachfahren des Erbauers. Wahls Tochter Elfi, die sich in Hans verliebt, obwohl dieser die Kunststudentin Liselotte verehrt, leidet an einer geheimnisvollen Krankheit, der sie schließlich erliegt. Hans wird von Entsetzen gepackt, als er merkt, dass Elfi wieder unter den Lebenden weilt. Verstört flieht er nach Amsterdam, denn er glaubt, einen Wahnanfall gehabt zu haben. Als Liselotte plötzlich spurlos verschwindet, kehrt er, von einer unheimlichen Ahnung getrieben, zurück. Schockiert stellt er fest, dass die Statuen in Wahls Kabinett tatsächlich versteinerte Menschen (frauen) sind: Wahl hat sie umgebracht, um mit ihrem Blut seine kranke Tochter, hinter der bereits zahlreiche »Tode« liegen, wieder zum Leben zu erwecken. Liselotte soll sein nächstes Opfer sein. Es kommt zum Kampf, die Mühle geht in Flammen auf. – Ein Reißer, der zwar ein Thema verhackstückt, das bei genauem Hinsehen eigentlich zur Scien-

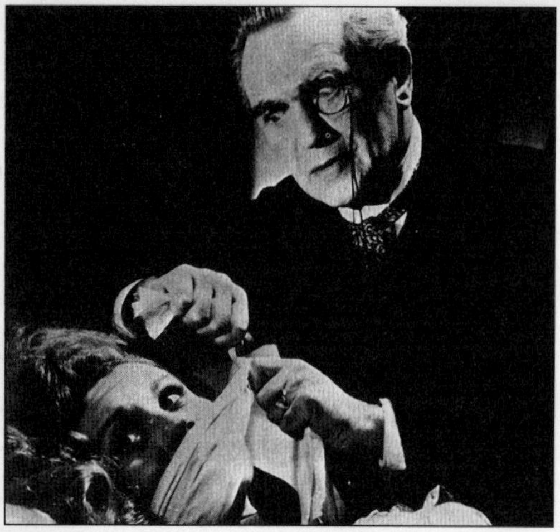

Die Mühle der versteinerten Frauen

ce Fiction gehört, aber aufgrund seiner garantiert haarsträubenden Spannung ganz schön unter die (Gänse-)Haut geht. Dämonisch: Herbert A. E. Böhme und Wolfgang Preiss als *mad scientists*. Sexy und wohlgeformt: Scilla Gabel. Als der Film 1962 uraufgeführt wurde, fiel die Reaktion der Kritik wüst aus: »Mord, Wahnsinn, Mühlenbrand und eine abstoßende, minutenlange Bilderorgie voller schmorender und zerfallender Leichen stehen am Schluss dieses abwegigen Phantasieschunds«, ballerte der FILM-DIENST los. Und: »Verschiedene Szenen wirken mit ihrem rohen Blut- und Leichenrealismus wie die in den Kinoraum projizierten Albträume eines perversen Erotomanen.« Für den FILMBEOBACHTER war *Die Mühle der versteinerten Frauen* ein »Gruselfilm übelster Sorte«, und seine Hauptdarsteller »wie üblich ... Leichen, Pseudowissenschaftler und Sexbomben«, weshalb man das Ganze für ein »Entartungsprodukt kranker Phantasie« hielt.

MULUNGU

Schweiz 1974. **R:** *Beat Kuert.* **B:** *Beat Kuert.* **K:** *Hans Stürm, Hans Ulrich Schenkel.* **M:** *Michael Seigner.* **D:** *Eva Schuckardt, Klaus Henner Russius. F 86 Min.*

Großstädter, der beruflich in einem entlegenen Gebirgstal zu tun hat, wird von geheimnisvoller Ziegenhirtin, die ihn in ihren Bann schlägt, in gefährlich kalte Gletscherzonen und sein Verderben gelockt. – »Die Geschichte verwirrt sich dabei für ihn ebenso wie für den Zuschauer.« (Hans D. Furrer, VAMPIR)

DIE MUMIE

Anmerkungen zum »Pharaonen-Horror«

Karl Freunds 1932 entstandener Film *Die Mumie* mit Boris Karloff in der Titelrolle gilt als der große Klassiker des Sub-Genres der Mumienfilme. Manche Autoren halten ihn sogar für den ersten Film seiner Art überhaupt: »Zwar ist die ägyptische Folklore voll von Mysterien und Unerklärlichem, von Flüchen, die diejenigen treffen, die die alten Gräber schänden, doch die Sage der zum Leben erwachten Mumie ist einzig und allein dem Eifer zu verdanken, mit dem die Universal für Karloff eine Rolle suchte, die an seinen Erfolg in *Frankenstein* anknüpfen würde.« (William K. Everson, KLASSIKER DES HORRORFILMS). Es gäbe auch keine alte mythische Sage, die auch nur einen Augenblick lang die Vorstellung einer ägyptischen Mumie, die aufersteht und herumläuft, glaubhaft klingen lassen könne. Das ist nur zum Teil richtig. Ein klassisches Vorbild wie der Frankenstein- oder Dracula-Roman existiert für den Mumien-Mythos nicht. Doch gerade das Totenritual der Einbalsamierung hat auf die westlichen Kulturen von alters her einen exotischen und geheimnisvollen Eindruck gemacht. Erst durch Entdeckungen und Ausgrabungen der Archäologen wurde bekannt, dass die alten Ägypter Leichen so präparieren konnten, dass sie Jahrtausende überdauerten. Nicht zuletzt weil diese archäologischen Erkenntnisse die Öffentlichkeit faszinierten, erfreuten sich »ägyptische« Themen zu Anfang des 20. Jahrhunderts großer Beliebtheit. Ein Indiz dafür ist der Roman »Die sieben Finger des Todes« von Bram Stoker, in dem eine altägyptische Priesterin mit Hilfe eines Mädchens ins Leben zurückkehren will und ihre Entdecker vernichtet – ein mehrmals verfilmtes Motiv. Auch der Stummfilm nahm sich wiederholt dieses Themas an. In Georges Méliès *Cleopatre* ging es bereits 1899 um den Grabraub. 1909 ließ Gérard Bourgeois in *La Mumie du Roi* die Mumie des Pharao Ramses zu gespenstischem Leben erwachen. Frühe amerikanische Beispiele sind *When Soul Meets Soul* (1912; Regie: J. Farrell MacDonald), *The Dust of Egypt* (1915; Regie: George Baker) und *The Undying Flame* (1917; Regie: Maurice Tourneur).

Der deutsche Film *Die Augen der Mumie Mâ* (1918; Regie: Ernst Lubitsch; mit Pola Negri, Emil Jannings, Harry Liedtke, Max Laurence, Margarete Kupfer) bedient sich ebenfalls »ägyptischer« Motive: Auf einer Studienreise besichtigt der Maler Alfred Wendland in der ägyptischen Wüste das Grabmal einer Pharaonin. In der Grabkammer sieht er sich Mâ gegenüber, der Mumie mit den magisch-lebendigen Augen, von der er viel Geheimnisvolles und Unheilvolles gehört hat. In Wirklichkeit steckt hinter Mâ ein lebendiges Mädchen, das wie eine Sklavin gehalten wird. Wendland befreit es aus den Händen ihres Herrn Radu, bringt es in seine Heimat, kann jedoch nicht verhindern, dass Radu zum Schluss Mâ ermordet. So waren die Grundlagen für ein »Mumien«-Subgenre bereits vorhanden, als die Universal Anfang der 1930er Jahre *Die Mumie* vorbereitete. Der Film sollte eine ganze Reihe von z.T. altbewährten Mythen des phantastischen Films in sich vereinen: »Die Einbalsamierung eines Lebenden (als Bild des Tot-und-doch-nicht-tot-Seins), die zyklische Wiederkehr der ›Seele‹, die Liebe des Halbwesens zu einer Frau (seine Existenz aus in doppeltem Sinne reiner Leidenschaft), die Vernichtung des Halbwesens durch die Religion, die Bestrafung der Forscherarbeit, die hypnotischen Kräfte des Halbwesens und die tragische Komponente im Wesen des Monsters. Auch hier muss die junge Frau in der Begegnung mit dem Halbwesen eine ›alte Schuld‹ abtragen, bevor sie ... heiraten kann.« (Seeßlen/Weil, KINO DES PHANTASTISCHEN)

In diesen relativ engen Grenzen bewegten sich sämtliche Mumien-Fortsetzungen der Filmgeschichte. Da Mumien von der physischen Beschaffenheit her ziemlich ungelenk und langsam waren, ihren Opfern nur gefährlich werden konnten, wenn sie sie in die Enge trieben, bedurfte es in der Regel eines menschlichen Schurken, um der Handlung Spannung zu verleihen. Die Basis, die für die Handlung blieb, war kaum ausbaufähig, und so blieb es bei relativ wenigen Mumien-Filmen, die sämtlich das Vorbild *Die Mumie* nicht annähernd erreichten. Ein der Mumie artverwandtes »ägyptisches« Thema behandeln die Filme um die Figur des Ghouls – des Grabräubers und Leichenschänders.

DIE MUMIE

(DIE MUMMY). USA 1932. **R:** *Karl Freund.* **B:** *John L. Balderston.* **K:** *Charles Stumar.* **SpE:** *John P. Fulton.* **Ma:** *Jack P. Pierce.* **M:** *Peter Tschaikowskij.* **D:** *Boris Karloff (Imhotep), Zita Johann (Helen Grosvenor), David Manners (Frank Whemple), Arthur Byron (Sir Joseph Whemple), Edward Van Sloan (Dr. Muller), Bramwell Fletcher (Ralph Norton), Noble Johnson (Nubier), Kathryn Byron (Mrs. Muller), Leonard Mudie (Professor Pearson), James Crane (Pharao), Henry Victor (Angelsächsischer Krieger), Eddie Kane (Dr. Le Baron), Arnold Grey (Ritter), Tony Marlowe (Inspektor). SW 75 Min.*

Der ägyptische Hohepriester Imhotep will mit Hilfe einer magischen Formel, mit der einst die Göttin Isis ihren Gemahl Osiris von den Toten erweckte, seine große Liebe, die Pharaonentochter Anck-esen-Amon, wieder beleben. Wegen dieses Sakrilegs wird er bei lebendigem Leibe mumifiziert. 3700 Jahre später, 1921, legen britische Archäologen seine Leiche frei. Ein junger Wissenschaftler entziffert die bei der Mumie gefundene Schriftrolle und erfüllt damit unbewusst die Bedingung, die an eine Wiederbelebung geknüpft ist. Imhotep erwacht zu neuem Leben und flüchtet mit der Rolle. Zehn Jahre später – der Geist der Mumie hat längst die Gestalt eines ägyptischen Archäologen angenommen – werden auch die mumifizierten Überreste von Ack-esen-Amon gefunden und ins Kairoer Museum gebracht. Imhotep ist sofort zur Stelle, um die Mumie zu erwecken. Doch da begegnet ihm die junge Engländerin Helen Grosvenor. In ihr sieht er die Reinkarnation seiner Geliebten. Mit hypnotischen Kräften bringt er

Die Mumie, 1932

Helen in seine Gewalt. Helen geht schließlich vollkommen in ihrer Rolle als ägyptische Prinzessin auf. Doch Imhoteps nur imaginärer Körper kann sich nicht mit dem Lebendigen vereinigen. In seiner übersteigerten Liebe will er Helen töten und mumifizieren. Da fleht die »Prinzessin« mit letzter Kraft die Göttin Isis um Hilfe an. Gleich darauf geht die Schriftrolle in Flammen auf. Imhotep zerfällt zu Staub.

»*Die Mumie* ist ein Film, der sich wesentlich von anderen Horrorfilmen unterscheidet, der am ehesten einem Film wie Dreyers *Vampyr* vergleichbar ist. Es fehlt ihm völlig die Kalkulation mit dem grellen Effekt, die Evozierung jener Panikstimmung, die z.B. für die meisten Frankenstein-, Wolfsmensch- und Phantom-Filme charakteristisch ist. Die Horrorwirkung stellt sich vielmehr ausschließlich durch die optische Beschwörung einer beklemmenden Atmosphäre, durch die kluge Disposition der Szenen und die ingeniöse Verwendung der Beleuchtung ein.« (SPIELFILME IM DEUTSCHEN FERNSEHEN 1972) Trotzdem fügt sich *Die Mumie* in die alten Traditionen des Genres ein. »Sie handelt vom Einbruch fremder und geheimnisvoller Kräfte und magisch-mythischer Mächte in eine vorgeblich geordnete und gesicherte Welt. Und sie handelt von den Verstörungen und Verunsicherungen, die sie dort anrichten.« (Walter Schubert, FRANKFURTER RUNDSCHAU)

Herausragend Boris Karloff in einem seiner besten Filme: »Karloffs Spiel ist fesselnd wie nie und vermittelt das Bild eines Wesens, in dem das abgrundtief Böse und die verzehrende Leidenschaft sich zu einer tödlichen Einheit verbündet haben.« (Robert Moss, DER KLASSISCHE HORRORFILM) Horror aus der Zwiespältigkeit einer Figur! Horror aber auch durch die Furcht erregende Gestalt der Mumie. Das war einzig und allein das Verdienst von Karloffs Geduld und Maskenbildner Jack P. Pierces Meisterschaft. Karloff wurde horizontal, vertikal und diagonal mit gekochten Baumwolltüchern bandagiert, darüber eine dünne Schicht Lehm gestrichen. Nach dem Trocknen wurde das Ganze mit Leim verklebt und erhielt so seinen staubigen Touch. Gesicht und Hände wurden ebenfalls mit Baumwolle verklebt und die Augen mit durchlöchertem Reispapier versiegelt. Die ganze Prozedur dauerte rund acht Stunden. Glücklicherweise bedurfte es dieser Maske nur an zwei Drehtagen. – »Die physische Belastung war nichts im Vergleich zu der nervlichen, der ich ausgesetzt war. Es war die anstrengendste, qualvollste Prüfung als Schauspieler, die ich je durchgemacht habe, und ich war heilfroh, als das endlich alles vorüber war.« (Boris Karloff, FOCUS ON FILM). Ein (nachträglich entstandenes) Buch zum Film: Carl Dreadstone: *Die Mumie*, Rastatt 1978

DIE MUMIE

(THE MUMMY). USA 1999. **R:** *Stephen Sommers.* **B:** *Stephen Sommers.* **St:** *Stephen Sommers, Lloyd Fonvielle, Kevin Jarre.* **K:** *Adrian Biddle.* **SpE:** *John Berton/Industrial Light & Magic. Creature Effects: Nick Dudman.* **M:** *Jerry Goldsmith.* **D:** *Brendan Fraser (Rick O'Connell), Rachel Weisz (Evelyn), John Hannah (Jonathan), Kevin J. O'Connor (Beni), Arnold Vosloo (Imhotep), Jonathan Hyde (Ägyptologe), Oded Fehr (Ardeth Bay), Omid Djalili (Warden), Erick Avari (Kurator), Aharon Ipale (Pharao Seti), Patricia Velasquez (Anck-Su-Namun). F 125 Min.*

Die Mumie 1932 *state-of-the-art* 2000: Realisiert mit moderner Computertechnik, verleiht sie Imhotep eine Macht, die er in der Person Boris Karloffs nie besessen hatte, nie besitzen konnte. 1923: Rick O'Connell, Abenteurer und Legionär, und sein Begleiter Beni entdecken, als sie durch die Wüste irren, die verschollenen Ruinen der Stadt Hamunpatra. Dort ereilte 3000 Jahre zuvor den Hohepriester Imhotep ein Schicksal, das schlimmer war als der Tod. Eingeweihte Horrorfilmliebhaber wissen, dass er bei lebendigem Leib mumifiziert wurde. Einige Jahre später sitzt O'Connell im Gefängnis, wartet auf seine Exekution und findet heraus, dass sein Wissen um Hamunpatra ein Pfund ist, mit dem er wuchern kann. Schatzsucher wie auch Archäologen interessieren sich brennend dafür. O'Connor schmiedet also eine Allianz mit der Ägyptologin Evelyn und ihrem draufgängerischen Bruder. Das Trio verlässt Kairo und reist am Nil entlang, durch die trügerischen Weiten der Sahara. Zur selben Zeit bricht auch eine Gruppe Amerikaner auf. Ihre habgierige Suche setzt schließlich den Fluch frei, der sich im wiedererstandenen Imhotep manifestiert. Die wandelnde Mumie hat natürlich überirdische Kräfte. Sie hat die Macht, die berüchtigten zehn Plagen Ägyptens zu beschwören. Einer nach dem anderen fällt dem Fluch zum Opfer. Die Überlebenden machen einen letzten verzweifelten Versuch, gegen die völlige Wiedergeburt der Mumie und wollen Evelyn davor bewahren, dass in ihren Körper Imhoteps verlorene Liebe Anck-Su-Namun einkehrt. – Karloffs Part übernahm der südafrikanische Schauspieler Arnold Vosloo, der Produzent James Jacks in dem John Woo-Film *Harte Ziele* aufgefallen war: »Arnold ist ein toller Schauspieler mit einer Leinwandpräsenz, wie es diese Rolle verlangte.« Den Rest besorgen Creature Effects und die Special Effects von ILM. Regisseur Stephen Sommers: »Ich wollte immer, dass die Mumie aus dem Computer kommen sollte. Masken, wenn sie richtig eingesetzt werden, sind großartig, aber man kann sich nicht immer auf sie verlassen. Und ich wusste, wenn ich in den 90er Jahren *Die Mumie* verfilmen wollte, dann könnte das nicht einfach nur ein Kerl in Bandagen sein. Ich musste die Zuschauer aus den Sitzen reißen – und deshalb war mir von Anfang an klar, dass wir mit modernster Computertechnik arbeiten müssten.« – Vfx-Supervisor John Berton: »Als erstes mussten wir überlegen, wie die Mumie aussehen sollte, und wir wussten, wir wollten, dass sie einmalig aussah, nicht einfach wie ein Typ in Mullbinden. Sie musste böse und hart sein und so dargestellt werden, wie sie das Publikum noch nie gesehen hatte. Wir brauchten etwa drei Monate, bis wir ein Konzept hatten. Das war noch vor Drehbeginn, denn bevor wir nicht wussten, wie die Mumie aussehen und agieren würde, konnten wir die Szenen nicht genau definieren.« Berton arbeitete mit dem Motion Capture-Verfahren: »In diesem Fall versuchten wir, möglichst realistische Bewegungen zu erzeugen. Wir wollten keine magische Mumie, sondern eine, die bedrohlich und sehr realistisch wirkte. Und das ist unglaublich schwer hinzubekommen, weil jeder genau weiß, wie sich ein menschliches Wesen bewegt.« Beim Motion Capture überträgt ein Akteur im Datenanzug seine Bewegungen fast wie ein Marionettenspieler auf eine synthetische Figur. Im Film verwandelt sich die Mumie graduell von einer rein künstlichen Figur zu einem halbmenschlichen Wesen, in einer Kombination aus Live Action und Computergrafik. Berton: »Wenn Arnold seinen Kopf dreht und die Hälfte seines Gesichtes fehlt und man bis auf die Zahnknochen sehen kann – dann ist das wirklich Arnolds Gesicht.« Fortsetzung: *Die Mumie kehrt zurück.* [DVD]

DIE MUMIE DES PHARAO

(DAWN OF THE MUMMY). USA/Italien/ Ägypten 1980. **R:** *Frank Agrama [Franco Agrama].* **B:** *Daria Price, Ronald Dobrin, Frank Agrama.* **St:** *Ronald Dobrin, Daria Price.* **K:** *Serio Rubini.* **SpE:** *Luigi Batistelli, Farid Abdel Hai, Tony Didio jr.* **Ma:** *Maurizio Trani.* **M:** *Shuky Levy.* **D:** *Brenda King, Barry Sattels, Joan Levy, Victoria Johnson, Diane Beatty, Eileen Falson, John Salvo, George Peck, Ibrahim Khan, Ali Gohar, Ahmed Ratib, Baher Saied, Ali Azab, Ahmed Laban, Laila Nasr. F 86 Min.*

Grabräuber-Trio & Modefotograf plus Dressman & drei Jet Set-Miezen (Fotomodelle) werden von einer 3000 v. Chr. einbalsamierten Pharaonenmumie und deren untoten Kannibalen-Heerscharen in Fetzen gerissen & schmatzend verspeist. Ein amateurhaftes Schudderprodukt, mit Knallchargen gedreht, schlampig synchronisiert & trotz eifrigen Bemühens um Spannungserzeugung unsäglich langweilig. Der Humor kommt ausnahmslos aus dem Bereich des Unfreiwilligen. Besonders köstlich: die wie Transvestiten geschminkten Ägypter. – »Den Vogel in diesem Team schießt der Maskenbildner ab, der seine Lehrzeit offenbar damit verbracht hat, zwischen dem Wachsfigurenkabinett Madame Tussauds und einem Schlachthof zu pendeln.« (Otto Kuhn, FILMBEOBACHTER)

MUMIE – IM TAL DES TODES

(THE MUMMY LIVES). GB 1993. **R:** *Gerry O'Hara.* **B:** *Nelson Gidding.* **K:** *Avi Koren.* **M:** *Dov Seltzer, Gregory King, David Travis.* **D:** *Tony Curtis (Dr. Mohassid/Aziru), Leslie Hardy (Sandra/Kia), Greg Wrangler (Dr. Carey Williams), Jack Cohen (Lord Maxton), Mohammed Bakri (Alexatos), Mosko Alkalai (Kroll), Moshe Ivgi (Ali), Joseph Shiloach (Captain Mahmoud), Eli Danker (Museumsdirektor), Yossi Graber (Richter), Hashem Hasin (Youssef), Uri Gavriel, Yigal Naor, Charlie Buzaglo, Rafi Weinstock. F 93 Min.*

Britische Lordschaft ignoriert bei archäologischen Ausgrabungen in Luxor die Warnung am Portal einer Grabkammer und erweckt so einen bei lebendigem Leib mumifizierten altägyptischen Priester zum Leben, der in den Körper eines Akademikers schlüpft und die Geliebte sucht, der er sein Ableben verdankt: Ausgerechnet in einer Amerikanerin (!) glaubt er sie reinkarniert zu sehen. Eine vom Sexmaniak Harry Alan Towers produzierte, weitgehend mit israelischem Personal gedrehte Katastrophenproduktion, die aufgrund der Langeweile, die sie verbreitet, auf einer Videokassette endete. Hauptdarsteller Tony Curtis scheint in dieser Phase seines nicht uninteressanten Lebens nicht nur finanziell aus dem letzten Loch gepfiffen zu haben, sondern an seiner Arbeit auch 100 % uninteressiert gewesen zu sein. AIDT [V]

DIE MUMIE KEHRT ZURÜCK

(THE MUMMY RETURNS). USA/GB 2000. **R:** *Stephen Sommers.* **B:** *Stephen Sommers.* **K:** *Adrian Biddle.* **SpE:** *John Berton, Industrial Light & Magic.* **M:** *Nick Dudman.* **D:** *Brendan Fraser (Rick O' Connell), Rachel Weisz (Evelyn), John Hannah (Jonathan), Freddie Boath (Alex), Arnold Vosloo (Imhotep), Oded Fehr (Ardeth Bay), Adewale (Lock Nah), Patricia Velasquez (Meela), Shaun Parkes (Izzy), Alun Armstrong (Kurator), Dwayne »The Rock« Johnson (Scorpion King), Joe Dixon (Jacques), Bruce Byron (Red), Tom Fisher (Spivey), Aharon Ipale (Pharaoh), Zeroual (Medjai Kommandant), Donna Air. F 123 Min.*

Vorgeschichte: *Die Mumie* (USA 1999). – Die Geschichte spielt 1935, zehn Jahre nach der ersten Begegnung mit der unheimlichen Mumie. Inzwischen sind Rick O'Connell und Evelyn verheiratet und haben einen achtjährigen Sohn, Alex, einen Bengel, der mit allen Wassern gewaschen ist und sich auch von der wiedererstandenen Mumie nicht aus der Fassung bringen lässt. Aber diesmal verbreitet nicht nur die Mumie Schrecken, sondern auch ein Krieger, den man vor 6000 Jahren Scorpion King oder so ähnlich nannte. Dieser hatte einen Pakt mit dem Gott Anubis geschlossen und war darauf für alle Zeiten verdammt. Gemeinsam mit den Armeen Anubis' erwartet er seine Wiederkehr und den Generalangriff auf die zivilisierte Welt. Allein Imhotep hat die Macht, den Scorpion King zu bezwingen, und so muss die rachsüchtige Computerfresse von Arnold Vosloo, die inzwischen im British Museum liegt, erneut aus dem Reich der Untoten zitiert werden. Zum Schluss eines gefahrvollen Wettlaufs gibt es einen Showdown um das zukünftige Schicksal der Welt zwischen Rick, der Mumie und dem Scorpion King, einem Riesenskorpion mit menschlichem Torso, dessen Animation das Vorbild von Ray Harryhausen nicht verleugnen kann. Damit sich auch niemand im Handlungsgestrüpp verirrt, gibt es jede Sekunde einen Effekt. Diese Achterbahnfahrt ist so gut wie nicht mehr zu übertreffen. John Berton, Vfx-Supervisor: » ... am aufregendsten finde ich, dass man mehr und mehr gewahr wird, dass visuelle Effekte zur Struktur eines Films dazugehören wie die Musik, wie die Schauspieler, wie die Kamera. Wenn man das stets beherzigt, hat man das Potential, einen erfolgreichen Film zu machen.«

MUNCHIE

(MUNCHIE). USA 1992. **R:** *Jim Wynorski.* **B:** *R. J. Robertson, Chuck Cirino.* **K:** *Don E. Fauntleroy.* **M:** *Chuck Cirino.* **D:** *Loni Anderson (Cathy Dobson), Andrew Stevens (Elliott), Jaime McEnnan (Gage Dobson), Arte Johnson (Professor Cruikshank), Toni Naples (Mrs. Blaylok). F 79 Min.*

Gage hat Probleme an der neuen Schule und mit dem Lebensabschnittspartner der frisch geschiedenen Mama. In einer Kiste entdeckt er den Kobold Munchie, der zwar jede Menge Quatsch und Unheil anrichtet, aber sein ödes Leben wieder in Schwung bringt. Eine Kindergeschichte. [V]

DIE MUNCHIES

(MUNCHIES). USA 1987. **R:** *Bettina Hirsch.* **B:** *Lance Smith.* **K:** *Jonathan West.* **M:** *E. V. Troost.* **D:** *Harvey Korman (Cecil/Simon), Charles Stratton (Paul), Nadine van der Velde (Cindy), Alex Elias (Melvis), Charlie Phillips (Eddie), Hardy Rawls (Big Ed), Jon Stafford (Dude), Wendy Schaal (Marge Marvelle), Robert Picardo (Bob Marvelle), Paul Bartel. F 83 Min.*

Die Mumie kehrt zurück

Nach dem Erfolg der Science Fiction-Filme um die »Gremlins« musste schnell ein kleiner (möglichst noch blöderer) Ersatz her: Ein Archäologe entdeckt haarige Geschöpfe, die mit Vorliebe Müll verzehren; ein schräger Vogel (Harvey Korman in einer Doppelrolle) entführt sie. Produziert von Roger Corman. Bettina Hirsch war bei *Gremlins* (USA 1984: Regie Joe Dante) für den Schnitt verantwortlich. AIDT [V]

MURDERS IN THE RUE MORGUE

(MURDERS IN THE RUE MORGUE). USA 1971. **R:** *Gordon Hessler.* **B:** *Christopher Wicking, Henry Slesar.* **K:** *Manuel Berenguer.* **M:** *Waldo de los Rios.* **D:** *Herbert Lom (Marot), Christine Kaufmann (Madeleine Charron), Lilli Palmer (Mme. Charron), Jason Robards jr. (César Charron), Adolfo Celi (Inspektor Vidocq), Michael Dunn (Pierre), Maria Perschy (Genevre), José Calvo (Buckliger), Peter Arne (Aubert), Virginia Stach (Lucie), Dean Selmeir (Jacques), Marshall Jones (Orsini), Werner Umberg (Inspizient), Luis Rivera (Schauspieler), Rosalind Elliott (Gabrielle), Ruth Platt (Orsinis Gehilfin), Maria Martin (Mme. Adolphe), Xan Das Bolad (Orsinis Gehilfe), Sally Longley, Pamela McInnes, Rafael Hernandez (Ensemble). F 87 Min.*

Paris, Ende des 19. Jahrhunderts: Im »Théâtre Rue Morgue« wird Edgar Allan Poes »Der Doppelmord in der Rue Morgue« aufgeführt. Ein wahnsinniger Mörder, der seine Opfer mit Säure verätzt, hat sich jedoch ins Haus eingeschlichen und meuchelt die Schauspieler, da er Jahre zuvor fürchterlich entstellt wurde und seither eine Maske tragen muss. Trotz des Titels und der Behauptung der Produzenten basiert der Film nicht auf der gleichnamigen Poe-Erzählung. – »Der Zuschauer wird pausenlos mit neuen Eindrücken konfrontiert. Auch die liebevolle Ausstattung trägt ... zum guten Gesamteindruck des Films bei.« (Hans D. Furrer, VAMPIR).

MUTTERTAG

(MOTHER'S DAY). USA 1980. **R:** *Charles Kaufman.* **B:** *Warren D. Leigh, Charles Kaufman.* **K:** *Joe Mangine.* **M:** *Phil Gallo, Clem Vicari.* **D:** *Nancy Hendrickson (Abby), Deborah Luce (Jackie), Tiana Pierce (Trina), Holden McGuire (Ike), Billy Ray Mc Quade (Addley), Rose Ross (Mutter), Karl Sandys (Brad Dobson), Stanley Knapp (Charlie), Marsella Davidson (Terry), Kevin Lowe (Ted), Scott Lucus (Ladenbesitzer), Ed Battle (Türsteher), Robert Carnegie (Tex). F 90 Min.*

»Der Film eines kranken Gehirns« (so die Verleihwerbung über den ehemaligen Gag-Schreiber Charles Kaufman) geht so: Ein altes Mütterchen nimmt ein Hippie-Pärchen im Auto mit. Auf einsamer Landstraße (der Motor ist gerade wirkungsvoll abgesoffen) drischt eine Axt durch die Scheibe. Der Hippie-Mann verliert den Kopf. Die Hippie-Frau wird von den »Untermenschen« (so der Verleih-Pressetext) Ike und Addley angegriffen. Die alte Frau erwürgt die Hippie-Frau auf tückische Weise und entpuppt sich als Mutter der Unholde. Szenenwechsel: In New York, Beverly Hills und Chicago brechen die ehemaligen Schulfreundinnen Abby, Jackie und Trina zu einer Campingtour in die Einsamkeit auf. Als die drei im finsteren Forst in Erinnerungen an ihre Schulzeit schwelgen, werden sie von Ike und Addley überfallen und in eine von Fernsehapparaten wimmelnde Hütte geschleppt. Dort muss zunächst Jackie dran glauben, die unter Mamas Regie auf grausame Weise erniedrigt und vergewaltigt wird. Abby und Trina müssen dem widerlichen Treiben gefesselt zuschauen. Am nächsten Tag gelingt ihnen die Flucht. Jackie ist aufgrund der Misshandlungen besinnungslos und muss getragen werden. Abby wacht bei ihr; Trina will Hilfe holen. Am Abend stößt sie auf einen Streifenwagen, doch der Polizist entpuppt sich als Ike, der sie würgt. Trina entwischt ihm und kehrt zu Abby zurück.

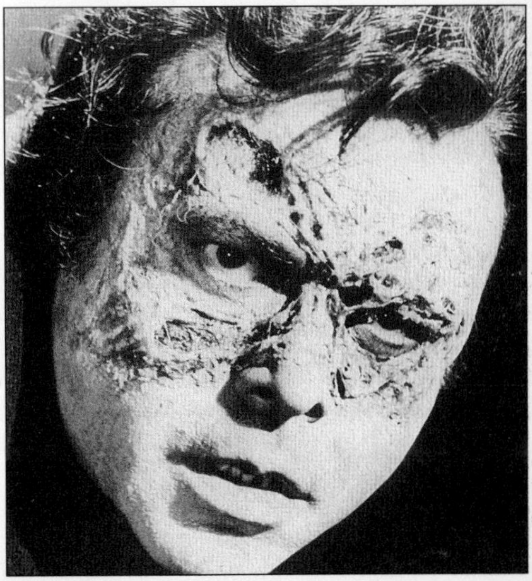

Murders in the Rue Morgue

Muttertag

Inzwischen ist Jackie gestorben. Abby und Trina erkennen, dass sie den Irren nicht entkommen können. Sie müssen sie ausschalten. Sie kehren zur Hütte zurück, wo sie Ike, Addley und das Mütterchen mit Säure, Beil und Elektromesser kaltmachen. Doch als sie glauben, der Kampf sei entschieden, wartet eine böse Überraschung auf sie. – Der »Albtraum aus Blut und Gewalt« (Verleihwerbung) fand, auch wenn er hier und da dazu ansetzt, die Gesellschaft bloßzustellen, in der Sexualneurosen dieser (speziell amerikanischen?) Art ins Kraut schießen, nicht den Beifall der Öffentlichkeit. Und der »absolute Höhepunkt der Gewaltphantasie« (ebenda) wurde seit 1980 durch andere Filme hundertfach übertroffen. [V]

MUTTERTAG II

(KUUTAMOSONAATTI). Finnland 1988. **R:** *Olli Soinio.* **B:** *Olli Soinio.* **K:** *Kari Sohlberg.* **M:** *Antti Hytti.* **D:** *Tiina Björkman (Anni Stark), Kari Sorvali (Arvo Kyyrölä), Kim Gunell (Johannes), Mikko Kivinen (Sulo), Soli Labbart, Ville-Veikko Salminen. F 81 Min.*

Finnisches Fotomodell urlaubt in abgelegenem Waldgebiet und sieht sich den Nachstellungen einer degenerierten Sippschaft ausgesetzt. Als Retter naht ihr Bruder, der vor drastischen Maßnahmen nicht zurückschreckt. [V]

N

DIE NACHT DER APOKALYPSE

(LADY, STAY DEAD). Australien 1982. **R:** *Terry Bourke.* **B:** *Terry Bourke.* **K:** *Ray Henman.* **M:** *Bob Young.* **D:** *Chard Hayward (Gordon Mason), Louise Howitt (Jenny Nolan), Deborah Coulls (Marie Coleby), Roger Ward (Officer Collings), James Elliott (Dunbar), Lex Foxroft (Billy Shepherd). F (95) 87 Min.*

Ein dämonischer Killer ist nicht totzukriegen. [V]

DIE NACHT DER BLUTIGEN WÖLFE

(DOCTOR JEKYLL Y EL HOMBRE LOBO). Spanien 1972. R: *Leon Klimovsky.* B: *Jacinto Molina.* St: *Jacinto Molina.* K: *Francisco Fraile.* SpE: *Antonio Molina.* M: *Anton Garcia Abril.* D: *Paul Naschy (Waldemar Daninsky), Shirley Corrigan (Justine Kostaz), Jack Taylor (Dr. Henry Jekyll), Mirtha Miller (Sandra), Barta Barry, Luis Induni, José Marco Davo, Luis Gaspar, Jorge Vico, Elsa Zabala, Adolfo Thous, Lucy Tiller. F (96) 88 Min.*

Das Ehepaar Kostaz verlässt London, um dem transsylvanischen Dorf einen Besuch abzustatten, aus dem der Ehemann stammt. Selbiger wird von Dieben ermordet. Der mysteriöse Waldemar Daninsky nimmt sich der allein gelassenen Ehefrau Justine an und offenbart ihr, dass er ein Werwolf ist. Als die Dörfler ihm auf seinem Anwesen mit Silberkugeln zu Leibe rücken, hilft er Justine zu entwischen. Sie lädt ihn ein, sich in London von Dr. Henry Jekyll untersuchen zu lassen. Jekyll erklärt sich bereit, Daninsky zu helfen. Er liebt Justine, aber Justine liebt den Rumänen. Die Arzthelferin Sandra hingegen liebt den Doktor, und sie ist es auch, die Daninsky ein Serum verabreicht, das ihn zu einem tobenden Wolfsungeheuer macht. Am Ende gehen alle zugrunde: Justine, Jekyll und der Werwolf. – »Die ganzen Heerscharen der Geister, Dämonen, Vampire fallen über Sie her«, tönt die Verleihwerbung. Nichts da. Alles Lug und Trug! – »Spanische Horrorfilme sind Eintopfprodukte, in denen alles drin ist: Blut, Sex, Sadismus, Liebe, Romantik, alte Schlösser, Aberglaube, viel Make-up – kurz: alles, was das Herz begehrt. Ein wenig bekömmliches Gebräu, bisweilen ekelhaft serviert und billig heruntergekurbelt. Die dümmliche Synchronisation ... die überdies aus Waldemar einen Walter macht, trägt bestens zum Gesamtcharakter des faden Streifens bei. Bemerkenswert lediglich das Make-up ... und die Tatsache, dass die weiblichen Rollen wohl nicht mit Schauspielerinnen, sondern mit Mannequins besetzt sind.« (VAMPIR). Ach ja: Trotz der versprochenen »blutigen Wölfe« kommt im Film nur ein Wolf vor.

DIE NACHT DER DÄMONEN

(APPRENTICE TO MURDER). USA 1987. **R:** *R. L. Thomas.* **B:** *Allan Scott, Wesley Moore.* **K:** *Kelvin Pike.* **M:** *Charles Gross.* **D:** *Donald Sutherland (John Reese), Chad Lowe (Billy Kelly), Mia Sara (Alice Spangler), Rutanya Alda (Elma Kelly), Eddie Jones (Tom Kelly), Mark Burton, Adrian Sparks, Tiger Haynes, Minnie Gentry. F 89 Min.*

Pennsylvania, 1920er Jahre: Ein psychopathischer Wunderheiler und sein Lehrling, der den Wahnvorstellungen seines Meisters verfällt, sehen in einem Einsiedler einen teuflischen Dä-

Die Nacht der blutigen Wölfe

monen, bringen ihn zur Strecke und landen im Gefängnis. [V]

DIE NACHT DER LEBENDEN TOTEN

(THE NIGHT OF THE LIVING DEAD). USA 1968. **R:** *George A. Romero.* **B:** *John A. Russo.* **St:** *George A. Romero.* **K:** *George A. Romero.* **SpE:** *Regis Survinsky, Tony Pantanello.* **Ma:** *Karl Hardman.* **D:** *Judith O'Dea (Barbara), Russell Streiner (Johnny), Duane Jones (Ben), Karl Hardman (Harry), Keith Wayne (Tom), Judith Ridley (Judy), Marilyn Eastman (Helen), Kyra Schon (Karen). SW 90 Min.*

Als die Geschwister Barbara und Johnny in einem abgelegenen Winkel der USA das Grab ihres Vaters besuchen, werden sie von einem Mann angegriffen, der mehr tot als lebendig wirkt. Johnny wird getötet. Barbara flieht in Panik. Als ihr Wagen streikt, verbarrikadiert sie sich in einem scheinbar leeren Farmhaus. Sie stößt auf eine grässlich entstellte Leiche, und als sie aus dem Fenster schaut, hat sich vor dem Haus ein Rudel zottiger, sich wie Marionetten bewegender Menschen versammelt. Kurz darauf stößt der Schwarze Ben zu ihr, ein Vertreter, dem das Benzin ausgegangen ist. Ben wird sogleich aktiv. Er verrammelt Türen und Fenster und erklärt der unter Schock stehenden Barbara, die Toten seien aus ihren Gräbern gekommen, um die Lebenden zu fressen. Es stellt sich heraus, dass sie nicht allein im Haus sind: In einem Kellerraum haben sich Helen und Harry verbarrikadiert. Bei ihnen sind ihre kleine Tochter Karen, die von einem Untoten gebissen wurde und seither fiebert, und die Teenager Tom und Judy. Harry meint, man solle sich im Keller verstecken, doch Ben hat in der Nähe einen Tankwagen gesehen und will Benzin organisieren. Zusammen mit Tom und Judy lässt er sich auf das waghalsige Unternehmen ein, das Fahrzeug zu bergen. Die Gruppe wird von Untoten angegriffen. Tom und Judy sprengen sich versehentlich in die Luft. Als die wandelnden Leichen das Haus attackieren und Harry und Ben in eine körperliche Auseinandersetzung geraten, kommt Harry um. Barbaras Bruder Johnny – inzwischen ebenfalls zum Untoten geworden – zerrt seine Schwester ins Freie. Die kleine Karen, gerade gestorben, attackiert und tötet ihre Mutter. Karen greift auch Ben an, der nun im Keller Zuflucht sucht, aber er kann sie austricksen und »tötet« ihre Eltern noch einmal per Kopfschuss, damit sie nicht wiederauferstehen. Am nächsten Morgen ist der Spuk vorbei. Als Ben das Haus verlassen und sich einer bewaffneten Brigade anschließen will, die das Land von den Untoten »säubert«, kriegt er eine Kugel in den Kopf.

Die Nacht der lebenden Toten ist der erste Film, der in Ekel erregender Weise zeigt, wie Scharen von Untoten Menschenfleisch in sich hineinstopfen. Kein Wunder also, dass die Kommentare der Kritiker nicht freundlich waren. Abgesehen davon, dass Romeros Freizeitprodukt (der Film wurde vorwiegend »nach Feierabend« mit Laiendarstellern gedreht) schon aufgrund seiner Machart verrissen wurde, erzeugte die explizite Darstellung Fleisch fressender menschlicher Ungeheuer heftigen Widerspruch. – »Ein primitiver, billiger Horrorfilm, ohne irgendwelchen materiellen oder künstlerischen Aufwand, auf schieren Schock und Grusel aus, unappetitlich und brutal.« (FILMDIENST) In diesen Tenor verfielen fast alle frühen Besprechungen. Erst später wendete sich das Blatt: Man erkannte, dass der Film auf subtile Weise das Unbehagen wiedergab, das Ende der 1960er Jahre in den USA herrschte. Allein die Tatsache,

Die Nacht der lebenden Toten

dass Romero seine Zombies als »simple tote Amerikaner« (SCIENCE FICTION TIMES) auftreten lässt, statt sie als Kreaturen zu zeichnen, die der Schlund der Hölle ausgespuckt hat; dass also keinesfalls wieder die üblichen »Untermenschen«-Typen herhalten müssen, um das Chaos zu beschwören, sondern ehedem brave Bürger, macht nachdenklich. Auch das kaltblütige Vorgehen der »Säuberungstruppen« gegen die im Grunde hilflos und tollpatschig herumwankenden Untoten führte dazu, dass mancher Zuschauer sich fragt, wer eigentlich die wirklichen Monster sind: »Da werden ›Untermenschen‹ liquidiert wie Indianer oder Vietkongs. Ein Biologieprofessor fordert im Fernsehen die Bürger auf, ihre eben gestorbenen Angehörigen unverzüglich mit Benzin zu übergießen und zu verbrennen; bedauerlicherweise könne man sich keine Trauerfeier leisten, welche die Hinterbliebenen tröste. Die verdrängte Humanität, die sich grausig zur Wehr setzt, kann nur durch eine Steigerung der Inhumanität zurückgedrängt werden. Dabei wird der Einzige, der sich aus dem weißen Schuldzusammenhang mit Vernunft und Überlegenheit gerettet hat, der Schwarze nämlich, am Ende von den Bürgerwehren erschossen, die ihn selbstverständlich auch für einen Zombie halten.« (Nikolaus Marggraf, FRANKFURTER RUNDSCHAU) [V]

DIE NACHT DER OFFENEN SÄRGE

(DRACULA CONTRA EL DOCTOR FRANKENSTEIN/DRACULA PRISONNIER DU DOCTEUR FRANKENSTEIN). Portugal/Spanien/Liechtenstein 1972. **R:** *Jess Franco.* **B:** *Jess Franco, Paul d'Ales.* **K:** *José Climent.* **M:** *Bruno Nicolai.* **D:** *Dennis Price (Dr. Exortio), Howard Vernon (Graf Satanas), Alberto d'Albes (Dr. Seward), Fernando Bilbao (Morph), Genivieve Deloir (Amina), Josiane Gilbert (Sängerin), Luis Barboo (Werwolf), Eduarda Pimenta, Mary Francis, Britt Nichols. F 84 Min.*
Dr. Seward hat den vampirischen Grafen Satanas mit einem Holzpflock gepfählt und so in eine tote Fledermaus verwandelt. Dr. Exortio, den eine Texteinblendung »Frankenstein« nennt, strebt nach der Weltherrschaft. Er hat Frankensteins Monster und einen weiblichen Vampir unter Kontrolle und bringt es auch fertig, Graf Satanas mit Hilfe seines sabbernden Dieners Morph neues Leben einzuhauchen. Dazu benötigt er Blut, und zwar vorzugsweise das junger Mädchen. Dr. Seward merkt jedoch, dass in seiner Umgebung etwas vor sich geht. Obwohl ihm das Frankenstein-Monster mächtig aufs Hirn klopft, gelingt es ihm, Widerstand gegen Exortio zu organisieren. Dabei kommt ihm ein Werwolf zu Hilfe, der leider gegen Frankensteins Monster den Kürzeren zieht. Dr. Exortio schwört (völlig unmotiviert) seinen Welteroberungsplänen ab und entledigt sich seiner Geschöpfe, bevor Dr. Seward und ein Zigeunertrupp ihrer habhaft werden können. – Es fällt nicht leicht, aus dem Wirrwarr, den Jess Franco dem Publikum vorsetzt, eine Handlung herauszufiltern, denn von der Existenz eines Drehbuchs ist nichts zu bemerken. Der Film hat etwa drei Sprechrollen (das permanente Gestöhn einer irren Schönen nicht mitgerechnet), wobei 90 Prozent des geringen Textes aus dem Off gesprochen werden. Die Qualität der Monologe (Dialoge gibt's eh keine) ist Null, auch wenn die Werbung sie als »faszinierend« be-

Die Nacht der offenen Särge

schreibt. Die Kameraführung ist abenteuerlich, der Schnitt jenseits aller Beschreibungsmöglichkeiten. Vor allem hapert es mit der Logik: Exortios Überzeugung, die Vampire würden ihm gehorchen, ist ebenso hanebüchen wie der unerklärte Auftritt eines weiblichen Vampirs, der stets dann seinem Sarg entsteigt, wenn Graf Satanas sich zur Ruhe bettet. Schichtwechsel? Und wenn die langzahnige Schöne die Schicht übernimmt, sieht man *nichts* mehr von ihr. Wo kommt der Werwolf her? Wieso kann er gleichzeitig hecheln und heulen? Wieso betreibt Exortio in seinem Burggewölbe eine mit Strom betriebene Lebenserweckungsmaschine, während sämtliche Räume seines Heims von Kerzenlicht erhellt werden? Warum will uns die Kleidung der Akteure einreden, die Story spiele Anfang des Jahrhunderts, wenn in einem Zigeunerlager ein (notdürftig abgedecktes) modernes Automobil steht? Wieso erweckt man den Eindruck, die Geschichte sei in Transsylvanien angesiedelt, wo jeder Blinde die portugiesische Landschaft sofort erkennt? Wie hat Jess Franco es geschafft, für dieses völlig indiskutable Dummstück gleich drei Produktionsfirmen zu gewinnen? AIDT

DIE NACHT DER REITENDEN LEICHEN

(LA NOCHE DEL TERROR CIEGO). Spanien/Portugal 1971. **R:** *Amando Ossori.* **B:** *Amando Ossori.* **K:** *Pablo Ripoli.* **M:** *Anton Garcia Abril.* **D:** *Lone Fleming (Bette Turner), Cesar Burner (Roger), Helen Harp (Virginia White), José Thelman (Pedro), Maria Silva (Maria), Rufino Inglés (Inspektor), Juan Cortés (Richter), Antonio Orengo (Mechaniker), Francisco Sanz (Bibliothekar), Carmenze (Opfer). F 90 Min.*

Während eines Urlaubs auf der iberischen Halbinsel treffen Virginia White und ihr Freund Roger Virginias alte Schulfreundin Bette Turner. Sie beschließen, fortan zu dritt zu reisen, aber da Bette unverblümt anfängt, Roger Avancen zu machen, setzt Virginia sich wütend ab und streift allein durchs Land. Als es Nacht wird und sie in einer verlassenen Abtei nächtigen will, stellt sie fest, dass sich unheimliche Gestalten mit ihr unter einem Dach befinden: skelettartige, vermummte Wesen, die die Gegenwart des entsetzten Mädchens wahrnehmen und es blutgierig einkreisen. Am nächsten Tag erfahren Roger und Bette von der Polizei, dass man den blutleeren Leichnam ihrer Freundin gefunden hat. Von einem Wissenschaftler hören sie, dass die Einheimischen die Abtei fürchten, weil es dort zu mysteriösen Todesfällen gekommen ist. Angeblich spuken dort die Geister satanischer Tempelritter, die während der Kreuzzüge exekutiert wurden. Roger, der annimmt, dass der Schmuggler Pedro diesen Mythos nur verbreitet, damit niemand in der Abtei herumschnüffelt, will den Fall klären. Derweil erwacht die tote Virginia im Leichenschauhaus zu neuem Leben, tötet zwei Menschen und schließlich im Feuer vergeht. Pedro überfällt Bette in der Abtei, doch als er sie vergewaltigen will, steigen die Untoten aus ihren Gräbern. Bei ihrem infernalischen Blutgericht kommen Pedro und seine Freundin Maria um. Roger wird tödlich verwundet. Bette kann als Einzige vor den blinden Ungeheuern fliehen, die sich nur am Blutgeruch Verletzter orientieren. Sie hält einen vorbeifahrenden Zug an, doch als dieser am nächsten Morgen in einen Bahnhof einfährt, ist sie die einzige Überlebende unter Hunderten von abgeschlachteten Passagieren. Die Untoten haben den Zug in der Nacht geentert. – Unter all der billigen, schlecht gemachten Horrorkonfektion, die in den 1970er Jahren aus Spanien kam, nimmt *Die Nacht der reitenden Leichen* eine Sonderstellung ein. Die Idee, ein neues Element in das Genre einzubringen – Gestalten, die weder Vampir noch Werwolf und nur bedingt Mumien sind –, hat sich für Amando Ossori ausgezahlt. Trotz der hölzernen Darstellungskünste

Die Nacht der reitenden Leichen

seiner Stars, deren Talent das der Akteure eines Kasperltheaters kaum übertrifft, hat er einen originellen Beitrag zum Horrorkino zweiter Klasse geleistet. – »Außerdem erzeugt der Regisseur manchmal geradezu brillant eine makabre Atmosphäre, wie zum Beispiel am Ende des Films – als der von den Templern attackierte Zug in einen sonnigen Bahnhof einfährt, die ahnungslosen Reisenden einsteigen und ihre entsetzten Schreie ertönen, als sie sich mit den Opfern konfrontiert sehen ... Trotz aller Qualitäten kann der kritische Betrachter jedoch angesichts der Schwächen des Films nicht blind bleiben: Wie in zahlreichen anderen spanischen Horrorfilmen sind auch hier die ›psychologischen‹ Sequenzen von einer unvorstellbaren Plumpheit, von den lesbischen Einlagen gar nicht zu reden ...« (Gilbert Verschooten, FANTOOM) [V]

DIE NACHT DER ROLLENDEN KÖPFE

(PASOS DE DANZA SOBRE EL FILO DE UNA NAVAJA/PASSI DI DANZA SU UNA LAMA DI RASOIO) Italien/Spanien 1972. **R:** *Maurizio Pradeaux.* **B:** *Arpad de Riso, Maurizio Pradeaux, Alfonso Balcazar, George Martin.* **K:** *Jaime Del Casas.* **M:** *Roberto Pregadio.* **D:** *Robert Hoffmann, Susan Scott [Nieves Navarro], Simon Andreu, Sal Borgese, Anuska Borova, Serafino Profumo, Anna Liberati, Nerina Montagnani, Gianni Pulone, Cristina Tamborra, Rosita Torosh. F 90 Min.*

Verhinderter Tänzer und Psychopath rächt sich mit einem Rasiermesser an allen, die ihn verlacht haben. Blutiger Schlitzerfilm mit diversen Horroreffekten. Ansonsten abzuraten.

DIE NACHT DER SCHREIE

(FROM A WHISPER TO A SCREAM). USA 1986. **R:** *Jeff Burr.* **B:** *C. Courtney Joiner, Darin Scott, Jeff Burr.* **K:** *Craig Greene.* **M:** *Jim Manzie.* **D:** *Vincent Price (Julian White), Clu Gulager (Stanley Burnside), Terry Kiser (Jesse Hardwick), Harry Caesar (Fielder Evans), Rosalind Cash (Kirmesbetreiberin), Cameron Mitchell (Sergeant), Susan Tyrell (Bess Chandler), Ron Brooke (Stephen), Didi Lanier (Amaryllis). F 94 Min.*

Episodenfilm: Der Archivar White erzählt einer Journalistin diverse Geschichten über das Städtchen Oldfield, in dem das Grauen seit Jahrhunderten zu Hause ist. – Ein jämmerlicher Schundfetzer, in dem das Blut literweise spritzt. AIDT [V]

DIE NACHT DER TAUSEND AUGEN

(NIGHT WATCH). GB 1972. **R:** *Brian C. Hutton.* **B:** *Tony Williamson, Evan Jones.* **V:** *Theaterstück von Lucille Fletcher.* **K:** *Billy Williams.* **M:** *John Cameron.* **D:** *Elizabeth Taylor (Ellen Wheeler), Laurence Harvey (John Wheeler), Billie Whitelaw (Sarah Cooke), Robert Lang (Appleby), Tony Britton (Tony), Bill Dean (Inspektor Walker), M. Dalvers Walker (Sgt. Norris), Rosario Serrano (Dolores), Laon Maybanke (Florist), Kevin Colson (Carl), Pauline Jameson (Sekretärin), Linda Hayden (Mädchen im Auto). F 99 Min.*

Seit ihr erster Mann mit seiner Geliebten bei einem Autounfall umgekommen ist, leidet die reiche, verwöhnte und feiste Ellen Wheeler an einer heftigen Neurose. Ihr zweiter Mann John, der sich ebenfalls eine heimliche Braut hält, weiß weder ein noch aus. Ellen behauptet, sie habe in dem ihrem Anwesen gegenüberliegenden Haus einen bestialischen Mord beobachtet, doch die Polizei findet keine Spuren. Der Hysterie nahe, will sie sich in eine Nervenklinik begeben, aber bevor es so weit ist, gelingt es ihr, John und dessen Geliebte auf heimtückische Art auszuschalten. – »Brian Hutton meinte offenbar, mit Mitteln aus der Horrorkiste ins Unheimliche gesteigerte Gewitter reichten aus, eine unterschwellig von Drohungen bestimmte Atmosphäre glaubwürdig zu machen.« (er., FILM-DIENST)

NACHT DER VAMPIRE

(LA NOCHE DE WALPURGIS) BRD/Spanien 1971. **R:** *Leon Klimovsky.* **B:** *Jacinto Molina, Hans Munkell.* **St:** *Jacinto Molina.* **K:** *Leopoldo Villasenor, Mario Pacheco.* **M:** *Anton Garcia Abril.* **D:** *Paul Naschy (Waldemar Daninsky), Gaby Fuchs (Elvira), Barbara Capell (Genivieve), Patty Shepard (Gräfin Wandesa de Nadasdy), Andres Resino, José Marco, Julio Pena, Barta Barri, Yelena Samarina, Betsabé Ruiz. F 87 Min.*

Zwei französische Studentinnen, die ein Buch über Satanismus und Vampirismus schreiben, stoßen bei ihren Forschungen auf die Geschichte einer ungarischen Gräfin, die schwarze Messen mit Blutopfern durchgeführt hat. Vor Ort begegnen sie dem Eremiten Waldemar Daninsky, der ihnen Hilfe anbietet. Daninsky handelt jedoch nicht uneigennützig: Er ist ein Werwolf und auf der Suche nach dem silbernen Kreuz, mit dem die Gräfin getötet wurde. Um den auf ihm lastenden Fluch zu brechen, muss er in des-

Nacht der Vampire

sen Besitz. Die Studentin Genivieve erweckt die Gräfin versehentlich zum Leben und wird von ihr zum Vampir gemacht. Waldemar tötet sie, als sie ihre Freundin Elvira beißen will. Als die Walpurgisnacht vor der Tür steht, entführt die Gräfin Elvira, um sie Satan als Opfer anzubieten. Waldemar verwandelt sich bei Vollmond in einen Werwolf und tötet die Gräfin. Elvira tötet ihn, indem sie ihm das Kreuz ins Herz stößt. – Ein schlampig inszeniertes Stück, dessen innere Logik man vergeblich sucht: Die Vampire rennen lustig bei Tageslicht herum!

DIE NACHT DER ZOMBIES

(NIGHT OF THE ZOMBIES/GAMMA 693/ NIGHT OF THE WEHRMACHT ZOMBIES). USA 1981. **R:** *Joel M. Reed.* **B:** *Joel M. Reed.* **K:** *Ron Dorfman.* **SpE:** *Peter Kunz.* **M:** *Onomatopoeia Inc., Matt Kaplowitz, Maggie Nolin.* **D:** *Jamie Gillis (Nick Monroe), Ryan Hilliard (Dr. Proud), Samantha Grey (Susan), Ron Armstrong (Hauptmann Fleck), Richard de Faut (Sgt. Freedman), Juni Kulis (Schuller), Alphonse de Noble (CIA-Agent), Joel M. Reed (Neonazi), Shoshana Ascher (Prostituierte), Lorin E. Price (Priester), Ron Dorfman (CIA-Chef), Renata Schlessinger (Puffmutter), Kuno Sponholtz (Türsteher), Nick Carballo, John Barilla, Michael Casconi, Gordon C. Dixon. F/SW 88 Min.*

Angehörige eines SS-Bataillons und ein Trupp amerikanischer Soldaten raufen sich in einer Art Halbleben seit dem Ende des Zweiten Weltkriegs in Bayerns von Nebel umwaberter Bergwelt und entpuppen sich als Zombies, die der von den Amerikanern entwickelte chemische Kampfstoff Gamma 693 hervorgebracht hat. Ihnen ist der CIA-Agent Nick Monroe im winterlichen München und anderswo auf den Fersen – an seiner Seite der jugendlich aussehende, doch 72 Jahre alte Dr. Proud, der an der Entwicklung des Gases beteiligt war und sich ebenfalls als Menschenfleisch fressendes Monstrum erweist. – Ein bizarres Filmchen, in dem der in über 300 Pornofilmen gestählte, diesmal eine Schlägerkappe tragende und wie Sherlock Holmes eine Shagpfeife rauchende Jamie Gillis sich im Gegensatz zu seinen jämmerlichen Mitstreitern trotz der schauerlichen »Volksmusik«, die seine Ermittlungen begleitet, erstaunlich wacker hält. Gewisse Fragen, von denen man glaubt, ein Drehbuchautor müsse sie sich stellen (etwa: Wieso dauert es Jahrzehnte, bis man die Zombies aufspürt, wo man doch gerade im Schnee ihre Fußspuren ganz einfach verfolgen kann?) klammert man dabei dezent aus. [V]

DIE NACHT DES HEXENJÄGERS

(BURNED AT STAKE/THE COMING). USA 1980. **R:** *Bert I. Gordon.* **B:** *Bert I. Gordon.* **K:** *N.N.* **SpE:** *Fred Yawnick.* **M:** *Arthur Kempel.* **D:** *Susan Swift (Loreen Graham, Ann Putnam), Guy Stockwell (William Goode), Laureen Downing (Sarah Goode), John Peters (Rev. Parris), Jennine Babo (Dorcas Goode), Beverly Ross (Merlina), Albert Salmi (Captain Billingham), Tisha Sterling (Karen Graham), David Rounds (William Goode). F 90 Min.*

Hexenjäger bzw. Exorzist kommt einem Fall von Besessenheit auf die Spur. [V]

DIE NACHT DES JÄGERS

(THE NIGHT OF THE HUNTER). USA 1955. **R:** *Charles Laughton.* **B:** *James Agee.* **V:** *»The Night of the Hunter« (1953) von Davis Grubb.* **K:** *Stanley Cortez.* **M:** *Walter Schumann.* **D:** *Robert Mitchum (Harry Powell), Shelley Winters (Willa Harper), Lillian Gish (Rachel), Evelyn Varden (Icey), Peter Graves (Ben Harper), Billy Chapin (John), Sally Jane Bruce (Pearl), James Gleason (Onkel Birdie), Don Beddoe (Walt Spoon), Gloria Castille (Ruby), Mary

Ellen Clemons (Clary), Cheryl Gallaway (Mary). SW 91 Min.

Der fanatische Wanderprediger Powell ist das personifizierte Böse. Hinter der Maske des einfältigen Narren verbirgt sich ein notorischer Frauenmörder. Wegen eines kleinen Vergehens eingelocht, lernt er im Gefängnis Ben Harper kennen. Harper hat einen Raubmord begangen, das geraubte Geld in der Puppe seiner Tochter versteckt und dem nur wenig älteren Sohn das Versprechen abgenommen, das Versteck weder zu verraten noch anzutasten, ehe er erwachsen ist. Harper wird gehenkt, ohne das Geheimnis zu lüften. Powell versucht das Versteck zu finden, um das Geld zu kassieren. Er sucht die Familie des Verblichenen auf. Die Kinder entziehen sich seiner Befragung. So macht er die leicht lenkbare Mutter zuerst zu seiner Anhängerin, dann zu seiner Ehefrau. Wie ihre Vorgängerinnen fällt sie seinem Messer zum Opfer, doch die Kinder können entkommen. Powell jagt sie unerbittlich, bis sie von einer mütterlichen Frau aufgenommen werden. Diese leitet Powells Verhaftung in die Wege. Als die Polizei den Massenmörder verhaftet, ist der Albtraum zu Ende, die Nacht des Jägers vorbei. – »Der Geschichte liegt der gleichnamige Roman von Davis Grubb zugrunde. Grubb erzählte vom Fanatismus des Hexenwesens, von exzentrischem Aberglauben und falschen Priestern, von ganzen Gemeinden, die dem Übel verfallen waren. Laughton macht eine märchenhafte, träumerische Geschichte daraus, ein sanftes Gewebe aus fantastischen Bildern, mit einem von Zeit zu Zeit immer stärker werdenden Horrorgefühl durchsetzt. Stanley Cortez ist ein ausgezeichneter Kameramann, er macht Märchenzauber und Dämonie gleichsam spürbar.« (SÜDDEUTSCHE ZEITUNG). – »Der einzige Film von Charles Laughton [als Regisseur]. Im Gewande eines Thrillers aus den dreißiger Jahren ein Albtraum aus früher Kindheit, von Vatermord, Kastrationsangst und Heimweh nach dem Mutterleib. Erzählt wie ein Märchen, in Bildern, die zwischen allen Stilen schwimmen.« (FILMKRITIK)

DIE NACHT DES KALTEN GRAUENS

Anderer Titel für DIE FRATZE

DIE NACHT DES SCHICKSALS

BRD 1982. **R:** *Helmer von Lützelburg.* **B:** *Andreas Markus Klug, Christoph Wagenknecht, Helmer von Lützelburg.* **K:** *Alexander Witt.* **M:** *Andreas Markus Klug.* **D:** *Ludwig Boettger (Dany), Traute Hoess (Jutta Schröder), Wolf Rettig (Erwin Kampff), Melitta Wolke-Desinée (Alma Meyer-Efeu), Billie Zoeckler (Betty Biquit), Marlene Moll (Maggie), Christa Hiederer (Sue), Ilona Intermed (Gräfin Asta von Ranke), Uwe Suckfüll (Graf Gernot von Ranke), Bavaria von Schreck (Meta Nohl), Lucky Lamour (Herbert), Dolores Dur (Anni), Carmen Müller (Erna), Thea Tessuro (Pantomimin). F 84 Min.*

Eine Opernsängerin, ein Pianist, ein Damentrio, ein Manager und ein Tratschkolumnist stoßen in einem finsteren Gruselschloss auf ihr jeweils horribles Gegenstück sowie eine mörderische Hausbedienstete, die größte Schwierigkeiten hat, die Gäste aus dem Weg zu räumen. Eine mit dem Max Ophüls-Förderpreis ausgezeichnete Parodie auf einschlägige Horrorfilme und Romanheftchen.

NÄCHTE DES GRAUENS

(THE PLAGUE OF THE ZOMBIES). GB 1965. **R:** *John Gilling.* **B:** *John Elder.* **K:** *Arthur Grant.* **SpE:** *Bowie Films.* **Ma:** *Roy Ashton.* **M:** *James Bernard.* **D:** *André Morell (Sir James Forbes), Diane Clare (Sylvia), Brook Williams (Dr. Peter Thompson), Jacqueline Pearce (Alice), John Carson (Clive Hamilton), Alexander Davion (Harry Danver), Michael Ripper (Sgt. Swift), Dennis Chinnery (Christian), Louis Mahoney (Diener), Roy Royston (Vikar), Marcus Hammond (Martinus), Ben Aris (John Martinus), Jerry Varno (Wirt), Jolyan Booth (Kutscher), Del Watson, Peter Diamond (Zombies), Timmy Conroy, Norman Mann, Bernard Egan, Francis Willey. F 90 Min.*

Cornwall, England, Mitte des 19. Jahrhunderts: Rätselhafte Tode erwecken das Misstrauen des Landarztes Thompson. Er bittet Sir James Forbes, seinen früheren Lehrer, um Hilfe. Gemeinsam kommen sie einem ausgeklügelten frühkapitalistischen Ausbeutungsmodell auf die Spur: Der ehrenwerte Grubenbesitzer Hamilton hat nämlich auf den westindischen Inseln die Voodoo-Zauberei erlernt, deren Tricks er perfekt beherrscht. Um die Löhne seiner Arbeiter einzusparen, sorgt er dafür, dass sie sterben, um als Untote aufzuerstehen und ohne zu murren in seinen Minen zu schuften. – »Der beträchtliche Aufwand, den man für diese fantastische, abstruse Story in Szene setzte, wäre wirklich einer besseren Sache wert gewesen. Man gab sich reichliche Mühe schon beim sorgfältig abgefas-

Nächte des Grauens

sten Drehbuch. Vielfilmer John Gilling führte routinierte Regte, die Schauspieler sind durchaus akzeptabel ... die ... sehr wichtigen Maskenbildner vollbrachten Meisterleistungen. Aber – was für ein Thema!« (Rex., FILMBEOBACHTER)

NACHTS, WENN DAS SKELETT ERWACHT

(THE CREEPING FLESH). GB 1972. **R:** *Freddie Francis.* **B:** *Peter Spenceley, Jonathan Rumbold.* **K:** *Norman Warwick.* **M:** *Paul Ferris.* **D:** *Christopher Lee (James Hildern), Peter Cushing (Emmanuel Hildern), Lorna Heilbron (Penelope), George Benson (Waterlow), Kenneth J. Warren (Lenny), Duncan Lamont (Inspektor), Harry Locke (Barman), Hedger Wallace (Dr. Perry), Michael Ripper (Carter), Catherine Finn (Emily), Robert Swann (Aristokrat), David Bailie (Junger Arzt), Maurice Bush (Karl), Tony Wright (Matrose), Alexandra Dane (Hure), Jenny Runacre (Mrs. Emmanuel Hildern), Marianne Stone, Larry Taylor, Martin Carroll. F 88 Min.*

London, Ende des 19. Jahrhunderts: Aus Angst, seine Tochter Penelope könne ebenso enden wie seine im Irrenhaus seines Bruders gestorbene Frau, sucht der Anthropologe Emmanuel Hildern nach einem Serum, das den »bösen Geist« bannen kann. Von einer Expedition aus Neu-Guinea zurückgekehrt, hat er das Skelett eines vorzeitlichen Riesen im Gepäck, das einer Legende zufolge durch Regen zu neuem Leben erweckt werden kann. Er löst einen Fingerknochen des Skeletts und bringt ihn mit Wasser in Berührung – und siehe da, das Fleisch des Toten wächst nach. Mit einer Mixtur aus seinem Blut und dem des Fingers entwickelt er ein Serum, das er Penelope injiziert. Diese wird daraufhin von der spröden Jungfrau zur im wahrsten Wortsinne männermordenden Nympho-Bestie. Hilderns Bruder James, der von dem Experiment erfahren hat und selbst daran arbeitet, »das Böse« im Menschen zu isolieren, stiehlt das Skelett. Leider regnet es in Strömen während der Diebesaktion, und so wird aus der Legende harte Realität: Der vorzeitliche Knochenmann setzt neues Fleisch an (das wie eine Tomatenpizza aussieht) und macht *Buh!* James' Kutsche kippt um, das Ungeheuer kehrt zu Emmanuel zurück, reißt ihm aus Rache einen Finger ab und verschwindet im Dunkel der Nacht. Als Emmanuel seine Story zum Besten gibt, landet er, wie Penelope, in seines Bruders Klapse. – Weit davon entfernt, »ein klassischer Horrorfilm« zu sein, wie der Verleih behauptet, erntete die alberne Story mehrheitlich Verrisse. »[Der

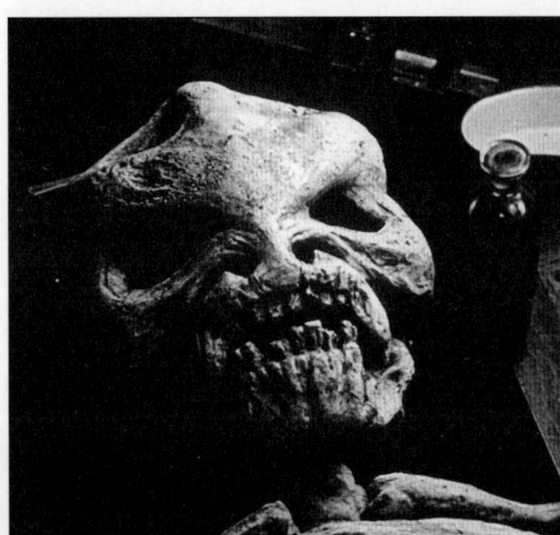

Nachts, wenn das Skelett erwacht

Nachts, wenn das Skelett erwacht

Film] tickt einfach zu sehr wie eine Großvater-Uhr, um einem die Haare zu sträuben.« (VARIETY). Kevin Thomas, LOS ANGELES TIMES: »Sie werden sich eher kaputtlachen, als dass Sie eine Gänsehaut kriegen, so amüsant ist dieser Film in seiner schieren Absurdität.«

NACHTS, WENN DIE LEICHEN SCHREIEN

(THE DEVIL'S RAIN). USA 1975. **R:** *Robert Fuest.* **B:** *Gabe Essoe.* **K:** *Alex Phillips jr.* **M:** *Al de Lory.* **D:** *Ernest Borgnine (Jonathan Corbis), William Shatner (Mark Preston), Ida Lupino (Mrs. Preston), Eddie Albert (Dr. Richards), Joan Prather (Julie Preston), Keenan Wynn (Sheriff Owen), Woodrow Chambliss (John), George Sawaya (Steve Preston), John Travolta (Danny), Lisa Todd (Lilith), Claudio Brook (Priester), Anton Le Vey (Hohepriester), Diane Le Vey (Priscilla Corbis), Robert Wallace (Matthew Corbis), Erika Carlson (Baroness Fyffe), Tony Cortez. F 79 Min.*

Es war einmal ein Regisseur, der war so schräg, dass er glaubte, er brauche nur ein paar prominente Mimen zu engagieren, dann werde sich die Welt einen Dreck um die doofe Story scheren, die er verfilmen wollte. Also belaberte er einen geistesschwachen Produzenten, heuerte einen Amateur-Drehbuchschreiber an, der sich zuvor mehr oder weniger erfolgreich als Verfasser von Filmbüchern betätigt hatte, engagierte ein paar abgehalfterte Stars, die entweder arbeitslos waren oder sich mit TV-Sendungen und Schema-F-Schnellschüssen über Wasser hielten und inszenierte eine Geschichte, die auf der ganzen Welt ihresgleichen suchte: das garantiert haarsträubende Drama einer sog. »Todessekte«, deren Ziel darin besteht, die Nachfahren einer vor 300 Jahren existenten sog. »Hexerfamilie« auszurotten & ihnen ein teuflisches Buch zu entreißen, in dem die Namen aller Satansjünger stehen, bis ein sog. »Teufelsregen« das ganze Kroppzeug in schleimige Rotzfiguren verwandelt. – Und als der Regisseur sah, was er im Kasten hatte, brachte er seinen Humbug in allen miefigen Bahnhofs- und Autokinos unter, und auch in New York, wo gewisse Kinos nur von Obdachlosen frequentiert werden, damit sie in Ruhe pennen können, ohne dass freche Diebe sich an ihrer Habe bereichern. Und der Schotter klingelte in des Produzenten Kasse (wenn auch nicht allzu zahlreich). Und alle, alle freu-

Nachts, wenn die Leichen schreien

Nachts, wenn die Leichen schreien

ten sich: die Produktionsfirma, der Regisseur, die Darsteller – und auch jede Menge Tiefschläfer. Nur drei gab es, die wandten sich mit Grausen ab, verbargen das Gesicht in den Händen und weinten bitterlich: Ronald M. Hahn, Volker Jansen und Rolf Giesen (Guntram Lenz auch).

NACHTS, WENN DRACULA ERWACHT

(EL CONDE DRACULA/DRACULA). BRD/Spanien/Italien 1969. **R:** *Jess Franco.* **B:** *Erich Kröhnke, Jess Franco, Augusto Finocchi.* **V:** *»Dracula« von Bram Stoker.* **K:** *Manuel Merino.* **M:** *Bruno Nicolai.* **D:** *Christopher Lee (Graf Dracula), Herbert Lom (Van Helsing), Klaus Kinski (Renfield), Fred Williams (Jonathan Harker), Soledad Miranda (Lucy Westenra), Maria Rohm (Mina Harker), Jack Taylor (Dr. Seward), Paul Muller, Teresa Gimpera, Quincey Morris. F 93 Min.*

Im Auftrag einer Anwaltskanzlei reist Jonathan Harker nach Transsylvanien ins Schloss des Grafen Dracula. Nachdem schon die Anreise gespenstisch genug ist, findet er sich nachts plötzlich in seinem Zimmer eingesperrt. Er befreit sich, doch schon fallen drei blutrünstige Vampirweiber über ihn her, die sich angesichts seiner rosigen Gesundheit dermaßen erregen, dass sie sich nicht einigen können, wer zuerst an seiner Schlagader saugen darf. Mit gesträubtem Haar ergreift Harker die Flucht, als die Furien aufeinander losgehen. Peinlicherweise fällt er dabei von der Schlossmauer und erwacht im viktorianischen England, das, wenn man Regisseur Franco glauben darf, genauso aussieht wie Spanien. Er wird behandelt von einem Professor namens Van Helsing, der sich freut, endlich mal ein echtes Vampirismusopfer zu sehen, da sein bisher einziges Anschauungsmaterial der Insekten fressende Schwachkopf Renfield ist (Bombenrolle für Klaus Kinski!), der aber keine Bereitschaft zur Kommunikation zeigt. Sehr flott bemerkt unser junger Held, dass Van Helsings Klinik gegenüber mysteriöse Kisten ausgeladen werden. Schwant uns da nicht Fürchterliches? Genau! Graf Dracula giert nämlich nach einer speziellen Blutgruppe, deswegen hat er es sich nicht nehmen lassen, zum Dinner nach Good Old England zu kommen. Sein erstes Opfer ist Lucy, die Freundin von Jonathans Freundin Mina. Dann soll Mina selbst dran glauben. Doch da ist Van Helsing vor! Die Vampirweiber kriegen Saures – und der lüsterne Graf segnet das Zeitliche in seinem Lieblingssarg. – Die Legende berichtet, Christopher Lee habe diesen Film nur unter der Bedingung drehen wollen, dass man sich genauestens an die literarische Vorlage halte, aber wie Legenden es nun mal an sich haben, kann man sie meist leicht ins Reich der Fantasy verweisen: Wer sich darauf einlässt, einen Film zu drehen, bei dem Jess Franco Regie führt, muss ein Naivling sein oder zu viel Gottvertrauen haben. *Nachts, wenn Dracula erwacht* hat gewiss ein paar schöne Aufnahmen vorzuweisen und liefert unbestreitbar ein Porträt des Grafen, das man bis dahin noch nicht sah, aber ansonsten hat der Film alle Schwächen eines typischen Quickies: Die »amerikanischen Nächte« sind so schlampig ausgeführt, dass keine der nächsten gleicht und manche gar so aussieht, als hätte man sie am hellen Tage aufgenommen. »Identische Sequenzen werden dutzendfach wiederholt, und die Spezialeffekte der am Ende erfolgenden Verbrennung des Grafen (steht das

Nachts, wenn Dracula erwacht

überhaupt so im Roman?) sind so schrecklich amateurhaft, dass man nur noch lachen kann.« (John McCarthy, CINEFANTASTIQUE). Auch mit der Logik hapert's bei Francos Drehbuchschreibern: Da ist Van Helsing einmal an den Rollstuhl gebunden, doch ein paar Szenen später steht er munter auf.

NACHTS, WENN MUTTER MORDET

Anderer Titel für **DAS DÜSTERE HAUS**

NACHTSCHATTEN

BRD 1971. **R:** *Niklaus Schilling.* **B:** *Niklaus Schilling.* **K:** *Ingo Hamer.* **M:** *Edvard Grieg.* **D:** *Elke Hart [Elke Haltaufderheide] (Elena Berg), John van Dreelen (Jan Eckmann), Max Krügel (Wirt), Ella Timmermann (Bäuerin). F 96 Min.*

Hamburger Musikverleger will sich in einem Heidedorf ein zum Verkauf anstehendes Haus ansehen und lernt eine mysteriöse junge Frau kennen, deren Mann drei Jahre zuvor im Moor umgekommen ist, doch auf unheimliche Weise immer noch präsent ist: als Wiedergänger.

NACHTSCHICHT

(GRAVEYARD SHIFT). USA 1986. **R:** *Gerard Ciccoritti.* **B:** *Gerard Ciccoritti.* **K:** *Robert Bergman.* **M:** *Nicholas Pike.* **D:** *Silvio Oliviero (Stephen Tsepes), Helen Papas (Michelle), Neil Clifford (Eric Hayden), Dorin Ferber (Gilda), Dan Rose (Robert), Franco Procopio (Mario), Don Jones. F 86 Min.*

Vampirischer Taxifahrer fährt am liebsten weibliche Kunden, die ihm hörig werden, nachdem er sie gebissen hat. Da selbige im Verlauf der Handlung zahlreicher werden, brauchen sie auch immer mehr Blut, was wiederum weitere Opfer fordert. Zwei Polizisten nehmen sich des Falles an und erledigen das Rudel. [V]

NACKT UND ZERFLEISCHT

(CANNIBAL HOLOCAUST). Italien 1976. **R:** *Ruggero Deodato.* **B:** *Tito Carpi, Gianfranco Clerici.* **St:** *Renzo Genta, Giorgio Carlo Rossi.* **K:** *Marcello Massiocchi.* **Ma:** *Marcello Rolla.* **M:** *Ubaldo Continiello.* **D:** *Massimo Foschi (Robert Harper), Me Me Lai (Pulan), Ivan Rassimov (Rolf), Razak Shikur (Charlie), Judy Rosly (Swan), Suleiman, Shamsi (Eingeborene). F 92 Min.*

New Yorker Professor entdeckt im brasilianischen Urwald die Überbleibsel eines amerikanischen Fernsehteams. Als er sich deren Filmkassetten-Hinterlassenschaft ansieht, stellt er fest, dass die Männer, bevor sie von Kannibalen umgebracht wurden, in ihrem Gastland wie die Axt im Walde gehaust haben. Ein übler Murks, der sich vordergründig kritisch gibt. – Ruggero Deodato: »Als ich den Film machte, war ich sehr depressiv, frustriert und wütend wegen der ganzen Gewalt auf den Straßen Italiens aufgrund der Terrororganisation ›Brigate Rosse‹. Ich sah diese ganze Gewalt im Fernsehen, in den Zeitungen, überall; und viele Journalisten schlachteten diese Gewalt meines Erachtens nach auf übelste Weise aus.«

NACKT UNTER KANNIBALEN

(EMANUELLE E GLI ULTIMI CANNIBALI). Italien 1977. **R:** *Joe d'Amato [Aristide Massaccesi].* **B:** *Joe d'Amato, Romano Scandariato.* **K:** *Joe d'Amato.* **M:** *Nico Fidenco.* **D:** *Laura Gemser (Emanuelle), Gabriele Tinti (Professor Mark Lester), Susan Scott (Maggie), Donald O'Brien (Donald), Percy Hogan, Monica Zanchi, Anne Marie Clementi, Geoffrey Coplestone. F 90 Min.*

Die Reporterin Emanuelle wird durch eine kannibalische Irre angeregt, eine Story über die letzten Kannibalen zu schreiben und begibt sich mit diversen Typen unter der Leitung des Anthropologen Lester ins Amazonasgebiet. Nachdem der größte Teil des Expeditionsteams von den Menschenfressern verspeist oder sonst wie umgebracht worden ist, rettet sie sich, Lester und eine andere Frau, indem sie den abergläubischen

Indianern einredet, sie sei eine Wassergöttin. Ein brutaler Schwachsinn.

DIE NACKTEN VAMPIRE

(LE VAMPIRE NUE). Frankreich 1969. **R:** *Jean Rollin.* **B:** *Jean Rollin, S. H. Mosti.* **K:** *Jean-Jacques Renon.* **M:** *Yvon Girault, François Tusques.* **D:** *Olivier Martin (Pierre Radamante), Maurice Lemaitre (Georges Radamante), Caroline Cartier (Nacktes Vampirmädchen), Ly Letrong (Ly), Bernard Musson (Voringe), Jean Aron (Frédor), Ursulle Pauly (Solange), Cathy Tricot, Pony Tricot (Georges Dienerinnen), Michel Delahaye (Großmeister), Pascal Fardouls (Robert), Paul Bisciglia (Hausdiener). F 85 Min.*

Pierre, der Sohn des wohlhabenden Geschäftsmannes Georges Radamante, stellt fest, dass im Hause seines Vaters recht bizarre Gestalten verkehren. Als er sich aufmacht, um herauszufinden, was hinter den Mauern des väterlichen Anwesens getrieben wird, stößt er auf eine phantastisch kostümierte Gesellschaft vorwiegend halb nackter und nackter Frauen, die sich in mysteriösen Riten ergehen. Während zwei Blondinen lesbische Spielchen treiben und sich eine dunkelhäutige Schönheit wollüstig vor seinen Augen räkelt, schießt sich eine andere Frau eine Kugel in den Kopf. Pierre, dem es gelingt, ein nacktes Mädchen aus den Krallen seines Erzeugers zu retten, entdeckt, dass er in die Gesellschaft außerirdischer Vampire geraten ist, die die Herrschaft über die Erde antreten wollen. Sein Vater experimentiert mit Vampirblut, um Unsterblichkeit zu erlangen. Am Ende jedoch sich die vampirischen »Gäste« gegen ihn und seine beiden Gehilfen. – Rollins Sex-Vampire, die in sich »einen surrealistischen, exotischen Zug mit dem traditionellen Zubehör des Sadomasochismus vereinen« (David Pirie, VAMPIR FILMKULT), sind möglicherweise deswegen nicht jedermanns Sache, weil sie im Grunde nur agieren, ohne eine Geschichte erkennen zu lassen. Dennoch genießt der Regisseur in französischen, italienischen, britischen, belgischen und niederländischen Horrorfilmkreisen einen legendären Ruf, was Ausstattung und Kameraführung seiner kleinen Meisterwerke angeht: »Rollins mit kleinen Budgets und meist mit unbekannten Darstellern gedrehte Filme sind optisch reizvoll und üben auf den Betrachter eine seltsame Faszination aus. Doch gerade bei dieser Faszination scheinen sich die Meinungen der Zuschauer und Kritiker zu teilen. Entweder man fühlt sich von seiner oft auch als ›surrealistische Collage‹ bezeichneten Bilderwelt angesprochen, oder man kann überhaupt nichts damit anfangen.« (Hans D. Furrer, VAMPIR) Bezeichnenderweise sind die Filme Rollins, die in der BRD aufgeführt wurde, hauptsächlich in Sexkinos gelaufen.

NADJA

(NADJA). USA 1994. **R:** *Michael Almereyda.* **B:** *Michael Almereyda.* **K:** *Jim Denault.* **SpE:** *Arthur M. Jolly.* **M:** *Simon Fisher-Turner.* **D:** *Elina Löwensohn (Nadja), Peter Fonda (Dracula/Van Helsing), Karl Geary (Renfield), Galaxy Craze [?!] (Lucy), Martin Donovan (Jim), Jared Harris (Edgar), Sean (Bela), Jack Lotz (Boxtrainer), Suzy Amis (Cassandra), José Zuniga (Barkellner), Bernadette Jurkowski (Draculas Braut), Jeff Wynner (Junger Dracula), Aleksander Rasic (Polizist), David Lynch, Nic Ratner, David Lynch, Bob Gosse, Rome Neal, Giancarlo Roma, Anna Roma, Tomas Roma. F 93 Min.*

Die nackten Vampire

Der Vampirjäger Van Helsing spürt in New York Draculas Nachfahren auf und verfolgt die blutdurstige Nadja bis in die Karpaten. Ein ironisches Filmchen, produziert von David »Twin Peaks« Lynch, der in einer kleinen Rolle als Wächter einer Leichenhalle auftritt.

DER NARBENTEUFEL

Anderer Titel für DER ROTE SCHATTEN

NASCHY, PAUL

(*1934). Als Jacinto Molina [Alvarez] in Bilbao, Spanien geborener Gewichtheber. Statist und Kleindarsteller beim Film. Reüssierte vor allem in der Rolle des unglücklichen Werwolf-Grafen Waldemar Daninsky Ende der 1960er und in den frühen 1970er Jahren in einer Reihe billiger Werwolf- und Horrorfilme, deren Drehbücher er teilweise selbst verfasste. 1967: *La Marca del Hombre Lobo (Die Vampire des Dr. Dracula)*; 1968: *Las Noches del Hombre Lobo (The Werwolf)*; 1971: *Le Noche de Walpurgis (Die Nacht der Vampire)*; 1972: *El Espanto Surge de la Tumba (Blutmesse für den Teufel); Dr. Jekyll y el Hobre Lobo (Die Nacht der blutigen Wölfe): La Rebelion de las Muertas (Die Rebellion der lebenden Leichen); La Orgia de las Muertos (Der Totenchor der Knochenmänner)*; 1973: *El Retorno de Walpurgis (Die Todeskralle des grausamen Wolfes).*

NEAR DARK – DIE NACHT HAT IHREN PREIS

(NEAR DARK). USA 1987. **R:** *Kathryn Bigelow.* **B:** *Eric Red, Kathryn Bigelow.* **K:** *Adam Greenberg.* **SpE:** *Steve Galich, Dale Martin, Ray Beetz, Al Broussard, Joseph Sasgen.* **M:** *Tangerine Dream.* **D:** *Adrian Pasdar (Caleb Colton), Jenny Wright (Mae), Lance Henriksen (Jesse), Bill Paxton (Severen), Jenette Goldstein (Diamondback), Joshua Miller (Homer), Marcie Leed (Sarah Colton), Tim Thomerson (Loy Colton), Kenny Call (Deputy), Ed Corbett (Kartenverkäufer), Troy Evans (Polizist), Bill Cross (Sheriff Eakers), Roger Aaro Brown (Cajun-Trucker), Thomas Wagner (Barkellner). F 92 Min.*

Der junge Cowboy Caleb begegnet in einer abgelegenen Gegend der USA einer nicht alternden Vampirsippe, die in einem Auto mit verdunkelten Scheiben umherzieht. Zuerst verführt ihn die schöne Mae, dann beißt sie ihn. Halbherzig schließt Caleb sich seinen neuen Freunden an. Da er nicht zu denen gehört, die sich das Blut anderer einfach nehmen, wenn sie es brauchen, muss Mae für ihn sorgen. Erhöhte Lichtempfindlichkeit sowie die ruppigen Methoden der Vampire lassen Caleb über seinen künftigen Lebensweg nachdenken, so dass er sich vor der endgültigen Aufnahme in die Gruppe der Blutsauger gegen sie wendet. – Eine von fachkundiger Hand inszenierte Geschichte, die zwar recht blutig und grausam ausfällt, aber auch das Thema Selbstfindung behandelt. [V]

NECROMANCER – DAS TOR ZUR HÖLLE

(NECROMANCER). USA 1988. **R:** *Dusty Nelson.* **B:** *William Naud.* **K:** *Richard Clabaugh, Eric Cayla.* **M:** *Gary Stockdale, Kevin Klingler, Bob Mamet.* **D:** *Elizabeth Cayton (Julie Johnson), Russ Tamblyn (Professor DeLonge), Rhonda Durton (Freda), John Tyler (Eric), Stan Hurwitz (Paul), Edward Wright (Carl), Shawn Eisner (Allan), Lois Masten (Lisa), Waide A. Riddle (Ernest). F 85 Min.*

Near Dark – Die Nacht hat ihren Preis

Nachdem die Studentin Julie vergewaltigt wurde, begibt sie sich unter die Fittiche der Priesterin eines Satanskultes. Daraufhin fährt der Gottseibeiuns in sie ein und beißt den Vergewaltigern den Pimmel ab. Leider unterscheidet die unserer Heldin innewohnende böse Macht nicht zwischen guten und bösen Schwänzen, so dass bald zwei Seelen – ach! – in ihrer Brust miteinander ringen. Horror-Schundi preiswerter Machart. AIDT [V]

NECRONOMICON

(NECRONOMICON). USA 1993. **R:** *Christophe Gans, Shusuke Kaneko, Brian Yuzna.* **B:** *Brent V. Friedman, Christophe Gans, Kazunori Ito.* **V:** *Erzählungen »Die Ratten im Gemäuer«/«Cthulhus Ruf«, »Kühle Luft«, »Das Flüstern im Dunkeln« von H. P. Lovecraft.* **K:** *Gerry Lively, Russ Brandt.* **SpE:** *Tom Rainone.* **M:** *Joe Lo Duca, Daniel Licht.* **D:** *Jeffrey Combs (H. P. Lovecraft), Tony Azitop (Bibliothekar), Brian Yuzna (Taxifahrer), Bruce Payne (Edward de Lapoer), Belinda Bauer (Nancy Gilmore), Maria Ford (Clara), Richard Lynch (Jethro de Lapoer), Bess Meyer (Emily/Amy), Dennis Christpher (Dale Porkel), David Warner (Dr. Madden), Millie Perkins (Lena), Signy Coleman (Sarah), Don Calfa (Benedict), Judith Drake (Mrs. Benedict), Obba Babbatunde (Paul). F 91 Min.*

Episodenfilm. Der Schriftsteller H. P. Lovecraft (1890–1937) entwendet einem Geheimbund ein Exemplar des magischen Buches »Necronomicon« und erzählt uns drei Geschichten: 1. »The Drowned« (**R:** Christophe Gans): Ein Mann bemüht sich, mittels satanischer Rituale, seine ertrunkene Frau zu neuem Leben zu erwecken und hat eine unverhoffte Begegnung mit der ekligen Gottheit Cthulhu. – 2. »The Cold« (**R:** Shusuke Kaneko): Reporter deckt in einem eiskalten Haus eine mysteriöse Beziehung zwischen einem ewig jung bleibenden Arzt und dessen Patienten auf. – 3. »Whispers« (**R:** Brian Yuzna): Auf der Suche nach ihrem verschwundenen Partner dringt eine schwangere Polizistin in ein Gewölbe vor, in dem monströse Kannibalen ihrer harren. – »Ärgerlich und unverständlich bleibt, wieso die dritte Episode in unserer Zeit spielt, die Rahmenhandlung aber 1932 angesiedelt ist.« (urd, MOVIESTAR) [V]

Necronomicon

NECRONOMICON – GETRÄUMTE SÜNDEN

BRD 1967. **R:** *Jess Franco.* **B:** *Pier A. Caminneci.* **K:** *Franz Xaver Lederle, Jorge Herrero.* **M:** *Friedrich Gulda, Jerry van Rooyen.* **D:** *Janine Reynaud (Lorna), Jack Taylor (Bill Mulligan), Howard Vernon (Kapp), Michel Lemoine (Pierce), Nathalie Nord (Bella), Pier A. Caminneci (Hermann), Adrian Hoven (Psychiater). F 82 Min.*

In der Zone zwischen Traum und Realität lebt sie: Lorna, die ihren Lebensunterhalt verdient, indem sie in der Folterkammerkulisse internationaler Nightclubs sadomasochistische Akte aufführt. Während sie ihre sich in Ketten windenden Partnerinnen und Partner beruflich liebkost und malträtiert, ist sie im Privatleben selbst der Tortur ausgesetzt: Ein Herr, entweder ein Emissär des Teufels oder der Gottseibeiuns persönlich, folgt ihr auf Schritt & Tritt und erinnert sie daran, dass sie eine Aufgabe zu erfüllen hat – als Sukkubus die Menschen mit ihrer Schönheit zu vernichten. Nicht nur für die laszive Lorna, auch für den Zuschauer verwischen sich alsbald die Dimensionen; wie sie kann er schon nach kurzer Zeit nicht mehr zwischen Realität und Traumvorstellung unterscheiden. Bizarre Figuren beiderlei Geschlechts kreuzen Lornas Weg. Manch einer redet sie als »Gräfin« an. Es kommt, wie's kommen muss: Um die Dekadenz auf die Spitze zu treiben, fehlt uns noch ein saftiger, perverser Mord. – Was Jess Franco auch anpackt – immer kriegt er eins auf die Rübe! In diesem Fall gleich von allen, die dem Film bei der Uraufführung beiwohnten: »Die ›Masche‹ der einzelnen Szenen bleibt konstant: Sexualität wird mit Sadismus gemischt. Anfang und Schluss bieten die fast gleiche Schaunummer. Dieser geile Filmkitsch wird dem Zuschauer im Zeitlupentempo vorgeführt: Die Bewegungen der Akteure sind traumwandlerisch gedehnt und die Kamera folgt mit gemessen langsamen Schwenks. Ästhetische Ambitionen sind nur dürftig zum Zuge gekommen, etwa indem man die Schärfe vom Hintergrund auf den Vordergrund zieht und umgekehrt, indem man die als Stilmittel verwandte Dehnung der Szenen durch den Weichzeichner noch ›traumhafter‹ macht.« (Paul Halbe, FILMDIENST) – »*Necronomicon* ist ein ungewöhnlicher aber witzloser Hybride aus Horror-, Sexploitation- und Neue Welle-Film. Soweit ich mich erinnern kann, besteht er aus einem Mischmasch aus Sadismus, Erotizismus und Übernatürlichem ... Das Faszinierende daran ist, dass der Film grundlegend charakterlos ist: er hat weder eine nationale, noch emotionale oder künstlerische Identität ... Die Ko-Produzenten sind möglicherweise Deutsche und Italiener, aber es könnten ebenso Schweizer, Argentinier oder Patagonier sein. Und das Gleiche gilt für Jess Franco. Die Besetzung: Es spielt kaum eine Rolle, woher sie kommt, weil sie sich auf einen undifferenzierten Billigschund-Internationalismus spezialisiert hat, der unmöglich zu identifizieren ist.« (Gary Arnold, THE WASHINGTON POST). – »Die spekulative Absicht ist alles, was dieser Film unverhüllt zu erkennen gibt.« (Lbv., FILMBEOBACHTER) – »*Necronomicon* ist typisch für den internationalen Müll, der [jetzt] zu uns herüberschwappt ... In diesem deutschen Film ist der Sukkubus eine magere Frau, die in ihrer Phantasie und im wirklichen Leben irgendwelchen Burschen Messerklingen ins Auge und die Seite sticht oder sich herumräkelt. Das einzig Erinnernswerte ist, dass laut der Publicity dieser Film die dreißigjährige Heroine davon abgehalten hat, ›ihren ursprünglichen Plan, Dentistin zu werden‹, weiterzuverfolgen. In Dachau, nehmen wir an.« (Judith Christ, NEW YORK). Noch ein Wort zum Titel: »Necronomicon« geistert seit den 1930er Jahren als Buchtitel durch die Horror-Literatur. Angeblich soll ein »wahnsinniger Araber« namens Abdul Alhazred diese mysteriöse Schrift verfasst haben, die jeden, der sie liest, auf der Stelle irre werden lässt. Das Ganze ist natürlich ein gigantischer Hokuspokus, den sich der Autor H. P. Lovecraft (1890–1937) ausgedacht hat und von seinen Jüngern weitergesponnen wurde. Zahllose Anfragen Interessierter haben zumindest schon Hunderte von Bibliothekaren in den Wahnsinn getrieben, die bemüht waren, ein Exemplar der legendären Schwarte aufzutreiben. Inzwischen haben clevere US-Kleinverleger auf die starke »Nachfrage« reagiert und diverse Bücher dieses Titels von fleißigen Zeilenschindern schreiben lassen. Ob der von Lovecraft prophezeite Effekt jedoch bei der Lektüre eintritt, gilt als fraglich. Es soll jedoch zu vereinzelten Wahnsinnsanfällen bei den Käufern gekommen sein, nachdem sie Horrorpreise für den Erwerb des Buches geblecht haben. Die Zeitschrift FILMFACTS weist darauf hin, dass »Necronomicon« so viel bedeutet wie »die Einwirkung dem Toten auf die Zukunft« – was man auch immer davon halten mag. [V]

Necronomicon – Geträumte Sünden

NECROPOLIS – DIE BLUTSAUGER VON MANHATTAN

(NECROPOLIS). USA 1986. **R:** *Bruce Hickey.* **B:** *Bruce Hickey.* **K:** *Arthur D. Marks.* **M:** *Don Great.* **D:** *Lee Anne Baker (Eva), Jacquie Fitz (Dawn), Michael Conte (Billy), William K. Reed (Rev. Henry James), George Anthony, Jett Julian, Nadine Hart, Anthony Gioia, Guy Mirano, Jennifer Stall. F 76 Min.*

Vor dreihundert Jahren bei einer kultischen Handlung gestörte Satanistin rächt sich in Gestalt eines Punk-Girls an ihrem Gegenspieler, der in der Gegenwart als Seelsorger tätig ist. – »Statische Horrorsoße mit gelegentlichen MTV-Einlagen, bei der nicht nur die Musik von diversen anderen Empire-Filmen geklaut ist. ›Videogucker haben wenigstens noch den Vorteil der Schnellvorlauf-Taste‹, meinte VARIETY.« (SCIENCE FICTION TIMES) [V]

NEITHER THE SEA NOR THE SAND

(NEITHER THE SEA NOR THE SAND). GB 1972. **R:** *Fred Burnley.* **B:** *Gordon Honeycombe.* **V:** *Gordon Honeycombe.* **K:** *D. Muri.* **M:** *Nahum Heiman.* **D:** *Susan Hampshire (Anna Robinson), Frank Finlay (George Dabernon), Michael Petrovich (Hugh Dabernon), Jack Lambert (Dr. Irving), Michael Craze (Collie), David Garth (McKay), Anthony Booth (Delamare), Betty Duncan (Mrs. McKay). F 94 Min.*

Anna Robinson behält den verrottenden Leib ihres Geliebten Hugh so lange in ihrer Obhut, bis der Wahnsinn sie völlig packt. Hughie erhebt sich aus seinem Bett und marschiert – wie's so die Art der Monster ist – ins Meer (wahrscheinlich, um sich zu übergeben). [V]

NEKROMANTIK

BRD 1987. R: Jörg Buttgereit. B: Jörg Buttgereit, Franz Rodenkirchen. K: Uwe Bohrer. M: Daktari Lorenz, Hermann Kopp, John Boy Walton [!]. D: Daktari Lorenz (Rob), Beatrice M. (Betty), Harald Lundt (Bruno), Colloseo Schulzendorf (Joe), Susa Kohlstedt (Vera), Franz Rodenkirchen (Pornokiller), Heike Surbahn (Prostituierte), Jörg Buttgereit, Clemens Schwenter, Henri Boeck, Holger Suhr. F 67 Min.

Rob, Angestellter eines Unternehmens, das nach Unfällen Leichenteile entsorgt, ist, wie auch seine Freundin Betty, nekrophil veranlagt. Irgendwann bringt er eine Leiche mit nach Hause, an der Betty sich verlustiert. Als Rob seinen Job verliert, zieht Betty aus und nimmt die Leiche mit. Der frustrierte Rob murkst Bettys Katze ab, streift durch die Straßen, schaut sich im Kino einen Schlitzerfilm an, gabelt eine Prostituierte auf, nimmt sie, der sexuellen Anregung wegen, mit auf den Friedhof; macht sie kalt, als sie ihn aufgrund seiner Impotenz auslacht und vergeht sich an ihrer Leiche. Nachdem er einen Friedhofsgärtner mit einem Spaten erledigt hat, nimmt er sich auf besonders perverse Art das Leben. Tja, wer so was mag ...

NEKROMANTIK II: DIE RÜCKKEHR DER LIEBENDEN TOTEN

BRD 1989. **R:** *Jörg Buttgereit.* **B:** *Jörg Buttgereit, Franz Rodenkirchen.* **K:** *Manfred O. Jelinski.* **M:** *Hermann Kopp, John Boy Walton, Mark Reeder.* **D:** *Monika M. (Monika), Mark Reeder (Mark), Beatrice M. (Betty), Daktari Lorenz (Robert Schmidtke), Simone Spörl, Wolfgang Müller, Käthe Kruse, Lena Braun, Eddie Zacharias, Eva M. Kurz, Florian Körner von Gustorf, Vanessa Salata, Astrid Ewers, Carola Ewerts, Petra, Franz Rodenkirchen, Bale Bond, Björn Zielaskowski. F 105 Min.*

Die nekrophile Monika gräbt eine Leiche aus, macht mit ihr rum und kotzt. Danach muss sie sich zwischen der Leiche und Mark entscheiden, einem Spießertyp, der dem Beruf eines Porno-Synchronsprechers nachgeht. Leider bewegt Mark sich beim Nageln, was Monika heftig irritiert. Irgendwann säbelt sie ihm die Birne ab und ersetzt diese durch den Kopf ihrer alten Leiche. – »Das Blut spritzt bis in die vierte Reihe, und die fleischlichen Intermezzos sind von drastischem Voyeurismus ... Filme sind immer so pervers wie der Planet, auf dem sie entstehen.« (CINEMA)

NEON MANIACS

Anderer Titel für MANIACS – DIE HORRORBANDE

THE NESTING – HAUS DES GRAUENS

(THE NESTING). USA 1981. **R:** *Armand Weston.* **B:** *Armand Weston, Daria Price.* **K:** *Joao Fernandes.* **M:** *Jack Malker.* **D:** *Robin Groves (Lauren Cochran), Christopher Loomis (Mark Felton), Michael D. Lally (Daniel Griffith), John Carradine (Colonel Le Brun), Gloria Grahame (Florinda Costello), Bill Rowley (Frank Beasley), David Tabor (Abner Welles), Patrick Farelly (Dr. Webb). F 95 Min.*

An Agoraphobie (Platzangst) leidende Horror-Autorin mietet sich auf Anraten ihres Psychiaters in einem alten Haus auf dem Lande ein und wird zum Spielball der racheschnaubenden Geister diverser Ermordeter, die sich nach und nach ihrer Mörder entledigen, nachdem selbige der Protagonistin ins Haus schneien. – Armand Weston, der sich zuvor im Pornogeschäft betätigt hat (u.a. mit *Defiance* (USA 1974), *Expose Me Lovely* (USA 1976) und *Take Off* (USA 1978), ist hier ein spannender Geister-Thriller gelungen, der, wenn auch stellenweise reißerisch aufgezogen, parapsychologische Phänomene geschickt mit klassischen Horror-Elementen (knarrende Treppen, wehende Vorhänge, zwielichtige Gestalten) vermengt. – »Der atmosphärische Film weist solide Spezialeffekte auf, die Musik jedoch ist eher einschläfernd.« (VARIETY)

NETHERWORLD

(NETHERWORLD). USA 1991. **R:** *David Schmoeller.* **B:** *Billy Chicago, Charles Band.* **K:** *Adolfo Bartoli.* **M:** *David Byran, Larry Fast.* **D:** *Michael Bendetti (Corey Thornton), Denise Gentile (Delores), Anjanette Comer (Mrs. Palmer), Holly Floria (Diane Palmer), Robert Sampson (Noah Thornton), Alex Datcher (Mary Monroe). F 81 Min.*
Corey Thornton lässt sich im Südstaaten-Landhaus seines Vaters nieder und wird vor einem heruntergekommenen Puff am Rand der Sümpfe gewarnt: In dem von attraktiven Hexen bewohnten Haus, in dem sein Erzeuger regelmäßig zu Gast war, passieren unheimliche Dinge, die von Schwarzer Magie künden. Außerdem existiert dort ein Tor in eine geheimnisvolle Schattenwelt, die seinen Vater verschluckt hat. Corey macht sich auf, ihn zurückzuholen. Die Atmosphäre ist so geheimnisvoll wie die Kulissen. Als Musiker tritt der Albino Edgar Winter auf; die Filmmusik stammt von David Byran (Bon Jovi). Verwirrend, aber stellenweise durchaus spannend. [V]

DAS NETZ DER TAUSEND AUGEN

(LE SECRET). Frankreich 1974. **R:** *Robert Enrico.* **B:** *Robert Enrico, Pascal Jardin.* **V:** *Francis Rick.* **K:** *Etienne Becker.* **M:** *Ennio Morricone.* **D:** *Jean Louis Trintignant (David), Marlene Jobert (Julia), Philippe Noiret (Thomas), Jean-François Adam (Claude), Solange Pradel (Greta). F 102 Min.*
Der aus der Nervenklinik entlaufene David findet Unterschlupf bei dem auf dem Lande lebenden Schriftsteller-Ehepaar Julia und Thomas, dem er erzählt, man habe ihn aus dem Verkehr gezogen, weil er »etwas weiß, das niemand wissen darf«. Obwohl Julia und Thomas nicht unterscheiden können, ob David irre ist oder die Wahrheit spricht, entschließen sie sich, ihn über die Grenze nach Spanien zu bringen. Als Helikopter über ihnen dahinziehen, scheint Davids Geschichte sich zu bewahrheiten. Es stellt sich jedoch heraus, dass in der Umgebung lediglich ein Manöver stattfindet. David erreicht sein Ziel nicht: Julia tötet ihn, da sie befürchtet, er könne wirklich wahnsinnig sein. Als sie und Thomas kurz darauf von der Polizei umgebracht werden, stellt sich die Frage, ob David nicht doch die Wahrheit gesagt hat. – »Die Grenzen zwischen Phantasie und Wirklichkeit verwischen sich in dieser mysteriösen Geschichte. Über weite Strecken hat man ... den Eindruck eines vordergründigen Spiels mit den Ängsten des modernen Menschen. Die vagen Andeutungen über die Gefährlichkeit Davids, die Unsicherheit über seine Identität, die Vertuschung der wirklichen Ereignisse und Beweggründe – das alles knüpft ein immer dichter werdendes Netz von Zweifeln und Ängsten.« (e.r., FILM-DIENST) – »Regisseur Robert Enrico hat es fertig gebracht, nicht in Maßlosigkeit zu verfallen.« (VARIETY)

DIE NEUN LEBEN DES TOMAS KATZ

GB/BRD 1999. **R:** *Ben Hopkins.* **B:** *Thomas Browne, Ben Hopkins.* **K:** *Julian Court.* **M:** *Dominik Scherrer.* **D:** *Thomas Fisher (Tomas Katz), Ian Mc Neice (Inspektor), Will Keen (Cuthbert), Sophie Beavan (Journalistin), Tony Maudsley (Taxifahrer), Andrew Melwille (Fischereiminister). SW/F 88 Min.*
Experimenteller Spielfilm um einen gewissen Tomas Katz, der am Tag einer Sonnenfinsternis der Kanalisation entsteigt, um die Welt ins Verderben zu stürzen. Es werden ebenso Anleihen bei Orwell wie beim deutschen Stummfilm gemacht (deutscherseits vom *Lindenstraßen*-Geißendörfer produziert).

NEUN LEICHEN HAT DIE WOCHE

(TUTTI DEFUNTI TRANNE I MORTI). Italien 1976. **R:** *Pupi Avati.* **B:** *Pupi Avati, Antonio Avati, Gianni Cavino, Maurizio Costanzo.* **K:** *Pasquale Rachini.* **SpE:** *Giovanni Corridori.* **Ma:** *Giovanni*

Manca. **D:** *Gianni Gavina, Francesca Marcino, Carlo Delle Piave, Greta Vaillant, Andrea Mateuzzi, Michele Mirabella, Flavia Giorgi, Bob Tonelli, Giulio Pizzinani, Luciano Bianchi, Carla Astolfi, Pietro Bona, Ferdinando Orlandi, Valentino Macchi. F (105) 96 Min.*
»Das Messer in die Rippchen schleicht/Das Leben aus dem Corpus weicht/Trotz böser Sachen, die Sie seh'n/Wird ihnen das Lachen nicht vergehn.« (Verleih-Werbespruch). Ein unheimlicher Mörder sucht ein Schloss in der Toscana heim, und ein ahnungsloser Vertreter fragt sich, wie er in diesen Schlamassel reingeraten ist. – Schwarzhumorige Klamotte und gelegentlich auch flotte Parodie auf Filme dieser Art.

DIE NEUN PFORTEN

(THE NINTH GATE). Frankreich/Spanien 1999. **R:** *Roman Polanski.* **B:** *Enrique Urbizu, John Brownjohn, Roman Polanski.* **V:** *»El Club Dumas« von Arturo Perez-Reverte.* **K:** *Darius Khondji.* **M:** *Wojciech Kilar.* **D:** *Johnny Depp (Dean Corso), Frank Langella (Boris Balkan), Lena Olin (Liana Teifer), Emmanuelle Seigner (Das Mädchen), Barbara Jefford (Baroness Kessler), Jack Taylor (Victor Fargas), José Lopez Rodero (Pablo und Pedro Caniza), James Russo (Bernie). F 127 Min.*
Okkult-Thriller von Roman Polanski: Im Auftrag des Bibliomanen und Sammlers seltener Satanica-Folianten Boris Balkan reist Dean Corso, ein gerissener New Yorker Antiquar und Abenteurer, nach Europa, Toledo und Paris. Dort soll er die ihm fehlenden zwei Exemplare der »Neun Pforten zum Reich der Dunkelheit« aufspüren und prüfen. Von diesem satanischen Handbuch, das der auf dem Scheiterhaufen verbrannte venezianische Buchdrucker Aristide Tarchio im 17. Jahrhundert herausgegeben hat, gibt es nur drei Exemplare. Neun der insgesamt 27 Radierungen sind angeblich echt und versprechen das »Heil«: Luzifer selbst soll sie angefertigt haben. Verfolgt wird Corso vom eigenen Auftraggeber, von einer Satanssekte und von einem blonden Wesen, das sich als sein Schutzengel entpuppt. – »Ein Teufelsfilm, aber ganz gegen die Hysterie des Genres, das Gegenstück zum *Blair Witch Project.*« (Fritz Göttler, SÜDDEUTSCHE ZEITUNG, 15.12.1999) »Die Bücher entfalten ein Eigenleben – Corso entdeckt winzige Unterschiede auf ihren Gravüren, ein Gehängter, der jeweils am anderen Bein kopfüber an der Mauer baumelt, ein Schlüssel in der falschen Hand ... Von dem komplexen Roman – ›Der Club Dumas‹ von Arturo Perez-Reverte – hat Polanski nur einen kleinen Strang verfilmt, aber man spürt, was noch alles drin steckt in dem Stoff. Am schönsten ist das dritte Teufelsbild – ein Narr vor einem Labyrinth: ›Das Glück trifft nicht jeden auf gleiche Weise.‹ Im lateinischen Originalsatz fehlt das Verb, das Ganze ist eine Konstellation. Polanski macht keine Actionfilme, sein Kino ist pointiert, auf den Punkt gebracht. Der Teufel steckt im Detail.« – » ... *Die neun Pforten* funktioniert eher als Computergame denn als Film, man wird den Eindruck nicht los, man brauche nur an einer Stelle der Leinwand mit der Curser zweimal zu klicken, und schon entfalte sich die nächste Volte in Dean Corsos Drama. Nie war Polanski an einer schlichten Aufklärung gelegen, schon immer trieb es den Autor und Regisseur in die hybriden Welten, in denen eine Unterscheidung zwischen Gut und Böse nicht mehr gelingen wollte: Wie *Rosemary's Baby* zeigte, steckt der Teufel dem Menschen im Leib. Aber mit Corso schickt Polanski nun einen Hedonisten auf den Parcours, dem das Böse wie das Gute ein simpler Unfall ist. Menschen sterben rechts und links, einige richten sich selbst, andere wieder scheinen gerichtet, der Unterschied ist belanglos, denn der Tod erscheint als Ikone, als filmisches Gemälde der Radierungen, die alle Spieler in den Händen halten wollen. Der Clash zwischen dem Film und seinen Ikonografien gebiert die groteskesten Bilder, so etwa, wenn Corso vor der Kulisse einer brennenden Burgruine vom Engelsmädchen (verkörpert von Polanskis Ehefrau Emmanuelle Seigner) gevögelt wird und dabei einen Orgasmus der anderen Art erlebt. Aber die Komik ist unfreiwillig, es geht Polanski nicht wie etwa Umberto Eco im *Namen der Rose* darum, im Lachen ein von der Zivilisation Verdrängtes zu entdecken. Johnny Depps Corso (mit sichtbar falschem Bärtchen und Brille) ist anders als Bruder William kein Aufklärer, nicht einmal ein existenzialistischer Held à la Cervantes, sondern ein einfältiger Antiquar, der erwirbt, um Gewinn bringend zu veräußern; der betrügt, um betrogen zu werden; der aus der Vergangenheit das Interesse an einem Leben zieht, in dem er lediglich seinen eigenen Träumen begegnet.« (Veronika Rall, FRANKFURTER RUNDSCHAU, 16.12.1999)

976 EVIL – DURCHWAHL ZUR HÖLLE

(976 EVIL – HORRORSCOPE). USA 1988. **R:** *Robert Englund.* **B:** *Rhet Topham, Brian Helgeland.* **K:** *Paul Elliot.* **M:** *Thomas Chase, Steve Rucker.* **D:** *Stephen Geoffreys (Hoax), Jim Metzler (Marty Palmer), Sandy Dennis (Tante Lucy), Maria Rubell (Angela Martinez), Patrick O'Brian, (Spike), Robert Picardo (Mark Dark), Leslie Deane (Suzie), J. J. Cohen (Marcus), Paul Wilson (Michaels), Greg Collins (Selby). F (100) 92 Min.*

Hoax, von einer religiös-versponnenen Mutter aufgezogen und dementsprechend verschüchtert und verklemmt, findet die Nummer einer sich »Horrorscope« nennenden Telefonseelsorge, deren satanischer Einfluss ihn in eine sich auch körperlich verändernde Bestie verwandelt. Bald rächt er sich, wie gehabt, an allen, die ihn schofel behandelt haben. Mit humorigen Ansätzen. [V]

DIE NEUNSCHWÄNZIGE KATZE

(IL GATTO A NOVE CODE/LE CHAT A NEUF QUEUES). BRD/Italien/Frankreich 1970. **R:** *Dario Argento.* **B:** *Dario Argento, Michael Haller.* **St:** *Dario Argento, Luigi Collo, Dardano Sachetti.* **K:** *Enrico Menczer.* **M:** *Ennio Morricone.* **D:** *Karl Malden (Franco Arno), James Franciscus (Carlo Giordani), Catherine Spaak (Anna Terzi), Cinzia de Carolis (Lori), Carlo Alighiero (Dr. Calabresi), Vittorio Congia (Righetto), Pier Paolo Capponi (Polizeichef Spimi), Corrado Olmi (Morsella), Tino Carraro (Professor Terzi), Aldo Regiani (Dr. Casoni), Horst Frank (Dr. Braun), Emilio Marchesini (Dr. Mombelli), Tom Felleghy (Dr. Esson), Rada Rassimov (Bianca Merusi), Werner Pochath (Manuel), Marie Luise Zehetner (Star). F 91 Min.*

Wissenschaftler in einem erbbiologischen Institut in Rom beweisen die Existenz eines so genannten XYY-Chromosoms. Wer es besitzt, so heißt es, ist ein potentieller Menschenschlächter. Kaum ist das Ergebnis heraus, geht auch schon ein unheimlicher Killer um, der sämtliche an diesem Forschungsprojekt beteiligten Wissenschaftler tötet. Franco Arno, ein erblindeter Ex-Journalist, der für sein Leben gern Rätsel löst, tut sich mit seinem jüngeren und ehrgeizigen Kollegen Giordani zusammen, um den Fall zu lösen. Dies gelingt ihm auch, nicht zuletzt durch die Mithilfe seiner kleinen Nichte Lori. Der psychopathische Mörder ist ein Institutsmitarbeiter, der nun weiß, dass auch er das mörderische Chromosom in sich hat. Damit seine Kollegen nichts erfahren und niemand seine Karriere behindern kann, metzelt er jeden nieder, der ihm auf die Spur kommen könnte. – »Der Film ist in jeder Weise misslungen. Er besteht aus bedeutungslosen Großaufnahmen, bedeutungslosen Blicken und ausgeflippter Musik, die einen wach halten soll. Außerdem kann mein zwölfjähriger Neffe bessere Dialoge schreiben.« (Al Cohn, NEWSDAY). Der Film soll angeblich nach einem Treatment von Bryan Edgar Wallace entstanden sein, aber das ist natürlich erstunken & erlogen. Andererseits muss man sich die Frage stellen, ob dies ein Gewinn gewesen wäre ...

NEUROSIS – DIE RACHE DES HAUSES USHER

(EL HUNDIMENTO DE LA CASA USHER). Frankreich/Italien/Spanien 1983. **R:** *Jess Franco.* **B:** *Jess Franco.* **K:** *Jess Franco.* **M:** *Pablo Villa [Jess Franco, Daniel J. White].* **D:** *Howard Vernon (Roderick Usher), Lina Romay (Madeline Usher), Robert Foster [Antonio Mayans] (Dr. Allan Harker), Ana Galan, Jean Tolzak, Olivier Mathot. F 89 Min.*

Dr. Harker stößt in einer wüsten Einöde auf das Anwesen des Herrn Usher, der im Keller jungen Frauen Blut abzapft, um irgendeine Schnepfe am Leben zu erhalten. Auch begegnet er diversen spukenden Tanten, die seinem Gastgeber irgendwann zum Opfer gefallen sind und ihr Dasein nun als Vampire fristen. – Eine der vielen Chaos-Produktionen des spanischen Schnittabfallverwerters Franco: Hier klebt er Szenen aus wenigstens zwei älteren Produktionen ein. AIDT [V]

NEVER CRY DEVIL

(NEVER CRY DEVIL). USA 1990. **R:** *Rupert Hitzig.* **B:** *Randal Viscovich.* **K:** *Peter Jensen.* **M:** *Parmer Fuller.* **D:** *Elliot Gould (Ron Devereaux), Richard Roundtree (Captain Crane), Allan Garfield (Zachary Willard), Michael J. Pollard (Stanley Willard), Shannon Tweed (Lisa Grace), Derek Rydall (Billy Colton), Theresa Van der Woude, Brooke Bundy, Kathleen Bailey, Henry Gibson. F 93 Min.*

Ein Schüler, der seine Nachbarin beobachtet und Freunden mit Hilfe von Fotos beweisen will, dass sie eine professionelle Hure ist, wird Zeuge eines teuflischen Ritualmordes, in dem ein perverser Satansanbeter eine tragende Rolle spielt. Billigschocker nach Schema F. [V]

DER NEW YORK RIPPER

(LO SQUARTORE DI NEW YORK). Italien 1981. **R:** *Lucio Fulci.* **B:** *Lucio Fulci.* **K:** *Luigi Kuveiller.* **M:** *Francesco de Masi.* **D:** *Jack Hedley (Williams), Almanta Keller (Nymphomanin), Lucio Fulci (Polizeipräsident), Howard Ross (Perversling), Paolo Malco (Physiker), Alexandra Delli Colli (Kinobesucherin). F 90 Min.*

Ein Biedermann, von seiner Frau im Stich gelassen, nachdem beider Tochter an Krebs erkrankte, reagiert seinen Frauenhass ab, indem er nachts durch Manhattan schleicht und »sich sündig betragende« Vertreterinnen des schwachen Geschlechts auf niederträchtige Weise zu Tode metzelt. – So viel zum Inhalt. Nun die Stimme einer stinkkommerziellen Fachzeitschrift, die ihren Lesern (hauptsächlich Kinobesitzern) bei jedem noch so üblen Leinwandmachwerk dessen »positive« (d.h. »marketablen«) Seiten zu verdeutlichen versucht: »Sämtliche Opfer – und es sind viele – scheinen hüftschwenkend aus dem *Playboy Italiana* zu kommen, so dass jeder selbstgerechte Moralist den Schluss ziehen wird, dass sie es gar nicht anders verdient haben ... All das könnte ja noch unterhaltsamer Schund sein, wäre es nicht dermaßen stark mit geronnenem Blut und in Großaufnahmen gezeigten zerfetzten Augäpfeln durchsetzt. Der Gesamteindruck ist ein widerlicher.« (VARIETY). Aber es kommt noch ärger: »Nach dem Vorspann findet ein Hund in den Büschen am Hudson River eine abgetrennte Hand ... Ein junges Mädchen, das auf der Fähre nach Staten Island in seinem Wagen festsitzt, wird mit aufgeschlitzter Kehle und aufgeschlitztem Unterleib gefunden ... [In einer Traumsequenz] ... nimmt der Zuschauer die Rolle des Opfers ein, als plötzlich die Messerklinge des Irren vor dem Kameraobjektiv herumfuchtelt. Als die Leinwand dunkel wird, erscheint ein bluttriefender Spalt, und wir schauen aus dem Inneren des Halses, der gerade durchtrennt wurde, nach außen ... Als man eine Fangschaltung installiert, um herauszufinden, von woher der Mörder ... anruft, stößt man auf eine Telefonzelle, aus der ein Funkgerät die gequälten Schreie eines Mädchens überträgt, das in ›Anwesenheit‹ der hilflos dastehenden Polizeistreitkräfte mit einem Rasiermesser zu Tode gemetzelt wird.« (Alan Jones, STARBURST). Und nun die größte Überraschung: Der Journalist, der diese Scheußlichkeiten mit der klinischen Distanziertheit eines Wissenschaftlers referiert, steht diesem Machwerk *positiv* gegenüber! Unmöglich? Lesen Sie selbst: »Wie viel von den äußerst lebensechten Grausamkeiten unsere Zensur passieren werden, vermag ich nicht zu sagen. Da jedoch jedes unzüchtige Detail mit hypnotischer Lüsternheit in die Länge gezogen wird, bezweifle ich, ob die in zwei Hälften geschnittene Brustwarze oder der hinreißend zerplatzende Augapfel drin bleiben werden. Ich nehme an, das gleiche traurige Schicksal wird auch Fulcis bemerkenswertestem Einschub, in dem ein Mädchen ... mit einem abgebrochenen Flaschenhals geschändet wird, widerfahren ...« Und mit der folgerichtigen Urteilsschärfe eines Menschen, der uns Spießer nur verachten kann, wenn wir bei der Ansicht zerfetzter und geschändeter Menschen das Grausen kriegen, kommt er zu dem Schluss, dass *Der New Yorker Ripper* im Grunde nur einen Fehler hat: »Der Zeitraum, in dem der Film spielt, stimmt nicht mit dem überein, der im Handlungsrahmen angegeben wird.«

NIGHT ANGEL

(NIGHT ANGEL). USA 1988. **R:** *Dominique Othenin-Girard.* **B:** *Walter Josten, Joe Augustyn.* **K:** *David Lewis.* **SpE:** *Steve Johnson.* **M:** *Cory Lerios, Barrence Whitfield.* **D:** *Isa Anderson (Lilith), Karen Black (Rita), Debra Feuer (Kristie), Linden Ashby (Craig), Helen Martin (Sadie), Doug Jones (Ken), Garry Hudson (Rod), Susie Sparks, Gary Hudson. F 94 Min.*

Die dämonische und schwingenbewehrte Hexe Lilith steigt aus der Erde auf, nimmt menschliche Gestalt an, tötet auf blutige Weise die männlichen Mitarbeiter einer Schickimicki-Illustrierten und zwingt die Redakteurin Rita in ihren Bann, die darauf aus ist, als Titelmodell Karriere zu machen. Eine alte Schwarze namens Sadie stellt sich ihr entgegen wie weiland Van Helsing Dracula. Ein drastischer Film mit viel Sex und überraschenden Effekten. [V]

NIGHT HUNTER

(NIGHT HUNTER). USA 1995. **R:** *Rick Jacobson.* **B:** *William C. Martell.* **K:** *John B. Aronson.* **M:** *Terry Plumeri.* **D:** *Don Wilson (Jack Cutter), Melanie Smith (Raimy Baker), Nicholas Guest (Bruno Fischer), Sid Sham (Sid O'Mack), Cash Casey (Detective Browning), Maria Ford (Tournier), Ron Yuan (Hashimoto), Michael Cavanaugh (Roy Ward), Vin-*

ce Murdocco (Curt Argento), James Lew (Tom Cutter), Marcus Aurelius (Detective Hooper), Vincent Klyn (Sangster), David Fralick (Ulmer), Sophia Crawford (Carmela), Dena Ridgley Miller (Mary Cutter), Randy Crowder (Richard), Fawn Reed (Chrissy). F 86 Min.
Los Angeles, 1995: Jack Cutter, Abkömmling einer langen Reihe von Vampirjägern, gerät in L.A. mit Blutsaugern aneinander, die er per Genickbruch oder mit der Schrotflinte erledigt. Bald wird er sowohl von der Polizei als auch von den Kreaturen gejagt, von denen die Fachwelt bisher glaubte, sie zögen sich tagsüber in moderige Särge zurück, da sie kein Sonnenlicht ertragen können.

NIGHT KILL – EINE TÖDLICHE BEDROHUNG

(STRANGER IN OUR HOUSE/SUMMER OF FEAR). USA 1978. **R:** *Wes Craven.* **B:** *Glenn M. Benest, Max A. Keller.* **V:** *»Summer of Fear« von Lois Duncan.* **K:** *William K. Jurgensen.* **M:** *John D'Andrea, Michael Lloyd.* **D:** *Linda Blair (Rachel Bryant), Lee Purcell (Julia), Jeremy Slate (Tom Bryant), Jeff McCracken (Mike Gallagher), Jeff East (Peter Bryant), Macdonald Carey (Professor Jarvis), James Jarnigan (Bobby Bryant), Gwil Richards (Dr. Morgan), Kerry Arquette (Anne), Beatrice Manley (Marge Trent), Patricia Wilson (Mrs. Gallagher), Ed Wright (Wilson), Fran Drescher (Carolyn), Billy Beck (Sheriff), Nicole Keller (Elizabeth), Carol Lawrence (Leslie Bryant). F 100 Min.*
TV-Film. Psycho-Thriller. Verwaiste Cousine, von Verwandten aufgenommen, setzt ihre destruktiven Kräfte zur Vernichtung derselben ein.

NIGHT OF THE DEMONS

(NIGHT OF THE DEMONS). USA 1988. **R:** *Kevin S. Tenney.* **B:** *Joe Augustyn.* **K:** *David Lewis.* **Ma:** *Steve Johnson.* **M:** *Dennis Michal Tenney.* **D:** *Alvin Alexis (Roger), Allison Barron (Helen), Lance Fanton (Jay), William Gallo (Sal), Cathy Podewell (Judy), Hal Havins (Stooge), Linnea Quigley (Suzanne), Philip Tanzini (Max), Jill Terashita (Fran), Allison Barron (Helen), William Gallo (Sal). F 89 Min.*
Teenies halten eine nächtliche Séance in einem abgelegenen Haus ab, dessen Bewohner 1936 ermordet wurden. Dabei erwecken sie etwas zum Leben, mit dem sie nicht gerechnet haben. [V]

NIGHT OF THE SCARECROW

(NIGHT OF THE SCARECROW). USA 1995. **R:** *Jeff Burr.* **B:** *Reed Steiner, Dan Mazur.* **K:** *Tom Callaway.* **Ma:** *Judi Marhai, Bart Mixon.* **M:** *Jim Manzie.* **D:** *Elizabeth Barondes (Claire Goodman), John Mese (Dillon), Stephen Root (Onkel Frank), Bruce Glover (Onkel Thaddeus), Dirk Blocker (Onkel George), Howard Swain (Vogelscheuche), Gary Lockwood (Bürgermeister Goodman), John Hawkes (Danny Thompson), William Joseph Barker (Kyle), Martine Beswick (Barbara), Cristi Harris (Stephanie), Cynthia Merrill (Lorraine), Bob Harvey (Ben), Harri James (Lucinda), John Lazar (Hexenmeister). F 73 Min.*
Eine wandelnde Vogelscheuche dezimiert die Familie eines bigotten Bürgermeisters.

NIGHT RIPPER – DAS MONSTER VON FLORENZ

(IL MOSTRO DI FIRENZE). Italien 1985. **R:** *Cesare Ferrario.* **B:** *Fulvio Riccardi, Cesare Ferrario.* **V:** *»Il Mostro di Firenze« von Mario Spezi.* **K:** *Claudio Cirillo.* **M:** *Paolo Rustichelli.* **D:** *Leonard Mann (Andreas Ackermann), Bettina Giovanni (Julia), Gabriele Tinti (Nachrichtensprecher), Federico Pacifici, Lidia Mancinelli (Mutter), Francesca Muzio, Alberto Di Stasio, Anna Orso, Lidia Mancinelli, Antonio Ballerino, Gianfranco Baroni, Vittorio Capobianco, Giuseppe Mauro Cruciano, Stefania Dadda. F (90) 84 Min.*
Böser Schlitzer lauert in Florenz Liebespaaren auf und bringt sie um die Ecke. Ein Schriftsteller, dessen Freundin den Fall recherchiert, schreibt ein Buch über die Mordserie und gerät psychisch immer mehr in den Bann der Ereignisse. Ein wirr geschnittener Film. [V]

NIGHT SHADOW

(NIGHT SHADOW). USA 1989. **R:** *Randolph Colan.* **B:** *Randolph Colan, Mark Crowe.* **M:** *Ken Carlton.* **D:** *Brenda Vance (Alex Jung), Dane Chan (Tai), Tom Bylan (Adam Newquest), Kato Kaelin (Johnny), Alta La Flame, Damon G. Quick, Aldo Ray. F (95) 84 Min.*
Furchtbare Morde erschüttern das idyllische Städtchen Danford. Die Gerichtsmedizin nimmt an, dass die Opfer von einer hundeähnlichen Bestie getötet wurden. Eine Journalistin aus Los Angeles, die sich in ihrer alten Heimat erholen will, wird von einem finsteren Fremden angezogen, der sich als Werwolf entpuppt. Erst durch den gemeinsamen Einsatz ihrer Freunde gelingt

es, ihn zu töten. – Eine Billigproduktion, die mit dem Hollywood-Veteran Aldo Ray aufwartet, der am Ende seiner vom Alkohol gekrönten Karriere nur noch in Schusterfilmen auftrat. [V]

NIGHT TRAIN – DER LETZTE ZUG IN DIE NACHT

Anderer Titel für MÄDCHEN IN DEN KRALLEN TEUFLISCHER BESTIEN

NIGHT TRAIN TO TERROR

(NIGHT TRAIN TO TERROR). USA 1986. **R:** *Jay Schlossberg-Cohen, John Carr, Philip Marshak, Tom McGowan, Greg Tallas.* **B:** *Philip Yordan.* **K:** *Susan Haljan.* **SpE:** *William Stromberg, Anthony Doublin.* **M:** *N.N.* **D:** *John Phillip Law (Harry Billings), Charles Moll (Professor James Hansen), Cameron Mitchell (Detective Stern), Marc Lawrence (Weiss/Dieter), Meredith Haze (Greta Connors), Ferdy Mayne (Gott), Lou Sickler (Teufel). F 90 Min.*

Episodenfilm: Auf einer Zugfahrt ins Jenseits streiten sich Gott und der Teufel, wem die Seelen der Mitreisenden schlussendlich zufallen werden. Die einzelnen Filmsegmente wurden nicht speziell für diesen Film gedreht, sondern von einer Küchenproduktion aus den Abfallkisten diverser Pleite-Produzenten gerettet: 1. Nach einem Autounfall landet Harry in einer Klapsmühle, dessen Personal ihn zwingt, hübsche Frauen anzulocken, die man ermordet, nachdem sie ihre Möpse vorgezeigt haben: Der Schwarzmarkt verlangt billige Organe. – 2. Die Pianistin Greta schließt mit dem »Todesclub« Bekanntschaft, dessen Mitglieder ihren Opfern sadistische Streiche spielen. – 3. Nobelpreisträger Professor Hansen stellt im Fernsehen Gottes Existenz in Abrede und macht Bekanntschaft mit einem geheimnisvollen Nazi, den Satan persönlich vorbeigeschickt hat. (Letztere Story stammt aus dem Film *Cataclysm – Der unendliche Alptraum* [USA 1976]). Am Ende sorgt Gott dafür, dass der ins Jenseits rasende Zug den Kurs ändert und gen Himmel düst. AIDT [V]

NIGHT VISION

(NIGHT VISION). USA 1987. **R:** *Michael Krueger.* **B:** *Michael Krueger, Nancy Gallanis.* **K:** *Jim Kelly.* **M:** *N.N.* **D:** *Ellie Martins, Stacy Carson, Shirley Ross, Tony Carpenter. F 100 Min.*

Horrorfilmsüchtige Jungjournalistin wird von verhexten Videos (!) gezwungen, alle blutigen Schandtaten zu begehen, die sie zuvor auf dem Bildschirm gesehen hat. [V]

NIGHT VISIONS

Anderer Titel für DAS GRAUEN HAT VIELE GESICHTER

NIGHTLIFE

(NIGHTLIFE). USA 1989. **R:** *David Acomba.* **B:** *Keith Critchlow.* **K:** *Roger Tonry.* **M:** *Roger Bourland.* **D:** *Scott Grimes (Archie Melville), Cheryl Pollak (Charly), John Astin (Verlin Flanders), Anthony Geary (John Devlin), Alan Blumenfeld (Frank), Kenneth Ian Davis (Rog Davis), Darcy DeMoss (Roberta Woods), Lisa Fuller (Joanie Snowland), Mark Pellegrino (Allen Patumbo), Philip Proctor (Randolph Whitlock). F 89 Min.*

Der junge Archie, der im Beerdigungsinstitut seines Onkels jobbt, wird von rabiaten Mitschülern verhöhnt. Doch seine Leidenszeit ist auch dann noch nicht vorbei, als seine boshaftesten Widersacher bei einem Autounfall ums Leben kommen: In der Nacht werden ihre Leichen von einem Blitzschlag neu belebt und setzen ihm nach. Horror-Komödie. [V]

NIGHTLIFE

(NIGHTLIFE). USA 1989. **R:** *Daniel Taplitz.* **B:** *Daniel Taplitz, Anne Beatts.* **K:** *Peter Fernberger.* **M:** *Dana Kaproff.* **D:** *Ben Cross (Vlad), Maryam D'Abo (Angelique), Keith Szarabajka (Dr. David Zuckerman), Rosa Mercedes, Camille Saviola, Jesse Corti, Glenn Shadix, Oliver Clark. F 90 Min.*

Parodistischer TV-Film. Dr. Zuckerman lebt in Mexico City und verliebt sich in die schöne, an Blutarmut leidende Angelique. Als er gerade erkannt hat, dass seine Angebetete ein Vampir ist, taucht ihr Geliebter Vlad aus Rumänien auf, und die Katastrophe nimmt ihren Lauf: Zuckerman wird durch Vlads Biss ebenfalls zum Vampir, kann den Nebenbuhler jedoch fachgerecht aus dem Weg räumen. [V]

NIGHTMARE

(SCHIZO/NIGHTMARE IN A DAMAGED BRAIN/ BLOOD SPLASH). USA 1981. **R:** *Romano Scavolini.* **B:** *Romano Scavolini.* **K:** *Gianni Fiore.* **SpE:** *Bill Milling.* **M:** *Jack Eric Williams.* **D:** *Baird Stafford (George Tatum), Sharon Smith (Susan Temper), C. J. Cook (C. J. Temper), Mik Cribben (Bob Rosen), Dany Ronen (Kathy), Tommy Bouvier (Joe), Kathleen Ferguson (Barbara), Geoffrey Marchse*

(Tony Walker), Bill Milling (Paul Williamson), Tammy Patterson (Tammy Temper), Kim Patterson (Kim Temper), William Paul (Steve), Michael Sweney (Burt Daniels), Christina Keefe (Georges Mutter), William Kirksey (Georges Vater). F 97 Min.
Ein von sadomasochistischen Phantasien beseelter Irrer wird versehentlich aus der Nervenklinik entlassen und zieht zum blutigen Morden aus. Selbst Menschen mit eisernem Magen dürften sich hier mit Grausen abwenden. [V]

NIGHTMARE BEACH

(NIGHTMARE BEACH/WELCOME TO SPRING BEAK). USA 1988. **R:** *Harry Kirkpatrick [Umberto Lenzi].* **B:** *Harry Kirkpatrick [Umberto Lenzi], Vittorio Rambaldi.* **K:** *Antonio Climati.* **M:** *Claudio Simonetti.* **D:** *Nicolas de Toth (Skip), Sarah Buxton (Gail), Tony Bolano (Diablo), Yamilet Hidalgo (Trina), Rawley Valverde (Ronny), Lance Le Gault (Reverend Bates), Michael Parks (Dr. Willet), John Saxon (Strycher), Paul Gleason, Ben Stotes. F 86 Min.*
Nach der Hinrichtung eines Rockerbanden-Anführers taucht in Fort Lauderdale ein als Rocker maskierter Killer auf und dezimiert die jugendlichen Einwohner. Ein beherzter Sportler entlarvt den vermeintlichen Untoten als durchgedrehten Gottesmann, den der Hass auf das Lotterleben Jugendlicher antreibt. Mit dummen Sprüchen und Brutalitäten garnierter Schwachsinn. AIDT [V]

NIGHTMARE CONCERT

(UN GATTO NEL CERVELLO/VOLTI DEL TERRORE). Italien 1990. **R:** *Lucio Fulci.* **B:** *Lucio Fulci, Giovanni Simonelli, Antonio Tentori.* **K:** *Alessandro Grossi.* **M:** *Fabio Frizzi.* **D:** *Lucio Fulci (Dr. Lucio Fulci), David L. Thompson (Psychiater), Geoffrey Kennedy (Polizist), Malisa Longo (Ehefrau), Brett Halsey (Ungeheuer), Ria de Simone. F 67 Min.*
Dr. Fulci dreht Horrorfilme am Fließband. Im Privatleben wird er von grässlichen Halluzinationen geplagt, die seinen Schauerproduktionen in nichts nachstehen. Als er sich einem Psychiater anvertraut, macht dieser sich gleich daran, die Dr. Fulci plagenden Bilder in die Tat umzusetzen. – Die hier servierten Horror-Exzesse (in der dt. Fassung um 20 Minuten gekürzt), stammen zu einem nicht geringen Teil aus dem Fundus jener Streifen, die Herr Fulci im Laufe seines Lebens wirklich gedreht hat: eine preiswerte Produktion, die jeden makabren Papierkorbschnipsel zu verwerten weiß. AIDT [V]

NIGHTMARE – HOTEL DES GRAUENS

(NIGHTMARE ON THE 13TH FLOOR). USA 1990. **R:** *Walter Grauman.* **B:** *J. D. Feifelson, Dan Distefano.* **K:** *Tom Richmond.* **M:** *Jay Gruska.* **D:** *James Brolin (Dr. Alan Lanier), Michele Greene (Elaine Kalisher), John Karlen (Sgt. Madden), Louise Fletcher (Lettie Gordon), Alan Fudge (Jake Raughoss), Terri Treas (Judith Teller), Steve Eastin (Grisson), Alan Haufrect (Dunn), Kerry Noonan (Gale Myers), Norma McMillan, Mike Melvin. F 81 Min.*
TV-Film. Journalistin, die über ein Hotel schreiben will, wird im Zuge ihrer Recherchen Zeugin eines Mordes und stößt im (offiziell gar nicht existierenden) 13. Stock auf eine Satanistenhorde, deren Anführer unsterblich werden möchte. [V]

NIGHTMARE IN GARDEN CITY

Anderer Titel für HENKER DER APOKALYPSE – AMPUTIERT

NIGHTMARE – MÖRDERISCHE TRÄUME

(A NIGHTMARE ON ELM STREET). USA 1984. **R:** *Wes Craven.* **B:** *Wes Craven.* **K:** *Jacques Haitkin, Henning Schellerup.* **SpE:** *Jim Doyle.* **Ma:** *David Miller.* **M:** *Charles Bernstein.* **D:** *John Saxon (Lt. Thompson), Ronee Blakley (Marge Thompson), Heather Langenkamp (Nancy Thompson), Amanda Wyss (Tina Grey), Nick Corri (Rod Lane), Johnny Depp (Glen Lantz), Robert Englund (Freddy Krueger), Charles Fleischer (Dr. King), Joseph Whipp (Sgt. Parker), Lin Shaye (Lehrerin). F 91 Min.*
Jahre vor Beginn der Handlung haben Eltern, die um ihre Kinder fürchteten, den perversen Mörder Freddy Krueger im Heizungskeller eines Kraftwerks gelyncht und in einem Flammenmeer umkommen lassen. Nun kehrt er als Traumgestalt zurück und manifestiert sich rachsüchtig in den Nachtmahren vierer junger Menschen, die er so realistisch gestaltet, dass seine Attacken Auswirkungen auf ihr Leben haben: Freddys Rasiermesser-Finger hinterlassen nicht nur auf den Nachthemden und Schlafanzügen der Teenies Risse, die nun, von nackter Angst gequält, nicht mehr einschlafen wollen. Nancy Thompson, Tochter eines Polizisten und einer Trinkerin, lockt den bösen Onkel aus dem Jenseits in die Falle. – Ekelbilder und Albtraumwe-

Nightmare – Mörderische Träume

sen, die panische Teenies erschrecken, sind der Motor der dürftigen Geschichte. Freddy Krueger war erfolgreich genug, um mehrere Fortsetzungen zu inspirieren. [V]

NIGHTMARE II – DIE RACHE

(A NIGHTMARE ON ELM STREET II: FREDDY'S REVENGE). USA 1986. **R:** *Jack Sholder.* **B:** *David Chaskin.* **K:** *Jacques Haitkin.* **SpE:** *Mark Shostrom, Rick Lazzarini.* **M:** *Christopher Young.* **D:** *Mark Patton (Jesse Walsh), Kim Myers (Lisa Webber), Robert Rusler (Ron Grady), Clu Gulager (Walsh), Hope Lange (Mrs. Walsh), Marshall Bell (Schneider), Melinda O. Fee (Mrs. Webber), Thom McFadden (Webber), Sydney Walsh (Kerry), Robert Englund (Freddy Krueger). F 92 (76) Min.*
Vorgeschichte: *Nightmare – Mörderische Träume.* – Der Oberschüler Jesse ist mit seinen Eltern in das Haus gezogen, in dem zuvor Nancy, die Heldin aus *Nightmare – Mörderische Albträume* wohnte. Als seine Freundin Lisa Nancys Tagebuch findet, kriegt Jesse schlimme Albträume: Der Kindermörder Freddy Krueger erscheint ihm aus dem Jenseits, bedient sich seines Körpers und zwingt ihn zu abscheulichen Morden. Die Psi-Kennerin Lisa macht Jesse klar, dass er sich »nur zur Wehr zu setzen braucht«, um den in ihm nistenden Unhold zu besiegen. – Grauenhafte Darsteller. Die Geschichte ist noch dümmer als ihr Vorläufer und so heftig geschnitten, das sie unfreiwillige Komik erzeugt: Freddys Morde finden Offscreen statt. – »Fand isch super, ey!« (Manta-Manni) [V]

NIGHTMARE III – FREDDY KRUEGER LEBT

(A NIGHTMARE ON ELM STREET III: DREAM WARRIORS). USA 1987. **R:** *Chuck Russell.* **B:** *Wes Craven, Bruce Wagner, Chuck Russell, Frank Tarabont.* **K:** *Roy Wagner.* **Ma:** *Kevin Yagher.* **M:** *Angelo Badalamenti.* **D:** *Robert Englund (Freddy Krueger), Heather Langenkamp (Nancy Thompson), Patricia Arquette (Kristen Parker), Larry Fishburne (Max), Priscilla Pointer (Dr. Elizabeth Simms), Craig Wasson (Dr. Neil Goldman), Brooke Bundy (Elaine Parker), Rodney Eastman (Joey), Dick Cavett, Zsa Zsa Gabor. F 97 Min.*
Vorgeschichte: *Nightmare – Mörderische Träume.* – Nancy Thompson, inzwischen Psychiaterin von Beruf, therapiert in einer Nervenklinik sieben selbstmordgefährdete Halbwüchsige, in deren Träume der im Jenseits lauernde Massenmörder Freddy Krueger eingedrungen ist. Während Kollege Dr. Goldman sich bemüht, Kruegers Gebeine zu finden, um sie mit Weihwasser zu benetzen und in geweihter Erde zu bestatten, tritt Nancy erfolgreich mit Hypnoseträumen gegen den Bösling an. Blasse Darsteller, wüster Soundtrack, und ein Garn, das man inzwischen kennt. [V]

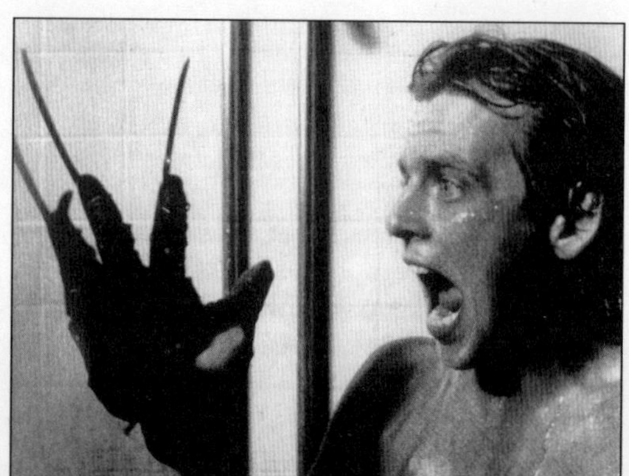

Nightmare II – Die Rache

Nightmare III – Freddy Krueger lebt

NIGHTMARE ON ELM STREET IV

(A NIGHTMARE ON ELM STREET IV: THE DREAM MASTER). USA 1988. **R:** *Renny Harlin.* **B:** *Brian Helgeland, Scott Pierce.* **K:** *Steven Fierberg.* **SpE:** *Screaming Mad George, Steve Johnson.* **M:** *Craig Safan.* **D:** *Robert Englund (Freddy Krueger); Danny Hassel (Danny), Andras Jones (Rick), Rodney Eastman (Joey), Tuesday Knight (Kristen Parker), Jeff Levine (Sanitäter), Lisa Wilcox (Alice), Toy Newkirk, Ken Sagoes, Brooke Bundy, Brooke Theiss, Nicolas Mele, Hope Maria Carlton, Robert Shaye, Linnea Quigley. F 93 Min.*

Vorgeschichte: *Nightmare – Mörderische Träume.* – Der Unhold Freddy Krueger metzelt sich (u.a. in Gestalt eines weißen Hais) durch die Träume kreischender Teenager, bis ihm in der in einer Pommfritzbude arbeitenden Alice eine Gegnerin erwächst, die ihm zeigt, wo die Glocken hängen. All das haben wir schon zu oft gesehen. – »Das Geschmackloseste an Freddy Krueger ist im Grunde sein ätzender rotschwarz gestreifter Pullover.« (CINEMA)

NIGHTMARE ON ELM STREET V: DAS TRAUMA

(A NIGHTMARE ON ELM STREET V: THE DREAM CHILD). USA 1989. **R:** *Stephen Hopkins.* **B:** *Leslie Bohem.* **K:** *Peter Levy.* **SpE:** *Peter Kuran, Philip Downey, Alan Munro.* **Ma:** *Chris Biggs.* **M:** *Jay Ferguson.* **D:** *Robert Englund (Freddy Krueger), Lisa Wilcox (Alice), Danny Hassel (Dan), Whitby Hertford (Jacob), Kelly Jo Minter (Yvonne), Erika Anderson (Greta), Whitby Hertford (Jacob), Nick Mele (Alices Vater), Beatrice Boepple (Amanda Krueger), Joe Seely (Mark), Valerie Armstrong (Dans Mutter), Burr DeBenning (Dans Vater). F 89 Min.*

Vorgeschichte: *Nightmare – Mörderische Träume.* – Um zu verhindern, dass der narbengesichtige Traumgeist Freddy Krueger sich einen neuen Wirtskörper beschafft (er manifestiert sich schon in den Träumen eines ungeborenen Kindes), macht sich Lisa, die einzige Überlebende des vorherigen Teils, auf die Suche nach seiner untoten Mutter, einer von mehreren Irren vergewaltigten Nonne. AIDT [V]

NIGHTMARE ON THE STREET

(NIGHTMARES). Australien 1980. **R:** *John D. Lamond.* **B:** *Colin Eggleston.* **K:** *Gary Wapshott.* **M:** *N.N.* **D:** *Jenny Neumann (Helen Selleck), Garry Sweet (Terry Besanko), Nina Landis (Judy), Max Phipps (George D'Alberg), John Michael Howson (Bennett Collingswood), Edmund Pegge (Bruce), Sue Jones (Fay), Adele Lewis (Sue), Briony Behets (Angela), Maureen Edwards (Mutter), Bryon Williams (Vater). F 79 Min.*

Da ein böser Mann ihrer Mama während einer Autofahrt an die Wäsche ging (was ihren Tod zur Folge hatte), leidet eine Schauspielerin unter Albträumen, die sie zur Freizeit-Schlitzerin werden lassen. AIDT [V]

NIGHTWATCH – NACHTWACHE

(NATTEVAGTEN). Dänemark 1994. **R:** *Ole Bornedal.* **B:** *Ole Bornedal.* **K:** *Dan Laustsen.* **M:** *Joachim Holbek, The Sandmen, Sort Sol.* **D:** *Nikolaj Coster-Waldau (Martin), Kim Bodnia (Jens), Sofie Graboel (Kalinka), Lotte Andersen (Lotte), Ulf Pilgaard (Kommissar Wörmer), Rikke Louise Andersen (Joyce), Stig Hoffmeyer (Rolf), Gyrd Lofquist, Nils Andersen Thorn, Leif Adolfsson, Henrik Fiig, Jesper Hyldegaard, Ulrich Thomsen, Chris Friis. F 105 Min.*

Jurastudent, der zur Finanzierung seines Studiums in der Leichenhalle der Kopenhagener Gerichtsmedizin arbeitet und mit einem Freund makabre Mutproben-Spielchen spielt, verstrickt sich in die Ermittlungen der Polizei, die einen nekrophilen Hurenmörder sucht und qualifiziert sich als Hauptverdächtiger. Schwarzhumoriger Schocker, der Gänsehaut garantiert.

NIGHTWISH – OUT OF CONTROL

(NIGHTWISH). USA 1988. **R:** *Bruce* R. *Cook.* **B:** *Bruce R. Cook.* **K:** *Sean McLin.* **SpE:** *Howard Berger, Robert Kurtzman, Gregory Nicotero.* **M:** *Mark Ryder, Phil Davies.* **D:** *Jack Starrett, Tum Dugan, Robert Tessier, Clayton Rohner, Alisha Das, Elizabeth Kaitan, Artur Cybulski, Brian Thompson, Gayle Vance. F (96) 88 Min.*
Psychiatriedozent schart Studenten um sich und setzt sie auf einer Ranch im »Tal der Angst« als Versuchskaninchen für Tiefschlafexperimente ein. Eine Séance erweckt Geister einer anderen Dimension, die ihn bald darauf übernehmen. [V]

NOCTURNA, EIN ZÄRTLICHER ALPTRAUM

Anderer Titel für UNSICHTBARE DÄMONEN

DIE NONNEN VON CLICHY

(LES DEMONS/OS DEMONIOS). Frankreich/Portugal 1972. **R:** *Clifford Brown [Jess Franco].* **B:** *David Khunne [Jess Franco].* **K:** *Raoul Artigot.* **M:** *Jean Bernard Raiteux.* **D:** *Karin Field (Madame De Winter), Doris Thomas (Oberin), Anne Libert Cathérine), Britt Nicholls (Margaret), Alberto Dalbes (Frederik), John Foster (Jeffries), Howard Vernon (Marquis De Winter), Luis Barboo (Vasall). F 94 Min.*
Eine von der Inquisition überführte Hexe verflucht auf dem Scheiterhaufen alle an ihrer Ergreifung beteiligten Personen und prophezeit, dass ihre Töchter sie rächen werden. Die geilen S/M-Spielchen zugeneigte Madame de Winter, die daraufhin im Auftrag des Inquisitors Jeffries nach den Mädchen sucht, um sie unschädlich zu machen, konzentriert sich auf die Nonne Cathérine, die, von lüsternen Träumen geplagt, der Oberin schon aufgefallen ist. Madame de Winters Gatte erkennt in der angeblichen Hexe jedoch seine uneheliche Tochter und befreit sie. Margaret, Cathérines fromme Halbschwester, erhält Besuch von Beelzebub, verfällt der Fleischeslust und weckt die lesbischen Neigungen der Oberin, die erregt Hand an sich legt und später, über ihre eigene Geilheit entsetzt, in den Tod stürzt. Von Beelzebubs lechzenden Klauen umgarnt, setzt Margaret dazu an, es allen heimzuzahlen. Bis sie auf dem Scheiterhaufen landet und Jeffries den Todeskuss gibt, müssen aber noch Madame de Winter verdorben und viele fiese Kerle getötet werden. – Ein Schundfilm, wie er im Buche steht: grauenhafte Musik, dämliche Dialoge, hölzern gespielte Cockteaser-Szenen und null Mark fürs Drehbuch. Die deutsche Version ist gekürzt, die Videofassung nur ein Schnipsel-Sammelsurium. Franco zeigt sich weniger an der Hexenverfolgung interessiert als an der Präsentation seiner (meist leider etwas fettleibigen) Akteusen, deren mimisches Ausdrucksvermögen das von Hanna Schygulla nicht übertrifft. Die Aussicht, ein paar anregende Stunden hinter der Kamera zu verbringen, ist im Grunde alles, was ihn zum Filmemachen motiviert: »Ich bin ein sexuell Besessener ... daher mein gigantisches Vergnügen, Sexszenen zu erfinden, sie zu dirigieren, sie zu sehen und sie obendrein zu filmen.« (zit. n. Leo Phelix/Rolf Thissen, PIONIERE UND PROMINENTE DES MODERNEN SEXFILMS) [V]

Die Nonnen von Clichy

NOSFERATU – EINE SYMPHONIE DES GRAUENS

Deutschland 1922. **R:** *F. W. Murnau.* **B:** *Henrik Galeen.* **V:** *»Dracula« von Bram Stoker. K: Fritz Arno Wagner, Günther Krampf.* **M:** *(OF) Hans Erdmann; Peter Schirmann (TV-Fassung 1969).* **D:** *Max Schreck (Orlok/Nosferatu), Gustav von Wangenheim (Thomas Hutter), Greta Schröder (Ellen Hutter), Alexander Granach (Knock), Georg Heinrich Schnell (Harding), Ruth Landshoff (Annie Harding), John Gottowt (Professor Bulwer), Gustav Botz (Professor Sievers), Max Nemetz (Kapitän der »Demeter«), Wolfgang Heinz, Albert Venohr (Matrosen), Guido Herzfeld (Wirt), Hardy von Francois (Arzt), Heinrich Witte, Karl Ettlinger. SW 96 Min.*

1838: Thomas und Ellen Hutter leben glücklich in Bremen. Hutters Arbeitgeber, der Häusermakler Knock, schickt ihn eines Tages nach Transsylvanien, wo er mit dem Grafen Orlok, genannt Nosferatu, auf dessen unheimlichem Karpatenschloss einen Kaufvertrag über ein Bremisches Bürgerhaus abschließen soll: »Sie können einen schönen Batzen Geld verdienen ... Es kostet zwar ein wenig Mühe ... ein bisschen Schweiß und vielleicht ein wenig Blut ...!« Je näher Hutter seinem Ziel kommt, desto feindlicher wird die Umgebung. In einem Gasthaus in den Karpaten wenden sich die Leute erschreckt ab, als er sein Reiseziel verkündet. In seinem Zimmer findet er ein Buch über Vampire und Geister, das ihn sichtlich amüsiert. Er steckt es in sein Reisegepäck. Trotz wiederholter Warnungen setzt er die Reise fort. Nach einiger Zeit weigert sich der Kutscher weiterzufahren. Hutter muss zu Fuß weiter. Da kommt ihm eine schwarze Kutsche entgegen. Ein vermummter Kutscher fordert ihn auf einzusteigen. In rasender Fahrt geht es zum Schloss. Dort hält Hutter nach dem Grafen Ausschau. Er wandert durch öde Säle und Kellergewölbe. Erst nach Einbruch der Nacht begrüßt Graf Orlok den Gast und bewirtet ihn. Hutter schneidet sich beim Essen in den Finger. Schnell saugt der Graf die Wunde aus. Ohne Zögern unterschreibt er anschließend den Kaufvertrag, als er ein Bild von Hutters Frau sieht und erfährt, dass das Bremische Haus Hutters Wohnung direkt gegenüber liegt. Am nächsten Morgen bemerkt Hutter zwei kleine rote Male an seinem Hals. Doch schwerer wiegt, dass er der Gefangene des Grafen zu sein scheint. In der nächsten Nacht kommt Orlok zu ihm, um sein Blut zu saugen. In diesem Augenblick fährt Hutters Ehefrau im fernen Bremen, von Albträumen geplagt, aus dem Schlaf auf. Sie sieht ihren Mann in Gefahr und ruft wiederholt seinen Namen. Als drängen die Schreie zu Orlok vor, lässt dieser von seinem Opfer ab. Draußen im Schlosshof belädt der Graf einen Wagen mit schweren Särgen. In den letzten Sarg legt er sich selbst, und wie von Geisterhand geführt, preschen Pferde und Wagen davon. Hutter gelingt die Flucht. In Panik tritt er die Rückreise an. Die Särge werden an Bord eines Segelschiffes gebracht. Auf der Überfahrt sterben alle Besatzungsmitglieder eines mysteriösen Todes. Nosferatu treibt sein Unwesen. Fast gleichzeitig erreichen der Vampir und Hutter Bremen. Als Nosferatu an Land geht, bricht die Pest aus. Ellen Hutter findet im Reisegepäck ihres Mannes das Vampirbuch. Sie ahnt die Zusammenhänge. Das Buch verrät ein Gegenmittel: »Wenn eine furchtlose, unschuldige Frau ihn den ersten Hahnenschrei vergessen macht, zerfällt er im Licht.« Ellen will sich opfern. Der Makler Knock ist inzwischen unter den Einfluss des Vampirs geraten und völlig durchgedreht. Er kann und will seinen »Meister« nicht verraten. Ellen fühlt bereits die Macht des Blutsaugers. Sie bittet ihren Mann, den befreundeten Arzt Dr. Bulwer zu holen. Die Nacht ist fortgeschritten. Nosferatu erscheint. Ellen kann ihn bis Morgengrauen bei sich halten. Der Vampir verkennt die Gefahr; er tritt in die ersten Son-

Nosferatu – Eine Symphonie des Grauens

nenstrahlen des neuen Tages und zerfällt zu Asche. Hutter und Bulwer kommen zu spät. Ellen stirbt, doch die Stadt ist gerettet. Vampir und Pest sind besiegt.

»Die *Symphonie des Grauens* nennt sich der Film. Und beide Bezeichnungen, sowohl das Grauen wie die Symphonie, werden diesmal mit Recht gebraucht. Fieberschauer und Alpdruck, Nachtschatten und Todesahnung, Wahnsinn und Geisterspuk werden hier in die Bilder düsterer Berglandschaften und stürmischer See gewoben. *Nosferatu* ist seit *Caligari* der erste Film, der uns das Gruseln nicht mit lächerlich verzwickten Qual- und Mordmaschinen lehren will, wo wir nicht vor den gefährlichen Möglichkeiten der Technik, sondern vor den unbekannten Mysterien der Natur Angst bekommen. *Caligari* war künstlerisch origineller und vollendeter. Gerade darum aber weniger schaurig als dieser *Nosferatu* ... die natürliche Natur des Nosferatufilms bringt uns seine Schrecken in unheimliche Nähe. Das ist auch seine besondere künstlerische Bedeutung. Das spezifisch filmmäßige dieses Werkes liegt nämlich darin, dass es am stärksten nicht durch den gedanklichen Inhalt seiner Fabel, sondern durch den Stimmungsinhalt seiner Bilder wirkt. Die Wölfe in der Nacht und die scheu gewordenen Pferde, die genial fotografierte schwarze Silhouette Orloks im leeren Burghof, der in den Kanal einfahrende tote Segler – das sind alles Naturbilder, in denen ein kalter Luftzug aus dem Jenseits weht.« Bela Balázs Kritik, die er für die Zeitschrift DER TAG verfasste, hat auch nach Jahrzehnten nichts von ihrer Trefflichkeit verloren. Murnau ist einer der ersten, der die Natur nicht als bloße Kulisse, sondern als geistige Landschaft verstand. Er machte sich »Originalschauplätze« zunutze. Seine Stadtansichten entstanden in Wismar, Lübeck, Lauenburg und Rostock. Bekanntes wurde nicht einfach abfotografiert, sondern durch geschickte Komposition mit dem Vordergrund (z.B. Fensterkreuze, Torbögen) ins Unbekannte, ins Unheimliche verfremdet: Landschaftsszenen wurden tatsächlich in den Bergen der Karpaten aufgenommen. Selbst das Schloss, auf einem seltsam vorragenden Felsenriff gelegen, was immer wieder zu der Vermutung Anlass gab, es handele sich um einen Modellbau, steht dort am Vratna-Pass (Schloss Oravsky). Drehorte waren auch der Fluss Waag (die Floß-Szene), das Gasthaus in Dolni Kubin und die Nordsee (ob Helgoland oder Sylt, ist umstritten). *Nosferatu* war nicht nur hinsichtlich der Naturaufnahmen ein Experimentalfilm: Murnau arbeitete auch Negativ-Material ein und variierte verschiedentlich die Aufnahmegeschwindigkeit. So war das Menschensauger-Motiv, für ihn nur Mittel zum Zweck, seine künstlerischen Gestaltungsvorstellungen in die Tat umzusetzen. So wurde die literarische Vorlage – Bram Stokers Roman »Dracula« – durch die Änderung einiger Namen und Schauplätze verfremdet. Wie schon zwei Jahre zuvor, als Murnau Stevensons Erzählung »Die seltsame Geschichte des Dr. Jekyll und Mr. Hyde« zum Filmdrehbuch *Der Januskopf – Eine Tragödie am Rand der Wirklichkeit* geringfügig bearbeiten ließ, wollte er möglicherweise auch hier Tantiemen sparen. Zwei Monate nach der Uraufführung erfuhr Stokers Witwe Florence von der unautorisierten Verfilmung. Ihrer Klage wegen Urheberrechtsverletzung wurde in allen Instanzen entsprochen. Der Schlussbescheid des Gerichts (1925) sah vor, sämtliche Kopien des Films zu vernichten. Einige jedoch, darunter auch das Original-Negativ, tauchten im Ausland wieder auf und wurden verschiedentlich bearbeitet. Zusammen mit dem nachsynchronisierten deutschen Machwerk – *Die zwölfte Stunde – Eine Nacht des Grauens* (1930) – führte dies dazu, dass einige Bearbeitungen nur noch geringe Ähnlichkeiten mit dem Original aufweisen. [V]

Nosferatu – Eine Symphonie des Grauens

NOSFERATU IN VENEDIG

(NOSFERATU A VENEZIA). Italien 1988. **R:** *Alan Cummings [Augusto Caminito].* **B:** *Carlo Alberto Alfiere, Leandro Lucchetti, Augusto Caminito.* **K:** *Antonio Nardi.* **M:** *Luigi Ceccarelli, Vangelis.* **D:** *Klaus Kinski (Nosferatu), Barbara De Rossi (Helietta Canins), Yorgo Voyagis (Giuseppe Barnabo), Donald Pleasance (Don Alvise), Christopher Plummer (Paris Catalano), Anne Knecht (Maria), Elvire Audray, Giuseppe Mannajuolo, Maria Cumani Quasimodo, Anne Knecht. F 89 Min.*

Um endlich sterben zu können, begibt sich der Vampir Nosferatu nach Venedig und sucht sich eine Jungfer, die bereit ist, ihm ihre Unschuld zu opfern. »Totale Langeweile kommt auf, als Klaus Kinski in Augusto Caminitos *Nosferatu in Venedig* durch die Lagunenstadt geistert. Als ›Horror-Opa‹ giert er nach frischem Jungfrauenblut, und man fragt sich, warum er seine formidable Leistung aus Werner Herzogs *Nosferatu – Phantom der Nacht* nicht wiederholen kann.« (Philippe Setbon, KLAUS KINSKI)

NOSFERATU – PHANTOM DER NACHT

BRD/Frankreich 1979. **R:** *Werner Herzog.* **B:** *Werner Herzog.* **V:** *»Dracula« von Bram Stoker.* **K:** *Jörg Schmidt-Reitwein.* **SpE:** *Cornelius Siegel.* **Ma:** *Reiko Kruk.* **M:** *Popol Vuh (Florian Fricke), Richard Wagner, Charles Gounod, Vok Ansambl Gordela.* **D:** *Klaus Kinski (Graf Dracula), Isabelle Adjani (Lucy Harker), Bruno Ganz (Jonathan Harker), Jacques Dufilho (Kapitän), Roland Topor (Renfield), Walter Ladengast (Dr. Van Helsing), Dan van Husen (Wächter), Jan Groth (Hafenkommandant), Carsten Bodinus (Schrader), Martje Grohmann (Mina), Ryk De Goover (Beamter), Clemens Scheitz (Gerichtsschreiber), Bo van Hensbergen (Inspektor), John Leddy (Kutscher), Margriet van Hartingsveld (Magd), Tim Beckman (Sargträger), Beverly Walker (Äbtissin), Rudolf Wolf (Phantom-Kutscher), Johan te Slaa (Ausrufer), Claude Chiarini (Inspektor), Stefan Husar (Kutscher), Roger Berry Losch (Matrose). F 108 Min.*

Remake des Stummfilmklassikers von F. W. Murnau mit den handelnden Personen und den Schauplätzen des Romans von Bram Stoker. Im Unterschied zum klassischen Filmvorbild endet Herzogs Film damit, dass trotz Selbstaufopferung Lucys (im Murnau-Film: Ellen) ihr Ehemann Jonathan von Nosferatu bereits »infiziert« ist und seine Nachfolge antritt. »Leider spürt man Murnaus unerreichbares Vorbild allzu bedrückend. Bis ins Detail hinein hat Herzog es in vielen Einstellungen kopiert, ohne das beängstigende Flair des Grauens zu erreichen. Unentschlossen wie sein Schwanken zwischen Imitation und eigener Vision ist seine Farbdramaturgie. Er hat nicht die übliche barocke Buntheit der meisten späteren Vampirfilme inszeniert, sondern alles in fahles Licht getaucht, das kaum den düsteren Horror der Murnauschen Schwarzweiß-Kontraste erreicht.« (Wolfgang Limmer, SPIEGEL). – »Von der Fachkritik wird nun darüber gestritten, ob Herzogs Film besser oder farbloser, einfach anders, visionärer als der von Murnau, ob Herzogs Film vielleicht das Finale der bürgerlichen Zivilisation aufzeigt und ob solche politischen Verweise schon bei Bram Stoker nachlesbar seien. Und es werden schlaue Bezüge gesucht zu *Lebenszeichen* und *Jeder für sich und Gott gegen alle* und natürlich *Herz aus Glas.* Sicher, Herzogs Abbild dieses gehetzten und sich nach einem erlösenden Tod sehnenden Vampirs kann als Metapher für die betrogenen Hoffnungen der 1970er Jahre interpretiert werden – wer interpretieren will, wird genügend Anhaltspunkte finden. Dass Übel und Unheil in dieser Welt nicht aufzuhalten sind, dass Jonathan, inzwischen selbst Vampir, sich ungeschoren davonmacht, nachdem Herzog einen fröhlich-pompösen Totentanz zwischen Ratten, Schweinen und sterbenden Menschen veranstaltete, wird jedermann im Parkett als Totenfeier der Zivilisation wahrnehmen. Diese Metaphern hat jedoch nicht Werner Herzog erfun-

Nosferatu in Venedig

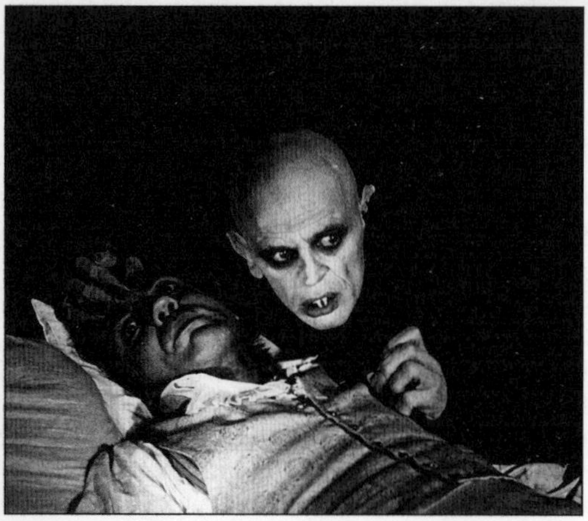

Nosferatu – Phantom der Nacht

den – das Vampir-Genre ist alt wie die Literatur selbst und wird auch im Film selbst zitiert. Herzogs Film ist eben deshalb so fabelhaft, weil er ein altes Thema aufgreift, individuell variiert und zu einem sehr persönlichen Film verarbeitet ... In dieser selbst gesuchten Begrenzung sind wiederum Bilder zu sehen, wie man sie in dieser Qualität bisher nicht sah: die Choreographie der Sargträger, die echte Fledermaus in Lucys Zimmer, die originelle Totenschädel-Wanduhr, die ungewöhnlichen Bilder von Jonathan Harkers Reise, die originalen Zigeuner, die sich in ihrer Zigeunersprache über transsylvanische Vampire unterhalten, und zehntausend graue Ratten am Kai von Delft.« (Eric Oluf Jauch, SOUNDS). – »Dieser Film wird in den nächsten fünfzig Jahren nicht übertroffen werden – so wie es fünfzig Jahre gedauert hat, ehe jemand eine Antwort auf Murnau gewagt hat.« (Werner Herzog in einem Anfall höchster Bescheidenheit, zit. n. SOUNDS)

NOSFERATU – VAMPIRISCHE LEIDENSCHAFT

(THE NOSFERATU DIARIES: EMBRACE OF THE VAMPIRE). USA 1994–95. **R:** *Anne Goursaud.* **B:** *Halle Eaton, Nicole Coady, Rick Bitzelberger.* **D:** *Martin Kemp (Vampir), Alyssa Milano (Charlotte), Jennifer Tilly (Marika), Charlotte Lewis (Sarah), Harrison Pruett (Chris), Jordan Ladd (Eliza), Robbin Julien (Rob), David Portlock (Peter). F 86 Min.*

Vampir verliebt sich in eine naive Studentin und wird seinen Prinzipien untreu. – Jede Menge Nuditäten. AIDT

0.05 H. [NULL UHR FÜNF] FRAUENLEICHE IN DER BADEWANNE

Anderer Titel für MEPHISTO-WALZER

NUR TOTE ÜBERLEBEN

(SOLE SURVIVOR). USA 1982. **R:** *Thom Eberhardt.* **B:** *Thom Eberhardt.* **K:** *Russ Carpenter.* **M:** *David F. Anthony.* **D:** *Anita Skinner (Denise Watson), Kurt Johnson (Dr. Brian Richardson), Caren Larkey (Karla Davis), Robin Davidson (Kristy Cutler), Andrew Boyer (Blake), Daniel Cartmell (Lt. Patterson), Wendy Drake (Roxie), Gino Gaudio (Frank). F 81 Min.*

Denise, einzige Überlebende eines Flugzeugabsturzes, begegnet schattenhaften Gestalten, die sich als Geister der Unfallopfer entpuppen und Anstrengungen unternehmen, sie zu sich zu holen. – Natürlich glaubt ihr wieder mal kein Schwein. [V]

NUR VAMPIRE KÜSSEN BLUTIG

(LUST FOR A VAMPIRE). GB 1970. **R:** *Jimmy Sangster.* **B:** *Tudor Gates.* **V:** *Erzählung »Carmilla, der weibliche Vampir« von J. Sheridan Le Fanu.* **K:** *David Muir.* **M:** *Harry Robinson.* **D:** *Ralph Bates (Giles Barton), Barbara Jefford (Gräfin Herritzen), Suzanna Leigh (Janet Playfair), Michael Johnson (Richard Lestrange), Yutte Stensgaard (Mircalla), Mike Raven (Graf Karnstein), Helen Christie (Miss Simpson), David Healey (Pelley), Michael Brennan (Wirt), Pippa Steele (Susan), Luana Peters (Trudi), Christopher Cunningham (Kutscher), Judy Matheson (Amanda), Caryl Little (Isabell), Jack Melford (Bischof), Eric Chitty (Professor Hertz), Christopher Neame (Hans), Harvey Hall (Heinrich), Erica Beale, Jackie Leapman, Melitta Clarke, Patricia Warner, Melinda Churcher, Sue Longhurst, Vivienne Chandler, Christine Smith (Schülerinnen). F 94 Min.*

Österreich, im 19. Jahrhundert: Auf der Suche nach Material für »übernatürliche Erzählungen« landet der Schriftsteller Lestrange in dem Dorf Styria. Dort befindet sich auch das alte Schloss derer von Karnstein, die vierzig Jahre zuvor Schwarze Magie praktiziert haben. Die Angst der Dorfbewohner weckt Lestranges Interesse. Als er das Schloss aufsucht, stellt er fest, dass es nun ein exklusives Mädcheninternat beher-

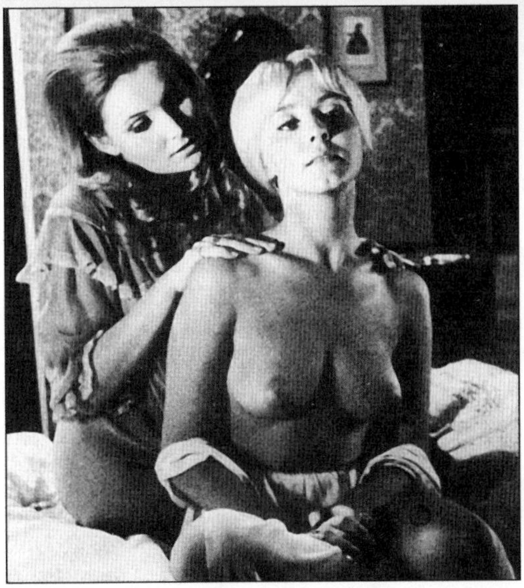

Nur Vampire küssen blutig

bergt. Eine Schülerin namens Mircalla gefällt ihm auf den ersten Blick; um ihr nahe zu sein, lässt er sich von der Direktorin Miss Simpson als Lehrer für englische Literatur engagieren. Die Tanzlehrerin Janet scheint ihn zu mögen, doch Lestrange hat nur Augen für Mircalla. Kollege Barton, der sich okkulten Studien widmet, findet heraus, wer sie in Wirklichkeit ist: eine Karnstein – die nur ins Schloss ihrer Ahnen zurückgekehrt ist, um den Vampirismus neu aufleben zu lassen. Barton bezahlt sein Wissen mit dem Tod. Von nun an verschwindet ein Mädchen nach dem anderen aus dem Internat: Mircalla weiß nicht nur Männer, sondern auch Frauen zu umgarnen. Als es Lestrange gelingt, Mircallas Liebe zu erwecken, ist es jedoch zu spät: ein Bischof, der Schloss Karnstein als Quelle allen Übels ausgemacht hat, dringt mit den Dörflern in das Gemäuer ein und steckt es in Brand. Als Lestrange Mircalla retten will, platzt er in eine schwarze Messe hinein, an der außer Mircalla auch deren Tante und ihr Vater beteiligt sind. Als sie sich mit gefletschten Zähnen auf ihn stürzt, fällt ein brennender Deckenbalken herab und durchbohrt sie. – Ein sorgfältig inszenierter kleiner Vampir-Film, der mehr auf gut gebaute Frauenkörper als auf allzu grobe Horror-Effekte setzt: »Natürlich enthält er alle Bestandteile, die einen Vampir-Film ausmachen, aber man hat es auch verstanden, das Lesbiertum clever in den Plot zu integrieren.« (Donald J. Mayerson, CUE)

O

OASE DER ZOMBIES

(LA TUMBA DE LOS MUERTES VIVIENTES/LE ABIME DES MORTS-VIVANTS). Spanien/Frankreich 1981. **R:** *A. M. Franck [Jess Franco].* **B:** *Jess Franco.* **St:** *Ramon Llido.* **K:** *Juan Soler.* **M:** *Pablo Villa [Jess Franco, Daniel J. White].* **D:** *Manuel Gelin, Eduardo Fajardo, France Jordan, Lina Romay, Antonio Mayans, Eric Villard, Jeff Montgomery, Myriam Landson, Miguel Angel Aristu, Albino Graziani, Daniel Katz, Javier Maiza, Doris Regina, Juan Soler. F 82 Min.*

Zwei urlaubende Mädchen und ein Schatzsucher treffen in einer afrikanischen Oase auf untote Wehrmachtssoldaten, die nach heftigen Kämpfen mit Feuer vernichtet werden. Schnipselsalat aus der Abfallkiste. AIDT [V]

OBSESSION

Anderer Titel für SCHWARZER ENGEL

OCCULT – DER SATAN KOMMT UM MITTERNACHT

(OCCULT/GOOD NIGHT, GOD BLESS). GB 1987. **R:** *John Eyres.* **B:** *Ed Ancoats.* **K:** *N.N.* **M:** *N.N.* **D:** *Frank Rozelaar, Emma Sutton, Niki Rainsford, Jared Morgan, Jane Price. F (100) 87 Min.*

TV-Film. Nach einem Blutbad in einer Schule stellt ein Killer in Priesterkleidung einer Witwe und deren Tochter nach (der einzigen Zeugin). Die Behörden fragen sich, ob er ein Abgesandter der Hölle ist. – »Selten ist ein konfektionierter Thriller so dämlich vor- und zu Ende gegangen.« (K. B., FILMDIENST) AIDT [V]

OCTALUS – DER TOD AUS DER TIEFE

(DEEP RISING). USA 1997. **R:** *Stephen Sommers.* **B:** *Stephen Sommers.* **K:** *Howard Atherton.* **SpE:** *Mike Shea, Darrell D. Pritchett. Creature: Rob Bottin.* **M:** *Jerry Goldsmith.* **D:** *Treat Williams (John J. Finnegan), Famke Janssen (Trillian St. James), Anthony Heald (Simon Canton), Kevin J. O'Connor (Pantucci), Derrick O'Connor (Kapitän), Wes Studi, Clifton Powell, Trevor Goddard, Cliff Curtis, Jason Flemyng. F 106 Min.*

Die Tentakel eines Tiefseeungeheuers schlängeln sich durch Luxusliner und Söldnerboote. Es darf aus allen Rohren geballert werden.

OCTOPUS

(OCTOPUS). USA 1999. **R:** *John Eyres.* **B:** *Michael D. Weiss, Boaz Davidson.* **K:** *Adolfo Bartoli.* **M:** *Marco Marinangeli.* **D:** *Jay Harrington (Roy Turner), David Beecroft (Kapitän Shaw), Carolyn Lowery (Dr. Lisa Frank), Ravil Isyanow (Casper), Ricco Ross (Brickman). F 95 Min.*

Atommüllmutierter Riesentintenfisch greift Unterseeboot an, das Osteuropas Top-Terroristen in die USA bringen soll.

OFF BALANCE – DER TOD WARTET IN VENEDIG

(UN DELITTO POCO COMUNE/OFF BALANCE). Italien 1988. **R:** *Ruggero Deodato.* **B:** *Gianfranco Clerici, Vincenzo Mannino, Gigliola Battaglini.* **K:** *Giorgio di Battista.* **M:** *Pino Donaggio.* **D:** *Michael York (Robert Dominiqi), Donald Pleasence (Inspector Downey), Edwige Fenech (Elaine Martel), Mapi Galan, Fabio Sartor, Renato Cortesi, Antonella Ponziani, Carola Stagnaro, Daniele Brado. F 86 Min.*

Psycho-Thriller. Ein Pianist, der an einer Krankheit leidet, die ihn rapide altern lässt, wird zum Mörder, denn auch sein Hirn bleibt nicht verschont. [V]

OFFICE KILLER

(OFFICE KILLER). USA 1997. **R:** *Cindy Sherman.* **B:** *Elise MacAdam, Tom Kalin.* **St:** *Cindy Sherman, Elise MacAdam.* **K:** *Russell Fine.* **M:** *Evan Lurie.* **D:** *Carol Kane (Dorine Douglas), Molly Ringwald (Kim Poole), Jeanne Tripplehorn (Norah Reed), Barbara Sukowa (Virginia Wingate), Michael Imperioli (Daniel), David Thornton (Gary Michaels), Mike Hodges (Landau), Alice Drummond (Dorines Mutter). F 83 Min.*

»Jetzt, wo selbst Tante Frieda weiß, was das knuffige englische Wort ›mobbing‹ heißt, hat sich auch der Billig-Horrorfilm dieser Problematik angenommen.« [Jörg Buttgereit, SPLATTING IMAGE 44/Dezember 2000] – Als Dorine, Mauerblümchen beim Verbrauchermagazin »Constant Consumer«, der Rationalisierung zum Opfer fallen und auf Heimarbeit reduziert werden soll, begibt sie sich auf Mordtour durchs Büro und nimmt die Leichen mit nach Haus: »Ein paar drollige Blut-Matsch-Spezialeffekte wie aus den besagten Achtzigern gibt es auch. Wenn's zu läppisch aussieht, haut man noch 'ne Pulle Ketchup drauf.« [Buttgereit]

OH, VATER, ARMER VATER, MUTTER HÄNGT DICH IN DEN SCHRANK, UND ICH BIN GANZ KRANK

(OH DAD, POOR DAD, MAMA'S HUNG YOU IN THE CLOSET AND I'M FEELING SO SAD). USA 1967. **R:** *Richard Quine.* **B:** *Ian Bernard.* **V:** *Theaterstück von Arthur L. Kopit.* **K:** *Geoffrey Unsworth.* **M:** *Neil Hefti.* **D:** *Rosalind Russell (Mrs. Rosepettle), Robert Morse (Jonathan), Jonathan Winters (Vater), Barbara Harris (Rosalie), Hugh Griffith (Kommodore), Lionel Jeffries (Flughafenkommandant), Cyrill Delevanti (Hawkins), George Kirby (Moses), Hiram Sherman (Breckenduff), Janis Hansen. F 86 Min.*

Völlig verdrehte, nymphomane und gleichzeitig männerhassende amerikanische Millionärswitwe, ständig auf Achse, lässt sich mit ihrem kindischen Sohn, ihrem verstorbenen Gatten (im Sarg!), ihrer Piranha-Sammlung & diversen anderen irren Dingen auf einer tropischen Insel nieder und entwickelt sich zum Schrecken der Umgebung. Ihr depperter Sohnemann murkst ein Mädchen ab, das ihm sexuell zu nahe tritt. Das Resultat: Er geht ebenfalls drauf. Mama reist nun in Begleitung zweier Särge um die Welt. – Diese absurde Komödie weist zwar keine typischen Horror-Elemente auf, brilliert aber mit einem so grotesk-sarkastischen Wortwitz, dass sich einem durchaus die Haare sträuben. – »In farbsatte Bilder bettet Regisseur Quine einige Angriffe des Autors auf amerikanische Tabus: so das alle Vernunft überwuchernde Matriarchat und die damit verbundene Mischung aus Mannstollheit und Gefühlskälte plus Männerhass ... sowie die häufig daraus resultierende Unsicherheit der Söhne gegenüber ihren Müttern; die genormte Lebensweise: Jonathan erhält auf Anordnung der Mutter dreimal täglich zu auf die Minute festgelegten Zeiten eine Einheitsmahlzeit, ›Hamburgers‹ mit Ketchup; das krankhafte Bedürfnis vieler alternder Frauen, ihre erwachsenen Söhne naiv, ja, infantil zu halten, um länger ihre Herrschaft über sie ausüben zu können; endlich die in fast jeder amerikanischen Filmkomödie lächerlich gemachte Allmacht und Ohnmacht der Psychiater und die snobistische Tarnung der Reichtums-Anbetung in Gestalt scheinbarer Verachtung des Reichtums.« (P. F. G., FILMDIENST)

DAS OMEN

(THE OMEN). USA 1975. **R:** *Richard Donner.* **B:** *David Seltzer.* **K:** *Gilbert Taylor.* **SpE:** *John Richardson.* **M:** *Jerry Goldsmith.* **D:** *Gregory Peck (Robert Thorn), Lee Remick (Cathy Thorn), David Warner (Jennings), Billie Whitelaw (Mrs. Baylock), Leo McKern (Bugenhagen), Harvey Stephens (Damien), Patrick Troughton (Pater Brennan), Anthony Nicholls (Dr. Becker), Martin Benson (Pater Spiletto), Sheila Raynor (Mrs. Horton), Holly Palance (Nanny), Robert Macleod (Horton), John Stride (Psychiater), Robert Rietty (Mönch), Tommy Duggan (Geistlicher), Freda Dowie (Nonne), Roy Boyd (Journalist). F 111 Min.*

Der amerikanische Millionär Robert Thorn lebt mit seiner Frau Cathy in Rom. Als Cathys erstes Kind nach der Geburt stirbt, lässt Thorn sich von Pater Spiletto überreden, ihr einen gerade geborenen Jungen unterzuschieben, dessen Mutter die Geburt nicht überlebt hat. Cathy erfährt nichts; der Junge wird Damien genannt. Bald geht Thorn als Botschafter nach Großbritannien. Als Damiens Kindermädchen Nanny am 5. Geburtstag ihres Zöglings Selbstmord begeht, taucht als Ersatz eine Mrs. Baylock auf. Die hat zwar niemand gerufen, aber da sie sich bestens mit Damien versteht, wird sie eingestellt. Bald erhält Thorn den Besuch eines aufgeregten Paters, der geheimnisvolle Warnungen brabbelt und zu erkennen gibt, dass er um die Umstände von Damiens Geburt weiß. Dass Damien sich mit Zähnen und Klauen gegen einen Kirchenbesuch wehrt und seine Mutter von einer Balustrade schubst, macht Thorn nachdenklich, aber nicht misstrauisch. Erst als der Pressefotograf Jennings ihm von merkwürdigen »Zeichen« berichtet, die auf in Damiens Gegenwart geschossenen Fotos zu sehen sind, beschließt Thorn, der Herkunft des Jungen auf den Grund zu gehen: In Italien findet er Pater Spiletto, der kaum noch Herr seiner Sinne ist, schrecklich entstellt in einem Kloster wieder. Auf einem verfallenen Friedhof entdeckt er zwei Gräber: In einem liegt das Skelett seines verstorbenen Kindes (mit eingeschlagenem Schädel), im anderen das Gerippe eines Schakals (»Dies offenbar deswegen, um uns zu zeigen, dass Damien wirklich der Sohn einer Hündin ist«, Harry und Michael Medved, THE FIFTY WORST FILMS OF ALL TIME). Von einer plötzlich auftauchenden Rottweiler-Meute verfolgt, ergreifen Thorn und Jennings die Flucht. Der im Heiligen Land lebende Satanismus-Experte Bugenhagen gibt Thorn den Rat, Damien mit geweihten Dolchen zu töten. Nachdem Mrs. Baylock im fernen London Cathy aus dem Krankenhausfenster gestürzt hat und Jennings im wahrsten Sinne des Wortes (durch eine Glasscheibe) den Kopf verliert, schreitet Thorn zur Aktion. Doch als er den Satansbraten endlich unter dem Messer hat, wird er als vermeintlicher Irrer von der Polizei erschossen, damit sein Pflegesohn Gelegenheit hat, in zwei Fortsetzungen dieser Gruselmär mitzuwirken: *Damien – Omen II* (USA 1977; Regie: Don Taylor) und *Barbaras Baby – Omen III* (USA 1980; Regie: Graham Baker). Als sich nach Thorns Beerdigung die Kamera von seinem Grabe abwendet, »sehen wir Klein-Damien, der – lieb wie immer – den weiteren Ablauf der Ereignisse beobachtet. Das Kind hält sich in Begleitung des Präsidenten der Vereinigten Staaten auf, der die Waise ... adoptiert hat. Und dann – in Großaufnahme – lächelt Damien freundlich in die Kamera.

Und warum sollte er auch nicht lächeln? Laut unseren statistischen Unterlagen ist er immerhin der erste Antichrist in der Geschichte der USA, der es geschafft hat, schon im Alter von fünf Jahren seinen Weg ins Weiße Haus zu machen.« (THE FIFTY WORST FILMS OF ALL TIME)

Die amerikanische Kritik zerriss *Das Omen* in seltener Einmütigkeit in der Luft und belegte Richard Donners Spielfilm-Erstling mit Adjektiven wie »schrecklich blöde« (Richard Eder, NEW YORK TIMES), »idiotisch« (Judith Christ, SATURDAY REVIEW), »schundig« (Gene Shalit, LADIE'S HOME JOURNAL), »doof und fade« (Jack Kroll, NEWSWEEK), »primitiv, unoriginell, plump« (Stephen Faber, NEW WEST), »überflüssig und albern« (James M. Martin, COAST) und »ein Haufen nicht ernst zu nehmenden Unfugs« (William Wolf, CUE). Harry und Michael Medved ließen sich darüber hinaus ausgiebig über die Darstellungskünste Gregory Pecks aus, dessen »unvergessliche Darbietungen« sie wie folgt beschreiben: »Gregory Peck ... sinkt des Öfteren auf jene Ebene schwülstiger Selbstverulkung hinab, die den Schauspieler Adam West in der alten ›Batman‹-TV-Serie auszeichnete. Sein Vortrag wird von dermaßen viel weitschweifigen und ›dramatischen‹ Pausen gesprenkelt, dass man zeitweilig dasitzt und sich fragt, ob der großartige Schauspieler eingeschlafen ist. In dieser Rolle drückt Mr. Peck jede Gefühlswallung einfach durch ein Heben der linken Augenbraue aus. Aber da es sich um eine seidenweiche und elegant geschwungene Augenbraue handelt, hat sie gewiss von der erschöpfenden Rolle profitiert, die sie in diesem Film spielte. Ist Mr. Peck aufgrund der dummen Possen seines Adoptivsohnes schockiert? Rauf geht die Augenbraue. Verspürt er angesichts des Ablebens seiner Gattin Trauer? Rauf geht die Augenbraue. Verfolgt er Damien in einem Zustand mörderischer Wut? Man achte auf die Augenbraue.« – FILMDIENST: »Trotz der ansehnlichen Darstellerschar und einem sicherlich nicht kleinlichen Produktions-Etat gelang Richard Donner nicht mehr als eine belanglose Aneinanderreihung parapsychologischer, pseudotheologischer Phrasen ... Unbegreiflich, dass der

Das Omen

durch sein hervorragendes Drehbuch zu *Die Hellström-Chronik* [USA 1970; Regie Walon Green] bekannt gewordene David Seltzer solch hanebüchenen Unsinn zusammenschrieb.« – Aber auch das ist leicht zu erklären. David Seltzer (THE FIFTY WORST MOVIES OF ALL TIME): »Ich hab es nur des Geldes wegen getan. Ich war völlig pleite ... Allerdings entsetzt es mich, wenn ich sehe, wie viele Menschen diesen ganzen Schwachsinn ernst nehmen.« Das Buch zum Film: David Seltzer: *Das Omen*, München 1976

OMEN IV: DAS ERWACHEN

(OMEN IV: THE AWAKENING). Kanada 1990. **R:** *Jorge Montesi, Dominique Othenin-Girard.* **B:** *Brian Taggert.* **K:** *Martin Fuhrer.* **M:** *Jonathan Sheffer.* **D:** *Faye Grant (Karen York), Michael Woods (Gene York), Michael Lerner (Earl), Asia Vieira (Delia), Madison Mason (Dr. Hastings), Ann Hearn (Jo Thueson), Jim Byrnes (Noah), Don S. Davis (Jake Madison). F 97 Min.*

TV-Film. Vorgeschichte: *Das Omen.* – Luzifers vierter Versuch, die Herrschaft über die Erde an sich zu reißen, findet in Gestalt eines kleinen Mädchens statt. Ahnungslose Opfer sind ein Anwalt und seine Gattin, die das Kind adoptiert haben, woraufhin in ihrem Umfeld allzu Neugierige auf rätselhafte Weise ums Leben kommen. – Eine kompetent erzählte Geschichte, die leider an einem Plot krankt, den man schon öfter gesehen hat. [V]

DAS OMEN DES BÖSEN

(BLACK MAGIC). Hongkong 1975. **R:** *Calvin Moore.* **B:** *Calvin Moore.* **K:** *Antonio St. Martin.* **M:** *Ferrara.* **D:** *Ti Lung, Tanny. F 97 Min.*

Ein guter und ein böser Magier kämpfen mit übernatürlichen Kräften um die Zukunft eines jungen chinesischen Paares. Stümperhafter und langweiliger Gruseleintopf.

ONIBABA – DIE TÖTERINNEN

(ONIBABA). Japan 1965. **R:** *Kaneto Shindo.* **B:** *Kaneto Shindo.* **K:** *Kiyomi Kuroda.* **M:** *Mitsu Hayashi.* **D:** *Nobuko Otowa (Schwiegermutter), Jitsuko Yoshimura (Schwiegertochter), Kei Sato (Bauer Hachi), Jukichi Uno (Krieger), Taija Tonomura (Kaufmann Ushi). SW (104) 100 Min.*

Eine altjapanische Parabel von der Entsetzlichkeit des Krieges: Zwei Frauen, eine jüngere und eine ältere (ihre Schwiegermutter), leben, um nicht zu verhungern, vom Mord inmitten eines Schilfmeeres. Sie fangen ihre Opfer in einer Grube. In die Monotonie dieser schaurigen Situation bricht ein verwilderter Deserteur ein, der sich an die junge Frau heranmacht. Die ältere, eifersüchtig (und geil), erscheint der Schwiegertochter mit einer Teufelsmaske vorm Gesicht, um die verbotene Fleischeslust zu ahnden. Doch als die unheilvolle Maske am Gesicht der Alten kleben bleibt, muss sie sich zu erkennen geben. Die Junge schlägt die Maske mit einem Hammer entzwei. Die Alte stürzt mit entstellter Fratze in die Wolfsgrube, in der ihre Opfer auf sie zu warten scheinen. – »Kein Bergmanscher aufgeklebter Symbolismus pocht auf möglichen Tiefsinn, Shindo erzählt vielmehr eine Geschichte, die in ihrer psychologischen Realistik unwiderlegbar erscheint ... Es geschieht unwürdigste, unmenschlichste Scheußlichkeit. Scheußlichkeit, hört man, sei zum Wühlobjekt zeitgenössischer Künstler geworden. Manchmal, nicht immer ... Das Land, in dem die erste Atombombe fiel, weiß davon zu erzählen.« (Jürg Federspiel, WELTWOCHE, 3.3.1967)

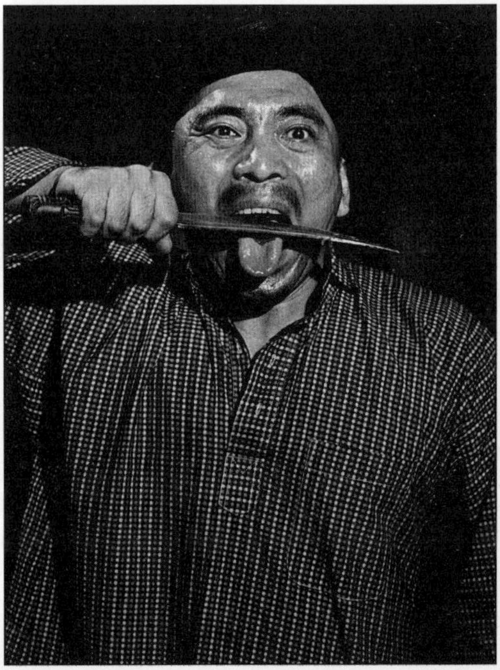

Das Omen des Bösen

OPEN HOUSE – TRAUTES HEIM KANN TÖDLICH SEIN

(OPEN HOUSE). USA 1987. **R:** *Jag Mundhra.* **B:** *David Micky Evans.* **K:** *Robert Hayes.* **M:** *Jim Studer.* **D:** *Joseph Bottoms (Dr. Kelley), Adrienne Barbeau (Lisa Grant), Rudy Ramos (Rudy Estevez), Mary Stavin (Katie Thatcher), Scott Thompson Baker (Joe Pearcy), Darwyn Swalve (Harry), Robert Miano (Lt. Shapiro), Page Moseley, Johnny Haymer, Leonard Lightfoot. F 93 Min.*

Irrer Schlitzer mordet knackige Immobilienmaklerinnen in Luxusvillen. [V]

OPFER UM MITTERNACHT

(MIDNIGHT OFFERINGS). USA 1981. **R:** *Rod Holcomb.* **B:** *Juanita Bartlett.* **K:** *Hector Figueroa.* **M:** *Walter Scharf.* **D:** *Melissa Sue Anderson (Vivian Sotherland), Mary McDonough (Robin Prentiss), Patrick Cassidy (Dave), Cathryn Damon (Diane Sotherland), Gordon Jump (Sherm Sotherland), Peter McLean (Prentiss), Marion Ross (Mrs. Moore), Ray Girardin (Clausen), Jeff MacKay (Nemenz), Jack Garner, Dana Kimmell. F 95 Min.*

Zwei Studentinnen der Schwarzen Magie treten zu einem okkulten Duell gegeneinander an. [V]

ORCA, DER KILLERWAL

(ORCA). USA 1977. **R:** *Michael Anderson.* **B:** *Luciano Vicenzoni, Sergio Donati.* **K:** *Ted Moore, J. Barry Herron.* **SpE:** *Frank Van der Veer, Alex C. Weldon.* **M:** *Ennio Morricone.* **D:** *Richard Harris (Captain Nolan), Charlotte Rampling (Rachel Bedford), Will Sampson (Umilak), Bo Derek (Annie), Keenan Wynn (Novak), Robert Caradine (Ken), Scott Walker (Swain), Peter Hooton (Paul), Wayne Heffley (Priester), Vincent Gentile (Tankwart), Don Berry (Hafenarbeiter). F 92 Min.*

Der Walfänger Nolan erlegt auf ziemlich bestialische Weise eine trächtige Walkuh, deren Gatte daraufhin so zornig wird, dass er Bo Derek ein Bein abbeißt und an Nolan blutige Rache nimmt. – Eine moderne Version des Moby Dick-Themas, nur viel grausamer und blutiger. – »Ein lächerliches und langweiliges Plagiat von *Der weiße Hai.*« (William Wolfe, CUE) – »Ein Remake von *Ein Mann sieht rot;* mit Orca als Charles Bronson.« (Gary Arnold, THE WASHINGTON POST) Das Buch zum Film: Arthur Herzog: *Orca, der Killerwal,* Frankfurt am Main/Berlin/Wien 1977

ORCHIDEEN DES WAHNSINNS

BRD 1985. **R:** *Nikolai Müllerschön.* **B:** *Stefan Motzel.* **K:** *Jacques Zwart.* **M:** *Jacques Zwart.* **D:** *Diana Körner (Vera), Peter v. Strombeck (Paul), Krikar Melikyan (Dr. Weingärtner), Andy Andersson (Gustav), April de Luca. F 79 Min.*

Nach dem Tod ihres angeblich von einem Infarkt abberufenen wohlhabenden Vaters (General a.D.) sehen sich Vera und ihr Gatte Paul im schlossähnlichen Anwesen desselben den tückischen Machenschaften des schrägen Hauspersonals ausgesetzt. Offenbar will man die junge Frau in den Wahnsinn treiben. Verdächtig sind alle – und Paul gleich mit dazu. Schließlich erscheint Papa in voller Montur ... äh ... Uniform und bezichtigt Vera, am Tod der Mutter schuld zu sein. – Ein Eigentor – Verzeihung: eine Eigenproduktion des inzwischen verblichenen Berliner Filmverleihers und Politikers Jürgen Wohlrabe (CDU). Seine Schlagzeile »Ein Film wie ein Dolchstoß« halten wir hingegen für eine Dolchstoßlegende. Ein Ulk, der eher Krimials Horror-Atmosphäre verbreitet.

ORGANIAC

(SUNSET GRILL). USA 1993. **R:** *Kevin Connor.* **B:** *Marcus Wright, Faruque Ahmed.* **St:** *Chip Walthers.* **K:** *Dougles Milsome.* **M:** *Ken Thorne.* **D:** *Peter Weller (Ryder Hart), Lori Singer (Loren), Alexandra Paul (Anita), Stacy Keach (Harrison Shelgrove), John Rhys-Davies (Stockton), Michael Anderson jr. F 99 Min.*

Ehefrau und Schwager des versoffenen Privatdetektivs Ryder Hart sind in Los Angeles ermordet worden. Hart kommt auf die Spur einer Organisation, die aus pekuniären Gründen killt: Mit Hilfe der schönen, aber undurchsichtigen Loren erfährt er mehr und stößt auf eine Organhändlerbande, die im großen Stil mexikanische Einwanderer und Ghettobewohner ausschlachtet, um für zahlungskräftige Kranke Nieren, Herzen und andere Dinge heranzuschaffen. – 1973 wäre dieses Thema im *Lexikon des Science Fiction*-Films gelandet. Heute weiß man nicht nur, wozu die Medizin fähig ist, sondern auch, dass Menschenleben in gewissen geographischen Räumen keinen großen Wert haben. Ein grobschlächtig inszenierter Film, dessen Held das Klischee des heruntergekommenen Privatdetektivs abliefert, ohne das sein Charakter eine dahingefetzte Skizze überträfe. [V]

ORGIEN

Anderer Titel für DAS DRITTE AUGE

ORLACS HÄNDE

Österreich 1924. **R:** *Robert Wiene.* **B:** *Ludwig Nerz.* **V:** *»Orlaks Hände« von Maurice Renard.* **K:** *Hans Androschin, Günther Krampf.* **D:** *Conrad Veidt (Paul Orlac), Alexandra Sorina (Yvonne Orlac), Carmen Cartellieri (Regine), Fritz Kortner (Nero), Paul Askonas (Diener), Fritz Strassny (Orlac sen.). SW 92 Min. (Stummfilm).*

Der Konzertpianist Paul Orlac verliert bei einem Zugunglück beide Hände. Ein Chirurg ersetzt sie mit denen des gerade guillotinierten Mörders Vasseur. Orlac gerät in Panik, als er die Wahrheit über die medizinische Manipulation erfährt und wird zunehmend von mörderischen Instinkten heimgesucht. Orlacs Vater wird ermordet aufgefunden, erstochen mit Vasseurs Messer, auf dem sich auch die Fingerabdrücke des toten Mörders befinden. Völlig verwirrt, dem Wahnsinn nahe, glaubt Orlac einem Mann, der sich als der auferstandene Vasseur ausgibt und ein hohes Entgelt für die amputierten Hände verlangt. Doch bald zeigt sich die Wahrheit: Nero, ein Freund Vasseurs, hat sich in den Besitz des Messers und von Gummihandschuhen gebracht, die mit Vasseurs Fingerabdrücken versehen sind. Nero wird als Mörder und Erpresser verhaftet. Orlac kann sich endlich seiner neuen Hände erfreuen.

Dieser Film ist Vorbild und Modell aller Horrorfilme, die über die schrecklichsten Möglichkeiten von Organtransplantation spekulieren. Legt man den Schwerpunkt auf die technischen Möglichkeiten, so ist er der Science Fiction zuzuordnen. Wird – wie bei *Orlacs Hände* – die Handlung durch eine imaginäre technische Voraussetzung, auf die nicht näher eingegangen wird, nur ausgelöst und läuft sie in den Formen der äußeren Wirklichkeit ohne direkte wissenschaftliche Spekulationen ab, so zählt der Film zum Horrorgenre. *Orlacs Hände* sei einer der besten Filme der letzten Jahre, schreibt Bela Balázs am 10.9.1924 in der Zeitschrift DER TAG: »Er ist nicht von der ganz feinen Sorte der

Orca, der Killerwal

seelisch differenzierten, intimen Filmkunst, die wir von Wiene und Veidt eigentlich erwartet haben. Er ist eher auf derbe Kriminalromantik und geheimnisvolle Komplikation der Handlung eingestellt. In seiner Art, als Kolportage, wenn man will, ist er aber hervorragend. Die Bilderführung Wienes hat ein unübertreffliches Tempo. Die Inszenierung der einzelnen Bilder ist von einer ganz aparten Phantasie, und das vorzügliche Spiel ist mit gewissenhafter Bewusstheit geleitet. Die Photographie bringt auch teils ganz neue, überraschende Wirkungen.« – Maurice Renards Roman »Les Mains d'Orlac« (1920) wurde noch zweimal verfilmt: *Mad Love* (USA 1935) und *Die unheimlichen Hände des Dr. Orlak* (GB 1960). Die beste Filmversion, *Mad Love,* ein Klassiker des Horrorfilms, ist in Deutschland nicht gezeigt worden, deshalb einige Anmerkungen: Gegenüber dem Stummfilm ist *Mad Love* (Regie: Karl Freund, Drehbuch: Guy Endore, John Balderston, P. J. Wolfson, Kamera: Gregg Toland, Chester Lyons, Musik: Dimitri Tiomkin, Darsteller: Peter Lorre, Colin Clive, Frances Drake, Ted Healey, Sarah Padden) inhaltlich leicht verändert: Dr. Gogol (Lorre), ein berühmter Pariser Chirurg, hat sich in Yvonne Orlak (Drake) verliebt, den Star des Théâtre des Horreurs. Yvonne erwidert seine Liebe nicht. Als Yvonnes Gatte, der Pianist Stephen Orlac (Clive), bei einem Zugunglück beide Hände verliert und bei Dr. Gogol unters Messer gerät, rächt sich dieser an ihm, indem er ihm die Hände eines hingerichteten Mörders und begnadeten Messerwerfers verpasst und ihn glauben macht, er werde nun selbst zum Mörder. Gogol bringt Stephens Stiefvater mit einem Messer um. Stephen fällt es schwer, seine musikalischen Fingerfertigkeiten wiederzuerlangen. Da er aber erschreckend leicht das Messer zu werfen versteht, glaubt er bald, dass es wirklich seine Hände waren, die das Verbrechen ausführten. Als sich Gogol auch an Yvonne rächen will, wird er mittels eines meisterhaften Messerwurfs von Stephen getötet. *Mad Love* stellt im Gegensatz zur Stummfilmversion die »wahnsinnige Liebe« des dämonischen Dr. Gogol heraus. Kameramann Gregg Toland wird nachgesagt, er habe den »expressionistischen deutschen Stil«, der ihm bei Orson Welles' *Citizen Kane* Weltruhm einbrachte, bei Ex-Kameramann und Regisseur Karl Freund erlernt und in *Mad Love* erstmals angewandt.

ORPHAN – FREITAG DER 13.

(FRIDAY THE 13TH ... THE ORPHAN). USA 1979. **R:** *John Ballard.* **B:** *John Ballard.* **K:** *Beda K. Batka.* **M:** *Ted Macero.* **D:** *Mark Owens (David), Peggy Feury (Tante Martha), Joanna Miles (Davids Mutter), Donn Whyte (Davids Vater), Eleanor Stewart (Mary), Afolabi Ajayi (Akin), Stanley Church (Dr. Thompson), David Foreman (Percy Ford), Jane House (Jean Ford). F 74 Min.*
Elfjähriger Waisenknabe, dessen Eltern umgekommen sind, wächst bei der Tante auf, verliert sich in Gewaltphantasien und »rächt« sich an den Menschen. [V]

L'OSSESSA – DAS OMEN DES BÖSEN

(L'OSSESSA). Italien 1974. **R:** *Mario Gariazzo.* **B:** *Ambrosio Molteni.* **St:** *Mario Gariazzo.* **K:** *Carlo Carlini.* **M:** *Marcello Giombini.* **D:** *Stella Carnacina (Daniela), Chris Avram (Vater), Lucretia Love (Mutter), Luigi Pistilli (Paten Zeno), Gianrico Tondinelli (Carlo), Umberto Raho (Psychiater), Ivan Rassimov (Teufel), Gabriele Tinti. F 86 Min.*
Der Teufel fährt in den Leib der eine Christusfigur restaurierenden Kunststudentin Daniela ein. Ein Mönch nimmt einen Exorzismus vor. Als der Teufel Daniela in Form weißlichen Glibbers verlässt, segnet den Mönch das Zeitliche. – »Primitivschocker für Analphabeten.« (Joe Hill, FILMDIENST)

THE OTHER

(THE OTHER). USA 1972. **R:** *Robert Mulligan.* **B:** *Thomas Tryon.* **K:** *Robert L. Surtees.* **M:** *Jerry Goldsmith.* **D:** *Uta Hagen (Ada), Diana Muldaur (Alexandra Perry), Chris Udvarnoky (Niles Perry), Martin Udvarnoky (Holland Perry), Norma Connolly (Tante Vee), Victor French (Angelini), Lou Frizell (Onkel George), Jennie Sullivan (Torrie), Loretta Lavarsee (Winnie), Portia Nelson (Mrs. Rowe), Jack Collins (P. C. Pretty), Clarence Crow (Russell), Ed Bakey (Chan Yu), John Ritter (Reiter). F 100 Min.*
Zwölfjähriger Schizo macht seinen toten Zwillingsbruder für eine Reihe von Morden verantwortlich, ohne zu ahnen, wie es in seinem Köpfchen wirklich aussieht.

THE OTHERS

(THE OTHERS). Frankreich/Spanien/USA 2001. **R:** *Alejandro Amenábar.* **B:** *Alejandro Amenábar.* **K:** *Javier Aguirresarobe* **D:** *Nicole Kidman (Grace), Fionnula Flanagan (Mrs. Berha Mills), Alekina Mann (Anne), James Bentley (Nicholas), Eric Sykes (Edmund Tuttle), Christopher Eccleston (Charles), Elaine Cassidy (Lydia), Renée Asherson (Alte Dame), Alexander Vince, Simon McBurney. F 104 Min.*

Grace, eine junge Frau, lebt mit ihren zwei sehr lichtempfindlichen Kindern gegen Ende des Zweiten Weltkriegs in einem alten abgedunkelten Haus in Jersey. Bald glaubt sie, dass es dort spukt. – Ungewöhnlicher, an Hitchcock erinnernder Horrorfilm des gebürtigen Chilenen Alejandro Amenábar. Erfrischend im Umkreis all des Mittelmaßes, das man in den letzten Jahren in diesem Genre zu sehen bekam.

OUT OF THE DARK

(OUT OF THE DARK). USA 1988. **R:** *Michael Schroeder.* **B:** *J. Gregory de Felice, Zane W. Levitt.* **K:** *Julio Macat.* **M:** *Paul F. Antonelli, Björn Wheatley.* **D:** *Cameron Dye (Kevin), Karen Black (Ruth), Bud Cort (Stringer), Lynn Daniels (Kristi), Starr Andreeff (Camille), Divine (Detective), Tracey Walter, Starr Andreeff, Karen Witter, Karen Mayo-Chandler, Paul Bartel, Geoffrey Lewis, Tab Hunter, Lainie Kazan. F 86 Min.*

Psycho-Thriller. Da der Fotograf Kevin von der Polizei verdächtigt wird, im Kostüm eines Clowns eine Reihe von Damen ermordet zu haben, die für eine Telefonsex-Agentur tätig sind, macht er sich auf, den Fall selbst zu lösen. Der von ihm zunächst Verdächtigte ist jedoch nicht der gesuchte Psychopath, sondern ein »normaler« Perverser. Schizos sind als Bösmänner halt besser geeignet. [V]

P

PAINT IT BLACK

(PAINT IT BLACK). USA 1988. **R:** *Tim Hunter.* **B:** *Michael Drexler, A. H. Zacharias.* **K:** *Mark Irwin.* **M:** *Jürgen Knieper.* **D:** *Rick Rossovich (Jonathan Dunbar), Doug Savant (Eric Hinsley), Julie Carmen (Gina Hayworth), Sally Kirkland (Marion Easton), Martin Landau (Lambert), Jason Bernard (Lt. Wilder). F 98 Min.*
Junger Arbeiter mit künstlerischen Ambitionen gerät unter Mordverdacht, nachdem seine Geliebte, eine untreue Galeristin, ihn hintergangen hat und ermordet wird. Doch der wahre Täter ist der übliche Psychopath. [V]

DER PAKT DER WÖLFE

(LE PACTE DES LOUPS). Frankreich 2000. **R:** *Christophe Gans.* **B:** *Christophe Gans, Stéphane Cabel.* **SpE:** *Jim Henson's Creature Shop.* **K:** *Dan Laustsen.* **M:** *Joseph Lo Duca.* **D:** *Samuel Le Bihan (Grégoire de Fronsac), Mark Dacascos (Mani), Emilie Dequenne (Adelstochter), Monica Bellucci (Kurtisane), Edith Scob (Mme. De Morangias), Vincent Cassel, Monica Belucci, Jérémie Rénier, Jacques Perin, Johan Leysen. F 142 Min.*
Die Fabel spielt zwischen 1765 und 1768, gut zwanzig Jahre vor der französischen Revolution. Tief im Südosten der französischen Provinz treibt die Bestie von Gévaudan ihr Unwesen. Den Adel verschont sie, wie dieser mit Genugtuung feststellt, wohl aber fallen dem Ungeheuer über hundert Menschen aus dem niederen Volk zum Opfer, meist Frauen und Kinder. Grégoire de Fronsac, ein Naturkundler und Philosoph, und sein Freund, der Indianer Mani, eine Art letzter Mohikaner, ermitteln im Auftrag Louis IX., doch dann ändert der Hof seine Politik und zwingt de Fronsac, einen von ihm entsprechend präparierten Wolf als Bestie auszugeben und die Akte aus Gründen der Staatsräson zu schließen. Aber de Fronsac gibt nicht auf und kommt einer Verschwörung gegen die Aufklärung auf die Spur. Unter Führung eines Pfaffen haben sich einige Adlige zusammengerottet und das Junge eines in Afrika gefangenen Tieres zum Schrecken der Bevölkerung als Bestie ausstaffiert. – Auf den Spuren von Conan Doyles »Hund von Baskerville«. Einen wirklichen Blick auf die Bestie dürfen wir freilich nicht werfen. Wir ahnen nur, dass sie mal aus Pixeln, aus Bits und Bytes besteht und zwischendurch aus Jim Henson's Creature Shop kommt. Auch bei den Martial Arts des Hongkong-Kinos hat Christophe Gans in seinem zweiten Spielfilm zahlreiche Anleihen gemacht: »Ganz nebenbei revitalisiert er durch die Kraft des Genrefilms das französische Qualitätskino. Fetisch und Travestie, der Eros der Maskerade: Diese Vorlieben sind uns schon aus Gans' *Crying Freeman* vertraut. Wie auch seine Begeisterung für opernhafte Action, vor allem als Ballett der Emotionen, gelernt von seinen Vorbildern Leone, Kurosawa und den Meistern des Hongkong-Kinos.« (FANTASY FILMFEST 2001)

PALE BLOOD – IM BANN DER VAMPIRE

(PALE BLOOD). USA 1990. **R:** *W. Dachin Hsu.* **B:** *Takashi Matsuoko, W. Dachin Hsu.* **K:** *Gerry Lively.* **SpE:** *Bob McCarthy.* **M:** *Jan A. P. Raczmarek.* **D:** *George Chakiris (Michael Fury), Wings Hauser (Van Vandameer), Pamela Ludwig (Lori), Diana Frank (Jenny). F 90 Min.*
Der Videokünstler Vandameer will unbedingt einen echten Vampir auf Zelluloid bannen, darum bringt er, in der Hoffnung, einen solchen anzulocken, Mädchen auf Vampirart um (STÖHN!). Der Vampir Michael Fury geht ihm zwar in die Falle, dreht den Spieß jedoch um und bringt Vandameer in die Klapsmühle. Ein Low-Low-Budgeter, gar nicht mal schlecht. Bis auf den vorhersehbaren Schluss spannend inszeniert. [V]

PANISCHE ANGST

(HE KNOWS YOU'RE ALONE). USA 1980. **R:** *Armand Mastroianni.* **B:** *Scott Parker.* **K:** *Gerald Feil.* **M:** *Alexander Peskanov, Mark Peskanov.* **D:** *Don Scardino (Marvin), Caitlin O'Heaney (Amy), Elizabeth Kemp (Nancy), Patty Pease (Joyce), Tom Rolfing (Killer), Lewis Arlt (Gamble), James Rebhorn (Professor), Dana Barron (Diana), Tom Hanks (Elliot), Joseph Leon (Ralph), James Carroll (Phil), Paul Gleason (Daley), Brian Byers (Bernie), Robin*

Lamont (Ruthie), Peter Gumeny (Thompson), Curtis Hostetter (Tommy), Robin Tilghman (Marie), John Bottoms (Pater McKenna). F 92 Min.
Irrer Schlitzer erledigt sämtliche Freunde einer kurz vor der Heirat stehenden jungen Frau und steht ihr schließlich selbst gegenüber. Tom Hanks' erster Film. [V]

PAPAYA – DIE LIEBESGÖTTIN DER KANNIBALEN

(PAPAYA DEI CARIBI). Italien 1978. **R:** *Joe d'Amato.* **B:** *Roberto Gandus, Renzo Maietto.* **K:** *Guglielmo Vincioni [Aristide Massacchesi].* **Ma:** *Marcello Di Paolo.* **M:** *Stelvio Cipriani.* **D:** *Melissa Chimenti (Papaya), Sirpa Lane (Sarah), Maurice Poli (Vincent). F 86 Min.*
Blonde Schönheit und ihr Freund wollen auf einer Karibikinsel dem Verschwinden diverser Techniker auf die Spur kommen, die mit der Konstruktion eines Kraftwerks beschäftigt waren. Des Rätsels Lösung: Eine kannibalische »Untergrundorganisation« schafft die Fremden beiseite, um den Kraftwerkbau zu verhindern. Mehr Sex- als Horrorfilm; dann und wann ordentlich scheußlich.

PAPERHOUSE – ALPTRÄUME WERDEN WAHR

(PAPERHOUSE). GB 1988. **R:** *Bernard Rose.* **B:** *Matthew Jacobs.* **V:** *»Marianne Dreams« von Catherine Storr.* **K:** *Mike Southon.* **SpE:** *Alan Whibley.* **M:** *Stanley Myers, Hans Zimmer.* **D:** *Charlotte Burke (Anna Madden), Jane Bertish (Miss Vanstone), Samantha Cahill (Sharon), Glenne Headley (Kate), Sarah Newbold (Karen), Gary Bleasdale (Polizist), Elliot Spiers (Marc), Gemma Jones (Dr. Sarah Nicols), Steven O'Donnell (Dustman), Ben Cross (Papa), Karen Gledhill (Schwester), Barbara Keogh (Empfangsdame). F 92 Min.*
Anna (11), von den Eltern vernachlässigt, fällt in Ohnmacht und findet sich in einem unheimlichen abgelegenen Haus wieder, das sie selbst gemalt hat, und bringt in Erfahrung, dass sie die dort stattfindenden Ereignisse mit dem Zeichenstift steuern kann. Sie begegnet einem Jungen, der nicht laufen kann und zeichnet, um ihm zu helfen, ihren Vater herbei, der sich jedoch plötzlich als Bedrohung entpuppt. Psycho-Drama mit bizarrer Handlung und Freudschen Bezügen.

PARAPSYCHO – SPEKTRUM DER ANGST

BRD 1974. **R:** *Peter Patzak.* **B:** *Geza von Radvanyi, Peter Patzak.* **K:** *Atze Glanert.* **M:** *Richard Schönherz, Manuel Rigoni.* **D:** *(Episode »Reinkarnation«): Marisa Mell (Greta), Peter Neusser (Harry), Leon Askin (Faktotum), Wolfgang Gasser (Kommissar), Tom Krinzinger (Postbeamter). – (Episode »Telepathie«): Matthieu Carrière (Mario), Alexandra Drewes (Barbara), Helmut Förnbacher (Michael), Jane Tilden (Marios Mutter), Heinz Maracek (Marios Freund), Harry Hardt (Barbaras Vater), Guido Wieland (Kommissar). – (Episode »Metempsychose«): William Berger (Professor), Debra Berger (Debby), Mascha Gonska (Denis), Signe Seidel (Debbys Mutter), Karl Heinz Martell (Arzt). F 105 Min.*
Episodenfilm. – 1. Harry entdeckt auf der Heimfahrt ein Schloss, dessen Besitzerin Greta (im Stil der 1930er Jahre gekleidet) ihn seltsamerweise erwartet. Nachdem sie mit ihm ins Bett gegangen ist, erzählt sie, sie habe seinetwegen einen Mord begangen. In ihrem Wagen liegt tatsächlich eine Leiche. Als der entsetzte Harry darüber reden will, ist sie spurlos verschwunden. Harry informiert die Polizei und präsentiert ihr eine Tasse mit Gretas Fingerabdrücken. Er schockt mit seiner Story niemanden: Der Mord, so weiß der Kommissar, liegt 35 Jahre zurück – ebenso wie Gretas Tod. – 2. Eine eifersüchtige Professorengattin kommt bei einem absichtlich herbeigeführten Autounfall, der ihr, dem Gatten und der Tochter das Leben nehmen sollte, allein um. Derart geläutert, beendet der Profes-

Parapsycho – Spektrum der Angst

sor seine Affäre mit einer Studentin, die daraufhin Selbstmord begeht und aus blanker Rachsucht in den Geist der Professorentochter einfährt. – 3. Der abartige Maler Mario hat eine übersinnliche Fähigkeit: Per Fernhypnose macht er sich hübsche Mädchen gefügig, die er in sein Atelier lockt und vom Balkon stürzen lässt, sobald sein sexuelles Interesse erlahmt. – »Die Darstellerinnen haben ... reichlich Gelegenheit, ihre körperlichen Reize zur Schau zu stellen, und eine von ihnen darf einen telepathischen Orgasmus erleben. Nach diesem Film ist eines klar: Die Narren sind unter uns, und manche dürfen sogar Filme drehen.« (Joe Hill, FILMDIENST)

PARATROOPER

(SCARECROWS). USA 1988. **R:** *William Wesley.* **B:** *Richard Jeffries, William Wesley.* **K:** *Peter Deming.* **M:** *Terry Plumeri.* **D:** *Ted Vernon (Corbin), Victoria Christian (Kellie), Richard Vidan (Jack), B. J. Turner (Bert), David Campbell (Al). F 80 Min.*

Gangster rauben Lohngelder der US-Armee und geraten während der Flucht auf einen verlassenen Bauernhof, auf dem sie sich gegen auf dämonische Weise zum Leben erwachte Vogelscheuchen wehren müssen. Zum Glück ist der Film so dunkel, dass er uns den größten Teil dieser Peinlichkeit erspart. AIDT [V]

PARTY DES GRAUENS

Anderer Titel für BLUTHUNDE

PARTY DES SCHRECKENS

(THERE WAS A LITTLE GIRL). USA 1980. **R:** *Ovidio G. Assonitis.* **B:** *Stephen Blakley, Ovidio G. Assonitis, Peter Shepherd, Robert Gaddus.* **K:** *Roberto d'Ettore Piazzoli.* **M:** *Riz Ortolani.* **D:** *Trish Everly (Julie), Dennis Robertson (Onkel James), Allison Biggers (Mary), Michael Macrae (Sam), Morgana Hart (Helen), Edith Ivey (Amantha). F 93 Min.*

Psychopathin, an einer Viruskrankheit leidend und dadurch furchtbar entstellt, terrorisiert mit einem Komplizen die ungeliebte Zwillingsschwester. Blutrünstig und niederträchtig, wie man's von italienischen Regisseuren in diesem Genre nicht anders erwarten kann.

PARTY TIME MIT FRANKENSTEIN

(FRANKENSTEIN: THE COLLEGE YEARS). USA 1991. **R:** *Tom Shadyar.* **B:** *Bryant Christ, John Trevor Wolff.* **K:** *Steve Confer.* **M:** *Joel McNeely.* **D:** *William Ragsdale (Mark), Christopher Daniel Barnes (Jay), Larry Miller, Andrea Elson, DeVoreaux White, Vincent Hammond. F 88 Min.*

TV-Film. Mark und Jay, angehende Ärzte, finden das Geheimlabor eines toten Professors, der auf Frankensteins Spuren wandelte, und treten in seine Fußstapfen. Nachdem sie sein Monstrum zum Leben erweckt haben, lassen sie es unter dem Namen Frank N. Stein (STÖHN!) als Student und Footballspieler agieren und legen sich mit einem Wissenschaftler an, der es entführen und für fiese Zwecke missbrauchen will. Eine Infantil-Komödie, ganz nach US-Geschmack. AIDT [V]

PEEPING TOM

Anderer Titel für AUGEN DER ANGST

DAS PENDEL DES TODES

(THE PIT AND THE PENDULUM). USA 1961. **R:** *Roger Corman.* **B:** *Richard Matheson.* **V:** *»Grube und Pendel« von Edgar Allan Poe.* **K:** *Floyd Crosby.* **M:** *Les Baxter.* **D:** *Vincent Price (Nicholas Medina), John Kerr (Francis Bernard), Barbara Steele (Elizabeth Medina), Luana Anders (Catherine Medina), Anthony Carbone (Dr. Charles Leon), Patrick Westwood (Maximilian), Lynn Bernay (Maria), Larry Turner (Nicholas als Kind), Mary Menzies (Isabella), Charles Victor (Bartolomé). F 80 Min.*

Spanien, 16. Jahrhundert: Francis Bernard besucht das Schloss seines Schwagers Nicholas Medina. Dort erfährt er, seine Schwester Elizabeth habe an einer unerklärlichen Gemütskrankheit gelitten und sei verstorben. Da Medina einen nervösen und widersprüchlichen Eindruck macht, beschließt Bernard, mehr über ihren Tod in Erfahrung zu bringen. Von Medina erfährt er, dessen Vater sei eine Bestie in Menschengestalt gewesen – ein sadistischer Folterer, der seine ehebrecherische Gattin lebendig habe einmauern lassen. In den Grüften und der Folterkammer unter dem Schloss hat sich Elizabeth sonderbarerweise am wohlsten gefühlt. Als Medina eines Nachts die Stimme seiner verstorbenen Frau hört und ihr in die Kellerräume folgt, stößt er auf eine lebendige Elizabeth, die einem Sarg entsteigt. Medina verliert den Verstand und fällt wie tot zu Boden. Er erkennt, dass Elizabeth mitnichten tot ist: Sie hat ihr Ableben inszeniert, um ihn mit Hilfe seines Freundes Dr. Leon in den Wahnsinn zu treiben. Medinas verwirrter Geist nimmt die Identität seines Vaters an: Wie er will er sich auf grausame Weise an der Ehebrecherin rächen. Er stößt Leon in eine Grube und sperrt Elizabeth in eine »Eiserne Jungfrau« ein. Als Bernard die Szene betritt, überwältigt Medina ihn und fesselt ihn an eine Bank, auf die sich ein rasiermesserscharfes Metallpendel herabsenkt, um ihn in zwei Hälften zu schneiden. Medinas Schwester Catherine und der Diener Maximilian können Bernard retten; der Wahnsinnige endet in der gleichen Grube wie Dr. Leon. Catherine will die Folterkammer zumauern lassen – ohne zu ahnen, dass Elizabeth in der »Eisernen Jungfrau« sitzt. – »Die Farben sind gut eingesetzt. Mit Filtern und Bildverzerrungen hat man dem Gruseln nachgeholfen. Und sind damit auch keine formalen Höhepunkte erzielt worden, so ist doch einige Abwechslung gelungen. Bei den die Rückblenden begleitenden Monologen wurde die Sprache des Dichters ... beibehalten ... Und Vincent Price wartet mit einer Darstellung auf, die wesentlich über der Gattung des Films liegt.« (tho., FILMBEOBACHTER) – »Zumindest atmosphärisch – aufgrund der satten Farben, des Plüschdekors und der gespenstischen Musik – ist dieser Film derjenige, der Poes Horrorstil momentan am besten einfängt.« (Howard Thompson, NEW YORK TIMES) [V]

PENTAGRAMM DES SATANS

(THROUGH THE FIRE). USA 1987. **R:** *G. D. Marcum.* **B:** *G. D. Marcum, Brad Potter.* **K:** *Roger Pistole.* **M:** *N.N.* **D:** *Tamara Hext (Sandra), Tom Campitelli (Nick), Randy Strickland, Billie Carroll. F 94 Min.*

Okkultisten haben bei einer Séance ein Monster aus der Hölle beschworen, das blutige (und von keinem Motiv behinderte) Morde begeht. Irgendeine Sandra und irgendein Nick, zufällig Polizist, suchen derweil die verschwundene Schwester der Ersteren, die mit den Okkultisten unter einer Decke steckte. Irgendwann spürt man dem Bösen in irgendeinem finsteren Labyrinth hinterher, und irgendwie, nehmen wir an, wird der Fall auch gelöst – sollte sich ein gutmütiger Trottel finden, der sich diese Katastrophenproduktion zu Ende anschaut. AIDT [V]

PENTAGRAMM DES TODES

(MAXIM XUL). USA 1989. **R:** *Arthur Egeli.* **B:** *Charles E. Pickard, Arthur Egeli.* **K:** *Tom Lappin.* **M:** *Mickey Rat.* **D:** *Adam West (Professor Marduk), Jefferson Leinberger (Joe Kavanagh), Mary Shaeffer (Amanda), Billie Shaeffer (Phyllis), Tony Vogelli (Gene). F 85 Min.*

Ein US-Kriminalpolizist und zwei Journalisten kommen auf die Spur eines reinkarnierten babylonischen Killergeistes, der in der Kanalisation lauert und die Bewohner der Stadt bedroht. – »Der Film wirkt trotz sorgfältig ausgesuchter Schauplätze so billig, dass man meint, die eingesparten Dollars klimpern zu hören.« (Frank Trebbin, DIE ANGST SITZT NEBEN DIR) AIDT [V]

PENTAGRAMM – DIE MACHT DES BÖSEN

(THE FIRST POWER). USA 1989. **R:** *Robert Resnikoff.* **B:** *Rober Resnikoff.* **K:** *Theo Van de Sande.* **SpE:** *Terry Kempe.* **Ma:** *Edward French.* **M:** *Stewart Copeland.* **D:** *Lou Diamond Phillips (Detective Russell Logan), Tracy Griffith (Tess Seaton), Jeff Kober (Patrick Channing), Mykel T. Williamson (Detective Oliver Franklin), Elizabeth Arlen (Schwester Marguerite), Dennis Lispcomb (Commander Perkins), Carmen Argenziano (Lt. Grimes), Julianna McCarthy (Oma), Nada Despotovich (Pennerin). F 96 Min.*

Das Pendel des Todes

Der Polizist Logan und das Medium Tess sind auf der Spur eines satanischen und psychopathischen Killers, der seinen Opfern ein Pentagramm in die Haut ritzt und nach der Hinrichtung im Verdacht steht, sich in beliebige Körper versetzen zu können. [V]

PFUI TEUFEL! – DADDY IST EIN KANNIBALE

(PARENTS). USA 1988. **R:** *Bob Balaban.* **B:** *Christopher Hawthorne.* **K:** *Ernest Day, Robin Vidgeon.* **M:** *Angelo Badalamenti, Jonathan Elias, Sherman Foote.* **D:** *Randy Quaid (Nick Laemle), Mary Beth Hurt (Lily Laemle), Sandy Dennis (Millie Dew), Bryan Madorsky (Michael Laemle), Juno Mills-Cockell (Sheila Zellner), Kathryn Grody (Miss Baxter), Deborah Rush (Mrs. Zellner). F 80 Min.*

Michael (9) wird nach dem Umzug in die Kleinstadt von Albträumen geplagt, beobachtet eines Nachts seine Eltern blutverschmiert in der Küche und glaubt fortan, in einem Kannibalenhaushalt zu leben. Da er kein Fleisch mehr essen will, wird er von Papa dazu gezwungen. Makabre Komödie über die Mordphantasien eines Jungen. [V]

PHANTASM IV

(PHANTASM IV: OBLIVION). USA 1998. **R:** *Don A. Coscarelli.* **B:** *Don A. Coscarelli.* **K:** *Chris Comyn.* **M:** *Reggie Bannister, Steve Morrell, Fred Myrow, Malcolm Seagrave, Christopher L. Stone.* **D:** *Reggie Bannister (Reggie), Michael Baldwin (Mike), Bill Thornbury (Jody), Heidi Leigh (Jennifer), Bob Ivy (Trooper), Angus Scrimm (Tall Man). F (90) 85 Min.*

Vorgeschichte: *Das Böse* (und Fortsetzungen). Der Film beginnt dort, wo sein Vorgänger aufhörte: Mike flüchtet durch Zeit und Raum vor dem Tall Man. Er bemüht sich, mehr über dessen Herkunft zu erfahren und herauszubringen, was in der Todesnacht seines Bruders geschah. Gleichzeitig muss sich Reggie in Begleitung eines Mädchens gegen allerlei Untote wehren. – Zum vierten Mal mimt Angus Scrimm, aus dem nie der Gruselstar geworden ist, der er hätte werden können, den Totengräber an der Schwelle zum Jenseits. – »Ein von schier grenzenloser Dummheit gekennzeichneter Zombie-Mischmasch mit allerlei wirren Sprüngen und schrillbunten Apercus.« (FILM-JAHRBUCH 2000) [V]

DIE PHANTASTISCHE GEISTERNACHT

(GRAVE SECRETS). USA 1988. **R:** *Donald P. Borchers.* **B:** *Jeffrey Polman, Leonore Wright.* **K:** *Jamie Thompson.* **M:** *Jonathan Elias.* **D:** *Paul Le Mat (David Shaw), René Soutendijk (Iris Norwood), David Warner (Dr. Carl Farnsworth), Lee Ving (Zack), Olivia Barash (Dara), John Crawford (Homer), Bob Herron (Kurt Norwood), Gilbert Lewis (Dean Andrews), Ruth Manning (Dr. Kathleen Thorpe), Anthony Rapp (Jamie). F 85 Min.*

Parapsychologe Shaw eilt der ansehnlichen Iris Norwood zu Hilfe, in deren Haus sich ein Geist manifestiert. Wie immer in Filmen dieser Art liegt die Ursache der Erscheinungen in der Vergangenheit des Opfers, das vom Vater missbraucht wurde (und ihr Kind auf dem Gewissen hat). Horrorfilm von der Stange. [V]

DIE PHANTASTISCHE REISE INS JENSEITS

(LADY IN WHITE). USA 1988. **R:** *Frank La Loggia.* **B:** *Frank La Loggia.* **K:** *Russell Carpenter.* **M:** *Frank La Loggia.* **D:** *Lukas Haas (Frankie Scarlatti), Len Cariou (Phil), Alex Rocco (Angelo), Katherine Helmond (Amanda Harper), Jason Presson (Gino Scarlatti), Renata Vanni (Mama Assunta), Angelo Bertolini (Papa Charlie), Joelle Jacobi (Melissa), Jared Rushton (Donald), Gregory Levinson (Louie). F 103 Min.*

Der neunjährige Frankie hat in der Halloween-Nacht eine mörderische Vision und kommt einem Mörder auf die Spur. Wirrer Geisterkrimi mit einfältigen Tricks. [V]

DAS PHANTOM DER OPER

Anmerkungen zum unheimlichen Mann hinter der Maske

»Er ist ungeheuer dürr. Sein Frack schlottert um ein Gerippe. Seine Augen liegen so tief, dass man die starren Pupillen kaum erkennen kann. Eigentlich sieht man nur zwei große schwarze Löcher wie in Totenschädeln. Seine Haut, die sich wie ein Trommelfell über das Knochengerüst spannt, ist nicht weiß, sondern schmutzig gelb; die Andeutung seiner Nase ist im Profil unsichtbar, ja die Abwesenheit der Nase bietet einen fürchterlichen Anblick. Drei bis vier lange braune Strähnen auf der Stirn und hinter den Ohren stellen den ganzen Haarwuchs dar.«

So beschreibt der erste Augenzeuge das Phantom der Oper in Gaston Leroux' Roman »Le Fantome de l'Opéra« (1910). (Um es vorwegzunehmen: Es wird nicht die einzige Beschreibung bleiben). Der Roman konnte sich sofort nach Erscheinen einen sicheren Platz unter den Klassikern der Horrorliteratur erobern und zählt neben Charles Robert Maturins »Melmoth, der Wanderer« (1820), Matthew Gregory Lewis' »Der Mönch« (1776), Ann Radcliffes »Der Italiener« (1797), Mary W. Shelleys »Frankenstein oder Der moderne Prometheus« (1818), Bram Stokers »Dracula« (1897), Robert Louis Stevensons »Der seltsame Fall des Dr. Jekyll und Mr. Hyde« (1886) und den Kurzgeschichten Edgar Allan Poes zu den Standards der Gattung. Doch ist Leroux' Roman weniger seinen angloamerikanischen Vettern verhaftet als den »Mystères« seiner französischen Landsleute Victor Hugo, Honoré de Balzac, Alexandre Dumas und Eugene Sue (»Die Geheimnisse von Paris«). Leroux' Phantom ist eine Gestalt, deren Äußeres durchaus einem Halbwesen angelsächsischer Prägung gleicht (ähnlich wie Victor Hugos Glöckner von Notre-Dame), im Denken, Fühlen und Handeln jedoch ausschließlich Mensch ist. Zunächst ist seine Existenz noch fraglich. Wie in einem Kriminalroman wird Schritt für Schritt der Beweis erbracht: Das Phantom, das nur wenige gesehen haben, das aber überall Spuren hinterlässt, terrorisiert nicht nur die Tänzerinnen der Pariser Oper. Alles, was unerklärlich erscheint, wird ihm in die Schuhe geschoben. Am Schluss erfährt man, dass sich hinter der Maske des Phantoms ein Mensch verbirgt, der gedemütigt und verstoßen in den Katakomben unter der Oper haust, da sein grauenvoll entstelltes Gesicht ein Leben mit Menschen nicht zulässt. An einer unglücklichen Liebe geht Erik, das Phantom, endgültig zugrunde. »Die Geschichte vom Phantom der Oper gehört zu den optisch wirkungsvollsten Motiven des Horrorfilms (die Maske, das Kolorit des Schauplatzes: die Oper und das Labyrinth unter ihr, die Kostüme und die Mode im Paris der Jahrhundertwende etc.) und bietet eine Fülle von Interpretations- und Variationsmöglichkeiten. Dass sie dennoch nicht gerade zu den am meisten verfilmten Stoffen des Horror-Genres gehört, liegt wohl unter anderem auch daran, dass sie Teil eines der subtilsten Mythen des Genres ist, bei dem eine Vergröberung, oder die Überbetonung der Horroreffekte, leicht zur Unglaubwürdigkeit führt.« (Jung/Weil/Seeßlen, DER HORRORFILM)

DAS PHANTOM DER OPER

(THE PHANTOM OF THE OPERA). USA 1925. **R:** *Rupert Julian, Edward Sedgwick, Lon Chaney.* **B:** *Raymond Schrock, Elliot J. Clawson.* **V:** *»Das Phantom der Oper« von Gaston Leroux.* **K:** *Virgil Miller, Milton Bridenbecker, Charles J. van Enger.* **D:** *Lon Chaney (Erik), Mary Philbin (Christine), Norman Kerry (Raoul de Chagny), Snitz Edwards (Florine Papillon), Gibson Gowland (Simon), John Sainpolis (Philippe de Chagny), Virginia Pearson (Charlotta), Arthur Edmund Carewe (Ledoux), Edith Yorke (Mama Valerius), Anton Vaverka (Souffleur), Bernard Siegel (Joseph Buguet), Olive Ann Alcorn (La Sorelli), Cesare Gravina (Manager), B. Williams (Ricard), Bruce Covington (Monchannin), Edward Cecil (Faust), John Miljan (Valentin), Alexander Bevani (Mephistopheles), Grace Marvin (Martha), Ward Crane (Graf Ruboff), Chester Conklin (Ordonnanz), William Tryoler (Dirigent). SW 101 Min. (Stummfilm).*

Grauen liegt über der Pariser Oper. Der Treffpunkt der großen Welt ist zur Stätte des Schreckens geworden. Ein Beleuchtungsmeister wird tot aufgefunden, der riesige Kronleuchter stürzt in den Zuschauerraum, unter mysteriösen Gründen wechselt die Direktion. Bei einer Galavorstellung versagt der gefeierten Primadonna auf der Bühne die Stimme. Die unbekannte Sängerin Christine springt ein und zeigt ihr außergewöhnliches Talent. Graf Raoul de Chagny hat sich in Christine verliebt, doch sie weist ihn zurück, da sie sich ganz dem Gesang widmen will. Sie probt mit einer geheimnisvollen Stimme, die von irgendwo hinter den Mauern ihrer Garderobe zu kommen scheint. Der »Geist der Musik« fordert Christine auf, sich mit ihm in seiner »Unterwelt« zu treffen, und tatsächlich entdeckt sie einen Mann, dessen Gesicht von einer Maske bedeckt ist, von dem man nur tief liegende Augen und verwachsene Zähne sieht. Das Phantom verlangt, dass sie sich von ihrem Liebhaber trennt. Es will sich dafür um ihre Karriere kümmern, notfalls »nachhelfen«. Bei einem Kostümfest erscheint auch das Phantom, in der Maske des »Roten Todes« (diese Sequenz wurde in Technicolor gedreht). Christine und Raoul glauben sich unbeobachtet, werden jedoch vom Phantom belauscht. Kurz darauf ist Christine verschwunden. Das Phantom hat sie in seine Untergrundgemächer entführt. Lähmende Gewissheit macht sich bei der Direktion breit. Aus Drohbriefen weiß sie, dass das Phantom der Oper, wie sich der Unterzeichner nennt, die Herrschaft über das Opernhaus und die vielen unterirdischen Räume, Korridore und Bühnenanlagen durch Terror an sich reißen will. – In ihrem »Gefängnis« fasst Christine eine Art Zuneigung zu Erik, dem Phantom, die zwischen Mitleid und Faszination hin und her pendelt. Sie muss den Menschen hinter der Maske kennen lernen. Als Erik eine Komposition auf der Orgel spielt, demaskiert sie ihn. Hinter der Maske verbirgt sich ein durch Säureeinwirkung entstelltes Gesicht. Ihr Erschrecken und offenkundiger Abscheu haben fatale Folgen: Erik nötigt sie, sein Untergrunddasein mit ihm zu teilen. Raoul und ein Polizist werden auf der Suche nach Christine von Erik in eine teuflische Falle gelockt. Der nachfolgende Mob zwingt das Phantom zur Flucht. Raoul, der Polizist und Christine sind gerettet. Nach einer wilden Jagd durch Paris wird Erik am Seine-Ufer von der Menge gestellt. Er hebt die Hand über den Kopf. Den Mob, der nicht weiß, was er in der Faust verborgen hält, weicht zurück. Mit einer Geste voller Hohn öffnet er langsam die leere Hand und stößt ein Grauen erregendes Lachen aus. Dann wird er erschlagen.

In der gehobenen Literatur zur Filmgeschichte sucht man Angaben über diesen Film vergebens. Auch ließ sich die internationale Filmkritik kaum in die niederen Gefilde des Unterhaltungsfilms herab, geschweige denn in die Katakomben unter der Pariser Oper. Rudolf Arnheim zerpflückte den Film genüsslich in der Zeitschrift DAS STACHELSCHWEIN (vgl. Rudolf Arnheim, KRITIKEN UND AUFSÄTZE ZUM FILM). Arnheims Resümee bescheinigt dem Regisseur, er habe es trotz gegenteiligen Bemühens wegen der Klasse der literarischen Vorlage nicht verstanden, die Spannung und das Grauen gänzlich zu vernichten. In der Tat weist der Film im Aufbau der Handlung erhebliche Schwächen auf. Den Eindruck muss man jedenfalls haben, wenn man sieht, was von ihm übrig geblieben ist. 1929 wurde eine Tonfassung hergestellt, zu der einige neue Szenen gedreht und andere mit Musik unterlegt wurden. Eine völlig neue Schnittversion, bei der etliche Szenen der Schere zum Opfer fielen, verstümmelte den Film. Die meisten heute zur Verfügung stehenden Kopien sind in Wirklichkeit stumme Fassungen der Bearbeitung von 1929, so dass sich ein abschließendes Urteil nicht fällen lässt. Es ist jedoch unbestritten, dass einige Szenen, in denen Lon Chaney in der Maske des Phantoms und des »Roten Todes« auftritt, unvergesslich bleiben werden. Der absolute Höhepunkt ist die Demaskierung des Phantoms: » ... diese eine Szene muss sicherlich als einer der besten Momente des Leinwandterrors bezeichnet werden. Sie ist mehr als nur eine gelungene Schock-Szene, denn an dieser Stelle des Films ist das Publikum längst so weit, Sympathie für das Phantom zu empfinden. Die Zuschauer zittern, hegen aber zwiespältige Gefühle: Identifikation mit der Heldin in einer prekären Situation und Mitleid mit dem Phantom. Keine andere Auftrittsszene oder Demaskierung eines Film-Monsters – nicht einmal der sorgfältig aufgebaute Auftritt von King Kong oder die berühmte Demaskierung gegen Ende von *The Mystery of the Wax Museum* – hat jemals die Wirkung dieser bemerkenswerten Szene erreicht.« (William K. Everson, KLASSIKER DES HORRORFILMS) [V]

Das Phantom der Oper, 1925

PHANTOM DER OPER

(THE PHANTOM OF THE OPERA). USA 1943. **R:** *Arthur Lubin.* **B:** *Eric Taylor, Samuel Hoffenstein.* **V:** *»Das Phantom der Oper« von Gaston*

Leroux. **K:** *Hal Mohr, W. Howard Greene.* **M:** *Edward Ward, Richard Wagner, Peter Tschaikowskij.* **D:** *Claude Rains (Enrique Claudin), Nelson Eddy (Anatole Carron), Suzanna Foster (Christine Dubois), Edgar Barrier (Raoul de Chagny), Hume Cronyn (Gerard), Fritz Leiber (Franz Liszt), Miles Mander (Pleyel), Barbara Everest (Tante), Frank Puglia (Villeneuve), J. Edward Bromberg (Amoit), Jane Farrar (Bianca Rolli), Steven Geray (Vercheres), Hans Herbert (Marcel), Fritz Feld (Lacours), Leo Carillo, Kate Drain-Lawson, Rosina Galli, Paul Marion. F 90 Min.*

Der Musiker und Komponist Enrique Claudin fühlt sich von seinem Verleger betrogen. Er tötet ihn im Affekt. Dessen Geliebte rächt sich an ihm. Säure entstellt sein Gesicht so fürchterlich, dass er es hinter einer Maske verbergen muss. Zusehends verfällt er dem Wahnsinn, und um eine begabte junge Sängerin zu fördern, ist ihm jedes Mittel recht. Durch Anschläge, in denen er auch nicht vor Mord zurückschreckt, versetzt er Publikum und Mitarbeiter der Pariser Oper in Angst und Schrecken. Langsam wird klar, dass die Sängerin seine Tochter ist. Erst kurz vor Schluss des Films kommt es zur Demaskierung. Ein einstürzendes Gewölbe begräbt das Phantom unter sich. – Mehr »Oper« als »Phantom«. Bei der Würdigung der Musik gehen die Meinungen weit auseinander. Der FILMBEOBACHTER spricht von einem »geschmacklosen Ragout aus Chopin- und Tschaikowskij-Melodien nach der schleimigen Potpourri-Manier der Amerikaner«, der FILMDIENST dagegen vermerkt »ausgezeichnete Musikpartien«. Bei der Beurteilung des Inhalts scheinen sich die Auffassungen ein wenig zu nähern: »Greuelphantasie« (FILMBEOBACHTER) und »anstrengende Nervenmühle« (FILMDIENST). Übersehen wird dabei die durchaus stimmungsvolle Bildgestaltung, die den Kameraleuten Mohr und Greene immerhin einen Oscar einbrachte, und die eindringliche Darstellung des Phantoms durch Claude Rains: »Obwohl kein ausgesprochener Spezialist für den Horrorfilm [im gleichen Jahr verkörperte Rains auch Capitaine Louis Renault in Michael Curtiz' *Casablanca]*, gelangen Rains doch einige seiner eindrücklichsten Darstellungen in diesem Genre. Niemand anderer als er konnte so deutlich machen, dass das Phantom der Oper ... selbst ein gehetztes Wesen ist ... Seine Schöpfungen waren die Karikaturen eines an Nietzsche erinnernden, unabdingbaren Willens zur Macht, der keine Grenzen in der Wahl seiner Mittel kennt. Da dieser Wille zur Macht immer verbunden ist mit der Form des Sendungsbewusstseins, die in Besessenheit umgeschlagen ist, bleibt dem Scheitern des von Claude Rains dargestellten Verbrechers ein Hauch von Trauer.« (Jung/Weil/Seeßlen, DER HORRORFILM)

Das Phantom der Oper, 1943

DAS PHANTOM DER OPER (TERENCE FISHER, 1961)

Anderer Titel für DAS RÄTSEL DER UNHEIMLICHEN MASKE

DAS PHANTOM DER OPER

(PHANTOM OF THE OPERA). USA 1989. **R:** *Dwight H. Little.* **B:** *Duke Sandefur, Gerry O'Hara.* **V:** *»Das Phantom der Oper« von Gaston Leroux.* **K:** *Elemer Ragalyi.* **M:** *Misha Segal.* **D:** *Robert Englund (Phantom), Jill Schoelen (Christine), Bill Nighy (Barton), Alex Hyde-White (Richard), Stephanie Lawrence (Charlotta), Terence Harvey (Hawking), Nathan Lewis (Davies), Molly Shannon (Meg in New York), Emma Rawson (Meg in London). F 92 Min.*

Inhalt siehe *Das Phantom der Oper* (USA 1925). Neue Zeiten, härtere Maßnahmen: Hier ist das Phantom ein wahnsinniger und entstellter Komponist, der seine Gesichtsmaske aus der Haut seiner Opfer zusammennäht. Der klassische Stoff wird zum x-beliebigen Schlitzerfilm, der tragische Held ein mit Genuss mordendes menschliches Untier. [V]

DAS PHANTOM DER OPER

(LE FANTÔME DE L'OPERA/PHANTOM OF THE OPERA). Frankreich/Italien/USA/BRD 1990. **R:** *Tony Richardson.* **B:** *Arthur Kopit.* **V:** *»Das Phantom der Oper« von Gaston Leroux.* **K:** *Steve Yaconelli.* **M:** *John Addison.* **D:** *Burt Lancaster (Gerard Carriere), Charles Dance (Erik/Phantom), Teri Polo (Christine Daee), Adam Storke, Ian Richardson. F 173 Min.*

TV-Film, zwei Teile. Inhalt siehe *Das Phantom der Oper* (USA 1925). »Reichlich abgewandelte Theaterverfilmung des klassischen Stoffes. Darstellerisch eindrucksvoll, aber teils klischee- und kulissenhaft ins Groteske überzogen, wird der (Fernseh-)Film zunehmend psychopathologischer und damit unglaubwürdiger und abgeschmackter.« (FILMDIENST) [V]

DAS PHANTOM DER OPER

(IL FANTASMA DELL'OPERA). Italien/Ungarn 1998. **R:** *Dario Argento.* **B:** *Dario Argento, Gerard Brach.* **V:** *»Das Phantom der Oper« von Gaston Leroux.* **K:** *Ronnie Taylor.* **M:** *Ennio Morricone.* **D:** *Julian Sands (Phantom), Asia Argento (Christine), Andrea Di Stefano (Raol De Chagny), Coralina Cataldi-Tassoni (Honorine), Nadia Rinaldi (Carlotta), Istvan Bubick (Ignace), Zoltan Barabas (Poligny), Lucia Guzzardi (Madame Giri). F 102 Min.*

Diesmal hat sich Cult-King Dario Argento der Geschichte des Phantoms der Pariser Oper angenommen, das an allen Feinden seiner geliebten Christine (diesmal gespielt von Argentos Tochter Asia) blutige Rache übt, und den Roman von Gaston Leroux in Ungarn verfilmt, wo man für sein Geld noch einige Produktionswerte geboten bekommt. – Vor allem habe er unbedingt die Maske weglassen wollen, hinter der das Phantom sein Gesicht versteckt, meint Argento in einem Interview (ZITTY 5/99): »Heutzutage gibt es Special effects, mit denen man alles machen kann. Aber an dieses Alles-machen-Können haben wir uns zu sehr gewöhnt. Ich wollte, dass der Schrecken, den das Phantom verbreitet, aus dessen Innerem kommt. Es hat eine verunstaltete Seele, kein verunstaltetes Gesicht.« – »Die Eröffnungsszene mit dem im Wasser ausgesetzten Jungphantom gibt die laue Stimmung dieser gesamten Schundproduktion an: Ein Baby wird im Wasser ausgesetzt und in einer Baywatch-reifen Aktion von einer Rattenkolonie gerettet und adoptiert. Dieser inbrünstige Glaube an den Märchenstoff, an die ›geheimnisvolle Verbindung zwischen dem ausgesetzten Kind und den Bewohnern der Dunkelheit‹ (Leroux) hätte ein düsteres Gegenstück zum *Schweinchen Babe* gebären können, ein Rattengrusical. Stattdessen säuft das großartige Thema mit dem ersten Augenblick ab in einem dumpfen Gemenge unzulänglicher Tricktechnik, prätentiöser Phrasen und einfallsloser musikalischer Soßen, die zu allem Übel nicht nur nach recyceltem Morricone klingen, sondern tatsächlich von ihm stammen. Richtig ärgerlich wird es, wenn die Schöne und das Biest endlich miteinander im Bett liegen und Argento den Geschlechtsakt keineswegs der Phantasie überlassen will, sondern mit der Kamera draufhält. Das bisschen Blümchensex, das der Regisseur seiner Tochter und Hauptdarstellerin zumutet, ist eines Phantoms unwürdig. Weshalb sich die Spukgestalt denn auch zu ihren Ratten zurückzieht.« (Dorin Popa, BERLINER MORGENPOST, 25.2.1998) – »Was im Keller haust, kriegt von Subventionen nichts mit. Wäre das arme Phantom der Oper öfters mal oben im Büro des Generalmusikintendanten und hätte eine Ahnung von den Millionenbeträgen, die durch die Bücher des Hauses fließen, würde es sicher ein bisschen Anwaltskosten geltend machen, um den italienischen Horrorregisseur Dario Argento zu verklagen. Der lässt die ehrwürdige Schreckgestalt aus dem Schauerroman von Gaston Leroux in *Das Phantom der Oper* nämlich vom energielosen Blässling Julian Sands *(Zimmer mit Aussicht)* spielen, und als sei das nicht Schmach genug, stottert Argento sich mühselig, aber mit einem enervierenden Gestus der Bedeutsamkeit durch die Bildsprache der abgeschmacktesten B-Grusler der sechziger Jahre«, kommentiert Kritiker »tkl« (STUTTGARTER ZEITUNG, 25.2.1999) »dieses Elend aus blauem Licht, Styroporkulissen und Kindergeburtstagsgrimassen«. – »Dario Argento hat sehr viel Filmblut verbraucht, sich aber doch nicht richtig getraut. Alles Schreckliche wird vorab angekündigt und noch im Zeigen lächerlich. Schmuddlig nagt Julian Sands als Herr der Unterwelt neugierige Menschen an und kommt einem dabei vor, als hätte sich ein Rammstein langes Haar wachsen lassen. Das Nagen folgt dem Prinzip der zehn kleinen Negerlein: Ein Bauarbeiter wird in die Opern-Katakomben hinabgelassen, ein halber Bauarbeiter – genau ab Taille halbiert – wird später wieder heraufgezogen.

Forschen ohne Verstand macht den Herrn, der nur aus Unterleib besteht. Der Klotz-Metaphern sind viele. Zwei Bauarbeiter gucken entsetzt zu, und am Ende ist keiner mehr übrig. Zungenküsse verteilt Julian Sands, bei denen Zunge und Kopf der Geküssten gleich ganz mit eingesogen werden. Dazu fallen Männer auf spitze Höhlensteine und gehen qualvoll kaputt. In den Staub mit den Feinden Jerusalems, der Ordnung und des Lichts! Manchmal öffnet das monströse Phantom auch zu Zwecken der Sodomie seine Button-Fly-Hose, wobei sich Christines Augen angstvoll weiten. Zum Verhängnis wird dem Phantom erst der Rattenstaubsauger eines Aktivisten der nullten Stunde, des Chefrattenfängers (Istvan Bubik). Das wäre wieder eine andere Bluttat, aber irgendwie doch dieselbe Metapher.« (Anke Westphal, BERLINER ZEITUNG, 25. Februar 1999)

DAS PHANTOM IM ZIRKUS

Anderer Titel für DER ROTE SCHATTEN

PHANTOM NIGHTMARE – PHANTOM DES TODES

(PHANTOM OF THE MALL: ERIC'S REVENGE). USA 1989. **R:** *Richard Friedman.* **B:** *Frederick R. Ulrich, Tony Michelman, Robert King.* **St:** *Scott J. Schneid, Frederick R. Ulrich.* **K:** *Harry Mathias.* **SpE:** *Larry Fioritto.* **M:** *Stacy Widelitz.* **D:** *Derek Rydall (Eric Matthews), Jonathan Goldsmith (Harv Posner), Rob Estes (Peter Baldwin), Pauly Shore (Buzz), Kimber Sissons (Suzie), Gregory Scott Cummins (Christopher Volker), Tom Fridley (Justin), Kari Whitman (Melody Austin), Morgan Fairchild (Karen Wilton), Ken Foree (Acardi), John Walter Davis (Devon). F 91 Min.*

Nach dem Niederbrennen eines Hauses, das einem Einkaufszentrum weichen soll, lebt der von Brandnarben entstellte Ex-Mieter Eric in dessen Untergrund und geht auf Rachefeldzug.

DAS PHANTOM VON BUDAPEST

(PHANTOM OF THE OPERA). USA/Ungarn 1983. **R:** *Robert Markowitz.* **B:** *Sherman Yellen.* **V:** *»Das Phantom der Oper« von Gaston Leroux.* **K:** *Larry Pizer.* **M:** *Ralph Burns.* **D:** *Maximilian Schell (Sandor Korvin), Jane Seymour (Elena Korvin), Jeremy Kemp (Baron Hunyadi), Michael York, Diana Quick, Philip Stone. F 92 Min.*

TV-Adaption des Horrorklassikers »Das Phantom der Oper« von Gaston Leroux.

DAS PHANTOM VON HOLLYWOOD

(THE PHANTOM OF HOLLYWOOD). USA 1974. **R:** *Gene Levitt.* **B:** *George Schenk, Robert Thom.* **K:** *Gene Polito.* **M:** *Leonard Rosenman.* **D:** *Jackie Coogan (Jonathan), Peter Lawford (Roger Cross), Jack Cassidy (Otto Varner), Skye Aubrey (Randy Cross), Broderick Crawford (Captain O' Neal), Peter Haskell (Ray Burns), John Ireland (Lt. Gifford), Kent Taylor (Wickes), Corinne Calvet (Mrs. Wickes), Bill Williams (Fogel), Billy Halop (Studiotechniker), Fredd Wayne (Clyde), John Lupton (Al), Gary Burton (Duke), Carl Byrd, Bill Stout, George Nolan, Edward Cross, Damon Douglas. F 71 Min.*

TV-Film. Filmproduzent Roger Cross will seine unrentablen Studios verkaufen, doch ein maskierter Unbekannter, der aussieht wie *Der Frosch mit der Maske,* will dies verhindern, indem er sich durch die Kulissen meuchelt. Ein biederes Filmchen mit unsäglichem Dialoggeschwafel. AIDT

DAS PHANTOM VON MORRISVILLE

(PHANTOM MORRISVILLU). ČSSR 1966. **R:** *Borivoj Zeman.* **B:** *František Vlcek, Borivoj Zeman.* **St:** *František Vlcek.* **K:** *Jiří Tarantik.* **M:** *Julius Kalas.* **D:** *Oldrich Novy (Sir Hannibal Morris), Kveta Fialová (Clarence), Jana Novaková (Mabel), Vit Olmer (Allan Pinkerton), Waldemar Matuska (Manuel Diaz), Jaroslav Marvan (Inspektor Brumby), Lubomir Kostelka (Abu), František Filipovsky (Dr. Stolly), Jan Skopecek (John), Jaroslav Rozsival (Dixi), Jaroslav Heyduk (Drummond), Otto Simánek (Mickv), Vlasta Fabianová (Verschleierte Dame), Rudolf Deyl (Diener), Natasa Gallová (Lady White), Bohus Zahorsky, Josef Kozak, Karel Pavlik. SW 83 Min.*

Der Oberschurke Manuel Diaz bricht aus dem Gefängnis aus, um sich an seiner Ex-Geliebten Clarence zu rächen, die den ehrenwerten Geldsack Sir Hannibal ehelichen will. Während der Hochzeitsfeierlichkeiten schleicht er sich in Sir Hannibals schlossartiges Anwesen ein und killt fröhlich dessen Gäste. Leider hat er nicht mit dem Schlossgespenst gerechnet, das in Gestalt einer verschleierten Dame eingreift, um ihn Mores zu lehren. – Eine witzige Parodie auf Schundromane und filmische Gruselmätzchen.

DAS PHANTOM VON SOHO

BRD 1963. **R:** *F. J. Gottlieb.* **B:** *Ladislas Fodor.* **St:** *Bryan Edgar Wallace.* **K:** *Richard Angst.* **M:** *Martin*

Boettcher. **D:** *Dieter Borsche (Hugh Patton), Barbara Rütting (Clarinda Smith), Hans Söhnker (Sir Philip), Peter Vogel (Hallam), Otto Waldis (Liverspot), Hans Nielsen (Lord Malhouse), Elisabeth Flickenschild (Joanna), Helga Sommerfeld (Corinna Smith), Stanislav Ledinek (Gilard), Emil Feldmar (Daddy), Hans W. Hamacher (Kapitän), Harald Sawade (Charlie), Werner Peters (Dr. Dalmar). SW 97 Min.*

Prominente Schriftstellerin, die ausgerechnet mit einem Polizeiinspektor befreundet ist, metzelt – als Gespenst verkleidet – reihenweise Angehörige der britischen Gesellschaft mit einem langen Messer nieder, da man ihr als junges Mädchen auf einem Bordellschiff übel mitgespielt hat.

PHANTOMS

(PHANTOMS). USA 1998. **R:** *Joe Chapelle.* **B:** *Dean Koontz.* **V:** *»Unheil über der Stadt« von Dean R. Koontz.* **K:** *Richard Clabaugh.* **SpE:** *KNB EFX Group.* **M:** *David Williams.* **D:** *Peter O'Toole (Timothy Flyte), Joanna Going (Dr. Jennifer Pailey), Rose McGowan (Lisa Pailey), Ben Affleck (Sheriff Bryce Hammond), Liev Schreiber (Deputy Stu Wrangle), Nicky Katt (Deputy Steve Shanning), Clifton Powell (General Copperfield). F 96 Min.*

In einem menschenleeren Wintersportort in den Rocky Mountains, der den adäquaten Namen Snowfield führt, stolpern Dr. Jennifer Pailey und ihre jüngere Schwester Lisa über eine aufgequollene Leiche, die keine Spuren von Gewalteinwirkung zeigt. Nach dem Fund weiterer Leichenteile und einer Begegnung mit ebenso ratlosen Kleinstadtsheriffs wird Militär angefordert, das wiederum einen Dr. Timothy Flyte im Schlepptau hat, der bei der Beseitigung des »Ancient Enemy« helfen soll, welcher von dem Ort Besitz ergriffen hat. Natürlich werden die Soldaten von einem unbekannten Wesen niedergemacht, das sich in den Phantasien seiner späteren Opfer manifestiert. Es handelt sich übrigens um eine überdimensionale prähistorische Motte. – Die Filmversion kommt an die Buchvorlage nicht heran.

PHOBIA

(PHOBIA). Kanada/USA 1980. **R:** *John Huston.* **B:** *Lew Lehmann, Jimmy Sangster, Peter Bellwood.* **St:** *Gary Sherman, Ronald Shusett.* **K:** *Reginald Morris.* **M:** *André Gagnon.* **D:** *Paul Michael Glaser (Dr. Ross), John Colicos (Barnes), Susan Hogan (Jenny), Alexandra Stewart (Barbara), Robert O'Ree (Bubba), David Bolt (Henry), David Eisner (Johnny), Lisa Langlois (Laura), Kenneth Welsh (Sgt. Wheeler), Patricia Collins (Dr. Toland), Gwen Thomas (Dr. Clemens), Neil Vipond (Dr. Clegg), Marian Waldman (Mrs. Casey), Paddy Campanero, Peter Hicks, John Stoneham, Gerry Salsberg, Joan Fowler, Terry Martin, Janine Cole, Wendy Jewel, Diane Lasko, Ken Anderson, Karen Pike, Coleen Embry. F 86 Min.*

Der Psychotherapeut Dr. Ross experimentiert mit fünf jungen Straftätern, weil sie an verschiedenen Phobien (Höhenangst, Platzangst, Angst vor Schlangen, Schuldkomplexe, Nachwirkungen einer Vergewaltigung) leiden. Obwohl es den Anschein hat, als zeige seine Heilmethode Wirkung, werden seine Patienten plötzlich reihenweise Opfer ihrer eigenen Lebensängste. Dummerweise leidet der gute Onkel Doktor selbst an einer Phobie. – »Routiniert inszenierter Psycho-Thriller, der weniger psychologische Hintergründe erhellt, als eine sich steigernde Kriminalhandlung erzählt.« (Hans Messias, FILMDIENST) Der 59. Spielfilm John Hustons, der einst eine wirklich große Nummer war: Er inszenierte Filmklassiker wie *Der Malteserfalke* (USA 1941), *Moby Dick* (USA 1956) und *Nicht gesellschaftsfähig* (USA 1961). [V]

PIANIST DES TODES

Anderer Titel für OFF BALANCE – DER TOD WARTET IN VENEDIG

PICKNICK IN GHOST CITY

(FAMILY REUNION). USA 1989. **R:** *Michael Hawes.* **B:** *Michael Hawes.* **K:** *Jack Anderson.* **M:** *Bob Mamet.* **D:** *Mel Novak (Tom Andrews), Pam Phillips (Kathy Andrews), John Andes (Henry Andrews), A. J. Woods (Billy Andrews), Kaylin Cool (Erin Andrews), Brad Kelly (Mel), Ken Corey (Clarence), Richard Hawkins (Lew), Cliff Burson (Hausmeister), Lucy Michelle (Hure), Victoria Hirsch, Summer Packer, Jessie Watts, Janet Lee Orcutt, Lyle Kanouse. F 84 Min.*

Ein Mann fährt über die Weihnachtstage mit seiner Familie in die Geisterstadt Sutterville, Nevada, um sich seinen Albträumen zu stellen: Vierzig Jahre zuvor wurde dort von braven Bürgern während einer Schwarzen Messe eine Satanssekte mit Stumpf und Stiel ausgerottet. Einem offiziell als tot geltenden Satanisten gelingt die Flucht aus der Zelle, und er setzt dazu an, den Sohn der Familie bei einer erneuten Schwarzen Messe zu opfern. Während der Vater sich als Schwächling erweist, zieht Mutter alle Register, um das Kind zu retten. Weitgehend wirre Geschichte mit hölzern agierenden Darstellern. [V]

PIGS

(THE PIGS/DADDY'S DEADLY DARLINGS). USA 1984. **R:** *Marc Lawrence.* **B:** *F. A. Foss [Marc Lawrence].* **K:** *Glenn Roland jr.* **M:** *Charles Bernstein.* **D:** *Toni Lawrence (Lynn Webster), Marc Lawrence (Zambrini), Jesse Vint (Sheriff Dan Cole), Walter Barnes (Arzt), Katherine Ross (Miss Macy), Jim Antonio, Erik Holland, Paul Hickey, Iris Korn, William Michael. F 83 Min.*

Der ausgeklinkte Schweinezüchter Zambrini, der schon mal klinisch tot war und sein Vieh mit Menschenfleisch füttert, stellt die von Albträumen geplagte, aus einem Irrenhaus geflohene, Männer kastrierende Herumtreiberin Lynn ein und wird am Ende von ihr niedergestochen. Der 1972 gedrehte Film verbrachte viele Jahre in der Dose, wo er eigentlich ganz gut aufgehoben war. AIDT [V]

PIN

(PIN: A PLASTIC NIGHTMARE). Kanada 1988. **R:** *Sandor Stern.* **B:** *Sandor Stern.* **V:** *Andrew Neiderman.* **K:** *Guy Dufaux.* **M:** *Peter Manning Robinson.* **D:** *David Hewlett (Leon), Cindy Preston (Ursula), John Ferguson (Sam Fraker), Bronwen Mantel (Mrs. Linden), Terry O'Quinn (Dr. Linden), Jacob Tirney, Michelle Anderson, Steve Bernarski, Katie Shengler. F (102) 98 Min.*

Leon ist der Sohn des Landarztes und Hobby-Bauchredners Dr. Linden, der seinen Kindern vorschwindelt, seine medizinische Kunststoffpuppe »Pin« lebe wirklich. Leon wächst zu einem paranoiden Schizophrenen heran, sieht in Pin einen Freund und zwingt seine Schwester Ursula, der er in inzestuöser Liebe zugetan ist, nach dem Unfalltod der Eltern die Welt und Pin so zu sehen wie er. So unglaublich die Geschichte klingt, diese morbide Studie des Wahnsinns hat durchaus spannende Momente. [V]

PIERCE, JACK P.

(1889–1968). In Griechenland geborener Maskenbildner, der eigentlich Piccoli hieß. Leitete viele Jahre das Make-up-Department der Universal City Studios, bis er den Praktikanten modernerer Methoden weichen musste. In seiner Zeit bei Universal kreierte er die meisten großen Leinwandmonster des Studios und präparierte Darsteller wie Conrad Veidt, Bela Lugosi, Boris Karloff und Lon Chaney jr. 1929: *The Man Who Laughs (Der Mann, der lacht)*; 1931: *Dracula; Frankenstein*; 1932: *Murders in the Rue Morgue (Das Geheimnis des Dr. Mirakel); White Zombie (White Zombie); The Mummy (Die Mumie)*; 1933: *The Invisible Man (Der Unsichtbare)*; 1934: *The Black Cat (Die schwarze Katze)*; 1935: *The Bride of Frankenstein (Frankensteins Braut); Werewolf of London (Der Werwolf von London); The Raven (Der Rabe)*; 1936: *The Invisible Ray; Dracula's Daughter*; 1939: *Son of Frankenstein (Frankensteins Sohn); Tower of London (Der Henker von London)*; 1940: *Black Friday (Schwarzer Freitag); The Mummy's Hand*; 1941: *The Black Cat; Man Made Monster; The Wolf Man (Der Wolfsmensch)*; 1942: *The Ghost of Frankenstein; The Mummy's Tomb*; 1943: *Frankenstein Meets the Wolf Man; The Phantom of the Opera (Phantom der Oper); Captive Wild Woman; The Mad Ghoul; Son of Dracula; Calling Dr. Death*; 1944: *The Mummy's Ghost; Dead Man's Eyes; The Climax; House of Frankenstein*; 1945: *The Mummy's Curse; House of Dracula; Strange Confession*; 1946: *House of Horrors; The Brute Man.* Von Universal verstoßen, arbeitete Pierce für das Fernsehen und machte gelegentlich noch einen billigen Horrorfilm: 1949: *Master Minds*; 1957: *Teenage Monster*; 1958: *The Brain from Planet Arous (Die Augen des Satans)*; 1959: *Giant from the Unknown (In den Klauen des Giganten)*; 1961: *The Beauty and the Beast (Die Schönheit und das Ungeheuer).*

PIRANHAS

(PIRANHA). USA 1978. **R:** *Joe Dante.* **B:** *John Sayles.* **St:** *John Sayles, Richard Robinson.* **K:** *Jamie Anderson.* **SpE:** *Jon Berg, Phil Tippet.* **M:** *Pino Donaggio.* **D:** *Bradford Dillman (Paul Grogan), Heather Menzies (Maggie McKeown), Kevin McCarthy (Dr. Robert Hoak), Keenan Wynn (Jack), Dick Miller (Buck Gardner), Barbara Steele (Dr. Mengers), Belinda Balaski (Betsy), Melody Thomas (Laura), Bruce Gordon (Colonel Waxman), Paul Bartel (Dumont), Shannon Collins (Suzie Grogan), Shawn Nelson (Whitney), Richard Deacon (Earl Lyon), Janie Squire (Barbara), Roger Richman (David), Bill Smillie (Gefängniswärter). F 94 Min.*

Aus einem militärischen Labor entfleuchte Piranhas terrorisieren amerikanische Urlauberscharen, die an einem malerischen See kampieren, bis ein wagemutiger Einzelgänger sie mit Industrieabwässern ausrottet. Operation gelungen, Patient (See) tot!

PIRANHAS II – DIE RACHE DER KILLERFISCHE

(KILLERFISH). USA/Brasilien 1977. **R:** *Anthony M. Dawson [Antonio Margheriti].* **B:** *Michael Rogers.* **K:** *Alberto Spagnoli.* **M:** *Guido de Angelis, Maurizio de Angelis.* **D:** *Lee Majors (Robert Lasky), Karen Black (Kate Neville), James Franciscus (Paul Diller), Margaux Hemingway (Gabrielle), Marisa Berenson (Ann), Gary Collins (Tom), Roy Brocksmith (Ollie), Dan Pastorini (Hans), Frank Pesce (Warren Bailey), Charlie Guardino (Lloyd Bailey), Anthony Steffen (Max). F 99 Min.*

Gewalttätige Gangsterbande versenkt nach erfolgreichem (und temporeich inszeniertem) Raubzug ihre Beute in einem brasilianischen Dschungelsee, ohne zu wissen, dass ihr Kopf Paul Diller selbigen mit Piranhas bevölkert hat. Heimliche Versuche einzelner Ganoven, sich die Beute unter den Nagel zu reißen, schlagen folglich fehl. Aber auch Diller kriegt sein Fett: Als er sich mit Beute & Liebster davonmachen will, wird sein Boot von einem Wirbelsturm auf dem See leckgeschlagen. – Natürlich hatten der britische Filmzar Sir Lew Grade (den böse Zungen auch Sir *Low* Grade nennen) und Hansdampf Carlo Ponti gehofft, von der Bekanntheit des Films *Piranhas* (USA 1978: Regie: Joe Dante) zu profitieren, doch ist aus der »Fortsetzung« des Dante'schen Fischgerichts nur ein abenteuerlicher Gangsterfilm geworden, dessen Horror »sich in Grenzen hält, aber in der Ekelhaftigkeit einigen Sequenzen (etwa wenn die Piranhas sich in menschliche Körper hineinfressen und das Gedärme herausquillt) ... andere Filme dieses Genres unnötigerweise bei weitem [übertrifft].« (A. P., FILMDIENST)

Piranhas II – Die Rache der Killerfische

PLAY DEAD

(PLAY DEAD). USA 1981. **R:** *Peter Wittman.* **B:** *Lothrop W. Jordan.* **K:** *Bob Bethard.* **Ma:** *Susan Posnick.* **M:** *Bob Farrar.* **D:** *Yvonne De Carlo (Hester Ramsey), Stephanie Dunnam (Audrey), David Cullinane (Jeff), Glenn Kezer (Otis), Ron Jackson (Richard), David Ellzey (Stephen), Jo Livingston (Pathologin), Carolyn Greenwood (Monique), Jeff Mc Vey (Eric), Robert Hibbard (Polizist), Desmond Dhooge (Hundelehrer), John Carroll Perry (Sam), Alex Bond Winslow (Clarisse), Harry Gibbs. F (86) 82 Min.*

Da ihr Schwager »damals« nicht sie, sondern ihre Schwester geheiratet hat, rottet die bösartige Hester Ramsey mit Hilfe eines Rottweilers dessen Kinder aus. Am Ende gerät sie der Bestie selbst in die Fänge. Ein Film, der es nie ins Kino schaffte. [V]

POLANSKI, ROMAN [RAIMUND]

(*1933). Polnischer Regisseur und Drehbuchautor, geboren in Paris. Studium an der Filmhochschule in Lodz. Machte in England aus der Not eine Tugend, nachdem er Zeuge wurde, wie köstlich sich das Publikum über Hammers Gothic Horror amüsierte, und verarbeitete *Kiss of the Vampire (Der Kuss des Vampir)* zu einer Parodie: *Dance of the Vampires (Tanz der Vampire).* Wenig später betraute Produzent William Castle ihn mit der Regie von *Rosemaries Baby.* 1965: *Repulsion (Ekel);* 1976: *Le Locaitaire/The Tenant (Der Mieter);* 1999: *The Ninth Gate (Die neun Pforten).*

POLTERGEIST

(POLTERGEIST). USA 1982. **R:** *Tobe Hooper.* **B:** *Steven Spielberg, Michael Grass, Mark Victor.* **St:** *Steven Spielberg.* **K:** *Matthew F. Leonetti.* **SpE:** *Richard Edlund, Alan Howarth.* **M:** *Jerry Goldsmith.* **D:** *Craig T. Nelson (Steve Freeling), Jobeth Williams (Diane Freeling), Beatrice Straight (Dr. Lash), Dominique Dunne (Dana Freeling), Oliver*

Robbins (Robbie Freeling), Heather O'Rourke (Carol Anne Freeling), Michael McManus (Ben Tuthill), Virginia Kiser (Mrs. Tuthill), Martin Casella (Dr. Casay), Richard Lawson (Ryan), Zelda Rubinstein (Tangina), James Karen (Teague), Lou Perry (Pugsley), Clair Leucart (Bulldozer-Fahrer), Dirk Blocker (Jeff Shaw). F 114 Min.

Die »fast zweistündige Orgie komischer, phantastischer und grauenvoller Bilder«, der »schaurig-schöne Horrortrip« (CINEMA) beginnt, als die kleine Tochter der Familie Freeling nachts, vom Rauschen des laufenden Fernsehers angelockt, aus dem Kinderzimmer trippelt und auf gespenstische Weise Kontakt mit jemandem aufnimmt, der durch den Bildschirm zu ihr spricht. Schon bald machen sich im frisch bezogenen Vorortsiedlungshäuschen unheimliche Mächte breit: Während eines Sturms versucht der knorrige Baum, der vor Klein-Robbies Zimmer steht, nach dem ängstlichen Jungen zu greifen; Gegenstände bewegen sich wie von Geisterhand; ein Stoffhampelmann versucht den Jungen zu erwürgen, und schließlich verschwindet die kleine Carol Anne, die von dämonischen Mächten in eine jenseitige Welt gesaugt wird, aus der sie sich nur via TV-Schirm mit den Eltern verständigen kann. Ein herbeigerufenes Parapsychologenteam diagnostiziert das Wirken von Poltergeistern und versucht das Übersinnliche auf Bild und Tonband zu bannen – bald jedoch nehmen die Schrecken solche Ausmaße an, dass auch sie sich (zumindest teilweise) geschlagen geben. Erst ein zwergenwüchsiges Medium kann Hilfe bringen: Carol Anne wird von Mutter und Vater an einem Seil aus einer Kammer gezogen, die einen Zugang zum Jenseits hat. Vater Freeling erfährt von seinem profitgierigen Chef (der die Siedlung gebaut hat), dass er auf einem alten Friedhofsgelände wohnt: Statt die Toten umzubetten, hat man einfach nur die Grabsteine versetzt. Damit ist der Fall geklärt, aber noch nicht abgeschlossen: Die Rache der Toten ist fürchterlich. Ihre ruhelosen Seelen starten einen Feldzug gegen die Lebenden. Ungeheuer materialisieren im Heim der Freelings, wüste Stürme fegen durchs Haus. Als Mrs. Freeling in einer von Regen gepeitschten Nacht mit den Kindern flüchten will, landet sie in einem mit Wasser gefüllten Loch, aus dem ein Swimmingpool hätte werden sollen: Von verrotteten Leichen umgeben, die gierig nach ihr greifen, verliert sie fast den Verstand. Und als man endlich das sichere Auto erreicht hat, birst die Straße und die Särge der Begrabenen schieben sich knirschend an die Oberfläche ... – *Poltergeist* ist trotz der Regie des gern in Blut und Eingeweiden watenden Tobe Hooper (sein bekanntester Kotz-Schocker ist *Blutgericht in Texas* [1974]) deutlich ein Film seines Spezialeffekte liebenden Produzenten, Ideenlieferanten und Drehbuch-Ko-Autors Steven Spielberg. Dies sah auch die Kritik, was Hooper ziemlich vergrätzte: »Ich halte die Angelegenheit für echt beschämend, persönlichen Rufmord, der gewiss nicht unschuldig daran ist, dass ich bei der diesjährigen Oscarverleihung [1981] nicht im Gespräch war.« (LEXIKON DES PHANTASTISCHEN FILMS.) Dass an den Vermutungen mehr dran ist als Hooper zugeben möchte, verdeutlicht Richard Meyers in seinem Buch FOR ONE WEEK ONLY: »Welchen Anteil er [an der Produktion] hatte, ist hinter dichten Sturmwolken verborgen ... Schon sehr früh wurde bekannt, dass Hooper mehr Direktiven erhalten als gegeben hatte. Die Gerüchte verdichteten sich, dass in Wahrheit Spielberg die Aufnahmen leitete, obwohl es gegen die gewerkschaftlichen Vorschriften war, gleichzeitig bei *E.T.* und *Poltergeist* Regie zu führen, wobei er letzteren Film auch noch produzierte. Als *Poltergeist* dann uraufgeführt wurde, kam heraus, dass Spielberg tatsächlich kräftig mitgewirkt und Hooper keine absolute Freiheit gehabt hatte, das Projekt nach eigenem Gutdünken zu realisieren. Spielberg ließ in VARIETY sogar einen ganzseitigen Brief abdrucken, in dem er Hooper dafür dankte, dass er ihm ›erlaubt‹ habe, zu den Aufnahmen beizutragen, ihn für seine gute Arbeit lob-

Poltergeist

te und ihm alles Gute für seine zukünftigen Projekte wünschte.« Das Buch zum Film: James Kahn: *Poltergeist,* München 1982 [V]

POLTERGEIST II – DIE ANDERE SEITE

(POLTERGEIST II – THE OTHER SIDE). USA 1986. **R:** *Brian Gibson.* **B:** *Mark Victor, Michael Grais.* **K:** *Andrew Laszlo.* **SpE:** *Richard Edlund.* **M:** *Jerry Goldsmith.* **D:** *Jobeth Williams (Diane Freeling), Craig T. Nelson (Steve Freeling), Heather O'Rourke (Carol Anne Freeling), Will Sampson (Taylor), Julian Beck (Reverend Henry Kane), Oliver Robins (Robbie Freeling), Zelda Rubinstein (Tangina), Geraldine Fitzgerald (Oma Jess), John P. Whitecloud (Alter Indianer), Noble Craig (Kotz-Geschöpf), Helen Boll (Mutter), Susan Peretz (Tochter), Kelly Jean Peters, Jaclyn Bernstein, Robert Lesser, Jamie Abbott. F 91 Min.*

Vorgeschichte: *Poltergeist.* – Familie Freeling macht erneut Bekanntschaft mit unterschiedlichen Entitäten aus der horriblen Welt des Jenseits, doch Oma, die Dinge sieht, die gewöhnlichen Menschen verbogen bleiben, steht ihr bei. – »Seien Sie jedoch gewarnt: Einer der Akteure wird im Nachspann als ›Kotz-Geschöpf‹ aufgeführt.« (Leonard Maltin, TV MOVIES).

THE POWER – DIE MACHT DES BÖSEN

(THE POWER). USA 1983. **R:** *Jeffrey Obrow, Stephen Carpenter.* **B:** *Stephen Carpenter, Jeffrey Obrow.* **K:** *Stephen Carpenter.* **M:** *Chris Young.* **D:** *Susan Stokey (Sandy), Warren Lincoln (Jerry), Lisa Erickson (Julie), Chad Christian (Tommy), Ben Gilbert (Matt), J. Dinan Myrtetus (Francis Lott), Chris Morrill (Ron Prince), Rod Mays (Lee McKennah). F 84 Min.*

Diverse Besitzer einer kleinen Aztekengott-Statue fallen einem Fluch zum Opfer und kriegen ihr Fett aus den stygischen Zonen der Finsternis. [V]

PRICE, VINCENT

(1911–1993). »Was meine Karriere angeht, bin ich immer wieder erstaunt, wenn Leute sagen: ›Ah, Sie sind der aus den Horrorfilmen.‹ Ich mache nicht mehr als einen Horrorfilm im Jahr. Ich mache aber auch jährlich rund 75 Fernsehshows und viel Radio und schreibe Artikel.« Kochbücher hat er geschrieben, er betätigte sich als Kunstsachverständiger und -sammler, war einer der Gründer des Modern Institute of Art in Los Angeles, war unter John F. Kennedy Mitglied des Fine Arts Committee des Weißen Hauses. Vincent Leonard Price jr. war so etwas wie ein Candy Kid: Sein Vater war Präsident der National Candy Company. Price studierte Kunstgeschichte an der Yale-Universität, besuchte mit 22 Jahren auf einem Europa-Trip alle bedeutenden Museen und für die Entwicklung der Kunst bedeutsamen Städte. Auf der Bühne stand er 1935 zum ersten Mal in London. Es folgte ein Engagement am Broadway, und er war in zwei Stücken von Orson Welles' Mercury Theatre zu sehen. 1938 erste Filmrolle in Universals *Service de Luxe.* Erste Auftritte in phantastischen Filmen: 1939 in *Tower of London (Der Henker von London)* mit Basil Rathbone und Boris Karloff, sowie in *The Invisible Man Returns (Die Rückkehr des Unsichtbaren),* den zwei deutsche Emigranten gestaltet hatten: der Regisseur Joe May und der Drehbuchautor Curt Siodmak. In den 1940er Jahren feierte er Filmerfolge bei Twentieth Century-Fox, unter anderen in Otto Premingers *Laura.* 1953 in dem 3 D-Farbfilm *House of Wax (Das Kabinett des Professor Bondi).* 1954: *The Mad Magician (Der wahnsinnige Zauberkünstler);* 1958: *The Fly (Die Fliege);* 1959: *House on Haunted Hill (Das Haus auf dem Geisterhügel/Die sieben Särge des Dr. Horror); The Bat (Das Biest); Return of the Fly (Rückkehr der Fliege);* 1960: *The Tingler (Schrei, wenn der Tingler kommt).* Im Genre einschlägig bekannt machte ihn eine Serie von Edgar Allan Poe-Filmen, die unter der Regie von Roger Corman für die Firma American International Pictures entstand: *1960: House of Usher (Die Verfluchten/Der Untergang des Hauses Usher);* 1961: *The Pit and the Pendulum (Das Pendel des Todes);* 1962: *Tales of Terror (Der grauenvolle Mr. X/Schwarze Geschichten);* 1963: *The Raven (Der Rabe – Duell der Zauberer);* 1964: *The Haunted Palace (Die Folterkammer des Hexenjägers); The Masque of the Red Death (Satanas – Das Schloß der blutigen Bestie/Die Maske des roten Todes);* 1965: *The Tomb of Lygeia (Das Grab der Ligeia).* Weitere Filme: 1963: *Diary of a Madman (Tagebuch eines Mörders); The Comedy of Terrors (»Ruhe Sanft« GmbH/Komödie des Grauens);* 1968: *Witchfinder General (Der Hexenjäger);* 1969: *The Oblong Box (Im Todesgriff der roten Maske);* 1970: *Scream and Scream Again (Die lebenden Leichen des Dr. Mabuse); Cry of the Banshee (Der Todesschrei der Hexen);* 1971: *The*

Abominable Dr. Phibes (Das Schreckenskabinett des Dr. Phibes); 1972: *Dr. Phibes Rides Again (Die Rückkehr des Dr. Phibes)*; 1973: *Theatre of Blood (Theater des Grauens)*; 1974: *Madhouse/ The Revenge of Dr. Death (Das Schreckenshaus des Dr. Death)*; 1980: *The Monster Club (Monster-Club)*; 1982: *House of the Long Shadows (Das Haus der langen Schatten)*. Eine seiner schönsten Altersrollen hatte Price 1990 in Tim Burtons *Edward Scissorhands (Edward mit den Scherenhänden)*.

PRIESTER DER DUNKELHEIT

(ENTER THE DEVIL). USA 1986. **R:** *Frank Q. Dobbs.* **B:** *Frank Q. Dobbs, David S. Cass.* **K:** *Michael F. Cusack.* **M:** *Sam Douglas, Buddy Mize.* **D:** *Josh Bryant (Glenn), Irene Kelly (Dr. Leslie Culver), David Cass (Jason Brooks), John Martin (Sheriff), Carl Benson (Doc), Robert John Allen (Ellis), Linda Rascoe (Maria), Happy Shahan (Ozzie Perkins), Wanda Wilson (Juanita), Ed Geldart (Sam). F 86 Min.*

Opfer von Autounfällen auf einer Landstraße verschwinden spurlos. Ein Ehepaar kommt einem Satanistenklüngel auf die Spur, die selbige inszenieren und einer finsteren Gottheit in einem unterirdischen Labyrinth Menschenopfer darbringen. – »Sprunghafter, stilunsicherer Humbug-Film von kaum erträglicher Langeweile.« (FILMDIENST) [V]

PRIMAL FORCE

(PRIMAL FORCE). USA 1999. **R:** *Nelson McCormick.* **B:** *Michael Thoma.* **K:** *Francesco Varese.* **M:** *Martin Davich.* **D:** *Ron Perlman (Brodie), Roxana Zal (Tara), Mark Kiely (Davis), Kimberlee Peterson (Kelsey), Guillermo Rios (Eddie), Julian Sedgwick (Kovacs). F 86 Min.*

Die Rettung von zwei Passagieren einer abgestürzten Chartermaschine wird durch Mörder-Paviane behindert.

PRIME EVIL – IM NAMEN DES SATANS

(PRIME EVIL). USA 1988. **R:** *Roberta Findlay.* **B:** *Ed Kelleher, Hariett Vidal.* **K:** *Roberta Findlay.* **SpE:** *Ed French.* **M:** *Walter E. Sear.* **D:** *William Beckwith, Christine Moore, Amy Brentano, Ruth Collins, Tim Gail, Max Jacobs, Mavis Harris. F 87 Min.*

Abtrünnige Geistliche, die einen prä-christlichen gehörnten Gott anbeten, bereiten in einer Kirche dessen nächstes Blutopfer (die übliche Jungfrau) vor. Die Amtskirche schläft jedoch nicht. Sie lässt den Teufelskult durch eine wackere Nonne unterwandern. Eine dilettantische Schusterarbeit, die Sex und Ekel nicht ausspart, hergestellt vom berüchtigtsten Ehepaar, das seine Griffel je in der Sex- und Exploitationindustrie hatte.

PROM NIGHT – DIE NACHT DES SCHLÄCHTERS

(PROM NIGHT). USA 1979. **R:** *Paul Lynch.* **B:** *William Gray.* **St:** *Robert Guza jr.* **K:** *Robert New.* **M:** *Carl Zittrer, Paul Zaza.* **D:** *Jamie Lee Curtis (Kim), Leslie Nielsen (Hammond), Antoinette Bower (Mrs. Hammond), Eddie Benton (Wendy), Casey Stevens (Nick), Michael Tough (Alex), Pita Oliver (Vicky), Joy Thompson (Jude), Robert Silverman (Sykes), Jeff Wincott (Drew), George Touliatos (McBride), Marybeth Rubins (Delly), David Mucci (Lou), Melanie M. McQuarrie (Henri-Anne), David Gardner (Dr. Fairchild), Sheldon Rybowski (Slick), David Dolt (Weller), Sonia Zimmer (Melanie), Liz Stalker-Mason (Adele), Rob Garrison (Sayer), Beth Amos (Maude), Sylvia Martin (Mrs. Cunningham), Ardon Bess (Lehrer), Pam Henry, Lee Wildgen, Tammy Bourne, Brock Simpson, Debbie Greenfield. F 92 Min.*

»Prom Night« ist der Abschlussball der High School-Absolventen, auf dem getanzt und geflirtet wird. Diesmal jedoch geht in den leeren Gängen der Schule ein maskierter Killer um, der kühl und brutal nach Opfern Ausschau hält – und zwar nach vier bestimmten jungen Leuten, die sechs Jahre zuvor den Tod einer Mitschülerin verschuldet haben, ohne dass man ihnen auf die Spur gekommen ist. Der Killer war Zeuge ihrer Tat und will nun Rache nehmen. – »Vordergründig erzählt der Film, dass ein Mord gerächt wird, tatsächlich ist es so, dass da jemand blindwütig die Ehrbarkeit seiner Kaste aufrechterhalten will. Es ist kein Zufall, wenn im allgemeinen Gemetzel wie zufällig auch die Köpfe von Leuten rollen, die zwar mit dem Mord nichts zu tun hatten, aber durch ihr unangepasstes, flegelhaftes Benehmen den smarten Boys und Girls gegenüber aufgefallen sind ... Die Botschaft des Films, auf einen Nenner gebracht, lautet: Es wird Opfer kosten, aber wenn wir es nur hart und unerbittlich anpacken, haben ›Unreine‹ der eigenen Art und Andersdenkende bald nichts mehr zu sagen.« (Christian Rost, FILMBEOBACHTER)

PROM NIGHT II

Siehe MARY LOU

PROM NIGHT III – DAS LETZTE KAPITEL

(PROM NIGHT III: THE LAST KISS). USA/Kanada 1989. **R:** *Ron Oliver, Peter Simpson.* **B:** *Ron Oliver.* **K:** *Rhett Morita.* **SpE:** *Light & Motion Corp.* **M:** *Paul Zaza.* **D:** *Tim Conlon (Alex), Cindy Preston (Sarah Munroe), Courtney Taylor (Mary Lou Mahoney), David Stratton (Shane), Jeremy Ratchford (Leonard). F 94 Min.*

Keine Fortsetzung von *Prom Night – Die Nacht des Schlächters,* sondern von *Mary Lou.* – Die bei einer Feuersbrunst vor dreißig Jahren ums Leben gekommene Mary Lou kehrt als Geist an ihre alte Schule zurück. Sie verguckt sich in den Schüler Alex und murkst dessen Widersacher ab, so dass er jede Menge Leichen verschwinden lassen muss und schließlich selbst unter Mordverdacht gerät. High School-Quatsch, den man Erbtanten vorführen kann, damit für ihr baldiges Ableben gesorgt ist. [V]

PROM NIGHT – EVIL OF DARKNESS

(PROM NIGHT IV: DELIVER US FROM EVIL). Kanada 1991. **R:** *Clay Borris.* **B:** *Richard Beattie.* **K:** *Rick Wincenty.* **M:** *Paul Zaza.* **D:** *Nikki De Boer (Meagan), Alden Kane (Mark), Joey Tanner (Laura), Alle Ghadban (Jeff), Ken McGregor (Pater Jaegher), Brock Simpson (Pater Colin), James Carver (Pater Jonas). F 90 Min.*

Nachdem der Priester Jonas durchdreht und mit blutenden Stigmata, Messer und Feuer die Jagd auf Huren in Gestalt knutschender College-Absolventinnen eröffnet, schließen ihn die Kirchenoberen für dreißig Jahre in ein Gewölbe ein. Dort schlummert er alterslos und unter Drogen gesetzt vor sich hin, bis ihn der neue Wächter Colin entwischen lässt. Und wieder ist die Jagd eröffnet, diesmal auf zwei Pärchen, die sich in einem Landhaus an die Wäsche gehen. Jonas meuchelt, was das Zeug hält, und wird von Meagan schließlich zur Strecke gebracht. – Herkömmlicher Schlitzerfilm, der brav bekannten Handlungsmustern folgt. Diesmal ist der Irre ein Priester, und die finsteren Gänge unter der Kirche geben eine schaurig-schöne Kulisse ab. Natürlich entblöden sich die Macher nicht, den verkohlten Killerleichnam in der letzten Einstellung wieder zum Leben erwachen zu lassen. Das haben wir ja noch nie gesehen! [V]

DIE PROPHEZEIUNG

(BLESS THE CHILD). USA 2000. **R:** *Chuck Russell.* **B:** *Tom Rickman, Clifford Green, Ellen Green.* **V:** *»Bless the Child« von Cathy Cash Spellman.* **K:** *Peter Menzies jr.* **M:** *Christopher Young.* **D:** *Kim Basinger (Maggie O'Connor), Jimmy Smits (John Travis), Holliston Coleman (Cody), Rufus Sewell (Eric Stark), Christina Ricci (Cheri), Angela Bettis (Jenna), Michael Gaston (Bugatti), Lumi Cavazos (Schwester Rosa), Ian Holm. F 107 Min.*

»Glaubt man den wie Schmeißfliegen einfallenden Okkultschockern der letzten Zeit, gibt es in ganz New York nur noch Antichristen, Pferdefüßler und Dämonen. Schlechte Zeiten für Kim Basinger, an ihren (Kritiker-)Erfolg *La Confidential* anzuknüpfen. Ihr Talent wird in einem am Reißbrett entworfenen Genrebastard verschwendet.« (Thorsten Krüger, SPLATTING IMAGE, Dezember 2000)

PSYCHIC

(PSYCHIC). USA 1991. **R:** *George Mihalka.* **B:** *Miguel Tejada Flores, Paul Koral.* **K:** *Ludek Bogner.* **M:** *Milan Kymlicka.* **D:** *Zach Galligan (Patrick Costello), Catherine Mary Stewart (Laurel), Michael Nouri (Dr. Theodore Steering), Albert Schulz (Nick), Ken James Markowitz, Clark Johnson. F 88 Min.*

Der hellsichtige Student Patrick sieht voraus, dass die Frau, die er liebt, einem Massenmörder zum Opfer fallen wird. Ob die Polizei ihm wohl glaubt? Eben. Eher gerät er selbst in den Verdacht. [V]

PSYCHIC KILLER

(PSYCHIC KILLER). USA 1976. **R:** *Ray Danton.* **B:** *Greydon Clark, Mike Angel, Ray Danton.* **K:** *Herb Pearl.* **M:** *William Kraft.* **D:** *Jim Hutton (Arnold), Nehemiah Persoff (Dr. Gubner), Paul Burke (Morgan), Julia Adams (Dr. Laura Scott), Whit Bissell (Dr. Taylor), Rod Cameron (Dr. Commanger), Neville Brand (Dr. Lemonowski), Aldo Ray (Anderson), Harry Holcombe (Richter), Joe Della Sorte (Sanders), Mary Wilcox (Martha), Della Reese (Mrs. Gibson), Robyn Raymond (Sprecher d. Geschworenen), Diane Deininger (Arnolds Mutter), John Dennis (Frank), Jerry James, Bill Quinn, Walter Miles, Judith Brown, Marland Proctor. F 89 Min.*

Arnold ist ein gefährlicher Abmurkser, deshalb atmet er gesiebte Luft. Aber im Knast macht er die Bekanntschaft eines Voodoo-Zauberers und lernt, wie man seinen Körper verlassen kann. Nun nimmt Arnold Rache – an allen, die an seinem Schuldspruch beteiligt waren. Und das Tollste ist: Er hat stets ein hieb- und stichfestes Alibi. – Der Film ist ganz schön spannend und nicht unsatirisch gemeint; ganz groß sind Whit Bissell als lüsterner Psychiater und Mary Wilcox als exhibitionistische Krankenschwester, die ihren Patienten schon mal einen Stiptease vortanzt. – »Der allerbeste Schundfilm, den man aus diesem Thema hat machen können.« (Frederick S. Clarke, CINEFANTASTIQUE) [V]

PSYCHO

Anmerkungen zum »Vorläufer« des modernen Horrorfilms

»Es begann mit *Psycho,* dann kamen ... und heute präsentiert die ... Group den schrecklichsten, blutrünstigsten, nervenaufreibendsten ... Horrorfilm, den es je gab.«

So und ähnlich lauten die schmissigen Kinowerbesprüche, die die Blutorgien neuester Horrorproduktionen anpreisen. *Psycho* ist Sinnbild aufreizender Spannung und unberechenbarer Film-Triebtäter. Der Begriff »Psycho-Thriller« wird spätestens seit der Uraufführung mit dem Hitchcock-Film assoziiert. Doch hat es Hitchcocks *Psycho* überhaupt verdient, mit den heutigen Metzeleien, die sich auf ihn berufen, in einen Topf geworfen zu werden? *Psycho* ist kein Horrorfilm im klassischen Sinn, er ist vielmehr ein psychologischer Thriller, der sich einiger Horrorelemente bedient. Die Villa als Spukschloss, ausgestopfte Tiere, die Mumie, Treppen, Schlächtermesser, falsche Kleider, das alles stammt aus dem Vorrat gotischer Schauerbilder. Doch fehlt das Horrorelement moderner Produktionen fast gänzlich: das Blut! Die berühmte Duschszene bot sich gerade dazu an, ein Blutgemetzel zu veranstalten, und Hitchcocks Leute haben sicher mit dem Gedanken gespielt, wie der Meister in dem berühmten Truffaut-Interview anklingen ließ: »Mir stand für diese Szene ein hinreißender künstlicher Oberkörper zur Verfügung, aus dem Blut spritzte, wenn man hineinstach, aber ich habe ihn nicht gebraucht.« Saul Bass, Mitarbeiter Hitchcocks und mitverantwortlich für die Duschszene, wollte völlig ohne Blut und sichtbare Gewalt drehen, doch nahm Hitchcock, animiert durch die schrille Musik Bernard Herrmanns, zwei wichtige Veränderungen vor: die schnelle Einstellung auf das Messer, wie es in den Unterleib der Frau eindringt (eine rückwärts gefilmte Zeitrafferaufnahme ohne blutiges Beiwerk) und die Einstellung, in der Blut und Wasser in den Abfluss laufen. »Ansonsten blieb die Szene mit immerhin siebzig Kamerapositionen in fünfundvierzig Sekunden für heutige Verhältnisse geradezu klinisch sauber.« (KULTFILME).

Hitchcock kam es nicht darauf an, die rohe Gewalt und den Blutrausch in allen Einzelheiten zu zeigen, wie viele Nachfolgeprodukte, die sich auf das Vorbild beriefen. Hitchcocks Kunst des Weglassens erhöhte vielmehr die Spannung bis ins Unerträgliche. Er perfektionierte in *Psycho* seine eigene Filmsprache. Unverzichtbare Bestandteile waren, wie in den meisten seiner Filme, *Suspense* und *McGuffin.* Suspense heißt Spannung, Unsicherheit, Ungewissheit. Hitchcock hat im oben erwähnten Interview erklärt, worauf es ihm persönlich dabei ankommt: »Wir reden miteinander, vielleicht ist eine Bombe unter dem Tisch ... nichts Besonderes passiert, und plötzlich, bum, eine Explosion. Das Publikum ist überrascht, aber die Szene davor war ganz gewöhnlich, ganz uninteressant. Schauen wir uns jetzt den *Suspense* an. Die Bombe ist unter dem Tisch, und das Publikum weiß es. Nehmen wir an, weil es gesehen hat, wie der Anarchist sie dahingelegt hat. Das Publikum weiß, dass die Bombe um ein Uhr explodieren wird, und jetzt ist es 12 Uhr 55 – man sieht eine Uhr. Dieselbe unverfängliche Unterhaltung wird plötzlich interessant, weil das Publikum an der Szene teilnimmt. Es möchte den Leuten auf der Leinwand zurufen: Reden Sie nicht über so banale Dinge, unter dem Tisch ist eine Bombe, und gleich wird sie explodieren! Im ersten Fall hat das Publikum fünfzehn Sekunden Überraschung beim Explodieren der Bombe. Im zweiten Fall bieten wir fünf Minuten *Suspense.*« Das Hitchcock'sche Beispiel zeigt deutlich, dass sich Spannung im Sinne von *Suspense* und das Gemetzel, das in blutrünstigen modernen Horrorfilmen als Spannungsersatz geboten wird, gegenseitig ausschließen. Der Begriff McGuffin wird Hitchcock selbst zugeschrieben: Er ist der Vorwand, der eine Geschichte auslöst. Der Vorwand muss für den Protagonisten ungeheuer wichtig sein, aber völlig unbedeutend für denjenigen, der die Geschichte erzählt. Eins der markantesten McGuffin-Beispiele liefert *Psycho:* Die Sekretärin Marion Crane unterschlägt 40 000 Dollar. Auf der Flucht wird sie ermordet. Die 40 000 Dollar sind zwar das auslösende Moment für die Geschichte, sie sind jedoch kein Grund für den Mord.

PSYCHO

(PSYCHO). USA 1960. **R:** *Alfred Hitchcock.* **B:** *Joseph Stefano.* **V:** *»Psycho« von Robert Bloch.* **K:** *John L. Russell.* **M:** *Bernard Herrmann.* **D:** *Janet Leigh (Marion Crane), Anthony Perkins (Norman Bates), Vera Miles (Lila Crane), John Gavin (Sam Loomis), Martin Balsam (Milton Arbogast), John McIntire (Sheriff Chambers), Simon Oakland (Dr. Richmond), Frank Albertson (Tom Cassidy), Vaughn Taylor (George Lowery), Lurene Tuttle (Mrs. Chambers), Mort Mills (Polizist), John Anderson (Autoverkäufer), Pat Hitchcock (Caroline), George Eldredge, Francis De Sales, Sam Flint (Beamte). SW 108 Min.*

Phoenix/Arizona, Freitag, 11. Dezember, 14 Uhr 43. Die Sekretärin Marion Crane hat die Mittagspause in einer schäbigen Absteige mit ihrem Geliebten Sam Loomis verbracht, der aus Fairvale/Kalifornien herübergekommen ist. Marion zieht sich an, ist verstimmt. Wieder mal hat Sam abgelehnt, sie zu heiraten, weil er es sich finanziell wegen zu zahlender Unterhaltskosten und ererbter Schulden nicht erlauben kann. Sie verlässt ihn, um zur Arbeit ins Maklerbüro Mr. Lowerys zu gehen; Sam nimmt die nächste Maschine, um nach Hause zu fliegen. Lowery beauftragt Marion, 40 000 Dollar, die ihm ein Kunde übergeben hat, wegen des bevorstehenden Wochenendes im Bankschließfach zu deponieren. Sie täuscht Kopfschmerzen vor, so dass Lowery ihr die Erlaubnis erteilt, anschließend nach Hause zu gehen. Sie eilt sofort nach Hause, packt ihre Sachen und will mit dem unterschlagenen Geld nach Fairvale fliehen. Noch in der Stadt fällt sie ihrem Chef auf, als sie mit dem Wagen an einer Ampel steht. Ihre Blicke treffen sich, Lowery stutzt. Marion fährt den ganzen Tag, übernachtet im Auto, fällt am nächsten Tag durch konfuses Verhalten einem Streifenpolizi-

Psycho

sten auf, wechselt den Wagen, gerät in ein Unwetter, verliert die Orientierung, sieht die Leuchtschrift eines Motels und beschließt, dort zu übernachten. Wie sich später zeigt, nur wenige Meilen von Fairvale entfernt. Ein gehemmt wirkender junger Mann kommt aus einer Villa, die auf einer kleinen Anhöhe liegt, nahe bei den Unterkünften. Norman Bates, so sein Name, ist freundlich, lädt Marion, die sich unter falschem Namen ins Gästebuch einträgt, zum Abendessen in die Villa ein. Als sie sich in ihrem Zimmer fertig macht, hört sie aus der Villa eine keifende Frauenstimme. Später entschuldigt Norman sich bei ihr: Seine Mutter sei psychisch krank; es wäre besser, im Motel zu essen. Marion und Norman unterhalten sich angeregt. Das Gespräch zeigt Wirkung: Als sie Bates verlässt, um auf ihr Zimmer zu gehen, steht ihr Entschluss fest, das Geld zurückzugeben. Entspannt zieht sie sich aus, um unter die Dusche zu gehen. Durch ein Loch in der Wand wird sie von Bates beobachtet. Dann geht er zur Villa. Wenig später steht Marion unter der Dusche. Jäh, wie aus dem Boden gewachsen, reißt eine schemenhafte Frauengestalt den Duschvorhang zur Seite und sticht mit einem langen Messer mehrmals zu. Unter dem Wasserstrahl sinkt Marion tot in sich zusammen. Norman stürmt aus dem Villa: »Mutter! Mein Gott, Blut! Mutter, wie kommt das Blut hierher?« Fieberhaft beseitigt er die Spuren der Bluttat und atmet erleichtert auf, als der Wagen mit der Leiche und den Habseligkeiten der Toten, darunter auch eine Zeitung, in die das Geld gewickelt ist, im nahen Sumpf versinkt. Eine Woche später sind ein Privatdetektiv, Marions Schwester Lila und ihr Geliebter Sam Loomis auf der Suche nach der Verschwundenen. Der Privatdetektiv, der Bates' Motel gefunden hat, schöpft Verdacht, betritt die Villa und wird von einer Frau erstochen. Da er kurz vorher den anderen telefonisch mitgeteilt hat, was er beabsichtigte, fällt sein Verschwinden auf. Lila und Loomis wollen den Sheriff verständigen, doch dieser kann sich das alles nicht erklären, zumal Bates' Mutter vor acht Jahren gestorben ist. Auf eigene Faust mieten sich Lila und Loomis in Bates' Motel ein. Loomis lenkt Norman ab, Lila betritt die Villa. Im Keller sitzt die alte Frau, mit dem Rücken zu ihr. Lila spricht sie an, ein Schock fährt ihr in die Glieder, ein Schrei erschüttert das Haus. Dort sitzt der ausgestopfte Körper einer Toten! Hinter Lila stürzt Bates, der vor Loomis geflohen ist, in Frauenkleidern herein und will sie mit dem Messer angreifen. Sam Loomis kann ihn in letzter Sekunde überwältigen. Im Gerichtsgebäude von Fairvale klärt ein Psychiater die Beteiligten über Norman Bates' Schizophrenie auf: Aus Eifersucht habe er seine Mutter getötet. Um den Mord aus seinem Hirn zu radieren, habe er die Leiche gestohlen und präpariert. Sein zweites Ich habe die Rolle der Mutter übernommen und immer dann rebelliert, wenn eine Frau starke Anziehung auf sein anderes Ich ausgeübt hat.

Psycho ist einer der größten Erfolge in der Filmgeschichte, was das Verhältnis Herstellungskosten/Einspielergebnis betrifft. Hitchcock kam mit $ 800 000 aus. »Bei den Dreharbeiten hielt sich Hitch aufs Genaueste an seinen Plan, den Film so rasch und so billig wie möglich zu machen ... Was die Darsteller anging, so konnten sie Anthony Perkins für eine sehr niedrige Gage bekommen, weil er der Paramount aufgrund eines alten Vertrages noch einen Film schuldete – anderenfalls wäre er ihnen viel zu teuer gewesen. Vera Miles stand sowieso bei Hitch unter Vertrag, und die meisten anderen Rollen verlangten nur wenige Drehtage. Für die Rolle der Marion suchte Hitch einen möglichst großen Star, damit ihr Tod in der Mitte des Films einen möglichst großen Schock auslöst, und nahm schließlich Janet Leigh als bestmöglichen Kompromiss zwischen dem Wünschenswerten und dem Erschwinglichen.« (John Russell Taylor, HITCHCOCK). Schon nach fünf Jahren hatte *Psycho* das Zwanzigfache seiner Produktionskosten eingespielt. [V] [DVD]

PSYCHO

(PSYCHO). USA 1998. **R:** *Gus Van Sant.* **B:** *Joseph Stefano.* **V:** *»Psycho« von Robert Bloch.* **M:** *Bernard Herrmann.* **D:** *Vince Vaughn (Norman Bates), Anne Heche (Marion Crane), Julianne Moore (Lila), Viggo Mortensen (Sam Loomis), William H. Macy (Milton Arbogast), Robert Forster. F 105 Min.*

Farbige Neuverfilmung der bahnbrechenden Hitchcock-Produktion aus dem Jahr 1960. Inhalt siehe dort. – Denn sie wissen nicht, was sie tun.

PSYCHO II

(PSYCHO II). USA 1983. **R:** *Richard Franklin.* **B:** *Tom Holland.* **K:** *Dean Cundey.* **SpE:** *Albert Whitlock.* **M:** *Jerry Goldsmith.* **D:** *Anthony Perkins*

(Norman Bates), Vera Miles (Lila Loomis), Meg Tilly (Mary), Robert Loggia (Dr. Raymond), Claudia Bryar (Mrs. Spool), Dennis Franz (Toomey), Hugh Gillin (Sheriff Hunt), Robert Alan Browne (Statler), Ben Hartigan (Richter), Lee Garlington (Myrna), Tim Maier (Josh), Jill Carroll (Kim), Chris Hendry (Pool), Tom Holland (Morris), Michael Lomazow (Staatsanwalt), Robert Destry (Verteidiger), Osgood Perkins (Norman als Kind), Ben Frommer (Sexton), Gene Whittington (Fahrer), Robert Traynor (Sekretär), George Dickerson (County Sheriff), Thaddeus Smith, Sheila K. Adams, Victoria Brown (Hilfssheriffs). F 113 Min.

Vorgeschichte: *Psycho.* – Nach 22 Jahren kehrt Norman Bates an seine alte Wirkungsstätte zurück – die alte Prachtvilla auf der Anhöhe hinter Bates' Motel. Die Zeiten haben sich gewandelt. Das Motel ist eine Art Stundenhotel geworden. Doch kaum einer traut Norman eine Wandlung zu. Am wenigsten Lila, die Schwester der unter der Dusche ermordeten Marion. Noch im Gerichtssaal, als über Normans Freilassung verhandelt wird, prophezeit sie drohendes Unheil: »Er ist eine tickende Zeitbombe, die beim Anblick des Hauses und Motels explodieren wird.« Bald ist es wieder so weit: Bates findet Warnungen seiner Mutter auf kleinen Zetteln; seltsame Anrufe und Stimmen aus dem Keller tragen zu seiner und des Publikums Verwirrung bei. Dann der erste Mord: der schäbige Verwalter des Motels! Normans Rettungsanker wird seine neue Freundin Mary. Offenbar bemüht sie sich, ihm den Einstieg ins Leben zu erleichtern. In Wahrheit ist sie die Tochter Lilas und unterstützt ihre Mutter zunächst, Norman in das alte Trauma zu stürzen. Als Mary die Fronten wechselt, ist es zu spät: Leichen finden sich im Moor. Lila wird von einer weiteren Mutterinkarnation getötet und Tochter Mary aus Versehen erschossen. Normans »richtige« Mutter erscheint auf der Bildfläche: Die Ermordete aus *Psycho* sei nur seine Pflegemutter gewesen. Dass Norman aufgrund solcher Wirrnisse erneut ausflippt, erscheint zwangsläufig. Er mordet seine wahre Mutter, und so endet der Film mit der Situation, die Ausgangspunkt von *Psycho* war.

Da soll noch jemand behaupten, Geschichte wiederhole sich nicht! Regisseur Franklin setzt alles in Bewegung, um sein Vorbild Hitchcock schamlos auszubeuten. Ganze Einstellungen werden wiederholt, die berühmte Duschszene ganz an den Anfang des Films gesetzt. Die Villa brauchte nicht nachgebaut zu werden, sie stand noch unversehrt auf dem Universal-Gelände. Zwei Schauspieler von damals erklärten sich bereit, gegen eine erheblich höhere Gage erneut mitzuspielen: der ewig junge Anthony Perkins als Norman Bates, und Vera Miles, die Lila Crane, die Schwester des Opfers, spielte. In *Psycho II* heißt sie Lila Loomis, was darauf schließen lässt, dass sie zwischenzeitlich ihren damaligen Mitdetektiv Sam Loomis geehelicht hat. Loomis wurde von John Gavin gespielt, der nicht nur einer der prüdesten Schauspieler Hollywoods war (er beschwerte sich wegen der Freizügigkeit – nackter Oberkörper! – seiner Rolle in der Eingangssequenz im Stundenhotel), sondern auch später einen mächtigen Freund im Weißen Haus hatte. Als Regisseur Franklin die alte Garde zusammentrommeln wollte, war Gavin unabkömmlich: Ronald Reagan hatte ihn zum Botschafter in Mexiko ernannt. So blieb es bei Anthony Perkins und Vera Miles. »[Franklins] Fortsetzung von *Psycho* [ist] nicht ganz ohne Interesse, wenn man sie als Parodie versteht.« (FISCHER FILM ALMANACH. – »Aus dem Blickwinkel des heutigen Horrorkinos verdient das makabre Vexierspiel allerdings in jedem Fall das Prädikat ›Empfehlenswert‹.« (Norbert Stresau, FILMBEOBACHTER) [V]

Psycho II

PSYCHO III

(PSYCHO III). USA 1986. **R:** *Anthony Perkins.* **B:** *Charles Edward Pogue.* **K:** *Bruce Surtees.* **M:** *Carter Burwell.* **D:** *Anthony Perkins (Norman Bates), Diana Scarwid (Maureen Coyle), Jeff Fahey (Duane Duke), Roberta Maxwell (Tracy Venable), Hugh Gilin (Sheriff Hunt), Lee Garlington (Myrna), Robert Alan Browne (Statler), Gary Bayer (Pater Brian), Patience Cleveland (Margaret), Juliette Cummins (Red), Steve Guevara (Deputy Lee), Kay Heberle (Ruthie), Donovan Scott (Kyle), Karen Hensel (Catherine), Jack Murdock (Lou), Katt Shea Ruben (Patsy), Hugo L. Stanger (Harvey Leach), Lisa Ives (Nonne), Angela Ritter (Bedienung), Diane Rodriguez (Nonne). F (96) 93 Min.*

Vorgeschichte: *Psycho* und *Psycho II.* – Norman Bates hat es nach den Ereignissen in *Psycho II* wieder im Kopf. Als er es wagt, eine aus ihrem Orden entwichene Jungnonne in seinem Motel aufzunehmen, die wie Marion Crane aussieht, geht der Kampf mit »Mama« folgerichtig von neuem los. – Anthony Perkins' Regiedebüt ist leider nicht sonderlich spannend ausgefallen. [V]

PSYCHO IV – THE BEGINNING

(PSYCHO IV: THE BEGINNING). USA 1990. **R:** *Mick Garris.* **B:** *Joseph Stefano.* **K:** *Rodney Charters.* **M:** *Graeme Revell, Bernard Herrmann.* **D:** *Anthony Perkins (Norman Bates), Olivia Hussey (Normans Mutter), Henry Thomas (Norman als Jugendlicher), CCH Pounder (Fran Ambrose), Warren Frost (Dr. Leo Richmond), Donna Mitchell, Thomas Schuster. F 100 (92) Min.*

TV-Film. Vorgeschichte: *Psycho, Psycho II* und *Psycho III.* Der Schizo Norman Bates erzählt einer Rundfunkmoderatorin seine Lebensgeschichte. Allmählich kristallisiert sich heraus, dass in Kürze auch seine schwangere Frau wird dran glauben müssen – die Psychiaterin Connie. Norman ist nämlich von der Vorstellung besessen, sein Irrsinn sei genetisch bedingt, deswegen will er seinem Kind ein ähnliches Schicksal ersparen. In eine magere Rahmenhandlung eingebettet schildert die Story Normans Vergangenheit und erste Morde. [V]

PSYCHO-RIPPER

(BLOODRAGE). USA 1979. **R:** *Joseph Bigwood.* **B:** *Robert Jahn.* **K:** *Joao Fernandes, Robert Scherer.* **M:** *Michael Karp, David Mullaney.* **D:** *Judith-Marie Bergan, James Johnston, Jerry McGee, Jimi Keys, Lawrence Tierney, Ian Scott. F 83 Min.*

Junger Spunt verliebt sich ahnungslos in eine Prostituierte und hechelt, als er die Wahrheit über sie erfährt, mit einem Schlachtermesser durch nächtliche Straßen, um die »Sünde« auszurotten, die ihm vorwiegend in Gestalt hübscher Mädchen begegnet. [V]

PSYCHO SISTERS

(PSYCHO SISTERS). USA 1998. **R:** *Pete Jacelone.* **B:** *Pete Jacelone, James L. Edwards.* **St:** *Pete Jacelone.* **K:** *Timothy Healey.* **M:** *Francis Anthony McGlynn, Dennis Peterson.* **D:** *J. J. North (Jackie Sicole), Theresa Lynn (Jane Sicole), John Nox (Dr. Lawrence), Nancy Sirrianni, Kris Burtt, Anthony Bruno, Jeffrey Stackhouse. F 96 Min.*

Links: Psycho III
Rechts: Psycho IV – The Beginning

Bei zwei aus der Psychiatrie entlassenen Schwestern stellt sich als Folge eines Traumas nach dem Tod der Eltern und einer Vergewaltigung Männerhass ein. [V]

DER PSYCHOPATH

(THE DARK ROOM). Australien 1982. **R:** *Paul Harmon.* **B:** *Michael Brindley, Paul Harmon.* **St:** *Michael Brindley, Paul Harmon.* **K:** *Paul Onorato.* **M:** *Cameron Allan.* **D:** *Alan Cassell (Ray Sangster), Anna Jamieson (Nicky), Svet Kovich (Mike Sangster), Diana Davidson (Martha Sangster), Rowena Wallace (Liz Llewellyn), Ric Hutton (Sam Bitel), Oriana Panozzo (Susan Bitel), Sean Myers (Peter), Sally Cooper (Patricia), Jon Darling (Bob Henning), Kate Parker (Mrs. Nicholls), Betty Dyson (Molly Price), Warren Gold (Ben Bitel). F 93 Min.*

Psycho-Thriller. Junger Voyeur, von heißer Eifersucht gequält, beobachtet heimlich seinen Vater und dessen junge Geliebte, fotografiert sie und fasst, als er sie eines Tages im Bett beobachtet, einen mörderischen Plan. [V]

PSYCHOPATH – NIEMAND HÖRT DICH SCHREIEN

(STARVED). USA 1998. **R:** *Guy Crawford, Yvette Hoffman.* **B:** *Yvette Hoffman.* **K:** *N.N.* **M:** *N.N.* **D:** *Lee Anne Beaman (Monica Andrews), Hal Adams, Jamie Hagan, Toni Zobel. F 90 Min.*

Scheinbar kennt er seinen Knigge und gebietet über gute Tischmanieren, aber dann wirft er seine schöne Kollegin anlässlich eines Dinners gefesselt in den Keller, auf dass sie dort verhungere. [V]

PSYCHOPHOBIA

(PSYCHOPHOBIA). Italien 1985. **R:** *Seymour Darbowitz [Stefano D'Arbo].* **B:** *Seymour Darbowitz.* **K:** *N.N.* **M:** *N.N.* **D:** *Mary Saint Peter (Eva), Nelson Mentley (James), Ramsey Oliver (Dr. Oliver). F 77 Min.*

Toter Ehemann nimmt aus dem Jenseits Kontakt mit seiner in einem einsamen Landhaus lebenden Witwe auf, murkst alle Männer ab, die es wagen, sich ihr zu nähern und versetzt sie mit unheimlichen Kräften in Hysterie, bis sie sich in psychiatrische Behandlung begibt. Unergiebige Verquickung von Science Fiction- (Telekinese) und Horror-Themen. [V]

PULSE

(PULSE). USA 1988. **R:** *Paul Golding.* **B:** *Paul Golding.* **K:** *Peter Lyons Collister.* **M:** *Jay Ferguson.* **D:** *Cliff de Young (Bill), Roxanne Hart (Ellen), Joey Lawrence (David), Matthew Lawrence (Stevie), Charles Tyner (Alter Mann), Dennis Redfield (Peter), Robert Romanus (Paul), Myron D. Healy (Howard). F 87 Min.*

Als David, Bills Sohn aus erster Ehe, fürs Wochenende bei Papa zu Besuch ist, entwickelt der Strom aus der Steckdose ein bedenkliches Eigenleben. Ob da übersinnliche Kräfte involviert sind? *You bet!*

DER PUPPENMÖRDER

(THE PSYCHOPATH). GB 1965. **R:** *Freddie Francis.* **B:** *Robert Bloch.* **K:** *John Wilcox.* **SpE:** *Ted Samuels.* **M:** *Philip Martell.* **D:** *Patrick Wymark (Inspektor Holloway), Margaret Johnston (Amelia Maugham), John Standing (Mark Maugham), Alexander Knox (Frank Saville), Judy Huxtable (Louise Saville), Don Borisenko (Donald Loftis), Cohn Gordon (Dr. Glyn), Thorley Walters (Martin Roth), Robert Crewdson (Victor Ledoux), Tim Barrett (Morgan), Frank Forsyth (Tucker), John Harvey (Reinhardt Klermer), Harold Lang (Riggs), Olive Gregg (Mary), Greta Farrer (Zigarettenverkäuferin). F 82 Min.*

Psychopathische Witwe eines aufgrund falscher Anschuldigung durch Selbstmord geendeten britischen Rüstungsfabrikanten rächt sich auf bestialische Weise (u.a. mit einem Schweißbrenner) an einer Untersuchungskommission. Da sie vortäuscht, gelähmt zu sein, hält Inspektor Holloway erst mal ihren zwielichtigen Sohn für den mysteriösen Killer, der am Ort seiner Untaten stets eine Puppe zurücklässt, die ihrem Opfer ähnelt. – In der Originalfassung geht es um einen deutschen Industriekapitän, der sich im Zweiten Weltkrieg durch Sklavenarbeit bereichert hat. Aber so was kann man einem deutschen Publikum natürlich nicht zumuten.

PUPPET MASTER

(PUPPET MASTER). USA 1989. **R:** *David Schmoeller.* **B:** *Joseph G. Collodi.* **K:** *Sergio Salvati.* **M:** *Richard Band.* **D:** *Paul Le Mat (Alex Whittaker), Irene Miracle (Dana Hadley), Matt Roe (Frank Forrester), Robin Frates (Megan Gallagher), Kathryn O'Reilly (Carlissa Stamford), Merrya Small (Theresa), Jimmy F. Skaggs (Neil Gallagher), William Hickey (André Toulan), Barbara Crampton, David Boyd. F 87 Min.*

Bodega Bay, Kalifornien, 1989: Bei einer Séance sieht sich eine Gruppe übersinnlich begabter

Puppet Master II

Geisterseher von den mörderischen Killerpuppen des französischen Magiers André Toulon bedroht, der sich 1939 das Leben nahm, damit das Geheimnis seiner Schöpfungen nicht in die Hände der Nazis fiel. Die komisch aussehenden Bestien, die er geschaffen hat, haben es wahrlich in sich. – »Sorgfältig komponierter Horrorfilm, der eher auf suggestive Wirkung als auf brutale Schocks setzt.« (FILMDIENST) [V]

PUPPET MASTER II

(PUPPET MASTER II). USA 1990. **R:** *David Allen.* **B:** *David Pabian.* **St:** *Charles Band.* **K:** *Thomas F. Denove.* **SpE:** *David Allen.* **Ma:** *David Barton, Steve Neill.* **M:** *Richard Band.* **D:** *Elizabeth MacClellan (Carolyn/Elsa), Collin Bernsen (Michael), Charlie Spradling (Wanda), Steve Welles (André Toulon/Chanée), Gregory Webb (Patrick), Jeff Weston (Lance), Sage Allen (Martha), Nita Talbot (Camille), George Buck Flower (Matthew), Ivan J. Rado (Kaufmann). F 86 Min.*
Vorgeschichte: *Puppet Master.* – Bodega Bay Hotel, Kalifornien: Der mit einem geheimnisvollen Elixier auf noch geheimnisvollere Weise von seinen mörderischen Puppen aus dem Grab geholte Magier André Toulon (inzwischen aufgrund zu langen Ablebens heftig bematscht) verliebt sich in die rothaarige Carolyn. Diese gehört zu einer mit allen technischen Finessen ausgerüsteten Forschergruppe, die im Auftrag der US-Regierung parapsychologische Phänomene klären soll – in diesem Fall jene, die mit den Ereignissen zu tun haben, die der Film *Puppet Master* erzählt hat. Da Carolyn Toulons verstorbener Frau Elsa ähnelt, möchte dieser sie und auch sich selbst in Puppengestalt unsterblich machen. Seine Puppen, die zum Leben ein Elixier benötigen, das ohne menschliche Vorderhirnlappen nicht vollständig ist, murksen einen Forscher nach dem anderen ab und reagieren erbost, als sie erkennen, dass ihr Schöpfer das Gebräu nicht für sie, sondern für Carolyn und sich verwenden will. – Die an sich originelle Idee wird durch Längen, haarsträubendes Verhalten der Akteure angesichts von Todesfällen, Dialoggeschwafel und eine Synchronisation platt gemacht, die den Originaltext leider allzu wörtlich nimmt. [V]

PUPPETMASTER III – TOULON'S RACHE

(PUPPET MASTER III: TOULON'S REVENGE). USA 1991. **R:** *David DeCoteau.* **B:** *C. Courtney Joyner. St: C. Courtney Joyner, Charles Band.* **K:** *Adolfo Bartoli.* **SpE:** *David Allen Productions. Ma: David Barton's Modus FX.* **M:** *Richard Band.* **D:** *Guy Rolfe (André Toulon), Sarah Douglas (Elsa Toulon), Walter Gotell (General Müller), Ian Abercrombie (Dr. Hess), Richard Lynch (Major Kraus), Kristopher Logan, Matthew Faison, Aron Eisenberg. F 78 Min.*
Vorgeschichte: *Puppet Master* und *Puppet Master II.* – Während im Berlin des Jahres 1941 Dr. Hess an der Reanimation toter Wehrmachtssoldaten arbeitet, verfolgen SS-Leute im besetzten Frankreich den begnadeten Bühnenmagier André Toulon, der eine Schar hölzerner Puppen auf geheimnisvolle Weise zum Leben erweckt hat. Nach dem Tod seiner Frau hetzt Toulon die Puppen auf Hitlers Schergen. – Die recht blutige angebliche Fortsetzung spielt vor Teil 1 und 2. [V]

PUPPET MASTER IV

(PUPPET MASTER IV). USA 1993. **R:** *Jeff Burr.* **B:** *Todd Henschell, Steven E. Carr, Jo Duffy, Doug Arniokoski, Keith Payson.* **K:** *Adolfo Bartoli.* **M:** *Richard Band.* **D:** *Gordon Currie (Rick Myers), Chandra West (Susie), Jason Adams (Cameron), Teresa Hill (Laurien), Guy Rolfe (Toulon). F 76 (71) Min.*
Der an der Entwicklung von künstlicher Intelligenz arbeitende Forscher Rick stößt auf dem Dachboden eines alten Hotels auf den Koffer des Puppenspielers André Toulon und erweckt anhand seiner Aufzeichnungen dessen Puppen zu neuem Leben. Dies gefällt einem altägyptischen Totenschädel-Dämon wenig, denn er fühlt sein Unterweltreich bedroht: Seine blutrünstigen Heerscharen rüsten zum übernatürlichen

Gegenschlag, so dass Toulons Puppen, einst selbst dem Bösen zugeneigt, nun auf der Seite der Guten stehen. Ein Produkt der Firma Wirr & Warr, an dem fünf (!) Drehbuchautoren tätig waren, denen trotzdem nichts eingefallen ist. [V]

PUPPET MASTER V

(PUPPET MASTER V: THE FINAL CHAPTER). USA 1994. **R:** *Jeff Burr.* **B:** *Steven E. Carr, Jo Duffy, Todd Henschell, Doug Aarniokoski, Keith Payson.* **K:** *Michael Weatherwax.* **M:** *Adolfo Bartoli.* **D:** *Guy Rolfe (Dr. Toulon), Gordon Currie (Rick Myers), Chandra West (Susie), Ian Ogilvy (Dr. Jennings), Teresa Hull (Lauren). F 81 Min.*

Vorgeschichte: *Puppet Master* und Fortsetzungen. – Rick, Mitarbeiter eines Roboter konstruierenden Unternehmens, wird nach einem Anschlag merkwürdiger Kreaturen auf seine Kollegen für einen mörderischen Bösmann gehalten. Auf Kaution freigelassen, macht er sich mit seiner Liebsten auf die Suche nach den lebenden Puppen eines Wissenschaftlers, die sich seit Jahrzehnten dem Bösen widersetzen. Doch sind auch die Vertreter des militärisch-industriellen Komplexes nicht fern, die seine Bemühungen, sich von dem Mordvorwurf reinzuwaschen, zumindest erschweren. – »Die fantasievollen Stop-Motion-animierten Monsterpuppen müssen mit ihrem neuen Besitzer wieder einmal eine Schlacht schlagen: Unterweltler und machtgierige Konzernbarone sind hinter mechanischen Wunderwerken her.« (MOVIESTAR) Um die Geschichte auf eine Länge zu bringen, die man als Spielfilm noch durchgehen lassen kann, wird eifrig die Rückblende bemüht. [V]

R

DER RABE

(THE RAVEN). USA 1935. **R:** *Louis Friedlaender.* **B:** *David Boehm.* **V:** *Gedicht »Der Rabe« von Edgar Allan Poe.* **K:** *Charles Stumar.* **Ma:** *Jack P. Pierce.* **M:** *Gilbert Harland.* **D:** *Boris Karloff (Edmond Bateman), Bela Lugosi (Dr. Richard Vollin), Irene Ware (Janet Thatcher), Lester Matthews (Dr. Jerry Halden), Samuel S. Hinds (Richter Thatcher), Inez Courtney (Mary Burns), Ian Wolfe (Pinky Geoffrey), Spencer Charters (Colonel Bertram Grant), Maidel Turner (Harriet Grant), Arthur Hoyt (Chapman), Walter Miller. SW 61 Min.*

Der kosmetische Chirurg Vollin ist nicht nur besessen von den makabren Werken des Schriftstellers Edgar Allan Poe, sondern auch von der hübschen Janet, der Tochter des Richters Thatcher. Nachdem er ihr das Leben gerettet und festgestellt hat, dass sie dennoch keine Liebe für ihn empfindet (ihr Herz gehört Dr. Jerry Halden), will er sich an ihr, ihrem Vater und seinem Konkurrenten blutig rächen. Dass ihn etwa zur gleichen Zeit der Ganove Bateman aufsucht und ihn bittet, ihm ein neues Gesicht zu verpassen, ist für Vollin eine gute Fügung. Er verwandelt Bateman – scheinbar versehentlich – in ein abstoßendes Ungeheuer: Erst wenn er ihm als Instrument der Rache dienlich war, will er eine neue Operation versuchen. Bateman hat keine Wahl, zudem wird er gesucht. Es stellt sich heraus, dass Vollin in den Grüften unter seinem Haus eine komplett eingerichtete Folterkammer besitzt: Dort sollen Janet, ihr Vater und Halden sterben. Nachdem Vollin die drei zu einer Party geladen hat, lässt er den Richter von Bateman in den Folterkeller schaffen. Janet und Halden sollen in einem Spezialraum von beweglichen Wänden langsam zerquetscht werden. Bateman zeigt sich jedoch von der Grausamkeit Vollins so entsetzt, dass er den hilflosen Gefangenen beisteht. Vollin endet so, wie er es Janet und Halden zugedacht hat. – Es ist natürlich müßig zu fragen, was der Film mit Edgar Allan Poe zu tun hat: Abgesehen davon, dass man sich ein bisschen Poe-Interieur (so das Pendel aus der Erzählung »Grube und Pendel«) geklaut hat, spielt das titelgebende Federvieh nämlich nur den völlig ungruseligen Part einer Schreibtischstatue. Die Reaktionen der Kritik waren gemischt: Was für VARIETY »ein passabler Horror-Fetzer« war, brachte die NEW YORK TIMES zu dem Urteil: »*Der Rabe* dürfte keine Schwierigkeiten haben, sich den Rang des schlechtesten Horrorfilms der Saison zu erkämpfen. Nicht einmal die Mitwirkung der Filmbösewichte Nummer eins und zwei kann aus diesem Streifen mehr machen als einen von vorn bis hinten verhängnisvollen Missgriff.«

DER RABE – DUELL DER ZAUBERER

(THE RAVEN). USA 1963. **R:** *Roger Corman.* **B:** *Richard Matheson.* **V:** *»Der Rabe« von Edgar Allan Poe.* **K:** *Floyd Crosby.* **M:** *Les Baxter.* **D:** *Vincent Price (Dr. Erasmus Craven), Peter Lorre (Dr. Adolphus Bedlo), Boris Karloff (Dr. Scarabus), Hazel Court (Lenore Craven), Olive Sturgess (Estelle Craven), Jack Nicholson (Rexford Bedlo), Connie Wallace (Zofe), William Baskin (Diener), Aaron Saxon (Gort), Jim Junior (Rabe). F 86 Min.*

England, im 16. Jahrhundert: Nach dem scheinbaren Tod seiner Gattin Lenore zieht sich der Magier Erasmus Craven in sein Schloss zurück. Als er eines Nachts melancholisch im Arbeitszimmer hockt und alten Zeiten nachtrauert, erhält er Besuch von einem sprechenden Raben.

Der Rabe

Dieser, so stellt sich heraus, ist niemand anders als der Magier Bedlo, eine verkrachte Existenz, die es gewagt hat, den großen Zauberer Scarabus zum Duell zu fordern. Dass Bedlo verloren hat, ist offensichtlich. Nachdem Craven ihm mittels Magie seine Gestalt zurückgegeben hat, erfährt er zu seinem Erstaunen, dass Lenore gar tot ist: Sie lebt vielmehr in Scarabus' Schloss. In Begleitung seiner Tochter Estelle, Bedlos, sowie dessen etwas trotteligem Sohn Rexford bricht Craven noch in derselben Nacht auf, um seine Frau zu suchen. Bedlo hat die Wahrheit gesagt: Lenore hat ihr Ableben nur vorgetäuscht, weil ihr Gatte ein öder Langweiler und Scarabus viel, viel reicher ist. Scarabus, ein rechter Finsterling, ist über Cravens Erscheinen jedoch eher erfreut als verärgert — er knastet die Besucher ein und droht, Estelle zu foltern, wenn Craven ihm nicht das Geheimnis seiner Zauberkräfte verrät. Bedlo, inzwischen wieder in einen Raben verwandelt, nagt Cravens Fesseln durch und ermöglicht es ihm, in ein haarsträubendes Duell mit Scarabus einzutreten – eine völlig unblutige, pfiffige Auseinandersetzung, in der Kugelblitze, Feuerstürme und Energiewirbel gegeneinander antreten. Craven geht als Sieger aus dem Kampf hervor; Scarabus und die verräterische Lenore

Der Rabe – Duell der Zauberer

kommen um, als das Schloss in Flammen aufgeht. – Wo da der Horror ist? Den gibt es in diesem Film so gut wie nicht. Wohl aber köstlichen und rabenschwarzen Humor, denn der Streifen ist eine Lachbombe, die genüsslich alle Märchen parodiert, die Oma uns früher erzählt hat. Dass Roger Corman mit der literarischen Vorlage so umgeht, wie es ihr gebührt (wo wäre sonst der Witz geblieben?), versteht sich von selbst. Der Rabe des Poe-Gedichts ist nur der Katalysator, der die Story zum Laufen bringt. Der Spaß, den die Akteure bei der Arbeit hatten, ist offensichtlich, und sowohl Corman als auch Drehbuchautor Richard Matheson geben zu, dass besonders Peter Lorre großen Anteil daran hatte, den Film so zu machen, wie er geworden ist. Matheson: »Lorre hat sich gar nicht an mein Drehbuch gehalten; er hat die wunderbarsten Sprüche aus dem Ärmel improvisiert.« Zum Beispiel diese: »Ceterum censeo, Carthaginem esse delendam[5]«, »Veni, vidi, vici[6]« und »Cave canem[7]« – Zaubersprüche, die gut zu einem stümperhaften Magier passen, der mit dem Zauber-

Der Rabe – Duell der Zauberer

[5] *»Im Übrigen meine ich, dass Karthago zerstört werden muss.« (Schluss-Satz jeder Rede Catos im römischen Senat)*

[6] *»Ich kam, ich sah, ich siegte.« (Mitteilung Cäsars nach der Schlacht bei Zeta, 47. v. Chr.*

[7] *»Hüte dich vor dem Hund.« (Warnschild an altrömischen Haustüren)*

kasten arbeitet, statt wie seine Kollegen die Macht der Magie aus der blanken Hand zu versprühen. »Niemand wundert sich darüber, dass Peter Lorre in einen Raben oder in Himbeermarmelade verwandelt wird, und dass Boris Karloff mit einer Handbewegung ein Unwetter heraufbeschwören kann, sieht man ihm doch gleich an. Und fünf Augenblicke der Wahrheit: Der Blick von Vincent Price auf das Gemälde seiner toten (oder noch nicht toten) Frau Lenore; Peter Lorres abgrundtiefes Entsetzen, als er statt seines Weinglases ein Glas Milch von Dr. Craven erwischt; Boris Karloffs grenzenlose Langmut, als der Stümperzauberer Bedlo ihn beschimpft und ohne viel Erfolg angezaubert hat; Hazel Court, die Boris Karloff bezirzt; Jack Nicholsons Gesicht, als er von seinem Vater ... aus lauter Verlegenheit eine geklebt kriegt. Was ist dagegen das phantastische Kino von heute? Schlachtplatten!« (MEDIUM) – »Wenn reiner Nonsens so phantasievoll und perfekt gemacht wird wie in diesem Film, braucht man sich kaum zu schämen, daran Spaß zu haben wie ein Kind.« (Robert Fischer, FILMBEOBACHTER) [V]

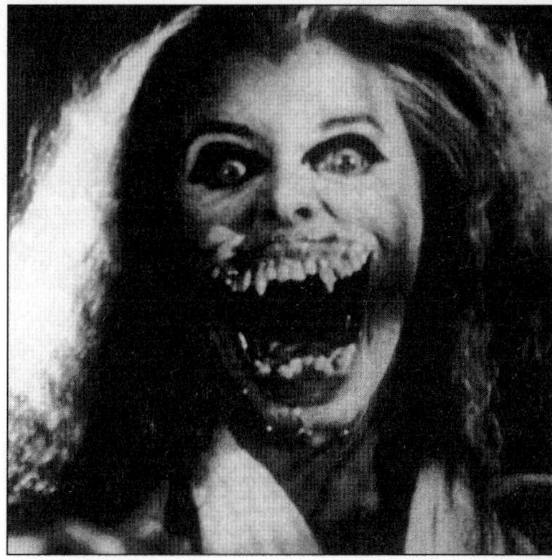

Die rabenschwarze Nacht

DIE RABENSCHWARZE NACHT

(FRIGHT NIGHT). USA 1985. **R:** *Tom Holland.* **B:** *Tom Holland.* **K:** *Jan Kiesser.* **SpE:** *Richard Edlund, Michael Lantieri, David Pritchett, Clayton Pinney, Albert Lannutti.* **Ma:** *Ken Diaz, Rick Stratton.* **M:** *Brad Fiedel.* **D:** *Chris Sarandon (Jerry Dandridge), William Ragsdale (Charley Brewster), Amanda Bearse (Amy Peterson), Stephen Geoffreys (Evil Ed), Roddy McDowall (Peter Vincent), Jonathan Stark (Billy Cole), Dorothy Felding (Judy Brewster), Art J. Evans (Detective Lennox), Stewart Stern (Cook), Nick Savage, Prince A. Hughes, Ernie Holmes (Rausschmeißer), Heidi Sorenson (Callgirl), Irina Irvine (Teenie), Robert Corff (Jonathan), Pamela Brown (Nina), Chris Hendrie (Nachrichtensprecher). F 102 Min.*

Charley Brewster ist fest davon überzeugt, dass der neue Nachbar, der schicke und gut aussehende Mr. Dandridge, ein Vampir ist. Natürlich glaubt ihm weder seine Mutter (sie hält Dandridge in erster Linie für attraktiv) noch seine Freundin Amy. Nur einer glaubt ihm: Mr. Dandridge selbst, der sofort erkennt, dass Charley ihn durchschaut hat. Charley spricht den abgehalfterten Horrorfilmstar Peter Vincent an, der im Fernsehen eine Gruselsendung moderiert. Vincent, der nicht an Vampire glaubt, hält Charley zwar für überkandidelt, lässt sich aber durch $ 500 umstimmen, den Gegenbeweis zu führen. Die Vampirprobe mit angeblich geweihtem Wasser fällt für Charley leider negativ aus, doch dann merkt Vincent, dass Dandridge kein Spiegelbild hat – und somit eindeutig ein Vampir ist. Und nun geht sie los, die wilde, verwegene Jagd, in der der Humor nicht zu kurz kommt. – Fortsetzung: *Mein Nachbar, der Vampir.* [V]

RABID GRANNIES

(LES MEMES CANNIBALES/RABID GRANNIES). Belgien 1989. **R:** *Emmanuel Kervyn.* **B:** *Emmanuel Kervyn.* **K:** *Hugh Labye.* **M:** *Peter Castelain, Jean Bruno. Castelain.* **D:** *Catherine Aymerie (Helen), Caroline Braekman (Suzie), Danielle Daven (Elisabeth Remington), Richard Cotica (Gilbert), Patricia Davia (Alice), Robert Dubois (Pater Percival), Florine Elslande (Bertha), Raymond Lescot (Geistlicher), Elliot Lison (John), Michel Lombet (Roger), Anne Marie Fox (Victoria Remington), Paule Herreman (Miss Barnstable). F 83 Min.*

Es sind keine lieben Omis, sondern alte geile Monster. – Selbstverständlich gibt es solchen Mist ausschließlich auf Video. [V]

RACHE AUS DEM REICH DER TOTEN

(GHOST STORY). USA 1981. **R:** *John Irvin.* **B:** *Lawrence D. Cohen.* **K:** *Jack Cardiff.* **M:** *Philippe Sarde.* **D:** *Fred Astaire (Ricky Hawthorne), Melvyn Douglas (John Jeffreys), Douglas Fairbanks jr. (Ed-*

ward Wanderley), John Houseman (Sears James), Craig Wasson (Don/David), Alice Krige (Alma/Eva), Jacqueline Brookes (Milly), Patricia Neal (Stella), Miguel Fernandes (Gregory Bate), Lance Holcomb (Fenny Bate), Mark Chamberlin (Junger Jaffrey), Tim Choate (Junger Hawthorne), Kurt Johnson (Junger Wanderley), Ken Olin (Junger James), Brad Sullivan (Sheriff). F (110) 106 Min.
Vier alte Herren bringen in einer Kleinstadt in New England versehentlich eine junge Frau ums Leben und werden fünfzig Jahre später vom Geist derselben in den Tod getrieben. – Das ehrliche Bemühen, die unheimliche Geschichte atmosphärisch auf die Leinwand zu bringen, kann man John Irvin und seinen begabten Altstars zwar nicht absprechen, doch leider lässt die Handlung zu viele Fragen offen, um den Film so spannend zu machen wie der zugrunde liegende Roman von Peter Straub. Houseman, Astaire, Douglas und Fairbanks vergeuden ihr Talent. [V]

DIE RACHE DER KANNIBALEN

(CANNIBAL FEROX). ITALIEN 1980. **R:** *Umberto Lenzi.* **B:** *Umberto Lenzi.* **K:** *Giovanni Bergamini.* **SpE:** *Gino de Rossi.* **M:** *Budy & Maglione, Carlo Maria Cordio.* **D:** *John Morghen (Mike Logan), Lorainne de Selle (Gloria Davis), Bryan Redford (Rudy Davis), Zora Kerowa (Pat), Walter Lloyd (Joe), Robert Kerman (Lt. Itso), John Bartha, Meg Fleming (Myrna), R. Bolla, Venantino Venantini, El Indio Rincon. F 91 Min.*
Amerikanische Anthropologiestudentin begibt sich nach Kolumbien, um ihre Theorie zu beweisen, dass Kannibalismus nichts anderes ist als eine Erfindung weißer Eroberer. Ein in einen Mordfall verwickelter Drogenhändler, der sich ins gleiche Gebiet abgesetzt hat, um Diamanten zu suchen, kreuzt ihren Weg. Es bleibt nicht aus, dass sie den Kannibalen in die Hände fallen. – Ein Abscheulichkeiten-Sammelsurium, das neben realistisch in Szene gesetzten Menschenfresser-Aktivitäten auch die Kastration eines Mannes sowie eine Frau zeigt, die an den Brüsten aufgehängt wird. AIDT

DIE RACHE DER PHARAONEN

(THE MUMMY). GB 1959. **R:** *Terence Fisher.* **B:** *Jimmy Sangster.* **K:** *Jack Asher.* **M:** *Frank Reizenstein.* **D:** *Peter Cushing (John Banning), Christopher Lee (Kharis), Yvonne Furneaux (Isobel/Ananka), Eddie Byrne (Inspektor Mulrooney), Felix Aylmer (Stephen Banning), Raymond Huntley (Joseph Whemple), George Pastell (Mehmet), John Stuart (Leichenbeschauer), Michael Ripper (Poacher), Harold Goodwin (Pat), Dennis Shaw (Mike). F 86 Min.*
Ein britisches Archäologenteam gräbt an der Wende zum 20. Jahrhundert, ungeachtet der Warnungen des religiösen Fanatikers Mehmet, das Grabmal der vor 4000 Jahren verstorbenen ägyptischen Prinzessin Ananka aus. Mehmet erweckt daraufhin die Mumie eines Ex-Geliebten der Hoheit zu neuem Leben und lässt die grabschänderischen Forscher nacheinander abmurksen. Als John Banning an der Reihe ist, gewürgt zu werden, irritiert das Gesicht seiner Gattin Isobel die Mördermumie derart, dass sie stattdessen ihren Meister killt (zum Verständnis: Isobel ist der verblichenen Prinzessin wie aus dem Gesicht geschnitten). Von der Polizei und bewaffneten Dörflern gejagt, versinkt die Mumie – bleischwer geworden – im Sumpf. – Ein Remake des Films *Die Mumie* (USA 1932; Regie: Karl Freund).

DIE RACHE DER 1000 KATZEN

(LA NOCHE DE LOS MIL GATOS). Mexiko 1972. **R:** *René Cardona jr.* **B:** *Mario Zacarias, René Car-*

Die Rache der Kannibalen

Die Rache der 1000 Katzen

dona jr. **K:** *Alex Phillips.* **M:** *Raul Lavista.* **D:** *Anjanette Comer, Zulma Fayad, Hugo Stiglitz, Christa Linder, Teresa Velasquez, Babara Angely, Gerardo Zepeda. F 83 Min.*
Ein perverser Playboy, der in einem Schloss lebt und Probleme mit der Weiblichkeit hat, lässt seine Katzen so lange hungern, bis sie bereit sind, sich an Menschenfleisch zu laben. Ehe er sich versieht, ist er der Herrscher über eine Armee kannibalischer Schnurrer, die er auf jeden loslässt, der ihm im Wege steht. Ein Mädchen, das sich seinen Annäherungsversuchen widersetzt, öffnet versehentlich den Katzenkäfig. Die Miezen tun sich an Herrchen gütlich. – Amateurhaft inszenierter Schundfilm, der Handlungsstränge vergisst und wenig Grusel erzeugt: Wenn die Opfer der Katzen voller Entsetzen kreischen, lecken die angeblichen Bestien sie nur in aller Seelenruhe ab.

DIE RACHE DES GELYNCHTEN

(DARK NIGHT OF THE SCARECROW). USA 1981. **R:** *Frank De Felitta.* **B:** *J. D. Feigelson.* **K:** *Vincent A. Martinelli.* **M:** *Glenn Paxton.* **D:** *Charles Durning (Otis), Robert F. Lyons (Skeeter), Claude Earl Jones (Philby), Lane Smith (Harless), Tanya Crowe (Marylee), Jocelyn Brando (Mrs. Ritter), Larry Drake (Bubba Ritter), Tom Taylor (Sam), Ivy Jones (Mrs. Williams), Jim Tartan (Williams), Ed Call (Anwalt), Richard McKenzie (Richter), Alice Nunn (Mrs. Bunch), John Steadman (Loomis), David Adams (Deputy), Dennis Robertson (Ray), Ivy Bethune (Dame), Modi Frank (Kellnerin), Jetta Scelza (Mrs. Whimberley). F 90 Min.*
TV-Film. Gutmütiger Dorftrottel, der ein kleines Mädchen umgebracht haben soll, wird von biederen amerikanischen Kleinstädtern umgebracht. – »Aber die Vogelscheuche nimmt allnächtlich grausame Rache.« [V]

DIE RACHE DES GORILLAS

(NABONGA). USA 1943. **R:** *Sam Newfield.* **B:** *Fred Myton.* **K:** *Robert Cline.* **M:** *David Chudnow.* **D:** *Buster Crabbe (Ray Gorman), Julie London (Doreen Stockwell), Barton McLane (Carl Hurst), Fifi d'Orsay (Marie), Herbert Rawlinson (Stockwell), Jackie Newfield (Doreen als Kind), Prinz Modupe (Tobo), Bryant Washburn (Jäger). SW 82 Min.*
Doreen, die kleine Tochter eines Juwelendiebs, der mit einem Flugzeug im Kongo abstürzt, wächst in der Obhut eines Gorillas auf. Als Jahre später Ganoven (und ein edler Held) auftauchen, um die Klunker zu suchen, muss sie allerlei Unbill erdulden. Doch der Gorilla Nabonga steht ihr als hilfreicher Würger zur Seite. Mäßiger Abenteuerfilm mit Tarzan-Anklängen, eher abstrus als gruselig.

DIE RACHE DES HAUSES USHER

Anderer Titel für NEUROSIS – DIE RACHE DES HAUSES USHER

DIE RACHE DES PHARAO

(THE CURSE OF THE MUMMY'S TOMB). GB 1964. **R:** *Michael Carreras.* **B:** *Henry Younger.* **K:** *Otto Heller.* **M:** *Carlo Martelli.* **D:** *Jeanne Roland (Annette Dubois), Ronald Howard (John Bray), George Pastell (Hashmi Bey), Fred Clark (Alexander King), Terence Morgan (Adam Beauchamp), John Paul (Inspektor MacKenzie), Jack Gwillim (Sir Miles Dalrymple), Bernard Rebel (Professor Dubois), Dickie Owens (Mumie), Michael McStay (Ra), Jill Mai Meredith (Jenny), Vernon Smythe (Jessop), Harold Goodwin (Fred), Michael Ripper (Achmed), Marianne Stone, Jimmy Gardner. F 79 Min.*
Ein britisches Archäologen-Team gräbt die Mu-

mie eines vor 2000 Jahren von ihrem Bruder gemeuchelten Pharaos aus, die der amerikanische Expeditions-Finanzier King gegen klingende Münze auf Rummelplätzen (!) ausstellen will. (Wahrscheinlich hat er *King Kong und die weiße Frau* gesehen). Auf der Mumie lastet jedoch ein erzböser Fluch, dem bald mehrere Forscher zum Opfer fallen. Der Pharao klettert nachts aus seinem Sarkophag und killt & killt, bis er denjenigen gefunden hat, dem sein Zorn gilt: sein mörderisches Brüderlein, das als Unsterblicher noch immer unter den Lebenden wandelt. – »Die Mumie sieht aus wie die Montagsproduktion einer Mullbinden-Fabrik.« (Ed Naha, HORRORS FROM SCREEN TO SCREAM). Den Film hat man am Freitag (kurz vor Feierabend) gedreht.

DIE RACHE DES VAMPIRS

(LA STRAGE DEI VAMPIRI). Italien 1962. **R:** *Roberto Mauri.* **B:** *Roberto Mauri.* **K:** *Ugo Brunelli.* **M:** *Aldo Piga.* **D:** *Walter Brandi (Wolfgang), Graziella Granata (Louise), Dieter Eppler (Ghul), Alfredo Rizzo, Paolo Solvay, Gena Gimmy, Edda Feronao, Carla Foscari, Marietta Procaccini. F 74 Min.*
Wolfgang und Louise haben sich in der Nähe von Wien ein Schlösschen zugelegt. Als Louise sich während der Einweihungsparty unwohl fühlt und in ihr Gemach zurückzieht, wird sie von einem schwarz gekleideten Mann überrascht, der ihr auf Vampirart das Blut aussaugt. Louise verschweigt Wolfgang die Begegnung. Ihre Kräfte schwinden. Wolfgang zieht einen Arzt zu Rate, der erkennt, dass Louise in großer Gefahr schwebt. Schließlich hat sich auch Louise in einen Vampir verwandelt. Der Arzt tötet sie. Während er sich gegen einen zweiten weiblichen Vampir zur Wehr setzen muss, spürt Wolfgang das Versteck ihres Meisters auf und bringt ihn um. – So doof, dass es schon wieder lustig ist.

DER RÄCHER

BRD 1960. **R:** *Karl Anton.* **B:** *Gustav Kampendonk, Rudolf Cartier.* **V:** *»Der Rächer« von Edgar Wallace.* **K:** *Willi Sohm.* **M:** *Peter Sandloff.* **D:** *Heinz Drache (Michael Brixan), Ingrid van Bergen (Stella Mendoza), Benno Sterzenbach (Sir Gregory Penn), Ina Duscha (Ruth Sanders), Ludwig Linkmann (Henry Longvale), Siegfried Schürenberg (Staines), Klaus Kinski (Lorenz Voss), Rainer Brandt (Reggie Conolly), Friedrich Schönfelder (Jackson), Al Hoosman (Bhag), Franz Otto Krüger (Regieassistent), Maria Litto (Tänzerin), Rainer Penkert (Kameramann). SW 98 Min.*
Völlig durchgedrehter alter Knabe, in dessen Kellergewölbe eine Guillotine steht, spielt sich als Rächer auf und ermordet auf bestialische Weise ein Dutzend Menschen, die durch die Maschen des Gesetzes geschlüpft sind. Ein cleverer Detektiv, der zunächst den abstoßend aussehenden Lakaien eines großmäuligen Burgherrn verdächtigt, fällt dem Killer beinahe als dreizehnter zum Opfer. – »Dieser unscheinbare, wenig bekannt gewordene Schwarzweißfilm besitzt nicht zu unterschätzende Qualitäten.« (Florian Pauer, DIE EDGAR WALLACE-FILME)

RAGMAN

(TRICK OR TREAT). USA 1986. **R:** *Charles Martin Smith.* **B:** *Michael S. Murphy, Joel Soisson, Rhet Topham.* **K:** *Robert Elswit.* **M:** *Christopher Young.* **D:** *Marc Price (Eddie Weinbauer), Tony Fields (Sammi Curr), Gene Simmons (Nuke), Ozzy Osbourne (Reverend Aaron Gilstrom), Lisa Orgolini (Leslie Graham), Doug Savant (Tim Hainey), Elaine Joyce (Angie Weinbauer), Glen Morgan (Roger Mockus), Elise Richards (Genie Wooster), Richard Pachorek (Ron Avery), Clare Nono (Maggie Wong-

Die Rache des Pharao

Hernandez), Alice Nunn (Mrs. Cavell), Larry Sprinkle (Marv McCain), Charles Martin Smith (Wimley). F 93 Min.
Der dämonische Rockmusiker Sammi, der bei einem Brand ums Leben kommt, hilft seinem Superfan, dem Underdog Eddie, aus dem Jenseits, sich an der bösen Welt zu rächen. [V]

RAIMI, SAM

(*1959). Einer der favorisierten Jungregisseure des postmodernen Horrorfilms, geboren in Franklin, Michigan. 1982: *The Evil Dead (Tanz der Teufel)*; 1987: *Evil Dead II: Dead By Dawn (Tanz der Teufel II: Jetzt wird noch mehr getanzt); 1992: Army of Darkness (Armee der Finsternis); 2000: The Gift; 2002: Spiderman.* Als TV-Produzent zeichnete er für Serien wie »American Gothic« und »Xena Warrior Princess«.

RAMPER, DER TIERMENSCH

Deutschland 1927. **R:** *Max Reichmann.* **B:** *Curt J. Braun, Paul Wegener.* **V:** *Max Mohr.* **K:** *F. Weinmann, H. Körner.* **D:** *Paul Wegener (Kapitän Ramper), Max Schreck (Der Dürre), Mary Johnson, Kurt Gerron, Emilie Kurz, George D. Gurtler, Karl Ballhaus, Dillo Lombardi, Raimondo van Riel. SW 79 Min. (Stummfilm).*
Der Arktisforscher Kapitän Ramper verirrt sich in den Eiswüsten des Polargebietes und entwickelt sich, um in der Kälte überleben zu können, in einen haarigen Frühmenschen zurück, der auch seine intellektuellen Fähigkeiten verliert. Jahre später wird er gefunden und gerettet, doch niemand erkennt in ihm einen Menschen. Er wird für eine Art Yeti (Schneemensch) gehalten und in einem Zirkus ausgestellt, wo er sich in seine Dompteuse verliebt. Nachdem es einem Wissenschaftler gelungen ist, Rampers verschüttetes Bewusstsein freizulegen, entscheidet dieser sich dazu, in die Arktis zurückzukehren, da die Zivilisation jeden Reiz für ihn verloren hat.

DAS RASTHAUS DER GRAUSAMEN PUPPEN

BRD/Italien 1967. **R:** *Rolf Olsen.* **B:** *Rolf Olsen.* **K:** *Karl Löb.* **M:** *Erwin Halletz.* **D:** *Essy Persson (Betty), Erik Schumann (Bob Fishmann/Bob Hill), Ellen Schwiers (Francis), Margot Trooger (Gutsbesitzerin), Balduin Baas (Lupus McIntosh), Bela Erny (Sergeant), Jane Tilden (Miss Tweetle), Helga Anders, Karin Field, Dominique Boschero. SW 96 Min.*
Bob und Betty drehen ein erfolgloses Ding. Bob tötet auf der Flucht einen Polizisten. Betty wird geschnappt und landet in einem Gefängnis, in dem eine sadistisch veranlagte Lesbe das Kommando führt. Als sie Betty an die Wäsche will, kriegt sie ein Messer zwischen die Rippen. Betty und vier weitere Knastologinnen brechen aus und schlagen sich ins schottische Hochland durch, wo Bob in einer Raststätte als Barkeeper arbeitet. Von nun an drehen die Mädchen ein Ding nach dem anderen: Sie kidnappen, killen & erpressen, dass die Schwarte kracht. – »Die Kamera schwelgt in Abartigkeiten: Auspeitschungen, gefesselte nackte Frauen unter der kochend heißen Dusche, lesbische Liebe – und immer wieder Morde, unterbrochen von Striptease und eindeutigen Intimszenen. Eine schmuddelige Atmosphäre, in die zu allem Überfluss auch noch ›humorige‹ Töne gemischt werden, die wohl den ordinären, rüden und zynischen Gossenton neutralisieren sollen, der in den meisten Passagen vorherrscht.« (A.P., FILMDIENST)

DAS RASTHAUS DER TEUFLISCHEN SCHWESTERN

(THE NAME OF THE GAME IS KILL). USA 1968. **R:** *Gunnar Hellstrom.* **B:** *Gary Crutcher.* **K:** *William Zsigmond.* **M:** *Stuart Phillips, Mike Gordon.* **D:** *Jack Lord (Symcha Lipa), Susan Strasberg (Mickey Terry), Collin Wilcox (Diz Terry), Tisha Sterling (Nan Terry), T. C. Jones (Mrs./Mr. Terry),*

Ramper, der Tiermensch

Mort Mills (Sheriff Kendall), Marc Desmond (Arzt). F 83 Min.
Psycho-Thriller. Symcha Lipa, ein in die USA eingewanderter Ungar, wird von der attraktiven Mickey in einem Wagen mitgenommen und landet auf einer Tankstelle, die sie mit ihren Schwestern Diz und Nan und ihrer Mutter betreibt. Die Atmosphäre im Haus der Terrys ist seltsam geladen; Symcha erfährt, dass Nan eine lebende Tarantel hält. Terry hat angeblich ihren Gatten ermordet. Auch Mickeys Verlobter Juan ist unter merkwürdigen Umständen verschwunden. Die Terry-Frauen scheinen ausnahmslos geistesgestört zu sein, und als Symcha in der Nacht eine Klapperschlange in seinem Bett findet, scheint seine Annahme sich zu bestätigen. Trotz der Warnungen des Sheriffs will er dem Geheimnis, das die Frauen umgibt, auf den Grund gehen. Mickey und Mrs. Terry können im letzten Augenblick verhindern, dass er der verrückten Nan zum Opfer fällt. Dabei stellt sich heraus, dass Mrs. Terry in Wahrheit Mr. Terry ist: Seine Gattin hat die Familie vor Jahren im Zorn verlassen, und er hat ihre Identität angenommen, um seine instabilen Töchter zusammenzuhalten.

DAS RÄTSEL DER UNHEIMLICHEN MASKE

(THE PHANTOM OF THE OPERA). GB 1961. **R:** *Terence Fisher.* **B:** *John Elder.* **V:** *»Das Phantom der Oper« von Gaston Leroux.* **K:** *Len Harris.* **M:** *Edwin Astley.* **D:** *Herbert Lom (Phantom), Heather Sears (Christine Charles), Thorley Walters (Latimer), Edward De Souza (Harry Hunter), Michael Gough (Lord Ambrose d'Arcy), Martin Miller (Rossi), Miles Malleson (Kutscher), Miriam Karlin (Barmherzige Schwester), John Harvey (Vickers), Harold Goodwin (Bill), Ian Wilson (Zwerg), Marne Maitland (Xavier), Patrick Troughton (Rattenfänger), Liane Aukin (Maria), Leile Forde (Teresa), Geoff L'Cise (Franzose), Renée Houston (Mrs. Tucker). F 83 Min.*
Armer, aber herzensguter Opernkomponist wird gezwungen, ein Meisterwerk an einen adeligen Blender zu verkaufen, damit selbiger unsterblichen Ruhm erntet. Bei der versuchten Verhinderung der Vervielfältigung seiner Noten (per Brandstiftung) richten die Flammen den Komponisten so grässlich zu, dass er fortan als Phantom in den Gewölben eines Londoner Opernhauses umgeht und alles tut, um die Uraufführung seines Werkes zu verhindern. Nachdem er (nicht zuletzt mit Hilfe eines ihm ergebenen zwergenhaften Dieners) mit Mord und Terror die Besetzungsliste der Inszenierung manipuliert und der ihm genehmen Diva den Part der ersten Sängerin zugeschustert hat, kommt er bei dem Versuch zu Tode, sie von einem herabstürzenden Kronleuchter zu retten. – Die vierte Filmversion nach dem Gruselklassiker von Gaston Leroux ist ein billiger Schnellschuss mit weitgehend namenlosen Akteuren, die einem nur bekannt vorkommen, weil sie in x anderen Horrorfilmen ähnliche Rollen gespielt haben. Konnte man von der 1925 entstandenen ersten Fassung noch sagen, das scheußliche Gesicht des Phantoms hätte prima zum Eierabschrecken dienen können, entsteht das Grauen diesmal dadurch, dass das Phantom, wenn es in den labyrinthischen Operhaus-Kellergrüften an der Orgel sitzt, »wie Liberace aussieht.« (TIME). – »Das Phantom der Oper ist auch nicht mehr das, was es einmal war.« (Howard Thompson, NEW YORK TIMES)

DER RATTENGOTT

(IZBAVITELJ). Jugoslawien 1977. **R:** *Krsto Papic.* **B:** *Ivo Bresan, Krsto Papic, Zoran Tadic.* **V:** *Erzählung »Der Rattenfänger« von Alexander Grin.* **K:** *Ivica Rajkovic.* **M:** *Brane Zivkovic.* **D:** *Ivica Vidovic (Gajski), Mirjina Majurec (Sonja), Relja Basic (Bürgermeister), Ilja Ivezic (Polizeichef), Fabijan Sovagovic (Professor Boskovic), Branko Spoltjar (Rupcic). F 75 Min.*
1920er Jahre, irgendwo in Mitteleuropa: Wie Professor Boskovic aus einem 400 Jahre alten Buch erfährt, sind die Ratten in Krisenzeiten in der Lage, menschliches Äußeres anzunehmen, um unter der Führung einer mysteriösen Riesenratte die Herrschaft über die Welt an sich zu reißen. Da es momentan in der Stadt von Ratten nur so wimmelt und sich in der Stadtverwaltung rätselhafte Dinge tun, zieht Boskovic den Schluss, dass die Ratten sich in menschlicher Gestalt in alle wichtigen Positionen eingeschlichen haben. Der obdachlose Student Gajski, der auf der Suche nach einem Schlafplatz durch die Stadt irrt und schließlich in einer leeren Bank landet, beobachtet eine erschreckende Zusammenkunft: Auf einem Festbankett zu Ehren der Riesenratte tummeln sich merkwürdig rattenhaft aussehende Menschen, die den Plan fassen, den ihnen unliebsamen Professor aus dem Wege zu räumen. Gajski informiert die

Polizei, aber die kann am nächsten Tag keine Spuren der Rattenversammlung ausmachen. Boskovic wird aus seinem Labor entführt. Zum Glück hat er jedoch ein Gift entwickelt, mit dem man der Rattenplage Herr werden kann. Gajski tritt in die Fußstapfen des Wissenschaftlers und befreit die Stadt von den »Invasoren«; die Riesenratte jedoch prophezeit ihm, bald werde ein neuer »Erretter« des Rattenvolkes kommen. – »Papic baut systematisch Spannung auf und setzt Schock- und Gruselelemente des phantastischen Kinos virtuos ein, ohne sie selbstzweckhaft auszukosten. Schon darin unterscheidet sich *Der Rattengott* von vielen Beispielen des Nervenkitzelgenres. Stets ordnet Papic alle Horrorzutaten – und hier spürt man das abgeschlossene Literaturstudium des Regisseurs, den humanistisch-demokratischen Gedanken Grins unter jener verschlüsselten Warnung vor den Gefahren jeder Art von Faschismus. So mündet das anfängliche Interesse des Zuschauers an den außergewöhnlichen Begebenheiten schließlich in echte Anteilnahme am Schicksal des Helden.« (DER SPIELFILM IM ZDF)

RAWHEAD REX

(RAWHEAD REX). GB 1987. **R:** *George Pavlou.* **B:** *Clive Barker.* **V:** *Erzählung »Rawhead Rex« von Clive Barker.* **K:** *John Metcalfe.* **Ma:** *Peter Litten.* **M:** *Clin Towns.* **D:** *David Dukes (Howard Hallenbeck), Kelly Piper (Elaine Hallenbeck), Ronan Wilmot (Declan O'Brien), Niall Toibin (Reverend Coot), Heinrich v. Schellendorf (Rawhead Rex), Niall O'Brian (Detective Gissing). F 89 Min.*

Irland: Ein Gärtner gräbt versehentlich einen keltischen Dämon aus, der sich einen tückischen Pfaffen Untertan macht und fleißig Einheimische frisst. Ein amerikanischer Wissenschaftler, der als Tourist ins Land kommt, nimmt den Kampf auf und gewinnt die Schlacht gegen den abscheulichen Gegner, wie in B-Filmen üblich. Hier überzeugt weder die Leistung des Regisseurs noch die des Hauptdarstellers. Das fertige Produkt endete auf einer Videokassette. [V]

RAZORBACK – KAMPFKOLOSS DER HÖLLE

(RAZORBACK). Australien 1984. **R:** *Russell Mulcahy.* **B:** *Everett De Roche.* **K:** *Dean Semler.* **M:** *Iva Davies.* **D:** *Gregory Harrison (Carl Winters), Arkie Whiteley (Sarah Cameron), Bill Kerr (Jake Cullen), Chris Haywood (Benny Baker), David Argue (Dicko Baker), Judy Morris (Beth Winters), John Howard (Danny), John Ewart (Turner), Don Smith (Wallace), Mervyn Drake (Andy), Redmond Phillips (Richter), Alan Beecher, Peter Schwartz (Anwälte), Beth Child (Louise Cullen), Rick Kennedy (Farmer), Chris Hession (TV-Cowboy), Brian Adams, Jinx Lootens (Nachrichtensprecher), Angus Malone (Scotty), Peter Boswell (Wagstaff), Don Lane. F 88 Min.*

Die US-Journalistin Beth will in Australien über die illegale Jagd auf Känguruhs berichten. Die Einheimischen begegnen ihr feindselig. Eines Abends kommt ihr Auto von der Straße ab. Sie wird von einem gigantischen Wildschwein angegriffen und getötet. Ihr Ehemann Carl geht dem Fall nach und lernt Jake kennen, dessen Enkel von dem Biest verschleppt wurde. Die Spur führt zu einer Hundefutterfabrik, deren Betreiber das Monstrum füttern ... [V]

REAL GHOSTS – DIE GEISTER SIND UNTER UNS

(REAL GHOSTS). USA 1995. **R:** *Tobe Hooper.* **B:** *A. L. Katz, Gilbert Adler, Peter M. Lenkow, David Braff.* **K:** *Levie Isaacks.* **M:** *Nicholas Pike.* **D:** *Alvin Silver, Sarah Carson, Robert Jacobs, Van Williams, John Hammil, Shawn Christy, Eli Guralnick, Eileen Jo Bowman, Del Zamora. F 48 Min.*

TV-Episodenfilm. – 1. »Die Legende der Kate Morgan«: Anwalt trifft in einem Hotel auf einen weiblichen Geist. – 2. »Ghosts 'R us«: Untoter Bauer poltergeistet im Spielwarenladen. – 3. »Ein Schulgeist«: Arbeiter, die in einer Schule eine Wand einreißen, begegnen dem Titelhelden. All das hat sich laut RTL2-Pressetext wirklich zugetragen.

REBECCA

(REBECCA). USA 1940. **R:** *Alfred Hitchcock.* **B:** *Robert E. Sherwood, Joan Harrison, Philip MacDonald, Michael Hogan.* **V:** *»Rebecca« von Daphne Du Maurier.* **K:** *George Barnes, Joseph H. Platt* **M:** *Franz Waxman.* **D:** *Laurence Olivier (Maxim de Winter), Joan Fontaine (Mrs. de Winter), George Sanders (Jack Favell), Judith Anderson (Mrs. Danvers), Nigel Bruce (Major Giles Lacey), C. Aubrey Smith (Colonel Julyan), Reginald Denny (Frank Crawley), Gladys Cooper (Beatrice Lacey), Philip Winter (Robert), Edward Fielding (Frith), Florence Bates (Mrs. Van Hopper), Leo G. Carroll (Dr. Baker), Forrester Harvey (Chalcroft), Lumsden Hare (Tabs), Leonard Carey (Ben), Edith Sharpe, Melville Cooper. SW 130 Min.*

Von der Hochzeitsreise zurückgekehrt, begegnet die »neue« Mrs. de Winter der feindlichen Reserviertheit des Dienstpersonals auf Schloss Manderley, dem Groß-Besitztum ihres Mannes. Der Schatten Rebeccas, der verstorbenen ersten Frau de Winters, scheint noch auf dem Schloss zu liegen. Die Haushälterin Mrs. Danvers, die sich wie ein dämonisches Phantom durch Manderley bewegt, pflegt den Totenkult im besonderen Maße und lässt keine Gelegenheit aus, der jungen Frau das Gefühl zu geben, sie könne weder an Schönheit noch an Geist mit der früheren Schlossherrin konkurrieren. Eines Nachts erzählt de Winter seiner Frau, wie Rebecca zu Tode kam: Er habe sie gehasst, weil sie ihn betrogen hätte. Bei einem Streit am Bootshaus sei sie durch eine unglückliche Verkettung von Zufällen von einem umstürzenden Mast erschlagen worden. Um nicht in Mordverdacht zu geraten, habe er Rebeccas Leiche aufs Meer hinaus gefahren und mit ihrem Boot versenkt. Lange Zeit habe ihn die Furcht vor der möglichen Entdeckung gequält, doch als eine tote Unbekannte angespült worden sei, habe er sie als Rebecca identifiziert. Daraufhin habe die Polizei die Vermisstenanzeige ad acta gelegt. Die in ihrer zwanghaften Vergötterung Rebeccas unheimliche Mrs. Danvers steigert ihre Attacken gegen die neue Herrin. In krankhafter Eifersucht will sie Mrs. de Winter in den Selbstmord treiben. Die Lage verschärft sich, als Taucher auf der Suche nach einem im Sturm gesunkenen Kahn Rebeccas Leiche und ihr Boot bergen. Die Polizei stellt fest, dass das Boot nicht von selbst untergegangen ist, sondern mutwillig versenkt wurde. De Winter wird nicht nur von der Polizei in die Enge getrieben, sondern auch von Rebeccas Geliebten Jack Favell, der ihn erpressen will. Da findet sich Rebeccas Arzt Dr. Baker. Der sagt aus, Rebecca sei unheilbar an Krebs erkrankt gewesen und könne durchaus lebensmüde gewesen sein. Das Motiv leuchtet der Polizei ein, die zum zweiten Male die Akte Rebecca schließt. Mr. und Mrs. de Winter kehren von der Vernehmung aus London zurück: Schloss Manderley steht in Flammen. Mrs. Danvers hat in ihrer Wut, doch nicht das volle Vertrauen ihrer vergötterten Herrin genossen zu haben, Rebeccas einstige Gemächer in Brand gesetzt und kommt selbst darin um. – Hitchcocks erster Psycho-Thriller mit Horrorelementen (Schloss Manderley wird zum Spukschloss, die Haushälterin zum lebensbedrohenden, unberechenbaren Phantom). Das Opfer, die Heldin der Geschichte, wird bedroht von fortschreitendem Identitätsverlust, hervorgerufen von einer geheimnisumwitterten, nicht fassbaren, da toten Figur. – »Ein starkes filmisches Erlebnis!« (FILMDIENST) – »Hitchcock at his best.« (Harris/Lasky, ALFRED HITCHCOCK)

REBELLEN DES GRAUENS

(SUPERNATURALS). USA 1985. **R:** *Armand Mastroianni.* **B:** *Joel Soisson, Michael S. Murphy.* **K:** *Peter Collister.* **M:** *Robert O. Ragland.* **D:** *Maxwell Caulfield (Pvt. Ray Ellis), Nichelle Nichols (Sgt. Leona Hawkins), Talia Balsam (Pvt. Angela Lejune), Brandford Bancroft (Pvt. Tom Weir), Levar Burton (Pvt. Michael Osgood), Bobby DiCicco (Pvt. Tim Corf). F 87 Min.*

Während des amerikanischen Bürgerkriegs von den Nordstaatlern als (erfolglose) »Vorkoster« über ein Minenfeld geschickte Südstaatler rächen sich, als Untote zu neuem Leben erwachend, an einem Soldatentrupp der Gegenwart. Wer Gruselspannung sucht, wird sie hier so schnell nicht finden. AIDT [V]

DIE REBELLION DER LEBENDEN LEICHEN

(LA REBELION DE LAS MUERTAS). Spanien 1972. **R:** *Leon Klimovsky.* **B:** *Jacinto Molina.* **K:** *Francisco Sanchez.* **SpE:** *Eugenio Vizelli.* **Ma:** *Miguel Sese.* **M:** *N.N.* **D:** *Paul Naschy (Krischna), Mirta Miller (Elvira Irving), Vic Winner [Victor Alcazar], Emma Cohen, Lois Ciges, Claudia Romy, Aurora de Alba. F 89 Min.*

Llangwell, England, Anfang der 1970er Jahre: Nach einer spiritistischen Sitzung trifft die junge Elvira Irving in ihrem Haus Untote an, die ein indischer Guru mit Magie auf Mordzüge schickt. Die Polizei tappt, wie immer, im Dunkeln. Verdächtig ist vor allem der entstellte Inder Krischna, der sein schreckliches Aussehen irgendwelchen kolonialistischen Briten verdankt. – »Ein von Leon Klimovsky hastig heruntergekurbeltes Filmchen aus der spanischen Massenproduktion. Nur ab und zu reißen einen einige nette Details und die Leistungen von Maskenbildner Miguel Sese aus tiefem Schlaf.« (VAMPIR) Für Paul Naschy, der die Rolle des Gurus spielte, hatte der Film ein komisches Nachspiel: »Eines Tages klingelte ein langhaariger Deutscher an meiner Tür und erzählte mir, dass er *Die Rebellion der lebenden Leichen* gesehen habe ... und dass ich nun sein Guru sei. Er bestand darauf, dass ich ihn auf der Stelle nach Deutschland begleiten sollte, wo er bereits eine Vortragsreise für mich organisiert hätte! Natürlich sagte ich, dass ich nur ein Schauspieler sei; er zog ziemlich enttäuscht wieder von dannen. Es war unvorstellbar für mich, dass er nur aus diesem Grund nach Spanien gereist war.«

THE RED MONKS

(I FRATI ROSSI). Italien 1989. **R:** *Joe Martucci [Gianni Martucci].* **B:** *Luciana Anna Spacca, Pino Buricchi, Gianni Martucci.* **K:** *Sergio Rubini.* **SpE:** *Lucio Fulci.* **M:** *Paolo Rustichelli.* **D:** *Gerardo Amato, Lara Wendel, Malisa Longo, Richard Brown, Claudio Pacifico, Mary Maxwell, Roland Russo, Ludivico Dello Jojo. F 85 Min.*
Nachdem die Malerin Ramona den Schlossherrn Riccardo Galini geehelicht hat, beobachtet sie, dass dieser im Gewölbe ihrer neuen Behausung von rot gewandeten Mönchen angehalten wird, ihnen seine Gattin auszuliefern. Galini treibt es mit der Haushälterin Priscilla. Ramona wird im Park von einem Unbekannten vergewaltigt, erkundet mit einer Zofe das Schloss und stößt auf einen Folterkeller und eine verschlossene Tür, die weitere Erkenntnisse behindert. Ramona träumt von den Mönchen, einem schaurigen Skelett und erfährt von der Zofe, sie sei (schlafwandelnd?) im Gewölbe gewesen. Die Zofe verliert den Kopf. Nach vielen Verwicklungen erfährt Ramona, dass ihr Gatte einem uralten Satanskult verpflichtet ist, der in ihr selbst alles andere als das übliche Opfer sieht. Dutzendware mit Fleischbeschau. AIDT [V]

REDNECK ZOMBIES

(REDNECK ZOMBIES). USA 1987 (1989). **R:** *Pericles Lewnes.* **B:** *Fester Smellman.* **St:** *Zoofeet, P. Floyd Piranha.* **K:** *Ken Davis.* **M:** *Adrian Bond.* **D:** *Steve Sooy, Anthony M. Carr, Keith Johnson, Ken Davis (Patient Eins), Stan Morrow (Dr. Kildare), Brent Thurston-Rogers (Dr. Casey), Lisa M. DeHaven (Lisa Dubois), William E. Benson, Bucky Santini, Tyrone Taylor, P. Floyd Piranha. F 90 Min.*
»Horror-Komödie« auf Video (im Vertrieb von Full Moon Pictures): Nachdem sie einen chemischen Kampfstoff getankt haben, mutieren irgendwelche Hinterwäldler zu grunzenden Kannibalen und überfallen eine Gruppe von Campern. – »Filmed on location in Maryland.« Ein »Director's Cut« kam 1996 heraus. [V]

THE REINCARNATE

(THE REINCARNATE). Kanada 1971. **R:** *Don Haldane.* **B:** *Seelig Lester.* **K:** *Norman Allin.* **M:** *Milan Kymlicka.* **D:** *Jack Creley (Everett Julian), Jay Reynolds (David Paine), Trudy Young (Ruthie Montes), Hugh Webster (Berryman), Gene Tyburn (Stedley), Rex Hagon (Gene), Colin Fox (Ormsby), Terry Tweed (Ann Jameston). F 122 Min.*
Anhänger okkulter Mächte fühlt sein Ende nahen und sucht sich einen jungen Mann, um mittels Schwarzer Magie in dessen Körper zu reinkarnieren. [V]

DIE RE-INKARNATION DES PETER PROUD

(THE REINCARNATION OF PETER PROUD). USA 1974. **R:** *J. Lee Thompson.* **B:** *Max Ehrlich.* **V:** *»Der Mann, der zweimal lebte« von Max Ehrlich.* **K:** *Victor J. Kemper.* **M:** *Jerry Goldsmith.* **D:** *Michael Sarrazin (Peter Proud), Jennifer O'Neil (Ann Curtis), Margot Kidder (Marcia Curtis), Cornelia Sharpe (Nora Hayes), Paul Hecht (Dr. Sam Goodman), Tony Stephano (Jeff Curtis), Norman Burton (Dr. Frederick Spear), Anne Ives (Ellen Curtis), Debralee Scott (Suzy), Jon Richards (Archivar), Steve Franken (Dr. Charles Crennis). F 105 Min.*
Der Dozent Peter Proud hat einen ständig wiederkehrenden Albtraum: Ein junger Mann badet in einem See und wird, als er sich schwimmend einem Ruderboot nähert, von dessen Insassin mit einem Paddel erschlagen. Mit Hilfe eines an Traumdeutung und Parapsychologie interessierten Wissenschaftlers will er dem Traum auf den Grund gehen. Als er in einer TV-Sendung eine Landschaft sieht, die er aus dem Traum kennt (eine ihm völlig unbekannte Gegend), gelangt er zu der Überzeugung, er habe schon mal gelebt und sei möglicherweise ermordet worden. Seine Nachforschungen erweisen sich als korrekt: Im früheren Leben hieß er Jeff Curtis und war ein Schürzenjäger ersten Ranges – bis seine Frau Marcia ihn sich vom Hals geschafft hat. Proud lernt Marcia und ihre Tochter Ann kennen. Als er sich in Ann verliebt, erweckt er Marcias Eifersucht. Die Geschichte endet wie begonnen: Proud kommt erneut ums Leben. – Ein Mann auf der Suche nach seiner Vergangenheit – kein interessantes Thema! Leider wurde aus der Romanvorlage Max Ehrlichs nur ein mittelprächtiger Film voller verschenkter Möglichkeiten: »Ob [er] letztlich auf eine Botschaft abzielt, wird nicht recht klar. Allzu aufdringlich werden die traumatischen Erlebnisse

geschildert und mit nervtötender Musik untermalt.« (Joe Hill, FILMDIENST) – »Leider wird zu wenig aus dem Stoff gemacht; der Film überlebt nur dank der Regieleistung Thompsons: meist ruiniert ja der Regisseur ein gutes Drehbuch, aber in diesem Fall rettete er ein äußerst schlecht durchdachtes ... Der größte Teil des Films ist zu schwerfällig, um daran etwas ändern zu können. Seine Spannung liegt in dem, was er nicht ausspricht.« (Reynold Humphries, CINEFANTASTIQUE)

REISE INS GRAUEN

(TWISTED NIGHTMARE). USA 1988. **R:** *Paul Hunt, Charles Philip Moore.* **B:** *Paul Hunt.* **K:** *Paul Hunt, Gary Graver.* **M:** *Bruce Wallenstein.* **D:** *Rhonda Gray, Cleve Hall, Brad Bartrum, Robert Padilla, Scott King. F 91 Min.*

Teenies in einem Ferienlager an einem See werden von einem irrsinnigen Mörder dezimiert – ihrem ehemaligen Mitschüler Matthew, den sie für tot halten, da ihn zwei Jahre zuvor ein schauriger Tod ereilte. Eine völlig neue Filmidee. AIDT [V]

REISE INS VERDERBEN

(INNER SANCTUM). USA 1948. **R:** *Lew Landers.* **B:** *Jerome Todd Gollard.* **K:** *Al Ziegler.* **M:** *Emil Newman.* **D:** *Charles Russell (Harold Dunlap), Mary Beth Hughes (Jean Maxwell), Lee Patrick (Ruth Bennett), Nana Bryant (Thelma Mitchell), Billy House (McFee), Dale Belding (Mike Bennett), Roscoe Ates (Willy), Eve Miller (Mrs. Dunlap), Fritz Leiber (Seher), Eddie Parks (Barney). SW 65 Min.*

Während einer Eisenbahnfahrt erzählt ein geheimnisvoller Mann (dargestellt von Fritz Leiber, dem Vater des gleichnamigen Horror- und Science Fiction-Autors) der jungen Jean eine schreckliche Mordgeschichte – mit dem Ergebnis, dass die Wirklichkeit sich der Phantasie immer mehr angleicht. Spannender Billig-Grusler, entstanden nach der amerikanischen Hörspielreihe »Inner Sanctum«.

DAS RELIKT – MUSEUM DER ANGST

(THE RELIC). USA 1996. **R:** *Peter Hyams.* **B:** *Amy Holden Jones, John Raffo, Rick Jaffa, Amanda Silver.* **V:** *»Relic – Museum der Angst« von Douglas Preston und Lincoln Child.* **K:** *Peter Hyams, Philip Harrison.* **SpE:** *KNB FX Group, Stan Winston.* **M:** *Penny Perry.* **D:** *Penelope Ann Miller (Dr. Margo Green), Tom Sizemore (Lt. Vincent D'Agosta), Linda Hunt (Dr. Ann Cuthbert), James Whitmore (Dr. Albert Frock), Robert Lasser (Bürgermeister Owen), Clayton Rohner (Detective Hollingsworth), Chi Muoi Lo (Greg Lee), Thomas Ryan (Parkinson). F 110 Min.*

»Heute liebt es der Horrorfilm eine Nummer kleiner, was die Ursache betrifft, und eine Nummer größer, was die Folgen angeht. Die moderne Form des Prometheischen Sündenfalls ist die Gen-Manipulation.« (Peter Zander, BERLINER ZEITUNG, 30.4.1997) – Aus dem brasilianischen Regenwald werden Artefakte an ein Naturkundemuseum in Chicago verfrachtet. Dort bereitet die Museumsleiterin eine Ausstellung zum Thema Aberglauben vor und freut sich, unter den Exponaten auch ein Relikt zu entdecken, das den indianischen Kothoga-Gott darstellen soll. Die Eröffnungsgala freilich droht zum Blutbad zu werden, als eine genetisch mutierte Verbindung von pflanzlicher DNS mit tierischem Protein und menschlichen Chromosomen heranschleimt, halb Insekt, halb Reptil und ein bisserl Indianerforscher, die sich von menschlichem Hirn ernährt und die vom ausgelösten Sicherungssystem eingesperrten Gäste durch die Gänge jagt. – »Doch die Isolation von der helfenden Außenwelt ist ein durchsichtiger Drehbuchnotbehelf, das computergemästete Vieh meist unfreiwillig komisch, das Personal als bloßer Fresshäppchenhaufen für das Monster angelegt und die Hoffnung der Horrorfreunde, mal wieder ein schönes ›Lange-Gänge, dunkle-Ecken, tropfende-Lefzen‹-Schauerstück zu se-

Das Relikt – Museum der Angst

hen, schnell enttäuscht. Wahrscheinlich hat [Regisseur Peter] Hyams ja doch irgendwie Recht: das Genre ist reif fürs Museum.« (tki, STUTTGARTER ZEITUNG, 30.4.1997) – »Es muss eine ungeheure Anstrengung gewesen sein, allen zweifelnden Fragen – zum Beispiel danach, warum das Monster, wenn es so viel Hirn braucht, statt im Keller zu sitzen, nicht einfach durch ganz Chicago stiefelt – die Stirn zu bieten. Nur so gelingt die Konzentration auf ein einzigartiges dramatisches Bild, dass ein sich allen zoologischen Ordnungen entziehendes Mischwesen unerkannt in den dunklen Eingeweiden eines für ihn zuständigen Museums sitzt und es von innen zernagt. Das ist weit mehr als ein lustiger Zufall. Die Autoren entwerfen damit eine Art topographischer Psychologie der Naturwissenschaften als einer gesamten, vulgärwissenschaftlich fundierten Welteinrichtung, die vor lauter Zerteilungen und Konservierung der Begriffe in Spiritus deren unterirdisches Zusammenwirken nicht fassen kann und machtlos davor steht, wenn deren Eigenbewegung mal wieder handfest wird und Menschen frisst – so dass einzig der Weg der Zerstörung noch offen bleibt.« (Daniel Peterson, TAZ, 6.5.1997) – »Ein Film also, dessen ›message‹, konsequent zu Ende gedacht, eigentlich nur lauten kann: schleunige Rodung der Regenwälder samt ihren fatalen Genbanken. Laut Produktionsnotizen war Peter Hyams von der akkuraten Recherche im Roman von Douglas Preston und Lincoln Child beeindruckt; sein Film lässt von derartigem naturwissenschaftlichen Interesse leider kaum etwas erkennen. Der Routinier, der auch eine schwungvolle Kamera führte, hat das Feld weitgehend dem ›creature designer‹ (Stan Winston) und den Burschen von den computergenerierten Images und ihren Hochleistungsrechnern überlassen. Die Evidenz eines unsichtbaren Schreckens, die der Film noch und noch zu beschwören sucht, zeitigt kaum Wirkung, aber auch diejenige der Epiphanie des Wesens verliert sich bald einmal.« (Christoph Egger, NEUE ZÜRCHER ZEITUNG, 24.6.1997)

RENDEZVOUS ZUM FRÖHLICHEN TOD

(AU RENDEZ-VOUS DE LA MORT JOYEUSE). Frankreich/Italien 1972. **R:** *Juan Buñuel.* **B:** *Pierre Jean Maintigneux, Juan Buñuel.* **K:** *Ghislain Cloquet.* **M:** *Henri Vieuxtemps, Ludwig van Beethoven.* **D:** *Françoise Fabian (Françoise), Jean-Marc Dory (Marc), Michel Creton (Leroy), Claude Dauphin (d'Aval), Gérard Depardieu (Beretti), Yasmine Dahm (Sophie), Renato Salvatori (Henri), Jean-Pierre Darras (Peron), André Weber (Dominique), Sebastian Stark (Kléber), Renée Licques (Alte Dame), Loris Baccheschi (Kellner), Brigitte Toutain, Corinne Arnaud, Sylvie Bourgoin, Corinne Deforge, Monique Berardie, Pascale Ange, Mini Young, Nadia di Bert, Toni Liprizu, Mario Santini. F 80 Min.*
Françoise und Marc beziehen samt Töchterchen Sophie ein einsames, auf einer Waldlichtung gelegenes Haus und stellen fest, dass es dort spukt: Mysteriöse Kräfte versetzen allerlei tote Gegenstände in Bewegung und treiben die Familie an den Rand der Hysterie. Ein Fernsehteam, das die unheimlichen Erscheinungen filmen will, wird in die Aktionen des Hausgeistes ebenso einbezogen wie ein Geistlicher, der das Gebäude einem rituellen Exorzismus unterziehen möchte. Am Ende geben Françoise und Marc auf – ebenso ihre Gäste, die das Heil in der Flucht suchen. Nur Sophie bleibt zurück, die möglicherweise aufgrund eines in ihr schlummernden »wilden« Talents für den ganzen Spuk verantwortlich ist. – »Juan Buñuel bietet ... weder eine rationale noch eine irrationale Erklärung an. Sein Film bleibt bewusst antirational, antikartesianisch. Die Thematik der Spukereignisse entstammt dem Arsenal der englischen Gespenstergeschichten, die Präsentation ist eine vordergründig surrealistische – vordergründig, weil sich Buñuel mit der Anhäufung der parapsychologischen Erscheinungen begnügt, ohne sie künstlerisch zu gestalten, weil er das Okkulte und Unerklärliche als ›anormalen‹ Einbruch in die Normalität betrachtet, als eine Art ›Aufstand der Dinge‹ ... gegen den Menschen, nicht als zusätzliche Dimension unseres Bewusstseins.« (Gerhard Waeger/Z., FILMDIENST)

RENEVANT – SIE KOMMEN IN DER NACHT

(RENEVANT). USA 1998. **R:** *Richard Elfman.* **B:** *Matthew Bright.* **K:** *Robin Brown.* **M:** *Danny Elfman, Michael Wandmacher.* **D:** *Rod Steiger (Van Helsing), Casper van Dien (Dallas), Natasha Gregson Wagner (Nico), Natasha Lyonne (Rachel), Udo Kier (Vincent), Robert Pastorelli. F 91 Min.*
Zwei konkurrierende Vampircliquen und ein Anti-Vampir-Kommando machen sich gegenseitig den Garaus. Van Helsing-Rod Steiger

schimpft im Original auf Deutsch ... Klein, aber fein und wohlfeil als [V].

RETURN OF THE FAMILY MAN

(RETURN OF THE FAMILY MAN). Südafrika 1989. **R:** *John Murlowski.* **B:** *John Fox, John Murlowski.* **K:** *Rene Smith.* **M:** *Colin Shapiro, Darry Bekker.* **D:** *Ron Smerczak, Liam Cundill, Terence Reis, Richelle Constant, Debra Kaye. F 87 Min.*
Aus dem Gefängnis entfleuchter Schlitzer-Hirni attackiert das Haus seiner Familie (die er ebenfalls auf dem Gewissen hat): Dort haust inzwischen eine aus Jugendlichen bestehende WG, der es metzelmäßig bald an den Kragen geht. [V]

RETURN OF THE HITCHER

(PAURA NELL'BUIO). Italien 1989. **R:** *Humphrey Humbert, [Umberto Lenzi],* **B:** *Olga Pehar, Umberto Lenzi.* **K:** *Jerry Philipps.* **M:** *Piero Montanari.* **D:** *Joseph Balogh (Mark), Josie Bisset (Daniela), James Saucier (Kevin), Robin Fox (Marks Vater), Thomas Mitchell. F 89 Min.*
Der Psychopath Mark fährt in einem Wohnmobil durch die Sumpflandschaft Floridas, vergewaltigt und ermordet junge Frauen und wirft sie den Kaimanen zum Fraße vor. Sein letztes Opfer, in dem er seine Mama zu erkennen glaubt, setzt sich freilich zur Wehr. Untalentierte Akteure, löcheriges Drehbuch. Schrott. AIDT [V]

RETURN TO HORROR HIGH

(RETURN TO HORROR HIGH). USA 1987. **R:** *Bill Froehlich.* **B:** *Bill Froehlich, Mark Lisson, Gregory H. Sims, Dana Escalante.* **K:** *Roy H. Wagner.* **M:** *Stacy Widelitz.* **D:** *Richard Brestoff (Arthur Lyman Kastleman), George Clooney (Oliver), Vince Edwards (Richard Birnbaum), Brendan Hughes (Steven Blake), Al Fann (Amos), Scott Jacoby (Josh Forbes), Michael Eric Kramer (Donny Porter), Lori Lethin (Callie Cassidy), Pepper Martin (Deyner), Maureen McCormick (Tyler), Marvin J. McIntyre (Robbie Rice), Remy O'Neill (Esther Molvania), Alex Rocco (Harry Sleerik). F 89 Min.*
Mitarbeiter einer Filmgesellschaft, die am Schauplatz einer Mordserie, einer High School, einen Film drehen wollen, werden bei der Arbeit Opfer rätselhafter Attacken. Banaler Horror von der Stange. AIDT [V]

RETURNING

(THE RETURNING). USA 1983. **R:** *Joel Bender.* **B:** *Patrick Nash.* **K:** *Oliver Wood.* **M:** *Harry Manfredini.* **D:** *Susan Strasberg (Sybil Ophir), Gabriel Walsh (John Ophir), Victor Arnold (Al Lyons), Brian Poelman (Jason Ophir), Mostea Oshley (Medizinmann), Babetta Dick, Terrell Dougan, Beverly Booth Rowland. F 90 Min.*
Abenteurer geraten in der Mojave-Wüste versehentlich auf einen Indianerfriedhof und werden von einem im wahrsten Sinn des Wortes steinalten Geist attackiert. [V]

REVENGE – DES TEUFELS BLUTIGE KRALLEN

(REVENGE). USA 1986. **R:** *Christopher Lewis.* **B:** *Christopher Lewis, James Vance.* **K:** *Steve McWilliams.* **SpE:** *DFX Studio.* **M:** *Rod Slane.* **D:** *Patrick Wayne (Michael Hogan), John Carradine (Senator Bradford), Bennie Lee McGowan (Gracie Moore), Josef Hanet (Dr. White), Stephanie Kropke (Liz), Fred Graves (Dean Bayley), Charles Ellis (Ron), David Stice (Deputy), John Bliss (Psychiater), Andrea Adams (Journalistin). F (100) 98 Min.*
Der wackere Mr. Hogan und eine beherzte Witwe legen einem mörderischen Satanistenkult das Handwerk, der unter der Leitung eines angesehenen Senators in einem US-Städtchen sein Unwesen treibt. Eine jämmerliche Vorstellung mit Schauspielern, die kaum bei der Sache sind. AIDT [V]

DER RING DER VERDAMMTEN

Anderer Titel für DIE DREI GESICHTER DER FURCHT

THE RIPPER

(JACK'S BACK/RED RAIN). USA 1988. **R:** *Rowdy Herrington.* **B:** *Rowdy Herrington.* **K:** *Shelly Johnson.* **M:** *Danny DiPaolo.* **D:** *James Spader (John/Rick Wesford), Cynthia Gibb (Christine Moscari), Rod Loomis (Dr. Sidney Tannerson), Rex Ryo (Jack Pendler), Robert Picardo (Dr. Battera), Jim Haynie (Sgt. Gabriel), Wendell Wright (Captain Prentiss), Chris Mulkey (Scott Morofsky), Danitza Kingsley (Denise Johnson). F 97 Min.*
Jack the Ripper zu Ehren ahmt hundert Jahre später ein Serienmörder in Los Angeles dessen Untaten nach. Ein Arzt gerät als Verdächtiger ins Fadenkreuz der Ermittler, doch sein Zwillingsbruder entlarvt den wahren Unhold. Spannender Thriller mit überraschenden Wendungen und diversen Schockszenen. [V]

RIPPER: LETTER FROM HELL

(RIPPER: LETTER FROM HELL). Kanada 2001.

R: *John Eyres.* **B:** *Pat Bermel.* **K:** *Thomas Harting.* **M:** *Peter Allen.* **D:** *A. J. Cook (Molly), Ryan Northcott (Jason), Jürgen Prochnow (Detective Kelso), Emmanuelle Vaugier (Andrea Carter), Derek Hamilton (Eddie), Kelly Brook (Marisa), Bruce Payne (Martin Kane), Claire Keim, (Chantal). F 114 Min.*
Alles wie gehabt: Mit einer Axt bewaffneter Serienkiller terrorisiert eine Studentin der Kriminalpsychologie und ihre Kommilitonen ...

RIPTIDE

(EDGAR ALLAN POE'S THE MASQUE OF THE RED DEATH). USA 1989. **R:** *Alan Birkinshaw.* **B:** *Michael J. Murray.* **V:** *Erzählung »Die Maske des Roten Todes« von Edgar Allen Poe.* **K:** *Joseph Wein.* **M:** *Coby Recht.* **D:** *Frank Stallone (Duke), Brenda Vaccaro (Elaina), Herbert Lom (Ludwig), Michelle McBride (Rebecca), Christine Lundé (Colette). F 88 Min.*
Junge Fotografin, die auf Schloss Neuschwanstein an einem Maskenball teilnimmt, entlarvt dortselbst eine Schauspielerin als den »Roten Tod«, denn sie richtet unter den anwesenden Schickimickis ein Massaker an. Freie, uninspirierte Bearbeitung der berühmten Geschichte von Edgar Allan Poe, die Roger Corman als *Satanas – Das Schloß der blutigen Begierde* (USA/GB 1964) ungleich spannender in Szene gesetzt hat. [V]

DAS RITUAL

(THE BELIEVERS). USA 1987. **R:** *John Schlesinger.* **B:** *Mark Frost.* **V:** *»The Religion« von Nicholas Conde.* **K:** *Robby Müller.* **SpE:** *Connie Brink, Ted Ross.* **Ma:** *Micky Scott, Shonagh Jabour.* **M:** *J. Peter Robinson.* **D:** *Martin Sheen (Cal Jamison), Helen Shaver (Jessica Halliday), Harley Cross (Chris Jamison), Robert Loggia (Lt. Sean McTaggert), Elizabeth Wilson (Kate Maslow), Harris Yulin (Donald Calder), Lee Richardson (Dennis Maslow), Richard Masur (Marty Wertheimer), Carla Pinza (Mrs. Ruiz), Jimmy Smits (Tom Lopez), Raul Davila (Sezine), Malick Bowens (Palo), Janet Laine Green (Lisa), Larry Ramos, Philip Corey, Jennifer Lee, Nonnie Griffin, Bob Clout, Harvey Chao, Christine Pak, Joan Kaye, Eddie Jones, John Bendel, Joseph Pentangelo, Joseph Wilkens. F 114 Min.*
Cal Jamison, ein Psychotherapeut in den Diensten der New Yorker Polizei, kommt einem Satanskult auf die Spur, der in rituelle Kindermorde verwickelt ist. Den entscheidenden Hinweis erhält er von einem Streifenpolizisten, der sich als Anhänger eines Kultes entpuppt: Hinter den grässlichen Morden steckt ein Voodoo-Zauberer, der mittels persönlicher Gegenstände Macht über seine Mitmenschen erhält und zu unglaublichen Dingen fähig ist. [V]

RITUAL

(RITUAL). USA 2001. **R:** *Avi Nesher.* **B:** *Avi Nesher, Rob Cohen.* **K:** *Doug Milsome.* **D:** *Jennifer Grey (Alice Dodgson), Craig Sheffer (Paul Clayborne), Daniel Lapaine (Wesley Clayborne), Kirsten Wilson, Bariel Casseus, Tim Curry. F 99 Min.*
Entstand nach Motiven von Jacques Tourneurs/Val Lewtons *Ich folgte einem Zombie:* Onkologin kommt nach Jamaika, um auf der Farm eines Gutsherrn dessen schwer kranken Bruder zu pflegen. Langsam entwickelt sich daraus eine Voodoo-Geschichte.

ROCKNACHT DES GRAUENS

(NEW YEAR'S EVIL). USA 1980. **R:** *Emmett Alston.* **B:** *Leonard Neubauer.* **K:** *Edward Thomas.* **M:** *Laurin Rinder.* **D:** *Roz Kelly (Diane Sullivan), Kip Niven (Richard Sullivan), Louisa Moritz (Sally), Chris Wallace (Lt. Clayton), Jed Mills (Ernie), Grant Cramer (Derek Sullivan), Tafe O'Connell (Jane), Jon Greene (Sgt. Greene), Anita Crane (Lisa), Alicia Dhanifu (Yvonne), John London (Manager), Barry Gibberman, Terri Copley, Jennie Anderson, Wendy Sue Rosloff, John Alderman, Jerry Chambers, Mike Mihalich, Jerry Zanitsch, Mark L. Rosen. F 84 Min.*
Frustrierter Gatte eines weiblichen Diskjockeys strolcht am Neujahrsabend durch die Stadt und murkst alles ab, was nicht schnell genug auf den Bäumen ist. Am Ende muss auch seine Frau daran glauben, da sie ihn »seelisch kastriert« hat. Beider Sohn, ein vor sich hinbrütender Stubenhocker, setzt das Werk des Vaters schließlich fort. – »Der wahre Horror dieses Film besteht aus den endlosen Musiknummern von Punk-Rockern und den Aufnahmen ihrer tanzenden Fans. Die dazwischen geschobenen Morde kommen einem geradezu wie eine Erleichterung vor ... Als Niven die Kelly umbringt, sagt er: ›Es war kein gutes Jahr für mich.‹ Das war es offensichtlich wirklich nicht.« (VARIETY) [V]

ROCKTOBER BLOOD – AN DER SCHWELLE ZUM WAHNSINN

(ROCKTOBER BLOOD). USA 1984. **R:** *Ferd Sebastian, Beverly Sebastian.* **B:** *Ferd Sebastian, Be-*

Rocktober Blood – An der Schwelle zum Wahnsinn

verly Sebastian. **K:** *Ferd Sebastian.* **M:** *Nigel Benjamin, Richard Onori.* **D:** *Tray Loren (Billy Eye/John), Donna Scoggins (Lynn Starling), Lana Cockrell (Honey), Nigel Benjamin (Chris), Ben Sebastian (Tony/Rista), René Hubbard. F 92 Min.*
Mörderischer Rockstar wird amtlicherseits vom Leben zum Tode befördert, doch nach seinem Ableben geht das Gemetzel weiter. Weil er nämlich – darauf wäre kein Schwein je gekommen – einen Zwillingsbruder hat. [V]

ROCKULA
(ROCKULA). USA 1990. **R:** *Luca Bercovici.* **B:** *Jefery Levy, Luca Bercovici, Christopher Verwiel.* **K:** *John Schwartzman.* **M:** *Hilary Bercovici.* **D:** *Dean Cameron (Ralph), Tawny Fere (Mona), Thomas Dolby (Stanley), Toni Basil (Phoebe), Susan Tyrrell (Chuck), Bo Diddley (Axman), Kevin Hunter (Betrunkener), Nancy Ferguson (Robin), Rick Zumwalt (Boom Boom), Tamara De Treaux (Bat Dork), Tony Cox (Big Al), Greg Rusin (Elmo). F 87 Min.*
Einem Vampir widerfährt seit Jahrhunderten das gleiche Missgeschick: Sobald seine Geliebte sich in einer Sterblichen reinkarniert, wird sie von einem Konkurrenten getötet. Als ihm dies bei einer Rocksängerin erneut droht, schreitet unser Blutsauger mit seinem Spiegelbild zur Tat. Vampirgeschichte mit parodistischen Einlagen. [V]

ROGER CORMAN'S DRACULA
(DRACULA RISING). USA 1992. **R:** *Fred T. Gallo.* **B:** *Rodman Flender, Daniella Purcell.* **V:** *»Dracula« von Bram Stoker.* **K:** *Ivan Varimazor.* **M:** *Ed Tomney.* **D:** *Christopher Atkins (Vlad), Stacey Travis (Theresa), Doug Wert (Alec), Vessela Karlukovska (Michelle), Nikolai Sotirov (Timothy). F 77 Min.*
Die Amerikanerin Theresa lernt auf einer Penthouse-Party den geheimnisvollen Osteuropäer Vlad kennen, der sie in seinen Bann zieht. Sie ahnt nicht, dass sie in einem früheren Leben seine Geliebte war und er seither als Vampir die Lande unsicher macht. Als Theresa dienstlich nach Rumänien reist, trifft sie ihn erneut und verliebt sich in ihn. Doch Vlad ist nicht der einzige Blutsauger in der Gegend. Als sein Todfeind Alec das Augenmerk auf Theresa richtet, entbrennt ein Kampf um ihr Seelenheil. – »Indem der Film Motive verschiedener Verfilmungen sowie der Romanvorlage vereint, bietet er eine interessante, vielschichtige Interpretation der alten Mär. Er beleuchtet den erotischen Aspekt, den ödipalen und den biblischen (den implizierten Brudermord), außerdem die historische und die mythische Seite des Vampir-Themas und schließlich den unlösbaren existentiellen Konflikt, in den Vlad gerät. Hat Francis Ford Coppola jüngst mit viel Aufwand und wenig Wirkung Ähnliches versucht, gelingt nun einem preisgünstigen Produkt eine spannende neue Sicht auf dieses Urbild vom sich hinterhältig ausbreitenden Bösen. Fred Gallo setzt weniger auf klassische Gruselerzeugung als auf psychologische Spannung. Dunkle, rätselhafte Bilder wechseln ab mit drastischen Großaufnahmen, Rückblenden ins Mittelalter und natürlich dem Liebes-Melodram mit rührendem, kitschigem, tragischem Ausgang.« (FILMDIENST) [V]

ROMERO, GEORGE A.
(*1940). Amerikanischer Regisseur, wuchs im New Yorker Stadtteil Bronx auf. »Ich erinnere mich an eine Sequenz, wo ein Gorilla Menschen direkt durch einen dunklen Korridor jagt in einem Film mit dem Titel *Who Killed Cock Robin*

[gemeint ist *Who Killed Doc Robbin?* aus dem Jahr 1950]. Ich erinnere mich auch an die frühen *Frankensteins* und sehr lebhaft an *The Thing*. Ich denke, ich war genau im richtigen Alter, als er herauskam. Ich war etwa 13 damals, ein Alter, in dem ich über solche Dinge schon hinaus zu sein glaubte – und dass mich in dem Alter noch was erschreckt hat, hat mich sehr beeindruckt. Dann waren da noch die Filme von Michael Powell, in die mich meine Familie mitnahm – *Tales of Hoffman* und *The Red Shoes* – ganz unglaublich ...« Mit 14 borgte er sich von seinem Onkel eine Schmalfilmkamera und wurde von den Cops festgenommen, als er einen kleinen Science Fiction-Film drehte und eine brennende Puppe vom Dach warf. Auf der High School schloss er mit dem Bachelor of Arts ab und gründete 1962 in Pittsburgh eine Produktionsfirma für Werbe- und Industriefilme: The Latent Image, Inc. Zwischendurch versuchte er Spielfilme auf die Beine zu stellen, aber erst 1967–68 klappte es mit *Night of the Living Dead (Nacht der lebenden Toten)*, der über einen Zeitraum von neun Monaten unter Underground-Bedingungen entstand. 1972: *Jack's Wife/Hungry Wives;* 1973: *The Crazies (Crazies);* 1977: *Martin (Martin);* 1979: *Dawn of the Dead (Zombie);* 1982: *Creepshow (Die unheimlich verrückte Geisterstunde)* mit Steven King; 1985: *Day of the Dead;* 1987: *Creepshow II;* 1990: *Night of the Living Dead* [nur Drehbuch]; 1999: *Night of the Living Dead: 30th Anniversary Edition.*

ROSEMARIES BABY

(ROSEMARY'S BABY). USA 1967. **R:** *Roman Polanski.* **B:** *Roman Polanski.* **V:** *»Rosemaries Baby« von Ira Levin.* **K:** *William Fraker.* **M:** *Krysztof Komeda.* **D:** *Mia Farrow (Rosemary Woodhouse), John Cassavetes (Guy Woodhouse), Ruth Gordon (Minnie Castevet), Sidney Blackmer (Roman Castevet), Ralph Bellamy (Dr. Sapirstein), Maurice Evans (Hutch), Angela Dorian (Terry Fionoffrio), Patsy Kelly (Laura-Louise), Charles Grodin (Dr. Hill), Elisha Cook jr. (Nicklas), Wende Wagner (Tiger), Hope Summers (Mrs. Gilmore), Almira Sessions (Mrs. Sabatini), Robert Osterloh (Fountain), William Castle (Mann in Telefonzelle), Roy Barcroft (Sonnenfreund), Phil Leeds (Dr. Shand), Marianne Gordon (Joan Jellico), Hanna Landy (Grace Cardiff), Gordon Connell (Agent), Walter Baldwin (Wees), Charlotte Boerner (Mrs. Fountain), Patricia Ann Conway (Mrs. Kennedy), Sebastian Brooks (Argyron Stavropoulos), Bruno Sidar (Gilmour), Frank White (Hugo Dunstan), Viki Vigen (Lisa), Mary Louise Lawson (Portia Haynes), Gale Peters (Rain Morgan), D'Urville Martin (Diego), George Ross Robertson (Lou Comford), Carol Brewster (Claudia Comford), Michael Shillo (Pope), Lynn Brinker (Veronica), Jean Innes (Agnes), Clay Tanner (Teufel), Michael Gomez (Pedro), Mona Knox (Mrs. Byron), Janet Garland, Joan T. Reilly, Elmer Modlin, Ernest Kazuyoshi Hamada, George Savalas, Natalie P. Masters. F 137 Min.*

Rosemary und Guy Woodhouse, frisch verheiratet, beziehen trotz Warnung ihres Freundes Hutch im mysteriösen Stadtteil »Bramford« in New York City eine Wohnung in einem äußerlich romantisch wirkenden, doch schlecht beleumundeten Haus im viktorianischen Feudalstil. Hexen- und Zaubergeschichten werden sich erzählt, auffallend häufige Selbstmorde, ja, sogar kannibalische Kindsopfer und magische Exzesse werden dem Haus angedichtet. Bald macht das Ehepaar Bekanntschaft mit den Nachbarn Roman und Minnie Castevet, von deren Zehn-Zimmer-Wohnung sie vier Zimmer abgetrennt bekamen. Guy ist es, der sich verstärkt für das

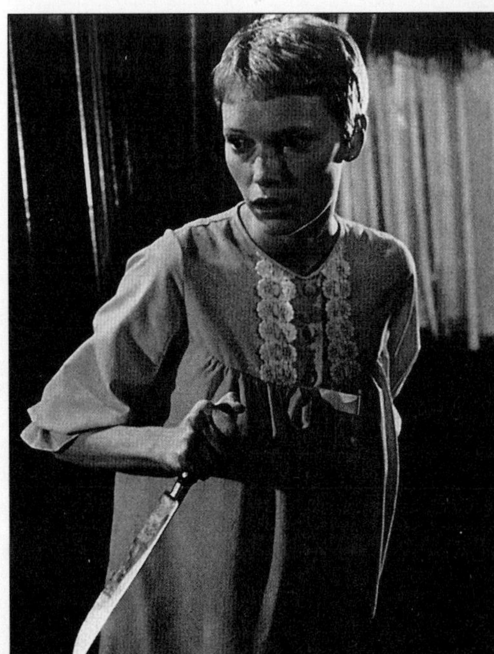

Rosemaries Baby

freundliche, stets hilfsbereite, aber auch etwas aufdringliche ältere Ehepaar zu interessieren beginnt. Guys bis dahin recht erfolglose Schauspielerkarriere nimmt durch die unvorhergesehene Erblindung eines Kollegen eine plötzliche, viel versprechende Wendung, die ihn in ein Stimmungshoch versetzt. Rosemary findet sich in der neuen Umgebung noch nicht zurecht. Sie entdeckt an dem sonderbar gesitteten Nachbarsehepaar viel Unheimliches: Vier Zimmer der großen Wohnung sind unbenutzt und verschlossen, im Wohnzimmer sind alle Bilder abgehängt, bis auf ein einziges, das über dem Kamin wie ein Fremdkörper erscheint. Merkwürdige Geräusche und »fromme Gesänge« von nebenan tun ihr Übriges. Am Abend des Erfolgstages gerät das Paar in sichtliche Feststimmung, bereit, sich bedingungslos zu vereinigen. Da steht Mrs. Castevet auf der Matte, um Rosemarys Dinner mit einer Nachtischspezialität zu krönen, die aber bei ihr keinen Anklang findet. Im Gegenteil, ihr wird speiübel, und in der Nacht wird sie von verwirrenden Träumen geplagt, in denen ihr Mann die Züge Satans annimmt und sie gewaltsam umarmt. Rosemary wechselt, als sie merkt, dass sie schwanger ist, auf Anraten der Castevets den Arzt. Dr. Sapirstein verordnet ihr Kräutergetränke, die Minnie zubereitet, doch Rosemary wird von entsetzlichen Schmerzen geplagt. Ihr Freund Hutch soll das Gebräu analysieren lassen; auf mysteriöse Weise ereilt ihn der Tod. Sein Vermächtnis an Rosemary ist ein Buch mit dem Titel »Alles über Hexen«, in dem er einige Abschnitte angestrichen hat. Demzufolge soll Roman Castevet der Sohn eines um die Jahrhundertwende erschlagenen Hexenmeisters sein. Das instinktive Misstrauen Rosemarys hat sich demnach als begründet erwiesen. Sie will nichts mehr mit den Nachbarn zu tun haben, was durch deren unerwartete Abreise auch erleichtert wird. Um der Hexengemeinde zu entkommen, der sie ausgeliefert zu sein glaubt, wendet sie sich Hilfe suchend an ihren alten Arzt, der jedoch Guy und Dr. Sapirstein verständigt. Sie bringen Rosemary in ihre Wohnung. Das Baby kommt infolge einer verfrühten Geburt daheim zur Welt und soll, wie man ihr sagt, sofort gestorben sein. Rosemary hört jedoch das leise Weinen eines Säuglings aus der Nachbarwohnung. Mit einem Messer bewaffnet schleicht sie sich durch die versteckte Verbindungstür nach nebenan. Sie findet ihr Kind in einer schwarzen Wiege, umgeben von einer Gruppe von Teufelsanbetern, darunter die Castevets, Dr. Sapirstein und Guy. Die illustre Gesellschaft lässt das Baby hochleben, der »Sohn des Teufels« sei ihnen geboren. Rosemary betrachtet das Baby unschlüssig, dann siegt die mütterliche Fürsorge. Sanft schaukelt sie die Wiege und nimmt den Säugling als ihr Kind an.

»Dieser völlig phantastische Schluss, zu dem Polanski uns schrittweise hinführt, indem er die Handlung mit äußerstem Realismus inszeniert, ist für den Zuschauer eine unbequeme Erklärung der Ereignisse, die kaum ganz zu akzeptieren ist. Dabei erweist sich dieser Filmschluss noch als etwas offener als der des Romans; Levin beschreibt das Aussehen des Teufelssohnes genau, schildert seine gelben Augen und die Knospen der Hörner auf seiner Stirn, während Polanski – und das ist die einzige relevante Abweichung der ansonst getreuen Adaption – das Baby selbst nicht zeigt, sondern nur Rosemarys Reaktion, als sie es zum ersten Mal betrachtet. Damit lässt Polanski eine weitere, vage Deutungsmöglichkeit offen, die der Roman ausschließt, nämlich, dass es sich bei den Castevets und ihren Freunden um Angehörige einer der in den USA zahlreichen Sekten handelt und dass das Baby ein ganz normales Menschenkind ist, das von ihnen als ›Teufelssohn‹ angebetet wird. Aber auf jeden Fall negiert Polanski deutlich die Erklärungsmöglichkeit, es sei alles nur eine Halluzination Rosemarys.« (Paul Werner, ROMAN POLANSKI) – » ... das Prinzip des gleichnamigen Romans von Ira Levin [sei] ihm fremd geblieben ... erklärte Polanski 1969 in einem Interview ... Die Verkörperung des Bösen durch den Teufel schließt gleichzeitig das Akzeptieren der Existenz Gottes ein. Das störte Polanski, der weder an Gott noch an den Teufel glaubt – und schon gar nicht an Hexen. Deshalb hat er seine Ansichten zurückgestellt, sich dem Buch unterworfen und sich mit einer absoluten Werktreue an die Romanvorlage gehalten, indem er nicht nur die Atmosphäre des Buches bewahrte, sondern weitgehendst auch seine Orte, Personen, Farben und Dialoge. Hätte er sich jedoch ganz exakt an die Geschichte gehalten, dann wäre der Film wohl fünf Stunden lang geworden. Mit erheblichen Kürzungen und wenigen, aber ausschlaggebenden Änderungen ... hat Polanski aus einer unpoetischen Vorlage, dessen langatmige Ausschweifungen die Spannung immerfort zu zerstören drohen, einen ergreifenden und Schwindel erregenden Film inszeniert.« (Marion Kroner, ROMAN POLANSKI) – »Die literarische Vorlage wurde vom Drehbuchautor und Regisseur Roman Polanski nicht nur genau getroffen in der inhaltlichen und atmosphärischen Substanz, sondern übertroffen und zu neuer und überraschender Bedeutung gebracht in einer erstaunlichen filmischen Adaption. Zu welcher Bedeutung, das gibt Rätsel auf, die nicht weniger spannend sind als die Geschichte selbst. Die verschiedensten Lösungen sind möglich, sie sind Sache des Zuschauers. Eine der möglichen Formeln könnte lauten: Wenn schon Gott tot ist, ist es der Teufel noch lange nicht.« (Alois Fink, Begründung zum FBW-Prädikat »Besonders wertvoll«) [V]

ROSSO – DIE FARBE DES TODES

Anderer Titel für DEEP RED

ROTE LIPPEN – SADISTEROTICA

(SADISTEROTICA). BRD/Spanien 1967. R: *Jess Franco.* B: *Jess Franco, Luis Revenga.* St: *Jess Franco, Luis Revenga.* K: *Jorge Herrero, Franz Hofer.* M: *Jerry von Rooyen.* D: *Janine Raynaud (Diana), Maria Rohm (Regine), Adrian Hoven (Klaus Tiller), Chris Howland (Inspektor), Michel Lemoine (Wölfchen), Jess Franco (Napoleon Bolivar), Alexander Engel (Galerist), Marcello Arriota-Jauregui, Manuel Otero, Marta Reves. F 79 Min.*

Ein Killer geht um. Acht hübsche Mannequins hat er schon auf dem Gewissen. Diana und Regina, zwei mondäne Detektivinnen, die dem Zuschauer vorwiegend ihre »Tages- und Nachtwäsche vorführen« (FILMDIENST), wenn sie nicht gerade Dunkelmännern auf der Spur sind, erhalten den Auftrag, eine Vermisste aufzuspüren. Sie geraten auf die Spur des Pop Art-Künstlers Tiller, dessen »realistisch« aussehende Frauenköpfe die Gesichter der Mordopfer wiedergeben: Der Herr Künstler pflegt nämlich seine Modelle von einem haarigen Faktotum strangulieren zu lassen und ihren Todeskampf zu fotografieren, bevor er seine begehrten Gemälde erschafft. Diana und Regina, in der Anwendung ihrer Mittel auch nicht gerade zimperlich, stellen dem abartigen Bösling ein Bein. Interpol, ebenfalls mit der Bearbeitung des Falles betraut, kommt, wie immer, zu spät. – »Wie üblich ... legt Franco auch diesmal auf den Handlungsablauf wenig Wert. Er ist spezialisiert darauf, wohlige Perversionen ins Bild zu setzen, und seine Filme strahlen ... morbide Dekadenz aus. Bliebe noch die Nightclub-Szene zu erwähnen. Oh lala! Nachhilfeunterricht in weiblicher Anatomie: (Strip-Wert: ****).« (Albrecht B. Stuby, SCIENCE FICTION TIMES)

DER ROTE SCHATTEN

(CIRCUS OF HORRORS). GB 1960. **R:** *Sydney Hayers.* **B:** *George Baxt.* **K:** *Douglas Slocombe.* **M:** *Frank Reizenstein, Muir Mathieson.* **D:** *Anton Diffring (Rossiter/Dr. Schuler), Erika Remberg (Elissa), Yvonne Monlaur (Nicole), Donald Pleasence (Vanet), Jane Hylton (Angela), Kenneth Griffith (Martin), Conrad Philipps (Inspektor Arthur Ames), Jack Gwillim (Superintendent Andrews), Vanda Hudson (Magda), Yvonne Romain (Melina), Colette Wilde (Evelyn Morley), William Mervyn (Dr. Morley), John Merivale (Edward Finsbury), Carla Challoner (Nicole als Kind), Peter Swanwick (Inspektor Knopf), Walter Gotell (Von Gruber), Chris Christian (Ringmeister), Sasha Coco (Luis), Jack Carson (Häuptling Adlerauge), Glyn Houston (Barker), Malcom Watson, Kenneth Warren, Fred Haggerty. F 92 Min.*

Nach einer misslungenen Gesichtsoperation, die eine junge Patientin fürchterlich entstellt, setzt sich der Schönheitschirurg Rossiter von England nach Frankreich ab und erwirbt dort einen heruntergekommenen Zirkus. Mit Hilfe seiner Kunst verschönt er die Gesichter zahlreicher – meist krimineller – Mädchen, die er anschließend zu Top-Artisten ausbildet. Der auch selbst mit einem neuen Gesicht ausgestattete Rossiter, der sich nun Dr. Schuler nennt, herrscht mit Terror und Gewalt über seine Untergebenen. Wer sich seinem Willen nicht fügt, muss sterben – und zwar öffentlich, während der Vorstellung. Die Unfälle, die das Zirkuspersonal dezimieren, erweisen sich makabrerweise als ausgezeichnete Reklame: Die Zuschauer kommen in Massen, um besondere »Attraktionen« zu sehen. Als der Zirkus ein Gastspiel in England gibt, bemerkt Rossiters Favoritin, dass ein anderes Mädchen ihre Stelle eingenommen hat. Als sie Rossiter erpresst, ist dies ihr Todesurteil. Ausgerechnet die Patientin, die einst Rossiters Flucht motivierte, erkennt in dem verrückten Zirkusdirektor den Chirurgen wieder, der sie verschandelt hat. – »*Der Rote Schatten* erweist sich als einer der knisterndsten, hübschesten und ausgefeiltesten Filmschocker seit langer Zeit ...

und ist für einen Haaresträuber, der ebenso gut in urtümlichen Absurditäten hätte waten können, überraschend zivilisiert.« (Howard Thompson, NEW YORK TIMES) – »Anton Diffring ist dämonisch und abstoßend. Das sind zwar die einzigen beiden Posen, die er in diesem Film zeigt, aber mehr verlangt das grässliche kleine Drehbuch auch gar nicht von ihm.« (Joseph Morgenstern, NEW YORK HERALD TRIBUNE)

DIE RÜCKKEHR DER REITENDEN LEICHEN

(EL ATAQUE DE LOS MUERTOS SIN OJOS). BRD/Spanien 1973. **R:** *Amando Ossori.* **B:** *Amando Ossori.* **K:** *Miguel Fernandez Mila.* **M:** *Anton Garcia Abril.* **D:** *Tony Kendall (Jack Marlow), Fernando Sancho (Duncan), Esther Roy (Vivian), Frank Brana (Da Costa), Lone Fleming (Amalia), Luis Barboo, Ramon Lillo, José Canalejas, Esperanza Roy, José Thelman, Loreta Tovar. F 89 Min.*

Das »mysteriöse Zähneklapper-Schauerstück« (Verleihwerbung), das sich als Fortsetzung des spanisch-portugiesischen Films *Die Nacht der reitenden Leichen* (1971) ausgibt, ist nur eine Variation selbiger Geschichte: Hier terrorisieren die 500 Jahre zuvor aufgrund kultischer Blutorgien mit Feuer geblendeten Templer eine spanische Kleinstadt, die sich auf ihr Jubiläum festlich vorbereitet. Als die vermummten Skelettgestalten aus den Gräbern ihrer alten Abtei steigen und auf untoten Gäulen (niemand fragt sich, in welchen Gräbern die wohl gelegen haben) in die Ortschaft preschen, um Tod und Verderben zu säen, verschanzt sich ein Teil der Bevölkerung in der Kirche. Auf den Straßen wird gemetzelt: Alle fallen den reitenden Leichen zum Opfer. Als der Morgen graut, sind nur der Held Jack (in den sechziger Jahren als Kommissar X filmisch tätig), seine Jugendliebe und ein Kind übrig. – »Ossori [verließ] sich bei der ... Zeichnung der Charaktere allzu sehr auf gängige Klischees, die [diesen] Versuch ins Banale abgleiten lassen: Der junge Held ... der alles weiß und dem alles gelingt ... die hübsche Heldin und ein kleines Mädchen personifizieren das ›Gute‹ und dürfen demzufolge entkommen, während die anderen, die entweder böse sind oder sich dem Kommando des Helden widersetzen ... den Schwertern der Templer zum Opfer fallen: allen voran der schurkische Bürgermeister.« (VAMPIR) – »Einige technisch gelungene Sachen aus dem ersten Film (das lautlose Auftauchen der Ungeheuer, ihr Lauschen, Suchen, Reagieren auf Herztöne, ihre zeitlupenhafte Gefährlichkeit) werden nur im Ansatz wiederholt. Viel mehr reduziert sich alles auf die Krimi-Struktur: Wer wird der Nächste sein? – Was will dieser Film? Er zeigt, dass in Krisensituationen einer die Führung an sich reißen muss, dem sich die anderen unterzuordnen haben, dass mittelalterlicher Okkultismus moderner Technik überlegen ist, dass die heutigen Menschen weich und leicht besiegbar sind, dass die Kirche Schutz und Sicherheit bieten kann. Die Erwartung des Zuschauers wird auf ›notwendige Opfer‹ gelenkt, geschürt und befriedigt.« (Carsten Wrobel, SCIENCE FICTION TIMES) [V]

DIE RÜCKKEHR DER ZOMBIES

(LE NOTTI DEL TERRORE: ZOMBIE III). Italien 1980. **R:** *Andrea Bianchi.* **B:** *Piero Regnoli.* **K:** *Gianfranco Maioletti.* **SpE:** *Gino de Rossi.* **Ma:** *Mauro Garazzi.* **M:** *Elsio Mancuso, Burt Rexon.* **D:** *Maria Angela Giordan (Eveline), Gianluigi Chirizzi (Mark), Karin Well (Janet), Peter Bark (Leslie), Antonella Antinori (Michaela), Simone Mattioli, Roberto Capomali, Claudio Zucchet, Renato Barbieri. F (94) 83 Min.*

Halbverweste Zombie-Monster fallen über eine römische Jet Set-Clique her, die sich im Land-

Die Rückkehr der reitenden Leichen

haus eines Industriekapitäns vergnügt. Die Partygäste suchen kreischend hinter den Mauern eines alten Klosters Schutz, werden jedoch bis zum letzten Mann niedergemacht. – »Eine bombastisch tosende Musik schlägt schließlich den letzten Rest von Grauen tot.« (ar., FILM-DIENST). Ein billiges Filmchen, dessen Plot so tot ist wie seine abscheulichen Hauptdarsteller.

Die Rückkehr der Zombies

DIE RÜCKKEHR DES DR. PHIBES

(DR. PHIBES RAISES AGAIN!). GB 1972. **R:** *Robert Fuest.* **B:** *Robert Fuest, Robert Blees.* **K:** *Alex Thomson.* **M:** *John Gale.* **D:** *Vincent Price (Dr. Anton Phibes), Robert Quarry (Beiderbeck), Valli Kemp (Vulnavia), Fiona Lewis (Diana), Peter Cushing (Captain), Beryl Reid (Mrs. Ambrose), Terry Thomas (Lombardo), Peter Jeffrey (Inspektor Trout), John Cater (Superintendent Waverly), Gerald Sim (Hackett), Lewis Flander (Baker), John Thaw (Shavers), Keith Buckley (Stuart), Milton Reid (Cheng), Caroline Munro (Victoria). F 85 Min.* Vorgeschichte: *Das Schreckenskabinett des Dr. Phibes.* – Drei Jahre, nachdem Dr. Phibes in seinem Spezialsarg untergetaucht ist, erwacht er zu neuen Aktivitäten. Sein Plan: Er will seine Gattin Victoria, die unter den Händen inkompetenter Chirurgen starb, zu neuem Leben erwecken. Leider hat der böse Wissenschaftler Beiderbeck (vermutlich einer der verfluchten Germans, die einst den schrecklichen Österreicher mit dem Zahnbürstl-Bart an die Macht gebracht haben) ihm zwischenzeitlich eine steinalte Schriftrolle gestohlen – den Lageplan eines (vermutlich noch älteren) unterirdischen Flusses in Ägypten, dessen Wasser ein wahres Lebenselixier ist. Nachdem Dr. Phibes Beiderbecks asiatischen Leibwächter um die Ecke gebracht und den Plan zurückerbeutet hat, schifft er sich mit seiner knackigen Assistentin Vulnavia und der atemberaubend ansehnlichen, bestens konservierten Leiche Victorias nach Ägypten ein. Doch der schweinische Beiderbeck ist ebenfalls an Bord – begleitet von seiner Geliebten Diana und Mr. Ambrose. Um die Schriftrolle vor dem neugierigen Ambrose zu schützen, befördert Phibes ihn in eine überdimensionale Schnapsbuddel und wirft sie über Bord. Die Buddel wird – man wagt es kaum zu sagen – in London an Land gespült und lässt die gerissenen Bullen von Scotland Yard sofort die abartige Handschrift Phibes' erkennen. Inspektor Trout und Superintendent Waverly, die unserem Helden schon in *Das Schreckenskabinett des Dr. Phibes* auf den Fersen waren, nehmen sich des Falles an. Nach der Ankunft in Ägypten verzieht Phibes sich in einen unterirdischen Palast, aus dem er nur auftaucht, um Beiderbecks Schergen erfindungsreich eins überzubraten (einen stechen Skorpione zu Tode; einem reißen Adler das Fleisch vom Leibe; einer wird von einem zusammenbrechenden Bett platt gemacht; einer wird zu Staub zerblasen). Zwar kann Phibes den Schlüssel an sich bringen, der ihm Zugang zum Zauberfluss verschafft, doch der wird ihm von Beiderbeck abgeklaut, so dass er erneut drastische Maßnahmen ergreifen muss: Er entführt Diana und bindet sie in einem Raum, dessen sich senkende Decke mit Eisendornen versehen ist, auf einen Tisch. Beiderbeck rückt den Schlüssel raus, und Phibes bricht mit Vulnavia und Victoria auf, das kostbare Lebenselixier zu beschaffen. Es zeigt sich, dass Beiderbeck Jahrhunderte alt ist und sich mehr als einmal mit dem kostbaren Wasser verjüngt hat: Doch nun ist es zu spät. Er löst sich vor den verdutzten Augen der wackeren Jungs vom Yard auf. Zu den berauschenden Klängen von »Over the Rainbow« plätschern Phibes, seine Assistentin und seine in einem gläsernen Sarg liegende Gattin durch den unterirdischen Tunnel, der sie dem Fluss des Ewigen Lebens entgegenträgt.

DIE RÜCKKEHR DES UNBEGREIFLICHEN

(RETRIBUTION). USA 1987. **R:** *Guy Magar.* **B:** *Guy Magar, Lee Wasserman.* **K:** *Gary Thieltges.* **M:** *Alan Howarth.* **D:** *Dennis Lipscomb (George Mil-*

Die Rückkehr des Dr. Phibes

ler), Leslie Wing (Jennifer Curtis), Suzanne Snyder (Angel), George Murdock (Dr. Talbot), Jeff Pomerantz (Alan Falconer), Pamela Dunlap (Sally Benson), Susan Peretz (Mrs. Staller), Clare Peck (Carla Minelli), Hoyt Axton. F 107 Min.
Depressiver Maler wird nach Suizid-Versuch per Elektroschock ins Leben zurückgeholt: Bloß wohnt jetzt eine zweite Seele in seiner Brust, die nachts seinen Körper übernimmt, um üble Morde zu begehen. Das Ende ist programmiert. [V]

DER RUF DER BLONDEN GÖTTIN

Schweiz 1977. **R:** *Jess Franco.* **B:** *Manfred Gregor.* **K:** *Andreas Demmer.* **M:** *Walter Baumgartner.* **D:** *Vicky Adams, Ada Tauler, Jack Taylor, Karine Gambier, Ly Frey, Rita Morena, Sandra Daenliker, Victor Mendez. F 82 Min.*
Susanne, die Ehefrau eines britischen Konsuls, reist auf die Karibikinsel Haiti und wird dort in üble Machenschaften verwickelt. Als Opfer einer Voodoo-Zeremonie gerät sie in einen Strudel aus albtraumhafter Brutalität, Sex und Mord. AIDT

RUHE IN FRIEDEN

(DESCANSE EN PIEZAS/REST IN PIECES). USA/Spanien/GB 1985. **R:** *Joseph Braunstein [José R. Larraz].* **B:** *Santiago Moncada.* **K:** *Manuel Rojas, John Tharp.* **M:** *Greg De Belles.* **D:** *Lorin Jean Vail (Helen Hewitt), Dorothy Malone, Scott Thompson Baker, Jack Taylor, Patty Shepard, David Rose, Fernando Bilbao, Carol James, Robert Case, Daniel Katz, Tony Isbert, Jeffrey Segal, Antonio Ross. F 84 Min.*
Junge Frau erbt den ländlichen Besitz ihrer durch Selbstmord geendeten Tante und findet sich in einem Spukhaus wieder, in dem ihr die Verwandtschaft als blutrünstige Bande Untoter erscheint. Das Originellste an diesem Horror-Ulk ist der Originaltitel, ein flottes Wortspiel aus »Ruhe in Frieden« und »Ruhe in Einzelteilen«. [V]

RUHE SANFT GMBH

(COMEDY OF TERRORS). USA 1965. **B:** *Jacques Tourneur.* **B:** *Richard Matheson.* **K:** *Floyd Crosby.* **M:** *Les Baxter* **D:** *Vincent Price (Waldo Trumbull), Peter Lorre (Felix Gillie), Boris Karloff (Amos Hinchley), Basil Rathbone (John F. Black), Joe E. Brown (Friedhofswärter), Joyce Jameson (Amaryllis Trumbull), Beverly Hills (Mrs. Phipps), Paul Varsolow (Riggs), Linda Rogers (Hausmädchen), Luree Nicholson (Butler), Buddy Mason (Phipps). F 88 Min.*
Was tut ein marodes Bestattungsunternehmen, wenn das Geschäft mies läuft und der geldgierige Vermieter auf der Matte steht, um die überfällige Jahresmiete zu kassieren? Amos Hinchley, der Geschäftsgründer, sein versoffener Schwiegersohn Trumbull und beider Faktotum Gillie wissen Rat: Leichen müssen her! Und wenn die Menschen schon nicht freiwillig sterben wollen, muss man eben nachhelfen. Und so schleichen sie nächtens herum, um nach Opfern Ausschau zu halten. Die Gattin des ersten »Verstorbenen« erweist sich jedoch als zahlungsunwillig. Also muss Mr. Black, der Vermieter, dran glauben. Peinlich ist jedoch, dass dieser an Scheintodanfällen leidet und sich jedes Mal, wenn man glaubt, ihn los zu sein, wieder aus dem Sarg erhebt. Als er seine Mieter wutschnaubend mit der Axt verfolgt, sieht Mr. Trumbull, der keine Gelegenheit verstreichen lässt, um seinen senilen Schwiegervater mit vergifteter Medizin aus dem Weg zu räumen, keine andere Möglichkeit, als ihm den Fangschuss zu geben. Sein Schicksal erfüllt sich jedoch, als er mit Gillie aneinander gerät, der in Amaryllis Trumbull verliebt ist. Mr. Trumbull bleibt besinnungslos auf dem Schlachtfeld zurück; sein Schwiegervater, der ihn für krank hält, flößt ihm seine »Medizin« ein. – Jacques Tourneurs letzter Film (er zog sich kurz darauf nach Frankreich zurück) verwendet nicht nur das Fried-

hofsgelände aus *Lebendig begraben* (USA 1961; Regie: Roger Corman), sondern kommt auch mit einem ganzen Trupp ehemaliger Corman-Mitarbeiter daher: Floyd Crosby (Kamera) und Les Baxter (Musik) haben ebenso an zahlreichen Horrorproduktionen dieses Schnellfilmers mitgearbeitet wie die Schauspieler Karloff, Price, Lorre und Rathbone. Im Gegensatz zu den Schauerstücken, in denen sie dort vorrangig zu sehen waren (Ausnahme: *Der Rabe – Duell der Zauberer)* haben wir es hier jedoch nicht mit ernstem Horror zu tun: *Ruhe Sanft GmbH* ist, wie der amerikanische Originaltitel schon andeutet, eine makabre Komödie und besticht mit grotesken Handlungsträgern: »Waldo Trumbull, das Oberhaupt des Begräbnisunternehmens, ist Quartalssäufer und Familientyrann. Er verabscheut jeden, und vor allem seine Frau. Sternstunden bemächtigen sich seiner erst, wenn es darum geht, Hinterbliebenen ans Bargeld zu gehen. In solchen Momenten verwandelt sich seine Ruppigkeit in die noble Geste, verziert und emporgetragen durch kitschige Lyrismen. Sein Diener Felix Gillie ist ... ein verschreckter Tölpel ... Seine Angebetete ist Amaryllis ... die Frau von Waldo und verhinderte Opernsängerin. Ihre Stimmenübungen und Gesangseinlagen, reichlich und jederzeit vorgetragen, verursachen mittlere Katastrophen an Glas, Menschen und Cleopatra, der Katze. Amos Hinchley hört zum Glück nichts von den Darbietungen seiner Tochter, er ist taub. Er ist überhaupt nie im Bilde und deutet die fortwährenden Versuche seines Schwiegersohnes, ihn zu vergiften, als dessen rührende Anteilnahme, ihn medizinisch zu versorgen. Letzter dieser tragisch-komischen Figuren ist John F. Black, Gläubiger der Familie Trumbull. Er ist ein unermüdlicher und abscheulicher Shakespeare-Deklamator, ein ewiger Rückkehrer aus dem Reich der Toten.« (Christian Rost, FILMBEOBACHTER) Die Produktionszeit betrug nur zwanzig Tage.

RUSHWEEK

(RUSH WEEK). USA 1988. **R:** *Bob Bravler.* **B:** *Michael V. Leighton, Russell V. Manzatt.* **K:** *Jeff Mart.* **M:** *The Hamiltons.* **D:** *Pamela Ludwig (Toni), Dean Hamilton (Jeff), Courtney Gebhart (Jonelle), Don Grant (Byron), David Denney (Greg), Roy Thinnes (Dekan), Greg Allman (Cosmo Kinkaid), Laura Burkett (Rebecca), Kathleen Kinmont (Model). F 94 Min.*

Toni, die für die Studentenzeitung arbeitet, recherchiert das unerklärliche Verschwinden einiger Kommilitonen und kommt einem irren Axtmörder auf die Spur. Langweiliger Teenie-Schmarren, der kein Klischee auslässt. AIDT

S

DIE SAAT DES TODES

(SEEDS OF EVIL). USA 1972. **R:** *Jim Kay.* **B:** *Jim Kay.* **K:** *Michael Zingale.* **M:** *Marc Fredericks.* **D:** *Katharine Houghton (Ellen Bennett), Joe Dallessandro (Carl), Rita Gam (Helena Boardman), James Congdon (John Bennett), Teodorino Bello, Anne Meacham. F 81 Min.*
Mysteriöser Gärtner, der tödliche Pflanzen züchtet und dessen frühere Arbeitgeber sämtlich unter eigenartigen Umständen das Zeitliche gesegnet haben, gewinnt geistige Macht über reiche Amerikanerin und verwandelt sich am Ende in einen Baum. So schlecht, dass man nicht mal drüber lachen kann. AIDT [V]

SADISTICO

(PLAY MISTY FOR ME). USA 1970. **R:** *Clint Eastwood.* **B:** *Jo Heims, Dean Reisner.* **St:** *Jo Heims.* **K:** *Bruce Surtees.* **M:** *Dee Barton, Errol Garner.* **D:** *Clint Eastwood (Dave Garland), Jessica Walter (Evelyn Graper), Donna Mills (Tobie Williams), John Larch (Sgt. McCallum), Jack Ging (Dr. Frank Dewan), Irene Hervey (Madge Brenner), James McEachin (Al Monte), Clarice Taylor (Birdie), Don Siegel (Murphy), Duke Everts (Jay Jay), George Fargo (Mann), Mervin W. Frates (Locksmith), Tim Frawley (Hilfssheriff), Otis Kadani (Polizist), Britt Lind (Anjelica), Paul E. Lippmann (Mann), Jack Kosslyn (Taxifahrer), Ginna Patterson (Madalyn), Malcolm Moran. F 102 Min.*
Dave Garland, prominenter Diskjockey eines amerikanischen Rundfunksenders, lernt in einer Bar eine hübsche Frau kennen, die sich als Fan zu erkennen gibt und ihn in ihre Wohnung einlädt: »ohne irgendwelche Verpflichtungen«. Das genaue Gegenteil kommt dabei raus: Die Dame erhebt plötzlich Ansprüche und terrorisiert Daves Umgebung, bis sie – zu auffällig geworden – in einer Nervenklinik landet, aus der sie bald wieder verschwindet. Der Terror geht weiter und kostet einen Polizisten das Leben. – Clint Eastwoods Regiedebüt ist ein spannender Psycho-Thriller mit garantiertem Gänsehaut-Effekt. Das Unvermögen seines Hauptdarstellers, mehr als eine steife Einheitsmiene aufzusetzen, ist dem filmischen Vergnügen aber abträglich. Stark: Jessica Walter in der Rolle der psychopathischen Evelyn Draper. Gag am Rande: der Regisseur Don Siegel in der Rolle eines Barkeepers. [V]

DIE SADISTEN SATANS

(SATAN'S SADISTS). USA 1969. **R:** *Al Adamson.* **B:** *Dennis Wayne.* **K:** *Gary Graver.* **M:** *Harley Hatcher.* **D:** *Russ Tamblyn (Anchor), Scott Brady (Charles Baldwin), Kent Taylor (Lew), John Bud Cardos (Feuerwasser), Robert Dix (Willie), Gary Kent (Johnny Martin), Greydon Clark (Acid), Regina Carrol (Gina), Jackie Taylor (Tracy Stewart), William Bonner (Muscle), Boddy Clark (Romeo), Evelyn Frank (Nora Baldwin), Yvonne Stewart (Carol), Cheryl Anne (Jan), Randee Lynn (Rita), Bambi Allen (Lois), Breck Warwick (Ben). F 86 Min.*
Eine sadistische sechsköpfige Rockerbande terrorisiert mordend und vergewaltigend einen öden amerikanischen Landstrich, bis ein aufrechter Vietnam-Veteran sie ebenso brutal (ein Bösewicht wird in einer Kloschüssel ersäuft) niedermacht. Ein rechter Dreck, der vorgibt, sich Sorgen um die Jugend zu machen, aber nur marktgerecht aufbereitete Vorurteile in stinkreaktionärer Form serviert. Bezeichnend ein Auszug aus dem Werbematerial der Produktionsfirma: »Das amerikanische Publikum fühlt ein Gefühl der Befriedigung, wenn auf der Leinwand mit den Hippie-Mördern Abrechnung gehalten wird, auch wenn ein paar Hippies in den Kinos lautstark protestieren. Ihre Proteste sind nicht zahlreich, denn nach diesem Film riskieren sie Prügel. Handfeste Selbsthilfe ist auch das Rezept, das dieser Film gegen die Hippie-Mörder empfehlen muss, gegen jene, deren gesundes Empfinden nicht mehr wachzurütteln ist.«

SADO – STOSS DAS TOR ZUR HÖLLE AUF

(BUIO OMEGA). Italien 1977. **R:** *Joe d'Amato [Aristide Massacchesi].* **B:** *Ottavio Fabbri.* **K:** *Jean Taros [Aristide Massaccesi].* **M:** *Efraim Monti, I Goblin. D: Kieran Canter (Frank von Sager), Cinzia Monreale (Iris), Sam Modesto, Anna Cardini, Lucia d'Elia, Simonetta Allodi, Klaus Rainer, Edmondo Vallini, Mario Pezzin, Walter Tribus. F 93 Min.*

Der Aristokrat Frank lebt in einem abgelegenen Schloss. Er hat zudem nicht alle auf der Pfanne, denn er schläft in einem Bett mit seiner toten (ausgestopften) Ex-Braut und murkst bestialisch sämtliche Mädchen ab, die um seine Gunst buhlen. Dabei geht die Haushälterin Iris Frank hilfreich zur Hand. – »Unnütze und ekelhafte Spekulation auf die niedersten Instinkte des Menschen«, meinte Otto Kuhn (FILMBEOBACHTER) und empfahl Regisseur Joe d'Amato einen baldigen Besuch beim Psychiater.

Sadomania – Hölle der Lust

SADOMANIA – HÖLLE DER LUST

(SADOMANIA). BRD/Spanien 1980. **R:** *Robert Griffin [Jess Franco].* **B:** *Günter Ebert, Jess Franco.* **K:** *Hannes Fürbringer.* **M:** *Jess Franco.* **D:** *Ursula Buchfellner, Robert Foster, Gina Janssen, Ajita Wilson, Andrea Duzoni, Uta Koepke, Marie-Luise Lusewitz, Otto W. Retzer, Jess Franco. F 86 Min.*
Impotenter südamerikanischer Gouverneur lässt in einem Rehabilitationszentrum weibliche Kriminelle von seiner sadistischen schwarzen Geliebten quälen, bis sich eine Gefangene als eingeschleuste Polizistin zu erkennen gibt und ihm das Handwerk legt. – Schlampig ausgeführtes Spektakel, das angeblich von Moral und Freiheit handelt, jedoch nur die Absicht verfolgt, Folter- und Sexszenen vorzuführen. AIDT

DIE SÄGE DES TODES

BRD 1981. **R:** *Jess Franco.* **B:** *Rayo Casablanca.* **K:** *Juan Soler.* **M:** *Gerhard Heinz.* **D:** *Olivia Pascal (Angela), Christoph Moosbrugger (Alvaro), Alexander Waechter (Miguel), Nadja Gerganoff (Manuela), Jasmin Losensky (Inga), Corinna Gillwald (Laura), Ann-Beate Engelke (Eva), Peter Exacoustos (Antonio), Antonia Garcia (Elvira), Beatriz Sancho Nieta (Rita), Maria Rubio (Maria), Otto W. Retzer (Bueno), Jess Franco (Arzt). F (90) 84 Min.*
Irre Killer waren in den 1980er Jahren *in,* also konnte auch Jess Franco es nicht lassen: Er hat dazu nicht mehr als ein Wochenende gebraucht. Die Story: An der sonnigen Küste Spaniens liegt die Sprachschule der gelähmten Señora Gonzales. Hier treffen sich ansehnliche Mädchen, um dem Sex und der Bildung (in dieser Reihenfolge) zu frönen. Bevor man jedoch ernsthaft zum Vokabelpauken kommt, schlägt er zu (wir alle wissen, wer): der irre Schlitzer, der verhinderte Metzger, der psychopathische Eintänzer! Als die hübsche Angela die blutige Leiche der nicht minder hübschen Betty findet, fällt ihr Verdacht auf Señora Gonzales' Sohn Miguel, denn der hat nicht nur eine Visage zum Fürchten, sondern vor zwei Jahren schon mal ein Mädchen umgebracht, das sich nicht an die Wäsche gehen lassen wollte. Miguel wird von den Machern zwar ordentlich verdächtig gemacht, aber nach einigen weiteren Schlächtereien (auch Señora Gonzales beißt ins Gras) entpuppt sich der adrette Sprachlehrer Alvaro als Mord-Urheber: Er ist das hörige Werkzeug der habgierigen Schwester Miguels, die Mama beerben und den als sonderlich bekannten Bruder los werden will. – Das »dramaturgisch wie schauspielerisch billige

Die Säge des Todes

Schmierentheater« (Marion Ammelung, FILM-BEOBACHTER), das Jess Franco, der laut Presseheft »in seinem Heimatland Spanien ... zu den Starregisseuren [zählt]« hier vorlegt, ist »weitgehend der psychologischen Glaubwürdigkeit bar« und »ohne Logik in den Handlungsabläufen.« (FILMDIENST)

SALEM II – DIE RÜCKKEHR

Anderer Titel für STADT DER VAMPIRE

SAMSTAG DER 14.

(SATURDAY THE 14TH). USA 1981. **R:** *Howard R. Cohen.* **B:** *Howard R. Cohen.* **K:** *Daniel LaCambre.* **M:** *Parmer Fuller.* **D:** *Richard Benjamin (John), Paula Prentiss (Mary), Severn Darden (Van Helsing), Jeffrey Tambor (Waldemar), Kari Michaelson (Debbie), Kevin Brando (Billy), Nancy Lee Andrews (Yolanda), Craig Coulter (Duane), Roberta Collins (Rhonda), Thomas Newman (Phil), Rosemary De Camp (Tante Lucille), Carol Androsky (Marge), Annie O'Donnell (Annette), Michael Miller (Ernie). F 75 Min.*

Amerikanisches Ehepaar zieht mit Söhnchen in ein Spukhaus, wo Sohnemann unwissentlich Vampire und andere Satansbraten zum Leben erweckt. – Parodie. [V]

SAMSTAG DER 14. SCHLÄGT ZURÜCK

(SATURDAY THE 14TH STRIKES BACK). USA 1988. **R:** *Howard R. Cohen.* **B:** *Howard R. Cohen.* **K:** *Levie Isaacks.* **M:** *Parmer Fuller.* **D:** *Ray Walston (Opa), Jason Presson (Eddie Baxter), Patty McCormack (Kate), Julianne McNamara (Linda), Rhonda Aldrich (Alice), Avery Schreiber (Frank), Daniel Will-Harris (Bert), Pamela Stonebrook (Charlene), Joseph Ruskin, Leo V. Gordon, Michael Berryman. F 75 Min.*

Mit magischen Essenzen und Großvaters Hilfe tritt Eddie Baxter, Sohn einer ignoranten Mittelklasse-Familie, die in einem geerbten Abbruchhaus lebt, gegen Vampire und andere Ungeheuer an, die ihn am nächsten Samstag zum Herrn der Welt krönen wollen, um anschließend die Macht zu übernehmen. – Parodistischer Grusler mit ätzenden Dialogen. [V]

DER SARG DES VAMPIRO

(EL ATAUD DEL VAMPIRO). Mexiko 1957. **R:** *Fernando Mendez.* **B:** *Tommy Turner [Ramon Obon, Xavier Mateos].* **K:** *Victor Herrera.* **M:** *William Hayden [Gustavo C. Carrión].* **D:** *German Robles (Graf Duval), Abel Salazar (Dr. Salisborough), Ariadne Welter (Martha), Yerye Beirute, Alicia Montoya. SW 88 Min.*

Der vampirische Graf Duval, den das Schicksal in dem nicht weniger schlampig inszenieren Fledermaus-Drama *Vampiro* (Mexiko 1957; Regie: Fernando Mendez) in Form eines angespitzten Holzpflocks traf, fällt einem Grabräuber in die Hände und landet aus Gründen wissenschaftlichen Interesses in einer Privatklinik. Als der Ganove den Holzpflock aus dem gräflichen Herzen entfernt, um sich ein kostbares Medaillon unter den Nagel zu reißen, erwacht der Beißer zum Leben und nimmt sich eine Krankenschwester vor. Bald geistert er durch die Lande, auf der Suche nach der hübschen Revuetänzerin Martha, in die freilich ein anderer Onkel Doktor verliebt ist: Da rede noch einer von Standesdünkel! Graf Duval wird schließlich vom vortrefflichen Dr. Salisborough mit einem Speer an die Wand eines Wachsfigurenkabinetts genagelt. – »Wie es im nächsten Film weitergeht«, höhnte der FILMDIENST, »kann man sich nach der Unendlichkeitsformel leicht ausrechnen: Bei einer Renovierung des angestaubten Museums zieht ein biederer Anstreichermeister den Speer aus der Wand ...« Dann, liebe Vettern und Nichten, geht der Zauber wieder von vorn los.

DER SATAN MIT DEN LANGEN WIMPERN

(NIGHTMARE). GB 1963. **R:** *Freddie Francis.* **B:** *Jimmy Sangster.* **K:** *John Wilcox.* **M:** *Don Banks.* **D:** *David Knight (Henry Baxter), Moira Redmond (Grace), Brenda Bruce (Mary), Jennie Linden (Janet), George A. Cooper (John), Irene Richmond (Mrs. Gibbs), John Welsh (Arzt), Timothy Bateson (Barkeeper), Clytie Jessop (Frau in Weiß), Hedger Wallace (Dudley), Julie Samuel (Mädchen), Elizabeth Dear (Janet als Kind), Isla Cameron (Mutter), Frank Forsyth (Kellner). SW 82 Min.*

Der geldgierige Vermögensverwalter Baxter setzt sein Mündel Janet (17) so lange unter psychischen Druck, bis es Wahrheit und Schein nicht mehr unterscheiden kann und die Gattin des Schurken erdolcht. Nachdem Janet, verrückt geworden, in einer Heilanstalt landet und Baxter mit seiner Geliebten ein Leben in Saus und Braus beginnen will, schlagen jedoch Janets Hausangestellte zurück und inszenieren eine Neuauflage der Geschichte: Sie terrorisieren Baxters Geliebte mit subtilen Methoden, bis diese glaubt, ihr Galan wolle sie ermorden. Woraufhin sie ihm zuvorkommt. – »Jimmy Sangster gilt unter Kennern längst als Star unter den Gruselkrimi-Autoren. Mit Recht! Er besitzt Einfallsreichtum und dramaturgisches Geschick im höchsten Maß ... Seine Filme sind von einer durch und durch schwarzen Spannung. In Freddie Francis hat er einen Regisseur gefunden, der [seine] grausigen Konstruktionen mit konsequenter Verbissenheit in düstere und unheimliche Bilder umsetzt.« (Lbv., FILMBEOBACHTER) Auch wenn die Story reichlich betagt wirkt: Dieser Hammer-Film hat es in sich!

DER SATAN MIT DEN 1000 MASKEN

(HOW TO MAKE A MONSTER) USA 1958. **R:** *Herbert L. Strock.* **B:** *Kenneth Langtry, Herman Cohen.* **St:** *Kenneth Langtry, Herman Cohen.* **K:** *Maury Gertzman.* **Ma:** *Philip Scheer.* **M:** *Paul Dunlap.* **D:** *Robert H. Harris (Pete Drummond), Paul Brinegar (Rivero), Gary Conway (Tony Mantell), Garry Clarke (Larry Drake), Malcolm Atterbury (Richards), Dennis Cross (Monahan), Morris Ankrum (Captain Hancock), Walter Reed (Thompson), Paul Maxwell (Jeff Clayton), Eddie Marr (John Nixon), Heather Ames (Arlene Dow), Robert Shayne (Gary Droz), Rod Dana (Laborant), Jacqueline Ebeier (Jane), Joan Chandler (Marilyn), Thomas B. Henry (Martin Brace), John Phillips (Jones), Pauline Myers (Millie), John Ashley. SW/F 73 Min.*

Ein Maskenbildner, »der nicht zurücksteht, seine widerlichen Frankenstein-Visagen mit Gottes Schöpfungswerken zu vergleichen« (FILMDIENST), wird gefeuert, da eine Filmgesellschaft, die bisher mit Horror große Knete gemacht hat, auf Film-Musicals umsteigen will. Wutschnaubend überzieht er zwei Schauspieler, die gerade Frankensteins Monster und den Werwolf mimen, mit einer Spezialschminke, die es ihm erlaubt, ihren Geist (?) zu kontrollieren: Die beiden sollen nun die Studiobosse würgen. Auch der Maskenbildner verwandelt sich in eine Horrorgestalt, aber nachdem er einen misstrauischen Studiowächter umgebracht hat, geht er mit seinem heimischen Gruselkabinett in Flammen auf. Schade, dass dies nicht auch diesem Film passiert ist. AIDT

SATANAS – NACHT DER TEUFEL

Anderer Titel für THE THIRD HAND – NACHT DER TEUFEL

SATANAS – DAS SCHLOSS DER BLUTIGEN BESTIE

(THE MASQUE OF THE RED DEATH). USA/GB 1964. **R:** *Roger Corman.* **B:** *Charles Beaumont, R. Wright Campbell.* **V:** *Erzählungen »Die Maske des Roten Todes« und »Hopp-Frosch« von Edgar Allan Poe.* **K:** *Nicholas Roeg.* **M:** *David Lee.* **D:** *Vincent Price (Prospero), Hazel Court (Juliana), Jane Asher (Francesca), David Weston (Gino), Patrick Magee (Alfredo), Nigel Green (Ludovico), Skip Martin (Hoppfrosch), John Westbrook (Mann in Rot), Gaye Brown (Señora Escobar), Julian Burton (Veronese), Doreen Dawn (Anna-Maria), Paul Whitsun-Jones (Scarlatti), Jean Lodge (Senora Scarlatti), Vera Greenlaw (Esmeralda), Brian Hewlett (Lampredi), Harvey Hall (Clistor), David Davies, Sarah Brackett (Wächter). F 86 Min.*

Der Inhalt von Edgar Allan Poes Originalnovelle (1842): »Ungeachtet der Tatsache, dass in seinem Land eine grauenhafte Seuche wütet, die bereits die Hälfte seiner Untertanen hinweggerafft hat und die ›Der Rote Tod‹ genannt wird, weil ihre Opfer mit roten Flecken übersät sind und regelrecht ausbluten, wiegt sich Prinz Prospero in Sicherheit. Um auch die geringste Möglichkeit einer Infektion auszuschließen, hat er jede Verbindung zur Außenwelt abgebrochen

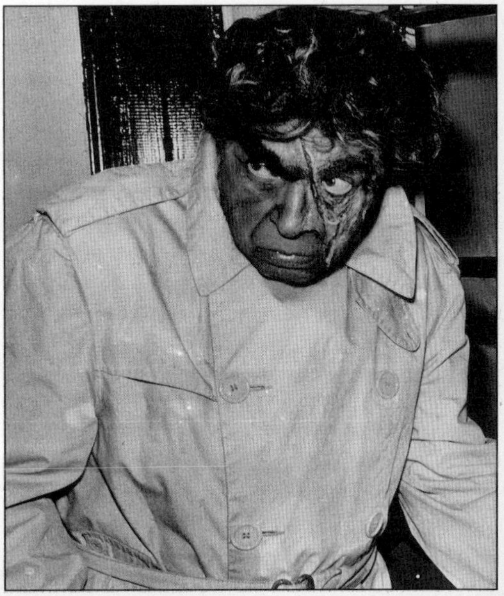

Der Satan mit den 1000 Masken

und sich in den innersten Bezirk seines mit Wällen und Türmen reich bewehrten Schlosses zurückgezogen. Dort führen er und seine tausend Gäste ein Leben in Saus und Braus, bei dem alles erlaubt ist, nur nicht ernsthafte Selbstbesinnung. Zum Höhepunkt dieses permanenten Bacchanals wird ein Maskenball von unüberbietbarer Prachtentfaltung ... Und noch bevor die Uhr zwölf geschlagen hat, werden viele gewahr, dass sich ein Fremder Zutritt verschafft hat, dessen Maskierung, das Ornat des Roten Todes – eine grässliche, wächserne Totenlarve und wallende, blutrot getupfte Leichengewänder –, als skandalöser Fauxpas empfunden wird. Prinz Prospero befiehlt die Festnahme und Entlarvung des Frevlers ... aber niemand wagt den Befehl auszuführen. Rasend vor Wut geht der Herrscher mit gezücktem Dolch auf den Eindringling los – da wendet sich ihm dieser plötzlich zu, und mit einem Aufschrei stürzt Prospero tot zu Boden. Als die Ballgäste den unheimlichen Fremden demaskieren wollen, wird ihnen bewusst, dass es sich um ein Phantom handelt, dass der gefürchtete Rote Tod selbst in ihrer Mitte weilt und dass es kein Entrinnen gibt.« (KINDLERS LITERATUR-LEXIKON) Zum ersten Mal hat sich Roger Corman, der mehrere Filme nach Werken Edgar Allan Poes gedreht hat, an die Vorlage gehalten: dass er den einen oder anderen Subplot einfügt, war unerlässlich, um der eher beschaulichen Erzählung Poes die nötige Würze zu verleihen. In der Filmversion wird die Szenerie durch die Augen des Bauernmädchens Francesca gesehen, das Prospero auf sein Schloss hat bringen lassen, damit es sich von seiner Niedertracht überzeugen kann: Ihr Bräutigam Gino und ihr Vater haben nämlich den Unwillen des Herrschers auf sich gezogen und sitzen im Verlies. Francesca soll entscheiden, welchem der beiden die Freiheit geschenkt werden soll. Bei einem Maskenball, auf dem sich Prosperos Bosheit und Dekadenz vollends offenbart (er erniedrigt seine Gäste bis zum Äußersten), kann Francesca mit Unterstützung von Prosperos Gattin die Gefangenen befreien. Deren Flucht wird jedoch vereitelt. Francescas Vater stirbt; Gino wird in sein Dorf zurückgeschickt, wo er auf eine geheimnisvolle Gestalt trifft: den Roten Tod. Gemeinsam gehen sie zu Prosperos Schloss zurück. Der Prinz sieht in dem Maskierten einen Abgesandten Satans. Die Begegnung kostet ihn und seine dekadenten Freunden das Leben: Die tödliche Seuche breitet sich rasend schnell aus. Nur Francesca, Gino und vier andere kommen davon. – »Cormans lyrischer Horror-Stil, der völlig frei ist von billiger Effekthascherei, webt um den Zuschauer einen eigenartigen emotionellen Zauber, der ihm die Überzeugung aufzwingt, irgendetwas Schrecklichem Auge in Auge gegenüberzusitzen, das gar nicht so weit von ihm entfernt ist. Corman hat die Aufeinanderfolge von Grausamkeiten und Perversitäten kühl und gelassen inszeniert. Eine expressionistische Farbgebung und lange Schwenks über ausgesucht schöne Dekors verstärken noch diesen hintergründigen Eindruck.« (rrh., FILMBEOBACHTER) – »Die Kostümierung beim Ball im Schloss ist verschwenderisch; der von Prospero geführte Hof ist perfekt und überzeugend in Szene gesetzt. Immer wieder werden die Farbexplosionen der kostümierten Gäste ... als Kontrast gegen das Grau des Schlosses in Szene gesetzt.« (Robert Moss, DER KLASSISCHE HORRORFILM). Die Kamera führte der inzwischen als Regisseur bekannte Nicholas Roeg, der mit *Wenn die Gondeln Trauer tragen* (GB 1973) und *Der Mann, der vom Himmel fiel* (GB 1975) auch selbst Phantastik-Filme inszeniert hat. *Satanas ...* verwendet außer der Poe-Story »The Masque of the Red Death« auch Motive aus »Hop Frog«. [V]

Satanas – Das Schloss der blutigen Bestie

SATANIC – AUSGEBURT DES WAHNSINNS

(SONNY BOY/SATANICS). USA/Niederlande 1987. **R:** *Robert Martin Carroll.* **B:** *Graeme Whifler.* **K:** *Roberto d'Ettore Piazzolo.* **M:** *Carlo Maria Cordio.* **D:** *David Carradine (Pearl), Paul L. Smith (Slue), Michael Griffin, Brad Dourif, Conrad Janis, Sydney Lassick. F 93 Min.*

Sadistisch-perverse Hinterwäldler erziehen ein Kind systematisch zum Killerkannibalen. Ein neuerlicher Tiefpunkt in der Historie der an Tiefpunkten wahrlich nicht armen Horrorfilm-Industrie. AIDT [V]

SATANISCHE SPIELE

(GAMES). USA 1967. **R:** *Curtis Harrington.* **B:** *Gene Kearney.* **St:** *Curtis Harrington, George Edwards.* **K:** *William A. Fraker.* **Ma:** *Bud Westmore.* **M:** *Samuel Matlovsky.* **D:** *Simone Signoret (Lisa Schindler), James Caan (Paul Montgomery), Katharine Ross (Jennifer Montgomery), Don Stroud (Norman), Kent Smith (Harry), Estelle Winwood (Miss Beattie), Marjorie Bennett (Nora), Ian Wolfe (Dr. Edwards), Anthony Eustrel (Winthrop), Eloise Hart (Celia), George Furth (Terry), Carmen Philipps (Holly), Peter Brocco (Graf), Florence Marly (Baronesse), Carl Guttenberger (Arthur), Pit Herbert (Apotheker), Stuart Nisbet (Detektiv), Kendrick Huxham (Buchhändler), Richard Guizon (Masseur). F 100 Min.*

New Yorker Schickeria-Ehepaar freundet sich mit geheimnisvoller Vertreterin an, die allerlei schockierende Spielchen kennt, was schließlich dazu führt, dass die Dame des Hauses sich vom Geist eines angeblich Ermordeten verfolgt fühlt und unter dem Druck der Ereignisse einen Menschen tötet. Es stellt sich heraus, dass der Ehemann und die Vertreterin sie in den Wahnsinn treiben wollen, um sie zu beerben. Der Gatte ist am Ende jedoch selbst der Dumme, denn die teure Freundin vergiftet ihn und sucht mit dem ergaunerten Mammon das Weite. Mäßig spannender Psycho-Thriller nach altbewährtem Muster. – »Der Übergang von den harmlosen Späßen zu den ernsten klappt jedoch nicht ganz, dazu ist die Exposition viel zu lang. Da außerdem keine Spur darauf hindeutet, dass eine Kriminalhandlung vorliegt, verpufft die Wirkung des Schlusses: Die Pointe lässt kalt, da sie aufgesetzt ist.« (gg., FILMBEOBACHTER)

SATAN'S BED – DAS TODESBETT

(SATAN'S BED). Indonesien 1983. **R:** *Lukman Rewa.* **B:** *Tom Rayul.* **K:** *Syams Judin.* **M:** *N.N.* **D:** *Marianne Wolf, Didier Hamel, Richie Ricardo, Gusti Randa. F 83 Min.*

In einer auf einem ehemaligen Friedhofsgelände errichteten Luxusvilla toben Geister und machen sich über eine Familie her, deren schauspielerisches Unvermögen so grauenhaft ist, dass sie den Tod verdient. AIDT [V]

SATAN'S BLADE – DAS HÖLLENMESSER

(SATAN'S BLADE). Kanada 1987. **R:** *Scott Castillo.* **B:** *Scott Castillo.* **K:** *Terry Kempf.* **M:** *Martin Jaquish.* **D:** *Tom Bongiorno (Tony), Stefanie Leigh Steel (Stephanie), Thomas Cue (Al), Elisa R. Malinovitz (Lisa), Janeen Lowe (Lil), Ski Mark Ford (Ski), Ramona Andrada (Sue), Diane Taylor (Rita), Marti Neal (Marlene), Susan Bennett (Mary), Fred Armond (Sheriff Don). F 90 Min.*

Das verfluchte Messer des verfluchten Geistes eines verfluchten Irren ergreift Besitz von einem Polizisten, der mit einer Gruppe junger Leute in einer Hütte in den Rocky Mountains »Freitag der 13.« spielt. Das Blöde kommt auf leisen Sohlen ...[V]

SATANS BRAUT

(MIDNIGHT'S CHILD). USA 1993. **R:** *Colin Bucksey.* **B:** *David N. Gottlieb, David Chaskin.* **St:** *Jeff Myrow, David Chaskin.* **K:** *Anthony B. Richmond.* **M:** *Richard Hartley.* **D:** *Marcy Walker (Kate), Olivia d'Abo (Anna Bergman), Jeffrey J. Nowinski (Bob), Pierette Grace (Mädchen), Nicole Prochnik (Sekretärin), Jake Jacobs (Arzt), Matt Corey (Ehemann), Stephanie Shroyer (Ehefrau), Beth Bjork (Kleines Mädchen), Elizabeth Moss (Christina). F 89 Min.*

TV-Film. Junge Ehefrau stellt ein Au pair-Mädchen ein und macht die Entdeckung, dass dieses eine Satanistin ist, doch es fällt ihr schwer, ihren Gatten und ihre kleine Tochter davon zu überzeugen.

SATAN'S SCHOOL FOR GIRLS – MÖRDERISCHE RITUALE

(SATAN'S SCHOOL FOR GIRLS). USA 2000. **R:** *Christopher Leitch.* **B:** *Michael Hitchcock (Grundlage: Drehbuch »Satan's School for Girls« von A. A. Ross).* **K:** *Sergei Kozlov.* **M:** *Peter Manning Robinson.* **D:** *Shannen Doherty (Beth/Karen Oxford), Kate Jackson (Olivia Burtis), Julie Benz (Allison), Daneil Cosgrove (Mark), Richard Joseph Paul (Nick Delacroix). F 87 Min.*

Beth Oxford, die nicht glaubt, dass ihre Schwester sich umgebracht hat, schreibt sich unter falschem Namen in deren College ein und kommt mit unvermutet hellseherischen Fähigkeiten dem okkulten Geheimbund der »Fünf« auf die Schliche. [V]

SAVINI, TOM

(*1946). Amerikanischer Special Effects-Maskenbildner und Gelegenheitsdarsteller, geboren in Pittsburgh, Pennsylvania. 1977: *Martin (Martin)*; 1978: *Dawn of the Dead (Zombie)*; 1981: *Nightmare*; 1982: *Creepshow (Die unheimlich verrückte Geisterstunde)*; 1985: *Day of the Dead*; 1986: *The Texas Chainsaw Massacre II (The Texas Chainsaw Massacre II)*; 1989: *The Evil Eyes*; 1991: *Bloodsucking Pharaos in Pittsburgh*; 1994: *Necronomicon*. Regie: 1984: *Tales from the Dark Side* (TV-Serie); 1990: *Night of the Living Dead*; 2001: *Vampirates*.

SCARED TO DEATH

(SCARED TO DEATH). USA 1946-47. **R:** *Christy Cabanne.* **B:** *W. J. Abbott.* **K:** *Marcel le Picard.* **M:** *Carl Hoefle.* **D:** *Bela Lugosi (Leonid), George Zucco (Dr. Van Ee), Molly Lamont (Laura), Douglas Fowley (Terry Lee), Joyce Compton (Jane), Roland Varno (Ward Van Ee), Nat Pendleton (Raymond), Angelo Rossitto (Indigo), Gladys Blake (Lilybeth), Stanley Price, Stanley Andrews (Pathologen), Lee Bennett (Rene). F 65 Min.*

Eine weibliche Leiche berichtet, wie sie zu Tode gekommen ist. Rätselhafter Horror-Mystery-Streifen um bizarre Bewohner eines Sanatoriums und einen geheimnisvollen Magier und Hypnotiseur, der, begleitet von einem unheimlichen Zwerg, augenrollend durch geheime Gänge schleicht und sich in allerlei ulkigen Verkleidungen bemüht, den Mordverdacht auf sich zu lenken. [V]

SCARECROW – EIN TOTER SCHLÄGT ZURÜCK

Anderer Titel für DIE RACHE DES GELYNCHTEN

SCARFIES

(SCARFIES). Neuseeland 1999. **R:** *Robert Sarkies.* **B:** *Robert Sarkies, Duncan Sarkies.* **K:** *Stephen Downes.* **D:** *Neill Rea (Scott), Willa O'Neill (Emma), Taika Cohen (Alex), Charlie Bleakley (Graham), Ashleigh Seagar (Nicola), Jon Brazier (Kevin), Mark Neilson (Gordy), Mark Dudfield. F 94 Min.*

Schwarzhumorige Horror-Komödie: Fünf Studenten entdecken im Keller einer halb verfallenen Villa eine Marihuana-Plantage.

SCARLETTO – SCHLOSS DES BLUTES

(IL BOIA SCARLETTO/THE BLOODY PIT OF HORROR). Italien/USA 1965. **R:** *Max Hunter [Massimo Pupillo].* **B:** *Robert Christmas [Roberto Natale], Robert McLoren [Roberto Migliorini].* **K:** *John Collins [Luciano Trasatti].* **M:** *Gino Peguri.* **D:** *Mickey Hargitay (Anderson), Louisa Baratto (Edith), Walter Brandi, Mario Pupillo, Alfredo Rizzo, Rita Klein, Femi Benussi, Moa Thai, John Turner. F 86 Min.*

Der Ex-Schauspieler Anderson lebt in einem finsteren Schloss und dem Wahn, den »scharlachrote Henker« rächen zu müssen, der Jahrhunderte zuvor auf seinem Anwesen zu Tode gekommen ist. Als ein Journalisten-, Fotografen- und Mannequin-Trupp sein Gruselheim für Fotoaufnahmen verwenden will, verfällt er dem Irrsinn und bringt in der Gestalt des toten Henkers einen nach dem anderen um. Hinter einer roten Folterknechtmaske verborgen, tobt er

Scarletto – Schloss des Blutes

durch die Grüfte, bis das Schicksal ihn ereilt. – Diese italienisch/amerikanische Koproduktion gehört zum Bodensatz des Horror-Genres: Nicht mal die Macher dieses Gestümpers wollten mit ihren echten Namen dazu stehen. – »Es gibt einen einzigen seriösen Satz in diesem Film. Ein Mann, der sich als Journalist ausgibt, erklärt seinem Kollegen, er schreibe Gruselstorys ... nur deshalb, weil damit Geld zu verdienen sei. Das ist der springende Punkt, der auch in Bezug auf den Vorliegenden Streifen gilt ...: solange die Leute für solchen Schund gutes Geld zahlen, solange wird er hergestellt werden.« (rho., FILM-BEOBACHTER) Mickey Hargitay, der zwar muskelprotzige, doch ausdruckslose »scharlachrote Henker«, war »Mr. Universum« und mit der Sexbombe Jayne Mansfield verheiratet.

SCARY MOVIE

(SCARY MOVIE). USA 2000. **R:** *Keenan Ivory Wayans.* **B:** *Shawn Wayans, Marlon Wayans, Buddy Johnson, Phil Beauman, Jason Friedberg, Aaron Seltzer.* **K:** *Francis Kenny.* **M:** *David Kitay, Michael Dillbeck.* **D:** *Shawn Wayans (Ray), Marlon Wayans (Shorty), Cheri Oteri (Gail Hailstorm), Shannon Elizabeth (Buffy), Anna Faris (Cindy Campbell), Jon Abrahams (Bobby), Lochlyn Munro (Greg), Regina Hall (Brenda), Kimberly Jones. F 88 Min.*

Parodie der *Scream*-Produzenten auf die Post-Teenie-Slasher-Welle *(Amistad; Blair Witch Project; Ich weiß, was du letzten Sommer getan hast)*: »Dem Kurzzeitgedächtnis der Zielgruppe entsprechend, beschränken sich die Zitate auf einschlägige Filme der letzten Zeit. Deftig gelungen, die Nummernrevue, vorausgesetzt man kann sich mit dem Besorgnis erregend niedrigen Level der Fäkal-, Pimmel- und Schwulenwitze arrangieren.« (Jörg Buttgereit, TIP 20/2000)

SCARY MOVIE II

(SCARY MOVIE II). USA 2001. **R:** *Keenan Ivory Wayans.* **B:** *Allison Fouse, Greg Grabianski, Dave Polsky, Michael Anthony Snowden, Craig Marlon, Shawn Wayans.* **SpE:** *Scott Wheeler.* **M:** *Marco Beltrami, George S. Cinton.* **D:** *Marlon Wayans (Shorty Meeks), Tim Curry (Professor Oldman), James Woods (Pater McFeely), Natasha Lyonne (Megan Voorhees), Tori Spelling (Alex Monday), Christopher Kennedy, Shawn Wayans (Ray Jones), Anna Faris (Cindy Campbell), Regina Hall (Brenda Meeks), Christopher Masterson (Buddy), James De Bello (Tommy), Kathleen Robertson (Theo), David Cross (Dwight), Cordelia Reinhard (McFeelys Mutter), Andy Richter (Pater Harris), Chris Elliott (Hanson). F 95 Min.*

Unter der Leitung von Professor Oldham versucht eine Gruppe von Studenten das Geheimnis eines Spukhauses zu ergründen, wobei sich allerlei komische Situationen ergeben, die dazu dienen, Filme dieser Art ordentlich auf die Schaufel zu nehmen. »Machte sich der Wayans-Clan letztes Jahr über das Slasher-Genre mit Handlung, aber ohne mehrdimensionale Charaktere lustig, so verhohnepipelt er heuer übernatürliche Spukbuden: ausgefeilte Charaktere, die handlungslos durch Gruselsets trippeln. (...) Nach den Scham-Monstern, Silikon-Titten auf Eispickeln und exponierten Intim-Extremitäten hagelt es diesmal Detailmomente aus dem Vergnügungszentrum – für Ami-Teenies höchst *scary* eben – drum wurde auch der *heterosexually challenged* Ray von den Toten zurückgeholt. Getarnt präsentieren sich diese cleveren Ansätze in kruden Jokes, die selbst Kelly Bundy begreift; eben für die unreife, nimmersatte Canaille in uns.« (FANTASY FILMFEST 2001)

DER SCHÄDEL DES MARQUIS DE SADE

(THE SKULL). GB 1965. **R:** *Freddie Francis.* **B:** *Milton Subotsky.* **V:** *Erzählung »Der Schädel des Marquis« von Robert Bloch.* **K:** *John Wilcox.* **M:** *Elizabeth Lutyens.* **D:** *Peter Cushing (Professor Christoph Maitland), Patrick Wymark (Marco), Christopher Lee (Sir Matthew Phillips), Nigel Green (Wilson), Jill Bennett (Jane Maitland), Michael Gough (Auktionator), George Coulouris (Dr. Londe), Patrick Magee (Polizeiarzt), Peter Woodthorpe*

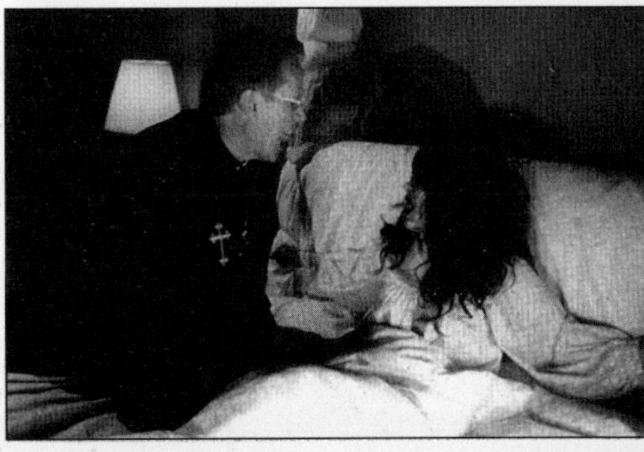

Scary Movie II

Der Schädel des Marquis de Sade

(Travers), April Olrich (Mädchen im Bad), Frank Forsyth (Richter), Anna Palk (Magd), Paul Stockman, Geoffrey Cheshire (Wächter), Maurice Good (Phrenologe), George Hilsdon (Polizist), Jack Silk (Fahrer). F 83 Min.
Professor Maitland, ein Sammler okkulter Gegenstände und Materialien, kauft von einem zwielichtigen Burschen namens Marco eine in Menschenhaut (!) gebundene Biografie des Marquis de Sade sowie den anderswo entwendeten Schädel des berühmten Lüstlings. Er muss feststellen, dass das knochige Ding vom Bösen besessen ist; leider kommt diese Erkenntnis zu spät, um sein Leben zu retten. Gar grauslich geht er zugrunde, da er sich der Attacke der Mächte der Finsternis »weder mit Stilett, Amulettkreuz noch Eieruhr erwehren kann.« (FILMDIENST) Durchschnittsgrusler, produziert von der Hammer-Konkurrenz Amicus.

DER SCHARLACHROTE HENKER
Anderer Titel für SCARLETTO – SCHLOSS DES BLUTES

SCHATTEN DES SCHRECKENS
Anderer Titel für SCHRECKEN

SCHATTEN EINER KATZE
(THE SHADOW OF THE CAT). GB 1960. **R:** *John Gilling.* **B:** *George Baxt.* **K:** *Arthur Grant.* **M:** *Mikis Theodorakis.* **D:** *Andre Morell (Walter Venable), Barbara Shelley (Beth Venable), William Lucas (Jacob) Freda Jackson (Clara), Conrad Phillips (Michael Latimer), Alan Wheatley (Inspektor Rowles), Andrew Crawford (Andrew), Catherine Lacey (Ella Venable), Vanda Goodsell (Louise), Richard Warner (Edgar), Kynaston Reeves (Großvater), Vera Cook (Mutter), Kevin Stoney (Vater), Howard Knight (Junge), Angela Crow (Mädchen). SW 79 Min.*
Die wohlhabende Ella Venable wird von ihrem geldgierigen Gatten und zwei mit ihm verschworenen Hausangestellten ermordet. Einziger Zeuge des Verbrechens ist Ellas Pussi, die sich fortan so ungewöhnlich gebärdet, dass es sogar ihrer Nichte Beth auffällt, die unverhofft zu Besuch kommt. Das Mördertrio beschließt, die Katze zu beseitigen, aber das listige Vieh bringt es fertig, den mörderischen Butler in den Sumpf zu locken und die Hausdame Clara so zu erschrecken, dass sie sich den Hals bricht. Walter Venable, der Gatte des Mordopfers, wird daraufhin von einer solchen Angst erfasst, dass er krank wird und das Bett hüten muss. Die Katze setzt ihm zu, bis er an einem Herzschlag stirbt. – »*Schatten einer Katze* ist stellenweise recht spannend, aber wohl eher für Katzenliebhaber als für Fans des Mysteriösen.« (Bob Salmaggi, NEW YORK HARALD TRIBUNE). Interessant immerhin, dass der griechische Komponist Mikis Theodorakis die Musik für diesen Thriller lieferte.

SCHATTEN UM DOMINIQUE
(DOMINIQUE). GB 1978. **R:** *Michael Anderson.* **B:** *Edward & Valerie Abraham.* **V:** *»What Beckoning Ghost« von Harold Lawlor.* **K:** *Ted Moore.* **M:** *David Whittaker.* **D:** *Cliff Robertson (David Ballard), Jean Simmons (Dominique Ballard), Jenny Agutter (Ann Ballard), Simon Ward (Tony Calvert), Ron Moody (Dr. Rogers), Judy Geeson (Marjorie Cravan), Flora Robson (Mrs. Davis), David Tomlinson (Anwalt), Michael Jayston (Arnold Cravan), Jack Warner (Maurer). F 91 Min.*
TV-Film. Nachdem David Ballard seine Frau Dominique mit inszeniertem Spuk in den Selbstmord getrieben hat, gehen in seinem Haus unheimliche Dinge vor. Das Grauen geht weiter – nur ist diesmal er das Opfer.

SCHATTENREICH DES TODES
(FROM THE DEAD OF NIGHT). USA 1989. **R:** *Paul Wendkos.* **B:** *William Bleich.* **V:** *Gary Brand-*

ner. **K:** *Bernd Heinl.* **M:** *Gil Melle.* **D:** *Lindsey Wagner (Joanna), Bruce Boxleitner (Peter Langford), Robin Thomas (Glen Eastman), Robert Prosky (Dr. Walter Hovde), Merritt Butrick (Rick), Joanne Linville (Dr. Ann Morgan), Rita Zohar (Elena), Diahann Carroll (Maggie), Jeanne Bates (Schwester), Timothy Fall (Kevin), Richard Fancy (Dr. Breedlove), Sheldon Feldner (Gus), Christian Hoff (Davey), Nancy Linari (Edna). F (192) 115 Min.*
TV-Film. Modezeichnerin verliert während einer Party das Bewusstsein, fällt in ein Schwimmbecken und ist für kurze Zeit klinisch tot. Nach ihrem Erwachen wird sie von unheimlichen Gestalten verfolgt, die offenbar das Ziel haben, sie ins Jenseits zurückzubringen.

SCHATTENSPIELE

(SHADOW PLAY). USA 1986. **R:** *Susan Shadburne.* **B:** *Susan Shadburne.* **K:** *Ron Orieux.* **M:** *Jon Newton.* **D:** *Dee Wallace Stone, Cloris Leachman, Ron Kuhlman, Delia Salvi, Barry Laws. F 101 Min.*
Auf einer Insel lebender Dramatiker aus New York wird vom Geist seiner durch Selbstmord geendeten Verlobten heimgesucht. [V]

SCHIZOID

(SCHIZOID). USA 1980. **R:** *David Paulsen.* **B:** *David Paulsen.* **K:** *Norman Leigh.* **M:** *Craig Hundley.* **D:** *Klaus Kinski (Dr. Paul Fales), Mariana Hill (Julie), Craig Wasson (Doug), Donna Wilkes (Alison Fales), Joe Regalbuto (Jake), Richard Herd (Donahue), Christopher Lloyd (Gilbert), Kiva Lawrence (Rosemary), Cindy Dolan (Sally), Claude Duvennoy (Françoise), Flo Gerrish (Pat), Danny Assael (Barney), Jon Greene (Archie), Richard Balin (Freddie), Kathy Garrick (Maxine), Tobar Mayo (Francis), Fredric Cook (Willy), Jonathan Millner (Francis' Freund), Garcia Lee (Bruce). F 90 Min.*
Geheimnisvoller Psycho-Killer, den sein verkorkstes Innenleben zu grausamen Morden mit einer Schere treibt, wendet sich an die Briefkastentante einer Zeitung, um ihr von seinen Taten zu berichten. Seine Opfer sind vornehmlich Teilnehmerinnen der Gruppentherapiesitzungen des Psychiaters Dr. Fales, der sich aufmacht, den Fall zu untersuchen und dabei eine böse Überraschung erlebt. Routinierter Thriller, der seinen Horror überwiegend aus der Darstellungskunst Klaus Kinskis bezieht. [V]

SCHIZOMANIAC

(PLAYROOM/SCHIZO). GB 1989. **R:** *Manny Coto.* **B:** *Keaton Jones.* **K:** *James C. Carter.* **M:** *David Russo.* **D:** *Lisa Aliff (Jenny), James Purcell (Paul), Jamie Rose (Mary), Christopher McDonald (Chris), Aron Eisenberg (Daniel), Vincent Schiavelli. F 84 Min.*
Der Journalist Chris besucht mit Freunden das elterliche Schloss in Jugoslawien, in dem seine Familie ermordet wurde. Der Jahrhunderte alte Geist, der für ihren Tod verantwortlich ist, treibt ihn allmählich in den Wahnsinn und zwingt ihn zum Mord an zwei Freunden. Brutaler Schocker. [V]

SCHLAG 12 IN LONDON

(THE TWO FACES OF DR. JEKYLL). GB 1960. **R:** *Terence Fisher.* **B:** *Wolf Mankowitz.* **V:** *»Der seltsame Fall des Dr. Jekyll und Mr. Hyde« von Robert Louis Stevenson.* **K:** *Jack Asher.* **M:** *Monty Norman, David Heneker.* **D:** *Paul Massie (Dr. Henry Jekyll/Mr. Hyde), Dawn Addams (Kitty Jekyll), Christopher Lee (Paul Allen), Norma Marla (Maria), David Kossoff (Ernst Litauer), Francis de Wolff (Inspektor), Helen Gross (Nannie), Magda Mille (Animiermädchen), William Kendall (Klubmitglied), Oliver Reed, Pauline Shepherd, Janina Faye, Percy Cartwright, Joan Tyrill, Joe Robinson. F 87 Min.*

Schlag 12 in London

Dem Londoner Arzt Dr. Jekyll ist die Entwicklung eines Serums gelungen, das das Böse im menschlichen Charakter dominierend macht. In der (auch äußerlich veränderten) Gestalt des bösen Mr. Hyde lebt er seine geheimen Wünsche aus: Er hält sich die Tänzerin Maria als Geliebte, nähert sich der eigenen Frau, ohne dass diese weiß, wer er ist und gerät schließlich vollends in den Bann des Bösen. Obwohl er zwischen den Metamorphosen Mr. Hydes Charakter Widerstand entgegensetzt, verfällt er nach einigen Verbrechen in Raserei und setzt sein Labor in Brand. Seinem herbeieilenden Freund Litauer versichert er, er hätte Hyde endgültig vernichtet, aber das ist nicht wahr ... – »*Schlag 12 in London* ... war der erste ernsthafte Versuch der Hammer-Produktion, Robert Louis Stevensons Roman zu verfilmen. Der Drehbuchautor Wolf Mankowitz gab der bekannten Story eine neue und erfindungsreiche Wendung, indem er aus Hyde eine glatt rasierte, umgängliche und gelassen sadistische Figur machte, statt des haarigen Ungetüms früherer Filmversionen.« (Allan Eyles, THE HOUSE OF HORROR). – »Bei Fisher ist der diabolische überhaupt der schöne Mensch. Um Schönheit und Jugend zu genießen, verwandelt er sich mit Hilfe der Droge. Auch diese Interpretation wird dem Geist der Vorlage Stevensons gerecht. Denn die Idee von der Kalokagathie [körperliche und geistige Vollkommenheit], die von den Schwarzen Romantikern pervertiert worden war, indem sie den Bösen als den Guten zeichneten und ihm alle Attribute des Schönen gaben, weil sie die Ästhetik des Hässlichen als das Nonplusultra ästhetischer Raffinesse betrachteten, diese Idee wurde (in der Erzählung Stevensons) auf den Kopf gestellt. Aber nicht um den vorigen Zustand wieder herzustellen, sondern um zu demonstrieren, dass auch im Schönen das Böse nisten kann, dass die uralte idealistische Konzeption von der Kalokagathie fauler Zauber ist. Alle diese Gedanken sind in Fishers Verfilmung embryonal angelegt. Dass sie nicht adäquat realisiert wurden, liegt an den ... Schwächen des Regisseurs.« (Franz Schöler, FILM)

DIE SCHLANGE IM REGENBOGEN

(THE SERPENT AND THE RAINBOW). USA 1987. **R:** *Wes Craven.* **B:** *Richard Maxwell, A. R. Simoun.* **St:** *Richard Maxwell.* **K:** *John Lindley.* **M:** *Brad Fiedel.* **D:** *Bill Pullman (Dennis Alan), Cathy Tyson (Marielle Duchamp), Zakes Mokae (Dargent Peytraud), Paul Winfield (Lucien Celine), Brent Jennings (Mozart), Conrad Roberts (Christophe), Theresa Merritt (Simone), Michael Gough (Schoonbacher), Badja Djola (Gaston), Paul Guilfoyle (Cassedy), Dey Young (Mrs. Cassedy), Aleta Mitchell (Celestine). F 94 Min.*

Anthropologe Dennis von der Harvard-Universität begibt sich im Auftrag eines Pharmaunternehmens nach Haiti, um ein »Zombiepulver« zu erwerben, das man als Betäubungsmittel verwenden will. In Port au Prince nimmt er die Spur eines echten Zombies auf und begegnet dem örtlichen Polizeichef, der sich als bösartiger Voodoo-Zauberer entpuppt. Dennis muss sich mit einem Mediziner und einem Voodoo-Praktikanten zusammentun, um den Gegner zu besiegen. [V]

DIE SCHLANGENGRUBE UND DAS PENDEL

BRD 1967. **R:** *Harald Reinl.* **B:** *Manfred R. Köhler.* **V:** *»Grube und Pendel« von Edgar Allan Poe.* **K:** *Ernst W. Kalinke.* **M:** *Peter Thomas.* **D:** *Lex Barker (Roger von Marienburg), Karin Dor (Lilian von Brabant), Christopher Lee (Graf Regula), Carl Lange (Anatol) Vladimir Menar (Pater Fabian), Christiane Rücker (Babette), Dieter Eppler (Kutscher). F 85 Min.*

1801 hat Graf Regula zwölf Jungfrauen umbringen lassen: Dafür hat man ihn gevierteilt. 1841 erhalten Lilian von Brabant und der Anwalt Roger von Marienburg einen Brief, der sie in Regulas Schloss lockt: Sie soll ein geheimnisvolles Erbe antreten; ihm kündigt man wichtige Informationen an. Stattdessen geraten sie in dem alten Gemäuer in die Fänge eines zwielichtigen Lakaien namens Anatol, der Graf Regula unter Zuhilfenahme allerlei magischen Brimboriums wieder zum Leben erweckt. Die holde Jungfer Lilian erfährt, dass ihr Blut dringend benötigt wird, um das ewige Leben des sinistren Edelmannes zu sichern; Roger – als Nachfahre des Richters, der den Grafen hat exekutieren lassen, soll grausam sterben: unter dem bedrohlich aussehenden Metallpendel, das wir aus *Der Rabe* (USA 1935; Regie: Louis Friedlaender) und *Das Pendel des Todes* (USA 1961, Regie Roger Corman) kennen. Selbiges soll ihn in zwei Hälften schneiden. Wie eklig! Mit Hilfe eines Kreuzes kann der aufrechte Roger dem bösen Spiel ein Ende bereiten. – Deutscher Horror, wie gehabt. Und wie man auf den ersten

Die Schlangengrube und das Pendel

Blick erkennt, hat auch diese Gruselgeschichte mit der gleichnamigen Erzählung Edgar Allan Poes lediglich *ein* Motiv gemein. – »Nur wenn der vampirhafte Frankenstein Regula auftritt, spürt man etwas von dem Grauen, ansonsten: ein bisschen Spessart, ein Schuss Wallace und etwas vom Agentenfilm. Dabei wurde mit Aufwand nicht gespart: mächtige Kulissen, Farbspiele, Masken, eklige Tiere, schreiende Musik und knarrende Türen, Fallgitter und Torturen; zu viel, als dass es beeindrucken könnte.« (FILMBEOBACHTER)

DAS SCHLANGENMONSTER

(SCORPION THUNDERBOLT). Hongkong 1989. **R:** *Godfrey Ho.* **B:** *N.N.* **K:** *N.N.* **M:** *N.N.* **D:** *Bernard Tsui (Inspektor Jackie Ko), Julie Chan (Inspektor Lee), Nancy Lim (Helen), Richard Harrison (Richard). F 86 Min.*

Hongkong: Helen, Nachfahrin eines Schlangenprinzen und einer Menschenfrau, braucht zum Leben Blut. Wenn sie ihre Opfer reißt, verwandelt sie sich in ein Schleimgeschöpf mit Fangarmen. Inspektor Ko und Kollegin Lee sind der Bestie auf der Spur, doch der Katzen fressende Irre, der ihnen ins Netz geht, ist unschuldig. Der wackere Ho schaut Helen als die Schuldige aus, verliebt sich in sie und möchte ihr helfen. Doch Helen steht unter dem Bann einer Hexe, die sie mittels Kristallkugel, Flöte und Gesang steuert. Die Polizei macht Helen trotzdem kalt. – Danach wurde dem Regisseur wohl klar, dass sein Produkt etwas kurz ist, deswegen fügte er ihm einen Anhang hinzu, in dem es der Hexe an den Kragen geht: Die kann nämlich nur von einem getötet werden – dem Mucki-Mann Richard, dessen Ring, wie er von einer Wahrsagerin hört, magische Kräfte hat. Dies weiß natürlich (?) auch die Hexe; deswegen soll Richard sterben. Eine hübsche Schnalle, die er im Kino anbaggert, sabbert ihn voll, dann hat er einige Schläger am Hals, was ihn stinkig macht. Von der freundlichen Wahrsagerin mit güldenem Schwert und mystischem Spiegel ausgestattet, geht er ins Schloss der Hexe und macht ihr den Garaus. Ein wirrer Fetzer, in dem sich Scharen von untalentierten Darstellern austoben. AIDT [V]

DER SCHLITZER

(LA CASA SPERDUTA NEL PARCO). Italien 1979. **R:** *Ruggero Deodato.* **B:** *Gianfranco Clerici, Vincenzo Mannini.* **St:** *Gianfranco Clerici, Vincenzo Mannini.* **K:** *Sergio d'Offizi.* **M:** *Riz Ortolani.* **D:** *David Hess (Alex), Christian Borromeo (Tom), Marie-Claude Joseph (Glenda), Claudio Vitelles (Tom), Giovanni Lombardo Radice (Ricky), Annie Bell (Liza), Gabriele di Giulio (Howard), Anca Lahres (Cindy), Lorraine de Sele (Gloria), Brigitte Petronio, Karoline Mardeck). F 88 Min.*

Ultrabrutaler Psychopath erscheint mit Freund auf einer von jungen Leuten veranstalteten Party und klinkt aus. Mit einem Rasiermesser erniedrigt und tötet er die Anwesenden, bis er ebenso gewalttätig aus dem Weg geschafft wird. – »Regisseur Deodato zeigt ein Blutbad um des Blutbades willen. Er weiß, wofür offenbar viele Geld bezahlen und hält sich gar nicht erst mit verbrämter Motivsuche auf. Hier soll Blut spritzen, und das passiert reichlich.« (CINEMA).

DAS SCHLOSS DER BLAUEN VÖGEL

(LA BESTIA UCCIDE A SANGUE FREDDO). Italien 1971. **R:** *F.D. Lee [Fernando di Leo].* **B:** *Fernando di Leo, Nina Latino.* **V:** *»Das Schloß der blauen Vögel« von H. G. Konsalik.* **K:** *Franco Villa.* **M:** *Silvano Spadaccino.* **D:** *Klaus Kinski (Dr. Bernd Keller), Margaret Lee (Luise Sassner), Rosalba Neri*

(Ann Palmer), John Karlsen (Professor Dorian), Monika Strebel, Jane Garret, Giulia Desideri, John Ely, Fernando Cerulli, Sandro Rossi, Giulio Baraghini, Ettore Ceri, Antonio Radaelli, Marco Mariani, Carla Mancini, Pietro Nistri, Franco Marletta. F 84 Min.

In der Schweizer Privatklinik Schloss Hohenspann (das alte Gemäuer sieht wie ein Spukschloss aus), die Professor Dorian leitet, werden attraktive Frauen behandelt: Nymphomaninnen, die, von Geilheit getrieben, »u.a. Heilung von ihrem Zwang« (so der Verleih) suchen. Doch nachts spielt sich in den Räumen der Klinik genau das ab, was die mehr oder weniger unfreiwillig hier weilenden Damen sich abgewöhnen sollen. Dann schleicht ein schwarz gekleideter Killer durch die Gänge und schlachtet die lüsternen Damen reihenweise (mit Beil, Degen, Dolch, Sense und Morgenstern) ab. Wie sich erweist, gibt er nur vor, ein Psychopath zu sein: die Morde sollen eine Gewalttat kaschieren, die noch erfolgen wird. Mit Hilfe des Lockvogels Luise geht er der Polizei in die Falle, wird als ihr Ehemann entlarvt und bringt am Ende zwei Polizisten und fünf Krankenschwestern um, ehe man ihn in Fetzen schießt. Über das Motiv des Täters erfahren wir leider ebenso wenig wie über die Therapie, die man in der Klinik zur Heilung der armen kranken Damen anwendet. Der »unheimliche, nervenzerfetzende Thriller«, der angeblich »atemberaubende Spannung« bietet, ist ein abgrundtiefer Langweiler. – »Von Vögeln ist nichts zu sehen (erst recht nichts von blauen), *vom* Vögeln dafür umso mehr ... Sehr langatmig werden einige Schicksale der weiblichen Patienten geschildert, die nicht nur gekünstelt wirken, sondern auch dramaturgisch vollkommen belanglos sind. Um jedem was zu bieten, reicht die Palette der Abwechslung vom Inzest-Motiv bis zur Lesben-Romanze, vom Gewächshaus als Liebesnest bis zu den Mädchenhänden, die sich oftmals schenkelwärts verirren.« (Wolfgang Kühn, VAMPIR)

Das Schloss der blauen Vögel

SCHLOSS DER VAMPIRE

(HOUSE OF DARK SHADOWS). USA 1970. **R:** *Dan Curtis.* **B:** *Sam Hall, Gordon Russell.* **K:** *Arthur J. Ornitz.* **M:** *Robert Cobert.* **D:** *Jonathan Frid (Barnabas Collins), Grayson Hall (Dr. Julia Hoffman), Joan Bennett (Elizabeth Stoddard), Kathryn Leigh Scott (Maggie Evans), Roger Davis (Jeff Clark), John Karlen (Willie Loomis), Nancy Barrett (Carolyn Stoddard), Thayer David (Professor T. Elito Stokes), Dennis Patrick (Sheriff George Patterson), Louis Edmonds (Roger Collins), David Hensey (David Collins), Donald Briscoe (Todd Jennings), Lisa Richards (Daphne Budd), Barbara Carson (Mrs. Johnson), Humbert Astredo (Dr. Forbes), Jerry Lacy, Paul Michael, Terry Crawford, Michael Stroka. F 97 Min.*

TV-Film. Ein vertrottelter Hausdiener erweckt aus Unwissenheit einen seit Jahrhunderten in der Familiengruft der Stoddards schnarchenden Vampir, der sich aufmacht, um an der holden Weiblichkeit zu saugen. Als eine Ärztin ihm helfen will und erkennen muss, dass er nicht im Traum daran denkt, sich erkenntlich zu zeigen, injiziert sie ihm irgendein Teufelszeug, das ihn rapide altern und erneut auf die Jagd gehen lässt. Bis ein paar mit Kreuzen bewaffnete Herren im Dienste der Polizei ihm den Garaus machen. – Ein Vampirfilm von der Stange, zusammengeklebt aus einer kurzlebigen, erfolglosen US-Fernsehserie, der uns glauben machen will, dass am Hudson River alte englische Schlösser stehen.

DAS SCHLOSS DES GRAUENS

(LA VERGINE DI NORIMBERGA). Italien 1963. **R:** *Anthony Dawson [Antonio Margheriti].* **B:** *Antonio Margheriti, Edmond Greville, Gastad Green. K Richard Palton [Riccardo Pallottini].* **M:** *Riz Ortolani.* **D:** *Rossana Podesta (Mary Carson), Christopher Lee (Burt Carson), George Riviere (Vater), Jim Dolan (Inspektor Selby), Anni Delli Uberti (Martha), Luigi Severini (Arzt), Luciana Milone (Trude). F 78 Min.*

Der infolge einer Kriegsverletzung an einem Hirnschaden leidende Vater eines Schlossherrn schleicht nachts (mit abscheulicher Maske verkleidet) durch finstere Gewölbe und meuchelt in der hauseigenen Folterkammer jeden, der ihm über den Weg läuft. Für die Schlossherrin, die vor lauter Angst nicht mehr aus ihrem dünnen Nachthemd rauskommt, mag dies ein purer Nervenkitzler sein; für den, der sehenden Auges durchs Leben geht, ist das Spiel eine durchschaubare Lappalie. Christopher Lee, der hübsch entstellt aussieht, gibt sich alle Mühe, den Verdacht des Zuschauers auf sich zu lenken, was ihm aber nicht gelingt. – »Die Handlung kennen wir schon. Sie entspricht der Schablone.« (FILMBEOBACHTER) Und dass die Geschichte auf einem Werk von Edgar Allan Poe fußen soll, wie man uns weismachen will, ist an den Haaren herbeigezogen.

Das Schloss des Grauens

SCHLOSS DES SCHRECKENS

(THE INNOCENTS). USA/GB 1961. **R:** *Jack Clayton.* **B:** *William Archibald, Truman Capote, John Mortimer.* **V:** *»Die Drehung der Schraube« von Henry James.* **K:** *Freddie Francis.* **M:** *Georges Auric.* **D:** *Deborah Kerr (Miss Giddens), Michael Redgrave (Onkel), Peter Wyngarde (Peter Quint), Megs Jenkins (Mrs. Grose), Martin Stephens (Miles), Pamela Franklin (Flora), Isla Cameron (Anna), Clytie Jessop (Miss Jessel), Eric Woodburn (Kutscher). SW 100 Min.*

Miss Giddens, die Tochter eines Vikars, wird als Gouvernante engagiert, um sich um die Erziehung der wohlhabenden Waisenkinder Flora und Miles zu kümmern. Die Kinder machen einen ebenso netten Eindruck auf sie wie die Haushälterin Mrs. Grose. Doch bald trifft in dem einsamen Landhaus ein Brief aus Miles' Schule ein, der sie darüber unterrichtet, dass der Junge versucht, seine Mitschüler zu »verderben«: Miles darf die Schule nicht mehr betreten. Bald stellt Miss Giddens fest, dass sich auf dem Grundstück seltsame Fremde aufhalten – ein Mann und eine Frau. Als sie Mrs. Grose davon erzählt und die beiden beschreibt, hört sie, dass der frühere Verwalter Quint und ihre Vorgängerin Miss Jessel so ausgesehen hätten. Beide seien jedoch tot. Miss Giddens ist entsetzt. Auch erfährt sie, dass die beiden nicht nur auf fragwürdige Weise miteinander »verbunden« waren, sondern auch die Kinder in ihre perverse Beziehung einbezogen hätten. Miss Giddens glaubt, dass die Toten zurückgekehrt sind, um sich der Seele ihrer Schutzbefohlenen zu bemächtigen. Da sie glaubt, dass auch Flora und Miles die Spukgestalten wahrnehmen, will sie, dass sie es eingestehen. Ihre Schockbehandlung lässt Flora nervlich zusammenbrechen. Als Miss Giddens Miles zwingt, den Namen des Mannes zu nennen, den sie im Garten zu sehen glaubt, schreit der Junge gepeinigt »Quint!« und stürzt tot zu Boden. – Der auf einer Erzählung von Henry James basierende Film ist spannend, auch wenn man nie erfährt, ob die Phantomgestalten real oder Ausgeburt einer puritanischen Phantasie sind. – »Jack Claytons Regie brilliert in der optischen und akustischen Evokation einer Atmosphäre latenten Schreckens. Etliche Rätsel gibt vor allem die Psychologie der Kinder auf. Ihre altklug-zynischen Redensarten, ihre Ironie besitzen Diabolik. Sind die Kinder wirklich besessen oder täuschen sie es nur vor? Manches scheint für die letztere Hypothese zu sprechen, wie denn auch die psychotherapeutischen Unternehmungen der Gouvernante vom Film deutlich karikiert werden. Aber solche Erklärungen gehen nicht ganz auf; über allem bleibt der Schatten eines Zweifels. So ist dies ein Gespensterfilm, der zwar Ansätze zu einer intelligenten Durchdringung des ›Übernatürlichen‹ enthält, aber gerade wegen seiner Intelligenz beim Zuschauer ein Gefühl der Unruhe hinterlässt.« (Ulrich Gregor, FILMKRITIK). Remake: *Das Loch in der Tür* (GB 1971; Regie: Michael Winner).

SCHMELZTIEGEL DES GRAUENS

(THE CORPSE/CRUCIBLE OF HORROR/VELVET HOUSE). GB/USA 1969. **R:** *Viktor Ritelis.* **B:** *Olaf Pooley.* **K:** *John Mackey.* **M:** *John Hotchkiss.* **D:** *Michael Gough (Walter Eastwood), Yvonne Mitchell (Edith Eastwood), Sharon Gurney (Jane Eastwood), Simon Gough (Rupert Eastwood), Olaf Pooley (Reid), David Butler (Gregson), Nicholas Jones (Benjy), Mary Hignett (Zofe), Howard Goorney (Tankwart). F 86 Min.*

Sadistischer Familienvater, von Frau und Tochter umgebracht, kehrt von den Toten zurück, um sich zu rächen. [V]

DER SCHNORCHEL

(THE SNORKEL). GB 1958. **R:** *Guy Green.* **B:** *Peter Myers, Jimmy Sangster.* **St:** *Anthony Dawson.* **K:** *Jack Asher.* **M:** *Francis Chagrin.* **D:** *Peter van Eyck (Jacques Duval), Betta St. John (Jean Duval), Mandy Miller (Candy Duval), Gregoire Aslan (Inspektor), William Franklyn (Wilson), Henry Vidon (Gärtner), Marie Burke (Gärtnerin), Irene Prador (Französin), Robert Rietty, Armando Guinle, David Ritch. SW 74 Min.*

Mit einem teuflischen Trick schafft Jacques Duval sich seine Frau vom Hals: Er betäubt sie, dreht den Gashahn auf und versteckt sich mit einem Atemgerät in einem kleinen Raum unter den Dielenbrettern seines Hauses. Die Polizei glaubt an Selbstmord. Als die Beamten wieder gehen, kriecht Duval aus dem Versteck und »kehrt von einer Geschäftsreise zurück«. Seine Stieftochter Candy ahnt etwas, kann aber weder die Polizei noch ihre Gouvernante Jean überzeugen. Als sie das Atemgerät findet, will Duval sie nach der gleichen Methode umbringen. Candy kann das gasverseuchte Zimmer in letzter Sekunde verlassen, während Duval Gefangener seines Verstecks wird und sterben muss. – Ein spannender kleiner Psycho-Thriller.

SCHOCK

(TRANSFER SUSPENCE [sic!] HYPNOS). Italien 1977. **R:** *Mario Bava.* **B:** *Lamberto Bava, Francesco Barbieri, Paolo Briganti, Dardano Sacchetti.* **K:** *Alberto Spagnoli.* **Ma:** *Maria Luisa Tilli.* **M:** *I Libra.* **D:** *Daria Nicolodi (Dora Baldini), John Steiner (Bruno), David Collins jr. (Marco), Ivan Rassimov (Aldo), Nicola Salerno (Carlo). F 95 Min.*

Dora Baldini kehrt sieben Jahre nach dem Verschwinden ihres für tot erklärten rauschgiftsüchtigen Gatten mit Söhnchen Marco (5) in ihr schickes Eigenheim zurück. Dort tun sich bald merkwürdige und Schrecken erregende Dinge: Dora findet zwischen den Tasten eines Pianos eine Rasierklinge, dann halten es mysteriöse Kräfte für angebracht, ihre hübschen Höschen zu zerschneiden. Am schlimmsten jedoch ist ihr satansbratenhafter Sohnemann, der mit Personen konferiert, die außer ihm niemand sieht. Derlei haarsträubende Dinge verschrecken Dora natürlich, von der wir zuerst vermuten, dass sie einen an der Waffel hat. Aber natürlich kann davon keine Rede sein. [V]

SCHOCK

(ESCALOFRIO). Spanien 1977. **R:** *Carlos Puerto [und Juan Piquer Simon].* **B:** *Carlos Puerto.* **K:** *Andres Berenguer.* **Ma:** *Carmen Martin, Carmen Sanchez.* **M:** *Librador Pastor.* **D:** *Angel Aranda (Andres), Sandra Alberti (Anna), Marian Karr (Berta), José M. Guillen (Bruno), Manuel Pereiro, Luis Barboo, José Pagán, Isidro Lungo, Ascensión Moreno, Carlos Castellano. F 90 Min.*

Beim Spaziergang begegnen Anna, Andres und ihr Hund den Eheleuten Bruno und Berta. Bruno behauptet, ein Schulfreund Andres' zu sein, doch der kann sich nicht an ihn erinnern. Trotzdem folgen sie Brunos Einladung in sein abgelegenes Landhaus, wo man über die Geisterwelt schwafelt und selbige mit einem Ouija-Brett beschwört. Die Geister behaupten, Anna liebe nicht Andres, sondern dessen Bruder Juan, was Anna heftig bestreitet. (Ist dies für die Handlung relevant? – Ach, *was!*) In der Nacht, die sie im Landhaus ihrer »Freunde« verbringen, wird Anna überfallen und versuchsweise vergewaltigt. (Wie reagieren Anna und Andres auf diesen Zwischenfall? *Kreischen* sie das Haus zusammen? *Alarmieren* sie ihre Gastgeber? Rufen sie die *Bullen?* – Ach, *was!*): Sie gehen ins Wohnzimmer, finden Bruno und Berta nackt bei einer satanischen Zeremonie vor und ficken mit ihnen. Berta kriegt einen Herzanfall. (Ist er für die Handlung relevant? – Ach, *was!*) Bald ist Berta wieder auf den Beinen, und für den Rest der Nacht ist das Quartett vom Geilheitsvampir gebissen. Am nächsten Morgen finden unsere Helden im Haus ein Album, das ein Foto von ihnen enthält. (Ist dies für die Handlung relevant? Kriegen Anna und Andres nun die *Panik?* Ergreifen sie die *Flucht?* Ach, *was!*). Sie tun, als sei nichts gewesen. Als sie nach Hause fahren wollen, ist die Autobatterie leer. Ihr Hund ist verschwunden und taucht als Kadaver wieder auf. Bruno und Berta geraten sich über den toten Hund in die Haare. Ein Schuss fällt. Bruno ist schwer verletzt und stirbt. Berta verschwindet. (Fragen sich unsere Helden, wo sie geblieben ist? – Ach, *was!*) Alles hat sich gegen Anna und Andres verschworen; sie kommen vom Haus nicht fort. (Rufen sie nach Brunos Ableben die Polizei an? – Ach, *was!*) Ein Arzt taucht auf, stellt Fragen wie ein Polizist; meint, ihn interessiere die Sache überhaupt nicht; brabbelt wirre Worte und erteilt Anna und Andres die Weisung, im Haus zu bleiben, bis die Bullen kommen. Die Nacht bricht an. Ein dekoratives Gewitter zieht herauf und beschwört die unheimliche Standard-Atmosphäre. Die Polizei lässt sich nicht blicken. Andres und Anna erschlagen die Zeit mit haarsträubendem Geschwafel, dann finden sie Berta blutig & besinnungslos in einer Badewanne vor. Berta kommt zu sich und flucht mit Reibeisenstimme wie ein vom Satan besessener Kutscher. Andres dreht ihr den Hals um. (Warum tut er dies? Stell keine Fragen, Mann, dies ist nur ein Film!). Doch Berta steht von den Toten auf, bedroht unsere Helden mit einer Kanone, beschuldigt sie des Mordes an Bruno, verletzt Andres und wird von diesem noch mal – endgültig – erledigt. Als Nächstes erwacht der tote Bruno, den diesmal Anna kaltmacht. In der Kühltruhe finden Anna und Andres eine zerlegte männliche Leiche. Jetzt machen sie *endlich* die Mücke. Zuhause angekommen, ist ihre Wohnung völlig *ausgeräumt*. Da staunen die beiden! Bei ihren hilfreichen ältlichen Nachbarn treffen alle wieder zusammen – der tote Hund, Bruno, Berta und eine Horde bisher nicht gesehener Satanisten, die sich auf unser verdutztes Pärchen stürzen und es mit langen Messern abstechen. Schlussszene: Anna und Andres sprechen ein junges Paar an. Diesmal tut Andres so, als würde er in dem jungen Mann einen Schulkameraden erkennen. Doch der kann sich auch nicht genau an ihn erinnern. »Was in diesem Film geschieht, kann auch Ihnen passieren. Schon morgen.« (Der Verleih). Die Welt, ist anzunehmen, kann auf *Schocks* dieser Machart leicht verzichten. [V]

DER SCHOCKER

(TRAITEMENT DE CHOC/L'UOMO CHE UCCIDEVA A SANGUE FREDDO). Frankreich/Italien 1972. **R:** *Alain Jessua.* **B:** *Alain Jessua.* **K:** *Jacques Robin.* **M:** *René Koering.* **D:** *Alain Delon (Dr. Devilers), Annie Girardot (Hélène Masson), Michel Duschaussoy (Dr. Bernard), Robert Hirsch (Jérôme Savignat), Jean-François Calvé (René Gassin), Guy Saint-Jean (Cafébesitzer), Gabriel Cattand, Robert Party, Roger Muni, Jean Raynal, Lucienne Legrand, Jean Leuvrans, Mauricette Pierson, Jeanette Colletin, Anna Gaylor, Salvino di Pietra, François Landolt. F 93 Min.*

Die beruflich erfolgreiche Enddreißigerin Hélène fühlt sich, nachdem ihr Geliebter sie wegen einer jüngeren Frau verlassen hat, abgespannt und überarbeitet. Auf Anraten ihres homosexuellen Bekannten Jérôme begibt sie sich zur Frischzellenbehandlung in die an der Meeresküste gelegene Privatklinik Dr. Devilers, in den sie sich verliebt. In Devilers Klinik stößt sie auf zahlreiche Wirtschafts- und Kulturgrößen, die sich blendend fühlen und offenbar im Begriff sind, sich die ewige Jugend zu erkaufen. Das Wundermittel, mit dem die Patienten behandelt werden, besteht angeblich aus einem Präparat, das Devilers aus den Embryos selbst gezüchteter Schafe gewinnt. Aber das ist natürlich Lug und Trug: Tatsächlich verarbeitet der abartige Mediziner das Blut illegal eingewanderter, rechtloser junger Portugiesen, die in seiner Klinik offiziell als Pfleger arbeiten. Die Reichen erkaufen sich die Jugend auf Kosten der Unterprivilegierten, die, sobald sie »ausgedient« haben, umgebracht werden. Als Jérôme Hélène warnt, ist er bald tot, ermordet. Hélène, die nicht an Selbstmord glaubt, gerät im Zuge ihrer Nachforschungen nicht nur mit Devilers aneinander, sondern auch mit dessen Patienten, die über seine Methoden Bescheid wissen. Es kommt zu einem mörderischen Kampf zwischen Hélène und Devilers. Als der Arzt sie töten will, ersticht sie ihn. Die Polizei tut Hélènes Erkenntnisse als überhitzte Phantasie einer Frustrierten ab und klagt sie des Mordes an; ein den Fall untersuchender Kriminalist entpuppt sich im Nachhinein ebenfalls als Patient des mörderischen Arztes. – Vampirismus modern: In diesem Schocker wandeln keine fangzahnbewehrten, in Särgen nächtigende Grafen mit schwarzem Umhang durch muffige Katakomben, sondern seriös aussehende Herren in weißen Kitteln versorgen die wohlgenährte und sportgestählte Schickeria mit dem, was sie braucht, um nicht vorzeitig zu altern. Der spannende Film erhielt ausschließlich positive Kritiken, auch wenn Alain Delon als verrückter Wissenschaftler manchem Kritiker zu playboyhaft erschien.

DIE SCHÖNE GEFANGENE

(LA BELLE CAPTIVE). Frankreich 1982. **R:** *Alain Robbe-Grillet.* **B:** *Alain Robbe-Grillet.* **K:** *Henri Alekan.* **M:** *Franz Schubert, Alban Berg, Duke Ellington.* **D:** *Daniel Mesguich (Walter), Gabrielle Lazure (Marie-Ange), Cyrielle Claire (Sara), Daniel Emifork (Inspektor Francis), Robert Dubillard (Van de Reeves), François Chaumette (Dr. Morgentodt), Arielle Dombasle (Hysterische Frau), Jean-Claude Leguay (Radfahrer). F 90 Mm. (O.m.U.)*

Der Detektiv Walter, ein Humprey Bogart-Typ, erhält von einer Ledertante einen Auftrag, latscht auf der Suche nach Marie-Ange durch diverse Dekorationen und stößt auf bizarre Gestalten, u.a. einen weiblichen Vampir und den mysteriösen Dr. Morgentodt. – Ein mächtig schicker Streifen. Und dann diese Symbolik!

SCHÖNEN MUTTERTAG – DEIN GEORGE

(HAPPY MOTHER'S DAY – LOVE, GEORGE). USA 1973. **R:** *Darren McGavin.* **B:** *Robert Clouse.* **K:** *Walter Lassaly.* **M:** *Don Vincent.* **D:** *Patricia Neal (Cara), Cloris Leachman (Rhonda), Ron Howard (Johnny), Tessa Dahl (Celia), Kathie Browne (Crystal), Bobby Darin (Eddie), Joe Mascolo (Piccolo), Thayer David (Pastor), Simon Oakland (Roy), Gale Garnett (Yolanda). F 89 Min.*

Johnny (17), bei Adoptiveltern aufgewachsen, kommt in ein im Nordosten der USA liegendes Fischerdorf, um seine Mutter nach seinem unbekannten Vater zu befragen. Er wird in ein Netz aus Lügen, Hass und Intrigen verwickelt und lernt ein sexuell verklemmtes Mädchen kennen, das in Anfällen von Hysterie Morde begeht: Sie ist seine Halbschwester. – »McGavin hält sich auf weite Strecken an eine zwar geheimnisvolle, jedoch durch Sinn für Alltagsrealität in einem kleinen Gemeinwesen, ausgezeichnete Schilderung: die gewöhnlichen Tage im Dorf mit den gewöhnlichen Menschen und ihren gewöhnlichen Verrichtungen, ihren kleinen Interessen und ihren kleinen Gemeinheiten, ihrer platten Neugier und ihrer kleinkarierten Gehässigkeit. Erst gegen Ende gibt er diese Geradlinigkeit auf und verliert sein Vorhaben aus den Augen: aus Alltag und Realität wird unvermittelt ein gigantisches Blutbad, eine Orgie der Bestialität und des Horrors.« (Peter F. Gallasch, FILMDIENST)

SCHRECK, MAX

(1879–1936). Geboren in Berlin. Schauspieler auf der Bühne, unter anderem bei Erwin Piscator, und auf der Leinwand (15 Filmrollen, z.B. an der Seite von Karl Valentin); zwischen 1919 und 1936 Mitglied im Ensemble der Münchener Kammerspiele unter Otto Falckenberg; heute nur noch bekannt wegen einer Horrorrolle, deren Maske Albin Grau schuf: *Nosferatu* unter der Regie von F. W. Murnau. Als Partner von Paul Wegener auch in *Ramper, der Tiermensch.* Willem Dafoe spielte ihn im Jahr 2000 in *Shadow of the Vampire (Shadow of the Vampire).*

SCHRECKEN

(THE SCARECROW). Neuseeland 1982. **R:** *Sam Pillsbury.* **B:** *Sam Pillsbury, Michael Heath.* **V:** *»The Scarecrow« von Ronald Hugh Morrieson.* **K:** *Jim Bartle.* **M:** *Schtung.* **D:** *John Carradine (Hubert Salter), Tracy Mann (Prudence Poindexter), Jonathan Smith (Ned Poindexter), Daniel McLaren (Les Wilson), Denise O'Connell (Angela Potroz), Stephen Taylor (Herbert), Anne Flannery (Ma), Des Kelly (Pa), Paul Owen-Lowe (Jim Coleman), Bruce Allpress (Onkel Athol), Greer Robson (Lynette), Greg Naughton (Victor Lynch), Jonathan Hardy (Charlie Dabney), Philip Holder (Len Ramsbottom), Roy Billing (Potroz). F 84 Min.*

Neuseeland in den 1950er Jahren: Der Magier, Mörder und Hypnotiseur Hubert Salter (nebenbei ist er auch noch 'n Sex-Monster) verbreitet Schrecken in einem neuseeländischen Kaff. [V]

SCHRECKEN AUS DEM JENSEITS

(THE TWILIGHT ZONE: ROD SERLING'S LOST CLASSICS). USA 1994. **R:** *Robert Markowitz.* **B:** *Richard Matheson, Rod Serling. St: Rod Serling.* **K:** *Jacek Laskus.* **SpE:** *Robert Vasquez.* **Ma:** *Tim Beinke, Tony Gardner.* **M:** *Patrick Williams.* **D:** *Gary Cole (James), Amy Irving (James' Verlobte), Patrick*

Bergin (Dr. Benjamin Ramsey), Julia Campbell (Maureen), Jack Palance (Dr. Jeremy Wheaton), James Earl Jones, Heidi Swedberg, Priscilla Pointer, Scott Burkholder, Don Bloomfield, Michael Burgess, Gary Sibley, Alex Van, Deborah Winstead, Peter McRobbie, Bill Bolender, Malachy McCourt, J. Michael Hunter, Stan Kelly, Tony Pender, Hank Troscieniec, Mark Joy, Richard K. Olsen, Chris O' Neil, Jeanne Pankow, Jenna Stern. F 96 Min.
TV-Episodenfilm. – 1. »The Theater/Kino des Grauens«: Junge Frau sieht im Kino unverhofft den Film ihres Lebens, in dem sie auch stirbt, und fragt sich, ob dieses Wissen ihr nützen kann, um einen anderen Lebensweg einzuschlagen. – 2. »Where the Dead Are/Wo die Toten sind«: Dr. Ramsey, auf der Suche nach dem ewigen Leben, stößt auf einer Insel auf eine Gruppe von Untoten, die durch das magische Elixier eines alten Krüppels am Leben erhalten werden.

DER SCHRECKEN DER LONDON BRIDGE
Anderer Titel für JACK THE RIPPER IN ARIZONA

DER SCHRECKEN IM MARSTEN-HAUS
Anderer Titel für BRENNEN MUSS SALEM

DAS SCHRECKENSHAUS
Anderer Titel für BIS DAS BLUT GEFRIERT

DAS SCHRECKENSHAUS DES DR. DEATH
(MADHOUSE). GB 1974. **R:** *James Clark.* **B:** *Greg Morrison.* **V:** *Angus Hall.* **K:** *Ray Parslow.* **M:** *Douglas Gamley.* **D:** *Vincent Price (Paul Toombes), Peter Cushing (Herbert Flay), Robert Quarry (Oliver Quayle), Adrienne Corri (Faye Flay), Natasha Pyne (Julia), Julie Croxtwhaite (Ellen), Linda Harrison (Elizabeth Peters), Catherine Wilmer (Louise Peters), John Garrie (Inspektor Harper), Barry Dennen (Blount), Ian Thompson (Bradshaw), Michael Parkinson (TV-Reporter), Ellis Dayle (Alfred Peters), Jenny Lee Wright (Carol), Peter Halliday (Psychiater). F 92 Min.*
In den 1950er Jahren hat man den Horror-Star Paul Toombes verdächtigt, seine Verlobte umgebracht zu haben. Zwanzig Jahre später versucht er in England ein Comeback als Hauptdarsteller einer Horror-Serie fürs Fernsehen. Recht bald jedoch sind die Wege, die er geht, wieder mit Leichen gepflastert. Toombes zweifelt allmählich an seinem Verstand, aber bevor er tatsächlich dem Wahnsinn anheim fällt, kann er seinen missgünstigen Kollegen Flay als Urheber sämtlicher Schreckenstaten entlarven. – Dieser Horrorfilm über den Horrorfilm und seine Stars weist einige Szenen auf, die Vincent Price in seinen frühen Roger Corman-Filmen zeigen, gehört aber nicht zu den Höhepunkten des Genres. – »Dieses Spiel mit Horrorschock und Tiefenpsychologie hat seinen Reiz für Liebhaber des Genres. Doch eigentlich möchte man viel lieber jene Originalfilme (mit Basil Rathbone, Price und Boris Karloff) sehen, an deren Ausschnitten sich ihre Urheber in diesem Film delektieren, um sich in neue Schauder-Trips hineinzusteigern.« (MÜNCHNER ABENDZEITUNG)

DAS SCHRECKENHAUS DES DR. RASANOFF
(LES YEUX SANS VISAGE). Frankreich/Italien 1959. **R:** *Georges Franju.* **B:** *Pierre Boileau, Thomas Narcejac, Jean Redon, Claude Sautet.* **St:** *Jean Redon, Pierre Gascar.* **K:** *Eugen Schüfftan.* **M:** *Maurice Jarré.* **D:** *Pierre Brasseur (Dr. Rasanoff), Alida Valli (Louise), Juliette Mayniel (Edna Gruber), Edith Scob (Christiane Rasanoff), Beatrice Altariba (Paulette), François Guerin (Jacques). SW 82 Min.*

Das Schreckenshaus des Dr. Death

Christiane Rasanoff, Tochter eines angesehenen Chirurgen, erleidet bei einem Autounfall so schwere Gesichtsverletzungen, dass sich ihr Vater entschließt, ihr Ableben zu erklären. Angeblich hat sie Selbstmord begangen, aber die entstellte Leiche, die man aus der Seine fischt, ist eine andere. Rasanoffs Tochter lebt – bloß ist sie grauenhaft zugerichtet und wagt sich nicht an die Öffentlichkeit. Rasanoff bemüht sich, geeignete Hautspenderinnen für sie zu finden, aber da sich niemand freiwillig meldet, lockt er sie unter Vorwänden in sein Haus. Zwar glücken seine Transplantationen, doch hält die Wirkung nicht lange vor, da das übertragene Gewebe wieder zerfällt. Christiane, die das böse Spiel irgendwann nicht mehr mitspielen will, liefert ihren Vater schließlich seinen ausgehungerten Versuchshunden aus und flieht, um sich im Wald das Leben zu nehmen. – »Rasanoffs Villa, in einem einsamen Wäldchen gelegen, gleicht einem Gespensterschloss; beim Eintritt in den Park empfängt einen Hundegebell und Vogelzwitschern, eine Geräuschmischung, bei der man nicht recht weiß, ob das Zauberhafte oder Mörderische überwiegt. In der Villa finden sich katakombenhafte Gänge mit Käfigen, in denen Hunde ununterbrochenes Geheul ausstoßen ... Besonders störend an all der Schreckensphantastik ist ihr totaler Mangel an Ironie. Noch die letzte Szene, in welcher der Vater von Hunden zerfleischt wird und seine Tochter mit irrem Blick, von Tauben umflattert, in den Gespensterpark hinausläuft – noch sie gibt sich todernst, will durchaus ein sinistrer Kommentar auf den Zustand dieser Welt sein. Eben das kann sich der Film bei seinem zum Kinoklischee tendierenden Sujet nicht leisten, und das Missverhältnis zwischen Fabel und Gestaltung tritt als peinlicher Zwiespalt zutage.« (Ulrich Gregor, FILMKRITIK)

DAS SCHRECKENSKABINETT DES DR. PHIBES

(THE ABOMINABLE DR. PHIBES). GB 1971. **R:** *Robert Fuest.* **B:** *James Whiton, William Goldstein.* **K:** *Norman Warwick.* **M:** *Basil Kirchin, Jack Nathan.* **D:** *Vincent Price (Dr. Anton Phibes), Joseph Cotten (Dr. Vesalius), Hugh Griffith (Rabbi), Terry-Thomas (Dr. Longstreet), Virginia North (Vulnavia), Audrey Woods (Goldschmiedin), Susan Travers (Schwester Allan), Alex Scott (Dr. Hargreaves), Edward Burnham (Dr. Dunwoody), Peter Gilmore (Dr. Kitaj), Peter Jeffrey (Trout), Maurice Kaufman (Dr. Whitcombe), Norman Jones (Schenley), John Cater (Waverley), Derek Godfrey (Crow) Sean Bury (Lem), Walter Horsbrugh (Ross), Barbara Keogh (Mrs. Frawley), Dallas Adams, Alan Zipson (Polizisten), David Hutcheson (Dr. Hedgepath), Caroline Munro (Victoria Phibes), Alister Williamson, Thomas Heathcote, Ian Marter, Julian Grant, John Laurie, Charles Farrell. F 93 Min.*

England, Ende der 1920er Jahre: Nachdem seine Frau unter den Messern eines Ärzteteams gestorben ist, schwört der wahnsinnige Ex-Vaudeville-Künstler und Erfinder Phibes den Beteiligten blutige Rache: Jedes seiner Opfer soll an einer jener Bibelplagen umkommen, die schon dem Pharao zusetzte. Ein Arzt wird von Bienen totgestochen; ein anderer von Ratten zerrissen; der dritte kommt beim karnevalistischen Treiben um, als eine sich zusammenziehende Froschmaske ihn erstickt. Und so geht es weiter. Für Dr. Vesalius hat Phibes sich eine besondere Grausamkeit aufbewahrt: Lem, Vesalius' Erstgeborener, soll von einem säurespeienden Mechanismus verätzt werden. Phibes gibt Vesalius jedoch ein paar Minuten Zeit, um den Mecha-

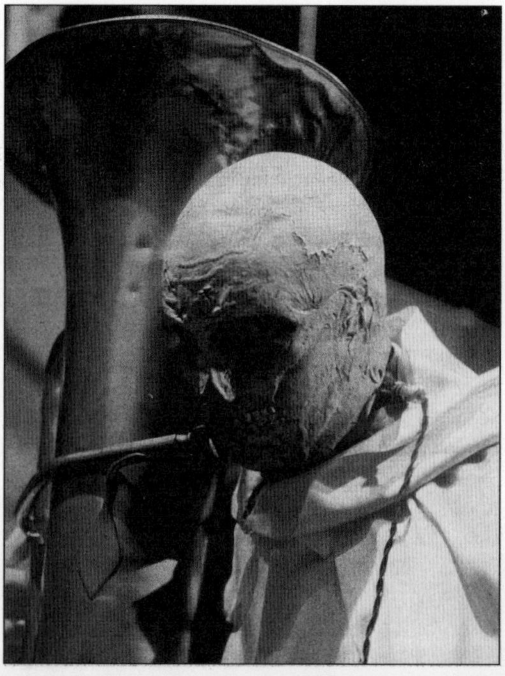

Das Schreckenskabinett des Dr. Phibes

nismus zu studieren und außer Kraft zu setzen. Nachdem Vesalius seinen Sohn gerettet hat, entzieht Phibes sich der Polizei und wendet die letzte Plage (die Finsternis) auf sich selbst an: Er zieht sich in einen Spezialsarg zurück, in dem auch seine einbalsamierte Frau ruht und versetzt sich in künstlichen Tiefschlaf, um irgendwann zurückzukehren. – Dies hat er auch getan, und zwar in *Die Rückkehr des Dr. Phibes* (GB 1972; Regie: Robert Fuest). – »Das ist manchmal ganz schick gemacht, wie Phibes als Racheengel in einem Dekor aus Künstlichkeit, Mystik, Technik und Kitsch agiert, halb vergraben in einer Welt der Erinnerungen, umgeben von süßlicher Musik eines Puppenorchesters oder Orgel- und Geigenmusik, reduziert auf Sentimentalität und Hass.« (SCIENCE FICTION TIMES). – »Phibes' Morden ist übrigens auf eine illusionistische Ebene gehoben und verfremdet. Und das verweist, im Verein mit zahlreichen visuellen Schönheiten, auf den Ehrgeiz des Films, dass er weit über das Maß der üblichen Kinogruselei hinaus eine Delikatesse schwarzer Poesie sein möchte. Doch dieses Wollen, wie auch der Versuch, in die Fantasmagorie erotische Zwangsvorstellungen einzuschlüsseln und verdrängte Destruktionstriebe Gestalt annehmen zu lassen, ist nur zu bemerken, aber nicht erfüllt.« (Bas., FILMDIENST)

DIE SCHRECKENSKAMMER

(CHAMBER OF HORRORS). USA 1965. **R:** *Hy Averbeck.* **B:** *Stephen Kandel.* **St:** *Ray Russell, Stephen Kandel.* **K:** *Richard Kline.* **M:** *William Lava.* **D:** *Cesare Danova (Anthony Draco), Wilfrid Hyde-White (Harold Blount), Laura Devon (Marie Champlain), Patrice Wymore (Vivian), Suzy Parker (Barbara Dixon), Patrick O'Neal (Jason Cravette), Tun Tun (Pepe de Reyes), Philip Bourneuf (Inspektor Strudwick), Jeanette Nolan (Mrs. Perryman), Marie Windsor (Mme. Corona), Wayne Rogers (Sgt. Albertson), Vinton Hayworth (Richter Randolph), Richard O'Brien (Dr. Cobb), Charles Seel (Dr. Hopewell). F 99 Min.*

Baltimore, an der Wende zum 20. Jahrhundert: Aus verschmähter Liebe wird ein reicher Nichtstuer zum Mörder und zwingt einen Pfarrer, ihn mit der Toten zu trauen. Jason Cravette wird verhaftet und zum Tode verurteilt, kann jedoch entkommen. Auf der Flucht muss er sich die Hand abhacken, um sich den Verfolgern zu entziehen. Bald darauf wird der Totgeglaubte zum

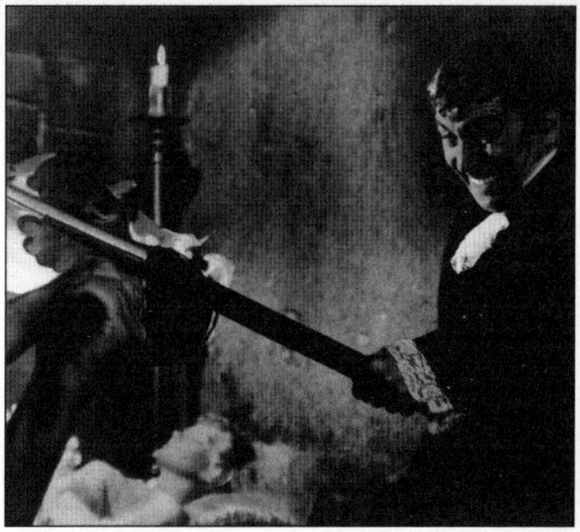

Die Schreckenskammer

attraktiven Ausstellungsstück im heimischen Wachsfigurenkabinett. Doch der Wahnsinnige lebt. Er lässt sich ein eisernes Handgelenk mit auswechselbaren Mordinstrumenten anfertigen, dann kehrt er nach Baltimore zurück und nimmt Rache an jenen, die mit seiner Verhaftung zu tun hatten. Die Toten zerstückelt er, um aus verschiedenen Teilen einen »Leichnam der Rache« zusammenzusetzen. Nur ein Kopf fehlt ihm noch. Anthony Draco, Teilhaber des Wachsfigurenkabinetts, der Cravette aufgestöbert hatte, soll ihn liefern. In der »Schreckenskammer« des Kabinetts, in der Schauerlichkeiten aus der Geschichte des Verbrechens stehen, richtet Cravette sich versehentlich selbst durch sein wächsernes Ebenbild. Draco kommt als einziger Beteiligter mit dem Schrecken davon. – Überraschend gute Noten sogar bei der konfessionellen Filmkritik! »Gute Ausstattung, ordentliche Besetzung sogar in den Nebenrollen und durchdachte Dialoge. Die Moritat bleibt ... in den Grenzen angenehm unterhaltender Gruselentspannung.« (FILMBEOBACHTER) – »Weithin bewegt sich der gut fotografierte Film in einer für dieses Genre ungewohnt freundlichen Atmosphäre. Die Regie treibt nicht nur mit dem Entsetzen Spott ... Gepflegte Schauergeschichte im Gewand der Jahrhundertwende.« (FILMDIENST)

DIE SCHRECKENSKAMMER DES DR. SEX

(ANYBODY ANYWAY). USA 1968. **R:** *Charles Romine.* **B:** *S.H. Brasloff, Charles Romine.* **K:** *Victor Petrashevic.* **M:** *H. R. Kugler.* **D:** *Joyce Denner (An-*

ne), Eve Reeves (Terry), Daniel Garth (Bradley), Ivan Hagar, Irene Lawrence, Andrea Beatrice, Allan Michaels, Madeleine Le Roux, Michael Lawrence, Christine Piroska. F 81 Min.
Auf einer abendlichen Heubodenparty lernen die Mädchen Anne und Terry den voyeuristischen Ex-Arzt Bradley kennen, dem man Berufsverbot auferlegt hat. Es gelingt Bradley, die beiden in sein einsames Haus zu locken und gefangen zu setzen, da er »wissenschaftliche Experimente« verfolgt, die die »einzig wahre, die physische Liebe« erforschen sollen. Da Anne und Terry wenig kooperationsbereit sind, zeigt er ihnen ihre Vorgängerinnen, die in erstarrten Posen seine »Schreckenskammer« bevölkern. Nachdem er sich Terry sexuell gefügig gemacht hat, tricksen die Mädchen ihn aus, fliehen und setzen sein Haus in Brand. – Kommentar überflüssig.

DER SCHRECKLICHE DR. ORLOFF

(GRITOS EN LA NOCHE/L'HORRIBLE DR. ORLOFF). Spanien/Frankreich 1961. **R:** *Jess Franco.* **B:** *Jess Franco.* **St:** *David Kuhne [Jess Franco].* **K:** *Godofredo Pacheco.* **M:** *Pagan Angel, Ramirez Angel.* **D:** *Howard Vernon (Dr. Orloff), Conrado San Martin (Inspektor Tanner), Ricardo Valle (Morpho), Perla Cristal (Irma), Maria Silva (Wanda Bronsky), Diana Lorys (Jenny), Venancio Muro, Mara Laso, Félix Defauce, Faustino Camejo, Juan Riquelme. SW (88) 86 Min.*
Der verrückte Ex-Gefängnisarzt Orloff entführt mit Hilfe von Dunkelmännern, die er aus der Todeszelle gerettet hat, junge Frauen, um ihre Haut auf das bei einem Brand entstellte Gesicht seiner Tochter zu übertragen. Bei seinem sinistren Tun wird er von einem bleichen Monstrum namens Morpho unterstützt. Inspektor Tanner bearbeitet den Fall; seine Braut Irma, eine Tänzerin, stellt sich als Lockvogel zur Verfügung, um die Schurkenidentität aufzudecken. Orloff fällt auf den Köder herein, bringt Irma auf sein Schloss und bereitet die nächste Transplantation vor. Doch hat er nicht mit Morpho gerechnet, dessen Empfindsamkeit er durch den Mord an einer Frau verletzt hat, die gut zu ihm war. Morpho tötet Orloff, Inspektor Tanner rettet Irma. – »Ein, zwei Aufnahmen erinnern durchaus an James Whale oder Epstein, doch für den verblüffendsten Aspekt des Films sorgt der Soundtrack, der die ausgeflippteste Ansammlung quasi-musikalischer Töne enthält. Der jämmerliche Plot stammt aus *Augen ohne Gesicht* und hat ein wenig von *Frankenstein* und *Dracula.*« (MONTHLY FILM BULLETIN) Schmalspur-Horror von Billig- und Schnellfilmer Jess Franco. Im Gegensatz zu dem, was der Regisseur später gemacht hat, *fast* von Bedeutung.

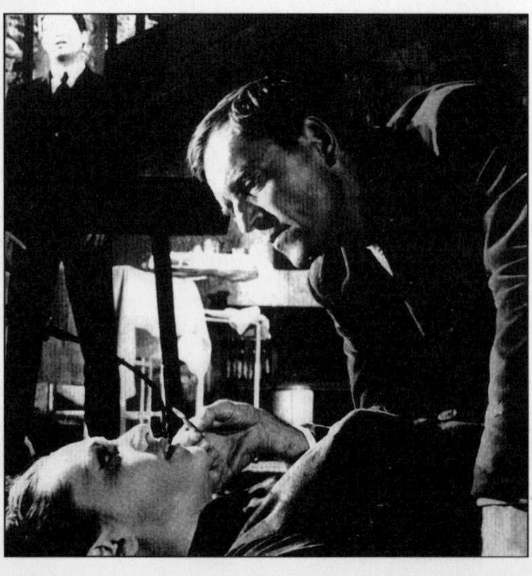

SCHREI, DENN ICH WERDE DICH TÖTEN

BRD 1999. **R:** *Robert Sigl.* **B:** *Kai Meyer.* **K:** *Sven Kirsten.* **M:** *Ludwig Eckmann.* **D:** *Katharina Wackernagel (Nina), Niels Bruno Schmidt, Marlène Meyer-Dunker (Anne), Nil Nelleßen, Sandra Leonhard (Jessica), Urs Remond (Michaelis), Rita Lengyel, Michael Habeck, Raphael Vogt, Enie van de Maiklokjes (Jasmin). F 90 Min.*
Nach dem Gothic-Thriller *Laurin* und einem Abstecher in die TV-Serie *Lexx: The Dark Zone* ein weiterer Fantasystreich des Münchners Robert Sigl. Diesmal schwimmt er voll auf der Teenie-Slasher-Welle: In Poes »Maske des roten Todes« und einem Harlekinskostüm streift ein Killer durchs Mädchenpensionat.

SCHREI DER VERLORENEN

(THE WATCHER IN THE WOODS). USA 1982. **R:** *John Hough.* **B:** *Brian Clemens, Harry Spalding, Rosemary Anne Sisson.* **V:** *Florence Engel Randall.* **K:** *Alan Hume.* **M:** *Stanley Myers.* **D:** *Bette Davis (Mrs. Aylwood), Carroll Baker (Helen Curtis), David McCallum (Paul Curtis), Ian Bannen (John Keller), Lynn-Holly Johnson (Jan Curtis), Kyle Ri-*

Der schreckliche Dr. Orloff

chards (Ellie Curtis), Richard Pasco (Tom Colley), Frances Cuka (Mary Fleming), Benedict Taylor (Mike Fleming), Eleanor Summerfield (Mrs. Thayer), Katherine Levy (Karen Aylwood), Georgina Hayle. F 83 Min.

Helen und Paul mieten das Landhaus einer verarmten Offizierswitwe in England, und wie immer, wenn Amerikaner dergleichen tun, passieren bald merkwürdige Dinge: Ihre älteste Tochter hat Visionen, in denen die vor 30 Jahren auf rätselhafte Weise verschwundene Tochter der Vermieterin auftaucht. Solide Kameraarbeit, unheimliche Atmosphäre.

DER SCHREI DES TODES

(SCREAM, BLACULA, SCREAM). USA 1973. **R:** *Bob Kelljan.* **B:** *Maurice Jules, Raymond Koenig, Joan Torres.* **K:** *Isidore Mankofsky.* **M:** *Bill Marx.* **D:** *William Marshall (Manuwalde), Don Mitchell (Justin), Pam Grier (Lisa), Michael Conrad (Sheriff Dunlop), Richard Lawson (Willis), Lynne Moody (Denny), Janee Michelle (Gloria), Barbara Rhoades (Elaine), Bernie Hamilton (Ragman), Arnold Williams (Louis), Van Kirksey (Professor Walston). F 92 Min.*

Möchtegern-Voodoo-Priester, der sich von seinen Vorgesetzten übergangen fühlt, erweckt den schwarzen Vampir Blacula zu neuem Leben, der sich der Angehörigen des ominösen Ordens in blutsaugerischer Form annimmt, bis er es zu weit treibt.

SCHREI LAUTER!

(DECAMPITATED). USA 1998. **R:** *D. Matt Cunningham.* **B:** *D. Matt Cunningham, Carolyn C. Miller, Brian C. Walters, Ryan Lowery.* **K:** *Kenny Carmack.* **SpE:** *Bryan Walters.* **Ma:** *Betty Gardner.* **M:** *N.N.* **D:** *Wayne Larsen (Miles De Camp), Mike Hart (Garrett), Jonathan Scott (Vince), Christine Peterson (April), Bethany La Voo (Paige), Amy Gordon (Candace), Thomas Martwick (Roger), Ryan Lowery (Transvestit), Steve Ladden (Toby), Angela Scott, Joel Beck, Matt Cunningham, Carolyn Miller. F 91 Min.*

Ein komisch gewandeter Killer rasiert junge Bergwanderer in den Wäldern von Colorado mit der Machete. [V]

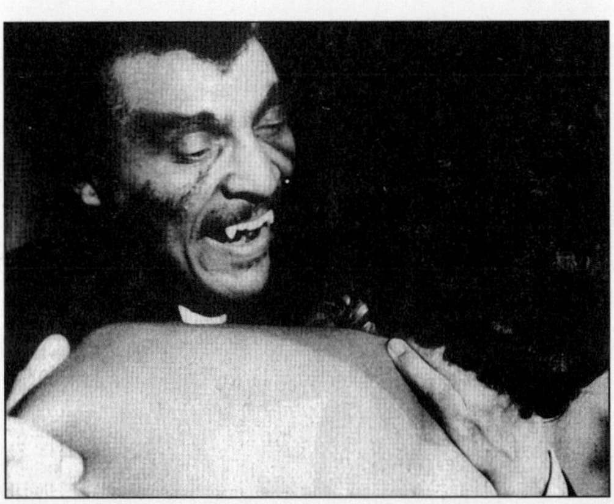

Der Schrei des Todes

SCHREI, WENN DER TINGLER KOMMT

(THE TINGLER). USA 1960. **R:** *William Castle.* **B:** *Robb White.* **K:** *Wilfrid M. Cline.* **M:** *Von Dexter.* **D:** *Vincent Price (Dr. William Chapin), Judith Evelyn (Mrs. Higgins) Darryl Hickman (David Morris), Patricia Cutts (Isabel Chapin), Philip Coolidge (Ollie Higgins), Pamela Lincoln (Lucy Stevens). SW 80 Min.*

Auf so etwas muss man erst einmal kommen! Der Tingler, eine Mischung aus Hummer und Alligator, sitzt den Menschen im bzw. am Rückgrat, immer bereit, selbiges zu zerquetschen. Will man das Tierchen vernichten, hilft nur ein markerschütternder Schrei! Diese Erkenntnis jedenfalls haben wir dem Arzt und Leichenschnipsler Dr. William Chapin zu verdanken, der mit wissenschaftlicher Akribie eine Meisterleistung der modernen Chirurgie vollführt, als er das Prickelmonster aus dem Rücken einer Leiche herausoperiert. Das Tingler-Tierchen entwischt ihm jedoch und sucht in einem Kino nach Opfern. Da dort naturgemäß die meisten Hysteriker sitzen, die oft auch Verständnis für den allerletzten Krampf mitbringen, fällt das »Un«-Wesen fast den Schreien der Kinobesucher (die ihr Eintrittsgeld zurückverlangen) zum Opfer. Dr. Chapin kann in einer weiteren Meisterleistung die Menschheit vom Tingler befreien. Er setzt den Hummer-Alligator wieder in die Leiche ein und bewahrt uns damit vor weiteren Fortsetzungen.

SCHREI, WENN DU KANNST

(VALENTINE). USA 2000. **R:** *Jamie Blanks.* **B:** *Tom Savage, Donna Powers.* **K:** *Rick Bota.* **SpE:** *Dave Allinson, Lee Biyak, Pierre-Paul Charbonneau.* **M:** *Don Davis.* **D:** *Denise Richards (Paige Shelton), Marley Shelton (Kate Davis), Jessica Capshaw (Dorothy Wheeler), Jessica Cauffiel (Lily Voight),*

David Boreanaz (Adam Carr), Katherine Heigl (Shelley Fisher), Daniel Cosgrove (Campbell Morris), Hedy Burress (Ruthie Walker), Fulvio Cecere (Detective Leon Vaughn). F 96 Min.
»Rot die Liebe? Gewiss doch – und zwar blutrot. In der aus diversen Slasher-Flicks zusammengestückelten US-Bestseller-Adaption *Valentine* metzelt sich ein Killer in Cherub-Maske durch ein Mädchenquartett. Und mal wieder ist ein Streich beim Schulball am Vollschaden des Schlitzers schuld. Die bösen Mädchen heißen Dorothy (Jessica Capshaw), Paige (Denise Richards), Kate (Marley Shelton) und Lily (Jessica Cauffiel) und bekommen plötzlich Valentinskarten mit garstigen Morddrohungen.« (Angela Zierow, CINEMA 4/01) FBW-Prädikat: »Wertvoll«. [DVD]

SCHREIE IN DER NACHT

(CONTRANATURA). BRD/Italien 1968. **R:** *Anthony Dawson [Antonio Margheriti].* **B:** *Antonio Margheriti.* **K:** *Riccardo Pallottini.* **M:** *Carlo Savina.* **D:** *Joachim Fuchsberger (Ben Taylor), Marianne Koch (Vivian Taylor), Giuliano Raffaelli (Archibald Taylor), Helga Anders, Marianne Leibl, Dominique Boschero, Claudio Camaso, Luciano Pigozzi, Marco Morelli. F 89 (83) Min.*
Archibald Taylor sucht nebst Anhang bei einem fürchterlichen Unwetter Zuflucht in einem gespenstischen Haus, in dem er von einer angeblich hellseherisch begabten Mummelgreisin und ihrem unheimlichen Sohn erwartet wird. Die Stunde der Abrechnung ist gekommen, denn die Gäste haben in der Vergangenheit furchtbare Schuld (einen Doppelmord) auf sich geladen. Garniert wird das alles mit ein paar lesbischen Einlagen (Marianne Koch/Helga Anders) und Rückblenden, die aufzeigen sollen, inwiefern die Besucher in den Fall verwickelt sind. Ein seltsamer Streifen, aber nicht ohne Spannung! – »Der Schluss des Films ist völlig irre, aber schön: die Wände des Landhauses ... brechen ein, und eine lehmige Flut stürzt über die Übeltäter herein. Da gibt es kein Entrinnen.« (Gerd Maximovic, SCIENCE FICTION TIMES)

SCHWARZ WIE DER TOD

Anderer Titel für PAINT IT BLACK

DER SCHWARZE ABT

BRD 1963. **R:** *F. J. Gottlieb.* **B:** *Johannes Kai.* **V:** *»Der schwarze Abt« von Edgar Wallace.* **K:** *Richard Angst.* **M:** *Martin Böttcher.* **D:** *Joachim Fuchsberger (Dick Alford), Dieter Borsche (Harry Chelford), Grit Böttcher (Leslie Gine), Charles Regnier (Inspektor Puddler), Eddi Arent (Horatio), Werner Peters (Fabian Gilder), Klaus Kinski (Thomas), Eva-Ingeborg Scholz (Mary Wenner), Harry Wüstenhagen (Arthur Gine), Friedrich Schoenfelder (Dr. Loxon), Alice Treff (Lady Chelford). SW 88 Min.*
In einem alten Schloss suchen der wahnsinnige Hausherr, sein edler Verwalter und ein halbes Dutzend finstere Typen einen Schatz. Einer der Beteiligten erinnert sich der Traditionen, legt eine schwarze Kutte nebst dazugehöriger Kapuze an und mordet als »Schwarzer Abt« seine Konkurrenten. Als ein anderer, der auf der guten Seite des Geschehens steht, ebenfalls zur Abt-Kluft greift, ist die Verwirrung total. Trotzdem, man hält es kaum für möglich, wird am Ende der Richtige als Mörder entlarvt und der Schatz von der »guten« Fraktion gehoben. – »Neunzig Minuten lang wartet das Publikum gequält auf irgendeinen neuen Gag, eine gelungene Pointe, einen überraschenden Einfall. Stattdessen berieseln den Zuschauer die sattsam bekannten Käuzchenschreie im Kunstnebel, langweilen ihn die vertrauten Film-Wallace-Figuren, wie Kinski, Peters, Fuchsberger oder Arent. Wer sich seinen Wallace durch nichts vermiesen lässt, mag sich auch diesen schalen Aufguss einverleiben.« (FILMDIENST)

DIE SCHWARZE 13

(THE EYE OF THE DEVIL). GB 1965. **R:** *J. Lee Thompson.* **B:** *Robin Estridge, Dennis Murphy.* **V:** *»Die schwarze 13« von Philip Lorraine.* **K:** *Erwin Hillier.* **M:** *Gary McFarland.* **D:** *David Niven (Philippe de Montfaucon), Deborah Kerr (Catherine de Montfaucon), David Hemmings (Christian de Caray), Sharon Tate (Odile), Emlyn Williams (Alain de Montfaucon), John Le Mesurier (Dr. Monnet), Flora Robson (Gräfin Estelle), Donald Pleasence (Pater Dominic), Edward Mulhare (Jean-Claude Ibert), Michael Miller (Grandec), Suky Appleby (Antoinette), Robert Duncan (Jacques), Donald Bisset (Rennard), Frank Forsyth (Partygast). SW 90 Min.*
In einem französischen Dorf steht zum dritten Mal in Folge eine Missernte an. Die Überlieferung verlangt, dass sich der Herr des Landstrichs den Fruchtbarkeitsgöttern opfert. Getarnt wird das Menschenopfer als Jagdunfall. Wie mehrere seiner Ahnen vor ihm will sich auch Schloss-

herr Philippe de Montfaucon seiner Bestimmung nicht entziehen. Gefangen von der schwarzen Magie wartet die Einwohnerschaft auf das bevorstehende Ereignis. Philippe kommt nicht allein: Frau und Kinder sind ihm gefolgt. In dem Maße, in dem die bis dahin ahnungslose Frau die Zusammenhänge erkennt, wächst ihr Entsetzen vor dem unheimlichen Entschluss ihres Mannes. Letztendlich kann sie weder den Opfertod noch die Verpflichtung ihres Sohnes verhindern, es gegebenenfalls den Ahnen gleichzutun. – Hervorragende Besetzung, brauchbare Schockeffekte, nervensägende Musik, ein Grabstein mit der schwarzen Dreizehn, viel Hokuspokus und ein Graf von Monte Christo-Verschnitt als Insasse eines Turmgefängnisses können aber nicht darüber hinwegtäuschen, dass der Film inzwischen einen langen Bart hat.

SCHWARZE GESCHICHTEN

Anderer Titel für DER GRAUENVOLLE MR. X

DIE SCHWARZE KATZE

(THE BLACK CAT). USA 1934. **R:** *Edgar G. Ulmer.* **B:** *Peter Ruric, Edgar G. Ulmer.* **K:** *John Mescall.* **M:** *Heinz Roemheld.* **D:** *Boris Karloff (Hjalmar Poelzig), Bela Lugosi (Dr. Vitus Verdegast), David Manners (Peter Allison), Jacqueline Wells (Joan Allison), Lucille Lund (Karin Poelzig), Egon Brecher (Andreas Sandomir), Henry Armetta (Sergeant), John Carradine (Organist), Herman Bing, Luis Alberni (Kellner), Harry Cording (Thamal), Anna Duncan (Magd), André Cheron (Kontrolleur), King Baggott, George Davis, Michael Mark, Albert Conti, Paul Weigel, Alphonse Martell, Tony Parlow, Paul Panzer. SW 65 Min.*

Peter und Joan Allison befinden sich auf einer Ungarn-Reise, als sie Dr. Vitus Verdegast begegnen. Nach einem Autounfall gelangen sie auf das Schloss des einstigen Militär-Ingenieurs Hjalmar Poelzig, der Verdegast kein Unbekannter ist, denn er macht ihn dafür verantwortlich, fünfzehn Jahre im Gefängnis gesessen und den Tod von 10 000 Soldaten verschuldet zu haben. Außerdem verlangt er von ihm Aufschluss über den Verbleib von Frau und Tochter, die bei Poelzig Unterschlupf gesucht haben. Poelzig behauptet, die beiden seien verstorben, aber zu seinem Entsetzen entdeckt Verdegast die Leiche seiner Gattin in einem gläsernen Behälter. Poelzig ist, wie sich herausstellt, Anführer eines Satanskultes, dem auch Joan Allison geopfert werden soll. Verdegast und sein Diener Thamal können die junge Frau aber retten. Als Verdegast erkennt, dass Poelzig auch seine Tochter auf dem Gewissen hat, häutet er ihn bei lebendigem Leibe und wird dann, mehr aus Versehen, von Peter Allison niedergeschossen. Verdegast lässt, tödlich verletzt, das Paar entkommen, dann sprengt er das Schloss in die Luft. – Diese »irre, albtraumhafte Mixtur aus Schwarzer Messe, Schachspiel, Folterkammer, Satanismus und Nekrophilie« (Pauline Kael, 5001 NIGHTS AT THE MOVIES) basiert natürlich nicht auf der gleichnamigen Erzählung von Edgar Allan Poe, obwohl man seinerzeit mit dieser Behauptung hausieren ging: Nur kurz taucht eine schwarze Katze auf, die Dr. Verdegast bei seinem Vorhaben, Poelzig zu töten, dermaßen irritiert, dass er sie mit einem Messerwurf tötet. Boris Karloff und Bela Lugosi standen in diesem Film, der als bester Edgar G. Ulmers gilt, zum ersten Mal gemeinsam von der Kamera.

Die schwarze Katze

DER SCHWARZE KREIS

(DEAD IMAGE). USA 1964. **R:** *Paul Henreid.* **B:** *Albert Beich, Oscar Millard.* **St:** *Rian James.* **K:** *Ernest Haller.* **M:** *André Previn.* **D:** *Bette Davis (Edith Phillips/Margaret de Lorca), Karl Malden (Jim Hobson), Peter Lawford (Tony Collins), Philip Carey (Ben Hoag), Jean Hagen (Dede Marshall), George Macready (Paul Harrison), Estelle Winwood (Oberin), George Chandler (George), Mario Alcade (Garcia), Cyril Delevanti (Henry), Monika Henreid (Janet), Bert Remsen (Dan), Charles Watts (Manager), Ken Lynch (Captain Johnson). SW 116 Min.*

Edith Phillips ermordet aus Hass und Rachsucht ihre wohlhabende, gerade verwitwete Zwillingsschwester Margaret de Lorca, die sie um ihr Lebensglück betrogen hat, und nimmt deren Identität an. Ihre charakterlichen Eigenheiten erwecken das Misstrauen ihrer Dienstboten, die sie aber ebenso beschwichtigen kann wie den Familienanwalt, der eine Unterschrift von ihr möchte. Ernst wird ihre Lage, als Edith feststellen muss, dass Margaret mit dem zwielichtigen Geschäftemacher Collins hinter dem Rücken ihres Gatten liiert war. Collins ist es auch, der herausfindet, wer Edith ist. Als er sie bedroht, wird er von Ediths Hund umgebracht. Der Polizist Jim Hobson, der allmählich einen ganz anderen Verdacht schöpft, lässt den Leichnam von Margarets Ehemann exhumieren und stellt fest, dass er ermordet wurde. Edith erzählt ihm die Wahrheit, aber Hobson glaubt ihr nicht. Erst nachdem man sie zum Tode verurteilt hat, beginnt er an seiner Theorie zu zweifeln. Doch nun bestärkt Edith ihn in seiner Illusion und »gesteht«, dass sie Margaret sei. – Ein beklemmender Psycho-Thriller, der seine Spannung vor allem aus den Versuchen der Heldin zieht, die Schwierigkeiten zu meistern, denen sie gegenübersteht, nachdem sie eine neue Identität angenommen hat. Wie man sieht, genügt es nicht, Zwilling zu sein, um die Welt zu täuschen.

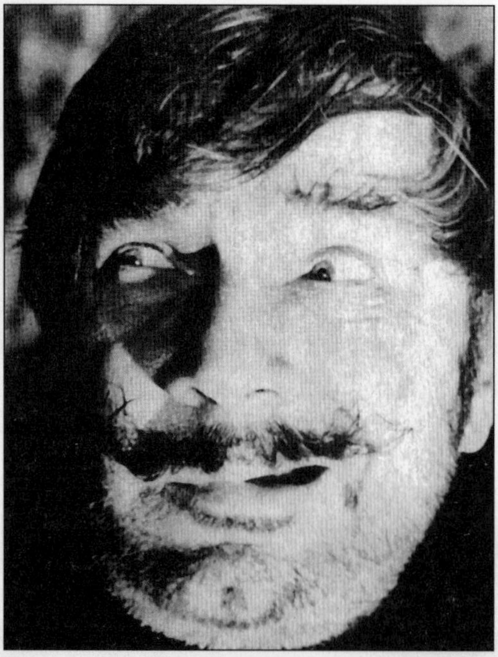

DER SCHWARZE LEIB DER TARANTEL

(LA TARANTOLA DAL VENTRE NERO). Italien 1971. **R:** *Paolo Cavara.* **B:** *Lucille Laks.* **St:** *Marcello Danon.* **K:** *Marcello Gatti.* **M:** *Ennio Morricone.* **D:** *Giancarlo Giannini (Inspektor Tellini), Stefania Sandrelli (Anna), Claudine Auger (Laura), Barbara Bouchet (Maria Zani), Annabella Incontrera (Mirta), Rosella Falk (Frau mit Muttermal), Silvano Tranquilli (Paolo Zani), Enzio Marano (Masseur), Barbara Bach (Jenny), Eugene Walter (Kellner), Nino Vingelli (Di Giacomo), Daniele Dublino (Entomologe), Guiseppe Fortis (Psychiater). F 97 Min.*

Geisteskranker Frauenmörder injiziert seinen Opfern Tarantelgift und schlachtet sie dann mit dem Messer ab. Inspektor Tellini klärt den Fall.

SCHWARZE MÄCHTE DER VERFÜHRUNG

(SORCERESS/TEMPTRESS). USA 1994. **R:** *Jim Wynorski.* **B:** *Mark Thomas McGee.* **K:** *Gary Graver.* **M:** *Chuck Cirino, Darryl Way.* **D:** *Linda Blair (Amelia Reynolds), Edward Albert (Howard Reynolds), Larry Poindexter (Larry Barnes), Julie Strain (Erica Barnes), Rochelle Swanson (Carol Powell), Toni Naples (Maria), Michael Parks (Stan), Lenny Juliano (Don). F 93 Min.*

Zwei Frauen versuchen den jeweiligen Mann der anderen mittels schwarzer Magie aus dem Feld zu räumen. Anwaltsgattin Erica erweist sich dabei ihrer Konkurrentin Amelia als unterlegen. – Aus der Schrottpresse von Jim Wynorski (Regie) und Fred Olen Ray (Produktion).

DIE SCHWARZE MAMBA

(VENOM). USA 1981. **R:** *Piers Haggard.* **B:** *Robert Carrington.* **V:** *»Lautlos und tödlich« von Alan*

Die schwarze Katze (Remake 1941)

Scholefield. **K:** *Gil Taylor.* **M:** *Michael Kamen.* **D:** *Klaus Kinski (Jacmel), Oliver Reed (Dave), Nicol Williamson (Commander Bulloch), Sarah Miles (Dr. Marion Stowe), Sterling Hayden (Howard Anderson), Cornelia Sharpe (Ruth Hopkins), Lance Holcomb (Philip Hopkins), Susan George Louise), Mike Gwilym (Dan Spencer), Maurice Colbourne (Sampson), Michael Gough (David Ball), Paul Williamson (Sgt. Glazer). F 90 Min.*

Kidnapperbande, die einen reichen Jungen entführen will, wird von der Polizei im Haus des Opfers belagert und nach und nach von einer schwarzen Mamba dezimiert, die stets dann ins Bild springt, wenn man sie am wenigsten erwartet. – Das kommt davon, wenn man Kinder entführen will, die obskure Hobbys haben! Gruselig! – »Ein sauber gemachter Thriller, durchaus spannend, obgleich die Dramaturgie des Films äußerst konventionell ist.« (Rainer Casper, FILMBEOBACHTER) Die guten schauspielerischen Leistungen kommen diesmal von Klaus Kinski (ohne »irres« Gehabe) und Oliver Reed. – »Ich hab ganz oben angefangen und mich dann langsam runtergearbeitet.« (Sterling Hayden)

SCHWARZE MESSE AUF BLUTROTEM ALTAR

(THE CURSE OF THE CRIMSON ALTAR). GB 1968. **R:** *Vernon Sewell.* **B:** *Henry Lincoln, Mervyn Haisman.* **K:** *Johnny Coquillon.* **M:** *Peter Knight.* **D:** *Boris Karloff (Professor Marsh), Christopher Lee (J. D. Morley), Mark Eden (Robert Manning), Barbara Steele (Lavinia), Michael Gough (Elder), Virginia Wetherell (Eve), Rosemary Reede (Esther), Rupert Davies (Dr. Radford), Derek Tansley (Richter), Denys Peek (Peter Manning), Millicent Scott (Stripperin), Michael Warren (Basil). F 87 Min.*

England, Gegenwart: J. D. Morley, der hypnotisch begabte Nachfahre der vor Jahrhunderten verbrannten Hexe Lavinia, nimmt grausame Rache an den Nachkommen derjenigen, die für den Tod seiner Ahnfrau verantwortlich sind. Der Londoner Antiquitätenhändler Manning gerät bei der Suche nach seinem unter geheimnisvollen Umständen verschwundenen Bruder in Morleys Schloss, wo er Zeuge satanischer Riten wird, bis das Gemäuer in Flammen aufgeht und der Hausherr sich unter grässlichem Gelächter in die Hexe Lavinia verwandelt. Der Feuertod ereilt jedoch auch ihn/sie. – Eine wirre Geschichte, die oft auf Traumsequenzen zurückgreift, um die gespenstischen Ereignisse zu illustrieren und auch in Sachen Dialog mehrmals mit dummen Mätzchen aufwartet. – »Brach liegen die schauspielerischen Fähigkeiten von Boris Karloff und Christopher Lee. Schade auch um Barbara Steele. Dafür bekommen wir einige fade, uninspirierte Sexszenen und – versteht sich – ein gerüttelt Maß an logischen Schnitzern. Die Farben sind gelegentlich recht gut (morbide), und einige Male überzeugt Boris Karloff durch seine schiere Anwesenheit.« (Gerd Maximovic, SCIENCE FICTION TIMES). Von blutroten Altären ist hingegen nichts zu sehen.

SCHWARZE MESSE DER DÄMONEN

Anderer Titel für DER ANTICHRIST

DAS SCHWARZE MUSEUM

(HORRORS OF THE BLACK MUSEUM). GB 1959. **R:** *Arthur Crabtree.* **B:** *Aben Kandel, Herman Cohen.* **K:** *Desmond Dickinson.* **M:** *Gerhard Schurman, Kenneth V. Jones.* **D:** *Michael Gough*

Schwarze Messe auf blutrotem Altar

(Edmond Bancroft), June Cunningham (Joan Berkley), Graham Curnow (Rick), Shirley Ann Field (Angela), Geoffrey Keen (Graham), Gerald Anderson (Dr. Ballan), John Warwick (Inspektor Lodge), Beatrice Varley (Angie), Austin Trevor (Wayne), Malou Pantera (Peggy), Howard Greene (Tom Rivera), Dorinda Stevens (Gail). F 81 Min.

Der verkrüppelte Kriminalreporter Bancroft, ein Psychopath erster Güte, organisiert, um interessante Zeitungsartikel schreiben zu können, abscheuliche Morde, die er möglichst originell von seinem hypnotisierten und unter Drogeneinfluss stehenden Gehilfen Rick ausführen lässt. Dazu hat er ein »Schwarzes Museum« angelegt, das – wie das Kriminalmuseum Scotland Yards – allerlei Mordwerkzeuge enthält. Als Bancroft in Erfahrung bringt, dass Ricks Freundin von seinen Untaten weiß, lässt er auch sie töten. Rick wird jedoch entdeckt und von der Polizei auf einem Rummelplatz gejagt. Als er auf dem Riesenrad Zuflucht sucht, wird er erschossen. Sein durch die Luft wirbelndes Messer trifft Bancroft tödlich. – »Die Story weist so viele Löcher auf wie ein Fischernetz, und die Motivation des Journalisten wird ebenso unbefriedigend geklärt wie die Frage, warum der junge Mann in blindem Gehorsam sein Teil zu den Verbrechen beiträgt.« (VARIETY)

Das schwarze Reptil

DAS SCHWARZE REPTIL

(THE REPTILE). GB 1965. **R:** *John Gilling.* **B:** *John Elder.* **K:** *Moray Grant.* **M:** *Don Banks.* **D:** *Noel Willman (Dr. Franklyn), Jennifer Daniel (Valerie Spalding), Ray Barrett (Harry Spalding), Jacqueline Pearce (Anna), Michael Ripper (Tom Bailey), John Laurie (Peter), Marne Maitland (Malaie), David Baron (Charles Spalding), Charles Lloyd Pack (Pfarrer), Harold Goldblatt (Anwalt), George Woodbridge (Garnsey). F 90 Min.*

Captain Harry Spalding erbt an der Wende zum 20. Jahrhundert in einem Dorf in Cornwall das Häuschen seines verstorbenen Bruders. Die Menschen, die in der unheimlich wirkenden Moorlandschaft leben, sind Fremden gegenüber nicht sehr aufgeschlossen. Spalding erfährt vom Kneipenwirt Bailey, dass sie von einer Serie ungewöhnlicher Todesfälle in Atem gehalten werden: Da geht etwas um, das seine Opfer mit seltsamen Bisswunden am Hals zurücklässt. Als Spalding nach dem nächsten Todesfall seinen Bruder ausgräbt, entdeckt er auch an dessen Hals eine Bisswunde – und tippt auf eine Schlange. Später wird er von einem Ungeheuer angefallen und gebissen. Seine Frau Valerie rettet ihn, indem sie die Wunde aufschneidet. Am nächsten Tag weiß Spalding von nichts mehr – dafür gerät Valerie in tödliche Gefahr, als sie im Haus des geheimnisvollen Indienfahrers Franklyn von einem aufrecht gehenden Schlangenmonster attackiert wird – Franklyns Töchterlein muss dafür büßen, dass Paps weiland allzu tief in die magischen Geheimnisse einer indischen Sekte eingedrungen ist: Ein wirkungsvoller Fluch zwingt sie, sich dann und wann in ein mörderisches Scheusal zu verwandeln. Es endet mit dem obligatorischen Hausbrand, in dem Franklyn und seine Reptiltochter umkommen. – »Diese etwas dummdreiste Geschichte wurde von Gilling ungeheuer gekonnt in Bilder umgesetzt. Schon die Eingangssequenz beeindruckt: Ein Mann findet eine Nachricht, eilt in die Nacht hinaus, auf ein Haus zu, sucht vergeblich nach den Bewohnern, geht zögernd die Treppe hinauf; jemand ruft eine beschwörende Warnung; etwas saust auf ihn zu; ein hastiger Biss von einem schemenhaften Kopf; die Spannung hat sich entladen und in Bewegung aufgelöst. Das

Das schwarze Reptil

Wesen ist schon davongeeilt, der Mann taumelt mit schmerzverzerrtem Gesicht im Todeskrampf die Treppe hinunter, sein Warner und ein Inder kommen hinzu, er bricht zusammen.« (Hans Joachim Alpers, SCIENCE FICTION TIMES) – »Der Film lebt vom Einfühlungsvermögen Gillings; da gibt es eine Szene, in der die Tochter auf einem indischen Saiteninstrument ein erotisches, wildes Lied spielt. Gilling übertrifft damit noch die sehr gute Klavierszene in Don Sharps *Der Kuss des Vampir.* Oder: die dämlichen Leute trennen sich, und einer steigt in dem Haus, in dem der Zuschauer das Reptil weiss, die Treppe hinauf. Man weiß, dass das Reptil im nächsten Augenblick zuschlagen wird, und doch bricht es wie eine Sturmflut über den armen Kerl auf der Leinwand und den armen Kerl im Parkett herein.« (ANDROMEDA)

DAS SCHWARZE SCHLOSS

(THE BLACK CASTLE). USA 1952. **R:** *Nathan Juran.* **B:** *Jerry Sackheim.* **K:** *Irving Glassberg.* **M:** *Joseph Gershenson.* **D:** *Richard Greene (Sir Ronald Burton), Boris Karloff (Dr. Meissen), Stephen McNally (Graf von Bruno), Paula Corday (Elga), Lon Chaney (Gargon), John Hoyt (Stieken), Michael Pate (Von Melcher), Tudor Owen (Romley), Otto Waldis (Krantz), Henry Corden (Fender). SW 77 Min.*

Der britische Edelmann Sir Ronald Burton hat berechtigten Grund zu der Annahme, dass der österreichische Graf von Bruno zwei seiner Freunde umgebracht hat. Er nimmt Kontakt mit ihm auf und besucht ihn auf seinem »schwarzen« Schloss. Dort lernt er von Brunos Frau Olga kennen (und lieben) und erfährt, dass sie im Grunde die Gefangene ihres Gatten ist. Als den Graf bemerkt, welche Ziele Burton verfolgt, will er ihn sich auf mörderische Weise vom Hals schaffen. Burton tut sich mit von Brunos Leibarzt Meissen zusammen und kann dem gräflichen Lumpen mit Hilfe eines medizinischen Tricks das Handwerk legen. – Das ist zwar alles mit finsteren Geheimgängen, Folterkammern, Alligatorgruben, wehenden Vorhängen, Käuzchenschreien, knarrenden Bohlen, heulenden Winden und donnernden Gewittern garniert, aber in keiner Weise übernatürlich.

DAS SCHWARZE ZIMMER

(THE BLACK ROOM). USA 1935. **R:** *Roy William Neill.* **B:** *Arthur Strawn, Henry Myers.* **St:** *Arthur Strawn.* **K:** *Al Siegler.* **M:** *Louis Silvers.* **D:** *Boris Karloff (Gregor/Anton de Berghman), Marian Marsh (Thea Hassel), Thurston Hall (Oberst Hassel), Katherine De Mille (Maschka), Robert Allen (Lt. Lussan), Henry Kolker (Baron Frederick De Berghman), John Buckler (Beran), Edward van*

Das schwarze Schloss

Sloan (Arzt), Egon Brecher, Frederick Vogeding, Torben Meyer, John Bleifer, Lois Lindsay, Herbert Evans, Colin Taphey, John George, Robert Middlemass, Michael Mark, Sidney Bracey. SW 66 Min.
Frühes 18. Jahrhundert, im Land der Tschechen: Eine Legende besagt, dass die in einer abgelegenen Provinz herrschende Familie de Berghman untergeht, sollten ihr je Zwillingssöhne geboren werden. Dies geschieht. Während Gregor de Berghman über das Schloss und die Umgebung herrscht, macht sein Zwillingsbruder Anton eine Weltreise. Als er zurückkehrt, ist aus Gregor eine sadistische Bestie geworden: Im »schwarzen« Zimmer des Schlosses tötet er mit Vorliebe junge Bauernmädchen. Als die Bewohner des Landstriches Gregor auf die Schliche kommen, dankt er zugunsten Antons ab, ermordet ihn jedoch und nimmt seine Stelle ein, um weiter zu herrschen und seine Braut Thea zu heiraten. Deren Vater kommt jedoch hinter Gregors Geheimnis: mit dem Resultat, dass auch er im schwarzen Zimmer sterben muss. Gregor wird während der Trauung von Antons Hund angegriffen. Er verrät sich, indem er ihn mit *beiden* Händen abwehrt. Antons linker Arm aber war gelähmt. Auf der Flucht vor der aufgebrachten Menge zieht Gregor sich ins schwarze Zimmer zurück und stürzt in das Messer, das ihm der steife Arm des toten Bruders entgegenstreckt. Damit hat sich die Prophezeiung erfüllt. – »Mit seiner traditionellen viktorianischen Geschichte der Prophezeiung, verschlossenen Räumen, Familienflüchen sowie den pittoresken Gruselschloss-, Kirchen- und Friedhofsszenen, ist dies jene Art des (gediegenen) Melodrams, die es auf der Leinwand praktisch nicht mehr gibt. Viele der Außendekorationen – gemalte düstere Himmel und knorrige Bäume – sind bewusst unrealistisch gestaltet, ebenso wie die Wälder und Felsenlandschaften in den ersten drei *Frankenstein*-Filmen der Universal.« (William K. Everson, CLASSICS OF THE HORROR FILM)

Das schwarze Zimmer

Das schwarze Zimmer

SCHWARZER ENGEL

(OBSESSION). USA 1975. **R:** *Brian De Palma.* **B:** *Paul Schrader.* **St:** *Brian De Palma, Paul Schrader.* **K:** *Vilmos Zsigmond.* **M:** *Bernard Herrmann.* **D:** *Cliff Robertson (Michael Courtland), Geneviève Bujold (Elizabeth Courtland/Sandra Portinari), John Lithgow (Robert La Salle), Sylvia Williams (Judy), Wanda Blackman (Amy Courtland), Patrick McNamara (Entführer), Stanley J. Reyes (Inspektor Brie), Nick Krieger (Farber), Stocker Fontelieu (Dr. Ellman), Don Hood (Ferguson), Andrea Esterhazy (d'Annunzio). F 98 Min.*
1959 werden die Frau und die Tochter des amerikanischen Geschäftsmannes Michael Courtland entführt. Obwohl die Kidnapper ausdrücklich verlangen, dass die Polizei aus dem

Spiel bleibt, lässt Courtland sich auf ein riskantes Spiel ein: Er hinterlegt einen Koffer mit wertlosem Papier am ausgemachten Platz. Die Sache geht schief; die Entführer entkommen und sterben bei einem Autounfall in einem brennenden Wagen. Courtland sieht die Entführten nie wieder. 1975 fährt er mit seinem Partner nach Florenz. In der Kathedrale, in der er getraut wurde, stößt er auf eine junge Restauratorin, die seiner Frau wie aus dem Gesicht geschnitten ist. Da er sich die Schuld am Tod von Frau und Tochter gibt, verfällt er dem Glauben, er könne an Sandra das wieder gutmachen, was er ihnen durch seinen Fehler angetan hat. Er lernt Sandra näher kennen, verliebt sich in sie und will sie heiraten. Als sie in New Orleans getraut worden sind, wiederholt sich die Geschichte: Sandra wird entführt; wieder verlangen die Kidnapper ein hohes Lösegeld. Diesmal will Michael die Forderung der Unbekannten erfüllen. Aber zu seinem Entsetzen muss er erkennen, dass die Aktion erneut schief zu laufen droht.

Schwarzer Engel

Sandra entpuppt sich als seine verschwundene Tochter, sie hat sich mit seinem Partner gegen ihn verschworen. Er war auch für die Doppel-Entführung verantwortlich ... »Dramaturgisch darf man die Handlung nicht auf Wahrscheinlichkeit abklopfen. Regisseur De Palma, auf Kinoträchtigkeit bedacht, darf dennoch attestiert werden, dass er jenseits überprüfbarer Glaubwürdigkeit spannend inszenierte, zumal ihm in den Hauptdarstellern Cliff Robertson ... und Genivième Bujold (zur Intrige bereit, weil der Vater die Mutter dem Tod überantwortete) zwei Persönlichkeiten zur Verfügung standen, die gefangen nehmen. Gesteigert wird die Wirkung der Story durch eine brillante Fotografie, die mit atmosphärischer Weiche Bilder von Faszination schuf.« (Helmut Müller, FILMECHO/FILMWOCHE). – »Was sich bei Hitchcock nach den subtilen Regeln einer raffiniert verfeinerten Suspense-Dramaturgie vollzieht, gerät seinem Jünger Brian De Palma zu einer schier atemlosen filmischen Tour de force von Höhepunkt zu Höhepunkt. Der Zuschauer kommt nie zur Ruhe, wird bombardiert mit extremen optischen und musikalischen Sensationen, mit bizarren Einstellungswinkeln und aufpeitschenden Klängen.« (DIE ZEIT)

SCHWARZER MOND

(BLACK MOON). USA 1934. **R:** *Roy William Neill.* **B:** *Wells Root.* **V:** *Erzählung »Haiti Moon«, von Clement Ripley.* **K:** *Joseph August.* **D:** *Jack Holt (Stephen Lane), Fay Wray (Gail), Clarence Muse (Lynch), Mme. Sultewan (Ruva), Dorothy Burgess (Juanita Lane), Lumsden Hare (Macklin), Eleanor Wesselhoeft (Anna), Arnold Korff (Dr. Perez), Lawrence Criner (Kaia), Cora Sue Collins (Nancy Lane), Edna Tichenor, Henry Kolker, Robert Frazier. SW 69 Min.*

Eine weiße Frau wird dermaßen von Voodoo-Ritualen und Schwarzer Magie beeinflusst, dass sie fast ihr eigenes Kind opfert – was der Ehemann in letzter Sekunde verhindert.

DAS SCHWEIGEN DER LÄMMER

(THE SILENCE OF THE LAMBS). USA 1990. **R:** *Jonathan Demme.* **B:** *Ted Tally.* **V:** *»Das Schweigen der Lämmer« von Thomas Harris.* **K:** *Tak Fujimoto.* **SpE:** *Carl Fullerton.* **M:** *Howard Shore.* **D:** *Jodie Foster (Clarice Starling), Anthony Hopkins (Dr. Hannibal Lecter), Scott Glenn (Jack Crawford), Ted Levine (Jame Gumb), Anthony Heald (Dr. Frede-*

rick Chilton), Brooke Smith, Danny Darst, Charles Napier, Lawrence A. Bonney, Kasi Lemmons. F 118 Min.

»Das Kulturreferat des Arri-Kinos und die Süddeutsche Zeitung hatten zum ›Reden über Film‹ eingeladen – und während die Lämmer erstmal schwiegen, sprach der Freiburger Kultursoziologe Klaus Theweleit. Bei diesen Vorträgen mit anschließender Kinovorführung ist es schon Tradition, dass Überraschendes über wohl bekannte Filme zu Tage kommt, die dem gemeinen Halbgebildeten bisher als bedenklicher Hollywood-Schund erschienen. Der Philosoph Peter Sloterdijk hatte in der ersten Veranstaltung die Latte hochgelegt, als er *Terminator 2* analysierte und zu Schlüssen wie diesem kam: ›Arnold ist der moderne Christophorus.‹ So muss es sein: Wenn nämlich in postmodernen Filmen alles Schein ist, dann entdeckt man bei ihrer Interpretation, dass alles anders ist, als es scheint. Seit seiner erfolgreich publizierten Doktorarbeit ›Männerphantasien‹ ist Theweleit als souveräner Geistesathlet bekannt, diesmal erwies er sich auch als Filmkenner. Szene für Szene hatte er *Das Schweigen der Lämmer* studiert, noch aus dem Anschnitt einer Torte las er symbolischen Gehalt. Mit seinem Versuch, Demmes Film aus der Perspektive des Insektenforschers zu deuten, war sein Repertoire noch lange nicht erschöpft: Im Folgenden ging es – unter anderem – noch um die psychologischen Hintergründe von Geschlechtsumwandlungen, um die kulturbestimmte Macht der Serie unter besonderer Berücksichtigung von Andy Warhol und Heinz-Ketchup, um mythische Beziehungen zwischen Vater- und Tochterfiguren sowie um das Problem, ›eine Sexualität zu entwickeln, ohne verrückt zu werden‹. Beim anschließenden Wiedersehen mit dem Film war der eigene Blick dann deutlich geschärft ...« (Tobias Kniebe, SÜDDEUTSCHE ZEITUNG, 19.10.1993) – Was Theweleit da nach Strich & Faden zu Tode analysierte, ein Kinostück aus dem Jahr 1991, beschrieb den Fall eines kultivierten, aber leicht kannibalistischen Serientäters, Dr. Hannibal (Hannibal the Cannibal) Lecter, eines ehemaligen Psychoanalytikers (aha!). – »*Das Schweigen der Lämmer* ist ein besonderer Film geworden: magisch und beunruhigend, rätselhaft und surreal. Schon das Plakat enthält in diesem Sinne einen sehr eindeutigen und, wenn man so will, emblematischen Hinweis. Ausschnitthaft sieht man das Gesicht der Hauptdarstellerin Jodie Foster, deren Mund durch einen Totenkopfschwärmer ersetzt wurde. Dabei heben sich sowohl die Augen der Schauspielerin als auch der Totenkopffalter durch eine braungelbe Farbgebung von der ansonsten schwarzweißen Gestaltung ab. Diese Darstellung hat etwas Albtraumhaftes. Denn es ist, als wäre die Person ihres Mundes und damit ihrer Sinne beraubt. So, als würde die dargestellte Person etwas Schreckliches sehen, von dem sie aber nicht erzählen kann, weil es ihr der Falter unmöglich macht zu sprechen. Erst relativ spät erkennt man, dass diesem Falter ein sehr präziser Hinweis zu entnehmen ist, denn der Totenkopf auf seinem Rücken wird aus Frauenleibern gebildet.« (Jürgen Müller, FAZ, 7.3.2001) Soso! – Jodie Foster spielt übrigens Clarice Starling, eine FBI-Anwärterin, die im Laufe der Ermittlungen fast so etwas wie eine Vater-Tochter-Beziehung zu diesem unseligen Lecter aufbaut, den Anthony Hopkins sehr eindringlich zeichnet. – »Die abgehäutete Leiche auf einem Seziertisch, die Knochen in der Badewanne des Mörders – lauter erlesene Details, beinahe diskret und doch schrecklich genau, eingepasst in den lautlosen, mechanischen Fluss des Geschehens, das zur Lösung drängt und zum allerletzten Schock.« (Andreas Kilb, DIE ZEIT, 12.4.1991). Die Fortsetzung: *Hannibal.* [DVD]

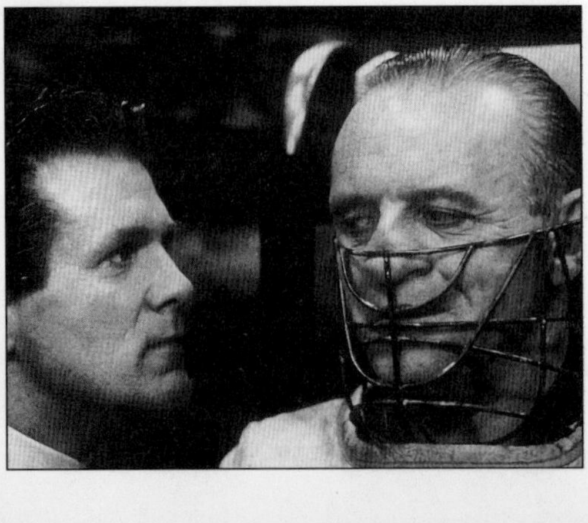

Das Schweigen der Lämmer

DIE SCHWESTERN DES BÖSEN

(SISTERS). USA 1973. **R:** *Brian De Palma.* **B:** *Brian De Palma, Louise Rose.* **K:** *Gregory Sandor.* **M:** *Bernard Herrmann.* **D:** *Margot Kidder (Danielle Breton), Jennifer Salt (Grace Collier), Charles Durning (Joseph Larch), William Finley (Dr. Emil Breton), Lisle Wilson (Philip Wood), Dolph Sweet (Kriminalbeamter), Mary Davenport (Mrs. Collier), Bernard Hughes (Redakteur). F 92 Min.*

Junge Frau (Beruf: Fotomodell), von einem Mediziner getrennt lebend, lernt bei einem TV-Quiz jungen Mann kennen, nimmt ihn mit nach Hause und bringt ihn am nächsten Morgen bestialisch um – was eine kritische, wenig beliebte Journalistin zufällig mit ansieht, ohne dass man ihrer Beobachtung Glauben schenkt. Sie schaltet einen Detektiv ein, der herausfindet, dass besagtes Fotomodell weiland Teil eines operativ getrennten siamesischen Zwillingspärchens war: Die andere Hälfte des Duos ist offenbar nicht nur meschugge, sondern auch bösartig. Dies jedoch ist, wie sich herausstellt, mitnichten der Fall: Es gibt nur eine – zwiegespaltene – Schwester, die andere ist längst tot. Doch die Überlebende ist so verrückt, dass es auch für drei reicht. Dass man ihr nicht auf die Schliche kommt, liegt daran, dass sie a) es versteht, wie Anthony Perkins in *Psycho* mit sich selbst zu parlieren, und b) einen Ex-Gatten hat, der hilfreich zur Stelle ist, wenn es gilt, eine Untat zu vertuschen. Dennoch ist die ganze Sache so clever und wohl durchdacht inszeniert, dass es einem vor Spannung die Fußnägel hochklappt. – »*Die Schwestern des Bösen* sind hochklassiges Spannungskino, intelligent serviert und von schwärzestem Humor getragen. Und ein kräftiger Nervenzerrer ohnedies.« (Gert Berghoff, KÖLNER RUNDSCHAU) – »Brian De Palmas Thriller zählt handwerklich zu den klassischen Beispielen wie *Die Wendeltreppe, Das Haus der Lady Alquist* oder *Rosemaries Baby.* Doch wird der Zuschauer ... mit einer albtraumhaften Bilderfolge konfrontiert, bei der die Spannung nie abreißt. Ein nervenaufreibender Film, von schwarzem Humor getragen.« (Karl Correns, FILMECHO/FILMWOCHE) [V]

Die Schwestern des Bösen

SCHWINGEN DER ANGST

(NIGHTWING). USA 1978. **R:** *Arthur Hiller.* **B:** *Steve Shagan, Bud Shrake, Martin Cruz Smith.* **V:** *»Flügel der Nacht« von Martin Cruz Smith.* **K:** *Charles Rosher.* **M:** *Henry Mancini.* **D:** *Nick Mancuso (Duran), David Warner (Philip Payne), Kathryn Harrold (Anne Dillon), Stephen Macht (Walker Chee), Strother Martin (Selwyn), Ben Piazza (Roger Piggot), George Clutesi (Abner Tasupi), Donald Hotton (John Franklin), Judith Novgrod (Judy), Charles Hallahan (Henry), Pat Corley (Vet), Alice Hirson (Claire Franklin), Danny Dapien (Joe Mamoa), José Toledo (Harold Masito), Charlie Bird (Beejay), Peter Prouse (Arzt), Richard Romacito (Ben Mamoa), Flavio Martinez (Isla Lalama). F 105 Min.*

Indianischer Hilfssheriff und englischer Vampirjäger kämpfen gegen plötzlich massenhaft auftretende Fledermäuse im Südwesten der USA, bis sie in einer Grotte ihr Nest ausfindig machen und die ganze Brut mit Feuer vernichten. Dabei bleibt offen, ob sich die Blutsauger aus Gründen einer ökologischen Katastrophe so stark vermehrt haben oder Auswirkung eines Fluches sind, den ein sterbender Indianer ausgestoßen hat, um die Schlechtigkeit der (weißen) Welt zu strafen. – »Regisseur Arthur Hiller ... verwirrt den Zuschauer in seinem Möchtegern-Schocker nicht nur durch allerlei mystisches Gefasel, sondern mehr noch durch eine konfuse Schnitt- und Szeneneinteilung, die spannendste Momente verfrüht abbricht und unmotivierte Nebenhandlungen nicht mehr aufnimmt. Die Kameraarbeit sowie die schwache Tricktechnik sorgen weiterhin dafür, dass der neueste Tierschocker in keiner Weise auch nicht den oberflächlichsten Unterhaltungsanspruch erfüllen kann.« (Hermann Reichold, FILMBEOBACHTER)

Schwingen der Angst

SCOTLAND YARD GREIFT EIN

(THE LODGER). USA 1944. **R:** *John Brahm.* **B:** *Barré Lyndon.* **V:** *»Der sanfte Untermieter« von Marie Belloc Lowndes.* **K:** *Lucien Ballard.* **M:** *Hugo Friedhofer.* **D:** *Laird Cregar (Untermieter), George Sanders (John Warwick), Sir Cedric Hardwicke (Robert Burton), Merle Oberon (Kitty), Audrey Mathers (Superintendent Sutherland), Sara Allgood (Ellen), Doris Lloyd (Jenny), Queenie Leonard (Daisy), David Clyde (Sgt. Bates), Frederick Worlock (Sir Edward), Lumsden Hare (Dr. Sheridan), Olaf Hytten (Harris), Colin Campbell (Harold), Helene Pickard (Anne Rowley), Harold De Becker (Charlie), Anita Bolster (Wiggy), Billy Bevan, Edmund Breon, Harry Allen, Skelton Knaggs, Forrester Harvey, Charles Hall. SW 86 Min.*

Jack the Ripper schlitzt sich durch nächtliche Straßen im nebligen London, und alle fragen sich, ob der neue Untermieter, der kürzlich in unserem Haus ein Zimmer bezogen hat, mit ihm identisch ist.

SCREAM – SCHREI!

(SCREAM). USA 1996. **R:** *Wes Craven.* **B:** *Kevin Williamson.* **K:** *Mark Irwin.* **M:** *Marco Beltrami.* **D:** *Neve Campbell (Sidney Prescott), Skeet Ulrich (Billy Loomis), David Arquette (Dwight »Dewey« Riley), Courteney Cox (Gale Weathers), Jamie Kennedy (Randy), Matthew Lillard (Stuart), Rose McGowan (Tatum Riley), Drew Barrymore (Casey Becker). F 111 Min.*

Äußerst erfolgreiche Mischung aus Slasherfilm und Teenie-TV. Bekannte Gesichter aus quotenträchtigen Daily Soaps gaben sich unter der Regie von Wes *(Nightmare)* Craven ein Stelldichein, um das totgesagte Genre mit Frischblut zu versorgen: »Eine der goldenen Regeln des Horrorfilms ist diese: Man muss nicht unbedingt schauspielern können, solange man nur in der Lage ist, ein enges T-Shirt auszufüllen und laut um Hilfe zu rufen, wenn man enge Treppen hoch rennt. So hat es Neve Campbell von der Soap *Party of Five* über die Hauptrolle von *Scream* auf die Titelblätter bis zum *Rolling Stone* geschafft. Schauspielleistungen sind nicht weiter von Belang, wenn man nur einem Killer mit Kultpotential entkommen kann. Den zu erschaffen blieb wieder einmal Wes Craven vorbehalten. Der erschuf vor 13 Jahren Scherenhand Freddy Krueger im rotgrünen Ringelpullover, den treuen Gefährten vieler postpubertärer Videoabende. Dieses Mal ist der Mörder mit einer Plastikmaske unterwegs, die Edvard Munchs ›Der Schrei‹ nachempfunden ist. (...) *Scream* funktioniert, weil *Scream* die goldenen Regeln kennt. Regisseur Wes Craven hat sie schließlich selbst mit definiert: die High School einer Kleinstadt auf dem flachen Land, in der Teenager wie die Fliegen sterben; eine Sex-Szene, eine Party, viel Blut und der Killer muss mindestens noch einmal auftauchen, wenn alle denken, er sei bereits tot. (...) Aber Craven kennt nicht nur seine Regeln, er lässt seine Charaktere über nichts anderes reden. Das Grauen bricht hier ein, obwohl und gerade weil ein jeder weiß, wie es einzubrechen pflegt.« (Thomas Winkler, TAZ) Und darum ist der Killer auch ein Horrorfilmfreak, der sich mit einem Zitat aus *Psycho* qualifiziert: »We all go a little mad sometimes.« (Und wär nicht manch ein wirklicher Horrorfilmfreak nicht »gern« ein Killer?) – »Ein gemütlicher Videoabend mit ein paar Horrorfilmen, Popcorn und ihrem Freund sollte es werden. Nur klingelt überraschend das Telefon, und Casey Becker ist mittendrin in einem zur Wirklichkeit gewordenen Fürchte-Dich-Movie. Zunächst wirkt der Anrufer, der seinen Namen nicht nennen will, noch ganz sympathisch, ein bisschen aufdringlich vielleicht, aber irgendwie auch charmant. Doch dann schlägt die Stimmung um ins Bedrohliche. Der Fremde beginnt ein Horrorfilm-Quiz, und der Einsatz ist Caseys Leben und das ihres Freundes. Das wiederholte Klingeln des Telefons, das Gespräch über die Klassiker des Slasher-Films, die Fragen nach ihren Inkarnationen des Bösen und schließlich die brutalen Morde an Casey und ihrem Freund, das war mehr als nur der Anfang eines neuen Schockers für Teenager. Diese ersten Minuten von *Scream* leiteten die Wiedererweckung eines tot geglaubten Genres ein. Mit ihnen kam das Slasher-Kino zurück, nicht revolutioniert, aber reanimiert aus dem Wissen um seine Regeln und um die Erwartungen seines Publikums. (...) Als 1996 kurz vor Weihnachten *Scream* in den amerikanischen Kinos anlief, erlebte der Horrorfilm eine seiner vielen Metamorphosen. Die Teenager kehrten – vor und auf der Leinwand – zurück zu einem Genre, das ihre Phantasien und Albträume immer besonders ernst genommen hat. Der Horror war wieder ein Teil ihrer Welt.« (Sascha Westphal, DIE WELT, 22.6.2000) – »In *Scream* sind neben einem metzelnden Messermörder die Schmunzelmonster los. Der Unhold macht sich mit den jugendlichen Opfern seinen Spaß und deren Mitschüler sich den ihren: An langen Fernsehabenden haben sie eine Kennerschaft des Schreckens erworben, die sie auf die Verbrechen anwenden. Wie im Kasperletheater jauchzen sie Warnungen zum Fernsehschirm, während hinterrücks das Verhängnis heranschleicht. In das Schaudern mischt sich Vorfreude, und es mutet wie Slapstick an, wenn der Mörder auf seiner Jagd vor Türen läuft und Opfer in offensichtlichen Fallen zappeln.« (Michael Kohler, FRANKFURTER RUNDSCHAU, 31. 10.1997) – »Die exzessive Selbstreferenz eines Films wie *Scream* ist quasi die letzte Flucht. Beginnt Craven noch grimmig und brutal mit einem Quiz-Spiel um zynisch genossene Macht und extreme Ohnmacht, bei dem Kenntnisse im Genre des modernen Horrorfilms die eigene Ermordung nur aufschieben, aber nicht verhindern können, so entwickelt sich die Geschichte um das Mädchen Sidney und den messerschwingenden Mann mit der Maske bald ganz zu einem Spiel mit Zitaten. Und löst sich am Ende auf in einem parodistischen und – Pardon – grobschlächtigen Splatterfinale.« (Rupert Koppold, STUTTGARTER ZEITUNG, 30.10. 1997)

Scream – Schrei!

SCREAM II

(SCREAM II). USA 1997. **R:** *Wes Craven.* **B:** *Kevin Williamson.* **K:** *Peter Deming.* **SpE:** *Ron Trost, Class-A-Effects.* **M:** *Marco Beltrami, Hans Zimmer.* **Songs:** *Dave Matthews Band, D'Angelo, Everclear, Less Than Jake.* **D:** *Neve Campbell (Sidney Prescott), David Arquette (Dwight »Dewey« Riley), Courteney Cox (Gale Weathers), Jamie Kennedy (Randy Meeks), Sarah Michelle Gellar (Casey »Cici« Cooper), Laurie Metcalf, Elise Neal, Jerry O' Connell, Timothy Olyphant, Jada Pinkett, Tori Spelling. F 121 Min.*

»Können Fortsetzungen besser sein als das Original? Wes Cravens *Scream*-Sequel ist selbstbezüglich genug, um sich auch diese Frage zu stellen. Antwort findet der Film so schnell keine. In diesem Fall lässt sich das aber auch schwer entscheiden. *Scream* war selbst ein Original, das aus dem Geist des Recycling geboren wurde, ein Meta-Sequel für ein ganzes Genre. (...) Sidney (Neve Campbell), die schmerzensreiche Heldin des ersten Teils, ist gemeinsam mit Randy (Jamie Kennedy), dem notorischen Horrorfilmfan, von der Highschool ans College gewechselt. Sidney nimmt Schauspielunterricht, Randy, wie könnte es anders sein, besucht die Filmklasse und räsoniert dort über den Wert von Fortsetzungen. Ebenfalls mit dabei sind die übrigen Überlebenden von *Scream*: Der schüchterne Polizist Dewey und das frostige Opfer seiner Begierde, TV-Reporterin Gale Weathers (Courteney Cox). In der neuen Heimat arbeitet ein Nachahmungstäter an seinem eigenen Sequel. Erbarmungslos werden auf dem Campus hübsche Damen und Herren mit dem Messer gemeuchelt. Der Killer in der Edvard Munch-Maske ist ein Kopist, aber gerade darauf ist er ganz besonders stolz. Das Grundprinzip, das bereits in *Scream* die eigentliche Spannung stiftete, ist unverändert: Jedes potentielle Opfer ist zugleich auch potentieller Mörder und umgekehrt. Nur mit dem eigenen Blut kann man schlüssig beweisen, auf welcher Seite man steht.« (Robert Weixlbaumer, BERLINER ZEITUNG, 23.4. 1998) Gale Weathers hat übrigens aus den Vorfällen des ersten Teils ein Buch gemacht, das inzwischen verfilmt worden ist, aber gleich bei der Premiere von der Wirklichkeit eingeholt wird. – »Also Film im Kino im Film, ein Hochamt der Selbstreferenzialität – und dennoch ist der furios startende *Scream II* eine einzige Enttäuschung. Während Altmeister Craven in Scream seinen Erfahrungsschatz (aus *Halloween, Freitag der 13., Carrie, Texas Chainsaw Massacre)* zu einem geistreichen, romantischen, ironischen, kurzum: leidenschaftlichen Vexierspiel verdichtete, bleibt in der Fortsetzung nur noch dumpfer Pathos. Und während mit *Scream* dem seinerzeit abgehalfterten Regisseur, seinem unbekannten Drehbuchautor Kevin Williamson und einer Reihe nicht ernst zu nehmender Fernsehmimen ein unerwarteter Geniestreich gelang, der gerade auch finanziell überraschend erfolgreich war, strahlt die Fortsetzung den Geruch des Geldes aus. Und sonst gar nichts.« (Dop, TAGESSPIEGEL, 23.4.1998) Aber warum auch nicht, aus welchem Grund werden sonst Genrefilme gemacht ...?

SCREAM III

(SCREAM III). USA 2000. **R:** *Wes Craven.* **B:** *Ehren Kruger.* **K:** *Peter Deming.* **M:** *Marco Beltrami.* **D:** *Neve Campbell (Sidney Prescott), David Arquette (Dwight »Dewey« Riley), Courteney Cox Arquette (Gale Weathers), Patrick Dempsey (Detective Mark Kincaid), Scott Foley (Roman Bridger), Lance Henriksen (John Milton), Carrie Fisher (Schauspielerin). F 117 Min.*

»›Hollywood is about death‹ – auch im dritten Teil stehen wieder Film im Film und die ehernen Regeln von Medium und Business im Zentrum.« (Rüdiger Suchsland) – Die Dreharbeiten einer Filmversion des Massakers von Woodsboro werden von Morden überschattet. – »Musste das sein? Waren die Mörder nicht alle tot, die kleinen Psychopathen und die rachelüsternen Nachahmer? Waren die Figuren nicht alle ausformuliert? War Sidney Prescott, die gejagte Heldin der beiden ersten Teile, nicht im Reinen mit sich? Die Antworten lauten: Zweimal Ja – und zweimal Nein. Wenn man es genauer betrachtet, war das Ende von *Scream II* fast genauso offen wie das von *Das Imperium schlägt zurück:* Sidney, die im ersten Teil noch die tapferste Jungfrau seit Jamie Lee Curtis (in *Halloween*) war, weil sie klug und im Affekt handeln musste, wurde mit ihrer Phobie konfrontiert – und konnte sie selbst im scheinbaren Happy End nicht loswerden. Diese Unsicherheit wird jetzt geschickt ausgenutzt, indem die heikle familiäre Geschichte etwas umgestülpt wird. Dass und wie schamlos dabei auf vertraute Muster zurückgegriffen wird, ist einer der schönsten Kunstgriffe von *Scream 3:* Man glaubt, alles zu kennen und vorausahnen zu können, folgt dem Geschehen aber dennoch gebannt. Das liegt vor allem an den Figuren: an Sidney (Neve Campbell), die aus ihrer verängstigten Ecke herauskommen muss; und natürlich an Dewey (David Arquette) und der Reporterin des Satans, Gale Weathers (Courteney Cox), die seit ihrer Vermählung mit David immer mehr wie eine Arquette aussieht), dem wundervollen Paar, das nicht mit-, aber erst recht nicht ohne einander auskommt. Den beiden verdankte Teil 2 seine lustigsten und berührendsten Szenen.« (Milan Pavlovic, KÖLNER STADT-ANZEIGER, 24.6. 2000) – »Auch sonst versucht Wes Craven, die Anlagen der ersten Teile noch zu steigern. Wenn man gemerkt hat, dass die Einfälle nicht präzise genug sind, kommt schon der nächste, und deshalb macht es auch nicht viel aus. Und genug davon funktioniert: Regisseur, Gott und Killer verschmelzen und ändern permanent das Drehbuch. Und man begegnet Carrie Fisher als alternder Schauspielerin, die es einst fast geschafft hätte, die Princess Leia in *Star Wars* zu spielen – ›Und ratet mal, wer die Rolle bekommen hat? Eine, die mit George Lucas ins Bett stieg.‹ Scherze allererorten. Die einzige Figur bei alldem, die zwischendurch ernst genommen und mit psychologischer Aufmerksamkeit gezeichnet wird, ist Sidney Prescott. Melancholisch und traumatisiert erscheint sie als veritable Nachfolgerin einer Laurie Strode (Jamie Lee Curtis) aus den *Halloween*-Folgen. Erst am Ende siegt der Kitsch.« (R. Suchsland, FRANKFURTER RUNDSCHAU, 23.6.2000) Nichts Neues also an der Splatterfront, sondern allenfalls eine augenzwinkernde Nabelschau jener, die nur aus dem und für das Kino leben.

SCREAM & DIE

(DEARLY DEVOTED/DEVIL IN THE FLESH). USA 1997. **R:** *Steve Cohen.* **B:** *Mike Michaud, Kelly Carlin McCall, Robert H. McCall, Steve Cohen.* **D:** *Rose McGowan (Debbie Strand), Alex McArthur (Peter Rinaldi), Phil Morris (Detective Joe Rosales), Robert Silver (Detective Phil Archer), Peg Shirley (Fiona Long), J. C. Brandy (Janie Magray), Sherrie Rose (Marilyn), Ryan James Bittle (Greg Straffer), Julia Nickson-Soul (Anna Nakashi), Krissy Carlson (Megan Wright), Wendy Robie (Joyce Saunders), Philip Boy (Todd Sauser), Milton James (Monsour), Morgan DiStefano, Aloma Wright. F 88 Min.*

Psychothriller, der unmittelbar nach *Scream* entstand: Nach dem Unfalltod von Mutter und Liebhaber wächst Debbie, ein Einzelkind, bei der sittenstrengen Oma auf. Als die über das lange abendliche Wegbleiben des Mädchens mosert, bringt Debbie erst den Hund, dann Omi um. Nachdem sie einen Schulfreund abgeschlachtet hat, ist ihr Literaturlehrer an der Reihe, den sie beim Sex mit ihrer Freundin erwischt.

THE SECT

(LA SETTA). Italien 1990. **R:** *Michele Soavi.* **B:** *Dario Argento, Michele Soavi, Giovanni Romoli.* **K:** *Raffaele Mertes.* **M:** *Pino Donaggio.* **D:** *Kelly Curtis (Miriam Kreisler), Herbert Lom (Moebius Kelly), Thomas Arana (Damon), Maria Angela Giordana (Katrin), Michel Hans Adatte (Frank Stein), Giovanni Lombardo Radice (Sektierer), Donald O'Brien (Jonathan Ford), Yasmine Ussani (Samantha), Paolo Pranzo (Steven), Dario Casalini (Mark), Erica Sanisi (Sara), Fabio Saccani (Taschendieb), Vincenzo Regina (Pfleger), Carmela Pilato (Sektiererin), Richard Sammel, Ralph Bola Mustapha, Carla Cassola. F 97 Min.*

Frankfurt, Deutschland, Gegenwart: Die adrette Lehrerin Miriam fährt auf der Landstraße einen alten Zausel (Herbert Lom) an und lädt ihn aus Mitgefühl zu sich nach Hause ein, wo er geheimnisvolles Zeug brabbelt und auf rätselhafte Weise abkratzt – nicht jedoch, ohne zuvor eine Kakerlake in ihr Nasenloch krabbeln zu lassen. Bald plagen schaurige Halluzinationen die brave Pädagogin. Ihre Kollegin Katrin verwandelt sich spontan in eine dämonische Parkplatzschlampe und wird von einem Fernfahrer niedergemetzelt, der die Tat ebenso wenig versteht wie der Zuschauer. Seinem Ableben zum Trotz taucht der alte Zausel wieder auf; im Gefolge einige Dutzend Angehörige der Sekte der »Gesichtslosen«, die mit Miriams und der (von H. P. Lovecraft erdachten) Gottheit Shub-Niggurath Hilfe irgendeinen Anti-Christen zeugen wollen. Miriam wird von einem monströsen Vogel gevögelt, bringt innerhalb von Minuten ein Kind zur Welt und wählt mit diesem zusammen den Flammentod (den sie erstaunlicherweise überlebt). – Der Film besteht mehrheitlich aus Ekel-, Schock- und Albtraumszenen, wie man es von einem Argento-Schüler erwarten kann. Aber wie sein Meister ist auch Soavi zu doof, um eine Geschichte mit Hand und Fuß zu erzählen. [V]

SEEDPEOPLE

Anderer Titel für SWAY

SENSELESS

(SENSELESS). USA 1997. **R:** *Penelope Spheeris.* **B:** *Greg Erb, Craig Maizin.* **K:** *Daryn Okada.* **SpE:** *Daniel P. Murphy.* **M:** *Yello.* **D:** *Marlon Wayans (Darryl Witherspoon), David Spade (Scott Thorpe), Matthew Lillard (Tim LaFlour), Tamara Taylor (Janice), Rip Torn (Randall Tyson), Patrick Ewing, Brad Dourif, Richard McGonagle, Esther Scott, Kenya Moore. F 93 Min.*

Unter der Regie von Penelope Spheeris *(Wayne's World)* spielt Komiker Marlon Wayans einen Studenten, der sich zwecks Aufbesserung seines Studiengeldes einem Jekyll & Hyde-Experiment à la Jerry Lewis *(Der verrückte Professor)* zur Verfügung stellt: »Der Held von *Senseless*, ein gewisser Darryl Witherspoon, hat es zwar aufs Elite-College geschafft und ist auch recht gut in seinem Fach Wirtschaftswissenschaften. Doch der farbige Darryl hat kaum Chancen weiterzukommen: weil er aus ärmlichen Verhältnissen stammt. Um seine allein erziehende Mutter und seine zahlreichen Geschwister unterstützen zu können, wird er zum Jobsüchtigen. Nebenbei spendet er noch Blut und Samen beinahe bis zur Bewusstlosigkeit. Als einziger Student stellt er sich auch für einen bizarren Job zur Verfügung. Er wird Testperson für einen verrückten Professor und dessen Wundermittel zur Stärkung der Sinne. Immer wenn er zur Spritze greift, schafft Darryl Meisterleistungen im Studium und in Sachen Liebe. Einer tollen Business-Karriere scheint auf einmal nichts mehr im Wege zu stehen. Chancengleichheit durch Doping! Doch Darryl übertreibt es mit der Droge, und die Nebenwirkungen sind dann fatal: Zuckungen, Irrungen, Sinnenchaos. Darryl droht zum Monster zu werden.« (Hans Schifferle, KÖLNER STADT-ANZEIGER, 5.9. 1998)

SEXUALRAUSCH

(THE TOY BOX). USA 1971. **R:** *Ron Garcia.* **B:** *Ron Garcia.* **K:** *H. P. Edwards.* **M:** *Raoul Kraushaar.* **D:** *Evan Steele (Helfer), Ann Myers (Donna), Neal Bishop (Ralph), Deborah Osborne, Marie Arnold, Lisa Goodman, Steve Moon, T. E. Brown, Ralph Dale, Karen Hutt, Marsha Jordan, Kathie Hilton, Jack King, Patti Mendosa, Nancy Freese, Casey Lerrain. F 72 Min.*

Außerirdischer vom Planeten Arcon (*Perry Rhodan* lässt grüßen!) lebt in einem finsteren irdischen Kastell und lässt sich von Mietlingen Sexualakte vorführen, um die »menschliche Verkommenheit« zu studieren. Anschließend werden die Sexualartisten auf grausame Amt umgebracht. – So war's zumindest in der US-Originalfassung. Die deutsche Version ist ein reiner Sex- und Horrorfilm, in dem ein Kommentator Bezüge zwischen Kapitalismus, Konsumterror und dem Götzen Geld herzustellen versucht. Weia! – »Gewiss gibt es da Zusammenhänge und entsprechende Folgerungen: aber das in solch einem Porno-Unfug?« (Bas., FILMDIENST)

SEXUAL-TERROR DER ENTFESSELTEN VAMPIRE

(LE FRISSON DES VAMPIRES). Frankreich 1970. **R:** *Jean Rollin.* **B:** *Jean Rollin.* **K:** *Jean-Jacques Renon.* **M:** *Groupe A. Cantrus.* **D:** *Sandra Julien (Ise), Jean-Marie Dumant (Antoine), Dominique (Isolde), Michel Delahaye, Jacques Robiolles (Vettern), Marie-Pierre Tricot, Kuélan (Zofen), Nicole Nacel (Isabella). F 79 Min.*

Sexual-Terror der entfesselten Vampire

Ise und Antoine besuchen auf der Hochzeitsreise ein Schloss, das zwei Vettern Ises gehört. Von zwei mysteriösen Zofen erfahren sie, dass die Vettern nicht mehr leben. In der Nacht erhält Ise Besuch von Isolde, der Geliebten ihrer Vettern. Isolde ist ein Vampir. Auf einem nahen Friedhof weiht sie Ise in die Gebräuche der Blutsauger ein. Am nächsten Tag tauchen die beiden totgeglaubten Vettern beim Abendessen auf: Zwei wie exotische Hippies gekleidete Vampire, die endlose Diskussionen über das Dilemma führen, in dem sie zu leben gezwungen sind. Isolde taucht erneut auf und verführt Ise. Antoine, dem die Sache zu unübersichtlich wird, bemüht sich, Ise zum Gehen zu überreden. Ise ist den Vampiren jedoch schon verfallen. Isolde und die Vettern fallen über Antoine her und binden ihn, aber er kann sich befreien und findet seine Frau bei einer vampirischen Zeremonie wieder, in die er unverhofft hineinplatzt. Isolde, die bei Tagesanbruch ihren Sarg nicht mehr erreichen kann, löst sich auf. Die Vettern bringen Ise erneut in ihre Gewalt und bewegen sie zu einer Triole. Als sie vom Tageslicht überrascht werden, verbrennen sie. – Im Gegensatz zum eher mageren Plot der Geschichte (Gleiches gilt für alle frühen Sex-Vampir-Filme Jean Rollins) ist dieser Streifen aufgrund seiner magisch aufgeladenen Atmosphäre und Kameraführung ein Augenschmaus. Die rätselhaften, in ihren durchsichtigen Gewändern sehr sexy wirkenden Zofen und die struppig und kaputt wirkenden Vampire, die altersmäßig kaum zu ihrer poppigen Carnaby Street-Kleidung passen, wirken beeindruckend und lassen einen den Mangel an innerer Logik rasch vergessen. – »In Bezug auf die enorme Vielfalt seiner erotischen Bilderwelt übertrifft sich Rollin [hier] selbst. Insbesondere gelingt es ihm, dem lesbischen Vampir Isolde eine äußerst eindrucksvolle Erscheinung zu verleihen, die in anderen Horrorfilmen nur selten ihresgleichen fand. In der ersten Nacht erscheint sie in Metallketten und Lederstiefeln, um Ise auf dem Friedhof in den Vampirkult einzuführen ... Auf dem blassen Gesicht liegt ständig ein Ausdruck von Gier. Bei ihrem letzten, grandiosen Abgang ist sie derartig ausgehungert, dass sie sich das Blut aus den eigenen Adern saugt – eine treffende, assoziationsreiche Metapher vom sinnlosen Kreislauf der Nahrungsaufnahme und Ausscheidung.« (David Pirie, VAMPIR FILMKULT). – »Rollin liebt kleine Mädchen, die mit riesigen Kerzenleuchtern durch endlose Gänge wandeln. Und er kostet das aus. Seine Filme entbehren der Spannung im Handlungsablauf. Dafür malt er mit der Kamera wahrhaft betörende Gemälde.« (ANDROMEDA)

DIE SEXSKLAVINNEN VON SCHLOSS PORNO

(LA MAIN NOIRE/LA MANO NERA). Frankreich/Italien 1968. **R:** *Max Pécas.* **B:** *Max Pécas.* **K:** *Raymond Le Moigne.* **M:** *Derrv Hall.* **D:** *James Harris (Jack Saunders), Chantal Bonneau (Leonore), Jean Topart (Dr. Bernard), Anny Nelsen (Albane), Jacques Bernard (Louis), Janine Raynaud (Mafalda), Alfred Baillou (Tankwart), Dorothy Thon (Vivian Ray), Chanel (Butler), Pierre Tissot, Colette Regis, Fred Morgan, Martine Brochart. F 75 Min.*

Abartiger Mediziner führt in seinem Schloss mysteriöse Experimente an gekidnappten Jet Set-Schönheiten durch und stirbt schließlich an einem Herzanfall. Ein beherzter Geheimagent lässt den Laden auffliegen und befreit die Gefangenen aus ihren Verliesen. – Sex-Krimi mit Gruseleinschlag: Von »Porno« keine Spur.

SHADOW OF THE VAMPIRE

(SHADOW OF THE VAMPIRE). GB/Luxemburg 2000. **R:** *E. Elias Merhige.* **B:** *Steven Katz.* **K:** *Louis Bogue, Mike Fox.* **Ma:** *Julian Murray, Pauline Fowler.* **M:** *Dan Jones.* **D:** *John Malkovich (Friedrich Wilhelm Murnau), Willem Dafoe (Max Schreck), Cary Elwes (Fritz Arno Wagner), John Aden Gillet (Henrik Galeen), Eddie Izzard (Gustav von Wangenheim), Udo Kier (Albin Grau), Catherine McCormack (Greta Schroeder), Nicholas Elliot (Paul), Ronan Vibert (Muller), Marja Leena Junker, Sacha Ley, Jean Claude Cross, Christophe Chompin, Graham Johnston, Orian Williams, Myriam Mullersophie Langevin. F 95 Min.*

In diesem cineastischen Gruselfilm wird die Vampirgeschichte von *Nosferatu* auf die Dreharbeiten unter F. W. Murnau übertragen. Produzent Nicolas Cage spricht von einem »geheimnisvollen Film«: »*Shadow of the Vampire* ist originell und absolut ohne Kompromisse entstanden ...« – Der Film sei keine sinnliche Version von *Dracula*«, ergänzt John Malkovich, der den deutschen Regisseur Murnau spielt, »aber das ist es, was mir daran gefällt. Hier geht es um Zeit und Verwesung und Korruption. Unser Film ist außerdem viel witziger und hat den Geist der alten Filme.« Und eben das ist es, was Merhiges Produktion über das Mittelmaß neuerer Horrorfilme hebt. Er spielt, dramaturgisch ungeheuer dicht, mit Filmzitaten und stellt sie in einen neuen Zusammenhang. Während der Dreharbeiten in den Karpaten und im Filmstudio Johannisthal wird auch dem Letzten klar, dass Max Schreck seinem Nachnamen alle Ehre macht und sich als echter Vampir entpuppt.

SHADOW HUNTER

(SHADOW HUNTER). USA 1992. **R:** *J. S. Cardone.* **B:** *J. S. Cardone.* **K:** *Michael Cardone.* **M:** *Robert Folk.* **D:** *Scott Glenn (John Cain), Angela Alvarado (Ray Writersinger), Robert Beltran (Frank Tatsoni), George Aguiliar (Daniel Nez), Benjamin Bratt (Twobear). F 92 Min.*

Eine Prostituierte, die einen Geistlichen kastriert hat, erschießt sich vor zwei Kindern, denen ihr Blut ins Gesicht spritzt. Detective Cain klärt auf. Wie bei Film-Cops üblich, wird er von seiner Frau verlassen. Um sich abzulenken, reist er ins Navajo-Reservat, um den inhaftierten indianischen Killer Twobear nach L.A. zu überführen. Doch der Gefangene hat magische Kräfte, inszeniert einen Unfall und entwischt. Cain sucht ihn, unterstützt von indianischen Polizisten und der attraktiven Fährtensucherin/Kriminologin Ray. Twobear lockt das Kommando (vor allem Ray und Cain) in immer neue Fallen. Schließlich ist Ray in einer alten Felsenburg an den Händen aufgehängt; unter ihr wimmeln Giftschlangen. Cain, vom Fieber geschüttelt, wird von Twobear gestellt, der ihm durch einen Biss in der Stirn die Seele stehlen will. Ray befreit sich, die Männer dreschen sich an der Felsenklippe. – Der Film fängt ziemlich rasant an, verkommt aber immer mehr zur bloßen Verfolgungsjagd auf einen angeblich diabolischen Killer, über dessen vergangene Untaten man ebenso wenig erfährt wie über seine übernatürlichen Kräfte. [V]

SHADOWZONE: DIE VAMPIRE VON MANHATTAN

(SHADOW ZONE: THE UNDEAD EXPRESS). USA 1996. **R:** *Stephen Williams.* **B:** *Roy Sallows.*

K: *Curtis Petersen.* **M:** *Reg Powell.* **D:** *Chauncey Leopardi (Zach), Ron Silver (Valentine), Natanya Ross (Gabe), Sherry Miller (Mutter), Ron Lea (Vater), Ron White (Sims), Frank Moore (Harv), Tony T. Johnson (J. T.), Wes Craven (Psychiater). F 95 Min.*
TV-Film. Zach, ein junger Spunt, um den sich niemand kümmert, weswegen er seine Freizeit mit dem Begaffen von Horror-Videos verbringt, erfährt von einem Vampirvolk, das in den New Yorker U-Bahn-Schächten heimisch ist. Deren Chef Valentine frisst gern Ratten, da Menschen ihm zu fetthaltig sind und lässt sich von Zach durch die Großstadt führen. Zachs Freund Gabe möchte die Vampire gern fotografieren, doch dies erweist sich als keine kluge Idee.

SHADOWZONE II – VOODOO IM KLASSENZIMMER

(SHADOWZONE II: MY TEACHER ATE MY HOMEWORK). USA 1997. **R:** *Stephen Williams.* **B:** *Garfield Reeves-Stevens, Judith Reeves-Stevens.* **K:** *Curtis Petersen.* **M:** *John McCarthy.* **D:** *Shelley Duvall, Gregory Smith, Sheila McCarthy, Edwin Hodge, Margot Kidder, Dara Perlmutter. F 92 Min.*
TV-Film. Knabe versucht seine Schulprobleme mittels Voodoo zu lösen. Der Schuss geht, natürlich, nach hinten los ... – Fortsetzung von *Shadow Zone: Die Vampire von Manhattan* (1996).

SHAKKA – BESTIE DER TIEFE

(DEEP BLOOD). Italien/USA 1989. **R:** *Raf Donato [Joe d'Amato].* **B:** *George Nelson Ott.* **K:** *Federico Slonisco [Joe d'Amato].* **M:** *Carlo Maria Cordio.* **D:** *Frank Baroni (Niki), Allen Cort (Allan), Keith Kelsch (Ben), James Camp (Wayne), Tody Bernard (Sheriff), John K. Brune (John), Margaret Hanks (Elizabeth), Van Jensens (Inder), Don Perrin (Barkellner), Claude File (Ozeanograph), Charlie Brill (Bens Vater), Mitzi McCall (Bens Mutter). F 89 Min.*
Drei junge Leute jagen einen mörderischen Hai, der die Strände einer Urlauberinsel unsicher macht.

SHAKMA

(SHAKMA). USA 1990. **R:** *Hugh Parks.* **B:** *Roger Engle.* **K:** *Andrew Bieber.* **Ma:** *Rick Gonzales.* **M:** *David C. Williams.* **D:** *Christopher Atkins (Sam), Amanda Wyss (Tracy), Roddy McDowall (Professor Sorenson), Ari Meyers (Kim), Rob Morris (Gary, Greg Flowers (Richard), Tre Laughlin (Bradley), Ann Kymberlie (Laura), Donna Jarrett (Brenda). F 101 Min.*
Ein Pavian, dem aggressionssteigernde Substanzen verabreicht wurden, entfleucht aus einem Labor und attackiert einen Professor und dessen Studenten, die sich nachts in der Universität aufhalten. Ein Schocker, dessen Drehbuch so jämmerlich ist wie seine Darsteller. AIDT [V]

SHALLOW GRAVE – REISE IN DIE HÖLLE

(SHALLOW GRAVE). USA 1987. **R:** *Richard Styles.* **B:** *George Fernandez, Carolyn Horton.* **K:** *Orson Ochva.* **M:** *Mason Darin.* **D:** *Tony March (Sheriff Dean), Lisa Stahl (Sue Ellen), Tom Law (Deputy Scott), Carol Cadby (Patty), Donna Baltron (Rose), Just Kelly (Cindy), Vince Tumeo (Chad), Gregory Todd Davis (Owen). F 86 Min.*
Geisteskranker frauenmordender Gesetzeshüter entledigt sich nach und nach diverser Zeuginnen seiner Untaten. [V]

SHERLOCK HOLMES: DER VAMPIR VON LAMBERLEY

(THE LAST VAMPYRE/SHERLOCK HOLMES: THE VAMPIRE OF LAMBERLEY). Kanada 1992. **R:** *Tim Sullivan.* **B:** *Jeremy Paul.* **V:** *Erzählung »Der Vampir von Sussex« von A. Conan Doyle* **K:** *David Odd.* **M:** *David Gowers.* **D:** *Jeremy Brett (Sherlock Holmes), Edward Hardwicke (Dr. Watson), Keith Barron (Bob Ferguson), Ray Marsden (John St. Claire Stockton), Yolanda Vasquez (Mrs. Carlotta Ferguson), Maurice Denham (Rev. Augustus Merridew), Richard Dempsey (Jack Ferguson), Juliet Aubrey (Dolores), Jason Hetherington (Michael Mason), Elizabeth Sprigg (Mrs. Mason), Peter Geddis (Gresty). F 96 Min.*
TV-Film. London, Ende des 19. Jahrhunderts: Gerüchten zufolge ist der Großgrundbesitzer Stockton Nachfahre einer vampirischen Sippschaft. Nachdem man mehrere Frauen mit Bisswunden aufgefunden hat, engagiert ein wohlhabender Bürger den Meisterdetektiv Sherlock Holmes, der den »übernatürlichen« Fall als absolut irdisch entlarvt. Teil einer Sherlock Holmes-Serie des kanadischen Fernsehens.

SHERLOCK HOLMES: DAS SPINNENNEST

(SHERLOCK HOLMES AND THE SPIDER WOMAN). USA 1944. **R:** *Roy William Neill.* **B:** *Bertram Millhauser.* **K:** *Charles Van Enger.* **M:** *H. J. Salter.* **D:** *Basil Rathbone (Sherlock Holmes), Nigel Bruce (Dr. Watson), Gale Sondergaard (Andrea*

Sherlock Holmes: Das Spinnennest

Spedding), Dennis Hoey (Inspektor Lestrade), Arthur Hohl (Adam Gilflower), Alec Craig (Radlik), Harry Cording (Fred Gavin), Vernon Downing (Norman Locke), Teddy Infuhr (Larry), Stanley Logan (Colonel), Lydia Bilbrook (Gattin des Colonels), John Roche (Croupier), Donald Stuart (Artie), John Burton (Ansager), Belle Mitchell (Hellseherin). SW 60 Min.

Sherlock Holmes und Dr. Watson klären eine merkwürdige Mordserie auf, bei der eine giftige Spinne (Lycosa carnivora) ihren Opfern per Biss solche Schmerzen bereitet, dass sie Selbstmord begehen. Aber hinter der Spinne steckt eine tückische Frau ...

SHERLOCK HOLMES' GRÖSSTER FALL

(A STUDY IN TERROR). GB 1965. **R:** *James Hill.* **B:** *Donald Ford, Derek Ford.* **K:** *Desmond Dickinson.* **M:** *John Scott.* **D:** *John Neville (Sherlock Holmes), Donald Houston (Dr. Watson), John Fraser (Lord Carfax), Anthony Quayle (Dr. Murray), Barbara Windsor (Annie Chapman), Adrienne Corri (Angela), Frank Finlay (Inspektor Lestrade), Judi Dench (Sally), Peter Carsten (Max Steiner), Charles Regnier (Joseph Beck), Robert Morley (Mycroft Holmes), Cecil Parker (Premierminister), Georgia Brown (Sängerin), Barry Jones (Herzog von Shires), Terry Downs (Chunky), Dudley Foster (Innenminister), John Cairnes (Michael Osborne), Kay Walsh (Cathy Eddowes), Christiane Maybach (Polly Nicholls), Edina Ronay (Mary Kelly), Avis Bunnage (Wirtin), Barbara Lenke (Mrs. Hudson), Patrick Newell (P. C. Benson), Liz Stride (Norma Foster). F 90 Min.*

London, achtziger Jahre des 19. Jahrhunderts: Im Stadtteil Whitechapel gehen Angst und Entsetzen um. Schuld daran ist ein brutaler Prostituiertenmörder, der sich Jack the Ripper nennt. Meisterdetektiv Sherlock Holmes, der an dem Fall arbeitet, erhält anonym ein Paket zugesandt: Es enthält ein chirurgisches Besteck. Ein Skalpell – möglicherweise die Mordwaffe – fehlt. Holmes findet heraus, dass das Besteck Michael Osborne gehört, dem Sohn des Herzogs von Shires. Seit sein Vater ihn enterbt hat, ist er verschwunden. Eine gewisse Angela Osborne, die angeblich im Hause Dr. Murrays in Whitechapel wohnt, hat das Besteck versetzt. Murray bestreitet, eine Frau dieses Namens zu kennen, doch als Holmes Murrays Angestellte Sally verfolgt, gerät er ins Haus von Lord Carfax, der sich als Bruder Michael Osbornes entpuppt. Der Lord erklärt auf Befragen, Angela, die Gattin seines Bruders, sei Prostituierte gewesen: Er habe, um die Ehre der Familie zu retten, an den Kneipenwirt Steiner Schweigegeld zahlen müssen. Als erneut zwei Prostituierte ermordet werden, kann Holmes den Täter bis zum Haus Dr. Murrays verfolgen. In die Enge getrieben, gibt Murray zu, Michael Osborne sei ein harmloser Idiot, den er in seiner Praxis beschäftige: Er habe Angela mit ihrem Liebhaber erwischt und ihr versehentlich eine Flasche mit Säure über den Kopf geschlagen. Holmes erkennt, dass Steiner Angelas Geliebter ist; da sie mit ihrem entsetzlich entstellten Gesicht nicht mehr auf die Straße gehen kann, lässt sie Lord Carfax durch Steiner erpressen. Als Holmes genug weiß, lauert er Angela in ihrem Zimmer in Steiners Kneipe auf.

Sherlock Holmes' größter Fall

Dann erscheint der unheimliche Frauenmörder, dessen scheinbar sinnlose Taten ausschließlich auf Angela gemünzt waren, um endgültig Rache zu nehmen. Als Holmes mit ihm ringt, stößt er eine Lampe um. Das Haus geht in Flammen auf: Angela, Steiner und Jack the Ripper kommen um.

SHERLOCK HOLMES: GESPENSTER IM SCHLOSS

Anderer Titel für SHERLOCK HOLMES SIEHT DEM TOD INS GESICHT

SHERLOCK HOLMES – SEIN GRÖSSTER FALL

Anderer Titel für SHERLOCK HOLMES' GRÖSSTER FALL

SHERLOCK HOLMES SIEHT DEM TOD INS GESICHT

(SHERLOCK HOLMES FACES DEATH). USA 1943. **R:** *Roy William Neill.* **B:** *Bertram Millhauser.* **K:** *Charles Van Enger.* **M:** *H. J. Salter.* **D:** *Basil Rathbone (Sherlock Holmes), Nigel Bruce (Dr. Watson), Frederic Worlock (Geoffrey Musgrave), Milburn Stone (Captain Vickery), Gavin Muir (Philip Musgrave), Halliwell Hobbes (Brunton), Olaf Hytten (Captain MacIntosh), Mary Gordon (Mrs. Hudson), Peter Lawford (Matrose), Vernon Downing (Lt. Clavering), Harold De Becker (Kneipier), Heather Wilde (Jenny), Norma Varden (Grace), Ian Wolfe, Holmes Herbert, Gerald Phillips. SW 65 Min.*

»Düster wallt die Nacht, das Moor zischt, die Nebel steigen, die Treppe knarrt, Jahrmarktsfiguren grinsen, schaurig bimmelt das Glöckchen zu ungewohnter Stunde, und im Gasthof hockt ein Panoptikum skurriler Gestalten: Wir befinden uns ganz ersichtlich im stromsparenden Milieu des Gruselkriminalfilms.« (FILMBEOBACHTER) – Fürwahr! Meisterdetektiv Sherlock Holmes und Dr. Watson, sein getreuer Freund, werden nach Musgrave Manor gerufen, dessen Hausherr (wer's glaubt, wird selig) von einem Gespenst um die Ecke gebracht wurde. Das behauptet zumindest Philip Musgrave, der Bruder des Verblichenen. Dass er selbst (und auch der Butler Brunton) kurz darauf das Zeitliche segnen, macht den Fall nicht unkomplizierter. Holmes begibt sich ins Schlossgewölbe hinab, wo sich um Mitternacht Merkwürdiges tut ... Der Film ist nicht ohne Humor, und natürlich klärt der weltbekannte Detektiv den Fall mit der kühlen Logik und dem brillanten Sachverstand, der einem Weltmann zu Eigen ist.

SHINING

(THE SHINING). GB 1979. **R:** *Stanley Kubrick.* **B:** *Stanley Kubrick, Diane Johnson.* **V:** *»Shining« von Stephen King.* **K:** *John Alcott.* **M:** *Béla Bartok, Krzysztof Penderecki, Gyorgy Ligeti, Wendy Carlos, Rachel Elkind.* **D:** *Jack Nicholson (Jack Torrance), Shelley Duvall (Wendy Torrance), Danny Lloyd (Danny Torrance), Scatman Crothers (Halloran), Barry Nelson (Ullman), Philip Stone (Grady), Joe Turkel (Lloyd), Anne Jackson (Ärztin), Tony Burton (Durkin), Barry Dennen (Watson), Lia Beldam (Frau in der Badewanne), Billie Gibson (Alte Frau), David Baxt, Manning Redwood (Forstaufseher), Lisa Burns, Louise Burns (Gradys Töchter), Robin Pappas (Schwester), Alison Coleridge (Sekretärin), Burnell Tucker (Polizist), Jana Sheldon (Stewardess), Kate Phelps (Empfangsdame), Norman Gay (Verletzter Gast). F 119 Min.*

Aufnahmen aus einem Hubschrauber: Flach jagt er über die glatte Fläche eines Bergsees, überfliegt eine kleine Insel, fliegt an Abgründen vorbei, verfolgt einen Volkswagen auf seiner Fahrt durch die herbstliche Bergwelt Colorados, erreicht das Ziel der Reise: das Overlook Hotel in den Rocky Mountains, eine riesige Nobelherberge der Jahrhundertwende. Im Winter steht das Monstrum leer, eingeschneit und abgeschnitten von der Außenwelt. Für die notwendigen Wartungsarbeiten wird alljährlich ein Hausmeister engagiert. Jack Torrance, ein Mann um die vierzig, sicheres, freundliches Auftreten, bewirbt sich um den Job; er sucht die Ruhe, um ein Buch zu schreiben. Dezent macht ihn der Manager auf einen Vorfall im letzten Winter aufmerksam: Der damalige Hausmeister habe die Einsamkeit nicht ertragen und seine Töchter, seine Frau und sich selbst umgebracht. Jack hält sich und seine Familie für psychisch stabil. – Am letzten Tag der Saison, als Jack, seine Frau Wendy und sein Sohn Danny (6) das Hotel besichtigen, entdeckt der schwarze Koch, dass Danny (wie er selbst) über eine Gabe verfügt, die er »Shining« nennt: das »Zweite Gesicht«, die Fähigkeit zur außersinnlichen Wahrnehmung. Danny kann Gedanken lesen und übertragen, er wird von Visionen heimgesucht, von denen er nicht weiß, ob sie sich auf Vergangenes oder Zukünftiges beziehen. Danny hat einen Begleiter namens Tony »in sich«, der mit ihm, aus ihm, mit verfremdeter Stimme spricht. Verwaltung und Dienstpersonal verlassen das Hotel. Danny kann mit seinem Dreirad durch die menschenleeren, langen Flure brausen. Gelegentlich trifft er kleine blonde Zwillingsmädchen. Es dauert nicht lange, da liegen diese in ihrem Blut. Andere blutige Szenen: Die Aufzugtüren öffnen sich, ein nicht enden wollender roter Strom reißt Möbel mit, überschwemmt Korridor und Kamera. Das geheimnisvolle Zimmer 237: Woher stammen die Würgemale, als Danny das Zimmer verlässt? Jack will nach dem Rechten sehen. Er begegnet einer schönen Nackten, die sich in ein halb verwestes Etwas verwandelt. Jack flüchtet sich in Jähzorn, Zynismus und Psychoterror. Die Grenzen zwischen Realität und Albtraum sind verschwommen, für die Beteiligten und Zuschauer nicht mehr eindeutig zu bestimmen. Wendy, die einzige »Normale«, sieht sich hilflos dem Gespensterreigen ausgeliefert und reagiert mit zunehmender Panik.

»Kubrick legt viele falsche Fährten aus, und hinter jedem Schrecken lauert ein weiterer, noch maßloserer ... Der wirkliche Horror spielt sich in den Köpfen der Figuren ab. Im furchtbarsten Moment des Films fließt kein Blut ... zersplittert keine Tür unter den Schlägen einer Axt. Im furchtbarsten Moment des Films entdeckt Wendy, dass ihr Mann monatelang nur einen einzigen kindischen Satz auf der Maschine getippt hat, in endlosen typographischen Variationen: *All work and no play makes Jack a dull boy*[8]. Hunderte von Blättern sind mit diesen Wörtern gefüllt: Chiffren der Auflösung.« (Hans-Christoph Blumenberg, DIE ZEIT) Der *dull boy* sitzt derweil an der Hotelbar, führt in einer imaginären vollbesetzten Barlandschaft imaginäre Gespräche mit Barkeeper und Kellner. Der rät ihm, Danny zur Raison zu bringen, weil er Kontakt zur Außenwelt geknüpft habe. Der Rest ist nackter Terror! Jack geht auf Wendy los, die ihn in ihrer Verzweiflung mit dem Baseballschläger niederhaut und den Bewusstlosen in eine Vorratskammer zerrt, die sie von außen verriegelt. Später befreit sich Jack, wütet mit einer Axt; diabolisches Grinsen, der tierische Schrei »Heeere Comes Johnny«; Wendys Messerattacke gegen Jacks Hand. Ein Schneemobil nähert sich dem Hotel. Der Koch, von Danny »herbeigerufen«, läuft in die Empfangshalle. Jack rammt ihm die Axt in die Brust. Danny verlässt sein Versteck und rennt aus dem Hotel in das Labyrinth, das den Gästen des Hauses im Sommer als Wandelgarten dient. Jack schaltet die Tiefstrahler ein und folgt Dannys Fußspuren im Schnee. Im Irrgarten geht Danny ein Stück in den eigenen Fußspuren zurück, versteckt sich mit einem Sprung in einem Nebengang, so dass Jack in die Irre geht. Der eigenen Spur folgend, läuft Danny aus dem Labyrinth. Zusammen mit Wendy besteigt er das Schneemobil. Nach mehreren Startversuchen springt es endlich an. Sie fahren davon. Jack hört im Labyrinth die Geräusche des Motors. Er hat die Orientierung verloren. Jack schreit. Die Kälte tut ein Übriges. Jack sitzt, die Axt in den Armen, mit gebleckten Zähnen und verdrehten Augen erfroren im Schnee. Langsam fährt der Blick unter den Klängen eines Foxtrotts mit Partygemurmel durch den Korridor des verlassenen Hotels. An der Wand vor dem Ballsaal hängen Fotografien. Auf einer ist inmitten einer festlichen Gesellschaft der strahlend junge Jack Torrance zu sehen. Bildunterschrift: Overlook Hotel, Ball 4. Juli 1921. – Im Gegensatz zur Romanvorlage, in der Stephen King mehr als die Hälfte des Buches verwendet, um den Leser langsam auf den Horror vorzubereiten, setzt Kubrick andere Schwerpunkte und deutet schon nach fünf Minuten an, dass sich eine Katastrophe größeren Ausmaßes anbahnt. Zu den Abweichungen des Films äußerte sich Kubrick in einem CINEMA-Interview: »Ich hatte mich bereits sehr früh dazu entschlossen, das Ende der Geschichte zu verändern. Im Buch brennt das große Hotel zum Schluss einfach ab. Das erschien mir zu konventionell ... Wir waren zu dem Ergebnis gekommen, dass die Filmversion ein raffinierteres Ende mit einem visuellen Effekt haben sollte. So sind wir auf die Idee gekommen, dass Jack Torrance sich im verschneiten Irrgarten verläuft ... Im Buch gibt es viele wundervoll spannende Szenen, wie etwa die Bäume in dem natürlichen Irrgarten, die in Formen von großen Tieren zurechtgestutzt sind. Durch die Windbewegungen locken sie ihre Opfer an. Das habe ich aber aus der Geschichte gestrichen, weil es auf der Leinwand nur wie ein billiger Effekt ausgesehen hätte. In meinem Film gibt es keine sich von selbst öffnenden, knar-

[8] *In der deutschen Fassung: »Was du heute kannst besorgen, das verschiebe nicht auf morgen.«*

renden Türen, keine Gerippe, die aus Schränken fallen ... keine überlangen Schatten oder andere melodramatische Horroreffekte. Der Film erzählt ganz einfach die Geschichte einer Familie, die langsam in den Wahnsinn treibt.«

Die amerikanischen Kritiken waren so katastrophal, dass es zum absoluten Fehlstart des Films kam (mittlerweile erwies sich der Film in den USA als kassenträchtigster Kubrick-Film überhaupt). Daraufhin kürzte Kubrick den Film für den europäischen Einsatz um 26 Minuten. Dieser gewaltige Eingriff führte zwar zu einer wesentlichen Straffung der Erzählmasse, gleichzeitig aber auch zu Ungereimtheiten. Trotzdem feierte ein Großteil der deutschen Filmkritik *Shining* mit griffigen Worten: »Der endgültige Horrorfilm« (SPIEGEL); »Klassischer Horror in moderner Umgebung« (Rolf Thissen, FILMBEOBACHTER); »Symphonie des Grauens« (Hans-Christoph Blumenberg, DIE ZEIT) Dass es auch andere Stimmen mit durchaus einleuchtenden Argumenten gab, beweist Hans Gerhold (FILMDIENST): »Kubricks Ausflug ins Horrorgenre ist keineswegs das ›horror movie to end all horror movies‹ geworden, sondern eine von einem formalen Elefanten geborene inhaltliche Maus ... Die in diesem Inhalt manifesten Motive – das ›old dark house‹, das zweite Gesicht, der Prozess des Wahnsinnigwerdens und Situationen von Klaustrophobie – sind in *Shining* plakativ und ohne rechte Entwicklung nebeneinander gestellt ... Die Musik ersetzt bei ihm die unheimliche Situation und soll den Greuel erzeugen, der in den Bildern trotz aller Schock-Elemente nicht vorhanden ist. So hängt sein Film über weite Strecken durch und ist weder eine Studie des Wahnsinns noch eine konsequent durchgehaltene Vision des zweiten Gesichts ... und erst im Finale kommt so etwas wie dann aber kaum mehr berührende Spannung auf ... Diese Irrgarten-Sequenzen, die als Seelenlabyrinth zu bezeichnen zu viel Ehre für *Shining* wäre, sind denn auch das Beste an Kubricks bombastischer Inszenierung, deren künstlerischer Ego-Trip noch lange keine überzeugende Reise durch das Land des Schreckens und des Wahnsinns ausmacht.« Unumstritten bleibt die schauspielerische Leistung: das überzeugende Spiel des Kindes (Danny Lloyd), die trefflich besetzte Mutter (Shelley Duvall) und ein hoffnungslos überschätzter Jack Nicholson, der mit seiner grinsenden Visage den Bogen nicht nur einmal überspannt.

SHOCK CORRIDOR

(SHOCK CORRIDOR). USA 1963. **R:** *Samuel Fuller.* **B:** *Samuel Fuller.* **St:** *Samuel Fuller.* **K:** *Stanley Cortez, Samuel Fuller.* **SpE:** *Charles Duncan, Lynn Dunne.* **M:** *Paul Dunlap.* **D:** *Peter Breck (Johnny Barrett), Constance Towers (Cathy), Gene Evans (Boden), James Best (Stuart), Hari Rhodes (Trent), Larry Tucker (Pagliacci), William Zuckert (Swanee), Philip Ahn (Dr. Fong), Meyle Morrow (Psycho), John Mathews (Dr. Cristo), Chuck Robertson (Wilkes), John Craig (Lloyd), Frankie Gerstle (Polizist), Paul Dubov (Dr. Menkin), Rachel Romen (Nymphomanin), Linda Rudolph (Tanzlehrerin). SW 101 Min.*

Johnny Barrett ist ein ehrgeiziger Kriminalreporter und scharf auf den Pulitzer-Preis. Da er ihn mit einer Sensationsstory erringen will, schmiedet er mit seiner Freundin Cathy und einem Mediziner einen Plan: Er soll den Eindruck erwecken, er giere sexuell nach seiner »Schwester« (Cathy) und wolle sich deswegen freiwillig

Shining (Jack Nicholson)

in psychiatrische Behandlung begeben. Tatsächlich will er in einer Nervenklinik den Mord an einem Patienten aufklären. Der Plan gelingt. Johnny freundet sich mit den Tatzeugen an; drei Patienten, die nur selten klare Momente haben, weswegen man auch nichts aus ihnen hat herausholen können. Der Ex-GI Stuart (von Freunden und Verwandten geächtet, weil er im Korea-Krieg zu den Kommunisten übergelaufen ist) glaubt ein General des Sezessionskrieges zu sein. Trent, der an den Gemeinheiten der Weißen irre geworden ist, weil sie ihm als einzigem Schwarzen auf der Universität übel mitgespielt haben, hält sich für den Chef des Ku-Klux-Klan und hetzt gegen Menschen seiner eigenen Hautfarbe. Der Atomphysiker Boden hat sich nach der Erkenntnis, wozu seine Arbeit dient, zu einem Sechsjährigen zurückentwickelt, um für nichts mehr verantwortlich zu sein. Nachdem Johnny endlich weiß, wer der Täter ist (ein Angestellter, der befürchtet, man würde seine sexuellen Beziehungen zu diversen Insassinnen verraten), ist er auch schon psychisch am Ende. Seine Verstellmethode und die Behandlung, der man ihn untergezogen hat, haben im Verein mit seinen schrecklichen Erlebnissen ein nervliches Wrack aus ihm gemacht, das an schrecklichen Halluzinationen leidet: Er endet als schizophrener Katatoniker, der seine Umwelt nicht mehr wahrnimmt. – *Shock Corridor* ist natürlich *kein* Horrorfilm der einschlägigen Art, und es hat Samuel Fuller mit diesem Film nichts ferner gelegen, als einen Beitrag zum phantastischen Genre zu liefern. Es handelt sich hier vielmehr um eine Parabel über das moderne Amerika und die drei großen Traumata, mit denen die amerikanische Nation fertig werden muss: der Bigotterie der (hauptsächlich im Süden beheimateten) Spießer; dem Rassenhass und den Folgen der ersten Atombombenabwürfe. Die schockierendsten Momente des Films sind jene, die Johnnys immer intensiver werdende Halluzinationen zeigen: »Der entscheidende Augenblick, in dem seine persönliche Albtraumwelt sich mit der der Nervenklinik vermischt, kommt in einer treffenden Sequenz zum Ausdruck, in der ein heftiger Sturm den Korridor des Krankenhauses zu durchrasen scheint; jetzt ist der verzweifelte Johnny plötzlich allein und verlassen, vom Regen durchtränkt und dem Blitz ausgesetzt. Fullers Stil ist hier expressionistisch, mit harten Licht- und Tonkontrasten.« (FILMS AND FILMING)

SHOCKER

(SHOCKER). USA 1989. **R:** *Wes Craven.* **B:** *Wes Craven.* **K:** *Jacques Haitkin.* **SpE:** *Bob Phillips, Special Effect Services, Larry Fiorrito.* **M:** *William Goldstein.* **D:** *Mitch Pileggi (Horace Pinker), Peter Berg (Jonathan Parker), Virginia Morris (Diane), Emily Samuel (Sally), Michael Murphy (Lt. Don Parker), Camille Cooper (Alison), Heather Langenkamp (Opfer), Richard Brooks (Rhino), Sam Scarber (Cooper), Theodore Raimi (Pac Man), Timothy Leary (TV-Prediger), Christopher Keyes (Bruno), Peter Tilden, Bingham Ray, Eugene Chadbourne, John Tesh, Wes Craven. F 105 Min.*

Als der Fernsehtechniker und Massenmörder Horace Pinker aufgrund der Visionen des jungen Jonathan gefasst und hingerichtet wird, fährt seine rabenschwarze Seele in Fernsehapparate ein und befähigt ihn zur Übernahme fremder Körper. – Nachdem Cravens Einfluss auf die erfolgreiche und blutige Horrorfilmserie *Nightmare on Elm Street* endete, entwickelte er eine neue Figur, von der er annahm, sie habe ein vergleichbares Potential. Aber die Leute

Shock Corridor

fressen zum Glück nicht alles. »Teuer aufgemöbelter Schwachsinn für das Kinocenter.« (FISCHER FILM ALMANACH 1991)

SHOCKING FEAR

(LURKING FEAR). USA 1994. **R:** *C. Courtney Joyner.* **B:** *C. Courtney Joyner.* **V:** *»Die lauernde Furcht« von H. P. Lovecraft.* **K:** *Adolfo Bartoli.* **SpE:** *Alchemy FX, Michael S. Deak* **M:** *Jim Manzie.* **D:** *Jon Finch (Bennett), Blake Bailey (John Martense), Ashley Lauren (Cathryn Farrell), Jeffrey Combs (Dr. Haggis), Paul Mantee (Poole), Allison Mackie (Mrs. Marlowe), Vincent Schiavillo (Specs Knaggs). F 79 Min.*

Mehrere Menschen begegnen einander auf dem Gelände einer alten Kirche, in deren Umgebung seit Jahren bestialische Untote wirken. Während Cathryn, die ihre Schwester und deren Kind durch eine Mordattacke der Schreckensgestalten verloren hat, nach Rache dürstet, sucht der aus der Haft entlassene John einen Schatz, den sein Vater ausgerechnet dort vergraben hat, wo die Bestien wandeln. Die Geschichte eskaliert, als ein Gangstertrio auftaucht. Am Ende werden Cathryn und John ins unterirdische Reich der Bösen verschleppt, wo sie eine schaurige Überraschung erleben. Ein B-Film nach Motiven von H. P. Lovecraft, dem man eine bessere Besetzung, einen besseren Regisseur, fachkundigere Trickspezialisten und ein besseres Drehbuch gewünscht hätte. [V]

SHOCKING HEAVY METAL

(BLOOD TRACKS). Schweden 1985. **R:** *Mats Olsson.* **B:** *Mats Olsson, Anna Wolf.* **K:** *Hans von Dittmer.* **M:** *Dag Unenge.* **D:** *Jeff Harding (John), Naomi Kaneda (Suzie), Michael Fitzpatrick (Bob), Brad Powell (Toningenieur), Peter Merrill (Nick), Harriet Robinson (Carrie), Tina Shaw (Sarah), Frances Kelly (Louise), Karina Lee (Mary), Helena Jacks (Linda). F 86 Min.*

Die Rock-Band »Easy Action« lässt sich in einer Berghütte nieder, um einen Videoclip zu drehen. Doch die armen Hunde haben ja keine Ahnung, was ihnen bevorsteht!!! Zuerst versperrt ihnen eine Lawine den Rückweg!!! (Was wichtig ist, da sie dem Grauen nun nicht mehr entwischen können). Dann passieren ihnen und ihren aufgeblasenen Freundinnen schauerliche Dinge!!! Denn: Vierzig Jahre zuvor, als die Eltern unserer Stars noch mit der Trommel um den Weihnachtsbaum gelaufen sind, hat eine böse, böse Frau ihren Mann gekillt und ist mit ihrer Brut in ebendiese Gegend geflüchtet!!! Und da die Supermärkte weit vom Schuss sind, müssen sie von *Menschenfleisch* leben!!! Entsetztes Schwermetall, indeed! AIDT

SHRIEKER – DIE FRATZE DES TODES

(SHRIEKER). USA 1997. **R:** *Victoria Sloan [David DeCoteau].* **B:** *Benjamin Carr.* **K:** *Brad Rushing.* **SpE:** *Mark Williams, Digital Armageddon.* **M:** *Jeff Walton.* **D:** *Tanya Dempsey (Clark), Jamie Gannon (Zack), Parry Allen (David), Alison Cuffe (Tanya), Rick Buono (Böser Mann), Chris Boyd, Roger Crowe. F 79 Min.*

Studentengruppe, die in einem verfallenen Hospital logiert, öffnet einem schreienden Serienmörder, der hier 1940 sein Unwesen getrieben hat, das Tor zu weiteren Untaten. Okkulte Computerhackereien und jede Menge Morphingeffekte. Das Ganze soll Full Moons Antwort auf *Scream* sein. [V]

SHRUNKEN HEADS

(SHRUNKEN HEADS). USA 1994. **R:** *Richard Elfman.* **B:** *Matthew Bright.* **St:** *Charles Band.* **K:** *Stephen McNutt.* **SpE:** *Alchemyfx.* **M:** *Albert Band.* **D:** *Julius Harris (Sumatra), Meg Foster (Big Moe), Aeryk Egan (Tommy Larson), Becky Herbst (Sally), A. J. Damato (Vinnie), Bo Sharon (Bill Tuner), Darris Love (Freddie Thompson), Bodhi Elfman (Booger Martin). F 82 Min.*

Shocking Fear

Voodoo-Magier (im Hauptberuf Zeitschriftenhändler) belebt die Köpfe debiler Jugendlicher, die von brutalen Schlägern getötet wurden und verleiht ihnen die Fähigkeit des Fliegens, damit sie sich an ihren Peinigern rächen können. Ein lächerlicher Rächer-Schmarren. AIDT [V]

SIE TÖTETE IN EKSTASE

(MRS. HYDE). BRD/Spanien 1970. **R:** *Frank Hollmann [Jess Franco].* **B:** *Jess Franco.* **K:** *Manuel Merino.* **M:** *Manfred Hübler, Siegfried Schwab, Bruno Nicolai.* **D:** *Susann Korda (Mrs. Johnson), Fred Williams (Dr. Johnson), Paul Muller (Dr. Franklin Houston), Howard Vernon (Professor Jonathan Walker), Ewa Stroemberg (Dr. Crawford), Jess Franco (Dr. Donen), Horst Tappert (Inspektor). F 77 Min.*

Nachdem der wie ein Dressman wirkende Dr. Johnson aufgrund illegaler genetischer Experimente von einem Medizinerausschuss als Scharlatan und Gotteslästerer (!) bezeichnet und mit Berufsverbot belegt worden ist, dreht er durch und nimmt sich mit einem Rasiermesser das Leben. Seine Gattin beschließt, sich an den Ärzten zu rächen. Dem masochistisch veranlagten Professor Walker nähert sie sich als Prostituierte und schlitzt ihm die Kehle auf. Die lesbische Dr. Crawford verführt sie, um sie anschließend mit einem Plastikkissen zu ersticken. Dr. Houston, dem sie wie ein Racheengel erscheint, kriegt sie ebenfalls ins Bett, doch als er ihr das Höschen auszieht, ersticht sie ihn mit einer Schere und schneidet ihm den Schwanz ab. Den Medicus Donen verschleppt sie, nachdem sie seine Frau ermordet hat, und foltert ihn genüsslich mit einem Messer. Am Ende rast sie, inzwischen selbst von Sinnen, mit der Leiche ihres Mannes im Wagen in einen Abgrund. Inspektor Tappert kann nur noch feststellen, dass sie eigentlich eine »ganz normale« Frau war. Hätte man ihrem Gatten nicht so übel mitgespielt ... – Johnsons Experimente mit menschlichen Embryos, denen er tierische Gene spritzt, um sie »widerstandsfähiger« gegen Krebs und andere böse Krankheiten zu machen, sind ebenso lächerlich wie sein Ausrasten über das vernichtende Urteil seiner Kollegen: Hätte er, wäre er wirklich Herr seiner Sinne gewesen, etwas anderes erwarten können? Wie Horst Tappert durch die fade Handlung stolpert, ist kaum zu fassen; er hat in seinen vier Szenen kaum mehr als eine Statistenrolle, die die Handlung aber auch nicht weiterbringt. Susann Korda ist in ihren Kampfanzügen ein netter Anblick. Dass sie sich aufkratzt, um ihre Opfer zu locken, ist verständlich, doch dass sie den armen Donen in Dessous foltert, ist ebenso ein logischer Schnitzer wie der unmotivierte Mord an seiner Frau. Der Film hat nur eine annehmbare Szene: Als deutlich wird, dass Mrs. Johnson den Verstand verliert, wirkt auch die Musik (ansonsten eine echte Katastrophe). Von allen Filmen Francos ist dieser der dialogreichste. Die Story weist darüber hinaus große Ähnlichkeit mit dem SF-Film *Das Geheimnis des Dr. Z* auf (Frankreich/Spanien 1965; Regie: Jess Franco).

DIE 7 GOLDENEN VAMPIRE

(THE LEGEND OF THE SEVEN GOLDEN VAMPIRES). GB/Hongkong 1974. **R:** *Roy Ward Baker.* **B:** *Don Houghton.* **K:** *John Wilcox, Roy Ford.* **M:** *James Bernard.* **D:** *Peter Cushing (Professor Van Helsing), David Chiang (Hsi Ching), Julie Ege (Vanessa Buren), Robin Stewart (Leyland Van Helsing), Shih Szu (Mai Kwei), John Forbes-Robertson (Dracula), Robert Hanna (Britischer Konsul), Chen Shen (Kah), James Ma (Hsi Ta), Liu Chia Young (Hsi*

Sie tötete in Ekstase

Die 7 goldenen Vampire

Kwei), Ken Ko An (Hsi Sung), Chen Tien Loong (Hsi San), Wong Han Chan (Leugn Hon). F 88 Min.
Tschungking, China, an der Wende zum 20. Jahrhundert: Professor Van Helsing hält einen Vortrag über Vampirismus, der jedoch bei seinen chinesischen Zuhörern nicht ankommt. Alle außer Herrn Hsi Ching halten ihn für einen europäischen Spinner. Es erweist sich jedoch, dass auch im Reich der Mitte Blutsauger ihr Unwesen treiben – im Heimatdorf Hsi Chings, der sofort den Plan entwickelt, selbiges mit Van Helsings Hilfe zu befreien. Tja, und das tut er dann auch, obwohl ihr Anführer der legendäre (und an sich schon längst im Reich den Untoten weilende) Graf Dracula ist. – Dieser Vampir-Heuler war der letzte Versuch der britischen Hammer-Produktion, ihre Horrorfilm-Tradition mit anderen Mitteln und fremdem Geld fortzusetzen: Hongkongs Karateschläger-Filme entpuppten sich nämlich gerade als Dauerbrenner, und da hoffte man, ein bisschen absahnen zu können. Das Rezept ging jedoch nicht auf, denn das Resultat ist weder Fisch noch Fleisch: »Außer einer gut gemachten Sequenz, in der David Chiang und ein lüsterner weiblicher Vampir vom gleichen Pflock gepfählt werden, sind die Kampfszenen zwischen den chinesischen Dorfbewohnern und den struppigen westlichen Vampiren weder Kung Fu noch überzeugend. Nicht einmal Peter Cushing in seiner üblichen Rolle als Van Helsing konnte die Kluft zwischen Hammer und Hongkong überbrücken. Irgendwo östlich von Malaya ... vergeht Dracula beim Sonnenaufgang. Für Hammer jedoch ging die Sonne unter.« (Allen Eyles/Robert Adkinson/Nicholas Fry, THE HOUSE OF HORROR)

SIEBEN JUNGFRAUEN FÜR DEN TEUFEL

(NUDE ... SI MUORE). Italien 1967. **R:** *Anthony Dawson [Antonio Margheriti].* **B:** *Giovanni Simonelli, Antonio Margheriti, Franco Bottari, Mario Bava.* **K:** *Fausto Zuccoli.* **M:** *Carlo Savina.* **D:** *Mark Damon (Riccardo), Eleonora Brown (Lucille), Michael Rennie (Inspektor Durand), Sally Smith (Jill), Patrizia Valturri (Denise), Ludmilla Lvova (Mrs. Clay), Alan Collins (Laforet), Franco Derosa, Vivienne Stapleton, Esther Masing, Aldo de Carellis, John Hawkwood, Valentino Macchi, Umberto Papiri, Kathleen Parker, Lorenza Guerreri, Malisa Longo, Paola Natale, Sylvia D'Ovidio. F 98 Min.*
Massenmord im (klar: einsam und finster gelegenen) Mädchenpensionat. Mit ein bisschen Sex garniert. Die Aktivitäten der Teenager sind so albern, dass man glauben möchte, sie hätten den Tod verdient. Der Gärtner ist ein Voyeur; der Teufel entpuppt sich als Psychopath.

SIEBEN MONDE – DAS BÖSE SCHLÄFT NIE

BRD 1996. **R:** *Peter Fratzscher.* **B:** *Nils-Morten Osburg.* **K:** *Thomas Merker.* **M:** *Ali N. Askin.* **D:** *Jan Josef Liefers (Thomas Krämer), Ulrich Mühe (Hans Eschbach), Marie Bäumer (Alexandra), Christoph Waltz (Hauptkommissar Becker), Peter Lohmeyer (Hauptkommissar Graf), Burkhard Driest (Chefbulle), Andreas Hoppe (Nachbar), Tilly Lauenstein, Horst Krause, Michael Gwisdek (Verleger). F 96 Min.*

Die 7 goldenen Vampire

Thomas Krömer, der tragikomische Protagonist, Sohn eines bekannten Schriftstellers (auch das noch!), hält sich über Wasser, indem er Dialogbücher für billige finnische Porno- und Horrorvideos übersetzt und als Simultandolmetscher jobbt. Nebenbei arbeitet er aber auch an einem richtigen Roman, der »Eiskalt« heißen soll. Eines Nachts rammt Thomas auf der Straße ein Tier und wird, als er aussteigt, angefallen und gebissen. Von nun an ist Krömer seiner selbst nicht mehr sicher und hat den Verdacht, dass er nächtens als Werwolf umgeht. – »Regisseur Peter Fratzscher hat viel und gut im Fernsehen gearbeitet. Das merkt man, denn er rollt seine schräge Geschichte mit der Gelassenheit des Profis auf, der nichts mehr beweisen muss. Minutiös seziert er die gruseligen Höhepunkte des Films.« (Angela Schmitt-Gläser, FRANKFURTER RUNDSCHAU, 28.5.1998) – »Der Film von Peter Fratzscher kommt wie eine Art Selbstversuch daher. Als würde das deutsche Kino sich vor eine Kamera setzen und schauen, was passiert, wenn der Zeiger der Uhr die Stunde des Wolfs erreicht, Punkt Mitternacht. Dann aber kippt der Kandidat aus dem Bild und alles ist erst mal ungewiss und missverständlich. Lang dauert es jedenfalls, bevor für das Film-Rumpelstilzchen das erlösende Wort fällt und das Hänsel-und-Gretel-Paar ins Happyend entlassen wird. Man merkt dem Film die Herkunft aus der Literatenstube – Krömers Freundin (Marie Bäumer) ist Buchhändlerin, eine aussterbende Spezies – und aus dem Märchenwald an. Die Grimmlastigkeit tut dem Genre nicht gut, auf dem Seiltanz zwischen Komik und Horror. Der Gegenspieler ist ein Lektor – ein schwacher Ersatz für den Archetyp des neuen Horrorkinos, Hannibal Lecter. Aber ein echtes Genrekino hat es halt nie gegeben bei uns und deshalb haben die deutschen Filmemacher ein Genrebewusstsein nie herausbilden können, für sich und beim Publikum – in den deutschen Städten nicht, aber auch nicht, siehe Emmerich, in Diensten der US-Traumfabrik.« (Fritz Göttler, SÜDDEUTSCHE ZEITUNG, 25.5.1998) – (Klammheimlich stellen wir fest, dass Herr Göttler selbst ganz gern Dienst in der US-Traumfabrik täte) – »Die Aufklärung der Morde erschließt sich Kommissar Graf zuletzt über Grimms Märchen. Allerdings erschöpfen sich die Parallelen zur Märchenwelt weitgehend in den ausgefallenen Todesarten der verschiedenen Verbrechen. Die kunstvoll geweckte Erwartung, man könne diesen Film als Märchen betrachten, wird dagegen enttäuscht. Denn nicht die anschauliche Grausamkeit allein macht ein Märchen aus, auch wenn Hexen auf glühenden Sohlen tanzen oder in einem Fass mit Nägeln den Berg hinunterrollen müssen. Zum Märchen gehört stets die ebenso anschauliche Versuchung des Guten durch das Böse. Der Wolf im Märchen muss Kreide schlucken, bevor er zum Fleischgang übergehen kann. Schließlich ist er darauf angewiesen, dass seine Opfer vom rechten Weg abkommen oder dem Bösen leichtfertig die Tür öffnen. Der Wolf in Fratzschers Film dagegen scheint ein allzu leichtes Spiel zu haben.« (Christian Esch, FAZ, 28.5.1998)

DIE SIEBEN PRANKEN DES SATANS

(THE RETURN OF COUNT YORGA). USA 1971. **R:** *Bob Kelljan.* **B:** *Bob Kelljan, Yvonne Wilder.* **K:** *Bill Butler.* **M:** *Bill Marx.* **D:** *Robert Quarry (Graf Yorga), Marietta Hartley (Cynthia Nelson), Roger Perry (Dr. David Baldwin), Yvonne Wilder (Jenni-*

Die sieben Pranken des Satans

fer), Tom Toner (Rev. Thomas), Philip Frame (Tommy), George Macready (Professor Rightstat), Walter Brooke (Bill Nelson), Rudy de Luca, Craig Nelson (Cops), Edward Walsh (Brudah), Mike Pataki (Joe), Karen Houston (Ellen), David Mapson (Jason), Helen Baron (Mrs. Nelson), Jesse Wells (Mitzi), Corinne Conley (Hexe), Allen Joseph (Michael), Peg Shirley (Claret), Liz Rogers (Laurie Greggs), Paul Hansen (Jonathan Greggs). F 94 Min.
Wiedererweckter Vampirgraf, der auf einem Schloss in der Nähe von San Francisco haust, verknallt sich in eine hübsche Waisenhaus-Angestellte und dezimiert mit Hilfe einer weiblichen Blutsaugerbande deren Bekanntenkreis, bis ihm ein mutiger Mediziner eine Axt ins Kreuz haut. – »Ein Konfektionsvampirfilm, dessen Schneider alles verarbeitete, was ihm gerade vor die Finger kam, ob es sich um alte oder neue Zutaten handelte. Entsprechend scheckig ist das fertige Stück: hier arg abgewetzt, dort mit ins Auge fallenden Paspeln. Die wenigen (echt humorvollen wie schockierenden) Materialteile können den Eindruck nicht nachhaltig korrigieren: Hier war kein Meister am Werk.« (Herbert G. Hegedo, FILMECHO/FILMWOCHE)

DIE 7 SÄRGE DES DR. HORROR

Anderer Titel für DAS HAUS AUF DEM GEISTERHÜGEL

SIEBEN TOTE IN DEN AUGEN DER KATZE

(LA MORTE NEGLI OCCHI DEL GATTO). BRD/Italien/Frankreich 1972. **R:** *Anthony Dawson [Antonio Margheriti].* **B:** *Antonio Margheriti, Giovanni Simonelli.* **K:** *Salvatore Caruso.* **M:** *Riz Ortolani.* **D:** *Jane Birkin (Corinna), Doris Kunstmann (Susanne), Hiram Keller (Graf James), Anton Diffring (Franz), Françoise Christophe (Lady Mary), Venantino Venantini (Pater Robertson), Dana Ghia (Lady Alicia), Konrad Georg (Butler), Serge Gainsbourg (Inspektor). F 93 Min.*
Sich als Geistlicher tarnender illegitimer Spross eines reichen schottischen Clans dezimiert seine Verwandtschaft nachts auf blutige und niederträchtige Weise. Da ist alles drin: das finstere Gruselschloss, die alte Legende, laut der sich jeder Familienangehörige nach seinem Ableben in einen Vampir verwandelt, herumhuschende und an Leichen nagende Ratten, eine geheimnisvolle Miezekatze, die überall und nirgends ist, und jede Menge sinister-undurchsichtige Gestalten. Nur eins nicht: *Können.*

SILENT MADNESS

(SILENT MADNESS). USA 1984. **R:** *Simon Nuchtern.* **B:** *Robert Zimmermann, William P. Milling.* **K:** *Gerald Feil.* **M:** *Barry Salmon.* **D:** *Belinda J. Montgomery (Dr. Joan Gilmore), Viveca Lindfors (Mrs. Collins), Sydney Lassick (Sheriff Liggett), David Greenan (Mark McGowan), Solly Marx (Howard Johns), Roderick Cook (Dr. Kruger), Stanja Lowe (Dr. Anderson), Ed van Nuys (Dr. Van Dyce). F (97) 92 Min.*
Irrer Schlitzer entweicht aufgrund eines Computerfehlers aus der Nervenklinik und wütet in ehemaligem Wirkungskreis, einem Mädchenpensionat in Barrington. Die beherzte Psychologin Joan tarnt sich als Studentin jener Verbindung, deren Mitglieder er am liebsten gemeuchelt hat, und kommt ihm auf die Schliche. AIDT [V]

SIODMAK, CURT [KURT]

(1902–2000). Deutscher, besonders auf utopische Stoffe spezialisierter Schriftsteller, der in der Emigration in den Vereinigten Staaten Drehbücher für Horrorfilme um Wolfsmenschen *(The Wolf Man),* Frankensteins *(Frankenstein Meets the Wolf Man),* Voodoo *(I Walked With a Zombie)* und Ähnliches schrieb:

> *»Even a man who is pure in heart*
> *And says his prayers by night,*
> *May become a wolf when the*
> *wolfbane blooms*
> *And the autumn moon is full*
> *and bright.«*

Autor des dreimal verfilmten Science Fiction-Romans »Donovan's Brain« (1942). Seine Lebenserinnerungen erschienen in Deutschland unter dem Titel »Unter Wolfsmenschen«: »Meine Psychoanalyse ist meine Schreibmaschine. Da schreib ich alles rein, was mich quält und was es ist. Die Leute sagen, ich habe soviel Horrorgeschichten geschrieben, was eigentlich verständlich ist, denn die Zeiten, die wir durchgemacht haben, müssen wir ja abreagieren. Und die kann man nicht abreagieren mit einer schönen Liebesgeschichte, die kann man nur abreagieren, wenn man einen Monsterfilm macht wie *Wolf Man.* (...) In der Geschichte haben die Menschen sich immer gewünscht, so stark zu sein wie das stärkste Tier in ihrem Land. Das war der Wolf in Europa. Das war der Schlangenmensch in Indien.

Und jeder hat sich die Kraft dieses Tieres gewünscht. Und aus diesem Tier ist die Verwandlung gekommen. Das gab mir die Idee für den ersten Film um den *Wolf Man (Der Wolfsmensch)*, der von Lon Chaney jr. gespielt wurde.«

Weitere Filme: 1939: *The Invisible Man Returns (Die Rückkehr des Unsichtbaren)*; 1940: *Black Friday (Schwarzer Freitag); The Ape; The Invisible Woman (Die unsichtbare Frau)*; 1942: *Invisible Agent (Der unsichtbare Agent)*; 1943: *Son of Dracula*; 1944: *The Lady and the Monster; The Climax; House of Frankenstein*; 1947: *The Beast With Five Fingers (Die Bestie mit den fünf Fingern)*; 1955: *Creature with the Atom Brain.* Als Regisseur: 1951: *Bride of the Gorilla (Die Braut des Gorilla)*; 1956: *Curucu, Beast of the Amazon (Curucu, die Bestie vom Amazonas)*; 1962: *The Devil's Messenger.*

SISTER, SISTER

(SISTER, SISTER). USA 1987. **R:** *Bill Condon.* **B:** *Bill Condon, Joel Cohen, J. David Marks.* **K:** *Stephen M. Katz.* **M:** *Richard Einhorn.* **D:** *Jennifer Jason Leigh (Lucy Bonnard), Judith Ivey (Charlotte Bonard), Eric Stoltz (Matt Rutledge), Dennis Liscomb (Sheriff Cleve Doucet), Benjamin Mouton (Etienne), Anne Pitoniak (Mrs. Bettleheim), Natalia Nogulich (Fran), Richard Minchenberg (Lenny), Jason Saucier (Jud). F (91) 86 Min.*

Psycho-Thriller. Während einer abendlichen Geburtstagsparty verziehen sich die minderjährige Charlotte und ihr Freund Jud auf dem riesigen Anwesen ihrer Familie in eine dunkle Ecke. Jud eröffnet Charlotte, er sei ihrem Vater »nicht gut genug«. Aus Frust und Wut geht er ihr an die Wäsche. Die kleine Lucy steht ihrer Schwester bei und schlägt Jud einen Stein auf den Kopf. Jud fällt auch über Lucy her; es sieht aus, als wolle er sie vergewaltigen. Charlotte ersticht ihn – eigentlich mehr aus Versehen. Die Schwestern versenken die Leiche im Sumpf und schwören sich, nie wieder über die Sache zu sprechen. Jahre vergehen. Offenbar kann Lucy den Vorfall nicht verarbeiten; sie lebt jahrelang in einer Nervenklinik. Nach dem Tod der Eltern machen die Schwestern aus dem großen Landhaus ein Hotel. Lucy, inzwischen halbwüchsig, wird von Charlotte wie ein Kind umsorgt und muss ständig Medizin einnehmen, die sie ruhig stellt. Charlotte achtet darauf, dass sie keine sexuellen Beziehungen hat. Etienne, den die beiden von Kindesbeinen an kennen und der ihnen im Haus zur Hand geht, ist in Lucy verliebt. Er reagiert mit Eifersucht, als Matt in das abgelegene Hotel einzieht und Interesse an Lucy zeigt. Es folgen: Sex (zwischen Lucy und Matt), eine Bluttat (an Lucys Hund) und albtraumhafte Situationen. Der in Charlotte verliebte Sheriff Cleve glaubt, Etienne habe Lucys Hund getötet. Etienne fällt nichts anderes ein, als Cleve zu beschießen, im Sumpf unterzutauchen und Charlotte eine mehrfache Mörderin zu nennen: Allem Anschein nach ist er über die Hintergründe von Juds Verschwinden im Bilde. Doch das finstere Geheimnis der Schwestern interessiert auch Matt, denn er ist der kleine Bruder Juds und Zeuge der einstigen Bluttat, der aus Angst vor Charlotte geschwiegen hat. Nun ist er zurückgekehrt, um Rache zu nehmen. Die geistig instabile Lucy erkennt nicht mal nach dem grausigen Tod Etiennes, wer sie und ihre Schwester wirklich bedroht. – Wallende Nebel, glucksender Sumpf, ein heftiges Gewitter zur rechten Zeit; ein junger Mann, der sich verdächtig aufführt und mysteriöse Warnungen brabbelt; ein junges Mädchen unter dem Einfluss von Medikamenten, das gruselige Geschichten über Menschen erzählt, die im Sumpf ums Leben gekommen sind und sich ihr als Untote offenbaren; schrullige Hotelgäste und ein Mann, der sich als Racheengel versteht, bis Etienne und andere Sumpfleichen ihn zu sich holen: Bill Condon hat sein Spielfilmdebüt spannend und unterhaltsam inszeniert. [V]

SKELETONS

(SKELETONS). USA 1996. **R:** *David DeCoteau.* **B:** *Joshua Michael Stern.* **K:** *Tom Callaway.* **M:** *John Massari.* **D:** *Ron Silver (Peter Crane), James Coburn (Frank Jove), Christopher Plummer (Reverend Carlyle), Dee Wallace Stone (Heather Crane), Kathleen Noon (Sadie), Carroll Baker. F 87 Min.*

Journalist stößt in einer US-Kleinstadt auf ein Ambiente, das einer Mischung aus Soziothriller und Horrorfilm gerecht wird. [V]

SKINNER ... LEBENDIG GEHÄUTET

(POPCORN). USA/Kanada 1990. **R:** *Mark Herrier.* **B:** *Tod Hackett.* **St:** *Mitchell Smith.* **K:** *Ronnie Taylor.* **SpE:** *Georgio Ferrari.* **M:** *Paul J. Zaza.* **D:** *Jill Schoelen (Maggie), Tom Villard (Toby), Dee Wallace Stone (Suzanne), Derek Rydall (Mark), Mal-*

colm Danare (Bud), Eliott Hurst (Leon), Ivette Soler (Joanie), Freddie Marie Simpson (Tina), Kelly Jo Minter (Cheryl), Karen Witter (Joy), Tony Roberts (Davis), Ray Walston (Dr. Mesyne), Scott Thompson (Bärtiger), Mat Falls (Lanyard Gates), Cindy Tavares-Finson (Gloria Gates), Giana Hanley (Sarah Gates), Barry Jenner (Lt. Bradley), Suzanne Hunt (Dr. Latimer), Robert Dickman (Skeeter), Thom Adcox (Corky), Bruce Glover (Vernon), Munair Zaza (Arzt), Will Knickerbocker (Direktor), Bobby Ghisays (Richter), Lori Creevay (Marge), Maki Fame (Techniker), Kimioh Sato (Wissenschaftler). F 87 Min.
Angeblich toter Filmemacher treibt mit Studenten, die in einem verfluchten Kino ein Horrorfilm-Festival veranstalten, sein mörderisches Spiel. [V]

SKLAVIN DES SATANS

(SATAN'S SLAVE). GB 1970. **R:** *Norman J. Warren.* **B:** *David McGillivray.* **K:** *Les Young.* **M:** *John Scott.* **D:** *Michael Gough (Alexander Yorke), Candace Glendenning (Catherine Yorke), Martin Potter (Stephen Yorke), Barbara Kellerman (Frances), Michael Grace (John), James Bree (Malcolm), Celia Hewitt (Elizabeth). F 90 Min.*
Englische Familie nebst junger Tochter gerät bei einem Besuch auf dem Landsitz von Verwandten in die Krallen eines Satanskults, der das Töchterlein in einer Schwarzen Messe opfern will, um eine Ahnherrin wieder zum Leben zu erwecken. Niveaulos. Sadistisch. Und konfus dazu.

SLAUGHTERHOUSE – EIN HORROR-TRIP INS JENSEITS

(SLAUGHTERHOUSE ROCK). USA 1987. **R:** *Dimitri Logothetis.* **B:** *Ted Landon, Nora Goodman, Sandra Willard.* **St:** *Dimitri Logothetis.* **K:** *Nicholas von Sternberg.* **M:** *Devo.* **D:** *Nicholas Celozzi (Alex Gardner), Tom Reilly (Richard Gardner), Donna Denton (Carolyn Harding), Hope Marie Carlton (Krista Halpern), Steven Brian Smith (Jack), Ty Miller (Marty), Toni Basil (Sammy Mitchell), Al Fleming (Kommandant), Tamara Hyler. F 90 Min.*
Der übliche böse Geist, dessen Seele keine Ruhe findet, geht auf der inzwischen aufgegebenen Gefängnisinsel Alcatraz um und jagt eine Gruppe junger Wissenschaftler, die ihm auf die Spur kommen wollen. Handwerklich routiniert in Szene gesetzte Dutzendware. [V]

SLEEP STALKER

(SLEEPSTALKER: THE SANDMAN'S LAST RITES). USA 1995. **R:** *Turi Meyer.* **B:** *Al Septie, Turi Meyer.* **K:** *Michael G. Wojciechowski.* **M:** *Jim Manzie.* **D:** *Michael Harris (Sandmann), Jay Underwood (Griffin), Kathryn Morris (Megan), Michael D. Roberts (Prediger), William Lucking (Bronson Worth), Kathleen McMartin (Dana), A. J. Glassman (Kenny), Carmen Mormino (Cop), Lillian Hurst (Alte Frau), Christopher Boyer (Detective Garcia), Ken Foree (Detective Rolands), Vincent Barry (Griffin als Kind), Caryn Richman (Mama), Marc McClure (Papa), Giuseppe Andrews, Theodore S. Maier, Michael Faella, Peter Marc Vasquez. F (105) 97 Min.*
Ein psychopathischer Massenmörder rottet eine Familie aus, wird geschnappt und zum Tode verurteilt. Der Geistliche, der ihm die letzte Ölung erteilen soll, ist jedoch ein Voodoo-Praktikant und steckt mit ihm unter einer Decke. Er präpariert den Delinquenten, so dass dessen Seele im Augenblick des Todes in einen aus Sand geformten Körper einfährt. Bald macht sich der »Sandmann« auf, den Journalisten Griffin zu finden – den einzigen Überlebenden seiner Bluttat. [V]

SLEEPING CAR

(THE SLEEPING CAR). USA 1989. **R:** *Douglas Curtis.* **B:** *Greg O'Neill.* **K:** *David Lewis.* **SpE:** *Max*

Sleep Stalker

W. Anderson. **M:** *Raymond Colcord.* **D:** *David Naughton (Jason), Judie Aronson (Kim), Kevin McCarthy (Vincent Tuttle), Jeff Conaway (Bud Sorenson), Dani Minnick (Joanne), John Carl Buechler (Erickson), Ernestine Mercer (Mrs. Erickson), Steve Lundquist (Dwight), Bill Stevenson (Kerry), David Coburn (Harris). F (87) 84 Min.*
Journalismus-Student, der sich in einem alten Schlafwagen einquartiert, begegnet einem untoten Lokführer, der keine Ruhe findet, seit sein Zug entgleiste. [V]

SLUGS

(SLUGS). Spanien 1988. **R:** *Juan Piquer Simon.* **B:** *Ron Gantman.* **V:** *»Slugs« (1982) von Shaun Hutson.* **K:** *Julio Bragado.* **M:** *Royal Philharmonic Orchestra.* **D:** *Michael Garfield (Mike Brady), Kim Terry (Kim Brady), Philip Machale (Don Palmer), Alicia Moro (Maureen Watson), Santiago Alvarez (John Foley), Concha Cuetos (Maria Palmer), Emilio Linder (David Watson), Kris Mann. F 92 Min.*
Chemische Giftabfälle lassen in Abwasserkanälen lebende Würmer mutieren, bis sie sich durch Spülbecken und Kloschüsseln einen Weg an die Oberfläche bahnen und über die Menschen herfallen. Früher wäre dies ein Science Fiction-Thema gewesen. AIDT [V]

SNAKE INFERNO

(SERPENT WARRIORS/THE GOLDEN VIPER). USA/Hongkong 1985. **R:** *John Howard, Niels Rasmussen.* **B:** *N.N.* **K:** *N.N.* **M:** *Bruce Tambling.* **D:** *Christopher Mitchum (Dr. Tim Muffet), Clint Walker (Jason King), Eartha Kitt (Hohepriesterin), Anne Lockhart. F 92 (88) Min.*
Bauarbeiten im Urwald von Malaya führen zum Tod vieler tausend Schlangen. Die Anhänger eines Schlangenkultes, an der Spitze Eartha Kitt, schlagen zurück. – Billiger Tier-Horror-Eintopf aus einer amerikanisch-chinesischen Flickschusterwerkstatt. AIDT [V]

THE SNAKE HOUSE

(NEL NIDO DEL SERPENTE). Italien 1989. **R:** *Leandro Lucchetti.* **B:** *Giovanni Simonelli, Leandro Lucchetti.* **K:** *Silvano Tessicini.* **M:** *Lanfranco Perini.* **D:** *Peter Hintz (Dr. Vogeler), Loes Kamma, Brigitte Christensen, Sacha Darwin, Paul Muller, Nubia Martini, Any Carreto, Marco di Stefano, Alessandra Massari, Marco Massari, Vassile Karis, Paul Muller. F 90 Min.*
Parapsychologe verliebt sich in die Enkelin einer Hexe. Die alte Bestie übernimmt den jungen Körper und macht den forschen Helden zur Minna. Okkult-Horror von der Stange. [V]

DER SOHN DER HÖLLE

(THE BOY FROM HELL/BLOODSPELL). USA 1987. **R:** *Deryn Warren.* **B:** *Gerry Daly.* **K:** *Ronn Schmidt.* **M:** *Randy Miller.* **D:** *Anthony Jenkins (Daniel), Aaron Teich (Charlie), Alexandra Kennedy (Debbie), John Reno (Luther), Edward Dloughy, Jacques J. Coon, Kimble Jemison, Heather Green, Christopher G. Venuti, Susan Buchanan. F 88 Min.*
Vom Geist seines Hexenmeister-Vaters besessener Knabe inszeniert mit magischen Kräften Unfälle in einem Internat und wird vom »Blitz Gottes« des Platzes verwiesen. [V]

SON OF DARKNESS

(SON OF DARKNESS: TO DIE FOR II). USA 1991. **R:** *David F. Price.* **B:** *Leslie King.* **K:** *Gerry Lively.* **M:** *Mark McKenzie.* **D:** *Michael Praed (Max Schreck), Rosalind Allen (Nina), Steve Bond (Tom), Scott Jacoby (Martin), Vince Edwards (Polizist), Amanda Wyss (Vampir). F 92 Min.*
Vorgeschichte: *Tödliche Lippen.* – Graf Dracula heißt jetzt Max Schreck (!), praktiziert als seriöser Medicus inkl. eigener Blutbank in einer kalifornischen Kleinstadt und flirtet mit der Nachbarin Nina, die einen Dämon geboren hat, ohne es zu ahnen. Doch Max hat einen üblen blutsaugenden Bruder, der nicht viel von Idylle hält. Das Duell der Vampire gewinnt zwar Dr. Max, doch wird er von Ninas Bruder mit der Kettensäge erledigt, bevor er sie ins Schattenreich entführen kann. – Wie vieles andere bleibt im Dunkeln, wieso die Mutter nichts von alldem weiß und wieso ihr vampirischer Säugling bisher von Milch gelebt hat. [V]

SOULTAKER

(SOULTAKER). USA 1990. **R:** *Michael Rissi.* **B:** *Vivian Schilling.* **K:** *James Neil Rosenthal.* **M:** *Jon Mc Callum.* **D:** *Joe Estevez (Soultaker), Vivian Schilling (Natalie), Gregg Thomsen (Zach Taylor), David Sharf (Brad), Chuck Williams (Tommy), Robert Z'Dar (Todesengel), Jean Reiner, David Fawcett, Gary Kohler. F 91 Min.*
Nachdem fünf bekokste, bekiffte und besoffene Teenies nach einer Party mit ihrem Wagen gegen einen Baum gerast sind und mehr tot als lebendig auf der Intensivstation liegen, treiben ih-

re Seelen durch eine Art Zwischenwelt – verfolgt von einem mysteriösen Seelenräuber, der unter dem Befehl des noch mysteriöseren Todesengels steht. Drei Todeskandidaten-Seelen kann er seiner Sammlung bald hinzufügen, doch die Tochter des Bürgermeisters und ihr Freund bereiten ihm solche Schwierigkeiten, dass die Situation allmählich haarig wird. – Der übliche übersinnliche Teenie-Scheiß, bei dem man nicht weiß, was einem mehr auf den Keks geht: die Musik, das Milieu oder die unfreiwillige Komik der Mitspieler. [V]

SPASMO

(SPASMO). Italien 1974. **R:** *Umberto Lenzi.* **B:** *Massimo Franciosa, Luisa Montagnana, Dino Boller, Umberto Lenzi.* **K:** *Guglielmo Mancori.* **Ma:** *Antonio Mecacci.* **M:** *Ennio Morricone.* **D:** *Robert Hoffmann (Christian), Suzy Kendall (Barbara), Ivan Rassimov, Monica Monet, Adolfo Lostretti, Franco Silva, Mario Erpichini, Maria Pia Conte, Luigi Antonio Guerra, Rosita Torosh, Guido Alberti. F 95 Min.*

Bösmann versucht in einem abgelegenen Schloss alles, um seinen Bruder mit Mordtaten in den Wahnsinn zu treiben. [V]

SPAWN

(SPAWN). USA 1997. **R:** *Mark A. Z. Dippe.* **B:** *Alan McElroy, Mark A. Z. Dippe.* **V:** *Comic von Todd McFarlane.* **K:** *Guillermo Navarro.* **M:** *Graeme Revell.* **D:** *John Leguizamo (Clown), Michael Jai White (Al Simmons/Spawn), Martin Sheen (Jason Wynn), Theresa Randle (Wanda), Melinda Clarke (Jessica Priest), Nicol Williamson. F 96 Min.*

Comic-Verfilmung: Nachdem Agent Simmons ums Leben gekommen ist, paktiert er mit dem Leibhaftigen und kehrt monströs auf die Erde zurück. Doch setzt er die höllischen Kräfte entgegen allen Intentionen stets für das Gute ein. – »Besonders die Kampfszenen im Halbdunkel entsprechen der Weltuntergangsstimmung aus den Comics. ›Spawn‹-Fans kommen also auf ihre Kosten. Allen anderen wird die Verfilmung gerade wegen der visuellen Effekthascherei wie ein Computerspiel ohne Ende vorkommen.« (Thomas Klingenmaier, STUTTGARTER ZEITUNG, 30.11.1997)

SPECTERS – MÄCHTE DES BÖSEN

(SPETTRI). Italien 1987. **R:** *Marcello Avallone.* **B:** *Marcello Avallone, Maurizio Tedesco, Andrea Purgatori, Dardano Sarchetti.* **K:** *Silvano Ippoliti.* **SpE:** *Sergio Stivaletti.* **M:** *Lele Marchitelli, Daniele Rea.* **D:** *John Pepper (Marcus), Katrine Michelsen (Alex), Donald Pleasence (Professor Lasky), Massimo De Rossi, Riccardo De Torrebruna, Lavinia Grizi, Riccardo Parisio Perotti, Giovanna Bilancia, Matteo Gazzolo, Laurentino Giudotto, Erna Schürer, Giovanni Tamberi. F (95) 89 Min.*

TV-Film. Bei Grabungsarbeiten der U-Bahn in Rom wird ein unbekannter Teil der Katakomben freigelegt. Ein Team von Wissenschaftlern stößt auf einen Sarkophag, in dem das personifizierte (wenn auch recht schwerfällig agierende) Böse haust, das u.a. auch scharf auf die ihre Formen gut ins Bild rückende Alex ist. Das Böse bricht aus und muss vernichtet werden, was den wackeren Forschern mittels Benzin und Feuer gelingt. Die technische Machart ist nicht übel, dem Ablauf der Ereignisse kann man jedoch nur mit erhöhter Konzentration folgen. [V]

SPELLBINDER – EIN TEUFLISCHER PLAN

(SPELLBINDER). USA 1988. **R:** *Janet Greek.* **B:** *Tracy Torme.* **K:** *Adam Greenberg.* **M:** *Basil Poledouris.* **D:** *Timothy Daly (Jeff Mills), Kelly Preston (Miranda Reed), Audra Lindley (Mrs. White), Rick Rossovich (Derek Clayton), Anthony Crivello (Aldys), Diana Bellamy (Grace Woods), Cary-Hiroyuki Tagawa (Lt. Lee), James Louis Watkins (Tim Weatherly), Kyle Heffner (Herbie Green). F (98) 94 Min.*

Eine Satansanbeterin und ihr Freund wollen mit einem infamen Plan einen verliebten jungen Rechtsanwalt in ihre Gewalt bringen. Okkult-Krimi von der Stange; nach der ersten Hälfte nur noch ein Schlafmittel. [V]

SPIDER LABYRINTH

(IL NIDO DEL RAGNO). Italien 1988. **R:** *Gianfranco Giagni.* **B:** *Tonino Cervi, Riccardo Arragno, Cesare Frugoni, Gianfranco Manfredini.* **K:** *Nino Celeste.* **SpE:** *Sergio Stivaletti.* **M:** *Franco Piersanti.* **D:** *Roland Wybenga, Paola Rinaldi, Marghareta von Krauss, Claudia Muzi, William Berger, Stephane Audran, Vleriano Santinelli, Massimiliano Pavone, Arnaldo Dell'Acqua, Lazlo Sipos, Lote Attila, Bob Holton, Bill Bolender, John Morrison. F 86 Min.*

Ein amerikanischer Wissenschaftler, der in Budapest einen Kollegen sucht, der im Auftrag einer internationalen Organisation den Zusammenhang zwischen Völkern erforscht, die seit Äonen identische Gottheiten verehren, gerät mit Angehörigen eines Tarantel-Kults aneinander. Diese machen ihn zu einem der ihren und schicken ihn nach Hause, damit er alle Kollegen meuchelt, die etwas über sie wissen. – »Die wahrhaft hirnrissige Story interessiert diesen Horrorfilm nur insoweit, als sie ihm Gelegenheit gibt, eine überdurchschnittliche Menge von Blutspritz- und Aufschlitzbildern zu produzieren.« (KB, FILMDIENST) [V]

SPIDERS

(SPIDERS). USA 2000. **R:** *Gary Jones.* **B:** *Jace Anderson, Adam Gierasch, Steven Brooks.* **St:** *Boaz Davidson.* **K:** *Jack Cooperman.* **SpE:** *KNB EFX Group, Robert Kurtzman, Gregory Nicotero, Howard Berger.* **M:** *Bill Wandel.* **D:** *Lana Parrilla (Marci), Josh Green, Oliver Macready, Nick Swarts, Mark Phelan, Billy Maddox, H. Murphy, Mark Totty. F 90 Min.*
Ins All verschickte Experimentalspinnen kehren als mutierte Monstren auf die Erde zurück. – Aber nur auf Video. [V]

SPIRITS

(SPIRITS). USA 1990. **R:** *Fred Olen Ray.* **B:** *Jeff Falls, R. U. King.* **K:** *Gary Graver.* **M:** *Tim Landers.* **D:** *Erik Estrada (Pater Anthony Vicci), Carol Lynley (Schwester Jillian), Kaitlin Hopkins (Mrs. Heron/Sukkubus), Kathrin Lautner (Beth), Michelle Bauer (Schwester Mary), Oliver Darrow (Harry), Brinke Stevens (Amy Goldwyn), Thomas Bentley (Henri Picard), Robert Quarry (Dr. Richard Wicks), Jerry Miller (Polizist), Earl Ellis, Sandra Margot. F 84 Min.*
Der übliche Parapsychologe bemüht sich mit Hilfe diverser Knallchargen dem üblichen Geheimnis des üblichen verfluchten Hauses auf den Grund zu gehen und sieht sich bald den üblichen mysteriösen Erscheinungen ausgesetzt, die ihm und den seinen – auch dies wie üblich – den Verstand rauben. – Ein Dutzendfilm über ein Spukhaus, von einer Minimalisten-Lusche und einer hölzern agierenden, Schwafeleien von sich gebenden »Schauspieler«-Truppe bar von Scham und Hemmung in Szene gesetzt [V]

SPOOKIES – DIE KILLERMONSTER

(SPOOKIES). GB 1986. **R:** *Eugenie Joseph, Thomas Doran, Brendan Faulkner.* **B:** *Frank M. Farrell, Thomas Doran, Brendan Faulkner, Joseph Burgund.* **K:** *Robert Chappel, Ken Kelsh.* **M:** *Kenneth Higgins, James Calabrese.* **D:** *Felix Ward, Dan Scott, Alex Nemser, Maria Pechukas. F 82 Min.*
Magier, der seine Frau wieder zum Leben erwecken will (weswegen viele Leute sterben müssen), lässt eine eklige Armee von Ungeheuern auf die Menschheit los.

EIN SPRUNG IN DER SCHÜSSEL

(HYSTERICAL). USA 1982. **R:** *Chris Bearde.* **B:** *William, Mark und Brett Hudson, Trace Johnston.* **K:** *Donald Morgan.* **M:** *Robert Alvicat.* **D:** *William Hudson (Frederick Lansing), Mark Hudson (Paul Batten), Brett Hudson (Fritz), Cindy Prickett (Kate), Richard Kiel (Captain James Howdy), Julie Newman (Venetia), Bud Cort (Dr. John), Robert Donner (Ralph), Murray Hamilton (Bürgermeister), Clint Walker (Sheriff), Franklin Ajaye (Leroy), Charlie Callas (Graf Dracula), Keenan Wynn (Fischer), Gary Owens (TV-Sprecher). F 86 Min.*
Ein erfolgreicher Schriftsteller zieht sich, um Ruhe für sein neues Buch zu finden, in ein Örtchen an der Küste Oregons zurück. Der Geist eines Leuchtturmwärters treibt sein Unwesen. Erst als er die gesamte Einwohnerschaft in Zombies verwandelt hat, können der Schriftsteller, zwei spleenige Wissenschaftler und eine junge Frau dem Spuk ein Ende bereiten. Der Film ist der verzweifelte Versuch, die amerikanische Gag-Truppe Hudson Brothers zu den Marx Brothers der achtziger Jahre zu küren; ein Versuch, der trotz einiger anarchistischer Wortfetzen scheitern muss. Bemerkenswert sind die zahlreichen Anspielungen auf US-Horrorfilmproduktionen wie *Amityville Horror, Der Exorzist* und *Die Nacht der lebenden Toten,* so dass fast alle modernen Horrorfilm-Varianten parodiert werden. In Verbindung mit den traurigen Gags wirkt das alles doch ziemlich dünn.

SPUK AM LAGERFEUER

(GRIM PRAIRIE TALES/HELLBENT). USA 1990. **R:** *Wayne Coe.* **B:** *Wayne Coe.* **K:** *Janusz Kaminski.* **M:** *Steve Dancz.* **D:** *James Earl Jones (Morrison), Brad Dourif (Farley), Will Hare (Lee), Marc McClure (Tom), Michelle Joyner (Jenny), William Atherton (Arthur), Lisa Eichhorn (Maureen), Wendy J. Cooke (Eva), Scott Paulin (Martin), Jennifer Barlow (Sarah), Dan Leegant (Dr. Leaderman), William Martin Brennan (Bluey), Tom Simcox (Horn), Bruce M. Fischer (Colochez). F 86 (83) Min.*
Episodenfilm. Der Kopfgeldjäger Morrison und

der Schöngeist Farley begegnen sich im Wilden Westen in der Wüste und vertreiben sich die Nacht am Lagerfeuer, indem sie einander Gruselgeschichten erzählen.

SPUK AUS DER GRUFT

BRD 1997. **R:** *Günter Meyer.* **B:** *C. U. Wiesner, Günter Meyer.* **K:** *Wolfgang Braumann.* **SpE:** *Olaf Skrzipczik.* **M:** *Martin Todsharov.* **D:** *Benjamin Sadler (Friedrich von Kuhlbanz), Saskia Grasemann (Maja), Walter Plathe (Bürgermeister), Nina Hoger (Renate, Majas Mutter), Friedrich Lindner (Marco), Kurt Böwe (Mumienaufpasser), Gudrun Ritter (Hanne), Jaecki Schwarz (englischer Raublord), Matthias Schweighöfer (Torsten). F 92 Min.*

Ein Mordfall muss aufgeklärt, eine Mumie vom Totschlag freigesprochen werden, die geschworen hat, solange nicht zu verwesen, bis der wahre Täter gefasst ist: »Zu Roggelin, mitten in Brandenburg, liegt der Ritter Kuhlbanz in seinem Sarge und verwest nicht. Dreihundert Jahre liegt er schon da, nur Haut und Knochen, wie man so sagt. Er soll einst den armen Schäfer Dühn erschlagen haben. Jeden Tag um Mitternacht steigt er aus seinem Grab und geht, wie andere alte Leute ja auch, ein bisschen spazieren. Das fällt normalerweise überhaupt nicht auf. Wenn Maja aus Berlin nicht gerade eine Wette abgeschlossen hätte. Sie muss um Mitternacht dreimal ›Du blöde Mumie!‹ rufen – oder sie wird von Torsten aus Roggelin geküsst. Nee, denkt Maja, dann doch lieber die Mumie! Und da steht sie auch schon vor ihr – als ein schöner Junker vom Lande. Und wie die Totenhände über die Grabplatten kraspeln! Sie steigen nicht aus den Gräbern, weil sie kleine Kinder erschrecken wollen, sondern weil sie eine moralische Verpflichtung fühlen. Sie müssen nämlich noch einmal Gericht halten über den unverweslichen Junker Kuhlbanz. Ein Schattengericht. Und Maja aus Berlin hat es gerufen!«, fasst Kerstin Decker den Inhalt im TAGESSPIEGEL [3.9.1998) zusammen und konzediert der Sache ungefähr so viel Gemütlichkeit wie einem »Sonntagnachmittagskaffeetrinken mit der ganzen Familie«. Übrigens ist die Mumie des Brandenburger Ritters noch heute in Kampehl ausgestellt. – Kinofassung eines Fernseh-Vierteilers des ORB, der an eine Reihe von DDR-Kinderfilmen anknüpft und darum auch nur vergleichsweise zahmen Horror liefert.

SPUK IM HERRENHAUS

(MYSTERY MANSION). USA 1983. **R:** *David E. Jackson.* **B:** *Jack Duggan, Arn Wihtol, David E. Jackson.* **K:** *Miles C. Hinshaw.* **M:** *William Loose, Jack K. Tillar, Marty Wereski.* **D:** *Dallas McKennon (Sam), Greg Wynne (Gene), Jane Ferguson (Mary), Randi Brown (Susan), Lindsay Bishop (Billy), David Wagner (Johnny), Barry Hostetler (Fred), Joseph D. Savery (Willy). F 95 Min.*

Um drei Kinder zu beschützen, die im Haus ihrer Ahnen einen Schatz suchen und von zwei Bösmännern bedroht werden, greift ein Nachbar zum Mittel des vorgetäuschten Spuks.

SPUK IM REICH DER SCHATTEN

BRD 2000. **R:** *Günter Meyer.* **B:** *Günter Meyer, Hans-Georg Struck.* **K:** *Dieter Chill.* **M:** *Martin Todsharow.* **D:** *Christian Kuchenbuch (Balthasar), Saskia Grasemann (Maja), Matthias Schweighöfer (Torsten), Ilja Richter (Müller-Wadenstedt, Impresario), Nina Hoger (Renate), Walter Plathe (Bürgermeister), Friedrich Lindner (Marco), Benjamin Sadler (Friedrich), Gudrun Ritter. F 93 Min.*

Vorgeschichte: *Spuk aus der Gruft.* – Diesmal ist es der Bruder des Junkers Kuhlbanz, der umgeht und Maja mit ins Reich der Toten nehmen will. Zu diesem Zweck dringt er in den Körper von Torsten ein, der bis über beide Ohren in Maja verliebt ist. – »Zugelegt hat der Regisseur, der schon in tiefsten DDR-Zeiten mit seiner Spuk-Serie begann, beispielsweise bei den Spezialeffekten. Ebenso erschröcklich wie faszinierend dringt er mit der Kamera in das Totenreich ein: da verschieben sich Perspektiven und verwandeln sich Gegenstände; und aus dem Antlitz eines Menschen wird schnell mal das einer Mumie. Gegenüber dem ähnlich gelagerten Gespensterspektakel *Sleepy Hollow* aus Hollywood schneiden diese Szenen gar nicht schlecht ab, obwohl statt 30 Millionen Dollar nur drei Millionen Mark zur Verfügung standen. Schwächer als beim Vorläufer ist die Fabel, der ein bisschen die Übersichtlichkeit verloren ging, obwohl sich der Film am Ende doch wieder auf eine harmonische Liebesgeschichte zwischen Brandenburger Teenagern zubewegt.« (NEUES DEUTSCHLAND, 23.3.2000) – »Wehende Vorhänge, Schattenspiele, Kerzenlicht und künstliche Spinnengewebe geben dem Ganzen allerdings einen gewissen Charme, der an alte Roger Corman-Gruselfilme erinnert. Damit kann man zwar keinen mehr schocken, aber für Kinder ist es trotzdem ein gruseliger Spaß.« (Markus Tschiedert, BERLINER MORGENPOST, 25.3.2000)

SPUK IM SCHLOSS

Deutschland 1945. **R:** *Hans H. Zerlett.* **B:** *Hans H. Zerlett.* **K:** *Josef Strecher.* **M:** *Leo Leux.* **D:** *Margot Hielscher, Fritz Odemar, Paul Kemp, Sonja Ziemann, Albert Matterstock, Alice Treff, Ernst Fritz Fürbringer, Hilde Hildebrandt, Wilfried Seyferth, Eva Tinschmann. SW 81 Min.*

1943/1944 in den Prager Hostiwar-Ateliers gedreht: »Ahnenforschung führt ein junges Mädchen auf ein Schloss, in dem es nicht geheuer ist. Originell ersonnene Geistergeschichte älteren Stils.« (FILMDIENST)

DAS SPUKSCHLOSS IM SPESSART

BRD 1960. **R:** *Kurt Hoffmann.* **B:** *Gunter Neumann, Heinz Pauck.* **K:** *Günter Anders.* **M:** *Friedrich Hollaender, Olaf Bienert, Alfred Strasser.* **D:** *Liselotte Pulver (Charlotte von Sandau), Heinz Baumann (Martin), Hubert von Meyerinck (Von Teckel), Elsa Wagner (Tante Yvonne), Ernst Waldow (Ernst-August), Hans Clarin (Prinz Kalaka), Herbert Hübner (Hartog), Veronika Fitz (Sophie), Curt Bois (Hugo), Georg Thomalla (Max), Paul Esser (Toni), Hans Richter (Jockel), Hanne Wieder (Katrin). F 102 Min.*

Fünf gutmütige Schlossgespenster, die ein Fluch zum ewigen Spuken verdammt hat, helfen einer verarmten Komtess, sich gegen einen raffgierigen Gläubiger zur Wehr zu setzen, indem sie sich der Schmuckschatulle eines orientalischen Prinzen bemächtigen und mittels eines Zaubertranks zeitweilig menschliche Gestalt annehmen. – Eine hirnlose Komödie, über die wir schon nicht lachen konnten, als sie auf den Markt kam. Einziger Lichtblick: Hans Clarin als perfekt Kölsch parlierender Prinz aus dem Morgenland.

SPUR IN DEN TOD II

Anderer Titel für KILL, DADDY, KILL

DIE STADT DER LEBENDEN TOTEN

Anderer Titel für EIN ZOMBIE HING AM GLOCKENSEIL

STADT DER TOTEN

(CITY OF THE DEAD). GB 1960. **R:** *John L. Moxey.* **B:** *George Baxt.* **St:** *Milton Subotsky.* **K:** *Desmond Dickinson.* **M:** *Douglas Gamley, Ken Jones.* **D:** *Patricia Jessel (Elizabeth/Mrs. Newless), Betta St. John (Patricia Russell), Christopher Lee (Professor Driscoll), Dennis Lotis (Richard Barlow), Venetia Stevenson (Nan Barlow), Valentine Dyall (Jethrow Keane), Norman MacOwan (Rev. Russell), Ann Beach (Lottie), Tom Naylor (Bill Maitland), Fred Johnson (Elder), Jimmy Dyrenforth (Garagenmann). SW 75 Min.*

250 Jahre nachdem Elizabeth Selwyn in der amerikanischen Stadt Whitewood als Hexe verbrannt wurde, besucht die sich für Okkultismus interessierende Nan Barlow den Ort. Mrs. Newless, die Inhaberin des örtlichen Hotels, ist Elizabeth Selwyn – durch einen Pakt mit dem Teufel ins Leben zurückgekehrt. Als Nan sie und ihre Jünger, darunter auch ihren Geschichtslehrer Professor Driscoll, erkennt und erfährt, dass sie Menschenopfer darbringen, wird sie zum nächsten Opfer auserkoren. Nans Bruder Richard, der sich über das Ausbleiben seiner Schwester wundert, fährt mit Freund Bill nach Whitewood und kommt dort an, als der Hexenkult gerade die Urenkelin eines Geistlichen opfern will. Als man auf sie losgeht, rücken sie den Satanisten mit einem Kreuz zuleibe und vernichten sie. – »Trotz aller Geheimtüren und Grotten, in denen finstere Dinge geschehen und ein paar Leichen herumliegen, ist der Service in diesem Hotel eher zum Kichern als zum Gänsehautkriegen. Der Film hat jedoch eine sehr kluge Dialogzeile: ›Geh, bevor es zu spät ist‹, sagt da warnend ein Geistlicher mit todernster Stimme zu unserer Heldin. Und das ist wirklich ein ausgezeichneter Ratschlag!« (A. H. Weiler, NEW YORK TIMES)

STADT DER VAMPIRE

(A RETURN TO SALEM'S LOT). USA 1987. **R:** *Larry Cohen.* **B:** *Larry Cohen, James Dixon.* **K:** *Daniel Pearl.* **SpE:** *Steve Heil, Carl Sorensen, Mark Williams.* **M:** *Michael Minard.* **D:** *Michael Moriarty (Joe Weber), Samuel Fuller (Van Meer), Ricky Addison Reed (Jeremy Weber), Andrew Duggan (Judge Axel), Evelyn Keyes (Mrs. Axel), Jill Gatsby (Sherry), June Havoc (Tante Klara), Ronee Blakley (Sally), James Dixon (Rains), David Holbrook (Assistent), Katja Crosby (Cathy), Tara Reid (Amanda), Brad Rijn (Clarence), Georgia Janelle Webb (Sarah), Robert Burr (Dr. Fenton), Jacqueline Britton (Mrs. Fenton), Gordon Ramsay (Allen), David Ardao (Autoverkäufer), Kathleen Kickta (Vampir), Edward Shils, Richard Duggan, Stewart G. Bay, Linda A. Clark, Nancy Duggan, Ron Millkie, Ted Noose, Jim*

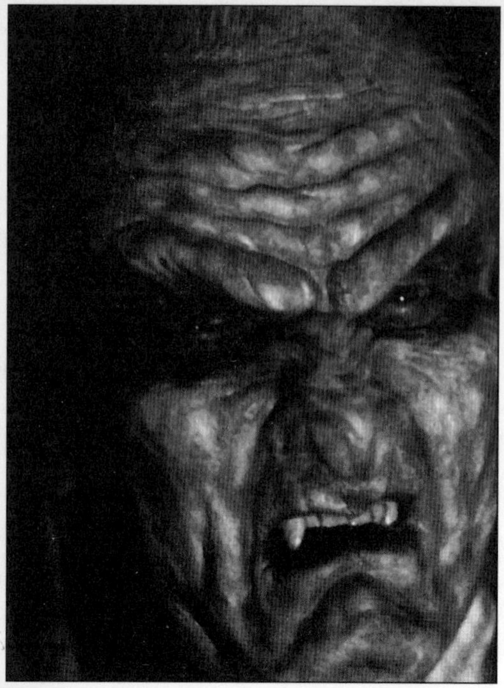

Stadt der Vampire

Gillis, Rick Garcia, Bobby Ramsen, Peter Hock. F *96 Min.*
TV-Film. Anthropologe & Sohn erben im US-Nest Salem's Lot ein Haus und entdecken, dass die Ortsbewohner Vampire sind. Schwarzhumoriger Film, der Stephen Kings Roman »Salem's Lot« zur Grundlage nimmt, um Genreklischees zu verulken: Menschenblut ist viel zu ungesund, da längst mit Chemie verseucht. [V]

EINE STADT SUCHT EINEN MÖRDER

(JACK THE RIPPER). GB 1958. **R:** *Robert S. Baker.* **B:** *Jimmy Sangster.* **St:** *Peter Hammond, Colin Craig.* **K:** *Robert S. Baker, Monty Berman.* **M:** *Jimmy McHugh, Pete Rugolo.* **D:** *Lee Patterson (Sam Lowry), Eddie Byrne (Inspektor O'Neill), Betty McDowall (Anne Ford), Ewen Solon (Sir David Rogers), John Le Mesurier (Dr. Tranter), George Rose (Clarke), Philip Leaver (Direktor), Barbara Burke (Kitty Knowles), Anne Sharpe (Helen), Dennis Shaw (Simes), Endre Mullen (Louis Benz), Esma Cannon (Nelly), George Woodbridge (Blake), Bill Shine (Lord Sopwith), Marianne Stone (Betrunkene), Gerard Green (Dr. Urquhart), Jack Allen (Commissioner), Jane Taylor (Hazel), Dorinda Stevens (Margaret), Hal Osmonde, George Street, Olwen Brooks, Helena Digby. SW (mit Farbeffekten) 80 Min.*
»London vor der Jahrhundertwende. Nie zuvor ist Nebel, der hier an der Tagesordnung ist, so gefürchtet worden. Niemals hat Dunkelheit die Menschen bisher so tödlich gelähmt wie in diesen Tagen. Denn an jeder Ecke kann Jack the Ripper lauern! Du kannst der Nächste sein!« (Originalton ILLUSTRIERTE FILMBÜHNE) Jack the Ripper sucht sich die Opfer unter jungen Mädchen mit zweifelhaftem Ruf. Was müssen sie auch mit ihren langen Röcken durch winklige Kulissen rauschen? Da finden sich ja immer dunkle Straßenecken, die zum Verbrechen einladen. Und weil der Unhold so geschickt das Bauchaufschlitzen beherrscht, muss er vom Fach sein, folgert Scotland Yard messerscharf und sucht ihn unter der Ärzteschaft. Gut getroffen, der Mordästhet ist tatsächlich Frauenarzt. Und weil Wissenschaft, vornehmlich Psychologie, so schön ist, darf der Täter dem staunenden Publikum seine Beweggründe präsentieren, bevor ihn das Drehbuch auf der Flucht in einem Fahrstuhlschacht zerquetscht. Die Originalfassung hat zum Schluss einen besonderen Scherz auf Lager. Sie lässt das Blut des Opfers durch den Boden des Aufzugs blubbern, in Farbe natürlich!

STANLEY

(STANLEY). USA 1971. **R:** *William Grefé.* **B:** *Gary Crutcher.* **St:** *William Grefé.* **K:** *Cliff Poland.* **M:** *Post Production Associates.* **D:** *Chris Robinson (Tim Ochopee), Alex Rocco (Richard Thomkins), Susan*

Stanley

Carrol (Susie Thomkins), Steve Alaimo (Craig Denning), Rey Baumel (Sidney Calvin), Marcie Knight (Gloria Calvin), Mark Harris (Bob Wilson), Paul Avery (Psycho), Gary Crutcher (Dr. Everett), Mel Papa, Butterball Smith, Pamela Talus, Bill Marquez. F 91 Min.
Im Vietnamkrieg kaputtgemachter Halbindianer zieht sich in die Everglades von Florida zurück und freundet sich mit der Giftschlange Stanley an, die er als Wunderwaffe im Kampf gegen die Schlägerbande eines Handtaschenfabrikanten einsetzt. Als er die Tochter seines Erzfeindes entführt, scheinen seine Tierchen jedoch Moral zu entwickeln und fallen ihn selbst an. Ende.

DER STARKE WILLE

(RESURRECTION). USA 1980. **R:** *Daniel Petrie.* **B:** *Lewis John Carlino.* **K:** *Mario Tosi.* **M:** *Maurice Jarre.* **D:** *Ellen Burstyn (Edna McCauley), Sam Shepard (Cal Carpenter), Robert Blossom (John Harper), Eva Le Galliene (Oma Pearl), Richard Farnsworth (Esco), Pamela Payton-Wright (Margaret), Jeffrey De Munn (Joe MacCauley), Clifford David (George), Madeline Thornton-Sherwood (Ruth), Richard Hamilton (Earl Carpenter), Lois Smith (Kathy), Carlin Glynn (Suzy Kroll), Ebbe Roe Smith (Hank Peterson), John Tillinger (Dr. Herron), Ralph Roberts (Buch), Bernard Behrens (Dr. Fisher). F 99 Min.*
Klinisch tote, zum Leben erweckte Autofahrerin kann plötzlich die Krankheiten anderer Menschen erkennen und heilen, wird jedoch von einem impotenten Galan für ein »höheres« Wesen gehalten und erschossen.

STARKSTROM

(BELLS/MURDER BY PHONE). Kanada 1980. **R:** *Michael Anderson.* **B:** *Michael Butler, Dennis Shyrack, John Kent Harrison.* **K:** *Reginald Morris.* **M:** *John Barry.* **D:** *Richard Chamberlain (Nat Bridger), John Houseman (Dr. Stanley Markowitz), Sara Botsford (Ridley Taylor), Robin Gammell (Noah Clayton), Gary Reineke (Meara), Barry Morse (Fred Waits). F 79 Min.*
Irrer Killer ermordet seine Opfer mit einem speziell entwickelten Apparat, der Strom durch Telefonhörer schickt. [V]

STARR VOR ANGST

(SCARED STIFF). USA 1953. **R:** *George Marshall.* **B:** *Herbert Baker, Walter de Leon.* **K:** *Ernest Laszlo.* **M:** *Leith Stevens.* **D:** *Dean Martin (Larry Todd),*

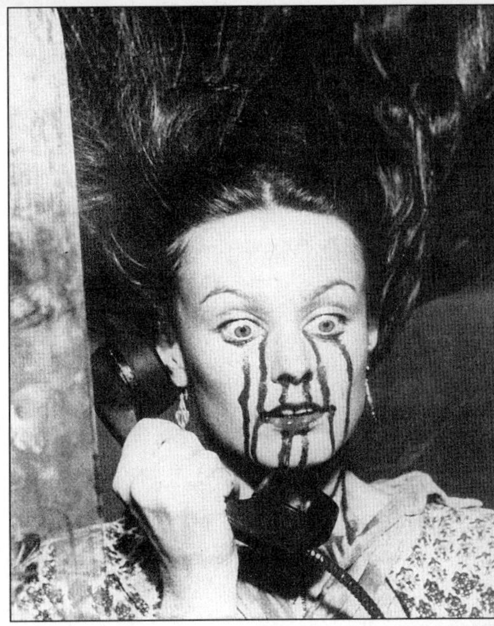

Starkstrom

Jerry Lewis (Myron Mertz), Lizabeth Scott (Mary Carroll), Dorothy Malone (Rosie), Carmen Miranda (Carmelita Castina), Henry Brandon (Pierre), Jack Lambert (Zombie), Leonard Strong (Shorty), Tom Powers (Polizeileutnant), George Dolenz (Cortega), Tony Barr (Trigger), William Ching (Tony Warren), Hugh Sanders, Paul Marion. SW 107 Min.
Jerry Lewis als Tellerwäscher und Dean Martin als Schnulzensänger in einem Spukschloss unter allerlei Gespenstern, Zombies und Leichen. Eine Komödie, der es leider etwas an rotem Faden mangelt, ansonsten aber ganz lustig ist.

THE STAY AWAKE – NACHT DES GRAUENS

(THE STAY AWAKE). Südafrika/USA 1987. **R:** *John Bernard.* **B:** *John Bernard.* **K:** *Alwyn Kunst.* **M:** *Dan Hill, Kevin Krueger.* **D:** *Shirley Jane Harris (Lehrerin), Heath Potter (William John Brown), Ken Marshall (Hausmeister), Lindsey Reardon (Schulleiter), Tanya Gordon, Jayne Hutton, Michelle Carey. F 85 Min.*
Vor der Hinrichtung schwört der Frauenmörder John Brown, in die Welt der Lebenden zurückzukehren und sich schauerlich zu rächen. 19 Jahre später wirkt er in einem Mädchenpensionat, bis eine wagemutige Lehrerin den Kampf aufnimmt. Horror-Machwerk aus der untersten Schublade. [V]

STEELE, BARBARA

(*1938). Britische Schauspielerin. Stand zuerst in kleinen irischen Provinztheatern auf der Bühne. 1957 im Citizen's Theatre in Glasgow, Filmrollen ab 1958. Spielte unter Federico Fellini und Volker Schlöndorff, aber bekannt wurde sie durch ihre Parts in Horrorfilmen: 1960: *La Maschera del Demonio (Die Stunde, wenn Dracula kommt)*; 1961: *Pit and the Pendulum (Das Pendel des Todes)*; 1962: *L'Orribile Segreto del Dottor Hichcock*; 1963: *La Danza Macabra; Lo Spettro*; 1964: *I Lunghi Capelli della Morte*; 1965: *Un Angelo per Satana; Cinque Tombe per un Medium; La Sorella di Satana*; 1968: *The Curse of the Crimson Altar (Die Hexe des Grafen Dracula)*; 1974: *The Parasite Murders (Parasiten-Mörder)*. 1990–91 in der kurz neu belebten TV-Serie *Dark Shadows*. Mrs. Steele, verheiratet mit dem Dramatiker James Poe, war auch als Produzentin tätig *(The Winds of War)*. Ihre Meinung über Horrorfilme: »Ich habe nie gern in ihnen gespielt ... Man hat mir diese Filme eben angeboten. Das war schlecht, denn dann folgte einer dem anderen, alle brachten Geld ein, und so bleibt man eben dabei. Aber ich habe sie nie gemocht und bin auch in keinen von ihnen gegangen. Ich glaube, sie haben nur vom Standpunkt des Regisseurs einen Wert, nicht für einen Schauspieler, denn sie enthalten alle diese ungeheuren Klischees. Und keiner hat Kontakt mit anderen, man ist immer ein Opfer der Umstände. Es ist in Horrorfilmen sehr selten, dass die emotionalen Bedürfnisse eines Schauspielers dem persönlichen Ausdruck dienen. Darum interessieren sie mich nicht wirklich. Was mich interessiert, ist, wie die Leute einander behandeln.« Und warum sind die Menschen so fasziniert vom Horrorfilm? »Das weiß der Himmel, können Sie mir's beantworten? Es handelt sich wohl um eine drastische und verzweifelte Evasion, dieselbe Evasion wie auch James Bond. Die Leute wollen nicht gegen sich selbst ankämpfen, darum fühlen sie sich von einem abstrakten Sadismus angezogen. Sadismus ist etwas sehr Mächtiges, und Horrorfilme sind sadistisch.« (FILM)

STEPFATHER II

(STEPFATHER II: MAKE ROOM FOR DADDY). USA 1988. **R:** *Jeff Burr.* **B:** *John Auerbach.* **K:** *Jacek Laskus.* **M:** *Jim Manzie, Pat Regan.* **D:** *Terry O'Quinn (Jerry Blake/Dr. Gene Clifford), Meg Foster (Carol Grayland), Caroline Williams (Matty Crimmins), Jonathan Brandis (Todd Grayland), Mitchell Laurance (Phil Grayland), Henry Brown (Dr. Joseph Danvers), Miriam Byrd-Nethery (Sally Jenkins), Leon Martell (Smitty), Renata Scott (Betty Willis), John O'Leary (Sam Watkins), Glen Adams (Verkäufer), Eric Brown (Hotelangestellter). F 83 Min.*

Psycho-Thriller. Vorgeschichte: *Kill, Daddy, Kill.* – Der Psychopath Jerry Blake, der merkwürdige Vorstellungen vom Familienleben hat, tötet einen Therapeuten, flieht aus einer Nervenklinik in Washington und lässt sich als Dr. Clifford in einer Kleinstadt als Psychiater nieder. Auf der Suche nach einer neuen Gattin wird er bei der frisch verlassenen Carol in einer Therapiegruppe fündig. Probleme (Carols reuig zurückkehrenden Ehemann und ihre argwöhnische Freundin Matty) schafft Blake per eiskaltem Mord aus der Welt. So erfahren Carol und ihr halbwüchsiger Sohn erst am Tag der Eheschließung, was sie sich ins Haus geschleppt haben. – »Ein gut funktionierender psychologischer Thriller ohne reißerische Musik, Aufsehen erregende Stunts oder schnelle Action, dafür umso mehr psychologischem Einfühlungsvermögen und Gespür für wirkungsvolle Dramaturgie.« (Almut Oetjen, ENZYKLOPÄDIE DES PHANTASTISCHEN FILMS) [V]

STEPFATHER III: VATERTAG

Anderer Titel für VATERTAG

STEPHEN KING – THE NIGHT OF THE CROW

(STEPHEN KING'S THE NIGHT OF THE CROW). USA 1988. **R:** *Glenn Takajian, John Woodward, Jack Garrett, Damian Harris.* **B:** *John Woodward, Jack Garrett, Damian Harris, Patrick Aumont.* **K:** *Johnny Stevens, Jack Garrett, Miles Cook.* **M:** *Bill Averback, Marvin Hoag, David Gibney.* **D:** *Rowan Sutherland, Alan Schwartz, Harry Yelmon, Lee Ryan, John Gowans, Gabriel Folse, Steven Young, Brian Caldwell, Ray Adamski, Stephen Nichols, Del Zamora, Eric Stoltz, Lesley Morris, Michael Simms. F 89 Min.*

Episodenfilm. 1. »The Last Hand«: Der Geist eines Ermordeten sucht den Mörder beim Pokerspiel heim. – 2. »Disciples of the Crow«: Inhalt siehe *Kinder des Zorns;* hier wird mehr oder weniger die gleiche Geschichte erzählt. – 3. »Night

Waiter«: Kellner stößt auf das Spukzimmer eines Hotels. – 4. »Killing Time«: Ein Leichendieb geht um. – Ein Etikettenschwindler, der versucht, von Stephen Kings Namen zu profitieren, obwohl nur die Vorlage einer Episode (und zwar die der schlechtesten) von ihm stammt. [V]

STEPHEN KING'S THE NIGHT FLIER

(STEPHEN KING'S THE NIGHT FLIER). USA 1997. **R:** *Mark Pavia.* **B:** *Mark Pavia, Jack O'Donnell.* **V:** *Erzählung »Der Nachtflieger« von Stephen King.* **K:** *David Connell.* **SpE:** *KNB EFX Group.* **M:** *Brian Keane.* **D:** *Miguel Ferrer (Richard Dees), Julie Entwistle (Katherine Blair), Dan Monahan (Morrison), Michael H. Moss (Dwight Renfield), John Bennies (Hannon). F 96 Min.*

Auf einem abgelegenen Flugplatz landet eine unbekannte Maschine. Der Pilot ist Psychopath und Massenmörder, der seinen Opfern grausige Bisswunden beibringt. (Unheimlich aber nur ungeschnitten.) Ein Yellow Press-Reporter hängt sich an seine Fersen, doch das kann nicht gut gehen.

STEPHEN KING'S NIGHTMARE COLLECTION

(STEPHEN KING'S NIGHTSHIFT COLLECTION). USA 1986. **R:** *Frank Darabont, Jeffrey C. Schiro, Jim Greco.* **B:** *Frank Darabont, Jeffrey C. Schiro, Jim Greco.* **V:** *Erzählungen »Die Frau im Zimmer« und »Das Schreckgespenst« von Stephen King sowie »The Stranglehold« von N.N.* **K:** *Juan Ruiz Anchia, Douglas Meltzer, Ernest Dickerson.* **D:** *Michael Reid (Lester Billings), Bert Linder (Dr. Harper), Terency Brady (Sgt. Copeland), Mindy Silverman (Rita Billings), Jerome Bynder (Leichenbeschauer), Bobby Perschell (Denny), Michael Dragosin (Andy), Nancy Lindberg (Nachbarin), James Holmes (Ehemann), John Macdonald, Dave Burr (Polizisten), Rich West, John Cote (Aufseher), Brooke Trivas (Schwester), Michael Corneslison (John), Dee Croxton (Mutter), Brian Libby (Gefangener) Bruce Davison (Richard Hagstrom), Karen Shallo (Lina Hagstrom), Bill Cain (Nordhoff), Jon Matthews (Jonathan), Patrick Piccinini (Seth). F 61 Min.*

Episodenfilm: 1. »Vergiftet«: Sohn beschließt, seiner kranken Mutter ein Gift zu verabreichen. – 2. »Wer hat Angst vorm Schwarzen Mann«: Buhmann bringt Kinder um. – 3. »Im Würgegriff«: Hellseherin sieht Morde voraus und informiert die Polizei, doch auch Cops können Killer sein. [V]

STEPHEN KING'S QUICKSILVER HIGHWAY

(QUICKSILVER HIGHWAY). USA 1997. **R:** *Mick Garris.* **B:** *Mick Garris.* **V:** *Storys von Stephen King und Clive Barker.* **K:** *Shelly Johnson.* **M:** *Mark Mothersbaugh.* **D:** *Christopher Lloyd (Erzähler), Silas Weir Mitchell (Tramper), Raphael Sbarge (Kerry/Hogan), Matt Frewer (Dr. George), Bill Bolender (Scooter), Cynthia Garris (Ellen), John Landis (Chirurg), Veronica Cartwright (Myra), Missy Grider, Clive Barker. F 90 Min.*

Christopher Lloyd erzählt zwei Horrorstorys von King respektive Barker: Ein Scherzartikel, ein aufziehbares, klapperndes Gebiss, zernagt einen Tramper, der seinem Käufer, einem Handelsvertreter, an die Eier will. In der zweiten Episode geht es à la *Orlac* oder *Die Bestie mit fünf Fingern* um Hände, die sich selbstständig machen, in diesem Fall die eines Schönheitschirurgen, die seine Frau erwürgen, um eine Revolution aller Hände anzustacheln.

STEPHEN KINGS SCHLAFWANDLER

(SLEEPWALKER). USA 1992. **R:** *Mick Garris.* **B:** *Stephen King.* **K:** *Rodney Charters.* **M:** *Nicholas Pike.* **D:** *Brian Krause (Charles Brady), Madchen Amick (Tanya Robertson), Alice Krige (Mary Brady), Ron Perlman (Captain Soames), Jim Haynie (Sheriff Ira), Lyman Ward (Don Robertson), Cindy Pickett (Mrs. Robertson), Dan Martin (Andy Simpson), Monty Bane (Horace), Glenn Shadix, Joe Dante, Joh Landis, Stephen King, Tobe Hooper, Clive Barker. F 89 Min.*

Inzestuös lebendes Pärchen (Mutter und Sohn), eine Vampir-Abart, ziehen in eine amerikanische Kleinstadt, dürsten nach dem Blut einer Jungfrau, werden aber von einer gewöhnlichen Hauskatze abgeschmettert. Diesmal nicht nach einem Roman von Stephen King, sondern nach einem Originaldrehbuch. [V]

STEPHEN KINGS STARK

(THE DARK HALF). USA 1991. **R:** *George A. Romero.* **B:** *George A. Romero.* **V:** *»Stark« von Stephen King.* **K:** *Tony Pierce-Roberts.* **Ma:** *Everett Burrell, John Vulich.* **M:** *Christopher Young.* **D:** *Timothy Hutton (Thad Beaumont/George Stark), Amy Madigan (Liz Beaumont), Julie Harris (Reggie DeLesseps), Michael Rooker (Sheriff Alan Pangborn), Larry John Meyers (Dr. Pritchard). F 124 Min.*

Thad Beaumont ist Lehrer von Beruf und schreibt unter dem Pseudonym George Stark

Stephen Kings Stark

kommerziell erfolgreiche Horror-Romane (seine hochliterarischen Ergüsse will niemand lesen). Als er beschließt, seine zweite Identität medienwirksam zu »beerdigen«, um fortan unter seinem echten Namen Ruhm und Bestsellerehren einzuheimsen, wird die finstere Seite seiner Persönlichkeit real: »George Stark« rächt sich mit einem Rasiermesser an allen, die seine Existenz zunichte gemacht haben und wird zum monströsen Massenmörder, der am Tatort stets Beaumonts Fingerabdrücke zurücklässt. Sein erstes Opfer ist der Fotograf, der Starks »Beerdigung« abgelichtet hat; nach ihm müssen andere dran glauben. Sheriff Pangborn ist zwar misstrauisch, doch Beaumont hat immer ein wasserdichtes Alibi. Der von seiner Kreatur drangsalierte Autor erkennt schließlich, dass nur er den Killer erledigen kann – und bringt in Erfahrung, dass er als Kind eine Hirnoperation über sich ergehen lassen musste, die ihn von einem mysteriösen Zwilling befreite. – »Ein typisches Beispiel für amerikanisches Mainstream-Kino ohne Ecken und Kanten: Vorhersehbar, bei einer Länge von 124 Minuten stinklangweilig und so spannend wie Leberwurst.« (Jörg Stodolka, SPLATTING IMAGE) [V]

STEPHEN KING'S THE SHINING

(STEPHEN KING'S THE SHINING). USA 1996. **R:** *Mick Garris.* **B:** *Stephen King.* **V:** *»Shining« von Stephen King.* **K:** *Shelly Johnson.* **M:** *Nicholas Pike.* **D:** *Steven Weber (Jack Torrance), Rebecca De Mornay (Wendy Torrance), Courtland Mead (Danny Torrance), Melvin Van Peebles (Dick Halloran), Will Horneff (Tony), Elliot Gould (Stuart Ullman), Pat Hingle (Pete Watson), Cynthia Garris (Dame in Zimmer 217), John Durbin (Harry Derwent), Stanley Anderson (Delbert Charles Grady), Micky Giacomazzi (Kellner), Thomas Herrera (George Hatfield), David Sosna (Gene), David Zambrano (Mitch), Mick Garris (Hartwell), Tim Perovich, Kenn Solomon, Peter Boyles, Jan Van Sickle, Dan Bradley, Lou Carlucci, Berha Lynn, J. P. Romano. F 86/86/87 Min.*

TV-Film, drei Teile. Inhalt siehe *Shining.* – Miniserie eines Romans von Stephen King, den Stanley Kubrick immerhin mit Jack Nicholson unvergesslich verfilmt hat. Eine kongeniale oder zumindest buchgerechte Produktion. [V]

STIEFEL, DIE DEN TOD BEDEUTEN

(BLIND TERROR). GB 1971. **R:** *Richard Fleischer.* **B:** *Brian Clemens.* **K:** *Gerry Fisher.* **M:** *Elmer Bernstein.* **D:** *Mia Farrow (Sarah), Robin Bailey (George Rexton), Dorothy Alison (Betty Rexton), Diane Grayson (Sandy Rexton), Norman Eshley (Steve Reding), Brian Rawlinson (Barker), Christopher Matthews (Frost), Paul Nicholas (Jocko Osgood), Michael Elphick (Tom), Barrie Houghton (Jack), Lila Kye (Zigeunerin), Max Faulkner, Scott Fredericks, Reg Harding (Steves Leute), Donald Bisset (Arzt). F 89 Min.*

Nach einem Unfall erblindete junge Frau, die bei Verwandten auf einem Landsitz in England lebt, fällt beinahe einem psychopathischen Killer zum Opfer, der ihre ganze Familie ausrottet. – »Mia Farrows Darstellung ist schon ein Grund, sich [diesen Film] anzusehen, aber es ist auch der Einzige ... Zwar legt Brian Clemens' Drehbuch geschickt einen roten Faden aus, der uns von einer Szene zur nächsten lockt, aber entweder saugt sich die Kamera wie ein irrer Fetischist an den Stiefeln des Mörders fest oder erzeugt bedrohliche Bewegungen, die Enthüllungen ankündigen, die dann doch nicht erfolgen.« (Arthur Knight, SATURDAY REVIEW)

STIGMATA

(STIGMATA). USA 1999. **R:** *Rupert Wainwright.* **B:** *Tom Lazarus, Rick Ramage.* **St:** *Tom Lazarus.* **K:** *Jeffrey L. Kimball.* **M:** *Billy Corgan, Elia Cmiral,*

Mike Garson. **D:** *Patricia Arquette (Frankie Paige), Gabriel Byrne (Pater Andrew Kiernan), Jonathan Pryce (Kardinal Houseman), Nia Long (Donna Chadway), Rade Sherbedzija (Marion Petrocelli), Enrico Colantoni (Pater Dario), Dick Latessa (Pater Gianni Delmonico), Thomas Kopache (Pater Durning), Ann Cusack. F 102 Min.*
Einer der besseren Teufelsfilme: »Zuerst weint eine Madonnen-Statue im obligatorisch weit entfernten Land Blut – Ursprung des Unheils ist diesmal Brasilien – , dann bahnt sich das Böse (unklar: es könnte auch das Gute sein) seinen Weg nach Pittsburgh. Niemand Geringeres als die atheistische, partysüchtige Friseuse Frankie ... hat sich Gott und Drehbuchautor Tom Lazarus als Träger der Stigmata, der Kreuzigungszeichen Jesu, ausgesucht. Ein mysteriöser Rosenkranz aus dem südamerikanischen Staat scheint Überträger der lästigen Krankheit zu sein, nun hat Frankie den schwarzen Peter und die Rolle der Linda Blair. Vom Vatikan wird Priester und Wissenschaftler Vater Andrew Kienan ... zur genaueren Ermittlung vor Ort geschickt. Unterdessen wird Frankie in ihrer Badewanne gekreuzigt und in der U-Bahn gegeißelt – wieso genau, weiß keiner. Fortan brabbelt sie nur noch Aramäisch, die Sprache Christi, und Kienan verschaut sich natürlich in die reizvolle 23jährige. Leiden macht eben sexy. Wie sich herausstellt, ist sie von mehreren Wesen besessen, darunter ein verstorbener Priester, der das verschollene Manuskript Jesu übersetzt hatte.« (tk, SPLATTING IMAGE 40/Dezember 1999)

STILLE NACHT, HORROR NACHT

(SILENT NIGHT, DEADLY NIGHT). USA 1986. **R:** *Charles E. Sellier jr.* **B:** *Michael Hickey.* **K:** *Henning Schellerup.* **M:** *Perry Botkin.* **D:** *Lilyan Chauvin (Oberin), Gilmer McCormick (Schwester Margaret), Toni Nero (Pamela), Robert Brian Wilson (Billy), Britt Leach (Mr. Sims), Nancy Borgenicht (Mrs. Randall), H. E. D. Redford (Captain Richards), Danny Wagner (Billy als Kind). F 90 Min.*
Psychopath, dessen Eltern von einem Mann im Nikolauskostüm abgeschlachtet wurden, metzelt sich in ebensolcher Kluft durch die Welt. Fröhliche Ostern! AIDT [V]

DIE STIMME DES TODES

(IL GATTO DAGLI OCCHI DI GIADA). Italien 1976. **R:** *Antonio Bido.* **B:** *Antonio Bido, Roberto Natale, Vittorio Scheraldi, Aldo Serio.* **St:** *Vittorio Scheraldi.* **K:** *Mario Vulpiani.* **M:** *Trans Europa Express.* **D:** *Corrado Pani (Lucas), Paola Tedesco (Mara), Franco Citti (Pasquale Ferrante), Bianca Toccafondi (Smeralda), Giovanni Vannini (Giovanni), Fernando Cerulli, Giuseppe Addobbati, Gianfranco Bullo, Jill Pratt, Inna Alexeievna, Paolo Malco, Cristina Piras, Roberto Antonelli, Gaetano Rampin, Giuseppe Pennese, Antonio Bido. F 89 Min.*
Zeugen eines Mordes werden vom Täter gejagt und ausgeschaltet [V]

STIMMEN

(VOICES). GB 1973. **R:** *Kevin Billington.* **B:** *George Kirgo, Robert Enders.* **K:** *Geoffrey Unsworth.* **M:** *Richard R. Bennett.* **D:** *David Hemmings, Gayle Hunnicutt, Lynn Farleigh, Peggy Ann Clifford, Russell Lewis, Adam Bridge, Eva Griffiths. F (91) 87 Min.*
Mama und Papa hören im Urlaub die Geisterstimme ihres verstorbenen Sohnes im Ferienhaus und stellen auf der Suche nach den Gründen fest, dass auch sie selbst nicht mehr leben. Gosh! Wow! Gee! Whiz! [V]

STRANGE, GLENN

(1899–1973). Geboren in Weed, New Mexico. George Glenn Strange war einer der Nachfolger von Boris Karloff in Universals Frankenstein-Reihe: 1944: *House of Frankenstein;* 1945: *House of Dracula;* 1948: *Abbott and Costello Meet Frankenstein (Abbott und Costello treffen Frankenstein/Mein Gott, Frankenstein).* Weitere Rollen: 1942: *The Mad Monster; The Mummy's Tomb;* 1949: *Master Minds.* War als Tarzan sowie als Kiemenmensch in *Creature from the Black Lagoon (Der Schrecken vom Amazonas)* vorgesehen. Bekannt wurde er auch als Barmann Sam in der TV-Westernserie *Gunsmoke (Rauchende Colts).*

STRANGER ON THE THIRD FLOOR

(STRANGER ON THE THIRD FLOOR). USA 1940. **R:** *Boris Ingster.* **B:** *Frank Partos.* **K:** *Nicholas Musuraca.* **M:** *Roy Webb.* **D:** *Peter Lorre (Fremder), Elisha Cook jr. (Joe Briggs), Ethel Griffies (Mrs. Kane), Charles Halton (Meng), Cliff Clark (Martin), Oscar O'Shea (Richter), Margaret Tallichet (Jane), Alec Craig (Anwalt), Charles Waldron (Staatsanwalt), Otto Hoffman (Polizeiarzt), John McGuire (Michael), Bud Osborne, Paul McVey, Emory Parnell. SW 63 Min.*

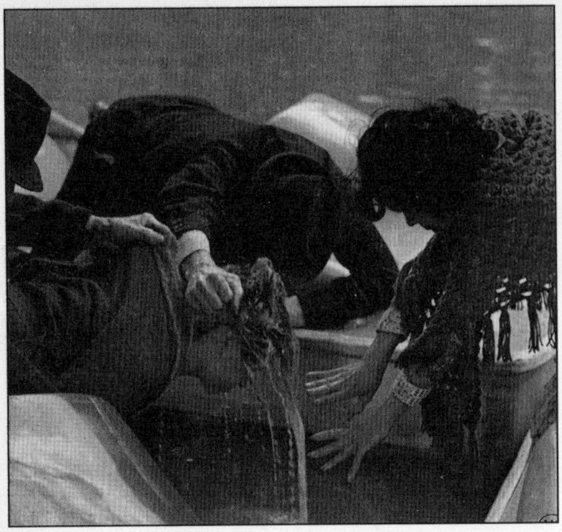

Die Strasse des Bösen

Ein amerikanischer Journalist bringt mit seiner Zeugenaussage einen Unschuldigen in die Todeszelle und wird vom wirklichen Killer (einem Psychopathen) in eine Situation gebracht, die für die Staatsanwaltschaft nur so aussehen kann, als sei er ebenfalls ein Mörder. Spannend! [V]

DIE STRASSE DES BÖSEN

(HOMEBODIES). USA 1974. **R:** *Larry Yust.* **B:** *Larry Yust, Howard Kaminsky, Bennett Sims.* **K:** *Isidore Mankofsky.* **M:** *Bernardo Segall.* **D:** *Peter Brocco (Blakely), Frances Fuller (Emily), Ian Wolfe (Loomis), Ruth McDevitt (Mrs. Loomis), William Hansen (Sandy), Paula Trueman (Mattie), Douglas Fowley (Crawford), Linda Marsh (Miss Pollack), Wesley Lau, Kenneth Tobey, William Benedict, Norman Gottschalk, Joe de Meo, Eldon Quick, Irene Webster, Nicholas Lewis, John Craig, Alma Du Bus, Michael Johnson. F 97 Min.*

Sechsköpfige Rentnergruppe in New York, die »umgesetzt« werden soll, weil ihr Wohnhaus einem Wolkenkratzer weichen muss, entledigt sich ihrer Widersacher per Sabotage und Mord, um die Abrissarbeiten zu verzögern. – »Ein Werk des Grauens und Entsetzens, das Sie nachts schweißgebadet aus dem Schlaf reißt ... Was in diesem Film geschieht, ist so unheimlich, dass es Sie noch tagelang verfolgt ... Wer diesen Film bis zum Ende sieht, traut sich in seine Straße nicht zurück.« – Mit solchen Sprüchen versuchte man dem Publikum zu suggerieren, es erfahre den ultimativen Horror: »Dabei handelt es sich bei diesem Produkt eher um eine mit den Mitteln des Horrorfilms aufgemöbelte *Lina Braake* aus Amerika.« (rrh., FILMDIENST)

STRAYS – BLUTIGE KRALLEN

(STRAYS). USA 1991. **R:** *John McPherson.* **B:** *Shaun Cassidy.* **K:** *Jacques Haitkin.* **M:** *Michel Colombier.* **D:** *Kathleen Quinlan (Lindsay Jarrett), Timothy Busfield (Paul Jarrett), Claudia Christian (Claire), William Boyett (Dr. Sokol), Heather Lilley. F 78 Min.*

TV-Film. Junges Ehepaar bezieht mit kleiner Tochter ein Landhaus, dessen Umgebung von verwilderten Katzen wimmelt. Selbige lechzen bald nach dem Blute der Hausbewohner. Tier-Horror, wie gehabt. [V]

STRICKFADEN, KENNETH

(1896–1984). Geboren in Montana. Amerikanischer Effektmeister (1925: *The Phantom of the Opera*), der sich auf elektrische Apparaturen spezialisierte und reichlich Frankenstein-Labors ausstattete. 1931: *Frankenstein (Frankenstein);* 1932: *The Mask of Fu Manchu (The Mask of Fu Manchu);* 1935: *The Bride of Frankenstein (Frankensteins Braut);* 1936: *Flash Gordon;* 1939: *Son of Frankenstein (Frankensteins Sohn);* 1963: *The Atomic Brain;* 1971: *Dracula Vs. Frankenstein (Draculas Bluthochzeit mit Frankenstein);* 1972: *Blackenstein;* 1974: *Young Frankenstein (Frankenstein Junior);* 1984: *Frankenweenie.*

STRIPPED TO KILL II

(STRIPPED TO KILL II: LIVE GIRLS). USA 1988. **R:** *Katt Shea Ruben.* **B:** *Katt Shea Ruben.* **K:** *Phedon Papamichael.* **M:** *Gary Stockdale.* **D:** *Maria Ford (Shady), Eb Lottimer (Decker), Karen Mayo Chandler (Cassandra), Birke Tan (Dazzle), Karen Mayo Chandler (Cassandra), Tommy Ruben (Ike), Marjean Holden (Something Else), Debra Lamb (Montra), Lisa Glaser (Victoria), Virginia Peters (Shirl). F 79 Min.*

Lesbische Stripperin metzelt in schummerigem Nachtclub ihre Kolleginnen, während eine psychisch labile Kollegin, die nach jedem Mord blutbesudelt erwacht, sich für die Täterin hält. Sexfilm, der Striptease-Nummern mit einer Psycho-Killer-Geschichte streckt. [V]

DER STUDENT VON PRAG

Deutschland 1913. **R:** *Stellan Rye, Paul Wegener.* **B:** *Hanns Heinz Ewers.* **St:** *Hanns Heinz Ewers.* **K:**

Guido Seeber. **M:** *Josef Weiss.* **D:** *Paul Wegener (Balduin), Lyda Salmonova (Lyduschka), Grete Berger (Komtess Margit), Lothar Körner (Graf Schwarzenberg), Fritz Weidemann (Baron Waldis-Schwarzenberg), John Gottowt (Scapinelli). SW 85 Min. (Stummfilm).*

Prag, 1820: Während seine wohlhabenden Kommilitonen in Saus und Braus leben, ist der Student Balduin ein armer Schlucker. Zwar hat er in der hübschen Zigeunerin Lyduschka eine temperamentvolle Geliebte, aber der Geist steht ihm nach Höherem. Eines Tages nähert sich ihm der Teufel in Gestalt des mysteriösen Herrn Scapinelli und schwatzt ihm sein Spiegelbild ab. Fortan hat Balduin nur noch Glück: Er gewinnt beim Kartenspiel und erringt das Herz der Komtess Margit. Bald verkehrt er in den Kreisen der High Society. Sein Spiegelbild jedoch verfolgt ihn in seiner Gestalt überallhin, erinnert ihn an den Pakt mit dem Gehörnten und vollbringt in Balduins Namen Untaten: So tötet es z.B. einen adeligen Herrn, der mit Margit verwandt ist – und nun will man mit Balduin nichts mehr zu tun haben. Als sich auch seine Spielgefährten von ihm abwenden, da er beim Skat ständig gewinnt, taucht das Spiegelbild wieder auf. Balduin ergreift die Flucht und will sich des Verfolgers mit einer Pistole entledigen. Sein auf einen Spiegel abgefeuerter Schuss tötet ihn jedoch selbst. »Was dieser korporierte Studiosus Balduin eigentlich studiert, lässt sich aus keiner Szene des Films entnehmen. Aber es geht hier auch nicht um die Probleme eines Studenten. Die Regisseure Stellan Rye, Henrik Galeen und Arthur Robison, die 1913, 1926 und 1936 das ›tragische Schicksal‹ des ›armen Studenten‹ ... verfilmten, hatten viel mehr vor: das ›Dämonische im Menschen‹ zu beschwören, die Illusion zu hegen, ›der Mensch‹ sei irgendwelchen abstrusen Schicksalsmächten unentrinnbar unterworfen, Nietzsches Amor fati zu popularisieren, und den Stoff dazu lieferte ihnen einer der profiliertesten Schundschreiber jener Zeit: Hanns Heinz Ewers ... Und dieser Ewers war es auch, der 1913 den auf einen ›künstlerischen Film‹ erpichten Filmpionieren Paul Wegener, Stellan Rye und Guido Seeber rasch die Story vom ›Studenten von Prag‹ zusammenkleisterte. Ewers plagiierte dabei unbekümmert versiertere Kollegen: Er mixte Motive aus dem ›Faust‹ von Marlowe und Goethe, aus Robert Louis Stevensons ›Dr. Jekyll und Mr. Hyde‹, aus Edgar Allan Poes ›William Wilson‹, aus Adalbert von Chamissos ›Peter Schlemihl‹, aus Geschichten von E. T. A. Hoffmann, eventuell auch aus Jacques Offenbachs ›Hoffmanns Erzählungen‹ zusammen, und heraus kam – als Tintenkleckserei – *Der Student von Prag.*« (SCIENCE FICTION TIMES). – »Bei aller Patina und allem guten Ruf, die dieser Wegener-Film besitzt, ist er doch keinesfalls ein reiner Genuss ... Und man wird auch den vom Geschmack der Entstehungszeit ... geprägten Stil dieses Films schwerlich ganz ohne Lächeln hinnehmen können. Zwischentitel wie ›Balduin fühlt sich als armer Student und zieht sich zurück‹ oder ›Margit denkt an die Warnung der Zigeunerin und bekreuzigt sich‹ wechseln ab mit Ohnmachtsszenen oder mit einer für heutige Verhältnisse unerträglichen Gestik. Manchmal fehlen wirklich nur der berühmte Klavierspieler und der Kommentator mit dem Zeigestock.« (tho., FILMBEOBACHTER) Hanns Heinz Ewers hat den Film später auch in dem Roman *Der Student von Prag* (München 1930) verwurstet.

DER STUDENT VON PRAG

Deutschland 1926. **R:** *Henrik Galeen.* **B:** *Hanns Heinz Ewers.* **St:** *Hanns Heinz Ewers.* **K:** *Günter Krampf, Erich Nitzschmann.* **M:** *Willy Schmidt-Gentner.* **D:** *Conrad Veidt (Balduin), Werner Krauss (Scapinelli), Agnes Esterhazy (Komtess Margit), Elizza La Porta (Lyduschka), Ferdinand von Alten (Baron Waldis-Schwarzenberg), Fritz Alberti (Graf von Schwarzenberg), Sylvia Torf, Erich Kober, Max Maximilian, Marian Alma. SW 72 Min. (Stummfilm).*

Inhalt: siehe *Der Student von Prag* (1913). Regisseur Henrik Galeen zu diesem Remake: »Die herrliche Fabel musste reicher werden, die heute nicht mehr zu verdauenden Satanismen mussten schon im Drehbuch verschwinden. Es hieß hier gegen die jugendliche Erinnerung anzukämpfen, gegen den starken Eindruck des ersten künstlerischen Films. Die unausgenützten Momente des ersten Drehbuches mussten gehoben und zur letzten Klarheit gebracht werden, und der Film durfte durch die Dehnung nicht langweilig werden. Der Student von Prag musste wirklich ein Student werden. Er musste den wirklichen Hintergrund einer Jugend von damals bekommen. Der ›beste Fechter in Prag‹, wie es im alten Manuskript hieß, durfte nicht nur ein Titel bleiben; das befriedigt uns heutzutage nicht mehr; ich musste ihn als Fechter zeigen. Geehrt von seinen Kommilitonen, wusste er durch seine Art, die Waffe nicht unnötig zu missbrauchen, das Herz des Zuschauers für sich zu erobern. Nur deshalb habe ich den Mensuren einen so großen Platz eingeräumt. Selbstredend war mir die Dynamik dieser Szenen bewegungsrhythmisch nur angenehm. Hier wollte ich nur nebenbei zeigen, dass wir solche Szenen genau so gut zu lösen verstehen wie Douglas Fairbanks. Die Figur des Scapinelli durfte ebenso wenig die Dämonie nur aus dem Titel schöpfen. Für das Genie Krauss musste die bildhafte Notwendigkeit der dämonischen Geste geschaffen werden. So kam ich auf die Idee, ihn die Parforcejagd kommandieren zu lassen, zu zeigen, dass es kein reiner Zufall ist, dass die Komtesse Margit und der Student Balduin einander begegnen. Im alten Manuskript erschien mir die Tatsache des Fehlens des Spiegelbildes nicht genügend ausgenutzt. Der Zuschauer musste öfter ›sehen‹, dass Balduins Spiegelbild nicht mehr vorhanden ist, bis er endlich leibhaftig vor uns als ›der Andere‹ erscheint.« (DER FILM, zit. n. Ilona Brennicke/Joe Hembus, KLASSIKER DES DEUTSCHEN STUMMFILMS)

DER STUDENT VON PRAG

Deutschland 1935. **R:** *Arthur Robison.* **B:** *Hans Kyser, Arthur Robison.* **V:** *»Der Student von Prag« von Hanns Heinz Ewers.* **K:** *Bruno Mondi.* **M:** *Theo Mackeben.* **D:** *Adolf Wohlbrück (Balduin), Theodor Loos (Dr. Carpis), Dorothea Wieck (Julia), Erich Fiedler (Baron Waldis), Edna Greyff (Lydia), Karl Hellmer (Krebs), Volker von Collande (Zavrel), Fritz Genschow (Dahl), Elsa Wagner (Jarmila), Franz Zimmermann (Ruppert), Betty Sedlmayr, Paul Rehkopf, Walter von Allwörden, Fred Goebel. SW 79 Min.*

Inhalt siehe *Der Student von Prag* (1913). – In diesem Tonfilm-Remake heißt der Teufel in Menschengestalt Dr. Carpis; die Frau, deren Herz Balduin zu gewinnen trachtet, ist eine Sängerin namens Julia, die sich in der Begleitung des Edelmannes Baron Waldis befindet. Balduin kommt zu Reichtum, indem er den Baron am Spieltisch ausplündert. – »Von den drei Fassungen scheint mir die erste auch die beste zu sein. Die zuletzt gedrehte Version ist die effektvollste, in die die morbide Dekadenz präfaschistischer Zeiten offensichtlich als morbid und krankhaft übersteigerte einging.« (Klaus Eder, FERNSEHEN UND FILM)

STUMME SCHREIE

Anderer Titel für DIE GROTTE DER VERGESSENEN LEICHEN

DIE STUNDE DES HEADHUNTERS

(HEADHUNTER). Südafrika 1988. **R:** *Francis Schaeffer.* **B:** *Len Spinelli, Jeremy Iacone.* **K:** N.N. **M:** *Julian Laxton.* **D:** *Wayne Crawford (Pete Giullani), Kay Lenz (Katherine Hall), Steve Kanaly (Captain Ted Calvin), June Chadwick (Denise Giullani), John Fatooh (John/Headhunter), Gordon Mulholland (Robert Sinclair), Sam Williams (Samuel Juru), Helena Kriel (Murphy), Ted Le Plat (Detective Haynes), John Barrett (Detective), Peter Notaro (Ladenschwengel), Jim Neill (Barkellner), Isaac Albert, Robert La Thom, Al Roberts. F 88 Min.*

Gruselig anzusehender afrikanischer Voodoo-Dämon mordet sich durch Miami. Ein frustrierter Cop (seine Gattin betrügt ihn mit einer Frau) und seine ansehnliche Partnerin klären

Der Student von Prag

den Fall. Am Ende schnurrt die Kettensäge. Billigproduktion mit einigen überraschenden Momenten. [V]

DIE STUNDE DES WOLFS

(VARGTIMMEN). Schweden 1967. **R:** *Ingmar Bergman.* **B:** *Ingmar Bergman.* **K:** *Sven Nykvist.* **M:** *Lars Johan Werle.* **D:** *Max von Sydow (Johan Borg), Liv Ullman (Alma), Erland Josephson (Baron von Merkens), Gertrud Fridh (Corinne von Merkens), Gudrun Brost (Mutter), Bertil Anderberg (Ernst von Merkens), Georg Rydeberg (Lindhorst), Ulf Johanson (Heerbrand), Naima Wifstrand (Alte Dame), Ingrid Thulin (Veronica Vogler), Agda Helin (Magd), Lenn Hjörtsberg (Kreisler), Mikael Rundquist (Junge), Mona Seilitz, Folke Sundquist. SW 87 Min.*

Der Maler Johan Borg und seine Frau Alma kehren auf die abgelegene Insel zurück, die Borgs Heimat ist. Der Künstler ist schweigsam und unzugänglich. Alma erkennt, dass er große Angst vor der Dunkelheit hat und sich vor dem Einschlafen fürchtet. Er zeigt ihr ein Skizzenbuch, das sie nie zuvor gesehen hat: Es enthält Abbildungen monströser Insekten- und Vogelwesen. Eine seltsame alte Dame rät Alma, das Tagebuch ihres Gatten zu lesen. Sie findet heraus, dass er auf der Insel offenbar seine frühere Geliebte Veronika getroffen hat. In einer gespenstischen Szene, die Alma und Borg bei einem Essen im Schloss des Inselherrschers Baron von Merkens zeigt (offenbar eine Vision; wessen, bleibt jedoch offen) erkennt Alma, dass die bizarren und hämischen Schlossbewohner über die Vergangenheit ihres Gatten besser im Bilde sind als sie selbst. Alma erfährt, dass ihr Mann vor langer Zeit einen Jungen getötet hat. Als Borg erneut auf das Schloss eingeladen wird – mit dem Hinweis, auch Veronika werde dort sein –, verlangt Alma Aufschluss über die Frau. Borg schießt sie jedoch nieder. Er kehrt in das Schloss zurück, das sich immer mehr als albtraumhaftes Labyrinth entpuppt. Als man ihn zu Veronika führt und er sie zu lieben versucht, wird er von den dämonischen Bewohnern des Schlosses verhöhnt und erniedrigt. Er verschwindet schließlich in den Wäldern, wo ihn die verfolgenden Dämonen – monströse Vogelwesen – attackieren. Alma, die noch lebt, macht sich zur Verfolgung auf, aber Borg hinterlässt keine Spuren. – »Bergman hat sich in diesem Film in ein Reservat zurückgezogen, in dem menschenfresserische Dämonen noch unstrittige Wirklichkeit sind. Im Gegensatz zu den wüsten Traumwelten etwa eines Arrabal sind seine Gesichter jedoch trotz aller Raffinesse, trotz aller Überraschungen geradezu ordentlich, sie sind präzise konstruiert und kalkuliert bis ins kleinste Detail als ein virtuos theatralisches Gaukelspiel, das die Mittel, mit denen es jongliert, nicht verbirgt.« (Egon Netenjakob, FILMDIENST)

DIE STUNDE, WENN DRACULA KOMMT

(LA MASCHERA DEL DEMONIO). Italien 1960. **R:** *Mario Bava.* **B:** *Mario Bava, Ennio de Concini.* **K:** *Ubaldo Terzano.* **M:** *Roberto Nicolosi.* **D:** *Barbara Steele (Asa/Katia), John Richardson (Dr. Gorobec), Ivo Gerrani (Prinz Vaida), Andrea Checchi (Dr. Choma), Arturo Dominici (Javuto), Enrico Olivieri (Constantin), Antonio Pierfederici (Priester), Clara Bindi (Wirtin), Germana Dominici (Tochter), Mario Passante (Nikita), Tino Bianchi (Ivan). SW 85 Min.*

Im 17. Jahrhundert wird die adelige Hexe Asa von ihrem Bruder als solche entlarvt, mit einer metallenen Dornenmaske gefoltert und zum Scheiterhaufen gebracht. Sie verflucht ihre gesamte Sippschaft; plötzlich einsetzender Regen löscht das Feuer. Asa und ihr (mitschuldiger) Geliebter werden auf dem Gelände einer alten Kapelle bestattet. 1830 wird sie versehentlich von zwei nach Moskau reisenden Ärzten wieder zum Leben erweckt, erlöst ihren Geliebten und macht sich auf, um die Nachfahren derjenigen zu töten, die sie auf dem Gewissen haben. Eklige Morde finden statt: Einer der Ärzte unterwirft sich Asas Willen, und schließlich muss bei-

Die Stunde, wenn Dracula kommt

nahe auch die schöne Katia dran glauben, da Asa ihr die Lebenskraft rauben will. – Dieser hanebüchene Streifen, der in diversen Gegenden als Kultfilm gehandelt wird und regelmäßig wegen seiner angeblich wunderbaren Kameraführung Lob einheimst, ist ein geistloser alter Stinkkäse, auch wenn ein Kritiker sich gar zu der Behauptung verstieg, Mario Bava gehöre »neben Murnau, Dreyer, Leni, Browning und Val Lewton zu den wenigen originellen Poeten des Horrorfilms«. Abgesehen davon, dass der Film schon im (deutschen) Titel lügt – Dracula ist nirgendwo zu entdecken –, gibt er auch hochstaplerisch vor, er basiere auf der Novelle »Der Wij« von Nikolai Gogol. Die Scheußlichkeiten, die er serviert, sollte sich nur der ansehen, der an einschlägiger Videokost geschult ist: »Die Regie verlässt den Bereich des berechtigten Nervenkitzels, indem sie den im Grunde romantischen Stoff über jedes Maß hinaus mit sadistischen Zusätzen ausstattet. Das Gesicht einer Leiche, in Nahaufnahme, von Ungeziefer wimmelnd; ein Messerstich ins Auge, dem ein aufspringender Blutstrahl folgt; der Griff dürrer Hände ans Dekolleté der Hauptdarstellerin; das Kruzifix schließlich als Zaubermittel, das Vampirfleisch zum Zischen bringt: das alles ist ekelhaft und in seiner barbarischen Mache nicht zu ertragen.« (GH., FILMDIENST)

SUBOTSKY, MILTON

(1921–1991). In Brooklyn, New York, geborener Autor, der vom Fernsehen kam und im britischen Kino Fuß fasste und möglicherweise der Spiritus Rector von Hammers *Curse of Frankenstein (Frankensteins Fluch)* war. Subotsky gründete zusammen mit Max J. Rosenberg die auf Horror-Anthologien spezialisierten Amicus Productions. 1960: *City of the Dead (Stadt der Toten)*; 1965: *Dr. Terror's House of Horrors (Die Todeskarten des Dr. Schreck)*; *The Skull (Der Schädel des Marquis de Sade)*; 1967: *Torture Garden (Der Foltergarten des Dr. Diabolo)*; 1969: *Scream and Scream Again (Die lebenden Leichen des Dr. Mabuse)*; 1970: *The House That Dripped Blood (Totentanz der Vampire)*; *I, Monster (Ich, ein Monster)*; 1971: *Tales from the Crypt (Geschichten aus der Gruft)*; 1972: *Asylum (Asylum)*; 1973: *Vault of Horror*; 1974: *Madhouse (Das Schreckenshaus des Dr. Death)*; *From Beyond the Grave*; 1980: *The Monster Club (Monster-Club)*.

SUBSPECIES IV – IM BLUTRAUSCH

(SUBSPECIES IV: BLOODSTORM). USA/Rumänien 1998. **R:** *Ted Nicolaou.* **B:** *Ted Nicolaou.* **K:** *Adolfo Bartoli.* **M:** *Richard Kosinski, John Zeretzka.* **D:** *Anders Hove (Radu Vladislas), Denice Duff (Michelle Morgan), Jonathan Morris (Ash), Joanna Abur (Ana Lazar), Mihai Dinvale (Dr. Niculescu), Floriella Grappini (Serena). F 90 Min.*

Vampirfürst auf der Blutspur seiner nach einem missglückten Mordanschlag geflohenen Geliebten. – Dürftiges Videoprodukt. [V]

SUCK MY DICK

BRD 2001. **R:** *Oskar Roehler.* **B:** *Oskar Roehler.* **V:** *Motive aus »Der seltsame Fall des Dr. Jekyll und Mr. Hyde« von Robert Louis Stevenson.* **D:** *Edgar Selge (Dr. Jekyll), Ralf Richter (Hyde), Wolfgang Joop (Psychiater Doria), Katja Flint (Jeanny), Hannelore Elsner (Sprechstundenhilfe), Ariane Sommer, Natalia Wörner, Eva Mattes, Dieter Laser, Vadim Glowna. F 82 Min.*

In Anlehnung an das Vorbild von Robert Louis Stevenson beichtet Dr. Jekyll, der in der Gesellschaftsfarce Oskar Roehlers ein Bestsellerautor in der Midlife-Krise ist, seinem Psychiater, seine Romanfigur Hyde sei aus seinem Buch ausgebrochen und raube ihm im wirklichen Leben alles, was männlich ist: Haare, Zähne, Geschlechtsteil. Es ist eine Reise in ungeahnte seelische Abgründe und den sozialen Abstieg in einer narzisstischen Szene-Gesellschaft, vom Regisseur visuell entsprechend verfremdet: »Bewusste Fehlbelichtungen, unheimliche Schattenwirkungen und farbliche Reduzierung, klaustrophobisch enge Räume und das schräge Dekor der Traumszenen lösen die Grenzen zwischen Wahn und Wirklichkeit auf.« (LAUSITZER RUNDSCHAU, 8.11.2001) Was hoffnungsvoll beginnt, hat zum Schluss zwar einige Längen, ist aber besser, als die Anfeindungen der Kritik glauben machen wollen. Oskar Roehler versteht sein Handwerk. Schauspielerisch daneben ging leider der Auftritt von Wolfgang Joop (der aber als Typ besser ist als das, was er hier macht).

DER SUMPF DER RABEN

(EL PANTANO DE LOS CUERVOS). Spanien/Ecuador 1974. **R:** *Manuel Cano.* **B:** *Santiago Moncada.* **K:** *Manuel Merino.* **M:** *Joaquin Torres.* **D:** *Ramiro Oliveros (Dr. Frosta), Marcelle Biechetti (Simone), Fernando Sancho, Fabiola Vallejo, Gaspar*

Bacigallipi, César Carmigniani, Melba Centeno, Bill Harrison, Mónica Jurado, Antonia Mas, Marcos Molina, Marcos Namas, Domingo Valdivieso. F 94 Min.
Ein verrückter Wissenschaftler kippt die Resultate seiner missglückten Experimente (= menschliche Gliedmaßen) in einen nahen Sumpf, ohne daran zu denken, was sich aus ihnen entwickeln kann. Bald schleichen würgende Hände umher ... [V]

SUNDOWN: RÜCKZUG DER VAMPIRE
(SUNDOWN: THE VAMPIRE IN RETREAT). USA 1988. **R:** *Anthony Hickox.* **B:** *John Burgess, Anthony Hickox.* **K:** *Levie Isaacks.* **SpE:** *The Physical Effects Group.* **M:** *Richard Stone.* **D:** *David Carradine (Mardulak), Jim Metzler (David Harrison), Morgan Britanny (Sarah), Bruce Campbell (Van Helsing), Maxwell Caulfield (Shane), John Ireland (Jefferson), Deborah Foreman (Sandy), M. Emmett Walsh (Mort), Dana Ashbrook (Jack), John Hancock (Quinton Canada), Marion Eaton (Anna), Dabbs Greer (Otto), Bert Remsen (Milt), Sunshine Parker (Merle), Helena Carroll (Madge), Elizabeth Grace (Alice), Christopher Bradley (Chat). F 99 Min.*
In einem amerikanischen Wüstenkaff namens Purgatory (= Fegefeuer) leben Vampire unter Führung des Grafen Mardulak und laben sich an Kunstblut aus eigener Herstellung. Ein geiler Lump bringt ihre friedliche Koexistenz mit den Menschen in Gefahr. Gelegentlich originelle Parodie. [V]

EIN SUPERHELD GEGEN VAMPIRE
Anderer Titel für SUPERMANN GEGEN VAMPIRE

SUPERMANN GEGEN VAMPIRE
(EL SANTO CONTRA LAS MUJERES VAMPIROS). Mexiko 1962. **R:** *Alfonso Corona Blake.* **B:** *Alfonso Corona Blake, Rafael Garcia Travesi.* **St:** *Antonio Orellana, Alfonso Corona Blake, Fernando Osés, Rafael G. Travesi.* **K:** *José Ortiz Ramos.* **M:** *Raul Lavista.* **D:** *Santo (Santo), Lorena Velasquez (Thorina), Maria Duval (Diana Orlof), Jaime Fernandez (Inspektor Carlos), Augusto Benedicto (Professor Orlof), Xavier Loya (Jorge), Fernando Osés, Guillermo Hernandez, Nathanael Leon (Vampire), Carlos Robles Gil (Orlofs Butler), Victor Velasquez (Pathologe), René Barrera (Detective), Alfredo Wally Barrón, Antonio Padilla, Orfelia Montesco, Lobo Negro. SW 83 Min.*

Supermann gegen Vampire

Nach jahrhundertelangem Schlaf erwacht eine Gemeinde von Vampirfrauen (der Verleih nennt sie respektlos »ein schauriges Gesindel«) und macht sich auf, um die Tochter eines Professors zu entführen, denn es ist ihr vorbestimmt, zur Vampirkönigin gekrönt zu werden. Ein namenloser Catcher, der sich unbescheiden »Supermann« nennt, eilt dem bedrängten Professor zu Hilfe und gibt den Horden der Finsternis Saures. Dabei trägt er eine Maske, die seinen Kopf einhüllt und wie eine Eichel wirken lässt. Ein doofer, mit primitiven Mitteln hergestellter, keiner Logik und Motivation folgender Film – toll! Der unfreiwillige Humor haut jeden aus dem Sessel, und es ist eine Wonne zuzuschauen, wenn der Professor sich der hypermodernen Technik von 1933 bedient, um seine Theorien über Dämonologie und Vampirismus zu untermauern.

SUPERNATURAL
(SOBRENATURAL: EL REGRESO DE LA MUERTE). Spanien 1980. **R:** *Eugenio Martin.* **B:** *Eugenio Martin, Antonio Cuevas, José de Una, Eduardo Alvarez.* **K:** *Antonio Cuevas.* **M:** *Carlos Vizziello.* **D:** *Maximo Valverde, Cristina Galbo, Candida Losada, Gerardo Malla, Juan Jesus Valverde, Lola Lemos. F 89 Min.*
Eifersüchtiger Gatte, der sich an untreuer Ehefrau rächen will, fällt einem Unglück zum Opfer und verfolgt seinen Plan aus dem Jenseits weiter. [V]

SUPERZOMBIE – DIE GEBURT DES GRAUENS
Anderer Titel für DER MANITOU

SUSPIRIA
(SUSPIRIA). Italien 1976. **R:** *Dario Argento.* **B:** *Dario Argento, Daria Nicolodi.* **K:** *Luciano Tovoli.* **M:** *Dario Argento, I Goblin.* **D:** *Jessica Harper (Suzy Banyon), Stefania Casini (Sara), Joan Bennett (Frau Blank), Alida Valli (Frau Tanner), Flavio Bucci (David), Udo Kier (Frank), Rudolf Schündler (Dr. Milius), Fulvio Mingozzi (Taxifahrer), Flavio Bucci (Daniel), Miguel Bosé (Mark), Barbara Magnolfi (Olga), Susanna Javicoli (Sonia), Jacopo Mariani (Albert), Giuseppe Transocchi (Paolo), Renata Zamengo (Caroline), Franca Zamengo, Renato Scarpa, Serafina Scorcelletti, Eva Axen, Margherita Horowitz, Salvatore Capozzi. F 92 Min.*
Die amerikanische Studentin Suzy kommt nach München, um an einer privaten Ballettschule zu studieren, in der sich offenbar ausschließlich Verrückte und zwielichtige Gestalten aufhalten. Sie erlebt allerlei schreckliche Dinge und erfährt, dass das Schulgebäude im 19. Jahrhundert einer Hexe gehört haben soll. Nach diversen Schlitzereien, einer Würmer-Invasion, einer Attacke blutgieriger Hundebestien und nächtlichem Ritual-Mummenschanz in stinkenden Kellerräumen geht der ganze Kasten in lodernde Flammen auf. – Toll, wat? Dario Argento, Regie-Star des italienischen Horror-Kinos, beschreibt mit Vorliebe das ekelhaft Unheimliche sowie das genüssliche Abstechen junger Mädchen. Seine dünnen Plots tarnt er mit Hilfe ausgezeichneter Kameraleute sowie ansprechender Dekorwahl und Musikuntermalung. Doch sollte dies niemanden von seiner Einfallslosigkeit ablenken: Es genügt nicht, nur Stimmungen zu erzeugen. Ein Film sollte auch eine Geschichte erzählen. [V]

Suspiria

SWAY
(SEEDPEOPLE). USA 1991. **R:** *Peter Manoogian.* **B:** *Jackson Barr.* **K:** *Adolfo Bartoli.* **M:** *Bob Mithoff.* **D:** *Sam Hennings (Tom Baines), Andrea Roth (Ex-Frau Heidi), Dane Witherspone (Brad Yates), Bernard Kates (Doc), David Dunard (Ed Busta). F 78 Min.*
Aus den Bruchstücken eines vor 500 Jahren im kalifornischen »Comet Valley« niedergegangenen Meteoriten entwickeln sich merkwürdige Pflanzen, deren Samen die Bewohner einer Kleinstadt zu Ungeheuern macht. Ein Forscher rückt ihnen mit ultraviolettem Licht auf die Pelle. AIDT [V]

SWEET SIXTEEN – BLUTIGES INFERNO
(SWEET SIXTEEN). USA 1983. **R:** *Jim Sotos.* **B:** *Erwin Goldman.* **K:** *J. L. Carter.* **M:** *Tommy Vig, Ray Ellis.* **D:** *Bo Hopkins, Susan Strasberg, Don Stroud, Dana Kimmell, Aleisa Shirley, Michael Pataki, Patrick Macnee, Larry Storch, Henry Wilcoxon, Sharon Farrell. F 91 (85) Min.*
Psychopathische Killerin metzelt in einem texanischen Nest sämtliche High-School-Bubis nieder, die es wagen, der süßen Melissa zu nahe zu kommen ... Und das Ding hat auch noch eine Pointe! AIDT [V]

SWIMMING POOL – DER TOD FEIERT MIT
BRD 2001. **R:** *Boris von Sychowski.* **B:** *Lorenz Stassen, Boris von Sychowski.* **St:** *Andreas Bütow.* **K:** *Notker Mahr.* **Ma:** *Ivo Strangmüller.* **M:** *Johannes Kobilke.* **D:** *Elena Uhlig (Carmen), Maximilian Grill (Diego), Isia Fisher (Kim), Kristen Miller (Sarah), Thorsten Grasshoff (Gregor), Jonah Lotan (Chris), Bryan Carney (Carter), John Hopkins (Frank), Jason Liggett (Martin), Cordelia Bugeja (Mel), James McAvoy (Mike). F 89 Min.*
Eine Party im Ambiente eines Luxusschwimmbades animiert einen schlecht gelaunten Metzgermeister, zum Schlachtermesser zu greifen ...

T

TAG – DAS KILLERSPIEL

(TAG: THE ASSASSINATION GAME). USA 1982. **R:** *Nick Castle.* **B:** *Nick Castle.* **K:** *Willi Kurant.* **M:** *Craig Safan.* **D:** *Robert Carradine (Alex), Linda Hamilton (Susan), Bruce Abbott (Gersh), Frazer Smith (Carpenter), Kristine DeBell (Nancy), Perry Lang (Frank), John Mengotti (Randy), Michael Winslow (Gowdy). F 92 Min.*

Collegestudenten, die sich die Zeit mit einem »Peng! Du bist tot!«-Spiel vertreiben, sehen sich unerwartet mit einem Mitspieler konfrontiert, der es ernst meint. [V]

DER TAG DER BESTIE

(EL DIA DE LA BESTIA). Spanien 1995. **R:** *Alex de la Iglesia.* **B:** *Alex de la Iglesia, Jorge Guerricaechevarria.* **K:** *Flavio Martinez Labiano.* **M:** *Battista Lena.* **D:** *Alex Angulo, Armando de Razza, Santiago Segura, Terele Pavez, Nathalie Sesena. F 99 Min.*

Horror-Komödie um einen Pater, der möglichst viel sündigen muss, um die Rückkehr des Anti-Christen abzuwehren, wobei ihm ein TV-Hellseher und ein Heavy Metal-Fan beherzt zur Seite stehen.

TAGEBUCH EINES MÖRDERS

(DIARY OF A MADMAN). USA 1962. **R:** *Reginald LeBorg.* **B:** *Robert E. Kent.* **V:** *Erzählung »Der Horla« von Guy de Maupassant* **K:** *Ellis W. Carter.* **M:** *Richard La Salle.* **D:** *Vincent Price (Simon Cordier), Nancy Kovack (Odette Duclasse), Chris Warfield (Paul Duclasse), Elaine Devry (Jeanne d'Arville), Stephen Roberts (Rennedon), Lewis Martin (Priester), Ian Wolfe (Pierre), Edward Colmans (André), Mary Adams (Louise), Harvey Stephens (Louis Girot), Nelson Olmstead (Dr. Borman), Joseph Ruskin (Horla). F 96 Min.*

Der verstorbene Polizeirichter Simon Cordier hinterlässt ein Tagebuch, dessen Inhalt seinen zur Testamentseröffnung erschienenen Erben die Haare zu Berge stehen lässt: Vor einiger Zeit sei Cordier zu einem zum Tode Verurteilten gerufen worden, der ihm gestanden habe, er werde von einem Dämon zum Töten getrieben. Dann habe er sich auf Cordier gestürzt, der ihn aus Notwehr hätte töten müssen. Vom gleichen Augenblick an erleidet Cordier das grauenhafte Schicksal des Verurteilten. Eine unheimliche Stimme verfolgt ihn und befiehlt ihm, seinen Lieblingsvogel zu töten. Erschüttert wird er sich seiner Tat bewusst. Er zieht sich ins Privatleben zurück, modelliert Skulpturen. Die Stimme befiehlt von neuem. Das nächste Opfer soll sein Modell Odette sein. Ihr eifersüchtiger Ehemann kommt Cordier zuvor. Dann soll Cordier seine Tochter Jeanne erdolchen. Ein Zufall rettet sie. Cordier entschließt sich, dem Spuk ein Ende zu machen. Er übergibt Jeanne sein Tagebuch mit der Maßgabe, es erst nach seinem Tode öffnen zu lassen. In seinem Haus wartet Cordier auf die Stimme des unsichtbaren Geistes. Im geeigneten Augenblick setzt er das Haus in Brand. – Man

Tagebuch eines Mörders

drehe einen Film unter dem Generalthema »Vom Teufel besessen«, behaupte frech, Guy de Maupassants berühmte Novelle »Der Horla« hätte Pate gestanden und schlage zwei Fliegen mit einer Klappe: Zuschauerinteresse bei Horror- und Literatur-Fans. Allerdings hat man vergessen, sich um Qualität zu bemühen, denn dem Film fehlt es für eine Literaturverfilmung am notwendigen Tiefgang, da er in puren Äußerlichkeiten ertrinkt. Für einen Horrorfilm bietet er zu wenig, weil in der ganzen dümmlichen Story nicht ein Fünkchen Spannung oder Grusel zu finden ist, geschweige denn Maupassant'sche Dämonie. – »Nur Nancy Kovack ist ein wirklich süßes Opfer, mit und ohne Kopf.« (NEW YORK HERALD TRIBUNE)

DAS TAL DER SCHATTEN

BRD 1998. **R:** *Nathaniel Gutman.* **B:** *Ronald Mühlfellner.* **D:** *Carin C. Tietze (Dr. Marie Heller), Natalia Wörner (Corinna), Sebastian Koch (Von Sviet), Hansa Czypionka (Kommissar), Loni von Friedel (Karin Heller). F 93 Min.*

Tatort SAT1: »Der Gruselthriller klaut vom Fantasy-Genre der ›Körperfresser‹ und sabbert Natalia Wörner mit grün leuchtender Höllensoße voll. Schwester Carin C. Tietze und Archäologe Sebastian Koch immer fix hinterher – denn ein Kelten-Zombie kommt selten allein.« (Ponkie, AZ, 12.10.2000)

DAS TAL DES TODES

(EYES OF FIRE/CRY BLUE SKY). USA 1983. **R:** *Avery Crounse.* **B:** *Avery Crounse.* **K:** *Wade Hanks.* **M:** *Brad Fiedel.* **D:** *Dennis Lipscomb (Will Smythe), Guy Boyd (Marion Dalton), Rebecca Stanley (Eloise Dalton), Sally Klein (Fanny Dalton), Karlene Crockett (Leah), Fran Ryan (Schwester), Rob Paulsen (Jewell Buchanan), Kerry Sherman (Margaret Buchanan), Caitlin Baldwin (Cathleen), Eric Buchanan (Mac), Will Hare (Calvin), Ivy Bethune (Rachel), Brett Pearson (Luther), Rose Preston (Indianerin), Mitch Rogers (Shawnee), Lenard Petit, Bruce Solow, Mike Genovese, Russell James Young jr. F 85 Min.*

18. Jahrhundert, im Wilden Westen: Der Prediger Lipscomb lässt sich mit einer verheirateten Frau ein und soll dafür hängen. Doch der Galgenstrick reißt, was ihm als Wink des Schicksals erscheint. Er beschließt, das Gelobte Land zu suchen und lässt sich mit seinen Jüngern in einem fruchtbaren Tal nieder, in dem alsbald das Grauen umgeht – denn in den umliegenden Wäldern hausen die ruhelosen Seelen unschuldig dahingemordeter Menschen, die sich einen Siedler nach dem anderen greifen. Ein Horror-Western.

TALISMAN

(TALISMAN). USA 1998. **R:** *David DeCoteau.* **B:** *Benjamin Carr.* **K:** *N.N.* **SpE:** *David A. Wagner.* **M:** *Jeffrey Walton.* **D:** *Walter Jones (Jacob), Jason Adelman (Burke), Ilinca Goya (Billy Parish). F 73 Min.*

Direct-to-Video-Produktion: Ein junger Mann begibt sich in ein kleines osteuropäisches Internat, um in Erfahrung zu bringen, wo seine Schwester geblieben ist. Mysteriöse Kräfte bemühen sich derweil, mit Blutopfern den wie Nosferatu aussehenden Engel der Finsternis zu beschwören. Preiswert aufgenommen in Rumänien. [V]

TANZ DER DÄMONEN

(DEMON WIND). USA 1988. **R:** *Charles Philip Moore.* **B:** *Charles Philip Moore.* **K:** *Thomas Callaway, Gary Graver.* **M:** *Bruce Wallenstein.* **D:** *Eric Larson (Cory), Rufus Norris (Harcourt), Jack Vogel (Stacy), Stephen Quadros (Chuck), Mark David Fritsche (Jack), Francine Lapensée (Elaine), Jimmy Adams, Sherry Bendorf (Bonnie), Bobby Johnston (Dell), Lynn Ckark (Terri), Richard Gabai (Willy), Mia M. Ruiz (Reena), Kym Santelle (Harriet), Stella Kastner (Oma Regina), Axel Toowey (George), Chuck Williams (Dämon), Jake Jacobson, C. D. J. Koko, Sandra Margot, Mindy McEnnan, Lou Diamond Phillips. F 96 Min.*

Jungmann, der den rätselhaften Selbstmord seines Vaters aufklären will, stößt in dessen Geburtshaus auf ein Tagebuch, aus dem er erfährt, dass seine Familie einer Verschwörung des Satans zum Opfer fiel. Mit Hilfe seiner Freunde beschwört er erneut die Geister und bannt sie mit Hilfe von Zaubersprüchen und einem »heiligen Dolch«. [V]

TANZ DER HEXEN

Anderer Titel für DIE NACHT DES HEXENJÄGERS

TANZ DER HEXEN

(WICKED STEPMOTHER). USA 1988. **R:** *Larry Cohen.* **B:** *Larry Cohen.* **K:** *Bryan England.* **M:** *Robert Folk.* **D:** *Bette Davis (Miranda), Lionel Stander (Sam), Colleen Camp (Jenny), David Rasche (Steve), Barbara Carrera (Priscilla), Tom Bosley (Lt.*

Tanz der Hexen

MacIntosh), Shawn Donahue (Mike), Richard Moll (Nat), Evelyn Keyes (Hexe), Susie Garrett (Nandy), Laurene Landon (Vanilla). F 89 Min.
Nachdem ihr Vater wieder geheiratet hat, findet Jenny heraus, dass ihre Stiefmutter, eine alte Schachtel namens Miranda, eine Hexe ist: Die Alte wandelt überraschend ihre Gestalt und erscheint ihr als junge, verführerische Priscilla. Unterhaltsamer Horror-Klamauk, der sich nicht scheut, die blutigeren Beispiele des Genres gehörig zu veräppeln. [V]

TANZ DER HEXEN II
(STREGHE). Italien 1990. **R:** *Alessandro Capone.* **B:** *Rosario Galli, Alessandro Capone, Jeff Moldovan.* **K:** *Roberto Girometti.* **SpE:** *Rick Gonzales.* **M:** *Carlo Maria Cordio.* **D:** *Michelle Vannucchi (Carol), Nancie Anderson (Simona), Suzanne Law (Rachel), Ian Bannen (Pater Matthew), Charon Butler (Gloria), Christopher Peacock, Deanna Lund, Gary Kerr. F 92 Min.*
Ein New Yorker Geschwisterpaar bezieht in Florida das alte Haus seiner Eltern und gerät mit der Tochter einer Hexe aneinander, die ein kleines Mädchen beherrscht und mit den Hausbewohnern alsbald Katz und Maus spielt. Blutiges Horrorspektakel, dessen Titel Etikettenschwindel betreibt und mit *Tanz der Hexen* nichts zu tun hat. [V]

TANZ DER MONSTER
Anderer Titel für TANZ DER DÄMONEN

TANZ DER MONSTER II
Anderer Titel für SLAUGHTERHOUSE – EIN HORROR-TRIP INS JENSEITS

TANZ DER TEUFEL
(THE EVIL DEAD). USA 1982. **R:** *Samuel M. Raimi.* **B:** *Samuel M. Raimi.* **K:** *Tim Philo, Joshua M. Becker.* **SpE:** *Bart Pierce.* **Ma:** *Tom Sullivan.* **M:** *Joe Lo Duca.* **D:** *Bruce Campbell (Ash), Ellen Sandweiss (Cheryl), Betsy Baker (Linda), Hal Delrich (Scott), Sarah York (Shelley). F 86 (85) Min.*
Fünf amerikanische Studenten verbringen ein Wochenende in einer einsamen Waldhütte, entdecken dort das aus der Zeit der Sumerer stammende »Buch der Toten« und beschwören unwissentlich eine im nahen Wald hausende dämonische Kraft, die ihnen dermaßen Zunder gibt, dass man dem Publikum nur raten kann, Kotztüten bereitzuhalten. – Ekel als Selbstzweck: Trotz seiner geistigen Armut ist dieser kommerziell sehr erfolgreiche Film die Keim-

Tanz der Teufel

zelle mehrerer Fortsetzungen und einer unüberschaubaren Anzahl von stets nach dem gleichen Schema verfahrenden Nachempfindungen geworden, die immer wieder die gleiche Geschichte erzählen. »Von der Anfangsszene einer Vergewaltigung bis zum Finale einer Verwesungssequenz macht eine furiose Kamera den Betrachter zum ohnmächtigen Komplizen eines apokalyptischen Albtraums. Die bis zum Äußersten ausgespielten Ekel-Exzesse dürften selbst den abgebrühtesten Kinogängern auf den Magen schlagen.« (Helmut W. Banz, DIE ZEIT) [V]

TANZ DER TEUFEL II – JETZT WIRD NOCH MEHR GETANZT

(THE EVIL DEAD II: DEAD BY DAWN). USA 1987. **R:** *Samuel M. Raimi.* **B:** *Samuel M. Raimi, Scott Spiegel.* **K:** *Peter Deming, Eugene Shlugleit.* **SpE:** *Vern Hyde, Dale Johnson, Dave Thiry.* **M:** *Joe Lo Duca.* **D:** *Bruce Campbell (Ash), Sarah Berry (Annie), Dan Hicks (Jake), Kassie Wesley (Bobby Joe), Theodore Raimi (Besessene Henrietta), Denise Bixler (Linda), Richard Domeier (Ed), John Peaks (Professor Raymond Knoby), Lou Hancock (Henrietta), Snowy Winters (Tänzerin). F 84 (82) Min.*
Vorgeschichte: *Tanz der Teufel.* – Ash, der einzige Überlebende des Massakers in der Waldhütte, nimmt es erneut mit den Kräften des Bösen auf. Dabei erweisen sich einige des Weges kommende Touristen als willkommene Zusatzbeute für die blutgierigen Dämonen. [V]

TANZ DER TOTEN SEELEN

(CARNIVAL OF SOULS). USA 1962. **R:** *Harold Harvey.* **B:** *John Clifford.* **K:** *Maurice Prather.* **M:** *Gene Moore.* **D:** *Candace Hilligoss (Mary Henry), Herk Harvey (Mann), Francis Feist (Vermieterin), Sidney Berger (John Linden), Art Ellison (Pastor), Tom McGinnis, Forbes Caldwell, Stan Levitt, Dan Palmquist, Bill de Jarnette, Steve Boozer, Pamela Ballard, Larry Sneegas, Cari Comboy, Karen Pyles, T. C. Adams, Sharon Scoville, Mary Ann Harris, Peter Schnitzler, Bill Sollner. SW 80 (78) Min.*
Bei einem Unfall stürzt ein mit drei Frauen besetztes Auto von einer Brücke in einen Fluss. Mary rettet sich an Land, gelangt in eine Ortschaft und nimmt dort eine Stelle als Organistin in der Kirche an. Sie mietet sich ein Zimmer und schmettert jeden Annäherungsversuch ihres Nachbarn John ab. Sie fühlt sich von einem alten Pavillon angezogen, der ihr neues Heimatstädtchen ziert: Im Inneren sieht sie Tote tanzen. Schließlich wird der Autounfall entdeckt. Man birgt den Wagen – an Bord befinden sich nicht zwei, sondern drei Leichen. Auch Mary, kann man annehmen, hat den Unfall nicht überlebt. – Die Geschichte erinnert an Ambrose Bierces Erzählung »Die Brücke über den Eulenfluss«, die Robert Enrico (Frankreich 1961) unter gleichem Titel verfilmt hat. Ein interessantes Horrorwerkchen, das freilich Zeit braucht, um Atmosphäre zu entwickeln. Remake: *Träume kannst du nicht töten* (USA 1998; Regie: Adam Grossman).

TANZ DER TOTENKÖPFE

(THE LEGEND OF HELL HOUSE). GB 1972. **R:** *John Hough.* **B:** *Richard Matheson.* **V:** *»Das Höllenhaus« von Richard Matheson.* **K:** *Alan Hume.* **M:** *Brian Hodgson, Delia Derbyshire.* **D:** *Pamela Franklin (Florence Tanner), Roddy McDowall (Ben Fisher), Clive Revill (Dr. Chris Barrett), Gayle Hunnicutt (Ann Barrett), Roland Culver (Rudolph Deutsch), Peter Bowles (Hanley), Michael Gough. F 94 Min.*
In einem Spukhaus in London haben sich rätselhafte Todesfälle ereignet. Vier mit parapsy-

Tanz der Totenköpfe

chologischen Vorgängen vertraute Experten wollen mit wissenschaftlichen Methoden den übersinnlichen Kräften des Höllenhauses auf die Spur kommen. Wie immer drängen die Poltergeister die Wissenschaftler in die Defensive, können aber nach verlustreichem Kampf endgültig verbannt werden. – Die Pressenotiz des Verleihs ist aufschlussreich: »Englands prominentester Hellseher, Tom Corbett, fungierte als Berater bei den Dreharbeiten. Er suchte auch das Spukhaus aus, in dem die meisten Aufnahmen stattfanden und in dem es, wie Corbett sich verbürgt, auch tatsächlich gelegentlich spukt. John Hough führt Regie in diesem Film, der erst wenige Tage vor dem plötzlichen Tode seines Produzenten James H. Nicholson beendet wurde.« Den Produzenten muss der Schlag getroffen haben, als er sich das Machwerk vorführen ließ. Bleibt nachzutragen, dass die tanzenden Totenköpfe möglicherweise beim Transport der Filmspulen nach Deutschland in der Nordsee ertrunken sind. Im Film jedenfalls kommen sie nicht vor.

TANZ DER VAMPIRE

(THE FEARLESS VAMPIRE KILLERS/DANCE OF THE VAMPIRES). GB/USA 1966. **R:** *Roman Polanski.* **B:** *Gerard Brach, Roman Polanski.* **K:** *Douglas Slocombe.* **M:** *Krysztof Komeda.* **D:** *Jack McGowran (Professor Abronsius), Roman Polanski (Alfred), Sharon Tate (Sarah), Alfie Bass (Shagal), Ferdy Mayne (Graf Krolock), Terry Downes (Koukol), Fiona Lewis (Magda), Iain Quarrier (Herbert), Jessie Robbins (Rebecca), Ronald Lacey (Dorftrottel), Sydney Bromley (Kutscher), André Malandrinos, Otto Diamant, Matthew Walters (Holzfäller). F 107 Min.*

Durch allzu kühne Behauptungen in einem wissenschaftlichen Randgebiet, dem Vampirismus, hat der schrullige Professor Abronsius seinen Lehrstuhl an der Universität Königsberg verloren und reist, begleitet von seinem treuen Famulus Alfred, ins tief verschneite, frostklirrende Transsylvanien, um an Ort und Stelle die Existenz von Vampiren zu beweisen. Bei der Familie Shagal finden sie nicht nur Unterkunft und Verpflegung, sondern auch Unmengen herumhängender Knoblauch-Girlanden, ein untrügliches Zeichen der ständigen Bedrohung durch Vampire. Erst am nächsten Abend ergeben sich neue Erkenntnisse: Sie sehen, wie ein Vampir die Wirtstochter Sarah beißt und aus der Badewanne verschleppt. Shagal kann die Euphorie seiner Gäste naturgemäß nicht teilen und begibt

Tanz der Vampire

sich auf Verfolgungsjagd. Am nächsten Morgen wird er blutleer und tot vor der Herberge gefunden. Abronsius klärt auf: Shagal ist zum Vampir geworden. Trotz intensiven Trainings mit angespitztem Holzpflock, Hammer und Kissen können der Professor und Alfred den frischen Vampir bis zur Abenddämmerung nicht unschädlich machen. Shagal flieht, zeigt den Verfolgern aber den Weg zum Schloss des örtlichen Obervampirs, Graf Krolock. Abronsius und Alfred dringen in das Schloss ein, werden aber vom hässlichen gräflichen Diener gestellt, der sie zu seinem Herrn bringt. Der Graf gibt sich als belesener Lebemann, als Experte auf dem Gebiet des Fledermauswesens, kann aber den unbedachten Äußerungen des zerstreuten Professors die wahren Absichten der Besucher entnehmen und ist gewarnt. Er weist ihnen Zimmer zu und stellt ihnen seinen Sohn Herbert vor, einen offensichtlich homosexuellen Vampir, was bei Alfred zu Schweißausbrüchen führt. Am nächsten Tag – Graf und Grafensohn haben inzwischen in Luxussärgen ihre tägliche Ruhe gefunden – versuchen die beiden Vampirjäger, mit entsprechendem Werkzeug bewaffnet, in die Krypta des Schlosses einzudringen, um die Vampire zu pfählen. Doch wie sie es auch anstellen, es gelingt nicht; einmal ist der bucklige Diener im Weg, anschließend bleibt der Professor in einem kleinen Fenster hängen. Alfred zeigt, auf sich selbst gestellt, zu wenig Mut, lässt sich dann von Sarah ablenken, die das Schloss auf keinen Fall vor dem großen Ball, der in der nächsten Nacht stattfinden soll, verlassen will. Dann verliert Alfred, der seinen Meister aus seiner misslichen Lage befreien will, auch noch das Anti-Vampir-Werkzeug. Schon ist der Abend nah: Mit dem Buch »Hundert Arten, einer hübschen Jungfer seine holde Liebe einzugestehen« aus dem Jahr 1732 bewaffnet, sucht Alfred die angehimmelte Sarah, findet jedoch den Sohn des Grafen, der sich auf eindeutig zweideutige Weise an ihm zu schaffen machen will. In letzter Sekunde schiebt Alfred ihm o.a. Aufklärungsschrift zwischen die Zähne. Dieses Vorgehen löst eine wilde Verfolgungsjagd aus, der sich auch der Professor nicht entziehen kann. Am Ende finden sich die Vampirjäger auf einen Dachvorsprung ausgesperrt wieder und sehen mit an, wie die Schlossvampire in großer Zahl aus ihren Gräbern steigen und, in prächtige Gewänder gehüllt, dem Balltreiben entgegeneilen. Höhepunkt des Festes soll ein besonderer Leckerbissen werden: Sarah! – Abronsius und Alfred können sich befreien und mischen sich unters Menuett tanzende Vampirvolk. Sie suchen Sarahs Nähe, um mit ihr zu fliehen, werden durch den großen Spiegel des Ballsaals jedoch enttarnt, weil sie darin – im Gegensatz zu den Vampiren – ein Spiegelbild haben. Auf geht die wilde Jagd, doch es naht die Morgendämmerung, so dass die Flucht mit Sarah im Pferdeschlitten gelingt. Im sicheren Gefühl des Triumphes träumt der Professor vor sich hin. So hört er auch nicht die Hilferufe seines Famulus, der, blind vor Liebe, die mangelnde Körperwärme seiner Geliebten zu spät wahrnimmt: Sarahs Verwandlung in einen Vampir ist vollendet; sie schlägt ihre Reißzähne in Alfreds Hals. Mit Hilfe Professor Abronsius' kann sich das Böse über die ganze Welt ausbreiten.

»Kinograuen, schwere Musik, düstere Szenarien und alle anderen schauererregenden Versatzstücke des Horrorfilms erwartet man vergebens. Polanski ist offensichtlich gegen Vampirfilme herkömmlicher Art. Er beherrscht zwar die Klaviatur des Horrorgenres (und verlangt Grundkenntnisse des Vampirismus auch von seinen Zuschauern), spielt sie jedoch auf seine Weise. Er verjuxt und variiert Einzelheiten und ver-

Tanz der Vampire

dreht das Genre in seiner Gesamtheit. Wer Spaß an Vampirfilmen hat und ihre Pervertierung zulässt, dazu Sinn für Absurditäten hat, für den ist *Tanz der Vampire* geradezu ein Leckerbissen.« (KULTFILME) Erst durch die Figur des schwulen Vampirs besteht eine unmittelbare Gefahr für die Vampirjäger, da Vampire in der Regel heterosexuell sind, oft nur in äußerster Gefahr auf Geschlechtsgenossen losgehen, die weiblichen Mitglieder der Zunft in diesem Film erst gegen Ende des Films aus ihren Gräbern steigen. Polanskis Vampire behalten neben ihren ehemaligen Charaktereigenschaften und Verhaltensweisen sogar ihre Religionszugehörigkeit bei. So wirkt bei dem jüdischen Vampir Shagal das ihm entgegengehaltene Kruzifix nicht, ein Einfall, der in der deutschen Fassung aus (falscher?) Rücksichtnahme sinnentstellt ist. Um beim Tanz im Ballsaal den Spiegeleffekt zu erzielen, ließ Polanski den Saal spiegelbildlich zueinander zweimal bauen. Der Spiegel selbst war nur eine umrahmte Öffnung. Im ersten Ballsaal tanzte die Vampirgesellschaft nebst ihren ungebetenen Gästen, im zweiten drehten sich die Doubles der Nicht-Vampire. [V]

TANZ MIT DEM TEUFEL

(DANCE WITH DEATH). USA 1991. **R:** *Charles Philip Moore.* **B:** *Daryl Haney.* **K:** *William H. Molina.* **M:** *David Wurst, Eric Wurst.* **D:** *Barbara Alyn Woods (Kelly), Maxwell Caulfield (Shaughnessy), Martin Hull (Art), Catya Sassoon (Jodie), Seana Arthur (Sherilyn), Alretha Baker (Sunny), Michael James McDonald (Henry), Jill Pierce (Lola), Drew Snyder (Hopper), Steven Williams (Dermot), Maria Ford, José Garcia, Elena Sahagun. F 89 Min.*

TV-Film. Schundiges Remake des schundigen Schlitzerfilms *Stripped to Kill* (USA 1986, Regie: Katt Shea Ruben), diesmal produziert von Roger Cormans Concorde Company. AIDT [V]

A TASTE OF EVIL

(A TASTE OF EVIL). USA 1971. **R:** *John Llewellyn Moxey.* **B:** *Jimmy Sangster.* **K:** *Arch Dalzell.* **M:** *Robert Drasnin.* **D:** *Barbara Stanwyck (Miriam Jennings), William Windom (Harold Jennings), Barbara Perkins (Susan Jennings), Roddy McDowall (Dr. Lomas), Bing Russel (Sheriff), Arthur O'Connell (John), Dawn Frame (Susan als Kind). F 75 Min.*

TV-Film. Eine junge Frau, die nach einem mehrjährigen Aufenthalt in einer Nervenklinik nach Hause zurückkehrt, wird von Erscheinungen geplagt. – »Altmodisches Melodram« (MOVIES ON TV), in dem Barbara Stanwyck alle Register ihres Könnens zieht.

TEEN WOLF

(TEEN WOLF). USA 1985. **R:** *Rod Daniel.* **B:** *Joseph Loeb III, Matthew Weisman.* **K:** *Tim Suhrstedt.* **M:** *Miles Goodman.* **D:** *Michael J. Fox (Scott Howard), James Hampton (Harold Howard), Susan Ursitti (Lisa ›Boof‹ Marconi), Lorie Griffin (Pamela Wells), Jerry Levine (Stiles), Matt Adler (Lewis), Scott Paulin (Kirk Lolley), Mark Arnold (Mick McAllister), Mark Holton (Chubby), Jay Tarses (Finestock) Elizabeth Gorcey (Tina), Melanie Manos (Gina), Doug Savant (Brad), Charles Zucker (Malcolm). F 90 Min.*

Scott, ein schmächtiger kleiner Schüler, entdeckt, dass er ein Werwolf ist und avanciert zum »Star« an seiner Schule, die sich rühmt, das schlechteste Basketball-Team in der Geschichte der USA zu haben. Teenie-Plotte, die sich, um Gags anzubringen, der Phantastik bedient. AIDT [V]

TEEN WOLF II

(TEEN WOLF TOO). USA 1986. **R:** *Christopher Leitch.* **B:** *R. Timothy King.* **K:** *Jules Brenner.* **M:** *Mark Goldenberg.* **D:** *Jason Bateman (Todd Howard), Kim Darby (Professor Brooks), John Astin (Dean Dunn), James Hampton (Onkel Howard), Estee Chandler (Nikki), Stuart Fratkin (Stiles), Mark Holton (Chubby), Paul Sand (Finstock), Beth Ann Miller (Lisa), Rachel Sharp (Emily). F 91 Min.*

Vorgeschichte: *Teen Wolf.* – Todd Howard kommt als Neuling auf das gleiche College und erweist sich als ebenso talentiert wie sein Vetter. AIDT [V]

TEENAGE EXORCIST

(TEENAGE EXORCIST). USA 1991. **R:** *Grant Austin Waldman.* **B:** *Brinke Stevens.* **K:** *William H. Molina.* **SpE:** *Bret Mixon.* **M:** *Chuck Chirino.* **D:** *Eddie Deezen (Eddie), Brinke Stevens (Dianne), Oliver Darrow (Demon), Jay Richardson (Mike), Tom Shell (Jeff), Elena Sahagun (Sally), Robert Quarry (Pater McFarren), Michael Berryman (Herrman). F 83 Min.*

Dianne zieht in ein Spukhaus. Ein Dämon im Keller verwandelt sie in eine Peitschendomina. Schwester Sally, deren Freund Mike, ihr Geliebter Jeff und Pater McFarren bemühen sich vergeblich, ihr den Teufel auszutreiben. Erst als der doofe Pizzabote Eddie ins Spiel kommt, hat Satan nichts mehr zu lachen. – Verulkung von Exorzistenfilmen, stellenweise recht witzig, aber bald kommt Langeweile auf. [V]

TELE-TERROR

(THE SEDUCTION). USA 1981. **R:** *David Schmoeller.* **B:** *David Schmoeller.* **K:** *Mac Ahlberg.* **M:** *Lalo Schifrin.* **D:** *Morgan Fairchild (Jamie), Michael Sarrazin (Brandon), Andrew Stevens (Derek), Vince Edwards (Maxwell), Colleen Camp (Robin), Kevin Brophy (Bobby), Joanne Linville (Dr. Weston), Betty Kean (Mrs. Caluso), Wendy Smith Howard (Julie), Woodrow Parfrey, Marri Mak (Liza), Woodrow Parfrey (Verkäufer), Robert De Simone (Fotograf), Richard Reed (Abteilungsleiter), Marilyn Staley (Nachrichtensprecherin), Marilyn Wolf (Kellnerin), Jeffrey Richman (Techn. Leiter), Diana Rose (Mrs. Wilson), Shailar Schmoeller (Rickey Wilson), Deborah Kippel, Kathryn Hart. F 101 Min.*

Zudringlicher Voyeur bedrängt mit Psycho-Terror eine attraktive TV-Lady, bringt deren Freund um und findet schließlich den Tod. [V]

TENEBRAE – DER KALTE HAUCH DES TODES

(TENEBRE/SOTTI GLI OCCHI DELL'ASSASSINO). Italien 1981. **R:** *Dario Argento.* **B:** *Dario Argento.* **K:** *Luciano Tovoli.* **M:** *Carlo Simonetti, Fabio Pignatelli, Massimo Morante.* **D:** *Anthony Franciosa (Peter Neal), Daria Nicolodi (Anne), John Saxon (Bulmer), Giuliano Gemma (Inspektor Germani), Christian Borromeo (Gianni), Mirella d'Angelo (Tilde), Veronica Lario (Jane), Ania Pieroni (Elsa), Carola Stagnero (Altieri), John Steiner (Cristiano Bruni), Eva Rubins, Isabella Amadeo, Mirella Banti, Ennio Girolami, Monica Maisani, Marino Masé, Fulvio Mingozzi, Gianpaolo Saccarolo, Ippolita Santarelli, Francesca Viscardi. F (101) 96 Min.*

Ein amerikanischer Schriftsteller besucht Rom, um auf einer Pressekonferenz sein neuestes Buch (das von irrsinnigen Mördern handelt, die bekanntlich kein Motiv für ihre Taten brauchen) vorzustellen und zieht die Leichen an wie ein Kuhfladen die Fliegen: Ein hochgradig irrer TV-Fritze sieht sich nämlich genötigt, sämtliche Verbrechen, die der Autor beschreibt, mit einem Rasiermesser auszuführen. Da spritzt das Blut, da fliegen die Fleischfetzen, da hagelt es anonyme Briefe und Telefonanrufe, und keiner kommt dahinter, was das alles soll – inklusive der zähneknirschenden Zuschauer, die wegen der nicht vorhandenen (bzw. völlig ausgelutschten) Story mal wieder mit tollen Kamerafahrten entschädigt werden. – »Zwingend, emotionsgeladen und technisch absolut perfekt«, wirbt man für den Film, der »wie ein Axthieb« ist. Er ist wie alle Schocker, die Argento auf den Markt bringt.

THE TERROR – SCHLOSS DES SCHRECKENS

(THE TERROR). USA 1963. **R:** *Roger Corman.* **B:** *Leo Gordon, Jack Hill.* **K:** *John Nickolaus jr.* **M:** *Ronald Stein.* **D:** *Boris Karloff (Baron von Leppe/Erik), Jack Nicholson (André Duvalier), Sandra Knight (Helene), Richard Miller (Stefan), Dorothy Neuman (Altes Weib), Jonathan Haze (Gustaf). F 81 Min.*

Der napoleonische Offizier Duvalier ist irgendwo an der baltischen Küste von seiner Einheit getrennt worden. Am Meer begegnet ihm ein geheimnisvolles Mädchen. Er verliert die Besinnung und erwacht in einer Hütte, in der ein altes Weib und ein gewisser Gustaf wohnen. Von Gustaf erfährt Duvalier, er könne das Mädchen im Haus des Barons von Leppe treffen. Duvalier sucht den Baron auf. Ein in seinem Haus hängendes Gemälde zeigt das geheimnisvolle Mädchen: Es handelt sich um Ilsa, die seit 20 Jahren tote Baronin. Erneut begegnet sie Duvalier. Von Leppe gesteht schließlich, er hätte sie aus Eifersucht umgebracht, da sie ihn, als er im Krieg war, betrogen hat. Stefan, der einzige Be-

The Terror – Schloss des Schreckens

dienstete des Barons, enthüllt, von Leppe sei gar nicht von Leppe, sondern ein gewisser Erik, der Sohn des alten Weibes und Ilsas ehemaliger Geliebter: Er habe den Baron getötet, den Verstand verloren und dessen Identität angenommen, was seine Mutter jedoch nicht wisse (?); sie trachtet dem vermeintlichen Baron nach dem Leben. Ilsa taucht wieder auf und erklärt sich bereit, mit Duvalier fortzugehen, doch zuerst soll die Gruft unter Wasser gesetzt werden, in der die von Leppes seit Generationen beigesetzt werden. Der vermeintliche Baron übernimmt diese Arbeit selbst. Im Tod, so hofft er, werde er wieder mit Ilsa vereint sein. Als Stefan ihn daran hindern will, ersaufen beide. Duvalier schließt Ilsa in die Arme; als er sie küsst, zerfließt sie zu einem ekeligen (Würg!) Schleimgebilde. – Nach Abschluss der Dreharbeiten von *Der Rabe – Duell der Zauberer* (USA 1963) stand mal wieder eine Dekoration herum, von der Roger Connan wusste, sie würde in fünf Tagen abgerissen werden. »Ich dachte, welche Schande es doch wäre, sie abreißen zu lassen, nachdem wir sie erst einmal gebraucht hatten. Wenn ich in einer Woche ein Drehbuch und ein paar Schauspieler zusammenkriege, dachte ich, könnte ich gleich weiterdrehen und für ein bisschen Kleingeld noch einen Film machen.« Und das hat er dann auch gemacht. Francis Ford Coppola, der als Co-Produzent an dem Projekt beteiligt war, nach zwei Drehtagen mit Boris Karloff: »Karloffs Szenen waren im Kasten, und jetzt bestand mein Job darin, mir zu überlegen, was ich mit dem Material anfangen sollte, damit es überhaupt einen Sinn ergab. Keiner wusste, warum in der oder der Szene gerade zur Aktion geschritten wurde, weil diese Sequenzen noch gar nicht geschrieben waren, als das ganze Drumherum aufgenommen wurde. Da kommt beispielsweise in einem Teil des Films ein junger Soldat ins Schloss und trifft auf Karloff. Karloff will sich jedoch nicht in die Karten schauen lassen. Er will nicht, dass der Soldat bei ihm herumschnüffelt. Was tut er also? Er bringt den Gaul des Soldaten um. Ich überlege immer noch, warum er dies tut, schließlich wollte er doch, dass der Bursche wieder verschwindet!« Jack Nicholson: »Der einzige Film, den ich gemacht habe, der keinen Plot hatte!«

TERROR AT THE LONDON BRIDGE

Anderer Titel für JACK THE RIPPER IN ARIZONA

TERROR AUF DER TEUFELSINSEL

(L'ISOLA DEL GABBIANO). USA/Italien 1981. **R:** *Nestore Ungaro.* **B:** *N.N.* **K:** *Armando Nannuzzi.* **SpE:** *Germano Natali.* **M:** *N.N.* **D:** *Jeremy Brett (David Malcolm), Nicky Henson (Martin Foster), Prunella Ransome (Barbara), Pamela Salem (Carol), Gabriele Tinti (Enzo Lombardi), Fabrizio Jovine (Inspektor Casati), Vassili Karis (Giulio), Sherry Buchanan (Mary Ann), Marco Mastantuono (Frederick), Umerto Raho (Arzt), Veronica Wells (Cynthia), Helen Stirling (Akademieleiterin), Peter Boom (Empfangschef), Katherine Berg (Arlene), Walter Williams (Optiker). F 100 Min.*

Psycho-Thriller. – »Auf der Suche nach der verschwundenen blinden Schwester gerät ein Mädchen auf eine einsame Insel voller aggressiver Möwen. Und versäumen Sie nicht die Fortsetzung: DER MÖRDERHAMSTER SCHLÄGT ZURÜCK.« (Norbert Stresau, SCIENCE FICTION TIMES) [V]

TERROR-AUGEN

(SATAN'S MISTRESS). USA 1980. **R:** *James Polakof.* **B:** *James Polakof, Beverley Johnson.* **K:** *James L. Carter.* **M:** *Roger Kellaway.* **D:** *Britt Ekland (Anne-Marie), Lana Wood (Lisa), Kabir Bedi (Geist), Don Galloway (Carl), John Carradine (Pater Stratten), Sherry Scott (Michelle), Elise-Anne (Belline), Tom Hallick (Burt), Chris Polakof (Cissy), Howard Murphy (Ungeheuer). F 89 Min.*

In einem einsam gelegenen Strandhaus lebt ein Architekt mit seiner Familie. Seine Frau läuft meist nackt herum und will ihren mit anderen Dingen beschäftigten Ehemann scharfmachen. Doch dieser winkt unaufhörlich ab. Dann fühlt sie sich beobachtet und bedroht, hat in der Folge Halluzinationen und andere sexuelle Visionen. Ihr Mann zeigt kein Verständnis, selbst ein Pater kann nicht helfen! Ein Wesen aus einer anderen Welt (welcher?) bemächtigt sich der Familie, die ihrerseits ein Gemetzel nicht verhindern kann. Eine Guillotine ist mit von der Partie, bis der Geist (und mit ihm hoffentlich der ganze Film und diejenigen, die ihn verbrochen haben) endlich zur Hölle fährt.

TERROR DER TONGS

(THE TERROR OF THE TONGS). GB 1961. **R:** *Anthony Bushell.* **B:** *Jimmy Sangster.* **K:** *Arthur Grant.* **M:** *James Bernard.* **D:** *Geoffrey Toone (Jackson Sale), Christopher Lee (Chung King), Yvonne Monlaur (Lee), Brian Worth (Harcourt),*

Richard Leech (Inspektor Dean), Marne Maitland (Bettler), Tom Gil (Beamish), Barbara Brown (Helen Sale), Marie Burke (Maya), Bandana Das Gupta (Anna), Burt Kwouk (Ming), Roger Delgado (Wang How), Milton Reed (Wächter), Charles Lloyd Pack (Arzt), Eric Young (Konfuzius), Michael Hawkins (Priester), Johnny Arlan (Henker), Euan Solon (Tang How), Santos Wong (Sergeant). F 75 Min.
Ein mutiger britischer Handelskapitän reibt eine grausame chinesische Killersekte auf, die 1910 die Kronkolonie Hongkong terrorisiert und zahlreiche Menschen mordet. – Ein Abenteuer-Quickie ohne Käuzchenschreie und wehende Vorhänge, aber mit einem Übermaß an Axt- und Messerschwingern, die sich Mühe geben, einen das Fürchten zu lehren.

TERROR EYES – DER FRAUENKÖPFER

(TERROR EYES). USA 1980. **R:** *Kenneth Hughes.* **B:** *Ruth Avergon.* **K:** *Mark Irwin.* **M:** *Brad Fiedel.* **D:** *Leonard Mann (Judd Austin), Rachel Ward (Eleanor Adjai), Drew Snyder (Professor Vincent Millett), Joseph R. Sicari (Taj), Annette Miller (Helene Griffin), Karen MacDonald (Carol), Nicholas Cairis, Karen McDonald, Bill McCann, Margo Skinner, Elizabeth Barnitz, Holly Hardman, Meb Boden, Leonard Corman, Belle McDonald, Ed Higgins, William McDonald, Kevin Fennessy, Ed Chalmers, John Blood, Lissa Allee, Elizabeth Allee. F 88 Min.*

Eleanor, die eifersüchtige Assistentin und Geliebte des Anthropologie-Professors Vincent Miller, ermordet auf brutalste Art ihre Konkurrentinnen – nach alten Kopfjäger-Ritualen. Mittels Motorrad kann sie jedes Mal, vermummt in schwarze Lederkleidung, unerkannt entkommen. Da die meisten Opfer der Mordserie zur studentischen Hörerschaft des Professors gehören, fällt der Verdacht bald auf Miller; allein, es fehlen die Beweise. Als geheimnisvoller Motorradfahrer endlich gestellt, rettet sich Eleanor mit letzter Anstrengung ins Haus des Professors und gesteht ihm die Racheakte. Er opfert sich, weil er seine Mitschuld (!) einsieht. Sie tauschen die Montur, und er rast weiter gegen eine Polizeisperre. Als die Polizei dem Toten den Helm vom Kopf zieht, bestätigt sich ihr Verdacht. – »Die sadistisch ausgeweiteten Exekutionen, die in ihrem Ausmaß aus der Handlung nicht zu begründen sind, mindern die Qualität des Filmes unnötig herab.« (Ralph Merten, FILMBEOBACHTER)

TERROR IM PARKETT

(TERROR IN THE AISLES). USA 1984. **R:** *Andrew Kuehn.* **B:** *Margery Doppelt.* **K:** *John A. Alonzo.* **M:** *John Beal, Doug Timm, Richard Johnston.* **D:** *Donald Pleasence, Nancy Allen. F/SW 82 Min.*
Kompilationsfilm mit Ausschnitten aus Horrorfilmen wie *Frankenstein, Dracula, The Wolfman, Suspiria, Cat People, Galloween, Rosemary's Baby, The Exorcist, The Omen, The Shining, What Ever Happened to Baby Jane, Psycho* etc.

TERROR IN DER OPER

(OPERA). Italien 1988. **R:** *Dario Argento.* **B:** *Dario Argento, Franco Ferrini.* **K:** *Ronnie Taylor.* **SpE:** *Renato Agostini* **M:** *Brian Eno, Bill Wyman, Claudio Simonetti, Giuseppe Verdi, Giacomo Puccini, Vincenzo Bellini.* **D:** *Christina Marsillach (Betty), Ian Charleson (Marco), Urbano Barberini (Alan), Daria Nicolodi (Myra), William McNamara (Urbano), Antonella Vitale (Marion), Coralina Cataldi (Alma), Carola Stagnaro (Almas Mutter), Antonio Jorio (Badini), Cristina Giachino (Maria), Gyorivany Gyorgy (Miro), Maurizio Garrone, Björn Hammer, Peter Pitsch, Sebastiano Somma. F 87 Min.*

Terror in der Oper

Eine Nachwuchssängerin, deren Karriere nach dem Unfall einer Diva zu einem unerwarteten Höhenflug ansetzt, sieht sich von einem blutrünstigen vermummten Psychopathen verfolgt, der in ihr Zimmer eindringt und ihren Geliebten tötet. Bald türmen sich in ihrem Umfeld die Leichen: Als Mörder erweist sich ausgerechnet der Polizist, der in ihrem Fall ermittelt. [V]

TERROR IN THE WAX MUSEUM

Anderer Titel für DER BUCKLIGE VOM HORRORKABINETT

DAS TESTAMENT DES DR. CORDELIER

(LE TESTAMENT DU DOCTEUR CORDELIER). Frankreich 1959. **R:** *Jean Renoir.* **B:** *Jean Renoir.* **V:** *»Der seltsame Fall des Dr. Jekyll und Mr. Hyde« von Robert Louis Stevenson.* **K:** *Georges Leclerc.* **M:** *Joseph Kosma.* **D:** *Jean-Louis Barrault (Dr. Cordelier/Opale), Teddy Billis (Maitre Joly), Michel Vitold (Dr. Severin), Jean Topart (Desiré), Micheline Gary (Marguerite), Jacques Dannoville (Kommissar Lardout), André Certes (Inspektor Salbris), Jean-Louis Granval (Hotelchef), Jacqueline Morane (Alberte), Ghislaine Dumont (Suzy), Madeleine Marion (Juliette), Didier d'Yd (Georges), Primerose Pemmet (Mary), Gaston Modot (Blaise). SW 92 Min.*

Das Sujet des Films stellt sich als eine moderne Version von Dr. Jekyll und Mr. Hyde dar. Dr. Cordelier ist ein berühmter Psychiater, der versucht, die Existenz der Seele nachzuweisen, indem er sie materialisiert. Eine enttäuschte Liebe ist Antrieb genug, das Experiment an sich selbst durchzuführen. So entsteht Opale, eine bestialische, grausame, destruktive Figur, die auf ihren Streifzügen durch das nächtliche Paris eher terroristische denn verbrecherische Handlungen begeht. Als Cordelier schließlich die Kontrolle über seine Metamorphosen verliert, bleibt ihm, um seinen monströsen Doppelgänger auszuschalten, nur der Selbstmord. – »An dieser Version ist interessant und neu Renoirs meisterhafter Einsatz des Schauspielers Jean-Louis Barrault, der sich durch seine gegensätzlichen Eigenschaften als trockener, kalter, starrer Schauspieler und leichter, luftiger, gestischer Mime für die Rolle empfahl. Die Umwandlung ist nicht mehr das Ergebnis einer mehr oder weniger geschickten Maske, sondern einer wirklichen, physischen Veränderung zweier verschiedener Zustände der Materie ... Nebenbei bemerkt: indem Renoir sich vom Buchstaben der Stevensonschen Erzählung löste, gelang ihm wieder einmal eine Verfilmung, die dem Geist des Schriftstellers näher ist als jede andere.« (André Bazin, JEAN RENOIR)

DAS TESTAMENT DES MAGIERS

(TWO ON A GUILLOTINE). USA 1964. **R:** *William Conrad.* **B:** *Henry Slesar, John Kneubuhl.* **St:** *Henry Slesar.* **K:** *Sam Leavitt.* **M:** *Max Steiner.* **D:** *Connie Stevens (Melinda/Cassie Duquesne), Dean Jones (Val Henderson), Cesar Romero (Duke Duquesne), Parley Baer (Buzz Sheridan), Virginia Gregg (Dolly Bast), Connie Gilchrist (Ramona Ryerdon), John Hoyt (Carl Vickers), Russel Thorson (Carmichael). SW 107 Min.*

Vor zwanzig Jahren hat der bekannte Zauberkünstler Duquesne bei einem missglückten Trick versehentlich seine Frau Melinda geköpft. Nun ist er verstorben, und seine Tochter Cassie, die er seit dem Unfall nicht mehr gesehen hat, soll sein Vermögen erben, wenn sie es schafft, eine Woche in seinem zum Gruselkabinett umfunktionierten Haus zu überstehen. Zu allem Übel verkündet Duquesnes Manager Buzz Sheridan, der Meister aller Magier habe beschlossen, aus dem Jenseits zurückzukehren. Für Cassie beginnt ein Albtraum, der beinahe unter der Guillotine endet, aber gerissen wie wir sind, ahnen wir natürlich schon, dass man beabsichtigt, sich der jungen Erbin per Schock und Terror zu entledigen. Wie alle Film-Testamente enthält auch dieses eine Klausel, laut der ein anderer an die Reihe kommt, wenn ... Eins muss man der hübschen Connie Stevens lassen: Kreischen kann sie wunderbar!

DIE TEUFEL

(THE DEVILS). GB 1970. **R:** *Ken Russell.* **B:** *Ken Russell.* **V:** *»Die Teufel von Loudon« von Aldous Huxley.* **K:** *David Watkin.* **M:** *Peter Maxwell Davies.* **D:** *Oliver Reed (Urbain Grandier), Vanessa Redgrave (Jeanne des Anges), Dudley Sutton (Baron de Laubardemont), Max Adrian (Ibert), Gemma Jones (Madeleine), Murray Melvin (Mignon), Brian Murphy (Adam), Michael Gothard (Pater Barre), Georgina Hale (Philippe), Christopher Logue (Kardinal Richelieu), Graham Armitage (Ludwig XIII.), John Woodvine (Trincant), Andrew Faulds (Rangier), Kenneth Colley (Legrand), Judith Paris (Judith), Catherine Wilmer (Catherine), Iza Tollen (Iza), James Mellor (Scharfrichter), Oliver McGreevy (Assistent), Maggy Maxwell (Mme. De Crou), Spike*

Milligan (Pater Ambrose), Lawrence Trimble (Traum-Grandier), Jonathan Kramer (Graf De Conde), James Russell, Xavier Russell, Alexander Russell (Kinder des Teufels). F 111 Min.
1631 übernimmt der zum Protestantismus übergetretene Pater Urbain Grandier die Führung der französischen Stadt Loudun. Rasch gewinnt er die Sympathie der Nonnen im Ursulinerkloster, deren Oberin Jeanne, eine relativ junge Frau, ziemlich sexbesessen ist. Als Grandier, der in ihren Träumen eine gewichtige Rolle spielt, seine Geliebte heiratet, beschuldigt Jeanne ihn der Hexerei und behauptet, er habe sie mit teuflischer Hilfe verführt. Die anrückenden Exorzisten beschäftigen sich zuerst mit Jeanne. Die erwartete Teufelsaustreibung entwickelt sich zu einer Orgie der Perversionen, an der sich auch die restlichen Nonnen beteiligen, nachdem ihre Hemmungen gefallen sind. Der unschuldige Grandier muss sterben. Der FILMDIENST sah in dieser Literaturverfilmung einen »aufwendigen und oberflächlichen Sado-Porno«, was den Tatsachen kaum entspricht. Dass der Film »effekthascherisch und albern« (ebenda) ist, kann man freilich kaum bestreiten.

DER TEUFEL AUF RÄDERN

(THE CAR). USA 1976. **R:** *Elliot Silverstein.* **B:** *Dennis Shryack, Michael Butler, Lane Slate.* **V:** *»Der Teufel auf Rädern« von Dennis Shryack, Michael Butler.* **K:** *Gerald Hirschfeld.* **SpE:** *Jack Faggard, Paul Hickerson, Ed Kennedy, Bill Aldridge, Albert Whitlock.* **M:** *Leonard Rosenman.* **D:** *James Brolin (Wade Parent), Kathleen Lloyd (Lauren), Ronny Cox (Luke Johnson), John Marley (Everett Pack), John Rubinstein (John Morris), R. S. Armstrong (Amos Clements), Elizabeth Thompson (Margie Johnson), Roy Jenson (Ray Mott), Kim Richards (Lynn-Marie Parent), Kyle Richards (Debbie Parent), Kate Murtagh (Miss McDonald), Robert Phillips (Metcalf), Doris Dowling (Bertha Clements), Henry O'Brien (Chas), Eddie Little Sky (Denson), Lee McLaughlin (Marvin Fats), Read Morgan (Mac Gruder), Ernie Osatti (Dalton), Joshua Davis (Jimmy), Geraldine Kearns (Donna), Hank Hamilton (Al Ashbury), John Moio (Parker), Melody Thomas (Suzie Pullbrook), Louis Welch (Berry), James Rawley (Thompson), Bryan O'Byrne (Wallv), Don Keefer (Dr. Pullbrook), Steve Gravers (Mackey), Tony Brande (Joe), Margaret Willey (Navajo-Frau). F 97 Min.*
Ein fahrerloses Phantom-Auto, das gegen Kugeln gefeit ist und sich nicht vom Kurs abbringen lässt, terrorisiert ein amerikanisches Wüstenkaff und mordet ziellos Menschen (weswegen die Besetzungsliste sehr umfangreich ist). Man einigt sich darauf, es mit einem Emissär des Leibhaftigen zu tun zu haben, lockt das mörderische Ding in einen zuvor verminten Canyon und sprengt es in die Luft. – »Da kann man die Benzinknappheit nur willkommen heißen.« (Kevin Thomas, LOS ANGELES TIMES) – »Die Geschichte ist ebenso glaubwürdig wie eine Kfz-Reparaturrechnung.« (William Wolf, CUE) – »Der Film ist geradezu dafür geschaffen, in Autokinos zu laufen; da kann er vor einem passenden Publikum spielen: den leeren, glotzenden Gesichtern anderer Autos.« (Christopher Porterfield, NEWSDAY) – »Ein absolutes Wrack.« (VARIETY)

TEUFEL IM PARADIES

(DESVIO AL PARAISO). Spanien/Puerto Rico 1994. **R:** *Gerardo Herrero.* **B:** *Daniel Monzón, Santiago Tabernero.* **K:** *Alfredo F. Mayo.* **M:** *José Nieto.* **D:** *Charles Dance (Quinn), Axel Anderson (Clark), Pablo Figuera (Kevin), Katrina Gibson (Sara), Marian Pabon (Inspektor), Gladys Rodriguez (Lona), Assumpta Serna (Maria), Morgan Weisser (Gus). F 95 Min.*
Psycho-Thriller. Der wahnsinnige Massenmörder Quinn tötet auf der Landstraße einen Mann, der in einer einsam gelegenen Wohnanlage den Hausmeisterposten übernehmen soll. Er nistet sich mit dessen Papieren dort ein und entpuppt sich, nachdem er die Bewohner menschlich für sich eingenommen hat, als gefährlicher Psychopath, der die Mieter bespitzelt, um sie leichter

Teufel im Paradies

gegeneinander ausspielen, drangsalieren und töten zu können. Spannend.

DER TEUFEL IN IHR

(DEVIL WITHIN HER/I DON'T WANT TO BE BORN). GB/USA 1975. **R:** *Peter Sasdy.* **B:** *Stanley Price.* **St:** *Nato de Angeles.* **K:** *Kenneth Talbot.* **M:** *Ron Grainer.* **D:** *Joan Collins (Lucy Carlesi), Eileen Atkins (Schwester Albana), Ralph Bates (Gino Carlesi), Donald Pleasence (Dr. Finch), Caroline Munro (Mandy), Hilary Mason (Mrs. Hyde), Janet Key (Jill), John Steiner (Tommy), George Claydon (Hercules), Judy Buxton (Sheila), Stanley Lebor (Sergeant), Derek Benfield (Inspektor), John Moore (Priester), Phyllis McMahon (Nonne), Susan Richards (Alte Dame), Andrew Secombe (Lieferant). F 90 Min.*

Nachdem die Ex-Stripperin Lucy Carlesi die Avancen eines kleinwüchsigen Mannes zurückgewiesen hat, wird sie von ihm verflucht. Das Resultat: Sie bringt einen Sohn zur Welt, der kurz nach der Geburt rüde Töne ausstößt und den Menschen zeigt, dass er wenig von ihnen hält: Dr. Finch wird erdrosselt, Mama wird erdolcht, Papa baumelt bald am Strick.

DER TEUFEL IN MISS JONAS

Schweiz 1974. **R:** *Michael Thomas [Erwin C. Dietrich].* **B:** *Manfred Gregor.* **K:** *Peter Baumgartner.* **M:** *Walter Baumgartner.* **D:** *Christa Free (Miss Jonas), Herbert Fux, Marianne Dupont, Michel Jacot. F 73 Min.*

Miss Jones landet irrtümlich zu früh in der Hölle. Satan hat ein Einsehen und schickt sie an die Oberwelt zurück, wo sie sogleich anfängt, ihre trauernden Freunde zu trösten. Schließlich endet sie erneut im Reich des Herrn der Finsternis – doch nur kurz, denn wie sich zeigt, war alles nur ein böser Traum. – Remake des Pornofilms *The Devil in Miss Jones* (1972; Regie: Gerard Damiano, der auch *Deep Throat* [USA 1972] gemacht hat). Die Michael Thomas-Version ist ein Sex-Film, in dem nur Herbert Fux einen teuflischen Auftritt hat.

DIE TEUFELSHAND

(LA MAIN DU DIABLE). Frankreich 1943. **R:** *Maurice Tourneur.* **B:** *Jean Paul Le Chanois.* **K:** *Armand Thirard.* **M:** *Roger Dumas.* **D:** *Pierre Fresnay (Roland), Josselyne Gael (Irene), Noel Roquevert (Melisse), Guillaume de Sax (Gibelin), André Varennes (Oberst), Antoine Balpétre (Denis), Robert Vattier (Perrier), Jean Coquelin (Mönch), Palau (Kleiner Mann), Rexiane (Mme. Denis), Chamarat (Duval). SW 90 Min.*

Ein Maler erhält vom Teufel eine Zauberhand, die ihm fortan Meisterwerke schaffen lässt, muss sie jedoch innerhalb einer bestimmten Frist an einen anderen weitergeben, was sich als nicht so einfach erweist. Französische Version des Faustmotivs: Ansehbar, wenn auch nicht eben sehr horribel.

TEUFELSKREIS Y

(TWISTED NERVE). GB 1968. **R:** *Roy Boulting.* **B:** *Roy Boulting, Leo Marks.* **St:** *Marshall Scott, Jeremy Scott.* **K:** *Harry Waxman.* **M:** *Bernard Herrmann.* **D:** *Hywel Bennett (Martin Durnley/Georgie Clifford), Hayley Mills (Susan Harper), Billie Whitelaw (Joan Harper), Frank Finlay (Henry Durnley), Phyllis Calvert (Enid Durnley), Timothy West (Dakin), Thorley Walters (Sir John Forrester), Christian Roberts (Philip), Barry Foster (Gerry Anderson), Gretchen Franklin (Mrs. Clarke), Clifford Cox (Inspektor Goddard), Russell Napier (Professor Fuller), Richard Davies (Taffy Evans), Brian Peck (Sgt. Thompson), Mary Ladd (Judy), Michael Cadman (Mac). F 104 Min.*

Jugendlicher Psychopath, dessen mongoloider Bruder in einer Heilanstalt sitzt, wird von seiner Mutter dermaßen beschützt und verzärtelt, dass er zwangsläufig mit dem Gesetz in Konflikt kommt und sich zum Axtmörder entwickelt. Zwiespältiges Psycho-Drama, das nicht so recht weiß, ob der Täter (er endet im Knast statt in einer Klinik) krank oder kriminell ist.

DAS TEUFELSRITUAL

Anderer Titel für DIE GRUFT DER TOTEN FRAUEN

DER TEUFELSSCHREI

(EVILSPEAK). USA 1980. **R:** *Eric Weston.* **B:** *Joseph Garofalo, Eric Weston.* **K:** *Irving Goodnoff.* **M:** *Roger Kellaway.* **D:** *Clint Howard (Stanley Coopersmith), Charles Tyner (Colonel Kincaid), Louie Gervance (Jo Jo), Haywood Nelson (Kowalski), Joe Cortese (Rev. Armstrong), Lenny Montana (Jake), Claude Earl Jones (Coach), Lynn Hancock (Miss Freidemayer), Don Stark (Bubba), R. G. Armstrong (Sarge), Jim Greenleaf (Ox). F 92 Min.*

Stanley Coopersmith, Schüler einer Kadettenanstalt, wird von Kameraden und Vorgesetzten ständig schikaniert. Das Zauberbuch eines spanischen Hexenmeisters, das er in geheimnisvollen Gängen entdeckt, ermöglicht ihm den Pakt mit dem Teufel. Mit von der Partie ist ein Computer, der ein gespenstisches Eigenleben führt. Was mit Neugierde beginnt, endet in einem Rachefeldzug gegen Lehrer und Mitschüler. Alle seine Peiniger werden mit Schwert, Feuer und von einer Horde satanischer Schweine vernichtet.

TEUFLISCH

(BEDAZZLED). USA 2000. **R:** *Harold Ramis.* **B:** *Larry Gelbart, Harold Ramis, Peter Tolan.* **K:** *Bill Pope.* **M:** *David Newman.* **D:** *Brendan Fraser (Elliot Richards), Elizabeth Hurley (Teufel), Frances O'Connor (Alison/Nicole/Carol), Miriam Shir (Carol/Penthouse Hostess), Orlando Jones (Dan/Esteban). F 93 Min.*

Einmal mehr eine neue Variante des Faust: Computertechniker, der Probleme mit Frauen hat, geht einen Pakt mit dem Teufel ein, der ihm als schöne Teufelin erscheint. Natürlich vergeigt er die sieben Wünsche, die er frei hat. – Remake eines Films von Stanley Donen *[Mephisto '68]*. » ... großartige Darstellungen, die mit den jeweiligen Klischees so virtuos spielen, dass es fast Satire wird.« (Oliver Rahayel, FILMDIENST 03/01)

DER TEUFLISCHE

(IL DIAVOLO E I MORTI/LA CASA DEL EXORCISMO/LISA E IL DIAVOLO/EL DIABLO DE LLEVA LOS MUERTOS). Italien/Spanien/BRD 1972. **R:** *Mario Bava.* **B:** *Alberto Cittini, Alfredo Leone.* **K:** *Cecilio Paniagua.* **SpE:** *Franco Tocci.* **Ma:** *Franco Freda.* **M:** *Carlo Savina.* **D:** *Elke Sommer (Lisa Reiner/Elena), Telly Savalas (Lenadro), Sylva Koscina (Sophia Lehar), Alida Valli (Max' Mutter), Robert Alda (Pater Michael), Alessio Orano, Gabriele Tinti, Kathy Leone, Eduardo Fajardo, Carmen Silva, Franz v. Treuberg, Espartaco Santoni. F 93 Min.*

Junge Frau gerät in die Fänge einer dämonischen Familie und muss sich gegen einen Dämon zur Wehr setzen, der sich ihren Leib als Nistplatz auserkoren hat. [V]

DER TEUFLISCHE

(THE DEMON). USA 1981. **R:** *Percival Rubens.* **B:** *Percival Rubens.* **K:** *Vincent Cox.* **Ma:** *Reggie Wollenschlager.* **M:** *Nick Labuschagne.* **D:** *Jennifer Holmes (Mary), Cameron Mitchell (Colonel Bill Carson), Zoli Markey (Jo), Craig Gardner, Peter S. Elliott, Moira Winslow, Mark Tonous, Diane Burmeister, George Korelin, Vera Blacker, John Parsonsson, Ashleigh Sendin, Graham Kennard, April Galetti, Jannie Wienand, Amanda Wildman. F 94 Min.*

Ein Killer (aus einer fremden Dimension) geht in einem öden amerikanischen Nest um, und ein Hellseher will ihn ausfindig machen. Dass Cameron Mitchell in diesem Schocker mitspielt, sagt uns ebenso wie die Information des Verleihs (»Keine Vermietung oder Verkauf an Jugendliche«), dass hier nur Böses auf uns zukommen kann. [V]

DIE TEUFLISCHE MASKE

(THE MASK). Kanada 1961. **R:** *Julian Roffman.* **B:** *Frank Taubes, Sandy Haber.* **K:** *Herbert S. Alpert.* **SpE:** *Herman S. Townsley, James B. Gordon* **M:** *Louis Applebaum.* **D:** *Paul Stevens (Dr. Allan Barnes), Claudette Nevins (Pamela Albright), Bill Walker (Lt. Martin), Anne Collings (Jill Goodrich), Martin Lavut (Michael Radin), Leo Leyden (Dr. Soames), Eleanor Beecroft (Mrs. Kelly), William Bryden (Anderson), Norman Ettlinger (Professor Quincy), Stephen Appleby (Museumsführer), Ray Lawlor (Laborant), Jim Moran (Jim Moran), Nancy Island (Opfer), Rudi Linschoter (Dr. Barnes' Alter Ego), Paul Nevins (Dämon). SW 83 Min.*

Der Psychiater Barnes erhält von einem nervlich zerrütteten Archäologen eine indianische Maske, von der mysteriöse Kräfte ausgehen. Wer sie trägt, wird auf unerklärliche Weise zu mörderischen Schandtaten getrieben und erblickt eine phantastisch anmutende, schreckliche Gegenwelt. Barnes verfällt dem Fluch der Maske ebenso wie der durch Selbstmord geendete Archäologe, aber bevor sie ihn zwingt, seine Braut zu meucheln, greift die Polizei ein. – »Trotz der professionellen Leistung von Mr. Roffman scheint mir dieser Film nichts anderes als eine Neuauflage der altbekannten Dr. Jekyll-und-Mr.-Hyde-Geschichte zu sein, wobei die Maske als Ersatz für die blubbernden Reagenzgläser dient ... Und dann gibt's da noch eine musikalische Untermalung, die sich anhört, als würde ein Katzenheer durch eine Kochtopffabrik toben.« (Howard Thompson, NEW YORK TIMES). – »Die Halluzinationen des Maskenträgers erschienen mir plausibler als alles andere, was sich der Film auszusagen bemühte.« (Paul V. Beckley, NEW YORK HERALD TRIBUNE)

TEUFLISCHE SIGNALE

(THE SENDER). GB 1982. **R:** *Roger Christian.* **B:** *Thomas Baum.* **K:** *Roger Pratt.* **M:** *Trevor Jones.* **D:** *Kathryn Harrold (Gail Farmer), Zeljko Ivanek (Sender), Shirley Knight (Jerolyn), Paul Freeman (Dr. Denman), Sean Hewitt (Messias), Harry Ditson (Dr. Hirsch), Olivier Pierre (Dr. Erskine), Tracy Harper (Mädchen), Al Matthews (Ex-GI), Marsha Hunt (Jo), Angus MacInnes (Sheriff Prouty). F 91 Min.*

Junger Mann mit seltsamen Geisteskräften verschreckt seine Umwelt mit lebensechten Projektionen abscheulicher Dinge (z.B. Kakerlaken im Kühlschrank) und bezieht die ihn behandelnde Psychiaterin Gail in seine Albtraum-Visionen mit ein. [V]

TEUFLISCHE WEIHNACHTEN

(YOU BETTER WATCH OUT/CHRISTMAS EVIL/ TERROR IN TOYLAND). USA 1980. **R:** *Lewis Jackson.* **B:** *Lewis Jackson.* **K:** *Ricardo Aronovich.* **D:** *Brandon Maggart (Harry Stadling), Diane Hull (Jackie Stadling), Scott McKay (Fletcher), Joe Jamrog (Frank Stoller), Peter Friedman (Grosch), Ray Barry (Gleason), Sam Gray (Grilla), Bobby Lesser (Gottlieb), Ellen McElduff (Harrys Mutter), Patty Richardson, Jeffrey De Munn. F (100) 96 Min.*

Als Klein-Harry zufällig sieht, dass der Weihnachtsmann (lies: Papa im Nikolauskostüm) Mama pimpert, erweist sich dies als negativ für seine Entwicklung. Als Erwachsener arbeitet Harry in einer Spielzeugfabrik, führt Listen über böse und brave Nachbarskinder und zieht in der Adventszeit (als Weihnachtsmann verkleidet) von Haus zu Haus, um zu meucheln. [V]

DIE TEUFLISCHEN

(LES DIABOLIQUES). Frankreich 1955. **R:** *Henri Georges Clouzot.* **B:** *Henri Georges Clouzot, Jérôme Geronimi.* **V:** *»Tote sollten schweigen« von Pierre Boileau und Thomas Narcejac.* **K:** *Armand Thirard.* **M:** *Georges van Parys.* **D:** *Simone Signoret (Nicole Horer), Vera Clouzot (Christina Delasalle), Paul Meurisse (Michel Delasalle), Charles Vanel (Inspektor Fichet), Noel Roquevert (Herboux), Therese Dorny (Mme. Herboux), Michel Serrault (Raymond), Pierre Larquey (Drain), Jean Brochard (Plantiveau), Georges Charmarat (Dr. Loisy), Jean Pierre Bonnefous (De Gascuel), Roberto Rodrigo (José), Michel Dumur (Rittberger), Soudieu (Georges Poujouli), Henri Humbert (Patard), Moinet (Yves-Marie Maurin). SW 110 Min.*

Ehefrau und Geliebte eines Wüstlings bringen selbigen gemeinsam um, bis erkenntlich wird, dass der »Mord« nur ein Täuschungsmanöver ist, um die herzkranke Gattin des Böslings mit seelischem Terror in den Tod zu treiben.

DIE TEUFLISCHEN SCHWESTERN

Schweiz 1977. **R:** *Jess Franco.* **B:** *Manfred Gregor [Erwin C. Dietrich].* **K:** *Peter Baumgartner.* **M:** *Walter Baumgartner.* **D:** *Karine Gambier (Millie), Pamela Stanford (Edna), Jack Taylor, Eric Falk, Kurt Meinicke, Marianne Graf, Esther Moser. F 79 (74) Min.*

Die hübsche Millie von Stein leidet so heftig unter ihrer Nymphomanie, dass sie dem Wahnsinn zu verfallen droht. Ihre ebenso ansehnliche Schwester Edna hingegen ist eine geldgierige Schlampe. Da sie das Millionenerbe ihres Vaters allein antreten mochte, tut sie alles, um sich Millie vom Hals zu schaffen: Sie pumpt sie mit Drogen voll und will sie in den Wahnsinn treiben. – »Eine schwarzhaarige Erotomanin und eine blonde Sadistin dem Liebeswahn verfallen in einer Welt zwischen Lust und Wahn.« (Verleihwerbung, Interpunktion originalgetreu) – Eine Sex-Nummern-Show mit aufgesetztem Psycho-Thema.

THE TEXAS CHAIN SAW MASSACRE, PART II

(THE TEXAS CHAIN SAW MASSACRE, PART II). USA 1986. **R:** *Tobe Hooper.* **B:** *L. M. Kit Carson.* **K:** *Richard Kooris.* **SpE:** *Tom Savini.* **M:** *Tobe Hooper.* **D:** *Dennis Hopper (Lt. Lefty Enright), Caroline Williams (Vanita Brock), Bill Johnson (Leatherface), Jim Siedow (Drayton), Bill Moseley (Chop-Top), Lou Perry (L. G. McPeters), Barry Kinyon (Mercedesfahrer), Chris Douridas (Schütze), Kinky Friedman (Sportreporter), Joe Bob Briggs (Kinogänger), Ken Evert (Opa), Tobe Hooper. F 95 Min.*

Vorgeschichte: *Blutgericht in Texas.* – Zwei biersaufende Yuppies düsen im Mercedes durch Texas, flachsen telefonisch mit dem weiblichen Diskjockey Vanita und schießen auf Straßenschilder, bis sich ihnen drei merkwürdige Gestalten in einem Lieferwagen entgegenstellen: die Familie Sawyer (= Säger). Leatherface macht die Yuppies mit der Kettensäge klein. Der irrsinnige Texas-Ranger Enright, dessen Neffe und Nichte der kannibalischen Sippe in *Blutgericht in Texas* zum Opfer gefallen sind, nimmt den Fall auf und setzt Vanita als Lockvogel ein, um

Leatherface und die seinen aus ihrem Versteck zu locken. Dies gelingt ihm schließlich in der Form, dass die Sawyers den Sender vernichten, für den Vanita arbeitet, und Vanita selbst in ein Tunnelsystem unter einem Freizeitpark verschleppen. Mit Kettensägen bewaffnet, die in seine Colt-Holster passen, jagt Enright schäumend hinterher. Inzwischen hat Leatherface sich in Vanita verguckt, beweist ihr (auf für ihn typische Weise) seine Zuneigung und gerät in Rage, als die Verwandten die Schöne durch die Mangel drehen. Enright dringt in den Schlupfwinkel der Sawyers vor und liefert sich mit Leatherface ein Kettensägenduell bis zum bitteren Ende. Vanita, verfolgt von Moseley Sawyer, flieht an die Erdoberfläche, gelangt in den Besitz einer Motorsäge und dreht, nachdem sie Moseley gezeigt hat, wo die Glocken hängen, völlig durch. – Seit *Blutgericht in Texas* finanziert sich die Familie durch eine mobile Imbissbude und den Verkauf von Menschenfleischwürstchen. Neben Opa und Leatherface spielt auch der »Anhalter« mit, der im ersten Teil ums Leben kam: Man hat ihn ausgestopft, damit Moseley, der Vietnam-Veteran mit der metallenen Schädelplatte, ihn wie eine Puppe mit sich herumschleppen kann. AIDT [V]

TEXAS CHAINSAW MASSACRE: DIE RÜCKKEHR

(THE RETURN OF THE TEXAS CHAINSAW MASSACRE). USA 1994. **R:** *Kim Henkel.* **B:** *Kim Henkel.* **K:** *Levie Isaacks.* **M:** *Wayne Bell.* **D:** *Renee Zellweger (Jenny), Matt McConaughey (Vilmer), Robert Jacks (Leatherface), Tonie Perenski (Darla), Joe Stevens (W. E.), Lisa Newmyer (Heather), Tyler Cone (Barry), John Harrison (Sean). F 84 Min.*
Vorgeschichte: *Blutgericht in Texas.* – Das wurde aber auch Zeit. Diesmal wird die Kettensäge angeworfen, um College-Girls zu zerteilen: »Dabei hätte es so schön werden können, wenn Jenny auf der Rückkehr von ihrer Graduation-Party zusammen mit ihren drei Freunden nicht einen Crash mit ihrem Jeep gehabt hätte. Eine Nymphomanin, ein Killer mit ferngesteuerter Beinprothese und eine quasimodoähnliche Ledermaske warten nur auf ihr Frischfleisch.« (FISCHER FILM ALMANACH 1999) [V]

THEATER DES GRAUENS

(THEATRE OF BLOOD). GB 1972. **R:** *Douglas Hickox.* **B:** *Anthony Greville-Bell.* **K:** *Wolfgang Suschitzky.* **M:** *Michael Lewis.* **D:** *Vincent Price (Edward Lionheart), Diana Ring (Edwina Lionheart), Ian Hendry (Peregrine Devlin), Harry Andrews (Trevor Dickman), Coral Browne (Cloe Moon), Robert Coote (Oliver Larding), Jack Hawkins (Solomon Psaltery), Michael Hordern (George Maxwell), Arthur Lowe (Horace Sprout), Robert Morley (Meredith Merridew), Dennis Price (Hector Snipe), Diana Dors (Mrs. Psaltery), Joan Hickson (Mrs. Sprout), Renee Asherson (Mrs. Maxwell), Madeline Smith (Rosemary), Milo O'Shea (Inspektor Booth), Eric Sykes (Sgt. Dogge), Brigid Bates (Agnes), Tony Calvin (Polizeifotograf), Bunny Reed, Peter Thornton (Polizisten), Tutte Lemkow, Jack Maguire, Joyce Graham, John Gilpin, Eric Francis, Sally Gilmore, Stanley Bates, Declan Mulholland. F 104 Min.*
In London geht ein Mörder um, der sich seine Opfer ausschließlich in den Kreisen von Theaterkritikern sucht. Die Toten gehören einer Vereinigung an, die alljährlich den besten Shakespeare-Darsteller mit einem Preis auszeichnet. Da liegt der Verdacht nahe, dass der mysteriöse Killer ein Schauspieler ist, der schnöde von ihnen übergangen wurde. Gab es da nicht in der Vergangenheit den Fall Edward Lionheart – den

Theater des Grauens

Fall eines hoffnungslos untalentierten Schmierenkomödianten, der sich für den größten Shakespeare-Interpreten aller Zeiten hielt und sich aus Wut darüber, dass »sein« Preis an einen Niemand vergeben wurde, in der Themse ersäufte? Lionheart ist, wie sich schnell erweist, mitnichten tot. Ein Toter könnte auch, um der Wahrheit die Ehre zu geben, kaum so einfallsreich sein wie er (und eine Bande Mitverschworener, darunter seine Tochter Edwina): Denn die Kritiker-Kamarilla, die ihn einst so schnöde behandelte, kommt nach und nach auf shakespeareske Weise ums Leben. Mr. Maxwell wird niedergestochen (»Julius Cäsar«); Mr. Snipe von einem Pferd zu Tode geschleift (»Troylus und Cresseida«); Mr. Dickmans Herz wird per Messerklinge aus seinem Leib entfernt (»Der Kaufmann von Venedig«); Mr. Larding wird in einem Weinfass ersäuft (»Richard III.«); Mr. Psaltery treibt man dazu, die eigene Gattin zu erwürgen (»Othello«), woraufhin die Justiz seinen Kopf fordert; Miss Moon stirbt in einem Schönheitssalon (»Heinrich IV.«); Meredith Merridew geht an einem Herzschlag ein, als er entdeckt, dass er zum Dinner seinen Lieblingspudel verspeist hat (»Titus Andronicus«); Mr. Devlin soll geblendet werden (»König Lear«) ... Zum Glück trifft die Polizei in letzter Sekunde ein, um das Schlimmste zu verhüten. Lionheart und seine Mitverschwörer kommen um; das Theater, in dem ihr letztes Verbrechen stattfinden soll, geht in Rauch und Flammen auf, was den kritischen Mr. Devlin zu der Bemerkung veranlasst, Lionheart habe – wie immer – mächtig übertrieben, aber man müsse zugeben, dass er es immer wieder verstünde, sich einen ausgezeichneten Abgang zu verschaffen. – »Ganz schön abartig, aber beste Unterhaltung.« (John Brosnan, THE HORROR PEOPLE) Und wir beeilen uns, Mr. Price zu versichern, dass wir der gleichen Meinung sind. Wir haben nämlich kein Interesse daran, wie weiland König Duncan in »Macbeth« in einer finsteren Nacht ums Leben zu kommen ... [V]

THE THING – GENE AUSSER KONTROLLE

(SEVERED TIES). USA 1991. **R:** *Damon Santostefano.* **B:** *John Nystrom, Henry Dominic.* **K:** *Geza Sinkovics.* **M:** *Daniel Licht, Nicholas Lens.* **D:** *Oliver Reed (Dr. Hans Vaughan), Elke Sommer (Helena Harrison), Billy Morrisette (Dr. Harrison), Garrett Morris (Stripes), Johnny Legend (Prediger). F (93) 89 Min.*

Dr. Harrison werkelt im Gruftkeller seiner steinreichen Mutter an der Kreuzung menschlicher und tierischer Gene, um Mama noch reicher zu machen. Seine Experimente sind erfolgreich, doch mit Mamas Freund Dr. Vaughan kommt es zum bösen Knatsch über die Verwertungsrechte, die an einen Rüstungskonzern gehen sollen. Harrison verliert auf der Flucht einen Arm und richtet mit netten Pennern ein unterirdisches Forschungszentrum ein, um ein Heer beseelter Arme zu erschaffen, die Mamas und Vaughans Untaten rächen. – Tricktechnisch durchaus beachtliches Techno-Horrorspektakel mit ekligen Effekten, inzestuösem Hintergrund und humorigen Anflügen. [V]

THE THIRD HAND – NACHT DER TEUFEL

(JUDGMENT DAY/THE THIRD HAND). USA 1989. **R:** *Ferde Grofe.* **B:** *Ferde Grofe.* **K:** *Pete Warrilow.* **M:** *Lucas Richman.* **D:** *Kenneth McLeod (Pete Johnson), David Anthony Smith (Charlie Manners), Monte Markham (Priester), Cesar Romero (Octavio), Gloria Hayes (Maria), Peter Mark Richman (Sam). F 93 Min.*

Zwei Männer kommen in einem südamerikanischen Dorf zu der Erkenntnis, dass Luzifer höchstpersönlich dort auftritt, um sein Unwesen zu treiben. Satanisten trachten ihnen bald nach dem Leben. Eine in jeder Beziehung abgrundtief *dunkle* Geschichte. AIDT [V]

DAS TIER

(THE HOWLING). USA 1980. **R:** *Joe Dante.* **B:** *John Sayles, Terence H. Winkless.* **V:** *Gary Brandner.* **K:** *John Hora.* **SpE:** *Rob Bottin.* **M:** *Pino Do-*

Das Tier

naggio. **D:** *Dee Wallace (Karen White), Patrick MacNee (Dr. George Waggner), Dennis Dugan (Chris), Christopher Stone (R. William Neill), Belinda Balaski (Terry Fisher), Kevin McCarthy (Fred Francis), John Carradine (Erle Kenton), Slim Pickens (Sam Newfield), Elizabeth Brooks (Marsha), Roberto Picardo (Eddie), Margie Impert (Donna), Noble Williams (Charlie Barton), James McMurtaugh (Jerry Warren), Jim McKrell (Lew Landers), Don McLeod (T. C.), Dick Miller (Walter Paisley), Ivan Sarick (Jack Molina), Kenneth Tobey, Steve Neville (Polizisten), Forrest J Ackerman, Joe Bratcher, Herb Braha, Mesach Taylor. F 91 Min.*

Die nervlich gestresste TV-Journalistin Karen White hat nach einer albtraumhaften Begegnung in einem Sex-Kino Bedarf an Erholung und lässt sich in einem einsam gelegenen Sanatorium nieder, dessen Insassen sich als nette Leute entpuppen, falls sie sich nicht gerade in Werwölfe verwandeln und ihrem ureigenen Lustprinzip (hier: dem Killen) frönen. Und dazu bekommen sie reichlich Gelegenheit, denn sie leiden nicht etwa, wie die »klassischen« Werwölfe, unter einem Fluch, sondern sehen ihr Alltagsdasein als Begrenzung an, die sie hin und wieder durchbrechen müssen. In der Gestalt Grauen erregender Bestien ist man nämlich keiner Moral unterworfen und kann seine unterdrückten Triebe wie weiland Mr. Hyde voll ausleben. Unsere wackere Journalistin indes, auch vom Werwolf, scheint ein Dasein dieser Art für wenig erstrebenswert zu halten (was ein Widerspruch ist, denn ob Werwolf erster oder zweiter Generation, der Logik entsprechend müsste sie ihre neue Daseinsform genießen) und verwandelt sich in einer TV-Sendung in ihr wölfisches Alter Ego, um die Menschheit zu warnen. Peinlicherweise erfolglos, denn die Nation hält die Metamorphose für eine Demonstration der tollen Fähigkeiten der Maskenbildner Hollywoods. Ede Wolf und die drei kleinen Schweinchen sind da wirklich amüsanter – trotz des Erfindungsreichtums des Autors, in der Besetzungsliste dieses Films Scharen längst verstorbener Horror-Regisseure mitkämpfen und mitheulen zu lassen. [V]

DAS TIER II

(HOWLING II: YOUR SISTER IS A WEREWOLF). USA 1985. **R:** *Philippe Mora.* **B:** *Robert Sarno, Gary Brandner.* **K:** *G. Stephenson.* **SpE:** *Jack Bricker.* **M:** *Steve Parsone.* **D:** *Christopher Lee (Stefan Crosscoe), Sybil Danning (Stira), Marsha Hunt (Mariana), Annie McEnroe (Jennie Templeton), Reb Brown (Ben White), Judd Omen (Vlad), Ferdy Mayne (Erle), Patrick Field (Diakon), Jimmy Nail (Dom), Steven Bronowski (Mondteufel), James M. Crawford (Priester), Jiri Krytmar (Vasile), Ladislav Kregmer (Pater Florin), Jan Kraus (Tondo), Petr Skarke (Konstantin). F 87 Min.*

TV-Film. Vorgeschichte: *Das Tier.* – Ben White, der Bruder einer TV-Moderatorin, die sich vor der Kamera in einen Werwolf verwandelt und umgebracht hat, kehrt in seine Heimatstadt zurück. Er erhält Kontakt zu dem Werwolf-Experten Crosscoe, erfährt einiges über die Untaten der Bestien und folgt diesem im Verein mit der Journalistin Jennie nach Rumänien, wo sie in einem finsteren Schloss alsbald mit der Herrscherin der Werwölfe und ihren Vasallen aneinander geraten. Eine jämmerliche Fortschreibung der in *Das Tier* angesprochenen Thematik. [V]

TINTORERA – MEERESUNGEHEUER GREIFEN AN

(TINTORERA/TINTORERA – BLOODY WATERS). GB/Mexiko 1977. **R:** *René Cardona.* **B:** *Ramon Bravo, René Cardona.* **K:** *Ramon Bravo, Leon Sanchez.* **M:** *Basil Poledouris.* **D:** *Hugo Stiglitz (Steve) Susan George (Gabriella), Andres Garcia (Miguel), Fiona Lewis (Patricia), Jennifer Ashley (Kelly), Roberto Guzman (Moralo), Manuel Alvarado (Manuel), Laura Lyons (Cynthia), Priscilla Barnes (Barmädchen), Alejandro Chianguerotti (Marineoffizier), Carlos East, Pamela Garner, Erica Carlsson. F 82 Min.*

Eine Gruppe reicher Nichtstuer frönt am Strand eines mexikanischen Badeortes dem Jagdsport. Wenn sie nicht gerade attraktive Touristinnen vernaschen, harpunieren sie Haie. Als ein Mädchen von einem Hai gefressen wird, plustert sich der Playboy Steve als Racheengel auf. Ein langweiliger Nachzieher von Steven Spielbergs *Der weiße Hai* (USA 1974).

TOCHTER DES BÖSEN

(THE CHILD/KILL AND GO HIDE/ZOMBIE CHILD). USA 1977. **R:** *Robert Voskanian.* **B:** *Ralph Lucas.* **K:** *Mori Alavi.* **M:** *Rob Wallace.* **D:** *Laurel Barnett (Elise Del Mar), Rosalie Cole (Rosalie), Frank Janson (Vater), Richard Hanners (Len), Ruth Ballen (Mrs. Whitfield), Slosson Bing Jong (Gärtner). F 78 Min.*

Tochter des Bösen

Als Rosalie (12) erfährt, dass Papa den mordlustigen Gärtner bezahlt hat, um ihm Mama vom Halse zu schaffen, beschwört sie voller Rachsucht die Toten eines nahen Friedhofes. Auch ihre Gouvernante Elise wird von den bizarren Wesen erschreckt, die nach und nach sämtliche Akteure verspeisen, deshalb versteckt sie sich im Pumpenhaus. Der erste Verfolger, der eintritt, trifft das Schicksal in Form einer Axt. Pech, dass dies ausgerechnet Rosalie ist. – »Dieser Film trifft jeden im Innersten seiner Ängste. Der Zuschauer wird Zeuge grausigster Ereignisse – er trifft auf die Tochter des Bösen.« (Werbetext). »Der Streifen ist effektives Horror-Kino mit einem satten Griff in die Schmuddel- und Exploitation-Kiste.« (Frank Trebbin, DIE ANGST SITZT NEBEN DIR) [V]

TOCHTER DES TEUFELS

(THE DEVIL'S DAUGHTER). USA 1973. **R:** *Jeannot Szwarc.* **B:** *Colin Higgins.* **K:** *J. J. Jones.* **M:** *Laurence Rosenthal.* **D:** *Shelley Winters (Lilith Malone), Belinda J. Montgomery (Diane Shaw), Robert Foxworth (Steve Stone), Jonathan Frid (Howard), Joseph Cotten (Richter Weatherby), Lucille Benson (Janet Poole), Thelma Carpenter (Margaret Poole), Martha Scott (Mrs. Stone), Diane Ladd (Alice Shaw), Abe Vigoda (Alikhine), Robert Cornthwaite (Peter Dixon), Nick Bolin (Turk), Ian Wolfe (Pater MacHugh), Barbara Sammeth (Susan Sanford), Rozelle Gayle (Fedora), Lillian Bronson (Hausbesitzerin). F 74 Min.*

TV-Film. Vom Antichristen ausgesandte alte Schachtel unternimmt den Versuch, eine Jungfer dazu zu bringen, einen Dämon zu ehelichen. [V]

TÖCHTER DES SATANS

(THE CULT/MANSON MASSACRE). USA 1971. **R:** *Kentucky Jones.* **B:** *Kentucky Jones.* **K:** *Robert Maxwell.* **M:** *Clark de Will.* **D:** *Blaisdell Makee, Debbie Osborne, Sean Kenney, Candice Roman, John Vincent, Cindy Barrett. F 74 Min.*

Pseudoreligiöser Sektierer und seine weiblichen Anhänger verschaffen sich Zutritt zu einer Villa und ermorden auf bestialische Weise zwei Liebespaare. – Der Film beutet den Mord an der Schauspielerin Sharon Tate aus.

DIE TÖCHTER DES SATANS

(DAUGHTERS OF SATAN). USA/Philippinen 1972. **R:** *Hollingsworth Morse.* **B:** *John C. Higgins.* **St:** *John A. Bushelman.* **K:** *Nonong Rasca.* **M:** *Richard LaSalle.* **D:** *Tom Selleck (James Robertson), Barra Grant (Chris Robertson), Tani Guthrie (Kitty Duarte), Vic Silayan (Dr. Dangal), Paraluman (Juana Rios), Gina Laforteza (Andrea), Vic Diaz (Carlos Ching), Paquito Salcedo (Bestatter), Ben Rubio (Tommy Tantulco), Bobby Greenwood (Postlewaite), Chito Reves (Guerilla). F 90 Min.*

Der Antiquitätensammler Robertson erwirbt auf den Philippinen ein Gemälde, das drei Hexen auf dem Scheiterhaufen zeigt, denn eine der Damen sieht seiner Gattin Chris sehr ähnlich. Bald zeigt sich, dass die Ähnlichkeit kein Zufall ist, denn Chris führt sich fortan wie besessen auf und versucht ihn umzubringen. Irgendwann sehen wir ein zweites Gemälde: Darauf wird das Hexentrio von einem Richter verurteilt, der Robertson wie aus dem Gesicht geschnitten ist ... Lahme Ente auf TV-Niveau.

DER TOD HAT SCHWARZE KRALLEN

(I WAS A TEENAGE WEREWOLF). USA 1957. **R:** *Gene Fowler jr.* **B:** *Ralph Thornton.* **K:** *Joseph La Shelle.* **M:** *Paul Dunlap* **D:** *Michael Landon (Tony Rivers), Yvonne Lime (Arlene), Whit Bissell (Dr. Al-*

fred Brandon), Malcolm Atterbury (Charles), Vladimir Sokoloff (Pepi), Eddie Marr (Doyle), Louise Lewis (Miss Ferguson), S. J. Launer (Bill), Tony Marshall (Jimmy), Ken Miller (Vic), Guy Williams (Chris Stanley), Dawn Richards (Theresa), Barney Phillips (Donovan), Joseph Mell (Dr. Hugo Wagner), Cindy Robbins (Pearl), Dorothy Crehan (Mary), Michael Rougas (Frank), Robert Griffin (Polizeichef Baker). SW 75 Min.

Der halbstarke Rüpel Tony (der FILMDIENST erkannte in ihm einen »krankhaft asozialen Studenten«) wird zur psychiatrischen Untersuchung zu Dr. Brandon geschickt, da er sich hin und wieder rohe Hamburger reintut. Brandon ist jedoch denkbar ungeeignet, Tony auf den rechten Weg zu bringen (der hoffentlich darin besteht, dass er Hamburger künftig völlig meidet). Er ist nämlich Anhänger der Theorie, die Menschheit könne ihre totale Vernichtung per Atomkrieg nur vermeiden, wenn sie sich wieder in ein frühzeitliches Stadium zurückentwickle (Bill Warren, KEEP WATCHING THE SKIES: »In welchem Stadium unserer Evolution wir Werwölfe waren, offenbart er allerdings nicht«). Brandon sieht in dem wilden Jungmann ein Testobjekt. Er injiziert ihm ein Serum und hypnotisiert ihn. Kurz darauf geschieht dann das, was uns der Verleih mit gottbegnadeten Dichterworten kundtut: »Hinter jedem Baum, hinter jeder Hauswand lauert das Grauen. Der Schrekken schleicht durch Rock-Dale. Schauderhafte Verbrechen, grausame und unerklärliche Morde vorwiegend an *gut aussehenden Mädchen* (Hervorhebung von uns) versetzen eine Stadt in Panik und Entsetzen. Vom Täter fehlt jede Spur. Geheimnisvolle, unmöglich von Menschenhand stammende Würgegriffe an den Opfern jagen allen bei der Suche nach dem mysteriösen Täter beteiligten Personen kalte Schauer der Angst über den Rücken. Nacht für Nacht schlagen sie zu, die schwarzen Krallen des Todes!« – *»Agrahhh!«* Ab sofort ist der Werwolf los und mordet – sogar den Onkel Doktor (man glaubt es kaum), bis die Polizei ein Sieb aus ihm macht. Und jetzt hurtig ins Bett, Rolfi. Morgen Abend erzählt Papa dir die Geschichte vom fiesen Furz aus Forkelbach und wie er Nachbars Fifi in einen Marsmenschen verwandelte.

Der Tod hat schwarze Krallen

Der Tod hat schwarze Krallen

DER TOD IM MORGENGRAUEN

Anderer Titel für SUNDOWN – RÜCKZUG DER VAMPIRE

DER TOD KOMMT AUF VIER PFOTEN

(MAN'S BEST FRIEND). USA 1993. **R:** *John Lafia.* **B:** *John Lafia.* **K:** *Mark Irwin.* **SpE:** *Frank Ceglia.* **M:** *Joel Goldsmith.* **D:** *Ally Sheedy (Lori Tanner), Lance Henriksen (Dr. Jarrett), Robert Costanzo (Detective Kovacs), Fredric Lehne (Perry), John Cassini (Detective Bendetti), J. D. Daniels (Rudy), William Sanderson (Ray), Trula M. Marcus (Annie), Robin Frates (Judy Sanders), Rick Barker (Briefträger), Bradley Pierce (Chet), Del Zamora (Rudys Vater), Arlen Stuart (Mrs. Barclay), Lisa Cavallo (Friday), Thomas Rosales jr., Frank Cavestani, Olivia Brown, Paul Hayes, Peter Georges. F 83 Min.*
Journalistin, die über Tierversuche recherchiert, befreit einen Bernhardiner aus einem Labor, den ein Wissenschaftler zum Töten abgerichtet hat. Wie es wohl weitergeht? Beißt er sich durch die Stadt und schlägt seine Fänge in Menschenfleisch? Ja, ja, des Menschen bester Freund ...

DER TOD KOMMT ZWEIMAL

(BODY DOUBLE). USA 1984. **R:** *Brian De Palma.* **B:** *Brian De Palma, Robert J. Avrech.* **K:** *Stephen H. Burum.* **M:** *Pino Donaggio.* **D:** *Craig Wasson (Jake Scully), Gregg Henry (Sam Bouchard), Melanie Griffith (Holly Body), Deborah Shelton (Gloria Revelle), Guy Boyd (Jim McLean), Dennis Franz (Rubin), David Haskell (Schauspiellehrer), Rebecca Stanley (Kimberly), Al Israel (Corso), Douglas Warhit, B. J. Jones, Russ Marin, Lane Davies, Barbara Crampton, Larry Flash Jenkins, Monte Landis, Linda Shaw, Mindi Miller, Denise Loveday, Gena Jacobsson, Ray Hassett, Rick Gunderson, Jerry Brutsche, Michael Kearns, Rob Paulsen. F 115 Min.*
Jake, ein klaustrophobisch veranlagter Schauspieler, der in billigen Filmen als Vampir auftritt, verliert Job und Freundin und zieht zu einem Kollegen, der die Luxuswohnung eines gutbetuchten Bekannten hütet. Im gegenüberliegenden Haus beobachtet er eine sich exhibitionistisch gebärdende reiche Dame, die ihn fasziniert und der er bald nachsteigt. Die Dame wird jedoch von einem grässlich aussehenden Indianer mit einer Bohrmaschine gekillt, woraufhin Jake in den Verdacht gerät, ein Perversling zu sein, da man diverse Unterwäscheteile der Verstorbenen bei ihm findet. Per Zufall lernt er die Porno-Darstellerin Holly kennen, die in einem Videofilm auf die gleiche Weise masturbiert wie zuvor die Tote. Es zeigt sich, dass sie diverse Male für den Gatten der Toten posiert hat und Jake einer simplen Täuschung erlegen ist. Dann schlägt der mysteriöse Indianer wieder zu. Wie zu erwarten, ist er der (maskierte) Ehemann des Mordopfers, dem nun auch die Porno-Mieze und Jake zum Opfer fallen sollen. – Regisseur De Palma, der verlauten ließ, er sähe sich als Hitchcock-Nachfolger, hat auch diesmal wieder schamlos bei seinem Meister geklaut. »Nicht nur das Motiv der vertauschten Frauenfiguren wird auf albernste Weise zu Tode strapaziert, sondern auch das Handikap der männlichen Hauptfigur kommt vor, nur dass aus der Höhenangst in *Vertigo*[9] Klaustrophobie geworden ist. Nicht genug damit, muss auch noch *Fenster zum Hof* für den notwendigen Voyeurismus herhalten«, meint der FILMDIENST, der das De Palma-Werk als »plumpe Hintertreppengeschichte« charakterisierte. – »Am Ende gibt's noch die parodistische Paradenummer aus *Psycho:* Na, was wohl anders als der legendäre ›Duschmord‹ gehört bei De Palma schon zum Ritual?« (Michael David, ÜBERBLICK) – »In *Der Tod kommt zweimal* hat er sich endlich den Wunsch erfüllt, Hitchcocks absolutes Meisterwerk noch einmal zu drehen: Das Ergebnis ist eine raffinierte Neuauflage von *Vertigo* ... für Schweine.« (Hellmuth Karasek, SPIEGEL)

Der Tod kommt zweimal

---

[9] *Auch bekannt unter dem Titel Aus dem Reich der Toten*

DER TOD WARTET IN VENEDIG
Anderer Titel für OFF BALANCE – DER TOD WARTET IN VENEDIG

TODESANGST
Anderer Titel für FEAR – TODESANGST

TODESANGST
Anderer Titel für DER MITTAGSMÖRDER

TODESANGST
(THE SADIST). USA 1963. **R:** *James Landis.* **B:** *James Landis.* **K:** *William Zsigmond.* **M:** *Rod Moss.* **D:** *Arch Hall jr. (Charley Tibbs), Marilyn Manning (Judy Bradshaw), Helen Hovey (Doris Page), Richard Alden (Edward Stiles), Don Russell (Carl Oliver). SW 88 Min.*
Auf der Fahrt zu einem Baseballspiel halten drei Pädagogen – zwei Männer, eine Frau – wegen eines Defekts an ihrem Wagen auf einem abgelegenen Schrottplatz an. Dort geraten sie in die Gewalt eines komplexbeladenen, aus dem Gefängnis entwichenen Triebverbrechers und dessen infantiler Freundin. Da der Burschi Lehrer nicht ausstehen kann, erniedrigt er selbige mit Waffengewalt bis zum Selbstaufgabe, bis er (aus Versehen) seine Freundin und (mit Absicht) die Männer umbringt, um am Ende in eine mit Klapperschlangen gefüllte Grube zu stürzen. – Das Aufeinanderprallen zweier Kulturen, oder: Wie Klein-Mäxchen Bürgerlich (alias James Landis) sich die unheimliche Begegnung mit Freddy Hauptschüler vorstellt.

DER TODESENGEL VON SAN FRANCISCO
(MURDER IN LAW). USA 1990. **R:** *Tony Jiti Gill.* **B:** *Tony Jiti Gil, Stephen A. Carter.* **K:** *Steve Beer.* **M:** *Jon McCallum.* **D:** *Marilyn Adams (Milly), Joe Estevez (Bill Kelly), Sandy Snyder (Arlene Kelly), Darrel Guilbeau (Todd), Debra Lee Giometti, Rebecca Russell. F 94 Min.*
TV-Film. Psycho-Thriller. Durchgedrehte Mama, die einen nicht unbeträchtlichen Teil ihres Lebens in der Nervenklinik verbracht hat (obwohl man sie in Paris wähnte), zieht in die Vorstadtvilla ihres Sohnes, wo sie sogleich anfängt, der Welt zu zeigen, wie sehr sie ihren Kleinen liebt: Mit dem Katzendolch in der Hand erledigt sie alles und jeden, was sich zwischen ihn und sie drängen könnte.

DIE TODESKARTEN DES DR. SCHRECK
(DR. TERROR'S HOUSE OF HORRORS). GB 1964. **R:** *Freddie Francis.* **B:** *Milton Subotsky.* **K:** *Alan Hume.* **M:** *Tubby Hayes.* **D:** *Peter Cushing (Dr. Schreck), Christopher Lee (Franklyn March), Roy Castle (Biff Bailey), Donald Sutherland (Bob Caroll), Neil McCallum (Jim Dawson), Alan Freeman (Bill Rogers), Max Adrian (Dr. Blake), Edward Underdown (Tod), Ursula Howells (Deirdre), Peter Madden (Caleb), Katy Wild (Valda), Ann Bell (Ann Rogers), Sarah Nicholls (Carol Rogers), Bernard Lee (Hopkins), Jeremy Kemp (Drake), Kenny Lynch (Sammy Coin), Christopher Carlos (Vrim), Michael Gough (Eric Landor), Jennifer Jayne (Nicole), Harold Lang, Frank Forsyth, George Mossman, Thomas Baptiste, Lisa Blair, Judy Cornwall, Brian Hawkins, Kenneth Kove, Al Mulock, Irene Richmond, Russ Henderson, Hedger Wallace, Faith Kent, John Martin, Walter Sparrow, Laurie Leigh, Frank Barry. F 98 Min.*
Episodenfilm. – Gevatter Tod in der Maske des Unheimlichen mit dem beziehungsreichen Namen Dr. Schreck lässt während einer Eisenbahnfahrt von London nach Bradley mittels eines Kartenspiels fünf Mitreisende einen Blick in ihre Zukunft tun. Danach steht jedem ein grausames Schicksal bevor: Der erste, ein Architekt, wird in den Fängen eines Werwolfes gnadenlos zugrunde gehen. Bill Rogers findet nach einer Reise sein Haus von einer merkwürdigen Pflanze umwuchert. Bei dem Versuch, das weinlaubähnliche Rankwerk zu kappen, schnellt ihm die Schere in den Rücken. Das tödliche Grün, gegen das selbst Flammenwerfer nichts ausrichten können, überwuchert weiter das Haus und verschlingt seine Bewohner. Jazz-Star Biff Bailey hat in Westindien die Kult-Melodien einer

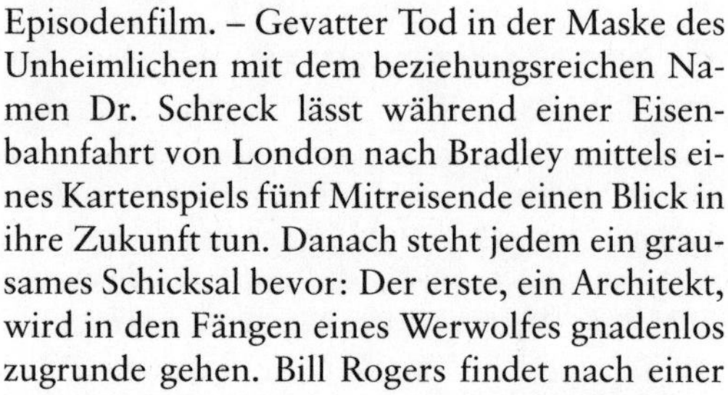

Die Todeskarten des Dr. Schreck

blutrünstigen Voodoo-Sekte aufgezeichnet, um sie in einer Revue zu vermarkten. Ein Rachegott nimmt sich seiner an. Den exzentrischen Kunstkritiker Franklin March wird eine abgeschlagene Hand quälen und foltern, bis ihm der Tod wie eine Erlösung erscheint: Die Hand ist die eines unglücklichen Künstlers, den er durch sein vernichtendes Urteil aus der Fassung brachte und der bei einem Unfall die Hand verlor. Der Letzte, der amerikanische Arzt Bob Carroll, wird zum Tode verurteilt, weil er seine Braut töten wird. Der Anstifter, sein Partner Dr. Blake, ein Vampir, war die Braut, ebenfalls Vampir(in), ins blutsaugerische Gehege gekommen. Doch wie soll Bob Carroll dies vor Gericht beweisen? Die von den Todeskarten Dr. Schrecks zum Tode Verurteilten bestürmen den Urheber der Geschichten mit Fragen. Der aber zieht die letzte Karte: Sie zeigt einen Totenschädel. Da donnert der Zug in einen Tunnel. Als Licht ins Abteil flutet, ist der Kartenleger verschwunden. – »Der erste und wahrscheinlich auch der beste von vielen Horror-Episoden-Filmen der Filmfirma Amicus.« (Michael Weldon, THE PSYCHOTRONIC ENCYCLOPEDIA OF FILM) Der spätere Weltstar Donald Sutherland in einer seiner ersten Rollen, damals noch so unbedeutend, dass sein Name nicht mal in den Filmprogrammen erschien. Das Buch zum Film: John Burke: *Die Todeskarten des Dr. Schreck*, München 1966

DIE TODESKRALLE DES GRAUSAMEN WOLFES

(EL RETORNO DE WALPURGIS). Spanien/Mexiko 1973. **R:** *Carlos Aured.* **B:** *Jacinto Molina.* **K:** *Francisco Sanchez.* **SpE:** *Paul Percy.* **M:** *Angel Arteaga.* **D:** *Paul Naschy (Waldemar Daninsky), Fabiola Falcon, Maria Silva, Vidal Molina, Maritza Olivares, José Manuel Martin, Eduardo Calvo, Elsa Zabala, Ana Farra, Ines Morales, Santiago Ribero, Eduardo Bea, José Yepes, Pilar Vega. F (84) 78 Min.*

Racheschnaubende Zigeunerin, mit dem Teufel im Bunde, verwandelt einen Adeligen in ein reißendes Werwolfmonster. Als es der bäurischen Bevölkerung seines Lehens zu bunt wird, bläst sie zur allgemeinen Jagd. Doch die Braut des Werwolfs kommt ihnen zuvor. Ein dilettantischer Schmarren.

TODESKULT

(ISLA DE LOS MUERTOS/ISLE OF THE SNAKE PEOPLE/THE LIVING DEATH/LA MUERTE VIVENTE/CULT OF THE DEAD). Mexiko/USA 1968). **R:** *Juan Ibanez, Jack Hill.* **B:** *Jack Hill.* **K:** *Austin McKinney, Raul Dominguez.* **SpE:** *James Tanenbaum.* **M:** *Alice Uretta, S. John Mungea.* **D:** *Boris Karloff (Damballah/Van Molder), Charles East (Lt. Williams), Rafael Bertrand (Captain Laresh), Julissa (Anabella), Tongolee (Bondemo), Judy Carmichael (Mary Ann Vanderberg), Quentin Miller (Gomez). F 85 (81) Min.*

Ein Polizist stellt einem irren Plantagenbesitzer ein Bein, der dem Voodoo-Kult verfallen und sogar bereit ist, seine Nichte als Opfer darzubringen. Ein jämmerlich schlechtes Filmchen, in dem Horrorstar Boris Karloff nur für Sekunden auftaucht. AIDT [V]

TODESPARTY II

(CUTTING CLASS). USA 1988. **R:** *Rospo Pallenberg.* **B:** *Steve Slavkin.* **K:** *Avraham Karpick.* **M:** *Jill Fraser.* **D:** *Donovan Leitch (Brian Woods), Jill Schoelen (Paula Carson), Brad Pitt (Dwight Ingalls), Roddy McDowall (Dr. Dante), Martin Mull (William Carson), Brenda Lynn Klemme (Colleen), Mark Barnet (Gary), Robert Glaudini (Shultz), Dirk Blocker (Harris), Nancy Fish (Mrs. Knocht), Norman Alden (Fondulac), Tom Ligon (Ingalls), Bill Striglos (Quint), Ronnie Sperling (Tork), Jeff Rochlin (Nicholas), Alexander Folk (Nicholson). F 85 Min.*

Brian kehrt nach einem Aufenthalt in der psychiatrischen Klinik an die High School zurück,

Die Todeskralle des grausamen Wolfes

doch da er den anderen Schülern unheimlich ist, hat er einen schweren Stand. Nur die hübsche Paula empfindet Sympathie für ihn und freundet sich mit ihm an. Paulas Freund Dwight wird deswegen echt eifersüchtig, Baby. Dann verschwinden zwei Mädchen! Eine Lehrerin wird ermordet! Natürlich ist Brian der Verdächtige, denn alle wissen, dass er einen an der Waffel hat. War er nicht in der Klapsmühle, Mann? Obwohl es Brian in keiner Einstellung gelingt, *nicht* wie ein Psychopath auszusehen, schafft er es, die doofe Paula zu überzeugen, dass der brave Dwight der irre Mörder ist. Am Ende kommt aber alles ganz anders, Leute! Es zeigt sich, dass ausgerechnet *derjenige* der Mörder ist, der sich so verdächtig macht, dass er's *unmöglich* gewesen sein kann! Ein Film, in dem sich sämtliche Darsteller wie Schwachmaten aufführen. AIDT [V]

DER TODESSCHREI

(THE SHOUT). GB 1978. **R:** *Jerzy Skolimowski.* **B:** *Michael Austin, Jerzy Skolimowski.* **V:** *Robert Graves.* **K:** *Mike Molloy.* **M:** *Anthony Blank, Michael Rutherford.* **D:** *Alan Bates (Charles Crossley), Susannah York (Rachel), John Hurt (Anthony), Tim Curry (Robert), Robert Stephens (Chefarzt), Julian Hough (Vikar), Nick Stringer (Pflasterer), Carol Drinkwater (Frau), John Rees (Inspektor), Susan Woolridge (Harriet). F 87 Min.*

Mr. Crossley hat im australischen Busch einen »Todesschrei« erlernt. Damit man ihm seine irre Geschichte abkauft, demonstriert er Rachel und Anthony seine Fähigkeiten am lebenden Objekt. Es klappt! Wenn Crossley krakeelt, fällt jemand tot um – in diesem Fall Rachel. Was für Anthony Grund genug ist, dem Schreihals mit einem Alternativzauber auf den Pelz zu rücken. Crossley landet auf der Funny Farm; als er einem Journalisten sein Talent vorführen will, wird er vom Blitz erschlagen. – Das ist ganz ernst gemeint und auch wundervoll fotografiert; jedoch für jemanden, der sein Herz bereits an *Nachts, wenn die Leichen schreien* vergeben hat, absolut ungenießbar.

DER TODESSCHREI DER HEXEN

(CRY OF THE BANSHEE). GB 1969. **R:** *Gordon Hessler.* **B:** *Tim Kelly, Christopher Wicking.* **K:** *John Coquillon.* **M:** *Les Baxter.* **D:** *Vincent Price (Lord Edward Whitman), Elisabeth Bergner (Oona), Essy Persson (Lady Patricia), Patrick Mower (Roderick), Hugh Griffith (Mickey), Hilary Dwyer (Maureen), Sally Geeson (Sarah), Pamela Farbrother (Margaret), Marshall Jones (Pater Tom), Carl Rigg (Harry Whitman), Michael Elphick (Burke), Stephen Chase (Sean), Andrew McCulloch (Schläger), Robert Hutton (Gast), Godfrey James (Rider), Terry Martin (Brander), Richard Everett (Timothy), Quinn O'Hara (Hexenweib), Janet Rossini (Tavernendirne), Peter Forest (Mann auf Party), Joyce Mandre (Frau auf Party), Gertan Klauber (Wirt). F 86 Min.*

Hexenwahn im mittelalterlichen England. Auf dem Hause Whitman liegt ein geheimnisvoller Fluch. Oona, die heidnische Priesterin, die in den tiefen Wäldern des Herrschaftsgebietes ihr Unwesen treibt, ist schuld am grausigen Ende der adligen Familie. Verbannt von Seiner Lordschaft, sinnt sie auf Rache. Trotz Gegenmaßnahmen – hier eine kleine Folterung, da eine kleine Vergewaltigung – wird Lady Patricia getötet, dann die Kinder. Ein gut getarnter Werwolf leistet nach Oonas Ableben ganze Arbeit und bringt Seine Lordschaft zur Strecke. – Konfuse Hexenstory. Tiefpunkt in der Karriere von Elisabeth Bergner.

DER TODESSCHREI DER KANNIBALEN

(PRIMITIF). Italien 1979. **R:** *Ben Tako [Siswaro Gautamo].* **B:** *N.N.* **K:** *Leo Fiole.* **M:** *Ibnu Hassan, Gatot Sundarto, Kraftwerk.* **D:** *Berry Prima, John Mardon, Anny York, Michael Kelly. F 90 Min.*

»Sie schreien aus Todesangst – doch der Schrei verhallt im Dschungel.« – Eine Gruppe von An-

Der Todesschrei der Hexen

Der Todesschrei der Kannibalen

thropologen, die sich im ›pangayanischen‹ Dschungel herumtreibt, fällt in die Hände sog. Kannibalen, die mit ihren Gefangenen allerlei Schweinereien anstellen, damit das Filmchen über die Runden kommt. Eine Aneinanderreihung dilettantisch abgefilmter Szenen. Die Story hat weder Sinn noch Zweck, und der Originaltitel bringt seine Kritik gleich mit.

TODESSCHREI PER TELEFON

(DON'T ANSWER THE PHONE). USA 1980. **R:** *Robert Hammer.* **B:** *Michael D. Castle, Robert Hammer.* **K:** *James Carter.* **M:** *Byron Allred.* **D:** *James Westmoreland (Chris McCabe), Flo Gerrish (Dr. Lindsay Gale), Ben Frank (Hatcher), Nicholas Worth (Kirk Smith), Gary Allen (John Feldon), Stan Haze (Adkins), Oamela Bryant (Sue Ellen), Ted Chapman (Glatzkopf), Denise Galick (Lisa), Dale Kalberg, Tom Lasswell, Deborah Leah Land, Ellen Karston, Chuck Mitchell, Susanna Severeid, Chris Wallace, Mike Levine, Victor Mohica, Paula Warner. F 87 Min.*

Feister bematschter Vietnam-Veteran meuchelt sich durch Los Angeles, nachdem er sich zuvor telefonisch überzeugt hat, dass seine Opfer allein zu Hause sind. [V]

TODESSCHREIE IM MÄDCHENPENSIONAT

Anderer Titel für LOST GIRLS

DAS TODESSYNDROM

Anderer Titel für MALASTRANA

TÖDLICHE BOTSCHAFT

(DEADLY MESSAGES). USA 1985. **R:** *Jack Bender.* **B:** *Bill Bleich.* **K:** *Rexford Metz.* **M:** *Brad Fiedel.* **D:** *Kathleen Beller (Laura Daniels), Michael Brandon (Michael Krasnick), Dennis Franz (Detective Max Lucas), Scott Paulin (Roger Kelton), Elizabeth Huddle (Schwester Irma Krenshaw), Charles Tyner (George Clark), Raye Birk (Harding), Kurtwood Smith (Lt. Burton), Sherri Stoner (Cindy Mathews), Joseph G. Medalis (Kenneth Blatt), Barbara Collentine (Loretta Clark), Dennis Redfield (Dick Pizza). F 94 Min.*

TV-Film. Laura Daniels interessiert sich für Okkultismus. Als sie mit einem Ouija-Brett experimentiert, empfängt sie mysteriöse Botschaften über einen geplanten Mord. Bald wird sie von einem messerschwingenden Killer verfolgt, doch wie üblich schenkt die Polizei ihr keinen Glauben, als sie ihre Erkenntnisse weitergibt.

TÖDLICHE ERNTE – KINDER DES ZORNS II

(CHILDREN OF THE CORN II: DEADLY HARVEST). USA 1991. **R:** *David F. Price.* **B:** *Al Katz, Gilbert Adler.* **V:** *Erzählung »Kinder des Mais« von Stephen King.* **K:** *Levie Isaacks.* **SpE:** *Bob Keen.* **M:** *Daniel Licht.* **D:** *Terence Knox (Garett), Paul Scherrer (Danny), Rosalind Allen (Angela), Ryan Bollman (Micah), Christie Clark (Lacey). F 89 Min.*

Vorgeschichte: *Kinder des Zorns.* – Jugendliche Jünger einer mysteriösen »Mais-Gottheit« murksen ihre Eltern ab, da diese sich pausenlos gegen die Natur versündigen. Ein Journalist deckt die Zusammenhänge auf. – Die angebliche Fortsetzung des in keiner Weise fortsetzungswürdigen Films *Kinder des Zorns* (USA 1983, Regie: Fritz Kiersch) ist gar keine, sondern erzählt die gleiche Geschichte ebenso blutig noch einmal. [V]

DER TÖDLICHE FEIND

(THE DEADLY INTRUDER). USA 1985. **R:** *John McCauley.* **B:** *Tony Crupi.* **K:** *Thomas Jewett.* **M:** *John McCauley.* **D:** *Chris Holder (Bob), Molly Cheek (Jessie), Tony Crupi (Drifter), Danny Bonaduce (John), Laura Melton (Amy), Stuart Whitman (Captain Pritchett), Santos Morales (Carlos). F 85 Min.*

Ein Killerpsychopath reißt aus der Nervenklinik aus und hinterlässt eine schreckliche Blutspur. Keine Frage, dass die hübsche Jessie mächtig

Angst kriegt, als ein Unbekannter ihr einsam gelegenes Häuschen umschleicht. Der Rest ist nackter Terror. [V]

TÖDLICHE FRACHT

(TARANTULAS: THE DEADLY CARGO). USA 1977. **R:** *Stuart Hagman.* **B:** *Guerdon Trueblood, John Groves.* **K:** *Robert L. Morrison.* **M:** *Mundell Lowe.* **D:** *Pat Hingle (Dr. Hodgkins), Claude Akins (Bert Springer), Matthew Laborteaux (Matthew), Deborah Winters (Cindy), Bert Remser (Douglas), Charles Frank (Joe Harmon), Sandy McPeak (Beasley), Tom Akins (Buddy), Howard Hesseman (Fred), Penelope Windust (Gloria Beasley), Edwin Owens (Frank), Alex Colon (Hector), Lanny Horn (Harry Weed), Jerome Guardino (H. L. Williams), Jorge Cervera (Beamter), Noelle North (Honey Lamb), Bill Striglos (Ralph), Steve Bonino (Spud), Mary Nancy Burnett (Lehrerin), Bill Erwin (Schneider), Anita Keith (Mary), Iris Korn (Dorothy), John Medici (Fahrer), Ruben Moreno (Pedro), Joseph Reale (Lineman), Laird Williamson (Smitty). F 91 Min.*
Zwei gewissenlose Bruchpiloten beladen in einem südamerikanischen Staat ihre Maschine mit einer Ladung Kaffee und drei Männern, die illegal in die USA einreisen wollen. Die Fracht ist ziemlich alt und obendrein von einem Tarantelheer durchsetzt. Die Spinnen töten die im Frachtraum sitzenden illegalen Einwanderer; das Flugzeug stürzt in der Nähe eines kalifornischen Kleinstädtchens ab. Durch die aufgerissenen Wände gelangen die Taranteln ins Freie, töten mehrere Menschen und marschieren auf ein großes Lagerhaus zu, das einem mächtigen Orangenfarmer gehört. Dieser Mann ist auch der Herrscher der Stadt, und da er einen gewaltigen Lieferauftrag zu erfüllen hat, weigert er sich, die Produktion einzustellen. Dennoch gelingt es der Bevölkerung mit vereinten Kräften, die giftigen Spinnen zu überlisten und auszuschalten. – Die tödliche Fracht ist in diesem Fall von tödlicher Langeweile, und das trotz einer Kürzung um 29 Minuten.

TÖDLICHE LIPPEN

(TO DIE FOR). USA 1989. **R:** *Deran Sarafian.* **B:** *Leslie King.* **K:** *Jacques Haitkin.* **M:** *Cliff Eidelman.* **D:** *Brendan Hughes (Vlad Tepish), Sydney Walsh (Kate Wooten), Amanda Wyss (Celia Kett), Scott Jacoby (Martin Planting), Steve Bond (Tom). F 88 Min.*
Der für sein hohes Alter noch recht gut aussehende Vampir »Vlad Tepish« verliebt sich in Los Angeles in die Maklerin Kate. Sein Kollege, ebenfalls ein Nachkomme Draculas, beißt sich derweil durch Kates Yuppie-Bekanntenkreis. Am Ende spießt Vlad ihn auf einen Bettpfosten und sucht in der aufgehenden Sonne den Tod. Vampirismus in modernem Gewand. [V]

TÖDLICHE PUPPEN

(LA POUPEE QUI TUE). Frankreich 1991. **R:** *Bruno Gantillon.* **B:** *Françoise Bourdin, Bruno Gantillon.* **V:** *Roman von Jean-Michel Mayrat.* **K:** *Houshang Barhalou.* **M:** *Carolin Petit.* **D:** *Marianne Basler (Jeanne), Jean-Claude Adelin (Serge), Isabelle Linnartz (Sylvia), Philippe Magnan (Kommissar), Benjamin Ritter (Inspektor), Geraldine Faraoni (Caroline). F 91 Min.*
TV-Film. Nach dem Spielen mit gewissen Puppen kommen diverse kleine Kinder ums Leben. Eine Mutter ermittelt.

TÖDLICHE SPIEGEL

(MIRRORS/MARIANNE). USA 1977. **R:** *Noel Black.* **B:** *Sidney L. Stebel.* **K:** *Michael D. Murphy.* **M:** *Stephen Lawrence.* **D:** *Kitty Winn (Marianne), Peter Donat (Dr. Philip Godard), William Swetland (Charbonnet), Mary-Robin Redd (Helene), William Burns (Gary), Lou Wagner (Chet), Don Keefer (Peter), Vanessa Hutchinson (Marie Laveau). F 88 Min.*
Woodoo-Expertin versucht mit Hilfe von Spiegeln eine junge Frau unter ihren dämonischen Bann zu bekommen. [V]

TÖDLICHE VISIONEN

(DISTURBED). USA 1990. **R:** *Charles Winkler.* **B:** *Charles Winkler, Emerson Bixby.* **St:** *Emerson Bixby.* **K:** *Bernd Heinl.* **M:** *Steven Scott Smalley.* **D:** *Malcolm McDowell (Dr. Derrick Russell), Geoffrey Lewis (Michael Kahn), Priscilla Pointer (Schwester Francine), Pamela Gidley (Sandy Ramirez), Irwin Keyes (Pat Tuel), Clint Howard (Brian), Peter Murnik (Brad), Carrie Lynn (Tina). F 96 Min.*
Chef einer Nervenklinik treibt nach einer Vergewaltigung eine Patientin in den Tod, bringt Jahre später deren drogensüchtige Tochter ums Leben und muss sich mysteriöser Erscheinungen erwehren. [V]

TÖDLICHER SEGEN

(DEADLY BLESSING). USA 1981. **R:** *Wes Craven.* **B:** *Wes Craven, Glenn M. Benest, Matthew Barr.* **K:** *Robert C. Jessup.* **M:** *James Horner.* **D:** *Maren Jensen (Martha), Ernest Borgnine (Isaiah), Lois Nettle-*

ton (Louisa), Susan Buckner (Vicky), Lisa Hartman (Faith), Sharon Stone (Lana), Jeff East (John Schmidt), Coleen Riley (Melissa), Kevin Cooney (Sheriff), Doug Barr (Jim), Michael Berryman (William Gluntz), Lawrence Montaigne (Matthew Gluntz), Jenna Worthen (Mrs. Gluntz), Jonathan Gulls (Tom Schmidt), Chester Kulas (Leopold), Lucky Mosley (Sammy), Annabelle Weenick (Ruth Schmidt), Neil Fletcher (Totengräber), Bobby Dark (Geschäftsführer), Dan Shackleford (Arzt), Percy Rodrigues (Erzähler). F 98 Min.

»Hexenwahn und Teufelskult treiben auch im Amerika des 20. Jahrhunderts noch immer ihr schreckliches Unwesen«, kreischt der Blurb auf dieser Videokassette. »In einer Idylle, bewohnt von fanatischen Sektierern, die die Erzeugnisse der modernen Technik ablehnen, werden drei junge Frauen in den Strudel religiösen Wahns gerissen. Sie erleben einen schrecklichen Albtraum. Geheimnisvolle Dämonen, unsichtbar (!), wollen ihr Leben vernichten. Der Teufel hinterlässt überall seine blutigen Zeichen. Okkulter Fanatismus verwandelt eine malerische Farm in einer friedlichen Landschaft in eine Hölle voller Brutalität und quälender Angst.« – Damit scheint der Filminhalt trefflich charakterisiert zu sein, wenngleich wir nicht verschweigen wollen, dass Ernest Borgnine, der immerhin für *Marty* (USA 1955; Regie: Delbert Mann – kein Horrorfilm) einen Oscar bekam, kaum mehr tiefer sinken kann. Eine eklige Szene, in der einer Frau eine fette *Spinne* in den Mund fällt, hat auf unserem privaten Kotzometer 9 von 10 möglichen Punkten erreicht. [V]

TÖDLICHER VIRUS

Anderer Titel für FINAL PULSE

TÖDLICHER ZWEIKAMPF

Anderer Titel für AASGEIER

DER TOLLWÜTIGE

(LA BELVA COL MITRA). Italien 1977. **R:** *Sergio Grieco.* **B:** *Sergio Grieco, Enzo Milioni.* **K:** *Vittorio Bernini.* **M:** *Umberto Smaila.* **D:** *Helmut Berger (Nanni Vitali), Marisa Mell (Giuliana), Richard Harrison (Kommissar Giulio Vantini), Vittorio Duse (Santinis Vater), Marina Giordana (Santinis Schwester), Nello Pazzafini (Pietro Caporali), Ezio Marano, Claudio Gora, Alberto Squillante, Antonio Basile, Sergio Smacchi, Rosanna Bevilaqua. F 85 Min.*

Nanni Vitale (»Ich bin Nanni Vitale, der wahnsinnige Mörder!«), ein echter Psychopath, büxt aus dem Gefängnis aus, um sich an allen Menschen zu rächen, die zu seiner Festnahme beigetragen haben. Und das tut er dann auch, und zwar auf kaum erträgliche Weise.

DIE TOLLWÜTIGEN

(I DRINK YOUR BLOOD). USA 1970. **R:** *David Durston.* **B:** *David Durston.* **K:** *Jacques Demarecaux.* **M:** *Clay Pitts.* **D:** *Bhaskar (Horace Bones), Jadine Wong (Sue-Lin), Rhonda Fultz (Molly), Elizabeth Marner-Brooks (Mildred Nash), George Patterson (Rollo), Tyde Kierney (Andy), Riley Mills (Pete), Richard Bowler (Banner) John Damon (Roger Davis), Iris Brooks (Sylvia), Lynn Lowry, Alex Mann, Bruno Damon, Mike Gentry. F 82 Min.*

Irgendwann in der Nacht, am Hinterteil der Welt, irgendwo in den USA, vollzieht eine hippieartig aufgemachte Gruppe junger Satanisten ein bestialisches Ritual. Das Mädchen Sylvia, das sie beobachtet, wird entdeckt, vergewaltigt, mit LSD gefüllt und wieder freigelassen. Doc Banner, ihr Großvater, macht sich auf, um die Schuldigen zu suchen – er vermutet sie unter den Bauarbeitern, die in der Nähe einen Staudamm errichten. Die Satanisten lassen sich derweil in einem verfallenen Hotel nieder, grillen Ratten und foltern zum Vergnügen einen der ihrigen. Als Doc Banner mit seiner Schrotflinte erscheint, bezieht er Prügel und eine Ladung LSD. Pete, Sylvias kleiner Bruder, erschießt einen tollwütigen Hund, panscht dessen Blut in einen Kuchen und schenkt ihn den Satanisten. Diese verwandeln sich in sabbernde Idioten, verlieren den Rest ihres Verstandes und terrorisieren den Landstrich (Einwohner in x Kilometer Umkreis: 40) wie geifernde Hyänen. Da sich eine Satansmieze inzwischen mit den Bauarbeitern eingelassen und diese mit Tollwut infiziert hat, ist das Chaos unausweichlich. Im nachfolgenden Gemetzel sind unsere Helden bald von einem Rudel mordlüsterner Sabberköpfe umgeben. Was der in letzter Sekunde eintreffenden Polizei die Möglichkeit einräumt, endlich mit dem langhaarigen Gewürm abzurechnen. – Ein übler Hetzfilm, der einen Popanz aufbaut, um ihn anschließend brutal niederknüppeln zu können. – »Der Soundtrack dieses wichtigen amerikanischen Zeitdokuments scheint einer alten *Kommissar*-Folge entliehen zu sein, und der ›Tollwut-

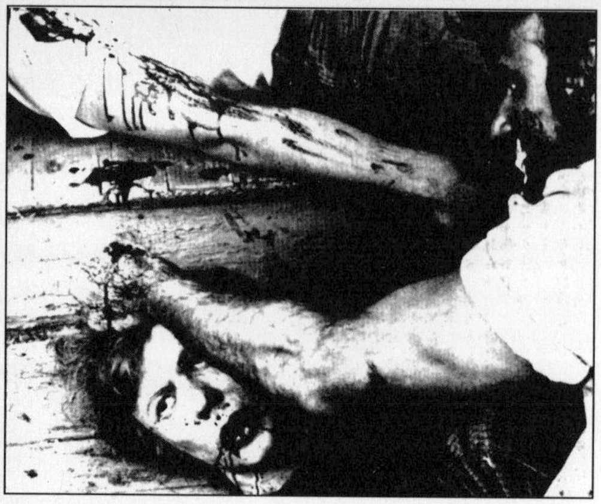

Die Tollwütigen

Schaum‹ erinnert an eine ›Blendamed‹-Reklame.« (Jean Lüdeke, 1000 KULTFILME AUF VIDEO)

TOT UND BEGRABEN

(DEAD AND BURIED). USA 1980. **R:** *Gary A. Sherman.* **B:** *Ronald Shusett, Dan O'Bannon.* **V:** *Jeff Millar, Alex Stern.* **K:** *Steve Poster.* **M:** *Joe Renzetti.* **D:** *James Farentino (Sheriff Dan Gillis), Melody Anderson (Janet), Jack Albertson (G. William Dobbs), Dennis Redfield (Ron), Nancy Locke Hauser (Linda), Lisa Blount (Lisa), Robert Englund (Harry), Bill Quinn (Ernie), Michael Currie (Herman), Christopher Allport (Freddie George Le Moyne), Joe Medalis (Dr. Vanderbury), Lisa Marie (Anhalterin), Estelle Omens (Betty), Barry Corbin, Linda Turley, Ed Bakey, Glenn Morshower, Robert Boler, Mike Pataki, Jill Fosse, Mark Courtney, Michael Courtney, Renée McDonnell, Dottie Catching, Colbie Smith, Judy Ashton. F 94 Min.*

Am Strand fotografiert George Le Moyne ein hübsches Mädchen, das ihn barbusig zu verführen versucht. Dafür wird er von einer Schar wild gewordener Leute zusammengeschlagen, in ein Fischernetz gesteckt, mit Benzin übergossen und angezündet. Im Krankenhaus gibt ihm eine Krankenschwester, die der Strandnixe verblüffend ähnelt, mittels Injektion den Rest. Weitere merkwürdige Morde rufen Sheriff Gillis auf den Plan. Der sieht sich durch seine Frau in den Fall verstrickt. Er findet bei ihr ein Buch über Voodoo und Hexenzauber. Und am Ende stellt sich heraus, dass alle Bewohner der Stadt schon mal tot waren und jetzt durch die große Kunst des Leichenbestatters als Untote durchs zweite Leben gehen. Alle Untoten gehorchen den Anweisungen ihres Erneuerers, so dass man den Eindruck hat, Sheriff Gillis sei die einzige Ausnahme. Doch weit gefehlt! – »Mäßig gruselige Dutzendware. Bei den Brutalitäten, die hier genüsslich ausgespielt werden, kann man einerseits moralisch fragen, ob das denn vonnöten ist, und andererseits darauf verweisen, dass Gruselstimmung und Gänsehaut nichts mit Vorführung von Scheußlichkeiten zu tun hat.« (Manfred Hobsch, FILMBEOBACHTER)

DER TOTE KEHRT ZURÜCK

(MISTERIOS DE ULTRATUMBA). Mexiko 1957. **R:** *Fernando Mendez.* **B:** *Raymond Obon.* **K:** *Victor Herrera.* **M:** *Gustavo C. Carrión.* **D:** *Ralph Bertrand (Dr. Harrison Aldaman), Gaston Santos (Dr. Masali), Mapri Cortés (Patricia Aldaman), Carl Aucira (Edward Jameson), Caroline Barrett, Beatrice Aguirre, Louis Aragon, Anthony Raxel. SW 78 Min.*

Der Nervenarzt Dr. Masali erinnert seinen sterbenden Kollegen Aldaman an einen Pakt, den sie geschlossen haben: Derjenige von ihnen, der als Erster das Zeitliche segnet, soll sich melden und es dem anderen ermöglichen, die Geheimnisse des Jenseits zu erforschen. Des Weiteren soll er dem anderen, wenn er ihm nachfolgt, in ein neues Leben zurückverhelfen. Dr. Aldaman meldet sich alsbald während einer spiritistischen Sitzung; und siehe da, der Termin, den er für Masalis Ableben nennt, ist realistisch: Onkel Doktor wird nämlich für einen Mord, den er nicht begangen hat, vom Leben zum Tode befördert. Als er ins Diesseits zurückkehrt (wie man sieht: es hat alles prima hingehauen!), fin-

Tot und begraben

det er sich jedoch (Schock! Schauer! Schrecken!) im Körper des wirklichen Mörders wieder – eines Missgestalteten. Das findet Masali aber nicht richtig schlimm, denn für einen Geistesmenschen zählt schnöde äußerliche Schönheit nicht. Seine knackige Geliebte, die lieber Krankenschwester wäre, aber aus purer Armut in Kneipen tanzen muss, ist anderer Meinung: Als er sie verstümmeln will, damit sie besser zu ihm passt, macht sie KREISCH! Wir hingegen legen den nächsten kalten Wickel auf.

DIE TOTEN AUGEN DES DR. DRACULA

(OPERAZIONE PAURA). Italien 1966. **R:** *Mario Bava.* **B:** *Romano Migliorini, Roberto Natale, Mario Bava.* **St:** *Romano Migliorini, Roberto Natale.* **K:** *Antonio Rinaldi.* **M:** *Carlo Rustichelli.* **D:** *Giacomo Rossi Stuart (Dr. Paul Eswai), Erika Blanc (Monika Schuftan), Fabienne Dali (Ruth), Piero Lulli (Kommissar Kroger), Max Lawrence (Karl), Giana Vivaldi (Baronessa Graps), Micaela Esdra, Franca Dominici, Giuseppe Addobati, Mariella Panfili, Valerio Valeri. F 83 Min.*

Ein Mädchen ist unter der Kirchturmglocke verblutet, während die Dörfler ein Fest feierten. Damals half ihr niemand, doch nun fühlt sich jeder am Tod der Kleinen mitschuldig. Unheil liegt über dem Dorf. Des Mädchens weiße Hand erscheint in Fenstern, sein Ball hüpft durch die Flure, sein Lied erklingt. Dann sieht man seine leichenblasse Gestalt in der Tür, und die Glocke ertönt. Doch die Opfer werden nicht von ihm – der Verkörperung des schlechten Gewissens – gerichtet, sie richten sich selbst. Das wahre Geheimnis lüftet ein mutiger junger Arzt, der der Mutter des Mädchens, Baronessa Graps, das Handwerk legt. – »Mario Bava löst sich in den Szenenfolgen völlig von der Geschichte: er inszeniert in wunderbaren Bildern, in an die Stummfilmzeit erinnernden Horrorvisionen und raffinierten Überblendungen konsequent wie selten einen Film über Angst und Bedrohung. Plattitüden im Dialog (vielleicht sind sie, wie der irreführende Titel, auf die deutsche Fassung zurückzuführen) stehen neben einer unglaublich gekonnt aufgebauten Horror-Kulisse: optisch gelingt es Bava hier, all jenen Klischees aus dem Weg zu gehen, die das Genre in letzter Zeit oft so langweilig machten. Ein Albtraum-Film, der früher oder später seinen Platz in der Horror-Geschichte haben wird.« (FILM)

DIE TOTEN AUGEN VON LONDON

BRD 1961. **R:** *Alfred Vohrer.* **B:** *Trygve Larsen.* **V:** *»Die toten Augen von London« von Edgar Wallace.* **K:** *Karl Löb.* **M:** *Heinz Funk.* **D:** *Joachim Fuchsberger (Inspektor Larry Holt), Karin Baal (Nora Ward), Dieter Borsche (Paul Dearborn), Wolfgang Lukschy (Stephen Judd), Eddi Arent (Sunny Harvey), Ady Berber (Jack Farell), Bobby Todd (Lew Norris), Rudolf Fenner (Matt Blake), Ann Savo (Fanny Weldon), Klaus Kinski (Edgar Strauss), Hans Paetsch (Gordon Stuart), Ida Ehre (Ella Ward), Franz Schafheitlin (Sir John Archibald), Walter Ladengast (Pförtner), Fritz Schröder-Jahn. SW 100 Min.*

Einer Mordserie fallen immer reiche Männer in besonders nebligen Nächten zum Opfer. Wenn sie am helllichten Tag aus der Themse gefischt werden, bereiten sie Inspektor Holt Kopfzerbrechen. Ein Stückchen Papier mit Blindenschrift bringt ihn und eine hilfreiche Blindenpflegerin auf rätselhafte Spuren und in gänsehautzüchtende Gefahren. – »Ein geheimnisvolles Blindenheim, ein fragwürdiges Versicherungsinstitut, ein gorillastarker Unmensch, Blinde, Bettler, leichte Mädchen und schwere Jungs sind die Stationen und Menschen des Schauerdramas, das den Inspektor wie den Zuschauer geschickt von Verdacht zu Verdacht gängelt und vor der erlösenden und entlarvenden typischen Wallace-Pointe alle Verdächtigen, Mitwisser und Hinweisspender über Nacht in blutige Leichen verwandelt. Die Regie verdoppelt die makabre Note, indem sie eine nervenzerrende Geräuschkulisse beansprucht und unter reichlicher Verwendung von Gaslicht, Nebel, Gorillaähnlichen Mörderarmen und groß stierenden Blindenaugen die Schauplätze zu wahren Kintopp-Schreckensstätten ausweitet.« (FILMDIENST) – »Jenseits herkömmlicher Etikettierungen ist Vohrers *Die toten Augen von London* kein gewöhnlicher Kriminalfilm, sondern eine albtraumhafte Odyssee zu den dunklen Mächten des Jenseits. London verkommt zum bühnenhaften, in Nebel getauchten Nirgendwo, und die Verbrecher scheinen nicht weltlicher Natur zu sein, sondern Wesen von einem fremden Planeten. Der Film ist ein Horror-Klassiker, was sich bis heute allerdings noch nicht herumgesprochen hat.« (Florian Pauer, DIE EDGAR WALLACE-FILME). Vielleicht auf einem anderen Planeten!

DIE TOTEN DER VILLA CAPRI
Anderer Titel für BLUTKULT

DIE TOTEN STERBEN NICHT
(THE DEAD DON'T DIE). USA 1975. **R:** *Curtis Harrington.* **B:** *Robert Bloch.* **K:** *James Crabe.* **M:** *Robert Prince.* **D:** *George Hamilton (Don Drake), Ray Milland (Jim Moss), Linda Cristal (Vera LaValle), Joan Blondell (Levenia Hatcher), Ralph Meeker (Lt. Reardon), James McEachin (Frankie Specht), Reggie Nalder (Perdido), Jerry Douglas (Ralph Drake), Milton Parsons (Bestatter), William O'Connell (Priester), Yvette Vickers, Russ Grieves, Brendon Dillon, Bill Smiley. F 71 Min.*
Diverse Voodoo-trainierte Bewohner der Karibik versuchen die Welt mit Hilfe von Zombies zu übernehmen.

DER TOTENCHOR DER KNOCHENMÄNNER
(LA ORGIA DE LAS MUERTOS/LA ORGIA DIE MORTI). Spanien/Italien 1972. **R:** *Leon Klimovsky.* **B:** *Leon Klimovsky, Enrico Colombo.* **K:** *Modesto Rizzolo.* **M:** *Francesco de Masi.* **D:** *Dianik Zurakowska (Nadia Mihaly), Paul Naschy (Igor), Maria Pia Conte (Doris Droila), Gerard Tichy (Dr. Leon Droila), Catherine Gilbert, Vickie Nesbitt, Carlos Quiney, Marcella Wright, Aurora de Alba. F 98 Min.*
Übergeschnappter Wissenschaftler weckt in den Grüften eines alten Schlosses die Toten auf und lässt sie in seinem Auftrag Angst und Schrecken verbreiten. Junger Graf kommt ihm auf die Schliche und legt ihm mit der Hilfe einer schönen Maid das schmutzige Handwerk. – Ein Dumm-Dumm-Geschoss aus der Hexenküche des Stümpers Leon Klimovsky.

DIE TOTENGRUFT DES DR. JEKYLL
(DAUGHTER OF DR. JEKYLL). USA 1957. **R:** *Edgar G. Ulmer.* **B:** *Jack Pollexfen.* **K:** *John F. Warren.* **M:** *Melvyn Leonhard.* **D:** *John Agar (George Hastings), Gloria Talbot (Janet Smith), Arthur Shields (Dr. Lomas), John Dierks (Jacob), Martha Wentworth (Mrs. Merchant), Mollie McCart (Maggie). F 77 Min.*
Janet Smith will ihren Verlobten George ehelichen, aber als sie mit ihrem Vormund Dr. Lomas über das ihr zustehende väterliche Erbe redet, gesteht dieser, eine Heirat sei kaum möglich: Janets Vater war allem Anschein nach der berühmte Dr. Jekyll, der sich mit Hilfe einer Droge in ein blutrünstiges Monstrum verwandelt hat. Lomas befürchtet, Janet habe mehr von ihrem Vater geerbt, als ihr lieb sein könne. Tatsächlich wird sie bald von schrecklichen Albträumen heimgesucht. Ein Mord geschieht, dann noch einer. Danach wacht Janet stets schreiend und blutverschmiert auf. Während sich die ängstlichen Dörfler aufmachen, um die Totengruft Dr. Jekylls aufzusuchen und dem Spuk ein Ende zu bereiten, entlarvt George Janets Vormund als habgierigen Erbschleicher und bestialischen Meisterhypnotiseur.

DIE TOTENMÜHLE
(THE CORPSE GRINDERS). USA 1971. **R:** *Ted V. Mikels.* **B:** *Arch Hall, Joseph L. Cranston.* **K:** *Bill Anneman.* **M:** *Ted V. Mikels.* **D:** *Sean Kenney (Dr. Howard Glass), Monika Kelly (Angie Robinson), Sanford Mitchell (Landau), J. Byron Foster (Maltby), Warren Ball (Caleb), Ann Noble (Cleo), Vince Barbi (Monk), Harry Lovejoy (Nachbar), Earl Burnam (Dr. Sisto), Zena Foster (Mrs. Babcock), Ray Dannis (Babcock), Drucilla Joy (Tessie), Curt Matson (Paul), Charles Fox (Willie), Stephen Lester (Leichenbestatter), William Kirschner (B. K.), George Bowden (David), Andy Collings (Dr. Sistos Sekretär), Don Ellis (Arbeiter), Mike Garrison (Dr. Sistos Assistent), Mary Ellen Burke (Annie). F 77 Min.*
Landau und Maltby haben gerade ihre neue Katzenfutter-Fabrik in Betrieb genommen, als ihr Finanzier weiteres Startkapital verweigert. Wütend werfen sie ihn in den Fleischwolf und mischen ihn ins Katzenfutter. Die Spezialnahrung erweist sich als Hit: Familie Pussi ist ganz wild

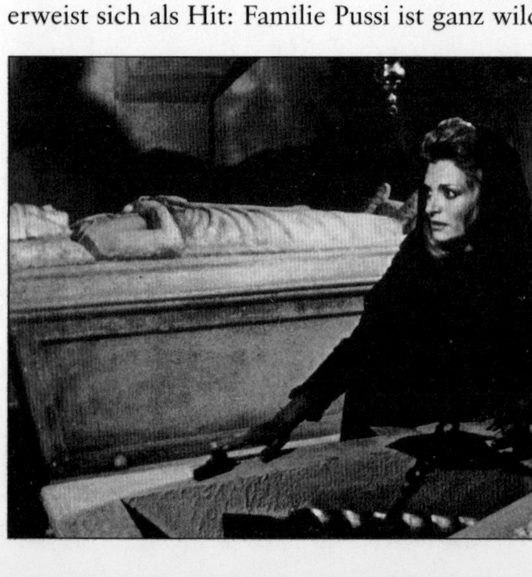

Der Totenchor der Knochenmänner

darauf. Um von dem unerwarteten Verkaufsschlager weiterhin zu profitieren, engagieren sie den geldgierigen Grabräuber Caleb (dessen Ehefrau Cleo eine Schau für sich ist) und einen Beerdigungsunternehmer, die sie mit »Material« versorgen. Das Geschäft gedeiht prächtig – bloß entwickeln die Katzen plötzlich raubtierhafte Triebe und knabbern Menschen an. Als Dr. Glass in der Wohnung einer von ihrer Katze getöteten armen Rentnerin eine Dose mit dem sündhaft teuren Katzenfutter findet, entwickelt er eine Theorie. Mit seiner geliebten Assistentin Angie folgt er der Spur nach Los Angeles und landet in Landaus & Maltbys Fabrik. Bevor auch sie zu Katzenfutter verarbeitet werden, rettet sie ein Privatdetektiv, der dem verschwundenen Finanzier der beiden Unternehmer nachgespürt hat. – »Ein Friedhof, über dem ständig die Nebel wallen, ein Chirurg, der beim Licht einer Schreibtischlampe operiert, eine Futtererzeugungsmaschine, die einer Schubkarre ähnelt: alles ist gleichermaßen dumm und schlecht gemacht«, fand der FILMDIENST, ohne zu ahnen, dass Ted V. Mikels, der Realisator dieses Garnes, gerade wegen seiner depperten Streifen weltweit von Freunden des schlechten Films beklatscht wird. Bei diesem Film besteht jedoch kaum Grund zur Heiterkeit: Die Handlung schleppt sich so müde dahin, dass man am liebsten ständig auf die Vorlauftaste drücken möchte, und aus dem Blech, das die Akteure quasseln, könnte man eine ganze Ambulanz-Armada für den Abtransport untalentierter Regisseure, Drehbuchautoren und Schauspieler in die nächste Klapsmühle bauen. AIDT [V]

DIE TOTENSCHMECKER

Anderer Titel für DER IRRE VOM ZOMBIEHOF

TOTENTANZ DER VAMPIRE

(THE HOUSE THAT DRIPPED BLOOD). GB 1969. **R:** *Peter Duffell.* **B:** *Robert Bloch.* **K:** *Ray Parslow.* **M:** *Michael Dress.* **D:** *John Bennett (Inspektor Holloway), John Bryans (Stoker), Denholm Elliott (Charles Hillyer), Joanna Dunham (Alice Hillyer), Tom Adams (Dominick), Robert Land (Psychiater), Peter Cushing (Philip Grayson), Joss Ackland (Rogers), Wolfe Morris (Besitzer des Wachsfigurenkabinetts), Christopher Lee (John Reid), Nyree Dawn Porter (Ann Norton), Chloe Franks (Jane Reid), Jon Pertwee (Paul Henderson), Ingrid Pitt (Carla), Geoffrey Beldon (Von Hartmann). F 101 Min.*

Episodenfilm. – Es geht um die Mieter und Ex-Mieter eines mysteriösen Landhauses: 1. Ein Horror-Autor wird von einer scheinbar zu wirklichem Leben erwachten Romanfigur geplagt, die schließlich seinen Psychiater und seine Gattin erwürgt. – 2. Zwei Besucher eines Wachsfigurenkabinetts werden von dessen wahnsinnigem Besitzer geköpft. – 3. Eine allzu weltlich eingestellte Gouvernante will nicht glauben, dass ihre kleine Schutzbefohlene – wie schon deren Mutter – eine Hexe ist, bis sie eines Besseren belehrt wird. – 4. Ein Inspektor, der einen verschwundenen Filmstar sucht, wird im Keller eines Hauses von dem Vermissten angefallen und muss mit gesträubtem Haupthaar feststellen, dass der Mime – man fasst es nicht – sich aufgrund seiner zahlreichen Vampir-Rollen in einen solchen verwandelt hat. Zwar kann der clevere Ordnungshüter den Blutsauger pfählen, doch da dieser inzwischen seine Kollegin Carla gebissen hat, sieht er sich einer neuerlichen Attacke ausgesetzt, die auch ihn zu einem Mitglied der Bruderschaft der Nacht macht.

TOTENTANZ IM SCHRECKENSSCHLOSS

(SERENATA MACABRE/HOUSE OF EVIL). Mexiko/USA 1968. **R:** *Jack Hill, Juan Ibanez.* **B:** *Jack Hill.* **K:** *Austin McKinney.* **M:** *Enrico Cabiati.* **D:** *Boris Karloff (Mathias Monteval), Julissa, Andreas*

Totentanz der Vampire

Garcia, Angel Espinosa, Beatriz Baz, Quentin Bulnes, Manuel Alvarado, Carmen Vega. F 75 Min.
Eine Gruppe von Erben versammelt sich im Hause des reichen Herrn Monteval, um dessen Ableben abzuwarten, doch nachdem er das Zeitliche gesegnet hat, werden sie nach und nach von mechanischen Puppen um die Ecke gebracht, die in vergangenen Jahrhunderten als Attentäter eingesetzt wurden und den Reichtum des Hauses Monteval begründen halfen. Überlebende und Zuschauer fragen sich, wer mit diesem Unfug eigentlich verarscht werden soll. – Eine bekannte Geschichte, sollte man meinen, und wer nachdenkt, kommt schnell darauf, dass er sie schon mehrmals und wesentlich besser verfilmt gesehen hat: Zum Beispiel unter dem Titel *Erbschaft um Mitternacht* (USA 1939, Regie: Elliot Nugent). Boris Karloffs letzter Film krankt an grauenhaft schlechter Beleuchtung und einem unlogischen Drehbuch. AIDT [V]

TOTER GEHT'S NICHT

(PEGGIO DI COSI SI MUORE). Italien/Frankreich/Spanien 1996. **R:** *Marcello Cesena.* **B:** *Marcello Cesena, Ugo Dighero.* **K:** *Régis Blondeau.* **M:** *Paolo Silvestri.* **D:** *Carla Signoris (Anna), Maurizio Crossa (Carlo), Ugo Dighero (Carmine), Mauro Pirivano (Jack), Rossy de Palma (Myrna), Marcello Cesena, Jacky Nercessian, Gisella Sofio. F 89 Min.*
Die Gangster Carmine und Jack wollen sich von zwei Frischvermählten die halbe Milliarde Lire zurückholen, die denen bei einer Kofferverwechslung am Flughafen in den Schoß gefallen ist. Aus Versehen tötet Anna dabei Carmine, der als Geist zurückkehrt und die wilde Flucht der beiden vor seinem Komplizen und der Polizei begleitet.

EIN TOTER HING AM GLOCKENSEIL

(LA MALDICION DE LOS KARNSTEINS/LA CRYPTA E L'INCUBO). Italien/Spanien 1965. **R:** *Camillo Mastrocinque.* **B:** *Ernesto Gastaldi, Bruno Valeri, José L. Monter, Maria del Carmen Martinez Roman.* **V:** *Erzählung »Carmilla« von J. Sheridan Le Fanu.* **K:** *Guiseppe Aquari, Julio Ortas.* **M:** *Carlo Savina.* **D:** *Christopher Lee (Graf Karnstein), Adriana Ambesi (Laura), Ursula Davis (Lyuba), José Campos, Vera Valmont, Nela Conjiu, José Villasante, Angela Minervini, Carla Calo, Benito Carif, Ignazio Balsamo. SW 84 Min.*
Die Angehörigen derer zu Karnstein sind seit altersher mit einem Fluch belastet. Ein Ahnherr hatte eine als Hexe verdächtige Frau zum Tode auf dem Scheiterhaufen verurteilt, was noch Mitte des 19. Jahrhunderts ungeahnte Folgen zeigt: Die Tochter des Burgherrn wird von Angstträumen gemartert; eine Nichte stirbt unter geheimnisvollen Umständen; ein buckliger Bettler besucht von Zeit zu Zeit das Schloss und gibt rätselhafte Prophezeiungen von sich (seinen eigenen Tod am Glockenseil sieht er jedoch nicht voraus); eine undurchsichtige Beschließerin quält ihre Nerven obendrein mit Schwarzen Messen in einer alten Krypta. Selbst die Burg ist ständigen Blitzen ausgesetzt. Eine geheimnisvolle Fremde erweist sich obendrein im leichenreichen Finale als Vampir im Vollzugsdienst des Fluches. Retter in der Not ist ein junger Gelehrter, der nach ergiebigem Quellenstudium dem Treiben mit dem genreüblichen Pfahlstoß ins Herz der Abgesandten ein Ende setzt und sich des Grafen Tochter daraufhin sicher sein darf. – »Eine Schauergeschichte (sehr frei nach Sheridan Le Fanus berühmter Erzählung Carmilla), die in Konstruktion und Machart deutliche Merkmale der Handelsklasse C aufweist.« (FILMBEOBACHTER)

Ein Toter hing am Glockenseil

EIN TOTER HING IM NETZ

BRD 1959. **R:** *Fritz Böttger.* **B:** *Fritz Böttger.* **K:** *Georg Krause.* **M:** *Willy Mattes, Karl Bette.* **D:** *Alexander d'Arcy (Gary), Barbara Valentin (Babs), Helga Frank (Georgia), Helga Neuner (Ann), Dorothee Glöckler (Gladys), Eva Schauland (Nelly), Helma van den Berg (Kate), Elfie Wagner (Linda), Gerry Sommer (May), Harald Maresch (Joe), Reiner Brand (Robby). SW 85 Min.*

»In einer Revue-Agentur in Hollywood wird eine Girltruppe für eine Tournee nach Singapur zusammengestellt. Auf dem Flug dorthin gerät das Flugzeug in einen Tornado und stürzt ins Meer. Nur acht Tänzerinnen und der Manager Gary können sich im Schlauchboot retten. Als sie fast jede Hoffnung aufgegeben haben, entdecken sie eines Abends die Umrisse einer Insel. Mit letzter Kraft rudern sie an Land und kommen völlig zerschlagen durch die Klippen ans Ufer, wo sie wie tot zu Boden fallen. Am anderen Morgen erforschen sie das Innere der Insel, die jedoch scheinbar unbewohnt ist. Plötzlich entdecken sie auf einer Lichtung ein Blockhaus und stürzen freudig erregt darauf zu. Mit einem entsetzten Schrei prallen sie in der Türe zurück: Ein toter Mann hängt in einem riesigen Spinnennetz in einer Ecke der Hütte. Eine furchtbare Bisswunde am Hals muss ihn grausam getötet haben. Aus seinem Tagebuch erfahren sie, dass er als Uranforscher einsam auf dieser Insel lebte. – In der darauf folgenden schwülen Tropennacht kann Gary wegen der unheimlichen Hitze keine Ruhe finden und geht in den Dschungel. Ein Tropenregen und Gewitter setzen ein, so dass er unter einem Baumstumpf Schutz sucht. In diesem Baumstumpf sitzt eine riesige Spinne, die sich von hinten auf Gary stürzt, der sich ihrer verzweifelt zu erwehren versucht. Es gelingt der Spinne jedoch, Gary einen Biss in den Nacken beizubringen, bevor er ihre Krallen in letzter Verzweiflung von seinem Hals lösen kann. Er stürzt zu Boden und fühlt eine seltsame Veränderung mit sich vorgehen. Die Sinne schwinden ihm und seine Stimme versagt, während sein Gesicht sich zu einer teuflischen Fratze entstellt.« (Auszug aus DAS NEUE FILMPROGRAMM). – Von nun an geht ein entsetzliches Monster auf der Insel um, dem tags darauf die hübsche Linda zum Opfer fällt. Zum Glück treffen kurz darauf Joe und Robby, die beiden Assistenten des toten Wissenschaftlers, auf der Insel ein. Man kommt sich menschlich näher und funkt um Hilfe. Aber auch Robby fällt dem Monster zum Opfer. Und dann das Mädchen Gladys. Dann zeigt sich das Ungeheuer: Es ist kein anderer als Gary, den man mit vereinten Kräften und brennenden Fackeln schließlich ins Moor treiben kann. – Was für Rolf Thissen und Leo Phelix in PIONIERE UND PROMINENTE DES MODERNEN SEXFILMS »ein Meisterwerk« war, »dem französische Kritiker surrealistische Qualitäten zusprachen« (Produzent Wolf C. Hartwig: »Wir wussten damals gar nicht, was wir da machten.«), war für die klerikale Filmkritik ein »nicht mehr zu unterbietendes Schundprodukt«, das man »in schlechter Absicht« erdacht hätte und »zweifellos zum Primitivsten und Unappetitlichsten« gehörte, was sich ein Drehbuchschreiberhirn ausdenken kann. Im Zeitalter der Bauchaufschlitzer- und Kannibalenfilme und Hardcore-Pornos aus aller Welt tut man wahrscheinlich nicht schlecht daran, von diesem Nonsens kein Wort zu glauben: dass »der deutsche Skandal- und Sittenfilmproduzent« (ebenda) Hartwig einen Film gemacht hat, als dessen Ticket-Seller vorrangig gut gebaute Mädchen fungieren, kann man kaum als Versuch werten, »den pornographischen (sic!) Effekt durch Horror-Elemente zu steigern.« Wer ein paar Mädchen im Bikini für pornographisch hält, beweist höchstens, dass das Sein das Bewusstsein bestimmt bzw. wie sehr die herrschende Moral von der Moral der herrschenden Kreise abhängig ist. Trotzdem ist *Ein Toter hing im Netz* natürlich keine Kunst.

EIN TOTER LACHT ALS LETZTER

(LA CAMPANA DEL INFIERNO/LES CLOCHES DE L'ENFER). Italien/Frankreich 1973. **R:** *Claudio Guerin Hill.* **B:** *Santiago Moncada.* **K:** *Manuel Rojas.* **M:** *Adolfo Waitzman.* **D:** *Renaud Verley (Juan), Viveca Lindfors (Maria), Alfredo Mayo (Pedro), Maribel Martin (Esther), Nuria Gimeno (Teresa), Christine Betzner (Maria), Saturno Cerra (Mendigo), Nicole Vesperini (Elena), Erasmo Pascual (Pater José), Antonio Puga (Chemiker), Juan Cazalilla (Frisör), Tito Garcia (Bäcker), Rosetta Velisca (Nina Lazarillo), Angel Blanco (Schlachthofarbeiter), Susana Latour (Juans Mutter). F 86 Min.*

Der Psychotiker Juan wird probeweise aus der Nervenklinik entlassen, in die seine Tante Marta ihn gesteckt hat. Juan glaubt, sie wolle ihm sein Erbe nehmen und habe auch schon seine Mutter ins Grab gebracht. Von Rachedurst beseelt, schiebt er die gelähmte Marta in den Garten, beschmiert sie mit Honig und lässt seine Bienen auf sie los. Anschließend widmet er sich den drei Cousinen, um sie in einem Kellerraum zu metzeln. Als er noch mal nach Marta schaut, ist sie verschwunden. Doch plötzlich ist sie wieder da, entsetzlich zerstochen. Juan erhält einen Schlag, der ihn besinnungslos macht. Marta lässt ihn von Pedro, einem Feind Juans, lebendig in einer alten Kirche einmauern – mit dem Hals an einem Seil hängend, das zur Glocke hinaufreicht. Und die Glocke soll am nächsten Tag eingeweiht werden. Dies geschieht. Aber ist Juan tatsächlich tot? Pedro, der ihn in seinem Haus am Klavier sitzen und spielen sieht, kann keine Auskunft mehr geben: Als er sich der unheimlichen Gestalt nähert, erkennt er zwar, dass er einer Puppe gegenübersteht, aber im gleichen Augenblick verliert er auch sein Leben. – »Entscheidend ist, dass es dem Regisseur nicht gelang, das ambivalente Schweben zwischen Phantastik, Horror und Realistik durchzuhalten. Immer unklarer wird, ob Juan verrückt ist oder dies nur spielt, ob er grausam ist oder das Ganze gar nicht wahr, wie weit sich die anderen normal verhalten und nur in seinen Augen böse wirken.« (e.h., FILMDIENST) – »Einige der eher belanglosen Einstellungen – wie die eklige Rückblende, in der der verstörte Zustand des Protagonisten bis zu einem Schlachthof zurückverfolgt wird, wo er einst arbeitete – sind zu sehr in die Länge gezogen, aber größtenteils wirken Hills extravagante Versatzstücke äußerst gut: da ist z.B. eine außergewöhnliche Sequenz, in der der Held/Schurke sich in einem verdunkelten Schlafzimmer eine wirre Diskussion mit einem Mädchen liefert, bis die Kamera zurückfährt, um zu enthüllen, dass er lediglich mit einer Tonbandaufzeichnung gesprochen hat ... Juans schauerliche und wohl durchdachte Streiche zielen darauf ab, die Schuld und Heuchelei der anderen Charaktere bloßzustellen, aber man wird nie den Verdacht los, dass er tatsächlich ein gemeingefährlicher Irrer ist, wie seine Tante behauptet ... Dass der Regisseur nach Abschluss der Dreharbeiten bei einem Sturz vom Glockenturm ums Leben kam, ist nicht nur ein echter Verlust für das phantastische Kino, sondern fügt seiner offensichtlichen Identifikation mit dem Hauptdarsteller eine fast unerträgliche Ironie hinzu.« (David Pirie, ANATOMY OF THE MOVIES)

EIN TOTER SPIELT KLAVIER

(TASTE OF FEAR). GB 1961. **R:** *Seth Holt.* **B:** *Jimmy Sangster.* **K:** *Douglas Slocombe.* **M:** *Clifton Parker.* **D:** *Susan Strasberg (Penny Appleby), Ronald Lewis (Bob), Ann Todd (Jane Appleby), Christopher Lee (Dr. Gerrard), John Serrat (Inspektor Legrand), Leonard Sachs (Spratt), Anne Blake (Marie), Fred Johnson (Pater), Bernard Brown (Gendarm), Richard Klee (Sergeant in Zivil), Mme. Lobegue (Hostess). SW 81 Min.*

Nach zehnjähriger Abwesenheit kehrt die Millionenerbin Penny Appleby ins an der Côte d'Azure liegende Haus ihres Vaters zurück und lernt dessen zweite Frau Jane kennen. Ihr Vater ist angeblich auf einer Geschäftsreise, aber als Penny nachts von unheimlichen Geräuschen geweckt wird, sieht sie ihn: als Leiche in einem Sessel sitzend. KREISCH! Jane und Dr. Gerrard bemühen sich, dem in einem Rollstuhl sitzenden Mädchen klarzumachen, dass es einer Halluzination zum Opfer gefallen ist. Als Penny der Leiche zum zweiten Mal begegnet, entwickelt sie den Verdacht, dass Jane und Gerrard ihren Va-

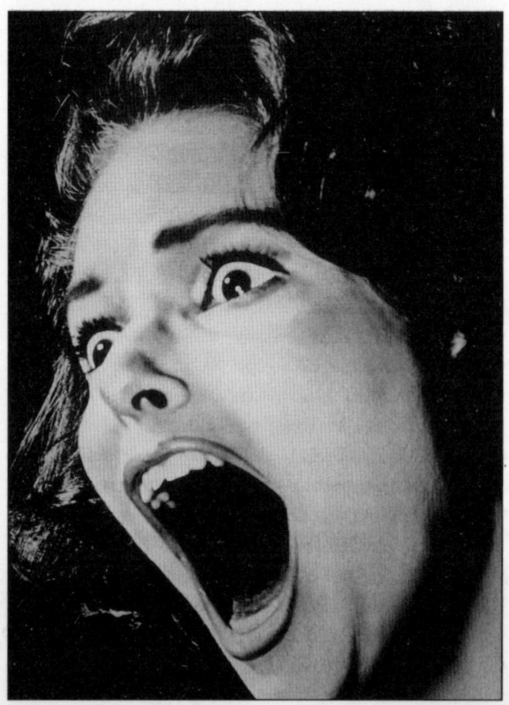

Ein Toter spielt Klavier

ter umgebracht haben und sie in den Wahnsinn treiben wollen, um an ihr Erbe heranzukommen. Zusammen mit dem sympathischen Chauffeur Bob sucht Penny das Grundstück nach dem Leichnam ihres Vaters ab, den sie schließlich im Schwimmbecken findet. Als Bob Penny (mit der Leiche auf dem Vordersitz) zur Polizei fährt, begegnet ihnen Jane auf einer steilen Serpentinenstraße. Bob steigt aus, umarmt Jane (mit der er ein Verhältnis hat) und lässt den Wagen mit dem gelähmten Mädchen lächelnd ins Meer stürzen. Am nächsten Tag sitzt die totgeglaubte Penny jedoch im Rollstuhl vor dem Haus. Es zeigt sich, dass sie eine andere ist – und mitnichten gelähmt: Sie ist eine Freundin Pennys, welche sich drei Wochen zuvor das Leben genommen hat. Mr. Appleby, ihr Vater, hat davon gewusst, ohne es Jane zu erzählen. Der Brief, den Jane und ihr Geliebter Bob der echten Penny geschickt haben, um sie nach Hause zu locken, muss also nach Applebys Tod geschrieben worden sein. Als Jane erkennt, dass ihr Plan nicht aufgegangen ist, nimmt sie gebrochen im Rollstuhl Platz. Als Bob erfährt, dass Penny weder Penny noch tot ist, stürzt er sich voller Wut von hinten auf das am Rand einer Klippe stehende Gefährt und stößt es in die Tiefe. Dabei beobachtet ihn die Polizei. – Seth Holt, Jimmy Sangster und die britische Produktionsgesellschaft Hammer, die diese Geschichte auf die Beine gestellt haben, versuchten seinerzeit die Zuschauer mit einem Trick ins Kino zu locken: »Um von der bis zum Zerreißen sich steigernden, elektrisierenden Spannung dieses in seiner komprimierten Dichte und fesselnden Dynamik einzigartigen Kriminalfilms nichts vorwegzunehmen, wurde vom Produzenten sowohl bei der Werbung als auch der Pressebetreuung die strikte Auflage gemacht, vom Inhalt des atembeklemmenden PSYCHOlogischen Krimis keine Silbe zu verraten!« (ILLUSTRIERTE FILMBÜHNE). Deswegen existiert auch nur ein Aushangfoto: Susan Strasberg als falsche Penny, die beim Anblick der Leiche ihres »Vaters« gerade KREISCH! Macht. – »Zweifellos: Susan Strasberg gehört zu den führenden jungen Schreihälsen des gegenwärtigen Films«, fand Joseph Morgenstern (NEW YORK HERALD TRIBUNE). »Ihr Gekreisch ist absolut erste Garnitur, wenn es auch über diesen halb-fürchterbaren Thriller sonst nichts Besonderes herauszuposaunen gibt.«

TÖTET MRS. TINGLE!

(TEACHING MRS. TINGLE). USA 1999. **R:** *Kevin Williamson.* **B:** *Kevin Williamson.* **K:** *Jerzy Zielinski.* **Ma:** *Jane Galli.* **M:** *John Frizzell, Duncan Sheik.* **D:** *Katie Holmes (Ann Watson), Helen Mirren (Mrs. Tingle), Jeffrey Tambour (Spanky Wenchell), Barry Watson (Luke Churner), Marisa Coughlan (Jo Lynn Jordan), Molly Ringwald (Miss Banks), Vivicia A. Fox (Miss Gold), Liz Strauber (Trudie Tucker), Michael McKean (Potter), John Patrick White (Bryan Berry), Robert Gant (Professor). F 103 Min.*

Um sich bessere Noten im Fach Geschichte zu sichern, überfallen drei Teenanger ihre bösartige Lehrerin, die sich im Lauf des Films als S/M-Fan entpuppt. – In der Figur der Mrs. Tingle hat Regiedebütant Kevin Williamson einer inzwischen verblichenen Pädagogin, die ihn offensichtlich stark gedemütigt hat, ein filmisches Denkmal gesetzt. Als Arbeitstitel war *Killing Mrs. Tingle* geplant. Wenigstens der deutsche Kinowelt-Verleih hat sich an diese Vorgabe gehalten.

Tötet Mrs. Tingle!

TOURIST TRAP (TOURISTENFALLE)

(TOURIST TRAP). USA 1977. **R:** *David Schmoeller.* **B:** *David Schmoeller, J. Larry Carroll.* **K:** *Nicholas von Sternberg.* **M:** *Pino Donaggio.* **D:** *Chuck Connors (Slausen), Jon van Ness (Jerry), Jocelyn Jones (Molly), Robin Sherwood (Eileen), Tanya Roberts (Becky), Keith McDermott (Woods), Dawn Jeffory (Tina), Shailar Cobey (Davey). F 90 Min.*
Ein geisteskranker, scheinbar telekinetisch begabter Killer lockt eine Gruppe junger Leute in finsterer Nacht in sein (natürlich) abseits gelegenes Haus und setzt ihnen mit Axt & Würgerhänden so lange zu, bis ihm sein letztes Opfer mit einem Beil den Rest gibt. – Davon abgesehen, dass wir diese Story schon aus 722 anderen Filmen kennen, haben wir es hier mit einem besonderen Scheißfilm zu tun. Kotzometerwert: 10 Punkte.

TOURNEUR, JACQUES

(1894–1977). In Frankreich geborener amerikanischer Filmemacher, Sohn des Regisseurs Maurice Tourneur. Inszenierte mehrere Genreklassiker für den RKO-Produzenten Val Lewton: 1942: *Cat People (Katzenmenschen)*; 1943: *I Walked With a Zombie (Ich folgte einem Zombie); The Leopard Man.* 1958 in England: *Night of the Demon (Der Fluch des Dämons).* 1963: *Comedy of Terrors (Ruhe Sanft GmbH)* mit Vincent Price, Karloff, Lorre und Basil Rathone.

THE TOWN THAT DREADED SUNDOWN

(THE TOWN THAT DREADED SUNDOWN). USA 1976. **R:** *Charles B. Pierce.* **B:** *Earl E. Smith.* **K:** *Jim Roberson.* **M:** *Jaime Mendoza-Nava.* **D:** *Ben Johnson (Captain J. D. Morales), Andrew Prine (Norman Ramsey), Dawn Wells (Helen Reed), Jimmy Clem (Sgt. Griffin), Charles B. Pierce (Benson), Cindy Butler (Peggy Loomis), Earl E. Smith (Dr. Kress), Christiane Ellsworth (Linda Mae Jenkins), Mike Hackworth (Sammy Fuller), Jim Citty (Sullivan), Robert Aquino (Otis Barker), Misty West (Emma Lou Cook), Rick Hildreth (Buddy Turner), Steve Lyons (Roy Allen), Bud Davis (Killer), Joe Catalanatto (Eddie Le Doux), Roy Lee Brown (Rainbow Johnson), Jason Darnell (Wells), Mike Downs, Bill Dietz, Carolyn Moreland (Journalisten), Michael Brown (Cop), Woody Woodman (FBI-Agent), James B. Adams (Deputy), John Stroud (Dr. Preston Hickson), Richard Green (Rektor), D.D. Orr (Sachbearbeiterin), Don Adkins (Verdächtiger). F 90 Min.*
1946: In einem kleinen Grenzstädtchen geht ein Killer und Brüstebeißer um, der Liebespärchen an einsamen Plätzen überfällt und auffällig klobiges Schuhwerk trägt. Nach Ausbruch allgemeiner Hysterie gelingt es der verstärkt Einsätze fahrenden Polizei, den Bösling zu stellen und in ein Sumpfgebiet zu treiben. Die Mörderei hört auf, doch 30 Jahre später entdeckt ein gerissener Filmemacher den Stoff und bringt ihn unter o.a. Titel auf die Leinwand. Und siehe da: Unter den sich an der Kasse anstellenden Kinogängern befindet sich ein Mann mit verdächtig klobigem Schuhwerk. – »Der Schundfilm der Woche.« (Kevin Thomas, LOS ANGELES TIMES) – »Trotz Ben Johnson und Andrew Price, die die Besetzungsliste anführen, ist dieser Film in jeder Hinsicht amateurhaft.« (Vincent Canby, NEW YORK TIMES) [V]

TOYS – TÖDLICHES SPIELZEUG

(SILENT NIGHT, DEADLY NIGHT 5: THE TOY MAKER). USA 1990. **R:** *Martin Kitrosser.* **B:** *Martin Kitrosser, Brian Yuzna.* **K:** *James Mathers.* **SpE:** *Screaming Mad George, Tom Rainone.* **M:** *Mathew Morse.* **D:** *William Thorne (Derek), Jane Higginson (Sarah), Tracy Fraim (Noah Addams), Brian Bremer (Pino), Mickey Rooney (Joe Petto), Neith Hunter. F 86 Min.*
Spielzeugmacher, über den Tod seiner schwangeren Frau des Verstandes verlustig gegangen, verschickt explodierende Geschenke. Ein Sechsjähriger, der durch eins dieser Spielzeuge seinen Stiefvater verloren hat, und seine Mutter klären den Fall. [V]

TRANSSYLVANIA 6-5000

(TRANSSYLVANIA 6-5000). USA 1985. **R:** *Rudy DeLuca.* **B:** *Rudy De Luca.* **K:** *Tomislav Pinter.* **SpE:** *Marijan Kuroglan.* **Ma:** *Halid Redzebastic.* **M:** *Lee Holdridge, Alfie Kabiljo.* **D:** *Jeff Goldblum (Jack Harrison), Joseph Bologna (Dr. Malavaqua), Ed Begley jr. (Gil Turner), Carol Kane (Lupi), Jeffrey Jones (Lepescu), John Byner (Radu), Geena Davis (Odette), Michael Richards (Fejos), Donald Gibb (Wolfsmensch), Norman Fell (Mac Turner), Teresa Ganzel (Elizabeth Ellison), Rudy DeLuca (Lawrence Malbot), Inge Apelt (Mme. Moravia), Bozidar Smiljanic (Inspektor Percek), Peter Buntic (Hunyadi), Sara Grdjan (Laura Ellison), Nada Arvus (Uta), Dusko Valentic, Ksenija Prohaska. F 94 Min.*
Der Verleger eines Revolverblatts stöhnt über die Sauregurkenzeit. Da er der Meinung ist, ei-

ne Schlagzeile wie »Dracula lebt« könne seinem Blatt eine grandiose Auflagensteigerung bescheren, schickt er seinen zurückhaltenden Sohn Gil und den Autor Jack als rasende Reporter nach Transsylvanien, damit sie eine spannende Story zusammenstricken. In Rumänien angekommen, deckt sich jedoch so gut wie nichts mit ihren Erwartungen, auch wenn sie am Ort auf jede Menge Vampire und sonstige Ungeheuer stoßen. »Nur die Gags haben sich vorher klammheimlich verkrümelt.« (SCIENCE FICTION TIMES). [V]

TRAUM OHNE ENDE

(DEAD OF NIGHT). GB 1945. **R:** *Alberto Cavalcanti, Basil Dearden, Charles Crichton, Robert Hamer.* **B:** *Angus McPhail, John Baines, T. E. B. Clarke.* **St:** *Angus McPhail, John Baines, H. G. Wells, E. F. Benson.* **K:** *Jack Parker.* **M:** *Georges Auric.* **D:** *Mervyn Jones (Walter Craig), Roland Culver (Eliot Foley), Frederick Valk (Dr. Van Straaten), Googie Withers (Joan Cortland), Sally Ann Howes (Sally O'Hara), Michael Redgrave (Maxwell Frere), Judy Kelly (Joyce Grainger), Ralph Michael (Peter Cortland), Mary Merall (Mrs. Foley), Hartley Power (Sylvester Kee), Miles Malleson (Leichenwagenfahrer), Elizabeth Welch (Beulah), Barbara Leake (Mrs. O'Hara), Anthony Baird (Hugh Grainger), Johnny Maguire (Puppe), Basil Radford, Naughton Wayne, Allan Jeaves, Garry Marsh, Renée Gadd, Magda Kun, Esme Perry. SW 95 Min.*

Episodenfilm mit Rahmenhandlung. – 1. Mr. Grainger kuriert nach einem Autounfall in einem Hospital seine Blessuren aus. Der Fahrer eines Leichenwagens, der unter seinem Fenster steht, bietet ihm einen Platz an, doch er lehnt ab. Als Grainger entlassen wird und in einen Bus steigen will, erkennt er in dessen Schaffner den Leichenwagenfahrer, der seine Einladung wiederholt. Gewitzt wie Grainger ist (und auch ganz schön erschreckt), lässt er den Bus fahren, der kurz darauf in einen schweren Unfall verwickelt wird und in einem Kanal landet. – 2. Ein Mädchen (14) tröstet während einer Weihnachtsfeier einen traurigen kleinen Jungen, der sich im Nachhinein als Geist eines Mordopfers entpuppt. – 3. Ein Ehepaar ersteht in einem Antiquitätenladen einen alten Spiegel, der jedoch nicht die Realität abbildet, sondern ein Zimmer einer vergangenen Epoche (flackerndes Kaminfeuer inklusive). Der Mann verfällt immer mehr dem Einfluss des Spiegels, der einem bösen, verkrüppelten Würger gehörte. Ehe er völlig irrsinnig wird, zerschlägt die Frau das schreckliche Ding und bricht den Bann. – 4. Zwei Golfspieler, die die gleiche Frau lieben, spielen darum, wer aufhören soll, ihr den Hof zu machen. Der Verlierer ersäuft sich vor Kummer in einem Teich, um als Geist zurückzukehren und den Sieger zu plagen. – 5. Ein psychopathischer Bauchredner wird dermaßen von der Puppe beherrscht, mit der er auftritt, dass er sich mit ihr sogar im Privatleben heftige Rededuelle liefert. Als die Puppe droht, sie werde den Partner wechseln, bringt er seinen Konkurrenten um, verliert völlig den Verstand, nimmt die Identität der Puppe an und spricht schließlich nur noch mit ihrer Stimme. – Besonders die letzte Episode gehört zum Besten, was das Kino des Unheimlichen hervorgebracht hat. Ein ähnliches Thema – wahrscheinlich hierdurch inspiriert – bearbeitet *Magic – Eine unheimliche Liebesgeschichte* (USA 1978; Regie: Richard Attenborough).

TRÄUME DES WAHNSINNS

(DEADLY DREAMS). USA 1988. **R:** *Kristine Peterson.* **B:** *Thom Babbes.* **K:** *Zoran Hochstatter.* **Ma:** *Deborah Zoeller.* **M:** *Todd Boekelheide.* **D:** *Mitchell Anderson (Alex), Juliette Cummins (Maggie), Xander Berkeley (Jack), Thom Babbes (Danny), Timothy Austin (Alex als Kind), Beach Dickerson. F 76 Min.*

Alex leidet an Albträumen, denn als Achtjähriger musste er ansehen, wie der Geschäftspartner seines Vaters seine Eltern ermordete. Nun,

Transsylvania 6-5000

Transsylvania 6-5000

als junger Mann, sieht es so aus, als sei der durch die eigene Hand geendete Täter auch ihm auf den Fersen. Doch alles ist nur eine mörderische Intrige. Psycho-Thriller von der Stange. [V]

TRÄUME KANNST DU NICHT TÖTEN

(CARNIVAL OF SOULS/WES CRAVEN PRESENTS CARNIVAL OF SOULS). USA 1998. **R:** *Adam Grossman.* **D:** *Bobbie Phillips (Alex Grant), Larry Miller (Louis Seagram), Cleavant Derricks, Paul Johansson, Anna Kristin McKown, Shawnee Smith, Sidney Berger. F 90 Min.*

Neuverfilmung von Herk Harveys *Tanz der verlorenen Seelen* (USA 1962), die auf der *Scream*-Welle schwimmt: Zwanzig Jahre nach dem gewaltsamen Tod ihrer Mutter wird eine junge Frau vom Mörder verfolgt. Der Mörder hat sich auf den Rücksitz ihres Wagens geschmuggelt und bedroht sie mit einer Waffe. Das Fahrzeug versinkt im Hafenbecken, der Täter kommt ums Leben. Die Frau kann sich retten, aber nun glaubt sie, der Mörder wolle sich aus dem Jenseits an ihr rächen. Als ausführende Produzenten fungierten Wes Craven und Anthony Hickox. Dem Regisseur sei es nicht gelungen, die auch heute noch albtraumhaft wirksame Geschichte adäquat in moderne Bilder umzusetzen, fand Frank Trebbin (SPLATTING IMAGE, 40/Dezember 1999): »Zwar ist das Remake gegenüber dem Schwarz-Weiß-Original nun in Bonbon-bunte Farben getaucht, doch leider kommt einem das Ganze irgendwie schlicht und fad vor.«

DER TRIEBMÖRDER

Anderer Titel für DAS SCHLOSS DER BLAUEN VÖGEL

TRILOGY OF TERROR

(TRILOGY OF TERROR II). USA 1996. **R:** *Dan Curtis.* **B:** *Dan Curtis, Richard Matheson, William F. Nolan.* **V:** *»Die Friedhofsratten« von Henry Kuttner; »Bobby« von Richard Matheson; »He Who Kills« von William F. Nolan.* **K:** *Elemér Ragály.* **M:** *Bob Cobert.* **D:** *Lysette Anthony (Laura/Bobbys Mutter/Dr. Simpson), Geraint Wyn Davies (Ben), Matt Clark (Ansford), Geoffrey Lewis (Stubbs), Blake Heron (Bobby), Richard Fitzpatrick (Jerry O'Farrell). F 87 Min.*

Drei TV-Horrorfilme, die auch auf Video erschienen sind. Die in Deutschland angebotene Edition ist tatsächlich Teil 2 eines 1975 erschienenen Zusammenschnitts von Regisseur Dan Curtis. Gleich dreimal die furchtbare Lysette Anthony: in Henry Kuttners »The Graveyard Rats« (handelt von riesigen Nagern). In Richard Mathesons »Bobby« will sie mit Hilfe des Bösen ihren toten Sohn ins Leben zurückbringen. Und da aller guten Dinge, wie gesagt, drei sind, sehen wir Frau Anthony abschließend in einem Museum, wo sie von einer komischen Fetischpuppe verfolgt wird. [V]

DIE TÜR MIT DEN SIEBEN SCHLÖSSERN

BRD 1962. **R:** *Alfred Vohrer.* **B:** *H. G. Petersson, Johannes Kai.* **V:** *»Die Tür mit den sieben Schlössern« von Edgar Wallace.* **K:** *Karl Löb.* **M:** *Peter Thomas.* **D:** *Heinz Drache (Inspektor Dick Martin), Sabina Sesselmann (Sybil Lansdown), Hans Nielsen (Haveloc), Gisela Uhlen (Emily Cody), Werner Peters (Bertram Cody), Pinkas Braun (Dr. Staletti), Jan Hendriks (Tom Cawler), Klaus Kinski (Pheeny), Ady Berber (Giacco), Friedrich Joloff (Hausmeister), Siegfried Schurenberg (Sir John), Eddi Arent (Holmes). SW 95 Min.*

Terror & Thrill um sieben geheimnisvolle Schlüssel, die ein reicher alter Knabe an ebenso viele alte Freunde verteilt hat, damit sie eines fernen Tages seine Familiengruft öffnen können, in der angeblich ein Riesenerbe lacht. Mit von der Partie: Pinkas Braun (der einzige Lichtblick) als irrer Wissenschaftler, der wie weiland Viktor Frankenstein davon träumt, künstliches Leben zu erschaffen, obwohl seine bisherigen Erfolge eine andere Sprache sprechen. Das Drehbuch gestaltete das Autoren-Team Wirr & Warr; den Burschen vom altverdienten Yard kommt außerdem Inspektor Zufall zu oft zu Hilfe.

TUNNEL DER LEBENDEN LEICHEN

(DEATH LINE). GB 1972. **R:** *Gary Sherman.* **B:** *Ceri Jones.* **St:** *Gary Sherman.* **K:** *Alex Thomson.* **M:** *Jeremy Rose, Will Malone.* **D:** *Donald Pleasence (Inspektor Colquhoun), Norman Rossington (Sgt. Rogers), David Ladd (Alex Campbell), Sharon Gurney (Patricia Wilson), Christopher Lee (Stratton-Villiers), Hugh Armstrong (Mann), James Cossins (James Manfred), June Turner (Frau), Heather Stoney (Alice Marshall), Hugh Dickson (Dr. Bacon), Clive Swift (Inspektor Richardson), Suzanne Winkler (Prostituierte), Ron Pember (Fahrkartenverkäufer), James Culliford (Barkeeper), Jack Woolgar (Aufsicht), Colin McCormick, Gary Winkler (Polizisten). F 87 Min.*

Zwei Studenten finden zu nächtlicher Stunde (der letzte Zug ist abgefahren) in einer Londoner U-Bahn-Station eine Leiche. Auf einer Karte, die sie der Tasche des Mannes entnehmen, steht dessen Name: Manfred. Als sie mit einem Polizisten an den Ort des Geschehens zurückkehren, ist der Leichnam verschwunden. Am nächsten Tag werden die beiden von dem Kriminalisten Colquhoun verhört. Diesem ist der Name Manfred bekannt: Es handelt sich um einen wichtigen Beamten des Verteidigungsministeriums, der spurlos verschwunden ist. Im Zuge der Nachforschungen erfährt der Kriminalist, dass 1892, beim Bau einer U-Bahnstation unter dem Britischen Museum, zahlreiche Menschen verschüttet wurden. Obwohl das MI5 ihn bei der Arbeit behindert, entdeckt Colquhoun, dass das U-Bahn-Netz der Stadt seit dieser Zeit zahlreiche Opfer gefordert hat: Seit 1892 sind dort viele vermisste Personen zum letzten Mal gesehen worden. Colquhoun macht eine haarsträubende Entdeckung: Die Verschütteten (bzw. deren Nachkommen) leben noch, und zwar in stillgelegten Tunnels. Sie ernähren sich auf kannibalische Weise von den Menschen der Oberwelt. Als er in ihr finsteres Reich vorstößt, lebt jedoch nur noch einer und hat sich gerade eine »Braut« geraubt. – Ein deprimierender Film, der aus einer interessanten Idee (Entwicklung einer unterirdischen »Kultur« in absoluter Nähe der brodelnden Zivilisation) einen abstoßenden Grusel-Mischmasch aus an Leichen nagenden Rattenscharen, einem sabbernden Irren und überall von den Wänden tropfendem Schleim macht, ohne zu erklären, wieso die Eingeschlossenen sich überhaupt unter der Erde aufhalten, wenn sie Zugang zu den Bahnhöfen haben. [V]

DER TURM DER LEBENDEN LEICHEN

(THE HORROR ON SNAPE ISLAND). GB 1971. **R:** *Jim O'Connolly.* **B:** *Jim O'Connolly.* **K:** *Desmond Dickinson.* **M:** *Ken Jones.* **D:** *Jill Haworth (Rose), Bryant Halliday (Brent), Anna Palk (Nora), Gary Hamilton (Brom), George Coulouris (John Gurney), Jack Watson (Hamp Gurney), Derek Fowlds (Dan), Frederick Abbott (Saul Gurney), Mark Edwards (Adam), Mark McBride (Michael Gurney), Candance Glendenning (Penny), John Hamill (Gary), Dennis Price (Bakewell), William Lucas (Superintendent Hawk), Robin Askwith (Des), Anthony Valentine (Dr. Simpson). Seretta Wilson (Moe), Marianne Stone (Krankenschwester). F 88 Min.*

Auf Snape Island, einem nebelverhangenen Inselchen vor der britischen Küste, geht der Horror um: Zu spüren bekommen ihn zwei amerikanische Touristenpärchen, die von einem haarigen grunzenden Monstrum viehisch abgeschlachtet werden. Nur Penny entkommt, aber ihr Geist ist so verwirrt, dass sie sogar einen ihrer Retter niedersticht. Für die Polizei ist der Fall klar: Sie, die Durchgedrehte, hat auch die anderen auf dem Gewissen. Pennys Eltern sind damit nicht einverstanden: Sie schicken einen Privatdetektiv aus, der ihre Tochter vom Mordverdacht befreien soll. Er schließt sich einer Forschungsexpedition an, die auf Snape Island ein Phöniziergrab vermutet und erfährt, dass die Insel einst von dem (inzwischen verschollenen) Leuchtturmwärter Gurney und seiner Familie bewohnt wurde – einem Geistesgestörten. Dann geht es los: Sobald sich jemand von der Gruppe trennt, ist der Killer mit dem langen Messer da und die Akteure haben während der Nacht in dem alten Leuchtturm mehr als genug Gelegenheit, allein in dunkle Grüfte hinabzusteigen – in denen der Mörder lauert: ein kicherndes, flötenspielendes, haariges menschliches Ungetüm, das mit Vorliebe jungen Frauen den Kopf

Der Turm der lebenden Leichen

vom Leibe trennt. – »Wabernde Nebel, miese Kulissen, grobschlächtige, längst abgewetzte Schauerbilder, konfektionierter Sparsex und ein paar flotte (müde) Sprüche vermögen beileibe nicht, das von der Werbung verheißene »Schreien«[10] des Zuschauers hervorzulocken. Hier gelingt es einem drittklassigen Regisseur völlig ... sein Drehbuch erfolgsunträchtig zu ramponieren ... Von den ›Darstellungskünsten‹ einzelner Chargen gar nicht zu reden.« (Wolfgang Kühn, VAMPIR) O'Connollys Schnellschuss lief auch unter dem nicht weniger unzutreffenden Titel *Devil's Tower – Der Schreckensturm der Zombies* und warb mit dem Spruch: »Zum Leben verdammt, steigen die Untoten in Ihrer wahnsinnigen Blutgier Nacht für Nacht wie die Ratten aus Ihren Höhlen um neue Opfer zu suchen.« (Orthographie und Interpunktion originalgetreu). Da ist der Hinweis fast schon überflüssig, dass in der Geschichte weder »lebende Leichen« noch »untote Zombies« auftauchen. In den USA lief der Film unter dem Titel *Beyond the Fog*. Dort hatte John Carpenter mit *The Fog* (in dem auch ein Leuchtturm vorkommt) nämlich gerade große Kasse gemacht. [DVD]

DER TURM DER SCHREIENDEN FRAUEN
(TORMENTED). USA 1960. **R:** *Bert I. Gordon.* **B:** *George Worthington Yates.* **K:** *Ernest Laszlo.* **M:** *Albert Glasser.* **D:** *Richard Carlson (Tom Stewart), Susan Gordon (Sandy), Lurene Sanders (Meg), Julie Reding (Vi Mason), Joe Turkel (Nick), Vera Marsh (Mutter), Harry Fleer (Vater), Gene Roth (Imbissbudenbesitzer), Lillian Adams (Maklerin), Merritt Stone (Pastor). SW 75 Min.*

Jazzpianist Tom entledigt sich seiner erpresserischen Ex-Geliebten Vi, indem er sie über die Brüstung eines Leuchtturms stößt. Als er sie, von Gewissensbissen geplagt, retten will, entpuppt sich ihr an Land geschleppter Körper als Haufen schmierigen Seetangs. »Dann spukt sie in der Gegend herum, mal als nebelhaftes Schemen, mal als Geisterhand, schließlich als transportabler Kopf. Außerdem stellen die Hühner der Gegend das Eierlegen ein!« (FILMBEOBACHTER) Vis Kopf – aufmerksame Beobachter erkennen gleich, dass es sich um einen Holzkopf handelt – bringt es auch fertig, Toms Hochzeit mit Meg zu sprengen. Bald hat er einen weiteren Mord auf dem Gewissen – und erneut eine Erpresserin am Hals. Beim Versuch, sich dieses Quälgeistes zu entledigen, landet er selbst als Leiche im Meer. Um bald darauf neben den sterblichen Überresten Vis an den Strand gespült zu werden. – Dass die Wege des Herrn unerforschlich sind, hat man aus berufenem Munde schon gehört; dass damit jedoch die Wege des Herrn Bert I. (»Zwergenhirn«) Gordon gemeint sind, stellt einen vor eine ganz neue Situation. Was er und sein Ko-Autor George Whortington auf die Beine gestellt haben, riecht nicht nur nach der (missglückten) Rache eines Schlock-Filmers an der Avantgarde (Gordon war immerhin für die heftig belachten Science Fiction-Heuler *Der Koloss* [1957], *Gigant des Grauens* [1958] und *Die Rache der schwarzen Spinne* [1958] verantwortlich), sondern auch nach dem verzweifelten Versuch, etwas »Seriöses« zu machen, vom Monster weg zum »Psychologischen« zu gehen. (Es ging aber nur in die Hose.) Während der deutsche Titel hauptsächlich das die Bahnhofskino-Knochenmühlen frequentierende Publikum vergackeiert, kann der amerikanische (»Gequält«) höchstens den Zustand be-

[10] *Der Film warb mit dem Slogan »Auch Sie werden schreien im Turm der lebenden Leichen«*

schreiben, dem man sich nach dem Betrachten des *Turms der schreienden Frauen* ausgesetzt fühlt: dem der Folter.

TWICE DEAD

(TWICE DEAD). USA 1988. **R:** *Bert Dragin.* **B:** *Bert Dragin, Robert McDonnell.* **K:** *Zoran Hochstatter.* **Ma:** *Michael Burnett.* **M:** *David Bergeaud.* **D:** *Tom Breznahan (Scott), Jill Whitlow (Robin/Myrna), Jonathan Chapin (Chip/Tyler), Christopher Burgard (Silk), Sam Melville (Harry), Brooke Bundy (Sylvia), Joleen Lutz (Candy), Todd Bridges (Petie), Ray Garcia, Travis McKenna. F 85 Min.*
Nicht sehr begüterte Familie in Los Angeles erbt ein heruntergekommenes Haus. Als die Kinder Scott und Robin allein sind, werden sie von einer Bande gemeiner Tagediebe terrorisiert, derer sie sich mit allerlei Tricks zu erwehren versuchen. Schließlich zeigt sich, dass in dem alten Kasten noch der Geist eines verstorbenen (irrsinnigen) Vorbesitzers spukt, der die Böslinge auf blutige Weise Mores lehrt. AIDT

TWILIGHT

(SERVANTS OF TWILIGHT). USA 1991. **R:** *Jeffrey Obrow.* **B:** *Jeffrey Obrow, Stephen Carpenter.* **V:** *»Todesdämmerung« von Dean R. Koontz.* **K:** *Antonio Soriano.* **M:** *Jim Manzie.* **D:** *Bruce Greenwood (Charlie Harrison), Belinda Bauer (Christine Scavello), Grace Zabriskie (Grace Spivey), Richard Bradford (Henry Rankin), Jarett Lennon (Joey Scavello), Carel Struyekin (Kyle Barlow), Jack Kehoe (Dr. Denton Boothe). F 95 (87) Min.*
Christine Scavello, allein erziehende Mutter und Geschäftsfrau, hat es geschafft: Ihr Sohn Joey ist ein cleverer Sechsjähriger, der ganz gut ohne Vater auskommt. Da laufen die beiden beim Einkaufen zufällig Grace Spivey über den Weg. Die alte Frau ist die Anführerin der »Kirche der Finsternis«. Kaum fällt ihr Blick auf Joey, ist sie davon überzeugt, er müsse der kommende Antichrist sein. Christine hält die Alte für verrückt, doch am nächsten Morgen liegt ihr Hund mit abgeschlagenem Schädel auf der Schwelle. Die Polizei kümmert sich nicht um den Fall, also sucht Christine Hilfe bei Privatdetektiv Charlie Harrison. Auch der nimmt den Fall zuerst nicht ernst, wird aber bald eines Besseren belehrt. Alle naselang fallen die fanatischen Sektierer, von dem Wunsch beseelt, Joey zu töten, über Mutter und Sohn her. Eine mörderische Flucht beginnt, doch wo Harrison, Christine und Joey auch hinkommen, der Feind ist schon da. Schließlich steht Grace Spivey selbst vor dem Jungen. Doch bevor sie ihn töten kann, wird sie von einem Fledermausschwarm zu Tode gebissen, der in einem Dachstuhl nistet. Die scheinbar tote Christine wird von Joey ins Leben zurückgerufen – und Harrison, der Christine liebt, hat plötzlich den Verdacht, dass die verrückte Grace mit ihrer Antichrist-These doch Recht hat. Tatsächlich gibt Joey zu, der Antichrist zu sein. Er bringt Harrison um, da der sich weigert, die Rolle seines Vaters zu spielen. – Dean R. Koontz kann einem Leid tun. Wieder mal ist es Hollywood gelungen, einen seiner Roman-Thriller in Grund und Boden zu filmen. *Twilight* ist ein mäßig spannender und effektvoller Film, der bis kurz vor dem Schluss brav der wesentlich spannenderen und rasanteren Romanvorlage folgt – doch dann muss das Drehbuch noch eins draufsetzen. Zwar befallen Harrison auch im Buch Zweifel, doch er setzt sich mit ihnen auseinander und verwirft sie, um Christine zu heiraten und Joey zu adoptieren. Hollywood konnte sich wohl mit dem süßlichen Happy End nicht anfreunden. There's no business like show business. [V]

TWILIGHT LOVE – LIEBE AUS DEM JENSEITS

(THE RETURNING). Neuseeland 1990. **R:** *John Day.* **B:** *Arthur Baysting, John Day, Clinton Phillips.* **K:** *Kevin Hayward.* **M:** *Clive Cockburn.* **D:** *Phillip Gordon (Alan Steadman), Alison Routledge (Jessica), Max Cullen (Donohue), Jim Moriarty (George), John Ewart (Steadman sen.), Grant Tilly (Dr. Pitts), Jenny Ryken (Charlotte). F 99 (97) Min.*
In einem verfallenen Landhaus rauben erotische Visionen des Geistes einer vor hundert Jahren verstorbenen Frau einem Anwalt allmählich den Sinn für die Wirklichkeit, bis er sein Ende findet. [V]

TWIN PEAKS – DER FILM

(TWIN PEAKS: FIRE WALK WITH ME). USA 1992. **R:** *David Lynch.* **B:** *David Lynch, Bob Engels.* **K:** *Ron Garcia.* **M:** *Angelo Badalamenti.* **D:** *Sheryl Lee (Laura Palmer), Ray Wise (Leland Palmer), Kyle MacLachlan (Dale Cooper), Moira Kelly (Donna Hayward), Chris Isaak (Chester Desmond), Dana Ashbrook (Bobby Briggs), Kiefer Sutherland (Sam

Stanley), David Bowie (Philip Jeffries), Harry Dean Stanton (Carl Rodd), Peggy Lipton (Norma Jennings). F 134 Min.

Die letzte Woche im Leben der durch die TV-Serie »Twin Peaks« bekannt gewordenen Laura Palmer, die sich als drogensüchtiges, sexbesessenes Luder entpuppt und von ihrem Schizo-Vater zuerst beschlafen und dann bestialisch ermordet wird. Beide werden von wüsten Halluzinationen geplagt, die annehmen lassen, dass sie schwer einen an der Waffel haben. Sauspannend, unterhaltsam und, wie man so schön sagt, zum Nachdenken anregend. [V]

TWISTS OF TERROR – DAS GRAUEN LAUERT ÜBERALL

(TWISTED NIGHTMARES/PRIMAL SCREAM). Kanada 1997. **R:** *Douglas Jackson.* **K:** *Bert Tougas.* **D:** *Jennifer Rubin (Amy), Carl Marotte (Joe), Nick Mancuso (Crenshaw), Francoise Robertson (Cindy), Christopher Heyerdahl (Darien), Martin Neufeld (Dr. Roberts). F 87 Min.*

TV-Grusel im Dreierpack. [V]

TWO EVIL EYES

(DUE OCCHI DIABOLICI). Italien 1990. **R:** *George A. Romero, Dario Argento.* **B:** *George A. Romero, Dario Argento, Franco Ferrini.* **V:** *»Die Tatsachen im Fall Valdemar« und »Die schwarze Katze« von Edgar Allan Poe.* **K:** *Peter Reniers.* **M:** *Pino Donaggio.* **D:** *Adrienne Barbeau (Jessica Valdemar), Ramy Zada (Dr. Robert), E. G. Marshall (Pike), Tom Atkins, Harvey Keitel, Martin Balsam, Bingo O' Malley, Jeff Howell. F (116) 113 Min.*

Episodenfilm. 1. »Die Tatsache im Fall Valdemar«: Der im Sterben liegende Mr. Valdemar wird aus juristischen Gründen von seiner betrügerischen Gattin und einem Arzt hypnotisiert und tiefgefroren, doch eines Nachts erhebt er sich von seinem Lager. – 2. »Die schwarze Katze«: Der Fotograf Rod Usher bringt seine nervensägende Geliebte Annabel um und mauert sie ein, ohne zu ahnen, dass deren Katze ihn später als Mörder entlarven wird. – Routiniert in Szene gesetzte Gruselgeschichten Edgar Allan Poes, die aber dadurch, dass sie in die Gegenwart verlegt werden, an Atmosphäre einbüßen. [V]

U

ÜBER DEM JENSEITS

(L'ALDILA). Italien 1981. **R:** *Lucio Fulci.* **B:** *Lucio Fulci, Giorgio Mariuzzo, Dardano Sacchetti.* **St:** *Dardano Sacchetti.* **K:** *Sergio Salvati.* **SpE:** *Germano Natali.* **M:** *Fabio Frizzi.* **D:** *Katherine McColl (Lisa Merril), David Warbeck (Dr. John McCabe), Sara Keller (Emily), Antoine St. John (Schweick), Veronica Lazar (Martha), Anthony Flees (Larry), Giovanni de Nava (Joe), Al Cliver (Dr. Harris), Michele Mirabella (Martin Avery), Gianpaolo Saccarola (Arthur), Mia Pia Marsala (Jill), Laura De Marchi (Maryanne), Lucio Fulci, Dardano Sacchetti, Sergio Salvati. F 88 Min.*

Die New Yorkerin Lisa erbt ein altes Hotel in Louisiana, das sie renovieren lassen und wieder in Betrieb nehmen will. Sie ahnt jedoch nicht, dass das Gebäude auf einem der »sieben Tore des Schreckens« errichtet wurde – einer Art ins Jenseits führendes Dimensionsloch. Wer sich in den Keller begibt, kommt auf grauenhafte Weise um. Dafür sorgt unwissentlich der Klempner Joe, der einige Reparaturarbeiten vornehmen soll. Monster kriechen aus den modrigen Grüften hervor, um die Menschen anzufallen. Lisa will dem schweinischen Treiben der Chaoskreaturen auf die Spur kommen und wendet sich an Dr. McCabe ... Das hätte sie lieber nicht tun sollen, *he, he!* – Fulcis Tricktechniker haben ganze Arbeit geleistet: Was sie dem Publikum an Abscheulichkeiten vorsetzen, bedingt einen gesunden Magen.

ÜBERFALL IM WANDSCHRANK

(MONSTER IN THE CLOSET). USA 1986. **R:** *Bob Dahlin.* **B:** *Bob Dahlin.* **K:** *Ronald W. McLeish.* **M:** *Barry Guard.* **D:** *Donald Grant (Richard Clark), Denise DuBarry (Diane Bennett), Claude Akins (Sheriff Ketchum), Henry Gibson (Dr. Pennyworth), John Carradine (Old Joe), Kevin Peter Hall (Monster), Howard Duff (Pater Martin), Donald Moffat (Gen. Turnbull), Paul Dooley (Roy Crane), Stella Stevens (Margo Crane). F 89 Min.*

Ein abscheulich anzusehendes Echsenmonster, das Ähnlichkeit mit dem Ungeheuer aus dem Science Fiction-Film *Alien* (GB 1979) hat, haust in Wandschränken und versetzt sich per Materietransmission von einem Ort an den anderen, um die Bevölkerung einer amerikanischen Stadt zu murksen. Horrorkomödie, die sich die Frage nach der Herkunft des Monsters gar nicht erst stellt: Wichtiger sind für die »Kreativen« (Hüstel) der achtziger Jahre allemal die Schauwerte.

THE UGLY

(THE UGLY). Neuseeland 1997. **R:** *Scott Reynolds.* **B:** *Scott Reynolds.* **K:** *Simon Raby.* **M:** *Victoria Kelly.* **D:** *Paolo Rotondo (Simon Cartwright), Rebecca Hobbs (Dr. Karen Shoemaker, Psychologin), Jennifer Ward-Lealand (Simons Mutter), Roy Ward (Dr. Marlowe), Vanessa Byrnes (Julie), Paul Glover (Phillip), Christopher Graham (Robert), Jon Brazier (Frank). F 93 Min.*

Über dem Jenseits

The Ugly

Spielfilmdebüt des neuseeländischen Regisseurs Scott Reynolds: Eine junge Psychologin soll herausfinden, ob bei einem Serienkiller Heilung zu erwarten ist. Der Film wird in Rückblenden erzählt. Wir werden Zeuge, wie Simon seinen ersten Mord begeht, wie er von seiner Mutter misshandelt wird usw. Die Psychologin ist dabei visuell direkt in die Erinnerungen integriert, stellt ihm Fragen, während er die Kehle eines Opfers mit einem Rasiermesser traktiert. – »Doch der Film ist zu konstruiert und verquast, um dem spürbaren Anspruch eines ikonoklastischen Horrorthrillers hundertprozentig gerecht zu werden.« (Annette Kilzer, TIP 25/97)

UM MITTERNACHT

(LONDON AFTER MIDNIGHT). USA 1927. **R:** *Tod Browning.* **B:** *Tod Browning, Waldemar Young.* **V:** *Tod Browning.* **K:** *Merrit B. Gerstad.* **D:** *Lon Chaney (Inspektor Edmund Berke/Colonel Yates/ Moody/Mann mit Biberfellmütze), Marceline Day (Lucille Balfour), Henry B. Walthall (Sir James Hamlin), Percy Williams (Butler), Conrad Nagel (Arthur Hibbs), Polly Moran (Anne Smithson), Edna Tichenor (Lunetta), Claude King (Fremder), Jules Cowles (Gallagher), Andy MacLennan (Scotland Yard-Beamter). SW 75 Min. (Stummfilm).*
Obwohl in diesem Film einige nicht ganz menschlich wirkende Gestalten auftauchen (u.a. ein zähnefletschender Vampir), handelt es sich im Grunde um einen Kriminalfilm: Mit Hilfe maskierter Schauspieler, die nachts die Rolle von Blutsaugern spielen, macht ein gerissener Inspektor von Scotland Yard einen Mörder dingfest, der zuvor auf gerissene Weise den Eindruck hervorgerufen hat, sein Opfer sei einem Vampir in die Fänge geraten. Regisseur Tod Browning, der die Vorlage zu dieser finsteren Schauermär schrieb, inszenierte 1939 ein Ton-Remake des Stoffes unter dem Titel *Das Zeichen des Vam-*

Um Mitternacht

pirs. – »Tatsächlich sind *Um Mitternacht* und *Das Zeichen des Vampirs* im Grunde genommen identisch: Die Schwächen des Plots findet man in beiden, der Aufbau ist beinahe Szene für Szene der gleiche; beide Filme haben eine kurze Laufzeit ... Trotz all seiner Beschränkungen gehört der Film jedoch zu den besseren Browning-Thrillern, und die dynamische Persönlichkeit Chaneys – unter Verwendung einer Maske, die gleich nach der kam, die er in *Das Phantom der Oper* benutzt hatte – reichte sicherlich aus, um Aufmerksamkeit zu erregen.« (William K. Everson, CLASSICS OF THE HORROR FILM)

DIE UNAUSSPRECHLICHE SÜNDE

Anderer Titel für GRANDMOTHER'S HOUSE

UNBORN – KIND DES SATANS

(THE UNBORN). USA 1991. **R:** *Rodman Flender.* **B:** *Henry Dominic.* **K:** *Wally Pfister.* **M:** *Gary Numan, Michael R. Smith.* **D:** *Brooke Adams (Virginia Marshall), Jeff Hayenga (Brad Marshall), James Karen (Dr. Richard Meyerling), K. Callan (Martha Wellington), Jane Cameron (Beth Sanders), Jonathan Emerson (Mark Robinson), Angelina Estrada (Isabel), Kathy Griffin (Connie), Daryl Haney (Polizist), Wendy Kamenoff (Gloria), Janice Kent (Cindy), Lisa Koudrow (Louisa), Rick Podell (Chuck Martinez), Matt Roe (Jeff), Laura Stockman (Janet Robinson), Brad Blaisdell, Rick Dean. F 81 Min.*

Ein Genetikserum, das der verrückte Wissenschaftler Dr. Meyerling ihr heimlich injiziert, macht die Schwangerschaft Virginia Marshalls zu einem Albtraum. Als man das Monstrum abtreiben will, das sie gebären soll, tötet es den Vater in spe. Virginia erschießt den Onkel Doktor und vernichtet sein Labor. Die schaurige Leibesfrucht verbleibt in ihrer Obhut. Stupide in Szene gesetzter Monsterquatsch. [V]

UNCLE SAM – I WANT YOU DEAD

(UNCLE SAM). USA 1996. **R:** *William Lustig.* **B:** *Larry Cohen.* **K:** *James A. Lebovitz.* **Ma:** *Debra-Lee Davidson.* **M:** *Mark Governor.* **D:** *Leslie Neale (Sally Baker), Bo Hopkins (Sgt. Twining), Timothy Bottoms (Crandell), Anne Tremko (Louise Harper), Matthew Flint (Phil), Tim Grimm (Ralph), P. J. Soles (Madge Cronin), Robert Forster (Cummings), David »Shark« Fralick (Sam Harper), Isaac Hayes (Jed Crowley), Thom McFadden (Mac Cronin), Christopher Ogden (Jody Baker). F 90 Min.*

Ex-Soldat, im Golfkrieg aktiv, kehrt nach seinem Tod als Zombie zurück, um in seinem Heimatstädtchen gegen Feinde der freiheitlich-demokratischen Grunzordnung (oder so) vorzugehen. [V]

UND DIE ALPTRÄUME GEHEN WEITER

(NIGHT GALLERY). USA 1969. **R:** *Boris Sagal, Steven Spielberg, Barry Shear.* **B:** *Rod Serling.* **K:** *Richard Batcheller, William Margulies.* **M:** *William Goldenberg.* **D:** *Rod Serling (Erzähler), Ozzie Davies (Osmond Portifoy), Roddy McDowall (Jeremy), George Macready (Hendricks), Barry Atwater (Carson), Richard Hale (Arzt), Tom Basham (Gibbons), Joan Crawford (Claudia Menlo), Barry Sullivan (Dr. Frank Heatherton), Tom Bosley (Sydney Resnick), Byron Morrow (Packer), Gary Goodrow (Louis), Shannon Farnon (Schwester), Richard Kiley (Joseph Strobel), Sam Jaffe (Blum), Norma Crane (Gretchen), George Murdock (Agent). F 94 Min.*

Episodenfilm: 1. Erbschleicherischer Neffe bringt auf tückische Weise wohlhabenden Onkel um und muss die Konsequenzen tragen. – 2. Boshafte blinde Großkapitalistin beraubt einen Menschen seiner Sehfähigkeit und muss die Konsequenzen tragen. – 3. Nazi-Verbrecher, nach Südamerika geflohen, fühlt sich verfolgt, sucht Zuflucht in einem Museum, entwickelt die Fähigkeit, sich in ein paradiesisches Gemälde zu versetzen und muss, nachdem er wirklich von einem seiner Opfer erkannt wird, die Konsequenzen tragen. – Pilotfilm der US-Fernsehserie »Night Gallery«. Rod Serling, der Macher, tritt in der Rahmenhandlung auf. [V]

UND VOR LUST ZU STERBEN

(ET MOURIR DE PLAISIR). Frankreich/Italien 1960. **R:** *Roger Vadim.* **B:** *Roger Vadim, Roger Vaillant, Claude Brulé, Claude Martin.* **V:** *Erzählung »Carmilla, der weibliche Vampir« von J. Sheridan Le Fanu.* **K:** *Claude Renoir.* **M:** *Jean Prodomés.* **D:** *Mel Ferrer (Leopoldo de Karnstein), Elsa Martinelli (Georgia Monteverdi), Annette Vadim (Carmilla de Karnstein), Jacques-René Chauffard (Dr. Velan), Marc Allegret (Richter Monteverdi), Alberto Bonucci (Carlo Ruggieri), Serge Marquand (Giuseppe), Gabrielle Farinon (Lisa), Renato Speziali (Guido Naldo), Edythe Peters (Köchin), Gianni de Benedetto (Inspektor), Carmilla Stroyberg (Marthe), Nathalie de Foret (Marie). F 85 Min.*

1961, auf einem alten Landsitz bei Rom: Der Aristokrat Leopoldo de Karnstein bereitet mit seiner Verlobten Georgia Monteverdi einen Maskenball vor. Zugegen ist auch seine (heimlich in ihn verliebte) Cousine Carmilla, die sich fasziniert zeigt, als Leopoldo von der vampirischen Vergangenheit ihrer Familie erzählt. Von 200 Jahren, so geht die Legende, haben die in der Umgebung lebenden Bauern die Gräber der de Karnsteins geöffnet und die Toten gepfählt. Nur die hübsche Millarca sei ihnen entgangen, deren Grab man nicht gefunden hat. Auf dem Maskenball erscheint Carmilla in einem Gewand, das der legendären Millarca gehört haben soll. Als eine Explosion – hervorgerufen durch verschüttete Minen aus dem Krieg – die nahe Abtei zum Einsturz bringt, streift Carmilla dort in leicht benebeltem Zustand umher und stößt auf das plötzlich offene Grab Millarcas, die fortan auf geheimnisvolle Weise ihren Geist beherrscht. Bald findet man die Leiche eines Küchenmädchens, dessen Hals Bisswunden aufweist. Als Georgia sich an einer Dorne sticht, erregt der Anblick ihres blutenden Fingers Carmilla so sehr, dass sie einen leidenschaftlichen Annäherungsversuch macht und Georgia verschreckt. In der Nacht hat Georgia einen Albtraum: Millarca erscheint ihr und berichtet, sie habe Carmilla »getötet«. Als Georgia schreiend aus dem Schlaf erwacht, beugt sich Carmilla über sie. Sie flieht. Als sie an der Abtei vorbeikommt, wird dort gerade die Sprengung der restlichen Minen in Angriff genommen. Eine Druckwelle ergreift die junge Frau und wirft sie gegen eine Umzäunung. Ein spitzer Holzpfahl durchbohrt ihr Herz. – Mel Ferrer wirkt, als würde er lieber in einem anderen Film mitspielen, und Annette Vadim, von der eine Figur sagt, sie sähe im Schlaf aus wie ein Kind, benimmt sich auch so, wenn sie erwacht. – »Claude Renoir fotografierte sehr routiniert auf das schöne Bild hin, blieb aber selbst in den zahlreichen optischen Plagiaten ... mit seinen Einstellungen meist platt und konventionell. Die Geschichte vom Vampir, der nächtens aus Damenhälsen Blut entnimmt und photogen durch den aristokratischen Landsitz in der Campagna geistert, ist nur ein filmisches Nichts.« (USE, FILM-DIENST)

UND WIEDER IST FREITAG DER 13.

(FRIDAY THE 13TH, PART III). USA. 1982. **R:** *Steve Miner.* **B:** *Martin Kitrosser, Carol Watson.* **K:** *Gerald Feil.* **M:** *Harry Manfredini.* **D:** *Dana Kimmel (Chris Higgins), Richard Brooker (Jason Voorhees), Paul Kratka (Rick), Tracie Savage (Debbie), Jeffrey Rogers (Andy), Catherine Parks (Vera), Larry Zerner (Shelly), Rachel Howard (Chili), David Katims (Chuck), Nick Savage (Ali), Gloria Charles (Fox), Kevin O'Brien (Loco), Cherie Maugans (Edna), Steve Susskind (Harold), Perla Walter (Mrs. Sanchez), David Wiley (Abel), Steve Miner (Nachrichtensprecher), Gianni Standaart, Annie Gaybis, Terry Ballard, Terece McCorry, Charlie Messenger, Steve Daskawisz. F (3 D) 95 Min.*

Vorgeschichte: *Freitag der 13.* – Maskierter Irrer metzelt eine Gruppe junger Leute nieder, die an einem einsam gelegenen See Urlaub machen. Es gibt nur eine Überlebende. – Ein Ekelfilm aus der untersten Schublade, mit untalentierten Darstellern. – Die Fortsetzung: *Freitag der 13. – Das letzte Kapitel.* – »Everybody wants to makes movies, and my stupid brother, too.« (Orson Welles, 1941) AIDT

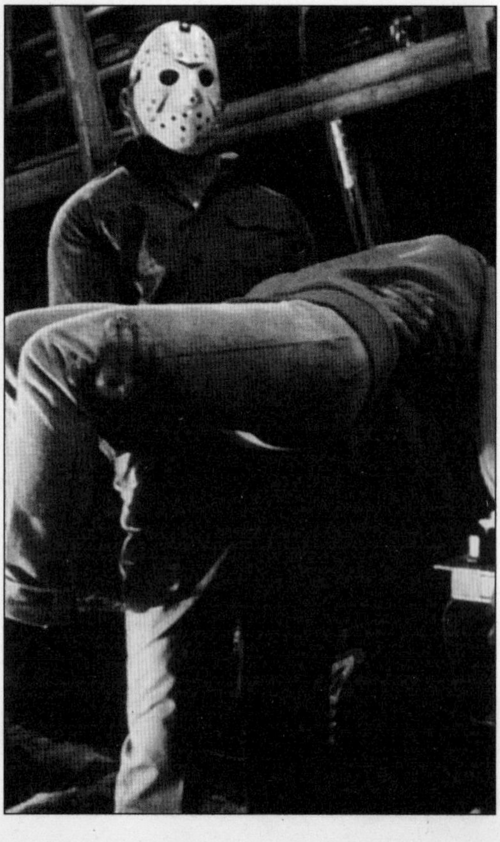

Und wieder ist Freitag der 13.

UNFORGETTABLE

(UNFORGETTABLE). USA 1995. **R:** *John Dahl.* **B:** *Bill Geddie.* **K:** *Jeffrey Jur.* **M:** *Christopher Young.* **D:** *Ray Liotta (Dr. David Krane), Linda Fiorentino (Dr. Martha Briggs), Peter Coyote (Don Bresler), Christopher McDonald (Stewart Gleick), David Paymer (Curtis Avery), Duncan Fraser (Michael Stratton), Caroline Elliott (Cara Krane), Colleen Rennison (Lindy Krane). F 93 Min.*

Mystery-Thriller aus der Dino De Laurentiis Factory: Um den Tod seiner Frau aufzuklären, spritzt sich ein Pathologe ein Serum, das Erinnerungen reinstallieren kann.

DAS UNGEHEUER AUF SCHLOSS BANTRY

(L'ULTIMA PREDA DEL VAMPIRO). Italien 1960. **R:** *Piero Regnoli.* **B:** *Piero Regnoli.* **K:** *Aldo Greci.* **M:** *Aldo Piga.* **D:** *Walter Brandi (Graf Gabor Kernassy), Lila Rocca (Vera), Alfredo Rizzo (Lucas), Marian Giovannini (Katja), Leonard Botta, Tilde Damiani, Erica Dicenta, Corinne Fontaine, Antoine Nicos, Marisa Quattrini. SW 80 Min.*

Revuetänzerinnen übernachten in einem alten Schloss, in dem ein Vampir umgeht. Ein Mädchen fällt ihm zum Opfer. Nach diversem Gerangel wird der Unhold vom Morgenlicht überrascht und zerfällt zu Staub. Es herrschen wieder Friede, Freude & Eierkuchen. Das Beste an diesem Substandard-Heuler ist eine eingebaute Striptease-Szene.

DAS UNGEHEUER VON LONDON CITY

BRD 1964. **R:** *Edwin Zbonek.* **B:** *Robert A. Stemmle, Bryan Edgar Wallace.* **K:** *Siegfried Hold.* **M:** *Martin Böttcher.* **D:** *Hansjörg Felmy (Richard Sand), Marianne Koch (Ann Morlay), Dietmar Schönherr (Dr. Morel Greely), Hans Nielsen (Dorne), Chariklia Baxevanos (Betty Ball), Fritz Tillmann (Sir George), Walter Pfeil (Horlick), Peer Schmidt (Teddy Flynn), Elsa Wagner (Haushälterin), Adelheid Hinz (Betsy), Gerda Blisse (Assistentin), Kai Fischer (Helen Capstick), Gudrun Schmidt (Evelyn Nichols). SW 89 Min.*

Jack the Ripper geht mal wieder um und meuchelt Londons Dirnenwelt. Wie immer tappt Scotland Yard nicht nur im Dunkeln, sondern hauptsächlich auf Abstellgleisen herum: Da verdächtigt man sofort einen Schauspieler, der die Rolle des Rippers Abend für Abend im »Edgar Allan Poe-Theater« spielt: Auch er führt nämlich, wenn er seine Bühnenpartnerinnen »erdolcht«, die Klinge von unten nach oben! Natürlich ist er's ebenso wenig wie sein böser Widersacher, der mit einem schwarzen Killer-Cape durch finstere Gassen schleicht. Ein ziemlich ungenießbarer Horror-Eintopf.

THE UNGODLY

(THE UNGODLY). USA 1989. **R:** *Raphael Nussbaum.* **B:** *Raphael Nussbaum, Bob Craft.* **K:** *Chuck Colwell.* **M:** *Gil Bottcher, John Baer.* **D:** *Robert Blarton (Rev. Johnson), Jean Miller (Isabelle Johnson), Bernice Tamara Gorr (Eve), Walter Kay (Mort), David Campbell (Cop). F 88 Min.*

Ein schräger TV-Prediger und seine Gattin kriechen in einer Villa unter, in der ein Monster haust und verdienen ihre Kohle mit Schwarzen Messen, bei denen ihr unheimlicher Untermieter Eindruck macht. Doch der Gattin reicht das Geld nicht – sie schließt einen Pakt mit Satan und will auch aus ihrem Mann einer Jünger machen, was diesen spontan ernüchtert. »Dieser miese, billig gemachte Film pendelt hoffnungs- und ziellos zwischen Ernst und Parodie hin und her, versandet letztendlich in genau jenem müden Witz, den er zu beschwören versucht. Masken und Effekte sind ziemlich lausig und unterstützen den unfreiwilligen Humor, der allzeit spürbar ist, bestens.« (Frank Trebbin, DIE ANGST SITZT NEBEN DIR: DAS LETZTE KAPITEL)

Das Ungeheuer auf Schloss Bantry

UNHEIMLICH

(A STRANGER IS WATCHING). USA 1982. **R:** *Sean S. Cunningham.* **B:** *Earl MacRauch, Victor Miller.* **K:** *Barry Abrams.* **M:** *Lalo Schifrin.* **D:** *Kate Mulgrew (Sharon Martin), Rip Torn (Artie Taggart), James Naughton (Steve Peterson), Barbara Baxley (Lally), Shawn von Schreiber (Julie Peterson), James Russo (Ronald Thompson), Stephen Joyce (Detective). F 88 Min.*

Der Psychopath Artie nimmt ein kleines Mädchen und eine Journalistin als Geiseln und tobt sich mit seinem Werkzeugkasten in der New Yorker U-Bahn aus. Hölzernes Agieren wohin man schaut; nur Rip Torn weiß als Bösmann zu überzeugen. [V]

DIE UNHEIMLICH VERRÜCKTE GEISTERSTUNDE

(CREEPSHOW). USA 1982. **R:** *George A. Romero.* **B:** *Stephen King.* **K:** *Michael Gornick.* **M:** *John Harrison.* **D:** *Carrie Nye (Sylvia Grantham), Viveca Lindfors (Bedelia), Stephen King (Jordy Verrill), Bingo O'Malley (Jordys Vater), Leslie Nielsen (Richard Vickers), Hal Holbrook (Henry Northrup), Fritz Weaver (Professor Dexter Stanley), Adrienne Barbeau (Wilma Northrup), E. G. Marshall (Upson Pratt), Jon Lormem (Nate Grantham), Elizabeth Regan (Cass Grantham), Ted Danson (Harry), Ed Harris (Hank), Ted Atkins (Stan), Robert Harper (Charlie), Joe King (Billy). F 94 Min.*

Episodenfilm im Stil der amerikanischen E.C. (wobei E für »Educational« steht) Comics, geschrieben von Stephen King. – 1. Ein längst verstorbener Haustyrann kehrt am Vatertag aus dem Grabe zurück, um sich ein Stück Kuchen zu sichern. – 2. Ein Agrarökonom, dessen Intelligenzquotient im reziproken Verhältnis zu den Dimensionen der von ihm geernteten Nachtschattengewächse steht (schön blöd verkörpert von Stephen King), stößt auf seinem Grund und Boden auf einen dortselbst niedergefallenen Meteoriten, der ihn und das ganze Land alsbald mit grünen Flechten überwuchert. – 3. Die Gattin eines Wissenschaftlers fällt dem Inhalt einer geheimnisvollen Kiste zum Opfer. – 4. Ein überzivilisierter Industrieller, der einen Riesenhorror vor Insekten aller Art hat, wird von einem Kakerlakenheer heimgesucht, was ihm recht geschieht, denn bis dahin hat er seine Untergebenen ebenso behandelt wie das Viehzeug, vor dem ihm graust. – Witzig, stellenweise gut gemacht, aber eigentlich nicht bedeutend. Ein Comic-Buch zum Film: Stephen King/Berni Wrightson: *Creep Show,* New York 1982

DAS UNHEIMLICHE AUGE

(LE FOTO DI GIOIA). Italien 1986. **R:** *Lamberto Bava.* **B:** *Lamberto Bava.* **K:** *Gianlorenzo Battaglia.* **M:** *Simon Boswell.* **D:** *Serena Grandi (Gloria), Daria Nicolodi (Evelyn), Vanni Corbellini (Tony), Katrine Michelson (Kim), Capucine (Flora), Sabrina Salerno (Sabrina), Karl Zinny (Mark), Lino Salemme, George Eastman. F 93 Min.*

Gloria, die Verlegerin des Sexmagazins »Pussycat«, wird von einem impotenten und psychopathischen Hirni bedroht, der ihre Models abschlachtet: Es ist der ihr in inzestuöser Liebe zugetane Bruder, ein Jet Set-Fotograf, der aufgrund eines Hirnschadens (?) in seinen Opfern schreckliche Ungeheuer sieht. [V]

UNHEIMLICHE BEGEGNUNG

(OF UNKNOWN ORIGIN). Kanada 1983. **R:** *George Pan Cosmatos.* **B:** *Brian Taggert.* **K:** *René Verzier.* **M:** *Ken Wannberg.* **D:** *Peter Weller (Bart Hughes), Jennifer Dale (Lorrie Wells), Lawrence Dane (Elliot Riverton), Kenneth Welsh (James Hall), Lou-*

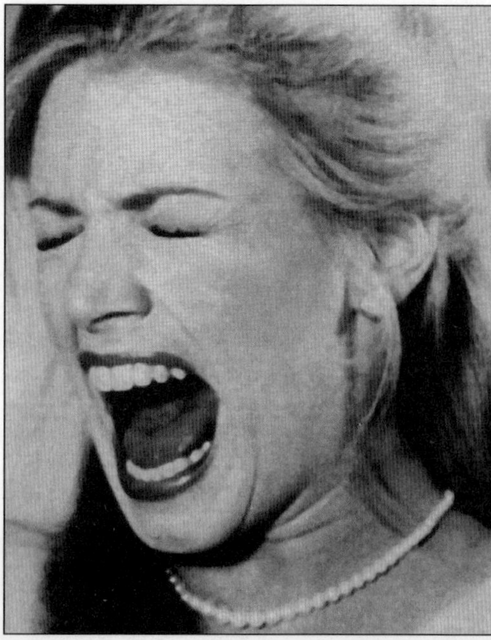

Unheimliche Begegnung

is Del Grande (Clete), Shannon Tweed (Meg Hughes), Keith Knight (Verkäufer), Maury Chaykin (Dan Errol), Leif Anderson (Peter Hughes). F (88) 85 Min.
Übers Wochenende allein daheim gebliebener Strohwitwer bekämpft eine überdimensionale Ratte und zerlegt sein Haus dabei in Einzelteile. Sehr witzig. [V]

DER UNHEIMLICHE BESUCHER

(THE NIGHT VISITOR). GB 1971. **R:** *Laszlo Benedek.* **B:** *Guy Elmes.* **K:** *Henning Christiansen.* **M:** *Henry Mancini.* **D:** *Max von Sydow (Salem), Trevor Howard (Inspektor), Per Oscarsson (Dr. Anton Jenks), Liv Ullman (Esther Jenks), Andrew Keir (Dr. Kemp), Rupert Davies (Clemmens), Gretchen Franklin (Frau Hansen), Arthur Hewlett (Pop), Jim Kennedy (Carl), Hanne Bark (Emmy), Lottie Freddie (Britt), Björn Watt (Tokens). F 105 Min.*
Salem, ein unschuldig in ein Heim für kriminelle Geisteskranke eingewiesener Säufer, findet eine Möglichkeit, seine Unterkunft nachts heimlich zu verlassen und rächt sich mit einer Axt blutig an seiner Familie. Der Tiefpunkt in der Karriere diverser ehemaliger Leinwandgrößen. Aber wie schon William Rotsler sagte: »If you're a writer, you gotta stay alive!«

DAS UNHEIMLICHE ERBE

(13 GHOSTS). USA 1960. **R:** *William Castle.* **B:** *Robb White.* **K:** *Joseph Biroc.* **M:** *Von Dexter.* **D:** *Donald Woods (Cyrus Zorba), Charles Herbert (Buck Zorba), Jo Morrow (Medea Zorba), Rosemary de Camp (Hilda Zorba), Martin Milner (Ben Rush), Margaret Hamilton (Elaine Zacharides), John van Dreelen (E. van Allen). F 84 Min.*
Mr. Zorba, von Beruf Paläontologe mit kleinem Salär, erbt von seinem Onkel, einem Freund okkulter Wissenschaften, ein Haus, in das er mit Frau und Kindern einzieht. Onkels Haushälterin, eine Art Hexe, warnt sie sofort: Das Gemäuer werde von einem Dutzend Gespenstern bewohnt. Selbige machen sich bald kreischend, stöhnend, rappelnd und Geschirr zertöppernd bemerkbar – sehr zur Freude des schurkischen Anwalts Rush, der die Zorbas gern vergraulen möchte, denn er weiß, der Erblasser hat in seinem Heim ein Riesenvermögen versteckt. Sein Plan geht jedoch schief, denn dank der spiritistisch begabten Haushälterin kann Onkelchen (inzwischen Geist Nr. 13) seine Verwandten warnen. Rush kriegt das ihm zustehende Fett, die Familie Zorba den Schatz. – Gimmick-Meister William Castle versuchte die schlaffe Story interessanter zu machen, indem er an die Kinobesucher so genannte »Geister-Guckis« verteilen ließ, die sich als simple 3 D-Brillen erwiesen und die »Geister« plastischer erscheinen lassen sollten. Ein Aufpep-Versuch, der sich nicht auszahlte. »Es wäre besser«, meinte Howard Thompson (stellvertretend für viele andere Stimmen) in der NEW YORK TIMES, »Mr. Castle würde seinen Gimmick-Quatsch vergessen und uns mal eine wirklich packende Story vorsetzen.«

DER UNHEIMLICHE GAST

(THE UNINVITED). USA 1944. **R:** *Lewis Allen.* **B:** *Dodie Smith, Frank Partos.* **V:** *»Uneasy Freehold« (1941) bzw. »The Uninvited« (1942) von Dorothy Macardle.* **K:** *Charles Lang, Farciot Edouard.* **M:** *Victor Young.* **D:** *Ray Milland (Patrick Fitzgerald), Ruth Hussey (Pamela Fitzgerald), Gail Russell (Stella Meredith), Alan Napier (Dr. Scott), Cornelia Otis Skinner (Miss Holloway), Donald Crisp (Captain Beech), Barbara Everest (Lizzie Flynn), Dorothy Stickness (Miss Birk), Jessica Newcombe (Miss Ellis), Elizabeth Simpson, Queenie Leonard, George Kirby, David Clyde, Leyland Hodgson, Moyne Macgill. SW 95 Min.*
Der Komponist Rick und seine Schwester Pamela erwerben an der malerischen Küste New Englands ein Traumhaus – zu einem Spottpreis. Sie erfahren jedoch sehr bald, warum kein anderer für das Schnäppchen zu begeistern war: Ein Geist geht nämlich dort um, und er verunsichert sogar Fifi so sehr, dass er sich nicht mehr die Treppe hinauf wagt. Mit Unterstützung eines talentierten Mädchens wird der unheimliche Gast schließlich entlarvt und in die Verbannung geschickt. Das ist zwar alles nett und schön gemacht und hat sogar hin und wieder ein paar schaurig-schöne Aufnahmen zu bieten, täuscht aber nicht darüber hinweg, dass von Geistern besessene Häuser, zumal wenn ihre Besitzer noch Prince Charming spielen, hoffnungslos *old-fashioned* sind. Und außerdem: Das hat man schon zu oft gesehen; manchmal sogar besser.

UNHEIMLICHE GESCHICHTEN

Deutschland 1919. **R:** *Richard Oswald.* **B:** *Robert Liebmann, Richard Oswald.* **LV/St:** *Selma Haine, Edgar Allan Poe, Robert Liebmann, Robert Louis Stevenson, Richard Oswald.* **K:** *Carl Hoffmann.* **D:**

Anita Berber, Reinhold Schünzel, Conrad Veidt, Hugo Döblin, Paul Morgan, Georg John. SW 70 Min. (Stummfilm).
Fünf makabre Episoden, teilweise nach Originalstoffen gedreht. – 1. »Grausige Nacht«: Ein Mann und eine Frau nächtigen in einem Hotel. Tags darauf ist die Frau spurlos verschwunden – ein Opfer der Pest. – 2. »Die schwarze Katze«: Ein versoffener Mörder entledigt sich seiner Frau, indem er sie im Keller seines Hauses lebendig einmauert – versehentlich aber auch ihre Katze, deren Miauen die Polizei auf die richtige Spur bringt. – 3. »Die Hand«: Ein Mörder wird vom Geist seines Opfers heimgesucht und schließlich getötet. – 4. »Der Selbstmörderklub«: Ein Polizist lässt eine gespenstische Vereinigung auffliegen. – 5. »Unheimliche Geschichte«: Ein rätselhafter Nebenbuhler treibt einen müden Ehemann dazu, sich intensiver um seine Gattin zu kümmern. – 1932 inszenierte Richard Oswald einen Film gleichen Titels, dem jedoch nur (neben anderen Motiven) zwei der obigen Episoden zugrunde liegen.

UNHEIMLICHE GESCHICHTEN

Deutschland 1932. **R:** *Richard Oswald.* **B:** *Heinz Goldberg, Eugen Szatmari.* **V:** *Edgar Allan Poe, Robert Louis Stevenson.* **K:** *Heinrich Gärtner.* **M:** *Rolf Marbot, Bert Reisfeld.* **D:** *Paul Wegener (Mörder), Harald Paulsen (Frank Briggs), Roma Bahn, Mary Parker, Paul Henckels, Eugen Klöpfer, John Gottowt, Maria Koppenhöfer, Blandine Ebinger, Gerhard Bienert, Viktor de Kowa, Erwin Kaiser, Ilse Fürstenberg. SW 89 Min.*
Dieser Film vereint Motive aus den Erzählungen »Die schwarze Katze« (1843), »Die Methode Dr. Ther und Prof. Feders« (1845) von Edgar Allan Poe und »Der Selbstmörderklub« (1895) von Robert Louis Stevenson. – Ein wahnsinniger Wissenschaftler, der sich von der Katze seiner Gattin gestört fühlt, will selbige erschlagen, tötet jedoch versehentlich seine Frau und flieht, da ein Journalist den Lärm gehört hat, vor der Polizei in ein Wachsfigurenkabinett. Der nachspürende Journalist wird dortselbst beinahe geköpft. Irrsinn vortäuschend, lässt sich der Wissenschaftler in eine Klinik einweisen; der Journalist erkennt, dass selbige nicht vom Personal, sondern von den Patienten beherrscht wird. Als er der Einladung eines mysteriösen »Selbstmörderklubs« folgt, begrüßt man ihn dort als nächsten »freiwilligen« Todeskandidaten. Der Journalist lässt die Vereinigung auffliegen und stößt später im Wachsfigurenkabinett auf das Ebenbild des wahnsinnigen Wissenschaftlers. – »Eine höchst unterhaltsame Sache.« (Phil Hardy, THE AURUM FILM ENCYCLOPEDIA: SCIENCE FICTION) – »Heute nicht mehr genießbar.« (FILMDIENST)

DIE UNHEIMLICHE HERBERGE

(L'AUBERGE ROUGE). Frankreich 1951. **R:** *Claude Autant-Lara.* **B:** *Jean Aurenche, Pierre Bout, Claude Autant-Lara.* **V:** *»Die rote Herberge« von Honoré de Balzac.* **K:** *André Bac.* **M:** *René Cloerec.* **D:** *Fernandel (Mönch), Françoise Rosay (Marie Martin), Marie-Claire Olivia (Olivia), Didier d'Yd (Ganou), Jacques Charon (Rodolphe), Julien Carette (Pierre Martin), Nane Germon (Elisa), Gregoire Aslan (Barbœufe), Luc Germain (Fétiche), Jean Roger Caussimon (Darwin), A. Viala (Marquise), Dalibert (Holzhauser). SW 95 Min.*
1833 steigt eine Reisegruppe in einem abgelegenen Gebirgsgasthof ab, deren Besitzer Mörder sind, die ihre Gäste ausrauben und umbringen. Zum Angelpunkt der Handlung wird ein gewitzter Mönch, dem die (religiöse) Dame des Hauses während der Beichte von ihren Verfehlungen berichtet, ohne jedoch in Zukunft davon ablassen zu wollen. Vom Beichtgeheimnis daran gehindert, die Reisenden zu warnen, zieht der Mönch alle Register seines Könnens, um seine Begleiter vor dem Tod zu schützen. – Eine spritzige Gruselkomödie.

DIE UNHEIMLICHE MACHT

(THE KEEP). GB 1983. **R:** *Michael Mann.* **B:** *Michael Mann.* **V:** *»Das Kastell« von F. Paul Wilson.* **K:** *Alex Thomson.* **SpE:** *Nick Allder.* **Ma:** *Nick Maley.* **M:** *Tangerine Dream.* **D:** *Scott Glenn (Glaeken Trismegestus), Alberta Watson (Eva), Jürgen Prochnow (Woermann), Robert Prosky (Pater Fonescu), Gabriel Byrne (Kempffer), Ian McKellen (Dr. Cuza), Morgan Sheppard (Alexandru), Royston Tickner (Tomescu), Michael Carter (Radu), Philip Joseph (Oster), John Vine (Lutz), Jona Jones (Otto), Wolf Kahler (SS-Mann), Rosalie Crutchley (Josefa), Frederick Warder, Bruce Payne (Grenzwachen), David Cardy (Alxandrus Sohn), Philip Bloomfield (Josefas Sohn), Yashar Adem (Carlos). F 96 Min.*
Zeit des Geschehens: Zweiter Weltkrieg. Ort des Geschehens: Irgendwo in den rumänischen Karpaten. Eine Wehrmachtseinheit erreicht ein kleines Bergdorf und nimmt eine uralte Festung

in Besitz, um sie als Hauptquartier zu verwenden. Natürlich kann der wackere Kommandeur Woermann nicht ahnen, dass das finstere Gemäuer eine zweifelhafte Vergangenheit hat. Doch dass wir es erfahren, dafür sorgen reichlich vorhandene Kreuze und der unvermeidliche alte Zausel, der sich dem Militär gegenüber nur in rätselhaftem Geschwafel äußert. Wie sich bald zeigt, wird die Festung seit undenklichen Zeiten von einer mysteriösen Entität bewohnt, die die Angewohnheit hat, Nazis, die sich zu weit in ihren Machtbereich vorwagen, aufzusaugen, um ihre blutigen Einzelteile anschließend wieder auszuspucken. (Dazu hat sie in dieser Geschichte reichlich Gelegenheit.) SS-Mann Kempffer, der auftaucht, um die sturen Dörfler Mores zu lehren und Woermann das Kommando zu entziehen, ist, obwohl von ungleich härterem Kaliber, auch nicht erfolgreich. Nicht mal der in Begleitung seiner Tochter Eva aus einem KZ herbeigeholte Dr. Cuza vermag die rätselhafte Entität zu befrieden. Erst der unheimliche Glaeken Trismegestus, dessen Augen immer geheimnisvoll aufleuchten, wenn er sich ärgert und der offenbar alles über die Bestie weiß (ohne es uns freilich zu verraten), stellt sich der Entität entgegen und offenbart, dass auch er im Besitze unheimlicher Kräfte ist. – Höllische Ungeheuer, die Nazis fressen: Eine an sich feine Idee wird hier (trotz guter Kameraführung und beeindruckend unheimlicher Bauten) gnadenlos in den Sand gesetzt. [V]

DER UNHEIMLICHE MR. SARDONICUS

(MR. SARDONICUS). USA 1961. **R:** *William Castle.* **B:** *Ray Russell.* **V:** *Erzählung »Sardonicus« von Ray Russell.* **K:** *Burnett Guffey.* **M:** *Von Dexter.* **D:** *Oscar Homolka (Krull), Ronald Lewis (Sir Robert Cargrave), Audrey Dalton (Maud), Guy Rolfe (Sardonicus), Vladimir Sokoloff (Sardonicus sen.), Erika Paters (Elenka), Lorna Hanson (Anna), James Forrest (Wainwright), Tina Woodward (Mädchen), Constance Cavendish (Mrs. Higgins), Mavis Neal (Oberschwester), Charles Hradilak (Stationsvorsteher), David Janti (Janku), Franz Roehn (Totengräber), Annalena Lund, Ilse Burkert (Mädchen), Albert d'Arno (Torwächter). SW 87 Min.*

Der englische Mediziner Cargrave wird von seiner alten Jugendliebe Maud nach Böhmen gebeten. Sie ist mit dem geheimnisvollen Baron Sardonicus verheiratet, einer stattlichen, jedoch stets maskierten Erscheinung, der um sich offenbar nur Menschen mit entstelltem Gesicht duldet. Cargrave, von Sardonicus' Tischgesprächen leicht verunsichert (er redet am liebsten über Grabschänder und Leichenfledderer), erfährt, warum man ihn eingeladen hat: Der Baron hat, angestachelt von seiner ersten Frau, als junger Mann das Grab seines frisch beerdigten Vaters geöffnet, weil sich in dessen Tasche ein Lotterielos befand, das ihm Millionen einbrachte. Der Anblick seines teuflisch grinsenden Erzeugers hat ihm jedoch einen so starken Schock versetzt, dass er an einem seelisch motivierten Muskelstarrkrampf (Risus sardonicus) leidet – sein Gesicht sieht wie ein diabolisch grinsender Totenschädel aus. Cargrave gibt sich alle Mühe, den Baron zu heilen, aber umsonst. Als Sardonicus erkennt, dass ihm nicht zu helfen ist, will er auch Maud zu einem entstellten Monstrum machen. Cargrave verfällt in seiner Verzweiflung auf einen riskanten Plan. Er erfindet ein »noch im Stadium der Entwicklung befindliches« Präparat (destilliertes Wasser) und versucht es mit einer Schocktherapie (dies im Jahre 1880!). Die Behandlung hat Erfolg: Sardonicus lässt Cargrave mit Maud ziehen. Kaum haben die beiden das Weite gesucht, schlägt der Muskelstarrkrampf wieder zu, und zwar so, dass der Baron die Zähne nicht mehr auseinander bekommt. Er muss elendig verhungern. – Trotz der zahlreichen Verrisse, die dieses William Castle-Produkt sich einhandelte, wird es jeden Zwölfjährigen vom Hocker hauen: Besonders in der Sequenz, in der Jung-Sardonicus sich als Grabräuber betätigt. Ansonsten: viel Nebel, viel Dunkelheit. Und ein dämonischer Oskar Homolka, der einem Dienstmädchen böse Dinge antut.

DER UNHEIMLICHE MÖNCH

BRD 1965. **R:** *Harald Reinl.* **B:** *J. Joachim Bartsch, Fred Denger.* **V:** *»Der unheimliche Mönch« von Edgar Wallace.* **K:** *Ernst W. Kalinke.* **M:** *Peter Thomas.* **D:** *Harald Leipnitz (Inspektor Bratt), Karin Dor (Gwendolyn), Eddi Arent (Smith), Ilse Steppat (Lady Patricia), Siegfried Lowitz (Sir Richard), Dieter Eppler (Sir William), Siegfried Schürenberg (Sir John), Rudolf Schündler (Alphonse Short), Hartmut Reck (Ronny), Kurd Pieritz (d'Arol), Kurt Waitzmann (Cunning), Uta Levka (Lola), Susanne Hsiao (Mai Ling), Dunja Rajter (Dolores), Uschi Glas (Mary), Erik Radolf (Diener). SW 86 Min.*

Geldgierige Verwandtschaft einer Millionenerbin versucht selbige auszuschalten, nachdem sie auf das Schloss ihrer Väter (inzwischen zum Internat umgebaut) zurückgekehrt ist. Sie wird jedoch von einem unheimlichen Mönch geschützt, der sich bei Nacht und Nebel in dem alten Gemäuer herumtreibt und sich schließlich als der Trottel entpuppt, der durch fast alle Edgar Wallace-Filme taumelt. Nebenbei ist er aber auch Chef einer Mädchenhändlerbande, der Frauen hasst (wohl deswegen, weil keine was an ihm finden kann). – »Regisseur Harald Reinl schuf mit *Der unheimliche Mönch* ein kleines Meisterwerk. Als gelungene Synthese von Kriminalfilm und Horrorfilm wird der Film den Anforderungen beider Genres gerecht. Exzellente Aufnahmetechnik und sorgfältige Ausstattung vervollkommnen das Vergnügen an den darstellerischen Leistungen, die bis in die kleinsten Nebenrollen geboten wurden.« (Florian Pauer, DIE EDGAR WALLACE-FILME). Eddi Arent darf zum ersten Mal den Mörder mimen. Eine Art Remake ist *Der Mönch mit der Peitsche* (BRD 1967; Regie: Alfred Vohrer).

UNHEIMLICHE SCHATTENLICHTER

(TWILIGHT ZONE – THE MOVIE). USA 1983. **R:** *John Landis, Steven Spielberg, Joe Dante, George Miller.* **B:** *John Landis, George Clayton Johnson, Richard Matheson, Josh Rogan.* **LV/St:** *John Landis, George Clayton Johnson, Rod Serling, Richard Matheson.* **K:** *Steven Larner, Allan Daviau, John Hora.* **M:** *Jerry Goldsmith.* **D:** *Dan Aykroyd (Passagier), Albert Brooks (Fahrer), Vic Morrow (Bill Connor), Doug McGrath (Larry), Scatman Crothers (Bloom), Bill Quinn (Conroy), Kathleen Quinlan (Helen Foley), Jeremy Light (Anthony), Kevin McCarthy (Walt), John Lithgow (John Valentine), Sue Dugan, Debby Porter, Martin Garner, Selma Diamond, Patricia Barry, William Schallert, Abbe Lane, Donna Dixon, Dennis Johnston. F 101 Min.*

Episodenfilm, der zu drei Vierteln auf der US-TV-Serie »The Twilight Zone« (CBS-TV 1959–1964; insgesamt 151 Folgen) basiert. – 1. Ein Rassist, der sich in einer Kneipe über Juden, Asiaten und Schwarze ereifert, findet sich plötzlich im von den Nazis besetzten Paris des Jahres 1941 wieder, gerät in den Verdacht, Jude zu sein und wird zum nächsten KZ transportiert. Auf der Flucht findet er sich 1950 in den USA wieder, wo ihn fanatische Ku-Klux Klan-Anhänger für einen Schwarzen halten und abermals jagen. Dabei gerät er in die sechziger Jahre und den Dschungel Vietnams, wo ihn US-Ledernacken aufs Korn nehmen, denn für sie ist er bloß ein »Gook«. (Dies ist die einzige Originalepisode; die folgenden sind, wenn auch stellenweise veränderte, Remakes der ursprünglichen TV-Folgen). – 2. Ein Junge, der von der TV- und Comic-Welt völlig besessen ist, verfügt über magische Kräfte, die es ihm u.a. ermöglichen, seiner – für seine Begriffe – zu redseligen Schwester den Mund zuwachsen zu lassen. – 3. Ein alter Mann besucht die dumpf dahinbrütenden Insassen eines Altersheims und rät ihnen, sich auf ihre Kindheit zu besinnen und mal wieder mit Blechbüchsen zu spielen. Man hört auf ihn – mit überragendem Erfolg: Die alten Leute werden körperlich jünger. – 4. Ein Flugpassagier, der zufällig aus dem Fenster schaut, sieht auf der Tragfläche der Maschine ein abscheuliches Ungeheuer, das im Begriff ist, mit diabolischem Vergnügen eine Düse zu demolieren. Der Reisende gerät in Panik, aber all seine Versuche, Stewardessen und andere Passagiere auf das Phänomen aufmerksam zu machen, erweisen sich als fruchtlos. Man hält ihn für einen Verrückten, und zu einem solchen wird er fast auch – bis die Maschine sich dem Flughafen nähert und der böse Spuk ein Ende nimmt. – »Dieser brillant gefilmte Horrortrip lohnt schon allein den Besuch der *Unheimlichen Schattenlichter.*« (Lina Schneider, DIE ZEIT) Das Buch zum Film:

Unheimliche Schattenlichter

Robert Bloch, *Unheimliche Schattenlichter*, Bergisch Gladbach 1983

DER UNHEIMLICHE UNTERMIETER

(THE MAN IN THE ATTIC). USA 1953. **R:** *Hugo Fregonese.* **B:** *Barré Lyndon, Robert Presnell.* **V:** *»Der sanfte Untermieter« von Marie Belloc Lowndes.* **K:** *Leo Tover.* **M:** *Lionel Newman.* **D:** *Jack Palance (Slade), Constance Smith (Lily Bonner), Frances Bavier (Helen Harley), Rhys Williams (William Harley), Lillian Bond (Annie Rowley), Isabell Jewell (Kathy), Lisa Daniels (Mary Lenithan), Byron Palmen (Paul Warwick), Tita Phillips (Daisy), Harry Cording, Leslie Bradley, Lester Mathews, Sean McClory. SW 80 Min.*

London, 1888: Jack the Ripper geht um, ein Mann, der sich für einen radikalen Ethiker hält und deshalb alles Böse und Verwerfliche (die gefühllos kalte Mama, seine leicht geschürzte Tänzer-Freundin und diverse andere) ausmerzen zu müssen glaubt. Tagsüber als Mediziner an der Universität von London beschäftigt, zieht er nachts zum Morden aus. Wir wissen zwar nicht genau, nach welchem Tarif britische Akademiker gegen Ende des letzten Jahrhunderts für ihre Arbeit entlohnt wurden, dass sie aber in Dachstübchen wohnten, erscheint uns relativ unwahrscheinlich. – Dennoch ganz schön spannend!

DIE UNHEIMLICHEN HÄNDE DES DR. ORLAK

(HANDS OF ORLAC). GB 1960. **R:** *Edmond T. Greville.* **B:** *John Baines, Edmond T. Greville.* **V:** *»Orlaks Hände« von Maurice Renard.* **K:** *Desmond Dickinson.* **M:** *Claude Bolling.* **D:** *Mel Ferrer (Dr. Steven Orlak), Lucille Saint-Simon (Louise), Danny Carrel (Li Lang), Christopher Lee (Nero), Felix Aylmer (Dr. Cochrane), Basil Sydney (Seidelman), Peter Reynolds (Felix), Campbell Singer (Inspektor Henderson), Sir Donald Wolfit (Professor Volcheff), Donald Pleasence (Coates), Mireille Perrey (Mme. Aliberti). SW 95 Min.*

Nach einem Flugzeugunglück werden die halb verbrannten Hände des berühmten Pianisten Orlak durch Hautübertragungen von einem gerade hingerichteten Mörder, des sog. Würgers, gerettet. Der sensible Künstler erliegt alsbald der fixen Idee, man habe ihm mit den abgehackten Händen des Verbrechers auch dessen kriminelle Neigungen »anoperiert«. Da er eine solche Schmach nicht ertragen kann, flieht er vor seiner Braut. In Marseille gerät er an einen schmierigen Illusionisten, der ihn mit Hilfe seiner Assistentin erpressen will. Der Plan misslingt. Die Gehilfin geht zur Polizei und packt aus. Der Artist rächt sich an ihr und wandert wegen Mordes hinter schwedische Gardinen. Auch Orlak kann aufatmen, hat man doch glücklicherweise damals mittels Justizirrtum den Falschen hingerichtet! Orlak kann in den Schoß der Familie und in die Konzertsäle zurückkehren. Schwächliche Neuverfilmung des Romans »Orlacs Hände« (1920) von Maurice Renard. In keiner Phase auch nur annähernd so gut wie die große Stummfilmversion *Orlacs Hände* (Österreich 1924) und die noch bessere Hollywoodproduktion *Mad Love* (1935).

DIE UNHEIMLICHEN WÜNSCHE

Deutschland 1939. **R:** *Heinz Hilpert.* **B:** *Curt Heuser.* **V:** *»Das Chagrinleder« von Honoré de Balzac.* **K:** *Richard Angst.* **M:** *Wolfgang Zeller.* **D:** *Hans Holt (Rafael von Valentin), Olga Tschechowa (Feodora), Käthe Gold (Pauline), Ewald Balser (Pertignac), Heinrich Troxbömker (Jonathan), Franz Pfaudler (Navarreins), Paul Dahlke (Canais), Aribert Wäscher (Vignon), Oskar Schättiger (Emile), Axel von Ambesser (Jouet), Armin Schweizer (Cordot), Elisabeth Flickenschildt (Blanchette), Ellinor Hamsun (Loucy), Eva Sommer (Euphrosyne), Friedrich Maurer (Invalide), Wolfgang Dohnberg (Navarreins' Diener), S. O. Schoening (Auktionator). SW 98 Min.*

»Rafael von Valentin, ein junger Adliger, befindet sich gerade in dem Augenblick, wo er ins Le-

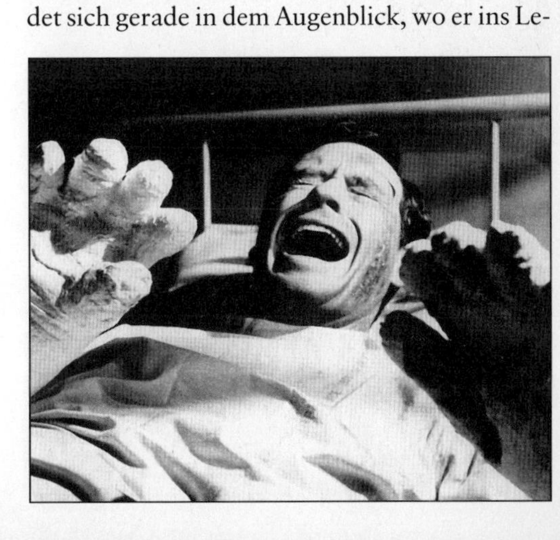

Die unheimlichen Hände des Dr. Orlak

ben treten will, in einer sehr schwierigen Vermögenslage. Sein Hab und Gut wird verauktioniert. Unter den Resten seines Besitzes findet sich eine Tierhaut, die, wie er von seinem Freund Pertignac erfährt, die magische Kraft hat, Wünsche zu erfüllen. Die chinesische Inschrift auf der Haut besagt: ›Wenn du mich besitzt, besitzt du alles. Wünsche – und deine Wünsche werden erfüllt. Aber mit jeder Erfüllung nehme ich ab – wie deine Tage. Das ist das Geheimnis der Erfüllung.‹ Rafael von Valentin, eingeführt in die Geheimnisse der Magie dieses seines letzten Besitzes, wünscht sich, was wir uns alle wünschen: Liebe, Macht, Reichtum und Herrschaft über alle Menschen in seiner Umgebung. – Alles, was er sich wünscht, erhält er, ohne dass er selbst etwas dazutut. Sein Leben verflacht und verfällt durch die Erfüllung dieser Wünsche.« (ILLUSTRIERTER FILMKURIER). Einem Mädchen namens Pauline gelingt es, Rafael vom bösen Einfluss der magischen Haut zu befreien; mit ihr zusammen beginnt er ein neues Leben. Und das wurde auch höchste Zeit, denn mit zunehmender Wunscherfüllung hat auch sein Alter zugenommen. – »Aus dem zart besaiteten Klavierspieler, der zu Anfang erklärt, Kämpfen sei nicht seine Sache, muss erst der todtraurig einsame, menschlich enttäuschte Fürst dem Nacht werden, bevor er demütig zu Gott und hausbackener Scherenschnitt-Moral zurückfindet und durch [einen] Ballonaufstieg als Initiationsritus ins reife Mannestum eintritt, das graue Schläfen signalisieren.« (Kraft Wetzel/Peter Hagemann, LIEBE, TOD UND TECHNIK)

UNHOLY – DÄMONEN DER FINSTERNIS

(THE UNHOLY). USA 1987. **R:** *Camilo Vila.* **B:** *Philip Yordan, Fernando Fonseca.* **K:** *Henry Vargas.* **SpE:** *Bob Kean, Michael Novotny.* **M:** *Roger Bellon.* **D:** *Ben Cross (Pater Michael), Ned Beatty (Lt. Stern), William Russ (Luke), Jill Carroll (Millie), Hal Holbrook (Erzbischof Mosely), Trevor Howard (Pater Silva), Peter Frechette (Claude), Claudia Robinson (Teresa), Norma Donaldson (Abby), Ruben Rabasa (Pater Dennis). F 102 (98) Min.*

Im Auftrag seines Erzbischofs forscht Pater Michael in der Gemeinde Saint Agnes nach den Mördern zweier Geistlicher. Er findet heraus, dass dämonische Kräfte hinter der Sache stekken. Die altbekannte Geschichte vom wackeren Exorzisten in einem weniger actionbetonten Neuaufguss. [V]

UNINVITED

(THE UNINVITED). USA 1988. **R:** *Greydon Clark.* **B:** *Greydon Clark.* **K:** *Nicholas von Sternberg.* **M:** *Dan Slider.* **D:** *George Kennedy (Mike Harvey), Alex Cord (Walter Graham), Clu Gulager (Albert), Toni Hudson (Rachel), Eric Larson (Martin), Clare Carey (Bobbie), Rob Estes (Corey), Shari Shattuck (Suzanne), Beau Dremann, Austin Stoker. F 89 Min.*

Auf einer Luxusjacht testet eine aus einem Labor entwischte Katze, in der eine dämonische Kraft nistet (sie hat große Ähnlichkeit mit den Monstern aus der Sesamstraße), ihre übernatürlichen Fähigkeiten an korrupten Bonzen und Killern. Natürlich überleben nur die Sympathischsten. AIDT [V]

THE UNNAMABLE

(THE UNNAMABLE RETURNS). USA 1992. **R:** *Jean-Paul Ouelette.* **B:** *Jean-Paul Ouelette.* **V:** *»Die Aussage des of Randolph Carter« und »Das Unnennbare« von H. P. Lovecraft.* **SpE:** *R. Christopher Biggs, Boom Boom Bruno, Milo's EFX.* **Ma:** *Sashana Kaplan.* **K:** *Greg Gardiner, Roger Olkowski.* **M:** *David Bergeaud.* **D:** *Mark Kinsey Stephenson (Randolph Carter), Charles Klausmeyer (Eliot Damon Howard), Maria Ford (Alyda Winthrop), John Rhys-Davies (Professor Warren), Julie Strain (Geschöpf), Peter Breck (Sheriff Hatch), David Warner (Thayer), Shawn T. Lim (Robert Barger), Siobhan McCafferty (Debbie Lesh), Richard Domeier (Malcolm Bainbridge), Brad Blaisdell (Ben Lesh), Kevin Alber (Jack Herman), Bryan Clark (Professor Thurber), Mike Gordon (Joshua Winthrop), Chuck Butto (Joe*

The Unnamable

Choate), Harper Roisman (Doc Evans), August West, Kit Fredericks. F 99 Min.
Vorgeschichte: *The White Monster.* – Der Student Randolph Carter und sein Professor stoßen in ein unheimliches Gewölbe vor, um eine junge Frau, die ein Hexenmeister des 17. Jahrhunderts bei einem Experiment mit einem Dämon verschmolzen hat, aufzustöbern und die Seelen beider Wesen voneinander zu trennen. Doch kann das Gute nicht ohne seine böse Hälfte leben.

UNSEEN – DAS UNSICHTBARE BÖSE

(THE UNSEEN). USA 1981. **R:** *Peter Foleg.* **B:** *Michael L. Grace.* **K:** *Roberto Quezada.* **M:** *Michael J. Lewis.* **D:** *Barbara Bach (Jennifer Fast), Sydney Lassick (Ernest Keller), Stephen Furst (Junior), Lelia Goldoni (Virginia Keller), Karen Lamm (Karen), Doug Barr (Tony), Lois Young (Vicki). F 89 Min.*
Geistig zurückgebliebenes Produkt einer inzestuösen Beziehung lebt wie Kaspar Hauser im Keller eines einsamen Landhauses und versetzt ein weibliches TV-Team in Angst und Schrecken. [V]

DAS UNSICHTBARE AUGE

(SOMEONE IS WATCHING ME). USA 1978. **R:** *John Carpenter.* **B:** *John Carpenter.* **K:** *Robert Hauser.* **M:** *Harry Sukman.* **D:** *Lauren Hutton (Leigh Michaels), David Birney (Paul Winkless), Adrienne Barbeau (Sophie), Grainger Haines (Steve), George Cyphers (Detective Hunt), George Skaff (Telefonist), Len Lesser, John Mahon, Angus Kornpuck, Chino Rivera, James Murtaugh. F (120) 93 Min.*
TV-Film. Die blendend aussehende Journalistin Leigh Michaels beginnt einen neuen Job bei einem Fernsehsender in Los Angeles. Sie findet eine bestens ausgestattete Wohnung in einem riesigen Mietsilo. Kaum ist sie eingezogen, erhält sie bedrohliche Anrufe eines Unbekannten, der offenbar im Haus gegenüber wohnt und sie beobachten kann. Leigh ist entsetzt, versucht den Spanner jedoch aus ihrem Bewusstsein zu verdrängen. Der Mann lässt sich jedoch nicht abschütteln. Er scheint bestens über jeden ihrer Schritte informiert zu sein. Als Leigh überraschend eine Reise gewinnt (von einer Firma, die, wie sich herausstellt, gar nicht existiert) und eines Tages in ihrer Schreibmaschine einen Brief findet, in dem sie ihren »Selbstmord« begründet, packt sie das Entsetzen: Der Unbekannte hat Zugang zu ihrer Wohnung! Zusammen mit dem Philosophiedozenten Paul, den sie eines Abends kennen lernt, versucht sie dem anonymen Sadisten auf die Spur zu kommen. – Ein Psycho-Thriller, der es in sich hat, wobei sich der Täter zur Abwechslung mal nicht als Bekannter entpuppt. Schwungvoll fürs Fernsehen in Szene gesetzt von John Carpenter, der auch das Originaldrehbuch verfasste.

UNSICHTBARE DÄMONEN – DRACULAS EROTISCHE ABENTEUER

(NOCTURNA, GRANDDAUGHTER OF DRACULA). USA 1979. **R:** *Harry Tampa* **B:** *Harry Tampa.* **K:** *Mac Ahlberg.* **M:** *Reid Whitelaw, Norman Bergen.* **D:** *Nai Bonet (Nocturna), John Carradine (Graf Dracula), Yvonne De Carlo (Jugulia), Tony Hamilton (Jimmy), Bruder Theodore (Theodore), Sy Richardson (R. H. Factor), Monica Tidwell (Brenda), Adam Keefe (BSA-Präsident), Thomas Ryan (Polizist), Pierre Epstein (John), Ron Toler (Taxifahrer), Tony Sanchez (Opfer), Alfred M. Ottenheimer (Dr. Bernstein), Frank Irrizarry (Discjockey), William H. Jones (Moment der Wahrheit), John Blyth Barrymore, Toby Handman, Shelly Wyant, Angelo Wignari (BSA-Mitglieder), Marcus Anthony, Irwin Keyes (Transsylvanier), Al Sapienza, Jerry Snoka, A. C. Weary (Musiker). F 78 Min.*
Im Hause des Grafen Dracula sind harte Zeiten angebrochen: Die Grundsteuer zwingt die Vam-

Das unsichtbare Auge

pirsippe, aus ihrem Schloss ein Hotel namens »Transsylvania« zu machen. Nocturna, des Grafen Enkelin, engagiert zur Unterhaltung der Gäste eine Band, verliebt sich in den Musiker Jimmy und stellt allmählich fest, dass ihre Liebe sie verwandelt: Sie kann sogar ihr Spiegelbild sehen. Als sie Jimmy nach New York zum nächsten Auftritt folgt, hetzt Opa Dracula ihr nach, aber Jimmy kann ihn mit einem Neon-T, das er als Kreuz benutzt, in die Flucht schlagen. Frustriert verlässt Dracula in Gestalt einer Fledermaus das Land der (für ihn) begrenzten Möglichkeiten. Jimmy und Nocturna erwarten den Sonnenaufgang. Wird er die zuckersüße Enkelin des Obervampirs vernichten? – Dracula im Disco-Sound! Wer hatte das für möglich gehalten? Immerhin hat dieses Filmchen, in dem der FILMDIENST »ein dümmliches, eilig heruntergekurbeltes Produkt« ausmacht, eine herrliche Szene: Old Dracula in seinem Sarg, und sein Gebiss daneben, in einem Wasserglas.

DER UNSICHTBARE DRITTE

(NORTH BY NORTHWEST). USA 1959. **R:** *Alfred Hitchcock.* **B:** *Ernest Lehman.* **K:** *Robert Burks.* **M:** *Bernard Herrmann.* **D:** *Cary Grant (Roger Thornhill), Eva Marie Saint (Eve Kendall), James Mason (Philipp Vandamm), Jessie Royce Landis (Clara Thornhill), Leo G. Carroll (Professor), Philip Ober (Lester Townsend), Josephine Hutchinson (»Mrs. Townsend«), Martin Landau (Leonard), Adam Williams (Valerian), Edward Platt (Victor Larabee), Robert Ellenstein (Licht), Les Tremayne (Auktionator), Philip Cooligde (Dr. Cross), Edward Binns (Captain Junket), Pat McVey, Ken Lynch (Polizisten in Chicago), John Beradino (Emile Klinger), Nora Marlowe (Anna). F 136 Min.*

Roger Thornhill, erfolgreicher Werbefachmann, zweifach geschieden (seine Frauen wollten sein langweiliges Leben nicht teilen), wird eines Nachts stockbetrunken am Lenkrad eines Autos aufgefunden. Die Polizei kann die unglaubliche Geschichte, die er auftischt, kaum glauben: Er sei aus seinem New Yorker Hotel entführt worden, weil ihn irgendwelche Agenten für »Mr. Kaplan« hielten. Die Ermittlungen verlaufen im Sande. Die Lage spitzt sich zu, als ein geschickt ausgeführtes Verbrechen Thornhill zum Mörder einer angesehenen Persönlichkeit stempelt. Mit der Langeweile in Thornhills Leben ist es endgültig vorbei. Es hilft nur die Flucht und die Suche nach Mr. Kaplan. Der soll sich in Chicago aufhalten. Der Zuschauer erfährt, dass Kaplan ein nicht-existenter Spion ist, erfunden, um einen echten Agenten zu decken. Im Interesse der Staatsräson unternimmt die Obrigkeit nichts zum Schutze Thornhills, der, auf sich allein gestellt, seine wahre Identität beweisen muss. Im Schlafwagen des Zuges nach Chicago trifft Thornhill die auffallend attraktive Eve Kendall, die es versteht, die Polizei auf eine falsche Fährte zu locken. Als sie Chicago erreichen, arrangiert sie ein Treffen mit Mr. Kaplan. Weit vor den Toren der Stadt, an einer einsamen Bushaltestelle, wartet Thornhill auf den Mann, der ihm seine Identität zurückgeben soll. Der Treffpunkt erweist sich als Falle: Ein Flugzeug, das Maisfelder bestäubt, attackiert Thornhill, der sich mit letzter Kraft retten kann. Das Flugzeug explodiert beim Aufprall auf einen Tanklastzug. Die Lage wird für Thornhill immer undurchsichtiger, bis man ihm mitteilt, dass Eve Kendall zwar Gespielin des Chefs des ausländischen Agentenrings sei, in Wirklichkeit aber für die Regierung arbeite. Thornhill müsse seine Rolle weiterspielen, sonst sei das Leben

Der unsichtbare Dritte

der Agentin in Gefahr. Er willigt ein, widersetzt sich jedoch der Absicht der Spionageabwehr, Eve zu Spionagezwecken dem Agenten-Chef mit auf die Reise nach Russland zu geben. Auf dem Mount Rushmore, den riesigen Präsidentenköpfen, kommt es zum Entscheidungskampf. Thornhill rettet sie, zieht sie mit einem Arm vom Abgrund zurück. Eine dritte langweilige Ehe bahnt sich an. – Die berühmteste Sequenz des Films – sieht man von der Schlusskletterei auf den Präsidentenköpfen ab – ist die, in der Thornhill von dem Doppeldecker angegriffen wird; Szenen, die alle bisherigen Spannungsgesetze des Films auf den Kopf stellten: »Ich wollte mich gegen die Schablone stellen«, erklärte Hitchcock. »Ein Mann kommt an einen Ort, wo er wahrscheinlich umgebracht wird. Wie wird das im Allgemeinen gemacht? Eine finstere Nacht an einer engen Kreuzung in einer Stadt. Das Opfer steht im Lichtkegel einer Laterne. Das Pflaster ist noch feucht vom letzten Regen. Großaufnahme einer schwarzen Katze, die eine Mauer entlangstreicht. Eine Einstellung von einem Fenster, hinter dem schemenhaft das Gesicht eines Mannes auftaucht, der nach draußen blickt. Langsam nähert sich die schwarze Limousine, usw. Ich habe mich gefragt, was das genaue Gegenteil einer solchen Szene wäre. Eine völlig verlassene Ebene in hellem Sonnenschein, keine Musik, keine schwarze Katze, kein geheimnisvolles Gesicht hinterm Fenster.« (Alfred Hitchcock in François Truffaut, MR. HITCHCOCK, WIE HABEN SIE DAS GEMACHT?) Insgesamt ein Thriller mit Witz über Hitchcocks Lieblingsthema: die »falsche Identität«; dazu politische Verkommenheit, sexuelle Erpressung und permanente Rollenspiele. »Ein wunderbar ausbalancierter Film.« (Donald Spoto, ALFRED HITCHCOCK) [V]

DER UNSICHTBARE SCHATTEN

(THE FULL TREATMENT). GB 1960. **R:** *Val Guest.* **B:** *Val Guest, Ronald Scott Thorn.* **V:** *»The Full Treatment« (1959) von Ronald Scott Thorn.* **K:** *Gilbert Taylor.* **M:** *Stanley Black.* **D:** *Ronald Lewis (Allan Colby), Diane Cilento (Denise Colby), Claude Dauphin (Dr. Prade), Françoise Rosay (Mme. Prade), Bernard Braden (Harry), Katya Douglas (Connie), Barbara Chilcott (Baroness de la Vaillon), Ann Tirard (Nicole), Edwin Styles (Dr. Roberts), George Merritt (Dr. Manfield). SW 109 Min.*

Verbrecherischer Psychiater, der vortäuscht, einen nach einem Unfall an einem »Würger-Syndrom« leidenden Rennfahrer kurieren zu wollen, verpasst seinem Patienten eine »Vollbehandlung« (Originaltitel) und redet ihm schließlich ein, er habe seine junge Gattin getötet. Das Schicksal ereilt den Bösewicht in Gestalt einer Straßenbahn. – »Ein passables psychologisches Suspense-Drama ... Regisseur Val Guest setzt seine sondierenden Kameras effektvoll ein, besonders in den ›Couch‹-Szenen, bei denen es auf der Leinwand nur noch nervös wandernde Finger, feuchte Augenbrauen und zuckende Lider gibt.« (Bob Salmaggi, NEW YORK HERALD TRIBUNE)

UNTER DEM SKALPELL DES TEUFELS

Anderer Titel für MALASTRANA

DER UNTERGANG DES HAUSES USHER

Anderer Titel FÜR DIE VERFLUCHTEN

DER UNTERGANG DES HAUSES USHER

(LA CHUTE DE LA MAISON USHER). Frankreich 1927. **R:** *Jean Epstein.* **B:** *Jean Epstein.* **V:** *»Der Fall des Hauses Ascher« von Edgar Allan Poe.* **K:** *Georges Lucas, Jean Lucas.* **M:** *(dt. TV-Fassung) Gerhard Gregor.* **D:** *Jean Debucourt (Roderick Usher), Marguerite Gance (Madeline Usher), Charles Lamy (Gast). SW 65 Min (Stummfilm).*

Ein schottischer Edelmann, der ein Porträt seiner Gattin malt, stellt mit Erschrecken fest, dass seine Frau zunehmend an Lebenskraft verliert, je weiter das Gemälde der Vollendung entgegensieht. Er kann die Tätigkeit jedoch nicht einstellen und bewirkt dadurch den Untergang seiner Dynastie. Eine Verquickung zweier Poe-Erzählungen: »Der Fall des Hauses Ascher« (1839) und »Das ovale Portrait« (1842). – »Epsteins Stärke ist die impressionistisch nuancierte Milieu- und Landschaftsschilderung, in der sich der Seelenzustand seiner Helden spiegelt. Mit der Technik der Zeitlupe und ›caligaristischen‹ Dekors suchte [er]die unheimliche Phantastik von E. A. Poe ... auf die Leinwand zu bannen.« (Ulrich Gregor/Enno Patalas, GESCHICHTE DES FILMS)

UNTERNEHMEN KLAPPERSCHLANGE

(RATTLERS). USA 1976. **R:** *John McCauley.* **B:** *Jerry Golding.* **K:** *Richard Gibb, Irving Goodnoff.* **M:** *Miles Goodman.* **D:** *Sam Chew (Dr. Parkinson),*

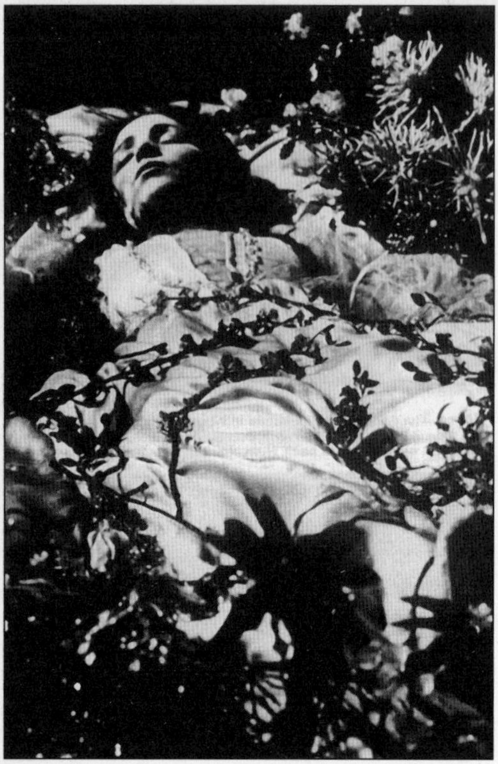

Der Untergang des Hauses Usher

Elizabeth Chauvet (Ann), Dan Priest (Colonel), Ron Gold (Delaney), Richard Lockmiller (Deputy), Tony Ballen (Sheriff), Jo Jordan (Mutter), Al Dunlap (General), Angel Cook (Hausmeister), Gary Van Ormand, Darwin Jostin (Soldaten), Travis Gold, Alan Decker, Celia Kaye. F 82 Min.
Entwichenes Nervengas sorgt dafür, dass Klapperschlangen alle Hemmungen verlieren und einen Versuch unternehmen, sich die Erde untertan zu machen. [V]

UNTIL DEATH

(PER SEMPRE, FINO ALLA MORTE). Italien 1987. **R:** *Lamberto Bava.* **B:** *Dardano Sacchetti, Lamberto Bava, Elsa Briganti.* **K:** *Gianlorenzo Battaglia.* **SpE:** *Angelo Mattei.* **Ma:** *Fabrizio Sforza.* **M:** *Simon Boswell, Mara Catalano.* **D:** *Gioia Scola, David Brandon, Giuseppe De Sando, Roberto Pedicini, Marco Vivio, Urbano Barberini. F 93 Min.*
TV-Film. Ermordeter Ehemann kehrt von den Toten zurück, um sich an seiner Frau und deren neuem Mann zu rächen, die ihn sechs Jahre zuvor um die Ecke gebracht haben. Wirrer Psychothriller mit Schockeffekten. [V]

URLAUB IN DER HÖLLE

Anderer Titel für VIER IM RASENDEN SARG

V

VAMP

(VAMP). USA 1986. **R:** *Richard Wenk.* **B:** *Richard Wenk.* **K:** *Eliot Davis.* **M:** *Jonathan Elias.* **D:** *Grace Jones (Katrina), Chris Makepeace (Keith), Robert Rusler (A.J.), Gedde Watanabe (Duncan), Sandy Baron (Vic), Billy Drago (Snow), Brad Logan (Vlad), Lisa Lyon (Cimmaron), Deedee Pfeiffer (Amaretto), Jim Boyle (Leiter der Verbindung), Larry Spinak, Eric Welch, Stuart Rogers (Studenten), Gary Swailes (Sockenverkäufer), Ray Ballard (Cafébesitzer), Paunita Nichols (Maven), Trudel Williams (Drachenmädchen), Marlon McGann (Hard Hat), Thomas Bellin (Shorty), Bryan McGuire (Billardspieler), Leila Hee Olsen (Seko), Hilary Carlip (Jett), Francine Swift (Dominique), Tricia Brown (Candi). F (93) 89 Min.*

Drei Studenten geraten auf der Suche nach einer Stripperin, die sie für eine Party engagieren wollen, in einen Nachtclub, der von satanischen Gestalten bevölkert wird. – »Die Fluchtwege der Helden mit knalligem Rotgrün symbolisch zu verbarrikadieren, ist ein recht cleverer, beinahe italienischer Einfall. Von den immer wieder durchbrechenden Plotschemata der Teenie-Komödie kann man das leider nicht behaupten.« (SCIENCE FICTION TIMES) [V]

VAMPIR PARTY

(VAMPIRE KNIGHTS/VAMPIRE PARTY). USA 1987. **R:** *Daniel M. Peterson.* **B:** *Daniel M. Peterson.* **K:** *Thomas L. Callaway.* **M:** *Peter R. Melnick.* **D:** *Ken Abraham, Billy Frank, Robin Rochelle, Lee Martin, Ann Michaels. F 83 Min.*

Parodistischer Vampirfilm über drei junge Damen, die von Party zu Party eilen, um sich am Blut ihrer Opfer zu laben. [V]

EIN VAMPIR IM PARADIES

(UN VAMPIRE AU PARADIS). Frankreich 1992. **R:** *Abdelkrim Bahloul.* **B:** *Abdelkrim Bahloul.* **K:** *Jean Francis Gonde.* **M:** *Hector Drand, Eric Naudet, Giacomo Rossini.* **D:** *Bruno Cremer (Antoine Belfond), Brigitte Fossey (Mme. Belfond), Laure Marsac (Nathalie Belfond), Farid Chopel (Arbi Nosfer), Helene Surgere (Nanou), Abdel Kechiche (Blondin), Said Amadis (Taleb), Jean-Claude Dreyfus (»Psychiater«), Michel Perelon (Psychiater), Benoît Giros (Philippe), Françoise Rigal (Mademoiselle Rose). F 87 Min.*

Während Monsieur und Madame Belfond erschreckt feststellen müssen, dass ihre Tochter plötzlich Arabisch spricht, wird ihr Wohnviertel in Clichy von einem muselmanischen Vampir heimgesucht.

DER VAMPIR VON NOTRE-DAME

(I VAMPIRI). Italien 1957. **R:** *Riccardo Freda.* **B:** *Piero Regnoli, Riccardo Freda.* **K:** *Mario Bava.* **M:** *Franco Mannino, Roman Vlad.* **D:** *Gianna Maria Canale (Giselle/Herzogin Du Grand), Wandisa Guida (Loretta Robert), Dario Michaelis (Pierre Lantin), Antoine Balpètre (Dr. Du Grand), Paul Muller (Joseph Signoret), Renato Tontini, Carlo d'Angelo, Charles Fawcett. SW 78 Min.*

Der Vampir von Notre-Dame

Auf der Suche nach einem geheimnisvollen Mädchenmörder, der Paris unsicher macht, gerät der Journalist Pierre auf die Spur einer ältlichen Herzogin und ihrer hübschen Enkeltochter. Die Enkeltochter verliebt sich in Pierre, doch dieser denkt nur an seine Braut, die plötzlich verschwunden ist. Er ist darüber hinaus nicht schlecht erstaunt, als er entdeckt, dass Großmama und Enkeltochter ein und dieselbe Person sind: Die Herzogin lässt sich von einem verrückten Wissenschaftler mit frischem Jungmädchenblut versorgen, das sie verjüngt. In ihrer Jugend hat sie Pierres Vater geliebt, der ihr jedoch ebenso die kalte Schulter gezeigt hat wie nun der Sohn. Es kommt, wie es kommen muss: Als die Wirkung der »Blutkur« nachlässt, verwandelt sich die junge Schöne in eine alte Schrumpelschachtel. Pierre rettet seine Freundin und sucht mit ihr das Weite. – Das war natürlich alles schon mal da, aber trotz der 1958 publizierten Verrisse der konfessionellen Kritik (»Gulasch aus filmischen Resten«, FILM-DIENST; »widerwärtiges Produkt krankhafter Phantasie«, FILMBEOBACHTER) kein Vergleich mit den zynischen Abscheulichkeiten, die die italienische Filmindustrie seit den siebziger Jahren ausstößt.

DER VAMPIR VON SCHLOSS FRANKENSTEIN

(EL VAMPIRO DE LA AUTOPISTA). Spanien 1969. **R:** *José Luis Madrid.* **B:** *José Luis Madrid.* **St:** *José Luis Madrid.* **K:** *Francisco Madurga.* **M:** *Angel Arteaga.* **D:** *Waldemar Wohlfahrt (Adolf Graf Oblensky), Patricia Loran (Marianne), Adela Tauler, Luis Induni, Barta Barry, Anastasio Compoy, Antonio Jimenez Escribano, Antonio Orengo, Felipe Codina, Antonio Ramis, Pepe Marco, Marisa Tovar, Marisa Cajal, Maria Luisa Esteban del Valle, Enrique Vazquez. F 81 Min.*

Der vampirische Graf von Winninger, der 1886 umgekommen ist, begeht alle 28 Jahre ein blutsaugerisches Verbrechen. Kurz nach seinem letzten Auftritt (er hat in einem Schwarzwald-Motel zwei Menschen umgebracht) erscheint sein Ur-Urneffe Adolf aus England auf dem Plan: Er hat das Schloss seines Ahnen geerbt und ist testamentarisch verpflichtet, eine gewisse Zeit in dem unheimlichen Gemäuer zu verbringen. Der alte Lutscher gibt sich Adolf zu erkennen und bittet um seinen Tod, damit er vom Fluch des Bösen erlöst werde. Adolf tut ihm den Gefallen erst, nachdem der Vampir versucht hat, sich an seiner Freundin Susan gütlich zu tun. Die Polizei nimmt einen entsprungenen Irren fest und hängt ihm die Motel-Morde an. Wer glaubt schließlich in unseren Zeiten noch an Vampire? – Der Film beutet den seinerzeitigen Bekanntheitsgrad seines Hauptdarstellers aus: Waldemar Wohlfahrt geriet in den sechziger Jahren in die Schlagzeilen der BLÖD-Presse, die glaubte, er sei mit einem »Autobahn-Vampir« genannten Mörder identisch (so auch der spanische Originaltitel). Waldi entpuppte sich jedoch als harmloser Playboy und Aufreißer; in Verdacht geraten war er nur, weil er ein wenig über Gebühr aufschnitt, sich als Geheimagent ausgab und hin und wieder mit einer MP im Kofferraum spazieren gefahren sein soll. – »Ob Zufall oder Absicht – *Der Vampir von Schloß Frankenstein* ist reiner Comicstrip-Horror, in dem sämtliche Opfer anonyme Mädchen sind, die der Tod ereilt, nachdem sie sich ihrer Kleider entledigt haben. Ebenso wird jede im Schloss verbrachte Nacht von einem Gewitter und donnerndem Gelächter begleitet. Doch selbst auf dieser Ebene krankt der Film an der schlampigen Regie und dem schwachen Drehbuch. Das Ergebnis: die Dialoge treten auf der Stelle und beschäftigen sich mit einem immer unlogischer werdenden Plot.« (David McGillivray, FILM COMMENT)

VAMPIRA

BRD 1972. **R:** *George Moorse.* **B:** *George Moorse.* **K:** *Gerard Vandenberg.* **M:** *Tangerine Dream.* **D:** *Grischa Huber (Vampira), Louis Waldon (Buckliger), Del Negro (Schwarzer Magier), Ceci Perrin, Michael Gordon, Manfred Jester. F 45 Min.*

»Eine Insel im dunklen See. Bewohnt von Vampiren und anderen Kreaturen. Wenn die Nacht kommt, steigen sie aus den Särgen, beginnen im verfallenen Schloss unheimliche Rituale. Dann feiert Vampira mit ihrem lichtscheuen Gefolge die schwarze Messe. Faszination des Bösen – dargestellt in phantastischen Bildern à la Baudelaire, Poe, Kubin oder Böcklin.« (HÖR ZU) – »In diesem makabren Märchen tummeln sich vor düsterer Szenerie ebenso düstere Nachtgestalten. Da treibt eine wunderschöne Vampirin zu mitternächtlicher Stunde ihr Unwesen, da dient ein buckliger Prinz dem Teufel, da huschen Hexen und deren zahlreiche Opfer durch nebelgeschwängerte Luft. – Der englische Regisseur George Moorse drehte diesen gruseligen Film am Maisinger See in Oberbayern. Mit Musik der Popgruppe Tangerine Dream und Zitaten aus wissenschaftlichen ›Vampir-Werken‹ schuf er eine Studie über lichtscheues Gesindel.« (TV HÖREN UND SEHEN) – »*Vampira* ist ein Fernsehfilm. Moorse schrieb eine Folge von Szenen, die stumm gespielt und durch Kommentare verbunden werden sollen. ›Ich habe das Drehbuch dem WDR vorgelegt und war sehr überrascht, dass man den Film im Unterhaltungsprogramm zeigen will.‹ Schwärmt Moorse: ›Der Film war sehr phantastisch. Er soll ungeheuer schön werden. Aber der Film hat auch gesellschaftskritische Aspekte. Ich denke dabei an den Vampirismus in dieser Gesellschaft, das blutsaugerische Prinzip, Abhängigkeit, Beziehung, blockierte Kommunikation.‹« (TV HEUTE)

VAMPIRA

(VAMPIRA). GB 1974. **R:** *Clive Donner.* **B:** *Jeremy Lloyd.* **K:** *Tony Richmond.* **M:** *David Whittaker, Anthony Newley.* **D:** *David Niven (Vladimir Dracula), Teresa Graves (Vampira), Peter Bayliss (Maltravers), Jennie Linden (Angela), Nicky Henson (Marc), Veronica Carlson (Rita), Linda Hayden (Helga), Bernard Bresslaw (Pottinger), Freddie Jones (Gilmore), Patrick Newell/Aimi McDonald (Pärchen), Penny Irving, Nicola Austine, Hoima McDonald (Playboy-Häschen), Minah Bird (Rose), Andrea Allan (Eve), Frank Thornton (King), Christopher Sandford (Milton), Cathy Shiriff (Nancy). F 89 Min.*

Graf Dracula macht sich im Rentenalter auf die Suche nach einer geeigneten Blutgruppe, um seine Gemahlin zu beleben. [V]

VAMPIRE

(VAMPIRES/JOHN CARPENTER'S VAMPIRES). USA/Mexiko 1998. **R:** *John Carpenter.* **B:** *Don Jakoby, John Carpenter.* **V:** *»Vampires« (1995) von John Steakley.* **K:** *Gary B. Kibbe.* **M:** *John Carpenter.* **D:** *James Woods (Jack Crow), Daniel Baldwin (Tony Montoya), Maximilian Schell (Bischof Alba), Sheryl Lee (Katrina), Thomas Ian Griffith (Valek), Tim Guinee (Adam Guiteau), Cary-Hiroyuki Tagawa. F 104 Min.*

Man müsse Carpenter, den Genre-Schmock, der ohne die verklemmten Ambitionen eines Spielberg auskomme, für seine Konsequenz preisen, empfiehlt Fritz Göttler (SÜDDEUTSCHE ZEITUNG, 30.7.1998): »Für die Sturheit, mit der er den Versuchungen Hollywoods zum Glamour widerstand, so dass im Rückblick – im Frühjahr hatte er eine Retro in der Pariser Cinémathèque! – seine Filme sich zu einer unglaublich intensiven Studie des amerikanischen Mittelstands summieren.« Konkret sieht das dann so aus: »Kein Knoblauch, keine Kreuze, keine Särge, kein käsiger europäischer Akzent! Der Vampirjäger kann schnell in Rage geraten, wenn er uninformierten Zeitgenossen erklären muss, womit er sich bei der Arbeit herumschlägt. Die Untoten, denen Jack Crow (James Woods) in New Mexico hinterherspürt, haben mit den kultivierten Kinofiguren wenig gemein. Fürst Malek etwa schlägt seinen Feinden mit einer lockeren Handbewegung den Kopf vom Rumpf oder reißt ihnen in einem Schwung das Herz vor dem Kameraauge aus dem Leib. Eine ganze Motelbelegschaft mit zwanzig unglücklichen Gästen metzelt er so in kaum fünf Minuten dahin. Die Toten sind die Mitarbeiter des gestressten Crow, die mit ihm nach dem Vampirfürsten gefahndet haben. Eine schockierte Prostituierte hat das Massaker infiziert überlebt, dazu Jack und sein Partner (schmerbäuchig: Daniel Baldwin), der jetzt erst einmal zusehen muss, wie seine leblosen Freunde vom Chef präventiv enthauptet und gepfählt werden.« Übrigens sind die Vampirkiller der späten 1990er Jahre schwer bewaffnete Professionisten im Dienste des Vatikans: »Ein Bischof (der hinterhältige Maximilian Schell) stellt ihre Einsatzpläne zusammen und verspricht, da-

Vampira

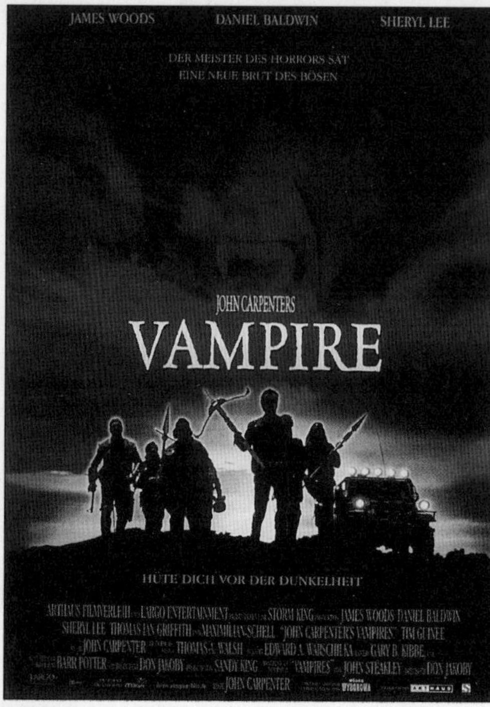

Vampire

bei wieder gutzumachen, was die Kirche vor ein paar Jahrhunderten selbst mit einem brutalen Exorzismus in die Welt gesetzt hat. Da haben wir es: Der Blutsauger, der gerade daran geht, seinen Sonnenschutzfaktor massiv zu erhöhen, ist eine ansteckende Nebenwirkung der Inquisition.« (Robert Weixlbaumer, BERLINER ZEITUNG, 21.8.1998)

VAMPIRE BAT

(VAMPIRE BAT). USA 1933. **R:** *Frank Strayer.* **B:** *Edward T. Lowe.* **K:** *Ira Morgan.* **D:** *Lionel Atwill (Dr. Otto von Niemann), Fay Wray (Ruth Bertin), Melvyn Douglas (Karl Brettschneider), Dwight Frye (Hermann Gleib), Maude Eburne (Gussie Schnappmann), George E. Stone (Kringen), Carl Stockdale (Schmidt), Robert Frazer (Emil Borst), Harrison Greene (Weingarten), Lionel Belmore (Gustav Schoen), Rita Carlisle (Martha Müller), Stella Adams (Georgina), William Humphrey (Dr. Haupt), William V. Mong (Sauer), Fern Emmett (Gertrude), Paul Weigel (Holdstadt). SW 67 Min.*

Ein deutsches Kaff wird von einer Mordwelle geplagt, hinter dem allem Anschein nach ein Vampir steckt. Der Dorftrottel Hermann Gleib bekennt sich auf eifriges Befragen (mit ein wenig Nachhilfe) schuldig. Da die Mörderei aber auch nach seinem eiligst in Szene gesetzten Ableben weitergeht, kommt man bald dahinter, dass im Grunde nur ein wahnsinniger Wissenschaftler hinter dem Dämonenspuk stecken kann. Richtig geraten! Dr. Otto von Niemann hat nämlich in seinem Blubber-Labor eine Bestie erschaffen, die nach Menschenblut verlangt. Wie immer, wenn die Wahrheit ans Tageslicht kommt, darf Biesti an seinem Schöpfer Rache nehmen! Ein alter Monster-Heuler aus Hollywoods Hexenküche. [V]

DIE VAMPIRE DES DR. DRACULA

(LA MARCA DEL HOMBRE LOBO). Spanien 1967. **R:** *Enrique L. Equiluz.* **B:** *Jacinto Molina.* **K:** *Emilio Foriscot.* **M:** *Angel Arteaga.* **D:** *Paul Naschy (Graf Waldemar Daninskv), Dianik Zurakowska (Hyacinth), Julian Ugarte (Professor Jonas Mikalhof), Manuel Manzaneque (Rudolf Weissmann), Rosanna Yanni (Nascha), José Nieto, Carlos Casaravilla, Aurora de Alba, Gualberto Galban. F (3 D) 95 Min.*

Graf Wolfstein ist von einem Werwolf gebissen worden. Da er zum Schrecken seiner Umgebung

Die Vampire des Dr. Dracula

wurde, hat man ihn mit einem Silberkreuz, das nun in seiner Brust steckt, in den ewigen Tiefschlaf versetzt. Als nachts eine Zigeunersippe in der Wolfsteinschen Familiengruft Zuflucht sucht, geschieht das, was wir alle erwarten: Eine gierige Hand streckt sich nach dem wertvollen Kreuz aus. Wolfstein erwacht. *Agraaahh!* Bevor man ihm erneut das Handwerk legt, beißt er noch schnell den Grafen Waldemar – und so geht nun dieser haarig & hungrig um. Waldemars Angebetete, die schöne Hyacinth, ruft einen Professor nebst attraktiver Gattin zu Hilfe, doch die beiden entpuppen sich als Vampire, die auch den toten Wolfstein-Werwolf wieder erwecken. Bald darauf ist das im Gange, was der FILMDIENST eine »urige Balgerei und Beißerei zwischen Werwölfen und Vampiren« nennt. So lange, bis Hyacinth Waldemar und das Publikum von seinen Leiden erlöst. – »Schocks auf Raten« verspricht die Werbung, und »Entsetzen, das langsam über den Rücken kriecht.« Selten hat sich ein Werbespruch als so wahr erwiesen (wenn auch aus anderen Gründen). Der im Titel erwähnte Dr. Dracula ist leider verhindert.

VAMPIRE GEGEN HERAKLES

(ERCOLE AL CENTRO DE LA TERRA). Italien 1961. **R:** *Mario Bava.* **B:** *Mario Bava, A. Continenza, D. Tessari, Franco Prosperi. K: Mario Bava, Ubaldo Terzano. M: Armando Trovaioli.* **D:** *Reg Park (Herakles), Leonora Ruffo (Deianira), Giorgio Ardisson (Theseus), Franco Giacobini (Telemach), Christopher Lee (Lykus), Marisa Belli (Arutesa), Ida Galli (Persephone), Mino Doro (Keros), Monica Neri (Egle), Ely Draco (Giocasta), Aldo Pedinotti (Sunis), Gaia Germani (Sybilla), Raf Baldassarre (Bandenführer). F 83 Min.*

In fernen mythischen Zeiten: Der muskelbepackte Göttersohn Herakles und der Haudegen und Schürzenjäger Theseus stoßen in den Hades, bzw. »tropfsteinhöhlenähnlich drapierte, von Irrlichtern, Fallen, brodelnden Mooren, Feuerschlünden und Nebeln durchzogene Kulissenräume« (FILMDIENST) vor, um eine Wunderblume zu erbeuten, die Herakles' von einem Zauberbann geplagte Geliebte Deianira retten soll. Im Hades verliebt sich Theseus in Plutos Tochter Persephone. Mit ihrer Hilfe gelingt ihnen die Rückkehr an die Oberwelt. Als der wütende Pluto daraufhin das Königreich Hekalien mit Katastrophen heimsucht, kehrt Persephone freiwillig in den Hades zurück. Unterdessen entführt Lykos, der böse »König der Toten«, die geheilte Deianira. Bevor er ihr in den Hals beißen kann, tritt Herakles auf den Plan, reißt die Opferfelsen aus dem Boden und erledigt Lykos und seine an langen Fäden durch die Szenerie segelnden Vampirscharen. – Einer der ersten Versuche, den Sandalenfilm thematisch zu öffnen und verstärkt Elemente aus anderen Genres zuzulassen: Tricks und Story lassen arg zu wünschen übrig, und Christopher Lee ist der einzige Schauspieler, der diese Bezeichnung verdient. Etwas ausgebügelt werden die Schwächen dieser Mixtur aus Dracula, Herakles und Jules Verne durch Selbstironie und Mario Bavas bemerkenswerten Sinn für Farbdramaturgie: Ein Schundfilm, ohne Frage, aber ein solcher, der mit ansteckender Wollust in der geballten Künstlichkeit von Pappmaché und knalligen Primärfarben schwelgt.

VAMPIRE IN BROOKLYN

(VAMPIRE IN BROOKLYN). USA 1995. **R:** *Wes Craven.* **B:** *Charles Murphy, Michael Lucker, Chris*

Vampire gegen Herakles

Parker. **St:** *Eddie Murphy, Vernon Lynch jr., Charles Murphy.* **K:** *Mark Irwin.* **SpE:** *KNB EFX Group.* **M:** *J. Peter Robinson.* **D:** *Eddie Murphy (Maximillian), Angela Bassett (Rita), Allen Payne (Justice), Kadeem Hardison (Julius), John Witherspoon (Silas), Zakes Mokae (Dr. Zeko), Joanna Cassidy (Dewey), Simbi Khali (Nikki), Wendy Robie, Mitch Pileggi. F 101 Min.*
»Dracula« Maximillian, der Letzte einer Art ägyptischer Vampire aus dem Bermuda-Dreieck, hält eine New Yorker Polizistin irrtümlich für einen Halbvampir. – Seiner zweifelhaften Qualität wegen ist dieser von Eddie Murphy miterdachte Streifen nur auf Video erhältlich. [V]

Vampire in Brooklyn

VAMPIRE IN NEW YORK
Anderer Titel für DEF BY TEMPTATION

VAMPIRE JOURNALS
(VAMPIRE JOURNALS). USA/Rumänien 1996. **R:** *Ted Nicolaou.* **B:** *Ted Nicolaou.* **K:** *Adolfo Bartoli.* **M:** *Richard Kosinski.* **D:** *Jonathon Morris (Ash), Kirsten Cerre (Sofia), David Gunn (Zachary), Ilinka Goya (Cassandra), Dan Condurache (Anton), Starr Andreef (Iris), Mihal Dinvale (Dimitri). F 78 Min.*
In Ceaucescus ehemaligem Reich des Bösen im Auftrag von Full Moon Entertainment gekurbelte Schauermär vom Familienkrieg der Vampire.

VAMPIRELLA
(VAMPIRELLA). USA 1996. **R:** *Jim Wynorski.* **B:** *Gary Gerani.* **V:** *Comicfigur kreiert von Forrest J Ackerman.* **K:** *Andreas V. Rossotto.* **M:** *Joel Goldsmith. Songs: Roger Daltrey.* **D:** *Talisa Soto (Ella Vampirella), Roger Daltrey (Vlad/Jamie Blood), Richard Joseph Paul (Adam Van Helsing), Brian Bloom (Demos), Corinna Harney (Sallah), Rusty Meyers (Quinn), Lee de Broux (Lt. Walsh), Tom Deters (Traxx), Forrest J Ackerman (Forrest J Ackerman), Angus Scrimm. F (90) 82 Min.*
Fast drei Jahrzehnte ging das Tauziehen um Vampirella, die Comic-Vampirlady vom Planeten Draculon. Zuerst wollten, nach einer Befragung der Leser von FAMOUS MONSTERS, Hammer Films und American International Pictures einsteigen. Auf einem »Famous Monsters«-Kongress in New York durfte Forrest J Ackerman sogar der vorgesehenen Darstellerin die Hand schütteln, doch dann ging Hammer die Luft aus. Zum Schluss erbarmte sich Roger Corman und produzierte fürs US-Fernsehen eine absolute Billig-Version, die so schlecht ist, dass es der Sau graust. Ein anderer Roger, Daltrey, darf sich als Jamie Blood alias Supervampir Vlad präsentieren und seinem Wunsch freien Lauf lassen, die Welt zu vernichten. – » ... Talisa Soto in ein paar Fetzen roten Gummis, und sie geht durch ein Universum der Heizungsrohre, wo ihr Leute begegnen, die gestern noch vor der Disco Nasenbeine gebrochen haben und heute schon für zehn Cent Jim Wynorskis Zweitklässlersätze stammeln dürfen, als hätten sie die vor viereinhalb Minuten zum ersten Mal gehört.« (hoolio, SPLATTING IMAGE 34/Juni 1998) [V]

Vampire Journals

VAMPIRE'S KISS

(VAMPIRE'S KISS). USA 1988. **R:** *Robert Bierman.* **B:** *Joseph Minion.* **K:** *Stefan Czapsky.* **M:** *Colin Towns, Angus Newton.* **D:** *Nicolas Cage (Peter Loew), Maria Conchita Alonso (Alva Restrepo), Jennifer Beals (Rachel), Elizabeth Ashley (Dr. Glazer), Kasi Lemmons (Jackie). F 96 Min.*

Verleger, nach einer heißen Nacht mit einer attraktiven Frau aufgrund eines Bisses derselben in einen Vampir verwandelt, sieht sich von aufkeimender Boshaftigkeit und Blutdurst geplagt und strebt auf ungewöhnliche Weise nach Erlösung. – »Lahme Yuppie-Komödie, die ohne Witz ist und nur durch das angereicherte Blutsauger-Thema am Leben gehalten wird.« (Frank Trebbin, DIE ANGST SITZT NEBEN DIR) [V]

VAMPIRO

(EL VAMPIRO). Mexiko 1956. **R:** *Fernando Mendez.* **B:** *Ramon Obón, H. Rodriguez.* **K:** *Rosario Solano.* **M:** *Gustavo C. Carrión.* **D:** *German Robles (Graf Duval), Abel Salazar (Dr. Enrique), Ariadne Welter (Martha), Carmen Montejo, July Danery, José Luis Jimenez, Joseph Chavez, Amando Zumaya. SW 83 Min.*

Männlicher und weiblicher Vampir versetzen eine mexikanische Hazienda in Angst und Schrecken. Mutiger Mediziner rettet von Blutsaugern gebissene Scheintote und killt das lichtscheue Gesindel standesgemäß mit Holzpflöcken, nachdem er es zuvor mit Hilfe eines Spiegels entlarvt hat. – »*Vampiro* führt ein wichtiges neues Gesetz für Filmvampire ein: Sie müssen einen zweimal beißen, bevor man selbst zum Vampir wird. Was aus einem wird, wenn sie's dreimal tun, ist zu schauerlich, um es sich auch nur vorzustellen. Gar nicht zu reden vom einhundertsiebenundzwanzigstenmal.« (Donald C. Willis, HORROR AND SCIENCE FICTION FILMS)

VAMPYR – DER TRAUM DES ALLAN GREY

(VAMPYR, OU L'ETRANGE AVENTURE DE DAVID GREY). Deutschland/Frankreich 1931. **R:** *Carl Theodor Dreyer.* **B:** *Carl Theodor Dreyer, Christen Jul.* **V:** *Erzählung »Carmilla, der weibliche Vampir«*

Vampire's Kiss

Vampiro

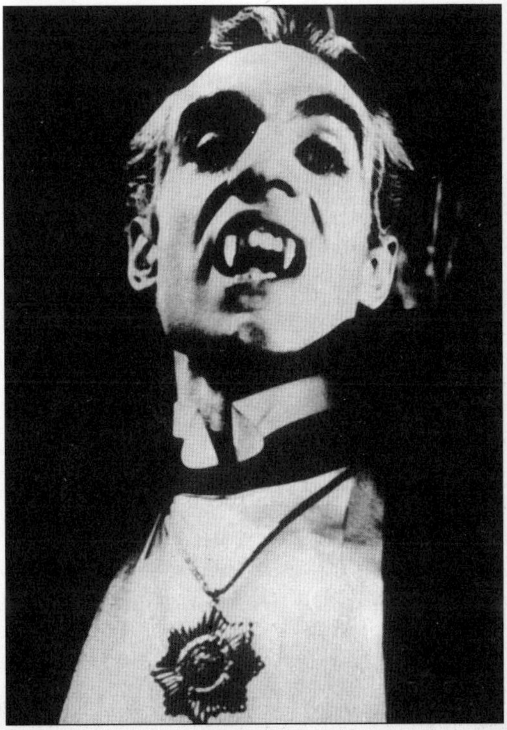

von J. Sheridan Le Fanu. **K:** *Rudolf Maté, Louis Née.* **M:** *Wolfgang Zeller.* **D:** *Julian West [Baron Nicolas von Gunzburg] (David Grey), Henriette Gérard (Marguerite Chopin), Maurice Schutz (Burgherr), Sybille Schmitz (Léone), Renée Mandel (Gisèle), Jan Hieromenko (Arzt), Jane Mona (Krankenschwester), Albert Bras, N. Babanini (Diener). SW 65 Min.*

Allan Grey steigt in einem Gasthof in Courtempierre ab. Nachts besucht ihn ein seltsamer alter Mann, der ihn mehrere Male mit dem Satz »Sie darf nicht sterben« konfrontiert und ihm ein Paket überreicht, das er erst öffnen soll, wenn der Alte gestorben ist. Grey, mit seherischen Gaben ausgestattet, schaut sich in der Gegend um. Er bemerkt seltsam tänzelnde Schatten im Sonnenlicht. Einem dieser Schatten, er gehört einem einbeinigen Soldaten, folgt er zu einer verlassenen Mühle. Dort setzt sich der Schatten zu seinem Besitzer auf eine Bank. Wiederum sieht Grey überall tanzende Schatten. Er beobachtet einen Arzt, der mit einer runzligen haarigen Alten ein Fläschchen mit geheimnisvollem Inhalt tauscht. In einem nahe gelegenen Schloss trifft er den alten Mann aus der Herberge wieder. Seine Tochter Léone leidet unter unerklärlichem Blutverlust; die andere Tochter Gisèle pflegt sie. Von dem kopfstehenden Schattensoldaten wird der Alte erschossen. Grey öffnet das Paket. Es enthält ein Buch über Geschichte und Hintergründe des Vampirismus. Plötzlich ist Léone verschwunden. Grey und Gisèle finden sie in den Händen der runzligen Alten, die sich aber sofort verzieht. Léone hat eine Wunde am Hals und starrt mit gierigem Blick auf ihre Schwester. Der Arzt kommt und bittet Grey, Blut für Léone zu spenden. Grey willigt ein und fällt in tiefen Schlaf. Geschwächt von der Transfusion hat er Halluzinationen, Wachträume. Er wähnt sich selbst als Toten, der in einem Sarg von dem Soldaten, der alten Frau und dem Arzt fortgetragen wird. Als er aufwacht, sieht er klarer: Die Alte muss Marguerite Chopin sein, die diese Gegend als Vampir heimgesucht haben soll. Ein Dienstbote führt ihn ans Grab der Vampirin. Dort jagt er einen eisernen Pfahl in den Leichnam der Marguerite Chopin. Das Dorf ist vom Zwang des Bösen befreit, Léone gesundet. Der Soldat stirbt in der Mühle, der Arzt »ertrinkt« in herabstürzendem Mehl. Grey und Gisèle fangen ein neues Leben an.

»Beurteilte man die Wirksamkeit eines Horrorfilms allein danach, in welchem Maße er sein Publikum überzeugt (und dadurch zum Fürchten bringt), müsste *Vampyr* sicher als der größte aller Horrorfilme gelten. Ganz sicher ist er das einzige unbestrittene Meisterstück des Genres. Dabei besitzt der Film keine der sonst üblichen äußeren Merkmale: Er bietet weder Schocks noch Grusel oder auch nur physische Gewalt; er überlässt weit mehr der Vorstellungskraft (und inneren Anteilnahme) des Zuschauers als jeder andere Horrorfilm.« (William K. Everson, KLASSIKER DES HORRORFILMS) – »Seine außergewöhnliche Wirkung erzielt der Film durch den bewussten Einsatz von ›diffusem‹ Licht. Der Zuschauer bleibt dadurch häufig im Ungewissen, ob ein Wechsel zwischen Realem und Irrealem, Bewusstem oder Unbewusstem stattgefunden hat. Diese Lichtschleier, die sich durch den ganzen Film ziehen, waren zunächst das Werk des Zufalls. Durch einen technischen Defekt war Licht auf die ersten ›rushes‹ des Films gefallen. Von der phantastischen, unwirklichen Atmosphäre der Bilder angetan, entwickelten Regisseur Dreyer und Kameramann Maté einen eigenen Stil: Sie belichteten das Filmmaterial vorab und machten es dadurch kontrastschwächer. Daraus resultierte das eigentümlich weiche Licht der Bilder. – Literari-

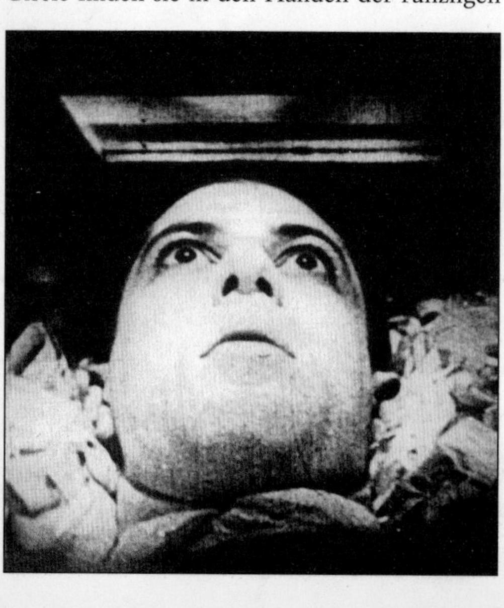

Vampyr – Der Traum des Allan Grey

sches Vorbild der Handlung war Sheridan Le Fanus »Carmilla« (1872), die erste Vampirgeschichte mit einem weiblichen Vampir in der Hauptrolle. Die Geschichte spielt auf dem Schloss derer zu Karnstein in der Steiermark: Eines Vormittags erscheint auf dem Schloss eine Kutsche. Eine Frau und ihre Tochter steigen aus und bitten den Grafen, Carmilla (die Tochter) für kurze Zeit zu beherbergen. Laura, die Tochter des Grafen, freundet sich mit Carmilla an, leidet aber in der Folge unter schrecklichen Albträumen. Auch in der Umgebung des Schlosses ereignen sich unerklärliche Dinge: Die alte Sage von Millarca, einer 1698 verstorbenen Vampirin, findet neue Nahrung. Im Schlosskeller entdeckt man schließlich ein magisches Quadrat, das der Geisterbeschwörung dient. Carmilla (der Name ist ein Anagramm von Millarca) wird als Vampirin entlarvt. Sie wollte sich am Geschlecht der Karnsteins rächen und es ausrotten. Die kurze Inhaltsangabe zeigt, dass Regisseur Dreyer Le Fanus Erzählung dahingehend modifizierte, dass er Motive aus anderen Erzählungen des Autors und vor allem die Figur des Allan Grey einführte, der am Ende den Sachverhalt aufklärt. Le Fanus Erzählung diente daher nur als Aufhänger. Dreyer wollte zusammen mit seinem Mäzen Baron Nicolas von Günzburg einen übersinnlichen Stoff verfilmen. Bei der gemeinsamen Suche stießen sie auf die Erzählung »Carmilla«. Um seine Familie nicht in Verlegenheit zu bringen, übernahm der Baron die Rolle des Allan Grey unter dem Pseudonym Julian West. Bis auf wenige Profis (darunter Sybille Schmitz) wurden die Rollen mit Laien besetzt, die Dreyer in Geschäften und Wirtshäusern auflas.

DER VAMPYR VON SOHO

(STREET OF SHADOWS). GB 1953. **R:** *Richard Vernon.* **B:** *Richard Vernon.* **V:** *»The Creaking Chair« von Laurence Meynell.* **K:** *Phil Grindrod.* **M:** *Eric Spear.* **D:** *Cesar Romero (Luigi), Kay Kendall (Barbara Gale), Edward Underdown (Inspektor Johnstone), Victor Maddern (Humpel), Simone Silva (Angele Abbe), Liam Gaffney (Fred Roberts), Robert Cawdron (Sgt. Hadley), John Penrose (Captain Gerald Gale), Bill Travers (Nigel Langley), Molly Hamley Clifford (Starry Darrell), Eileen Way (Mrs. Toms), Paul Hardmuth (Papa), Anaconda (Darrell). SW 83 Min.*

Humpel, das körperbehinderte Faktotum des Londoner Automatensalonbesitzers Luigi, kann keinen Kontakt zur Weiblichkeit finden. Deswegen schleicht er nachts durch London und wird zum Mörder – nicht zuletzt an der Ex-Geliebten seines Chefs, der ihn ahnungslos um Mithilfe bei der Aufklärung des Falles bittet. – Gruselig in Szene gesetztes Spektakel, in dem es trotz gewisser Spannung keinesfalls zu Fällen vom Vampirismus (wie der Titel andeutet) kommt. Der Streifen hat einen psychologischen Ansatz, den er jedoch nicht ganz ausloten kann.

VAMPYROS LESBOS – DIE ERBIN DES DRACULA

(EL SIGNO DEL VAMPIRO). BRD/Spanien 1970. **R:** *Jess Franco.* **B:** *Jess Franco, Jaime Chavarri.* **K:** *Manuel Merino.* **M:** *Paul Hasel, Manfred Hübler, Siegfried Schwab.* **D:** *Susann Korda (Gräfin Nadine Karoly), Ewa Stroemberg (Linda Westinghouse), Dennis Price (Dr. Elton Seward), Heidrun Kussin (Nadines Assistentin), Paul Muller (Dr. Steiner), Victor Feldmann (Morpho), Michael Berling (Omar), Jess Franco (Mehmet), J. Martinez Blanco. F (100) 89 Min.*

Vor 200 Jahren hat Graf Dracula Gräfin Nadine vor einer marodierenden Soldateska beschützt. Zum Dank durfte er sie saugen, und so ist auch sie zur Vampirin geworden. Nach Draculas Ableben erbt sie sein Vermögen, aber das kann nicht sehr groß gewesen sein, denn Nadine tritt abends in einer Bar auf und zieht mit einer Partnerin vor Publikum eine Lesbenshow ab. Die Rechtsanwältin Linda, die seit Wochen von Nadine träumt und dabei regelmäßig zum Orgasmus kommt, geht zum Psychiater. Der rät ihr, sich »einen besseren Liebhaber« zu suchen. Linda besucht Nadine im Auftrag ihrer Istanbuler Kanzlei, verfällt ihr auf der Stelle und wacht – aus Gründen, die niemand erläutert – in der Privatklinik Dr. Sewards auf. Dort begegnet sie einer weiteren Nadine verfallenen Patientin. Dr. Seward sucht aus Gründen, die niemand erläutert, Zugang zum Kreis der Vampire (was ihn das Leben kostet). Omar holt seine Geliebte Linda aus der Klinik. Gräfin Nadine beißt aus Gründen, die niemand erläutert, auf der Bar-Bühne ihre Partnerin tot. Ein Irrer verschleppt – aus Gründen, die niemand erläutert – Linda auf Nadines Insel. Linda trickst ihn aus und findet die Gräfin – aus Gründen, die niemand erläutert – im Zustand völliger Entkräftung vor. Sie tötet sie – aus Gründen, die niemand erläutert. Morpho, Nadines Diener, begeht Selbstmord – aus Gründen, die niemand erläutert. Omar und ein Dr. Steiner holen Linda nach Hause. – Ein Jess Franco-Produkt, in drei Tagen ohne Drehbuch auf Zelluloid gebannt, voller Phrasen, die Dialoge sein sollen, versehen mit der Musik eines Heimorgelamateurs. Da die Analyse dieses Dramas eine Plage wäre, nur dies: Dass männerhassende Lesben wie Nadine sich den lüsternen Blicken männlicher Barbesucher aussetzen, erscheint dem gesunden Hirn als fast so unwahrscheinlich wie die Tatsache, dass ein Mensch *nicht* sofort stöhnend die Flucht ergreift, wenn ihm jemand erzählt, er habe »Graf Dracula beerbt«. – »Mit jedem einzelnen Meter ... stürzt [der Film] den unglücklichen Betrachter in die verzweifelte Situation des Alex aus Uhrwerk-Orange. Der wird im Rahmen der ›Ludovico-Therapie‹ gezwungen, sich bis zum Erbrechen furchtbarste Filmschnipsel anzugucken, wobei er dem Einfluss einer Droge ausgesetzt ist, die entsetzliche Übelkeit verursacht. *Vampyros Lesbos* kann freilich auf solch eine Droge getrost verzichten – die Übelkeit stellt sich hier von ganz allein ein.« (KINO, WIE ES KEINER MAG) AIDT

VATERTAG

(STEPFATHER III: FATHER'S DAY). USA 1992. **R:** *Guy Magar.* **B:** *Guy Magar, Marc B. Ray.* **V:** *»The Payoff« von Ronald T. Owen.* **K:** *Alan Caso.* **M:** *Pat Regan.* **D:** *Robert Wightman (Keith Grant), Priscilla Barnes (Christine Davis), David Tom (Andy Davis), Season Hubley (Jennifer Ashley), John Ingle (Pater Brennan). F 105 Min.*

Vampyros Lesbos – Die Erbin des Dracula

Vorgeschichte: *The Stepfather* und *Stepfather II.* – Rabiater Möchtegern-Familienvorstand, der zweifelhafte Vorstellungen vom menschlichen Zusammenleben und bereits zwei Familien auf dem Gewissen hat, taucht nach plastischer Operation in Kalifornien unter, macht sich an die heiratswillige Mutter eines gehbehinderten Jungen heran und will beide mit Gewalt zu ihrem Glück zwingen. Da dies nicht ohne Widerstand von Mutter und Sohn abgeht, plant er bald, sich der undankbaren Brut zu entledigen. Routiniert inszenierter Psychopathen-Horrorthriller, dritte Folge einer Serie. (siehe *The Stepfather, Stepfather II*). [V]

VEIDT, CONRAD

(1893–1943). Deutscher Schauspieler. Geboren in Potsdam. Fing als Kleindarsteller in Max Reinhardts Deutschen Theater an. Ab 1917 filmte er auch. 1919 spielte er den von Werner Krauss hypnotisierten Somnambulen Cesare in *Das Cabinet des Dr. Caligari* und 1920 in F. W. Murnaus einen Jekyll/Hyde – *Der Januskopf*, mit Bela Lugosi als Partner. 1927 drehte er zum ersten Mal in Hollywood: *The Man Who Laughs (Der Mann, der lacht).* War auch für die Filmrolle des *Dracula* im Gespräch. 1919: *Satanas; Unheimliche Geschichten;* 1924: *Orlac's Hände; Das Wachsfigurenkabinett;* 1926: *Der Student von Prag.* Verließ Deutschland unter den Nazis und arbeitete in England und Amerika: 1940: *The Thief of Baghdad (Der Dieb von Bagdad).*

DAS VERBRECHERISCHE LEBEN DES ARCHIBALDO DE LA CRUZ

(ENSAYO DE UN CRIMEN). Mexiko 1955. **R:** *Luis Buñuel.* **B:** *Luis Buñuel, Eduardo Ugarte Pages.* **St:** *Rodolfo Usigli.* **V:** *Rodolfo Usigli.* **K:** *Augustin Jimenez.* **M:** *Jorge Perez.* **D:** *Ernesto Alonso (Archibaldo de la Cruz), Miroslava (Lavinia), Rita Macedo (Patricia), Ariadne Welter (Carlota), Rodolfo Landa (Alejandro), Andrea Palma (Cervantes), Carlos Riquelme (Polizeichef), José Maria Linares Rivas (Willy), Leonor Llausas (Governante), Eva Calvo (Mutter), Carlos Martinez Baena, Robertro Meyer. SW 91 Min.*

Der durchgedrehte, aus großbürgerlichen Verhältnissen stammende Archibaldo bringt aufgrund eines Kindheitserlebnisses stets Tod mit Liebe (bzw. Sex) in Verbindung; deshalb malt er sich in wilden Phantasien die makellosesten Morde aus, die er begehen will. Leider kommt ihm jedoch stets der Zufall zuvor, denn alle schönen Damen, die er im Geiste meuchelt, fallen den Umständen, anderen Mördern oder der eigenen Hand zum Opfer. Als Archibaldo zur Polizei geht, um seine Untaten zu gestehen, nimmt ihn niemand ernst. Eine absurde Geschichte über verdrängte Sexualität: Eher makaber als gruselig, und nicht ohne Humor.

DIE VERFLUCHTEN

(HOUSE OF USHER). USA 1960. **R:** *Roger Corman.* **B:** *Richard Matheson.* **V:** *»Der Fall des Hauses Ascher« von Edgar Allan Poe.* **K:** *Floyd Crosby.* **M:** *Les Baxter.* **D:** *Vincent Price (Roderick Usher), Mark Damon (Philip Winthrop), Myrna Fahey (Madeline Usher), Harry Ellerbe (Bristol), Bill Borzage, Mike Jordan, Nadajan, Ruth Oklander, George Paul, David Andar, Eleanor Le Faber, Geraldine Paulette, Phil Sylvester, John Zimes (Gespenster). F 79 Min.*

New England, 19. Jahrhundert: Philip Winthrop taucht unangemeldet auf dem finsteren, bedrohlich wirkenden Landsitz der Familie Usher auf, um seine Braut Madeline zu besuchen. Deren Bruder Roderick, ein unzugänglicher, brütender Charakter, gibt ihm zu verstehen, dass er nicht willkommen ist und Madeline nicht sehen kann, da sie bettlägerig ist. Philip besteht darauf, sie zu sehen. Als er endlich mit Madeline sprechen kann, bittet er sie, mit ihm zu gehen. Roderick wendet sich vehement gegen seine Heiratspläne: Er behauptet, die Ushers seien verdammt; Madeline und er hätten nicht mehr lange zu leben. Am nächsten Tag findet Philip seine Braut leblos vor. Roderick besteht darauf, sie sofort in der Familiengruft beizusetzen. Als Philip abreisen will, eröffnet ihm der Butler der Ushers, Madeline habe an Anfällen von Starrkrampf gelitten. Von der Vorstellung geplagt, sie könne lebendig begraben worden sein, greift Philip Roderick an, der ein Geständnis ablegt: Er habe nur verhindern wollen, dass das verfluchte Blut der Ushers weiter fortlebt. Madeline, inzwischen wahnsinnig geworden, entsteigt der Gruft und erwürgt ihren Bruder. Das Haus der Ushers geht in Flammen auf; Philip entkommt dem Feuer als Einziger. » ... dann hörte man ein langes, lautes Donnern, wie das Tosen von tausend Wasserfällen, und dann schloss sich der tiefe unheimliche Teich zu meinen Füßen über den Trümmern des Hauses Usher.« (Edgar Allan Poe) – *Die Verfluchten* war nicht nur der erste Film, den Roger Corman nach einer Vorlage Poes inszenierte, sondern auch der erste Farbfilm, den die auf Billigfilme spezialisierte Produktionsgesellschaft American International (für die er bis dato zehn Quickies gedreht hatte) auf den Markt brachte. Der Erfolg verblüffte sowohl die Produzenten als auch die Akteure, was dazu führte, dass eine ganze Reihe von Poe-Verfilmungen entstand. – »Der Film ist vielleicht kein Meisterwerk, aber der beste dieses Genres, der mir seit langem untergekommen ist.« (Paul V. Beckley, NEW YORK HERALD TRIBUNE) – »Eine gewisse Stimmungskraft ist der Verfilmung nicht abzusprechen«, fand CK im FILMDIENST. »In den Traummontagen und der Ahnenbilder-Sequenz versucht die Regie, das Übersinnliche, das Irrationale, mit teils abstrakten Mitteln zu beschwören. Aber das sind seltene, noch dazu kaum gelungene Bemühungen, die ›Halluzination des Entsetzens‹ bei Poe ins Bildhafte des Films zu übertragen. Überwiegend herrscht der Charakter eines lange Zeit zwar wohltuend gedämpften, zum Schluss jedoch umso grelleren Gruselfilms vor, dessen be-

Die Verfluchten

sondere innere Welt nur ferne erahnbar wird.« – Roger Corman über ein Gespräch mit seinem Produzenten Samuel Z. Arkoff: »Sam war anfangs nicht sehr begeistert. ›In dem Film kommt ja kein Monster vor‹, sagte er. Da ich das Projekt nicht verlieren wollte, erwiderte ich: ›Das Haus ... Das Haus ist das Monster.‹ Er ließ mich den Film machen, also hat er's mir wohl abgekauft. Später, während der Aufnahmen, musste Vincent Price sagen: ›Das Haus lebt! Das Haus atmet!‹, und zwar in einem gehetzten, dramatischen Tonfall. Zwischendurch kam er zu mir rüber und zeigte mit dem Finger auf seinen Text. ›Dies ergibt doch keinen Sinn. Warum muss ich das sagen?‹. ›Das ist die Zeile, wegen der wir den Film machen dürfen‹, erwiderte ich und erzählte ihm von meinem Gespräch mit Sam. Vincent sah mich eine Sekunde lang nachdenklich an, dann sagte er: ›Prima, dann werde ich ihr eben Leben einhauchen.‹ (zit. n. Ed Naha, THE FILMS OF ROGER CORMAN) [V]

DIE VERGEWALTIGUNG

Anderer Titel für BLUTHUNDE

VERHÄNGNIS AUF BESTELLUNG

(DESTINY TO ORDER). USA 1988. **R:** *Jim Purdy.* **B:** *Jim Purdy.* **K:** *Ludek Bogner.* **SpE:** *Lisa Atkinson.* **M:** *Dave Gray.* **D:** *Michael Ironside (Kenrick), Stephen Quimette (J. D. Baird), Alberta Watson (Thalia/Marla/Nicole), Victoria Snow (Anne), Harant Alianak (Vacek), Denis Forrest (René Dian), Ingrid Veninger (Siobhan). F (97) 93 Min.*

Krimi-Autor verliert die Kontrolle über den Roman, an dem er arbeitet, als sich eine Protagonistin seiner Geschichte an ihn wendet, da sie nicht ermordet werden will. Bald muss er sich mit dem in die Wirklichkeit entschlüpften Bösewicht des Romans auseinander setzen, der ihn selbst zur Romanfigur macht und sein Werk umschreibt. Als der Tod des Helden bevorsteht, erwacht er aus einer Ohnmacht. Komödie. [V]

VERHASSTES BLUT

(BLOOD CLAN). Kanada 1991. **R:** *Charles Wilkinson.* **B:** *Glynis Whiting.* **K:** *Kenneth Hewlett.* **M:** *N.N.* **D:** *Michelle Little (Kathy Bane), Gordon Pinsent (William McKay), Anne Mansfield (Margaret McKay), Jacqueline Dandeneau (Mary McKay), Robert Wisden (Stuart Ross), Shaun Johnston (Jerry). F 87 Min.*

1895 radieren schottische Soldaten einen in Höhlen lebenden Clan aus, den man des Kannibalismus beschuldigt. Richter William McKay rettet ein kleines Mädchen und wandert mit ihm nach Kanada aus. Um 1910 lebt das Kind, inzwischen eine eigensinnige junge Frau, mit ihrer Familie auf einer Farm, leidet unter einer verhassten Stiefmutter und hat Albträume. Als eine schreckliche Mordserie einsetzt, ist sie aufgrund ihrer Vergangenheit die Hauptverdächtige.

VERHEXT NOCH MAL!

(LOVE AT STAKE/BURNIN' LOVE). USA 1988. **R:** *John Moffitt.* **B:** *Terry Sweeney, Lanier Laney.* **K:** *Mark Irwin.* **M:** *Charles Fox, Tom Rizzo.* **D:** *Patrick Cassidy (Miles), Bud Cort (Parson Babcock), David Graf (Nathaniel), Stuart Pankin (Richter Samuel John), Barbara Carrera (Faith), Georgia Brown (Witwe Chastity), Annie Golden, Audrie Neenan. F 83 Min.*

Da immer mehr Menschen in die Gegend von Salem ziehen und so die Grundstückspreise steigen, denunziert ein korrupter Richter unschuldige Frauen als Hexen, damit er ihren Besitz konfiszieren und verkaufen kann. Bis er dann Bekanntschaft mit echten Hexen schließt. Klamotte. [V]

EINE VERHEXTE AFFÄRE

(BLACK MAGIC). USA 1991. **R:** *Daniel Taplitz.* **B:** *Daniel Taplitz.* **K:** *Peter Fernberger.* **M:** *Cliff Martinez, Jeff Rona.* **D:** *Judge Reinhold (Alex Gage), Brion James (Tom), Wendy Makkena (Sally), Tammy Arnold (Mutter), Anthony La Paglia (Ross), Rachel Ward (Lilian Blattman), Mark Jeffrey Miller. F 93 Min.*

TV-Film. Alex erhält Besuch vom Geist seines Vetters Ross, der ihn überreden will, seine Schwarze Magie praktizierende Ex-Geliebte zu töten. Stattdessen verliebt Alex sich in die Dame und klärt Ross' Tod auf, für den ein anderer Geist verantwortlich war. Komödie. [V]

DAS VERLORENE WOCHENENDE

(THE LOST WEEKEND). USA 1945. **R:** *Billy Wilder.* **B:** *Charles Brackett, Billy Wilder.* **V:** *»The Lost Weekend« von Charles Jackson.* **K:** *John F. Seitz.* **SpE:** *Gordon Jennings.* **M:** *Miklos Rosza* **D:** *Ray Milland (Don Birnam), Jane Wyman (Helen St. James), Philip Terry (Nick Birnam), Howard Da Silva (Nat), Doris Dowling (Gloria), Frank Faylen (Bim), Mary Young (Mrs. Deveridge), Anita Bolster*

(Mrs. Foley), Lillian Fontaine (Mrs. St. James), Lewis J. Russell (Charles St. James), Gisela Warbeck (Mrs. Wertheim), Eddie Laughton (Brophy). SW 101 Min.

Don Birnam lebt in New York. Er möchte Schriftsteller werden, doch der Alkohol hat ihn in den Klauen. So sehr sich seine Verlobte Helen und sein Bruder auch bemühen, Don auf den richtigen Weg zu bringen: Nichts klappt. An einem einsamen Wochenende, das Don allein in der Stadt verbringt, betrinkt er sich über alle Maßen und landet in einer Alkoholikerstation. Er bricht aus, irrt durch die Stadt und kehrt in seine Wohnung zurück, wo er in ein tiefes Delirium versinkt und der kalte Horror nach ihm greift. Er hat Halluzinationen fürchterlicher Art: Eine Fledermaus dringt in sein Zimmer ein; eine Wand bricht plötzlich auf; er sieht eine weiße Maus, die von der Fledermaus angegriffen und getötet wird. Als Helen Don findet, ist er völlig am Ende. Er stiehlt seiner Verlobten den Pelzmantel, um ihn in der Pfandleihe gegen seinen versetzten Revolver auszutauschen: Er will seinem Leben ein Ende setzen. Helen kann ihn jedoch überreden, seine Leidensgeschichte zu Papier zu bringen. Don hat ein neues Lebensziel gefunden. – Ungeachtet des aufgesetzt wirkenden Happy Ends (das das *Das verlorene Wochenende* für den FILMDIENST zu einem »gelungenen Film von großer Eindringlichkeit und steter Aktualität« machte), ist die Geschichte ein nüchtern und routiniert gemachter Bericht über das Leben eines Suchtkranken, für den das aus den Untiefen der menschlichen Seele kommende Grauen sichtbare Gestalt annimmt. Ray Milland spielt seine Rolle vortrefflich, und die Schreckensvisionen, mit denen er zu kämpfen hat, stellen vieles in den Schatten, was flinke Genre-Filmer sich an Blut und Gedärm-Sequenzen ausdenken. – »Die aufbrechende Wand ist eine interessante Vorwegnahme der grauenhaften Halluzination in Roman Polanskis *Ekel.*« (Ivan Butler, HORROR IN THE CINEMA)

DAS VERMÄCHTNIS DES BÖSEN

(THE POSSESSION OF MICHAEL D./LEGACY OF EVIL). USA 1995. **R:** *Michael Kennedy.* **B:** *Ronald Parker.* **K:** *Manfred Guthe.* **M:** *John McCarthy.* **D:** *Phylicia Rashad (Dr. Marion Hale), Stephan Lang (Michael), Sheila McCarthy (Jenny), Michael Riley (Dr. Nick Galler), Roger Rees (Robin Banks), Bernard Behrens (Dr. Jerry), Ceciley Carroll (Allyson), Vernon Chapman (Priester). F 85 Min.*

TV-Film. Psycho-Thriller. Frustrierte junge Frau verliebt sich in einen Farmer, der von Albträumen heimgesucht wird und sich unter deren Einfluss immer mehr verändert. Ein Hypnotiseur wird auf den Fall angesetzt, doch seine Erkenntnisse sind wenig erfreulich.

DAS VERMÄCHTNIS DES PROFESSOR BONDI

(A BUCKET OF BLOOD). USA 1959. **R:** *Roger Corman.* **B:** *Charles B. Griffith.* **K:** *Jack Marquette.* **M:** *Fred Katz.* **D:** *Dick Miller (Walter Paisley), Barboura Morris (Carla), Anthony Carbone (Leonard), Julian Burton (Maxwell H. Brock), Ed Nelson (Art Lacroix), John Brinkley (Will), John Shaner (Oscar), Judy Bamber (Alice), Myrtle Domerel (Mrs. Surchart), Burt Convy (Lou Raby), Jean Burton (Naolia). SW 66 Min.*

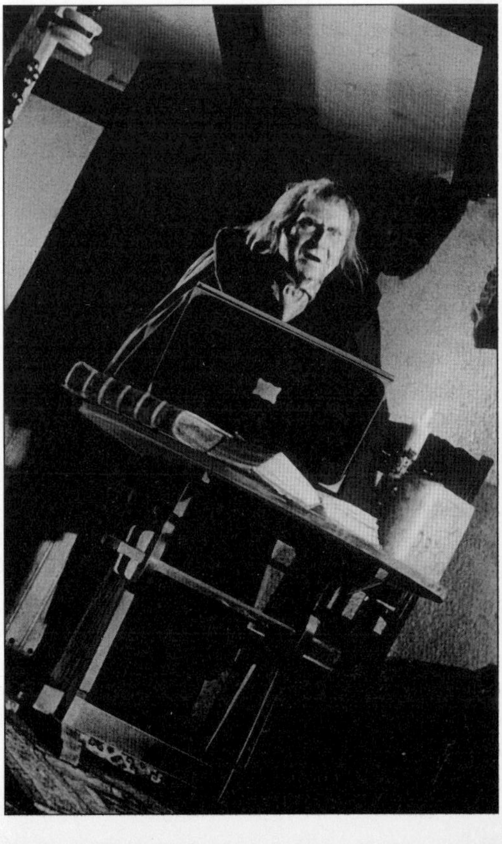

Das Vermächtnis des Professor Bondi

Der Möchtegern-Bildhauer Walter Paisley arbeitet als Kellner in einem Künstlerlokal. Nachdem er – eher aus Versehen – eine Katze umgebracht hat, hüllt er sie in Knetmasse ein. Die Ausgeflippten, denen er die Getränke ranschleppt, halten ihn daraufhin für einen der ihren. Um seinem neuen Image gerecht zu werden, sieht Paisley sich gezwungen, neue Werke zu schaffen. Also murkst er Menschen ab und überzieht sie mit Modelliermasse. Dummerweise erkennt die süße Carla auf einer Vernissage, dass der Finger einer bestimmten Statue *zu echt* aussieht. KREISCH! Paisley sucht das Weite, und die Polizei sucht ihn. Er nimmt sich das Leben; nicht jedoch, ohne sich selbst vorher zu seinem letzten »Kunstwerk« zu machen. – Ein schwarzhumoriges kleinen Meisterwerk. VARIETY: »Besonders gut hat Corman die Caféhaus-Atmosphäre eingefangen. Der Laden ist mit Typen bevölkert, die ihre realen Entsprechungen zum Schaudern bringen müssten. Die technischen Aspekte des Films sind gut, wenn auch manche Innendekorationen unterdurchschnittlich wirken. Fred Katz' Musik ... ist passend und hilft dem Streifen beträchtlich. Wer weiß, was Corman fabriziert hätte, hätte er mehr Geld und Zeit gehabt und nicht den Eimer voll Blut, der im (Original-) Titel vorkommt, mit einbauen müssen.« Stellt sich die Frage, was der deutsche Titel zu bedeuten hat. Könnte er eine Anspielung auf *Das Kabinett des Professor Bondi* sein?

DER VERRÜCKTE PROFESSOR

(THE NUTTY PROFESSOR). USA 1962. **R:** *Jerry Lewis.* **B:** *Jerry Lewis, Bill Richmond.* **V:** *»Der seltsame Fall des Dr. Jekyll und Mr. Hyde« von Robert Louis Stevenson.* **K:** *Wallace Kelley.* **SpE:** *Paul K. Lerpae.* **M:** *Walter Scharf.* **D:** *Jerry Lewis (Professor Julius F. Kelp/Buddy Love), Stella Stevens (Stella Purdy), Del Moore (Dr. Hamius R. Warfield), Kathleen Freeman (Millie Lemmon), Howard Morris (Kelps Vater), Elvira Allman (Kelps Mutter), Milton Frome (Dr. Leevee), Buddy Lester (Barkellner), Marvin Kaplan (Englischer Junge), Skip Ward, Norman Alden (Footballspieler), Henry Gibson (Student), Doodles Weaver (Rube), Mushy Callahan (Taxifahrer). F 107 Min.*

Chemieprofessor Julius Kelp ist eine anerkannte Größe in seinem Fach, aber zu seinem Leidwesen nicht bei Frauen, was angesichts seiner bös vorstehenden Zähne und seines tollpatschigen Betragens nicht verwundert. Auch ein Body Building-Kurs verschafft keine Abhilfe. Er besinnt sich auf seine wahren Werte und erfindet eine Wunderdroge, die ihn für Stunden in einen kraftstrotzenden Mann verwandelt. Als Großmaul Buddy Love macht er bei der Damenwelt zeitweise Furore. Auf einer Collegefete will er groß rauskommen, doch die Wirkung des Mittels lässt innerhalb von Minuten nach. Der angeberische Schönling und Muskelprotz verwandelt sich vor den staunenden Gästen zurück in den bekannten Professor. Kelp fügt sich in sein Schicksal, gewinnt trotzdem das Herz der knackigen Studentin Stella Purdy. – Jerry Lewis groß in Form. Er bereichert das Dr. Jekyll-Thema um eine interessante Variante: Nicht der normale Mensch wird zum Ungeheuer (so die Gruselvorlage), sondern der »Deformierte« wird äußerlich zum »gewöhnlichen« Menschen; die erwartete Jekyll/Hyde'sche Verwandlung zum Schlechten vollzieht sich in der Psyche des Experimentators Kelp, der während der Metamorphose nur in einem kurzen Augenblick die Gestalt des affenähnlichen Untiers annimmt: Als Buddy Love zeigt er sich, vor allem in seinen rüden Redensarten, als wahrer geistiger Barbar. Zu behaupten, dass er dabei eine tragische oder diabolische Gestalt abgibt, wäre übertrieben. Schließlich ist *Der verrückte Professor* kein Horrorfilm, sondern »nur« eine Komödie, die das Jekyll/Hyde-Thema in satirischer Weise verändert. – »Wenn also Jerry Lewis' *The Nutty Professor* ... als die modernste und intelligenteste Verfilmung von Stevensons Geschichte erscheint, dann liegt das nicht zuletzt daran, dass alle Verweise auf frühere Fassungen einen unbestreitbaren spielerischen Reiz haben und immer den kontrollierenden Intellekt erkennen lassen, der am Werke war.« (Franz Schöler, FILM)

DIE VERSCHLOSSENE TÜR

(THE SHUTTERED ROOM). GB 1967. **R:** *David Greene.* **B:** *D. B. Ledrov, Nathaniel Tanchuk.* **V:** *»Das vernagelte Fenster« von H. P. Lovecraft und August Derleth.* **K:** *Ken Hodges.* **M:** *Basil Kirchin.* **D:** *Gig Young (Mike Kelton), Carol Lynley (Susannah Kelton), Oliver Reed (Ethan), Flora Robson (Tante Agatha), William Devlin (Zebulon), Bernard Kay (Tait), Judith Arthy (Emma), Robert Cawdron (Luther), Celia Hewitt (Tante Sarah), Ingrid Bower (Mädchen), Peter Porteus, Anita Anderson, Clifford Diggins. F 100 Min.*

Susannah Kelton kehrt nach jahrzehntelanger Abwesenheit auf die kleine irische Insel zurück, auf der sie geboren wurde. Sie hat dort eine alte Mühle geerbt, aus der ihr Mann Mike und sie eine Sommerlaube machen wollen. Die Inselbewohner – offenbar ausnahmslos Produkte generationenlanger Inzucht – empfangen die Neuankömmlinge in einer aggressionsgeladenen, feindlichen Atmosphäre. Morde sind in letzter Zeit geschehen; da sind Fremde natürlich besonders verdächtig. Tante Agatha hält nichts davon, dass Susannah und Mike die Mühle ausbauen wollen. Auch eine Halbstarkenbande erweist sich dem Paar gegenüber als bösartig: Mike wird zusammengeschlagen. Auf Susannah stürzt sich, als sie die Mühle besichtigt, ein Unhold. Während Susannah sich in einem bisher stets verschlossenen Raum verbarrikadieren kann, hat ihr Angreifer eine Begegnung mit einer sinistren Gestalt, die ihn das Leben kostet. Der Mörder, so scheint's, lebt in der alten Mühle. Als selbige in Flammen aufgeht, kann Mike Susannah gerade noch retten. – »Der Film ... streut Hinweise, gibt Fingerzeige, legt auch falsche Spuren. Ein Gefühl der Unwirklichkeit kommt inmitten des realen, heutigen Milieus auf. Langsam zieht sich das Netz zusammen. Von der Feindschaft der Inselbewohner über die Aggressivität der Meute findet sich im Monstrum der natürliche ›Höhepunkt‹. Die Kamera arbeitet sehr geschickt, vor allem in den subjektiven Momenten. Die Musik ist sparsam und sorgfältig dosiert.« (ANDROMEDA). – »Das Drehbuch ist dem Plot ebenbürtig, aber schwach in manchen Dialogen, was dazu führt, dass hin und wieder an den falschen Stellen gelacht wird.« (VARIETY)

VERSCHWÖRUNG IM NORDEXPRESS

Anderer Titel für DER FREMDE IM ZUG

DAS VERSTECK

(LA RESIDENCIA). Spanien 1970. **R:** *Narcisco Ibanez Serrador.* **B:** *Luis Verna Penafiel.* **K:** *Manuel Berenguer.* **D:** *Lilli Palmer (Mme. Fourneau), Christina Galbo (Theresa), John Moulder Brown (Luis), Mary Maude (Irene), Candida Losada (Mlle. Desprez), Tomás Blanco (M. Baldie), Pauline Challenor (Catherine), Maribel Martin (Isabelle), Conchita Paredes (Suzanne), Victor Israel (Brechard), Teresa Hurtado (Andree), Anne Marie Pol (Jacqueline), Maria Jose Valero (Helene), Maria Del Carmen Duque (Julie), Gloria Blanco (Cecile), Clovis Dave (Henry), Elisa Mendez (Marie), Juana Azorin (Susie), Blanca Sendino (Marthe), Paloma Pages (Regine), Sofia Casares (Marguerite). F 117 Min.*

Irrsinniger Sohn einer neurotischen Internatsleiterin entpuppt sich als Produkt seiner Erziehung, indem er Mamas Ratschläge allzu wörtlich nimmt und »böse« Mädchen »bestraft«. [V]

VERTEUFELT

Anderer Titel für L'OSSESSA – DAS OMEN DES BÖSEN

VERTIGO – AUS DEM REICH DER TOTEN

Anderer Titel für AUS DEM REICH DER TOTEN

VIER IM RASENDEN SARG

(RACE WITH THE DEVIL). USA 1974. **R:** *Jack Starrett.* **B:** *Wes Bishop, Lee Frost.* **K:** *Robert Jessup.* **M:** *Leonard Rosenman.* **D:** *Peter Fonda (Roger), Warren Oates (Frank), Loretta Swit (Alice), Lara Parker (Kelly), R. G. Armstrong (Sheriff), Wes Bishop (Dave), Clay Tanner (Delbert), Carol Blodgett (Ethel), Ricci Ware (Ricci), Paul A. Partain (Cal Mathers), Arkey Blue (Ankey), James Harrell (Waffenhändler), Karen Miller (Kay), Jack Starrett (Tankwart), Phil Hoover (Mechaniker), Bob Judson (Hexer), Peggy Kokerot (Opfer). F 88 Min.*

Der »rasende Sarg« ist ein Wohnmobil, in dem zwei urlaubende amerikanische Ehepaare den Angehörigen eines Satanskults zu entkommen versuchen, nachdem sie selbige zufällig bei ei-

Vier im rasenden Sarg

ner Schwarzen Messe (mit Menschenopfer) beobachtet haben. – Gewiss kein Meisterwerk, aber solide Thriller-Unterhaltung.

DIE VIER SCHÄDEL DES JONATHAN DRAKE

(THE FOUR SKULLS OF JONATHAN DRAKE). USA 1959. **R:** *Edward L. Cahn.* **B:** *Orville H. Hampton.* **K:** *Maury Gertsman.* **M:** *Paul Dunlap.* **D:** *Eduard Franz (Jonathan Drake), Valerie French (Alison Drake), Henry Daniell (Dr. Zurich), Grant Richards (Lt. Rowan), Paul Cavanaugh (Kenneth Drake), Paul Wexler (Zutai), Lumsden Hare (Rogers), Frank Gerstle (Lee Coulter), Howard Wendell (Dr. Bradford). SW 72 Min.*

Durchgedrehter Wissenschaftler lässt von seinem indianischen (?) Assistenten die männlichen Mitglieder einer britischen Nobelfamilie umbringen und fertigt aus deren Häuptern Schrumpfköpfe an. – »Ein Voodoo-Hokuspokus, mit todernstem Gesicht gespielt.« (Alan Frank, THE HORROR FILM HANDBOOK)

DER VIERTE MANN

(DE VIERDE MAN). Niederlande 1983. **R:** *Paul Verhoeven.* **B:** *Gerard Soeteman.* **V:** *»De vierde Mann« von Gerard Reve.* **K:** *Jan De Bont.* **SpE:** *Harrie Wiessenhaan, Aad van Westen, Jaap Jongkind, Hennie van den Akker, Leo Naftoli Cahn, Mathijs Teunissen van Manen.* **M:** *Loek Dikker.* **D:** *Renee Soutendijk (Christine Halsslag), Jeroen Krabbe (Gerard Reve), Thom Hoffman (Herman), Dolf De Vries (Dr. De Vries), Geert De Jong (Ria), Hans Veerman (Bestatter), Hero Muller (Josefs), Caroline De Beus (Adrienne), Reinout Bussemaker, Erik J. Meijer, Filip Bolluyt, Hedda Lornie, Pauls Nygaard, Guus van der Made, Pamela Teves, Hella Faassen, Helen Hedy. F 90 Min.*

Bisexueller Autor geht ein Verhältnis mit einer dreifachen Witwe ein, die sich als Hexe entpuppt.

VIRGIN WITCH

(VIRGIN WITCH/LESBIAN TWINS). GB 1973. **R:** *Ray Austin.* **B:** *Klaus Vogel.* **St:** *Klaus Vogel.* **K:** *Gerald. Moss.* **M:** *Ted Dicks.* **D:** *Anne Michelle (Christine), Patricia Haines (Sybil Waite), Vicki Michelle (Betty), Keith Buckley (John), James Chase (Peter), Neal Hallett (Gerald Amberley), Helen Downing (Abby Drake), Paula Wright (Mrs. Wendel). F 85 Min.*

Christine und Betty, zwei Mädchen vom Lande, die sich in London ansiedeln wollen, um in der Modebranche Karriere zu machen, geraten in die Fänge der lesbischen Modeagentin/Hexe Sybil, die in ihrem Landhaus schwarze Messen zelebriert. Unergiebige Mixtur aus (wenig) Horror und (viel) Lesbensex. Auch handwerklich schwach.

VISION DER DUNKELHEIT

(BAD DREAMS). USA 1988. **R:** *Andrew Fleming.* **B:** *Andrew Fleming, Steven De Souza.* **K:** *Alexander Gruszynski.* **M:** *Jay Ferguson.* **D:** *Jennifer Rubin (Cynthia), Bruce Abbott (Dr. Alex Carmen), Richard Lynch (Harris), Dean Cameron (Ralph), Harris Yulin (Dr. Beresford), Susan Barnes (Connie), Elizabeth Daily (Lana), Sy Richardson (Detective), Missy Francis (Cynthia als Jugendliche). F 84 Min.*

Der Sektenführer Harris und seine Jünger sind den Flammentod gestorben. Dreizehn Jahre später taucht er, wie Freddy Krueger, in den Träumen der in einer Heilanstalt einsitzenden Cyn-

Die vier Schädel des Jonathan Drake

thia auf, die den Massenselbstmord als Einzige überlebt hat, um sie und alle anderen zum baldigen Ableben zu zwingen. Produziert von »No Frills Film«. [V]

VISIONEN DES SCHRECKENS

(MURDEROUS VISION). USA 1990. **R:** *Gary A. Sherman.* **B:** *Paul Joseph Gulino.* **K:** *Alex Nepomniaschy.* **M:** *Joe Renzetti.* **D:** *Bruce Boxleitner (Detective Kyle Roberhaw), Laura Johnson (Elizabeth), Joseph D'Angerio (Stim), Elizabeth Kemp (Ellen Green), Robert Culp (Dr. Bordinay), J. Teddy Davis (Martha Ryan), David Correia (Chavez), Stuart Nisbet (Detective Nowaczek), Lindsey Whitney Barry (Clara), Paty Lombard (Mrs. Gruttadero), Josh Wolford (David), Kevin Skousen (Joseph Green), Tom Finnegan (Ryan), Patricia Johnson (Mrs. Ryan). F 89 Min.*
Cop Robeshaw jagt einen schizoiden Massenmörder, der eine Streifenpolizistin niedergeschossen hat, und kommt ihm mit Hilfe des Mediums Elizabeth auf die Spur. [V]

VISIONS OF DEATH

(AFTER ALICE). BRD/GB/Kanada 1999. **R:** *Paul Marcus.* **B:** *Jeff Miller.* **K:** *Brian Pearson.* **M:** *Michael Hoenig.* **D:** *Kiefer Sutherland (Mickey Hayden), Henry Czerny (Harvey), Polly Walker (Dr. Vera Swann), Gary Hudson (John Hatter), Stephen Quimette (Gideon Wood). F 97 Min.*
Nachdem seine Frau ihn verlassen hat, greift Polizist Mickey Hayden immer häufiger zur Flasche. Dabei stellt sich auch heraus, dass er ein prima Medium ist. Ein Hellseher und eine Parapsychologin arbeiten ihn so weit ein, dass er den »Jabberwocky-Killer« überführen kann. – Esoterik-Thriller. [V]

THE VISITORS – BESUCHER IM HAUS

(BESÖKERNA). Schweden 1988. **R:** *Joakim Ersgard.* **B:** *Joakim Ersgard, Patrik Ersgard.* **K:** *Hans-Ake Lerin.* **M:** *Peter Wallin.* **D:** *Kjell Bergquist (Frank), Lena Endre (Sara), Joanna Berglund (Lotta), Jonas Olsson (Peter), Johannes Brost (Allan), Patrik Ersgard (Briefträger), Bernt Lundquist (Sheriff). F 104 (98) Min.*
Poltergeister bedrohen das Lebens- und Familienglück eines amerikanischen Werbefachmanns, der mit seiner Familie nach Schweden zieht und sich in einer abgelegenen Villa einmietet. Es sollte diese Biester wirklich geben – und wenn auch nur, damit sie die Werbefritzen plagen.

DIE VÖGEL

(THE BIRDS). USA 1963. **R:** *Alfred Hitchcock.* **B:** *Evan Hunter.* **V:** *Erzählung »Die Vögel« von Daphne Du Maurier.* **K:** *Robert Burks, Ub Iwerks.* **SpE:** *Lawrence A. Hampton, Ray Berwick (Vogeldressur).* **M:** *Bernard Herrmann, Remi Grassmann, Oskar Sala.* **D:** *Rod Taylor (Mitch Brenner), Tippi Hedren (Melanie Daniels), Jessica Tandy (Lydia Brenner), Suzanne Pleshette (Annie Hayworth), Veronica Cartwright (Cathy Brenner), Ethel Griffies (Mrs. Bundy), Charles McGraw (Sebastian Sholes), Ruth McDevitt (Mrs. MacGruder), Malcolm Atterbury (Sheriff Al Malone), Karl Swenson (Betrunkener), Joe Mantell (Reisender), Elisabeth Wilson (Helen Carter), Lonny Chapman (Deke Carter), John McGovern (Fischer), Doodles Weaver (Postbeamter), Richard Deacon (Mann im Aufzug), Doreen Lang, Bill Quinn. F 120 Min.*
Alfred Hitchcock verlässt mit den Hunden Stanley und Geoffrey eine Tierhandlung in San Francisco (Kurzauftritt Ende). Dort begegnen sich auch Melanie Daniels, die Tochter eines Zeitungsmagnaten, und der Anwalt Mitch Brenner. Trotz seiner abweisenden Haltung will sie ihn von nun an nicht mehr aus den Augen lassen. Sie folgt ihm unter dem Vorwand nach Bodega Bay, seiner kleinen Schwester Cathy zwei »Liebesvögel« zum Geburtstag zu schenken. Gleich bei ihrer Ankunft stürzt sich eine Möwe auf sie. Zufall? Melanie beschließt, bei der Lehrerin Annie Hayworth zu übernachten. Während der Geburtstags-Gartenparty am nächsten Tag stür-

Alfred Hitchcock und die Vögel

zen sich Vogelschwärme auf die spielenden Kinder. Am Abend dringen Spatzen in den Kamin des Brenner'schen Hauses ein, werden aber abgewehrt. Tags darauf wird Brenners Nachbar mit ausgehackten Augen tot aufgefunden. Das Entsetzen steigert sich. Eine bedrohliche Anzahl von Krähen hat sich im Schulhof niedergelassen. Melanie warnt die Lehrerin. Bei dem Versuch, die Kinder in Sicherheit zu bringen, greifen die Vögel an, zunächst zaghaft, dann mit äußerster Wucht. Die Lehrerin wird zerfleischt. Dann geht es los: Angriff auf die Ladenstraße des Ortes. Eine defekte Benzinleitung lässt einen Brandherd schnell um sich greifen. Schonungslos wiederholen die Vögel ihre Angriffe. Brenners Haus wird in besonderem Maße attackiert. Verbissen setzen sich die Hausbewohner zur Wehr. Sie müssen kapitulieren. In einem ruhigen Augenblick gelingt es ihnen, das Haus zu verlassen, um sich in ihr Auto zu retten. Überall sitzen spähend, unbeweglich, drohend die Vögel. Behutsam rollt das Auto durch das Vogelmeer zur nahen Straße. – Daphne Du Maurier begründet in ihrer Kurzgeschichte den Angriff der Vögel mit einer Tollwutepidemie; ein Gedanke, der Hitchcock nicht behagte. Seine Idee vom unmotivierten, nicht erklärbaren Angriff einer Tiergattung auf den Menschen sollte als Spekulation, als Phantasie, verstanden werden, als Bedrohung, die am helllichten Tag aus heiterem Himmel in die Welt des Normalen einbricht. – »Wir mögen gefasst sein auf den Angriff eines Riesenkraken oder eine Armee gigantischer Ameisen – aber wer käme darauf, dass die lieben kleinen gefiederten Wesen, die uns ständig umgeben, eine ernste Gefahr für unsere Zivilisation darstellen könnten?« (Hitchcock in J. R. Taylor, HITCHCOCK). Damit war Hitchcock seiner Zeit um einige Nasenlängen voraus. Doch schon bald schwappte die Kinoleinwand über mit Ratten, Fröschen, Kaninchen und anderen alltäglichen Horrorwesen. Wie so oft erreichte keiner dieser Ergüsse die Klasse des Vorbildes. [V] [DVD]

VOM SATAN GEZEUGT

Anderer Titel für WER BIST DU?

VON ALLEN GEISTERN BESESSEN

(REPOSSESSED). USA 1990. **R:** *Bob Logan.* **B:** *Bob Logan.* **K:** *Michael D. Margulies.* **M:** *Charles Fox.* **D:** *Leslie Nielsen (Pater Mayii), Linda Blair (Nancy Aglet), Anthony Starke (Pater Luke Brophy), Ned Beatty (Ernest Weller), Lana Schwab (Fanny Weller), Thom J. Sharp. F 84 Min.*

Vor den Kameras einer religiösen Fernsehshow exorziert der wackere Pater Mayii die feiste Nancy Aglet, die, wie wir alle wissen, bereits 1973 in *Der Exorzist* von einem schweinischen Dämonen besessen war. Hier werden Exorzisten-Filme und die in den USA zahlreich auftretenden Fernsehprediger beinhart verarscht. [V]

VOODOO

(VOODOO). USA 1995. **R:** *René Eram.* **B:** *Brian DiMuccio, Dino Vendeni.* **K:** *Dan Gilham.* **SpE:** *John Hartigan, Beverly Hartigan.* **M:** *Keith Bilderbeck.* **D:** *Corey Feldman (Andy), Joel J. Edwards (Marsh), Diana Nadeau (Rebecca), Ron Melendez (Erik), Sarah Douglas (Professor Connor), Jack Nance (Lewis), Amy Raasch (Wendy), Brian Michael McGuire (Ken), Christopher Kriesa (Baird), Clark Tufts (Loomis), Maury Ginsberg (Deitz). F 90 Min.*

Der Student Andy bewirbt sich an der Universität von Los Angeles um eine Mitgliedschaft in einer Studentenverbindung (STÖHN!), deren Aufnahmeprüfung es in sich hat: Er muss rohes Fleisch verzehren und eine Leiche aus der Pathologie stehlen. Bald merkt er, dass er in den Zirkel der Schlangengöttin Ezili eingestiegen ist. Deren Jünger beschäftigen sich eifrig mit Voodoo und räumen kaltschnäuzig jeden aus dem Weg, der ihre Kreise stört. [V]

VOODOO BLOOD

(STRANGE TURF/VOODOO DAWN). USA 1989. **R:** *Steven Fierberg.* **B:** *John A. Russo, Evan Dunsky, Jeffrey Delman, Thomas Rendon.* **K:** *James McCalmont.* **M:** *Taj.* **D:** *Gina Gershon (Tina), Theresa Merritt (Madame Daslay), Tony Todd (Makoute), Raymond St. Jacques (Claude), J. Grant Albrecht (Tony), Kirk Bailey (Kevin), Billy Williams (Miles). F 80 Min.*

Ein Voodoo-Zauberer auf Haiti bringt Menschen um, um wie Dr. Frankenstein aus ihren Einzelteilen neue Lebewesen zu basteln. [V]

VOODOO CHILD

(THE DUNWICH HORROR). USA 1969. **R:** *Daniel Haller.* **B:** *Curtis Lee Hanson, Henry Rosenbaum, Ronald Silkosky.* **V:** *Erzählung »Der Schrecken von Dunwich« von H. P. Lovecraft.* **K:** *Richard C. Glouner.* **M:** *Les Baxter.* **D:** *Sandra Dee*

(Nancy Walker), Dean Stockwell (Wilbur Whateley), Ed Begley (Dr. Henry Armitage), Sam Jaffe (Opa Whateley), Lloyd Bochner (Dr. Cory), Barboura Morris (Mrs. Cole), Beech Dickerson (Cole), Talia Coppola Shire (Cora), Jason Wingreen (Polizeichef), Michael Fox (Dr. Raskin), Joanna Moore Jordan (Lavinia Whateley), Jack Pierce (Reege), Donna Baccala (Elizabeth Hamilton), Toby Russ (Bibliothekar), Michael Haines (Wächter). F 90 Min.

Die Studentin Nancy wird von dem mit den Mächten des Bösen im Bunde stehenden Wilbur Whateley manipuliert, damit sie selbigen als Opfer dient. Doch Rettung ist nah – denn Dr. phil. Armitage, der das Buch »Necronomicon« ebenfalls gelesen hat, nach dessen Zaubersprüchen Wilbur die Dämonen beschwört, ist heftig um sie besorgt! – Nach Motiven des Horror-Autors H. P. Lovecraft, der weder etwas für die doofe Geistergeschichte noch für den blöden deutschen Titel kann, mit dem man ihn und sein Werk postmortal beleidigt. – »Haller widmet den Traumsequenzen, die ihre filmische Nähe zum kurz zuvor entstandenen *Rosemaries Baby* ... nicht verleugnen können, zu viel Aufmerksamkeit und schafft immer dann faszinierende Momente, wenn er versucht, Lovecrafts Originalerzählung in eine adäquate Bildsprache zu übertragen. Was bleibt, ist ein äußerst zwiespältiger Streifen mit der Zeit gemäßen, reichlich psychedelisch angehauchten Bilderfolgen und Farbverfremdungen sowie netten Dekors und bemühten Schauspielern.« (Andreas Kasprzak, Hrsg., H. P. LOVECAFT – VON MONSTREN UND MYTHEN) [V]

DER VOODOO-FLUCH

(SCARED STIFF). USA 1986. **R:** *Richard Friedman.* **B:** *Mark Frost, Daniel F. Bacaner, Richard Friedman.* **K:** *Yuri Denysenko.* **M:** *The Barber Brothers.* **D:** *David Ramsey (George Masterson), Nicole Fortier (Elizabeth), Mary Page Keller (Kate Christopher), Andrew Stevens (David Young), Josh Segal (Jason), Jackie David (Detective Whitecomb), William M. Hindman (Dr. Brightman). F 81 Min.*

Psychiater bezieht mit Gattin und Sohn das von einem Fluch beladende Landhaus eines ehemaligen Sklavenhändlers und wird selbigem täglich ähnlicher. Als er zur Bedrohung seiner Familie wird, gelingt es der Ehefrau in letzter Minute, das Böse mit Hilfe eines zerbrochenen Schutzamuletts zu besiegen. – »Dramaturgisch wirrer Voodoo-Grusel, einfallslos und mit lächerlich aufgesetzten Dialogen. Die miserable Synchronisation setzt dem Film die Krone auf.« (FILM-DIENST) [V]

VOR MORGENGRAUEN

(JUST BEFORE DAWN). USA 1982. **R:** *Jeff Lieberman.* **B:** *Mark Aryvitz, Gregg Irving.* **K:** *Joel King, Dean King.* **M:** *Brad Fiedel.* **D:** *George Kennedy (Roy MacLean), Deborah Benson (Constance), Chris Lemmon (Jonathan), Gregg Henry (Warren), Mike Kellin (Ty), Ralph Seymour (Daniel), Kati Powell (Merry Cat Logan), Jamie Ross (Megan). F 80 Min.*

Fünf junge Leute kampieren in der Wildnis von Oregon, wo ihre Eltern ein Stück Land erworben haben. Sie geraten versehentlich auf den Besitz einer durch allzu starke Inzucht degenerierten Familie, deren Angehörige sich tierisch grunzend an die Fersen der Ahnungslosen heften und sie auf abscheulichste Weise abschlachten. Dreck.

VOR SCHRECK GEBANNT

Anderer Titel für BIS DAS BLUT GEFRIERT

VORSICHT, GESPENSTER!

(HOLD THAT GHOST). USA 1941. **R:** *Arthur Lubin.* **B:** *Robert Lees, Fred Rinaldo, John Grant.* **K:**

Voodoo Child

Elwood Bredell, Joseph Valentine. **M:** *H. J. Salter.* **D:** *Bud Abbott (Chuck Murray), Lou Costello (Ferdinand Jones), Richard Carlson (Dr. Jackson), Joan Davis (Camille Brewster), Mischa Auer (Gregory), Evelyn Ankers (Norma Lind), Marc Lawrence (Charlie Smith), Shemp Howard (Kellner), Nestor Paiva (Glum), Thurston Hall (Alderman), Janet Shaw (Freundin), Russell Hicks (Bannister), Don Terry (Würger), Edgar Dearing (Trondome), Harry Hayden (Jenkins), William Davidson (Moose Matson), William Forrest (Polizist), Frank Perry, Edward Pawley, William Ruhl, Joe LaCava, Howard Hickman, Frank Richards, Jeanne Blanche, Bobby Parker. SW 85 Min.*

Chuck und Ferdi, zwei Trottel vom Dienst, die sich u.a. auch als Kellner und Tankwarte versuchen, beerben (eher aus Versehen) einen Gangsterboss, der sein Vermögen in einem halb verfallenen Haus versteckt hat. Die Ganovenkonkurrenz kriegt ebenso Wind davon wie die Mitglieder seiner Bande, und bald ist eine wüste Jagd durch sämtliche Etagen (inkl. Kellerräume) im Gange, wobei sich die Lumpen alle Mühe geben, das einfältige Duo mit spukhaften Erscheinungen und aus Schränken purzelnden Leichen in Panik zu versetzen. Ferdi entdeckt am Ende nicht nur den verborgenen Schatz, er vertreibt auch die lästige Konkurrenz – indem er das Geheul einer Polizeisirene imitiert. Ganz schön doof. Kaum glaublich: 1-A-Mime Peter Pasetti (1916–1996) als Synchronstimme Lou Costellos!

W

W – WAHNSINN

(W/I WANT HER DEAD). USA 1974. **R:** *Richard Quine.* **B:** *Gerald Di Pego, James Kelly.* **K:** *Jerry Hirschfeld.* **M:** *Johnny Mandel.* **D:** *Leslie Hornby (Kathy Lewis), Michael Whitney (Ben Lewis), Eugene Roche (Charles Jasper), John Vernon (Arnie Felson), Dirk Benedict (William Caulder), Michael Conrad (Lt. Whitfield), Alfred Ryder (Ermittler), Carmen Zapata (Betty), Dave Morick (Paul), Ken Lynch (Wache), Peter Walker (Vollzugsbeamter). F 95 Min.*

Geheimnisvoller Mörder, der seine Aktionen mit »W« zeichnet, gibt sich alle Mühe, Kathy Lewis umzubringen. Des Rätsels Lösung: Kathy ist gar nicht Kathy, sondern die an Gedächtnisverlust leidende Gattin eines Mannes, der angeblich hinter Zuchthausmauern sitzt, da er sie ermordet haben soll. Produziert von Altstar Mel Ferrer im Auftrag von Bing Crosby. AIDT [V]

DAS WACHSFIGURENKABINETT

Anderer Titel für DAS WACHSFIGURENKABINETT DES GRAUENS

DAS WACHSFIGURENKABINETT

Deutschland 1924. **R:** *Paul Leni.* **B:** *Henrik Galeen.* **K:** *Helmut Lerski.* **D:** *Wilhelm Dieterle (Autor/Assad/Bräutigam), John Gottowt (Schaubudenbesitzer), Olga Balajeff (Zarah/Braut/Tochter), Emil Jannings (Harun al-Raschid), Conrad Veidt (Iwan der Schreckliche), Werner Krauss (Jack the Ripper), Ernst Legal, Georg John. SW 64 Min. (Stummfilm).*

Ein junger Schriftsteller wird bei einem Jahrmarktsbummel vom Besitzer einer Schaubude aufgefordert, Geschichten über dessen Wachsfiguren zu schreiben. Am meisten inspirieren den jungen Mann Kalif Harun al-Raschid, Iwan der Schreckliche und Jack the Ripper. Als die ersten beiden Erzählungen fertig sind, verfällt er in einen Traum und sieht sich und die hübsche Tochter des Schaubudenbesitzers von Jack the Ripper über den Jahrmarkt gehetzt. – *Das Wachsfigurenkabinett,* einer der international bekanntesten deutschen Stummfilme, besteht aus drei mehr oder weniger phantastisch-gruseligen Episoden: In der ersten trickst ein gewitztes Pärchen den lüsternen Harun al-Raschid aus, in der zweiten treibt ein zaristischer Unterling seinen Herrn allmählich in den Wahnsinn, und die Traumsequenz der dritten endet glücklich. – »Die dritte Episode ist zugleich Klammer und Teil der Rahmenhandlung. Der junge Dichter ist auf dem Jahrmarkt eingeschlafen. Traum und Wirklichkeit durchdringen sich: Durch Riesenrad und Karussell, die den Menschen wie zwei magische Spinnengewebe ergreifen und ihn eine Weile von der Erde weg oder nahe der Erde in tollem Kreise drehen, steigt in geisterhafter Beleuchtung und in unheimlichen Doppelbelichtungen der unmenschlich aufgedunsene Koloss, verfolgt das atemberaubende Phantom das unschuldige Glück der Liebenden.« (Leo Schönecker, FILMDIENST) – »Dass der Regis-

Das Wachsfigurenkabinett

seur Paul Leni Maler ist, zeigt sich am vorteilhaftesten in der filmtechnischen Gestaltung des Bildes. Er versteht sehr gut, die Möglichkeiten des photographischen Apparates auszunutzen, zum Beispiel die schrägen Stellungen, die eigentümlich veränderte und belebte Bilder ergeben. Nur ist das Bild bei ihm oft zu kompliziert und unübersichtlich.« (Frank Warschauer, WELTBÜHNE)

DAS WACHSFIGURENKABINETT DES GRAUENS

(NIGHTMARE IN WAX). USA 1969. **R:** *Bud Townsend.* **B:** *Rex Carlton, Winifred Gibson.* **K:** *Glen Smith.* **M:** *Igor Kantor.* **D:** *Cameron Mitchell (Vincent Renard), Anne Helm (Mary Morgan), Scott Brady (Haskell), Barry Kroeger (Max Black), Victoria Carroll (Teresa), Philip Baird (Tony Dean), John Bud Cardos (Sgt. Carver), Hollis Morrison (Nick), James Forrest (Alfred Herman), Reni Martin, The T-Bones, The Gazzari Dancers. F 84 Min.*

Von einem schweinischen Filmproduzenten erniedrigter und entstellter Ex-Maskenbildner, der nun ein Wachsfigurenkabinett betreibt, rächt sich an seinem einstigen Boss, indem er dessen Stars mit einem Serum lähmt, mit Wachs überzieht und in seinem Gruselkabinett ausstellt. In der Schlussszene erwachen die Eingewachsten zum Leben und sorgen dafür, dass der Bösling in einem brodelnden Topf endet. Unter aller Kanone. Und wie *originell!*

DER WAHNSINNIGE ZAUBERKÜNSTLER

(THE MAD MAGICIAN). USA 1954. **R:** *John Brahm.* **B:** *Crane Wilbur.* **K:** *Bert Glennon.* **M:** *Emil Newman, Arthur Lange.* **D:** *Vincent Price (Don Gallico), Mary Murphy (Karen Lee), Eva Gabor (Claire Ormond), Patrick O'Neal (Bruce), Jay Novello (Frank Prentiss), John Emery (Rinaldi), Lenita Lance (Alice Prentiss), Donald Randolph (Ross Ormond). SW 73 Min.*

Don Gallico, ein Erfinder von Zaubertricks, möchte selbst gern auf der Bühne stehen, doch sein Brötchengeber Ormond verhindert dies mit allen Mitteln. Als er Gallico erniedrigt und unter Druck setzt, verliert der ansonsten sanftmütige Mann die Fassung und ermordet ihn mit einer Kreissäge. Um die Tat zu verschleiern, nimmt Gallico die Identität seines Opfers an. Zwar kann er diverse Bekannte und Konkurrenten Ormonds täuschen, nicht aber dessen habgierige Gattin, mit der er einst selbst verheiratet war. Eine neue Erfindung bringt Gallico schließlich einen grausamen Tod: Er wird bei lebendigem Leibe verbrannt. – Ein kaum spannendes und nur mäßig gruseliges Spektakel, das zudem nicht mal von einem »wahnsinnigen« (siehe Titel) Zauberkünstler handelt: Hier wurde der Begriff *mad* (in diesem Fall: »wütend, toll, tollwütig«) falsch angewandt.

WALD DES GRAUENS

(IN THE WOODS). USA 1999. **R:** *Lynn Drzick.* **D:** *D. J. Perry (Alex Kerwood), Aimee Tenaglia (Helen Kerwood), Jim Greulich (Wayne Higley), Stuart MacDonald, Buck Schimer. F 90 Min.*

Zwei Feuerwehrmänner begegnen in der US-Provinz einem blutgierigen Ungeheuer. – »Grauenvoll synchronisierter Horror-Schrott.« (FILM-JAHRBUCH 2001) AIDT [V]

WAR ES WIRKLICH MORD?

(THE NANNY). GB 1965. **R:** *Seth Holt.* **B:** *Jimmy Sangster.* **V:** *»War es wirklich Mord?« von Evelyn Piper.* **K:** *Harry Waxman.* **M:** *Richard Rodney Benney.* **D:** *Bette Davis (Nanny), Wendy Craig (Virginia Fane), James Villiers (Bill Fane), Jill Bennett (Penelope), Pamela Franklin (Bobby), William Dix (Joey Fane), Alfred Burke (Dr. Willis), Maurice Denham (Dr. Beamaster), Jack Watling (Dr. Medman), Nora Gordon (Mrs. Griggs), Sandra Power (Sarah), Harry Fossler (Milchmann), Angharad Aubrey (Susy). SW 92 Min.*

Das Wachsfigurenkabinett des Grauens

Joey Fane (10), Sohn eines Sonderkuriers Ihrer britischen Majestät, kehrt nach zweijährigem Aufenthalt aus einem Internat, wo er den Lehrern diverse Probleme verschafft hat, nach Hause zurück. Seine Mutter Virginia und das Kindermädchen Nanny nehmen ihn in Empfang. Joey ignoriert Nanny, will nicht in dem Zimmer schlafen, das sie für ihn vorbereitet hat und verweigert alle Mahlzeiten, an deren Zubereitung sie beteiligt war. Dem Mädchen Bobby, das im gleichen Haus wohnt, erzählt er vom Tod seiner kleinen Schwester Suzy, die zwei Jahre zuvor in der Badewanne ertrunken ist: Nanny habe sie ertränkt, und dann ihm die Schuld in die Schuhe geschoben, deswegen habe er ins Internat gemusst. Joeys Mutter erkrankt am Tag darauf an einer Lebensmittelvergiftung und muss ins Krankenhaus. Man verdächtigt Joey. Da der Junge mit Nanny nicht allein im Haus bleiben will, zieht Virginias Schwester Penelope ein, die ein schwaches Herzen hat und ständig Medizin einnehmen muss: eine Tatsache, die Joey sehr interessiert. Als Penelope im Sessel einschläft, wird sie von dem kreischenden Joey geweckt, der behauptet, Nanny habe ihn in der Badewanne ertränken wollen. Sie schickt ihn zu Bett und macht sich auf, um mit Nanny zu reden, die sie mit einem Kissen unter dem Arm vor Joeys Tür findet. Es kommt zu einer Auseinandersetzung, bei der Penelope einen Herzanfall erleidet. Nanny denkt nicht daran, sie mit Medizin zu versorgen. Sie legt die Kranke auf ihr Bett und erzählt ihr von dem Tag, an dem Klein-Susy starb: Sie hatte an diesem Tag den Anruf erhalten, dass ihre eigene Tochter bei einer illegalen Abtreibung in ernsthafte Schwierigkeiten geraten sei. Ihr Versuch, der eigenen Tochter, die sie als kleines Kind weggegeben habe, weil sie sich »um so viele andere« habe kümmern müssen, hat Susy das Leben gekostet: Die Kleine ist in die Wanne geklettert und ertrunken. Penelope stirbt. Nanny geht in Joeys Zimmer, betäubt den Jungen und will ihn ertränken. Im letzten Moment überkommt sie die Vernunft; Joey kann fliehen.

Was anfangs aussieht wie die Phantasien eines verschrobenen Buben, entwickelt sich zu unheimlicher Realität: Ein mörderisches Kindermädchen will eine Tragödie vertuschen, die sich abgespielt hat, als sie sich einmal im Leben um das Schicksal des eigenen Kindes kümmerte. Nannys Angst, das in sie gesetzte Vertrauen könne schwinden, treibt sie dazu, den einzigen Zeugen ihres Versagens mundtot zu machen. – »Nach den Maßstäben des traditionellen Horrorfilms befinden sich in diesem Werk mindestens zwei Sequenzen, die unwiderleglich als diesem Genre zugehörig angesehen werden müssen. In der ersten Sequenz erleidet Jill Bennett ... einen Herzinfarkt und fleht die Davis an, ihr die nötige Medizin zu geben. Sich unter Schmerzen windend, starrt sie Hilfe suchend die Davis an, welche jedoch mit ihren Gedanken ganz woanders ist und mit monotoner Stimme ... von dem Unfall erzählt, bei dem das Mädchen ertrunken ist. Der grauenvolle Todeskampf der Bennett gewinnt dabei immer mehr an Echtheit, und es ist dem Zuschauer nahezu unmöglich, im Angesicht dieser Qualen ... ungerührt und gleichgültig zu bleiben. Die zweite Schockszene zeigt die Erinnerungen der Davis an das tote Schwesterchen des kleinen Jungen. In einer Reihe von brutal realistischen Aufnahmen wird das kleine Mädchen gezeigt, das sich verzweifelt aus den Fluten zu befreien sucht und schließlich wie eine leblose Puppe ans Ufer getrieben wird.« (Robert Moss, DER KLASSISCHE HORROR-FILM)

WARLOCK – THE ARMAGEDDON

Anderer Titel für WARLOCK – SATANS SOHN KEHRT ZURÜCK

WARLOCK – DAS GEISTERSCHLOSS

(WARLOCK III: THE END OF INNOCENCE). USA/Irland 1998. **R:** *Eric Freiser.* **B:** *Eric Freiser, Bruce Eisen.* **SpE:** *»Almost Human« (Robert Hall, Anthony Gaillard, Pierre-Olivier Thevenin).* **D:** *Ashley Laurence (Kris), Angel Boris (Lisa), Bruce Payne, Boti Ann Bliss, Paul Francis, Richard C. Hearst. F 91 Min.*

Gemeinsam mit ein paar Collegefreunden verbringt Kris ein ungemütliches Wochenende im 300 Jahre alten Gemäuer ihrer verstorbenen Eltern in Massachusetts, denn es meldet sich Satans Sohn. – In Roger Cormans Irland-Studios produziert und nur auf Video erhältlich. [V]

WARLOCK – SATANS SOHN

(WARLOCK). USA 1988. **R:** *Steve Miner.* **B:** *David T. Twohy.* **K:** *David Eggby.* **SpE:** *Patrick Read Johnson, Robert Habros, Keith Shartle.* **M:** *Jerry Goldsmith.* **D:** *Julian Sands (Warlock), Richard E. Grant (Giles Refderne), Lori Singer (Kassandra), Kevin*

O'Brien (Chas), Mary Woronov (Wahrsagerin), Richard Kuss (Mennonit), Juli Burkhart (Schwiegertochter), Harry Johnson (Farmer), David Carpenter (Pastor), Anna Levine (Pastorengattin), Kay E. Kuter (Proctor). F 94 Min.
Ein Hexenjäger aus dem 16. Jahrhundert und ein junges Mädchen verfolgen in der Gegenwart einen Magier, der mit Hilfe einer Hexenbibel die Schöpfung vernichten will. Nicht unwitzige Billigproduktion. [V]

WARLOCK – SATANS SOHN KEHRT ZURÜCK

(WARLOCK: THE ARMAGEDDON). USA 1993. **R:** *Anthony Hickox.* **B:** *Kevin Rock, Sam Bernard.* **K:** *Gerry Lively.* **M:** *Mark McKenzie.* **D:** *Julien Sands (Warlock), Chris Young (Kenny Travis), Paula Marshall (Samantha Ellison), Joanna Pacula (Paula Dare), Steve Kahan (Will Travis). F 94 Min.*
Ein Hexenmeister will die Erde in ewige Finsternis stürzen und muss sich zu diesem Behufe mit zwei Teenies raufen, die Kinder von Druiden sind. [V]

WAS GESCHAH WIRKLICH MIT BABY JANE?

(WHAT EVER HAPPENED TO BABY JANE?). USA 1962. **R:** *Robert Aldrich.* **B:** *Lukas Heller.* **V:** *»Was geschah wirklich mit Baby Jane?« von Henry Farrell.* **K:** *Ernest Haller.* **M:** *Frank de Vol.* **D:** *Bette Davis (Jane Hudson), Joan Crawford (Blanche Hudson), Victor Buono (Edwin Flagg), Anne Lee (Mrs. Bates), Maidie Norman (Elvira Stitt), Marjorie Bennett (Mrs. Flagg), Dave Willock (Ray Hudson), Ann Barton (Cora Hudson), Barbara Merill (Liza Bates), Julie Allred (Jane als Kind), Gina Gillespie (Blanche als Kind), Bert Freed (Produzent), Wesley Addy (Regisseur). SW 114 Min.*
Baby Jane Hudson ist eine versoffene, verrückte und aufgedonnerte alte Schlampe, die es nicht verwinden kann, dass sie kein junges Mädchen mehr ist. Früher war sie ein bekannter Vaudeville-Star, heute ist sie ein Niemand. Dennoch träumt sie vom großen Comeback – dafür hat sie schon einen Pianisten engagiert (der ihren Honorarvorschüssen jedoch mehr Enthusiasmus entgegenbringt als ihrer Kunst). Janes Schwester Blanche, die erst als Erwachsene Ruhm als Filmschauspielerin einheimste, ist seit einem – angeblich von Jane verschuldeten – Autounfall an den Rollstuhl gefesselt. Eines Tages entwickelt sie den Plan, ihre alte Hollywood-Villa zu verkaufen und die irre Jane in ein Heim zu geben. Jane reagiert darauf mit Hohn, Gemeinheiten und offenem Terror und macht der hilflosen Blanche klar, wer hier von wem abhängig ist: Von nun an gibt's gegrillte Ratten und gebratene Wellensittiche zum Dinner; Blanche verliert jeden Kontakt zur Außenwelt. Die Putzfrau Elvira, die bemerkt, dass Blanche im eigenen Haus wie eine Gefangene dahinvegetiert, verliert das Leben durch einen von Jane geschwungenen Hammer. Edwin Flagg, der Pianist, entdeckt die gefesselte und geknebelte Blanche auf ihrem Bett. Als er in Panik das Haus verlässt, rechnet Jane mit der baldigen Ankunft der Polizei. Sie schafft Blanche an den Strand von Malibu und will sie bei lebendigem Leib verscharren. Blanche gesteht ihr, dass sie den Autounfall seinerzeit arrangiert hat, um sich für die Jahre zu rächen, in denen sie in Baby Janes Schatten stand. Als die Polizei eintrifft, hat Jane völlig den Verstand verloren und sich in ihre entschwundene Kindheit zurückgezogen. Vor den heraneilenden Scharen der Neugierigen führt sie ihre alte Vaudeville-Nummer auf, was frappierend an Gloria Swansons letzte Szene in *Boulevard der Dämmerung* (USA 1950; Regie: Billy Wilder) erinnert. – »Ganz simpel gesagt, der Film ist ein Schocker – ein Schocker in bester Hitchcock-Manier, und gleichzeitig eine hervorragende Plattform für die zeitgereiften Talente zweier leistungsstarker Hollywood-Aktricen, Bette Davis und Joan Crawford. Szenen, die – von weniger bedeutenden Kräften ausgeführt – lediglich simple Komik erzeugt hatten, knistern hier vor Spannung.« (Arthur Knight, SATURDAY REVIEW) – »Der beste Schocker seit *Psycho.*« (VARIETY) – »Ein packender Film.« (Bosley Crowther, NEW YORK TIMES) – »Neben diesen beiden herangereiften Schauspielerinnen wirkt Frankenstein sie ein Chorknabe.« (PEOPLE)

WAS IST DENN BLOSS MIT HELEN LOS?

(WHAT'S THE MATTER WITH HELEN?). USA 1971. **K:** *Curtis Harrington.* **B:** *Henry Farrell.* **K:** *Lucien Ballard.* **M:** *David Raksin* **D:** *Debbie Reynolds (Adelle Bruckner), Shelley Winters (Helen Hill), Dennis Weaver (Lincoln Palmer), Agnes Moorehead (Schwester Alma), Michael MacLiammoir (Hamilton Starr), Sammee Lee Jones (Winona Palmer), Robbi Morgan (Rosalie Greenbaum), Helene Winston (Mrs. Greenbaum), Molly Dodd*

(Mrs. Rigg), Peggy Rea (Mrs. Schultz), Yvette Vickers (Mrs. Barker), Paulle Clark (Mrs. Plumb), Pamelyn Ferdin (Kinderschwester), Debbie Van den Houten (Sue Anne Schultz), Tammy Lee (Charlene Barker), Teresa de Rose (Donna Plumb), Swen Swenson (Gigolo), Timothy Carey (Tramp), Harry Stanton (Malcolm Hays), James Dobson (Taxifahrer), Logan Ramsey (Sgt. West), Peggy Lloyd Patten (Ellie Banner), Garry Combs (Matt Hill), Sadie Delfino (Zwergin), Annette Davis (Spinster), Helene Heigh (Witwe). F 97 Min.

Eine Kleinstadt in Iowa, 1934: Zwei junge Männer ermorden ein Mädchen und werden zu einer lebenslänglichen Haftstrafe verurteilt. Die Mütter der beiden, Adele Bruckner und Helen Hill, erhalten fortan Drohanrufe. Unter falschem Namen ziehen sie nach Los Angeles und gründen eine Tanzschule, die blüht und gedeiht und sie die Vergangenheit für eine Weile vergessen lässt. Adele verliebt sich in den schwerreichen Vater eines ihrer Schüler, aber bald darauf geht es mit den anonymen Anrufen wieder los. Adele wird von einem Mann verfolgt (dem Geliebten der Frau, die Helens und ihr Sohn umgebracht haben), den sie in Panik eine Treppe hinunterstürzt, um die Leiche mit Helens Hilfe zu beseitigen. Helen wird zunehmend paranoider und verfällt schließlich dem Wahnsinn. Nachdem sie Adeles Haustiere (ein Kaninchenrudel) abgeschlachtet hat, gesteht sie, auch ihren Mann umgebracht zu haben. Sie ersticht Adele mit einem Küchenmesser. – »Was wirklich mit Helen los ist – sie ist eine religiöse Spinnerin und ganz offensichtlich nicht ganz beieinander –, erkennt man so früh, dass einen nicht mehr viel überraschen kann.« (Vincent Canby, NEW YORK TIMES) – »Der Film fängt zu lahm an, bevor er zu seinem überraschenden Schock-Ende kommt.« (Ann Guanno, NEW YORK DAILY NEWS) Die Kritiken waren zweispaltig; die positiven überwogen die Verrisse nur knapp.

WAS MACHT DER TOTE AUF DER WÄSCHELEINE?

(STUDENT BODIES). USA 1981. **R:** *Mickey Rose.* **B:** *Mickey Rose.* **K:** *Robert Ebinger.* **M:** *Gene Hobson.* **D:** *Kristen Ritter (Toby), Matthew Goldsby (Hardy), Richard Brando (Keucher), Joe Flood (Dumpkin), Joe Talarowski (Peters), Mimi Weddell (Miss Mumsley), Carl Jacobs (Dr. Sigmund), Peggy Cooper (Miss Van Dyke), Janice E. O'Malley (Schwester Krud). F 80 Min.*

Haarsträubende Parodie auf Schlitzerfilme wie *Halloween* und sämtliche Nachzieher, in der die Leichen nur so purzeln. Gelegentlich ulkig. [V]

WAX MASK

(M.D.C. – MASCHERA DI CERA). Italien/Frankreich 1997. **R:** *Sergio Stivaletti.* **B:** *Lucio Fulci, Daniele Stroppa.* **St:** *Dario Argento, Lucio Fulci, Daniele Stroppa.* **K:** *Sergio Salvati.* **SpE:** *Sergio Stivaletti.* **Ma:** *Benoit Lestang.* **M:** *Maurizio Abeni.* **D:** *Robert Hossein (Boris Volkoff), Romina Mondello (Sonia), Riccardo Serventi Longhi (Andrea), Gabriella Giorgelli (Francesca), Umberto Balli (Alex), Valery Valmond (Giorgina), Aldo Massasso (Inspektor Lanvin), Gianni Franco (Inspektor Palazzi), Antonello Murru, Daniele Auber, Romano Iannelli, Rosa Pianeta, Sonia Topazio, Massimo Vanni, Omero Capanna. F 95 Min.*

Paris, Silvester 1900: Ein italienisches Ehepaar wird brutal von einem Vermummten mit einer Eisenhand abgeschlachtet. Nur Töchterchen Sonia überlebt. Rom, 1912: Der Hurenbock Luca lässt sich auf die Wette ein, er sei mutig genug, eine Nacht in einem Wachsmuseum zu verbringen, das in Kürze eröffnet werden soll. (Leider stirbt er vor Angst, als einige Figuren sich unerwartet bewegen.) Tags drauf bewirbt sich Sonia um eine Stelle als Kostümbildnerin im Wachsmuseum des Tschechen Boris Volkoff. Seine Spezialität: Die Darstellung berühmter Verbrecher und ihrer Untaten. Der Journalist Andrea, der Lucas schaurigen Tod recherchiert, bandelt mit Sonia an, und bald sind beide ein Paar. Gleichzeitig macht sich ein Vermummter mit Eisenhand an Jungen und Mädchen heran und piekt sie mit einer riesigen Fixe. Eine verschwundene Hure, die Andrea als Wachsfigur in Boris' Kabinett wieder sieht, bringt unser blasses Heldenpärchen auf die Spur des Mörders von Sonias Eltern, der aufgrund der Gemeinheit der Menschen einen an der Waffel hat. – Video-Regiedebüt eines von Lucio Fulci und Dario Argento geförderten Maskenbildners. Eine todlangweilige, ohne jede Dramatik und Spannung inszenierte Abfolge von Szenen, mit Charakteren, an deren Schicksal man nicht den geringsten Anteil nimmt. Der große Aufwasch am Ende ist purer Schwachsinn, und ebenso die Pointe, die man schon Minuten zuvor riecht. Fulci selbst war ein Comeback mit *Wax Mask* nicht mehr vergönnt. [V]

WEGENER, PAUL

(1874–1948). Deutscher Schauspieler und Filmpionier. Wegener, Sohn eines ostpreußischen Rittergutsbesitzers, besuchte die Lateinschule in Rösel und das Kneiphofsche Gymnasium in Königsberg: »Mein Entschluss, Schauspieler zu werden, stand mit der Obertertia fest. Nach einer Faust-Aufführung erklärte ich kategorisch: den roten Kerl mit der Feder auf dem Kopf werde ich auch einmal spielen! Ich suchte den Charakterspieler des Stadttheaters auf und sprach ihm einiges vor. Er verschaffte mir daraufhin die Möglichkeit, in der Komparserie mitzuwirken, was uns allerdings von der Schule strengstens untersagt war. Meinen Schulkameraden im Stehparterre wurde es daher recht unheimlich zumute, wenn ich mich ganz nach vorn an die Rampe drängte und lauter als alle anderen brüllte. Ihre Warnung: ›Mensch, wenn nun ein Pauker im Theater sitzt‹ fruchtete nichts; und einer stellte einmal fest, ich hätte nur um so ›unentwegenerter‹ weitergemacht.« Er nahm in Leipzig Schauspielunterricht und spielte in verschiedenen deutschen Städten. Endlich empfahl sein Kollege Rudolf Schildkraut ihn Max Reinhardt, der ihn ans Deutsche Theater nach Berlin holte. Mit zeitweiligen Unterbrechungen gehörte Wegener dieser Bühne von 1906 bis 1920 an. Nebenbei reizte ihn aber auch der Kintopp: »Die geheimnisvollen Möglichkeiten der Kamera erhitzten meine Phantasie. Ich ersann die Fabel *Der Student von Prag,* weil hier die Möglichkeit gegeben war, mit mir selbst zu spielen. Ich trug mein Sujet der damaligen Bioscop vor. Man verwies mich an den Dramaturgen der Gesellschaft, und das war gut, denn das war niemand anders als Hanns Heinz Ewers.« Ewers (1871–1943) »hatte das gute Glück, ein schlechter Autor zu sein, dessen Imagination reißerisch in Sensation und Sex schwelgte – und den Nazis ein natürlicher Verbündeter zu sein, für die er 1933 das offizielle Drehbuch über Horst Wessel schreiben sollte. Aber genau diese Art Imagination trieb ihn in Bereiche, die reich an handgreiflichen Vorfällen und sinnlichen Erfahrungen waren, also Material boten, das der Film stets dankbar aufgreift.« (Siegfried Kracauer, VON CALIGARI ZU HITLER) So spielte Wegener, neben der Doppelrolle in dem 1913 veröffentlichten *Studenten,* noch in einem zweiten, von Ewers verfassten, Film: der ersten Version von *Alraune,* die 1928 herauskam. Dreimal erschien er in der eindrucksvollen, von Rudolf Belling gestalteten Maske des Golem auf der Leinwand: 1915: *Der Golem;* 1917: *Golem und die Tänzerin;* 1920: *Der Golem – Wie er in die Welt kam.* Weitere Filme: 1916: *Der Yoghi;* 1924: *Lebende Buddhas;* 1926: *The Magician* (ein Aleister-Crowley-Stoff, Regie: Rex Ingram); 1927: *Svengali; Ramper, der Tiermensch;* 1932: *Unheimliche Geschichten* nach Erzählungen von Edgar Allan Poe und Robert Louis Stevenson. Unterm Nationalsozialismus war Wegener in einigen ausgesprochen politischen Filmen: 1933: *Hans Westmar, einer von vielen;* 1942: *Der große König;* 1945: *Kolberg,* die beiden letzten unter der Regie von Veit Harlan. Am 11.7.1948 stand Wegener zum letzten Mal als Nathan auf der Bühne und brach schon in der ersten Szene zusammen. Der Vorhang fiel, ein weiteres Filmangebot lehnte er mit den Worten ab: »Ich kann nicht mehr – ich bin fertig.«

Paul Wegeners Totenmaske (Filmmuseum Berlin)

WEIBLICH, LEDIG, JUNG SUCHT ...

(SINGLE WHITE FEMALE). USA 1992. **R:** *Barbet Schroeder.* **B:** *Don Roos.* **V:** *»SWF Seeks Same« von John Lutz.* **K:** *Luciano Tovoli.* **M:** *Howard Shore.* **D:** *Bridget Fonda (Allison Jones), Jennifer Jason Leigh (Hedra Carlson), Steven Weber (Sam Rawson), Peter Friedman (Graham Knox), Stephen Tobolowsky (Mitchell Myerson), Frances Bay (Nachbarin), Michele Farr, Tara Karsian, Christiana Capetillo, Renée Estevez, Tiffany Mataras, Krystle Mataras, Amelia Campbell, Kenneth Tobey, Eric Poppick, Kim Sykes. F 107 Min.*

Psycho-Thriller. Nachdem die selbstbewusste Allison ihren Verlobten vor die Tür gesetzt hat, fühlt sie sich in ihrer großen New Yorker Wohnung unwohl und sucht eine Untermieterin. Diese findet sie in der zurückhaltenden Hedra, die sich als große Hilfe und Trösterin erweist, dann aber zunehmend besitzergreifend wird und sich Allison äußerlich immer mehr annähert, bis sie droht, ihre Identität anzunehmen. – Aufgrund seiner Vorhersehbarkeit nicht gerade das Gelbe vom Ei.

DIE WEISSE GÖTTIN DER KANNIBALEN

(LA MONTAGNA DEL DIO CANNIBALE). Italien 1977. **R:** *Sergio Martino.* **B:** *Cesare Frugoni, Sergio Martino.* **K:** *Giancarlo Ferrando.* **SpE:** *Paolo Ricci.* **M:** *Guido de Angelis, Maurizio de Angelis.* **D:** *Ursula Andress (Susan Stevenson), Claudio Cassinelli (Manolo), Antonio Marsina (Arthur Stevenson), Stacy Keach (Dr. Edward Foster), Franco Fantasia (Pater Moses), Gianfranco Spinola (Konsul), Carlo Longhi (Pilot), Luigina Rocchi (Puka), Tom Felleghy (Dr. Henry Stevenson), Dudley Wanguru, T. M. Munna, Akushia Sellajaah. F 99 Min.*

Die zwar noch knackig aussehende, bei Großaufnahmen aber recht faltig wirkende Susan begibt sich mit einem Freiwilligentrupp in die Dschungel Borneos, um ihren dort verschollenen Mann zu suchen. Er wollte natürlich nicht glauben, dass es noch Kannibalen gibt. Der Trupp wird von Kannibalen überfallen, die Männer werden teils umgebracht oder gefangen genommen. Susan nimmt bei den Primitiven eine Art Göttinnenstatus ein, bis ihr die Flucht gelingt. – Kennste einen, kennste alle. Kannibalenfilme kranken an der Geschmacklosigkeit ihrer Macher und geradezu krimineller Einfallslosigkeit. Wenn der Plot schon nix taugt, muss wenigstens ordentlich Gewalt her: »Die größte Sorge des Regisseurs scheint es gewesen zu sein, möglichst viele Abscheulichkeiten – wie halbverweste Körper, brutale Tötungen, ausgerissenen Eingeweide und dergleichen – unterzubringen. Sämtliche Schockzutaten ... sind versammelt: giftige Spinnen, Fledermäuse, tödliche Fallen, gefährliche Stromschnellen, menschenfressende Krokodile – und natürlich Kannibalen. Und wie so oft müssen mehrfach Schlangen herhalten – in Großaufnahmen wird gezeigt, wie sie ihre Opfer lebendig verschlingen.« (FILM-DIENST)

WEISSES GIFT

Anderer Titel für BERÜCHTIGT

DER WEISSE HAI

(JAWS). USA 1974. **R:** *Steven Spielberg.* **B:** *Peter Benchley, Carl Gottlieb.* **V:** *»Der weiße Hai« von Peter Benchley.* **K:** *Bill Butler, Ron Taylor, Valerie Taylor.* **SpE:** *Robert A. Mattey.* **M:** *John Williams.* **D:** *Roy Scheider (Martin Brody), Robert Shaw (Quint), Richard Dreyfuss (Matt Hooper), Lorraine Gary (Ellen Brody), Murray Hamilton (Larry Vaughn), Chris Rebello (Michael Brody), Jeffey Kramer (Deputy Hendricks), Carl Gottlieb (Harry Meadows), Susan Backlinie (Chrissie Watkins), Jonathan Filley (Cassidy), Lee Fierro (Mrs. Kintner), Craig Kingsbury (Ben Gardner), Jeffrey Vorhees (Alex Kintner), Jay Mello (Sean Brody), Tedd Grossman (Opfer), Robert Nevin (Arzt), Peter Benchley*

Der weiße Hai

(Journalist), Edward Chalmers jr. (Denherder), Donald Poole (Hafemeister), Cyprien P. R. Dube (Posner), Robert Carroll (Polk), Alfred Wilde (Iteisel). F 124 Min.

Ein monströser weißer Hai terrorisiert die Badegäste des amerikanischen Urlaubsortes Amity, bis sich nach diversem Gerangel drei tapfere Burschen aufmachen, um das menschenfressende Vieh wie weiland Kapitän Ahab seinen Moby Dick zu erlegen. Pech nur, dass die gigantische Mordbestie sich als äußerst gerissen und rachsüchtig erweist. In einem grandios gefilmten Finale verspeist sie mit krachenden Kiefern ausgerechnet denjenigen, der sich als Harpunier großer und größter Meeresbewohner einen Namen gemacht hat. – *Der weiße Hai* ist einer der erfolgreichsten Filme aller Zeiten und brachte mehrere Fortsetzungen und eine Flut von Plagiaten auf die Leinwand. – »In der Enge des Bootes bot sich für Steven Spielberg Gelegenheit zu intensiver Schauspieler-Führung. Der bullige Robert Shaw exerziert seine Verachtung gegenüber den Studierten und der als hinderlich empfundenen Obrigkeit bis zum bitteren Ende. Richard Dreyfuss darf etwas Humor ins Spiel bringen, indem er die Überheblichkeit des Muskelmannes mehr denn einmal ironisiert. Roy Scheider hat als Polizist den Durchschnittsbürger zu repräsentieren, der weder ein Held ist, noch einer sein will ... und dem Wissen der anderen nur sein Pflichtgefühl entgegensetzen kann.« (Georg Herzberg, FILMECHO FILMWOCHE) – »Ein Abenteuerfilm von beachtlicher Qualität.« (BHR., FILMDIENST), dessen »primitive Geschichte ... auf das Niveau von Erstklässlern zugeschnitten [ist].« (Klaus Eder, MEDIUM)

DER WEISSE HAI II

(JAWS II). USA 1978. **R:** *Jeannot Szwarc.* **B:** *Carl Gottlieb, Howard Sackler.* **K:** *Michael Butler.* **SpE:** *Robert A. Mattey, Roy Arbogast.* **M:** *John Williams.* **D:** *Roy Scheider (Martin Brody), Lorraine Gary (Ellen Brody), Murray Hamilton (Larry Vaughn), Jeffrey Kramer (Hendricks), Colin Wilcox (Dr. Lureen Elkins), Ann Dusenberry (Tina Wilcox), Joseph Mascolo (Len Peterson), Barry Coe (Andrews), Mark Gruner (Mike Brody), Marc Gilpin (Sean Brody), Gary Springer (Andy), Donna Wilkes (Jackie), David Elliott (Vaughn jr.), Susan French (Dame), G. Thomas Dunlop (Timmy), Gary Dubin (Ed), John Dukakis (Polo), Billy Van Zandt (Bob Burnside), Keith Gordon (Doug), Ben Marley (Patrick), Gigi Vorgan (Brooke), Cynthia Grover (Lucy), Martha Swatek (Marge), Jerry Baxter (Pilot), Jean Colter (Bootsfahrer). F 116 Min.*

Der Filminhalt ist weitgehend identisch mit *Der weiße Hai* (USA 1974; Regie: Steven Spielberg). Polizeichef Brody nimmt erneut den Kampf gegen einen mörderischen weißen Hai auf und bringt ihn diesmal zur Strecke, indem er ihn in ein Unterwasser-Starkstromkabel beißen lässt. – Ideenloser Dummenfang, doch kaum weniger spannend und brutal als der erste Teil.

DER WEISSE HAI III – 3 D

(JAWS 3 D). USA 1982. **R:** *Joe Alves.* **B:** *Richard Matheson, Carl Gottlieb.* **St:** *Guerdon Trueblood.* **K:** *James A. Conter.* **M:** *Allan Parker.* **D:** *Dennis Quaid (Mike Brody), Bess Armstrong (Kathrin Morgan), Simon MacCorkindale (Fitzroyce), Louis Gossett jr. (Calvin Bouchard), John Putch (Sean Brody), Lea Thompson (Kelly Ann Bukowski), P.H. Moriarty (Jack Tate). F 98 Min. (3 D).*

Ein mit Vorliebe Menschen verspeisender weißer Riesenhai dringt durch ein Leck in einen vor der Küste Floridas liegenden Unterwasser-Vergnügungspark ein und wird schließlich in Kamikaze-Manier von einem Mann unschädlich gemacht, der mit Sprengstoff umzugehen weiß.

DER WEISSE HAI IV – DIE ABRECHNUNG

(JAWS – THE REVENGE). USA 1987. **R:** *Joseph Sargent.* **B:** *Michael De Guzman.* **K:** *John McPherson.* **M:** *Michael Small, John Williams.* **D:** *Lorraine Gray (Ellen Brody), Lance Guest (Michael), Michael Caine (Hoagie), Mario Van Peebles (Jake), Karen Young (Carla), Judith Barsi (Thea), Lynn Whitfield (Louisa), Mitchell Anderson, Jay Mello, Cedric Scott, Charles Bowleg, Melvin Van Peebles, Mary Smith, Edna Billotto, Fritzi Jane Courtney, Cyprian R. Jube, Lee Fierro, John Griffin, Diane Hetfield, Daniel J. Manning, W. E. Marks, James Martin, David Wilson, Romeo Farringdon. F (100) 91 Min.*

Vorgeschichte: *Der weiße Hai.* – Wieder ist ein weißer Riesenhai da und wird getötet, nachdem er mehrere Angriffe auf den Rest der Familie Brody gestartet hat, die seinen Vorgängern schon an die Schuppen gegangen ist.

WEITERE UNGLAUBLICHE GESCHICHTEN

(AMAZING STORIES, BOOK TWO). USA 1985. **R:** *Steven Spielberg, Peter Hyams, Danny De Vito.*

B: *Mick Garris, Frank Deerze, Stu Krieger.* **K:** *Robert Stevens, Allen Daviau, Robert Stevens.* **M:** *Billy Goldenberg, John Williams, Craig Safran.* **D:** *Gregory Hines, Richard Masur, Don Calfa, Robert Blossom, Scott Paulin, Gail Edwards, Rhea Perlman, Danny De Vito, Louis Giambalvo. F 71 Min.*
Episodenfilm: 1. »The Amazing Falsworth«: Hellseher entlarvt Psycho-Killer. – 2. »Ghost Train«: Alter Knabe, vor langer Zeit einem Unglück entgangen, wird von Geisterzug geholt. – 3. »The Wedding Ring«: Herd-Heimchen bekommt einen Ring geschenkt, den Männe aus dubioser Quelle erworben hat und wird von den Trieben der Vorbesitzerin beherrscht. [V]

WELCOME TO HELL

(SILENT NIGHT, DEADLY NIGHT IV: INITIATION). USA 1990. **R:** *Brian Yuzna.* **B:** *Woody Keith.* **K:** *Phil Holahan.* **M:** *Richard Band.* **SpE:** *Screaming Mad George.* **D:** *Neith Hunter (Kim), Maud Adams (Fima), Tommy Hinkley (Hank), Allyce Beasley (Janice), Clint Howard (Ricky), Reggie Bannister (Eli), Jeanne Bates (Katherine), Laurel Lockhart (Ann), Marjean Holden (Jane), Ben Slack (Gus). F 86 Min.*
Reporterin, die einen Fall von Selbstverbrennung bzw. Sturz vom Dach eines Hauses recherchiert, kommt männerfeindlichem weiblichen Insektenkult auf die Schliche, der sich unter der Leitung der Buchhändlerin Fima bemüht, einen Brutkörper zu finden, der Satans Sohn (oder dergleichen) gebären soll. [V]

DIE WENDELTREPPE

(THE SPIRAL STAIRCASE). USA 1945. **R:** *Robert Siodmak.* **B:** *Mel Dinelli.* **V:** *»Some Must Watch« (1933) bzw. »The Spiral Staircase« (1946) von Ethel Lina White.* **K:** *Nicholas Musuraca.* **M:** *Roy Webb.* **D:** *Dorothy McGuire (Helen Capel), George Brent (Professor Albert Warren), Ethel Barrymore (Mrs. Warren), Kent Smith (Dr. Parry), Rhonda Fleming (Blanche), Gordon Oliver (Steve Warren), Elsa Lanchester (Mrs. Oates), Sara Allgood (Krankenschwester), Rhys Williams (Oates), James Bell (Polizist), Myrna Dell (Mordopfer). SW 82 Min.*
Ein wahnsinniger Mörder geht um, in einer amerikanischen Kleinstadt, kurz nach der Jahrhundertwende, und seine Opfer sind samt und sonders Frauen, die an einem körperlichen Gebrechen leiden. Die stumme Helen Capel, die in ihrer Kindheit durch einen Schock die Sprache verloren hat, hat allen Grund anzunehmen, das nächste Opfer des geheimnisvollen Unbekannten zu werden, denn allem Anschein nach geht er im Haus der kranken Mrs. Warren ein und aus, deren Gesellschafterin sie ist. Helen verdächtigt einen der beiden Söhne ihrer Arbeitgeberin, doch während sie den Falschen ausschaltet, bereitet sich der wirkliche Mörder darauf vor, sie aus dem Weg zu räumen. Aufgrund ihrer Stummheit kann Helen weder Hilfe herbeirufen noch sich sonst verständlich machen. Es bleibt der kranken Mrs. Warren überlassen, den Mörder mit einem Revolver an seinem Vorhaben zu hindern. Der Horror, der Helen gepackt hat, schenkt ihr die Sprache wieder. – »Nicht die mörderischen Vorgänge sind es, die dem Film als Effekte dienen, sondern die äußeren Zeichen der Bedrohung. Während heutige Filme es sich nicht entgehen lassen, Morde und Leichen möglichst in die Großaufnahme zu zerren, ist es hier nur der Blick auf ein drohendes Auge, auf das langsame Verkrampfen der Hände des Opfers, der Kenntnis von den Untaten gibt. Nicht die Tat ist Höhepunkt der Schreckenswirkung, sondern die vorausgehenden Augenblicke begründeten wie unbegründeten Verdachts rufen im Betrachter das beklemmende Gefühl hervor, das kennzeichnend zu dieser Art von Erzählungen gehört. Furchterregende Züge nimmt die im Milieu der Jahrhundertwende belassene Umgebung durch die Aufbietung aller erdenklichen Möglichkeiten des Dekors, des Bildes und der Geräuschkulisse an. Das Spiel von Licht und Schatten, ein nicht enden wollendes Gewitter, plötzlicher Luftzug, der durch den Keller streicht, klappernde Fensterläden, schlagende Gatter und vor allem ein Mobiliar von der Skurrilität eines verblichenen mondänen Zeitalters – all diese Attribute des angelsächsischen Gruselstücks versammeln sich zu dem einen Zweck, dem Betrachter eine Atmosphäre zu suggerieren, die den Nährboden für jene gespannte Erwartung abgibt, die den Zuschauer hinter jedem realen Vorgang drohendes Unheil ahnen lässt.« (Sch., FILMDIENST) »Hier ist die Welt des deutschen Stummfilms noch lebendig, die Welt der Spiegel und Schatten, der Dämonen und der dämonisch Getriebenen.« (Enno Patalas, FILMKRITIK) Remake: *Das Geheimnis der Wendeltreppe* (GB 1974; Regie: Peter Collinson)

WER BIST DU?

(CHI SEI?). Italien 1974. **R:** *Oliver Hellman [Ovidio G. Assonitis].* **B:** *Ovidio G. Assonitis, Roberto*

d'Ettore Piazzoli, Sonia Molteni, Aldo Crudo. **K:** *Roberto d'Ettore Piazzoli.* **M:** *Franco Micalizzi.* **D:** *Juliet Mills (Jessica Barrett), Richard Johnson (Dimitri), Gabriele Lavia (Oliver), Barbara Fiorini (Gail), David Colin jr. (Ken), Joan Acti (Barbara), Nino Segurini (George), Carla Mancini (Mrs. Francis), Vittorio Fanfoni (Francis), Elizabeth Turner, Luigi Marturano. F 108 Min.*
Satan schwängert die Ex-Geliebte eines Jüngers und schickt diesen aus, Kontrolle über sein Kind zu erlangen. Dieses wächst mit ungewöhnlicher Geschwindigkeit im Mutterleib heran und bringt selbigen dazu, allerlei unappetitliche Dinge zu tun: Wie schon in *Der Exorzist* (USA 1973; Regie: William Friedkin), den Oliver Hellman sich eifrig zu kopieren bemüht, dreht des Satansbratens Mütterlein volle Pulle durch, kotzt frontal grüne Erbsensuppe in die Kamera, blökt mit böser, dumpfer Männerstimme Obszönitäten, dreht den Kopf um 360 Grad und demonstriert seine Schwebefähigkeiten. Dazu donnert mit mächtigem Getöse ein so genannter Vibratorsound, damit niemand auf die Idee kommt, im dunklen Kino mit Regina (oder Friedhelm) zu schmusen. – »Eine ekelhafte Erfahrung.« (SUNDAY TIMES)

WER HAT TANTE RUTH ANGEZÜNDET?

(WHOEVER SLEW AUNTIE ROO?). GB/USA 1972. **R:** *Curtis Harrington.* **B:** *Robert Blees, James Sangster.* **K:** *Desmond Dickinson.* **M:** *Kenneth V. Jones.* **D:** *Shelley Winters (Rosie Forrest), Mark Lester (Christopher), Chloe Franks (Kathy), Ralph Richardson (Benton), Lionel Jeffries (Inspektor Willoughby), Hugh Griffith (Schweinemann), Rosalie Crutchley (Miss Henley), Pat Heywood (Dr. Mason), Judy Cornwell (Clarine). F 91 Min.*
Die schrullige Rosie Forrest lebt in einem großen Landhaus in England, trauert ihrem toten Kind nach und lässt sich von ihren Hausangestellten und einem angeblichen Medium ausnehmen, die ihr vorschwindeln, ihr Kind spräche aus dem Jenseits zu ihr. Zu Weihnachten veranstaltet Rosie für die Kinder eines Waisenhauses eine Feier. Christopher und Kathy, nicht eingeladen, schleichen sich in ihr Haus ein. Rosie schließt Kathy, die sie an ihr Kind erinnert, ins Herz, doch als das Fest endet, kann Christopher seine Schwester nicht mehr finden. Es zeigt sich, dass die liebe Tante Klein-Kathy gefangen hält. Für Christopher ist sie eine böse Hexe, die mit Kindern böse Dinge macht – zumal er im Kinderzimmer eine mumifizierte Leiche findet. [V]

WEREWOLF WOMAN

(LA LUPA MANNARA). Italien 1976. **R:** *Rino di Silvestro.* **B:** *Rino di Silvestro, Renato Rossini.* **K:** *Mario Capriotti.* **M:** *Coriolani Gori.* **D:** *Annik Borel (Daniela), Frederick Stafford (Kommissar Modica), Howard Ross (Renato Rossigni), Dagmar Lassander, Osvaldo Ruggieri, Tino Carraro, Elio Zamuto, Giuliana Giuliani, Anna Mallarini, Renata Franco, Salvatore Billa, Pietro Torrisi, Vito Domencini, Willy Pepe, Pino Mattei. F 90 Min.*
Da Komtesse Daniela einst vergewaltigt wurde, hat man Verständnis dafür, dass sie als Erwachsene reichlich verschroben ist, zumal sie eine angeblich werwölfische Ahnfrau hat, die nach einer ruchlosen Bluttat auf dem Scheiterhaufen endete. Da Daniela ihr zum Verwechseln ähnlich sieht, ist sie überzeugt, auch sie müsse ein Werwolf sein. Ihre Schwester Irene kommt aus Amerika zu Besuch – in Begleitung Fabians: Er ist dem Opfer der Ahnfrau wie aus dem Gesicht geschnitten. Daniela belauscht sie beim Menscheln, lockt Fabian in den Wald, verführt ihn und beißt ihm die Kehle durch. (Sein Tod wird den Wachhunden angelastet.) Nachdem Daniela im Schockzustand in eine Klinik eingewiesen wurde, leidet sie unter Tobsuchtsanfällen, ersticht eine irre Patientin, die sich an ihr verlus-

Werewolf Woman

tieren will und fällt eine Ärztin an (Schema: »Die Irre auf dem Rücksitz«). Sie entwischt, zieht bei einem Liebespaar im Freien die Voyeur-Nummer ab und beißt das Mädchen zu Tode. Danach muss ein lüsterner Kerl ins Gras beißen, der sie im Auto mitnimmt und ihr in seinem Haus an die Wäsche will. (Inzwischen ermittelt Kommissar Modica, der als Held in Alfred Hitchcocks *Topas* schon bessere Zeiten gesehen hat; er erfährt von Danielas Ahnfrau und lernt vom alten Dr. Freud). Daniela nistet sich beim braven Stuntman Luca ein und fühlt sich glücklich. Sie ruft Papa an und teilt ihm mit, sie sei gesundet. Am Abend dringen drei Lumpen in Lucas abgelegenes Häuschen ein und vergewaltigen Daniela. Als Luca kommt, wird er erstochen. Daniela macht die Täter auf einem Schrottplatz kalt und taucht unter. Ein Traum (früher nannte man so was »Deus ex machina«) führt Kommissar Modica und seine Leute schließlich in den Wald, in dem die werwölfische Ahnfrau seinerzeit den Löffel abgeben musste. Als Daniela die Staatsmacht erblickt, will sie sich verbrennen – doch mit des Schicksals ew'gen Mächten ... (usw.) – Die zivilisierte Welt hat fraglos schon Besseres gesehen (z.B. *Citizen Kane* von Orson Welles, USA 1941), aber wollen wir uns lustig machen über jemanden, der sich immerhin bemüht, seiner läppischen und handwerklich vom Perfekten weit entfernten Geschichte wenigstens eine Prämisse zu verleihen, auf der er anschließend relativ logisch aufbaut? »Nicht für Feingeister gemacht«, (Christian Kessler, DAS WILDE AUGE). Führwahr. [V]

THE WERWOLF

(LAS NOCHES DEL HOMBRE LOBO). Spanien 1968: **R:** *René Govar [Jacinto Molina].* **B:** *René Govar [Jacinto Molina].* **K:** *Alejandro Ulloa.* **M:** *Fernandez Dante.* **D:** *Paul Naschy (Graf Waldemar Daninsky), Silvia Aguilar (Erika), Narciso Ibanez Menta (Professor Rotwang), Julia Saly (Karin), Azucena Hernandez (Barbara). F 90 Min.*

Ungarn, 16. Jahrhundert: Gräfin Elisabeth Bathory wird wegen Umgangs mit dem Teufel, Kindermorden und Vampirismus lebendig begraben. Auch der polnische Graf Waldemar Daninsky, der sich in Vollmondnächten in einen Wolf verwandelt, muss auf höchstrichterlichen Befehl dran glauben. Dann: Sprung nach 1968: Sun & Fun & toughe junge Leute (München, BRD). Die attraktive Studentin Erika interessiert sich für die legendäre Gräfin. Professor Rotwang, der geschätzte Dozent mit dem weißen Rauschebart, besitzt ein Medaillon, das man mit Elisabeths Asche zusammenbringen muss, um sie zu erwecken. Pech nur, dass Rotwang von diesem Schwachsinn nichts hören will. Sogleich liegt Erikas Würgeschlinge um des Gelehrten Hals. Parallel dazu befreit in den Karpaten ein Grabräuber den im Zustand des Halblebens in einer Gruft liegenden Daninsky. Erika und ihre Mitstreiterinnen Karin und Barbara lauschen (einen harten Schnitt später) den Schauergeschichten des Karpatenvolks, dann machen sie sich, von spanischem Schlagergedudel begleitet, auf den Weg zum Aufenthaltsort ihrer »Herrin« – einer Burgruine. Von einheimischen Wegelagerern ihres Geldes und ihrer drallen Rundungen wegen überfallen, rettet sie ein schwarz gewandeter Armbrustschütze, der (gewiefte Gucker ahnen es schon) kein anderer ist als Graf Daninsky, der sich ab und an gegen seinen Willen in Ede Wolf verwandeln muss, um die drei kleinen Schweinchen (und vögelnde Paare) zu jagen. Unsere Tussis führen uns schwarze Dessous vor, nächtigen in Waldis Burgruine (die merkwürdigerweise auch nach drei Jahrhun-

The Werwolf

derten noch sauber gefegt und hübsch möbliert ist) und schwafeln Blech, bis sich die Balken biegen. Karin, die bei Waldis Anblick prompt in Ohnmacht fällt, verliebt sich, kaum aufgewacht, so rasend in ihn, dass sie nur »Oh, mein Gott« seufzt, als er sich ihr grunzend in seiner ganzen Monstrosität offenbart. Während der arme Graf, von dem auf ihm lastenden Fluch gebeutelt, erst einen am Lagerfeuer rastenden Wanderer und dann eine arglose Bauersfrau zu Tode beißt, erweckt die schräge Erika mit dem Blute der von ihr gemeuchelten Barbara Gräfin Elisabeth zum Leben und reicht ihr den Hals zum Saugen. Erika wird zum Vampir, und nun kann man zum Showdown blasen, denn es geht um nichts Geringeres als die Weltherrschaft des Bösen! Mönsch, ist das aufregend, wenn man einen IQ von unter 90 Punkten hat! Leider gibt uns der deutsche Titel ein Rätsel auf, das wir vermutlich in diesem Jahrtausend nicht mehr lösen werden: Wer, beim seligen Konrad Duden, hat das Wort »The« in die Sprache der Germanen eingeführt? Wer hat es amtlich abgesegnet? Und vor allem: Was will es uns sagen? AIDT [V]

EIN WERWOLF BEISST SICH DURCH

(FULL MOON HIGH). USA 1981. **R:** *Larry Cohen.* **B:** *Larry Cohen.* **K:** *Daniel Pearl.* **M:** *Gary W. Friedman.* **D:** *Adam Arkin (Tony Walker), Roz Kelly (Jane), Elizabeth Hartman (Miss Montgomery), Ed McMahon (Colonel William P. Walker), Bill Kirchenbauer (Detective Jack Flynn), Joanne Nail (Ricky), Alan Arkin (Dr. Brand), Elizabeth Hartmann (Miss Montgomery), Louis Nye (Pastor). F 93 Min.*

Student, in den fünfziger Jahren von einem Werwolf gebissen und deswegen ewig jung, kehrt als »Erwachsener« an seine alte High School zurück und gründet mit einer ebenfalls werwölfischen Lehrerin eine Werwolffamilie. [V]

Der Werwolf von London

DER WERWOLF KEHRT ZURÜCK

(WEREWOLF). USA 1987. **R:** *David Hemmings.* **B:** *Frank Lupo.* **K:** *Jon Kranhouse.* **Ma:** *Rick Baker.* **M:** *Sylvester Levay.* **D:** *John J. York (Eric Cord), Chuck Connors (Captain Janos Skorzeny), Rafael Sbarge (Ted Nichols), Lance Le Gault (Alamo Joe Rogan), Brian Thompson (Nicholas Remy), Michelle Johnson (Kelly Nichols), John Quade (Mulligan), Robert Krantz, Ethan Phillips, Lynn Danielson, Stanley Grover. F 95 Min.*

TV-Film. Student, von seinem Zimmergenossen mit einem »Werwolfvirus« infiziert, macht sich auf die Suche nach dem Täter. Pilotfilm einer kurzlebigen TV-Serie, die in Europa als Kassette auf den Markt kam. [V]

DER WERWOLF VON LONDON

(THE WEREWOLF OF LONDON). USA 1935. **R:** *Stuart Walker.* **B:** *John Colton, Harvey Gates, Robert Harris.* **K:** *Charles Stumar.* **Ma:** *Jack Pierce.* **D:** *Henry Hull (Dr. Glendon), Warner Oland (Dr. Yogami), Valerie Hobson (Lisa Glendon), Lester Matthews (Paul Ames), Lawrence Grant (Sir Thomas Forsythe), Spring Byington (Ettie Coombes), Clark Williams (Hugh Renwick), Charlotte Granville (Lady Forsythe), J. M. Kerrigan (Hawkins), Ethel Griffies (Mrs. Whack), Zeffie Tilbury (Mrs. Mancaster), Jeanne Bartlett (Daisy). SW 75 Min.*

Während eines Tibet-Aufenthalts wird der Botaniker Glendon von einer abscheulichen Kreatur in den Arm gebissen. Mit der Ausbeute seiner Expedition, einer mysteriösen Pflanze, die nur im Mondlicht erblüht, kehrt er nach London zurück. Während er versucht, die Pflanze in seinem Labor am Leben zu erhalten, wird er von einem Dr. Yogami besucht, der behauptet, sie hätten sich in Tibet getroffen. Yogami ist, wie sich herausstellt, die abscheuliche Kreatur, die Glendon gebissen hat: ein Werwolf. Er gibt Glendon zu verstehen, dass er sich aufgrund des Bisses ebenfalls in einen Werwolf verwandeln wird: Die einzige Möglichkeit, sich gegen die Verwandlung zu schützen, sei der Extrakt der Pflanze, die Glendon aus Tibet mitgebracht habe. Dies erweist sich jedoch als falsch: Der Pflan-

Der Werwolf von London

zenextrakt ist nur ein temporäres Antidot. Glendon gerät in Panik und konzentriert sich fortan nur noch auf seine botanischen Experimente. Als er spürt, dass die Metamorphose einsetzt, schließt er sich ein, aber seine Blutgier führt dazu, dass er ausbricht und eine blindwütige Jagd auf seine Ehefrau und einen Freund veranstaltet, bis er von der Polizei niedergeschossen wird. – »Der Film wurde ausschließlich zu dem Zweck hergestellt, dem Publikum eine Gänsehaut zu verschaffen, und man muss sagen, dass er dieses Ziel absolut erreicht, ohne ein gruseliges Detail auszulassen.« (NEW YORK TIMES) Das Buch zum Film: Carl Dreadstone: *Der Werwolf von London*, Rastatt 1979

DER WERWOLF VON TARKER MILLS

(STEPHEN KING'S SILVER BULLET). USA 1985. **R:** *Daniel Attias.* **B:** *Stephen King.* **V:** *»Das Jahr des Werwolfs« bzw. »Der Werwolf von Tarker Mills« von Stephen King.* **K:** *Armando Nannuzzi.* **M:** *Jay Chattaway.* **D:** *Gary Busey (Onkel Red), Everett McGill (Reverend Lowe), Corey Haim (Marty Coslaw), Megan Follows (Jane Coslaw), Robin Groves (Nan Coslaw), Leon Russom (Bob Coslaw), Terry O' Quinn (Sheriff Joe Haller), Bill Smitrovich (Andy Fairton), Joe Wright (Brady Kincaid), Kent Broadhurst (Herb Kincaid), Heather Simmons (Tammy Sturmfuller), James A. Baffico (Milt Sturmfuller), Rebacca Fleming (Mrs. Sturmfuller), Lawrence Tierney (Owen Knopfler), William Newman (Virgil Cutts), Sam Stoneburner (O'Bannion), Lonnie Moore (Billy McLaren), Arnie Westrum (James Gammon). F 94 Min.*

Beim Ansehen dieses Films fragt man sich unweigerlich, was den talentierten und steinreichen Stephen King eigentlich dazu treibt, seine (reduziert man sie auf ihre Ideen) doch recht banalen Werke jedem bei ihm vorstellig werdenden Hollywood-Arsch zur Verfilmung in die Hand zu drücken. In diesem nach Grab duftenden Machwerk, das der Meister höchstpersönlich in Drehbuchform gebracht hat, geht's um den minderjährigen Rollstuhlfahrer Marty und einen Werwolf, der das übliche Kingsche Kleinstädtchen heimsucht: Der wackere Knabe entlarvt ihn als ultrafrommen Priester und bringt ihn bei Vollmond mit einer Silberkugel zur Strecke. – »Ein simpler, von kindlichen Verlustängsten gesteuerter Albtraum für Freunde behaarter Krallenteufel.« (Ponkie, AZ) AIDT [V]

Der Werwolf von Tarker Mills

DER WERWOLF VON WASHINGTON

(THE WEREWOLF OF WASHINGTON). USA 1970. **R:** *Milton Moses Ginsberg.* **B:** *Milton Moses Ginsberg.* **K:** *Bob Baldwin.* **M:** *Arnold Freed.* **D:** *Dean Stockwell (Jack Whittier), Biff McGuire (Präsident), Clifton James (Anwalt), Jane House (Mari-*

on), Beeson Carroll (Commander Salmon), Michael Dunn (Dr. Kiss), Barbara Siegel (Hippy), Stephen Cheng (Außenminister), Nancy Andrews, Benn Yaffee, Jacqueline Brooks, Thurmon Scott, Jana Martha Robbins, Dennis McMullen, Jack Waltzer, Randy Phillips, Glenn Kezer, James Tolkan, Katalin Kallay, Henry Ferrentino. F 90 Min.

Jack Whittier, ein Pressereferent des Weißen Hauses, wird in die Karpaten versetzt. Als seine Bosse bemerken, was sie mit ihm verloren haben, beordern sie ihn nach Washington zurück. John wird auf der Heimreise von einem (wenig beeindruckend aussehenden) Werwolf gebissen. In der Hauptstadt angekommen, muss er feststellen, dass dies nicht ohne Auswirkung geblieben ist: Fortan verwandelt er sich in Vollmondnächten in eine haarige Kreatur mit äußerst starkem Beißtrieb. Washington ist aus dem Häuschen; Jack fällt den Silberkugeln seiner Braut zum Opfer. Aber zuvor beißt er noch schnell den Präsidenten, dessen schauriges Wolfsgeheul bald durch die Korridore des Weißen Hauses hallt. – Ein Ulkfilm, der es in sich hat. Besonders irre: Jene Sequenzen, in denen Jack die Metamorphose über sich ergehen lassen muss. Bei einem politischen Empfang verschreckt er den chinesischen Außenminister, ein anderes Mal erwischt es ihn beim frisch-fromm-fröhlich-freien Bowlingspiel, wobei seine Finger dermaßen anschwellen, dass er Schwierigkeiten hat, sie aus den Löchern der Bowlingkugel zu ziehen.

WES CRAVEN PRÄSENTIERT DRACULA

(WES CRAVEN'S DRACULA). USA 2000. **R:** *Patrick Lussier.* **B:** *Joel Soisson.* **St:** *Joel Soisson, Patrick Lussier.* **K:** *Peter Pay.* **M:** *Marco Beltrami.* **D:** *Jonny Lee Miller (Simon Sheppard), Omar Epps (Marcus), Justine Waddell (Mary Heller), Gerard Butler (Dracula), Lochlyn Munro (Nightshade), Christopher Plummer (Abraham Van Helsing), Colleen Ann Fitzpatrick (Lucy), Jennifer Eposito (Solina), Danny Masterson (Trick), Ti Fong (Eddie), Tony Munch (Dax), Jeri Ryan (Valerie Sharp), Shane West (JT), Nathan Fillion (Pater David), Tom Kane (Nachrichtensprecher), Jonathan Whittaker (Gautreaux), Robert Verlaque (Dr. Seward), Harold Short (Schwarzer Todesengel), David J. Francis (Jesus), Shimmy Silverman (Barker). F 100 Min.*

Dracula im 21. Jahrhundert: »In einer Welt voller Chaos und Versuchungen, Virgin-Plattenläden und unterirdischen Nachtclubs, die wie für ihn geschaffen sind ... irgendwo in New Orleans lebt eine junge Frau, und Dracula muss sie finden, denn sie ist der einzige Mensch auf unserem Planeten, mit dem Dracula sein dunkles Erbe wirklich teilt.« [Zitat aus dem Presseheft] Alles beginnt damit, dass Van Helsings Sekretärin Solina Einbrecher ins »Inner Sanktum« des Hochsicherheitstraktes ihres Chefs eingeschleust hat, die statt des erhofften Vermögens nur ein paar Totenköpfe und einen Silbersarg entdecken, in welchem Dracula auf seine Wiederauferstehung hofft. Die junge Frau in New Orleans, die mit dem Schicksal des Vampirs so eng verknüpft ist, heißt Mary, arbeitet in einem Plattenladen und hat gespenstische Albträume von einer dunklen Vergangenheit. Dracula hinterlässt eine Spur Untoter, die Van Helsing und seinen Assistenten Simon auf seine Fährte führen. Zum Schluss stellt sich heraus, dass Dracula der ewig böse Judas Ischariot ist, der Jesus Christus ans Kreuz verraten hat. – Regisseur Patrick Lussier und Autor Joel Soisson entwickelten den Stoff in Zusammenarbeit mit Executive Producer Wes Craven.

WES CRAVEN'S WISHMASTER

(WES CRAVEN'S WISHMASTER). USA 1997. **R:** *Robert Kurtzman.* **B:** *Peter Atkins.* **K:** *Jacques Haitkin.* **SpE:** *Robert Kurtzman, Greg Nicotero, Howard Berger, Thomas C. Rainone.* **D:** *Tammy Lauren (Alexandra Amberson), Andrew Divoff (Djinn), Tony Crane (Josh Aickman), Robert Englund (Raymond Beaumont), Kane Hodder, Tony Todd. F 90 Min.*

Alexandra Amberson, eine Edelsteinexpertin von Wes Cravens Gnaden, weckt einen listigen und bösartigen Dschinn aus Tausendundeiner Nacht zu grauenhaftem Leben. Unter seinem Bann spricht sie die obligatorischen drei Wünsche aus, die wiederum ihm das Tor zu unbegrenzter Macht öffnen sollen.

WHALE, JAMES

(1889–1957). Filmregisseur, geboren in Dudley, England. Whale studierte Kunst und war vor dem Ersten Weltkrieg als Karikaturist tätig. Im Krieg diente er im Second Worcester Infantry Regiment und wurde in Frankreich von den Deutschen gefangen genommen. Während der Gefangenschaft organisierte er für seine Kameraden ein Lagertheater und versuchte nach dem Krieg professionell in diesem Metier Fuß zu fassen. Der Autor Robert Cedric Sherriff, der später Drehbücher für Whale verfasste, erinnert sich in seiner Autobiographie »No Leading Lady«: »Er war Mädchen für alles im Theater. Er spielte viele kleine Rollen, entwarf und malte Kulissen, und gelegentlich fungierte er auch als Inspizient, aber voll verantwortlich für eine Aufführung in einem West-End-Theater war er noch nicht gewesen. Er erzählte mir später, dass er damals nicht mehr als fünf Pfund die Woche verdient habe.« Das war 1928. Sherriff, der bei einer Versicherung angestellt war, hatte gerade ein Stück geschrieben, das ausschließlich in einem Unterstand des Ersten Weltkriegs spielte: *Journey's End.* Kein Theater wollte es aufführen, nur Whale, obwohl auch er etwas zweifelte, glaubte an die Sache und griff zu. Das Stück wurde am 9.12.1928 im Apollo Theatre uraufgeführt und mit Laurence Olivier, Maurice Evans und George Zucco ein Riesenhit, zuerst in London, später auch in New York. Vor allem öffnete es Whale eine Hollywood-Karriere. Im Tiffany Studio realisierte er eine Filmversion der Aufführung, davor war er als Dialogregisseur mit Howard Hughes' Weltkrieg-I-Fliegerfilm *Hell's Angels* beschäftigt, dann bekam er einen Vertrag bei der Universal, für die er zuerst *Waterloo Bridge,* dann *Frankenstein* realisierte. Alle hatten Angst, die Zuschauer würden *Frankenstein*, den Whale mit dem bis dahin nur als Nebendarsteller bekannten Boris Karloff besetzte, als zu morbid empfinden, aber die Einspielergebnisse waren fabelhaft und machten die Universal zum führenden Produzenten von Horrorfilmen. Whale inszenierte für die Gesellschaft noch drei weitere Filme dieses Genres: 1932: *The Old Dark House (Das alte finstere Haus);* 1933: *The Invisible Man (Der Unsichtbare);* 1935: *The Bride of Frankenstein (Frankensteins Braut).* Später, nach dem Abgang seiner Förderer und Produzenten Carl Laemmle sen. und jun., hatte er im Filmgeschäft nur noch wenig Erfolg, aber er hatte in Immobilien und Grundbesitz investiert, so dass es ihm nicht schlecht ging. Dann, am 29.5.1957, wurde er tot in seinem Swimmingpool aufgefunden, und da er ein bekannter Homosexueller war, gab es um seinen Tod eine Menge Gerüchte. Von Mord war die Rede (den Insider ausschließen), auch von Selbstmord (es gab immerhin einen Abschiedsbrief), aber auch ein neuerlicher Schlaganfall ist nicht auszuschließen. Eine Filmbio erschien unter dem Titel *Gods and Monsters.*

WHISPER TO KILL

(WHISPERS). USA 1990. **R:** *Douglas Jackson.* **B:** *Anita Doohan.* **V:** *»Höllenqualen« von Dean R. Koontz.* **K:** *Peter Benison.* **Ma:** *Joe Blasco.* **M:** *Fred Mollin.* **D:** *Victoria Tennant (Hilary Thomas), Jean Leclerc (Bruno Clavel), Chris Sarandon (Sgt. Tony Clemenza), Peter MacNeill (Frank), Linda Sorenson (Kayla), Eric Christmas (Jonathan), Keith Knight (Avril), Jackie Burroughs (Mrs. Yancey), Vlasta Vrana (Sheriff). F 93 Min.*

Bruno Clavel stellt der Schriftstellerin Hilary in eindeutig zweideutiger Weise nach, so dass sie ihn in Notwehr tötet. Doch bald ist er wieder da, und Hilary erforscht seine Vergangenheit. Allem Anschein nach sieht Clavel in ihr seine Mutter, an die ihn ein inzestuöses Verhältnis band, denn die Dame leitete einen Satanskult und hat ihn um den Verstand gebracht. Ein an Geschwätzigkeit leidender Psycho-Thriller, dessen anfängliche Spannung bald in Längen ausartet. [V]

THE WHITE MONSTER

(THE UNNAMABLE). USA 1988. **R:** *Jean-Paul Ouelette.* **B:** *Jean-Paul Ouellette.* **LV:** *"Das Unnennbare" von H. P. Lovecraft.* **K:** *Tom Fraser.* **M:** *David Bergeaud.* **D:** *Mark Kinsey Stephenson (Randolph Carter), Charles King (Howard Damon), Alexandra Durrell (Tanya), Laura Albert (Wendy), Katrin Alexandre (Alyda Winthrop), Eben Ham (Bruce), Blane Wheatley (John Babcock), Mark Parra (Joel Manton). F 87 Min.*

Jean-Paul Ouelette war zuvor Regieassistent beim Tittenfilmer Russ Meyer; sein Debütfilm wurde in sieben Tagen geschrieben und sieht dementsprechend aus: »Eine weißhäutige Spukhaus-Harpye räumt unter ihren nächtlichen Teenie-Besuchern auf, woraufhin ein ganz besonders Schlauer das ›Necronomicon‹ studiert und das Untier zurück in höllische Gefilde schleudert. Das ansehnlich fotografierte, aber dramaturgisch im Klischee ersaufende Ganze soll auf Lovecraft basieren. Und natürlich hat der Film zum Schluss nichts Besseres zu tun, als das ›Unaussprechliche‹ ausführlich zu zeigen.« (SCIENCE FICTION TIMES) [V]

WHITE ZOMBIE

(WHITE ZOMBIE). USA 1932. **R:** *Victor Halperin.* **B:** *Garnett Weston.* **V:** *William Seabrook.* **K:** *Arthur Martinelli.* **M:** *Abe Meyer.* **D:** *Bela Lugosi (Legendre), Magde Bellamy (Madeline Short), John Har-*

White Zombie

ron (Neil Parker), Joseph Cawthorn (Dr. Bruner), Robert Frazer (Charles Beaumont), Clarence Muse (Kutscher), Brandon Hurst (Silver), Frederick Peters (Chauvin), George Burr MacAnnan (Von Gelder), Dan Crimmins (Pierre), John Printz, John Ferguson, Claude Morgan (Zombies), Annette Stone, Velma Gresham (Mädchen). SW 73 Min.
Der Finsterling Legendre lebt auf der Insel Haiti in einem unheimlichen Gebirgsschloss und verwandelt mit magischen Kräften Männer in Untote, die anschließend (ohne entlohnt zu werden) in seiner Raffinerie arbeiten. Als der Blick seines Freundes Beaumont auf die knackige Blondine Madeline fällt, lässt Legendre sie mit seinen Voodoo-Praktiken »sterben« und nach dem Begräbnis auf sein Schloss holen. Madelines Bräutigam Neil Parker verbündet sich jedoch mit dem Zombiejäger Dr. Bruner und gibt den Bad Guys Saures. In nur zwei Wochen gedreht, machte der erste Zombie-Film überhaupt seine Produzenten praktisch über Nacht zu Millionären. – »Um sofort auf seine Schwächen zu sprechen zu kommen: Es ist wirklich ein altmodischer Film und er ist manchmal daran, albern zu werden, wenn er sich bemüht, seinem Publikum Angst zu machen. Zu einer Zeit, als Horrorfilme noch allgemein zurückhaltend waren, nahm er schon die Methode der Hammer-Filme vorweg, indem er versuchte, durch Großaufnahmen der scheußlichen Zombies und ihrer von Kugeln zerfetzten Körper zu schockieren und Ekel zu erregen. Die blumige viktorianische Diktion der Dialoge und Einzelheiten, wie das Posieren der Heldin in ihrer mit Bändchen und Spitzen besetzten Unterwäsche vor der Hochzeit, tragen zusätzlich dazu bei, den Film altmodisch wirken zu lassen.« (William K. Everson, KLASSIKER DES HORRORFILMS) [V]

WIE SCHMECKT DAS BLUT VON DRACULA?
(TASTE THE BLOOD OF DRACULA). GB 1969. **R:** *Peter Sasdy.* **B:** *John Elder.* **K:** *Arthur Grant.* **SpE:** *Brian Johncock.* **M:** *James Bernard, Philip Martell.* **D:** *Christopher Lee (Dracula), Geoffrey Keen (William Hargood), Peter Sallis (Samuel Paxton), John Carson (Jonathan Secker), Gwen Warford (Martha Hargood), Linda Hayden (Alice Hargood), Anthony Corlan (Paul Paxton), Martin Jarvis (Jeremy Secker), Ralph Bates (Lord Courtley), Roy Kinnear (Weller), Michael Ripper (Cobb), Russell Hunter (Felix), Shirley Jaffe (Magd), Keith Marsh (Vater), Peter May (Sohn), Reginald Baraff (Vikar), Maddy Smith (Dolly), Lai Ling (Chinesin), Malaika Martin (Schlangenmädchen), Isla Blair (Lucy Paxton). F 95 Min.*
Während eines satanischen Ritus, von dem sich drei wohlhabende alte Lüstlinge perversen Nervenkitzel versprechen, wird der verarmte Lord Courtley, ein Jünger des verblichenen Vampirgrafen Dracula, erschlagen. Die Zeremonie, die den Geist der drei Täter verwirrt, erweckt Dracula wieder zum Leben, der Courtley rächt, indem er die erwachsenen Kinder der Täter zu Vampiren macht und dazu treibt, die Untat ihrer Herren Erzeuger Blutsaugern gemäß zu ver-

Wie schmeckt das Blut von Dracula?

gelten. Wie nie zuvor erhält der fangzahnbewehrte Adelige in diesem (zu den besseren Dracula-Filmen zählenden) Streifen Gelegenheit, sich an die Damenwelt heranzumachen, bis er erneut das Zeitliche segnen muss. – »Christopher Lee spielt den Dracula nicht als finsteren Bösewicht, sondern zeigt das ganze Pathos dieser Figur und erweckt am Schluss sogar unser Mitleid, als er verzweifelt versucht, aus einer mit Kruzifixen geschützten Kirche auszubrechen. In seinen Augen spiegeln sich dann die ganze Leere und Tragik seiner Existenz.« (Robert Schneider, VAMPIR) »Deutlicher sah man wohl noch nie, dass dieses Blutgesauge symbolisch für Koitus steht.« (Klaus Gärtner, SCIENCE FICTION TIMES) [V]: *Das Blut von Dracula.*

DIE WIEGE DES BÖSEN

(IT'S ALIVE!). USA 1974. **R:** *Larry Cohen.* **B:** *Larry Cohen.* **K:** *Fenton Hamilton.* **M:** *Bernard Herrmann.* **D:** *John Ryan (Frank Davies), Sharon Farrell (Lenore Davies), James Dixon (Lt. Perkins), Michael Ansara (Captain), Andrew Duggan (Dr. Perry), Guy Stockwell (Clayton), William Wellman jr. (Charlie), Robert Emhardt (Executive), Shamus Locke (Arzt), Mary Nancy Burnett (Krankenschwester), Diana Hale (Sekretärin), Daniel Holzman (Junge), Patrick McAllister, Gerald York, Gwill Richards, Jerry Taft, W. Allen York (Angehende Väter). F 91 Min.*

Als Folge der Einnahme eines mörderischen Medikaments bringt Lenore Davies einen mit Fangzähnen und scharfen Klauen versehenen Jungen zur Welt, der sich gleich nach der Geburt von allein bewegt und nahezu das gesamte im Kreißsaal anwesende medizinische Personal tötet. Frank Davies, der entsetzte Vater, erfährt, dass es sich bei seinem – inzwischen spurlos verschwundenen – Kind um eine Mutation handelt. Bald darauf zieht es mordend durch Los Angeles. Das Ehepaar wird von Klatschjournalisten belagert, und sogar die Krankenschwester, die die nervlich fertige Lenore betreuen soll, entpuppt sich als Spitzel eines Revolverblattes und fertigt heimlich Tonbandaufzeichnungen an. Die Wissenschaft zeigt großes Interesse an dem monströsen Baby, andere – in der Hauptsache der Pharmakonzern, der für die Abnormität verantwortlich ist – haben nichts anderes im Sinn, als es zu töten. Auch Frank zieht aus, um dem Unhold den Garaus zu machen. In den Abwasserkanälen der Stadt stößt er auf seinen monsterartigen, fauchenden Sohn, der in ihm dennoch seinen Vater zu erkennen scheint. Frank, unfähig, das monströse Baby zu töten, bittet die Polizisten, es der Wissenschaft zu überlassen, aber da niemand bereit ist, sein Leben zu riskieren, wird das Kind von einem Kugelhagel zerfetzt. Der Film endet mit der Nachricht, in Los Angeles sei erneut ein Monsterbaby zur Welt gekommen. – »Dieser Ausflug ins Entsetzen ist handwerklich so gut gemacht, dass er es verdient, ein Klassiker des Horror-Genres zu werden«, schrieb William Wolf in CUE. »Zusätzlich zum Schockierenden gibt diese peinigende Erzählung noch einen Kommentar auf unsere pillenseligen Zeiten und den menschlichen Selbstzerstörungsdrang ab. Als es zum unausweichlichen Showdown kommt, hegt man für das glücklose – wenn auch gefährliche – Baby die gleichen Gefühle wie für den Original-King Kong.« – Einen anderen Kommentar gab Polizist Alfred Sch. (im deutschen Verleih-Presseheft) ab: »Diesen Film müssen Wahnsinnige gemacht haben. Ich habe Stunden gebraucht, um mein seelisches Gleichgewicht wieder zu finden.«

DIE WIEGE DES SATANS

(IT LIVES AGAIN). USA 1978. **R:** *Larry Cohen.* **B:** *Larry Cohen.* **K:** *Fenton Hamilton.* **M:** *Bernard Herrmann, Laurie Johnson.* **D:** *Frederic Forrest (Eugene Scott), John Ryan (Frank Davies), Andrew Duggan (Dr. Perry), Kathleen Lloyd (Jody Scott),*

Die Wiege des Bösen

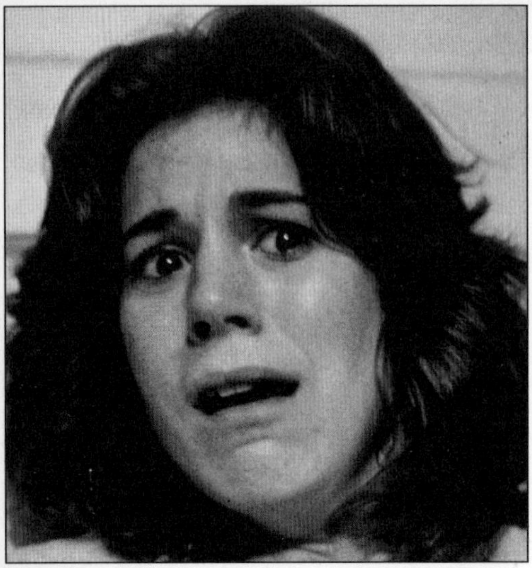

Die Wiege des Satans

John Marks (Mallory), Eddie Constantine (Dr. Forrest). F 90 Min.
Vorgeschichte: *Die Wiege des Bösen.* – Frank Davies, dessen Gattin ein Ungeheuer geboren hat, das von der Polizei getötet wurde, hört von einem jungen Ehepaar, das allem Anschein nach ähnlich gearteten Nachwuchs erwartet. Obwohl die beiden ständig von Regierungsbeamten überwacht werden, kann Davies sie in die Privatklinik des Wissenschaftlers Dr. Perry schaffen. Dort soll das Kind zur Welt kommen, um wie zwei andere, die hier leben, wissenschaftlich untersucht zu werden. Alles klappt, doch dann geht etwas schief: Den drei Versuchskindern gelingt die Flucht, und die Hetzjagd, die mit dem Tod zweier Flüchtlinge endet, nimmt ihren Anfang. [V]

DIE WIEGE DES SCHRECKENS

(IT'S ALIVE III: ISLAND OF THE ALIVE). USA 1986. **R:** *Larry Cohen.* **B:** *Larry Cohen.* **K:** *Daniel Pearl.* **SpE:** *Rick Baker.* **M:** *Laurie Johnson.* **D:** *Michael Moriarty (Stephen Jarvis), Karen Black (Ellen Jarvis), Laurene Landon (Sally), Gerrit Graham (Ralston), James Dixon (Dr. Perkins), Neal Israel (Dr. Brewster), Art Lund (Swenson), Ann Dane (Miss Morell), Macdonald Carey (Richter Watson). F 91 Min.*
Vorgeschichte: *Die Wiege des Bösen, Die Wiege des Satans.* – Fünf Jahre nach ihrer Verbannung auf eine einsame Insel machen Monsterkinder einer Forschungsexpedition den Garaus und entwischen nach Florida, wo sie sich mit Rockern auseinander setzen müssen und die Mutter ihres Anführers kennen lernen. [V]

DIE WIEGE DES TEUFELS

(NERO VENEZIANO). Italien 1977. **R:** *Ugo Liberatore.* **B:** *Roberto Gandus, Ugo Liberatore, Ottavio Alessi, Domenico Rafelle.* **K:** *Alessandro Contini.* **SpE:** *Germano Natali.* **Ma:** *Manlio Rocchetti.* **M:** *Pino Donaggio.* **D:** *Renato Cesti, Olga Karlatos, Rena Niehaus, Yorgo Voayagis, Fabio Gamma, José Qualglio, Ely Galleani, Angela Covello, Lorraine de Selle, Florence Barnes, Olga Karlatos, Bettine Milne, Tizianna Cipelletti, Tom Felleghy, Linda Larsen, Jacqueline Kluger, Francesco Bosco, Gloria Bozzola, Renzo Martini. F 90 Min.*
Mark und Christine, ein amerikanisches Geschwisterpaar in Venedig, gerät mit den Mächten der Finsternis in Kontakt. Während Brüderlein, von mörderischen Visionen geplagt, sich tapfer gegen das böse Gezücht stellt, fällt Schwesterlein auf Satan herein und gebiert sein Kind.

WIEGENLIED DES GRAUENS

(DON'T GO TO SLEEP). USA 1982. **R:** *Richard Lang.* **B:** *Ned Wynn.* **K:** *Jonathan West.* **M:** *N.N.* **D:** *Dennis Weaver (Philip), Valerie Harper (Laura), Ruth Gordon (Bernice), Robert Webber (Dr. Cole), Robin Ignico (Mary), Kristin Cumming (Jennifer), Oliver Robins (Kevin), Claudette Nevins (Dr. Samuel), Marilyn Coleman (Sarah), Tim Haldeman (Pfleger), Haven Earle Haley (Priester), Ned Wynn (Sanitäter). F 93 Min.*
TV-Film. Eine Familie zieht nach dem Unfalltod der Tochter Jennifer mit Oma in ein abgelegenes Landhaus ein. Rätselhafte Todesfälle deuten bald an, dass Jennifers Geist noch aktiv ist. Ein solides TV-Unternehmen.

WIEGENLIED FÜR EINE LEICHE

(HUSH, HUSH, SWEET CHARLOTTE). USA 1964. **R:** *Robert Aldrich.* **B:** *Henry Farrell, Lukas Heller.* **St:** *Henry Farrell.* **K:** *Joseph Biroc.* **M:** *Frank De Vol.* **D:** *Bette Davis (Charlotte Hobbs), Olivia De Havilland (Miriam Deering), Agnes Moorehead (Velma), Joseph Cotten (Dr. Drew Bayliss), Victor Buono (Sam Hollis), Bruce Dern (John Mayhew), Cecil Kellaway (Harry Willis), William Campbell (Paul Marchand), Mary Astor (Jewel Mayhew), Wesley Addy (Sheriff), Percy Helton (Friedhofsdirektor),*

George Kennedy (Vorarbeiter), Frank Ferguson (Redakteur), Dave Willock (Taxifahrer), Michael Pettit (Bandenchef), Idell James (Ginny Mae), John Megan (Zeitungsjunge), Carol Daley (Geraldine), William Walker (Chauffeur). SW 133 Min.

1927 wurde John Mayhew, der (verheiratete) heimliche Geliebte der jungen Charlotte Hollis, im Haus ihrer Eltern von einem nie gefassten Mörder enthauptet. Jetzt, 37 Jahre später, soll das Haus, in dem die halb verrückte Charlotte lebt, einer neuen Straße weichen. Da sie glaubt, ihr verstorbener Vater hätte John damals umgebracht und der Abriss des Hauses könne irgendwelche Indizien freilegen, verteidigt Charlotte es mit der Waffe und holt ihre Cousine Miriam zu Hilfe. Auch der Arzt Bayliss gesellt sich dazu: Er war vor Jahrzehnten mit Miriam liiert. Von nun an kommt es zu seltsamen Ereignissen: Nachts hört Charlotte Musik und den Gesang einer Männerstimme. Sie sieht geheimnisvolle Schatten durch die Räume geistern und stößt auf einen abgehackten Kopf und eine ebensolche Hand. Bayliss behandelt sie mit Beruhigungsmitteln. Charlotte sieht, dass er mit Miriam tuschelt. Es sieht so aus, als verfolgten die beiden einen geheimen Plan, der darin gipfeln soll, alleinige Kontrolle über das Familienvermögen der Hollis' zu erlangen. Auch Velma, Charlottes Haushälterin, hat diesen Verdacht. Als sie ihn ausspricht, wird sie kurz darauf erschlagen. Bayliss stellt ihren Tod als Unfall hin. Miriam und Bayliss inszenieren eine makabre Scheinermordung, deren Opfer Bayliss ist. Nachdem Miriam Charlotte eingeredet hat, sie habe den Arzt getötet, vergraben sie die »Leiche«, die jedoch wieder aufersteht und der nervlich zerrütteten Charlotte den Schock ihres Lebens versetzt. Dem Wahnsinn verfallen, kriecht sie auf allen vieren davon. Dann hört sie ein Gespräch der beiden anderen, das den Verdacht der Erbschleicherei bestätigt. Charlotte lässt einen steinernen Blumenkübel auf die Verschwörer fallen. Es stellt sich heraus, dass John Mayhem seinerzeit von der eigenen Gattin ermordet wurde. – »Mit dramaturgischer Konsequenz ertönt das Wiegenlied als Leitmotiv immer dann, wenn die weißen Mäuse des Wahnsinns an den grauen Zellen der armen Charlotte nagen. *Hush, Hush, Sweet Charlotte* ... so wispert es durch die (Hohl-)Räume, tönen die Tasten des Flügels, die unsichtbare Hände herunterdrücken, geistert es als Zwölftonsinfonie durch das brüchige Gemäuer des alten Hauses, das Charlotte bewohnt. Die Davis – gnadenlos gegen sich selbst in der zersetzenden Großaufnahme von der Seelenlandschaft eines verwelkten Antlitzes – legt in der Tragikomödie den Akzent zu sehr auf die ersten beiden Silben ... Obwohl diese großartig disziplinierte Schauspielerin die Glaubwürdigkeit von zwei Gesichtern auszustrahlen vermag.« (Bert Markus, FILM) – »Aldrichs Reißer stimmt bis zur letzten Szene.« (HAMBURGER ABENDBLATT)

WILDE LUST

(HONEYMOON OF TERROR/ECSTASY ON LOVER'S ISLAND). USA 1960. **R:** *Peter Perry.* **B:** *Peter Perry.* **K:** *Basil C. Bradbury.* **M:** *Anton Karas.* **D:** *Doug Leith (Frank), Dwan Marlow (Marion), Anton van Stralen (Unhold), Dick Crane (Bootsmann). SW 68 Min.*

Junge Frau, die sich allein auf einer unbewohnten Insel wähnt, wird von einem irren Killer attackiert und kann ihn nach atemberaubender Verfolgungsjagd zur Strecke bringen. Filmmusik von Anton Karas, der schon in dem Nachkriegs-Thriller *Der dritte Mann* (GB 1949; Regie: Carol Reed) für spannende Untermalung sorgte. AIDT

DIE WILDE ZOMBIEPARTY

(GHOST FEVER). USA 1987. **R:** *Alan Smithee [Lee Madden].* **B:** *Oscar Brodney.* **K:** *N.N.* **M:** *N.N.* **D:** *Sherman Hemsley (Jethro), Luis Avalos (Benny), Jennifer Rhodes (Madame St. Esprit), Deborah Benson (Pepper Martin (Sheriff Clay), Kenneth Johnston (Manager), Roger Cudney, Linda), Diana Brookes (Lisa), Myron Healey (Andrew Lee), Joe Frazier (Terrible Tucker), Patrick Welch, Steve Stone, Ramon Berumen, George Palmiero. F 86 Min.*

Zwei Kriminalpolizisten stoßen bei einem Routineauftrag auf allerlei Vampire, Zombies und Gespenster. Komödie mit nervtötender Musik und Darstellern, deren Können jeder Beschreibung spottet. AIDT [V]

DIE WILDKATZE

(LA ISLA DE LA MUERTE). BRD/Spanien 1969. **R:** *Jesus Franco Manera [Jess Franco].* **B:** *Erich Kröhnke.* **K:** *Manuel Merino.* **M:** *Hans G. Leonhardt.* **D:** *Marie Liljedahl (Eugenie), Christopher Lee (Dolmance), Jack Taylor (Mirvel), Herbert Fux (Hardin), Nino Korda (Roches), Paul Muller (Vater), Colette Giacobine (Colette), Maria Luisa Ponte*

(Mutter), Maria Rohm (Mme. Saint-Ange), Kathy Lagarde (Zofe), Anney Kablan (Augustin). F 81 Min.

Ein perverser Schriftsteller führt seine hübsche Tochter einem mysteriösen Orden zu, der auf einer Insel haust, um nach Lust und Laune den sexuellen Phantasien zu frönen, die sich der Marquis de Sade in seinen Schriften ausgedacht hat. Die junge Eugenie wird in einem Schloss unter Drogen gesetzt und missbraucht. Später wird sie Zeugin sadomasochistischer Aktivitäten. Man zwingt sie, an einer Orgie teilzunehmen, die mit einem Mord endet. – Ein abgefeimtes Stück sexuellen Horrors, ganz nach dem Geschmack des Regisseurs Jess Franco, der sich als Voyeur bezeichnet, der »nicht geheilt werden« will. In den USA ist dieser makaber-morbide Streifen gar zum Kultfilm avanciert, aber es ist nicht auszuschließen, dass er in mehreren Versionen existiert: Es soll eine französische mit dem Titel *De Sade 70* bzw. *Les Inassouvies* geben, deren deutsche Fassung *Die Jungfrau und die Peitsche* jedoch keinen Verleih fand (falls sie nicht sowieso mit *Die Wildkatze* identisch ist): Der Film hat die gleichen Darsteller und den gleichen Plot. Selbiges gilt für *Eugenie* (Liechtenstein 1970), über den der französische Kritiker Paul Hervé Mathis schrebt: »Der Sadismus ist da, ja, aber im phantastischen Sinne. Und das geht nicht ohne einen sympathischen Fetischismus in verschiedenen Richtungen (das kann die in Verzückung versetzen, die besessen sind von Strapsen, Minikleider aus Leder, schwarzen durchsichtigen Blusen und roten Strümpfen) ... Der Selbstmord ... des Vaters nach dem Mord an seiner Tochter ... ist ebenfalls unvermeidbar: Die Figuren gehen ans Ende ihrer Begierde, vor Jess Franco als stummem Zeugen.« (zit. n. Leo Phelix/Rolf Thissen, PIONIERE UND PROMINENTE DES MODERNEN SEX-FILMS)

WILLIAMSON, KEVIN

(*1965). Geboren in New Bern, North Carolina. Wurde mit seinem Drehbuch für Wes Cravens *Scream* (Teil 1 und 2) bekannt: »Der als Schauspieler nur mäßig erfolgreiche Kevin Williamson verfasste das Drehbuch zu *Scream* in nur drei Tagen, nachdem er das Haus eines Freundes gehütet und dort während einer Nacht plötzlich ein gruseliges Geräusch vernommen hatte. Er rief seinen Freund an, schlich mit Telefon und eilig ergriffenem Messer in die Küche, wo er ein offenes Fenster vorfand. Was sich nun entwickelte, war ein irrwitziger Dialog zwischen einem verängstigten Möchtegernautor und einem lachenden Besserwisser am anderen Ende der Leitung. Williamson und sein Freund unterhielten sich über Horrorfilme und Serienkiller (...) Die Entstehungsgeschichte des einzig wahren Neo-Slashers reicht laut Williamson jedoch bis in dessen Jugend zurück. Der kleine Kevin, allein im Parkett, sah John Carpenters *Halloween – Die Nacht des Grauens* und dann Wes Cravens *Nightmare – Mörderische Träume,* und an das wohlige Gruseln, das ihn während dieser Kinobesuche tief in den Sitz drückte, erinnert er sich bis heute.« (Dirk/Sowa, TEEN SCREAM) – Drehbücher für *I Know What You Did Last Summer (Ich weiß, was du letzten Sommer getan hast)* und *The Faculty (Faculty – Trau keinem Lehrer!).* Unvermeidlich auch als Producer-Director tätig. Regiedebüt: *Teaching Mrs. Tingle (Tötet Mrs. Tingle!).*

WILLARD

(WILLARD). USA 1970. **R:** *Daniel Mann.* **B:** *Gilbert A. Ralston.* **V:** *»Aufstand der Ratten« von Stephen Gilbert.* **K:** *Robert B. Hauser.* **SpE:** *Bud Davis.* **M:** *Alex North.* **D:** *Bruce Davison (Willard Stiles), Ernest Borgnine (Al Martin), Elsa Lanchester (Henrietta Stiles), Sandra Locke (Joan), Michael Dante (Brandt), Jody Gilbert (Charlotte Stassen), Joan Shawlee (Alice), William Hansen (Barskin), J. Pat O'Malley (Jonathan Farley), John Myhers (Carlson), Helen Spring (Mrs. Becker), Pauline Drake (Ida Stassen). F 95 Min.*

Willard Stiles, mit 27 Jahren immer noch sehr kontaktscheu, hat unter den Demütigungen seines Chefs Al Martin und den Quengeleien seiner Mutter zu leiden. Al Martin hatte vor Jahren Willards Vater um seine Firma geprellt. Der einzige Besitz, der der Familie geblieben ist, ist das Haus, in dem Willard mit seiner Mutter lebt. Diese ermahnt ihn regelmäßig, sich endlich um die Ratten »zu kümmern«, die sich auf dem Grundstück eingenistet haben. Doch Willard findet Gefallen an den Nagern. Sie werden seine einzigen Freunde. Er dressiert sie und züchtet sich ein Leittier namens Sokrates heran, über das er der Rattenschar Befehle erteilt. Einziger Querulant ist die Ratte Ben, die Willard aber zunächst unter Kontrolle halten kann. Al Martins Dinnerparty erweist sich als erste Gelegenheit, den Gehorsam der Rattenmeute auszuprobieren. Sie verursacht ein heilloses Durcheinander, zieht sich jedoch auf Befehl Willards folgsam zurück. Erst nach dem Tod der Mutter wird die Lage für Willard so ernst, dass er seine Ratten gezielt einsetzen muss. Al Martin will ihm das hoch verschuldete Haus abspenstig machen. Mit Hilfe seiner Ratten kann sich Willard die nötigen Barmittel verschaffen. Von nun an nimmt Willard seine Zuchterfolge Sokrates und Ben mit ins Büro und versteckt sie in einem Lagerraum. Eines Tages entdeckt Al Martin die Ratten und erschlägt Sokrates. Ben entkommt. Willard kehrt am späten Abend mit seiner Rattenarmee ins Büro zurück und hetzt sie auf seinen Boss. Al Martin stürzt sich aus dem Fenster zu Tode. Willard begeht jedoch den Fehler, Ben im Büro einzuschließen. Der so beleidigte Ben kann sich befreien und führt als neues Leittier die Rattenmeute gegen Willard. Trotz verzweifelter Gegenmaßnahmen endet Willard wie sein Chef: Er stürzt aus dem Fenster. Doch Ben kommt wieder (zwei Jahre später in *Ben*). Der Film, ein »Nervenkitzler« und eine »schwarze Parabel«(LEXIKON DES SCIENCE FICTION-FILMS), besticht in erster Linie durch seine Rattendressuren. Moe DiSesso hatte zunächst seine Kunst an Eulen, Waschbären, Truthähnen und anderen Dressurexoten erprobt, bevor er die Aufgabe erhielt, es mit Ratten zu versuchen. Die ersten Versuche scheiterten, bis er erkannte, dass man die Tiere im Alter von drei Wochen schulen muss – in einer Zeit, in der Rattenbabys noch blind sind.

THE WILLIES

(THE WILLIES). USA 1990. **R:** *Brian Peck.* **B:** *Brian Peck.* **K:** *Tom Ingalls.* **Ma:** *Kenny Myers.* **M:** *Randy Miller.* **D:** *Sean Astin (Michael), Ralph Drischell (Spivey), James Karen (Onkel Henry/Jenkins), Kathleen Freeman (Miss Titmarsh), Ian Fried (Danny Hollister), Michael Bower (Gordy), Jeremy Miller (Brad), Clu Glugher (Rektor), Evan Arnold, Patrika Darbo, Kirk Cameron, Dana Ashbrook. F (91) 88 Min.*

Episodenfilm: Drei zeltende Jungen vertreiben sich die Zeit, indem sie einander Gruselgeschichten erzählen: 1. In einer Imbissbude verzehrt eine ahnungslose Frau eine Ratte. – 2. In der Wohnung einer Rentnerin zerplatzt ein Pudel in der Mikrowelle. – 3. Ein Hausmeister frisst eine böse Lehrerin und tückische Schüler. – 4. Ein Junge, der Fliegen quält, wird schließlich von selbigen angefallen. »Mit Ausnahme der Hausmeister-Episode ein Sammelsurium minderer Qualität und schlechten Geschmacks.« (FILMDIENST) [V]

THE WIND

(THE WIND). USA 1986. **R:** *Nicos Mastorakis.* **B:** *Nicos Mastorakis, Fred C. Perry.* **K:** *Andrew Bellis.* **M:** *Stanley Myers, Hans Zimmer.* **D:** *Robert Morley (Elias Appleby), Meg Foster (Sian Anderson), Wings Hauser (Phil), Steve Railsbeck (Kesner), David McCallum (John), John Michaels, Summer Thomas, Tracy Young, Michael Yannatos. F 92 Min.*

Junge Schriftstellerin, die in einer einsamen Gegend in Griechenland ein Buch schreibt, wird von einem irren Killer mit Messer und Sichel attackiert. [V]

WINDIGO

Anderer Titel für GHOSTKEEPER

WIR KOMMEN UND WERDEN EUCH FRESSEN

(DIYU WU MEN/WE'RE GOING TO EAT YOU). Hongkong 1979. **R:** *Tsui Hark.* **B:** *Roy Szeto.* **K:** *Hung Chuen Lau.* **M:** *N.N.* **D:** *Norman Tsui Sui-Keung (Agent 999), Eddy Ko (Chief), Melvin Wong (Rolex), David Wu (Opfer), Cheung Mu-Lian, Han Kuo-Tsai, Kao Shiung. F 89 Min.*

Kannibalische Bewohner eines chinesischen Inseldorfes meucheln einsame Wanderer und fressen sie, bis sie von einem Schlitzohr und einem Karateschläger mattgesetzt werden. Der Film ist komischer, als sein brutaler Titel vermuten lässt, aber weit davon entfernt, ein Kunstwerk zu sein.

WISHMASTER II

(WISHMASTER II: EVIL NEVER DIES). USA 1999. **R:** *Jack Sholder.* **B:** *Jack Sholder.* **K:** *Carlos González.* **M:** *David C. Williams.* **D:** *Andrew Divoff (Djinn/Nathaniel Demerest), Paul Johansson (Gregory), Holly Fields (Morgana), Bokeem Woodbine (Mr. Terraion), Vyto Ruginis, Maria Gennaro, Scott Klace, James Staszkiel. F 92 Min.*

Um die Verfügungsgewalt über die Erde zu erringen, muss ein böser Djinn summa summarum 1001 Wünsche erfüllen. [V]

THE WITCH

(SUPERSTITION/THE WITCH). USA 1985. **R:** *James W. Roberson.* **B:** *Michael Sajbel, Bret Plate, Brad White, Brad White, Donald G. Thompson.* **St:**

»The Witch« von Michael Sajbel. **K:** *Lee Madden.* **Ma:** *Bill Munns, Steve La Porte, Dave Miller.* **M:** *David Gibney.* **D:** *James Houghton (Reverend Thompson), Albert Salmi (Inspektor Sturgess), Lynn Carlin (Melinda Leahy), Larry Pennell (George Leahy), Maylo McCaslin (Sheryl Leahy), Heidi Bohay (Ann Leahy), Billy Jacoby (Justin Leahy), Jaquelyn Hyde (Elvira Sharack), Kim Marie (Mary), Stacy Keach sen. (Pastor Mayer), Joshua Cadman (Arlen), Robert Symonds (Pike), Carole Goldman (Elondra), John Alderman (Romberg), Johnny Doran (Charlie), Bennett Liss (Artie), Casey King (Hollister). F 84 Min.*

In einem alten Haus, das der Kirche gehört, treibt der Geist einer 1784 ersäuften Hexe sein mörderisches Unwesen. Der dem Suff verfallene Pastor Thompson zieht mit seiner Familie ein, und kurz darauf stapeln sich die geköpften und in der Mikrowelle gekochten Leichen. Hochwürden muss dringend was unternehmen. Der Film wurde schon 1981 gedreht. AIDT [V]

WITCH BITCH – TOD AUS DEM JENSEITS

(DEATH SPA/WITCH BITCH). USA 1988. **R:** *Michael Fischa.* **B:** *James Bartruff, Mitch Paradise.* **K:** *Arledge Armenaki.* **M:** *Peter Kaye.* **D:** *William Bumiller (Michael Evans), Brenda Bakke (Laurel), Merritt Butrick (David), Robert Lipton, Alexa Hamilton, Rosalind Cash, Frank McCarthy, Ken Foree. F 80 Min.*

Der Geist einer per Suizid aus dem Leben geschiedenen Frau (»Witch Bitch« heißt »Hexenschlampe«) macht ihrem Gatten, dem Besitzer einer Mucki-Bude, das Leben schwer, als sie technische Defekte hervorruft, die zahlreiche ansehnliche Mädchen das Leben kosten. [V]

WITCHBOARD – DIE HEXENFALLE

(WITCHBOARD). USA 1987. **R:** *Kevin S. Tenney.* **B:** *Kevin S. Tenney.* **K:** *Roy H. Wagner.* **M:** *Dennis Michael Tenney.* **D:** *Tawney Kitaen (Linda Brewster), Todd Allen (Jim Morar), Stephen Nicholas (Brandon Sinclair), Kathleen Wilhoite (Zarabeth), Burke Byrnes (Lt. Dewhurst), James W. Quinn, Rose Marie, Judy Tatum, Gloria Hayes, J. P. Luebsen, Susan Nickerson. F 98 Min.*

Junges Paar, das sich in Sachen Schwarzer Magie versucht, wird die Geister, die es rief, nicht mehr los. [V]

WITCHBOARD II – DIE TÜR ZUR HÖLLE

(WITCHBOARD II: THE DEVIL'S DOORWAY). USA 1993. **R:** *Kevin S. Tenney.* **B:** *Kevin S. Tenney.* **K:** *David Lewis.* **M:** *Dennis Michael Tenney.* **D:** *Ami Dolenz (Paige Benedict), Christopher Michael Moore (Jonas), Laraine Newman (Elaine), Timothy Gibbs (Mitch), John Gatins (Russel), Marvin Kaplan (Okkultist). F 95 Min.*

In ihrem neuen Heim stößt Paige Benedict auf ein Ouija-Brett (das Titel-«Witchboard«) und gerät in Kontakt mit der Vormieterin Susan, die in ihrer Wohnung auf scheußliche Weise ums Leben kam. Bald wird Paige von fiesen Nachtmahren geplagt, und das Böse kehrt in Gestalt Susans, eines besessenen Autos und mörderischer Werkzeuge zurück. – Wie viele analphabetische Regisseure gehört auch Mr. Tenney zu den Clowns, die ihr Phantastik-Wissen ausschließlich aus den Filmen ihrer Vorgänger beziehen: Dilettanten können sich nicht vorstellen, dass das Grauen zunächst im Hirn des Protagonisten entsteht. Mr. Tenny kennt nur plakativen Horror in Form unerwarteter Schocks, die einem urplötzlich ins Gesicht springen, sowie uralter (von Jack Arnold auf die Spitze getriebener) Gruselszenen, in denen – Buh! – alle naselang jemand unmotiviert hinter der Heldin auftaucht, sobald sie einen finsteren Raum betritt. [V]

WITCHCRAFT – DAS BÖSE LEBT

(MALEFICHE PRESENZE/LA CASA IV). Italien 1988. **R:** *Martin Newlin [Fabrizio Laurenti].* **B:** *Harry Spalding, Daniele Stroppa.* **K:** *Lorenzo Battaglia.* **SpE:** *Maurizio Trani.* **M:** *Carlo Maria Cordio.* **D:** *Linda Blair (Jane Brooks), David Hasselhoff (Gary), Catherine Hickland (Linda Sullivan), Richard Farnsworth (Jerry Giordano), Annie Ross (Rose Brooks), Hildegard Knef (Dame in Schwarz), Leslie Cumming (Leslie), Robert Champagne (Freddie Brooks), Rick Farnsworth (Jerry Giordano), Michael Manchester (Tommy Brooks), Frank Cammarata (Tony Giordano), Victoria Biggers (Sekretärin), Ely Coughlin (Satan), Kara Lynch (Cindy), James Haynes (Jon), Richard Ladenburg (Sheriff). F 95 Min.*

Während der Fotograf Gary merkwürdige Lichtphänomene studiert, die sich in der Umgebung eines verfallenen Hotels an der Küste New Englands manifestieren, murkst eine hexerisch veranlagte Dame diverse Charaktere ab, die dort auftauchen und sich für das alte Gemäuer interessieren. [V]

WITCHCRAFT – VOM TEUFEL BESESSEN
Anderer Titel für WITCHCRAFT – DAS BÖSE LEBT

WITCHCRAFT II: DIE VERSUCHUNG
(WITCHCRAFT II: THE TEMPTRESS). USA 1989. **R:** *Mark Woods.* **B:** *James R. Hanson, Sal Manna.* **K:** *Jens Stürup.* **M:** *Miriam Cutler.* **D:** *Charles Solomon (William), Delia Sheppard (Dolores), Mia Ruiz (Michelle), David L. Homb (Boomer), Kirsten Wagner (Audrey), Jay Richardson (Mr. Adams), Cheryl Janecky (Mrs. Adams), Frank Woods (Rev. Cross), Mary Shelly (Elizabeth). F 90 Min.*
Vorgeschichte: *Hexenbrut.* – Als Kind wurde William auserkoren, Satans Sohn zu zeugen, doch der Hexenzirkel wurde gesprengt. Seine Eltern haben dem Bösen abgeschworen, doch als William volljährig ist, wollen die Hexe Dolores und ihre ansehnlichen Titten den Plan vollenden. Willi setzt sich erfolgreich gegen ihre Verführungskünste zur Wehr. – Dilettantischer Hexenfilm mit Asbach-Uralt-Thema, dem auch Sexszenen nicht über die Runden helfen. AIDT [V]

WITCHCRAFT III: THE KISS OF DEATH
(WITCHCRAFT III: THE KISS OF DEATH). USA 1990. **R:** *R. L. Tillmans.* **B:** *Gerry Daly.* **K:** *John Thomas.* **M:** *Miriam Cutler.* **D:** *Charles Solomon (William), Lisa Toothman (Charlotte), Dominic Luciano (Louis), Leana Hall (Roxy), William L. Baker (Jondular), Sha Bennett (Mrs. Carter), Ahmed Reese (Ruben Carter), Nicole Lauven (Vivian). F 87 Min.*
Vorgeschichte: *Hexenbrut* und *Witchcraft II: Die Versuchung.* – Irgendwelche »Dämonenabkömmlinge«, unter ihnen der ahnungslose Anwalt und Hexenmeistersohn William, bekämpfen sich mit tödlichen Blicken und den üblichen Spezialeffekten. Nackedeis und gähnende Langeweile inklusive. AIDT [V]

WITCHCRAFT IV: VIRGIN HEART
(WITCHCRAFT IV: VIRGIN HEART). USA 1991. **R:** *James Merendino.* **B:** *Michael Paul Gerard.* **K:** *Kevin Morrisey.* **M:** *Miriam Cutler.* **D:** *Charles Solomon (William Spanner), Julie Strain (Bella Donna), Clive Pearson (Rob Santara), Jason O'Gulihur (Hal), Lisa Jay Harrington, (Lily Wild). F 93 Min.*
Vorgeschichte: *Hexenbrut* und *Witchcraft II, III.* – Der Rechtsanwalt William Spanner verfügt über geheimnisvolle Kräfte und soll den unter Mordverdacht einsitzenden Bruder einer Klientin aus dem Gefängnis holen. Im Zuge seiner Recherchen lernt er eine Stripperin und den berüchtigten Impresario Santara kennen, der sich als Inkarnation Satans entpuppt und erfolgsgeilen jungen Musikern im Tausch gegen ihre Seele Talent verleiht. Der Anwalt und die Stripperin erweisen sich als Unsterbliche, die Klientin als Satanistin und Komplizin Santaras. In einem blutigen Ritual wird der Teufel am Ende in seine Schranken verwiesen. – »Der vierte Teil der Witchcraft-Serie stiehlt sich kreuz und quer durch die Filmgeschichte und übernimmt dabei aus *Blue Velvet* und *Crossroads* ganze Handlungsstränge. Trotzdem geht es im Grunde auch diesmal nur darum, zu zeigen, wie der Serienheld ... zahlreiche hübsche Frauen flach- und seinen farblosen Gegner umlegt.« (VIDEOWOCHE) AIDT [V]

WITCHCRAFT V – DIE MACHT DES BÖSEN
(WITCHCRAFT V: DANCE WITH THE DEVIL). USA 1993. **R:** *Talun Hsu.* **B:** *Steve Tymon, James Merendino.* **K:** *Denis Maloney.* **M:** *Miriam Cutler.* **D:** *Marklen Kennedy (William), Carolyn Taye-Loren (Keli), Nicole Sussman (Martea), David Huffman (Cain), Lenny Rose (Reverend Meredith). F 93 Min.*
Vorgeschichte: *Hexenbrut* und *Witchcraft II, III, IV.* – Um den braven Anwalt William, Sohn eines Hexenmeisters, für seinen Meister zu gewinnen, setzt der Dämon Cain ein blondes Tittenmonster auf ihn an, bis dieser der Lockung des Bösen verfällt und als Dauerhypnotisierter die Seele eines Black Metal-Musikers einholt, der dem Fürsten der Finsternis die Seele verkauft hat, um auf der Bühne erfolgreich zu sein. Sex und schwarze Magie. – »Mit Neonfarben übergossener Mottenkisten-Grusel.« (MOVIESTAR) AIDT [V]

WITCHTRAP
(WITCHTRAP). USA 1989. **R:** *Kevin S. Tenney.* **B:** *Kevin S. Tenney.* **K:** *Thomas Jewett.* **M:** *Dennis Michael Tenney.* **D:** *James W. Quinn (Tony Vincente), Kathleen Bailey (Whitney O'Shay), Judy Tatum (Agnes Goldberg), Rob Zapple (Felix Goldberg), Jack Thompson (Frank Murphy), Clyde Telly (Ginger), Hal Havins. F 85 Min.*
Zwei Parapsychologen entlarven eine mysteriöse Stimme in einem Spukhaus als den bösartigen Geist Onkel Alberts und wollen ihn vertreiben.

Dies ist jedoch nicht ganz einfach, denn der Lump erweist sich als stur. Ein 85 Minuten Langeweile verbreitender Abschlaffer, in dem pausenlos für die Handlung unwichtiges Zeug geschwafelt wird. [V]

EINE WITWE MORDET LEISE

(WHATEVER HAPPENED TO AUNT ALICE?). USA 1968. **R:** *Lee H. Katzin.* **B:** *Theodore Apstein.* **V:** *»Die Pappelallee« von Ursula Curtiss.* **K:** *Joseph Biroc.* **M:** *Gerald Fried.* **D:** *Geraldine Page (Claire Marrable), Ruth Gordon (Alice Dimmock), Rosemary Forsyth (Harriet Vaughn), Robert Fuller (Mike Darrah), Mildred Dunnock (Miss Tinsley), Joan Huntington (Julia Lawson), Peter Brandon (George Lawson), Michael Barbera (Jim Vaughn), Richard Angarola (Sheriff Armijo), Claire Kelly (Elva), Valerie Allen (Dottie), Martin Garragla (Juan), Jack Bannon (Olin), Seth Riggs (Warren), Lou Kane (Telefonist), Howard Wright (Trauernder). F 101 Min.*
Mrs. Marrable betrauert den Tod ihres Gatten, der ihr außer einem Briefmarkenalbum und Plunder nichts hinterlassen hat. Als die nachdenkliche Dame feststellt, dass ihre Haushälterin im Laufe ihres Lebens ein erkleckliches Sümmchen angespart hat, bringt sie sie um. Und so geht es dann weiter, jahrein, jahraus. Sie inseriert, bekommt Nachschub – und achtet stets darauf, dass die Damen, die in ihren Haushalt kommen, ohne Anhang sind. Nur bei Mrs. Tinsley hat sie sich verrechnet. Als selbige das Zeitliche gesegnet hat, schneit ihr eine Nachfolgerin namens Alice Dimmock ins Haus. Sie war mit Mrs. Tinsley befreundet. Und zur Verstärkung hat sie ihren Neffen Mike mitgebracht, der sich in die hübsche Nachbarin Harriet verknallt, deren Hund am liebsten in Mrs. Marrables Vorgärtchen buddelt, was ihn bei der Massenmörderin unbeliebt macht. Tante Alice hat sich jedoch bald etwas zu verdächtig gemacht: Sie endet in einem See – aber nicht, ohne ihre Mörderin wissen zu lassen, dass sie einen Mitwisser hat. Die furchtsame Mrs. Marrable verdächtigt Harriet und zündet ihr das Dach über dem Kopfe an. Nur: Harriet überlebt, und am nächsten Morgen muss die räuberische Lady erfahren, dass die Polizei während der Nacht ihren Garten umgegraben und die Leichen gefunden hat. Der größte Schock erst noch: Das Briefmarkenalbum ihres verstorbenen Gatten, so erfährt Mrs. Marrable, ist Hunderttausende von Dollars wert! Mrs. Marrable klinkt aus. Mit irrem Blick bittet sie darum, in die Stadt gefahren zu werden – damit sie eine neue Haushälterin engagieren kann. – Weniger ein Horrorfilm als ein Psycho-Thriller mit unheimlicher Szenerie. Geraldine Page in der Rolle der einschmeichelnden, honigsüßen und psychopathischen Grande Dame und Meistermörderin ist einfach umwerfend.

WOLF

(WOLF). USA 1993. **R:** *Mike Nichols.* **B:** *Jim Harrison, Wesley Strick.* **K:** *Giuseppe Rotunno.* **SpE:** *Stan Parks.* **Ma:** *Rick Baker.* **M:** *Ennio Morricone.* **D:** *Jack Nicholson (Will Randall), Michelle Pfeiffer (Laura Alden), James Spader (Stewart Swinton), Christopher Plummer (Raymond Alden), Kate Nelligan (Charlotte Randall), Richard Jenkins (Detective Bridger), David Hyde Pierce (Roy), Eileen Atkins (Mary), David Hyde Pierce (Roy), Om Puri (Dr. Vijay Alezias), Ron Rifkin (Arzt), Prunella Scales (Maude), Brian Markinson (Detective Wade), Peter Gerety (George), Bradford English (Keyes), Stewart J. Zully (Gary). F 125 Min.*
Der Verlagsleiter Will Randall, Ende fünfzig, fährt während einer Dienstreise zu nächtlicher Stunde im verschneiten Vermont einen ver-

Wolf

meintlichen Hund an. Als er dem Tier helfen will, entpuppt es sich als Wolf und beißt zu. Die Verletzung ist jedoch nicht der Rede wert. Der Verlag, für den Randall arbeitet, ist kürzlich von dem Milliardär Alden übernommen worden. Nun wird unser Held zu einem Gespräch gebeten, bei dem er erfährt, dass man ihn nach Osteuropa abzuschieben gedenkt. Randalls bisherige Position soll ein Jüngerer besetzen – sein Protektionskind, der Mittdreißiger Swinton. Randall fängt plötzlich an, sich zu verändern. Sein Geruchssinn, sein Gehör und seine Sehkraft werden stärker, seine Körperbehaarung nimmt zu, er ist zu schier unglaublichen Sprüngen fähig. Pferde scheuen vor ihm. Eines Nachts verfolgt er wie von Sinnen einen Hirsch und erlegt ihn; später setzt er drei Jungganoven außer Gefecht, die sich in einem finsteren Park Geld von ihm »leihen« wollen. Randalls wölfische Instinkte setzen sich durch: Er zettelt eine Revolte der umsatzträchtigsten Verlagsautoren an und nimmt zynisch und knurrig den Kampf gegen Swinton auf, einen schleimigen Yuppie-Karrieristen, der in seiner Gegenwart schöntut und hinter seinem Rücken an seinem Stuhl sägt. Im Verein mit Aldens Tochter Laura, die möglicherweise an seiner Veränderung nicht ganz unschuldig ist, gelingt es Randall, Swinton in einem mörderischen Kampf zu zeigen, wo die Glocken hängen. – Um den Wolf im Manne geht es hier nur vordergründig. Die vermeintliche Horrorgeschichte ist in erster Linie eine Abrechnung mit der ekelhaften Spezies jener schwanz- und rückgratlosen Kreaturen, die nur allzu gern zum Vatermord bereit sind, sobald ihr Lehrmeister ihnen alle Branchentricks gezeigt hat. Die Verarbeitung dieses Themas war längst fällig, deswegen sprechen wir den Autoren Jim Harrison und Wesley Strick unsere Hochachtung und Anerkennung aus.

DER WOLF – HORROR PERVERS

Anderer Titel für ROTE LIPPEN – SADIST-EROTICA

WOLF MOUNTAIN

(THE LEGEND OF WOLF MOUNTAIN). USA 1992. **R:** *Craig Clyde.* **B:** *Craig Clyde, James Hennessy.* **K:** *Gary Eckert.* **M:** *Jo McCallum.* **D:** *Bo Hopkins, Mickey Rooney, Robert Z'Dar, David Shark, Don Shanks, Vivian Schilling, Nicole Lund, Natalie Lund, Jonathan Best, Matthew Lewis. F 90 Min.*

Drei Schulkinder geraten aus Zufall in die Fänge zweier Lumpen, die sie im Nationalpark aussetzen. Ein sich in Wolfsgestalt manifestierender Indianergeist steht ihnen bei, damit sie nicht unter die Räder kommen. Kein Horrormonster, bei dem einem das Haupthaar zu Berge steht, sondern nur ein Geist, der das Herzchen der Kleinen, die dieses Filmchen an einem verregneten Sonntag sehen, vor Aufregung klopfen lässt. [V]

DIE WÖLFIN VOM TEUFELSMOOR

Österreich 1978. **R:** *Helmut Pfandler.* **B:** *Helmut Pfandler, Karlheinz Willschrei.* **V:** *Erzählung »Walpurga« von Helmut Pfandler.* **K:** *Hanns Matula, Heinz Hölscher.* **M:** *Gerhard Heinz.* **D:** *John Philip Law, Florinda Bolkan, Siegfried Wischnewski, Guido Wieland, Claudia Rieschel. F 85 Min.*

Vermessungsingenieur wird an den After der Welt geschickt, um dort Vorbereitungen für den Bau einer Industrieansiedlung zu treffen. Widerborstiges Landvolk und Hexengezücht stellen sich ihm, von finsteren Mächten unterstützt, in den Weg. Vermutlich der einzige Horrorfilm, der je in Österreich produziert wurde. Und gar nicht mal so übel. [V]

WOLFMEN

(HOWLING III: THE MARSUPIALS). Australien 1987. **R:** *Philippe Mora.* **B:** *Philippe Mora.* **K:** *Louis Irving.* **SpE:** *Steve Johnson.* **M:** *Allan Zavod.* **D:** *Barry Otto (Professor Beckmeyer), Imogen Annesley (Jerboa), Dasha Blahova (Olga Gorki), Leigh Biolos (Donny Martin), Max Fairchild (Thylo), Ralph Cotterill (Professor Sharp), Frank Thring (Jack Citron), Michael Pate (Präsident), Barry Humphries (Dame Edna), Carole Skinner (Yara). F 89 Min.*

Die Werwölfin Jerboa geht nach Sydney, um in dem Film »Die Gestaltwandler, 8. Teil« eine Rolle zu übernehmen. Dabei verliebt sie sich in den Schauspieler Donny. Die Wissenschaft kommt ihr jedoch auf die Schliche. Das Militär vernichtet ihre Werwolf-Gemeinde; Jerboa und Donny, von Spezialisten verfolgt, fliehen mit Hilfe eines Professors in die Wildnis und bringen ein Kind zur Welt. Wie schön. [V]

DER WOLFSMENSCH

ANMERKUNGEN ZU WERWÖLFEN UND ANDEREN TIERMENSCHEN

Schon in der griechischen Mythologie taucht die Verwandlung eines Menschen in einen Wolf auf.

Lykaon, von dessen Name sich der »Fachbegriff« *Lycanthropie* herleitet, hatte durch den rituellen Verzehr von Knaben den Zorn des Zeus heraufbeschworen und war zur Strafe in einen Wolf verwandelt worden. In anderen Mythen finden sich ähnliche Motive. Der heutzutage damit verbundene Begriff des Werwolfs, was wörtlich übertragen »Mensch-Wolf« bedeutet, stammt aus der angelsächsischen Sagenwelt und ist im Übrigen eng mit dem Vampirismus verknüpft, denn nach seinem Tod wird der Werwolf zum Vampir. »Innerhalb der Horror-Mythologie unterscheidet den Werwolf vom Vampir, dass Letzterer durchaus eine – wenn auch pervertierte – *Liebe* zu seinen Opfern verspüren kann, während der Werwolf aus reiner Zerstörungswut und Gier mordet. Vom Vampir geht Faszination aus, gepaart mit Furcht, während das eindimensionale Halbwesen, der Werwolf, blanke Furcht evoziert.« (Jung/Weil/Seeßlen, DER HORRORFILM)

War die Ursache des Lycanthropismus in der griechischen Mythologie die Strafe für Menschenfresserei, so wird diese in der angelsächsischen als Folge gedeutet: Erst durch die Verwandlung, meist unter dem Einfluss der Vollmond-Strahlung, wird der unschuldige Mensch zum gemeingefährlichen reißenden Tier. Eindeutige Ursachen, die wie beim Vampirismus einem Kinopublikum nicht mehr erklärt zu werden brauchen, kann der Lycanthropismus nicht vorweisen. Die meisten Autoren begründen die Verwandlung mit der Transfusion von Wolfsblut oder einem alten Fluch, der auf der Familie des Protagonisten lastet. Diese relative Unsicherheit, die die Filmemacher und das Publikum mit der Figur des Wolfsmenschen bzw. Mensch-Wolfs hatten, führte dazu, dass diese gegenüber den klassischen Halbwesen Dracula und Frankenstein zweitrangig blieb. »Zudem ist der Werwolf-Mythos in seiner Aussage kaum eigenständig, sondern variiert Elemente des *mad scientist,* des Tiermenschen, des Vampirs oder Elemente von *Dr. Jekyll und Mr. Hyde.*« (Jung/Weil/Seeßlen, a.a.O.). Neben den Werwölfen wartet das Horror-Genre noch mit weiteren Arten von Tiermenschen auf. Der *Menschenaffe* taucht als Symbol für die animalische Natur im Menschen immer wieder in Horrorfilmen auf, ebenso der *Katzen-Mensch.* bzw. die *Katzen-Frau,* Symbol animalischer weiblicher Erotik. Die bekannteste literarische Vorlage für die Gestalt des Tiermenschen ist H. G. Wells' Roman »The Island of Dr. Moreau« (1928), der 1932 unter dem Titel *Die Insel der verlorenen Seelen* von Erle C. Kenton mit Charles Laughton in der Hauptrolle verfilmt wurde. Darin verwandelt der verrückte Wissenschaftler Dr. Moreau mittels Gewebeverpflanzungen Tiere in Menschen. Er schreckt dabei vor keiner Quälerei zurück. Nach dem Schöpfungsakt erheben sich die Tiermenschen gegen ihren Schöpfer und töten ihn genauso bestialisch. Wegen des »wissenschaftlichen« Hintergrundes zählt der Film zum Science-Fiction-Genre. Ebenfalls der SF zugehörig, behandeln *Der Schrecken vom Amazonas* (USA 1954, Regie: Jack Arnold) und seine Fortsetzungen eine andere Version des Tiermenschen: eine Art Kiemenmensch, ein Schuppenwesen mit deutlichen Bezügen zur Entwicklungsgeschichte der Menschheit. Andere verwandte Science Fiction-Themen erzählen von Menschen, die durch wissenschaftliche Experimente oder Katastrophen in tierähnliche Wesen verwandelt werden oder in deren Körper gefangen sind, ohne deren Wesen anzunehmen, so z.B. *Die Fliege* (USA 1954; Regie: Kurt Neumann). Filme mit Science Fiction-Charakter, die das Tiermenschen-Motiv beinhalten, sind im LEXIKON DES SCIENCE FICTION-FILMS besprochen.

Abschließend sei die treffende Charakterisierung des Tiermenschen-Motivs aus Jung/Weil/Seeßlen, DER HORRORFILM, zitiert: »Die Tiermenschen des Horror-Genres sind in den meisten Fällen Gestalten von einer bestimmten Tragik, die sich nach der Liebe des Menschen sehnen und an seiner Unverständlichkeit, seiner nur technologischen Überlegenheit und seiner Arroganz allen anderen Lebensformen gegenüber scheitern. Das Tier, das sich in einen Menschen verwandeln will, wie das Wesen aus der schwarzen Lagune oder King Kong, kann dabei mit mehr mitfühlender Trauer rechnen als der Mensch, der sich in ein Tier verwandelt, wie etwa der Werwolf; die Hierarchie des Höheren im Menschen und des Niederen im Tier bleibt also, bei aller Faszination durch das Halbwesen, aufrechterhalten.«

DER WOLFSMENSCH

(THE WOLF MAN). USA 1941. **R:** *George Waggner.* **B:** *Curt Siodmak.* **K:** *Joseph Valentine.* **M:** *Charles Previn.* **D:** *Claude Rains (Sir John Talbot),*

Lon Chaney jr. (Larry Talbot), Evelyn Ankers (Gwen Conliffe), Ralph Bellamy (Captain Paul Montford), Warren Williams (Dr. Lloyd), Patrick Knowles (Frank Andrews), Maria Ouspenskaya (Maleva), Bela Lugosi (Bela), Fay Helm (Jenny Williams), Leyland Hodgson (Kendall), Forrester Harvey (Victor Twiddle), J. M. Kerrigan (Charles Conliffe), Kurt Katch (Zigeuner mit Bär), Doris Lloyd (Mrs. Williams), Olaf Hytten (Dörfler), Harry Stubbs (Reverend Norman), Tom Stevenson (Totengräber), Eric Wilton (Chauffeur), Harry Cording (Wykes), Ernie Stanton (Phillips), Ottola Nesmith (Mrs. Bally), Connie Leon (Mrs. Wykes), La Riana (Tänzerin), Caroline Cooke, Margaret Fealy, Jessie Arnold, Eddie Polo, Gibson Gowland. SW 70 Min.

Nach achtzehnjähriger Abwesenheit kehrt Larry Talbot nach Wales auf das Schloss seiner Ahnen zurück. In einem Antiquitätenladen lernt er das Mädchen Gwen kennen, das ihm einen mit einem Wolfskopf verzierten Spazierstock verkauft und ein Gedicht rezitiert, laut dem jeder, der reinen Herzens ist und abends brav sein Gebet spricht, das Herz eines Wolfes entwickeln kann, wenn die Wolfsblume blüht. Larry findet das alles zwar ganz schön lächerlich, lädt Gwen aber zu einem Spaziergang ein, zu dem sie mit einer Freundin namens Jenny auch erscheint. Eine Zigeunerin, des Wahrsagens mächtig, prophezeit Jenny unterwegs eine böse Zukunft. Das Mädchen rennt entsetzt davon und wird im Wald von einem Wolf angefallen. Larry kommt zu Hilfe, wird gebissen, tötet den Wolf. Als er aus der Besinnungslosigkeit erwacht, ist aus dem Wolf ein toter Mensch geworden. Bald darauf wird Larry von gespenstischen Albträumen heimgesucht – er hat die Vision eines unheimlich anmutenden, von dichten Nebelfeldern durchzogenen Waldes, in dem Werwölfe menschliche Beute jagen. Bald darauf finden wir ihn genau dort wieder – als haariges Ungetüm, das knurrend und fauchend herumstrolcht und sich wie besessen aufführt. Nachdem Gwen ihm zum Opfer gefallen ist, wird er vom eigenen Vater mit dem Spazierstock erschlagen, den der Wolfskopf ziert. Vor den entsetzten Augen seines alten Herrn verwandelt sich die Bestie in einen Menschen. Die Polizei vermutet, Larry sei beim Kampf mit dem Mörder Gwens umgekommen.

Nach *Der Werwolf von London* (USA 1935, Regie: Stuart Walker) war *Der Wolfsmensch* der zweite Werwolf-Film, auf den sich die Universal Studios einließen: »Erst 1941 wagte man einen neuen Versuch, und dies wurde einer der besten der neuen Sorte von Universal-Thrillern, mit Stars besetzt, prunkvoll und schnittig. Er besaß nicht gerade viele Horror-Elemente, was vermutlich daran lag, dass diesmal mehr auf die Figuren als auf die Handlung Wert gelegt wurde, und um den Werwolf nicht unsympathisch wirken zu lassen, blieben seine nächtlichen Beutezüge relativ kurz und zurückhaltend. Was allerdings den Produktionsapparat anging, war der Film wirklich hervorragend: Musik, Bauten, Kamera, Make-up und Besetzung waren ... erste Garnitur.« (William K. Everson, KLASSIKER DES HORRORFILMS). Wer sich den Film heute antut, wird sich mit relativer Sicherheit benässen: Unglaublicherweise verkauft man uns den damals 35 Jahre alten (wie einen fetten Mittvierziger aussehenden) Lon Chaney als Studenten; und wenn er heulend und zähnefletschend durch den Nebelwald geistert, das Gesicht mit Yak-Haaren beklebt, fühlt man sich unweigerlich an Charles R. Bartons Komödie *Abbott und Costello treffen Frankenstein* (USA 1948) erinnert, wo Chaney – seinen Filmtod ignorierend – erneut als Larry Talbot in Erscheinung tritt: unter dem gleichen Fluch leidend, aber kaum

Der Wolfsmensch

weniger komisch anzusehen. Das Buch zum Film: Carl Dreadstone: *Der Wolfsmensch*, Rastatt 1979

WOLFSMOND

(DEATH MOON). USA 1978. **R:** *Bruce Kessler.* **B:** *George Schenk.* **K:** *Jack Whitman.* **M:** *Paul Cihara.* **D:** *Robert Foxworth (Jason Palmer), Joe Penny (Rick Bladen), Barbara Trentham (Diane May), France Nuyen (Tapulua), Dolph Sweet (Lt. Russ Cort), Charles Haid (Earl Wheelie), Debralee Scott (Sherry Weston), Joan Freeman (Mrs. Jennings), Branscombe Richmond (Vince Tatupu), Albert Harris (Dr. Restin), Don Pomes (Dr. Erlich), Carole Kai (Tami Waimea), Mitch Mitchell (Jennings), Lydia Lei Kayahara (Julie Chin), José Bulato (Tänzer), Terry Takada, Bob Witthans, Carole Avery, Chris Bailey, Donna White, Alan Vicencio, Robert I. Preston. F (93) 89 Min.*

Ein Verfluchter verwandelt sich in einen Werwolf und macht Hawaii unsicher – während das Publikum schon nach den ersten zehn Minuten Mühe hat, die Augen aufzuhalten. AIDT [V]

WOODOO BABY – INSEL DER LEIDENSCHAFT

(ORGASMO NERO/VOODOO BABY). Italien 1979. **R:** *Joe d'Amato [Aristide Massaccesi].* **B:** *Aristide Massaccesi.* **K:** *Alberto Spagnoli.* **M:** *Stelvio Cipriani.* **D:** *Susan Scott, Richard Harrison, Lucia Ramirez, Anni Goren, Nieves Navarro, Mark Shannon. F 85 Min.*

Anthropologengattin flüchtet sich in die Arme einer dunkelhäutigen Schönen, was den Anthropologen dazu anregt, das Gleiche zu tun. Dies wiederum regt die Anthropologengattin an, es auch mit ihm zu tun, was die dunkelhäutige Schöne dazu anregt, die beiden mit einem Woodoo-Bann zu belegen. Viel dilettantisch abgefilmter Sex, wenig Horror und Schwarze Magie. AIDT [V]

WOODOO, BLUTRAUSCH DES DSCHUNGELS

(THE DISEMBODIED). USA 1957. **R:** *Walter Grauman.* **B:** *Jack Townley.* **K:** *Harry Neumann.* **M:** *Marlin Skiles.* **D:** *Paul Burke (Tom Maxwell), Allison Hayes (Tonda), John E. Wengraf (Dr. Metz), Eugenia Paul (Lara), Joel Martson (Norman Adams), Robert Christopher (Joe Lawson), Norman Fredric (Suba), A. E. Ukonu (Woodoo-Häuptling), Paul Thompson (Gogi), Otis Greene (Kabar). SW 74 Min.*

Tonda, die sinnenfrohe Ehefrau des Urwaldarztes Tom, versucht sich ihres spießigen Gatten per Woodoo-Zauber zu entledigen. Obwohl ihr magischer Hokuspokus bei allen möglichen Personen anschlägt, sieht sie am Ende jedoch keine andere Möglichkeit, als den Onkel Doktor mit weltlichen Mitteln (einem Messer) ins Jenseits befördern zu lassen. »Der Zuschauer fühlt sich nicht verzaubert, sondern angeschmiert.« (Lbv., FILMBEOBACHTER) – »In die billig hergestellte Woodoo-Szenerie sind Negertänze aus einem alten Expeditionsfilm eingeschaltet, die noch das Beste an dem kläglichen Unsinn sind.« (Ö., FILMDIENST) AIDT

WOODOO – DIE SCHRECKENSINSEL DER ZOMBIES

(GLI ULTIMI ZOMBI). Italien 1979. **R:** *Lucio Fulci.* **B:** *Lucio Fulci.* **K:** *Sergio Salvati.* **M:** *Fabio Frizzi, Giorgio Tucci.* **D:** *Ian McCulloch (Peter West), Tisa Farrow (Ann Bowles), Richard Johnson (Dr. Menard), Al Cliver (Brian), Auretta Gay (Susan), Olga Karlatos (Menards Freundin). F 89 Min.*

Der Wolfsmensch

Nach dem mysteriösen Auftauchen einer Segelyacht auf dem Hudson River in New York (an Bord: ein Riesenfettsackzombie, der einen Wasserschutzpolizisten tötet, bevor ihn – wie irrsinnig – eine Kugel in die ewigen Jagdgründe schickt), begeben sich vier junge Leute auf die Antilleninsel Matul, um den Besitzer der Yacht zu suchen. Dabei stoßen sie auf diverse Dutzend schaurig anzusehende Untote, die aus ihren Gräbern gestiegen sind, um sich an den Lebenden gütlich zu tun (was Lucio Fulci jede Menge Möglichkeiten einräumt, auf der Leinwand filmische Scheußlichkeiten darzustellen), während ein paar nackerte weibliche Möchtegern-Mimen sich alle Mühe geben zu verhindern, dass dem geplagten Zuschauer das Essen aus dem Gesicht fällt. 10 Punkte auf unserem privaten Kotzometer! [V]

WOODOO IN DER KARIBIK
(BRIGADE MONDAINE: VAUDOU AUX CARAIBES). BRD/Frankreich 1981. **R:** *Philippe Monnier.* **B:** *Gérard de Villiers.* **K:** *François About.* **M:** *Cerrone.* **D:** *Patrice Valota (Corentin), Jacques Bouanich (Brichot), Julie Margo (Chiméne), Marcel Dalio (Mazoyer), Corinne Carol (Eliane), Jean-François Garreaud (Bertil), Francisco Charles (Adrien). F 88 Min.*
Während des Karnevals auf Martinique findet man einen enthaupteten Polizeispitzel, der das Opfer eines Woodoo-Kultes wurde. – Mehr Routinekrimi als alles andere.

WOODOO – INFERNO DES GRAUENS
Anderer Titel für WOODOO – ORGIE DES GRAUENS

WOODOO – ORGIE DES GRAUENS
(LA NOCHE DE LOS BRUJOS). Spanien 1973. **R:** *Amando de Ossorio.* **B:** *Amando de Ossorio.* **K:** *Francisco Sanchez.* **SpE:** *Jesus Iglesias.* **Ma:** *Miguel Sese.* **M:** *Fernando G. Morcillo.* **D:** *Simon Andreu (Rod Carter), Jack Taylor (Professor Jonathan Grant), José Thelman (Temunga), Kali Hansa, Maria Kosti, Loretta Tovar, Barbara Rey. F 89 Min.*
»Bumbasa«, Afrika, 1910: Eingeborene fangen eine weiße Frau, peitschen sie bei einer nächtlichen Zeremonie aus und werden von einem Polizeikommando zusammengeschossen. Schnitt in die Gegenwart: Professor Grant (ein Lee Majors für Arme), Rod Carter und die kurz berockten Blondinen Carol, Tannika und Liz begegnen bei einer Expedition in der Wildnis Bumbasas dem Mulatten Temunga, der Räuberpistolen über einen Woodoo-Kult erzählt, dem die Einheimischen während der Kolonialzeit angehangen haben (und heimlich noch immer anhängen). Carol fällt, von Blechgetrommel und schrillem Vogelgekreisch begleitet, in einer Nacht, die so dunkel ist, dass man Mühe hat, sie (und den Rest der Welt) auszumachen, unter schwarze Zombies, die sie so gekonnt auspeitschen, dass man den Eindruck hat, all dies geschähe nur, damit wir ihre nackten Brüste sehen. Ihr Verschwinden erweckt die Neugier der restlichen Expeditionsteilnehmer: Grant, Rod und Temunga suchen Carol (damit sie in einer für die Relevanz des weiteren Handlungsverlaufs ziemlich zweifelhaften Rückblende Gelegenheit erhält, sich für den inzwischen schon reichlich gelangweilten Betrachter auszuziehen). Nachdem Carols Kamera an einem Opferaltar gefunden wird, schwafeln unsere Helden tonnenweise Blech über ihren Verbleib und

Woodoo – Die Schreckensinsel der Zombies

betten ihr müdes Haupt zur Ruhe. Liz wird in einem Albtraum von einer Zombie-Frau zu einem Ausflug in den Urwald gelockt, kann ihr jedoch widerstehen. Tannika kriegt tags drauf die Panik, will aber nicht abreisen, da sie Rod liebt. Grant entwickelt die Fotos, die Carol in der Nacht mit ihrer Infrarotkamera gemacht hat. Die Zombie-Frau und Carol, Letztere nun auch eine Kreatur der Nacht, ersäufen ihn im Entwicklerbad. Carol, die kurz drauf in Liz' Zelt auftaucht und Grimassen schneidet, dass es der Sau graust, lockt ihre dämliche Freundin, der ihre Veränderung trotz konfusen Geschwafels nicht auffällt, in den Busch, wo man auch sie bei einer Woodoo-Zeremonie zum Zombie macht. Am nächsten Morgen finden Rod und Tannika den toten Professor und vermissen Liz. Während Rod (in finsterster Nacht) den Busch allein nach Carol durchsucht, stürzt sich Temunga auf Tannika, um sie zu pimpern. Tannika sticht ihn ab. Minuten später erhebt sich der tote Professor Grant, nun ebenfalls ein Zombie, vom Feldbett, so dass Tannika ihn verbrennen muss. (Wie sie dies macht, ist nicht ganz klar, denn der Film ist nicht nur an dieser Stelle *pottschwarz*). Fortan rennt Tannika »Nein, nein, oh, nein« winselnd durch den nächtlichen Busch, verfolgt von ihren zu Vampir-Zombies gewordenen Freundinnen. Der wackere Rod rettet sie mit seiner Plempe aus den Händen der Woodooisten. Als beide im Morgengrauen mit einem Jeep in Richtung Zivilisation fliehen, fällt Rod die merkwürdige Veränderung nicht auf, die Tannika befällt (wir aber kennen sie schon aus Roman Polanskis *Tanz der Vampire*). Auch wenn man es gesehen hat: Man glaubt es trotzdem nicht. AIDT [V]

Woodoo – Orgie des Grauens

DER WÜRGER

(THE DARK EYES OF LONDON). GB 1939. **R:** *Walter Summers.* **B:** *Patrick Kirwan, Walter Summers, John Argyle.* **V:** *»Die toten Augen von London« von Edgar Wallace.* **K:** *Bryan Langley.* **M:** *Guy Jones.* **D:** *Bela Lugosi (Dr. Orloff/Dearborn), Hugh Williams (Inspektor Holt), Greta Gynt (Diana Stuart), Edmond Ryan (Lt. O'Reilly), Alexander Field (Brogan), Wilfried Walters (Jake), Arthur E. Owens (Lew), Gerald Pring (Henry Stuart), Julie Suedo (Sekretärin), Charles Penrose (Säufer), May Haliatt. SW 73 Min.*

Diverse aus der Themse gefischte Wasserleichen erweisen sich als hoch versichert und begünstigen ein Blindenheim, das der Ex-Arzt Dr. Orloff betreibt. Scotland Yard-Inspektor Holt nimmt sich des Falles an und lernt im Zuge der Ermittlungen Diana Stuart kennen, deren Vater das letzte Opfer des unbekannten Mörders war. Diana lässt sich in Orloffs Blindenheim anstellen und findet eine Spur, die beweist, dass ihr Vater dort getötet worden ist. Holt macht die Bekanntschaft des mildtätigen und großzügigen Doktors und lernt auch dessen Freund Dearborn kennen, einen erblindeten Geistlichen, der das Heim leitet. Geschickt wird der Verdacht, der Drahtzieher der Morde zu sein, auf Orloff gelenkt, der dem Anschein nach eine Doppelexistenz führt: Bei Tag ist er Helfer in Not geratener Menschen, ansonsten jedoch ein geldgieriger Lump, der von den Lebensversicherungen jener profitiert, die sein missgestaltetes Faktotum Jake (der Prototyp des Kinderschrecks) erwürgt. Als man Orloff entlarven will, ver-

Der Würger

schwindet er auf geheimnisvolle Weise. Es stellt sich heraus, dass er tatsächlich zwei Leben führt: Sein Alter Ego ist der angeblich blinde Mr. Dearborn. Um das Publikum zu täuschen, wurde Bela Lugosi in der Rolle des Dearborn stark geschminkt und mit falschem Haar und Bart versehen und von dem Schauspieler O. B. Clarence synchronisiert, denn mit seinem ungarischen Akzent wäre er sofort in Verdacht geraten. Der nach einem Roman von Edgar Wallace entstandene Film hatte zwei deutsche Remakes: *Die toten Augen von London* (1961) und *Der Gorilla von Soho* (1968; Regie: in beiden Fällen Alfred Vohrer). – »Ein düsterer Thriller erster Qualität.« (Florian Pauer, DIE EDGAR WALLACE-FILME).

DER WÜRGER GEHT DURCH DIE STADT

(EL VAMPIRO NEGRO). Argentinien 1957. **R:** *Roman Vinoly Barreto.* **B:** *Roman Vinoly Barreto, Alberto Atchebehere.* **K:** *Anibal Gonzalez Paz.* **M:** *Eric Landy.* **D:** *Olga Zubarry (Rita), Roberto Escalada (Dr. Bernard), Nathan Pinzon (Professor Teadora), Nelly Panizza (Coral). SW 77 Min.*

Psychopathischer Kindermörder terrorisiert eine argentinische Großstadt und wird schließlich (die Polizei tappt mal wieder im Dunkeln) von einer Lumpensammlerbande gestellt, die in den Abwasserkanälen nach Brauchbarem fischt. – Ein kleines Plagiat von Fritz Langs Nervenkitzler *M* (Deutschland 1931). »Die Großaufnahmen des abnormen Menschen, der, verlacht und verspottet, von seinem dunklen Rachetrieb ergriffen wird ... sind mitunter eindringlich. Aber was ihnen dann an psychologischem Kommentar entgegensteht, das ist haarsträubend primitiv.« (FILMBEOBACHTER) – »Die Geschichte hat ihren Spannungsakzent in der seelischen Physiognomie eines Unholds, der sich beim Anblick von Kindern in Mordgier und -zwang verwandelt, während sie sonst die Züge serviler Unbeholfenheit trägt.« (FILMDIENST)

DER WÜRGER KOMMT AUF LEISEN SOCKEN

(LA STRANGOLATORE DI VIENNA). BRD/Italien 1970. **R:** *Guido Zurli.* **B:** *Karl Ross, Guido Zurli.* **K:** *Augusto Tiezzi.* **M:** *Gino de Guri.* **D:** *Victor Buono (Otto), Franca Polesello (Olga), Hansi Linder, Karin Field, Brad Harris, Franco Sportelli, Dick Randall, Sandro Dori, Gustavo D'Argo, John Ireland. F 83 Min.*

Wien um 1930: Der voyeuristisch veranlagte Metzgermeister Otto landet nach diversen Krächen mit seiner ihn drangsalierenden Gattin Olga für ein paar Jahre in einem Sanatorium. Nach der Entlassung geht er seinem Gewerbe nach und produziert Würstchen, die so schmackhaft sind, dass er prompt zum Lieferanten der örtlichen Polizeikantine avanciert. Bis herauskommt, dass das Verschwinden diverser Menschen in direktem Zusammenhang mit seiner Wurstproduktion steht. Am Ende landet Otto in dem Säurebad, das ihm zuvor dazu diente, die Knochen seiner Opfer zu beseitigen. Das alles klingt mächtig horribel, ist es aber kaum: Die Story ist als Groteske angelegt, die manchen Lacher hervorruft.

DER WÜRGER VON BOMBAY

(THE STRANGLERS OF BOMBAY). GB 1959. **R:** *Terence Fisher.* **B:** *David Z. Goodman.* **K:** *Arthur Grant.* **M:** *James Bernard.* **D:** *Guy Rolfe (Captain Lewis), Allan Cuthbertson (Connaught-Smith), Andrew Cruikshank (Colonel Henderson), George Pastell (Hohepriester), Marne Maitland (Paid Shari), Jan Holden (Mary), Paul Stassino (Silver), Tutte Lemkow (Ram Das), David Spenser (Gopali), John Harvey (Burns), Roger Delgado (Bundar), Marie Devereaux (Karim), Michael Nightingale (Flood), Margaret Gordon (Dorothy Flood), Steven Scott (Walters), Jack MacNaughton (Corporal Roberts), Ewen Solon (Kamelhändler). SW 77 Min.*

Indien, 1829: Die Ostindische Handelsgesellschaft hat mit einem großen Problem zu kämpfen. Zahlreiche Karawanen und Tausende von Reisenden verschwinden auf mysteriöse Weise im ganzen Land. Als man den übereifrigen Be-

Der Würger von Bombay

amten Connaught-Smith auf den Fall ansetzt, obwohl Captain Lewis weit mehr Landeskenntnisse hat, quittiert Letzterer den Dienst und macht sich privat an die Aufklärung des Falles. Nach dem unter rätselhaften Umständen erfolgten Verschwinden seines Dieners gerät er auf die Spur einer fanatischen Sekte, die Kali, die Göttin der Zerstörung, anbetet, Fremde mit seidenen Schals erwürgt und in Massengräbern verscharrt. Connaught-Smiths arrogante Sturheit, Lewis' Erkenntnissen zu glauben, führt dazu, dass er in die Hände der Würgersekte gerät und sein Leben lassen muss. Lewis deckt heimliche Verbindungen zwischen der Sekte, einem indischen Würdenträger und einem halbindischen britischen Offizier auf, berichtet der Handelsgesellschaft von seinen Erkenntnissen und startet einen Feldzug, der zur Ausrottung der Vereinigung führen soll – »Mit etwas flotteren Dialogen und einer ebensolchen Regie hatte dies ein noch besserer Film werden können.« (VARIETY)

DER WÜRGER VON CONEY ISLAND

(GORILLA AT LARGE). USA 1954. **R:** *Harmon Jones.* **B:** *Leonard Praskins, Barney Slater.* **K:** *Lloyd Ahern.* **M:** *Lionel Newman.* **D:** *Cameron Mitchell (Joe Matthews), Anne Bancroft (Gloria), Lee J. Cobb (Garrison), Raymond Burr (Cyrus Miller), Charlotte Austin (Audrey), Peter Whitney (Kovacs), John Kellog (Morris), Charles Tannen (Owen). F 83 Min.* (3 D).

Auf dem Rummelplatz von Coney Island kommen nacheinander drei Männer ums Leben, die offenbar von einer starken Bestie zu Tode gewürgt wurden. Anhand der Kratzspuren am Hals der Opfer fällt der Verdacht der Polizei auf einen dressierten Gorilla sowie auf den Studenten Joey, der sich dort – in einem Gorillakostüm – ein paar Groschen verdient. Beide sind jedoch unschuldig: Der wahre Täter ist eine Frau, die sich, als Gorilla verkleidet, nur ihre abgelegten Liebhaber vom Hals schaffen wollte. Bevor die Polizei ihrer habhaft werden kann, wird sie von dem echten Gorilla gepackt und auf eine Achterbahn verschleppt, wo ihr Absturz in letzter Sekunde noch verhindert werden kann. Das reinste Affentheater!

DER WÜRGER VON LONDON

Anderer Titel für DER WÜRGER

DER WÜRGER VON PARIS

(THE PHANTOM OF THE RUE MORGUE). USA 1954. **R:** *Roy del Ruth.* **B:** *Harold Modfort, James Webb.* **V:** *»Die Morde in der Rue Morgue« von Edgar Allan Poe.* **K:** *Peverell Marley.* **M:** *David Buttolph.* **D:** *Karl Malden (Dr. Marais), Claude Dauphin (Inspektor Bonnard), Patricia Medina (Jeannette Rovere), Steve Forrest (Professor Paul Dupin), Allyn McLerie (Yvonne), Veola Vonn (Arlette), Dolores Dorn (Camille), Anthony Caruso (Jacques), Marv Griffin (Georges Brevert), Paul Richards (René), Rolfe Sedan (Le Bon). F 84 Min.* (3 D).

In Edgar Allan Poes Erzählung »Die Morde in der Rue Morgue« geht es um ein Massaker, dem zwei Frauen zum Opfer fallen, ohne dass der (unbekannte) Täter scheinbar ein Motiv hat. Mit reiner »Geistesarbeit« kommt der Erzähler dahinter, dass der Mörder kein Mensch war, sondern ein Gorilla, der, wie man schließlich feststellt, einem französischen Seemann entlaufen ist. Der Film hingegen handelt von Dr. Marais, dem psychopathischen Direktor des Pariser Zoos, der einen Gorilla abgerichtet hat, beim Erklingen eines Glöckchens seinen »mörderischen Instinkten« nachzugeben und hübsche Mädchen (speziell jene, die dem Herrn Direktor nicht zu Willen sind) zu erwürgen. Der Verdacht fällt auf einen braven Tierpsychologen, der zwar eine annehmbare Theorie entwickelt, wer der echte Täter sein könnte, von den Ordnungsmächten jedoch nur Hohn und Spott erntet. Der Fiesling, dem man schon an der *Nase* ansieht (er wird von Karl Malden gespielt), dass er ein Verbrecher ist, kriegt sein Fett, als sich seine Kreatur am Ende gegen ihn wendet – ein Schluss von solcher Originalität, dass es einen

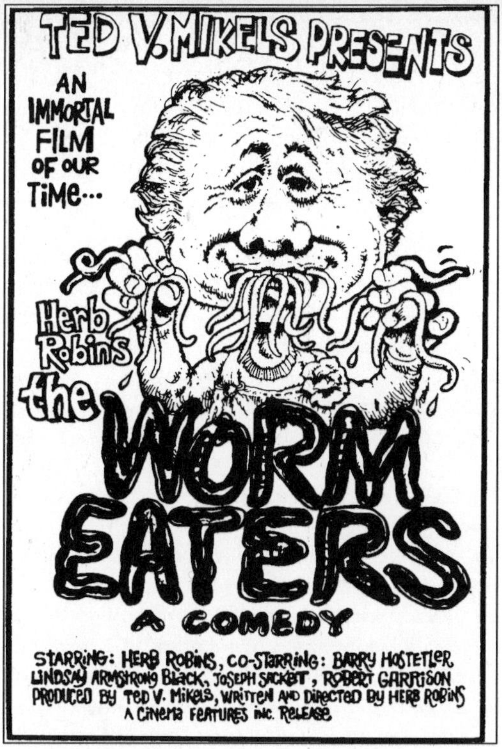

Die Wurmfresser

schier aus dem Kinosessel haut! – »Der Film erinnert an die Urzeiten des Kinematographentheaters, als auf den Jahrmärkten neben anderen schauerlichen Situationen auch der Film seinen Einzug hielt.« (Kr., FILMBEOBACHTER)

DER WÜRGER VON SCHLOSS BLACKMOOR

BRD 1963. **R:** *Harald Reinl.* **B:** *Ladislas Fodor, Gustav Kampendonk.* **K:** *Ernst W. Kalinke.* **M:** *Oskar Sala.* **D:** *Karin Dor (Claridge), Ingmar Zeisberg (Judy), Harry Riebauer (Mitchell), Walter Giller (Edgar), Rudolf Fernau (Lucius Clark), Dieter Eppler (Anthony), Richard Häußler (Dr. Tromby), Hans Reiter, Hans Nielsen, Gerhard Hartig, Stefan Schwarz, Peter Nestler, Albert Bessler, Carl de Vogt. SW 90 Min.*

Auf Schloss Blackmoor, das in einer unheimlichen, von Nebel umwaberten Gegend Englands liegt, wird verzweifelt nach einem Diamantenschatz gesucht. Gleichzeitig geht ein geheimnisvoller Würger um, der sich bemüht, die Suchenden fleißig zu dezimieren. – »Sind auch die abgeschnittenen Köpfe der Opfer deutlich als Gebilde aus Wachs erkennbar, so verbreitet die Spekulation mit dem Grauen doch ein spürbares Frösteln.« (FILMDIENST)

DIE WURMFRESSER

(THE WORM EATERS). USA 1977. **R:** *Herb Robins.* **B:** *Herb Robins.* **St:** *Nancy Kappner.* **K:** *Willis Hawkins.* **M:** *Theodore Stern.* **D:** *Herb Robins (Herman Umgar), Barry Hostetler, Lindsay Armstrong Black, Joseph Sackett, Robert Garrison, Mike Garrison, Muriel Cooper, Carla. F 94 Min.*

Ein kauziger Waldschrat bekämpft mit Hilfe eines Würmerheers die bösen Machenschaften eines tourismusgeilen Dorfbürgermeisters. Die Methoden, derer er sich dabei bedient, sind jedoch dermaßen geschmacklos, dass wir darauf verzichten, sie deutlicher zu beschreiben. Wer sich diesen Film antut, wird es sich in Zukunft dreimal überlegen, ob er je wieder einen Hamburger isst. Produziert von Ted V. Mikels. – »A godawful piece of annelid waste.« (THE MOTION PICTURE GUIDE) [V]

XYZ

X-RAY. DER ERSTE MORD GESCHAH AM VALENTINSTAG

(HOSPITAL MASSACRE/BE MY VALENTINE OR ELSE/WARD 13). USA 1982. **R:** *Boaz Davidson.* **B:** *Boaz Davidson, Marc Behm.* **K:** *Nicholas von Sternberg.* **Ma:** *Alan Apone, Kathy Shorkey.* **M:** *Arlon Ober.* **D:** *Barbi Benton (Susan Gregory), Chip Lucia (Harry), Jon van Ness (Jack), Den Suries (Dr. Beam), Gay Austin (Dr. Jacobs), John Warner Williams (Dr. Saxon), Judith Baldwin (Oberschwester), Lanny Duncan (Hal), Gloria Jean Morrison (Dora), Karyn Smith (Kitty), Michael Frost (Ned). F 88 Min.*

In jungen Jahren von einem Mädchen zurückgewiesener Schizo schleicht sich als Heranwachsender in das Krankenhaus ein, in dem seine Ex-Angebetete zur Behandlung liegt und sorgt dafür, dass sie und das Krankenhauspersonal schlaflose Nächte haben. – Ein Psycho-Schlitzer-Thriller aus der Schundfilmfabrik Menahem Golans. [V]

YAMBAO

(YAMBAO/CRY OF THE BEWITCHED/YOUNG AND EVIL). Mexiko 1956. **R:** *Alfredo B. Crevenna.* **B:** *Julio Alejandro de Castro.* **St:** *Julio Albo.* **K:** *Raul Martinez Solares.* **M:** *Lan Adomian, Obdulio Morales.* **D:** *Ninon Sevilla (Yambao), Ramon Gay (Jorge), Rosa Elena Durgel (Beatriz), Ricardo Roman, Luis Lopez Puente, Olga Guillot. F 82 Min.*

Abergläubische Landbevölkerung, vom Gelben Fieber geplagt, sieht in der jungen Yambao, die auf einer Zuckerpflanzung im Kuba des 19. Jahrhunderts lebt, eine Hexe, die an allem schuld ist. Hexenwahn bricht aus. Kein »echter« Horrorfilm, ein Schundstück für ein naives Publikum. AIDT

YOU'LL FIND OUT

(YOU'LL FIND OUT). USA 1940. **R:** *David Butler.* **B:** *James V. Kern.* **St:** *David Butler, James V. Kern.* **K:** *Frank Redmond.* **SpE:** *Vernon Walker.* **M:** *Roy Webb.* **D:** *Boris Karloff (Richter Mainwaring), Bela Lugosi (Prinz Saliano), Peter Lorre (Professor Fenninger), Kay Kyser (Kay Kyser), Dennis O'Keefe (Chuck Deems), Helen Parrish (Janis Bellacrest), Joseph Eggenton (Jurgen), Alma Krüger (Tante Margo), Ginny Simms, Sully Mason, Ish Kabibble, Harry Babbitt. SW 97 Min.*

Kay Kyser wird mit seiner Tanzkapelle auf ein unheimliches Schloss eingeladen, um zum Geburtstag der Erbin Janis Bellacrest aufzuspielen. Er deckt dabei eine Verschwörung auf, die das Ziel hat, die junge Lady zu entleiben. Ein schön blöder Streifen (mit diversen Musikeinlagen), voller geheimer Gänge und Türen, mörderischer Psychopathen und dämonischer Visagen. Ganz groß: Lorre, Lugosi und Karloff als Mördertrio, dem man sofort ansieht, welch finstere Ränke es schmiedet. [V]

YUZNA, BRIAN

(*1949). Auf den Philippinen (Manila) geborener US-Producer/Director. Nachdem er mit Stuart Gordons *Re-Animator* 1985 einen Hit gelandet und sich als Koproduzent und Autor 1989 an *Honey, I Shrunk the Kids (Liebling, ich habe die Kinder geschrumpft)* versucht hatte, inszenierte er 1989–90 mit *Bride of Re-Animator* eine Fortsetzung seines ersten Erfolgs. Meist verantwortlich für *direct-to-video releases*: 1989: *Society (Dark Society)*; 1993: *Return of the Living Dead II*; 1994: *Necronomicon (Necronomicon)*; 1996: *The Dentist (The Dentist)*; 1998: *The Dentist II (The Dentist II – Zahnarzt des Schreckens)*; 1999: *The Progeny*; 2000: *Faust: Love of the Damned*; 2001: *Beyond Re-Animator.* – »Seine Bilder kennen wenig Geheimnisse. Yuzna inszeniert direkt, bunt, voll Saft und Kraft. Weil sich so manches hinter der Oberfläche verbergen kann, kehrt er das Innere nach außen: Nicht Körper zu zerstückeln, interessiert ihn, sondern sie zu bizarren Skulpturen aus Schmerz und Verfall zu verformen.« (FANTASY FILMFEST 2001)

DIE ZÄRTLICHKEIT DER WÖLFE

BRD 1973. **R:** *Ulli Lommel.* **B:** *Kurt Raab.* **K:** *Jürgen Jürges.* **M:** *Peer Raben.* **D:** *Kurt Raab (Haarmann), Jeff Roden (Ganz), Margit Carstensen (Frau Linder), Hannelore Tiefenbrunner (Frau Bucher), Tana Schanzara (Mutter), Wolfgang Schenck (Inspektor Braun), Rainer Hauser (Inspektor Müller), Rainer Werner Fassbinder (Wittkowski), Barbara Schrein (Freundin), Heinrich Giskes (Lungis), F. K. Praetorius (Kurt Fromm), Rosel Zech (Dame), Karl v. Liebezeit (Engel), Malte Mylo (Engel jr.), Ingrid Caven (Dora), Barbara Bertram (Elli), Peer Raben (Vater), Renate Grosser, Irm Hermann (Frauen), Walter Kaltheuner (Schuster), Jürgen Prochnow, Wolfgang Schneider (Hehler), Jörg Maecker, Peter Gauhe (Polizisten), Brigitte Mira (Louise Engel), El Hedi Ben Salem (Frz. Soldat), Hans Hirschmüller (Fahrradkäufer), Peter Chatel (Karl Meier), Karl Scheydt (Kommissar), Rainer Will, Ingo Natzel, Hans Turantik, Christoph Eichhorn, J. Wacker, Oliver Hirschmüller (Opfer). F 95 Min.*

In den mageren Jahren nach dem Zweiten Weltkrieg wird der homosexuelle Ganove Haarmann von der Polizei zu Spitzeldiensten erpresst. In bestimmten Kreisen hält man ihn für einen Kriminalbeamten. So dauert es recht lange, bis seine Nachbarn merken, dass die Jünglinge, die er mit in seine schäbige Wohnung nimmt, selbige nie wieder verlassen. Der derangierte Einzelgänger treibt derweil schwunghaften Handel mit angeblicher Hamsterware: dem Fleisch seiner Opfer, die er zuvor auf Dracula-Manier vampirisiert und getötet hat. Als man Haarmann auf die Schliche kommt, hat er zwischen 30 und 40 Menschenleben auf dem Gewissen. – Die Geschichte basiert auf dem Leben des Massenmörders Fritz Haarmann, der nach dem Ersten Weltkrieg in Hannover sein Unwesen trieb und an dessen Blutorgien ein makabres Lied erinnert: »Warte, warte nur ein Weilchen, dann kommt Haarmann auch zu dir/mit dem kleinen Hackebeilchen/macht er Hackefleisch aus dir ...« – »Langs *M* und Murnaus *Nosferatu* grüßen an allen Ecken und Enden«, fand Vinzenz B. Burg im FILMDIENST. »Aber auch Graf Dracula steht Pate. Der ungeheuer sanfte Haarmann, von Kurt Raab erstaunlich eindrucksvoll und intensiv gespielt, ist ein zum Kleinbürger verarmter Nachfahre des ästhetischen Adeligen. Wo Dracula dezent genießt, schmatzt Haarmann ungeniert.«

ZEDER – DENN TOTE KEHREN WIEDER

(ZEDER). Italien 1983. **R:** *Pupi Avati.* **B:** *Pupi Avati, M. Costanzo, A. Avati.* **K:** *Franco delli Colli.* **M:** *Riz Ortolani.* **D:** *Gabriele Lavia (Stefano), Anne Canovas (Alessandra), Luigi Costa (Paolo Zeder), Bob Tonelli, Paola Tanziani, Cesare Barbetti, Ferdinando Orlandi, Enea Ferrario, John Stacy, Marcello Tusco, Alessandro Partexano. F 92 Min.*

Der studentische Jungautor Stefano erhält von seiner Freundin eine gebrauchte Schreibmaschine zum Geschenk. Zu seiner Überraschung ist das, was der Vorbesitzer geschrieben hat, auf dem Kohlefarbband lesbar. Stefano studiert den Text und erfährt, dass die Maschine dem Wissenschaftler Paolo Zeder gehörte. Zeder hat die Theorie entwickelt, dass auf der Erde so genannte »K-Zonen« existieren – Gegenden, in denen sich eine mysteriöse Para-Energie so stark konzentriert, dass in ihrem Umfeld die Toten auferstehen. Stefano macht sich auf, das Geheimnis der K-Zonen zu ergründen. Die Wahrheit ist erschreckender, als er glaubt – und die deutsche Fassung dieses originellen, wenn auch recht geschwätzigen Psycho-Horrorfilms leider kaum verständlich. [V]

ZEDER – TERROR DER UNTOTEN

Anderer Titel für ZEDER – DENN TOTE KEHREN WIEDER

DAS ZEICHEN

(DE JOHNSONS/XANGADIX). Niederlande 1991. **R:** *Rudolf van den Berg.* **B:** *Leon de Winter, Rocco Simonelli.* **K:** *Theo Bierkens.* **M:** *Patrick Seymour.* **D:** *Monique van de Ven (Victoria Lucas), Esmée de la Bretoniére (Emalee Lucas), Kenneth Herdigein (Professor Keller), Rik van Uffelen (De Graaf), Otto Sterman (Vater Keller). F 102 Min.*

Einer alten indianischen Legende zufolge sollen dereinst sieben Brüder ihre Schwester beschlafen und auf diese Weise das Böse zeugen. Die 13 Jahre alte Emalee angstträumt von einer Vergewaltigung durch ihre Brüder, die zufällig Siebenlinge sind und ihr Schicksal in einem Bunker in der niederländischen Marsch erfüllen. [V]

DAS ZEICHEN DES VAMPIRS

(MARK OF THE VAMPIRE). USA 1935. **R:** *Tod Browning.* **B:** *Guy Endore, Bernard Schubert.* **St:** *Tod Browning.* **K:** *James Wong Howe* **D:** *Lionel Barrymore (Professor Zelen), Elizabeth Allan (Irena Borotin), Lionell Arwill (Inspektor Neumann), Holmes Herbert (Karel Borotin), Jean Hersholt (Otto von Zinden), Bela Lugosi (Graf Mora), Carol Borland (Luna Mora), Donald Meek (Dr. Doskill), Ivan Simpson (Jan), Egon Brecher (Leichenbeschauer), Henry Wadsworth (Graf Fjodor Vincenty), Eily Malon (Kranke), Christian Rub (Tauber), Torben Meyer (Kartenspieler), Zeffie Tilburv (Großmutter), Rosemary Glosz (Wirtsfrau), Claire Vedara (Engländerin), Gus Bellis (Engländer), Baron Hesse (Busfahrer), Robert Greig (Dicker), James Bradbury jr. SW 85 Min.*

Der rumänische Baron Karel wird, nachdem er seinen Freund Otto von Zinden besucht hat, blutleer und mit zwei Bissmalen am Hals tot aufgefunden. Ein Arzt bestätigt die Vermutungen der einheimischen Bevölkerung: In dieser Gegend geht ein Vampir um. Der aus Prag angereiste Polizeiinspektor Neumann kann diesem Aberglauben jedoch nichts abgewinnen. Er tut sich mit dem Vampirologen Professor Zelen zusammen, um den Fall aufzuklären. Erschreckt muss er nach einer Weile feststellen, dass die Vampirtheorie sich zu bestätigen scheint: Der tote Baron treibt sich in gespenstischer Weise in der Schlosskapelle herum, während seine Tochter Irena mehrmals bedrohlichen Besuch von der Vampirin Luna bekommt, die des Öfteren dazu ansetzt, sie zu beißen, im letzten Augenblick aber stets vertrieben werden kann. Auch macht sich ein dämonisch wirkender, schwarz gekleideter Herr im Schloss zu schaffen: Er taucht stets dann auf, nachdem man eine Riesenfledermaus das Anwesen hat überfliegen sehen. Die allgemein um sich greifende Angst führt dazu, dass Otto von Zinden schließlich als Mörder seines Freundes entlarvt wird: Er hat Baron Karel vergiftet, ihm das Blut mit einem Schröpfglas abgezapft und die Vampir-Bisswunden mit einer Nadel vorgetäuscht. – Die Vampire, die sich augenrollend, zähnefletschend and teuflisch grinsend durch die Handlung schleichen, sind ebenso wie der untote Baron Karel nichts anderes als von Inspektor Neumann angeheuerte Schauspieler, die von Zinden an das glauben lassen sollen, was er selbst für Aberglauben hält. (Da fragt man sich natürlich, warum Bela Lugosi seine Buhmann-Pose auch dann immer einnimmt, wenn kein anderer Akteur mit ihm im Bild zu sehen ist.) Dass sich die sinistren Blutsauger-Gestalten im Nachhinein als Hokuspokus-Künstler entpuppen, hat Brownings Film manche Kritik eingetragen, und auch wir wollen nicht verhehlen, dass wir den Kunstgriff des cleveren Inspektors für eine Blödheit ersten Ranges halten.

ZERO BOYS

(THE ZERO BOYS). USA 1985. **R:** *Nicos Mastorakis.* **B:** *Robert Gilliam, Fred C. Perry.* **St:** *Nico Mastorakis.* **K:** *Steven Shaw.* **M:** *Stanley Myers.* **D:** *Daniel Hirsch (Steve), Kelly Maroney (Jamie), Crystal Carson (Trish), Jared Moses (Rip), Nicole Rio (Sue), Tom Shell (Larry), John Michaels (Casey), Joe Estevez, Gary Jochimsen, T. K. Webb (Killer), Jason Ricketts, Stephen T. Kay, Neil Weiss (Soldaten), Harry Donenfeld (Schlangenmann), Trudy Adams (Sekretärin), Steven Shaw (Ausbilder). F 85 Min.*

Drei Angehörige einer »Wehrsportgruppe«, die ihre Freizeit als »Weekend Warriors« mit Kriegsspielen im Wald verbringen, stoßen in einem verlassenen Haus in den Bergen auf Foltervideos und Menschenknochen. Bald steht fest, dass ein

Das Zeichen des Vampirs

Psycho-Schlitzer in der Gegend sein Unwesen treibt. [V]

ZEUGE DES WAHNSINNS

(THE COMEBACK). GB 1977. **R:** *Peter Walker.* **B:** *Murray Smith.* **K:** *Peter Jessop.* **M:** *Stanley Myers.* **D:** *Jack Jones (Nick Cooper), Pamela Stephenson (Linda Everett), David Doyle (Webster Jones), Bill Owen (Mr. B), Sheila Keith (Mrs. B), Holly Palance (Gail Cooper), Peter Turner (Harry), Richard Johnson (Dr. MacCauley), Patrick Brock, Penny Irving, June Chadwick, Jeff Silk. F (100) 97 Min.*
Britischer Pop-Sänger wird in einem Landhaus von unheimlichen Erscheinungen allmählich in den Wahnsinn getrieben. [V]

ZIRKUS DES SCHRECKENS

Anderer Titel für DER ROTE SCHATTEN

ZOLTAN, DRACULAS BLUTHUND

(DRACULA CONTRO ZOMBI). Italien 1978. **R:** *Albert Band [Alfredo Antonini].* **B:** *Frank Ray Perilli.* **K:** *Bruce Logan.* **M:** *Andrew Belling.* **D:** *Michael Pataki (Michael Drake/Graf Dracula), José Ferrer (Inspektor Branco), Jan Shutan (Maria Drake), Libbie Chase (Linda Drake), John Levin (Steve Drake), Reggie Nalder (Veit Smith), Arleen Martell (Major Hessle), Sammy Bow (Fischer), Jojo d'Amore (Fischer), Roger Schumacher (Wanderer), Cleo Harrington (Mrs. Parks), Katherine Fitzpatrick. F 85 Min.*
Draculas Köter und ein Diener des verblichenen Grafen, der von den Toten aufersteht, begeben sich von Transsylvanien nach Amerika, um den letzten Spross derer von Dracula zu finden. Dieser entpuppt sich als typischer Ami, der samt Familie in einem Wohnmobil unterwegs ist. Das Ende ist wie gehabt. Ein Rumäne weiß natürlich, wie man Vampire standesgemäß ins Jenseits befördert.

ZOMBIE

Anmerkungen zum Untoten mit dem schlechten Ruf

In der kreolischen Sprache der mittelamerikanischen Inselgruppe der Antillen ist das Wort Zombie die Bezeichnung für ein Phantom, eine ruhelos umherirrende Seele. Auf Haiti ist der Zombie nicht nur eine Erscheinung aus dem Jenseits, sondern ein Verstorbener, den ein Zauberer aus dem Grab geholt hat, um ihm durch magische Kräfte eine Art Leben einzuhauchen. Er wird zum wandelnden Leichnam, dessen Verwesung nicht weiter fortschreitet. Die Verwandtschaft zu den Vampiren ist daher unverkennbar, doch in ihrer »historischen« Form besitzen Zombies nicht die Aggressivität der Blutsauger. Sie sind völlig passiv und folgsame Sklaven eines meist unheilvollen Herrschers. »Im weiteren Sinne ist ein Zombie also ein toter Mensch, der als seelenlose körperliche Hülle zum Vollzugsorgan dessen wird, der ihm sein befristetes Leben gegeben hat. In diesem Kontext ist auch der schlafwandelnde Cesare aus Robert Wienes *Das Cabinett des Dr. Caligari* ein Zombie. Allerdings erringt Cesare in diesem Film in der entscheidenden Situation ein Eigenleben, das ihn gegen die Befehle seines Meisters verstoßen lässt.« (Jung/Weil/Seeßlen, DER HORRORFILM) Da sich der Zombie-Mythos aus dem mittelamerikanischen Voodoo-Ritus entwickelte, waren die ersten Filme, die sich mit dem Thema beschäftigten, auch in der dortigen Inselwelt angesiedelt, darunter die Klassiker *White Zombie* (USA 1932) und *Ich folgte einem Zombie* (USA 1943), der die Handlung des Romans »Jane Eyre« von Charlotte Brontë mit Sensationsberichten über Hexenkult und Voodoo-Ritus verband (eine in der Filmgeschichte wohl einzigartige »Ehe«). In den folgenden Jahrzehnten wurde das Thema nur vereinzelt aufgegriffen. Ende der 1960er Jahre tauchen Zombies umso stärker wieder auf, allerdings meist ohne die mythischen Aspekte des Voodoo-Kultes, sondern eher verbunden mit blutrünstigen sadistischen und erotischen Eskapaden. Zombie-Filme werden zum Sammelbecken bluttriefender Schockeffekte, kannibalischer Grausamkeiten und anderer Reiz-, Würg- und Brechmittel. Was diese Wesen mit dem klassischen Zombie gemeinsam haben, ist die seelenlose, kalte Mechanik, mit der sie sich bewegen. Ihre Grausamkeit ist ohne Bewusstsein, rein mechanisch. So findet sich etwa bei den »Reitenden Leichen« im Gegensatz zu den klassischen Vorbildern auch kein Anführer, der sie leitet und dessen Willen sie unterworfen sind. Irgendwie schwingen zwar immer Rachegefühle der lebenden Toten mit, die sich zum Teil über Jahrhunderte hinweg in ihnen aufgestaut zu haben scheinen, doch wirkt das alles unglaubwürdig, wenn die Filmemacher den Rachefeldzug als blut- und hirnspritzendes Schreckensspektakel veranstalten. Das Zombie-Motiv, »die Angst des Menschen vor totaler Unterwerfung unter fremden Willen« (Jung/Weil/Seeßlen, DER HORRORFILM), war immer das schwächste Horrorfilmmotiv. Daran haben auch die visuellen Schockeffekte neuerer Produktionen nichts ändern können, es sei denn, man setzt andere Kriterien: Danach könnte etwa der unumstritten größte Horrorfilm aller Zeiten der Film sein, bei dessen Konsumierung selbst der stärkste Magen aus den Fugen gerät. Die Produzenten der Zombie-Filme liegen dabei gut im Rennen, sie werden nur noch von denen der reinen Kannibalen-Filme übertroffen. Oft sind keine Unterschiede mehr festzustellen. Doch kann man den Produzenten solcher Ekel erregenden Machwerke daraus einen Vorwurf machen, dass sie nur das pervertierte Unterhaltungsbedürfnis einer kommerziell interessanten Zielgruppe befriedigen? »In jedem Fall Zombies ... sind all jene, die bereitwillig ihren Obolus ... an der Kinokasse entrichten, um diesen abscheulichen, schmatzenden, widerlichen Ekel zu goutieren, und denen dabei nicht einmal mehr das Kotzen kommt, *gestählt* durch den von der Unterhaltungsindustrie seit dem Ende des Zweiten Weltkriegs in immer größeren Dosen verabreichten Sadismus.« (SCIENCE FICTION TIMES)

ZOMBIE

(ZOMBIE/DAWN OF THE DEAD). Italien/USA 1978. **R:** *George A. Romero.* **B:** *George A. Romero.* **K:** *Michael Gornick.* **M:** *I Goblin, Dario Argento.* **D:** *David Emge (Stephen), Ken Foree (Peter), Scott H. Reiniger (Roger), Gaylen Ross (Francine), David Crawford (Dr. Foster), David Early (Berman), Richard France (Wissenschaftler), Howard Smith (TV-Kommentator), Daniel Dietrich (Givens), Fred Baker (Kommandeur), Jim Baffico (Wooley), Rod Stouffer (Junger Offizier). Jess Del Gre (Alter Priester). F 118 Min.*

»Wenn in der Hölle kein Platz ist, kehren die Toten zur Erde zurück.« Mit dieser Feststellung versucht ein Polizist die Zombie-Invasion zu erklären. Die lebenden Toten haben auf der Suche nach den einzigen Nahrungsquellen (Menschenfleisch) ganze Landstriche der Vereinigten Staaten entvölkert. Vernichten lassen sich die Monster nur durch die Zerstörung des Gehirns. Chaos, Panik, nationaler Notstand! Zwei Polizisten, Roger und Peter, können zusammen mit ihren Freunden Francine und Stephen in einem Verkehrshubschrauber fliehen. Die Situation spitzt sich zu, als der Hubschrauber aufgetankt werden muss: Es gibt keine Möglichkeit zu landen, ohne den Zombies in die Hände zu fallen. Der Hubschrauber geht auf dem Dach eines riesigen Einkaufszentrums nieder. Versehen mit ausreichend Nahrung und Waffen, gelingt es den vier Freunden, das Einkaufszentrum durch eine Serie brutaler Kämpfe gegen die Zombies in ihre Hand zu bringen. Roger, der im Kampf von einem Zombie gebissen wird, stirbt an einer Infektion. Um zu verhindern, dass er als lebender Toter zurückkehrt, schießt Peter ihm ins Gehirn. Die Zeit der kurzen Ruhe geht zu Ende, als die vor dem Warenhaus lauernden Zombies im Gefolge einer Rockerbande eindringen, die auf schweren Maschinen plündernd und mordend das Land durchzieht. Das Massaker ist bestialisch. Stephen gerät in eine Todesfalle und wird zum Zombie. Peter und Francine können mit letzter Anstrengung den Hubschrauber erreichen und abfliegen; doch der Tank ist nach wie vor bedenklich leer. – Amerika, du hast es besser! Deine Presse hebt *Zombie* in den siebten Horror-Himmel! Zombie sei »der größte Kulturschocker aller Zeiten« (Tom Allen, VILLAGE

Zombie

VOICE), »der grausamste, brutalste, erdrükkendste Abstieg in die Hölle, den die Leinwand je gesehen hat« (C. W. Smith, DALLAS TIMES-HERALD), er »übertrifft jeden anderen Horrorfilm« (Roger Ebert, US MAGAZINE), sei »lustiger (!) als die meisten Komödien, ernsthafter als die meisten Dramen, spannender als die meisten Thriller.« (Michael McWilliams, DETROIT FREE PRESS) Joe Hill, FILMDIENST: »Die Zombies können auch für die Unterprivilegierten dieser Erde stehen, die aufgebrochen sind, an dem Reichtum der anderen teilzuhaben. Dann aber ist die Gewalt gegenüber den Untoten Gewalt der Besitzenden, die sich bedroht glauben in ihrem Reichtum. Auch insoweit ist der fragwürdige Gewaltaufruf unverantwortlich, zumal Romero in seiner Geschichte die These vertritt, dass nur diejenigen beim Zusammenbruch aller Werte die Chance des Überlebens und keine Furcht zu haben brauchen, die ihrer eigenen Gewalttätigkeit ungehindert freien Lauf lassen. Auch dieser Aspekt macht das an sich bereits mehr als unerfreuliche Produkt zu einem Film, der seiner Tendenz nach ungehemmt einer vergessen geglaubten Herrenmenschenideologie frönt.« Das Buch zum Film: George Romero/Susanna Sparrow: *Zombie*, München 1979 [V]

ZOMBIE III

(ZOMBI III). Italien 1988. **R:** *Lucio Fulci, Bruno Mattei, Claudio Fragasso.* **B:** *Claudio Fragasso.* **K:** *Riccardo Grassetti.* **M:** *Stefano Mainetti.* **D:** *Deran Sarafian, Beatrice Ring, Marina Loi, Deborah Bergamini, Alan Collins, Mike Monty, Richard Raymond, Alex McBride, Ulrich Reinthaler. F 88 Min.*
Nach den Ereignissen des 11. September 2001 in New York mag man Altlasten wie diese mit anderen Augen sehen: Terroristen bemächtigen sich auf einer philippinischen Militärbasis eines gefährlichen Virus, das ins Trinkwasser gerät und die Einwohnerschaft eines ganzen Ortes in untote Kannibalen verwandelt, die Touristen und Militärs das Dasein erschweren: Blut spritzt, Gedärm fliegt umher. Human Touch: Drei Soldaten helfen einigen Teens aus dem gröbsten Zombie-Schlamassel, den Regisseur Lucio Fulci nicht mehr beenden konnte. Er wurde selbst auf den Friedhof abberufen. Bruno Mattei, der den Film für ihn zu Ende drehen durfte, erfreute sich 2001 noch bester Gesundheit. [V]

ZOMBIE II: DAS LETZTE KAPITEL

(DAY OF THE DEAD). USA 1984. **R:** *George A. Romero.* **B:** *George A. Romero.* **K:** *Michael Gornick.* **M:** *John Harrison.* **D:** *Terry Alexander (John), Lori Cardille (Sarah), Joseph Pilato (Rhodes), Richard Liberty (Dr. Logan), Howard Sherman (Bub), Anthony DiLeo (Miguel), Jarlath Conroy (McDermott), Gary Howard Klar (Steele), Ralph Marrero (Rickles), John Amplas (Fisher), Gary Howard Klar, William Andrew Laczko. F 102 (96) Min.*
Nach der Übernahme der Weltherrschaft durch Zombies bemühen sich unterirdisch lebende Wissenschaftler und Militärs erfolglos, der Pestseuche Herr zu werden. – Fortsetzung der eher in den Bereich der Science Fiction gehörenden Filme *Die Nacht der lebenden Toten* (USA 1968) und *Zombie* (Italien/USA 1978).

ZOMBIE HIGH

(ZOMBIE HIGH). USA 1987. **R:** *Ron Link.* **B:** *Tim Doyle, Elizabeth Passerelli, Aziz Ghazal.* **K:** *David Lux, Brian Coyne.* **M:** *Daniel May.* **D:** *Virginia Madsen (Andrea), Richard Cox (Philo), Kay Kuter (Dean Eisner), James Wilder (Barry), Sherilyn Fenn (Suzi), Paul Feig (Emerson), T. Scott Coffey (Feiner), Paul Williams Ignatius), Henry Sutton (Bell), Clare Carey (Mary Beth). F 87 Min.*
Junge Mädchen, die in einem bislang Jungen vorbehaltenen Internat eintreffen, stellen fest, dass ihre männlichen Mitschüler langweilige und gefühllose Streber sind. Andrea entdeckt das Geheimnis des Lehrkörpers: Die Pädagogen atzen heimlich Schüler-Hirnflüssigkeit, da diese das Leben verlängert. Die Folge: Die Schüler werden zu zombiehaften Kreaturen – was ihren Eltern, falls sie in den Sommerferien nach Hause kommen, womöglich gar nicht auffällt. Sehr witzig, Mr. Link! AIDT [V]

EIN ZOMBIE HING AM GLOCKENSEIL

(LA PAURA NELLA CITTA DEI MORTI VIVENTI). Italien 1980. **R:** *Lucio Fulci.* **B:** *Lucio Fulci, Dardano Sacchetti.* **K:** *Sergio Salvati.* **SpE:** *Gino De Rossi.* **M:** *Fabio Frizzi.* **D:** *Christopher George (Bell), Catriona McColl (Mary), Janet Agren (Sandra), Carlo De Mejo (John), Giovanni Lombardo Radice (Bob), Michele Soavi (Tommy), Antonella Interlenghi, Daniela Doria, Fabrizio Jorine, Luca Paisner, Venantino Venantini, Enzo d'Ausilio, Adelaide Aste, Luciano Rossi, Robert Sampson. F (93) 83 Min.*

Ein Zombie hing am Glockenseil

In der Kleinstadt Dunwich begeht der Ortspfarrer auf dem öden Friedhof Selbstmord. Nach alter Legende ist ein solches Verhalten so verwerflich, dass Böses über die Stadt kommen wird. Während einer Séance hat Mary in New York derweil die Vision einer Stadt voller lebender Leichen, die am Allerseelentag aus den Gräbern steigen. Dies schockiert sie dermaßen, dass sie scheintot zu Boden sinkt und beerdigt wird. Im Grab kommt sie wieder zu sich und ist so rechtschaffen entsetzt, dass der Journalist Bell ihre Schreie hört und sie rettet. Marys Mutter bittet Bell zu verhindern, dass das Tor zur Hölle sich öffnet, von dem sie aus dem 4000 Jahre alten Buch »Enock« erfahren haben will. (Gemeint ist aller Wahrscheinlichkeit nach Enoch, was der Durchschnittssynchronautor aber ebenso wenig weiß wie die Luschen, die seine Texte sprechen müssen.) In dem auf keiner Landkarte verzeichneten, auf den Ruinen der Hexenstadt Salem erbauten Ort Dunwich passieren derweil schaurige Dinge: Zuerst fällt schwerer Regen, vermischt mit Asche, hernieder. Menschen werden von lebenden Leichen abgemurkst. Es kommt zu unappetitlichen Manifestationen. Die Toten steigen aus ihren Gräbern und terrorisieren die Stadt. Um sie loszuwerden, wird erneut die Legende bemüht: Man vernichte den Anführer, den Pfarrer des verfluchten Friedhofes, und die Bedrohung ist zu Ende. Gesagt, getan. – Der Film ist ein Brechmittel! Eine Ansammlung von Sadismen, ein abstruses Hirnquetscher- und Leichenwürmer-Spektakel. Dass er beim 10. Internationalen Festival des Fantasy- und SF-Films 1980 den Preis des Publikums erhielt, spricht nicht für dieses Machwerk, sondern gegen das Publikum. [V]: *Die Stadt der lebenden Toten.*

ZOMBIE LAKE

(EL LAGO DE LOS MUERTOS VIVIENTES/LAC DE MORTS VIVANTS). Spanien/Frankreich 1980. **R:** *J. A. Lazer [Jess Franco, Jean Rollin].* **B:** *Julian Esteban, Jess Franco.* **K:** *Max Monteillet, Henri Jean Aillet.* **M:** *Daniel White.* **D:** *Howard Vernon (Bürgermeister), Robert Foster (Morane), Pierre Escourrou (Deutscher Soldat), Anouchka (Helena), Youri Rad (Chanac), Jean Rollin (Stiltz), Burt Altman, Gilda Arancio, Marcia Sharif, Yvonne Dany, Jean René Bleu, Nadine Pascale. F 80 Min.*

Geile Zombies, die in einem See in Frankreich leben, murksen hübsche Mädchen ab, die dort baden. Es handelt sich um Soldaten der deutschen Wehrmacht, die im Zweiten Weltkrieg erschossen und versenkt wurden. Doch ein auf dem See lastender Fluch hat sie wieder lebendig gemacht. Ein Abfallprodukt aus der Hexenküche der Firma Eurocine, das mit der Absicht gemacht wurde, ausgiebig Schamhügel abzufilmen. AIDT [V]

ZOMBIE NIGHTMARE

(ZOMBIE NIGHTMARE). USA 1986. **R:** *Jack Bravman.* **B:** *John M. Fasano.* **K:** *Roger Racine.* **M:** *Motörhead, Thor, Fis.* **D:** *Jon-Mikl Thor (Tony Washington), Tia Carrere (Amy), Manuska Rigaud (Molly Mokembe), Adam West (Captain Tom Churchman), Frank Dietz (Frank Sorrell), Linda Singer (Maggie), John Fasano (William Washington), Francesca Bonacorsa (Louise Washington), Allan Fisher (Bob), Hamish McEwan (Peter), Manon E. Turbide (Susie), Tony Blauer, Mark Kulik. F 79 Min.*

Langhaariger Muckibuden-Burschi, von sich wüst gebärdenden Nichtsnutzen über den Haufen gefahren, kehrt, nachdem Mama bei einer Voodoo-Priesterin ein gutes Wort für ihn eingelegt hat, als grüngesichtiger Untoter aus dem Grabe zurück und nimmt auf filmübliche Weise mit einem Baseballschläger Rache. Dutzend-

Zombie Lake

filmchen, dessen überraschendes Ende mit Adam »Batman« West in der Rolle eines Polizisten aufwartet. [V]

ZOMBIES – BLOODY DEMONS

(VIDEO DEAD). USA 1988. **R:** *Robert Scott.* **D:** *Roxanna Augesen (Zoe Blair), Vickie Bastel (April Ellison), Rocky Duvall (Jeff Blair), Anthony C. Ferrante, Muffie Greco, Diane Hadley, Melissa Martin, Sam David McClelland. F 80 Min.*

Prophetisch hat Friedrich Dürrenmatt einmal verkündet, im Fernsehen träten mehr Tote als Lebende auf. Vorliegender Video-Grusel-Schund ist der Beweis: Aus einem überdimensionalen Fernsehgerät steigen Untote. Jetzt vermag nur noch der Kerl mit der Kettensäge zu helfen ... AIDT

DER ZUCKERSÜSSE TOD

(JAWBREAKER). USA 1998. **R:** *Darren Stein.* **B:** *Darren Stein.* **D:** *Rose McGowan (Courtney), Rebecca Gayheart (Julie), Julie Benz (Marcie), Charlotte Roldan (Liz), Judy Greer (Fern), Pam Grier (Polizistin), William Katt, P. J. Soles (Liz' Eltern), Ethan Erickson (Dane), Jeff Conaway, Carol Lane, Chad Christ. F 87 Min.*

Drei High School-Beauties überfallen eine noch schönere Mitschülerin. Die erstickt im Kofferraum eines Autos an einem großen Lutschbonbon namens »Jawbreaker«. Jetzt muss auch noch eine Zeugin zum Schweigen gebracht werden ...

ZUM TEUFEL MIT MAX

(THE DEVIL AND MAX DEVLIN). USA 1981. **R:** *Steven Hilliard Stern.* **B:** *Jimmy Sangster.* **St:** *Mary Rodgers, Jimmy Sangster.* **K:** *Howard Schwartz.* **M:** *Buddy Baker.* **D:** *Elliot Gould (Max Devlin), Bill Cosby (Barney Satin), Susan Anspach (Penny Hart), Adam Rich (Toby Hart), Judy Budd (Stella Summers), Sonny Shroyer (Big Billy Hunniker), David Knell (Nerve Nordlinger), Deborah Baltzell (Heidi), Ronnie Schell (Greg Weems), Jeannie Wilson (Laverne Hunniker), Stanley Brock (Counterman), Ted Ziegler (Billings), Vic Dunlop (Brian), Reggie Nalder (Vorsitzender Teufelsrat), Lillia Müller (Veronica), Julie Parrish (Sheila), Sally Marr (Mrs. Gromlev), Ruth Manning (Mrs. Davis), Teri Landrum (Susie), Tracie Savage (Pammy). F 96 Min.*

Der Hausbesitzer Max Devlin, der sein Leben lang nur Geld gerafft hat, landet nach seinem Ableben (originell: Er wird von einem Bus voller Hare Krishna-Jünger überfahren) in der Hölle, darf aber unter der Bedingung weiterhin ein normales Leben führen, dass es ihm gelingt, drei Menschen zu finden, die bereit sind, dem Teufel ihre Seele zu verkaufen. Eine Walt Disney-Produktion, die nicht unflott anfängt, dann aber im üblichen Familienkitsch versumpft.

ZURÜCK AUS DEM JENSEITS

(SHE'S BACK). USA 1987. **R:** *Tim Kincaid.* **B:** *Buddy Giovinazzo.* **K:** *Arthur D. Marks.* **M:** *Jimmie Haskell.* **D:** *Carrie Fisher (Bea), Robert Joy (Paul), Matthew Cowles (Sherman Bloom), Joel Swetow (Razorface), Sam Coppola (Detective Brophy), Donna Drake (Sally), Bobby DiCicco (Bob), Anthony Mannino, Gary Yudman, Erick Avari, Sam Cagnina, Robert Bottone. F 86 Min.*

Eine Halunkenbande schlägt Paul zusammen und ersticht Bea. Da die Staatsmacht keinen Ehrgeiz zeigt, die Mörder zur Strecke zu bringen, kehrt Bea als Geist zurück und macht aus ihrem Weichei-Gatten einen Rächer, der sich die bösen Buben vornimmt. Hirnloser Rächer-Schwachsinn. AIDT [V]

ZURÜCK BLEIBT DIE ANGST

Anderer Titel für RACHE AUS DEM REICH DER TOTEN

DIE ZWANGSJACKE

(STRAIT-JACKET). USA 1963. **R:** *William Castle.* **B:** *Robert Bloch.* **K:** *Arthur Arling.* **M:** *Van Alexander.* **D:** *Joan Crawford (Lucy Harbin), Diane Baker (Carol), Leif Erickson (Bill Cutler), Howard St. John (Raymond Fields), John Anthony Hayes (Michael Fields), George Kennedy (Leo Krause), Rochelle Hudson (Emily Cutler), Edith Atwater (Mrs. Fields), Mitchell Cox (Dr. Anderson), Lee Yeary (Frank Harbin), Patricia Krest (Stella Fulton), Vicky Cox (Carol als Kind), Patty Lee, Laura Hess (Mädchen), Lynn Lundgren (Kosmetikerin), Robert Ward (Schuster), Howard Hoffman. SW 93 Min.*

Lucy Harbin wird – zwanzig Jahre nachdem sie ihren Gatten und dessen Geliebte in flagranti ertappt und mit einer Axt erschlagen hat – aus der Nervenklinik entlassen. Immer noch nicht ganz wiederhergestellt, zieht sie ins Haus ihres Bruders Bill und dessen Frau Emily ein, die seinerzeit ihre Tochter Carol adoptiert haben. Lucy hat sich kaum eingewöhnt, als ein geheimnisvoller Axtmörder die Gegend unsicher macht. Alles deutet darauf hin, dass sie die Täterin ist, aber das ist natürlich nicht so, obwohl sie sich höchst verdächtig benimmt. Dann kommt's ans Licht: Carol war seinerzeit als Dreijährige zugegen, als Lucy ihren Mann und dessen Bettgefährtin mit dem Hackebeil ins Jenseits beförderte. Dieser Anblick hat in ihrem kindlichen Gehirn etwas bewirkt, von dem sich unsere Schulweisheit nichts träumen lässt. – »Castle trimmt das unheilschwangere Geschehen auf beständige Furchterregung. Dazu scheut er kein Mittel, ist ihm kein Trick zu grob. Plastiken blutiger Köpfe im Bett; dräuende Schatten an allen Wänden; symbolhafte Wiederholung des Mordvorgangs, als ein Huhn geköpft wird; Schreie der Opfer, und schließlich die sich in Doppelbelichtung kreuzenden Axthiebe.« (FILMDIENST) – »Trotz närrischer Dialoge, stümperhafter Regie und schwülstigem Plot hat der Film so entsetzliche Momente, dass einem das Herz stehen bleibt.« (TIME)

ZWEI KUCKUCKSEIER IM GRUSELNEST

(POLVOS MAGICOS). Spanien/Italien 1980. **R:** *José Ramon Larraz.* **B:** *Mauro Ivaldi.* **K:** *Gabor Pogani.* **M:** *Stelvio Cipriani.* **D:** *Alfredo Landa (Arturo), Carmen Villani (Sulfurina), Vincenzo Crocitti (Paco), Elisa Montès (Alberta), Carlos Lucena (Curt), José Nieto (Juez), José Maria Cafarell (Graf). F 79 Min.*

Zwei gewitzte Erbschleicher, die einer reichen Dame Millionen abjagen wollen, geraten auf ein Gruselschloss, in dessen Räumen, Hallen, Gängen und Kellern ihnen allerlei monströse Gestalten über den Weg laufen. Spanische Filmkomödie, die hauptsächlich davon lebt, dass sie exzessiv andere Filme und alle erdenklichen Horror-Mythen zitiert, ohne dabei Spannung zu erzeugen. Albern.

ZWEI STUNDEN VOR MITTERNACHT

(ALONE IN THE DARK). USA 1982. **R:** *Jack Sholder.* **B:** *Jack Sholder.* **K:** *Joseph Mangine.* **M:** *Renato Serio.* **D:** *Jack Palance (Frank Hawkes), Donald Pleasence (Dr. Leo Bain), Martin Landau (Sutcliff), Dwight Schultz (Dan Potter), Erland van Lidh (Fatty Elster), Deborah Hedwall (Nell Potter), Lee Taylor-Allan (Toni Potter), Philip Clark (Tom Smith/Skaggs). F 93 Min.*

Vier bösartige Psychopathen (Ex-Soldat, Pyromane, Sexmaniak, Kinderschänder) brechen nach einem Stromausfall (der ihre Zellentüren seltsamerweise öffnet, statt sie unbeweglich zu machen) aus einer Heilanstalt aus und belagern das Haus Dr. Potters, den sie eigentümlicherweise für den – verstorbenen – Mörder ihres Stationsarztes halten. Als der Onkel Doktor, im Beruf eine Seele von Mensch, das Leben seiner Familie gefährdet sieht und erkennt, dass niemand ihm zu Hilfe kommen wird, entwickelt er sich zur reißenden Bestie und schlachtet die Eindringlinge ab. Mit Schlussgag, ansonsten zum Vergessen.

ZWEI VOLLIDIOTEN SCHLAGEN ZU

(FRACCHIA CONTRO IL CONTE DRACULA). Italien 1985. **R:** *Neri Parenti.* **B:** *Laura Tescano, Franco Marotta, Neri Parenti, Paolo Villaggio.* **K:** *Luciano Tovoli.* **M:** *Bruno Zambrini.* **D:** *Paolo Villaggio, Edmund Purdom, Isabella Ferrari, Gigi Reder, Ania Pieroni, Federica Brion, Giuseppe Cederna, Susana Martinkova, Andrea Grecco, Filippo Degare. F 88 Min.*

Ein schusseliger Immobilienmakler, der ein transsylvanisches Schloss an den Mann bringen möchte, findet sich in den Diensten einer Vampirjägerin wieder und trifft auf Graf Dracula und seine Freunde. – Horrorkomödie. AIDT [V]

DAS ZWEITE GESICHT

BRD 1982. **R:** *Dominik Graf.* **B:** *Dominik Graf.* **K:** *Helge Weindler.* **M:** *Bela Bartók, Brian Eno, David Byrne, Yellow Magic Orchestra, Glenn Branca, Domirsik Graf.* **D:** *Thomas Schücke (Richard), Greta Scacchi (Anna), Irene Clarin (Nelly), Brigitte Karner (Christine), Franz Buchrieser (Rehlingen), Helene Gaubernak (Frau Rehlingen), Charles Brauer (Kreuzer), Wolfgang Finck (Martin). Marina de Graaf (Veronika), Michael Wittenborn (Albert), Robert Hunger-Bühler (Kellner), Elfriede Helfrich (Kundin), Dieter Berner, Toshi Zens (Mieter). F 90 Min.*

Der Geist eines jungen Mädchens, das gegen Ende des 19. Jahrhunderts in der elterlichen Wohnung Selbstmord beging, manifestiert sich in der Gegenwart in der Person einer jungen Frau, die ebenjene Wohnung bezieht. – »Ein optisch reizvoller Psycho-Thriller, der Haunted House-Horrorvisionen gekonnt mit kühl stilisierter New Wave-Sachlichkeit verbindet. Zwar präsentiert Graf statt bleicher Schrecken des Unterbewusstseins schließlich genussvoll blutiges Grauen, doch beeindrucken makellose Bildkompositionen und effektvolle Farbdramaturgie.« (Lina Schneider, DIE ZEIT)

DAS ZWEITE GESICHT

(DOUBLE VISION). Frankreich/Kanada/BRD 1991. **R:** *Robert Knights.* **B:** *Tony Grisoni.* **V:** *»Double Vision« von Mary Higgins Clark.* **K:** *Bruno De Keyzer.* **M:** *Graham Sacher.* **D:** *Kim Cattrall (Caroline/Lisa), Christopher Lee (Perfect), Macha Meril (Mrs. Perfect), Gale Hansen (Michael), Naveen Andrews (Jimmy), Kenny Baker-Brown (Othello), Anna Winslet (Sandra), Catherine Neal (Trixi), Andrew Barden, Jack Burns, Eleanor Creed-Miles, Danny Davis, Chris Diamond, Shane Rimmer. F 85 Min.*

TV-Film. Lisa, mit der Gabe des Zweiten Gesichts gesegnet, klärt in London den Mord an ihrer Schwester Caroline auf.

DAS ZWEITE GESICHT DES DR. JEKYLL

(THE SON OF DR. JEKYLL). USA 1951. **R:** *Seymour Friedman.* **B:** *Jack Pollexfen, Mortimer Braus.* **K:** *Henry Freulich.* **M:** *Paul Sawtell.* **D:** *Louis Hayward (Edward Jekyll), Alexander Knox (Dr. Kurt Lanyon), Jody Lawrence (Lynn), Lester Matthews (John Utterson), Gavin Muir (Richard Daniels), Paul Cavanagh (Inspektor Stoddard), Rhys Williams (Michaels), Doris Lloyd (Lottie Samelle), Claire Carleton (Hazel Sarelle), Patrick O'Moore (Joe Sarelle), James Logan, Leslie Dennison (Polizisten), Robin Camp (Willie Bennett), Bruce Lester (Journalist), Holmes Herbert (Konstabler), Matthew Boulton (Inspektor Grey), Pat Aherne (Hauswirt), Wheaton Chambers (Stadtrat), Vesey O'Davoren (Butler), Harry Martin (Händler), Olaf Hytton (Ankläger), Stapleton Kent (Kneipier), Joyce Jameson (Bardame), Betty Fairfax, Keith Hitchcock, Ottola Nesmith, Robin Hughes, Ida McGill, Carol Savage, Robin Hughes, Dave Dunbar, Frank Hagney, Guy Kingsford, Benita Booth, Leonard Mudie, Phyllis Morris, Alec Harford, David Cooe, Ola Lorraine, Jimmie Long, Robert Reeves. SW 77 Min.*

Edward Jekyll, der Sohn des berühmten Wissenschaftlers Dr. Henry Jekyll (siehe *Dr. Jekyll und Mr. Hyde*), in der Obhut des Rechtsanwalts John Utterson aufgewachsen, nachdem sein Vater einen tragischen Tod erlitt, erfährt von seiner Abstammung und will der Welt beweisen, dass sein Erzeuger nicht die mörderische Bestie war, für die man ihn hält, sondern ein selbstloser Wissenschaftler. Seine intensiven Nachforschungen passen jedoch nicht jedermann in den Kram. Je stärker Jekyll jr. auf sich aufmerksam macht, desto tiefer wird er in undurchsichtige Affären hineingezogen, bis er in einen Mordfall verwickelt wird und im Irrenhaus landet. Es gelingt ihm, einen gewissen Dr. Lanyon als Urheber aller Verwicklungen zu entlarven und bringt in Erfahrung, dass dieser auch am Ende seines Vaters nicht unbeteiligt war. – Ein Grusler, dessen Längen so lang sind wie seine Besetzungsliste.

ZWISCHEN HASS UND LIEBE

(FOOTSTEPS IN THE FOG). GB 1955. **R:** *Arthur Lubin.* **B:** *Dorothy Reid, Leonore Coffey.* **V:** *»The Interruption« von W. W. Jacobs.* **K:** *Christopher Challis.* **M:** *Benjamin Frankel.* **D:** *Stewart Granger (Stephen Lowry), Jean Simmons (Lily Watkins), Bill Travers (David McDonald), Finlay Currie (Inspektor Peters), Belinda Lee (Elizabeth Travers), Ronald Squire (Alfred Travers), William Hartnell (Herbert Moresby), Frederick Leister (Dr. Simpson), Percy Marmont (Magistrat), Margery Rhodes (Mrs. Park), Peter Bull (Brasher), Sheila Manahan (Rose Moresby), Norman Macowan (Grimes), Cameron Hall (Corcoran), Victor Maddern (Jones), Arthur Howard (Vikar), Barry Keegan (Constable Burke), Peter Williams (Constable Farrow). F 90 Min.*

London, Anfang des 20. Jahrhunderts: Stephen Lowry ermordet seine Gattin und wird dabei von der Zofe Lily beobachtet, die ihn insgeheim liebt. Mit ihrem Wissen erpresst sie eine Position als Haushälterin, so dass Lowry beschließt, auch sie aus dem Weg zu räumen. Als er Lily im Londoner Nebel auflauert, verwechselt er sie jedoch mit einer anderen Frau. Nachdem man ihn geschnappt hat, wird er durch Lilys Aussage vor dem Galgen bewahrt. Doch nun hat sie ihn noch fester in der Hand und nutzt dies weidlich aus. Lowry ersinnt einen teuflischen Plan: Er verabreicht sich kleine Giftdosen, um Lily einen Mordversuch anzuhängen und sie so loszuwerden. Doch er nimmt versehentlich eine Überdosis. Lily wird wegen Mordes verhaftet. – »Da drehen sich geisterhaft Schlüssel im Türschloss, vergiftete Ratten liegen im Keller, eine schwarze Katze faucht und der Sturm heult ...« (FILM-BEOBACHTER)

DIE ZWÖLFTE STUNDE – EINE NACHT DES GRAUENS

Deutschland 1930. [Unautorisierte Synchronfassung von F. W. Murnaus Stummfilm Nosferatu – Eine Symphonie des Grauens]. *Künstlerische Bearbeitung: Dr. Waldemar Roger. Akustisches Verfahren: Organon GmbH.* **M:** *Georg Fiebiger.* **D:** *Max Schreck (Fürst Wolkoff), Gustav von Wangenheim (Thomas Kundberg), Greta Schröder (Margitta), Alexander Granach (Karsten), Georg Heinrich Schnell (Hartung), Ruth Landshoff (Maria), Hans Behal (Priester). SW 89 Min.*

Skrupellose Geschäftemacher hat es in der Filmbranche zu allen Zeiten und in allen Ländern gegeben. Da ist Deutschland keine Ausnahme. Um aus Murnaus Stummfilm *Nosferatu* auch ein Tonfilmgeschäft zu machen, wurde eine Raubkopie hergestellt. Ganze Passagen wurden herausgeschnitten und an anderer Stelle eingefügt. Aus anderen unbekannten Filmen wurden langatmige pseudofolkloristische »Bauernszenen« und die billigen Taschenspielertricks eines Marktschreiers übernommen, der aus einer Henne unzählige Eier hervorzaubert. Eine langwierige Totenmesse mit Chorknaben und einem jungen Priester (der einzige Neuzugang in der Liste der Darsteller) fiel jedoch größtenteils der Zensur zum Opfer. Diese Vergewaltigung des Originals wäre kaum erwähnenswert, hätte sie nicht einige fatale Folgen gehabt: So tauchen in den Filmarchiven vieler Länder immer wieder Fassungen auf, die mit dem Original nicht mehr viel gemein haben, weil sie erneute Bearbeitungen der Synchronfassung sind. Als der Film 1929 in den USA aufgeführt wurde, wurden die Rollenangaben mit den Namen aus Bram Stokers Roman versehen, da man sich durch deren Bekanntheitsgrad größeren Zuspruch erwartete.

ANHANG

DIE REGISSEURE UND IHRE FILME

BRAHM, JOHN
- *Scotland Yard greift ein*
- *Der wahnsinnige Zauberkünstler*

BRANAGH, KENNETH
- *Mary Shelley's Frankenstein*

BRAND, LARRY
- *Maske des Roten Todes*

BRASCIA, DOMINICK
- *Evil Laugh*

BRAUNSTEIN, JOSEPH (SIEHE LARRAZ, JOSÉ R.)

BRAVLER, BOB
- *Rushweek*

BRAVMAN, JACK
- *Zombie Nightmare*

BRISMEE, JEAN
- *The Devil's Nightmare*

BROOKS, MEL
- *Dracula – Tot, aber glücklich*
- *Frankenstein Junior*

BROWN, CLIFFORD (SIEHE FRANCO, JESS)

BROWNING, TOD
- *Dracula*
- *Freaks*
- *Um Mitternacht*
- *Das Zeichen des Vampirs*

BRYAN, JAMES
- *Ausflug in das Grauen*

BUECHLER, JOHN CARL
- *Cellar Dweller*
- *Freitag der 13. VII – Jason im Blutrausch*
- *Ghoulies III*
- *Herrscher der Hölle*
- *Troll*

BUÑUEL, JUAN
- *Eleonore*
- *Rendezvous zum fröhlichen Tod*

BUÑUEL, LUIS
- *Das verbrecherische Leben des Archibaldo de la Cruz*

BURNLEY, FRED
- *Neither the Sea nor the Sand*

BURR, JEFF
- *Leatherface – Die neue Dimension des Grauens*
- *Die Nacht der Schreie*
- *Night of the Scarecrow*
- *Puppet Master IV*
- *Puppet Master V*
- *Stepfather II*

BUSHELL, ANTHONY
- *Terror der Tongs*

BURTON, TIM
- *Ed Wood*

BUTLER, DAVID
- *You'll Find Out*

BUTTGEREIT, JÖRG
- *Nekromantik*
- *Nekromantik II – Die Rückkehr der liebenden Toten*

CABANNE, CHRISTY
- *Scared to Death*

CAESAR, RICHARD
- *The Calling*

CAHN, EDWARD L.
- *Geschöpf des Schreckens*
- *Die vier Schädel des Jonathan Drake*

CAIN, CHRISTOPHER
- *Auf Todesrädern*

CALLAS, JOHN
- *Der Mörder ist ein Werwolf*

CAMERON, JAMES
- *Fliegende Killer – Piranha II*

CAMMELL, DONALD
- *Das Auge des Killers*

CAMPBELL, DIRK
- *Iron Thunder*

CAMPBELL, MARTIN
- *Hexenjagd in L.A.*

CAMPION, ANNA
- *Bloody Weekend*

CANNON, DANNY
- *Ich weiß noch immer, was du letzten Sommer getan hast*

CANO, MANUEL
- *Der Sumpf der Raben*

CAPONE, ALESSANDRO
- *Tanz der Hexen II*

CAPRA, FRANK
- *Arsen und Spitzenhäubchen*

CARDONA, RENÉ
- *Die Rache der 1000 Katzen*
- *Tintorera – Meeresungeheuer greifen an*

CARDONE, J. S.
- *The Forsaken*
- *Shadow Hunter*

CARPENTER, JOHN
- *Christine*
- *The Fog – Nebel des Grauens*
- *Die Fürsten der Dunkelheit*
- *Halloween – Die Nacht des Grauens*
- *Die Mächte des Wahnsinns*
- *Das unsichtbare Auge*
- *Vampire*

CARPENTER, STEPHEN
- *The Power – Die Macht des Bösen*

CARRERAS, MICHAEL
- *Die Ausgekochten*
- *Das Grab der blutigen Mumie*
- *Die Rache des Pharao*

CARROLL, ROBERT MARTIN
- *Satanic – Ausgeburt des Wahnsinns*

CARROLL, WILLARD
- *Anthony III*

CARTER, JOHN N.
- *Insel des Terrors*

CASS, HENRY
- *Der Dämon mit den blutigen Händen*

CASTELLARI, ENZO G.
- *The Last Jaws – Der weiße Killer*

CASTLE, NICK
- *TAG – Das Killerspiel*

CASTLE, WILLIAM
- *Das alte finstere Haus*
- *Er kam nur nachts*
- *Es geschah um 8 Uhr 30*
- *Das Haus auf dem Geisterhügel*
- *Macabre*
- *Mörderisch*
- *Schrei, wenn der Tingler kommt*
- *Das unheimliche Erbe*
- *Der unheimliche Mr. Sardonicus*
- *Die Zwangsjacke*

CAVALCANTI, ALBERTO
- *Traum ohne Ende*

CAVARA, PAOLO
- *Der schwarze Leib der Tarantel*

CERCHIO, FERNANDO
- *Die Bestie von Paris*
- *Der Fluch des Pharao*

CESENA, MARCELLO
- *Toter geht's nicht*

CHANEY, LON
- *Das Phantom der Oper*

CHAPELLE, JOE
- *Halloween VI –*

Der Fluch des Michael Myers
- *Phantoms*

CHAPMAN, MATTHEW
- *Heart of Midnight – Im Herzen der Nacht*

CHARLESTON, JIM
- *Marabunta – Killerameisen greifen an*

CHÉREAU, PATRICE
- *Das Fleisch der Orchidee*

CHING, YANG CHEE
- *Das Geistergesicht der roten Dschunke*

CHRISTIAN, ROGER
- *Teuflische Signale*

CICCORITTI, GERARD
- *Graveyard Shift II*
- *Nachtschicht*

CLAIR, RENÉ
- *Ein Gespenst geht nach Amerika*

CLARK, BOB
- *Besessen*
- *Jessy – Die Treppe in den Tod*
- *Mord an der Themse*

CLARK, GREYDON
- *House of Pain*
- *Uninvited*

CLARK, JAMES
- *Das Schreckenshaus des Dr. Death*

CLARK, RICHARD
- *Dr. Hackenstein*

CLAVER, ROBERT
- *King Kobra*

CLAYTON, JACK
- *Jede Nacht um neun*
- *Schloß des Schreckens*

CLOUSE, ROBERT
- *Die Meute*

CLOUZOT, HENRI GEORGES
- *Die Teuflischen*

CLYDE, CRAIG
- *Wolf Mountain*

COATES, LEWIS
- *Dead Eyes*

COE, WAYNE
- *Spuk am Lagerfeuer*

COEN, JOEL
- *Blood Simple – Eine mörderische Nacht*

COHEN, HOWARD R.
- *Samstag der 14.*
- *Samstag der 14. schlägt zurück*

COHEN, LARRY
- *Hollywood Kills*
- *Stadt der Vampire*
- *Tanz der Hexen*
- *Ein Werwolf beißt sich durch*
- *Die Wiege des Bösen*
- *Die Wiege des Satans*

COHEN, STEVE
- *Scream & Die*

COKLISS, HARLEY
- *Dream Demon – Traumdämon*

COLAN, RANDOLPH
- *Night Shadow*

COLLINS, ROBERT
- *Gefangene der Bestien*

COLLINSON, PETER
- *Die Fratze*
- *Das Geheimnis der Wendeltreppe*

COLUMBUS, CHRIS
- *Harry Potter und der Stein der Weisen*

COMFORT, LANCE
- *Die Gruft der toten Frauen*

CONDON, BILL
- *Candyman II – Die Blutrache*
- *Gods and Monsters*
- *Sister, Sister*

CONNOR, KEVIN
- *Das Haus der Verdammten*
- *Hotel zur Hölle*
- *Organiac*

CONRAD, WILLIAM
- *Das Testament des Magiers*

COOK, BRUCE R.
- *Nightwish – Out of Control*

COONEY, MICHAEL
- *Jack Frost – Der eiskalte Killer*

COOPER, MERIAN C.
- *King Kong und die weiße Frau*

COPPER, MATT
- *Campfire Tales*

COPPOLA, CHRISTOPHER
- *Draculas Witwe*

COPPOLA, FRANCIS FORD
- *Bram Stoker's Dracula*
- *Dementia 13*

CORMAN, ROGER
- *Die Folterkammer des Hexenjägers*
- *Das Grab der Lygeia*
- *Der grauenvolle Mr. X*
- *Kleiner Laden voller Schrecken*
- *Lebendig begraben*
- *Der Massenmörder von London*
- *Das Pendel des Todes*
- *Der Rabe – Duell der Zauberer*
- *Satanas – Das Schloß der blutigen Bestie*
- *The Terror – Schloß des Schreckens*
- *Die Verfluchten*
- *Das Vermächtnis des Professor Bondi*

COSCARELLI, DON A.
- *Phantasm IV*

COSMATOS, GEORGE PAN
- *Unheimliche Begegnung*

COTO, MANNY
- *Dr. Giggles*
- *Schizomaniac*

COX, SIMON
- *Driven – Vom Bösen getrieben*

CRABTREE, ARTHUR
- *Das schwarze Museum*

CRAVEN, WES
- *Exit – Ausgang ins Nichts*
- *Das Grauen hat viele Gesichter*
- *Das Haus der Vergessenen*
- *Hügel der blutigen Augen*
- *Im Todestal der Wölfe*
- *Mondo Brutale*
- *Night Kill – Eine tödliche Bedrohung*
- *Nightmare – Mörderische Träume*
- *Die Schlange im Regenbogen*
- *Scream – Schrei!*
- *Scream II*
- *Scream III*
- *Shocker*
- *Todestal der Wölfe*
- *Tödlicher Segen*
- *Vampire in Brooklyn*

CRAWFORD, GUY
- *Psychopath – Niemand hört dich schreien*

CREVENNA, ALFREDO B.
- *Dynastie Dracula*
- *Yambao*

CRICHTON, CHARLES
- *Traum ohne Ende*

CRISPINO, ARMANDO
- *Das Geheimnis des gelben Grabes*

CROUNSE, AVERY
- *Das Tal des Todes*

CRUMP, OWEN
- *Immer Punkt 7*

CUKOR, GEORGE
- *Das Haus der Lady Alquist*

CUMMINGS, ALAN
- *Nosferatu in Venedig*

CUMMINS, JAMES
- *Boneyard*

CUNHA, RICHARD E.
- *Frankensteins Tochter*

CUNNINGHAM, D. MATT
- *Schrei lauter!*

CUNNINGHAM, SEAN S.
- *Freitag der 13.*
- *Unheimlich*

CURTIS, DAN
- *Dracula*
- *Landhaus der toten Seelen*
- *Schloß der Vampire*
- *Trilogy of Terror*

CURTIS, DOUGLAS
- *Sleeping Car*

CURTIZ, MICHAEL
- *Das Geheimnis des Wachsfigurenkabinetts*

DAHL, JOHN
- *Unforgettable*

DAHLIN, BOB
- *Überfall im Wandschrank*

DALE, HOLLY
- *Blood & Donuts*

D'AMATO, JOE
- *Absurd – Ausgeburt der Hölle (als Peter Newton)*
- *In der Gewalt der Zombies*
- *Man Eater (Der Menschenfresser)*
- *Die Mörderbestien (als Aristide Massaccesi)*
- *Nackt unter Kannibalen*
- *Papaya – Die Liebesgöttin der Kannibalen*
- *Sado – Stoß das Tor zur Hölle auf*
- *Woodoo Baby – Insel der Leidenschaft*

DAMIANI, DAMIANO
- *Amityville II: Der Besessene*
- *Hexe der Liebe*

DANIEL, ROD
- *Teen Wolf*

DANTE, JOE
- *Drei unglaubliche Geschichten*
- *Piranhas*
- *Das Tier*
- *Unheimliche Schattenlichter*

DANTON, RAY
- *Psychic Killer*

DARABONT, FRANK
- *Buried Alive – Lebendig begraben*
- *Stephen King's Nightmare Collection*

DARBOWITZ, SEYMOUR
- *Psychophobia*

DASSIN, JULES
- *Das Gespenst von Canterville*

DAVIDSON, BOAZ
- *X-Ray – Der erste Mord geschah am Valentinstag*

DAWSON, ANTHONY M.
- *Dracula im Schloß des Schreckens*
- *Piranhas II: Die Rache der Killerfische*
- *Das Schloß des Grauens*
- *Schreie in der Nacht*
- *Sieben Jungfrauen für den Teufel*

DAY, JOHN
- *Twilight Love – Liebe aus dem Jenseits*

DAY, ROBERT
- *Corridors of Blood*

DE BONT, JAN
- *Das Geisterschloß*

DECOTEAU, DAVID
- *Beast You*
- *Curse of the Puppet Master (als Victoria Sloan)*
- *Puppet Master III – Toulon's Rache*
- *Shrieker – Die Fratze des Todes (als Victoria Sloan)*
- *Skeletons*
- *Talisman*

DE FELITTA, FRANK
- *Final Instinct – Den Wahnsinn im Nacken*
- *Die Rache des Gelynchten*

DE JONG, ATE
- *Highway zur Hölle*

DE LA IGLESIA, ALEX
- *Der Tag der Bestie*

DE LA IGLESIA, ELOY
- *Cannibal Man*

DE LUCA, RUDY
- *Transsylvania 6 5000*

DE MARTINO, ALBERTO
- *Blood Link – Blutspur*
- *Das Haus der Verfluchten*

DE OSSORIO, ARMANDO
- *Woodoo – Orgie des Grauens*

DE PALMA, BRIAN
- *Carrie – Des Satans jüngste Tochter*
- *Dressed to Kill*
- *Mein Bruder Kain*
- *Schwarzer Engel*
- *Die Schwestern des Bösen*
- *Der Tod kommt zweimal*

DE PALMA, FRANK
- *Book of Evil II*

DE SIMONE, TOM
- *Hell Night – Der Tod kam zur Party*

DE TOTH, ANDRÉ
- *Das Kabinett des Professor Bondi*

DE VITO, DANNY
- *Weitere unglaubliche Geschichten*

DEAR, WILLIAM
- *Unglaubliche Geschichten*

DEARDEN, BASIL
- *The Man Who Haunted Himself*
- *Traum ohne Ende*

DECOM, HENRI
- *Frauen, die dem Satan dienen*

DEKKER, FRED
- *Monster Busters*
- *Die Nacht der Creeps*

DEL RUTH, ROY
- *Die merkwürdigen Abenteuer des Mr. Topper*
- *Der Würger von Pans*

DE MARTINO, ALBERTO
- *Das Haus der Verfluchten*

DEL TORO, GUILLERMO
- *Mimic*

DELANNOY, JEAN
- *Der Glöckner von Notre-Dame*

DELGADO, MIGUEL M.
- *Das Grab des Dr. Caligari*

DENSHAM, PEN
- *Der Kuss*

DEODATO, RUGGERO
- *Body Count – Die Mathematik des Schreckens*

FLEMING, ANDREW
- *Der Hexenclub*
- *Vision der Dunkelheit*

FLEMING, VICTOR
- *Arzt und Dämon*

FLENDER, RODMAN
- *Die Killerhand*
- *Leprechaun II*
- *Unborn – Kind des Satans*

FLOCKER, JAMES T.
- *Besessen von Dämonen*

FLOREY, ROBERT
- *Die Bestie mit den fünf Fingern*
- *Das Geheimnis des Dr. Mirakel*

FLYNN, JOHN
- *Brain Scan*

FOLEG, PETER
- *Unseen – Das unsichtbare Böse*

FORD, STEVE
- *Herrscher der Hölle*

FÖRNBACHER, HELMUT
- *Beiß mich, Liebling*

FORTUNY, JUNIS
- *Draculin*

FOWLER JR., GENE
- *Der Tod hat schwarze Krallen*

FRAGASSO, CLAUDIO
- *Zombie III*

FRANCIS, FREDDIE
- *Die Braut des Teufels*
- *Dämon des Grauens*
- *Draculas Rückkehr*
- *Der Foltergarten des Dr. Diabolo*
- *Frankensteins Ungeheuer*
- *Gebissen wird nur nachts – Happening der Vampire*
- *Geschichten aus der Gruft*
- *Geschichten, die zum Wahnsinn führen*
- *Der Ghul*
- *Das Haus des Grauens*
- *Die Legende vom Werwolf*
- *Mord nach Art des Hauses*
- *Nachts, wenn das Skelett erwacht*
- *Der Puppenmörder*
- *Der Satan mit den langen Wimpern*
- *Der Schädel des Marquis de Sade*
- *Die Todeskarten des Dr. Schreck*

FRANCK, A. M.
(SIEHE FRANCO, JESS)

FRANCO, JESS
- *Das Blutgericht der gequälten Frauen (als Clifford Brown)*
- *Entfesselte Begierde (als J. P. Johnson)*
- *Der Hexentöter von Blackmoor*
- *Im Schatten des Mörders*
- *Jack the Ripper – Der Dirnenmörder von London*
- *Jungfrau unter Kannibalen (als Clifford Brown)*
- *Marquis de Sade: Justine*
- *Die Marquise von Sade (als Clifford Brown)*
- *Mondo Cannibale III – Die blonde Göttin der Kannibalen*
- *Die Nacht der offenen Särge*
- *Nachts, wenn Dracula erwacht*
- *Necronomicon – Geträumte Sünden*
- *Neurosis – Die Rache des Hauses Usher*
- *Die Nonnen von Clichy (als Clifford Brown)*
- *Oase der Zombies (als A. M. Franck)*
- *Rote Lippen – Sadisterotica*
- *Der Ruf der blonden Göttin*
- *Sadomania – Hölle der Lust (als Robert Griffin)*
- *Die Säge des Todes*
- *Der schreckliche Dr. Orloff*
- *Sie tötete in Ekstase (als Frank Hollman)*
- *Die teuflischen Schwestern*
- *Vampyros Lebos – Die Erbin des Dracula*
- *Die Wildkatze (als Jesus Franco Manera)*
- *Zombie Lake (als J. A. Lazer)*

FRANJU, GEORGES
- *Das Schreckenshaus des Dr. Rasanoff*

FRANK, CAROL
- *Death House*

FRANKLIN, RICHARD
- *Link, der Butler*
- *Psycho II*

FRATZSCHER, PETER
- *Sieben Monde – Das Böse schläft nie*

FREARS, STEPHEN
- *Mary Reilly*

FREDA, RICCARDO
- *Das Gesicht im Dunkeln*
- *Der Vampir von Notre-Dame*

FREED, HERB
- *Graduation Day*
- *Jenseits des Bösen*

FREEDMAN, JERROLD
- *Final Pulse*

FREGONESE, HUGO
- *Der unheimliche Untermieter*

FREISER, ERIC
- *Warlock – Das Geisterschloß*

FREUND, KARL
- *Die Mumie*

FRIEDKIN, WILLIAM
- *Der Exorzist*
- *Das Kindermädchen*

FRIEDMAN, RICHARD
- *Der Voodoo-Fluch*

FRIEDMAN, SEYMOUR
- *Das zweite Gesicht des Dr. Jekyll*

FROEHLICH, BILL
- *Return to Horror High*

FROST, ROBERT L.
- *Gräfin Frankensteins Liebestempel*

FRUET, WILLIAM
- *Avanaida – Der Todesbiß der Satansviper*
- *Der Biß*
- *Bluthunde*
- *Insect*
- *Killerparty*

FUEST, ROBERT
- *And Soon the Darkness*
- *Nachts, wenn die Leichen schreien*
- *Die Rückkehr des Dr. Phibes*
- *Das Schreckenskabinett des Dr. Phibes*

FULCI, LUCIO
- *Amulett des Bösen*
- *Dämonia*
- *Das Haus an der Friedhofsmauer*
- *Der New York Ripper*
- *Nightmare Concert*
- *Über dem Jenseits*
- *Woodoo – Die Schreckensinsel der Zombies*
- *Ein Zombie hing am*

Glockenseil
- *Zombie III*

FULLER, SAMUEL
- *Shock Corridor*

FURIE, SIDNEY J.
- *Entity – Es gibt kein Entrinnen vor dem Unsichtbaren, das uns verfolgt*
- *Hide and Seek*

GABAI, RICHARD
- *Blood Nasty*

GADNEY, ALAN
- *Im Jenseits ist die Hölle los*

GALEEN, HENRIK
- *Der Golem*
- *Der Student von Prag*

GALINDO, RUBEN
- *Friedhof des Satans*

GALLO, FRED
- *L.A. Ripper*
- *Roger Corman's Dracula*

GALLU, SAMUEL
- *Haus des Schreckens*

GANS, CHRISTOPHE
- *Necronomicon*
- *Der Pakt der Wölfe*

GANTILLON, BRUNO
- *Tödliche Puppen*

GARCIA, RON
- *Sexualrausch*

GAREN, LEO
- *Hex – Dimensionen der Furcht*

GARIAZZO, MARIO
- *L'Ossessa – Das Omen des Bösen*

GARRETT, JACK
- *Stephen King – The Night of the Crow*

GARRIS, MICK
- *Psycho IV – The Beginning*
- *Stephen King's Quicksilver Highway*
- *Stephen King's Schlafwandler*
- *Stephen King's The Shining*

GASTALDI, ERNESTO
- *Die Geliebte des Vampirs*

GEISSENDÖRFER, HANS W.
- *Jonathan*

GENTILOMO, GIACOMO
- *Macistes größtes Abenteuer*

GERSHUNY, THEODORE
- *Haus des Schreckens – Blutnacht*

GESSNER, NICHOLAS
- *Das Mädchen am Ende der Straße*
- *Mörder hinter der Tür*

GIAGNI, GIANFRANCO
- *Spider Labyrinth*

GIBSON, ALAN
- *Crescendo – Die Handschrift des Satans*
- *Dracula braucht frisches Blut*
- *Dracula jagt Mini-Mädchen*

GIBSON, BRIAN
- *Poltergeist III – Die andere Seite*

GILBERT, LEWIS
- *Dämon der Frauen*
- *Haunted – Haus der Geister*

GILL, TONY JITI
- *Der Todesengel von San Francisco*

GILLARD, STUART
- *Creature – Tod aus der Tiefe*

GILLEN, JEFF
- *Besessen*

GILLESPIE, JIM
- *D-Tox – Im Auge der Angst*
- *Ich weiß, was du letzten Sommer getan hast*

GILLING, JOHN
- *Der Arzt und die Teufel*
- *Der Fluch der Mumie*
- *Nächte des Grauens*
- *Schatten einer Katze*
- *Das schwarze Reptil*

GINSBERG, MILTON MOSES
- *Der Werwolf von Washington*

GIRARD, BERNARD
- *Das Haus der blutigen Hände*

GIRDLER, WILLIAM
- *Grizzly*
- *Der Manitou*

GOLDBLATT, MARK
- *Dead Heat*

GOLDING, PAUL
- *Pulse*

GOLDMAN, MARLIN
- *Dark August – Düsteres Omen*

GONZALEZ, SHAKY
- *Angel of the Night*

GORDON, BERT I.
- *Horror Attack*
- *Das Kabinett der blutigen Hände*
- *Malediction – Fluch des Dämon*
- *Der Turm der schreienden Frauen*

GORDON, STUART
- *Castle Freak*
- *Dolls*
- *Meister des Grauens*

GORNICK, MICHAEL
- *Creepshow II – Kleine Horrorgeschichten*

GOTTLIEB, F. J.
- *Die Gruft mit dem Rätselschloß*
- *Lady Dracula*
- *Das Phantom von Soho*
- *Der schwarze Abt*

GOURSAUD, ANNE
- *Nosferatu – Vampirische Leidenschaft*

GOVAR, RENÉ
- *The Werwolf*

GRAF, DOMINIK
- *Das zweite Gesicht*

GRANT, BRIAN
- *Burning Sensation*

GRAU, GEORGE
- *Das Leichenhaus der lebenden Toten*

GRAUMAN, WALTER
- *Nightmare – Hotel des Grauens*
- *Woodoo, Blutrausch des Dschungels*

GRAVER, GARY
- *Blood Moon*

GRECO, JIM
- *Stephen King's Nightmare Collection*

GREEK, JANET
- *Spellbinder – Ein teuflischer Plan*

GREEN, GUY
- *Der Schnorchel*

GREENE, DAVID
- *Die verschlossene Tür*

GREENBERG, ALAN
- *Little Monsters*

GREFÉ, WILLIAM
- *Mako, die Bestie*
- *Stanley*

GREVILLE, EDMOND T.
- *Die unheimlichen Hände des Dr. Orlak*

GRIECO, SERGIO
- *Der Tollwütige*

GRIFFIN, ROBERT (SIEHE FRANCO, JESS)

GRIFFITH, CHARLES B.
- *Dr. Heckyl und Mr. Hype*

GROFE, FERDE
- *The Third Hand – Nacht der Teufel*

GROSSMAN, ADAM
- *Manchmal kommen sie wieder II*
- *Träume kannst du nicht töten*

GUEST, VAL
- *Der unsichtbare Schatten*

GUTMAN, NATHANIEL
- *Das Tal der Schatten*

GUY-BLANCHÉ, A.
- *Der Glöckner von Notre-Dame*

HAFFTER, PETRA
- *Der Mann nebenan*

HAGGARD, PIERS
- *In den Krallen des Hexenjägers*
- *Die schwarze Mamba*

HAGMANN, STUART
- *Tödliche Fracht*

HALDANE, DON
- *The Reincarnate*

HALE, BILLY
- *Brian – Die Höllenfahrt eines Besessenen*

HALLER, DANIEL
- *Voodoo Child*

HALPERIN, VICTOR
- *White Zombie*

HAMER, ROBERT
- *Traum ohne Ende*

HAMILTON, MICHAEL
- *Die Mörderklinik*

HAMM, NICK
- *The Hole*

HAMMER, ROBERT
- *Todesschrei per Telefon*

HANCOCK, JOHN
- *Grauen um Jessica*

HANSON, CURTIS
- *Die Hand an der Wiege*

HARDY, ROD
- *Blutdurst*

HARK, TSUI
- *Wir kommen und werden euch fressen*

HARLIN, RENNY
- *Deep Blue Sea*
- *Nightmare on Elm Street IV*

HARMON, PAUL
- *Der Psychopath*

HARMON, ROBERT
- *Hitcher – Der Highway-Killer*

HARON, MARY
- *American Psycho*

HARRINGTON, CURTIS
- *Der Höllenhund*
- *Satanische Spiele*
- *Die Toten sterben nicht*
- *Was ist denn bloß mit Helen los?*
- *Wer hat Tante Ruth angezündet?*

HARRIS, DAMIAN
- *Stephen King – The Night of the Crow*

HARRISON, JOHN
- *Geschichten aus der Schattenwelt*

HARRISON, PAUL
- *Beschwörung*

HARTFORD-DAVIES, ROBERT
- *Die Bestie mit dem Skalpell*
- *Das Grauen auf Black Torment*

HARVEY, HAROLD
- *Tanz der toten Seelen*

HAWES, MICHAEL
- *Picknick in Ghost City*

HAYERS, SIDNEY
- *Hypno*
- *Der rote Schatten*

HAYES, JOHN
- *Dream No Evil*

HEDDEN, ROB
- *Freitag der 13. – Todesfalle Manhattan*

HELLMAN, OLIVER
- *Wer bist du?*

HELLSTROM, GUNNAR
- *Das Rasthaus der teuflischen Schwestern*

HEMMINGS, DAVID
- *Der Werwolf kehrt zurück*

HENENLOTTER, FRANK
- *Basket Case – Der unheimliche Zwilling*
- *Basket Case II*
- *Basket Case III*
- *Elmer*
- *Frankenhooker*

HENKEL, KIM
- *The Texas Chainsaw Massacre: Die Rückkehr*

HENREID, PAUL
- *Der schwarze Kreis*

HERRERO, GERARDO
- *Teufel im Paradies*

HERRINGTON, ROWDY
- *The Ripper*

HERZOG, WERNER
- *Nosferatu – Phantom der Nacht*

HESSLER, GORDON
- *Murders in the Rue Morgue*
- *Der Todesschrei der Hexen*

HEWITT, DAVID L.
- *Galerie des Grauens*

HICKEY, BRUCE
- *Necropolis – Die Blutsauger von Manhattan*

HICKOX, ANTHONY
- *Hellraiser III – Hell on Earth*
- *Sundown: Rückzug der Vampire*
- *Warlock – Satans Sohn kehrt zurück*

HICKOX, DOUGLAS
- *Bestie aus dem Totenreich*
- *Der Hund von Baskerville (1983)*
- *Theater des Grauens*

HICKOX, JAMES D.
- *Kinder des Zorns III – Das Chicago-Massaker*

HILL, CLAUDIO GUERIN
- *Ein Toter lacht als letzter*

HILL, JACK
- *Todeskult*
- *Totentanz im Schreckensschloß*

HILL, JAMES
- *Sherlock Holmes' größter Fall*

HILLER, ARTHUR
- *Schwingen der Angst*

HILPERT, HEINZ
- *Die unheimlichen Wünsche*

HILTZIK, ROBERT
- *Blutiger Sommer – Camp des Grauens*

HIRSCH, BETTINA
- *Munchies*

HITCHCOCK, ALFRED
- *Aus dem Reich der Toten*
- *Bei Anruf Mord*

- *Berüchtigt*
- *Cocktail für eine Leiche*
- *Das Fenster zum Hof*
- *Der Fremde im Zug*
- *Frenzy*
- *Ich kämpfe um dich*
- *Immer Ärger mit Harry*
- *Marnie*
- *Psycho*
- *Rebecca*
- *Der unsichtbare Dritte*
- *Die Vögel*

HITZIG, RUPERT
- *Never Cry Devil*

HO, GODFREY
- *Das Schlangenmonster*

HOBLIT, GREGORY
- *Dämon – Trau keiner Seele*

HODGES, MIKE
- *Black Rainbow – Schwarzer Regenbogen*

HOFFMANN, KURT
- *Das Spukschloß im Spessart*

HOFFMANN, PASCAL
- *Geisterstunde (1987)*

HOLCOMB, ROD
- *Opfer um Mitternacht*

HOLE, WILLIAM J.
- *Im Bann der Puppe*

HOLENDER, ADAM
- *Der Babysittermörder*

HOLLAND, TOM
- *Chucky – Die Mörderpuppe*
- *Drei unglaubliche Geschichten*
- *Drei Wege in den Tod*
- *Die rabenschwarze Nacht*

HOLLMANN, FRANK (SIEHE FRANCO, JESS)

HOLT, SETH
- *Das Grab der blutigen Mumie*
- *Ein Toter spielt Klavier*
- *War es wirklich Mord?*

HOOKER, TED
- *Der Leichengießer*

HOOPER, TOBE
- *Blutgericht in Texas*
- *Blutrausch*
- *Brennen muss Salem*
- *Crocodile*
- *Das Kabinett des Schreckens*
- *Living Nightmare*
- *The Mangler*
- *Poltergeist*
- *Real Ghosts – Die Geister sind unter uns*
- *The Texas Chain Saw Massacre, Part II*

HOPKINS, BEN
- *Die neun Leben des Thomas Katz*

HOPKINS, STEPHEN
- *Nightmare on Elm Street V – Das Trauma*

HOSSEIN, ROBERT
- *Der Mann, der Peter Kürten hieß*

HOUGH, JOHN
- *American Gothic*
- *Draculas Hexenjagd*
- *Howling*
- *Incubus – Mörderische Träume*
- *Schrei der Verlorenen*
- *Tanz der Totenköpfe*

HOVEN, ADRIAN
- *Hexen – Geschändet und zu Tode gequält*

HOWARD, JOHN
- *Snake Inferno*

HSU, W. DACHIN
- *Pale Blood – Im Bann der Vampire*

HSU, TALUN
- *Witchcraft V – Die Macht des Bösen*

HUETTNER, RALF
- *Babylon – Im Bett mit dem Teufel*

HUGHES, KENNETH
- *Terror Eyes – Der Frauenköpfer*

HUGHES, ROBERT C.
- *Memorial Day*

HUMBERT, HUMPHREY (SIEHE LENZI, UMBERTO)

HUNT, ED
- *Angst*

HUNT, PAUL
- *Reise ins Grauen*

HUNTER, MAX
- *Das Folterhaus der Lady Morgan*

HUNTER, TIM
- *Paint It Black*

HUNTINGTON, LAWRENCE
- *Das dämonische Ich*

HUSTON, JIMMY
- *Liebe mit Biß*

HUSTON, JOHN
- *Phobia*

HUTTON, BRIAN C.
- *Die Nacht der tausend Augen*

HUYCK, WILLARD
- *Messias des Bösen*

HYAMS, PETER
- *End of Days – Nacht ohne Morgen*
- *Das Relikt – Museum der Angst*
- *Weitere unglaubliche Geschichten*

HYTNER, NICHOLAS
- *Hexenjagd*

IBANEZ, JUAN
- *Todeskult*

Totentanz im Schreckensschloß

INGRAM, REX
- *Der Dämon*

INGSTER, BORIS
- *Stranger on the Third Floor*

IRVIN, JOHN
- *Rache aus dem Reich der Toten*

ISAAC, JAMES
- *Horror House*
- *Jason X – Freitag der 13., X*

ISASI, ANTONIO
- *The Dog*

ITTENBACH, OLAF
- *Black Past*
- *The Burning Moon*
- *Legion of the Dead*

JACELONE, PETE
- *Psycho-Sisters*

JACKSON, DAVID E.
- *Spuk im Herrenhaus*

JACKSON, DOUGLAS
- *Twists of Terror – Das Grauen lauert überall*
- *Whisper to Kill*

JACKSON, LEWIS
- *Teuflische Weihnachten*

JACKSON, PAT
- *Leiche auf Urlaub*

JACKSON, PETER
- *Braindead*

JACKSON, RICHARD
- *Der Irre vom Zombiehof*

JACOBSON, ANDERS
- *Evil Ed*

LA LOGGIA, FRANK
• *Luzifer*
LAMAC, CARL
• *Der Hund von Baskerville*
LAMBERT, MARY
• *Friedhof der Kuscheltiere*
• *Friedhof der Kuscheltiere II*
LAMOND, JOHN D.
• *Nightmare on the Street*
LAMONT, CHARLES
• *Abbott und Costello als Mumienräuber*
• *Abbott und Costello auf Sherlock Holmes' Spuren*
• *Abbott und Costello gegen Dr. Jekyll und Mr. Hyde*
LANDERS, LEW
• *Der Rabe*
• *Reise ins Verderben*
LANDIS, JAMES
• *Todesangst*
LANDIS, JOHN
• *Bloody Marie – Eine Frau mit Biß*
• *American Werewolf*
• *Unheimliche Schattenlichter*
LANDRES, PAUL
• *Immer bei Anbruch der Nacht*
LANE, ANDREW
• *Distant Cousins*
LANG, FRITZ
• *M – Eine Stadt sucht einen Mörder*
LANG, RICHARD
• *Horror Season – Das Grauen kennt keine Grenzen*
• *Das Wiegenlied des Grauens*
LANTIERI, MICHAEL
• *Komodo – The Living Terror*
LARA, PACO
• *The Monk*
LARRAZ, JOSE RAMON
• *Axolution – Tödliche Begegnung (als Joseph Braunstein)*
• *Ruhe in Frieden (als Joseph Braunstein)*
• *Zwei Kuckuckseier im Gruselnest*
LAUGHLIN, MICHAEL
• *Die Experimente des Dr. S*
LAUGHTON, CHARLES
• *Die Nacht des Jägers*
LAWRENCE, JOHN
• *Ausgeliefert*
LAWRENCE, MARC
• *Pigs*
LAZER, J. A.
(SIEHE FRANCO, JESS)
LEACOCK, PHILIP
• *Der Fluch des Tut-Ench-Amun*
LEAN, DAVID
• *Geisterkomödie*
LEASE, MARIA
• *Dolly Dearest*
LE BORG, REGINALD
• *Tagebuch eines Mörders*
LEE, F. D.
• *Das Schloß der blauen Vögel*
LEE, ROWLAND V.
• *Frankensteins Sohn*
• *Der Henker von London*
LEHMAN, LEW
• *Die Grube des Grauens*
LEITCH, CHRISTOPHER
• *Der Mörder wartet schon*
• *Satan's School For Girls – Mörderische Rituale*
• *Teen Wolf II*
LENI, PAUL
• *Das Wachsfigurenkabinett*
LENZI, UMBERTO
• *Black Zombies*
• *Gates of Hell (als Humphrey Humbert)*
• *Ghosthouse (als Humphrey Humbert)*
• *Nightmare Beach (als Harry Kirkpatrick)*
• *Lebendig gefressen (als Humphrey Humbert)*
• *Die Rache der Kannibalen*
• *Return of the Hitcher (als Humphrey Humbert)*
• *Spasmo*
LEONARD, BRETT
• *Dead Pit*
LESTER, MARK L.
• *Insemination – Wiege des Grauens*
LEVESQUE, MICHAEL
• *Blutnacht des Teufels*
LEVEY, WILLIAM A.
• *Committed*
LEVIN, HENRY
• *Cry of the Werewolf*
LEVIN, THUNDER
• *Besessen bis zum Tod*
LEVITT, GENE
• *Das Phantom von Hollywood*
LEWIS, CHRISTOPHER
• *Revenge – Des Teufels blutige Krallen*
LEWIS, JERRY
• *Der verrückte Professor*
LEWIS, ROBERT
• *Crying Child – Schrei aus dem Jenseits*
• *Revenge – Des Teufels blutige Krallen*
LEWNES, PERICLES
• *Redneck Zombies*
LIBERATORE, UGO
• *Die Wiege des Teufels*
LIEBERMAN, JEFF
• *Blue Sunshine*
• *Vor Morgengrauen*
LINK, RON
• *Zombie High*
LITTLE, DWIGHT H.
• *Halloween IV*
• *Das Phantom der Oper (1989)*
LLOSA, LUIS
• *Anaconda*
LOGAN, BOB
• *Von allen Geistern besessen*
LOGAR, JUAN
• *Autopsy*
LOGOTHETIS, DIMITRI
• *Slaughterhouse – Ein Horror-Trip ins Jenseits*
LOMMEL, ULLI
• *Boogey Man*
• *Die Zärtlichkeit der Wölfe*
LONCRAINE, RICHARD
• *Julias unheimliche Wiederkehr*
LONDON, JERRY
• *Im Bann des Todes*
LORD, JEAN CLAUDE
• *Das Horror-Hospital*
LOVENTHAL, CHARLES
• *Mein teuflischer Liebhaber*
LUBIN, ARTHUR
• *Phantom der Oper*
• *Vorsicht, Gespenster!*
• *Zwischen Haß und Liebe*
LUCCHETTI, LEANDRO
• *The Snake House*
LÜTZELBURG, HELMER VON
• *Die Nacht des Schicksals*
LUN, AH
• *Devil 666 – Satan's Return*

NUGENT, ELLIOT
- *Erbschaft um Mitternacht*

NUSSBAUM, RAPHAEL
- *The Ungodly*

NUTTER, DAVID
- *Dich kriegen wir auch noch*

O'BANNON, DAN
- *Evil Dead – Die Saat des Bösen*

O'BANNON, ROCKNE S.
- *Fear – Todesangst*

OBROW, JEFFREY
- *Bram Stoker's Legend of the Mummy*
- *The Power – Die Macht des Bösen*
- *Twilight*

O'CONNOLLY, JIM
- *Der Turm der lebenden Leichen*

O'FERRALL, G. MORE
- *Mord ohne Mörder*

O'HARA, GERRY
- *Mumie – Im Tal des Todes*

O'HARA, TERRENCE
- *Darkroom*

OLD, JOHN M.
(SIEHE BAVA, MARIO)

OLD, JOHN JR.
(SIEHE BAVA, LAMBERTO)

OLIVER, RON
- *Prom Night III – Das letzte Kapitel*

OLSEN, ROLF
- *Das Rasthaus der grausamen Puppen*

OLSSON, MATS
- *Shocking Heavy Metal*

OMBRA, CARLO
- *Graf Dracula (beißt jetzt) in Oberbayern*

ORFINI, MARIO
- *Mamba*

ORMSBY, ALAN
- *Besessen*

ORTEGA, KENNY
- *Hocus Pocus*

OSSORI, AMANDO
- *Das Blutgericht der reitenden Leichen*
- *Der Exorzist und die Kindhexe*
- *Das Geisterschiff der schwimmenden Leichen*
- *Die Nacht der reitenden Leichen*
- *Die Rückkehr der reitenden Leichen*
- *Woodoo – Orgie des Grauens*

OSWALD, RICHARD
- *Unheimliche Geschichten (1919)*
- *Unheimliche Geschichten (1932)*

OTHENIN-GIRARD, DOMINIQUE
- *Halloween V – Die Rache des Michael Myers*
- *Night Angel*
- *Omen IV – Das Erwachen*

OTTMAN, JOHN
- *Düstere Legenden II*

OUELETTE, JEAN-PAUL
- *The Unnamable*
- *The White Monster*

OWENS, BRIAN
- *Happy Hell Night – Verflucht in alle Ewigkeit*

OZ, FRANK
- *Der kleine Horrorladen*

PALLENBERG, ROSPO
- *Todesparty II*

PAPIC, KRSTO
- *Der Rattengott*

PARENTI, NERI
- *Zwei Vollidioten schlagen zu*

PARIS, DOMINIC
- *Draculas Ende*

PARKER, ALAN
- *Angel Heart*

PARKER, PERCY G.
- *Im Schloß der blutigen Begierde*

PARKER, TREY
- *Cannibal! The Musical*

PARKINSON, TOM
- *Das Monster mit der Teufelsklaue*

PASSER, IVAN
- *Frankensteins Spukschloß*

PATAKI, MICHAEL
- *Das Haus mit dem Folterkeller*

PATE, JONAS
- *Die Gruft in den Sümpfen*

PATTERSON, JOHN
- *Im Namen des Teufels*

PATTISON, BARRIE
- *Brigade des Schreckens*

PATZAK, PETER
- *Parapsycho – Spektrum der Angst*

PAULSEN, DAVID
- *Killer hinter Maske*
- *Schizoid*

PAVIA, MARK
- *Stephen King's The Night Flier*

PAVLOU, GEORGE
- *Little Devils*
- *Rawhead Rex*

PAYNE, DAVID
- *Die Addams Family und die lieben Verwandten*

PÉCAS, MAX
- *Die Sexsklavinnen von Schloß Porno*

PECK, BRIAN
- *The Willies*

PELLEGNINI, GIUSEPPE
- *Die Geliebte des Vampirs*

PERELLO, HOPE
- *Final Attack*

PERKINS, ANTHONY
- *Psycho III*

PERRY, PETER
- *Wilde Lust*

PETERSON, DANIEL M.
- *Höllische Freundin*
- *Vampir Party*

PETERSON, KRISTINE
- *Träume des Wahnsinns*

PETRIE, DANIEL
- *Der starke Wille*

PEVNEY, JOSEPH
- *Hinter den Mauern des Grauens*
- *Der Mann mit den 1000 Gesichtern*

PFANDLER, HELMUT
- *Die Wölfin vom Teufelsmoor*

PICHEL, IRVING
- *Graf Zaroff – Genie des Bösen*

PIEPLOW, JOHN
- *Dee Snider's Strangeland*

PIERCE, CHARLES B.
- *The Town That Dreaded Sundown*

PIERSON, CLAUDE
- *Justine – Lustschreie hinter Klostermauern*

PILLSBURY, SAM
- *Schrecken*

PITTMAN, BRUCE
- *Mad Killer*

• *Mary Lou*
POLAKOF, JAMES
• *Terror Augen*
POLANSKI, ROMAN
• *Ekel*
• *Die neun Pforten*
• *Der Mieter*
• *Rosemaries Baby*
• *Tanz der Vampire*
POLSELLI, RENATO
• *Die Geliebte des Vampirs*
POTTS, WALLACE
• *Mad Cop*
POWELL, MICHAEL
• *Augen der Angst*
POWER, JOHN
• *Das Monstrum – Tommyknockers*
PRADESUX, MAURIZIO
• *Die Nacht der rollenden Köpfe*
PREMINGER, OTTO
• *Bunny Lake ist verschwunden*
PRESTON, GAYLENE
• *Fahrt ins Grauen*
PRICE, DAVID F.
• *Dr. Jekyll und Ms. Hyde*
• *Son of Darkness*
• *Tödliche Ernte – Kinder des Zorns II*
PROWSE, ANDREW J.
• *Brandzeichen der Hölle*
PROYAS, ALEX
• *The Crow – Die Krähe*
• *Dark City*
PUERTO, CARLOS
• *Schock (1977)*
PURDOM, EDMUND
• *Fröhliche Weihnacht*
PURDY, JIM
• *Verhängnis auf Bestellung*
PURZER, MANFRED
• *Die Elixiere des Teufels*

QUINE, RICHARD
• *Oh, Vater, armer Vater, Mutter hängt dich in den Schrank, und ich bin ganz krank*
• *W – Wahnsinn*

RADER, PETER
• *Grandmother's House*
RAIMI, SAMUEL M.
• *Armee der Finsternis*
• *The Gift*
• *Tanz der Teufel*
• *Tanz der Teufel II: Jetzt wird noch mehr getanzt*
RAKOFF, ALVIN
• *Death Ship*
RAMIS, HAROLD
• *Teuflisch*
RAND, PATRICK
• *Mom*
RANDEL, TONY
• *Amityville: Face of Terror*
• *Children of the Night*
• *Hellraiser II: Hellbound*
RASMUSSEN, NIELS
• *Snake Inferno*
RATHONY, AKOS VON
• *Der Fluch der grünen Augen*
RATOFF, GREGORY
• *Graf Cagliostro*
RAY, FRED OLEN
• *Beverly Hills Vamp*
• *Evil Toons – Flotte Girls im Geisterhaus*
• *Der Fluch des blutigen Schatzes*
• *Das Geheimnis des Grabmals am Nil*
• *Geißel der Lust*
• *Haunting Fear – Quälende Angst*
• *Mit Motorsägen spaßt man nicht*
RAY, MARC B.
• *Blutbad des Schreckens*
RED, ERIC
• *Bad Moon*
• *Body Parts*
REED, JOEL M.
• *Blood Sucking Freaks*
• *Horror Cocktail*
• *Die Nacht der Zombies*
REEVES, MICHAEL
• *Der Hexenjäger*
REGAN, PATRICK
• *Kiss Daddy Good Bye*
REGNOLI, PIERO
• *Das Ungeheuer auf Schloß Bantry*
REICHMANN, MAX
• *Ramper, der Tiermensch*
REID, ALASDAIR
• *Haus der Schatten (1971)*
REINER, ROB
• *Misery*
REINL, HARALD
• *Der Frosch mit der Maske*
• *Die Schlangengrube und das Pendel*
• *Der unheimliche Mönch*
• *Der Würger von Schloß Blackmoor*
REISZ, KAREL
• *Der Griff aus dem Dunkel*
REITMAN, IVAN
• *Cannibal Girls*
• *Ghostbusters – Die Geisterjäger*
• *Ghostbusters II*
RENOIR, JEAN
• *Das Testament des Dr. Cordelier*
RESNIKOFF, ROBERT
• *Pentagramm – Die Macht des Bösen*
REWA, LUKMAN
• *Satan's Bed – Das Todesbett*
REYNOLDS, SCOTT
• *The Ugly*
RICH, DAVID LOWELL
• *Grüne Augen in der Nacht*
RICHARD, JEFF
• *Berserker*
RICHARDSON, TONY
• *Das Phantom der Oper (1990)*
RICHTER, OTA
• *Blood Puzzle*
RIFFEL, JAMES
• *Hexenhaus: Blut für die Zombies*
RITELIS, VIKTOR
• *Schmelztiegel des Grauens*
ROBAK, ALAIN
• *Baby Blood – Ausgeburt des Bösen*
ROBBE-GRILLET, ALAIN
• *Die schöne Gefangene*
ROBERSON, JAMES W.
• *The Witch*
ROBERT, VINCENT
• *Morty*
ROBERTSON, DAVID M.
• *Mania – American Tales of Terror*
ROBERTSON, JOHN S.
• *Dr. Jekyll und Mr. Hyde*
ROBINS, HERB
• *Die Wurmfresser*

ROBISON, ARTHUR
- *Der Student von Prag*

ROBSON, MARK
- *Isle of the Dead*
- *Der Mann mit dem Katzenkäfig*

RODRIGUEZ, ROBERT
- *The Faculty – Trau keinem Lehrer!*
- *From Dusk Till Dawn*
- *From Dusk Till Dawn II – Texas Blood Money*

ROEHLER, OSKAR
- *Suck My Dick*

ROFFMAN, JULIAN
- *Die teuflische Maske*

ROLAND, JÜRGEN
- *Der grüne Bogenschütze*

ROLLIN, JEAN
- *Foltermühle der gefangenen Frauen*
- *Die nackten Vampire*
- *Sexual-Terror der entfesselten Vampire*
- *Zombie Lake*

ROMERO, GEORGE A.
- *Der Affe im Menschen*
- *Martin*
- *Die Nacht der lebenden Toten*
- *Stephen King's Stark*
- *Two Evil Eyes*
- *Die unheimlich verrückte Geisterstunde*
- *Zombie*
- *Zombie II – Das letzte Kapitel*

ROMINE, CHARLES
- *Die Schreckenskammer des Dr. Sex*

RONNOW-KLARLUND, ANDERS
- *Besessen (1999)*

ROODT, DARRELL
- *City of Blood*

ROSE, BERNARD
- *Candyman's Fluch*

ROSE, MICKEY
- *Was macht der Tote auf der Wäscheleine?*

ROSENBERG, STUART
- *Amityville Horror*

ROSENTHAL, RICK
- *Halloween II – Das Grauen kehrt zurück*

ROTHSTEIN, RICHARD
- *Bates Motel*

ROULEAU, RAYMOND
- *Die Hexen von Salem*

RUBEN, JOSEPH
- *Kill, Daddy, Kill*

RUBENS, PERCIVAL
- *Der Teuflische*

RUSSELL, CHUCK
- *Nightmare III – Freddy Krueger lebt*
- *Die Prophezeiung*

RUSSELL, KEN
- *Der Biß der Schlangenfrau*
- *Gothic*
- *Die Teufel*

RUZOWITZKY, STEFAN
- *Anatomie*

RYE, STELLAN
- *Der Student von Prag*

SACKHEIM, DANIEL
- *Lotterie des Schreckens*

SAGAL, BORIS
- *Und die Alpträume gehen weiter*

SALKOW, SIDNEY
- *Das Gift des Bösen*

SALVA, VICTOR
- *Clownhouse*
- *Jeepers Creepers*

SANCHEZ, EDUARDO
- *Blair Witch Project*

SANDERS, DENN
- *Der Mörder mit der Gartenschere*

SANGSTER, JIMMY
- *Frankensteins Schrecken*
- *Furcht in der Nacht*
- *Nur Vampire küssen blutig*

SANTOSTEFANO, DAMON
- *The Thing – Gene außer Kontrolle*

SARAFIAN, DERAN
- *Tödliche Lippen*

SARGENT, JOSEPH
- *Alpträume*
- *Der weiße Hai IV – Die Abrechnung*

SARGENTI, MARINA
- *Kind des Satans*
- *Mirror, Mirror*

SARKIES, ROBERT
- *Scarfies*

SARNO, JOSEPH W.
- *Der Fluch der schwarzen Schwestern*

SASDY, PETER
- *Comtesse des Grauens*
- *Hände voller Blut*
- *Der Teufel in ihr*
- *Wie schmeckt das Blut von Dracula?*

SAVAGE, DEREK
- *Blood Theatre*

SCATTINI, LUIGI
- *Die goldene Sphinx*

SCAVOLINI, ROMANO
- *Nightmare*

SCHAEFFER, FRANCIS
- *Die Stunde des Headhunters*

SCHAFFNER, FRANKLIN J.
- *Der Fluch der Sphinx*

SCHEIRL, HANS
- *Dandy Dust*

SCHENKEL, CARL
- *Die Hexen von Bay Cove*

SCHICKEL, RICHARD
- *Die große Horror-Show*

SCHILLING, NIKLAUS
- *Nachtschatten*

SCHIRO, JEFFREY C.
- *Stephen King's Nightmare Collection*

SCHLESINGER, JOHN
- *Das Ritual*

SCHLINGENSIEF, CHRISTOPH
- *Das deutsche Kettensägenmassaker*

SCHLOSSBERG-COHEN, JAY
- *Night Train to Terror*

SCHMIDT, MARTIN
- *Backstabed – Spiel der Angst*

SCHMOELLER, DAVID
- *Killerhaus*
- *Netherworld*
- *Puppet Master*
- *Tele-Terror*
- *Tourist Trap (Touristenfalle)*

SCHOEDSACK, ERNEST B.
- *Graf Zaroff – Genie des Bösen*
- *King Kong und die weiße Frau*

SCHRADER, PAUL
- *Katzenmenschen*

SCHROEDER, MICHAEL
- *Out of the Dark*

SCHUMACHER, JOEL
- *Lost Boys*

SCIAMMA, ALBERTO
- *Killer Tongue*

SPIEGEL, SCOTT
- *From Dusk Till Dawn II: Texas Blood Money*

SPIELBERG, STEVEN
- *Duell*
- *Das Haus des Bösen*
- *Und die Alpträume gehen weiter*
- *Unglaubliche Geschichten*
- *Unheimliche Schattenlichter*
- *Der weiße Hai*
- *Weitere unglaubliche Geschichten*

SPOTTISWOODE, ROGER
- *Monster im Nachtexpress*

STARRETT, JACK
- *Vier im rasenden Sarg*

STASSEN, BEN
- *Haunted Castle*

STECKLER, RAY DENNIS
- *Cabaret der Zombies*

STEIN, DARREN
- *Der zuckersüße Tod*

STEINMAN, DENNY
- *Freitag der 13. – Ein neuer Anfang*

STENO
- *Dr. Jekylls unheimlicher Horrortrip*

STERN, SANDOR
- *Amityville Horror IV: Die Poltergeister sind wieder da*
- *Pin*

STERN, STEPHEN HILLIARD
- *Der Geist von Flug 401*
- *Labyrinth der Monster*
- *Zum Teufel mit Max*

STERN, TOM
- *Freaks (1993)*

STEVENS, ROBERT
- *Drei unglaubliche Geschichten*

STEVENSON, ROBERT
- *Käpten Blackbeards Spukkaschemme*

STEWART, LARRY
- *Blutweihe*

STIVALETTI, SERGIO
- *Wax Mask*

STONE, ANDREW L.
- *In den Fängen der schwarzen Spinne*

STONE, OLIVER
- *Die Hand*
- *Herrscherin des Bösen*

STOPKEWICH, LYNNE
- *Kissed*

STORM, HOWARD
- *Einmal beißen, bitte*

STRAUSS, ROBERT IAN
- *Blood Nasty*

STRAYER, FRANK
- *Vampire Bat*

STROCK, HERBERT L.
- *Der Satan mit den 1000 Masken*

STYLES, RICHARD
- *Magische Kräfte des Bösen*
- *Shallow Grave – Reise in die Hölle*

SULLIVAN, TIM
- *Sherlock Holmes: Der Vampir von Lamberley*

SUMMERS, WALTER
- *Der Würger*

SUNDSTROM, NEAL
- *Howling V – Das Tier kehrt zurück*

SVATEK, PETER
- *Hemoglobin*

SWACKHAMER, E. W.
- *Der Großstadtvampir*
- *Jack the Ripper in Arizona*

SWINK, ROBERT
- *Der Fänger*

SWITZER, MICHAEL
- *Im Teufelssturm*

SYCHOWSKI, BORIS VON
- *Swimming Pool – Der Tod feiert mit*

SYKES, PETER
- *Die Braut des Satans*
- *Dämonen der Seele*

SZWARC, JEANNOT
- *Mord in der Rue Morgue*
- *Tochter des Teufels*
- *Der weiße Hai II*

TABOURI, KRISTOFFER
- *Blutiges Verlangen*

TAKACS, TIBOR
- *Gate – Die Unterirdischen*
- *Gate II – Das Tor zur Hölle*
- *Hardcover – Rückkehr aus dem Reich der Schatten*

TAKAJIAN, GLENN
- *Stephen King – The Night of the Crow*

TAKO, BEN
- *Der Todesschrei der Kannibalen*

TALALAY, RACHEL
- *Freddys Finale – Nightmare on Elm Street VI*

TALBOT, PAUL
- *Hellblock 13*

TALLAS, GREG
- *Cataclysm – Der unendliche Alptraum*

TAMPA, HARRY
- *Unsichtbare Dämonen – Draculas erotische Abenteuer*

TAPLITZ, DANIEL
- *Nightlife*
- *Eine verhexte Affäre*

TAYLOR, DON
- *Damien – Omen II*

TEAGUE, LEWIS
- *Cujo*
- *Katzenauge*

TENNEY, DEL
- *The Horror of Party Beach*

TENNEY, KEVIN S.
- *Anthony II – Die Bestie kehrt zurück*
- *Night of the Demons*
- *Witchboard – Die Hexenfalle*
- *Witchboard II – Die Tür zur Hölle*
- *Witchtrap*

THOMAS, ANNA
- *Besuch aus dem Jenseits*

THOMAS, GERALD
- *Ist ja irre – Alarm im Gruselschloß*

THOMAS, MICHAEL
- *Der Teufel in Miss Jonas*

THOMAS, RAMZI
- *Angriff aus dem Jenseits*

THOMAS, R. L.
- *Die Nacht der Dämonen*

THOMPSON, J. LEE
- *Ab in die Ewigkeit*
- *Die Reinkarnation des Peter Proud*
- *Die schwarze 13*

THORPE, JERRY
- *Besessen*

TILLMANS, R. L.
- *Witchcraft III – The Kiss of Death*

TOURNEUR, JACQUES
- *Experiment in Terror*

- *Der Fluch des Dämonen*
- *Ich folgte einem Zombie*
- *Katzenmenschen*
- *Ruhe Sanft GmbH*

TOURNEUR, MAURICE
- *Die Teufelshand*

TOWNSEND, BUD
- *Das Wachsfigurenkabinett des Grauens*

TOYE, WENDY
- *Mord ohne Mörder*

TRENCHARD-SMITH, BRIAN
- *Dream Scream*
- *Leprechaun – Tödliches Spiel in Las Vegas*

TRIKONIS, GUS
- *The Evil – Die Macht des Bösen*

TURKO, ROSEMARY
- *Herrscher der Hölle*

ULMER, EDGAR G.
- *Die schwarze Katze*
- *Die Totengruft des Dr. Jekyll*

UNGARO, NESTORE
- *Terror auf der Teufelsinsel*

VADIM, ROGER
- *Außergewöhnliche Geschichten*
- *... und vor Lust zu sterben*

VAJDA, MARIJAN
- *Mosquito – Der Schänder*

VAN SANT, GUS
- *Psycho (1998)*

VANE, NORMAN THADDEUS
- *Horror Star*
- *Kammer der Schrecken*

VAVRA, OTAKAR
- *Die Hexenjagd*

VERHOEVEN, PAUL
- *Der vierte Mann*

VERNON, RICHARD
- *Der Vampyr von Soho*

VILA, CAMILO
- *Unholy – Dämonen der Finsternis*

VINCENT, CHUCK
- *Deranged – Vom Wahnsinn besessen*

VOHRER, ALFRED
- *Die blaue Hand*
- *Der Bucklige von Soho*
- *Der Gorilla von Soho*
- *Der Hund von Blackwood Castle*
- *Im Banne des Unheimlichen*
- *Der Mönch mit der Peitsche*
- *Die toten Augen von London*
- *Die Tür mit den sieben Schlössern*

VOSKANIAN, ROBERT
- *Tochter des Bösen*

WAGGNER, GEORGE
- *Der Wolfsmensch*

WAINWRIGHT, RUPERT
- *Stigmata*

WALDMAN, GRANT AUSTIN
- *Teenage Exorcist*

WALKER, PETER
- *Amok*
- *Frightmare – Der Alptraum*
- *Das Haus der langen Schatten*
- *Das Haus der Peitschen*
- *Im Rampenlicht des Bösen*
- *Zeuge des Wahnsinns*

WALKER, STUART
- *Der Werwolf von London*

WALLACE, TOMMY LEE
- *Es*
- *Halloween III*
- *Mein Nachbar, der Vampir*

WALLER, ANTHONY
- *An American Werewolf in Paris*

WALTER, MICHAEL
- *Magdalena – Vom Teufel besessen*

WALTON, FRED
- *Die Horror-Party*
- *Das Grauen kommt um 10*

WARREN, DERYN
- *Black Magic Woman*
- *Dämon des Todes*
- *Der Sohn der Hölle*

WARREN, JAMES
- *Das dritte Auge*

WARREN, NORMAN J.
- *Killing House*
- *Sklavin des Satans*

WAYANS, KEENAN IVORY
- *Scary Movie*
- *Scary Movie II*

WEEKS, STEPHEN
- *Ich, ein Monster*

WEGENER, PAUL
- *Der Golem, wie er in die Welt kam*
- *Der Student von Prag*

WEITZ, BARRY
- *Crying Child – Schrei aus dem Jenseits*

WELLINGTON, DAVID
- *The Carpenter*

WENDKOS, PAUL
- *Mephisto-Walzer*

WENK, RICHARD
- *Vamp*

WERNER, PETER
- *Besucher aus dem Jenseits – Sie kommen bei Nacht*

WESLEY, WILLIAM
- *Paratrooper*

WESTON, ARMAND
- *The Nesting – Haus des Grauens*

WESTON, ERIC
- *Der Teufelsschrei*

WHALE, JAMES
- *Das alte finstere Haus*
- *Frankenstein*
- *Frankensteins Braut*

WHARMBY, TONY
- *Der Fluch des Magiers*

WHITE, STEVE
- *Amityville – Das Böse stirbt nie*

WHEAT, JIM
- *Lügen – Horror in der Nervenklinik*

WHEAT, KEN
- *Lügen – Horror in der Nervenklinik*

WHITES, DAVID
- *Love to Kill*

WIARD, WILLIAM
- *Das Haus der tausend Augen*

WICKES, DAVID
- *Jack the Ripper*
- *Jekyll & Hyde*

WIDEN, GREGORY
- *God's Army*

WIEDERHORN, KEN
- *Die Augen eines Fremden*

WIENE, ROBERT
- *Der Andere*
- *Das Cabinet des Dr. Caligari*
- *Orlacs Hände*

WILBUR, CRANE
- *Das Biest*

WILDE, CORNEL
- *Mörderhaie greifen an*

WILDER, BILLY
- *Das verlorene Wochenende*

WILDER, GENE
- *Hochzeitsnacht im Geisterschloß*

WILDER, W. LEE
- *Aasgeier*

WILEY, ETHAN
- *House II – Das Unerwartete*
- *Kinder des Zorns 5: Feld des Terrors*

WILKINSON, CHARLES
- *Verhaßtes Blut*

WILLIAMS, STEPHEN
- *Shadowzone – Die Vampire von Manhattan*
- *Shadowzone II – Voodoo im Klassenzimmer*

WILLIAMSON, KEVIN
- *Tötet Mrs. Tingle!*

WILLIS, GORDON
- *L ist nicht nur Liebe*

WINBURN, JIM
- *Evil Altar*

WINCER, SIMON
- *Harlequin*

WINKLER, CHARLES
- *Tödliche Visionen*

WINNER, MICHAEL
- *Hexensabbat*
- *Das Loch in der Tür*

WINTER, ALEX
- *Freaks (1993)*

WISE, ROBERT
- *Audrey Rose – Das Mädchen aus dem Jenseits*
- *Der Leichendieb*

WITTMAN, PETER
- *Play Dead*

WOODS, JACK
- *Equinox*

WOODS, MARK
- *Witchcraft II – Die Versuchung*

WOODWARD, JOHN
- *Stephen King – The Night of the Crow*

WORSLEY, WALLACE
- *Der Glöckner von Notre-Dame*

WRIGHT, GEOFFREY
- *Cherry Falls*

WULICHER, RICHARD
- *Blutspur ins Totenreich*

WYLER, WILLIAM
- *Der Fänger*

WYNORSKI, JIM
- *Astral Factor*
- *Ghoulies IV*
- *Munchie*
- *Schwarze Mächte der Verführung*
- *Vampirella*

YOUNG, ROBERT
- *Circus der Vampire*

YU, RONNY
- *Chucky und seine Braut*

YUST, LARRY
- *Die Straße des Bösen*

YUZNA, BRIAN
- *Dark Society*
- *The Dentist*
- *The Dentist II – Zahnarzt des Schreckens*
- *Necronomicon*
- *Welcome to Hell*

ZACHARIAS, ALFRED
- *Macabra – Die Hand des Teufels*

ZARCHI, MEIR
- *Ich spuck auf dein Grab*

ZARINDAST, TONY
- *Katzen töten leise*

ZBONEK, ERWIN
- *Das Ungeheuer von London City*

ZEMAN, BORIVOJ
- *Das Phantom von Morrisville*

ZEMECKIS, ROBERT
- *Drei Wege in den Tod*
- *Unglaubliche Geschichten*

ZERLETT, HANS H.
- *Spuk im Schloß*

ZIMMERMANN, VERNON
- *Fade to Black – Die schönen Morde des Eric Binford*

ZITO, JOSEPH
- *Freitag der 13. – Das letzte Kapitel*

ZURLI, GUIDO
- *Der Würger kommt auf leisen Sohlen*

ZWICKY, KARL
- *Contagion*

VERZEICHNIS DER FREMDSPRACHIGEN ORIGINALTITEL

ABBOTT & COSTELLO MEET DR. JEKYLL AND MR. HYDE
• *Abbott & Costello gegen Dr. Jekyll und Mr. Hyde*
ABBOTT & COSTELLO MEET FRANKENSTEIN
• *Abbott & Costello treffen Frankenstein*
ABBOTT & COSTELLO MEET THE INVISIBLE MAN
• *Abbott & Costello auf Sherlock Holmes' Spuren*
ABBOTT & COSTELLO MEET THE MUMMY
• *Abbott & Costello als Mumienräuber*
LE ABIME DES MORTS-VIVANTS
• *Oase der Zombies*
THE ABOMINABLE DR. PHIBES
• *Das Schreckenskabinett des Dr. Phibes*
THE ADDAMS FAMILY
• *Addams Family*
ADDAMS FAMILY VALUES
• *Addams Family – In verrückter Tradition*
ADDAMS FAMILY REUNION
• *Die Addams Family und die lieben Verwandten*
THE ADDICTION
• *The Addiction*
AENIGMA
• *Dämonia*
L'AFFAIRE DES POISONS
• *Frauen, die dem Satan dienen*
AFTER ALICE
• *Visions of Death*
AFTER DEATH
• *Das Böse ist wieder da*
THE ALCHEMIST
• *Der Alchimist*
L'ALDILA
• *Über dem Jenseits*
ALFRED PACKER: THE MUSICAL
• *Cannibal! The Musical*
ALICE, SWEET ALICE
• *Communion – Messe des Grauens*
ALONE IN THE DARK
• *Zwei Stunden vor Mitternacht*
L'AMANTE DEL VAMPIRO
• *Die Geliebte des Vampirs*
AMAZING STORIES
• *Unglaubliche Geschichten* (A)
AMAZING STORIES, BOOK TWO
• *Weitere unglaubliche Geschichten*
AMAZING STORIES, BOOK THREE
• *Drei unglaubliche Geschichten*
AMERICAN GOTHIC
• *American Gothic*
THE AMERICAN NIGHTMARE
• *The American Nightmare*
AMERICAN PSYCHO
• *American Psycho*
AMITYVILLE: A NEW GENERATION
• *Amityville – A New Generation*
THE AMITYVILLE CURSE
• *The Amityville Curse*
AMITYVILLE DOLLHOUSE
• *Amityville – Das Böse stirbt nie*
AMITYVILLE HORROR
• *Amityville Horror*
AMITYVILLE II: THE POSSESSION
• *Amityville II – Der Besessene*
AMITYVILLE III: THE DEMON
• *Amityville III*
AMITYVILLE IV: THE EVIL ESCAPES
• *Amityville – Die Poltergeister sind wieder da*
AMITYVILLE V: IT'S ABOUT TIME
• *Amityville: Face of Terror*
AMOK TRAIN
• *Amok Train – Fahrt ins Nichts*
AN AMERICAN WEREWOLF IN LONDON
• *American Werewolf*
AN AMERICAN WEREWOLF IN PARIS
• *American Werewolf in Paris*
ANACONDA
• *Anaconda*
AND NOW THE SCREAMING STARTS
• *Embryo des Bösen*
AND SOON THE DARKNESS
• *And Soon the Darkness*
ANGEL HEART
• *Angel Heart*
ANGUSTIA
• *Im Augenblick der Angst*
L'ANTEFATTO
• *Im Blutrausch des Satans*
ANTHROPOPHAGUS
• *Man Eater (Der Menschenfresser)*
ANTHROPOPHAGUS II
• *Absurd – Ausgeburt der Hölle*
L'ANTICHRISTO
• *Der Antichrist*
ANYBODY ANYWAY
• *Die Schreckenskammer des Dr. Sex*
APPOINTMENT WITH FEAR
• *Angriff aus dem Jenseits*
APPRENTICE TO MURDER
• *Die Nacht der Dämonen*
APRIL FOOL'S DAY (1985)
• *Die Todesparty*
APRIL FOOL'S DAY (1986)
• *Die Horror Party*

ARACHNOPHOBIA
• *Arachnophobia*
ARMY OF DARKNESS
• *Armee der Finsternis*
ARNOLD
• *Arnold*
ARSENIC AND OLD LACE
• *Arsen und Spitzenhäubchen*
EL ASESINO DE DUSSELDORF
• *Der Mann, der Peter Kürten hieß*
ASYLUM
• *Asylum*
EL ATAQUE DE LOS MUERTOS SIN OJOS
• *Die Rückkehr der reitenden Leichen*
EL ATAUD DEL VAMPIRO
• *Der Sarg des Vampiro*
THE ATTIC
• *Dreizehn Stufen zum Terror*
L'AUBERGE ROUGE
• *Die unheimliche Herberge*
AUDREY ROSE
• *Audrey Rose – Das Mädchen aus dem Jenseits*
AU RENDEZ-VOUS DE LA MORT JOYEUSE
• *Rendezvous zum fröhlichen Tod*
AU SERVICE DU DIABLE
• *The Devil's Nightmare*
AUTOPSIA
• *Autopsy*
THE AWAKENING
• *Das Erwachen der Sphinx*
AXOLUTION
• *Axolution – Tödliche Bedrohung*

BABY BLOOD
• *Baby Blood – Ausgeburt des Bösen*
BAD DREAMS
• *Vision der Dunkelheit*
BAD MOON
• *Bad Moon*
BARABALU
• *Blaubart*
BARBE-BLEUE
• *Blaubart*
BASKET CASE
• *Basket Case – Der unheimliche Zwilling*
BASKET CASE II
• *Basket Case II*
BASKET CASE III
• *Basket Case III*
THE BAT
• *Das Biest*
BAT PEOPLE
• *Bat People – Die Blutsauger*
BATES MOTEL
• *Bates Motel*
BATS
• *Bats – Fliegende Teufel*
BAY COVE
• *Die Hexen von Bay Cove*
BE MY VALENTINE OR ELSE
• *X-Ray. Der erste Mord geschah am Valentinstag*
THE BEAST
• *Beast – Schrecken der Tiefe*
THE BEAST IN THE CELLAR
• *Der Keller*
THE BEAST MUST DIE
• *Mondblut*
THE BEAST WITH FIVE FINGERS
• *Die Bestie mit den fünf Fingern*
THE BEAST WITHIN
• *Das Engelsgesicht*
BEDAZZLED
• *Teuflisch*
THE BELIEVERS
• *Das Ritual (1987)*
LA BELLE CAPTIVE
• *Die schöne Gefangene*
BELLS
• *Starkstrom*
LA BELVA COL MITRA
• *Der Tollwütige*
BEN
• *Ben*
BERSERKER – THE NORDIC CURSE
• *Berserker*
BESAT
• *Besessen (1999)*
BESÖKERNA
• *The Visitors – Besucher im Haus*
LA BESTIA UCCIDE A SANGUE FREDDO
• *Das Schloß der blauen Vögel*
LA BETE
• *La Bête*
BEVERLY HILLS BODY SNATCHERS
• *Flotte Jungs auf Zombiejagd*
BEVERLY HILLS VAMP
• *Beverly Hills Vamp*
BEYOND EVIL
• *Jenseits des Bösen*
BEYOND THE DOOR III
• *Amok Train – Fahrt ins Nichts*
BITCHIN' SORORITY BABES
IN THE SLIMEBALL BOWL-O-RAMA
• *Beast You*
THE BLACK CASTLE
• *Das schwarze Schloß*
THE BLACK CAT
• *Die schwarze Katze*
BLACK CHRISTMAS
• *Jessy – Die Treppe in den Tod*
BLACK MAGIC (1949)
• *Graf Cagliostro*
BLACK MAGIC (1975)
• *Das Omen des Bösen*
BLACK MAGIC (1991)
• *Eine verhexte Affäre*

BLACK MAGIC WOMAN
• *Black Magic Woman*
BLACK MOON
• *Schwarzer Mond*
BLACK RAINBOW
• *Black Rainbow – Schwarzer Regenbogen*
THE BLACK ROOM (1935)
• *Das schwarze Zimmer*
THE BLACK ROOM (1984)
• *Kammer der Schrecken*
BLACK ROSES
• *Freakshow*
BLACK SABBATH
• *Die drei Gesichter der Furcht*
THE BLACK TORMENT
• *Das Grauen auf Black Torment*
BLACK WEREWOLF
• *Mondblut*
BLACKBEARD'S GHOST
• *Käpten Blackbeards Spukkaschemme*
BLACKOUT
• *Bestie in Schwarz*
BLADE
• *Blade*
BLAIR WITCH PROJECT
• *Blair Witch Project*
BLESS THE CHILD
• *Die Prophezeiung*
BLIND TERROR
• *Stiefel, die den Tod bedeuten*
BLITHE SPIRIT
• *Geisterkomödie*
BLOOD AND DONUTS
• *Blood & Donuts*
BLOOD BATH
• *Horror Cocktail*
BLOOD BEACH
• *Blood Beach – Horror am Strand*
BLOOD BEAT
• *Blood Beat – Pulsschlag des Schreckens*
BLOOD DINER
• *Blood Diner*
BLOOD FROM THE MUMMY'S TOMB
• *Das Grab der blutigen Mumie*
BLOOD LINK
• *Blood Link – Blutspur*
BLOOD NASTY
• *Blood Nasty*
THE BLOOD OF DRACULA'S CASTLE
• *Dracula und seine Opfer*
BLOOD OF GHASTLY HORROR
• *The Man With the Synthetic Brain*
BLOOD OF THE VAMPIRE
• *Der Dämon mit den blutigen Händen*
THE BLOOD ON SATANS CLAW
• *In den Krallen des Hexenjägers*
BLOOD ORGY OF THE SHE DEVILS
• *Die Blutorgie der Satanstöchter*
BLOOD PUZZLE
• *Blood Puzzle*
BLOOD SIMPLE
• *Blood Simple – Eine mörderische Nacht*
BLOOD SUCKING FREAKS
• *Blood Sucking Freaks*
BLOOD TIES
• *Der Klan der Vampire*
BLOOD TIDE
• *Blood Tide*
BLOOD TRACKS
• *Shocking Heavy Metal*
BLOODRAGE
• *Psycho-Ripper*
BLOODSPELL
• *Der Sohn der Hölle*
BLOODSTONE: SUBSPECIES II
• *Helldance*
THE BLOODSUCKERS
• *Galerie des Grauens*
BLOODY BIRHTDAY
• *Angst*
THE BLOODY PIT OF HORROR
• *Scarletto, Schloß des Blutes*
THE BLUE MAN
• *Eternal Evil – Das ewige Böse*
BLUE MONKEY
• *Insect*
BLUE SUNSHINE
• *Blue Sunshine*
BLUE VELVET
• *Blue Velvet*
BODY COUNT
• *Body Count – Die Mathematik des Schreckens*
BODY DOUBLE
• *Der Tod kommt zweimal*
BODY PARTS
• *Body Parts*
BODY PUZZLE
• *Body Puzzle – Mit blutigen Grüßen*
THE BODY SNATCHER
• *Der Leichendieb*
IL BOIA SCARLETTO
• *Scarletto – Schloß des Blutes*
THE BONE COLLECTOR
• *Der Knochenjäger*
BONE DADDY
• *Bone Daddy*
THE BONEYARD
• *Boneyard*
THE BOOGEY MAN
• *Boogeyman*
BOOK OF EVIL II
• *Book of Evil II*
BOOK OF SHADOWS: BLAIR WITCH II
• *Blair Witch II*
BORDELLO OF BLOOD
• *Bordello of Blood*

IL BOSCO
• *Evil Clutch*
THE BOSTON STRANGLER
• *Der Frauenmörder von Boston*
THE BOY FROM HELL
• *Der Sohn der Hölle*
BRAIN DAMAGE
• *Elmer*
BRAIN SCAN
• *Brain Scan*
BRAINDEAD
• *Braindead*
BRAM STOKER'S DRACULA
• *Bram Stoker's Dracula*
BRAM STOKER'S LEGEND OF THE MUMMY
• *Bram Stoker's Legend of the Mummy*
BRIDE OF BOOGEDY
• *Die Monsterbraut*
BRIDE OF CHUCKY
• *Chucky und seine Braut*
THE BRIDE OF FRANKENSTEIN
• *Frankensteins Braut*
BRIDE OF THE GORILLA
• *Die Braut des Gorilla*
THE BRIDES OF DRACULA
• *Dracula und seine Bräute*
BRIGADE MONDAINE: VAUDOU AUX CARAIBES
• *Woodoo in der Karibik*
THE BROTHERHOOD OF SATAN
• *The Brotherhood of Satan*
A BUCKET OF BLOOD
• *Das Vermächtnis des Professor Bondi*
BUFFY THE VAMPIRE SLAYER
• *Buffy, der Vampir-Killer*
BUFFY THE VAMPIRE SLAYER
• *Buffy – Im Bann der Dämonen: Das Zentrum des Bösen*
BUIO OMEGA
• *Sodo – Stoß das Tor zur Hölle auf*
BUNNY LAKE IS MISSING
• *Bunny Lake ist verschwunden*
BUMP IN THE NIGHT
• *Horror am Mill Creek*
EL BUQUE MALDITO
• *Der Geisterschiff der schwimmenden Leichen*
BURIED ALIVE
• *Lost Girls*
BURIED ALIVE
• *Buried Alive – Lebendig begraben*
BURIED ALIVE II
• *Buried Alive – Lebendig begraben II*
BURNED AT STAKE
• *Die Nacht des Hexenjägers*
BURNIN' LOVE
• *Verhext noch mal*
BURNT OFFERINGS
• *Landhaus der toten Seelen*
THE CABINET OF CALIGARI
• *Das Kabinett des Dr. Caligari*
CAMERON'S CLOSET
• *Cameron – Der Dämon aus der Hölle*
LA CAMPANA DEL INFIERNO
• *Ein Toter lacht als letzter*
CAMPFIRE TALES
• *Campfire Tales*
CAMPING DEL TERRORE
• *Body Count – Die Mathematik des Schreckens*
CAMPING DELLA MORTE
• *Body Count – Die Mathematik des Schreckens*
CAMPSITE MASSACRE
• *Horror am Mill Creek*
CANDYMAN
• *Candyman's Fluch*
CANDYMAN II: FAREWELL TO THE FLESH
• *Candyman II – Die Blutrache*
CANDYMAN III: DAY OF THE DEAD
• *Candyman III – Der Tag der Toten*
THE CHANGELING
• *The Changeling* (A)
EL CANIBALE
• *Jungfrau unter Kannibalen*
CANNIBALES
• *Mondo Cannibale III – Die blonde Göttin der Kannibalen*
CANNIBAL FEROX
• *Die Rache der Kannibalen*
CANNIBAL GIRLS
• *Cannibal Girls*
CANNIBAL HOLOCAUST
• *Nackt und zerfleischt*
CANNIBAL! THE MUSICAL
• *Cannibal! The Musical*
THE CANTERVILLE GHOST
• *Das Gespenst von Canterville*
CAPTAIN CLEGG
• *Die Bande des Captain Clegg*
THE CAR
• *Der Teufel auf Rädern*
CARNE PER FRANKENSTEIN
• *Andy Warhols Frankenstein*
CARNIVAL OF SOULS (1962)
• *Tanz der toten Seelen*
CARNIVAL OF SOULS (1998)
• *Träume kannst du nicht töten*
THE CARPENTER
• *The Carpenter*
CARRIE
• *Carrie – Des Satans jüngste Tochter*
CARRY ON SCREAMING
• *Ist ja irre – Alarm im Gruselschloß*
LA CASA CON LA SCALA NEL BUIO
• *A Blade in the Dark*
CASA D'APPUNTAMENTO
• *Das Auge des Bösen*
LA CASA DE LAS SOMBRAS
• *Blutspur ins Totenreich*

LA CASA DEL BUON RITORNO
• *Das Haus der blutigen Schatten*
LA CASA DELL'ORCO
• *Ghosthouse II*
CASA DEL EXORCISMO
• *Der Teuflische*
LA CASA DEL TERROR
• *Da lacht die Gänsehaut*
LA CASA MALEDETTA
• *Das Haus der Verfluchten*
LA CASA SPERDUTO NEL PARCO
• *Der Schlitzer*
LA CASA III
• *Ghosthouse*
LA CASA IV
• *Witchcraft – Das Böse lebt*
LA CASA V
• *Horror House II*
CASSANDRA
• *Cassandra – Omen des Todes*
CAST A DARK SHADOW
• *Dämon der Frauen*
CAST A DEADLY SPELL
• *Hexenjagd in L.A.*
IL CASTELLO DELLA PORTA DI FUOCO
• *Das Geheimnis von Schloß Monte Christo*
CASTLE FREAK
• *Castle Freak*
THE CAT AND THE CANARY (1939)
• *Erbschaft um Mitternacht*
THE CAT AND THE CANARY (1978)
• *Die Katze und der Kanarienvogel*
THE CAT CREATURE
• *Die Katzengöttin*
CAT IN THE CAGE
• *Katzen töten leise*
CAT PEOPLE (1942)
• *Katzenmenschen*
THE CAT PEOPLE (1981)
• *Katzenmenschen*
CATACLYSM
• *Cataclysm – Der unendliche Alptraum*
CATHY'S CURSE
• *Cathys Fluch*
CAT'S EYE
• *Katzenauge*
CAUCHEMARS
• *Cathys Fluch*
CAULDRON OF BLOOD
• *Kochendes Blut*
THE CELL
• *The Cell*
THE CELLAR
• *Anthony II – Die Bestie kehrt zurück*
CELLAR DWELLER
• *Cellar Dweller*
CEMETERIO DEL TERROR
• *Friedhof des Satans*
THE CHAIR
• *The Chair*
LA CHAIR DE L'ORCHIDEE
• *Das Fleisch der Orchidee*
CHAMBER OF HORRORS
Die Schreckenskammer
• CHAMELEON BLUE *Das Grauen hat viele Gesichter*
THE CHANGELING
• *Das Grauen*
LE CHAT A NEUF QUEUES
• *Die neunschwänzige Katze*
CHERRY FALLS
• *Cherry Falls*
LA CHIESA
• *The Church*
THE CHILD
• *Tochter des Bösen*
CHILD OF DARKNESS, CHILD OF LIGHT
• *Kind des Satans*
CHILDREN OF THE CORN
• *Kinder des Zorns*
CHILDREN OF THE CORN II: DEADLY HARVEST
• *Tödliche Ernte – Kinder des Zorns II*
CHILDREN OF THE CORN III: URBAN HARVEST
• *Kinder des Zorns III – Das Chicago-Massaker*
CHILDREN OF THE CORN IV: THE GATHERING
• *Kinder des Zorns 4 – Mörderischer Kult*
CHILDREN OF THE CORN V: FIELDS OF TERROR
• *Kinder des Zorns 5 – Feld des Terrors*
CHILDREN OF THE CORN 666: ISAAC'S RETURN
• *Kinder des Zorns 666 – Isaacs Rückkehr*
CHILDREN OF THE NIGHT
• *Children of the Night*
CHILD'S PLAY
• *Chucky – Die Mörderpuppe*
CHILD'S PLAY II
• *Chucky II – Die Mörderpuppe ist wieder da*
CHILD'S PLAY III
• *Chucky III*
CHI SEI?
• *Wer bist du?*
CHILLERS
• *Chillers*
CHRISTINA, PRINCESSE DE L'EROTISME
• *Eine Jungfrau in den Krallen von Zombies*
CHRISTINE
• *Christine*
CHRISTMAS EVIL
• *Teuflische Weihnachten*
LA CHUTE DE LA MAISON USHER
• *Der Untergang des Hauses Usher*
CIRCUS OF HORRORS
• *Der rote Schatten*
CITY OF BLOOD
• *City of Blood*
CITY OF THE DEAD
• *Stadt der Toten*

THE CLAIRVOYANT
• *American Killing*
LES CLOCHES DE L'ENFER
• *Ein Toter lacht als letzter*
CLOWNHOUSE
• *Clownhouse*
THE CLUB
• *The Club*
CLUTCH – PRESSA TENACE
• *Evil Clutch*
EL COLECCIONISTA DE CADAVERES
• *Kochendes Blut*
THE COLLECTOR
• *Der Fänger*
THE COMEBACK
• *Zeuge des Wahnsinns*
THE COMEDY OF TERRORS
• *Ruhe Sanft GmbH*
THE COMING
• *Die Nacht des Hexenjägers*
COMMITTED
• *Committed*
LA COMTESSE NOIRE
• *Entfesselte Begierde*
COMMUNION
• *Communion – Messe des Grauens*
EL CONDE DRACULA
• *Nachts, wenn Dracula erwacht*
CONDITION: CRITICAL
• *Final Pulse*
CONTAGION
• *Contagion*
CONTRANATURA
• *Schreie in der Nacht*
CORD
• *Hike and Seek*
THE CORPSE
• *Schmelztiegel des Grauens*
THE CORPSE GRINDERS
• *Die Totenmühle*
CORRIDORS OF BLOOD
• *Corridors of Blood*
CORRUPTION
• *Die Bestie mit dem Skalpell*
LA CORRUPCION DE CHRIS MILLER
• *Maske des Grauens*
LA CORTE NOTTE DELLE BAMBOLE DI VERTO
• *Malastrana*
THE COUCH
• *Immer Punkt 7*
COUNTESS DRACULA
• *Comtesse des Grauens*
COUNT YORGA. VAMPIRE
• *Junges Blut für Dracula*
THE CRAFT
• *Der Hexenclub*
CRASH
• *Draculas Todesrennen*
CRASH
• *Killermaschine*
CRAWLSPACE
• *Killerhaus*
CRAZE
• *Dämon des Grauens*
THE CREEPING FLESH
• *Nachts, wenn das Skelett erwacht*
THE CREEPS
• *Evil Creatures – Die unglaublichen Toten*
CREEPSHOW
• *Die unheimlich verrückte Geisterstunde*
CREEPSHOW II
• *Creepshow II – Kleine Horrorgeschichten*
CRESCENDO
• *Crescendo, die Handschrift des Satans*
CRIME AND PASSION
• *Frankensteins Spukschloß*
CROCODILE
• *Crocodile*
THE CROW
• *The Crow – Die Krähe*
THE CRUCIBLE
• *Hexenjagd*
CRUCIBLE OF HORROR
• *Schmelztiegel des Grauens*
CRUCIBLE OF TERROR
• *Der Leichengießer*
CRY BLUE SKY
• *Das Tal des Todes*
CRY DEMON
• *The Evil – Die Macht des Bösen*
CRY OF THE BANSHEE
• *Der Todesschrei der Hexen*
CRY OF THE BEWITCHED
• *Yambao*
CRY OF THE WEREWOLF
• *Cry of the Werewolf*
THE CRYING CHILD
• *Crying Child – Der Schrei aus dem Jenseits*
CRYPTA E L'INCLBO
• *Ein Toter hing am Glockenseil*
CTULHU MANSION
• *Cthulhu Mansion*
CUJO
• *Cujo*
THE CULT
• *Tochter des Satans*
CULT OF THE DEAD
• *Todeskult*
THE CURSE
• *The Curse*
CURSE III: BLOOD SACRIFICE
• *Blood Sacrifice*
THE CURSE OF FRANKENSTEIN
• *Frankensteins Fluch*
THE CURSE OF KING'S TUT TOMB
• *Der Fluch des Tut-Ench-Amun*

THE CURSE OF THE CRIMSON ALTAR
• *Die Hexe des Grafen Dracula*
THE CURSE OF THE MUMMY'S TOMB
• *Die Rache des Pharao*
CURSE OF THE PUPPET MASTER
• *Curse of the Puppet Master*
THE CURSE OF THE WEREWOLF
• *Der Fluch von Siniestro*
CURUCU, BEAST OF THE AMAZON
• *Curucu, die Bestie vom Amazonas*
CUTTING CLASS
• *Todesparty II*

DADDY'S DEADLY DARLINGS
• *Pigs*
DADDY'S GIRL
• *Daddy's Girl*
DADDY'S GONE A HUNTING
• *Der Mann mit dem Katzenkäfig*
LA DAMA ROSA MATA SIECE VETES
• *Horror House (1972)*
LA DAMA ROSSA UCCIDE SETTE VOLTE
• *Horror House (1972)*
DAMIEN OMEN II
• *Damien Omen II*
DANCE MACABRE
• *House of Pain*
DANCE OF THE DAMNED
• *Dance of the Damned*
DANCE OF THE VAMPIRES
• *Tanz der Vampire*
DANCE WITH DEATH
• *Tanz mit dem Teufel*
DANDY DUST
• *Dandy Dust*
DARK AUGUST
• *Dark August – Düsteres Omen*
DARK CITY
• *Dark City*
THE DARK EYES OF LONDON
• *Der Würger*
THE DARK HALF
• *Stephen Kings Stark*
DARK NIGHT OF THE SCARECROW
• *Die Rache des Gelynchten*
DARK PARADISE
• *American Gothic*
DARK PLACES
• *Das Grab der lebenden Puppen*
THE DARK ROOM
• *Der Psychopath*
DARK TOWER
• *Hochhaus des Schreckens*
DARK WORLD
• *Dark World*
DARKROOM
• *Darkroom*
DAUGHTER OF DR. JEKYLL
• *Die Totengruft des Dr. Jekyll*
DAUGHTER OF THE WEREWOLF
• *Cry of the Werewolf*
DAUGHTERS OF SATAN
• *Die Töchter des Satans*
DAWN OF THE DEAD
• *Zombie*
DAWN OF THE MUMMY
• *Die Mumie des Pharao*
DAY OF THE DEAD
• *Zombie II: Das letzte Kapitel*
DAY OF THE WOMAN
• *Ich spuck auf dein Grab*
DE PROFUNDIS
• *Dead Eyes*
DEAD AND BURIED
• *Tot und begraben*
THE DEAD COME HOME
• *Hexenhaus: Blut für die Zombies*
THE DEAD DON'T DIE
• *Die Toten sterben nicht*
DEAD DUDES IN THE HOUSE
• *Hexenhaus: Blut für die Zombies*
DEAD HEAT
• *Dead Heat*
DEAD IMAGE
• *Der schwarze Kreis*
DEAD KIDS
• *Die Experimente des Dr. S*
DEAD MEN DON'T DIE
• *Dead Men Don't Die*
DEAD OF NIGHT
• *Traum ohne Ende*
THE DEAD OF NIGHT (1987)
• *Dämon des Todes*
DEAD OF NIGHT (1997)
• *Blutiges Verlangen*
DEAD PEOPLE
• *Messias des Bösen*
THE DEAD PIT
• *Dead Pit*
DEADLY BLESSING
• *Tödlicher Segen*
DEADLY DREAMS
• *Träume des Wahnsinns*
THE DEADLY INTRUDER
• *Der tödliche Feind*
DEADLY MESSAGES
• *Tödliche Botschaft*
DEARLY DEVOTED
• *Scream & Die*
DEATH BITE
• *Avanaida – Der Todesbiß der Satansviper*
DEATH BY DIALOGUE
• *Evil Nightmare*
DEATH BY MAGIC
• *Death By Magic – Dämonische Bedrohung*

DEATH DOLL
• *Death Doll – Die Killerpuppe*
DEATH DREAMS
• *Anklage aus dem Jenseits*
DEATH LINE
• *Tunnel der lebenden Leichen*
DEATH MASK
• *Halloween Night – Satan lebt*
DEATH MOON
• *Wolfsmond*
DEATH SHIP
• *Death Ship*
DEATH SPA
• *Witch Bitch – Tod aus dem Jenseits*
DEATH TRAP
• *Blutrausch*
DEATH WEEKEND
• *Bluthunde*
DECAMPITATED
• *Schrei lauter!*
DEE SNYDER'S STRANGELAND
• *Dee Snyder's Strangeland*
DEEP BLOOD
• *Shakka – Bestie der Tiefe*
DEEP BLUE SEA
• *Deep Blue Sea*
DEEP RED
• *Deep Red*
DEEP RISING
• *Octalus – Der Tod aus der Tiefe*
DEF BY TEMPTATION
• *Def By Temptation*
DELIRIA
• *Aquarius – Theater des Todes*
UN DELITTO POCO COMUNE
• *Off Balance – Der Tod wartet in Venedig*
DELLAMORTE DELLAMORE
• *Dellamorte Dellamore*
DEMENTIA 13
• *Dementia 13*
THE DEMON
• *Der Teuflische*
DEMON HOUSE
• *Demon Night*
DEMON MURDER CASE
• *Brian – Die Höllenfahrt eines Besessenen*
DEMON WIND
• *Tanz der Dämonen*
DEMONI
• *Dämonen (1985)*
DEMONI II – L'INCUBO RITORNA
• *Dämonen (1986)*
DEMONI III
• *Black Zombies*
DEMONIC TOYS
• *Demonic Toys*
LOS DEMONIOS
• *Die Nonnen von Clichy*
LES DEMONS
• *Die Nonnen von Clichy*
DEMONS OF THE MIND
• *Dämonen der Seele*
DEMONSTONE
• *Brandzeichen der Hölle*
THE DENTIST
• *The Dentist*
THE DENTIST II
• *The Dentist II: Zahnarzt des Schreckens*
DENTRO IL CIMITERO
• *Die Gruft*
DERANGED (1974)
• *Besessen*
DERANGED (1987)
• *Deranged – Vom Wahnsinn besessen*
DESCANSE EN PIEZA
• *Ruhe in Frieden*
DESTINY TO ORDER
• *Verhängnis auf Bestellung*
DESVIO AL PARAISO • *Teufel im Paradies*
THE DEVIL AND MAX DEVLIN
• *Zum Teufel mit Max*
DEVIL DOG: THE HOUND OF THE HELL
• *Der Höllenhund*
THE DEVIL DOLL (1936)
• *Die Teufelspuppe*
DEVIL DOLL (1964)
• *Devil Doll*
THE DEVIL RIDES OUT
• *Die Braut des Teufels*
DEVIL 666: SATAN'S RETURN
• *Devil 666 – Satan's Return*
THE DEVIL'S DAUGHTER
• *Tochter des Teufels*
DEVIL IN THE FLESH
• *Scream & Die*
THE DEVIL WITHIN HER
• *Der Teufel in ihr*
THE DEVILS
• *Die Teufel*
THE DEVIL'S DAUGHTER
• *Tochter des Teufels*
DEVILS OF DARKNESS
• *Die Gruft der toten Frauen*
DEVIL'S DOLL
• *Im Bann der Puppe*
THE DEVIL'S BRIDE
• *Die Braut des Teufels*
THE DEVIL'S HAND
• *Im Bann der Puppe*
THE DEVIL'S RAIN
• *Nachts, wenn die Leichen schreien*
EL DIA DE LA BESTIA
• *Der Tag der Bestie*
EL DIABLO DE LLEVA LOS MUERTOS
• *Der Teuflische*
LES DIABOLIQUES
• *Die Teuflischen*

DIAL H FOR MURDER
• *Bei Anruf Mord*
DIARY OF A MADMAN
• *Tagebuch eines Mörders*
IL DIAVOLO E I MORTI
• *Der Teuflische*
DIE! DIE! MY DARLING
• *Das düstere Haus*
LA DINASTIA DE DRACULA
• *Dynastie Dracula*
DISCIPLE OF DEATH
• *Das Monster mit der Teufelsklaue*
THE DISEMBODIED
• *Woodoo – Blutrausch des Dschungels*
DISTANT COUSINS
• *Distant Cousins*
DISTURBED
• *Tödliche Visionen*
DISTURBING BEHAVIOR
• *Dich kriegen wir auch noch*
DOMINIQUE
• *Schatten um Dominique*
DON'T ANSWER THE PHONE
• *Todesschrei per Telefon*
DON'T BE AFRAID OF THE DARK
• *Gate of Darkness*
DON'T GO IN THE WOODS ALONE
• *Ausflug in das Grauen*
DON'T OPEN 'TIL CHRISTMAS
• *Fröhliche Weihnacht*
DR. GIGGLES
• *Dr. Giggles*
DR. HACKENSTEIN
• *Dr. Hackenstein*
DR. HECKYL AND MR. HYPE
• *Dr. Heckyl und Mr Hype*
DR. JEKYLL AND MR. HYDE (1920)
• *Dr. Jekyll und Mr. Hyde*
DR. JEKYLL AND MR. HYDE (1931)
• *Dr. Jekyll und Mr. Hyde*
DR. JEKYLL AND MR. HYDE (1941)
• *Arzt und Dämon*
DR. JEKYLL AND MR. HYDE (1973)
• *Dr. Jekyll und Mr. Hyde*
DR. JEKYLL AND SISTER HYDE
• *Dr. Jekyll und Sister Hyde*
DR. JEKYLL E GENTILE SIGNORA
• *Dr. Jekylls unheimlicher Horrortrip*
DR. JEKYLL Y EL HOMBRE LOBO
• *Die Nacht der blutigen Wölfe*
DR. PHIBES RAISES AGAIN!
• *Die Rückkehr des Dr. Phibes*
DR. TERROR'S GALLERY OF HORRORS
• *Galerie des Grauens*
DR. TERROR'S HOUSE OF HORRORS
• *Die Todeskarten des Dr. Schreck*
DOLLS
• *Dolls*
DOLLY DEAREST
• *Dolly Dearest*
DON'T GO IN THE HOUSE
• *Das Haus der lebenden Leichen*
DON'T GO TO SLEEP
• *Wiegenlied des Grauens*
DON'T OPEN TILL CHRISTMAS
• *Fröhliche Weihnacht*
DOPPELGANGER
• *Mask of Murder II*
A DOPPIA FACCIA
• *Das Gesicht im Dunkeln*
DOUBLE VISION
• *Das zweite Gesicht (1991)*
DRACULA (1930–31)
• *Dracula*
DRACULA (1969)
• *Nachts, wenn Dracula erwacht*
DRACULA (1974)
• *Dracula*
DRACULA (1979)
• *Dracula*
DRACULA A. D 1972
• *Dracula jagt Mini-Mädchen*
DRACULA CONTRA EL DOCTOR FRANKENSTEIN
• *Die Nacht der offenen Särge*
DRACULA CONTRO ZOMBI
• *Zoltan, Draculas Bluthund*
DRACULA – DEAD, BUT LOVING IT
• *Dracula – Tot, aber glücklich*
DRACULA HAS RISEN FROM THE GRAVE
• *Draculas Rückkehr*
DRACULA PERE ET FILS
• *Die Herren Dracula*
DRACULA, PRINCE OF DARKNESS
• *Blut für Dracula*
DRACULA, PRISONNIER DU DOCTEUR FRANKENSTEIN
• *Die Nacht der offenen Särge*
DRACULA RISING
• *Roger Cormans Dracula*
DRACULA SUCKS
• *Liebling, du beißt so gut*
DRACULA VUOLE VIVERE: CERCA SANGUE DI VERGINE
• *Andy Warhols Dracula*
DRACULA'S WIDOW
• *Draculas Witwe*
DREAM A LITTLE EVIL
• *Dream Evil*
DREAM DEMON
• *Dream Demon – Traumdämon*
DREAM NO EVIL
• *Dream No Evil*
DRESSED TO KILL
• *Dressed to Kill*
DRILLER KILLER
• *Driller Killer*

THE FACE OF FEAR
• *Gipfel des Terrors*
THE FACULTY
• *The Faculty – Trau keinem Lehrer!*
FADE TO BLACK
• *Fade to Black – Die schönen Morde des Eric Binford*
THE FALL OF THE HOUSE OF USHER
• *The House of Usher*
FALLEN
• *Dämon – Trau keiner Seele*
FAMILY REUNION
• *Picknick in Ghost City*
FANATIC
• *Das düstere Haus*
THE FANATIC
• *Love to Kill*
IL FANTASMA DELL'OPERA
• *Das Phantom der Oper (1998)*
FANTOM MORRISVILLU
• *Das Phantom von Morrisville*
LE FANTOME DE L'OPERA
• *Das Phantom der Oper (1990)*
THE FARM
• *The Curse*
FEAR
• *Fear – Todesangst*
THE FEAR
• *Morty*
THE FEAR II: HALLOWEEN NIGHT
• *Die dreizehnte Legende*
FEAR IN THE NIGHT
• *Furcht in der Nacht*
FEAR NO EVIL
• *Luzifer*
THE FEARLESS VAMPIRE KILLERS
• *Tanz der Vampire*
FIEND
• *Angst der Verlorenen*
AL FILO DE HACHA
• *Axolution –
Tödliche Begegnung*
FINAL ATTACK: HOWLING IV
• *Final Attack*
THE FINAL CONFLICT
• *Barbaras Baby – Omen III*
FINAL PULSE
• *Final Pulse*
THE FINAL TERROR
• *Horror am Mill Creek*
THE FINISHING TOUCH
• *L.A. Ripper*
THE FIRST POWER
• *Pentagramm – die Macht des Bösen*
IL FIUME DEL GRANDE CAIMANO
• *Die heilige Bestie der Kumas*
THE FLESH AND BLOOD SHOW
• *Im Rampenlicht des Bösen*
THE FLESH AND THE FIENDS
• *Der Arzt und die Teufel*
FLOWERS IN THE ATTIC
• *Blumen in der Nacht*
THE FOG
• *The Fog – Nebel des Grauens*
FOOTSTEPS IN THE FOG
• *Zwischen Haß und Liebe*
FORCE OF EVIL
• *Horror Season –
Das Grauen kennt keine Grenzen*
FORCED ENTRY
• *Forced Entry – Es gibt kein Entrinnen*
THE FOREST PRIMEVAL
• *Horror am Mill Creek*
THE FORGOTTEN ONE
• *The Forgotten One*
THE FORSAKEN
• *The Forsaken*
LE FOTO DI GIOIA
• *Das unheimliche Auge*
FOTOGRAMMI MORTALI
• *Fatal Frames*
THE FOUR SKULLS OF JONATFIAN DRAKE
• *Die vier Schädel des Jonathan Drake*
THE 4th FLOOR
• *The 4th Floor*
FRACCHIA CONTRO IL CONTE DRACULA
• *Zwei Vollidioten schlagen zu*
FRANKENHOOKER
• *Frankenhooker*
FRANKENSTEIN
• *Frankenstein*
FRANKENSTEIN '80
• *Frankenstein '80*
FRANKENSTEIN CREATED WOMAN
• *Frankenstein schuf ein Weib*
FRANKENSTEIN MUST BE DESTROYED
• *Frankenstein muss sterben*
FRANKENSTEIN'S DAUGHTER
• *Frankensteins Tochter*
FRANKENSTEIN: THE COLLEGE YEARS
• *Party Time mit Frankenstein*
FRANKENSTEIN: THE TRUE STORY
• *Frankenstein, wie er wirklich war*
I FRATI ROSSI
• *The Red Monks*
FREAKED
• *Freaks*
FREAKS
• *Freaks*
FREAKSHOW
• *Freakshow*
FREDDY'S DEAD: THE FINAL NIGHTMARE VI
• *Freddys Finale – Nightmare on Elm Street 6*
FRENZY
• *Frenzy*
FRIDAY THE 13TH
• *Freitag der 13.*
FRIDAY THE 13TH: A NEW BEGINNING
• *Freitag der 13. – Ein neuer Anfang*

FRIDAY THE 13TH: THE FINAL CHAPTER
• *Freitag der 13. – Das letzte Kapitel*
FRIDAY THE 13TH, PART II
• *Freitag der 13. – Jason kehrt zurück*
FRIDAY THE 13TH, PART III
• *Und wieder ist Freitag der 13.*
FRIDAY THE 13TH, PART IV: JASON LIVES
• *Freitag der 13. – Jason lebt*
FRIDAY THE 13TH, PART VII: THE NEW BLOOD
• *Freitag der 13. VII – Jason im Blutrausch*
FRIDAY THE 13TH, PART VIII:
JASON TAKES MANHATTAN
• *Freitag der 13. – Todesfalle Manhattan*
FRIDAY THE 13TH, PART IX: JASON GOES
TO HELL – THE FINAL FRIDAY
• *Jason Goes to Hell – Die Endabrechnung*
FRIDAY THE 13TH ... THE ORPHAN
• *Orphan – Freitag der 13.*
FRIGHT
• *Die Fratze*
FRIGHTMARE
• *Frightmare – der Alptraum*
FRIGHT NIGHT
• *Die rabenschwarze Nacht*
FRIGHT NIGHT II
• *Mein Nachbar, der Vampir*
FRIGHTMARE
• *Frightmare – Der Alptraum*
LE FRISSON DES VAMPIRES
• *Sexualterror der entfesselten Vampire*
FRØEN
• *Der Frosch mit der Maske*
FROM A WHISPER TO A SCREAM
• *Die Nacht der Schreie*
FROM DUSK TILL DAWN
• *From Dusk Till Dawn*
FROM DUSK TILL DAWN II:
TEXAS BLOOD MONEY
• *From Dusk Till Dawn – Texas Blood Money*
FROM THE DEAD OF NIGHT
• *Schattenreich des Todes*
FROZEN
• *Manchmal kommen sie wieder III*
LA FRUSTA E IL CORPO
• *Der Dämon und die Jungfrau*
FULL CIRCLE
• *Julias unheimliche Wiederkehr*
FULL MOON HIGH
• *Ein Werwolf beißt sich durch*
THE FULL TREATMENT
• *Der unsichtbare Schatten*
THE FUNHOUSE
• *Das Kabinett des Schreckens*

GAMES
• *Satanische Spiele*
GAMMA 693
• *Die Nacht der Zombies*
GASLIGHT
• *Das Haus der Lady Alquist*
THE GATE
• *Gate – Die Unterirdischen*
GATE II: TRESPASSERS
• *Gate II –*
Das Tor zur Hölle
IL GATTO A NOVE CODE
• *Die neunschwänzige Katze*
IL GATTO DAGLI OCCHI DI GIADA
• *Die Stimme des Todes*
UN GATTO NEL CERVELLO
• *Nightmare Concert*
THE GHOST GOES WEST
• *Ein Gespenst geht nach Amerika*
GHOST KEEPER
• *Ghostkeeper*
THE GHOST OF FLIGHT 401
• *Der Geist von Flug 401*
GHOST STORY
• *Rache aus dem Reich der Toten*
GHOSTBUSTERS
• *Ghostbusters – Die Geisterjäger*
GHOSTBUSTERS II
• *Ghostbusters II*
GHOSTFEVER
• *Die wilde Zombieparty*
THE GHOSTLY FACE
• *Das Geistergesicht der roten Dschunke*
GHOSTS THAT STILL WALK
• *Besessen von Dämonen*
GOTHIC
• *Gothic*
THE GHOUL
• *Der Ghul*
GHOULIES
• *Ghoulies*
GHOULIES II
• *Ghoulies II*
GHOULIES III
• *Ghoulies Go to College*
GHOULIES IV
• *Ghoulies IV*
THE GIFT
• *The Gift*
GIRL SCHOOL SCREAMERS
• *Das Horror-Lyzeum*
GODS AND MONSTERS
• *Gods and Monsters*
GOD'S ARMY
• *God's Army*
THE GODSEND
• *Horror Baby*
THE GOLDEN VIPER
• *Snake Inferno*
LE GOLEM
• *Der Golem*
GOOD NIGHT, GOD BLESS
• *Occult – Der Satan kommt um Mitternacht*

THE GORGON
• *Die brennenden Augen von Schloß Bartimore*
GORILLA AT LARGE
• *Der Würger von Coney Island*
GOTHIC
• *Gothic*
GRADUATION DAY
• *Graduation Day*
GRAMPIRE
• *Grampire – Mein Großvater ist ein Vampir*
GRANDMOTHER'S HOUSE
• *Grandmother's House*
THE GRANNY
• *Evil Date – Verabredung mit dem Teufel*
THE GRAVE
• *Die Gruft in den Sümpfen*
GRAVE SECRETS
• *Die phantastische Geisternacht*
GRAVEYARD SHIFT
• *Nachtschicht*
GRAVEYARD SHIFT II: THE UNDERSTUDY
• *Graveyard Shift II*
THE GRAVEYARD STORY
• *Graveyard Story*
GREEN MONKEY
• *Insect*
GRIM PRAIRIE TALES
• *Spuk am Lagerfeuer*
GRITOS EN LA NOCHE
• *Der schreckliche Dr. Orloff*
GRIZZLY
• *Grizzly*
GUESS WHAT HAPPENED TO COUNT DRACULA
• *Draculas lüsterne Vampire*
THE GUARDIAN
• *Das Kindermädchen*
GUN'S EYE
• *Gun's Eye – Im Visier des Todes*

HALLOWEEN
• *Halloween*
HALLOWEEN
• *Halloween II –
Das Grauen kehrt zurück*
HALLOWEEN III: SEASON OF THE WHITCH
• *Halloween III*
HALLOWEEN IV: THE RETURN OF
MICHAEL MYERS
• *Halloween IV*
HALLOWEEN V: THE REVENGE OF
MICHAEL MYERS
• *Halloween V – Die Rache des Michael Myers*
HALLOWEEN VI
• *Halloween VI – Der Fluch des Michael Myers*
HALLOWEEN H20 – TWENTY YEARS LATER
• *Halloween H20 – Zwanzig Jahre später*
HALLOWEEN NIGHT
• *Halloween Night – Satan lebt*
HALLOWEENTOWN
• *Halloweentown – Meine Oma ist 'ne Hexe*
THE HAND
• *Die Hand*
THE HAND THAT ROCKS THE CRADLE
• *Die Hand an der Wiege*
HANDS OF ORLAC
• *Die unheimlichen Hände des Dr. Orlak*
HANDS OF THE RIPPER
• *Hände voller Blut*
HANNIBAL
• *Hannibal*
HAPPY BIRTHDAY TO ME
• *Ab in die Ewigkeit*
HAPPY HELL NIGHT
• *Happy Hell Night – Verflucht in alle Ewigkeit*
HAPPY MOTHER'S DAY LOVE, GEORGE
• *Schönen Muttertag, Dein George*
HARD ROCK ZOMBIES
• *Hard Rock Zombies*
HARDCOVER: I, MADMAN
• *Hardcover – Rückkehr aus dem Reich der Schatten*
HARLEQUIN
• *Harlequin*
HARRY POTTER AND THE
PHILOSOPHER'S STONE
• *Harry Potter und der Stein der Weisen*
HAUNTED
• *Haunted – Haus der Geister*
THE HAUNTED
• *Haus der lebenden Toten*
HAUNTED CASTLE
• *Haunted Castle*
HAUNTED HONEYMOON
• *Hochzeitsnacht im Geisterschloß*
THE HAUNTED HOUSE OF HORROR
• *Gänsehaut*
THE HAUNTED PALACE
• *Die Folterkammer des Hexenjägers*
THE HAUNTING
• *Bis das Blut gefriert*
THE HAUNTING (1999)
• *Das Geisterschloss*
HAUNTING FEAR
• *Haunting Fear – Quälende Angst*
THE HAUNTING OF HAMILTON HIGH
• *Mary Lou*
THE HAUNTING OF JULIA
• *Julias unheimliche Wiederkehr*
THE HAUNTING OF M
• *Besuch aus dem Jenseits*
THE HAUNTING OF SARAH HARDY
• *Im Bann des Todes*
THE HAUNTING OF SEACLIFF INN
• *Das Geheimnis von Seacliff Inn*
HAUNTING PASSION
• *Haunting Passion*
HAVING IT ALL
• *Evil Altar*

HE KNOWS YOU'RE ALONE
• *Panische Angst*
HEADHUNTER
• *Die Stunde des Headhunters*
THE HEARSE
• *Der Leichenwagen*
HEART OF MIDNIGHT
• *Heart of Midnight – Im Herzen der Nacht*
HELL NIGHT
• *Hell Night – Der Tod kam zur Party*
HELLBENT
• *Spuk am Lagerfeuer*
HELLBLOCK 13
• *Hellblock 13*
HELLBOUND
• *Hellbound*
HELLO, MARY LOU: PROM NIGHT II
• *Mary Lou*
HELLRAISER
• *Hellraiser – Das Tor zur Hölle*
HELLRAISER II: HELLBOUND
• *Hellraiser II – Hellbound*
HELLRAISER III: HELL ON EARTH
• *Hellraiser III – Hell on Earth*
HELLRAISER IV: BLOODLINE
• *Hellraiser IV – Bloodline*
HELLRAISER V: INFERNO
• *Hellraiser V – Inferno*
HEMOGLOBIN
• *Hemoglobin*
HENRY. PORTRAIT OF A SERIAL KILLER
• *Henry – Portrait of a Serial Killer*
HEX
• *Hex – Dimensionen der Furcht*
HIDE AND SEEK
• *Hide and Seek*
HIGHWAY TO HELL
• *Highway zur Hölle*
THE HILLS HAVE EYES
• *Hügel der blutigen Augen*
THE HILLS HAVE EYES II
• *Im Todestal der Wölfe*
HISTOIRES EXTRAORDINAIRES
• *Außergewöhnliche Geschichten*
THE HITCHER
• *Hitcher – Der Highway-Killer*
HOCUS POCUS
• *Hocus Pocus*
HOLD THAT GHOST
• *Vorsicht, Gespenster!*
THE HOLE
• *The Hole*
HOLLOWGATE
• *Hollow Gate – Das Tor zur Hölle*
HOLLYWOOD CHAINSAW HOOKERS
• *Mit Motorsägen spaßt man nicht*
HOLY TERROR
• *Communion – Messe des Grauens*
HOMEBODIES
• *Die Straße des Bösen*
HOMICIDAL
• *Mörderisch*
HONEYMOON HORROR
• *Hochzeit des Grauens*
HONEYMOON OF TERROR
• *Wilde Lust*
L'HORRIBLE DOCTEUR ORLOFF
• *Der schreckliche Dr. Orloff*
HORROR OF DRACULA
• *Dracula*
THE HORROR OF FRANKENSTEIN
• *Frankensteins Schrecken*
THE HORROR OF PARTY BEACH
• *The Horror of Party Beach*
THE HORROR ON SNAPE ISLAND
• *Der Turm der lebenden Leichen*
THE HORROR SHOW
• *Die große Horror Show*
HORRORS OF THE BLACK MUSEUM
• *Das schwarze Museum*
THE HORROR STAR
• *Horror Star*
HOSPITAL MASSACRE
• *X Ray – Der erste Mord geschah am Valentinstag*
THE HOUND OF THE BASKERVILLES (1939)
• *Der Hund von Baskerville*
THE HOUND OF THE BASKERVILLES (1959)
• *Der Hund von Baskerville*
THE HOUND OF THE BASKERVILLES (1972)
• *Der Hund von Baskerville*
THE HOUND OF THE BASKERVILLES (1977)
• *Der Hund von Baskerville*
THE HOUND OF THE BASKERVILLES (1983)
• *Der Hund von Baskerville*
HOUSE
• *House*
THE HOUSE BY THE LAKE
• *Bluthunde*
HOUSE II: THE SECOND STOREY
• *House II – Das Unerwartete*
HOUSE III: THE HORROR SHOW
• *Horror House (1989)*
HOUSE IV: HOME, DEADLY HOME
• *House IV*
HOUSE IV: THE REPOSSESSION
• *House IV*
HOUSE OF DARK SHADOWS
• *Schloß der Vampire*
HOUSE OF EVIL
• *Totentanz im Schreckensschloß*
HOUSE OF FRANKENSTEIN
• *Besucher aus dem Jenseits – Sie kommen bei Nacht*
HOUSE OF SHADOWS
• *Blutspur ins Totenreich*
HOUSE OF TERROR
• *Ich werde dich töten, Darling*

HOUSE OF THE LONG SHADOWS
• *Das Haus der langen Schatten*
HOUSE OF USHER
• *Die Verfluchten*
HOUSE OF WAX
• *Das Kabinett des Professor Bondi*
HOUSE OF WHIPCORD
• *Das Haus der Peitschen*
HOUSE ON BARE MOUNTAIN
• *Gräfin Frankensteins Liebestempel*
HOUSE ON HAUNTED HILL (1958)
• *Das Haus auf dem Geisterhügel*
HOUSE ON HAUNTED HILL (1999)
• *Haunted Hill*
THE HOUSE OF THE SEVEN CORPSES
• *Beschwörung*
THE HOUSE THAT DRIPPED BLOOD
• *Totentanz der Vampire*
THE HOUSE THAT WOULDN'T DIE
• *Das Geisterhaus*
THE HOUSE WHERE EVIL DWELLS
• *Das Haus der Verdammten*
THE HOWLING
• *Das Tier*
THE HOWLING II: YOUR SISTER IS A WEREWOLF
• *Das Tier II*
HOWLING III: THE MARSUPIALS
• *Wolfmen*
HOWLING IV: THE ORIGINAL
• *Nightmare Howling*
HOWLING V: THE REBIRTH
• *Howling V – Das Tier kehrt zurück*
HOW TO MAKE A MONSTER
• *Der Satan mit den 1000 Masken*
H.P. LOVECRAFT'S THE UNNAMEABLE RETURNS
• *The Unnameable*
HUMAN EXPERIMENTS
• *Die Experimente des Dr. S*
HUMONGOUS
• *Humongous*
EL HUNDIMIENTO DE LA CASA USHER
• *Neurosis – Die Rache des Hauses Usher*
THE HUNCHBACK OF NOTRE-DAME (1923)
• *Der Glöckner von Notre-Dame*
THE HUNCHBACK OF NOTRE-DAME (1939)
• *Der Glöckner von Notre-Dame*
THE HUNGER
• *Begierde*
HUNK
• *Hunk*
HUSH, HUSH, SWEET CHARLOTI'E
• *Wiegenlied für eine Leiche*
THE HYPNOTIC EYE
• *Die 13 Opfer des Dr. Desmond*
HYSTERICAL
• *Ein Sprung in der Schüssel*

I AM YOUR NIGHTMARE
• *Living Nightmare*
I BOUGHT A VAMPIRE MOTORCYCLE
• *Iron Thunder*
I DON'T WANT TO BE BORN
• *Der Teufel in ihr*
I DRINK YOUR BLOOD
• *Die Tollwütigen*
I HATE YOUR GUTS
• *Ich spuck auf dein Grab*
I KNOW WHAT YOU DID LAST SUMMER
• *Ich weiß, was du letzten Sommer getan hast*
I, MONSTER
• *Ich, ein Monster*
I SAW WHAT YOU DID
• *Es geschah um 8 Uhr 30*
I SPIT ON YOUR GRAVE
• *Ich spuck auf dein Grab*
I STILL KNOW WHAT YOU DID LAST SUMMER
• *Ich weiß noch immer, was du letzten Sommer getan hast*
I WANT HER DEAD
• *W – Wahnsinn*
I WAS A TEENAGE VAMPIRE
• *Liebe mit Biß*
ICE STATION EREBUS
• *Manchmal kommen sie wieder III*
ICED
• *Iced – Der Tod auf Skiern*
IDLE HANDS
• *Die Killerhand*
I'M DANGEROUS TONIGHT
• *Im Banne des Grauens*
THE IMP
• *Beast You*
IN THE MIDNIGHT HOUR
• *Halloween – Besuch aus dem Jenseits*
IN THE MOUTH OF MADNESS
• *Die Mächte des Wahnsinns*
IN THE WOODS
• *Wald des Grauens*
THE INCREDIBLE TORTURE SHOW
• *Blood Sucking Freaks*
THE INCREDIBLY STRANGE CREATURES WHO STOPPED LIVING AND BECAME CRAZY MIXED-UP ZOMBIES
• *Cabaret der Zombies*
THE INCUBUS
• *Incubus – Mörderische Träume*
INFERNO
• *Horror infernal*
LES INFORTUNES DE LA VERTU
• *Marquis de Sade: Justine*
THE INITIATION
• *Blutweihe*
INNER SANCTUM
• *Reise ins Verderben*
INNOCENT BLOOD
• *Bloody Marie – Eine Frau mit Biß*

INNOCENT PREY
• *Innocent Prey*
THE INNOCENTS
• *Schloß des Schreckens*
INSECT
• *Insect*
INTERVIEW WITH THE VAMPIRE
• *Interview mit einem Vampir*
INVASION OF THE BLOOD FARMERS
• *Invasion der Tollwütigen*
INVITATION TO HELL
• *Exit – Ausgang ins Nichts*
ISLA DE LOS MUERTOS
• *Todeskult*
LA ISLA DE LA MUERTE
• *Die Wildkatze*
ISLE OF THE DEAD
• *Isle of the Dead*
ISLE OF THE SNAKE PEOPLE
• *Todeskult*
L'ISOLA DEL GABBIANO
• *Terror auf der Teufelsinsel*
IT
• *Es*
IT LIVES AGAIN
• *Die Wiege des Satans*
IT'S ALIVE!
• *Die Wiege des Bösen*
IT'S ALIVE III: ISLAND OF THE ALIVE
• *Die Wiege des Schreckens*
IVANNA
• *Das Geheimnis von Schloß Monte Christo*
I'VE BEEN WAITING FOR YOU
• *Der Mörder wartet schon*
I WALKED WITH A ZOMBIE
• *Ich folgte einem Zombie*
I WAS A TEENAGE WEREWOLF
• *Der Tod hat schwarze Krallen*
IZBAVITELJ
• *Der Rattengott*

JACK FROST
• *Jack Frost – Der eiskalte Killer*
JACK THE RIPPER (1958)
• *Eine Stadt sucht einen Mörder*
JACK THE RIPPER (1988)
• *Jack the Ripper*
JACK'S BACK
• *The Ripper*
JASON X: FRIDAY THE 13TH, PART X
• *Jason X – Freitag der 13. X*
JAWBREAKER
• *Der zuckersüße Tod*
JAWS
• *Der weiße Hai*
JAWS II
• *Der weiße Hai II*
JAWS 3 D
• *Der weiße Hai III*
JAWS OF SATAN
• *King Kobra*
JAWS – THE REVENGE
• *Der weiße Hai IV – Die Abrechnung*
JEEPERS CREEPERS
• *Jeepers Creepers*
JEKYLL & HYDE
• *Jekyll & Hyde*
JENNIFER
• *Jennifer*
JOHN CARPENTER'S VAMPIRES
• *Vampire*
DE JOHNSONS
• *Das Zeichen*
JUDGMENT DAY
• *The Third Hand – Nacht der Teufel*
JUST BEFORE DAWN
• *Vor Morgengrauen*
JUSTINE DE SADE
• *Justine – Lustschreie hinter Klostermauern*
JUSTINE OVVERO LA DISAVENTURA DELLA VIRTU
• *Marquis de Sade: Justine*

KADUNLAKAISIJAT
• *Army of Zombies*
THE KEEP
• *Die unheimliche Macht*
KILL AND GO HIDE
• *Tochter des Bösen*
THE KILLER BEHIND THE MASK
• *Killer hinter der Maske*
KILLER PARTY
• *Killer Party*
KILLER TONGUE
• *Killer Tongue*
KILLERFISH
• *Piranhas II – Die Rache der Killerfische*
KILLER'S MOON
• *Killer's Moon*
KILLING BIRDS
• *Killing Birds*
THE KILLING HOUR
• *American Killing*
KINDRED: THE EMBRACED
• *Embraced – Clan der Vampire*
KING COBRA
• *King Kobra*
KING KONG (1933)
• *King Kong und die weiße Frau*
KING KONG (1976)
• *King Kong*
THE KISS
• *Der Kuss*
KISS DADDY GOODBYE
• *Kiss Daddy Goodbye*

KISS OF THE TARANTULA
• *Der Kuß der Tarantel*
KISS OF THE VAMPIRE
• *Der Kuß des Vampir*
KISSED
• *Kissed*
KLADIVO NA CARODEJNICE
• *Die Hexenjagd*
KOMODO
• *Komodo – The Living Terror*
KRUG AND COMPANY
• *Mondo Brutale*
KUUTAMASONAATTI
• *Muttertag*
KWAIDAN
• *Kwaidan*

LADY IN WHITE
• *Die phantastische Reise ins Jenseits*
LADY STAY DEAD
• *Die Nacht der Apokalypse*
THE LAIR OF THE WHITE WORM
• *Der Biß der Schlangenfrau*
LAKE PLACID
• *Lake Placid*
LA LAMA NEL CORPO
• *Die Mörderklinik*
THE LAMP
• *Klauen des Todes*
THE LAST HORROR FILM
• *Love to Kill*
THE LAST HOUSE ON THE LEFT
• *Mondo Brutale*
LAST RITES
• *Draculas Ende*
THE LAST VAMPYRE
• *Sherlock Holmes: Der Vampir von Lamberley*
THE LAST VICTIM
• *Forced Entry – Es gibt kein Entrinnen*
THE LAUGHING DEAD
• *The Laughing Dead*
LEATHERFACE: THE TEXAS CHAINSAW MASSACRE III
• *Leatherface – Die neue Dimension des Grauens*
LEGACY OF BLOOD
• *Blutige Verschwörung*
LEGACY OF EVIL
• *Das Vermächtnis des Bösen*
THE LEGEND OF HELL HOUSE
• *Tanz der Totenköpfe*
THE LEGEND OF THE SEVEN GOLDEN VAMPIRES
• *Die 7 goldenen Vampire*
THE LEGEND OF THE WEREWOLF
• *Die Legende des Werwolfs*
THE LEGEND OF WOLF MOUNTAIN
• *Wolf Mountain*
LEGION OF FIRE – KILLER ANTS!
• *Marabunta – Killerameisen greifen an*
LEONOR
• *Eleonore*
LEPRECHAUN
• *Leprechaun*
LEPRECHAUN II
• *Leprechaun II*
LEPRECHAUN III
• *Leprechaun – Tödliches Spiel in Las Vegas*
LESBIAN TWINS
• *Virgin Witch*
LET'S SCARE JESSICA TO DEATH
• *Grauen um Jessica*
LIES
• *Lügen – Horror in der Nervenklinik*
THE LIGHTNING INCIDENT
• *Im Teufelssturm*
LINK
• *Link, der Butler*
LISA E IL DIAVOLO
• *Der Teuflische*
LITTLE DEVILS: THE BIRTH
• *Little Devils*
THE LITTLE GIRL WHO LIVES DOWN THE LANE
• *Das Mädchen am Ende der Straße*
LITTLE MONSTERS
• *Little Monsters*
THE LITTLE SHOP OF HORRORS (1960)
• *Kleiner Laden voller Schrecken*
THE LITTLE SHOP OF HORRORS (1986)
• *Der kleine Horrorladen*
THE LITTLE VAMPIRE
• *Der kleine Vampir*
LITTLE WITCHES
• *Little Witches – Wächter des Teufels*
LIVE TO LOVE
• *Im Bann der Puppe*
THE LIVING DEAD
• *Todeskult*
LOADED
• *Bloody Weekend*
LE LOCATAIRE
• *Der Mieter*
THE LODGER
• *Scotland Yard greift ein*
LOKIS
• *Lokis*
LONDON AFTER MIDNIGHT
• *Um Mitternacht*
LONE WOLF
• *Der Mörder ist ein Werwolf*
LORD OF ILLUSIONS
• *Lord of Illusions*
THE LOST BOYS
• *Lost Boys*
LOST SOULS
• *Lost Souls – Verlorene Seelen*

THE LOST WEEKEND
• *Das verlorene Wochenende*
THE LOTTERY
• *Lotterie des Schreckens*
LOVE AT FIRST BITE
• *Liebe auf den ersten Biß*
LOVE AT STAKE
• *Verhext noch mal*
LUNATICS – A LOVE STORY
• *Lunatics – Duell der Alpträume*
LA LUPA MANNARA
• *Werewolf Woman*
LURKING FEAR
• *Shocking Fear*
LUST FOR A VAMPIRE
• *Nur Vampire küssen blutig*
LYCANTHROPUS
• *Bei Vollmond Mord*

MACABRA
• *Macabra, die Hand des Teufels*
MACABRE
• *Macabre*
MACABRO
• *Macabro – Die Küsse der Jane Baxter*
MACISTE CONTRO I MOSTRI
• *Germanicus in der Unterwelt*
MACISTE CONTRO IL VAMPIRO
• *Macistes größtes Abenteuer*
MAD JAKE
• *Mad Jake*
MADHOUSE
• *Das Schreckenhaus des Dr. Death*
THE MAD MAGICIAN
• *Der wahnsinnige Zauberkünstler*
MAD MONSTER PARTY
• *Frankensteins Monster-Party*
THE MAD ROOM
• *Das Haus der blutigen Hände*
THE MAFU CAGE
• *Der Mafu-Käfig*
MAGIC
• *Magic – Eine unheimliche Liebesgeschichte*
THE MAGICIAN
• *Der Dämon*
LA MAIN DU DIABLE
• *Die Teufelshand*
LA MAIN NOIRE
• *Die Sexsklavinnen von Schloß Porno*
MAKO: THE JAWS OF DEATH
• *Mako, die Bestie*
MALASTRANA
• *Malastrana*
LA MALDICION DE FRANKENSTEIN
• *Das Blutgericht der gequälten Frauen*
LA MALDICION DE LOS KARNSTEINS
• *Ein Toter hing am Glockenseil*
MALEDICTION
• *Malediction – Fluch des Dämon*
LA MALEDICTION DE FRANKENSTEIN
• *Das Blutgericht der gequälten Frauen*
MALEFICHE PRESENZA
• *Witchcraft – Das Böse lebt*
MAMBA
• *Mamba*
MANFISH
• *Aasgeier*
MANHATTAN BABY
• *Amulett des Bösen*
MANIA
• *Mania – American Tales of Terror*
MANIAC
• *Maniac*
MANIAC
• *Die Ausgekochten*
MANIAC COP
• *Maniac Cop*
MANIAC COP II
• *Maniac Cop II*
MANIAC COP III: BADGE OF SILENCE
• *Maniac Cop III*
THE MAN IN THE ATTIC
• *Der unheimliche Untermieter*
THE MANGLER
• *The Mangler*
THE MANITOU
• *Der Manitou*
MAN OF A THOUSAND FACES
• *Der Mann mit den tausend Gesichtern*
THE MAN WHO HAUNTED HIMSELF
• *Ein Mann jagt sich selbst*
THE MAN WITH THE SYNTHETIC BRAIN
• *The Man With the Synthetic Brain*
LA MANO NERA
• *Die Sexsklavinnen von Schloß Porno*
MAN'S BEST FRIEND
• *Der Tod kommt auf vier Pfoten*
MANSION OF THE DOOMED
• *Das Haus mit dem Folterkeller*
MANSON MASSACRE
• *Töchter des Satans*
LA MARCA DEL HOMBRE LOBO
• *Die Vampire des Dr. Dracula*
MARIANNE
• *Tödliche Spiegel*
THE MARK OF CAIN
• *Mad Killer*
MARK OF THE VAMPIRE
• *Das Zeichen des Vampirs*
MARNIE
• *Marnie*
MARTIN
• *Martin*
MARY REILLY
• *Mary Reilly*

MARY SHELLEY'S FRANKENSTEIN
• *Mary Shelley's Frankenstein*
LA MASCHERA DEL DEMONIO
• *Die Stunde, wenn Dracula kommt*
MASCHERA DI CERA
• *Wax Mask*
M.D.C. – MASCHERA DI CERA
• *Wax Mask*
THE MASK
• *Die teuflische Maske*
MASK OF MURDER
• *Investigator*
THE MASQUE OF THE RED DEATH (1964)
• *Satanas – Das Schloß der blutigen Bestie*
THE MASQUE OF THE RED DEATH (1989)
• *Maske des Roten Todes*
MAUSOLEUM
• *Mausoleum*
MAXIM XUL
• *Pentagramm des Todes*
MAXIMUM OVERDRIVE
• *Rhea M – Es begann ohne Warnung*
MAYA
• *Maya*
MAZES AND MONSTERS
• *Labyrinth der Monster*
MEATEATER
• *Blood Theatre*
LES MEMES CANNIBALES
• *Rabid Grannies*
MEMORIAL DAY
• *Memorial Day*
MEMORIAL VALLEY MASSACRE
• *Memorial Day*
THE MEPHISTO WALTZ
• *Mephisto-Walzer*
MERIDIAN – KISS OF THE BEAST
• *Der Kuß der Bestie*
MESSIAH OF EVIL
• *Messias des Bösen*
METEMPSYCHOSE
• *Die Bestie von Schloss Monte Christo*
MIDNIGHT CHILD
• *Satans Braut*
THE MIDNIGHT HOUR
• *Halloween – Besuch aus dem Jenseits*
MIDNIGHT KISS
• *Midnight Kiss*
MIDNIGHT OFFERINGS
• *Opfer um Mitternacht*
MIMIC
• *Mimic*
MINACCIA D'AMORE
• *Dial: Help*
MIRROR OF DEATH
• *Dämon des Todes*
MIRROR, MIRROR
• *Mirror, Mirror*
MIRRORS
• *Tödliche Spiegel*
MISBEGOTTEN
• *Insemination – Wiege des Grauens*
MISERY
• *Misery*
MISTERIOS DE LA MAGIA NERA
• *Das Grab des Dr. Caligari*
MISTERIOS DE ULTRATUMBA
• *Der Tote kehrt zurück*
MR. SARDONICUS
• *Der unheimliche Mr. Sardonicus*
MR. WRONG
• *Fahrt ins Grauen*
MRS. HYDE
• *Sie tötete in Ekstase*
LE MOINE
• *Der Mönch und die Frauen*
MOM
• *Mom*
MONDO CANNIBALE
• *Mondo Cannibale III – Die blonde Göttin der Kannibalen*
THE MONK
• *The Monk*
MONKEY SHINES: AN EXPERIMENT IN FEAR
• *Der Affe im Menschen*
THE MONSTER CLUB
• *Monster-Club*
MONSTER IN THE CLOSET
• *Überfall im Wandschrank*
MONSTER, INC.
• *Die Monster AG*
THE MONSTER SQUAD
• *Monster Busters*
LA MONTAGNA DEL DIO CANNIBALE
• *Die weiße Göttin der Kannibalen*
MOON IN SCORPIO
• *Blood Moon*
MOONCHILD
• *Im Jenseits ist die Hölle los*
MORIRAI A MEZZANOTTE
• *Midnight Killer*
MØRKELEG
• *Backstabbed – Spiel der Angst*
LA MORTE HA SORISSO ALL'ASSASSINO
• *Die Mörderbestien*
LA MORTE NEGLI OCCHI DEL GATTO
• *7 Tote in den Augen der Katze*
MORTUARY
• *Hall of Death*
THE MOST DANGEROUS GAME
• *Graf Zaroff – Genie des Bösen*
IL MOSTRO DI FIRENZE
• *Night Ripper – Das Monster von Florenz*
MOTEL HELL
• *Hotel Zur Hölle*
MOTHER'S DAY
• *Muttertag*

LE MOULIN AUX FEMMES DE PIETRE
• *Die Mühle der versteinerten Frauen*
LA MUERTE VIVENTE
• *Todeskult*
IL MULINO DELLE DONNE PIETRA
• *Die Mühle der versteinerten Frauen*
THE MUMMY (1932)
• *Die Mumie*
THE MUMMY (1959)
• *Die Rache der Pharaonen*
THE MUMMY (1999)
• *Die Mumie*
THE MUMMY LIVES
• *Mumie – Im Tal des Todes*
THE MUMMY RETURNS
• *Die Mumie kehrt zurück*
THE MUMMY'S SHROUD
• *Der Fluch der Mumie*
MUMSY, NANNY, SONNY & GIRLY
• *Mord nach Art des Hauses*
MUNCHIE
• *Munchie*
MUNCHIES
• *Die Munchies*
MUNSIER, GO HOME
• *Gespensterparty*
MURDER BY DECREE
• *Mord an der Themse*
MURDER BY PHONE
• *Starkstrom*
MURDER IN LAW
• *Der Todesengel von San Francisco*
MURDER IN THE RUE MORGUE
• *Mord in der Rue Morgue*
MURDEROUS VISION
• *Visionen des Schreckens*
MURDERS IN THE RUE MORGUE
• *Murders in the Rue Morgue*
MURDERS IN THE MORGUE (1932)
• *Das Geheimnis des Dr. Mirakel*
MY BLOODY VALENTINE
• *Blutiger Valentinstag*
MY BOYFRIEND'S BACK
• *Mein Freund, der Zombie*
MY GIRLFRIEND FROM HELL
• *Höllische Freundin*
MY GRANDFATHER IS A VAMPIRE
• *Grampire –*
Mein Großvater ist ein Vampir
MY GRANDPA IS A VAMPIRE
• *Grampire – Mein Großvater ist ein Vampir*
MY DEMON LOVER
• *Mein teuflischer Liebhaber*
MY MOM'S A WEREWOLF
• *Meine Mutter ist ein Werwolf*
LES MYSTÈRES DE PARIS
• *Die Bestie von Paris*
THE MYSTERIOUS DEATH OF NINA CHEREAU
• *Blutkult*
MYSTERY MANSION
• *Spuk im Herrenhaus*
MYSTERY OF THE WAX MUSEUM
• *Das Geheimnis des Wachsfigurenkabinetts*

NABONGA
• *Die Rache des Gorilla*
NADJA
• *Nadja*
THE NAKED GODDESS
• *Im Bann der Puppe*
THE NAME OF THE GAME IS KILL
• *Das Rasthaus der teuflischen Schwestern*
THE NANNY
• *War es wirklich Mord?*
NATHANIEL HAWTHORNE'S TWICE TOLD TALES
• *Das Gift des Bösen*
NATTENS ENGEL
• *Angel of the Night*
NATTEVAGTEN
• *Nightwatch – Nachtwache*
NEAR DARK
• *Near Dark – Die Nacht hat ihren Preis*
NECROMANCER
• *Necromancer – Das Tor zur Hölle*
NECROMANCY
• *Horror Attack*
NECRONOMICON
• *Necronomicon*
NECROPOLIS
• *Necropolis – Die Blutsauger von Manhattan*
NEEDFUL THINGS
• *In einer kleinen Stadt*
NEITHER THE SEA NOR THE SAND
• *Neither the Sea Nor the Sand*
NEL NIDO DEL SERPENTE
• *The Snake House*
NELLA STRETIA MORSA DEL RAGNO
• *Dracula im Schloß des Schreckens*
NEON MANIACS
• *Maniacs – Die Horrorbande*
NERO VENEZIANO
• *Die Wiege des Teufels*
THE NESTING
• *The Nesting – Haus des Grauens*
NETHERWORLD
• *Netherworld*
NEVER CRY DEVIL
• *Never Cry Devil*
NEW YEAR'S EVIL
• *Rocknacht des Grauens*
NEXT OF KIN
• *Montclare – Erbe des Grauens*
NICK KNIGHT
• *Midnight Cop*
IL NIDO DEL RAGNO
• *Spider Labyrinth*

NIGHT ANGEL
• *Night Angel*
THE NIGHT DIGGER
• *Das Haus der Schatten (1971)*
NIGHT GALLERY
• *Und die Alpträume gehen weiter*
NIGHT HAIR CHILD
• *Diabolisch*
NIGHT HUNTER
• *Night Hunter*
THE NIGHT KILLER
• *Forced Entry – Es gibt kein Entrinnen*
NIGHT MUST FALL
• *Der Griff aus dem Dunkel*
NIGHT OF THE CREEPS
• *Die Nacht der Creeps*
THE NIGHT OF THE DEMON
• *Der Fluch des Dämonen*
NIGHT OF THE EAGLE
• *Hypno*
NIGHT OF THE DEMONS
• *Night of the Demons*
THE NIGHT OF THE HUNTER
• *Die Nacht des Jägers*
THE NIGHT OF THE LIVING DEAD
• *Die Nacht der lebenden Toten*
NIGHT OF THE SCARECROW
• *Night of the Scarecrow*
NIGHT OF THE WEHRMACHT ZOMBIES
• *Die Nacht der Zombies*
NIGHT OF THE ZOMBIES
• *Die Nacht der Zombies*
NIGHT SHADOW
• *Night Shadow*
NIGHT TERRORS
• *Living Nightmare*
NIGHT TRAIN TO TERROR
• *Night Train to Terror*
NIGHT VISION
• *Night Vision*
NIGHT VISIONS
• *Das Grauen hat viele Gesichter*
THE NIGHT VISITOR
• *Der unheimliche Besucher*
THE NIGHT WALKER
• *Er kam nur nachts*
NIGHT WATCH
• *Die Nacht der tausend Augen*
NIGHTBREED
• *Cabal – Brut der Nacht*
THE NIGHTCOMERS
• *Das Loch in der Tür*
NIGHTLIFE (1988)
• *Nightlife*
NIGHTLIFE (1989)
• *Nightlife*
NIGHTMARE
• *Der Satan mit den langen Wimpern*
NIGHTMARE BEACH
• *Nightmare Beach*
NIGHTMARE IN WAX
• *Das Wachsfigurenkabinett des Grauens*
THE NIGHTMARE NEVER ENDS
• *Cataclysm – Der unendliche Alptraum*
NIGHTMARE IN A DAMAGED BRAIN
• *Nightmare*
A NIGHTMARE ON ELM STREET
• *Nightmare – Mörderische Träume*
A NIGHTMARE ON ELM STREET II: FREDDY'S REVENGE
• *Nightmare II – Die Rache*
A NIGHTMARE ON ELM STREET III: DREAM WARRIORS
• *Nightmare III – Freddy Krueger lebt*
A NIGHTMARE ON ELM STREET IV: THE DREAM MASTER
• *Nightmare on Elm Street IV*
A NIGHTMARE ON ELM STREET V: THE DREAM CHILD
• *Night Mare on Elm Street V: Das Trauma*
NIGHTMARE ON THE 13TH FLOOR
• *Nightmare – Hotel des Grauens*
NIGHTMARE VACATION
• *Blutiger Sommer – Camp des Grauens*
NIGHTMARES (1980)
• *Nightmare on the Street*
NIGHTMARES (1981)
• *Alpträume*
NIGHTWATCH
• *Freeze – Albtraum Nachtwache*
NIGHTWING
• *Schwingen der Angst*
NIGHTWISH
• *Nightwish – Out of Control*
976 EVIL – HORRORSCOPE 976
• *Evil – Durchwahl zur Hölle*
976 EVIL II
• *Astral Factor*
THE NINTH GATE
• *Die neun Pforten*
NO PROFANAR EL SUENO DE LOS MUERTOS
• *Das Leichenhaus der lebenden Toten*
LA NOCHE DE LOS ASESINOS
• *Im Schatten des Mörders*
LA NOCHE DE LAS GAVIOTAS
• *Das Blutgericht der reitenden Leichen*
LA NOCHE DE LOS BRUJOS
• *Woodoo – Orgie des Grauens*
LA NOCHE DE LOS MIL GATOS
• *Die Rache der 1000 Katzen*
LA NOCHE DEL TERROR CIEGO
• *Die Nacht der reitenden Leichen*
LA NOCHE DE WALPURGIS
• *Nacht der Vampire*
LAS NOCHES DEL HOMBRE LOBO
• *The Werwolf*

EL PANTANO DE LOS CUERVOS
• *Der Sumpf der Raben*
PAPAYA DEI CARAIBI
• *Papaya, die Liebesgöttin der Kannibalen*
PAPERHOUSE
• *Paperhouse – Alpträume werden wahr*
PARANOIAC
• *Haus des Grauens*
PARENTS
• *Pfui Teufel! Daddy ist ein Kannibale*
PASOS DE DANZA SOBRE EL FILO DE UNA NAVAJA
• *Die Nacht der rollenden Köpfe*
PASSI DI DANZA SU UNA LAMA DI RASOIO
• *Die Nacht der rollenden Köpfe*
PAURA NELL'BUIO
• *Return of the Hitcher*
LA PAURA NELLA CITTA DEI MORTI
• *Ein Zombie hing am Glockenseil*
PEGGIO DI COSI SI MUORE
• *Toter geht's nicht*
PEEPING TOM
• *Augen der Angst*
PEMBALASAN RATU PATAI SELATAN
• *Lady Terminator*
PEOPLE ACROSS THE LAKE
• *Das Grab am See*
THE PEOPLE UNDER THE STAIRS
• *Das Haus der Vergessenen*
PER SEMPRE, FINO ALLA MORTE
• *Until Death*
EL PERRO
• *The Dog*
LOS PERROS DE LA MUERTE
• *Monster Dog*
PET SEMATARY
• *Friedhof der Kuscheltiere*
PET SEMATARY II
• *Friedhof der Kuscheltiere II*
PETER BENCHLEY'S CREATURE
• *Creature – Tod aus der Tiefe*
LA PETITE FILLE AU BOUT DU CHEMIN
• *Das Mädchen am Ende der Straße*
PHANTASMU OBLIVION
• *Phantasm IV*
THE PHANTOM OF HOLLYWOOD
• *Das Phantom von Hollywood*
PHANTOM OF THE MALL: ERIC'S REVENGE
• *Phantom Nightmare – Phantom des Todes*
THE PHANTOM OF THE OPERA (1925)
• *Phantom der Oper*
PHANTOM OF THE OPERA (1943)
• *Phantom der Oper*
THE PHANTOM OF THE OPERA (1962)
• *Das Rätsel der unheimlichen Maske*
THE PHANTOM OF THE OPERA (1983)
• *Das Phantom von Budapest*
PHANTOM OF THE OPERA (1989)
• *Das Phantom der Oper*
PHANTOM OF THE OPERA (1990)
• *Das Phantom der Oper*
THE PHANTOM OF THE RUE MORGUE
• *Der Würger von Paris*
PHANTOMS
• *Phantoms*
PHOBIA
• *Phobia*
PICTURE MOMMY DEAD
• *Das Kabinett der blutigen Hände*
THE PIGS
• *Pigs*
PIN: A PLASTIC NIGHTMARE
• *Pin*
PIRANHA
• *Puranhas*
PIRANHA II: FLYING KILLERS
• *Piranha II – Fliegende Killer*
THE PIT
• *Die Grube des Grauens*
THE PIT AND THE PENDULUM (1961)
• *Das Pendel des Todes*
THE PIT AND THE PENDULUM (1990)
• *Meister des Grauens*
THE PLAGUE OF THE ZOMBIES
• *Nächte des Grauens*
PLAY DEAD
• *Play Dead*
PLAY MISTY FOR ME
• *Sadistico*
PLAYROOM
• *Schizomaniac*
EL POBRECITO DRACULIN
• *Draculin*
EL PODER DE LAS TINIEBLAS
• *Der Exorzist und die Kindhexe*
POLTERGEIST
• *Poltergeist*
POLTERGEIST II: THE OTHER SIDE
• *Poltergeist II – Die andere Seite*
POLTERGEIST III
• *Die dunkle Seite des Bösen – Poltergeist III*
POPCORN
• *Skinner ... Lebendig gehäutet*
POLVOS MAGICOS
• *Zwei Kuckuckseier im Gruselnest*
LE PORTE DELL'INFERNO
• *Gates of Hell*
THE POSSESSED
• *Besessen (1977)*
POSSESSED BY THE NIGHT
• *Geißel der Lust*
THE POSSESSION OF MICHAEL D.
• *Das Vermächtnis des Bösen*
LA POUPEE QUI TUE
• *Tödliche Puppen*
THE POWER
• *The Power – Die Macht des Bösen*

THE PREMATURE BURIAL
• *Lebendig begraben*
PRIMAL FORCE
• *Primal Force*
PRIMAL SCREAM
• *Twists of Terror – Das Grauen lauert überall*
PRIME EVIL
• *Prime Evil – Im Namen des Satans*
PRIMITIF
• *Der Todesschrei der Kannibalen*
PRINCE OF DARKNESS
• *Die Fürsten der Dunkelheit*
PRISONNIER DE L'ARAIGNEE
• *Dracula im Schloß des Schreckens*
PRIVATE PARTS
• *Endstation Horror*
EL PROCESO DE LAS BRUJAS
• *Der Hexentöter von Blackmoor*
PROFONDO ROSSO
• *Deep Red*
PROM NIGHT
• *Prom Night – Die Nacht des Schlächters*
PROM NIGHT III: THE LAST KISS
• *Prom Night III – Das letzte Kapitel*
PROM NIGHT IV: DELIVER US FROM EVIL
• *Prom Night – Evil of Darkness*
PROPHECY II: ASHTOWN
• *God's Army II*
PSYCHIC
• *Psychic*
PSYCHIC KILLER
• *Psychic Killer*
PSYCHO (1960)
• *Psycho*
PSYCHO (1998)
• *Psycho*
PSYCHO II
• *Psycho II*
PSYCHO III
• *Psycho III*
PSYCHO IV: THE BEGINNING
• *Psycho IV – The Beginning*
PSYCHO COP
• *Mad Cop*
PSYCHO SISTERS
• *Psycho Sisters*
PSYCHOMANIA
• *Der Frosch*
THE PSYCHOPATH
• *Der Puppenmörder*
PSYCHOPHOBIA
• *Psychophobia*
PULSE
• *Pulse*
PUMPKINHEAD
• *Das Halloween-Monster*
PUPPET MASTER
• *Puppet Master*
PUPPET MASTER II
• *Puppet Master II*
PUPPET MASTER III: TOULON'S REVENGE
• *Puppet Master III – Toulons Rache*
PUPPET MASTER IV
• *Puppet Master IV*
PUPPET MASTER V: THE FINAL CHAPTER
• *Puppet Master V*

QUALCUNO DIETRO LA PORTA
• *Mörder hinter der Tür*
QUEEN OF EVIL
• *Herrscherin des Bösen*
QUELLA VILLA ACCONTO AL CIMETERO
• *Das Haus an der Friedhofsmauer*
QUELQE'UN DERRIERE LA PORTE
• *Mörder hinter der Tür*
QUICKSILVER HIGHWAY
• *Stephen King's Quicksilver Highway*

RABID GRANNIES
• *Rabid Grannies*
RACE WITH THE DEVIL
• *Vier im rasenden Sarg*
LA RAGAZZA DEL VAGONE LETTO
• *Horrorsex im Nachtexpress*
THE RAGE: CARRIE II
• *Carrie II – Die Rache*
RAGE WAR
• *Herrscher der Hölle*
RAGNO GELIDO
• *Dial: Help*
RAISING CAIN
• *Mein Bruder Kain*
LES RAISINS DE LA MORT
• *Die Foltermühle der gefangenen Frauen*
RAPTORS
• *Killing Birds*
RATTLERS
• *Unternehmen Klapperschlange*
THE RAVEN (1935)
• *Der Rabe*
THE RAVEN (1962)
• *Der Rabe – Duell der Zauberer*
RAWHEAD REX
• *Rawhead Rex*
RAZORBACK
• *Razorback – Kampfkoloß der Hölle*
REAL GHOSTS
• *Real Ghosts – Die Geister sind unter uns*
REAR WINDOW
• *Das Fenster zum Hof*
REAZIONE A CATENA
• *Im Blutrausch des Satans*
LA REBELION DE LAS MUERTAS
• *Die Rebellion der lebenden Leichen*

RED RAIN
• *The Ripper*
REDNECK ZOMBIES
• *Redneck Zombies*
THE REINCARNATE
• *The Reincarnate*
THE REINCARNATION OF PETER PROUD
• *Die Re-Inkarnation des Peter Proud*
THE RELIC
• *Das Relikt – Museum der Angst*
RENEVANT
• *Renevant – Sie kommen in der Nacht*
REPOSSESSED
• *Von allen Geistern besessen*
THE REPTILE
• *Das schwarze Reptil*
REPULSION
• *Ekel*
LA RESIDENCIA
• *Das Versteck*
REST IN PIECES
• *Ruhe in Frieden*
THE RESURRECTED
• *Evil Dead – Die Saat des Bösen*
RESURRECTION
• *Der starke Wille*
EL RETORNO DE WALPURGIS
• *Die Todeskralle des grausamen Wolfes*
RETRIBUTION
• *Die Rückkehr des Unbegreiflichen*
RETURN FROM THE PAST
• *Galerie des Grauens*
RETURN OF COUNT YORGA
• *Die 7 Pranken des Satans*
RETURN OF THE FAMILY MAN
• *Return of the Family Man*
THE RETURN OF THE TEXAS CHAINSAW MASSACRE
• *Texas Chainsaw Massacre: Die Rückkehr*
RETURN TO HORROR HIGH
• *Return to Horror High*
A RETURN TO SALEM'S LOT
• *Stadt der Vampire*
THE RETURNING (1983)
• *Returning*
THE RETURNING (1990)
• *Twilight Love – Liebe aus dem Jenseits*
REVENGE
• *Revenge – Des Teufels blutige Krallen*
THE REVENGE OF FRANKENSTEIN
• *Frankensteins Rache*
RIPPER: LETTER FROM HELL
• *Ripper: Letter From Hell*
RITUAL
• *Ritual*
LA RIVIERE DU HIBOU
• *Die Brücke über den Eulenfluß*
THE ROAD BUILDER
• *Das Haus der Schatten (1971)*
ROCKTOBER BLOOD
• *Rocktober Blood – An der Schwelle zum Wahnsinn*
ROCKULA
• *Rockula*
ROPE
• *Cocktail für eine Leiche*
LA ROSE ECORCHEE
• *Die geschändete Rose*
ROSEMARY'S BABY
• *Rosemaries Baby*
ROSSO SANGUE
• *Absurd*
LE ROUGE AUX LEVRES
• *Blut an den Lippen*
THE RULING CLASS
• *Der unheimliche Dr. Herder*
THE RUNESTONE
• *Anthony III*
RUSH WEEK
• *Rush Week*

SADISTEROTICA
• *Rote Lippen – Sadisterotica*
SADOMANIA
• *Sadomania – Hölle der Lust*
SALEM'S LOT
• *Brennen muss Salem*
EL SANTO CONTRA LAS MUJERES VAMPIROS
• *Supermann gegen Vampire*
SATANA CONTRA DR. EXORTIO
• *Die Nacht der offenen Särge*
THE SATANIC RITES OF DRACULA
• *Dracula braucht frisches Blut*
SATANICS
• *Satanic – Ausgeburt des Wahnsinns*
SATAN'S BED
• *Satan's Bed – Das Todesbett*
SATAN'S BLADE
• *Satan's Blade – Das Höllenmesser*
SATAN'S MISTRESS
• *Terror-Augen*
SATAN'S PRINCESS
• *Malediction – Fluch des Dämon*
SATAN'S SADISTS
• *Die Sadisten Satans*
SATAN'S SCHOOL FOR GIRLS
• *Satan's School for Girls: Mörderische Rituale*
SATAN'S SLAVE
• *Sklavin des Satans*
SATAN'S SUPPER
• *Cataclysm – Der unendliche Alptraum*
SATURDAY THE 14TH
• *Samstag der 14.*
SATURDAY THE 14TH STRIKES BACK
• *Samstag der 14. schlägt zurück*
SAVAGE ABDUCTION
• *Ausgeliefert*

SAVAGE HARVEST
• *Gefangene der Bestien*
SAVAGE WEEKEND
• *Killer hinter der Maske*
SCALPS
• *Der Fluch des blutigen Schatzes*
THE SCARAB
• *Der Fluch des Scarabaus*
THE SCARECROW
• *Schrecken*
SCARECROWS
• *Paratrooper*
SCARED ALIVE
• *Insel des Schreckens*
SCARED STIFF (1953)
• *Starr vor Angst*
SCARED STIFF (1986)
• *Der Voodoo-Fluch*
SCARED TO DEATH
• *Scared to Death*
SCARFIES
• *Scarfies*
SCARS OF DRACULA
• *Dracula – Nächte des Entsetzens*
SCARY MOVIE
• *Scary Movie*
SCARY MOVIE II
• *Scary Movie II*
SCHIZO (1976)
• *Amok*
SCHIZO (1981)
• *Nightmare*
SCHIZO (1989)
• *Schizomaniac*
SCHIZOID
• *Schizoid*
SCISSORS
• *Final Instinct – Den Wahnsinn im Nacken*
SCORPION THUNDERBOLT
• *Das Schlangenmonster*
SCREAM
• *Scream – Schrei!*
SCREAM II
• *Scream II*
SCREAM III
• *Scream III*
SCREAM, BLACULA, SCREAM
• *Der Schrei des Todes*
SCREAM BLOODY MURDER
• *Blutbad des Schreckens*
THE SCREAMING SKULL
• *Das Geheimnis des schreienden Schädels*
SCREAM OF FEAR
• *Ein Toter spielt Klavier*
LE SECRET
• *Das Netz der tausend Augen*
THE SECRET OF MY SUCCESS
• *In den Fängen der schwarzen Spinne*
SEDUCED BY EVIL
• *Der Fluch des Magiers*
THE SEDUCTION
• Tele-*Terror*
SEEDPEOPLE
• *Sway*
SEEDS OF EVIL
• *Die Saat des Todes*
SEI DONNE PER UN ASSASSINO
• *Blutige Seide*
SEIZURE
• *Herrscherin des Bösen*
LA SEMANA DEL ASSESSINO
• *Cannibal Man*
THE SENDER
• *Teuflische Signale*
LA SENORA WARD
• *Der Killer von Wien*
SENSATION
• *Burning Sensation*
SENSELESS
• *Senseless*
THE SENTINEL
• *Hexensabbat*
IL SEPOLCRO DEI RE
• *Der Fluch des Pharao*
SERENATA MACABRE
• *Totentanz im Schreckensschloß*
THE SERPENT AND THE RAINBOW
• *Die Schlange im Regenbogen*
SERPENT WARRIORS
• *Snake Inferno*
SERVANTS OF THE TWILIGHT
• *Twilight*
LA SETTA
• *The Sect*
THE SEVERED ARM
• *Der Henker der Apokalypse – Amputiert*
SEVERED TIES
• *The Thing – Gene außer Kontrolle*
SEX CRIME OF THE CENTURY
• *Mondo Brutale*
LA SFINGE D'ORO
• *Die goldene Sphinx*
SHADOW OF THE CAT
• *Schatten einer Katze*
SHADOW OF THE VAMPIRE
• *Shadow of the Vampire*
SHADOW PLAY
• *Schattenspiele*
SHADOW HUNTER
• *Shadow Hunter*
SHADOWZONE: THE UNDEAD EXPRESS
• *Shadowzone – Die Vampire von Manhattan*
SHADOWZONE II: MY TEACHER ATE MY HOMEWORK
• *Shadowzone 2 – Voodoo im Klassenzimmer*
SHAKMA
• *Shakma*

SHARK ROSSO NELL'OCEANO
• *Der Monster-Hai*
SHARK'S TREASURE
• *Mörderhaie greifen an*
SHALLOW GRAVE
• *Shallow Grave – Reise in die Hölle*
THE SHE-CREATURE
• *Geschöpf des Schreckens*
SHERLOCK HOLMES AND THE SPIDER WOMAN
• *Sherlock Holmes – Das Spinnennest*
SHERLOCK HOLMES FACES DEATH
• *Sherlock Holmes sieht dem Tod ins Gesicht*
SHERLOCK HOLMES: THE VAMPIRE
OF LAMBERLEY
• *Sherlock Holmes: Der Vampir von Lamberley*
SHE'S BACK
• *Zurück aus dem Jenseits*
THE SHINING
• *Shining*
SHOCK CORRIDOR
• *Shock Corridor*
SHOCK TREATMENT
• *Der Mörder mit der Gartenschere*
SHOCKER
• *Shocker*
THE SHOUT
• *Der Todesschrei*
SHRIEKER
• *Shrieker – Die Fratze des Todes*
THE SHRIEKING
• *Hex – Dimensionen der Furcht*
SHRUNKEN HEADS
• *Shrunken Heads*
THE SHUTTERED ROOM
• *Die verschlossene Tür*
EL SIGNO DEL VAMPIRO
• *Vampyros Lesbos – Die Erbin des Dracula*
SILENT MADNESS
• *Silent Madness*
SILENT NIGHT, BLOODY NIGHT
• *Haus des Schreckens –*
Blutnacht
SILENT NIGHT, DEADLY NIGHT
• *Stille Nacht, Horror Nacht*
SILENT NIGHT, DEADLY NIGHT IV: INITIATION
• *Welcome to Hell*
SILENT NIGHT, DEADLY NIGHT V:
THE TOY MAKER
• *Toys – Tödliches Spielzeug*
SILVER BULLET
• *Der Werwolf von Tarker Mills*
SINGLE WHITE FEMALE
• *Weiblich, ledig, jung, sucht ...*
SISTER, SISTER
• *Sister, Sister*
SISTERS
• *Schwestern des Bösen*
SKELETONS
• *Skeletons*
THE SKULL
• *Der Schädel des Marquis de Sade*
SKULLDUGGERY
• *Blood Puzzle*
SLAUGHTER HOTEL
• *Blutrausch*
SLAUGHTERHOUSE ROCK
• *Slaughterhouse – Ein Horror-Trip ins Jenseits*
SLEEP WELL, PROFESSOR OLIVER
• *Im Namen des Teufels*
SLEEPAWAY CAMP
• *Blutiger Sommer – Camp des Grauens*
SLEEPAWAY CAMP II: UNHAPPY CAMPERS
• *Camp des Grauens II*
SLEEPAWAY CAMP III: TEENAGE WASTELAND
• *Camp des Grauens III*
SLEEPING CAR
• *Sleeping Car*
SLEEP STALKER
• *Sleepstalker*
SLEEPWALKER
• *Stephen Kings Schlafwandler*
SLUGS
• *Slugs*
THE SNORKEL
• *Der Schnorchel*
SOBRENATURAL – EL REGRESO DE LA MUERTE
• *Supernatural*
SOCIETY
• *Dark Society*
SOLAMENTE NERO
• *Blutige Schatten*
SOLE SURVIVOR
• *Nur Tote überleben*
SOLO UN ATAUD
• *Erotik in der Folterkammer*
SOMEONE IST WATCHING ME
• *Das unsichtbare Auge*
SOMETHING EVIL
• *Das Haus des Bösen*
SOMETIMES THEY COME BACK
• *Manchmal kommen sie wieder*
SOMETIMES THEY COME BACK ... AGAIN
• *Manchmal kommen sie wieder II*
SOMETIMES THEY COME BACK ... FOR MORE
• *Manchmal kommen*
sie wieder III
SON OF DARKNESS: TO DIE FOR II
• *Son of Darkness*
THE SON OF DR. JEKYLL
• *Das zweite Gesicht des Dr. Jekyll*
THE SON OF FRANKENSTEIN
• *Frankensteins Sohn*
SONNY BOY
• *Satanic – Ausgeburt des Wahnsinns*
SORCERESS
• *Schwarze Mächte der Verführung*
SORCERESS II
• *Magische Kräfte des Bösen*

LES SORCIERES DE SALEM
• *Die Hexen von Salem*
SORORITY HOUSE MASSACRE
• *Death House*
SOULMATES
• *Besessen bis zum Tod*
SOULTAKER
• *Soultaker*
SPASMO
• *Spasmo*
SPASMS
• *Der Biß*
SPAWN
• *Spawn*
SPECIAL EFFECTS
• *Hollywood Kills*
SPELLBINDER
• *Spellbinder – Ein teuflischer Plan*
SPELLBOUND
• *Ich kämpfe um dich*
SPHINX
• *Der Fluch der Sphinx*
SPETTRI
• *Specters – Mächte des Bösen*
SPIDERS
• *Spiders*
THE SPIRAL STAIRCASE (1945)
• *Die Wendeltreppe*
THE SPIRAL STAIRCASE (1975)
• *Das Geheimnis der Wendeltreppe*
SPIRITS
• *Spirits*
SPOOKIES
• *Spookies – Die Killermonster*
LO SQUARTATORE DI NEW YORK
• *Der New York Ripper*
STAGE FRIGHT: AQUARIUS
• *Aquarius – Theater des Todes*
STANLEY
• *Stanley*
STARVED
• *Psychopath –
Niemand hört dich schreien*
THE STAY AWAKE
• *The Stay Awake – Nacht des Grauens*
THE STEPFATHER
• *Kill, Daddy, Kill*
STEPFATHER II: MAKE ROOM FOR DADDY
• *Stepfather II*
STEPFATHER III: FATHER'S DAY
• *Vatertag*
STEPHEN KING – THE NIGHT OF THE CROW
• *Stephen King – The Night of the Crow*
STEPHEN KING'S NIGHTSHIFT COLLECTION
• *Stephen King's Nightmare Collection*
STEPHEN KING'S SILVER BULLET
• *Der Werwolf von Tarker Mills*
STEPHEN KING'S THE NIGHT FLIER
• *Stephen King's The Night Flier*
STEPHEN KING'S THE SHINING
• *Stephen King's The Shining*
STIR OF ECHOES
• *Echos – Stimmen aus der Zwischenwelt*
STIGMATA
• *Stigmata*
LA STRAGE DEI VAMPIRI
• *Die Rache des Vampirs*
STRAIT JACKET
• *Die Zwangsjacke*
STRANGE BEHAVIOUR
• *Die Experimente des Dr. S*
THE STRANGE DOOR
• *Hinter den Mauern des Grauens*
STRANGE TURF
• *Voodoo Blood*
STRANGER IN OUR HOUSE
• *Night Kill – Eine tödliche Bedrohung*
A STRANGER IS WATCHING
• *Unheimlich*
STRANGER ON THE THIRD FLOOR
• *Stranger on the Third Floor*
STRANGERS ON A TRAIN
• *Der Fremde im Zug*
THE STRANGLERS OF BOMBAY
• *Die Würger von Bombay*
LO STRANGOLATORE DI VIENNA
• *Der Würger kommt auf leisen Socken*
LO STRANO VIZIO DELLA SIGNORA WARDH
• *Der Killer von Wien*
STRAYS
• *Strays – Blutige Krallen*
STREET OF SHADOW
• *Der Vampir von Soho*
LA STREGA IN AMORE
• *Hexe der Liebe*
STREGHE
• *Tanz der Hexen (1990)*
STRIPPED TO KILL: LIVE GIRLS
• *Stripped to Kill II*
STUDENT BODIES
• *Was macht der Tote auf der Wäscheleine?*
A STUDY IN TERROR
• *Sherlock Holmes' größter Fall*
SUBSPECIES
• *Diener des Bösen*
SUBSPECIES IV: BLOODSTORM
• *Subspecies IV – Im Blutrausch*
SUMMER OF FEAR
• *Night Kill – Eine tödliche Bedrohung*
SUNDOWN: THE VAMPIRES IN RETREAT
• *Sundown –
Rückzug der Vampire*
SUNSET GRILL
• *Organiac*
SUPERNATURALS
• *Rebellen des Grauens*
SUPERSTITION
• *The Witch*

SUSPIRIA
• *Suspiria*
SWEET SIXTEEN
• *Sweet Sixteen – Blutiges Inferno*

TAG – THE ASSASSINATION GAME
• *Tag – Das Killerspiel*
TALES FROM THE CRYPT
• *Geschichten aus der Gruft*
TALES FROM THE DARKSIDE – THE MOVIE
• *Geschichten aus der Schattenwelt*
TALES OF TERROR
• *Der grauenvolle Mr. X*
TALES THAT WITNESS MADNESS
• *Geschichten, die zum Wahnsinn führen*
TALISMAN
• *Talisman*
LA TARANTOLA DAL VENTRE NERO
• *Der schwarze Leib der Tarantel*
TARANTULAS: THE DEADLY CARGO
• *Tödliche Fracht*
TARGETS
• *Bewegliche Ziele*
A TASTE OF EVIL
• *A Taste of Evil*
TASTE OF FEAR
• *Ein Toter spielt Klavier*
TASTE THE BLOOD OF DRACULA
• *Wie schmeckt das Blut von Dracula*
TEACHING MRS. TINGLE
• *Tötet Mrs. Tingle!*
TEEN WOLF
• *Teen Wolf*
TEEN WOLF TOO
• *Teen Wolf II*
TEENAGE EXORCIST
• *Teenage Exorcist*
THE TELL-TALE HEART
• *Das Haus der tausend Schreie*
TEMPTRESS
• *Schwarze Mächte der Verführung*
THE TENANT
• *Der Mieter*
TENEBRAE
• *Tenebre*
THE TERROR
• *The Terror – Schloß des Schreckens*
TERROR
• *Killing House*
TERROR AT THE LONDON BRIDGE
• *Jack the Ripper in Arizona*
TERROR EYES
• *Terror-Eyes – Der Frauenköpfer*
TERROR IN THE AISLES
• *Terror im Parkett*
TERROR IN THE WAX MUSEUM
• *Der Bucklige vom Horrorkabinett*
TERROR IN TOYLAND
• *Teuflische Weihnachten*
THE TERROR OF THE TONGS
• *Terror der Tongs*
TERROR TRAIN
• *Monster im Nachtexpress*
IL TERZO OCCHIO
• *Das dritte Auge*
LE TESTAMENT DU DOCTEUR CORDELIER
• *Das Testament des Dr. Cordelier*
THE TEXAS CHAINSAW MASSACRE
• *Blutgericht in Texas*
THE TEXAS CHAINSAW MASSACRE PART II
• *The Texas Chainsaw Massacre Part II*
THEATRE OF BLOOD
• *Theater des Grauens*
THEATRE OF DEATH
• *Das Haus des Schreckens*
THERE WAS A LITITLE GIRL
• *Party des Schreckens*
THE THIRD HAND
• *The Third Hand – Nacht der Teufel*
THIRST
• *Blutdurst*
THIRTEEN GANTRY ROW
• *Haus der Schatten (1998)*
THIRTEEN GHOSTS (1960)
• *Das unheimliche Erbe*
THIRTEEN GHOSTS (2001)
• *13 Geister*
THIS HOUSE POSSESSED
• *Das Haus der tausend Augen*
THREE CASES OF MURDER
• *Mord ohne Mörder*
THROUGH THE FIRE
• *Pentagramm des Satans*
THURSDAY THE 12TH
• *Freitag, der 713.*
THE TINGLER
• *Schrei, wenn der Tingler kommt*
TINTORERA
• *Tuntorera! Meeresungeheuer greifen an*
TO DIE FOR
• *Tödliche Lippen*
TOBE HOOPER'S LIVING NIGHTMARE
• *Living Nightmare*
THE TOMB
• *Das Geheimnis des Grabmals am Nil*
TOMB OF LIGEIA
• *Das Grab des Lygeia*
TOMMYKNOCKERS
• *Das Monstrum – Tommyknockers*
THE TOOLBOX MURDERS
• *Der Killer mit der Bohrmaschine*
TOPPER RETURNS
• *Die merkwürdigen Abenteuer des Mr. Topper*
TOPPER TAKES A TRIP
• *Topper geht auf Reisen*

WHATEVER HAPPENED TO AUNT ALICE?
• *Eine Witwe mordet leise*
WHATEVER HAPPENED TO BABY JANE?
• *Was geschah wirklich mit Baby Jane?*
WHAT'S THE MATTER WITH HELEN?
• *Was ist denn bloß mit Helen los?*
WHEELS OF TERROR
• *Auf Todesrädern*
WHEN A STRANGER CALLS
• *Das Grauen kommt um zehn*
WHITE OF THE EYE
• *Das Auge des Killers*
WHITE ZOMBIE
• *White Zombie*
WHODUNIT?
• *Insel des Schreckens*
WHOEVER SLEW AUNTIE ROO?
• *Wer hat Tante Ruth angezündet?*
WICKED, WICKED
• *Bis die Gänsehaut erstarrt*
WICKED STEPMOTHER
• Tanz der Hexen (1988)
WILLARD
• *Willard*
THE WILLIES
• *The Willies*
THE WIND
• *The Wind*
WINDOWS
• *L ist nicht nur Liebe*
WISHMASTER II: EVIL NEVER DIES
• *Wishmaster II*
WHISPERS
• *Whisper to Kill*
THE WITCH
• *The Witch*
WITCH BITCH
• *Witch Bitch – Der Tod aus dem Jenseits*
WITCHBOARD
• *Witchboard – Die Hexenfalle*
WITCHBOARD II: THE DEVIL'S DOORWAY
• *Witchboard II – Die Tür zur Hölle*
WITCHCRAFT
• *Hexenbrut*
WITCHCRAFT II: THE TEMPTRESS
• *Witchcraft II: Die Versuchung*
WITCHCRAFT III: THE KISS OF DEATH
• *Witchcraft III: The Kiss of Death*
WITCHCRAFT IV: VIRGIN HEART
• *Witchcraft IV: Virgin Heart*
WITCHCRAFT V: DANCE WITH THE DEVIL
• *Witchcraft V – Die Macht des Bösen*
THE WITCHES OF EASTWICK
• *Die Hexen von Eastwick*
WITCHFINDER GENERAL
• *Der Hexenjäger*
WITCHTRAP
• *Witchtrap*
WOLF
• *Wolf*
THE WOLF MAN
• *Der Wolfsmensch*
WOODOO BABY
• *Woodoo Baby –*
Insel der Leidenschaft
THE WORM EATERS
• *Die Wurmfresser*

XANGADIX
• *Das Zeichen*

YABU NO NAKA NO KURONEKO
• *Kuroneko – Die Vampire*
YAMBAO
• *Yambao*
LES YEUX SANS VISAGE
• *Das Schreckenshaus des Dr. Rasanoff*
YOU BETTER WATCH OUT
• *Teuflische Weihnachten*
YOUNG AND EVIL
• *Yambao*
YOUNG FRANKENSTEIN
• *Frankenstein Junior*

ZEDER
• *Zeder –*
Denn Tote kehren wieder
ZERO BOYS
• *Zero Boys*
ZOMBIE
• *Zombie*
ZOMBIE BRIGADE
• *Brigade des Schreckens*
ZOMBIE CHILD
• *Tochter des Bösen*
ZOMBIE III
• *Zombi III*
ZOMBIE HIGH
• *Zombie High*
ZOMBIE ISLAND MASSACRE
• *Insel des Terrors*
ZOMBIE NIGHTMARE
• *Zombie Nightmare*
ZOMBIE IV
• *Das Böse ist wieder da*

LITERATURVERZEICHNIS

Ackermann, Forrest J: MR. MONSTER'S MOVIE GOLD. Virginia Beach/Norfolk 1981

Ackermann, Forrest J: LON OF 1000 FACES. Beverly Hills, CA/Paybourne, Berkshire 1983

Agee, James: AGEE ON FILM. Boston 1964

Aguilar, Carlos: GUIA DEL VIDEO CINE. Madrid 1987

Allan, Angela & Elkan: THE SUNDAY TIMES' GUIDE TO MOVIES IN TV. Feltham, Middlesex 1980

Alpers, Hans Joachim/Werner Fuchs/Ronald M. Hahn/Wolfgang Jeschke: LEXIKON DER SCIENCE FICTION LITERATUR. München 1988

Alpers, Hans Joachim/Werner Fuchs/Ronald M. Hahn: RECLAMS SCIENCE FICTION FÜHRER. Stuttgart 1982

Alpers, Hans Joachim/Werner Fuchs/Ronald M. Hahn: LEXIKON DER HORRORLITERATUR. Erkrath 1999

Anobile, Richard J. (Hrsg.): THE FILM CLASSICS LIBRARY – ALFRED HITCHCOCK'S PSYCHO; JAMES WHALE'S FRANKENSTEIN. New York 1974/1975

Arnheim, Rudolf: KRITIKEN UND AUFSÄTZE ZUM FILM. München 1977

Atlas Film Gesamtkatalog. KINO FÜR UNS. Duisburg o.J.

Aylesworth, Thomas G.: MONSTERS FROM THE MOVIES Philadelphia/London 1972

Bär, Willi/Hans Jürgen Weber: FISCHER FILM ALMANACH 1980/1981. Frankfurt am Main 1980/1981

Baier, Robert/Burghardt Heer: DER HORRORFILM. Aachen 1976

Balázs, Bela: SCHRIFTEN ZUM FILM. München 1982

Balun, Chas. (Hrsg.): THE DEEP RED HORROR HANDBOOK. New York 1989

Bandmann, Christa/Joe Hembus: KLASSIKER DES DEUTSCHEN TONFILMS 1930–1960. München 1980

Barber, Dulan (Hrsg.): MONSTER'S WHO'S WHO. ALL THE BLOOD CURDLING HORRORS YOU'D LOVE TO FEAR. New York 1974

Barsacq, Léon: CALIGARI'S CABINET AND OTHER GRAND ILLUSIONS. A HISTORY OF FILM DESIGN. Boston 1976

Bawden, Liz Anne/Wolfram Tichy (Hrsg.): BUCHERS ENZYKLOPÄDIE DES FILMS. Luzern/Frankfurt am Main 1983

Bayer, William: THE GREAT MOVIES. New York 1973

Bazin, André: FILMKRITIKEN ALS FILMGESCHICHTE. München/Wien 1981

Bazin, André: JEAN RENOIR. Frankfurt am Main 1980

Beck, Calvin Thomas: HEROES OF THE HORRORS. New York/London 1975

Beck, Calvin Thomas: SCREAM QUEENS. HEROINES OF THE HORROR. New York/London 1979

Beier, Eberhard/Burckhardt Heer: DER HORRORFILM. Verband der Jugendfilmclubs: Aachen o. J. [1976]

Bergan, Ronald: A–Z OF MOVIE DIRECTORS. London/New York 1982

Blumenberg, Hans Christoph/Bodo Fründt (Hrsg.): WARTEN BIS ES DUNKEL WIRD. Ebersberg 1983

Bojarski, Richard/Kenneth Beals: THE FILMS OF BORIS KARLOFF. Secaucus, N.J. 1974

Bojarski, Richard: THE FILMS OF BELA LUGOSI. Secaucus, N.J. 1980

Borst, Ronald V./Keith Burns/Leith Adams (Hg.): GRAVEN IMAGES. THE BEST OF HORROR, FANTASY AND SCIENCE FICTION FILM ART FROM THE COLLECTION OF RONALD V. BORST. New York 1992

Brennicke Ilona/Joe Hembus: KLASSIKER DES DEUTSCHEN STUMMFILMS 1910–1930. München 1983

Brode, Douglas: THE FILMS OF THE FIFTIES. Secaucus, N.J. 1976

Brosnan, John: THE HORROR PEOPLE. London 1976

Buscombe Edward: MAKING – LEGEND OF THE WEREWOLF. London 1976

Butler, Ivan: HORROR IN THE CINEMA. South Brunswick/New York/London 1979

Butler, Ivan: THE CINEMA OF ROMAN POLANSKI. New York/London 1970

Cameron, Ian: A PICTORIAL HISTORY OF CRIME FILMS. London/New York/Sydney/Toronto 1975

Chaneles, Sol/Albert Wolsky: THE MOVIE MAKERS. London 1974

Ciment, Michael: KUBRICK. München 1982

Clarens, Carlos: AN ILLUSTRATED HISTORY OF THE HORROR FILM. New York 1967

Cook, David: A HISTORY OF NARRATIVE FILM. New York/London 1981

Cowie, Peter (Hrsg.): HOLLYWOOD 1920–1970. South Brunswick/New York/London 1977

Cremer, Robert: LUGOSI, THE MAN BEHIND THE CAPE. Chicago 1976

Cross, Robin: THE BIG BOOK OF B-MOVIES OR HOW LOW WAS MY BUDGET. New York 1981

Culhane, John: SPECIAL EFFECTS IN THE MOVIES. New York 1981

Curtis, James: JAMES WHALE. Metuchen, New York/London 1982

Curtis, James: JAMES WHALE: A NEW WORLD OF GODS AND MONSTERS. Boston/London 1998

Davies, David Stuart: HOLMES OF THE MOVIES. New York 1978

Derry, Charles: DARK DREAMS. A PSYCHOLOGICAL HISTORY OF THE MODERN HORROR FILM. South Brunswick/New York/London 1977

Dettmann, Bruce/Michael Bedford: THE HORROR

FACTORY. THE HORROR FILMS OF UNIVERSAL 1931–1955. New York 1976
Dick, Rainer: STARS DES HORRORFILMS. München 1996
Dillard, R. H. W.: HORROR FILMS. New York 1976
Dreikandt, Ulrich K. (Hrsg.): SCHWARZE MESSEN. München 1970
Durgnat, Raymond: SEXUS EROS KINO. München 1967
Dworkin, Susan: BRIAN DE PALMAS »DER TOD KOMMT ZWEIMAL«, ODER WIE MAN EINEN THRILLER DREHT. Bergisch Gladbach 1985
Eames, John Douglas: DIE MGM-STORY. London 1979
Eisner, Lotte H.: DÄMONISCHE LEINWAND. DIE BLÜTEZEIT DES DEUTSCHEN FILMS. Wiesbaden 1955
Eisner, Lotte H.: FRITZ LANG. London 1976
ENCYCLOPEDIE ALPHA DU CINEMA. Lausanne 1976
Everson, William K.: CLASSICS OF THE HORROR FILM. Secaucus, N.J. 1974. (Deutsche Ausgabe: KLASSIKER DES HORRORFILMS. München 1980)
Eyles, Allen/Robert Adkinson/Nicholas Freye (Hrsg.): THE HOUSE OF HORROR. THE STORY OF HAMMER FILMS. London 1981
Fischer, Jens Malte: FILMWISSENSCHAFT – FILMGESCHICHTE. Tübingen 1983
Fischer, Robert: REGIE: ALFRED HITCHCOCK. Schondorf/Ammersee 1979
Fischer, Robert/Joe Hembus: DER NEUE DEUTSCHE FILM 1960–1980. München 1981
Frank, Alan: THE HORROR FILM HANDBOOK. London 1982
Frank, Alan: THE SCIENCE FICTION AND FANTASY HANDBOOK. London 1982
Frank, Alan: HORROR FILMS: Feltham/Middlesex 1963
Frank, Alan: HORROR MOVIES. TALES OF TERROR IN THE CINEMA. London 1974
Franklin, Joe: CLASSICS OF THE SILENT SCREEN. Secaucus, N.J. 1959
Garret, Gerard: THE FILMS OF CHRISTOPHER LEE. London 1975
Gerani, Gary Paul/H. Shulman: FANTASTIC TELEVISION. New York 1977
Gesek, Ludwig: GESTALTER DER FILMKUNST. Wien 1948
Giesen, Rolf: SCIENCE FICTION. 50 KLASSIKER DES SF-KINOS. Schondorf/Ammersee 1981
Giesen, Rolf: DER PHANTASTISCHE FILM. ZUR SOZIOLOGIE VON HORROR, SCIENCE FICTION UND FANTASY IM KINO. Schondorf/Ammersee 1980. (Erweiterung: Ebersberg 1983)
Giesen, Rolf: LEXIKON DES PHANTASTISCHEN FILMS. Frankfurt am Main/Berlin/Wien 1984
Giesen, Rolf: KINO WIE ES KEINER MAG. DIE SCHLECHTESTEN FILME DER WELT. Frankfurt am Main Berlin/Wien 1984
Giesen, Rolf: SPECIAL EFFECTS. Ebersberg 1985
Giesen, Rolf: SAGENHAFTE WELTEN. München 1990
Gifford, Denis: A PICTORIAL HISTORY OF HORROR MOVIES. Feltham/Middlesex 1973
Gifford, Denis: MOVIE MONSTERS. London/New York 1969
Gifford, Denis: SCIENCE FICTION FILM. London/New York 1971
Glut, Donald F.: CLASSIC MOVIE MONSTERS, Metuchen, N.J./London 1978
Goldner, Orville/George E. Turner: THE MAKING OF KING KONG. New York 1975
Gregor, Ulrich/Enno Patalas: GESCHICHTE DES FILMS. Reinbek 1976
Gregor, Ulrich: GESCHICHTE DES FILMS AB 1960. München 1978
Grob, Norbert: DER SCHRECKEN IN ALLER ORDNUNG. ANNÄHERNDE BEMERKUNGEN ZUM GENRE DES PSYCHOLOGISCHEN THRILLERS. *Medium 8/78*
Hahn, Ronald M./Volker Jansen: LEXIKON DES SCIENCE FICTION-FILMS. München 1997
Hahn, Ronald M./Volker Jansen: DIE 100 BESTEN KULTFILME. München 1998
Hahn, Ronald M./Rolf Giesen: DAS NEUE LEXIKON DES FANTASY-FILMS. Berlin 2001
Haining, Peter (Hrsg.): THE GHOUL. London 1971
Haining, Peter (Hrsg.): THE FRANKENSTEIN FILE. London 1977
Halliwell, Leslie: THE FILMGOER'S COMPANION. London 1970
Halliwell, Leslie, HALLIWELL'S FILMGUIDE. London 1982
HANDBUCH DER KATHOLISCHEN FILMKRITIK: 6000 FILME – KRITISCHE NOTIZEN AUS DEN KINOJAHREN 1945–1958. Düsseldorf 1981 / FILME 1969–1961. Düsseldorf 1962 / FILME 1962–1964. Düsseldorf 1965 / FILME 1965–1970. Köln 1971 / FILME 1971–1976. Köln 1977 / FILME 1977–1980. Köln 1981
Hardy, Phil (Hrsg.): THE AURUM FILM ENCYCLOPEDIA: SCIENCE FICTION. London 1984
Harris, Robert A./Michael S. Lasky: ALFRED HITCHCOCK UND SEINE FILME. München 1979
Harryhausen, Ray: FILM FANTASY SCRAPBOOK. London/New York 1972
Hart, James D.: THE OXFORD COMPANION TO AMERICAN LITERATURE. New York/London 1983
Haver, Ronald: DAVID O. SELZNICKS HOLLYWOOD. München 1982
Haydock, Ron: DEERSTALKER! HOLMES AND WATSON ON SCREEN. Metuchen, N.J./London 1978
Heinzlmeier, Adolf/Jürgen Menningen/Berndt Schulz: KULTFILME. Hamburg 1983
Hembus, Joe (Hrsg.): ILLUSTRIERTE FILMBÜHNE. 50 HORROR-, MONSTER-, SCIENCE FICTION-FILME. München 1978
Hochman, Stanley (Hrsg.): A LIBRARY OF FILM CRITICISM. AMERICAN FILM DIRECTORS. New York 1974

Hofmann, Frank: MODERNE HORRORFILME. Frank Hofmann 1992
Huss, Roy/T.J. Ross (Hrsg.): FOCUS ON THE HORROR FILM. Englewood Cliffs, N.J. 1972
Hutchinson, Tom: HORROR & FANTASY IN THE CINEMA. London 1974
Jansen, Peter W./Wolfram Schütte (Hrsg.): FRITZ LANG, München 1976
Jensen, Paul M.: THE CINEMA OF FRITZ LANG New York/London 1969
Jensen, Paul M.: BORIS KARLOFF AND HIS FILMS. South Brunswick/New York/London 1974
Jewell, Richard/Vernon Harbin: THE RKO STORY. London 1982
Johnson, William (Hrsg.): FOCUS ON THE SCIENCE FICTION FILM. Englewood Cliffs, N.J. 1972
Jones, Stephen: THE ESSENTIAL MONSTER MOVIE GUIDE. A CENTURY OF CREATURE FEATURES ON FILM, TV AND VIDEO. London 1999
Jung, Fernand/Claudius Weil/Georg Seeßlen: DER HORRORFILM. München 1977
Jurgau, Hans Wolfgang: FILMBIBLIOGRAPHISCHES JAHRBUCH DER BRD 1970. Taunusstein-Neuhof 1971; dito 1971; Wiesbaden 1973; dito 1972; Wiesbaden 1975
Just, Lothar (Hrsg.): FILMJAHR 1979–2000. München 1980ff.
Kael, Pauline: 5001 NIGHTS AT THE MOVIES. London 1982
Kael, Pauline: DEEPER INTO TO MOVIES. Boston/Toronto 1973
Kasprzak, Andreas (Hrsg.): H. P. LOVECRAFT. VON MONSTREN UND MYTHEN. Bad Tölz 1997
Katz, Ephraim: THE INTERNATIONAL FILM ENCYCLOPEDIA. London 1980
Keiner, Reinhold: THEA VON HARBOU UND DER DEUTSCHE FILM BIS 1933. Hildesheim 1984
Keller, Harald: SCHRÄG, SCHRILL, SCHARF UND SCHUNDIG. TAUSEND FILME ZWISCHEN TRASH UND KULT. Reinbek 2000
Kessler, Christian: DAS WILDE AUGE. EIN STREIFZUG DURCH DEN ITALIENISCHEN HORRORFILM. Meitingen 1997
KINDLERS LITERATUR-LEXIKON. München 1974
King, Stephen: DANSE MACABRE. New York 1982
Kracauer, Siegfried: VON CALIGARI ZU HITLER. Frankfurt am Main 1984
Kracauer, Siegfried: KINO HEUTE. Frankfurt am Main 1974
Kroner, Marion: ROMAN POLANSKI. Schondorf/Ammersee 1981
Krusche, Dieter: RECLAMS FILMFÜHRER. Stuttgart 1978
Laaths, Erwin: GESCHICHTE DER WELTLITERATUR. München/Zürich 1953
Lavalley, Albert (Hrsg.): FOCUS ON HITCHCOCK. Englewood Cliffs, N.J. 1972
Lee, Walt: REFERENCE GUIDE TO FANTASTIC FILMS. SCIENCE FICTION, FANTASY AND HORROR. Los Angeles 1972, 1973, 1974
Lenné, Gerard: DER EROTISCHE FILM. München 1983
Lentz, Harris M.: SCIENCE FICTION, HORROR & FANTASY FILM AND TELEVISION CREDITS. Jefferson/N.C./London 1983
Lloyd, Ann/Graham Fuller (Hrsg.): THE ILLUSTRATED WHO'S WHO OF THE CINEMA. London 1983
Lloyd, Bryan/David Robinson (Hrsg.): MOVIES OF THE SILENT YEARS, THE THIRTIES; THE FORTIES, THE FIFTIES, THE SIXTIES, THE SEVENTIES. London 1983–1984
Manvell, Roger: THE INTERNATIONAL ENCYCLOPEDIA OF FILM. New York/London 1972
Marrero, Robert: NIGHTMARE THEATER. Key West/FL 1986
McCarthy, Todd/Charter Lynn (Hrsg.): KING OF THE Bs. New York 1975
McCash, J.F.: THE FILMS OF VINCENT PRICE. London 1974
Maibohm, Ludwig: FRITZ LANG. München 1981
Medved, Harry/Randy Dreyfuss: THE FIFTY WORST FILMS OF ALL TIME (AND HOW THEY GOT THAT WAY). New York 1978
Medved, Harry/Michael Medved: THE GOLDEN TURKEY AWARDS. New York 1980
Meyers, Richard: FOR ONE WEEK ONLY. THE WORLD OF EXPLOITATION FILMS. Piscataway, N.J. 1983.
Milne, Tom: THE CINEMA OF CARL DREYER. New York/London 1971
Monaco, James: FILM VERSTEHEN. Reinbek 1980
Monaco, James: AMERICAN FILM NOW. New York 1979
Moss, Robert: DER KLASSISCHE HORRORFILM. München 1982
Naha, Ed: HORRORS FROM SCREEN TO SCREAM New York 1975
Naha, Ed: THE FILMS OF ROGER CORMAN. New York 1982
Oertel, Rudolf: MACHT UND MAGIE DES FILMS. Wien 1959
Parfitt, Gary: THE FILMS OF PETER CUSHING. Oldfield Park 1975
Parish, James/Michael R. Pitts: THE GREAT SCIENCE FICTION PICTURES. Metuchen, N.J. 1977
Pauer, Florian: DIE EDGAR WALLACE-FILME, München 1982
Peary, Danny: CULT MOVIES. New York 1981
Peary, Danny: CULT MOVIES 2. New York 1983
THE PHANTOM OF THE MOVIES ULTIMATE VIDEO GUIDE. New York 1989
Phelix, Leo/Rolf Thissen: PIONIERE UND PROMINENTE DES MODERNEN SEX-FILMS. München 1983
Pirie, David: A HERITAGE OF HORROR. THE ENGLISH GOTHIC CINEMA 1946–1972. London 1973
Pirie, David (Hrsg.): ANATOMY OF THE MOVIES. London 1981
Pirie, David: VAMPIR-FILMKULT. Gütersloh 1977
Polanski, Roman: ROMAN POLANSKI. Bern/München/Wien 1984
Pratley, Gerald: THE CINEMA OF OTTO PREMINGER. London/New York 1971

Prawer, S. S.: CALIGARI'S CHILDREN. THE FILM AS TALE OF TERROR. Oxford 1980
Quinlan, David: QUINLAN'S ILLUSTRATED DIRECTORY OF FILMS. London 1991
Quirk, Lawrence J.: INGRID BERGMAN UND IHRE FILME. München 1982
Reginald, Robert: SCIENCE FICTION AND FANTASY LITERATURE. A CHECKLIST 1700–1974. Detroit/ Michigan 1979
Rhode, Eric: A HISTORY OF THE CINEMA. Harmondsworth/Middlesex 1978
Riess, Curt: DAS GAB'S NUR EINMAL. Wien/München 1977
Ringgold, Gene: THE FILMS OF BETTE DAVIS. Secaucus, N.J. 1970
Robertson, Patrick: THE GUINNESS BOOK OF FILM, FACTS & FEATS. Enfield/Middlesex 1980
Roloff, Bernhard/Georg Seeßlen: GRUNDLAGEN DES POPULÄREN FILMS. Reinbek 1980ff
Rosenthal, Stuart/Judith M. Kass: TOD BROWNING/DON SIEGEL. London/New York 1975
Rovin, Jeff: THE FILMS OF CHARLTON HESTON. Secaucus, N.J. 1980
Russo, Vito: THE CELLULOID CLOSET. New York 1981
Sadoul, Georges: GESCHICHTE DER FILMKUNST. Wien 1957
Sarris, Andrew: CONFESSIONS OF A CULTIST. ON THE CINEMA 1955–1979. New York 1970
Schechter, Harold/David Everitt: FILMTRICKS. SPECIAL EFFECTS IN THE MOVIES. New York 1980
Scheuer, Steven H.: MOVIES ON TV. New York 1980
Scheugl, Haus: SEXUALITÄT UND NEUROSE IM FILM. München 1974
Schifferle, Hans: DIE 100 BESTEN HORRORFILME. München 1994
Schnelle, Frank: SUSPENSE. SCHOCK. THRILL – JOHN CARPENTER UND SEINE FILME. Stuttgart 1991
Schobert, Walter [u.a.] (Hrsg.): FISCHER FILM ALMANACH 1982–2000. FILME, FESTIVALS, TENDENZEN. Frankfurt am Main 1982ff
Schöler, Franz: »Die Erben des Marquis de Sade«, in: *Film* 8/9/10 (1967)
Seeßlen, Georg/Bernt Kling: UNTERHALTUNG. LEXIKON ZUR POPULÄREN KULTUR. Reinbek 1977
Sennet, Ted: GREAT HOLLYWOOD MOVIES. New York 1983
Setbon, Philippe: KLAUS KINSKI. München 1983
Shipman, David: THE STORY OF CINEMA. London/Sydney/Auckland/Toronto 1982/1984
Spoto, Donald: ALFRED HITCHCOCK. Hamburg 1984
Smith, Ella: STARRING MISS BARBARA STANWYCK. New York 1974
Smith, Kent/Darrell W. Moore/Merl Reagle: ADULT MOVIES, New York 1982
Steiger, Brad: MONSTERS, MAIDEN AND MAYHEM. A PICTORIAL HISTORY OF HORROR FILM MONSTERS. New York 1965
Steinbrunner, Chris/Burt Goldblatt: CINEMA OF THE FANTASTIC. New York 1972
Steinbrunner, Chris/Norman Michaels: THE FILMS OF SHERLOCK HOLMES. Secaucus, N.J. 1978
Stresau, Norbert: DER FANTASY FILM. München 1984
Stresau, Norbert: DER HORRORFILM. VON DRACULA ZUM ZOMBIE-SCHOCKER. München 1987
Stresau, Norbert/Heinrich Wimmer: ENZYKLOPÄDIE DES PHANTASTISCHEN FILMS. Meitingen 1987ff.
Sturm, Dieter/Klaus Volker (Hrsg.): VON DEN VAMPIREN ODER MENSCHENSAUGERN. München 1968
Summers, Montague: A GOTHIC BIBLIOGRAPHY. New York 1964
Taylor, John Russell: HITCHCOCK. München/Wien 1980
Toeplitz, Jerzy: GESCHICHTE DES FILMS. München 1979ff
Thompson Howard: JAMES STEWART. München 1979
Trebbin, Frank: DIE ANGST SITZT NEBEN DIR. Berlin 1990, 1991, 1992, 1993, 1994
Truffaut, François: MR. HITCHCOCK, WIE HABEN SIE DAS GEMACHT? München 1973
Turner, George/Michael H. Price: FORGOTTEN HORRORS. EARLY TALKIE CHILLERS FROM POVERTY ROW. Cranbury, N.J./London 1979
Ursini, James/Alain Silver: THE VAMPIRE FILM. South Brunswick/New York/London 1975
Vermilye, Jerry: BETTE DAVIS. München 1979
Völker, Klaus (Hrsg.): KÜNSTLICHE MENSCHEN. München 1971
Völker, Klaus (Hrsg.): VON WERWÖLFEN UND ANDEREN TIERMENSCHEN. München 1972
Walkhoff-Jordan, Klaus Dieter: BIBLIOGRAPHIE DER KRIMINALLITERATUR 1945–1984 IM DEUTSCHEN SPRACHRAUM. Frankfurt am Main/Berlin/Wien 1985
Weaver, Tom: INTERVIEWS WITH SCIENCE FICTION AND HORROR MOVIE MAKERS. WRITERS, PRODUCERS, ACTORS, MOGULS AND MAKEUP. Jefferson, North Carolina/London 1988
Weaver, Tom: SCIENCE FICTION STARS AND HORROR HEROES. INTERVIEWS WITH ACTORS, DIRECTORS, PRODUCERS AND WRITERS OF THE 1940s THROUGH 1960s. Jefferson, N.C./London 1991
Weldon, Michael J.: THE PSYCHOTRONIC ENCYCLOPEDIA OF FILM. New York 1983
Welcon, Michael J.: THE PSYCHOTRONIC VIDEO GUIDE. New York 1996
Warren, Bill: KEEP WATCHING THE SKIES. Jefferson, N.C./London 1982
Werner, Paul: ROMAN POLANSKI. Frankfurt am Main 1981
Willis, Donald C.: HORROR AND SCIENCE FICTION FILMS. A CHECKLIST. Metuchen, N.J. 1972, 1982
Wood, Robin: HITCHCOCK'S FILMS. London/New York 1965
Wright, Bruce Lanier: NIGHTWAKES. GOTHIC HORROR MOVIES. THE MODERN ERA. Dallas, Texas 1995
Zurhorst, Meinolf/Lothar Just: JACK NICHOLSON. München 1983

IMPRESSUM

Ronald M. Hahn & Rolf Giesen
DAS NEUE LEXIKON DES HORRORFILMS
Alles über die dunkle Seite des Kinos:
Mehr als 1800 Horrorfilme mit
Inhaltsangaben, Filmografien und Kritiken.
Unter Mitarbeit von Volker Jansen

ISBN 3-89602-507-4

DANK
Wir bedanken uns für freundliche Unterstützung bei Andreas Decker, Karin Hahn, Ronald Hoppe, Jörg Kaegelmann, Harald Pusch und Gilda Zorn.